DICCIONARIO
❖ DE ❖
SINÓNIMOS
Y ANTÓNIMOS

DICCIONARIO ❊ DE ❊ SINÓNIMOS Y ANTÓNIMOS

OCEANO

Es una obra del

GRUPO EDITORIAL OCEANO

Presidente
José Lluis Monreal
Director General
José Mª Martí
Director General de Publicaciones
Carlos Gispert

EDICION 1990

océano M.R.

PRESENTACIÓN

La utilidad de un diccionario de sinónimos y antónimos es evidente. Su uso, junto con el de un diccionario léxico general, resulta una ayuda inestimable para el trabajo educativo de profesores y alumnos y, de modo extensivo, para quienes se interesan por la búsqueda de la precisa y rica expresión lingüística.

El interés de este nuevo *Diccionario de Sinónimos y Antónimos* también se ha de revelar cabalmente, con la virtualidad de aportar un trabajo moderno de sinonimia y sustanciales complementos léxicos e idiomáticos, como son el Vocabulario plurilingüe, Frases célebres, Locuciones usuales y Voces extranjeras. El balance de su conjunto arroja una notable cifra de entradas o artículos, que han sufrido una atenta selección y una rigurosa redacción. Esto convierte al *Diccionario de Sinónimos y Antónimos* en una obra de consulta tan provechosa como singular. Un sólido equipo de filólogos y especialistas en letras, ciencias e idiomas acredita una labor paciente, renovadora y coherente.

El diccionario de sinónimos ofrece un copioso y excelente caudal de palabras relacionadas con la idea y tiende un entramado de términos emparentados por razones de afinidad u oposición. Con ello, el usuario ve ampliado el campo de consulta de la sinonimia a la familia léxica de la voz principal.

Es sabido que los fenómenos léxicos de la sinonimia y antonimia se caracterizan por: a) una amplitud limitada, b) una relación interna imperfecta y c) una relatividad manifiesta. De ahí que se haya observado cuidadosamente no forzar un número excesivo de voces ni tampoco identificar tal abundancia de equivalencias para cada voz que se alcance un grado de arbitrariedad. No obstante, el número de artículos o voces es copioso y se cubre el amplio espectro lingüístico de los vocablos usuales y cultos, lo que confiere mayor versatilidad a la obra.

La disposición de los términos sinónimos de cada voz responde a un orden invariable. En primer lugar aparecen aquellos que tienen una correspondencia más directa y completa con la voz en cuestión. La sinonimia perfecta es rara, por lo que la identificación suele ser parcial e introduce algo más que simples matices. A la sinonimia perfecta y la parcial le siguen términos que deben su razón a la metonimia (la causa por el efecto) y la sinécdoque (la parte por el todo). En último lugar de la relación de las equivalencias de una voz, aparecen los términos metafóricos. Por consiguiente, la regla para interpretar la localización de los términos de cada artículo se resume en la distribución de éstos en orden decreciente a su grado de literalidad. En el caso de que la voz posea varias acepciones, los sinónimos de cada acepción se disponen agrupadamente. Especial atención ha merecido, mediante la abreviatura *Amér.*, la inclusión de los americanismos correspondientes.

La consulta del diccionario de sinónimos significa el acceso a un inventario de juegos léxicos y la disposición por parte del usuario de un criterio propio que le permita reconocer la forma de la idea buscada. De no poseer el convencimiento firme del hallazgo, es conveniente consultar el significado o el matiz del término en un diccionario general.

Se ha evitado hacer revisiones explícitas y se ha incluido, en cada caso, los términos que dibujan sobradamente la sinonimia de la voz. No obstante, puede acudirse a su ampliación si se cree preciso, contrastando los respectivos desarrollos de los términos como voz o artículo.

Un apéndice sustancioso y eficaz es el Vocabulario plurilingüe. Por su volumen y función, adquiere personalidad propia dentro de esta obra. Su inclusión responde a la intención de facilitar un instrumento ágil de correspondencia de términos en cinco lenguas. Las voces de entrada están en castellano y para cada una de ellas se especifica sus correspondientes en inglés **(I.)**, francés **(F.)**, alemán **(A.)** e italiano **(I.)**, por este mismo orden.

Existe una relación estrecha entre el diccionario de sinónimos y el vocabulario plurilingüe. La mayoría de las voces que aparecen en el primero se disponen en el segundo con su traducción a los idiomas mencionados y, también, se incluyen otros vocablos de uso común carentes de sinónimos. De esta manera, el apoyo del diccionario de sinónimos se prolonga directamente hasta el plurilingüe, que ofrece una atalaya para la comparación lingüística en lenguas románicas y lenguas germánicas sumamente provechosa. La interrelación va aún más lejos, ya que alinea y confronta una radioscopia léxica que discurre del ámbito interior de la lengua (sinonimia) al exterior (plurilingüe), y viceversa. El diccionario de sinónimos describe las relaciones léxicas de afinidad y oposición significativas, dentro de la lengua castellana; por consiguiente, es la visión de un tipo de organización interior. Y el vocabulario plurilingüe describe las relaciones de conversión a distintas lenguas, es decir, externas.

Cierran esta obra los apartados Frases célebres y Locuciones usuales y Voces extranjeras. Constituyen dos instrumentos de consulta no menores. En su confección se ha puesto un exquisito cuidado por recoger no sólo el caudal clásico, tan sólido y apreciado por generaciones de filólogos y lectores, sino también los elementos expresivos más modernos y de vigente uso.

La abundantísima relación de locuciones cubre una laguna enormemente común. El hablante de una lengua suele sentirse confuso y dubitativo respecto al significado de multitud de expresiones y voces extranjeras; cuánto más respecto a su origen y al contexto del que han derivado. El objetivo de esta sección se cifra en paliar una confusión semejante y ofrecer una información ágil, selectiva y actualizada. A las locuciones de fuentes clásicas ya inventariadas, se suman muchas otras de reciente incorporación que circulan —quizás con excesiva desenvoltura— por los medios televisivo, radiofónico y periodístico. La clasificación de estas locuciones y voces extranjeras proporcionará certeza y probablemente mejor criterio a los hablantes.

El apéndice de Frases célebres pone a disposición del usuario de esta obra otro instrumento privilegiado para la mejor expresión. Induce a reflexionar sobre la lengua y las formas culturales de su uso. Para la composición de este apartado también se ha desplegado un criterio especialmente sensible a las dos vertientes de producción, la clásica y la moderna, para combinar formas culturalmente complementarias.

El *Diccionario de Sinónimos y Antónimos* reúne en sus páginas una rica y actual gama de elementos de consulta que sin duda aportará una ayuda segura y meritoria.

Dr. JAVIER LABORDA

ababol
SIN. Amapola, abribollo, distraído, necio, bobo.
ANT. *Despierto, inteligente.*

abacá
SIN. Cáñamo, cabuya, fibra.

abacero
SIN. Tendero, comerciante, vendedor, negociante, suministrador, proveedor.

ábaco
SIN. Capitel, columna, remate, coronamiento, contador, tanteador, anotador.

abacorar
Amér.
SIN. Avasallar, someter, doblegar, rendir, supeditar, sojuzgar.
ANT. *Liberar, resistir.*

abad
SIN. Superior, regente, prior, guardián, custodio, capellán, clérigo.

abadejo
SIN. Bacalao, pejepalo, reyezuelo.

abadía
SIN. Monasterio, convento, colegiata, priorato, cartuja, cenobio, colegio.

abajo
SIN. Debajo, bajo, supeditado a, ¡fuera!, ¡muera!
ANT. *Arriba, encima, sobre, supra.*

abalanzar
SIN. Arrojar, impeler, precipitar, tirar, lanzar, expulsar, dispersar, atacar, embestir, arremeter, equilibrar, igualar, comparar, estabilizar, nivelar, hermanar.
ANT. *Recoger, defender, desnivelar, desequilibrar.*

abalanzarse
SIN. Precipitarse, lanzarse, arrojarse, echarse, arriesgarse, decidirse, atreverse.
ANT. *Contenerse, moderarse.*

abaldonar
SIN. Agraviar, humillar, infamar, atropellar, herir, injuriar, ofender, avergonzar.
ANT. *Enaltecer, dignificar, elogiar.*

abalear
Amér.
SIN. Tirotear, disparar, balear, ametrallar.

abandonado
SIN. Desvalido, desatendido, solo, desamparado, descuidado, desabrigado, impotente, huérfano, negligente, descuidado, perezoso, dejado, desidioso, apático, desaliñado, sucio, desmadrado, vacío, libre, desocupado, yermo.
ANT. *Protegido, acompañado, atendido, limpio, activo, diligente, habitado, lleno.*

abandonar
SIN. Desamparar, dejar, desasistir, plantar, desaparecer, desertar, romper, abdicar, ceder, renunciar, desechar, repudiar, renegar, aburrir, despoblar, desmantelar, vaciar.
ANT. *Amparar, proteger, asistir, permanecer, seguir, habitar.*

abandonarse
SIN. Desanimarse, abatirse, tumbarse, desalentarse, plegarse, entregarse, desligarse.
ANT. *Animarse, asociarse.*

abandono
SIN. Cesión, renuncia, dimisión, abdicación, entrega, baja, plante, ausencia, alejamiento, fuga, ruptura, retirada, apostasía, repudio, relegación, desvalimiento, desamparo, orfandad, disfavor, descuido, dejadez, incuria, pereza, apatía, tranquilidad, pasividad, laxitud, frialdad, lentitud.
ANT. *Permanencia, continuación, atención, hospitalidad, celo, interés.*

abanico
SIN. Soplillo, baleo, ventilador, aventador, pericón, paipai, flabelo.

abarajar
Amér.
SIN. Barajar, mezclar, encartar, cortar.

abarca
SIN. Almadreña, zueco.

abarcar
SIN. Abrazar, ceñir, comprender, englobar, implicar, juntar, envolver, aglomerar, apiñar, ocupar, limitar, agregar, añadir, aumentar, unir, alcanzar, divisar.
ANT. *Excluir, separar, prescindir.*

abarcar
Amér.
SIN. Acaparar, reunir, juntar, almacenar.
ANT. *Repartir.*

abarloar
SIN. Atracar, acercar, arrimar, aproximar, juntar, unir.
ANT. *Desatracar.*

abarrajado
Amér.
SIN. Audaz, resuelto, intrépido, atrevido, desvergonzado, libertino.
ANT. *Cobarde, pusilánime, tímido.*

abarrancar
SIN. Encallar, varar, embarrancar, atascarse, obstaculizar.
ANT. *Facilitar.*

abarrotado
SIN. Lleno, atiborrado, apretado, saturado, cargado, plagado.
ANT. *Vacío, desierto, deshabitado.*

abarrotamiento
SIN. Saturación, plenitud, aglomeración, congestión, inundación, desbordamiento, atasco.
ANT. *Escasez, ausencia.*

abarrotar
SIN. Llenar, saturar, rebosar, henchir, apretar, aglomerar, sobreabundar, plagar, cargar sobrecargar.
ANT. *Descargar, vaciar, despoblar.*

abastecedor
SIN. Proveedor, suministrador, distribuidor, repartidor, intendente, administrador.

abastecer
SIN. Surtir, avituallar, suministrar, proveer, distribuir, aprovisionar, facilitar, proporcionar, dotar, equipar, acopiar.
ANT. *Consumir, desguarnecer.*

abastecimiento
SIN. Avituallamiento, aprovisionamiento, suministro, provisión, surtido, acopio, prevención, despensa, almacén, alforjas, reservas.
ANT. *Carencia.*

abasto
SIN. Provisión, suministro, existencias, surtido, almacenamiento.
ANT. *Carencia, escasez.*

abatatar
Amér.
SIN. Intimidar, amenazar, atemorizar, asustar.

abatido
SIN. Decaído, desanimado, postrado, desalentado, lánguido, aplanado, agostado, descorazonado, pesimista, meditabundo, consternado, desfallecido, fatigado, agotado, extenuado, exhausto, hundido, desvalorizado, depreciado, desvirtuado, ruinoso.
ANT. *Animado, fortalecido.*

abatimiento
SIN. Agotamiento, extenuación, impotencia, languidez, cansancio, debilidad, desaliento, desánimo, desfallecimiento, agobio, consternación, depresión, desconsuelo, postración, apocamiento, amilanamiento, anonadamiento, confusión, humillación, abyección.
ANT. *Brío, fortaleza, ánimo.*

abatir
SIN. Humillar, vilipendiar, doblegar, oprimir, derribar, derrumbar, hundir, inclinar, deshacer, arruinar, sobajar (*Amér.*), aniquilar, descuajar, abismar, desalentar, descorazonar, consternar, aplanar, desanimar, abollar, agotar, cansar, enflaquecer.
ANT. *Alentar, animar, ensalzar, fortalecer, decidir.*

abatirse
SIN. Desanimarse, desalentarse, debilitarse, extenuarse, aplanarse, postrarse, decaer, aniquilarse, acobardarse, deprimirse, apocarse.
ANT. *Animarse, fortalecerse, envalentonarse.*

abdicación
SIN. Dimisión, renunciamiento, abandono, cesión, renuncia, transmisión, despedida, declinación, vacante, cesantía, marcha, partida, cancelación.
ANT. *Aceptación, adhesión.*

abdicar
SIN. Renunciar, resignar, dimitir, cesar, abandonar, deponer, apartar, declinar, desertar, apostatar, entregar, retirarse, jubilarse.
ANT. *Permanecer, aceptar, quedarse.*

abdomen
SIN. Vientre, panza, tripa, barriga, cavidad, epigastrio.

abecedario
SIN. Abecé, alfabeto, silabario, rudimentos, principios, letra, señal, telegrafía, Morse.

abejar
SIN. Colmenar, avispero, enjambre, banquera.

abellacado
SIN. Envilecido, pervertido, encanallado, ruin, granuja, calandrajo.
ANT. *Ennoblecerse, elevarse.*

abellacarse
SIN. Envilecerse, rebajarse, encanallarse, degradarse.
ANT. *Ennoblecerse, elevarse.*

aberración
SIN. Extravío, desvío, error, ofuscación, equivocación, anomalía, anormalidad, alteración, vicio, desenfoque, tergiversación, obstinación, terquedad.
ANT. *Normalidad, acierto, verdad, comprensión.*

aberrar
SIN. Desviarse, diverger, alterar, confundir, desenfocar, disparatar, errar, pifiar, tergiversar, ofuscar.
ANT. *Encontrar, encaminar, aclarar, acertar.*

abertura
SIN. Paso, garganta, anchura, diámetro, luz, ventilación, hendidura, perforación, oquedad, agujero, boquete, toma, tobera, brecha, rendija, grieta, ranura, resquicio, quebradura, cráter, hueco, salida, vertedero, corte, roto, reventón, franqueza, sinceridad, naturalidad.
ANT. *Clausura, obturación, hostilidad.*

abierto
SIN. Sincero, sencillo, simpático, comunicativo, expansivo, ingenuo, accesible, desembarazado, franco, claro, patente, palmario, evidente, manifiesto, notorio, hueco, escotado, roto, quebrado, separado, desunido, tajado, poroso, permeable, blando.
ANT. *Reservado, complicado, dudoso, compacto, denso, cerrado, vallado.*

abigarrado
SIN. Confuso, mezclado, embrollado, complicado, barroco, alterado, violento, estridente, extremado, pintarrajeado, llamativo, multicolor, heterogéneo, recargado.
ANT. *Sencillo, homogéneo, elemental.*

abigarramiento
SIN. Confusión, embrollo, enredo, desconcierto, laberinto, desorden, galimatías, mezcolanza, estridencia, violencia, abundancia, profusión, heterogeneidad, disparidad.

ANT. *Sobriedad, sencillez, orden.*

abigarrar
SIN. Confundir, desarreglar, trastornar, turbar, mezclar, trastocar, intrincar, alterar, embarullar, desaliñar.
ANT. *Ordenar, desenredar.*

abismado
SIN. Sumido, absorto, sumergido, meditabundo, ensimismado, reservado, enigmático, escondido, recóndito, callado, secreto.
ANT. *Distraído, indiscreto.*

abismal
SIN. Hondo, profundo, simado, abismado, insondable.
ANT. *Superficial, elevado.*

abismar
SIN. Sumergir, hundir, sumir, abatir, ensimismar, meditar, pensar, abstraerse, ocultar, esconder, cubrir.
ANT. *Descubrir, distraerse.*

abismar
Amér.
SIN. Admirarse, asombrarse, pasmarse, maravillarse.

abismo
SIN. Precipicio, barranco, sima, sumidero, despeñadero, acantilado, profundidad, depresión, fosa, oquedad, cavidad, hondura, inmensidad, piélago, infierno, averno, tártaro.
ANT. *Cumbre, altura, cielo.*

abjuración
SIN. Retracción, abandono, renuncia, felonía, traición, perjurio, repudio, rescisión, apartamiento, separación, deserción, abdicación.
ANT. *Lealtad, fidelidad.*

abjurador
SIN. Desleal, apóstata, falso, traidor, perjuro, falaz, renegado, rebelde.
ANT. *Firme, leal.*

abjurar
SIN. Abandonar, dejar, renegar, retractar, desdecir, renunciar, traicionar, rechazar, repudiar, desistir, dimitir, abdicar, recusar.
ANT. *Confirmar, acatar, mantener.*

ablación
SIN. Extirpación, supresión, mutilación, escisión, separación, amputación, corte, extracción.

ANT. *Reposición, unión.*

ablandamiento
SIN. Mitigación, apaciguamiento, relajación, ahuecamiento, amortiguación, dulcificación, blandura, disminución, derretimiento, maduración.
ANT. *Endurecimiento, aumento, vigorización.*

ablandar
SIN. Suavizar, dulcificar, laxar, mitigar, templar, reblandecer, madurar, lenificar, moderar, relajar, macerar, amortiguar, aplacar, enternecer, desencolerizar, domesticar, dominar.
ANT. *Endurecer, persistir, desobedecer.*

ablución
SIN. Lavatorio, baño, purificación, lavado, inmersión, bautismo, depuración, aseo, remojo.
ANT. *Suciedad, abandono.*

abnegación
SIN. Altruismo, generosidad, sacrificio, renuncia, inmolación, desinterés, filantropía, caridad, celo, virtud, sublimidad.
ANT. *Egoísmo, mezquindad.*

abnegado
SIN. Sacrificado, bueno, altruista, desprendido, caritativo, generoso, magnánimo, virtuoso, benevolente, desinteresado, benefactor.
ANT. *Egoísta, avaricioso.*

abobar
SIN. Embobecer, atontar, atontolinar, tontear, pasmar, atolondrarse, extraviar, marear.
ANT. *Avispar, despabilar.*

abocar
SIN. Arrimar, aproximar, avecinar, allegar, aportar, verter, envasar, embocar, escanciar, echar.
ANT. *Alejar, separar.*

abocetado
SIN. Esbozado, diseñado, apuntado, insinuado, dibujado, rudimentario, incompleto, tosco, planeado, tanteado, proyectado.
ANT. *Acabado, definitivo, perfecto.*

abocetar
SIN. Esbozar, diseñar, apuntar, delinear, esquematizar, planear, trazar, tantear, intentar, ensayar, perfilar.

ANT. *Acabar, perfeccionar.*

abochornado
SIN. Avergonzado, ruborizado, sofocado, corrido, confundido, afrentado, ridiculizado, emocionado, impresionado.
ANT. *Tranquilo, descarado.*

abochornar
SIN. Avergonzar, ruborizar, sofocar, sonrojar, confundir, ridiculizar, afrentar, turbar, agitar, impresionar, amilanar.
ANT. *Tranquilizar, envalentonar.*

abofetear
SIN. Zurrar, castigar, cascar, pegar, calentar, golpear, batanear, maltratar, desairar, humillar, menospreciar, desestimar.
ANT. *Apreciar, acariciar.*

abogado
SIN. Letrado, jurista, jurisconsulto, consejero, intercesor, medianero, representante, procurador, agente, togado, licenciado, romanista.
ANT. *Adversario.*

abogador
SIN. Intercesor, defensor, mediador, tutor, protector, paladín.
ANT. *Acusador.*

abogar
SIN. Interceder, defender, auxiliar, representar, apoyar, proteger, aconsejar, dictaminar, legislar.
ANT. *Atacar, acusar.*

abolengo
SIN. Origen, linaje, alcurnia, estirpe, ascendencia, prosapia, cuna, sangre, solera, raza, parentesco, descendencia, aristocracia, condición, categoría, rango, solera, ralea, pro.

abolición
SIN. Derogación, supresión, anulación, cancelación, extinción, revocación, cesación, aniquilación, disolución, extirpación, prohibición.
ANT. *Validez, vigencia, autorización.*

abolir
SIN. Anular, suprimir, derogar, revocar, quitar, borrar, prohibir, extinguir, retirar, deshacer, cancelar, invalidar, rescindir, cesar, eliminar, neutralizar, disolver.
ANT. *Reponer, instituir.*

abollado

SIN. Machacado, aplastado, deformado, hundido, deprimido, desigual, cóncavo, abatido, desalentado, desanimado.

ANT. *Liso, animado.*

abollar

SIN. Hundir, chafar, machacar, golpear, desnivelar, deformar, abatir.

ANT. *Levantar, animar.*

abombado

SIN. Curvado, ahuecado, arqueado, abultado, aturdido, atolondrado.

ANT. *Recto, liso, sereno.*

abombar

SIN. Aturdir, desvanecer, turbar, conturbar, marear, arquear, inflar, redondear, ahuecar.

ANT. *Serenar, enderezar.*

abominable

SIN. Detestable, aborrecible, odioso, execrable, repugnante, incalificable, atroz, intolerable, monstruoso, terrible, repulsivo, nefando, condenable.

ANT. *Amable, atractivo.*

abominación

SIN. Execración, odio, asco, ojeriza, rencor, horror.

ANT. *Cariño, simpatía.*

abominar

SIN. Aborrecer, condenar, detestar, execrar, odiar, desaprobar, tildar, reprobar, repeler, rechazar, hostilizar.

ANT. *Agradar, amar, acoger.*

abonado

SIN. Avalado, garantizado, suscrito, respaldado, apuntado, liquidado, saldado, inscrito, digno, honorable.

ANT. *Insolvente, indigno.*

abonanzar

SIN. Abrir, aclarar, calmar, suavizar, despejar, mejorar, serenar, aquietar, aplacar.

ANT. *Nublar, cerrar.*

abonar

SIN. Fertilizar, regar, beneficiar, enriquecer, fecundizar, pagar, ingresar, remunerar, garantizar, avalar, ratificar, inscribir, matricular, apuntar, aprobar, mejorar, restaurar.

ANT. *Secar, adeudar, desconfiar.*

abonaré

SIN. Pagaré, crédito, cheque, talón, giro, pago.

ANT. *Cargo.*

abono

SIN. Fianza, garantía, seguridad, aval, salvaconducto, ratificación, crédito, confirmación, fertilizante, estiércol, humus, guano, nitrato, basura.

ANT. *Cargo, desconfianza.*

abordable

SIN. Accesible, tratable, asequible, factible, realizable, abierto, llano, sencillo.

ANT. *Inaccesible, inasequible.*

abordaje

SIN. Choque, encuentro, contacto, acometida, colisión, topetazo, carga, encontronazo, asalto, atropello.

abordar

SIN. Chocar, embestir, asaltar, atracar, arribar, emprender, afrontar, iniciar, proyectar, planear.

ANT. *Alejarse, abandonar.*

aborigen

SIN. Autóctono, indígena, natural, originario, nativo, vernáculo.

ANT. *Extranjero, extraño.*

aborrascarse

SIN. Encapotarse, oscurecerse, cubrirse, nublarse, cargarse, entenebrecerse, revolverse.

ANT. *Despejarse, calmarse.*

aborrecer

SIN. Detestar, abominar, odiar, execrar, aburrir, fastidiar, despreciar, desagradar, exasperar, malquerer.

ANT. *Apreciar, amar.*

aborrecible

SIN. Detestable, abominable, execrable, despreciable, odioso, condenable, repugnante, antipático, insufrible, impopular, feo, enemigo.

ANT. *Simpático, amable.*

aborrecimiento

SIN. Aversión, odio, rencor, desprecio, abominación, ojeriza, execración, encono, tirria, repulsa, desafección, antipatía, acritud, resentimiento, misoginia, ostracismo, apartamiento, impopularidad.

ANT. *Simpatía, amistad, atracción, diversión.*

abortar

SIN. Malograr, interrumpir, malparir, desaparecer, acabar, frustrar, fracasar.

ANT. *Conseguir, fructificar.*

abortivo

SIN. Anticonceptivo, feticida, infructífero, abortante, estrógeno.

ANT. *Fructificante, conceptivo.*

aborto

SIN. Fracaso, frustración, malogro, fallo, feto, prematuridad, precocidad, anticipación.

ANT. *Consecución, éxito, fruto, nacimiento.*

abotagado

SIN. Hinchado, embotijado, abobado, atontado, embrutecido.

ANT. *Inteligente.*

abotagamiento

SIN. Hinchazón, inflamación, inflación, embrutecimiento, atontamiento, abobamiento.

ANT. *Inteligencia, desinflamiento.*

abotagarse

SIN. Hincharse, embotijarse, engordar, inflamarse, abobarse, atontarse, embrutecerse.

ANT. *Deshincharse, despabilarse.*

abra

Amér.

SIN. Descampado, descubierto, despoblado, escampado.

ANT. *Poblado, habitado, cerrado.*

abrasado

SIN. Quemado, incendiado, incinerado, tostado, marchito, seco, yermo, agitado, conmovido.

ANT. *Fresco, insensible.*

abrasador

SIN. Ardiente, calcinador, candente, quemador, ígneo, febril, sofocante, ardoroso, tórrido.

ANT. *Refrescante.*

abrasar

SIN. Inflamar, quemar, chamuscar, encender, incinerar, calcinar, arder, tostar, hervir, prender, marchitar, consumir, destruir, secar.

ANT. *Reverdecer, refrigerar.*

abrasivo

SIN. Áspero, afilador, lijador, rugoso, lija, esmeril, corindón.

ANT. *Suave.*

abrazadera
SIN. Brazo, sujetador, anillo, grapa, ceñidor, refuerzo.

abrazar
SIN. Rodear, bordear, cercar, abarcar, comprender, envolver, apretar, ceñir, estrechar, oprimir, estrujar, admitir, adoptar, afiliar, unir, suscribir, entrar.
ANT. Soltar, rechazar, alejar.

abrazo
SIN. Apretón, saludo, caricia, lazo, unión, amistad, afiliación, compenetración, inclusión.
ANT. Enemistad, exclusión.

abrevadero
SIN. Aguadero, pilón, tina, pila, pesebre, estanque, tinaja, depósito, bebedero.

abrevar
SIN. Beber, refrescar, saciar, mojar, remojar, regar.
ANT. Secar, deshidratar.

abreviado
SIN. Breve, aligerado, sintetizado, resumido, sucinto, extractado, acortado, escaso, fraccionado, ceñido, contraído, disminuido, recortado, mermado, concreto.
ANT. Ampliado, extenso, abundante.

abreviar
SIN. Acortar, reducir, compendiar, aligerar, resumir, condensar, sustanciar, comprimir, restringir, contraer, achicar, simplificar, cortar, apresurar, apremiar.
ANT. Ampliar, alargar, tardar.

abreviatura
SIN. Concisión, parquedad, compendio, reducción, síncopa, resumen, epítome, breviario, extracto, sinopsis, síntesis, simplificación, esquema, sigla, cifra, iniciales.
ANT. Ampulosidad, divagación.

abrigadero
Amér.
SIN. Guarida, cubil, refugio, madriguera.
ANT. Desamparo.

abrigador
Amér.
SIN. Encubridor, cómplice, alcahuete, ocultador.
ANT. Delator.

abrigar
SIN. Arropar, cobijar, tapar, proteger, cubrir, resguardar, calentar, enfundar, amparar, defender, recoger, auxiliar, albergar, acurrucar, idear, proyectar, planear, imaginar.
ANT. Desarropar, desamparar.

abrigo
SIN. Resguardo, protección, amparo, auxilio, ayuda, custodia, seguridad, tutela, garantía, retiro, gabán, ropa, tabardo, manto, piel, capa, juba, túnica.
ANT. Desamparo, abandono.

abrillantar
SIN. Pulir, bruñir, pulimentar, lustrar, encerar, relucir, esmerilar, esplender, brillar, labrar, platear, dorar, satinar, enaltecer, elogiar.
ANT. Deslucir, empañar.

abrir
SIN. Cavar, agrietar, dividir, tajar, partir, romper, agujerear, destapar, resquebrajar, desabrochar, desenvolver, desplegar, cuartear, inaugurar, estrenar, principiar, empezar, recaer, extender, estallar, separar, saltar, abonanzar, serenar, clarear.
ANT. Cerrar, tapar, obstruir, clausurar, nublarse.

abrochar
SIN. Sujetar, cerrar, unir, atar, enlazar, trabar, amarrar, prender.
ANT. Desatar, aflojar.

abrogar
SIN. Abolir, anular, derogar, cancelar, revocar.
ANT. Restablecer.

abrojo
SIN. Cardo, zarza, espino, ortiga, escollo, obstáculo, pena, dificultad, dolor.
ANT. Facilidad.

abroncar
SIN. Censurar, reprender, regañar, injuriar, desazonar, avergonzar, humillar, escarnecer.
ANT. Elogiar, enaltecer.

abroquelarse
SIN. Escudarse, defenderse, ampararse, protegerse, asegurarse, cobijarse.
ANT. Descubrirse.

abrumado
SIN. Agobiado, aplanado, oprimi-
do, apabullado, atosigado, cansado, cohibido, agotado, ocupado, aburrido, molesto, hastiado, confundido, saciado, colmado, lacerado, afligido, apenado.
ANT. Satisfecho, descansado.

abrumador
SIN. Agobiante, opresor, agotador, cargante, fastidioso, angustioso, pesado, molesto, doloroso, lacerante, triste.
ANT. Sedante, cómodo.

abrumar
SIN. Cansar, molestar, oprimir, enojar, cargar, agobiar, acosar, apurar, engorrar, freír, jorobar, hastiar, henchir, aniquilar, aplanar, intimidar, aplastar, lacerar, amargar.
ANT. Alegrar, animar, confortar.

abrupto
SIN. Escarpado, acantilado, áspero, quebrado, intrincado, bravo, espinoso, difícil, rugoso, montañoso, desigual, accidentado, escalonado, empinado, rudo, basto, grosero, ordinario.
ANT. Llano, suave, culto.

absceso
SIN. Tumor, postema, úlcera, llaga, flemón, grano, orzuelo, pus, bolsa, forúnculo, purulencia, panadizo.

ábside
SIN. Bóveda, presbiterio, altar, coro, hemiciclo, cripta, domo.

absolución
SIN. Perdón, indulto, exculpación, gracia, exención, indulgencia, remisión, redención, liberación, rehabilitación, licencia, casación, bula, derogación, descargo, merced, favor.
ANT. Pena, castigo.

absolutismo
SIN. Autocracia, cesarismo, dictadura, tiranía, despotismo, oligarquía, arbitrariedad, omnipotencia, dominio, rigor, intolerancia, capricho.
ANT. Libertad, democracia.

absolutista
SIN. Dictador, totalitario, autócrata, tirano, déspota, oligarca, extremista, excluyente, riguroso, imperioso.
ANT. Liberal, democrático.

absoluto

SIN. Ilimitado, infinito, incondicional, eterno, terminante, necesario, puro, ideal, rotundo, exhaustivo, autoritario, imperioso, absorbente, oligarca, dominador, riguroso, claro, total, indiscutible, irrefutable.
ANT. *Relativo, tolerante, incierto.*

absolver

SIN. Perdonar, eximir, condonar, dispensar, amnistiar, eximir, reponer, descargar, exculpar, levantar, rehabilitar, liberar, emancipar, olvidar, desligar.
ANT. *Condenar, castigar.*

absorbente

SIN. Dominante, totalitario, cautivador, arrollador, atractivo, original, interesante, fascinante, curioso, esponjoso, permeable, secante.
ANT. *Repelente, desagradable.*

absorber

SIN. Atraer, cautivar, subyugar, encandilar, fascinar, hipnotizar, chupar, calar, empapar, succionar, tragar, impregnar, humedecer, gastar, engullir, consumir.
ANT. *Repeler, confundir, ahorrar.*

absortar

SIN. Suspender, enajenar, admirar, abstraer, arrobar.
ANT. *Distraer.*

absorto

SIN. Pasmado, admirado, asombrado, maravillado, cautivado, abstraído, estupefacto, enfrascado, arrobado, patitieso, ensimismado, suspenso, embebido, concentrado, atónito.
ANT. *Despreocupado, distraído.*

abstemio

SIN. Sobrio, comedido, limitado, parvo, moderado, continente, casto, aguado.
ANT. *Borracho, desmedido.*

abstención

SIN. Inhibición, contención, renuncia, privación, sacrificio, limitación, sobriedad, comedimiento, freno, prohibición.
ANT. *Abuso, incontinencia.*

abstenerse

SIN. Privarse, dejar, prescindir, descartarse, racionarse, contenerse, refrenarse, sacrificarse, olvidar, mortificarse, prohibirse, castigarse.
ANT. *Participar, abusar.*

abstinencia

SIN. Privación, sobriedad, ayuno, parquedad, abstención, vigilia, cuaresma, penitencia, freno, temperancia, morigeración.
ANT. *Desenfreno, abuso, incontinencia.*

abstinente

SIN. Moderado, templado, continente, morigerado, sobrio, parco, privado, ayunador, cuaresmal, casto.
ANT. *Voraz, desenfrenado.*

abstracción

SIN. Ensimismamiento, enajenamiento, arrobo, embelesamiento, ensoñación, embaucamiento, contemplación, concentración, recogimiento, meditación.
ANT. *Realidad, despreocupación.*

abstracto

SIN. Indeterminado, inconcreto, absoluto, indefinido, vago, impreciso, genérico, complejo, impersonal, ideal, inmaterial.
ANT. *Concreto, preciso, real.*

abstraer

SIN. Aislar, separar, desglosar, disociar, desunir, descartar, disolver, sustraer.
ANT. *Asociar, unir.*

abstraerse

SIN. Ensimismarse, encogerse, reconcentrarse, absorberse, enfrascarse, arrobarse, sumergirse, extasiarse, embebecerse, endiosarse.
ANT. *Disiparse, distraerse.*

abstraído

SIN. Ensimismado, absorto, enajenado, abismado, sumido, meditabundo, preocupado, embelesado, patidifuso, aturdido, aislado, separado.
ANT. *Distraído, disipado, indiferente.*

abstruso

SIN. Incomprensible, impenetrable, recóndito, profuso, difícil, esotérico, oscuro, abstracto, enredado, alambicado, ambiguo, equívoco.
ANT. *Evidente, claro, fácil.*

absuelto

SIN. Perdonado, redimido, exculpado, rehabilitado, amnistiado, condonado, libertado, conmutado.
ANT. *Condenado, culpado.*

absurdidad

SIN. Disparate, desvarío, inconexión, quimera, fantasía, utopía, fantasmagoría.
ANT. *Sensatez, posibilidad, realidad.*

absurdo

SIN. Disparatado, ilógico, desatinado, irracional, falso, paradójico, incongruencia, locura, inverosímil, ligereza, simpleza, necedad, ingenuidad, patochada, bufonada, esperpento, ingenuo, simple, bobo, negado, idiota, cómico, chusco, risible.
ANT. *Lógica, sensatez, posibilidad, razonable.*

abucheador

SIN. Crítico, fustigador, acusador, vituperador, denigrante, insultante.
ANT. *Elogioso.*

abuchear

SIN. Silbar, gritar, abroncar, pitar, escarnecer, protestar, desaprobar, censurar, criticar, hostigar, oponerse, burlarse.
ANT. *Aplaudir, elogiar.*

abuelo

SIN. Ascendiente, anciano, viejo, senil, antiguo, veterano, arcaico, rancio, venerable, acartonado, marchito, momia, antepasado.
ANT. *Lozano, joven, fresco, nuevo.*

abúlico

SIN. Pasivo, abandonado, indiferente, desinteresado, apático, lánguido, aburrido, perezoso, inerte, negligente, descuidado.
ANT. *Activo, diligente.*

abultado

SIN. Exagerado, voluminoso, grande, convexo, dilatado, amplificado, aumentado, exorbitante, prominente, saliente, exuberante, gordo, mofletes, barrigón, amplio, enorme.
ANT. *Delgado, enjuto, plano.*

abultar

SIN. Aumentar, amplificar, desorbitar, redondear, dilatar, agrandar, engordar, exagerar, fantasear, encarecer, lisonjear.
ANT. *Adelgazar, reducir, decrecer.*

abundancia

SIN. Exuberancia, profusión, caudal, riqueza, copia, prodigalidad, fertilidad, fecundidad, frondosidad, cantidad, proliferación, varie-

dad, multitud, cenit, apogeo, acumulación, diversidad, acopio, saciedad, arsenal, exceso, demasía, derroche, aluvión, inundación, mina, torrente, enjambre, océano.
ANT. *Escasez, pobreza, carencia.*

abundante
SIN. Copioso, abundoso, exuberante, fecundo, fértil, frondoso, prolífico, óptimo, rico, pródigo, cuantioso, profuso, rebosante, repleto, opíparo, innumerable, ilimitado, crecido, sobrado, largo, nutrido, preñado, torrencial, próspero, mucho.
ANT. *Escaso, insuficiente, pobre.*

abundar
SIN. Rebosar, cundir, afluir, sobrar, exceder, multiplicar, llover, colmar, bastar.
ANT. *Faltar, necesitar.*

aburrido
SIN. Hastiado, cansado, malhumorado, harto, fastidiado, disgustado, abrumado, molesto, letárgico, desilusionado, enfadoso, indigesto, soporífero, monótono, cargante, plomo, pelma, estúpido, soso.
ANT. *Animado, divertido, ameno.*

aburridor
SIN. Fastidioso, cargante, insulso, molesto, enojoso, fatigante, monótono, insoportable, soporífero.
ANT. *Divertido, agradable.*

aburrimiento
SIN. Aversión, desgana, disgusto, hastío, fastidio, cansancio, tedio, bostezo, tabarra, sopor, abatimiento, desazón, cantilena, malhumor, sosería, desilusión, tristeza, morriña, pesimismo, ostracismo.
ANT. *Alegría, contento, diversión.*

aburrir
SIN. Molestar, cansar, hastiar, fastidiar, disgustar, hartar, importunar, gastar, aborrecer, incordiar, aturdir, decepcionar, embotar, saciar, bostezar.
ANT. *Divertir, entretener.*

abusar
SIN. Atropellar, forzar, violar, excederse, extralimitarse, maltratar, tiranizar, esclavizar, extremar, gorrear, lucrarse, engañar, prostituir, falsificar, adulterar, trampear, especular.
ANT. *Respetarse, limitarse, honrar.*

abusivo
SIN. Excesivo, desmedido, inmoderado, exagerado, insolente, injusto, ilegal, sinvergüenza, tiránico, despótico, opresivo.
ANT. *Moderado, limitado.*

abusivo
Amér.
SIN. Abusón, abusador, egoísta, desconsiderado, explotador.
ANT. *Desprendido, respetador.*

abuso
SIN. Atropello, injusticia, exceso, demasía, extralimitación, exageración, usura, desconsideración, engaño, explotación, gamberrada, ilegalidad, profanación, infracción, fraude, tropelía, cacicada, dominación.
ANT. *Comedimiento, sobriedad, tolerancia, freno.*

abusón
SIN. Egoísta, exigente, déspota, injusto, abusivo (*Amér.*), ilegal, arbitrario, explotador, violador.
ANT. *Comedido, responsable, moderado.*

abyección
SIN. Bajeza, vileza, envilecimiento, descrédito, deshonor, infamia, oprobio, abatimiento, esclavitud, apocamiento, caída, desprestigio, ruina, miseria, adulación, lisonja, zalamería.
ANT. *Nobleza, dignidad.*

abyecto
SIN. Bajo, vil, ignominioso, rastrero, despreciable, servil, degenerado, prostituido, humillado, envilecido, desalentado, vergonzoso, abatido, repulsivo, pelotillero, villano.
ANT. *Noble, digno, íntegro.*

acabado
SIN. Consumado, rematado, terminado, concluido, consumido, agotado, cumplido, finalizado, extinguido, liquidado, cerrado, perfecto, pulido, firmado, gastado, viejo, deshecho, arruinado, muerto, fallecido.
ANT. *Abocetado, imperfecto, nuevo, vivo.*

acabamiento
SIN. Término, fin, postrimería, destrucción, liquidación, desaparición, cumplimiento, desenlace, clausura, declinación, vencimiento, coronación, perfección, remate.

ANT. *Vigencia, apertura, incumplimiento, imperfección.*

acabar
SIN. Concluir, terminar, rematar, finalizar, completar, agotar, clausurar, ultimar, sellar, declinar, caer, liquidar, cumplir, culminar, resultar, completar, refinar, retocar, pulimentar, redondear, desaparecer, morir, extinguir.
ANT. *Empezar, abrir, continuar, nacer.*

acabarse
SIN. Extinguirse, terminarse, concluirse, arruinarse, morirse, aniquilarse.
ANT. *Comenzarse, continuarse.*

acabildar
SIN. Congregar, juntar, reunir, conciliar, unir, concertar, incorporar.
ANT. *Separar, disentir.*

académico
SIN. Escolar, universitario, colegial, didáctico, docente, licenciado, doctorado, sabio, correcto, elegante, ordenado, clásico, equilibrado, culto, sofisticado, refinado.
ANT. *Desordenado, incorrecto.*

acaecer
SIN. Acontecer, suceder, pasar, ocurrir, sobrevenir, advenir, efectuarse, verificarse, producirse, celebrarse, concurrir.

acaecimiento
SIN. Acontecimiento, hecho, suceso, advenimiento, ocurrencia, evento, circunstancia, incidente, hazaña, peripecia, novedad.

acalorado
SIN. Entusiasmado, encendido, enardecido, avivado, animado, exaltado, excitado, apasionado, agitado, impetuoso, fogoso, ardiente, árdido, arrobado, brioso, frenético, colérico.
ANT. *Frío, insensible.*

acaloramiento
SIN. Entusiasmo, ardor, exaltación, excitación, apasionamiento, fogosidad, arrebato, efusión, pasión, emoción, brío, alboroto, furia, enfado.
ANT. *Ponderación, frialdad.*

acalorar
SIN. Calentar, encender, asfixiar, quemar, inflamar, hervir, calcinar,

asar, cocer, abrasar, promover, animar, estimular enardecer, apasionar, fascinar.
ANT. *Enfriar, moderar, tranquilizar, reprimir.*

acalorarse
SIN. Apasionarse, entusiasmarse, exaltarse, excitarse, agitarse, avivarse, enardecerse, encenderse, fatigarse.
ANT. *Sosegarse, aplacarse.*

acallar
SIN. Aplacar, calmar, contener, aquietar, tranquilizar, conformar, atenuar, aliviar, templar, adormecer, apagar, dulcificar, amortiguar, convencer, silenciar.
ANT. *Excitar, apasionar, azuzar.*

acampar
SIN. Asentar, acuartelar, establecer, colocar, instalar, descansar, situar, fijar.
ANT. *Marchar, desalojar.*

acanalado
SIN. Surcado, estriado, rayado, ondulado, ranurado.
ANT. *Plano.*

acantilado
SIN. Escarpado, abrupto, vertical, áspero, riscoso, arrugado, escalonado, desigual, quebrado, abismo, despeñadero, verticalidad, barranco.
ANT. *Llano, plano.*

acaparamiento
SIN. Monopolio, acumulación, retención, absorción, especulación, apropiación, abuso, privilegio.
ANT. *Competencia, reparto.*

acaparar
SIN. Acopiar, almacenar, monopolizar, retener, atesorar, abarcar (*Amér.*), concentrar, centrar, polarizar, abusar, amontonar, especular, requisar.
ANT. *Repartir.*

acaramelado
SIN. Azucarado, dulce, melifluo, solícito, tierno, obsequioso, galante, empalagoso, cariñoso, rendido.
ANT. *Ácido, amargo, hostil.*

acaramelar
SIN. Endulzar, azucarar, dulcificar, enamorar, galantear, amar.
ANT. *Amargar, separar, enemistar.*

acariciar
SIN. Palpar, manosear, besar, abrazar, tocar, mimar, arrullar, halagar, adular, agasajar, coquetear, melosear.
ANT. *Maltratar, herir.*

acarrear
SIN. Conducir, transportar, llevar, trasladar, remitir, enviar, facturar, producir, proporcionar, suponer, engendrar, crear, derivar, motivar.
ANT. *Abandonar.*

acarreo
SIN. Transporte, traslado, porteo, conducción, carreteo, mudanza, cambio, envío, remisión.

acarroñar
Amér.
SIN. Acobardar, amilanar, atemorizar, acoquinar, intimidar.
ANT. *Animar, envalentonar.*

acartonado
SIN. Tieso, rígido, estirado, curtido, marchito, rancio, seco, viejo, enjuto.
ANT. *Lozano, joven, tierno.*

acartonarse
SIN. Momificarse, secarse, apergaminarse, marchitarse, envejecer, arrugarse.
ANT. *Rejuvenecerse.*

acartonarse
Amér.
SIN. Adelgazar, enflaquecer, amojamar, demacrar, desnutrir.
ANT. *Engordar, robustecerse.*

acaso
SIN. Casualidad, suerte, fortuna, destino, ventura, capricho, hado, antojo sorpresa, evento, suceso, accidente.
ANT. *Seguridad, predestinación.*

acatamiento
SIN. Sumisión, veneración, obediencia, respeto, observancia, acato, consideración, deferencia, miramiento, aceptación, homenaje, consentimiento, docilidad, conformidad.
ANT. *Desacato, rebeldía, desprecio.*

acatar
SIN. Obedecer, respetar, aceptar, reverenciar, venerar, rendir, aprobar, consentir, observar, reconocer, acceder, cumplir.
ANT. *Desacatar, abjurar.*

acatar
Amér.
SIN. Catar, probar, beber.

acaudalado
SIN. Rico, poderoso, adinerado, opulento, hacendado, fondeado (*Amér.*), magnate, potentado, capitalista, financiero.
ANT. *Pobre, miserable.*

acaudalar
SIN. Acumular, atesorar, capitalizar, enriquecerse, reunir.
ANT. *Gastar.*

acaudillar
SIN. Conducir, encabezar, dirigir, mandar, capitanear, guiar, gobernar, orientar, regir.
ANT. *Acatar, someterse.*

acceder
SIN. Aceptar, aprobar, conformarse, convenir, consentir, transigir, ceder, condescender, admitir, doblegarse, autorizar, escuchar, otorgar, acatar, permitir, alcanzar, ocupar.
ANT. *Rechazar, oponer.*

accesible
SIN. Posible, viable, cercano, próximo, abordable, abierto, fácil, amable, sencillo, deferente, transigente, comprensible, flexible, dúctil, elástico.
ANT. *Inasequible, inaccesible, difícil.*

accésit
SIN. Recompensa, diploma, nota, honor, compensación, mención.

acceso
SIN. Camino, senda, vereda, vía, dirección, paso, llegada, entrada, acogida, acometida, arrebato, síncope, achaque, patatús, trastorno, golpe, enajenamiento.
ANT. *Salida, remisión.*

accesorio
SIN. Secundario, adicional, auxiliar, agregado, transitorio, circunstancial, accidental, relativo, adjunto, adjetivo, supletorio, apéndice, anexo, aditamento, divagación, paja, ramas, incidencias, objeto, aparato, utensilio.
ANT. *Principal, esencial.*

accidentado
SIN. Abrupto, escabroso, desigual, irregular, quebrado, montañoso, sinuoso, arrugado, agreste, salvaje,

variado, agitado, difícil, turbado, herido, víctima.
ANT. *Llano, suave, ileso.*

accidental
SIN. Casual, fortuito, incidental, eventual, pasajero, circunstancial, transitorio, impensado, interino, esporádico, repentino, extrínseco, adjetivo, ajeno, extraño.
ANT. *Esencial, previsto, seguro, medular.*

accidentarse
SIN. Dañarse, desmayarse, herirse, indisponerse.
ANT. *Curarse.*

accidente
SIN. Indisposición, patatús, vértigo, postración, colapso, marasmo, desvanecimiento, choque, contratiempo, trastorno, tropiezo, revés, siniestro, pérdida, calamidad, peripecia, ataque, atropello, suceso, circunstancia, accesorio, casualidad, vicisitud, sorpresa, azar.
ANT. *Salud, fortuna, meollo, esencia.*

acción
SIN. Acto, hecho, actividad, ejercicio, actuación, ejecución, consumación, esfuerzo, iniciativa, movimiento, trabajo, labor, maniobra, intento, maquinación, intriga, quehacer, faena, empeño, manipulación, tejemaneje, cupón, título, bono, renta, valor, fuerza, celo, ánimo, ardor, brío, combate.
ANT. *Inercia, pasividad, languidez, paz.*

accionista
SIN. Asociado, socio, capitalista, rentista, interesado, financiero, copartícipe.

acecinado
SIN. Salado, apergaminado, acartonado, seco, arrugado, desgrasado, curado, ahumado, enjuto.
ANT. *Fresco, jugoso.*

acecinar
SIN. Ahumar, salar, secar, curar, desgrasar, adelgazar.
ANT. *Engordar.*

acechar
SIN. Espiar, observar, atisbar, mirar, contemplar, escudriñar, atalayar, vigilar, husmear, seguir, inquirir, averiguar, aguardar, curiosear.
ANT. *Desatender, abandonar.*

acecho
SIN. Espera, atisbo, vigilancia, estratagema, engaño, espionaje, vigilia, ojo, guardia, tutela, alerta, contemplación.
ANT. *Distracción, descuido.*

acedar
SIN. Acidular, disgustar, agriar, enfadar, molestar, importunar.
ANT. *Endulzar, apaciguar.*

acedía
SIN. Acidez, aspereza, desabrimiento, irritación.
ANT. *Dulzura, suavidad.*

acedo
SIN. Ácido, amargo, acético, fermentado, agrio, desabrido, desapacible, enfadadizo, desagradable.
ANT. *Dulce, azucarado, meloso.*

aceitoso
SIN. Oleaginoso, grasiento, mantecoso, rancio, pringoso, untado, graso, jugoso, seboso.
ANT. *Seco.*

acelerar
SIN. Apresurar, activar, aligerar, avivar, precipitar, apremiar, despabilar, despachar, aguijar, estimular, urgir, apretar, apurar, anticipar.
ANT. *Retrasar, demorar, diferir, aplazar, atrasar.*

acendrado
SIN. Puro, inmaculado, depurado, delicado, purificado, exquisito, entrañable, limpio, impoluto, genuino, incólume, intacto, diáfano, claro.
ANT. *Manchado, maculado.*

acendrar
SIN. Depurar, purificar, limpiar, acrisolar, afinar, perfeccionar.
ANT. *Manchar, contaminar.*

acento
SIN. Tono, tonillo, dejo, entonación, pronunciación, tonalidad, timbre, soniquete, sonsonete, clave, nota, retintín, guión, asterisco, lenguaje, voz, modulación.

acentuado
SIN. Marcado, señalado, manifiesto, evidente, pronunciado, recalcado, aumentado, reforzado, abultado, descarado, notorio, perceptible.
ANT. *Inadvertido, imperceptible, comedido.*

acentuar
SIN. Marcar, recalcar, resaltar, insistir, subrayar, aumentar, intensificar, exagerar, enfatizar, tildar, apoyar, señalar, determinar.
ANT. *Obviar, disminuir.*

acepción
SIN. Sentido, significado, significación, representación, extensión, concepto, distinción, diferencia. aceptación, aprobación.

aceptable
SIN. Plausible, admisible, creíble, pasable, tolerable, susceptible, apto, aprobado, conforme, mediano, regular, común, digno, grato.
ANT. *Intolerable, inadmisible.*

aceptación
SIN. Beneplácito, aplauso, plácet, aprobación, admisión, tolerancia, divulgación, difusión, conformidad, permiso.
ANT. *Recusación, repulsa, desaprobación.*

aceptar
SIN. Admitir, recibir, reconocer, aprobar, tolerar, querer, sancionar, transigir, consentir, soportar, ceder, ratificar, afirmar, suscribir, adoptar, adherirse, apechugar, afrontar, cargar.
ANT. *Rechazar, desechar, eludir, negar, dejar, dimitir.*

acequia
SIN. Canal, zanja, boquera, brazal, boquilla, regata, reguera.

acerado
SIN. Agudo, punzante, afilado, duro, resistente, incisivo, penetrante, mordaz, agresivo, picante.
ANT. *Débil, blando, obtuso.*

acerar
SIN. Agudizar, afilar, endurecer, destemplar, convertir, laminar, recubrir, fundir, recuperar, revestir, forjar, estirar, pudelar, fortalecer, vigorizar.
ANT. *Debilitar.*

acerbo
SIN. Amargo, desagradable, áspero, desapacible, cruel, doloroso, riguroso, acre, ácido, virulento, odioso, desabrido, sobrio, severo.
ANT. *Dulce, suave, amable, liberal.*

acercamiento
SIN. Aproximación, unión, aveci-

namiento, yuxtaposición, contacto.
ANT. *Alejamiento, separación.*

acercar
SIN. Aproximar, arrimar, juntar,
unir, avecindar, tocar, pegar, allegar, atracar, traer, llegar.
ANT. *Alejar, distanciar.*

acero
SIN. Espada, tizona, hoja, valor,
ánimo, resolución.
ANT. *Pusilánime.*

acérrimo
SIN. Acre, ácido, fuerte, decidido,
obstinado, voluntarioso, resuelto,
vigoroso, creyente, partidario, defensor, sectario, hincha, fanático.
ANT. *Suave, inconstante, blando.*

acertado
SIN. Atinado, oportuno, apto, certero, concordante, hábil, perfecto,
resoluto, congruente, seguro, cierto.
ANT. *Inoportuno, desacertado.*

acertar
SIN. Descifrar, atinar, enfocar, encontrar, averiguar, coincidir, deducir, presentir, hallar.
ANT. *Confundir, fallar, extraviar.*

acertijo
SIN. Adivinanza, enigma, misterio,
problema, jeroglífico, crucigrama,
pasatiempo, laberinto, incógnita,
calambur, enredo.

acervo
SIN. Cúmulo, acumulación, montón, conjunto, acopio, disponibilidad, propiedad, capital, pertenencia, posesión, bienes.
ANT. *Carencia, escasez.*

aciago
SIN. Nefasto, infausto, infeliz, fatídico, triste, desgraciado, adverso,
infortunado, sombrío, duro, azaroso, afligido.
ANT. *Afortunado, feliz.*

acibarar
SIN. Amargar, apenar, entristecer,
atormentar, mortificar, disgustar,
contristar, decepcionar, desazonar.
ANT. *Endulzar, alegrar, consolar.*

acicalado
SIN. Pulido, bruñido, terso, limpio,
aseado, pulcro, relamido, perfilado, compuesto, adornado, ataviado, afilado, pulimentado, maqui-
llado, revestido, aguzado, afeitado,

arreglado.
ANT. *Abandonado, sucio.*

acicalar
SIN. Pulir, bruñir, limpiar, alisar,
adornar, componer, ataviar, aderezar, arreglar, aguzar, afinar, pulimentar, afeitar, peinar, maquillar,
empaquetar, engalanar, agraciar.
ANT. *Abandonar, descuidar.*

acicalarse
SIN. Ataviarse, componerse, arreglarse, adornarse, alistar (*Amér.*),
afeitarse, embellecerse.
ANT. *Descuidarse, abandonarse.*

acicate
SIN. Estímulo, aguijón, incentivo,
aliciente, ánimo, espuela, pincho,
provocación, llamada, atención,
cebo.
ANT. *Desaliento, decaimiento.*

acidez
SIN. Amargura, causticidad, avi-
nagramiento, acerbidad, acetosi-
dad.
ANT. *Dulzor, suavidad.*

ácido
SIN. Acre, agrio, acidulado, acético, agridulce, anhídrido, corrompido, cáustico, desabrido.
ANT. *Dulce, azucarado, meloso.*

acierto
SIN. Cordura, discreción, prudencia, mesura, contención, tacto, delicadeza, suerte, fortuna, casualidad, acertijo, averiguación, oportunidad, puntería, pulso, tino, habilidad, sagacidad, destreza, vista,
precisión, éxito, dominio.
ANT. *Impertinencia, grosería, ineficacia, chapucería, desacierto,
error.*

aclamar
SIN. Vitorear, glorificar, aplaudir,
loar, magnificar, encumbrar, ensalzar, alabar, exaltar, engrandecer,
honrar, ovacionar, vocear, confirmar, publicar, exponer, promulgar.
ANT. *Silbar, protestar, censurar.*

aclaración
SIN. Explicación, especificación,
demostración, ilustración, información, deletreo, clarificación, desenlace, solución, enmienda, razonamiento, raciocinio, averiguación,
prueba.
ANT. *Confusión, ambigüedad, oscuridad.*

aclarar
SIN. Clarificar, diluir, serenar, disipar, abonanzar, clarear, amanecer,
alborear, esclarecer, dilucidar, descubrir, descifrar, despejar, enmendar, evidenciar, patentizar, manifestar, definir, aclarar, facilitar,
instruir, desenmascarar.
ANT. *Nublar, complicar, empeorar.*

aclimatación
SIN. Establecimiento, introducción,
adaptación, hábito, costumbre,
arraigo, familiarización, uso, observancia, cumplimiento, norma.
ANT. *Desarraigo.*

aclimatar
SIN. Connaturalizar, arraigar, habituar, acostumbrar, adaptar, acomodar, avezar, familiarizar, introducir, radicar, establecer, prevalecer, prosperar.
ANT. *Desarraigar.*

aclimatarse
SIN. Acostumbrarse, arraigarse, habituarse, adaptarse, acomodarse,
connaturalizarse, familiarizarse, establecerse.
ANT. *Desacostumbrarse.*

acobardado
SIN. Intimidado, temeroso, pusilánime, abatido, desalentado, deprimido.
ANT. *Crecido, resuelto.*

acobardar
SIN. Acoquinar, atemorizar, amedrentar, espantar, amilanar, intimidar, arredrar, asustar, acarroñar
(*Amér.*), achicar, desalentar, descorazonar, desfallecer, deprimirse.
ANT. *Envalentonar, animar, crecer.*

acochambrar
Amér.
SIN. Ensuciar, manchar, tiznar,
empolvar.
ANT. *Limpiar, lavar, asear.*

acogedor
SIN. Agradable, amable, placentero, afable, generoso, hospitalario,
cómodo, convidador, favorecedor.
ANT. *Rudo, insociable, intratable.*

acoger
SIN. Admitir, amparar, recibir,
proteger, socorrer, favorecer, asilar, auxiliar, defender, atender,
ocultar, hospedar, albergar, convenir, aprobar, oír.
ANT. *Rechazar, abandonar, disentir.*

acogida
SIN. Hospitalidad, amparo, recibimiento, admisión, calor, refugio, protección, acogimiento, amabilidad, cortesía, receptáculo, guarida, puerto.
ANT. *Desamparo, expulsión.*

acogotar
SIN. Golpear, derribar, abatir, tumbar, vencer, dominar, oprimir, sujetar, herir.
ANT. *Liberar, rebelar.*

acolchado
SIN. Almohadillado, tapizado, revestido, cubierto, mullido, acojinado, forrado, blando.
ANT. *Duro, endurecido.*

acólito
SIN. Ministro, monaguillo, ayudante, sacristán, compañero, colega, compinche, servidor, auxiliar, asistente, adjunto, secuaz, asociado.
ANT. *Enemigo, contrario.*

acomedido
Amér.
SIN. Servicial, oficioso, complaciente, obsequioso, mirado.
ANT. *Desconsiderado, desatento, descortés.*

acometedor
SIN. Agresivo, impetuoso, violento, arrojado, decidido, arremetedor, dinámico, emprendedor.
ANT. *Tímido, apocado, vago.*

acometer
SIN. Atacar, asaltar, agredir, embestir, arremeter, hostigar, irrumpir, enristrar, combatir, luchar, importunar, molestar, fustigar, espolear, emprender, intentar, comenzar.
ANT. *Defender, desistir, abandonar.*

acometida
SIN. Embestida, ataque, carga, asalto, agresión, ofensiva, abordaje, hostigamiento, batida, empuje, propulsión, espolonada.
ANT. *Resistencia, defensa.*

acometividad
SIN. Agresividad, belicosidad, violencia, mordacidad, insolencia, brío, decisión, empuje, dinamismo, fuerza.
ANT. *Pacifismo, vacilación, debilidad.*

acomodado
SIN. Conforme, apto, apropiado, arreglado, oportuno, acondicionado, armonizado, acostumbrado, proporcionado, concordante, armonioso, idóneo, afín, hacendado, rico, burgués, desahogado, opulento.
ANT. *Inoportuno, inadecuado, miserable, pobre.*

acomodamiento
SIN. Convenio, ajuste, conciliación, acuerdo, arreglo, unión, conexión, adaptación, transacción, maridaje, adhesión, componenda.
ANT. *Desacuerdo, diferencia.*

acomodar
SIN. Aplicar, adaptar, adecuar, ordenar, acostumbrar, armonizar, conformar, disponer, acotejar (*Amér.*), amoldar, acompasar, sincronizar, normalizar, habituar, acordar, convenir, coincidir, transigir, proceder.
ANT. *Desajustar, disentir, discrepar, desaprobar, rebelar.*

acomodarse
SIN. Conformarse, avenirse, resignarse, adaptarse, concertarse, amoldarse, colocarse, alterarse, atemperarse, someterse.
ANT. *Resistirse, rebelarse.*

acomodaticio
SIN. Dúctil, sociable, elástico, transigente, adaptable, conformista, compatible, conciliable, asimilable, conforme, ecléctico, vividor.
ANT. *Intransigente, duro, insociable.*

acomodo
SIN. Colocación, destino, empleo, ocupación, cargo, puesto, plaza, servicio, función, quehacer, ventaja, beneficio, prebenda.
ANT. *Paro, desempleo, perjuicio.*

acompañamiento
SIN. Cortejo, comitiva, escolta, compañía, séquito, comparsa, convoy, pompa, velatorio, entierro, apostilla, oro, orfeón, ayuda, adhesión, complemento, accesorio.
ANT. *Soledad, aislamiento.*

acompañar
SIN. Escoltar, proteger, guardar, conducir, seguir, cortejar, custodiar, alumbrar, flanquear, asociar, corear, coaligar.
ANT. *Abandonar, retirar.*

acompasado
SIN. Regular, medido, mesurado, rítmico, lento, monocorde, pautado, rimado, uniforme, cuerdo, moderado, prudente.
ANT. *Irregular, alterado, desajustado, desigual.*

acomplejado
SIN. Maniático, retraído.

acondicionado
SIN. Preparado, dispuesto, arreglado, aparejado, listo, organizado, característico, apto.
ANT. *Inadecuado.*

acondicionar
SIN. Adaptar, adecuar, arreglar, disponer, preparar, colocar, ordenar, acomodar, componer, condicionar.
ANT. *Desarreglar, desorganizar.*

acongojado
SIN. Constristado, apenado, entristecido, atribulado, afligido, abrumado, melancólico, turbado, dolorido, oprimido, triste, fatigado, afectado.
ANT. *Alentado, alegre, descansado.*

acongojante
SIN. Abrumador, entristecedor, asfixiante, sofocante, agobiante, atormentador, molesto, doloroso, duro, inquietante.
ANT. *Radiante, alegre, sedante.*

acongojar
SIN. Afligir, atribular, angustiar, apenar, contristar, abrumar, oprimir, apesadumbrar, fatigar, ajetrear, ahogar, molestar, inquietar.
ANT. *Animar, alegrar, despreocupar.*

acongojarse
SIN. Entristecerse, dolerse, atribularse, apesadumbrarse, atormentarse, inquietarse.
ANT. *Consolarse, animarse.*

aconsejado
SIN. Advertido, exhortado, avisado, prudente, prevenido, instruido, aleccionado, afligido, asesorado.
ANT. *Imprudente, indiscreto.*

aconsejar
SIN. Asesorar, advertir, sugerir, guiar, amonestar, dirigir, alentar, adiestrar, rectificar, conducir, prevenir, explicar, opinar, instruir, persuadir, recomendar, aleccionar, enseñar, predicar.

ANT. *Desviar, desoír, desdeñar.*

acontecer
SIN. Suceder, ocurrir, acaecer, pasar, advenir, devenir, verificarse, surgir, ofrecerse, realizarse, originarse, estallar, efectuarse, producirse.

acontecimiento
SIN. Suceso, caso, acaecimiento, ocurrencia, hecho, evento, peripecia, avatar, destino, suerte, accidente, verificación, realización, posibilidad, anécdota, episodio, contratiempo, cuestión.

acopiar
SIN. Reunir, juntar, amontonar, recolectar, atesorar, aglomerar, acumular, almacenar, acaparar, guardar, cargar, sumar, acrecentar, apropiarse.
ANT. *Disminuir, esparcir.*

acopio
SIN. Provisión, depósito, almacenamiento, aglomeración, acaparamiento, cosecha, stock, colecta, apilamiento, recolección, existencias, montón, conjunto, abundancia, tesoro, suma, caudal, surtido, repertorio.
ANT. *Dispersión, carencia, escasez.*

acoplamiento
SIN. Unión, enlace, ajuste, ensambladura, enlazamiento, conexión, compenetración, articulación, soldadura, enganche, adaptación, intercalación, inclusión, ligazón.
ANT. *Desajuste, desunión.*

acoplar
SIN. Encajar, enlazar, ensamblar, incrustar, articular, alojar, engarzar, adaptar, juntar, reunir, conectar, soldar, aproximar, adosar, componer, aparear, unir.
ANT. *Desunir, desarticular, enfriar.*

acoquinar
SIN. Acobardar, amedrantar, intimidar, achucuyar (*Amér.*), amilanar, atemorizar, abatir, asustar, desalentar, desanimar, abrumar.
ANT. *Envalentonar, animar.*

acorazado
SIN. Fortalecido, blindado, fuerte, poderoso, encastillado, atrincherado, reforzado, revestido, protegido, acerado.
ANT. *Débil, frágil.*

acorazar
SIN. Blindar, proteger, reforzar, endurecer, revestir, guarnecer, fortificar, acerar, amurallar.
ANT. *Debilitar.*

acordado
SIN. Convenido, pactado, resuelto, establecido, concertado, conciliado, lógico, congruente, prudente.
ANT. *Pendiente, injustificado.*

acordar
SIN. Convenir, pactar, conciliar, concordar, colaborar, avenir, aprobar, resolver, determinar, solucionar, concluir, establecer, dictar, acomodar, ajustar, encajar, arreglar, armonizar, mediar, pacificar, intervenir.
ANT. *Discordar, disentir, desajustar, olvidar.*

acorde
SIN. Conforme, coherente, congruente, afín, igual, paralelo, unánime, armónico, entonado, rítmico, modulado, métrico, sonido, cadencia, estrofa, compás, medida.
ANT. *Disconforme, inarmónico, disonante.*

acordonar
SIN. Cercar, encerrar, envolver, rodear, ceñir, ajustar, demarcar, dividir, parcelar, alinear, proteger, cubrir.
ANT. *Soltar, comunicar.*

acorralar
SIN. Envolver, encerrar, arrinconar, aislar, cercar, acotar, rodear, sitiar, embotellar, hostigar, perseguir, asediar, amenazar, atemorizar.
ANT. *Soltar, liberar, crecerse.*

acortar
SIN. Abreviar, disminuir, mermar, minorar, atajar, truncar, restar, mutilar, rebajar, descontar.
ANT. *Aumentar, ampliar.*

acosar
SIN. Perseguir, hostigar, molestar, importunar, apurar, acorralar, arrinconar, hostilizar, abacorar (*Amér.*), inquietar, vejar, acometer, amenazar.
ANT. *Abandonar, tranquilizar, calmar.*

acostado
SIN. Echado, tumbado, dormido, horizontal, inclinado, sostenido, apoyado, extendido.

ANT. *Vertical, erguido.*

acostar
SIN. Tender, echar, tumbar, inclinar, extender, dormir, descansar, acercar, atracar.
ANT. *Levantar, alejar.*

acostarse
SIN. Tenderse, echarse, tumbarse, arrimarse, aproximarse, ladearse, inclinarse, recogerse.
ANT. *Levantarse, alejarse.*

acostumbrado
SIN. Avezado, habituado, habitual, hecho, familiarizado, curtido, curado, corriente, normal, rutinario, práctico, usual, aclimatado, familiar, regular, frecuente, repetido, probable, diario.
ANT. *Insólito, raro, desusado.*

acostumbrar
SIN. Avezar, habituar, inclinar, educar, preparar, enseñar, familiarizar, aclimatar, connaturalizar, adiestrar, practicar, gastar, domar, usar, ejercitar.
ANT. *Desacostumbrar, deshabituar.*

acotado
SIN. Limitado, colindante, fronterizo, rayano, vecino, demarcado, localizado, rodeado, vedado, prohibido.
ANT. *Abierto, libre.*

acotar
SIN. Amojonar, señalar, limitar, vallar, cercar, rodear, vedar, demarcar, fijar, determinar, referir, admitir, aprobar, aceptar, anotar, señalar, ilustrar.
ANT. *Deslindar, abrir.*

acotejar
Amér.
SIN. Acomodar, adaptar, conformar, apropiar.
ANT. *Desajustar, deshabituar.*

acracia
SIN. Anarquía, nihilismo, libertinaje, desorden, agitación, revolución.
ANT. *Autoritarismo.*

ácrata
SIN. Anarquista, nihilista, agitador, insocial, terrorista, dinamitero, libertino.
ANT. *Absolutista, totalitario.*

acre
SIN. Áspero, agrio, irritante, desa-

brido, picante, ácido, incisivo, mordaz, desabrido, brusco, virulento, corrosivo.
ANT. *Dulce, suave, amable.*

acrecentamiento
SIN. Aumento, desarrollo, crecimiento, amplificación, auge, boga, progreso, mejora, adelanto, progresión, dilatación, ensanche, multiplicación, exceso, demasía, sobrecarga, subida.
ANT. *Disminución, decrecimiento, mengua, baja.*

acrecentar
SIN. Aumentar, crecer, adquirir, engrandecer, ampliar, ensanchar, extender, engrosar, enriquecer, adelantar, progresar, perfeccionar, promover, expandir, adicionar, sumar, multiplicar, sobrecargar, exceder.
ANT. *Disminuir, menguar, atrasar, empobrecer, rebajar.*

acrecer
SIN. Aumentar, mejorar, añadir, desarrollar, agrandar, dilatar, engrandecer, ensanchar, extender.
ANT. *Menguar, disminuir, reducir.*

acreditado
SIN. Afamado, celebrado, renombrado, conocido, reputado, famoso, célebre, honrado, garantizado, prestigioso, consagrado, influyente, insigne, conocido, solvente, fidedigno, formal, escrupuloso.
ANT. *Desacreditado, desconocido.*

acreditar
SIN. Prestigiar, afamar, favorecer, consagrar, exaltar, honrar, calificar, ensalzar, glorificar, documentar, testimoniar, justificar, probar, confirmar, certificar, autorizar, garantizar, asegurar, autentificar.
ANT. *Desprestigiar, desacreditar.*

acreedor
SIN. Digno, merecedor, fiador, consignatario, prestamista, usurero, liquidador, reclamante, solicitante, demandante.
ANT. *Deudor, indigno.*

acreencia
Amér.
SIN. Crédito, prestigio, reputación, solvencia, garantía.
ANT. *Insolvencia, descrédito.*

acribillar
SIN. Agujerear, perforar, coser, ametrallar, apuñalar, herir, picar,

pellizcar, molestar, importunar, hartar, acosar, acuciar, cargar.
ANT. *Tapar, apaciguar, respetar.*

acrimonia
SIN. Acritud, aspereza, irritación, mordacidad, sarcasmo, ironía, corrosión, virulencia, malignidad.
ANT. *Suavidad, afabilidad.*

acrisolado
SIN. Depurado, purificado, refinado, probado, clarificado, confirmado, sólido, puro, limpio.
ANT. *Adulterado, mezclado.*

acrisolar
SIN. Depurar, purificar, refinar, probar, alambicar.
ANT. *Adulterar, falsificar.*

acritud
SIN. Acrimonia, mordacidad, aspereza, desabrimiento, brusquedad, irritación, sarcasmo.
ANT. *Suavidad, afabilidad.*

acrobacia
SIN. Equilibrio, pirueta, contorsión, gimnasia, circo, salto, trapecio, balancín, tiento.

acróbata
SIN. Equilibrista, gimnasta, volteador, titiritero, payaso, trapecista, funámbulo, maromero (*Amér.*), saltimbanqui, contorsionista, brincador.

acrobático
SIN. Atlético, ligero, ágil, rápido, malabarista.

acromático
SIN. Descolorido, negro, incoloro, blanco, opaco, sombrío.
ANT. *Coloreado.*

acrópolis
SIN. Fortificación, reducto, colina, capitolio, eminencia.

acta
SIN. Certificación, relación, protocolo, memoria, acuerdo, fallo, dictamen, escrito, narración, calificación, justificación, diploma, escritura, crónica.

actitud
SIN. Postura, modo, compostura, talante, genio, porte, aspecto, posición, acción, estado, afectación, desenvoltura, disposición, intención, conducta, rumbo, situación, sentido.

activar
SIN. Apremiar, apresurar, excitar, acelerar, mover, remover, diligenciar, extremar, urgir, ajetrear, acuciar, precipitar, empujar, festinar (*Amér.*), impeler, impulsar, estimular, accionar, agitar.
ANT. *Abandonar, holgar, paralizar.*

actividad
SIN. Diligencia, eficacia, presteza, prontitud, rapidez, velocidad, dinamismo, solicitud, acción, movimiento, celo, esmero, empresa, intensidad, laboriosidad, aplicación, nervio, brío, ánimo, afán, pasión, entusiasmo, juego, estudio, arte, deporte.
ANT. *Pasividad, quietud, paro, holganza, ineficacia, abulia, lasitud, apatía.*

activista
SIN. Provocador, impulsor, propugnador, promotor, embarcador, agitador, revolucionario.
ANT. *Pacificador.*

activo
SIN. Diligente, eficaz, pronto, rápido, dinámico, presuroso, veloz, ágil, vivo, presto, rayo, nervioso, motriz, enérgico, poderoso, actuante, listo, eficiente, trabajador, emprendedor, práctico, entusiasta, laborioso, operante, bullidor, celoso, intenso, propulsor.
ANT. *Pasivo, parado, inactivo, abúlico, holgazán, jubilado, retirado.*

acto
SIN. Hecho, acción, maniobra, suceso, evento, trance, episodio, jornada, tanda, cuadro, realización, realidad, práctica, diligencia, advenimiento, ceremonia, fiesta, gala, circunstancia.

actor
SIN. Comediante, histrión, cómico, intérprete, ejecutante, artista, personaje, estrella, figura, galán, animador, presentador, rapsoda, gracioso, payaso, máscara, antagonista, morcillero, demandante, acusador, litigante.

actriz
SIN. Artista, estrella, vedette, protagonista, corista, meritoria, ejecutante, ingenua.

actuación
SIN. Intervención, trabajo, acción,

realización, funcionamiento, actividad, diligencia, conducta, hecho, maniobra, sistema, obra, manejo, representación.
ANT. *Pasividad, inoperancia.*

actual
SIN. Existente, presente, contemporáneo, vigente, coetáneo, usual, moderno, fresco, reciente, reinante, activo, efectivo, real, nuevo, simultáneo, palpitante
ANT. *Pasado, inexistente, antiguo, camp.*

actualidad
SIN. Presente, vigencia, coyuntura, novedad, boga, moda, modernidad, uso, costumbre, popularidad, circunstancia, existencia, tiempo, momentaneidad.
ANT. *Pasado, inexistencia.*

actualizar
SIN. Renovar, restablecer, modernizar, restaurar, reemplazar, concretar, remozar, modificar.
ANT. *Envejecer, permanecer.*

actualmente
SIN. Hoy, ahora, ya, aún, todavía, hogaño, en este momento, hoy por hoy.
ANT. *Otrora, antiguamente.*

actuante
SIN. Intérprete, actor, ejecutante, autor, realizador, causante, agente.

actuar
SIN. Efectuar, realizar, cumplir, verificar, operar, seguir, hacer, impulsar, promover, intervenir, dirigir, desplegar, funcionar, elaborar, intentar, afanarse, moverse, cultivar, manejar.
ANT. *Inhibirse, abandonar.*

acuartelar
SIN. Alojar, distribuir, localizar, emplazar, estacionar, recluir, situar, albergar, hospedar, fijar, acampar.
ANT. *Marchar, desalojar.*

acuático
SIN. Acuoso, pantanoso, húmedo, linfático, hídrico, marítimo, marino, náutico, lacustre.
ANT. *Gaseoso, sólido.*

acucia
SIN. Solicitud, prisa, apremio, diligencia, premura, urgencia, anhelo, aceleramiento, estímulo, excitación, acuciamiento.

ANT. *Lentitud, sosiego, descuido.*

acuciar
SIN. Apresurar, urgir, acelerar, espolear, fomentar, incitar, pinchar, exhortar, solicitar, molestar, cargar, agobiar, abrumar, angustiar, ambicionar.
ANT. *Calmar, sosegar.*

acucioso
SIN. Solícito, diligente, rápido, dinámico, ágil, agobiador, abrumador, cargante, urgente, apremiante, afanoso, apasionado, ansioso.
ANT. *Tranquilo, frío.*

acuchillado
SIN. Abierto, rajado, cortado, lijado, pulido, raspado, adiestrado, curtido, avezado, preparado, técnico, docto, entendido, prudente.
ANT. *Novato, inexperto.*

acuchillar
SIN. Herir, asesinar, matar, apuñalar, rajar, golpear, lijar, raspar, pulir.
ANT. *Acariciar.*

acudir
SIN. Ayudar, auxiliar, socorrer, acontecer, suceder, ocurrir, llegar, asistir, comparecer, reunirse, congregarse, visitar, venir, personarse.
ANT. *Ausentarse, alejarse.*

acuerdo
SIN. Convenio, pacto, compromiso, contrato, alianza, negociación, estipulación, colaboración, arbitraje, avenencia, componenda, pasteleo, manejo, tongo, unidad, unión, armonía, aclamación, paz, asentimiento, resolución, dictamen, consejo, fallo, opinión, decreto, edicto.
ANT. *Desavenencia, discrepancia, diferencia, olvido.*

acuidad
SIN. Agudeza, sutileza, ingenio, finura, penetración, viveza, claridad.
ANT. *Torpeza, grosería.*

acuilmarse
Amér.
SIN. Afligirse, acongojarse, abatirse.
ANT. *Alegrarse, consolarse.*

acuitar
SIN. Afligir, apenar, atribular, dificultar, apurar, entristecer, acongojar, apesadumbrar, molestar, hostigar, intranquilizar.

ANT. *Alegrar, tranquilizar.*

acumulación
SIN. Cúmulo, montón, hacinamiento, monopolio, provisión, congestión, colección, depósito, acopio, reunión, agrupación, conjunción, recolección, aglomeración, tropel, conjunto, abundancia, reserva.
ANT. *Desunión, escasez, esparcimiento.*

acumulador
SIN. Condensador, batería, pila, depósito, electrólitos, separador, elementos.

acumular
SIN. Acopiar, aglomerar, amontonar, reunir, allegar, juntar, almacenar, aumentar, acrecentar, añadir, atesorar, crecer, agolpar, monopolizar, abigarrar.
ANT. *Dispersar, aminorar, decrecer.*

acuñación
SIN. Troquelado, estampación, sellado, impresión, grabación, emisión.

acuñar
SIN. Estampar, sellar, grabar, imprimir, troquelar, vaciar, monetizar, resellar, contrastar, falcar, recalcar, calzar, fijar.

acuoso
SIN. Jugoso, líquido, zumoso, hidrófilo, seroso, húmedo, empapado, aguado.
ANT. *Seco, exprimido.*

acurrucado
SIN. Encogido, contraído.
ANT. *Estirado, erguido.*

acurrucarse
SIN. Doblarse, encogerse, apelotonarse, enrollarse, contraerse, apretarse, arrugarse, encurrucarse (*Amér.*), consumirse, secarse.
ANT. *Estirarse, erguirse.*

acusación
SIN. Inculpación, recriminación, cargo, reclamación, crítica, censura, recargo, reprensión, querella, murmuración, soplo, tacha, delación, insinuación, maledicencia, inventiva, vituperio, sarcasmo, indirecta.
ANT. *Defensa, descargo, justificación.*

acusado
SIN. Procesado, inculpado, reo, culpable, condenado, expedientado, culpado, delatado, censurado, difamado, tildado, imputado, denunciado, claro, evidente, palmario, perceptible.
ANT. *Inocente, oscuro.*

acusador
SIN. Delator, denunciador, denunciante, recriminador, censurador, querellante, perseguidor, fiscal, chivato, soplón, fuelle, búho.
ANT. *Defensor, paladín.*

acusar
SIN. Imputar, cargar, culpar, achacar, tachar, atacar, reprochar, recargar, condenar, indicar, tildar, calumniar, motejar, soplar, expedientar, encartar, procesar, reprender, recusar, retar, emplazar, sindicar, manifestar, mostrar, revelar, reflejar.
ANT. *Defender, excusar, disculpar.*

acusón
SIN. Soplón, chivato, fuelle, delator, cotilla, viento, calumniador.
ANT. *Protector, defensor.*

acústico
SIN. Sonoro, auditivo, vibrante, sonorizado, unísono.

achacable
SIN. Imputable, atribuible, endosable, asignable, aplicable, denunciable.
ANT. *Irresponsable, inocente.*

achacar
SIN. Imputar, atribuir, acusar, oponer, señalar, cargar, apostrofar, censurar, endosar, asignar.
ANT. *Disculpar, exculpar.*

achacoso
SIN. Enclenque, indispuesto, enfermizo, doliente, delicado, enfermo, viejo, débil, flojo, chocho, senil, molesto, cargante, decadente, fastidioso.
ANT. *Saludable, lozano, fuerte.*

achantado
SIN. Disimulado, escondido, ocultado, resignado, paciente, tímido, corto.
ANT. *Crecido, atrevido.*

achantarse
SIN. Esconderse, ocultarse, agazaparse, aguantarse, achicarse, acobardarse, intimidarse.

ANT. *Envalentonarse, crecerse.*

achaparrado
SIN. Rechoncho, regordete, apaisado, chaparro, bajo.
ANT. *Esbelto.*

achaque
SIN. Indisposición, dolencia, padecimiento, trastorno, afección, morbo, malestar, enfermedad, molestia, gotera, sufrimiento, plaga, preñez, embarazo, defecto, pena, acusación, denuncia.
ANT. *Salud, robustez.*

achatar
SIN. Despuntar, redondear, aplastar, embotar.
ANT. *Afilar.*

achicado
SIN. Empequeñecido, intimidado, temeroso, timorato, acobardado, confuso, menguado, humillado, encogido, tímido, disminuido, agobiado.
ANT. *Crecido, fanfarrón.*

achicar
SIN. Humillar, acobardar, apocar, despreciar, desinflar, acoquinar, amilanar, intimidar, vencer, empequeñecer, acortar, rebajar, mermar, achiquitar (*Amér.*), encoger, resumir, limar, angostar, restringir.
ANT. *Crecer, bravear, aumentar.*

achicharrante
SIN. Abrasador, ardoroso, calcinante, tórrido, ardiente, molesto, agobiante, abrumador.
ANT. *Refrigerante, cómodo.*

achicharrar
SIN. Quemar, abrasar, tostar, asar, freír, achicharronar (*Amér.*), calentar, incinerar, fastidiar, mortificar, molestar, chinchar, hostigar.
ANT. *Agradar, complacer, enfriar.*

achicharronar
Amér.
SIN. Achicharrar, torrar, tostar, chamuscar, quemar.
ANT. *Enfriar.*

achimero
Amér.
SIN. Buhonero, vendedor, chamarilero, mercader, feriante, charlatán.

achiquitar
Amér.
SIN. Empequeñecer, achicar, rebajar, acortar, reducir.

ANT. *Agrandar, aumentar, ampliar.*

acholar
Amér.
SIN. Abochornar, avergonzar, afrentar, ridiculizar.

achucuyarse
Amér.
SIN. Acoquinarse, amilanarse, amedrentarse, espantarse.
ANT. *Envalentonarse, crecerse.*

achuchar
SIN. Aplastar, estrujar, empujar, comprimir, apabullar, prensar, contraer, molestar, achucharrar (*Amér.*), impulsar, impeler, excitar, animar.
ANT. *Aflojar, soltar.*

achucharrar
Amér.
SIN. Aplastar, achuchar, chafar, deformar, arrugar, achatar.
ANT. *Mullir, esponjar.*

adagio
SIN. Sentencia, proverbio, refrán, máxima, dicho, apotegma, aforismo, lento, pausado.

adalid
SIN. Caudillo, jefe, capitán, mariscal, principal, duce, mandón, electo, cabeza, dirigente, héroe.

adán
SIN. Abandonado, descuidado, desaliñado, negligente, dejado, apático, harapiento, sucio, puerco, roto.
ANT. *Limpio, elegante, activo.*

adaptable
SIN. Amoldable, dúctil, flexible, transigente, conformista, transformable, aplicable, acomodable.
ANT. *Rígido, intransigente.*

adaptación
SIN. Acomodación, aplicación, habituación, apropiación, ajuste, arraigo, familiarización, adaptabilidad, atemperación, maridaje, encaje, conciliación, armonía.
ANT. *Desacomodo, incomodidad.*

adaptar
SIN. Ajustar, acomodar, concertar, adecuar, acoplar, sincronizar, hermanar, acondicionar, transformar, aclimatar, cambiar, temporizar, habituar, arraigar.
ANT. *Inadecuar, desencajar, disentir.*

adarga
SIN. Escudo, broquel, pavés, rodela, tarja, defensa, protección.

adecentamiento
SIN. Aseo, limpieza, arreglo, disposición, preparación.
ANT. *Suciedad, desarreglo, desorden.*

adecentar
SIN. Limpiar, arreglar, ordenar, esmerar, preparar, cuidar.
ANT. *Ensuciar, desarreglar.*

adecuado
SIN. Apropiado, congruente, apto, útil, procedente, lógico, natural, propicio, arreglado, satisfactorio, conveniente, correcto, exacto, puntual, merecido, aparejado, digno, idóneo, entonado, pertinente, preciso.
ANT. *Impropio, discordante, inoportuno, incorrecto.*

adecuar
SIN. Acondicionar, adaptar, arreglar, apropiar, acomodar, ordenar, ajustar, proporcionar, igualar, preparar.
ANT. *Desajustar, desigualar, desarreglar.*

adefesiero
Amér.
SIN. Estrafalario, extravagante, ridículo, estrambótico, adefesio, excéntrico.
ANT. *Elegante, compuesto.*

adefesio
SIN. Disparate, extravagancia, dislate, absurdo, ridiculez, despropósito, birria, esperpento, hazmerreír, grotesco, extravagante, ridículo, loro.
ANT. *Juicio, mesura, cordura.*

adelantado
SIN. Precoz, aventajado, prematuro, avanzado, audaz, atrevido, imprudente, resuelto, lanzado, determinado, decidido, valiente, próspero, superior, selecto, mejor, magnífico.
ANT. *Tardío, retardado, tímido, cobarde, retrasado.*

adelantamiento
SIN. Anticipación, mejora, aumento, evolución, etapa, progresión, consecución, ganancia, provecho, progreso, avance, cultura, ascenso, elevación, logro, subida.
ANT. *Retraso, retroceso, incultura.*

adelantar
SIN. Mejorar, progresar, aumentar, evolucionar, ascender, escalar, florecer, prosperar, encumbrar, aventajar, anteponerse, sobrepujar, desbordar, pasar, superar, alcanzar, ganar, acelerar, mover, apresurar, anticipar, madrugar.
ANT. *Retroceder, estacionarse, retrasar, decaer.*

adelantarse
SIN. Anticiparse, apresurarse, sobrepasarse, excederse.
ANT. *Retrasarse.*

adelanto
SIN. Avance, progresión, aumento, civilización, elevación, perfeccionamiento, provecho, incremento, florecimiento, prosperidad, ascenso, subida, progreso.
ANT. *Decadencia, retroceso.*

adelgazamiento
SIN. Delgadez, enflaquecimiento, demacración, encanijamiento, reducción, tenuidad, disminución.
ANT. *Robustecimiento, cebadura.*

adelgazar
SIN. Enflaquecer, desnutrir, demacrar, secar, chuparse, desvairse, encanijar, depauperar, esmirriar, acartonar (*Amér.*), desmejorar, afinar, disminuir, sutilizar, clarificar, purificar, depurar.
ANT. *Robustecer, engordar, abultar.*

ademán
SIN. Gesto, actitud, contorsión, gesticulación, muestra, movimiento, afectación, pantomima, llamada, señal, mueca, aspaviento, monería, guiño, ceño, quiebro, expresión, signo, pasmarota.
ANT. *Sobriedad, inexpresividad.*

además
SIN. Asimismo, también, igualmente, encima, así, al mismo tiempo, por otra parte, aparte de, no sólo, más bien.
ANT. *Tampoco.*

adentrar
SIN. Penetrar, ingresar, pasar, introducir, imbuir, profundizar, estudiar, intimar, entender, comprender.
ANT. *Salir, exteriorizar.*

adepto
SIN. Partidario, afiliado, incondicional, asociado, hincha, seguidor, discípulo, prosélito, secuaz, fanático, solidario, neófito, apegado, acérrimo, simpatizante devoto, propenso.
ANT. *Enemigo, adversario, rival.*

aderezado
SIN. Compuesto, arreglado, adornado, hermoseado, embellecido, ataviado, preparado, condimentado, sazonado, adobado, favorable, propicio.
ANT. *Dejado, crudo, desfavorable.*

aderezar
SIN. Adornar, componer, decorar, ataviar, hermosear, asear, engalanar, restaurar, reparar, cepillar, limpiar, abrillantar, encaminar, guiar, dirigir, preparar, disponer.
ANT. *Ensuciar, abandonarse, desarreglar.*

aderezo
SIN. Atavío, adorno, ornato, guarnición, arreo, condimento, guiso, salsa, arreglo, preparación.
ANT. *Sencillez, desnudez, desaliño.*

adeudar
SIN. Cargar, deber, debitar, quebrar, vencer.
ANT. *Acreditar, abonar, pagar.*

adherencia
SIN. Conexión, unión, enlace, adhesión, cohesión, aglutinación, soldadura, sujeción, encolamiento, mucosidad, fijador, pasta.
ANT. *Separación, rotura.*

adherente
SIN. Adhesivo, aglutinante, cohesivo, gelatinoso, pegajoso, viscoso, pegadizo, encolado, fijado, engomado, adjunto, adepto.
ANT. *Fluido, enemigo.*

adherido
SIN. Pegado, inserto, incluido, adjunto, sujeto, ligado, aglutinado, adepto, solidario, secuaz.
ANT. *Separado, despegado, enemigo, contrario, rival.*

adherir
SIN. Unir, pegar, incrustar, encolar, incorporar, aglutinar, soldar, fijar, ligar, sujetar, reunir, asociar, aprobar, aceptar, consentir, ratificar, abrazar, suscribir, apoyar.
ANT. *Desprender, separar, desligar, arrancar, distanciar.*

adherirse
SIN. Unirse, sumarse, solidarizarse, allegarse, someterse, atenerse.
ANT. *Distanciarse, enemistarse.*

adhesión
SIN. Afecto, amistad, conformidad, concordia, apego, fidelidad, lealtad, solidaridad, incorporación, deferencia, contacto, aceptación, confirmación, aprobación, consentimiento.
ANT. *Enemistad, divergencia, separación.*

adición
SIN. Añadidura, aditamento, suma, ampliación, aposición, yuxtaposición, incremento, anexo, accesorio, adjunto, ribete, apéndice, postizo, posdata, epílogo, estrambote.
ANT. *Resta, disminución, exclusión.*

adicional
SIN. Accesorio, añadido, agregado, sumado, auxiliar, sobrepuesto, falso, adjunto, anexo.
ANT. *Esencial, fundamental.*

adicionar
SIN. Añadir, agregar, sumar, aumentar, yuxtaponer, acompañar, unir, juntar, englobar, superponer.
ANT. *Restar, quitar, reducir.*

adicto
SIN. Simpatizante, partidario, secuaz, devoto, aficionado, leal, adherido, incondicional, apegado, inclinado, sectario.
ANT. *Contrario, enemigo.*

adiestrado
SIN. Preparado, enseñado, aleccionado, dirigido, entrenado, encaminado, hecho, experimentado.
ANT. *Inexperto, lego, ignorante, profano.*

adiestrador
SIN. Instructor, entrenador, aleccionador, director, conductor, educador, guía.

adiestramiento
SIN. Enseñanza, educación, aleccionamiento, maniobra, dirección, ejercitación, experimentación, disciplina, ensayo, formación.
ANT. *Ignorancia, inexperiencia.*

adiestrar
SIN. Enseñar, instruir, educar, ejercitar, aleccionar, entrenar, habituar, adiestrar, imponer, ensayar, curtir, experimentar, guiar.
ANT. *Entorpecer.*

adifés
Amér.
SIN. Adrede, aposta, deliberadamente, intencionadamente.
ANT. *Inadvertidamente, inconscientemente, impensadamente.*

adinerado
SIN. Rico, opulento, magnate, fondeado (*Amér.*), capitalista, platudo (*Amér.*), poderoso, sobrado, enriquecido.
ANT. *Pobre, indigente, mendigo.*

aditamento
SIN. Adición, añadido, complemento, añadidura, sobrepuesto.
ANT. *Disminución, merma.*

adivinación
SIN. Augurio, adivinanza, pronóstico, vaticinio, sortilegio, crucigrama, premonición, acertijo, horóscopo, profecía, prodigio, anuncio, revelación, buenaventura, conjetura, magia, visión.
ANT. *Equivocación.*

adivinanza
SIN. Acertijo, crucigrama, rompecabezas, pasatiempo, enigma, jeroglífico, adivinación, puzzle.

adivinar
SIN. Acertar, predecir, presentir, descifrar, resolver, auspiciar, pronosticar, interpretar, vaticinar, calar, oler, leer, ver, imaginar, intuir.
ANT. *Desatinar, ocultar.*

adivino
SIN. Agorero, vaticinador, pronosticador, nigromante, iluminado, clarividente, brujo, hechicero, gitano, adivinador, quiromántico, pitonisa, vidente, sortilegio.

adjetivo
SIN. Atributo, adjunto, accidental, epíteto, nota, calificativo, apodo.

adjudicación
SIN. Otorgamiento, cesión, donación, concesión, asignación, transmisión, reparto, apropiación.
ANT. *Exención, denegación.*

adjudicar
SIN. Dar, conceder, ceder, donar, otorgar, transferir, conferir, repartir, distribuir, asignar, señalar, destinar, subastar, facilitar.
ANT. *Denegar, rechazar.*

adjuntar
SIN. Unir, anexar, incluir, remitir.
ANT. *Omitir.*

adjunto
SIN. Unido, pegado, agregado, junto, conjunto, anejo, auxiliar, asociado, socio, dependiente, ayudante.
ANT. *Despegado, enemigo.*

adjutor
SIN. Agregado, adjutorio, auxiliar, ayudante, acólito.

administrar
SIN. Gobernar, vigilar, tutelar, regentar, regir, mandar, apoderar, dar, otorgar, conferir, propinar, conceder, ofrecer.
ANT. *Obedecer.*

admirable
SIN. Notable, prodigioso, maravilloso, excelente, estupendo, fascinador, chocante, portentoso, sensacional, pasmoso, sorprendente, sublime, exquisito, fenomenal, singular, especial.
ANT. *Corriente, vulgar, feo.*

admiración
SIN. Sorpresa, asombro, embeleso, estupor, maravilla, encanto, portento, aspaviento, fetichismo, devoción, fervor, respeto, consideración, tributo, homenaje.
ANT. *Vulgaridad, desprecio, desdén.*

admirado
SIN. Suspenso, pasmado, asombrado, maravillado, deslumbrado, absorto, atónito, estático, abobado, aturdido, abismado.
ANT. *Insensible, desdeñoso.*

admirador
SIN. Adepto, seguidor, partidario, incondicional, hincha, devoto.
ANT. *Hostil, adversario.*

admirar
SIN. Elogiar, loar, aprobar, ensalzar, asombrar, maravillar, pasmar, cautivar, fascinar, hechizar, encandilar, embelesar, suspender, sobrecoger, considerar, saborear.
ANT. *Desdeñar, despreciar.*

admisible
SIN. Aceptable, válido, aprobado, conveniente, conforme, adecuado, verosímil, tolerable, permisible, razonable, probable.
ANT. *Inadmisible, intolerable.*

admisión

SIN. Ingreso, recepción, enganche, alistamiento, aceptación, acogimiento, asentimiento, alojamiento, acceso, audiencia, introducción.

ANT. *Expulsión, salida.*

admitido

SIN. Aceptado, acogido, aprobado, recibido, conforme, consentido.

ANT. *Rechazado, prohibido.*

admitir

SIN. Aceptar, asentir, acoger, albergar, pasar, comprender, reconocer, conceder, aprobar, tolerar, consentir, permitir, sufrir, ceder, acceder, transigir.

ANT. *Rechazar, echar, entregar, arrojar.*

admonición

SIN. Amonestación, reproche, reprensión, censura, regañina, reprimenda, sermón, aviso, exhortación, consejo.

ANT. *Elogio.*

adobar

SIN. Sazonar, engrasar, aliñar, especiar, acecinar, aderezar, guisar, cocinar, preparar, componer, pactar, apañar, remendar.

adocenado

SIN. Vulgar, sencillo, simple, común, ordinario, ramplón, zafio, corriente, grosero, inculto, prosaico, mediocre.

ANT. *Culto, importante.*

adoctrinar

SIN. Enseñar, instruir, ilustrar, adiestrar, doctrinar, educar.

adolecer

SIN. Padecer, sufrir, penar, tolerar, aguantar, doler, enfermar, condolerse.

ANT. *Alegrarse.*

adolescencia

SIN. Pubertad, juventud, mocedad, virilidad, crecimiento, desarrollo, virginidad, inexperiencia.

ANT. *Vejez.*

adopción

SIN. Afiliación, admisión, acogimiento, amparo, familia, ayuda, patrocinio, aceptación.

ANT. *Abandono, desamparo.*

adoptar

SIN. Ahijar, afiliar, apadrinar, abrazar, acoger, amparar, recoger, proteger, ayudar, favorecer, asumir, adquirir, admitir, aprobar, decidir, seguir, afectar, coger.

ANT. *Abandonar, desamparar.*

adoquín

SIN. Torpe, rudo, ignorante, cabezón.

ANT. *Listo, inteligente.*

adoquinar

SIN. Pavimentar, empedrar.

adorable

SIN. Amable, cautivador, fascinador, subyugador, perfecto, delicioso, simpático, exquisito, seductor, amado, querido, agradable.

ANT. *Despreciable, desagradable.*

adoración

SIN. Respeto, afecto, cariño, veneración, pasión, apego, entusiasmo, fervor, éxtasis, latría, admiración, culto.

ANT. *Desprecio, frialdad.*

adorar

SIN. Amar, querer, apreciar, honrar, reverenciar, exaltar, admirar, orar, rezar, oficiar, servir, venerar, celebrar, visitar, santiguar, cantar, salmear, sacrificar, ofrendar, tributar.

ANT. *Odiar, despreciar.*

adormecer

SIN. Acallar, mitigar, languidecer, narcotizar, arrullar, cabecear, aletargar.

ANT. *Avivar, despertar.*

adormecerse

SIN. Aletargarse, entumecerse, aplacarse, entorpecerse.

ANT. *Espabilarse, avivarse.*

adornado

SIN. Cuidado, elegante, pulido, engalanado, tocado, ilustrado, orlado, brocado, afectado, pulcro, labrado, trabajado, embutido, repujado.

ANT. *Natural, sencillo, descuidado.*

adornar

SIN. Engalanar, ornar, ataviar, componer, aderezar, hermosear, embellecer, decorar, guarnecer, apañar, enriquecer, pulir, asear, atildar, labrar, iluminar, tapizar, repujar, aureolar, enaltecer.

ANT. *Desaliñar, deslustrar, ajar.*

adorno

SIN. Ornamento, atavío, compostura, aderezo, decoración, peinado, realce, aseo, decencia, aliño, paramento, decorado, embellecimiento, labor, oropel, remate, ribete, flor, dibujo.

ANT. *Sencillez, desaliño.*

adosar

SIN. Pegar, juntar, aproximar, arrimar, acercar, avecinar, yuxtaponer.

ANT. *Separar, desunir.*

adquirir

SIN. Ganar, comprar, heredar, imbuir, contraer, tomar, coger, conquistar, cazar, lograr, sacar, pillar, afincar, adoptar, encontrar, hallar, prosperar, devengar.

ANT. *Dar, otorgar, perder.*

adquisidor

SIN. Adquiridor, comprador, tomador, heredero, chupóptero.

ANT. *Vendedor.*

adrede

SIN. Deliberadamente, a posta, a propósito, adifés (*Amér.*), intencionadamente, a sabiendas, expresamente, a caso hecho, de industria.

ANT. *Inadvertidamente.*

aducir

SIN. Alegar, argumentar, razonar, aportar, citar, contextuar, añadir, inferir, declarar.

adueñarse

SIN. Apoderarse, apropiarse, posesionarse, ocupar, conquistar.

ANT. *Renunciar, desprenderse.*

adulación

SIN. Lisonja, halago, encomio, pelotilla, incienso, jabón, botafumeiro, alabanza, zalamería, camelo, elogio, embeleco, gitanada, aprobación, agasajo, mimo, fingimiento, mentira, treta, caricia, piropo.

ANT. *Crítica, vituperio, maledicencia.*

adulador

SIN. Zalamero, lisonjero, halagador, alabador, elogioso, cobista, pelotillero, lameculos, coreador, servil, oficioso, mentiroso, panegirista, apologista, laudatorio, acariciador.

ANT. *Difamador, criticón.*

adular

SIN. Lisonjear, halagar, elogiar, incensar, agasajar, enjabonar, camelar, exaltar, loar, deleitar, piropear, sobornar, dar coba, acariciar.

ANT. *Difamar, murmurar, criticar.*

adulteración

SIN. Fraude, engaño, falsificación, artificio, oropel, doblez, falsía, desfiguración, vicio, inexactitud, impureza, disfraz, trampa, fullería, adulterio.

ANT. *Pureza, purificación, sinceridad, lealtad.*

adulterado

SIN. Falseado, impuro, sofisticado, mixtificado, corrompido, imitado, pervertido.

ANT. *Auténtico, cabal, legítimo, original.*

adulterar

SIN. Falsificar, falsear, defraudar, bastardear, corromper, mixtificar, pervertir, acrisolar.

adulterio

SIN. Infidelidad, amancebamiento, ilegitimidad, fornicación, engaño, lío.

ANT. *Fidelidad, pureza.*

adúltero

SIN. Infiel, amancebado, fornicador, liado, viciado, corrompido, falsificado, mixtificado.

ANT. *Fiel, puro.*

adusto

SIN. Austero, serio, severo, sobrio, áspero, seco, desabrido, esquivo, insociable, solitario, brusco, intratable, acre, desdeñoso, rígido, estrecho, taciturno, melancólico, riguroso.

ANT. *Abierto, amable, sociable, suave.*

advenedizo

SIN. Extranjero, intruso, inoportuno, foráneo, exótico, peregrino, nuevo, arribista.

advenimiento

SIN. Acaecimiento, aparición, venida, llegada, suceso, evento, presentación.

ANT. *Espera, promesa.*

advenir

SIN. Llegar, venir, suceder, pasar, ocurrir, aparcar, producirse, ocasionarse.

ANT. *Finalizar, desaparecer.*

adventicio

SIN. Extraño, accidental, casual.

ANT. *Regular.*

adversario

SIN. Contrario, enemigo, antagonista, oponente, luchador, opuesto, encontrado, antípoda, impugnador.

ANT. *Amigo, partidario.*

adversidad

SIN. Contratiempo, desgracia, calamidad, percance, tropiezo, pesimismo, peligro, maleficio, daño, desastre, tormenta.

ANT. *Felicidad, fortuna.*

adverso

SIN. Contrario, antagonista, enemigo, hostil, desfavorable, contrapuesto, oponente, desastroso, aciago, fatal, trágico, amargo, siniestro, azaroso, calamitoso, infortunado.

ANT. *Amigo, favorable, feliz.*

advertencia

SIN. Atención, aviso, prevención, anunciación, notificación, información, consejo, orientación, reflexión, recomendación, toque, propuesta, sugestión, sermón, opinión, nota, prefacio, prólogo, introducción.

ANT. *Omisión, silencio, ignorancia.*

advertido

SIN. Avisado, listo, despierto, sagaz, prevenido, preparado, experto, experimentado, competente.

ANT. *Ignorante, torpe, inexperto.*

advertir

SIN. Avisar, aconsejar, asesorar, explicar, aclarar, informar, proponer, insinuar, exhortar, prevenir, reprender, ver, observar, reparar, fijar, percatarse, averiguar.

ANT. *Descuidar, ignorar, desconocer.*

adyacente

SIN. Contiguo, junto, adosado, inmediato, próximo, vecino, cercano, yuxtapuesto, anexo, próximo.

ANT. *Separado, distante, apartado.*

aéreo

SIN. Volátil, vaporoso, fantástico, ilusorio, infundado, visionario, arbitrario, quimérico, espectral.

ANT. *Sólido, consciente, real.*

aerolito

SIN. Meteorito, meteoro, piedra, escudo, asteroide, espectro, cometa, exhalación.

afabilidad

SIN. Amabilidad, cordialidad, amistad, bondad, humanidad, gentileza, llaneza, simplicidad, familiaridad, benevolencia, afectuosidad, confianza, naturalidad, cortesía, condescendencia, obsequio.

ANT. *Aspereza, seriedad, grosería, brusquedad.*

afable

SIN. Afectuoso, cariñoso, agradable, benévolo, conciliador, llano, sencillo, gentil, amanerado (*Amér.*), amigo, franco, familiar, melifluo, cortés, asequible, indulgente, solícito.

ANT. *Brusco, áspero, antipático, insociable, serio.*

afamado

SIN. Acreditado, conocido, ilustre, popular, reputado, admirado, populachero, recordable, memorable, inmortal, acreditado, destacado.

ANT. *Ignorado, desconocido.*

afán

SIN. Deseo, anhelo, ansia, aspiración, vehemencia, apetencia, ambición, interés, solicitud, avidez, destajo, dedicación, fervor, coraje, gana.

ANT. *Apatía, desgana, desinterés.*

afanar

SIN. Acosar, pelear, cansar, sudar, bregar, trabajar, forcejear, despachar.

ANT. *Reposar, descansar.*

afanoso

SIN. Penoso, trabajoso, pesado, ingrato, cansado, diligente, esforzado, ansioso, deseoso, ágil, voluntarioso.

ANT. *Cómodo, descansado, holgazán.*

afarolarse

Amér.

SIN. Exaltarse, enfurecerse, irritarse, sulfurarse, exasperarse.

ANT. *Serenarse, calmarse, relajarse.*

afear

SIN. Desfavorecer, criticar, reprobar, tachar, reprender, motejar, deslustrar, manchar, ajar, marchitar.

ANT. *Elogiar, lucir, agradar.*

afección

SIN. Simpatía, inclinación, afecto, cariño, aprecio, ternura, tendencia, amistad, amor, atracción, deseo, querencia, devoción, fervor, morbo, enfermedad, decaimiento, molestia.
ANT. *Antipatía, enemistad, repulsión, vitalidad, salud.*

afectación

SIN. Fingimiento, disimulo, doblez, hipocresía, ficción, premiosidad, falsedad, simulación, farsa, convención, vanidad, retórica, postín, aspaviento, extravagancia, énfasis, jactancia, vanagloria, vanidad, orgullo, mirlo, ampulosidad, hinchazón, melindre, repulgo, prurito, pose.
ANT. *Sinceridad, verdad, claridad, sencillez.*

afectar

SIN. Fingir, disimular, aparentar, atañer, influir, concernir, afligir, inquietar, conmover, entristecer, juntar, adscribir, unir, vincular, tocar.
ANT. *Alegrar, animar, separar.*

afectar

SIN. Asignar, conceder, dar, retribuir, gratificar.
ANT. *Denegar, rehusar.*

afectivo

SIN. Sensible, afectuoso, cariñoso, emotivo, conmovedor, dramático, impresionante, tierno, delicado.
ANT. *Insensible, duro, indiferente.*

afecto

SIN. Cariño, apego, amor, amistad, apasionamiento, querencia, tendencia, estimación, devoción, sentimiento, emotividad, entusiasmo, alegría, caricia, beso, saludo, osculo, sonrisa, mimos.
ANT. *Odio, rencor, hostilidad.*

afectuoso

SIN. Amable, afectivo, amoroso, cordial, simpático, entrañable, expresivo, servicial, caritativo, acogedor, fino, delicado, dulce, tierno, atento.
ANT. *Antipático, odioso, hostil.*

afeitar

SIN. Rasurar, arrasar, raer, esquilar, recortar, apurar, adornar, componer, bruñir, hermosear, arreglar.
ANT. *Desaliñar.*

afeminado

SIN. Femenino, marica, sodomita, homosexual, manflorita (*Amér.*), invertido, ambiguo, equívoco, neutro, amanerado, eunuco.
ANT. *Viril, fuerte, macho, varonil.*

aféresis

SIN. Supresión, elisión, sinalefa, anulación, eliminación.

aferrar

SIN. Asir, agarrar, afianzar, asegurar, coger, atrapar, insistir, sujetar, prender.
ANT. *Ceder, dejar, soltar.*

afianzar

SIN. Afirmar, asegurar, reforzar, apretar, robustecer, apuntalar, consolidar, ganar, arraigar, garantizar, avalar, apoyar.
ANT. *Debilitar, soltar, aflojar.*

afición

SIN. Inclinación, propensión, vocación, preferencia, tendencia, proclividad, afecto, gusto, manía, disposición, devoción, ansia, querer, distracción, pasatiempo, recreo.
ANT. *Despego, repulsión, desinterés.*

aficionarse

SIN. Enamorarse, prendarse, encariñarse, apasionarse, inclinarse, ladearse, entusiasmarse, empeñarse, emperrarse, regostarse.
ANT. *Desilusionarse, despegarse.*

afilado

SIN. Cortante, agudo, tajante, incisivo, filoso (*Amér.*), punzante, puntiagudo, sutil, anguloso.
ANT. *Embotado, mellado.*

afilar

SIN. Sacar, aguzar, apuntar, adelgazar, suavizar, vaciar, triscar.
ANT. *Engordar, achatar.*

afiliado

SIN. Adicto, afecto, partidario, allegado, prosélito, accionista, iniciado, militante, secretario, solidario, miembro, inclinado, inscrito, incorporado, aliado, socio.
ANT. *Adversario, contrario, adverso.*

afiliar

SIN. Asociar, militar, iniciar, admitir, inscribir, sindicar, ingresar, entrar, alistar, unirse.
ANT. *Abandonar, separar.*

afiligranado

SIN. Adornado, repujado, pulido, delicado, tallado, embellecido, fino.
ANT. *Basto, simple.*

afiligranar

SIN. Adornar, perfeccionar, acicalar, embellecer, pulir.

afín

SIN. Pariente, allegado, familiar, descendiente, consanguíneo, análogo, relacionado, contiguo, cercano, próximo, colindante, rayano, adyacente, tangente, fronterizo.
ANT. *Diferente, alejado.*

afinado

SIN. Pulido, suavizado, depurado, acrisolado, perfeccionado, colado, filtrado, lavado, cribado.
ANT. *Impuro, basto, áspero.*

afinar

SIN. Pulir, perfeccionar, templar, acabar, esmerar, mejorar, purificar, educar, suavizar, alisar, armonizar, matizar, templar, ajustar, organizar.
ANT. *Empeorar, estropear.*

afincarse

SIN. Fijarse, establecerse, localizarse, arraigarse, quedarse, permanecer, plantarse, instalarse, residir, avecindarse.
ANT. *Abandonar, marchar.*

afinidad

SIN. Relación, semejanza, analogía, similitud, igualdad, identidad, reflejo, paridad, aproximación, paralelismo, correspondencia, engranaje, unión, parangón, concierto, parentesco.
ANT. *Disparidad, discrepancia, diferencia.*

afirmación

SIN. Aserción, aseveración, asentimiento, confesión, aprobación, refrendo, testimonio, garantía, prueba, consentimiento, venia, permiso, autorización.
ANT. *Negación, denegación, refutación.*

afirmar

SIN. Asegurar, afianzar, apoyar, reforzar, sostener, consolidar, ajustar, apuntar, asentar, atestiguar, proclamar, ratificar, reiterar, corroborar, insistir, jurar, probar.
ANT. *Negar, refutar, aflojar, debilitar.*

aflicción
SIN. Arrepentimiento, misantropía, desconsuelo, pena, abatimiento, tristeza, congoja, desazón, sufrimiento, pesar, desespero, flagelo, quebranto, contricción, espina, purgatorio, perturbación, disgusto, desdicha, calamidad, afrenta, ofensa, dolencia, soledad, melancolía, morriña.
ANT. *Gozo, complacencia, placer, gusto.*

afligido
SIN. Triste, contrito, descontento, apenado, angustiado, atribulado, amargado, quejumbroso, doliente, desconsolado, melancólico, corroido.
ANT. *Alegre, contento, consolado.*

afligir
SIN. Apenar, desolar, entristecer, acongojar, desolar, roer, zozobrar, afectar, consumir, traspasar, atormentar, contrariar, desesperar.
ANT. *Alegrar, consolar, animar.*

aflojar
SIN. Ablandar, mitigar, suavizar, ceder, relajar, soltar, amainar, moderar, debilitar, desvencijar, remitir, decrecer, soltarse.
ANT. *Apretar, aumentar, condensar, estimular.*

aflorar
SIN. Aparecer, asomar, surgir, salir, manifestarse, brotar.
ANT. *Ocultarse.*

afluencia
SIN. Abundancia, copia, profusión, concurrencia, plétora, tropel, multitud, muchedumbre, prodigalidad, exceso, alud, exuberancia, aluvión, río, torrente, ráfaga, oleada, procesión, romería.
ANT. *Escasez, soledad.*

afluente
SIN. Tributario, secundario, arroyo, riachuelo, elocuente, expresivo, charlatán, abundante.
ANT. *Principal, reservado.*

afluir
SIN. Verter, desaguar, descargar, confluir, acudir, concurrir, llegar, reunirse, agolpar, venir.
ANT. *Faltar, escasear, marchar.*

afonía
SIN. Ronquera, carraspera, silencio, mutismo, enmudecer.
ANT. *Palique, voz, sonido.*

aforismo
SIN. Precepto, sentencia, axioma, proverbio, máxima, regla, símbolo, apotegma, refrán, dicho.

afortunado
SIN. Feliz, dichoso, agraciado, beneficiado, favorito, próspero, providencial, privilegiado, suertero (*Amér.*), oportuno, adecuado, hábil.
ANT. *Desgraciado, aciago, descontento.*

afrenta
SIN. Insulto, injuria, ofensa, difamación, bochorno, bofetada, reprobación, mancha, demérito, deshonra, vileza, estigma, desprecio, denuesto, mancilla, desacato, descortesía.
ANT. *Respeto, homenaje, honor.*

afrentado
SIN. Injuriado, ultrajado, agraviado, insultado, calumniado, vituperado, denostado, avergonzado, vejado.
ANT. *Honrado, venerado.*

afrentar
SIN. Ofender, vilipendiar, mancillar, escarnecer, humillar, estigmatizar, avergonzar, burlar, injuriar, rebajar, vejar, despreciar.
ANT. *Alabar, ensalzar, elogiar.*

afrodisíaco
SIN. Excitante, enervante, estimulante, amoroso, incitante.
ANT. *Calmante.*

afrontar
SIN. Resistir, enfrentar, oponer, aguantar, soportar, atreverse.
ANT. *Escaparse, huir.*

afueras
SIN. Alrededores, inmediaciones, cercanías, contornos, suburbio, barrio, ensanche, ruedo, campo.
ANT. *Centro.*

afuetear
Amér.
SIN. Azotar, flagelar, sacudir, golpear, latiguear.
ANT. *Acariciar, mimar.*

agachado
SIN. Encorvado, encogido, inclinado, gacho, cabizbajo.
ANT. *Erecto, estirado, recto.*

agachar
Amér.

agacharse
SIN. Acurrucarse, bajarse, encogerse, agazaparse, doblarse, inclinarse, retirarse, esconderse, ocultarse, humillarse, arrodillarse.
ANT. *Alzarse, levantarse.*

agallas
SIN. Valor, ánimo, osadía, valentía, audacia, empuje, branquias.
ANT. *Cobardía, desinterés.*

agarbarse
SIN. Agacharse, acurrucarse, doblarse, encorvarse, inclinarse.
ANT. *Erguirse.*

agareno
SIN. Sarraceno, musulmán, islamita, mahometano, moro, árabe.

agarrada
SIN. Riña, altercado, alboroto, camorra, trifulca, bronca, lío, jaleo, cipizape.

agarradera
Amér.
SIN. Agarradero, asa, mango, asidero, empuñadura, tirador.

agarradero
SIN. Asidero, mango, asa, tomadero, picaporte, tirador, aldaba, barandilla, agarradera (*Amér.*), amparo, excusa, protección, recurso, enchufe.
ANT. *Desamparo, abandono.*

agarrado
SIN. Avaro, interesado, tacaño, miserable, mezquino, usurero, cutre, cicatero, apretado.
ANT. *Generoso, espléndido, desprendido.*

agarrar
SIN. Asir, pillar, atrapar, coger, sujetar, lograr, conseguir, pescar, enganchar, trabar, afianzar.
ANT. *Soltar, dejar, desasir.*

agarrotado
SIN. Paralizado, tieso, patitieso, yerto, rígido, atascado, apretado, prieto, sujeto, inmóvil.
ANT. *Suelto, libre.*

agarrotamiento
SIN. Contracción, endurecimiento, agobio, sujeción, rigidez.
ANT. *Distensión.*

SIN. Ceder, claudicar, consentir, someterse, rendirse, entregarse.
ANT. *Resistir, luchar.*

agarrotar
SIN. Oprimir, apretar, ajustar, aplastar, atar, inmovilizar, cohibir, estrangular, asfixiar, ajusticiar, ejecutar.
ANT. *Aflojar, estirar, desatascar.*

agasajado
SIN. Obsequiado, festejado, honrado, regalado, homenajeado, lisonjeado.
ANT. *Criticado.*

agasajar
SIN. Invitar, obsequiar, festejar, homenajear, halagar, lisonjear, mimar, acariciar, considerar, favorecer, cortejar, galantear.
ANT. *Desdeñar, desairar.*

agasajo
SIN. Regalo, cariño, atención, halago, caricia, obsequio, homenaje, fiesta, ceremonia, convite, hospedaje, delicadeza, festejo, amabilidad.
ANT. *Desdén, indiferencia, desaire.*

agenciar
SIN. Solicitar, buscar, intentar, procurar, conseguir, alcanzar, adquirir, obtener, atrapar, gestionar, diligenciar.
ANT. *Dejar.*

agenda
SIN. Dietario, recuerdo, memorándum, almanaque, breviario, cuadernillo.

agente
SIN. Comisionista, delegado, representante, gerente, empleado, mediador, tercero, comisionario, negociador, corresponsal, actor, causante, generador, vehículo, operador.

agigantado
SIN. Grande, sobresaliente, excesivo, crecido, enorme, exagerado, extraordinario.
ANT. *Reducido, pequeño, escaso.*

agigantar
SIN. Agrandar, exagerar, hiperbolizar, ampliar, engrosar.
ANT. *Disminuir, reducir.*

ágil
SIN. Ligero, veloz, pronto, expedito, rápido, desembarazado, diligente, vivo, activo, resuelto, agudo, impetuoso, presto, furtivo, deslizante.
ANT. *Torpe, lento, abúlico.*

agilidad
SIN. Dinamismo, presteza, velocidad, actividad, listeza, sutilidad, resolución, agudeza, destreza, habilidad, soltura, elasticidad, movilidad, flexión.
ANT. *Pesadez, abulia, lentitud.*

agitación
SIN. Intranquilidad, inquietud, turbación, conmoción, revuelo, bullicio, temblor, desasosiego, fluctuación, emoción, sobresalto, malestar, zozobra, nerviosismo, convulsión, brega, alboroto, tormenta, intriga.
ANT. *Serenidad, reposo, paz.*

agitado
SIN. Intranquilo, tembloroso, inquieto, convulsivo, turbado, movido, sacudido, desasosegado, alborotado, tormentoso, excitado.
ANT. *Calmado, sereno, apacible.*

agitador
SIN. Perturbador, revolucionario, travieso, instigador, amotinador, huelguista, insurgente, líder, zarandillo, bullidor, locuelo, mequetrefe, ardiente, peonza.
ANT. *Pacificador, tranquilo, sensato.*

agitar
SIN. Mover, remover, revolver, menear, bailar, danzar, oscilar, encrespar, temblar, estremecer, palpitar, latir, sacudir, socollonear (*Amér.*), pulular, perturbar.
ANT. *Calmar, serenar, pacificar.*

agitarse
SIN. Alterarse, excitarse, inquietarse, conmoverse, intranquilizarse, removerse, violentarse, turbarse, zarandearse.
ANT. *Calmarse, pacificarse.*

aglomeración
SIN. Amontonamiento, acopio, hacinamiento, atasco, pelotón, remolino, fárrago, torbellino, multitud, colmena, masa, gentío, concentración, hormiguero, mezcla, hervidero, conjunto, colección, montón, nube.
ANT. *Aislamiento, soledad, separación.*

aglomerado
SIN. Mezcla, turba, bola, pelota, comprimido.

aglomerar
SIN. Acumular, acopiar, hacinar, amontonar, reunir, juntar, agolpar, agrupar, combinar, mezclar, congregar.
ANT. *Separar, disgregar, esparcir.*

aglutinación
SIN. Unión, reunión, agregación, cohesión, ligazón, conglomerado, coagulación, condensación.
ANT. *Separación, disolución.*

aglutinar
SIN. Agregar, conglomerar, ligar, condensar, unir, reunir, amasar, pegar, juntar.
ANT. *Separar, disociar.*

agobiar
SIN. Sofocar, abrumar, importunar, castigar, atarear, rendir, trabajar, marear, acribillar, angustiar, amargar, consumir.
ANT. *Distraer, despejar, consolar.*

agobio
SIN. Angustia, sofocación, fatiga, molestia, pesadumbre, pena, sufrimiento, abatimiento, opresión, ahogo, sofoco, penalidad, desazón, desasosiego, contrariedad, embarazo, confusión.
ANT. *Mitigación, sosiego.*

agolpar
SIN. Amontonar, hacinar, apilar, aglomerar, juntar, reunir, agrupar.
ANT. *Separar, disociar, disgregar.*

agonía
SIN. Angustia, congoja, lucha, dolor, pesar, aflicción, anhelo, trance, finamiento, desenlace, muerte, fallecimiento, defunción, aniquilamiento.
ANT. *Vida, sosiego, existencia.*

agonizante
SIN. Moribundo, expirante, falleciente.
ANT. *Floreciente.*

agonizar
SIN. Expirar, perecer, acabar, terminar, morir, fallecer, cargar, fastidiar, atosigar, apurar, padecer.
ANT. *Vivir, rejuvenecer.*

agorero
SIN. Adivino, vaticinador, pronosticador, augur, profeta, iluminado, medium, revelador.

agostar
SIN. Extinguir, acabar, decaer, declinar, languidecer, abrasar.
ANT. *Crecer, germinar.*

agotado
SIN. Acabado, cansado, exhausto, aniquilado, impotente, fatigado, jadeante, aplanado, derrotado, débil, rendido, marchito, esmirriado, enclenque, raquítico, caduco.
ANT. *Fuerte, vigoroso, activo.*

agotador
SIN. Aplastante, cansado, triturador, destructor, demoledor, fatigante, trabajoso.
ANT. *Fácil, cómodo.*

agotar
SIN. Gastar, acabar, terminar, consumir, extinguir, fatigar, absorber, debilitar, desangrar, disipar, destruir, disolver, abrumar, extirpar, moler, abolir, tullir, rematar, caducar, achicar, vaciar, desecar, sudar, perder.
ANT. *Potencia, vigor, actividad, dureza, existencia.*

agraciado
SIN. Favorecido, saleroso, donairoso, garboso, ocurrente, ingenioso, divertido, chistoso, festivo, agudo, jocoso, bromista, satírico, hermoso, bello, estético, lozano, bonito, gallardo, elegante, pulcro.
ANT. *Soso, ordinario, aburrido, feo, pesado, repelente.*

agraciar
SIN. Hermosear, embellecer, distinguir, favorecer, mejorar, recompensar, honrar.
ANT. *Afear, castigar.*

agradable
SIN. Amable, afable, grato, atractivo, abierto, sociable, acogedor, risueño, sugestivo, interesante, cautivante, deleitoso, divertido, entretenido, lisonjero, pintoresco, angelical, satisfactorio, leal, suave, melodioso, plácido, bondadoso, delicado.
ANT. *Antipático, desagradable, áspero, grosero, insulso, aburrido.*

agradar
SIN. Complacer, deleitar, encantar, cuajar, contentar, fascinar, embelesar, encandilar, simpatizar, animar, distraer, ilusionar, divertir, entretener, absorber, coquetear, contemplar, sonreír.
ANT. *Desagradar, disgustar, aburrir.*

agradecer
SIN. Corresponder, estimar, pagar, devolver, responder, retribuir, reconocer, obligar, compensar.

ANT. *Olvidar, desconocer.*

agradecido
SIN. Reconocido, obligado, deudor.
ANT. *Desagradecido.*

agradecimiento
SIN. Gratitud, obligación, pago, gracias, remuneración, reconocimiento, recuerdo, paga, retribución, recompensa.
ANT. *Egoísmo, ingratitud.*

agrado
SIN. Gusto, placer, satisfacción, complacencia, afabilidad, amabilidad, voluntad, simpatía, deleite, seducción, halago, aceptación, atractivo.
ANT. *Desagrado, descontento, antipatía.*

agrandar
SIN. Ampliar, aumentar, acrecentar, extender, engrandecer, ensanchar, desarrollar, dilatar, expandir, agigantar, hinchar, desorbitar.
ANT. *Mermar, reducir, disminuir.*

agravar
SIN. Empeorar, recrudecer, dificultar, desmejorar, indisponer, decrecer, declinar, gravar, cargar, oprimir, imponer, incrementar, encarecer.
ANT. *Recuperar, mejorar, progresar, aminorar, descargar.*

agraviador
SIN. Insultante, calumniador, provocador, ofensivo, humillante, insidioso, insolente, escarnecedor.
ANT. *Enaltecedor, cortés.*

agraviar
SIN. Ofender, afrentar, injuriar, vilipendiar, insultar, ultrajar, deshonrar, calumniar, denostar, perjudicar, dañar, mancillar, denigrar, zaherir, ajar.
ANT. *Beneficiar, elogiar, honrar.*

agravio
SIN. Ofensa, ultraje, injuria, afrenta, denuesto, insulto, calumnia, deshonra, deshonor, perjuicio, daño, injusticia, vilipendio, acusación, cargo, desaire, desprecio, burla, coz, procacidad.
ANT. *Satisfacción, respeto, elogio, comedimiento.*

agraz
SIN. Amargura, amargor, sinsabor, disgusto, contrariedad, enfado, pe-

sar, pena, amargo, áspero, verde, inmaduro.
ANT. *Satisfacción, felicidad, dulce, suave.*

agredir
SIN. Acometer, atacar, arremeter, asaltar, pelear, arrollar, maltratar, combatir, pelear, irrumpir, asaltar, embestir, violentar, insultar, ofender.
ANT. *Defender, huir, esquivar.*

agregado
SIN. Añadido, yuxtapuesto, anejo, pegado, junto, unido, adherente, seguido, asociación, mixtura, revoltijo, cohesión.
ANT. *Separado, despegado.*

agregar
SIN. Adicionar, añadir, sumar, unir, aumentar, asociar, juntar, incorporar, incrementar, englobar, adosar, yuxtaponer, pegar, combinar, vincular.
ANT. *Disminuir, restar, quitar.*

agresión
SIN. Ataque, acometida, asalto, embestida, golpe, ofensa, insulto, envite, trancazo, provocación.
ANT. *Caricia, amistad, armonía, simpatía.*

agresivo
SIN. Mordaz, cáustico, punzante, ofensivo, provocador, acometedor, belicoso, combativo, crudo, colérico, impulsivo, lanzado.
ANT. *Pacífico, tranquilo, suave.*

agresor
SIN. Provocador, acometedor, asaltante, matón, bravucón, devastador, ofensor, culpable.
ANT. *Defensor, pacífico.*

agreste
SIN. Abrupto, salvaje, rústico, áspero, silvestre, rudo, tosco, cerril, campesino, selvático, bucólico, zafio, accidentado, grosero, riscoso.
ANT. *Urbano, civilizado, delicado, fino.*

agriado
SIN. Alterado, estropeado, fermentado, descompuesto, pesimista, desabrido, irritado, enfadado, enojado, sulfurado, ácido, acre.
ANT. *Dulce, suave, tranquilo.*

agriar
SIN. Acidular, avinagrar, revenir, irritar, exasperar, indisponer, in-

dignar, molestar, enojar.
ANT. *Apaciguar, endulzar.*

agrícola
SIN. Campesino, rural, agrario, agropecuario, bucólico.
ANT. *Urbano.*

agricultor
SIN. Labrador, granjero, hortelano, rústico, campesino, labriego, ranchero, jornalero, sembrador, recolector.

agrietado
SIN. Rajado, rasgado, hendido, abierto, cuarteado, roto, quebrado, exfoliado, partido.
ANT. *Completo, intacto.*

agrietar
SIN. Rajar, abrir, cuartear, hendir, quebrar, romper, cascar, saltar, exfoliar.
ANT. *Cerrar, taponar.*

agrio
SIN. Ácido, acre, avinagrado, áspero, verde, revenido, desabrido, intolerable, huraño, descortés, torcido, irónico, punzante, agresivo, violento.
ANT. *Dulce, suave, acogedor, sociable, cortés, afable.*

agriura
Amér.
SIN. Agrura, amargor, acritud, resentimiento.
ANT. *Dulzor.*

agrupamiento
SIN. Reunión, conjunto, grupo, asociación, sociedad.
ANT. *Disociación, disgregación.*

agrupar
SIN. Reunir, juntar, congregar, convocar, asociar, hermanar, relacionar.
ANT. *Separar, dispersar.*

agua
SIN. Líquido, fluido, linfa, lluvia, niebla, nube, nieve, lago, embalse, mar, océano, vertiente.

aguacate
SIN. Palta, laureácea, flojo, tímido.
ANT. *Fuerte, arrojado.*

aguacero
SIN. Chubasco, chaparrón, chaparrada, aguaje (*Amér.*), argavieso.
ANT. *Sequía.*

aguado
Amér.
SIN. Débil, flojo, endeble, enclenque, endeblucho, encanijado.
ANT. *Fuerte, enérgico, robusto.*

aguafiestas
SIN. Cascarrabias, gruñón, ceñudo, malasombra, malhumorado, protestón, desabrido, desagradable, adusto.
ANT. *Afable, acogedor, alegre.*

aguaje
SIN. Aguacero, chaparrón, nubarrado, precipitación.
ANT. *Escampada, bonanza.*

aguantable
SIN. Soportable, tolerable, llevadero, sufrible, resistible.
ANT. *Inaguantable, insoportable, intolerable.*

aguantar
SIN. Soportar, sufrir, tolerar, llevar, cargar, arrastrar, apechugar, admitir, callar, tragar, permitir, experimentar, padecer, consentir.
ANT. *Renunciar, desistir, reaccionar.*

aguantarse
SIN. Reprimirse, callarse, comprimirse, refrenarse, contenerse, vencerse, resignarse, conformarse.
ANT. *Rebelarse.*

aguante
SIN. Sufrimiento, paciencia, tolerancia, cachaza, fortaleza, tranquilidad, tenacidad, obstinación, resistencia, firmeza, sujeción, freno, fuerza, condescendencia, resignación.
ANT. *Rebeldía, intolerancia, debilidad.*

aguar
SIN. Turbar, interrumpir, perturbar, entorpecer, frustrar, molestar, importunar, estropear, enturbiar, defraudar, disolver, diluir, rebajar, hidratar, licuar, humedecer, inundar, anegar, mojar, regar, empapar, lavar, mojar, llover.
ANT. *Agradar, complacer, facilitar, deshidratar, secar.*

aguardar
SIN. Esperar, atender, observar, acechar, diferir, aplazar, prorrogar, dilatar, retardar, rezagar, detener, prolongar.
ANT. *Marchar, apresurar, activar, acelerar.*

aguatero
Amér.
SIN. Aguador, aguadero, azacán.

agudeza
SIN. Ingenio, perspicacia, sagacidad, vivacidad, penetración, sutileza, clarividencia, agilidad, inteligencia, intuición, luces, picardía, gracia, golpe, ocurrencia, destello, chispa.
ANT. *Ingenuidad, torpeza, pesadez, bobería.*

agudización
SIN. Exacerbación, agravamiento, recaimiento, enconamiento.
ANT. *Mejoramiento, suavizamiento.*

agudizar
SIN. Agravar, empeorar, declinar, decaer, postrar, debilitar, hundir, recrudecer, adelgazar, afilar.
ANT. *Mejorar, sanar, fortalecer.*

agudo
SIN. Aguzado, puntiagudo, delgado, apuntado, afinado, penetrante, anguloso, sutil, perspicaz, observador, hábil, ingenioso, oportuno, intuitivo, ocurrente, lince, fino, saleroso, garboso, ágil, veloz.
ANT. *Embotado, achatado, torpe, ingenuo, soso.*

agüero
SIN. Presagio, pronóstico, augurio, indicio, anuncio, señal, signo, aviso, predicción, auspicio.

aguerrido
SIN. Veterano, fogueado, avezado, acostumbrado, ejercitado, experimentado, habituado, entrenado, valiente, osado, curtido, belicoso, guerrero.
ANT. *Inexperto, bisoño, pacífico.*

aguerrir
SIN. Curtir, foguear, entrenar, instruir, acostumbrar, endurecer, aclimatar.
ANT. *Deshabituar.*

aguijada
SIN. Vara, pincho, punta, aguijón, espuela, estoque, rejón, espina, acicate, estímulo, incentivo.
ANT. *Desánimo, freno, desinterés.*

aguijar
SIN. Estimular, incitar, animar, avivar, excitar, aguijonear, espolear, picar, pinchar, inducir, impeler, exhortar.

ANT. *Frenar, desanimar, disuadir.*

aguijón
SIN. Dardo, punta, rejo, flecha, jabalina, cuerno, aguja, puñal, pasión, inquietud, tormento, preocupación.
ANT. *Desaliento, desinterés.*

aguijonazo
SIN. Estímulo, incentivo, aliciente, acicate, excitación, hostigamiento, picadura, pinchazo, rejonazo, punzadura.
ANT. *Desaliento, desánimo.*

aguijonear
SIN. Estimular, animar, incitar, avivar, espolear, punzar, pinchar, inducir, impeler, preocupar, aguijar.
ANT. *Tranquilizar, disuadir, desalentar.*

aguileño
SIN. Afilado, delgado, fino, curvo, convexo.
ANT. *Recto, chato.*

aguinaldo
SIN. Gratificación, propina, presente, recompensa, regalo, dádiva, obsequio, merced, fineza, detalle, bonificación.
ANT. *Descuento, deducción.*

aguja
SIN. Alfiler, horquilla, espadilla, púa, espina, varilla, manecilla, minutero, segundero, saeta, brújula, torre, columna.

agujerear
SIN. Perforar, taladrar, abrir, calar, barrenar, cavar, picar, traspasar.
ANT. *Cerrar, tapar.*

agujero
SIN. Abertura, orificio, entrada, hoyo, hormiguero, ratonera, lobera, taladro, ojal, cripta, incisión, conducto, túnel, brecha.

agujetero
Amér.
SIN. Alfiletero, almohadilla, canuto, estuche.

aguzar
SIN. Aguijar, avivar, excitar, animar, incitar, despabilar, afilar, agudizar, aligerar.
ANT. *Desanimar, calmar.*

aherrojar
SIN. Oprimir, esclavizar, encadenar, sojuzgar, tiranizar, subyugar, avasallar, someter.
ANT. *Liberar, desatar.*

aherrumbrar
SIN. Enmohecer, oxidar, estropear, arruinar.
ANT. *Conservar.*

ahijado
SIN. Adoptado, apadrinado, acogido, patrocinado, sucesor, heredero.

ahijar
SIN. Adoptar, acoger, proteger, apadrinar, hijear (*Amér.*), patrocinar, favorecer, atribuir, imputar.
ANT. *Abandonar, desamparar.*

ahínco
SIN. Ansia, ardor, empeño, apresuramiento, diligencia, entusiasmo, fervor, decisión, tesón, firmeza, esfuerzo, voluntad, ambición, pasión, solicitud, resolución, determinación.
ANT. *Apatía, desinterés, indiferencia, desidia.*

ahitarse
SIN. Hartarse, atracarse, atiborrarse, saciarse, empacharse.
ANT. *Comedirse.*

ahíto
SIN. Harto, lleno, saciado, empachado, hastiado, cansado, aburrido, enfadado.
ANT. *Hambriento, necesitado.*

ahogado
SIN. Asfixiado, apagado, ahorcado, estrangulado, apretado, agarrotado, agobiante, asfixiante, apurado, abrumado, atribulado, inmerso.
ANT. *Respirable, libre.*

ahogar
SIN. Asfixiar, estrangular, amordazar, agarrotar, matar, sofocar, reprimir, extinguir, apagar, liquidar, dominar, abrumar, oprimir, atribular, acongojar, fatigar, afligir, anegar, sumergir.
ANT. *Liberar, airear, descansar, tranquilizar.*

ahogo
SIN. Aprieto, opresión, apuro, aflicción, estrechez, pobreza, penuria, necesidad, asfixia, sofocación,

bochorno, fatiga, angustia.
ANT. *Abundancia, riqueza, desahogo.*

ahondar
SIN. Excavar, profundizar, penetrar, introducir, descender, agujerear, ahuecar, raer, corroer, investigar, fiscalizar, insistir, porfiar, sondear, progresar.
ANT. *Descubrir, emerger, desistir.*

ahora
SIN. Actualmente, hoy, hogaño, todavía, ya, entonces, pronto.
ANT. *Después, luego.*

ahorcado
SIN. Colgado, estrangulado, suspendido, enforcado, ahogado, asfixiado, liquidado, ajusticiado.

ahorcar
SIN. Colgar, estrangular, ajusticiar, suspender, asfixiar, oprimir, apretar.
ANT. *Continuar, persistir.*

ahorrador
SIN. Económico, austero, sobrio, judío, interesado, mezquino, sórdido.
ANT. *Pródigo, gastador, dilapidador.*

ahorrar
SIN. Economizar, reservar, guardar, restringir, horrar (*Amér.*), escasear, atesorar, endurecer, evitar, rehuir, precaber.
ANT. *Despilfarrar, gastar, derrochar, tirar, malgastar.*

ahorro
SIN. Economía, reserva, prudencia, previsión, freno, tesoro, peculio.
ANT. *Gasto, derroche, despilfarro.*

ahuecar
SIN. Ensanchar, ampliar, inflar, vaciar, esponjar, engreír, presumir, envanecer.
ANT. *Apretar, humillar.*

ahuecarse
SIN. Hincharse, engreírse, envanecerse, ensoberbecerse, ufanarse, pavonearse.
ANT. *Desinflarse, humillarse, anularse.*

ahumado
SIN. Tiznado, ennegrecido, manchado, sahumado (*Amér.*), sombrío, deslucido.
ANT. *Claro, sobrio.*

ahumar
SIN. Acecinar, curar, secar, fumigar, sahumar (*Amér.*), tiznar, ennegrecer.
ANT. *Blanquear.*

ahuyentar
SIN. Alejar, asustar, atemorizar, apartar, expulsar, levantar, aventar, despedir, rechazar, desechar, sacudir, huir, escapar, evadir.
ANT. *Permanecer, admitir, acudir.*

ahuyentarse
SIN. Ausentarse, fugarse, escaparse, espantarse, huir.
ANT. *Quedarse.*

airado
SIN. Enojado, irritado, furioso, encolerizado, rabioso, iracundo, agitado, violento, indignado, colérico, furibundo, irascible, ceñudo.
ANT. *Tranquilo, suave, sosegado.*

aire
SIN. Viento, ambiente, vapor, atmósfera, cielo, ventilación, corriente, aliento, soplo, efluvio, emanación, vaho, suspiro, erupto, oxígeno, talante, vanidad, petulancia, engreimiento.

aireado
SIN. Ventilado, sano, higiénico.
ANT. *Enrarecido.*

airear
SIN. Ventilar, ventear, purificar, oxigenar, evaporar, respirar, expirar, silbar, ventosear, publicar, divulgar.
ANT. *Enrarecer, silenciar.*

airoso
SIN. Garboso, apuesto, esbelto, arrogante, galán, gentil, elegante, lúcido, brillante, franco, cimbreante, lozano, guapo, flamenco, victorioso.
ANT. *Estrafalario, desastrado, ridículo.*

aislado
SIN. Solo, solitario, desierto, retirado, apartado, abandonado, recogido, retraído, abstraído, incomunicado, distante, recluso, misógino, íngrimo (*Amér.*), insociable, nocturno, anacoreta, asceta, monje, ermitaño.
ANT. *Sociable, agrupado, acompañado.*

aislamiento
SIN. Soledad, retiro, retraimiento, incomunicación, reclusión, recogimiento, intimidad, cuarentena, repliegue, exclusión, claustro, convento, desconexión, ostracismo, confinamiento.
ANT. *Comunicación, sociabilidad, agrupación, amparo.*

aislante
SIN. Dieléctrico, interceptor, amianto, baquelita, porcelana, vaselina.
ANT. *Comunicante.*

aislar
SIN. Incomunicar, arrinconar, confinar, apartar, recluir, recoger, retirar, esquivar, evitar, separar, cortar, segregar, desasistir, abandonar, bloquear, apartar, limitar, desterrar.
ANT. *Convivir, alternar, unir, relacionar.*

aislarse
SIN. Retraerse, apartarse, retirarse, recogerse, recluirse, incomunicarse, arrinconarse, enclaustrarse.
ANT. *Tratarse, comunicarse, acercarse.*

ajado
SIN. Marchito, mustio, viejo, arrugado, raído, sobado, negro, usado, estropeado, deslucido, deteriorado, mancillado, ultrajado.
ANT. *Nuevo, joven, reparado.*

ajar
SIN. Marchitar, deslucir, estropear, deteriorar, desflorar, sobar, violar, desgastar, usar, mustiar, humillar, avergonzar, ultrajar, abochornar.
ANT. *Vigorizar, rejuvenecer, enaltecer.*

ajeno
SIN. Impropio, extraño, diverso, distinto, diferente, distante, foráneo, intruso, forastero, extrínseco, tramontano.
ANT. *Propio, nativo.*

ajetreado
SIN. Agitado, atosigado, ocupado, cansado, reventado, movido, atareado, zarandeado.
ANT. *Sosegado, descansado.*

ajetrear
SIN. Apresurar, atarear, zarandear, agitar, mover, atosigar, fatigar, cansar, reventar, trabajar.
ANT. *Descansar, sosegar.*

ajetreo
SIN. Agitación, actividad, trajín, agobio, jaleo, zarandeo, molienda, paliza, meneo, trote, atosigamiento.
ANT. *Descanso, sosiego.*

ajorca
SIN. Brazalete, argolla, pulsera, brazal, joya, aro.

ajotar
(*Amér.*)
SIN. Azuzar, estimular, incitar, espolear, avivar.
ANT. *Sosegar, calmar, contener.*

ajuar
SIN. Mobiliario, equipo, enseres, utensilios, trastos, ata1aje, ropas, vestuario, repertorio.

ajumarse
SIN. Alegrarse, embriagarse, emborracharse, encurdarse, encandilarse.
ANT. *Desembriagarse.*

ajustado
SIN. Adecuado, proporcional, apropiado, justo, recto, conforme, concertado, concreto, conciso, ceñido, apretado, angosto, acoplado.
ANT. *Impropio, impreciso, holgado, ancho.*

ajustador
SIN. Faja, corsé, sostén, jubón, anillo, operario, obrero.

ajustar
SIN. Acomodar, modelar, adaptar, acoplar, moldear, arreglar, encajar, componer, sentar, limitar, estrechar, ceñir, ensamblar, concertar, pactar, acordar, visar, avenir, moderar, contratar, compaginar, regularizar, organizar.
ANT. *Desajustar, discrepar, desavenir.*

ajustarse
SIN. Amoldarse, conformarse, sujetarse, avenirse, ceñirse, limitarse.
ANT. *Desajustarse, desencajarse.*

ajuste
SIN. Convenio, arreglo, acuerdo, conciliación, acomodo, compromiso, contrato, encaje, acoplamiento, rectificación, articulación, engranaje.
ANT. *Desavenencia, disconformidad, desunión.*

ajusticiar
SIN. Matar, fusilar, ahorcar.
ANT. *Perdonar.*

ala
SIN. Hilera, saliente, borde, flanco, alero, élitro, vuelo, pluma.

alabanza
SIN. Encomio, elogio, celebración, loa, encarecimiento, enaltecimiento, aprobación, panegírico, apología, honor, aleluya, aclamación, recomendación, felicitación, aplauso, estima, vítores, requiebro.
ANT. *Crítica, censura, reproche, murmuración.*

alabar
SIN. Elogiar, ensalzar, encomiar, honorar, exaltar, loar, enaltecer, encumbrar, recomendar, celebrar, aplaudir, aprobar, lisonjear, coronar, vitorear, magnificar, ovacionar, prodigar, vocear, divinizar.
ANT. *Censurar, criticar, atacar, denigrar, ultrajar.*

alabarse
SIN. Gloriarse, jactarse, preciarse, loarse, ensalzarse, aplaudirse, vanagloriarse, alardear, preciarse.
ANT. *Humillarse, rebajarse.*

alabeado
SIN. Combado, curvo, arqueado, torcido, retorcido, ondulado, flexionado, torsionado.
ANT. *Recto, liso.*

alaco
(Amér.)
SIN. Harapo, pingajo, andrajo, trapajo, trasto, guiñapo, jirón.

alacridad
SIN. Ligereza, rapidez, presteza, prontitud, alegría.
ANT. *Lentitud, tristeza.*

alado
SIN. Veloz, ligero, rápido, raudo, ágil, pronto, presto.
ANT. *Torpe, tardo, lento.*

alambicado
SIN. Rebuscado, complicado, laberíntico, sofisticado, sutil, sublimado, destilado, exacto, cabal, justo.
ANT. *Sencillo, natural, tosco.*

alambicar
SIN. Precisar, sutilizar, analizar, afinar, profundizar, examinar, considerar, destilar, purificar.
ANT. *Generalizar.*

alambique
SIN. Destiladera, destilador, alquitara, caldera, serpentín, redoma, cornamusa, recipiente.

alambrada
SIN. Cerca, valla, muro, obstáculo.

alameda
SIN. Avenida, paseo, arboleda, parque, sendero, camino.

alarde
SIN. Ostentación, jactancia, fatuidad, presunción, aparato, lujo, farol, pavoneo, grandilocuencia, derroche, exhibición.
ANT. *Modestia, humildad, timidez.*

alardear
SIN. Jactarse, alabarse, vanagloriarse, preciarse, ostentar, presumir, picarse, relamerse, envanecerse, dragonear *(Amér.)*, ufanarse.
ANT. *Rebajarse, humillarse.*

alargado
SIN. Estirado, dilatado, extenso, apaisado, prolongado, perfilado.
ANT. *Encogido, corto.*

alargamiento
SIN. Prolongación, dilatación, ampliación, aumento, extensión, desarrollo, crecimiento, retraso, prórroga.
ANT. *Disminución, reducción.*

alargar
SIN. Prolongar, estirar, dilatar, extender, desarrollar, amplificar, aumentar, prorrogar, durar, diferir, retrasar, postergar, aplazar, facilitar, alcanzar, dar.
ANT. *Encoger, reducir, abreviar, disminuir, apresurar, anticipar.*

alargarse
SIN. Apartarse, desviarse, alejarse, extenderse, excederse.
ANT. *Comedirse, limitarse.*

alarido
SIN. Grito, aullido, rugido, quejido, baladro, vocinglería.
ANT. *Silencio.*

alarma
SIN. Inquietud, susto, espanto, miedo, terror, sobresalto, alboroto, sorpresa, nerviosismo, confusión, aspaviento, aviso, alerta, prevención, espera, anuncio.
ANT. *Seguridad, entereza, serenidad.*

alarmado
SIN. Desconfiado, inquieto, asustado, sobresaltado, preocupado, impresionado.
ANT. *Sereno, confiado.*

alarmante
SIN. Inquietante, preocupante, impresionante, horripilante, terrorífico, pavoroso, estremecedor.
ANT. *Calmante, sosegador.*

alarmar
SIN. Intranquilizar, atemorizar, inquietar, amedrentar, estremecer, angustiar, horripilar, sobrecoger, preocupar, aterrar, acoquinar.
ANT. *Tranquilizar, calmar, serenar.*

alarmista
SIN. Trolero, embaucador, mentiroso, bolero, pesimista.
ANT. *Sincero, veraz.*

alba
SIN. Aurora, amanecer, madrugada, alborada, crepúsculo, día, claridad, sol, luz.
ANT. *Ocaso, poniente.*

albañal
SIN. Alcantarilla, cloaca, colector, sumidero, desagüe, canal, drenaje, desembocadura, sentina, suciedad, hediondez.
ANT. *Limpieza.*

albarán
SIN. Recibo, garantía, comprobante, célula, documento.

albarda
SIN. Aparejo, montura, carga, silla, lomillos, almohadillas, jalma, barras, guarnición.

albardear
(Amér.)
SIN. Molestar, fastidiar, incomodar, jorobar, chinchar, hostigar, impacientar.
ANT. *Deleitar, agradar, entretener.*

albazo
(Amér.)
SIN. Amanecer, mañanear, alborada, alba.
ANT. *Oscurecer, atardecer.*

albear
SIN. Blanquear, iluminarse, encenderse.
ANT. *Oscurecer.*

albedrío
SIN. Arbitrio, libertad, indepen-

dencia, autonomía, voluntad, decisión, resolución, determinación, capricho, deseo, merced.
ANT. *Predestinación, determinismo.*

alberca
SIN. Balsa, estanque, charca, pozo, cisterna, aljibe.

albergar
SIN. Acoger, admitir, asilar, cobijar, recoger, recibir, instalar, residir.
ANT. *Rechazar, desalojar.*

albergue
SIN. Hospedaje, mesón, posada, venta, refugio, hostal, parador, cobijo, pensión, residencia, puerto, hospicio, cueva, choza, madriguera.
ANT. *Desamparo.*

albo
SIN Blanco, níveo, lechoso, claro, blanquecino, cano.
ANT. *Oscuro, negro.*

albor
SIN. Inocencia, pureza, candor, principio, comienzo, preludio, amanecer, alborada, aurora.
ANT. *Vejez, senectud, epílogo, término, oscurecer.*

alborada
SIN. Amanecer, aurora, albazo (*Amér.*), comienzo, preludio, inicio.
ANT. *Oscurecer, ocaso.*

albornoz
SIN. Manto, batín, bata, capa.

alborotado
SIN. Irreflexivo, ligero, atolondrado, precipitado, bullicioso, inquieto, excitado, tumultuoso.
ANT. *Tranquilo, pacífico, juicioso.*

alborotador
SIN. Ruidoso, escandaloso, perturbador, agitador, turbulento, bullanguero, revoltoso, camorrista.
ANT. *Sensato, serio, formal.*

alborotar
SIN. Vocear, gritar, escandalizar, alterar, revolver, remover, alborozar, agitar, excitar, turbar.
ANT. *Tranquilizar, sosegar, calmar, pacificar.*

alboroto
SIN. Confusión, escándalo, jácara, estruendo, riña, cisco, turbulencia,

tiberio, zarabanda, jaleo, mitote (*Amér.*), bullanga, trisca, embrollo, motín, bullicio, sobresalto, vocerío, agitación, follón, ginebra, desbarajuste, trastorno, infierno, gallinero, arrebato, meneo, pita, tumulto.
ANT. *Sosiego, orden, calma, silencio.*

alborozado
SIN. Alegre, jubiloso, animado, gozoso, regocijado, contento, satisfecho, risueño, radiante.
ANT. *Triste, mustio, desmoralizado, descontento.*

alborozo
SIN. Placer, regocijo, alegría, júbilo, satisfacción, contento, algazara, deleite, entusiasmo, jubileo.
ANT. *Pena, llanto, tristeza, desdicha.*

albúfera
SIN. Estanque, laguna, lago, charca, pantano, marisma, alberca.

albur
SIN. Hado, destino, suerte, azar, riesgo, peligro, ventura, incertidumbre, veleidad.

alcabala
SIN. Censo, impuesto, tributo, gravamen, contribución, canon, carga.

alcahueta
SIN. Celestina, encubridora, tercera, trotaconventos, soplona, chismosa, zurcidora, embelecadora, mediadora, intermediaria.
ANT. *Prudente, honrada.*

alcaide
SIN. Carcelero, guardián, cancero, vigilante, custodio.

alcaldada
SIN. Atropello, abuso, arbitrariedad, tiranía, despotismo, ilegalidad, violación, exceso, iniquidad.
ANT. *Rectitud, justicia.*

alcance
SIN. Obtención, rendimiento, provecho, éxito, importancia, trascendencia, significación, representación, eficacia, valor, magnitud, enjundia, seguimiento, persecución, llegada, capacidad, talento, sutileza, perspicacia, cacumen.
ANT. *Abandono, fracaso, simpleza.*

alcanforar
(*Amér.*)
SIN. Desaparecer, evaporarse, disiparse, esfumarse, desvanecerse, perderse.
ANT. *Aparecer, comparecer.*

alcantarilla
SIN. Cloaca, imbornal, colector, desagüe, vertedero, pozo, túnel, drenaje, conducto.

alcanzable
SIN. Factible, hacedero, posible, asequible, realizable, practicable.
ANT. *Imposible, irrealizable.*

alcanzado
SIN. Empeñado, adeudado, necesitado, carente, falto, cogido, sujeto, tocado, atrapado.
ANT. *Rico, libre, suelto.*

alcanzar
SIN. Conseguir, obtener, lograr, adquirir, poseer, saber, comprender, adquirir, averiguar, descubrir, atrapar, coger, tocar, aprehender, rebasar, pillar.
ANT. *Perder, malograr, desistir, escapar, abandonar.*

alcazaba
SIN. Castillo, ciudadela, fortín, fortaleza.

alcoba
SIN. Aposento, dormitorio, cámara, gabinete.

alcor
SIN. Colina, otero, collado, loma, altozano, cerro, alcudia, montículo.
ANT. *Valle, planicie.*

alcornoque
SIN. Carrasca, encina, corcho, bruto, torpe, ignorante, cretino, iletrado.
ANT. *Inteligente, despierto, listo.*

alcorzar
SIN. Asear, pulir, adornar, hermosear, embellecer, adobar, acicalar.
ANT. *Descuidar, desasear.*

alcurnia
SIN. Ascendencia, linaje, estirpe, casta, ralea, generación, entronque, familia, origen, prez, tronco, aristocracia, nobleza.
ANT. *Plebeyez.*

aldea
SIN. Lugar, villorrio, pueblo, loca-

lidad, burgo, población, anexo.
ANT. *Ciudad.*

aldeano
SIN. Rústico, labriego, campesino, paleto, zafio, inculto, popular, villano, baturro, payés.
ANT. *Distinguido, noble.*

aleación
SIN. Mezcla, fusión, combinación, fundición, trabazón, metal, latón, bronce.
ANT. *Separación.*

aleatorio
SIN. Fortuito, casual, incierto, azaroso, arriesgado, aventurado, contingente.
ANT. *Cierto, seguro.*

alebrestarse
(Amér.)
SIN. Erguirse, alzarse, levantarse, encabritarse, empinarse.
ANT. *Encogerse, doblarse, caerse.*

aleccionar
SIN. Adiestrar, amaestrar, enseñar, instruir, ejercitar, ilustrar, iniciar, adoctrinar, aconsejar, disciplinar, formar, informar.
ANT. *Indisciplinar.*

aledaño
SIN. Limítrofe, colindante, contiguo, vecino, inmediato, próximo, adyacente, fronterizo, rayano, término, cercanía, proximidad.
ANT. *Separado, alejado, lejanía.*

alegación
SIN. Pretexto, exposición, argumentación, defensa, exculpación, aportación, afirmación.

alegar
SIN. Aportar, aducir, citar, invocar, acreditar, sacar, exponer, evidenciar, defender, argüir, razonar, enunciar.
ANT. *Silenciar, omitir.*

alegar
(Amér.)
SIN. Disputar, altercar, reñir, discrepar, cuestionar, porfiar.
ANT. *Acordar, pactar, convenir.*

alegato
(Amér.)
SIN. Disputa, altercado, litigio, disidencia, disenso.
ANT. *Acuerdo, entendimiento.*

alegoría
SIN. Símbolo, imagen, figura, emblema, insignia, signo, enseña, cimera, escudo, apólogo, fábula, metáfora, personificación, comparación, leyenda, mito.
ANT. *Realidad.*

alegrar
SIN. Alborotar, divertir, regocijar, deleitar, recrear, agradar, placer, complacer, satisfacer, gozar, entusiasmar, abrillantar, bromear, reír.
ANT. *Disgustar, entristecer, aburrir.*

alegre
SIN. Divertido, jovial, festivo, gracioso, bromista, entretenido, jocoso, gozoso, alumbrado, eufórico, exultante, optimista, satisfecho, jubiloso, risueño, ufano, lozano, esparcido.
ANT. *Triste, afligido, disgustado, pesimista, taciturno, serio, aburrido.*

alegría
SIN. Regocijo, gozo, alborozo, satisfacción, júbilo, contento, placer, jovialidad, algazara, diversión, felicidad, jolgorio, broma, chiste, juerga, delirio, diversión, regodeo, primavera.
ANT. *Tristeza, pesimismo, aburrimiento, nostalgia, desdicha, fastidio, disgusto.*

alejar
SIN. Apartar, desviar, retirar, separar, posponer, alongar, evitar, aislar, excluir, distanciar, divagar.
ANT. *Acercar, aproximar, abordar.*

alelado
SIN. Atontado, aturdido, embobado, extático, ofuscado, confuso, estupefacto, desconcertado.
ANT. *Listo, juicioso, sensato.*

aleluya
SIN. Alegría, júbilo, regocijo, gozo, entusiasmo, exaltación, contento, hosanna, himno.
ANT. *Tristeza, tribulación, pesar.*

alentado
SIN. Animoso, esforzado, valiente, bizarro, valeroso, brioso, bravo, atrevido, entusiasmado, espoleado.
ANT. *Tímido, cobarde, temeroso.*

alentar
SIN. Animar, excitar, confortar, incitar, exhortar, consolar, enfervorizar, azuzar, aguijonear, vigorizar, robustecer, influir.

ANT. *Desalentar, desanimar, abatir.*

aletargar
SIN. Adormecer, insensibilizar, narcotizar, hipnotizar.
ANT. *Excitar, animar, avivar.*

alevosía
SIN. Deslealtad, felonía, infidelidad, traición, perfidia, ingratitud, vileza, infamia, perrería, engaño, intriga.
ANT. *Sinceridad, lealtad, veracidad.*

alevoso
SIN. Traidor, desleal, renegado, falso, desertor, infiel, felón, ingrato, infame.
ANT. *Sincero, leal, noble.*

alfabeto
SIN. Abecedario, abecé.

alfanje
SIN. Cimitarra, sable, catana, escarcina.

alfeñique
SIN. Enclenque, delicado, raquítico, delgado, débil, flojo, flaco, birria, enteco.
ANT. *Fuerte, vigoroso, robusto.*

algarabía
SIN. Gritería, vocería, bulla, bullicio, confusión, algazara, ruido, estrépito, estruendo, jolgorio, juerga, trifulca, marimorena, correría, fandango.
ANT. *Tranquilidad, calma, orden, paz.*

algarada
SIN. Motín, revuelta, tumulto, alboroto, correría, confusión, desorden, sublevación, saqueo, clamor, incursión.
ANT. *Orden, silencio.*

algazara
SIN. Algarabía, gritería, bulla, rochela *(Amér.)*, bullicio, vocerío, confusión, estrépito, revuelta, tumulto, marimorena.
ANT. *Tranquilidad, silencio, paz.*

álgido
SIN. Culminante, supremo, definitivo, concluyente, máximo, crítico, glacial, frío, congelado.
ANT. *Caliente.*

alhaja
SIN. Joya, prenda, adorno, filigrana, perla, brillante, esmeralda, guarnición, pulsera, alcorcí.

alhóndiga
SIN. Lonja, mercado, almacén, depósito, plaza.

alianza
SIN. Unión, liga, confederación, coalición, acuerdo, pacto, asociación, convenio, federación, sociedad, colaboración, afinidad, armisticio, paz, tregua, oferta, concordia, armonía.
ANT. *Enemistad, discordia, hostilidad, pugna.*

aliarse
SIN. Unirse, confederarse, ligarse, asociarse, amigarse, casarse.
ANT. *Separarse, dividirse.*

alicaído
SIN. Triste, desanimado, melancólico, débil, decaído, desalentado, deprimido, apagado, apocado, cuitado, misántropo, descentrado, desilusionado, desesperanzado, esmirriado, lento.
ANT. *Fuerte, animado, optimista, ilusionado.*

aliciente
SIN. Atractivo, incentivo, estímulo, acicate, aguijón, móvil, encanto.
ANT. *Desinterés, desapego, indiferencia.*

alienado
SIN. Enajenado, demente, loco, perturbado, chalado, neurótico, ido.
ANT. *Cuerdo, sano.*

aliento
SIN. Hálito, respiro, soplo, vaho, inhalación, ánimo, vigor, audacia, impulso, garbo, empeño, afán, ahínco, determinación.
ANT. *Desapego, abulia, desinterés.*

alifafe
SIN. Achaque, lacra, dolencia, indisposición, afección, desazón, jaqueca.
ANT. *Salud.*

aligerar
SIN. Abreviar, aliviar, reducir, descargar, activar, acelerar, avivar, apresurar, promover, urgir, consolar, moderar, suavizar, amansar.
ANT. *Retrasar, diferir, parar, agravar.*

alijar
SIN. Descargar, trasbordar, desembarcar, entregar, introducir.

alimentar
SIN. Nutrir, sustentar, mantener, cebar, cargar, tupir, sostener, suministrar, proveer.
ANT. *Ayunar, desnutrir.*

alimenticio
SIN. Sustancioso, nutritivo, vitaminado, asimilable, reconstituyente, vigorizante, jugoso.
ANT. *Insubstancial.*

alimento
SIN. Manutención, sustento, comida, sostén, mantenimiento, víveres, despensa, refresco, repuesto, rancho, ración.

alinderar
(Amér.)
SIN. Deslindar, amojonar, alindar, señalar, separar, delimitar.
ANT. *Embrollar, confundir, indeterminar.*

alineación
SIN. Formación, jalonamiento, trazado, fila, columna.
ANT. *Desorden.*

aliñar
SIN. Condimentar, sazonar, adobar, arreglar, especiar, componer, adornar, disponer, preparar.
ANT. *Desaliñar, descomponer.*

aliño
SIN. Aderezo, condimento, ingrediente, arreglo, limpieza, disposición, realce, adorno, perfume.
ANT. *Soso, descuido, desaliñado.*

alisar
SIN. Allanar, estirar, igualar, rasar, suavizar, cepillar, pulir, afinar, pulimentar, lustrar, limar, raspar, nivelar.
ANT. *Arrugar.*

alistar
SIN. Registrar, matricular, reclutar, inscribir, incorporar, apuntar, prevenir, disponer, arreglar.
ANT. *Separar, salir.*

alistar
(Amér.)
SIN. Acicalarse, arreglarse, componerse, embellecerse, endomingarse.
ANT. *Descuidarse, abandonarse.*

aliviar
SIN. Consolar, ayudar, tranquilizar, serenar, distraer, curar, endulzar, reconfortar, aligerar, mitigar,

paliar, temperar, aplacar, atenuar, calmar, relajar, mejorar.
ANT. *Desconsolar, preocupar, agravar, aumentar.*

aliviarse
SIN. Mejorarse, reponerse, curarse, desahogarse, calmarse, reanimarse.
ANT. *Preocuparse, desconsolarse.*

alivio
SIN. Consuelo, descanso, mejoría, aplacamiento, desahogo, refrigerio, dilatación, atenuante, distensión, sedante, respiro, suspiro, refresco, mitigación, aliento.
ANT. *Enfermedad, desconsuelo, recaída.*

aljaba
SIN. Carcaj, funda, caja, envoltorio.

aljibe
SIN. Cisterna, depósito, pozo, recipiente, tanque.

alma
SIN. Espíritu, esencia, substancia, entraña, interior, meollo, aliento, energía, psique, tuétano, reflexión, sentimiento, juicio, memoria, imaginación, mente, voluntad, entendimiento, ser, vida, fibra, nervio, vitalidad, calor.
ANT. *Materia, barro.*

almacén
SIN. Depósito, tienda, arsenal, factoría, barraca (*Amér.*), establecimiento, bazar, comercio, sucursal, botica, mercado, muestra.

almacenar
SIN. Guardar, reunir, juntar, recolectar, acumular, amontonar, apiñar, acopiar, aglomerar, conservar, monopolizar, hacinar, acaudalar.
ANT. *Distribuir, repartir.*

almanaque
SIN. Calendario, compendio, relación, cronología, efemérides, registro, lunario, catálogo.

almibarado
SIN. Meloso, melifluo, dulzón, empalagoso, blando, suave, dulce, azucarado.
ANT. *Amargo, agrio, desagradable.*

alminar
SIN. Torre, minarete, atalaya, campanario.

almohada
SIN. Cojín, cabezal, cabecera, respaldo.

almoneda
SIN. Subasta, compraventa, oferta, hacienda, venta, saldo.

almunia
SIN. Huerta, granja, alquería, predio, heredad.

alocución
SIN. Discurso, arenga, razonamiento, charla, coloquio, lección, demostración, prueba, exposición, plática, sermón, predicación.

alojamiento
SIN. Posada, aposento, hospedaje, albergue, refugio, asilo, hotel, residencia, casa, vivienda, morada, estancia, piso, chalet, fortaleza, cuartel, fortín.

alojar
SIN. Hospedar, aposentar, asilar, albergar, cobijar, abrigar, meter, introducir, vivir.
ANT. *Echar, desalojar, desterrar, expulsar.*

alquería
SIN. Cortijo, caserío, masía, almunia, chácara (*Amér.*), finca, posesión, torre, estancia, casal.

alquiler
SIN. Arrendamiento, cesión, traspaso, transferencia, contrato, inquilinato.

alrededores
SIN. Inmediaciones, contornos, cercanías, proximidades, suburbios, arrabales, barrio, periferia, cinturón, círculo, ruedo.
ANT. *Lejanía, distancia.*

altanería
SIN. Arrogancia, orgullo, soberbia, altivez, ufanía, envanecimiento, desdén, desprecio, vanidad.
ANT. *Sencillez, humildad, modestia.*

altanero
SIN. Orgulloso, soberbio, despectivo, despreciativo, insolente, engreído, dominante, empinado, gallardo, fachendoso.
ANT. *Humilde, sencillo.*

altar
SIN. Sagrario, presbiterio, retablo, tabernáculo, santuario, hornacina,

grada, calvario, peana.

alteración
SIN. Trastorno, variación, mudanza, cambio, modificación, anormalidad, falsificación, motín, revuelta, alzamiento, sublevación, alboroto, tempestad, perturbación, pasión, excitación, exaltación, frenesí.
ANT. *Constancia, permanencia, calma, paz, sosiego.*

alterado
SIN. Revuelto, cambiado, trastornado, desconocido, desfigurado, enfadado, irritado, enojado, inquieto, conmovido, nervioso.
ANT. *Ordenado, quieto, sosegado.*

alterar
SIN. Trastornar, cambiar, modificar, tergiversar, invertir, falsificar, sofisticar, descomponer, alborotar, perturbar, enojar, disgustar, enfadar, agitar, aturdir, asustar, conmover, electrizar.
ANT. *Permanecer, continuar, calmar, apaciguar.*

altercado
SIN. Discusión, disputa, porfía, querella, reyerta, riña, pelotera, bronca, escándalo, forcejeo, alegato (*Amér.*), escaramuza, controversia, polémica, litigio.
ANT. *Paz, tranquilidad, acuerdo.*

altercar
SIN. Disputar, reñir, discutir, escandalizar, alegar (*Amér.*), abroncar, combatir, pelear, cuestionar, debatir.
ANT. *Pacificar, sosegar, aplacar.*

alteza
SIN. Eminencia, magnificencia, excelencia, sublimidad, excelsitud, elevación.
ANT. *Bajeza, plebeyez.*

altillano
(*Amér.*)
SIN. Altiplanicie, alcarria, altozano, meseta, sabana, pradera, altillo.
ANT. *Montaña.*

altisonante
SIN. Aparatoso, pomposo, enfático, rimbombante, engolado, hinchado, ampuloso, grandilocuente, elevado, espectacular, mayestático, afectado.
ANT. *Natural, sencillo, modesto.*

altivez
SIN. Orgullo, altanería, soberbia, arrogancia, desdén, desprecio, envanecimento, engreimiento, marcialidad, vanidad, suficiencia, imperio, bizarría.
ANT. *Modestia, sencillez, humildad.*

altivo
SIN. Arrogante, soberbio, orgulloso, despreciativo, desdeñoso, ostentativo, pedantesco, fiero, olímpico, desafiante.
ANT. *Sencillo, humilde, modesto.*

alto
SIN. Destacado, encumbrado, eminente, superior, aventajado, excelente, prócer, cimero, supremo, sumo, distinguido, elevado, empinado, crecido, espigado, fuerte, penetrante, agudo, sólido, arduo, difícil, parada, stop, interrupción, detención.
ANT. *Insignificante, inferior, bajo, llano, asequible.*

altoparlante
Amér.
SIN. Altavoz, amplificador, megáfono, bocina.

altruismo
SIN. Hospitalidad, beneficiencia, humanidad, caridad, celo, benevolencia, generosidad sacrificio, desinterés, prodigalidad, civismo, limosna, dádiva, nobleza, bondad.
ANT. *Egoísmo, cicatería, indiferencia.*

alucinación
SIN. Ilusión, engaño, visión, confusión, ofuscación, espejismo, pesadilla, onirismo, apariencia, sueño, imaginación, fantasía.
ANT. *Realidad, verdad.*

alucinar
SIN. Engañar, deslumbrar, seducir, encandilar, cegar, hechizar, entorpecer, enflautar, soñar, desvariar, imaginar.
ANT. *Reflexionar, desvelar.*

alud
SIN. Avalancha, desprendimiento, torva, derrumbamiento, caída, desplome.

aludir
SIN. Citar, mencionar, referir, personalizar, sugerir, insinuar, nombrar, manifestar esbozar.
ANT. *Callar, omitir.*

alumbrar
SIN. Iluminar, encender, clarificar, relucir, avivar, enseñar, ilustrar, instruir, aconsejar.
ANT. *Apagar, extinguir, disipar.*

alumno
SIN. Discípulo, estudiante, becario, oyente, educando, escolar, pasante, seminarista.
ANT. *Profesor, maestro.*

alusión
SIN. Referencia, insinuación, mención, personalización, llamada, sugerencia, recuerdo, rodeo, cita.
ANT. *Olvido.*

alvéolo
SIN. Celdilla, hueco, cavidad, surco.

alza
SIN. Aumento, elevación, encarecimiento, ascenso, desarrollo, subida, incremento, mira, cuña.
ANT. *Baja, disminución.*

alzada
SIN. Recurso, apelación, querella, protesta, instancia, revisión.

alzamiento
SIN. Rebelión, movimiento, insurrección, motín, sublevación, revuelta, insurgencia, protesta, explosión, estallido.
ANT. *Sometimiento, sumisión, disciplina.*

alzar
SIN. Levantar, elevar, encopetar, blandir, ascender, ensalzar, sobreponer, erigir, construir, edificar, aupar, encaramar.
ANT. *Descender, destruir, abatir.*

alzarse
SIN. Levantarse, elevarse, encumbrarse, envanecerse, engreírse, rebelarse, subirse, remontarse.
ANT. *Bajarse, humillarse.*

allanar
SIN. Aplanar, alisar, nivelar, planchar, igualar, comprimir, prensar, abatir, derrocar, derribar, vencer, superar, asentar, pacificar, tranquilizar.
ANT. *Desnivelar, sublevar, desarreglar.*

allanarse
SIN. Avenirse, amoldarse, igualarse, resignarse, sujetarse, someterse, aplanarse.

ANT. *Sublevarse, rebelarse.*

allegado
SIN. Pariente, familiar, afín, leal, partidario, seguidor, hincha.
ANT. *Extraño, hostil, enemigo.*

allende
SIN. Allá, ulterior, ultra, lejos, al otro lado.
ANT. *Aquí.*

ama
SIN. Propietaria, poseedora, dueña, señora, criada, nodriza, aya, niñera, doncella, azafata.

amabilidad
SIN. Afabilidad, cordialidad, gentileza, sencillez, afecto, atención, cortesía, amenidad, agrado, ternura, cortesía, complacencia.
ANT. *Desagrado, antipatía, desatención.*

amable
SIN. Obsequioso, afectuoso, complaciente, cortés, sencillo, atento, sociable, amigable, solícito, abierto, simpático, encantador, risueño, atractivo, humano, accesible.
ANT. *Grosero, rudo, insociable, intratable.*

amachinarse
Amér.
SIN. Amancebarse, liarse, amontonarse, abarraganarse, conchabarse, entenderse.
ANT. *Casarse, separarse.*

amado
SIN. Adorado, querido, idolatrado, preferido, admirado, venerado, cariño.
ANT. *Odiado, detestado.*

amador
SIN. Amante, galán, enamorado, cortejador, galanteador, rondador, aficionado.
ANT. *Aborrecedor.*

amaestrar
SIN. Adiestrar, enseñar, aleccionar, instruir, ilustrar, preparar, guiar, educar, ejercitar.

amagar
SIN. Amenazar, fingir, gallear, alardear, bravear, intimidar.
ANT. *Acobardarse.*

amago
SIN. Amenaza, síntoma, intimidación, simulacro, fingimiento, conato, intento, tentativa, intención.
ANT. *Realidad, confirmación.*

amainar
SIN. Aflojar, ceder, calmar, moderar, disminuir, flaquear.
ANT. *Aumentar, encresparse.*

¡amalaya!
Amér.
SIN. ¡Ojalá!, ¡amén!

amalgama
SIN. Mezcla, masa, conjunto, reunión, aleación, composición, fusión, mixtura.
ANT. *Separación.*

amalgamar
SIN. Unir, combinar, mezclar, amasar, revolver, conjuntar, fundir.
ANT. *Separar, disgregar.*

amamantar
SIN. Criar, alimentar, nutrir, cebar, mamar.
ANT. *Desnutrir, destetar.*

amancebamiento
SIN. Concubinato, entendimiento, apaño, lío, enredo, amorío, comercio, prostitución, fornicación, adulterio, convivencia, unión.
ANT. *Matrimonio.*

amancebarse
SIN. Amigarse, liarse, enredarse, juntarse, amachinarse (*Amér.*), arrimarse, entenderse, prostituirse, encanallarse.
ANT. *Casarse, regenerarse.*

amanecer
SIN. Alborear, clarear, aurora, alba, madrugada, crepúsculo, salida, diana, oriente, romper el día, iluminarse, rayar.
ANT. *Anochecer, crepúsculo, atardecer.*

amanerado
SIN. Afectado, forzado, rebuscado, remilgado, teatral, retorcido, afeminado, académico, gongorista, farragoso, barroco, cursi, endiosado.
ANT. *Sencillo, natural, veraz.*

amanerado
Amér.
SIN. Afable, atento, cortés, agradable, gentil, sencillo, campechano.
ANT. *Antipático, huraño, brusco, rudo, descortés.*

amaneramiento
SIN. Afectación teatralidad, remilgo, artificio, barroquismo, apariencia, pedantería, empaque, endiosamiento, formalismo.
ANT. *Naturalidad, sencillez.*

amansar
SIN. Apaciguar, aplacar, tranquilizar, calmar, sosegar, aquietar, domar, domesticar, mitigar, dulcificar, amaestrar, amainar.
ANT. *Excitar, enfurecer.*

amante
SIN. Querido, amador, donjuanesco, sensible, entusiasta, apasionado, afectuoso, tierno, manceba, querida, amiga, entretenida, bella.
ANT. *Frío, desagradable, honesto.*

amanuense
SIN. Copista, escriba, secretario, empleado, chupatintas, pasante, oficinista.

amapola
SIN. Adormidera, papaverácea, ábábol, camelia.

amar
SIN. Querer, adorar, idolatrar, corresponder, admirar, desear, suspirar por, morirse por, apreciar, estar prendado, apegarse, entregarse, apasionarse.
ANT. *Odiar, aborrecer, detestar.*

amargar
SIN. Apenar, contristar, abatir, desazonar, perturbar, desconsolar, entristecer, afligir, angustiar, mortificar, herir, molestar, agriar.
ANT. *Consolar, animar, alentar, endulzar.*

amargo
SIN. Triste, doloroso, penoso, angustioso, hiriente, aflictivo, mortificante, agrio, acre, áspero, desabrido, desagradable.
ANT. *Suave, alegre, dulce.*

amargura
SIN. Tristeza, aflicción, desilusión, desconsuelo, desengaño, desilusión, pesadumbre, melancolía, martirio, padecimiento, nostalgia, agobio, disgusto, acidez.
ANT. *Contento, alegría, dulzura.*

amarrar
SIN. Atar, sujetar, ligar, unir, enlazar, encadenar, afianzar, religar, lazar, trabar, estacar, aprisionar, ceñir.

ANT. *Soltar, desatar.*

amartelado
SIN. Enamorado, acaramelado, derretido, encelado, atormentado, mortificado.
ANT. *Frío, insensible, duro.*

amartelar
SIN. Enamorar, cortejar, amar, coquetear, prendar, mortificar, atormentar.
ANT. *Aborrecer, desilusionar.*

amasandería
Amér.
SIN. Panadería, tahona, amasadero, horno, masera, pastelería.

amasandero
Amér.
SIN. Panadero, tahonero, amasador, hornero, galletero.

amasijo
SIN. Mezcla, unión, tropel, embrollo, revoltijo, confusión, masa, pasta.
ANT. *Separación, claridad.*

amazona
SIN. Cazadora, guerrera, valquiria, hombruna, varonil, sargentona.
ANT. *Femenina, delicada.*

ambages
SIN. Circunloquios, rodeos, perífrasis, sutilezas, ambigüedades, equívocos, dilogías.
ANT. *Precisión, claridad.*

ambición
SIN. Interés, deseo, codicia, avaricia, sed, empeño, aspiración, pasión, avidez, inmoderación, meta, tendencia.

ambicionar
SIN. Ansiar, anhelar, codiciar, apetecer, avariciar, querer, desear, aspirar, suspirar, soñar.
ANT. *Renunciar, menospreciar.*

ambicioso
SIN. Avaricioso, codicioso, anheloso, ansioso, egoísta, envidioso, deseoso, afanoso, ávido, tigre, buitre, tiburón, insatisfecho.
ANT. *Generoso, modesto.*

ambigüedad
SIN. Anfibología, obscuridad, confusión, equívoco, calambur, rodeo, indeterminación, imprecisión, tergiversación, vaguedad, enigma.
ANT. *Claridad, exactitud, rigor.*

ambiguo
SIN. Indeterminado, equívoco, obscuro, turbio, incierto, confuso, impreciso, tergiversador, dudoso, vago, enigmático, evasivo.
ANT. *Claro, manifiesto, preciso, rotundo.*

amedrentar
SIN. Atemorizar, acobardar, intimidar, acoquinar, amilanar, asustar, abatir, apocar, azorar, imponer, arredrar.
ANT. *Animar, envalentonar.*

amejorar
Amér.
SIN. Mejorar, perfeccionar, bonificar, medrar, ampliar, curarse, sanar.
ANT. *Empeorar, desmejorar, deteriorarse, debilitar.*

amenaza
SIN. Advertencia, intimidación, amago, reto, ultimátum, ataque, provocación, fanfarronada, peligro, represión, maldición, coacción, chantaje, soborno, captación.

amenazar
SIN. Intimidar, advertir, avisar, atemorizar, retar, gallear, bravear, provocar, blandir, inquietar, coaccionar, ladrar.

amenguar
SIN. Disminuir, menoscabar, dividir, debilitar, atenuar, apocar, restringir, escatimar, mutilar, truncar, deshonrar, infamar.
ANT. *Aumentar, añadir, agregar.*

amenidad
SIN. Gracia, deleite, encanto, ingenio, atractivo, delicia, incentivo, hechizo, magia, hermosura, aceptación, interés, sugestión, belleza, sutileza, agudeza, gracejo, galanura, salero.
ANT. *Aburrimiento, tedio, sosería.*

ameno
SIN. Agradable, placentero, deleitable, delicioso, gracioso, apacible, divertido, sugerente, entretenido, festivo, saleroso, encantador, jovial.
ANT. *Aburrido, desabrido, áspero.*

amiga
SIN. Concubina, ramera, prostituta, querida, barragana, manceba, amante, mantenida, entretenida, camarada, íntima, compañera.
ANT. *Enemiga, rival.*

amigar
SIN. Unir, reconciliar, aproximar, amistar, confraternizar.
ANT. *Separar, odiar.*

amigo
SIN. Camarada, partidario, seguidor, hincha, devoto, incondicional, leal, apegado, adicto, colaborador, coadjutor, aliado, aficionado.
ANT. *Enemigo, hostil, rival.*

amilanar
SIN. Acobardar, abatir, acoquinar, amedrentar, acarroñar (*Amér.*), arredrar, atemorizar, intimidar, apocar, desalentar, desanimar, hundir, abatir.
ANT. *Alentar, animar, desafiar.*

aminorar
SIN. Reducir, achicar, abreviar, estrechar, adelgazar, recortar, escatimar, paliar, amortiguar.
ANT. *Aumentar, crecer, alargar.*

amistad
SIN. Afecto, inclinación, cariño, afición, apego, devoción, aprecio, ternura, alianza, adhesión, intimidad, hermandad, protección, afinidad, unión, conexión, simpatía, propensión, merced, entrada, inclusión, lealtad.
ANT. *Hostilidad, rivalidad, antagonismo.*

amo
SIN. Dueño, poseedor, señor, propietario, patrón, jefe, principal, cabeza, titular, mayoral, califa, cabecilla, mandarín, emperador.
ANT. *Servidor, lacayo, criado, mercenario.*

amodorramiento
SIN. Sopor, letargo, somnolencia, aletargamiento, modorra, sueño, aturdimiento.
ANT. *Viveza, vigilia, consciencia.*

amodorrarse
SIN. Adormecerse, dormirse, azorrarse, aletargarse, embotarse, aturdirse.
ANT. *Despejarse, desvelarse.*

amojonamiento
SIN. Delimitación, limitación, separación, término, coto, propiedad, jurisdicción.

amoldar
SIN. Ajustar, conformar, adaptar, acomodar, adecuar, arreglar.
ANT. *Desacomodar, resistirse.*

amoldarse
SIN. Acomodarse, allanarse, avenirse, adaptarse, conformarse, sujetarse, someterse, reducirse.
ANT. *Rebelarse, resistirse, amotinarse.*

amonestación
SIN. Advertencia, aviso, regaño, reprimenda, reprensión, admonición, regañina, exhortación, censura, toque, repulsa, reflexión, sermón, plática.
ANT. *Elogio, alabanza.*

amonestar
SIN. Exhortar, advertir, regañar, avisar, reprender, aconsejar, comunicar, moralizar, catequizar, enjuiciar, sermonear, reprochar.
ANT. *Elogiar, tolerar, celebrar, aprobar.*

amontonar
SIN. Apilar, acumular, aglomerar, acopiar, hacinar, guardar, reunir, juntar, recoger, almacenar, conservar, coleccionar, agrupar.
ANT. *Disgregar, repartir, separar.*

amontonarse
SIN. Enfadarse, irritarse, encolerizarse, enojarse.
ANT. *Calmarse, apaciguarse.*

amor
SIN. Cariño, amistad, ternura, simpatía, tendencia, atracción, adoración, idolatría, cordialidad, corazón, alma, entrañas, sentimiento, erotismo, sexualidad, cortejo, flechazo, flirteo, coqueteo, prisión, éxtasis, deleite.
ANT. *Odio, aversión, antipatía, desprecio.*

amorfo
SIN. Deforme, anormal, irregular, indeterminado, impreciso, anómalo, monstruoso.
ANT. *Regular, normal.*

amorío
SIN. Amor, devaneo, idilio, noviazgo, enamoramiento, coquetería, romance.
ANT. *Odio, desprecio.*

amoroso
SIN. Cariñoso, afectuoso, tierno, suave, apacible, blando, afectivo, filantrópico, cordial, fiel, tórtolo, pichón, idílico.
ANT. *Hosco, hostil, duro, seco.*

amortiguar
SIN. Aminorar, moderar, paliar, amenguar, atenuar, mitigar, templar, debilitar, suavizar, amortecer, endulzar, disminuir, aplacar, calmar.
ANT. *Atizar, excitar, activar.*

amortizar
SIN. Recobrar, recuperar, saldar, liquidar, pagar, desembolsar, satisfacer, igualar, compensar.
ANT. *Deber, adeudar.*

amotinar
SIN. Sublevar, levantar, insurreccionar, alzar, turbar, perturbar, inquietar, alborotar, inducir, excitar, desobedecer, soliviantar.
ANT. *Calmar, aplacar, pacificar.*

amparador
SIN. Bienhechor, favorecedor, padrino, abogado, defensor, protector, auxiliador, patrocinador, mecenas, valedor, tutor, custodio.
ANT. *Adversario, enemigo.*

amparar
SIN. Patrocinar, abogar, proteger, defender, apoyar, favorecer, acoger, guardar, apadrinar, cobijar, adoptar.
ANT. *Rechazar, abandonar, desentender.*

ampararse
SIN. Cobijarse, abrigarse, defenderse, resguardarse, protegerse, escudarse, acogerse.
ANT. *Abandonarse, dejarse.*

amparo
SIN. Abrigo, refugio, defensa, apoyo, protección, favor, cobijo, asilo, auxilio, ayuda, socorro, patrocinio, sostén, acogida, gracia.
ANT. *Abandono, desamparo, soledad, aislamiento.*

ampliación
SIN. Desarrollo, aumento, engrandecimiento, dilatación, alargamiento, profundización, intensificación, extensión.
ANT. *Disminución, reducción, brevedad.*

ampliar
SIN. Dilatar, desarrollar, extender, aumentar, ensanchar, agrandar, intensificar, expandir, propagar, incrementar, prolongar, magnificar.

ANT. *Restringir, disminuir, moderar.*

amplificación
SIN. Ampliación, desarrollo, aumento, dilatación, adición, intensificación, ensanche.
ANT. *Disminución, reducción.*

amplificar
SIN. Ampliar, desarrollar, aumentar, extender, engrandecer.
ANT. *Reducir, disminuir.*

amplio
SIN. Dilatado, extenso, vasto, espacioso, ancho, grande, holgado, desbocado, exagerado.
ANT. *Pequeño, reducido, estrecho.*

amplitud
SIN. Holgura, vastedad, capacidad, desarrollo, difusión, expansión, prolijidad, vuelo, profundidad.
ANT. *Estrechez, reducción.*

ampolla
SIN. Burbuja, vejiga, bolsa, verruga, tumor, vasija, botella, garrafa.

ampuloso
SIN. Exagerado, grave, redundante, pedante, barroco, enfático, retórico, engolado, afectado, fatuo, abultado, ostentoso, excesivo, complicado, hiperbólico.
ANT. *Sencillo, escueto, natural, humilde.*

amputar
SIN. Separar, cortar, guillotinar, mutilar, truncar, tajar, castrar, seccionar.
ANT. *Unir, juntar.*

amuchar
Amér.
SIN. Aumentar, multiplicar, agrandar, incrementar, ampliar, engrandecer, acrecentar.
ANT. *Decrecer, reducir, diezmar, abreviar.*

amuleto
SIN. Talismán, fetiche, figura, superstición, emblema, símbolo, alegoría, conjuro, sortilegio, salvación, ídolo.

amurallar
SIN. Cercar, fortificar, levantar, resguardar, defender, atrincherar.
ANT. *Abrir, desarmar.*

amurrarse
Amér.

SIN. Entristecerse, acongojarse, afligirse, amurriar, atribular.
ANT. *Alegrarse, regocijarse.*

anacoreta
SIN. Penitente, ermitaño, solitario, eremita, cenobita, asceta, monje, solitario.
ANT. *Sociable.*

ánade
SIN. Pato, ganso, cisne, ansarón.

analfabeto
SIN. Inculto, lego, ignorante, corto, berzotas, iletrado.
ANT. *Instruido, erudito.*

análisis
SIN. Estudio, descomposición, exploración, cotejo, observación, examen, diagnóstico.
ANT. *Síntesis, sinopsis.*

analizar
SIN. Examinar, descomponer, observar, estudiar, disgregar, ensayar, razonar, profundizar, indagar.
ANT. *Sintetizar.*

analogía
SIN. Parecido, semejanza, relación, similitud, correspondencia, afinidad, sinonimia, coherencia.
ANT. *Diferencia, discrepancia.*

análogo
SIN. Semejante, parecido, similar, equivalente, sinónimo, paralelo, igual.
ANT. *Distinto, diverso.*

anatema
SIN. Condenación, maldición, excomunión, reprobación, invectiva, sentencia, censura.
ANT. *Aprobación, tolerancia.*

anatematizar
SIN. Reprobar, excomulgar, maldecir, condenar, estigmatizar, sentenciar, criticar, rechazar.
ANT. *Admitir, tolerar, perdonar.*

ancianidad
SIN. Senectud, vejez, decrepitud, antigüedad, vetustez, veteranía, decaimiento, caducidad, esterilidad, ocaso.
ANT. *Lozanía, juventud, verdor.*

anciano
SIN. Viejo, antiguo, setentón, senil, chocho, arrugado, decano, apagado, consumido, anticuado, gastado, rancio, antigualla.

ANT. *Joven, lozano, fuerte.*

ancla
SIN. Áncora, rejón, cable, uña, cabo, brazo.

ancladero
SIN. Puerto, golfo, bahía, cala, ensenada.

anclado
SIN. Fondeado, varado, agarrado.
ANT. *Libre.*

anclar
SIN. Fondear, ancorar, encepar, aferrar.
ANT. *Liberar.*

ancho
SIN. Amplio, vasto, abierto, alargado, difuso, estirado, extendido, holgado, sobrado, desahogado, satisfecho, contento, orgulloso, ufano.
ANT. *Angosto, estrecho, necesitado, tímido.*

anchura
SIN. Desahogo, soltura, latitud, largueza, inmensidad, envergadura, corpulencia, amplitud.
ANT. *Angostura, estrechez.*

anda
SIN. Andas, parihuelas, litera, angarillas, palanquín.

andado
SIN. Frecuentado, conocido, común, vulgar, trivial, usado, trillado, desgastado, transcurrido, pisado.
ANT. *Nuevo, virgen.*

andador
SIN. Caminante, ambulante, transhumante, trotamundos, peatón, transeúnte, callejero, perneador, tragaleguas.
ANT. *Sedentario.*

andamio
SIN. Tablado, armazón, castillejo, tarima, plataforma, barbacoa, entramado, montura.

andanada
SIN. Ráfaga, descarga, salva, reprimenda, censura, represión, rapapolvo, rociada, regañina, invectiva, diatriba, filípica.
ANT. *Elogio, aprobación.*

andar
SIN. Caminar, circular, viajar, pa-

sar, marchar, transitar, pasear, vagabundear, corretear, funcionar, maniobrar.
ANT. *Pararse, estacionarse, paralizarse.*

andarín
SIN. Andariego, andador, caminante, trotamundos, ambulante, buhonero, tragaleguas.
ANT. *Sedentario.*

andrajo
SIN. Harapo, pingajo, piltrafa, pedazo, roto, jirón, colgajo, miserable, pervertido.
ANT. *Nuevo, flamante, serio, honrado.*

andén
SIN. Muelle, plataforma, apeadero, corredor, acera.

andrajoso
SIN. Descamisado, desastrado, harapiento, roto, derrotado, pingajoso, descosido, sucio, abandonado, desaliñado.
ANT. *Elegante, limpio, presumido.*

andrómina
SIN. Argucia, embuste, impostura, falsedad, patraña, trama, enredo, engaño, mentira, fullería, chisme, embrollo, superchería.
ANT. *Verdad, realidad, certeza.*

anécdota
SIN. Cuento, relación, historieta, suceso, chascarrillo, acontecimiento, narración, fábula, lance, intriga.

anegar
SIN. Inundar, encharcar, bañar, embalsar, naufragar, ahogarse, hundirse.
ANT. *Secar.*

anegarse
SIN. Ahogarse, sumergirse, inundarse, zozobrar, naufragar.
ANT. *Salvarse.*

anejo
SIN. Agregado, accesorio, dependiente, unido, adyacente, vecino, próximo, adjunto, asociado, vinculado, inseparable.
ANT. *Separado, disgregado.*

anestesia
SIN. Narcosis, hipnosis, letargo, insensibilidad, sueño, letargo, parálisis, sopor, nirvana.
ANT. *Sensibilización.*

anexar
SIN. Unir, agregar, anexionar, adjuntar, asociar.
ANT. *Separar, disociar.*

anexión
SIN. Unión, asociación, amalgama, adhesión, adición, aditamento, fusión.
ANT. *Separación, dispersión.*

anfibología
SIN. Ambigüedad, equívoco, confusión, oscuridad, dilogía, retruécano, tergiversación, duda.
ANT. *Claridad, exactitud, precisión.*

anfitrión
SIN. Invitante, invitador, convidador, hospedero.
ANT. *Convidado, invitado.*

angelical
SIN. Candoroso, tierno, angélico, puro, serafínico, virgen, inocente, ingenuo.
ANT. *Perverso, demoniaco.*

angosto
SIN. Reducido, escaso, estrecho, justo, ceñido, quebrado, tortuoso, triste, angustioso.
ANT. *Ancho, abiero, alegre.*

angostura
SIN. Estrechez, desfiladero, garganta, cañón, paso, tristeza, angustia.
ANT. *Alegría.*

angurria
Amér.
SIN. Avaricia, avidez, codicia, ambición, usura, tacañería, roñería.
ANT. *Generosidad, desprendimiento, largueza.*

angurriento
Amér.
SIN. Avariento, avaro, codicioso, agarrado, roñoso, tacaño, cicatero.
ANT. *Pródigo, desprendido.*

angustia
SIN. Congoja, desasosiego, sobresalto, aflicción, tristeza, desconsuelo, martirio, zozobra, aflicción, susto, tensión, tormento, intranquilidad, pesadilla.
ANT. *Sosiego, alegría, contento.*

angustioso
SIN. Penoso, intranquilo, alarmante, amenazador, agobiante, abrumador, lúgubre, tétrico, dramático, lamentable, funesto, indeciso.

ANT. *Tranquilo, sosegado, esperanzado.*

anhelado
SIN. Apetecido, codiciado, suspirado, ambicionado, querido, ansiado, esperado, deseado, acariciado.
ANT. *Despreciado, desdeñado.*

anhelar
SIN. Ambicionar, ansiar, codiciar, apetecer, desear, aspirar, suspirar, pretender, querer, perseguir, acariciar.
ANT. *Desistir, despreciar, desdeñar.*

anhelo
SIN. Ansia, ambición, deseo, pretensión, codicia, suspiro, pasión, propensión, antojo, apetito, avidez, impaciencia, presura.
ANT. *Desdén, desprecio, indiferencia.*

anidar
SIN. Habitar, morar, acoger, abrigar, encerrar, instalar, arraigar, establecer.
ANT. *Vagar.*

anillo
SIN. Aro, argolla, cerco, ceñidor, virola, collar, sortija, brazalete.

animación
SIN. Agitación, movimiento, excitación, actividad, bullicio, alegría, calor, vivacidad, colorido, inquietud, vistosidad, algazara, tertulia, festejo, fiesta, optimismo.
ANT. *Tedio, aburrimiento, silencio.*

animado
SIN. Concurrido, movido, divertido, agitado, alegre, excitado, agitado, visitado, esforzado, valiente, atrevido, dispuesto, osado, temerario, indómito.
ANT. *Triste, aburrido, calmoso, cobarde.*

animadversión
SIN. Desafecto, enemistad, rencor, antipatía, ojeriza, desapego, hostilidad, malquerencia, tirria, prevención, desagrado, acritud.
ANT. *Amor, amistad, devoción, afecto.*

animal
SIN. Bruto, inepto, tosco, bestia, torpe, ignorante, grosero, zafio, cuadrúpedo, fiera, pécora, alimaña, bicho, gusarapo.
ANT. *Inteligente, delicado, cortés.*

animar
SIN. Alentar, confortar, reanimar, incitar, mover, excitar, azuzar, aguijonear, vivificar, fortalecer, confortar, jalear.
ANT. *Desanimar, abandonar, abatir.*

ánimo
SIN. Brío, aliento, energía, denuedo, ardor, valor, esfuerzo, intención, voluntad, propósito, designio, resolución, decisión, hombría, temple, talante, braveza, pecho, entusiasmo.
ANT. *Desaliento, abatimiento, depresión.*

animosidad
SIN. Odio, despego, malquerencia, rencor, malevolencia, antipatía, esfuerzo, valor, decisión.
ANT. *Simpatía, amistad, desánimo.*

animoso
SIN. Valiente, esforzado, denodado, enérgico, alentado, resuelto, valeroso, decidido, árdido, resistente, varonil, bravo, heroico, optimista.
ANT. *Apocado, indeciso, pesimista.*

aniquilar
SIN. Anonadar, abatir, apocar, devorar, arruinar, consumir, destruir, derruir, arrasar, demoler, devastar, desbaratar, asolar, desojar, masacrar, aplastar.
ANT. *Construir, levantar, componer, formar.*

anochecer
SIN. Atardecer, oscurecer, ocaso, crepúsculo, tarde, vísperas, tinieblas, retreta, retirada, tarde.
ANT. *Amanecer, alborear.*

anodino
SIN. Calmante, sedante, insípido, insubstancial, insignificante, soso, ineficaz, incoloro, desabrido, inofensivo, superficial.
ANT. *Sabroso, divertido, importante, profundo.*

anomalía
SIN. Anormalidad, rareza, singularidad, irregularidad, extrañeza, incoherencia, desigualdad, extravagancia, salvedad, genialidad.
ANT. *Normalidad, regularidad.*

anómalo
SIN. Extraño, irregular, raro, informal, inconcebible, infrecuente, genial, especial, desigual, peregrino, chocante, exótico.

ANT. *Vulgar, regular, normal.*

anonadar
SIN. Aniquilar, exterminar, destruir, arruinar, desbaratar, apocar, disminuir, humillar, abatir, asolar, hundir, demoler, confundir, sorprender, abrumar, postrar.
ANT. *Levantar, construir, animar.*

anónimo
SIN. Desconocido, ignorado, incógnito, secreto, oculto, misterioso, enigmático, vulgar, obscuro, recóndito.
ANT. *Conocido, sabido.*

anormal
SIN. Irregular, deforme, ilógico, raro, defectuoso, tarado, neurótico, chiflado, loco, demente, ido, imbécil, retrasado, enfermizo, inaudito, inverosímil, sobrehumano, mágico.
ANT. *Regular, normal, vulgar.*

anotar
SIN. Apuntar, asentar, incluir, comentar, apostillar, notar, acotar, marcar, fichar, registrar, matricular, inscribir, empadronar.
ANT. *Borrar.*

ansiar
SIN. Anhelar, apetecer, codiciar, desear, aspirar, ambicionar, suspirar, querer, pretender, perseguir, penar.
ANT. *Desdeñar.*

ansiedad
SIN. Impaciencia, inquietud, intranquilidad, agitación, angustia, congoja, zozobra, desasosiego.
ANT. *Serenidad, calma, tranquilidad.*

antagonista
SIN. Contrario, rival, competidor, adversario, enemigo, contrincante, opositor, pugnador, contendiente.
ANT. *Partidario, amigo, seguidor.*

antaño
SIN. Antiguamente, años ha, en otra época, en otro tiempo.
ANT. *Ahora, hoy, actualmente.*

antecámara
SIN. Antesala, vestíbulo, recibidor, zaguán, hall.

antecesor
SIN. Predecesor, anterior, progenitor, prístino, primogénito, antedicho, antepasado, mayor, padre.
ANT. *Descendiente, hijo.*

antediluviano
SIN. Remoto, prehistórico, primitivo, antiguo, antiquísimo, arcaico.
ANT. *Actual, moderno.*

antelación
SIN. Anticipación, anterioridad, precedencia, primacía, prioridad.
ANT. *Retraso, posterioridad.*

antelar
Amér.
SIN. Anticipar, anteponer, avanzar, adelantar, predecir, augurar.
ANT. *Diferir, demorar, atrasar, posponer.*

antepasado
SIN. Antecesor, ascendiente, progenitor, abuelo, predecesor, mayor.
ANT. *Sucesor, descendiente.*

anterior
SIN. Primero, precedente, delantero, previo, preliminar, primogénito, citado, sobredicho, antiguo, remoto.
ANT. *Posterior, pospuesto, siguiente.*

antes
SIN. Anteriormente, precedentemente, previamente, primero, de antemano.
ANT. *Luego, después.*

anticipo
SIN. Adelanto, avance, antelación, ayuda, préstamo.
ANT. *Liquidación.*

antídoto
SIN. Antitóxico, revulsivo, correctivo, desintoxicante, contraveneno.
ANT. *Tóxico, veneno.*

antiguo
SIN. Viejo, vetusto, añejo, arcaico, remoto, pretérito, pasado, anterior, veterano, decano.
ANT. *Actual, nuevo, reciente.*

antipatía
SIN. Enemistad, oposición, repulsión, odio, desagrado, aversión, repugnancia, menosprecio, tirria, animosidad, aborrecimiento, hostilidad, malquerencia, ojeriza.
ANT. *Atracción, amor, amistad.*

antisepsia
SIN. Desinfección, esterilización, higiene.
ANT. *Infección.*

antítesis
SIN. Oposición, contraste, contrariedad, antinomia, antagonismo, disparidad, diferencia.
ANT. *Coincidencia, conformidad.*

antojadizo
SIN. Caprichoso, arbitrario, mudable, voluble, versátil, inestable, desigual.
ANT. *Decidido, firme, sobrio.*

antojo
SIN. Capricho, humorada, deseo, fantasía, arbitrariedad, arranque, manía.
ANT. *Necesidad, constancia.*

antología
SIN. Colección, miscelánea, selección, florilegio, compendio, crestomatía, compilación.

antorcha
SIN. Tea, blandón, cirio, vela, resplandor, llama, guía, norte.
ANT. *Oscuridad.*

antro
SIN. Caverna, cueva, gruta, guarida, mazmorra, madriguera, cuchitril, sótano, trampa.

antropófago
SIN. Carnívoro, caníbal, salvaje, sanguinario, cruel, inhumano.
ANT. *Bueno, misericordioso.*

antropoide
SIN. Primate, gorila, pitecántropo, antropomorfo.

anudar
SIN. Atar, enlazar, juntar, unir, ligar, amarrar.
ANT. *Desatar, soltar, desunir.*

anuencia
SIN. Asentimiento, adhesión, consentimiento, autorizamiento, complacencia, condescendencia, tolerancia, permiso, venia, licencia.
ANT. *Oposición, negativa.*

anular
SIN. Abolir, derogar, cancelar, suprimir, invalidar, deshacer, inutilizar, incapacitar, borrar, desautorizar, inhabilitar, contrarrestar, neutralizar.
ANT. *Confirmar, rehabilitar, autorizar.*

anunciar
SIN. Noticiar, participar, informar, revelar, mostrar, divulgar, notificar, comunicar, avisar, predecir, pronosticar, presagiar, insertar, publicar, exhibir, exponer.
ANT. *Silenciar, callar.*

anzuelo
SIN. Atractivo, incentivo, aliciente, cebo, carnada, gancho, arpón, garfio, engaño, encerrona.

añadidura
SIN. Aditamento, adición, complemento, ampliación, acrecentamiento, añadido, ribete, propina, regalo.
ANT. *Descuento, disminución.*

añadir
SIN. Acrecentar, adicionar, aumentar, agregar, sumar, incorporar, juntar, unir, ampliar, añadir, sobreponer, yuxtaponer, componer, montar, ascender, adjuntar.
ANT. *Reducir, mermar, quitar.*

añagaza
SIN. Artificio, astucia, treta, ardid, artimaña, cebo, engaño, trampa, falacia, simulación, truco, emboscada, gatería.
ANT. *Sinceridad, rectitud.*

añejo
SIN. Antiguo, rancio, vetusto, viejo, arcaico, remoto, pretérito, veterano, maduro.
ANT. *Reciente, actual, nuevo.*

añicos
SIN. Pedazos, fragmentos, trizas, trozos, pulverización, rotura.

añoranza
SIN. Morriña, nostalgia, soledad, tristeza, pena, meditación, evocación, absentismo.
ANT. *Olvido, amnesia.*

añoso
SIN. Arcaico, senil, viejo, antiguo, vetusto, veterano, pretérito.
ANT. *Joven, mozo.*

apabullar
SIN. Estrujar, aplastar, despachurrar, abrumar, oprimir, destruir, vencer, dominar, humillar, inquietar, sorprender.
ANT. *Sosegar, halagar.*

apacible
SIN. Agradable, afable, placentero, manso, sosegado, tranquilo, reposado, dulce, suave, bondadoso, benigno, plácido.
ANT. *Rebelde, inquieto.*

apaciguar
SIN. Contener, pacificar, mitigar, serenar, calmar, contentar, aplacar, tranquilizar, dulcificar, amansar, endulzar.
ANT. *Irritar, enfurecer, agudizar, rebelar, enojar.*

apadrinar
SIN. Amparar, acoger, proteger, cobijar, patrocinar, adoptar, legalizar.
ANT. *Desamparar.*

apagado
SIN. Tenue, débil, tímido, apocado, moribundo, apático, callado, silencioso, sordo, disipado, reprimido, mortecino.
ANT. *Fuerte, vivo, arrojado.*

apagar
SIN. Aplacar, extinguir, ahogar, sofocar, reprimir, matar, dormitar, amortiguar, disipar, rebajar, disminuir, debilitar.
ANT. *Vivificar, animar.*

apagoso
Amér.
SIN. Apagadizo.

apalear
SIN. Golpear, sacudir, varear, zurriagar, bejuquear (*Amér.*), vapulear, aporrear, maltratar, zumbar, sobar.
ANT. *Acariciar, mimar.*

apampar
Amér.
SIN. Embobar, deslumbrar, asombrar, entontecer, embelesar, abobar, embriagar.
ANT. *Decepcionar, desilusionar, desinteresar.*

apañado
SIN. Diestro, hábil, mañoso, arreglado, ataviado, compuesto, adecuado, habilidoso, capaz, competente, apropiado, apto.
ANT. *Torpe, inhábil, inepto.*

apañar
SIN. Aderezar, adobar, asear, remendar, componer, instalar, poner, colocar, establecer, coger, tomar, agarrar.
ANT. *Desasear, dejar, soltar.*

apaño
SIN. Arreglo, acuerdo, connivencia, lío, embrollo, robo, alijo, hurto, contrabando, remiendo, chapuza, reparación.

ANT. *Desacuerdo, claridad, legalidad.*

aparadorista
SIN. Escaparatista, decorador.

aparato
SIN. Solemnidad, ostentación, lujo, ceremonia, ponderación, reunión, efectismo, exageración, apariencia, ventilación, máquina, órgano, instrumento, útil, artificio, tramoya, ingenio.
ANT. *Sencillez, modestia, sobriedad.*

aparear
SIN. Igualar, aparejar, emparejar, ajustar, acoplar, unir, equilibrar, equiparar, compensar, nivelar.
ANT. *Desnivelar, desunir.*

aparecer
SIN. Surgir, brotar, salir, manifestar, patentizar, exhibir, emerger, florecer, arribar, venir, presentar, atisbar, publicar, revelar, sacar, indicar.
ANT. *Desaparecer, ocultar, disipar.*

aparejar
SIN. Disponer, aprestar, arreglar, montar, instalar, prever, ensillar, guarnecer, albardar.

aparentar
SIN. Simular, disimular, disfrazar, representar, fingir, pretextar, suponer, ocultar, enmascarar, teatralizar, dramatizar.
ANT. *Descubrir.*

aparición
SIN. Visión, sombra, aparecido, brujo, quimera, fantasía, alucinación, ensueño, manifestación, elifanía, milagro, descubrimiento, advenimiento, fingimiento.
ANT. *Desaparición, realidad, materialidad.*

apariencia
SIN. Aspecto, simulación, simulacro, parecer, presencia, rasgo, facha, forma, superficie, vistosidad, superficialidad, figura, parecido, conjetura, ostentación, lujo, fama.
ANT. *Realidad, certeza, verdad, sinceridad.*

apartado
SIN. Retirado, distante, lejos, lejano, alejado, separado, recóndito, oculto, escondido, disimulado, encubierto, desviado, arrinconado.
ANT. *Cercano, contiguo, vecino.*

apartar
SIN. Separar, desunir, dividir, alejar, desapartar (*Amér.*), retirar, quitar, prescindir, arrinconar, desechar, arrimar, obviar, rehuir, evitar, elegir, escoger, apartar, espaciar.
ANT. *Aproximar, unir, allegar.*

apasionado
SIN. Fanático, entusiasta, enamorado, ardiente, violento, impulsivo, febril, partidario, hincha, seguidor, sectario, frenético, volcánico, colérico.
ANT. *Tranquilo, sosegado, sensato, mesurado.*

apatía
SIN. Indiferencia, dejadez, insensibilidad, desgana, impasibilidad, indolencia, abandono, desidia, descuido, abulia, desinterés, inercia, pereza.
ANT. *Fervor, esfuerzo, presteza.*

apático
SIN. Indiferente, indolente, dejado, desidioso, impasible, displicente, descuidado, desganado, perezoso, frío, glacial, negligente.
ANT. *Activo, diligente, ardiente, apasionado.*

apealar
Amér.
SIN. Manganear.

apear
Amér.
SIN. Hospedarse, alojarse, aposentarse, acuartelar.
ANT. *Desahuciar, desalojar, rechazar.*

apearse
SIN. Bajarse, descender, desmontar, descabalgar.
ANT. *Subirse, montarse.*

apechugar
SIN. Cargar, soportar, tragar, sufrir, tolerar, transigir, admitir, aceptar, jorobarse, conformarse.
ANT. *Rechazar, repeler, rebelarse.*

apedazar
SIN. Remendar, despedazar, apañar, componer, arreglar.

apedrear
SIN. Lapidar, cantear, matar, ejecutar, castigar, maltratar, granizar.
ANT. *Mimar, acariciar.*

apego
SIN. Afección, afecto, amistad, cariño, adhesión, solidaridad, inclinación, interés, devoción, simpatía, vínculo, fidelidad.
ANT. *Despego, desdén, desinterés.*

apelar
SIN. Acudir, interponer, recurrir, suplicar, requerir, consultar, revisar, invocar.
ANT. *Desistir, renunciar.*

apelmazado
SIN. Compacto, duro, espeso, denso, recargado, apretado, comprimido, tupido, atiborrado, apiñado.
ANT. *Blando, esponjoso, ligero.*

apellidar
SIN. Llamar, convocar, aclamar, denominar, nombrar, apelar, apodar, titular, señalar.

apenar
SIN. Afligir, contristar, remorder, apesadumbrar, llorar, sentir, angustiar, disgustar, punzar, desolar, contrariar, enlutar.
ANT. *Consolar, alegrar, contentar.*

apenas
SIN. Escasamente, casi nada, pobremente, penosamente, con dificultad.

apéndice
SIN. Prolongación, suplemento, agregado, añadido, aditamento, anexo, adjunto, extensión, desarrollo, cola, rabo, tentáculo, extremidad, miembro, antena.

apercibimiento
SIN. Advertencia, amenaza, aviso, amonestación, citación, requerimiento, recordatorio, censura.
ANT. *Alabanza, elogio.*

apercibir
SIN. Advertir, avisar, amonestar, prevenir, aprestar, disponer, preparar, requerir, aconsejar, recordar, recomendar.
ANT. *Olvidar, elogiar, alabar.*

apercibir
Amér.
SIN. Cobrar, percibir, recaudar, ingresar, tomar.
ANT. *Pagar, desembolsar.*

apergaminado
SIN. Seco, enjuto, acecinado, momificado, acartonado, avellanado, correoso, delgado, magro, ajado.

ANT. *Jugoso, fresco, lúcido.*

apergaminarse
SIN. Acartonarse, acecinarse, momificarse, secarse, avellanarse, arrugarse, consumirse.
ANT. *Estirarse, robustecerse.*

aperos
SIN. Instrumentos, herramientas, enseres, pertrechos, útiles.

apertura
SIN. Inauguración, estreno, solemnidad, comienzo, primicias, arranque, aurora, inicio.
ANT. *Cierre, clausura.*

apesadumbrar
SIN. Disgustar, apenar, entristecer, amargar, atribular, acongojar, apurar, melancolizar, abatir, abrumar, preocupar, compungir.
ANT. *Animar, regocijar, contentar.*

apestar
SIN. Infectar, corromper, contagiar, viciar, enfermar, aburrir, castigar, hastiar, abrumar, molestar, importunar, heder, oler.
ANT. *Sanear, entretener.*

apestoso
SIN. Corrompido, fétido, hediondo, insoportable, maloliente, molesto, insufrible, enfadoso, aburrido, incordiante, inoportuno, abrumador.
ANT. *Limpio, fresco, divertido, oportuno.*

apetecer
SIN. Gustar, querer, desear, ambicionar, codiciar, ansiar, anhelar, pretender, pedir, envidiar, agradar, aspirar a.
ANT. *Desagradar, disgustar.*

apetito
SIN. Hambre, deseo, necesidad, apetencia, voracidad, inclinación, envidia, sed, concupiscencia.
ANT. *Saciedad, desgana, inapetencia.*

apetitoso
SIN. Delicado, regalado, gustoso, rico, sabroso, atrayente, agradable, deseable, seductor, caprichoso.
ANT. *Repelente, desagradable, inaguantable.*

apiadarse
SIN. Condolerse, compadecerse, dolerse, impresionarse, emocionarse, apenarse.

ANT. *Endurecerse, ensañarse.*

ápice
SIN. Cima, cumbre, apogeo, pico, remate, extremidad, extremo, picota, corona, cénit, cúpula, cresta, poco, nimiedad, insignificancia.

apilar
SIN. Amontonar, reunir, agrupar, juntar, acumular, apilonar (*Amér.*), acopiar, aglomerar, hacinar, mezclar, almacenar.
ANT. *Separar, disgregar.*

apilonar
Amér.
SIN. Apilar, amontonar, acopiar, juntar, almacenar, reunir.
ANT. *Esparcir, desparramar, separar.*

apiñar
SIN. Amontonar, juntar, reunir, agrupar, arrimar, acercar, estrechar, aproximar, acumular, aglomerar, apretujar.
ANT. *Separar, dividir, disociar.*

apisonar
SIN. Aplastar, apretar, laminar, allanar, aplanar, nivelar, comprimir, suavizar, asentar.
ANT. *Elevar, subir.*

aplacar
SIN. Amansar, amortiguar, calmar, mitigar, sosegar, pacificar, moderar, suavizar, tranquilizar, aliviar, extinguir, serenar, deshinchar, desbravecer.
ANT. *Excitar, irritar, provocar, enfurecer.*

aplacible
SIN. Agradable, deleitoso, ameno, delicado, delicioso, gustoso, grato, placentero, atractivo.
ANT. *Repelente, repulsivo.*

aplanador
Amér.
SIN. Aplanadora, apisonadora, rodillo, niveladora.

aplanamiento
SIN. Abatimiento, extenuación, postración, aniquilamiento, desaliento, debilitamiento, desistimiento, derrumbamiento, nivelación.
ANT. *Fortalecimiento, aliento.*

aplanar
SIN. Allanar, igualar, explanar, abatir, aniquilar, extenuar, debilitar, aplastar, desanimar.

ANT. *Animar, alentar, vigorizar.*

aplastar
SIN. Machacar, hundir, prensar, laminar, apisonar, comprimir, deformar, romper, destruir, reventar, moler, triturar, pulverizar, estrujar, achucharrar (*Amér.*), pisar, anonadar, sofocar.
ANT. *Esponjar, consolar, alentar.*

aplaudir
SIN. Aprobar, alabar, elogiar, ponderar, encomiar, loar, celebrar, felicitar, aclamar, estimular, animar, prodigar, bendecir.
ANT. *Censurar, protestar, pitar, silbar, reclamar.*

aplauso
SIN. Aprobación, alabanza, elogio, encomio, ponderación, loa, felicitación, ovación, glorificación, estímulo, aliciente.
ANT. *Reproche, censura, protesta, crítica.*

aplazamiento
SIN. Dilación, suspensión, demora, retraso, tardanza, prórroga, postergación, moratoria, plazo, intervalo.
ANT. *Anticipación, adelanto.*

aplazar
SIN. Demorar, diferir, prorrogar, retardar, suspender, retrasar, posponer, dejar, remitir, entorpecer.
ANT. *Apresurar, acelerar.*

aplicación
SIN. Adaptación, superposición, servicio, utilidad, uso, empleo, práctica, manejo, destino, esmero, diligencia, estudio, afición, tesón.
ANT. *Dejadez, pereza, abulia.*

aplicado
SIN. Superpuesto, sobrepuesto, acomodado, trabajador, tenaz, estudioso, atento, cuidadoso, esmerado, asiduo.
ANT. *Perezoso, apático, descuidado.*

aplicar
SIN. Usar, utilizar, emplear, destinar, designar, apropiar, adjudicar, estudiar, persistir, perseverar, adaptar, acomodar, poner, sobreponer.
ANT. *Vaguear, desacomodar.*

aplomado
SIN. Sensato, juicioso, cuerdo, sereno, recto, objetivo, equilibrado,

ecuánime, ajustado, formal, maduro, circunspecto.
ANT. *Insensato, irreflexivo, imprudente.*

aplomo
SIN. Serenidad, gravedad, circunspección, mesura, prudencia, seriedad, equilibrio, seguridad, ecuanimidad, objetividad.
ANT. *Irreflexión, insensatez, inexactitud.*

apocado
SIN. Pusilánime, encogido, tímido, cobarde, timorato, apegado, vergonzoso, vacilante, irresoluto, menguado, humillado, apagado, abatido.
ANT. *Resuelto, atrevido, decidido.*

apocamiento
SIN. Timidez, pusilanimidad, cobardía, encogimiento, abatimiento, desaliento, susto, vergüenza, retraimiento.
ANT. *Resolución, determinación, osadía.*

apocar
SIN. Aminorar, mermar, achicar, reducir, limitar, rebajar, estrechar, castrar.
ANT. *Aumentar, fortalecer, vigorizar.*

apocarse
SIN. Achicarse, acobardarse, acoquinarse, amedrentarse, rebajarse, humillarse, abatirse, deprimirse, asustarse, amilanarse, atemorizarse, encogerse, cortarse.
ANT. *Atreverse, envalentonarse, esforzarse.*

apócope
SIN. Supresión, elisión, contracción, reducción.
ANT. *Ampliación.*

apócrifo
SIN. Supuesto, falso, fingido, quimérico, mentiroso, falsificado, adulterado, erróneo, tergiversado, inexacto, ilegítimo.
ANT. *Auténtico, verdadero, exacto.*

apoderado
SIN. Administrador, mandatario, encargado, representante, gerente, delegado, responsable, comisionado, habilitado, factotum, intendente, substituto, nuncio, embajador, ministro.
ANT. *Jefe, principal.*

apoderarse
SIN. Apropiarse, adueñarse, quedarse, adjudicarse, posesionarse, merendarse, incautarse.
ANT. *Devolver, soltar, dejar.*

apodíctico
SIN. Demostrativo, convincente, decisivo, innegable, irrefutable, concluyente.
ANT. *Dudoso, indeciso.*

apodo
SIN. Seudónimo, sobrenombre, alias, remoquete, mote, denominación.

apogeo
SIN. Auge, esplendor, cima, magnificencia, coronamiento, glorificación, remate, plenitud, cénit, prosperidad, perfección.
ANT. *Decadencia, declinación.*

apolismar
Amér.
SIN. Magullar, contusionar, lastimar, maltratar, apalear, dañar, aporrear.
ANT. *Acariciar, cuidar, mimar.*

apología
SIN. Defensa, alabanza, elogio, encomio, justificación, loa, panegírico, ensalzamiento, canto, vindicación.
ANT. *Censura, crítica, ataque.*

apólogo
SIN. Alegoría, ficción, fábula, parábola, cuento, relato, narración, enseñanza.

aporreado
SIN. Golpeado, apaleado, zurrado, guisado, machacado, sacudido.
ANT. *Acariciado, mimado.*

aporrear
SIN. Golpear, pegar, zurrar, apalear, sacudir, machacar, importunar.
ANT. *Mimar, acariciar.*

aportar
SIN. Ayudar, dar, colaborar, auxiliar, proporcionar, tributar, pagar, participar, colaborar.
ANT. *Negarse, desasistir.*

aposentar
SIN. Alojar, hospedar, albergar, acomodar, colocar, asilar, residir, alquilar, anidar.
ANT. *Desalojar, irse, emigrar.*

aposento
SIN. Habitación, estancia, cuarto, alcoba, salón, mansión, vivienda, domicilio, morada, hogar, establecimiento, refugio, albergue, alojamiento, hostal, guarida.

aposta
SIN. Adrede, intencionadamente, deliberadamente, a sabiendas, ex profeso, con premeditación.
ANT. *Accidentalmente.*

apostar
SIN. Desafiar, retar, rivalizar, competir, colocar, situar, poner, cazar, arriesgar, jugar, aventurar.

apostasía
SIN. Deslealtad, retracción, deserción, renuncia, traición, blasfemia, abjuración.
ANT. *Lealtad, dogma, fidelidad.*

apostema
SIN. Tumor, herida, supuración, hinchazón, congestión, forúnculo.

apostilla
SIN. Anotación, acotación, referencia, explicación, nota, glosa, aclaración, sugerencia, alusión.

apóstol
SIN. Misionero, catequista, propagandista, catequizador, vulgarizador, discípulo, enviado, propagador, mensajero.

apostolizar
SIN. Evangelizar, predicar, propagar, divulgar, catequizar.

apostura
SIN. Gallardía, gentileza, elegancia, airosidad, garbo, disposición, arrogancia, distinción, majestad, esbeltez, donaire, gracia.
ANT. *Fealdad, deformidad, caricatura.*

apotegma
SIN. Aforismo, sentencia, axioma, agudeza, máxima, proverbio, moraleja, adagio, refrán, dicho, tópico, teorema.

apoyar
SIN. Descansar, cargar, estribar, descargar, asentar, yuxtaponer, reclinar, hincar, posar, apuntalar, sostener, tener, calzar, recostar, auxiliar, asistir, aprobar, patrocinar, secundar, defender, alentar.
ANT. *Separar, desamparar, desanimar, desalentar.*

apoyo

SIN. Sostén, soporte, base, asiento, sustento, cimiento, pie, reclinatorio, descanso, puntal, refuerzo, armazón, andamio, columna, pedestal, madero, caballete, pivote, ayuda, protección, auxilio, amparo, defensa.

ANT. *Abandono, ataque, crítica.*

apreciación

SIN. Tasación, evaluación, dictamen, juicio, opinión, valor, precio, mérito, interés, crédito, plusvalía, estimación, importancia.

ANT. *Desinterés, descrédito.*

apreciar

SIN. Calificar, estimar, tasar, valorar, justipreciar, considerar, graduar, medir, calificar, observar, notar, sentir, distinguir, percibir, interpretar.

ANT. *Despreciar, aborrecer, odiar, desdeñar.*

aprecio

SIN. Cariño, afecto, estimación, apreciación, consideración, tasación, amor, interés, crédito, honra, atención.

ANT. *Aborrecimiento, desinterés, descrédito, desdén.*

aprehender

SIN. Coger, asir, atrapar, apresar, concebir, percibir, discernir, asimilar, penetrar, sentir, imaginar.

ANT. *Desasir, soltar, dejar.*

apremiante

SIN. Urgente, inminente, inexcusable, imperioso, insistente, obligatorio.

ANT. *Aplazable, prorrogable.*

apremiar

SIN. Apresurar, impulsar, hostigar, espolear, exigir, coaccionar, urgir, atosigar, acelerar, aguijonear, activar, incitar, instar, acalorar, obligar.

ANT. *Sosegar, calmar, disuadir.*

apremio

SIN. Necesidad, urgencia, precipitación, emergencia, inminencia, exigencia, obligación, apuro, prisa, atosigamiento, hostigación, exigencia, coacción.

ANT. *Calma, lentitud, flema, tranquilidad.*

aprender

SIN. Estudiar, asimilar, seguir, formarse, instruir, imbuir, practicar, repasar, oír, penetrar, ahondar, ensayar, profundizar.

ANT. *Ignorar, holgazanear, desconocer.*

aprensión

SIN. Escrúpulo, recelo, aversión, perjuicio, miedo, respeto, temor, preocupación, desconfianza, sospecha, imaginación, fantasía, melindre, quimera.

ANT. *Confianza, fundamento, realidad.*

aprensivo

SIN. Escrupuloso, receloso, preocupado, considerado, afectado, enfermizo, morboso, maniático, obsesionado, imaginativo.

ANT. *Intrépido, realista, valiente.*

apresar

SIN. Coger, aprisionar, asir, capturar, prender, atrapar, agarrar, cautivar, secuestrar, encarcelar, atar, enlazar, agazapar.

ANT. *Libertar, soltar, escapar, licenciar.*

aprestar

SIN. Arreglar, disponer, aparejar, preparar, prevenir, aderezar, organizar, proyectar.

ANT. *Dejar, abandonar, descuidar.*

apresto

SIN. Preparación, preparativo, prevención, disposición, arreglo, aderezo, compostura.

ANT. *Descuido, incuria, abandono.*

apresuramiento

SIN. Aceleramiento, prisa, prontitud, presteza, velocidad, ligereza, rapidez, brevedad, urgencia, expedición, impaciencia.

ANT. *Lentitud, morosidad, cachaza, parsimonia.*

apresurar

SIN. Acelerar, aligerar, activar, avivar, apremiar, festinar (*Amér.*), estimular, atosigar, despabilar.

ANT. *Aplazar, tardar.*

apretado

SIN. Estrecho, apurado, árduo, ingrato, complicado, arriesgado, duro, difícil, fuerte, encogido, ajustado, ceñido, compacto, denso, lleno, tacaño, ruin, mezquino, miserable, avaro.

ANT. *Ancho, fácil, generoso, espléndido.*

apretar

SIN. Sujetar, ceñir, abrazar, estrechar, estrujar, prensar, comprimir, condensar, espesar, estrangular, exprimir, apisonar, aplastar, empaquetar, oprimir, angustiar, afligir.

ANT. *Desaflojar, aflojar, tranquilizar.*

apretón

SIN. Presión, estrujón, aplastamiento, estrangulamiento, ahogo, conflicto.

ANT. *Ensanchamiento, facilidad, sencillez.*

aprieto

SIN. Ahogo, apuro, compromiso, urgencia, conflicto, necesidad, dificultad, prisa, apremio.

ANT. *Desahogo, facilidad, holgura.*

aprisionar

SIN. Sujetar, atar, retener, arrestar, cautivar, encarcelar, detener, prender, confinar, cazar.

ANT. *Soltar, desatar, liberar.*

aprobación

SIN. Aquiescencia, asentimiento, conformidad, consentimiento, aplauso, beneplácito, aceptación, acogimiento, plácet, adhesión, venia, visado, unanimidad, complacencia.

ANT. *Desaprobación, condena, abucheo.*

aprobar

SIN. Consentir, asentir, aplaudir, acreditar, abonar, aceptar, sancionar, aclamar, celebrar, corear, firmar, asentir, decretar, suscribir, canonizar.

ANT. *Desautorizar, reprobar, negar.*

apropiado

SIN. Oportuno, proporcionado, conveniente, acomodado, propio, adecuado, ajustado, pertinente, conforme, acorde, consonante, armonioso.

ANT. *Impropio, inadecuado, inoportuno.*

apropiarse

SIN. Adueñarse, apoderarse, adjudicarse, asimilarse, incautarse, atribuirse, quedarse.

ANT. *Restituir, ceder.*

aprovechable

SIN. Útil, utilizable, explotable, valioso, positivo, productivo, beneficioso, sensible, fértil.

ANT. *Infructuoso, ineficaz.*

aprovechado

SIN. Diligente, estudioso, aplicado, laborioso, listo, eficaz, fecundo, adelantado.

ANT. *Vago, holgazán, perezoso.*

aprovechar

SIN. Utilizar, servir, valer, adelantar, lograr, disfrutar, prosperar, beneficiar, producir, fructificar, exprimir, lucir, dedicar, vendimiar, cultivar.

ANT. *Desperdiciar, perder.*

aproximar

SIN. Acercar, arrimar, juntar, rozar, colindar, atracar, abordar, vincular, yuxtaponer, abocar.

ANT. *Alejar, apartar.*

aptitud

SIN. Capacidad, idoneidad, inclinación, disposición, habilidad, traza, competencia, maestría, destreza, talento, personalidad, genio, propensión, orientación.

ANT. *Inhabilidad, incapacidad, ignorancia.*

apto

SIN. Capaz, competente, hábil, dispuesto, idóneo, périto, suficiente, indicado, solvente, preparado.

ANT. *Inepto, incapaz, inhábil, torpe, insolvente.*

apuesto

SIN. Garboso, airoso, arrogante, bizarro, gallardo, galán, gentil, ataviado, marcial, vistoso, atildado, guapo.

ANT. *Desgarbado, abandonado.*

apuntar

SIN. Insinuar, tantear, rozar, indicar, señalar, soplar, anotar, sacar, dirigir, encañonar, concebir, proyectar.

ANT. *Precisar, desaparecer.*

apunte

SIN. Esbozo, croquis, tanteo, nota, boceto, bosquejo, registro, extracto, proyecto.

ANT. *Conclusión, ampliación, desarrollo.*

apurado

SIN. Necesitado, indigente, pobre, hambriento, carente, exacto, preciso, acabado, esmerado, dificultoso, peligroso, atribulado, intranquilo.

ANT. *Rico, próspero, imperfecto, inexacto.*

apurar

SIN. Consumir, acabar, agotar, disipar, terminar, beber, purificar, investigar, clarificar, limpiar, completar, acrisolar, apremiar, activar, apresurar, acelerar, obligar.

ANT. *Sobrar, quedar, manchar, sosegar.*

apuro

SIN. Aprieto, compromiso, conflicto, escasez, necesidad, dificultad, trance, encrucijada, atrenzo (*Amér.*), embarazo, disgusto, tropiezo, agobio, atolladero, contratiempo.

ANT. *Felicidad, tranquilidad, riqueza, abundancia.*

aquejar

SIN. Afligir, acongojar, fatigar, entristecer, inquietar, agobiar.

ANT. *Alentar, animar, sosegar.*

aquelarre

SIN. Confusión, ruido, bulla, gritería, escándalo, reunión, brujería, nigromancia, magia, hechicería.

ANT. *Paz, orden, silencio.*

aquiescencia

SIN. Consentimiento, asenso, conformidad, permiso, autorización, asentimiento, conformidad, aprobación, beneplácito, tolerancia.

ANT. *Negativa, denegación, desacuerdo.*

aquietar

SIN. Apaciguar, calmar, pacificar, serenar, sosegar, tranquilizar, adormecer, relajar, suavizar.

ANT. *Excitar, alborotar.*

aquilatar

SIN. Apreciar, contrastar, verificar, probar, examinar, analizar, indagar, penetrar, buscar, apurar, clarificar, depurar, refinar, acrisolar, precisar.

ANT. *Descuidar, impurificar.*

arábigo

SIN. Árabe, difícil, complicado, obtuso, incomprensible.

ANT. *Fácil, claro.*

arambel

SIN. Andrajo, harapo, jirón, remiendo, siete.

arandela

SIN. Anillo, aro, disco, chapa, corona, rodaja, rueda.

aranero

SIN. Embustero, tramposo, estafador, mentiroso, falso.

ANT. *Noble, leal.*

araña

SIN. Candelero, lámpara, candelabro, prostituta, ramera, arácnido.

arañazo

SIN. Rasguño, zarpazo, desgarradura, raspadura, rozadura, indirecta, ironía.

ANT. *Caricia, franqueza.*

arar

SIN. Labrar, roturar, cultivar, surcar, cavar, cruzar.

ANT. *Recoger.*

arbitraje

SIN. Laudo, sentencia, peritaje, juicio, decisión, dictamen, mediación.

ANT. *Abstención.*

arbitrariedad

SIN. Injusticia, tiranía, despotismo, ilegalidad, desafuero, ultraje, vejación, exigencia, atropello, parcialidad, ilegalidad, pasión, ligereza.

ANT. *Justicia, legalidad, rectitud.*

arbitrario

SIN. Tiránico, despótico, injusto, abusivo, ilegal, arbitral, caprichoso, veleidoso, autoritario, inoportuno, casual, parcial, temerario.

ANT. *Justo, equitativo, recto, sincero.*

arbitrios

SIN. Derechos, cargas, impuestos, tributos, tasa, gravamen.

ANT. *Exención.*

árbitro

SIN. Juez, mediador, regulador, dictaminador, tercero, périto, intercesor.

ANT. *Partidista, agitador.*

arbolar

SIN. Izar, encandelar, blandir, calar, enarbolar, ondear.

ANT. *Desarbolar, arriar, bajar.*

arca

SIN. Baúl, arquilla, caja, urna, cofre, maleta, joyero.

arcaduz

SIN. Conducto, caño, tubo, tubería, procedimiento, cauce.

arcaico
SIN. Desusado, anticuado, viejo, antiguo, vetusto, rancio, pasado, tradicional, primitivo, medieval, fósil, arcaísmo.
ANT. *Actual, reciente, nuevo.*

arcano
SIN. Secreto, misterio, oculto, reservado, recóndito, impenetrable, incógnito.
ANT. *Claro, evidente, manifiesto.*

arcén
SIN. Margen, orilla, borde, costado, ribete, canto.
ANT. *Centro.*

arcilla
SIN. Tierra, marga, caolín, greda, mineral, lodo, ladrillo, cerámica, alfarería.

archidiácono
SIN. Sacerdote, eclesiástico, prelado, canónigo, dignatario, arcipreste.

archipiélago
SIN. Islas, innumerable, infinito, abundancia.
ANT. *Escaso.*

archivador
SIN. Registro, colección, fichero, clasificador.

archivo
SIN. Registro, cedulario, fichero, casillero, repertorio, protocolo, carpeta, colección, museo, historia.

arder
SIN. Quemar, abrasar, encender, incendiar, llamear, calentar, incinerar, calcinar, tostar, apasionar, enardecer, excitar.
ANT. *Apagar, extinguir, mitigar.*

ardid
SIN. Maña, treta, trampa, artificio, falacia, astucia, artimaña, engaño, emboscada.
ANT. *Sinceridad, nobleza, claridad.*

ardiente
SIN. Fogoso, fervoroso, ígneo, caliente, llameante, bullicioso, violento, enérgico, lujurioso, voraz, inflamado, tórrido.
ANT. *Apagado, frío, helado.*

ardite
SIN. Maravedí, comino, pito, insignificancia, pequeñez.
ANT. *Importancia.*

ardor
SIN. Afán, ansia, deseo, denuedo, fogosidad, intrepidez, viveza, arrojo, valor, juventud, ánimo, calor, fuego, lumbre, llama, resplandor, brillo.
ANT. *Frialdad, abulia.*

ardoroso
SIN. Ardiente, fervoroso, eficaz, vigoroso, impetuoso, vehemente, efusivo, lanzado, resuelto, pujante, bravo, osado, atrevido, audaz.
ANT. *Cobarde, frío, débil, dejado, flojo.*

arduo
SIN. Penoso, difícil, apretado, apurado, peligroso, espinoso, escarpado, elevado, fragoso, grave, erizado, serio, inaccesible.
ANT. *Sencillo, fácil, simple.*

arena
SIN. Tierra, grava, polvo, aluvión, liza, ruedo, plaza, campo, palestra, pista, teatro, anfiteatro.

arenal
SIN. Desierto, erial, duna, playa, ribera, secano, llanura.

arenga
SIN. Alocución, discurso, proclama, recitación, espiche (*Amér.*), declamación, parlamento, llamamiento, invitación.

argamasa
SIN. Hormigón, cemento, mortero, amasijo, mezcla, confusión, enredo, revoltijo.
ANT. *Claridad.*

argentada
SIN. Plateada, adornada, ornamentada.
ANT. *Desaliñada, dejada.*

argento
SIN. Plata, solimán, argente.

argolla
SIN. Aro, anillo, grillete, collar, brazalete, sortija, pulsera.

argucia
SIN. Sofisma, sutileza, evasiva, ardid, ambigüedad, pretexto, trampa, falsedad, mentira, treta, patraña.
ANT. *Claridad, naturalidad, rectitud.*

argüidor
SIN. Polemista, litigante, disputador, crítico, contradictor, opositor, contendiente, refutador, discrepante.
ANT. *Corroborador, pacifista, comprensivo.*

argüir
SIN. Argumentar, replicar, contradecir, objetar, refutar, discutir, cuestionar, contender, altercar, acalorar, impugnar, alegar, pretender, explicar.
ANT. *Admitir, acceder.*

argumento
SIN. Asunto, trama, tema, fundamento, materia, razonamiento, permiso, silogismo, resumen, sumario, indicio, señal, síntesis, análisis, conclusión, apriorismo.

árido
SIN. Seco, estéril, infecundo, yermo, inculto, pelado, desierto, marchito, enjuto, áspero, desabrido, cansado, fastidioso, pesado, ingrato.
ANT. *Fecundo, fértil, lozano, fresco, divertido.*

arisco
SIN. Esquivo, indócil, cerril, brusco, áspero, chúcaro (*Amér.*), agreste, montaraz, hosco, huraño, intratable, insociable, indómito.
ANT. *Suave, sociable, amable, dócil.*

arista
SIN. Canto, saliente, borde, esquina, filo, ángulo, costado, lomo, línea, dificultad, obstáculo, aridez, antipatía.
ANT. *Facilidad, sencillez.*

aristocracia
SIN. Nobleza, clase, linaje, calidad, distinción, hidalguez, élite, finura, realeza, rango, categoría, alcurnia, prez, abolengo, grandeza.
ANT. *Humildad, plebe, populacho.*

aristócrata
SIN. Señor, noble, patricio, infanzón, emperador, rey, infante, duque, marqués, conde, caballero.
ANT. *Villano, ruin, bajo, paleto.*

arito
Amér.
SIN. Arete, pendiente, zarcillo, aro, arracada, candonga.

arlequín
SIN. Gracioso, bufón, ridículo, títere, disfraz, mamarracho, payaso.

ANT. *Serio, triste, mustio, respetable.*

arlequinada
SIN. Bufonada, payasada, ridiculez, necedad, burla, broma, desprecio.
ANT. *Seriedad, respeto.*

armada
SIN. Flota, escuadra, convoy, columna, capitanía, departamento.

armadijo
SIN. Emboscada, cepo, trampa, lazo, red, celada, ardid, tinglado, utensilio.

armadura
SIN. Armazón, esqueleto, arnés, defensa, entablado, cadalso, enarbolado, andamio.

armar
SIN. Proveer, equipar, disponer, suministrar, dotar, pertrechar, aparejar, montar, reñir, escandalizar, pelear, disputar, alborotar, imaginar, tramar.
ANT. *Pacificar, desarmar, desmontar.*

armazón
SIN. Armadura, esqueleto, entramado, bastidor, apoyo, montura, castillejo, montaje, chasis, andamio, andamiaje.

armazón
Amér.
SIN. Anaquel, estante, anaquelería, entrepaño, alacena.

armisticio
SIN. Reconciliación, tregua, pacto, convenio, paz, parlamento, suspensión, paralización, cesación.
ANT. *Guerra, batalla, hostilidad.*

armonía
SIN. Consonancia, eufonía, ritmo, cadencia, concordancia, acuerdo, pacto, concierto, amistad, cordialidad, conciliación, avenencia, atracción, simetría, equilibrio, maridaje, proporción.
ANT. *Enemistad, hostilidad, antipatía.*

armonioso
SIN. Melodioso, cadencioso, melódico, grato, dulce, bello, eufónico, conciso, proporcionado, equilibrado, afinado.
ANT. *Disonante, desagradable, desafinado.*

armonizar
SIN. Concertar, acordar, pactar, convenir, amigar, conciliar, proporcionar, equilibrar, cuadrar, igualar, hermanar.
ANT. *Discordar, enemistar.*

aro
SIN. Anillo, pulsera, collar, sortija, rueda, círculo, arco, estrinque, sello.

aroma
SIN. Perfume, fragancia, olor, vaho, esencia, efluvio, bálsamo, aromaticidad, incienso, cosmético, colonia.
ANT. *Hedor, pestilencia.*

aromatizar
SIN. Perfumar, embalsamar, odorar, azufrar, almizclar.
ANT. *Atufar, apestar.*

arpía
SIN. Bruja, furia, basilisco, diablesa, esperpento, perversa, pantera, fea.
ANT. *Virtuosa, humana.*

arquear
SIN. Doblar, combar, curvar, torcer, gambear, cimbrar.
ANT. *Enderezar, estirar.*

arqueo
SIN. Verificación, constatación, recuento, inspección, balance, cómputo, cálculo, registro, control.

arqueología
SIN. Prehistoria, antigüedades, paleografía, numismática, cerámica, inscripción, monumento, mosaico, monolito, dolmen, termas, pinturas, panteón, sarcófago.

arquetipo
SIN. Ejemplar, modelo, ideal, tipo, representante, especimen, paradigma, módulo, molde.

arraigado
SIN. Prendido, permanente, sólido, afincado, adaptado, habituado, aclimatado, naturalizado, establecido, fijado.
ANT. *Extraño, inadaptado, desarraigado.*

arraigar
SIN. Establecer, prender, agarrar, aclimatar, enraizar, radicar, asir, sujetar, prevalecer, fijar, curtir, naturalizar, acomodar.
ANT. *Desarraigar, desprender.*

arraigo
SIN. Solvencia, seriedad, crédito, dignidad, posición, situación, raíces.
ANT. *Inseguridad, insolvencia.*

arrancado
SIN. Depilado, extirpado, despegado, desclavado, desarraigado, removido, descuajado.
ANT. *Clavado, incorporado.*

arrancar
SIN. Desarraigar, extirpar, quitar, separar, sacar, desencajar, destroncar, despegar, desclavar, repeler, soltar, cortar, talar, roturar, suprimir.
ANT. *Fijar, enraizar, pegar.*

arranque
SIN. Impulso, ímpetu, arrebato, pronto, ocurrencia, salida, brío, resolución, racha, comienzo, preámbulo, partida, principio, iniciación, arrancada.
ANT. *Moderación, timidez, llegada, fin.*

arrasar
SIN. Allanar, aplanar, alisar, destruir, derruir, asolar, talar, devastar, igualar, nivelar, hundir, deshacer.
ANT. *Construir, reparar.*

arrastrado
SIN. Pobre, desastrado, miserable, mísero, mezquino, desgraciado, menesteroso, desdichado, pícaro, abyecto, vil, bellaco, rastrero.
ANT. *Rico, opulento, feliz, honrado.*

arrastrar
SIN. Transportar, remolcar, conducir, acarrear, impulsar, llevar, atraer, obligar, persuadir, extender.
ANT. *Dejar, abandonar.*

arrastrarse
SIN. Humillarse, rebajarse, envilecerse, revolcarse, prostituirse, bajarse.
ANT. *Levantarse, erguirse, dignificarse.*

arrastre
SIN. Acarreo, remolque, tracción, conducción, empuje.

arrear
SIN. Ornar, ornamentar, hermosear, ataviar, enjoyar, sacudir, ati-

zar, dar, zurrar, pegar, magullar, aguijar, incitar, excitar, estimular.
ANT. *Desenjoyar, desanimar, disuadir.*

arrebatado

SIN. Colérico, violento, iracundo, furibundo, fanático, súbito, enfurecido, impetuoso, veloz, precipitado, irreflexivo, inconsiderado, encendido.
ANT. *Pacífico, tranquilo, reflexivo, lento.*

arrebatar

SIN. Encantar, cautivar, suspender, maravillar, sugestionar, influir, imantar, admirar, seducir, coger, conquistar, tomar, quitar.
ANT. *Repugnar, dar, devolver.*

arrebatarse

SIN. Irritarse, enfurecerse, indignarse, exaltarse, encolerizarse, desbocarse, violentarse, precipitarse.
ANT. *Sosegarse, tranquilizarse, calmarse.*

arrebato

SIN. Rapto, arranque, pronto, furor, precipitación, ira, impulsividad, rabia, coraje, saña, pasión, soberbia, vértigo, llamarada, desplante, obcecación, embriaguez, arrobo, frenesí, éxtasis.
ANT. *Sosiego, mesura, tranquilidad.*

arrebujarse

SIN. Cubrirse, abrigarse, envolverse, taparse, embozarse, arroparse, liarse.
ANT. *Destaparse, desabrigarse.*

arreciar

SIN. Aumentar, apretar, crecer, agravar, redoblar, empeorar.
ANT. *Disminuir, amainar, decrecer.*

arrecife

SIN. Escollo, banco, rompiente, promontorio, punta, islote, atolón, coral.

arrecho

Amér.
SIN. Cachondo, rijoso, lascivo, salido, caliente, sensual, libidinoso, lúbrico, concupiscente.
ANT. *Casto, puro, frígido.*

arredrar

SIN. Amilanar, atemorizar, intimidar, asustar, acoquinar, imponer, apartar, separar, alejar, retrasar.

arreglado

SIN. Adornado, acicalado, dispuesto, compuesto, metódico, apañado, trabajador, templado, ordenado, juicioso, reflexivo, comedido, simétrico, asentado, equilibrado, armonioso.
ANT. *Descuidado, desarreglado, desordenado.*

arreglar

SIN. Ordenar, organizar, limpiar, disponer, preparar, componer, ajustar, sistematizar, armonizar, adornar, pulir, atildar, retocar, engalanar, lavar, emperifollar, acordar, decidir, resolver, concertar, apañar.
ANT. *Desarreglar, desordenar, desorganizar, abandonar, discrepar.*

arreglo

SIN. Remiendo, remedio, acicalamiento, aseo, adorno, adecentamiento, aderezo, adorno, atavío, reforma, reorganización, pacificación, resolución, aveniencia, decisión, solución, determinación, contrato, tratado, combinación, pacto, conciliación, componenda.
ANT. *Desorganización, abandono, dejadez, desacuerdo, desorden.*

arremango

SIN. Atrevimiento, resolución, valor, decisión, agilidad, rapidez.
ANT. *Cortedad, desánimo, indecisión.*

arremangado

SIN. Alzado, levantado, recogido, enrollado, subido, plegado.
ANT. *Estirado, extendido.*

arremansar

Amér.
SIN. Estancarse, obstruirse, detenerse, empantanarse, tropezarse.
ANT. *Moverse, circular, correr.*

arremeter

SIN. Acometer, atacar, embestir, agredir, arrojar, combatir, precipitar, chocar, ofender.
ANT. *Huir, pacificar.*

arrendador

SIN. Inquilino, arrendatario, alquilador, partidario, concesionario, empresario.

arrendamiento

SIN. Alquiler, inquilinato, corretaje, contrato, renta, usufructo, desahucio.

arrendar

SIN. Ceder, dejar, alquilar, ocupar, traspasar, adquirir, tomar, transferir, transmitir, contratar.
ANT. *Desahuciar, desalquilar.*

arreos

SIN. Adornos, atavío, aderezo, ornamento, guarnición, gala, compostura, atuendo, atalaje, guarniciones.

arrepentido

SIN. Contrito, penitente, pesaroso, sentido, dolido, suplicante, lamentoso.
ANT. *Insensible, impenitente, duro, inflexible.*

arrepentirse

SIN. Sentir, deplorar, pesar, llorar, lamentar, dolerse, abatirse, disgustarse, remorder, desdecirse, retroceder, retractarse, abjurar, rescindir, revocar.
ANT. *Obstinarse, insistir, ratificar.*

arrestado

SIN. Encerrado, prisionero, recluido, preso, prendido, apresado, intrépido, valiente, audaz, arrojado, atrevido, decidido, resuelto, bizarro, bravo.
ANT. *Suelto, libre, pusilánime, cobarde.*

arrestar

SIN. Detener, aprisionar, apresar, recluir, encarcelar, enjaular, incomunicar.
ANT. *Huir, liberar.*

arresto

SIN. Detención, reclusión, encierro, captura, corrección.
ANT. *Indulto, amnistía.*

arriar

SIN. Descender, bajar, recoger, aflojar, soltar, sumergir, anegar, arroyar.
ANT. *Izar, alzar, subir, secar.*

arribar

SIN. Venir, llegar, fondear, tocar, anclar, aterrizar, alcanzar, recalar, aparecer, regresar, comparecer.
ANT. *Partir, salir.*

arribista

SIN. Ambicioso, oportunista, advenedizo, intruso, egoísta.
ANT. *Circunspecto, moderado.*

arriero

SIN. Carretero, trajinante, yegüero,

mulero, traficante, transportista, porteador.

arriesgado

SIN. Atrevido, aventurado, azaroso, peligroso, fortuito, expuesto, riesgoso (*Amér.*), oscuro, apurado, desigual, temerario, osado, decidido, audaz, arrojado.
ANT. *Seguro, pusilánime, meticuloso.*

arriesgar

SIN. Aventurar, exponer, peligrar, afrontar, desafiar, osar, atreverse, apurar, ocasionar, probar.
ANT. *Desistir, temer, prevenir, asegurar.*

arriesgarse

SIN. Atreverse, exponerse, aventurarse, decidirse, resolverse, lanzarse.
ANT. *Asegurarse, abstenerse.*

arrimar

SIN. Aproximar, acercar, juntar, pegar, adosar, asestar, atizar, golpear, aplicar.
ANT. *Separar, alejar.*

arrimarse

SIN. Apoyarse, guarecerse, acercarse, aproximarse, agregarse, juntarse, unirse, acogerse, amontonarse, adosarse.
ANT. *Separarse, alejarse.*

arrimo

SIN. Favor, protección, amparo, ayuda, apoyo, patrocinio, defensa, auxilio.
ANT. *Abandono, dejadez.*

arrinconado

SIN. Apartado, desatendido, menospreciado, desdeñado, aislado, olvidado, despreciado, postergado, retirado, abandonado, destituido.
ANT. *Apreciado, enaltecido.*

arrinconar

SIN. Desechar, desatender, postergar, arrimar, destituir, abandonar, menospreciar, marginar, olvidar, perseguir.
ANT. *Relacionar, acompañar, recordar.*

arrinconarse

SIN. Retirarse, retraerse, recogerse, aislarse, arrimarse, apartarse
ANT. *Exhibirse, relacionarse.*

arriscado

SIN. Atrevido, arriesgado, arroja-

do, osado, resuelto, audaz, ágil, dispuesto, despabilado, desenvuelto, intrépido, bizarro, decidido, escarpado, abrupto.
ANT. *Pusilánime, cobarde, llano.*

arriscarse

SIN. Encresparse, enfurecerse, encolerizarse, irritarse, envanecerse, engreírse.
ANT. *Humillarse, rebajarse.*

arrobado

SIN. Extático, arrebatado, suspenso, entusiasmado, enajenado, cautivado, seducido, contento, radiante, absorto, estupefacto, turulato, pasmado, petrificado.
ANT. *Distraído, apático, desinteresado.*

arrobamiento

SIN. Éxtasis, embeleso, arrobo, enajenamiento, embebecimiento, abstracción, suspensión, seducción, transporte, hechizo, distracción.
ANT. *Desinterés, apatía, inhibición.*

arrobarse

SIN. Enajenarse, elevarse, embelesarse, extasiarse, encantarse, maravillarse, hechizarse.
ANT. *Desanimarse, desinteresarse.*

arrodillarse

SIN. Humillarse, posternarse, postrarse, hincarse, reverenciar, adorar, venerar.
ANT. *Levantarse, ensalzarse.*

arrogancia

SIN. Presunción, altivez, orgullo, soberbia, insolencia, altanería, majeza, menosprecio, desplante, jactancia, pedantería, desdén, fiereza, imperio, cimbreo, valor, bizarría, aliento, brío, distinción.
ANT. *Humildad, modestia, timidez.*

arrogante

SIN. Altanero, afectado, vacío, pedante, creído, insolente, descarado, impertinente, orgulloso, gallito, envarado, esbelto, apuesto, valiente, valeroso, bizarro, audaz.
ANT. *Humilde, sencillo, cobarde.*

arrogarse

SIN. Atribuirse, apropiarse, adjudicarse, asimilarse, achacarse.

arrojado

SIN. Decidido, atrevido, arriesgado, intrépido, valiente, imprudente, irreflexivo.
ANT. *Cobarde, tímido.*

arrojar

SIN. Lanzar, echar, impeler, tirar, proyectar, estampar, avanzar, despeñar, precipitar, mandar (*Amér.*), expulsar, emanar, irradiar, rociar, salpicar, fulminar, verter, brotar, expeler.
ANT. *Recoger, contener.*

arrojo

SIN. Osadía, intrepidez, audacia, denuedo, resolución, ardor, agallas, bravura, arrojamiento, entusiasmo, animosidad, temple.
ANT. *Cobardía, timidez, apatía.*

arrollador

SIN. Invencible, irresistible, indomable, implacable, animoso, esforzado, violento, agresivo, furibundo, avasallador, dominador, entusiasta.
ANT. *Apocado, vacilante.*

arrollar

SIN. Derrotar, vencer, batir, destrozar, asolar, desbaratar, atropellar, pisotear, avergonzar, confundir, herir.
ANT. *Perder, dignificar.*

arropar

SIN. Cubrir, abrigar, tapar, liar, encajar, acurrucar, embozar.
ANT. *Descubrir, desnudar, desarropar.*

arrostrar

SIN. Desafiar, afrontar, enfrentar, resistir, aguantar, contrastar, rechazar, bravear, rebelarse.
ANT. *Desistir, rendirse.*

arroyo

SIN. Riachuelo, río, cauce, ribera, torrente, corriente, afluencia, cañada, reguero.

arruga

SIN. Pliegue, rugosidad, piel, bolsa, ceño, estría, raya, surco.
ANT. *Tersura.*

arrugarse

SIN. Encogerse, deslucirse, envejecerse, secarse, ajarse, destruirse, desanimarse, desalentarse.
ANT. *Animarse, rejuvenecerse.*

arruinado

SIN. Empobrecido, menesteroso, indigente, empeñado, abatido, demolido, hundido, derruido, desplomado, destrozado, desolado, caduco, agotado, perdido.
ANT. *Pujante, rico, recuperado.*

arruinar

SIN. Devastar, hundir, asolar, aniquilar, arrasar, destruir, abatir, demoler, desplomar, hundir, desangrar, despellejar, quebrar, romper, perjudicar, consumir, despojar, truncar, perecer, deshacer.
ANT. *Construir, levantar, reconstruir, organizar.*

arruinarse

SIN. Aniquilar, destruirse, anularse, abolirse, empobrecerse, derruirse, demolerse, derrocarse.
ANT. *Construirse, levantarse.*

arrullador

SIN. Suave, dulce, agradable, susurrante, cantarín, grato, meloso, melódico, tonificante.
ANT. *Desagradable, crudo, excitante.*

arrullar

SIN. Adormecer, mecer, deleitar, sosegar, tonificar, relajar, enamorar, piropear, flirtear, coquetear, halagar.
ANT. *Despertar, desdeñar, escandalizar.*

arrullo

SIN. Adormecimiento, susurro, gorjeo, murmullo, cantarcillo, tonadilla, tonada, requiebro, galanteo, piropo, zalamería, agasajo, homenaje.
ANT. *Hostilidad, enemistad.*

arrumaco

SIN. Zalamería, caricia, mimo, mimosería, gatería, halago.
ANT. *Hostilidad, desapego, brusquedad.*

arsénico

SIN. Veneno, ponzoña, tóxico, metaloide.

arte

SIN. Habilidad, artificio, industria, aptitud, maestría, destreza, ingenio, maña, traza, primor, disposición, astucia, virtud, poder, eficacia, técnica, inspiración, oficio, talento, estética.

artefacto

SIN. Trasto, máquina, artificio, ingenio, armazón, enredo, mecanismo, utensilio.

artería

SIN. Astucia, falsía, trampa, estratagema, emboscada, celada, bellaquería, artimaña, malicia.

ANT. *Nobleza, sinceridad.*

artero

SIN. Sagaz, astuto, taimado, mañoso, hábil, sutil, falso, traidor, artificioso, pícaro, marrullero, tortuoso, charlatán.
ANT. *Torpe, noble, sincero, veraz.*

artesano

SIN. Trabajador, artífice, menestral, obrero, trabajador.

artesonado

SIN. Techo, bovedilla, casetón, alfarje, almizate, rosetón, moldura, friso, adorno, cornisa, relieve.

ártico

SIN. Boreal, norte, septentrional, hiperbóreo.
ANT. *Meridional.*

articulación

SIN. Juntura, coyuntura, unión, enlace, juego, vínculo, charnela, funcionamiento, rodilla, bisagra, gozne, sutura, pronunciación, lenguaje, voz.

articulado

SIN. Reglamento, legislación, tratado, disposición, ley, capítulo, acoplado, unido, vinculado, relacionado.
ANT. *Inconexo, descoyuntado.*

articular

SIN. Organizar, sistematizar, estructurar, juntar, vincular, coyuntar, enlazar, relacionar, pronunciar, modular, proferir, emitir, expresar, decir.
ANT. *Desorganizar, desarticular, desunir, callar.*

artículo

SIN. Apartado, división, clasificación, enumeración, capítulo, párrafo, escrito, reportaje, comentario, glosa, mercancía, género, gramática.

artífice

SIN. Artesano, artista, orfebre, técnico, maestro, inventor, creador, autor, promotor.

artificial

SIN. Postizo, fingido, falso, ficticio, imitado, trucado, simulado, aparente, ilusorio, postizo, engañoso, quimérico, disfrazado, fabricado, compuesto.
ANT. *Natural, real, auténtico.*

artificio

SIN. Ingenio, habilidad, arte, destreza, sutileza, imitación, engaño, quimera, trampa, apariencia, simulación, falsedad, afectación, artimaña, tinglado, ardid, doblez, enredo, truco, socaliña.
ANT. *Torpeza, ineptitud, autenticidad, sinceridad.*

artificioso

SIN. Simulado, disimulado, engañoso, doble, rebuscado, afectado, petulante, taimado, precavido, prudente, cauteloso, diestro, hábil.
ANT. *Noble, natural, espontáneo, torpe.*

artimaña

SIN. Artificio, maniobra, trampa, emboscada, engaño, celada, intriga, argucia, ficción, destreza, habilidad.
ANT. *Verdad, sinceridad.*

artista

SIN. Creador, autor, inventor, causante, genio, maestro, artífice, actor, comediante, compositor, estrella, virtuoso, ejecutante, actriz.

artístico

SIN. Bello, hermoso, plástico, divino, atractivo, sublime, interesante, elevado, puro, fino, noble, primoroso.
ANT. *Feo, grotesco, deforme.*

arúspice

SIN. Adivino, vidente, augur, mágico, oráculo, brujo, hechicero, profeta, pronosticador, presagiador.

arveja

SIN. Algarroba, arvejo, guisante.

arzobispo

SIN. Obispo, metropolitano, primado, prelado, patriarca, cardenal, diócesis, archidiócesis.

arzón

SIN. Fuste, arreo, albarda, silla, aparejo.

as

SIN. Triunfador, vencedor, campeón, ganador, invicto, destacado, naipe, baraja.
ANT. *Vencido.*

asa

SIN. Mango, asidero, tirador, agarradero, puño, agarradera, (*Amér.*), empuñadura, cogedero, brazal, oreja, apéndice.

asado

SIN. Tostado, dorado, horneado, pasado, chamuscado.
ANT. *Crudo.*

asadura

SIN. Vísceras, entrañas, hígados, cachaza, pachorra, calma, flema, lentitud, pesadez.
ANT. *Rapidez, agilidad.*

asaetear

SIN. Disparar, flechar, rejonear, acribillar, freír, enfadar, importunar, acosar, mortificar.
ANT. *Contentar, alegrar.*

asalariado

SIN. Gratificado, jornalero, trabajador, empleado, propietario, obrero, servidor, mercenario, bracero, contratado.
ANT. *Empresario, patrón.*

asaltante

SIN. Atracador, salteador, bandido, ladrón, agresor, forajido, delincuente, malhechor.
ANT. *Policía, defensor.*

asaltar

SIN. Acometer, atacar, agredir, sorprender, bloquear, invadir, embestir, abordar, escalar, conquistar, atracar, robar, hurtar, birlar.
ANT. *Defender, devolver.*

asalto

SIN. Penetración, ataque, salto, invasión, irrupción, agresión, abordaje, entrada, empujón, arremetida, atraco, robo, delito, despojo.
ANT. *Respeto, repulsión, devolución.*

asamblea

SIN. Reunión, junta, consejo, senado, parlamento, sinagoga, cámara, cortes, comisión, sindicato, cofradía, sociedad, corporación, multitud, tropel, círculo, consorcio, club, elección, debate, discusión, escrutinio.

asaz

SIN. Bastante, suficiente, harto, mucho.
ANT. *Poco, escaso, insuficiente.*

ascendencia

SIN. Cuna, linaje, estirpe, alcurnia, prosapia, origen, categoría, especie, familia, cepa, condición, abolengo, genealogía, parentesco, sangre.
ANT. *Descendencia, prole.*

ascendente

SIN. Empinado, enhiesto, elevado, subido, escarpado.
ANT. *Descendente.*

ascender

SIN. Subir, progresar, elevar, mejorar, adelantar, promover, prosperar, aumentar, alcanzar, trepar, coronar, encumbrar, crecer, sumar.
ANT. *Descender, retroceder, empeorar.*

ascendiente

SIN. Antecesor, progenitor, abuelo, antepasado, autoridad, influencia, influjo, poder, prestigio, imperio.
ANT. *Sucesor, desprestigio.*

ascensión

SIN. Elevación, subida, ascenso, exaltación, progreso, avance, desarrollo, promoción, escalada, encumbramiento.
ANT. *Descenso, declive, atraso.*

ascenso

SIN. Mejora, subida, adelanto, promoción, progreso, elevación, grado, escalafón, premio, honor, aumento.
ANT. *Descenso, retroceso.*

ascensor

SIN. Elevador, montacargas, grúa, funicular.

asceta

SIN. Ermitaño, anacoreta, eremita, solitario, penitente, misántropo, piadoso, cartujo, beato, estilista, virtuoso, ejemplar, puritano, insociable.
ANT. *Frívolo, sociable.*

ascetismo

SIN. Aislamiento, piedad, misantropía, soledad, alejamiento, penitencia, insociabilidad, cilicio, austeridad, misticismo.
ANT. *Materialismo, mundo, frivolidad.*

asco

SIN. Aversión, repugnancia, asquerosidad, empalago, saciedad, antipatía, cansancio, desagrado, vómito, náusea, fastidio.
ANT. *Agrado, placer, atractivo.*

aseado

SIN. Limpio, pulcro, arreglado, nítido, limpio, higiénico, cuidadoso, ataviado, bruñido, engalanado, compuesto.
ANT. *Sucio, descuidado.*

asear

SIN. Componer, limpiar, purificar, cepillar, enlustrar, afeitar, refinar, cuidar, ordenar, aliñar, engalanar, hermosear.
ANT. *Ensuciar, abandonar.*

asechanza

SIN. Acecho, sorpresa, trampa, encerrona, celada, cepo, intriga, perfidia, conspiración, traición, artificio, insidia.
ANT. *Verdad, claridad, rectitud.*

asediar

SIN. Sitiar, bloquear, cercar, estrechar, ceñir, incomunicar, acosar, embestir, rodear, aislar, molestar, cansar, obligar, acribillar, insistir.
ANT. *Levantar, irse, pacificar, rendirse, abandonar.*

asedio

SIN. Sitio, cerco, bloqueo, rodeo, trincheras, asalto, ataque, saqueo, escalada, rendición, capitulación, molestia, fastidio, acoso, insistencia, coacción.
ANT. *Agrado, abandono, consideración.*

asegurar

SIN. Garantizar, proteger, prevenir, guardar, resguardar, vigilar, avalar, calmar, sosegar, tranquilizar, reafirmar, decir, prometer, ratificar, dogmatizar, aseverar, consolidar, reforzar, fortalecer, apoyar, sostener, ayudar.
ANT. *Intranquilizar, dudar, descuidar, desprevenir.*

asemejar

SIN. Igualar, recordar, semejar, salir a, tirar a, heredar, asimilarse, rayar.
ANT. *Diferenciar.*

asenderado

SIN. Cansado, fatigado, molesto, agobiado, curtido, encallecido, veterano, perseguido, desamparado, experto, hábil.
ANT. *Descansado, inexperto, bisoño.*

asenso

SIN. Asentimiento, aprobación, afirmación, consentimiento, crédito.
ANT. *Denegación, negativa.*

asentaderas

SIN. Nalgas, asiento, trasero, fondillo, posaderas.

asentado
SIN. Sentado, juicioso, reflexivo, prudente, fijo, estable, puesto, ajustado, afirmado, situado.
ANT. *Irreflexivo, temporal, transitorio.*

asentamiento
SIN. Instalación, permanencia, emplazamiento, sitio, lugar, colonización.
ANT. *Marcha, levantamiento.*

asentar
SIN. Alisar, aplanar, nivelar, planchar, establecer, fundar, repoblar, situar, fijar, colocar, afirmar, inmovilizar, estancar, golpear, anotar, inscribir.
ANT. *Arrugar, encrespar, quitar, marchar.*

asentarse
SIN. Establecerse, posarse, sentarse, ubicarse, colocarse, fijarse.
ANT. *Marcharse, levantarse.*

asentimiento
SIN. Aprobación, consentimiento, venia, conformación, permiso, licencia, beneplácito, reconocimiento, condescendencia.
ANT. *Negativa, intransigencia, desautorización.*

asentir
SIN. Aprobar, consentir, afirmar, conformar, aceptar, conceder, transigir, ceder.
ANT. *Negar, impedir, disentir.*

aseo
SIN. Pulcritud, curiosidad, limpieza, aliño, cuidado, compostura, nitidez, pureza, gentileza, distinción.
ANT. *Inmundicia, suciedad, dejadez.*

asepsia
SIN. Higiene, purificación, esterilización, desinfección.
ANT. *Suciedad, infección.*

aséptico
SIN. Higienizado, desinfectado, limpio, esterilizado.
ANT. *Séptico.*

asequible
SIN. Accesible, factible, vulnerable, hacedero, posible, realizable, comprobable, alcanzable, elaborable.
ANT. *Inasequible, difícil, cerrado.*

aserción
SIN. Afirmación, aseveración, garantía, acierto, testificación.
ANT. *Negación.*

asesinar
SIN. Matar, eliminar, liquidar, suprimir, acuchillar, golpear, envenenar, ultimar, afligir, angustiar.
ANT. *Respetar, alegrar.*

asesino
SIN. Criminal, homicida, verdugo, sicario, suicida, ejecutor, sayón, linchador.
ANT. *Virtuoso, bueno.*

asesinato
SIN. Crimen, delito, atentado, muerte.

asesor
SIN. Consultivo, consejero, adjunto, letrado, abogado, ordenador.

asesorar
SIN. Aconsejar, proponer, informar, ilustrar, orientar, guiar, sugerir.
ANT. *Despreciar, desoír.*

asestar
SIN. Descargar, sacudir, golpear, atizar, aporrear, largar, pegar, propinar, disparar, zumbar, soltar.

aseveración
SIN. Afirmación, confirmación, afirmativa, testimonio, prueba, razón.
ANT. *Negativa, repulsa.*

aseverar
SIN. Afirmar, manifestar, reafirmar, ratificar, probar, asegurar, garantizar.
ANT. *Negar, denegar.*

asexual
SIN. Ambiguo, impreciso, indeterminado, oscuro, equívoco, incierto.
ANT. *Claro, sexual, evidente.*

asfaltar
SIN. Pavimentar, alquitranar, revestir, recubrir.

asfixia
SIN. Ahogo, sofoco, opresión, asma, estrangulación.
ANT. *Desahogo.*

así
SIN. De esta forma, de esta suerte, por lo cual, por lo que, en consecuencia.

asidero
SIN. Agarradero, asa, pomo, mango, manubrio, empuñadura, excusa, pretexto, escapatoria, justificación.
ANT. *Culpa, prueba.*

asiduidad
SIN. Frecuencia, puntualidad, perseverancia, tendencia, proclividad, costumbre, hábito, monotonía.
ANT. *Infrecuencia, inconstancia.*

asiduo
SIN. Habitual, cliente, parroquiano, continuo, aplicado, constante, sostenido, persistente, proclive, inclinado, repetido, periódico.
ANT. *Discontinuo, informal, inexacto, abandonado.*

asiento
SIN. Solio, trono, plaza, sitial, localidad, patio, paraíso, gradería, circo, anfiteatro, sostén, suelo, escaño, diván, butaca, escabel, banca (*Amér.*), taburete, poltrona, otomana, cordura, sensatez, precaución, madurez, permanencia, estabilidad.

asignar
SIN. Dar, conceder, destinar, señalar, afectar (*Amér.*), fijar, distribuir, conceder, pagar, gratificar, retribuir.
ANT. *Negar, rehusar.*

asilado
SIN. Acogido, albergado, recogido, amparado, protegido, cobijado, recluido.
ANT. *Abandonado, repudiado.*

asilo
SIN. Retiro, albergue, refugio, orfanato, protección, amparo, acogimiento, beneficiencia, remedio, protección, extradición, ayuda.
ANT. *Intemperie, abandono.*

asimilar
SIN. Asemejar, semejar, comparar, parangonar, confrontar, equiparar, absorber, apropiar, digerir, nutrir, restaurar.
ANT. *Diferenciar, distinguir, desconocer.*

asir
SIN. Agarrar, coger, prender, atrapar, pillar, aprisionar, aprehender, atenazar, detener.
ANT. *Soltar, desprender.*

asistencia
SIN. Auxilio, socorro, favor, apoyo, ayuda, cooperación, amparo, cuidado, asiduidad, concurrencia, presencia.
ANT. *Abandono, ausencia.*

asistentes
SIN. Presentes, espectadores, concurrentes, público, auditorio.
ANT. *Ausentes.*

asistir
SIN. Amparar, acompañar, socorrer, ayudar, auxiliar, favorecer, contribuir, cooperar, secundar, cuidar, concurrir, presenciar, frecuentar.
ANT. *Abandonar, desamparar, ausentarse.*

asno
SIN. Burro, rucio, jumento, pollino, buche, rozno, mulo, embrutecido, cretino, torpe, tonto, salvaje.

asociar
SIN. Juntar, aliar, unir, reunir, incorporar, federar, agremiar, relacionar, sindicar, confederar, mancomunar, adjuntar, hermanar, solidarizar.
ANT. *Separar, dispersar, desunir.*

asocio
Amér.
SIN. Asociación, compañía, cofradía, sociedad, agrupamiento, federación, cuadrilla, clan.
ANT. *Aislamiento, desunión, división.*

asolar
SIN. Destruir, arrasar, arruinar, secar, marchitar, devastar, talar, agostar, desolar, extinguir, exterminar.
ANT. *Florecer, prosperar, construir.*

asoleada
Amér.
SIN. Insolación, sofocación, acaloramiento, recalentamiento, solanera.
ANT. *Enfriamiento.*

asomar
SIN. Presumir, imaginar, prever, opinar, aparecer, surgir, apuntar, brotar, principiar, iniciar, mostrar, abrir, sacar, clarear, alborear, despuntar, nacer.
ANT. *Precisar, ocultar, esconder, anochecer.*

asombro
SIN. Sorpresa, pasmo, admiración, estupefacción, aturdimiento, maravilla, desconcierto, susto, espanto, portento, prodigio.
ANT. *Indiferencia, impasibilidad.*

asombroso
SIN. Pasmoso, admirable, estupendo, sorprendente, portentoso, prodigioso, maravilloso, extraordinario, fenomenal, desconcertante.
ANT. *Natural, corriente, vulgar.*

asomo
SIN. Indicio, presunción, señal, sospecha, conjetura, atisbo, vislumbre, barrunto, suspicacia, temor, desasosiego.
ANT. *Evidencia, seguridad.*

asorocharse
Amér.
SIN. Ruborizarse, sonrojarse, abochornarse, soflamarse, turbarse, encenderse.
ANT. *Palidecer, descararse.*

aspecto
SIN. Semblante, apariencia, presencia, porte, facha, aire, cariz, talante, orientación, forma, exterior, físico, empaque, continente, estampa, lámina, fachada.
ANT. *Fondo, realidad, médula.*

aspereza
SIN. Brusquedad, fragosidad, rigidez, austeridad, dureza, rigor, desabrimiento, escabrosidad, tosquedad, ronquera, rugosidad, risco, vericueto.
ANT. *Suavidad, blandura, finura, llaneza.*

áspero
SIN. Escarpado, escabroso, quebrado, rugoso, duro, rígido, riguroso, austero, rudo, arduo, enojoso, desabrido, rasposo, desapacible.
ANT. *Dulce, blando, amable, liso, igual.*

áspid
SIN. Víbora, culebra, serpiente, ofidio.

aspiración
SIN. Anhelo, pretensión, ambición, deseo, proyecto, sueño, esperanza, objetivo, empeño, tendencia, inclinación.
ANT. *Abulia, desgana, desprecio.*

aspirar
SIN. Pretender, ambicionar, desear,

anhelar, querer, apetecer, ansiar, proyectar.
ANT. *Desistir, renunciar.*

asqueroso
SIN. Sucio, repugnante, repulsivo, puerco, deshonesto, impúdico, inmundo, roñoso, desagradable.
ANT. *Limpio, atrayente, honesto.*

astenia
SIN. Flojedad, decaimiento, lasitud, debilidad, cansancio, agobio.
ANT. *Fortaleza, vigor, entereza.*

astringir
SIN. Contraer, constreñir, estrechar, apretar, obligar, impeler.
ANT. *Soltar, suavizar.*

astroso
SIN. Harapiento, andrajoso, desaliñado, desastrado, desaseado, chiroso (*Amér.*), sucio, ruin, vil, despreciable, miserable.
ANT. *Aseado, limpio, pulcro, digno.*

astucia
SIN. Sagacidad, cautela, picardía, sutileza, artimaña, habilidad, treta, ardid, artificio, engaño, marrullería, pretexto, efugio.
ANT. *Torpeza, necedad.*

asunto
SIN. Tema, materia, contenido, argumento, cuestión, cosa, hecho, negocio, propósito, proyecto, esquema, sumario, plataforma, terreno, artículo, tratado, guión.

asustadizo
SIN. Miedoso, asombradizo, cobarde, temeroso, impresionable, huidizo, pusilánime, medroso.
ANT. *Valiente, esforzado.*

asustar
SIN. Intimidar, atemorizar, amedrentar, acobardar, julepear (*Amér.*), sobresaltar, impresionar, amilanar, acoquinar, alarmar, imponer.
ANT. *Animar, engallar.*

atacado
SIN. Miserable, mezquino, ruin, avariento, usurero, agarrado, avaricioso, ramplón, encogido, vacilante, tímido.
ANT. *Generoso, desprendido, atrevido.*

atacar
SIN. Embestir, acometer, asaltar,

arremeter, cerrar, sitiar, acusar, provocar, injuriar, polemizar.
ANT. *Retroceder, proteger, desistir, aflojar.*

atadura
SIN. Vínculo, conexión, enlace, ligadura, unión, nudo, empalme, ceñimiento, grillete, yugo, lazo, cuerda, cadena.
ANT. *Desenlace, desunión, libertad.*

atajar
SIN. Adelantar, abreviar, cortar, dividir, obstaculizar, paralizar, detener, interrumpir, parar, impedir, interceptar, truncar.
ANT. *Facilitar, alargar.*

atalaje
SIN. Equipo, ajuar, arreos, enseres, guarniciones, aderezos.

atalaya
SIN. Torre, altura, otero, almena, faro, eminencia, avanzada, defensa, vigía, centinela, observador, vigilante, guardia.

atalayar
SIN. Vigilar, espiar, observar, acechar, celar, alentar.
ANT. *Descuidar.*

atañer
SIN. Incumbir, pertenecer, tocar, importar, corresponder, concernir, interesar.
ANT. *Desinteresar.*

ataque
SIN. Embestida, agresión, arremetida, acometida, embate, asalto, altercado, polémica, diatriba, crítica, invectiva, ofensa.
ANT. *Defensa, protección, apología, paz.*

atar
SIN. Amarrar, ligar, encadenar, sujetar, unir, liar, apresar, estacar, precintar, aprisionar, anudar, obstaculizar, impedir.
ANT. *Desatar, facilitar.*

atarazana
SIN. Astillero, arsenal.

atarugar
SIN. Hartar, llenar, henchir, rellenar, colmar, atiborrar, obstruir, cerrar, saciar, turbar, conturbar, embrollar.
ANT. *Abrir, desobstruir, vaciar, tranquilizar.*

atascadero
SIN. Estorbo, atolladero, embarazo, impedimento, obstáculo, cenagal, socavón, bache, surco, dificultad, traba.
ANT. *Facilidad, desembarazo, llanura.*

atascar
SIN. Atrancar, obstruir, cegar, impedir, obstaculizar, embarazar, tapar, dificultar, tabicar.
ANT. *Abrir, facilitar.*

atascar
SIN. Atrancar, obstruir, cegar, impedir, obstaculizar, embarazar, tapar, dificultar, tabicar.
ANT. *Abrir, facilitar.*

atasco
SIN. Detención, congestión, embotellamiento, obstrucción, taponamiento, estorbo, embrollo, laberinto, conflicto, cierre, dificultad, tropiezo.
ANT. *Fluidez, desembarazo.*

ataúd
SIN. Caja, féretro, cajón (*Amér.*), sepelio, inhumación, incineración, sepultura, cementerio, lápida.

ataviar
SIN. Adornar, engalanar, embellecer, componer, ornar, acicalar, aderezar, emperifollar, adobar, arreglar, atildar.
ANT. *Abandonar, descuidar.*

atavío
SIN. Gala, adorno, aderezo, arreo, ornamento, etiqueta, vestido, traje, atuendo, elegancia, estofa.

atemorizar
SIN. Acobardar, amedrentar, intimidar, amilanar, arredrar, acoquinar, asustar, encoger, escamar, alarmar.
ANT. *Engallarse, atreverse.*

atemperar
SIN. Templar, moderar, ablandar, mesurar, amortiguar, morigerar, aliviar, dulcificar, acomodar, ajustar, amoldar.
ANT. *Endurecer, agravar.*

atención
SIN. Cuidado, miramiento, esmero, curiosidad, circunspección, consideración, vigilancia, solicitud, cortesía, urbanidad, obsequio, fineza, etiqueta, cumplimiento, simpatía.
ANT. *Incuria, dejadez, abandono.*

atenciones
SIN. Negocios, asuntos, trabajos, obligaciones, deberes, cumplidos, miramientos, respetos, ceremonias, obsequios, finezas.
ANT. *Inactividad, descortesía, grosería.*

atender
SIN. Vigilar, escuchar, oír, advertir, considerar, contemplar, fijarse, notar, reparar, concentrarse, ver, advertir, curiosear, polarizar.
ANT. *Desatender, distraerse, descuidar, olvidarse.*

atenerse
SIN. Ajustarse, sujetarse, remitirse, amoldarse, ceñirse, reducirse, acomodarse, limitarse, arrimarse, adherirse.
ANT. *Salirse, excederse.*

atento
SIN. Cortés, afable, comedido, observador, cuidadoso, concienzudo, galante, obsequioso, fino, solícito, considerado, respetuoso.
ANT. *Grosero, imprudente, descuidado.*

atenuar
SIN. Mitigar, aminorar, paliar, amortiguar, disminuir, debilitar, sutilizar, adelgazar, aliviar, moderar, dulcificar, propiciar, menguar.
ANT. *Agravar, aumentar.*

aterirse
SIN. Helarse, congelarse, enfriarse, sobrecogerse, pasmarse.
ANT. *Calentarse, sofocarse.*

aterrar
SIN. Aterrorizar, espantar, horripilar, horrorizar, derribar, cubrir, arredrar, amilanar, intimidar, amedrentar, aterrizar, bajar, descender.
ANT. *Animar, ascender, subir.*

atesorar
SIN. Reunir, acumular, allegar, ahorrrar, guardar, acopiar, juntar, acaparar, economizar, acaudalar.
ANT. *Dilapidar, derrochar, gastar.*

atestado
SIN. Testimonio, certificación, acta.

atestar
SIN. Atestiguar, testificar, declarar, testimoniar.

atestiguar
SIN. Declarar, testificar, atestar, testimoniar, afirmar, certificar, refrendar, probar, autentificar, contestar, legitimar.

atiborrar
SIN. Llenar, henchir, rellenar, tupir, taquear (*Amér.*), saciar, hartar.
ANT. *Vaciar.*

aticismo
SIN. Delicadeza, elegancia, galanura, pureza, ingenio, viveza, finura, ironía.
ANT. *Tosquedad, estolidez.*

atildado
SIN. Adornado, acicalado, arreglado, curioso, aseado, pulcro, compuesto, hermoseado, ornado.
ANT. *Descuidado, abandonado, sucio.*

atildar
SIN. Censurar, reparar, ataviar, ornar, ornamentar, decorar, aderezar, limpiar, hermosear, embellecer, florear, recargar.
ANT. *Ensuciar, desaliñar.*

atinar
SIN. Adivinar, acertar, tropezar, hallar, alcanzar, conseguir.
ANT. *Errar, equivocar.*

atingencia
Amér.
SIN. Enlace, relación, conexión, nexo, vínculo, lazo, correspondencia.
ANT. *Aislamiento, inconexión, deslizamiento.*

atisbar
SIN. Mirar, ver, acechar, vigilar, espiar, escrutar, observar, fisgar, vislumbrar, divisar, roncear (*Amér.*), advertir, examinar, curiosear, adivinar, sospechar, descubrir, notar.
ANT. *Desatender, descuidar, inadvertir.*

atisbo
SIN. Acecho, vigilancia, señal, rastro, huella, sospecha, indicio, suposición.
ANT. *Ignorancia.*

atizar
SIN. Dar, propinar, sacudir, asestar, pegar, remover, despabilar, avivar, activar, fomentar, reanimar, incitar, espolear.
ANT. *Suavizar.*

atleta
SIN. Luchador, combatiente, gimnasta, hércules, sansón, forzudo, robre.
ANT. *Débil, alfeñique.*

atolondrado
SIN. Aturdido, precipitado, irreflexivo, imprudente, ligero, distraído, botorate, ofuscado, agitado, enajenado, alocado.
ANT. *Juicioso, sensato.*

atolondramiento
SIN. Irreflexión, aturdimiento, precipitación, distracción, atontamiento, desatino, inconsciencia, embarullamiento.
ANT. *Juicio, reflexión, sensatez.*

atolladero
SIN. Dificultad, embarazo, pantano, estacada.

atónito
SIN. Estupefacto, admirado, enajenado, pasmado, asombrado, turulato, maravillado, suspenso, estático, absorto.
ANT. *Indiferente, sereno.*

atontar
SIN. Aturdir, atarugar, sorprender, extasiar, arrobar, sobrecoger, embobar, arrobar, azorencar (*Amér.*).
ANT. *Despabilar.*

atormentar
SIN. Afligir, inquietar, martirizar, torturar, apenar, disgustar, molestar, acongojar, enojar, entristecer, cuitar, requemar, amartelar.
ANT. *Consolar, calmar, alegrar.*

atortajar
Amér.
SIN. Atortolar, aturdir, ofuscar, desconcertar, turbar.
ANT. *Animar, clarificar.*

atortolar
SIN. Intimidar, aturdir, acobardar, amilanar, atortajar (*Amér.*), acoquinar, ofuscar, turbar, desconcertar.
ANT. *Animar, engallarse.*

atosigar
SIN. Intoxicar, cansar, acuciar, fatigar, apurar, acosar, apretar, excitar, abrumar, aguijar, aguijonear.
ANT. *Limpiar, calmar, respetar.*

atracar
SIN. Asaltar, atacar, agredir, desvalijar, pillar, rapiñar, secuestrar,

fondear, arrimar, desembarcar.
ANT. *Devolver, embarcar.*

atracarse
SIN. Hartarse, atiborrarse, saciarse, llenarse.
ANT. *Moderarse.*

atracón
SIN. Hartazgo, panzada, mascada, exceso, comilona, indigestión, gula.
ANT. *Sobriedad, moderación.*

atractivo
SIN. Donaire, atrayente, encanto, hechizo, magia, aliciente, incentivo, cebo, reclamo, anzuelo, imán, sexapel, glamour, embeleso, cautivador, seductor, simpático.
ANT. *Repulsión, antipático, repelente.*

atraer
SIN. Cautivar, encantar, seducir, absorber, arrebatar, captar, provocar, sugestionar, fascinar, encandilar, hipnotizar.
ANT. *Repeler, rechazar, repugnar.*

atrancar
SIN. Atascar, atollar, obstruir, cerrar, sujetar, reforzar.
ANT. *Abrir, desatascar, seguir.*

atrapado
SIN. Cogido, pescado, pillado, apresado, enganchado, conseguido, obtenido, logrado.
ANT. *Libre, frustrado.*

atrapar
SIN. Coger, agarrar, lograr, conseguir, pillar, apresar, aprisionar, encarcelar, prender.
ANT. *Soltar, dejar, ceder.*

atraso
SIN. Retraso, demora, retardo, aplazamiento, preterición, retroceso, dilatación, incultura, ignorancia, fracaso, deuda, débito.
ANT. *Adelanto, desarrollo, cultura, madurez, crédito.*

atrasado
SIN. Viejo, anticuado, vetusto, rutinario, insolvente, vencido, quebrado, fallido, alcanzado, pospuesto, diferido, posterior.
ANT. *Actual, moderno, solvente, anterior.*

atravesado
SIN. Cruzado, mestizo, mulato, transversal, secante, travieso, ter-

ciado, diagonal, ruin, indócil, miserable.
ANT. *Generoso, bueno.*

atravesar
SIN. Cruzar, traspasar, calar, meter, perforar, romper, enclavar, filtrar, recorrer, franquear, vadear, salvar, surcar.
ANT. *Desistir, dejar, parar.*

atravesarse
SIN. Cruzarse, entrometerse, entremeterse, ensartarse.
ANT. *Abstenerse.*

atrenzo
Amér.
SIN. Apuro, conflicto, lío, atolladero, aprieto, dificultad.

atreverse
SIN. Aventurarse, arriesgarse, decidirse, resolverse, lanzarse, determinarse, insolentarse, crecerse.
ANT. *Amilanarse, acobardarse.*

atrevido
SIN. Audaz, osado, arrojado, temerario, arriesgado, descarado, fresco, imprudente, liso (*Amér.*), vanguardista, zafado, descocado, suelto, envalentonado, ufano.
ANT. *Cobarde, tímido, pusilánime, medroso.*

atrevimiento
SIN. Audacia, arrojo, osadía, vergüenza, descaro, desfachatez, descoco, frescura, insolencia, intrepidez, empuje, irreflexión, bizarría, valor.
ANT. *Timidez, pusilanimidad, indecisión.*

atribución
SIN. Asignación, imputación, aplicación, arrogamiento, incumbencia, facultad, suposición, competencia, autoridad, potestad.

atribuible
SIN. Imputable, achacable, aplicable, otorgable.
ANT. *Disculpable.*

atribuir
SIN. Achacar, imputar, asignar, señalar, suponer, aplicar, reputar, referir, ahijar, acusar, levantar, adjudicar, destinar, dedicar, imponer, cargar.
ANT. *Encubrir, disculpar, desdeñar.*

atribuirse
SIN. Arrogarse, apropiarse, imputarse, suponerse.
ANT. *Comedirse.*

atribular
SIN. Afligir, apenar, apesadumbrar, atormentar, angustiar, contristar, desconsolar, entristecer, congojar, desesperar.
ANT. *Consolar, alegrar, animar.*

atributo
SIN. Cualidad, señal, signo, naturaleza, condición, propiedad, imagen, carácter, rasgos, emblema, nota, riqueza.

atrición
SIN. Remordimiento, pesar, dolor, arrepentimiento, contrición, aflicción, penitencia, abatimiento.
ANT. *Insensibilidad.*

atril
SIN. Soporte, sostén, evangelistero, faldistorio.

atrincar
Amér.
SIN. Trincar, sujetar, atar, apretar, retener, trabar.
ANT. *Liberar, soltar, aflojar, desligar.*

atrincheramiento
SIN. Defensa, protección, fortificación, resguardo, coraza, blindaje.
ANT. *Desabrigo, desamparo.*

atrincherar
SIN. Acorazar, blindar, defender, cubrir, abrigar, fortificar.
ANT. *Descubrir.*

atrio
SIN. Patio, portal, porche, pórtico, lonja, grada (*Amér.*), vestíbulo, andén, cobertizo, claustro, entrada, pérgola, columnata.

atrocidad
SIN. Crueldad, barbaridad, enormidad, inhumanidad, exceso, demasía, necedad, temeridad, barbarie, inclemencia, sadismo, monstruosidad, disparate, absurdo.
ANT. *Humanidad, clemencia, piedad.*

atrofia
SIN. Parálisis, anquilosamiento, raquitismo, involución, agotamiento, degeneración, debilitación, desnutrición.
ANT. *Desarrollo, fortalecimiento.*

atropellado
SIN. Aturdido, atolondrado, distraído, ligero, irreflexivo, precipitado, confuso, frívolo, desatinado.
ANT. *Sensato, prudente, pausado, cuerdo, relexivo.*

atropellar
SIN. Derribar, empujar, vejar, ofender, violar, ultrajar, abusar, asaltar, agraviar, maltratar, menospreciar, avasallar, herir, mancillar.
ANT. *Curar, respetar, elogiar, serenar, calmar.*

atropello
SIN. Arbitrariedad, alcaldada, abuso, opresión, injusticia, desmán, desorden, desafío, infracción, violación, desafuero, exceso, injusticia, atentado, sinrazón, ultraje, estupro, salvajada, bestialidad, deshonra, delito.
ANT. *Respeto, observancia, orden, vergüenza, calma.*

atroz
SIN. Fiero, cruel, bárbaro, enorme, inhumano, descomunal, desmedido, desmesurado, grave, horrible, sañudo, sanguinario, engendro, aterrador, anómalo, inaudito.
ANT. *Humano, bondadoso, compasivo, mesurado.*

attrezzo
SIN. Equipo, mobiliario, enseres, utensilios, vestuario, decorado, trastos.

atuendo
SIN. Atavío, vestido, ropaje, vestuario, ajuar, aparato, exhibición, adorno, pompa.
ANT. *Sobriedad, humildad.*

atufarse
SIN. Disgustarse, incomodarse, irritarse, enojarse, enfadarse, encolerizarse, avinagrarse.
ANT. *Calmarse, endulzarse.*

atufar
SIN. Heder, asfixiar, marear, aturdir, nausear, oliscar, exhalar, enfadar, enojar, irritar, molestar.
ANT. *Aromatizar, desenfadar, endulzar.*

aturdido
SIN. Precipitado, atolondrado, distraído, desatinado, asombrado, azorado, inconsciente, inconsecuente, insensato, corto, botarate, irreflexivo, lelo, abombado, casquivano.

ANT. *Pausado, tranquilo, cuerdo, juicioso.*

aturdimiento
SIN. Mareo, confusión, turbación, descomposición, distracción, irreflexión, torpeza, ceguedad, apresuramiento, desorden, desatención, asombro, sorpresa, pasmo, síncope, desenfreno.
ANT. *Tranquilidad, calma, moderación, prudencia.*

aturdir
SIN. Turbar, pasmar, atontar, confundir, descomponer, consternar, agitar, azurumbar (*Amér.*), azorar, apocar, ofuscar, desorientar.
ANT. *Serenar, tranquilizar, sosegar.*

audacia
SIN. Atrevimiento, intrepidez, osadía, valor, arrojo, valentía, coraje, temeridad, imprudencia, aplomo, seguridad, resolución, entereza, temple.
ANT. *Timidez, cobardía, sensatez.*

audaz
SIN. Osado, atrevido, intrépido, corajudo, resuelto, animoso, decidido, arriesgado, abarrajado (*Amér.*), entero, descarado, insolente, cínico.
ANT. *Cobarde, encogido, parado, retraído.*

audible
SIN. Perceptible, sensible, auditivo, escuchable.
ANT. *Inaudible.*

audiencia
SIN. Entrevista, conferencia, recepción, reunión, visita, encuentro, diálogo, tribunal, sala, juzgado, justicia.

auditorio
SIN. Público, concurrencia, parroquia, espectadores, oyentes.
ANT. *Ausencia.*

auge
SIN. Culminación, apogeo, pináculo, cúspide, cénit, elevación, máximo.
ANT. *Decadencia, miseria.*

augur
SIN. Sacerdote, adivino, agorero, revelador, vaticinador, profeta.

augurar
SIN. Agorar, adivinar, presagiar, proferir, anunciar, profetizar.

augurio
SIN. Presagio, adivinación, futuro, pronóstico, promesa, predicción, vaticinio, profecía, auspicio, advertencia.

augusto
SIN. Venerable, respetable, honorable, majestuoso, magnífico, calificado.
ANT. *Despreciable, indigno.*

áulico
SIN. Cortesano, palaciego, real, palatino.
ANT. *Popular, plebeyo.*

aullar
SIN. Baladrear, bramar, rugir, ulular, ladrar, gritar.

aumentar
SIN. Sumar, añadir, agregar, desarrollar, extender, acrecentar, agrandar, ampliar, crecer, adicionar, recargar, redoblar, arreciar, amuchar (*Amér.*), pujar, exceder, ensanchar.
ANT. *Decrecer, mermar, diezmar, abreviar.*

aumento
SIN. Acrecentamiento, extensión, ampliación, elevación, incremento, suma, adición, avance, desarrollo, intensificación, ascenso, creces, subida, bonificación, proliferación.
ANT. *Disminución, reducción, limitación.*

aún
SIN. Todavía, incluso, también, hasta, siquiera, aunque, tan sólo.

aunar
SIN. Unificar, aliar, confederar, concertar, incorporar, mezclar, unir, juntar, combinar, ensamblar, hermanar, anudar.
ANT. *Desunir, separar, desligar.*

aura
SIN. Brisa, airecillo, céfiro, soplo, hálito, aliento, favor, elogio, aplauso, fama, aureola, celebridad, loa, aprobación.
ANT. *Vendaval, ciclón, anonimato.*

áureo
SIN. Aurífico, dorado, brillante, resplandeciente, amarillo, fulgurante, notable.
ANT. *Apagado.*

aureola
SIN. Fama, gloria, celebridad, admiración, popularidad, cerco, limbo, corona, disco, halo.
ANT. *Desprecio, olvido.*

aureolar
SIN. Rodear, coronar, ceñir, brillar, fulgurar, prestigiar.
ANT. *Oscurecer, desprestigiar.*

auricular
SIN. Radio, receptor, micrófono, membrana, casco.

auscultar
SIN. Observar, reconocer, escuchar, chequear, diagnosticar, examinar.

ausencia
SIN. Privación, falta, omisión, distancia, separación, nostalgia, añoranza, morriña, abandono, destierro, exilio, emigración, desaparición, vacío, marcha.
ANT. *Presencia, existencia, regreso.*

auspiciar
Amér.
SIN. Patrocinar, favorecer, beneficiar, ayudar, auxiliar, proteger, apadrinar.
ANT. *Desamparar, desentenderse, acusar.*

auspicio
SIN. Agüero, pronóstico, buenaventura, asistencia, favor, tutela, apoyo, patrocinio.
ANT. *Abandono, desesperanza.*

austeridad
SIN. Rigor, rigidez, severidad, dureza, sobriedad, aspereza, acritud, inflexibilidad, estrechez, mortificación, ascetismo, penitencia, purez.
ANT. *Abundancia, despilfarro, riqueza.*

austero
SIN. Rígido, severo, puritano, riguroso, duro, retirado, sobrio, penitente, serio, áspero, acrisolado, solitario, asceta.
ANT. *Despilfarrado, abundoso, sensual, débil, flexible.*

auténtico
SIN. Verdadero, cierto, fidedigno, genuino, real, positivo, puro, legítimo, seguro, autorizado, legalizado, verídico, indudable, probado, justificado, testimonial.
ANT. *Falso, inexacto, dudoso, imitado.*

autobús
SIN. Vehículo, automóvil, omni-

bús, autocar, carruaje, guagua, rubia, furgoneta.

autócrata
SIN. Déspota, tirano, dictador, absolutista, dueño, oligarca, cacique, opresor, sátrapa.
ANT. *Demócrata, liberal, republicano, parlamentario.*

autóctono
SIN. Aborigen, indígena, originario, natural, paisano.
ANT. *Extranjero, bárbaro, exótico, lejano.*

autónomo
SIN. Soberano, libre, independiente, autárquico, exento.
ANT. *Dependiente, sometido.*

autor
SIN. Inventor, padre, creador, factor, causante, descubridor, literato, artista, escritor, publicista, ensayista, tratadista, guionista.

autoridad
SIN. Poder, mando, dominio, imperio, facultad, jurisdicción, potestad, magistratura, influjo, crédito, fama, celebridad, prestigio, respeto, predicamento.
ANT. *Subordinación, obediencia, vasallaje, esclavitud, ignorancia, anonimato, precariedad.*

autoritario
SIN. Despótico, arbitrario, autócrata, cacique, absolutista, poderoso, fuerte, dominante, totalitario, contundente, rotundo.
ANT. *Democrático, liberal, débil.*

autorización
SIN. Consentimiento, permiso, venia, aprobación, visado, licencia, habilitación, credencial, legalización, capacidad.
ANT. *Derogación, desaprobación, anulación, abolición.*

autorizar
SIN. Acreditar, capacitar, conceder, facultar, homologar, legalizar, confirmar, aprobar, calificar, permitir, consentir, acceder, dispensar, licenciar, perdonar, condonar.
ANT. *Desaprobar, destituir, abolir, obstaculizar.*

auxiliar
SIN. Socorrer, ayudar, apoyar, favorecer, amparar, proteger, subvenir, acoger, participar, asistir, subsidiar, ayudante, suplente, subal-

terno, subordinado, protector.
ANT. *Abandonar, desasistir, perjudicar, negar, principal, jefe.*

auxilio
SIN. Amparo, apoyo, ayuda, defensa, protección, socorro, remedio, subvención, favor, colaboración, limosna, caridad, mediación, sufragio, compañía, prestación.
ANT. *Desamparo, abandono.*

auyama
Amér.
SIN. Calabaza, calabacín, calabacera.

aval
SIN. Garantía, fianza, refrendo, prenda, firma, crédito, resguardo.
ANT. *Inseguridad, desconfianza.*

avance
SIN. Adelanto, anticipo, marcha, progreso, ventaja, desarrollo, mejora, prosperidad, éxito, triunfo, evolución, desarrollo.
ANT. *Retroceso, parada, ruina.*

avanzar
SIN. Progresar, adelantar, prosperar, triunfar, conquistar, enriquecerse, mejorar, florecer, anteponer, exceder, aventajar, traspasar, acometer, atacar, embestir.
ANT. *Retroceder, fracasar, limitar, ceder, defender.*

avaricia
SIN. Tacañería, sordidez, codicia, mezquindad, ruindad, cicatería, usura, miseria, angurria (*Amér.*), ambición, egoísmo, rapacidad, anhelo, deseo, afán.
ANT. *Desinterés, generosidad, largueza.*

avaro
SIN. Codicioso, tacaño, ruin, miserable, roñoso, mezquino, cicatero, cutre, agarrado, usurero, rapaz, ávido, judío, buitre, apegado.
ANT. *Pródigo, liberal, generoso.*

avasallar
SIN. Someter, dominar, señorear, sojuzgar, rendir, atropellar, esclavizar, tiranizar, sujetar, abacorar (*Amér.*), abusar, humillar, violentar, forzar.
ANT. *Liberar, dignificar.*

avatar
SIN. Aspecto, fase, cambio, alternativa, novedad, transformación.
ANT. *Inmovilidad.*

avecindarse
SIN. Aproximarse, acercarse, establecerse, domiciliarse, localizarse, asentarse.
ANT. *Distanciarse, desarraigarse.*

avenencia
SIN. Acuerdo, convenio, concierto, arreglo, conformidad, unión, amistad, pacto, concordia, tregua, compromiso, armisticio.
ANT. *Disparidad, desacuerdo.*

avenida
SIN. Derrame, inundación, creciente, riada, inmersión, torrente, corriente, rambla, camino, paseo, concurrencia, afluencia, gentío.
ANT. *Sequía, soledad.*

avenirse
SIN. Entenderse, conformarse, arreglarse, amoldarse, resignarse, armonizar, conciliarse, colegiarse.
ANT. *Disentir, discrepar.*

aventajar
SIN. Superar, sobrepujar, pasar, exceder, adelantar, anteponerse, culminar, desbordar, preponderar, brillar, campear, eclipsar, señorear, lucir.
ANT. *Retroceder, retrasar.*

aventura
SIN. Lance, suceso, ocurrencia, episodio, contingencia, acaecimiento, evento, casualidad, coyuntura, riesgo, mano (*Amér.*), azar, correría, hazaña, andanza.
ANT. *Certidumbre, certeza.*

aventurado
SIN. Peligroso, arriesgado, azaroso, riesgoso (*Amér.*), comprometido, expuesto, temible, espinoso, incierto, fortuito.
ANT. *Seguro, fácil, claro.*

aventurar
SIN. Arriesgar, peligrar, exponer, probar, intentar, ocasionar, apostar.
ANT. *Acobardar, amilanar.*

aventurarse
SIN. Atreverse, exponerse, decidirse, arriesgarse, lanzarse, comprometerse.
ANT. *Desalentarse, acobardarse.*

avergonzar
SIN. Afrentar, abrasar, ruborizar, enrojecer, achicar, turbar, postrar, ofender, acholar (*Amér.*), despreciar, ridiculizar, reprender.

ANT. *Alardear, presumir.*

avería
SIN. Deterioro, desperfecto, daño, ajamiento, detrimento, menoscabo, accidente, perjuicio, percance.
ANT. *Arreglo.*

averiguación
SIN. Pesquisa, investigación, búsqueda, fisgoneo, aclaración, descubrimiento, acierto.
ANT. *Desinterés.*

averiguar
SIN. Inquirir, indagar, investigar, buscar, sondear, explorar, rastrear, deducir, inferir, colegir, ahondar, advertir.
ANT. *Dejar.*

averiguar
Amér.
SIN. Disputar, pelear, discutir, discrepar, polemizar.
ANT. *Acordar, pactar, convenir.*

averno
SIN. Infierno, oscuridad, antro.
ANT. *Cielo.*

aversión
SIN. Oposición, animosidad, repugnancia, enemistad, odio, resistencia, repulsión, desapego, antipatía, aborrecimiento, fastidio, malquerencia, encono.
ANT. *Atracción, simpatía, amistad, afecto.*

avezado
SIN. Habituado, acostumbrado, experimentado, ducho, hecho, aclimatado, enseñado, familiarizado, fogueado, aguerrido.
ANT. *Inexperto, bisoño, novato.*

avezar
SIN. Habituar, acostumbrar, experimentar, inclinar, madurar, curtir, aguerrir.
ANT. *Desacostumbrar.*

avicultura
SIN. Cría, fomento, incubadora, huevo, producción, avicultor.

avidez
SIN. Ansia, codicia, ambición, voracidad, avaricia, interés, empeño, afán, capricho, prurito, antojo.
ANT. *Desinterés, desprendimiento.*

ávido
SIN. Codicioso, ansioso, voraz, insaciable, avaricioso, deseoso, hambriento, sediento, goloso.
ANT. *Desinteresado, liberal, indiferente.*

avieso
SIN. Torcido, irregular, perverso, desviado, esquinado, tortuoso, revoltoso, malvado, anormal, extraviado.
ANT. *Recto, derecho, bueno.*

avillanado
SIN. Golfo, encanallado, maleante, pícaro, vil, grosero, ordinario, vulgar.
ANT. *Noble, digno, honrado.*

avinagrado
SIN. Áspero, agrio, vinagroso, acre, irascible, grosero, malhumorado, sombrío.
ANT. *Suave, dulce, cariñoso, afable.*

avinagrarse
SIN. Agriarse, torcerse, picarse, atufarse, irritarse, volverse.
ANT. *Suavizarse, calmarse.*

avisado
SIN. Sagaz, astuto, listo, despierto, circunspecto, prudente, discreto, previsor, advertido, ladino, sabio, cuerdo, precavido, reservado, próvido, diestro.
ANT. *Ignorante, inhábil, indiscreto.*

avisar
SIN. Notificar, prevenir, noticiar, anunciar, comunicar, informar, advertir, aconsejar, amonestar, advertir, prevenir, amonestar.
ANT. *Ocultar, engañar, callar.*

aviso
SIN. Amonestación, consejo, observación, advertencia, prevención, comunicación, participación, confidencia, circular, octavilla, citación, llamamiento.
ANT. *Silencio, discreción, olvido.*

avispado
SIN. Despierto, vivo, agudo, listo, astuto, sutil, sagaz, avisado, advertido, socarrón, penetrante, talentoso, circunspecto, precavido.
ANT. *Tonto, torpe, indiscreto.*

avispar
SIN. Avivar, aguijar, estimular, incitar, aguijonear, inquietar, acuciar, impulsar, inquirir, fomentar.
ANT. *Calmar, aturdir.*

avistar
SIN. Percibir, ver, alcanzar, divisar, descubrir, ojear, otear, vislumbrar, contemplar.
ANT. *Confundir.*

avivar
SIN. Acelerar, apresurar, animar, vivificar, atizar, encender, acalorar, excitar, enardecer, activar, instigar, exacerbar, exaltar, fomentar, entonar.
ANT. *Apagar, suavizar, mitigar, debilitar.*

axioma
SIN. Aforismo, sentencia, apotegma, máxima, principio, proverbio, verdad, proposición.
ANT. *Mentira.*

axiomático
SIN. Evidente, irrebatible, indiscutible, palmario, positivo, indudable, incuestionable, aforístico, verdadero.
ANT. *Falso, dudoso.*

ayo
SIN. Instructor, preceptor, maestro, pedagogo, profesor, guía, educador, consejero.
ANT. *Discípulo.*

ayer
SIN. Antes, recientemente, pretérito.
ANT. *Hoy, después, mañana.*

ayuda
SIN. Auxilio, prestación, caridad, patrocinio, reciprocidad, valimiento, refuerzo, refugio, favor, beneficio, donación, limosna, mecenazgo, servicio.
ANT. *Desamparo, soledad, egoísmo.*

ayudante
SIN. Auxiliar, asistente, pasante, pinche, secretario, adjunto, discípulo, sacristán, segundo.
ANT. *Principal, jefe.*

ayudantía
SIN. Asistencia, suplencia, colaboración, pasantía, refuerzo.
ANT. *Superioridad.*

ayudar
SIN. Auxiliar, apoyar, amparar, socorrer, proteger, favorecer, cooperar, subvencionar, secundar, contribuir, asistir, socorrer, consolar, animar, conllevar, acoger, empujar, aupar, servir.

ANT. *Dificultar, abandonar, estorbar, impedir.*

ayuno
SIN. Dieta, abstinencia, penitencia, vigilia, témporas, ramadán, cuaresma.
ANT. *Gula, hartazgo, empacho.*

ayuntamiento
SIN. Municipio, corporación, cabildo, concejo, alcaldía, asamblea, cámara, unión, aldea, pueblo, villa, ciudad.

azada
SIN. Pala, arpón, cavadera, raedera, batidera, escarbador.

azar
SIN. Casualidad, albur, acaso, estrella, ventura, lance.
ANT. *Seguridad, certidumbre.*

azararse
SIN. Alarmarse, sobresaltarse, conturbarse, aturdirse, confundirse, irritarse, enfadarse, turbarse, ruborizarse, azarearse (*Amér.*), frustrarse.
ANT. *Tranquilizarse, calmarse, triunfar.*

azarearse
Amér.
SIN. Azararse, turbarse, azorarse, aturdirse, cortarse.
ANT. *Sosegarse, calmarse, tranqui-*

azorencarse
Amér.
SIN. Atontarse, aturdirse, embobarse, alelarse.
ANT. *Despabilarse.*

azaroso
SIN. Arriesgado, expuesto, peligroso, desgraciado, aventurado, infausto, siniestro.
ANT. *Seguro, decidido.*

azorado
SIN. Aturdido, desorientado, apocado, asustado, alterado, avergonzado, ruborizado, temeroso, atolondrado, apabullado.
ANT. *Sereno, tranquilo, calmo, fluido.*

azorar
SIN. Sobresaltar, conturbar, aturdir, asustar, desconcertar, turbar, encender, irritar, incordiar.
ANT. *Calmar, tranquilizar.*

azoro
Amér.
SIN. Azoramiento, turbación, ofuscación, sonrojo, apabullamiento, confusión.
ANT. *Calma, desenvoltura, audacia.*

azotar
SIN. Castigar, golpear, mosquear, hostigar, fustigar, flagelar, sacudir, pegar, latiguear (*Amér.*), vapulear, zurrar, disciplinar, herir.

azotaina
SIN. Zurra, paliza, azote, disciplina, lampreo, flagelación.
ANT. *Caricia.*

azote
SIN. Látigo, flagelo, plaga, epidemia, calamidad, rejo (*Amér.*), castigo, desgracia, pena.
ANT. *Caricia, agasajo.*

azotea
SIN. Terraza, plataforma, mirador, tejado, aljarafe.

azucarado
SIN. Dulce, acaramelado, almibarado, meloso, afable, blando, untoso
ANT. *Agrio, desagradable.*

azucarar
SIN. Endulzar, dulcificar, suavizar, refinar, edulcorar.
ANT. *Amargar, agriar.*

azulejo
Amér.
SIN. Azulado, azulete, endrino, garzo, acijado.

azuquero
Amér.
SIN. Azucarera.

azurumbarse
Amér.
SIN. Aturdirse, atolondrarse, alterarse, embotarse, embarullarse.
ANT. *Tranquilizarse, sosegarse, serenarse.*

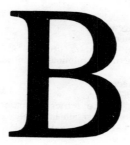

baba
SIN. Saliva, espumarajo.

babel
SIN. Confusión, desorden, barahúnda, galimatías, lío, caos, barullo, maremágnum, perplejidad, perturbación.
ANT. *Orden.*

babero
SIN. Babador, babera, baberol, peto, pechero.

babieca
SIN. Bobo, simplón, recio, tonto, papanatas, pazguato, simple, tontaina.
ANT. *Listo.*

babilónico,
SIN. Fastuoso, ostentoso, colosal, atronador.
ANT. *Sencillo, silencioso.*

babosa
SIN. Limaco, limaza, babaza.

baboso
Amér.
SIN. Bobo, tonto, ingenuo, panoli, inocente, crédulo, pazguato, primo.
ANT. *Pícaro, astuto, malicioso, taimado.*

bacalao
SIN. Abadejo, curadillo, pezpalo, bacalada, bacallao.

bacanal
SIN. Orgía, desenfreno, juerga, jolgorio, francachela, carnavalada, sanjuanada.
ANT. *Tranquilidad, orden.*

bacilo
SIN. Bacteria.

bacín
SIN. Orinal, bacina, dompedro, vaso de noche, ruin, villano.
ANT. *Noble.*

bacteria
SIN. Microbio, bacilo, microorganismo, virus, miasma.

báculo
SIN. Cayado, bastón, palo, bordón, consuelo, consolación, regazo, amparo, ánimo, ayuda, arrimo, alivio.
ANT. *Desconsuelo, desamparo, abandono.*

bache
SIN. Hoyo, socavón, agujero, cangilón (*Amér.*), depresión, laguna.

bachiller
SIN. Graduado, estudiante, licenciado, charlatán, fisgón, tarabilla, pedante.
ANT. *Sencillo, oportuno.*

badajada
SIN. Sandez, necedad, simpleza, bobada, idiotez, despropósito, disparate, impertinencia, zanganada.
ANT. *Cordura, sensatez.*

badajo
SIN. Colgante, lengua, mazo, charlatán, cotilla, bobo.
ANT. *Discreto, listo.*

badea
SIN. Melón, insípido, necio, perezoso, sosedad, tontería, necedad.
ANT. *Inteligente, trabajador, inteligencia.*

badén
SIN. Bache, depresión, zanja.

badila
SIN. Badil, pala, paleta, hurgonero.

badulaque
SIN. Necio, babieca, bobo, tonto, atolondrado, simple, papanatas.
ANT. *Espabilado, listo, juicioso.*

bagaje
SIN. Equipaje, bultos, maletas, equipo, bártulos, riqueza.
ANT. *Escasez.*

bagasa
SIN. Ramera, prostituta, meretriz, puta.

bagatela
SIN. Insignificancia, frivolidad, minucia, nadería, nimiedad, friolera, futilidad, futesa, fruslería, necedad, nonada, pamplina, chuchería, baratija, puerilidad, tontería.
ANT. *Trascendencia, valor.*

bagazo
SIN. Cáscara, corteza, despojos, residuo.

bagual
Amér.
SIN. Bravo, indómito, bizarro, impetuoso esforzado.
ANT. *Apocado, cobarde, corto, pusilánime.*

bahía
SIN. Ensenada, golfo, abra, rada, cala, entrada, refugio, abrigo, fiordo, anconada.
ANT. *Cabo.*

bailable
SIN. Movido, rítmico, dinámico.

bailar
SIN. Danzar, retozar, zapatear, moverse, menearse.
ANT. *Sosegarse.*

baile
SIN. Danza, diversión, tripudio, coreografía, agitación.
ANT. *Reposo, sosiego.*

bailía
SIN. Municipio, territorio, demarcación, bailazgo, bailío.

baja
SIN. Disminución, depreciación, pérdida, quebranto, descenso, falta, exclusión, cese, jubilación, muerte.
ANT. *Alza, auge, aumento, acrecentamiento.*

bajada
SIN. Cuesta, rampa, pendiente, descenso, ocaso, declive.
ANT. *Subida, ascenso.*

bajar
SIN. Apearse, desmontar, descender, descabalgar, agacharse, inclinarse, humillarse, disminuir, menguar, decrecer, achicar, rebajar, abaratar, desvalorizar.
ANT. *Montar, subir, alzarse, aumentar, revalorizar.*

bajel
SIN. Buque, barco, navío, embarcación, nave, nao.

bajeza
SIN. Ruindad, vileza, abyección, degradación, hundimiento, humillación, timidez, poquedad, cobardía.
ANT. *Dignidad, nobleza, honor, valor.*

bajo
SIN. Bajete, bajuelo, arranado, pequeño, corto, chico, personilla, gorgojo, renacuajo, menino, vulgar, vil, plebeyo, indigno, despreciable, ruin, rastrero, descolorido, apagado, mortecino, humilde, abatido, banco, arrecife, escollo, sirte.
ANT. *Alto, noble, distinguido.*

bala
SIN. Proyectil, explosivo, tiro, balín, posta, fardo, paquete, bulto, paca.

balaca
Amér.
SIN. Baladronada, fanfarronada, bravuconería, matonería, chulería, jactancia.
ANT. *Cobardía, timidez, cortedad.*

balacear
Amér.
SIN. Disparar, tirotear, abalear, ametrallar, fulminar, cañonear.

balacera
Amér.
SIN. Tiroteo, refriega, disparos, balazos, enfrentamiento.
ANT. *Paz, silencio.*

balada
SIN. Balata, poema, canto, evocación.

baladí
SIN. Superficial, insignificante, insubstancial, trivial, despreciable, frívolo.
ANT. *Importante, sustancial, profundo.*

baladrón
SIN. Fanfarrón, charlatán, jactancioso, bravucón, matón, matasiete, matamoros, valentón.
ANT. *Tímido, apocado, timorato, cobarde.*

baladronada
SIN. Chulería, jactancia, guapeza, matonería, balaca (*Amér.*), fanfarronada, bravata, bravuconada, fanfarronería, fanfarria.
ANT. *Timidez, cobardía.*

balance
SIN. Cómputo, control, arqueo, confrontación, vacilación, balanceo, mecimiento, inseguridad.
ANT. *Seguridad.*

balancear
SIN. Columpiar, mecer, dudar, titubear, oscilar, vacilar, igualar, equilibrar, equiparar.
ANT. *Inmovilizar, decidir, desequilibrar.*

balanceo
SIN. Balance, contoneo, vaivén, mecimiento, oscilación.
ANT. *Inmovilidad.*

balancín
SIN. Mecedora, peso, contrapeso, madero, travesaño.

balanza
SIN. Peso, báscula, medida, ponderación, fiel, romaneo.

balaquear
Amér.
SIN. Baladronear, fanfarronear, gallear, jactarse, bravuconear.
ANT. *Acobardarse, humillarse, achicarse.*

balar
SIN. Balitar, balatinar, balitear, gamitar, suspirar, anhelar.
ANT. *Desdeñar.*

balaustrada
SIN. Balcón, barandilla, baranda, barandal, pasamanos, acitara, pretil.

balbuceo
SIN. Titubeo, tartamudeo, tartajeo, silabeo.
ANT. *Claridad.*

balbucir
SIN. Balbucear, tartamudear, mascullar, barbotar, tartajear, marmullar, barbullar, farfullar, vacilar.
ANT. *Articular, precisar.*

balcón
SIN. Miranda, balaustrada, balconillo, palco, mirador, baranda.

baldado
SIN. Inválido, impedido, tullido, paralítico, lisiado.

baldío
SIN. Yermo, estéril, infecundo, incultivable, árido, ayermado, vano, infundado, inútil, ocioso.
ANT. *Fértil, cultivado, útil, necesario.*

baldón
SIN. Injuria, oprobio, afrenta, agravio, ofensa, provocación, ultraje, deshonor, deshonra, borrón, estigma, mancha, degradación.
ANT. *Honra, loanza, elogio.*

baldosa
SIN. Azulejo, ladrillo, alicatado, mosaico, baldosín, loseta.

baliza
SIN. Boya, señal, indicación, ancla, calima.

balneario
SIN. Baños, casa de baños, termas, hidrotermal.

balsa
SIN. Charco, estanque, alberca, lagunajo, almadía, zatara, jangada, guarés, maderada.

bálsamo
SIN. Goma, resina, barniz, aroma, medicamento, consuelo, alivio.
ANT. *Desasosiego.*

baluarte
SIN. Bastión, fortaleza, fortificación, antemuro, parapeto, amparo, defensa, protección.

ballesta
SIN. Muelle, resorte, amortiguador, saeta, saetín, flecha, pasador, dardo.

ballet
SIN. Danza, baile, bailable, bailete.

bambolear
SIN. Bambonear, bambalear, oscilar, cabecear, vacilar, balancear, tremolar.
ANT. *Equilibrar, aquietar.*

bambolla
SIN. Boato, lujo, fasto, apariencia, ostentación, aparato, hinchazón, pompa, vanidad, fanfarria.
ANT. *Sencillez, sobriedad.*

banana
SIN. Banano, plátano, cambur.

banasta
SIN. Cesto, banasto, canasta, cuévano, canasto, canastillo, canastilla, cestilla.

banca
SIN. Asiento, gradilla, taburete, grada, fondos, bolsa.

banca
Amér.
SIN. Banco, asiento, sentadero, arquibanco.

banco
SIN. Caja, bolsa, bolsín, asiento, trono, banca (*Amér.*), solio, poyo, sitial, escaño, sentadero, bajo, escollo, bando, alfaque, arrecife, obstáculo.

bancarrota
SIN. Quiebra, fracaso, desastre, ruina.
ANT. *Ganancia, progreso.*

banda
SIN. Cinta, tira, tirajo, faja, vera, cenefa, venda, orla, estola, franja, bandolera, túrdiga, cincha, insignia, condecoración, bando, grupo, cuadrilla, pandilla, lado, costado, margen.

bandalaje
Amér.
SIN. Bandidaje, delincuencia, bandolerismo, criminalidad, piratería, terrorismo.
ANT. *Legalidad, respeto, rectitud.*

bandeja
SIN. Batea, azafate, bandejón, salvilla, charola (*Amér.*), platel, plata, balay, vasera.

bandera
SIN. Insignia, enseña, banderola, señera, distintivo, divisa, emblema, pabellón, pendón, oriflama.

bandería
SIN. Bando, partido, facción, parcialidad, camarilla.
ANT. *Neutralidad.*

bandido
SIN. Bandolero, malhechor, ladrón, atracador, salteador, secuestrador, matrero (*Amér.*).

banderilla
SIN. Rehilete, garapullo, palo, palitroque, arponcillo, vareta, dardo, señal, signo, muestra, alarde, indicio, aviso.

banderizo
SIN. Fogoso, alborotado, apandillado, vehemente, hincha, faccioso, parcial.
ANT. *Desapasionado, imparcial.*

bando
SIN. Edicto, mandato, cédula, cedulón, aviso, anuncio, facción, partido, bandería, parcialidad, grupo, camada, pandilla.

bandolero
SIN. Bandido, malhechor, salteador, ladrón, caballista, cuatrero, facineroso, matrero (*Amér.*), criminal, gángster.
ANT. *Honrado, íntegro.*

bandullo
SIN. Barriga, tripa, mondongo, vientre, panza, andorga, pancha, panchón, bandujo.

banquero
SIN. Economista, financiero, cambista, bolsista, accionista.

banqueta
SIN. Banco, banquillo, taburete, asiento, alzapiés, escabel, escaño.

banquete
SIN. Ágape, festín, comilona, guateque, convite, gaudeamus, simposio, tragantona, orgía.
ANT. *Parquedad.*

bañar
SIN. Humedecer, sumergir, mojar, lavar, remojar, inundar, cubrir, chapuzar, calar, rociar, empapar.

baño
SIN. Ducha, remojón, chapuzón, sumersión, inmersión, ilutación, bañera, pila, tina, tinaja, balneario, caldas, tintura, capa, mano.

baquetado
SIN. Habituado, avezado, experimentado, acostumbrado, ducho, experto, cursado.
ANT. *Bisoño, inexperto.*

baquetear
SIN. Golpear, incomodar, traquetear, molestar, fastidiar, incordiar, marcar.

barahúnda
SIN. Alboroto, ruido, confusión, jolgorio, desorden, holgorio, barullo, bulla, desbarajuste.
ANT. *Tranquilidad, calma, orden.*

barajar
SIN. Mezclar, cortar, confundir, peinar, abarajar (*Amér.*), embrollar, revolver, alterar, pelear, reñir, contender.
ANT. *Orden, arreglar.*

baranda
SIN. Barandilla, barandal, barandaje, barandado, pasamanos, antepecho, barra, borde, petril, balaustrada.

barata
SIN. Cambio, trueque, permuta, mohatra, lance, envite, ocasión, ganga, venta.

baratija
SIN. Chuchería, fruslería, bagatela, friolera, maritata (*Amér.*), nonada, bujería, porquería.
ANT. *Valor, importancia.*

baratillero
SIN. Prendero, ropavejero, saldista, ganguista, trapero, tendero.

barato

SIN. Económico, asequible, módico, rebajado, saldado, fácil.
ANT. *Caro.*

barba

SIN. Pelo, perilla, patilla, pera, chiva (*Amér.*), sotabarba, barbilla, mosca.

barbacoa

Amér.
SIN. Camastro, camucha, piltra, petate, jergón, yacija.

barbaridad

SIN. Necedad, desatino, desbarro, disparate, atrocidad, enormidad, ciempiés, bestialidad, temeridad, brutalidad, ferocidad, inhumanidad, crueldad, salvajada, dislate, burrada, abundancia, exceso, descomedimiento, badomía.
ANT. *Juicio, humanidad, escasez.*

barbarie

SIN. Ferocidad, fiereza, crueldad, bestialidad, salvajismo, rusticidad, incultura, zafiedad, ignorancia, tosquedad.
ANT. *Humanidad, cultura, civilización.*

barbarizar

SIN. Desbarrar, desatinar, disparatar.
ANT. *Atinar.*

bárbaro

SIN. Fiero, cruel, inhumano, salvaje, feroz, bruto, atroz, valiente, esforzado, temerario, arrojado, tosco, pedestre, cerrero, alarbe, cortezudo, grosero, barbarote, inculto.
ANT. *Bondadoso, humano, cobarde, civilizado.*

barbecho

SIN. Erial, lleco, escalio, añojal, rastrojo, escajo, desierto, páramo, estepa.

barbijo

Amér.
SIN. Barboquejo, barbuquejo, galón, carrillera.

barbero

SIN. Peluquero, rapador, rapista, rapabarbas, alfajeme, fígaro, desuellacaras.

barbilindo

SIN. Afeminado, adamado, petimetre, amariconado, pisaverde, guapo, barbilucio.

barbotar

SIN. Barbotear, mascullar, farfullar, balbucir, barbullar, barbullir, musitar, mistar, murmujear.

barbudo

SIN. Barboso, barbón, barbado, barbiluengo, barbicerrado, barbiespeso.
ANT. *Imberbe.*

barca

SIN. Embarcación, bote, lancha, batel, chalana, bongo, chalupa, canoa, yola, barcaza, lanchón, lasca, barga, yate.

barcaza

SIN. Barcazo, lanchón, barcón, gabarra, gabarrón.

barco

SIN. Buque, nao, nave, bajel, navío, naveo, vapor.

barchilón

Amér.
SIN. Enfermero, auxiliar, practicante, cuidador, camilo.

barda

SIN. Armadura, bardal, espino, cercado, vallado, seto, tapia, cerca, sebe, bardiza.

barniz

SIN. Berniz, baño, capa, laca, esmalte, pintura, tintura, tinte, charol, lustre, betún, vidriado.

barquinazo

SIN. Batacazo, tumbo, vuelco, costalazo, costalada, tabalada, porrazo, golpe, caída, vaivén, ruina, quiebra, fracaso.

barra

SIN. Barrote, tranca, palanca, barrón, barreta, varilla, riel, lingote, tirante, alzaprima, arrecife, banco, bajo, eje.

barrabasada

SIN. Barbaridad, barraganada, despropósito, atropellamiento, desatino, atropello, disparate, travesura, diablura, trastada.

barraca

SIN. Choza, chabola, bohío, barracón, caseta, chamizo, tugurio.

barraca

Amér.
SIN. Almacén, pósito, tienda, depósito, nave, aljibe, oficina.

barragana

SIN. Manceba, concubina, coima, querida, amante, fulana.

barranco

SIN. Barranca, quebrada, barranquera, torrentera, precipicio, despeñadero, cañón, carcavón, garganta, cauce, dificultad, embarazo.
ANT. *Planicie, facilidad.*

barrar

SIN. Cercar, fortificar, afianzar, barretear, tachar, barrear.

barrenar

SIN. Agujerear, horadar, taladrar, perforar, fresar, punzar, impedir, obstaculizar, frustrar, infringir, transgredir, conculcar, violar.
ANT. *Tapar, facilitar, acatar.*

barreño

SIN. Artesa, terrizo, vasija, jofaina, tinaja, cuenco.

barrer

SIN. Limpiar, cepillar, escobillar, barriquear, arrastrar, desembarazar, arrollar, dispersar, expulsar, purgar.
ANT. *Ensuciar, permitir.*

barrera

SIN. Valla, vallado, barricada, reja, verja, cerca, muro, barda, algorza, empalizada, estacada, parapeto, antepecho, obstáculo, impedimento, traba, freno.
ANT. *Desamparo, facilidad.*

barrial

Amér.
SIN. Barrizal, lodazal, fangal, cenagal, poza, ciénaga, albañal.
ANT. *Secano, sequeral.*

barriga

SIN. Tripa, mondongo, panza, vientre, abdomen, bandullo, andorga, barrigón, panchón, guata (*Amér.*), prominencia, abultamiento.
ANT. *Concavidad.*

barril

SIN. Barrica, tonel, cuba, pipa, tonelete, pipote, anclote, carral, bocoy, bota, tina.

barrio

SIN. Distrito, suburbio, arrabal, cuartel, manzana, intramuros, ciudadela, judería, almedina, zafería.

barrizal
SIN. Cenagal, ciénaga, tremedal, tembladal, guaico (*Amér.*), lodazal, fangal, fangar, atascadero, barrial (*Amér.*), pantano, marisma.
ANT. *Sequeral.*

barro
SIN. Lodo, fango, cieno, légamo, gacha, reboño, enruna, pecina, limo, cazcarria, terracota, ladrillo, teja, búcaro, cerámica, insignificancia, fruslería.
ANT. *Grandeza.*

barroco
SIN. Churrigueresco, plateresco, rococó, pomposo, recargado, charro, abigarrado.
ANT. *Sencillo, sobrio.*

barruntar
SIN. Conjeturar, presentir, prever, sospechar, inducir, suponer, inferir, olfatear, imaginar, adivinar, oler, husmear, vislumbrar.
ANT. *Ignorar.*

barrunto
SIN. Indicio, vislumbre, señal, anuncio, noticia, barrunte, conjetura, presunción, sospecha, presentimiento, suposición, inducción, atisbo.
ANT. *Ignorancia.*

bartolina
Amér.
SIN. Calabozo, celda, galera, mazmorra, chirona, trena.
ANT. *Libertad.*

bártulos
SIN. Ajuar, enseres, equipaje, objetos, efectos, chismes, trebejos, utensilios, tarecos, avíos, trastos, cachivaches, chirimbolo.

barullo
SIN. Ruido, confusión, alboroto, tumulto, desorden, jaleo, escándalo, desbarajuste, jarana, algarada, mezcla, revoltijo, revoltillo, barahúnda, boruca, frangollo.
ANT. *Orden, tranquilidad.*

basar
SIN. Asentar, apoyar, fundamentar, cimentar, sustentar, soportar, mantener, justificar, comprobar.
ANT. *Frustrar.*

basca
SIN. Náusea, arcada, vómitos, ansia, desazón.

base
SIN. Asiento, basamento, fundamento, cimiento, apoyo, pie, soporte, pilar, plataforma, podio, peana, pedestal, sostén, zócalo, basa, principio, nacimiento, razón, esencia.
ANT. *Fin, inseguridad.*

basquetbol
Amér.
SIN. Baloncesto, deporte.

bastante
SIN. Asaz, suficiente, conveniente, sobrado, harto, satisfecho, proporcionado, congruo, saturado.
ANT. *Poco, insuficiente.*

bastar
SIN. Alcanzar, llegar, abastar, abundar.
ANT. *Faltar, escasear.*

bastardo
SIN. Espurio, ilegítimo, natural, adulterino, falso, viciado, degenerado.
ANT. *Legítimo, noble.*

basto
SIN. Grosero, rústico, tosco, burdo, ordinario, zafio, chabacano, vulgar, descortés, soez.
ANT. *Delicado, fino.*

bastón
SIN. Palo, garrote, cayado, vara, clava, cachava, bordón, muletilla, báculo, croza, bengala, apoyo, lituo, mando.

basura
SIN. Inmundicia, suciedad, porquería, impureza, mugre, broza, desperdicios, desechos, despojos, restos, sobras, residuos, barreduras, escombros.
ANT. *Higiene, pulcritud.*

basural
Amér.
SIN. Basurero, estercolero, cloaca, vertedero, pocilga, sumidero.

batacazo
SIN. Caída, barquinazo, porrazo, trastazo, costalada, costalazo, tabalada, golpe, suelazo (*Amér.*), fracaso, ruina, quiebra.
ANT. *Éxito.*

batahola
SIN. Alboroto, bulla, escándalo, bullicio, tumulto, guirigay, ruido, barahúnda, galimatías, jaleo.

ANT. *Tranquilidad, calma, silencio.*

batalla
SIN. Combate, pelea, lid, lucha, contienda, acción, escaramuza, justa, encuentro, torneo, lidia, naumaquia, choque, enfrentamiento, zafarrancho, ofensiva, cruzada, invasión, conflicto.
ANT. *Paz, tranquilidad.*

batallador
SIN. Guerrero, campeador, belicoso, pendenciero, esgrimidor, guerreador, guerrillero, escaramuzador, combativo, beligerante, combatidor.
ANT. *Pacífico, sosegado.*

batallar
SIN. Pelear, guerrear, disputar, luchar, lidiar, contender, pugnar, reñir, porfiar, altercar, vacilar, fluctuar, guerrillear, escaramucear, escaramuzar, campear, querellar, invadir, atacar, movilizar, esforzarse, trabajar.
ANT. *Pacificar, abandonarse.*

batea
SIN. Bandeja, azafate, salvilla, salva, artesa, cuenco, vagón, barquichuelo, camión.

batea
Amér.
SIN. Artesa, amasadera, artesón, balde, gamella.

batel
SIN. Lancha, bote, barca, barquichuelo, barquito, chalana, piragua.

batería
SIN. Conjunto, fila, hilera, serie, acumulador, utensilios, brecha.

batida
SIN. Reconocimiento, búsqueda, ojeo, cazata, seguimiento, persecución, redada, rastreo, acometida.
ANT. *Huida.*

batido
SIN. Trillado, conocido, frecuentado, transitado, vencido, derrotado, deshecho, refresco.
ANT. *Desconocido, victorioso.*

batir
SIN. Golpear, percutir, curtir, derrotar, vencer, arrollar, deshacer, aplastar, explorar, reconocer, inspeccionar, batallar.

bato
SIN. Tonto, cerril, cerrero, rústico, zafio, cateto, patán, torpe.
ANT. *Despabilado, fino.*

batuquear
Amér.
SIN. Agitar, mover, menear, zamarrear, vibrar, oscilar.
ANT. *Aquietar, sosegar.*

baturrillo
SIN. Mezcla, desorden, amasijo, revoltillo, confusión, galimatías, batiburrillo, batiborrillo, revoltijo, batahola, mezcolanza, popurrí.

baúl
SIN. Cofre, arca, valija, valijón, arcón, maletón, equipaje, bulto, vientre.

bausán
Amér.
SIN. Holgazán, perezoso, ocioso, vago, haragán, gandul, remolón, maula, apático, zángano.
ANT. *Diligente, trabajador, industrioso.*

bautizar
SIN. Cristianar, batear, renacer, llamar, denominar, motejar, aguar, adulterar.
ANT. *Descristianizar, renegar, purificar.*

bayeta
SIN. Trapo, gamuza, paño, aljofifa, boquín.

bayoneta
SIN. Cuchillo, machete, arma blanca, peinilla.

bayunco
Amér.
SIN. Grosero, rudo, tosco, burdo, craso, zoquete, morral.
ANT. *Cortés, educado, atento, elegante.*

bazar
SIN. Comercio, tienda, mercado, tendejón, lonja, feria.

bazofia
SIN. Heces, desechos, sobras, desperdicios, rancho, potaje, guisote, bodrio.

bazucar
SIN. Bazuquear, menear, traquear, batucar, revolver, sacudir, batojar, batuquear, traquetear, agitar.
ANT. *Aquietar, parar.*

beatitud
SIN. Santidad, bienaventuranza, bienestar, felicidad, placidez, satisfacción, contento, gozo.
ANT. *Pecado, infelicidad, pena.*

beato
SIN. Bienaventurado, contento, feliz, virtuoso, religioso, devoto, mojigato, beatuco, santurrón, gazmoño, beatón.
ANT. *Impío, perverso.*

bebé
SIN. Nene, crío, niño, rorro, chiquitín, guagua (*Amér.*).
ANT. *Anciano.*

bebe
Amér.
SIN. Bebé, nene, crío, niño, criatura, infante, rorro, mamón.
ANT. *Anciano, viejo, mayor.*

bebedero
SIN. Abrevadero, pilón, pila, pilar, pilarejo, pileta, bar, taberna, café, cantina, cervecería.

bebedizo
SIN. Pócima, cocimiento, brebaje, zumaque, tósigo, filtro, narcótico, potable, bebible.
ANT. *Impotable.*

beber
SIN. Libar, tragar, absorber, sorber, ingerir, tomar, beborrotear, escanciar, pimplar, morronguear (*Amér.*), potar, trincar, refrescar, brindar.

bebida
SIN. Brebaje, refresco, líquido, libación, consumición, caldo, zumo.

bebido
SIN. Beodo, borracho, embriagado, piorno, peneque, mamado, ajumado, achispado, ebrio, chispo, alegre, calamocano.
ANT. *Sereno.*

bedel
SIN. Ordenanza, vigilante, celador, portero, conserje.

befa
SIN. Burla, escarnio, mofa, irrisión, baldón, desprecio, insulto, ludibrio, grosería, chungueo, chufla.
ANT. *Alabanza.*

behetría
SIN. Señorío, demarcación, confusión, desorden, barullo, mezcolanza, galimatías, revoltillo, batiburrillo.
ANT. *Orden.*

bejuquear
Amér.
SIN. Apalear, varear, golpear, azotar, zumbar, zurriagar.
ANT. *Mimar, acariciar.*

beldad
SIN. Belleza, hermosura, guapura, guapera, lindeza, lindura.
ANT. *Fealdad.*

belén
SIN. Pesebre, nacimiento, confusión, desorden, alboroto, bulla, enredo, embrollo, lío, batahola, batiburrillo, galimatías.
ANT. *Tranquilidad.*

belicoso
SIN. Guerrero, batallador, marcial, combatiente, guerreador, beligerante, combatidor, provocador, pendenciero.
ANT. *Pacífico.*

belitre
SIN. Pillo, granuja, pícaro, travieso, bellaco, astuto, taimado, ruin, bergante, villano, tunante, ludio, tuno.

bellaco
SIN. Ruin, malo, bajo, despreciable, perverso, rufián, villano, pillo, belitre, tuno, taimado, tunante, bergante, pícaro, chambre, miserable, bribón, astuto, agudo, sagaz, hábil.
ANT. *Honrado, cándido.*

belleza
SIN. Beldad, hermosura, lindeza, lindura, venustez, perfección, guapura, armonía, preciosidad.
ANT. *Fealdad, desarmonía.*

bello
SIN. Bonito, hermoso, lindo, precioso, guapo, bellido, armonioso, estético, fino, grato, exquisito, delicioso, delicado, agradable, sublime, majo, galán.
ANT. *Feo, antiestético, desagradable.*

bendecir
SIN. Alabar, ensalzar, engrandecer, honorar, loar, perdonar, exorcizar, consagrar.
ANT. *Maldecir, condenar.*

bendición
SIN. Favor, prosperidad, abundancia, gracia, fortuna, consagración, benedícite, aprobación.
ANT. *Maldición, infortunio.*

bendito
SIN. Santo, bienaventurado, sagrado, santificado, feliz, dichoso, venturoso, satisfecho, sencillo, simplón, ingenuo, buenazo.
ANT. *Maldito, infeliz, listo.*

beneficiar
SIN. Favorecer, amparar, socorrer, dispensar, otorgar, ayudar, conceder, aprovechar, servirse, utilizar, mejorar, cultivar.
ANT. *Perjudicar, desaprovechar.*

beneficio
SIN. Favor, gracia, servicio, merced, utilidad, provecho, ganancia, fruto, rendimiento, ventaja, superávit, explotación.
ANT. *Perjuicio, déficit.*

beneficio
Amér.
SIN. Hacienda, heredad, propiedad, predio, posesión, estancia.

beneficioso
SIN. Útil, provechoso, lucrativo, fructuoso, favorable, benéfico, productivo, ganancioso, saludable, sano.
ANT. *Perjudicial, insano.*

beneplácito
SIN. Consentimiento, aprobación, asentimiento, permiso, venia, autorización, permisión, aceptación, conformidad.
ANT. *Disconformidad, negativa.*

benévolo
SIN. Afectuoso, clemente, benigno, indulgente, complaciente, bondadoso, generoso, magnánimo, liberal, afable, piadoso, templado, suave, apacible, propicio, pío, servicial, amable.
ANT. *Malévolo, inhumano.*

beocio
SIN. Estúpido, tonto, necio, cebollino, cernícalo.
ANT. *Inteligente.*

beodo
SIN. Embriagado, borracho, ebrio, bebido, chispo, ajumado, achispado, calamocano, caneco, acocullado, piorno.
ANT. *Sereno.*

berenjenal
SIN. Enredo, lío, apuro, maraña, barullo, galimatías, confusión, revoltillo, batiburrillo, jaleo, desconcierto.
ANT. *Orden.*

bergante
SIN. Bribón, chambre, tuno, granuja, pícaro, bellaco, sinvergüenza, tunante, belitre.
ANT. *Honrado.*

berrear
SIN. Gritar, rabiar, chillar, revelar, descubrir, declarar, confesar.
ANT. *Callar, ocultar.*

berrinche
SIN. Berrenchín, mosqueo, rabieta, coraje, entripado, rebufe, sofión, perra, petera, enojo, disgusto, enfado, sofocación, furor, cólera.
ANT. *Calma, serenidad.*

berrinchudo
Amér.
SIN. Enojadizo, irritable, irascible, colérico, airado, enfadadizo, susceptible, puntilloso.
ANT. *Sosegado, tranquilo.*

beso
SIN. Osculo, buz, hociqueo, besuqueo, contacto, caricia.

bestia
SIN. Caballería, animal, bruto, bárbaro, irracional, idiota, ignorante, simple, tonto, tolete, modrego, sandio, incivil, inculto, rústico, zafio, zopenco, rudo, bestón, bestezuela, bestionazo, bestiaje, bestial.
ANT. *Inteligente, fino.*

bestial
SIN. Brutal, feroz, bárbaro, irracional, rudo, cruel, perverso.
ANT. *Humano, racional.*

bestialidad
SIN. Brutalidad, irracionalidad, ferocidad, barbaridad, animalada, burrada, crueldad, perversión.
ANT. *Racionalidad.*

besucón
SIN. Besucador, besuqueador, cariñoso, mimoso.
ANT. *Hostil.*

betún
SIN. Alquitrán, asfalto, brea, gabarro, mastic, mástique, crema, cera.

biblia
SIN. Sagrada Escritura, Libros Sagrados, Sagrados Textos, Letras Divinas, Vulgata.

bicicleta
SIN. Bici, biciclo, triciclo, velocípedo, motociclo, tándem.

bicoca
SIN. Ganga, oportunidad, momio, chollo, bolada (*Amér.*), bagatela, pequeñez, nadería, fruslería, insignificancia.
ANT. *Dificultad, importancia.*

bicho
SIN. Animal, bestezuela, bicha, alimaña, sabandija, raro, malo, perverso.
ANT. *Bueno.*

bichoco
Amér.
SIN. Viejo, anciano, mayor, abuelo, matusalén, vejete, senil.
ANT. *Joven, lozano, fresco.*

bien
SIN. Utilidad, provecho, beneficio, favor, merced, muy, mucho, bastante, felizmente, seguramente, perfectamente, acertadamente, justamente, convenientemente, conforme, sí, aceptable.
ANT. *Mal, perjuicio, poco.*

bienandante
SIN. Dichoso, afortunado, feliz, boyante, bienhadado, satisfecho, contento, alegre, optimista.
ANT. *Desgraciado, desdichado.*

bienandanza
SIN. Felicidad, suerte, dicha, fortuna, optimismo, satisfacción, contento, potra.
ANT. *Infortunio, pesimismo, malandanza.*

bienaventurado
SIN. Beato, venerable, santo, feliz, dichoso, sencillo, afortunado, cándido, bonachón, sencillote, inocentón, incauto, ingenuo, tímido, bondadoso.
ANT. *Réprobo, infeliz, malicioso.*

bienaventuranza
SIN. Salvación, santidad, inmortalidad, prosperidad, venturanza, dicha, fortuna, felicidad, bienandanza, auge, bonanza.
ANT. *Condenación, desgracia.*

bienes
SIN. Fortuna, riqueza, hacienda, caudal, acervo, capital, haber, tesoro, recursos, patrimonio, peculio, pertenencias.
ANT. *Pobreza, penuria.*

bienestar
SIN. Comodidad, regalo, satisfacción, conveniencia, bienandanza, ventura, dicha, fortuna, suerte, riqueza, venturanza, prosperidad, confort, tranquilidad.
ANT. *Malestar, infortunio, penuria.*

bienhechor
SIN. Benefactor, filántropo, protector, amparador, favorecedor, altruista, auxiliador, mecenas.
ANT. *Malhechor.*

bienmandado
SIN. Sumiso, dócil, obediente, manejable, obedecible, obsecuente.
ANT. *Insubordinado.*

bienoliente
SIN. Fragante, aromático, aromoso, perfumado.
ANT. *Maloliente, fétido.*

bienquisto
SIN. Apreciado, querido, estimado, considerado, respetado, dilecto, caro.
ANT. *Malquisto, despreciado.*

bienvenida
SIN. Saludo, parabién, salva, acogimiento, bienllegada.

bife
Amér.
SIN. Bisté, bistec, filete, tajada, chuleta, steak, loncha.

bifurcación
SIN. Desvío, división, derivación, cruce, ramal, dicotomía, bivio, cuadrivio.
ANT. *Continuidad.*

bifurcarse
SIN. Dividirse, ramificarse, desviarse, separarse, ahorquillarse, cruzarse.
ANT. *Unirse.*

bigardía
SIN. Burla, fingimiento, disimulo, burlería, camama, hipocresía.
ANT. *Veracidad.*

bigardo
SIN. Licencioso, vago, holgazán, desenvuelto, vicioso, holgón, tumbón, roncero, truhán.
ANT. *Laborioso, formal.*

bigote
SIN. Mostacho, labio, bigotera, bozo.

bilis
SIN. Hiel, amargura, aspereza, desabrimiento, acritud, irascibilidad, tristeza, enojo, irritación, pesimismo.
ANT. *Dulzura, optimismo.*

bilma
Amér.
SIN. Bizma, emplasto, cataplasma, parche, pegote, emoliente.

billete
SIN. Tarjeta, carta, nota, cédula, localidad, ticket, boleto, bono, pago, dinero.

bincha
Amér.
SIN. Cinta, ribete, banda, balduque, serpentina, cordón, barboquejo.

biografía
SIN. Vida, historia, semblanza, hazañas, hechos, sucesos, acontecimientos, currículum, carrera.

biombo
SIN. Mampara, bastidor, pantalla, antipara, iconostacio, cancel, persiana, visera, volante.

birlar
SIN. Quitar, desposeer, robar, hurtar, afanar, apandar, derribar, matar.
ANT. *Devolver, restituir.*

birria
SIN. Adefesio, mamarracho, facha, zarrapastroso, espantajo.
ANT. *Elegante.*

bisbisar
SIN. Bisbisear, murmurar, susurrar, mascullar, refunfuñar, barbotar, farfullar, balbucir, musitar, marmotear, mistar.
ANT. *Chillar, gritar.*

bisexual
SIN. Andrógino, hermafrodita, indefinido.

bisojo
SIN. Bizco, estrábico, ojituerto, estrabón.

bisoño
SIN. Novato, nuevo, novicio, inexperto, aprendiz, novel, principiante, pipiolo, soldado.
ANT. *Veterano, experimentado, ducho.*

bizantino
SIN. Intrascendente, leve, insignificante, nimio, menudo, sutil, profuso, recargado.
ANT. *Importante, sobrio.*

bizarría
SIN. Gallardía, garbo, valor, esfuerzo, arriscamiento, valentía, animosidad, intrepidez, denuedo, bravura, generosidad, esplendidez, esplendor.
ANT. *Temor, cobardía, mezquindad.*

bizarro
SIN. Bravo, valiente, denodado, valeroso, esforzado, intrépido, galán, gallardo, arrogante, apuesto, animoso, arriscado, osado, generoso.
ANT. *Cobarde, roñoso.*

bizco
SIN. Estrábico, bisojo, bizcuerno, trasojado, ojituerto, estrabón, guercho, atravesado.

bizcocho
SIN. Tarta, galleta, bollo, melindre, pasta, balín, porcelana, loza, yeso.

blanco
SIN. Albo, albeado, níveo, albar, cano, nevado, argentino, nacarado, albino, álfico, limpio, diana, hito, fin, objetivo, hueco, intermedio.
ANT. *Negro, sombrío, sucio.*

blandicia
SIN. Adulación, lisonja, coba, halago, blandura, molicie, delicadeza.
ANT. *Crítica, dureza.*

blando
SIN. Suave, tierno, muelle, flojo, blanducho, blandujo, blanduzco, blandengue, fofo, tierno, fuelle, dúctil, fláccido, dulce, agradable, benigno, apacible, afeminado, cobarde, amadamado, repipi, boquimuelle, boquiblando.
ANT. *Duro, varonil.*

blandón
SIN. Hacha, hachón, candelero, vela, velón.

blandura
SIN. Dulzura, afabilidad, benignidad, suavidad, templanza, regalo, deleite, delicadeza, debilidad, lenidad, mansedumbre, molicie, flojedad, indolencia, lentitud, requiebro, blandicia.
ANT. *Severidad, aspereza, diligencia.*

blanquear
SIN. Blanquecer, emblanquecer, albear, armiñar, enyesar, enjalbegar, encalar, limpiar, lavar, enjabonar, relucir, destacar.
ANT. *Ennegrecer, ensuciar.*

blanqueo
SIN. Albeo, blanqueadura, blanqueación, blanquición, emblanquecimiento, enjalbegadura.
ANT. *Ennegrecimiento.*

blasfemar
SIN. Maldecir, renegar, pestar, jurar, vituperar.
ANT. *Ensalzar, alabar.*

blasfemia
SIN. Reniego, taco, juramento, palabrota, maldición, irreverencia, vituperio, ofensa, agravio, terno, grosería.
ANT. *Alabanza, desagravio.*

blasfemo
SIN. Renegador, blasfemante, maldiciente, malhablado, irreverente, imprecador.

blasón
SIN. Heráldica, escudo, timbre, divisa, insignia, leyenda.

blasonar
SIN. Timbrar, orlar, acolar, marcar, presumir, vanagloriar, jactar, baladronar, pavonear, baladronear, fanfarronear, chulear.
ANT. *Rebajarse, humillarse.*

blocao
SIN. Caseta, barracón, fuerte, fortificación, reducto, fortín, búnker.

bloquear
SIN. Asediar, sitiar, incomunicar, rodear, circunvalar, aislar, obstruir, paralizar.
ANT. *Movilizar, facilitar.*

boato
SIN. Lujo, ostentación, fausto, pompa, fastuosidad, postín, derroche, suntuosidad.
ANT. *Sencillez, sobriedad.*

bobada
SIN. Bobería, necedad, tontería, tontada, tontuna, majadería, simpleza, bobera, memez, memada, simplería, sandez, gansada, sosería, disparate, ñoñez.
ANT. *Ingenio, agudeza.*

bobo
SIN. Imbécil, palurdo, zopenco, tonto, atontado, alelado, papanatas, baboso (*Amér.*), ingenuo, majadero, lelo, bodoque, babieca, memo, bolo, candelejón (*Amér.*), bolino, tontaina, cándido, necio, zote, pazguato, pasmado, simple, pasmón, pasmarote, estafermo, bobalicón, bobalias, bausán, bobatel, bambarria, bobazo, bobarrón, bobote, gaznápiro.

boca
SIN. Jeta, hocico, pico, tragadero, bocaza, bocacha, abertura, embocadura, entrada, salida, agujero.

bocado
SIN. Mordisco, pedazo, taco, trozo, cacho, freno, embocadura, estaquilla.

bocatoma
Amér.
SIN. Boquera, bocacaz, llaga, bocera.

boceto
SIN. Bosquejo, esquema, esbozo, croquis, apunte, borrón, mancha, nota, proyecto.

bocón
SIN. Hocicudo, morrazos, jetudo, bocudo, boquiancho, fanfarrón, farfantón, hablador, parlanchín, chulo.
ANT. *Sencillo, discreto.*

bochinche
SIN. Tumulto, alboroto, perturbación, barullo, asonada, jaleo.
ANT. *Tranquilidad.*

bochorno
SIN. Calor, vulturno, canícula, sofoco, sofocamiento, sofocación, sonrojo, vergüenza, rubor, desazón.
ANT. *Fresco, languidez, desvergüenza.*

boda
SIN. Matrimonio, casamiento, desposorio, unión, enlace, himeneo, nupcias, vínculo, casorio, bodorrio, bodijo.

ANT. *Soltería, celibato.*

bodega
SIN. Despensa, granero, silo, troj, taberna, bodegón.

bodegón
SIN. Bodega, figón, taberna, garito, cuadro.

bodoque
SIN. Chichón, abultamiento, hinchazón, bola, burujo, simple, bobo, estúpido, torpe, bolonio, ignorante, inepto, tonto, alcornoque.
ANT. *Listo, sagaz.*

bodrio
SIN. Mejunje, guisote, bazofia, comistrajo, brodio, brodete.

bofetada
SIN. Guantada, guantazo, bofetón, cachete, sopapo, golpe, soplamocos, revés, tortazo, torta, mamporro, lapa, galleta, mojicón.
ANT. *Mimo, caricia.*

boga
SIN. Fama, reputación, aceptación, moda, popularidad, auge, bogadura, remadura.
ANT. *Desuso.*

bohemio
SIN. Zíngaro, gitano, húngaro, vagabundo, despreocupado, desordenado.
ANT. *Formal.*

bohío
Amér.
SIN. Cabaña, barraca, choza, chamizo, chabola, borda.

bojote
Amér.
SIN. Fardo, bulto, paquete, fardo, envoltorio, lío, paca, baúl.

bol
SIN. Ponchera, tazón, redada, jábega, bolo, arcilla.

bola
SIN. Esfera, globo, cuenta, canica, pelota, bolo, balón, embuste, mentira, engaño, farsa.
ANT. *Verdad.*

bolada
Amér.
SIN. Ganga, chollo, suerte, bicoca, momio, mina, oportunidad.
ANT. *Carga, engorro.*

boleta
SIN. Cédula, papeleta, boleto, boletín, billete, entrada, libranza, libramiento, talón.

boletería
Amér.
SIN. Taquilla, garita, cabina, ventanilla.

boleto
Amér.
SIN. Billete, localidad, entrada, pase, butaca, ticket, pasaje.

boliche
SIN. Boche, horno, red, malla.

boliche
Amér.
SIN. Colmado, tienda, negocio, taberna, tasca, establecimiento.

bolina
SIN. Ruido, alboroto, bulla, escándalo, pendencia, estruendo, cordel, sonda.
ANT. *Silencio.*

bolonio
SIN. Ignorante, necio, tonto, majadero, tontaina, lelo, bodoque, memo, bobo, babieca, babián, bolo, alelado, boje.

bolsa
SIN. Saco, escarcela, gato, funda, zurrón, faltriquera, alforja, landre, bizaza, morral, macuto, cartapacio, bolso, monedero, cartera, lonja, bolsín, capital, dinero.

bomba
SIN. Aguatocha, bombillo, pulsómetro, pompa, jeringa, proyectil, granada.

bomba
Amér.
SIN. Borrachera, embriaguez, beodez, alcoholismo, melopea, merluza, cogorza.
ANT. *Templanza, moderación.*

bombeo
SIN. Comba, convexidad, pandeo.

bombillo
Amér.
SIN. Bombilla, lámpara, bujía, faro, quinqué, reflector.

bombo
SIN. Tambor, timbal, tamboril, lisonja, elogio, coba, adulación.
ANT. *Comedimiento.*

bombona
SIN. Botella, garrafa, redoma, cubeta.

bonachón
SIN. Buenazo, amable, dócil, bondadoso, crédulo, pacífico, sencillo, apacible, Juan Lanas, calzones, calzonazos, bragazas, cándido, confiado, bonazo.
ANT. *Malicioso, pícaro, tunante.*

bondad
SIN. Benevolencia, dulzura, benignidad, amabilidad, tolerancia, misericordia, piedad, generosidad, caridad, magnanimidad, altruismo, filantropía, abnegación, cordialidad, clemencia, indulgencia, ternura, virtud, mansedumbre.
ANT. *Perversidad, maldad.*

bondadoso
SIN. Indulgente, humano, sensible, benigno, benévolo, clemente, dulce, misericordioso, afable, caritativo, bueno, generoso, filántropo, magnánimo, altruista.
ANT. *Malvado.*

bonete
SIN. Gorro, birrete, capelo, sombrero, moña, montera.

boniato
SIN. Buniato, moniato, batata, ñame.

bonificación
SIN. Abonamiento, beneficio, abono, mejora, rebaja, ventaja.
ANT. *Recargo.*

bonito
SIN. Agraciado, delicado, lindo, bello, gracioso, fino, mono, gentil, precioso, proporcionado, hermoso, primoroso, bueno, bonítalo, albacora.
ANT. *Feo, feúcho.*

boquear
SIN. Morir, expirar, fenecer, fallecer, acabarse, extinguirse, expresar, hablar.
ANT. *Nacer, callar.*

boquerón
SIN. Anchoa, haleche, aladroque.

boquete
SIN. Agujero, brecha, orificio, abertura, embocadura, entrada, angostura.
ANT. *Oclusión, cierre.*

borbollar
SIN. Borbollear, borbollonear, borbotar, brollar, hervir, herventar.

borbotón
SIN. Borbollón, borborito, burbuja, hervor.

bordado
SIN. Encaje, bordadura, calado, labor, pasadillo, recamo, recamado, cenefa, pasillo, lomillo, entredós.

borde
SIN. Orilla, extremo, margen, canto, costado, borcellar, labio, carel, linde, orladura, vera, arcén, filo, límite, canto.

bordear
SIN. Serpentear, cantear, orillar, zigzaguear, circunvalar, rodear, virar, revirar, cambiar.

borla
SIN. Tachón, madroño, gusanillo, borlón, fleco, rapacejo, cadejo, ramo.

bornear
SIN. Torcer, combar, ladear, curvar, revolver, girar, labrar.

borrachera
SIN. Embriaguez, jumera, turca, mona, curda, pítima, papalina, tajada, merluza, tablón, tormenta, borrachez, ebriedad, cogorza, bomba (*Amér.*), manta, melopea, filoxera, trúpita, borrachada, llorona, chalina, sacramenta, jáquima (*Amér.*), borrasca, moña, mordaguera, beodez, ditirambo, zorra, zamacuco, tranca, trompa.

borracho
SIN. Curda, beodo, bebido, ajumado, embriagado, achispado, alumbrado, alegre, chispo, ebrio, trompa, alcohólico, calamocano, caneco, mosquito, mamado, odre, pellejo.
ANT. *Abstemio, despejado, sobrio.*

borrar
SIN. Tachar, desvanecer, raspar, quitar, deshacer, desfigurar, esfumar, obliterar (*Amér.*), evaporar, desaparecer, olvidar, eclipsar, testar, suprimir.
ANT. *Incorporar.*

borrasca
SIN. Tormenta, tempestad, temporal, tromba, inclemencia, huracán,

tronada, colla, riesgo, peligro, contratiempo, orgía.
ANT. *Calma, bonanza.*

borrascoso
SIN. Tempestuoso, tormentoso, proceloso, ruidoso, turbulento, agitado, iracundo, airado, desordenado, libertino, desenfrenado, licencioso, depravado.
ANT. *Apacible, comedido, moderado.*

borrico
SIN. Burro, asno, pollino, rucio, necio, torpe, ignorante, tonto, zopenco, obstinado.
ANT. *Listo, flexible.*

borroso
SIN. Confuso, desdibujado, nebuloso, deleble, difuso, impreciso.
ANT. *Diáfano, visible, definido.*

boruca
SIN. Algazara, bulla, bullicio, cisco.

boscoso
SIN. Selvático, selvoso, nemoroso, carrascoso, espeso, frondoso.
ANT. *Claro.*

bosque
SIN. Selva, boscaje, floresta, frondosidad, espesura, monte, fronda, parque.

bosquejo
SIN. Boceto, esbozo, croquis, esquema, apunte, borrón, nota, anteproyecto.

bostezar
SIN. Badallar, desperezarse, bocezar, boquear, aburrirse.

bota
SIN. Zapato, botina, borceguí, jervilla, chanclo, odre, pellejo, cuba, tonel.

botada
Amér.
SIN. Despedida, despido, separación, portazo.
ANT. *Recibimiento, acogida.*

botar
SIN. Arrojar, lanzar, tirar, deslizar, brincar, saltar, rebotar.

botar
Amér.
SIN. Arrojar, echar, tirar, defenestrar, expulsar, despedir.

ANT. *Recoger, acoger.*

botarate
SIN. Aturdido, alborotado, irreflexivo, atolondrado, precipitado, ligero, alocado, informal, calavera, mequetrefe.
ANT. *Reflexivo, sensato, juicioso.*

bote
SIN. Brinco, salto, rebote, impulso, vasija, envase, tarro, lancha, barca, batel, botequín, canoa, cárabo, chalupa, piragua, barquía, balandra, chalana, góndola, gabarra.

botella
SIN. Ampolla, ampolleta, botellón, frasco, botellín, casco, garrafa, garrafón, damajuana, bombona.

botijo
SIN. Cántaro, botijuela, botija, alcarraza, boteja, porrón, pirulo, vasija, cantarillo, piporro, barril, barrila.

botín
SIN. Presa, trofeo, triunfo, despojos, pillaje, bota, botina.

botón
SIN. Broche, hormilla, gemelo, botonadura, insignia, condecoración, yema, gema, capullo, brote, renuevo.

bóveda
SIN. Embovedado, ábsida, cúpula, domo, arco, luneta, cripta.

boyante
SIN. Afortunado, feliz, próspero, rico, triunfante.
ANT. *Desgraciado, infeliz.*

bracero
SIN. Peón, trabajador, jornalero, obrero, labrador.

braga
SIN. Calzón, calza, culero, pantalón, metedor.

bragado
SIN. Animoso, enérgico, valiente, decidido, entero, resuelto, malintencionado, falso, perverso.
ANT. *Apocado, cobarde, sincero.*

bragazas
SIN. Calzonazos, débil, flojo, Juan Lanas, infelizote, incapaz.
ANT. *Inflexible, duro.*

bramante
SIN. Guita, cordón, cordel, cuerda, cáñamo, beta, tramilla, filamente, hilo.

bramido
SIN. Mugido, aullido, grito, chillido, resoplido, estruendo, fragor.

brasilero
Amér.
SIN. Brasileño.

bravamente
SIN. Valientemente, gallardamente, heroicamente, intrépidamente, fieramente, valerosamente.
ANT. *Tímidamente.*

bravata
SIN. Baladronada, jactancia, fanfarronada, bravuconada, desplante, bravosidad, entablonada (*Amér.*), chulería, humos, guapeza, amenaza, reto, provocación.
ANT. *Discreción.*

braveza
SIN. Fiereza, valentía, bravura, ímpetu, valor, audacia, temeridad, coraje, denuedo, hombría.
ANT. *Cobardía, temor.*

bravío
SIN. Indómito, feroz, cerril, salvaje, arisco, cerrero, silvestre, áspero, rústico, inculto, fragoso, montaraz, indoméstico, indomable, abestiado, rebelde, falso, traidor, chúcaro, zahareño.
ANT. *Manso, apocado, sincero.*

bravo
SIN. Valiente, animoso, bizarro, esforzado, valeroso, impetuoso, áspero, inculto, fragoso, silvestre, escarpado, irritado, enojado, violento, enfadado, bagual (*Amér.*), chulo, matón, valentón, fanfarrón, excelente, extraordinario.
ANT. *Temeroso, apocado, pacífico.*

bravucón
SIN. Valentón, fanfarrón, matasiete, baladrón, jactancioso, jaque, bravote, matón, pincho, braveador, bravato, guapo, bravonel, perdonavidas, espadachín, guapetón, rajabroquetes, jácaro, matachín, pendenciero.
ANT. *Cobarde.*

brazalete
SIN. Pulsera, aro, argolla, brazal, embrazadura, muñequera, esclava, ajorca, zumbagón, pionia.

brazo
SIN. Miembro, bracio, articulación, extremidad, apoyo, auxilio, ayuda, denuedo, protector.

brear
SIN. Maltratar, molestar, zumbar, burlar, chasquear, alquitranar.
ANT. *Mimar, cuidar.*

brebaje
SIN. Pócima, bebida, mejunje, potingue, aguachirli, pistraje.

brecha
SIN. Rotura, abertura, boquete, orificio, grieta, raja.

brega
SIN. Riña, pendencia, reyerta, lucha, forcejeo, contienda, chasco, burla, vaya, zumba, burlería, ajetreo, trajín, afán, lidia.
ANT. *Paz, descanso.*

bregar
SIN. Luchar, batallar, lidiar, reñir, contender, forcejear, trabajar, afanarse, esforzarse.
ANT. *Pacificar, vaguear, reposar.*

brequero
Amér.
SIN. Guardafrenos.

brete
SIN. Prisión, cejo, breque, calabozo, celda, cárcel, toril, aprieto, dificultad, compromiso, apuro.

breva
SIN. Higo, albacora, cigarro, habano, puro, ocasión.

breve
SIN. Sucinto, conciso, limitado, reducido, corto, precario, perecedero, lacónico, efímero, temporal, transitorio, caduco.
ANT. *Duradero, extenso.*

brevedad
SIN. Concisión, laconismo, prontitud, limitación, ligereza, reducción, fugacidad, caducidad, momentaneidad.
ANT. *Prolijidad, lentitud.*

briba
SIN. Vagancia, holgazanería, vagabundeo, ociosidad.
ANT. *Laboriosidad.*

bribón
SIN. Rufián, pícaro, tuno, pillo, canalla, tunante, granuja, bribonazo, bribonzuelo, indino (*Amér.*), haragán, vago, bellaco.
ANT. *Honrado, laborioso.*

bribonada
SIN. Bellaquería, picardía, tunantada, pillada, canallada, granujada, granujería, trastada.

brillante
SIN. Resplandeciente, radiante, esplendoroso, rutilante, fulgurante, reluciente, esplendente, chispeante, coruscante, corusco, fugente, fúlgido, lúcido, lustroso, admirable, sobresaliente, lúcido, espléndido, brillador, titilante, ilustre.
ANT. *Deslustrado, mate.*

brillar
SIN. Fulgurar, bruñir, enlustrecer, chispear, flamear, fosforecer, relucir, lucir, resplandecer, iluminar, alumbrar, relampaguear, irradiar, deslumbrar, centellear, tornasolar, rielar, espejear, refulgir, rutilar, relumbrar, coruscar, cintilar, titilar, pulir, satinar, sobresalir, descollar, figurar, destacar.
ANT. *Ensombrecerse.*

brillo
SIN. Lustre, resplandor, centelleo, refulgencia, brillantez, fosforescencia, corusquez, chispeo, fulgor, esplendor, viso, lucero, lentejuela, lucimiento, realce, fama, gloria.
ANT. *Opacidad, incógnito.*

brinco
SIN. Salto, bote, cabriola, volatín, pirueta, gambeta, rebote.

brindar
SIN. Beber, felicitar, invitar, ofrecer, convidar, saludar, atraer, prometer.

brío
SIN. Valor, pujanza, ánimo, aliento, espíritu, fuerza, decisión, esfuerzo, empuje, arranque, resolución, garbo, gallardía, gentileza, atrevimiento, arriscamiento.
ANT. *Abatimiento, indecisión, debilidad.*

brisa
SIN. Aura, airecillo, céfiro, corriente.

brisera
Amér.
SIN. Parabrisas, guardabrisas, cortavientos, protección, brisero.

broche
SIN. Pasador, hebilla, hebillón, prendedero, alfiler, imperdible, cierre, labrada.

broma
SIN. Chanza, burla, guasa, bromazo, burlería, chiste, chasco, chacota, bulla, algazara, gresca, alboroto, diversión, donaire.
ANT. *Seriedad, gravedad.*

bronca
SIN. Reprimenda, reprensión, regañina, riña, pelotera, contienda, altercado, porfía, querella, disputa, trifulca, zipizape, pendencia, alboroto, jarana, zaragata, chamusquina, gresca, pelazga, quimera, bronquina, camorra, zapatiesta, batahola.
ANT. *Felicitación, sosiego, calma.*

bronco
SIN. Ronco, desabrida, brozno, áspero, brusco, tosco, basto, quebradizo.
ANT. *Blando, fino, dúctil.*

broquel
SIN. Escudo, égida, pavés, adarga, rodela, defensa, amparo, protección.
ANT. *Abandono.*

brotar
SIN. Surgir, surtir, nacer, salir, germinar, emerger, manar, levantarse, manifestarse, aparecer, abrotoñar.
ANT. *Apagarse.*

brote
SIN. Yema, renuevo, botón, pimpollo, cogollo, retoño, capullo, germen, vástago.
ANT. *Muerte.*

broza
SIN. Despojos, maleza, desechos, rastrojos, restos, hojarasca, bruza.

brujo
SIN. Mago, hechicero, adivino, encantador, curandero, zahorí.

brujular
SIN. Imantar, marcar, variar, descubrir, adivinar, conjeturar, inquirir, investigar, vagabundear.

brujulear
SIN. Imantar, marcar, variar, descubrir, adivinar, conjeturar, inquirir, investigar, vagabundear.

bruma

SIN. Niebla, neblina, brumazón, calina, calígine, boira, oscuridad.
ANT. *Claridad.*

brumoso

SIN. Nebuloso, brumado, neblinoso, obscuro, confuso, incomprensible.
ANT. *Diáfano, inteligible.*

bruno

SIN. Negro, obscuro, moreno.
ANT. *Claro.*

bruñir

SIN. Pulir, gratar, aluciar, lustrar, abrillantar, enlucir, acicalar.
ANT. *Empañar.*

bruñir

Amér.
SIN. Fastidiar, molestar, jorobar, chinchar, incomodar, enojar, cargar, aburrir.
ANT. *Agradar, divertir, entretener, deleitar.*

brusco

SIN. Áspero, desagradable, desabrido, destemplado, desapacible, rudo, violento, descortés, grosero, súbito, rápido.
ANT. *Agradable, lento.*

brutalidad

SIN. Barbarie, insociabilidad, incultura, bandalismo, bruteza, tosquedad, bruticie, incapacidad, torpeza, grosería, rudeza, crueldad, desenfreno, liviandad, bestialidad, irracionalidad, animalada.
ANT. *Sociabilidad, humanidad.*

bruto

SIN. Necio, incapaz, mostrenco, torpe, tosco, rústico, rudo, cateto, grosero, zafio, bestia, irracional, selvático, animal, brutal.
ANT. *Inteligente, cultivado, culto.*

bucanero

SIN. Corsario, filibustero, pirata, wikingo, normando.

bucear

SIN. Sumergirse, nadar, zambullirse, somorgujar, investigar, explorar.
ANT. *Flotar.*

bucle

SIN. Rizo, tirabuzón, sortija, sortijilla.

bueno

SIN. Benévolo, bondadoso, indulgente, caritativo, misericordioso, virtuoso, afable, servicial, comprensivo, humano, tierno, sensible, cándido, simple, bonachón, provechoso, útil, servible, utilizable, grande, sano, robusto, curado, justo, estricto, exacto, agradable, gustoso, sabroso, óptimo, favorable, basta, bastante, suficiente.
ANT. *Cruel, malicioso, malo, injusto.*

bufido

SIN. Resoplido, rugido, gruñido, aullido, rabieta, berrinche, refunfuño, sofocón.

bufo

SIN. Grotesco, bufonesco, ridículo, cómico, burlesco, risible, gracioso, bufón, chocarrero, caricato, payaso.
ANT. *Serio, formal.*

bufón

SIN. Chocarrero, gracioso, hazmerreír, burlón, chistoso, jacarero, retozón, farsante, juglar, bromista, truhán, bobo, buhonero, bufo.
ANT. *Serio, formal.*

buhardilla

SIN. Buharda, boarda, desván, bohardilla, guardilla, sotabanco, tabuco.

buhonero

SIN. Gorgotero, quincallero, ambulante, achimero (*Amér.*), baratillero, mercachifle, feriante.

bula

SIN. Encíclica, breve, buleto, rescripto, exequátur, documento, sello, favor, gracia, privilegio, despensa.

bulbo

SIN. Cebolla, cabeza, chalote, babosa, camote, abultamiento.

bulo

SIN. Mentira, engaño, bola, patraña, trola, chisme, infundio, falsedad, hablilla.
ANT. *Exactitud, verdad.*

bulto

SIN. Corpulencia, tamaño, prominencia, busto, bojote (*Amér.*), estatura, cuerpo, balumbo, sombra, volumen, tumor, hinchazón, abultamiento, flemón, fardo, paca, bala, maleta, paquete.

bulto

Amér.
SIN. Cartapacio, vaclemécum, cartera, carpeta, portafolios, libreta, saco.

bulla

SIN. Algazara, vocerío, ruido, zambra, bullicio, confusión, escándalo, algarabía, bullaje, alboroto, desorden, chillería, batahola, mitote (*Amér.*), cisco, guirigay, gritería, rochela (*Amér.*), escandalera, lío, rebullicio, tumulto, concurrencia.
ANT. *Tranquilidad, sosiego, silencio.*

bullanga

SIN. Asonada, alboroto, tumulto, desorden, motín, revuelta, rebujina, zipizape, jaleo, rebullicio, zapatiesta, pendencia, trifulca, zaragata, chamusquina, gresca.
ANT. *Orden, sosiego.*

bullicio

SIN. Ruido, alboroto, zambra, rumor, tumulto, zoruca, agitación, animación.
ANT. *Calma, languidez.*

bullicioso

SIN. Ruidoso, estrepitoso, desasosegado, vivo, juguetón, alegre, alborotador, bullebulle, revoltoso, sedicioso, jaranero, vivaz, juerguista, inquieto.
ANT. *Silencioso, tranquilo, pacífico.*

bullir

SIN. Hervir, burbujear, agitarse, removerse, menearse, rebullir, trajinar, pulular.
ANT. *Sosegarse, tranquilizarse.*

buñuelo

SIN. Hojuela, risco, fillón, frisuelo, juncada, disparate, chapucería, dislate, birria.

buque

SIN. Nave, nao, barco, embarcación, bajel, vapor, navío.

burbuja

SIN. Pompa, ampolla, gorgorito, campanilla, bomba, espuma.

burdel

SIN. Prostíbulo, fornicio, lupanar, mancebía, ramería, manflota, lujurioso, vicioso, libidinoso.
ANT. *Virtuoso.*

burdo
SIN. Tosco, rústico, basto, torpe, incapaz, paleto, cateto, vulgar, grosero, zafio.
ANT. *Refinado, cultivado.*

bureo
SIN. Entretenimiento, esparcimiento, diversión, broma, solaz, distracción, jolgorio.
ANT. *Aburrimiento.*

burgo
SIN. Aldea, aldehuela, villorrio, poblacho, pueblo.

burgués
SIN. Ciudadano, habitante, patrón, dueño, propietario, amo, pudiente, acomodado, rentista.

burla
SIN. Burlería, broma, chunga, mofa, zumba, chanza, fisga, escarnio, engaño, burleta, befa, abucheo, chuza, sarcasmo, sátira, ironía, songo (*Amér.*), mofadura, novatada, guasa, coña, choteo, mojiganga, chasco, camelo, carnavalada, gregorito (*Amér.*), higa, parodia, socarronería.
ANT. *Respeto, consideración.*

burlador
SIN. Libertino, tenorio, seductor, licencioso, bromista, guasón, mofador, burlón, chacotero, chufletero, chancero.
ANT. *Serio.*

burlar
SIN. Chasquear, desairar, zumbar, engañar, escarnecer, chiflar, befar, desairar, regatear, evitar, escapar, frustrar.
ANT. *Respetar, afrontar, conseguir.*

burlarse
SIN. Mofarse, reírse, chancearse, guasearse, chulearse, pitorrearse, engañar, fisgarse, gorjear (*Amér.*), cachondearse, chotearse, pitorrearse, chunguearse.
ANT. *Elogiar, alabar.*

burlesco
SIN. Jocoso, chancero, festivo, bromista, guasón, ridículo.
ANT. *Grave, serio.*

burrada
SIN. Necedad, tontería, disparate, sandez, arracacha, estupidez, desatino.
ANT. *Sensatez.*

burro
SIN. Asno, pollino, borrico, jumento, rucio, rucho, solípedo, torpe, negado, necio, mentecato, memo, lerdo, porro, ignorante, zote, tonto, rudo.
ANT. *Inteligente.*

busca
SIN. Búsqueda, rebusca, investigación, perquisión, buscada, pesquisa, buscamiento, exploración, batida, cacheo, indagación, rastreo.

buscador
SIN. Indagador, explorador, buscón, examinador, registrador, rastreador, cacheador.

buscar
SIN. Investigar, inquirir, averiguar, rebuscar, indagar, pesquisar, perquirir, farabustear, escudriñar, explorar, rastrar, cachear, pedir, mendigar.
ANT. *Abanonar, desistir.*

buscaniguas
Amér.
SIN. Buscapiés, cohete, proyectil, bengala, petardo, traca.

buscarruidos
SIN. Alborotador, provocador, pendenciero, picapleitos, liante.
ANT. *Sosegado.*

buscavidas
SIN. Activo, diligente, apañado, trabajador, entrometido, entremetido, fisgón, cotilla, hurón, sacatrapos.
ANT. *Vago, discreto.*

busilis
SIN. Quid, incógnita, meollo, nudo, clavo, secreto, tuétano.

butaca
SIN. Sillón, asiento, sofá, poltrona, luneta, localidad.

buzo
SIN. Zambullidor, buceador, búzano, submarinista, escafandrista.

buzón
SIN. Desagüe, surtidero, cloaca, abertura, boca, caja.

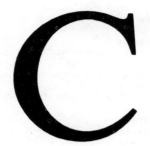

C

cabal

SIN. Ajustado, completo, lleno, cuadrado, repleto, cumplido, preciso, acabado, acomodado, perfecto, proporcionado, concertado, entero, íntegro, exacto, justo, recto, honrado, integérrimo, estricto, intachable, admirable, consumado, clásico.

ANT. *Incompleto, defectuoso, mediado, falto.*

cábala

SIN. Cálculo, trama, conjetura, maquinación, conspiración, negociación, artificio, conciliábulo, intriga, secreto, misterio.

ANT. *Claridad, realidad, rectitud.*

cabalgada

SIN. Tropa, galopada, trote, pasitrote, cabriola, tributo, botín, correría, caballada, caballería, marcha, viaje.

caballerete

SIN. Mozalbete, jovenzuelo, pisaverde, lechuguino, petimetre, currutaco, gomoso, presumido, afectado.

ANT. *Viejo, abandonado, desaseado.*

caballería

SIN. Montura, cabalgadura, caballo, corcel, palafrén, bridón, bestia, cuartago, cuadrúpedo, mulo, borrico, potro, jaco.

caballero

SIN. Hidalgo, noble, distinguido, generoso, leal, caballeroso, desinteresado, respetable, señor, baile, digno, honorable, adalid, jinete, cabalgador.

ANT. *Rufián, ruin, villano, canalla.*

caballerosidad

SIN. Nobleza, hidalguía, señorío, distinción, quijotismo, civismo, altruismo, generosidad, desinterés, romanticismo, lealtad, dignidad, respetabilidad, diplomacia, elegancia, gentileza, corrección, pundonor, cortesía, modales, galantería, graciosidad, filantropía, indulgencia, magnanimidad, longanimidad, valor.

ANT. *Villanía, bellaquería, ruindad, deslealtad, egoísmo.*

caballete

SIN. Asnilla, caballón, quilla, atiple, bastidor, armazón, soporte, pie, sustentáculo, base, apoyo, lomo, lomera.

cabaña

SIN. Barraca, choza, cabañuela, borda, bohío, chamizo, tugurio, huta, cabreriza, jacal, bienteveo, quilombo, toldo, candalecho, visera, rancho, caney, chacra, gayola, cansí, gorrinera, ruca.

cabecera

SIN. Principio, comienzo, arranque, origen, inicio, partida, nacimiento, preferencia, preeminencia, presidencia, honor, dirección, testero, cabezal, cabezalejo, cabezuela, almohada, capital, jefe, titular, rótulo, letrero, encabezamiento.

cabeciduro

Amér.

SIN. Testarudo, pertinaz, obcecado, cabezota, intransigente, tozudo, porfiado.

ANT. *Flexible, dócil, transigente.*

caber

SIN. Abarcar, coger, contener, alcanzar, entrar, englobar, reunir, encerrar, abrazar, admitir, hacer, participar, pertenecer, tocar, corresponder.

ANT. *Sobrar, exceder.*

cabestro

SIN. Ramal, bozo, bozal, guía, freno, arreo, diestro, jáquima, dogal, julo, correas, guarniciones, cuerda, ronzal, cabestrillo, cabestraje, cabestrería, cabestrero, manso, castrado, cornudo, consentido.

cabeza

SIN. Cabezón, cabezota, cabecilla, cerebro, casco, testa, coco, tiesto, mollera, chola, cholla, churumen, melondro, cocorota, calamorra, chapitel, morra, cachola, fraustina, cabezorro, sesera, testuz, cráneo, crisma, güira *(Amér.),* caletre, entendimiento, capacidad, chirumen, inteligencia, talento, juicio, cacumen, sensatez, supremacía, importancia, dirección, clase, encabezamiento, origen, capítulo, manantial, principio, jefe, zaraute, superior, director, adalid, res, persona, individuo, capital, unidad.

cabezo

SIN. Cerro, montecillo, cumbre, picacho, colina, cima, alcor, peñasco.

ANT. *Llano, llanura, planicie.*

cabezota

SIN. Cabezón, cabezudo, testarudo, terco, obstinado.

cabildada

SIN. Arbitrariedad, abuso, princi-

pada, atropello, tropelía, veleidad, pretensión, exigencia, alcaldaba, polacada, chanchullo, despotismo, injusticia.
ANT. *Justicia, razón, equidad.*

cabildante
Amér.
SIN. Regidor, concejal, gobernante, edil, consejero.

cabo
SIN. Término, terminación, fin, confín, extremidad, extremo, remate, rabo, pico, pomo, mango, lado, lugar, sitio, parte, circunstancia, requisito, sobra, residuo, cable, hilo, hebra, división, capítulo, párrafo, soldado, capataz, jefe, capitán, saliente, punta, espolón, promontorio, cordón, beta, cuerda.

cabrear
SIN. Juguetear, brincar, saltar, retozar, amostazar, escamar, recelar, mosquear, irritar, enfadarse.
ANT. *Tolerar, aguantar, soportar, tranquilizar.*

cabriola
SIN. Pirueta, voltereta, brinco, salto, corveta, bote, volatín, zapateta, trenzado, títeres, corcovo, caracoleo, retozo, escarceo.
ANT. *Equilibrio, quietud.*

cabrón
SIN. Bode, cabro, cabrío, cegajo, barbón, buco, barbado, igüedo, bucardo, beche, irasco, azacel, cornudo, consentido, cabronzuelo, cabrito, comblejo, cuchillo, gurrumino, calzonazos, sufrido, rufián.
ANT. *Riguroso, severo.*

cacahuete
SIN. Cacahué, cacahuey, maní.

cacería
SIN. Partida, expedición, caza, persecución, acoso, batida.

caciplero
SIN. Entremetido, chismoso.
ANT. *Reservado.*

cacique
SIN. Déspota, tirano, abusador, curaca *(Amér.)*, opresor, dominador, autoritario, dueño, gamonal *(Amér.)*, señor.
ANT. *Sometido, siervo, demócrata.*

caco
SIN. Ratero, ladrón, descuidero, cleptómano.

cacofonía
SIN. Disonancia, discordancia, repetición, reiteración, monotonía.
ANT. *Armonía, eufonía.*

cacorro
SIN. Afeminado, amadamado.
ANT. *Varonil.*

cacumen
SIN. Seso, sesera, meollo, inteligencia, ingenio, talento, cerebro, entendederas, agudeza, lucidez, viveza.
ANT. *Necedad, bobería, simpleza.*

cachaza
SIN. Lentitud, calma, tranquilidad, sosiego, pasividad, pachorra, flema, sorna, parsimonia, indolencia, apatía.
ANT. *Rapidez, diligencia, viveza.*

cachazudo
SIN. Flemático, lento, pachorrudo, calmoso, parsimonioso, tardo, tranquilo, pánfilo, frío, pasivo, paciente, despacioso, pausado, porrón.
ANT. *Diligente, nervioso, impaciente, rápido.*

cachete
SIN. Bofetada, bofetón, golpe, torta, tortazo, sopapo, revés, guantazo.

cachicán
SIN. Astuto, listo, vivo, despierto, despabilado, vivaz, mañoso, hábil, diestro, mayoral, capataz, jefe.
ANT. *Torpe, bobo, manazas.*

cachifollar
SIN. Chasquear, abatir embromar, humillar, apabullar, abrumar, confundir, turbar, azorar, deslucir, estropear.
ANT. *Ensalzar, elevar, halagar, honrar, arreglar.*

cachimbo
Amér.
SIN. Cachimba, pipa, boquilla, narguile.

cachiporra
SIN. Porra, clava, palo, garrote, estaca, bastón, tranca.

cachirulo
SIN. Vasija, cacharro, trasto, chisme, bártulo, embarcación, inservible, inútil, torpe, negado, incompetente, adorno, cortejo, amante, querido.

ANT. *Útil, hábil, preparado, ágil.*

cachivache
SIN. Trasto, trebejo, utensilio, bártulo, vasija, chisme, cacharro, ridículo, embustero, inútil, despreciable.
ANT. *Elegante, veraz.*

cacho
SIN. Pedazo, fragmento, parte, trozo, gacho, pez, cuerna, aliara.

cacho
Amér.
SIN. Cuerno, asta, pitón, cornamenta, mogón, defensas, punta.

cachondez
SIN. Lujuria, deseo sexual, libido, libidine, sensualidad, celo, excitación, lubricidad, lascivia, concupiscencia, obscenidad, impudicia.
ANT. *Castidad, pureza, frigidez.*

cachorro
SIN. Cría, hijo, hijuelo, cachorrillo, pequeñuelo, criatura, feto, larva, malcriado, terco, tozudo, testarudo.
ANT. *Mayor, condescendiente, dócil.*

cadalso
SIN. Patíbulo, tablado, tarima, estrado, plataforma, tinglado, degolladero, cubichete, horca, guillotina, garrote, castigo, punición, pena.

cadañal
SIN. Anual, cadañero, cadañego.

cadáver
SIN. Muerto, fallecido, finado, difunto, víctima, interfecto, occiso, inanimado, restos, despojos, cenizas, momia, esqueleto, calavera, fiambre.
ANT. *Vivo, ser viviente.*

cadena
SIN. Ligadura, sujeción, cadeneta, cadenilla, dependencia, esclavitud, atadura, serie, sucesión, continuación, tiradera, madrastra, leontina, encarcelamiento, confinación.
ANT. *Libertad, liberación.*

cadetada
SIN. Inconstancia, ligereza, simpleza, irreflexión, inconsecuencia, volubilidad, chiquillada, niñería, puerilidad, travesura.
ANT. *Reflexión, madurez, constancia, hondura.*

caducar

SIN. Acabarse, terminar, prescribir, extinguirse, finalizar, perecer, consumirse, clausurar, finiquitar, fenecer, declinar, desaparecer, arruinarse, cumplir, caduquear, chochear.
ANT. *Comenzar, fortalecerse, rejuvenecer.*

caduco

SIN. Decrépito, viejo, anciano, efímero, corto, breve, temporal, pasajero, precario, perecedero, achacoso, consumido, decadente, acabado, arruinado, agotado, débil, vetusto, pasado, añejo, caducante, caduquez, fugaz, caducidad.
ANT. *Vigente, permanente, juvenil, potente.*

caer

SIN. Bajar, descender, declinar, rodar, coincidir, incurrir, venir, entender, desaparecer, rendirse, sucumbir, morir, perecer, extinguirse, quedar.
ANT. *Levantar, erguirse, subir, alzarse, ascender, persistir, permanecer, aparecer.*

caerse

SIN. Desprenderse, inclinarse, desplomarse, tropezar, derrumbarse, hundirse, disminuirse, debilitarse, cumplirse, desconsolarse, afligirse.
ANT. *Levantarse, erguirse, subir, alzarse, permanecer, ascender, persistir, consolarse, alejarse.*

cafila

SIN. Multitud, tropel, amontonamiento, muchedumbre, montón, hacinamiento, cuadrilla, pandilla, panda, banda, conjunto, bandada, caterva.

cafre

SIN. Bárbaro, animal, bestia, cruel, antropófago, selvático, zafio, rústico, grosero, patán, ordinario, bruto, cazurro, inculto, ignorante, negado.
ANT. *Humano, culto, delicado, fino, inteligente.*

cagar

SIN. Defecar, excrementar, evacuar, excretar, ensuciar, obrar, descargar, mover, soltar, giñar, hacer sus necesidades, deslucir, estropear, malograr, ajar, acobardarse.
ANT. *Bravear.*

caída

SIN. Declinación, colgante, declive, declivio, caimiento, descenso, bajada, derrumbe, desplome, derrumbamiento, talegada, batacazo, costalada, culada, salto, porrazo, despeño, despeñamiento, defenestración, trompazo, tropezón, golpe, alud, cuesta, verticalidad, oblicuidad, rampa, precipicio, talud, derrumbadero, catarata, torrente, decadencia, fracaso, ruina, desaparición, frustración, cesación, destrucción, muerte, pecado, falta, afrenta, culpa, gracia, donaire, salero, salida, ocurrencia, chiste.
ANT. *Levantamiento, éxito, florecimiento, llano.*

caído

SIN. Desfallecido, flojo, débil, desmazalado, desmalazado, dejado, desmadejado, macilento, laso, abatido, abandonado, postrado, agotado, extenuado, consumido, desfallecido, degradado, amilanado, vencido, rendido, cansado, derrumbado, derrengado, acobardado, fracasado, frustrado, alicaído, tirado.
ANT. *Fuerte, animado, vencedor, triunfante, firme, animoso, esforzado.*

caja

SIN. Cajeta, cajón, arca, arcón, baúl, estuche, cofre, maleta, valija, bujeta, ataúd, féretro, hueco, sombrerera, joyero, bulto, maletín, receptáculo, recipiente, registradora, urna, jaula, tambor, oficina, tesorería, pagaduría.

cajón

Amér.
SIN. Ataúd, féretro, sarcófago.

cala

SIN. Ensenada, abra, caleta, ancón, bahía, refugio, abrigo, agujero, sonda, prueba, tienta, probatura, ensayo.

calabozo

SIN. Prisión, mazmorra, celda, bartolina *(Amér.)*, cárcel, chirona.

calabriar

SIN. Mezclar, confundir.

caladizo

SIN. Ingenioso, listo, vivaz, vivaracho, inteligente.
ANT. *Torpe, tonto.*

calambre

SIN. Contracción, espasmo, convulsión, contorsión, estremecimiento, encogimiento, rampa, insensibilidad, hormigueo, adormecimiento, distensión, gastralga.

calamidad

SIN. Infortunio, desgracia, desdicha, infelicidad, adversidad, contrariedad, fatalidad, tragedia, fracaso, ruina, contratiempo, malaventura, percance, tribulación, conflicto, desmán, aflicción, disgusto, catástrofe, cataclismo, siniestro, hecatombe, destrucción, maldición, desastre.
ANT. *Felicidad, alegría, bienestar, fortuna, dicha, contento.*

calandrajo

SIN. Jirón, trapo, andrajo, pingo, pingajo, colgajo, colgante, guitrapo, piltrafa, hilacha, ridículo, despreciable, fachoso, pronóstico, suposición, conjetura, invención.

calaña

SIN. Muestra, modelo, especie, forma, patrón, calidad, naturaleza, ralea, género, especie, clase, raza, índole, categoría, abanico.

calar

SIN. Penetrar, horadar, atravesar, perforar, agujerear, taladrar, introducir, sumergir, zambullir, hundir, empapar, embeber, impregnar, chupar, sorber, absorber, mojar, adivinar, conocer, descubrir, comprender, arriar, sospechar, suponer, entender.
ANT. *Aflorar, emerger, surgir, brotar, secar, ignorar, rechazar.*

calavera

SIN. Cráneo, cabeza, vicioso, libertino, sinvergüenza, perdido, mujeriego, putero, tronera, botarate, Don Juan, tarambana, pícaro, alegre, divertido, alocado, sinvergonzón.
ANT. *Formal, juicioso, sensato, serio, tímido, triste.*

calcar

SIN. Copiar, imitar, reproducir, trasladar, repetir, representar, estarcir, duplicar, plagiar, apretar, hollar, pisar.
ANT. *Fundar, inventar, crear, aflojar.*

calcinación

SIN. Calcinamiento, combustión,

torrefacción, carbonización, cochura, incineración, cremación, ignición.

calcular

SIN. Contar, computar, tantear, numerar, presuponer, ajustar, valuar, valorar, determinar, convertir, establecer, tasar, sopesar, estimar, fijar, saldar, suputar, suponer, deducir, premeditar, reflexionar, conjeturar, prever, creer, presumir, figurarse, imaginar, sospechar, idear.

ANT. *Apuntar, bosquejar, divagar.*

cálculo

SIN. Cómputo, matemáticas, recuento, tasa, liquidación, valoración, suposición, conjetura, plan, deducción, inducción, premeditación, criterio, enumeración, razonamiento, cuenta, concreción, presupuesto, suputación.

ANT. *Imprecisión, vaguedad, desinterés, irreflexión.*

calchona

SIN. Fantasma, espectro, bruja, diligencia, coche, vieja.

caldera

SIN. Caldero, caldereta, calderón, negrota, negra, acetre, tina, tino.

calentar

SIN. Caldear, quemar, tostar, encender, escalfar, achicharrar, escaldar, avivar, recalentar, rescoldar, templar, calecer, azotar, golpear, pegar, apalizar.

ANT. *Enfriar, helar, calmar.*

calentarse

SIN. Acalorarse, enfadarse, excitarse, irritarse, enardecerse, recalentarse, encelarse, exaltarse, enfervorizarse, indignarse, airarse, enojarse, impacientarse, apasionarse.

ANT. *Enfriarse, calmarse.*

calentura

SIN. Fiebre, temperatura, calor, delirio, deliquio, frenesí, hipertermia, causón, pirexia, destemplanza, calenturón, calenturilla, vehemencia, fuego, ardimiento, ardentía, enardecimiento, encendimiento, acaloramiento.

ANT. *Frío, fresco, frialdad, serenidad, templanza, desapasionamiento, objetividad.*

calenturiento

SIN. Calenturoso, tísico, febril, delirante, sofocado, encendido, arrebatado, exaltado, apasionado, vehemente.

ANT. *Frío, apagado, sosegado, calmo.*

caletre

SIN. Discernimiento, tino, capacidad, magín, talento, ingenio, viveza, vivacidad, pesquis, chirumen, sesera, meollo, cabeza, cacumen, inteligencia, agudeza, juicio.

calibrar

SIN. Medir, graduar, evaluar, establecer, reconocer, comprobar, comprender, entender, apreciar.

ANT. *Ignorar, desconocer, ofuscar.*

calidad

SIN. Cualidad, clase, índole, calaña, ley, tenor, condición, suerte, manera, categoría, jaez, naturaleza, especie, aptitud, adjetivo, idiosincrasia, carácter, genio, estofa, casta, raza, rango, posición, ralea, linaje, lustre, nobleza, imporancia, condición.

ANT. *Plebeyez, insignificancia.*

caliente

SIN. Caluroso, acalorado, cálido, candente, térmico, quemante, ardiente, árdido, abrasador, bochornoso, fogoso, urente, febril, enfebrecido, apasionado, vivo, violento, exaltado, excitado, calenturiento, calenturoso.

calificar

SIN. Bautizar, motejar, llamar, tildar, tachar, clasificar, conceptuar, adjetivar, determinar, particularizar, especificar, considerar, imputar, precisar, apreciar, juzgar, declarar, graduar, capacitar, cualificar, ennoblecer, acreditar, ilustrar, enaltecer, afamar.

ANT. *Descalificar, desacreditar.*

calificativo

SIN. Adjetivo, denominador, nombre, apodo, mote, alias, epíteto, título, dictado, epígrafe.

calígine

SIN. Niebla, nebulosidad, bruma, caliginidad, calina, neblina, calor obscuridad, tenebrosidad.

ANT. *Claridad, transparencia, diafanidad.*

calimbar

Amér.

SIN. Herrar, marcar, clavar, forjar, reherrar, encasquillar.

ANT. *Desclavar, desherrar.*

calina

SIN. Calima, bruma, niebla, calígine, borrina, neblina, fosca, cejo, dorondón, bonina, boira, calorina, bochorno, canícula, vulturno, vaho, vapor.

ANT. *Claridad, fresco.*

calma

SIN. Lentitud, moderación, sosiego, tranquilidad, serenidad, bonanza, placidez, reposo, paz, jólito, quietud, silencio, placibilidad, aplacamiento, abandono, inercia, apatía, cachaza, parsimonia, flema, pachorra, indolencia, pereza, impasibilidad, blandura, jacio, paciencia, imperturbabilidad, impavidez, entereza, inmutabilidad, templanza, firmeza, frialdad, valor, estoicismo, ecuanimidad, pausa, interrupción, suspensión, cesación, tregua.

ANT. *Intranquilidad, turbación, desasosiego, excitación, tumulto, rapidez.*

calmar

SIN. Sosegar, tranquilizar, apaciguar, pacificar, serenar, adormecer, acallar, dulcificar, ablandar, suavizar, afragar, aquietar, relajar, aclarar, templar, moderar, aplacar, escampar, abonanzar.

ANT. *Irritar, excitar, agitar, intranquilizar.*

calmo

SIN. Yermo, páramo, erial, erío, liego, escajo, eriazo, aridez, soledad.

ANT. *Fértil, fecundo, agitado.*

calmoso

SIN. Parsimonioso, pacharrudo, impasible, imperturbable, indolente, cachatudo, flemático, tardo, lento, apático, perezoso, dejado, abandonado, desfracioso, calmado, sosegado, tranquilo, paciente, posma.

ANT. *Activo, impaciente, rápido, nervioso, irritable, trabajador.*

caló

SIN. Jerga, germanía, gitano.

caloña

SIN. Reprobación, censura.

ANT. *Aprobación, aceptación.*

calor

SIN. Ardor, ardimiento, calentamieto, acaloramiento, quemazón, encendimiento, incandescencia, combustión, calidez, bochorno, solana, fo-

gaje, irradiación, fiebre, calentura, temperatura, inflamación, sudor, sofoco, ahogo, calefacción, insolación, canícula, calorífero, calígine, fuego, calórico, caloría, calidez, viveza, actividad, energía, entusiasmo, vehemencia, pasión, animación, excitación, fervor, agasajo, favor, acogida, recibimiento, caloría, calidez.
ANT. *Frío, fresco, frigidez, congelamiento.*

calpul
SIN. Reunión, confabulación, conciliábulo, complot, montículo.

calumnia
SIN. Mentira, falsedad, infundio, embuste, falacia, suposición, murmuración, chismorreo, habladuría, impostura, imputación, difamación, acusación, denigración, insulto, bajeza, oprobio, villanía, deshonra, ignominia, vilipendio, desacato, agravio.
ANT. *Verdad, elogio, honra.*

calumniar
SIN. Infamar, difamar, deshonrar, denigrar, agraviar, mentir, acusar, inventar, falsear, adulterar, murmurar, achacar, desacreditar, malsinar, imputar, ahijar.
ANT. *Honrar, elogiar, alabar.*

calvario
SIN. Vía crucis, martirio, pasión, contrariedades, adversidades, padecimiento, sufrimiento, pesadumbre, tormento, tortura, suplicio, persecución, agobios, amarguras, dolores.
ANT. *Contento, felicidad.*

calvero
SIN. Gredal, calvijar, calvitar, calva, claro.
ANT. *Espesura.*

calza
SIN. Calzo, cuña, calce, alza, falca, taco, estribera, calzón, bragas, calzacalzón, media, calcetín, calceta, escarpín.

calzonazos
SIN. Condescendiente, complaciente, débil, abúlico, pusilánime, Juan Lanas, apocado, corto, tímido, calzones, maridazo, gurrumino, bragazas, calzorras.
ANT. *Fuerte, enérgico, inflexible, imperioso, mandón, atrevido.*

callado
SIN. Silencioso, reservado, taciturno, mudo, discreto, secreto, inexpresivo, discreto, oculto, áfono, disimulado, tácito, sigiloso, insonoro, omiso.
ANT. *Hablador, ruidoso, abierto.*

callar
SIN. Enmudecer, omitir, reservar, cubrir, incomunicar, silenciar, sigilar, amorrar, callantar, acallar, atarugar, atajar, amordazar, tolerar, soportar, sufrir, aguantar, hacer mutis, guardar silencio.
ANT. *Hablar, charlar, decir, abrirse.*

calle
SIN. Rúa, arteria, camino, calzada, vía, vía pública, avenida, paseo, rambla, travesía.

callejear
SIN. Pasear, caminar, vagabundear, holgazanear, merodear, pingonear, pindonguear, pendonear, rondar, periquear, cantonear, ruar, andorrear, bordonear, corretear, deambular.
ANT. *Ocuparse, trabajar.*

cama
SIN. Lecho, yacija, tálamo, camastro, cuja *(Amér.)*, catre, triclinio, camilla, tongada, camada.

camal
SIN. Cabestrón, cabezón, rama, matadero.

camama
SIN. Chasco, engaño, embuste, bola, trola, mentira, falsedad, patraña, enredo, camelo, treta, burla, broma, burlería, farsa.
ANT. *Verdad, seriedad, gravedad, realidad.*

camándula
SIN. Embustería, fingimiento, hipocresía, vileza, bellaquería, gazmoñería, trastienda, camáldula, astucia, malicia, chisme.
ANT. *Sinceridad, realidad, ingenuidad, inocencia, simplicidad.*

camandulería
SIN. Gazmoñería, gazmoñada, fingimiento, afectación, hipocresía, astucia.
ANT. *Honradez, sinceridad.*

cámara
SIN. Aposento, habitación, sala, camareta, camarín, estancia, recinto, cilla, granero, troje, parlamento, senado, asamblea, ayuntamiento, deposición, neumático, rueda, tubular, máquina.

camarada
SIN. Acompañante, compañero, amigo, colega, secuaz, feligrés, cofrade, cumpa *(Amér.)*, igual, contertulio, compinche, ayudante, auxiliar, satélite.
ANT. *Enemigo, hostil*

camaranchón
SIN. Desván, sotabanco, buhardilla, guardilla, tabuco, caramanchón.

camarero
SIN. Barman, copero, credenciero, criado, doméstico, fámulo, estribo, botones, mozo, sirviente, servidor.
ANT. *Amo, señor, propietario.*

camarón
SIN. Cámaro, langostino, crustáceo, gamba, quisquilla, gratificación, propina.

camastra
SIN. Astucia, disimulo, fingimiento, hipocresía.
ANT. *Sinceridad, honestidad.*

camastrón
SIN. Embustero, hipócrita, falso, camandulero, astuto, truquista, zorro, ladino, bellaco.
ANT. *Sincero, noble, leal.*

cambar
SIN. Combar, encorvar, curvar, torcer.

cambiar
SIN. Permutar, trocar, intercambiar, diferenciar, mudar, virar, metamorfosear, transformar, evolucionar, transfigurar, reformar, invertir, remudar, trasgiversar, modificar, variar, innovar, volver, enmendar, renovar, rectificar, deformar, corregir, alterar, transmutar, canjear, reemplazar, recambiar, equivocar, barajar, revolver, disfrazar, disimular, desfigurar, desnaturalizar, deformar, devenir, convertir, conmutar, substituir, suplir, revelar, alternar.
ANT. *Permanecer, fijar, quedar, ratificarse.*

cambullón
Amér.
SIN. Enredo, trampa, lío, cambalache, maraña, embrollo, jaleo, mentira.
ANT. *Claridad, veracidad.*

camelar

SIN. Galantear, seducir, adular, piropear, lisonjear, dar coba, raposear, engañar, engatusar, requebrar, enamorar, enamoriscar, amar, querer, desear.

ANT. *Desagradar, repeler, ser sincero, ser veraz.*

camelo

SIN. Chasco, decepción, mofa, burla, engaño, fingimiento, embuste, mentira, bola, trola, galanteo, burlería, piropo, adulación.

ANT. *Veracidad, autenticidad, sinceridad.*

caminante

SIN. Viajero, viajante, pasajero, viandante, peatón, transeúnte, paseante, peregrino, caminador, espolique, andador, andarín, andadero, andariego, andolotero, andón, andante, vagabundo, errabundo, excursionista, explorador, ambulante.

ANT. *Sedentario, poltrón, estacionario, estático.*

caminar

SIN. Andar, marchar, trotar, circular, ir, venir, pasar, dirigirse, avanzar, trasladarse, recorrer, deambular, moverse, pasear, transitar, peregrinar, vagar, errar, viajar.

camino

SIN. Vía, pista, carretera, senda, sendero, paso, ruta, vereda, trocha, cañada, cabañal, vericueto, atajo, carril, meandro, calca, línea, cañón, vial, calle, trayectoria, trayecto, recorrido, viaje, rumbo, carrera, distancia.

camisa

SIN. Camisola, camiseta, camisón, bata, blusa, blusón.

camorra

SIN. Pendencia, refriega, disputa, riña, pelotera, pelea, rebujina, bronca, escándalo, pugna, desafío, brega, pleito, marimorena, zaragata.

camorrista

SIN. Pendenciero, reñidor, camorrero, matón, perdonavidas, chulo, gamberro, fanfarrón, jactancioso.

ANT. *Amigo, aliado, pacificador.*

camote

SIN. Batata, bulbo, enamoramiento, camelo, enamoriscamiento.

camote

Amér.

SIN. Boniato, batata, ñame, moniato.

campana

SIN. Esquila, esquilón, campanilla, segundilla, changarra, timbre, llamador, cencerro, campano, campanillo, carillón, campaneta, sonaja, sonajero, cascabel, gong, bronce, sonería.

campanada

SIN. Campanazo, campanillazo, badajada, tintineo, toque, sorpresa, escándalo.

ANT. *Silencio, discreción.*

campante

SIN. Satisfecho, ufano, contento, alegre, feliz, gozoso, optimista, eufórico, tranquilo, despreocupado.

ANT. *Preocupado, pesimista, intranquilo, decepcionado, insatisfecho, abatido, triste.*

campanudo

SIN. Hinchado, retumbante, altisonante, rimbombante, prosopopéyico, pomposo, importante, grave, afectado, pedante, barroco, fatuo, infatuado.

ANT. *Discreto, sencillo, parco, natural.*

campaña

Amér.

SIN. Terreno, campo, campiña, campillo, campal, prado.

campar

SIN. Sobresalir, destacar, acampar.

campear

SIN. Verdear, pacer, pastar, campar, guerrear, combatir, conquistar, batir, vencer, dominar, sobresalir, descollar, despuntar, destacar.

ANT. *Marchitar, agostar, pacificar, palidecer, esfumar, oscurecer.*

campechana

SIN. Franca, bromista, dadivosa, simpática, agradable, llana, sencilla, alegre, enjaretada, sociable, jovial, extrovertida, hamaca, ramera.

ANT. *Insociable, complicada, introvertida.*

campechanía

SIN. Afabilidad, jovialidad, campechanería, sencillez, franqueza, llaneza, simpatía, alegría, efusividad, sociabilidad, familiaridad, dadibosidad, generosidad.

ANT. *Antipatía, insociabilidad.*

campeón

SIN. Héroe, as, vencedor, triunfador, campeador, primero, jefe, defensor, caudillo, adalid, sostenedor, paladín, luchador, combatiente, guerrero.

ANT. *Sometido, vencido, pacífico, enemigo.*

campesino

SIN. Rural, labrador, agricultor, labriego, segador, aperador, cultivador, payés, campestre, agrario, agreste, hortelano, jíbaro *(Amér.)*, rústico, villano, aldeano, lugareño, paleto, pueblerino, paisano, vaquero, sencillo, bucólico, huertano, grosero, burdo.

ANT. *Culto, civilizado, cortesano, urbano.*

campo

SIN. Prado, terreno, terruño, campiña, campaña, campillo, ejido, pradera, pradal, pradería, pradejón, cultivos, labrado, labrantío, pastos, huerta, huerto, granja, gleva, descampado, terrozgo, término, afueras, órbita, suelo, agro, espacio, agricultura, tierra, hacienda, finca, propiedad, plantación, materia, especialidad, territorio, región, zona, circunscripción.

camueso

SIN. Manzano, alcornoque, necio, ignorante, bodoque, torpe, tolete, tonto, modrego.

ANT. *Listo, inteligente.*

canal

SIN. Canalón, cauce, canalizo, reguera, acequia, zanja, cacera, caz, álveo, canaleja, canalera, canaleta, bocana, estría, camellón, artesa, gárgola, desaguador, escorredor, conductor, desagüe, faringe.

canalla

SIN. Ruin, bajo, despreciable, bandido, pillo, pícaro, bribón, vil, sinvergüenza, perillán, granuja, hampón, rufián, golfo, perdido, indigno, chusma, gentuza, vulgacho, populacho, morralla, masa.

ANT. *Digno, honrado, noble.*

canasta

SIN. Cesta, cesto, comporta, banasta, canastro, canasto, canastrón, canastillo, nasa, juego.

cancán

SIN. Baile, molestia, fastidio, loro.

cancanear

SIN. Bailar (el cancán), vagar, pasear, divagar, errar, tartajear, tartalear, balbucear, tartamudear.
ANT. *Parar, estacionar, reposar.*

cancelar

SIN. Abolir, anular, suprimir, derogar, revocar, liquidar, deshipotecar, extinguir, acabar, terminar, cumplir, olvidar, borrar, archivar, abrogar, enjugar.
ANT. *Promulgar, permanecer, incumplir.*

cancerar

SIN. Consumir, encancerar, enflaquecer, gastar, destruir, extenuar, ulcerar, debilitar, satirizar, amonestar, castigar, regañar, criticar, vapulear, reprender, mortificar, zaherir.
ANT. *Fortalecer, durar, ensalzar, alabar.*

canción

SIN. Tonada, tonadilla, canzoneta, concioneta, copla, coplón, cantilena, cantiga, trova, romanza, balada, melodía, coro, coreo, canturria, tono, música, canto, cantar.

canchear

Amér.
SIN. Holgar, holgazanear, vaguear, gandulear, zascandilear, ociar, reposar.
ANT. *Trabajar, afanarse.*

candado

SIN. Cerradura, cierre, cerramiento, canduljo, cerrón, cerrojo, pasador, oclusión, cárcel, zarcillo, arete, pendiente, perilla.

candela

SIN. Vela, lumbre, fuego, luciérnaga, luz, hacha, hachón, candelero.

candelejón

Amér.
SIN. Bobo, cándido, candoroso, sincero, pueril, crédulo, panoli, inocente.
ANT. *Malicioso, astuto, zorro, taimado, pícaro.*

candidato

SIN. Pretendiente, aspirante, solicitante, postulante, demandante, reclamante, peticionario, interpelante, premiado, suplicante.
ANT. *Renunciante.*

candidez

SIN. Candor, sencillez, simplicidad, parvulez, puerilidad, infantilidad, infantilismo, ingenuidad, credulidad, inocencia, inocentada, inexperiencia, necedad, papanatismo, sinceridad.
ANT. *Astucia, picardía, cuquería, trastienda.*

cándido

SIN. Sencillo, crédulo, ingenuo, candoroso, sincero, incauto, simple, inocente, bobo, papanatas, pazguato, primo, paleto, blanco, inexperto, párvulo, pueril, infantil, columbino, candelejón *(Amér.).*
ANT. *Malicioso, pícaro, astuto, ladino.*

candonga

SIN. Chasco, burla, lisonja, adulación, cancamusa, broma, arracada, pendiente, zarcillo, arete, aduladora, perezosa, vaga, holgazana, remolona, zalamera.
ANT. *Seriedad, trabajadora.*

candongo

SIN. Zalamero, cobista, adulador, astuto, perezoso, holgazán, vago, gandul, remolón, ocioso.
ANT. *Activo, trabajador, difamador, calumniador, censor.*

candor

SIN. Blancura, ingenuidad, inocencia, credulidad, mocedad, inexperiencia, simplicidad, sencillez, candidez, pureza, blancura, limpieza, naturalidad, sinceridad, franqueza, autenticidad, espontaneidad, veracidad.
ANT. *Hipocresía, disimulo, doblez, malicia, vicio.*

caneca

SIN. Alcarraza, borracha, caneco.

cangalla

SIN. Andrajo, harapo, flaco, desmedrado, cobarde, aparejo.

cangalla

Amér.
SIN. Cobarde, pusilánime, medroso, apocado, temeroso, acoquinado.
ANT. *Valiente, bravo, temerario.*

cangilón

Amér.
SIN. Bache, hoyo, hundimiento, socavón, zanja.

caníbal

SIN. Caríbal, antropófago, devorador, salvaje, bárbaro, inhumano, feroz, cruel, cruento, sanguinario, zulú.
ANT. *Incruento, humano, apacible, suave.*

canijo

SIN. Enclenque, flaco, enfermizo, enteco, débil, escuchimizado, birria, adefesio, redrojo, raquítico, encanijado, sietemesino.
ANT. *Robusto, fuerte, desarrollado, sano.*

canje

SIN. Cambio, trueque, canja, permuta, intercambio, concambio.

cano

SIN. Canoso, encanecido, entrecano, sucio, blanco, blanquecino, anciano, antiguo, viejo, añejo, venerable, escabechado, rucio, pelícano.
ANT. *Joven, nuevo, negro.*

canon

SIN. Regla, precepto, guía, medida, ordenanza, pauta, renta, tasa, censo, tributo, arbitrio, contribución, impuesto, carga, estipendio, percepción, prestación, lista, catálogo, repertorio, decisión, decreto, orden, molde, troquel, cuño, contrapunto.

canonizar

SIN. Santificar, beatificar, glorificar, nimbar, alabar, encomiar, ensalzar, enaltecer, aprobar, elogiar, aplaudir, aclamar, magnificar, bendecir.
ANT. *Maldecir, criticar, condenar, anatematizar.*

canonjía

SIN. Prebenda, canonicato, magistralía, colegiata, canónica, provecho, privilegio, ventaja, beneficio, breva, chollo, enchufe, empleo.
ANT. *Desventaja.*

canoro

SIN. Armonioso, melodioso, sonoro, musical, suave, agradable, grato.
ANT. *Desagradable, inarmónico.*

cansado

SIN. Canso, debilitado, decaído, flojo, débil, cansio, cansino, fatigado, batido, rendido, molido, fatigoso, jadeante, reventado, agotado, extenuado, desfallecido, muer-

to, exánime, laso, enerbado, inerte, exhausto, pulverizado, roto, cascado, gastado, molesto, incómodo, fastidiado, harto, lleno, aburrido, agobiado, abrumado.
ANT. *Descansado, fortalecido, sosegado, calmado, recuperado, fresco.*

cansancio
SIN. Fatiga, rendimiento, agotamiento, cansera, molienda, extenuación, desfallecimiento, desaliento, paliza, candinga, aperreo, cansera, molestia, hastío, fastidio, aburrimiento, lasitud, agobio, debilidad, sofoco, sofocón, sudor, jadeo, desgaste, pesadez, fatigación, pesadumbre.
ANT. *Viveza, aliento, descanso, distracción, reposo, alivio, respiro, tregua, alto.*

cansar
SIN. Incomodar, molestar, importunar, fastidiar, fatigar, extenuar, agotar, moler, atosigar, abrumar, cargar, aburrir, hastiar, hartar, saciar, asquear, irritar, enfadar, enojar.
ANT. *Descansar, reposar, aliviar.*

cansera
SIN. Molestia, fatiga, paliza, moledera, importunación, cansancio, fastidio, galbana, tedio.
ANT. *Descanso, alivio.*

cantaleta
SIN. Canturreo, escandalera, ruido, gritería, confusión, cencerrada, broma, chasco, burlería.
ANT. *Silencio, seriedad.*

cantar
SIN. Canto, canción, tarareo, cantiña, poesía, poema, tararear, canturrear, canturriar, cantusar, gorgear, gorgorear, gorgotear, piar, trinar, vocalizar, modular, coplear, entonar, solfear, salmear, salmodiar, afinar, corear, contrapuntear, recitar, berrear, oficiar, ejecutar, interpretar, alabar, loar, encomiar, elogiar, glorificar, celebrar, poetizar, confesar, revelar, descubrir, soplar, sincerarse, granjearse, denunciar, avisar.

cantera
SIN. Cantizal, cantal, cantorral, canchal, cantería, cascajar, calera, carrascal, apedreadero, pedregal, pedriza, pedrera, pedriscal, podroche, lenchal, rollar, rolletal, cigarral, llera, gorronal, filón, yaci-

miento, mina, venero, origen, ingenio, destello, talento, prontitud, habilidad, maña.
ANT. *Torpeza, lentitud, desacierto.*

cantidad
SIN. Cuantidad, cuantía, medida, abundancia, partida, número, raudal, caudal, conjunto, miríada, proporción, integridad, aumento, unidad, porción, cuota, dosis, parte, fragmento, cacho, dimensión, límite, cupo, exceso, demasía.

canto
SIN. Borde, ángulo, lado, extremo, remate, lomo, orilla, margen, cantal, pedrusco, guijarro, piedra, copla, canción, cantar, cántico, melodía, voz, cante, afinación, sonido, música, entonación, entono, tarareo, gorjeo, vocalización, coreo, gorgorito, trino.
ANT. *Centro.*

cantón
SIN. Esquina, arista, ángulo, rincón, quicio, país, región, territorio, demarcación, división, jurisdicción, distrito, término, cantonada, acantonamiento.

cantuta
Amér.
SIN. Clavellina, clavelina, clavel, cantufa, clavelito.

cañaheja
SIN. Cañaherla, cañiherla, cañahierla, cañajelga, cañareja, cañerla, férula.

cañal
SIN. Cañaveral, cañaliega, cañar, cañedo, cañizal, cañizar.

cañinque
Amér.
SIN. Enclenque, débil, desmirriado, raquítico, enfermizo, debilucho, flaco.
ANT. *Fuerte, robusto, lozano.*

caño
SIN. Tubo, canuto, grifo, pitorro, espita, chorro, canalizo, cañaheja, conducto, gárgola, cueva, bodega, cloaca, alcantarilla, albañal.

cañonera
Amér.
SIN. Pistolera, funda, canana, estuche.

cañutazo
SIN. Chisme, soplo, acusación.

cañutero
SIN. Alfiletero, cañuto, tiratacos, agujetero, canutero, boquilla.

caos
SIN. Desconcierto, confusión, lío, enredo, embrollo, desorden, anarquía, transtorno, perturbación, incoherencia, ofuscación, tinieblas, oscuridad, turbiedad, barahúnda, promiscuidad, vorágine, laberinto.
ANT. *Orden, claridad, disciplina, organización, coherencia.*

capa
SIN. Pañosa, abrigo, capeja, capote, manteo, mantón, capuchón, baño, mano, pasada, revestimiento, cubierta, forro, envoltura, cubierta, embozo, tapadura, toba, palio, hacienda, bienes, capital, pelaje, categoría, clase, fuste, estrato, paca, encubridor, aguadera, prebendado, papagayo.

capacidad
SIN. Cabida, amplitud, contenido, medida, potencia, contenencia, extensión, espacio, competencia, disposición, inteligencia, talento, genio, facultad, ingenio, poder, saber, virtud, sabiduría, autoridad, lucidez, habilidad, prestigio, aptitud, suficiencia, oportunidad, balance, arqueo, recuento, comprobación, verificación.
ANT. *Incapacidad, ineptitud, impericia.*

capacho
SIN. Espuerta, sera, seroncillo, serón, capacha, zumaya, zumacaya, esportilla, carpancho, capaza, capazo.

capar
SIN. Castrar, mutilar, incapacitar, esterilizar, desvirilizar, emascular, disminuir, recortar, restringir, limitar, reducir, aminorar, cercenar, extirpar.

capaz
SIN. Amplio, espacioso, grande, extenso, suficiente, útil, vasto, idóneo, experimentado, técnico, experto, entendido, autorizado, perito, competente, experto, conocedor, hábil, conforme, proporcionado, instruido, diestro, apto, avezado, práctico, capacitado, preparado, conveniente, calificado, digno, inteligente.
ANT. *Incapaz, insuficiente, impotente, inútil, impropio, desconocedor, pequeño.*

capción
SIN. Captación, captura, detención, arresto, apresamiento, carcelería.
ANT. *Liberación.*

capcioso
SIN. Artificioso, sofístico, falso, engañador, engañoso, insidioso, falso, falaz, delusor, delusivo.
ANT. *Claro, verdadero, real, evidente, auténtico, natural, noble.*

capear
SIN. Entretener, engañar, sortear, evadir, evitar, eludir, pretextar, capotear, torear, lidiar, defenderse, aguantar, resistir, soportar, mantenerse.
ANT. *Rendirse, desfallecer.*

capelo
Amér.
SIN. Fanal, tulipa, farol, farola, faro, lámpara, urna.

capellán
SIN. Clérigo, eclesiástico, sacerdote.

capi
Amér.
SIN. Maíz, borona, millo, abatí, guate, mañoco, mazorca, panocha.

capigorrón
SIN. Capigorrista, vagabundo, ocioso, capigorra, clérigo.
ANT. *Ocupado, trabajador.*

capillo
SIN. Capillejo, capucha, caperuza, chaperón, capirote, rocadero, capullo, capacete.

capirote
SIN. Cucurucho, caperuza, capirucho, gorro, muceta, cubierta, capota, beca, capirotazo.

capital
SIN. Caudal, dinero, fortuna, disponibilidades, haber, efectos, posible, recursos, bienes, esencial, principal, fundamental, caporal, vital, cardinal, mortal, capitalidad, metrópoli, ciudad, corte.

capitalismo
SIN. Industrialismo, maquinismo, individualismo, competividad, competencia, monopolio, latifundio, acumulación, concentración, explotación, burguesía, liberalismo, librecambismo, fisiocracia, plutocracia, crematística, hedonismo, consumismo, mercantilismo.

ANT. *Socialismo, marxismo, cooperativismo, proteccionismo, intervencionismo, dirigismo.*

capitanear
SIN. Comandar, mandar, abanderar, encabezar, ordenar, guiar, conducir, dirigir, acaudillar.
ANT. *Someterse.*

capitular
SIN. Rendirse, transigir, ceder, entregarse, pactar, concertar, ajustar, convenir, conciliar, arreglar, acordar, capitulante.
ANT. *Resistirse, afrontar, desafiar, desconcertar.*

capotear
SIN. Capear, torear, entretener, evadir, sortear.
ANT. *Mantener.*

capotera
Amér.
SIN. Percha, perchero, colgador, gancho, tendedero, clavijero.

capricho
SIN. Gusto, antojo, deseo, manía, chifladura, desvarío, veleidad, irracionalidad, inconstancia, encaprichamiento, obstinación, gusto, locura, tozudez, afán, anhelo, voluntad, extravagancia, manera, moda, guisa, humorada, fantasía, ocurrencia, golpe, salida, tontería, travesura, bufonada, acceso, arranque, monada.
ANT. *Justicia, rectitud, formalidad, sensatez.*

caprichoso
SIN. Variable, voluble, caprichudo, antojadizo, lunático, arbitrario, obstinado, tozudo, voluntarioso, tornadizo, inconstante, mudable, indeciso, inestable, débil, tarambana, cambiante, injustificado, ideático *(Amér.)*, veleidoso, veleta.
ANT. *Constante, sensato, firme, tenaz, inmutable.*

captar
SIN. Atraer, conquistar, cautivar, obtener, adquirir, lograr, conseguir, arrebatar, sugestionar, arrastrar, ganar, robar, sobornar, granjear, alcanzar, despertar, insinuarse, sintonizar, recoger, coger.
ANT. *Repeler, desconfiar, dudar, recelar, desprestigiar, decepcionar.*

captarse
SIN. Granjearse, atraerse, conquistarse, cautivarse, arrastrarse, suges-

tionarse, alcanzarse, obtenerse, conseguirse.
ANT. *Desprestigiarse.*

captura
SIN. Presa, trofeo, botín, aprehensión, detención, caza, apresamiento, encarcelamiento, aprehensión, arresto, capción.
ANT. *Liberación, libertad, evasión, rescate.*

capturar
SIN. Prender, detener, apresar, aprisionar, encarcelar, cazar, sujetar, aprehender, arrestar, internar, conquistar, despojar, rapiñar, saquear.
ANT. *Liberar, libertar, rebelarse, dejar, rescatar, soltarse.*

capucha
SIN. Capilla, capucho, capuchón, abrigo, sombrero, caperuza, capirote, acento, tilde.

cara
SIN. Rostro, semblante, faz, facha, jeta, palmito, cariz, aire, presencia, visaje, imagen, expresión, perfil, fisonomía, aspecto, efigie, fachada, frente, superficie, plano, delante, sobrehaz, anverso, descaro, osadía, desvergüenza hacia, presencia.

caraba
SIN. Charla, conversación, broma, diversión, holgorio.
ANT. *Silencio, aburrimiento.*

carácter
SIN. Natural, índole, condición, originalidad, naturaleza, marca, ademanes, modales, aspecto, raza, tipo, ralea, madera, clase, fisonomía, expresión, caracterismo, idiosincrasia, estilo, personalidad, calidad, cualidades, facultades, tendencia, temple, humor, estado, capacidad, propensión, aptitud, inclinación, dones, conducta, manera, voluntad, firmeza, energía, entereza, rigidez, severidad.

característico
SIN. Peculiar, propio, típico, genial, esencial, innato, personal, singular, particular, único, original, peculiaridad, individualidad, privativo, exclusivo, inconfundible, representativo, específico, intrínseco, congénito, congenial, especial, inherente, particularidad, diferente, distinto, caracterizado, idiosincrásico, simbólico, revelador.

ANT. *Vulgar, común, general.*

caracterizado
SIN. Distinguido, acreditado, conocido, señalado, especializado, diferenciado, singularizado, personalizado, característico.
ANT. *Vulgarizado, desconocido, anónimo.*

caramanchel
SIN. Figón, cantina, tasca, tugurio, cobertizo, embarcación.

caramelo
SIN. Dulce, azucarillo, golosina, confite, bombón, pirulí, chupón.

caramillo
SIN. Caramilla, flauta, pífano, carambillo, zampoña, revoltijo, cuento, chisme, enredo, embuste, lío, barullo, ruido, jaleo.
ANT. *Claridad, paz.*

carantoña
SIN. Carantamaula, máscara, carátula, halago, caricia, lagotería, gatería, garatusa, monada, afectación, adulación, lisonja, coba, putería, fea, vieja, espantajo, esperpento, adefesio, zalamería.
ANT. *Insulto, despego, ofensa, brusquedad, belleza.*

caraota
SIN. Alubia, judía.

caratula
SIN. Careta, máscara, parodia, burla, caricatura, sátira, engaño, disfraz, payasada, mascarada, ficción, etiqueta, tapa, sobrecubierta, tapadera, funda, mascarilla, fealdad, esperpento, adefesio, tipejo, farsa.
ANT. *Realidad, copia, retrato, fotografía, exactitud, sinceridad, belleza.*

carcaj
SIN. Aljaba, caja, funda, cachucho, flecha, carcax, carcaza.

carcamal
SIN. Achacoso, vejestorio, viejo, abuelo, abuelete, patriarca, carraco, carraca, chocho, senil, caduco, marchito, venerable, matusalén, vejarrón, cotarrón.
ANT. *Joven, mozo, chaval, chico, mozalbete, muchacho, galán.*

cárcava
SIN. Zanja, fosa, hoya, hoyo, socavón, foso, barranco, cuenca, cráter, depresión, hondonada, trinche-

ra, torrentera, cavidad, concavidad, excavación, carcavina, carcavón, carcavuezo.
ANT. *Elevación, prominencia, eminencia, cúspide, cima, cumbre.*

cárcel
SIN. Prisión, correccional, presidio, chirona, gayola, talego, jaula, cautividad, apresamiento, reclusión, encierro, galeras, calabozo, celda, mazmorra, pena, arresto, penitenciaría.
ANT. *Libertad, indulto, amnistía, redención.*

carcoma
SIN. Polilla, quera, conca, coco, caroncho, caronjo, barrenillo, gangojo, larva, gardana, caries, cáncer, angustia, inquietud, pesadumbre, mortificación.
ANT. *Despreocupación, tranquilidad.*

cardinal
SIN. Principal, fundamental, primero, esencial, básico, capital, absoluto, vital, indispensable, necesario, importante, trascendental, sustancial, radical, ingénito, ínsito.
ANT. *Secundario, accidental, accesorio, relativo.*

carear
SIN. Cotejar, confrontar, encarar, enfrentar, comparar, afrontar, entrevistarse, investigar, esclarecer, interrogar, ahuyentar, espantar, asustar, atemorizar, ojear, corromperse, cariarse, pudrirse, corroerse.
ANT. *Discrepar, discordar, descuidar, acudir, serenar, verdear.*

carecer
SIN. Faltar, privar, necesitar, vacar, escasear, desabastecer, desproveer, extrañar.
ANT. *Sobrar, exceder, abundar, despilfarrar, proveer.*

careo
SIN. Interrogatorio, investigación, entrevista, esclarecimiento, confrontación, encaramiento, enfrentamiento, pasto, charla, conversación.
ANT. *Oscurecimiento, discrepancia, alejamiento.*

carestía
SIN. Encarecimiento, aumento, alza, sobreprecio, subida, elevación, inflación, recargo, impuesto, exorbitancia, careza, escasez, falta, penuria, privación, carencia, deficien-

cia, mengua, inexistencia, hambre.
ANT. *Rebaja, baratura, descuento, reducción, depreciación, abundancia, opulencia, copiosidad.*

careta
SIN. Antifaz, máscara, mascarilla, carátula, carantamaula, hipocresía, apariencia, afectación, farsa, fingimiento, simulación, superficialidad, falsedad.

carga
SIN. Fardo, fardaje, embalaje, peso, lastre, lastraje, capacidad, cargo, estiba, cargazón, gabela, sobrepeso, sobrecarga, acarreo, cargamento, carguío, ajobo, recargo, yugo, acometida, embestida, arremetida, ataque, empujón, empellón, colisión, arranque, tiro, trabajo, obligación, deber, orden, encargo, cuidado, molestia, fatiga, pesar, pesadumbre, agobio, aflicción, angustia, servidumbre, impuesto, tributo, imposición, arbitrio, contribución, gravamen, censo, hipoteca.

cargante
SIN. Pesado, molesto, molestoso, importuno, inoportuno, chinche, chinchoso, fastidioso, chinchorrero, impertinente, chincheirritante, enojoso, cargoso, pesado, latoso, insoportable, puñetero, mosca, plomo, pelma, machacón, incordio, engorroso.
ANT. *Soportable, oportuno, cordial, agradable.*

cargar
SIN. Acometer, arremeter, nublarse, fastidiar, chinchar, embestir, atacar, molestar, encocorar, incordiar, importunar, irritar, incomodar, enojar, achacar, imputar, atribuir, estribar, apoyar, gravitar, apechugar, soportar, tolerar, sobrellevar, aumentar, hartar, agobiar, echar, agravar, imponer, gravar, embarcar, abarrotar, lastrar, estibar, emborracharse, datar, debitar, acentuar.
ANT. *Vaciar, descargar, desembarcar, agradar, despejar.*

cargáreme
SIN. Resguardo, recibo, comprobante, documento, talón.

cargazón
SIN. Pesadez, cargamento, carga, aglomeración, nublado.
ANT. *Ligereza, despejado.*

cargo

SIN. Carga, dignidad, grado, honor, peso, oficio, profesión, colocación, ocupación, ministerio, empleo, plaza, comisión, destino, puesto, cuidado, dirección, mando, obligación, tutela, custodia, incumbencia, gobierno, función, cometido, papel, menester, disciplina, responsabilidad, investidura, culpa, culpabilidad, inculpación, delito, acusación, imputación, falta.

ANT. *Paro, desocupación, descuido, irresponsabilidad, inocencia.*

caricato

Amér.

SIN. Caricatura, parodia, ridiculización, exageración, burla, imitación.

ANT. *Exactitud, realidad.*

cariacedo

SIN. Desapacible, enojado, enfadado, enfadoso, fastidioso, antipático, cargante, insoportable, adusto, desagradable, desabrido, hiriente, mordaz.

ANT. *Agradable, apacible, amable, simpático, sociable, dulce.*

cariacontecido

SIN. Triste, turbado, afligido, apenado, amargado, desgraciado, atribulado, temeroso, espantado, sobresaltado, asombrado, amedrentado, atemorizado, aturdido, acobardado.

ANT. *Contento, alegre, feliz, tranquilo, animado.*

caricia

SIN. Halago, cariño, atención, terneza, gentileza, arrumaco, galantería, monería, carantoña, fiesta, ternura, mimo, agasajo, lisonja, zalamería, sobo, manoseo.

ANT. *Grosería, desprecio, desaire, brusquedad, esquivez, despego, golpe, tortazo, seriedad.*

caridad

SIN. Socorro, auxilio, limosna, ayuda, donación, dádiva, compasión, filantropía, misericordia, altruismo, generosidad, piedad, humanidad, hospitalidad, tolerancia, indulgencia, fraternidad, humanitarismo, benevolencia, liberalidad, graciosidad, sacrificio, sencillez, clemencia, gratitud, consideración.

ANT. *Egoísmo, tacañería, desamparo, malevolencia, aborrecimiento, envidia, maldad, inhumanidad, dureza.*

carilla

SIN. Careta, máscara, antifaz, plana, página, hoja, cuartilla, folio, cara, anverso, reverso.

cariño

SIN. Afecto, voluntad, amor, efusión, bienquerencia, pasión, estimación, querer, afectividad, afectuosidad, ternura, intimidad, enamoramiento, caricia, lisonja, halago, mimo, afición, apego, inclinación, amistad, benevolencia, dilección, devoción, predilección, adhesión, complacencia, gusto, solicitud, dulzura, cuidado, celo, entusiasmo, interés, afabilidad, preferencia, favoritismo, armonía, confidencia.

ANT. *Odio, aborrecimiento, aversión, malquerencia, desamor, enemistad, hostilidad, malevolencia, inquina.*

cariñoso

SIN. Afectuoso, amoroso, tierno, benévolo, mimoso, halagador, afectivo, amable, dulce, lisonjero, amistoso, amigable, fraterno, maternal, fraternal, válido, privado, predilecto, preferido, atento, cortés, zalamero, enamorado, acariciador, efusivo, expansivo, acogedor, querendón *(Amér.)*, caricioso, entrañable, cordial.

ANT. *Brusco, huraño, antipático, odioso, descariñado.*

caritativo

SIN. Humano, filántropo, filantrópico, compasivo, desprendido, generoso, virtuoso, ejemplar, altruista, liberal, humanitario, bondadoso, limosnero, bueno, santo, bendito, paternal, providente, benevolente, desinteresado.

ANT. *Malvado, cruel, inhumano, inclemente, intolerante, hostil, resentido, rencoroso.*

cariz

SIN. Aspecto, traza, facha, cara, pinta, aire, actitud, fisonomía, característica, sello, marca, estilo, indicio.

carlanca

SIN. Picardía, roña, maula, astucia, malicia, pillería, fastidio, lata, monserga, collar, correa, cinto, molestia, inoportunidad.

ANT. *Seriedad, honradez, amenidad.*

carlanca

Amér.

SIN. Grillete, anilla, argolla, cepo, grillos, hierros, esposas.

carmelita

SIN. Carmelitano.

carmen

SIN. Quinta, huerto, jardín, orden.

carmenador

SIN. Batidor, peine, peinilla, alisador, escarpidor, jaquero.

carmesí

SIN. Rojo, escarlata, cárdeno, carmesín, carmesino, cármeso.

carnaval

SIN. Carnestolendas, antruejo, entruejo, carnal, farsa, mascarada, jolgorio, regocijo, alegría, fiesta, bullicio, orgía, desbarajuste.

ANT. *Seriedad, severidad, tristeza, duelo.*

carnicería

SIN. Mortandad, destrozo, mortaldad, hecatombe, catástrofe, escabechina, degollina, matanza, matadero, carnecería.

ANT. *Paz, orden, armonía, concordia.*

carnicero

SIN. Carnívoro, cruel, sanguinario, matarife, desollador, cortador, jifero, tripero, tocinero, criojero, destazador, inhumano, sanguinoso, feroz, verdugo, asesino, homicida, sádico, sangriento, bárbaro.

ANT. *Compasivo, bueno.*

caro

SIN. Amado, querido, estimado, entrañable, adorado, idolatrado, costoso, gastoso, preciado, subido, exorbitante, valioso, penoso, dificultoso, dispendioso, carillo, insume, precioso, inapreciable, dilecto.

ANT. *Odiado, aborrecido, detestado, barato, rebajado, asequible, desagradable.*

caroca

SIN. Arrumaco, carantoña, gatería, zalamería, mimo, lisonja, candonga.

caroncho

SIN. Caronjo, carcoma.

carpa

Amér.

SIN. Entoldado, tenderete, toldo, cubierta, techo, tendal, tapacete, enramado.

carpanta
SIN. Pereza, flojera, dejadez, galbana, vagancia, holgazanería, haraganería, gandulería, hambre.
ANT. *Aplicación, diligencia, actividad, desgana, saciedad, hartura.*

carpeta
SIN. Cubierta, cobertura, forro, tapa, cartapacio, vade, vademécum, portapliegos, cartera, cuaderno, legajo, pliego, sobre, cortina, cortinaje, colgadura, tapiz, paño, manta.

carpintero
SIN. Ebanista, listonero, maderero, fustero, tablajero, tallista, tornero, torneador, calafate, haladrero, portaventanero, fijador, ensamblador.

carraca
SIN. Matraca, zumba, burla, carraco, carral, trasto, artefacto, armatoste, cachivache, chisme, cacharro, vejestorio, carcamal, cataplasma, emplasto, embarcación, astillero.

carral
SIN. Tonel, pipa, barril, bocoy, barrica, tonelete, pipote, cuba.

carrasqueño
SIN. Bronco, duro, áspero, carraspeño, hoscoso, aspérrimo, basto, riguroso.
ANT. *Suave, delicado, blando, dulce.*

carrera
SIN. Estado, profesión, estudio, licenciatura, dedicación, curso, recorrido, camino, trayecto, corrida, carrerilla, correteo, huida, espantada, persecución, velocidad, rodaje, movimiento, apuesta, competición, pugna, prueba, lucha, sistema, medio, procedimiento, hilera, crencha, línea, fila.
ANT. *Reposo, inactividad, freno, quietud, pausa, lentitud.*

carretilla
SIN. Carreta, carretón, volquete, pintadera, quijada, mandíbula, memoria, costumbre, rutina.

carril
SIN. Huella, surco, andén, rodera, riel, raíl, vía, ferrocarril, releje, carrilera, camino, rastro, estela, ceriballo, carrilada.

carrillo
SIN. Moflete, mejilla, mollete, cachete, buchete, pómulo, hoyo, hoyuelo, juanete.

carro
Amér.
SIN. Coche, automóvil, auto, vehículo, carruaje, descapotable.

carroño
SIN. Podrido, carroña, corrompido, carroñoso, pútrido, putrefacto, carro, caronchoso, deshecho.
ANT. *Puro, incorrupto.*

carruaje
SIN. Coche, vehículo, carro, tartana, carroza, carreta, diligencia, tranvía, ferrocarril, carricoche, carruco.

carta
SIN. Misiva, despacho, esquela, saludo, circular, comunicado, anónimo, postal, mapa, naipe, mensaje, escrito, epístola, encíclica, minuta.

cartilla
SIN. Catón, abecedario, cuaderno, libreta, añalejo, abecé.

casa
SIN. Residencia, dirección, domicilio, edificio, apartamento, piso, construcción, hogar, techo, lar, mansión, morada, vivienda, habitación, descendencia, linaje, estirpe, casta, solar, blasón, prosopia, progenie, cepa, empresa, firma, sociedad, compañía, corporación, consorcio, asociación, agrupación, entidad, comercio.

casamiento
SIN. Boda, enlace, unión, matrimonio, nupcias, esponsales, connubio, levirato, desposorios, velación, coyungio, coyunda, vínculo, desposar, enlazar.
ANT. *Soltería, divorcio, separación.*

casar
SIN. Unir, juntar, ligar, encajar, yugar, enlazar, reunir, armonizar, coincidir, enmaridar, desposar, matrimoniar, maridar.
ANT. *Separar, divorciar, repudiar.*

cascar
SIN. Romper, quebrantar, cascamajar, fragmentar, machacar, pulverizar, machucar, rajar, agrietar, hender, abrir, zurrar, pegar, golpear,

azotar, sacudir, escachar, partir, majar, charlar, chismorrear, parlar, cotorrear.
ANT. *Acariciar, callar, silenciar.*

cascarrón
SIN. Desapacible, bronco, áspero, picajón, desabrido, esquinado, huraño, carrañón, acre.
ANT. *Apacible, suave, dulce.*

casco
SIN. Cráneo, armadura, yelmo, gálea, celada, bacinete, cimera, ventalle, pezuña, recipiente, envase, cuba, vasija, barril, barrica, tonel, botella, talento, cabeza, juicio, mente, razón, embarcación.

casero
SIN. Doméstico, familiar, hogareño, casariego, llano, sencillo, ordinario, corriente, agrícola, dueño, propietario, arrendador, administrador, arrendatario, inquilino, habitante, morador.
ANT. *Extraño, extraordinario, extravagante.*

casino
SIN. Círculo, centro, ateneo, asociación, club, sociedad, reunión, tertulia.

caso
SIN. Acontecimiento, acaecimiento, actualidad, novedad, anécdota, ocurrencia, suceso, incidente, peripecia, sucedido, evento, hecho, lance, ocasión, coyuntura, paso, tris, ejemplo, circunstancia, acaso, casualidad, accidente, oportunidad, capricho, trance, jornada, asunto, tema, proceso, sumario.

casquetada
SIN. Calaverada, gamberrada, travesura, barrabasada, trastada.
ANT. *Formalidad, sensatez, gravedad.*

casquivano
SIN. Alocado, ligero, aturdido, casquiveleto, casquilucio, irreflexivo, informal, juerguista, cascanueces, cascabel, calavera, play-boy, coqueta, fresco, frívolo.
ANT. *Formal, serio, reflexivo, triste.*

casta
SIN. Generación, especie, raza, clan, linaje, abolengo, estirpe, familia, genealogía, sociedad, tronco, variedad, consanguinidad, alcurnia, ralea, clase, calaña, catadura,

pelaje, jaez, estofa, índole, carácter, calidad, extracción, cuna, prosapia, origen.

castañetazo
SIN. Chasquido, crujido, estallido, golpe, castañetada, castañeta, castañeteo, golpazo, zambombazo.

castañuelas
SIN. Castañetas, crótalos, palillos, tarreña, postiza, tejoleta.

castidad
SIN. Pureza, limpieza, limpidez, candidez, honor, decencia, honradez, continencia, pudor, decoro, honestidad, incorrupción, virginidad, virtud, doncellez, soltería.
ANT. *Sensualidad, lujuria, impureza, indecencia.*

castigar
SIN. Mortificar, afligir, penitenciar, plagar, atormentar, martirizar, sancionar, expedientar, infligir, punir, corregir, enmendar, reprimir, enderezar, escarmentar, penar, apenar, multar, diezmar, torturar, supliciar, ajusticiar, condenar.
ANT. *Absolver, perdonar, consolar.*

castigo
SIN. Punición, corrección, apenamiento, castigación, suplicio, martirio, mortificación, angustia, tortura, aflicción, pena, sanción, escarmiento, justicia, represión, sentencia, condena, correctivo, multa, comiso, arresto, prisión, azote, catástrofe, plaga, epidemia, calamidad.
ANT. *Perdón, consuelo, amnistía, indulto, impunidad, conmutación, absolución, recompensa.*

castillo
SIN. Fortaleza, fuerte, edificio, fortificación, alcazaba, castillete, ciudadela, alcázar, almodóvar, propugnáculo, albacara.

castizo
SIN. Puro, natural, limpio, vernáculo, original, legítimo, auténtico, típico, hombre, correcto.
ANT. *Impuro, extraño, extranjero, derivado.*

casto
SIN. Honesto, puro, virtuoso, honrado, limpio, púdico, inocente, decente, incorruptible, recatado, intachable, incorrupto, inviolado, doncel, doncella, virgen.

ANT. *Sensual, deshonesto, impuro, indecoroso.*

casual
SIN. Fortuito, esporádico, volandero, contingente, imprevisto, impensado, inopinado, imprevisible, inesperado, infrecuente, nuevo, inconsecuente, inconsiguiente, eventual, accidental, incidental, ocasional, providencial.
ANT. *Previsto, pensado, esperado, esencial, fatal.*

casualidad
SIN. Azar, acaso, eventualidad, accidente, casualismo, ocasión, suerte, posibilidad, imprevisión, circunstancia, coincidencia, providencia, ventura, lance, ocurrencia, encuentro, hallazgo, carambola.
ANT. *Previsión, certeza, seguridad, fatalidad.*

cataclismo
SIN. Catástrofe, desastre, trastorno, trastornamiento, trastornadura, convulsión, hecatombe, siniestro, desgracia, adversidad, destrucción, devastación, desolación, aniquilación, estrago, hundimiento, diluvio, inundación, seísmo, terremoto, revolución.

catadura
SIN. Probación, degustación, probadura, probatura, prueba, saboreo, ensayo, examen, aspecto, facha, traza, semblante, gesto, continente, rostro, cara, pinta, presencia, porte.

catafalco
SIN. Túmulo, tarima, capilla ardiente.

catálogo
SIN. Inventario, lista, índice, registro, nomenclátor, nomenclador, nómina, nomenclatura, serie, relación, clasificación, ordenación, organización, sistematización, guía, archivo, anales, sumario, folleto, impreso, minuta.
ANT. *Desorganización.*

catar
SIN. Probar, gustar, beber, libar, relamer, saborear, ver, registrar, examinar, apreciar, juzgar, inquirir, buscar, mirar, paladear, degustar, gustar, ensayar, experimentar, tastar, catear, comprobar, apreciar.
ANT. *Despreciar.*

catarro
SIN. Resfriado, resfrío, constipado, constipación, romadizo, coriza, mormera, enfriamiento, tos, gripe, anginas.

catarsis
SIN. Purificación, limpieza, purga, purgante, evacuación.
ANT. *Suciedad.*

catástrofe
SIN. Cataclismo, desastre, hecatombe, siniestro, daño, desventura, castigo, calamidad, trastorno, convulsión, trastornamiento, trastornadura.
ANT. *Prosperidad, indemnidad.*

catatar
Amér.
SIN. Fascinar, seducir, hechizar, asombrar, maravillar, encantar, embrujar, magnetizar.
ANT. *Desencantar, desilusionar.*

cátedra
SIN. Materia, asignatura, enseñanza, disciplina, lección, conferencia, lectura, doctrina, secta, escuela, magisterio, autoridad, apostolado, asiento, aula, púlpito, clase, tribuna.

categoría
SIN. Condición, esfera, jerarquía, calidad, cualidad, autoridad, rango, calaña, sociedad, nivel, posición, clase, estado, casta, grado, clasificación, importancia, fuste, linaje, lustre, pelaje, abolengo, prez.
ANT. *Vulgaridad, mediocridad.*

categórico
SIN. Absoluto, concluyente, decisivo, terminante, imperioso, definitivo, imperativo, inapelable, urgente, rotundo, fulminante, indiscutible, evidente, convincente, contundente, dogmático, claro, preciso, seguro, explícito, exacto, obvio, patente, tajante, elocuente, manifiesto.
ANT. *Equívoco, apelable, discutible, relativo, evasivo, indeterminado, inexacto, oscuro, problemático, incierto, indeciso.*

catequizar
SIN. Atraer, persuadir, convencer, iniciar, conquistar, impresionar, seducir, fascinar, aconsejar, ganar, instruir, cristianizar, adoctrinar, catolizar, evangelizar, predicar.
ANT. *Despreciar, disuadir.*

caterva

SIN. Multitud, muchedumbre, gentío, taifa, cuadrilla, banda, cáfila, sinnúmero, infinidad, tropel, cardumen, porrada, revoltijo, abundancia, montón, desorden, confusión, plebe, chusma, canalla, turba.
ANT. *Escasez, soledad, desbandadato.*

cateto

SIN. Paleto, lugareño, rústico, isidro, palurdo, bobalicón, bobo, vulgar, necio, burdo, chabacano, rudo, bruto, grosero, leño, inocente, aldeano, zambombo, zamarro.
ANT. *Inteligente, culto, urbano, elegante, cortés.*

catingoso

Amér

SIN. Maloliente, cochambroso, hediondo, pestilente, fétido, nauseabundo.
ANT. *Perfumado, aromático, limpio.*

catoche

SIN. Mal humor, desagrado, irritabilidad.
ANT. *Optimismo, amabilidad, alegría.*

cauce

SIN. Álveo, lecho, madre, calce, canal, conducto, zanjón, cubil, badén, carcavón, caja, cóncava, rambla, torrentera, cuenca, vertiente, barranco, rehoyo, arroyo, camino, zanja, robadizo, surco, quiebra, quebrada, abertura, tragante, cloaca, acueducto, desagüe, curso, cariz, dirección.

caución

SIN. Prevención, precaución, cautela, previsión, prudencia, reserva, garantía, fianza, abono, adelanto, crédito, prenda.
ANT. *Imprevisión, descuido.*

caudal

SIN. Dinero, capital, fortuna, hacienda, bienes, patrimonio, propiedad, riqueza, opulencia, peculio, recursos, acopio, fondos, haber, tesoro, abundancia, cantidad, acumulación, torrente, aprecio, estima.
ANT. *Escasez, pobreza, penuria.*

caudillaje

Amér.

SIN. Caciquismo, despotismo, tiranía, dominio, influencia, abuso, dominación.

ANT. *Democracia, libertad.*

caudillo

SIN. Jefe, director, presidente, cabeza, adalid, guía, paladín, capitán, líder, acaudillador, campeón, cónsul, gobernador, duce, césar, señor, superior, rector, ductor, caporal, arráez.
ANT. *Subordinado.*

cauque

SIN. Astuto, sagaz, torpe, inhábil.
ANT. *Hábil.*

causa

SIN. Motivo, origen, principio, porqué, pretexto, objeto, intento, móvil, fuente, fundamento, manantial, razón, génesis, nacimiento, fundamento, base, agente, cimiento, circunstancia, hecho, finalidad, incógnita, quid, título, interés, motor, madre, factor, determinación, presuposición, agente, autor, responsable, artífice, elemento, causal, causalidad, moción, proceso, pleito, sumario, caso, litigio, ideal, empresa, doctrina, partida, bandera.
ANT. *Efecto, consecuencia, resultado.*

causar

SIN. Producir, originar, ocasionar, provocar, determinar, crear, engendrar, criar, traer, acarrear, aportar, parir, irrogar, suscitar, hacer, obrar, formar, encender, principiar, germinar, emanar, generar, incitar, repercutir, implicar, atribuir, imputar, motivar.
ANT. *Encubrir, disculpar.*

cáustico

SIN. Corrosivo, quemante, corroyente, abrasador, ácido, abrasivo, incisivo, mordiente, revulsivo, acre, mordicante, epispástico, satírico, agresivo, mordaz, irónico, incisivo, agudo, punzante, maligno, pérfido, duro, hostil, sutil, enconado.
ANT. *Dulce, amistoso, generoso, torpe.*

cautela

SIN. Precaución, reserva, circunspección, recato, moderación, prudencia, miramiento, temor, recelo, sospecha, disimulo, caución, previsión, astucia, habilidad, sutileza, maña, argucia, celo, alerta.
ANT. *Sinceridad, franqueza, inhabilidad, imprudencia, sencillez, ingenuidad.*

cautelar

SIN. Prevenir, precaver, recelar, temer, inquietar, cuidar, evadir, disimular, vigilar, acechar, guardar, atisbar, celar, precautelar, caucionar, soslayar.
ANT. *Descuidar, distraer, despreocuparse.*

cautivar

SIN. Apresar, prender, aprisionar, capturar, aprehender, encadenar, esclavizar, detener, cazar, atraer, seducir, fascinar, hechizar, encantar, domar, dominar, someter, ganar, captar, extasiarse, embelesar.
ANT. *Libertar, repeler, repugnar, rechazar, desencantar, aburrir.*

cautiverio

SIN. Cautividad, esclavitud, encarcelamiento, prisión, arresto, aprisionamiento, internamiento, sujeción, detención, calabozo, sumisión.
ANT. *Libertad, liberación.*

cautivo

SIN. Aprisionado, sujeto, encadenado, apresado, esclavizado, prisionero, preso, esclavo, sometido, confinado, dependiente, sojuzgado, rehén, víctima, encerrado, encarcelado, custodiado, escoltado.
ANT. *Libre, absuelto, salvo, emancipado, libertado, amnistiado.*

cauto

SIN. Circunspecto, previsor, precavido, cauteloso, prudente, providente, reservado, recatado, astuto, sagaz, desconfiado.
ANT. *Sincero, despreocupado, imprudente, ingenuo.*

cavar

SIN. Ahondar, penetrar, azadonar, entrecavar, zahondar, excavar, perforar, abrir, desterronar, desenterrar, socavar, pensar, meditar, profundizar, reflexionar.

caverna

SIN. Gruta, cueva, concavidad, cavernidad, cavernosidad, socavón, albergue, guarida, salamanca, cubil, covacha, antro.

cavernoso

SIN. Bronco, profundo, sordo, opaco, oscuro, áspero, apagado, ronco, lúgubre, hondo, sepulcral, profundo, sórdido, recóndito, escondido.
ANT. *Suave, diáfano, sonoro, claro, brillante.*

cavia

SIN. Alcorque, excavación, cavidad, conejillo.

cavilar

SIN. Pensar, reflexionar, discurrir, meditar, razonar, profundizar, repensar, rumiar, descalabrarse, reconcentrarse, ensimismarse, abstraerse, abismarse, calcular, examinar, contemplar, preocuparse.
ANT. *Despreocuparse, distraerse.*

cayado

SIN. Bastón, cayata, cayada, tranca, cachava, palo, garrota, vara, váculo, muleta.

cazurro

SIN. Callado, silencioso, receloso, sigiloso, reservado, cauteloso, cerrado, taciturno, intratable, socarrón, introvertido, insociable, chiticalla, astuto, zorro, gazapo, malo, perverso, vicioso.
ANT. *Sociable, extrovertido, comunicativo, torpe.*

cebar

SIN. Alimentar, fomentar, engrasar, sainar, sobrealimentar, engrosar, hinchar, henchir, comer, colmar, engullir, engolosinar, atraer, halagar, engordar, animar, alentar, penetrar, atizar, disponer, fomentar, abusar, encarnizarse, vengarse, ensañarse.
ANT. *Adelgazar, repeler, desalentar, perdonar.*

cebo

SIN. Carnada, carnaza, güeldo, cebique, alimento, carnadura, comida, cebadura, señuelo, atractivo, aliciente, atracción, imán, tentación, anzuelo, seducción, reclamo, trampa, fomento, estímulo, pábulo, cefo, incentivo, explosivo.
ANT. *Repulsión, repugnancia, desaliento.*

ceder

SIN. Transferir, traspasar, transmitir, enajenar, entregar, abandonar, desistir, dejar, agachar *(Amér.)*, dar, trasladar, endosar, acceder, conceder, aceptar, tolerar, aprobar, avenir, capitular, entregarse, inclinarse, renunciar, sucumbir, humillarse, permitir, resignarse, transigir, consentir, asentir, condescender, pactar, flaquear, cejar, aflojar, claudicar, cedacear, rendir, retirarse, someter, doblegar, inclinar, mitigar, aminorar, disminuir, ablandar, cesar, amainar, aplacarse.

ANT. *Tomar, recibir, negar, rehusar, quitar, aumentar, redoblar, insistir.*

cegama

SIN. Cegato, cegarra, miope, cegajoso, cegatoso, cegarrita.

cegarse

SIN. Obcecarse, exasperarse, chiflarse, ofuscarse, deslumbrarse, empeñarse, alucinarse, encastillarse, encandilarse, engañarse, ilusionarse, enceguecer, ensombrecerse, nublarse, apagarse, entenebrecer, eclipsarse, extinguirse.
ANT. *Ceder, desilusionarse, iluminar, clarear, alumbrar.*

ceguedad

SIN. Ceguera, invidencia, ablepsia, amaurosis, secagrafía, alucinación, ofuscación, ofuscamiento, obcecación, exasperación, empeño, extravío, turbación, deslumbramiento, encandilamiento, hechizo, encantamiento.
ANT. *Vista, claridad, razón, acierto, realidad.*

cejar

SIN. Ceder, flaquear, aflojar, abandonar, transigir, dejar, permitir, recejar, consentir, recular, retroceder.
ANT. *Insistir, mantenerse, machacar, avanzar.*

cejijunto

SIN. Ceñudo, cejunto, cejudo, absorto, pensativo, inquieto, enfadado.
ANT. *Alegre, abierto, despreocupado.*

celada

SIN. Emboscada, fraude, engaño, trampa, acechanza, asechanza, astucia, manganilla, zalagarda, estratagema, encrucijada, artificio, disimulo, artimaña, engañifa, truco, argucia, ardid, red, cebo, zancadilla, casco, crestón.

celaje

SIN. Ventana, claraboya, presagio, anuncio, indicio, comienzo, principio, pródromo, celajería, nubosidad, nube, nebulosidad, vaquedad, semitransparencia, tul.
ANT. *Seguridad, diafaneidad.*

celar

SIN. Velar, cuidar, atender, esmerar, perfeccionar, preocuparse, superar, acechar, atisbar, espiar, vigilar, observar, camuflar, encubrir, tapar, ocultar, disimular, grabar, esculpir, tallar, encelar, dar celos, amartelar.
ANT. *Descuidar, confiar, descubrir.*

celda

SIN. Conventos, aposento, cárceles, calabozo, cámara, camarote, celdilla, casilla, célula, aislamiento, encierro.
ANT. *Libertad, mundo.*

celdilla

SIN. Nicho, célula, casilla, camarote.

celebrar

SIN. Elogiar, encomiar, alabar, ensalzar, cantar, encarecer, glorificar, aplaudir, enaltecer, exaltar, aclamar, ovacionar, reverenciar, loar, honrar, honrar, vitorear, pregonar, proclamar, solemnizar, venerar, verificar, conmemorar, festejar, rememorar, recordar, santificar, decir misa, consagrar, oficiar.
ANT. *Rebajar, humillar, mortificar, vilipendiar.*

célebre

SIN. Famoso, renombrado, ilustre, celebérrimo, acreditado, popular, notorio, respetado, memorable, distinguido, glorioso, notable, chistoso, gracioso, ingenioso, divertido, ocurrente, donoso, entretenido, agudo, chocante.
ANT. *Desconocido, impopular, aburrido.*

celebridad

SIN. Fama, renombre, aplauso, reputación, popularidad, boga, moda, notoriedad, consideración, aceptación, influencia, lustre, honor, prestigio, categoría.
ANT. *Anónimo, incógnito.*

célere

SIN. Pronto, rápido, veloz, ligero, activo, vivaz, raudo, desenfrenado, desbocado, vertiginoso, volador, alípede, alígero, impígero, acucioso.
ANT. *Lento, pausado, calmoso, tardo, despacioso.*

celeridad

SIN. Rapidez, velocidad, prontitud, diligencia, presteza, actividad, vivacidad, alacridad, ligereza, vuelo, apresuramiento, desenfreno, carrera, impetuosidad, prisa, presura, festinación, instantaneidad, apremio.

ANT. *Lentitud, tardanza.*

celestial
SIN. Celeste, célico, paradisíaco, seráfico, beatífico, deífico, santo, empíreo, olímpico, glorioso, sobrecelestial, divino, encantador, subyugador, atractivo, etéreo, dichoso, perfecto, delicioso, agradable, excelente, bobo, tonto, inepto, torpe, insubstancial, vano.
ANT. *Infernal, terrenal, desagradable, repugnante, repelente, inteligente, hábil.*

celestina
SIN. Alcahueta, encubridora, tercera, comadre, trotaconventos, encandiladora, cobertera, corredera, lena, cobejera, encandiladera, proxeneta, zurcevoluntades.
ANT. *Honrada, decente.*

celo
SIN. Cuidado, ardor, entusiasmo, diligencia, asiduidad, constancia, perseverancia, atención, actividad, esfuerzo, interés, anhelo, pasión, trabajo, afán, ahínco, eficacia, sospecha, duda, emulación, envidia, rivalidad, celosía, celotipia, líbido, atracción, sexualidad, injuria, apetito, deseo, recelo.
ANT. *Indiferencia, abulia, desinterés, frialdad, abandono, negligencia.*

celosía
SIN. Celos, celera, desconfianza, duda, envidia, sospecha, vivalidad, emulación, cencelo, celotipia, pasión, amor, excitación, angustia, turbación, reserva, discreción, oscuridad, enrejado, persiana, reja, rejilla, mirilla, corredera, mampara, cierre, canal, rejuela, alambrera, verja, cancela.
ANT. *Luminosidad, discreción.*

cémbalo
SIN. Clavicordio, clave, clavicimbano, clavicimbalo, clavicémbalo.

cementerio
SIN. Camposanto, necrópolis, fosal, cimenterio, sacramental.

cenacho
SIN. Espuerta, capacho, cesto, cesta, capaza, capazo, cebero, sera, serón.

cenador
SIN. Emparrado, glorieta, quiosco, cenadero, galería, pérgola, templete, marquesina, veranda, pabellón, umbráculo, cobertizo.

cenagal
SIN. Barrizal, fangal, leganal, lodazal, lodazar, lamedal, ciénaga, tolla, atolladero, atascadero, desbazadero, cangrejal, humedal, bodonal.
ANT. *Páramo, sequedad.*

cencellada
SIN. Rocío, escarcha, escarche, sereno, cencío.

cenceño
SIN. Enjuto, delgado, flaco, magro, carniseco, cimbreño.
ANT. *Gordo.*

cencerro
SIN. Cencerra, zumba, aljaraz, esquila, changarra, bozal, changarro, campana, carlanca.

cenit
SIN. Zenit, culminación, altura, cima, perfección, prosperidad.
ANT. *Nadir, depresión, penuria.*

cenobita
SIN. Anacoreta, eremita, monje, fraile, retirado, solitario, ermitaño, monástico, asceta, misántropo, huraño.
ANT. *Mundano, sociable.*

censo
SIN. Tributo, gravamen, carga, impuesto, contribución, capitación, obligación, pensión, contrato, censal, canon, padrón, lista, relación, estadística, registro, catastro.

censor
SIN. Magistrado, interventor, examinador, corrector, dictaminador, verificador, escrutiñador, censurador, censurante, censorino, fiscal, murmurador, crítico, criticón, reprobador, maldiciente, reparador, reparón, malpensado.
ANT. *Protector, defensor, tutor.*

censura
SIN. Examen, juicio, crítica, criterio, discernimiento, decisión, consejo, reconocimiento, advertencia, reprobación, corrección, vilipendio, detracción, reproche, reparo, represión, regaño, repulsa, reprimenda, condena, desaprobación, rechazamiento, castigo, severidad, amonestación, murmuración.
ANT. *Aprobación, elogio, alabanza.*

censurar
SIN. Corregir, criticar, vituperar, reprobar, murmurar, juzgar, apreciar, considerar, estimar, opinar, atildar, tachar, borrar, notar, profazar, tildar, reconvenir, combatir, rechazar, sermonear, corregir, mutilar, suprimir, cercenar, prohibir.
ANT. *Aprobar, elogiar, alabar.*

centella
SIN. Chispa, rayo, cohete, velocidad, exhalación, fucilazo, fusilazo, chiribita, charamusca, centella.
ANT. *Lentitud, obscuridad.*

centellear
SIN. Brillar, chispear, relumbrar, resplandecer, relucir, lucir, llamear, fosforescer, centellear, fulminar, fulgurar, relampaguear, chisporrotear, parpadear.
ANT. *Apagar, deslucir.*

centelleo
SIN. Chispeo, brillo, chisporroteo, relampagueo, luminosidad, resplandor, titilación, irradiación, cintilación.
ANT. *Oscuridad, apagamiento.*

centinela
SIN. Escucha, guaita, guardián, guarda, relevo, observador, vigía, rondín, soldado, vigilante, custodio, celador, ronda, posta, plantón, vigilia, imaginaria, acecho, vigilancia, observación, vela.

ceñir
SIN. Apretar, rodear, acinturar, abrazar, abarcar, envolver, recoger, comprender, enzunchar, encorrear, bordear, fajar, encorsetar, atar, sujetar, cinchar, comprimir, estrechar, oprimir, cercar, ajustar, cerrar, abreviar, reducir, compendiar, receñir, restringir, sujetarse, atenerse, amoldarse.
ANT. *Aflojar, desceñir, desfajar, desatar, ampliar, salirse.*

ceñudo
SIN. Ceñoso, capotudo, turnio, adusto, cejijunto, enfurruñado, disgustado, malhumorado, torvo, destemplado, cabizcado, abatido, hosco, arisco, huraño, preocupado, amenazador.
ANT. *Despreocupado, afable, alegre.*

cepa
SIN. Origen, raíz, nacimiento, principio, linaje, tronco, raza, estirpe, casta, prosapia, sangre, arranque,

partida, vid, tocón, zoca, parrón.

cepo

SIN. Trampa, lazo, celada, emboscada, ratonera, añagaza, asechanza, encerrona, sorpresa, ardid, cefo, losilla, orzuelo, cebo.

ceporro

SIN. Torpe, rudo, porro, tardo, topo, monote.
ANT. *Fino, hábil.*

cerasta

SIN. Víbora, cerastas, ceraste, serpiente.

cerca

SIN. Valla, seto, tapia, estacada, vallado, empalizada, barrera, palizada, muro, cercanía, cercado, cierre, varaseto, próximo, cercano, inmediato, limítrofe, junto, vecino, contiguo, adyacente, cerquita, cabe, junta.
ANT. *Lejos, remotamente.*

cercanía

SIN. Inmediación, proximidad, acercamiento, aproximación, aposición, inminencia, arrimo, aducción, aprontamiento, abocamiento, parecido, semejanza, propincuidad, alrededor, contorno, aledaño, vecindad, extramuros, arrobal, suburbios, acceso, unión, confinidad, cerca.
ANT. *Lejanía, alejamiento, desigualdad.*

cercar

SIN. Tapiar, vallar, murar, circunvalidar, circunvalar, circuir, circundar, sitiar, asediar, acorralar, recercar, cerrar, amurallar, acordonar, acordelar, encerrar, abrazar, bordear, ceñir, rodear, valladear.
ANT. *Abrir, descercar.*

cercenar

SIN. Cortar, acortar, abreviar, reducir, disminuir, amputar, camochar, seccionar, talar, podar, extirpar, quitar, suprimir, retajar, circundar, rebanar, sajar, trocear, bisear, dividir, tronchar, partir.
ANT. *Aumentar, acrecentar, añadir, ampliar.*

cerciorar

SIN. Asegurar, certificar, corroborar, afirmar, acreditar, convalidar, reiterar, confirmar, verificar, apoyar, revalidar.
ANT. *Dudar, vacilar, ignorar.*

cerco

SIN. Sitio, asedio, asalto, cercamiento, abrazo, aislamiento, incomunicación, marco, aureola, círculo, valla, perímetro, contorno, recinto, corro, aro, corrillo, ceño, anillo, circunferencia, circuito, ojeras, ataderas, ceñidor.
ANT. *Desbloqueo.*

cercha

SIN. Cimbra, cerchón.

cerdo

SIN. Verraco, cochinillo, cebón, verriondo, verrón, guarro, marrano, cochino, puerco, sucio, desaseado, gorrino, gocho, cocho, tunco, chancho.
ANT. *Limpio, aseado.*

cerebro

SIN. Encéfalo, celebro, cerebelo, sustancia gris, meollo, seso, juicio, mente, intelecto, inteligencia, sesera, razón, cabeza, capacidad, ingenio, talento, cacumen, pensamiento, fósforo, entendederas, raciocinio, numen.
ANT. *Demencia, incapacidad, incomprensión, torpeza, acefalia, irreflexión, embrutecimiento.*

cereceda

SIN. Cerezal, cerezo.

ceremonia

SIN. Pompa, aparato, solemnidad, etiqueta, protocolo, celebridad, rulérico, conmemoración, culto, honores, cortesía, ademán, maneras, afectación, formas, estiramiento, ceremonial, gala, lujo, fiesta, celebración.
ANT. *Sencillez, naturalidad.*

ceriballo

SIN. Rastro, huella, vestigio.

cerner

SIN. Observar, examinar, sostenerse, sobrevolar, planear, mantenerse, amenazar, pender, depurar, refinar, limpiar, purificar, afinar, cernir, cribar, filtrar, colar, pasar, tamizar, purgar, desbrozar, segregar.

cernícalo

SIN. Ignorante, rudo, tosco, basto, zoquete, ordinario, abrutado, nazas, porro, topo, monote, tardo, halcón, borrachera, cogorza.
ANT. *Culto, fino, hábil.*

cerondo

SIN. Maduro, cerollo, zorollo, ceriondo, seruendo, camuliano, hecho.

cerote

SIN. Miedo, temor, perturbación, espanto, pavor, canguelo, canguis, jindama.
ANT. *Valentía.*

cerrado

SIN. Ocluido, tapado, cerradizo, obstruido, tabicado, tapiado, cegado, lacrado, sellado, encerrado, hermético, abotonado, acerrojado, atrancado, encajado, clausurado, concluido, reservado, introvertido, tímido, discreto, moderado, disimulado, solitario, silencioso, mudo, taciturno, ceñudo, misterioso, torpe, incapaz, obtuso, negado, inhábil, topo, monete, porro, tardo, nublado, nuboso, encapotado, cubierto, tempestuoso, cargado, gris, cercado, tapia, valla, vallado, barbal.
ANT. *Abierto, expansivo, locuaz, extrovertido, comunicativo, capaz, hábil, despejado, claro.*

cerrar

SIN. Acometer, arremeter, embestir, impedir, barricar, cicatrizar, atacar, tapar, cegar, obturar, obstruir, clausurar, atrancar, incomunicar, ocluir, obliterar, sellar, candar, acerrojar, atrancar, tranquear, tapiar, tabicar, tupir, obstaculizar, aislar, cercar, envolver, enclaustrar, ultimar, terminar, finir, cesar.
ANT. *Abrir, comenzar, continuar, descerrajar.*

cerril

SIN. Montaraz, cerrero, bravío, arisco, huraño, rústico, grosero, ordinario, escabroso, áspero, indomado, tosco, tocho, bronco, charro, agreste, torpe, obtuso, negado, descortés.
ANT. *Fino, cortés, cultivado.*

cerro

SIN. Montículo, montecillo, cota, altozano, espinazo, alcor, loma, colina, monte, elevación, cerrazón, altillo, otero, collado.
ANT. *Depresión, llanura, valle, sima.*

certamen

SIN. Concurso, justa, suiza, oposición, función, feria, concurrencia, auditorio, concentración, espectáculo, velada, desafío, disputa, torneo, pelea, batalla, duelo, reto, lucha, muestra, manifestación, exhibición, presentación.

certero

SIN. Diestro, acertado, seguro, sabedor, cierto, hábil, diestro, preciso, exacto, firme, fijo, justo, clavado, infalible, noticioso, incontrastable, terminante, contundente, evidente, oportuno, sólido, indefectible, axiomático, palpable.

ANT. *Vacilante, inseguro, impreciso, desacertado, falible, equívoco, relativo.*

certeza

SIN. Certidumbre, evidencia, certinidad, certitud, certidad, convicción, seguridad, convencimiento, verdad, autenticidad, exactitud, indefectibilidad, confianza, conciencia, conocimiento, creencia, solidez, precisión, claridad, puntualidad, estabilidad, fijeza.

ANT. *Duda, incertidumbre, interrogación, vaguedad, perplejidad, vacilación, dilema, desconfianza, engaño, incerteza, inexactitud.*

certificar

SIN. Adverar, asegurar, afirmar, aseverar, confirmar, afianzar, responder, atestar, autentificar, refrendar, cerciorar, validar, documentar, testimoniar, testificar, legitimar, legalizar, ratificar, acreditar, comprobar, visar, declarar, atestiguar, deponer, autorizar, patentizar, identificar, corroborar, manifestar, justificar.

ANT. *Negar, controvertir, invalidar, contradecir, vacilar.*

cerval

SIN. Cervuno, cervario, horrible, espantoso, miedoso, temeroso.

ANT. *Valeroso, animoso.*

cerviz

SIN. Cogote, nuca, morrillo, cuello, pestorejo, cocote, cerviguillo, tozuelo, cervical.

cesar

SIN. Acabar, finalizar, terminar, concluir, suspender, suprimir, extinguir, morir, retirar, despedir, separar, interrumpir, dejar, vacar, echar, abandonar, dimitir, renunciar, cejar, ceder, romper, quebrar, parar, cortar, despachar, paralizar, amainar, salir, remitir, pasar, escampar, aclarar, ciar.

ANT. *Continuar, reanudar, sostener, comenzar, trabajar.*

cesión

SIN. Renuncia, abandono, entrega, donación, dejación, traspaso, traspasación, transmisión, concesión, enajenación, enfiteusis, endoso, préstamo, arrendo, transferencia.

ANT. *Retención.*

cespitar

SIN. Vacilar, titubear, dudar, titubar, oscilar, fluctuar.

ANT. *Asegurar.*

cesta

SIN. Cesto, cestaño, canasto, canasta, escriño, espuerta, capacho, cestón, canastillo, canastilla, cestilla, panera, cofín, sera, serón, jaba, talega, nasa, cabás.

cibiaca

SIN. Parihuela, angarillas, andas.

cicatero

SIN. Ruin, miserable, tacaño, mezquino, roñoso, avaro, rapaz, sórdido, limitado, escaso, parco, pichicato *(Amér.)*, agarrado, cutre, manicorto, estíptico.

ANT. *Generoso, espléndido, pródigo, gastador, despilfarrador.*

cicatriz

SIN. Huella, señal, sutura, escara, chirlo, ramalazo, botadura, corto, grieta, surco, marca, cosido, punto, cicatrícula, chirlo, botana, escara, costurón, rastro, sensación, recuerdo.

ANT. *Obliteración, olvido.*

cicatrizado

SIN. Cerrado, sanado, curado, seco, calmado, olvidado, suavizado, pasando, aplacado.

ANT. *Fresco, abierto, presente, vigente.*

cicerone

SIN. Acompañante, guía, intérprete, guiador, baquiano, instructor, asesor, preceptor, lazarillo, experto, técnico, entendido, conocedor.

ANT. *Ignorante.*

ciclón

SIN. Huracán, torbellino, vendaval, tornado, galerna, tifón, tormenta.

ANT. *Calma, amaine.*

ciego

SIN. Invidente, cegajoso, cegama, cegato, cegarra, anublado, miope, ofuscado, alucinado, loco, apasionado, deslumbrado, obcecado, vehemente, cegado, atascado, taponado, cerrado, obstruido.

ANT. *Vidente, prudente, cuerdo, desatascado.*

cielo

SIN. Firmamento, atmósfera, esfera, bóveda celeste, clima, tiempo, zodíaco, éter, alturas, paraíso, edén, gloria, olimpo, nirvana, beatitud, éxtasis, salvación, paz, eternidad, felicidad.

ANT. *Tierra, abismo, infierno, pecado, condenación, infelicidad.*

ciempiés

SIN. Barbaridad, desatino, disparate, dislate, desvarío, burrada, insensatez, desbarro, cientopiés, sabandija, miriápodo.

ANT. *Sensatez, acierto.*

ciénaga

SIN. Barrizal, fangal, cenagal, lodazal, pantano, lodazar, barrero, humedad, tolla, tollo, atolladero, atascadero.

ciencia

SIN. Erudición, sabiduría, saber, habilidad, maestría, omnisciencia, conocimiento, disciplina, dogma, dogmatismo, enciclopedismo, estudio, teoría, verdad, enseñanza, facultad.

ANT. *Incultura, ignorancia, desmaño, inexperiencia.*

cieno

SIN. Lodo, barro, fango, gacha, broza, sedimento, pecina, reboño, enruna, cargadal, lama, horruna, deshonor, vicio, descrédito.

ANT. *Virtud.*

cierto

SIN. Indudable, seguro, verdadero, efectivo, real, claro, visible, elemental, manifiesto, indubitable, palpable, evidente, positivo, auténtico, incuestionable, indefectible, infalible, irrefutable, innegable, indiscutible, incencurso, inatacable, inopinable, incontrastable, axiomático, fijo, categórico, dogmático, matemático, determinado, exacto, concluyente, oficial, histórico, alguien, alguno.

ANT. *Dudoso, incierto, discutible, equívoco, relativo, inseguro, inexacto, nadie.*

cifra

SIN. Guarismo, número, signo, símbolo, sigla, abreviatura, suma, cantidad, monograma, emblema, alguarismo, cifrado, clave, cliptografía.

cifrar

SIN. Reducir, compendiar, resumir,

abreviar, limitar, numerar, ansiar, anhelar, desear, aspirar, traducir, transcribir.
ANT. *Ampliar, divulgar, despreciar, descifrar.*

cigala
SIN. Cigalo, cigallo, langostino, langostín, gamba, cangrejo, camarón, crustáceo.

cigarrería
Amér.
SIN. Estanco.

cima
SIN. Cumbre, cúspide, cénit, punta, pico, picacho, picota, remate, aguja, cresta, copete, coronación, ápice, cúpula, vértice, fin, término, terminación, culmen, culminación, apogeo, máximo, superioridad.
ANT. *Abismo, hondonada, comienzo.*

cimborrio
SIN. Cúpula, cimberio.

cimentar
SIN. Fundar, edificar, alzar, basar, construir, consolidar, asentar, zanjar, zampear, encajonar, recalzar, establecer, fundamentar, instituir.
ANT. *Conmover, turbar, sacudir, agitar, destruir.*

cimiento
SIN. Principio, raíz, origen, fundamento, cimentación, asiento, apoyo, soporte, sostén, base, nacimiento, partida, arranque, motivo, causa, germen, semilla, fuente.

cincelar
SIN. Labrar, grabar, esculpir, tallar, burilar, repujar, punzonar, cortar, escoplear.

cinchar
SIN. Ceñir, fajar, comprimir, asegurar, envolver, rodear, circundar, circuir.

cínico
SIN. Procaz, impúdico, descarado, desvergonzado, inverecundo, descocado, desfachatado, fresco, despreciativo, despreciador, insolente, impudente, sucio, desaseado, desaliñado, desastrado, desatinado.
ANT. *Decente, casto, verecundo, reverente, vergonzoso, limpio.*

cinismo
SIN. Procacidad, impudicia, impu-

dencia, desvergüenza, desprecio, descaro, desfachatez, contumelia, impudor, inverecundia, frescura, inmoralidad, obscenidad, desaseo, suciedad, desaliño, descuido, negligencia, desatino.
ANT. *Decencia, vergüenza, pudor, reverencia, respeto, limpieza, aseo.*

cinta
SIN. Balduque, cintilla, trencilla, galón, sardineta, orla, filete, tira, banda, encaje, ribete, espiguilla, hiladillo, pineda, sujetador, trenzadera, serpentina, cordón, bincha *(Amér.)*, lazo, lazada, nudo, atadura, volante, película, filme.

cinturón
SIN. Cinto, correa, pretina, ceñidor, tirador, cincha, tahalí, cintura, faja, ventrera.

cipariso
SIN. Ciprés.

circuir
SIN. Rodear, cercar, circunvalar, circundar, valladear, envolver.

circuito
SIN. Contorno, dintorno, corona, trayecto, pista, estadio, bojeo, recinto, derredor, vuelta.

circular
SIN. Pasar, transitar, andar, pasear, deambular, caminar, discurrir, zarcear, pernear, amblar, moverse, recorrer, traspasar, atravesar, cruzar, franquear, correr, partir, marchar, salvar, propagarse, decirse, rumorearse, difundirse, folleto, octavilla, orden, notificación, comunicación, nota, carta, disposición, redondo, curvo, curvado, circunferencial, orbital.
ANT. *Reposar, quedarse, silenciar, recto.*

círculo
SIN. Circunferencia, redondez, redondel, redondón, cerco, disco, rueda, rolde, esfera, ruedo, redondo, meridiano, aro, rodaja, tejo, arillo, aureola, nimbo, lúpula, módulo, halo, circuito, ámbito, medio ambiente, sector, perímetro, periferia, dintorno, contorno, orbe, casino, centro, sociedad, club, ateneo, organismo, asociación, reunión, asamblea, tertulia.
ANT. *Recta, lineal, cuadrado.*

circunloquio
SIN. Rodeo, ambages, paráfra-

sis, circunlocución, perífrasis, requilorio, ambigüedad, giro, digresión, evasiva, desviación, indirecta, alusión, insinuación, perisología.
ANT. *Exactitud, precisión, claridad, detalle,*

circunscribir
SIN. Limitar, restringir, concretar, ceñir, amoldar, ajustar, reducir, confinar, demarcar, localizar, encerrar, cerrar, contener, circundar, cercar, circunferir, delimitar.
ANT. *Aumentar, ampliar, salirse.*

circunscripción
SIN. Demarcación, límite, delimitación, término, división, distrito, barrio, zona, región, jurisdicción, restricción, acotación, ajuste, reducción.
ANT. *Aumento, ampliación.*

circunspección
SIN. Prudencia, seriedad, cordura, decoro, mesura, gravedad, cautela, precaución, calma, reserva, discreción, atención, sensatez, juicio, formalidad, eutrapelia, comedimiento, compostura, miramiento, consideración, reserva, continencia, objetividad, equilibrio.
ANT. *Insensatez, informalidad, indiscreción, desconsideración, ligereza, aturdimiento.*

circunspecto
SIN. Grave, reservado, serio, prudente, discreto, cauteloso, cuerdo, formal, gravedoso, juicioso, mirado, remirado, mesurado, moderado, eutrapélico, comedido, parco, inexpresivo, serio, decoroso, decente, equilibrado, objetivo, precavido, advertido, respetable, venerable, sobrio.
ANT. *Insensato, indiscreto, informal, ligero, frívolo, descortés.*

circunstancia
SIN. Calidad, requisito, caso, condición, oportunidad, ocasión, situación, coincidencia, evento, acontecimiento, suceso, accidente, causa, particularidad, medio, ambiente, escena, estado, modo, lugar, clima, escenario, momento, suerte, detalle, pormenor.

circunstante
SIN. Presente, concurrente, asistente, espectador, testigo, ubicuo, presencial, público.
ANT. *Ausente.*

circunvalar
SIN. Circundar, cercar, rodear, circuir, ceñir, envolver, sitiar, encerrar.
ANT. *Salir, abrir.*

circunvecino
SIN. Próximo, contiguo, lindante, colindante, inmediato, cercano, vecino, propincuo, yuxtapuesto, adyacente, citerior.
ANT. *Alejado, distante, separado.*

cisco
SIN. Alboroto, pelotera, altercado, pendencia, riña, zambra, zipizape, bullicio, reyerta, jarana, disputa, batahola, batiburrillo, zapatiesta, trapatiesta, griterío, escandalera, carbonilla, tizo, picón, orujo, carbón, carboncillo, piñuelo.
ANT. *Paz, silencio, tranquilidad, calma.*

cisma
SIN. Desavenencia, discordia, disensión, antagonismo, repulsión, repulsa, hostilidad, desacato, rebeldía, herejía, heterodoxia, escisión, rompimiento, división, separación.
ANT. *Unidad, avenencia, concordia, acatamiento, disciplina, ortodoxia.*

cisterna
SIN. Depósito, cacimba, aljibe, tanque, pozo.

cisura
SIN. Incisión, cisión, corte, separación, rotura, hendidura, raja, saja, sajadura, sajía, abertura.
ANT. *Cierre, cicatrización.*

citar
SIN. Emplazar, avisar, convocar, requerir, llamar, advertir, notificar, apalabrar, quedar, convenir, acordar, aplazar, señalar, reunirse, aludir, nombrar, mencionar, mentar, decir, referir, contar, anotar, transcribir, enumerar, probar, demostrar, confirmar.

citote
SIN. Intimación, orden, mandato, citación, imposición, compelimiento, coerción, apremio.

ciudad
SIN. Población, capital, metrópoli, localidad, urbe, emporio, villa.

ciudadano
SIN. Vecino, avecinado, domiciliado, poblador, habitante, residente, quirite, cívico, súbdito, natural.

cívico
SIN. Civil, ciudadano, patriótico, patriota, doméstico, casero, domiciliario, urbano.

civil
SIN. Ciudadano, conciudadano, metropolitano, cívico, urbano, político, sociable, cortés, atento, afable, amable, honrado, servicial, seglar, laico, particular, paisano.
ANT. *Grosero, incivil, militar.*

civilidad
SIN. Sociabilidad, cortesía, urbanidad, civismo, educación, afabilidad, atención, honradez, patriotismo.
ANT. *Incivilidad, insociabilidad, descortesía, grosería.*

civilización
SIN. Progreso, ilustración, enseñanza, estudio, instrucción, cultura, educación, refinamiento, cortesía, adelanto, mejora, prosperidad, florecimiento, crecimiento, colonización, tradición, costumbres.
ANT. *Atraso, incultura, ignorancia, decadencia, retroceso, barbarie.*

civilizarse
SIN. Ilustrarse, refinarse, instruirse, educarse, progresar, desasuar, pulir, desarrollar, perfeccionar, prosperar, avanzar, engrandecer, europeizar, cristianizar.
ANT. *Desconocer, atrasarse, retroceder.*

cizaña
SIN. Broza, matojo, rabillo, cominillo, joyo, discordia, enemistad, disensión, desavenencia, desconcordia, disenso, divergencia, odio, hostilidad.
ANT. *Amistad, avenencia, conformidad, acuerdo.*

clamar
SIN. Llamar, gritar, gemir, sentir, year, lastimarse, condolerse, quejarse, incocar, pedir, exigir, protestar, reclamar, implorar, rogar, suplicar, exclamar, gimotear, murmurar, mendigar, desear, gruñir.
ANT. *Avenirse, conformarse, asentir, resistir.*

clamor
SIN. Lamentación, lamento, grito, queja, gemido, plañido, gimoteo, lloriqueo, clamoreo, vocerío, bulla, ruido, estruendo, cisco, rumor, clamorada, campaneo, tañido, popularidad, celebridad, fama.
ANT. *Silencio, calma, sobriedad, discreción, anonimato.*

clan
SIN. Tribu, familia, agrupación, célula, banda, partido, caterva, pandilla, camarilla, hatajo.

clandestino
SIN. Oculto, secreto, reservado, recatado, íntimo, discreto, furtivo, encubierto, anónimo, subrepticio, ilegítimo, ilegal, prohibido, encubridizo.
ANT. *Público, manifiesto, patente, pregonado, permitido, autorizado, legal.*

clarear
SIN. Amanecer, alborear, alborecer, albear, aclarar, clarecer, asomar, levantar, translucir, transparentarse, desentrañar, espaciar, atenuar.
ANT. *Atardecer, anochecer, ocultar, oscurecer, tupir.*

claridad
SIN. Claror, luz, iluminación, luminaria, brillo, resplandor, fulgor, luminosidad, brillantez, clareza, transparencia, traslucidez, nitidez, limpieza, inteligibilidad, precisión, facilidad, vislumbre, perspicuidad, perspicacia, comprensibilidad, lucidez, franqueza, desenvoltura, llaneza, espontaneidad, lisura, pureza, rotundidad, frescura, desfachatez, descaro, impertinencia, descomendimiento.
ANT. *Tinieblas, obscuridad, negrura, imprecisión, confusión, dificultad, falsedad, doblez, hipocresía, vergüenza, embarazo, comendimiento, consideración.*

clarificar
SIN. Iluminar, clarear, esclarecer, alumbrar, aclarar, limpiar, purgar, sanear, refinar, purificar, depurar, resolver, dilucidar, esclarecer, abrillantar.
ANT. *Oscurecer, confundir, complicar.*

claro
SIN. Cristalino, limpio, transparente, traslúcido, inmaculado, neto, distinto, límpido, nítido, diáfano, terso, puro, cierto, indubitable, palpable, manifiesto, visible, evidente, patente, obvio, rotundo, preciso, justo

llano, sencillo, inteligible, comprensible, legible, agudo, despierto, perspicaz, vivo, despejado, sereno, insigne, ilustre, espacio, hueco, intermedio, intervalo, alumbrado, iluminado, luminoso, lúcido, reluciente, soleado, despejado, abierto, alegre, fulgurante, fulgente, refulgente, destellante, inconsistente, fluido, flojo, ligero, aguado, aquoso, líquido, claroscuro.

ANT. *Oscuro, sombrío, triste, sucio, denso, dudoso, discutible, ilegible, ininteligible.*

clase

SIN. Categoría, condición, género, tipo, variedad, calidad, índole, carácter, idiosincrasia, naturaleza, cualidad, grado, nivel, posición, especie, calaña, guisa, jaez, ley, laya, ralea, suerte, estilo, asignatura, lección, aula, cátedra, estudio.

clasificar

SIN. Ordenar, separar, dividir, repartir, distribuir, coordinar, agrupar, catalogar, organizar, encasillar, fichar, archivar, registrar, censar, contar, metodizar, individuar, especificar, simplificar, coleccionar.

ANT. *Desorganizar, desordenar.*

claudicar

SIN. Transigir, someterse, flaquear, ceder, desistir, abdicar, abandonar, rendirse, retractarse, avenirse, apagarse, languidecer, rajarse, pactar, cejar, cojear.

ANT. *Resistirse, rebelarse, empecinarse.*

cláusula

SIN. Disposición, artículo, condición, requisito, estipulación, términos, circunstancia, norma, bases, formalidad, obligación, especificación, período, oración.

clausura

SIN. Encierro, cierre, enclaustramiento, retiro, retraimiento, aislamiento, incomunicación, reclusión, ascetismo, celda, conclusión, terminación, cese, suspensión, disolución, fin.

ANT. *Relación, mundo, inauguración, apertura.*

clava

SIN. Porra, palo, maza, estaca, basto, cachiporra, tranca, carlanca, trangallo.

clavado

SIN. Puntual, exacto, parado, fijo, adecuado, proporcionado, pintiparado, perfecto, justo, ajustado, apropiado, acertado, cabal, sujeto, empotrado, hundido, metido, incrustado, remachado, pinchado, engastado.

ANT. *Inexacto, movible, inadecuado, desproporcionado, protuberante, sobresaliente.*

clavar

SIN. Fijar, poner, introducir, meter, hincar, plantar, hundir, engastar, asegurar, enclavar, clavetear, enclavijar, pinchar, martillar, remachar, rebujar, tachonar, parar, engañar, abusar.

ANT. *Desclavar, desenclavar, sacar, quitar, soltar.*

clave

SIN. Cifra, combinación, esencia, llave, secreto, quid, solución, explicación, anagrama, compendio, emblema, elucidario, dilucidario, arco, bóveda.

clemencia

SIN. Piedad, indulgencia, perdón, misericordia, benignidad, bondad, benevolencia, merced, endolencia, condescendencia, compasión, lástima, generosidad, gracia, magnanimidad.

ANT. *Inclemencia, intransigencia, rigor, crueldad.*

clemente

SIN. Piadoso, benigno, bondadoso, magnánimo, bueno, benévolo, bienhechor, benevolente, misericordioso, indulgente, tolerante, condescendiente, compasivo, humanitario, altruista, caritativo, sentimental, sensible, perdonador, blando, comprensivo, condonante.

ANT. *Inclemente, cruel, intransigente, duro, riguroso.*

clerizón

SIN. Monacillo, monaguillo, acólito.

cliente

SIN. Parroquiano, comprador, adquiriente, consumidor, usuario, público, asiduo, feligrés, protegido, pupilo.

ANT. *Vendedor, protector.*

clister

SIN. Crister, ayuda, lavativa.

cloaca

SIN. Sumidero, alcantarilla, albañal, imbornal, pozo negro, arbollón, arbellón, gavia, vertedero, sentina.

club

SIN. Sociedad, casino, círculo, cerro, asociación, junta, asamblea, reunión, tertulia.

ANT. *Insociabilidad, soledad.*

coacción

SIN. Coerción, compulsión, apremio, constreñimiento, compelimiento, conminación, obligatoriedad, obligación, fuerza, presión, violencia, imposición, amenaza, intimación, forzamiento, opresión, rigor, influencia, chantaje, exigencia, ahogo, encerrona.

ANT. *Libertad, facilidad, soltura.*

coadjutor

SIN. Ayudante, vicario, párroco, coadyutor, coadyuvante, cooperador, colaborador, partícipe, asociado, cooperario.

ANT. *Contrario, opuesto, antagónico, contrincante, impugnador.*

coadunar

SIN. Unir, aunar, incorporar, sumar, agregar, anexar, integrar, conglomerar, mezclar.

ANT. *Separar, disgregar.*

coadyuvar

SIN. Contribuir, asistir, cooperar, ayudar, secundar, auxiliar, intervenir, colaborar, participar, conllevar, concomitar, combinar, concordar, unirse.

ANT. *Contrariar, combatir, desasistir, contrariar.*

coagular

SIN. Cuajar, espesar, solidificar, soldar, adensar, solidar, macizar, aterronar, condensar, apelmazar, engrumecer, comprimir, endurecer, helar, aglutinar, conglomerar, conglutinar, cristalizar.

ANT. *Liquidar, ablandar, deshelar.*

coágulo

SIN. Cuajarón, grumo, terrón, solidificación, sólido, trombo, cuajo, galladura, condensación, conglomerado, concreción, espesamiento, macizo, masa.

ANT. *Líquido, fluido.*

coalición

SIN. Confederación, unión, liga,

alianza, federación, asociación, consorcio, pacto.
ANT. *Separación, desunión.*

coalicionarse
SIN. Coligarse, unirse, federarse, juntarse, aliarse, confederarse, asociarse, ligarse.
ANT. *Separarse, desunirse.*

coaptar
SIN. Adaptar, ajustar, acomodar, adecuar, conformar.
ANT. *Desajustar, desadaptar.*

coartada
SIN. Alibí, excusa, justificación, coartación, escapatoria, efugio, subterfugio, estratagema.
ANT. *Acusación.*

coartar
SIN. Limitar, restringir, sujetar, evitar, impedir, obstaculizar, contener, refrenar, reprimir, cohibir, inhibir, coercer, tasar, acotar, circunscribir, demarcar, deslindar, confinar, circunferir.
ANT. *Dejar, permitir, facilitar, autorizar.*

coautor
SIN. Colaborador, cómplice, cooperario.
ANT. *Contrincante, contrario, antagonista.*

cobarde
SIN. Collón, miedoso, pusilánime, apocado, medroso, encogido, irresoluto, gallina, baboso, acoquinado, guilón *(Amér.)*, menguado, pávido, turbado, cagón, cagueta, asustadizo, temeroso, timorato, temiente, tímido, corto, apocado, vacilante, afeminado, blando.
ANT. *Valiente, viril, temerario, arrojado, bravo, osado, animoso, esforzado, gallardo, fanfarrón.*

cobardía
SIN. Miedo, apocamiento, acobardamiento, poquedad, dejamiento, timidez, pusilanimidad, irresolución, temor, collonería, blandura, flaqueza, abandono, horror, temor, pánico, desconfianza, gallinería, afeminamiento, cerote, jindama, canguelo, canguis, julepe.
ANT. *Valentía, arrojo, agallas, heroísmo, temeridad, temple, ánimo, impavidez.*

cobertera
SIN. Cubierta, cobertura, alcahueta, celestina, tercera.

cobertizo
SIN. Tejado, tinglado, tapadizo, tejavana, porche, soportal, albergue, marquesina, establo, corrido, abrigo, abrigaño, cabaña, hangar, tenada, vestrecha, jacalón, entoldado, carpa, pabellón, toldo, sombrajo, ramada *(Amér.)*, emparrado, glorieta, mirador, quiosco.

cobertor
SIN. Colcha, cobertura, frazada, manta, tamba, edredón, vellida, alhamar.

cobijar
SIN. Albergar, cubrir, tapar, refugiar, amparar, abarracar, abrigar, arropar, guarecer, proteger, acoger, tapujarse, recogerse, cubijar, encobijar, enmantar.
ANT. *Descubrir, desamparar, desabrigar.*

cobija
Amér.
SIN. Manta, cobertor, edredón, colcha, frazada, cubrepiés.

cobijo
SIN. Hospedaje, albergue, hospedamiento, cobija, cobijamiento, amparo, protección, asilo, regazo.
ANT. *Desamparo.*

cobrar
SIN. Recaudar, recibir, percibir, apercibir *(Amér.)*, adquirir, embolsar, recoger, colectar, coger, resarcir, compensar, cargar, reembolsar, abonar, reintegrarse, facturar, recuperar, exigir, montazgar, portazgar, amontazgar, ajustar, liquidar, vengarse.
ANT. *Pagar, desembolsar, abonar, satisfacer.*

coccíneo
SIN. Purpúreo, purpurino, carmíneo.

cocido
SIN. Pote, olla, puchero, ajiaco, puchera, pringote, olla podrida, hervido, asado, escaldado, calentado.
ANT. *Crudo.*

coco
SIN. Cuco, bu, camuñas, estantigua, adefesio, espantajo, espectro, fantasma, mamarracho, caricia,

mueca, mimo, carantoña, arrumaco, cabeza, nuez, palmera, cocotero.
ANT. *Hermoso, sequedad.*

cócora
SIN. Impertinente, importuno, indiscreto, incómodo, molesto, fastidioso, majadero, cargante, chinchoso, cargoso, cochambrero, chinchorrero, pelmazo, pelma, pesado, patoso, sórdido, inmundo.
ANT. *Discreto, oportuno, agradable.*

cocuy
Amér.
SIN. Pita, cabuya, maguey, pitera.

cochambroso
SIN. Sucio, maloliente, asqueroso, mugriento, guarro, cochino, inmundo, mísero, grasiento, dejado, descuidado, abandonado, desaliñado, desaseado, negligente.
ANT. *Limpio, higiénico, aseado, cuidadoso, escrupuloso, animoso.*

coche
SIN. Vehículo, carruaje, carricoche.

cochinería
SIN. Suciedad, porquería, guarrería, inmundicia, grosería, cochinada, marranada, gorrinería.
ANT. *Limpieza, aseo, higiene.*

cochino
SIN. Sucio, desaseado, mugriento, sórdido, inmundo, adán, descuidado, desaliñado, puerco, gorrino, marrano, cerdo, guarro, verraco, lechón, verrón, agarrado, mezquino, avaro, roñoso, malvado, vil.
ANT. *Limpio, aseado, desprendido, fino, noble.*

cochiquera
SIN. Cochitril, pocilga, porqueriza, corte, chiquero, establo, desván, cuartucho, zahurdo, antrocuchitril, tugurio, tabuco.
ANT. *Palacio.*

codeador
Amér.
SIN. Pedigüeño, sacacuartos, gorrón, mendigo, pidón, sablista.
ANT. *Generoso, dadivoso.*

codearse
SIN. Relacionarse, tratarse, rozarse, familiarizarse, frecuentarse, verse, comunicarse, alternar, moverse, forzar, empujar, golpear, pasar, atropellar.

ANT. *Aislarse, retirarse, respetar.*

codeo
Amér.
SIN. Sablazo, socaliña, petición.

codicia
SIN. Avaricia, avidez, ambición, anhelación, afán, ansia, apetencia, anhelo, deseo, voracidad, gana, frenesí, apetito, envidia, tacañería, mezquindad, egoísmo, usura, rapacidad, interés, sordidez.
ANT. *Desprendimiento, desinterés, largueza, generosidad, sobriedad.*

codiciar
SIN. Ambicionar, anhelar, ansiar, desear, apetecer, querer, envidiar, abarcuzar, reventar, acuciar, perseguir, morirse por, pirrarse por.
ANT. *Renunciar, prescindir, despreciar.*

codicioso
SIN. Hacendoso, laborioso, trabajador, afanoso, activo, infatigable, mercantil, avariento, ávido, avaro, avaricioso, ansioso, codiciador, codiciante, insatisfecho, anhelante, acucioso, egoísta, sediento, sórdido, cicatero, roñoso, usurero, miserable, mezquino.
ANT. *Holgazán, generoso, desprendido, desinteresado, munífico.*

coercer
SIN. Sujetar, reprimir, contener, impedir, cohibir, coartar, limitar, refrenar, restringir, dominar, comprimir, domar, obligar, presionar, influir, urgir, apremiar, intimidar, instigar, apurar, apretar, coaccionar, exigir, violentar, amenazar.
ANT. *Dejar, permitir.*

coetáneo
SIN. Contemporáneo, coevo, coexistente, coincidente, sincrónico, simultáneo, concomitante.
ANT. *Extemporáneo.*

cofradía
SIN. Hermandad, gremio, compañía, asociación, congregación, cabildo, asamblea, mutualidad, sacramental, refugio.

cofre
SIN. Arca, baúl, caja, cajón, joyero, escriño, arqueta, arquetón, arquimesa.

coger
SIN. Agarrar, asir, sujetar, empuñar, agafar, trabar, abrazar, engan-

char, aferrar, lazar, pellizcar, aprehender, apañuscar, sostener, arrebujar, alcanzar, prender, capturar, apresar, atrapar, pillar, cazar, pescar, quitar, robar, despojar, requisar, juntar, extraer, tomar, citar, recoger, recopilar, contar, incluir, extenderse, englobar, contener, abarcar, comprender, ocupar, recibir, admitir, acoger, adivinar, descubrir, captar, percibir, entender, notar, encontrar, sobrevenir, suceder, sorprender, hallar, recolectar, reunir, elegir, tomar, adquirir, contraer, alquilar, contratar, arrendar, emprender, empezar, incorporarse.
ANT. *Dejar, soltar, separar, liberar, devolver, despedir, inadvertir, terminar, desalquilar.*

coger
Amér.
SIN. Copular, joder, follar, fornicar, ayuntar, cohabitar, yacer.

cogitabundo
SIN. Meditabundo, pensativo, reflexivo, ensimismado, abstraído, enfrascado, abismado, cogitativo, contemplativo.
ANT. *Distraído, irreflexivo.*

cognación
SIN. Parentesco, consanguinidad, agnación, parentela, familia, entronque, relación, vínculo, lazo, afinidad.
ANT. *Alejamiento, extrañamiento, inconexión.*

cogollo
SIN. Renuevo, brote, brota, raijo, vástago, pimpollo, yema, retoño, botón, punta, capullo, esqueje, selección, centro, meollo, crema, médula, tuétano, núcleo, élite, flor y nata.
ANT. *Superficie, exterior, vulgaridad.*

cohechar
SIN. Sobornar, comprar, corromper, untar, dadivar, conquistar, captar, coaccionar, obligar.
ANT. *Negarse, repeler, rechazar.*

cohén
SIN. Hechicero, agorero, adivino, adivinador, agorador, zahorí, nigromante, augur, alcahuete.

coherencia
SIN. Conexión, contacto, ligazón, cadena, congruencia, ilación, enlace, unión, relación, conformidad, adaptación, analogía, afinidad, co-

rrespondencia, cohesión, adherencia.
ANT. *Incoherencia, inconexión, disconformidad, diferencia, repulsión, incongruencia.*

coherente
SIN. Adaptado, conforme, aferente, conexo, atinente, relacionado, correlativo, vinculado, trabado, análogo, afín, acorde, congruente, pertinente, lógico, racional, razonable.
ANT. *Incoherente, incongruente, desacorde, inconexo, ilógico.*

cohesión
SIN. Adherencia, conexión, consistencia, adaptación, relación, coherencia, textura, contextura, estructura, compactidad, aglutinación, glutinosidad, visceridad, enlace, unión, indivisión, afinidad, atracción, significado, lógico, sentido, razón.
ANT. *Incoherencia, inconsistencia, desunión, repulsión, incongruencia, absurdidez.*

cohibir
SIN. Refrenar, reprimir, contener, sujetar, coartar, restringir, comprimir, dominar, constreñir, estorbar, inmovilizar, impedir, trabar, obligar, acobardar, embarazar, dificultar, sujetar.
ANT. *Estimular, permitir, envalentonar.*

cohonestar
SIN. Encubrir, disimular, disculpar, disfrazar, camuflar, simular, justificar, excusar, disculpar, desfigurar, embozar.
ANT. *Denunciar, criticar, tildar, acusar, descubrir.*

coima
SIN. Manceba, concubina, barragana.

coincidir
SIN. Concordar, convenir, cuadrar, acordar, casar, ajustar, encajar, simpatizar, ajustar, combinar, concurrir, unirse, armonizar, acertar, relacionarse, encontrarse, corresponder, sincronizar, coexistir, simultanear, concomitar.
ANT. *Discordar, discrepar, divergir, contrastar, desconvenir.*

coinquinar
SIN. Manchar, ensuciar, macular, emporcar, pringar, enmugrar.
ANT. *Limpiar, asear.*

coito

SIN. Cópula, fornicación, polvete, cohabitación, concúbito, ayuntamiento, cubrición, accesión.
ANT. *Castidad, virginidad, doncellez.*

cojijo

SIN. Bicho, sabandija, sabandijuela, bicharraco, desazón, queja, disgusto, inquietud.
ANT. *Alegría, tranquilidad.*

cojo

SIN. Perniquebrado, rengo, renco, paticojo, cojitranco, cojuelo, pernituerto, tullido, lisiado, incompleto, deforme, falto, asimétrico, desigual, desequilibrado, desnivelado.
ANT. *Completo, nivelado.*

cola

SIN. Rabo, extremidad, apéndice, extremo, cabo, cauda, hopo, punta, serie, fila, línea, conclusión, fin, pegamento, pez, ligadura, pegatina, adhesivo, goma, trascendencia, consecuencia, alcance, rastro, importancia.
ANT. *Comienzo, cabeza.*

colaborar

SIN. Ayudar, participar, cooperar, contribuir, concurrir, coadyuvar, auxiliar, secundar, sostener, apoyar, conllevar, convergir, acompañar, influir, favorecer, reforzar, intervenir, concertar, combinar, asociar, aliarse, interceder, fomentar, cultivar, estimular, abogar, patrocinar, subvencionar, apadrinar, proteger, encubrir, defender.
ANT. *Separar, aislar, discrepar, desasistir, oponerse, rivalizar, competir.*

colación

SIN. Refacción, refección, collación, refrigerio, tentempié, comida, merienda, tapa, pincho, tema, conversación, confrontación, cotejo.

colar

SIN. Filtrar, pasar, destilar, cribar, purificar, cerner, recolar, trascolar, tamizar, sudar, escaparse, limpiar, blanquear, lavar, meterse, introducirse, encajar, escurrirse, mentir, engañar, meter la pata, equivocarse.
ANT. *Detenerse, ensuciar, salir, disuadir, acertar.*

colección

SIN. Serie, surtido, grupo, acopio, mezcla, montón, lista, antología, juego, muestrario, repertorio, variedad, recopilación, lote, silva, conjunto, depósito, compilación, selección, florilegio, crestomatía, excerta, excerpta, floresta, espicilegio, totalidad, reunión, pluralidad, aglomeración.
ANT. *Dispersión, unidad.*

coleccionar

SIN. Reunir, conjuntar, compilar, recopilar, amontonar, recoger, atesorar, custodiar, guardar, totalizar, agrupar, acopiar, copilar, colegir, clasificar, antologizar, seleccionar, archivar, agregar.
ANT. *Separar, dispersar.*

colecta

SIN. Cuestación, colectación, recaudación, suscripción, recaudamiento, recolección, postulación, recaudo, acumulación.
ANT. *Gasto, donación, donativo.*

colector

SIN. Coleccionista, coleccionador, cobrador, recaudador, perceptor, acopiador, alcabalero, compilador, copilador, recopilador, tubería, caño, canal, alcantarilla, depósito, recogedor.

colegir

SIN. Inferir, juzgar, derivar, razonar, entender, sacar, percibir, deducir, educir, concluir, juntar, reunir, unir, recoger.
ANT. *Prever, antever, separar, diseminar.*

cólera

SIN. Bilis, ira, enojo, enfado, irritación, exasperación, rabia, saña, furor, furia, coraje, indignación, iracundia, irascibilidad, arrebato, airamiento, excitación, malhumor, veneno, basilisco, violencia, despecho, explosión, impetuosidad, frenesí, escándalo, efervescencia, berrinche, peste, epidemia, infección, azote.
ANT. *Placidez, calma, tranquilidad, flema, dulzura, mansedumbre.*

colérico

SIN. Iracundo, encolerizado, rabioso, irritado, enfurecido, furioso, enfadado, airado, arrebatado, amargado, frenético, poseso, poseído, agitado, excitado, exasperado, indignado, enojado, sañudo, violento, irritable, rabietas, cascarrabias, sañudo, excitable, enojadizo, atrabiliario, carajudo, ictérico, agresivo, irascible, corajudo, furibundo, enfierecido, infectado, apestado, bilioso.
ANT. *Pacífico, tranquilo, sosegado, calmoso, amansado, moderado, plácido, impasible, flemático, dulce.*

coleta

Amér.
SIN. Tela, lona, toldo, saco.

colgar

SIN. Ahorcar, pender, suspender, enganchar, emperchar, tender, sostener, flotar, caer, descender, endilgar, cargar, culpar, enjaretar, achacar, imputar, atribuir, reprobar.
ANT. *Descolgar, caer, descargar, aprobar.*

colgado

SIN. Suspendido, pendiente, suspenso, reprobado, pendido, colgadizo, volado, volandero, emperchado, enganchado, fallido, burlado, fracasado, frustrado, chasqueado, incierto, inseguro, dudoso, contingente.
ANT. *Caído, derrumbado, triunfante, respetado, cierto.*

coligación

SIN. Unión, trabazón, ligazón, fusión, cohesión, compenetración, enlace, coligadura, coligamiento, coalición, asociación, alianza, confederación, solidaridad, congregación.
ANT. *Separación, ruptura, escisión, desmembración.*

coligado

SIN. Unido, confederado, aliado, asociado, ligado, coaligado, vinculado, solidario, adepto, compenetrado, trabado, fundido, atado.
ANT. *Separado, desavenido, opuesto, desmembrado, dividido.*

coligarse

SIN. Aliarse, asociarse, confederarse, ligarse, unirse, coaligarse, juntarse, federarse, vinculizarse, agruparse, atarse a, acomunarse, compenetrarse, incorporarse, fraternizar.
ANT. *Separarse, dividirse, desmembrarse, desunirse, escindirse.*

colina

SIN. Collado, otero, loma, cota, altozano, elevación, alcor, cerro, altura, eminencia, altillo, cerrejón,

promontorio, alcudia, terromonte-
ro, monte.
ANT. *Depresión, llanura, soto, llano, valle.*

colindante
SIN. Contiguo, lindante, confinante, vecino, inmediato, próximo, frontero, fronterizo, cercano,
rayano, divisorio, intermedio, adyacente, limítrofe, medianero, coso.
ANT. *Remoto, separado, alejado,
distante.*

coliseo
SIN. Circo, teatro, coliseum, anfiteatro, faro, escena, sala.

colisión
SIN. Oposición, pugna, lucha, conflicto, combate, encuentro, encontronazo, choque, topetazo, golpe,
rozadura, herida.
ANT. *Armonía, acuerdo, paz, avenencia.*

colmar
SIN. Exceder, sobresalir, rebosar,
satisfacer, llenar, henchir, rellenar,
hartar, sobrellenar, inundar, cargar, invadir, abrumar, atestar, abarrotar, atiborrar, saturar.
ANT. *Vaciar, faltar, escasear.*

colmo
SIN. Complemento, plenitud, exceso, cúmulo, repleción, abundancia,
atiborramiento, saturación, máximo, completo, culminación, coronación, summum, acabose, término, techo, disloque, exageración,
exorbitancia, remate, punta, conclusión, límite, perfección, acertijo.
ANT. *Minimum, falta, escasez, poquedad.*

colocación
SIN. Acomodo, situación, instalación, disposición, distribución, localización, aplicación, contextura,
ocupación, asiento, establecimiento, fijación, estacionamiento, postura, posición, estado, cargo, destino, puesto, plaza, empleo, trabajo,
oficio, labor, clase, orden, actitud,
encasillamiento, porte.
ANT. *Remoción, desorden, paro,
despido.*

colocar
SIN. Situar, poner, encasillar, encajar, ajustar, fijar, meter, plantar,
arrimar, invertir, depositar, disponer, ubicar, acomodar, adaptar,

instalar, orientar, estructurar, organizar, asentar, preparar, emplear, ocupar, destinar.
ANT. *Quitar, sacar, desordenar,
despedir.*

colocho
SIN. Viruta, rizo, tirabuzón, bucle.

colono
SIN. Arrendatario, inquilino, rentero, masovero, casero, locatario,
masadero, cultivador, labrador, inmigrante, colonizador, inmigrado,
hacendado, ranchero, plantador,
explotador, terrateniente.
ANT. *Arrendador, terrateniente.*

coloquio
SIN. Plática, conferencia, diálogo,
audiencia, interrogatorio, conversación, entrevista, conciliábulo, sesión, mesa redonda, debate, discusión, parlatorio, polémica, charla,
garla, palique, tertulia, chisme,
murmuración, comentarios, chismorreo, cotorreo, cotilleo.
ANT. *Silencio, mutismo.*

colosal
SIN. Extraordinario, inmenso,
enorme, gigantesco, grandioso, piramidal, titánico, formidable, descomunal, monumental, desmedido,
fenomenal, ingente, excelente, bonísimo, estupendo.
ANT. *Pequeño, minúsculo, insignificante, malo, detestable, mezquino.*

columbrar
SIN. Vislumbrar, divisar, atisbar,
entrever, percibir, distinguir, sospechar, rastrear, conjeturar, adivinar,
avistar, descubrir, alufrar, presagiar, intuir, barruntar.
ANT. *Inadvertir, desdeñar.*

columna
SIN. Pilastra, pilar, coluna, balaus-
tre, sostén, poste, apoyo, soporte,
cilindro, picota, monolito, obelisco, estilita, estela, protección,
base.
ANT. *Desamparo.*

columpiar
SIN. Balancear, mecer, acunar, vai-
venear, oscilar, bandear, bambolear, vacilar, tremolar, tambalear,
hamaquear *(Amér.).*
ANT. *Asegurar, aquietar.*

collado
SIN. Cerro, colina, alcor, horcajo,

altura, montículo, otero, eminencia, loma, altozano, cota, altillo,
cerrejón, aicudia, promontorio, estrecho, paso, puerto, collada, desfiladero.
ANT. *Hondonada, depresión.*

collar
SIN. Gargantilla, collarín, collera,
carlanca, collarejo, argolla, ahoga-
dor, adorno, cadena, colgante,
arreo, insignia, condecoración, tor-
ques, torce, cuello.

collera
Amér.
SIN. Yunta, pareja, yugada.

collón
SIN. Cobarde, pusilánime, medroso, miedoso, apocado, timorato,
acollonado, temeroso.
ANT. *Valiente, bravo, airoso.*

comadre
SIN. Comadrona, partera, matrona, celestina, alcahueta, tercera,
cobertera, cobejera, corredera, ve-
cina, amiga, confidente.
ANT. *Enemiga, soplona.*

comadrear
SIN. Murmurar, chismear, enredar,
cotillear, chinchorrear, badajear,
echacorvear, rufianear, alcahue-
tar.
ANT. *Discretear, silenciar, callar.*

comadrero
SIN. Chismoso, entrometido, cotilla, correvedile, cohen, parlanchín,
hablador, enredador, indiscreto,
liante, lioso, infundioso, murmurador, calumniador, profanador, mañero, ocioso, holgazán, vago.
ANT. *Callado, discreto, trabajador,
activo.*

comarcano
SIN. Cercano, próximo, circunvecino, confinante, inmediato, contiguo, vecino, limítrofe, fronterizo,
lindero, adyacente, lindante.
ANT. *Alejado, distante, apartado,
separado.*

combar
SIN. Torcer, alabear, arquear, curvar, encorvar, acorvar, incurvar,
acombar, abovedar, doblar, enarcar, abombar, retorcer, enroscar,
flexionar.
ANT. *Enderezar.*

combate
SIN. Batalla, pelea, lucha, duelo,

campeonato, disputa, cisma, querella, pugilato, colisión, liza, lidia, refriega, acción, riña, justa, torneo, lid, asalto, contienda, escaramuza, conflicto, ofensiva, acción, choque, guerra, rebate, acometida, contradicción.
ANT. *Concordia, paz, conformidad, avenicie.*

combatiente
SIN. Contendiente, batallador, soldado, duelista, luchador, púgil, gladiador, guerrero, guerreador, beligerante, combatidor, campeón, campeador, justador, lidiador, adversario, enemigo, contrincante, secuaz, seguidor, partidario, militante, escaramuzador, táctico.
ANT. *Pacifista, amigo.*

combatir
SIN. Luchar, pelear, reñir, acometer, batir, embestir, lidiar, guerrear, batallar, impugnar, contender, atacar, justar, tornear, competir, rivalizar, retar, disputar, chocar, invadir, perseguir, guerrillear, refutar, pugnar, opugnar, contradecir, oponerse, rechazar.
ANT. *Pacificar, defender, rendirse, acordar, avenir, convenir.*

combinar
SIN. Componer, mezclar, reunir, integrar, agregar, constituir, amalgamar, hermanar, unir, juntar, disponer, arreglar, organizar, ajustar, compaginar, acordar, casar, adoptar.
ANT. *Desunir, desintegrar, descomponer.*

combo
Amér.
SIN. Almádana, almádena, mango, mazo, martillo, marra.

combustión
SIN. Incineración, ignición, inflamación, quema, ustión, candencia, combustibilidad, fuego, incendio.
ANT. *Extinción, apagamiento, enfriamiento, cortafuego.*

combusto
SIN. Quemado, abrasado, ardido, incendiado, incinerado, carbonizado, calcinado, tostado, torrefacto, cocido, escaldado, socarrado.
ANT. *Crudo, fresco.*

comedero
SIN. Comedor, pesebre, dornajo, refectorio, artesa, cajón, cazarra.

comediante
SIN. Actor, artista, cómico, gracioso, mimo, bufón, histrión, farsante, pantomimo, representante, figurante, hipócrita, impostor, simulador, farandulero, moscón, tartufo, bululú, gazmoño, mojigato.
ANT. *Auténtico, verdadero, sincero.*

comediar
SIN. Promediar, igualar.

comedido
SIN. Atento, cortés, distinguido, respetuoso, sociable, tratable, circunspecto, discreto, prudente, mesurado, urbano, moderado, eutrapélico, templado, contenido, modoso, delicado, mirado, obsequioso, complaciente, recatado, sobrio, aplomado, honesto, recatado, cumplido.
ANT. *Descomedido, indiscreto, desatento, descortés, turbulento, desenfrenado.*

comedimiento
SIN. Cortesía, fineza, educación, corrección, urbanidad, política, cortesanía, moderación, discreción, circunspección, mesura, prudencia, eutrapelia, compostura, morigeración, atención, sobriedad, parquedad, consideración, miramiento, aplomo, serenidad.
ANT. *Descortesía, atrevimiento, indiscreción, exceso, abuso, desenfreno.*

comensal
SIN. Huésped, invitado, convidado, boca.

comentar
SIN. Glosar, explicar, explanar, aclarar, ilustrar, resolver, definir, criticar, parafrasear, disertar, considerar, desmenuzar, exponer, reseñar, discutir, debatir, interpretar, escoliar, apostillar, postillar, murmurar.
ANT. *Callar, silenciar, alabar.*

comentario
SIN. Comento, explicación, glosa, escolio, apostilla, postilla, explanación, coletilla, aclaración, demostración, interpretación, dilucidación, ilustración, paráfrasis, panegírico, crítica, clave, nota, advertencia, reseña, consideración, razonamiento, observación.
ANT. *Discreción, indiferencia, silencio, alabanza.*

comenzar
SIN. Principiar, empezar, iniciar, arrancar, abordar, entrar, promover, emprender, entablar, inaugurar, estrenar, instituir, abrir, preludiar, prologar, encabezar, fundar, originar, nacer, generar, dimanar, atacar, surgir, despuntar, lanzar, descubrir, amanecer, clarear, entreabrirse.
ANT. *Acabar, completar, terminar, clausurar, concluir, desaparecer, extinguir, morir.*

comer
SIN. Yantar, tragar, devorar, engullir, ingurgitar, manducar, jalar, jamar, mascar, masticar, ingerir, zampar, tragonear, mamar, nutrir, alimentarse, sustentarse, atiborrarse, hartarse, atestar, sobrealimentar, cebar, rellenar, glotonear, tomar, disfrutar, consumir, derrochar, malgastar, dilapidar, gastar, disipar, corroer, rebajar, descolorir, saltarse, omitir.
ANT. *Ayunar, privarse, abstenerse, ahorrar, colorear, aumentar.*

comerciar
SIN. Traficar, comercializar, mercantilizar, mercadear, mediar, negociar, tratar, comprar, vender, especular, regatear, baratear, representar, delegar, servir, despachar, suministrar, proveer, remesar, enviar, remitir, exportar, importar, aparroquiar, granjear, subastar, traspasar, canjear, operar, monopolizar, trafagar, contratar.

comercio
SIN. Tráfico, negociación, especulación, trato, trata, negocio, transacción, operación, contratación, traficación, tráfico, chama, tráfago, trajín, trajino, comisión, consignación, expedición, corretaje, expendeduría, mercantilización, mercantilismo, suministro, envío, libre cambio, proteccionismo, compra, venta, compraventa, reventa, adquisición, intercambio, oferta, demanda, permutación, importación, exportación, tienda, establecimiento, bazar, almacén, depósito.

cometido
SIN. Comisión, encargo, asignación, encomienda, obligación, misión, mandado, encomendamiento, servicio, objetivo, incumbencia, ocupación, trabajo, gestión.
ANT. *Abandono, renuncia.*

cometimiento

SIN. Acometimiento, acometida, embate, arremetimiento, ataque.
ANT. *Resistencia, defensa.*

comezón

SIN. Picazón, prurito, desazón, picor, quemazón, escocimiento, hormiguillo, concomio, apetito, deseo, ansia, vehemencia, desazón, inquietud, curiosidad, ardor, excitación.
ANT. *Tranquilidad, sosiego, indiferencia.*

comicios

SIN. Asamblea, reunión, cónclave, concilio, elecciones.

cómico

SIN. Divertido, risible, gracioso, ridículo, burlesco, ocurrente, chistoso, grotesco, extravagante, festivo, jocoso, comediante, bufo, actor, artista, histrión, farsante, intérprete, caricato, pantomimo, payaso, representante.
ANT. *Serio, aburrido, auténtico.*

comida

SIN. Pitanza, alimento, yantar, condumio, manducatoria, manduca, bucólica, sustento, subsistencia, manutención, minuta, pan, colación, refrigerio, refacción, pistraque, bazofia.
ANT. *Hambre, ayuno, pobreza, abstinencia, régimen, dieta.*

comienzo

SIN. Principio, empiece, inicio, arranque, fuente, iniciación, nacimiento, origen, raíz, partida, entrada, preludio, prólogo, preámbulo, introducción, apertura, inauguración, base, estreno, fundación, preparación, aprendizaje.
ANT. *Fin, término, epílogo, experiencia.*

cominillo

SIN. Desasosiego, inquietud, degazón, cizaña.
ANT. *Tranquilidad.*

comisión

SIN. Cometido, mandato, misión, encomendamiento, servicio, incumbencia, atribución, encargo, encomienda, mensaje, poder, delegación, embajada, diputación, corretaje, estipendio, correduría, junta, comité, representación, apoderamiento, corporación, autorización, legacía, honorarios, beneficio, retribución, corretaje, porcentaje.

comitiva

SIN. Séquito, corte, cohorte, escolta, desfile, compañía, procesión, comparsa, seguimiento, serie, fila, sarta, marcha, seguidor, secuaz, acompañamiento, cortejo.
ANT. *Soledad.*

comodidad

SIN. Bienestar, desahogo, acomodamiento, aburguesamiento, holgura, placer, descanso, regalo, conveniencia, ventaja, coyuntura, ocasión, utilidad, provecho, interés, facilidad, oportunidad, prosperidad.
ANT. *Incomodidad, desinterés.*

cómodo

SIN. Conveniente, favorable, posible, factible, ventajoso, regalado, satisfactorio, satisfecho, contento, oportuno, fácil, agradable, útil, provechoso, proporcionado, confortable, confortante, arrellanado, aburguesado, holgado, llevadero, simple, blando, mullido, descansado, acomodado, comodón, perezoso, comodista, sibarita, egoísta, holgachón, acomodaticio, transformable, torreznero, regalón, poltrón, mantecón.
ANT. *Incómodo, duro, pesado, agobiante, cansado, fatigoso, descontento, generoso, inmanejable, penoso, inoportuno, ingrato, molesto.*

compacto

SIN. Tupido, sólido, trabado, firme, denso, apretado, prieto, macizo, espeso, amazacotado, impenetrable, consistente, duro, pesado, concentrado.
ANT. *Poroso, esponjoso, hueco, blando, fofo, claro, líquido, fluido, inconsistente, disgregado.*

compadecerse

SIN. Condolerse, dolerse, lamentarse, lastimarse, sentir, deplorar, apiadarse, armonizarse, compaginarse, contristarse, compungirse, ablandarse, enternecerse, conmoverse, conmover.
ANT. *Burlarse.*

compaginar

SIN. Ajustar, ordenar, organizar, sistematizar, concretar, acoplar, arreglar, proporcionar, disponer, componer, casar, relacionar, armonizar, concordar, simultanear, con-

jugar, compadecer.
ANT. *Descompaginar, desorganizar, discordar.*

compañero

SIN. Camarada, amigo, compinche, condiscípulo, colega, socio, acompañante, compadre, cómplice, convoyante, acompañador, pareja, colaborador, feligrés, coadjutor, edecán, consorte, marido, esposo, cónyuge, amancebado, condiscípulo.
ANT. *Enemigo, rival.*

compañón

SIN. Teste, testículo, dídimo, turma, criadilla.

comparación

SIN. Comparanza, confrontación, parangón, cotejo, colación, paragón, paralelo, equiparación, correlación, compulsa, tanteo, igualación, balance, medida, semejanza, relatividad, ejemplo, parecido, analogía, copia, imagen, metáfora, símil.
ANT. *Diferencia, desigualdad, disparidad, disimilitud.*

comparar

SIN. Cotejar, confrontar, relacionar, parangonar, panagonar, contraponer, contrastar, conjugar, comprobar, colacionar, equiparar, asimilar, medir, conferir, concertar, verificar, parcar, paralelar, parear, simbolizar, parecerse, rivalizar, igualarse.
ANT. *Distinguir, diferir, diferenciar, variar.*

comparsa

SIN. Estudiantina, tuna, acompañamiento, procesión, cabalgata, cortejo, escolta, partidario, corte, hincho, cohorte, seguido, figurante, extra, bulto.
ANT. *Aislamiento, enemigo.*

compartir

SIN. Repartir, dividir, partir, distribuir, dosificar, impartir, alijarar, acompañar, conllevar, comunicar, participar, corresponder, coincidir, auxiliar, colaborar, ayudar.
ANT. *Restar, inhibirse, desinteresarse.*

compás

SIN. Medida, norma, regla, pauta, batuta, índice, movimiento, grado, velocidad, ritmo, brújula, aguja, territorio, atrio, resorte, tamaño, abertura.
ANT. *Desorden, caos, desconcierto.*

compasado

SIN. Arreglado, cuerdo, ajustado, moderado, mesurado, proporcionado, acompasado, medido, reglado, regla.

ANT. *Descompasado, desordenado, inmoderado.*

compasar

SIN. Medir, arreglar, ajustar, armonizar, disponer, proporcionar, acordar, acomodar, reglar, acompasar, marcar, seguir.

ANT. *Descompasar, descomedirse.*

compasión

SIN. Lástima, piedad, misericordia, conmiseración, miseración, clemencia, condolencia, pena, entraña, aflicción, ternura, lástima, sensiblería, sentimiento, enternecimiento, dolor, duelo, pésame, perdón, altruismo, humanismo.

ANT. *Crueldad, insensibilidad, dureza, impiedad, desprecio, inhumanidad.*

compatible

SIN. Coexistente, coincidente, acomodable, posible, coexistente, factible, concurrente, simultáneo, conforme.

ANT. *Incompatible, opuesto, contrario, dispar, intolerable.*

compatriota

SIN. Compatricio, paisano, convecino, conterráneo, conciudadano, coterráneo, connacional.

ANT. *Extranjero, forastero, extraño.*

compeler

SIN. Impulsar, forzar, impeler, mover, estimular, coercer, apremiar, fomentar, influir, excitar, obligar, coartar, compelir, constreñir.

ANT. *Dejar, permitir, autorizar.*

compendiar

SIN. Abreviar, resumir, reducir, recapitular, compendizar, aligerar, concretar, epilogar, sincopar, simbolizar, substanciar, condensar, extractar, seleccionar, contraer, cifrar, precisar.

ANT. *Aumentar, ampliar.*

compendio

SIN. Resumen, recopilación, abreviación, recensión, síntesis, extracto, condensación, acortamiento, contracción, esquema, espíritu, trasunto, argumento, símbolo, selección, reducción, recapitulación, substancia, tratado, pandectas, su-

ma, digesto, comentarios, repertorio, principios, epítome, prontuario, manual, sumario, vademécum, venimécum, perioca, epilogación, sinopsis, fundamentos, elementos, rudimentos.

ANT. *Ampliación, alargamiento.*

compendioso

SIN. Conciso, breve, lacónico, lacón, condensado, compendizado, restringido, sintetizado, extractado, ceñido, limitado, esquematizado, reducido, sucinto, abreviado, somero, restricto, resumido, preciso, concreto.

ANT. *Abundoso, ampliado, prolijo.*

compensación

SIN. Equivalencia, equilibrio, reciprocidad, recompensa, rescate, resarcimiento, remuneración, restitución, reparación, devolución, indemnización, sarcimiento, precio, pago, correspondencia, rescuentro, contrapeso, contrarresto, contrabalanza, contrapartida, trueque, conmutación, permuta, reciprocidad, enmienda, sustitución, desagravio, represalia, desquite, talión, venganza.

ANT. *Desequilibrio, desnivelación.*

compensar

SIN. Indemnizar, resarcir, restablecer, reparar, remediar, remunerar, pagar, cobrarse, recobrar, gratificar, desagraviar, retribuir, rescatar, desquitar, recompensar, subsanar, restituir, empatar, corregir, suplir, consolar, promediar, comediar, equivaler, igualar, equilibrar, nivelar, contrabalancear, contrapesar, neutralizar, contrarrestar, reservar.

ANT. *Descompensar, desequilibrar, desnivelar.*

competencia

SIN. Concurrencia, rivalidad, pique, emulación, duelo, reto, pugna, oposición, antagonismo, brega, porfía, competición, riña, pendencia, discusión, contención, disensión, debate, refriega, pleito, concurso, certamen, incumbencia, autoridad, jurisdicción, dominio, poder, obligación, atribución, capacidad, disposición, aptitud, idoneidad, habilidad.

ANT. *Incompetencia, amistad, acaparamiento, ineptitud, insuficiencia.*

competente

SIN. Capaz, apto, dispuesto, enten-

dido, hábil, docto, calificado, conocedor, ilustrado, capacitado, enterado, preparado, experimentado, diestro, habilitador, aparejado, suficiente, proporcionado, adecuado, idóneo, justo, obligado, correspondiente, conveniente, propio, versado, virtuoso, oportuno, convincente, bastante, debido.

ANT. *Incompetente, inepto, inadecuado, inoportuno.*

competer

SIN. Pertenecer, incumbir, concernir, aludir, importar, atañer, afectar, interesar, tocar, corresponder, relacionarse.

ANT. *Desentenderse, desinteresarse.*

competición

SIN. Lucha, competencia, pugna, disputa, pique, litigio, partido, contienda, oposición, antagonismo, celos, contención, rivalidad, certamen, olimpiada, apuesta, carrera, torneo, encuentro, concurso, desafío, concurrencia, emulación, porfía.

ANT. *Acuerdo, amistad, camaradería, generosidad.*

competidor

SIN. Rival, émulo, competitivo, emulador, contrario, adversario, contendiente, enemigo, antagonista, contrincante, carrerista, participante, capuleto, montesco, impugnador, güelfo, vencedor, campeón, finalista.

ANT. *Compañero, camarada, amigo, colega.*

competir

SIN. Contender, rivalizar, retar, desafiar, contrariar, apostarse, concursar, contrapuntear *(Amér.),* porfiar, oponerse, igualarse, opositar, combatir, enfrentar, medir, disputar, concurrir, comparecer, luchar, emular.

ANT. *Abandonar, incomparecer, desalentar, acaparar.*

compilación

SIN. Colección, antología, epicilegio, excerpta, florilegio, floresta, centón, recolección, acopio, reunión, agrupación, agrupamiento, recopilación, silva, repertorio, codificación, inventario, clasificación, compendio, suma.

ANT. *Dispersión.*

compilar

SIN. Allegar, coleccionar, recoger,

reunir, juntar, acopiar, agrupar, sumar, copilar, recopilar, recompilar, inventariar, codificar, clasificar, colegir, enlegajar.
ANT. *Separar, dispersar, desperdigar.*

compinche
SIN. Amigo, íntimo, camarada, compadre, compañero, compañón, acompañante, cómplice, amigacho.
ANT. *Enemigo.*

complacencia
SIN. Alegría, felicidad, contento, satisfacción, complacimiento, deleite, deleitamiento, delectación, delicia, regodeo, placer, gusto, agrado, gozo, contentamiento, tolerancia, condescendencia, visto bueno, aprobación, antojo, capricho.
ANT. *Desagrado, tristeza, insatisfacción, contrariedad.*

complacer
SIN. Acceder, condescender, ceder, consentir, autorizar, permitir, transigir, pactar, contemporanizar, simultanear, blandear, propiciar, halagar, aplacer, lisonjear, agradar, gustar, satisfacer, contemplar, gratificar, contentar, deferir, seducir, caer en gracia, encontrar.
ANT. *Desagradar, contrariar, herir, repugnar, doler, molestar, obstinarse.*

complacido
SIN. Contento, alegre, satisfecho, gustoso, gozoso, contentado.
ANT. *Insatisfecho, descontento.*

complejidad
SIN. Involucración, complicación, dificultad, oscuridad, confusión, complejidad, pluralidad, acopio, diversidad, multiplicidad, variedad, intrincación, problema, obstáculos.
ANT. *Simplicidad, sencillez, facilidad, claridad, diafanidad.*

complejo
SIN. Complicado, complexo, confuso, oscuro, difícil, dificultoso, enredado, embarazoso, espinoso, intrincado, liado, involucrado, embarazado, entrelazado, enmarañado, ininteligible, compuesto, múltiple, conjunto, organismo, fusión, rareza, manía, psicosis, perturbación.
ANT. *Sencillo, simple, fácil, diáfano, claro, claridad, sanidad, equilibrio.*

complemento
SIN. Suplemento, continuación, remate, apéndice, suma, añadidura, agregación, aditamento, adición, colmo, conclusión, plenitud, integridad, perfección, mejoramiento, accesorio, pareja, detalle.
ANT. *Falta, descuento, imperfección, unidad, unicidad, generalidad.*

completar
SIN. Terminar, concluir, consumar, apurar, integrar, componer, llenar, acabalar, colmar, coronar, rellenar, adjuntar, añadir, perfeccionar, mejorar, suplir.
ANT. *Comenzar, desintegrar, descabalar.*

completo
SIN. Pleno, absoluto, total, colmado, perfeccionado, acabado, apurado, cargado, terminado, plenario, lleno, consumado, integral, radical, cumplido, perfecto, cabal, entero, íntegro, exacto, justo, enterizo, integérrimo, cumplido, todo, indiviso, cendido, inviolado, indemne, impartible, uno, sano, virgen, inconsútil.
ANT. *Incompleto, imperfecto, parcial, violado, comenzado, consútil.*

complexión
SIN. Constitución, naturaleza, organismo, estructura, composición, temperamento, carácter, idiosincrasia, genio, manera, condición, índole.

complicación
SIN. Dificultad, obstáculo, incidente, oscuridad, complejidad, percance, contratiempo, accidente, tropiezo, entorpecimiento, enredo, lío, embarazo, laberinto, confusión, embrollo, mezcla, concurrencia, galimatías, ciempiés, baraúnda, rodeo, involucración, intrincación, agravación, intríngulis, maraña, encrespamiento, desorden, trastorno, intriga. (V. Complejidad.)
ANT. *Simplificación, facilidad, esclarecimiento, mejoramiento.*

complicado
SIN. Difícil, complejo, dificultoso, enredado, embarazoso, enredoso, enrevesado, obscuro, escabroso, embrollado, obstruso, intrincado, aparatoso, revesado, laberíntico, arduo, ensortijado, espinoso, crespo, peliagudo, incomprensible, indescifrable, enigmático, misterioso,

intrigante, inextricable, indefinible, vario, diverso, múltiple, mezclado.
ANT. *Simple, sencillo, pristino, fácil, claro.*

complicar
SIN. Enredar, dificultar, entorpecer, embrollar, enmarañar, mezclar, empeorar, agravar, obstaculizar, liar, oscurecer, historiar *(Amér.)*, intrincar, confundir, engarbullar, envolver, implicar, interponer, involucrar, combinar, aglomerar.
ANT. *Simplificar, esclarecer, aclarar, desembrollar, desenredar.*

complicarse
SIN. Comprometerse, enzarzarse, enredarse, liarse, encabestrarse, turbarse, confundirse, empeorar, agravar, recaer.
ANT. *Salirse, desentenderse, aclararse, mejorar.*

cómplice
SIN. Encubridor, sabedor, coautor, colaborador, compinche, partícipe, implicado, complicado, copartícipe, secuaz, inductor, auxiliador, culpable.
ANT. *Independiente, desligado, inocente.*

complicidad
SIN. Confabulación, connivencia, encubrimiento, colaboración, intervención, participación, cooperación, implicación, complot, aconchabamiento, conchabanza, culpa, trajín, tratado.
ANT. *Divergencia, desacuerdo, inocencia.*

complot
SIN. Trama, plan, urdimbre, maquinación, cábala, conterbernio, maniobra, confabulación, intriga, conjuración, conspiración, artimaña, cepo, trampa, acechanza, emboscada, gatuperio.
ANT. *Nobleza, sinceridad, sometimiento.*

componedor
SIN. Combinador, compositor, árbitro, moderador, mediador, pacificador, conciliador.

componenda
SIN. Arreglo, pacto, acuerdo, maniobra, compadrazgo, remiendo, emplasto, transacción, complot, intriga, inmoralidad, chanchullo, enjuague, compostura.
ANT. *Honradez, limpieza, desacuerdo, moralidad.*

componedor

Amér.

SIN. Curandero, matasanos, curador, mediquillo, charlatán.

comportable

SIN. Tolerable, soportable, llevadero.

ANT. *Intolerable, insoportable.*

comportamiento

SIN. Comporte, proceder, procedimiento, táctica, estilo, política, pauta, actuación, conducta, porte, actitud, norma, postura, posición, manera, uso, usanza, costumbre.

comportar

SIN. Soportar, sufrir, tolerar, aguantar, admitir, sobrellevar, resistir.

ANT. *Rebelarse.*

comportarse

SIN. Conducirse, portarse, hacer, operar, actuar, proceder, producirse, llevarse, obrar, regirse, gobernarse, practicar, acostumbrar, ejercitar.

compostura

SIN. Constitución, composición, integración, contextura, textura, hechura, organización, acomodación, arreglo, remiendo, reforma, reparación, reparo, restauración, aseo, aliño, adorno, atavío, modestia, moderación, mesura, miramiento, discreción, honradez, comendimiento, sobriedad, parquedad, decoro, prudencia, decencia, recato, circunspección, ajuste, convenio, trato, pacto, transacción, compaginación, compromiso, artificio, componenda, falsificación, adulteración, sofisticación.

ANT. *Destrucción, descomposición, desarreglo, dejadez, abandono, desmesura, inmodestia, desavenencia, desacuerdo.*

comprar

SIN. Mercar, adquirir, feriar, comerciar, traficar, regatear, chalanear, picar, negociar, tratar, tomar, consumir, abonar, pagar, proporcionarse, pujar, fincar, retraer, retractar, recobrar, redimir, sobornar, corromper, cohechar, mohatrar.

ANT. *Vender.*

comprender

SIN. Entender, alcanzar, conocer, aprehender, percibir, penetrar, taladrar, concebir, explicar, aprender, tolerar, discernir, resolver, interpretar, advertir, acertar, adivinar, entrever, columbrar, vislumbrar, descifrar, averiguar, coger, caer, tomar, explicarse, congeniar, contener, incluir, encerrar, abrazar, ceñir, abarcar, entrañar, integrar, compendiar, englobar, rodear, encuadrar, implicar, ocupar, sumar, totalizar, ascender, contar, circunscribir, incorporar.

ANT. *Ignorar, desconocer, inadvertir, antipatizar, separarse, excluir.*

comprensión

SIN. Inteligencia, agudeza, penetración, perspicacia, alcances, talento, noción, idea, lección, intelección, sentido, percepción, razón, visión, sabiduría, entendederas, alcance, intuición, criticismo, apercepción, discernimiento, saber, entendimiento, comprehensión, conocimiento, condescendencia, indulgencia, transigencia, tolerancia, conformidad, benevolencia, bondad.

ANT. *Incomprensión, desconocimiento, ignorancia, cerrazón.*

comprimir

SIN. Apretar, oprimir, prensar, estrechar, exprimir, apretujar, condensar, concentrar, apelmazar, entupir, tupir, reducir, ahogar, estrujar, apisonar, aplastar, machacar, aprensar, constreñir, astriñir, reprimir, refrenar, contener, frenar, pisar, calcar, templar, extraer, sacar.

ANT. *Aflojar, destensar, soltar, desahogar, ensanchar, dilatar, extender.*

comprimirse

SIN. Reprimirse, sujetarse, refrenarse, dominarse, frenarse, contenerse, moderarse, reducirse, aguantarse.

ANT. *Soltarse, lanzarse, desahogarse.*

comprobación

SIN. Cotejo, verificación, contraste, constatación, revisión, control, comparación, parificación, recuento, compulse, compulsación, examen, careo, probación, prueba, argumento, explicación, testimonio, razonamiento, justificación, alegación, ejemplo, evidencia, identificación.

ANT. *Diferencia, confutación, discrepancia.*

comprobar

SIN. Patentizar, verificar, manifestar, evidenciar, confirmar, demostrar, justificar, alegar, ejemplizar, convencer, persuadir, escrutar, informarse, documentarse, compulsar, cotejar, acreditar, contrapesar, identificar, contrastar, puntear, computar repasar, ensayar, experimentar, cerciorarse, probar.

ANT. *Discrepar, confutar, disentir, negar.*

compromiso

SIN. Comprometimiento, convenio, obligación, pacto, deber, responsabilidad, contratación, ajuste, acuerdo, transacción, empeño, contratación, arbitraje, tributo, mediación, intervención, delegación, ofrecimiento, riesgo, dificultad, apuro, aprieto, embarazo, contrariedad, contingencia, imprevisto, brete, trance, promesa, desposorios, esponsales.

ANT. *Desacuerdo, disculpa, facilidad, previsión.*

compuesto

SIN. Doble, mixto, complicado, múltiple, sintético, inorgánico, combinatorio, combinado, combinable, mezclado, agregado, composición, mezcla, mixtura, mezcolanza, estructura, complejo, peripuesto, apañado, arreglado, emperejilado, ataviado, engalanado, endomingado, aseado, aliñado, reparado, discreto, modesto, mirado, decente, considerado, recatado, comedido, prudente, mesurado, incunspecto.

ANT. *Desaseado, estropeado, inmodesto, desconsiderado, indiscreto.*

compulsar

SIN. Comparar, cotejar, confrontar, verificar, pulsar, probar, examinar, comprobar.

compunción

SIN. Sentimiento, compasión, condolencia, duelo, lástima, piedad, pesar, dolor, pena, tristeza, remordimiento, penitencia, contrición, atrición, arrepentimiento.

ANT. *Indiferencia, contumacia, alegría, impenitencia.*

compungido

SIN. Arrepentido, atribulado, contristado, afligido, contrito, lloroso, triste, pesaroso, quejumbroso, cariacontecido, sombrío, cabizbajo, dolorido, dolido, apenado.

ANT. *Impenitente, despreocupado, indiferente, contumaz, alegre.*

computar
SIN. Comprobar, calcular, contar, medir, suponer, recontar, regular.

cómputo
SIN. Computación, cálculo, cuenta, totalidad, total, presupuesto, comprobación, recuento, arqueo, avance, balance, importe, montante, baremo, tanteo, contabilidad.

comulgar
SIN. Consumir, sacramentar, viaticar, obedecer, acatar, seguir a, participar de, acordar.
ANT. *Disentir, discrepar.*

común
SIN. Exotérico, corriente, vulgar, cotidiano, rutinario, manoseado, ordinario, sobado, frecuente, usual, trillado, habitual, sabido, conocido, tópico, típico, público, general, colectivo, universal, abundante, genérico, admitido, normal, trivial, banal, inferior, bajo, despreciable, retrete, excusado, vecindario, comunal, popular.
ANT. *Raro, extraordinario, original, personal, superior, importante.*

comuna
Amér.
SIN. Municipio, municipalidad, concejo, ayuntamiento, consistorio, cabildo, corporación.

comunero
SIN. Popular, franco, campechano, llano, sencillo, afable, sociable, agradable, simpático, parte, partícipe, particionero, copropietario, coempresario, mediero.
ANT. *Impopular, estirado, afectado, antipático.*

comunicación
SIN. Comunicado, noticia, misiva, mensaje, declaración, parte, oficio, escrito, trato, relación, correspondencia, unión, paso, contacto, información, inoculación, acceso, intercambio, frecuentación.
ANT. *Incomunicación, aislamiento.*

comunicar
SIN. Avisar, anunciar, manifestar, notificar, participar, noticiar, descubrir, proclamar, informar, exponer, oficiar, dar parte, expandir, esparcir, divulgar, difundir, advertir, requerir, retransmitir, publicar, declarar, revelar, contar, conversar, tratar, consultar, parlamentar, relacionar, impartir, compartir, conferir, interesar, coger, pegar, contagiar, contaminar, transmitir, propagar.
ANT. *Incomunicar, enmudecer, retener, inmunizar.*

comunicativo
SIN. Sociable, afable, amigable, expresivo, demostrativo, efusivo, propagativo, franco, humano, apasionado, vehemente, locuaz, acogedor, hablador, simpático, extrovertido, tratable, expansivo, abierto, asequible, accesible, accesivo, comunicable.
ANT. *Introvertido, callado, reservado, insociable, agrio, cerrado, inaccesible.*

comunidad
SIN. Congregación, corporación, entidad, asociación, sociedad, colectividad, cofradía, común, familia, orden, convento, secta, cabildo, vecindario, generalidad, similitud, paridad.
ANT. *Separación, individuo, particularidad.*

comunión
SIN. Congregación, comunidad, asociación, partido, facción, vínculo, correspondencia, relación, participación, trato, sacramento, eucaristía, rito, ceremonia.
ANT. *Aislamiento, separación.*

conato
SIN. Intento, empeño, intención, esfuerzo, tentativa, amago, propósito, designio, diligencia, indicio, asomo, anuncio, tendencia, propensión, inclinación, aborto, frustración.
ANT. *Consumación.*

cóncavo
SIN. Concavidad, cóncava, profundo, entrante, hueco, hundido, vacío, orondo, deprimido, depresivo, anfractuoso, excavado, cavernoso, socavado, cavado, vacuo, sinuoso, abollado.
ANT. *Convexo, saliente, prominente, abombado.*

concebir
SIN. Entender, comprender, admitir, extender, penetrar, alcanzar, crear, imaginar, pensar, proyectar, idear, inventar, conceptuar, formar, plasmar, forjar, creer, engendrar, embarazar, fecundar, preñar, encintar, semillar.
ANT. *Abortar, fracasar.*

conceder
SIN. Otorgar, dar, conferir, ceder, entregar, adjudicar, atribuir, agraciar, acordar, convenir, admitir, condescender, dignarse, asentir, acceder, franquear, aceptar, permitir, dispensar, atender.
ANT. *Denegar, refutar, rechazar, desconvenir, desatender.*

concejo
SIN. Ayuntamiento, alcaldía, consistorio, cabildo, corporación municipal, casa consistorial, asamblea, municipio, junta, distrito, municipalidad, mancomunidad, reunión, sesión, acuerdo.

concentración
SIN. Aglutinación, condensación, densidad, comprensión, concentramiento, concreción, polarización, conglomeración, cohesión, coagulación, solidificación, adsorción, centralización, centralismo, monopolio, reconcentración, ensimismamiento, abstracción, reclusión, aislamiento, atención, reunión, asamblea, manifestación, demostración, fusión, muchedumbre.
ANT. *Desconcentración, descentralización, dispersión, separación.*

conceptivo
SIN. Fecundo, feraz, fructuoso, prolífico.
ANT. *Estéril, anticonceptivo.*

concepto
SIN. Idea, pensamiento, sentencia, concepción, significación, percepción, sensación, impresión, intuición, vislumbre, sospecha, conjetura, noción, conocimiento, juicio, agudeza, ingeniosidad, opinión, evaluación, criterio, carácter, crédito, fama, reputación, título, rúbrica, partida, motivo, resultado.
ANT. *Desconocimiento, torpeza.*

concernir
SIN. Pertenecer, tocar, atañer, competer, connotar, respectar, importar, proceder, repercutir, referirse, incumbir, afectar, depender, vincularse, corresponder, compeler.
ANT. *Desinteresarse, desentenderse, rehuir, despreciar, omitir.*

concertar
SIN. Ordenar, componer, arreglar, convenir, conciliar, concordar, coordinar, combinar, tratar, estimular, apuntar, apalabrar, contratar, pactar, acordar, ajustar, cote-

jar, comparar, deliberar, conjurar, conspirar, preparar, proyectar.
ANT. *Desarreglar, desconcertar, romper, disentir.*

concesión

SIN. Licencia, autorización, consentimiento, beneplácito, aquiescencia, transigencia, permiso, privilegio, cesión, aprobación, indulgencia, condescendencia, monopolio, exclusiva, beneficio, regalo, disfrute, asignación, dignación, adjudicación, otorgamiento, favor, merced, gracia.
ANT. *Prohibición, denegación, libertad, desventaja, igualdad.*

conciencia

SIN. Conocimiento, sabiduría, reflexión, noción, percepción, pensamiento, idea, juicio, concepción, introspección, introversión, apercepción, persona, alma, interior, personalidad, yo, subconsciente, subconsciencia, moral, moralidad, escrúpulo, reparo, arrepentimiento, remordimiento, pesar.
ANT. *Inconsciencia, irreflexión, instinto, insensibilidad.*

concierto

SIN. Pacto, ajuste, acuerdo, trato, convenio, inteligencia, orden, concordato, avenencia, concordia, concordancia, coordinación, armonía, audición, sesión, interpretación, recital, ejecución.
ANT. *Desacuerdo, desconcierto, desorden.*

conciliábulo

SIN. Concilio, junta, asamblea, conferencia, cónclave, covullo, ilegitimidad, secreto, conversación, complot, conjuración, conspiración, maquinación, intriga, sincretismo, cábala, plan, consejar, proyecto.
ANT. *Claridad, publicidad, legitimidad.*

conciliación

SIN. Conformidad, arreglo, reconciliación, avenencia, ajuste, entendimiento, transigencia, concierto, paz, fraternidad, concordia, cordialidad, conveniencia, concordancia, parecido, semejanza, similitud, igualdad, mediación, favor, protección.
ANT. *Discordia, desavenencia, discordancia, disconformidad, abandono.*

conciliar

SIN. Armonizar, ajustar, componer, acomodar, conjugar, coordinar, fusionar, unir, aliar, avenir, apaciguar, arbitrar, adulcigar, mediar, dirimir, dulcificar, pacificar, terciar, acoplar, bienquistar, amistar, concertar, alvar, reconciliar, concordar, grangear, aprelado, padre, legado.
ANT. *Desavenir, malquistar, reñir, enemistar, separar.*

conciliarse

SIN. Avenirse, granjearse, reconciliarse, acordarse, ajustarse, transigir, entenderse, atraerse, fraternizar, amistarse, bienquistarse, ganarse, armonizarse, conformarse.
ANT. *Separarse, enemistarse, reñir.*

concilio

SIN. Congreso, junta, sínodo, esquema, canon, definición, dogma, indicción, conciliábulo, reunión, capítulo, congreso, junta, asamblea.

concisión

SIN. Precisión, exactitud, laconismo, abreviatura, brevedad, resumen, escuetismo, síntesis, abreviación, sobriedad, extracto, austeridad, concreción.
ANT. *Verbosidad, ampulosidad, rodeo, ambages, hojarasca, paja.*

conciso

SIN. Breve, corto, compendioso, lacónico, sobrio, sucinto, somero, abreviado, resumido, restricto, parco, directo, exacto, concreto, justo, ajustado, preciso, desnudo, seco.
ANT. *Extenso, prolijo, florido, gárrulo, impreciso.*

concitar

SIN. Excitar, instigar, persuadir, provocar, incitar, hostigar, azuzar, acuciar, conmover, soliviantar, encizañar, amotinar.
ANT. *Aplacar, pacificar, apaciguar, serenar, tranquilizar.*

conciudadano

SIN. Compatriota, paisano, compatricio, connacional, concive.
ANT. *Forastero, extranjero.*

cónclave

SIN. Conclave, asamblea, reunión, junta, congreso, conferencia, convención, consistorio, conciliábulo.
ANT. *Dispersión, discreción.*

concluir

SIN. Acabar, terminar, finalizar, ultimar, saldar, liquidar, sellar, fenecer, finar, rematar, agotar, consumir, apurar, gastar, despachar, evacuar, coronar, perfeccionar, completar, determinar, resolver, decidir, sentar, regular, inferir, deducir, discurrir, tender a.
ANT. *Iniciar, empezar, abotecer, quedar, retener, dejar, ahorrar.*

conclusión

SIN. Final, fin, término, terminación, desenlace, liquidación, cierre, acabamiento, remate, consumación, coronamiento, abandono, disolución, ultimación, cima, colofón, colmo, resultado, consecuencia, solución, deducción, secuela, resumen, derivación, corolario, inferencia, ejecución, determinación, cumplimiento, decisión, resolución, proposición.
ANT. *Inconclusión, principio, comienzo.*

concordancia

SIN. Conformidad, correspondencia, armonía, concierto, acuerdo, consenso, adhesión, conciliación, asenso, confirmación, concomitancia, reciprocidad, correlación, relación, ligamento, unión, compañerismo, paz, amistad, fraternidad, simpatía, ajuste, afinación, proporción.
ANT. *Disconformidad, discordancia, desavenencia, desproporción.*

concordia

SIN. Paz, unión, unidad, unanimidad, camaradería, compañerismo, amistad, hermandad, fraternidad, armonía, inteligencia, conformidad, conciliación, reciprocidad, simpatía, adhesión, ligamiento, consenso, asenso, arreglo, ajuste, convenio, acuerdo, concierto, tratado, alianza, sincretismo, igualación, eclecticismo.
ANT. *Desavenencia, discordia, desarreglo, desunión, enemistad, guerra.*

concretar

SIN. Resumir, abreviar, compendiar, reducir, condensar, precisar, esquematizar, combinar, concordar, cuajar, plasmar, cristalizar, espesar, solidificar, coagular, petrificar, materializarse, puntualizar, determinar, aclarar, definir, centrar, individuar, fijar, particularizar, especificar.
ANT. *Ampliar, desarrollar, diluirse.*

concretarse

SIN. Limitarse, ceñirse, reducirse, atenerse, circunscribirse, constreñirse, delimitar, formalizar.
ANT. *Excederse, extralimitarse.*

concubina

SIN. Amiga, favorita, querida, amante, manceba, coima, querindanga, mantenida, barragana, combleza, amasia, daifa, moza, prostituta.
ANT. *Honrada, virtuosa, esposa.*

concubinato

SIN. Concubinismo, amancebamiento, amontonamiento, barraganería, comercio, contubernio, apaño, arreglo, lío, amasiato, germanía.
ANT. *Matrimonio.*

conculcar

SIN. Hollar, atropellar, pisotear, transgredir, infringir, vulnerar, herir, escarnecer, despreciar.
ANT. *Respetar, honrar, observar.*

concuño

Amér.
SIN. Concuñado, pariente, allegado, cognado, familiar, emparentado.
ANT. *Ajeno, extraño.*

concupiscencia

SIN. Avidez, codicia, usura, egoísmo, ambición, sed, hambre, avaricia, apetito, apetencia, incontinencia, inmoderación, deseo, afición, vehemencia, ansia, pasión, ardicia, afán, liviandad, libidinosidad, erotismo, sensualismo, carnalidad, impudicia, deshonestidad, lujuria, sensualidad, torpeza, delectación, deleitamiento, placer, regosto, regodeo, fruición, vicio, obscenidad.
ANT. *Despego, virtud, espiritualidad, castidad, virginidad, conformidad, templanza, continencia, moderación, sobriedad.*

concupiscente

SIN. Incontinente, sensual, libidinoso, erótico, voluptuoso, lascivo, impúdico, hedonista, comodón, regalón, epicúreo, concupiscible, anheloso, ávido, deseoso, vehemente, ambicioso, codicioso, usurero, egoísta.
ANT. *Casto, honesto, continente, prudente, moderado, sobrio, espiritual, virtuoso.*

concurrencia

SIN. Espectadores, concurso, auditorio, asistentes, público, asistencia, multitud, muchedumbre, conjunto, tropa, turba, agolpamiento, senado, hormiguero, tropel, masa, avenido, gente, abundancia, caterva, enjambre, pelotón, manada, afluencia, gentío, barullo, tumulto, jubileo, reunión, oleada, apretura, lleno, presencia, influjo, torbellino, ayuda, apoyo, coincidencia, confluencia, convergencia, simultaneidad, sincronía, emulación, desafío, reto, competencia, conflicto, encuentro, concurso.
ANT. *Incompetencia, aislamiento, tranquilidad, soledad, sosiego, silencio, acaparamiento, monopolio.*

concurrir

SIN. Presenciar, asistir, encontrarse, confluir, afluir, juntarse, reunirse, citarse, acudir, frecuentar, ocurrir, agolparse, homiguear, bullir, arremolinarse, coincidir, converger, ayudar, cooperar, asistir, colaborar, auxiliar, contribuir, competir, contener, concursar, participar, desafiar, emular, cooptar.
ANT. *Faltar, ausentarse, desasistir.*

concurso

SIN. Asistencia, auxilio, ayuda, intervención, cooperación, apoyo, oposición, certamen, competición, torneo, disputa, lucha, rivalidad, emulación, participación, exposición, fiesta, festival, concurrencia, afluencia, auditorio, público, gentío, multitud, muchedumbre, apretura, encuentro, reunión, coincidencia, simultaneidad.
ANT. *Ausencia, desasistencia, incomparecencia, soledad.*

concusión

SIN. Sacudida, conmoción, golpe, percusión, estremecimiento, vibración, extorsión, corrupción, malversación, desfalco, peculado, exacción, abuso, arbitrariedad, delito.
ANT. *Justicia, honradez, morigeración, moderación.*

concha

Amér.
SIN. Vulva, abertura, raja, coño.

conchabar

SIN. Unir, juntar, asociar, mezclar, contratar, combinar, convenir, arreglar, confabular, conspirar, conjurar, coludir, maquinar, intrigar, secretear.
ANT. *Separarse, desavenirse.*

conchabar

Amér.
SIN. Asalariar, contratar, asoldar, emplear.

conchudo

SIN. Sagaz, avispado, astuto, cauteloso, taimado, hábil, prudente, experimentado, vivido, conchado, concoideo, conquiforme.
ANT. *Torpe, cándido, ingenuo, novato, inexperto.*

conchudo

Amér.
SIN. Sinvergüenza, bribón, pícaro, descarado, caradura, tunante, desvergonzado, granuja.
ANT. *Decente, vergonzoso.*

condecente

SIN. Conveniente, adecuado, acomodado.
ANT. *Inconveniente, inadecuado.*

condena

SIN. Sentencia, juicio, decisión, fallo, condenación, veredicto, resolución, dictamen, pena, sanción, castigo, punición, penalidad, correctivo, expiación, escarmiento, censura, crítica, tacha, desaprobación, reprobación, vituperio, incomunicación, sentención.
ANT. *Absolución, perdón, inocencia, elogio.*

condenar

SIN. Sentenciar, reprobar, penitenciar, ejecutar, multar, juzgar, sancionar, fulminar, anatematizar, acusar, penar, denegar, maldecir, criticar, rechazar, reprender, execrar, improbar, vituperar, desaprobar, castigar, ejecutorizar, censurar, cerrar, tabicar, tapar, tapiar, ocluir, incomunicar, inutilizar.
ANT. *Absolver, perdonar, disculpar, salvarse, destapar, abrir.*

condensar

SIN. Reducir, resumir, disminuir, compendiar, abreviar, sintetizar, esquematizar, sumar, limitar, restringir, concretar, epilogar, espesar, concentrar, adensar, densificar, solidificar, coagular, destilar, licuar, comprimir, apretar, amontonar, gasificar, extractar, sustanciar.
ANT. *Ampliar, desleír, vaporizar, soltar.*

condensar

SIN. Economizar, ahorrar.
ANT. *Derrochar, malgastar.*

condescendencia

SIN. Aquiescencia, consentimiento, anuencia, beneplácito, transigencia, avenencia, complacencia, benevolencia, tolerancia, bondad, permisión, permiso, autorización, blandura, deferencia, delicadeza, ductilidad, suavidad, concordia, facilidad, lenidad, mimo, agrado, dignación, asentimiento, asensio, aprobación, merced, gracia, favor.

ANT. *Resistencia, obstinación, terquedad, dureza, negativa.*

condescender

SIN. Deferir, contemporizar, temporizar, transigir, conceder, ceder, acceder, servir, consentir, tolerar, otorgar, conformarse, acomodarse, blandearse, avenirse, resignarse, pactar, entregarse, rendirse, humanar *(Amér.)*, revenirse, doblarse, mimar, malcriar.

ANT. *Negarse, obstinarse, empecinarse, resistirse.*

condición

SIN. Carácter, índole, constitución, propiedad, idiosincrasia, genio, temple, clase, entraña, situación, estado, posición, categoría, jerarquía, estado, suerte, atributo, supuesto, cláusula, circunstancia, requisito, restricción, disposición, estipulación, ley, reserva, formalidad, limitación, salvedad, impedimento, restricción, excepción, cortapisa, barrera, término, contrato, cumplimiento, convenio, obligación, estipulación.

condimentar

SIN. Guisar, sazonar, aderezar, adobar, cocinar, cundir, aliñar, salpimentar, especiar, azafranar, escabechar, salar, saborear, avinagrar, aceitar, preparar, arreglar.

condolencia

SIN. Pésame, duelo, piedad, compasión, adhesión, simpatía, conmiseración, sentimiento, tristeza, dolor.

ANT. *Júbilo, alegría, pláceme.*

condonar

SIN. Perdonar, remitir, dispensar, absolver, indultar, relevar, amnistiar, conmutar, eximir, olvidar, tolerar, agraciar.

ANT. *Condenar, castigar.*

conducente

SIN. Conveniente, útil, procedente, propio, apto, adecuado, conforme, oportuno, fructuoso, provechoso,

bueno, válido, ventajoso, beneficioso, favorable, proficuo, congruente, dirigido, encaminado, orientado.

ANT. *Inconveniente, inútil, desventajoso, incongruente, desencaminado.*

conducir

SIN. Llevar, traer, transportar, trasladar, transferir, transbordar, acarrear, dirigir, guiar, encarrilar, enderezar, acompañar, encaminar, administrar, gobernar, regir, ajustar, avenirse, concertar, convenir.

ANT. *Desorientar, desencarrilar, obedecer, acatar, subordinarse.*

conducirse

SIN. Comportarse, manejarse, portarse, gobernarse, actuar, obrar, pajear.

conducta

SIN. Comportamiento, conducción, comporte, proceder, costumbre, convencimiento, política, credo, marcha, camino, vida, hábito, pauta, porte, táctica, partido, actuación, intervención, dirección, guía, sendero, meato, gobierno, diplomacia, rumbo, ruta, trayectoria, senda, directriz, razón, gestión, administración, directiva, mando, ajuste, convenio, iguala.

conductibilidad

SIN. Conductividad, transmisión, paso, conductancia.

ANT. *Resistencia, resistividad.*

conductor

SIN. Guía, mentor, caudillo, adalid, dirigente, orientador, líder, consejero, jefe, director, instigador, inspirador, auriga, cochero, carretero, carrero, piloto, maquinista, timonel, chófer, automovilista, lazarillo, faetón, mayoral, cabestro, cable, transmisor, cordón, resistencia, alambre.

ANT. *Subordinado, acompañante, viajero, seguidor.*

conejera

SIN. Conejar, conejal, vivar, madriguera, gazapera, guarida, caño.

conexión

SIN. Relación, enlace, vínculo, ligazón, unión, soldadura, pegadura, embrague, atadura, trabazón, encadenamiento, conexidad, nexo, concomitancia, correspondencia,

atingencia *(Amér.)*, incumbencia, combinación, coordinación, empalme, acoplamiento, cohesión, ensambladura, enlazadura, adherencia, coherencia.

ANT. *Inconexión, desconexión, desligamiento, aislamiento, desembrague.*

confabulación

SIN. Conspiración, convenio, complot, maquinación, trama, intriga, conjuración, calpul, contubernio, conchabanza, aconchabamiento, connivencia, enredo, amasijo, ocultación, componenda, chanchullo, cuchubal *(Amér.)*, conciliábulo, compachaje, conseja, engaño.

ANT. *Claridad, lealtad, verdad.*

confalón

SIN. Estandarte, bandera, pendón, guión, gonfalón, flámula.

confeccionar

SIN. Hacer, componer, realizar, ejecutar, preparar, fabricar, elaborar, formar, acabar, coser.

ANT. *Deshacer.*

confector

SIN. Luchador, gladiador.

confederación

SIN. Alianza, coalición, liga, federación, unión, asociación, agrupación, confederamiento, reunión, conjunto, convenio, pacto, estado, imperio.

ANT. *Desunión, desacuerdo, secesión.*

confederarse

SIN. Unirse, ligarse, aliarse, federarse, coligarse, asociarse, sindicarse, agremiarse, agermanarse, mancomunarse, conjurarse.

ANT. *Separarse, desunirse, manumitirse, emanciparse.*

conferenciar

SIN. Platicar, disertar, conversar, deliberar, hablar, parlamentar, dialogizar, departir, entrevistarse, reunirse, abordar, conferir, consultar, tratar.

conferir

SIN. Dar, conceder, otorgar, ofrecer, agraciar, dispensar, atribuir, pesar, ungir, discutir, cotejar, comparar, tratar, compulsar, verificar, comprobar, ceder, traspasar, proporcionar, adjudicar, comunicar, conferenciar.

ANT. *Desposeer, privar, admitir.*

confesar
SIN. Aceptar, admitir, manifestar, proclamar, abrirse, descubrir, testimoniar, revelar, confiar, afirmar, confirmar, ratificar, decir, exteriorizar, desembuchar, cantar, confiar, declarar, reconocer, convenir, aprobar, sacar, sonsacar, saltar, acusarse, sincerarse, desahogarse, reconciliarse.
ANT. *Negar, ocultar, callar, retractarse, sigilar.*

confeso
SIN. Donado, converso, lego.

confesonario
SIN. Confesorio, confesionario, garita, cabina, casilla, locutorio, celosía, cortina.

confiado
SIN. Cándido, bonachón, ingenuo, sencillo, crédulo, incauto, fiado, esperanzado, seguro, tranquilo, privado, familiar, casero, confitado, descuidado, optimista, imprevisor, confianzudo, asequible, efusivo, alegre, expansivo, válido, favorito, fiable, fiduciario, confidente, presumido, satisfecho, orgulloso, vanidoso.
ANT. *Desconfiado, incrédulo, cauto, previsor, humilde, insociable, callado.*

confianza
SIN. Creencia, certidumbre, seguridad, confiabilidad, credulidad, crédito, optimismo, tranquilidad, fe, mesianismo, familiaridad, franqueza, llaneza, naturalidad, amistad, valimento, trato, intimidad, privanza, libertad, ánimo, esfuerzo, aliento, moral, vigor, hato, esperanza, espera, entereza, presunción, fatuidad, vanidad, satisfacción, vaciedad, tutela, protección, cuidado, lealtad, pacto, confabulación, confidencia.
ANT. *Desconfianza, desesperanza, inseguridad, desánimo, desaliento, enemistad, modestia.*

confiar
SIN. Esperar, creer, fiar, fiarse, sincerarse, confesar, explayarse, encargar, encomendar, entregar, dar, dejar, depositar, delegar, representar.
ANT. *Desconfiar, recelar, sospechar, dudar, delatar, traicionar.*

confidencia
SIN. Confianza, intimidad, revelación, comunicación, información, noticia, chivatazo, soplo, chisme, denuncia, confesión, secreto.
ANT. *Reticencia, reserva, recelo, mutismo.*

confidente
SIN. Espía, cómplice, delator, informador, chivato, soplón, compadre, compinche, consejero, seguro, fiel, leal, adepto, confiable, afiliado, íntimo, amigo, butaca, asiento, diván, canapé.
ANT. *Infiel, traidor, desleal, inseguro, infidente.*

configuración
SIN. Forma, figura, conformación, textura, contextura, estructura, aspecto, exterior, proporción, ordenación, constitución, manera, estilo, modo.
ANT. *Deformación.*

confín
SIN. Término, frontera, límite, divisoria, linde, lindero, extremo, extremidad, crilla, raya, horizonte, lejanía.
ANT. *Cercanía.*

confinado
SIN. Desterrado, extrañado, exiliado, exilado, presidiario.
ANT. *Repatriado, absuelto.*

confinante
SIN. Lindante, limítrofe, colindante, fronterizo, contiguo, terminal, próximo, vecino.
ANT. *Separado, lejano, alejado.*

confirmación
SIN. Ratificación, corroboración, reafirmación, aseveración, convalidación, revalidación, constatación, verificación, comprobación, validación, aprobación, seguridad, garantía, validez, prueba, crédito, homologación, coincidencia, ratihabición.
ANT. *Rectificación, negación, inseguridad.*

confirmar
SIN. Convalidar, corroborar, mantener, afirmar, fortalecer, revalidar, ratificar, aseverar, asegurar, garantizar, reafirmar, remanchar, testificar, atestar, atestiguar, constatar, demostrar, verificar, comprobar, certificar, autorizar, legalizar, homologar, probar, sancionar, acreditar, insistir, abonar.

ANT. *Rectificar, negar, contradecir, desmentir, abjurar.*

confiscar
SIN. Incautarse, decomisar, quitar, coger, apoderarse, descaminar, embargar, retener, aprehender, expropiar, desposeer.
ANT. *Devolver, restituir.*

confitado
SIN. Almibarado, amerengado, alcorzado, acaramelado, escarchado, azucarado, edulcorado, garrapiñado, suavizado, esperanzado, contento, ilusionado, convencido, satisfecho, persuadido.
ANT. *Amargo, desconfiado, insatisfecho.*

confitar
SIN. Endulzar, suavizar, enconfitar, amerengar, caramelizar, garrapiñar, zarandar, amelcochar, escarchar, azucarar, edulcorar, engolosinar, almibarar.
ANT. *Amargar, endurecer.*

conflagración
SIN. Incendio, perturbación, conflicto, guerra, contienda, choque, revolución, trastorno.
ANT. *Pacificación, calma, tranquilidad.*

conflagrar
SIN. Abrasar, incendiar, inflamar, revolucionar, estallar, trastornar, perturbar, hostilizar.
ANT. *Apagar, pacificar.*

conflicto
SIN. Combate, lucha, choque, colisión, encuentro, hostilidad, antagonismo, disputa, aprieto, competencia, empeño, desacuerdo, oposición, lance, apuro, pelea, pugna, batalla, dificultad, atrenzo *(Amér.)*, diferencia, desasosiego, duda, trance, disyuntiva, crisis, peligro, discusión.
ANT. *Tranquilidad, paz, conformidad, desahogo.*

confluir
SIN. Concurrir, acudir, converger, coincidir, convergir, desembocar, afluir, bifurcarse, unirse, juntarse.
ANT. *Separarse, dispersarse, difluir.*

conformación
SIN. Forma, figura, distribución, disposición, configuración, estructura, estructuración, modo, hechura, colocación.
ANT. *Deformación.*

conformarse

SIN. Avenirse, allanarse, prestarse, resignarse, reducirse, plegarse, someterse, sujetarse, aceptar, tolerar, transigir, aguantar, atemperarse, padecer, amoldarse, adaptarse, concordar, acomodarse, concertar, adecuar, armonizar, hermanar, formar, convenir, configurar, ajustarse.
ANT. *Rebelarse, discrepar, negarse, deformar.*

conforme

SIN. Igual, idéntico, semejante, parecido, ajustado, proporcionado, acorde, correspondiente, ajustado, simétrico, puntual, conteste, consonante, concorde, unánime, corriente, cónsono, condigno, afín, compañero, gemelo, hermanado, coincidente, concordado, concordante, conveniente, propio, pertinente, especial, congruente, adecuado, clavado, exacto, apañado, capaz, enderezado, aprobado, compatible, satisfactorio, resignado, digno, uniforme, permitido, ortodoxo, condecente, decente, amigable, contento, satisfecho, halagado.
ANT. *Desacorde, diferente, inconveniente, desproporcionado, impropio, inadecuado, inexacto, incompatible.*

conformidad

SIN. Resignación, sumisión, renuncia, tolerancia, transigencia, tragaderas, ortodoxia, paciencia, sufrimiento, estoicismo, amoldamiento, adhesión, aprobación, asentimiento, aquiescencia, permiso, voluntad, consenso, beneplácito, sí, amén, parecido, semejanza, igualdad, similitud, proporción, adaptibilidad, adecuación, adaptación, compatibilidad, acomodamiento, atemperación, anuencia, exactitud, mimetismo, concordia, avenencia, unanimidad, encaje, unión, univocación, afinidad, concordancia, correspondencia, congruencia, simpatía, hermandad, conexión, maridaje, conveniencia, comodidad, utilidad, oportunidad, pertinencia, importancia, confrontamiento, puntualidad.
ANT. *Disconformidad, rebelión, impaciencia, desemejanza, desaprobación, inoportunidad.*

confortar

SIN. Animar, reanimar, levantar, vivificar, aliviar, tonificar, reconfortar, fortalecer, esperanzar, alentar, estimular, consolar.

ANT. *Desanimar, desalentar, debilitar, enervar.*

conforte

SIN. Confortación, confortativo, confortamiento.
ANT. *Rechazo, indiferencia.*

confrontación

SIN. Careo, cotejo, comparación, comprobación, verificación, compulsación, identificación, colación, enfrentamiento.
ANT. *Discrepancia, disparidad, diferencia.*

confrontar

SIN. Cotejar, carear, compulsar, parear, colacionar, chequear *(Amér.)*, comprobar, comparar, identificar, verificar, enfrentar, congeniar, corresponder, coincidir, avenirse, desafiar, afrontar, lindar, alindar, confinar.
ANT. *Diferir, disentir, discrepar.*

confundir

SIN. Desorientar, embrollar, mezclar, involucrar, revolver, barajar, embarrullar, abigarrar, perturbar, trastocar, enredar, promiscuar, emborronar, desordenar, traspapelar, envolver, enmarañar, trabucar, intrincar, complicar, calabriar, desparejar, engarbullar, desbaratar, refutar, equivocar, juntar, abrumar, abochornar, turbar, anonadar, avergonzar, humillar, titubear, apabullar, aplanar, agobiar, derrotar, trastornar, aturdir, desconcertar, engañar, vencer, cachifollar, aterrar, asombrar, aturullar, historiar *(Amér.)*.
ANT. *Saber, conocer, distinguir, elogiar, exaltar, halagar, serenar, animar.*

confusión

SIN. Desorden, confusionismo, caos, desconcierto, mezcla, ambigüedad, contradicción, desarreglo, desorientación, mezcolanza, revoltijo, revoltillo, gresca, barullo, trastorno, lío, amasijo, revuelta, olla de grillos, abigarramiento, guirigay, fárrago, balumba, babel, ininteligibilidad, imprecisión, monserga, turbulencia, bullanga, vaguedad, oscuridad, indistinción, ofuscación, turbiedad, indeterminación, promiscuidad, eclecticismo, enturbamiento, tinieblas, niebla, laberinto, remolino, ovillo, embrollo, maraña, anarquía, incomprensión, conflicto, complicación, desbaratamiento, divagación, tupición

(Amér.), vacilación, turbación, conturbación, desasosiego, titubeo, pasmo, sorpresa, perplejidad, sobresalto, azoramiento, vergüenza, bochorno, rubor, agobio, apabullamiento, anonadamiento, afrenta, humillación, ignominia, abatimiento, intimidación.
ANT. *Orden, claridad, distinción, seguridad, sosiego, tranquilidad, exaltación, pureza.*

confuso

SIN. Revuelto, mezclado, embrollado, enrevesado, desordenado, enredoso, caótico, confundido, amazacotado, difícil, complejo, complicado, absurdo, equívoco, contradictorio, enmarallado, inanalizable, laberíntico, indiscernible, promiscuo, ininteligible, inexplicable, vago, indeterminado, lioso, indefinido, inclasificable, equivocado, imperceptible, dudoso, impreciso, oscuro, enigmático, turbio, tumultuoso, borroso, babélico, perplejo, sorprendido, ambiguo, asombrado, desorientado, pegado, parado, pasmado, turbado, azorado, avergonzado, conturbado, abochornado, ruborizado, abrumado, corrido, embarazado, abatido, chafado, titubeante, humillado, temeroso, vergonzoso, desconcertado, indeciso, triste.
ANT. *Claro, puro, neto, preciso, comprensible, tranquilo, sereno, seguro.*

confutar

SIN. Impugnar, rebatir, refutar, desmentir, contradecir, replicar, rechazar, opugnar, argüir, redargüir, objetar.
ANT. *Asentir, aceptar, ratificar.*

congelación

SIN. Congelamiento, helamiento, heladura, criogenia, enfriamiento, hibernación, aterimiento, solidificación, espesamiento, coagulación, inmovilización, confiscación.
ANT. *Descongelación, calentamiento, fusión, licuefacción.*

congelar

SIN. Cuajar, helar, refrigerar, enfriar, escarchar, hibernar, coagular, solidificar, espesar, adensar, entumecer, estabilizar, confiscar, inmovilizar.
ANT. *Descongelar, derretir, deshelar, fundir, revolver, restituir.*

congeniar

SIN. Coincidir, concordar, enten-

derse, avenirse, simpatizar, fraternizar, comprenderse, amigarse, hacer buenas migas.
ANT. *Discordar, discrepar, antipatizar.*

congerie
SIN. Montón, cúmulo, acervo, hacinamiento.

congestión
SIN. Acumulación, saturación, exceso, inflamación, henchimiento, obstrucción, revulsión, plétora, hiperemia, rubicundez, apoplejía, embotellamiento, estancamiento, atasco, aglomeración, embrollo, nudo, entorpecimiento, atolladero, paralización.
ANT. *Escasez, falta, desatasco.*

conglobar
SIN. Unir, juntar.
ANT. *Separar.*

conglomerar
SIN. Aglomerar, reunir, juntar, unir, cohesionar, conglutinar, apiñar, adensar, aglutinar, apretar, adherir.
ANT. *Disgregar, separar.*

conglutinar
SIN. Unir, pegar, adherir, aglutinar, encolar, soldar, adensar, densificar, espesar, conglomerar.
ANT. *Despegar, disgregar, aclarar.*

congoja
SIN. Desmayo, desvanecimiento, soponcio, ahogo, presura, angustia, tormento, síncope, fatiga, inquietud, pena, desconsuelo, zozobra, ansia, anhelo, tortura, tristeza, angustiamiento, pesadilla, pesar, carga, vía crucis, tribulación, quebranto, aflicción, cuita, agobio, agonía, consternación, amargura.
ANT. *Alegría, euforia, sosiego, satisfacción, placer, consuelo, reanimación.*

congraciamiento
SIN. Amistad, agrado, atracción, captación, conquista, simpatía, confraternización, predisposición, seducción, entendimiento, benevolencia, afinidad.
ANT. *Desagrado, antipatía, repulsión, hostilidad.*

congratulación
SIN. Parabién, felicitación, pláceme, cumplido, gentileza, atención, agasajo, exultación, homenaje, galantería, cortesía, aprobación, cele-

bración, regocijo, satisfacción, enhorabuena, norabuena.
ANT. *Sentimiento, pésame.*

congratular
SIN. Felicitar, gratular, aprobar, galantear, exaltar, agasajar, celebrar, elogiar, saludar, alegrarse, regocijarse, holgarse, cumplimentar, congraciar, compartir, brindar.
ANT. *Sentir, lamentar, dolerse, compadecer, contristar, deplorar.*

congregación
SIN. Cofradía, comunidad, hermandad, grupo, orden, secta, cabildo, convento, convocación, junta, asamblea, reunión.

congregar
SIN. Juntar, unir, reunir, acabildar, convocar, agrupar, atraer, asociar, llamar, emplazar, avisar, agremiar, citar, reclamar, solicitar, agolparse, requerir, llegar, aglomerar, hacinar, concentrarse.
ANT. *Disgregar, disolver, separar.*

congresal
Amér.
SIN. Congresista, asambleísta, diputado, senador, delegado, parlamentario.

congreso
SIN. Junta, reunión, asamblea, ayuntamiento, parlamento, cortes, senado, comicios, cámara, sociedad, asociación, consejo.

congruencia
SIN. Conveniencia, oportunidad, congruidad, conformidad, semejanza, armonía, relación, adecuación, acomodación, correspondencia, proporcionalidad, lógica, coherencia.
ANT. *Incongruencia, inoportunidad, inconveniencia.*

congruente
SIN. Conveniente, oportuno, congruo, racional, coyuntural, pertinente, lógico, razonable, acorde, concordante, preciso, sensato, conducente, coherente, relacionado, conexo, conforme.
ANT. *Inoportuno, incongruente, impropio, inconveniente, inadecuado, ilógico.*

cónico
SIN. Coniforme, conoideo, conoidal, puntiagudo.
ANT. *Plano.*

conjetura
SIN. Suposición, probabilidad, hipótesis, presunción, indicio, cálculo, probabilidad, sospecha, deducción, calandrajo, cábala, creencia, predicción, profecía, presentimiento, asomo, atisbo, vislumbre.
ANT. *Imprevisión, realidad, exactitud.*

conjeturar
SIN. Suponer, deducir, calcular, presumir, opinar, inferir, sospechar, entrever, vislumbrar, predecir, imaginar, indiciar, intuir, preconocer, figurarse, atinar, columbrar, indicar, idear, barruntar, traslucirse, antojarse, trasvinarse, profetizar, brujulear, echar, jugar, tantear.
ANT. *Acertar, confirmar.*

conjugación
SIN. Coordinación, conexión, relación, unión, unificación, fusión, enlace, aglutinación, coexistencia, coincidencia, declinación, recitación.
ANT. *Separación, inconexión.*

conjunción
SIN. Junta, unión, reunión, asamblea, enlace, aproximación, encuentro, coincidencia, compaginación, conciliación.
ANT. *Separación, desunión, disentimiento.*

conjunto
SIN. Incorporado, mezclado, acumulado, vinculado, contiguo, unido, junto, aliado, agregado, ligado, conglomerado, mezcla, total, todo, totalidad, cúmulo, complexo, unión, adición, aglomeración, apiñamiento, apiñadura, conglobación, panetada, agrupación, agrupamiento, conglomeración, compuesto, fusión, combinación, acervo, copia, acopio, colección, reunión, abundancia, muestrario, surtido, juego, muchedumbre, concurrencia, asociación, asamblea, equipo, grupo, gregal, escuadra, escuadrilla, personal.
ANT. *Disgregación, separación, individualidad, parcialidad, escasez.*

conjuración
SIN. Complot, confabulación, artería, componenda, conjura, maquinación, connivencia, complicidad, juramentación, conciliábulo, intriga, conspiración, acuerdo, plan, trajín, enredo, trama, rebelión, rebeldía.

ANT. *Fidelidad, lealtad, someti-miento.*

conjurar
SIN. Tramar, conspirar, confabular, conchabar, ligar, conjuramentar, maquinar, complotar, fraguar, juramentar, convivir, coaligar, coludir, exorcizar, adjurar, conminar, rogar, implorar, suplicar, invocar, requerir, exigir, imprecar, reclamar, pedir, impedir, evitar, alejar, remediar, abortar, deshacer.
ANT. *Realizar, respetar, someter, abstenerse, aventurar, admitir.*

conjuro
SIN. Imprecación, súplica, invocación, ruego, evocación, requerimiento, encarecimiento, instancia, sortilegio, exorcismo, magia, hechizo, brujería, encantamiento, satanismo, cábala, talismán.
ANT. *Realidad, desencanto.*

conllevar
SIN. Sobrellevar, soportar, comportar, transigir, trampear, llevar, resistir, aguantar, tolerar, sufrir, entretener, ayudar, coadyuvar.
ANT. *Impacientar, desentenderse.*

conmemoración
SIN. Memoria, recuerdo, recordación, rememoración, remembranza, memento, aniversario, perpetuación, ceremonia, celebración, evocación, festividad, fiesta, jubileo.
ANT. *Olvido, silenciamiento.*

conmensurable
SIN. Mesurable, medible, graduable, calculable, computable, regulable, evaluable, valuable, valorizable.
ANT. *Incalculable, inconmensurable.*

conminar
SIN. Apercibir, intimidar, amenazar, ordenar, intimar, exhortar, requerir, notificar, advertir, ultimar, avisar, exigir, coactar, presionar, mandar, dictar, forzar, bravear, invitar, apremiar.

conmiseración
SIN. Compasión, misericordia, piedad, lástima, miseración, caridad, clemencia, humanidad, sentimiento, bondad, enternecimiento, ternura, condolencia, consideración, generosidad.
ANT. *Inclemencia, indiferencia, escarnio, desdén.*

conmistión
SIN. Conmixtión, mixtión, conmisura, mixtura, miscelánea, mezcla, pisto, batiburrillo.
ANT. *Pureza, simplicidad.*

conmoción
SIN. Perturbación, sacudimiento, sacudida, trastorno, movimiento, sobresalto, shock, vibración, oscilación, aceleración, meneo, dinámica, ímpetu, revuelo, desasosiego, agitación, disturbio, levantamiento, motín, alteración, asonada, revolución, revuelta, tumulto, sedición, alteración, jaleo, bulla, escándalo, violencia, terror, terremoto, temblor, seísmo, fatiga, emotividad, emoción.
ANT. *Sosiego, calma, quietud, tranquilidad, paz, estática, inmobilidad.*

conmovedor
SIN. Emocionante, emotivo, apasionante, estremecedor, interesante, profundo, excitante, vibrante, afectivo, dramático, hondo, inquietante, turbador, perturbador, roedor, triste, patético, sentimental, enternecedor.
ANT. *Ridículo, insensible, grotesco, indiferente, hilarante.*

conmover
SIN. Emocionar, impresionar, conturbar, enternecer, emblandecer, excitar, estremecer, apasionar, sobrecoger, interesar, llorar, afectar, provocar, suscitar, hacer vibrar, tocar en el corazón, inquietar, perturbar, turbar, trastornar, sacudir, alterar, mover, agitar, remover.
ANT. *Burlar, endurecer, serenar, irritar, tranquilizar.*

conmuta
Amér.
SIN. Conmutación, convalidación, cambio.
ANT. *Permanencia.*

conmutación
SIN. Cambio, permuta, trueque, retruécano, conmuta, convalidación, compensación, substitución, perdón, amnistía, indulto, absolución, remisión, exculpación, relevación, gracia, conmuta (*Amér.*).
ANT. *Fijeza, permanencia.*

conmutar
SIN. Cambiar, transformar, mudar, sustituir, computar, convalidar, compensar, trocar, permutar, intercambiar, canjear, perdonar, agra-ciar, indultar, condonar, absolver, remitir, favorecer, exculpar.
ANT. *Castigar, permanecer.*

connacional
SIN. Paisano, compatriota.
ANT. *Extranjero, forastero.*

connivencia
SIN. Conspiración. maquinación, confabulación, complot, cochabanzo, complicidad, contubernio, acuerdo, trama, intriga, tolerancia, condescendencia, disimulación, disimulo, vista gorda, indulgencia, comprensión.
ANT. *Fidelidad, lealtad, intolerancia, incomprensión.*

connotación
SIN. Connotado, parentesco, afinidad, lazo, vínculo, relación, evidencia, implicación.
ANT. *Separación, duda, inconexión.*

connotado
Amér.
SIN. Distinguido, esclarecido, notable, noble, ilustre, principal, aristócrata.
ANT. *Vulgar, plebeyo, ordinario.*

connubio
SIN. Matrimonio, casamiento, boda, enlace, reunión, unión.
ANT. *Divorcio, separación.*

conocedor
SIN. Avezado, experimentado, experto, práctico, perito, versado, ducho, sabedor, informado, sabiente, consabidor, enterado, documentado, sabio, competente, erudito, omniscio, noticioso.
ANT. *Inexperto, ignorante, ignaro, incompetente, profano.*

conocer
SIN. Entender, resaber, saber, dominar, enterar, aprender, enseñar, calar, tratar, familiarizar, intimar, percibir, distinguir, prever, percatarse, notar, observar, confesar, reconocer, presumir, conjeturar.
ANT. *Desconocer, ignorar, olvidar.*

conocido
SIN. Acreditado, distinguido, bienhechor, bienquisto, popular, señalado, famoso, célebre, destacado, afamado, prestigioso, ilustre, reputado, renombrado, sonado, mentado, notorio, celebrado, amigo, relacionado, compañero, tratado, entendido, corriente, habitual, rutinario, ordinario, vulgar, sobado.

ANT. *Desconocido, ignorado, anónimo, incógnito, impopular.*

conocimiento
SIN. Entendimiento, inteligencia, conocido, sentido, conciencia, noción, consciencia, sabiduría, cognición, razón, sensatez, juicio, prudencia, comprensión, competencia, estudio, enseñanza, erudición, sapiencia, práctica, talento, inteligencia, luces, cultura, relaciones, amistad.
ANT. *Ignorancia, incultura, desconocimiento, inconsciencia.*

conquistar
SIN. Adquirir, ganar, catequizar, desalojar, colonizar, adquirir, someter, triunfar, vencer, ganar, ocupar, apoderarse, entrar, adueñarse, seducir, enamorar, convencer, persuadir, castigar, ganarse, cautivar, engatusar, flirtear, coquetear, atraer, granjearse, galantear, camelar, subyugar, convertir, tomar, expugnar, forzar, invadir, desencastillar.
ANT. *Sublevarse, liberar, independizar, expulsar, resistir, desdeñar, rechazar.*

consabido
SIN. Conocido, citado, mencionado, aludido, nombrado, de marras, repetido, frecuente, acostumbrado, habitual, inevitable, ineluctable.
ANT. *Desconocido, infrecuente, desacostumbrado, evitable.*

consagración
SIN. Dedicación, ofrecimiento, aplicación, destinación, bendición, santificación, sacramento, ceremonia, triunfo, apoteosis, culminación, coronamiento, confirmación, advocación, aprobación, asentimiento, acreditación.
ANT. *Fracaso, descrédito, secularización, maldición.*

consagrar
SIN. Deificar, divinizar, ofrecer, ofrendar, destinar, predestinar, sancionar, dedicar, bendecir, santificar, inhalar, coronar, ungir, glorificar, sacramentar, beatificar, purificar, autorizar, aprobar, culminar, triunfar, entregarse, darse.
ANT. *Humillar, desaprobar, fracasar.*

consanguíneo
SIN. Pariente, allegado, familiar, cognado, entroncado, carnal, deudo, connotado, afín.

ANT. *Ajeno, extraño.*

conscripción
Amér.
SIN. Reclutamiento, reemplazo, alistamiento, lista, incorporación.
ANT. *Licenciamiento.*

conscripto
Amér.
SIN. Quinto, recluta, mozo, soldado, sorche, militar.
ANT. *Licenciado.*

consecución
SIN. Logro, obtención, alcance, conseguimiento, adquisición, victoria, consumación, suerte, casualidad, acierto, chiripa, chamba, felicidad, hartura.
ANT. *Fracaso, aborto, frustración.*

consecuencia
SIN. Deducción, resultado, resultante, resulto, resultancia, consectario, alcance, fruto, secuela, desenlace, fin, conclusión, efecto, derivación, influencia, ilación, inferencia, trascendencia, desenvolvimiento, repercusión, continuidad.
ANT. *Antecedencia, principio, causa.*

conseguir
SIN. Lograr, obtener, alcanzar, valerse, arreglar, coger, ganar, adjudicarse, concederse, otorgarse, pillar, atrapar, encontrar, aquistar, granjear, sacar, adquirir, agenciar, aseguir, captar, tomar, conquistar, beneficiar, procurarse, llegar, poder, vencer.
ANT. *Perder, frustrar, abortar, malograr.*

conseja
SIN. Patraña, falsedad, embuste, quimera, rumor, cuento, fábula, leyenda, narración, apólogo, relato, historieta, confabulación, conciliábulo.
ANT. *Realidad.*

consejero
SIN. Asesor, guía, mentor, tutor, instructor, monitor, profesor, maestro, orientador, consultor, vocal, consiliario.

consejo
SIN. Orientación, dirección, asesoramiento, dictamen, consulta, moraleja, juicio, reflexión, parecer, guía, aviso, advertencia, indicación, minición, admonición, persuasión, exhortación, instigación,

inspiración, toque, recordatorio, sugerencia, sugestión, recomendación, insinuación, reparo, amonestación, apercibimiento, deliberación, acuerdo, difusión, sesión, reunión, asamblea, junta.
ANT. *Independencia, desprecio.*

consenso
SIN. Aprobación, asentimiento, consentimiento, autorización, permiso, conformidad, unanimidad, aquiescencia.
ANT. *Denegación, prohibición, disentimiento.*

consentido
SIN. Mimado, malcriado, contemplado, caprichoso, vicioso, cornudo, paciente, maridazo, sufrido, cabrón, tolerante, permitido, admitido, tolerable, libre, legal, autorizado, lícito.
ANT. *Intolerante, rígido, prohibido, ilegal.*

consentimiento
SIN. Permiso, autorizamiento, licencia, otorgamiento, concesión, pase, autorización, permisión, aprobación, asentimiento, aquiescencia, asenso, anuencia, venia, tolerancia, beneplácito, conformidad, acuerdo, accesión, vistobueno, paciencia, condescendencia, mimo.
ANT. *Denegación, prohibición, disentimiento.*

consentir
SIN. Permitir, autorizar, otorgar, asentir, pasar, tolerar, aguantar, sufrir, admitir, autorizar, facultar, conceder, condescender, acceder, ceder, creer, mimar, malcriar, viciar, deformar, aprobar, ceder, hacer la vista gorda.
ANT. *Oponer, fortalecer, rebelarse, negar.*

conserje
SIN. Portero, ordenanza, subalterno, mayordomo, servidor, cerbero, mozo, criado, ujier.
ANT. *Principal.*

conservación
SIN. Guarda, custodia, conserva, defensa, permanencia, criogenia, mantenimiento, criamiento, manutención, supervivencia, subsistencia, retención, posesión, perpetuación, vigilancia, ahorro, preservación, archivo, protección.
ANT. *Abandono, gasto, despilfarro, deterioración, desaparición.*

conservar

SIN. Mantener, cuidar, proteger, defender, asegurar, custodiar, retener, guardar, sustentar, alimentar, apañar, cultivar, reservar, entretener, perpetuar, inmortalizar, eternizar, recordar, consolidar, curar, encurtir, salar, ahumar, secar, embalsamar, preservar, disecar, envasar, embalar, embolsar, archivar, recaudar, recoger, almacenar, depositar, poseer, tener, retener, detener, ahorrar, engibar, permanecer, durar, continuar, seguir, subsistir, sobrevivir, pervivir.

ANT. *Deteriorar, destruir, dilapidar, acabar, perder, abandonar, tirar, desembalar, sacar, morir.*

conservatismo

Amér.

SIN. Conservadurismo, reacción, derechismo, inmovilismo, derecha, tradicionalismo.

ANT. *Revolución, anarquía, desorden.*

considerable

SIN. Cuantioso, grande, enorme, numeroso, importante, respetable, imponente, formidable, inmenso, colosal, extenso, amplio, vasto, ancho, largo, alto, elevado, desmedido, crecido, espacioso, apreciable, notable, estimable, poderoso.

ANT. *Insignificante, escaso, desdeñable, pequeño.*

consideración

SIN. Aprecio, estima, afecto, cortesía, deferencia, miramiento, respeto, urbanidad, cortesanía, cuidado, reparo, circunspección, monta, importancia, significación, cuantía, contemplaciones, reputación, honor, distinción, juicio, apreciación, contemplación, atención, reflexión, meditación, estudio, beligerancia, estimación.

ANT. *Desconsideración, desprecio, grosería, incógnito, insignificancia.*

considerado

SIN. Apreciado, estimado, querido, preciado, juzgado, respetado, respetuoso, atento, mirado, diferente, reflexivo, comedido, cortés, amable, afable, fino, educado, solícito, servicial, reverente, pensado, reflexionado.

ANT. *Despreciado, desprestigiado, desatento, desconsiderado.*

considerar

SIN. Pensar, reflexionar, rumiar, tantear, discurrir, meditar, examinar, contemplar, mirar, pesar, sopesar, reparar, juzgar, estimar, conceptuar, reputar, atender, aprender, imaginar, suponer, analizar, filosofar, madurar, digerir, respetar, honrar, venerar, reverenciar.

ANT. *Desentenderse, precipitarse, despreciar, menospreciar.*

consignar

SIN. Destinar, designar, transportar, enviar, mandar, expedir, entregar, depositar, señalar, asignar, firmar, asentir, manifestar, estipular, imponer, establecer, registrar, anotar.

ANT. *Recibir, reservar, olvidar.*

consiguiente

SIN. Consecuente, natural, consectario, consecutivo, relacionado, supeditado, inferido, resultante, deducido.

ANT. *Antecedente.*

consistencia

SIN. Firmeza, duración, seguridad, estabilidad, solidez, coherencia, trabazón, densidad, espesura, dureza, cohesión, resistencia.

ANT. *Inconsistencia, blandura, flojedad, porosidad, brevedad.*

consistir

SIN. Estribar, basarse, fundamentarse, residir, radicar, posar, descansar, asentarse, apoyarse, reclinar, estar, ser, componerse, constar de, condensar, resumir, cifrar.

consistorio

SIN. Consejo, junta, reunión, asamblea, ayuntamiento, concejo, cabildo, municipio, corporación municipal.

consolar

SIN. Animar, confortar, alentar, reanimar, aliviar, calmar, endulzar, suavizar, paliar, compensar, apaciguar, atenuar, moderar, serenar, tranquilizar, aliviar, desahogar, mitigar, reconfortar, remediar.

ANT. *Apenar, desazonar, atribular.*

consolidar

SIN. Asegurar, afianzar, afirmar, fijar, solidar, fortalecer, robustecer, reafirmar, solidificar, apuntalar, basar, reforzar, reunirse, unirse.

ANT. *Debilitar, caer, ablandar, fallar.*

consonancia

SIN. Armonía, proporción, relación, acordanza, concordia, conformidad, rima, sonoridad, cadencia, acorde, afinación.

ANT. *Disonancia, discordancia, disconformidad.*

cónsone

SIN. Cónsono, acorde, consonante.

ANT. *Desacorde.*

consorcio

SIN. Unión, asociación, sociedad, compañía, empresa, condominio, participación, matrimonio, casamiento.

ANT. *Desacuerdo.*

consorte

SIN. Compañero, partícipe, esposo, cónyuge, esposa, marido, mujer.

conspicuo

SIN. Sobresaliente, insigne, notable, ilustre, perilustre, grande, principal, sonado, afamado, blenquisto, egregio, excelso, noble, distinguido, visible, famoso, glorioso, claro, preclaro, esclarecido.

ANT. *Oscuro, vulgar, desconocido.*

conspiración

SIN. Confabulación, complot, trama, conjuración, conjura, cábala, entruchado, amasijo, maquinación, intriga, contubernio, conciliábulo, aconchabamiento, conchabanza, engaño, monopolio, ocultación, compadraje.

ANT. *Fidelidad, lealtad.*

conspirar

SIN. Complotar, maquinar, intrigar, coludir, connivir, confabularse, urdir, conchabar, tramar, conjurarse, juramentar.

ANT. *Someterse.*

constancia

SIN. Perseverancia, entereza, firmeza, persistencia, tesón, testarudez, insistencia, tenacidad, invariabilidad, asiduidad, longanimidad, fortaleza, obstinación, paciencia, aplicación, fidelidad, fe, inflexibilidad, lealtad, cumplimiento, permanencia, continuidad, invariabilidad, decisión, exactitud, certeza.

ANT. *Inconstancia, desaplicación, volubilidad, inexactitud.*

constante

SIN. Persistente, tenaz, fiel, consecuente, entero, sistemático, inmoble, asiduo, perseverante, incesante, continuo, firme, fijo, invariable, permanente, inmóvil, inmuta-

ble, frecuente, empeñoso, inflexible, inquebrantable, duradero, igual, estable, auténtico, cierto, exacto, veraz, evidente, indudable.
ANT. *Inconstante, voluble, variable, esporádico, dudoso, incierto.*

constar
SIN. Constituir, componerse, comprender, formarse, integrarse, contener, incluir, consignar, atestiguar, reflejar, manifestar, evidenciar, estar, existir.
ANT. *Faltar, separar.*

constatar
SIN. Confirmar, verificar, examinar, comprobar, cotejar, confrontar, probar, advertir, notar, observar.
ANT. *Disentir, discrepar, diferir.*

consternar
SIN. Abatir, afligir, conturbar, apenar, turbar, entristecer, amargar, espantar, aterrar, desolar, atribular, desconsolar, acongojar, apesadumbrar, apesarar, disgustar, angustiar, contristar, desazonar, asombrar.
ANT. *Sosegar, calmar, tranquilizar, consolar, alentar, animar, alegrar.*

constipado
SIN. Resfriado, catarro, enfriamiento, frío, fluxión, tos.

constitución
SIN. Naturaleza, complexión, clase, tipo, estructura, forma, figura, hechura, tenor, calaña, fisiología, configuración, modo, composición, temperamento, regla, régimen, estatuto, ley, edicto, pacto, organización.

constituir
SIN. Formar, componer, integrar, hacer, acoplar, establecer, fundar, organizar, instituir, estatuir, implantar, instaurar, asentar, estructurar, erigir, concretar, formalizar, mandar, ordenar, disponer.
ANT. *Desordenar, deshacer, disolver, descomponer, retirar, obedecer.*

constreñir
SIN. Obligar, impeler, compeler, forzar, impulsar, cohibir, apremiar, imponer, precisar, necesitar, coartar, coaccionar, violentar, apretar, constreñir, estrujar, oprimir, restriñir, astringir, circunscribirse, limitarse, contraer, cerrar.
ANT. *Permitir, dejar, manumitir, abrir, aflojar, dilatar.*

constricción
SIN. Encogimiento, acurrucamiento, constreñimiento, minoración, mengua, compresión, estrechamiento, retracción.
ANT. *Dilatación, aumento.*

construir
SIN. Edificar, fabricar, componer, hacer, erigir, levantar, obrar, elevar, ordenar, reconstruir, reedificar, fundar, aplomar, cimentar, urbanizar, montar.
ANT. *Demoler, derribar, destruir.*

construpador
SIN. Estrupador.

consuelo
SIN. Gozo, alegría, júbilo, ánimo, consolación, aliento, calma, sosiego, estímulo, confortamiento, confortación, desahogo, mitigación, alivio, descanso, calmante, lenitivo.
ANT. *Tristeza, desconsuelo, acuitamiento.*

consueta
SIN. Apuntador, añalejo, calendario.

consuetudinario
SIN. Común, frecuente, acostumbrado, tradicional, corriente, ordinario, habitual, consuetudinal.
ANT. *Desacostumbrado, desusado, infrecuente, raro.*

consulta
SIN. Dictamen, parecer, opinión, cuestión, oráculo, asesoramiento, consultación, sugerencia, sugestión, consejo, aclaración, reparo, reflexión, admonición, conferencia, junta, asamblea, reunión, deliberación, propuesta, cuestionario, plebiscito, referéndum.
ANT. *Desdén, ignorancia, cerrazón.*

consultar
SIN. Estudiar, examinar, aconsejarse, asesorarse, tratar, advertir, discurrir, opinar, dictaminar, amonestar, comunicar, deliberar, conferenciar, someter, aclarar.
ANT. *Ignorar, desdeñar.*

consumar
SIN. Acabar, extinguir, finiquitar, ultimar, terminar, finalizar, concluir, hacer, ejecutar, efectuar, realizar, cometer, cumplir.
ANT. *Comenzar, empezar, intentar, iniciar, incumplir, abortar.*

consumición
SIN. Consumo, gasto, dilapidación, derroche, consunción, consumimiento, disipación, agotamiento, extenuación, postración, enflaquecimiento, desgaste, desazón, destrucción, apuramiento, bebida, ración.
ANT. *Ahorro, abastecimiento, conservación, restauración, fortalecimiento.*

consumido
SIN. Extenuado, flaco, debilitado, delegado, desmedrado, débil, demacrado, chupado, agotado, quemado, gastado, pagado, derrochado, afligido, apurado, tímido, timorato, apocado, acabado, magro.
ANT. *Vigoroso, fortalecido, ahorrado, conservado, atrevido.*

consumidor
SIN. Cliente, parroquiano, comprador, gastador, desgastador, derrochador, dilapidador, pródigo, voraz, agostador.
ANT. *Ahorrador, económico.*

consumir
SIN. Agotar, acabar, agostar, desgastar, comprar, extenuar, pasar, mermar, quemar, absorber, usar, deshacer, debastar, disminuir, fumarse, comer, carcomer, corroer, cancerar, aniquilar, destruir, disipar, extinguir, derrochar, malgastar, dilapidar, afligir, apurar, desazonar, impacientarse, exasperarse, sumir, atribular, atormentar, abatir, desasosegar, concomerse, reconcomerse, requemarse, derretirse, cander, marchitarse, debilitarse, agotarse.
ANT. *Abastecer, ahorrar, conservar, fortalecer, restaurar, consolar, animar.*

consunción
SIN. Consumimiento, extenuación, enflaquecimiento, adelgazamiento, agotamiento, extinción, contabescencia, acabamiento, terminación, demacración, expendio, dispendio, merma, egresa, desgaste, derroche, dilapidación.
ANT. *Fortalecimiento, vigorización, restauración, ahorro, conservación.*

contacto
SIN. Tocamiento, toque, tacto, inmediación, contigüidad, vecindad, adhesión, relación, frecuentación, acercamiento, comunicación, adhe-

sión, amistad, trato, visita, entrevista, mando, botón, llave.
ANT. *Alejamiento, insociabilidad.*

contado
SIN. Escaso, raro, exótico, determinado, señalado, infrecuente, numerado, sumado, calentado.
ANT. *Frecuente, habitual, corriente.*

contagiar
SIN. Inficionar, contaminar, infestar, inocular, infectar, comunicar, pegar, transmitir, transportar, propagar, pasarse, viciar, corromper, enviciar, pervertir, manchar, ensuciar, macular, apestar, lacrar, inquinar.
ANT. *Purificar, desinfectar, aislar.*

contagio
SIN. Transmisión, contaminación, inficionamiento, contagión, comunicación, difusión, inquinamiento, contagiosidad, endemia, infección, propagación, infestación, plaga, miasma, corrupción, perversión.
ANT. *Purificación, desinfección, vacunación, higiene, cuarentena.*

contar
SIN. Numerar, enumerar, narrar, referir, relatar, confesar, describir, incluir, computar, calcular, medir, tantear, suputar, presuponer, finiquitar, liquidar, abonar, acreditar, ajustar, recontar, pagar.
ANT. *Callar, silenciar, excluir.*

contemplación
SIN. Meditación, consideración, reflexión, pensamiento, imaginación, mirada, vigilancia, observación, vista, oteo, examen, apreciación, admiración, respeto, cuidado, miramiento, mimo, consentimiento, recogimiento, misticismo, quietismo, ensimismamiento, piedad, devoción.
ANT. *Irreflexión, desconsideración, descuido, desatención, dureza, materialismo.*

contemplador
SIN. Contemplativo, condescendiente, complaciente.

contemplar
SIN. Examinar, mirar, ver, observar, otear, avistar, vislumbrar, descubrir, distinguir, divisar, percibir, apreciar, considerar, admirar, meditar, reflexionar, pensar, imaginar, halagar, respetar, cuidar, regalar, camelar, complacer, mimar, condescender.

ANT. *Desatender, descuidar, endurecer, despreciar.*

contemporáneo
SIN. Actual, coexistente, coetáneo, simultáneo, coevo, coincidente, concomitante, sincrónico, presente, moderno.
ANT. *Pasado, antiguo, inactual.*

contemporizar
SIN. Condescender, atemperar, transigir, avenirse, complacer, amoldarse, resignarse, blandear, obsequiar, conllevar, temporizar, pactar, piruetear, conchabarse, chanchullear, conspirar.
ANT. *Obstinarse, inadaptarse, empecinarse, rebelarse.*

contención
SIN. Emulación, contienda, esfuerzo, litigio, disensión, rivalidad, pleito, disputa, detención, suspensión, retención, inmovilización, interceptación, estancamiento, impedimento, continencia, moderación, aguante, dominio, refrenamiento, freno, restaño, circunspección, represión.
ANT. *Pacificación, avenencia, incontinencia, desenfreno.*

contender
SIN. Pelear, reluchar, luchar, batallar, combatir, guerrear, lidiar, reñir, regañar, pelotear, roñar, bregar, pendenciar, debatir, polemizar, argüir, pleitear, disputar, altercar, discutir, rivalizar, competir, emular, justar, justear, concurrir.
ANT. *Entenderse, avenirse, pactar.*

contener
SIN. Moderar, sujetar, dominar, abstenerse, aguantar, frenar, sofocar, sujetar, comprimirse, suspender, reprimir, refrenar, vencer, detener, coercer, reducir, comprender, abrazar, abarcar, encerrar, ensolver, encuadrar, tener, englobar, incluir, contar, poseer, entrañar, comportar, refundir, implicar, circunscribir, suponer, esconder, caber, coger, coartar, comedirse, restañar, rechazar, reparar, enfrenar.
ANT. *Exceder, salirse, desatar, rebelarse, descomedirse, abalanzarse.*

contenta
SIN. Agasajo, regalo, dádiva, presente, obsequio.

contentamiento
SIN. Alegría, contento, júbilo, sa-

tisfacción, placer, alborozo, regocijo, gozo, agrado, recontento.
ANT. *Tristeza, descontento, insatisfacción, aflicción.*

contentar
SIN. Agradar, complacer, satisfacer, exaltar, alegrar, jubilar, gratular, alborozar, regocijar, entusiasmar, acontentar, animar, letificar, reír, gozar, conformarse, resignarse.
ANT. *Apenar, descontentar, entristecer, disgustar.*

contentar
Amér.
SIN. Reconciliar, acordar, avenirse, condonar, amigarse, perdonar, mediar.
ANT. *Enemistar, separar, desunir.*

contentible
SIN. Despreciable, bajo, vil, ruin, odioso, execrable, repelente.
ANT. *Amable, apreciable, atrayente.*

contento
SIN. Alegre, satisfecho, gozoso, complacido, encantado, contentado, ufano, radiante, ledo, alborozado, jubiloso, placentero, risueño, eufórico, optimista, divertido, animado, dichoso, regocijado, alegramiento, alborozamiento, agrado, alegría, satisfacción, júbilo, contentamiento, regocijo, placer, alborozo, gozo, dicha, exultación, optimismo, felicidad, animación, exaltación, algazara, risa, entusiasmo, jovialidad.
ANT. *Triste, abrumado, descontento, tristeza, pesimismo, disgusto, pena, aburrimiento.*

contera
SIN. Remate, término, fin, acabamiento, extremo, aditamiento, regatón, alimaya, remate, cabo, punta, puntera, perinola, casquilla, añadido, añadidura, estribillo, cascabel.
ANT. *Principal.*

contestación
SIN. Respuesta, réplica, dúplica, tríplica, impugnación, alteración, altercación, altercado, controversio, querella, reconvención, riña, discusión, disputa, debate.
ANT. *Acuerdo, avenencia, paz, interrogación, pregunta, cuestión.*

contestar
SIN. Replicar, responder, retrucar, acudir, rebatir, contradecir, con-

traopinar, objetar, rechazar, debatir, disputar, atestiguar, confirmar, declarar, corroborar, convenir, comprobar, concordar, conformarse, ratificar, responder.
ANT. *Admitir, desconvenir, interrogar, preguntar.*

contestón
SIN. Respondón, retobado, replicón, rezongón.
ANT. *Conformista.*

contexto
SIN. Enredo, maraña, lío, galimatías, ciempiés, argumento, encadenamiento, enlace, trabazón, trama, texto, composición, curso, narración, historia, sustancia, materia, contextura.

contienda
SIN. Disputa, riña, altercación, altercado, pelea, pendencia, zipizape, trifulca, camorra, debate, escaramuza, zurra, brega, zaragata, discusión, pleito, peleona, guerra, combate, lucha, lid, querella, pelotea, zafarrancho, chamusquina, rivalidad, desafío, torneo, liza, concurrencia, campeonato, lance.
ANT. *Reconciliación, avenencia, paz, acercamiento, amistad.*

contigüidad
SIN. Inmediación, cercanía, vecindad, proximidad, aledaños, tangencia, yuxtaposición, adherencia, adyacencia, medianería, contacto, osculación, límite, frontera, linde.
ANT. *Lejanía, separación.*

contiguo
SIN. Cercano, adyacente, arrimado, pegado, próximo, junto, inmediato, vecino, fronterizo, lindante, colindante, lindero, tangente, finítimo, anexo, anejo, paredaño, limítrofe, asurcano, allegado, rayano, confinante, confín.
ANT. *Separado, apartado, lejano, remoto.*

continente
SIN. Recipiente, conteniente, receptáculo, depósito, vasija, envase, frasco, pote, cubeta, embalaje, contenedor, contentivo, porte, talante, aire, compostura, aspecto, abstinente, puro, casto, púdico, doncel, virgen, honesto, decoroso, sobrio, moderado, territorio, región, hemisferio, porción.
ANT. *Deshonesto, inmoderado, impuro, incontinente, contenido, envasado.*

contingencia
SIN. Riesgo, peligro, albur, azar, amenaza, chiripa, destino, posibilidad, evento, eventualidad, contingente, accidente, posibilidad, casualidad, circunstancia, suceso, probabilidad, verosimilitud.
ANT. *Fatalidad, imposibilidad, seguridad, certeza.*

contingible
SIN. Posible, acaecedero, verosímil, probable, factible.
ANT. *Imposible, improbable.*

continuación
SIN. Prosecución, continuidad, prolongación, proseguimiento, seguimiento, seguida, secuencia, persistencia, insistencia, constante, repetición, proceso, deurso, sucesión, serie, curso, ciclo, progresión, duración, perduración, perennidad, prorrogación, subsistencia, conservación, permanencia.
ANT. *Interrupción, abandono, fin, cesación, acabamiento.*

continuar
SIN. Proseguir, seguir, perseverar, persistir, durar, pervivir, mantener, subsistir, perpetuar, eternizar, conservar, permanecer, prolongar, prorrogar, reanudar, suceder, encadenar, alargar, avanzar, repetir, extender, resistir, consolidar, insistir, anudar.
ANT. *Interrumpir, cesar, abandonar, desistir, abrogar, acabar.*

continuo
SIN. Constante, incesante, perseverante, perenne, perpetuo, ininterrumpido, eterno, sempiterno, duradero, durable, inagotable, inmóvil, fijo, monótono, interminable, inextinguible, inamovible, invariable, imperecedero, incesable, continuado, homogéneo, continuativo, seguido, persistente, tenaz, permanente, sostenido, testarudo, habitual, cíclico, frecuente, crónico.
ANT. *Discontinuo, alterno, intermitente, momentáneo, transitorio, fugaz, inconstante, mudable, versátil, flojo.*

contonearse
SIN. Pavonearse, presumir, provocar, excitar, agitarse, balancearse, columpiarse, cernerse, menearse, anadear, bambolearse, zarandearse, nanear, nalguear, cunearse, moverse, oscilar.
ANT. *Morigerar, moderarse, atemperarse, reportarse.*

contornear
SIN. Contornar, rodear, perfilar, delinear, bordear, siluetear, festonear, orillar, costear, bojar, bojear, circunvalar, envolver, circundar, galibar, ceñir, cercar, circunscribir.
ANT. *Cruzar, atravesar.*

contorno
SIN. Silueta, perfil, periferia, rededor, orilla, bojeo, círculo, aureola, orla, cerona, halo, circunscripción, periplo, retortero, perímetro, circuito, recinto, dintorno, ruedo, contorneo, circuición, marco, límite, cerco, cuadro, borde, límites, suburbios, fronteras, alrededores, inmediaciones, proximidades, cercanías, afueras, extramuros, arrabales, aledaños, recinto, ámbito, circunstancia, atmósfera.
ANT. *Centro, núcleo, lejanías.*

contorsión
SIN. Contracción, convulsión, espasmo, calambre, encogimiento, retortijón, enroscamiento, arqueamiento, crispamiento, contorción, retorcimiento, ademán, actitud, exageración, gesticulación, mueca, gesto.
ANT. *Enderezamiento, impavidez, sobriedad, seriedad, inmovilidad.*

contra
SIN. Oposición, obstáculo, dificultad, adversidad, inconveniencia, estorbo, objeción, pega, inconveniente, contrariedad, antinomia, antítesis, antagonismo, resistencia, rivalidad, opugnación, antilogía, enfrente, antipatía, repulsión, repulsa, abominación, odio, repugnancia, hostilidad, enemiga, animadversión.
ANT. *Simpatía, amistad, atracción, defensa, facilidad, favor, pro.*

contrabalancear
SIN. Equilibrar, contrapesar, nivelar, compensar, contrarrestar, neutralizar, atenuar, anular.
ANT. *Desequilibrar, desnivelar, acentuar, agravar, afirmar.*

contrabalanza
SIN. Contrapeso, contraposición, compensación.
ANT. *Descompensación, desequilibrio.*

contrabandista
SIN. Alijero, matutero, pasador, bodoquero, paquetero, contraventor, pandillero, metedor, gatunero, jarampero, pirata.

ANT. *Carabinero, resguardo.*

contracambio
SIN. Trueque, permuta, compensación.
ANT. *Descompensación.*

contracción
SIN. Astringencia, contorsión, retortijón, retracción, convulsión, espasmo, calambre, rictus, tic, trismo, crasis, atrofia, corrugación, crispamiento, crispadura, constricción, astricción, contractura, contractividad, encogimiento, menguar, disminución, restringimiento, concisión, abreviatura, sinalefa, sinéresis, metaplasmo.
ANT. *Estiramiento, extensión, elasticidad, dilatación.*

contradecir
SIN. Rebatir, impugnar, argüir, redargüir, combatir, atacar, oponerse, replicar, contrariar, opugnar, repeler, rechazar, argumentar, contestar, rectificar, controvertir, porfiar, discutir, mosquear, refutar, objetar, negar, desmentir.
ANT. *Confirmar, afirmar, reiterar, callar.*

contradicción
SIN. Oposición, opugnación, discusión, respuesta, réplica, argumentación, ataque, contestación, desmentido, negación, rebatimiento, computación, pateadura, refutación, impugnación, antinomia, contrariedad, incompatibilidad, antítesis, paradoja, mentís, desnegamiento, desacuerdo, incompatibilidad, divagación, extravagancia, necedad, ridiculez, contrasentido, incoherencia, absurdo, sinrazón, embrollo, enredo, confusión.
ANT. *Confirmación, ratificación, compatibilidad, sensatez, lógica, claridad, naturalidad, acuerdo, favor.*

contraer
SIN. Estrechar, limitar, reducir, disminuir, convulsionar, constreñir, contorcerse, concretar, encoger, condensar, juntar, retraer, astringir, crispar, restringir, adquirir, pillar.
ANT. *Estirar, dilatar, alargar, extender, distender, esponjar.*

contraerse
SIN. Encogerse, crisparse, apretarse, ceñirse, atenerse, circunscribirse, limitarse, reducirse, consumirse, atenerse.

ANT. *Estirarse, extenderse, alargarse.*

contrahacer
SIN. Imitar, remedar, falsificar, copiar, fingir, emular, simular, falsear, disfrazar, parodiar, adulterar, desnaturalizar.
ANT. *Purificar, autenticar.*

contrahecho
SIN. Jorobado, corcovado, giboso, jorobeta, chepa, chepudo, torcido, deforme, malhecho, artificial, artificioso, tullido, paralítico, baldado, encogido.
ANT. *Derecho, erguido, conforme.*

contramuralla
SIN. Contramuro, falsabraga.

contrapeso
SIN. Añadidura, aditamento, balanza, tara, peso, carga, adición, balancín, compensación, equilibrio, igualdad, equivalencia, neutralización, igualación, equiparación, nivelación.
ANT. *Desequilibrio, desnivelación, descompensación.*

contrapié
SIN. Zancadilla, tranquilla.

contraponer
SIN. Comparar, cotejar, diferenciar, contrastar, confrontar, enfrentar, oponer, adosar, cruzar, enfrontar, acarar, encarar, anteponer, afrontar, contrapesar.
ANT. *Armonizar, adecuar, igualar.*

contraposición
SIN. Antagonismo, antítesis, oposición, rivalidad, competencia, resistencia, encaramiento, choque, cruce, afrontación, contraste, confrontación.
ANT. *Coincidencia, armonía.*

contrapuerta
SIN. Portón, antepuerta.

contraproducente
SIN. Perjudicial, peligroso, nocivo, contraindicador, contrario, desventajoso, desfavorable, adverso, negativo, desacertado, erróneo, disparatado.
ANT. *Beneficioso, ventajoso, inocuo, positivo, favorable, acertado.*

contrapuntear
Amér.
SIN. Rivalizar, competir, pugnar, contender, opositar, oponerse.
ANT. *Ceder, desistir.*

contrariar
SIN. Contradecir, oponerse, resistir, rechazar, repugnar, repeler, obstruir, competir, enfrentarse, rebatir, contrastar, impugnar, dificultar, obstaculizar, entorpecer, estorbar, incomodar, fastidiar, mortificar, molestar, repugnar, amolar, chinchar, enojar, disgustar, descontentar, confundir, desorientar, inquietar.
ANT. *Facilitar, aprobar, contentar, complacer.*

contrariedad
SIN. Dificultad, incomodidad, pega, roce, grilla *(Amér.)*, contratiempo, obstáculo, decepción, disgusto, desilusión, desengaño, desencanto, berrinche, mohína, tropiezo, oposición, contraste, discordancia, disconformidad, discrepancia, objeción, contradicción, hostilidad, inconveniencia, inoportunidad, anacronismo, paradoja, despropósito, rivalidad, antagonismo, antítesis, antinomia, implicación, impedimento.
ANT. *Agrado, ilusión, oportunidad, conveniencia, acuerdo, conformidad, ventaja, coincidencia, facilidad.*

contrario
SIN. Opuesto, reverso, contradictorio, inverso, antónimo, contrapuesto, antípoda, antitético, antagónico, viceversa, encontrado, paradójico, distinto, diferente, desfavorable, opositor, adversario, antagonista, competidor, rival, enemigo, contrincante, contendiente, pugnaz, pugnante, malévolo, adverso, nocivo, dañino, dañoso, repugnante, perjudicial, contraproducente, hostil, rebelde, disconforme, discorde, desafecto, desacorde, refractario, dicrepante.
ANT. *Simpatizante, amistoso, amigo, favorable, acorde, coincidente, igual, semejante, parecido.*

contrarrestar
SIN. Resistir, oponer, soportar, arrostrar, aguantar, contener, desvirtuar, enfrontar, neutralizar, anular, compensar, contrariar, impugnar, impedir, forcejear, reaccionar, rebelarse.
ANT. *Aflojar, ceder, dejar, permitir, descompensar.*

contrarresto
SIN. Oposición, resistencia, afrontamiento, aguante, neutralización, anulación, equilibrio, compensación.

ANT. *Dejación, abandonamiento, desequilibrio, descompensación.*

contraseña
SIN. Contramarca, consigna, seña, marca, santo y seña, señal, clave, orden, secreto, lema, pase, salvoconducto, contraste, acuerdo, reconocimiento.
ANT. *Público, prohibición.*

contrastar
SIN. Resistir, arrostrar, enfrentar, oponer, aguantar, comprobar, contrarrestar, cotejar, controlar, revisar, verificar, compulsar, contraponer, ensayar, probar, disentir, diferir, discordar, distinguirse, desentonar, diferenciarse, resaltar, chocar, señalar, sellar, marcar.
ANT. *Descuidar, ceder, asentir, igualar.*

contraste
SIN. Diferencia, oposición, disparidad, desemejanza, desigualdad, diversidad, antítesis, variedad, contraposición, discrepancia, comprobación, verificación, examen, cotejo, control, ensayo, prueba, almotacén, interventor, inspector, controlador, combate, lucha, contienda, pugna, lid.
ANT. *Paragón, parecido, analogía, semejanza, dejadez, paz.*

contratar
SIN. Estipular, ajustar, arrendar, coger, logar, convenir, acordar, pactar, solemnizar, celebrar, apalabrar, comerciar, traficar, negociar, concertar, ocupar, emplear, asalariar, colocar, fichar, conchabar (*Amér.*).
ANT. *Cancelar, anular, rescindir.*

contratiempo
SIN. Accidente, contrariedad, adversidad, desgracia, perjuicio, infortunio, problema, daño, penalidad, conflicto, suceso, tropiezo, trago, fatalidad, disgusto, malogro, fracaso, chasco, derrota, obstáculo, dificultad, percance, peripecia, revés, sinsabor, casualidad.
ANT. *Suerte, fortuna, éxito, ventaja.*

contratista
SIN. Empresario, destajista, asentista, contratante, estipulante, constructor.
ANT. *Asalariado, contratado, obrero, jornalero.*

contrato
SIN. Pacto, convención, convenio, ajuste, acuerdo, compromiso, trato, contrata, iguala, estatuto, obligación, consentimiento, inteligencia, avenencia, arreglo, concordato, estipulación, tratado, regulación, disposición, formalidad, protocolo, acomodo, permuta, seguro, acomodamiento, transacción, concierto, cumplimiento, ultimátum.
ANT. *Desacuerdo, desavenencia, desarreglo, cancelación, rescisión.*

contraveneno
SIN. Antídoto, antitóxico, triaca, teriaca, antifármaco, vomitivo, correctivo, contrahierba, alcaloide, remedio, estelón.
ANT. *Veneno, tóxico.*

contravenir
SIN. Desobedecer, desacatar, violar, incumplir, infringir, quebrantar, vulnerar, transgredir, abusar, incidir, conculcar, atropellar, atentar.
ANT. *Obedecer, cumplir, respetar.*

contrecho
SIN. Baldado, tullido, impedido, imposibilitado, lisiado.
ANT. *Sano.*

contribución
SIN. Colaboración, aportación, auxilio, favor, asistencia, beneficencia, ayuda, cotización, cuota, impuesto, gabela, diezmo, alcabala, arbitrio, subsidio, carga, arancel, tributación, tasa, emolumentos, canon, gravamen, censo, catastro, pecho.
ANT. *Inhibición, exención, abstención.*

contribuir
SIN. Concurrir, cooperar, asistir, ayudar, auxiliar, coadyuvar, trabajar, laborar, participar, intervenir, aportar, prestar, subvenir, ofrendar, favorecer, conllevar, apoyar, secundar, dar, entregar, obsequiar, pagar, subscribirse, feudar, cotizar, tribuir, tribular, pechar.
ANT. *Inhibirse, eximir, desasistir, detraer.*

contrición
SIN. Aflicción, afligimiento, pesar, dolor, pena, tristeza, sentimiento, amargura, pesadumbre, desplacer, angustia, queja, suspiro, lamento, llanto, desconsuelo, desconsolación, arrepentimiento, remordimiento.
ANT. *Alegría, consuelo, empedernimiento, impenitencia.*

contrincante
SIN. Opositor, competidor, émulo, rival, emulador, contrario, adversario, antagonista, oponente, enemigo, opuesto, hostil, luchador.
ANT. *Compañero, amistoso, amigo.*

contristar
SIN. Apenar, afligir, afectar, apesadumbrar, apesarar, desconsolar, entristecer, afectar, acongojar, congojar, angustiar, acuitar, atribular, consternar, amargar, atormentar.
ANT. *Consolar, contentar, alegrar.*

contrito
SIN. Arrepentido, compungido, contristado, remordido, apesadumbrado, abatido, desmoralizado, atribulado, hundido, consternado, pesaroso, afligido, triste, cuitado, congojoso, angustiado, desmarrido, acongojado, lloroso.
ANT. *Firme, empedernido, impenitente, alegre, animado.*

controversia
SIN. Polémica, disputa, debate, discusión, desacuerdo, refutación, oposición, impugnación, dialéctica, interlocución, logomaquia, altercato, porfia, litigio, competición, torneo, palestra.
ANT. *Acuerdo, aceptación, conformidad.*

contubernio
SIN. Amancebamiento, cohabitación, ayuntamiento, fornicación, maridaje, barraganería, confabulación, complot, conspiración, connivencia, complicidad, maquinación, cochabanza, monipodio, intriga, chanchullo.
ANT. *Pureza, lealtad.*

contumaz
SIN. Rebelde, incorregible, impenitente, porfiado, tenaz, obstinado, pertinaz, intolerante, empedernido, rígido, renuente, reincidente, reiterativo, reacio, tieso, férreo, terco, cabezudo.
ANT. *Flexible, dócil, compungido, arrepentido, comprensivo.*

contumelia
SIN. Injuria, ofensa, oprobio, afrenta, agravio, barbaridad, vergüenza, humillación, ultraje, deshonra, baldón, insulto, ofensión.
ANT. *Elogio, honra, halago, dignidad, desagravio.*

contundente
SIN. Convincente, concluyente, decisivo, terminante, resolutorio, irrevocable, incontrastable, categórico, irrebatible, firme, duro, enérgico, resolvente, apodíctico, seguro, demostrativo, persuasivo, hiriente, destructivo, golpeador, magullador, machacante.
ANT. *Dudoso, revocable, relativo, inofensivo.*

contundir
SIN. Golpear, magullar, tundir, aporrear, machacar, palear, contusionar, lesionar, herir, lastimar, maltratar.
ANT. *Acariciar, cuidar, mimar.*

conturbación
SIN. Turbación, impresión, conmoción, alteración, inquietud, desasosiego, confusión, revuelta, tumulto, alboroto, tribulación, trastorno, ofuscamiento, azoramiento, desatino, atolondramiento, desaliento, nerviosidad, intranquilidad.
ANT. *Sosiego, serenidad, tranquilidad, confianza, imperturbabilidad.*

conturbado
SIN. Inquieto, turbulento, turbado, conmovido, perturbado, nervioso, inseguro, alterado, azorado, embarazado, apocado, ofuscado, desalentado, trastornado, impresionado, confuso, revuelto, desasosegado, intranquilo, agitado.
ANT. *Tranquilo, sereno, sosegado, confiado, seguro.*

conturbar
SIN. Alterar, inquietar, desalentar, amargar, conmover, turbar, perturbar, desasosegar, impresionar, enturbiar, trastornar, alborotar, tumultar, azorar, ofuscar, atribular, atolondrar, desatinar, preocupar, intranquilizar, confundir, cortar, atajar, amoscar, atarugar, apocar.
ANT. *Calmar, serenar, tranquilizar, sosegar.*

contusión
SIN. Magullamiento, lesión, magulladura, golpeamiento, golpe, cardenal, hematoma, equimosis, herida, moretón, señal, moradura, traumatismo.
ANT. *Caricia, mimo, cuidado.*

convalidar
SIN. Confirmar, corroborar, ratificar, revalidar, roborar, conmutar, computar, legalizar, aprobar, sancionar, probar.

ANT. *Anular, invalidar, perder.*

convecino
SIN. Cercano, inmediato, contiguo, próximo, vecino, propincuo, adyacente, yuxtapuesto, rayano, compatriota.
ANT. *Lejano, apartado, extranjero.*

convencer
SIN. Persuadir, catequizar, impresionar, camelar, sugestionar, arrastrar, disuadir, fascinar, engatusar, tentar, engañar, coaccionar, exhortar, sonsacar, reducir, conquistar, vencer, inspirar, inducir, instar, instigar, concluir, halagar, requerir, imbuir, avenirse, acceder, ceder.
ANT. *Rechazar, ceder, impugnar.*

convencimiento
SIN. Certeza, conformidad, convicción, catequización, persuasión, creencia, seguridad, confianza, posesión, certitud, evidencia, fe, infalibilidad, creencia, tranquilidad.
ANT. *Duda, incertidumbre, disuasión, sencillez, humildad.*

convención
SIN. Conformidad, ajuste, pacto, acuerdo, concierto, arreglo, inteligencia, transacción, trato, convenio, asamblea, conveniencia, simulación, afectación, miramiento, prejuicio, protocolo, circunspección, formulario, convencionalismo, apariencias.
ANT. *Desacuerdo, disconformidad, despreocupación, naturalidad, sinceridad.*

convenible
SIN. Conveniente, positivo, beneficioso, ventajoso, tratable, flexible, dócil, obediente, moderado, razonable, lógico.
ANT. *Inconveniente, desobediente, insumiso, irrazonable, ilógico.*

conveniencia
SIN. Beneficio, fruto, provecho, ventaja, valor, pertinencia, interés, regalo, producto, servicio, atención, eficacia, calidad, ganancia, rendimiento, utilidad, comodidad, conformidad, convenio, acomodamiento, acomodo, oportunismo, congruencia, ajuste.
ANT. *Inconveniencia, desventaja, molestia, desinterés, incongruencia.*

conveniente
SIN. Bueno, conducente, ventajoso,

fecundo, positivo, recomendable, provechoso, fructífero, fructuoso, lucrativo, lucroso, remunerador, recomendable, útil, coincidente, conteste, cónsono, concorde, congruente, acorde, condigno, consonante, compañero, correspondiente, pertinente, satisfactorio, adecuado, razonable, propio, proporcionado, debido, idóneo, decente, decoroso, oportuno, centrado, sensato, utilizable, aprovechable.
ANT. *Inconveniente, dañino, perjudicial, desacorde, incongruente, impropio, inadecuado.*

convenio
SIN. Ajuste, acuerdo, contrato, arreglo, compromiso, tratado, acto, trato, concierto, alianza, inteligencia, acomodo, convención, transacción, pacto, estipulación, negociación, concordato, igualación, concordancia, concordia, avenencia, entente, amistad, federación.
ANT. *Desacuerdo, divergencia, desavenencia, diferencia, anulación, rescisión.*

convenir
SIN. Ajustar, acordar, quedar, pactar, admitir, asentir, decir, establecer, tratar, hablar, arreglar, negociar, apalabrar, concertar, concordar, contratar, confesar, reconocer, importar, coincidir, encajar, cuadrar, acomodar, satisfacer, agradar, corresponder, pertenecer, encontrar, acudir, concurrir, conducir, juntarse, univocarse, amoldarse, beneficiar, aprovechar, agradecer.
ANT. *Desconvenir, desajustar, desarreglar, dispersarse, perjudicar, negar, rechazar, denegar, empecinarse.*

conventícula
SIN. Conventículo, confabulación, conspiración, connivencia, cábala, intriga, aconchabamiento, conchabanza.
ANT. *Lealtad, fidelidad, claridad.*

converger
SIN. Convergir, concurrir, confluir, coincidir, tender, dirigirse, desembocar, aproximarse, arremolinarse, centrar, unir, juntar, concentrar, cooperar.
ANT. *Diverger, dispersar, disentir, separar, ramificar.*

conversable
SIN. Comunicable, tratable, socia-

ble, agradable, amable, afable, gentil, llano, sencillo, comunicable, conferenciable, platicable.
ANT. *Intratable, insociable, huidizo.*

conversación
SIN. Diálogo, plática, discusión, conversa, parlamento, conferencia, coloquio, entrevista, charla, conciliábulo, palique, cháchara, picoteo, garla, garlo, interlocución, parrafada, chisme, discreteo, cotorreo, murmuración, careo, habladuría.
ANT. *Silencio, discreción.*

conversión
SIN. Mutación, mudanza, transmutación, metamorfosis, transformación, transubstanciación, evolución, cambio, variación, corrección, enmienda, arrepentimiento, repudio, abjuración, catolización, cristianización, bautizo, evangelización, catecumenado, retractación.
ANT. *Permanencia, perduración, consistencia, fidelidad, apostasía, descristianización, renegación, perversión.*

convexidad
SIN. Curvatura, comba, redondez, saliente, prominencia, alabeo, pandeo, bombeo, abombamiento, abolladura, bollo, barriga, relieve, realce, protuberancia, bulto, resalto, hinchazón, joroba.
ANT. *Concavidad, hueco, abolladura, bóveda, hoyo, cráter.*

convicción
SIN. Certeza, convencimiento, seguridad, evidencia, fe, certidumbre, solidez, firmeza, idea, creencia, opinión, autosugestión, persuasión.
ANT. *Duda, escepticismo, descreencia, incertidumbre, vacilación, inseguridad, debilidad.*

convidar
SIN. Invitar, brindar, ofrecer, dedicar, acoger, servir, hospedar, embridar, mover, excitar, incitar, impulsar, influir, atraer, inducir, llamar.
ANT. *Desdeñar, rechazar, desistir, negarse.*

convincente
SIN. Concluyente, contundente, terminante, decisivo, persuasivo, axiomático, incontrastable, elocuente, apodíctico, indiscutible, sugestivo, seductor, satisfactorio, arrebata-

dor, conmovedor, emocionado, sutil.
ANT. *Relativo, discutible, soso, repelente, basto.*

convite
SIN. Ágape, comida, festín, fiesta, pipiripao, banquete, comilona, invitación, alifara, lifara, agasajo, convidada.

convivencia
SIN. Cohabitación, coexistencia, acuerdo, compenetración, comprensión, compatibilidad, armonía, tolerancia, relación, diálogo, sociabilidad, simpatía, avenencia.
ANT. *Insociabilidad, intolerancia, incompatibilidad, incomprensión, diferencia, desacuerdo, antipatía.*

convocar
SIN. Reunir, congregar, agrupar, apiñar, citar, llamar, avisar, nombrar, reclamar, gritar, vocear, clamar, chitar, chistar, anunciar, aclamar, cayapear, muñir.
ANT. *Dispersar, separar.*

convocatoria
SIN. Convocación, invitación, citación, cita, llamada, edicto, decreto, bando, anuncio, orden, aviso, llamamiento, apelación.
ANT. *Dispersión, separación.*

convulsión
SIN. Agitación, contracción, espasmo, acceso, temblor, síncope, palpitación, contorsión, sacudida, escalofrío, estremezón, tic, perturbación, gesto, corea, estremecimiento, terremoto, seísmo, trastorno, disturbio, tumulto, motín, levantamiento, movimiento.
ANT. *Tranquilidad, calma, distensión.*

convulso
SIN. Agitado, tembloroso, trémulo, convulsionario, convulsivo, tetánico, coreico, perturbado, excitado, conmocionado, desordenado.
ANT. *Calma, tranquilo, sosegado.*

cónyuge
SIN. Esposo, esposa, marido, mujer, contrayente, consorte, desposado, velado, consorte, media naranja.
ANT. *Célibe, soltero.*

cooperar
SIN. Colaborar, contribuir, remediar, reforzar, coadyuvar, convergir, acompañar, sufragar, favore-

cer, concurrir, influir, intervenir, participar, ayudar, auxiliar, asistir, sostener, aportar, socorrer, concomitar, conllevar, secundar.
ANT. *Inhibirse, desatender, desinteresarse, abstenerse, retirarse.*

coordinar
SIN. Ordenar, metodizar, disponer, ajustar, adaptar, acoplar, organizar, arreglar, regular, regularizar, disponer, acomodar, concertar, sistematizar, relacionar, reorganizar, armonizar, atemperar, conciliar, combinar, unificar, concentrar.
ANT. *Desordenar, desorganizar, desconcentrar.*

copar
SIN. Sorprender, envolver, rodear, aprisionar, apresar, aprehender, capturar, monopolizar, acumular, acaparar, amontonar, arriesgar, apostar, jugar, envidar, triunfar, ganar.
ANT. *Liberar, liberalizar, repartir, abstenerse, perder.*

copete
SIN. Penacho, tupé, mechón, moño, flequillo, remate, colmo, cumbre, cima, alto, copa, copo, linaje, alcurnia, aristocracia, soberbia, altivez, altanería, presunción, atrevimiento, orgullo.
ANT. *Plebe, humildad, sencillez, base.*

copetón
Amér.
SIN. Copetudo, vanidoso, altivo, encopetado, presuntuoso.
ANT. *Humilde, sencillo.*

copetuda
SIN. Alondra, alhoja, aloa, calandria, cogujada, totovía, vejeta.

copia
SIN. Imitación, remedo, variante, duplicado, calco, facsímil, reproducción, traslado, réplica, doble, plagio, falsificación, imitación, repetición, trasunto, compulsa, extracto, testimonio, número, ejemplar, abundancia, multitud, muchedumbre, profusión, copiosidad, hartura, repleción, raudal, río, diluvio, avenida, caterva, atajo, riqueza.
ANT. *Original, autenticidad, horma, modelo, canon, prototipo, pauta, norma, escasez.*

copiar
SIN. Imitar, reproducir, remedar,

calcar, contrahacer, plagiar, falsificar, duplicar, compulsar, piratear, extraer, transflorar, repetir, transcribir, transuntar, trasladar, fusilar.
ANT. *Crear, imaginar, modelar, inventar.*

copioso
SIN. Abundante, exuberante, ubérrimo, colmado, considerable, numeroso, cuantioso, óptimo, pingüe, rico, abundoso, nutrido, profuso, innúmero, infinito, excesivo, inagotable, caudaloso, incontable.
ANT. *Escaso, pobre, raro.*

cópula
SIN. Atadura, trabazón, ligamento, enlace, conjunción, unión, coito, apareamiento, ayuntamiento, cohabitación, fornicio, fornicación, concúbito, cubrición, débito, acceso.
ANT. *Desatadura, desligamiento, virginidad, pureza, continencia.*

coqueta
SIN. Casquivana, vanidosa, presumida, vacía, frívola, casquiveleta, veleta, pichona, lechuguina, mujer fatal, fiel.
ANT. *Humilde, sencilla, seria, leal, fiel.*

coqueteo
SIN. Coquetería, coquetismo, galanteo, martelo.
ANT. *Sencillez, seriedad, lealtad.*

coraje
SIN. Ira, cólera, furia, enojo, rabia, enfado, irritación, frenesí, corajina, valor, arrojo, esfuerzo, ánimo, ímpetu, arriscamiento, ardidez, osadía, decisión, corazón, intrepidez, brío, acometividad, ardor, espíritu.
ANT. *Sosiego, tranquilidad, desánimo, cobardía, pusilanimidad.*

corajosidad
SIN. Aborrecimiento, rencor, despego.
ANT. *Agrado, aceptación, amistad.*

corazonada
SIN. Presentimiento, inspiración, presagio, barrunto, augurio, intuición, instinto, creencia, arranque, ímpetu, estímulo, impulso, prenoción, precognición, anuncio.
ANT. *Abstención, contención.*

corca
SIN. Carcoma, desasosiego, inquietud, preocupación.

corcova
SIN. Joroba, bulto, giba, chepa, renga, cifosis, lordosis.
ANT. *Tiesura.*

corcovado
SIN. Giboso, contrahecho, jorobado, jorobeta, corcoveta, gibado, cifótico, lordótico, torcido, camello.
ANT. *Erguido, derecho.*

corcovo
SIN. Respingo, salto, pirueta, cabriola, corcoveo, curvatura, sacudida, desigualdad, torcimiento, torcedura, sinuosidad, sorpresa, repullo.
ANT. *Rectitud, derechura.*

cordato
SIN. Prudente, juicioso, sensato, cuerdo, razonable, formal, circunspecto, mirado.
ANT. *Alocado.*

cordial
SIN. Amable, afectuoso, afectivo, afable, simpático, expresivo, efusivo, espontáneo, jovial, cortés, atento, franco, llano, sencillo, sincero, confortante, confortativo, consolador, tratable, sociable, civil, urbano, amigable, tisana, tónico, elixir, infusión.
ANT. *Huraño, desabrido, antipático, distante, frío.*

cordialidad
SIN. Franqueza, afabilidad, expansión, efusión, familiaridad, cariño, agrado, dulzura, afectuosidad, afecto, amabilidad, sencillez, sinceridad, llaneza, civilidad, urbanidad, sociabilidad, naturalidad.
ANT. *Adustez, desabrimiento, frialdad, desagrado, desafecto, enemistad.*

cordura
SIN. Juicio, prudencia, cuidado, tacto, gravedad, tino, formalidad, seriedad, miramiento, circunspección, gravedad, seso, sesudez, sabiduría, sensatez.
ANT. *Locura, insensatez, indiscreción.*

corito
SIN. Encogido, tímido, pusilánime, medroso, acollonado, temeroso, timorato, apocado, corto, desnudo.
ANT. *Atrevido, desvergonzado, vestido, cubierto.*

corneto
Amér.

corcova
SIN. Patituerto, patizambo, pernituerto, paticojo.

corona
SIN. Diadema, tiara, mitra, guirnalda, blasón, pancarpia, joya, adorno, aureola, nimbo, halo, cerco, aro, tonsura, coronilla, trono, imperio, monarquía, reino, soberanía, honor, gloria, esplendor, apogeo, cima, coronamiento, culminación, láureo, laureola.

coronado
Amér.
SIN. Cornudo, cabrón, consentido, cornúpeta, consentidor, astado.

corotos
Amér.
SIN. Trastos, cacharros, cachivaches, trebejos, chismes, chirimbolos, maritatas, trastajos.

corporación
SIN. Gremio, comunidad, ayuntamiento, asamblea, junta, pleno, consejo, cámara, reunión, institución, asociación, entidad, sociedad, academia, ateneo, colegio, universidad, promoción, instituto, cenáculo, organismo, areópago, colectividad, compañía, cuerpo, regla, reglamento, ordenanzas, constitución, estatuto.

corporación
Amér.
SIN. Compañía, empresa, asociación, sociedad.

corpulento
SIN. Gordo, alto, rollizo, macizo, enorme, grueso, fuerte, grande, robusto, vigoroso, corpuriento, corpudo, fornido, voluminoso, hombracho, hombrón, mocetón, gigante, gigantesco, titánico, grandullón, gigantón.
ANT. *Enjuto, delgado, pequeño.*

corpúsculo
SIN. Partícula, molécula, cuerpecillo, célula, microbio, núcleo, adorme, fragmento, pizca, ápice.
ANT. *Tamaño, molde.*

corral
SIN. Cortil, corraliza, corraleta, corralón, corralillo, aprisco, redil, encerradero, patio, cercado, traspuesta, boíl, tentadero, establo, encierro, cobertizo, recinto.

corrección
SIN. Represión, represión, morali

zación, penitencia, reforma, lección, arrepentimiento, pena, censura, castigo, correctivo, enmienda, tachadura, rectificación, retoque, epanortosis, reparación, borradura, reposición, depuración, reorganización, regeneración, alteración, enmendación, enmendadura, cortesía, compostura, finura, circunspección, urbanidad, modales, discreción.
ANT. *Incorrección, ratificación, recompensa, premio, descortesía.*

correccional
SIN. Internado, presidio, penal, cárcel, prisión, reformatorio, asilo, penitenciaría, prevención, ergástula, chirona.

correcto
SIN. Culto, comedido, castizo, cabal, esmerado, intachable, irreprensible, irreprochable, atildado, completo, impecable, educado, urbano, cortés, civil, cortesano, servicial, atento, deferente, honesto, decente, conforme, adecuado, reglado, reglamentario, normativo, proporcionado, ritual, clásico, exacto, justo, fiel, puro, perfecto.
ANT. *Incorrecto, inexacto, imperfecto, inculto, descortés, grosero, indiscreto, descuidado.*

corredera
SIN. Alcahueta, tercera, celestina, trotaconventos, ranura, riel, raíl, carril, barquillo, nudo, cordel, carretel, guindola, correduría, calle, cucaracha.

corredor
SIN. Agente, intermediario, viajante, comisionista, chismoso, alcahuete, tercero, correvedile, pasaje, pasadizo, pasillo, galería, túnel, tránsito, subterráneo, carrerista, motorista, piloto, automovilista, ciclista.

correduría
SIN. Comisión, corretaje, estipendio, representación, premio, multa.

corregir
SIN. Enmendar, reparar, reformar, modificar, regenerar, remediar, enderezar, convertir, retocar, repasar, ordenar, justificar, salvar, rehacer, remendar, mejorar, perfeccionar, depurar, expurgar, cambiar, transformar, restablecer, renovar, restaurar, revisar, subsanar, reorganizar, componer, superar, reñir, reprender, castigar, censurar, amo-

nestar, sermonear, tachar, imponer, educar, cauterizar, aleccionar, escarmentar, arrepentirse, curar, aminorar, suavizar, templar, disminuir, atemperar, moderar, adaptar, ajustar, compensar.
ANT. *Ratificar, corroborar, empeorar, corromper, alabar, excitar.*

correligionario
SIN. Afín, compañero, colega, camarada, cofrade, socio, partidario, seguidor, hincha, prosélito, secuaz, allegado.
ANT. *Rival, enemigo.*

correntío
SIN. Ligero, suelto, desembarazado, desenvuelto, desenfadado, desparejado, mundano, gallote, claro.
ANT. *Vergonzoso, corto, azorado.*

correntón
SIN. Festivo, chancero, bromista, chistoso, divertido, gracioso, animado, bullanguero, jacarero, esparcido, alborozado, risueño, jovial, gayo, festivo.
ANT. *Serio, aburrido.*

correr
SIN. Pasar, transcurrir, perseguir, huir, acosar, escapar, andar, caminar, corretear, largarse, recorrer, viajar, partir, transitar, suceder, circular, marchar, apresurarse, precipitarse, dispararse, adelantarse, arrancar, trotar, volar, rodar, acelerar, avanzar, desatar, deshacer, descorrer, echar, extender, deslizarse, resbalar, fluir, refluir, aturullar, sofocar, cursar, saltar, afrontar, experimentar, vivir, avergonzar, brotar, confundir, calcorrear.
ANT. *Parar, venir, retrasar, acercarse, abstenerse, abandonar, atar, silenciar.*

correría
SIN. Incursión, excursión, jornada, viaje, paseo, andanza, periplo, expedición, corrida, cabalgada, campeada, algazara, algarada, algora, invasión, intrusión, irrupción, saqueo, pillaje, redada.
ANT. *Pasividad, inmovilidad, inercia.*

correspondencia
SIN. Correo, carteo, comunicación, intercambio, reciprocidad, proporción, conformidad, relación, trato, concernencia, congruencia, concomitancia, correlación, correlatividad, retribución, consonancia, coincidencia, compensación, cone-

xión, consonancia, exactitud, unión, comercio, amistad, respeto, traducción, equivalencia.
ANT. *Aislamiento, disconformidad, discrepancia, incongruencia, inconexión, incomunicación, hostilidad, insociabilidad, enemistad.*

corresponder
SIN. Pertenecer, incumbir, atañer, tocar, afectar, concernir, semejarse, caer, recaer, competer, comunicarse, cartearse, relacionarse, quererse, amarse, comprenderse, entenderse, caber, escribir, pagar, recompensar, agradecer, indemnizar, devolver, obligar, deber, retribuir, intercambiar, reconocer, equivaler, encajar, coordinar, armonizar, concordar, consonar, compaginar, combinar, conciliar, pegar, armonizar, casar, ajustar, convenir, reciprocar, confrontar, repartir, resultar.
ANT. *Desinteresar, desdeñar, olvidar, diferir, disentir, ofender, chocar, desairar, desagradecer, odiarse.*

correspondiente
SIN. Conveniente, proporcionado, oportuno, congruente, tempestivo, pertinente, igual, propio, acorde, debido, respectivo, perteneciente, apropiado, correlativo, proporcional, corresponsal, representante.
ANT. *Inconveniente, inoportuno, inadecuado.*

corretaje
SIN. Comisión, diligencia, retribución, asignación, salario, prima, premio, porcentaje, honorarios, consignación, derechos, gestión, representación, diligencia, correduría, delegación.

correvedile
SIN. Correveidile, cuentista, portanuevas, cotilla, gacetilla, chislero, chismero, cuentero, chismoso, entrometido, entremetido, murmurador, recadero, alcahuete, tercero, comadrero, cacipiero.
ANT. *Moderado, discreto, serio, callado, circunspecto.*

corrido
SIN. Avergonzado, abochornado, humillado, azorado, ruborizado, confundido, sofocado, cortado, experimentado, astuto, ducho, avezado, acholado, sonrojado, encendido, seguido, acorralado, perseguido, pasado, vencido.

ANT. *Tranquilo, sereno, novato.*

corriente
SIN. Vulgar, ordinario, natural, frecuente, cotidiano, público, notorio, común, habitual, acostumbrado, conocido, sabido, usual, cierto, admitido, fácil, llano, curso, conforme, exacto, endémico, sólito, general, actual, vigente, presente, existente, autorizado, aceptado.
ANT. *Extraordinario, original, incierto, desusado, infrecuente.*

corrillero
SIN. Vagabundo, andorrero, callejero, gallofero, vago.
ANT. *Ocupado, trabajador.*

corrimiento
SIN. Vergüenza, rubor, empacho, sonrojo, bochorno, confusión, verecundia, sofoco, humillación, derrumbamiento, deslizamiento.
ANT. *Solidez, serenidad, fijeza, descaro.*

corro
SIN. Corrillo, cerco, círculo, reunión, peña, corrincho, rueda, coro.
ANT. *Aislamiento, soledad.*

corroborar
SIN. Vivificar, fortalecer, restablecer, robustecer, confirmar, probar, aprobar, apoyar, roborar, ratificar, convalidar, revalidar, reafirmar, demostrar, reconocer, avalar, coincidir.
ANT. *Contradecir, desmentir, denegar, debilitar.*

corrobra
SIN. Robra, alboroque, agasajo.

corroer
SIN. Excoriar, carcomer, corcomer, cariar, causticar, socavar, desgastar, gastar, adelgazar, consumir, comer, perturbar, remorder.

corromper
SIN. Viciar, descomponer, infectar, inficionar, agarrar, dañar, pudrir, alterar, podrir, estragar, depravar, pervertir, seducir, sobornar, cohechar, incomodar, fastidiar, irritar, empodrecer, repudrir, empeorar, malignar, molestar, forzar, violar.
ANT. *Sanear, higienizar, purificar, tranquilizar.*

corrompido
SIN. Descompuesto, mefítico, infecto, infectado, corrupto, podrido, putrefacto, depravado, estraga-

do, pervertido, vicioso, pútrido, carro, caronchoso, carroño, rancio, macarro, pocho, agriado, fermentado, virulento.
ANT. *Natural, sano, virtuoso.*

corronchoso
Amér.
SIN. Rudo, tosco, rústico, grosero, zafio, paleto, palurdo, guaso, cebolludo, patán.
ANT. *Refinado, culto, elegante, delicado.*

corrugación
SIN. Contracción, encogimiento, astricción, crispamiento, construcción.
ANT. *Ensanchamiento, dilatación.*

corrumpente
SIN. Fastidioso, molesto, impertinente, corruptivo, corruptor, enojoso, pegajoso, pesado, cargante, estomagante, indisciplinado, díscolo, turbador.
ANT. *Agradable, entretenido, discreto, moralizador.*

corrupción
SIN. Descomposición, deterioro, infección, putridez, peste, putrefacción, podredumbre, abuso, corruptela, depravación, perversión, vicio, pudrición, pudrimiento, podrecimiento, carcoma, canceración, maldad, venalidad, decadencia, desmoralización, impureza.
ANT. *Conservación, salud, integridad, virtud, verdad, exactitud.*

corrusco
SIN. Mendrugo, churrusco, codorno, carolo, coscurro, trozo, pedazo.

corsario
SIN. Filibustero, pirata, raquero, bucanero, corso, tratante, contrabandista.

cortabolsas
SIN. Ladrón, ratero, descuidero, desvalijador, despojador, saqueador, atracador.

cortada
Amér.
SIN. Cortadura, herida, escisión, corte, cesura.

cortado
SIN. Proporcionado, ajustado, acomodado, adaptado, acoplado, justo, exacto, indeciso, parado, turbado, desconcertado, conveniente,

acholado, azarado, vacilante.
ANT. *Desproporcionado, desajustado, decidido, desenvuelto.*

cortadura
SIN. Grieta, abertura, recorte, hendidura, desperdicio, recortadura, separación, división, parapeto, cisión, sección, incisión, cortada *(Amér.)*, cisura.

cortapisa
SIN. Restricción, condición, limitación, coto, traba, inconveniente, dificultad, tasa, coartación, impedimento, obstáculo, prohibición, sal, gracia, donaire.
ANT. *Libertad, facilidad, torpeza.*

cortar
SIN. Separar, dividir, hender, escindir, partir, truncar, tajar, sajar, segar, recortar, guadañar, talar, podar, desmochar, cercenar, seccionar, rebanar, mutilar, rebanear, amputar, decapitar, descabezar, guillotinar, destroncar, mondar, pelar, rapar, esquilar, trasquilar, suspender, detener, interrumpir, atajar, zanjar, atravesar, tallar, trozar, atorar, encintar.
ANT. *Pegar, unir, enlazar, seguir, continuar.*

cortarse
SIN. Aturdirse, abochornarse, azorarse, desconcertarse, confundirse, correrse, encogerse, turbarse, conturbarse, acholarse, encenderse, sofocarse.
ANT. *Serenarse, tranquilizarse, calmarse.*

corte
SIN. Incisión, filo, sección, cuchillada, jabeque, chirlo, cortadura, brecha, herida, división, séquito, comitiva, corral, establo, aprisco, disección, cisión, cisura, cesura, tajadura, ablación, castración, separación, circuncisión.
ANT. *Lazo, unión, ligazón.*

corte
Amér.
SIN. Tribunal, justicia, jurado, auditoría, juzgado, fiscalía, relatoría, procedimiento.

cortedad
SIN. Poquedad, timidez, cuitamiento, pusilanimidad, apocamiento, encogimiento, pequeñez, escasez, penuria, modestia, empacho, vergüenza, embarazo, verecundia, mezquindad.

ANT. *Agudeza, decisión, arrojo, prontitud, abundancia, exuberancia.*

cortejar
SIN. Obsequiar, galantear, enamorar, requebrar, festejar, acompañar, camelar, arrullar, rondar, flirtear, halagar, obsequiar, asistir, pretender.
ANT. *Desdeñar, despreciar, desairar.*

cortejo
SIN. Séquito, comitiva, acompañamiento, fineza, obsequio, agasajo, galán, enamorado, comparsa, corte, pompa, secuela, resultado, consecuencia.
ANT. *Desatención, desaire, feo.*

cortés
SIN. Comedido, atento, afable, obsequioso, culto, cortesano, urbano, amable, cumplido, civil, tratable, considerado, correcto, moderado, deferente, complaciente, distinguido, fino, gentil, gracioso, simpático, amanerado (*Amér*).
ANT. *Maleducado, ordinario, descortés, desconsiderado, soez, tosco, grosero, descomedido.*

cortesana
SIN. Hetera, hetaira, prostituta, ramera, palaciega, puta, amasia, meretriz.
ANT. *Honesta, virtuosa.*

cortesano
SIN. Palaciego, patricio, noble, cortés, amable, afable, atento, fino, urbano, civil, palatino, áulico.
ANT. *Villano.*

cortesía
SIN. Urbanidad, cortesía, educación, amabilidad, finura, atención, civilidad, regalo, cumplimiento, obsequio, gracia, merced, tratamiento, título, gentileza, civismo, distinción, consideración, respeto, corrección, elegancia, tacto, mesura, comedimiento, reverencia, congratulación, galantería, acogimiento, afabilidad.
ANT. *Descortesía, desconsideración, exabrupto, grosería, torpeza, incorrección, desatención, descomedimiento.*

corteza
SIN. Cáscara, envoltura, revestimiento, recubrimiento, cubierta, apariencia, exterioridad, superficie, rusticidad, costra, cústrula, cortezuela, toba.

ANT. *Finura, interioridad.*

cortezudo
SIN. Rústico, inculto, cortezoso, plebeyo, palurdo, patán, zafio, cerrero, alarbe.
ANT. *Culto, educado, fino, delicado.*

cortijo
SIN. Finca, alquería, granja, quintería, propiedad.

cortil
SIN. Corral, redil, encerradero, corraliza.

cortina
SIN. Cortinaje, colgadura, tapiz, cortinón, cortinilla, visillo, telón, velo, antepuerta, guardapuerta, albenda, empaliada, baldaquino, misterio, ocultación, tapadera, disfraz.

corto
SIN. Tímido, encogido, apocado, pusilánime, vergonzoso, escaso, pequeño, chico, miserable, mezquino, pobre, raquítico, insuficiente, exiguo, conciso, breve, lacónico, efímero, fugaz, curto, parvo, parco, abreviado, transitorio.
ANT. *Atrevido, listo, agudo, ampliado, largo, duradero.*

corvo
SIN. Arqueado, combado, abombado, abovedado, alabeado, curvo, curvado, garfio, corvina, retorsivo.
ANT. *Rectilíneo, recto.*

cosario
SIN. Cursado, frecuentado, habitual, animado, concurrido, mensajero, propio, demandadero, trajinero, ordinario, recadero, mandadero, cazador.
ANT. *Desacostumbrado, extraordinario, raro, triste, solitario.*

coscón
SIN. Socarrón, cuco, ladino, astuto, disimulado, hábil, avisado, habilidoso, pasado, maduro.
ANT. *Duro, torpe, verde.*

cosecha
SIN. Recolección, cogida, colecta, producción, producto.
ANT. *Infructuosidad, improductividad.*

cosechar
SIN. Coger, recolectar, recoger, acopiar, cultivar, criar, obtener, producir, inspirar.

coser
SIN. Perpuntear, pespuntear, unir, juntar, pegar, remendar, zurcir, hilvanar, apuntar, embastar, guitar, bastar, dobladillar, ribetear, incrustar, enhebrar, bordar, confeccionar.
ANT. *Separar, descoser.*

cosmético
SIN. Lubricación, untura, untamiento, unto, lustre, adorno, arreglo, maquillaje, afeite.
ANT. *Negligencia, desarreglo, abandono.*

cosmogonía
SIN. Origen, formación, comienzo, mundo, universo.

cosmos
SIN. Mundo, universo.

cosquilloso
SIN. Cojijoso, quisquilloso, puntilloso, delicado, suspicaz, susceptible, remilgado, pamplinoso, niquitoso, melindroso.
ANT. *Indiferente, insensible, impasible, contentadizo, calmoso, cachazudo.*

costa
SIN. Marina, litoral, playa, margen, orilla, lado, costera, ribera.

costado
SIN. Banda, lado, flanco, babor, estribor.

costal
SIN. Saco, saca, talego, talega, costalejo.

costalada
SIN. Batacazo, trastazo, costalazo, porrazo, porrada, talegazo.
ANT. *Mimo, caricia.*

costalero
SIN. Faquín, mozo, ganapán, soguilla, bancero, esportillero, cargador, porteador.

costar
SIN. Importar, valer, ascender, totalizar, suponer, resultar, salir, desasosegar, inquietar, causar, originar, producir, motivar.
ANT. *Deducir, restar, calmar, serenar, tranquilizar.*

coste
SIN. Costo, costa, valor, precio, gasto, importe, cantidad, tarifa.

costoso

SIN. Dispendioso, caro, alto, lujoso, exorbitante, exagerado, gravoso, valioso, dañoso, perjudicial, trabajoso, penoso, oneroso.
ANT. *Bajo, barato, fácil.*

costra

SIN. Cubierta, corteza, recubrimiento, revestimiento, incrustación, postilla, placa, pupa, pústula, moco.

costumbre

SIN. Práctica, manía, hábito, estilo, tradición, método, modo, conducta, usanza, rito, norma, rutina, uso, moda, tradición, consuetud, inclinación, propensión.
ANT. *Orden, ley, prescripción, condición, directriz, reglamento.*

costura

SIN. Cosido, encosadura, recosido, remiendo, zurcidura, hilván, basta, baste, puntada, dobladillo, pespunte, sutura, pasada, jareta, labor.

costurera

SIN. Modista, sastra, alfayata, zurcidora, labrandera, chalequera, pantalonera, ribetera, laborera.

cotarrera

SIN. Chismosa, comadre, cotilla, correvedile, cotorra, entremetida, habladora.
ANT. *Discreta, callada.*

cotarro

SIN. Albergue, refugio, ladera, vertiente, declive, lindazo, cotarra, tertulia, círculo, reunión.

cotejar

SIN. Confrontar, comparar, parangonar, compulsar, contraponer, carear, contrapuntar, chequear (*Amér.*), conjugar, verificar, colacionar.
ANT. *Distinguir, diferenciar.*

cotejo

SIN. Parangón, comparación, confrontación, compulsación, cotejamiento, colación, contraposición, recensión.
ANT. *Desigualdad, diferencia.*

cotidiano

SIN. Diario, cuotidiano, acostumbrado, periódico, corriente, vulgar.
ANT. *Insólito, infrecuente, raro, extraordinario.*

cotilla

SIN. Ajustador, justillo, corpiño, corsé, faja, jubón, chismoso, cuentista, murmurador, cotillero, correvedile.
ANT. *Callado, discreto.*

coto

SIN. Término, límite, vedado, acotación, restricción, prohibición, cortapisa, poste, marca, tasa, mojón, divisoria.
ANT. *Autorización, libertad.*

coto

Amér.
SIN. Bocio, papera, parotiditis, tumor.

cotufa

SIN. Chufa, cuca, golosina, gollería.

coyunda

SIN. Correa, soga, cuerda, yugo, juntura, unión, enlace, sujeción, dominio, opresión, servidumbre.
ANT. *Separación, liberación.*

coyuntura

SIN. Articulación, junta, unión, juntura, oportunidad, ocasión, tempestividad, pertinencia, congruencia, sazón, circunstancia, coincidencia, favorabilidad.
ANT. *Incongruencia, inoportunidad, desunión.*

coz

SIN. Patada, golpe, sacudida, grosería, exabrupto, ofensa, ordinariez, brutalidad, injuria, culata, rebotada, retroceso.
ANT. *Delicadeza, elogio, finura.*

crápula

SIN. Vicio, libertinaje, disipación, desenfreno, depravación, crapulosidad, borrachera, embriaguez, papalina, trúpita, libertino, crapuloso, desenfrenado.
ANT. *Honestidad, sobriedad, integridad, virtud.*

craso

SIN. Gordo, grueso, obeso, espeso, denso, crasitud, gordura, grande, gran, gravísimo, imperdonable, inexcusable, inadmisible.
ANT. *Seco, delgado, esbelto, pequeño, ligero, insignificante.*

creador

SIN. Hacedor, autor, inventor, padre, artista, productor, Dios, criador, almo, formador, forjador, fraguador, generador, instaurador, fundador, realizador, organizador.
ANT. *Exterminador, destructor.*

crear

SIN. Instituir, fundar, criar, parir, procrear, originar, generar, establecer, hacer, formar, inventar, elaborar, producir, engendrar, componer, nombrar, elegir, designar, introducir, instaurar, realizar, pensar.
ANT. *Destruir, exterminar, aniquilar, clausurar.*

crecer

SIN. Aumentar, acrecer, acrecentar, ascender, prosperar, prevalecer, dominar, incrementar, progresar, subir, envaronar.
ANT. *Bajar, disminuir, decrecer, menguar, reducir, retroceder, minorizar.*

crecida

SIN. Aumento, crecimiento, incremento, estirón, avenida, riada, inundación.
ANT. *Disminución, sequía, estiaje.*

crecido

SIN. Desarrollado, alto, largo, grande, fuerte, numeroso, espigado, granado, talludo, abundoso, cuantioso, importante, innumerable.
ANT. *Reducido, exiguo, bajo, débil, humilde.*

crecimiento

SIN. Desarrollo, aumento, elevación, recrecimiento, subida, incremento, progresión, crecida, ampliación, intensificación, mejora, ascenso, evolución.
ANT. *Decrecimiento, disminución, retroceso.*

crédito

SIN. Reputación, fama, celebridad, autoridad, renombre, favor, prestigio, influencia, consideración, asenso, solvencia, abono, privilegio, consentimiento, asentimiento, confirmación, comprobación, garantía, acreencia (*Amér.*).
ANT. *Descrédito, desprestigio, insolvencia.*

credo

SIN. Creencia, convicción, fe, doctrina, dogma, ideario, opinión, teoría.
ANT. *Escepticismo, descreimiento, vacilación.*

crédulo
SIN. Bonachón, creedor, inocente, incauto, bobalicón, papanatas, ingenuo, bonazo, cándido, confiado, sencillo, creederas, soñador, iluso, creyente, visionario.
ANT. *Incrédulo, suspicaz, desconfiado, realista.*

creencia
SIN. Fe, crédito, convicción, credulidad, credibilidad, creederas, convencimiento, confianza, opinión, credo, religión, secta, confesión, dogma, doctrina, conformidad, asentimiento, certeza, certidumbre, juicio, conjetura, suposición, parecer, presunción.
ANT. *Duda, descreimiento, escepticismo.*

creer
SIN. Juzgar, pensar, sospechar, imaginar, presumir, entender, suponer, conjeturar, sostener, pretender, opinar, afirmar, prestar, fe, considerar, estimar, reputar, profesar, aceptar, admitir, adoptar, evidenciar.
ANT. *Negar, desconfiar, dudar, abjurar, decepcionar, renegar.*

creíble
SIN. Posible, probable, creedero, verosímil, viable, plausible, factible, aceptable, admisible.
ANT. *Increíble, imposible, inverosímil, improbable, inaceptable, inadmisible.*

cremación
SIN. Quema, incineración, combustión, calcinación, ignición.
ANT. *Enfriamiento, congelación.*

cremento
SIN. Incremento, aumento.
ANT. *Reducción, disminución.*

crepúsculo
SIN. Entreluces, rosicler, albor, alborada, alba, quietud, aurora, amanecer, anochecer, orto, ocaso, véspero, oscuridad, decadencia, sombra, paz.
ANT. *Claridad, plenitud, potencia.*

crespo
SIN. Alterado, irritado, colérico, retorcido, encrespado, grifo, acaracolado, rizado, rizoso, ensortijado, rizo, obscuro, artificioso, enrevesado, enredado, sinuoso, complicado, difícil.
ANT. *Fácil, laso, calmado, tranquilo, liso.*

cresta
SIN. Penacho, copete, cima, moño, cumbre, pico, altitud, protuberancia.
ANT. *Falda, base, sequedad.*

crestudo
SIN. Orgulloso, altivo, arrogante, pedante.
ANT. *Modesto, discreto.*

cretino
SIN. Idiota, estulto, estúpido, tonto, imbécil, estólido, necio, retrasado, tarado, alelado, atontado, memo, zote, lerdo, inepto.
ANT. *Espabilado, agudo, listo, inteligente.*

creyente
SIN. Creedor, crédulo, adepto, religioso, piadoso, fiel, confiado, cándido, simple.
ANT. *Incrédulo, desconfiado, impío, ateo.*

criado
SIN. Sirviente, servidor, mozo, fámulo, suzarro, mercenario, lacayo, camarero, doméstico, asistente, mucamo (*Amér.*).

criandera
Amér.
SIN. Ama, aya, nodriza, aña.

crianza
SIN. Urbanidad, cortesía, formación, dirección, enseñanza, civilidad, distinción, afinamiento, atención, amabilidad, afabilidad, finura, lactancia, cría, criamiento, engorde, alimentación.
ANT. *Incultura, incuria, abandono, descuido, desnutrición, descortesía.*

criar
SIN. Lactar, amamantar, sustentar, alimentar, nutrir, cebar, producir, crear, originar, ocasionar, engendrar, encaminar, educar, dirigir, enseñar, instruir.

criatura
SIN. Chico, chiquillo, niño, crío, hombre, feto, hechura, ser, ente, cosa.

criba
SIN. Arnero, cribo, zaranda, cedazo, cernedor, tamiz, cándara, maritata.

cribar
SIN. Acribar, garbillar, cerner, cer-

nir, ahechar, tamizar, acribillar, separar, limpiar, discriminar.
ANT. *Amontonar, mezclar, confundir, revolver.*

criminal
SIN. Delincuente, reo, culpable, malhechor, malvado, homicida, infractor, cometedor, agresor, asesino, criminoso, patibulario, transgresor, agraviador, delictivo, canallesco, dañoso, perverso, depravado, inmoral, ofensivo.
ANT. *Bueno, bondadoso, virtuoso, intachable.*

criminar
SIN. Acriminar, acusar, imputar, achacar, censurar.
ANT. *Defender, elogiar.*

crineja
Amér.
SIN. Crizneja, mechón, crencha, trenza, guedeja.

crisis
SIN. Riesgo, dificultad, peligro, alarma, angustia, malestar, miseria, cambio, juicio, mutación, vicisitud, arrebato, ataque, arranque, acceso, desequilibrio.
ANT. *Facilidad, tranquilidad, estabilidad, permanencia.*

crispado
SIN. Astricto, contracto, contraído, encogido, retorcido, tenso, rizado.
ANT. *Aflojado, calmado, relajado, sosegado.*

crispadura
SIN. Crispamiento, crispatura, contracción, convulsión, encogimiento, corrugación, crispación, espasmo, estremecimiento, contorsión, conmoción, exasperación, irritación.
ANT. *Aflojamiento, sosiego, relajación, calma.*

crispar
SIN. Contraer, convulsionar, encoger, retraer, constreñir, tensar, astringir, estremecer, temblar, sacudir, tensar, irritar, exasperar.
ANT. *Aflojar, relajar, serenar, calmar.*

cristalino
SIN. Claro, diáfano, transparente, traslúcido, hialino, puro, pulido, limpio, límpido, vítreo, frágil, quebradizo, delicado.
ANT. *Oscuro, sucio, sólido.*

cristalizar
SIN. Endurecer, solidificar, cuajar, concretar, precisar, cumplir, definir, realizar, materializar.
ANT. *Reblandecer, liquidificar, confundir, desvanecer.*

criterio
SIN. Norma, pauta, regla, código, vía, método, procedimiento, axioma, sistema, juicio, discernimiento, parecer, convencimiento, opinión, idea, concepto, creencia, sentido, pensamiento.
ANT. *Desorganización, desarreglo, irreflexión.*

crítica
SIN. Apreciación, objeción, recensión, reseña, dictamen, opinión, análisis, juicio, estimación, censura, sátira, burla, vituperio, murmuración, criticismo, ataque, invectiva, diatriba, vapuleo, zaherimiento, sátira, reprobación, reproche, represión, maldición, detracción, reparo, impugnación, comentario.
ANT. *Elogio, defensa, aprobación, discreción.*

criticable
SIN. Reprensible, censurable, motejable, reprochable, achacable, malquisto.
ANT. *Loable, elogiable.*

criticar
SIN. Censurar, amonestar, critiquizar, juzgar, motejar, notar, reprochar, vituperar, murmurar, chismorrear, comadrear, señalar, valorar, analizar, reputar, informar, comentar, reseñar, desaprobar, desprestigiar, desacreditar, maldecir, impugnar, reprender.
ANT. *Alabar, elogiar, defender, aprobar, apologizar.*

crítico
SIN. Censor, juez, criticón, aristarco, zoilo, escalpelo, criticador, censorio, fiscal, acusador, opinante, discerniente, comentarista, decisivo, crucial, culminante, conveniente, oportuno, exacto.
ANT. *Inoportuno, defensor, secundario.*

criticón
SIN. Reparón, motejador, criticastro, maldiciente, susurrón, juzgamundos, condenador, execrador, detractor, impugnador, vituperador.
ANT. *Alabador, elogiador.*

crocitar
SIN. Croajar, crascitar, graznar, criscitar, croscitar.

crónica
SIN. Historia, cronicón, cómputo, crónico, computación, cronología, cronografía, artículo, narración, suceso, episodio, comento, dietario, descripción.

crónico
SIN. Habitual, acostumbrado, arraigado, permanente, endémico, continuado, repetido, grave, agudo, serio.
ANT. *Ligero, pasajero, desacostumbrado, insólito.*

cronológico
SIN. Gradual, cíclico, contadero.
ANT. *Anacrónico, desordenado, anárquico, revolucionado.*

croquis
SIN. Boceto, bosquejo, esbozo, tanteo, diseño, dibujo, borrador, esquema, nota, apunte.

crucero
SIN. Encrucijada, arco, vigueta, crucilabrio, crucífero, crucígero, cruz, cruzamiento, encuentro, nudo, empalme, corte, interferencia, intersección, atravesamiento, confluencia.
ANT. *Paralelismo.*

crucificar
SIN. Sacrificar, atormentar, torturar, mortificar, fastidiar, incomodar, importunar.
ANT. *Contentar, agradar.*

crudeza
SIN. Aspereza, rigor, rigidez, rudeza, dureza, desabrimiento, fanfarronería, galleo, chulería, matonismo, severidad, inclemencia, intolerancia, intransigencia, austeridad, rigurosidad, estrictez, valentía, intrepidez, verismo, realismo, claridad, sinceridad.
ANT. *Subterfugio, eufemismo, suavidad, cobardía.*

crudo
SIN. Verde, inmaturo, indigerible, incomestible, incomible, indigesto, cruel, áspero, frío, destemplado, bravucón, valentón, matón, fanfarrón, farfante, chulo, inclemente, despiadado, señudo, brutal, atroz, truculento, sanguinario, inhumano.
ANT. *Maduro, digestivo, suave, humano, cobarde.*

cruel
SIN. Inhumano, brutal, feroz, salvaje, despiadado, bárbaro, inclemente, fiero, atroz, sanguinario, cruento, doloroso, angustioso, duro, excesivo, riguroso, insufrible, crudo, violento, acerbo, sadista, sangriento, monstruoso, encarnizado, implacable, truculento, inexorable, incompasivo, insensible, intolerante, inaguantable, insoportable.
ANT. *Dulce, suave, humano, compasivo, caritativo, misericordioso.*

cruento
SIN. Sangriento, violento, sanguinario, brutal, feroz, encarnizado.
ANT. *Incruento.*

cruz
SIN. Patíbulo, reverso, trenca, aspa, carga, pena, sufrimiento, suplicio, penalidad, tormento.
ANT. *Alegría, gozo, cara, anverso.*

cruzar
SIN. Atravesar, traspasar, trasponer, franquear, saltar, surcar, vadear, pasar, navegar, binar, arar, aspar, premiar, condecorar, pelear, defender.
ANT. *Seguir, castigar, facilitar.*

cruzarse
SIN. Atravesarse, interponerse, interferirse, entremeterse, inmiscuirse, mezclarse, encontrarse, concurrir, coincidir, juntarse, reproducirse.

cuadernillo
SIN. Añalejo, consueta, breviario, pliego, fascículo.

cuadrar
SIN. Igualar, coincidir, cuadricular, encuadrar, acomodar, ajustar, adaptar, concordar, encajar, armonizar, casar, convenir, complacer, placer, gustar.
ANT. *Molestar, desconvenir, desagradar, desajustar, ceder.*

cuadrilla
SIN. Gavilla, turba, chusma, brigada, pandilla, partida, parcialidad, banda, grupo, caterva, hatajo, germanía, facción, concentración, conglomerado.
ANT. *Individualidad, soledad, aislamiento.*

cuadro
SIN. Lienzo, pintura, tela, dibujo, figura, imagen, representación, es-

cena, acto, espectáculo, vista, aspecto, descripción, marco, cuadrado, rectángulo.

cuajado
SIN. Inmóvil, extasiado, estático, asombrado, estupefacto, paralizado, dormido, absorto, coagulado, denso, comprimido, concentrado, apretado.
ANT. *Despierto, impasible, licuado, fluido.*

cuajar
SIN. Coagular, solidificar, espesar, unir, apretar, comprimir, concrecionar, aglutinar, amasar, cristalizar, trabar, recargar, suceder, ocurrir, acontecer, acaecer, gustar, agradar, cuadrar.
ANT. *Liquidificar, licuar, fluir, fundir, descubrir, desagradar.*

cuajarse
SIN. Llenarse, poblarse, abarrotarse, realizarse, llegar, alcanzar, lograr, obtener, resultar.
ANT. *Retirar, reducir, rechazar, aclararse, vaciarse, frustrarse.*

cuajo
SIN. Cuajar, coágulo, fermento, cuajadura, extracto, pachorra, lentitud, cachaza, roncería, asadura, posma, paciencia, aguante, pesadez, pasividad, tranquilidad.
ANT. *Rapidez, prontitud, actividad.*

cualidad
SIN. Calidad, índole, condición, carácter, característica, propiedad, ornamento, peculiaridad, esencia, substancia, naturaleza, especie, clase, aspecto, calificación, ventaja, conveniencia, utilidad, mérito, virtud.
ANT. *Impersonalidad, indeterminación, abstracción, vaguedad.*

cualquiera
SIN. Cualesquier, cualesquiera, cualquier, quienquiera, fulano, zutano, mengano, indeterminado, indiferente.

cuantiar
SIN. Apreciar, tasar, justipreciar, valuar, valorar.

cuantioso
SIN. Abundante, considerable, grande, copioso, numeroso, grandioso, enorme, crecido, fabuloso, formidable, notable, ingente, poderoso, rico.

ANT. *Escaso, pequeño, exiguo, pobre.*

cuartearse
SIN. Agrietarse, rajarse, henderse, cascarse, abrirse, grietarse, consentirse, dividirse, fraccionarse, fragmentarse, partirse.
ANT. *Unir, componer.*

cuarteo
SIN. Grieta, rodeo, escape, regateo, fractura, fisura, esguince, hendidura, abertura, quebradura, resquebrajo, quiebra, rendija, resquebrajadura.

cuarterón
SIN. Medida, postigo, ventana, cuadrado, tablero, panel, montante, cuatratuo, mixto, mestizo.

cuarto
SIN. Departamento, aposento, habitación, recinto, pieza, cámara, estancia, apartamento, reservado.

cuartos
SIN. Dinero, mosca, guita, monedas, parnés, plata, monises, capital, pecunia, hacienda, fortuna, caudal, peculio, morusa, porqué, gato.

cuba
SIN. Tonel, pipa, barrica, bocoy, barril, pipote, candiota, cuñete, bota, tanque.

cubierta
SIN. Tapa, tapadera, cubrimiento, costra, revestido, revestimiento, envoltorio, funda, forro, cobertera, techumbre, cobertizo, cobertura, cubierto, techado, caparazón, sobre, pretexto, disculpa, disimulación, simulación, ambages, disfraz.
ANT. *Claridad, interior.*

cubil
SIN. Cueva, madriguera, leonera, guarida, escondrijo, huronera, cado, cubilar.

cubo
SIN. Balde, herrada, aportadera, ferrada, tina, pozal, recipiente, cubeta, mechero, tubo, torreón, bocín, buje, rueda.

cubrir
SIN. Tapar, ocultar, celar, cerrar, solapar, encubrir, envolver, cobijar, recubrir, revestir, forrar, disimular, esconder, disfrazar, velar, llenar, fecundar, defender, techar, pagar, satisfacer.

ANT. *Descubrir, destapar, abrir, revelar.*

cucaracha
SIN. Curiana, corredera, cochinilla, barata, pótula, bicho.

cuco
SIN. Socarrón, hábil, coscón, astuto, ladino, sagaz, taimado, listo, tahur, lindo, pulido, bonito, mono, delicado, malcontento.
ANT. *Feo, soso, torpe, tonto, candoroso, bobalicón.*

cucheta
Amér.
SIN. Camarote, cabina.

cuchichear
SIN. Cuchuchear, murmurar, susurrar, bisbisear, chismorrear, criticar, comadrear, musitar, sisear, secretear.
ANT. *Propalar, gritar.*

cuchilla
Amér.
SIN. Cortaplumas, tajaplumas, navaja, cortalápices, cuchillo, faca.

cuchillada
SIN. Corte, chirlo, tajo, navajazo, jiferada, sacabuche, herida, mandoble, pendencia, riña, reyerta, contienda, pelea.

cuchipanda
SIN. Comilona, comilitona, francachela, comida, banquete, jolgorio, juerga, jarana, diversión.
ANT. *Privación, sobriedad.*

cuchitril
SIN. Tabuco, cochitril, zaquizamí, chiribitil, pocilga, zahurda, garigolo, caramanchel, mechinal, chamizo, tugurio, agujero.
ANT. *Mansión, palacio.*

cuchubal
Amér.
SIN. Confabulación, complot, contubernio, conspiración, conjura, enredo, trama.
ANT. *Claridad, lealtad, fidelidad.*

cuchufleta
SIN. Zumba, dicho, chanza, broma, chanzoneta, bufonada, burla, vaya, burlería, chufla, chufleta, chilindrina, chirigota, guasa.
ANT. *Gravedad, seriedad.*

cuchumbo
Amér.
SIN. Embudo, pipeta.

cuenca

SIN. Oquedad, concavidad, cavidad, órbita, cuenco, escudilla, vasija, valle, cóncava, cóncavo.

cuenta

SIN. Explicación, satisfacción, cuidado, razón, incumbencia, obligación, cargo, problema, cálculo, cómputo, cuento, computación, enumeración, recuento, balance, avance, contabilidad.

cuento

SIN. Fábula, historieta, conseja, relato, anécdota, fabliella, parábola, chascarrillo, chisme, hablilla, historia, enredo, lío, habladuría, patraña, quimera, disgusto, desazón, contera, gauchada (*Amér.*), regatón, puntal, disimulo, encubrimiento, pretexto.

cuerda

SIN. Cordel, cable, cabestro, coyunda, guita, soga, maroma, amarra, amantillo, calabrote, guindaleta, reinal, bramante, estrenque, cabo, orinque, bolina, driza, amura, tirante, tomiza, obenque, escota, mecha, tendón.

cuerdo

SIN. Juicioso, prudente, reflexivo, sesudo, sensato, sabio, formal, mesurado, cabal, meolludo, lúcido, avispado, perspicaz, penetrante, inteligente, consciente, razonable, serio.
ANT. *Insensato, irreflexivo, necio, exaltado, perturbado, loco, lunático, atolondrado, tonto.*

cuerear

Amér.
SIN. Azotar, flagelar, golpear, zurrar, sacudir.
ANT. *Acariciar, mimar.*

cueriza

Amér.
SIN. Zurra, paliza, sobo, tunda, azotaina, somanta, varapalo.
ANT. *Caricia, mimo.*

cuero

SIN. Pellejo, correa, odre, tegumento, piel, suela.

cuerpo

SIN. Cadáver, organismo, masa, cosa, sustancia, materia, texto, sólido, complexión, figura, configuración, hechura, volumen, libro, comunidad, colectividad, asociación, corporación, tamaño.
ANT. *Alma, espíritu.*

cuesta

SIN. Rampa, pendiente, declive, ribazo, inclinación, declividad, declivio, costana, subida, repecho, costanera, cuestecilla, cuestecita, cuestezuela, costanilla, cuestación, ladera, vertiente.
ANT. *Meseta, llanura.*

cuestión

SIN. Pendencia, riña, reyerta, discusión, disputa, gresca, contienda, desacuerdo, problema, pregunta, asunto, caso, tema, materia, argumento, razón, duda, interrogación, incógnita, consulta, demanda, punto.
ANT. *Respuesta, contestación, tranquilidad, paz.*

cuestionable

SIN. Dudoso, discutible, problemático, dudable, contestable, dubitativo, dubitable, controvertible, impugnable.
ANT. *Incuestionable, indiscutible, indudable.*

cuestionar

SIN. Discutir, debatir, disputar, controvertir, reñir, polemizar, contender, litigar, argüir, razonar.
ANT. *Coincidir, concordar.*

cueva

SIN. Caverna, guarida, antro, sótano, oquedad, socavón, sima, fresquera, subterráneo, gruta, madriguera, bodega, concavidad, espelunca, cavidad, silo, cubil, cado, huronera, cubilar, refugio, cobijo, resguardo, amparo.
ANT. *Superficie.*

cuidado

SIN. Solicitud, atención, diligencia, asistencia, vigilancia, carga, negocio, miedo, temor, recelo, inquietud, sobresalto, cuita, zozobra, esmero, prolijidad, pulcritud, tiento, cautela, prudencia, precaución, cuido, escrupulosidad, procuración, aviso, celo, mimo, ¡ojo!, exactitud, corrección, moderación, consideración, cumplimiento, preocupación, desconfianza.
ANT. *Incumplimiento, imprudencia, abandono, descuido, desasistencia, tranquilidad, confianza.*

cuidadoso

SIN. Solícito, diligente, activo, cumplidor, prevenido, metódico, previsor, vigilante, atento, esmerado, pulcro, escrupuloso, concienzudo, meticuloso, minucioso, cuidante, cuidador, próvito, extremado.
ANT. *Negligente, abandonado, descuidado, dejado, apático, indiferente.*

cuidar

SIN. Atender, asistir, conservar, preservar, custodiar, defender, celar, guardar, vigilar, ordenar, mimar, discurrir, pensar.
ANT. *Desatender, descuidar, dejar.*

cuita

SIN. Congoja, angustia, zozobra, aflicción, cuidado, trabajo, desventura, desgracia, pena, desconsolación, pesadumbre, amargura, desdicha, infortunio, adversidad, agitación, preocupación.
ANT. *Fortuna, esperanza, alegría, contento, optimismo.*

cuitado

SIN. Desgraciado, infeliz, infortunado, desventurado, apenado, entristecido, angustiado, acongojado, afligido, apocado, pusilánime, tímido, humilde, corto, timorato, temeroso, receloso, consternado, desmoralizado, despreocupado.
ANT. *Animoso, valeroso, fuerte, audaz, intrépido, esforzado.*

cuitamiento

SIN. Cortedad, apocamiento, pusilanimidad, timidez, encogimiento, poquedad, atamiento, desaliento, desconsuelo, perplejidad, alarma, desconfianza.
ANT. *Denuedo, empuje, atrevimiento, confianza.*

cuja

Amér.
SIN. Cama, catre, cuna, lecho, camastro.

culebrazo

SIN. Vaya, bromazo, rechifla, culebra, chasco, broma.
ANT. *Seriedad, gravedad, respeto.*

culebrón

SIN. Astuto, taimado, solapado, disimulado, tunante, sagaz, cuco, listo, camastrón, intrigante.
ANT. *Noble, sincero, franco, honesto.*

culequera

Amér.
SIN. Enamoramiento, chifladura, amorío, amor, pasión, encaprichamiento, flechazo, noviazgo.
ANT. *Indiferencia, desinterés, odio.*

cumpa
Amér.
SIN. Compañero, camarada, compinche, amigo, acompañante, secuaz, colega.
ANT. *Enemigo.*

curaca
Amér.
SIN. Cacique, potentado, gobernador, reyezuelo, tirano, déspota, jefe.
ANT. *Siervo, inferior.*

curado
Amér.
SIN. Borracho, beodo, embriagado, achispado, mamado, alcoholizado.
ANT. *Sobrio, abstemio.*

culero
SIN. Perezoso, pañal, braga, talega, postrero, lento, pesado, tardo, rezagado, calmoso, granillo.
ANT. *Diligente, activo, rápido, dinámico.*

culminante
SIN. Dominante, trascendental, crítico, crucial, decisivo, elevado, superior, prominente, sobresaliente, principal, cimero, prócer, alto, destacado, conspícuo, preeminente, importante.
ANT. *Insignificante, ínfimo, efímero, transitorio, vulgar, corriente, ordinario.*

culo
SIN. Asentaderas, trasero, nalgas, posaderas, tafanario, nalgatorio, traspontín, ano, traspuntín, salvohonor, aposentaderas, traste, suelo, fondo.

culpa
SIN. Delito, falta, pecado, infracción, yerro, omisión, descuido, desliz, incumplimiento, imprudencia, negligencia.
ANT. *Perdón, inocencia, disculpa.*

culpable
SIN. Criminal, delincuente, reo, incurso, culpado, reprobable, malhechor, causante, infractor, irremisible, imperdonable.
ANT. *Inocente.*

culpar
SIN. Acusar, imputar, atribuir, inculpar, cargar, incursar, tachar, condenar, recriminar, censurar, achacar, encartar, denunciar, incumplir, omitir, descuidar, incurrir, cometer.

ANT. *Exculpar, expiar, excusar.*

cultivar
SIN. Laborar, labrar, laborear, trabajar, cuidar, mantener, producir, conseguir, hacer, instruir, educar, desarrollar, estudiar, practicar, ejercitar, culturar, beneficiar.

cultivo
SIN. Cultura, labores, labranza, labor, laboreo, culto, cultivación, desarrollo, ejercicio, desenvolvimiento, producción, cuidado, conservación, mantenimiento.

culto
SIN. Cultivado, ilustrado, letrado, leído, docto, estudioso, civilizado, erudito, instruido, sabio, correcto, purista, servicio, homenaje, adoración, veneración, religión.
ANT. *Irreligiosidad, idolatría, abrupto, inculto, incivilizado, iletrado.*

cultura
SIN. Cultivo, instrucción, sabiduría, ilustración, maestría, educación, civilización, erudición, saber, progreso, perfección, mejoramiento, formación, desarrollo, prosperidad.
ANT. *Incultura, ignorancia, barbarie.*

cumbre
SIN. Cima, elevación, cúspide, vértice, ápice, altura, cumbrera, pico, cimera, eminencia, prominencia, culminación, auge, apogeo.
ANT. *Valle, llanura, planicie, abismo, fondo.*

cumplidamente
SIN. Generosamente, largamente, ampliamente, anchamente, abundantemente, cabalmente, enteramente, perfectamente.
ANT. *Parcialmente, escasamente.*

cumplido
SIN. Ancho, abundante, amplio, largo, completo, grande, cabal, estimable, fino, cortés, correcto, atento, obsequioso, urbano, cumplimiento, obsequio, cortesía, civil, considerado, cortesano, formal, respetuoso, galante, elogioso, halagador, observador, atención, galantería, agasajo, halago, gentileza.
ANT. *Grosería, descortesía, grosero, antipático, escaso, pequeño.*

cumplidor
SIN. Exacto, diligente, puntual,

guardador, observador, cuidadoso, formal, responsable, celoso, voluntarioso, escrupuloso, severo, serio, rígido, fiel, leal, perseverante, disciplinado, aplicado, laborioso.
ANT. *Descuidado, informal, negligente, perezoso, indisciplinado, infiel.*

cumplimentar
SIN. Saludar, agasajar, respetar, felicitar, ejecutar, efectuar, cumplir, consumar, verificar, realizar, satisfacer, terminar, vencer.
ANT. *Olvidar, desdeñar, prolongar, durar.*

cumplimiento
SIN. Cumplido, obsequio, cortesía, perfección, galantería, atención, respeto, observancia, crédito, seriedad, realización, ejecución, conclusión, vencimiento, consumación, satisfacción, obediencia, severidad, exactitud, lealtad, fidelidad.
ANT. *Incumplimiento, inobservancia, descortesía, desatención, desobediencia, desplante.*

cumplir
SIN. Ejecutar, efectuar, desempeñar, concluir, acabar, vencer, satisfacer, realizar, acatar, convenir, importar, expirar, caducar, cumplimentar, licenciarse, observar, guardar.
ANT. *Incumplir, desobedecer, iniciar, empezar.*

cumplirse
SIN. Verificarse, realizarse, licenciarse, acabarse, ejecutarse, efectuarse, proveerse, consumarse, perpetrarse.
ANT. *Incumplirse, iniciarse.*

cúmulo
SIN. Montón, acumulación, afluencia, cuantía, congerie, suma, totalidad, multitud, conjunto, rimero, sinnúmero, aglomeración, infinidad, acervo, abundancia, abastanza, numerosidad, plétora, sinfín, raudal.
ANT. *Escasez, limitación, insignificancia.*

cuna
SIN. Estirpe, patria, linaje, origen, principio, inclusa, lecho, cama, puente, basada, camarote.
ANT. *Fin, final, muerte.*

cunar
SIN. Cunear, acunar, mecer, brizar.

cundir
SIN. Difundirse, divulgarse, extenderse, desarrollarse, propagarse, reproducirse, aumentar, rendir, prestar, aprovechar, progresar, mejorar.
ANT. *Limitar, menguar, reducir, retroceder, empeorar.*

cuodlibeto
SIN. Discusión, disputa, disertación, mordacidad, dicacidad, broma.
ANT. *Acuerdo, seriedad.*

cuota
SIN. Parte, porción, porcentaje, canon, cantidad, contribución, tributo, asignación, contingente.

cúpula
SIN. Bóveda, torrecilla, cimborrio, cascarón, cobertura, domo, cubierta.

cuquería
SIN. Taimería, picardía, astucia, bellaquería, granujada, bribonada.
ANT. *Honradez, nobleza.*

cura
SIN. Sacerdote, eclesiástico, clérigo, curación, párroco, alivio, curativa, tratamiento.
ANT. *Seglar, mundano.*

curar
SIN. Medicinar, sanar, tratar, guarir, aliviar, calmar, mejorar, entonar, temperar, reconstituir, cuidar, atender, remediar, acecinar, curtir.
ANT. *Enfermar.*

curativo
SIN. Saludable, reanimador, reconstituyente, balsámico, fortificante, salutífero, sano, higiénico, benéfico, beneficioso, favorable.
ANT. *Insalubre, perjudicial.*

curco
Amér.
SIN. Jorobado, giboso, contrahecho, corcovado, gibado, jorobeta.
ANT. *Recto, derecho.*

curda
SIN. Borrachera, embriaguez, mona, turca, chispa, pítima, jumera, tajada, melopea, borracho, beodo.
ANT. *Sobriedad, abstemio.*

curiosear
SIN. Rebuscar, investigar, indagar, escudriñar, ventear, buscar, averiguar, espiar, husmear, gulusmear, oler, olisquear, interrogar, preguntar, fisgonear, candiletear, olfatear, examinar, observar.
ANT. *Desestimar, desdeñar.*

curioso
SIN. Aseado, limpio, pulcro, alindado, presentable, cuidadoso, esmerado, primoroso, investigador, observador, preguntón, indiscreto, espía, entrometido, intruso, indagador, explorador, impertinente, chismoso, raro, chocante, extraordinario, notable.
ANT. *Desaseado, sucio, desinteresado, discreto, vulgar, normal.*

curro
SIN. Majo, pincho, chulo, garboso, vistoso, ufano, presumido.
ANT. *Descuidado, dejado, deslucido.*

currutaco
SIN. Lechugino, pisaverde, caballerete, gomoso, petimetre, paquete, figurín, afectado, presumido, pinturero, relamido, engolillado, tieso.
ANT. *Desastrado, desaliñado.*

cursado
SIN. Acostumbrado, práctico, versado, avezado, ducho, experimentado, ejercitado, habituado, conocedor, entendido, hábil.
ANT. *Desacostumbrado, inhábil, inexperto.*

cursar
SIN. Habituar, acostumbrar, frecuentar, concurrir, experimentar, enviar, tramitar, diligenciar, expedir, asistir, estudiar, practicar.
ANT. *Holgar, vaguear, detener, retener, interrumpir.*

cursi
SIN. Presumido, presuntuoso, remilgado, amanerado, entonado, redicho, fino, finolis, afectado, pretencioso, ridículo, fantoche, necio, vulgar, inelegante.
ANT. *Elegante, sencillo, discreto.*

curso
SIN. Carrera, dirección, recorrido, itinerario, derrotero, rumbo, sentido, orientación, trazado, trayectoria, tendencia, transcurso, corriente, enseñanza, tratado, serie, continuación, marcha, paso, circulación, publicidad, difusión, divulgación, extensión, movimiento, desarrollo, proceso, evolución, secuencia, progresión, decurso, espacio, período, ciclo, etapa, duración.
ANT. *Detención, paro, interrupción, obstáculo, prohibición.*

curtido
SIN. Avezado, acostumbrado, veterano, sufrido, curado, habituado, cursado, práctico, versado, perito, ejercitado, diestro, hábil, endurecido, tostado, cuero, apergaminado, casca.
ANT. *Novato, inexperto, inhábil.*

curtir
SIN. Adobar, preparar, aderezar, ejercitar, adiestrar, madurar, endurecer, avezar, acostumbrar, aguerrir, apergaminar, tostar, vezar, habituar, familiarizar.

curtir
Amér.
SIN. Ensuciar, manchar, enlodar, macular, emporcar, tiznar, embadurnar.
ANT. *Limpiar, asear.*

curvado
SIN. Gurvio, gurbio, corvo, arqueado, bombeado, alabeado, combado, curvo.
ANT. *Recto, tieso, derecho.*

cúspide
SIN. Cumbre, vértice, cima, remate, ápice, pico, apogeo.
ANT. *Declive, fondo, base.*

custodia
SIN. Escolta, guardia, salvaguardia, resguardo, reserva, protección, vigilancia, cuidado, tabernáculo, sagrario, conversación, defensa, velación.
ANT. *Abandono, desamparo.*

custodiar
SIN. Guardar, asegurar, amparar, preservar, defender, escoltar, convoyar, proteger, conservar, velar, vigilar, recaudar, depositar.
ANT. *Dejar, descuidar, desatender, abandonar.*

cutre
SIN. Miserable, mísero, ruin, tacaño, avaro, roñoso, cicatero, mezquino, avaricioso, ahorrativo, menguado, sórdido.
ANT. *Espléndido, generoso, dadivoso, derrochador.*

CH

chabacano

SIN. Ordinario, vulgar, grosero, burdo, tosco, charro, soez, rústico, ramplón, chocarrero, pedestre, plebeyo, ineducado, inculto, inelegante, insubstancial, descuidado.

ANT. *Fino, refinado, depurado, delicado, pulido, escogido, distinguido, selecto, exquisito, educado, culto, elegante, cuidado.*

chabola

SIN. Barraca, chamizo, choza, chozo, cabaña, caseta, garita, cueva, casucha, cobijo, refugio.

ANT. *Palacio, mansión, chalé.*

chácara

Amér.

SIN. Granja, alquería, chacra, caserío, finca, quinta, masía, cortijo.

chacota

SIN. Bulla, alegría, algazara, jolgorio, holgorio, broma, burla, regocijo, bullicio, zumba, chanza, jácara.

ANT. *Seriedad, gravedad, aflicción, contrariedad, tristeza.*

chacotero

SIN. Chancero, bromista, burlón, zumbón.

ANT. *Serio, sombrío, sombrón, fúnebre, aburrido, grave, triste, circunspecto.*

chacha

SIN. Criada, muchacha, sirvienta, doncella, asistenta, nodriza, niñera, tata.

ANT. *Señora, señorita, patrona, ama, dueña.*

cháchara

SIN. Charla, conversación, palique, parloteo, cotorreo, perorata, charlatanería, palabrería, verborrea, locuacidad.

ANT. *Silencio, taciturnidad, reserva, discreción, parquedad.*

chacharear

SIN. Charlar, conversar, platicar, parlotear, cotorrear.

ANT. *Callar, enmudecer.*

chafaldita

SIN. Pulla, cuchufleta, chanza, broma, coña, ironía.

chafalote

Amér.

SIN. Chafarote, espada, machete, alfanje, sable.

chafallar

SIN. Chapucear, frangollar, reparar, remendar, parchear, emborronar.

ANT. *Perfeccionar.*

chafallo

SIN. Frangollo, chapuz, chapucería, remiendo, parche, borrón.

chafallón

SIN. Chapucero, frangollón, remendón, charanguero, embustero, mentiroso.

ANT. *Cuidadoso, esmerado, virtuoso, veraz.*

chafandín

SIN. Vanidoso, fatuo, jactancioso, petulante, presuntuoso, pedante, orgulloso, presumido, coqueto, informal.

ANT. *Humilde, sencillo, modesto, apocado, formal.*

chafar

SIN. Arrugar, aplastar, abollar, achatar, despachurrar, desmoronar, deslucir, ajar, marchitar, deteriorar, empeorar, abatir, humillar, tender, vencer, derrotar.

ANT. *Desarrugar, realzar, estirar, erguir, enderezar, remozar.*

chafarrinada

SIN. Chafarrinón, mancha, mácula, tiznajo, tiznón, churrete, lámpara, borrón, taca, tacha, descrédito, deshonor.

ANT. *Limpieza, pulcritud, aseo, prestigio, honor.*

chafarrinar

SIN. Manchar, macular, tiznar, emborronar, ensuciar, pringar, deslucir, deslustrar, deshonrar.

ANT. *Limpiar, asear, lavar, enlustrar, abrillantar.*

chaflán

SIN. Achaflanadura, ochava, esquina, ángulo, bisel, filo, lado, borde, canto.

chahuite

Amér.

SIN. Lodazal, pantano, barrizal, charco, fangal, ciénaga.

ANT. *Sequedad.*

chal

SIN. Manteleta, pañuelo, mantón, pañoleta, echarpe, toquilla, estola, serenero, talma, esclavina, bufanda, palatina.

chalado

SIN. Abobado, alelado, falto, tonto, guillado, chiflado, ido, bobo, enamoradísimo, colado, prendado, loco.

ANT. *Juicioso, sensato, lúcido, razonable, consciente, indiferente, desamorado.*

chaladura

SIN. Abobamiento, alelamiento, tontería, chifladura, enamoramiento, ceguera, locura.
ANT. *Juicio, sensatez, lucidez, razón, consciencia, indiferencia, desamoramiento, cordura.*

chalán

SIN. Tratante, negociante, traficante, comerciante, mercader, trapichero, cambalachero, regatón, logrero, saldista, especulador, zarracatín, intermediario, revendedor, picador.

chalana

SIN. Chata, chalupa, gabarra, bote, batel, esquife, lancha, barca, barcaza, embarcación.

chalanear

SIN. Tratar, negociar, traficar, comerciar, mercadear, trapichear, cambalachear, regatear, especular, revender.

chalarse

SIN. Abobarse, alelarse, entontecer, guillarse, chiflarse, irse, enamorarse, colarse, prenderse, enloquecer.
ANT. *Razonar, desenamorarse, desengañarse.*

chalina

Amér.
SIN. Chal, pañoleta, mantón, toquilla, echarpe, estola, bufanda.

chalupa

SIN. Chalana, esquife, lancha, bote, barca, batel, calera, dorna, embarcación.

chamaco

SIN. Niño, nene, criatura, crío, pequeño, chico, chiquillo, chaval, chavea, muchacho, mocoso.
ANT. *Adulto, mayor.*

chamarilero

SIN. Chamarillero, buhonero, trapero, ropavejero, prendero, quincallero, baratillero.

chamarra

Amér.
SIN. Engaño, patraña, farsa, mentira, fraude, invención, ardid, engañifa.
ANT. *Verdad, veracidad, certeza.*

chamarrear

Amér.
SIN. Mentir, engañar, burlar, torear, fingir, timar, entrampar.
ANT. *Desengañar.*

chamba

SIN. Chiripa, suerte, ventura, potra, casualidad, acaso, azar, coincidencia, ventaja, ganga.
ANT. *Seguridad, certeza, certidumbre, causalidad.*

chambelán

SIN. Camarlengo, camarero, mayordomo, sumiller, gentilhombre, palaciego.

chambergo

SIN. Sombrero, chapeo, chapelo, chapelete, fieltro.

chambón

SIN. Inhábil, torpe, tarugo, cerrado, chamarillón, chafallón, chapucero, farfallón, frangollón, chiripero, suertero, potroso, afortunado, desgarbado, desgalichado.
ANT. *Hábil, diestro, cuidadoso, meticuloso, perfeccionista, seguro, desafortunado, garboso.*

chambonada

SIN. Torpeza, pifia, desacierto, despropósito, chamba.

chamelico

Amér.
SIN. Trebejo, utensilio, herramienta, útil.

chamizo

SIN. Choza, barraca, chabola, barracón, refugio, cobijo, tugurio, garito, quemado, chamuscado.
ANT. *Palacio, mansión.*

chamorro

SIN. Esquilado, trasquilado, pelado, pelón.
ANT. *Melenudo, peludo.*

champa

Amér.
SIN. Adobe, ladrillo, ladrillejo, atoba.

chamuchina

Amér.
SIN. Chusma, populacho, plebe, horda, turba, marralla.
ANT. *Aristocracia, nobleza.*

chamuscar

SIN. Socarrar, quemar, tostar, ahumar, soflamar, torrar, dorar.
ANT. *Encrudecer.*

chamusquina

SIN. Quemadura, tostadura, socarra, chamuscadura, riña, pelea, camorra, marimorena, trifulca, zipizape, contienda, zaragata, trapatiesta.
ANT. *Crudeza, calma, paz, concordia.*

chanada

SIN. Chasco, broma, chirigota, chilindrina, changüí, candonga, superchería, fraude, engaño, trampa, pillada, pillería, picardía, ~~tunan~~tada, charranada, truhanería, burla.
ANT. *Seriedad, veracidad, garantía.*

chancar

Amér.
SIN. Triturar, machacar, picar, machucar, aplastar, majar, cascar, chascar.
ANT. *Rehacer, integrar.*

chancearse

SIN. Burlarse, guasearse, cachondearse, mofarse, embromar, divertirse.
ANT. *Respetar, reverenciar, honrar, venerar.*

chancho

SIN. Sucio, desarreglado, desaseado, astroso, desaliñado, cochambroso, roñoso, jifero, puerco, cerdo.
ANT. *Limpio, pulcro, aseado, curioso.*

chanchullo

SIN. Trampa, enredo, intriga, componenda, trapicheo, tejemaneje, pastel, enjuague, conchabanza, apaño, arreglo, confabulación, contubernio.
ANT. *Honradez, rectitud, decencia, claridad.*

changüí

SIN. Engaño, chasco, burla, mofa, chunga, chirigota, picardía, fraude.
ANT. *Seriedad, veracidad.*

chantaje

SIN. Amenaza, coacción, intimación.

chanza

SIN. Broma, gracia, chiste, burla, changüí, chilindrina, chanzoneta, chunga, chufla, mojiganga, sátira, escarnio.
ANT. *Seriedad, formalidad, austeridad, gravedad.*

chapado

SIN. Enchapado, chapeado, recubierto, laminado, planchado, apegado, avezado, habituado, acostumbrado.
ANT. *Novato, neófito.*

chapalear

SIN. Chapotear, chacolotear, salpicar, mojar, guachapear, chapar.

chapar

SIN. Chapear, enchapar, contrachapar, asentar, placar, contraplacar, planchear, laminar, recubrir, bañar.

chaparrón

SIN. Aguacero, nubada, chubasco, andalacio, chapetón, chaparrada, aguarrada, turbión, diluvio, lluvia.

chapatal

SIN. Lodazal, barrizal, cenagal, tremedal, fangal, ciénaga, pantano.

chapodar

SIN. Podar, cercenar, reducir, montar, quitar.
ANT. *Injertar, crecer.*

chapón

SIN. Borrón, manchón, churretón, lamparón.

chapotear

SIN. Chapalear, chacolotear, salpicar, rociar, mojar, chapar, guachapear, chapear.
ANT. *Secar.*

chapucería

SIN. Tosquedad, imperfección, remiendo, frangollo, chafallo, pegote, pifia, chapuza, paparrucha, torpeza, descuido, birria, desastre, pastel, mazacote, mentira, trapaza, fracaso.
ANT. *Perfección, pulidez, esmero, cuidado, celo.*

chapucero

SIN. Remendón, impresentable, imperfecto, inepto, chafallón, pintamonas, torpe, desastroso, tosco, desmañado, calamidad, embustero, mentiroso, trapacero.
ANT. *Perfecto, hábil, minucioso, esmerado.*

chapulín

(Amér)
SIN. Langosta, cigarrón, saltamontes, insecto.

chapurrear

SIN. Chapurrar, barbullar, farfullar, tartamudear, hablar, combinar, mezclar, mixturar, merar.
ANT. *Deletrear, separar, silabear.*

chapuzar

SIN. Zambullir, zapuzar, sumergir, inmergir, bucear, bañarse, sumirse, hundirse, calar, remojar, catear, suspender.
ANT. *Emerger, flotar, aprobar.*

chaqué

SIN. Chaquet, levita, frac, traje, vestido.

chaqueta

SIN. Americana, cazadora, levita, smoking, frac, casaca, chaquetón, pelliza, chapona, vestido.

chaquetero

SIN. Desertor, pancista, desleal, infiel, apóstata, felón, pérfido.
ANT. *Fiel, leal, sincero, devoto.*

charada

SIN. Acertijo, adivinanza, enigma, incógnita, quisicosa, pasatiempo.
ANT. *Evidencia, claridad.*

charco

SIN. Charca, charcal, pantano, lago, aguazal, lagarejo, poza, pantanar, balsa, mar, océano.

charla

SIN. Habla, parla, parrafada, palabrería, parloteo, farfulla, murmullo, cháchara, charlatanería, verborrea, labia, pico, palique, desparpajo, soltura, conversación, entrevista, plática, conferencia, disertación, diálogo.
ANT. *Silencio, discreción, sobriedad.*

charlar

SIN. Hablar, conversar, garlar, chismear, parlotear, charlatanear, charlotear, chacharear, paliquear, trapalear, parrafear, platicar, disertar, dialogar.
ANT. *Callar.*

charlatán

SIN. Hablador, parlanchín, gárrulo, parolero, palabrero, garlante, hablista, cotorra, bocazas, exagerado, lengüilargo, vocinglero, prosador, sacamuelas, buhonero, feriante, embaucador, embustero, farsante, impostor.
ANT. *Callado, reservado, discreto, formal, veraz.*

charnela

SIN. Bisagra, gozne, charneta, articulación.

charrán

SIN. Tunante, pícaro, pillo, granuja, bribón, golfo, bergante, sinvergüenza, truchimán, desaprensivo, indecente, inmoral.
ANT. *Honrado, decente, sensato.*

charranada

SIN. Jugada, granujada, bribonada, picardía, tunantada, truhanada, pillastrería, indecencia.
ANT. *Decencia, honradez, dignidad, rectitud.*

charretera

SIN. Jarretera, galón, insignia, divisa, hombrera, broche, alamar, fleco.

charro

SIN. Rústico, basto, patán, vulgar, chabacano, chillón, llamativo, recargado, barroco, abigarrado.
ANT. *Elegante, delicado, sensible, sobrio.*

chascarrillo

SIN. Anécdota, cuento, historieta, chiste, equívoco, chilindrina, ocurrencia, habladurías.

chasco

SIN. Engaño, burla, broma, plancha, sorpresa, asombro, fiasco, desengaño, desaire, decepción, desilusión, desencanto, fracaso, frustración.
ANT. *Seriedad, confianza, ánimo, esperanza, ilusión.*

chasqui

(Amér)
SIN. Mensajero, emisario, enviado, mandadero, recadero.

chasis

SIN. Armazón, esqueleto, armadura, bastidor, montura, soporte, marco.

chasquear

SIN. Chascar, crujir, restallar, zumbar, estallar, fustigar, arrear, hostigar, burlar, engañar, incumplir, frustrar, decepcionar, desilusionar, desencantar.
ANT. *Corresponder, animar, realizar.*

chasquido

SIN. Crujido, estallido, estrépito, restallido, crac, castañetazo, repi-

queteo, ruido, sonido.
ANT. *Silencio, quietud, calma.*

chatarra
SIN. Escoria, granza, sobras, desechos, desperdicios, residuos, condecoración, calderilla.

chato
SIN. Romo, aplastado, plano, raso, liso, mocho, remachado, desmochado, achatado, chatungo, desnarigado, trago, copichuela, copa.
ANT. *Narigudo, puntiagudo, agudo, prominente.*

chaval
SIN. Chiquillo, pequeño, rapaz, niño, arrapiezo, chico, mozalbete, muchacho, joven.
ANT. *Viejo, abuelo, adulto.*

cheche
SIN. Fanfarrón, valentón, altanero, presuntuoso, jaque, chulo, guapo, majo.
ANT. *Modesto, tímido, apocado.*

chécheres
Amér.
SIN. Cachivaches, trasto, chirimbolo, cacharro, chisme.

chepa
SIN. Joroba, corcova, giba, renga, cifosis, lordosis, bulto, abultamiento, prominencia, protuberancia, promontorio.

cheque
SIN. Boleta, talón, vale, bono, libranza, pago, comprobante, mandato.

chequear
SIN. Examinar, explorar, reconocer, verificar, confrontar, cotejar.
ANT. *Aclarar, confirmar, detectar.*

chequeo
SIN. Examen, exploración, reconocimiento, verificación, comprobación, control.

chic
SIN. Elegante, distinguido, gracia, elegancia, originalidad, distinción.
ANT. *Grosero, cursilería, vulgaridad, ordinariez.*

chicarrón
SIN. Muchachote, mozancón, mozallón, zagalón, fuerte, robusto, vigoroso, desarrollado, crecido.
ANT. *Enclenche, canijo, esmirriado, débil.*

chicle
SIN. Goma, masticable, masticatorio, golosina, gomorresina, pastilla.

chico
SIN. Niño, chaval, jovenzuelo, mozalbete, arrapiezo, mozo, muchacho, infante, pequeño, menudo, bajo, corto, reducido.
ANT. *Adulto, mayor, grande, alto.*

chicolear
SIN. Piropear, galantear, requebrar, coquetear, flirtear, cortejar, enamorar, florear, halagar, elogiar, bromear.

chicoleo
SIN. Dicho, donaire, galantería, arremuesco, arrumaco, terneza, piropo, requiebro, elogio, halago, coqueteo, arrullo, flor.
ANT. *Grosería, descaro, ordinariez.*

chicote
Amér.
SIN. Látigo, tralla, zurriago, fusta, correa.

chichisbear
SIN. Galantear, coquetear, cortejar, festejar, enamorar, piñonear, engorgoritar, obsequiar.
ANT. *Despreciar, desairar.*

chichón
SIN. Bulto, bodoque, torondo, tolondro, turumbón, cardenal, hematoma, hinchazón, tumefacción, protuberancia.
ANT. *Aplastamiento, hundimiento.*

chifla
SIN. Silbido, silba, pitidos, repudio, abucheo, desaprobación, rechifla, burla, crítica.
ANT. *Aprobación, éxito, aplauso.*

chiflado
SIN. Loco, ido, pasmado, tocado, chalado, guillado, majareta, mochales, trastornado, maníaco, extravagante, caprichoso, aficionado, enamorado.
ANT. *Juicioso, cuerdo, sensato, razonable.*

chifladura
SIN. Locura, guilladura, alelamiento, manía, obsesión, ofuscación, trastorno, excentricidad, fantasía, capricho, enamoramiento, cariño, afición.
ANT. *Juicio, sensantez, cordura, indiferencia, repulsión.*

chiflar
SIN. Silbar, criticar, desaprobar, burlar.
ANT. *Elogiar, aplaudir, aprobar.*

chiflarse
SIN. Enloquecer, irse, guillarse, alelarse, entontecerse, trastornarse, enamorarse, colarse, gustar.
ANT. *Serenarse, moderarse, desdeñar, repudiar.*

chifleta
Amér.
SIN. Burla, broma, cuchufleta, guasa, chufla.
ANT. *Seriedad.*

chilillo
Amér.
SIN. Látigo, correa, fusta, tralla, zurriago.

chilindrina
SIN. Bagatela, insignificancia, fruslería, equívoco, anécdota, chascarrillo, ocurrencia, historieta, chiste, chirigota, chafaldita, broma, dicho, nonada.
ANT. *Seriedad, importancia.*

chilindrinero
SIN. Dicharachero, bromista, chistoso, chirigotero, embromador, chancero, ocurrente.
ANT. *Serio, formal, reservado.*

chillar
SIN. Gritar, aullar, ladrar, atronar, rechinar, chirriar, escandalizar, algarear, alborotar, protestar.
ANT. *Callar, pacificar, silenciar.*

chillido
SIN. Grito, aullido, ladrido, gañido, gruñido, bufido, estridencia, queja, dolor, lamento, exclamación, clamor, alboroto.
ANT. *Paz, sosiego, silencio, calma.*

chillón
SIN. Gritón, vocinglero, baladrero, gárrulo, escandalizador, escandaloso, agudo, estentóreo, penetrante, taladrante, estridente, llamativo, recargado, encendido.
ANT. *Silencioso, callado, pacífico, sobrio, opaco.*

china
SIN. Esquirla, piedrecita, guijarro, canto, porcelana, cerámica, mayólica, loza, dinero, azar, destino, dificultad, inconveniente.
ANT. *Facilidad, ventaja.*

chincha
Amér.
SIN. Chinche, parásito, insecto, bicho, bichi.

chinchar
SIN. Importunar, disgustar, cansar, molestar, incomodar, reventar, fastidiar, encocorar, zaherir, cargar, mortificar, chinchorrear.
ANT. *Ayudar, distraer, deleitar.*

chinchorrería
SIN. Impertinencia, importunación, importunidad, molestia, puñeta, chorrada, pijotería, pesadez, enredo, cuento, chisme, historia, patraña, mentira, embuste, falsedad, habladuría, murmuración, comadrería, chismería.
ANT. *Ayuda, agrado, alivio, discreción.*

chinchorrero
SIN. Cargante, chinchoso, chinche, chismoso, fastidioso, importuno, impertinente, molesto, pesado, pelmazo, pijotero, incordiante, meticuloso, minucioso, comadrero, cotilla.
ANT. *Ameno, discreto, divertido.*

chinchorro
SIN. Hamaca, esparavel, red, jábega, embarcación, lancha, chalupa, barquichuela.

chinero
SIN. Armario, vitrina, alacena.

chinga
Amér.
SIN. Mofeta, mamífero, chingue.

chingaste
Amér.
SIN. Residuo, poso, remanente, sedimento, resto, borra.

chipén
SIN. Vida, bullicio, alegría, vitalidad, bondad, verdad, soberbio, magnífico, estupendo.
ANT. *Tristeza, pena, abatimiento, detestable.*

chipiar
Amér.
SIN. Fastidiar, molestar, jorobar, chinchar, incomodar, irritar, asediar.
ANT. *Deleitar, agradar, entretener.*

chipión
Amér.

SIN. Reprimenda, reprensión, regaño, riña, censura, reproche, reconvención.
ANT. *Aprobación, felicitación, elogio.*

chipotear
Amér.
SIN. Manotear, gesticular, manosear.

chiquisá
Amér.
SIN. Abejón, abejorro, zángano, moscón.

chiquero
SIN. Zahurda, establo, corral, cubil, pocilga, cochiquera, porqueriza, choza, toril.

chiquilicuatro
SIN. Chisgarabís, monicaco, zascandil, botarate, mequetrefe, muñeco, danzante, trasto, entretenido, bullicioso, jaranero, informal, pequeñano, pequeñajo.
ANT. *Discreto, prudente, formal, grande.*

chiquillada
SIN. Niñería, rapazada, muchachada, niñada, chicada, chiquillería, pillería, travesura, puerilidad, trivialidad.
ANT. *Formalidad, sensatez, seriedad, importancia.*

chiquillo
SIN. Niño, nene, chaval, rapaz, arrapiezo, menudo, chicuelo, chiquito, chiquilín, chiquitín, gurrumino, churumbel, galopín, mocoso, pituso, angelito.
ANT. *Adulto, mayor, maduro.*

chirajo
Amér.
SIN. Trasto, trebejo, cachivache.

chiribita
SIN. Chispa, centella, lucecilla, favila, pavesa.

chiribitil
SIN. Desván, buhardilla, rincón, cuartucho, zaquizamí, zahurda, tabuco, tugurio, cochinera, socucho, cuchitril, escondrijo.

chirigota
SIN. Cuchufleta, chanza, camelo, choteo, pitorreo, truco, burlería, chasco, pulla, broma, chiste, chanzoneta, chufla, chunga, candonga, burleta, burla, chuzonería, zumba, vaya, sátira.

ANT. *Seriedad, gravedad, formalidad.*

chirimbolos
SIN. Utensilios, cacharros, enseres, trastos, bártulos, chismes, cachivaches, enredos, baratijas.

chirinola
SIN. Fruslería, chuchería, bagatela, nonada, nadería, pequeñez, nimiedad, fiesta, festejo, optimismo, discusión, riña, gresca.
ANT. *Importante, valioso, significativo, tristeza, acuerdo.*

chiripa
SIN. Suerte, fortuna, azar, chamba, potra, ganga, estrella, destino, ventura, hado, acierto, coincidencia, timba, garito.
ANT. *Seguridad, certeza, precisión.*

chiripazo
Amér.
SIN. Chiripa, suerte, potra, acierto, fortuna, chamba, ventura.

chirla
SIN. Almeja.

chirle
SIN. Insípido, desabrido, aguanoso, blandengue, insubstancial, soso, insulso, sirle, excremento.
ANT. *Sabroso, substancioso, duro.*

chirlería
SIN. Habladuría, charla, charlería, parlería, parla, garla.
ANT. *Discreción, mesura, moderación.*

chirlero
SIN. Chismoso, charlatán, embustero, bulista, entremetido, cuentero, cuentista, correvedile, cotilla, indiscreto.
ANT. *Discreto, callado, veraz.*

chirlo
SIN. Corte, cuchillada, navajazo, tajo, herida, cicatriz, costurón.

chirona
SIN. Cárcel, mazmorra, gayola, calabozo, encierro, reclusión, arresto.

chiroso
Amér.
SIN. Desastrado, desaseado, astroso, harapiento, zarrapastroso.
ANT. *Limpio, aseado, cuidado, elegante.*

chirriar
SIN. Rechinar, crujir, cerdear, chillar, gruñir, cerdear, desentonar, chirrear, atascarse, sonrodarse.
ANT. *Suavizar, silenciar, engrasar.*

chirrichote
SIN. Necio, tonto, lelo, alelado, estúpido, estólido, tolete.
ANT. *Inteligente, listo, despierto.*

chirumen
SIN. Tino, caletre, discernimiento, cacumen, juicio, capacidad, magín, pesquis, cabeza, talento, seso, inteligencia, ingenio, churumen.
ANT. *Estolidez, estupidez, memez.*

chisme
SIN. Historia, cuento, bulo, murmuración, comadrería, cotilleo, chismografía, chismería, habladuría, chinchorrería, chismorreo, embrollo, gallofa, maraña, camándula, enredo, lío, embuste, mentira, falsedad, invención, calumnia, patraña, trasto, cachivache, trebejo, tarceo, chirimbolo, tarantín.
ANT. *Discreción, formalidad, veracidad.*

chismoso
SIN. Enredador, cuentero, cuentista, novelero, chafardero, lenguaraz, lioso, chismero, maldiciente, murmurador, cizañero, cotilla, chinchorrero, chirlero, comadrero, marañero, corrillero, placero, infundioso, azuzón, chismógrafo, noticiero, juzgamundos, gacetilla, abejaruco, correvedile, divulgador, indiscreto.
ANT. *Discreto, callado, prudente, claro, conciso.*

chispa
SIN. Centella, rayo, charamusca, chiribita, descarga, relámpago, pavesa, ceniza, borrachera, curda, embriaguez, jumera, turca, agudeza, gracia, ingenio, penetración, vivacidad, viveza, partícula, pedacito, migaja, donaire.
ANT. *Abstinencia, sobriedad, torpeza, sosería.*

chispazo
SIN. Cuento, chisme, hablilla, habladuría, soplo, acusación, delación, destello, chisporroteo, cortocircuito, combustión.
ANT. *Veracidad, realidad.*

chispeante
SIN. Ingenioso, talentoso, despierto, despejado, agudo, gracioso, penetrante, expresivo, ocurrente, decidor, divertido, festivo, jacarandoso, jocoso, entretenido, brillante, centelleante, relampagueante.
ANT. *Torpe, soso, alelado, oscuro.*

chispear
SIN. Brillar, relucir, chisporrotear, lloviznar, gotear, salpicar.
ANT. *Oscurecer, apagar.*

chispero
SIN. Chapucero, chanflón, fanfarrón, matón, majo, guapo.
ANT. *Escrupuloso, tímido, apocado.*

chispo
SIN. Achispado, bebido, beodo, embriagado, curda, borracho, ajumado, chisquete, trago.

chisquero
SIN. Chisque, pedernal, eslabón, piedra, mecha, esquero, mechero, encendedor.

chistar
SIN. Chitar, sisear, silbar, llamar, rechistar, señalar, reclamar, hablar.
ANT. *Callar, enmudecer.*

chiste
SIN. Gracia, agudeza, donaire, ocurrencia, chuscada, cuchufleta, chilindrina, chirigota, burla, burlería, broma, chanza, chascarrillo, chocarrería, historieta, salida, golpe, ingeniosidad, jocosidad, sutileza.
ANT. *Sosería, seriedad, gravedad.*

chistoso
SIN. Gracioso, humorístico, agudo, donoso, decidor, chusco, ocurrente, bufón, zumbón, bromista, burlesco, grotesco, original, festivo, entretenido, divertido, ingenioso.
ANT. *Soso, apagado, zonzo, aburrido.*

chiva
Amér.
SIN. Perilla, barba, barbilla, barbaza, barbicacho.

chivar
SIN. Chivatar, denunciar, delatar, descubrir, acusar.
ANT. *Encubrir, proteger.*

chivar
Amér.
SIN. Molestar, fastidiar, jorobar, chingar, jeringar, cargar.
ANT. *Entretener, agradar.*

chivato
SIN. Soplón, confidente, delator, denunciante, acusador.
ANT. *Encubridor, cómplice.*

chivo
SIN. Cabra, choto, cabrito, cabritillo, cabrón, chivato.

chocante
SIN. Extraño, extraordinario, original, raro, singular, curioso, inesperado, asombroso, impresionante, exótico, fantástico, absurdo, disonante, llamativo, sorprendente, ridículo.
ANT. *Vulgar, corriente, ordinario, fino, elegante.*

chocantería
Amér.
SIN. Grosería, extravagancia, impertinencia, incongruencia, excentricidad, rareza.
ANT. *Naturalidad, normalidad.*

chocar
SIN. Tropezar, topar, abordar, trompicar, colisionar, tocar, pegar, encontrarse, sorprender, extrañar, admirar, irritar, pelear, reñir, luchar, combatir, disputar, provocar, enfadar, disgustar, discutir, arremeter, desconvenir, desentonar, disonar, contrastar, enojar.
ANT. *Evitar, concordar, acordar, asentir, despreciar.*

chocarrería
SIN. Bufonada, procacidad, obscenidad, chuscada, chuzonada, chabacanería, chiste, payasada, facería, grosería, vulgaridad.
ANT. *Formalidad, finura, elegancia, exquisitez.*

chochear
SIN. Caducar, envejecer, finiquitar, pasar, enloquecer, debilitarse.
ANT. *Reverdecer, rejuvenecer.*

chochez
SIN. Chochera, senilidad, ancianidad, envejecimiento, vejez, ocaso, debilidad, atontamiento, imbecilidad, inconsciencia, enamoramiento, cariño, admiración.
ANT. *Juventud, discernimiento, perennidad, indiferencia.*

chocho
SIN. Caduco, calamocano, pasado, decrépito, envejecido, viejo, atontado, lelo, ñoño, enamorado.
ANT. *Lozano, despierto, perenne.*

choque

SIN. Encuentro, topetazo, tropiezo, tropezón, trompicón, encontronazo, reencuentro, abordaje, colisión, estrellón, trompada, trompazo, topetón, sacudida, shock, conmoción, riña, discusión, disgusto, oposición, pendencia, reyerta, conflicto, contienda, desazón, depresión, nerviosismo.
ANT. *Acuerdo, armonía, equilibrio, serenidad.*

choquezuela

SIN. Rótula.

chorlito

SIN. Lelo, botarate, distraído, atolondrado, descuidado, irreflexivo, negligente.
ANT. *Sereno, juicioso, pensativo.*

chorrear

SIN. Gotear, manar, fluir, brotar, salir, surgir, caer, evacuar, escurrir, mojar, empapar.
ANT. *Secar, cerrar, obturar, cegar.*

chorreado
Amér.

SIN. Sucio, manchado, desaseado, pringoso, descuidado, marrano, abandonado, adán.
ANT. *Aseado, limpio, impoluto.*

chorro

SIN. Chorreo, goteo, reguero, manantial, surtidor, fuente, corriente.

chortal

SIN. Lagunilla, laguna, fuentecilla, manantial, charca, charco.

choz

SIN. Novedad, extrañeza.

choza

SIN. Cabaña, barraca, chabola, casucha, chozo, chamizo, garita, quilombo, gayola, antro, tugurio.
ANT. *Mansión, palacio.*

chubasco

SIN. Aguacero, lluvia, tormenta, turbonada, inclemencia, contratiempo, adversidad.
ANT. *Sequía, ventaja.*

húcaro
Amér.

SIN. Áspero, bravío, arisco, cardo, hosco, esquivo, cerril, rudo, ingobernable.
ANT. *Suave, dócil.*

chuchería

SIN. Fruslería, capricho, chamuchina, golosina, bocadillo, bagatela, pamplina, minucia, cosilla, nimiedad, baratija, nadería, nonada.
ANT. *Importancia, valía.*

chulería

SIN. Amenaza, fanfarronada, valentonada, bravata, fantochada, majeza, flamenquería, desplante, ordinariez, ineducación.
ANT. *Nobleza, fineza, exquisitez, educación.*

chulo

SIN. Pícaro, bribón, bravucón, fanfarrón, valentón, pillastre, chulapón, jactancioso, jaquetón, chulapo, rufián, majo, flamenco, lindo, gallardo, coquetón, pedante, petulante, postinero, presumido, insolente, impertinente.
ANT. *Honrado, formal, soso, descuidado.*

chumbe
Amér.

SIN. Ceñidor, faja, cinturón, cincho, corsé, fajín.

chunga

SIN. Burla, zumba, guasa, chanza, broma, burlería.
ANT. *Seriedad, formalidad.*

chunguero

SIN. Chistoso, gracioso, entretenido, cómico, burlesco, festivo, divertido, bromista, zaragatero, zumbón, chancero, chufletero, guasón, burlón.
ANT. *Apagado, soso, zonzo, aburrido.*

chupado

SIN. Delgado, enjuto, consumido, extenuado, flaco, magro, seco, lamido, delgaducho, angosto, estrecho, tirado, fácil.
ANT. *Gordo, hermoso, lozano, complicado, difícil.*

chupar

SIN. Succionar, mamar, librar, lamer, extraer, tragar, absorber, embeber, sorber, empapar, consumir, explotar, abusar, despojar, extorsionar, chupetear, sacar, aspirar.
ANT. *Expeler, expulsar, rechazar.*

chupo
Amér.

SIN. Grano, divieso, forúnculo, tumor, espinilla.

chupón
Amér.

SIN. Biberón, chupete, tetilla, pezón.

churdón

SIN. Frambueso, frambuesa, jarabe.

churrullero

SIN. Hablador, chacharero, charlatán, parlanchín, parlero, parleruelo, parlador, parolero, garlante, vocinglero, palabrero.
ANT. *Discreto, callado, silencioso.*

churumo

SIN. Substancia, jugo, inteligencia, seso.

chuscada

SIN. Agudeza, chiste, chanza, donaire, ocurrencia, ingeniosidad, gracia, sutileza, picardía, chocarrería, burla, burlería.
ANT. *Sosería, gravedad.*

chusco

SIN. Agudo, chistoso, gracioso, decidor, divertido, entretenido, donoso, ocurrente, bromista, picaresco, ingenioso, sutil, pícaro.
ANT. *Apagado, aburrido, zonzo, ñoño, soso.*

chusma

SIN. Gentuza, chusmaje, bahorrina, bribonería, canalla, chamuchina, gentalla, golfería, granujería, morralla, picaresca, pillería, plebe, populacho, purria, hampa, hez.

chusmaje
Amér.

SIN. Chusma, populacho, horda, plebe.
ANT. *Aristocracia, nobleza.*

chuzón

SIN. Astuto, sagaz, cauteloso, hábil, listo, taimado, recatado, gracioso, burlón, bufón, zuizón, burleta.
ANT. *Torpe, desmañado, inhábil, soso.*

chuzonería

SIN. Remedo, burleta, chirigota, contrahechura, burla, broma, burlería, mofa, zumba, chanza.
ANT. *Formalidad, serenidad, gravedad.*

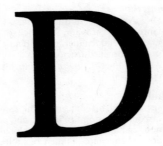

D

dable
SIN. Posible, factible, hacedero, probable, realizable, fácil, accesible.
ANT. *Imposible, improbable.*

dádiva
SIN. Don, obsequio, presente, regalo, donativo, limosna, delicadeza, propina, merced.
ANT. *Retención, cicatería.*

dadivado
SIN. Sobornado, comprado.
ANT. *Incorruptible, íntegro.*

dadivoso
SIN. Desprendido, desinteresado, espléndido, generoso, caritativo, liberal, pródigo, obsequioso.
ANT. *Tacaño, avaro, miserable.*

dador
SIN. Comisionado, propio, portador, delegado, librador.
ANT. *Receptor*

daifa
SIN. Manceba, querida, amante, amiga, concubina, barragana.
ANT. *Virtuosa*

dalla
SIN. Guadaña.

dama
SIN. Señora, mujer, cortesana, damisela, actriz, dueña, criada, doncella.

damasana
Amér.
SIN. Damajuana, garrafa, bombona, botellón, garrafón.

damasquinar
SIN. Incrustar, embutir, adornar, embellecer.

damisela
SIN. Doncella, señorita, cortesana, mundana, prostituta.
ANT. *Anciana, virgen.*

damnificar
SIN. Dañar, perjudicar, lesionar, maltratar, estropear, accidentar, ofender.
ANT. *Favorecer, beneficiar.*

danza
SIN. Intriga, riña, gresca, contienda, espectáculo, diversión, festejo, fiesta, jácara, reunión, baile, rigodón, minué, habanera, tango, sardana.

danzante
SIN. Danzador, bailarín, bailador, astuto, activo, mañoso, diligente, necio, ligero, mequetrefe, petulante.
ANT. *Formal, serio, grave.*

danzar
SIN. Bailar, saltar, bullir, agitarse, intervenir, entrometerse, mezclarse.
ANT. *Tranquilizarse, desinteresarse.*

dañable
SIN. Perjudicial, dañoso, perjudicable, dañino, graboso, condenable.
ANT. *Beneficioso.*

dañado
SIN. Malvado, malo, cruel, perverso, pervertido, condenado, inútil, perjudicado.

ANT. *Bueno, favorecido.*

dañar
SIN. Deteriorar, estropear, menoscabar, perjudicar, lastimar, maltratar, malear, romper, pervertir, corromper, viciar, condenar, sentenciar.
ANT. *Beneficiar, favorecer.*

daño
SIN. Deterioro, detrimento, menoscabo, desperfecto, quebranto, desventaja, contratiempo, magulladura, accidente, lesión, avería, percance, gualicho (*Amer.*), mal, dolor, ofensa, agravio.
ANT. *Reparación ganancia, fortuna, beneficio, mejora, elogio.*

dañino
SIN. Perjudicial, malo, nocivo, pernicioso, dañoso, viperino, maligno, contrario.
ANT. *Beneficioso, favorable.*

dañoso
SIN. Dañino, perjudicial, nocivo, malo, pernicioso, suicida, contraproducente, corrupto.
ANT. *Beneficioso, favorable.*

dar
SIN. Regalar, donar, ceder, conferir, entregar, dotar, conceder, distribuir, gratificar, remunerar, mandar (*Amér.*), facilitar, producir, rentar, rendir, soltar, causar, ocasionar, originar, proporcionar, proveer, surtir, propinar, presentar, administrar, suministrar, caer, topar, chopar, pegar, incurrir, adivinar, atinar, acertar.
ANT. *Quitar, retirar, apartarse, obstaculizar, errar.*

dardo
SIN. Venablo, aguijón, jabalina, ironía, indirecta.

datar
SIN. Fechar, apuntar.
ANT. *Borrar.*

dato
SIN. Noticia, nota, detalle, apunte, reseña, documento, testimonio, antecedente, fundamento.
ANT. *Desconocimiento.*

deambular
SIN. Caminar, pasear, andar, vagar, errar, rondar, merodear.
ANT. *Descansar, detenerse.*

debajo
SIN. Abajo, subyacente, bajo.
ANT. *Encima, sobre.*

debate
SIN. Controversia, disputa, polémica, réplica, discusión, combate, contienda, lucha, alteración, altercado.
ANT. *Acuerdo, conformidad, armonía.*

debatir
SIN. Controvertir, discutir, disputar, cuestionar, contender, combatir, luchar, pelear, altercar.
ANT. *Acordar, convenir.*

debatible
SIN. Discutible, cuestionable, controvertible, dudoso.
ANT. *Indiscutible, indudable, cierto.*

debe
SIN. Débito, cargo, adeudamiento, pasivo.
ANT. *Haber, crédito, ganancia, activo.*

debelador
SIN. Vencedor, conquistador, ganador, campeón.
ANT. *Perdedor, derrotado.*

debelar
SIN. Rendir, conquistar, vencer, ganar, derrotar, dominar, triunfar, someter.
ANT. *Perder, rebelarse.*

débil
SIN. Enclenque, endeble, raquítico, enfermizo, delicado, canijo, escuálido, magro, anémico, decaído, desfallecido, desmayado, debilita-do, blando, flojo, desmirriado, agotado, extenuado, flaco, lánguido, frágil, tenue, aguado (*Amér.*), merengue, inseguro, apagado.
ANT. *Robusto, vigoroso, enérgico, viril.*

deber
SIN. Obligación, deuda, cometido, responsabilidad, encargo, trabajo, compromiso, misión, competencia, corresponder, incumbir.
ANT. *Irresponsabilidad, abstenerse, despreocuparse.*

debilidad
SIN. Decaimiento, endeblez, desfallecimiento, flaqueza, flojera, languidez, extenuación agotamiento, quebranto, inanición, fatiga, desnutrición, apatía, impotencia, blandura, flacidez, preferencia, cariño.
ANT. *Fortaleza, vigor, robustez, actividad, potencia, indiferencia, desinterés.*

debilitarse
SIN. Consumirse, extenuarse, agotarse, encanijarse, esmirriarse, afeblecerse.
ANT. *Robustecerse, vigorizarse.*

débito
SIN. Deuda, obligación.
ANT. *Crédito.*

decadencia
SIN. Declinación, ocaso, decaimiento, degeneración caducidad, descenso, declive, retroceso, pérdida, debilidad, ruina, crepúsculo, vejez, agotamiento.
ANT. *Apogeo, auge, riqueza, esplendor, progreso.*

decaer
SIN. Flaquear, desfallecer, declinar, menguar, disminuir, abatir, marchitar, debilitar, periclitar, empeorar, perder.
ANT. *Progresar, ascender, fortalecer.*

decano
SIN. Presidente, jefe, cabeza, rector, veterano.

decantar
SIN. Verter, transvasar, sedimentar, alabar, celebrar, elogiar, ponderar, exaltar, ensalzar, inclinar, ladear, torcer.
ANT. *Criticar, enderezar.*

decapitar
SIN. Guillotinar, descabezar, cortar, segar, ejecutar, degollar, separar, desmochar.

decencia
SIN. Compostura, modestia, honestidad, recato, pudor, decoro, dignidad, reserva, honor, adorno, aseo, limpieza.
ANT. *Vicio, indecencia, deshonor, suciedad.*

decente
SIN. Justo, conforme, correspondiente, debido, honesto, puro, recatado, moral, púdico, digno, reservado, modesto, limpio, curioso, presentable.
ANT. *Desmedido, indigno, indecente, sucio.*

decepción
SIN. Chasco, desengaño, desencanto, fracaso, engaño, desilusión, frustración, sorpresa, plancha.
ANT. *Ilusión, esperanza.*

decepcionarse
SIN. Defraudar, desengañar, frustrar, equivocar, contrariar, fracasar, desacertar.
ANT. *Triunfar, alentar, animar, acertar.*

decidido
SIN. Resuelto, determinado, firme, enérgico, desenvuelto, osado, animoso, audaz, valiente, intrépido, valeroso, atrevido, dispuesto, concluyente, decisivo, determinado, definitivo, zanjado.
ANT. *Tímido, apocado, indeciso.*

decidir
SIN. Resolver, determinar, declarar, disponer, adoptar, sentenciar, elegir, optar, definir pronunciar, enjuiciar.
ANT. *Titubear, temer, vacilar.*

decidor
SIN. Dicharachero, locuaz, gracioso, chistoso, ocurrente, agudo, divertido, ingenioso.
ANT. *Callado, soso, torpe, grave.*

decir
SIN. Hablar, referir, explicar, contar, informar, manifestar, dictar, declarar, expresar, indicar, mencionar, reiterar, observar, denotar, detallar, desarrollar, estimar, someter, señalar, significar, exponer, alegar, aducir, enumerar, reconocer, nombrar, articular, proferir,

exclamar, prorrumpir, notificar, confesar, anunciar, afirmar, aseverar, sostener, opinar.
ANT. *Callar, enmudecer, omitir, dudar, negar.*

decisión
SIN. Determinación, resolución, sentencia, disposición, acuerdo, solución, conclusión, fallo, entusiasmo, firmeza, energía, afán, coraje, tesón, ánimo.
ANT. *Indecisión, duda, cobardía, timidez, flaqueza.*

decisivo
SIN. Concluyente, definitivo, determinante, contundente, perentorio, irreversible, irrevocable, terminante, conclusivo, supremo, crucial, crítico.
ANT. *Provisional, indeciso, dudoso.*

declamación
SIN. Recitación, monólogo, narración, recitado, discurso, arenga, oración, ampulosidad, pedantería, énfasis, sencillez, sobriedad, elegancia.

declamar
SIN. Recitar, decir, entonar, pronunciar, orar.

declaración
SIN. Explicación, manifestación, enunciación, exposición, expresión, revelación, descubrimiento, proposición, confesión, afirmación, noticia.
ANT. *Ocultación, omisión, silencio, reserva.*

declarar
SIN. Manifestar, informar, exponer, explicar, enunciar, hablar, decir, proclamar, publicar, formular, evidenciar, notificar, revelar, testificar, testimoniar, delatar.
ANT. *Callar, ocultar, enmudecer, omitir.*

declinación
SIN. Descenso, bajada, decadencia, ocaso, declive, pendiente, eclipse, flexión.
ANT. *Ascensión, culminación, esplendor.*

declinar
SIN. Menguar, decaer, disminuir, descender, decrecer, inclinarse, apagarse, extinguirse, caducar, degenerar, envejecer, caer, cambiar, rehusar, renunciar, rechazar.

ANT. *Aumentar, ascender, revigorizar, vivificar.*

declive
SIN. Pendiente, inclinación, vertiente, depresión, desnivel, rampa, cresta, escarpa, repecho, gradiente (*Amér.*), verticalidad, bajada, decadencia, agonía, ocaso, ruina.
ANT. *Auge, culminación, llanura, vida, lozanía.*

decoloración
SIN. Descoloramiento, palidez, anemia, marchitamiento.
ANT. *Coloración, brillantez.*

decolorar
SIN. Descolorar, desteñir, despintar, blanquear, palidecer, marchitar, deslucir.
ANT. *Colorarse, lucir, brillar.*

decoración
SIN. Pompa, ornato, embellecimiento, adorno, aliño, engalanamiento, decorado, escenografía.
ANT. *Deslucimiento, elementalidad.*

decorar
SIN. Hermosear, adornar, ornar, embellecer, empavesar, ambientar, arreglar, agraciar.
ANT. *Deslucir, desguarnecer.*

decorativo
SIN. Aseado, vistoso, adornado, estético, atractivo.
ANT. *Sencillo, pobre, feo.*

decoro
SIN. Respeto, respetabilidad, pundonor, dignidad, seriedad, decencia, vergüenza, recato, honestidad, gravedad, honra, circunspección, puntillo, lealtad.
ANT. *Indignidad, impudor, indecencia.*

decoroso
SIN. Pudoroso, honesto, decente, digno, caballero, leal, orgulloso, circunspecto, serio, grave, distinguido.
ANT. *Indecente, impúdico, desleal.*

decrecer
SIN. Disminuir, menguar, aminorar, reducir, descender, bajar, declinar, decaer.
ANT. *Crecer, subir.*

decreciente
SIN. Menguante, decadente, caduco.

ANT. *Creciente, floreciente, próspero.*

decrecimiento
SIN. Disminución, mengua, descenso, declinación, depreciación, rebaja.
ANT. *Aumento, crecimiento.*

decrépito
SIN. Viejo, anciano, caduco, chocho, decaído, vetusto, acabado, decadente, hueco, ruinoso.
ANT. *Lozano, vigoroso, enérgico, nuevo.*

decrepitud
SIN. Ancianidad, vejez, impotencia, caducidad, acabamiento, disminución, ocaso.
ANT. *Juventud, florecimiento, fortaleza, resistencia.*

decretar
SIN. Disponer, ordenar, dictar, decidir, determinar, resolver, fallar, declarar, establecer, fijar, estatuir, articular.
ANT. *Preparar, proyectar.*

decreto
SIN. Edicto, bando, resolución, orden, decisión, determinación, disposición, constitución, costumbre, establecimiento.

decúbito
SIN. Horizontal, yacente, tumbado, plano, echado.
ANT. *Vertical.*

decurso
SIN. Transcurso, proceso, sucesión, paso, lapso, espacio, duración.
ANT. *Permanencia, detención.*

dechado
SIN. Muestra, ejemplar, modelo, prototipo, arquetipo, ejemplo, ideal, figurín.

dédalo
SIN. Lío, laberinto, maraña, confusión, enredo, complicación, dificultad.
ANT. *Sencillez, facilidad.*

dedicación
SIN. Entrega, consagración, perseverancia, tesón, sacrificio, afán, ofrecimiento, homenaje, dedicatoria, tributo, brindis, voto.
ANT. *Descuido, apatía, olvido, abstención.*

dedicar

SIN. Consagrar, ofrecer, dirigir, destinar, dar, regalar, aplicar, emplear, ocupar, asignar, disponer.
ANT. *Negar, rechazar, abandonar, prescindir.*

dedicatoria

SIN. Ofrecimiento, homenaje, ofrenda, brindis, inscripción.
ANT. *Olvido.*

deducción

SIN. Consecuencia, derivación, inferencia, suposición, descuento, disminución, rebaja, reducción.
ANT. *Causa, aumento.*

deducir

SIN. Derivar, inferir, concluir, colegir, seguirse, desprenderse, descontar, rebajar, disminuir, restar, menguar, aminorar.
ANT. *Aumentar, encarecer.*

deductivo

SIN. Razonado, lógico, fundado, hipotético, derivativo, metódico, especulativo.
ANT. *Ilógico, real.*

defecar

SIN. Evacuar, descargar, expeler, cagar, ensuciar.
ANT. *Estreñir, limpiar.*

defección

SIN. Abandono, deserción, huida, deslealtad, traición, separación, infidelidad.
ANT. *Presencia, lealtad, adhesión.*

defecto

SIN. Imperfección, tacha, falta, carencia, privación, deficiencia, desarreglo, deformidad, torpeza, incorrección, lacra, irregularidad, lesión.
ANT. *Perfección, normalidad.*

defectuoso

SIN. Imperfecto, deforme, deficiente, incorrecto, falto, chapucero.
ANT. *Perfecto, completo, acabado.*

defender

SIN. Amparar, proteger, resguardar, preservar, sostener, apoyar, mantener, salvaguardar, escudar, cobijar, guarecer, ayudar, auxiliar, abogar, conservar, disculpar, excusar, justificar, respaldar.
ANT. *Atacar, acusar, culpar, criticar.*

defenderse

SIN. Sostenerse, mantenerse, aguantarse, ayudarse, escudarse, preservarse, disculparse.
ANT. *Atacarse, criticarse.*

defendible

SIN. Defensable, tolerable, justificable, comprensible.
ANT. *Indefendible, injustificable.*

defendido

SIN. Refugiado, protegido, resguardado, seguro, abrigado, amparado.
ANT. *Desamparado, desnudo, indefenso.*

defensa

SIN. Amparo, protección, auxilio, apoyo, ayuda, abrigo, tutela, resguardo, socorro, resistencia, abrigadero, muralla, bastión, parapeto, trinchera, terraplén, muro, valla.
ANT. *Desamparo, ataque, acusación.*

deferencia

SIN. Cortesía, consideración, respeto, miramiento, atención, condescendencia, amabilidad, asentimiento, contemplación, delicadez.
ANT. *Menosprecio, grosería, desagrado.*

deferente

SIN. Atento, considerado, respetuoso, complaciente, condescendiente, correcto.
ANT. *Descortés, grosero, desatento.*

deficiencia

SIN. Falta, defecto, imperfección, anomalía, alteración, desfiguración.
ANT. *Perfección, suficiencia.*

deficiente

SIN. Defectuoso, incompleto, insuficiente, falto, imperfecto, anómalo, alterado, pobre.
ANT. *Perfecto, completo.*

definido

SIN. Explicado, determinado, claro, evidente, delimitado, limpio, preciso.
ANT. *Impreciso, difícil, borroso.*

definir

SIN. Fijar, precisar, aclarar, explicar, determinar, puntualizar, exponer, razonar, concluir, terminar, resolver, acabar.
ANT. *Embrollar, liar.*

definitivo

SIN. Decisivo, concluyente, terminante, irreversible, último, indiscutible, firme, radical.
ANT. *Provisional, accidental.*

deformable

SIN. Alterable, modificable, distorsionable, mutable.
ANT. *Indeformable, fijo, inmutable.*

deformación

SIN. Alteración, deformidad, anormalidad, desfiguración, transformación, irregularidad, desequilibrio, imperfección.
ANT. *Proporción, belleza, equilibrio.*

deforme

SIN. Desfigurado, imperfecto, desproporcionado, contrahecho, monstruoso, amorfo, macaco (*Amér.*), feo, informe, raro, deficiente, grotesco.
ANT. *Proporcionado, bello, equilibrado.*

deformidad

SIN. Imperfección, anormalidad, deformación, error, anomalía, desorden, defecto, vicio, falta.
ANT. *Proporción, equilibrio.*

defraudación

SIN. Hurto, usurpación, fraude, robo, ocultación, trampa, timo, estorbo, impedimento, latrocinio.
ANT. *Legalidad, verdad.*

defraudar

SIN. Usurpar, robar, quitar, estafar, timar, frustrar, decepcionar.
ANT. *Restituir, devolver, ilusionar.*

defunción

SIN. Muerte, fallecimiento, expiración, acabamiento, baja.
ANT. *Nacimiento.*

degeneración

SIN. Declinación, derivación, decadencia, perversión, alteración, corrupción, degradación, perversión, bajeza, empeoramiento, menguante, ocaso.
ANT. *Regeneración, reforma, pureza.*

degenerado

SIN. Degradado, depravado, anormal, tarado, invertido, vicioso, arruinado.
ANT. *Normal, virtuoso, recto.*

degenerar
SIN. Decaer, perder, declinar, empeorar, desnaturalizar, pervertir, viciar, corromper, depravar, caer, envilecer.
ANT. *Regenerar, sanar, purificar.*

deglución
SIN. Ingestión, engullimiento, bocado, trago.
ANT. *Devolución, vómito.*

deglutir
SIN. Tragar, digerir, ingerir, consumir, masticar, sorber.
ANT. *Devolver, echar, regurgitar.*

degolladura
SIN. Matanza, corte, sección, ejecución, sesgo.

degollar
SIN. Decapitar, descabezar, ejecutar, destruir, asesinar, matar, cortar, tajar, estropear, malograr.

degollina
SIN. Matanza, mortandad, carnicería, escabechina.

degradado
SIN. Depuesto, destituido, prostituido, humillado, ruin, vil.
ANT. *Repuesto, enaltecido.*

degradante
SIN. Humillante, vejatorio, vergonzoso, depresivo, bajo, ruin, indigno, deshonroso, bochornoso.
ANT. *Ennoblecedor, dignificante.*

degradar
SIN. Humillar, deshonrar, rebajar, abatir, degenerar, corromper, pervertir, deponer, destituir, relegar, expulsar, despedir.
ANT. *Honrar, ennoblecer, ascender.*

degustar
SIN. Catar, probar, paladear, saborear, apreciar.
ANT. *Despreciar.*

dehesa
SIN. Coto, redonda, prado, majada, monte, pasto, bosque, hierba.

deificar
SIN. Divinizar, ensalzar, reverenciar, consagrar, apologizar, mitificar.
ANT. *Humillar, rebajar.*

deífico
SIN. Celeste, celestial, divino.
ANT. *Terrenal.*

dejación
SIN. Dejamiento, abandono, dimisión, abdicación, resignación, desapego, deserción, despedido.
ANT. *Permanencia, insistencia.*

dejadez
SIN. Abandono, descuido, desidia, negligencia, pereza, dejamiento, desatención, indolencia, apatía, omisión, desaliño, desorden.
ANT. *Esmero, diligencia, actividad.*

dejado
SIN. Abandonado, descuidado, desaplicado, desaliñado, negligente, flojo, desalentado, abatido, perezoso, holgazán, vago.
ANT. *Escrupuloso, esmerado, aseado, pulcro.*

dejamiento
SIN. Dejadez, dejación, pereza, negligencia, abandono, flojedad, desgana, apatía, laxitud.
ANT. *Ánimo, esfuerzo, resistencia.*

dejar
SIN. Abandonar, desamparar, repudiar, rechazar, plantar, arrimar, soltar, renunciar, arrinconar, separarse, desistir, desertar, sacrificar, dimitir, abdicar, deponer, marchar, irse, partir, apartarse, ausentarse, retirarse, evacuar, faltar, encomendar, designar, confiar, nombrar, desprenderse, dar, despojarse, ceder, privarse, permitir, consentir, sufrir, producir, rentar, proporcionar.
ANT. *Tomar, perseverar, permanecer, desheredar, retener.*

dejo
SIN. Entonación, deje, acento, tonillo, gustillo, sabor, pereza, desidia.
ANT. *Insipidez, energía.*

delación
SIN. Acusación, denuncia, soplo, chivatazo, entrega, traición, confidencia.
ANT. *Silencio, encubrimiento.*

delantal
SIN. Mandil, faldar, babero, zamarrón.

delante
SIN. Frente, cara, fachada, frontal, portada, a la vista, en presencia de, anterioridad, antelación, anticipación.
ANT. *Detrás, posterioridad*

delantera
SIN. Ventaja, adelanto, anterioridad, vanguardia, precedencia, principio, origen.
ANT. *Trasera, reverso, fin.*

delatar
SIN. Acusar, denunciar, descubrir, chivatar, revelar, traicionar, entregar.
ANT. *Callar, encubrir, proteger.*

delator
SIN. Denunciador, acusador, soplón, confidente, chivato, informador, espía.
ANT. *Encubridor, leal.*

delectación
SIN. Deleitación, deleite, agrado, gozo, placer, disfrute, complacencia, fruición.
ANT. *Desagrado, descontentar.*

delegación
SIN. Representación, comisión, encomienda, mandato, encargo, sustitución, facultad, poder, autorización, apoderamiento, instrucciones, mensaje, tutela, embajada, despecho.
ANT. *Central, principal.*

delegado
SIN. Comisionado, representante, subalterno, encargado, apoderado, substituto, diputado, parlamentario, diplomático, ministro, mensajero, correo, recadero.
ANT. *Jefe, principal.*

delegante
SIN. Principal, mandante, autorizador.
ANT. *Delegado, representante.*

delegar
SIN. Comisionar, encomendar, encargar, conferir, facultar, autorizar, legar, acreditar, remplazar, confiar, dejar, depositar, encausar.
ANT. *Apropiarse, asumir.*

deleitable
SIN. Ameno, agradable, delicioso, apacible, deleitoso, cómodo, encantador, primoroso.
ANT. *Ingrato, apacible.*

deleitar
SIN. Agradar, encantar, complacer, satisfacer, amenizar, admirar, regalar, distraer, recrear.
ANT. *Aburrir, hastiar, molestar.*

deleite

SIN. Goce, placer, delicia, encanto, regocijo, regalo, gusto, satisfacción, agrado, complacencia, alegría, felicidad.

ANT. *Aburrimiento, molestia, disgusto.*

deleitoso

SIN. Agradable, ameno, delicioso, deleitable, grato, gustoso, cómodo, fascinante, placentero, encantador, apacible, divertido, gracioso, sensual.

ANT. *Enojoso, molesto, fastidioso, repelente.*

deletéreo

SIN. Mortífero, venenoso, mortal, destructor, nocivo, tóxico.

ANT. *Vital, inocuo, respirable.*

deletrear

SIN. Pronunciar, silabear, aclarar, comprender, interpretar.

ANT. *Complicar, dificultar.*

deleznable

SIN. Delicado, frágil, inestable, débil, elástico, inconsistente, flaco, perecedero, transitorio, pasajero, breve, fugaz, tenue, inseguro.

ANT. *Sólido, seguro, consistente, perdurable.*

delgadez

SIN. Flaqueza, flacura, finura, magrura, esbeltez, enflaquecimiento, adelgazamiento, desnutrición, extenuación, debilidad, delicadeza, sutileza.

ANT. *Gordura, obesidad.*

delgado

SIN. Flaco, enjuto, seco, cenceño, afilado, ahilado, adelgazado, consumido, demacrado, depauperado, desecado, descarnado, enteco, enflaquecido, esmirriado, esquelético, fideo, frágil, magro, exiguo, delicado, fino, sútil, tenue, agudo, ingenioso, penetrante, estrecho.

ANT. *Gordo, grueso, obeso, grosero.*

deliberado

SIN. Voluntario, intencionado, premeditado, preconcebido, pensado, madurado, preparado, adrede.

ANT. *Involuntario, irreflexivo.*

deliberar

SIN. Discutir, cuestionar, disputar, altercar, resolver, decidir, meditar, reflexionar, estudiar, analizar.

delicadez

SIN. Debilidad, flojedad, flaqueza, languidez, escrupulosidad, irritabilidad, suspicacia, primor, fineza, delicadeza.

ANT. *Fortaleza, robustez.*

delicadeza

SIN. Ternura, finura, atención, suavidad, miramiento, primor, sutileza, exquisitez, sensibilidad, escrupulosidad, discreción, cortesía, tacto, tiento.

ANT. *Tosquedad, grosería, descuido.*

delicado

SIN. Mirado, fino, atento, suave, cortés, tierno, sensible, tenue, refinado, depurado, ingenioso, agudo, pulido, selecto, discreto, grácil, sentido, susceptible, suspicaz, puntilloso, irritable, regañón, exigente, frágil, deleznable, quebradizo, inconsistente, enclenque, merengue, sabroso, rico, apetitoso, exquisito.

ANT. *Desconsiderado, descortés, robusto, fuerte, desaborido.*

delicia

SIN. Placer, deleite, encanto, goce, complacencia, regalo, agrado, hechizo, seducción, alegría.

ANT. *Sufrimiento, fastidio, tristeza.*

delicioso

SIN. Deleitable, ameno, agradable, encantador, celestial, primoroso, complaciente, placentero, atrayente, gracioso, fascinador, deleitante, maravilloso, adorable, sabroso, gustoso.

ANT. *Desagradable, áspero, aburrido, desabrido.*

delictivo

SIN. Criminal, punible, reprensible, criticable.

ANT. *Encomiable, plausible.*

delimitar

SIN. Deslindar, separar, demarcar, fijar, señalar, concretar, aclarar, depurar, amojonar, ceñir, encerrar.

ANT. *Indeterminar.*

delincuencia

SIN. Criminalidad, delito, infracción, transgresión, violación.

ANT. *Bondad, respeto, acatamiento.*

delincuente

SIN. Criminal, reo, malhechor, forajido, farinero, bandido, bandole-

ro, proscrito, incendiario.

ANT. *Virtuoso, obediente, bueno, inocente.*

delinear

SIN. Dibujar, trazar, diseñar, esbozar, proyectar, perfilar, calcar.

ANT. *Precisar, explicar.*

delinquir

SIN. Desobedecer, violar, infringir, transgredir, consumar, ofender, matar, robar, malversar, desfalcar, sobornar, encubrir, falsificar.

ANT. *Respetar, obedecer.*

deliquio

SIN. Desmayo, desfallecimiento, éxtasis, desvanecimiento, vértigo, suspensión.

ANT. *Indiferencia, imperturbabilidad.*

delirar

SIN. Desvariar, disparatar, enajenarse, soñar, fantasear, desear, ambicionar.

ANT. *Razonar, desilusionar, rechazar.*

delirio

SIN. Alucinación, perturbación, enajenación, desvarío, frenesí, disparate, desatino, despropósito, fantasía, quimera, ilusión, ensueño.

ANT. *Sensatez, razonamiento, cordura.*

delito

SIN. Crimen, culpa, falta, infracción, desobediencia, contravención, atentado, pecado, alevosía, rebeldía, ofensa, amenaza.

ANT. *Virtud, acatamiento, respeto, inocencia, lealtad.*

deludir

SIN. Mofar, escarnecer, engañar, burlar, chasquear, frustrar, embaucar.

demacración

SIN. Enflaquecimiento, adelgazamiento, delgadez, escualidez, magrura, palidez.

ANT. *Engorde, robustecimiento.*

demacrado

SIN. Pálido, delgado, desmejorado, agotado, acabado, débil, enflaquecido, escuálido, mustio, marchito.

ANT. *Fuerte, vigoroso, grueso.*

demanda

SIN. Petición, solicitud, solicita-

ción, ruego, súplica, empresa, intento, empeño, consulta, pregunta, cuestión, pedido, encargo.
ANT. *Oferta, contestación.*

demandadero
SIN. Recadero, mensajero, ordinario, ordenanza, criado.

demandador
SIN. Pretendiente, solicitante, peticionario, mendigo, limosnero.

demandar
SIN. Pedir, rogar, suplicar, solicitar, apetecer, desear, exigir, cuestionar, encausar, querellar, interrogar.
ANT. *Desistir, abstenerse.*

demarcación
SIN. Circunscripción, distrito, jurisdicción, delimitación, deslinde, separación, limitación.
ANT. *Indeterminación, imprecisión.*

demarcar
SIN. Limitar, delinear, señalar, delimitar, marcar, determinar, deslindar, separar, localizar.
ANT. *Ampliar, confundir.*

demasía
SIN. Exceso, sobras, superabundancia, atrevimiento, insolencia, desvergüenza, descaro, descomedimiento, delito, injuria, desafuero, atropello, abuso, desacato.
ANT. *Escasez, falta, decoro, bondad, respeto.*

demasiado
SIN. Excesivo, sobrado, exagerado, excedente, desmesurado, exorbitante, pletórico.
ANT. *Poco, insuficiente, escaso.*

demediar
SIN. Promediar, dividir, usar, gastar.
ANT. *Sumar, reunir.*

demencia
SIN. Locura, insanía, insensatez, trastorno, loquera (*Amér.*), perturbación, chaladura, alucinación.
ANT. *Cordura, juicioso.*

democracia
SIN. Gobierno, república, libertad, pueblo.
ANT. *Tiranía, autocracia.*

demócrata
SIN. Liberal, republicano, socialista, progresista.

ANT. *Dictatorial, totalitario.*

demoledor
SIN. Destructor, destructivo, devastador, exterminador aniquilador, mortífero, catastrófico.
ANT. *Restaurador, reparador.*

demoler
SIN. Derribar, arruinar, deshacer, destruir, arrasar, asolar, derrocar, derruir, desbaratar, romper.
ANT. *Construir, edificar.*

demoníaco
SIN. Maligno, satánico, perverso, turbulento, travieso.
ANT. *Angelical, bondadoso.*

demonio
SIN. Travieso, turbulento, perverso, diablo.
ANT. *Ángel.*

demora
SIN. Tardanza, dilación, retraso, remisión, espera, morosidad, lentitud, plazo, detención, aplazamiento, prórroga.
ANT. *Adelanto, anticipación.*

demorar
SIN. Dilatar, diferir, retrasar, retardar, aplazar, detener, rezagar, pausar, prorrogar, parar.
ANT. *Adelantar, anticipar, apresurar.*

demostrable
SIN. Explicable, definible, verificable, comprobable, palmario.
ANT. *Indemostrable, inexplicable.*

demostración
SIN. Explicación, definición, esclarecimiento, ejemplificación, raciocinio, despliegue, prueba, evidencia, confirmación, manifestación, comprobación, exposición, presentación, exhibición, exteriorización.
ANT. *Confusión, ocultación, secreto.*

demostrar
SIN. Manifestar, señalar, evidenciar, declarar, probar, enseñar, mostrar, indicar, ostentar, desplegar, justificar, patentizar, comprobar, convencer, acreditar, verificar, explicar, argumentar, razonar.
ANT. *Encerrar, silenciar, inhibir, desaparecer.*

demostrativo
SIN. Evidente, palmario, indudable, categórico, convincente, defi-

nitivo, contundente, terminante, aclaratorio.
ANT. *Dudoso, oscuro, confuso.*

demudado
SIN. Pálido, cadavérico, alterado, inmutado, transformado, trastocado, transfigurado, turbado.
ANT. *Coloreado, sereno, tranquilo.*

demudar
SIN. Cambiar, alterar, variar, mudar, trastocar, deformar, desfigurar, extraviar, confundir, turbar.
ANT. *Serenar, tranquilizar.*

denegación
SIN. Negativa, negación, desestimación, repulsa, resistencia, condenación.
ANT. *Concesión, aprobación, admisión.*

denegar
SIN. Negar, desestimar, recusar, condenar, repulsar, rechazar, prohibir, objetar.
ANT. *Aceptar, acceder, admitir, consentir.*

denegrido
SIN. Ennegrecido, negruzco, oscuro, tostado.
ANT. *Blancuzco, blanqueado.*

dengoso
SIN. Melindroso, delicado, afectado, lamido, finolis.
ANT. *Sufrido, natural, fuerte.*

dengue
SIN. Melindre, afectación, remilgo, gripe, trancazo.
ANT. *Naturalidad, dureza.*

denigrante
SIN. Afrentoso, injurioso, inflamatorio, vergonzoso, calumnioso, deshonroso, ofensivo, maldiciente, denigrador.
ANT. *Enaltecedor, alabador.*

denigrar
SIN. Infamar, mancillar, agraviar, injuriar, calumniar, ultrajar, deshonrar, desacreditar, desprestigiar, manchar, pringar, tiznar, empañar detractar, criticar.
ANT. *Honrar, enaltecer.*

denodado
SIN. Intrépido, atrevido, valiente, esforzado, audaz, animoso, resuelto, arrojado, valeroso, osado.
ANT. *Cobarde, tímido, apocado, flojo.*

denominación
SIN. Nombre, título, apelativo, sobrenombre.
ANT. *Silencio, omisión.*

denominar
SIN. Señalar, nombrar, distinguir, designar, intitular, llamar, apodar.
ANT. *Silenciar, omitir.*

denostador
SIN. Injuriador, agraviador, afrentador, infamador, ofensor, insultador, difamador, deshonrador.
ANT. *Ensalzador, alabar.*

denostar
SIN. Injuriar, infamar, ofender, agraviar, insultar, vituperar, detractar, manchar, maldecir.
ANT. *Alabar, ensalzar.*

denotar
SIN. Indicar, revelar, demostrar, significar, inferir, advertir, marcar, señalar, apuntar, avisar, connotar, mostrar, figurar.
ANT. *Ocultar.*

densidad
SIN. Viscosidad, condensación, cohesión, consistencia, trabazón, espesor, dureza, confusión, oscuridad.
ANT. *Fluidez, ligereza, blandura, claridad.*

denso
SIN. Compacto, apretado, comprimido, concentrado, condensado, tupido, espeso, apiñado, macizo, consistente, oscuro, cerrado, turbio.
ANT. *Ligero, fluido, blando, abierto, fácil.*

dentistería
Amér.
SIN. Odontología, odontotecnia, estomatología, ortodoncia, prostodoncia.

denuedo
SIN. Brío, esfuerzo, intrepidez, arrojo, valor, ánimo, valentía, resolución, audacia, coraje, bravura, decisión.
ANT. *Cobardía, pusilanimidad.*

denuesto
SIN. Injuria, afrenta, ofensa, insulto, agravio, vituperio, calumnia, censura, crítica.
ANT. *Alabanza, elogio, lisonja.*

denuncia
SIN. Delación, acusación, soplo, confidencia, traición, manifestación, queja, noticia, aviso, comunicación.
ANT. *Secreto, reserva, discreción.*

denunciar
SIN. Acusar, delatar, chivarse, traicionar, descubrir, noticiar, avisar, anunciar, informar, indicar, pronosticar, predecir, anticipar.
ANT. *Encubrir, silenciar, esconder, tapar.*

departamento
SIN. Cantón, distrito, jurisdicción, comarca, zona, partido, término, piso, vivienda, habitación, alojamiento, morada, división, sección, estante, caja, fichero.

departamento
Amér.
SIN. Apartamento, piso, vivienda, suite.

departir
SIN. Conversar, hablar, platicar, dialogar, discutir, conferenciar.
ANT. *Callar.*

depauperado
SIN. Enflaquecido, extenuado, débil, agotado, caído, raquítico, delicado, caduco, marchito.
ANT. *Nutrido, fortalecido.*

depauperar
SIN. Debilitar, extenuar, enflaquecer, postrar, caducar, marchitar, empobrecer, arruinar.
ANT. *Engordar, robustecer, tonificar, reconstituir.*

dependencia
SIN. Subordinación, sujeción, supeditación, sumisión, delegación, sucursal, agencia, factoría, filial, departamento, comisaría, negocio, encargo, misión.
ANT. *Superioridad, independencia, rebeldía.*

depilar
SIN. Afeitar, rasurar, arrancar, cortar.
ANT. *Dejar.*

deplorable
SIN. Lamentable, triste, lastimoso, miserable, desdichado, infeliz, desventurado, desgraciado, desafortunado, siniestro, fatal, patético.
ANT. *Afortunado, satisfactorio, alegre.*

deplorar
SIN. Sentir, lamentar, llorar, afligirse.
ANT. *Alegrar, celebrar, congratularse.*

deponer
SIN. Separar, destituir, despedir, degradar, expulsar, despojar, apartar, afirmar, atestiguar, declarar, evacuar, defecar, ensuciar.
ANT. *Permanecer, nombrar, reponer.*

deportación
SIN. Extrañamiento, destierro, confinamiento, ostracismo, exilio, proscripción, relegación.
ANT. *Repatriación, rehabilitación.*

deportado
SIN. Exiliado, expatriado, desterrado, internado, proscrito.
ANT. *Repatriado, rehabilitado.*

deporte
SIN. Recreo, diversión, pasatiempo, entretenimiento, fiesta, juego, ejercicio.

deposición
SIN. Destitución, degradación, separación, privación, relevo, cese, exposición, declaración, explicación, atestado, evacuación, defecación.
ANT. *Reposición, silencio, incomparecencia.*

depositado
SIN. Sedimentado, precipitado, acumulado, situado, almacenado, guardado, puesto, reservado.
ANT. *Libre, suelto.*

depositar
SIN. Colocar, poner, fiar, dar, ceder, custodiar, consignar, encomendar, sedimentar, posarse, acumularse, acoplar, reunir, almacenar.
ANT. *Retener, reservar, gastar.*

depósito
SIN. Sedimento, poso, precipitado, asiento, almacén, surtidor, arsenal, local, granero, silo, despensa, entrega, seguro, resguardo, garantía, consignación, recipiente, receptáculo, cazoleta, pantano, balsa.

depravación
SIN. Corrupción, desenfreno, envilecimiento, libertinaje, licencia, perversión, inmoralidad, escándalo, crueldad.

ANT. *Moralidad, austeridad, integridad.*

depravado
SIN. Pervertido, licencioso, vicioso, libertino, envilecido, corrompido, perverso, inmoral, prevaricador, malo.
ANT. *Virtuoso, bueno, noble, decente, moral.*

depravador
SIN. Corruptor, envilecedor, desmoralizador, pervertidor, prevaricador, escandalizador.
ANT. *Moralizador, ético.*

depravar
SIN. Corromper, viciar, envilecer, malear, prostituir, extraviar, estropear, degenerar, degradar.
ANT. *Regenerar, enderezar, purificar, ennoblecer.*

deprecación
SIN. Súplica, ruego, petición, solicitud, demanda, perturbación.
ANT. *Desaire, desdén, negativa.*

deprecar
SIN. Pedir, rogar, suplicar, implorar, solicitar, invocar, orar, rezar.
ANT. *Rehusar, denegar, desairar.*

deprecativo
SIN. Suplicante, demandante, rogador, demandador.
ANT. *Negativo.*

depreciación
SIN. Desvalorización, baja, disminución, devaluación.
ANT. *Alza, carestía, subida.*

depredar
SIN. Saquear, robar, despojar, latrocinar, desvalijar, rapiñar.
ANT. *Devolver, restituir.*

depresivo
SIN. Degradante, humillante, indignante, innoble, abatido, desanimado, melancólico, cóncavo, entrante, hueco.
ANT. *Enaltecedor, animado, convexo.*

deprimido
SIN. Melancólico, abatido, desmoronado, desmoralizado, humillado, aplanado, triste, lúgubre, pesimista.
ANT. *Alegre, animado, optimista.*

deprimir
SIN. Humillar, rebajar, abatir, desalentar, degradar, envilecer, disminuir, confundir, hundir, abollar.
ANT. *Exaltar, alentar, animar.*

depuesto
SIN. Destituido, relevado, jubilado, licenciado, expulsado, retirado.
ANT. *Rehabilitado, depuesto.*

depuración
SIN. Purificación, limpieza, filtrado, refinación, expulsión, purga, destilación
ANT. *Corrupción, infección, inclusión.*

depurar
SIN. Purificar, purgar, limpiar, perfeccionar, refinar, sanear, mejorar, destilar.
ANT. *Corromper, impurificar.*

derecho
SIN. Recto, erguido, enhiesto, seguido, directo, vertical, levantado, parado (*Amér.*), plantado, planchado, sensato, justo, razonable, honesto, facultad, opción, libertad, poder, voz, competencia, atribuciones, capacidad.
ANT. *Torcido, sinuoso, caído, horizontal, injusto.*

derivar
SIN. Proceder, emanar, nacer, originar, dimanar, arrancar, provenir, conducir, encaminar, resultar.
ANT. *Finalizar, desconocer.*

derivarse
SIN. Originarse, deducirse, seguirse, conducirse, perderse.
ANT. *Finalizarse.*

derogar
SIN. Abolir, anular, destruir, reformar, modificar, suprimir, revocar, cancelar.
ANT. *Promulgar, ratificar.*

derramar
SIN. Verter, esparcir, desbordar, rebasar, desparramar, irse, salirse, cundir, difundir, divulgar, extender, publicar.
ANT. *Contener, recoger.*

derredor
SIN. Circuito, contorno, alrededor, ámbito, perímetro.

derrelinquir
SIN. Abandonar, desamparar, desatender, desabrigar.
ANT. *Amparar, asistir.*

derrengar
SIN. Desriñonar, descaderar, torcer, deslomar, inclinar, desviar, lastimar, baldar, tullir.
ANT. *Descansar, calmar, mitigar.*

derretido
SIN. Fundido, disuelto, licuado, deshecho, blando.
ANT. *Solidificado.*

derretir
SIN. Limar, fundir, disolver, disipar, deshelar, descuajar, descoagular, deshacer.
ANT. *Solidificar, endurecer.*

derretirse
SIN. Deshacerse, consumirse, impacientarse, enardecerse, refundirse, deshelarse, encariñarse.
ANT. *Endurecerse, aborrecer.*

derribador
SIN. Demoledor, destructor, desmontador, minador.
ANT. *Restaurador, constructor.*

derribar
SIN. Derruir, demoler, desmontar, abatir, derrumbar, tumbar, derrocar, desbaratar, transtornar, deponer, arruinar, humillar, postrar, desencumbrar.
ANT. *Alzar, construir, levantar, honrar.*

derribo
SIN. Derrocamiento, demolición, destrucción, hundimiento, arrasamiento, voladura.
ANT. *Construcción, reconstrucción.*

derrocadero
SIN. Despeñadero, derrumbadero, precipicio, sima, escarpadura.
ANT. *Llanura, planicie, seguridad.*

derrocar
SIN. Despeñar, precipitar, defenestrar, deponer, destituir, expulsar, destronar, degradar.
ANT. *Alzar, erguir, reponer, readmitir.*

derrochar
SIN. Malgastar, dilapidar, despilfarrar, malbaratar, tirar, botar (*Amér.*), quemar, desparramar, prodigar.
ANT. *Atesorar, ahorrar, escatimar.*

derroche
SIN. Despilfarro, profusión, desperdicio, dilapidación, abundancia dispendio, lujo, ostentación, gasto

ANT. *Economía, ahorro, cicatería.*

derrota
SIN. Fracaso, desastre, descalabra, revés, paliza, exterminación, inferioridad, camino, vereda, ruta, rumbo, senda, dirección, derrotero.
ANT. *Victoria, conquista*

derrotado
SIN. Vencido, batido, víctima, prisionero, pobre, andrajoso, roto, destrozado, harapiento, andrajoso.
ANT. *Rico, lujoso, pulcro.*

derrotar
SIN. Batir, vencer, desbaratar, romper, disipar, destrozar, rendir, arruinar, derrochar, prodigar, estropear.
ANT. *Ahorrar, guardar, conservar.*

derrotero
SIN. Rumbo, dirección, camino, ruta, itinerario, trayectoria, recorrido, viaje.
ANT. *Desorientación.*

derruir
SIN. Derribar, destruir, demoler, arruinar, aplastar, desbaratar, destrozar, deshacer, devastar, asolar, aniquilar.
ANT. *Reconstruir, levantar.*

derrumbamiento
SIN. Hundimiento, corrimiento, derrocamiento, demolimiento, alud, caída, destrucción, catástrofe, fracaso.
ANT. *Enderezamiento, construcción.*

derrumbar
SIN. Derrocar, desplomar, precipitar, despeñar, derribar, hundir, destruir, abatir, tumbar, tirar, demoler, arrasar.
ANT. *Levantar, construir, cimentar.*

desaborido
SIN. Soso, insípido, desabrido, insulso, indiferente, insubstancial, inexpresivo.
ANT. *Sabroso, gustoso, expresivo.*

desabrido
SIN. Soso, insulso, insípido, áspero, desagradable, huraño, duro, intratable, antipático, descortés, desdeñoso.
ANT. *Sabroso, agradable, cortés, sociable, alegre.*

desabrigar
SIN. Destapar, descubrir, desnudar,

desarropar, abandonar, desatender, despreciar.
ANT. *Vestir, cubrir, tutelar, proteger.*

desabrigo
SIN. Desamparo, abandono, desvalimiento, descuido, desprecio, desnudez, destape.
ANT. *Protección, preocupación, arropamiento.*

desabrimiento
SIN. Aspereza, destemplanza, dureza, brusquedad, descortesía, desdén, descomedimiento, ceño, insociabilidad, desapego, rigor, sequedad, antipatía, fastidio, amargura, pena, disgusto.
ANT. *Alegría, cortesía, agrado, gusto, satisfacción.*

desabrochar
SIN. Abrir, desasir, aflojar, soltar, desanudar, desceñir, delatar, chivatar, denunciar.
ANT. *Abrocharse, callar, encubrir.*

desacatar
SIN. Desobedecer, desconsiderar, irreverenciar, menospreciar, desatender, faltar, insultar, ridiculizar, reprobar, ultrajar.
ANT. *Obedecer, acatar, elogiar.*

desacato
SIN. Irreverencia, desatención, descomedimiento, insubordinación, desconsideración, descaro, desprecio, desdén, burla, descortesía, menosprecio.
ANT. *Acato, obediencia, respeto, reverencia.*

desacerbar
SIN. Atemperar, apaciguar, calmar, dulcificar, suavizar, endulzar, aplacar.
ANT. *Amargar, agriar.*

desacertado
SIN. Desafortunado, disparatado, desalentado, ofuscado, incorrecto, distraído, equivocado, inexacto, inoportuno.
ANT. *Afortunado, certero, discreto, prudente, positivo.*

desacertar
SIN. Disparatar, errar, desatinar, fallar, frustrar, colarse, pifiar, engañar.
ANT. *Acertar, razonar.*

desacierto
SIN. Torpeza, equivocación, error,

desatino, disparate, descuido, coladura, resbalón, traspié, ofuscación, indiscreción, plancha, pifia, absurdo.
ANT. *Tino, acierto, habilidad, perfección.*

desacomodado
SIN. Pobre, parado, desocupado, incómodo, molesto, fastidiado, angustiado, apurado, atribulado.
ANT. *Acomodado, alegre, contento.*

desacomodar
SIN. Despedir, destituir, desemplear, preocupar, contristar, angustiar, atribular.
ANT. *Readmitir, trabajar, acomodar.*

desaconsejar
SIN. Disuadir, apartar, desengañar, cortar, retraer.
ANT. *Aconsejar.*

desacoplar
SIN. Separar, desencajar, desajustar, desunir, dislocar, desenganchar, aislar.
ANT. *Acoplar, unir.*

desacorde
SIN. Disconforme, discrepante, chocante, incongruente, desavenido, desafinado, desentonado, destemplado.
ANT. *Acorde, afinado.*

desacreditado
SIN. Desautorizado, impopular, criticado, descalificado, denigrado, deshonrado, difamado.
ANT. *Prestigioso, honrado.*

desacreditar
SIN. Desprestigiar, descalificar, desautorizar, menoscabar, empañar, mancillar, ofender, denigrar, detractar, infamar, deslucir, calumniar, deshonrar, deslucir, pringar, criticar, murmurar.
ANT. *Acreditar, garantizar, afamar.*

desacuerdo
SIN. Discordia, disconformidad, disensión, disputa, protesta, desaveniencia, desunión, diferendo *(Amér.)*, división, escisión, cisma, oposición, antagonismo, rotura, conflicto, querella.
ANT. *Concordia, acuerdo, pacto.*

desaderezar
SIN. Desarreglar, desaliñar, ajar, descomponer, desflorar.
ANT. *Aderezar, componer.*

desafección

SIN.. Desafecto, antipatía, aversión, enemistad, malquerencia, indiferencia.

ANT. *Afecto, amistad.*

desafecto

SIN. Desafección, malquerencia, animosidad, aversión, antipatía, enemistad, distancia, desinterés, desapego, contrario, opuesto, discrepante.

ANT. *Afecto, favorable, amistoso.*

desaferrar

SIN. Soltar, desasir, desatar, destrabar, libertar, apartar, disuadir, desarrimar, desviar.

ANT. *Unir, atar.*

desafiante

SIN. Provocador, afrentador, excitador, competidor, desafiador, pendenciero, altivo, hosco.

ANT. *Pacífico, humilde, amable.*

desafiar

SIN. Retar, provocar, afrontar, incitar, excitar, competir, disputar, rivalizar.

ANT. *Reconciliar, pacificar.*

desafinado

SIN. Disonante, discordante, desacorde, falso, chirriante.

ANT. *Acorde, entonado.*

desafinar

SIN. Desentonar, destemplar, chirriar.

ANT. *Afinar, entonar.*

desafío

SIN. Provocación, reto, duelo, querella, rivalidad, combate, competencia, lucha, concurso, contienda, certamen.

ANT. *Acuerdo, paz, armonía.*

desaforado

SIN. Furioso, furibundo, iracundo, violento, irritado, frenético, enorme, desmedido, desproporcionado, grande, excesivo.

ANT. *Mesurado, comedido, pequeño.*

desaforar

SIN. Quebrantar, atropellar, infringir, abusar, vulnerar.

ANT. *Comedirse, avergonzarse.*

desafortunado

SIN. Desgraciado, infeliz, desdichado, miserable, mísero, desventurado, estrellado, víctima, pobre, infausto, penoso, aciago, desacertado, inoportuno.

ANT. *Afortunado, feliz, oportuno, agraciado.*

desafuero

SIN. Violencia, abuso, demasía, vulneración, transgresión, infracción, atropello, vejación, injusticia, arbitrariedad.

ANT. *Orden, justicia, legalidad, respeto.*

desagradable

SIN. Enojoso, enfadoso, pesado, fastidioso, molesto, insoportable, odioso, antipático, penoso, aburrido, desagradable, incómodo, aguafiestas, deplorable, inaguantable, malsonante, malcarado, áspero, arisco.

ANT. *Agradable, amable, atractivo, sabroso, bueno, gustoso.*

desagradar

SIN. Disgustar, descontentar, displacer, fastidiar, molestar, desazonar, repugnar, repeler, ofender, indigestar, aburrir.

ANT. *Agradar, placer, apetecer, alegrar, contentar.*

desagradecer

SIN. Olvidar, descuidar, desatender, desconocer, omitir, pasar.

ANT. *Agradecer, reconocer.*

desagradecido

SIN. Ingrato, olvidadizo, desnaturalizado, despegado, desleal, malagradecido (*Amér.*).

ANT. *Agradecido, sensible, fiel.*

desagradecimiento

SIN. Ingratitud, desconocimiento, olvido, indiferencia, desinterés, deslealtad, apatía, desapego.

ANT. *Agradecimiento, gratitud, recuerdo.*

desagrado

SIN. Disgusto, descontento, desazón, fastidio, molestia, enfado, amargura, lástima, resentimiento, queja, antipatía.

ANT. *Agrado, dulzura, simpatía, atractivo, bondad, amabilidad.*

desagraviar

SIN. Reparar, corregir, remediar, excusar, subsanar, resarcir, recompensar, indemnizar, satisfacer, reponer, restituir, ensalzar, homenajear.

ANT. *Dañar, ofender, castigar.*

desagravio

SIN. Reparación, compensación, corrección, enmienda, explicación, recompensa, restitución, rehabilitación.

ANT. *Daño, agravio, ofensa.*

desaguar

SIN. Desembocar, derramar, verter, extraer, vaciar, secar, disipar, consumir, evacuar, sanear.

ANT. *Encharcar, inundar.*

desagüe

SIN. Alcantarilla, vertedero, cloaca, boquera, escurridero, salida, desembocadura, drenaje, imbornal, conducto, canalización, desahogo, evacuación.

desaguisado

SIN. Desacierto, desatino, disparate, barbaridad, destrozo, desbarajuste, entuerto, agravio, atropello, querella, ofensa, descomedimiento, tropelía, delito.

ANT. *Acierto, discreción, tacto.*

desahogado

SIN. Atrevido, descarado, desvergonzado, fresco, desenvuelto, frescales, libre, desembarazado, despejado, amplio, espacioso, holgado, aliviado, descansado, acomodado.

ANT. *Tímido, formal, reducido, incómodo.*

desahogar

SIN. Aliviar, ayudar, tranquilizar, consolar, aligerar, descargar, ensanchar, agrandar, despejar, desembarazar, descongestionar.

ANT. *Agobiar, callar, estrechar.*

desahogarse

SIN. Confiarse, franquearse, abrirse, aliviarse, espontanearse, desembarazarse, descansarse, desfogarse, soltarse, reanimarse, tranquilizarse.

ANT. *Agobiarse, ahogarse.*

desahogo

SIN. Alivio, dilatación, ensanche, bienestar, prosperidad, esparcimiento, expansión, recreo, comodidad, desembarazo, libertad, descanso, consuelo, tranquilidad, descaro, atrevimiento, desvergüenza, desenvoltura, descortesía, insolencia.

ANT. *Opresión, ahogo, angustia, cortesía, agrado.*

desahuciado

SIN. Condenado, incurable, desesperado, despedido, expulsado, abandonado.

ANT. *Amable, protegido.*

desahuciar
SIN. Desesperanzar, desengañar, desesperar, condenar, sentenciar, despedir, arrojar, desalojar.
ANT. *Acoger, recibir, esperanzar.*

desahucio
SIN. Despido, desalojamiento, expulsión, desamparo, condena, sentencia, desesperanza.
ANT. *Benignidad, admisión, consuelo.*

desairado
SIN. Desgarbado, deslucido, fachoso, grotesco, ridículo, colgado, burlado, chasqueado, desatendido, desestimado, despreciado, desdeñado, humillado, vencido.
ANT. *Garboso, elegante, respetado, apreciado.*

desairar
SIN. Desestimar, despreciar, desdeñar, desatender, chasquear, deslucir, decepcionar, relegar, rechazar, vilipendiar, arrinconar, rebajar.
ANT. *Apreciar, respetar, ensalzar.*

desaire
SIN. Descortesía, desatención, desprecio, grosería, desaliño, decepción, esquinazo, desdén, tarascada, chasco, afrenta.
ANT. *Atención, delicadeza, galanura.*

desajustar
SIN. Desconcertar, discrepar, chocar, desarticular, desunir, desmontar, desarreglar, desanimar, descorazonar, abatir.
ANT. *Concertar, acoplar, animar.*

desajuste
SIN. Desconcierto, trastorno, anomalía, irregularidad, desorden, desarreglo, desarticulación.
ANT. *Acoplamiento, concierto, acuerdo, regularidad, orden.*

desalado
SIN. Presuroso, acelerado, ansioso, anhelante, afanoso.
ANT. *Desanimado, lento, cansino.*

desalar
SIN. Apresurar, acelerar, ansiar, anhelar, apetecer, querer, desear
ANT. *Retardar, diferir, desdeñar.*

desalentado
SIN. Desanimado, acobardado, amilanado, desesperanzado, consternado, helado, abatido, postrado, deprimido, triste, aplanado,
lánguido, descorazonado, indiferente.
ANT. *Animado, alentado, envalentonado.*

desalentador
SIN. Desmoralizador, deprimente, depresivo, entristecedor, descorazonador.
ANT. *Alentador, esperanzador.*

desalentar
SIN. Desanimar, descorazonar, asustar, intimidar, abatir, consternar, aplanar, desmoralizar, encoger, flaquear, desistir.
ANT. *Animar, alentar, crecerse.*

desaliento
SIN. Desánimo, abatimiento, decaimiento, desmoralización, aplanamiento, postración, acobardamiento, dimisión, consternación, cansancio, impotencia, flaqueza, desfallecimiento, abyección.
ANT. *Aliento, ánimo, esperanza .*

desaliñado
SIN. Despeinado, descuidado, desidioso, desvaído, desachalandrado (*Amér.*), estrafalario, ridículo, extravagante, ramplón, sórdido, sucio, mugriento, perdulario.
ANT. *Compuesto, aseado, limpio.*

desaliñar
SIN. Descomponer, ajar, desarreglar, desbaratar, estropear, deslucir, deslustrar, desfigurar, romper, desordenar, abandonarse, dejarse.
ANT. *Arreglar, adornar, componer.*

desaliño
SIN. Negligencia, descuido, abandono, desidia, descompostura, dejadez, desaire, olvido, suciedad, andrajo, fealdad.
ANT. *Aliño, limpieza, pulcritud.*

desalmado
SIN. Cruel, inhumano, bárbaro, salvaje, perverso, despiadado, inclemente, caín, duro, malvado.
ANT. *Bondadoso, compasivo, humanitario, bueno.*

desalmar
SIN. Ansiar, desear, anhelar, querer, afanarse, desasosegar.
ANT. *Tranquilizar, despreciar.*

desalojar
SIN. Echar, expulsar, lanzar, despedir, desaposentar, sacar, excluir, eliminar, desahuciar, proscribir, desechar.
ANT. *Alojar, colocar, habitar, ocupar.*

desalquilar
SIN. Desalojar, desarrendar, mudarse, trasladarse, ceder, dejar, entregar.
ANT. *Alquilar, permanecer, habitar.*

desalterar
SIN. Calmar, aliviar, sosegar, apaciguar, tranquilizar, aquietar, serenar, aplacar.
ANT. *Irritar, exacerbar.*

desalumbramiento
SIN. Ceguedad, desatino, torpeza, desacierto, fallo, fracaso.
ANT. *Éxito, acierto.*

desamar
SIN. Aborrecer, odiar, malquerer, detestar, abominar.
ANT. *Amar, querer, desear.*

desamarrar
SIN. Soltar, desatar, desasir, apartar, desviar, desaprisionar, desligar, desaferrar, partir.
ANT. *Amarrar, atar, atracar.*

desamigado
SIN. Enemistado, indispuesto, reñido, disgustado, alejado.
ANT. *Amigado, amigo.*

desamistarse
SIN. Enemistarse, indisponerse, distanciarse, disgustarse, reñir, romper, desavenirse, enfadarse.
ANT. *Reconciliarse, amigarse.*

desamor
SIN. Desafecto, aversión, odio, antipatía, aborrecimiento, enemistad, malquerencia, tirria, ojeriza, ingratitud.
ANT. *Amor, simpatía, afecto.*

desamortizar
SIN. Liberar, rescatar, exvincular.
ANT. *Amortizar.*

desamparado
SIN. Abandonado, desvalido, solo, huérfano, solitario, descuidado, repudiado, rechazado, perdido, desasistido, dejado, desierto, solitario, inhabitado.
ANT. *Amparado, protegido, acompañado.*

desamparar
SIN. Abandonar, desasistir, desabrigar, rechazar, repudiar, desatender.

ANT. *Amparar, cuidar, atender, asistir.*

desamparo

SIN. Abandono, desabrigo, desatención, orfandad, soledad, desistimiento, indefensión, solo.
ANT. *Amparo, ayuda, protección, abrigo.*

desamueblar

SIN. Desmantelar, desmontar, vaciar.
ANT. *Amueblar.*

desangramiento

SIN. Derramamiento, efusión, rebosamiento, empobrecimiento, disminución, desagüe, pérdida.
ANT. *Aumento, fortaleza, vigor.*

desangrar

SIN. Arruinar, empobrecer, agotar, descongestionar, vaciar, achicar.
ANT. *Enriquecer, llenar.*

desanimado

SIN. Decaído, desalentado, descorazonado, abandonado, abatido, cabizbajo, desmoralizado, agobiado, apático, triste, vacío, lánguido, encogido.
ANT. *Animado, enardecido, lanzado, alegre.*

desanimar

SIN. Desalentar, descorazonar, abatir, acobardar, aterrorizar, amedrentar, deprimir, desfallecer, languidecer, desinflar, aplastar, desmoralizar, desengañarse.
ANT. *Animar, enardecer, apasionarse.*

desánimo

SIN. Desaliento, abatimiento, postración, apocamiento, desmoralización, desmayo, encogimiento, desgana, apatía, tristeza, desfallecimiento, languidez, abandono.
ANT. *Ánimo, energía, vivacidad, audacia, aliento.*

desapacibilidad

SIN. Aspereza, desagrado, sequedad, hostilidad, insociabilidad, brusquedad, fastidio, aburrimiento.
ANT. *Agrado, sociabilidad.*

desapacible

SIN. Desabrido, desagradable, duro, áspero, destemplado, fastidioso, enfadoso, enojoso, ingrato, insoportable, estridente, insociable, esquinado.

ANT. *Apacible, sociable, grato, abierto.*

desaparecer

SIN. Ocultarse, esconderse, perderse, dispersarse, evaporarse, esfumarse, eclipsarse, desvanecerse, hundirse, extinguirse, morir, sucumbir, marcharse, deshacerse, borrarse.
ANT. *Aparecer, comparecer.*

desaparecido

SIN. Oculto, aniquilado, gastado, olvidado, perdido, suprimido, muerto.
ANT. *Vivo, recordado.*

desapartar

Amér.
SIN. Apartar, separar, desunir, relegar, aislar, postergar, echar.
ANT. *Unir, reunir, juntar, casar, aproximar.*

desapasionado

SIN. Equitativo, equilibrado, sereno, recto, imparcial, indiferente, justo, ecuánime, neutral.
ANT. *Apasionado, injusto, excitado, partidario.*

desapasionamiento

SIN. Objetividad, equilibrio, imparcialidad, frialdad, serenidad, rectitud, moderación, tibieza.
ANT. *Beligerancia, apasionamiento, parcialidad, injusticia.*

desapegar

SIN. Desprender, desligar, desatar, desunir, soltar, despegar.
ANT. *Asir, apegar.*

desapego

SIN. Desafecto, indiferencia, alejamiento, distancia, aspereza, indolencia, desabrimiento.
ANT. *Apego, amor, cariño.*

desapercibido

SIN. Inadvertido, ignorado, desconocido, omitido, descuidado, desprovisto, seguro, confiado.
ANT. *Apercibido, conocido.*

desapercibimiento

SIN. Desprevención, inadvertencia, desapercibido, descuido, irreflexión, omisión.
ANT. *Previsión, advertencia.*

desaplicación

SIN. Pereza, ociosidad, holgazanería, descuido, desatención, dejadez.
ANT. *Atención, aplicación.*

desaplicado

SIN. Perezoso, ocioso, holgazán, gandul, descuidado, negligente, novillero, haragán.
ANT. *Aplicado, estudioso, trabajador.*

desapoderar

SIN. Desposeer, desautorizar, quitar, arrebatar, desproveer.
ANT. *Apoderar, autorizar, delegar.*

desapreciar

SIN. Desestimar, aborrecer, menospreciar, desdeñar, desairar.
ANT. *Apreciar, respetar.*

desaprensión

SIN. Desenfado, desvergüenza, frescura, impavidez, impasibilidad, displicencia, exceso, extravío, cinismo, inmoralidad.
ANT. *Vergüenza, delicadeza.*

desaprensivo

SIN. Cínico, desvergonzado, aprovechado, granuja, fresco, inmoral, sucio, descarado, procaz, sinvergüenza.
ANT. *Noble, delicado, moral, decente.*

desaprobación

SIN. Disconformidad, reproche, censura, crítica, reprobación reprensión, reprimenda, admonición, abucheo, pita, reparo, desalabanza, diatriba.
ANT. *Aprobación, aplauso.*

desaprobar

SIN. Reprobar, censurar, condenar, disentir, oponerse, denegar, criticar, motejar, rechazar, denegar, desautorizar.
ANT. *Alabar, aplaudir, autorizar.*

desapropiarse

SIN. Renunciar, abandonar, dejar, ceder, desprenderse.
ANT. *Apropiarse, apoderarse.*

desaprovechado

SIN. Infructuoso, inútil, improductivo, ineficaz, impotente, estéril, inservible, superfluo, ocioso, vano, malgastado, dilapidado, deteriorado.
ANT. *Fructífero, útil, eficaz, productivo.*

desaprovechamiento

SIN. Desperdicio, deterioro, derroche, atraso, nulidad, retardación, invalidación.
ANT. *Aprovechamiento, adelanto, utilidad.*

desarbolar
SIN. Deshacer, desmantelar.
ANT. *Montar.*

desarmado
SIN. Despojado, indefenso, desposeído, privado, desmontado, desbaratado, desunido.
ANT. *Armado, ajustado.*

desarmar
SIN. Desmontar, desunir, desarticular, desajustar, desbaratar, deshacer, despojar, privar, desposeer, aplacar, pacificar, moderar, suavizar.
ANT. *Arreglar, unir, enfurecer.*

desarme
SIN. Pacificación, desarmamiento, aplacamiento, moderación, disuasión, privación.
ANT. *Belicismo, armamento, poder.*

desarraigado
SIN. Arrancado, extraído, roturado, desgajado, suprimido, aniquilado, desterrado, expatriado, emigrado, apartado.
ANT. *Arraigado, repatriado.*

desarraigar
SIN. Arrancar, extraer, desunir, desenganchar, desentrañar, erradicar, extirpar, matar, suprimir, desterrar, depositar, alejar, expulsar, exiliar.
ANT. *Plantar, arraigar, permanecer.*

desarraigo
SIN. Alejamiento, desaliento, desánimo, expatriación, separación, destierro, deportación, supresión, extracción, extinción, exterminio.
ANT. *Acercamiento, aliento, arraigo, repatriación.*

desarrajar
Amér.
SIN. Descerrajar, violentar, forzar, abrir, romper.
ANT. *Cerrar.*

desarrapado
SIN. Andrajoso, harapiento, descamisado, desastrado, adán, trabajoso.
ANT. *Arreglado.*

desarreglado
SIN. Desordenado, desorganizado, descuidado, descompuesto, trastornado, descosido, turbulento, perturbado.

ANT. *Ordenado, organizado, cuidadoso.*

desarreglar
SIN. Desordenar, alterar, desbarajustar, perturbar, descomponer, desorganizar, desbaratar, estropear, deteriorar, desaliñar, revolver, perturbar, pervertir, lastimar, perjudicar.
ANT. *Ordenar, organizar, reparar, beneficiar, perfeccionar.*

desarreglo
SIN. Desorden, desorganización, desajuste, descomposición, desconcierto, confusión, trastorno, enredo, anomalía, irregularidad, embrollo, mezcla, deterioro.
ANT. *Arreglo, orden, armonía, regularidad, beneficio, mejora.*

desarrimar
SIN. Separar, apartar, desunir, disuadir, desengañar.
ANT. *Arrimar, unir.*

desarrollado
SIN. Maduro, adulto, hecho, próspero, floreciente, avanzado, perfeccionado, opulento, crecido, alto fuerte, hermoso, espigado, grande, voluminoso, desplegado, analizado, explicado, especificado, aclarado.
ANT. *Retrasado, raquítico, débil, viejo, reducido, limitado.*

desarrollar
SIN. Acrecentar, aumentar, impulsar, propagar, expandir, ensanchar, incrementar, ampliar, desplegar, desencoger, tender, deshacer, estirar, explicar, explanar, exponer, analizar, crecer, progresar, mejorar, madurar, realizar, desplegar, ejecutar.
ANT. *Disminuir, reducir, limitar, enrollar, confundir, perjudicar, empobrecer.*

desarrollo
SIN. Aumento, progreso, adelanto, mejora, crecimiento, desenvolvimiento, incremento, ampliación, bienestar, prosperidad, riqueza, perfeccionamiento, auge, propagación, difusión, explicación, proceso, explanación, análisis.
ANT. *Retroceso, atraso, empobrecimiento, limitación.*

desarropar
SIN. Destapar, desabrigar, despojar, descubrir, desnudar, descobijar.

ANT. *Vestir, arropar, tapar.*

desarticulación
SIN. Desmembración, desajuste, desacoplamiento, torcedura, luxación, distensión, dislocación, relajación.
ANT. *Acoplamiento, enderezamiento.*

desarticular
SIN. Dislocar, torcer, luxar, distender, desajustar, despegar, separar, soltar, desenganchar, arrancar, frustrar, fracasar.
ANT. *Articular, unir, acoplar, ajustar, encajar, pegar.*

desarzonar
SIN. Desmontar, volcar, derribar, salir.
ANT. *Montar, enderezar.*

desaseado
SIN. Dejado, desaliñado, descuidado, mugriento, sucio, harapiento, desarreglado, abandonado.
ANT. *Aseado, limpio, curioso.*

desasear
SIN. Ensuciar, desordenar, desaliñar, desarreglar, dejarse.
ANT. *Asear, limpiar, cuidarse.*

desasirse
SIN. Soltarse, desprenderse, desgajarse, desaprisionarse, separarse, desencajarse, deslabonarse, largarse.
ANT. *Atar, apretar, enganchar, aprisionar.*

desasistencia
SIN. Abandono, desatención, desinterés, despego, olvido, aislamiento, soledad, desdén, orfandad, desprotección.
ANT. *Tutela, cuidado, aprecio, amparo, convivencia, recuerdo.*

desasistir
SIN. Abandonar, olvidar, desamparar, arrinconar, desatender, desdeñar, despreciar, relegar, confinar.
ANT. *Ayudar, atender, apreciar, amparar.*

desasosegado
SIN. Intranquilo, agitado, trastornado, turbado, consumido, anhelante, conmovido, preocupado, expectante, excitado.
ANT. *Tranquilizado, consolado.*

desasosegar
SIN. Agitar, intranquilizar, inquie-

tar, molestar, trastornar, perturbar, desvelarse, impacientar, preocupar, aturdir, angustiar, consumir, alarmar, excitar, alterar, remorder.
ANT. *Tranquilizar, calmar, serenar, sosegar.*

desasosiego
SIN. Inquietud, malestar, desaliento, alteración, turbación, intranquilidad, ansiedad, aturdimiento, desvelo, temor, sospecha, alarma, impaciencia, preocupación, molestia, angustia, tribulación, duda, combate.
ANT. *Sosiego, serenidad, paz, calma, despreocupación.*

desastrado
SIN. Desaliñado, harapiento, deaseado, haraposo, dejado, sucio, andrajoso, descosido, infeliz, infausto, desventurado, desgraciado.
ANT. *Aseado, limpio, presumido.*

desastre
SIN. Desgracia, adversidad, pérdida, ruina, calamidad, destrucción, asolamiento, debacle, revés, epidemia, devastación, apocalipsis, tragedia, derrota.
ANT. *Fortuna, felicidad, perfección, benignidad.*

desastroso
SIN. Lamentable, infausto, destructor, devastador, desgraciado, catastrófico, calamitoso, adverso, funesto, desafortunado, triste, dolorido, trágico.
ANT. *Afortunado, benigno, ventajoso, indemne, agradable.*

desatado
SIN. Suelto, libre, desenfrenado, desaforado, apasionado, desmandado, desbocado, violento.
ANT. *Comedido, moderado, pacífico, prudente, pusilánime.*

desatadura
SIN. Aflojamiento, desasimiento, desceñidura, desacoplamiento, liberación.
ANT. *Atadura, prisión.*

desatar
SIN. Desligar, soltar, desenlazar, desasir, deslazar, deshacer, aflojar, desamarrar, desencadenar, desfajar, desceñir, disolver, liquidar, estallar, sobrevenir, provocar, desencadenarse.
ANT. *Atar, contener, abrochar.*

desatascar
SIN. Desobstruir, desatollar, liberar, desembarazar, desentrampar, desanudar, destapar, ayudar, favorecer, auxiliar.
ANT. *Atascar, obstruir.*

desatavío
SIN. Descompostura, desaliño, descuido, negligencia.
ANT. *Aliño, pulcritud.*

desate
SIN. Desorden, desbarajuste, confusión, desenfreno, exceso.
ANT. *Orden, comedimiento.*

desatención
SIN. Descortesía, grosería, desaire, desprecio, desacato, indiferencia, vilipendio, descuido, abandono, olvido.
ANT. *Cortesía, miramiento, atención, delicadeza, cuidado, tutela.*

desatender
SIN. Descuidar, olvidar, abandonar, desamparar, desestimar, desoír, desobedecer, relegar, menospreciar, arrinconar, humillar.
ANT. *Atender, cuidar, apreciar.*

desatentado
SIN. Desaforado, desatinado, inconsiderado, excesivo, desordenado, desmesurado, violento, riguroso.
ANT. *Comedido, considerado.*

desatentar
SIN. Desasosegar, inquietar, turbar, incomodar.
ANT. *Sosegar, tranquilizar.*

desatento
SIN. Descortés, desconsiderado, descomedido, incorrecto, rudo, inculto, malcriado, desatendido, abismado, desaplicado.
ANT. *Delicado, cortés, atento.*

desaterrar
Amér.
SIN. Escombrar, desescombrar, desaterrar, despejar, limpiar.

desatierre
Amér.
SIN. Escombrera, desecho, escombro, cascote, derribo, enruna.

desatinado
SIN. Absurdo, desacertado, disparatado, ilógico, irracional, descabezado, desquiciado, desconcertado, aturdido, desordenado.

ANT. *Sensato, razonable, lógico.*

desatinar
SIN. Desbarrar, disparatar, errar, pifiar, equivocar, fallar, frustrar.
ANT. *Acertar, atinar.*

desatino
SIN. Absurdo, disparate, desvarío, desacierto, necedad, despropósito, locura, irracionalidad, ofuscación, incoherencia, macana (*Amér.*), torpeza, descuido, error, equivocación, plancha.
ANT. *Tino, acierto, prudencia, lógica, cordura, sensatez.*

desatornillador
Amér.
SIN. Destornillador.

desatornillar
SIN. Desenroscar, desmontar, desunir, desarmar, sacar.
ANT. *Atornillar, enroscar, meter.*

desatracar
SIN. Zarpar, partir, desamarrar.
ANT. *Atracar, anclar.*

desatraillar
SIN. Soltar, desatar, desamarrar, libertar, desenganchar.
ANT. *Atraillar.*

desatrancar
SIN. Destapar, abrir, desembarazar, despejar, desatollar.
ANT. *Obstruir.*

desautorizado
SIN. Destituido, depuesto, desacreditado, malmirado, descalificado, desprestigiado.
ANT. *Autorizado, repuesto, solvente.*

desautorizar
SIN. Destituir, deponer, rebajar, relegar, degradar, desestimar, humillar, desacreditar, desprestigiar descalificar.
ANT. *Autorizar, reponer, delegar habilitar, prestigiar, elevar.*

desavenencia
SIN. Oposición, discordia, divergencia, disconformidad, desacuerdo, antagonismo, contrariedad tropiezo, disentimiento.
ANT. *Acuerdo, unanimidad.*

desavenido
SIN. Desacorde, disconforme, desunido, cismático, incordiante, enemistado, hostil, divergente.

ANT. *Conforme, avenido.*

desavenirse
SIN. Discrepar, divergir, desconcertar, separar, desunir, enemistar, enredar, enzarzar, reñir.
ANT. *Avenirse, unirse, acordar, amistar.*

desavisado
SIN. Inadvertido, distraído, desconocedor, ignorante.
ANT. *Sabedor, enterado.*

desazón
SIN. Insipidez, desabrimiento, sosería, desasosiego, malestar, destemplanza, zozobra, intranquilidad, inquietud, pesadumbre, descontento, sinsabor, disgusto, congoja, roedura, ansiedad.
ANT. *Sosiego, placer, calma, bienestar, seguridad.*

desazonado
SIN. Disgustado, inquieto, angustiado, intranquilo, desasosegado, nervioso, alterado.
ANT. *Sereno, tranquilo, contento.*

desazonador
SIN. Conmovedor, inquietante, alarmante, roedor.
ANT. *Calmante, sosegador.*

desazonar
SIN. Disgustar, enojar, enfadar, desasosegar, impacientar, intranquilizar, inquietar, indisponer, importunar, molestar, cansar, fatigar, desagradar.
ANT. *Complacer, confortar.*

desbancar
SIN. Suplantar, reemplazar, substituir, desembarazar, despejar.
ANT. *Continuar, obstruir.*

desbandada
SIN. Confusión, dispersión, fuga, huida, estampida, descalabro, derrota.
ANT. *Vuelta, victoria.*

desbandarse
SIN. Desperdigarse, dispersarse, desparramarse, desordenarse, apartarse, alejarse.
ANT. *Quedarse, aproximarse.*

desbarajustar
SIN. Desordenar, desbaratar, enredar, desconcertar, perturbar.
ANT. *Ordenar, organizar, concertar.*

desbarajuste
SIN. Desorden, desconcierto, desorganización, confusión, lío, caos, laberinto, enredo, desparpajo (*Amér.*), perturbación.
ANT. *Orden, claridad, concierto.*

desbaratamiento
SIN. Descomposición, desorden, desorganización, desarreglo, desconcierto, desbarajuste, confusión.
ANT. *Orden, arreglo, claridad, concierto.*

desbaratar
SIN. Desconcertar, desordenar, disparatar, descomponer, desorganizar, dispersar, destruir, destejer, deshacer, desmantelar, asolar, romper, estorbar, dificultar, obstaculizar.
ANT. *Componer, arreglar, ordenar, conservar, facilitar.*

desbarrancadero
Amér.
SIN. Despeñadero, precipicio, sima, abismo, derrumbe, escarpa.
ANT. *Llano, planicie.*

desbarrar
SIN. Despotricar, desatinar, desvariar, delirar, disparatar, errar, equivocarse, contradecirse.
ANT. *Razonar, acertar.*

desbarro
SIN. Disparate, desacierto, despropósito, yerro, desatino, descabellamiento, locura, incoherencia.
ANT. *Razonamiento, acierto, sensatez.*

desbastar
SIN. Educar, civilizar, pulir, afinar, instruir.
ANT. *Atrasar, barbarie.*

desbloquear
SIN. Liberar, abrir, soltar, desahogar, sacar, permitir.
ANT. *Bloquear, obstaculizar.*

desbloqueo
SIN. Autorización, liberación, apertura, facilidad, desembarazo.
ANT. *Bloqueo, prohibición.*

desbocado
SIN. Descarado, desenfrenado, deslenguado, licencioso, procaz, grosero.
ANT. *Correcto, comedido, cortés.*

desbocar
SIN. Desembocar, afluir.

desbocarse
SIN. Descararse, desvergonzarse, desmandarse, encabritarse, soltarse, irritarse.
ANT. *Serenarse, conducirse, contenerse.*

desbordamiento
SIN. Inundación, crecida, derrame, efusión, dispersión, expansión, desenfreno.
ANT. *Sequía, contención.*

desbordante
SIN. Abundante, exuberante, excesivo, copioso, generoso.
ANT. *Escaso.*

desbordar
SIN. Rebasar, salirse, exceder, inundar, rebosar, redundar, desmandarse, desenfrenarse.
ANT. *Frenar, contener, desecar, retener.*

desbragado
SIN. Descamisado, miserable, pobre.
ANT. *Elegante, rico.*

desbravar
SIN. Amansar, domar, aplacar, apaciguar, tranquilizar, domesticar, someter.
ANT. *Excitar, embravecer.*

desbrozar
SIN. Limpiar, despejar, eliminar suprimir, desembarazar.
ANT. *Obstaculizar, impedir.*

descabalgar
SIN. Desmontar, apearse, descender.
ANT. *Montar, cabalgar.*

descabellado
SIN. Absurdo, disparatado, desatinado, ilógico, irracional, descabezado, insensato.
ANT. *Juicioso, sensato.*

descabellar
SIN. Apuntillar, rematar, desmelenar.
ANT. *Peinarse.*

descabezar
SIN. Decapitar, desmochar, mondar, truncar, guillotinar.

descachar
Amér.
SIN. Descornar, escornar.

descachalandrado
Amér.
SIN. Desaliñado, descuidado, abandonado, desastrado, dejado, sucio.
ANT. *Limpio, aseado, atildado.*

descaecer
SIN. Decaer, menguar, degenerar, debilitar, desfallecer, enflaquecer.
ANT. *Vigorizar, fortalecer.*

descalabrado
SIN. Malparado, dañado, lesionado, herido, perjudicado, engañado, timado.
ANT. *Beneficiado, favorecido.*

descalabrar
SIN. Dañar, perjudicar, herir, golpear, perjudicar, engañar.
ANT. *Beneficiar, favorecer, sanar.*

descalabro
SIN. Contratiempo, desgracia, infortunio, pérdida, adversidad, revés, derrota, calamidad, percance, accidente.
ANT. *Triunfo, ganancia.*

descalificación
SIN. Desautorización, reprobación, desprestigio, incapacidad, inhabilitación, deposición, destitución.
ANT. *Autorización, capacitación, reposición.*

descalificado
SIN. Desacreditado, inhabilitado, rechazado.
ANT. *Acreditado, habilitado, capacitado.*

descalificar
SIN. Desacreditar, desautorizar, incapacitar, degradar, suspender, rescindir.
ANT. *Autorizar, prestigiar, capacitar.*

descalzar
SIN. Socavar, excavar, despojar, descubrir, quitar.
ANT. *Cubrir, poner.*

descalzo
SIN. Desnudo, pobre, miserable.
ANT. *Calzado, rico.*

descaminado
SIN. Perdido, apartado, errado, descarriado, equivocado, extraviado, desaliñado, desviado, distraído, desorientado, pervertido.
ANT. *Encaminado, puro.*

descaminar
SIN. Apartar, desviar, torcer, equivocar, descarriar, errar, alejar.
ANT. *Encaminar, orientar.*

descamino
SIN. Despropósito, desatino, error, dislate, equivocación, contrabando, confiscación.
ANT. *Acierto, cordura.*

descamisado
SIN. Desarreglado, mísero, pobre, harapiento, andrajoso, miserable, indigente, roto, necesitado, apurado, desdichado.
ANT. *Elegante, rico, burgués.*

descampado
SIN. Llano, páramo, estepa, sabana, abra (*Amér.*), despoblado, libre, descubierto, desembrazado, abierto.
ANT. *Cerrado, habitado, poblado.*

descansado
SIN. Desahogado, reposado, tranquilo, sosegado, calmado, feliz, sereno, apacible, reposado.
ANT. *Fatigado, incómodo, difícil, movido.*

descansar
SIN. Reposar, yacer, recostar, dormir, holgar, veranear, sosegar, serenar, calmar, pasear, refrescar, salir, distraerse, apoyar, consistir, cargar, asentar.
ANT. *Trabajar, cansarse, agotarse, abrumar, continuar.*

descansillo
SIN. Rellano, plataforma, apeadero, meseta, etapa, tramo.

descanso
SIN. Meseta, rellano, alivio, desahogo, reposo, respiro, sosiego, tregua, tranquilidad, quietud, pausa, ocio, holganza, asiento, apoyo.
ANT. *Trabajo, fatiga, inquietud, ajetreo.*

descantillar
SIN. Descantonar, descantear, romper, achatar, disminuir, rebajar.
ANT. *Restituir, aumentar, sumar.*

descañonar
SIN. Desplumar, afeitar, rasurar ganar, quitar.
ANT. *Devolver, restituir.*

descarado
SIN. Atrevido, deslenguado, desvergonzado, insolente, licencioso, libertino, irrespetuoso, fresco, desahogado, irreverente, frescales, procaz, cínico, desmesurado.
ANT. *Comedido, respetuoso, tímido.*

descararse
SIN. Propasarse, desbocarse, desvergonzarse, descomedirse, atreverse, desmandarse, insolentarse.
ANT. *Comedirse, contenerse, moderarse.*

descarga
SIN. Disparo, salva, cañonazo, andanada, alivio, desembarazo, liberación, desembarco, almacenamiento, chispazo, sacudida.
ANT. *Embarque, carga.*

descargar
SIN. Disparar, fusilar, tirar, ametrallar, aligerar, quitar, aliviar, desembarazar, libertar, absolver, eximir, disculpar.
ANT. *Cargar, acusar, condenar.*

descargo
SIN. Disculpa, excusa, exculpación, explicación, justificación, alegato, coartada, defensa.
ANT. *Cargo, acusación.*

descarnado
SIN. Crudo, realista, cruel, delgado, chupado, seco, magro.
ANT. *Disimulado, grueso, desarrollado.*

descarnar
SIN. Despojar, quitar, mondar, secarse, chuparse, mutilar, cortar.
ANT. *Añadir, cubrir, engordar.*

descaro
SIN. Desvergüenza, atrevimiento, desfachatez, desparpajo, osadía frescura, cinismo, desplante, descortesía, insolencia, procacidad irreverencia, empaque, licencia.
ANT. *Prudencia, comedimiento cortesía.*

descarriado
SIN. Descaminado, desorientado extraviado, perdido, pervertido depravado, corrompido, vicioso.
ANT. *Orientado, virtuoso, honesto*

descarriar
SIN. Separar, apartar, desviar, de sencaminar, desorientar, perder, vi ciar, pervertir, contaminar, torcer
ANT. *Encauzar, enderezar, honrar*

descartar

SIN. Desechar, quitar, rechazar, prescindir, arrinconar, eliminar, apartar, alejar, evitar, eludir.
ANT. *Aceptar, admitir, participar, concurrir.*

descarte

SIN. Evasiva, excusa, efugio, evasión, salida, desprecio, separación, supresión.
ANT. *Afrontamiento, aceptación, admisión.*

descasarse

SIN. Divorciarse, separarse, repudiar, dejarse.
ANT. *Casarse, unirse, arreglar.*

descastado

SIN. Despegado, renegado, ingrato, desagradecido, insensible, indiferente, olvidadizo, frío.
ANT. *Cariñoso, afable.*

deschavetarse

Amér.
SIN. Enloquecer, loquear, desequilibrarse, trastornarse, chiflarse, chochear, grillarse, extraviarse, chalarse.
ANT. *Equilibrarse.*

descendencia

SIN. Sucesión, prole, hijos, linaje, generación, posteridad, familiar, casta, estirpe.
ANT. *Ascendencia, padres.*

descendente

SIN. Inclinado, desnivelado, pendiente, decadente, ruinoso, rebajado.
ANT. *Próspero, ascendente, nivelado.*

descender

SIN. Caer, bajar, abatir, degradar, decaer, resbalar, correr, discurrir, proceder, provenir, suceder, bajarse, apearse, aterrar.
ANT. *Subir, ascender, aumentar.*

descenso

SIN. Bajada, caída, descendimiento, declinación, ocaso, ruina, deterioro, decadencia.
ANT. *Ascensión, prosperidad, aumento.*

descentrado

SIN. Excéntrico, desorientado, desviado, desfasado, desplazado.
ANT. *Centrado, acostumbrado.*

descentralizar

SIN. Dispersar, esparcir, descentrar, distribuir, repartir, separar, desvincular.
ANT. *Centralizar, reunir, fusionar.*

descentrar

SIN. Desplazar, desviar, alejar, distanciar, desorientar.
ANT. *Centrar, aproximar, unir.*

desceñir

SIN. Aflojar, soltar, desatar, desliar, desajustar.
ANT. *Ceñir, apresar, atar, ajustar.*

descepar

SIN. Arrancar, desentrañar, quitar, descuajar, extirpar, exterminar, destruir.
ANT. *Plantar, construir, reponer.*

descerrajado

SIN. Perverso, malvado, depravado, desenfrenado, inmoral, ruin, mísero, fracturado, descompuesto.
ANT. *Virtuoso, honrado, ejemplar.*

descerrajar

SIN. Arrancar, violentar, romper, desarrajar (*Amér.*), fracturar, forzar, abrir, disparar, tirar.
ANT. *Respetar, cerrar.*

descifrable

SIN. Inteligible, comprensible, accesible, traducible.
ANT. *Ilegible, indescifrable.*

descifrar

SIN. Interpretar, averiguar, entender, acertar, adivinar, desentrañar, traducir, transcribir, dilucidar, trasladar.
ANT. *Ignorar, enmarañar.*

desclavar

SIN. Arrancar, desprender, soltar.
ANT. *Clavar, hincar.*

descocado

SIN. Desvergonzado, descarado, insolente, desenvuelto, impúdico, desenfrenado, descomedido, procaz, libertino, cínico.
ANT. *Comedido, respetuoso, vergonzoso.*

descoco

SIN. Descaro, atrevimiento, desvergüenza, insolencia, osadía, libertinaje, cinismo, impudor.
ANT. *Comedimiento.*

descolocado

SIN. Parado, desocupado, desempleado, destituido.
ANT. *Colocado, ocupado, empleado.*

descolocar

SIN. Despintar, desteñir, palidecer, descolorir.
ANT. *Colorear.*

descolorido

SIN. Desmayado, pálido, pocho, apagado.
ANT. *Vivo, brillante.*

descollante

SIN. Destacado, predominante, distinguido, sobresaliente, puntero, conocido, ilustre.
ANT. *Desapercibido, ignorado, irrelevante.*

descollar

SIN. Sobresalir, figurar, destacar, resaltar, predominar, diferenciarse.
ANT. *Ignorar, desaparecer.*

descombrar

SIN. Despejar, limpiar, desembarazar, abrir.
ANT. *Obstruir, ensuciar.*

descomedido

SIN. Excesivo, desmedido, desmesurado, desproporcionado, exagerado, enorme, descortés, grosero, descarado, irrespetuoso, insolente, respondón.
ANT. *Mesurado, comedido, educado.*

descomedimiento

SIN. Exageración, exceso, desmesura, insolencia, desconsideración, descortesía, grosería, descaro, irreverencia, atrevimiento, desmán.
ANT. *Cortesía, respeto, atención, mesura, finura.*

descomedirse

SIN. Desvergonzarse, desmesurarse, atreverse, propasarse, desentonarse, insolentarse, violentarse, desbocarse, descararse, desforarse.
ANT. *Suavizarse, templarse, ordenarse, moderarse.*

descompaginar

SIN. Descomponer, desordenar, desbaratar, desarreglar.
ANT. *Compaginar, coincidir.*

descompasado

SIN. Desigual, desmedido, irregular, anormal, desproporcionado, exagerado, descomedido, descarado.

ANT. *Justo, moderado, respetuoso.*

descomponer
SIN. Desordenar, desbaratar, separar, indisponer, desavenir, desarreglar, descompaginar, despegar, deshacer, descoyuntar, deteriorar, desfigurar, averiar, frustrar, malograr, impedir.
ANT. *Componer, arreglar, ordenar.*

descomponerse
SIN. Corromperse, pudrirse, desintegrarse, desajustarse, alterarse, deshacerse, desazonarse.
ANT. *Componerse, unirse, arreglarse.*

descomposición
SIN. Desintegración, división, separación, dispersión, disgregación, alteración, desarreglo, desorden, destrucción, deterioro, corrupción, putrefacción, fermentación.
ANT. *Arreglo, reparación, salud, unión, composición.*

descompostura
SIN. Desaseo, desaliño, descuido, abandono, insolencia, descortesía, descomedimiento, desfachatez, descaro, atrevimiento.
ANT. *Orden, comedimiento.*

descompuesto
SIN. Putrefacto, podrido, fermentado, pasado, alterado, rancio, picado, insolente, descortés, grosero, descarado, colérico, enfurecido, desquiciado.
ANT. *Salubre, cortés, educado, reparado.*

descomulgado
SIN. Excomulgado, condenado, perverso, malvado, ruin, diabólico.
ANT. *Bueno, bondadoso.*

descomunal
SIN. Extraordinario, enorme, gigantesco, grandioso, estupendo, piramidal, grande, morrocotudo, disparatado, colosal.
ANT. *Diminuto, mezquino, minúsculo.*

desconcertado
SIN. Desbaratado, desarreglo, desordenado, desafinado, confuso, perplejo, conturbado, dislocado, sorprendido, atónito.
ANT. *Ordenado, tranquilo, avisado, inmutable.*

desconcertante
SIN. Singular, sorprendente, asombroso, imprevisto, inesperado, raro, inaudito, extraordinario.
ANT. *Habitual, previsto, esperado.*

desconcertar
SIN. Turbar, alterar, confundir, ofuscar, atontar, dislocar, conturbar, despistar, trastocar, descomponer, desorganizar, revolver, desarreglar.
ANT. *Tranquilizar, serenar, organizar, ordenar.*

desconcertarse
SIN. Desavenirse, enemistarse, descomedirse, desmoralizarse.
ANT. *Avenirse, amigarse.*

desconcierto
SIN. Alteración, confusión, desgobierno, desarreglo, desavenencia, discrepancia, enemistad, discordia, desbarajuste, desmán.
ANT. *Organización, concierto, orden.*

desconectar
SIN. Suspender, cortar, detener, interrumpir, desunir, desenlazar, aislar, separar, distanciar.
ANT. *Conectar, unir, enlazar, enchufar.*

desconexión
SIN. Interrupción, desunión, desacoplamiento, aislamiento, separación, alejamiento, soledad.
ANT. *Conexión, unión, acercamiento.*

desconfiado
SIN. Incrédulo, susceptible, suspicaz, receloso, escéptico, escarmentado, miedoso, alarmado, indeciso, reservado, dudoso.
ANT. *Confiado, crédulo, fiado.*

desconfianza
SIN. Recelo, sospecha, duda. escepticismo, escama, suspicacia, temor, miedo, duda, reserva, vacilación, entredicho.
ANT. *Confianza, seguridad, tranquilidad.*

desconfiar
SIN. Sospechar, recelar, dudar, callar, vacilar, figurarse, presentir, oler, reservarse, descreer.
ANT. *Confiar, creer, abrirse.*

desconformar
SIN. Discrepar, discutir, disentir, desigualar, desparejar.
ANT. *Conformar, igualar, ajustar.*

desconforme
SIN. Discordante, disconforme, incompatible, inadecuado, improcedente, indigno, inadaptable, desigual.
ANT. *Conforme, procedente, adecuado, pertinente.*

desconformidad
SIN. Discordancia, divergencia, desacuerdo, desunión, disconformidad, discordia, incompatibilidad, contraste, oposición, diversidad.
ANT. *Coincidencia, conformidad, igualdad, unión.*

descongestión
SIN. Alivio, desahogo, descarga, reducción, disminución, desaparición.
ANT. *Congestión, concentración, aumento.*

descongestionar
SIN. Aliviar, desahogar, facilitar, descargar, reducir, disminuir, dispersar, esparcir.
ANT. *Congestionar, paralizar, atascar, agobiar, cargar, concentrar.*

desconocedor
SIN. Ignorante, inculto, ingenuo, bisoño, inexperto, novato, lego.
ANT. *Conocedor, enterado, pícaro.*

desconocer
SIN. Olvidar, ignorar, rechazar, excluir, omitir, desechar, despreciar.
ANT. *Conocer, recordar, admitir, aprender.*

desconocido
SIN. Ignorado, anónimo, incógnito, inexplorado, misterioso, hermético, indocumentado, inédito, oculto, virgen, alterado, cambiado, disfrazado.
ANT. *Conocido, divulgado, trillado, vulgar.*

desconocimiento
SIN. Ignorancia, incultura, dejadez, negligencia, oscurantismo, abandono, olvido, desmemoria, negación.
ANT. *Conocimiento, cultura, ilustración, recuerdo.*

desconsideración
SIN. Descortesía, ligereza, inconsideración, desafuero, desacato, abuso, insolencia, grosería, atropello, descomedimiento, desprecio, menoscabo, olvido.
ANT. *Respeto, cortesía, educación.*

desconsiderado
SIN. Irrespetuoso, impertinente, atrevido, desmesurado, despreciativo, descortés, despreocupado, incorrecto, ofensivo, descarado.
ANT. *Moderado, educado, fino, elogioso.*

descontento
SIN. Disgustado, quejoso, insatisfecho, enervado, molesto, quejica, lloroso, resentido, gruñón, protestón, enfado, enojo, disgusto, tribulación, chasco, decepción, desilusión, desazón, contrariedad.
ANT. *Satisfacción, contento, alegre, satisfecho, agrado.*

desconveniencia
SIN. Incomodidad, molestia, desventaja, dificultad, embarazo, perjuicio.
ANT. *Conveniencia, ventaja, beneficio.*

descorazonado
SIN. Desalentado, abatido, desmoralizado, mustio, deprimido, triste, lánguido, afligido.
ANT. *Animado, alegre, optimista.*

descorazonador
SIN. Desalentador, desesperanzador, desconcertante, penoso, agobiante, lamentable.
ANT. *Esperanzador, optimista, animoso.*

descorazonar
SIN. Desanimar, desolar, desalentar, desmoralizar, abatir, acobardar, aterrorizar, intimidar, desfallecer.
ANT. *Animar, decidir.*

descorchar
SIN. Abrir, destapar, romper, fracturar.
ANT. *Cerrar, taponar.*

descorrer
SIN. Retroceder, volver, plegar, encoger, enrollar, reunir, cerrar, descubrir, revelar, mostrar.
ANT. *Ocultar, esconder.*

descortés
SIN. Desatento, descomedido, grosero, ordinario, descarado, atrevido, insolente, vulgar, común, villano, inculto, rudo, desconsiderado.
ANT. *Fino, amable, cordial, cortés.*

descortesía
SIN. Desatención, grosería, insolen-

cia, incultura, tosquedad, irreverencia, sequedad, malcriadez (*Amér.*), torpeza, patanería, ofensa, desprecio, rudeza.
ANT. *Cortesía, finura.*

descortezar
SIN. Educar, civilizar, instruir, afinar, refinar, mondar, pelar.
ANT. *Embrutecer, ignorar.*

descoser
SIN. Despegar, desunir, soltar, deshacer, romper, cortar, desprender.
ANT. *Coser, zurcir, atar, ocultar.*

descosido
SIN. Despegado, desunido, deshecho, roto, rasgado.
ANT. *Cosido, unido.*

descoyuntamiento
SIN. Dislocación, luxación, torcedura, desmembración, desunión, deformación, molestia, fastidio, pesadez.
ANT. *Articulación, vinculación, enderezamiento, sosiego.*

descoyuntar
SIN. Desencajar, dislocar, desarticular, distender, torcer, zafar (*Amér.*), molestar, importunar, fastidiar, aburrir, jorobar.
ANT. *Articular, encajar, agradar.*

descrédito
SIN. Desprestigio, mengua, insolvencia, deshonra, demérito, impopularidad, caída, desautorización, menoscabo, oprobio.
ANT. *Prestigio, crédito, popularidad.*

descreencia
SIN. Descreimiento, aminoramiento, reducción, mengua.
ANT. *Devoción.*

descreer
SIN. Desconfiar, apostatar, renegar, desertar, negar, rechazar, blasfemar.
ANT. *Creer, admitir, confiar.*

descreído
SIN. Incrédulo, impío, irreverente, ateo, infiel, heterodoxo, agnóstico, escéptico, volteriano, hereje.
ANT. *Religioso, devoto, fiel.*

descreimiento
SIN. Ateísmo, impiedad, incredulidad, materialismo, laicismo, irreverencia, escepticismo, desconfianza.

ANT. *Devoción, ortodoxia, confianza, fe, creencia.*

describir
SIN. Explicar, definir, especificar, reseñar, detallar, referir, narrar, sintetizar, contar, delinear, representar, figurar, retratar.

descripción
SIN. Inventario, detalle, pormenor, particularidad, diseño, explicación, reseña, enumeración, revista, monografía.

descriptivo
SIN. Gráfico, narrativo, plástico, expresivo, detallado, pormenorizado, característico.
ANT. *Inexpresivo, indefinido.*

descrismar
SIN. Desnucar, descalabrar, golpear, irritar, cavilar, reflexionar, pensar.
ANT. *Tranquilizar, descansar.*

descuadernado
SIN. Descosido, deshilvanado, desvencijado, inconexo, incoherente.
ANT. *Relacionado, conexo, coherente.*

descuadernar
SIN. Desbaratar, descomponer, deshacer, desconcertar, malbaratar, desvencijar.
ANT. *Componer, arreglar, articular.*

descuajar
SIN. Derretir, fundir, licuar, arrancar, extirpar, extraer, desarraigar, desalentar, abatir, desanimar.
ANT. *Solidificar, coagular, animar.*

descuartizar
SIN. Despedazar, cortar, dividir, seccionar, amputar, trocear, desmembrar, desganar, truncar.

descubierta
SIN. Exploración, reconocimiento, inspección, incursión, búsqueda, rastreo, batida, salida.

descubierto
SIN. Abierto, expuesto, destapado, manifiesto, pelado, violado, profanado, desenterrado, evidenciado, aclarado, revelado, encontrado, hallado.
ANT. *Cubierto, tapado, cerrado, ignorado, desconocido.*

descubridero
SIN. Otero, altozano, cerro, loma, colina, cota, atalaya, mirador.
ANT. *Valle, llanura.*

descubridor
SIN. Explorador, pionero, colonizador, inventor, innovador, creador.

descubrimiento
SIN. Hallazgo, encuentro, invención, revelación, manifestación, solución, publicación, divulgación, resultado, interpretación, exploración, expedición, batida, gesta.
ANT. *Misterio, desconocimiento.*

descubrir
SIN. Revelar, mostrar, manifestar, destapar, sacar, divulgar, exteriorizar, desenmascarar, deducir, expresar, inventar, hallar, encontrar, solucionar, resolver, responder, destapar, desnudar, desvestir, sorprender, coger, atrapar, capturar, pillar.
ANT. *Ocultar, callar, ignorar, abrigar, desconocer.*

descuello
SIN. Altivez, altanería, soberbia, vanidad, distinción, superioridad, realce.
ANT. *Sencillez, rebajamiento.*

descuento
SIN. Rebaja, deducción, quebranto, compensación, aminoración, reducción.
ANT. *Aumento, incremento, plus.*

descuerno
SIN. Desaire, desprecio, afrenta, desdén, menosprecio, repulsa.
ANT. *Atención, delicadeza.*

descuidado
SIN. Dejado, negligente, desidioso, desaseado, desaliñado, desprevenido, tibio, perezoso, desachalandrado (*Amér.*), abandonado, holgazán, desaplicado, sucio, tranquilo, despreocupado, desmemoriado.
ANT. *Aplicado, aseado, avisado.*

descuidar
SIN. Desatender, abandonar, olvidar, omitir, inadvertir, postergar, arrinconar, relegar.
ANT. *Atender, cuidar, perfeccionar, presumir.*

descuido
SIN. Abandono, incuria, desidia, negligencia, inadvertencia, omisión, olvido, distracción, desliz, falta, flaqueza, tropiezo, apatía, indolencia, desgana, flojera, indiferencia, desaseo, suciedad, dejadez.
ANT. *Atención, actividad, aseo, escrúpulo, prudencia.*

desdecir
SIN. Retroceder, romper, negar, desmentir, revocar, decaer, degenerar, despintar.
ANT. *Reiterar, confirmar, armonizar.*

desdecirse
SIN. Retractarse, rajarse, arrepentirse, desentenderse, contradecirse.
ANT. *Reiterarse, reafirmarse, empecinarse.*

desdén
SIN. Altivez, arrogancia, desprecio, indiferencia, orgullo, desapego, desinterés, desaire, desatención, menosprecio, desamor.
ANT. *Estimación, interés, respeto, humildad, elogio.*

desdentado
SIN. Estropeado, incompleto, caduco, senil, anciano.
ANT. *Completo, joven.*

desdeñable
SIN. Despreciable, insignificante, baladí, trivial, exiguo, mezquino, indigno, infame.
ANT. *Apreciable, digno, noble, considerable.*

desdeñar
SIN. Despreciar, desestimar, rechazar, desairar, despegar, repeler, esquivar, desasistir, ofender, humillar, relegar, ultrajar, esquivar, zaherir, insultar.
ANT. *Respetar, apreciar, enaltecer.*

desdeñoso
SIN. Altivo, arrogante, indiferente, orgulloso, despectivo, altanero, soberbio, descomedido, inculto.
ANT. *Atento, amable, humilde, sencillo.*

desdibujado
SIN. Confuso, borroso, impreciso, turbio, vago, oscuro, defectuoso, difuminado, imperfecto.
ANT. *Perfecto, dibujado, claro, preciso.*

desdicha
SIN. Desgracia, infortunio, desventura, infelicidad, adversidad, pobreza, miseria, necesidad, fatalidad, angustia, pesar, dolor, fracaso.
ANT. *Fortuna, felicidad, riqueza.*

desdichado
SIN. Desgraciado, desventurado, infeliz, miserable, mísero, pusilánime, necesitado, mendigo.
ANT. *Afortunado, feliz, audaz, rico.*

desdoblamiento
SIN. Duplicación, división, fragmentación, separación, partición, segmentación, escisión, desarrollo, explicación.
ANT. *Plegadura, obscuridad.*

desdoblar
SIN. Extender, desplegar, desenvolver, desenrollar, estirar, dividir, duplicar, escindir, fraccionar, partir.
ANT. *Enrollar, doblar, unir.*

desdorar
SIN. Deslustrar, deslucir, mancillar, ajar, difamar, denigrar, calumniar, desacreditar.
ANT. *Dorar, honrar, ensalzar.*

desdoro
SIN. Descrédito, mancha, mácula, deterioro, marchitamiento, desprestigio, deshonor, vergüenza, difamación.
ANT. *Honra, alabanza, honor.*

deseable
SIN. Codiciable, apetecible, enviable, apetitoso, conveniente, ansiable, suspirable.
ANT. *Repudiable, despreciable, indeseable.*

deseado
SIN. Codiciado, ansiado, ambicionado, querido, anhelado, suspirado, apetecido.
ANT. *Aborrecido, odiado, desdeñado.*

desear
SIN. Apetecer, codiciar, aspirar, ansiar, ambicionar, anhelar, querer, suspirar, envidiar, pretender, acariciar, ilusionar, encapricharse.
ANT. *Repugnar, rechazar, repeler, rehusar, despreciar.*

desecado
SIN. Seco, árido, delgado, magro.
ANT. *Húmedo, gordo.*

desecar
SIN. Deshidratar, evaporar, resecar, vaciar, agotar, drenar, enjugar.

ANT. *Hidratar, humedecer, enchar-car.*

desechar
SIN. Rechazar, desestimar, menospreciar, desdeñar, despreciar, renunciar, abandonar, apartar, arrojar, excluir, repudiar, posponer, arrinconar, eliminar, prescindir, recusar, desairar.
ANT. *Apreciar, recoger.*

desecho
SIN. Restos, residuos, desperdicios, migajas, retazos, escoria, retales, piltrafas, inutilidad, calamidad.
ANT. *Utilidad, ventaja.*

desembalar
SIN. Desempaquetar, desliar, desatar, desenfardar.
ANT. *Embalar, atar.*

desembarazado
SIN. Desenvuelto, descarado, atrevido, ágil, desahogado, expedito, despejado, descubierto, limpio, libre.
ANT. *Tímido, vergonzoso, obstruido.*

desembarazar
SIN. Evacuar, desocupar, despejar, desbrozar, desobstruir, limpiar, aclarar, desalojar, vaciar, prescindir, zafarse, evitar, soslayar, evadirse.
ANT. *Obstruir, taponar.*

desembarazar
Amér.
SIN. Parir, alumbrar, librar.
ANT. *Morir, fenecer.*

desembarazo
SIN. Desenvoltura, destreza, desparpajo, agilidad, viveza, soltura, frescura, amplitud, espacio, holgura.
ANT. *Encogimiento, timidez, estrechez.*

desembarcar
SIN. Descargar, bajar, descender, apearse, atracar, desalojar.
ANT. *Cargar, subir, embarcar.*

desembarco
SIN. Invasión, asalto, ocupación, irrupción, descenso, salida, descarga.
ANT. *Subida, carga.*

desembocadura
SIN. Estuario, delta, ría, boca, salida, confluencia.

desembocar
SIN. Desaguar, afluir, derramar, desbocar, verter, vaciar.

desembolsar
SIN. Pagar, abonar, apoquinar, liquidar, sacar, costear, satisfacer, gastar, prestar, dar.
ANT. *Cobrar, recibir.*

desembolso
SIN. Gasto, pago, dispendio, prestación, entrega, abono, retribución.
ANT. *Cobro, cargo.*

desembravecer
SIN. Amansar, domesticar, domar, tranquilizar, apaciguar.
ANT. *Embravecer, arreciar.*

desembrollar
SIN. Aclarar, desenredar, dilucidar, desenmarañar, desovillar, explicar, deshacer, revelar, descubrir, discernir.
ANT. *Embrollar, enredar, complicar, ocultar.*

desembuchar
SIN. Confesar, vomitar, soltar, confidenciar, hablar, contar.
ANT. *Callar, silenciar.*

desemejante
SIN. Diferente, diverso, distinto, desigual, disímil, otro.
ANT. *Semejante, análogo.*

desemejanza
SIN. Desigualdad, diferencia, variedad, diversidad, discrepancia.
ANT. *Semejanza, parecido.*

desemejar
SIN. Diferenciar, distinguir, disfrazar, desfigurar, cambiar.
ANT. *Semejar, descubrir.*

desempacarse
SIN. Aplacarse, mitigarse, sosegarse, desenfadarse, pacificarse, amansarse.
ANT. *Irritarse, enojarse.*

desempacho
SIN. Soltura, desahogo, atrevimiento, desenfado, desenvoltura.
ANT. *Timidez, cortedad.*

desempatar
SIN. Desigualar, dividir, romper, desnivelar.
ANT. *Empatar, igualar.*

desempeñar
SIN. Cumplir, representar, profesar, ejecutar, servir, hacer, realizar, ejercer, ocupar, redimir, descargar, rescatar, liberar, librar, desembargar.
ANT. *Entrampar, incumplir.*

desempeño
SIN. Cometido, ejecución, cumplimiento, descargo, exención, rescate, liberación, emancipación, aptitud, manejo, habilidad.
ANT. *Incumplimiento, embargo, abandono.*

desempeorarse
SIN. Fortalecerse, recuperarse, mejorarse, recobrarse, convalecerse, reponerse.
ANT. *Empeorarse, agravarse.*

desempolvar
SIN. Sacudir, cepillar, limpiar, despolvar, barrer, recordar, renovar, desenterrar, recuperar.
ANT. *Ensuciar, olvidar.*

desempatar
SIN. Desigualar, dividir, romper, repetir, desnivelar.
ANT. *Empatar, igualar.*

desempeñar
SIN. Cumplir, representar, profesar, ejecutar, servir, hacer, realizar, ejercer, ocupar, redimir, descargar, rescatar, liberar, librar, desembargar.
ANT. *Entrampar, incumplir.*

desempeño
SIN. Cometido, ejecución, cumplimiento, descargo, desembargo, exención, rescate, liberación, emancipación, aptitud, manejo, habilidad.
ANT. *Incumplimiento, embargo, abandono.*

desempeorarse
SIN. Fortalecerse, recuperarse, mejorarse, recobrarse, convalecerse, reponerse.
ANT. *Empeorarse, agravarse.*

desempolvar
SIN. Sacudir, cepillar, limpiar, despolvar, barrer, recordar, renovar, desenterrar, recuperar.
ANT. *Ensuciar, olvidar.*

desencadenamiento
SIN. Estallido, arranque, preludio, preliminares, prolegómenos, prólogo, comienzo, principio, gestación, repercusión.

ANT. *Aborto, frustración, fracaso.*

desencajarse
SIN. Desfigurarse, descomponerse, dislocarse, desarticularse, destrabarse.
ANT. *Articularse, acoplarse, componerse, encajarse.*

desencantar
SIN. Desilusionar, decepcionar, desengañar, chasquear, sorprender, apenar.
ANT. *Maravillar, endulzar.*

desencanto
SIN. Desilusión, desengaño, chasco, decepción, desaliento, frustración engaño, amargura, pena, realidad.
ANT. *Ilusión, encanto, ensueño.*

desencapotar
SIN. Descubrir, manifestar, exponer, exhibir, mostrar, exteriorizar, aclarar, despejar, serenar.
ANT. *Ocultar, oscurecer.*

desencapotarse
SIN. Serenarse, aclararse, despejarse, desenfadarse, pacificarse, tranquilizarse.
ANT. *Oscurecerse, irritarse, enfadarse.*

desencasquillar
Amér.
SIN. Desherrar.

desencastillar
SIN. Aclarar, franquear, manifestar, mostrar, exteriorizar, descubrir, revelar, soltar, libertar, abrir.
ANT. *Ocultar, encerrar.*

desenclavijar
SIN. Desasir, desprender, separar, desencajar, dislocar, desclavar, desatornillar, soltar.
ANT. *Unir, encajar, asir, clavar.*

desencoger
SIN. Estirar, extender, desplegar, desenrollar, desdoblar, desenvolver.
ANT. *Enrollar, encoger.*

desenconar
SIN. Pacificar, apaciguar, desinflamar, mitigar, moderar, deshinchar.
ANT. *Inflamar, endurecer, enfadar.*

desenchufar
SIN. Desconectar, desacoplar, sacar, extraer.
ANT. *Enchufar, acoplar.*

desenfadado
SIN. Despejado, desenvuelto, desembarazado, desahogado, suelto, libre.
ANT. *Tímido, apocado, cohibido.*

desenfadarse
SIN. Serenarse, tranquilizarse, moderarse, aplacarse, calmarse, templarse, sosegarse.
ANT. *Enojarse, enfadarse.*

desenfado
SIN. Desempacho, soltura, desahogo, desembarazo, desenvoltura, desparpajo, descaro, descaramiento, atrevimiento, donaire, chulada.
ANT. *Timidez, comedimiento.*

desenfrenado
SIN. Desquiciado, licencioso, incontinente, desordenado, desbocado, imprudente, desmandado, desaforado, libidinoso, libertino, laxo, torpe, impúdico, inmoral.
ANT. *Comedido, casto, continente, moral.*

desenfreno
SIN. Disipación, perversión, libertinaje, extravío, desorden, descomedimiento, incontinencia, osadía, correría, desvergüenza, escándalo, grosería, liviandad, desenfreno.
ANT. *Continencia, moralidad, timidez.*

desengañado
SIN. Decepcionado, sorprendido, escaldado, desilusionado, escéptico, desanimado, frustrado, defraudado.
ANT. *Ilusionado, esperanzado, creyente, confiado.*

desengaño
SIN. Desencanto, desilusión, decepción, contrariedad, chasco, fracaso, desaliento, disgusto, despecho, sorpresa.
ANT. *Ilusión, esperanza, éxito.*

desengrasar
SIN. Limpiar, lavar, desgrasar, desmantecar, adelgazar, enflaquecer.
ANT. *Engrasar, ensuciar, engordar.*

desenlace
SIN. Fin, colofón, término, solución, resultado, epílogo, conclusión, desenredo, explicación, finiquito.
ANT. *Comienzo, inicio.*

desenlazar
SIN. Soltar, separar, deslazar, de-

senredar, desunir, solucionar, resolver, concluir, acabar.
ANT. *Atar, unir, comenzar.*

desenmascaramiento
SIN. Descubrimiento, averiguación, solución, hallazgo, destape, desenredo, aclaración, denuncia.
ANT. *Ocultación, encubrimiento, disfraz.*

desenojar
SIN. Desenfadar, sosegar, calmar, aplacar, apaciguar, pacificar, mitigar.
ANT. *Enojar, enfadar.*

desenojarse
SIN. Divertirse, distraerse, desahogarse, espaciarse, explayarse, pacificarse.
ANT. *Enojarse, enfadarse.*

desenredar
SIN. Desembrollar, desenmarañar, ordenar, aclarar, dilucidar, desligar.
ANT. *Enredar, embrollar, intrincar.*

desenrollar
SIN. Desenvolver, desplegar, extender, desdoblar, desentrañar, desenmarañar.
ANT. *Enrollar, envolver.*

desensamblar
SIN. Desarticular, separar, dislocar, desencajar.
ANT. *Articular, ensamblar, unir.*

desentejar
Amér.
SIN. Destejar.

desenterrar
SIN. Exhumar, descubrir, excavar, recordar.
ANT. *Enterrar, olvidar.*

desentonado
SIN. Contrario, diferente, errado, equivocado, desafinado, discordante, disonante, destemplado, violento.
ANT. *Entonado, afinado, amable.*

desentonar
SIN. Desafinar, disonar, destemplar, contrastar, descomponer, desacordar.
ANT. *Entonar, armonizar, corresponder.*

desentono
SIN. Desafinación, desacorde, descompostura, descomedimiento, atre-

vimiento, desplante, descaro, grosería.
ANT. *Entonación, comedimiento.*

desentrañar
SIN. Averiguar, descubrir, profundizar, aclarar, penetrar, descifrar, dilucidar, investigar.
ANT. *Enturbiar, intrincar, enredar.*

desentrañarse
SIN. Desposeerse, desapropiarse, sacrificarse, desprenderse.
ANT. *Retener, conservar.*

desenvainar
SIN. Desenfundar, sacar, desnudar.
ANT. *Envainar, meter, enfundar.*

desenvoltura
SIN. Desembarazo, desahogo, desenfado, desvergüenza, desparpajo, descaro, desfachatez, atrevimiento, frescura, elegancia, soltura, facilidad, llaneza, naturalidad, destreza, habilidad.
ANT. *Comedimiento, timidez, retraimiento.*

desenvolver
SIN. Extender, desarrollar, desplegar, desdoblar, abrir, distender, aclarar, averiguar, dilucidar, investigar, descifrar, prosperar, expandir, ampliar, propagar, difundir, aumentar, dilatar.
ANT. *Encoger, envolver, recoger, decaer.*

desenvuelto
SIN. Deshonesto, descarado, desvergonzado, atrevido, desembarazado, desenfadado, frescales, aplomado, provocativo, insolente, expeditivo.
ANT. *Tímido, pusilánime, comedido.*

deseo
SIN. Ansia, codicia, avidez, ambición, afán, anhelo, apetencia, aspiración, antojo, gusto, capricho, inclinación, interés, empeño, pretensión, afición, ardor, golosina, chifladura.
ANT. *Desinterés, resignación, inapetencia.*

deseoso
SIN. Sediento, ávido, insaciable, anhelante, apetecedor, ambicioso, ansioso, aspirante, ganoso.
ANT. *Desinteresado, resignado, indiferente.*

desequilibrio
SIN. Inestabilidad, inseguridad, oscilación, locura, trastorno.
ANT. *Equilibrio, cordura, seguridad.*

deserción
SIN. Abjuración, renuncia, traición, abandono, fuga, apostasía, infidelidad, alevosía, perfidia, escabullimiento.
ANT. *Fidelidad, lealtad.*

desértico
SIN. Ávido, yermo, desolado, seco, estéril, áspero, baldío, infecundo, despoblado, solitario, estepario, pedregoso, inhóspito, solo.
ANT. *Pródigo, fecundo, poblado, abundoso.*

desertor
SIN. Traidor, desleal, prófugo, apóstata, fugitivo, infiel, evadido.
ANT. *Leal, fiel.*

desesperación
SIN. Angustia, decepción, desilusión, consternación, exasperación, irritación, ira, error, cólera, despecho, desespero, impaciencia, descorazonamiento, desmoralización.
ANT. *Tranquilidad, serenidad, optimismo.*

desesperar
SIN. Desesperanzar, desanimar, descorazonar, desalentar, impacientar, desengañar, desilusionar, intranquilizar, atormentar, irritar, enojar, importunar.
ANT. *Calmar, serenar, confiar, esperar.*

desesperarse
SIN. Encolerizarse, irritarse, exasperarse, enojarse, impacientarse, desalentarse, desanimarse, descorazonarse, consternarse, consumirse, atormentarse.
ANT. *Apaciguarse, calmarse, serenarse, consolarse.*

desestimar
SIN. Denegar, desechar, desdeñar, rechazar, repeler, despreciar, negar, menospreciar, desairar.
ANT. *Aprobar, admitir, defender, incluir, valorar.*

desfachatez
SIN. Desvergüenza, descaro, desahogo, frescura, desparpajo, incoherencia, atrevimiento, osadía, licencia, descomedimiento, vulgaridad.

ANT. *Moderación, discreción, mesura, elegancia.*

desfalcar
SIN. Robar, estafar, hurtar, quitar, sustraer, derribar, derrocar.
ANT. *Restituir, devolver, reponer.*

desfalco
SIN. Robo, estafa, sustracción, hurto, fraude, engaño, falsificación, aprovechamiento.
ANT. *Reposición, devolución, honradez.*

desfallecer
SIN. Flaquear, desmayar, debilitar, desvanecer, decaer, sucumbir, extenuar, consumir, desanimarse, desalentarse.
ANT. *Reanimar, vigorizar, florecer.*

desfallecimiento
SIN. Desmayo, debilidad, desvanecimiento, desánimo, flojedad, desaliento, flaqueza, abatimiento, extenuación.
ANT. *Restablecimiento, ánimo, lozanía.*

desfavorable
SIN. Perjudicial, adverso, contrario, hostil, desacorde, discordante, nocivo, pernicioso, inoportuno.
ANT. *Favorable, acorde, beneficioso.*

desfigurar
SIN. Desemejar, desnaturalizar, variar, cambiar, disfrazar, alterar, falsear, encubrir, disimular, fingir, tergiversar, oscurecer, afear, perjudicar, herir, dañar.
ANT. *Asemejar, afirmar, beneficiar.*

desfigurarse
SIN. Alterarse, turbarse, conmoverse, desconcentrarse.
ANT. *Insensibilizarse.*

desfiladero
SIN. Paso, puerto, barranco, precipicio, callejón, cañón, cañada, collado, garganta, montaña.
ANT. *Valle, llanura.*

desflorar
SIN. Violar, denigrar, violentar, deshonrar, mancillar, estrenar, iniciar, abrir, estropear, marchitar, deslucir, deshojar.
ANT. *Respetar, honrar, arreglar.*

desfogarse
SIN. Desatarse, desahogarse, mani-

festarse, desbordarse, liberarse.
ANT. *Aguantarse, contenerse.*

desgaire
SIN. Desaliño, descuido, abandono, desidia, incuria, desprecio, desatención, repulsa.
ANT. *Elegancia, aprecio.*

desgajar
SIN. Despedazar, separar, arrancar, apartar, desunir, desviar, despegar.
ANT. *Unir, pegar.*

desgajarse
SIN. Apartarse, desprenderse, desviarse, descaminarse, enemistarse.
ANT. *Unirse, amigarse.*

desgalgadero
SIN. Despeñadero, precipicio, pedregal, sima, abismo.
ANT. *Llanura, planicie.*

desgalichado
SIN. Desaliñado, desvaído, desgarbado, desmañado, torpe.
ANT. *Garboso, aliñado.*

desgalillarse
Amér.
SIN. Desgañitarse, desgargantarse, vociferar, gritar, chillar, enronquecerse.
ANT. *Callar.*

desgana
SIN. Indiferencia, apatía, hastío, fastidio, disgusto, repugnancia, inapetencia.
ANT. *Interés.*

desgarrar
SIN. Rasgar, romper, desgajar, arrancar, despedazar, lacerar, descuartizar.
ANT. *Coser, zurcir, reparar, pegar.*

desgarro
SIN. Descaro, desvergüenza, desfachatez, jactancia, frescura, desenfado, rotura, rasgadura.
ANT. *Comedimiento, mesura.*

desgarro
Amér.
SIN. Esputo, flema, gargajo, escupitajo, pollo, ostra, gallo, salivazo, expectoración.

desgarrón
SIN. Rotura, jirón, rasgadura, siete, garra *(Amér.)*, harapo, descosido.
ANT. *Cosido, zurcido.*

desgastado
SIN. Gastado, raído, deshilachado, viejo, usado, sobado, pasado, acabado, extenuado.
ANT. *Nuevo, fuerte, lozano.*

desgastar
SIN. Consumir, gastar, corroer, limar, frotar, erosionar, destruir, viciar, pervertir, debilitar, corromper, envejecer.
ANT. *Perdurar, resistir, fortalecer.*

desgobernado
SIN. Abandonado, desordenado, desarreglado, negligente, desbarajustado.
ANT. *Ordenado.*

desgobierno
SIN. Desorden, desajuste, desconcierto, abandono, desarreglo, anarquía, desorganización, caos.
ANT. *Orden, dominio, organización.*

desgonzar
SIN. Desencajar, desarticular, dislocar, descoyuntar, desquiciar.
ANT. *Encajar, gobernar.*

desgracia
SIN. Desventura, infortunio, adversidad, fatalidad, desdicha, contratiempo, percance, desastre, calamidad, catástrofe, contrariedad, revés, penalidad, golpe, plaga, castigo, enfermedad, padecimiento, epidemia.
ANT. *Dicha, fortuna, suerte.*

desgraciado
SIN. Desdichado, desventurado, desafortunado, infeliz, mísero, miserable, pobre, infausto, aciago, mártir, víctima, lacerado, menguado, funesto, trágico, fatídico, fatal, deplorable, fúnebre.
ANT. *Afortunado, próspero, feliz, positivo, benéfico.*

desgraciar
SIN. Disgustar, desagradar, enfadar, malograr, frustrar, dañar, estropear, perjudicar.
ANT. *Contentar, alegrar, prosperar.*

desgranar
SIN. Separar, descabezar, desmenuzar, pelar, limpiar.
ANT. *Juntar, reunir.*

desgravar
SIN. Rebajar, reducir, descontar, descargar, aminorar, eximir.

ANT. *Recargar, aumentar, gravar.*

deshabitado
SIN. Abandonado, despoblado, inhabilitado, desierto, solitario, vacío, yermo, desolado, aislado.
ANT. *Habitado, poblado, lleno, próximo.*

deshabitar
SIN. Despoblar, abandonar, irse, desguarnecer, desolar, dejar.
ANT. *Poblar, habitar, llenar.*

deshacer
SIN. Destruir, romper, desbaratar, desajustar, desarticular, descomponer, deformar, cortar, desmontar, desguazar, anular, suprimir, destejer, descoser, moler, aniquilar, derrotar, machacar, abatir, derretir, limar, disolver, fundir, diluir.
ANT. *Hacer, construir, organizar, unir.*

deshacerse
SIN. Desmoronarse, destruirse, consumirse, afligirse, desvanecerse, estropearse, extenuarse, enflaquecerse, desmontarse.
ANT. *Componerse, unirse, organizarse.*

desharrapado
SIN. Descamisado, harapiento, andrajoso, desarreglado, mugriento, pingajoso, pobre, rotoso *(Amér.)*, pelado, vagabundo.
ANT. *Elegante, rico, afortunado, potentado.*

deshecho
SIN. Desvencijado, arruinado, roto, destrozado, pulverizado, abatido, derrotado, derretido, fundido, licuado.
ANT. *Rehecho, animado, solidificado.*

desheredado
SIN. Desahuciado, olvidado, abandonado, privado, excluido, pobre, falto.
ANT. *Rico, poderoso, amparado.*

deshielo
SIN. Fusión, licuación, descongelación, disolución, primavera.
ANT. *Solidificación, invierno.*

deshilar
SIN. Destejer, deshilvanar, deshacer, deshebrar, deshilachar, desflecar.
ANT. *Hilar, tejer.*

deshilvanado
SIN. Descosido, incoherente, inconexo, discontinuo, confuso, desordenado, embrollado.
ANT. *Ordenado, coherente, organizado.*

deshonestidad.
SIN. Desvergüenza, impureza, liviandad, impudor, indecencia, licencia, libertinaje, obscenidad, sensualidad, concupiscencia, lascivia, placer.
ANT. *Honestidad, pureza, castidad, modestia, decencia, dignidad.*

deshonesto
SIN. Impúdico, desvergonzado, inmoral, obsceno, indecente, libertino, lujurioso, sensual, liviano, turbio, grosero, licencioso, corrupto, indigno, cínico, atrevido.
ANT. *Púdico, honesto, decente, digno, noble, casto.*

deshonor
SIN. Afrenta, deshonra, infamia, ignominia, mezquindad, perversión, escándalo, vergüenza, mancha, deslustre, menosprecio.
ANT. *Honor, honra, crédito, dignidad.*

deshonrar
SIN. Afrentar, ultrajar, difamar, escarnecer, calumniar, criticar, denigrar, mancillar, enfangar, menospreciar, humillar, rebajar, ofender, burlar, desflorar, violar.
ANT. *Honrar, alabar, respetar, elogiar.*

deshonroso
SIN. Afrentoso, ignominioso, infamante, vergonzoso, ultrajante, indecente, denigrante, degradante.
ANT. *Honorable, decente, digno, noble.*

desidia
SIN. Negligencia, inercia, descuido, abandono, incuria, dejadez, pereza, ociosidad, despreocupación, indiferencia, desgana.
ANT. *Cuidado, celo, diligencia.*

desierto
SIN. Abandonado, deshabitado, solitario, despoblado, vacío, desolado, yermo, vacante, mortuorio, inexplorado.
ANT. *Poblado, animado.*

designar
SIN. Destinar, nombrar, señalar, elegir, indicar, acreditar, llamar, fijar, denotar, significar.
ANT. *Omitir, olvidar.*

designio
SIN. Intención, propósito, determinación, resolución, proyecto, combinación, arreglo, plan, mira, objeto, idea, ánimo.

desigual
SIN. Diferente, distinto, disconforme, disímil, otro, apartado, variable, soluble, inconstante, caprichoso, mudable, tornadizo, recortado, rugoso, áspero, abrupto, tortuoso.
ANT. *Igual, parecido, semejante, liso, uniforme.*

desilusión
SIN. Desencanto, desengaño, decepción, desaliento, chasco, sorpresa, contrariedad.
ANT. *Ilusión, esperanza, delirio, sueño.*

desilusionado
SIN. Desengañado, decepcionado, abatido, desalentado, escéptico.
ANT. *Esperanzado, confiado.*

desinfectar
SIN. Fumigar, esterilizar, desinfeccionar, descontagiar, purificar, desponzoñar, limpiar.
ANT. *Apestar, infectar, molestar.*

desintegración
SIN. Descomposición, disgregación, destrucción, fisión, división, separación, radiación, desunión, pulverización, desmoronamiento.
ANT. *Construcción, unión, composición.*

desinterés
SIN. Desapego, desprendimiento, altruismo, liberalidad, caridad, abnegación, sacrificio, generosidad, larqueza, apatía, indiferencia, abulia, dejadez, abandono.
ANT. *Apego, egoísmo, cicatería, actividad, aprecio.*

desinteresado
SIN. Generoso, abnegado, desprendido, liberal, altruista, caritativo, magnánime, humanitario, inhibido, apático, indiferente, insensible.
ANT. *Egoísta, hostil, sensible.*

desistir
SIN. Abandonar, cesar, renunciar, abdicar, ceder, desanimarse, entregarse, retroceder, flaquear, desdecirse, resignarse, desinteresarse.
ANT. *Perseverar, insistir.*

desjarretar
SIN. Cortar, amputar, debilitar, extenuar, abatir, postrar.
ANT. *Vigorizar, fortalecer.*

desjuntar
SIN. Separar, dividir, apartar, desunir, distanciar, despegar.
ANT. *Unir, juntar.*

desleal
SIN. Alevoso, infiel, traidor, pérfido, vil, falso, desertor, fariseo, renegado, sucio, adúltero.
ANT. *Leal, fiel, devoto.*

deslealtad
SIN. Perfidia, vileza, traición, ingratitud, infidelidad, falsedad, traición, versatilidad, perrería, engaño, fingimiento, felonía, abandono.
ANT. *Lealtad, amistad, fidelidad.*

desleír
SIN. Disolver, disgregar, desunir, deshacer, separar, fundir, derretir.
ANT. *Unir, agregar, espesar.*

deslenguado
SIN. Malhablado, desbocado, desvergonzado, insolente, atrevido, descarado, procaz, calumniador.
ANT. *Comedido, discreto, moderado.*

deslenguarse
SIN. Desvergonzarse, desbocarse, insolentarse, descararse, desmandarse, avilantarse, atreverse.
ANT. *Comedirse, sujetarse, calmarse.*

desliar
SIN. Desatar, soltar, deshacer, desenredar, desanudar.
ANT. *Atar, unir.*

desligar
SIN. Soltar, desatar, desembrollar, desenredar, desanudar, desenlazar, despegar, divorciar, emancipar.
ANT. *Atar, ligar, unir.*

deslindar
SIN. Demarcar, delimitar, señalar, precisar, alinderar (*Amér.*), dividir, fijar, determinar, limitar, circunscribir, puntualizar, detallar.
ANT. *Borrar, enmarañar, confundir.*

deslinde
SIN. Delimitación, demarcación, lí-

mite, jalonamiento, frontera, circunscripción, zona, distrito.
ANT. *Imprecisión, indeterminación.*

desliz
SIN. Caída, resbalón, traspiés, descuido, error, tropiezo, fragilidad, indiscreción, ligereza, lapso.
ANT. *Discreción, acierto, fortaleza, respeto.*

deslizable
SIN. Resbaladizo, escurridizo, inseguro, deleznable.
ANT. *Seguro, seco, fijo.*

deslizamiento
SIN. Escurrimiento, rodamiento, arrastramiento, corrimiento, evasión, huida, fuga, marcha.
ANT. *Fijeza, seguridad, estabilidad.*

deslizar
SIN. Resbalar, patinar, correr, rodar, escapar, evadir, huir, retirar, desaparecer, ingerir, tragar, sorber.
ANT. *Permanecer, detener, sacar.*

deslucido
SIN. Viejo, deslustrado, sobado, mustio, arrugado, ajado, usado, desairado, desgraciado, insípido, torpe.
ANT. *Lucido, brillante, nuevo.*

deslumbrado
SIN. Encandilado, maravillado, encantado, influido, ofuscado, asombrado, impresionado, alucinado, engañado.
ANT. *Impávido, sereno, tranquilo, aplomado.*

deslumbramiento
SIN. Ofuscación, preocupación, obcecación, pasmo, asombro, obsesión, alucinación, ceguera, reflejo, brillo, espejismo, refracción, destello.
ANT. *Calma, serenidad, claridad.*

deslumbrar
SIN. Cegar, ofuscar, enturbiar, encandilar, molestar, obnubilar, asombrar, fascinar, pasmar, turbar, impresionar, magnetizar.
ANT. *Aclarar, ver, serenar, decepcionar.*

deslustrado
SIN. Deslucido, empañado, opaco, oscuro, apagado.
ANT. *Brillante, vivo.*

deslustrar
SIN. Deslucir, desdeñar, oscurecer, estropear, sobar, desprestigiar, desacreditar.
ANT. *Abrillantar, prestigiar.*

deslustroso
SIN. Deslucido, indecoroso, usado, raído, feo, sucio, desgastado.
ANT. *Limpio, brillante, nuevo.*

desmadejado
SIN. Desgarbado, desaliñado, flojo, caído, débil, abatido, desgarrado, lánguido, blando.
ANT. *Atildado, vigoroso, fuerte, activo.*

desmadejamiento
SIN. Flojedad, debilidad, agotamiento, desánimo, sopor, languidez, torpeza, abatimiento, cansancio, fatiga.
ANT. *Fuerza, vigor, moral, voluntad, carácter.*

desmán
SIN. Desorden, exceso, demasía, tropelía, abuso, desmesura, desenfreno, destemple, descortesía, barbaridad, desenvoltura, descaro, atrevimiento.
ANT. *Orden, compostura, progreso.*

desmandado
SIN. Desobediente, descarriado, descomedido, desviado, extraviado, excedido, insolente, rebelde, arisco, desordenado.
ANT. *Obediente, sumiso, comedido.*

desmandarse
SIN. Desmedirse, propasarse, excederse, rebelarse, desordenarse, insolentarse, apartarse, desbandarse, destemplarse, desatarse, desaforarse.
ANT. *Ordenarse, someterse, moderarse.*

desmanido
SIN. Desfallecido, mustio.

desmantelado
SIN. Demolido, destruido, arruinado, estropeado, arrasado, derribado, despojado.
ANT. *Repuesto, reparado, guarnecido.*

desmantelar
SIN. Destruir, arruinar, desarmar, desarbolar, deshabitar, abandonar,

desabrigar, desguarnecer, desalojar.
ANT. *Guarnecer, aparejar, armar.*

desmañado
SIN. Inútil, inhábil, inexperto, chapucero, deslucido, negado, patoso, triste, caído, quebrantado, lánguido, desmayado.
ANT. *Animoso, alegre, optimista.*

desmayarse
SIN. Desplomarse, desvanecerse, accidentarse, marearse, acobardarse, amilanarse, desalentarse, desfallecer, desanimarse.
ANT. *Recobrarse, animarse*

desmayo
SIN. Desfallecimiento, desvanecimiento, síncope, mareo, soponcio, vértigo, inconsciencia, choque.
ANT. *Animo, entereza, salud.*

desmedido
SIN. Desproporcionado, excesivo, descomedido, exagerado, desmesurado, descompasado, enorme, fenomenal, descomunal, inmenso, desaforado.
ANT. *Comedido, moderado.*

desmedirse
SIN. Excederse, desmandarse, descompasarse, desatarse, destemplarse, desaforarse.
ANT. *Moderarse, limitarse.*

desmedrar
SIN. Estropear, deteriorar, ajar, deslustrar, declinar, decaer, menguar, disminuir, desfallecer, adelgazar, debilitar, enfermar.
ANT. *Mejorar, fortalecer, aumentar, engordar.*

desmejorar
SIN. Empeorar, enfermar, recaer, debilitar, adolecer, decaer, enflaquecer, deslucir, ajar, desaliñar, desflorar.
ANT. *Sanar, fortalecer, lucir.*

desmembrar
SIN. Dividir, separar, disgregar, segmentar, fragmentar, fraccionar, partir, descuartizar, escindir.
ANT. *Unir, juntar, reunir.*

desmemoriado
SIN. Olvidadizo, distraído, despistado, descuidado.
ANT. *Ordenado, agradecido.*

desmenuzar
SIN. Deshacer, dividir, desmigajar, fragmentar, exfoliar, triturar, desmoronar, quebrantar, disgregar,

despedazar, moler, pulverizar, examinar, detallar.
ANT. *Unir, juntar.*

desmerecedor
SIN. Indigno, inmerecido, inadecuado.
ANT. *Merecedor, digno.*

desmesurado
SIN. Excesivo, desmedido, desproporcionado, exagerado, colosal, inmenso, gigantesco, descortés, desvergonzado, in,olente, desconsiderado, descarado, cínico, altivo.
ANT. *Escaso, reducido, prudente, cortés, educado.*

desmesurar
SIN. Descomedir, exceder, exagerar, desarreglar, desordenar.
ANT. *Ordenar, moderar.*

desmesurarse
SIN. Excederse, descomedirse, insolentarse, descompasarse, desaforarse, destemplarse, desarreglarse, desordenarse.
ANT. *Arreglarse, ordenarse, comedirse.*

desmirriado
SIN. Extenuado, flaco, consumido, escuálido, pequeño, delgado, débil, blando, frágil.
ANT. *Fuerte, vigoroso, sólido, duro.*

desmochar
SIN. Cortar, mutilar, podar, amputar, decapitar, desgajar, despuntar, acortar, truncar, reducir, disminuir, desfalcar.
ANT. *Crecer, permitir, completar.*

desmontar
SIN. Apearse, descabalgar, bajarse, descender, allanar, explanar, igualar, nivelar, rebajar, derribar, desmantelar, derruir, extirpar, arrancar, desgajar.
ANT. *Cabalgar, montar, levantar.*

desmoralizado
SIN. Desalentado, desanimado, abatido, decaído, impotente, aplanado, pesimista.
ANT. *Animado, optimista, confiado.*

desmoralizar
SIN. Desanimar, desconcertar, descorazonar, aplanar, abatir, desalentar, pervertir, viciar, corromper, desordenar, perder, desviar.
ANT. *Levantar, alegrar, confiar, moralizar, purificar.*

desmoronar
SIN. Destruir, demoler, derribar, arrasar, asolar, deshacer, derrocar, decaer, fracasar.
ANT. *Construir, triunfar.*

desmoronarse
SIN. Hundirse, deshacerse, desplomarse, arruinarse.
ANT. *Levantarse.*

desnaturalizar
SIN. Falsificar, falsear, cambiar, alterar, corromper, expulsar, desterrar, exilar, deportar, extrañar.
ANT. *Purificar, naturalizar, repatriar.*

desnivel
SIN. Depresión, pendiente, rampa, cuesta, inclinación, peralta, desigualdad.
ANT. *Nivel, llanura.*

desnudez
SIN. Indigencia, miseria, pobreza, escasez, impudor, deshonestidad, impureza, inmundicia, exhibición.
ANT. *Abrigo, riqueza, decencia.*

desnudo
SIN. Descubierto, claro, notorio, palmario, manifiesto, privado, carente, pobre, mísero, falto, necesitado.
ANT. *Confuso, oscuro, falso, rico, vestido.*

desobedecer
SIN. Rebelarse, insubordinarse, indisciplinarse, desmandarse, resistirse, contravenir, infringir, desoír, negarse, transgresión, discrepar.
ANT. *Obedecer, cumplir, acatar, complacer.*

desobediente
SIN. Desmandado, insubordinado, rebelde, indisciplinado, insumiso, indócil, transgresor, protestante, reacio, travieso.
ANT. *Obediente, sumiso, dócil, disciplinado.*

desobediencia
SIN. Insubordinación, indisciplina, rebelión, transgresión, resistencia, protesta, infracción, obstinación, rebeldía, irreverencia, oposición, desacato.
ANT. *Obediencia, sumisión, docilidad, respeto, observancia.*

desobstruir
SIN. Desembarazar, desatascar, despejar, limpiar, quitar, abrir, destapar, destaponar, desocupar.

ANT. *Obstruir, atascar, cegar, taponar.*

desocupado
SIN. Ocioso, vago, inactivo, mirón, cesante, desembarazado, holgado, parado, quieto, jubilado, retirado, vacío, libre, desierto, vacante, disponible.
ANT. *Activo, diligente, trabajador.*

desocupar
SIN. Desembarazar, desalojar, despejar, vaciar, evacuar, desobstruir, desinflar, sacar.
ANT. *Ocupar, llenar, obstruir, preñar.*

desoír
SIN. Desatender, rechazar, desobedecer, desdeñar, omitir, rehusar.
ANT. *Escuchar, obedecer, atender.*

desolación
SIN. Aflicción, angustia, desconsuelo, dolor, desamparo, pena, tristeza, tormento, destrucción, devastación, exterminio, ruina, fatalidad, soledad, aridez.
ANT. *Alegría, gozo, construcción.*

desolado
SIN. Desconsolado, triste, afligido, apenado, dolorido, acongojado, desamparado, mísero, solitario, destruido, arruinado, derruido, aniquilado, arrasado, yermo.
ANT. *Alegre, feliz, optimista, exuberante, reconstruido.*

desolador
SIN. Árido, devastador, solitario, desértico, yermo, triste, amargo, doloroso, penoso, angustioso, entristecedor, desconsolador.
ANT. *Edificante, reconfortante, consolador.*

desollado
SIN. Despellejado, descarnado, insolente, desvergonzado, deslenguado, fresco, descomedido, procaz.
ANT. *Prudente, comedido, discreto.*

desollar
SIN. Arrancar, despellejar, descarnar, raspar, herir, desvalijar, quitar, saquear, criticar, murmurar, juzgar, tildar.
ANT. *Respetar, alabar, restituir.*

desorden
SIN. Anarquía, confusión, anomalía, destemple, desarreglo, desconcierto, desbarajuste, incoherencia, desgobierno, trastorno, desorgani-

zación, descomposición, alteración, perturbación, confusión, tumulto, tropelía, alboroto, disturbio, embrollo, fárrago, galimatías, caos, barahúnda, abandono, revoltijo, mezcla, maraña, agitación, remolino, jaleo, guachafita (*Amér.*).
ANT. *Orden, método, tranquilidad, calma, paz.*

desordenado
SIN. Desarreglado, caótico, anárquico, embrollado, revuelto, alterado, confuso, descompuesto, desgobernado, desmandado, irregular, pervertido.
ANT. *Ordenado, comedido, continente, virtuoso.*

desordenar
SIN. Turbar, revolver, perturbar, trastocar, desorganizar, confundir, desconcertar, desarreglar, desquiciar, embrollar, desmesurar, desbaratar, deshilvanar, sublevar.
ANT. *Organizar, arreglar, mesurar, pacificar.*

desorejado
SIN. Prostituido, degradado, infame, vil, depravado, pervertido.
ANT. *Honesto, correcto.*

desorganizar
SIN. Desordenar, turbar, alterar, desbarajustar, trastornar.
ANT. *Organizar, componer.*

desorientado
SIN. Despistado, extraviado, perdido, descarriado, apartado, disperso, confundido, desconcertado, turbado, engañado, equivocado.
ANT. *Organizado, orientado, guiado.*

desorientar
SIN. Despistar, desconcertar, extraviar, confundir, ofuscar, engañar, perder, trastornar, descaminar, desviar.
ANT. *Orientar, encauzar.*

desorillar
SIN. Desenrollar, desenmarañar, deshacer, elucidar, aclarar, poner luz.
ANT. *Enmarañar, embrollar, oscurecer.*

despabilar
SIN. Sacudir, despertar, desencandilar, desvelar, avivar, aguzar, incitar, avispar, advertir, espolear, adiestrar, adelantar, acabar, instruir.
ANT. *Apagar, dormir, retrasar.*

despacio
SIN. Lentamente, paulatinamente, pausadamente, poco a poco.
ANT. *Rápidamente.*

despacio
Amér.
SIN. Dilación, retraso, demora, aplazamiento, lentitud.
ANT. *Prisa, cumplimiento adelanto.*

despachar
SIN. Vender, expender, liquidar, remitir, expedir, enviar, franquear, destinar, echar, apartar, licenciar, concluir, resolver, tramitar, ventilar, acelerar.
ANT. *Comprar, entretener, demorar, recibir.*

despachurrar
SIN. Estrujar, aplastar, reventar, machacar, despanzurrar.
ANT. *Aflojar.*

despampanante
SIN. Estupendo, maravilloso, asombroso, desconcertante, admirable, extraordinario, sorprendente, portentoso, prodigioso, fenomenal.
ANT. *Corriente, anodino, sencillo.*

desparejado
SIN. Suelto, impar, separado, deshermanado.
ANT. *Igual, completo.*

desparpajo
SIN. Desenvoltura, desembarazo, soltura, descaro, desahogo, habilidad, destreza, rapidez.
ANT. *Encogimiento, torpeza.*

desparpajo
Amér.
SIN. Desbarajuste, desorden, caos, desconcierto, desarreglo, embrollo, desgobierno.
ANT. *Orden, método.*

desparramado
SIN. Abierto, ancho, espacioso, esparcido, diseminado, desperdigado, sembrado.
ANT. *Encogido, recogido.*

desparramar
SIN. Esparcir, extender, desperdigar, diseminar, disipar, dilapidar, sembrar, dispersar, difundir.
ANT. *Recoger, acumular, ahorrar.*

desparramarse
SIN. Esparcirse, extenderse, desva-

necerse, disiparse, deshacerse, desbordarse, diseminarse.
ANT. *Recogerse, acumularse.*

despatarrar
SIN. Asombrar, admirar, pasmar, atemorizar, separar, extender, abrir.
ANT. *Sosegar, cerrar, encoger.*

despavorido
SIN. Asustado, aterrado, horrorizado, atemorizado, azorado.
ANT. *Impávido, sereno.*

despectivo
SIN. Despreciativo, desdeñoso, desdeñador, despreciador.
ANT. *Ponderativo, alabador, elogioso.*

despedazar
SIN. Destrozar, descuartizar, deshacer, destruir, aniquilar, dividir, desmembrar, maltratar, perjudicar, ofender, apenar.
ANT. *Recomponer, respetar, cuidar.*

despedido
SIN. Expulsado, destituido, cesado, desalojado, botado (*Amér.*), destronado, exiliado.
ANT. *Readmitido, autorizado.*

despedir
SIN. Licenciar, despachar, desprender, echar, expulsar, arrojar, lanzar, escupir, disparar, desprender, exhalar, emanar, soltar, emitir, difundir.
ANT. *Rehabilitar, retener, recoger, acoger.*

despegado
SIN. Separado, desasido, descosido, desprendido, apartado, desabrido, huraño, áspero, antipático, frío, indiferente.
ANT. *Pegado, agradable, cordial, amable.*

despegar
SIN. Apartar, desasir, desprender, separar, desunir, dividir, quitar, desencolar, arrancar, descoser, volar, elevarse, remontarse.
ANT. *Pegar, unir, encolar, aterrizar.*

despego
SIN. Aspereza, desafecto, desvío, antipatía, frialdad.
ANT. *Simpatía, cortesía, unión.*

despeinado
SIN. Desgreñado, descuidado, desmelenado, abandonado, revuelto, negligente, encrespado, enmarañado.
ANT. *Peinado, cuidadoso.*

despejado
SIN. Abierto, claro, sereno, inteligente, despierto, listo, vivo, resoluto, suelto, desenfadado, desembarazado, desahogado, espacioso, ancho, libre, dilatado.
ANT. *Cerrado, torpe, bruto, obstruido.*

despejar
SIN. Desembarazar, desocupar, limpiar, desalojar, abrir, desatascar, desembozar, aclarar, clarear, serenarse.
ANT. *Atascar, obstruir, ocupar, cerrar, empeorar.*

despejarse
SIN. Divertirse, entretenerse, serenarse, aclararse, desembarazarse, rasarse, recuperarse.
ANT. *Aburrirse, cubrirse, nublarse.*

despejo
SIN. Desembarazo, soltura, desenvoltura, talento, desparpajo, ingenio, viveza, inteligencia.
ANT. *Embarazo, encogimiento, torpeza.*

despeluznante
SIN. Horripilante, aterrador, horrible, horroroso, espeluznante, horrorífico, pavoroso.
ANT. *Fascinante.*

despellejar
SIN. Desollar, descarnar, desgarrar, descorchar, pelar, rascar, arrancar, raspar, criticar, murmurar, censurar, despojar, robar, desvalijar.
ANT. *Acariciar, elogiar, reponer, devolver.*

despensa
SIN. Armario, nevera, cillero, depósito, fiambrera, almacén, bodega, víveres, provisión, alimentos.

despeñadero
SIN. Precipicio, escarpado, desgalgadero, corte, sima, pendiente, abismo, desbarrancadero (*Amér.*), voladero, barranco.
ANT. *Valle, planicie.*

despeñar
SIN. Precipitar, arrojar derrocar, abismar, lanzar, derrumbar.

ANT. *Contener, dominar.*

despeño
SIN. Perdición, desastre, pérdida, decadencia, curso, flujo, derrumbe, caída.
ANT. *Rehabilitación, auge.*

desperdiciado
SIN. Malgastado, derrochado, desaprovechado, tirado, disipado, despilfarrado.
ANT. *Aprovechado, recuperado.*

desperdiciar
SIN. Derrochar, desaprovechar, malgastar, prodigar, disipar, dilapidar, tirar, perder, quemar.
ANT. *Aprovechar, recuperar, ganar, invertir.*

desperdicios
SIN. Desechos, residuos, restos, despojos, sobras, migajas, recortes, limaduras, escombros, mondaduras, retazos, escoria, heces, escurriduras, paja, virutas.
ANT. *Inversión, ganancia, ahorro.*

desperdigar
SIN. Diseminar, esparcir, desparramar, dispersar, separar, dividir, ampliar, dilatar, repartir.
ANT. *Acoplar, juntar, concentrar.*

desperfecto
SIN. Deterioro, daño, rotura, avería, defecto, falta, detrimento, imperfección, mengua, mella, descalabro.
ANT. *Perfecto, reparación.*

despernado
SIN. Fatigado, cansado, cojo, lisiado.
ANT. *Reposado, sosegado.*

despertar
SIN. Excitar, mover, avivar, incitar, estimular, animar, sacudir, recordar, renovar, resucitar, evocar.
ANT. *Dormir, olvidar.*

despezuñarse
Amér.
SIN. Desvivirse, esforzarse, interesarse, desvelarse, despepitarse.
ANT. *Despreocuparse, desinteresarse.*

despiadado
SIN. Cruel, inhumano, impío, riguroso, duro, crudo, sádico, inclemente, sañudo, feroz, fiero, insensible, monstruo, brutal, salvaje, perverso, bárbaro.

ANT. *Compasivo, caritativo, piadoso, humano, sensible.*

despicar
SIN. Mitigar, calmar, desagraviar, apaciguar, serenar, satisfacer, templar, tranquilizar, desahogar.
ANT. *Agraviar, ofender.*

despicarse
SIN. Satisfacerse, vengarse, desquitarse, desahogarse, templarse, serenarse.
ANT. *Moderarse, contenerse.*

despido
SIN. Destitución, cese, desahucio, relevo, paro, desempleo, jubilación, inactividad.
ANT. *Readmisión, entrada, actividad.*

despierto
SIN. Listo, avisado, advertido, inteligente, sagaz, astuto, avispado, perspicaz, despejado, atento, vigilante.
ANT. *Dormido, torpe, atontado.*

despilfarrar
SIN. Disipar, malgastar, derrochar, dispendiar, prodigar, dilapidar, tirar, malversar.
ANT. *Ahorrar, atesorar, retener, conservar.*

despilfarro
SIN. Derroche, dispendio, desperdicio, dilapidación, prodigalidad, malversación, capricho, malgasto.
ANT. *Ahorro, economía, moderación.*

despintar
SIN. Desfigurar, modificar, alterar, mudar, cambiar, deformar, borrar, raspar, tachar, desteñir, deslucir, degenerar.
ANT. *Colorear, perfilar, pintar, reforzar.*

despique
SIN. Venganza, represalia, revancha, desagravio, vindicación.
ANT. *Olvido, perdón, generosidad.*

despistado
SIN. Desorientado, confundido, equivocado, distraído, aturdido, extraviado, aislado, perdido.
ANT. *Orientado, acertado.*

despistar
SIN. Desorientar, confundir, equivocar, perderse, apartarse, extraviarse.

ANT. *Orientar, acertar, encontrarse.*

despiste
SIN. Confusión, equivocación, desconcierto, desliz, desacierto, distracción, descuido, omisión, extravío, perdición.
ANT. *Acierto, claridad, orientación, exactitud, cuidado.*

desplacer
SIN. Pena, desazón, disgusto, descontento, desagrado, hastío, molestia, fatiga, desagradar, disgustar, enojar, contrariar, molestar, apenar.
ANT. *Agradar, placer, contento.*

desplante
SIN. Descaro, desfachatez, arrogancia, insolencia, jactancia, majeza, chulería, aspereza.
ANT. *Moderación, discreción, mesura, cortesía.*

desplazado
SIN. Apartado, alejado, eliminado, separado, retirado, inoportuno, impropio.
ANT. *Acertado, idóneo.*

desplazar
SIN. Apartar, alejar, desorbitar, descentrar, dislocar, desencajar, eliminar, substituir.
ANT. *Encajar, centrar.*

desplegar
SIN. Extender, abrir, desdoblar, desenvolver, desarrollar, desenrollar, tender, dilatar, ensanchar, separar.
ANT. *Cerrar, plegar, encoger.*

desplomarse
SIN. Caerse, hundirse, derrumbarse, desmayarse, desmoronarse, inclinarse, torcerse.
ANT. *Levantarse, enderezarse.*

desplumar
SIN. Arruinar, despojar, desvalijar, robar, limpiar, despellejar.
ANT. *Restituir, devolver.*

despoblado
SIN. Deshabitado, desierto, solitario, abandonado, yermo, vacío, inhabitado, desolado.
ANT. *Poblado, habitado.*

despoblar
SIN. Deshabitar desguarnecer, despojar, abandonar, emigrar, asolar, devastar.
ANT. *Poblar, ocupar, habitar.*

despojado
SIN. Saqueado, desplumado, desvalijado, robado, despellejado, desposeído, estafado, arruinado.
ANT. *Respetado, devuelto.*

despojar
SIN. Quitar, robar, desvalijar, saquear, mondar, arrebatar, usurpar, desposeer, expropiar, desproveer, desguarnecer, privar, descalzar, timar, renunciar, ceder, abdicar, dejar, donar, compartir.
ANT. *Restituir, devolver, suministrar, retener.*

despojarse
SIN. Desprenderse, desposeerse, enajenarse, privarse, renunciar, sacrificarse, librarse.
ANT. *Guardarse, aferrarse, quedarse.*

despojo
SIN. Botín, presa, trofeo, saqueo, pillaje, robo, expropiación.
ANT. *Devolución, restitución.*

despojos
SIN. Residuos, restos, sobras, desperdicios, desechos, migajas, escurriduras, piltrafas, rastrojos, virutas, cenizas, heces.
ANT. *Bienes.*

despolvorear
SIN. Desempolvar, despolvar, sacudir, cepillar, espolvorear.
ANT. *Empolvar.*

desposeer
SIN. Privar, quitar, despojar, usurpar, expoliar, arrebatar, abdicar, renunciar, desistir.
ANT. *Restituir, aceptar.*

déspota
SIN. Tirano, dictador, soberano, opresor, dominador, sojuzgador, subyugador, jefe, caudillo, amo.
ANT. *Demócrata, benigno, justo.*

despótico
SIN. Arbitrario, autoritario, absoluto, dominador, opresor, tiránico, mandón, dominante.
ANT. *Justo, benigno, tolerante.*

despotismo
SIN. Absolutismo, dictadura, arbitrariedad, yugo, opresión, tiranía, autocracia, inflexibilidad, autoritarismo, violencia, coacción.
ANT. *Libertad, democracia, tolerancia, transigencia.*

despotizar
Amér.
SIN. Abusar, tiranizar, sojuzgar, oprimir, subyugar, aherrojar, esclavizar.
ANT. *Liberar, emancipar.*

despotricar
SIN. Disparatar, desvariar, desatinar, atacar, deslenguarse, desenfrenarse, insultar, ofender, maldecir, criticar.
ANT. *Contenerse, refrenarse, reprimirse, elogiar.*

despreciable
SIN. Indigno, rastrero, ruin, depravado, miserable, aborrecible, abyecto, bajo, innoble, mentecato, soez, villano, rufián, inútil, ordinario, depravado.
ANT. *Noble, digno, respetable, generoso, admirable, inteligente, plausible, virtuoso, notable.*

despreciado
SIN. Desdeñado, menospreciado, desairado, ultrajado, humillado, burlado, maltratado, desprestigiado.
ANT. *Prestigioso, alabado, estimado.*

despreciar
SIN. Desestimar, desairar, desdeñar, desechar, menospreciar, repudiar, descartar, prescindir, arrinconar, subvalorar, abandonar, deslucir, desatender, desobedecer, desfavorecer, vejar, ultrajar.
ANT. *Apreciar, respetar, estimar, honrar, acoger.*

despreciativo
SIN. Despectivo, desdeñoso, orgulloso, esquivo, altanero, frío, menospreciador, burlón, ofensivo, peyorativo.
ANT. *Ponderativo, alabador, elogioso.*

desprecio
SIN. Desestimación, menosprecio, desdén, desaire, desconsideración, desatención, indiferencia, humillación, ultraje, grosería, vejación, irreverencia, ofensa, maltrato.
ANT. *Aprecio, consideración, atención, estima, deferencia, respeto.*

desprender
SIN. Desunir, separar, soltar, desatar, desasir, descolgar, desarticular, desmembrar, descoyuntar, desceñir.
ANT. *Unir, juntar, retener, ceñir.*

desprendido

SIN. Desinteresado, liberal, generoso, magnánimo, altruista, filántropo, desunido, separado, caído, arrancado, desglosado, desatado, suelto, desenganchado.

ANT. *Tacaño, roñoso, atado, unido.*

desprendimiento

SIN. Generosidad, largueza, desinterés, liberalidad, desapego, desasimiento, dadivosidad, esplendidez, altruismo, prodigalidad, desunión, separación, descosido.

ANT. *Tacañería, sobriedad, unión.*

despreocupado

SIN. Indiferente, apático, escéptico, libre, calmoso, fresco, desenfadado, distraído, descuidado, abandonado, negligente.

ANT. *Inquieto, solícito, esmerado.*

desprestigiar

SIN. Desacreditar, difamar, denigrar, menoscabar, deshonrar, desmerecer, manchar, mancillar, denigrar, criticar, acusar, infamar, profanar.

ANT. *Acreditar, prestigiar, honrar.*

desprestigio

SIN. Difamación, descrédito, desdoro, impopularidad, desmerecimiento, mengua, descalificación, crítica, detractación, deslucimiento.

ANT. *Prestigio, honra, dignidad, influencia, solvencia.*

desprevenido

SIN. Desapercibido, descuidado, confiado, desarmado, incauto, desprovisto, inadvertido, súbito, repentino, inesperado.

ANT. *Prevenido, precavido, desconfiado.*

desproporcionado

SIN. Desmedido, exagerado, descomedido, desmesurado, irregular, asimétrico, deforme, imperfecto, excesivo, incorrecto, monstruoso, disonante.

ANT. *Proporcionado, mesurado, moderado, comedido.*

despropósito

SIN. Disparate, desatino, absurdo, necedad, tontería, burrada, desacierto, insensatez, impertinencia, incoherencia, barbaridad, contrasentido.

ANT. *Agudeza, acierto, inspiración.*

desproveer

SIN. Despojar, privar, desposeer, expoliar, confiscar, quitar, desnudar.

ANT. *Proveer, abastecer, reponer.*

desprovisto

SIN. Carente, privado, despojado, exhausto, desguarnecido, desmantelado, falto, improvisto, necesitado, deficitario.

ANT. *Provisto, prevenido.*

después

SIN. Posteriormente, luego, detrás, próximo, siguiente, inmediatamente, enseguida, endespués (*Amér.*), más tarde.

despuntar

SIN. Brotar, apuntar, germinar, florecer, descollar, salir, clarear, amanecer, alumbrar, surgir, sobresalir, destacar, resaltar, acentuar, subrayar, recortar, achatar, redondear.

ANT. *Ocultar, eclipsar, palidecer, afinar.*

desquiciado

SIN. Desatinado, turbado, trastornado, descompuesto, afectado, desordenado, desorbitado, enloquecido.

ANT. *Comedido, centrado, ordenado.*

desquiciar

SIN. Desgoznar, desencajar, descomponer, desarticular, desconcertar, desbaratar, desordenar, derrocar, derribar, aturdir, alterar, sorprender.

ANT. *Ajustar, encajar, componer, ordenar.*

desquitarse

SIN. Resarcirse, reintegrar, satisfacerse, despicarse, desagraviarse.

ANT. *Olvidar, perdonar.*

desrielar

Amér.

SIN. Descarrillar, accidente, siniestro.

destemplanza

SIN. Descortesía, exceso, brusquedad, desorden, desconcierto, descomedimiento, perturbación, alteración, inclemencia, ardor.

ANT. *Serenidad, orden, cortesía, bonanza.*

desteñir

SIN. Descolorar, decolorar, despintar, palidecer, perder, deslucir, difuminar, amarillear.

ANT. *Teñir, colorear, acentuar.*

desternerar

Amér.

SIN. Desbecerrar.

desterrado

SIN. Exiliado, deportado, expulsado, proscrito, forajido, confinado, ausente, desarraigado, relegado.

ANT. *Repatriado, devuelto.*

desterrar

SIN. Deportar, desarraigar, expulsar, exiliar, proscribir, confinar, relegar, echar, apartar, separar, alejar, excluir, suprimir, prohibir.

ANT. *Repatriar, regresar, volver, incluir.*

destierro

SIN. Deportación, expatriación, proscripción, desarraigo, confinamiento, ostracismo, relegación, expulsión, exilio, aislamiento, retiro, separación.

ANT. *Repatriación, regreso, vuelta.*

destilar

SIN. Filtrar, extraer, condensar, tamizar, separar, purificar, extractar, segregar, rebosar, revelar, expresar.

ANT. *Juntar, mezclar, confundir, silenciar.*

destinar

SIN. Dedicar, emplear, ocupar, aplicar, señalar, designar, distribuir, agregar, preparar, sentenciar, consagrar, elegir, optar.

ANT. *Omitir, excusar.*

destino

SIN. Hado, sino, fortuna, estrella, fatalidad, suerte, porvenir, predestinación, providencia, eventualidad, disposición, azar, empleo, misión, cargo, utilización.

ANT. *Cesantía, suspensión, desempleo.*

destituible

SIN. Jubilable, degradable, reformable, expulsable, destronable, substituido.

ANT. *Inamovible, fijo.*

destituido

SIN. Retirado, jubilado, licenciado, depuesto, despedido, expulsado, separado, derrocado.

ANT. *Repuesto, restituido, nombrado.*

destituir
SIN. Privar, separar, deponer, desposeer, degradar, separar, depurar, licenciar, echar, retirar, suspender, destronar, depurar, excluir, descalificar, arrinconar.
ANT. *Nombrar, reponer, designar.*

destornillado
SIN. Atolondrado, alocado, chiflado, descabellado, alborotado, precipitado.
ANT. *Sentado, sesudo, cuerdo.*

destreza
SIN. Habilidad, maña, arte, pericia, capacidad, desenvoltura, acierto, hábito, experiencia, práctica, agilidad, ingenio, tacto, tiento, mundología, aptitud.
ANT. *Torpeza, ignorancia, ineptitud.*

destrabar
SIN. Desasir, desprender, separar, desunir, despegar, soltar.
ANT. *Atar, unir.*

destripar
SIN. Despanzurrar, aplastar, reventar, hundir, machacar, estropear, desentrañar, estrujar, malograr.
ANT. *Arreglar, cerrar.*

destronar
SIN. Deponer, derrocar, desposeer, desentronizar, degradar, expulsar, derribar, substituir, relevar, cambiar.
ANT. *Entronizar, reponer, devolver, admitir, acoger.*

destroncar
SIN. Talar, cortar, tronchar, segar, descuartizar, descoyuntar, perjudicar, dañar, destruir, derribar, menoscabar, interrumpir.
ANT. *Repoblar, crecer.*

destrozar
SIN. Desbaratar, romper, despedazar, descuartizar, destruir, deteriorar, estropear, fracturar, astillar, quebrantar, lacerar, aniquilar, vencer, deshacer, derrochar, malgastar, dilapidar.
ANT. *Arreglar, componer, economizar, ahorrar.*

destrucción
SIN. Desolación, ruina, devastación, aniquilamiento, desintegración, demolición, pérdida, desgaste, asolamiento, exterminio, catástrofe, desgracia, daño, deterioro, caída, desmoronamiento.

ANT. *Construcción, generación, reproducción.*

destruido
SIN. Demolido, desintegrado, hundido, derribado, deshecho, devastado, arrasado, desmoronado, exterminado, extinguido, arrollado, volado, roto, eliminado.
ANT. *Indemne, intacto, salvo, entero, inmune.*

destruir
SIN. Asolar, arruinar, arrasar, devastar, aniquilar, desbaratar, deshacer, derrocar, demoler, talar, abatir, derribar, desmantelar, arrollar, romper, minar, volar, consumir, gastar, devorar, desmoronar, descomponer, extirpar, extinguir.
ANT. *Construir, levantar, erigir, hacer, reproducir.*

desuello
SIN. Desvergüenza, osadía, descaro, desfachatez, atrevimiento.
ANT. *Prudencia.*

desunión
SIN. División, disconformidad, dispersión, descomposición, ruptura, separación, oposición, aislamiento, disyunción, desconcierto, abandono, discordia, desaveniencia.
ANT. *Unión, concordia, solidaridad, fraternidad.*

desunir
SIN. Apartar, separar, dividir, despegar, descoser, distanciar, desarticular, aislar, descomponer, disociar, deshacer, desavenir, indisponer.
ANT. *Unir, amigar, reunir.*

desusado
SIN. Desacostumbrado, infrecuentado, insólito, inaudito, infrecuente, extraño, atípico, nuevo, abolido, arrinconado.
ANT. *Usual, corriente, habitual, moderno.*

desvaído
SIN. Pálido, descolorido, disipado, débil, apagado, desteñido, mortecino, impreciso.
ANT. *Subido, vivo, chillón.*

desvalido
SIN. Desamparado, abandonado, pobre, huérfano, mendigo, pordiosero, desabrigado, desgraciado, menesteroso, indefenso.
ANT. *Protegido, defendido, afortunado.*

desvalijar
SIN. Quitar, saquear, robar, saltear, despojar, desplumar, limpiar, cepillar, despellejar, pelar, arruinar.
ANT. *Restituir, devolver, respetar.*

desvalimiento
SIN. Abandono, desamparo, soledad, desatención, desprecio, miseria, tristeza.
ANT. *Cuidado, atención, protección, amparo, tutela.*

desvalorización
SIN. Inflación, devaluación, mengua, baja, depreciación, rebaja, baratura, saldo.
ANT. *Alza, deflación, revalorización.*

desván
SIN. Buhardilla, guardilla, sobrado, tabanco, soberado (*Amér.*), altillo, trastero, entretecho, granero.

desvanecer
SIN. Aclarar, disipar, borrar, esfumar, anular, suprimir, desaparecer, difuminar, esparcir, atenuar, disgregar, deshacer.
ANT. *Aparecer, reforzar, resaltar.*

desvanecerse
SIN. Disiparse, evaporarse, desmayarse, desplomarse, turbarse, envanecerse, endiosarse.
ANT. *Recobrarse, humillarse.*

desvanecido
SIN. Esfumado, evaporado, confuso, disipado, desmayado, mareado, inconsciente, desfallecido, presumido, orgulloso, arrogante.
ANT. *Recobrado, humilde.*

desvanecimiento
SIN. Mareo, desmayo, vértigo, inconsciencia, flaqueza, debilidad, turbación, orgullo, vanidad, soberbia, presunción, altanería.
ANT. *Fortaleza, humildad.*

desvarío
SIN. Quimera, delirio, extravío, devaneo, fantasía, locura, inconstancia, capricho, dislate, desatino, despropósito, monstruosidad, enormidad, cuento, fábula, rareza.
ANT. *Razonamiento, argumentación.*

desvelado
SIN. Despierto, nervioso, preocupado, espabilado.
ANT. *Dormido, tranquilo.*

desvelarse
SIN. Extremarse, esmerarse, afanarse, preocuparse, inquietarse, desvivirse.
ANT. *Descuidarse, desinteresarse.*

desvelo
SIN. Cuidado, interés, inquietud, preocupación, celo, solicitud, diligencia, aflicción, esfuerzo, estudio, insomnio, desvelamiento, vigilia.
ANT. *Desinterés, tranquilidad, indiferencia.*

desvencijar
SIN. Desunir, desencajar, descomponer, desarmar, desquiciar, destornillar, destrozar.
ANT. *Enderezar, arreglar.*

desventaja
SIN. Mengua, perjuicio, inferioridad, quebranto, detrimento, deterioro, obstáculo, decadencia, pérdida, nocividad.
ANT. *Ventaja, beneficio, provecho, prosperidad.*

desventajoso
SIN. Perjudicial, dañoso, nocivo, desfavorable, inconveniente, pernicioso, contrario.
ANT. *Ventajoso, favorable, próspero.*

desventura
SIN. Desdicha, desgracia, adversidad, infortunio, tragedia, fatalidad, percance, revés, tropiezo, contratiempo.
ANT. *Suerte, fortuna, felicidad, favor, alegría.*

desventurado
SIN. Desgraciado, desdichado, mísero, apocado, víctima, desamparado, avaro, tacaño, cutre, mezquino, avariento, usurero, judío.
ANT. *Afortunado, feliz, dadivoso.*

desvergonzado
SIN. Descarado, deshonesto, caradura, impertinente, insolente, atrevido, indecoroso, indigno, abarrajado *(Amér.),* procaz, cínico, vicioso, ruin.
ANT. *Timorato, cohibido.*

desvergonzarse
SIN. Insolentarse, descararse, descomedirse.
ANT. *Comportarse.*

desvergüenza
SIN. Insolencia, descaro, desfachatez, atrevimiento, procacidad, desvergonzamiento, descortesía, licencia, desahogo, osadía.
ANT. *Comedimiento, mesura, finura, prudencia.*

desviar
SIN. Apartar, separar, disuadir, descaminar, corromper, viciar, pervertir, equivocar, quebrar.
ANT. *Enderezar, dirigir, encaminar, orientar.*

desvío
SIN. Indiferencia, desapego, extrañeza, frialdad, desagrado, alejamiento, variante, bifurcación.
ANT. *Apego, afecto, dirección*

desvirgar
SIN. Violar, desflorar, deshonrar, mancillar, profanar, desgarrar, romper.
ANT. *Respetar.*

desvivirse
SIN. Inquietarse, interesarse, preocuparse, despezuñarse *(Amér.),* esforzarse, matarse, afanarse, morirse, pirrarse.
ANT. *Desinteresarse, despreocuparse.*

detallado
SIN. Pormenorizado, minucioso, redundante, amplio, prolijo, puntualizado, especificado, analizado.
ANT. *Sintético, limitado, extractado.*

detallar
SIN. Precisar, determinar, especificar, definir, señalar, puntualizar, pormenorizar, narrar, referir.
ANT. *Limitar, resumir, silenciar.*

detalle
SIN. Pormenor, parte, porción, fragmento, dato, complemento, pequeñez, pincelada, bagatela, particularidad, característica, rasgo, determinación, quid, toque, meollo.
ANT. *Conjunto, todo, resumen, extracto.*

detención
SIN. Parada, alto, descanso, espera, compás, contención, dilación, retraso, paralización, atasco, dificultad, interrupción, freno, impedimento, atención, esmero, cuidado, prolijidad, apeadero, muelle, puerto.
ANT. *Continuación, libertad, precipitación, descuido.*

detener
SIN. Arrestar, coger, aprehender, atajar, encarcelar, apresar, encerrar, prender, capturar, aprisionar, paralizar, interceptar, impedir, aguantar, contener, conservar, guardar, frenar, apartar.
ANT. *Libertar, mover, adelantar, marchar.*

detenerse
SIN. Retardarse, demorarse, entretenerse, remansarse, pararse, atascarse, atollarse, plantarse, suspenderse, inmovilizarse.
ANT. *Moverse, apresurarse.*

detenido
SIN. Obstaculizado, estancado, estático, paralizado, parado, apocado, irresoluto, indeciso, vacilante, perplejo, escaso, miserable, mezquino, cicatero, prolijo, detallado.
ANT. *Corriente, decidido, activo, lanzado, resuelto, generoso.*

detenimiento
SIN. Detención, esmero, prolijidad, cuidado, minuciosidad, solicitud, exactitud, precaución, detalle, celo.
ANT. *Incuria, chapucería, descuido.*

deteriorado
SIN. Estropeado, ajado, averiado, rancio, maltratado, dañado, roto, agujereado, gastado, usado, mellado.
ANT. *Reparado, nuevo, intacto, conservado, fresco.*

deteriorar
SIN. Ajar, averiar, estropear, destruir, erosionar, menoscabar, degenerar, declinar, deformar, afear, desfigurar, perder, envejecer.
ANT. *Mejorar, embellecer, beneficiar.*

deterioro
SIN. Daño, desperfecto, avería, detrimento, menoscabo, decadencia, apolillamiento, corrosión, desgaste, rotura, alteración, ruina, impureza.
ANT. *Mejora, perfección, arreglo, beneficio.*

determinable
SIN. Definible, identificable, fácil, delimitable, especificable, clasificable.
ANT. *Confuso, vago, oscuro, incorrecto.*

determinación

SIN. Valor, osadía, arrojo, intrepidez, coraje, decisión, resolución, acuerdo, disposición, designio, voluntad, conclusión, fallo, estipulación, distinción, diferencia, precisión, limitación, fijación, individuación, caracterización.

ANT. *Cobardía, timidez, desacuerdo, indecisión, confusión.*

determinado

SIN. Explícito, categórico, definitivo, concluyente, definido, taxativo, fijo, concreto, formal, rotundo, claro, resuelto, valeroso, decidido, intrépido, obstinado.

ANT. *Dudoso, indeciso, tímido.*

determinar

SIN. Disponer, decidir, prescribir, estipular, mandar, ordenar, perceptuar, estatuir, decretar, acordar, concluir, precisar, ultimar, deslindar, distinguir, delimitar, especificar, definir, señalar, fijar.

ANT. *Imprecisar, dudar, vacilar.*

detestable

SIN. Abominable, reprobable, condenable, execrable, aborrecible, pésimo, infame, odioso, horrible, repelente, atroz, despreciable, insoportable, incómodo, molesto.

ANT. *Simpático, agradable, amable, bueno.*

detestar

SIN. Condenar, maldecir, censurar, fustigar, desaprobar, aborrecer, abominar, odiar, rechazar, repeler, repugnar, desdeñar.

ANT. *Admirar, estimar, querer, apreciar, amar.*

detonación

SIN. Estampido, estallido, explosión, tiro, disparo, sonido, estruendo, cañonazo, fragor.

ANT. *Silencio.*

detonar

SIN. Explotar, estallar, disparar, crepitar, resonar, retumbar, reventar.

ANT. *Enmudecer, callar.*

detracción

SIN. Murmuración, difamación, vituperación, censura, reproche, vilipendio, acusación, insulto.

ANT. *Encomio, elogio.*

detractar

SIN. Denigrar, infamar, murmurar,

detraer, injuriar, deshonrar, desacreditar.

ANT. *Alabar, elogiar.*

detractor

SIN. Maldiciente, infamador, calumniador, censurador, vituperador, deshonrador, afrentador, escarnecedor.

ANT. *Encomiador, panegirista.*

detraer

SIN. Restar, quitar, substraer, descontar, separar, apartar, desviar, desacreditar, detractar.

ANT. *Añadir, enderezar, alabar.*

detrás

SIN. Después, posterior, atrás, tras, sobre.

ANT. *Delante, antes.*

detrimento

SIN. Pérdida, quebranto, daño, perjuicio, menoscabo, avería, lesión, disminución, depreciación, agravio, injusticia, arbitrariedad.

ANT. *Ventaja, provecho, beneficio, respeto.*

detrito

SIN. Restos, residuos, sobras, despojos, desperdicios, desechos, basura, excrementos, corrupción.

ANT. *Aprovechamiento, lozanía.*

deuda

SIN. Obligación, compromiso, responsabilidad, debe, débito, deber, pasivo, saldo, atraso, apremio, dita (*Amér.*), crédito, préstamo, embargo, extorsión, dificultad, problema, pecado, culpa.

ANT. *Superávit, activo, facilidad, elogio, virtud.*

deudo

SIN. Pariente, allegado, familiar, parentesco.

deudor

SIN. Deficitario, quebrado, insolvente, entrampado, tramposo, moroso, pasivo.

ANT. *Acreedor, solvente.*

devanador

Amér.

SIN. Devanadera, batidor, bobina, aspadera, huso.

devanear

SIN. Delirar, divagar, desbarrar, descuidar, despotricar, disparatar, desvariar.

ANT. *Razonar, precisar.*

devaneo

SIN. Delirio, desatino, locura, disparate, fantasía, divagación, pasatiempo, diversión, juerga, amorío, aventura.

ANT. *Sensatez, seriedad, cordura, precisión.*

devastación

SIN. Destrucción, aislamiento, ruina, aniquilación, hecatombe, estrago, quema, exterminio, arrasamiento.

ANT. *Pujanza, progreso, riqueza.*

devastar

SIN. Arruinar, asolar, destruir, arrasar, deshacer, desmantelar, talar, aniquilar, derrocar, derribar.

ANT. *Enriquecer, progresar, construir.*

devengado

SIN. Vencido, caído, proporcionado, producido.

ANT. *Corriente, vigente.*

devengo

SIN. Ganancia, retribución, producción, cobranza, interés.

ANT. *Deuda.*

devenir

SIN. Acontecer, suceder, pasar, ocurrir, acaecer, venir, resultar, producirse.

ANT. *Detenerse, estancarse.*

devoción

SIN. Amor, afición, afecto, admiración, adhesión, apego, fe, religiosidad, virtud, celo, fervor, recogimiento, piedad, retiro, veneración respeto, reverencia.

ANT. *Indiferencia, frialdad, irreverencia, hostilidad.*

devolver

SIN. Volver, restituir, reembolsar reintegrar, redimir, recobrar, recuperar, dar, compensar, resarcir premiar, vomitar, basquear, arrojar.

ANT. *Embolsar, apropiar.*

devolver

Amér.

SIN. Regresar, volverse, tornar, retornar, retroceder.

ANT. *Alejarse, irse, marcharse.*

devorador

SIN. Tragón, glotón, insaciable, engullidor, zampador, voraz, consumidor, devastador, arrasador, caníbal, carnicero, primitivo.

ANT. *Saciado, harto, civilizado.*

devorar

SIN. Consumir, zampar, tragar, comer, engullir, glotonear, embuchar, deglutir, disipar, destruir, despedazar, devastar, quemar, arrasar.
ANT. *Ayunar, moderarse.*

devoto

SIN. Apegado, admirador, partidario, entusiasta, adicto, incondicional, secuaz, hincha, beato, místico, santurrón, timorato, creyente, adorador, religioso, piadoso, reverente, pío, fervoroso.
ANT. *Hostil, enemigo, irreligioso.*

diablear

SIN. Enredar, revolver, triscar, retozar, travesear.
ANT. *Comportarse, conducirse.*

diablo

SIN. Demonio, Satanás, Mefistófeles, Lucifer, Satán, Luzbel, Anticristo, travieso, audaz, vivo, revoltoso, sagaz, artista, sutil, mañoso, cauto, taimado, avisado, listo.
ANT. *Serafín, pacífico, obtuso*

iablura

SIN. Travesura, trastada, temeridad, imprudencia, chiquillada, irreflexión, ligereza, atrevimiento, imprevisión.
ANT. *Formalidad, sensatez, moderación, torpeza.*

diabólico

SIN. Perverso, malo, infernal, satánico, demoníaco, maligno, endemoniado.
ANT. *Angélico, bueno, noble.*

diadema

SIN. Presea, cinta, aderezo, adorno, resplandor (*Amér.*) insignia, corona, joya, aureola, cetro.

diafanidad

SIN. Claridad, transparencia, pureza, tersura, visibilidad.
ANT. *Opacidad, tenebrosidad, impureza.*

diáfano

SIN. Claro, cristalino, transparente, limpio, puro, meridiano, inteligible.
ANT. *Turbio, opaco, sucio.*

diagnosis

SIN. Análisis, examen, diagnóstico, prescripción, pronóstico, interpretación.

diagonal

SIN. Oblicuo, sesgado, atravesado, cruzado, transversal, cortado, recta, línea, trazo.
ANT. *Paralelo, perpendicular.*

dialogar

SIN. Hablar, conversar, platicar, consultar, conferenciar, entrevistar, paliquear, comentar, preguntar, comunicar, departir, deliberar, discutir.
ANT. *Callar, silenciar, enmudecer.*

diálogo

SIN. Plática, conversación, coloquio, discusión, entrevista, conferencia, floreo, comentario, parlamento, interlocución, careo, cotorreo, consulta, interrogatorio, altercado, polémica.
ANT. *Silencio, monólogo, mutismo.*

diamante

SIN. Brillante, gema, carbono, mineral, quilate, corona.

diamantino

SIN. Inquebrantable, duro, persistente, firme, irrompible.
ANT. *Blando, maleable.*

diapasón

SIN. Sonómetro, tono, voz, inflexión, sonido, fuerza, varilla, regulador, horquilla.

diario

SIN. Cotidiano, habitual, frecuente, regular, fijo, breviario, boletín, gaceta, periódico, memorias, registro, narración, relato, dietario.

diarismo

Amér.
SIN. Periodismo, reporterismo, corresponsalía, articulismo.

diatriba

SIN. Invectiva, libelo, vejamen, violencia, injuria, ataque, censura.
ANT. *Alabanza.*

dibujar

SIN. Pintar, diseñar, delinear, trazar, describir, esbozar, figurar, ilustrar, esgrafiar, grabar, difuminar, matizar, copiar.

dibujo

Esbozo, esquema, diseño, apunte, bosquejo, croquis, silueta, imagen, figura, proyecto, copia, plano, gráfico, estampa, estudio, grabado, cuadro, pintura.

dicción

SIN. Palabra, vocablo, voz, expresión, término, pronunciación, declamación, articulación, elocución, estilo.

diccionario

SIN. Vocabulario, léxico, catálogo, lista, registro, repertorio, índice, tesauro, enciclopedia, nomenclatura, combinación, concordancia.

dictador

SIN. Autócrata, déspota, tirano, absolutista, dominador, sojuzgador, opresor, director.
ANT. *Demócrata, liberal.*

dictamen

SIN. Juicio, opinión, parecer, discernimiento, entender, sentencia, veredicto, diagnóstico, resolución, decisión, plácito, sentir.

dictar

SIN. Inspirar, sugerir, imponer, promulgar, expedir, dar, ordenar, decretar, sentenciar, dictaminar, leer, escribir.
ANT. *Vacilar, obedecer, someterse.*

dictatorial

SIN. Absoluto, autocrático, tiránico, arbitrario, intolerante, opresivo, feudal, dominante.
ANT. *Liberal, demócrata.*

dicterio

SIN. Improperio, ofensa, injuria, invectiva, insulto, provocación, agravio, afrenta.
ANT. *Lisonja, elogio.*

dicha

SIN. Encanto, gusto, contento, prosperidad, fortuna, felicidad, triunfo, bienestar, ventura, abundancia, complacencia.
ANT. *Desventura, desdicha, desgracia, fracaso.*

dicharachero

SIN. Chacero, bromista, ocurrente, gracioso, chistoso, ingenioso, vivaz, agudo, expresivo, divertido.
ANT. *Triste, grave, aburrido, serio.*

dicharacho

SIN. Palabrota, broma, chascarrillo, burla, pitorreo, choteo, ocurrencia, gracia, chiste, agudeza.
ANT. *Seriedad, torpeza.*

dicho

SIN. Ocurrencia, chiste, gracia, agudeza, salida, ingeniosidad, sen-

tencia, proverbio, refrán, máxima, aforismo, precepto, pensamiento, fórmula, locución, frase, axioma, adagio, regla, citado, referido, mencionado.
ANT. *Torpeza, pesadez, olvidado.*

dichoso
SIN. Afortunado, feliz, venturoso, bienaventurado, poderoso, molesto, fastidioso, pesado, enojoso, desagradable.
ANT. *Desgraciado, desdichado, agradable.*

diestro
SIN. Experto, hábil, mañoso, competente, capaz, especialista, habilidoso, lúcido, périto, ejercitado, versado, sagaz, suelto, apañado, curtido, primoroso, manitas, derecho.
ANT. *Inexperto, manazas, inútil.*

difamación
SIN. Calumnia, maledicencia, murmuración, deslustre, desprestigio, denigración, oprobio, censura, insulto, detracción, deshonra, falacia, bulo, vituperio.
ANT. *Apología, honra, elogio.*

difamador
SIN. Calumniador, denigrador, murmurador, ultrajador, deshonrador, impostor, injuriador, ultrajante, mentiroso, criticón.
ANT. *Elogiador, defensor, apologista.*

difamar
SIN. Desacreditar, calumniar, denigrar, ultrajar, menospreciar, infamar, ensuciar, mentir, culpar, falsear, mancillar, desdorar, censurar, deshonrar, morder, desprestigiar, tiznar, afrentar.
ANT. *Honrar, elogiar, ensalzar.*

diferencia
SIN. Distinción, variedad, diversidad, desemejanza, desigualdad, disparidad, discrepancia, diferendo (*Amér.*), disensión, desavenencia, discordia, litigio, desacuerdo, oposición.
ANT. *Parecido, igualdad, avenencia, acuerdo, analogía.*

diferendo
Amér.
SIN. Desacuerdo, diferencia, discrepancia, disensión, disconformidad, desemejanza.
ANT. *Acuerdo, avenencia, coincidencia.*

diferente
SIN. Dispar, disímil, divergente, discordante, otro, opuesto, discrepante, cambiante, diverso, desigual, distinto, desemejante, disconforme, incomparable, heterogéneo.
ANT. *Igual, semejante, parejo, análogo, unánime, homogéneo.*

diferir
SIN. Demorar, posponer, retardar, suspender, aplazar, dilatar, retrasar, rezagar, postergar, prorrogar, pausar, entretener, dificultar, obstaculizar, entorpecer.
ANT. *Adelantar, cumplir, activar, facilitar.*

difícil
SIN. Arduo, dificultoso, trabajoso, peliagudo, intrincado, serio, complejo, complicado, espinoso, embrollado, enrevesado, enmarañado, laberíntico, peligroso, escabroso, inaccesible, agotador, rebelde, áspero, indócil, indisciplinado.
ANT. *Fácil, sencillo, dócil, elemental, accesible, disciplinado.*

dificultad
SIN. Tropiezo, inconveniente, problema, reparo, embarazo, impedimento, entorpecimiento, escollo, hueso, complicación, complejidad, crisis, trance, agobio, aprieto, apuro, desgracia, atasco, atolladero, contrariedad, contratiempo, objeción, obstrucción, oposición.
ANT. *Facilidad, sencillez.*

dificultar
SIN. Complicar, entorpecer, estorbar, embarazar, retardar, atascar, trabar, encallar, contrariar, erizar, cohibir, obstruir, obstaculizar, confundir.
ANT. *Facilitar, simplificar, allanar, evitar, superar.*

dificultoso
SIN. Penoso, difícil, embarazoso, complicado, enrevesado, peliagudo, arduo.
ANT. *Fácil, dócil.*

difundir
SIN. Extender, derramar, divulgar, propagar, esparcir, irradiar, dilatar, expandir, ramificar, proliferar, espaciar, enseñar, ensanchar, publicar, transmitir, generalizar, comunicar, emitir, diseminar, trascender.
ANT. *Contener, demorar, callar, silenciar.*

difusión
SIN. Emisión, expansión, propagación, irradiación, dispersión, divulgación, producción, circulación, publicidad, resonancia, repercusión, rumor, eco.
ANT. *Recogimiento, silencio, ocultación, prohibición.*

difuso
SIN. Dilatado, extenso, ancho, amplio, largo, prolijo, espacioso, impreciso, hueco, confuso, embrollado, vago, indefinido.
ANT. *Limitado, concreto, ameno, preciso, claro.*

dignarse
SIN. Condescender, acceder, consentir, aceptar, servirse.
ANT. *Negarse, resistirse, oponerse.*

dignidad
SIN. Tratamiento, título, prerrogativa, ocupación, puesto, cargo, consideración, realce, nobleza, excelencia, grandeza, majestad, rectitud, marquesado, gravedad, decoro, honestidad, decencia, pundonor.
ANT. *Indignidad, vileza, deshonor, vergüenza, vilipendio.*

digno
SIN. Proporcionado, correspondiente, merecido, conforme, plausible, merecedor, acreedor, decente, grave, honrado, decoroso, caballeroso, honesto, verídico, fidedigno, veraz.
ANT. *Inmerecido, vil, abyecto, innoble, vejatorio.*

dilacerar
SIN. Atenazar, retardo, tardanza, despedazar, destrozar, rasgar, desacreditar, deshonrar, humillar, lacerar, herir, afligir.
ANT. *Alabar, elogiar, enaltecer, honrar.*

dilación
SIN. Detención, retardo, tardanza, retraso, demora, aplazamiento, prórroga, despacio (*Amér.*), remisión, moratoria, espera, lentitud.
ANT. *Adelanto, rapidez, agilidad, prisa.*

dilapidación
SIN. Despilfarro, derroche, malversación, prodigalidad, disipación, exceso.
ANT. *Ahorro, economía, estrechez.*

dilapidador

SIN. Malversador, derrochador, despilfarrador, disipador, desperdiciador, prolijo.

ANT. *Económico, ahorrativo.*

dilapidar

SIN. Malgastar, derrochar, malversar, disipar, tirar, despilfarro, desperdiciar, prodigar, excederse, quemar.

ANT. *Ahorrar, economizar, atesorar, privarse.*

dilatación

SIN. Ampliación, hinchazón, expansión, ensanche, desahogo, dispersión, difusión, prolongación, ramificación.

ANT. *Encogimiento, estrechez, reducción.*

dilatado

SIN. Difuso, prolijo, extenso, amplio, numeroso, vasto, ancho, extendido, grande, espacioso, desahogado, alargado, desenvuelto.

ANT. *Encogido, limitado, resumido.*

dilatar

SIN. Retardar, demorar, diferir, aplazar, prorrogar, distanciar, retrasar, ensanchar, agrandar, aumentar, desplegar, prolongar, desenvolver, amplificar, estirar.

ANT. *Anticipar, adelantar, encoger.*

dilección

SIN. Amor, cariño, amistad, estimación, afecto, predilección, preferencia, admiración, devoción.

ANT. *Enemistad, desinterés.*

diligencia

SIN. Actividad, rapidez, prontitud, prisa, presteza, atención, vivacidad, ligereza, aplicación, cuidado, solicitud, esmero.

ANT. *Apatía, pereza, abulia, ociosidad, desidia.*

diligente

SIN. Aplicado, activo, inquieto, listo, atento, celoso, trabajador, laborioso, cumplidor, incansable, cuidadoso, expeditivo, pronto, rápido, ágil, ligero, presto, exacto, servicial, solícito, apresurado, resuelto.

ANT. *Descuidado, perezoso, vago, desidioso, apático.*

dilogía

SIN. Ambigüedad, anfibología,

equívoco, calambur.

ANT. *Claridad, exactitud.*

dilucidación

SIN. Explicación, aclaración, esclarecimiento, explanación, ilustración, solución.

ANT. *Confusión, equívoco.*

dilucidar

SIN. Explicar, aclarar, resolver, esclarecer, especificar, puntualizar, desenredar, desembrollar, desentrañar.

ANT. *Confundir, embrollar, enmarañar.*

diluir

SIN. Disolver, licuar, deshacer, disgregar, separar, aclarar, agriar.

ANT. *Concentrar, espesar.*

dimanación

SIN. Origen, procedencia, fundamento, nacimiento, principio, fuente.

ANT. *Fin.*

diminuto

SIN. Pequeño, minúsculo, microscópico, deficiente, defectuoso, falto, exiguo, mezquino, pobre.

ANT. *Completo, desmesurado, formidable, abundante.*

dimisión

SIN. Renuncia, abandono, abdicación, renunciación, rescisión, separación, cese, deserción.

ANT. *Continuación, permanencia.*

dimitir

SIN. Abdicar, renunciar, abandonar, deponer, resignar, entregar, desertar, despachar, ceder.

ANT. *Continuar, permanecer, persistir.*

dinámico

SIN. Activo, fuerte, enérgico, rápido, apresurado, ligero, vivo, eficaz.

ANT. *Estático, parado, abúlico.*

dinero

SIN. Caudal, capital, moneda, pasta, ahorro, metálico, efectivo, peculio, guita, hacienda, fortuna, tesoro, papel, bienes, bolsa, fondo, posición.

ANT. *Pobreza, estrechez, ruina, apuro.*

dineroso

SIN. Adinerado, rico, opulento, potentado, caudaloso, hacendado.

ANT. *Pobre, indigente.*

diploma

SIN. Bula, despacho, credencial, nombramiento, privilegio, autorización, título, recompensa, premio, grado.

diplomacia

SIN. Astucia, tacto, habilidad, tiento, disimulo, pulso, cortesía, sagacidad, mediación, arbitraje, negociación, relaciones, misión, cancillería, embajada.

ANT. *Torpeza, grosería, rudeza.*

diplomático

SIN. Astuto, disimulado, sagaz, ladino, taimado, marrullero, zorro, embajador, ministro, consejero, secretario, representante, cónsul, legado.

ANT. *Rudo, brusco, torpe.*

dique

SIN. Puerto, muelle, escollera, malecón, espolón, presa, valladar, muro, obstáculo, freno, barrera, parada, estorbo.

ANT. *Accesibilidad, facilidad.*

dirección

SIN. Administración, gestión, superioridad, consejo, gobierno, directiva, gerencia, rectorado, curso, derrotero, rumbo, sesgo, marcha, giro, destino, orientación, tendencia, cauce, señas, domicilio, residencia, paradero, volante, cremallera.

ANT. *Laberinto, desorientación, confusión.*

directo

SIN. Seguido, recto, derecho, continuo, vertical, perpendicular, inmediato, natural, evidente, franco, sencillo, verdadero, leal, claro, abierto.

ANT. *Torcido, desviado, embozado, confuso, desleal.*

director

SIN. Conductor, guía, orientador, prior, norte, jefe, rector, cabeza, superior, presidente, decano, principal.

ANT. *Subalterno, dirigido.*

dirigir

SIN. Guiar, encaminar, conducir, orientar, encauzar, encarrilar, enfocar, apuntar, gobernar, regir, capitanear, mandar, disponer, ordenar, maniobrar, presidir, instruir, educar, aconsejar, advertir, enseñar.

ANT. *Despistar, extraviar, obedecer, someterse, abandonar, desamparar.*

dirimir
SIN. Disolver, deshacer, desunir, anular, separar, ajustar, resolver, acordar, conducir, ventilar, decidir, terminar.
ANT. *Reunir, aplazar, unir.*

discernir
SIN. Distinguir, diferenciar, comprender, apreciar, percibir, entender, alcanzar, descifrar, juzgar, enjuiciar.
ANT. *Confundir, ignorar, vacilar.*

disciplina
SIN. Regla, orden, método, obediencia, subordinación, represión, corrección, educación, adiestramiento, instrucción, enseñanza, dominio, estudios.
ANT. *Indisciplina, rebelión, desorden, ignorancia.*

disciplinar
SIN. Instruir, enseñar, aleccionar, adiestrar, ilustrar, dominar, someter, sujetar, subyugar.
ANT. *Indisciplinar.*

disciplinarse
SIN. Mortificarse, subordinarse, dominarse, contenerse, vencerse, someterse, castigarse.
ANT. *Desatarse, rebelarse.*

discipulado
SIN. Instrucción, doctrina, enseñanza, educación.

díscolo
SIN. Travieso, indócil, perturbador, revoltoso, rebelde, indisciplinado, desobediente.
ANT. *Dócil, obediente*

discontinuo
SIN. Irregular, intermitente, interrumpido, variable, entrecortado, incoherente.
ANT. *Continuo.*

discordancia
SIN. Disconformidad, desacuerdo, oposición, disentimiento, discrepancia, contrariedad.
ANT. *Acuerdo, conformidad.*

discordar
SIN. Diferir, discrepar, disentir, desacordar, desavenir, enemistar, chocar, discutir.
ANT. *Acordar, convenir.*

discorde
SIN. Opuesto, desconforme, contrario, discrepante, cismático, desavenido, disonante, inarmónico.
ANT. *Favorable, acorde.*

discordia
SIN. Desacuerdo, oposición, contrariedad, discrepancia, disconformidad, desunión, desavenencia, división, cisma, pelotera, rencilla.
ANT. *Concordia, acuerdo, avenencia, unión.*

discreción
SIN. Circunspección, cordura, mesura, moderación, prudencia, sensatez, reserva, tacto, tino, formalidad, seso, compostura, recato, agudeza, ingenio.
ANT. *Indiscreción, irreflexión, torpeza, desmesura.*

discrepancia
SIN. Disentir, distar, desajustar, diverger, diversificar, disputar, discutir, altercar.
ANT. *Coincidir, concordar.*

discreto
SIN. Cuerdo, juicioso, sensato, circunspecto, prudente, cauto, moderado, reservado, velado, oportuno, sabio, formal, mesurado, ponderado.
ANT. *Indiscreto, inoportuno, desmesurado, torpe.*

discriminar
SIN. Distinguir, diferenciar, seleccionar, excluir, separar, dividir, distanciar.
ANT. *Mezclar, juntar, igualar.*

disculpa
SIN. Excusa, descarga, pretexto, alegato, defensa, vindicación, coartada, evasiva, salida, exculpación, escapatoria, subterfugio.
ANT. *Culpa, acusación, ataque.*

disculparse
SIN. Justificarse, sincerarse, excusarse, descargarse, defenderse.
ANT. *Acusarse, culparse.*

discurrir
SIN. Caminar, andar, correr, pasear, suceder, circular, fluir, pensar, meditar, cavilar, razonar, deducir, inferir, concluir, conjeturar, suponer.
ANT. *Detenerse, ofuscar, confundir.*

discursivo
SIN. Reflexivo, meditabundo, caviloso, pesado, extenso, complejo.
ANT. *Irreflexivo, ágil, ligero.*

discurso
SIN. Plática, arenga, prédica, oración, conferencia, charla, narración, disertación, panegírico, espiche (*Amér.*), apología, sermón, homilía, oratoria, exposición, catilinaria, invectiva, diatriba, elocuencia.
ANT. *Silencio, mutismo.*

discusión
SIN. Estudio, debate, examen, altercado, disputa, polémica, controversia, querella, litigio, discrepancia, discordia, pelotera, fregado, choque, rivalidad, pelea, bronca, riña, trifulca.
ANT. *Acuerdo, concordia, paz, calma.*

discutidor
SIN. Polemista, contradictor, argumentador, razonador, altercador, opositor, protestante.
ANT. *Mediador, pacificador.*

discutir
SIN. Argumentar, debatir, examinar, cuestionar, ventilar, razonar, dilucidar, altercar, contender, controvertir, disputar, litigar, chocar, pelotear, batallar, lidiar, polemizar, refutar.
ANT. *Concordar, pacificar.*

disector
SIN. Anatomista, disecador, anatómico.

diseminación
SIN. Dispersión, siembra, esparcimiento, difusión, desperdigamiento.
ANT. *Recogida, recolecta.*

diseminar
SIN. Sembrar, esparcir, desparramar, desperdigar, dispersar, disgregar, difundir, irradiar.
ANT. *Agrupar, recoger, unir.*

disensión
SIN. Altercado, contienda, riña, disputa, querella, contrariedad, disconformidad, desavenencia, desacuerdo, divergencia, desconcierto, desunión, separación.
ANT. *Acuerdo, pacificación, avenencia.*

disentimiento
SIN. Discrepancia, división, divergencia, desunión, desavenencia.
ANT. *Acuerdo.*

disentir
SIN. Discordar, discrepar, disputar, desavenir, desunir.
ANT. *Avenir, unir.*

diseñar
SIN. Delinear, trazar, proyectar, esbozar, bocetar, planear, perfilar, crear.

disertación
SIN. Discurso, razonamiento, alocución, conferencia, charla, lección, tratado, exposición.

disfavor
SIN. Desaire, desprecio, desatención, descortesía, desconsideración, menosprecio, desdicha, desgracia.
ANT. *Aprecio, cortesía.*

disforme
SIN. Irregular, desproporcionado, desmesurado, deforme, descomunal, horroroso, horrible, espantoso.
ANT. *Atractivo, proporcionado, normal.*

disformidad
SIN. Deformidad, monstruosidad, fealdad, desproporción.
ANT. *Hermosura, perfección.*

disfraz
SIN. Embozo, tapujo, disimulo, artificio, simulación, velo, eufemismo, capa, ocultación, pretexto, carnaval
ANT. *Exhibición.*

disfrazar
SIN. Ocultar, tapar, velar, disimular, desfigurar, embozar, tergiversar, falsear, alterar, cambiar, modificar.
ANT. *Descubrir, exhibir, mostrar.*

disfrutar
SIN. Gozar, saborear, placer, percibir, disponer, utilizar, beneficiarse, disponer.
ANT. *Aburrirse, desposeer.*

disfrute
SIN. Aprovechamiento, goce, usufructo, placer, alegría.
ANT. *Aburrimiento, tedio.*

disgregación
SIN. Separación, desunión, esparcimiento, difusión, irradiación.
ANT. *Unión, concentración.*

disgregar
SIN. Separar, desunir, disolver, dividir, esparcir, sembrar, desperdigar, desparramar, desmenuzar, dispersar.
ANT. *Unir, congregar, concentrar.*

disguatado
SIN. Enojado, desazonado, desabrido, contrariado, quejoso, pesaroso, enemistado, descontento, enfadado, indispuesto.
ANT. *Contento, alegre.*

disgustar
SIN. Contrariar, desazonar, desagradar, enfadar, incomodar, repugnar, molestar, enojar, fastidiar, irritar, alterar.
ANT. *Atraer, gustar, alegrar.*

disgusto
SIN. Desabrimiento, desazón, molestia, desgana, contrariedad, repugnancia, enfado, diferencia, contienda, roce, berrinche, sofocón, pesadumbre, sentimiento, desgracia, malestar, amargura, melancolía, tormento, inquietud, dolor.
ANT. *Alegría, contento, placer, felicidad, conformidad.*

disidencia
SIN. Desacuerdo, división, escisión, cisma, desconformidad, disentimiento, ruptura, disputa.
ANT. *Acuerdo, unión.*

disímil
SIN. Distinto, diferente, diverso, dispar, desigual, heterogéneo.
ANT. *Parecido, igual.*

disimulación
SIN. Disimulo, ficción, fingimiento, encubrimiento, eufemismo, tapujo, ocultación, disfraz, paliación.
ANT. *Veracidad.*

disimulado
SIN. Falso, fingido, hipócrita, disfrazado, cubierto, simulado, engañoso, teñido, reservado, oculto, cerrado.
ANT. *Franco, veraz, claro.*

disimular
SIN. Encubrir, ocultar, tapar, esconder, simular, disfrazar, desfigurar, desmentir, encubrir, recatar, fingir, permitir, tolerar, disculpar, pasar.
ANT. *Revelar, sincerarse, franquearse.*

disimulo
SIN. Tolerancia, indulgencia, máscara, disfraz, fingimiento, doblez, tapujo, falsedad, reserva, sigilo, táctica, ficción, mentira.
ANT. *Franqueza, veracidad.*

disipación
SIN. Vicio, libertinaje, desenfreno, diversión, liviandad, licencia, placer, derroche, desaparición, evaporación.
ANT. *Moderación, sobriedad, virtud.*

disipado
SIN. Derrochado, malgastado, despilfarrado, pródigo, libertino, inmoral, juerguista, licencioso, vicioso, depravado
ANT. *Ahorrativo, moral, comedido.*

disipar
SIN. Desvanecer, esparcir, desperdiciar, malgastar, derrochar, prodigar, deshacer, dilapidar, despilfarrar.
ANT. *Ahorrar, reunir.*

disiparse
SIN. Evaporarse, borrarse, desvanecerse, alcanforar (*Amér.*), esfumarse, desaparecer, eclipsarse.
ANT. *Reaparecer, reunirse.*

dislate
SIN. Disparate, despropósito, desatino, absurdo, barbaridad, burrada, insensatez, imprudencia, necedad, extravagancia.
ANT. *Acierto, sensatez, prudencia, lógica.*

dislocar
SIN. Desencajar, descoyuntar, desquiciar, zafar (*Amér.*), desarticular, descomponer.
ANT. *Encajar, articular, reducir.*

disminución
SIN. Mengua, merma, rebaja, reducción, decrecimiento, menoscabo, descenso, remisión, baja, desgaste, recorte, descrédito, desfalco, decrepitud.
ANT. *Mejora, incremento, potencia.*

disminuir
SIN. Menguar, decrecer, abreviar, mermar, reducir, rebajar, menoscabar, aminorar, encoger, apocar, amainar, atenuar, moderar, mitigar, perder, ceder.
ANT. *Aumentar, añadir, hinchar.*

disminuirse
SIN. Menoscabarse, menguarse, mermarse, amainarse, atenuarse, aplacarse.
ANT. *Hincharse, engrosarse.*

disociar
SIN. Desunir, separar, disgregar, apartar, dividir, descomponer, desligar.
ANT. *Unir, sumar.*

disolución
SIN. Relajación, licencia, disipación, liviandad, libertinaje, desenfreno, ruptura, separación, destrucción
ANT. *Moralidad, mesura, virtud.*

disoluto
SIN. Licencioso, libertino, vicioso, disipado, impúdico, obsceno, relajado.
ANT. *Mesurado, austero, comedido.*

disolver
SIN. Deshacer, desatar, desbaratar, soltar, separar, destruir, desunir, interrumpir, diluir, licuar, aclarar.
ANT. *Construir, concentrar.*

disonante
SIN. Inarmónico, discorde, desacorde, destemplado, desproporcionado, discrepante, chocante.
ANT. *Armónico, agradable, acorde.*

disonar
SIN. Discrepar, chocar, repugnar, repeler, enemistar, disentir, desentonar, destemplar, gritar.
ANT. *Convenir, acordar, armonizar.*

dispar
SIN. Disímil, diferente, heterogéneo, otro, distinto, diverso, discrepante.
ANT. *Semejante, parecido.*

disparar
SIN. Despedir, arrojar, tirar, lanzar, descargar, abalear (*Amér.*), echar, proyectar, enviar, fulminar, dirigir.
ANT. *Aguantar, contener.*

dispararse
SIN. Desbocarse, desmandarse, precipitarse, desahogarse, encolerizarse, descomponerse.
ANT. *Callarse, contenerse, comedirse.*

disparatado
SIN. Absurdo, descabellado, ilógico, desatinado, irracional, incongruente, desmesurado.
ANT. *Razonable, lógico, sensato.*

disparatar
SIN. Desatinar, desbarrar, delirar, ensartar, devanear, tergiversar, trastornar.
ANT. *Razonar, discurrir.*

disparate
SIN. Dislate, desatino, absurdo, despropósito, barbaridad, insensatez, estupidez, engendro, animalada, burrada, paradoja, macana (*Amér.*), contrasentido, error, extravagancia.
ANT. *Cordura, acierto, sensatez, lógica.*

disparatero
Amér.
SIN. Extravagante, insensato, irracional.
ANT. *Cuerdo, razonable.*

disparidad
SIN. Diferencia, discrepancia, desigualdad, desemejanza, desacuerdo, disentimiento.
ANT. *Semejanza, acuerdo.*

disparo
SIN. Detonación, tiro, descarga, salva, chupinazo, andanda, disparate, aberración.
ANT. *Sensatez.*

dispendio
SIN. Derroche, gasto, desembolso, despilfarro, disipación, malversación.
ANT. *Ahorro, economía, cautela.*

dispendioso
SIN. Caro, costoso, gravoso, excesivo, pródigo.
ANT. *Económico, barato.*

dispensar
SIN. Conceder, dar, otorgar, distribuir, ceder, perdonar, exculpar, disculpar, absolver, excusar, autorizar, favorecer, redimir, licenciar.
ANT. *Prohibir, denegar, condenar.*

dispensario
SIN. Consultorio, clínica, sanatorio, hospital, servicio, botiquín.

dispersar
SIN. Diseminar, desperdigar, disgregar, disipar, irradiar, desordenar, esparcir, desbaratar, separar, desunir, dividir, disolver, rociar.
ANT. *Unir, reunir, agrupar.*

dispersión
SIN. Diseminación, separación, disgregación, derramamiento, propagación, difusión, extensión, disipación, desbandada, derrota.
ANT. *Aglomeración, concentración, triunfo.*

disperso
SIN. Esparcido, separado, diseminado, desparramado, suelto, extendido, difuso.
ANT. *Unido, aglutinado.*

displicencia
SIN. Desprecio, desagrado, fastidio, indiferencia, aspereza, apatía, indolencia, desaliento, vacilación, desdén, brusquedad, malhumor.
ANT. *Agrado, cortesía, amabilidad, interés.*

displicente
SIN. Áspero, desabrido, desagradable, brusco, esquinado, indolente, descontento, disgustado, ingrato.
ANT. *Amable, agradable, vehemente.*

disponer
SIN. Ordenar, concertar, arreglar, preparar, prevenir, aderezar, decidir, resolver, deliberar, determinar, definir, decretar, concluir.
ANT. *Desordenar, desbaratar, vacilar.*

disponible
SIN. Utilizable, aprovechable, vacante, sensible, explotable.
ANT. *Ocupado.*

disposición
SIN. Distribución, colocación, coordinación, acomodo, situación, resolución, edicto, norma, precepto, regla, cláusula, método, medida, tendencia, inclinación, talento, aptitud.
ANT. *Desorden, anarquía, indecisión, tosquedad, ineptitud.*

dispuesto
SIN. Apuesto, gallardo, gentil, hábil, apto, vivo, despejado, despierto, inteligente, idóneo, mañoso, apañado.
ANT. *Inepto, ineficaz.*

disputa
SIN. Altercado, contienda, discusión, querella, trifulca, camorra, riña, pelea, bronca, litigio, incidente, discordia, discrepancia, alegato (*Amér.*), forcejeo, pleito.
ANT. *Entendimiento, avenencia, paz.*

disquisición
SIN. Examen, razonamiento, discusión, investigación, averiguación, debate, estudio.
ANT. *Desinterés.*

distancia
SIN. Espacio, longitud, horizonte, latitud, jalón (*Amér.*), trecho, intérvalo, camino, recorrido, medida, travesía, viaje, periplo, desapego, frialdad, enemistad, desvío, separación.
ANT. *Proximidad, cercanía, afecto, aprecio.*

distanciar
SIN. Distar, alejar, separar, desunir, apartar, disputar.
ANT. *Acercar, unir.*

distante
SIN. Lejos, apartado, lejano, espaciado, remoto, retirado, alejado.
ANT. *Próximo, cercano.*

distar
SIN. Diferir, distanciar, discrepar.
ANT. *Convenir, coincidir.*

distinción
SIN. Prerrogativa, honor, excepción, distingo, elegancia, cortesía, educación, finura, exquisitez, desigualdad, singularidad.
ANT. *Tosquedad, igualdad, confusión, imprecisión.*

distingo
SIN. Distinción, limitación, reparo, censura, salvedad.
ANT. *Igualdad.*

distinguido
SIN. Esclarecido, ilustre, noble, principal, sobresaliente, elegante, fino, connotado (*Amér.*), educado, correcto, grato, rico.
ANT. *Plebeyo, vulgar, grosero.*

distinguir
SIN. Diferenciar, seleccionar, separar, diversificar, elegir, preferir, contrastar, marcar, caracterizar, discernir, analizar, reconocer, especificar.
ANT. *Ignorar, igualar, mezclar, confundir.*

distinguirse
SIN. Diferenciarse, caracterizarse, significarse, señalarse.
ANT. *Ignorarse, deslucirse.*

distintivo
SIN. Divisa, insignia, señal, conde-coración, personalidad, huella, particularidad, singularidad, rasgo, marca.
ANT. *General, impersonal, impreciso.*

distinto
SIN. Inteligible, claro, preciso, inconfundible, diferente, original.
ANT. *Idéntico, exacto.*

distracción
SIN. Diversión, recreo, pasatiempo, expansión, placer, juego, esparcimiento, espectáculo, inadvertencia, olvido, despiste, omisión, ligereza, desatención.
ANT. *Cuidado, previsión, atención.*

distraer
SIN. Divertir, recrear, entretener, agradar, apartar, separar, desviar, descuidar, engañar, malversar, robar, substraer.
ANT. *Atender, aburrirse.*

distribución
SIN. División, enumeración, reparto, partición, entrega, donación, ración, ordenación, colocación, instalación.
ANT. *Monopolio, desorden, desbarajuste.*

disturbar
SIN. Perturbar, alborotar, trastornar, enturbiar, confundir, remover, amotinar, sublevar.
ANT. *Apaciguar, clamar.*

disturbio
SIN. Alteración, perturbación, desorden, tumulto, alboroto, anarquía, revuelta, motín, sublevación, exceso, desacato.
ANT. *Orden, calma, tranquilidad, sumisión.*

disuadir
SIN. Desaconsejar, apartar, desengañar, desalentar, desanimar, desaferrar, desganar, retraer, prohibir, impedir.
ANT. *Animar, alentar, persistir.*

dita
SIN. Garantía, deuda, préstamo, prenda.
ANT. *Crédito.*

dita
Amér
SIN. Débito, deuda, obligación, trampa, descubierto.
ANT. *Superávit, activo.*

divagación
SIN. Merodeo, rodeo, circunloquio, perífrasis, ocio, vagancia, pereza, confusión, palabrería, digresión.
ANT. *Brevedad, concisión, claridad.*

diván
SIN. Sofá, canapé, otomana, turca, asiento, florilegio.

divergencia
SIN. Discrepancia, disensión, disconformidad, diferencia, desacuerdo, discordia, desunión, cisma.
ANT. *Acuerdo, unión, amistad.*

divergir
SIN. Discrepar, discordar, diferir, separar, bifurcar.
ANT. *Converger, asentir,*

diversidad
SIN. Variedad, abundancia, diferencia, copia, pluralidad, heterogeneidad, duplicidad, dualidad, inconexión, disparidad.
ANT. *Unidad, coincidencia, monotonía.*

diverso
SIN. Desemejante, diferente, heterogéneo, distinto, vario, ajeno, otro, disímil, múltiple, híbrido, mezclado.
ANT. *Igual, semejante, análogo.*

diversos
SIN. Varios, distintos, diferentes, muchos, desemejantes, heterogéneos.
ANT. *Iguales, semejantes.*

divertido
SIN. Festivo, alegre, distraído, jovial, entretenido, deleitoso, gracioso, regocijante, ocurrente, chistoso.
ANT. *Serio, grave, absurdo.*

divertir
SIN. Entretener, recrear, solazar, distraer, festejar, holgar, reír, jugar, deleitar, contentar, expandir, agradar.
ANT. *Aburrir, fastidiar, hastiar.*

dividir
SIN. Fraccionar, partir, seccionar, desmenuzar, descuartizar, distribuir, repartir, compartir, indisponer, enemistar, desunir, desavenir, segmentar, fragmentar, ramificar.
ANT. *Unir, aunar, reconciliar.*

divino.
SIN. Excelente, hermoso, primoroso, precioso, perfecto, prodigioso, glorioso, sagrado, sobrenatural, santo, beatífico, sereno, puro.
ANT. *Humano, feo, degradante.*

divisa
SIN. Marca, señal, color, distintivo, insignia, lazo, cinta, emblema, mote, leyenda, herencia, legado, moneda, dinero.

división
SIN. Distribución, reparto, repartición, segmentación, desunión, discordia, enemistad, escisión, divergencia.
ANT. *Acumulación, unión, concordia.*

divorcio
SIN. Disolución, separación, repudiación, ruptura, desunión, desavenencia, independencia.
ANT. *Unión, casamiento.*

divulgar
SIN. Publicar, propagar, extender, difundir, editar, vulgarizar, esparcir, noticiar, popularizar, descubrir, abrir, vocear, sembrar.
ANT. *Reservar, callar, encubrir.*

doblado
SIN. Doble, fingido, disimulado, torcido, astuto, duplicado, curvo, jorobado, quebrado, plegado, encorvado.
ANT. *Tieso, derecho, erecto, plano.*

doblamiento
SIN. Doblez, dobladura, pliegue, ángulo, torcedura, inflexión, flexibilidad, curvatura, repliegue, arruga.
ANT. *Enderezamiento.*

doblar
SIN. Torcer, arquear, curvar, plegar, encorvar, plisar, retorcer, doblegar, quebrar, tronchar, redoblar, inclinar, obligar, influir, reducir, ceder, obedecer.
ANT. *Enderezar, desdoblar, dividir.*

doblarse
SIN. Someterse, subordinarse, humillarse, agacharse.
ANT. *Enderezarse, rebelarse.*

doble
SIN. Duplo, copia, repetición, repetido, imitador, falsificación, par, dos, pareja, fuerte, recio, reforzado, fingido, astuto, artificioso, falso, hipócrita.

ANT. *Medio, sencillo, recto, honesto, sincero.*

doblegable
SIN. Plegadizo, flexible, tierno, correoso, manejable, dócil.
ANT. *Inflexible, duro.*

doblegar
SIN. Doblar, torcer, encorvar, flexionar, dominar, contener, obligar, transigir, capitular, claudicar, acceder.
ANT. *Enderezar, resistir.*

doblegarse
SIN. Doblarse, agacharse, encorvarse, torcerse, blandirse, humillarse, someterse.
ANT. *Enderezarse, resistirse, rebelarse.*

doblez
SIN. Simulación, falsedad, engaño, fingimiento, hipocresía, disimulo, pliegue, ambigüedad, contradicción.
ANT. *Sinceridad, veracidad.*

dócil
SIN. Apacible, suave, obediente, sumiso, dulce, blando, disciplinado, resignado, dúctil, manso, maleable, gobernable.
ANT. *Indómito, revoltoso, rebelde.*

docilidad
SIN. Flexibilidad, mansedumbre, dulzura, subordinación, benignidad, disciplina, humildad, sumisión, fidelidad.
ANT. *Indisciplina, terquedad, rebeldía.*

docto
SIN. Erudito, entendido, ilustrado, instruido, sobrio, culto, competente, técnico, versado, documentado, séneca, fénix.
ANT. *Inculto, indocto, obtuso.*

doctor
SIN. Catedrático, profesor, académico, universitario, médico, cirujano.

doctrina
SIN. Teoría, escuela, sistema, enseñanza, opinión, ciencia, sabiduría, dogma, religión, creencia, secta, filosofía.
ANT. *Ignorancia, herejía, cisma.*

doctrinador
SIN. Maestro, catequista, profesor, filósofo, informador.

ANT. *Seguidor, secuaz.*

documentado
SIN. Fundamentado, enteradc, argumentado, instruido, capacitado, conocedor, sabedor.
ANT. *Indocumentado, ignorante, desconocedor.*

documentar
SIN. Demostrar, probar, justificar, patentizar, evidenciar, comprobar, expedir, testimoniar, autorizar, acreditar, declarar, enseñar, instruir, adiestrar.
ANT. *Ignorar, desconocer, negar, descuidar.*

documento
SIN. Escrito, escritura, título, diploma, bula, visado, informe, pliego, instrucción, aviso, dato, carta, pergamino, salvoconducto, comunicación, notificación, recordatorio.

dogma
SIN. Doctrina, fundamento, verdad, revelación, evangelio, credo, símbolo, religión, teología, axioma, afirmación.

dolencia
SIN. Achaque, enfermedad, indisposición, mal, padecimiento, afección, malestar, dolor, destemple, aflicción.
ANT. *Salud, bienestar.*

doler
SIN. Punzar, padecer, lastimar, sufrir, escocer, rabiar.
ANT. *Soportar, resistir, descansar.*

dolerse
SIN. Arrepentirse, afligirse, lamentarse, apiadarse, compadecerse.
ANT. *Endurecerse.*

doliente
SIN. Apenado, afligido, abatido, desconsolado, dolorido, delicado, paciente, débil, llorón, enfermizo.
ANT. *Sano, fuerte, alegre.*

dolo
SIN. Engaño, fraude, doblez, trampa, disimulación.
ANT. *Sinceridad, verdad, honradez.*

dolor
SIN. Sufrimiento, molestia, calvario, suplicio, tortura, martirio, tormento, angustia, congoja, pesar, pena, tristeza, aflicción, desconsuelo, sentimiento.

ANT. *Bienestar, contento, gozo, gusto, deleite.*

dolorido

SIN. Apenado, afligido, entristecido, desconsolado, angustiado, lastimado.
ANT. *Contento, alegre.*

doloroso

SIN. Lastimoso, deplorable, agobiante, lacerante, agudo, atroz, violento, desgarrado, amargo, dolorido, atormentado.
ANT. *Gozoso, alegre, satisfecho.*

domar

SIN. Dominar, sujetar, rendir, reprimir, vencer, refrenar, domesticar, amansar, amaestrar, aplacar, sujetar, someter, subyugar.
ANT. *Indisciplinar, rebelar.*

domesticar

SIN. Amansar, domar, disciplinar, moderar, civilizar, suavizar, sujetar, reducir, refrenar, contener, corregir.
ANT. *Enfurecer, desahogar, desmandar.*

doméstico

SIN. Sirviente, criado, servidor, familiar, manso, dócil, sumiso, hogareño, casero, sencillo, natural.
ANT. *Señor, dueño, rebelde, callejero.*

domiciliarse

SIN. Establecerse, avecindarse, arraigarse, afincarse, empadronarse, residir, habitar.
ANT. *Marcharse, ausentarse.*

domicilio

SIN. Casa, residencia, morada, vivienda, hogar, mansión, apartamento, refugio, caserón, habitáculo.
ANT. *Intemperie.*

dominable

SIN. Domesticable, débil, sumiso, subyugable, vencible, asequible, alcanzable.
ANT. *Rebelde, indomable, libre.*

dominado

SIN. Oprimido, subyugado, sujeto, esclavizado, tiranizado, sometido, vencido, atenazado, sofocado, humillado, gobernado, controlado.
ANT. *Rebelde, libre, insurgente.*

dominante

SIN. Absoluto, autoritario, avasallador, preponderante, imperioso, sobresaliente, descollante, dominador, subyugador, exigente, dictador, intransigente, severo, arbitrario, tirano, déspota, soberbio, engreído, hinchado, fatuo.
ANT. *Dominado, humilde, manso, sometido, vulgar.*

dominar

SIN. Sobresalir, descollar, triunfar, predominar, destacar, resaltar, regentar, acaudillar, sujetar, sojuzgar, obligar, vencer, subyugar, prevalecer, intimidar, atemorizar, oprimir, domar, aplastar, avasallar, sofocar, mandar, existir, reinar, predominar, imperar.
ANT. *Encogerse, reducirse, humillarse, acatar.*

dominarse

SIN. Reprimirse, refrenarse, contenerse, comprimirse, reducirse, someterse, aplomarse, cohibirse, controlarse.
ANT. *Desenfrenarse, desahogarse, desmandarse.*

dominio

SIN. Señorío, dominación, potestad, feudo, predominio, hegemonía, sujeción, caudillaje, ámbito, campo, reino, terreno, tierra, territorio, dependencia, colonia, propiedad.
ANT. *Esclavitud, servidumbre.*

don

SIN. Dádiva, presente, regalo, gracia, ofrenda, donativo, merced, obsequio, limosna, habilidad, gracia, sal, finura, carisma, vocación, virtud.
ANT. *Incapacidad.*

donación

SIN. Cesión, legado, transmisión, subvención, regalo, gratificación, entrega, obsequio, concesión, traspaso, plus, agasajo.

donaire

SIN. Ironía, chiste, agudeza, humor, salero, ocurrencia, donosidad, ingenio, gracejo, broma, ocurrencia, esbeltez, apostura, gallardía, agilidad, gentileza, gracia.
ANT. *Sosería, desgarbo, torpeza.*

donairoso

SIN. Ocurrente, gracioso, chistoso, humorista, divertido, salado, esbelto, ágil, galán, apuesto, garboso, elegante, arrogante.
ANT. *Patoso, desgarbado.*

donante

SIN. Donador, obsequiador, generoso, dadivoso, espléndido, remunerador, dispensador, desprendido, oferente, otorgante.
ANT. *Roñoso, mezquino, agarrador.*

donar

SIN. Dar, regalar, dadivar, conceder, conferir, ofrecer, obsequiar, legar, dispensar, ofrendar, costear, remunerar, propinar.
ANT. *Quitar, economizar.*

donativo

SIN. Dádiva, obsequio, regalo, presente, ayuda, socorro, merced, concesión, remuneración.
ANT. *Desamparo.*

doncel

SIN. Adolescente, muchacho, joven, mancebo, efebo, virgen, intacto, inocente, casto, suave, dulce.
ANT. *Anciano, viejo, áspero, deshonesto.*

doncella

SIN. Muchacha, zagala, camarera, criada, sirvienta, damisela, virgen, vestal, pura, casta, intacta.
ANT. *Anciana, vieja, deshonesta, lasciva, violada.*

doncellez

SIN. Castidad, pureza, virginidad, virtud, honestidad, inocencia, candor, pudor.
ANT. *Impureza, lujuria, lascivia, incontinencia.*

donjuán

SIN. Conquistador, castigador, seductor, galán, enamoradizo, mujeriego, libertino, amante.

donosidad

SIN. Gracia, gracejo, chiste, donaire, galanura, salero, agudeza.
ANT. *Sosería, torpeza.*

donoso

SIN. Irónico, gracioso, bromista, ocurrente, entretenido, dicharachero, agudo, jocoso.
ANT. *Soso, aburrido.*

donosura

SIN. Donaire, gracia, chiste, gracejo, galanura, agudeza.
ANT. *Insipidez, torpeza.*

dorado

SIN. Esplendoroso, venturoso, feliz, dichoso, radiante, floreciente, próvido, áureo, brillante, refulgente.

dorar
SIN. Bruñir, abrillantar, pulir, sisar, tostar, hornear, gratinar, ensalzar, elogiar.
ANT. *Abrasar, chamuscar, acusar.*

dormido
SIN. Inmóvil, inerme, perezoso, entumecido, sonámbulo, cuajado.
ANT. *Despierto, inteligente.*

dormir
SIN. Reposar, descansar, sosegar, pernoctar, sestear, yacer, roncar, bostezar, cabecear.
ANT. *Despertar, velar.*

dormirse
SIN. Descuidarse, abandonarse, adormilarse, sosegarse, adormecerse, aplacarse, apaciguarse, calmarse.
ANT. *Despertarse.*

dorso
SIN. Revés, espalda, lomo, reverso, envés, respaldo, trasera, atrás, detrás.
ANT. *Frente.*

dosis
SIN. Cantidad, porción, cuantía, proporción, medida, parte.
ANT. *Completo.*

dotación
SIN. Tripulación, servicio, personal, plantilla, equipo, dote, donación, emolumentos.

dote
SIN. Prenda, cualidad, facultad, virtud, ingenio, aptitud, discreción, patrimonio, testamento, prebenda, regalo, dotación, asignación.
ANT. *Pobreza, indigencia.*

dragomán
SIN. Intérprete, interpretador, interpretante.

dragonear
Amér.
SIN. Alardear, fanfarronear, jactarse, ostentar, vanagloriarse, fardar, ufanarse.
ANT. *Humillarse, rebajarse.*

dúctil
SIN. Maleable, suave, fino, blando, elástico, dócil, flexible, condescendiente, comprensivo, conformista.

ANT. *Duro, rígido, intransigente.*

ducho
SIN. Diestro, entendido, experimentado, périto, hábil, avezado, versado, práctico, fogueado, astuto, adiestrado.
ANT. *Inexperto, inhábil.*

duda
SIN. Irresolución, perplejidad, incertidumbre, vacilación, indecisión, titubeo, oscilación, fluctuación, indeterminación, tanteo, escrúpulo, recelo, sospecha, conjetura, prejuicio, suspicacia.
ANT. *Certidumbre, certeza, decisión, resolución, credulidad.*

dudar
SIN. Vacilar, fluctuar, titubear, oscilar, preguntar, discutir, sospechar, desconfiar, recelar, barruntar.
ANT. *Creer, asegurar, confiar.*

dudoso
SIN. Inseguro, inverosímil, incierto, problemático, perplejo, vacilante, colgado, cuestionable, hipotético, ambiguo, eventual, discutible, escéptico, versátil.
ANT. *Decidido, seguro, dogmático, cierto.*

duelista
SIN. Reñidor, pendenciero, quisquilloso, espadachín, desafiador, camorrista, provocador, batallador.
ANT. *Pacífico, tranquilo.*

duelo
SIN. Desafío, pelea, combate, lucha, encuentro, lance, pendencia, discordia, pugna, enfrentamiento, luto, entierro, cortejo, pena, dolor, pesar, tristeza, sentimiento, conmiseración.
ANT. *Gozo, alegría, descenso.*

duende
SIN. Encanto, embrujo, seducción, espíritu, espectro, gnomo, aparecido, travieso, enano, coco.
ANT. *Desagrado.*

duendo
SIN. Doméstico, manso, dócil, sumiso, suave.
ANT. *Indómito, irascible.*

dueño
SIN. Jefe, amo, patrón, principal, propietario, señor, poseedor, tenedor, posesor, empresario.
ANT. *Sirviente, subordinado.*

dulce
SIN. Apacible, afable, bondadoso, indulgente, inofensivo, dócil, manso, sumiso, complaciente, blando, suave, agradable, grato, dulzón, azucarado, endulzado, melifluo, placentero, empalagoso, pastel, jalea.
ANT. *Amargo, desabrido, antipático, rebelde.*

dulcedumbre
SIN. Suavidad, dulzura, ternura, blandura, deleite, bondad, mansedumbre, docilidad.
ANT. *Amargura, desabrimiento.*

dulcería
SIN. Pastelería, repostería, confitería, bollería, charcutería, bombonería.

dulcificante
SIN. Calmante, suavizante, sedante, tranquilizante.
ANT. *Excitante.*

dulcificar
SIN. Endulzar, azucarar, dulzorar, apaciguar, suavizar, sosegar, serenar, enfriar, tranquilizar, ceder.
ANT. *Amargar, irritar, agriar.*

dulzón
SIN. Azucarado, dulzarrón, empalagoso, indigesto, cargante, fastidioso, molesto.
ANT. *Soso, ligero, sobrio.*

dulzura
SIN. Afabilidad, bondad, dulcedumbre, suavidad, docilidad, mansedumbre, blandura, deleite, ternura, placidez, benignidad, cortesía, agrado, confianza, moderación, melosidad.
ANT. *Dureza, agresividad, violencia, aspereza.*

duplicidad
SIN. Engaño, doblez, falsedad, fingimiento, hipocresía, disimulo, dualidad.
ANT. *Sinceridad, franqueza.*

duradero
SIN. Estable, persistente, perseverante, pertinaz, largo, constante, perenne.
ANT. *Efímero, pasajero.*

duración
SIN. Persistencia, estabilidad, perpetuidad, perennidad, permanencia, subsistencia.
ANT. *Finitud, acabamiento.*

durar

SIN. Persistir, continuar, subsistir, permanecer, perdurar, perseverar, vivir, tirar.

ANT. *Pasar, cesar.*

dureza

SIN. Solidez, consistencia, rudeza, severidad, aspereza, rigor, violencia, tenacidad, rigidez, resistencia.

ANT. *Suavidad, inconstancia, blandura.*

duro

SIN. Consistente, fuerte, sufrido, rígido, resistente, compacto, áspero, inhumano, rudo, riguroso, severo, violento, cruel, intolerable, ofensivo, obstinado, recio, firme, pétreo, tenaz, sólido, diamantino.

ANT. *Blando, suave, generoso, bondadoso.*

E

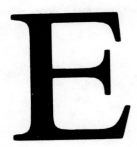

ebrio

SIN. Embriagado, borracho, bebido, curado (*Amér.*), beodo, ciego, picado (*Amér.*), curda, achispado, alcoholizado, mamado, abombado, tiznado.

ANT. *Sereno, sobrio.*

ebullición

SIN. Hervor, cocción, efervescencia, burbuja, espuma.

ANT. *Congelación.*

ebúrneo

SIN. Marfileño, eborario, claro.

eccehomo

SIN. Magullado, torturado, penoso, maltratado.

ANT. *Cuidado, respetado.*

ecléctico

SIN. Híbrido, mixto, indefinido, conciliador, adaptable, intermediario.

ANT. *Parcial, intransigente.*

eclesiástico

SIN. Clérigo, sacerdote, cura, presbítero, diácono, párroco, canónigo, capellán, padre, sacristán, prelado, tonsurado, fraile, monje, seminarista.

ANT. *Laico, secular, civil, lego.*

eclipsar

SIN. Oscurecer, tapar, ensombrecer, entenebrecer, deslucir, interceptar, ocultar, desaparecer, huir, aventajar, sobrepujar, sobrepasar, privar.

ANT. *Iluminar, aclarar, salir.*

eclipsarse

SIN. Desaparecer, ausentarse, eva-

dirse, escaparse, escabullirse, huir, largarse.

ANT. *Aparecer, presentarse, aclararse.*

eclipse

SIN. Ocultación, obscurecimiento, entenebrecimiento, intercepción, privación, desaparición, ausencia, evasión, escabullimiento.

ANT. *Presencia, iluminación, visión.*

eclosión

SIN. Aparición, nacimiento, manifestación, producción, dilatación.

ANT. *Cerramiento, cicatrización.*

eco

SIN. Resonancia, retumbo, repercusión, retintín, sonido, repetición, reflexión, rumor, noticia.

ANT. *Silencio, discreción.*

economato

SIN. Cooperativa, establecimiento, almacén, tienda.

economía

SIN. Ahorro, reserva, bienes, riqueza, dinero, renta, banca, impuesto, escasez, parquedad, miseria, avaricia, moderación, inflación, crisis, paro, desempleo.

ANT. *Derroche, despilfarro, abundancia.*

económico

SIN. Ahorrador, sobrio, metódico, utilitario, mezquino, avaro, roñoso, tacaño, miserable, barato, rebajado, módico, popular.

ANT. *Despilfarrador, derrochador, dilapidador, espléndido, caro.*

economizar

SIN. Ahorrar, guardar, reservar, condensar, restringir, privar, escatimar, estrechar, monopolizar, atesorar, reducir.

ANT. *Derrochar, prodigar, malgastar.*

ecuánime

SIN. Sereno, equilibrado, ponderado, recto, imparcial, justo, objetivo, igual, entero, inalterable, paciente, sufrido, resignado.

ANT. *Versátil, parcial, injusto, exaltado.*

ecuanimidad

SIN. Imparcialidad, entereza, equidad, equilibrio, rectitud, ponderación, objetividad, neutralidad, paciencia, serenidad, impavidez.

ANT. *Parcialidad, exaltación, impaciencia.*

echacantos

SIN. Ruin, insignificante, despreciable.

ANT. *Noble, importante.*

echacuervos

SIN. Alcahuete, intermediario, despreciable, embustero, ruin, rufián.

ANT. *Honrado, digno, sincero.*

echado

SIN. Tumbado, plano, supino, tendido, acostado, yaciente, perezoso, tumbón, expulsado, excluido, apartado, separado.

ANT. *Tieso, erecto, admitido.*

echar

SIN. Despedir, arrojar, tirar, alejar, apartar, lanzar, expulsar, expeler, rechazar, excluir, botar (*Amér.*),

eliminar, desechar, arrinconar, exhalar, emitir, deportar, exiliar, despachar, separar, deponer, derribar, demoler, abatir, hundir, producir, brotar, dar.
ANT. *Atraer, recoger, recibir, inhalar, reponer, enderezar, recoger.*

echarse
SIN. Acostarse, reclinarse, tenderse, tumbarse, apoyarse, abalanzarse, arrojarse, precipitarse, lanzarse.
ANT. *Levantarse, mantenerse.*

edad
SIN. Existencia, tiempo, época, período, lapso, vida, decrepitud, caducidad, años.
ANT. *Inexistencia, infinitud.*

edición
SIN. Publicación, impresión, estampación, tirada.

edicto
SIN. Mandato, decreto, orden, ley, bando, aviso, programa, reglamento, proclama, sentencia.

edificación
SIN. Edificio, construcción, obra, proyecto, cimentación.

edificador
SIN. Constructor, arquitecto, aparejador, albañil, edificante, ejemplar, educativo, bueno.
ANT. *Escandaloso, corruptor.*

edificante
SIN. Ejemplar, modélico, aleccionador, instructivo, virtuoso, bueno, honesto, justo.
ANT. *Escandaloso, corruptor, desmoralizador.*

edificar
SIN. Construir, elevar, fabricar, levantar, obrar, alzar, cimentar, erigir, estimular, aleccionar, ejemplarizar.
ANT. *Derribar, derruir, escandalizar.*

edificio
SIN. Inmueble, construcción, fábrica, obra, residencia, manzana, bloque, solar, proyecto.

edil
SIN. Regidor, concejal, magistrado, capitular.

editar
SIN. Publicar, impresión, reproducción, emitir, estampar.

editor
SIN. Impresor, librero, empresario.

educación
SIN. Crianza, enseñanza, instrucción, aleccionamiento, formación, sabiduría, aprendizaje, catequesis, magisterio, apostolado, lección, conferencia, curso, civismo, cortesía, urbanidad, corrección, finura, delicadez.
ANT. *Ignorancia, incultura, descortesía.*

educado
SIN. Instruido, culto, aplicado, adoctrinado, cortés, fino, cumplido, atento, correcto, respetuoso.
ANT. *Inculto, ignorante, grosero.*

educador
SIN. Preceptor, mentor, instructor, catequista, pedagogo, doctor, guía, maestro, profesor, filósofo, científico.
ANT. *Alumno, discípulo.*

educando
SIN. Colegial, estudiante, escolar, alumno, novicio, párvulo, seminarista, bachiller.
ANT. *Profesor, pedagogo, ayo.*

educar
SIN. Enseñar, dirigir, instruir, corregir, alfabetizar, adiestrar, formar, aleccionar, afinar, perfeccionar, disciplinar, catequizar, reprender, guiar, ilustrar, civilizar, aplicar, preparar.

educativo
SIN. Pedagógico, instructivo, formativo, docente, preceptoril, didascálico, magistral, explicativo.
ANT. *Destructivo.*

educir
SIN. Deducir, inferir, concluir, sacar, hilar.

edulcorar
SIN. Endulzar, almibarar, azucarar, dulzorar.
ANT. *Amargar, salar.*

efebo
SIN. Adolescente, mancebo, doncel, impúber, jovencito.

efectividad
SIN. Importancia, realidad, certeza, seguridad, vigencia, garantía, seriedad.
ANT. *Ineficacia, apariencia, ilusión.*

efectivo
SIN. Real, verdadero, positivo, seguro, serio, objetivo, cierto, activo, práctico, dinero, metálico, lógico, racional, justo, legítimo.
ANT. *Imaginario, ilógico, ilusorio, inútil.*

efecto
SIN. Resultado, consecuencia, repercusión, resultante, producto, fin, alcance, desenlace, sensación, sorpresa, afección, talón, pagaré, cheque, letra de cambio.
ANT. *Causa.*

efectos
SIN. Bienes, enseres, muebles, chismes, mercancías.

efectuado
SIN. Realizado, cumplido, consumido, practicado, interpretado, cursado.
ANT. *Inacabado, irrealizado.*

efectuar
SIN. Ejecutar, realizar, hacer, verificar, obrar, consumar, ejercer, actuar, practicar, cumplir, proceder, desempeñar, suceder, sobrevenir.
ANT. *Incumplir, abandonar, paralizar.*

efemérides
SIN. Suceso, hechos, acontecimientos, repetición, lance, recuerdos, comentarios, crónicas, calendario, almanaque.
ANT. *Olvido, omisión.*

efervescencia
SIN. Agitación, ardor, exaltación, acaloramiento, sacudimiento, violencia, hervor, ebullición, espumosidad.
ANT. *Frialdad, tranquilidad.*

eficacia
SIN. Empuje, peso, vigor, fuerza, actividad, poder, energía, virtud, positivismo, utilidad, virtualidad, vigencia, duración.
ANT. *Ineficacia, indolencia.*

eficaz
SIN. Enérgico, activo, operativo, trabajador, fuerte, poderoso, efectivo, válido, valiente, heroico, duradero.
ANT. *Ineficaz, inactivo, tranquilo, inoperante.*

efigie
SIN. Figura, imagen, retrato, busto, representación, personificación, si-

mulacro, apariencia, imitación.

efímero
SIN. Pasajero, corto, fugaz, perecedero, breve, momentáneo, transitorio, fugitivo, temporal, mundanal, precario, provisional, desvanecido.
ANT. *Perenne, permanente, duradero.*

efluvio
SIN. Emanación, emisión, humarada, vapor.

efugio
SIN. Evasión, salida, evasiva, recurso, escapatoria, estratagema, triquiñuela, regate, truco, expediente, escape.
ANT. *Claridad, sinceridad.*

efusión
SIN. Derramamiento, polución, desahogo, expansión, entusiasmo, vehemencia.
ANT. *Indiferencia, frialdad.*

efusivo
SIN. Cordial, expresivo, expansivo, abierto, tierno, alegre, afectuoso, afectivo, campechano.
ANT. *Indiferente, frío, antipático.*

égida
SIN. Escudo, coraza, protección, defensa, amparo, sostén, agarradero, abrigo, salvaguardia, patrocinio.
ANT. *Abandono, desvalimiento, desatención.*

égira
SIN. *Hégira.*

égloga
SIN. Bucólica, idilio, pastoral, poema, oda.

egocentrismo
SIN. Egoísmo, particularismo, vanagloria.
ANT. *Humildad, sencillez.*

egoísmo
SIN. Egolatría, personalismo, individualismo, mezquindad, ingratitud, cálculo, indiferencia, aislamiento, placer, mercantilismo.
ANT. *Altruismo, generosidad, caridad, fraternidad.*

egoísta
SIN. Ególatra, interesado, suyo, materialista, calculador, ambicioso, metalizado, codicioso, individualista, utilitario, envidioso, indiferente, narciso.

ANT. *Generoso, altruista, caritativo, humanitario, sacrificado, benefactor.*

ególatra
SIN. Egoísta, vanidoso, vacío, envanecido, pedante, fatuo, narciso, presumido, fachendoso, soberbio, orgulloso.
ANT. *Generoso, humilde, natural, simple.*

egregio
SIN. Insigne, famoso, ilustre, célebre, glorioso, mentado, acreditado, distinguido, preclaro, eminente, renombrado, digno, merecedor, excelso, benemérito.
ANT. *Despreciable, vulgar.*

egresado
Amér.
SIN. *Universitario, licenciado, titulado, graduado, diplomado.*

eje
SIN. Barra, vástago, árbol, cigüeñal, espárrago, peón, fundamento, base, apoyo, centro.

ejecutable
SIN. Realizable, verificable, posible.
ANT. *Irrealizable, impracticable.*

ejecutado
SIN. Ajusticiado, guillotinado, fusilado, crucificado, descuartizado, empalado, quemado.
ANT. *Perdonado, indultado, amnistiado.*

ejecutante
SIN. Ejecutor, obrador, operante, obrante, ejercitante, consumador.

ejecutar
SIN. Efectuar, hacer, realizar, consumar, actuar, cumplir, ejercer, practicar, confeccionar, fabricar, ajusticiar, sacrificar, condenar, matar, destruir, suprimir.
ANT. *Incumplir, perdonar.*

ejecutivo
SIN. Directivo, director, gerente, secretario, mando, jefe, rápido, eficaz, urgente.
ANT. *Subalterno, lento.*

ejecutoria
SIN. Título, despacho, diploma, acción, conducta, maniobra, trayectoria, desempeño, práctica.

ejecutoriar
SIN. Verificar, comprobar.

ejemplar
SIN. Modelo, perfecto, ideal, único, virtuoso, íntegro, honrado, cabal, justo, edificante, arquetipo, paradigma, muestra, pauta, norma, espejo, minuta.
ANT. *Imperfecto, vulgar, escandaloso, reprochable.*

ejemplo
SIN. Modelo, patrón, norma, regla, muestra, pauta, medida, prototipo, arquetipo, representación, verbigracia, paradigma, caso, lección, texto, guía, muestra, íeza, ejercicio, explicación, argumento.
ANT. *Desgracia, fatalidad.*

ejercer
SIN. Desempeñar, practicar, ejecutar, actuar, cultivar, operar, realizar, funcionar, trabajar.
ANT. *Vaguear, cesar, jubilarse.*

ejercicio
SIN. Práctica, ejercitación, ocupación, cultivo, labor, gimnasia, acción, movimiento.
ANT. *Inacción, reposo, descanso, quietud.*

ejercitar
SIN. Ejercer, adiestrar, instruir, entrenar, amaestrar, formar, cultivar, ejecutar.
ANT. *Vaguear, descansar.*

elaboración
SIN. Fabricación, obtención, manipulación, realización, confección, forja, montaje, construcción, ejecución, desarrollo, proceso.
ANT. *Inacción, pasividad, paralización.*

elaborar
SIN. Preparar, transformar, realizar, producir, fabricar, hacer, idear, forjar, manipular, confeccionar, labrar, obrar, proyectar, componer, restaurar.
ANT. *Paralizar, deteriorar.*

elación
SIN. Presunción, altivez, soberbia, engreimiento, orgullo, arrogancia, ampulosidad, redundancia, elevación, grandeza, nobleza, generosidad, exaltación, alegría.
ANT. *Sencillez, humildad, tristeza.*

elasticidad
SIN. Flexibilidad, ductilidad, blandura, agilidad, plasticidad, adaptación, docilidad, sumisión.
ANT. *Inflexibilidad, rebeldía.*

elástico
SIN. Flexible, blando, correoso, dúctil, maleable, doblegable, adaptable, manejable, ajustable.
ANT. *Inflexible, rígido, duro, rebelde.*

elección
SIN. Opción, alternativa, preferencia, disyuntiva, selección, sufragio, referéndum, nombramiento, legislatura, arbitrio, escrutinio, tría, votación.
ANT. *Caciquismo, autoritarismo, azar, suerte.*

eleccionario
Amér.
SIN. Electoral, electivo, votante.

electo
SIN. Elegido, escogido, seleccionado, nombrado, favorecido, aclamado, preferido.
ANT. *Rechazado, perdedor, vencido.*

elector
SIN. Votante, compromisario, nominador, electorado.
ANT. *Candidato, elegido.*

electrizar
SIN. Animar, avivar, entusiasmar, exaltar, inflamar, exacerbar, alumbrar, comunicar, radiar, polarizar, conectar, generar, descargar, magnetizar.
ANT. *Deprimir, deselectrizar.*

electrólisis
SIN. Descomposición, disgregación, recubrimiento, cromado, dorado, niquelado.

elegancia
SIN. Gracia, distinción, delicadeza, gusto, gentileza, desenvoltura, cortesía, refinamiento, pureza, atractivo, discreción, galanía, estilo, donaire, gala, agrado, belleza.
ANT. *Cursilería, desgarbo, fealdad.*

elegante
SIN. Distinguido, gracioso, airoso, esbelto, gallardo, selecto, garboso, estilizado, aristocrático, refinado, majestuoso, apuesto, sobrio, figurín, petimetre, lechuguino, paquete.
ANT. *Cursi, ridículo, chabacano, grosero, desaliñado, mamarracho.*

elegíaco
SIN. Lamentable, lastimoso, triste, melancólico, tierno, plañidero, deplorable, congojoso.
ANT. *Alegre, festivo.*

elegido
SIN. Predestinado, predilecto, preferido, escogido, seleccionado, favorito.
ANT. *Rechazado, desechado.*

elegir
SIN. Designar, escoger, optar, preferir, nombrar, destinar, tomar, sacar, apartar, acotar, encasillar, sortear, pronunciarse, seleccionar, favorecer.
ANT. *Desechar, repulsar, rechazar.*

elemental
SIN. Fundamental, primordial, básico, primario, fácil, sencillo, simple, trivial, evidente, llano, palpable, visible, obvio.
ANT. *Complicado, difícil.*

elemento
SIN. Medio, instrumento, parte, pieza, partícula, cuerpo, sustancia.

elementos
SIN. Nociones, principios, rudimentos, fundamentos, término, ideas, conocimientos.

elenco
SIN. Catálogo, índice, agrupación, libros, relación, repertorio.

elevación
SIN. Altura, prominencia, celsitud, altitud, cerro, superioridad, nobleza, grandeza, presunción, altivez, orgullo, soberbia, encumbramiento, enaltecimiento, exaltación, éxtasis, arrobamiento, ascenso.
ANT. *Bajeza, humillación.*

elevado
SIN. Sublime, noble, excelso, prócer, levantado, encumbrado, eminente, prominente, crecido, singular, señalado, empinado.
ANT. *Abismal, llano, ruin.*

elevador
Amér.
SIN. Ascensor, montacargas, subidero.

elevar
SIN. Levantar, alzar, erigir, empinar, superponer, realzar, enaltecer, engrandecer, elogiar, fundar, construir, edificar, aumentar, engrandecer, enajenarse.
ANT. *Derribar, rebajar, bajar.*

elevarse
SIN. Transportarse, remontarse, enajenarse, embobarse, extasiarse, envanecerse, engreírse, ensoberbecerse.
ANT. *Humillarse, abismarse.*

elfo
SIN. Espíritu, genio, duende, fantasma, deidad.

elidir
SIN. Suprimir, eliminar, debilitar, frustrar.
ANT. *Reforzar, incorporar.*

eliminación
SIN. Exclusión, separación, alejamiento, expulsión, anulación, baja, destierro, expugnación, exterminio, matanza, masacre.
ANT. *Recepción, admisión, vida, existencia.*

eliminar
SIN. Descartar, separar, prescindir, suprimir, quitar, excluir, expulsar, catear, borrar, expeler, seleccionar, aniquilar, matar, acabar, extirpar.
ANT. *Incluir, admitir, perdonar.*

elíptico
SIN. Curvo, ovalado, espiral, parabólico, sinusoidal, omitido, sobreentendido, implícito, supuesto.
ANT. *Recto, cierto, expreso.*

elisión
SIN. Supresión, eliminación, exclusión, frustración, debilitación, desaparición.
ANT. *Inclusión, reaparición.*

élite
SIN. Crema, selección, lo mejor, la flor.
ANT. *Plebe.*

elixir
SIN. Medicamento, brebaje, pócima, licor, bálsamo, panacea.

elocuencia
SIN. Fluidez, facundia, persuasión, verbosidad, grandilocuencia, palabrería, labia, soltura, seducción, expresividad, convicción, oratoria, discurso.
ANT. *Laconismo, torpeza, mudez.*

elocuente
SIN. Persuasivo, convincente, arrebatador, jocoso, retórico, fluido, altisonante, grandilocuente, locuaz, verboso, exhortatorio.
ANT. *Lacónico, sobrio, seco.*

elogiado
SIN. Alabado, celebrado, aplaudido, lisonjeado, ensalzado, encumbrado, endiosado, adulado.
ANT. *Despreciado, olvidado.*

elogiador
SIN. Alabador, ensalzador, adulador, glorificador, panegirista, cobista.
ANT. *Censor, insultador, amonestador.*

elogiar
SIN. Alabar, aplaudir, celebrar, encomiar, aprobar, encarecer, ensalzar, loar, enaltecer, honrar, encumbrar, exaltar, magnificar, altivar, lisonjear, solemnizar, ponderar, aclamar, cumplimentar, aupar, bendecir, dar coba.
ANT. *Humillar, vituperar, abroncar, recriminar, increpar.*

elogio
SIN. Alabanza, loa, encomio, aplauso, ponderación, panegírico, aprobación, cumplido, recomendación.
ANT. *Crítica, censura, vituperio, insulto, reprimenda.*

elucidación
SIN. Explicación, aclaración, dilucidación, esclarecimiento, especificación.
ANT. *Confusión.*

elucidar
SIN. Aclarar, explicar, dilucidar, esclarecer, clarificar, deslindar, especificar.
ANT. *Obscurecer, confundir.*

elucubración
SIN. Meditación, divagación, reflexión, resultado, creación, esfuerzo.

eludible
SIN. Esquivable, sorteable, prescindible, evitable.
ANT. *Ineludible, insoslayable.*

eludir
SIN. Rehuir, evitar, esquivar, soslayar, prescindir, sacudirse, capotear, zafarse, substraerse, excusarse, rehusar.
ANT. *Afrontar, desafiar.*

emanación
SIN. Efluvio, exhalación, aliento, vapor, difusión, onda, olor, aroma, tufo, arranque, derivación, manifestación, nacimiento, efecto, resultado.

ANT. *Detención, contención.*

emanar
SIN. Nacer, proceder, provenir, derivar, originar, salir, exhalar, despedir, fluir, difundir, emitir.
ANT. *Contener, retener.*

emancipado
SIN. Libre, independiente, separado, licenciado, autárquico.
ANT. *Sujeto, dependiente.*

emancipar
SIN. Liberar, libertar, manumitir, eximir, exonerar, desvincular, separar, salvar.
ANT. *Someter, vincular, colonizar.*

embabiamiento
SIN. Distracción, embobamiento, embeleco, abstracción, atontamiento.
ANT. *Atención.*

embabiecado
SIN. Distraído, despistado, embobado, boquiabierto, atontado.
ANT. *Atento, solícito.*

embabiecar
SIN. Embaucar, engañar, alucinar, embelecar, engaitar, camelar, ofuscar, falsear.
ANT. *Aclararse, esclarecerse.*

embadurnar
SIN. Untar, manchar, pintarrajear, pintorrear, rebozar, ungir.
ANT. *Limpiar.*

embaidor
SIN. Engañador, embustero, embaucador, ilusionista, comediante.
ANT. *Veraz, sincero.*

embaimiento
SIN. Ilusión, embeleso, engaño, embaucamiento, cuento, bulo.
ANT. *Verdad.*

embair
SIN. Ofuscar, ilusionar, engañar, embaucar, embelesar, camelar, mentir, entretenerse, divertirse.
ANT. *Esclarecer, aclarar, aburrirse.*

embajador
SIN. Emisario, mensajero, diputado, nuncio, delegado, representante, diplomático.

embalar
SIN. Empaquetar, envasar, enfardar, enfundar, envolver, liar.
ANT. *Desembalar, desliar.*

embalsamar
SIN. Perfumar, aromatizar, disecar, conservar, preparar.
ANT. *Apestar, pudrirse, corromper.*

embalsar
SIN. Encharcar, estancar, represar, recoger, detener, empantanar.
ANT. *Correr, circular.*

embalse
SIN. Pantano, presa, detención, represa, encharcamiento, estancamiento, balsa, acumulación, contención.
ANT. *Corriente, curso, salto.*

embarazada
SIN. Preñada, encinta, fecundada, gestante, en estado.
ANT. *Parida.*

embarazar
SIN. Impedir, estorbar, incomodar, dificultar, molestar, entorpecer, cohibir, turbar, obstruir, preñar, encintar, fecundar, concebir.
ANT. *Parir, nacer, desembarazar, desobstruir.*

embarazo
SIN. Impedimento, dificultad, estorbo, obstáculo, entorpecimiento, molestia, obstrucción, preñez, gestación, preñado, maternidad, concepción, fecundación, feto, apuro, timidez, vergüenza, apocamiento.
ANT. *Soltura, desembarazo, parto, nacimiento.*

embarazoso
SIN. Dificultoso, incómodo, entorpecedor, empecible, agobiante.
ANT. *Soportable, fácil, llevadero.*

embarbascar
SIN. Enredar, confundir, embrollar, aturdir, envenenar.
ANT. *Tranquilizar.*

embarbascarse
SIN. Embrollarse, confundirse, enredarse, embarazarse, aturdirse.
ANT. *Tranquilizarse.*

embarcación
SIN. Buque, barco, nao, navío, bajel, velero, portaaviones, navegación, cabuyería, velamen, arboladura, casco.

embarcar
SIN. Navegar, partir, marchar, estibar, lanzarse, enredarse, emprender, empeñarse.
ANT. *Desembarcar, descargar, abstenerse.*

embargable
SIN. Confiscable, retenible, incautable, apropiable.
ANT. *Inembargable, asegurado.*

embargar
SIN. Impedir, estorbar, detener, suspender, paralizar, retener, maravillar, embelesar, incautar, usurpar, secuestrar, requisar, confiscar.
ANT. *Allanar, desilusionar, restituir.*

embargo
SIN. Confiscación, apropiación, usurpación, retención, incautación, traba, indigestión, empacho, obstáculo, dificultad.
ANT. *Devolución, restitución, facilidad.*

embarrada
Amér.
SIN. Mamarrachada, gansada, sandez, patochada, bobada, memez, chorrada.
ANT. *Acierto.*

embarrancarse
SIN. Atollarse, atascarse, encallarse, detenerse, paralizarse, espantarse, naufragar, zozobrar, varar.
ANT. *Seguir, librarse, desembarrancar.*

embarrar
SIN. Enfangar, embadurnar, manchar, untar, enlodar.
ANT. *Limpiar.*

embarullador
SIN. Chapucero, liante, farfullero, expeditivo, enredador.
ANT. *Clasificador, esclarecedor.*

embarullar
SIN. Confundir, enredar, mezclar, apresurar, revolver, desordenar, enmarañar, embrollar, atropellar, precipitar, desconcentrar, liar, hacer un taco.
ANT. *Ordenar, desenredar, resolver.*

embastar
SIN. Hilvanar

embate
SIN. Acometida, embestida, agresión, arremetida, golpe, carga, agresión, empujón.

embaucador
SIN. Charlatán, farsante, engaitador, tramposo, embelecador, engañador, impostor, chantajista, chu-

pón, aranero, timador, embustero, pícaro, tunante, granuja, marrullero, prestidigitador.
ANT. *Honrado, sincero, íntegro, honesto.*

embaucamiento
SIN. Engaño, embeleco, seducción, alucinamiento, timo, chantaje, farsa, fraude, trampa, treta, ardid, marrullería.
ANT. *Verdad, lealtad.*

embaucamiento
SIN. Suspensión, abstracción, embobamiento, alucinamiento, distracción, embeleso.
ANT. *Atención, conciencia.*

embaucar
SIN. Engañar, mentir, alucinar, camelar, engaitar, seducir, enredar, robar, timar, engatusar, encandilar.
ANT. *Abrir los ojos, desengañarse.*

embazadura
SIN. Admiración, asombro, pasmo, estupefacción, enajenación, maravilla.
ANT. *Imperturbabilidad.*

embazar
SIN. Detener, suspender, impedir, cohibir, asombrar, enajenar, pasmar, admirar, cansarse, aburrirse, hastiar.
ANT. *Desembarazarse, facilitar, favorecer.*

embebecer
SIN. Embelesar, divertir, abstraer, extasiar, enajenar, asombrar.
ANT. *Aburrir, desinteresar.*

embebecerse
SIN. Abstraerse, embelesarse, pasmarse, extasiarse, asombrarse, enajenarse.
ANT. *Aburrirse.*

embebecimiento
SIN. Embelesamiento, enajenamiento, embobamiento, éxtasis, pasmo, alucinamiento.
ANT. *Desinterés, desilusión.*

embebedor
SIN. Absorbente, succionador, aspirador, impregnador, atractivo, atrayente, seductor.
ANT. *Repelente.*

embeber
SIN. Absorber, empapar, impregnar, calar, saturar, embutir, enca-

jar, contener, incluir, maravillar, pasmar, asombrar.
ANT. *Exprimir, extraer, desencajar.*

embeberse
SIN. Encogerse, apretarse, tupirse, pasmarse, abstraerse, empaparse, ensimismarse, enfrascarse, instruirse, educarse, formarse.
ANT. *Aflojar, distraerse.*

embebido
SIN. Enfrascado, ensimismado, abstraído, absorto.
ANT. *Distraído.*

embelecador
SIN. Embaucador, engañador, farsante, embustero, camelista, engaitador, estafador.
ANT. *Honrado, sincero.*

embelecar
SIN. Embaucar, seducir, engañar, entontecer, engatusar, enredar, mentir.
ANT. *Desengañarse.*

embeleco
SIN. Embuste, engaño, zalamería, mentira, farsa, seducción, superchería.
ANT. *Verdad, sinceridad, seriedad.*

embelesado
SIN. Suspenso, enajenado, extasiado, arrebatado, encantado, cautivado, embobado, maravillado, atónito, fascinado, seducido, boquiabierto, embabiado, arrobado.
ANT. *Distraído, desinteresado.*

embelesar
SIN. Arrebatar, atraer, encantar, suspender, enajenar, extasiar, absortar, arrobar, hechizar, encandilar, hipnotizar, embaucar, seducir, cautivar.
ANT. *Desinteresar, desencantar, despertar.*

embeleso
SIN. Estupefacción, pasmo, embrujo, éxtasis, encanto, seducción, ilusión, encantamiento, enajenación, alucinación, arrobamiento, hechizo, maravilla.
ANT. *Desencanto, desilusión, despertar.*

embellecer
SIN. Hermosear, decorar, adornar, agraciar, realzar, pulir, poetizar, enflorar, alegrar, bordar, adecentar, favorecer.
ANT. *Afear, desaliñar, deformar.*

emberrincharse
SIN. Enfadarse, irritarse, encolerizarse, enfurecerse.
ANT. *Desenfadarse.*

embestida
SIN. Acometida, arremetida, ataque, embate, agresión, espolonada, invasión, asalto.
ANT. *Defensa, protección, rechazo.*

embestidor
SIN. Acometedor, arremetedor, atacante, invasor, pedigüeño, mangante, parásito.
ANT. *Defensor.*

embestir
SIN. Acometer, arremeter, agredir, atacar, meterse, combatir, lanzarse, saltar, pedir, mangar.
ANT. *Huir, evitar, eludir, repeler.*

embetunar
SIN. Encerar, engrasar, pringar, frotar, limpiar, pulir.

emblandecer
SIN. Ablandar, suavizar, conmover, compadecer.
ANT. *Endurecer.*

emblandecerse
SIN. Enternecerse, conmoverse, ablandarse, revenirse.
ANT. *Endurecerse.*

emblema
SIN. Símbolo, alegoría, representación, lema, expresión, escudo, figura, imagen, divisa, inscripción, jeroglífico, cifra, atributo.

emblemático
SIN. Simbólico, enigmático, misterioso, alegórico.

embobado
SIN. Maravillado, pasmado, atónito, boquiabierto, absorto, atónito, enajenado, suspenso, embabiecado, extasiado, distraído.
ANT. *Concentrado, inteligente, despierto.*

embobamiento
SIN. Suspensión, asombro, embeleso, éxtasis, enajenamiento, admiración, encantamiento, rapto, arrobamiento, aturdimiento.
ANT. *Insensibilidad, desilusión, decepción.*

embobar
SIN. Deslumbrar, embelesar, entontecer, absortar, apampar (*Amér.*),
asombrar, admirar, extasiar, maravillar, arrobar, suspender, confundir, fascinar.
ANT. *Desinteresar, insensibilizarse.*

embocadura
SIN. Entrada, abertura, boca, orificio, portada.

embolismo
SIN. Confusión, enredo, chisme, dificultad, embuste, cuento, embrollo, lío, taco.
ANT. *Claridad, orden.*

embolsar
SIN. Guardar, recibir, cobrar, meter, enfundar, encerrar, ganar.
ANT. *Desembolsar, extraer.*

emborrachado
SIN. Embriagado, borracho, mareado, perturbado, adormecido, mamado, curda.
ANT. *Sobrio, abstemio.*

emborrachar
SIN. Embriagar, alegrar, alcoholizar, rascar (*Amér.*), achispar, mamar, encurdelar, beber, atontar, perturbar, marear, adormecer.
ANT. *Abstener.*

emborracharse
SIN. Alegrarse, alumbrarse, embriagarse, mamarse, abombarse.
ANT. *Abstenerse.*

emborrascarse
SIN. Nublarse, encapotarse, oscurecerse, irritarse, alterarse, enfadarse.
ANT. *Aclararse, serenarse.*

emborricarse
SIN. Entontecerse, atontarse, aturdirse, despistarse, embobarse, enamorarse, prendarse, encariñarse.
ANT. *Serenarse, desdeñar.*

emboscada
SIN. Cepo, lazo, celada, trampa, encerrona, engaño, zancadilla, encrucijada, sorpresa, intriga, maniobra, estratagema.
ANT. *Sinceridad.*

emboscar
SIN. Encubrir, enselvar, camuflar, maquinar, urdir, esconderse, ocultar, abrigarse, enramarse.
ANT. *Descubrirse.*

embotado
SIN. Entumecido, entorpecido, debilitado, mellado, obtuso, desbocado, desafilado.
ANT. *Fuerte, ágil, afilado.*

embotar
SIN. Enervar, entorpecer, insensibilizar, adormecer, despuntar, desafilar, mellar, achatar, aturdirse, ofuscarse.
ANT. *Serenarse, estimular, afilar.*

embotellar
SIN. Apretar, estrujar, comprimir, atascar, cercar, obstruir, aglomerar, embrollar, impedir, envasar, enfrascar, taponar, llenar.
ANT. *Holgar, aflojar, abrir, derramar.*

embozado
SIN. Envuelto, cubierto, disimulado, tapado, oculto, recatado, encubierto, cauteloso, taimado, cegado, atrancado.
ANT. *Descubierto, libre.*

embozar
SIN. Envolver, cubrir, encubrir, rebozar, tapujar, desfigurar, disfrazar, ocultar, disimular, contenerse.
ANT. *Destapar, descubrir.*

embozo
SIN. Disimulo, recato, disfraz, rebujo, tapadillo, pretexto, cobertura, doblez, borde.
ANT. *Claridad, franqueza.*

embragar
SIN. Conectar, acoplar, encajar, enchufar, pisar, cambiar.
ANT. *Desembragar, separar.*

embravecimiento
SIN. Irritación, cólera, rabia, ira, furia, saña, violencia.
ANT. *Calma, mansedumbre.*

embriagado
SIN. Extasiado, encantado, fascinado, enajenado, bebido, ebrio, borracho, achispado.
ANT. *Desencantado, sereno.*

embriagador
SIN. Seductor, enloquecedor, encantador, enajenador, fascinante, aromático, fragante, perfumado.
ANT. *Antipático.*

embriagar
SIN. Emborrachar, beber, alcoholizar, perturbar, arrebatar, enajenar, embolsar, extasiar, enloquecer, hechizar, pasmar.
ANT. *Serenar, desinteresar, desilusionar.*

embriagarse
SIN. Achisparse, alegrarse, alumbrarse, emborracharse, amonarse, abombarse, mamarse.
ANT. *Serenarse.*

embriaguez
SIN. Borrachera, curda, ebriedad, mona, turca, trompa, merluza, cogorza, enajenamiento, éxtasis, arrebato, emoción, entusiasmo, embeleso.
ANT. *Cordura, sensatez, desinterés, desencanto.*

embridar
SIN. Sujetar, contener, ligar, apretar, someter, dominar.
ANT. *Aflojar.*

embrión
SIN. Germen, principio, rudimento, inicio, causa, origen, huevo, feto, engendro, óvulo, semilla.
ANT. *Fin, término, remate.*

embrionario
SIN. Rudimentario, tosco, originario, incipiente, inicial, fetal, embriológico, embriogénico.
ANT. *Acabado, maduro, concluido.*

embrocación
SIN. Fricción, untura, aceite, emplasto, pomada, cataplasma.

embrollado
SIN. Enredado, confuso, desorganizado, perturbado, confundido.
ANT. *Ordenado, claro, evidente, fácil, inteligible.*

embrollador
SIN. Lioso, enredador, embustero, cuentista.
ANT. *Serio, grave, formal.*

embrollar
SIN. Confundir, enmarañar, embarullar, enredar, revolver, liar, dificultar, intrincar, trastocar, desarreglar.
ANT. *Ordenar, resolver.*

embrollo
SIN. Confusión, enredo, tapujo, lío, maraña, conflicto, galimatías, caos, pasteleo, tamal (*Amér.*), embuste, bola, mentira, invención, burlería, chisme, engaño.
ANT. *Orden, claridad, sinceridad.*

embromar
SIN. Fastidiar, molestar, entretener, engañar, enredar, bromear, burlar.
ANT. *Beneficiar, ayudar.*

embroquelarse
SIN. Abroquelarse, defenderse, cubrirse.
ANT. *Destaparse.*

embrujamiento
SIN. Hechizo, fascinación, embeleso, arrobo, encanto, éxtasis, alucinación, embrujo, conjuro, maleficio, hechicería, evocación.
ANT. *Desencanto, realidad.*

embrutecer
SIN. Entontecer, entorpecer, embrutar, ofuscar, animalizar, barbarizar, abandonarse.
ANT. *Avivarse, espabilarse.*

embrutecido
SIN. Tonto, atontado, inútil, negado, bárbaro, burro, cerril, insociable, torpe.
ANT. *Inteligente, sociable.*

embuchar
SIN. Tragar, engullir, ingerir, deglutir, introducir.
ANT. *Desembuchar.*

embudo
SIN. Trampa, engaño, enredo, chasco, pipeta, cuchumbo (*Amér.*), recipiente.

embullar
SIN. Alborotar, escandalizar.
ANT. *Calmar, tranquilizar.*

embuste
SIN. Mentira, embeleco, invención, farsa, embrollo, engaño, enredo, bola, chisme, guayabá (*Amér.*), trola, patraña, paparrucha, falacia, burla, fraude, fullería.
ANT. *Verdad, sinceridad.*

embustero
SIN. Mentiroso, farsante, embelecador, embaucador, trolero, bolero, patrañero, tramoyista, infundioso, pícaro, estafador.
ANT. *Veraz, franco, formal.*

embustes
SIN. Chucherías, monadas, graciosidades, bagatelas, bolas.
ANT. *Verdades.*

embutir
SIN. Incrustar, encajar, llenar, meter, apretar, ajustar, incluir, empotrar, introducir, insertar, engullir, atiborrar.
ANT. *Sacar, desembuchar.*

emergencia
SIN. Suceso, evento, accidente, incidencia, lance, peripecia, aprieto, urgencia, prisa.
ANT. *Lentitud, calma.*

emerger
SIN. Brotar, surgir, aparecer, sobresalir, prorrumpir.
ANT. *Hundirse, sumergir.*

emigrante
SIN. Inmigrante, colonizador, indiano, colono, desterrado, peregrino, exiliado, expatriado.
ANT. *Repatriado.*

emigración
SIN. Migración, éxodo, expatriación, salida, destierro, exilio, desplazamiento, despoblación.
ANT. *Inmigración, entrada.*

eminencia
SIN. Elevación, altura, cima, colina, otero, excelencia, sublimidad, excelsitud, grandeza, notabilidad.
ANT. *Planicie, inferioridad, vulgaridad.*

eminente
SIN. Alto, elevado, encumbrado, prominente, distinguido, célebre, ilustre, insigne, notable, excelente, sobresaliente, aventajado.
ANT. *Bajo, hondo, insignificante, despreciable.*

emisario
SIN. Mensajero, enviado, portador, representante, heraldo, chasqui (*Amér.*), legado, ordinario, recadero, nuncio, misionero.
ANT. *Principal.*

emisión
SIN. Difusión, transfusión, noticia, comunicación, información, juicio, opinión, idea, parecer, dictamen, expulsión, eyaculación, salida, evocación, lanzamiento.
ANT. *Abstención, prohibición, entrada.*

emitir
SIN. Arrojar, lanzar, despedir, echar, irradiar, expulsar, exhalar, emanar, difundir, televisar, radiar, transmitir, comunicar, manifestar, expresar, decir, enjuiciar, opinar, escribir, acuñar, publicar, editar.
ANT. *Contener, absorber, prohibir.*

emoción
SIN. Alteración, emotividad, agitación, desasosiego, pasión, afectivi-

dad, alarma, exaltación, enternecimiento, turbación, conmoción, sobrecogimiento, entusiasmo, efervescencia, temor, desconcierto.
ANT. *Impasividad, serenidad, frialdad, dureza.*

emocional
SIN. Sensible, emotivo, humanita-
rio.
ANT. *Insensible, duro.*

emocionante
SIN. Impresionante, excitante, sobrecogedor, apasionante, conmovedor, turbador.
ANT. *Indiferente, insensible, duro.*

emocionarse
SIN. Enternecerse, impresionarse,
conmoverse, apiadarse, compadecerse, vibrar, agitarse, entusiasmarse, inquietarse.
ANT. *Insensibilizarse, serenarse,
calmarse.*

emolumento
SIN. Remuneración, salario, sueldo, honorarios, beneficio, retribución, gratificación, jornal semanal,
mensualidad, quincena, pago, haberes.

emotividad
SIN. Emoción, impresión, sensibilidad, ternura, enternecimiento, delicadeza, susceptibilidad.
ANT. *Indiferencia, dureza, impiedad.*

empacar
SIN. Encajonar, empaquetar, enfar-
dar, envolver, liar.
ANT. *Desembalar, desempacar.*

empacarse
SIN. Irritarse, obstinarse, emperrar-
se, enfurecerse, turbarse.
ANT. *Tranquilizarse.*

empachado
SIN. Harto, lleno, indigesto, desmañado, tímido, torpe, apocado.
ANT. *Hambriento, hábil, desenvuelto.*

empachar
SIN. Estorbar, embarazar, molestar, indigestar, hartar, estragar, saciar, encubrir, disfrazar, impedir,
disimular.
ANT. *Desempachar, necesitar, faltar.*

empacharse
SIN. Avergonzarse, turbarse, indi-

gestarse, saciarse, hartarse, cortarse.
ANT. *Desvergonzarse.*

empacho
SIN. Cortedad, vergüenza, turbación, encogimiento, timidez, embarazo, estorbo, indigestión, empalago, hartura, hartazgo, saciedad.
ANT. *Desenvoltura, sobriedad.*

empachoso
SIN. Empalagoso, indigesto, dulza-
rrón, vergonzoso, apocado, tímido.
ANT. *Ligero, desenvuelto.*

empadronamiento
SIN. Censo, recuento, inscripción,
asentamiento, registro, matrícula,
inventario, memoria, encabezamiento.

empadronar
SIN. Inscribir, asentar, censar, registrar, matricular, relacionar.

empalagar
SIN. Hastiar, fastidiar, asquear, repugnar, hostigar (*Amér.*), molestar, aburrir, cansar, cargar, irritar.
ANT. *Gustar, complacer.*

empalagoso
SIN. Cargante, fastidioso, pesado,
cansado, pegajoso, sobón, manoseador, dulzarrón, hostigoso
(*Amér.*), melífero, meloso, acaramelado.
ANT. *Esquivo, amargo.*

empalicar
SIN. Engatusar, embobalicar, aton-
tolinar, subyugar.
ANT. *Razonar, discurrir.*

empalidecer
SIN. Palidecer, devaluar, restar,
perder, obscurecer.
ANT. *Ganar.*

empalizada
SIN. Vallado, valla, barrera, cercado, cerco, cerca, estacada, trinchera, defensa.

empalmar
SIN. Acoplar, unir, encajar, ensamblar, combinar, enlazar, entroncar,
pegar, agregar, seguir, proseguir,
substituir.
ANT. *Separar, interrumpir.*

empalme
SIN. Unión, enlace, empalmadura,
enganche, conexión, soldadura, articulación, ligadura, ligazón, nudo,
injerto.

ANT. *Desunión, interrupción.*

empañar
SIN. Envolver, oscurecer, enturbiar, manchar, deslucir, decolorar,
palidecer.
ANT. *Clarificar, limpiar, abrillantar, lustrar.*

empapado
SIN. Mojado, húmedo, rociado,
chapuzado, encharcado, regado,
impregnado.
ANT. *Seco.*

empanado
SIN. Rebozado, envuelto, enharina-
do, recubierto.

empanar
SIN. Envolver, rebozar, recubrir.

empantanar
SIN. Estancar, inundar, embalsar,
anegar, atascar, paralizar, obstaculizar, impedir, inmovilizar.
ANT. *Secar, movilizar, facilitar.*

empañado
SIN. Descolorido, obscuro, sucio,
manchado, deslustrado, deslucido,
apagado, amortiguado.
ANT. *Brillante, limpio.*

empapar
SIN. Embeber, impregnar, humedecer, absorber, penetrar, infiltrar,
calar, untar.
ANT. *Secar, airear.*

empaparse
SIN. Mojarse, saturarse, capacitar-
se, instruirse, prepararse.
ANT. *Secarse, abandonarse.*

empapelar
SIN. Tapizar, decorar, recubrir, en-
volver, enjuiciar, procesar.
ANT. *Desempapelar, descubrir.*

empapirolado
SIN. Vanidoso, presumido, engreí-
do, farolero, pedante, inmodesto.
ANT. *Sencillo, humilde.*

empapujar
SIN. Hartar, saciar, atiborrar.
ANT. *Carecer, faltar.*

empaque
SIN. Aspecto, catadura, aire, porte,
seriedad, descaro, amaneramiento.
ANT. *Llaneza, sencillez.*

emparedado
SIN. Recluso, preso, recluido, ence-

rrado, bocadillo, sandwich.
ANT. *Libertado.*

emparedar
SIN. Encerrar, recluir, enclaustrar, encarcelar, aislar.
ANT. *Soltar, liberar.*

emparejar
SIN. Nivelar, allanar, aplanar, alisar, adecuar, equiparar, igualar, encajar, reunir, aparejar.
ANT. *Desigualar, desunir, desajustar.*

emparentar
SIN. Unir, relacionar, enlazar, casar, hermanar, fraternizar.
ANT. *Separar.*

empastador
Amér.
SIN. Encuadernador, encartonador, cantonero, impresor.

empastar
SIN. Rellenar, cubrir, reparar.
ANT. *Vaciar, extraer.*

empatar
SIN. Igualar, nivelar, equilibrar, compensar, detener, interrumpir.
ANT. *Desempatar, desnivelar, proseguir.*

empecatado
SIN. Incorregible, travieso, malévolo, vivaracho, perverso, impertinente, maldito.
ANT. *Bueno, tranquilo, bendito.*

empecer
SIN. Dañar, ofender, impedir, perjudicar.
ANT. *Beneficiar.*

empecinado
SIN. Obstinado, terco, testarudo, cerrado.
ANT. *Condescendiente.*

empecinarse
SIN. Obstinarse, emperrarse, encastillarse.
ANT. *Doblegarse.*

empedernido
SIN. Insensible, endurecido, inexorable, duro, cruel, implacable, despiadado, impenitente, riguroso, inhumano, obstinado, testarudo, terco.
ANT. *Arrepentido, blando.*

empedrar
SIN. Adoquinar, pavimentar, enlosar, engravar, llenar, plagar.
ANT. *Desempedrar.*

empeñado
SIN. Duro, arduo, enconado, acalorado, disputado, arruinado, endeudado, insolvente, obstinado, emperrado, encaprichado.
ANT. *Conciliador.*

empeñar
SIN. Precisar, obligar, interceder, hipotecar, prestar, prendar, aventurar, embarcar.
ANT. *Resolverse, desempeñar.*

empeñarse
SIN. Endeudarse, arriesgarse, embarcarse, obstinarse, emperrarse, encapricharse, empecinarse, aventurarse.
ANT. *Desentramparse, resolverse, desempeñarse.*

empeño
SIN. Obstinación, tesón, constancia, perseverancia, ansia, afán, anhelo, deseo, tentativa, influencia, cesión, préstamo, obligación.
ANT. *Desinterés, indiferencia, desvalimiento, devolución.*

empequeñecer
SIN. Menguar, disminuir, reducir, mermar, achicar, encoger, acortar, aminorar, perder, decrecer, limitar, rebajar, achiquitar (*Amér.*), atenuar, degradar, desvalorizar.
ANT. *Aumentar, ampliar, ensanchar, elogiar, enaltecer.*

emperejilar
SIN. Adornar, engalanar, ataviar, empapirotar, emperifollar, aderezar, recargar.
ANT. *Abandonar, dejar.*

emperezar
SIN. Retardar, demorar, dificultar, obstaculizar, entorpecer, impedir, estorbar, complicar, abandonarse, vaguear, aplatanarse.
ANT. *Apresurar, adelantar, trabajar.*

emperifollado
SIN. Adornado, elegante, engalanado, ataviado.
ANT. *Abandonado, descuidado.*

empero
SIN. Sin embargo, pero, no obstante, a pesar, en cambio, con todo.

emperrarse
SIN. Obstinarse, empeñarse, encapricharse, entercarse, empecinarse.
ANT. *Ceder.*

empezar
SIN. Principiar, comenzar, iniciar, preludiar, emprender, entablar, mover, nacer, crear, fundar.
ANT. *Acabar, terminar, finalizar.*

empiece
SIN. Principio, comienzo, preludio, encabezamiento.
ANT. *Fin.*

empinar
SIN. Levantar, alzar, erguir, subir, inclinar, desnivelar, escarpar.
ANT. *Bajar, nivelar.*

empinarse
SIN. Encabritarse, destacarse, erguirse, enarbolarse.
ANT. *Encogerse, abstenerse.*

empíreo
SIN. Celestial, divino, supremo.

empírico
SIN. Experimental, práctico, materialista, real, positivo.
ANT. *Teórico.*

emplastar
SIN. Entorpecer, dificultar, impedir, detener, obstruir, embadurnar, engrasar, untar, recubrir.
ANT. *Favorecer, limpiar.*

emplastarse
SIN. Adornarse, afeitarse, componerse, embadurnarse, ensuciarse, maquillarse.
ANT. *Abandonarse, limpiarse.*

emplástico
SIN. Pegajoso, glutinoso, ungüentoso, supurativo, disolutivo.
ANT. *Acuoso, fluido.*

emplasto
SIN. Parche, pegote, añadido, arreglo, cataplasma, bilma (*Amér.*), ungüento, esparadrapo, mamarracho, birria, chapucería, chapuza.
ANT. *Salud, perfección.*

emplazamiento
SIN. Situación, ubicación, colocación, orientación, localización, dirección, posición, instalación, alienación, citación, llamamiento, exhortación, mandato.
ANT. *Omisión, descuido.*

empleado
SIN. Funcionario, oficinista, encargado, secretario, dependiente, trabajador, administrativo, asalariado, practicante, operario, ordenanza, personal.

ANT. *Desempleado, parado, desocupado, cesante.*

emplear
SIN. Colocar, destinar, ocupar, tomar, aplicar, proveer, adscribir, instalar, consumir, gastar, usar, utilizar, adoptar, invertir.
ANT. *Desemplear, desocupar.*

empleo
SIN. Cargo, colocación, oficio, destino, puesto, ocupación, profesión, acomodo, plaza, hueco, vacante, uso, aplicación.
ANT. *Paro, desempleo, inactividad.*

emplumar
Amér.
SIN. Huir, evadirse, fugarse, escapar, largarse, zafarse, escabullirse.
ANT. *Presentarse, permanecer, quedarse.*

empobrecer
SIN. Debilitar, decaer, hundir, declinar, abatir, destruir, deshacer, dañar, arrasar, arruinar.
ANT. *Enriquecer, prosperar, engrandecer.*

empolvar
SIN. Empolvorizar, espolvorear, manchar.
ANT. *Desempolvar, limpiar.*

empollón
SIN. Trabajador, aplicado, estudioso, sacrificado, afanoso.
ANT. *Vago, holgazán.*

emponzoñar
SIN. Envenenar, dañar, estropear, corromper, perjudicar, pervertir, fermentar.
ANT. *Sanar, curar.*

emporcar
SIN. Ensuciar, manchar, curtir (*Amér.*).
ANT. *Limpiar, lavar.*

empotrar
SIN. Encajar, meter, introducir, clavar, ensamblar, atornillar, ajustar, empalmar, incrustar.
ANT. *Sacar, desatornillar.*

emprendedor
SIN. Activo, atrevido, buscavidas, resuelto, osado, decidido, industrioso, ambicioso, dinámico, negociante.
ANT. *Vago, irresoluto.*

emprender
SIN. Acometer, comenzar, empe-
zar, abordar, iniciar, principiar, decidir, embarcarse, intentar, organizar, gestionar, remover, promover, activar, impulsar.
ANT. *Acabar, terminar, abandonar.*

empresa
SIN. Sociedad, compañía, firma, industria, divisa, emblema, símbolo, distintivo, negocio, plan, trabajo, misión, tarea, maniobra, tentativa, labor, obra, iniciativa, operación, decisión, proyecto, designio, intento.

empujar
SIN. Impeler, impulsar, propulsar, lanzar, incitar, estimular, excitar, animar, alentar, influir, presionar, ayudar, progresar.
ANT. *Contener, sujetar, desalentar, desanimar.*

empuje
SIN. Brío, impulso, ánimo, arranque, ímpetu, energía, fuerza, resolución, osadía, coraje, esfuerzo, influencia, poder.
ANT. *Debilidad, timidez, desvalimiento.*

empujón
SIN. Achuchón, atropello, choque, impulso, golpe, envite, avance, progreso, movimiento.
ANT. *Suavidad, atraso.*

empuñadura
SIN. Agarrador, puño, guarnición, mango, picaporte, manivela, principio, prólogo, preámbulo.
ANT. *Fin.*

empuñar
SIN. Coger, aferrar, mover, manipular, balancear, alcanzar, sujetar, enarbolar.
ANT. *Soltar, aflojar.*

empurrarse
SIN. Irritarse, encolerizarse, enarbolarse.
ANT. *Calmarse.*

emulación
SIN. Competencia, rivalidad, antagonismo, competición, estímulo, superación, pugna, contención, equiparación, celos, envidia.
ANT. *Personalidad, indignidad, indiferencia.*

émulo
SIN. Competidor, contrario, rival, opuesto, contendiente, contrincan-
te, adversario, antagonista, enemigo, combatiente.
ANT. *Amigo, colega.*

enajenación
SIN. Embelesamiento, enajenamiento, embobamiento, distracción, éxtasis, locura, suspensión, turbación, conturbación, desequilibrio, ensimismamiento, abstracción, elevación, venta, traspaso, adjudicación, cesión.
ANT. *Discernimiento, cordura, sensatez, cancelación.*

enajenar
SIN. Ceder, vender, transferir, empeñar, hipotecar, arrobar, cegar, enloquecer, arrebatar, embriagar, extasiarse, embelesar, encantar, embobar, suspender, retirar, abstraer, apartarse.
ANT. *Discernir, cancelar, devolver.*

enaltecer
SIN. Ensalzar, engrandecer, encomiar, alabar, elogiar, exaltar, honrar, realzar, gloriar, glorificar, aclamar, sublimar, abrillantar.
ANT. *Humillar, vituperar.*

enamorado
SIN. Acaramelado, chiflado, ciego, loco, rendido, flechado, perdido, apasionado, tierno, afectuoso, vehemente, cariñoso, sensible.
ANT. *Desinteresado, frío, distante, indiferente.*

enamorar
SIN. Pescar, pretender, embelesar, cortejar, agasajar, arrullar, solicitar, festejar, conquistar, camelar, flechar, amar, galantear, adorar, coquetear, seducir, cautivar, tutear.
ANT. *Desenamorarse, odiar, alejar.*

enamorarse
SIN. Chiflarse, apasionarse, encapricharse, encariñarse, perderse, trastornarse, acaramelarse, derretirse, pirrarse.
ANT. *Desilusionarse, desencantarse, alejarse, desenamorarse.*

enano
SIN. Diminuto, liliputiense, pigmeo, pequeño, monigote, escaso, pulga, menudo, títere, peonza, renacuajo, duende, gnomo.
ANT. *Alto, gigante, titán.*

enarbolar
SIN. Arbolar, blandir, alzar, levantar.

ANT. *Bajar, calmarse.*

enarbolarse
SIN. Encabritarse, enfadarse, endurecerse.
ANT. *Calmarse.*

enardecedor
SIN. Excitante, estimulante, provocador, irritante, inquietante, exasperante.
ANT. *Tranquilizador, calmante.*

enardecer
SIN. Excitar, avivar, entusiasmar, encender, apasionar, acalorar, enconar, provocar, engrescar, aguijonear, apasionar, inflamarse, engrescarse, encenderse.
ANT. *Tranquilizar, serenar.*

encabalgar
SIN. Encaballar, montar, solapar, apoyar, sobreponer, sostener, soportar.
ANT. *Descabalgar, bajar.*

encabestrar
SIN. Seducir, atraer, subyugar.
ANT. *Repeler.*

encabezamiento
SIN. Principio, cabeza, enunciado, epígrafe, preámbulo, prólogo, preliminar, introducción, prefacio, advertencia, título, rótulo, lema, lista, registro, padrón.
ANT. *Fin, epílogo.*

encabezar
SIN. Registrar, matricular, empadronar, inscribir, apuntar, fichar, empezar, comenzar, principiar, dirigir, mandar, capitanear.
ANT. *Finalizar, obedecer.*

encabritarse
SIN. Empinarse, saltar, agitarse, alebrestarse (*Amér.*), rebelarse, levantarse, erguirse.
ANT. *Tranquilizarse.*

encadenado
SIN. Ligado, unido, sujeto, preso, engarzado, eslabonado.
ANT. *Desatado, libre, suelto.*

encadenamiento
SIN. Enlace, conexión, trabazón, unión, proceso, decurso, engarce, sometimiento, ligadura, ligazón, esclavitud, tiranía.
ANT. *Desunión, rebelión, libertad.*

encadenar
SIN. Apresar, encarcelar, aprisionar, engrillar, sujetar, atar, retener, enlazar, esclavizar, cohibir, someter, subyugar, unir, ligar, eslabonar, concadenar, relacionar, engarzar, trabar.
ANT. *Soltar, libertar, desligar.*

encajar
SIN. Acoplar, embutir, empalmar, introducir, meter, ajustar, enclavijar, insertar, coincidir, completarse, entenderse, disparar, arrojar, lanzar.
ANT. *Desajustar, desligar, desconectar, abrirse.*

encalabrinarse
SIN. Turbarse, irritarse, excitarse, cabrearse, obstinarse, emperrarse, apasionarse.
ANT. *Calmarse, enfriarse.*

encalar
SIN. Blanquear, enyesar, revestir, encostrar, pintar, emplastecer.

encallar
SIN. Embarrancar, varar, detener, paralizar, naufragar, atollarse, inmobilizarse, endurecerse, insensibilizarse.
ANT. *Desencallar, ablandar, suavizar.*

encamarse
SIN. Acostarse, tenderse, echarse, reposar, descansar, convalecer.
ANT. *Levantarse.*

encaminado
SIN. Orientado, tendente, convergente, enfocado, dirigido.
ANT. *Desorientado, contrario.*

encaminar
SIN. Orientar, dirigir, encarrilar, enderezar, conducir, guiar, enseñar, ordenar, encauzar, tender, aderezar, aconsejar, marchar, trasladarse, caminar.
ANT. *Desorientar, desviar.*

encaminarse
SIN. Dirigirse, orientarse, encarrilarse, encauzarse, desplazarse, trasladarse.
ANT. *Desviarse, quedarse.*

encamisar
SIN. Envolver, enfundar, vestir, disfrazarse, camuflarse.
ANT. *Desvestirse.*

encanallarse
SIN. Degradarse, envilecerse, corromperse, embrutecerse, enfangarse, prostituirse, engranujarse, pervertirse, engolfarse.
ANT. *Mejorarse, ennoblecerse, purificarse.*

encandiladera
SIN. Encandiladora, tercera, celestina, alcahueta.
ANT. *Leal, noble.*

encandilado
SIN. Levantado, erguido, engallado, tieso, excitado, ofuscado, alucinado, deslumbrado, atónito.
ANT. *Sereno, tranquilo.*

encandilar
SIN. Alucinar, deslumbrar, embaucar, ofuscar, engañar, engatusar, maravillar, encantar, fascinar, seducir, sorprender, excitar, encender.
ANT. *Serenar, calmar.*

encandilarse
SIN. Erguirse, engallarse, levantarse, deslumbrarse, alucinarse, ofuscarse, ilusionarse, admirarse.
ANT. *Apagarse, calmarse.*

encanecer
SIN. Envejecer, blanquear, canear.
ANT. *Rejuvenecer.*

encanijar
SIN. Enflaquecer, enfermar, adelgazar, desmejorar.
ANT. *Robustecerse, fortalecerse.*

encantado
SIN. Distraído, embobado, boquiabierto, atónito, pasmado, estupefacto, embelesado, absorto, abstraído, estático, hechizado, fascinado, embrujado, complacido, contento, satisfecho, alegre, ufano, feliz, dichoso.
ANT. *Aburrido, serio, triste, desencantado, disgustado.*

encantador
SIN. Agradable, seductor, cautivador, sugestivo, fascinador, atractivo, interesante, salado, delicioso, hechicero, brujo, mago, ocultista, hipnotizador.
ANT. *Antipático, vulgar, exorcizador.*

encantar
SIN. Embobar, hechizar, enajenar, dominar, suspender, arrobar, embargar, tansportar, embelesar, cautivar, agradar, sugestionar, seducir, deleitar, halagar, fascinar, maravillar.

ANT. *Desagradar, exorcizar, aburrir.*

encanto
SIN. Encantamiento, hechizo, embrujo, magia, sortilegio, embeleso, seducción, fascinación, delicia, exquisitez, agrado, glamour, gracia, dulzura, carisma.
ANT. *Desencanto, desagrado, fealdad.*

encapotado
SIN. Nublado, obscuro, sombrío, entoldado, cubierto, cerrado.
ANT. *Claro, abierto.*

encapotamiento
SIN. Nublado, cerrazón, borrasca, negrura, obscuridad, ceño, enfado.
ANT. *Claridad, conformidad, serenidad.*

encapotarse
SIN. Cubrirse, nublarse, obscurecerse, entenebrecerse, cerrarse, entoldarse, encortinarse, enfadarse.
ANT. *Despejarse, serenarse.*

encapricharse
SIN. Obstinarse, emperrarse, empeñarse, encastillarse, insistir, desear, enamorarse, encariñarse, prendarse, aficionarse, no dar brazo a torcer, metérselo en la cabeza.
ANT. *Desinteresarse, ceder.*

encapuchado
SIN. Encubierto, disfrazado, tapado, oculto, cubierto, penitente, disciplinante.
ANT. *Descubierto, franco.*

encaramar
SIN. Levantar, aupar, subir, elevar, alzar, sobresalir, encumbrar, trepar, elogiar, enaltecer, prosperar.
ANT. *Caer, humillar, denigrar.*

encaramarse
SIN. Subirse, elevarse, levantarse, alzarse, alabarse, enaltecerse, encumbrarse.
ANT. *Caerse, descolgarse, hundirse.*

encararse
SIN. Afrontar, resistir, sufrir, desafiar, enfrentar, oponerse, carear, dirigir, apuntar.
ANT. *Evadir, ocultarse, desenfocar.*

encarcelar
SIN. Aprisionar, encerrar, enjaular, recluir, arrestar, confinar, prender, capturar, retener, amarrar, atar, sujetar, engrillar.
ANT. *Soltar, liberar, indultar.*

encarecer
SIN. Recomendar, rogar, ponderar, alabar, elogiar, encomiar, ensalzar, subir, levantar, acrecentar, abultar, exagerar, valorizar.
ANT. *Menospreciar, denigrar, depreciar, bajar.*

encarecer
SIN. Recomendar, rogar, ponderar, alabar, elogiar, encomiar, ensalzar, subir, levantar, acrecentar, abultar, exagerar, valorizar.
ANT. *Menospreciar, denigrar, depreciar, bajar.*

encarecimiento
SIN. Carestía, elevación, aumento, coste, subida, interés, ganancia, recargo, plusvalía, elogio, ponderación, recomendación, honra.
ANT. *Depreciación, rebaja, abandono, denigración.*

encarecedor
SIN. Apologista, ensalzador, elogiador, exagerado, estraperlista.
ANT. *Detractor.*

encargado
SIN. Responsable, delegado, sustituto, gerente, representante, apoderado, comisionado, corresponsal, director, regente.
ANT. *Principal, jefe, patrono.*

encargar
SIN. Encomendar, confiar, delegar, facultar, mandar, autorizar, acreditar, recomendar, endosar, servir, tomar, comprar, prevenir.
ANT. *Renunciar, desautorizar, abandonar.*

encargo
SIN. Mandato, recado, reserva, pedido, cometido, comisión, encomienda, delegación, empleo, mandado, puesto, mensaje.
ANT. *Renuncia.*

encariñado
SIN. Apegado, interesado, enternecido, apasionado, enamorado, encaprichado, simpatizante.
ANT. *Despegado, frío, insensible.*

encariñarse
SIN. Enamorarse, aficionarse, prendarse, apasionarse, apegarse, interesarse, adherirse, engreírse (*Amér.*), acostumbrarse.
ANT. *Desinteresarse, enfriarse.*

encarnarse
SIN. Incorporar, figurar, representar, personificar, materializarse,

meterse, alojarse, introducirse.
ANT. *Separar, desunir.*

encarnizado
SIN. Duro, reñido, ensangrentado, sangriento, encendido, sañudo, enconado, feroz, salvaje, iracundo.
ANT. *Pacífico, bondadoso, suave.*

encarnizamiento
SIN. Crueldad, ferocidad, ensañamiento, furia, dureza, brutalidad, encono, perfidia.
ANT. *Serenidad, suavidad, tranquilidad.*

encarnizarse
SIN. Cebarse, ensañarse, irritarse, enfurecerse, enconarse, odiar, ensangrentar, golpear.
ANT. *Calmarse, ablandarse, perdonar.*

encarrilar
SIN. Dirigir, encaminar, encauzar, enderezar, conducir, guiar, ayudar, normalizar, estabilizar.
ANT. *Desencaminar, extraviar, empeorar.*

encarroñar
SIN. Corromper.
ANT. *Ayudar.*

encarrujado
SIN. Ensortijado, retorcido, rizado, arrugado, caracoleado, abrupto, quebrado.
ANT. *Liso, llano.*

encarrujarse
SIN. Ensortijarse, retorcerse, arrugarse, rizarse, encaracolarse.
ANT. *Alisarse.*

encartar
SIN. Incluir, inscribir, matricular, proscribir, procesar, condenar, juzgar, convocar, citar, llamar.
ANT. *Exonerar.*

encasillar
SIN. Clasificar, archivar, catalogar, ordenar, asociar, inscribir.
ANT. *Desordenar.*

encasquillador
Amér.
SIN. Herrador, herrero, forjador, chispero.

encastillado
SIN. Soberbio, altivo, arrogante, altanero, engreído, presuntuoso, orgulloso, despectivo, vanidoso, vano, terco, testarudo, fortificado, defendido.
ANT. *Humilde, flexible, abierto.*

encastillarse

SIN. Emperrarse, obstinarse, empeñarse, encerrarse, ensoberbecerse, desdeñar, aferrarse, fortificar, guarnecer, amurallar, proteger.
ANT. *Humillarse, transigir, descuidar.*

encausado

SIN. Procesado, enjuiciado, acusado, inculpado.
ANT. *Absuelto.*

encelamiento

SIN. Amor, pasión, celo, vehemencia, excitación, lujuria, chaladura.
ANT. *Indiferencia, frialdad.*

encender

SIN. Inflamar, arder, prender, incendiar, abrasar, irritar, incitar, excitar, ruborizar, enfurecer, motivar.
ANT. *Apagar, enfriar.*

encenderse

SIN. Ruborizarse, irritarse, sulfurarse, excitarse.
ANT. *Apagarse, calmarse.*

encendimiento

SIN. Inflamación, luz, combustión, calentamiento, ignición, quema, ardor, viveza, rubor, excitación.
ANT. *Frialdad, desinterés.*

encerado

SIN. Barnizado, brillante, abetunado, pizarrón (*Amér.*), impermeable, hule, pizarra.

encerar

SIN. Abrillantar, lustrar, frotar, pulir, untar.

encerradero

SIN. Aprisco, redil, toril, corral, encierro.

encerrar

SIN. Contener, incluir, recluir, aprisionar, encarcelar, enclaustrar, introducir, internar, enjaular, comprender, emparedar, ocultar, guardar, encajonar, sitiar, cerrar.
ANT. *Liberar, soltar.*

encerrona

SIN. Encierro, retiro, recogimiento, engaño, trampa, emboscada, treta, ardid.
ANT. *Liberación, lealtad.*

encierro

SIN. Clausura, recogimiento, reclusión, retiro, celda, prisión, calabozo, mazmorra, cárcel.
ANT. *Libertad, apertura.*

encima

SIN. Además, aparte, arriba, sobre, en.

enclaustrarse

SIN. Encerrarse, retirarse, alejarse, recogerse.
ANT. *Salirse.*

enclenque

SIN. Enfermizo, encanijado, débil, achacoso, raquítico, canijo, desmirriado, flaco, cañinque (*Amér.*), renacuajo, merengue.
ANT. *Robusto, fuerte.*

encocorar

SIN. Fastidiar, molestar, importunar, incordiar, crispar, mortificar, irritar, enojar,
ANT. *Satisfacer, agradar, sosegar.*

encoger

SIN. Contraer, abreviar, acortar, estrechar, menguar, apocar, acoquinar, plegar, arrugar, plisar, remangar.
ANT. *Estirar, agrandar, abultar.*

encogerse

SIN. Apocarse, amilanarse, contraerse, acobardarse, acurrucarse, disminuirse, empequeñecerse, acoquinarse, atemorizarse.
ANT. *Agrandarse, envalentonarse.*

encogido

SIN. Arrugado, estrujado, agachado, plegado, fruncido, doblegado, acurrucado, apocado, pusilánime, tímido, timorato, indeciso, acobardado, pardo.
ANT. *Estirado, liso, desenvuelto.*

encogimiento

SIN. Pliegue, fruncimiento, arrugamiento, contracción, timidez, cortedad, indecisión, pequeñez.
ANT. *Estiramiento, atrevimiento.*

encolerizar

SIN. Enojar, enfurecer, sulfurar, irritar, enfadar, azuzar, encrespar, exasperar, tronar, rugir, bramar, rabiar, brincar.
ANT. *Serenar, tranquilizar, moderar, contenerse.*

encolerizarse

SIN. Irritarse, arrebatarse, sulfurarse, enojarse, enfurecerse, enfadarse, enfuriarse, airarse, desbocarse, desesperarse.
ANT. *Moderarse, contenerse, reprimirse.*

encomendamiento

SIN. Encargo, mandado, amparo, protección, recomendación, elogio, misión, cometido.
ANT. *Renuncia, desistimiento.*

encomendar

SIN. Encargar, confiar, mandar, requerir, solicitar, recomendar, amparar, proteger, gestionar.
ANT. *Rehuir, eludir, evitar.*

encomendarse

SIN. Entregarse, confiarse, darse.
ANT. *Desembarazarse de.*

encomiador

SIN. Encarecedor, alabador, elogiador, panegirista, encomiasta, apologista, aplaudidor.
ANT. *Injuriador, difamador.*

encomiar

SIN. Alabar, aplaudir, celebrar, elogiar, encarecer, ensalzar, lisonjear, adular, piropear, vitorear, proclamar, encumbrar, bendecir, canonizar.
ANT. *Denigrar, censurar, despreciar, vituperar.*

encomiástico

SIN. Halagador, adulador, laudatorio, lisonjero, favorable, halagüeño, apologético, ponderativo, enaltecedor, pelotillero.
ANT. *Difamador, hostil, criticón, desfavorable.*

encomienda

SIN. Encargo, recomendación, requerimiento, confianza, amparo, patrocinio, protección, custodia, merced, condecoración, privilegio, elogio, alabanza.
ANT. *Desamparo, censura.*

enconamiento

SIN. Inflamación, llagarse, empeorar, encono, rencor, aborrecimiento, resentimiento, enfado, disgusto.
ANT. *Desinfección, amistad.*

enconar

SIN. Envenenar, infectar, supurar, inflamar, agriar, exasperar, irritar, exacerbarse, enemistarse.
ANT. *Sanar, perdonar, reconciliarse.*

encono

SIN. Enemigo, odio, saña, rencor, tirria, manía, abominación, violencia, malquerencia, ensañamiento, malevolencia.
ANT. *Bondad, amistad, perdón, generosidad.*

enconoso
SIN. Contrario, diferente, distinto, opuesto, enemigo, enfrentado, bilioso, dañino, rencoroso, pernicioso, encarnizado.
ANT. *Misericordioso, bondadoso.*

encontrado
SIN. Contrario, diferente, distinto, opuesto, enemigo, enfrentado, hostil, oponente, acertado, ideado, manifiesto.
ANT. *Amigo, acorde, compatible.*

encontrar
SIN. Tropezar, topar, coincidir, chocar, discrepar, disentir, rivalizar, convenir, acordar, avenir, conseguir, obtener, descubrir, hallar, acertar, atinar, inventar.
ANT. *Eludir, conformar, ausentarse, ignorar.*

encontrarse
SIN. Enemistarse, oponerse, hallarse, toparse, tropezarse, enfrentarse.
ANT. *Conformarse, eludirse.*

encontronazo
SIN. Topetazo, tropezón, tropiezo, colisión, encuentro, golpe, empujón, choque.
ANT. *Repulsión, elusión.*

encopetado
SIN. Vanidoso, fatuo, vano, engreído, presuntuoso, presumido, orgulloso, importante, elevado, ilustre, señorial, distinguido.
ANT. *Humilde, sencillo, plebeyo.*

encopetarse
SIN. Ensoberbecerse, enorgullecerse, jactarse, envanecerse, encumbrarse.
ANT. *Humillarse, rebajarse.*

encorsetar
SIN. Ceñir, ajustar, estrechar, fajar, comprimir, estrujar.
ANT. *Aflojar, soltar.*

encorvado
SIN. Jorobado, inclinado, doblado, vencido, torcido.
ANT. *Derecho, recto.*

encorvar
SIN. Arquear, doblar, torcer, curvar, redondear, abombar, enroscar, inclinar, flaquear.
ANT. *Enderezar, estirar.*

encovar
SIN. Encerrar, guardar, ocultar, esconder, contener.
ANT. *Descubrir, enseñar.*

encrespado
SIN. Rizado, ensortijado, erizado, embrollado, acaracolado, hinchado, airado, agitado, embravecido, enardecido, furioso, encolerizado.
ANT. *Liso, apaciguado.*

encrestado
SIN. Altivo, ensoberbecido, engreído, orgulloso, soberbio, peleón.
ANT. *Sencillo, pacífico.*

encrudecer
SIN. Irritar, exasperar, encolerizar, enfurecer, airar.
ANT. *Calmar, apaciguar.*

encuadernar
SIN. Forrar, empastar, encartonar, afinar, enlomar.
ANT. *Desencuadernar.*

encuadrar
SIN. Encerrar, contener, enmarcar, ajustar, introducir, insertar, incluir.
ANT. *Desencajar, salirse.*

encubierta
SIN. Fraude, ocultación, engaño.
ANT. *Descubierta.*

encubiertamente
SIN. Sigilosamente, disimuladamente, recatadamente, fraudulentamente, engañosamente.
ANT. *Abiertamente, sinceramente.*

encubridor
SIN. Ocultador, alcahuete, tapadera, cómplice, abrigador (*Amér.*), pantalla, compinche, protector, partidario.
ANT. *Descubridor.*

encubrir
SIN. Esconder, ocultar, recatar, tapar, velar, entapujar, envolver, fingir, enterrar, disimular, encamisar, enmascarar, desfigurar, proteger, colaborar.
ANT. *Descubrir, delatar.*

encuentro
SIN. Choque, colisión, encontronazo, golpe, cruce, topetazo, oposición, lucha, combate, escaramuza, altercado, reunión, asamblea, cita, partido, juego, competición.
ANT. *Ausencia, elusión, acuerdo, armonía.*

encuesta
SIN. Indagación, pesquisa, averiguación, información, reportaje, investigación, búsqueda, escrutinio.

encuitarse
SIN. Entristecerse, afligirse, apenarse, atribularse, desolarse.
ANT. *Alegrarse, calmarse.*

encumbrado
SIN. Alto, eminente, elevado, distinguido, prominente, envanecido, orgulloso.
ANT. *Humilde, modesto.*

encumbramiento
SIN. Ensalzamiento, elogio, engrandecimiento, honor, altura, prominencia, influencia, preponderancia, importancia, ascenso, prestigio, plataforma.
ANT. *Humildad, modestia, degradamiento.*

encumbrar
SIN. Exaltar, levantar, alzar, elevar, levantar, ascender, escalar, elogiar, ensalzar, ennoblecer, ponderar.
ANT. *Bajar, rebajar, criticar, censurar.*

encumbrarse
SIN. Ensoberbecerse, erguirse, levantarse, envanecerse, alzarse, enorgullecerse, encopetarse.
ANT. *Humillarse, rebajarse.*

encurrucarse
Amér.
SIN. Acurrucarse, encogerse, ovillarse, arrugarse, recogerse, doblarse.
ANT. *Enderezarse, estirarse.*

encharcado
SIN. Inundado, anegado, enfangado, enlodado, embarrado.
ANT. *Seco, desecado.*

encharcar
SIN. Inundar, enaguar, enfangar, enlodar, empantanar, mojar, regar.
ANT. *Secar, desecar.*

enchiquerar
SIN. Encerrar, encarcelar, recluir, confinar.
ANT. *Liberar, soltar.*

enchufar
SIN. Encajar, conectar, conexionar, unir, acoplar, enlazar, emplearse.
ANT. *Desconectar, jubilarse.*

endeble
SIN. Flojo, débil, enclenque, flaco, pachucho, blandengue, delicado, fútil, apagado, remiso, inconsistente.
ANT. *Fuerte, robusto, sano.*

endeblez

SIN. Debilidad, flojedad, inconsistencia, delgadez, delicadeza, desánimo, desaliento.

ANT. *Fortaleza, resistencia.*

endémico

SIN. Epidémico, infeccioso, habitual, constante, común.

ANT. *Infrecuente, raro.*

endemoniado

SIN. Malo, perverso, perjudicial, dañino, pervertido, nocivo, poseído, endiablado, poseso, maligno, condenado, diabólico.

ANT. *Bueno, dulce, formal, serio.*

endemoniar

SIN. Encolerizar, enfurecer, irritar, airar, enojar, emborrascar, exasperar, embrujar, hechizar, pervertir, poseer, corromper, condenar.

ANT. *Calmar, apaciguar, conjurar, bendecir.*

enderezado

SIN. Favorable, conveniente, concordante, propicio, recto, derecho, erecto, vertical, tieso, empinado, normalizado, arreglado, encarrilado.

ANT. *Desfavorable, inoportuno, torcido, impropio, anárquico.*

enderezar

SIN. Erguir, desencrespar, desenrizar, alinear, extender, encaramar, empinar, arbolar, levantar, alzar, dirigir, corregir, encauzar, encaminar, encarrilar, normalizar, regenerar, amonestar, castigar, enviar, remitir, mandar.

ANT. *Doblar, desviar, pervertir, desorientar, abandonar.*

endespués

Amér.

SIN. Después, luego, en seguida, seguidamente, inmediatamente, posteriormente.

ANT. *Antes, previamente, anteriormente, delante.*

endevotado

SIN. Enamorado, encariñado, aficionado, apegado, sumiso, obediente, devoto, beato, santurrón.

ANT. *Desobediente, desapego.*

endiablado

SIN. Perverso, endemoniado, malo, travieso, condenado, feo, molesto, cargante, difícil, abominable.

ANT. *Bueno, formal, cómodo, apreciable.*

endiablar

SIN. Endemoniar, dañar, pervertir, corromper, malear.

ANT. *Bendecir, mejorar, exorcizar.*

endilgar

SIN. Encaminar, dirigir, lanzar, enviar, encajar, colocar, facilitar, guiar, encargar, facturar.

ANT. *Retener, desviar.*

encauzar

SIN. Dirigir, enfocar, conducir, canalizar, guiar, orientar, enseñar, adiestrar, rehabilitar, regular.

ANT. *Desviar, estropear.*

endiosamiento

SIN. Orgullo, engreimiento, altivez, entono, envanecimiento, petulancia, exaltación, soberbia, altanería.

ANT. *Humildad, sencillez.*

endulzar

SIN. Azucarar, almibarar, edulcorar, adulzar, sacarinar, acaramelar, atenuar, mitigar, suavizar, apaciguar.

ANT. *Amargar, enfurecer.*

endurador

SIN. Tacaño, avaro, mezquino, cutre, agarrado, escatimador, economizador, roña, ahorrador.

ANT. *Espléndido, generoso.*

endurar

SIN. Aplazar, retrasar, diferir, ahorrar, guardar, sufrir, aguantar, soportar.

ANT. *Anticipar, gastar, dilapidar.*

endurecer

SIN. Robustecer, fortalecer, curtir, avezar, acostumbrar, petrificar, secarse, sufrir, soportar, tolerar, templar, cuajar, espesar, solidificarse, calcitrar.

ANT. *Suavizarse, ablandarse.*

endurecido

SIN. Curtido, resistente, acerado, vigoroso, pujante, robusto, fibroso, duro, solidificado, hecho, insensible, cruel, inflexible, rígido.

ANT. *Blando, débil, suave, generoso.*

endurecimiento

SIN. Dureza, obstinación, tenacidad, terquedad, temple, inflexibilidad, robustez, petrificación, solidificación.

ANT. *Blandura, transigencia.*

enemiga

SIN. Enemistad, antipatía, odio, oposición, aversión, aborrecimiento, tirria, rencor, enemistad.

ANT. *Simpatía, afecto.*

enemigo

SIN. Adversario, contrario, rival, contendiente, competidor, opuesto, refractario, hostil, adverso, pugnante, antagonista.

ANT. *Amigo, compañero.*

enemistad

SIN. Aversión, desapego, hostilidad, rivalidad, contienda, desafío, aborrecimieno, rencor, odio, desunión, recelo, desavenencia.

ANT. *Amistad, apego, afecto.*

enemistado

SIN. Distanciado, desavenido, apartado, reñido, frío, esquinado, tirante.

ANT. *Unido, simpatizante, reconciliado.*

enemistar

SIN. Indisponer, desavenir, oponer, enfriar, pelear, regañar, reñir, desunir, romper, aborrecer, discrepar, enzarzar, rivalizar, hostilizar.

ANT. *Quererse, comprenderse, avenirse, perdonarse.*

energético

SIN. Fortalecedor, potente, alimenticio, nutritivo.

ANT. *Debilitador.*

energía

SIN. Vigor, tesón, actividad, fuerza, poder, empuje, fibra, virtud, tenacidad, entereza, dinamismo, brío, savia, coraje, virilidad, ímpetu, resolución, moral, ánimo, eficacia.

ANT. *Flaqueza, debilidad.*

enérgico

SIN. Activo, tenaz, eficaz, vigoroso, fuerte, entero, firme, pujante, intenso, resuelto, fibroso, eficiente, decidido.

ANT. *Débil, irresoluto, pelele.*

energúmeno

SIN. Endemoniado, poseso, poseído, frenético, exaltado, furioso, alborotado, enfurecido, rabioso.

ANT. *Tranquilo, apaciguado.*

enervar

SIN. Embotar, debilitar, anular, invalidar, abatir, aplatanar, extenuar, decaer, afeminar.

ANT. *Fortalecer, vigorizar.*

enfadado
SIN. Disgustado, enojado, molesto, malhumorado, picado, tirante, resentido, irritado, quemado, ceñido, malcarado.
ANT. *Calmado, tranquilizado.*

enfadar
SIN. Enojar, disgustar, desagradar, incomodar, irritar, molestar, airar, indignar, entripar (*Amér.*), encrespar, regañar, reñir, abroncar, alterar, pelear, luchar, discutir, aburrir, cansar, amargar.
ANT. *Reconciliar, desenfadar, agradar.*

enfado
SIN. Desagrado, fastidio, enojo, disgusto, cabreo, mosqueo, tirantez, desacuerdo, tedio, pique, molestia, tensión, irritación, pelea, enemistad.
ANT. *Amistad, contento, calma.*

enfadoso
SIN. Desagradable, enojoso, engorroso, molesto, pesado, fastidioso, cargante, latoso.
ANT. *Agradable, delicioso.*

enfangar
SIN. Enlodar, embarrar, enrunar, ensuciar, pervertir, viciar, envilecer, prostituir, degradar.
ANT. *Limpiar, mejorar.*

enfardar
SIN. Embalar, empaquetar, envolver, embolsar.
ANT. *Desliar.*

énfasis
SIN. Ampulosidad, afectación, pedantería, pomposidad, gravedad, ponderación, redundancia, solemnidad.
ANT. *Naturalidad, sencillez.*

enfático
SIN. Solemne, ampuloso, engolado, altisonante, grave, hueco, vano, pedante, retórico, redundante, declamatorio.
ANT. *Sencillo, natural.*

enfermedad
SIN. Dolencia, padecimiento, indisposición, achaque, mal, dolor, daño, fiebre, molestia, anormalidad, trastorno, desorden, perturbación, lacra, crisis, decaimiento.
ANT. *Salud, bienestar, normalidad, mejoría.*

enfermizo
SIN. Débil, achacoso, enclenque, delicado, raquítico, indispuesto, enfermo, flaco, canijo.
ANT. *Sano, fuerte.*

enfermo
SIN. Atacado, paciente, indispuesto, doliente, malo, acabado, tocado, quebrado, crónico.
ANT. *Sano, robusto.*

enfervorizar
SIN. Entusiasmar, animar, reconfortar, vivificar, arrebatar.
ANT. *Desanimar, desilusionar.*

enfilar
SIN. Alinear, ordenar, colocar, formar, disponer, dirigir, encañonar, embocar, encarar, ensartar, atravesar, tejer, hilar.
ANT. *Desordenar, desviar, detener, deshilar.*

enflaquecer
SIN. Adelgazar, demacrarse, debilitar, chuparse, enervar, desmayar, encanijar, varear, secarse, afilarse.
ANT. *Engordar.*

enflautado
SIN. Retumbante, hinchado, engolado, burrada, locura, disparate.
ANT. *Sencillo, cordura.*

enflautar
SIN. Soplar, hinchar, alucinar, engañar, embarcar, ilusionar.
ANT. *Deshinchar, desengañar.*

enfocar
SIN. Analizar, examinar, considerar, orientar, apuntar, encaminar, acertar, dirigir.
ANT. *Desenfocar, desviarse.*

enfrascado
SIN. Embebido, abstraído, sumido, absorto, dedicado, entregado, concentrado.
ANT. *Distraído, disperso.*

enfrascarse
SIN. Ocuparse, entregarse, aplicarse, dedicarse, sumirse, meterse, absortarse, abismarse, embelesarse, embotellarse, guardar.
ANT. *Distraerse, vaciar.*

enfrenar
SIN. Sujetar, contener, frenar, reprimir, detener.
ANT. *Soltar.*

enfrentar
SIN. Oponer, afrontar, encarar, carear, contraponer, competir, desafiar, retar, hostilizar, combatir.
ANT. *Coincidir, avenirse.*

enfrente
SIN. Delante, frente a, opuesto, contra, en contra, adverso.
ANT. *Detrás, posterior, favorable.*

enfriado
SIN. Alejado, indiferente, decepcionado, tenso, tibio.
ANT. *Amistoso, cariñoso, caliente.*

enfundar
SIN. Llenar, henchir, colmar, inundar, forrar, envainar, cubrir, tapar, meter, revestir.
ANT. *Vaciar, sacar.*

enfurecer
SIN. Enojar, irritar, encolerizar, sulfurar, incitar, provocar, desafiar, alterar, airar.
ANT. *Serenar, sosegar, reprimir.*

enfurecerse
SIN. Arrebatarse, alborotarse, alterarse, encolerizarse, sulfurarse, airarse, agriarse, inflamarse, exasperarse.
ANT. *Calmarse, pacificarse, suavizarse.*

enfurruñarse
SIN. Enfadarse, enojarse, incomodarse, molestarse, contrariarse.
ANT. *Calmarse, aclararse.*

engaitar
SIN. Seducir, engañar, subyugar, embelecar.
ANT. *Desengañar.*

engalanar
SIN. Adornar, emperifollar, ataviar, ornar, adecentar, hermosear, decorar, revestir, aderezar, empavesar, enjoyar.
ANT. *Afear, abandonar.*

engallado
SIN. Erguido, derecho, tieso, firme, soberbio, arrogante, engreído, presumido, ensoberbecido.
ANT. *Encogido, sencillo, natural.*

enganchabobos
SIN. Engastador, seductor, farsante, embaucador, embelesador, trapero, charlatán, subyugador, engañador.
ANT. *Sincero, honrado.*

enganchar
SIN. Prender, enredar, coger, pillar, trincar, sujetar, agarrar, captar, embaucar, seducir, atraer, conquistar, reclutar, alistar, inscribir, unir, acoplarse.
ANT. *Desengancharse, salirse.*

engancharse
SIN. Prenderse, enredarse, abstraerse, enlazarse, trabarse, ligarse.
ANT. *Desengancharse.*

engañar
SIN. Mentir, burlar, engatusar, camelar, chasquear, falsificar, aparentar, torear, fingir, chamarrear (*Amér.*), estafar, traicionar, raposear, ilusionar, embaucar, distraer, entretener, ofuscar, liar, simular.
ANT. *Desengañar, escarmentar.*

engañarse
SIN. Equivocarse, ofuscarse, desorientarse.
ANT. *Escarmentarse.*

engaño
SIN. Farsa, mentira, simulación, falsedad, celada, fullería, disimulo, burla, infundio, ardid, emboscada, encerrona, ilusión, error, equivocación, artificio, chasco, fingimiento, chamarrra (*Amér.*), fraude, ficción, truco, trampa, embuste, argucia, abuso, timo, traición, inocentada, broma, treta, tapujo, tramoya, embeleco, alucinamiento, zancadilla, red.
ANT. *Auténtico, leal, noble, veraz.*

engañoso
SIN. Falso, fingido, mentiroso, aparente, inexistente, ilusorio, irreal, falsificado, artificioso, parchista, seductor, timador.
ANT. *Veraz, cierto, leal, honrado.*

engarbullar
SIN. Confundir, enredar, intrincar, complicar.
ANT. *Aclarar, desenredar.*

engarce
SIN. Engarzadura, engarzamiento, conexión, enlace, ligazón, trabazón, unión.
ANT. *Desengarce, desunión.*

engarzar
SIN. Rizar, ensortijar, trabar, enlazar, encajar, ensartar, conexionar.
ANT. *Alisar, desencadenar.*

engarzar
Amér.
SIN. Enzarzar, embrollar, enredar, embarullar, enmarañar, complicar.
ANT. *Desenredar, desentrampar.*

engastar
SIN. Encajar, embutir, acoplar, alojar, incrustar, montar, abrazar.
ANT. *Desacoplar, arrancar.*

engatusado
SIN. Embaucado, seducido, convencido, sobornado.
ANT. *Descreído, incrédulo.*

engatusar
SIN. Seducir, engañar, embaucar, embelecar, burlar, camelar, sobornar, convencer.
ANT. *Desilusionar, rechazar.*

engendrar
SIN. Procrear, fecundar, reproducir, multiplicar, criar, generar, concebir, causar, ocasionar, originar, producir, provocar.
ANT. *Abortar, impedir, obstaculizar.*

engolado
SIN. Enfático, pedante, solemne, inflado, ampuloso, fatuo, hueco.
ANT. *Sencillo, humilde, natural.*

engolfado
SIN. Enfrascado, atareado, ocupado, aplicado, consagrado, dedicado.
ANT. *Distraído.*

engolfarse
SIN. Enfrascarse, abstraerse, concentrarse, dedicarse, sumergirse, ensimismarse.
ANT. *Desentenderse.*

engolosinar
SIN. Atraer, seducir, cautivar, embelecar, engastar, ilusionar, estimular, tentar.
ANT. *Repeler, rechazar.*

engolosinarse
SIN. Aficionarse, encariñarse, engatusarse, encapricharse, interesarse, prendarse.
ANT. *Decepcionarse, desinteresarse.*

engomado
SIN. Pegado, encolado, untado, adherido, fijado, sujeto.
ANT. *Suelto, despegado.*

engomar
SIN. Pegar, encolar, adherir, sujetar, ligar.
ANT. *Desligar, desengomar.*

engordar
SIN. Cebar, engrosar, robustecerse, hincharse, abultar.
ANT. *Adelgazar, enflaquecer.*

engorro
SIN. Embarazo, impedimento, dificultad, molestia, estorbo, obstáculo, traba, inconveniente, tropiezo, apuro, escollo.
ANT. *Facilidad, sencillez, comodidad.*

engorroso
SIN. Embarazoso, dificultoso, enojoso, molesto, fastidioso, difícil, enfadoso, laborioso, trabajoso, arduo, comprometido.
ANT. *Fácil, sencillo, ligero, cómodo.*

engranar
SIN. Unir, enlazar, trabar, acoplar, ajustar, conectar, ensamblar.
ANT. *Desunir, separar.*

engrandecer
SIN. Aumentar, agrandar, desarrollar, acrecentar, prosperar, progresar, dilatar, alabar, ponderar, realzar, exagerar, elevar, exaltar, enaltecer, ennoblecer, loar, gloriar.
ANT. *Empequeñecer, humillar, abatir.*

engrandecimiento
SIN. Aumento, dilatación, expansión, progreso, crecimiento, ponderación, loa, realce, elogio, alabanza, exaltación.
ANT. *Disminución, humillación, abatimiento.*

engranujarse
SIN. Envilecerse, encanallarse, rebajarse, degradarse.
ANT. *Ennoblecerse, elevarse.*

engrasar
SIN. Lubricar, untar, encerar, recubrir, pringar, embadurnar, aliñar, adobar.
ANT. *Resecar, limpiar, desengrasar.*

engreído
SIN. Enfático, hinchado, envanecido, ufano, inflado, soberbio, orgulloso, soplado, pedante, petulante, presumido, encopetado, fachendoso.
ANT. *Humilde, natural, cordial, llano.*

engreír
Amér.
SIN. Encariñarse, apegarse, interesarse, simpatizar, amar.

ANT. *Desinteresarse, aborrecer.*

engreírse
SIN. Infatuarse, ufanarse, envanecerse, hincharse, inflarse, altivarse, crecerse, jactarse, gloriarse.
ANT. *Humillarse, doblegarse.*

engrescar
SIN. Incitar, excitar, hostilizar, enzarzar, descomponer, separar, desavenir, dividir.
ANT. *Pacificar, acercar, avenirse.*

engrifar
SIN. Erizar, encrespar, inquietar, azorar, empinarse, alzarse.
ANT. *Sosegar, bajar.*

engrosar
SIN. Aumentar, engordar, incrementar, desarrollar, amplificar, extender.
ANT. *Disminuir, reducir.*

engullidor
SIN. Tragón, zampón, devorador, glotón.
ANT. *Moderado, continente.*

engullir
SIN. Tragar, ingerir, atiborrar, devorar, zampar, atracar, embuchar, hartarse, comer.
ANT. *Abstenerse, ayunar.*

engurrio
SIN. Tristeza, melancolía, abatimiento, pena, pesar.
ANT. *Alegría, júbilo.*

enhebrar
SIN. Enfilar, meter, introducir.
ANT. *Desenhilar.*

enhiesto
SIN. Derecho, erguido, levantado, tieso, envarado, erecto, izado.
ANT. *Torcido, bajado, encogido.*

enhorabuena
SIN. Parabién, felicitación, brindis, cumplido, agasajo, aplauso.
ANT. *Desaprobación, veto.*

enigma
SIN. Confusión, misterio, secreto, incógnita, adivinanza, jeroglífico, acertijo.
ANT. *Solución, desenlace.*

enigmático
SIN. Incomprensible, inexplicable, oscuro, misterioso, esotérico, insondable, intrincado, enverado.
ANT. *Claro, descifrable.*

enjabonar
SIN. Lavar, limpiar, bañar, frotar, lisonjear, adular, elogiar.
ANT. *Ensuciar, denigrar.*

enjagüe
Amér.
SIN. Enjuague, gárgara, lavatorio, enjuagatorio.

enjalbegar
SIN. Blanquear, enyesar, estucar, encalar.
ANT. *Ensuciar, deslucir.*

enjambre
SIN. Muchedumbre, multitud, abundancia, hormiguero, grupo, rebaño, bandada, pandilla.
ANT. *Soledad, escasez.*

enjaular
SIN. Recluir, encarcelar, encerrar, aislar.
ANT. *Libertar, soltar.*

enjoyar
SIN. Enriquecer, hermosear, adornar, engalanar, embellecer, ornamentar.

enjuague
SIN. Artificio, chanchullo, trampa, pastel, embrollo, apaño, enjagüe (*Amér.*), inmoralidad, lavatorio, limpieza, baño.
ANT. *Honradez, rectitud, honestidad.*

enjugar
SIN. Secar, enmagrecer, adelgazar, enflaquecer, encanijar, cancelar, liquidar, acabar.
ANT. *Engordar.*

enjuiciar
SIN. Procesar, encausar, juzgar, sentenciar, asesorar, reseñar, fallar, condenar, considerar, estimar, apreciar, pensar.
ANT. *Abstenerse.*

enjundia
SIN. Grasa, manteca, tocino, substancia, esencia, miga, fuerza, energía, empuje, carácter, personalidad.
ANT. *Debilidad, vaciedad, vacilación.*

enjuto
SIN. Flaco, delgado, seco, canijo, magro, frágil, sobrio, parco, comedido.
ANT. *Gordo, obeso, descomedido.*

enlace
SIN. Matrimonio, casamiento, unión, parentesco, conexión, encadenamiento, trabazón, empalme, relación, engarce, nexo, síncopa, vínculo, lazo, adherencia, causa, motivo, pretexto.
ANT. *Desenlace, separación.*

enlazar
SIN. Encadenar, unir, ligar, eslabonar, trabar, empalmar, acoplar, tejer, juntar, engranar, emparentar, unirse, casarse.
ANT. *Desenlazar, separar, divorciar.*

enlodar
SIN. Ensuciar, manchar, embarrar, enfangar, envilecer, denigrar, mancillar, prostituir.
ANT. *Limpiar, honrar.*

enloquecer
SIN. Chalarse, trastornar, desequilibrarse, deschavetarse (*Amér.*), trastocarse, alucinar, grillarse, enajenar.
ANT. *Equilibrarse, moderarse.*

enloquecido
SIN. Trastornado, loco, enajenado, chiflado, frenético, emocionado, conturbado, chalado.
ANT. *Juicioso, cuerdo, frío.*

enlosar
SIN. Pavimentar, embaldosar, enladrillar, recubrir.
ANT. *Desenlodar.*

enlucir
SIN. Blanquear, encalar, estucar limpiar, pulir, abrillantar, lucir.
ANT. *Ensuciar, embadurnar.*

enlutar
SIN. Entristecer, apenar, desconsolar, acongojar, obscurecer.
ANT. *Alegrar.*

enllentecer
SIN. Reblandecer, ablandar, modificar.
ANT. *Endurecer.*

enmagrecer
SIN. Enflaquecer, adelgazar, encanijar, chuparse, demacrarse.
ANT. *Engordar.*

enmalecer
SIN. Pervertir, estropear, encanallar.
ANT. *Enseñar, reparar.*

enmarañar
SIN. Enredar, revolver, embrollar, confundir, desordenar, complicar, intrincar, historiar (*Amér.*), dificultar, embarullar.
ANT. *Desenredar, facilitar.*

enmascarar
SIN. Disfrazar, encubrir, disimular, remediar, reformar, reparar, modificar, subsanar, pulir, retocar, resarcir, indemnizar, purgar.
ANT. *Desenmascarar, descubrir.*

enmendar
SIN. Rectificar, corregir, mejorar, remediar, reformar, reparar, modificar, subsanar, pulir, retocar, resarcir, indemnizar, purgar.
ANT. *Reincidir, empeorar.*

enmienda
SIN. Corrección, modificación, rectificación, mejora, reforma, retoque, censura, reparo, conversión, moralización.
ANT. *Reincidencia, perversión.*

enmohecer
SIN. Oxidar, florecer, enroñar, inutilizarse, mohosear (*Amér.*), envejecerse, gastarse, apolillarse.
ANT. *Abrillantar, utilizarse.*

enmudecer
SIN. Callar, silenciar, amordazar, cerrar el pico, cerrar la boca.
ANT. *Charlar, conversar.*

ennegrecer
SIN. Ahumar, negrear, requemar, sombrear, obscurecer, cerrarse.
ANT. *Blanquear, despejarse.*

ennoblecer
SIN. Adornar, enriquecer, dignificar, glorificar, enaltecer, honrar, realzar, exaltar, privilegiar, encumbrar.
ANT. *Degradar, deshonrar.*

enojar
SIN. Fastidiar, molestar, indisponer, desasosegar, disgustar, encolerizar, enfurecer, irritar, alborotar, airar, agriarse, regañar, gruñir, patear.
ANT. *Pacificar, calmar.*

enojarse
SIN. Alborotarse, enfurecerse, encolerizarse, irritarse, cabrearse, molestarse, picarse, enfadarse, disgustarse, airarse.
ANT. *Apaciguarse, calmarse.*

enojo
SIN. Desagrado, cólera, enfado, furor, irritación, ira, furia, molestia, incomodidad, resentimiento, pique, rencilla, queja, berrinche.
ANT. *Desenfado, contento, alegría.*

enojoso
SIN. Desagradable, fastidioso, molesto, pesado, insoportable, irritante, amargo, engorroso, insufrible.
ANT. *Ameno, entretenido, agradable.*

enorgullecerse
SIN. Jactarse, gloriarse, ufanarse, envanecerse, pavonearse, presumir, alardear, engreírse, hincharse, encopetarse.
ANT. *Humillarse, mortificarse.*

enorme
SIN. Desmedido, gigantesco, colosal, imponente, grande, formidable, extraordinario, morrocotudo, ingente, bestial, cuantioso, grave, disparatado.
ANT. *Insignificante, normal, proporcionado.*

enormidad
SIN. Atrocidad, disparate, barbaridad, extravagancia, exceso, desproporción, desmedida, inmensidad, perversidad, corrupción, maldad.
ANT. *Comedimiento, bondad, pequeñez.*

enquistado
SIN. Encajado, incrustado, empotrado, inflamado, hinchado.
ANT. *Desencajado, deshinchado.*

enraizar
SIN. Arraigar, aclimatar, fijar, asir, agarrar.
ANT. *Desarraigar.*

enrasar
SIN. Igualar, nivelar, aplanar, arrasar.
ANT. *Desnivelar.*

enredado
SIN. Intrincado, confuso, liado, enmarañado, mezclado, embrollado, revuelto, difícil, difuso.
ANT. *Claro, sencillo.*

enredador
SIN. Embrollador, embarullador, enmarañado, embustero, mentiroso, lioso, pícaro, tejedor (*Amér.*), cuentista, cotilla, diablillo, marañero.

ANT. *Serio, formal, metódico.*

enredar
SIN. Enmarañar, embrollar, mezclar, complicar, confundir, dificultar, revolver, engarzar (*Amér.*), liar, enlazar, traspapelar, entremezclar, intrincar, entrampar.
ANT. *Desenredar, aclarar.*

enredo
SIN. Embrollo, maraña, complicación, confusión, taco, dificultad, chanchullo, chisme, cambullón (*Amér.*), lío, cuento, historia, embuste, mentira, intriga, travesura, habilidad, maquinación, laberinto, mezcla, fregado, tinglado.
ANT. *Claridad, orden.*

enrejar
SIN. Apresar, recluir, cruzar, cercar, vallar, cerrar.
ANT. *Liberar, soltar.*

enrevesado
SIN. Complicado, confuso, enredado, difícil, enmarañado, dificultoso, intrincado, rebujado, indescifrable, sofisticado.
ANT. *Fácil, claro, sencillo, elemental.*

enriquecer
SIN. Prosperar, progresar, aumentar, acumular, acrecentar, subir, fondear, (*Amér.*), tener, adornar, ennoblecer, enaltecer, dignificar.
ANT. *Empobrecer, deshonrar.*

enriquecido
SIN. Situado, próspero, beneficiado.
ANT. *Empobrecido, arruinado.*

enriscado
SIN. Peñascoso, escabroso, arriscado, rocoso, rupestre, abrupto, áspero.
ANT. *Llano, accesible.*

enriscar
SIN. Elevar, levantar, alzar, encumbrar, empinar.
ANT. *Bajar.*

enristrar
SIN. Acertar, ensartar, enfilar, acometer.
ANT. *Defenderse.*

enrojecer
SIN. Sonrosar, colorear, teñir, ruborizarse, abochornarse, avergonzarse.
ANT. *Palidecer.*

enrollar
SIN. Envolver, arrollar, liar, plegar, enroscar, ovillar.
ANT. *Desenrollar.*

enroscar
SIN. Retorcer, doblar, atornillar, arrollar, envolver, liar.
ANT. *Desenroscar, desenvolver.*

ensalada
SIN. Mezcla, confusión, galimatías, lío, revoltijo, enredo.
ANT. *Orden, armonía.*

ensambladura
SIN. Enlace, unión, trabazón, ensamblaje, acoplamiento, conexión, empalme, ajuste.
ANT. *Desunión, desajuste.*

ensanchar
SIN. Dilatar, extender, ampliar, engrandecer, amplificar, anchar, crecer, aumentar, distender, difundir, alargar.
ANT. *Disminuir, reducir, humillar.*

ensancharse
SIN. Engreírse, entonarse, dilatarse, esponjarse, engrandecerse, extenderse, ampliarse.
ANT. *Empequeñecerse, reducirse.*

ensanche
SIN. Dilatación, extensión, ampliación, engrandecimiento, ensanchamiento.
ANT. *Reducción.*

ensangrentarse
SIN. Encenderse, acalorarse, irritarse, indignarse, enfurecerse, excitarse.
ANT. *Apaciguarse, serenarse.*

ensañamiento
SIN. Brutalidad, crueldad, encarnizamiento, ferocidad, saña, impiedad, maldad, inclemencia.
ANT. *Bondad, misericordia.*

ensañar
SIN. Enfurecer, irritar, encolerizar, enconar.
ANT. *Suavizar.*

ensañarse
SIN. Cebarse, enfurecerse, encarnizarse, enconarse, entigrecerse.
ANT. *Moderarse, serenarse.*

ensayado
SIN. Comprobado, examinado, experimentado, gustado, sondeado.
ANT. *Improvisado.*

ensayar
SIN. Probar, intentar, catar, examinar, experimentar, tratar, reconocer, tantear, adiestrar, analizar, sondear.

ensayo
SIN. Examen, probatura, catadura, prueba, tanteo, intento, simulacro, tentativa, averiguación, experiencia, ejercicio, entreno, estudio, bosquejo, proyecto, análisis.

ensenada
SIN. Bahía, cala, abrigo, puerto, concha, seno, golfo, recodo, refugio, ribera.

enseña
SIN. Divisa, insignia, estandarte, bandera, pendón, guión, banderín, distintivo, lema, emblema.

enseñado
SIN. Aleccionado, habituado, adiestrado, amaestrado, domesticado, acostumbrado, docto, instruido, culto.
ANT. *Novato, inculto.*

enseñanza
SIN. Aprendizaje, estudio, preparación, catequesis, pedagogía, didáctica, docencia, educación, cultura, sistema, mayéutica, método, doctrina, precepto, escuela, filosofía, programa, universidad, clase, lectura.

enseñar
SIN. Aleccionar, instruir, preparar, doctrinar, formar, amaestrar, indicar, mostrar, adiestrar, iluminar, catequizar, dirigir, explicar, educar, señalar, demostrar, traducir, solucionar, anotar, comentar.
ANT. *Engañar, ocultar, callar, silenciar.*

enseñorearse
SIN. Adueñarse, apoderarse, posesionarse, apropiarse, incautarse, usurpar.
ANT. *Expropiar, reponer.*

enseres
SIN. Efectos, utensilios, muebles, enredos, útiles, instrumentos, chismes, aparatos, equipo.

ensillar
SIN. Aparejar, equipar, preparar, disponer.
ANT. *Desensillar.*

ensimismado
SIN. Pensativo, meditabundo, abismado, absorto, distraído, embebido, embobado, atónito, reflexivo, enajenado, fuera de sí.
ANT. *Disperso, distraído.*

ensimismarse
SIN. Abstraerse, arrobarse, extasiarse, embebecerse, abismarse, enajenarse, sumirse.
ANT. *Distraerse, descuidarse.*

ensolver
SIN. Reducir, contraer, disipar, abreviar, constreñir, encerrar, incluir.
ANT. *Abrir, ampliar, excluir.*

ensombrecer
SIN. Obscurecer, nublarse, entoldarse, cerrarse, cubrirse, entristecer, afligirse, apenarse, acongojarse.
ANT. *Aclararse, animarse, iluminarse.*

ensoñado
SIN. Quimérico, utópico, abstracto, ilusionado, figurado.
ANT. *Real, evidente.*

ensortijado
SIN. Rizado, ondulado, enredado, retorcido.
ANT. *Liso, desenredado.*

ensuciar
SIN. Manchar, emporcar, pringar, embadurnar, empañar, entintar, salpicar, acochambar (*Amér.*), deslucir, tiznar.
ANT. *Limpiar, asear, lavar.*

ensuciarse
SIN. Mancharse, emporcarse, deslucirse, empañarse, pringarse, cagarse, defecarse.
ANT. *Lavarse, limpiarse.*

ensueño
SIN. Imaginación, sueño, ilusión, quimera, ficción, figuración, visión, irrealidad.
ANT. *Realidad, veracidad.*

entablar
SIN. Emprender, comenzar, disponer, originar, entarimar, entablillar, asegurar, cubrir, vallar.
ANT. *Acabar, descubrir.*

entablonada
Amér.
SIN. Fanfarronada, bravata, bravuconada, fantasmada, jactancia.
ANT. *Discreción.*

entalegar
SIN. Ahorrar, atesorar, embolsar, guardar.
ANT. *Gastar, derrochar.*

entallar
SIN. Esculpir, grabar, ceñir, burilar, cincelar, celar.

entapujar
SIN. Tapar, cubrir, disimular, esconder.
ANT. *Descubrir.*

entarascar
SIN. Recargar, emperifollar, atiborrar, adornar.
ANT. *Simplificar.*

ente
SIN. Ser, sujeto, esencia, substancia, naturaleza, unidad.

entecarse
SIN. Enfermarse, debilitarse, enflaquecerse, encanijarse, obstinarse, emperrarse.
ANT. *Robustecerse, ceder.*

enteco
SIN. Enfermizo, flaco, enclenque, débil, canijo, entelerido (*Amér.*), magro.
ANT. *Fuerte, gordo.*

entelerido
Amér.
SIN. Flaco, enteco, débil, enclenque.
ANT. *Fuerte, robusto, gordo.*

entender
SIN. Penetrar, distinguir, conocer, saber, percibir, discernir, comprender, concebir, deducir, inferir, razonar, pensar, juzgar, opinar, oír, sentir.
ANT. *Ignorar, desconocer.*

entendido
SIN. Docto, capaz, hábil, culto, erudito, sabio, verado, périto, idóneo, técnico, licenciado.
ANT. *Inculto, inexperto.*

entendimiento
SIN. Inteligencia, intelecto, talento, agudeza, razón, capacidad, ingenio, habilidad, cabeza, raciocinio, mente, sutileza.
ANT. *Torpeza, cerrazón.*

enterado
SIN. Informado, instruido, orientado, conocedor, capacitado, versado, entendido, informado.
ANT. *Ignorante, inepto.*

enterar
SIN. Informar, instruir, saber, advertir, orientar, contar, explicar, pregonar, publicar, percibir, descubrir.
ANT. *Ignorar, desconocer, omitir.*

entercarse
SIN. Obstinarse, emperrarse, empeñarse.
ANT. *Vacilar, someterse.*

entereza
SIN. Energía, carácter, constancia, integridad, firmeza, fortaleza, rectitud, disciplina, temple, resistencia, genio, mesura.
ANT. *Debilidad, flaqueza.*

enternecer
SIN. Ablandar, reblandecer, suavizar, compadecer, conmover, emocionar.
ANT. *Endurecerse.*

entero
SIN. Completo, cabal, íntegro, cumplido, justo, recto, constante, firme, inflexible, decidido, estoico, sano, fuerte, recio, tupido, enérgico, acabado, terminado, consumado, pleno, lleno, perfecto.
ANT. *Incompleto, débil, torcido, imperfecto.*

enterrado
SIN. Oculto, escondido, cubierto, olvidado, relegado, aislado, retirado.
ANT. *Descubierto, presente, recordado.*

enterrador
SIN. Sepulturero, sepultador, plantador.

enterramiento
SIN. Entierro, inhumación, sepelio, sepultura, nicho, sepulcro, sarcófago, panteón, pésame, esquela, recordatorio, ataúd, caja, féretro.
ANT. *Exhumación.*

enterrar
SIN. Sepultar, inhumar, soterrar, depositar, meter, yacer, pudrir, ocultar, esconder, arrinconar.
ANT. *Desenterrar.*

entestado
SIN. Testarudo, terco, cabezudo, cabezota, obstinado, cabezón.
ANT. *Dócil.*

entibiar
SIN. Templar, moderar, enfriar,

disminuir, mitigar, decaer, debilitar.
ANT. *Encender, calentar.*

entibo
SIN. Estribo, apoyo, sostén, fundamento, base, puntal, armazón.

entidad
SIN. Valor, importancia, substancia, colectividad, corporación, sociedad, empresa, asociación, cofradía, ente, ser, esencia, forma.
ANT. *Insignificancia, pequeñez.*

entigrecerse
SIN. Encolerizarse, irritarse, enfurecerse.
ANT. *Calmarse.*

entiznar
SIN. Tiznar, manchar, deslustrar, mancillar, deshonrar, denigrar.
ANT. *Limpiar, honrar.*

entoldarse
SIN. Encapotarse, nublarse, ensoberbecerse, engreírse, entonarse, altivarse, cubrir, proteger, tapar.
ANT. *Humillarse, aclararse, destapar.*

entonamiento
SIN. Entono, arrogancia, presunción, vanidad, pedantería.
ANT. *Sencillez, humildad.*

entonarse
SIN. Fortalecerse, robustecerse, vigorizarse, recobrarse, enorgullecerse, engreírse, crecerse.
ANT. *Debilitarse, humillarse.*

entontar
Amér.
SIN. Entontecer, atontar, embobar, pasmar, alelar.
ANT. *Razonar.*

entorpecedor
SIN. Embarazoso, dificultoso, difícil, cargante, pesado, inoportuno, engorroso.
ANT. *Ameno, ligero, ágil.*

entorpecer
SIN. Dificultar, estorbar, embarazar, impedir, paralizar, retardar, turbar, ofuscar, obstaculizar, diferir, frenar, detener, congestionar.
ANT. *Ayudar, facilitar.*

entorpecimiento
SIN. Dificultad, estorbo, obstáculo, impedimento, embarazo, traba, inconveniente, tropiezo, torpeza,

aturdimiento, insensibilidad, sopor.
ANT. *Agilidad, facilidad.*

entrada
SIN. Ingreso, acceso, embocamiento, puerta, vestíbulo, atrio, invitación, admisión, acogida, hospitalidad, billete, localidad, pase, vale, introducción, preámbulo, prefacio, prólogo, amistad, franqueza.
ANT. *Salida, epílogo, enemistad.*

entrampar
SIN. Engañar, enredar, embrollar, intrincar, complicar, liar, defraudar.
ANT. *Facilitar, desentrampar.*

entrante
SIN. Hueco, depresión, hendidura, muesca, corte.
ANT. *Saliente.*

entraña
SIN. Centro, entresijo, núcleo, esencia, índole, carácter, naturaleza, vísceras, tripas, órgano, compasión, afecto, sentimientos.
ANT. *Exterior, dureza, impiedad.*

entrañable
SIN. Íntimo, queridísimo, verdadero, cordial, cariñoso, hondo, afectivo.
ANT. *Superficial, frío.*

entrañar
SIN. Intimar, unirse, introducir, contener, incluir, envolver, involucrar.
ANT. *Desavenirse, rechazar.*

entrar
SIN. Penetrar, irrumpir, introducir, pasar, colarse, ingresar, filtrarse, alistarse, asociarse, matricularse, unirse, agredir, asaltar, atacar, empezar, emprender, iniciar.
ANT. *Salir, finalizar, acabar.*

entreacto
SIN. Intermedio, descanso, pausa, intérvalo, espera.
ANT. *Continuidad.*

entredicho
SIN. Prohibición, veto, censura, veda, repoblación, duda, sospechas.
ANT. *Autorización, confianza.*

entrega
SIN. Rendición, capitulación, obediencia, traspaso, cesión, donación, adjudicación, reparto, limosna, delación, traición, cuaderno, fascículo.

entregar
SIN. Facilitar, dar, conceder, ceder, otorgar, transferir, transmitir, ofrecer, repartir, conceder, adjudicar, distribuir, confiar.
ANT. *Quitar, desistir.*

entregarse
SIN. Abandonarse, rendirse, someterse, concederse, cederse, dejarse, abismarse.
ANT. *Dominarse.*

entrelazar
SIN. Enlazar, entrecruzar, trabar, tejer, ligar.
ANT. *Desenlazar.*

entremeterse
SIN. Inmiscuirse, injerirse, entrometerse, pegarse, fisgonear, cruzarse, invadir, importunar.
ANT. *Desentenderse.*

entremetido
SIN. Importuno, indiscreto, entrometido, intruso, preguntón, fisgón, curioso.
ANT. *Discreto, oportuno.*

entremetimiento
SIN. Indiscreción, entrometimiento, interferencia, fisgonería, ingerencia.
ANT. *Discreción.*

entrenar
SIN. Adiestrar, preparar, ejercitar, instruir, guiar, aconsejar.
ANT. *Abandonarse.*

entresijo
SIN. Incógnita, misterio, reserva, ocultación, dificultad, embrollo, complicación.
ANT. *Claridad, facilidad.*

entresacar
SIN. Elegir, escoger, seleccionar, optar, preferir, extraer, descubrir, aclarar.
ANT. *Rechazar, espesar.*

entretanto
SIN. Mientras, en tanto que.

entretejer
SIN. Trabar, enlazar, entrelazar, mezclar, injerir, interpolar, trenzar, entrenzar, zurcir, bordar, tramar, urdir.
ANT. *Destejer, separar.*

entretención
Amér.
SIN. Entretenimiento, diversión, recreo, juego, pasatiempo, solaz.
ANT. *Aburrimiento.*

entretener
SIN. Recrear, divertir, distraer, deleitar, festejar, dilatar, suspender, rezagar, demorar, diferir, postergar, torear, capear.
ANT. *Aburrir, apresurar.*

entretenida
SIN. Manceba, mantenida, querida, amante, concubina.
ANT. *Legítima.*

entretenido
SIN. Chistoso, divertido, distraído, festivo, gracioso, alegre, bromista, salado, cómico, burlón.
ANT. *Aburrido, triste.*

entretenimiento
SIN. Diversión, distracción, recreación, pasatiempo, recreo, esparcimiento, entretención (*Amér.*).
ANT. *Aburrimiento, tristeza.*

entreverar
SIN. Mezclar, entremezclar, amalgamar.
ANT. *Separar.*

entripar
Amér.
SIN. Enfadar, enojar, indignar, irritar, mosquearse, cabrearse, sulfurar.
ANT. *Agradar.*

entristecer
SIN. Acongojar, afligir, apenar, amargar, sobrecoger, angustiar, apurarse, desolar, desesperar.
ANT. *Alegrar.*

entronizado
SIN. Establecido, instalado, inserto, ungido, elegido, elevado.
ANT. *Desalojado, desplazado, marginado, humillado.*

entronizar
SIN. Entronar, elevar, coronar, ungir, elevar, ensalzar, envanecer, enaltecer.

entronizarse
SIN. Engreírse, envanecerse, entonarse, enorgullecerse, ensoberbecerse.
ANT. *Humillarse.*

entuerto
SIN. Agravio, sinrazón, injuria, daño, perjuicio, ofensa, oprobio.
ANT. *Beneficio, desagravio.*

entumecerse
SIN. Entorpecer, embarazar, impedir, paralizarse, embotar, tullirse, pasmarse.

ANT. *Avivarse, aligerarse.*

entumecimiento
SIN. Parálisis, rigidez, entorpecimiento, inmovilización, letargo, sopor, embotamiento.
ANT. *Agilidad, vigor.*

entupir
SIN. Obstruir, cerrar, comprimir, apretar, oprimir, apretujar, atascar.
ANT. *Abrir, soltar.*

enturbiar
SIN. Turbar, alterar, modificar, revolver, confundir, obscurecer, apagar, entenebrecer, ofuscar, ensuciar, nublarse, cerrarse.
ANT. *Aclarar, clarificar, lucir.*

entusiasmar
SIN. Enardecer, arrebatar, exaltar, encantar, apasionar, arrobar, embriagar, fanatizar, admirar, asombrar, maravillar, enloquecer, ilusionar.
ANT. *Serenar, enfriar, desinteresar.*

entusiasmo
SIN. Admiración, pasión, inspiración, enardecimiento, exaltación, apoteosis, aclamación, frenesí, arrebato, ánimo, agitación.
ANT. *Indiferencia, desinterés.*

entusiasta
SIN. Admirador, apasionado, devoto, incondicional, partidario, fanático, vibrante, caluroso.
ANT. *Indiferente, frío.*

enumeración
SIN. Cómputo, recapitulación, enunciación, cuenta, inventario, especificación, expresión, lista.
ANT. *Desorden, generalización.*

enumerar
SIN. Contar, mencionar, enunciar, catalogar, alistar, registrar, inscribir, relacionar.
ANT. *Olvidar, callar.*

enunciar
SIN. Expresar, manifestar, explicar, exponer, mencionar, formular, informar.
ANT. *Callar, retener.*

envanecerse
SIN. Alabarse, engreírse, jactarse, hincharse, ensoberbecerse, entonarse, pavonearse, ufanarse, vanagloriarse, encopetarse, crecerse, erguirse.

ANT. *Humillarse, achicarse.*

envararse
SIN. Entumecerse, entorpecerse, angustiarse, paralizarse.
ANT. *Aligerarse, desperezarse.*

envasar
SIN. Enfrascar, meter, llenar, introducir, embotellar, envolver, empaquetar, enlatar.
ANT. *Vaciar, sacar.*

envejecer
SIN. Encanecer, canear, decaer, caducar, declinar, degenerar, perder.
ANT. *Rejuvenecer, reverdecer.*

envejecerse
SIN. Arrugarse, estropearse, ajarse, deteriorarse, marchitarse, consumirse, agotarse, desgastarse, secarse, fosilizarse, añejarse.
ANT. *Remozarse, vigorizarse.*

envejecido
SIN. Arrugado, vetusto, arcaico, viejo, marchito, decrépito, chocho, acartonado, acabado, avezado, habituado, estropeado, inútil.
ANT. *Remozado, inexperto, nuevo.*

envenenar
SIN. Emponzoñar, infeccionar, intoxicar, corromper, agriar, drogar, contagiar, estropear, pervertir, enemistar, enconar, engrescar.
ANT. *Limpiar, purificar, reconciliar, arreglar.*

envés
SIN. Revés, reverso, espalda, dorso, lomo, detrás, posterior.
ANT. *Anverso, delante.*

enviado
SIN. Mensajero, delegado, legado, comisionado, nuncio, diputado, misionero, recadero, heraldo, emisario, ordenanza.
ANT. *Dueño, patrón.*

enviar
SIN. Mandar, remitir, encaminar, expedir, dirigir, despachar, librar, facilitar, legar, despedir.
ANT. *Recibir, retener.*

enviciar
SIN. Corromper, pervertir, viciar, malear, encanallar, depravar, perderse, seducir, contaminar.
ANT. *Purificar, regenerar.*

envidia
SIN. Codicia, deseo, emulación,

apetencia, rivalidad, celos, corrosión, rencor, resentimiento.
ANT. *Caridad, nobleza, conformidad.*

envidiar
SIN. Apetecer, codiciar, desear, ambicionar, querer, ansiar, anhelar.
ANT. *Contentar, limitarse.*

envidioso
SIN. Celoso, resentido, ambicioso, avaricioso, egoísta, anheloso, codicioso.
ANT. *Generoso, noble, contentadizo.*

envilecer
SIN. Degradar, humillar, prostituir, rebajar, mancillar, desacreditar, abatir, pervertir, encanallar, torcer, depreciar.
ANT. *Honrar, elevar.*

envilecerse
SIN. Degradarse, humillarse, prostituirse, rebajarse, abatirse, engranujarse, enfangarse.
ANT. *Regenerarse, elevarse.*

envío
SIN. Expedición, remesa, encargo, partida, mensaje, carta.
ANT. *Recepción.*

enviscar
SIN. Irritar, enconar, aguijonear, pinchar.
ANT. *Pacificar.*

envoltura
SIN. Cobertura, cubierta, caparazón, embalaje, corteza, estuche, cáscara, piel, vestidura, vaina, protección.

envolver
SIN. Arropar, cubrir, fajar, vendar, rebozar, cercar, rodear, sitiar, acotar, empaquetar, enroscar, encartonar, liar, mezclar, complicar, incluir, enredar.
ANT. *Destapar, deslindar, abrir, desenredar, desliar.*

envolverse
SIN. Arroparse, embozarse, mezclarse, entrometerse, enredarse, incluirse, amistarse, liarse, prostituirse.
ANT. *Desabrigarse, separarse.*

enzapatar
Amér.
SIN. Calzar, enchancletar.
ANT. *Descalzarse.*

enzarzarse
SIN. Enredarse, entrometerse, mezclarse, liarse, pelearse, picarse, enardecerse, engrescar, excitarse, reñir, discutir.
ANT. *Calmarse, apaciguarse.*

épico
SIN. Heroico, grande, glorioso, homérico, legendario.
ANT. *Vulgar.*

epidemia
SIN. Peste, plaga, calamidad, enfermedad, infección, virus, contagio.
ANT. *Inmunidad.*

epígrafe
SIN. Letrero, inscripción, rótulo, título, rubro (*Amér.*), lema, sumario, resumen, esquema, argumento, enunciado, exordio, preliminar.

epilogar
SIN. Compendiar, resumir, condensar, abreviar, sintetizar, extractar, recapitular.
ANT. *Ampliar.*

epílogo
SIN. Conclusión, resumen, desenlace, síntesis, sinopsis, compendio, recapitulación, final, colofón, remate.
ANT. *Prólogo, principio.*

episodio
SIN. Aventura, incidente, suceso, andanza, anécdota, narración, adición, incidencia, lance, digresión, ocurrencia, pasaje, evento.

epístola
SIN. Misiva, carta, escrito, mensaje, discurso, correspondencia, comunicación.

epitafio
SIN. Inscripción, título, leyenda, dedicatoria, lápida.

epíteto
SIN. Adjetivo, calificativo, nombre, apodo, título.

epítome
SIN. Conclusión, resumen, recopilación, compendio, extracto, sumario, sinopsis.
ANT. *Ampliación.*

equidad
SIN. Igualdad, imparcialidad, justicia, rectitud, objetividad, ecuanimidad, moderación, templanza, entereza, benignidad, honradez.

ANT. *Parcialidad, injusticia, desigualdad.*

equilibrio
SIN. Proporción, armonía, estabilidad, igualdad, ponderación, medida, sensatez, prudencia, aplomo, tranquilidad, objetividad, cordura.
ANT. *Desequilibrio, desigualdad, injusticia, excitación.*

equiparse
SIN. Aprovisionar, abastecer, guarnecer, proveer, dotar, avituallar, surtir.
ANT. *Desguarnecer.*

equitativo
SIN. Justo, recto, igual, legal, razonable, objetivo, imparcial, moderado, proporcionado, ecuánime.
ANT. *Injusto, deshonesto, parcial.*

equivocado
SIN. Errado, falso, inexacto, mentiroso, desatinado, disparatado, injusto, descaminado, alejado.
ANT. *Exacto, cierto, auténtico.*

equivocación
SIN. Yerro, falta, error, desatino, errata, desacierto, confusión, coladura, defecto, lapso, fracaso, decepción, disparate, absurdo, extravío, ligereza.
ANT. *Verdad, acierto, exactitud.*

equivocar
SIN. Errar, marrar, fallar, pifiar, omitir, descaminar, confundir, extraviar, engañar, deformar, patinar, descuidar, incurrir, falsear.
ANT. *Acertar, atinar, adivinar.*

equivocarse
SIN. Colarse, despistarse, confundirse, engañarse.
ANT. *Desengañarse.*

equívoco
SIN. Imprecisión, ambigüedad, retruécano, anfibología, reticencia, vaguedad, confusión, calambur, obscuro, ambiguo, dudoso, enigmático, indeterminado.
ANT. *Inequívoco, exacto, claro, cierto.*

erección
SIN. Rigidez, firmeza, tensión, enderezamiento, elevación, levantamiento, fundación.
ANT. *Relajación, demolición.*

erecto
SIN. Erguido, derecho, vertical, levantado, rígido, tieso, empinado, recto, engallado, orgulloso.
ANT. *Torcido, encogido, humilde.*

eremita
SIN. Ermitaño, cenobita, solitario, anacoreta, monje, religioso.
ANT. *Mundano.*

erguir
SIN. Alzar, levantar, enderezar, empinar, estirar, tensar.
ANT. *Caer, torcer.*

erguirse
SIN. Levantarse, alzarse, engreírse, engallarse, alebrestarse (*Amér.*), envanecerse, ensoberbecerse, enorgullecerse.
ANT. *Humillarse, doblarse.*

erial
SIN. Campo, desierto, yermo, rastrojo, barbecho, estepa, sequedad, baldío, arenal.
ANT. *Oasis, frondosidad, prado.*

erigir
SIN. Fundar, estatuir, hacer, instituir, establecer, alzar, levantar, elevar, construir, edificar.
ANT. *Destruir, caerse.*

erizarse
SIN. Inquietarse, turbarse, azorarse, preocuparse, conturbarse.
ANT. *Tranquilizarse, sosegarse.*

ermita
SIN. Santuario, capilla, templo, ermitorio, oratorio.

ermitaño
SIN. Eremita, cenobita, penitente, asceta, solitario.
ANT. *Sociable, seglar.*

erosión
SIN. Corrosión, depresión, desgaste, merma, rebajamiento, degradación, deterioro, fricción, destrucción, herida, lesión.
ANT. *Integridad, inmunidad.*

erótico
SIN. Voluptuoso, lascivo, libidinoso, mórbido, carnal, obsceno, sexy.
ANT. *Casto, virtuoso.*

erotismo
SIN. Amor, voluptuosidad, pasión, lujuria, lascivia, concupiscencia.
ANT. *Castidad, frialdad.*

errado
SIN. Equivocado, engañado, desacertado, desatinado, falto.

ANT. *Acertado, atinado.*

errante
SIN. Vagabundo, errático, nómada, vagante, erradizo, ambulante, desorientado, placentero, gandul.
ANT. *Estable, sedentario.*

errar
SIN. Equivocar, confundir, desacertar, pifiar, marrar, fallar, desatinar, vagar, andar, pasear, deambular, vagabundear.
ANT. *Acertar, adivinar, permanecer.*

errátil
SIN. Incierto, variable, inconstante, inseguro, indeciso.
ANT. *Fijo, seguro, cierto.*

erróneo
SIN. Equivocado, errado, inexacto, falso, falible, engañoso, iluso.
ANT. *Cierto, veraz.*

error
SIN. Mentira, falsedad, equivocación, yerro, inexactitud, errata, falta, distracción, inadvertencia, lapsus, desatino, disparate, prejuicio, omisión, defecto, desliz, errada, gazapo, tropiezo, engaño, embuste, calumnia.
ANT. *Verdad, certeza.*

erubescencia
SIN. Vergüenza, rubor, sonrojo, bochorno, corrimiento, timidez.
ANT. *Tranquilidad, palidez.*

eructar
SIN. Ventosear, regoldar, jactarse, envanecerse, engreírse.
ANT. *Humillarse.*

eructo
SIN. Regurgitación, regüeldo, jactancia, engreimiento.
ANT. *Humildad.*

erudito
SIN. Letrado, instruido, sabio, ilustrado, culto, docto, entendido, documentado, investigador, académico, maestro.
ANT. *Inculto, ignorante.*

esbeltez
SIN. Donaire, elegancia, arrogancia, gracilidad, garbo, donosidad, finura, lozanía.
ANT. *Imperfección, deformidad.*

esbelto
SIN. Gallardo, arrogante, grácil, elegante, donoso, garboso, apuesto, fino, lúcido.
ANT. *Deforme, ridículo.*

escabel
SIN. Banquillo, tarima, escañuelo, banquete, estrado, banco.

escabrosidad
SIN. Aspereza, dureza, desigualdad, tortuosidad, quebradura, fragosidad, rudeza, rugosidad.
ANT. *Llanura, planicie.*

escabroso
SIN. Intrincado, áspero, quebrado, abrupto, tortuoso, difícil, duro, peligroso, salvaje, peñascoso, desigual, verde, impúdico, grosero, libertino, sucio.
ANT. *Llano, fácil, honesto, sano.*

escabullarse
Amér.
SIN. Escabullirse, zafarse, ocultarse, escaparse, eclipsarse, huir, fugarse.
ANT. *Comparecer, quedarse.*

escabullirse
SIN. Escaparse, irse, escurrirse, largarse, esfumarse, eclipsarse, evaporarse, escabullarse (*Amér.*), deslizarse.
ANT. *Quedarse, aparecer.*

escachalandrado
Amér.
SIN. Descuidado, desgalichado, desgarbado, cangallo.
ANT. *Apuesto, garboso, proporcionado.*

escacharrar
SIN. Desbaratar, estropear, romper, malograr, destrozar, deteriorar, escocherar (*Amér.*).
ANT. *Arreglar, componer.*

escaldado
SIN. Abrasado, quemado, cocido, receloso, escarmentado, castigado.
ANT. *Frío, lesionado.*

escaldar
SIN. Abrasar, hervir, quemar, tostar, asar.
ANT. *Enfriar, helar.*

escalofrío
SIN. Estremecimiento, sacudida, temblor, alteración, impresión, espasmo, nervio.
ANT. *Tranquilidad, relajamiento, calma.*

escalón
SIN. Grada, peldaño, estribo, zanca, madero, avance.

escama
SIN. Recelo, desazón, resentimiento, sospecha, temor, cuidado, desconfianza, inquietud, zozobra, lámina, membrana, placa.
ANT. *Confianza, seguridad.*

escamado
SIN. Receloso, sospechoso, susceptible, resentido, temeroso, escaldado, precavido, desazonado.
ANT. *Confiado, tranquilo, seguro.*

escamar
SIN. Temer, desconfiar, sospechar, conjeturar, escarmentar, presentir.
ANT. *Confiar, tranquilizar, fiar.*

escamondar
SIN. Limpiar, purificar, lavar, purgar, podar, mondar, desliñar.

escamotear
SIN. Esconder, ocultar, robar, quitar, suprimir, engañar, sangrar.
ANT. *Restituir, devolver.*

escampar
SIN. Despejar, aclarar, destapar, desembarazar, limpiar.
ANT. *Encapotarse, obstruir.*

escandalera
SIN. Alboroto, escándalo, vocería.
ANT. *Silencio, tranquilidad.*

escandalizador
SIN. Escandaloso, alborotador, gritón.
ANT. *Decente, pacífico, moral.*

escandalizar
SIN. Gritar, perturbar, chillar, alborotar, vocear, molestar, reñir.
ANT. *Callar, calmar.*

escandalizarse
SIN. Enojarse, irritarse, encolerizarse, alborotarse, agitarse, enfurecerse, sulfurarse.
ANT. *Apaciguarse.*

escándalo
SIN. Tumulto, alboroto, ruido, bullicio, estrépito, bulla, gritería, vocería, algazara, gresca, galimatías, asombro, admiración, licencia, desenfreno, desvergüenza.
ANT. *Silencio, paz, moralidad.*

escandaloso
SIN. Revoltoso, ruidoso, bullangue-

ro, perturbador, depravado, inmoral, pervertido, licencioso, libertino, deshonesto, vicioso.
ANT. *Quieto, decente, moral.*

escapar
SIN. Huir, fugarse, evadirse, escabullirse, escurrirse, evitar, esquivar, salir, eludir, esfumarse.
ANT. *Permanecer, quedarse.*

escapatoria
SIN. Efugio, salida, subterfugio, excusa, recurso, pretexto, huida, fuga, evasión.
ANT. *Regreso, vuelta.*

escaparate
SIN. Exposición, parada, exhibición, ejemplo, armario, vitrina.

escape
SIN. Fuga, pérdida, evasión, salida, regate, llave, válvula.

escarabajear
SIN. Bullir, punzar, garrapatear, molestar, disgustar.
ANT. *Sosegar.*

escaramuza
SIN. Riña, combate, batalla, disputa, reyerta, contienda, pelea, refriega, altercado, encuentro.
ANT. *Paz, amistad.*

escarapela
SIN. Divisa, distintivo, lazo, signo, riña, disputa, quimera.
ANT. *Armonía, paz.*

escarbar
SIN. Rascar, hurgar, excavar, arañar, mondar, limpiar, inquirir, averiguar, indagar.
ANT. *Acariciar, ignorar.*

escarceo
SIN. Pirueta, encabritamiento, oleaje, vaivén, rodeo, divagación.
ANT. *Quietud, directo.*

escarmentar
SIN. Corregir, reprender, disciplinar, penar, multar, avisar, advertir.
ANT. *Premiar, ilusionar.*

escarmiento
SIN. Corrección, castigo, pena, multa, advertencia, aviso de engaño, cautela, desilusión, decepción.
ANT. *Recompensa, ilusión.*

escarnio
SIN. Befa, afrenta, mofa, burla, menosprecio, injuria, mote, agra-

vio, vilipendio, burlería.
ANT. *Halago, elogio, respeto.*

escarolado
SIN. Rizado, fruncido, ensortijado, anillado, encaracolado.
ANT. *Liso, estirado.*

escarpado
SIN. Arriscado, abrupto, vertical, escabroso, arduo, peligroso.
ANT. *Llano, horizontal, suave.*

escarpadura
SIN. Escarpa, declive, aspereza, escarpado, pendiente, repecho, caída.
ANT. *Llanura, suavidad.*

escasear
SIN. Escatimar, faltar, disminuir, ahorrar, excusar, acortar, reducir, aminorar.
ANT. *Abundancia, rebosar.*

escasez
SIN. Mezquindad, pobreza, tacañería, penuria, miseria, cortedad, insuficiencia, pequeñez, carestía, falta, exigüidad, parvedad.
ANT. *Abundancia, largueza.*

escaso
SIN. Poco, corto, falto, limitado, exiguo, parvo, raquítico, tacaño, mezquino, cicatero, miserable, pobre, insuficiente, breve, sucinto, débil.
ANT. *Abundante, copioso, excesivo.*

escatimar
SIN. Disminuir, quitar, escasear, tasar, regatear, limitar, restringir, achicar.
ANT. *Prodigar, derrochar.*

escatimoso
SIN. Taimado, malicioso, astuto, mezquino, cicatero, cutre, tacaño, roñoso, agarrado, avaro, parco.
ANT. *Dadivoso, generoso.*

escéptico
SIN. Desconfiado, incrédulo, dudoso, incierto, descreído, apático, frustrado, suspicaz.
ANT. *Crédulo, optimista.*

escisión
SIN. Desavenencia, ruptura, disidencia, cisma, desacuerdo, discordia, disensión, separación, división, corte, partición.
ANT. *Unión, acuerdo.*

esclarecer
SIN. Aclarar, iluminar, demostrar, explicar, dilucidar, ennoblecer, ilustrar, honrar, enaltecer, alborear, clarear.
ANT. *Confundir, liar, apagar.*

esclarecido
SIN. Claro, diáfano, ilustre, famoso, insigne, afamado, preclaro, glorioso, célebre, excelso.
ANT. *Oscuro, insignificante.*

esclavitud
SIN. Servidumbre, sujeción, dependencia, sumisión, sometimiento, dominio, opresión, vasallaje.
ANT. *Libertad, rendición.*

esclavo
SIN. Siervo, oprimido, subyugado, explotado, sujeto, cautivo, rendido, enamorado, obediente, fascinado.
ANT. *Emancipado, libre, desinteresado.*

escocerse
SIN. Sentirse, inflamarse, dolerse, enrojecerse, afligirse, apenarse, apesadumbrarse.
ANT. *Calmarse, alegrarse.*

escoger
SIN. Elegir, seleccionar, preferir, entresacar, optar, decidir, designar, florear, nombrar, cribar.
ANT. *Despreciar, vacilar.*

escogido
SIN. Selecto, excelente, exquisito, perfecto, superior, distinguido, preferido, elegido, preclaro, seleccionado.
ANT. *Inferior, despreciado.*

escogimiento
SIN. Selección, elección, florilegio, tría, votación.
ANT. *Desinterés, desaire.*

escolar
SIN. Alumno, estudiante, colegial, discípulo, becario, universitario.
ANT. *Profesor.*

escolio
SIN. Nota, explicación, comentario, ampliación, apostilla.

escoltado
SIN. Protegido, amparado, vigilado, cortejado.
ANT. *Desamparado, solo.*

escoltar
SIN. Acompañar, custodiar, guardar, resguardar, conducir, proteger, amparar, salvaguardar, defender, vigilar.
ANT. *Abandonar, desamparar.*

escollo
SIN. Peñasco, arrecife, islote, roca, rompiente, peligro, tropiezo, dificultad, riesgo, obstáculo, óbice, valladar.
ANT. *Facilidad, seguridad.*

escombrar
SIN. Limpiar, desembarazar, despejar, desaterrar (*Amér.*), desobstruir.
ANT. *Ensuciar.*

escombro
SIN. Broza, desecho, despojo, residuo, migaja, desperdicio, ripio, basura.

esconder
SIN. Encubrir, ocultar, retirar, guardar, apartar, encerrar, contener, incluir, entrañar, vigilar, tapar.
ANT. *Mostrar, exhibir, descubrir.*

escondrijo
SIN. Escondite, rincón, madriguera, refugio, guarida, depósito, secreto, abrigo, nido.

escorar
SIN. Apuntalar, sostener, ladearse, vencerse.
ANT. *Enderezarse.*

escochar
SIN. Desollar, despellejar.
ANT. *Dejar.*

escocherar
Amér.
SIN. Estropear, escacharrar, escachifollar, destrozar.
ANT. *Componer, reparar.*

escoria
SIN. Desecho, hez, lava, residuo, desperdicio, ganga, vil, despreciable, ruin.
ANT. *Bueno, noble.*

escotar
SIN. Cercenar, cortar, sangrar, amputar, seccionar.
ANT. *Cerrar, conservar.*

escote
SIN. Derrame, cuota, parte, corte, abertura.

escozor
SIN. Desazón, disgusto, pena, aflicción, desagrado, pesar.
ANT. *Alegría, agrado, gusto.*

escrito
SIN. Carta, documento, epístola, misiva, manuscrito, obra, texto, libro, manifiesto, homilía, artículo, alegato.

escrúpulo
SIN. Exactitud, precisión, esmero, miramiento, duda, recelo, aprensión, remordimiento, asco, repugnancia.
ANT. *Desidia, abandono.*

escrupuloso
SIN. Delicado, aprensivo, receloso, remirado, meticuloso, cuidadoso, cumplidor, esmerado, exacto, minucioso, fiel, preciso, puntual.
ANT. *Abandonado, descuidado, inexacto.*

escrutar
SIN. Comprobar, reconocer, computar, averiguar, examinar, investigar, inspeccionar, observar, explorar.
ANT. *Desentenderse, despreocuparse.*

escrutinio
SIN. Examen, averiguación, recuento, inspección, investigación, observación.

escrutiñador
SIN. Examinador, censor, escrutador, inspeccionador, observador, investigador.
ANT. *Descuidado.*

escuálido
SIN. Flaco, delgado, raquítico, macilento, extenuado, magro, disminuido, asqueroso, sucio, repugnante, desaliñado, cochino.
ANT. *Robusto, vigoroso, limpio, aseado.*

escuchar
SIN. Oír, atender, percibir, sentir, auscultar.
ANT. *Desatender, desoír.*

escudar
SIN. Proteger, resguardar, amparar, cubrir, defender, abroquelar, refugiar, acorazar.
ANT. *Descubrir, desabrigar.*

escudero
SIN. Servidor, paje, asistente, criado, ayudante, noble.

escudo
SIN. Defensa, amparo, protección, cobijo, abrigo, moneda, peso, adarga, pelta, pavés, rodela, luna.

escudriñar
SIN. Inquirir, examinar, averiguar, escrutar, investigar, rebuscar, mirar, inspeccionar, observar, atalayar.
ANT. *Desentenderse.*

escuerzo
SIN. Sapo, flaco, magro, débil, enclenque, raquítico.
ANT. *Fuerte, sobrio.*

escueto
SIN. Conciso, desnudo, simple, sencillo, breve, sucinto, sobrio, pelado, preciso, estricto, descubierto, despejado.
ANT. *Recargado, complejo, prolijo.*

esculcar
SIN. Espiar, investigar, observar, averiguar, examinar, escudriñar.
ANT. *Desentenderse.*

esculpir
SIN. Modelar, tallar, grabar, labrar, plasmar, cincelar, escarpar, realzar, apuntar.

escultor
SIN. Imaginero, modelador, cincelador, artista, grabador.

escupir
SIN. Arrojar, expectorar, echar, expeler, despedir, lanzar.
ANT. *Retener.*

escurana
Amér.
SIN. Oscuridad, cerrazón, tinieblas.
ANT. *Claridad, luminosidad.*

escurribanda
SIN. Zurra, paliza, desconcierto, escapatoria, evasiva, pretexto, diarrea.
ANT. *Caricia, franqueza, estreñimiento.*

escurridizo
SIN. Resbaladizo, deslizable, jabonoso, veloz, rápido, ligero, hábil.
ANT. *Áspero, lento.*

escurrir
SIN. Destilar, apurar, deslizar, chorrear, gotear, secar, vaciar, resbalar, caer.
ANT. *Mojar, parar.*

escurrirse
SIN. Escabullirse, escaparse, deslizarse, resbalarse, marcharse.
ANT. *Volverse, pararse.*

esencial
SIN. Substancial, principal, inevitable, necesario, indispensable, obligatorio, notable, fundamental, imprescindible, inherente, intrínseco.
ANT. *Accidental, accesorio.*

esfericidad
SIN. Redondez.

esférico
SIN. Redondo, hemisférico, globuloso.
ANT. *Recto.*

esforzado
SIN. Animoso, arrojado, denodado, bravo, alentado, valeroso, valiente, bizarro, arriscado, brioso, pujante, difícil, duro, penoso.
ANT. *Medroso, endeble, agradable.*

esfuerzo
SIN. Ánimo, aliento, brío, valor, denuedo, vigor, coraje, arrojo, empeño, puja, fervor, sudor, desvelo, impulso, tesón.
ANT. *Desánimo, abulia.*

eslabonar
SIN. Unir, enlazar, encadenar, relacionar, concatenar, ligar, atar, juntar.
ANT. *Desunir, soltar.*

esmaltar
SIN. Hermosear, adornar, embellecer, realzar, colorear, ilustrar, barnizar, pintar.

esmerar
SIN. Pulir, limpiar, cuidar, asear, abrillantar.
ANT. *Descuidar, dejar.*

esmerarse
SIN. Extremarse, afanarse, cuidarse, aplicarse, esforzarse.
ANT. *Abandonarse, olvidarse.*

esmero
SIN. Cuidado, celo, solicitud, escrupulosidad, diligencia, pulcritud, prolijidad, curiosidad, aplicación, limpieza, aseo.
ANT. *Descuido, desinterés, desgana.*

esmirriado
SIN. Débil, flaco, canijo, enclenque, raquítico, renacuajo.

ANT. *Robusto, fuerte.*

esnob
SIN. Afectado, presumido, moderno, exótico.
ANT. *Natural, sencillo.*

esotérico
SIN. Oculto, reservado, secreto, misterioso.
ANT. *Difundido.*

espabilado
SIN. Despierto, desvelado, listo, avispado.
ANT. *Dormido, tarugo.*

espacial
SIN. Cósmico, sideral, celeste, galáctico, planetario, estelar.
ANT. *Terrenal.*

espacio
SIN. Intérvalo, claro, transcurso, período, separación, hueco, interrupción, lapso, distancia, lentitud, zona, área, ámbito, extensión, superficie.

espaciosidad
SIN. Capacidad, anchura, extensión, amplitud, inmensidad, vastedad.
ANT. *Limitación.*

espacioso
SIN. Ancho, amplio, dilatado, extenso, vasto, holgado, inmenso, grande, lento, flemático, pausado.
ANT. *Estrecho, rápido, diligente.*

espada
SIN. Tizona, acero, hoja, sable, alfanje, filosa, colada.

espadachín
SIN. Esgrimidor, pendenciero, valentón, camorrista, matón, chulo, matasiete.
ANT. *Tranquilo, pacífico.*

espalda
SIN. Dorso, envés, lomo, detrás, atrás, zaga, posterior.
ANT. *Cara, delantera.*

espantadizo
SIN. Asombradizo, asustadizo, pusilánime, cobarde, huidizo, miedoso, tímido.
ANT. *Valiente, intrépido.*

espantajo
SIN. Pelele, facha, pasmarote, mamarracho, títere, fantoche, figurín, farolero.

ANT. *Humilde, sencillo, listo.*

espantar
SIN. Aterrar, acobardar, atemorizar, aterrorizar, asustar, amilanar, acoquinar, ahuyentar, echar, alejar.
ANT. *Animarse, tranquilizarse.*

espantarse
SIN. Asombrarse, admirarse, maravillarse, acoquinarse, amilanarse.
ANT. *Insensibilizarse.*

espanto
SIN. Pasmo, asombro, pánico, consternación, horror, miedo, pavor, temor, susto, sobresalto, turbación, peligro, amenaza.
ANT. *Tranquilidad, valentía, intrepidez.*

espanto
Amér.
SIN. Fantasma, aparecido, espectro, espíritu, sombra, espantajo.

espantoso
SIN. Horrible, aterrador, horroroso, terrible, demoledor, alucinante, asombroso, formidable.
ANT. *Agradable, atractivo.*

esparcido
SIN. Festivo, franco, alegre, divertido, afable, entretenido, distraído, disperso.
ANT. *Aburrido, recogido.*

esparcimiento
SIN. Franqueza, diversión, alegría, entretenimiento, pasatiempo, distracción, recreo, desahogo, dispersión, diversión.
ANT. *Aburrimiento, concentración*

esparcir
SIN. Divulgar, extender, diseminar, esparcir, desperdigar, dispersar, sembrar, propagar, publicar, divertir, recrear, alegrar.
ANT. *Retener, censurar, unir, aburrir.*

esparcirse
SIN. Recrearse, divertirse, solazarse, distraerse, entretenerse, alegrarse, franquearse.
ANT. *Entristecerse, aburrirse.*

espavorido
SIN. Aterrorizado, espantado, horripilado, acoquinado.
ANT. *Decidido.*

especial
SIN. Extraordinario, excepcional, diferenciado, personal, particular, propio, singular, único, exclusivo.
ANT. *General, ordinario, vulgar.*

especialidad
SIN. Singularidad, particularidad, peculiaridad, distintivo, rasgo, individualidad.
ANT. *Generalidad, repetición.*

especie
SIN. Clase, variedad, tipo, grupo, género, linaje, ejemplar, casta, reino, grado, suceso, caso, hecho, asunto, noticia, voz, rumor, bulo.

especificar
SIN. Explicar, determinar, detallar, precisar, enumerar, definir, describir, distinguir.
ANT. *Indeterminar.*

específico
SIN. Determinado, distinto, especial, concreto, delimitado, estipulado, medicamento, receta, fármaco.
ANT. *Igual, general.*

especioso
SIN. Perfecto, hermoso, lindo, artificioso, engañoso, falso, aparente, falaz, fingido, simulado.
ANT. *Feo, real, cierto.*

spectro
SIN. Fantasía, imagen, visión, aparecido, fantasma, sombra, espíritu, duende.

speculación
SIN. Meditación, teoría, reflexión, estudio, indagación, compra, venta, permuta, comercio, tráfico.
ANT. *Pérdida, desventaja.*

specular
SIN. Reconocer, examinar, registrar, meditar, contemplar, teorizar, inspeccionar, comerciar, tratar, negociar.
ANT. *Despreocuparse, abandonar.*

speculativo
SIN. Pensativo, teórico, reflexivo, racional, intelectual.
ANT. *Práctico, realista.*

spejo
SIN. Modelo, prototipo, ejemplo, medida, arquetipo, reflector, cristal.

spejuelo
SIN. Anteojos, gafas, lentillas, lentes, ilusión, seducción, artificio, engaño.

ANT. *Realidad, desilusión.*

espelucar
Amér.
SIN. Despeluzar, espeluznar, despeinar.
ANT. *Tranquilizar, peinar.*

espeluznante
SIN. Horrendo, horrible, horripilante, espantoso, aterrador, atroz.
ANT. *Placentero, atractivo.*

espeluznar
SIN. Aterrar, erizar, aterrorizar, horripilar, horrorizar, turbar, impresionar, alucinar, enredar, enmarañar.
ANT. *Tranquilizar, sosegar.*

espera
SIN. Acecho, expectativa, flema, paciencia, sosiego, tranquilidad.
ANT. *Impaciencia, desesperanza.*

esperanza
SIN. Confianza, creencia, aliento, ánimo, perspectiva, ilusión, consuelo, seguridad, certeza.
ANT. *Decepción, desilusión.*

esperanzar
SIN. Alentar, animar, confortar, reanimar, desear, consolar, abrigar, alimentar.
ANT. *Decepcionar, desilusionar.*

esperar
SIN. Aguardar, confiar, creer, perseverar, persistir, insistir.
ANT. *Desconfiar, desilusionarse.*

espernancarse
Amér.
SIN. Desparrancarse, despatarrarse, esparrancarse.
ANT. *Recogerse, cerrarse.*

esperpento
SIN. Desatino, absurdo, chapuza, pifia, grotesco, ridículo, espantajo, adefesio, feo.
ANT. *Cordura, sensatez, elegante.*

espesar
SIN. Concentrar, condensar, cerrar, tupir, unir, apretar, encerrar, aglomerar, empastar.
ANT. *Diluir, aclarar, separar.*

espeso
SIN. Condensado, denso, trabado, concentrado, continuado, apretado, tupido, cerrado, prieto, desaliñado, sucio, mugriento.
ANT. *Ligero, fluido, líquido, limpio.*

espesor
SIN. Grosor, densidad, bulto, macidez, trabazón, consistencia.
ANT. *Fluidez, debilidad.*

espesura
SIN. Bosque, selva, fronda, carrascal, jungla, suciedad, inmundicia, porquería, cochinada.
ANT. *Desierto, aseo, limpieza.*

espetar
SIN. Encajar, meter, atravesar, clavar, ensartar, decir, sorprender, molestar.
ANT. *Soltar, callar.*

espetarse
SIN. Afianzarse, enojarse, erguirse, ensoberbecerse.
ANT. *Aflojarse, humillarse.*

espía
SIN. Confidente, escucha, soplón, chivato, delator, fisgón.
ANT. *Leal, fiel.*

espiar
SIN. Atisbar, acechar, escuchar, observar, curiosear, vigilar, merodear, atalayar.
ANT. *Desinteresarse, abandonar.*

espichar
SIN. Pinchar, morir, fallecer, expirar, fenecer.
ANT. *Nacer.*

espichar
Amér.
SIN. Disertar, discursear, hablar, arengar.
ANT. *Callar, silenciar.*

espiche
Amér.
SIN. Discurso, arenga, alocución, plática, disertación.
ANT. *Mutismo, silencio.*

espigado
SIN. Alto, crecido, estirado, esbelto, delgado.
ANT. *Bajo, rechoncho.*

espigón
SIN. Espiga, punta, aguijón, muro, muelle, rompeolas, escollera.

espina
SIN. Púa, astilla, punta, espínula, pena, inquietud, dolor, pesar, congoja, sospecha, recelo.
ANT. *Tranquilidad, seguridad, alegría, consuelo.*

espinoso
SIN. Arduo, comprometido, difícil,

escabroso, espinudo (*Amér.*), dificultoso, intrincado, enrevesado, peliagudo.
ANT. *Fácil, suave, simple.*

espinudo
Amér.
SIN. Espinoso, penoso, escabroso, arduo, embarazoso.
ANT. *Fácil, simple.*

espirar
SIN. Exhalar, expulsar, expeler, excitar, alentar, aguijar, incitar, mover, exhortar.
ANT. *Inspirar, absorber.*

espiritado
SIN. Flaco, extenuado, canijo, esmirriado.
ANT. *Fuerte, robusto.*

espiritar
SIN. Endemoniar, agitar, irritar, enfurecer, indignar, conmover.
ANT. *Tranquilizar.*

espiritoso
SIN. Vivo, eficaz, animoso, vivaracho, animado.
ANT. *Desanimado, abúlico.*

espíritu
SIN. Ánimo, energía, vigor, aliento, esfuerzo, valor, virtud, osadía, ingenio, alma, esencia, mente.
ANT. *Timidez, materia.*

espiritualizar
SIN. Sutilizar, atenuar, limar, destilar, adelgazar.
ANT. *Engordar.*

espita
SIN. Grifo, canuto, válvula, llave.

esplendente
SIN. Brillante, resplandeciente, esplendoroso, hermoso, reluciente.
ANT. *Oscuro.*

esplendidez
SIN. Abundancia, generosidad, largueza, ostentación, liberalidad, altruismo.
ANT. *Tacañería, cicatería.*

espléndido
SIN. Magnífico, ostentoso, soberbio, regio, lujoso, suntuoso, generoso.
ANT. *Modesto, humilde.*

esplendor
SIN. Resplandor, brillo, realce, magnificencia, fama, triunfo, honra, gloria, exaltación.

ANT. *Obscuridad, modestia.*

esplendoroso
SIN. Esplendente, brillante, luminoso, resplandeciente, refulgente, lúcido, radiante.
ANT. *Obscuro, lúgubre.*

esplín
SIN. Hastío, tedio, aburrimiento, tristeza, melancolía.
ANT. *Optimismo, alegría.*

espolear
SIN. Excitar, avivar, estimular, incitar, mover, espuelear, (*Amér.*), picar, pinchar, aguijonear, instigar.
ANT. *Frenar, contener.*

espolvorear
SIN. Polvorear, despolvar, esparcir.
ANT. *Juntar, reunir.*

esponjarse
SIN. Engreírse, hincharse, envanecerse, inflarse, ensoberbecerse, ahuecarse, altivarse.
ANT. *Humillarse.*

espontanearse
SIN. Franquearse, sincerarse, abrirse, expansionarse.
ANT. *Callarse, reservarse.*

espontáneo
SIN. Voluntario, natural, intuitivo, mecánico, expansivo, franco, directo, sencillo, sincero.
ANT. *Forzado, cerebral, circunspecto.*

esposar
SIN. Sujetar, aprisionar, atar, ligar, inmovilizar.
ANT. *Liberar, desatar.*

espuela
SIN. Aguijón, estímulo, incitación, acicate, incentivo, atractivo.
ANT. *Freno.*

espuelear
Amér.
SIN. Espolonear, espolear, aguijar, excitar, estimular.
ANT. *Frenar.*

espuerta
SIN. Cesta, capacho, capazo, serón, esportilla.

espulgar
SIN. Examinar, reconocer, estudiar, despiojar, limpiar.
ANT. *Desinterés, suciedad.*

espurio
SIN. Espúreo, bastardo, ilegítimo, falso, adulterado, contrahecho, ficticio.
ANT. *Legítimo, veraz.*

esquila
SIN. Campanilla, campana, cencerro, esquileo.

esquilar
SIN. Cortar, pelar, afeitar.

esquilimoso
SIN. Melindroso, delicado, escrupuloso.
ANT. *Descuidado.*

esquilmar
SIN. Empobrecer, chupar, agotar, explotar, apurar, arruinar, asolar, debilitar.
ANT. *Enriquecer.*

esquina
SIN. Arista, ángulo, chaflán, recado, rincón, borde, filo, canto.

esquinado
SIN. Desavenido, picado, indispuesto, reñido, intratable, desapacible, angulado, aristado.
ANT. *Tratable, agradable, cordial.*

esquinar
SIN. Enemistar, indisponer, desavenir, desamigar, arrinconar.
ANT. *Amigar, reconciliar.*

esquinera
Amér.
SIN. *Rinconera, cantonera, rincón.*

esquivar
SIN. Rehusar, evitar, evadir, rehuir, eludir, extraviar, obviar, prescindir.
ANT. *Acudir, afrontar.*

esquivez
SIN. Desagrado, aspereza, desdén, desabrimiento, desapego, rechazo, hostilidad.
ANT. *Aprecio, simpatía.*

esquivo
SIN. Desdeñoso, huraño, despegado, áspero, arisco, agreste, desabrido, huidizo, duro, seco.
ANT. *Agradable, cordial.*

estabilidad
SIN. Permanencia, duración, firmeza, inmovilidad, equilibrio, perseverancia, persistencia, aplomo, base.

ANT. *Inestabilidad, inconsistencia.*

estable
SIN. Duradero, permanente, firme, arraigado, sólido, constante, perseverante.
ANT. *Variable, inestable, pasajero.*

establecer
SIN. Instituir, fundar, instaurar, implantar, crear, erigir, instalar, ordenar, estatuir, mandar.
ANT. *Mudar, trasladar.*

establecerse
SIN. Avecindarse, domiciliarse, instalarse, arraigarse, quedarse, afincarse.
ANT. *Mudarse, trasladarse.*

estaca
SIN. Garrote, palo, tranca, porra, vara, tronco, cachiporra.

estacada
SIN. Empalizada, cercado, vallado, valla, dejar en la estacada.

estacazo
SIN. Garrotazo, bastonazo, trancazo, leñazo, golpe, censura, crítica.
ANT. *Caricia, halago.*

estacionado
SIN. Parado, fijo, detenido, inmóvil, firme, quieto, inerte.
ANT. *Móvil, pasajero.*

estadía
SIN. Detención, estancia, permanencia, parada.

estafa
SIN. Engaño, timo, fraude, pillaje, robo, falacia, falsedad, treta.

estafador
SIN. Timador, tramposo, embaucador, defraudador, truhán, carterista, birlador, aranero.
ANT. *Honrado, íntegro.*

estafar
SIN. Engañar, timar, embaucar, defraudar, pechar (*Amér.*), despojar, desfalcar, hurtar, sablear.
ANT. *Devolver, restituir.*

estafermo
SIN. Embobado, parado, atontado, bobo, ridículo, esperpento, adefesio, pasmarota.
ANT. *Inteligente, avispado.*

estallar
SIN. Reventar, romperse, detonar,

dinamitar, crujir, traquear, abrirse
ANT. *Silenciar.*

estampa
SIN. Efigie, figura, imagen, lámina, grabado, huella, señal, impresión, rastro.

estampar
SIN. Imprimir, prensar, grabar, dibujar, decorar, señalar, puntear.

estancar
SIN. Empantanar, detener, paralizar, parar, restringir, suspender, prohibir, impedir, arremansar (*Amér.*), inmovilizar, monopolizar.
ANT. *Mover, correr, estimular.*

estancia
SIN. Mansión, residencia, casa, edificio, domicilio, habitación, aposento, cuarto, dormitorio, sala, detención, permanencia, hospedaje, estrofa.

estanco
SIN. Restricción, prohibición, monopolio, tienda, quiosco, tabaquería, cigarrería (*Amér.*), archivo, depósito, cerrado, hermético.
ANT. *Autorización, abierto.*

estandarte
SIN. Bandera, insignia, pendón, enseña, emblema, guión.

estantería
SIN. Repisa, estante, escaparate, armario.

estantío
SIN. Parado, estancado, pausado, estacionado, detenido, inmovilizado, quieto.
ANT. *Activo, móvil.*

estaqueada
Amér.
SIN. Paliza, zurra, somanta, azotaina, soba.
ANT. *Mimo, caricia.*

estar
SIN. Existir, vivir, ser, constar, permanecer, quedar, ubicar, residir, hallarse.
ANT. *Morir, faltar.*

estático
SIN. Inmóvil, parado, inmutable, asombrado, pasmado, absorto.
ANT. *Inquieto, indiferente.*

estatua
SIN. Escultura, figura, imagen.

estatuir
SIN. Ordenar, mandar, decretar, determinar, instituir, establecer, demostrar, probar, fundar.
ANT. *Derogar.*

estatura
SIN. Talla, altura, alzada, corpulencia, porte.
ANT. *Pequeñez.*

estatuto
SIN. Ordenanza, reglamento, disposición, regla, ley, sanción.

este
SIN. Levante, oriente, naciente, saliente.
ANT. *Oeste.*

estenografía
SIN. Taquigrafía.

estentóreo
SIN. Ruidoso, fuerte, retumbante, clamoroso, agudo.
ANT. *Callado, débil.*

estéril
SIN. Improductivo, infecundo, pobre, inútil, infructuoso, vano, ineficaz, agotado, esquilmado, erial, yermo.
ANT. *Fértil, fecundo.*

estiba
SIN. Lastre, carga, distribución.

estiércol
SIN. Excremento, gallinaza, guano, abono, basura.

estigma
SIN. Señal, marca, llaga, huella, mancha, signo, afrenta, deshonra, agravio, ofensa.
ANT. *Honra.*

estigmatizar
SIN. Afrentar, infamar, deshonrar, ofender, marcar, manchar.
ANT. *Alabar, honrar.*

estilar
SIN. Practicar, acostumbrar, usar, emplear, gastar, destilar, gotear, escurrir.
ANT. *Desusar, secar.*

estilete
SIN. Sonda, punzón, puñal, estilo, púa.

estilizado
SIN. Fino, esbelto, elegante, garboso.

ANT. *Pesado, ordinario.*

estilo
SIN. Modo, manera, forma, uso, práctica, costumbre, moda, giro, expresión, personalidad, originalidad, carácter, hábito, procedimiento, punzón, púa, estilete.

estimación
SIN. Consideración, aprecio, valor, cariño, amor, respeto, estima, afecto, amistad, afición, apreciación, evaluación, valoración.
ANT. *Desprecio, enemistad.*

estimador
SIN. Apreciador, tasador, périto, evaluador.

estimar
SIN. Amar, apreciar, querer, adorar, considerar, respetar, conceptuar, evaluar, tasar, conjeturar, pensar, juzgar, considerar, opinar.
ANT. *Odiar, desestimar, despreciar.*

estimular
SIN. Aguijonear, pinchar, picar, avivar, incitar, excitar, mover, aguijar, ajotar *(Amér.)*, apremiar, espolear, provocar.
ANT. *Disuadir, contener, frenar.*

estímulo
SIN. Acicate, aguijón, incentivo, aliciente, cebo, halago, despertador, fuerza.
ANT. *Freno, contención.*

estipendio
SIN. Sueldo, paga, salario, honorario, remuneración, jornal, soldada, devengos.

estiptiquez
Amér.
SIN. Estreñimiento, obstrucción, constipación.
ANT. *Diarrea.*

estipulación
SIN. Contrato, convenio, negociación, acuerdo, tratado, cláusula, pacto, concierto.

estipular
SIN. Contratar, acordar, convenir, negociar, tratar, concertar, pactar, apalabrar, establecer.
ANT. *Cancelar, rechazar.*

estirado
SIN. Entonado, vanidoso, orgulloso, afectado, envarado, erguido, presumido, altivo, alto, esbelto, dilatado.

ANT. *Humilde, sencillo, bajo.*

estirar
SIN. Dilatar, alargar, extender, prolongar, tirar, desencoger, planchar, tensar.
ANT. *Contraer, encoger, reducir.*

estirarse
SIN. Desperezarse, alargarse, dilatarse, extenderse, desentorpecerse.
ANT. *Encogerse.*

estirpe
SIN. Ascendencia, alcurnia, linaje, nacimiento, origen, raíz, tronco, genealogía, cuna, cepa.

estofa
SIN. Calidad, condición, calaña, ralea, clase, naturaleza, índole.

estofado
SIN. Aliñado, ataviado, engalanado, adornado, decorado, guiso, condimento.
ANT. *Soso, desabrido.*

estofar
SIN. Pintar, decorar, adornar, guisar.
ANT. *Desaliñar.*

estoicidad
SIN. Impasibilidad, indiferencia, imperturbabilidad, entereza, estoicismo, fortaleza, aguante.
ANT. *Sensibilidad, intranquilidad.*

estoico
SIN. Insensible, impasible, indiferente, inquebrantable, inalterable, imperturbable.
ANT. *Sensible, impresionable, impaciente.*

estolidez
SIN. Estupidez, insensatez, necedad, idiotez, tontería.
ANT. *Inteligencia, acierto.*

estólido
SIN. Necio, bobo, tonto, insensato, cretino, burro, cerrado, adoquín.
ANT. *Inteligente, listo, agudo.*

estomagar
SIN. Cansar, cargar, aburrir, fastidiar, enfadar, hastiar, empachar, indigestar, molestar.
ANT. *Aligerar, agradar.*

estorbar
SIN. Obstaculizar, impedir, embarazar, entorpecer, dificultar, empa-

char, perturbar, incomodar, atascar.
ANT. *Ayudar, facilitar.*

estorbo
SIN. Impedimento, embarazo, obstáculo, inconveniente, molestia, traba, entorpecimiento, dificultad, veto, barrera, valladar, dique, atasco.
ANT. *Ayuda, cooperación, apoyo.*

estrafalario
SIN. Extravagante, desaliñado, estrambótico, ridículo, raro, adefesiero *(Amér.)*, excéntrico, grotesco.
ANT. *Normal, elegante, aseado, compuesto.*

estrangular
SIN. Ahogar, ahorcar, asfixiar, apretar, comprimir.
ANT. *Aflojar, soltar.*

estratagema
SIN. Astucia, ardid, engaño, artificio, fingimiento, treta, artimaña, trampa, truco.
ANT. *Rectitud, sinceridad.*

estrategia
SIN. Destreza, habilidad, pericia, arte, táctica, maniobra.
ANT. *Torpeza.*

estrechar
SIN. Acercar, apretar, apremiar, reducir, acorralar, precisar, constreñir, ceñir, angostar, estrangular, encoger, impedir.
ANT. *Ensanchar, ampliar, separar, alejar.*

estrechez
SIN. Apuro, aprieto, penuria, escasez, necesidad, miseria, pobreza, privación, indigencia, austeridad, restricción, recogimiento, retiro.
ANT. *Holgura, derroche, anchura.*

estrecho
SIN. Ajustado, apretado, justo, rígido, austero, estricto, escaso, miserable, mezquino, íntimo, próximo, angosto, reducido.
ANT. *Ancho, generoso.*

estregar
SIN. Frotar, refregar, lijar, planchar, friccionar, rascar.
ANT. *Acariciar, suavizar.*

estregón
SIN. Roce, frotación, fricación, fricción.
ANT. *Suavizamiento.*

estremecer
SIN. Conmover, alterar, sobresaltar, sacudir, turbar, atemorizar, temblar.
ANT. *Tranquilizar, calmar.*

estremecerse
SIN. Sobresaltarse, turbarse, alterarse, conmoverse, aterrorizarse, acoquinarse.
ANT. *Calmarse, serenarse.*

estremecimiento
SIN. Escalofrío, conmoción, susto, alteración, temblor, sacudida.
ANT. *Tranquilidad.*

estrenar
SIN. Inaugurar, debutar, abrir, comenzar, representar.
ANT. *Acabar.*

estrenuo
SIN. Fuerte, esforzado, valeroso, ágil, valiente, bravo.
ANT. *Débil, tímido.*

estreñido
SIN. Avaro, miserable, mezquino, tacaño, agarrado, sórdido.
ANT. *Generoso, desprendido.*

estrépito
SIN. Estruendo, confusión, bullicio, ruido, fragor, alboroto, pataleo.
ANT. *Silencio, paz.*

estrepitoso
SIN. Ruidoso, estruendoso, escandaloso, bullicioso, magnífico, espléndido, ostentoso.
ANT. *Tranquilo, sencillo.*

estría
SIN. Raya, canal, surco, ranura, hueco.

estriado
SIN. Acanalado, rayado, surcado.
ANT. *Liso.*

estriar
SIN. Acanalar, rayar, surcar.
ANT. *Alisar.*

estribar
SIN. Descansar, gravitar, apoyar, fundamentar, cimentar, basar.
ANT. *Separar.*

estribo
SIN. Sostén, apoyo, fundamento, escalón, contrafuerte, base, cimiento.

estricto
SIN. Exacto, estrecho, riguroso, severo, ajustado, cabal, ceñido.
ANT. *Amplio, flexible.*

estridente
SIN. Destemplado, agrio, agudo, chirriante, estruendoso, ruidoso, bullicioso, áspero, inarmónico.
ANT. *Suave, dulce, pacífico.*

estro
SIN. Inspiración, numen, musa, vena, creación.

estropajoso
SIN. Desaseado, andrajoso, desaliñado, descuidado, dejado.
ANT. *Pulcro, claro.*

estropear
SIN. Deteriorar, maltratar, lastimar, dañar, lisiar, ajar, marchitar, romper, averiar, malograr, quebrar, destrozar, abollar.
ANT. *Arreglar, componer, curar, reparar.*

estropicio
SIN. Trastorno, destrozo, rotura, deterioro.
ANT. *Arreglo.*

estructura
SIN. Agrupación, orden, distribución, disposición, organización, combinación, textura, forma, complexión.
ANT. *Desorden, desorganización.*

estruendo
SIN. Fragor, ruido, estrépito, confusión, bullicio, alboroto, pompa, ostentación.
ANT. *Serenidad, silencio, sencillez.*

estruendoso
SIN. Ruidoso, estrepitoso, bullicioso, escandalizador.
ANT. *Silencioso.*

estrujar
SIN. Comprimir, apretar, exprimir, agotar, constreñir, oprimir, maltratar.
ANT. *Hinchar, aflojar, ceder.*

estuario
SIN. Embocadura, entrada, delta, boca.

estudiar
SIN. Aprender, aplicarse, instruirse, cultivarse, empollar, embotellar, repasar, ejercitarse, cursar.
ANT. *Abandonarse, sestear.*

estudio
SIN. Trabajo, análisis, conocimiento, práctica, investigación, labor, disertación, monografía, tesis, tratado, ensayo, boceto, obra, libro, escrito, artículo, disquisición, taller, despacho, bufete.

estudioso
SIN. Aplicado, estudiador, aprovechado, laborioso, investigador, solícito, activo.
ANT. *Haragán, vago.*

estulticia
SIN. Tontería, necedad, sandez.
ANT. *Juicio.*

estulto
SIN. Necio, bobo, tonto, mentecato.
ANT. *Inteligente, listo.*

estuoso
SIN. Caluroso, ardiente, enardecido, abrasado, cálido.
ANT. *Frío, helado.*

estupefacción
SIN. Asombroso, admiración, estupor, pasmo, enajenamiento, arrobamiento.
ANT. *Impasibilidad, indiferencia.*

estupefaciente
SIN. Soporífero, narcótico, anestésico, arrobador, aletargante.
ANT. *Excitante.*

estupefacto
SIN. Atónito, asombrado, admirado, maravillado, pasmado, absorto, sobrecogido, extático.
ANT. *Impasible, impertérrito.*

estupendo
SIN. Admirable, asombroso, maravilloso, sorprendente, prodigioso, milagroso, inaudito, fascinador.
ANT. *Horrible, desagradable.*

estúpido
SIN. Rudo, torpe, necio, besugo, pesado, insensato, negado.
ANT. *Inteligente, agudo, listo.*

estupor
SIN. Asombro, pasmo, admiración, éxtasis, enajenamiento, sorpresa.
ANT. *Consciencia, realidad.*

éter
SIN. Firmamento, cielo, anestésico.

etéreo
SIN. Impalpable, sublime, sutil, ce-

leste, celestial, puro, elevado.
ANT. *Grosero, tosco.*

eternidad
SIN. Perdurabilidad, perpetuidad, perennidad, inmortalidad.
ANT. *Actualidad, provisionalidad.*

eternizar
SIN. Perpetuar, inmortalizar, persistir, durar.
ANT. *Olvidar, pasar.*

eterno
SIN. Imperecedero, infinito, inacabable, interminable, perpetuo, perdurable, inmortal, perenne, sempiterno, ideal, increado.
ANT. *Efímero, pasajero.*

ética
SIN. Moral, norma, conducta, práctica, comportamiento.
ANT. *Inmoralidad.*

etiqueta
SIN. Ceremonial, ceremonia, gala, marco, inscripción, rótulo, sello.

etiquetero
SIN. Ceremonioso, ceremonial, cumplido, formulista, protocolario, barroco.
ANT. *Natural, sencillo.*

euforia
SIN. Ánimo, alegría, bienestar, optimismo, entusiasmo, arrebato, ímpetu.
ANT. *Postración, disgusto, pesimismo.*

euritmia
SIN. Proporción, ritmo, cadencia, armonía.
ANT. *Desequilibrio.*

éuscaro
SIN. Vasco, vascuence.

evacuar
SIN. Desocupar, abandonar, dejar, expeler, deyectar, deponer.
ANT. *Retener, ocupar, contenerse.*

evadir
SIN. Esquivar, evitar, eludir, huir, desertar, escabullir, sortear, zafarse.
ANT. *Afrontar, asistir, comparecer.*

evadirse
SIN. Escaparse, fugarse, zafarse, escabullirse, escurrirse, marcharse.
ANT. *Quedarse.*

evaluación
SIN. Valoración, estimación, apreciación, peritaje, tasación, justiprecio.
ANT. *Desestimación.*

evaluar
SIN. Apreciar, calcular, estimar, tasar, valorar, justipreciar, calcular, tantear.
ANT. *Despreciar.*

evaporación
SIN. Gasificación, volatilización, sublimación, destilación, ebullición, desaparición.
ANT. *Condensación, enfriamiento.*

evaporar
SIN. Disipar, desvanecer, gastar, volatilizar, gasificar, hervir.
ANT. *Solidificar, condensar.*

evaporarse
SIN. Desvanecerse, disiparse, volatilizarse, fugarse, alcanforar *(Amér.).*
ANT. *Cuajarse, presentarse.*

evasión
SIN. Efugio, disculpa, evasiva, pretexto, huida, fuga, deserción.
ANT. *Responsabilidad, comparecencia.*

eventual
SIN. Casual, accidental, fortuito, incierto, inseguro, aleatorio, ocasional, interino, esporádico.
ANT. *Seguro, cierto.*

eventualidad
SIN. Casualidad, contingencia, evento, probabilidad, posibilidad, ocasión.
ANT. *Certeza, seguridad.*

evidencia
SIN. Certidumbre, certeza, convencimiento, seguridad, convicción, axioma, autoridad.
ANT. *Incertidumbre, duda.*

evidenciar
SIN. Patentizar, afirmar, asegurar, probar, demostrar, acreditar, testimoniar.
ANT. *Negar, dudar, rebatir.*

evidente
SIN. Cierto, auténtico, claro, formal, indudable, incuestionable, noble, manifiesto, incontestable, patente, positivo, axiomático, palmario, tangible, verdadero, probado.
ANT. *Dudoso, oscuro, indeciso.*

evitar
SIN. Eludir, esquivar, rehuir, sortear, impedir, precaver, prevenir, obviar.
ANT. *Afrontar, desafiar.*

evocar
SIN. Llamar, invocar, recordar, rememorar, revivir, soñar, reanimar.
ANT. *Olvidar, silenciar.*

evolución
SIN. Cambio, desarrollo, transformación, progreso, adelanto, avance, movimiento, maniobra, reforma, mudanza, alteración.
ANT. *Estancamiento, retroceso, inmutabilidad.*

exacerbar
SIN. Enojar, irritar, agravar, agriar, enfadar, exasperar, encolerizar, excitar, enfurecer, molestar.
ANT. *Suavizar, mitigar.*

exactitud
SIN. Precisión, puntualidad, regularidad, veracidad, fidelidad, propiedad, rigor, esmero, detalle.
ANT. *Imprecisión, abandono, irregularidad, laxitud.*

exacto
SIN. Puntual, fiel, cabal, regular, preciso, justo, verdadero, textual, minucioso, estricto, matemático, literal, riguroso.
ANT. *Impreciso, inexacto, vago, erróneo, informal.*

exageración
SIN. Hipérbole, exceso, demasía, aumento, encarecimiento, ponderación.
ANT. *Atenuación, discreción.*

exagerador
SIN. Exagerado, aparatoso, hiperbólico, excesivo, ampuloso, ponderador, encarecedor.
ANT. *Discreto, comedido.*

exagerar
SIN. Abultar, inflar, hinchar, extremar, desorbitar, amplificar, ponderar, encarecer.
ANT. *Atenuar, paliar.*

euforia
SIN. Ánimo, alegría, bienestar, optimismo, entusiasmo, arrebato, ímpetu, lozanía.
ANT. *Postración, disgusto, pesimismo.*

exaltación

SIN. Glorificación, ensalzamiento, enaltecimiento, enardecimiento, inflamación, fervor, excitación, frenesí, elogio, apología.
ANT. *Frialdad, indiferencia.*

exaltado

SIN. Apasionado, entusiasta, rabioso, fanático, violento, radical, indómito, loco, provocativo.
ANT. *Ecuánime, indiferente, equilibrado.*

exaltar

SIN. Ensalzar, enaltecer, glorificar, elevar, realzar, engrandecer, encumbrar, encomiar, celebrar, excitar, sobresaltar, sublimar.
ANT. *Serenar, moderar.*

exaltarse

SIN. Acalorarse, arrebatarse, entusiasmarse, afarolarse *(Amér.)*, irritarse, excitarse, alterarse.
ANT. *Calmarse, moderarse.*

examen

SIN. Prueba, ejercicio, indagación, reconocimiento, investigación, observación, análisis, escrutinio, crítica, revisión, discusión, revista, repaso.

examinar

SIN. Analizar, considerar, inspeccionar, contemplar, estudiar, observar, probar, reconocer, tantear, inquirir, indagar, investigar, escudriñar, escrutar.
ANT. *Desconocer.*

exangüe

SIN. Aniquilado, desangrado, muerto, difunto, débil, desmayado.
ANT. *Fuerte, pletórico.*

exánime

SIN. Desmayado, desfallecido, debilitado, muerto, difunto.
ANT. *Palpitante, pletórico.*

exasperación

SIN. Excitación, irritación, exacerbación, enfurecimiento, disgusto, cólera.
ANT. *Serenidad, tranquilidad.*

exasperar

SIN. Irritar, enojar, enfadar, exacerbar, agriar, disgustar, encolerizar, sulfurar, rabiar, crispar.
ANT. *Calmar, sosegar.*

exasperarse

SIN. Encolerizarse, excitarse, enfadarse, disgustarse, exacerbarse, irritarse, enojarse, agriarse, encenderse, airarse.
ANT. *Sosegarse, aplacarse.*

excandecer

SIN. Irritar, excitar, encolerizar, enojar, enfadar, enrabiar, disgustar, fastidiar.
ANT. *Calmar, apaciguar.*

excarcelar

SIN. Liberar, soltar, perdonar, amnistiar, eximir.
ANT. *Encarcelar.*

excavación

SIN. Hoyo, socavación, vaciado, extracción, dragado, descalce, fosa, zanja, cárcava, surco, hueco.
ANT. *Rellenado.*

excedente

SIN. Exceso, excesivo, sobrante, resto, remanente, superávit.
ANT. *Falto, escaso, carente.*

exceder

SIN. Superar, aventajar, sobrepujar, traspasar, rebasar, exagerar, sobrar.
ANT. *Faltar, contener.*

excelencia

SIN. Superioridad, eminencia, dignidad, perfección, calidad, excelsitud, magnificencia, elevación, grandeza, notabilidad, exquisitez.
ANT. *Inferioridad, imperfección.*

excelente

SIN. Delicioso, rico, exquisito, notable, óptimo, superior, brillante, meritorio, sobresaliente, excelso, delicado, agradable, deleitable, relevante, soberbio, refinado, extra, perfecto, maravilloso, sin par.
ANT. *Inferior, pésimo, malo.*

excelso

SIN. Alto, elevado, eminente, excelente, ilustre, subido, superior, óptimo, magnífico.
ANT. *Pésimo, bajo, malo.*

excentricidad

SIN. Rareza, extravagancia, ridiculez, originalidad, manía, absurdo, trastorno.
ANT. *Cordura, sensatez.*

excepción

SIN. Exclusión, anormalidad, singularidad, irregularidad, rareza, separación, reserva.
ANT. *Normalidad, inclusión.*

excepcional

SIN. Raro, extraordinario, singular, extraño, insólito, inaudito, increíble, particular.
ANT. *Corriente, usual.*

excepto

SIN. Salvo, fuera de, aparte, menos, sólo, descontado, exceptuado.
ANT. *Además de, incluido.*

exceptuar

SIN. Separar, excluir, eliminar, descartar, descontar, quitar, apartar, omitir, relegar.
ANT. *Incluir.*

excerpta

SIN. Excerta, recopilación, extracto, compilación, colección, resumen, antología.

excesivo

SIN. Demasiado, desmesurado, sobrado, abundante, extraordinario, desmedido, enorme, exorbitante, fuerte, violento.
ANT. *Insuficiente, escaso.*

exceso

SIN. Demasía, abundancia, abuso, atropello, excedente, sobra, delito, desorden, violencia, libertinaje, desmesura.
ANT. *Escasez, falta.*

excitación

SIN. Provocación, incitación, instigación, estímulo, agitación, exaltación, nerviosismo, frenesí, irritación, alteración, arrebatamiento.
ANT. *Calma, tranquilidad.*

excitar

SIN. Avivar, fustigar, aguijonear, pinchar, espolear, incitar, azuzar, estimular, exhortar, animar, mover, promover, activar, fomentar, agitar, provocar, irritar, enojar, exasperar, encolerizar, encender.
ANT. *Calmar, serenar, aplacar.*

exclamar

SIN. Proferir, emitir, lanzar, prorrumpir, imprecar, gritar.
ANT. *Callar, silenciar.*

excluir

SIN. Exceptuar, eliminar, suprimir, expulsar, descartar, relegar, repudiar, desechar.
ANT. *Incluir, incorporar.*

exclusión

SIN. Eliminación, expulsión, supresión, descarte, exceptuación, sepa-

ración, desaire, apartamiento, omisión, salvedad, destitución.
ANT. *Inclusión.*

exclusiva
SIN. Franquicia, monopolio, patente, privilegio, preferencia, distinción, permiso, autorización, parcialidad.

exclusive
SIN. Excepto, aparte.
ANT. *Inclusive.*

exclusivismo
SIN. Personalismo, fanatismo, sectarismo, intransigencia, arbitrariedad.
ANT. *Transigencia, neutralidad.*

exclusivo
SIN. Excepcional, único, raro, privilegiado, peculiar, especial.
ANT. *Vacío, general.*

excomulgado
SIN. Apartado, expulsado, rechazado, repudiado, condenado.
ANT. *Santificado.*

excomulgar
SIN. Expulsar, apartar, anatematizar, fulminar, descomulgar, lanzar, suprimir.
ANT. *Perdonar.*

excremento
SIN. Defecación, evacuación, secreción, deyección, heces, porquería, sedimento, guano, basura, estiércol, mierda.

excursión
SIN. Gira, viaje, paseo, caminata, recorrido, expedición, romería.
ANT. *Quietud.*

excusa
SIN. Pretexto, disculpa, descargo, evasiva, coartada, justificación, subterfugio, defensa, alegato.
ANT. *Acusación.*

excusable
SIN. Justificable, disculpable, lógico, razonable, natural.
ANT. *Injustificable.*

excusado
SIN. Inútil, superfluo, libre, reservado, retrete, urinario, aseo.
ANT. *Necesario.*

excusar
SIN. Evadir, eludir, evitar, rehusar, impedir, rehuir, precaver, eximir, justificar.

ANT. *Afrontar, incluir.*

excusarse
SIN. Disculparse, justificarse, alegar, defenderse, descargarse, sincerarse.
ANT. *Acusarse.*

execración
SIN. Aborrecimiento, aburrimiento, imprecación, maldición, condenación, infamia, honor.
ANT. *Amor, bendición.*

exentar
SIN. Eximir, relevar, libertar, dispensar, exceptuar, excusar, redimir, indultar.
ANT. *Obligar.*

exento
SIN. Dispensado, libre, desembarazado, exceptuado, limpio, inmune, ajeno.
ANT. *Obligado.*

exequias
SIN. Funerales, sufragios, honras fúnebres, ofrenda.

exfoliación
SIN. Descamación, laminación, pérdida, caída, división.
ANT. *Fijación.*

exhalación
SIN. Centella, rayo, fulminación, vapor, emanación, olor, aroma.

exhalar
SIN. Despedir, lanzar, emitir, producir, desprender, emanar, evaporar, expeler.
ANT. *Absorber.*

exhaustivo
SIN. Completo, íntegro, perfecto, absoluto, agotador.
ANT. *Parcial, superficial.*

exhausto
SIN. Apurado, agotado, consumido, vacío, acabado, desguarnecido.
ANT. *Fuerte, vigoroso.*

exhibir
SIN. Presentar, manifestar, mostrar, enseñar, exponer, ostentar, evidenciar, exteriorizar, lucir.
ANT. *Esconder, ocultar.*

exhortación
SIN. Consejo, ruego, súplica, sermón, plática, admonición, reflexión, amonestación, invitación.
ANT. *Alabanza, elogio.*

exhortar
SIN. Amonestar, sermonear, predicar, advertir, recomendar, proponer, persuadir, rogar, suplicar, alentar, excitar, animar, incitar.

exhumar
SIN. Descubrir, extraer, desenterrar.
ANT. *Inhumar.*

exigencia
SIN. Demanda, requerimiento, reclamación, petición, orden, imperativo, mandato, ultimátum.
ANT. *Tolerancia, concesión.*

exigente
SIN. Recto, severo, rígido, insistente, duro, escrupuloso, intolerante, intransigente.
ANT. *Blando, tolerante.*

exigir
SIN. Requerir, demandar, pedir, percibir, reclamar, pretender, necesitar, precisar.
ANT. *Ceder, tolerar, transigir, dar.*

exiguo
SIN. Mezquino, escaso, reducido, miserable, corto, pequeño, insuficiente, insignificante, somero, pobre, nimio.
ANT. *Abundante, amplio, grande, excesivo.*

exiliado
SIN. Desterrado, proscrito, apartado, extrañado, refugiado, emigrante.
ANT. *Repatriado.*

eximio
SIN. Excelente, incomparable, relevante, superior, singular, notable, óptimo.
ANT. *Pésimo, vulgar, despreciable.*

eximir
SIN. Desembarazar, libertar, dispensar, perdonar, librar, relevar, exentar, redimir, exonerar, exculpar, absolver, indultar.
ANT. *Imponer, obligar.*

existencia
SIN. Vida, subsistencia, realidad, devenir, sustancia, ser, cosa.
ANT. *Inexistencia, mentira.*

existir
SIN. Ser, vivir, subsistir, estar, haber, tener, constar.
ANT. *Faltar, morir.*

éxito
SIN. Resultado, triunfo, victoria, logro, conclusión, terminación, lucimiento.
ANT. *Fracaso, derrota.*

éxodo
SIN. Peregrinación, emigración, peregrinaje, tránsito, expatriación.
ANT. *Repatriación.*

exonerar
SIN. Aliviar, libertar, descargar, degradar, deponer, cesar.
ANT. *Rehabilitar, otorgar.*

exorbitante
SIN. Desmesurado, demasiado, desorbitado, enorme, excesivo, gigantesco.
ANT. *Insuficiente, limitado.*

exordio
SIN. Preámbulo, introducción, introito, principio, prefacio, proemio, prólogo.
ANT. *Epílogo, fin.*

exornar
SIN. Amenizar, adornar, embellecer, engalanar, hermosear, ornamentar.
ANT. *Estropear.*

exotérico
SIN. Común, vulgar, público, corriente, elemental.
ANT. *Difícil.*

exótico
SIN. Extranjero, extraño, peregrino, raro, extravagante, lejano, insólito, desusado.
ANT. *Indígena, vulgar, convencional, frecuente.*

exotismo
SIN. Rareza, extrañeza, originalidad, singularidad.
ANT. *Generalidad, tipismo.*

expandir
SIN. Extender, dilatar, ensanchar, difundir, propagar, desarrollar, ampliar.
ANT. *Encoger, reducir.*

expansión
SIN. Distracción, desahogo, diversión, esparcimiento, propagación, dilatación, crecimiento, desarrollo, extensión.
ANT. *Contención, reducción, regresión.*

expansivo
SIN. Comunicativo, afable, cariñoso, franco, sociable, cordial, abierto.
ANT. *Reservado, callado, serio.*

expectación
SIN. Interés, emoción, curiosidad, intensión, afán, expectativa.
ANT. *Desinterés.*

expectoración
SIN. Secreción, mucosidad, expulsión, carraspeo, escupitajo.

expectorar
SIN. Escupir, expeler, desgarrar, toser, expulsar.

expedición
SIN. Excursión, viaje, safari, gira, envío, remesa, facturación, desembarazo, facilidad, prontitud, velocidad, presteza, diligencia.
ANT. *Lentitud, estancia, calma.*

expedicionario
SIN. Viajero, excursionista, militar, invasor.

expediente
SIN. Recurso, pretexto, razón, motivo, subterfugio, título, arbitrio, partido, facilidad, desembarazo, diligencia, presteza, rapidez, documento, sumario, asunto.
ANT. *Lentitud, calma.*

expedir
SIN. Remitir, despachar, enviar, facturar, cursar, extender.
ANT. *Detener.*

expeditivo
SIN. Diligente, pronto, rápido, hábil, mañoso, dispuesto, decidido, dinámico.
ANT. *Circunspecto, premioso, lento.*

expedito
SIN. Desequilibrado, libre, dispuesto, despejado, exento, hábil, rápido.
ANT. *Obstruido, lento.*

expender
SIN. Despachar, vender, gastar, desembolsar.
ANT. *Comprar.*

experiencia
SIN. Hábito, conocimiento, práctica, pericia, costumbre, maestría, ensayo, experimento, prueba, tentativa.

ANT. *Inexperiencia, impericia.*

experimentación
SIN. Experiencia, intento, preparación, tanteo, comprobación.
ANT. *Inexperiencia.*

experimentado
SIN. Diestro, conocedor, périto, experto, ejercitado, versado, entendido, idóneo, técnico, adiestrado, astuto, práctico, hábil.
ANT. *Novato, principiante.*

experimental
SIN. Empírico, práctico, positivo, real.
ANT. *Teórico.*

experimentar
SIN. Probar, ensayar, notar, sentir, observar, advertir.
ANT. *Teorizar, divagar.*

experimento
SIN. Ensayo, prueba, tentativa, experiencia.

experto
SIN. Experimentado, práctico, périto, versado, hábil, entendido, diestro, avezado, conocedor, técnico, idóneo, ejercitado, fogueado, astuto.
ANT. *Inexperto, desconocedor.*

expiación
SIN. Pena, castigo, reparación, purgación, purificación, enmienda, satisfacción.
ANT. *Perdón, indulto.*

expiar
SIN. Purgar, pagar, reparar, purificar, enmendar, desagraviar.
ANT. *Premiar, recompensar.*

expirar
SIN. Acabar, morir, concluir, fenecer, fallecer, finalizar, terminar, palmar.
ANT. *Nacer, comenzar.*

explanada
SIN. Llanura, terraplén, planicie, superficie, prado.
ANT. *Monte, alto.*

explanar
SIN. Rasar, igualar, aplanar, allanar, nivelar, explicar, aclarar, ampliar.
ANT. *Amontonar, confundir.*

explayar
SIN. Extender, ensanchar, dilatar, ampliar.
ANT. *Encoger.*

explorar
SIN. Examinar, averiguar, investigar, estudiar, inquirir, reconocer, recorrer, registrar, indagar, escrutar.
ANT. *Desinteresarse, abandonar.*

explosión
SIN. Estampido, voladura, fogonazo, detonación, estrépito, disparo.
ANT. *Silencio.*

explotador
SIN. Estafador, expoliador, ladrón, negrero, negociante.
ANT. *Generoso, dadivoso.*

explotar
SIN. Estallar, detonar, disfrutar, aprovechar, utilizar, granjear, beneficiar, usufructuar.
ANT. *Perder.*

expoliación
SIN. Robo, despojo.
ANT. *Restituir.*

expoliador
SIN. Despojador, ladrón, expropiador.
ANT. *Noble, real.*

expoliar
SIN. Robar, despojar, desposeer, expropiar.
ANT. *Proveer, restituir.*

exponer
SIN. Mostrar, presentar, exhibir, manifestar, declarar, notificar, explicar, interpretar, referir.
ANT. *Ocultar, callar.*

exposición
SIN. Explicación, declaración, informe, manifestación, exhibición, presentación, feria, parada.
ANT. *Silencio, ocultación.*

expósito
SIN. Inclusero, borde, huérfano, abandonado.
ANT. *Legítimo.*

expositor
SIN. Negociante, exhibidor, comerciante, feriante.

expresado
SIN. Indicado, mencionado, sobredicho, citado, manifiesto.
ANT. *Callado, silenciado.*

expresar
SIN. Manifestar, decir, significar, exponer, declarar, comunicar, mostrar, enunciar, formular, emitir, producir, declarar, representar, recordar, recalcar.
ANT. *Callar, olvidar.*

expresión
SIN. Locución, dicción, palabra, término, voz, vocablo, giro, fórmula, manifestación, declaración, especificación, enunciación, enunciado, exposición, énfasis, rigor.
ANT. *Silencio, inexpresividad.*

expresivo
SIN. Vivo, alegre, expansivo, gráfico, elocuente, significativo, plástico, explícito, preciso, comunicativo, cordial, cariñoso, afectuoso.
ANT. *Inexpresivo, impávido.*

expreso
SIN. Especificado, dicho, antedicho, claro, patente, manifiesto, preciso, explícito, formal.
ANT. *Impreciso, oscuro, tácito.*

exprimir
SIN. Extraer, estrujar, prensar, oprimir, ordeñar, apretar, expresar, manifestar, exponer, empobrecer.
ANT. *Impregnar, enriquecer.*

expropiar
SIN. Confiscar, desposeer, incautar, expoliar, despojar, requisar, embargar.
ANT. *Devolver, reponer.*

expuesto
SIN. Arriesgado, aventurado, peligroso, comprometido, incierto, inseguro, azaroso, revelado, exhibido, mostrado.
ANT. *Seguro, cierto, protegido, oculto.*

expulsar
SIN. Echar, expeler, arrojar, lanzar, rechazar, despedir, excluir, eliminar, desalojar, desechar, fletar, aventar, desterrar, limpiar, alejar, espantar.
ANT. *Admitir, atraer, integrar.*

expurgar
SIN. Limpiar, purificar, corregir, enmendar, mejorar, refinar, eliminar, modificar, censurar, suprimir, revisar.
ANT. *Respetar, aprobar, incluir.*

exquisito
SIN. Delicioso, primoroso, superior, selecto, excelente, delicado, rico, subido, preciado, gustoso, deleitoso, agradable.
ANT. *Ordinario, basto, desagradable.*

extasiado
SIN. Absorto, atónito, arrobado, alucinado, hechizado, pasmado, abstraído, embobado, enajenado, transportado, encantado, boquiabierto.
ANT. *Decepcionado, indiferente, desencantado.*

extasiarse
SIN. Embelesarse, enajenarse, arrobarse, embebecerse, ensimismarse, abstraerse, encantarse, admirarse, maravillarse.
ANT. *Despertarse.*

éxtasis
SIN. Embelesamiento, arrobamiento, ensimismamiento, enajenamiento, suspensión, arrebato, rapto, delirio, trance, letargo.
ANT. *Imperturbabilidad, realidad.*

extemporáneo
SIN. Intempestivo, inoportuno, impropio, inconveniente, desusado, improcedente, insólito, inadecuado.
ANT. *Propio, oportuno.*

extender
SIN. Desdoblar, desenrollar, desplegar, tender, estirar, distender, ampliar, aumentar, desenvolver, desenrollar, ensanchar, derramar, difundir, propagar, divulgar, generalizar, publicar, expandir, irradiar, esparcir.
ANT. *Replegar, recoger, limitar, reservar, ocultar, excluir.*

extendido
SIN. Colgado, tendido, estirado, echado, difundido, divulgado, propagado, esparcido, desplegado, desarrollado, abierto, derramado, corriente, habitual, usado.
ANT. *Concentrado, reducido, particular, singular.*

extensión
SIN. Longitud, anchura, latitud, superficie, vastedad, dilatación, ampliación, desarrollo, difusión, propagación, ramificación, expansión.
ANT. *Limitación, reducción.*

extenso
SIN. Amplio, vasto, dilatado, largo, prolongado, prolijo, desarrollado, grande, lato, desenvuelto.
ANT. *Reducido, exiguo, conciso.*

extenuación

SIN. Debilitamiento, enflaqueci-miento, agotamiento, decaimiento, atenuación, flaqueza.
ANT. *Vigor, euforia, vitalidad.*

extenuado

SIN. Agotado, desnutrido, depau-perado, anémico, desmirriado, dé-bil, abatido, escuálido, desgastado, cansado, rendido.
ANT. *Fuerte, vigoroso.*

extenuar

SIN. Enflaquecer, debilitar, agotar, desfallecer, secar, fatigar, abatir, desnutrir, depauperar, quebrantar.
ANT. *Fortalecer, vigorizar, recu-perar.*

exterior

SIN. Fachada, superficie, fuera, corteza, traza, porte, aspecto, ex-trínseco, periferia, cara, intempe-rie.
ANT. *Interior, oculto, hondo, ín-timo.*

exteriorizar

SIN. Descubrir, sacar, manifestar, revelar, mostrar, expulsar, ex-poner.
ANT. *Callar, esconder.*

exterminar

SIN. Aniquilar, destruir, asolar, ex-tinguir, devastar, arrasar, liquidar, extirpar, arrojar, echar, desterrar, desarraigar.
ANT. *Crear, reparar.*

exterminio

SIN. Matanza, masacre, carnicería, destrucción, aniquilamiento, asola-miento, extinción, anonadamiento, destierro, expulsión.
ANT. *Reparación.*

extinguir

SIN. Apagar, sofocar, matar, ani-quilar, liquidar, finir, finalizar, fundir, exterminar.
ANT. *Nacer, encender.*

extinguirse

SIN. Apagarse, morirse, acabarse, fundirse, finalizarse, concluirse, borrarse.
ANT. *Encenderse.*

extinto

SIN. Muerto, fallecido, difunto.
ANT. *Vivo, activo.*

extirpar

SIN. Desarraigar, arrancar, acabar

con, suprimir, exterminar, extin-guir, erradicar, cortar, eliminar, anular.
ANT. *Dejar, permitir, arraigar.*

extorsión

SIN. Daño, perjuicio, menoscabo, lesión, quebranto, chantaje, usur-pación, despojamiento, expolio.
ANT. *Devolución, reparación, be-neficio.*

extracción

SIN. Origen, linaje, clase, estirpe, nacimiento, cuna, sangre, proce-dencia, separación, exclusión, ex-tirpación, supresión, privación.
ANT. *Desconocimiento, unión.*

extractar

SIN. Resumir, reducir, compendiar, condensar, sincopar, esquematizar, sintetizar.
ANT. *Ampliar, desarrollar, dilatar.*

extracto

SIN. Resumen, compendio, síntesis, sinopsis, esquema, simplificación, substancia, esencia, concentración, fragancia, aroma.
ANT. *Ampliación, aumento.*

extralimitarse

SIN. Excederse, propasarse, salirse, pasarse, rebasar, descomedirse, abusar, descompasarse.
ANT. *Limitarse, reprimirse.*

extranjero

SIN. Extraño, exótico, forastero, bárbaro, intruso, advenedizo, forá-neo, importado, ajeno.
ANT. *Indígena, nativo, autóctono, vernáculo, castizo.*

extrañamiento

SIN. Destierro, exilio, deportación, expulsión, confinamiento, pros-cripción, ostracismo, expatriación, alejamiento.
ANT. *Repatriación, regreso.*

extrañar

SIN. Confinar, desterrar, expulsar, proscribir, deportar, exiliar, asom-brar, sorprender, admirar, repren-der, castigar, censurar, tildar.
ANT. *Repatriar, alabar, elogiar.*

extrañarse

SIN. Asombrarse, admirarse, sor-prenderse, confinarse.
ANT. *Indiferente.*

extrañeza

SIN. Asombro, admiración, sorpre-

sa, confusión, desconcierto, rareza, novedad, singularidad, exotismo, extravagancia, desavenencia, ene-mistad, discrepancia.
ANT. *Normalidad, vulgaridad.*

extraño

SIN. Insólito, raro, singular, cho-cante, original, especial, peregrino, extravagante, extraordinario, aje-no, estrambótico, inexplicable, in-verosímil.
ANT. *Normal, ordinario, propio, nativo, indígena, corriente, conven-cional.*

extraordinario

SIN. Singular, insólito, inusitado, sorprendente, extraño, raro, excep-cional, maravilloso, fabuloso, asombroso, sorprendente, tremen-do, importante, inconcebible.
ANT. *Normal, ordinario, insignifi-cante, frecuente.*

extravagancia

SIN. Excentricidad, rareza, origina-lidad, capricho, incongruencia, pa-radoja, humorada, chocantería *(Amér.),* manía, irregularidad, ade-fesio, barroquismo, inverosimili-tud.
ANT. *Normalidad, ingenuidad, na-turalidad.*

extravagante

SIN. Chocante, raro, irregular, ex-céntrico, estrambótico, estrafala-rio, barroco, original, adefesio *(Amér.),* llamativo, grotesco, pin-toresco, paradójico, extraordina-rio, inconcebible, inaudito.
ANT. *Ordinario, corriente, habi-tual.*

extraviar

SIN. Perder, traspapelar, olvidar, desviar, desencaminar, despistar, descarriar.
ANT. *Encontrar, enmendar, corre-gir.*

extraviarse

SIN. Desorientarse, desviarse, per-derse, despistarse, pervertirse, ma-lograrse, depravarse, corromperse.
ANT. *Enmendarse, purificarse, en-caminarse.*

extremado

SIN. Extremo, exagerado, exceso, radical.
ANT. *Moderado.*

extremar

SIN. Exagerar, recargar, acabar,

terminar, finalizar, concluir.
ANT. *Moderar, comenzar.*

extremarse
SIN. Esmerarse, desvelarse, aplicarse, desvivirse.
ANT. *Moderarse.*

extremaunción
SIN. Sacramento, viático, óleo, crisma, crismal, unción.

extremidad
SIN. Extremo, fin, punta, cabo, orilla, filo, límite, remate, miembro.
ANT. *Centro.*

extremo
SIN. Fin, extremidad, punta, cabo, límite, frontera, término, final, tope, cabeza, origen, sumo, excesivo, exagerado, extremado, último, distante, desemejante.
ANT. *Centro, cercano, próximo.*

extrínseco
SIN. Exterior, externo, accidental, superficial, incidental, episódico, adventicio.
ANT. *Intrínseco, esencial.*

exuberancia
SIN. Plenitud, abundancia, profusión, exceso, prodigalidad, copiosidad, opulencia, saciedad, frondosidad, fertilidad, cantidad.
ANT. *Escasez, mezquindad, esterilidad, tacañería.*

exuberante
SIN. Copioso, abundante, profuso, pletórico, pleno, cuantioso, superabundante, fértil, frondoso, opulento, desbordante.
ANT. *Escaso, mezquino, estéril.*

exultación
SIN. Alegría, gozo, contento, júbilo, alborozo, regocijo, optimismo, jovialidad, euforia.
ANT. *Abatimiento, tristeza, pesimismo.*

exultarse
SIN. Alborozarse, alegrarse, contentarse, regocijarse, exaltarse, excitarse.
ANT. *Apenarse, entristecerse, deprimirse.*

eyaculación
SIN. Emisión, secreción, polución, evacuación, orgasmo, convulsión, excitación.
ANT. *Retención, frigidez.*

F

fábrica
SIN. Manufactura, factoría, industria, fabricación, empresa, edificio, construcción.

fabricación
SIN. Industria, elaboración, producción, explotación, industrialización.

fabricar
SIN. Manufacturar, elaborar, edificar, construir, levantar, obrar, confeccionar, producir, hacer, forjar, imaginar, inventar, crear.

fábula
SIN. Ficción, quimera, mito, leyenda, invención, cuento, rumor, hablilla, chisme, mentira, falsedad.
ANT. *Verdad.*

fabuloso
SIN. Ficticio, fingido, inventado, erróneo, falso, extraordinario, quimérico, increíble, imaginario, excesivo, inverosímil, ilusorio, fantástico, exagerado, inadmisible, mentido.
ANT. *Real, cierto.*

facción
SIN. Partido, bando, pandilla, parcialidad, germanía, guerrilla, taifa.

facciones
SIN. Líneas, rostro, rasgos, fisonomía, cara.

faccioso
SIN. Inquieto, amotinado, insurgente, perturbador, provocador, revoltoso, rebelde, tumultuario, sublevado, alborotapueblos.

fácil
SIN. Posible, cómodo, obvio, ejecutable, claro, llano, sencillo, elemental, factible, realizable, asequible, abordable, practicable, accesible, hacedero, ligero, dable, frágil, liviano, manejable, tratable, dócil, expedito, libre, alcanzadizo, liviana, erótica.
ANT. *Difícil, recatada.*

facilidad
SIN. Disposición, habilidad, experiencia, desenvoltura, simplicidad, posibilidad, probabilidad, ligereza, condescendencia, debilidad.
ANT. *Dificultad.*

facilitar
SIN. Entregar, dar, proveer, proporcionar, suministrar, posibilitar, allanar, simplificar, agilitar, destrabar.
ANT. *Enredar, dificultar.*

fácilmente
SIN. Buenamente, cómodamente, aína, corridamente, expeditamente, descansadamente.
ANT. *Difícilmente.*

facineroso
SIN. Bandido, criminal, delincuente, malvado, forajido, malhechor, bandolero, perverso, protervo.
ANT. *Honrado, humano.*

facsímile
SIN. Imitación, copia, reproducción, facsímil, refrito, calco.
ANT. *Original.*

factible
SIN. Hacedero, posible, realizable, agible, practicable, viable, asequible, fácil.

ANT. *Irrealizable, utópico, difícil.*

facticio
SIN. Falso, artificial, falsificado, imitado, copiado, postizo, innatural, fingido.
ANT. *Auténtico, natural.*

factor
SIN. Agente, elemento, autor, concausa, síndico, delegado, apoderado, factótum, ejecutor, ministro, negociador, encargado, testaferro, procurador, fautor, submúltiplo, multiplicador, coeficiente, divisor, cantidad.

factoría
SIN. Fábrica, comercio, almacén, emporio, depósito, oficina.

factótum
SIN. Criado, botones, mozo, mandadero, dependiente, recadero, farante, entremetido, argadillo.

factura
SIN. Nota, cuenta, suma, importe, detalle, extracto, montante, contextura, hechura.

facturar
SIN. Registrar, anotar, cargar, enviar, despachar, remitir, mandar, remesar.
ANT. *Recibir.*

facultad
SIN. Capacidad, aptitud, potencia, poder, autoridad, potestad, licencia, autorización, derecho, permiso, opción, virtud, fuerza, resistencia, arbitrio, mano, albedrío, arte, ciencia, disciplina, licenciatura, universidad.

ANT. *Imposibilidad.*

facultar

SIN. Autorizar, permitir, capacitar, delegar, otorgar, habilitar.
ANT. *Denegar.*

facundia

SIN. Desenvoltura, labia, verbosidad, facilidad, abundancia, elocuencia, afluencia, verborrea, pico, desparpajo.
ANT. *Premiosidad, escasez.*

facundo

SIN. Verboso, elocuente, hablador, proferente, garlante, diserto, locuaz, labiero, parolero.
ANT. *Premioso, discreto.*

facha

SIN. Aspecto, traza, porte, figura, presencia, apariencia, mamarracho, adefesio, extravagante, ridículo, esperpento.
ANT. *Elegancia.*

fachada

SIN. Portada, frontón, delantera, frontispicio, frontis, frente, aspecto, apariencia, presencia, porte.
ANT. *Zaga.*

fachenda

SIN. Jactancia, vanidad, ostentación, fatuidad, presunción, petulancia, pedantería, fanfarria, inmodestia, chulería.
ANT. *Modestia, humildad.*

fachendoso

SIN. Fachendón, fachendista, fanfarrón, vanidoso, presumido, jactancioso, presuntuoso, fatuo, alabancioso, fachenda, empapirolado, petulante, vendehumos, chulo, alardoso.
ANT. *Modesto, sencillo.*

faena

SIN. Trabajo, labor, quehacer, ocupación, tarea, fajina, laborío, jugada, pasada.
ANT. *Descanso, ocio.*

faja

SIN. Ceñidor, corsé, alezo, apretador, cinto, chumbe *(Amér.)*, biricú, fajín, ventrera, lista, zona, línea, franja, tira.

fajar

SIN. Rodear, ceñir, envolver, encin-

char, cinchar, embragar, encorsetar, religar.
ANT. *Desceñir, aflojar.*

fajina

SIN. Haz, fajo, hacina, mazo, leña, chamarasca, faena.

fajo

SIN. Atado, haz, mazo, atadijo, brazada, gavilla.

falacia

SIN. Engaño, falsedad, fraude, bola, trola, embuchado, embuste.
ANT. *Verdad.*

falange

SIN. Legión, batallón, tropa, grupo, dedo.

falaz

SIN. Engañoso, falso, mentiroso, hipócrita, fingido, artero, embustero, engañador, aparente, ilusorio, sofístico, artificioso.
ANT. *Auténtico, natural, sincero.*

falda

SIN. Refajo, saya, faldellín, basquiña, pollera *(Amér.)*, trascol, faldillas, campana, enaguas, pollera, guardapiés, pelleja, tonelete, redonda, vuelos, ladera, regazo.

falencia

SIN. Error, engaño, fraude, equivocación, desatino, yerro.
ANT. *Verdad, exactitud.*

falible

SIN. Equívoco, engañoso, erróneo, mendoso, mendaz, inexacto.
ANT. *Infalible, exacto.*

falo

SIN. Pene, glande, verga, bálano, cipote, príapo, pudendo, méntula.

falsario

SIN. Falsificador, falseador, mixtificador, mentiroso, sofisticador, embustero, engañoso, engañador, superchero, adulterador, trápala, imitador, sofista, calumniador.
ANT. *Auténtico, veraz.*

falsear

SIN. Adulterar, corromper, falsificar, desnaturalizar, viciar, pervertir, ilegitimar, suplantar, remedar, imitar, sofisticar, flojear, ceder, flaquear, disonar, desafinar.
ANT. *Autentizar, resistir, afinar.*

falsedad

SIN. Calumnia, superchería, argucia, doblez, perjurio, inexactitud, sofisma, falacia, engaño, artería, disimulo, hipocresía, impostura, mentira, falsía, especiota, enredo, obrepción, tergiversación.
ANT. *Autenticidad, verdad, lealtad.*

falsificar

SIN. Falsear, corromper, adulterar, desnaturalizar, engañar.
ANT. *Autentizar, depurar.*

falso

SIN. Adulterado, arreglado, desfigurado, ilusivo, amañado, preparado, artificial, simulado, imitado, inventado, falsificado, infundado, espurio, contrahecho, ilegítimo, subrepticio, fabuloso, absurdo, quimérico, ilusorio, apócrifo, fingido, mentiroso, embustero, aparente, ficticio, adventicio, engañoso, sofístico, erróneo, equivocado, increíble, inexacto, fantástico, imaginario, cobarde, medroso, pusilánime, collón, ful, falsario, traidor, fementido, pérfido, impostor, desleal, felón, perjuro, infiel, hipócrita.
ANT. *Auténtico, verdadero, sincero, leal.*

falta

SIN. Culpa, pecado, error, descuido, imperfección, infracción, defecto, tacha, deficiencia, incorrección, desliz, inobservancia, negligencia, incumplimiento, olvido, falla.
ANT. *Perfección, plétora, abundancia.*

faltar

SIN. Escasear, carecer, omitir, incumplir, inobservar, eludir, sobreseer, olvidar, fallar, ofender, agraviar, pecar.
ANT. *Abundar, cumplir, desagraviar.*

falto

SIN. Defectuoso, escaso, mezquino, incompleto, desprovisto, carente, desabastecido, desguarnecido, descalzo, desnudo, pobre, necesitado, apocado.
ANT. *Perfecto, provisto, rico.*

fallar

SIN. Marrar, faltar, pifiar, fracasar, errar, malograr, frustrar, sentenciar, resolver, decidir, dictaminar.
ANT. *Triunfar, abstenerse.*

fallecer

SIN. Morir, expirar, fenecer, faltar, finar, perecer, fallir, acabarse.
ANT. *Nacer.*

fallecimiento

SIN. Defunción, muerte, óbito, finamiento, expiración, fenecimiento, perecimiento, tránsito, fin.
ANT. *Nacimiento.*

fallido

SIN. Frustrado, malogrado, pifiado, fracasado, incobrable, quebrado, insolvente.
ANT. *Logrado, solvente.*

fallo

SIN. Condena, decisión, laudo, resolución, sentencia, juicio, veredicto, decreto, ejecutoria, arbitrio.
ANT. *Irresolución.*

fama

SIN. Renombre, éxito, reputación, nombre, celebridad, notoriedad, nombradía, gloria, honra, crédito, nota, realce, boga, popularidad, palma, auge, predicamento, importancia, son, aprecio, aplauso, aura, clamor, glorificación.
ANT. *Obscuridad, fracaso.*

famélico

SIN. Hambriento, bulímico, trasijado, gumioso, gandido, insaciable, hambrón.
ANT. *Harto.*

familia

SIN. Parentela, prole, progenie, linaje, raza, casta, prosapia, estirpe, cepa, parentesco, ralea, solar, clan, sucesión, descendencia, línea, rama, varonía.

familiaridad

SIN. Llaneza, confianza, libertad, franqueza, intimidad, afabilidad.
ANT. *Afectación, ceremonia.*

familiarizarse

SIN. Acostumbrarse, habituarse, avezarse, intimar, franquearse, tratarse, codearse, hacerse.
ANT. *Desconfiar.*

famoso

SIN. Célebre, conocido, acreditado, memorable, glorioso, renombrado, reputado, admirable, afamado, notable, excelso, señalado, perínclito, mentado, popular, insigne, celebérrimo, divo, egregio.
ANT. *Ignorado, desconocido.*

fámulo

SIN. Doméstico, criado, lacayo, sirviente, servidor, mozo, maestresala, mayordomo, paniaguado.
ANT. *Patrón, jefe.*

fanal

SIN. Farola, ·foco, farol, tulipa, guardabrisas.

fanático

SIN. Apasionado, entusiasta, exaltado, intolerante, sectario, obcecado, recalcitrante, obstinado, intransigente, entusiástico, admirativo, acalorado, ferviente, fogoso, idólatra, celoso.
ANT. *Ecuánime, ponderado.*

fanatismo

SIN. Intolerancia, intransigencia, apasionamiento, exaltación, ceguedad, obcecación, fragantona, fogosidad, exacerbación, acaloramiento, obstinación, idolatría.
ANT. *Tolerancia, ponderación.*

fandango

SIN. Canto, danza, copla, bullicio, batahola, alboroto, batiburrillo, jaleo, jolgorio.
ANT. *Calma.*

fanfarrón

SIN. Bravucón, farfantón, jactancioso, matasiete, perdonavidas, valentón, flamenco, chulapo, chulo, farolero, tartarín, matamoros, bigornio, majo, balandrón, follón, fachendoso.
ANT. *Humilde, modesto.*

fanfarronada

SIN. Bravata, jactancia, fanfarria, baladronada, balaca *(Amér.)*, orgullo, faroleo, majencia, chulería, entablonada *(Amér.)*, bizarría, bravuconería, valentonada, farfantonería.
ANT. *Sencillez.*

fanfarronear

SIN. Fachendear, farolear, blasonar, balaquear *(Amér.)*, chulearse, bravear, guapear, fanfarrear.
ANT. *Achicarse.*

fangal

SIN. Barrizal, cenagal, lodazal, pecinal, fangar, ciénaga, chapatal, tolla, marisma, pantano, lodazar.
ANT. *Sequeral.*

fango

SIN. Cieno, lodo, barro, limo, pecina, tarquín, enruna, reboño, léga-

mo, bardoma, degradación, ignominia, bajeza.
ANT. *Sequedal, honor.*

fantasía

SIN. Imaginación, ilusión, sueño, ensueño, utopía, visión, entelequia, alucinación, fantasmagoría, cuento, narración, novela, fábula, presunción, afectación, vanidad, entorno, jactancia, humos.
ANT. *Realidad, sencillez.*

fantasioso

SIN. Entonado, presuntuoso, fatuo, vano, inmodesto, fantástico, soñador.
ANT. *Realista.*

fantasma

SIN. Aparición, espectro, duende, fantasmón, espanto *(Amér.)*, visión, espíritu, aparecido, sombra, trasgo, íncubo, quimera.
ANT. *Realidad.*

fantasmagoría

SIN. Quimera, figuración, entelequia, imaginación, alucinación, fantasía.
ANT. *Realidad.*

fantástico

SIN. Quimérico, ilusorio, irreal, inverosímil, imaginario, fingido, magnífico, fenomenal, estupendo, presuntuoso, vanidoso, entonado, aparente, fantasioso.
ANT. *Verídico, real, vulgar, humilde.*

fantoche

SIN. Títere, muñeco, marioneta, polichinela, espantajo, bufón, figurón, mamarracho.

fañoso

Amér.
SIN. Gangoso, nasal, nasardo.
ANT. *Claro.*

faquín

SIN. Cargador, ganapán, esportillero, palanquín, galafate, porteador, changador.

faramalla

SIN. Habladuría, cháchara, farándula, palabrería, charlatanería, farolería, trapacería, artificio, enredo, trapaza, farfolla, poleo.
ANT. *Silencio, autenticidad.*

faramallero

SIN. Enredador, trapacero, hablador, parlanchín, faramallón, charlatán, garlador, churrullero, filatero, embaucador, cotorra.

farándula
SIN. Circo, teatro, títeres, varietés, representación, pista, carátula, artificio, enredo, faramalla, garnacha, gangarilla.
ANT. *Sinceridad.*

farandulero
SIN. Histrión, comediante, payaso, bufo, figurante, comparsa, farsante, farolero, vanidoso, presumido, churrullero, farfullador, farfullero.

fardel
SIN. Talega, saco, fardo, lío, atadillo, zurrón, morral, talego, costal, costalejo, desaliñado, dejado, descuidado, sucio.
ANT. *Limpio, pulcro.*

fardo
SIN. Bulto, lío, farda, atadijo, fardel, paca, bala, peso.

farfallón
SIN. Chapucero, farfullero, fargallón, torbellino, atropellado.
ANT. *Cuidadoso, esmerado.*

farfalloso
SIN. Tartamudo, tartajoso, tartaja.

farfulla
SIN. Tartamudeo, tartamudez, balbuceo, tartajismo, tartamudo, tartaja.
ANT. *Claridad, hablador.*

farfulla
Amér.
SIN. Bravata, fanfarronada, jactancia, chulería.
ANT. *Humildad, discreción.*

farfullar
SIN. Tartamudear, tartajear, barbotar, atropellar, embarullar, balbucir, barbullar, trabarse.
ANT. *Articular.*

fargallón
SIN. Farfallón, chapucero, desaliñado, descuidado, desaseado, dejado.
ANT. *Cuidadoso, esmerado.*

fariseo
SIN. Falso, hipócrita, simulador, solapado, astuto, zorro, taimado, hazañero.
ANT. *Recto, veraz.*

farmacéutico
SIN. Boticario, farmacólogo, farmacopola, apotecario, herbolario, droguero, oficinal.

farmacia
SIN. Apoteca, botica, droguería, herbolario.

faro
SIN. Farola, fanal, señal, linterna, farol, destello, luz, baliza, guía, consejero, tutor.

farolear
SIN. Pedantear, presumir, fachendear, blasonar, fanfarronear, jactarse, pavonear.
ANT. *Humillarse.*

farolero
SIN. Vigilante, torrero, sereno, ostentoso, fachendoso, presumido, papelón, pedante, fachenda, farolón, blasonador, fanfarrón, farfatón.
ANT. *Sencillo, humilde.*

farrista
Amér.
SIN. Juerguista, libertino, liviano, disipado, licencioso, calavera.
ANT. *Mesurado, comedido, formal.*

farruco
SIN. Animoso, valiente, impertérrito, encarado, impávido.
ANT. *Pusilánime, tímido.*

farsa
SIN. Comedia, drama, bufonada, pantomima, parodia, paso, mojiganga, enredo, tramoya, engaño, gatuperio, paparrucha, mentira, patraña, fingimiento, invención, hipocresía.
ANT. *Verdad, sinceridad.*

farsante
SIN. Actor, actriz, histrión, cómico, comediante, pantomimo, bufo, transformista, comparsa, figurante, tramoyista, hipócrita, impostor, embaucador, embustero, fingidor, mentiroso, engañador, hazañero, guatimaña, fariseo, nebulón.
ANT. *Honrado, veraz.*

fascinación
SIN. Encanto, aojo, seducción, alucinación, atractivo, engaño, embeleco, ofuscación, embaimiento.
ANT. *Desencanto, desilusión, decepción.*

fascinador
SIN. Fascinante, alucinador, engañador, seductor, alucinante, embaucador, embelesador, sugestionador, atractivo, ofuscador, hipnotizador.
ANT. *Desagradable.*

fascinar
SIN. Alucinar, seducir, ofuscar, aojar, catatar *(Amér.)*, embelesar, camelar, engaitar, encantar, atraer, embaucar, deslumbrar, embaír.
ANT. *Desengañar, repeler, desencantar.*

fase
SIN. Aspecto, faceta, cambio, forma, etapa, curso, período.

fastidiar
SIN. Cansar, aburrir, disgustar, importunar, fregar *(Amér.)*, enfadar, hastiar, molestar, enojar, enhastiar, atediar, encocorar, engorrar, chipiar *(Amér.)*, hartar, jeringar, gibar, asquear.
ANT. *Deleitar, agradar, divertir, alegrar.*

fastidio
SIN. Asco, cansancio, disgusto, desazón, tedio, aburrimiento, enfado, enojo, molestia, pejiguera, tediosidad, aburrición, hámago, desgana, mareo, engorro, inquietud.

fastidioso
SIN. Importuno, inoportuno, enfadoso, molesto, aburrido, cansado, pesado, enojoso, chinche, tedioso, hastioso, latoso, desanimador, cargante, pejiguero, enervante, plomífero, pelma.
ANT. *Ameno, agradable, divertido.*

fastuoso
SIN. Aparatoso, espléndido, lujoso, suntuoso, ostentoso, vano, fastoso, pomposo, majestoso, vistoso, rumboso, opulento, deslumbrante, imponente, rimbombante.
ANT. *Mezquino, sencillo.*

fatal
SIN. Inevitable, irrevocable, forzoso, preciso, inexcusable, imperioso, ineludible, adverso, nefasto, desgraciado, malo, funesto, desdichado, desventurado, infeliz, fatídico, amargo, aciago.
ANT. *Eludible, fausto, providencial.*

fatalidad
SIN. Hado, destino, suerte, sino,

predestinación, infortunio, desdicha, infelicidad, desgracia, adversidad, desventura, contratiempo, malaventura.
ANT. *Voluntariedad, suerte, fortuna.*

fatídico
SIN. Funesto, aciago, nefasto, adverso, fatal, siniestro.
ANT. *Favorable.*

fatiga
SIN. Fatigación, cansancio, desfallecimiento, lasitud, candinga, agitación, sofocación, angustia, trabajo, ahogo, rendición, desaliento, cansera, agotamiento, agobio, saciedad, ajetreo, sufrimiento, molestia, padecimiento.
ANT. *Desahogo, reposo, tranquilidad, ayuda.*

fatigar
SIN. Cansar, agotar, extenuar, rendir, reventar, aperrear, ajetrear, desalentar, apesgar, julepear *(Amér.)*, abatir, moler, importunar, molestar, vejar, jadear, asfixiarşe, sudar, hipar.
ANT. *Reposar, mimar, avivar.*

fatigoso
SIN. Fatigado, agitado, cansino, cansado, trabajoso, cansoso.
ANT. *Descansado, relajado.*

fatuidad
SIN. Impertinencia, presunción, vanidad, petulancia, tontería, vacuidad, entono, pedantería, jactancia, fachenda, soberbia, necedad.
ANT. *Discreción, llaneza, sencillez, sensatez.*

fatuo
SIN. Petulante, presuntuoso, impertinente, vano, vacuo, vanidoso, pedante, entonado, inmodesto, presumido, pinturero, ufano, tonto, necio.
ANT. *Modesto, sencillo, sensato.*

fausto
SIN. Ornato, lujo, boato, rumbo, ostentación, suntuosidad, magnificencia, fastuosidad, grandeza, aparato, teatralidad, jactancia, alarde, fasto, oropel, derroche, apoteosis, venturoso, feliz, afortunado, dichoso, próvido.
ANT. *Simplicidad, desgraciado.*

autor
SIN. Bienhechor, benefactor, favorecedor, cómplice, coadjutor, cooperador, ayudante.
ANT. *Malhechor.*

favor
SIN. Auxilio, amparo, socorro, ayuda, protección, defensa, asistencia, cortesía, agasajo, atención, bien, fineza, merced, gracia, servicio, beneficio, honra, privanza, crédito, preferencia.
ANT. *Rechazo, desaire, objetividad.*

favorable
SIN. Benévolo, propicio, providencial, feliz, apacible, acogedor.
ANT. *Contrario, hostil.*

favorecedor
SIN. Bienhechor, amparador, padrino, defensor, protector, fautor, ayudador, auxiliador, cooperador.
ANT. *Obstaculizador.*

favorecer
SIN. Asistir, auxiliar, ayudar, dispensar, servir, otorgar, amparar, apoyar, defender, auspiciar *(Amér.)*, proteger, socorrer, sostener, acoger.
ANT. *Perjudicar, obstaculizar.*

favorito
SIN. Preferido, elegido, predilecto, privilegiado, privado, benjamín, mimado, distinguido, valido.
ANT. *Alejado, hostil.*

faz
SIN. Fisonomía, figura, semblante, rasgos, cara, lado, aspecto, apariencia, anverso.
ANT. *Reverso.*

fe
SIN. Confianza, crédito, creencia, seguridad, aseveración, testimonio, certificación, fidelidad.
ANT. *Desconfianza, incredulidad, duda, infidelidad.*

fealdad
SIN. Afeamiento, desfiguración, monstruosidad, desproporción, deformidad, caricatura, coco, bicharraco, deshonestidad, indignidad, torpeza.
ANT. *Belleza, honestidad.*

feamente
SIN. Indignamente, torpemente, vilmente, asquerosamente, repugnantemente, groseramente.
ANT. *Dignamente.*

feble
SIN. Débil, flaco, enclenque, entelerido, canijo, encanijado, enfermizo.

ANT. *Robusto, fuerte.*

febril
SIN. Ardoroso, enfebrecido, pirético, febricitante, calenturiento, violento, agitado, intranquilo, turbado.
ANT. *Calmado, frío, tranquilo.*

fecundar
SIN. Fertilizar, fecundizar, engendrar, semillar, mugar, preñar.
ANT. *Esterilizar.*

fecundidad
SIN. Fertilidad, abundancia, feracidad, fecundación, proliferación.
ANT. *Impotencia, escasez.*

fecundo
SIN. Copioso, abundante, rico, fértil, productivo, ubérrimo, feraz, prolífero, fructuoso.
ANT. *Estéril, improductivo.*

fecha
SIN. Data, momento, tiempo, término, plazo, vencimiento, antedata, posdata, festividad, señalamiento.

fechoría
SIN. Trastada, travesura, picardía, maldad, falta, fechuría, faena, guarrada, canallada, desafuero, barbaridad, felonía, perversidad.

fehaciente
SIN. Fidedigno, indiscutible, cierto, evidente, indudable, irrebatible, irrefutable.
ANT. *Cuestionable, incierto.*

felicidad
SIN. Satisfacción, alegría, júbilo, placer, ventura, dicha, goce, gusto, delicia, contento, encanto, complacencia, prosperidad, bienestar, fortuna, suerte, bienaventuranza, bienandanza, auge.
ANT. *Desgracia, desventura, tristeza, dolor, desencanto, fracaso.*

feliz
SIN. Afortunado, contento, dichoso, fausto, satisfecho, venturoso, bienaventurado, propicio, suertero *(Amér.)*, boyante, ufano, encantado, radiante, risueño, alegre, oportuno, atinado, eficaz.
ANT. *Desventurado, infeliz, desgraciado, inoportuno.*

felón
SIN. Indigno, fementido, desleal, infiel, traidor, aleve, pérfido, trai-

cionero, infame, zaino, engañoso, falso, perverso.
ANT. *Fiel, leal, honrado.*

felonía
SIN. Deslealtad, traición, infidelidad, perfidia, infamia, alevosía, prodición, infidencia, perrada, falsedad, perjurio, perversidad.
ANT. *Lealtad, fidelidad.*

felpa
SIN. Peluche, terciopelo, zurra, paliza, tunda, soba, tollina, somanta, azotaina, reprensión, regañina, zurribanda, sermón, rapapolvo.
ANT. *Elogio, alabanza.*

femenino
SIN. Mujeril, mujeriego, femenil, doncellil, afeminado, delicado, endeble, blando.
ANT. *Fuerte, viril, masculino.*

fenecer
SIN. Morir, fallecer, parecer, sucumbir, concluir, acabar, expirar, terminar, espichar, finar, diñar.
ANT. *Nacer, vivir.*

fenomenal
SIN. Sorprendente, desmesurado, descomunal, desmedido, maravilloso, colosal, extraordinario, excesivo, portentoso, asombroso, prodigioso, morrocotudo, estupendo.
ANT. *Corriente, habitual.*

fenómeno
SIN. Portento, prodigio, rareza, maravilla, aparición, manifestación, anormalidad, coloso, monstruo.

feo
SIN. Antiestético, repulsivo, macaco, atroz, malcarado, feúcho, grotesco, repugnante, deforme, horrible, feote, horroroso, torpe, censurable, indigno, reprobable, afrenta, grosería, desaire, insulto.
ANT. *Bello, atractivo, encomiable.*

féretro
SIN. Ataúd, caja, obituario.

feria
SIN. Mercado, ferial, muestra, certamen, exposición, fiesta, descanso, vacación, trato, convenio.
ANT. *Trabajo.*

feriar
SIN. Vender, comprar, cambiar, trocar, permutar, regalar, obsequiar, descansar, dar, vacar.
ANT. *Trabajar.*

fermentar
SIN. Alterarse, corromperse, descomponerse, recentar, leudar, aleudar, ludiar, liudar.
ANT. *Permanecer, conservarse.*

fermento
SIN. Levadura, diastasa, ludia, tela, lab, catalizador.

ferocidad
SIN. Crueldad, ensañamiento, fiereza, inhumanidad, bestialidad, salvajismo, brutalidad, violencia, barbarie, atrocidad.
ANT. *Humanidad, dulzura.*

feróstico
SIN. Irritable, díscolo, enconoso, arrebatadizo, repugnante, horrible, espantoso.
ANT. *Dulce, atractivo.*

feroz
SIN. Despiadado, cruel, fiero, inhumano, feroce, sanguinario, feral, implacable, impiadoso, bárbaro, indómito, violento, insaciable, montaraz, rudo.
ANT. *Humano, pacífico.*

férreo
SIN. Fuerte, duro, inflexible, resistente, tenaz, constante, perseverante, persistente, tesonero, empeñoso.
ANT. *Blando, inconstante.*

ferretería
Amér.
SIN. Quincallería, mercería, boliche.

ferrocarrilero
Amér.
SIN. Ferroviario, empleado, factor, maquinista, guardagujas, revisor, fogonero, inspector.

fértil
SIN. Copioso, pingüe, abundante, óptimo, feraz, fecundo, productivo, fructuoso, generoso, fructífero, viripotente, prolífico.
ANT. *Estéril, árido, yermo.*

fertilidad
SIN. Feracidad, fecundidad, abundancia, riqueza, producción, exuberancia.
ANT. *Esterilidad, aridez.*

fertilizar
SIN. Fecundizar, fecundar, meteorizar, estercolar, abonar.
ANT. *Esterilizar.*

férula
SIN. Palmeta, palmatoria, tiranía, dominio, sujeción.

ferviente
SIN. Férvido, fervoroso, vehemente, entusiasta, celoso, ardiente, arrebatado, impetuoso, febril, ahincado, devoto.
ANT. *Frío, abúlico.*

fervor
SIN. Hervor, excitación, entusiasmo, pasión, fogosidad, celo, ardor, calor, devoción, piedad, recogimiento, unción.
ANT. *Frialdad, indiferencia, abulia.*

festejador
SIN. Cortejador, galanteador, obsequiador, obsequiante, enamorado, pretendiente.

festejar
SIN. Cortejar, rondar, babosear, acariciar, galantear, obsequiar, agasajar, regalar, acoger, halagar, alabar, ensalzar.
ANT. *Despreciar.*

festín
SIN. Galanteo, agasajo, fiesta, festividad, banquete, gaudeamus.

festinación
SIN. Velocidad, celeridad, prisa, rapidez, presteza, prontitud, aceleramiento, diligencia.
ANT. *Lentitud, pereza.*

festinar
Amér
SIN. Activar, apresurar, precipitar, acelerar, avivar.
ANT. *Aplazar, demorar, retrasar.*

festividad
SIN. Conmemoración, solemnidad, fiesta, dedicación, ceremonia, gala, fausto, chiste, agudeza, donaire.

festivo
SIN. Agudo, chistoso, regocijado, alegre, gozoso, ocurrente, bizbirondo, divertido, gracioso, jovial, donoso, jocundo, jacarero, ufano, pajarero, saleroso, chusco, salado.
ANT. *Aguafiestas, aburrido, serio.*

fetiche
SIN. Amuleto, ídolo, talismán, tótem, tabú.

fetidez
SIN. Hedor, fetor, hediondez, hedentina, fato, tufo, empireuma, sobaquina, humazo, catinga, ocena, peste, pestilencia, cochambre, hediondez, hircismo.
ANT. *Perfume, aroma.*

fétido
SIN. Infecto, hediondo, pestífero, pestilente, repugnante, hidiondo, maloliente, metífico, catingoso, empireumático, carroñoso, apestoso.
ANT. *Oloroso, perfumado.*

feto
SIN. Aborto, germen, engendro, micrópilo, criatura, vitelo.

feudalismo
SIN. Feudalidad, propiedad, dominio, albergaje, vasallaje, dependencia, sumisión, tributo, prestación.

feudatario
SIN. Tributario, vasallo, pechero, collazo, siervo, bucelario, plebeyo.
ANT. *Manumiso, horro.*

feudista
SIN. Faraute, cacique, noble, señor, patrono.

feudo
SIN. Dominio, propiedad, pertenencia, vasallaje, sumisión, tributo.

fiador
SIN. Garantizador, garante, avalador, abonador, fía, segurador, rehén, pestillo, pasador, seguro.

fianza
SIN. Caución, garantía, rehén, depósito, aval, prenda, préstamo, acidaque, dita, caparra, arras, gravamen, resguardo, marchamo, hipoteca.

fiar
SIN. Asegurar, garantizar, responder, avalar, afianzar, confiar.
ANT. *Desconfiar.*

fiasco
SIN. Fracaso, chasco, decepción, frustración, malogro.
ANT. *Éxito.*

fibra
SIN. Filamento, veta, vigor, energía, resistencia, robustez, fuerza, fortaleza, brío.
ANT. *Debilidad.*

ficción
SIN. Cuento, fábula, invención, quimera, mito, parábola, sueño, ilusión, disimulo, fingimiento, mentira.
ANT. *Realidad, verdad.*

ficticio
SIN. Falso, fabuloso, fingido, imaginario, supuesto, inventado, ilusorio, quimérico, fantástico, soñado.
ANT. *Auténtico, real.*

ficha
SIN. Pieza, tarjeta, cédula, registro, dirección, señas.

fichar
SIN. Apuntar, anotar, registrar, recelar, desconfiar, calar.
ANT. *Suprimir, confiar.*

fidedigno
SIN. Fehaciente, auténtico, verdadero, verosímil.
ANT. *Inverosímil, falso.*

fidelidad
SIN. Adhesión, lealtad, puntualidad, sinceridad, constancia, veracidad, probidad, escrupulosidad, observancia.
ANT. *Traición, deslealtad, irregularidad.*

fiebre
SIN. Calentura, destemplanza, temperatura, décimas, causón, pirexia, chucho, hipertermia.

fiel
SIN. Leal, perseverante, constante, firme, verdadero, verídico, marcador, medidor, balanza, exacto, creyente, lengüeta.
ANT. *Infiel, irregular, inexacto.*

fielmente
SIN. Escrupulosamente, exactamente, religiosamente, puntualmente, lealmente, sinceramente.

fiera
SIN. Animal, bestia, cruel, bruto, carnicero, salvaje, indómito, inhumano, fierabrás, deshumano.
ANT. *Humano.*

fiereza
SIN. Salvajismo, crueldad, inhumanidad, furia, ferocidad, saña, braveza, bestialidad, bravura, arrogancia, orgullo, fealdad, deformidad.
ANT. *Ternura, humildad, belleza.*

fiero
SIN. Inhumano, brutal, salvaje, cruel, agreste, selvático, silvestre, bravío, torvo, airado, feroz, feroce, furo, cerrero, indómito, cimarrón, montaraz, arisco, ferástico, indomable, altanero, altivo, arrogante, terrible, grande, desmesurado, feo, horroroso.
ANT. *Humano, apacible, humilde, pequeño, guapo.*

fiesta
SIN. Asueto, holganza, vacación, descanso, regocijo, alegría, chanza, broma, diversión, placer, banquete, celebridad, velada, certamen, festividad, conmemoración, solemnidad, convite, festejo, función, espectáculo, mojiganga, agasajo, halago, mimo, caricias.
ANT. *Tristeza, desprecio.*

fígaro
SIN. Barbero, peluquero.

figón
SIN. Taberna, hostal, posada, fonducho, bodegón, fonda, ventorrillo, tambarria, merendero, tabanco.

figura
SIN. Cara, rostro, fisonomía, faz, estampa, rasgos, apariencia, semblante, forma, aire, efigie, retrato, imagen, estatua, pintura, emblema, símbolo, tropo, metáfora.

figurante
SIN. Comparsa, partiquino, extra, bailarín, maldito.

figurar
SIN. Delinear, dibujar, representar, configurar, aparentar, fingir, suponer, simular, destacarse, distinguirse, imaginar, fantasear, suponer.

figurín
SIN. Patrón, modelo, dibujo, lechuguino, petimetre, pisaverde, gomoso.

fijar
SIN. Sujetar, consolidar, asegurar, clavar, hincar, pegar, precisar, determinar, establecer, limitar, designar, señalar, detener, sellar, imprimir.
ANT. *Aflojar, desclavar, indeterminar, borrar.*

fijarse
SIN. Atender, notar, afincarse, es-

tablecerse, domiciliarse, avecindarse, determinarse, decidirse, resolverse.
ANT. *Distraerse, marcharse.*

fijeza
SIN. Fijación, traba, trabazón, ensambladura, acoplamiento, firmeza, inalterabilidad, seguridad, constancia, persistencia, continuidad.
ANT. *Inestabilidad, inseguridad.*

fijo
SIN. Inmóvil, firme, invariable, inalterable, inmutable, seguro, asegurado, sujeto, estable, inconmovible, determinado, fijado, arreglado.
ANT. *Móvil, variable, alterable, inseguro.*

fila
SIN. Ringlera, renglera, hila, hilera, hilada, serie, línea, retahíla, orden, sucesión, ringle, aborrecimiento, antipatía, hincha, tirria, odio.
ANT. *Simpatía.*

filamento
SIN. Fibra, hilo, hebra, cabo, cordón, beta, pita, sedal, brizna.

filantropía
SIN. Altruismo, desprendimiento, generosidad, desinterés, caridad, liberalidad.
ANT. *Egoísmo, misantropía.*

filantrópico
SIN. Altruista, generoso, desinteresado, caritativo, liberal, humanitario, desprendido.
ANT. *Misantrópico, egoísta, interesado.*

filete
SIN. Franja, borde, cenefa, listel, dobladillo, loncha, solomillo, bistec.

filfa
SIN. Embuste, engaño, mentira, patraña, bola, camándula, trola, cuento.
ANT. *Verdad.*

filiación
SIN. Procedencia, dependencia, descendencia, identificación, identidad, descripción, designación.

filibustero
SIN. Pirata, aventurero, corsario, bucanero, contrabandista.

filigrana
SIN. Primor, adorno, delicadeza, calado, ornato, fililí, filustre, monería, monada, monís, sutileza, exquisitez, esmero, pulcritud, impronta, marca, señal.

filípica
SIN. Reprensión, invectiva, reprimenda, peluca, censura, regañina, bronca, sermón, rapapolvo, diatriba.
ANT. *Elogio, lisonja.*

filis
SIN. Gracia, habilidad, pulcritud, delicadeza, donaire.
ANT. *Tosquedad.*

filo
SIN. Arista, corte, tajo, borde, filván.

filología
SIN. Etimología, lingüística, semántica, lexicología, lenguaje, literatura.

filoso
Amér.
SIN. Afilado, agudo, cortante, punzante, incisivo, puntiagudo.
ANT. *Romo.*

filosofar
SIN. Especular, meditar, discurrir, reflexionar, examinar, analizar, cogitar, cavilar, deliberar, recapacitar, pensar.

filosofía
SIN. Sabiduría, doctrina, serenidad, resignación, fortaleza, temple.

filósofo
SIN. Pensador, sabio, ideólogo, austero, virtuoso.

filtrar
SIN. Colar, destilar, infiltrar, purificar, cribar, trascolar, zarandar, pasar, recalar, exudar, transpirar.

filtro
SIN. Escurridor, manga, coladero, colador, coladera, tamiz, criba, destilador, filtrador, membrana, brebaje, bebida, bebedizo.

fin
SIN. Final, acabamiento, ocaso, ultimación, desenlace, conclusión, solución, remate, consumación, término, punta, cabo, apéndice, colofón, finalidad, meta, objeto, propósito, muerte, final, terminación, fenecimiento.
ANT. *Comienzo, principio, estreno.*

finalidad
SIN. Motivo, objeto, propósito, fin, móvil, pretexto.

finalizar
SIN. Concluir, acabar, consumar, terminar, rematar, finir, fenecer, expirar, morir.
ANT. *Comenzar, nacer.*

finalmente
SIN. Por fin, al fin, en conclusión, últimamente, supremamente.

finar
SIN. Expirar, fallecer, perecer, morir, fenecer, acabar.
ANT. *Nacer.*

finca
SIN. Propiedad, inmueble, posesión, heredad, fundo, predio.

finchado
SIN. Presuntuoso, vanidoso, engreído, entonado, fatuo, vano, orgulloso, sabihondo, pedante.
ANT. *Sensato, sencillo.*

fineza
SIN. Delicadeza, cortesía, finura, obsequio, dádiva, regalo, presente.
ANT. *Grosería.*

fingido
SIN. Aparente, ilusivo, postizo, simulado, teatral, afectado, artificial, doble.
ANT. *Verdadero, auténtico.*

fingimiento
SIN. Engaño, simulación, hipocresía, ficción, afectación, disimulo, insinceridad, doblez, falsedad, dolo, comedia, mojigatería.
ANT. *Realidad, verdad.*

fingir
SIN. Aparentar, contrahacer, simular, ocultar, disimular, disfrazar, mentir, cubrir, encubrir, amagar, asacar.
ANT. *Sincerarse.*

finiquitar
SIN. Liquidar, saldar, terminar, acabar, concluir, finir.

fino
SIN. Delicado, pulcro, sutil, elegante, urbano, comedido, cumplido,

cortés, atento, delgado, esbelto, sagaz, astuto, diestro.
ANT. *Grosero, descortés, gordo, lerdo.*

firmante
SIN. Infrascrito, suscritor, signatario, infrascripto, rubricante.

firmar
SIN. Signar, rubricar, subscribir, refrendar, legalizar, aprobar, visar, certificar.

firme
SIN. Recio, denso, macizo, trabado, hito, estable, invariable, fijo, seguro, sólido, fuerte, entero, sereno, imperturbable, impávido, inquebrantable, indeleble, robusto, inconmovible, inflexible, intransigente, indomable, inconcuso, piso, terreno, suelo.
ANT. *Débil, móvil, perturbable, inestable, flexible.*

firmeza
SIN. Estabilidad, seguridad, entereza, fortaleza, constancia, solidez, consistencia, sujeción, resistencia, resolución, decisión, voluntad, tenacidad.
ANT. *Inconstancia, inconsistencia, debilidad.*

fiscal
SIN. Acusador, juez, magistrado, inquisidor, inspector, fiscalizador, crítico.

fiscalizar
SIN. Inquirir, indagar, sindicar, censurar, reprochar, calificar, criticar.
ANT. *Elogiar.*

fisco
SIN. Hacienda, fiscalía, erario, tesoro (público).

fisgar
SIN. Rastrear, husmear, indagar, curiosear, fisgonear, olisquear, avispedar, acechar.

fisgarse
SIN. Chancearse, burlarse, mofarse, chotearse, reírse.

fisgón
SIN. Curioso, husmeador, entremetido, impertinente, fisgador, mirón, avizorador, buscavidas.
ANT. *Despreocupado, directo.*

físico
SIN. Real, cegesimal, material, natural, mecánico, corporal, aspecto, faz, fisonomía, exterior, apariencia, naturaleza.
ANT. *Abstracto, irreal.*

fisonomía
SIN. Cara, rostro, figura, faz, semblante, rasgos, físico, estampa, tipo.

fistol
SIN. Sagaz, ladino, astuto, taimado, zamacuco, cachicán.
ANT. *Ingenuo.*

fisura
SIN. Hendidura, fisuración, grieta, raja, quiebra, falla.

fláccido
SIN. Blando, fofo, flojo, endeble, laño, trefe, laxo, inconsistente.
ANT. *Duro, fuerte.*

flaco
SIN. Chupado, delgado, enjuto, seco, endeble, flojo, frágil, entelerido, magro, consumido, entelerido (*Amér.*), acartonado, esquelético, famélico, descarnado, débil, canijo, flojo, enfermizo.
ANT. *Rollizo, obeso, sano, fuerte.*

flagelar
SIN. Azotar, pegar, disciplinar, arrear, zurrar, maltratar, fustigar, hostigar.
ANT. *Acariciar.*

flagrar
SIN. Llamear, arder, resplandecer, brillar.

flamante
SIN. Brillante, chispeante, rutilante, llameante, reluciente, resplandeciente, lúcido, reciente, nuevo, fresco, moderno.
ANT. *Ofuscado, viejo.*

flamear
SIN. Llamear, ondular, fluctuar, ondear.

flamenco
SIN. Chulo, majo, jaquetón, bravucón, calé, agitanado, fenicóptero.

flanco
SIN. Lado, costado, ala, canto, costera, banda, cadera.

flaquear
SIN. Cejar, ceder, aflojar, decaer,

desmayar, vacilar, flojear, blandear, rajarse, desanimarse, rendirse, humillarse, claudicar.
ANT. *Resistir, aguantar.*

flaqueza
SIN. Debilidad, delgadez, fragilidad, desliz, blandura, irresolución, apatía, indiferencia.
ANT. *Energía, vigor.*

flato
Amér.
SIN. Melancolía, murria, mustiez, pena, tristeza, languidez, nostalgia.
ANT. *Alegría, ilusión, contento.*

flauta
SIN. Flautín, caramillo, flautillo, pífano.

flébil
SIN. Lamentable, lastimoso, triste, lacrimoso, lloroso, congojoso, acongojado.

flecha
SIN. Dardo, vira, sagita, saeta, jara.

flechar
SIN. Disparar, saetear, ballestear, herir, enamorar, conquistar, cautivar, odiar, desdeñar.

flechazo
SIN. Impacto, herida, cautivamiento, enamoramiento, amor.
ANT. *Odio, antipatía.*

flema
SIN. Mucosidad, salivazo, desgarro (*Amér.*), tardanza, lentitud, imperturbabilidad, pachorra, tranquilidad, calma, cachaza, posma, melsa, asadura.
ANT. *Inquietud, acaloramiento.*

flemático
SIN. Imperturbable, lento, tranquilo, calmoso, pigre, vilordo, flemudo, flemoso, tardo, moroso, pachón.
ANT. *Impaciente, exaltado.*

flexibilidad
SIN. Maleabilidad, blandura, arqueamiento, cimbreo, tolerancia, variabilidad.
ANT. *Rigidez, dureza, intransigencia.*

flexible
SIN. Mimbreante, cimbreante, doblegable, manejable, maleable, blando, cimbreño, refringente, dúctil, dócil, sumiso.

ANT. *Rígido, duro, rebelde.*

flirtear
SIN. Galantear, enamorizar, cortejar, coquetear.

flirteo
SIN. Coqueteo, camelo, galanteo, enamoramiento.
ANT. *Menosprecio, despego.*

flojedad
SIN. Flaqueza, debilidad, desaliento, desánimo, decaimiento, descuido, indolencia, flojera, negligencia, pigricia, zanganería, dejamiento, atonía, galvana, laxitud.
ANT. *Fortaleza, vigor.*

flojo
SIN. Suelto, laxo, libre, fofo, blando, descuidado, perezoso, negligente, débil, indolente, aguado (*Amér.*), flaco, calmoso, agalbanado, pusilánime, panarra, pachucho, cagón.
ANT. *Fijo, activo, intrépido.*

flor
SIN. Capullo, yema, pureza, requiebro, piropo, chicoleo, galantería, trampa, fullería.
ANT. *Impureza, insulto.*

florecer
SIN. Florar, desabotonar, abrir, brotar, romper, progresar, prosperar, adelantar, brillar, existir.
ANT. *Languidecer, fracasar.*

floreciente
SIN. Próspero, pujante, progresivo, boyante, brillante, florífero, florígero.
ANT. *Lánguido, ruinoso.*

florecimiento
SIN. Florescencia, floración, floridez, brote, prosperidad, desarrollo, adelanto, progreso, auge.
ANT. *Decadencia, retroceso.*

floreo
SIN. Alabanza, lisonja, elogio, loa, loanza, coba, superficialidad.
ANT. *Profundidad.*

florero
SIN. Búcaro, ramilletero, canéfora, vaso, bromista, lisonjero.
ANT. *Serio.*

floresta
SIN. Bosque, alameda, selva, arbolado, arboleda, arbolada, jardín.

florido
SIN. Escogido, ameno, galano, elocuente, elegante.

florilegio
SIN. Antología, colección, floresta, excerta, compilación, ramillete, miscelánea, selección, compendio, centón.

florista
SIN. Ramilletera, violetera, florera, canéfora.

flotar
SIN. Emerger, sobrenadar, nadar, boyar, undular, ondear, flamear.
ANT. *Hundirse.*

fluctuación
SIN. Indeterminación, irresolución, vacilación, duda, fluctuamiento, indecisión, oscilación, bamboleo, vaivén, ondulación.
ANT. *Decisión, fijeza.*

fluctuar
SIN. Dudar, vacilar, titubear, oscilar, trastabillar, culebrear, ondear, ondular.
ANT. *Decidir, fijar.*

fluir
SIN. Destilar, salir, correr, manar, segregar, secretar, brotar, chorrear, gotear, rezumar, fluidificar, diluir, licuar, filtrar.
ANT. *Pararse, secarse.*

flujo
SIN. Derrame, secreción, efusión, salida, evacuación, marea, oleada, estuación, corriente.

fofo
SIN. Blando, esponjoso, fungoso, fláccido, blandengue, orondo, poroso, ralo, trefe, muelle.
ANT. *Consistente, rígido, enjuto.*

fogón
SIN. Hornillo, hogar, brasero, cocina, hornilla.

fogón
Amér.
SIN. Fuego, fogata, lumbre, brasa, hogar.
ANT. *Frío, hielo.*

fogosidad
SIN. Ardimiento, viveza, brío, impetuosidad, vehemencia, exaltación, arrebato, ardor, efusión, actividad.
ANT. *Calma, pasividad.*

fogoso
SIN. Ardoroso, ardiente, brioso, impetuoso, vehemente, violento, efusivo, extremoso, ardiondo, arrebatado, impulsivo, excitado.
ANT. *Frío, tranquilo.*

fogueado
SIN. Avezado, aguerrido, acostumbrado, ducho, experimentado, habituado, baqueteado, entrenado.
ANT. *Novato, pipiolo.*

foguear
SIN. Adiestrar, acostumbrar, avezar, aguerrir, baquetear, habituar, cauterizar, quemar.
ANT. *Deshabituar.*

follaje
SIN. Espesura, frondosidad, verde, hojarasca, malhojo, broza, palabrería, superfluidad, chocarrería, moñas, garambaina, angaripola, florero, farragosidad.

folletín
SIN. Novelón, serial, novela, folletón.

folleto
SIN. Panfleto, librillo, prospecto, gacetilla, folletín, opúsculo.

follón
SIN. Perezoso, flojo, negligente, descuidado, desaliñado, remolón, pigre, ruin, cobarde, capón, cagón, tumulto, gresca, trifulca, desbarajuste, jarana, zipizape, alboroto.
ANT. *Diligente, valiente, tranquilidad.*

fomentar
SIN. Alimentar, avivar, vivificar, excitar, promover, provocar, proteger, auxiliar, sostener, excitar, espolear, aguijonear.
ANT. *Mitigar, apaciguar.*

fomento
SIN. Abrigo, calor, estímulo, sostén, protección, ayuda, sostenimiento.
ANT. *Abandono.*

fonda
SIN. Hospedería, cotarro, pensión, hotel, venta, posada, hostal, hostería, mesón, parador, bodegón, figón, fondín, pupilaje, mesonaje.

fondeadero
SIN. Ancladero, surgidero, rada, puerto, abra, ensenada, cala, anclaje, agarradero, dársena.

fondeado
SIN. Anclado, surto, amarrado, atracado, fondable.

fondeado
Amér.
SIN. Adinerado, acaudalado, rico, potentado, pudiente.
ANT. *Pobre.*

fondear
SIN. Ancorar, anclar, encepar, engalgar, surgir, amarrar, tocar, registrar, reconocer, inspeccionar, examinar, sondear, escrutar.
ANT. *Desanclar, desamarrar.*

fondear
Amér
SIN. Prosperar, enriquecerse, situarse, atesorar, adinerar.
ANT. *Empobrecerse, arruinarse.*

fondero
Amér.
SIN. Posadero, cantinero, fondista.

fondo
SIN. Base, culo, asiento, apoyo, basa, índole, condición, carácter, genio, interior, esencia, hondura, profundidad, calado, capital, caudal, depósito.
ANT. *Superficie, exterioridad.*

forajido
SIN. Criminal, bandido, facineroso, salteador, malvado, bandolero, malhechor, gángster, desterrado.
ANT. *Honrado, repatriado.*

forastero
SIN. Foráneo, extraño, ajeno, exótico, extranjero, advenedizo, refugiado.
ANT. *Compatriota, indígena.*

forcejar
SIN. Forcejear, forzar, batallar, luchar, afrontar, arrostrar, oponerse, resistir.
ANT. *Rendirse.*

forja
SIN. Fragua, forjadura, ferrería, horno, argamasa.

forjar
SIN. Fraguar, cinglar, inventar, fabricar, idear, crear, imaginar, concebir, tramar.

forma
SIN. Aspecto, constitución, contextura, configuración, conformación, figura, apariencia, estructura, imagen, hechura, contorno, silueta, modo, manera, diseño, boceto, molde, fórmula, formato.

formal
SIN. Figurativo, formativo, plasmante, expreso, determinado, explícito, exacto, preciso, circunspecto, juicioso, serio, puntual, sincero, veraz.
ANT. *Indeterminado, irresponsable.*

formalidad
SIN. Trámite, requisito, regla, procedimiento, puntualidad, exactitud, veracidad, seriedad, sinceridad, juicio, fundamento, cordura, prudencia, dignidad, mesura, rectitud, entereza, responsabilidad.
ANT. *Ligereza, irresponsabilidad.*

formalizar
SIN. Legalizar, reglamentar, precisar, concretar, determinar, delimitar, establecer, fijar.

formalizarse
SIN. Ofenderse, picarse, incomodarse, enfadarse, enojarse.
ANT. *Contentarse.*

formar
SIN. Crear, organizar, instituir, fabricar, moldear, configurar, conformar, congregar, juntar, integrar.
ANT. *Desorganizar, destruir.*

formarse
SIN. Educarse, instruirse, criarse, desarrollarse, hacerse.

formidable
SIN. Enorme, colosal, gigantesco, grande, tremendo, temible, espantoso, terrible, terrorífico, horroroso.
ANT. *Normal, agradable.*

formidoloso
SIN. Horrible, espantoso, horroroso, pavoroso, miedoso, espavorido, azorado.
ANT. *Agradable, valiente.*

fórmula
SIN. Pauta, modelo, regla, norma, método, reglamento, requisito, formulario, proceder, receta, etiqueta, convencionalismo.

formular
SIN. Exponer, precisar, proponer, enunciar, concretar, prescribir, recetar.

fornicación
SIN. Fornicio, coito, apaño, concubinato, lío, arrimo, amancebamiento.

fornido
SIN. Forzudo, corpulento, fuerte, recio, membrudo, robusto, vigoroso, hercúleo, fortachón, macizo.
ANT. *Débil.*

forrar
SIN. Aforrar, cubrir, entapizar, acolchar, retobar, revestir, guarnecer.

forro
SIN. Aforro, cambucho, retobo, entretela, viso, funda, estuche, embalaje.

fortalecer
SIN. Entonar, confortar, fortificar, reforzar, robustecer, vigorizar, tonificar, reanimar, avivar.
ANT. *Debilitar, decaer.*

fortaleza
SIN. Fortificación, alcázar, fuerte, torre, posición, baluarte, ciudadela, castillo, firmeza, fuerza, robustez, solidez, resistencia, vigor, energía, pujanza, reciura, firmeza, ánimo, constancia.
ANT. *Debilidad, desánimo.*

fortificar
SIN. Blindar, acorazar, afortalar, murar, amurallar, empalizar, guarnecer, reforzar, fortalecer, defenderse, afianzar, atrincherarse, robustecer, vigorizar, entomar, vivificar, reanimar.
ANT. *Debilitar, desfallecer.*

fortuito
SIN. Accidental, casual, inopinado, imprevisto, inesperado, ocasional, esporádico, aleatorio, eventual.
ANT. *Previsto, deliberado.*

fortuna
SIN. Azar, vicisitud, rueda, suerte, destino, ventura, casualidad, sino, estrella, hado, hacienda, capital, dinero, riqueza, bienes, borrasca, tempestad.
ANT. *Fracaso, pobreza.*

forzado
SIN. Presidiario, galeote, penado, sometido, postizo, artificial, fingido, antinatural, obligado, impuesto, forzoso.
ANT. *Espontáneo, discrecional.*

forzar
SIN. Forcejear, obligar, apremiar, compeler, constreñir, violentar, violar, abusar, desvirgar, desflorar, esturpar, conquistar, expugnar, ocupar.
ANT. *Permitir, respetar.*

forzoso
SIN. Imprescindible, inexcusable, obligatorio, necesario, preciso, fatal, indeclinable, ineluctable, ineludible.
ANT. *Discrecional, facultativo.*

fosa
SIN. Cárcava, zanja, sepultura, hoya, hoyo, huesa, yacija, enterramiento, depresión, cavidad.

fosco
SIN. Obscuro, sombrío, ensombrecido, lúgubre, tenebroso, hosco, áspero, insociable.
ANT. *Claro, simpático.*

foso
SIN. Hoyo, ahoyadura, socava, zanja, sopeña.

fotuto
Amér.
SIN. Concha, caracola, caracol, trompa.

fracasar
SIN. Estrellarse, fallar, frustrar, naufragar, abortar, malograr, torcerse.
ANT. *Triunfar.*

fracaso
SIN. Decepción, desilusión, desengaño, chasco, ruina, caída, fiasco, desgracia, malogro, aborto, descalabro, revés, quebranto, pérdida, naufragio, frustración, negación, derrota.
ANT. *Éxito, conquista.*

fracción
SIN. Fragmento, división, porción, parte, pedazo, trozo, partícula, cuadro, segmento, ración, cuota, quebrado.
ANT. *Totalidad.*

fraccionar
SIN. Dividir, partir, quebrantar, fragmentar, segmentar, parcelar.
ANT. *Componer, unir.*

fractura
SIN. Ruptura, cisura, quebranto, rotura, rompedura, quiebra, quebradura, destrozo.

fracturar
SIN. Romper, quebrar, quebrantar, destrozar, hender, partir, escachar.

fragancia
SIN. Aroma, perfume, efluvio, olor, aromaticidad.
ANT. *Hedor.*

fragante
SIN. Aromático, oloroso, odorífero, oliente, perfumado, balsámico, aromado, aromoso, odorante.
ANT. *Maloliente, pestilente.*

frágil
SIN. Rompible, inconsistente, quebradizo, rompedero, lábil, frangible, quebrantable, vidrioso, delezable, endeble, débil, delicado, perecedero, pasajero, caduco.
ANT. *Resistente, fuerte, duradero.*

fragilidad
SIN. Friabilidad, inconsistencia, delicadeza, debilidad.
ANT. *Resistencia, seguridad.*

fragmento
SIN. Sección, ración, porción, pedazo, fracción, trozo, partícula, parte, añico, cacho, tranco, partija.
ANT. *Totalidad, generaliad.*

fragor
SIN. Estrépido, estruendo, ruido, titiritaina, trasbanás, bramido.
ANT. *Serenidad.*

fragoroso
SIN. Escandaloso, atronador, ruidoso, fragoso, estrepitoso, estruendoso, intrincado, quebrado, áspero, abrupto, tortuoso.
ANT. *Tranquilo, llano, liso.*

fragosidad
SIN. Aspereza, espereza, escabrosidad, fragura, fraga, tortuosidad, abruptez.
ANT. *Suavidad.*

fraguar
SIN. Forjar, proyectar, discurrir, meditar, idear, pensar, urdir, tramar, maquinar, cuajar, endurecerse.
ANT. *Ablandarse.*

fraile
SIN. Fray, monje, hermano, religioso, eclesiástico.
ANT. *Seglar.*

francachela
SIN. Diversión, orgía, comilona, holgorio, jarana, gaudeamus, tragantona, banquetazo, bacanal.

franco
SIN. Noble, dadivoso, liberal, desinteresado, desprendido, gallardo, leal, sincero, sencillo, llano, abierto, ingenuo, libre, exento, privilegiado, exceptuado, dispensado.
ANT. *Mezquino, cauteloso, incluso.*

franja
SIN. Tira, faja, ribete, borde, guarnición, friso, fimbria.

franquear
SIN. Eximir, libertar, liberar, exceptuar, manumitir, librar, desembarazar, desobstruir, abrir, traspasar, pagar, sellar.
ANT. *Esclavizar, cerrar, retener.*

franquearse
SIN. Confiarse, descubrirse, espontanearse, sincerarse, explayarse, desahogarse.

franqueza
SIN. Exención, franquicia, libertad, lealtad, naturalidad, ingenuidad, lisura, campechanía, llaneza, sencillez, familiaridad, espontaneidad, candor, sinceridad, liberalidad, generosidad, esplendidez.
ANT. *Prohibición, insinceridad, avaricia.*

franquicia
SIN. Exención, inmunidad, libertad, privilegio, franqueza, autorización.
ANT. *Negativa, carga.*

frasco
SIN. Envase, frasquilla, pomo, tarro, botella, bote.

frase
SIN. Locución, expresión, proposición, oración, dicho, decir.

fraternidad
SIN. Hermanazgo, confraternidad, hermandad, concordia, armonía, unión, amor, cariño, afecto, compenetración.
ANT. *Enemistad, desarmonía.*

fraude
SIN. Engaño, mentira, estafa, simulación, trapaza, trepa, arana, chamarra *(Amér.)*, maca, superchería, trampa, estafa, dolo, fraudulencia, timo, defraudación, garrama.
ANT. *Verdad.*

fraudulento
SIN. Falso, doloso, frauduloso, engañoso, falaz, mentiroso, colusor, mazarrón, aranero, petate.
ANT. *Franco.*

frazada
SIN. Cobertor, manta, colcha, tamba, frezada, lichera, cubrecama.

frecuencia
SIN. Periodicidad, menudeo, repetición, costumbre, frecuentación, asiduidad.

frecuentar
SIN. Menudear, soler, acostumbrar, habituar, traquear, traquetear, visitar, alternar.
ANT. *Tardar.*

frecuente
SIN. Repetido, reiterado, acostumbrado, habitual, común, corriente, ordinario, endémico, usual, sólito.
ANT. *Inusual, esporádico, raro.*

fregadero
SIN. Artesón, fregador, barreño, friegaplatos, dornajo.

fregado
SIN. Fregadura, lavado, limpieza, embrollo, enredo, lío, pelea, follón, refriega, riña.
ANT. *Porquería, calma.*

fregar
SIN. Lavar, limpiar, fregotear, aljofifar, trapear, desugar, frotar, jabonar, restregar, estregar, jorobar, fastidiar.
ANT. *Ensuciar.*

fregar
Amér.
SIN. Fastidiar, molestar, jorobar, jeringar, chinchar, irritar, sulfurar.
ANT. *Entretener, agradar.*

freír
SIN. Sofreír, fritar, estofar, socarrar, rehogar, molestar, importunar, encocorar, zaherir, vilipendiar.

frenar
SIN. Domeñar, parar, aquietar, moderar, enfrenar, sujetar, detener, enjaquimar.
ANT. *Acelerar, excitar.*

frenesí
SIN. Arrebato, ímpetu, pasión, ceguera, furia, delirio, violencia, vesania, exaltación, locura, enajenación, enardecimiento, encendimiento, escandescencia.
ANT. *Sosiego, suavidad.*

frenético
SIN. Furioso, exaltado, incalmable, enardecido, colérico, apasionado, loco, enajenado, energúmeno, delirante.
ANT. *Tranquilo, sensato.*

freno
SIN. Bocado, brida, fiador, serreta, pedal, palanca, disco, moderación, sujeción, tope, coto, dique.

frente
SIN. Testero, testera, testuz, faz, semblante, cara, rostro, frontis, fachada, frontispicio, anverso, vanguardia.
ANT. *Cogote, reverso, retaguardia.*

fresco
SIN. Brisa, frialdad, frescor, fresca, frigidez, reciente, nuevo, flamante, sereno, impasible, impávido, tranquilo, descocado, desvergonzado, descarado, sinvergüenza, insolente, desfachatado.
ANT. *Calma, pasado, inquieto, vergonzoso.*

fresco
Amér.
SIN. Refresco, bebida, limonada, naranjada, gaseosa, granizado, sangría.

frescura
SIN. Frescor, frialdad, helor, lozanía, amenidad, frondosidad, despreocupación, serenidad, tranquilidad, imperturbabilidad, desembarazo, desfachatez, descaro, atrevimiento, desvergüenza, tupé, descoco, desenfado, desenvoltura, chanza, pulla.
ANT. *Agostamiento, celo, prudencia.*

frez
SIN. Freza, fiemo, estiércol, excremento.

frialdad
SIN. Frigidez, impotencia, despego, desapego, flojedad, indiferencia, descuido, desamor.
ANT. *Fecundidad, ardor.*

friega
SIN. Masaje, fricción, modestia, fastidio, tunda, zurra, tollina.

friolera
SIN. Fruslería, bagatela, futesa, nadería, menudencia, nonada.

friolero
SIN. Friolento, friático, yerto, aterido, arrecido.
ANT. *Caluroso.*

frisar
SIN. Refregar, afelpar, disminuir, confrontar, congeniar, convenir, pactar.
ANT. *Aumentar, apartarse.*

frívolo
SIN. Ligero, inconsecuente, inconstante, liviano, anodino, trivial, vano, fútil, superficial, baladí, veleidoso, insignificante, fruslero, pueril.
ANT. *Constante, importante, serio.*

fronda
SIN. Frondosidad, espesura, follaje, broza, frasca, borusca.

frondosidad
SIN. Espesura, follaje, ramaje, frasca, borrajo, hojarasca.
ANT. *Páramo.*

frontera
SIN. Raya, confín, linde, límite, aledaños, coto, fachada, frontis.

fronterizo
SIN. Lindante, colindante, limítrofe, frontero, rayano, arcifino, contiguo, limitáneo, medianero.
ANT. *Distante, lejano.*

frontis
SIN. Frontispicio, fachada, frente, delantera, anverso, haz.
ANT. *Trasera, reverso.*

frontispicio
SIN. Frontis, cara, rostro, semblante, frontón, testera, hastial.

frontón
SIN. Frontispicio, fastigio, trinquete, cancha.

frotamiento
SIN. Frotación, frote, frotadura, restregadura, estregamiento, rozamiento, rozadura, roce, fricción, fricación, refregón, refregamiento, rascamiento, masaje, ludimiento.

frotar
SIN. Friccionar, fregar, refregar, estregar, restregar, raspar, rascar, lijar, rasar, frisar, ludir, luir, fricar.

fructífero
SIN. Productivo, fructuoso, lucrativo, beneficioso, provechoso, útil, frugífero, fértil.
ANT. *Inútil, nulo.*

fructificar
SIN. Producir, frutar, frutecer, granar, madurar, cosechar, rendir, beneficiar, dar.
ANT. *Perder, perjudicar.*

frugal
SIN. Templado, parco, moderado, sobrio, mesurado, comedido, morigerado.
ANT. *Desmedido.*

frugalidad
SIN. Moderación, templanza, mesura, sobriedad, parquedad, parsimonia, temperancia.
ANT. *Inmoderación, intemperancia.*

fruir
SIN. Disfrutar, gozar, saborear, recrearse, regodearse.

fruncimiento
SIN. Doblamiento, plisado, plegamiento, fingimiento, embuste, engaño, dolor.

fruncir
SIN. Plegar, plisar, doblar, reducir, estrechar, alterar, tergiversar, encogerse, turbarse.
ANT. *Estirar, ensanchar, sosegarse.*

fruslería
SIN. Friolera, bagatela, futesa, menudencia, nonada, nadería, futileza, futilidad, gurrumina *(Amér.)*, insignificancia, tiritaina, pamplina, pequeñez, puerilidad, minucia, niñería, aguachirle, borrufalla.
ANT. *Trascendencia.*

frustrado
SIN. Errado, chasqueado, malogrado, fracasado, frustráneo, abortado, defraudado.
ANT. *Acertado, logrado.*

frustrar
SIN. Dificultar, estropear, defraudar, chasquear, burlar.

frustrarse
SIN. Malograrse, desgraciarse, torcerse, fracasar, estrellarse, fallar.
ANT. *Lograr, alcanzar.*

fruto
SIN. Fruta, producto, obra, resultado, creación, utilidad, beneficio, provecho, lucro, recompensa, ganancia, rendimiento, esquilmo.
ANT. *Pérdida.*

fucilar
SIN. Rielar, fulgurar, destellar, centellear, titilar, brillar.

fuego
SIN. Lumbre, incendio, llama, ignición, brasa, fogón *(Amér.)*, combustión, hoguera, alcandora, incandescencia, hogar, ardor, vivacidad, vehemencia, ímpetu, pasión.
ANT. *Frialdad.*

fuelle
SIN. Barquín, pava, mancha, aventador, entonadera, pliegue, arruga, acusador, soplón, chivato.

fuente
SIN. Manadero, alfaguara, hontanar, fontana, manantial, venero, venera, nacimiento, naciente, caño, grifo, chorro, girándula, bandeja, principio, origen, fundamento, germen, causa.
ANT. *Fin.*

fuero
SIN. Ley, jurisdicción, poder, gobierno, exención, privilegio, franquicia, presunción, arrogancia, orgullo, soberbia, altivez.
ANT. *Humildad.*

fuerte
SIN. Forzudo, corpulento, fornido, recio, robusto, fortachón, imponente, membrudo, macizo, sólido, hercúleo, roblizo, tenaz, varonil, agudo, esforzado, animoso, impetuoso, invencible, valiente, acentuado, tónico, fortaleza, castillo, alcazaba, alcázar, ciudadela, bastión.
ANT. *Blando, débil, cobarde, timorato.*

fuerza
SIN. Poder, potencia, vigor, resistencia, robustez, solidez, energía, vitalidad, dureza, firmeza, ánimo, ímpetu, impetuosidad, empuje, esfuerzo, influencia, poder.
ANT. *Debilidad, inanición.*

fuetazo
Amér.
SIN. Latigazo, correazo, zurriagazo, trallazo.
ANT. *Caricia.*

fuga
SIN. Salida, huida, escapada, escapatoria, evasión, escape, pérdida, derrota, arrebato, ardor, exaltación.
ANT. *Detención, retención.*

fugarse
SIN. Huir, evadirse, escapar, afufar, emplumar *(Amér.)*, escabullirse, descabullirse, pirarse.
ANT. *Comparecer, presentarse.*

fugaz
SIN. Rápido, huidizo, momentáneo, perecedero, efímero, corto, pasajero, fugitivo, caduco, breve, instantáneo, temporal, frágil.
ANT. *Duradero.*

fugitivo
SIN. Huidor, tránsfuga, huido, evasor, fugado, evadido.
ANT. *Detenido.*

fulgente
SIN. Brillante, fúlgido, esplandeciente, resplandeciente, coruscante, rútilo, rutilante.
ANT. *Obscuro, apagado.*

fulgor
SIN. Brillo, brillantez, resplandor, esplendor, lucero, lucimiento, viso, claridad, fulguración.
ANT. *Tinieblas.*

fulgurar
SIN. Centellear, brillar, chispear, fulgir, resplandecer, fucilar, coruscar, rutilar, refulgir, chispear.
ANT. *Entenebrecer.*

fuliginoso
SIN. Denegrido, ahumado, obscurecido, tiznado, fumífero, humeante.
ANT. *Blanqueado.*

fulminar
SIN. Exterminar, lanzar, arrojar, dictar, imponer, anatemizar, excomulgar.

fullería
SIN. Trapacería, tahurería, engaño, trampa, dolo, estafa, fraude, perspicacia, astucia, cautela.
ANT. *Honradez, impericia.*

fullero
SIN. Tramposo, tahúr, carretero, bribón, estafador, donillero, pícaro, griego, astuto.
ANT. *Veraz.*

fullona

SIN. Chamusquina, pendencia, riña, gresca, trapatiesta, bronca, zipizape, pelea.

fumar

SIN. Humear, chupar, pipar, purear.

fumarse

SIN. Gastar, derrochar, consumir, pulirse.
ANT. *Ahorrar.*

función

SIN. Puesto, cargo, ocupación, oficio, destino, ministerio, situación, diversión, espectáculo, fiesta, festividad, ceremonia, solemnidad.

funcionar

SIN. Marchar, trabajar, actuar, andar, moverse.
ANT. *Pararse.*

funcionario

SIN. Empleado, adscrito, oficinista, burócrata.

funda

SIN. Cubierta, bolsa, envoltura, cobertura, forro, vaina, sobre.

fundación

SIN. Erección, creación, institución, establecimiento, patronato, constitución, implantación, legado, donación.

fundador

SIN. Iniciador, erector, creador, instaurador, patrono.

fundamental

SIN. Esencial, cardinal, primordial, principal, básico, elemental.
ANT. *Secundario, accesorio.*

fundamento

SIN. Apoyo, base, cimiento, sostén, basa, puntal, motivo, causa, pretexto, razón, origen, raíz, principio, formalidad, juicio, seriedad.
ANT. *Fin, informalidad.*

fundar

SIN. Construir, fundamentar, edificar, erigir, basar, establecer, implantar, crear, iniciar, instituir, constituir, estatuir, formar, organizar, razonar, justificar.

ANT. *Derruir, arrasar, minar, desorganizar.*

fundición

SIN. Derretimiento, fusión, conflación, deshielo, horno, herrería, crisol.

fundir

SIN. Derretir, licuar, refundir, deshacer, copelar, moldear, vaciar, unir, fusionar, amalgamar.
ANT. *Solidificar, desjuntar.*

fúnebre

SIN. Luctuoso, triste, lúgubre, funéreo, sombrío, tétrico, lóbrego, patético, elegíaco.
ANT. *Fausto, alegre.*

funeral

SIN. Honras, réquiem, misa, exequias, funerario, funéreo.

funestar

SIN. Profanar, mancillar, deslustrar, manchar.
ANT. *Respetar.*

funesto

SIN. Triste, aciago, desgraciado, doloroso, desastroso, adverso, lamentable, lagrimoso.
ANT. *Dichoso, afortunado.*

fungoso

SIN. Fofo, esponjoso, ahuecado, poroso, mullido.
ANT. *Apretado, prieto.*

fuñique

SIN. Inhábil, tardo, torpe, meticuloso, chinche, puntilloso.
ANT. *Diestro, descuidado.*

furia

SIN. Indignación, mosqueo, coraje, berrinche, petera, perra, arrebato, ira, iracundia, exaltación, irritación, cólera, furor, enfurecimiento, rabia, saña, frenesí, violencia, impetuosidad, enfierecimiento, vehemencia, prisa, diligencia.
ANT. *Calma, quietud, sosiego, lentitud.*

furioso

SIN. Colérico, airado, furibundo, iracundo, impetuoso, rabioso, fu-

rente, violento, frenético, irascible, apasionado, enfurecido, crespo.
ANT. *Sosegado, afable, sereno.*

furor

SIN. Furia, ira, cólera, excitación, irascibilidad, entusiasmo, rapidez, prisa.
ANT. *Calma, parsimonia.*

furtivo

SIN. Oculto, sigiloso, escondido, subrepticio, sibilino, secreto.
ANT. *Abierto, manifiesto.*

fusil

SIN. Mosquetón, carabina, chopo, mosquete, rifle, máuser, escopeta.

fusilar

SIN. Matar, disparar, ajusticiar, ejecutar, plagiar, copiar.

fusión

SIN. Refundición, fundición, mezcla, licuación, unión, reconciliación, unificación.
ANT. *Separación, desavenencia.*

fuste

SIN. Vara, asta, palo, madera, fundamento, nervio, substancia, entidad, importancia, base, basa, columna.

fustigar

SIN. Azotar, flagelar, pegar, aguijonear, espolear, vituperar, censurar, criticar, reprobar.
ANT. *Alabar, elogiar.*

fútil

SIN. Insubstancial, frívolo, trivial, intrascendente, pequeño, veleidoso, liviano, baladí, inútil, despreciable, anodino.
ANT. *Fundamental, capital, serio, trascendente.*

futre

Amér.
SIN. Petimetre, lechuguino, presumido, figurín, dandi, majo.
ANT. *Desaliñado, descuidado.*

futuro

SIN. Porvenir, destino, predicción, mañana, venidero, advenidero, acaecedero, ulterior, prometido, novio.
ANT. *Pretérito, pasado.*

G

gabán
SIN. Abrigo, levitón, paletó, sobre-todo, carric, trinchera, gabardina, capote.

gabardina
SIN. Impermeable, barragán, ro-pón, tabardo, abrigo, sobretodo.

gabarra
SIN. Lanchón, barca, barcaza, ga-barrón.

gabela
SIN. Gravamen, carga, impuesto, tributo, contribución, servidumbre, arbitrio.
ANT. *Exención.*

gabinete
SIN. Sala, recibidor, aposento, al-coba, tocador, ministerio, gobier-no, cartera.

gaceta
SIN. Noticiero, diario, periódico, impreso, charlatán, cotilla.
ANT. *Discreto, reservado.*

gachas
SIN. Sopas, puches, farinetas, po-leadas, papilla, masa, pasta, fango, lodo, barro.

gacho
SIN. Encorvado, inclinado, cacho, gurbio, doblado.
ANT. *Enhiesto, erguido.*

gachón
SIN. Zalamero, meloso, gracioso, atractivo, sandunguero, donairoso, donoso.

ANT. *Agrio, adusto.*

gachonería
SIN. Atractivo, donaire, gracia, ga-chonada, sandunga, gracejo, chispa.
ANT. *Aspereza, acritud, desabri-miento.*

gafas
SIN. Antiparras, espejuelos, ante-ojos, quevedos, lentes.

gago
Amér.
SIN. Tartamudo, farfalloso, tarta-ja, zazo, tato, zapas.
ANT. *Claro, fácil.*

gaguear
Amér.
SIN. Tartamudear, farfullar, tarta-jear, balbucir, gangosear.
ANT. *Articular.*

gaguera
Amér.
SIN. Tartamudez, tartamudeo, gan-gueo, tartajeo, balbuceo.
ANT. *Articulación.*

gaita
SIN. Dulzaina, chirimía, flauta, cornamusa, cuello, pesadez, engo-rro, pejiguera.
ANT. *Agrado, satisfacción.*

gaje
SIN. Soldada, sueldo, salario, emo-lumento, estipendio, retribución, obvención, gratificación, propina, regalo, adehala, utilidad, ganancia.

gajes
SIN. Molestias, sinsabores, perjui-cios, incomodidades, percances.

gajo
SIN. Rama, gancho, garrón, carpa, racimo, parte.

gajo
Amér.
SIN. Barbilla, mentón, perilla, mandíbula.

gala
SIN. Etiqueta, ceremonia, fiesta, manto, ropaje, smoking, uniforme, frac, pompón, garbo, gracia, ga-llardía, bizarría, ostentación, alar-de, galanura, galanía, admiración, preciosidad.
ANT. *Desgarbo, desaire.*

galafate
SIN. Esbirro, corchete, sayón, ga-napán, ladrón, chorizo, carterista.

galán
SIN. Gallardo, adonis, apuesto, gen-til, airoso, elegante, galano, majo, galanteador, pretendiente, corteja-dor, novio, actor, estrella.
ANT. *Desastrado, Adán.*

galano
SIN. Galán, gallardo, emperifolla-do, garrido, acicalado, elegante, primoroso, pulcro, ameno, lozano.
ANT. *Torpe, birrioso.*

galante
SIN. Obsequioso, atento, cortés, cortesano, amable, fino, cumplido, civil, urbano, vicioso, erótico, livia-no, mesalina, galocha, coscolina.
ANT. *Descortés, desatento, frío, honesta, honrada.*

galantear
SIN. Enamorar, cortejar, obse-

quiar, requebrar, coquetear, chicolear, florear, piropear, flirtear, festejar, rondar, solicitar, camelar, flechar, arrullar.
ANT. *Desechar, menospreciar.*

galanteo

SIN. Coqueteo, requiebro, baboseo, chichisbeo, enamoramiento, cortejo, festejo, flirteo, ventaneo, raboseo.
ANT. *Desdén, menosprecio.*

galantería

SIN. Atención, cortesía, urbanidad, cortesanía, delicadeza, gracia, donaire, ingenio, gallardía, bizarría, piropo, flor, requiebro, generosidad.
ANT. *Descortesía, desaire, tacañería.*

galanura

SIN. Donaire, donosura, gallardía, elegancia, gentileza, gracia, galantería, plante, garbo, sugestión, gracejo.
ANT. *Desaliño, insulsez.*

galardón

SIN. Remuneración, premio, recompensa, retribución, lauro, distinción, gala, laurel.
ANT. *Deshonra.*

galardonar

SIN. Homenajear, recompensar, premiar, retribuir, remunerar, distinguir, laurear, honrar, conceder.
ANT. *Deshonrar, castigar.*

galbana

SIN. Holgazanería, indolencia, pereza, desidia, dejadez, gandulería, vagancia, flojera, pachorrería, haraganería, poltronería, parsimonia, carpanta.
ANT. *Diligencia, actividad, laboriosidad.*

galbanoso

SIN. Desidioso, perezoso, indolente, holgazán, gandul, vago, haragán, remolón, parsimonioso.
ANT. *Activo, dinámico, laborioso, afanoso.*

galeón

SIN. Nave, velero, galera, bajel, embarcación.

galeote

SIN. Penado, condenado, forzado, preso, confinado, recluso, galeoto, presidiario.
ANT. *Libre, libertado.*

galera

SIN. Nave, embarcación, cárcel, mazmorra, chirona, presidio, encierro, cobertizo, tinglado, carro, carromato, carreta.

galería

SIN. Corredor, pasillo, pasaje, crujía, triforio, pórtico, claustro, ándito, soportal, túnel, mina, exposición, pinacoteca, anfiteatro, general, paraíso.

galerna

SIN. Borrasca, ráfaga, tremolina, huracán, vendaval, tormenta, galerno, galernazo, ciclón, ventolera, tromba.
ANT. *Calma.*

galimatías

SIN. Algarabía, embrollo, guirigay, jerigonza, desorden.
ANT. *Sosiego, tranquilidad, orden.*

galocha

SIN. Zueco, chanclo, madreña, cocota, coscolina, mesalina, prostituta.

galón

SIN. Insignia, cinta, trencilla, franja, borlón, bordado, fleco, orifrés, distintivo, sardineta.

galopar

SIN. Trotar, cabalgar, correr, desbocar, galuchar *(Amér.).*

galopín

SIN. Sucio, mugriento, desharrapado, astuto, pícaro, bribón, golfillo, granuja, tuno, taimado, pillo, galopo.
ANT. *Limpio, ingenuo, noble.*

galucha

Amér.
SIN. Galope, trote, galopada, cabalgada.

galuchar

Amér.
SIN. Galopar, trotar, galopear, correr.

gallardete

SIN. Flámula, distintivo, oriflama, banderola, insignia, aviso, señal.

gallardía

SIN. Gracia, donaire, plante, salero, desenfado, aire, garbo, esfuerzo, apostura, arresto, soltura, gentileza, bizarría, galanura, galanía, garrideza, garbosidad, valor, valentía.

ANT. *Desaire, inhabilidad, pusilanimidad.*

gallardo

SIN. Garboso, plantado, elegante, airoso, apuesto, galán, gentil, hermoso, bizarro, desembarazado, esforzado, valiente, valeroso, arrojado, arriscado.
ANT. *Desgarbado, desaliñado, cobarde, medroso.*

gallear

SIN. Gallardear, presumir, envalentonarse, descollar, sobresalir, destacar, bravear.
ANT. *Apocarse, achicarse.*

galleta

SIN. Bizcocho, broa, pasta, oblea, barquillo, mazamorra, bofetada, cachete, sopapo, soplamocos.

gallinero

SIN. Corral, gallinería, pollería, cazarrica, ponedero, anfiteatro, general, paraíso, gradería.

gallo

SIN. Capiscol, caporal, misacantano, rey, obispo, desafinación, destemple, ceo, gargajo, escupitajo, mandamás, mandón.

gallofero

SIN. Pordiosero, hampón, pedigüeño, pobretón, gallofo, mendigo, holgazán, vagabundo, pobrete.
ANT. *Ocupado, laborioso.*

gamberro

SIN. Galocho, licencioso, disoluto, desvergonzado, truhán, goliardo, marrajo.
ANT. *Afable, cortés, civil.*

gamonal

Amér.
SIN. Cacique, déspota, opresor, amo, curaca, reyezuelo.
ANT. *Siervo, inferior.*

gamonalismo

Amér.
SIN. Caciquismo, despotismo, dominación, tiranía.
ANT. *Libertad, democracia.*

gamuza

SIN. Antílope, rebeco, ante, bayeta, paño.

gana

SIN. Apetito, hambre, ansia, afán, deseo, acucia, avidez, apetencia.
ANT. *Desgana, inapetencia, apatía.*

ganado

SIN. Res, rebaño, hato, hatajo, grey, manada, haberío, hacienda (*Amér.*).

ganancia

SIN. Provecho, utilidad, logro, beneficio, rendimiento, producto, fruto, lucro, granjería, interés, comisión, dividendo, esquilmo, ancheta, ingreso.
ANT. *Pérdida, déficit.*

ganapán

SIN. Esportillero, recadero, faquín, soguilla, changador, bracero, jornalero, portador, maletero, alhamel, villano, palurdo.

ganar

SIN. Obtener, embolsar, adquirir, cobrar, recibir, cosechar, devengar, vencer, conquistar, triunfar, tomar, dominar, sujetar, superar, sobrepujar, exceder, aventajar, lograr, conseguir, alcanzar.
ANT. *Derrochar, gastar, perder, malograr.*

gancho

SIN. Garfio, guincho, cayado, corvo, garabato, uña, arpón, garra, gracia, seducción, ángel, embeleso.
ANT. *Antipatía, repulsa.*

gandido

Amér.
SIN. Glotón, comilón, tragón, voraz.
ANT. *Frugal, sobrio.*

gandul

SIN. Haragán, holgazán, perezoso, tumbón, poltrón, vagabundo, vago, giróvago, grandumbas, vagamundo, holgachón, panarra, remolón, apático.
ANT. *Dinámico, trabajador.*

gandulear

SIN. Haraganear, holgazanear, vagabundear, apoltronarse, tumbarse, emperezarse, haronear, candonguear, roncear, pajarear.
ANT. *Trabajar, apencar, actuar.*

gandulería

SIN. Pereza, holganza, poltronería, haraganería, holgazanería, roncería, galbana, carpanta, zanguanga, desidia, apatía.
ANT. *Esfuerzo, trabajo, actividad.*

ganga

SIN. Ventaja, ocasión, prebenda, bolada (*Amér.*), momio, sinecura, mamandurria (*Amér.*), breva, negocio, canonjía.

ganoso

SIN. Ansioso, anheloso, deseoso, afanoso, apetente, ávido, desalado.
ANT. *Desalentado, inapetente, indiferente.*

ganso

SIN. Ánade, ánsar, oca, auca, pato, lavanco, perezoso, tardo, gandul, paleto, cateto, rústico, grosero, torpe, necio, lerdo, tolondrón, fuñique, modrego.
ANT. *Trabajador, fino, educado.*

gañán

SIN. Cachicán, mozo, bracero, destripaterrones, rudo, grosero, charro, tocho, rústico.
ANT. *Cortés, delicado.*

gañir

SIN. Graznar, aullar, gruñir, resollar, roncar, resoplar.

garabatear

SIN. Rayar, ensuciar, garrapatear, escarabajear, borrajear.
ANT. *Esmerarse, pulir.*

garabato

SIN. Garfio, gancho, garrapato, raya, borrón, garbo, aire, gentileza, donaire, atractivo, almocafre.
ANT. *Esmero.*

garambainas

SIN. Muecas, visajes, gestos, ringorrangos, angaripolas, perifollos.
ANT. *Sencillez, sobriedad, parquedad.*

garantía

SIN. Caución, fianza, protección, seguridad, evicción, aval, acidaque, resguardo, vale, arras.
ANT. *Inseguridad, desconfianza.*

garantizador

SIN. Garante, avalista, prendedor, anticresista, segurador, fiador, abonador, responsable.

garantizar

SIN. Avalar, responder, asegurar, garantir, proteger, sancionar, consignar, marchamar, precintar.
ANT. *Desconfiar, vacilar.*

garbo

SIN. Granjo, chispa, gallardía, aire, gracia, donaire, rumbo, desinterés, generosidad, desprendimiento, gentileza.
ANT. *Desgarbo, mezquindad, cicatería.*

garboso

SIN. Donairoso, donoso, bizarro, airoso, gallardo, rumboso, gentil, generoso, desinteresado, dadivoso, desprendido.
ANT. *Desgarbado, mezquino.*

garganta

SIN. Gañote, gaznate, gorja, tragadero, garguero, pasapán, gola, faringe, guargüero (*Amér.*), laringe, cuello, angostura, desfiladero, puerto, congosto, degolladura.

gárgara

Amér.
SIN. Gargarismo, lavaje, enjuague.

garita

SIN. Casilla, torrecilla, quiosco, cuarto, retrete, excusado, común, letrina.

garito

SIN. Tablaje, cubil, burdel, antro, chirlata, tahurería, timba, leonera, timbirimba, boliche, matute.

garla

SIN. Charla, plática, conversación, palique, garlo, cháchara, palillo.
ANT. *Mutismo, taciturnidad.*

garlador

SIN. Charlatán, charlador, hablador, garlante, garlón, chacharón, parlanchín, cotorreador.
ANT. *Callado.*

garlar

SIN. Garrulear, charlar, charlotear, chacharear, desparpajar, cotorrear, charlatanear, platicar.
ANT. *Callar, silenciar.*

garlito

SIN. Trampa, celada, asechanza, lazo, emboscada, zancadilla, nasa, red.

garra

Amér.
SIN. Desgarrón, harapo, jirón, andrajo, rotura, rasgón.
ANT. *Zurcido, remiendo, cosido.*

garrafal

SIN. Extraordinario, grande, morrocotudo, exorbitante, enorme, excesivo, descomunal, monumental, disparatado.
ANT. *Pequeño, normal.*

garrido
SIN. Galano, gentil, gallardo, bizarro, apuesto, elegante, cimbreño.
ANT. *Desgarbado.*

garrote
SIN. Palo, tranca, estaca, bastón, estrangulación, tormento.

garrotear
Amér.
SIN. Apalear, vapulear, pegar, sacudir, azotar, zurriagar, golpear.
ANT. *Acariciar, mimar.*

gárrulo
SIN. Charlatán, hablador, verboso, parlanchín, cotorra.
ANT. *Silencioso, reservado.*

garuar
Amér.
SIN. Lloviznar, lloviznear, chispear, gotear, llover.
ANT. *Escampar, abonanzarse.*

gas
SIN. Vapor, emanación, efluvio, vaho, espíritu, hálito, éter, aire, viento, flatulencia.

gasificar
SIN. Vaporar, evaporar, gasear, vahar, volatizar.
ANT. *Condensar.*

gastado
SIN. Usado, traído, raído, deslucido, debilitado, cansado, disminuido, acabado, agotado, decaído.
ANT. *Nuevo, fuerte, vigoroso.*

gastador
SIN. Gastoso, derrochador, malgastador, manirroto, disipador, dilapidador, dispendioso, encentador.
ANT. *Miserable, tacaño.*

gastar
SIN. Invertir, pagar, mermar, menguar, disipar, agotar, expender, desembolsar, derrochar, dilapidar, destruir, estropear, llevar, poseer, usar.
ANT. *Ahorrar, atesorar, conservar, reservar.*

gasto
SIN. Desembolso, consumo, gastamiento, expendio, dispendio, derroche, coste, sangría.
ANT. *Ahorro, entrada.*

gatada
SIN. Astucia, trampa, emboque, socaliña, jugarreta, engaño, fraude.

ANT. *Rectitud, honradez.*

gatear
SIN. Trepar, deslizarse, ascender, desvalijar, hurtar, robar.
ANT. *Destituir, devolver.*

gatera
Amér.
SIN. Revendedora.

gato
SIN. Bibicho, miau, minino, morrongo, elevador, palanca, cric, bolso, talego, alforjilla, pícaro, taimado, ladrón, ratero.
ANT. *Ingenuo, cándido, honrado.*

gatuperio
SIN. Embrollo, enredo, intriga, lío, chanchullo, trapisonda, tinglado, trapicheo, enjuague, maremagno, revoltillo.
ANT. *Armonía, claridad, concierto.*

gaudeamus
SIN. Fiesta, regocijo, holgorio, comilona, merendola, festín, banquete.

gauchada
Amér.
SIN. Cuento, chisme, paparrucha, patraña, embuste.

gavilla
SIN. Fajo, garba, garbera, fajina, mazo, manojo, atado, haz, junta, banda, patulea, cuadrilla, pandilla, reunión, chusma.

gayo
SIN. Vistoso, alegre, alacre, ledo, divertido, festivo.
ANT. *Aburrido, triste.*

gazapa
SIN. Embuste, mentira, patraña, bola, trola.
ANT. *Verdad.*

gazapera
SIN. Escondrijo, cado, conejera, madriguera, riña, pendencia, alboroto, contienda, bronca.
ANT. *Paz, tranquilidad.*

gazapo
SIN. Conejo, ladino, astuto, taimado, equivocación, error, lapso, embuste, mentira, embustería, bola.
ANT. *Cándido, verdad.*

gazmiar
SIN. Golosinear, gulusmear, oliscar, curiosear, quejarse, adolecer, resentirse.

gazmoñería
SIN. Gazmoñada, santurronería, mojigatería, beatería, hipocresía, fariseísmo.
ANT. *Sinceridad.*

gazmoño
SIN. Beato, gazmoñero, hipócrita, santurrón, mojigato, beatuco, tragasantos, misticón.
ANT. *Franco, noble.*

gaznápiro
SIN. Simplón, palurdo, bobo, simple, torpe, tonto, tolete, cándido, tontaina.
ANT. *Listo, despabilado, vivo, despierto.*

gemido
SIN. Queja, sollozo, lamento, clamor, quejido, plañido, gimoteo, ay, sollozo, singulto, aflicción.
ANT. *Alegría.*

gemir
SIN. Plañir, clamar, quejarse, lamentarse, gimotear, ayear, hipar, jeremiar, implorar.
ANT. *Reírse.*

genealogía
SIN. Solar, ascendencia, linaje, sangre, ralea, casta, cuna, familia, ascendencia, parentela.

generación
SIN. Género, casta, origen, especie, germen, familia, concepción, herencia, descendencia, ascendencia, engendramiento, procreación, cría, estirpe, sucesión, prole, filiación, reproducción, fecundación, incubación, formación, posteridad, quinta.

generador
SIN. Productor, procreador, creador, prolífico, engendrador, garañón, semental, dínamo, acelerador, pila, caldera, turbina, alternador, magneto, rotor.

general
SIN. Total, global, común, corriente, usual, universal, ecuménico, enciclopédico, genérico, íntegro, conjunto, panorámico, popular, frecuente, indeterminado, indeciso, mayoría, masa, jefe, superior, mando.
ANT. *Personal, singular, peculiar, extraordinario, determinado.*

generalidad
SIN. Mayoría, universalidad, plura-

lidad, generalización, sinnúmero, infinidad, multitud, masa, gentío, conjunto, vaguedad, imprecisión, indeterminación.
ANT. *Precisión, exactitud, limitación, particularidad.*

generar
SIN. Crear, producir, procrear, incubar, repoblar, originar, hacer, formar, causar, gestar, elaborar, fabricar.
ANT. *Morir, acabar.*

género
SIN. Clase, especie, orden, índole, condición, naturaleza, modo, manera, variedad, categoría, carácter, grupo, calidad, artículo, tela, mercancía, mercadería.

generosidad
SIN. Esplendidez, largueza, desinterés, liberalidad, magnanimidad, munificencia, dadivosidad, desprendimiento, desasimiento, nobleza, grandeza, altruismo, filantropía, beneficio, hospitalidad, dilapidación, despilfarro, derroche, regalo, rumbo, denuedo, esfuerzo, valor, ímpetu, decisión, empuje.
ANT. *Egoísmo, cicatería, tacañería, mezquindad.*

generoso
SIN. Desinteresado, dadivoso, espléndido, liberal, pródigo, canario, rumbático, munífico, magnánimo, noble, valiente, desprendido, rumboso, largo, caritativo, filántropo, abierto, fértil, lujoso, bienhechor, gastador, bondadoso, hospitalario, excesivo, manilargo, abundante, productivo, feraz.
ANT. *Cicatero, mezquino, tacaño, sórdido, seco.*

genésico
SIN. Genital, sexual, venéreo, fértil, carnal, sensual, fecundo.
ANT. *Infecundo, espiritual.*

génesis
SIN. Creación, origen, embrión, germen, principio, fuente, nacimiento, raíz, cuna, arranque.
ANT. *Acabamiento, fin.*

genial
SIN. Deleitoso, placentero, ocurrente, ameno, extravagante, pintoresco, genio, carácter, índole, agradable, alegre, talentoso, talentudo, creador, extraño, original, exótico, impar, único, innato, sabio, inteligente, fantástico.

ANT. *Aburrido, común, vulgar, oscuro.*

genialidad
SIN. Singularidad, rareza, extravagancia, originalidad, imparidad, especialidad, talento, personalidad, ingenio, ocurrencia, genio, particularidad.
ANT. *Normalidad, uniformidad, rutina.*

genio
SIN. Natural, índole, carácter, condición, humor, temperamento, inclinación, tendencia, disposición, aptitud, talento, ingenio, listeza, cacumen, chirumen, saber, inspiración, fantasía, ánimo, temple, brío, espíritu, tino, razón, habilidad, intelecto, inventiva, duende, deidad, elfo.
ANT. *Vulgar, normal, corriente, vulgaridad, desaliento.*

gente
SIN. Humanidad, muchedumbre, multitud, gentío, masa, vulgo, público, asistencia, tropel, bandada, pueblo, familia, parentela, tropa, legión, atajo, chusma, caterva, nación.
ANT. *Nadie, soledad.*

gentil
SIN. Pagano, idólatra, hereje, ateo, brioso, galán, gallardo, airoso, donoso, agradable, bizarro, bello, garboso, majo, telendo, lozano, desembarazado, elegante, atento, educado, amable, caballero, principal, eminente, notable, noble, hidalgo, aristócrata.
ANT. *Religioso, feo, grosero, vulgar, descortés, popular.*

gentileza
SIN. Nobleza, bizarría, hidalguía, galanura, gallardía, garbo, soltura, desembarazo, gala, aire, gracia, cortesía, urbanidad, galanía, garrideza, delicadeza, donaire, encanto, exquisitez, educación, corrección, amabilidad.
ANT. *Ordinariez, rudeza, grosería, fealdad.*

gentío
SIN. Afluencia, concurrencia, aglomeración, muchedumbre, multitud, plebe, legión, chusma, público, masa, tropel, turbas.
ANT. *Soledad, dispersión.*

genuflexión
SIN. Prosternación, reverencia,

arrodillamiento, arrodilladura, arrodillada, postración, sumisión.
ANT. *Verticalidad, rebeldía.*

genuino
SIN. Natural, propio, puro, legítimo, verdadero, auténtico, cierto, seguro, positivo, real, indiscutible, infalsificable, nítido, probado, fidedigno.
ANT. *Adulterado, impuro, falso.*

gerente
SIN. Director, administrador, apoderado, asesor, gestor, encargado, jefe, manager.

germanía
SIN. Jerigonza, jerga, caló, dialecto, argot, galimatías, concubinato, amancebamiento, amasiato, lío, turba, tropel, gremio, grupo, sindicato, hermandad.
ANT. *Claridad, matrimonio, dispersión, separación.*

germen
SIN. Origen, principio, causa, semilla, embrión, rudimento, fuente, nacimiento, raíz, motivo, grano, pepita, simiente, brote, iniciación.
ANT. *Término, fin.*

germinar
SIN. Crecer, brotar, nacer, adelantar, aumentar, prosperar, originarse.
ANT. *Disminuir, estancarse.*

gesta
SIN. Hazaña, aventura, suceso, proeza, valentía, acción.
ANT. *Cobardía.*

gestación
SIN. Generación, embarazo, engendramiento, maduración, preparación, florecimiento, sazón, producción.
ANT. *Aborto, interrupción, detención, decadencia.*

gestión
SIN. Acción, encargo, negocio, mandato, diligencia, realización, actividad, manejo, trámite, agencia, pasos, faena.
ANT. *Dejación, abstención, paro.*

gesto
SIN. Mohín, mueca, visaje, mímica, pantomima, expresión, aspecto, apariencia, aire, semblante, rostro, cara, catadura, alcocarra, actitud, ademán, ceño, postura, rictus, ras-

go, seña, señal, figura, detalle, aspaviento, tic, alharaca, guiño, respingo.
ANT. *Inexpresión, impasibilidad,
impavidez.*

giba
SIN. Corcova, joroba, chepa, gibo-
sidad, incomodidad, molestia, vejación, fastidio, renga, merienda,
cifosis, lordosis, bulto, desviación.
ANT. *Lisura, tiesura, agrado.*

gibar
SIN. Molestar, corcovar, vejar, fastidiar, incomodar, engibar, jorobar, arquearse, doblarse, impedir,
disgustar.
ANT. *Enderezarse, agradar. deleitar.*

gigante
SIN. Coloso, superhombre, gigantón, titán, hércules, cíclope, enorme, descomunal, gigantesco.
ANT. *Enano, pequeño.*

gigantesco
SIN. Desmesurado, enorme, titánico, colosal, gigantesco, grandísimo, ciclópeo, descomunal, tremendo, formidable, excesivo, fantástico, extraordinario, abrumador, imponente.
ANT. *Minúsculo, enano, mínimo.*

gimnasta
SIN. Atleta, deportista, acróbata,
saltador, jugador, trapecista, saltimbanqui.

gimotear
SIN. Hipar, lloriquear, ayear, cla-
mar, plañir, gemir, suspirar.
ANT. *Reír, sonreír.*

gimoteo
SIN. Lloriqueo, gimoteadura, ay,
jeremiqueo *(Amér.)*, plañido, quejido, lamento, suspiro, sollozo,
llanto.
ANT. *Alegría, sonrisa.*

gira
SIN. Viaje, excursión, salida, tournée, expedición.

girar
SIN. Voltear, rodar, rotar, rutar,
rular, virar, tornear, volitar, arrodear, rondar, revolotear, rodear,
atornillar, invertir, torcerse, des-
revolver, retroceder, volver,
circular, librar, cargar.
ANT. *Seguir, permanecer, pararse,
detenerse.*

giro
SIN. Cariz, aspecto, sesgo, sentido,
cambio, curva, desvío, traslación,
vuelco, ruedo, rodeo, vuelta, viraje, circuito, revolución, dirección,
circunvolución, cerco, molinete,
bravata, ronca, baladronada, modismo, locución, libramiento, talón, letra, cheque, envío.

gitanería
SIN. Adulación, halago, engaño,
mimo, zalamería, caricia, carantoña, arrumaco, lagotería, bohemia,
germanía, gitanada.
ANT. *Sinceridad.*

gitano
SIN. Flamenco, agitanado, calé, ca-
ñí, zíngaro, trashumante, caló, bohemio, nómada, errante.
ANT. *Payo, sedentario.*

glacial
SIN. Helado, frío, gélido, crudo, álgido, congelado, desafecto, serio,
flemático, insensible, antipático,
impenetrable, indiferente, desabrido, soso.
ANT. *Ardiente, cálido, cordial, simpático.*

glasé
Amér.
SIN. Charol.

globo
SIN. Esfera, pelota, balón, mundo,
tierra, aeróstato, dirigible, zep-
pelín.

gloria
SIN. Bienaventuranza, cielo, alturas, paraíso, celebridad, empíreo,
notoriedad, reputación, honor, fama, renombre, crédito, esplendor,
honra, magnificencia, majestad,
placer, gusto, delicia, deleite, victoria, laurel, palma, triunfo, prez,
loor, goce, agrado, pompa, lujo,
brillo, grandeza.
ANT. *Infierno, dolor, pobreza, disgusto, vulgaridad, obscuridad, insignificancia.*

gloriarse
SIN. Alabarse, jactarse, preciarse,
complacerse, vanagloriarse, ensoberbecerse, altivecerse, altivarse,
alegrarse, presumir, ostentar, alardear, endiosarse, pavonearse.
ANT. *Humillarse, despreciarse, vi-
tuperarse.*

glorieta
SIN. Plaza, plazoleta, plazuela, pla-

cetuela, placeta, cenador, quiosco,
rotonda, pabellón.

glorificar
SIN. Ensalzar, alabar, honrar, enaltecer, gloriar, elevar, ennoblecer,
magnificar, exaltar, divinizar, entronizar, aclamar, canonizar, santificar, sublimar.
ANT. *Degradar, humillar, despreciar.*

glorioso
SIN. Célebre, ilustre, famoso, eminente, memorable, insigne, señalado, reputado, impar, egregio, jactancioso, vanidoso, honorable, ensoberbecido, altivo, petulante, alabancioso, orgulloso, divino, santo,
beato, celeste, venerable, sagrado,
bendito.
ANT. *Humilde, insignificante, sencillo, infernal.*

glosa
SIN. Interpretación, explicación,
comentario, reparo, comento, nota, paráfrasis, escolio, exégesis,
acotación, apunte.

glotón
SIN. Comilón, tragón, voraz, comedor, hambrón, insaciable, epulón,
zampabollos, gandido *(Amér.)*,
zampatortas, zampapapalo, zam-
pabodigos, tragaldabas, guloso,
gaudido, tragallón, gomioso, gargantúa, ogro, tarasca.
ANT. *Desganado, inapetente, dengue.*

glotonería
SIN. Voracidad, intemperancia, gula, tragonería, gulosidad, tragonía,
avidez, gula.
ANT. *Desgana, inapetencia.*

glutinoso
SIN. Viscoso, pegajoso, pegadizo,
adherente, aglutinante, aglutinati-
vo, pegante, peguntoso, mucilagi-
noso, adhesivo, elástico.
ANT. *Disolvente.*

gobernar
SIN. Regir, mandar, dirigir, conducir, guiar, administrar, manejar, regentar, regentear, disponer, imperar, ordenar, manipular, nutrir, alimentar, sustentar.
ANT. *Acatar, obedecer, someterse.*

gobierno
SIN. Dirección, mando, administración, manejo, conducción, ministerio, gabinete, gobernación, geren-

cia, dominio, jefatura, régimen, cargo, consejo, directorio, timón, gobernable, alimento, sustento.
ANT. *Sumisión, obediencia.*

gobiernista
Amér.
SIN. Gubernamental, estatal, oficial, administrativo, gubernativo, político.
ANT. *Privado, anarquista.*

goce
SIN. Posesión, disfrute, deleite, delicia, holganza, solaz, gozo, alegría, gloria, contento, agrado, molicie, fiesta, diversión, júbilo, dicha, regocijo, uso, disfrute, dominio, empleo.
ANT. *Disgusto, dolor, malestar, aburrimiento.*

gofo
SIN. Necio, ignorante, rudo, grosero, torpe, gañán, rudo, paleto, lerdo.
ANT. *Listo, fino, educado.*

gola
SIN. Fauces, garganta, gaznate, tragadero, gañote, gañó, tragaderas, cuello, moldura, canal, paso, estrecho.

golfo
SIN. Pilluelo, vagabundo, galopín, pícaro, pillo, vago, gamberro, errabundo, canalla, sinvergüenza, hampón, bahía, seno, rada, concha, ensenada, cala, fondeadero, estuario, abrigo, puerto.
ANT. *Honrado, trabajador.*

golondrina
SIN. Alhoja, aloa, aloya, tojo, sucinda, subigüela, copetuda, calandria, caladre, zurriaga, gulloría.

golosina
SIN. Dulce, exquisitez, laminería, azucarillo, turrón, delicia, fruslería, torta, confite, aperitivo, tapa, ansia, apetito, suspiro.
ANT. *Inapetencia.*

golpe
SIN. Percusión, sacudimiento, porrazo, empujón, golpazo, bofetada, tiento, latigazo, varapalo, morrada, pescozón, palmetazo, azote, trompada, choque, palo, baquetazo, tarascada, codazo, tropezón, estacazo, hachazo, mandoble, pedrada, puntapié, pisada, chupinazo, martillazo, trallazo, contusión,

moradura, cardenal, puyazo, masa, gentío, multitud, abundancia, latido, desdicha, desventura, fatalidad, infortunio, salida, gracia, chiste, ingenio, agudeza, ocurrencia, admiración, sorpresa.
ANT. *Caricia, mimo, escasez, fortuna.*

golpear
SIN. Herir, percutir, maltratar, pegar, apalear, azotar, descrimar, cutir, asestar, sacudir, guachapear, chocar, herir, arrojar, castigar, vapulear, aporrear, machacar, atizar, patear, descargar, propinar, cascar, zarandear, batir, tundir, zurrar.
ANT. *Acariciar,*

golpiza
Amér.
SIN. Paliza, zurra, tunda, somanta.
ANT. *Caricia, mimo.*

gollería
SIN. Delicadeza, superfluidad, golloría, golosina, damería, monería, melindrería, refinamiento, demasía, exceso.
ANT. *Vulgaridad, insignificancia.*

goma
SIN. Cola, adhesivo, resina, bálsamo, fijador, pegamento, engrudo, caucho.

gordo
SIN. Mantecoso, craso, graso, seboso, grasiento, pingüe, gordezuelo, atocinado, rollizo, adiposo, carnoso, obeso, pesado, grueso, gordinflón, mofletudo, corpulento, lleno, robusto, redondo, cipote, regordido, gordinflón, gordal, cuadrado, barrigudo, barrigón, panzudo, tripudo, tripón, abultado, gordote, grosezuelo, manteca, grasa, grande, importante.
ANT. *Flaco, seco, esbelto, delgado, esmirriado, pequeño.*

gordura
SIN. Grosor, corpulencia, obesidad, coranvobis, adiposis, carnosidad, carnaza, robustez, grasa, humanidad, opulencia, hinchazón, turgencia, enjundia, exuberancia, pesadez, unto, sebo.
ANT. *Delgadez, enflaquecimiento.*

gorjear
Amér.
SIN. Bromear, burlarse, chunguearse, mofarse, embromar, reírse.
ANT. *Elogiar.*

gorrinería
SIN. Porquería, cerdada, guarrada, mierda, marranada, suciedad, grosería.
ANT. *Limpieza, finura.*

gorro
SIN. Sombrero, gorra, casquete, tiara, casco, montera, panamá, tocado, capirote, mitra, fez, quepís, ínfulas.

gorrón
SIN. Gorrista, gorrero, pegadizo, parásito, vividor, pegote, chupón, chupóptero, guagüero, tagarote, mogrollo, aprovechado, sacacuartos, sablista, vicioso, envilecido.
ANT. *Espléndido, desprendido, noble.*

gorronería
SIN. Mogollón, pegotería, tifus, godería, abuso, sablazo, parasitismo, descaro.
ANT. *Regalo, generosidad.*

gotear
SIN. Escurrir, destilar, chorrear, pingar, estilar, rezumar, llorar, lagrimear, chispear, lloviznar.
ANT. *Secar, escampar, diluviar.*

gotero
Amér.
SIN. Cuentagotas, dosificador.

gozar
SIN. Disfrutar, utilizar, fruir, saborear, apacentar, alegrarse, gustar, placer, agradar, recrear, divertirse, deleitarse, usar, usufructuar, poseer, copular, fornicar.
ANT. *Aburrirse, sufrir, padecer.*

gozne
SIN. Bisagra, charnela, articulación, pernio, charneta.

gozo
SIN. Alegría, complacencia, júbilo, placer, satisfacción, regocijo, contento, deleite, solaz, molicie, regosto, gustazo, gusto, felicidad, gloria, goce, voluptuosidad, sensibilidad, dicha, consuelo.
ANT. *Tristeza, disgusto, amargura, descontento.*

gozoso
SIN. Satisfecho, alegre, contento, regocijado, placentero, complacido, jubiloso, deleitoso, fluente, feliz, radiante, dichoso, **animado**, riente, divertido, risueño, **plácido**.
ANT. *Entristecido, mustio.*

grabado

SIN. Estampado, aguafuerte, litografía, huecograbado, xilografía, estampa, lámina, viñeta, figura, dibujo, gráfico, inscrito.

grabar

SIN. Inscribir, registrar, esculpir, tallar, morder, burilar, imprimir, estampar, fijar, labrar, litografiar, inculcar, rememorar, evocar, impresionar, impregnar.
ANT. *Relegar, olvidar.*

gracejo

SIN. Gracia, chiste, donaire, ingenio, ángel, gracejada, sal, salero, sandunga, gallardía, sombra, encanto, coquetería, agudeza, ocurrencia.
ANT. *Aburrimiento, torpeza.*

gracia

SIN. Humor, gracejo, jovialidad, sal, salero, comicidad, sombra, ocurrencia, ingenio, burla, ironía, chiste, salida, sainete, festividad, garbo, galanura, donosura, elegancia, gentileza, donaire, gusto, atractivo, gala, perdón, indulto, merced, piedad, santidad, favor, beneficio, don, benevolencia, amistad, agrado.
ANT. *Antipatía, sosería, desgarbo.*

grácil

SIN. Delgado, sutil, menudo, fino, delicado, tenue, pequeño, suave, etéreo, bello, esbelto, flexible.
ANT. *Grosero, tosco, fuerte.*

gracioso

SIN. Chistoso, agudo, divertido, ocurrente, festivo, salado, atrayente, saleroso, sandunguero, vivo, cómico, jocoso, picante, genial, resalado, atractivo, bonito, simpático, encantador, grácil, agraciado, coquetón, precioso, gratuito, gratis, farsante, juglar, actor.
ANT. *Aburrido, triste, pesado.*

grada

SIN. Peldaño, grado, escalón, tarima, asiento, bancal, gradería, tendido, general, rastra, rastrillo, cultivadora, reja, locutorio.

grada
Amér.

SIN. Atrio, pórtico, porche.

gradación

SIN. Progresión, sucesión, graduación, escala, aumento, gama, matiz, serie, clímax, escalafón, orden, rango, jerarquía.

gradiente
Amér.

SIN. Pendiente, subida, repecho, declive, desnivel, bajada, rampa.
ANT. *Llanura.*

grado

SIN. Categoría, nivel, clase, jerarquía, orden, estrato, altura, grupo, escalafón, cargo, punto, rango, título, matiz, escala, gradación, porción, parte, voluntad, gusto, medida, serie, vínculo, lazo, enlace.

gradual

SIN. Progresivo, paulatino, sucesivo, escalonado, cronológico, imperceptible, insensible, rítmico, pausado, cíclico, suave, lento, evolutivo.
ANT. *Discontinuo, interrumpido.*

gráfico

SIN. Escrito, plástico, dibujado, dibujo, esbozo, representación, diagrama, claro, descriptivo, expresivo, pictórico.
ANT. *Inexpresivo, obscuro.*

gramófono

SIN. Tocadiscos, gramola, pick-up, plato, altavoz, reproductor, amplificador, bocina.

granado

SIN. Principal, notable, ilustre, crecido, señalado, escogido, selecto, célebre, diestro, versado, baqueteado, ducho, entendido, maduro, experto, sazonado, espigado.
ANT. *Inexperto, verde, ignorado, vulgar.*

grande

SIN. Amplio, enorme, excesivo, magno, mayor, grandullón, inmenso, grueso, colosal, grandioso, formidable, desmedido, crecido, espacioso, holgado, monstruoso, extenso, excepcional, desarrollado, intenso, mayúsculo, impresionante, tremendo, ilimitado, ingente, superlativo, considerable, vasto, importante, fuerte, fiero, infinito, noble, poderoso, señor, prócer, ilustre, principal.
ANT. *Pequeño, insignificante, minúsculo, discreto, reducido, anónimo, humilde.*

grandeza

SIN. Esplendidez, grandor, corpulencia, gigantez, exorbitancia, grandiosidad, elevación, magnificencia, generosidad, nobleza, esplendor, gloria, majestad, poder, dignidad, tratamiento, magnitud, exceso, enormidad, sublimidad, grosor, poderío, excelencia, importancia, desarrollo.
ANT. *Escasez, pequeñez, insignificante, humildad,*

grandioso

SIN. Estupendo, colosal, macanudo, garrafal, gigantesco, espléndido, imponente, magnífico, monumental, ostentoso, regio, sobresaliente, gigante, máximo, excelso, admirable, inmenso, ingente, aparatoso, pomposo, fastuoso.
ANT. *Minúsculo, pequeño, íntimo, insignificante.*

grandor

SIN. Tamaño, magnitud, volumen, grandeza, corpulencia, exorbitancia, dimensión, extensión, medida, talla.
ANT. *Insignificancia, pequeñez.*

granja

SIN. Hacienda, alquería, estancia, cortijo, quinta, masía, masada, cortinal, cortiña, saín, huerta, caserío, finca, rancho, fundo, alquería, lechería, pollería.

grano

SIN. Semilla, arena, ápice, átomo, partícula, pizca, bola, granizo, gránulo, porción, migaja, espiga, cáscara, árido, tumor, chupo *(Amér.)*, forúnculo, ántrax, orzuelo, espinilla, absceso.

granuja

SIN. Pilluelo, vagabundo, bergante, badulaque, perillán, guaja, pillete, pillo, golfo, bribón, bribonzuelo.
ANT. *Noble, honrado.*

grasa

SIN. Manteca, unto, sebo, grasura, adiposidad, sabanilla, grasilla, tocino, pringue, pella, lardo, saín, chicharro, churre, grasitud, mugre, suciedad, lubricante, lubrificante, obesidad, gordura.
ANT. *Delgadez, magro, limpieza.*

grasiento

SIN. Mugriento, pringoso, untoso, craso, pingüe, mantecoso, aceitoso, graso, gordo, seboso, sebáceo, lardero, cremoso, gordo, pingüe, grasoso, sucio.
ANT. *Magro, seco, limpio.*

gratificación

SIN. Propina, premio, plus, recompensa, galardón, remuneración, re-

tribución, regalía, viático, incentivo, prima, subvención, prebenda, beca, renta, aguinaldo, donación.
ANT. *Deducción, descuento, rebaja.*

gratificar
SIN. Recompensar, premiar, remunerar, complacer, satisfacer, galardonar, retribuir, pagar, indemnizar, agradar, contentar.
ANT. *Castigar, deducir, desagradar.*

gratis
SIN. Gratuito, gracioso, grato, gratisdato, libre, regalado.
ANT. *Caro, oneroso.*

gratitud
SIN. Agradecimiento, reconocimiento, correspondencia, obligación, lealtad, cariño, amistad, congratulación.
ANT. *Ingratitud, deslealtad.*

grato
SIN. Agradable, gustoso, deleitoso, placentero, satisfactorio, lisonjero, gratuito, gracioso, gratisdato, amable, delicioso, ameno, sabroso, cómodo, afable, delicado, deseable, fácil, suave complaciente.
ANT. *Ingrato, incómodo, desagradable.*

gratuito
SIN. Infundado, arbitrario, gratisdato, grato, gracioso, gratis, libre, regalado, inmotivado, improcedente, caprichoso, pueril.
ANT. *Costoso, caro, motivado, procedente.*

gratular
SIN. Felicitar, congratular, aplaudir, alabar, aprobarse, complacerse, alegrarse, felicitarse.
ANT. *Indignarse, disgustarse.*

gravamen
SIN. Obligación, carga, canon, hipoteca, impuesto, censo, servidumbre, tributo, gabela, recargo, gastos, fisco, derrama, arbitrio, pecho, derechos.
ANT. *Exención, derecho.*

gravar
SIN. Pesar, cargar, hipotecar, soportar, gravitar, censar, imponer, empeñar.
ANT. *Liberar, eximir.*

grave
SIN. Formal, serio, reservado, circunspecto, noble, decoroso, imponente, considerable, importante, grande, arduo, dificultoso, espinoso, enfadoso, difícil, embarazoso, molesto, capital, trascendental, riguroso, pesado, inerte, macizo, oneroso, enfermo, malo, malherido, agonizante, moribundo.
ANT. *Alegre, nimio, insignificante, ligero, sano.*

gravedad
SIN. Compostura, circunspección, exceso, enormidad, grandeza, importancia, calidad, dificultad, decoro, dignidad, austeridad, trascendencia, peso, pesadumbre, pesantez, peligro, enfermedad, crisis, desahucio.
ANT. *Ligereza, trivialidad, insignificancia, salud.*

grávido
SIN. Lleno, cargado, abundante, pesado, nutrido, colmado, opulento.
ANT. *Falto, escaso, exiguo.*

gravitar
SIN. Cargar, apoyar, pesar, descansar, gravear, gravar, consistir, estribar, posar, caer, abrumar, sostener, pender, amenazar, peligrar, cerner.
ANT. *Eximir, descargar, rechazar.*

gravoso
SIN. Dispendioso, costoso, oneroso, caro, pesado, molesto, fastidioso, cargante, intolerable, jaquecoso, cancanoso, chinchoso, estorboso, pesado, plúmbeo, incómodo, vejatorio.
ANT. *Barato, agradable, divertido.*

gregorito
Amér.
SIN. Burla, chasco, broma.

greguería
SIN. Gritería, algarabía, guirigay, batiburrillo, batahola, alboroto, confusión, bulla, glosa, definición, comentario, interpretación.
ANT. *Tranquilidad, paz.*

gremio
SIN. Corporación, asociación, reunión, sindicato, conjunto, sociedad, agrupación, federación, compañía, regazo.
ANT. *Desunión, separación.*

greña
SIN. Melena, mechón, maraña, pelambrera, confusión, lío, enredo, embrollo, pelea, gresca, disputa, enredo.

ANT. *Peinado, acuerdo, tranquilidad, claridad.*

gresca
SIN. Bulla, algazara, gritería, vocerío, altercado, pelotera, cuestión, pendencia, reyerta, riña, trapatiesta, pelea, zipizape, jarana, chamusquina, trifulca, zaragata, alboroto, contienda, bronca, cisco.
ANT. *Calma, sosiego, acuerdo, paz.*

grey
SIN. Rebaño, tropa, hato, hatajo, conjunto, grupo, agrupación, fieles, cristianos, nación, raza, condición.

grieta
SIN. Rendija, hendidura, abertura, raja, quiebra, quebradura, quebraja, fisura, gotera, corte, mella, surco, hueco, falla, resquicio, intersticio, resquebrajadura.

grifo
SIN. Canilla, llave, espita, chorro, geta, dúcil, obturador, tuerca, rosca, zapata, escape, cerradero, válvula, rizado, crespo, encrespado, enmarañado, rufo.
ANT. *Liso, suave.*

grilla
Amér.
SIN. Contrariedad, molestia, decepción, inconveniencia.
ANT. *Conveniencia, oportunidad.*

grima
SIN. Enojo, desazón, disgusto, asco, molestia, horror, aversión, repugnancia, espanto, temor, pánico, inquietud, irritación.
ANT. *Contento, agrado, gusto.*

gris
SIN. Ceniciento, plomizo, plateado, grisáceo, terroso, triste, lánguido, apagado, desvaído, aburrido, monótono, apático, deslucido, mustio, frío, desapacible.
ANT. *Colorista, alegre, original, divertido.*

grita
SIN. Gritería, abucheo, protesta, algazara, vocerío, vocinglería, clamor, queja, silba, pitido, gritadera *(Amér.)*, bronca, pateo.
ANT. *Silencio, aplauso.*

gritar
SIN. Apitar, algarear, jijear, vociferar, vocear, chillar, baladrar, exclamar, bramar, ulular, desgañitarse

abroncar, rugir, pitar, gallear, quejarse.
ANT. *Callar, silenciar, halagar, aclamar.*

gritadera
Amér.
SIN. Griterío, grito, vocerío, vocinglería, abucheo, clamor.
ANT. *Silencio.*

gritería
SIN. Algazara, algarabía, bulla, grita, vocerío, clamoreo, clamoreda, clamor, ruido, alboroto, pateo, gritadera *(Amér.)*, abucheo, bramido, jaleo, confusión, bullicio.
ANT. *Silencio, tranquilidad.*

grosería
SIN. Descortesía, desatención, ignorancia, descomedimiento, incultura, rusticidad, tosquedad, irrespetuosidad, incivilidad, ordinariez, incorrección, indecencia, barbarie, aspereza, rudeza, chocantería *(Amér.)*, intemperancia, palabrota, ofensa, vulgaridad, incultura, villanía.
ANT. *Finura, cortesía, urbanidad, delicadeza.*

grosero
SIN. Tosco, ordinario, basto, zafio, rústico, burdo, patán, desatento, descomedido, huaso *(Amér.)*, impolítico, descortés, incivil, irrespetuoso, imperfecto, ineducado, inurbano, garbancero, gamberro, incorrecto, puerco, procaz, insolente, bayunco *(Amér.)*, irreverente, vulgar, ofensivo, tosco, ordinario.
ANT. *Fino, cortés, atento, educado, civilizado.*

grosor
SIN. Espesor, grueso, corpulencia, solidez, cuerpo, dimensión, bulto, densidad, espesura, consistencia, obesidad, gordura, adiposidad, grasa, pesadez.
ANT. *Flaqueza.*

grotesco
SIN. Ridículo, grutesco, extravagante, chocante, irregular, risible, bufón, tosco, zafio, raro, charro, bufonesco, caricaturesco, burlesco, mamarracho, adefesio, estrafalario, excéntrico, irregular, deforme, desmesurado.
ANT. *Elegante, proporcionado, serio, fino.*

grúa
SIN. Cabrestante, cabria, árgano,

gánguil, draga, brazo, polea, cable, torno, molinete, plataforma, viga, puntal.

grueso
SIN. Corpulento, pesado, abultado, gordo, grande, basto, ordinario, tosco, voluminoso, corpudo, orondo, obeso, espeso, carnoso, rollizo, rechoncho, gordinflón, culón, recio, robusto, grosor, espesor, masa, cuerpo.
ANT. *Delgado, enjuto, magro, flaco.*

grullada
SIN. Perogrullada, gurullada, necedad, tontería, memez, banda, pandilla, cuadrilla.
ANT. *Ocurrencia, ingenio.*

grullo
Amér.
SIN. Peso, moneda, dinero.

gruñir
SIN. Murmurar, rechinar, susurrar, refunfuñar, rezongar, protestar, farfullar, contestar, mascullar, renegar, rezar, bufar, ronronear, rugir, chirriar, crujir.
ANT. *Elogiar, alabar, suavizar.*

grupo
SIN. Corrillo, conjunto, reunión, conglomerado, porretada, conglomeración, asociación, panda, banda, clan, liga, caterva, equipo, círculo, elenco, junta, partida, pelotón, rebaño, tropa, hatajo, nube, recua, orden, especie, género, tribu, sección, montón, serie, colección, racimo, amasijo.
ANT. *Aislamiento, separación, soledad.*

gruta
SIN. Cueva, caverna, cavidad, antro, refugio, espelunca, horado, fosa, sima, túnel, mina, abertura, catacumba.

guaca
Amér.
SIN. Hucha, alcancía, cepillo.
ANT. *Dispendio.*

guacarnaco
Amér.
SIN. Rudo, tosco, burdo, basto, grosero, torpe.
ANT. *Fino, cultivado, elegante.*

guachafita
Amér.
SIN. Algarabía, algazara, jolgorio, gresca, desorden, alboroto.

ANT. *Silencio, orden.*

guachimán
Amér.
SIN. Vigilante, guardián, cuidador, custodio, carcelero, centinela.

guacho
Amér.
SIN. Huérfano, desmedrado, inclusero, solo.

guagua
Amér.
SIN. Bebé, nene, criatura, rorro.

guaico
Amér.
SIN. Barrizal, lodazal, fangal, ciénaga, hondonada.

gualicho
Amér.
SIN. Daño, nocividad, quebranto, maleficio, perjuicio, trastorno.
ANT. *Beneficio, bien.*

guama
Amér.
SIN. Mentira, embuste, patraña, bulo, falsedad, enredo, ficción.
ANT. *Veracidad, verdad, certeza.*

guando
Amér.
SIN. Andas, parihuela, camilla, litera, angarillas, yacija.

guantazo
SIN. Bofetada, bofetón, golpe, cachete, mamporro, manotazo, revés, golpe, guantón *(Amér.)*, sopapo.
ANT. *Caricia.*

guantón
Amér.
SIN. Guantada, guantazo, bofetada, tortazo, cachete.
ANT. *Mimo, caricia.*

guapeza
SIN. Ánimo, bizarría, valentía, resolución, arrojo, intrepidez, ostentación, gallardía, valor, majeza, bravuconería, guapura, desafío, alarde, belleza, presunción, osadía.
ANT. *Timidez, cobardía, sencillez, humildad, fealdad.*

guapo
SIN. Resuelto, animoso, intrépido, ostentoso, arrojado, galán, chulo, chulapo, jácaro, valeroso, valiente, majo, presumido, elegante, dandi, apuesto, figurín, gallardo, airoso, lindo, bello, hermoso.

ANT. *Feo, ridículo, tímido, cobarde.*

guaraca
Amér.
SIN. Honda, tirador, zurriago.

guaragua
Amér.
SIN. Contoneo, balanceo, meneo, ondulación.

guaraquero
Amér.
SIN. Ladrón, bandido, ladronzuelo, rapiñador, estafador.
ANT. *Honrado, íntegro.*

guarda
SIN. Vigilante, guardián, depositario, cerbero, cancerbero, custodio, portero, conserje, centinela, vigía, tutela, custodia, vigilancia, salvaguardia, conservación, observancia, cumplimiento, guarnición.

guardador
SIN. Guardoso, conservador, tutor, curador, centinela, observante, cumplidor, mezquino, miserable, tacaño, avaro, apocado, cutre, cicatero, miserable.
ANT. *Espléndido, generoso.*

guardapiés
SIN. Brial, falda, halda, basquiña.

guardar
SIN. Custodiar, conservar, defender, cuidar, precaver, proteger, retener, velar, tener, vigilar, acatar, cumplir, obedecer, observar, respetar, retener, recelar, esconder, tener, ahorrar, recoger, almacenar, depositar, meter, archivar, prevenirse, defenderse, protegerse, reservarse.
ANT. *Gastar, abandonar, desatender, omitir, infringir, exponerse.*

guardia
SIN. Custodia, defensa, protección, amparo, vigilancia, salvaguardia, cuidado, tutela, protección, asistencia, policía, guarda, retén, vigilante, guardián, gendarme, carabinero, sereno, guachimán *(Amér.)*, relevo, ronda.
ANT. *Desamparo, descuido, negligencia.*

guardilla
SIN. Buhardilla, bohardilla, sotabanco, desván, buharda, chiribitil, tabanco, chamizo, tabuco.

guarecer
SIN. Acoger, socorrer, guardar, conservar, preservar, curar, medicinar, proteger, refugiar, albergar, ayudar, esconder, recoger, amparar, asilar, salvar, recibir, guarir.
ANT. *Descubrir, salir, exponer.*

guargüero
Amér.
SIN. Garganta, garguero, gaznate, gañote, pescuezo.

guarida
SIN. Cubil, cueva, antro, refugio, amparo, abrigadero, albergue, madriguera, lobera, nido, ratonera, abrigo, asilo, descanso.
ANT. *Desamparo.*

guaricha
Amér.
SIN. Hembra, fémina, mujer, dama.
ANT. *Hombre, macho.*

guarnecer
SIN. Adornar, guarnir, ornar, revestir, embellecer, decorar, amueblar, tapizar, dotar, proveer, equipar, ribetear, embutir, reforzar, exornar, vestir, acicalar, pintar, dotar, abastecer, aparejar, uncir, cinchar, ajaezar, defender, guarnicionar, ocupar, forzar.
ANT. *Afear, desposeer, debilitar.*

guarro
SIN. Cochino, puerco, sucio, marrano, cerdo, asqueroso, grosero, indecente, canalla, truhán, desaprensivo.
ANT. *Limpio, aseado, fino.*

guasa
SIN. Pesadez, sosería, sandez, chanza, broma, burla, changuí, chirigota, ironía, chacota, pitorreo, choteo, salida, gracejo, golpe, chispa, agudeza, bobería, estupidez.
ANT. *Seriedad, salero.*

guasanga
Amér.
SIN. Alboroto, bulla, vocerío, algarabía, algazara, bullicio.
ANT. *Silencio, quietud.*

guaso
Amér.
SIN. Tosco, grosero, rudo, patán, zafio, torpe.
ANT. *Refinado, culto.*

guasón
SIN. Chancero, burlón, bromista,

chufletero, chacotero, chuzón, zumbón, irónico, gracioso, salado, agudo, fino, chispeante, genial, chusco, cómico, ocurrente, patoso, desabrido, soso, pesado.
ANT. *Grave, serio, saleroso.*

guata
Amér.
SIN. Panza, barriga, tripa, vientre, abdomen, andorga.

guayaba
Amér.
SIN. Muchacha, chica, chavala, moza.

guayabá
Amér.
SIN. Mentira, embuste, patraña, lío, ficción.
ANT. *Verdad, veracidad.*

guerra
SIN. Pleito, conflagración, enemistad, disidencia, rivalidad, ruptura, contienda, hostilidad, pugna, beligerancia, discordia, batalla, pelea, combate, movilización, cerco, lucha, operaciones, refriega, choque, campaña, ofensiva, conquista, ocupación, rebato, repliegue, saqueo, pillaje.
ANT. *Paz, concordia, tregua, avenencia, armisticio, neutralidad.*

guerrear
SIN. Luchar, batallar, combatir, resistir, rebatir, contradecir, pelear, contender, debatir, acometer, atacar, invadir, chocar, conquistar, cercar, campear, hostilizar, destruir, movilizar, sitiar, opugnar, contradecir.
ANT. *Conciliar, pacificar, pactar, rendir.*

guerrero
SIN. Marcial, belicoso, militar, batallador, beligerante, combatiente, contendiente, soldado, táctico, logístico, aguerrido, bélico, luchador, maqui, provocador.
ANT. *Pacificador, pacífico, pacifista.*

guía
SIN. Acompañante, conductor, director, consejero, maestro, mentor, dirigente, baquiano, baqueano, espolique, espolista, lazarillo, piloto, cicerone, práctico, cochero, explorador, guinche *(Amér.)*, intérprete, asesor, corifeo, mentor, tutor, aviso, norte, mira, blanco, meta, objetivo, destino, consejo, dirección

tutela, supervisión, itinerario, plano, folleto, recorrido, lista, compendio, prontuario, sumario.
ANT. *Desamparo, desinterés, desasistencia.*

guiar
SIN. Conducir, aconsejar, dirigir, encaminar, gobernar, orientar, senderear, encarrillar, enhilar, llevar, indicar, enviar, adiestrar, regir, mandar, advertir, asesorar, avisar, prevenir, precaver, pilotar, embridar.
ANT. *Descarriar, desencaminar, equivocar.*

guija
SIN. Guijarro, almorta, callao, jejo, escrúpulo, china, peduscro.

guijeño
SIN. Empedernido, duro, pétreo, saxeo, guijo, contumaz, recalcitrante, terco, cruel.
ANT. *Blando, dócil.*

guilón
Amér.
SIN. Cobarde, medroso, flojo, atemorizado, pusilánime.
ANT. *Valiente, bravo.*

guillado
SIN. Orate, ido, mochales, tocado, chiflado, ajeno, loco, lelo, maniático.
ANT. *Cuerdo, sensato.*

guilladura
SIN. Chifladura, monomanía, chaladura, lunatismo, demencia, insania, locura, sonadura.
ANT. *Sensatez, cordura.*

guillote
SIN. Usufructuario, cosechero, haragán, holgazán, desaplicado, perezoso, vago, gandul, desidioso, cándido, novato, bisoño, aprendiz, nuevo, novel.
ANT. *Experimentado, ducho, activo, trabajador.*

guinche
Amér.
SIN. Guía, cabestrante, conductor, práctico.

guindar
SIN. Colgar, ahorcar, descolgar, izar, levantar, alzar, conseguir, obtener, birlar, ganar.
ANT. *Dejar, abandonar.*

guiñapo
SIN. Andrajo, trapo, harapo, calandrajo, desaliñado, dejado, pingo, jirón, piltrafa, débil, enfermizo, abatido, vencido, derrotado, aniquilado, envilecido, degenerado, despreciable.
ANT. *Sano, fuerte, triunfante, noble.*

guiñaposo
SIN. Andrajoso, harapiento, haraposo, guiñapiento, pingajoso, piltrafoso, roto, cochambroso, dejado, desaliñado.
ANT. *Nuevo, limpio, pulcro.*

guión
SIN. Argumento, libreto, asunto, resumen, trama, esquema, signo, línea, trazo, raya, estandarte, insignia, banderín, bandera, pendón.

güira
Amér.
SIN. Cabeza, coco, calabaza, chola, cocorota, testa.

guisar
SIN. Cocer, cocinar, aderezar, sazonar, ordenar, adobar, componer, arreglar, disponer, preparar, aliñar, cocinar, condimentar, asar, espumar, estofar, rebozar, rustir, freír, dorar.

guiso
SIN. Guisado, bodrio, condumio, guisote, baturrillo, brodete, bazofia, manjar, plato, vianda, olla, alimento, aderezo, revoltillo, cocido, potaje, salsa, especia, picadillo, estofado.

guita
SIN. Cuartos, dinero, caudal, bienes, parné, parnés, mosca, cordel, cuerda, cordón, cabo, bramante.

guitarrón
SIN. Astuto, sagaz, camastrón, picarón, ladino, astucioso, solerte,

candongo, tunante, zorro, cuco, lagarto, zascandil, guitarra.
ANT. *Incauto, ingenuo, cándido.*

gula
SIN. Gulosidad, glotonería, tragonería, angurria *(Amér.)*, tragonía, tragazón, voracidad, atracón, apetito, desenfreno, saciedad.
ANT. *Austeridad, moderación, sobriedad.*

gulusmear
SIN. Golosinar, husmear, oler, catar, olfatear, curiosear.
ANT. *Desdeñar, desinteresarse.*

gurrumina
Amér.
SIN. Fruslería, nimiedad, pequeñez, bagatela, nadería, minucia, menudencia.
ANT. *Importancia.*

gusano
SIN. Lombriz, oruga, cuca, sanguijuela, gusarapo, anélido, parásito, insecto, protozoario, solitaria, oscuro, humilde, insignificante.
ANT. *Altivo, orgulloso.*

gustar
SIN. Complacer, agradar, paladear, placer, celebrar, probar, experimentar, desear, querer, catar, tastar, libar, saborear, degustar, satisfacer, regalar, contentar, anhelar, sentir, prendar, ansiar, apetecer.
ANT. *Disgustar, desagradar, aborrecer.*

gusto
SIN. Capricho, antojo, delicia, deleite, satisfacción, placer, complacencia, agrado, voluntad, sabor, arbitrio, sapidez, paladar, dejo, deje, satisfacción, contento, afición, sentimiento, sentir, modo, moda.
ANT. *Disgusto, desagrado.*

gustoso
SIN. Sabroso, agradable, apetitoso, divertido, grato, entretenido, placentero, rápido, saporífero, suculento, apetitivo, apetecible, deleitable, ameno.
ANT. *Repugnante, disgustado, aburrido.*

H

haba
SIN. Gabarro, roncha, equimosis, frallecito.

habanera
SIN. Danza, americana.

habano
SIN. Puro, cigarro, tagarnina.

haber
SIN. Caudal, bienes, rentas, hacienda, fortuna, honorarios, sueldo, mensualidad, derechos, retribución, salario, poseer, tener, apresar, coger, cobrar, acaecer, suceder, sobrevenir, ocurrir, acontecer, verificarse, efectuarse, descargo, crédito, existir, ser.
ANT. *Deber, carecer.*

hábil
SIN. Inteligente, dispuesto, capaz, diestro, apto, experto, competente, mañoso, habilidoso, apañado, idóneo, docto, sagaz, astuto, útil, ejercitado, industrioso, ingenioso, diligente, entendido, técnico, especialista, maestro, diplomático, disimulado.
ANT. *Inhábil, inexperto, novato, incompetente, ingenuo, tonto, desmañado, torpe, bisoño.*

habilidad
SIN. Arte, aptitud, maestría, maña, capacidad, competencia, saber, disposición, idoneidad, pericia, inteligencia, adiestramiento, técnica, práctica, hábito, soltura, desenvoltura, agilidad, prontitud, apaño, pulso, tacto, diplomacia, estrategia, finura, acierto, regate, malicia, trastienda.

ANT. *Impericia, incompetencia, incapacidad, inexperiencia.*

habitación
SIN. Vivienda, casa, residencia, mansión, morada, domicilio, paradero, apartamento, piso, hogar, departamento, albergue, apeadero, posada, fonda, internado, aposento, recinto, cuarto, alcoba, cámara, estancia.

habitante
SIN. Inquilino, vecino, morador, propietario, ciudadano, residente, domiciliado, conviviente, arrendatario.

habitar
SIN. Vivir, morar, residir, ocupar, anidar, aposentar, estar, alojarse, poblar, amueblar.
ANT. *Dejar, abandonar, mudar, huir.*

hábito
SIN. Vestido, traje, cogulla, costumbre, práctica, uso, regla, rutina, estilo, moda, método, rito, manía, automatismo, capricho, tradición, facilidad, destreza.

habituado
SIN. Acostumbrado, avezado, familiarizado, hecho, enseñado, cursado, veterano, experto.
ANT. *Inexperto, novato, extraño.*

habitual
SIN. Familiar, corriente, ordinario, usual, tradicional, vulgar, repetido, maquinal, convencional, frecuente, común.
ANT. *Desusado, desacostumbrado, infrecuente, raro, insólito.*

habituar
SIN. Familiarizar, acostumbrar, avezar, amoldar, usar, practicar, curtir, enseñar, estilar, llevar, insistir.
ANT. *Extrañar, rechazar, descarriar.*

habla
SIN. Lengua, idioma, lenguaje, dialecto, oración, locución, frase, palabra, arenga, discurso, razonamiento, monserga, murmuración, charla, sermón, diálogo, discusión, monólogo.
ANT. *Mudez.*

hablador
SIN. Charlatán, parlachín, parlador, labioso *(Amér.)*, romancero, garlón, algarero, chacharero, bocazas, cotorra, loro, voceras, indiscreto, murmurador, cotilla, alcahuete.
ANT. *Callado, mudo, silencioso, cazurro, discreto.*

habladuría
SIN. Calumnia, comadreo, cotilleo, chismorrería, parladuría, cuento, enredo, romances, mentira, murmuración, rumor, palabrería, charlatanería, verborrea, desparpajo, cháchara.
ANT. *Prudencia, discreción, comedimiento.*

hablar
SIN. Decir, charlar, conversar, conferenciar, platicar, departir, expresar, manifestar, clamar, disertar, recitar, dialogar, razonar, comentar, opinar, criticar, musitar, chacharear, garlar, vociferar, gritar, despotricar, chapurrear, proponer, interceder, rogar, suplicar, influir.

ANT. *Callar, enmudecer.*

hablilla
SIN. Chisme, habladuría, cuento, rumor, murmuración, mentira, bulo, bola, falsedad, trola, cotillería, embuste, embrollo, patraña, fábula.
ANT. *Veracidad, comedimiento.*

hacedero
SIN. Posible, realizable, factible, practicable, asequible, ejecutable, viable, llano, fácil, obvio.
ANT. *Imposible, difícil, absurdo, utópico.*

hacendado
SIN. Potentado, rico, acaudalado, rentista, capitalista, propietario.
ANT. *Pobre, mísero, desvalido.*

hacendarse
SIN. Arraigarse, fijarse, establecerse, afincarse.
ANT. *Marcharse, desarraigarse.*

hacendoso
SIN. Diligente, solícito, cuidadoso, trabajador, laborioso, dinámico, activo, incansable, afanoso, faenero.
ANT. *Vago, holgazán, indolente, perezoso.*

hacer
SIN. Fabricar, formar, confeccionar, construir, manufacturar, elaborar, trabajar, producir, efectuar, ejecutar, consumar, establecer, ultimar, concluir, obrar, plasmar, inventar, perpetrar, verificar, realizar, causar, ocasionar, caber, contener, aderezar, preparar, componer, crear, concebir, enjendrar, perfeccionar, mejorar, suponer, obligar, constreñir.
ANT. *Deshacer, vaguear, holgar, abstenerse.*

hacerse
SIN. Habituarse, acostumbrarse, fingirse, avezarse, desarrollarse, crecer, aumentarse, perfeccionarse, volverse, transformarse, convertirse.
ANT. *Deshacerse, morirse.*

hacienda
SIN. Capital, caudal, fortuna, intereses, bienes, propiedad, finca, heredad, posesión, dinero, erario, fisco, tesoro, tributo.

hacienda
Amér.
SIN. Ganado, hato, manada, torada, vacada, borregada, recua.

hacina
SIN. Montón, cúmulo, conjunto, mezcla, telera, tonga, haza, parva.
ANT. *Dispersión, despilfarro.*

hacinamiento
SIN. Amontonamiento, acumulación, aglomeración, apilamiento, mezcolanza, reunión.
ANT. *Dispersión, disgregación.*

hacinar
SIN. Amontonar, apilar, acumular, juntar, aglomerar, agregar, mezclar, apretar.
ANT. *Separar, disgregar, desperdigar.*

hacha
SIN. Segur, machete, aja, azuela, vela, cirio, candela, antorcha, blandón, hachón, mecha, lucerno.

hachero
SIN. Labrador, leñador, soldado.

hado
SIN. Sino, destino, estrella, signo, fortuna, suerte, fatalidad, providencia, predicción, casualidad, azar, ventura.

halagador
SIN. Adulador, complaciente, satisfactorio, obsequioso, acariciador, mimador, lisonjero, cariñoso, risueño, encomiástico, pelotillero, empalagoso.
ANT. *Serio, seco, displicente.*

halagar
SIN. Adular, lisonjear, complacer, agasajar, festejar, obsequiar, regalar, cotejar, mimar, acariciar, consentir, sobar, gustar, deleitar.
ANT. *Desagradar, despreciar, desdeñar, criticar.*

halago
SIN. Agasajo, adulación, caricia, lisonja, mimo, coba, cortesía, lamedor, zalamería, marrullería, putería, beso, abrazo, palmada.
ANT. *Insulto, sequedad, brusquedad, desagrado.*

halagüeño
SIN. Halagador, encomiástico, complaciente, lisonjero, risueño, satisfactorio, adulador, acariciador, mimoso, sobón.
ANT. *Serio, displicente, distante.*

halar
SIN. Tirar de, estirar, atraer, izar, arrastrar.
ANT. *Rechazar.*

halcón
SIN. Alcotán, cernícalo, niego, prima.

halo
SIN. Aureola, resplandor, fulgor, luminosidad, corona, cerco, anillo, círculo.
ANT. *Sombra, oscuridad, incógnito, desconocimiento.*

hallar
SIN. Inventar, encontrar, descubrir, acertar, sacar, observar, ver, notar, percibir, topar, tropezar, averiguar, dar con, atinar, solucionar.
ANT. *Perder, alejar, eclipsar.*

hallarse
SIN. Encontrarse, estar, ubicar.

hallazgo
SIN. Encuentro, invención, descubrimiento, acierto, creación, evento.
ANT. *Pérdida.*

hamaca
SIN. Campechana, cama, yacija, dormilona, cabullera, tumbona, red, catre.

hamaquear
Amér.
SIN. Hecer, columpiar, acunar, bambolear.

hambre
SIN. Apetito, necesidad, gana, hambrusia *(Amér.)*, gula, glotonería, avidez, caninez, afán, ansia, anhelo, ayuno, abstinencia.
ANT. *Desgana, inapetencia, hartura.*

hambrear
SIN. Malcomer, ayunar, escasear, necesitar, ansiar.
ANT. *Hartarse, colmarse, hincharse.*

hambriento
SIN. Famélico, hambrón, necesitado, glotón, ávido, ansioso, deseoso, hidrópico, voraz, anheloso, codicioso.
ANT. *Harto, saciado, desganado, moderado.*

hambrusia
Amér.
SIN. Hambre, apetito, gana, necesidad, gazuza, gusa.
ANT. *Hastura, inapetencia.*

hampa
SIN. Chusma, canalla, golfería, pillería, picaresca, bribonería, germa-

nía, delincuencia, vicio, madriguera, cuadrilla, gentuza.
ANT. *Élite, flor y nata, aristocracia.*

hampón
SIN. Bravo, bravucón, valentón, granuja, perdonavidas, haragán, golfo, pillo, bribón, holgazán, chulo, majo.
ANT. *Honrado, noble, trabajador, apocado.*

haragán
SIN. Gandúl, holgazán, perezoso, tumbón, vago, holgado, flojo, poltrón, ocioso, ventanero, pesado, lento.
ANT. *Trabajador, activo, dispuesto, aplicado, afanoso, dinámico.*

haraganear
SIN. Holgar, holgazanear, vagar, gandulear, deambular, flojear, vaguear.
ANT. *Trabajar, rendir.*

haraganería
SIN. Holganza, holgazanería, ociosidad, bohemia, gandulería, pereza, flojera, vaguería, cachaza, embotamiento, apatía, dejadez, aplanamiento.
ANT. *Actividad, laboriosidad.*

harapiento
SIN. Haraposo, andrajoso, roto, pingajoso, piltrafoso, pringoso, deshilachado, guiñaposo.
ANT. *Elegante, nuevo, guaperas.*

harapo
SIN. Andrajo, trapo, pingajo, alaco *(Amér.)*, colgajo, estraza, garra *(Amér.)*, jirón, remiendo, descosido, arambel.
ANT. *Cosido, reparación.*

harinoso
SIN. Harinero, feculento, farináceo, panoso.
ANT. *Compacto.*

harón
SIN. Perezoso, holgazán, gandúl, flojo, tardo, ventanero, holgado.
ANT. *Trabajador, activo, dispuesto, aplicado, afanoso, dinámico.*

haronía
SIN. Pereza, flojedad, holgazanería, gandulería, vagancia, haraganería.
ANT. *Actividad, laboriosidad.*

hartar
SIN. Saciar, llenar, satisfacer, hen-

chir, satirar, atiborrar, atracar, empachar, empalagar, empaparse, repletar, indigestar, engullir, hincharse, hostiar, cansar, importunar, fastidiar, molestar, incordiar.
ANT. *Ayunar, limitar, moderar, atenuar, ajustar, agradar, divertir.*

hartazgo
SIN. Panzada, atracón, tripada, empalago, hartura, empacho, exceso, abuso, fastidio, cansancio, asco, aversión, repulsión, hastío, aburrimiento.
ANT. *Falta, carencia, hambre, ayuno, diversión.*

harto
SIN. Saciado, lleno, repleto, satisfecho, atiborrado, sobrado, cebado, pipón *(Amér.)*, saturado, excesivo, bastante, cansado, fastidiado, hastiado, aburrido, molesto, irritado, enojado.
ANT. *Hambriento, famélico, ayuno, vacío, contento, entretenido.*

hartura
SIN. Abundancia, repleción, copia, variedad, hartazgo, satisfacción, saturación, empalago.
ANT. *Escasez, penuria, miseria, pobreza, falta.*

hastiado
SIN. Fastidiado, fastidioso, aburrido, harto, cansado, lleno, disgustado, asqueado, hasta las narices, hasta la coronilla.
ANT. *Satisfecho, contento, alegre, divertido.*

hastiar
SIN. Aburrir, cansar, empalagar, hartar, fastidiar, repugnar, enfadar, ofender, embarazar.
ANT. *Agradar, satisfacer, divertir, contentar.*

hastío
SIN. Tedio, aburrimiento, cansancio, disgusto, repugnancia, asco, indiferencia, indolencia, empalago, lata, abandono, morriña, nostalgia, malhumor.
ANT. *Alegría, satisfacción, diversión, actividad, entusiasmo, entretenimiento.*

hatajo
SIN. Rebaño, multitud, cúmulo, montón, muchedumbre, conjunto, copia, profusión, abundancia.
ANT. *Escasez, falta, carestía, ausencia, penuria, soledad.*

hatería
SIN. Víveres, provisiones, repuestos, equipo, bagaje, ajuar, fardel, ropa.

hato
SIN. Ajuar, ropa, equipo, provisiones, víveres, rebaño, ganado, manada, cuadrilla, pandilla, banda, caterva, redil, fardo, paquete, envoltorio, bulto, profusión, multitud.

haz
SIN. Atado, gavilla, paquete, manojo, brazada, garbón, fajo, capón, treznal, cara, rostro, semblante.

hazaña
SIN. Heroicidad, proeza, valentía, gesta, epopeya, guapeza, majeza, empresa, gallardía.
ANT. *Cobardía, inacción, inercia, quietud.*

hazañosamente
SIN. Valerosamente, valientemente, briosamente, denodadamente, heroicamente.

hazañoso
SIN. Valiente, heroico, valeroso, esforzado, ardido, bravo, animoso, lanzado, decidido, resuelto.
ANT. *Cobardía, pusilánime, tímido.*

hazmerreír
SIN. Mamarracho, bufón, payaso, tipejo, calandrajo, adefesio, mono, espantajo, pelele, fachoso, ridículo.
ANT. *Distinguido, elegante, serio.*

hebdómada
SIN. Semana, septenario.

hebilla
SIN. Pasador, broche, ajustador, imperdible, corchete, fíbula, botón.

hebraico
SIN. Israelítico, judaico, levítico, mosaico, semítico, masorético, rabínico.

hebreo
SIN. Israelita, judío, sefardita, saduceo, habiru, semita, mosaico, hebraico, circunciso.

hecatombe
SIN. Sacrificio, inmolación, holocausto, oblación, degollina, carnicería, matanza, destrozo, destrucción, aniquilamiento, adversidad, tragedia, desgracia, descalabro.
ANT. *Prosperidad, progreso, suerte.*

hechicera

SIN. Sibila, pitonisa, maga, bruja, mágica, adivina, lobera, atrayente, sugestiva, fascinante, seductora, embelesadora.

ANT. *Desagradable, antipática.*

hechicería

SIN. Brujería, magia, encantamiento, hechizo, maleficio, ocultismo, superstición, predicción, alquimia, nigromancia, ensalmo, conjuro, sortilegio, buenaventura, filtro, encanto.

hechicero

SIN. Brujo, mago, mágico, encantador, nigromante, magnetizador, adivino, profeta, espiritista, ocultista, cabalista, medium, cautivante, atrayente, seductor.

ANT. *Antipático, repelente, soso, aborrecible, brusco.*

hechizar

SIN. Embelesar, cautivar, embrujar, catatar *(Amér.)*, seducir, encantar, atraer, fascinar, entusiasmar, deleitar, sorber, arrebatar, brujear, adivinar, ojear, conjurar, exorcizar, profetizar, alucinar.

ANT. *Desencantar, deshechizar, despertar, desagradar, disgustar.*

hechizo

SIN. Encanto, atractivo, anzuelo, gancho, embeleso, deleite, fascinación, seducción, filtro, ligamen, bebedizo, maléfico, conjuro, pacto, embrujamiento, evocación, magia, cábala, artificioso, fingido, agregado, postizo, añadido, sobrepuesto, portátil.

ANT. *Desagrado, antipatía, sosería, auténtico, natural.*

hecho

SIN. Maduro, perfecto, acabado, puro, cabal, consumado, resuelto, constituido, aceptado, suceso, hazaña, acontecimiento, caso, acción, obralance, efemérides, trance, encuentro, acostumbrado, familiarizado, avezado, habituado.

ANT. *Imperfecto, novato, desacuerdo, inexperto, novel, bisoño.*

hechura

SIN. Obra, producción, producto, fruto, criatura, hijo, composición, organización, contextura, formación, forma, complexión, imagen, figura, confección, corte.

ANT. *Nada, ninguna cosa, desgana, dejadez.*

heder

SIN. Apestar, atufar, contaminar, corromper, infestar, molestar, enfadar, fastidiar, cargar, cansar, incordiar, reventar, disgustar, hartar.

ANT. *Perfumar, agradar, complacer.*

hediondez

SIN. Fetidez, pestilencia, corrupción, peste, tufo.

ANT. *Perfume, fragancia, esencia.*

hediondo

SIN. Fétido, apestoso, pestífero, pestilente, carroñoso, viciado, putrefacto, nauseabundo, torpe, obsceno, asqueroso, sucio, repugnante, indecente, insufrible, molesto, enfadoso, cansado, fastidioso, inaguantable, insoportable, incordiante.

ANT. *Fragante, perfumado, aromático, delicado, agradable.*

hedor

SIN. Fetidez, hediondez, pestilencia, peste, tufo, corrupción.

ANT. *Aroma, perfume, fragancia.*

hegemonía

SIN. Supremacía, predominio, superioridad, preeminencia, imperio, influjo, dominio.

ANT. *Supeditación, subordinación decadencia.*

helada

SIN. Congelación, escarcha, frío, hielo, nieve, granizo.

ANT. *Bochorno, canícula.*

helado

SIN. Estupefacto, atónito, pasmado, suspenso, sobrecogido, confuso, sorprendido, frío, fresco, glacial, acarambanado, congelado, frígido, golosina, sorbete, granizado.

ANT. *Indiferente, cálido, ardiente, ígneo, tórrido.*

helar

SIN. Congelar, enfriar, escarchar, refrescar, refrigerar, pasmar, sobrecoger, paralizar, extrañar, apocar, aturdir, amilanar, intimidar, desanimar, desalentar, acobardar.

ANT. *Calentar, acalorar, diluir, animar, alentar.*

helero

SIN. Glaciar, ventisquero, nevero.

hematoma

SIN. Moradura, cardenal, tumor, chichón, bulto, magulladura, contusión.

hembra

SIN. Mujer, fémina, dama, guàri-cha *(Amér.)*, señora, madre, doncella, rosca, encaje, tuerca.

ANT. *Hombre, tornillo.*

hemorragia

SIN. Flujo, efusión, pérdida, período, menstruación, sangría, salida, sangre.

ANT. *Cicatriz.*

henchimiento

SIN. Hinchazón, repleción, relleno, plenitud, abundancia, saciedad, inflación, preñez, panzada.

ANT. *Vaciedad, oquedad, depresión, desocupado.*

henchir

SIN. Llenar, ocupar, rellenar, hinchar, inflar, inundar, atestar, saturar, recargar, invadir, introducir, insuflar, atracar.

ANT. *Vaciar, enflaquecer.*

henchido

SIN. Lleno, inflado, preñado, grávido, pleno.

ANT. *Vacío, seco.*

hender

SIN. Agrietar, abrir, rajar, romper, quebrantar, resquebrajar, exfoliar, cuartear, cortar, atravesar, separar, acuchillar, reventar, entrecortar.

ANT. *Unir, pegar, adherir.*

hendidura

SIN. Grieta, abertura, cavidad, raja, rendija, quebradura, ranura, fisura, estría, surco, muesca, intersticio, falla, garganta, separación, fractura, gotera.

ANT. *Saliente.*

hendimiento

SIN. Agrietamiento, cascadura, resquebrajamiento, cuarteamiento.

ANT. *Unión, enlace, trabazón.*

heno

SIN. Forraje, hierba, pienso, pastura.

heraldo

SIN. Mensajero, enviado, correo, emisario, legado, nuncio, misionero, representante, apoderado.

herbolario

SIN. Herbario, herboricultor, botánico, alocado, descabellado, insensato, inconsciente.

ANT. *Sensato, cuerdo.*

heredad

SIN. Posesión, propiedad, hacienda, predio, bienes, finca, campo, granja, alodio, latifundio, tierra.

heredar
SIN. Suceder, recibir, adquirir, coheredar, colacionar, sacar, semejarse, parecerse, disponer, dejar, transmitir.

heredero
SIN. Sucesor, legitimario, beneficiario, favorecido, fiduciario, cabalero, primogénito.
ANT. *Tutor, administrador, guardador.*

hereditario
SIN. Patrimonial, testamentario, sucesorio, heredable, transitivo, transmitido.

hereje
SIN. Apóstata, incrédulo, renegado, sacrílego, impío, heterodoxo, infiel, cismático, sectario, desleal, descreído, ateo, judas, traidor, disconforme.
ANT. *Fiel, ortodoxo, creyente, prudente.*

herejía
SIN. Error, heterodoxia, impiedad, sacrilegio, apostasía, secta, cisma, rebelión, deserción, deslealtad, negación, desvío, separación, fechoría, injuria, ofensa, disparate, equivocación.
ANT. *Fidelidad, ortodoxia, creencia, convicción, piedad.*

herencia
SIN. Sucesión, beneficio, transmisión, patrimonio, partición, adquisición, usufructo, derechos, bienes, pertenencias, disfrute, heredad, temperamento, inclinación, costumbre, tradición, afinidad, parecido.
ANT. *Rechazo, diferencia, desigualdad.*

herido
SIN. Accidentado, lesionado, lastimado, descalabrado, malparado, contusionado, desfigurado, maltrecho, fracturado, mutilado, ofendido, agraviado.
ANT. *Ileso, entero, íntegro, intacto.*

herir
SIN. Vulnerar, lesionar, lacerar, dar, picar, acribillar, acuchillar, señalar, lisiar, golpear, batir, descalabrar, arponear, erosionar, punzar, tajar, sacudir, accidentar, impresionar, conmover, mover, excitar,

ofender, agraviar, insultar, dañar, ultrajar, atormentar.
ANT. *Acariciar, mimar, curar, consolar, halagar, alabar.*

hermafrodita
SIN. Bisexual, ambiguo, manflorita *(Amér.)*, equívoco, indefinido.
ANT. *Unisexual, definido.*

hermanar
SIN. Juntar, unir, uniformar, armonizar, fraternizar, equiparar, igualar, avenir, compenetrar.
ANT. *Enemistar, separar, alejar, desavenir, romper.*

hermanarse
SIN. Armonizarse, unirse, juntarse, confraternizarse, fraternizar.
ANT. *Enemistarse, separarse, alejarse, desavenirse.*

hermano
SIN. Fray, fraile, donado, oblado, lego, consanguíneo, pariente, prójimo, semejante.
ANT. *Secular, enemigo, extraño.*

hermético
SIN. Cerrado, impenetrable, secreto, reservado, aislado, mudo, callado, silencioso.
ANT. *Abierto, conocido, divulgado.*

hermosear
SIN. Embellecer, adornar, agraciar, alegrar, realzar, maquillar, decorar, mejorar, aderezar, preparar, pulir.
ANT. *Afear, desfavorecer, deslucir, abandonarse.*

hermoso
SIN. Bello, guapo, bonito, lindo, encantador, precioso, soberbio, magnífico, divino, estupendo, imponente, perfecto, bárbaro, fenomenal, pituso, elegante, salado, fastuoso, apuesto, espléndido, agradable, sereno, apacible, soleado, bueno.
ANT. *Feo, repelente, malcarado, mezquino, vulgar, pequeño, oscuro, lluvioso, nuboso, desapacible.*

hermosura
SIN. Perfección, belleza, excelencia, lindeza, primor, galanura, preciosidad, encanto, graciosidad, divinidad, sublimidad, elegancia, agrado, estética, maravilla, gracia, ideal, garbo, abundancia, riqueza.
ANT. *Fealdad, vulgaridad, escasez, pobreza.*

héroe
SIN. Valiente, ilustre, campeón, campeador, cid, paladín, epónimo, superhombre, semidiós, titán, protagonista, autor.
ANT. *Ignorado, desconocido, cobarde.*

heroicidad
SIN. Heroísmo, proeza, hazaña, gesta, epopeya, valentía, hombrada, guapeza, osadía, gallardía.
ANT. *Cobardía, temor, pusilanimidad.*

heroico
SIN. Épico, esforzado, hazañoso, intrépido, bravo, valiente, osado, ciclópeo, colosal, titánico, bizarro, homérico.
ANT. *Cobarde, gallina, pusilánime, tímido.*

heroísmo
SIN. Valentía, valor, arrojo, atrevimiento, heroicidad, bravura.
ANT. *Cobardía, timidez.*

herrador
SIN. Mariscal, veterinario, herrero, encasquillador *(Amér.)*, forjador, quincallero.

herramienta
SIN. Instrumento, útil, utensilio, aparato, ingenio, pieza, aparejo, objeto, arma.

herrar
SIN. Forjar, encasquillar, calimbar *(Amér.)*, clavar, adobar, chapear.
ANT. *Desclavar, descalzar.*

herrería
SIN. Fragua, forja, taller, tienda, cerrajería, quincallería, confusión, alboroto, bronca, jaleo, desorden.
ANT. *Silencio, tranquilidad.*

herrero
SIN. Forjador, destemplador, cerrajero, rejero, chapucero, quincallero, fundidor.

herrumbre
SIN. Orín, moho, óxido, verdete, roña, hongo.
ANT. *Brillo, limpieza, aseo.*

herrumbroso
SIN. Oxidado, mohoso, roñoso, florido, estropeado.
ANT. *Brillante, limpio.*

hervidero
SIN. Muchedumbre, multitud,

abundancia, copia, masa, hormiguero, enjambre, afluencia, oleada, torrente, ebullición, hervor, murmullo, zumbido, efervescencia.
ANT. *Aislamiento, calma, soledad, frialdad.*

hervir
SIN. Cocer, bullir, borbotar, espumar, fermentar, escaldar, arder, agitarse, encresparse, levantarse, picarse, alborotarse, excitarse, inflamarse.
ANT. *Enfriarse, calmarse.*

hervor
SIN. Fogosidad, ardor, impetuosidad, entusiasmo, animosidad, viveza, eficacia, efervescencia, hervidero, ebullición, burbuja.
ANT. *Sosiego, tranquilidad.*

hervoroso
SIN. Fogoso, entusiasta, impetuoso, acalorado, enardecido, alborotado, inquieto.
ANT. *Tranquilo.*

heteróclito
SIN. Irregular, extraño, singular, raro, dispar, desacorde, anormal, heterogéneo.
ANT. *Regular, corriente, igual, homogéneo.*

heterogéneo
SIN. Diverso, híbrido, mezclado, distinto, múltiple, desemejante, disconforme, desigual.
ANT. *Homogéneo, semejante, igual.*

hez
SIN. Escoria, desperdicio, desecho, poso, sedimento, depósito, líquido, defecación, chusma, canalla, despreciable, gentuza, hampa.
ANT. *Crema, flor y nata, selección.*

hibernación
SIN. Letargo, somnolencia, sueño, semiinconsciencia.
ANT. *Conciencia.*

híbrido
SIN. Mestizo, cruzado, heterogéneo, atravesado, mixto, bastardo, mezclado, combinado.
ANT. *Puro, homogéneo.*

hidalgo
SIN. Noble, distinguido, aristócrata, ilustre, señor, caballero, infanzón, príncipe, patricio, generoso, caballeroso, justo, magnánimo, señoril, linajudo.

ANT. *Villano, desconocido, mezquino.*

hidalguía
SIN. Generosidad, larguez, altruismo, explendidez, aristocracia, realeza, caballerosidad, esplendor, crema.
ANT. *Vileza, ruindad, canallada.*

hidropesía
SIN. Hinchamiento, acumulación, infiltración, serosidad.
ANT. *Derrame.*

hidrópico
SIN. Sediento, insaciable.
ANT. *Satisfecho.*

hiedra
SIN. Trepadora, yedra, caruz.

hiel
SIN. Bilis, humor, secreción, veneno, amargura, desabrimiento, aspereza, irritación, envidia, rencor, cólera.
ANT. *Alegría, contento, dulzura.*

hielo
SIN. Carámbano, glaciar, iceberg, témpano, granizo, candela, calamoco, helero, indiferencia, frialdad, cachaza, desapego, olvido.
ANT. *Ardor, deshielo, amor, entusiasmo, aprecio.*

hierático
SIN. Sagrado, sacerdotal, religioso, reservado, misterioso, solemne, afectado, enfático, campanudo, mayestático, grave, augusto, pomposo.
ANT. *Secular, sencillo.*

hierros
SIN. Grillos, prisiones, cadenas, esposas, ligaduras.

higa
SIN. Amuleto, burla, desprecio, desdén, chanza.
ANT. *Seriedad.*

hígado
SIN. Víscera, vientre, bilis, bazo, ánimo, valor, esfuerzo, coraje, brío.
ANT. *Desánimo, cobarde, pusilánime.*

higiene
SIN. Limpieza, aseo, profilaxis, pulcritud, medicina, sanidad, salubridad.
ANT. *Suciedad.*

higiénico
SIN. Limpio, puro, purificado, destilado, aséptico, saludable, sanitario, preservativo, sano.
ANT. *Sucio, infectado.*

higo
SIN. Breva, albacora, chapucería, churro, mamarracho.
ANT. *Perfección.*

hijear
Amér.
SIN. Ahijar, retoñar.

hijo
SIN. Vástago, retoño, niño, natural, nacido, originario, descendiente, oriundo, unigénito, primogénito, benjamín, junior, delfín, infante, producto, fruto, obra, idea, resultado, consecuencia.

hilar
SIN. Tejer, enroscar, encarrilar, envolver, ovillar, rehilar, pensar, trazar, discurrir, inferir.
ANT. *Deshilar.*

hilarante
SIN. Regocijante, alegre, jocoso, divertido, gracioso, festivo, jubiloso, algazarero.
ANT. *Triste, abatido, mustio.*

hilaridad
SIN. Humorismo, jocosidad, gozo, alegría, risa, júbilo, contento, fiesta, algazara, broma, regocijo, diversión.
ANT. *Tristeza, fastidio, amargura.*

hilo
SIN. Hebra, filamento, fibra, cabo, brizna, torcido, cerda, pelo, estambre, cuerda, beta, alambre, desarrollo, curso, continuidad, cadena, secuencia, ciclo, trama, progresión.
ANT. *Interrupción, separación, corte.*

hilvanar
SIN. Apuntar, embastar, rematar, coser, preparar, proyectar, forjar, trazar, idear, esbozar.
ANT. *Terminar, concluir.*

himeneo
SIN. Boda, casamiento, matrimonio, nupcias, enlace, unión, lazo, cohabitación.
ANT. *Divorcio, separación, soltería, celibato.*

himno
SIN. Canto, canción, cántico, peán,

poema, antífona, rezo, oración, miserere, requiem, improperios.

hincapié
SIN. Insistencia, reiteración, firmeza, tenacidad, refuerzo, ahínco, testarudez.
ANT. *Irresolución.*

hincar
SIN. Introducir, clavar, plantar, empotrar, enclavar, embutir, incrustar, inocular, apoyar, atornillar, encuadrar.
ANT. *Desunir, desclavar, sacar.*

hincha
SIN. Odio, manía, antipatía, encono, enojo, aborrecimiento, tirria, rabia, repulsión, fanático, fan, forofo.
ANT. *Amor, simpatía.*

hinchado
SIN. Soberbio, pretencioso, vano, presumido, fatuo, hueco, inflado, vanidoso, ufano, afectado, engreído, pomposo, redundante, hiperbólico, enflautado, abultado, mórbido, tuberoso.
ANT. *Humilde, conciso, sencillo.*

hinchar
SIN. Exagerar, inflar, abultar, aumentar, soplar, ahuecar, enconar, engreírse, envanecerse, aumentarse.
ANT. *Reducir, deshinchar, humillarse.*

hinchazón
SIN. Inflamación, tumescencia, abultamiento, infarto, plétora, roncha, hidropesía, vanidad, engreimiento, soberbia, presunción, fatuidad, ahuecamiento, ampulosidad.
ANT. *Deshinchamiento, sencillez, humildad.*

hipar
SIN. Fatigarse, cansarse, jadear, lloriquear, gemir, quejarse, anhelar, ansiar, desear, codiciar, ambicionar.
ANT. *Descansar, concentrarse.*

hipérbole
SIN. Exageración, ponderación, abultamiento, amplificación, exceso, ampulosidad, rimbombancia.
ANT. *Moderación, sobriedad, discreción.*

hipnotismo
SIN. Fascinación, sugestión, hechizo, seducción, dominio, influjo, sueño, inconsciencia, letargo.
ANT. *Despertar, consciencia.*

hipnotizar
SIN. Sugestionar, dormir, narcotizar, aletargar, encantar, fascinar, atraer, influir.
ANT. *Despertar, menospreciar, repeler.*

hipocresía
SIN. Falsedad, fingimiento, doblez, disimulo, afectación, ficción, simulación, fariseísmo, mojigatería, farsa, fábula, astucia, gatería, pasmarota, engaño, santurronería, zalamería, lisonja.
ANT. *Autenticidad, sinceridad, verdad, crítica.*

hipócrita
SIN. Falso, fingido, farsante, impostor, fariseo, comediante, tartufo, falaz, sospechoso, zorro, postizo, artificial, teatral, adulador, embustero, huidizo, Caín, Judas, mojigato.
ANT. *Sincero, auténtico, claro, leal, franco.*

hipódromo
SIN. Estadio, cancha, campo, pista, velódromo.

hipótesis
SIN. Suposición, figuración, conjetura, posibilidad, probabilidad, presuposición, teoría, creencia, sospecha, certidumbre.
ANT. *Realidad.*

hiriente
SIN. Vejatorio, ofensivo, lacerante, humillante, cínico, grosero, sarcástico, irónico.
ANT. *Elogioso, honroso, lisonjero, fino.*

hirsuto
SIN. Enmarañado, erizado, desmelenado, espinoso, duro, intratable, áspero, grosero.
ANT. *Liso, suave.*

hisopo
Amér.
SIN. Brocha, escoba, escobón, cepillo, pincel.

histérico
SIN. Excitado, encendido, nervioso, convulso, perturbado, irritable, fuera de sí.
ANT. *Tranquilo.*

historia
SIN. Crónica, relato, anales, narración, documento, hecho, gestas, epopeya, descripción, vida, tradición, exposición, archivo, década, suceso, incidente, monumento, testimonio,

efemérides, cuento, ficción, fábula, patraña, hablilla, anécdota.
ANT. *Ficción, invención, verdad, discreción.*

historiar
SIN. Relatar, referir, narrar, recitar, mencionar, explicar, contar, descubrir.
ANT. *Callar, ignorar, ocultar.*

historiar
Amér.
SIN. Confundir, complicar, enmarañar, embrollar, embarullar, desordenar.
ANT. *Desenmarañar, facilitar.*

histórico
SIN. Positivo, cierto, seguro, verdadero, averiguado, auténtico, fidedigno, comprobado.
ANT. *Falso, fabuloso, dudoso, supuesto.*

histrión
SIN. Comediante, cómico, farsante, actor, bufón, payaso, juglar, mimo, fantoche, prestidigitador, titiritero, quiromante, saltimbanqui.
ANT. *Serio.*

histrionismo
SIN. Bufonería, pantomima, payasada, parodia, comicidad, música, danza, farsa, imitación, burla, donaire, ridiculez, nigromancia.
ANT. *Seriedad, severidad.*

hito
SIN. Señal, poste, mojón, indicación, jalón, marca, testigo, guía, objetivo, centro, diana, fijo, estable.
ANT. *Móvil, inestable.*

hocicar
SIN. Tropezar, caer, besucar, husmear, rebuscar, escarbar, espiar, curiosear, inquirir.
ANT. *Levantarse, dejar, despreocuparse.*

hocico
SIN. Morro, jeta, boca, cara, semblante, rostro.

hogar
SIN. Chimenea, fogón, hoguera, horno, forja, fragua, cocina, campana, brasero, casa, domicilio, nido, vivienda, familia.

hogareño
SIN. Familiar, doméstico, casero, íntimo, sencillo.
ANT. *Callejero.*

hoguera
SIN. Fuego, fogata, pira, falla, candelada, llamarada, incendio, soplete, tea.

hoja
SIN. Pétalo, pámpano, lóbulo, lámina, nervio, vaina, pecíolo, follaje, coscoja, folio, página, libro, folleto, impreso, diario, periódico, escrito, cuchillo, placa, plancha, arista.

hojaldra
Amér.
SIN. Hojaldre, pasta.

hojarasca
SIN. Broza, coscoja, follaje, ramaje, bagatela, ripio, pampanada, verbosidad, chatarra, superfluidad, tópico, paja, inutilidad.
ANT. *Sencillez, laconismo, importancia.*

holgachón
SIN. Regalón, comodón, holgado, vividor.
ANT. *Activo, laborioso.*

holgado
SIN. Desocupado, ocioso, tranquilo, acomodado, rico, amplio, espacioso, sobrado, suelto.
ANT. *Ocupado, trabajador, reducido, pobre.*

holganza
ANT. Descanso, ociosidad, inacción, gandulería, pereza, vagancia, desidia, dejadez, descuido, flojera, recreo, diversión, placer, fiesta.
ANT. *Dinamismo, trabajo, ocupación, aburrimiento.*

hogar
SIN. Descansar, reposar, abstenerse, zanganear, canchear *(Amér.)*, flojear, descuidarse, veranear, tumbarse, divertir, festejar, entretener, alegrar.
ANT. *Trabajar, aburrirse, entristecer.*

holgazán
SIN. Gandul, vago, perezoso, maula, tumbón, tibio, pendón, sobón, carpanta, inútil, penco, zángano, soñoliento, moroso, dejado, bohemio, señorito, pasivo, vicioso.
ANT. *Trabajador, activo, diligente.*

holgazanear
SIN. Vaguear, gandulear, vegetar, vagar, pendonear, canchear *(Amér.)*, zanganear, pajarear.
ANT. *Trabajar, ocuparse.*

holgazanería
SIN. Gandulería, pereza, pajarería, vagancia, desgana, ociosidad, apatía, inutilidad, desidia, abulia, flojera, desánimo.
ANT. *Actividad, dinamismo, ocupación, utilidad, deseo, lucha.*

holgorio
SIN. Diversión, bullicio, fiesta, jarana, jolgorio, parrandeo, juerga, fandango.
ANT. *Funeral, fastidio, aburrimiento, tristeza.*

holgura
SIN. Amplitud, anchura, comodidad, desembarazo, riqueza, desahogo, regocijo, diversión, holgorio.
ANT. *Estrechez, aburrimiento.*

holocausto
SIN. Ofrenda, sacrificio, culto, ritual, expiación, inmolación, abnegación, renuncia, entrega.
ANT. *Egoísmo.*

hollar
SIN. Pisar, pisotear, atropellar, destrozar, aplastar, abatir, humillar, escarnecer, despreciar, menospreciar, mancillar, ajar, maltratar, degradar, achicar, dominar, oprimir.
ANT. *Apreciar, respetar, acatar.*

hollín
SIN. Ceniza, tizne, grasa, suciedad, carbonilla, mugre, tizón.
ANT. *Limpieza, aseado.*

hombrada
SIN. Hazaña, heroicidad, proeza, esfuerzo, lucha, osadía, empeño, empuje, magnanimidad.
ANT. *Cobardía, timidez, mezquindad.*

hombre
SIN. Criatura, individuo, ser, humano, varón, masculino, macho, padre, esposo, persona, señor, caballero, castizo, tipazo, niño, doncel, joven, adolescente.
ANT. *Mujer.*

homenaje
SIN. Ofrenda, don, acatamiento, veneración, sumisión, respeto, deferencia, ofrecimiento, cortesía, consideración, enaltecimiento, vasallaje, tributo, entrega, miramiento, reverencia, afecto, fineza, halago.
ANT. *Indisciplina, infidelidad, desprecio.*

homérico
SIN. Épico, heroico, grandioso, tremendo, glorioso, titánico, legendario, extraordinario.
ANT. *Insignificante, mezquino, silencioso.*

homicida
SIN. Asesino, criminal, culpable, delincuente, matador.
ANT. *Inocente, candoroso.*

homogeneizar
SIN. Estandarizar, igualar, similar, nivelar, asemejar.
ANT. *Diversificar, diferenciar.*

homogéneo
SIN. Semejante, parecido, similar, homólogo, análogo, gemelo, paralelo, proporcional.
ANT. *Diferente, heterogéneo, distinto.*

homologado
SIN. Aprobado, confirmado, registrado, equiparado, válido.
ANT. *Pendiente, rechazado.*

homólogo
SIN. Equivalente, análogo, comparable, similar, paralelo, equiparable.
ANT. *Diferente, distinto, heterogéneo.*

homónimo
SIN. Equivalente, igual, parecido, sinónimo.
ANT. *Diferente, desigual.*

hondo
SIN. Profundo, simado, abismado, penetrante, recóndito, insondable, misterioso, intenso, fuerte, vivo, violento, grande.
ANT. *Superficial, liso, tenue.*

hondonada
SIN. Hondo, profundidad, depresión, guaico *(Amér.)*, valle, cuenca, cañón, concavidad, hoyada, grieta, fosa, hoyo, hueco, vaguada.
ANT. *Superficie, llano, encumbrado.*

hondura
SIN. Hondonada, profundidad, sima, abismo, desnivel, fondo, pozo, valle, bajada, cuenca, torca, precipicio.
ANT. *Elevación, altura, superficie, llanura.*

honestidad
SIN. Recato, pudor, decoro, decencia, castidad, modestia, compostura, comedimiento, virtud, educación, honradez, integridad, dignidad, lealtad, limpieza, moralidad, justicia, conciencia.

ANT. *Impudicia, lujuria, desvergüenza.*

honesto
SIN. Honrado, equitativo, justo, razonable, sincero, recto, decente, decoroso, pudoroso, virtuoso, modesto, casto, púdico, digno, limpio, cortés, delicado, educado, comedido, correcto.
ANT. *Injusto, grosero, licencioso, deshonesto.*

honor
SIN. Honra, respeto, decoro, vergüenza, dignidad, orgullo, recato, entereza, honradez, nobleza, lealtad, honestidad, aplauso, fama, celebridad, gloria, obsequio, homenaje, popularidad, distinción.
ANT. *Deshonor, bajeza, vileza.*

honorable
SIN. Respetable, distinguido, venerable, noble, digno, caballeroso, acreditado, cabal.
ANT. *Indigno, falso, desacreditado.*

honorarios
SIN. Emolumentos, estipendio, salario, paga, sueldo, mensualidad, semanal, remuneración, devengo, comisión, gratificación, derechos.

honorífico
SIN. Honroso, decoroso, honesto, distinguido.
ANT. *Deshonroso, indigno.*

honra
SIN. Gloria, fama, renombre, reputación, buen nombre, dignidad, distinción, virtud, mérito, aprecio.
ANT. *Deshonra, desprecio.*

honradez
SIN. Integridad, probidad, rectitud, honestidad, lealtad, moralidad, entereza, cumplimiento, austeridad, conciencia, nobleza, bondad, virtud.
ANT. *Deslealtad, injusticia.*

honrado
SIN. Leal, íntegro, probo, recto, honesto, entero, virtuoso, fiel, limpio, intachable, justo, respetable, incorruptible, noble, ensalzado, premiado, respetado, venerado, apreciado, querido.
ANT. *Perverso, despreciado, desdeñado, olvidado.*

honrar
SIN. Venerar, respetar, admirar, estimar, adorar, dignificar, prestigiar, enaltecer, favorecer, ennoble-

cer, ensalzar, realzar, premiar, condecorar, gloriar, sublimar.
ANT. *Despreciar, degradar, rebajar, envilecer.*

honrilla
SIN. Amor propio, pundonor, puntillo, vergüenza, orgullo, dignidad.
ANT. *Deshonor.*

honroso
SIN. Pundonoroso, caballeroso, decoroso, decente, honorífico, preeminente, preciado, señalado, singular, honorable, honesto, noble.
ANT. *Deshonroso, indigno, ignominioso.*

hontanar
SIN. Fuente, manantial, fontana, surtidor, fluencia, chorro, origen.

horadar
SIN. Agujerear, perforar, taladrar, barrenar, calar, fresar, apolillar.
ANT. *Cerrar, taponar, rellenar.*

horda
SIN. Tribu, clan, chusma, populacho, caterva, vulgo.
ANT. *Selección, nobleza.*

horizontal
SIN. Plano, tendido, yacente, supino, extendido, nivelado, tumbado, rasante.
ANT. *Vertical.*

horizonte
SIN. Cielo, perspectiva, paisaje, panorama, extensión, superficie, confín, límite, lejanía, cardinal, distancia.
ANT. *Cercanía, vecindad.*

hormiga
SIN. Dinámico, trabajador, presuroso, manitas.
ANT. *Vago, apático, manazas.*

hormiguear
SIN. Pulular, bullir, moverse, abundar, concurrir, cosquillear, molestar.
ANT. *Detenerse, pararse, agradar.*

hormiguero
SIN. Muchedumbre, hervidero, multitud, gentío, diversidad, aglomeración, afluencia, galería.
ANT. *Soledad, cierre.*

hornacina
SIN. Hueco, cavidad, nicho, capillita, celdilla.

hornaguero
SIN. Amplio, flojo, holgado, ancho, espacioso.

ANT. *Estrecho, justo.*

hornillo
SIN. Cocinilla, infiernillo, fogón, brasero, calentador.
ANT. *Nevera.*

horóscopo
SIN. Profecía, vaticinio, predicción, pronóstico, adivinación, oráculo, augurio.

horquilla
SIN. Horca, horqueta, horcaje, rastrillo, tridente, tenedor, bidente.

horrar
Amér.
SIN. Ahorrar, economizar, restringir, escatimar, eximir.
ANT. *Derrochar, despilfarrar.*

horrendo
SIN. Horrible, horripilante, espantoso, horroroso, monstruoso, pavoroso, tremebundo, espeluznante, aterrador, terrorífico, escandaloso, siniestro, lamentable, repugnante, feo, asqueroso.
ANT. *Admirable, espléndido, agradable, ideal.*

horripilar
SIN. Horrorizar, aterrar, alucinar, espantar, sobrecoger, erizar, espeluznar, asombrar, intimidar, imponer.
ANT. *Tranquilizar, serenar, atraer.*

horro
SIN. Libre, exento, desembarazado, dispensado, libertado, vacío.
ANT. *Sujeto, esclavo, ocupado.*

horror
SIN. Terror, miedo, consternación, espanto, temblor, angustia, pánico, pavor, acoquinamiento, amilanamiento, impresión, atrocidad, monstruosidad, infamia, brutalidad, crueldad, salvajada.
ANT. *Tranquilidad, valentía, generosidad, simpatía.*

horroroso
SIN. Espantoso, aterrador, espeluznante, horripilante, horrible, terrorífico, pavoroso, deforme, repugnante, repelente, innoble.
ANT. *Atractivo, bonito, lindo.*

hortelano
SIN. Horticultor, labrador, vergelero, verdulero, lechuguero, labriego.

hosco
SIN. Oscuro, mulato, aceitunado,

ceñudo, huraño, desagradable, antipático, arisco, intratable, áspero, desabrido, seco.
ANT. *Claro, agradable, simpático.*

hospedaje
SIN. Hospedería, alojamiento, acogimiento, acogida, hotel, albergue, asilo, refugio, abrigo, habitación, parador, posada, puerto, hospital, establo, corral.

hospedar
SIN. Alojar, albergar, cobijar, apear *(Amér.)*, parar, pernoctar, acoger, amparar, habitar.
ANT. *Desalojar, echar, expulsar.*

hospitalidad
SIN. Acogimiento, acogida, calor, recibimiento, abrigo, protección, amparo, seguridad, regazo, defensa, generosidad, caridad, altruismo, desinterés.
ANT. *Desamparo, crueldad, egoísmo.*

hostelero
SIN. Hospedero, alojador, aposentador, albergador, huésped, anfitrión, posadero, mesonero, patrón, criado, mulero.

hostería
SIN. Hostal, mesón, parador, posada, alberguería, refugio, pupilaje, pensión, hotel, residencia.

hostigar
SIN. Castigar, azotar, flagelar, golpear, espolear, fustigar, arrear, aguijar, avispar, acosar, perseguir, molestar, abacorar *(Amér.)*, acorralar, atosigar, contradecir, inquietar, mosquear.
ANT. *Agradar, tranquilizar, acoger.*

hostigar
Amér.
SIN. Empalagar, hastiar, empachar, causar.
ANT. *Agradar, deleitar.*

hostigoso
Amér.
SIN. Empalagoso, empachoso, pegajoso.
ANT. *Huraño, despegado, arisco.*

hostil
SIN. Contrario, adverso, desfavorable, enemigo, opuesto, pugnante, adversario, rival, incompatible, irreconciliable, rencoroso.
ANT. *Amigo, partidario, benévolo, propicio.*

hostilidad
SIN. Enemistad, discordia, oposición, disputa, contienda, pugna, aborrecimiento, desapego, tirantez, contrariedad, lucha, rivalidad, combate, guerra, agresión.
ANT. *Amistad, armonía, paz.*

hostilizar
SIN. Atacar, acometer, sitiar, guerrear, jorobar, cargar, aburrir, molestar, acosar, jeringar, incomodar.
ANT. *Pacificar, tranquilizar, ayudar, complacer.*

hoya
SIN. Mina, cavidad, cueva, hoyo, canguilón *(Amér.)*, pozo, hueco, hondonada, vacío, huesa, sepultura.
ANT. *Llanura.*

hucha
SIN. Olla, alcancía, vidirola, guaca *(Amér.)*, ciega, arca, tragaperras, ahorros.
ANT. *Gastos, desembolsos.*

huchear
SIN. Gritar, llamar, escandalizar, abroncar, vocear, algarear.
ANT. *Susurrar, callar, calmar.*

hueco
SIN. Vacío, cóncavo, oquedad, agujero, depresión, vientre, interrupción, falla, grieta, abertura, vaciado, excavación, nicho, espacio, salto, intervalo, presumido, fatuo, vano, pedante, vanidoso, hinchado, esponjoso, engreído.
ANT. *Lleno, ocupado, compacto, humilde, sencillo.*

huelga
SIN. Holganza, ociosidad, inactividad, plante, paro, recreación.
ANT. *Trabajo, ocupación, actividad.*

huella
SIN. Señal, marca, pisada, rastro, pista, trazo, impresión, impronta, surco, reguera, carril, rodera, estampa, signo, indicación, quemadura, cicatriz, chichón, herida, cardenal, residuo, indicio, memoria, evocación, vestigio, restos.
ANT. *Olvido, omisión.*

huerta
SIN. Huerto, vergel, granja, regadío, vega, cercado, jardín, era, bancal.

huesa
SIN. Fosa, sepultura, hoyo, tumba, cárcava, cementerio, pudridero.

huésped
SIN. Invitado, convidado, pupilo, comensal, pensionista, visitante, anfitrión.
ANT. *Activo, laborioso.*

huida
SIN. Evasión, fuga, abandono, éxodo, ausencia, hégira, partida, dispersión, escape, escabullida.
ANT. *Entrada, vuelta.*

huir
SIN. Abandonar, escapar, partir, desertar, desaparecer, fugarse, esquivar, marcharse, eludir, emplumar *(Amér.)*, evitar, eclipsarse, pirarse, evaporarse, aventarse.
ANT. *Permanecer, presentarse, volver.*

humanar
Amér.
SIN. Condescender, transigir, rebajarse, contemporizar, acceder, resignarse, ceder.
ANT. *Obstinarse, negarse.*

humanidad
SIN. Mundo, pueblo, naturaleza humana, linaje humano, hombre, pobladores, sociedad, masas, mortales, fragilidad, flaqueza, debilidad, carnalidad, piedad, misericordia, compasión, bondad, benignidad, caridad, amor, altruismo, benevolencia, perdón, ternura, desinterés, generosidad.
ANT. *Inhumanidad, brutalidad, fiereza.*

humanizarse
SIN. Ablandarse, apiadarse, transigir, suavizarse, compadecerse, aplacarse, apaciguarse, dulcificarse.
ANT. *Endurecerse, enfurecerse.*

humano
SIN. Hombre, bípedo, antropomorfo, caritativo, compasivo, bueno, amable, misericordioso, comprensible, indulgente, benévolo, benigno, sentimental, piadoso, sensato, tierno, pío, natural, sencillo, obsequioso.
ANT. *Duro, cruel, malo, egoísta.*

humar
Amér.
SIN. Ahumar, humear, sahumar, curar, fumar.
ANT. *Blanquear, encalar.*

humear
Amér.
SIN. Fumigar, desinfectar, humigar.
ANT. *Infectar.*

humedecer
SIN. Mojar, sudar, bañar, regar, sumergir, calar, embeber, pringar, chorrear, empapar, infiltrarse.
ANT. *Secar*.

humildad
SIN. Modestia, recato, paciencia, timidez, reserva, encogimiento, obediencia, docilidad, acatamiento, sumisión, reverencia, respeto, resignación, bajeza, vulgaridad, vileza, pobreza, oscuridad, ruindad.
ANT. *Orgullo, vanidad, presunción, altivez*.

humilde
SIN. Molesto, respetuoso, dócil obediente, rendido, sumiso, apocado, bondadoso, encogido, bajo, plebeyo, servil, vulgar, pequeño, diminuto.
ANT. *Soberbio, altivo, postinero, grande*.

humillante
SIN. Degradante, denigrante, vergonzoso, depresivo, humillador, depresor, ultrajante, despreciable, rastrero, indigno, miserable, vejatorio.
ANT. *Digno, enaltecedor*.

humillar
SIN. Someter, degradar, doblegar, sobajar *(Amér.)*, desairar, pisotear, avergonzar, desdeñar, posponer, inclinar, rebajar, achicar, apocar, sojuzgar, oprimir, domar, vencer, vejar, zumar, deshonrar, herir, lastimar, ofender, insultar, degradar.
ANT. *Enaltecer, elogiar*.

humillo
SIN. Presunción, vanidad, altanería, fatuidad, hinchazón, pedantería, jactancia.
ANT. *Humildad*.

humo
SIN. Vapor, gas, emanación, fumarola, bocanada, tizne, cenaza, tufo, suciedad, niebla, nubosidad.
ANT. *Transparente, claridad*.

humor
SIN. Alegría, jovialidad, agudeza, ingenio, chispa, sal, finura, gracia, genio, índole, carácter, condición, temple, talante, serosidad, moco, jugo, aguadiza, mucosidad, bilis, supuración, linfa, flema, pus, saliva.
ANT. *Seriedad, gravedad*.

humorada
SIN. Capricho, antojo, incongruencia, extravagancia, fantasía, rareza, ventolera, disparate, arranque, chocarrería, broma, burla, jocosidad, chascarrillo.
ANT. *Seriedad, moderación*.

hundir
SIN. Sumir, desplomar, caer, abatir, desmoronar, barrenar, naufragar, sumergir, clavar, sucumbir, debilitar, arruinar, vencer, destruir, derribar, destrozar.
ANT. *Levantar, edificar, animar, elevar*.

hundirse
SIN. Sumirse, sumergirse, perderse, arruinarse, deprimirse, abismarse, desplomarse, abatirse, ocultarse, desaparecer.
ANT. *Levantarse, animarse, aparecer*.

huraño
SIN. Arisco, áspero, hosco, esquivo, insociable, huyuyo *(Amér.)*, intratable, retraído, retirado, solo, malhumorado, brusco, ceñudo, antipático, agrio.
ANT. *Sociable, amable, tratable, simpático*.

hurgar
SIN. Conmover, incitar, excitar, pinchar, azuzar, menear, remover, escarbar, hurgonear, manosear, sobar, tocar, mover, tantear, palpar.
ANT. *Reprimir, moderar, dejar, frenar*.

huronear
SIN. Curiosear, indagar, husmear, entremeterse, oliscar.
ANT. *Desinteresarse, privarse*.

hurtar
SIN. Quitar, robar, rapiñar, pellizcar, ratear, tomar, pulir, limpiar, sangrar, apartar, desviar, separar, evitar, eludir, sortear.
ANT. *Restituir, reponer, aparecer*.

husmear
SIN. Curiosear, fisgonear, rastrear, olfatear, oliscar, inquirir, buscar, averiguar, indagar, explorar, huronear, apestar, contaminar.
ANT. *Desinteresarse, aromatizar*.

husmeo
SIN. Rastreo, inquisición, fisgoneo, búsqueda, escudriñamiento, sondeo, averiguación, exploración, merodeo.
ANT. *Discreción, desinterés, prudencia*.

huyayo
Amér.
SIN. Arisco, huraño, antipático, esquivo, desdeñoso.
ANT. *Sociable, simpático*.

I

idea

SIN. Forma, apariencia, especie, tipo, arquetipo, modelo, paradigma, prejuicio, concepción, pensamiento, juicio, concepto, opinión, intención, propósito, plan, sentimiento, imagen, conocimiento, ideal, representación, comprensión, significación, sospecha, inteligencia, entendimiento, ingenio, imaginación, inventiva, suposición, visión, aspecto, doctrina, creencia, disposición, croquis, proyecto, esbozo, bosquejo, esquema, teoría, manía, obsesión, capricho, fantasía, noción, impresión, sensación, percepción.
ANT. *Realidad, desconocimiento, materialidad, certeza, certidumbre, seguridad.*

ideal

SIN. Perfecto, sublime, elevado, puro, modelo, prototipo, arquetipo, ambición, ilusión, irreal, deseo, incorpóreo, inmaterial, excelente, ideológico, magnífico, ejemplar, transcendental, utópico, especulativo, imaginario, sueño, aspiración, ansia.
ANT. *Real, material, corriente, vulgar, imperfecto, defectuoso.*

idear

SIN. Discurrir, inventar, imaginar, meditar, maquinar, ingeniar, disponer, pensar, trazar, esbozar, proyectar, fraguar, forjar, planear, elaborar, concebir, abrigar, conceptuar.
ANT. *Desconocer, obstinarse.*

ideático

Amér.
SIN. Maniático, caprichoso, venático, antojadizo, inconstante.

ANT. *Sensato, constante.*

idéntico

SIN. Igual, equivalente, exacto, mismo, propio, uno, semejante, similar, parecido, gemelo, análogo.
ANT. *Dispar, diferente, distinto.*

identidad

SIN. Igualdad, equivalencia, coincidencia, concordia, semejanza, similitud, afinidad, unión, unidad, uniformidad, compatibilidad, personalidad.
ANT. *Desigualdad, diferencia, disparidad, antítesis.*

identificar

SIN. Reconocer, fichar, registrar, describir, igualar, unir, nivelar, unificar, hermanar, homogeneizar, solidarizar.
ANT. *Discrepar, ignorar, confrontar, desunir, diferenciar.*

ideología

SIN. Ideal, ideario, creencia, doctrina, credo, fe, convicción, partido.

idioma

SIN. Lengua, lenguaje, habla, dialecto, germanía, jerigonza, jerga, jacarandana, argot, expresión, palabra.

idiosincrasia

SIN. Temperamento, índole, carácter, naturaleza, natural, condición, distintivo, peculiaridad, personalidad, rasgo, característica.

idiota

SIN. Bobo, tonto, cretino, memo, majadero, lelo, estólido, imbécil, necio, estúpido, sandio, estulto, ig-

norante, leño, tolete, burro, borrico, zoquete, mentecato, papanatas, insensato, deficiente, subnormal, retrasado, anormal.
ANT. *Listo, inteligente, avispado, desarrollado.*

idiotismo

SIN. Ignorancia, idiotez, incultura, tochedad, sandez, tontera, embobecimiento, particularidad, peculiaridad, locución.

ido

SIN. Chiflado, guillado, atontado, chalado, lelo, despistado, distraído, abstraído.
ANT. *Atento, concentrado, cuerdo.*

idólatra

SIN. Apasionado, entusiasta, fanático, adorador, gentil, tórtolo, pasional, pagano, iconólatra, fetichista, infiel.
ANT. *Desapasionado, frío, hostil, creyente.*

idolatría

SIN. Gentilismo, paganismo, politeísmo, fetichismo, veneración, adoración, apasionamiento, perdición, delirio, fervor, entusiasmo, fanatismo.
ANT. *Indiferencia, objetividad, ortodoxia.*

ídolo

SIN. Fetiche, tótem, mascota, amuleto, anito, icono, efigie, imagen, símbolo, modelo, preferido, predilecto, favorito, campeón.
ANT. *Odiado, aborrecido, rechazado.*

idoneidad

SIN. Aptitud, inteligencia, adecua-

ción, disposición, capacidad, competencia, suficiencia, habilidad, elegancia, conveniencia, personalidad.
ANT. *Incapacidad, ineptitud, incompetencia.*

idóneo
SIN. Suficiente, apto, inteligente, capaz, dispuesto, competente, hábil, útil, calificado, aparejado, apropiado, adecuado.
ANT. *Incompetente, incapaz, inútil, inapropiado, inadecuado.*

ignaro
SIN. Inculto, ignorante, analfabeto, inconsciente, tonto, burro, estúpido, bobo, memo, idiota, zafio, necio.
ANT. *Culto, sabio, instruido, astuto, despierto, listo, avispado.*

ignavia
SIN. Tedio, languidez, apatía, desidia, dejadez, pereza, pigricia, flojedad, galbana, pachorra, modorra, carpanta, zangarriana, gandaya, gandulería, vagancia.
ANT. *Actividad, dinamismo, diligencia, trabajo.*

ignonimia
SIN. Afrenta, abyección, baldón, bajeza, vileza, descrédito, deshonor, deshonra, ludibrio, oprobio, infamia, vilipendio, vergüenza, profazo, estigma, demérito, abominación, trastada, canallada.
ANT. *Dignidad, nobleza, honor, honra.*

ignorancia
SIN. Analfabetismo, incultura, incapacidad, barbarie, incompetencia, desconocimiento, nesciencia, inconsciencia, ineptitud, oscurantismo, agnosia, inopia, asopia, impericia, inocencia, ingenuidad, inexperiencia.
ANT. *Conocimiento, cultura, sabiduría, experiencia.*

ignorante
SIN. Analfabeto, ignaro, zote, necio, obtuso, pollino, simple, mentecato, vulgar, nesciente, ayuno, profano, lego, aprendiz, inexperto, desconocedor, memo, patán, paleto, lerdo, tosco, torpe, burro, mostrenco, idiota.
ANT. *Culto, sabio, espabilado, instruido, ilustrado, estudioso, conocedor.*

ignorar
SIN. Desconocer, preguntarse, rebuznar, repudiar, desentenderse, desdeñar, rechazar, arrinconar, desairar, olvidar, relegar.

ANT. *Conocer, saber, ilustrarse, acoger.*

ignoto
SIN. Ignorado, desconocido, innoto, incierto, inexplorado.

igual
SIN. Semejante, análogo, afín, parecido, idéntico, par, parejo, paritario, igualitario, paralelo, equivalente, exacto, similar, llano, plano, unido, uniforme, indiferente, invariable, monótono, simétrico, constante, regular, perigual, sinónimo, gemelo, mellizo, homónimo, homógrafo, homófono, igualmente.
ANT. *Desigual, diferente, dispar, distinto, variado, heterogéneo, irregular, variable, inconstante, contrario.*

igualación
SIN. Ajuste, igualamiento, equiparación, equivalencia, semejanza, emparejamiento, nivelación, equilibrio, empate, iguala, convenio, pacto, acuerdo, concierto, tratado, arreglo, alianza.
ANT. *Desemejanza, desajuste, desequilibrio, desacuerdo, desarreglo.*

igualar
SIN. Aplanar, allanar, explanar, alisar, ajustar, entasar, nivelar, compensar, equiparar, aparear, emparejar, parangonar, comparar, identificar, estandarizar, redondear, unificar, homogeneizar, asemejar, empatar, equilibrar, pactar.
ANT. *Diferenciar, desigualar, desnivelar, distinguir, disentir.*

igualdad
SIN. Ecuación, equilibrio, ponderación, unidad, regularidad, uniformidad, conformidad, correspondencia, identidad, paridad, semejanza, sinonimia, homonimia, isocronismo, analogía, parecido, afinidad, consonancia, simetría, paralelismo, coincidencia, similitud, relación, igualamiento, equidad, ecuanimidad, imparcialidad, objetividad, justicia.
ANT. *Desigualdad, heterogeneidad, diferencia, parcialidad, injusticia.*

ilación
SIN. Deducción, consecuencia, relación, correspondencia, inferencia, raciocinación, sindéresis, derivación, conclusión.
ANT. *Diferencia, desajuste.*

ilegal
SIN. Ilícito, ilegítimo, injusto, desa-

torado, indebido, prohibido, inconstitucional, anticonstitucional, subterráneo, clandestino, sumergido, arbitrario, torticero, atentatorio, desordenado.
ANT. *Lícito, legal, justo, normal.*

ilegalidad
SIN. Conculcación, tropelia, infracción, ilegitimidad, atropello, delito, violación, abuso, corruptela, desafuero, prevaricación, transgresión, arbitrariedad, anarquía, atentado, injusticia, anormalidad, irregularidad.
ANT. *Legitimidad, legalidad, justicia.*

ilegible
SIN. Ininteligible, indescifrable, incomprensible, inelegible, confuso, embrollado, inextricable, difícil.
ANT. *Claro, legible, comprensible, fácil.*

ilegítimo
SIN. Ilegal, ilícito, fraudulento, falsificado, bastardo, espurio, falso, apócrifo, inexacto, supuesto, incierto, injusto.
ANT. *Verdadero, auténtico, legítimo, cierto, justo.*

ileso
SIN. Intacto, incólume, indemne, incorrupto, exento, protegido, sano, salvo, seguro.
ANT. *Lesionado, herido, enfermo.*

ilícito
SIN. Indebido, ilegal, injusto, prohibido, clandestino, malo, subrepticio, turbio, torticero, arbitrario.
ANT. *Lícito, justo, legal, normal.*

ilimitado
SIN. Indefinido, incalculable, incontable, innumerable, indeterminado, incircunscripto, infinito, desmesurado, inconmensurable, enorme, vasto, extenso, considerable.
ANT. *Limitado, restringido, reducido, estrecho, pequeño, escaso.*

iliterato
SIN. Indocto, inerudito, iletrado, profano, ignorante, inculto, ignaro, ayuno, lego.
ANT. *Culto, sabio, instruido, ilustrado.*

ilógico
SIN. Irrazonable, inconsecuente, absurdo, incoherente, anormal, antinatural, improbable, desrazonable, descabezado, despropositado, inverosímil, incongruente, infunda-

do, irracional, disparatado, contradictorio, injusto.
ANT. *Lógico, razonable, verosímil, congruente, normal, natural.*

iluminación
SIN. Luminaria, alumbrado, claridad, luz, coloración, alumbramiento, irradiación, resplandor, fulgor, fulguración, fluorescencia, luminosidad, luminiscencia, sugestión, inspiración.
ANT. *Oscuridad, sombra, tinieblas, frialdad.*

iluminar
SIN. Inspirar, alumbrar, clarear, resplandecer, amanecer, irradiar, refulgir, relucir, enlucir, ilustrar, colorear, pintar.

ilusión
SIN. Engaño, alucinación, ensueño, delirio, desvarío, ficción, quimera, imaginación, visión, espejismo, utopía, sueño, esperanza, expectación, anhelo, ambición, afán, optimismo.
ANT. *Desilusión, desengaño, desesperanza, desgana, realidad, pesimismo.*

ilusionar
SIN. Seducir, animar, esperanzar, fantasear, soñar, engañar, alucinar, acariciar, concebir, abrigar, suponer, alimentar, conjeturar, prometer.

iluso
SIN. Seducido, engañado, embaucado, encandilado, incauto, crédulo, ingenuo, preocupado, soñador, ilusionado, ensoñador, visionario, idealista, utopista, quimerista, entusiasta, optimista.
ANT. *Incrédulo, avispado, realista, prosaico, materialista, pesimista.*

ilusorio
SIN. Ilusivo, fingido, falso, engañoso, aparente, supuesto, ficticio, irreal, engañante, engañador, inexistente, imaginario.
ANT. *Real, verdadero, cierto, tangible.*

ilustración
SIN. Base, cultura, educación, preparación, erudición, instrucción, aclaración, comentario, figura, explicación, grabado, lámina, iluminación, estampa, enseño, enseñanza, aleccionamiento, adiestramiento.

ANT. *Ignorancia, incultura, desconocimiento, confusión.*

ilustrado
SIN. Docto, culto, erudito, letrado, instruido, sabio, estudiado, entendido, versado, enseñado, adiestrado.
ANT. *Inculto, ignorante, iletrado.*

ilustrar
SIN. Esclarecer, aclarar, dilucidar, explicar, exponer, desarrollar, enseñar, instruir, educar, civilizar, meldar, inculcar, aleccionar, imponer, doctrinar, iniciar, iluminar, grabar, pintar, estampar, afamar, alabar, engrandecer, enaltecer.
ANT. *Oscurecer, deformar, complicar, desconocer, ignorar, descarriar, embrutecer.*

ilustre
SIN. Distinguido, ínclito, célebre, esclarecido, insigne, famoso, afamado, renombrado, glorioso, eminente, preclaro, notable, egregio, augusto, prestigioso, excelso, eximio, reputado, brillante, celebrado, celebérrimo, magistral, relevante, sobresaliente, conspicuo, excelente, docto, claro, admirable, respetable, maestro, genial, consagrado.
ANT. *Vulgar, ignorado, anónimo, desconocido, oscuro.*

imagen
SIN. Semejanza, copia, simulacro, especie, símbolo, figura, representación, estatua, estampa, icono, ídolo, efigie, ilustración, apariencia, aspecto, descripción, síntesis, moción, concepto, idea.

imaginación
SIN. Alucinación, espejismo, apariencia, arrobamiento, transporte, ficción, ensueño, quimera, novelería, utopía, ilusión, figuración, fantasía, suposición, conjetura, invención, visión, espectro, magín, mientes, entelequia, ofuscación, ocurrencia, divagación, inspiración, idealismo.
ANT. *Materialidad, realidad, existencia.*

imaginar
SIN. Forjar, creer, inventar, idear, concebir, evocar, fantasear, presumir, suponer, sospechar, conjeturar, acariciar, soñar, divagar, delirar, especular, quimerizar, idealizar, crear.
ANT. *Despertar, materializar, decepcionar.*

imaginario
SIN. Ficticio, fabuloso, inexistente, fantástico, inmaterial, inventado, supuesto, parabólico, utópico, mítico, ilusorio, aparente, fingido, quimérico, hipotético, irreal, ideal.
ANT. *Corpóreo, material, tangible, verdadero, real.*

imbécil
SIN. Bobo, alelado, idiota, papatoste, ciruelo, mamacallos, necio, tonto, estúpido, estólido, mentecato, mostrenco, memo, lerdo, majadero, papanatas, insensato, cretino, deficiente, anormal.
ANT. *Listo, ingenioso, avispado, despierto, normal.*

imbecilidad
SIN. Estupidez, idiotez, tontería, bobería, alelamiento, estolidez, necedad, mentecatez, mentecatería, estulticia, majadería, insensatez, cretinismo, oligofrenia, deficiencia, anormalidad.
ANT. *Inteligencia, genio, talento, sensatez.*

imbele
SIN. Débil, inerme, indefenso, impotente, incapaz.
ANT. *Capaz, animoso, dotado, fuerte.*

imberbe
SIN. Barbilampiño, lampiño, carilampiño, desbarbado, barbirrapado, rapagón, barbilucio.
ANT. *Barbudo, peludo.*

imborrable
SIN. Indeleble, fijo, invariable, inalterable, permanente, duradero.
ANT. *Alterable, transitorio, pasajero, efímero.*

imbuir
SIN. Inculcar, infundir, inspirar, convencer, persuadir, inclinar, mover, infiltrar, influir, animar, comunicar.
ANT. *Desalentar, disuadir, desengañar.*

imitación
SIN. Reproducción, facsímil, copia, remedo, contrahechura, plagio, emulación, simulacro, falsificación, pastiche, trasunto, refrito, eco, parodia, repetición.
ANT. *Original, auténtico, natural.*

imitador
SIN. Copista, plagiario, falsificador, adulterador, impostor, plagia-

dor, copión, arrendajo, mona, mimo, remedador, bufón, parodista, caricato, émulo, concursante, contrincante, adversario, rival.
ANT. *Original, natural, verdadero, sincero, autor.*

imitar
SIN. Contrahacer, copiar, falsear, falsificar, duplicar, repetir, remedar, reproducir, plagiar, tomar, calcar, fusilar, simular, parodiar, representar, parafrasear, seguir, emular, rivalizar.
ANT. *Crear, innovar, inventar, imaginar.*

impaciencia
SIN. Inquietud, desasosiego, intranquilidad, espera, excitación, tensión, ansiedad, turbación, desazón, comezón, sofoco, reconcomio, prisa, precipitación, vehemencia, pasión.
ANT. *Paciencia, tranquilidad, sosiego, indiferencia, frialdad.*

impacientar
SIN. Incomodar, desasosegar, intranquilizar, exasperar, desesperar, inquietar, desazonar, turbar, enfadar, irritar, excitar, alarmar, urgir, agitar, preocupar.
ANT. *Tranquilizar, apaciguar, sosegar, calmar.*

impaciente
SIN. Inquieto, intranquilo, tenso, nervioso, excitado, desasosegado, súpito, desesperante, ansioso, irresoluto, agitado, vehemente, preocupado.
ANT. *Apaciguado, flemático, tranquilo, pasivo.*

impalpable
SIN. Sutil, tenue, incorpóreo, incorporal, etéreo, aéreo, inmaterial, imperceptible, invisible, intangible, menudo, minúsculo, microscópico.
ANT. *Palpable, visible, tangible.*

impar
SIN. Non, desigual, desparejado, único, raro, singular, maravilloso, incomparable, excepcional.
ANT. *Par, dual, doble, común, corriente.*

imparcial
SIN. Justo, ecuánime, equitativo, honesto, honrado, recto, incorruptible, insobornable, frío, sereno, objetivo, ponderado, ajustado.
ANT. *Parcial, injusto, tendencioso, interesado, subjetivo.*

imparcialidad
SIN. Igualdad, rectitud, equidad, justicia, neutralidad, ecuanimidad, objetividad, honestidad, rectitud, indiferencia, integridad.
ANT. *Subjetividad, parcialidad, tendenciosidad, injusticia.*

impartir
SIN. Comunicar, repartir, distribuir, dar, ofrecer, asignar, entregar, ceder, conceder, transmitir.
ANT. *Denegar, negar.*

impasibilidad
SIN. Indiferencia, insensibilidad, impavidez, imperturbabilidad, inalterabilidad, inmutabilidad, hieratismo, entereza, circunspección, serenidad, tranquilidad, estoicismo, inexpresividad, aplomo, flema, apatía, frialdad, seriedad.
ANT. *Apasionamiento, pasión, sensibilidad, emotividad, excitabilidad, susceptibilidad.*

impasible
SIN. Indiferente, impávido, hierático, circunspecto, estoico, imperturbable, insensible, inalterable, inmutable, inconmovible, flemático, apático, cachazudo, inexpresivo, invariable, serio, firme.
ANT. *Impresionable, susceptible, emotivo, apasionado, sensible, excitable, variable, voluble.*

impavidez
SIN. Serenidad, denuedo, arrojo, intrepidez, valor, imperturbabilidad, aplomo, entereza, estoicismo, impasibilidad, flema, apatía, inexpresividad, inmutabilidad, insensibilidad, frialdad, seriedad.
ANT. *Emotividad, susceptibilidad, excitabilidad, pasión, nerviosismo.*

impávido
SIN. Denodado, arrojado, impertérrito, intrépido, imperturbable, sereno, valeroso, valiente, lanzado, decidido, resuelto, audaz, estoico, inmutable, impasible.
ANT. *Cobarde, pusilánime, tímido, temeroso, menguado, encogido, apocado, nervioso, sensible.*

impecable
SIN. Limpio, pulcro, puro, refinado, primoroso, selecto, esmerado, especioso, clásico, magistral, irreprensible, irreprochable, intachable, correcto, acabado, consumado, perfecto.
ANT. *Incorrecto, impuro, defectuoso, grosero, injusto.*

impedido
SIN. Imposibilitado, baldado, paralítico, entumecido, anquilosado, inválido, tullido, atrofiado, defectuoso, lisiado, mutilado, inútil, incapacitado, incapaz.
ANT. *Sano, saludable, fuerte, ágil, capaz.*

impedimento
SIN. Obstáculo, estorbo, traba, entorpecimiento, embarazo, inconveniente, óbice, dificultad, valladar, tope, freno, barrera, escollo, engorro, obstrucción, detención, contrariedad, veto, oposición, resistencia.
ANT. *Libertad, facilidad, posibilidad, solución, logro.*

impedir
SIN. Trabar, obstruir, obstaculizar, dificultar, prohibir, imposibilitar, obstar, frenar, estorbar, paralizar, interrumpir, parar, frustrar, truncar, malograr, disuadir, boicotear.
ANT. *Facilitar, solucionar, autorizar, desencadenar, lograr.*

impeler
SIN. Excitar, incitar, estimular, acuciar, pinchar, aguijar, aguijonear, animar, tentar, mover, empujar, arrastrar, impulsar, propulsar, empellar, sacudir, espolear, lanzar, arrojar.
ANT. *Desanimar, tranquilizar, sujetar, frenar.*

impenetrable
SIN. Indescifrable, incomprensible, inexplicable, insondable, duro, compacto, obscuro, secreto, enigmático, desconocido, arcano, cerrado, inabordable, incognoscible, inextricable, difícil.
ANT. *Comprensible, legible, conocido, abierto, público.*

impenitente
SIN. Obstinado, recalcitrante, terco, persistente, reincidente, incorregible, emperrado, testarudo, protervo, contumaz, incontrito, pertinaz, empedernido, impío, excomulgado, apóstata, maldito, rebelde.
ANT. *Flexible, dócil, contrito, arrepentido.*

impensado
SIN. Casual, accidental, fortuito, inesperado, imprevisto, inopinado, insospechado, repentino, incógnito, improvisado, súbito, espontáneo, irreflexivo.

ANT. *Meditado, previsto, supuesto, reflexivo.*

imperar
SIN. Mandar, dominar, predominar, regir, prevalecer, reinar, gobernar, soberanear, señorear, avasallar, sojuzgar, someter.
ANT. *Humillarse, someterse, acatar, servir, obedecer.*

imperativo
SIN. Autoritario, dominante, mandón, conminatorio, imperioso, prescrito, imperador, avasallador, tiránico, absoluto, indispensable, menester, necesidad, exigencia, obligación.
ANT. *Comprensivo, benevolente, democrático, exención.*

imperceptible
SIN. Pequeño, minúsculo, ínfimo, diminuto, inapreciable, insignificante, impalpable, gradual, progresivo, paulatino, escalonado, uniforme.
ANT. *Grande, perceptible, palpable, brusco, repentino, súbito.*

imperecedero
SIN. Inmortal, eterno, interminable, inacabable, inextinguible, perpetuo, perdurable, perenne, duradero, permanente.
ANT. *Perecedero, mortal, caduco, temporal, transitorio, fugaz, efímero.*

imperfección
SIN. Falta, defecto, vicio, deficiencia, incorrección, deformidad, menoscabo, falla, tara, remiendo, lacra, anomalía, descuido, desacierto, torpeza, inhabilidad, ineptitud, anormalidad.
ANT. *Perfección, corrección, destreza, acabamiento, impecabilidad.*

imperfecto
SIN. Anormal, defectuoso, inconcluso, incompleto, falto, tosco, deforme, incorrecto, deficiente, inacabado, chapucero, descuidado, deficiente, desproporcionado, inarmónico, malo.
ANT. *Perfecto, correcto, completo, acabado, virtuoso, armonioso, estético.*

imperialismo
SIN. Colonización, colonialismo, dominación, dominio, opresión, tiranía, sujeción, yugo, imposición.
ANT. *Independencia, liberación, emancipación.*

impericia
SIN. Inhabilidad, ineptitud, ignorancia, incapacidad, inexperiencia, insuficiencia, torpeza, desmaña, incompetencia, desgracia, desacierto, precipitación, descuido.
ANT. *Aptitud, habilidad, capacidad, competencia, maña.*

imperio
SIN. Dominio, autoridad, confederación, territorio, gobierno, potencia, orgullo, altanería, soberbia, ascendiente, influencia, prestigio, mando, señorío, caudillaje, poderío, absolutismo, sujeción, supremacía.
ANT. *Emancipación, desmembración, atomización, anarquía, debilidad, humildad, sencillez.*

imperioso
SIN. Dominador, autoritario, despótico, altanero, orgulloso, soberbio, imperatorio, imperativo, mandón, conminatorio, mandante.
ANT. *Sencillo, humilde, sumiso.*

impermeabilizar
SIN. Aislar, embrear, barnizar, alquitranar, calafatear, encerar, hidrofugar, forrar, recubrir.
ANT. *Rezumar, calar, filtrar.*

impermeable
SIN. Tupido, compacto, impenetrable, aislante, gabardina, chubasquero, trinchera, aguadera.
ANT. *Permeable, poroso, traspasable, esponjoso, penetrable.*

impertérrito
SIN. Impávido, intrépido, imperturbable, impasible, sereno, valeroso, denodado, arrojado, estoico, entero, inconmovible, inflexible, inalterable, inmutable, espartano, valiente, bizarro, templado, firme.
ANT. *Intranquilo, inquieto, emotivo, impresionable, cobarde, pusilánime.*

impertinencia
SIN. Disparate, indiscreción, descortesía, incorrección, desvergüenza, descaro, frescura, insolencia, atrevimiento, osadía, grosería, desplante, ofensa, desconsideración, despropósito, chinchorrería, inconveniencia, importunidad, pesadez, monserga, tabarra, lata, pejiguera, improperio, necedad, desatino, desafuero, insensatez, estupidez, vulgaridad, chocantería *(Amér.)*, chulería, petulancia, jactancia, presunción, orgullo.

ANT. *Educación, amabilidad, respeto, cortesía, discreción, mesura, consideración, conveniencia, oportunidad.*

impertinente
SIN. Cargante, atrevido, fresco, indiscreto, grosero, descarado, desvergonzado, ofensivo, insolente, latoso, machacón, chinchorrero, fastidioso, chinchoso, importuno, molesto, inconveniente, pesado, degollante, prolijo, preguntador, escrupuloso, exigente, desconsiderado, entrometido, intruso, intransigente, perturbador, insensato.
ANT. *Educado, discreto, cortés, acertado, oportuno, humilde, sencillo, respetuoso.*

imperturbabilidad
SIN. Calma, serenidad, tranquilidad, impavidez, impasibilidad, estoicismo, entereza, insensibilidad, inalterabilidad, inflexibilidad, temple, aplomo, equilibrio, carácter, firmeza, indiferencia.
ANT. *Desequilibrio, alterabilidad, impresionabilidad, impaciencia, inquietud.*

imperturbable
SIN. Imperfecto, estoico, espartano, entero, sereno, impávido, impasible, tranquilo, impertérrito, inalterable, inconmovible, inflexible, inmutable, inexorable, valeroso, valiente, bizarro, firme, templado, apático, flemático, indiferente.
ANT. *Inquieto, nervioso, intranquilo, impresionable, susceptible, emotivo, pusilánime.*

impetra
SIN. Facultad, licencia, autorización, bula, permiso, conformidad, consentimiento, beneplácito, aquiescencia, condescendencia, complacencia, aprobación.
ANT. *Veto, negativa, denegación, prohibición, oposición, impedimento.*

impetrar
SIN. Obtener, lograr, solicitar, alcanzar, conseguir, pedir, rogar, suplicar, implorar, demandar.
ANT. *Conceder, recibir, dar.*

ímpetu
SIN. Fuerza, arrebato, vehemencia, brusquedad, frenesí, fogosidad, violencia, impetuosidad, impulso, arranque, furia, resolución, decisión, energía, presteza, brío, pasión, entusiasmo.

ANT. *Parsimonia, pasividad, frialdad, calma, sosiego, tranquilidad, sensatez, reflexión, suavidad.*

impetuoso
SIN. Fogoso, arrebatado, precipitado, violento, arrebatoso, febril, furioso, furibundo, brioso, vehemente, impulsivo, brusco, lanzado, irrefrenable, recio, extremista, entusiasta, apasionado, irreflexivo.
ANT. *Imperturbable, tranquilo, sereno, sensato.*

impío
SIN. Incrédulo, irreligioso, hereje, ateo, profano, irreverente, impiedoso, nefario, indevoto, blasfemo, apóstata, infiel, pagano, teófobo, escéptico, laico, librepensador, inhumano.
ANT. *Fiel, devoto, reverente, creyente, religioso.*

implacable
SIN. Despiadado, cruel, inexorable, inflexible, duro, severo, riguroso, inclemente, inhumano, vengativo, indoblegable, intolerante.
ANT. *Comprensivo, generoso, flexible, benévolo, razonable, humano, compasivo.*

implantar
SIN. Instituir, fundar, introducir, establecer, inaugurar, constituir, estatuir, decretar, crear.
ANT. *Anular, destruir, clausurar, dejar, abandonar.*

implicancia
Amér.
SIN. Incompatibilidad, antagonismo, inadaptación, desacuerdo.
ANT. *Compatibilidad, coincidencia.*

implicar
SIN. Comprometer, enredar, envolver, involucrar, liar, complicar, embrollar, enzarzar, enlazar, suponer, incluir, comportar, conllevar, indicar, contener, encerrar, entrañar, constar, significar, simbolizar, obstar, objetar, oponerse.
ANT. *Facilitar, aclarar, esclarecer, desenredar, excluir.*

implícito
SIN. Tácito, sobrentendido, incluido, contenido, expreso, comprendido, supuesto, virtual.
ANT. *Explícito, manifiesto, categórico, terminante, evidente, excluido, ignorado.*

implorar
SIN. Rogar, suplicar, instar, invocar, pedir, impetrar, solicitar, clamar, llamar, deprecar, exhortar, interpelar, apelar, reivindicar.
ANT. *Exigir, obligar, mandar.*

impolítico
SIN. Descortés, inurbano, grosero, incivil, inoportuno, ordinario, chabacano, burdo, indiscreto, desatento, maleducado, malcriado, inhábil.
ANT. *Diplomático, educado, atento, oportuno.*

impoluto
SIN. Inmaculado, limpio, pulcro, puro, neto, nítido, intachable, correcto, perfecto.
ANT. *Sucio, manchado, impuro, imperfecto.*

imponente
SIN. Temeroso, temible, espantoso, sobrecogedor, impresionante, medroso, alarmante, inmenso, enorme, grandioso, soberbio, majestuoso, venerable, venerado, reverenciable, respetable, considerable, imponderable, magnífico, descomunal, colosal, desmedido, maravilloso, regio, señorial, consignante, depositante, inversor, rentista.
ANT. *Insignificante, miserable, ridículo, mezquino, vulgar, corriente, humilde.*

imponer
SIN. Instruir, enterar, enseñar, adiestrar, informar, orientar, acobardar, amedrentar, aplicar, imputar, infligir, atribuir, asustar, acoquinar, turbar, sobrecoger, impresionar, forzar, exigir, obligar, coaccionar, difamar, acusar, calumniar, insultar, increpar, castigar, criticar, dominar, sojuzgar, someter, triunfar, prevalecer, ingresar, consignar, depositar, cargar, gravar, establecer, colocar, poner.
ANT. *Animar, superar, elogiar, recompensar, obedecer, permitir, retirar.*

impopular
SIN. Desprestigiado, desautorizado, desacreditado, desopinado, malquisto, malmirado, antipático, odioso, odiado, fastidioso, molesto, enojoso, incompatible.
ANT. *Popular, bienquisto, grato, querido, simpático.*

importancia
SIN. Ascendiente, prestigio, reso-

nancia, dignidad, lustre, fama, nobleza, respeto, autoridad, consideración, categoría, calidad, influencia, alcance, validez, valor, gravedad, trascendencia, peso, monta, magnitud, busilis, envergadura, calibre, relieve, entidad, grandeza, base, meollo, fundamento, esencia, substancia, intensidad, poder, realce, presunción, altivez, vanidad, orgullo, fatuidad, suficiencia.
ANT. *Intrascendencia, insignificancia, minucia, nadería, bagatela, pequeñez, sencillez, humildad.*

importante
SIN. Grave, serio, considerable, valioso, significativo, conveniente, enjundioso, interesante, trascendental, trascendente, esencial, substancial, vital, básico, central, fundamental, primordial, culminante, crucial, principal, capital, cardinal, saliente, decisivo, significado, respetable, memorable, ejemplar, modelo, célebre, famoso, afamado, personalidad, personaje, figura, divo, protagonista, estrella, poderoso, prominente, sobresaliente, ilustre, notable.
ANT. *Insignificante, intrascendente, despreciable, fútil, frívolo, baladí, banal, superficial, insubstancial, secundario, nimio, minúsculo, humilde, sencillo.*

importar
SIN. Convenir, introducir, interesar, concernir, competer, incumbir, atañer, afectar, corresponder, significar, acentuar, destacar, subrayar, realzar, ascender, negociar, comerciar, comprar, valer, montar, subir, traer, incluir.
ANT. *Despreciar, subestimar, disminuir, banalizar, frivolizar, trivializar, exportar, vender.*

importe
SIN. Costo, coste, precio, cuantía, monto, valía, valor, crédito, cuenta.

importunar
SIN. Cargar, reventar, mortificar, cansar, asediar, acosar, agobiar, aburrir, fastidiar, incomodar, molestar, encocorar, chinchar, amolar, majar, majaderear *(Amér.)*, mosconear, jeringar, matraquear, machacar, jorobar, sofocar, atacar, embestir.
ANT. *Entretener, amenizar, agradar, ayudar, aligerar.*

importuno
SIN. Enfadoso, fastidioso, pesado

cargante, machacón, cócora, empalagoso, majadero, chinche, chinchoso, latero, cargoso, entremetido, molesto, oficioso, intempestivo, inoportuno, impertinente, indiscreto, impolítico.
ANT. *Oportuno, ameno, agradable, simpático, considerado, discreto.*

mposibilitado
SIN. Baldado, impedido, paralítico, inválido, tullido, anquilosado, entumecido, lisiado, mutilado, inútil, defectuoso, impotente, falto, inhabilitado, incapacitado, encadenado, atado, obstaculizado, sujeto.
ANT. *Apto, útil, capacitado, suelto, libre.*

mposibilitar
SIN. Inhabilitar, impedir, invalidar, obstaculizar, estorbar, entorpecer, dificultar, trabar, frenar, detener, contener, contrariar, paralizar, baldar, lisiar, mutilar, anquilosar, entumecer, incapacitar, inutilizar.
ANT. *Favorecer, facilitar, estimular, habilitar, capacitar.*

mposible
SIN. Inadmisible, inhacedero, improbable, inasequible, inalcanzable, utópico, inaccesible, impracticable, irrealizable, inejecutable, inverosímil, quimérico, insufrible, inaguantable, intratable, insostenible, incompatible.
ANT. *Posible, realizable, factible, asequible, verosímil, cierto.*

nposición
SIN. Tributo, carga, conminación, coacción, exigencia, mandato, orden, coerción, obligación, gabela, gravamen, impuesto.
ANT. *Exención, libertad, voluntad, albedrío.*

npostor
SIN. Charlatán, calumniador, murmurador, difamador, maldiciente, superchero, embaucador, falsario, testimoniero, calumnioso, matavivos, sicofante, defraudador, engañador, farsante, simulador, suplantador, pérfido, intruso, fingidor, imitador, hipócrita.
ANT. *Veraz, auténtico, honesto, leal.*

npostura
SIN. Calumnia, engaño, testimonio, suposición, falsedad, mentira, superchería, embuste, fingimiento, imputación, murmuración, acusación, falacia, chisme, falsificación, suplantación.

ANT. *Verdad, franqueza, autenticidad, lealtad.*

impotencia
SIN. Invalidez, senilidad, insensibilidad, infertilidad, debilidad, esterilidad, exinanición, ineptitud, inutilidad, incapacidad, insuficiencia, desánimo, abandono, ignorancia, ineficacia, indiferencia.
ANT. *Potencia, poder, capacidad, aptitud, vigor, virilidad, fecundidad.*

impotente
SIN. Incapaz, débil, indefenso, imbele, inerme, abandonado, decaído, agotado, desmayado, imposibilitado, inepto, ineficaz, inactivo, frío, caduco, senil, estéril, infecundo, emasculado, castrado.
ANT. *Potente, vigoroso, fuerte, viril.*

impracticable
SIN. Irrealizable, inaccesible, intransitable, infranqueable, intrincado, escabroso, difícil, imposible.
ANT. *Fácil, transitable, franqueable, accesible.*

imprecación
SIN. Maldición, execración, abominación, condenación, anatema, denuesto, improperio, invectiva, insulto, taco, palabrota.
ANT. *Alabanza, elogio, loa, bendición.*

imprecador
SIN. Maldiciente, difamador, calumniador, abominador, execrador, anatematizador.
ANT. *Honesto, sincero, veraz, auténtico.*

impreciso
SIN. Vago, confuso, indeterminado, borroso, desdibujado, indefinido, incierto, enrevesado, obscuro, abstracto.
ANT. *Preciso, determinado, concreto, claro.*

impregnar
SIN. Saturar, empapar, humedecer, humectar, rociar, salpicar, regar, embeber, mojar, ensopar, pringar, calar, infiltrarse, mezclarse, llenarse, saturar, sumergir, absorber, cargarse.
ANT. *Secar, exprimir, repeler.*

impremeditación
SIN. Imprevisión, asombro, inadvertencia, improvisación, descuido,

irreflexión, ligereza, negligencia, inconsideración, atolondramiento, irracionalidad, despreocupación, inadvertencia, indiferencia, omisión, error.
ANT. *Premeditación, cálculo, reflexión, previsión.*

impremeditado
SIN. Indeliberado, impetuoso, impulsivo, vehemente, insensato, inconsciente, impensado, irreflexivo, espontáneo, instintivo, involuntario, atolondrado, alocado, improvisado, precipitado, inopinado, arrebatado, inconsecuente.
ANT. *Premeditado, preconcebido, reflexivo, deliberado.*

imprescindible
SIN. Forzoso, imperioso, vital, urgente, ineludible, indispensable, insubstituible, necesario, preciso, irreemplazable, inexcusable, esencial, obligatorio.
ANT. *Prescindible, innecesario, fútil, voluntario.*

impresión
SIN. Estampa, estampación, imprenta, litografía, tirada, edición, huella, marca, señal, vestigio, rastro, indicio, efecto, sensación, opinión, sentimiento, golpe, choque, impacto, sacudida, estremecimiento, alteración, fascinación, alucinación, excitación.
ANT. *Impasibilidad, imperturbabilidad, flema, indiferencia.*

impresionante
SIN. Emocionante, sorprendente, espectacular, sensacional, extraordinario, deslumbrador, imponente, despampanante, monumental, grandioso, magnífico, maravilloso, conmovedor, chocante, estrepitoso, indescriptible, llamativo, soberbio, sublime, majestuoso, bello, brillante, cegador, horroroso, espantoso.
ANT. *Insignificante, nimio, vulgar, mezquino, malo, pobre, humilde, sencillo, natural.*

impresionar
SIN. Conmover, excitar, asombrar, confundir, aturdir, agitar, trastornar, inquietar, alterar, alzaprimar, mover, emocionar, afectar, persuadir, asustar, sobrecoger, sobresaltar, consternar, estremecer, escandalizar, dramatizar, herir, grabar, imprimir, registrar, inscribir.

ANT. *Tranquilizar, calmar, apaciguar, sosegar.*

imprevisión
SIN. Impremeditación, improvisación, irreflexión, asombro, accidente, distracción, descuido, imprudencia, ligereza, negligencia, desprevención, inadvertencia, desapercibimiento, indeliberación, precipitación, torpeza, apatía, abulia, desidia, indiferencia.
ANT. *Previsión, preocupación, premeditación, cálculo, reflexión, prudencia.*

imprevisto
SIN. Inesperado, impensado, improvisado, insospechado, incogitado, súbito, brusco, repentino, casual, fortuito, incidental, ocasional, accidental, admirable, sorprendente.
ANT. *Previsto, preparado, dispuesto, esperado, preconcebido, pensado, seguro, lógico.*

imprimir
SIN. Tirar, estampar, estampillar, tipografiar, grabar, ilustrar, fijar, comunicar, transmitir, editar, publicar, prensar, divulgar.

improbar
SIN. Reprobar, desaprobar, vituperar, execrar, reprochar, condenar, censurar, profazar, desalabar, tachar, descalificar, desautorizar.
ANT. *Aprobar, alabar, elogiar, aceptar.*

ímprobo
SIN. Agotador, abrumador, rudo, trabajoso, laborioso, ingrato, excesivo, penoso, fatigoso, malo, malvado, perverso, vil, pervertido, inicuo, infame.
ANT. *Fácil, cómodo, bueno, ligero, generoso, virtuoso.*

improcedente
SIN. Inadecuado, discordante, disonante, contradictorio, desconforme, disconforme, extemporáneo, infundado, impropio, intempestivo, inconveniente, incongruente, inconsecuente, extraño.
ANT. *Adecuado, conveniente, correcto, indicado, característico, tradicional.*

improductivo
SIN. Infecundo, estéril, infructífero, yermo, infértil, esquilmado, machío, infrugífero, agotado, inútil, inerte.

ANT. *Fructífero, fecundo, fértil, ubérrimo.*

improperio
SIN. Denuesto, reproche, maldición, provocación, vituperio, invectiva, reniego, denostación, injuria, afrenta, insulto, baldón, ultraje, tuerto, injuriamiento, oprobio, dicterio.
ANT. *Elogio, alabanza, piropo, cumplido.*

impropio
SIN. Extraño, ajeno, disconforme, desconforme, disonante, discordante, inoportuno, incongruente, inadecuado, indigno, improcedente, extemporáneo, intempestivo, inconveniente, inadmisible, inconsecuente, contradictorio, adventicio, falso.
ANT. *Conveniente, adecuado, correcto, indicado, propio, típico.*

improporción
SIN. Desproporción, desmedida, desmesura, desequilibrio, asimetría, disimetría, desigualdad.
ANT. *Proporcionalidad, relación, simetría, equilibrio, armonía.*

impróspero
SIN. Adverso, desfavorable, infeliz, desgraciado, desafortunado, desdichado, miserable, mísero, gafado, nefasto, aciago, pobre.
ANT. *Afortunado, próspero, feliz, dichoso.*

improvido
SIN. Desprevenido, descuidado, confiado, desapercibido, inadvertido, despreocupado, olvidadizo, desmemoriado, indiferente, negligente, inconsciente, inseguro.
ANT. *Previsor, prevenido, consciente, seguro, vigilante, cuidadoso.*

improvisar
SIN. Innovar, inventar, crear, repentizar, organizar, ingeniárselas, componérselas, intuir, aprestar, arbitrar, tocar, interpretar, componer.
ANT. *Preconcebir, preparar, ensayar, experimentar, probar.*

imprudencia
SIN. Irreflexión, desacierto, despreocupación, indiscreción, distracción, descuido, impremeditación, imprevisión, aturdimiento, ligereza, atolondramiento, temeridad, alocamiento, indeliberación,

inoportunidad, precipitación, negligencia, insensatez.
ANT. *Prudencia, juicio, discernimiento, reflexión, discreción, cordura, sensatez.*

imprudente
SIN. Aturdido, atrevido, irreflexivo, descuidado, alocado, indiscreto, necio, desatinado, atolondrado, confiado, precipitado, ligero, temerario, audaz, arrojado, incauto, lenguaraz, hablador, indiscreto, negligente, inexperto, insensato.
ANT. *Prudente, juicioso, reflexivo, cauto, comedido, discreto, sensato.*

impudente
SIN. Impúdico, deshonesto, desvergonzado, descocado, descarado, atrevido, libertino, lujurioso, obsceno, licencioso, indecente, grosero, pornográfico, libidinoso, impuro, inmundo, asqueroso.
ANT. *Decente, honesto, púdico, puro.*

impudicia
SIN. Deshonestidad, indecencia, procacidad, liviandad, concupiscencia, libertinaje, impudencia, vicio, sordidez, lujuria, desvergüenza, impudor, inverecundia, descoco, descaro, desfachatez, descomedimiento, osadía, atrevimiento, insolencia.
ANT. *Decencia, pudor, honestidad, vergüenza, moralidad.*

impúdico
SIN. Libidinoso, deshonesto, libertino, descocado, cínico, lúbrico, desvergonzado, inhonesto, impudente, lujurioso, procaz, sórdido, obsceno, grosero, licencioso, indecente, provocativo.
ANT. *Púdico, decente, puro, honesto.*

impuesto
SIN. Gabela, carga, tributo, subsidio, derechos, póliza, canon, tasación, arancel, peaje, patente, arbitrio, censo, contribución, cédula, pecho, imposición, tributación, emolumentos, derechos.
ANT. *Exención, desgravación, liberación.*

impugnación
SIN. Oposición, refutación, contradicción, controversia, confutación, opugnación, rebatimiento, denegación, reclamación, objeción, réplica, contraproyecto, contrademanda, contrarréplica, reconvención,

recusación, redargución, desmentido, tacha, ataque, protesta, instancia.
ANT. *Propugnación, conformidad, aprobación, acuerdo, asentimiento, afirmación.*

impugnador
SIN. Contradictor, oponente, objetor, objetante, reclamante, impugnante, refutador, impugnativo, refutatorio, confutador.
ANT. *Abogado, defensor, confirmador, favorecedor.*

impugnar
SIN. Contradecir, combatir, atacar, discutir, recusar, desmentir, rechazar, rebatir, refutar, opugnar, confutar, replicar, redargüir, argüir, objetar, argumentar, discutir.
ANT. *Propugnar, abogar, defender, acordar, aprobar, acoger, favorecer.*

impulsar
SIN. Estimular, inducir, fomentar, promover, desarrollar, propugnar, animar, excitar, alentar, favorecer, activar, organizar, inspirar, incitar, mover, aguijonear, empentar, empeller, empellar, impeler, empujar, lanzar, arrojar, arrastrar, llevar.
ANT. *Aguantar, contener, desalentar, desanimar, impedir, dificultar, obstaculizar.*

impulsivo
SIN. Impelente, impetuoso, violento, arrebatado, entusiasta, fanático, apasionado, pasional, exaltado, brusco, nervioso, irreflexivo, súbito, vehemente, empujador, propulsor, impulsor.
ANT. *Pacífico, imperturbable, flemático, desalentado.*

impulso
SIN. Empuje, impulsión, lanzamiento, envión, propulsión, impulsación, viveza, fuerza, presión, movimiento, ímpetu, envite, empellón, empujón, promoción, iniciativa, estímulo, incentivo, ánimo, aliento, pinchazo, acuciamiento, aguijón, instigación, incitación, acicate, llamada, sugestión.
ANT. *Freno, parada, desaliento, desgana.*

impureza
SIN. Liviandad, impudicia, corrupción, degeneración, perversión, indecencia, desvergüenza, impuridad, adulteración, falsificación, mancha, residuo, sedimento, tur-

biedad, mezcla, suciedad, polución, contaminación, deterioro, descomposición.
ANT. *Pureza, limpieza, honestidad, castidad, autenticidad.*

imputar
SIN. Acusar, achacar, endosar, incursar, ahijar, soplar, emplazar, aplicar, inculpar, recriminar, reprochar, atribuir, colgar, cargar, aponer, denunciar, incriminar, señalar.
ANT. *Eximir, exonerar, excusar, absolver, disculpar.*

inacabable
SIN. Inagotable, interminable, indefinido, ilimitado, eterno, perpetuo, perenne, permanente, infinito, inextinguible, imperecedero, perdurable, duradero, pertinaz.
ANT. *Acabable, finito, caduco.*

inaccesible
SIN. Impracticable, inabordable, abrupto, fragoso, escabroso, escarpado, intrincado, impenetrable, inasequible, inalcanzable, inapresable, inaprehendible.
ANT. *Accesible, abordable, asequible, comprensible, fácil.*

inacción
SIN. Inercia, pasividad, inactividad, indolencia, estatismo, innocuidad, ocio, ociosidad, holganza, quietud, pereza, tregua, paro, inmovilidad, pausa, reposo, descanso, asueto, paralización, parálisis, desidia, atonía, desgana, abulia, apatía, flojedad, flojeza.
ANT. *Actividad, movimiento, dinamismo, vitalidad, acción, ejercicio, laboriosidad.*

inactivo
SIN. Desocupado, parado, ocioso, estático, quieto, pasmado, inmóvil, detenido, inerte, latente, pasivo, abstinente, holgazán, vago, gandul, sedentario, indolente, expectante, apático, contemplativo, indiferente.
ANT. *Activo, dinámico, móvil, trabajador, diligente, eficaz.*

inadaptado
SIN. Desplazado, desarraigado, desambientado, descentrado, disconforme, descontento, incómodo, aislado, ajeno, rebelde, extraño, incompatible, incomprendido.
ANT. *Adaptado, ambientado, conforme, compatible, sumiso.*

inadecuado
SIN. Inconveniente, impropio, improcedente, inoportuno, intempestivo, desacertado, contraproducente, contraindicado, incongruente, incompatible, extemporáneo, perjudicial, malo.
ANT. *Adecuado, apropiado, procedente, indicado, conveniente, ajustado, bueno.*

inadmisible
SIN. Repelente, inaceptable, intolerable, impropio, insostenible, injusto, inadecuado, incongruente, recusable, increíble, extraño.
ANT. *Admisible, aceptable, tolerable, pasable, procedente, favorable.*

inadvertencia
SIN. Descuido, despiste, distracción, omisión, imprevisión, olvido, irreflexión, indeliberación, negligencia, imprudencia, abandono, ignorancia.
ANT. *Advertencia, atención, previsión, interés, cuidado.*

inadvertido
SIN. Imprudente, distraído, descuidado, desapercibido, desatento, desadvertido, atolondrado, omitido, imprevisto, inesperado, inopinado, precipitado, irreflexivo.
ANT. *Atento, esmerado, prudente, conocido, notorio.*

inagotable
SIN. Infinito, eterno, perenne, permanente, inacabable, interminable, inextinguible, ilimitado, continuo, duradero, abundante.
ANT. *Finito, extinguible, limitado, momentáneo, fugaz, breve.*

inaguantable
SIN. Insoportable, insufrible, intolerable, irresistible, cargante, fastidioso, molesto, inoportuno, impertinente, antipático.
ANT. *Tolerable, grato, agradable, llevadero, oportuno.*

inalterabilidad
SIN. Invariabilidad, imperturbabilidad, impasibilidad, inmutabilidad, impavidez, estoicismo, permanencia, firmeza, estabilidad, inmovilidad, inquebrantabilidad, quietud, flema, insensibilidad.
ANT. *Variabilidad, movilidad, mutabilidad, emotividad.*

inalterable
SIN. Indeleble, fijo, invariable, per-

manente, impertérrito, imperturbable, impasible, impávido, estoico, inconmovible, intransigente, ecuánime, inexorable, flemático, tranquilo, seguro, estable.
ANT. *Variable, inestable, cambiante, tornadizo.*

inane
SIN. Inútil, vano, fútil, baladí, trivial, insignificante, insubstancial, anodino.
ANT. *Importante, substancial, útil, necesario.*

inanición
SIN. Depauperación, agotamiento, debilidad, desfallecimiento, extenuación, inedia, adinamia, astenia, atonía, hipostenia.
ANT. *Salud, vigor, fortaleza, energía.*

inanimado
SIN. Insensible, exánime, desmarrido, muerto, inánime, exangüe, exinanido, desmayado, lánguido, inerte.
ANT. *Animado, vivo, vigoroso, vivaz.*

inapeable
SIN. Tenaz, terco, testarudo, porfiado, cabezota, cabezón, obstinado, tozudo, emperrado, obcecado, pertinaz, categórico.
ANT. *Condescendiente, flexible, dócil.*

inapetencia
SIN. Anorexia, disorexia, desgana, desgano, saciedad, asco, hastío, indiferencia.
ANT. *Apetito, ganas, voracidad, hambre.*

inapreciable
SIN. Inestimable, incalculable, imponderable, valioso, provechoso, insuperable, óptimo, imperceptible, indiscernible, insignificante, invisible, minúsculo.
ANT. *Desdeñable, baladí, inútil, evidente, visible, perceptible.*

inarmónico
SIN. Discorde, discordante, disonante, desacorde, desafinado, estridente, cacofónico, chirriante, dísono, horrísono.
ANT. *Armónico, acorde, suave, rítmico.*

inaudito
SIN. Atroz, increíble, escandaloso, raro, extraño, monstruoso, perverso, extraordinario, inconcebible, desconocido, sorprendente, asombroso, pasmoso, incalificable, censurable, vituperable.
ANT. *Frecuente, conocido, usual, normal.*

inaugurar
SIN. Principiar, iniciar, estrenar, debutar, empezar, comenzar, abrir, lanzar, establecer, promover, fundar.
ANT. *Clausurar, cerrar, concluir, terminar.*

incalculable
SIN. Inmenso, enorme, inconmensurable, inmensurable, inapreciable, innumerable, ilimitado, infinito, incontable.
ANT. *Definido, finito, limitado, pequeño, corto.*

incalificable
SIN. Vituperable, censurable, innoble, indecente, indigno, vergonzoso, vil, vilipendioso, nefando, inconcebible, inaudito, indeterminado, indefinido.
ANT. *Digno, encomiable, elogiable, definido.*

incansable
SIN. Persistente, firme, obstinado, porfiado, inagotable, resistente, infatigable, constante, activo, laborioso, fuerte, tenaz, duro, redoblado, perseverante, tesonero, voluntarioso, sistemático.
ANT. *Cansado, apático, vago, débil.*

incapacidad
SIN. Ineptitud, incompetencia, ineficacia, inexperiencia, nulidad, ignorancia, insuficiencia, impotencia, deficiencia, impericia, torpeza, incompatibilidad, inhabilidad, inutilidad, invalidez, parálisis, atrofia, anquilosamiento, prohibición, desautorización, descalificación.
ANT. *Capacidad, competencia, habilidad, destreza, aptitud, autorización.*

incapacitar
SIN. Inhabilitar, imposibilitar, inutilizar, invalidar, exonerar, eliminar, recusar, descalificar, desautorizar, prohibir, retirar, anular.
ANT. *Capacitar, habilitar, calificar, autorizar.*

incapaz
SIN. Negado, inepto, nulo, inhábil, ignorante, torpe, insuficiente, inerme, impotente, incapacitado, imbosibilitado, inútil, impedido, ineficaz, inexperto.
ANT. *Capaz, capacitado, competente, útil, hábil.*

incasto
SIN. Deshonesto, inhonesto, impúdico, impudente, licencioso, lujurioso, procaz, obsceno, grosero, indecente, desvergonzado.
ANT. *Casto, decente, púdico, honesto, puro.*

incautación
SIN. Confiscación, decomiso, apropiación, requisa, expoliación, expolio, aprobación, apoderamiento, tomadura, arrebata, arrebatamiento, expropiación, nacionalización.
ANT. *Restitución, devolución, reintegro.*

incauto
SIN. Ingenuo, cándido, sencillo, crédulo, simple, inocente, imprevisor, inocentón, imprudente, atrevido, irreflexivo, temerario, hablador, indiscreto, desatinado, necio.
ANT. *Cauto, discreto, prudente.*

incendiario
SIN. Violento, apasionado, fogoso, agresivo, escandaloso, sedicioso, subversivo, perturbador, incitador, quemador, piromaníaco, pirómano, destructor.
ANT. *Frío, indiferente, apático, flemático, pacífico.*

incendio
SIN. Quema, fuego, hoguera, fogata, ignición, inflamación, pasión, catástrofe, siniestro, desastre, percance, accidente, desgracia, ruina, conflagración.
ANT. *Extinción, apagamiento, enfriamiento, desilusión.*

incensar
SIN. Adular, lisonjear, piropear, alabar, turibular, elogiar, turificar, sahumar, purificar, perfumar.
ANT. *Criticar, insultar, vituperar.*

incensario
SIN. Turíbulo, botafumeiro, brasero, naveta, navecilla, turífero, sahumador, aromatizador.

incentivo
SIN. Aguijón, acicate, aliciente, atractivo, tentación, incitativo, espuela, yesca, reclamo, cebo, señuelo, estímulo, ánimo.
ANT. *Desánimo, desaliento, freno, desinterés.*

incertidumbre

SIN. Indecisión, volubilidad, indeterminación, incerteza, incertitud, titubeo, duda, inseguridad, perplejidad, irresolución, vacilación, dubio, hesitación, escepticismo, incredulidad, desconfianza, tensión.

ANT. *Certidumbre, certeza, confianza, seguridad, garantía, decisión, claridad.*

incesante

SIN. Constante, continuo, incesable, inacabable, inagotable, ininterrumpido, persistente, sucesivo, repetido, frecuente, perenne, perenal, perennal.

ANT. *Cesante, interrumpido, intermitente, pasajero, periódico.*

incidencia

SIN. Incidente, hecho, suceso, acontecimiento, advenimiento, acaecimiento, evento, ocurrencia, caso, circunstancia, realización.

incidente

SIN. Cuestión, litigio, inconveniente, disputa, discusión, pendencia, reyerta, accidente, suceso, riña, acaecimiento, lance, peripecia, ocurrencia, situación, circunstancia, incidencia.

ANT. *Avenencia, paz, acuerdo, calma.*

incierto

SIN. Inseguro, inconstante, variable, indeciso, vacilante, perplejo, irresoluto, eventual, dudoso, ignorado, desconocido, ignoto, incógnito, falso, apócrito, confuso, indeterminado, cuestionable, hipotético, sospechoso, aleatorio, problemático.

ANT. *Determinado, seguro, cierto, auténtico, fijo.*

incinerar

SIN. Chamuscar, achicharrar, carbonizar, calcinar, abrasar, cremar, cenizar, consumir, quemar.

ANT. *Extinguir, apagar.*

incisión

SIN. Punzada, pinchazo, tajo, sección, cisura, puntura, puntada, punción, corte, cesura, sajadura, hendidura, raja, herida.

incisivo

SIN. Acre, corrosivo, cáustico, picante, mordaz, punzante, satírico, dicaz, virulento, acerado, cortante, puntiagudo, penetrante, espinoso, afilado, agudo, hiriente.

ANT. *Romo, despuntado, benevolente, caritativo, comprensivo.*

incitar

SIN. Estimular, mover, inducir, instigar, instar, acicatear, apremiar, impeler, convidar, invitar, provocar, excitar, aguijonear, pinchar, animar, empujar, picar, exhortar, alentar, azuzar, instimular, alzaprimar, aguijar, aguizgar, espolear, soliviantar, urgir, rebelarse.

ANT. *Tranquilizar, disuadir, desalentar, desanimar, renunciar.*

incitativo

SIN. Estimulante, incitante, excitante, provocativo, atractivo, tentador, incitador, aguijatorio, inductor, instigador, inducidor, maravilloso, fascinante, insinuante, vivificante, fenomenal, sugerente, interesante.

ANT. *Desagradable, repelente, disuasor, desalentador.*

incivil

SIN. Desatento, descortés, incorrecto, impertinente, ordinario, insolente, zafio, grosero, impolítico, inurbano, ineducado, montaraz, malcriado, ramplón, garbancero, rústico, tosco, ignorante.

ANT. *Educado, correcto, atento, delicado, urbano, culto.*

inclemencia

SIN. Aspereza, crueldad, fiereza, impiedad, rigidez, dureza, severidad, rigor, inmisericordia, insensibilidad, crudeza, frialdad, maldad, tiranía.

ANT. *Clemencia, benignidad, caridad, humanidad, suavidad.*

inclemente

SIN. Riguroso, cruel, áspero, severo, duro, rígido, despiadado, implacable, inexorable, incompasible, inflexible, inmisericorde, impío, inhumano, encarnizado, tiránico, violento, malo, crudo, desapacible, destemplado.

ANT. *Bondadoso, generoso, caritativo, clemente, comprensivo, compasivo, flexible, humano, apacible.*

inclinación

SIN. Declive, pendiente, oblicuidad, declinación, cuesta, rampa, ángulo, sesgo, ladeo, propensión, tendencia, afición, vocación, querencia, predilección, preferencia, proclividad, predisposición, simpatía, cariño, sentimiento, gusto, asentimiento, sumisión, pleitesía, seña, reverencia, saludo.

ANT. *Planicie, desvío, desapego, desafecto, repulsión, antipatía.*

inclinar

SIN. Impulsar, incitar, mover, convencer, persuadir, decantar, desnivelar, desviar, reclinar, sesgar, escorzar, apartar, ladear, oblicuar, torcer, escorar, encorvar, soslayar, doblar, declinar, humillar.

ANT. *Desanimar, desalentar, disuadir, enderezar.*

inclinarse

SIN. Decidirse, optar, preferir, encariñarse, tender, propender, predisponer, aficionarse, ladearse, reclinarse, vencerse, retreparse.

ANT. *Rechazar, distanciarse, despegarse, estirarse, elevarse, erguirse.*

ínclito

SIN. Esclarecido, perínclito, ilustre, célebre, afamado, renombrado, famoso, preclaro, insigne, celebérrimo, egregio, glorioso, conspicuo, noble, notable, principal, eximio, excelso, caracterizado, popular.

ANT. *Desconocido, anónimo, insignificante, vulgar.*

incluir

SIN. Encerrar, cercar, abrazar, envolver, rodear, comprender, contener, englobar, reunir, insertar, introducir, injerir, añadir, agregar, ensolver, abarcar, circunscribir, encuadrar, entrañar, ceñir, suponer, imponer, admitir, adjuntar, implicar, poner, tener.

ANT. *Excluir, apartar, separar, desunir, desglosar, sacar.*

incoar

SIN. Empezar, comenzar, principiar, iniciar, preludiar, abrir, formar, entablar, emprender, encausar, instruir, pleitear.

ANT. *Cerrar, concluir, clausurar, sobreseer.*

incógnita

SIN. Arcano, arcanidad, misterio, enigma, interrogante, tapado, chiticalla, secreto, ocultación, adivinanza, acertijo, rompecabezas, entresijo, intimidad, interioridad, desconocimiento, ignorancia.

ANT. *Hallazgo, solución, descubrimiento, conocimiento.*

incógnito

SIN. Desconocido, anónimo, ignorado, ignoto, enigmático, secreto, misterioso, oculto, encubierto, transpuesto, enmascarado, indeterminado, incierto, incognoscible.

ANT. *Conocido, público, divulgado, descubierto.*

incoherencia
SIN. Desconformidad, desunión, inconsistencia, inconexión, discontinuidad, despropósito, disparate, dislate, estupidez, tontería, necedad, contradicción, absurdo, incongruencia, irracionalidad, confusión.
ANT. *Coherencia, congruencia, conformidad, unión, acierto.*

incólume
SIN. Indemne, ileso, intacto, completo, sano, salvo, exento, campante, seguro, incorrupto.
ANT. *Tocado, perjudicado, dañado, contusionado.*

incombustible
SIN. Calorífugo, ignífugo, ininflamable, refractario, apagadizo, asbestino, frío, desapasionado, insensible, inconmovible.
ANT. *Combustible, inflamable, sensible.*

incomodar
SIN. Disgustar, desagradar, embarazar, enojar, enfadar, fastidiar, molestar, encocorar, chinchar, desazonar, estorbar, dificultar, enredar, embrollar, contrariar, cansar, abrumar, agobiar, mortificar.
ANT. *Satisfacer, favorecer, agradar, gustar, suavizar.*

incomodidad
SIN. Disgusto, desagrado, pena, tristeza, irritación, enfado, fastidio, enojo, molestia, desazón, fatiga, embarazo, perturbación extorsión, ira, cólera, disconveniencia, desconveniencia, contrariedad, malestar, indisposición, inoportunidad, estrechez, tedio, hastío, enfermedad, dolor.
ANT. *Confortabilidad, comodidad, descanso, placer, salud, distracción, entretenimiento.*

incómodo
SIN. Fastidioso, molesto, desagradable, embarazoso, enfadoso, engorroso, chinche, latoso, inoportuno, irritante, fatigoso, enojoso, dificultoso, penoso, arduo, difícil.
ANT. *Cómodo, confortable, suave, blando, agradable.*

incompasivo
SIN. Cruel, inhumano, inclemente, riguroso, áspero, despiadado, desalmado, monstruoso, sanguinario,
frío, insensible, implacable, violento, incivil, intransigente, impío, malo.
ANT. *Compasivo, comprensivo, clemente, generoso, caritativo, piadoso, transigente, humano, humanitario.*

incompatibilidad
SIN. Disconformidad, discrepancia, desacuerdo, discordancia, inadaptación, oposición, implicancia (Amér.), antagonismo, hostilidad, inadecuación, incapacidad, impedimento, contradicción, incongruencia, imposibilidad, diferencia.
ANT. *Compatibilidad, coexistencia, avenencia, conformidad, coincidencia.*

incompleto
SIN. Defectuoso, falto, parcial, fragmentario, inconcluso, descabalado, imperfecto, truncado, descabal, desparejo, insuficiente, deficiente, rudimentario, compendioso, precoz, prematuro, mediado.
ANT. *Completo, perfecto, íntegro, entero, suficiente, cumplido.*

incomprensible
SIN. Inexplicable, sorprendente, inconcebible, insondable, oculto, esotérico, arcano, enigmático, ininteligible, misterioso, obscuro, incognoscible, impenetrable, insabible, inaveriguable, ilegible, metafísico, cabalístico, logográfico, profundo, denso, hermético, cerrado, difícil, embrollado, incoherente, inasequible, inaccesible.
ANT. *Comprensible, inteligible, diáfano, claro, fácil, accesible.*

incomunicación
SIN. Aislamiento, retiro, confinamiento, extrañamiento, apartamiento, retraimiento, alejamiento, recogimiento, separación, clausura, encierro, ascetismo, olvido, soledad.
ANT. *Comunicación, acompañamiento, relación, libertad, apertura.*

incomunicarse
SIN. Aislarse, confinarse, extrañarse, alejarse, separarse, retirarse, recogerse, retraerse, encerrarse, clausurarse, enterrarse, enconcharse, condenar, abandonar, relegar, postergar, posponer.
ANT. *Convivir, relacionarse, tratar, asociarse, acompañar, comunicar.*

inconcebible
SIN. Increíble, intolerable, inadmi-
sible, inaudito, inusitado, insólito, asombroso, incomprensible, extraordinario, sorprendente, extraño, inexplicable, inimaginable, inesperado, impresionante, sensacional, escandaloso, indignante, incalificable, absurdo, raro.
ANT. *Concebible, comprensible, admisible, explicable, lógico.*

inconcino
SIN. Desordenado, descuidado, desarreglado, descompuesto, inordenado, heteróclito, anárquico, caótico.
ANT. *Ordenado, arreglado, dispuesto.*

inconcuso
SIN. Incontrovertible, evidente, indudable, incontestable, innegable, indiscutible, cierto, seguro, firme, axiomático, palmario, palpable, terminante, irrebatible, sólido, concluyente, claro.
ANT. *Incierto, inseguro, dudoso, discutible.*

incondicional
SIN. Adepto, adicto, entusiasta, leal, partidario, secuaz, prosélito, omnímodo, dogmático, categórico, tajante, terminante, total, absoluto.
ANT. *Desleal, enemigo, limitado, parcial.*

incongruente
SIN. Inconveniente, inadecuado, inoportuno, incongruo, deshilvanado, incoherente, disconforme, inconexo, incompatible, impropio, disparatado, desatinado, insensato, ilógico.
ANT. *Lógico, conforme, conveniente, congruente, sensato.*

inconmensurable
SIN. Inmenso, infinito, infinido, indefinido, ilimitado, desmesurado, inmedible, innumerable, incomparable.
ANT. *Limitado, finito, pequeño, mezquino.*

inconsciencia
SIN. Desconocimiento, ignorancia, nesciencia, insipiencia, atolondramiento, candidez, ingenuidad, irresponsabilidad, inadvertencia, abstracción, distracción, aturdimiento, subconsciencia, desfallecimiento, desvanecimiento, desmayo, insensibilidad.
ANT. *Consciencia, conocimiento, reflexión, conciencia, responsabilidad.*

inconsecuente

SIN. Ilógico, inconsiguiente, irreflexivo, inconstante, ligero, voluble, veleidoso, versátil, variable, mudable, mudadizo, tornadizo, aleatorio, imprevisto, ocasional, fortuito, casual, impensado, incoherente, absurdo.
ANT. *Consecuente, ilativo, firme, lógico, sensato.*

inconsideración

SIN. Irreflexión, impertinencia, descortesía, desconsideración, atolondramiento, impremeditación, inconsecuencia, imprevisión, aturdimiento, ligereza, inoportunidad, inadvertencia, precipitación, imprudencia.
ANT. *Consideración, prudencia, previsión, atención, delicadeza.*

inconsiderado

SIN. Atolondrado, aturdido, imprudente, irreflexivo, precipitado, temerario, inadvertido, ligero, botarate, inconsulto, tolondrón, destornillado, desatento, maquinal, desconsiderado.
ANT. *Considerado, reflexivo, atento, consciente.*

inconsistencia

SIN. Fragilidad, maleabilidad, ductilidad, friabilidad, debilidad, inestabilidad, blandura, flojedad, endeblez, tornabilidad, versatilidad, veleidad.
ANT. *Resistencia, firmeza, dureza, coherencia.*

inconstancia

SIN. Ligereza, liviandad, capricho, informalidad, variabilidad, inestabilidad, versatilidad, volubilidad, veleidad, inconsecuencia, novelería, intercadencia, instabilidad, inseguridad, irresolución, duda, indecisión, retractación, flaqueza, mutabilidad, inconsistencia.
ANT. *Constancia, perseverancia, estabilidad, firmeza, empeño, seguridad.*

inconstante

SIN. Inestable, inconsecuente, mudable, tornadizo, variable, veleidoso, versátil, voluble, novelero, mudadizo, vario, desigual, caprichoso, frívolo, alocado, informal, incierto, vacilante, cambiante, fluctuante, frágil, inseguro.
ANT. *Constante, perseverante, decidido, firme, invariable, inmutable, seguro.*

inconsulto

Amér.
SIN. Inconsiderado, desconsiderado, botarate.
ANT. *Considerado.*

incontable

SIN. Inmenso, innumerable, incalculable, ilimitado, infinito, innúmero, interminable, indeterminado, profuso.
ANT. *Finito, determinado, concreto, escaso.*

incontestable

SIN. Irrefutable, indudable, incontrastable, incontrovertible, inconcuso, indiscutible, innegable, cierto, indubitable, irrebatible, axiomático, positivo, indisputable, incuestionable, inatacable, irrecusable, demostrado, inequívoco, probado, reconocido, evidente, palmario, seguro.
ANT. *Dudoso, incierto, discutible, rebatible, inseguro.*

incontinencia

SIN. Lascivia, vicio, carnalidad, lubricidad, libertinaje, intemperancia, desenfreno, liviandad, lujuria, angurria, estangurria, estrangurria, tisuria, concupiscencia, sensualidad.
ANT. *Abstinencia, continencia, freno, represión, temperancia, virtud, honestidad.*

incontinente

SIN. Libidinoso, carnal, concupiscente, libertino, desenfrenado, liviano, lascivo, lujurioso, lúbrico, rijoso, verde, lascivo, lóbrigo, arrecho.
ANT. *Contenido, temperante, reprimido, ordenado, sobrio.*

incontrastable

SIN. Irresistible, invencible, inconquistable, incuestionable, incontestable, irrebatible, indiscutible, irrefutable, axiomático, indudable, incontrovertible, irreducible, indisputable, positivo.
ANT. *Rebatible, discutible, flexible, comprensivo.*

incontratable

SIN. Intratable, insoportable, intolerable, inaguantable, insociable, huraño, incivil, esquivo, retraído, brusco, arisco, agrio, áspero, desabrido, acedo.
ANT. *Agradable, cortés, simpático, amable, sociable, sencillo.*

incontrovertible

SIN. Indiscutible, indisputable, incontrastable, irrebatible, incuestionable, matemático, certísimo, axio-

mático, innegable, concluyente, palmario, evidente.
ANT. *Incierto, dudoso, discutible, rebatible, obscuro.*

inconveniencia

SIN. Despropósito, trastorno, impertinencia, contrariedad, molestia, desconformidad, desconveniencia, incomodidad, inverosimilitud, descortesía, incorrección, absurdidad, grosería, descaro, torpeza, disonancia, discrepancia, discordancia, divergencia, diversidad, desacuerdo, diferencia, incompatibilidad, inadaptabilidad, incongruencia.
ANT. *Conveniencia, compatibilidad, facilidad, comodidad, cortesía, corrección, delicadeza.*

inconveniente

SIN. Perjuicio, daño, trastorno, molestia, percance, objeción, menoscabo, detrimento, desventaja, dificultad, reparo, impedimento, obstáculo, embarazo, traba, descortés, grosero, incivil, incorrecto, desconforme, discordante, desconveniente, incongruo, inmodesto, descomedido, desconsiderado, procaz, impertinente, fastidioso, cargante, molesto, inoportuno, inapropiado, inadecuado, inadaptable, incompatible, difícil.
ANT. *Conveniente, apropiado, correcto, adecuado, beneficioso, ameno, agradable, amable.*

incorporal

SIN. Invisible, incorpóreo, imponderable, intangible, tenue, etéreo, inmaterial, impalpable, ideal, imperceptible, insensible, imaginario, sobrenatural, abstracto, metafísico, místico, irreal.
ANT. *Palpable, tangible, visible, material, real.*

incorporar

SIN. Añadir, agregar, reunir, juntar, unir, aunar, anejar, anexar, anexionar, adjuntar, fusionar, englobar.
ANT. *Disgregar, desunir, separar, alejar.*

incorporarse

SIN. Asociarse, afiliarse, inscribirse, colegiarse, sumarse, alistarse, adherirse, acogerse, aliarse, agruparse, engancharse, agregarse, unirse, amalgamarse, juntarse, arrimarse, aunarse, llegarse, levantarse, elevarse, erguirse, auparse, encaramarse, alzarse.
ANT. *Salir, echar, despedir, bajarse, agacharse.*

incorrecto

SIN. Incivil, descortés, inconveniente, grosero, inurbano, soez, malhablado, impertinente, indiscreto, insolente, atrevido, descarado, impolítico, inoportuno, desconsiderado, descomedido, desatento, impropio, indigno, desacertado, desatinado, erróneo, incierto, falso, equivocado, anormal, defectuoso, imperfecto, inexacto.

ANT. *Discreto, cortés, educado, comedido, atento, amable, delicado, oportuno, considerado, correcto, atinado, certero, acertado, exacto, perfecto.*

incorrupción

SIN. Pureza, integridad, incolumidad, incorruptibilidad, honradez, virginidad, casticidad.

ANT. *Corrupción, impureza, contaminación.*

incorruptible

SIN. Virtuoso, virgen, casto, pudoroso, virginal, incólume, puro, justo, firme, recto, insobornable, intachable, leal, íntegro, honrado.

ANT. *Deshonesto, débil, vulnerable.*

incorrupto

SIN. Íntegro, intacto, indemne, incólume, puro, virginal, impoluto, inmaculado, inviolado, casto, virtuoso, pudoroso, decente, honesto, limpio, incorruptible.

ANT. *Corrupto, descompuesto, corrompido, viciado, sucio, pecador, indecente, deshonesto.*

incrédulo

SIN. Pirrónico, ateísta, descreído, irreverente, profano, laico, sacrílego, impenitente, apóstata, rebelde, pagano, indiferente, materialista, escéptico, impío, ateo, irreligioso, hereje, desconfiado, receloso, malicioso, suspicaz, susceptible.

ANT. *Creyente, devoto, religioso, piadoso, crédulo, confiado.*

increíble

SIN. Inconcebible, improbable, inverosímil, imposible, extraordinario, excesivo, absurdo, irracional, inexistente, inaudito, insólito, inusitado, inesperado, asombroso, sorprendente, prodigioso, fantástico, maravilloso, inefable, indescriptible, inexplicable.

ANT. *Verosímil, creíble, posible, lógico, natural.*

incremento

SIN. Crecimiento, desarrollo, aumento, acrecentamiento, incrementación, ampliación, acrecencia, anábasis, inflamiento, abultamiento, hinchamiento, intensificación, prolongación, extensión, fomento.

ANT. *Disminución, caída, achicamiento, encogimiento.*

increpación

SIN. Reprensión, censura, amonestación, riña, sermón, reprimenda, catilinaria, filípica, reprehensión, regaño, regañina, rapapolvo, insulto.

ANT. *Encomio, alabanza, elogio.*

increpar

SIN. Reprender, amonestar, apercibir, sotanear, sermonear, reñir, regañar, corregir, insultar, censurar.

ANT. *Enaltecer, ensalzar, elogiar, alabar.*

incrustar

SIN. Embutir, taracear, ataracear, damasquinar, acoplar, engastar, enquistar, alojar, ensamblar, meter, introducir, incluir.

ANT. *Arrancar, extraer, sacar, desacoplar, excluir.*

incuestionable

SIN. Indisputable, indiscutible, indudable, incontestable, incontrovertible, irrefutable, innegable, irrefragable, axiomático, matemático, positivo, evidente.

ANT. *Cuestionable, discutible, dudoso.*

inculcar

SIN. Infundir, introducir, aleccionar, inspirar, enseñar, contagiar, comunicar, infiltrar, imbuir, apretar, oprimir, afirmar, reafirmar, grabar, persuadir, insistir.

ANT. *Dejar, abandonar, desanimar, desalentar, disuadir.*

inculpabilidad

SIN. Inocencia, irresponsabilidad, exculpación, justificación, coartada, salva, sobreseimiento, absolución.

ANT. *Culpabilidad, responsabilidad, transgresión.*

inculpado

SIN. Acusado, culpado, procesado, reo, encartado, penitente, confeso, convicto, incriminado, malhechor, criminal, agresor, delincuente.

ANT. *Juez, árbitro, bueno, virtuoso.*

inculpar

SIN. Culpar, acusar, denunciar, delatar, imputar, incusar, achacar, atribuir, acriminar, colgar, tachar, tildar, revelar, manifestar.

ANT. *Absolver, elogiar, alabar, honrar.*

inculto

SIN. Grosero, ignorante, rústico, salvaje, rudo, gañán, zafio, patán, bruto, bárbaro, necio, atrasado, retrasado, analfabeto, ineducado, iletrado, indocto, incivil, subdesarrollado, abandonado, palurdo, meleno, cateto, páparo.

ANT. *Docto, culto, sabio, cultivado, educado.*

incultura

SIN. Rustiquez, ignorancia, grosería, rusticidad, abandono, atraso, tochura, tochedad, torpeza, zafiedad, rudeza, ineducación, analfabetismo, subdesarrollo, incivilidad.

ANT. *Cultura, educación, sabiduría, ciencia, civismo.*

incumbencia

SIN. Obligación, competencia, cargo, deber, función, atribución, atingencia, responsabilidad, cargo, jurisdicción.

ANT. *Incompetencia, desinterés, inhibición.*

incumbir

SIN. Atañer, competer, corresponder, concernir, interesar, importar, pertenecer, tocar, atribuir, obligar.

ANT. *Desentenderse, inhibirse, desinteresar.*

incuria

SIN. Dejadez, abandono, descuido, despreocupación, indiferencia, indolencia, apatía, desidia, negligencia, imprevisión, pigricia, morosidad, desinterés.

ANT. *Aplicación, cuidado, diligencia, interés.*

incurrir

SIN. Caer, incidir, contravenir, pecar, resbalar, cometer, tropezar, reincidir, recaer.

ANT. *Evitar, eludir, esquivar.*

incursión

SIN. Aventura, correría, cabalgada, batida, acometimiento, penetración, ocupación, invasión, expedición, conquista, exploración, algara, raid, irrupción, reconocimiento, registro.

ANT. *Huida, pasada.*

indagación

SIN. Busca, encuesta, sondeo, rastreo, pesquisa, averiguación, investigación, perquisición, inquisición, indagatoria, inspección, escudriñamiento, examen, averiguamiento, fiscalización.

indagador

SIN. Investigador, pesquisidor, averiguador, inspector, inquiridor, pesquisante, fisgador, paradislero, fisgón, husmeador, preguntón, curioso.

ANT. *Circunspecto, discreto.*

indagar

SIN. Investigar, averiguar, inquirir, husmear, buscar, inspeccionar, perquirir, explorar, escrutar, pesquisar, fisgar, escarbar, oliscar, curiosear, descubrir, inferir, deducir, analizar.

indebido

SIN. Ilícito, ilegal, ilegítimo, injusto, malo, inmundo, clandestino, prohibido, vedado, negado, injustificado, contrario, impropio.

ANT. *Debido, legal, justo, permitido, justificado.*

indecencia

SIN. Insolencia, grosería, obscenidad, porquería, cochinería, deshonestidad, impudicia, impureza, liviandad, procacidad, indignidad, indecorosidad, desvergüenza, sordidez, canallada, jugada, incorrección.

ANT. *Honestidad, pureza, decoro, vergüenza.*

indecente

SIN. Indecoroso, impudente, impúdico, grosero, insolente, obsceno, puerco, cochino, impuro, deshonesto, lascivo, pornográfico, asqueroso, repugnante, astroso, desastrado, sucio, impresentable.

ANT. *Decente, decoroso, honrado, limpio, aseado, cuidadoso.*

indecible

SIN. Inenarrable, inefable, inexplicable, incontable, innominable, indescriptible, inexpresable, nefando, prodigioso, impresionante, maravilloso, extraordinario.

ANT. *Explicable, confesable, corriente, vulgar.*

indecisión

SIN. Irresolución, duda, indeterminación, perplejidad, vacilación, titubeo, fluctuación, incertidumbre,

incertitud, incerteza, inseguridad, versatilidad, escepticismo.

ANT. *Seguridad, determinación, resolución, decisión, certidumbre.*

indeciso

SIN. Dudoso, vacilante, irresoluto, titubeante, indeterminado, tambaleante, dubitativo, cambiante, versátil, variable, fluctuante, perplejo, inseguro, impreciso.

ANT. *Decidido, resuelto, dispuesto, seguro, preciso.*

indecoroso

SIN. Obsceno, grosero, indecente, insolente, indigno, impúdico, impudente, inhonesto, deshonesto, impuro, repugnante, asqueroso.

ANT. *Decoroso, decente, honrado, limpio.*

indefensión

SIN. Abandonamiento, abandono, desvalimiento, desamparo, soledad.

ANT. *Protección, amparo, acompañamiento.*

indefenso

SIN. Inerme, solo desarmado, abandonado, desvalido, desabrigado, desmadrado, imbele, desamparado, extraviado, perdido, desguarnecido, descubierto.

ANT. *Amparado, defendido, apoyado, cubierto.*

indefinido

SIN. Confuso, indeterminado, indefinible, inmenso, ilimitado, indistinto, desdibujado, vago, incierto, neutro, ambiguo, abstracto, impersonal.

indeleble

SIN. Indestructible, indisoluble, imborrable, inalterable, permanente, fijo, firme, inextinguible, invariable, definitivo.

ANT. *Alterable, transitorio, efímero, pasajero.*

indeliberado

SIN. Involuntario, instintivo, irreflexivo, impremeditado, mecánico, maquinal, infuso, automático, espontáneo, súbito, impulsivo, atrevido, osado, temerario, alocado, descabellado, inconsiderado, inconsciente.

ANT. *Consciente, sensato, consecuente, deliberado, precavido.*

indemne

SIN. Intacto, inmune, ileso, incólu-

me, exento, campante, zafo, cencido, entero, completo, seguro, invulnerable.

ANT. *Afectado, tocado, herido, dañado, vulnerable.*

indemnización

SIN. Reparación, compensación, resarcimiento, rescuentro, contrarrestro, desagravio, enmienda, desquite, expiación, prestación, rastra, retribución, fianza, pago, satisfacción.

ANT. *Descompensación, desequilibrio, daño, perjuicio.*

indemnizar

SIN. Resarcir, reparar, compensar, desagraviar, subsanar, enmendar, rescontrar, restituir, retribuir, corresponder, remunerar, pagar.

ANT. *Impagar, perjudicar, dañar, desequilibrar.*

independencia

SIN. Separación, emancipación, autodeterminación, libertad, autonomía, integridad, soberanía, liberación, inconexión, resolución, individualismo, imparcialidad, firmeza, entereza.

ANT. *Sometimiento, esclavitud, servidumbre, sumisión, parcialidad.*

independiente

SIN. Libre, liberal, autónomo, soberano, emancipado, neutral, exento, franco, liberto, imparcial, mostrenco, rebelde.

ANT. *Dependiente, sujeto, supeditado, sometido, condicionado.*

indescifrable

SIN. Incomprensible, ininteligible, impenetrable, obscuro, ilegible, inexplicable, inescrutable, insondable, enmarañado, intrincado, embrollado, enrevesado, criptográfico, jeroglífico, confuso, misterioso, secreto.

ANT. *Inteligible, fácil, claro, comprensible.*

indestructible

SIN. Irrompible, inconmovible, inalterable, eterno, indeleble, permanente, inderribable, inderruible, granítico, perenal, perennal, perenne, fijo, fuerte, incorruptible.

ANT. *Rompible, alterable, débil, perecedero.*

indeterminación

SIN. Irresolución, duda, vacilación, incertidumbre, relatividad, imprecisión, indecisión, indistinción, im-

previsión, vaguedad, desorden, fárrago, enredo, embrollo, confusión.
ANT. *Determinación, disposición, decisión, orden.*

indeterminado
SIN. Vago, indefinido, impreciso, dudoso, vacilante, indeciso, irresoluto, equívoco, indistinto, incierto, ambiguo, inclasificado, confuso, anónimo, desconocido.
ANT. *Determinado, definido, claro, cierto, específico, seguro.*

indicación
SIN. Denotación, observación, acotación, explicación, aclaración, advertencia, llamada, aviso, consejo, comentario, referencia, nota, anotación, señalamiento, signo, indicador, señal, indicio, barrunte, pista, huella, vestigio, vislumbre, sospecha, asomo, destello, atisbo, alusión, indirecta, insinuación, sugerencia, instrucción, señal, marca.
ANT. *Inadvertencia, descuido, distracción, omisión, olvido.*

indicar
SIN. Enseñar, advertir, observar, notar, exhortar, guiar, mostrar, denotar, señalar, significar, anunciar, argüir, aconsejar, tocar, avisar, remitir, apuntar, orientar, dirigir, enviar, proponer, aludir, sugerir, insinuar, denunciar, implicar, demostrar, comportar, evidenciar, revelar, probar, suponer, explicar, determinar, establecer.
ANT. *Omitir, ocultar, esconder, desaparecer, olvidar.*

índice
SIN. Lista, programa, sumario, serie, inventario, relación, nómina, registro, censo, catálogo, muestrario, guía, repertorio, indículo, tabla, enumeración, barrunto, dedo, indicio, rastro, indicación, señal.

indicio
SIN. Conjetura, manifestación, demostración, indicativo, índice, exponente, atisbo, asomo, ribete, vislumbre, muestra, seña, barrunto, señal, sospecha, huella, síntoma, rastro, vestigio, ruina, resto, remanente, testimonio, pista, destello, estela, marca, signo.
ANT. *Ausencia, desaparición, olvido.*

indiferencia
SIN. Desapego, despego, desprecio, descariño, apatía, displicencia, adia-

foria, desgana, pasividad, tranquilidad, impasibilidad, abulia, desdén, inapetencia, desinterés, escepticismo, inacción, distracción, desocupación, inutilidad, ineficacia, imprevisión, abandono, imperturbabilidad, insensibilidad, frialdad, incomprensión.
ANT. *Curiosidad, interés, entusiasmo, pasión, admiración, asombro.*

indiferente
SIN. Sordo, insensible, escéptico, estoico, descastado, abúlico, apático, flemático, tranquilo, despreocupado, impasible, despreciativo, despegado, soso, desabrido, insubstancial, desafecto, sereno, tibio, frío, glacial, indolente, indistinto, desinteresado.
ANT. *Apegado, entusiasta, apasionado, exaltado, devoto, partidario.*

indigencia
SIN. Pobreza, pauperismo, privación, miseria, necesidad, estrechez, inopia, penuria, carencia, carestía, escasez, insuficiencia, ausencia, falta.
ANT. *Abundancia, exceso, suficiencia, riqueza, opulencia.*

indigente
SIN. Menesteroso, pobre, miserable, necesitado, mendigo, pordiosero, inope, paupérrimo, infortunado, desamparado, desgraciado, desdichado, infeliz, humilde, insignificante, pequeño, mezquino, poco, escaso, falto, subdesarrollado.
ANT. *Rico, opulento, acaudalado, adinerado, importante, abundante, suficiente.*

indignación
SIN. Enfado, cólera, enojo, ira, irritación, iracundia, coraje, corajina, desesperación, exasperación, exacerbación, ensañamiento, encarnizamiento, excitación, violencia, furor, rabia, arrebato, sobreexcitación, agitación, crispamiento, trastorno, sensación.
ANT. *Serenidad, tranquilidad, calma, paciencia, mitigación, consuelo.*

indignar
SIN. Encolerizar, enfurecer, enfadar, enojar, irritar, sublevar, encenizar, enchilar, enviscar, crispar, encrespar, impacientar, desesperar, descomponer, exasperar, fastidiar, excitar, enardecer, disgustar, molestar, provocar.
ANT. *Apaciguar, serenar, aplacar, calmar, mitigar, consolar.*

indignidad
SIN. Ociosidad, bajeza, ignominia, indecencia, infamia, ruindad, vileza, canallada, abyección, indecoro, desmerecimiento, perversión, perversidad, inmoralidad, vergüenza, maldad, injusticia.
ANT. *Dignidad, pundonor, decoro, moralidad, justicia.*

indigno
SIN. Despreciable, bajo, odioso, rastrero, vil, ruin, impropio, incorrecto, mondrego, indino, abyecto, canallesco, repugnante, indecoroso, inmoral, amoral, vejatorio, vergonzoso, incongruo, improcedente, incalificable, inadecuado, injusto, inmerecido.
ANT. *Digno, honrado, honorable, bueno, correcto, adecuado, propio, justo.*

indilgar
Amér.
SIN. Endilgar, espetar, soltar, endosar.
ANT. *Retener.*

indiligencia
SIN. Descuido, negligencia, dejadez, pereza, apatía, desidia, abandono, indolencia, inadvertencia, distracción, imprevisión, despreocupación.
ANT. *Diligencia, aplicación, atención, interés, preocupación.*

indino
Amér.
SIN. Pillo, bribón, granuja, tunante, malandrín.
ANT. *Honrado, honesto, digno.*

indisciplina
SIN. Insubordinación, desobediencia, rebeldía, indocilidad, incorregibilidad, insurrección, desorden, desbarajuste, anarquía, independencia.
ANT. *Disciplina, docilidad, sumisión, armonía.*

indisciplinado
SIN. Indócil, desobediente, incorregible, ingobernable, insubordinado, rebelde, díscolo, tenaz, avieso, indómito, recalcitrante, indisciplinable, intratable, indomable, remiso, reacio, anárquico, independiente.
ANT. *Disciplinado, sumiso, dócil.*

indiscreto
SIN. Entretenido, curioso, bocazas, preguntón, boquirroto, boquirrubio, hablador, intruso, importuno,

indelicado, imprudente, incauto, entrometido, entremetido, inoportuno, desatinado, torpe, necio, impertinente.
ANT. *Discreto, circunspecto, reservado, callado, comedido, moderado, prudente.*

indiscutible

SIN. Axiomático, indudable, incuestionable, incontrovertible, evidente, cierto, incontestable, innegable, indisputable, irrefutable, irrebatible, matemático, categórico, contundente, manifiesto, reconocido, probado, auténtico, verdadero, seguro, claro.
ANT. *Discutible, controvertible, dudoso, incierto, vago.*

indispensable

SIN. Inevitable, esencial, imprescindible, obligatorio, necesario, preciso, indefectible, forzoso, insustituible, inexcusable, perentorio, principal, vital.
ANT. *Prescindible, fútil, accesorio, secundario.*

indisponer

SIN. Enemistar, malquistar, regañar, malmeter, pelear, desavenir, descompadrar, encizañar, desunir, distanciar, encismar, discrepar, enfadar, enojar, enfriar.
ANT. *Amistar, amigar, aunar, unir.*

indisponerse

SIN. Enemistarse, enfermarse, malquistarse, distanciarse, reñir, descomponerse, desunirse, desavenirse, discrepar, regañar, destemplar, enfriar.
ANT. *Curarse, sanarse, mejorarse, restablecerse.*

indisposición

SIN. Malestar, pródromo, dolencia, mal, achaque, desazón, alifafe, dolama, arrechucho, ataque, ansiedad, angustia, desasosiego, descomposición, padecimiento, afección, trastorno, enfermedad, hostilidad, enemistad, rivalidad.
ANT. *Salud, curación, euforia, acercamiento, amistad.*

indispuesto

SIN. Enfermo, enfermizo, fatigado, achacoso, malo, delicado, maldispuesto, macanche, escolimado, postrado, consumido, abatido, angustiado, preocupado, disgustado, contrariado, descontento, molesto.
ANT. *Sano fuerte, saludable, cordial, contento.*

indisputable

SIN. Innegable, incontestable, indiscutible, incuestionable, incontrovertible, irrefutable, inapelable, categórico, contundente, manifiesto, reconocido, probado, auténtico, verdadero, seguro, claro.
ANT. *Refutable, controvertible, discutible, incierto, vago.*

indistinto

SIN. Confuso, indistinguible, indiscernible, diluido, nebuloso, esfumado, imperceptible, obscuro, indefinido, vago, incierto, ambiguo, parecido, semejante, igual, indiferente.
ANT. *Distinto, diferente, cierto, determinado, claro.*

individual

SIN. Característico, específico, peculiar, particular, exclusivo, personal, unipersonal, íntimo, propio, especial, separado.
ANT. *Genérico, general, común, público.*

indócil

SIN. Indisciplinado, desobediente, renuente, remiso, díscolo, rebelde, reacio, indómito, ingobernable, incorregible, revoltoso, fiero, terco, tenaz, obstinado, duro, difícil.
ANT. *Dócil, manejable, obediente, sumiso, fácil.*

indocilidad

SIN. Desobediencia, indisciplina, rebeldía, insubordinación, incorregibilidad, obstinación, resistencia, terquedad, tenacidad, insumisión, oposición, independencia.
ANT. *Docilidad, obediencia, sumisión, disciplina.*

índole

SIN. Condición, cualidad, individualidad, propensión, temperamento, personalidad, instinto, carácter, genio, idiosincrasia, inclinación, natural, naturaleza, fondo, inclín, disposición, modo, tipo, género.

indolencia

SIN. Flojera, pereza, galbana, insensibilidad, indiferencia, apatía, desidia, gandulería, descuido, pigricia, desgana, inacción, dejadez, negligencia, indeliberación, indiligencia, displicencia, desinterés.
ANT. *Dinamismo, actividad, presteza, entusiasmo, interés.*

indolente

SIN. Apático, perezoso, ocioso, vago, gandul, remolón, blandengue, flojo, dejado, abandonado, descui-

dado, negligente, despreocupado, inconmovible, insensible, frío, flemático, indiferente.
ANT. *Interesado, entusiasta, dinámico, activo, vivo.*

indomable

SIN. Indoblegable, indómito, inflexible, silvestre, firme, montés, fiero, salvaje, bravío, cerril, arisco, montaraz, indócil, ingobernable, indomeñable, irreducible, indisciplinado, rebelde, valiente, bagual *(Amér.).*
ANT. *Dócil, manso, sumiso, obediente, civilizado.*

inducción

SIN. Instigación, inducimiento, incitación, persuasión, acuciamiento, azuzamiento, influjo, influencia, sugestión, estímulo, acción, movimiento, reflexión, intuición, transmisión, síntesis.
ANT. *Desánimo, desaliento, disuasión, conclusión.*

inducir

SIN. Mover, instigar, persuadir, incitar, acuciar, convencer, exhortar, empujar, inclinar, influir, conducir, inspirar, fomentar, promover, decidir, derivar, desprender, concluir, inferir, deducir.
ANT. *Desanimar, desalentar, disuadir, apartar.*

inducir

Amér.
SIN. Provocar, instigar, azuzar, pinchar, estimular.
ANT. *Parar, detener, apaciguar.*

indudable

SIN. Cierto, indubitable, incontrastable, indiscutible, inequívoco, verdadero, seguro, positivo, evidente, incuestionable, innegable, axiomático, matemático, riguroso, exacto, lógico.
ANT. *Dudoso, discutible, rebatible, incierto.*

indulgencia

SIN. Benignidad, benevolencia, tolerancia, compasión, perdón, clemencia, endolencia, misericordia, piedad, consentimiento, transigencia, condescendencia, ecuanimidad.
ANT. *Intolerancia, intransigencia, impiedad, malevolencia, severidad.*

indulgente

SIN. Benigno, condescendiente, tolerante, benévolo, compasivo, condonante, perdonante, perdonador, absolvente, complaciente, misericordioso, clemente, magnánimo,

comprensivo, transigente, flexible.
ANT. *Inflexible, intransigente, malévolo, severo, rígido, duro.*

indultar

SIN. Remitir, perdonar, eximir, absolver, condonar, amnistiar, conmutar, exculpar, agraciar, alzar, levantar, relevar.
ANT. *Condenar, inculpar, esclavizar.*

indulto

SIN. Absolución, perdón, conmutación, indulgencia, gracia, privilegio, remisión, amnistía, afán, alafia, liberación, libertad, exculpación, exención.
ANT. *Condenación, acusación, castigo, inculpación.*

industria

SIN. Fabricación, explotación, elaboración, transformación, empresa, factoría, instalación, sociedad, corporación, compañía, manufactura, producción, construcción, arte, destreza, habilidad, maestría, maña, pericia, competencia, ingenio, apaño, artificio, aptitud, preparación, experiencia, capacidad.
ANT. *Incapacidad, impericia, torpeza, ineptitud.*

industriar

SIN. Amaestrar, instruir, aleccionar, adiestrar, meldar, enseñar, ejercitar, preparar.
ANT. *Ignorar, descuidar, descarriar, entorpecer.*

industrioso

SIN. Mañoso, instruido, experto, entendido, ingenioso, diestro, amaestrado, artificioso, práctico, hábil, habilitado, perito, trabajador, laborioso, diligente, emprendedor, astuto, sagaz, sutil, aprovechado.
ANT. *Vago, torpe, inhábil, perezoso, inepto, noble, honrado.*

inefable

SIN. Inenarrable, indecible, inexplicable, inexpresable, intransmisible, innominable, admirable, delicioso, sublime.
ANT. *Infando, descriptible, expresable, despreciable, vulgar.*

inelegancia

SIN. Cursilería, afectación, extravagancia, ridiculez, chabacanería, charrería, ramplonería, chocarronería, gazmoñería, vulgaridad, ordinariez, imperfección.

ANT. *Elegancia, distinción, clase, perfección.*

ineludible

SIN. Inevitable, insoslayable, irrevocable, indeclinable, irrenunciable, inexcusable, ineluctable, forzoso, fatal, irrefragable, infalible, preciso, necesario, imperioso, vital, seguro.
ANT. *Excusable, revocable, aleatorio.*

ineptitud

SIN. Inhabilidad, incapacidad, incompatibilidad, torpeza, incompetencia, nulidad, inutilidad, impericia, inexperiencia, desconocimiento, ignorancia, despreocupación, negligencia, ineficacia, imperfección.
ANT. *Capacidad, habilidad, experiencia, conocimiento.*

inepto

SIN. Incapaz. inhábil, desmañado, nulo, necio, torpe, negado, incompetente, incapacitado, ineficaz, inexperto, inútil.
ANT. *Capacitado, hábil, diestro, experto, eficaz.*

inequívoco

SIN. Indubitable, indudable, indiscutible, innegable, incuestionable, firme, seguro, cierto, fijo, evidente, matemático, positivo, manifiesto, claro.
ANT. *Equívoco, incierto, dudoso, discutible.*

inerme

SIN. Indefenso, desarmado, desamparado, desvalido, abandonado, desguarnecido, débil, solo.
ANT. *Amparado, apoyado, defendido.*

inerte

SIN. Ineficaz, inactivo, inútil, flojo, desidioso, apático, perezoso, estéril, vago, gandul, holgazán, inanimado, indolente, negligente.
ANT. *Trabajador, activo, entusiasta, fervoroso.*

inesperado

SIN. Inopinado, imprevisto, insospechado, impensado, repentino, incogitado, súbito, súpito, brusco, fortuito, insospechable, sorprendente, increíble, raro, nuevo.
ANT. *Previsto, supuesto.*

inestimable

SIN. Valioso, inapreciable, incalculable, imponderable, impagable, inestimado, precioso, apreciable,

apreciativo, caro, excelente, único, perfecto.
ANT. *Desdeñable, despreciable, barato, imperfecto.*

inevitable

SIN. Fatal, inexcusable, insoslayable, irrevocable, ineluctable, ineludible, forzoso, necesario, preciso, infalible, inapelable, vital, seguro.
ANT. *Excusable, revocable, azaroso, aleatorio.*

inexacto

SIN. Falso, equivocado, erróneo, mendaz, mendoso, tergiversado, incorrecto, imperfecto, informal, incumplidor, mentiroso, engañoso, iluso, falible, absurdo.
ANT. *Exacto, fijo, preciso, puntual, justo, riguroso, auténtico, verídico.*

inexorable

SIN. Implacable, inapelable, inflexible, duro, cruel, despiadado, fatal, forzoso, irrecusable, riguroso, intolerante, inclemente, inhumano.
ANT. *Compasivo, comprensivo, flexible, humano.*

inexperto

SIN. Principiante, novato, neófito, novicio, bisoño, inhábil, torpe, inepto, imperito, novel, pipiolo, mocoso, colegial, aprendiz, desacostumbrado, inexperimentado.
ANT. *Experto, experimentado, hábil, competente, apto.*

inexplicable

SIN. Inconcebible, inimaginable, ininteligible, indecible, insondable, indescriptible, increíble, indescifrable, incomprensible, misterioso, oculto, enigmático, esotérico, recóndito, enmarañado, lioso, nebuloso, obscuro, extraño, raro, absurdo.
ANT. *Descriptible, claro, evidente.*

inexpugnable

SIN. Inconquistable, inatacable, invulnerable, invencible, inquebrantable, obstinado, emperrado, imperturbable, tenaz, fuerte, firme, sólido, seguro.
ANT. *Conquistable, débil, flojo, vulnerable, flexible.*

inextinguible

SIN. Inacabable, interminable, inagotable, inapagable, imperecedero, perpetuo, permanente, duradero, indefinido, eterno.
ANT. *Extinguible, acabable, limitado, finito, fugaz, breve.*

inextricable

SIN. Intrincado, enrevesado, revuelto, desordenado, embrollado, confuso, enredado, laberíntico, enmarañable, enmarañado, indescifrable, equívoco, dificultoso, problemático, complejo, complicado, difícil.
ANT. *Sencillo, claro, despejado, aclarado, esclarecido, fácil.*

infalible

SIN. Seguro, indefectible, indudable, incontestable, irrefutable, indiscutible, cierto, axiomático, matemático, verdadero, evidente.
ANT. *Falible, equivocado, erróneo, inseguro.*

infamante

SIN. Afrentoso, difamador, disfamatorio, oprobioso, ignominioso, deshonroso, infamatorio, vergonzoso, infamativo, denigrante, degradante, calumnioso, vilipendioso, indecoroso, ultrajante, ruin, abyecto, nefando, incalificable, ofensivo.
ANT. *Honroso, decoroso, honorable, ennoblecedor.*

infamar

SIN. Desacreditar, desautorizar, descalificar, desprestigiar, menoscabar, denostar, detractar, vituperar, afrentar, deshonrar, difamar, vilipendiar, amancillar, mancillar, baldonar, denigrar, deslustrar, deslucir, empañar, manchar, estigmatizar, menospreciar, ofender.
ANT. *Acreditar, enaltecer, alabar, glorificar, honrar, prestigiar.*

infame

SIN. Despreciable, maligno, innoble, ignominioso, perverso, indigno, vil, ruin, miserable, canalla, malvado, inicuo, abyecto, depravado, nefando, corrompido, deshonesto, malo.
ANT. *Honrado, digno, honorable, bondadoso.*

infamia

SIN. Descrédito, canallada, burla, traición, ofensa, maldad, afrenta, deshonra, indignidad, perversidad, vileza, ignominia, bajeza, baldón, mancilla, oprobio, vilipendio, desdoro, mancha, desprestigio, degradación, denigración, deshonor, iniquidad, injusticia.
ANT. *Justicia, equidad, decencia, honradez, dignidad.*

infando

SIN. Nefando, torpe, indigno, vil, repugnante, vergonzoso, odioso.

ANT. *Bueno, digno, noble, plausible, agradable.*

infantil

SIN. Inocente, pueril, aniñado, ingenuo, tierno, candoroso, cándido, crédulo, simple, simplón, panoli, inofensivo, trivial.
ANT. *Malicioso, astuto, maduro, senil, importante, profundo.*

infatigable

SIN. Incansable, perseverante, obstinado, tenaz, trabajador, voluntarioso, empeñoso, cereño, incesante, tesonero, porfiado, persistente, resistente, firme, fuerte, activo, constante, sistemático.
ANT. *Apático, cansado, vago, débil, pasivo.*

infatuarse

SIN. Entontecerse, pavonearse, enorgullecerse, entronizarse, engreírse, envanecerse, inflarse, ensoberbecerse, altivecerse, presumir.
ANT. *Recatarse, desengañarse, humillarse.*

infausto

SIN. Infeliz, infelice, mísero, miserable, infortunado, desafortunado, desgraciado, desdichado, malaventurado, desventurado, triste, aciago, cuitado, funesto, nefasto, doloroso, fatídico, calamitoso, grave.
ANT. *Fausto, feliz, afortunado, favorable, agradable, alegre.*

infección

SIN. Contagio, contaminación, epidemia, plaga, infestación, contagiosidad, propagación, infiltración, transmisión, perversión, depravación, corrupción.
ANT. *Desinfección, purificación, asepsia, pureza, moralidad.*

infectar

SIN. Inficionar, apestar, contaminar, contagiar, infestar, infeccionar, pegar, lacrar, inquinar, malignar, emponzoñar, encarroñar, inocular, transmitir, propagar, viciar, enviciar, malear, pervertir, corromper.
ANT. *Sanar, desinfectar, esterilizar, sanear, purificar, moralizar.*

infecto

SIN. Nauseabundo, asqueroso, corrompido, pestilente, repugnante, inficionado, infeccioso, contagioso, contagiado, corrupto, infectado, mefítico, apestoso, putrefacto, séptico, sucio, pestilencial, repelente, repulsivo.

ANT. *Desinfectado, purificado, sano, limpio.*

infecundidad

SIN. Infructuosidad, atocia, aciesis, esterilidad, improductividad, improductibilidad, aridez, impotencia, mañería, infertilidad.
ANT. *Fertilidad, fecundidad, productividad.*

infecundo

SIN. Infructuoso, estéril, infructífero, improductivo, árido, machío, yermo, baldío, seco, impotente.
ANT. *Fecundo, fértil, productivo, fructífero.*

infelicidad

SIN. Desdicha, desgracia, desventura, adversidad, infortunio, infortuna, desaventura, cuita, dolor, fracaso.
ANT. *Felicidad, dicha, fortuna, alegría.*

infeliz

SIN. Infortunado, desgraciado, apocado, desventurado, desdichado, desafortunado, pobre, infelice, cuitado, malhadado, malandante, mísero, malaventurado, miserable, lacerado, pobrete, miserando, funesto, nefasto, doloroso, triste, grave.
ANT. *Feliz, alegre, afortunado, favorable.*

inferior

SIN. Subalterno, subordinado, sometido, sujeto, subyacente, auxiliar, siervo, criado, fámulo, sirviente, dependiente, menor, peor, malo, deterior, bajero, secundario, accesorio, minoritario, insignificante, desventajoso, deficiente, defectuoso, anómalo, imperfecto, subterráneo, descendente, bajo.
ANT. *Superior, jefe, principal, perfecto, máximo, mayor, mayoritario, ascendente, superficial.*

inferir

SIN. Conjeturar, colegir, deducir, desprenderse, inducir, suponer, entrañar, derivar, entresacar, salir, sacar, obtener, educir, razonar, tejer, concluir, producir, causar, ocasionar, agravar, ofender, herir, afrentar, insultar, injuriar, molestar, provocar.
ANT. *Interrogar, preguntar, abstener, desagraviar.*

infernal

SIN. Diabólico, dantesco, satánico, endemoniado, endiablado, malo, dañoso, maléfico, estigio, tartáreo, demoníaco, perjudicial, inferno, desagradable.

ANT. *Angelical, celestial, bueno, beneficioso.*

infernar

SIN. Irritar, inquietar, desazonar, desasosegar, enfadar, perturbar, turbar, indisponer, molestar, infamar, acusar, condenar.

ANT. *Glorificar, tranquilizar, calmar, exonerar, perdonar.*

infestación

SIN. Contagio, epidemia, contaminación, plaga, transmisión, propagación, enfermedad.

ANT. *Desinfección, asepsia, purificación.*

infestar

SIN. Contagiar, apestar, corromper, emponzoñar, malignar, contaminar, inficionar, infeccionar, infectar, devastar, pillar, saquear, hostilizar, invadir, estragar, estropear, deteriorar, perjudicar, dañar.

ANT. *Esterilizar, purificar, respetar, mejorar, favorecer.*

infesto

SIN. Perjudicial, dañoso, dañino, nocivo, pernicioso, nocente, nuciente, lesivo.

ANT. *Sano, benigno, beneficioso, bueno, favorable.*

inficionar

SIN. Corromper, apestar, infeccionar, infectar, contaminar, contagiar, infestar, viciar, pervertir, malignar, malear, malvar, prostituir, descarriar.

ANT. *Desinfectar, esterilizar, sanear, purificar.*

infiel

SIN. Desleal, alevoso, pérfido, perjuro, falso, falaz, infidente, engañoso, hipócrita, felón, infame, delator, intrigante, vil, traidor, erróneo, inexacto, fementido, aleve, zaino, adúltero, impío, incrédulo, pagano, hereje, irreligioso, escéptico.

ANT. *Fiel, leal, agradecido, noble, amistoso, formal, sincero, cumplidor, veraz, legítimo, devoto, creyente.*

infierno

SIN. Gehena, averno, antro, abismo, profundo, tinieblas, tártaro, orco, erebo, huerco, báratro, escándalo, alboroto, discordia, caos, tormento, pandemónium, castigo.

ANT. *Cielo, gloria, limbo, paz, concordia, orden.*

infiltrar

SIN. Inducir, imbuir, inspirar, sugestionar, persuadir, influir, inculcar, meter, introducir, penetrar, filtrar, instilar, empapar, impregnar, destilar, exudar, infundir.

ANT. *Disuadir, sacar, salir, expulsar.*

ínfimo

SIN. Vil, bajo, ruin, miserable, despreciable, último, inferior, mínimo, malo, menor, peor, deficiente, defectuoso, imperfecto.

ANT. *Bueno, noble, notable, perfecto, superior, mejor.*

infinidad

SIN. Multitud, cúmulo, enjambre, hormiguero, legión, tropel, bandada, plaga, gentío, muchedumbre, sinnúmero, porción, infinitud, inmensidad, vastedad, grandeza, enormidad, mar, cielo, universo, sinfín, absoluto.

ANT. *Pequeñez, brevedad, limitación, estrechez, escasez.*

infinito

SIN. Interminable, inmenso, ilimitado, inagotable, infinido, incircunscripto, innúmero, incalculable, indefinido, inextinguible, inconmensurable, eterno, absoluto, inmensidad, libre, abierto, descubierto, espacio.

ANT. *Finito, limitado, cerrado, definido.*

inflación

SIN. Engreimiento, vanidad, presunción, ensoberbecimiento, fatuidad, inflamiento, orgullo, soberbia, altivez, encarecimiento, carestía, valorización.

ANT. *Humildad, sencillez, modestia, deflación.*

inflamar

SIN. Avivar, atizar, animar, acalorar, enardecer, exasperar, enconar, encender, irritar, excitar, enfurecer, encolerizar, exaltar, apasionar, entusiasmar, emocionar, hinchar, abultar, infectar, congestionar, incendiar, incinerar, quemar, arder, prender.

ANT. *Tranquilizar, calmar, enfriar, sosegar, palidecer, descongestionar, sofocar, apagar.*

inflar

SIN. Engreír, hinchar, envanecer, ensoberbecer, insuflar, soplar, ahuecar, abultar, engordar, cebar, agrandar, ensanchar, ampliar, de-

formar, desvirtuar, recargar, exagerar.

ANT. *Desinflar, reducir, disminuir, moderar, humillar.*

inflarse

SIN. Envanecerse, infatuarse, ensoberbecerse, hincharse, engreírse, pavonearse, abotagarse, hispirse, abombarse, engordarse.

ANT. *Humillarse, enderezarse, reducir, moderar, disminuir.*

inflexible

SIN. Inexorable, firme, fuerte, duro, recio, sólido, infrangible, indoblegable, irrompible, inquebrantable, tenaz, rígido, incorruptible, inconmovible, obstinado, entero, íntegro, intolerante, férreo, riguroso, severo, imperturbable, insobornable, implacable.

ANT. *Flexible, tolerante, comprensivo, débil, adaptable, plegable, dúctil, blando.*

infligir

SIN. Condenar, castigar, imponer, aplicar, penar, apenar, inferir, ocasionar, motivar.

ANT. *Eximir, librar, aliviar, obviar.*

influencia

SIN. Preponderancia, autoridad, dominio, presión, empuje, fuerza, valimiento, predominio, prestigio, poder, ascendiente, influjo, crédito, efecto, peso, albedrío, metimiento, vera, amistades, enchufe, amarras, mano, agarraderas, recomendación, partido, encumbramieto, persuasión, sugestión, sortilegio, ayuda, favor, apoyo, proyección, importancia.

ANT. *Abandono, desvalimiento, desasistencia, desamparo, descrédito, desprestigio.*

influir

SIN. Influenciar, afectar, ejercer, actuar, intervenir, repercutir, mediar, terciar, interponer, contribuir, ayudar, instigar, valer, mediatizar, obrar, acuciar, coartar, coaccionar, presionar, pesar, camelar, embaucar, hipnotizar, inclinar, convencer, persuadir, sugestionar, inspirar.

ANT. *Desamparar, desasistir, abandonar, despreciar.*

información

SIN. Indagación, inquisición, averiguación, investigación, averiguamiento, pesquisa, encuesta, revelación, comunicación, advertencia, aviso, notificación, nota, mensaje,

carta, despacho, crónica, noticia, noticiario, reportaje, informe, indicación, referencia, confidencia, manifestación, testimonio, juicio, declaración, relato.
ANT. *Silencio, reserva, ocultación, omisión.*

informar
SIN. Avisar, anunciar, orientar, imponer, comunicar, enterar, noticiar, participar, prevenir, instruir, iniciar, denunciar, advertir, declarar, referir, notificar, indicar, contar, expresar, exponer, ilustrar, reportar, reseñar, publicar, relatar.
ANT. *Silenciar, omitir, callar, olvidar.*

informe
SIN. Amorfo, deforme, irregular, vago, impreciso, indeciso, confuso, indeterminado, indefinido, imperfecto, referencia, noticia, dato, razón, notificación, confidencia, aviso, reseña, carta, despacho, memoria, instrucción, declaración, certificación, parte, reportaje, información, testimonio, resumen, narración, relato, exposición.
ANT. *Perfecto, preciso, conforme, silencio, omisión.*

infortunado
SIN. Desdichado, infausto, desgraciado, desafortunado, infeliz, cuitado, pobre, malhadado, malandante, malaventurado, miserable, mísero, miserando, infelice, desventurado, fracasado, nefasto, funesto, fatídico, adverso, grave.
ANT. *Afortunado, feliz, fausto, dichoso, alegre, favorable.*

nfortunio
SIN. Desdicha, desgracia, infelicidad, adversidad, fracaso, revés, infortuna, desaventura, cuita, dolor, tristeza.
ANT. *Fortuna, felicidad, dicha, alegría, éxito.*

nfracción
SIN. Quebrantamiento, violación, inobservancia, conculcación, desacato, desafuero, corruptela, rebelión, conspiración, pronunciamiento, desobediencia, incumplimiento, contravención, transgresión, vulneración, ilegalidad, ilegitimidad, trampa, omisión, olvido, culpa, falta, anomalía, anormalidad, injusticia.
ANT. *Observancia, cumplimiento, acatamiento, obediencia, legitimidad, cuidado, respeto, justicia.*

infrascrito
SIN. Firmante, infrascripto, suscrito, suscriptor, suscritor, subscritor, subscriptor, signatario.

infrecuente
SIN. Raro, desusado, inhabitual, inusitado, insólito, peregrino, asombroso, sorprendente, singular, extraño, extraordinario, excepcional, anómalo, nuevo.
ANT. *Frecuente, habitual, corriente, ordinario, normal, vulgar, viejo.*

infringir
SIN. Quebrantar, delinquir, transgredir, traspasar, inobservar, prevaricar, contravenir, incumplir, desaforar, desobedecer, atropellar, lesionar, violar, vulnerar, pisar, pisotear, reírse, saltarse, romper, incidir, incurrir.
ANT. *Cumplir, observar, acatar, obedecer, respetar, someterse.*

infructuoso
SIN. Ineficaz, inútil, inservible, vano, ruinoso, insignificante, inoperante, improductivo, infructífero, infrugífero, estéril, infecundo, yermo, machío, árido, pobre.
ANT. *Fértil, fecundo, fructífero, productivo, útil, eficaz.*

ínfulas
SIN. Vanidad, presunción pretensiones, ensoberbecimiento, engreimiento, orgullo, vanistorio, fatuidad, entono, empaque, cinta, mitra.
ANT. *Sencillez, humildad, inocencia, modestia.*

infundio
SIN. Mentira, embuste, engaño, engañifa, bola, trola, enredo, chisme, cuento, patraña, rumor, calumnia, falacia, falsedad, noticia.
ANT. *Autenticidad, verdad, garantía.*

infundir
SIN. Inspirar, comunicar, animar, impulsar, infiltrar, echar, instilar, verter, imbuir, inducir, inferir, sugerir, suscitar, influir, inculcar, redundar, introducir, causar, engendrar, promover, propagar.
ANT. *Renunciar, disuadir, desistir, anular, librar, sacar.*

ingeniar
SIN. Inventar, discurrir, idear, crear, concebir, imaginar, maquinar, engendrar, industriar.

ANT. *Copiar, ignorar, desconocer.*

ingeniarse
SIN. Arreglarse, manejarse, bandearse, aplicarse, esforzarse, avisparse, despabilarse, apañarse, componerse, adiestrarse, ingeniárselas, trastear, descubrir.
ANT. *Desentenderse, entontecerse, acobardarse, ignorar, desconocer.*

ingenio
SIN. Inspiración, intuición, talento, habilidad, industria, maña, destreza, ingeniatura, chispa, listeza, caletre, mollera, cacumen, agudeza, perspicacia, inventiva, iniciativa, intuición, comprensión, penetración, capacidad, clarividencia, imaginación, ingeniosidad, ocurrencia, arte, artificio, arma, máquina, aparato, utensilio.
ANT. *Iorpeza, estupidez, sosería, cerrilidad, desmaña, incompetencia, ignorancia.*

ingenioso
SIN. Hábil, diestro, talentoso, capaz, industrioso, mañoso, inventivo, habilidoso, avispado, listo, despierto, sagaz, ocurrente, chispeante, chistoso, agudo, perspicaz, penetrante, profundo, vivaz, astuto, claro, genial, inteligente.
ANT. *Inhábil, torpe, lento, tonto, estúpido, soso, insípido.*

ingénito
SIN. Connatural, innato, nonato, ínsito, congénito.
ANT. *Adquirido, añadido, artificial.*

ingenuidad
SIN. Candidez, inocencia, candor, franqueza, naturalidad, llaneza, sencillez, sinceridad, espontaneidad, inconsciencia, credulidad, efusión, honradez, familiaridad, confianza, abertura.

ingenuo
SIN. Franco, sincero, sencilio, natural, candoroso, cándido, inocente, puro, espontáneo, explícito, abierto, comunicativo, optimista, idealista, infantil, inofensivo, incauto, infeliz, iluso, crédulo, insensato, inconsciente.
ANT. *Astuto, incrédulo, malicioso, desconfiado, experimentado, ingenioso.*

ingerir
SIN. Inserir, injerir, engullir, tra-

gar, deglutir, ingurgitar, tragonear, pasar, introducir.

ANT. *Expulsar, vomitar, echar, devolver.*

ingobernable

SIN. Indisciplinado, rebelde, indócil, indomable, indomeñable, díscolo, renuente, avieso, insumiso, indómito, tenaz, terco, obstinado, intratable, incorregible, desobediente, independiente.

ANT. *Sometido, disciplinado, sumiso, dócil, obediente.*

ingratitud

SIN. Desagradecimiento, olvido, deslealtad, desafección, desconocimiento, indiferencia, egoísmo, aspereza, desprecio.

ANT. *Gratitud, agradecimiento, reconocimiento, fidelidad, desinterés.*

ingrato

SIN. Olvidadizo, desagradecido, infiel, desleal, áspero, descastado, desapacible, desagradable, desnaturalizado, malagradecido *(Amér.)*, desconocido, olvidado, indiferente.

ANT. *Fiel, amable, generoso, agradecido, reconocido, desinteresado.*

ingrediente

SIN. Mejunje, potingue, droga, substancia, medicamento, componente, material, menjunje, menjurje, fármaco, compuesto, elemento.

ingresar

SIN. Afiliarse, colegiarse, incorporarse, inscribirse, introducirse, infiltrar, internarse, entrar, pasar, penetrar, imponer, cargar, devengar, cobrar, ganar.

ANT. *Salir, renunciar, perder, pagar.*

ingreso

SIN. Ganancias, renta, devengo, retribución, emolumentos, sueldo, recursos, entrada, intrusión, introducción, inscripción, integración, adhesión, incorporación, asociación, agrupación, afiliación, admisión, recepción, iniciación.

ANT. *Pago, pérdida, despedida, expulsión, dimisión, salida.*

ingrimo

Amér.

SIN. Aislado, solo, solitario, desabrigado, desolado.

ANT. *Concurrido, habitado, acompañado.*

inhábil

SIN. Incapaz, inepto, incapacitado, torpe, tolondro, porro, fuñique,

patoso, desmañado, incompetente, ineficaz, inexperto, inútil.

ANT. *Hábil, capaz, ducho, experto, competente.*

inhabilitar

SIN. Imposibilitar, incapacitar, descalificar, invalidar, inutilizar, anular, impedir, despedir, suspender, prohibir.

ANT. *Autorizar, capacitar, habilitar, calificar, admitir.*

inhabitado

SIN. Desierto, deshabitado, despoblado, solitario, desavecindado, desolado, vacío, aislado, desamparado, desguarnecido, abandonado, apartado, separado, solo.

ANT. *Habitado, poblado, concurrido, mundano.*

inherente

SIN. Unido, relativo, inseparable, junto, ínsito, constitutivo, inmanente, consubstancial, coesencial, concomitante, congénito, ingénito, anexo, tocante, correspondiente, relacionado.

ANT. *Ajeno, extraño, separado, distante.*

inhospitalario

SIN. Inhospitable, inhóspito, inhospedable, inhospital, desabrigado, acre, acedo, desabrido, deshabitado, solitario, desolado, agreste, insano, inhumano, inclemente, frío, áspero, adusto, cruel.

ANT. *Habitable, protector, acogedor, humano, grato.*

inhumano

SIN. Brutal, bárbaro, cruel, despiadado, duro, feroz, salvaje, impío, impiedoso, desalmado, sanguinario, sangriento, atroz, monstruoso, violento, desnaturalizado, severo, inclemente, implacable, intransigente, incompasivo, insensible, deshumano, incivil.

ANT. *Humano, humanitario, compasivo, piadoso, comprensivo, bueno, generoso.*

iniciar

SIN. Empezar, comenzar, abrir, arrancar, emprender, principiar, suscitar, entablar, incoar, promover, fundar, inaugurar, establecer, enterar, instruir, enseñar, educar, preparar, aleccionar, infundir, amaestrar, dirigir, interponer, proceder.

ANT. *Acabar, terminar, finalizar, liquidar, sentenciar, rechazar, negar.*

inicio

SIN. Comienzo, origen, causa, raíz, fundamento, base, encabezamiento, empiece, arranque, iniciación, generación, germen, génesis, esbozo, boceto, rudimento, preámbulo, plan, proyecto.

ANT. *Realización, final, coronamiento, decadencia.*

inicuo

SIN. Malvado, injusto, malo, perverso, infame, vil, abyecto, bajo, nefario, infando, nefando, cruel, improcedente, indebido, inmoral, indigno.

ANT. *Digno, bueno, moral, justo, noble, generoso.*

ininteligible

SIN. Incoherente, ilegible, indiscernible, inexplicable, incognoscible, incomprensible, confuso, obscuro, indescifrable, impenetrable, inextricable, complicado, problemático, dudoso, equívoco, ambiguo, misterioso, difícil.

ANT. *Comprensible, claro, evidente, lógico, manifiesto.*

iniquidad

SIN. Injusticia, maldad, crueldad, infamia, perversidad, perfidia, nequicia, protervidad, inmoralidad, ignominia, indignidad, arbitrariedad.

ANT. *Justicia, bondad, dignidad, generosidad.*

injerir

SIN. Introducir, incluir, insertar, meter, entremeter, inmiscuirse, interponerse, mezclarse, mediar, terciar, intervenir.

ANT. *Excluir, desentenderse, moderarse, abstenerse.*

injuria

SIN. Afrenta, agravio, ofensa, ultraje, denuesto, insulto, baldón, menoscabo, perjuicio, daño, tuerto, oprobio, ofensión, mancha, grosería, blasfemia, improperio, maldición. dicterio, vilipendio, infamia, vejación, insolencia, escarnio, vergüenza, humillación, desprecio, injusticia.

ANT. *Elogio, alabanza, enaltecimiento, piropo, finura, elegancia, beneficio, justicia.*

injuriar

SIN. Afrentar, insultar, infamar, oprobiar, agraviar, ultrajar, baldonar, ofender, denostar, menoscabar, dañar, perjudicar, baldonear, denigrar, vejar, vilipendiar, blasfemar, maldecir, vulnerar, deshonrar, provocar, molestar.

ANT. *Alabar, bendecir, favorecer, agradar, lisonjear, beneficiar.*

injurioso
SIN. Ultrajante, irrespetuoso, afrentoso, insultante, ofensivo, agravioso, ultrajoso, vejatorio, humillante, grosero, maleducado, insolente, molesto, desagradable.
ANT. *Enaltecedor, lisonjero, agradable, beneficioso.*

injusticia
SIN. Tiranía, sinrazón, atropello, tropelía, ofensa, agravio, abuso, injuria, violencia, prejuicio, impunidad, deslealtad, desafuero, parcialidad, improcedencia, ilicitud, ilegalidad, iniquidad, irregularidad, arbitrariedad.
ANT. *Equidad, justicia, legalidad, moralidad.*

injusto
SIN. Arbitrario, ilegal, ilícito, parcial, inmerecido, inicuo, desaforado, torticero, improcedente, algarivo, inmérito, infundado, injustificable, irrazonable, inmotivado, indebido, inaceptable, inmoral, indigno, malo.
ANT. *Equitativo, justo, legal, moral.*

inmarcesible
SIN. Lozano, inmarchitable, imperecedero, duradero, fresco, galano, juvenil, rozagante, puro.
ANT. *Marchitable, perecedero, fugaz, transitorio, viejo, seco.*

inmediación
SIN. Cercanía, contorno, afueras, aledaños, arrabales, suburbios, extrarradio, extramuros, alrededores, contigüidad, vecindad, proximidad.
ANT. *Lejanía, separación, apartamiento.*

inmediato
SIN. Contiguo, seguido, propíncuo, allegado, lindante, limítrofe, fronterizo, tocante, rayano, pegado, adjunto, próximo, consecutivo, yuxtapuesto, cercano, vecino, junto, pronto, rápido, presto, raudo, veloz, siguiente, inminente.
ANT. *Distante, alejado, lejano, separado, lento, tardío.*

inmenso
SIN. Incontable, inconmensurable, infinito, considerable, ilimitado, enorme, ilimitable, incircunscripto, infinido, vasto, grandioso, fenomenal, colosal, gigantesco, inmensurable, interminable, inacabable, desmedido, exorbitante, extraordinario, incalculable.
ANT. *Reducido, limitado, estrecho, pequeño, escaso, minúsculo.*

inmerecido
SIN. Arbitrario, injusto, ilícito, inicuo, inmérito, improcedente, algarivo, parcial, inaceptable, injustificable, irrazonable, inmotivado, indebido, infundado.
ANT. *Justo, legal, equitativo, merecido, motivado, fundado, justificado.*

inmersión
SIN. Sumersión, sumergimiento, demersión, calada, hundimiento, zambullimiento, zambullida, chapuzón, mojadura, remojo, baño, buceo, bajada, descenso.
ANT. *Ascenso, ascensión, elevación, salida.*

inminente
SIN. Inmediato, cercano, pronto, próximo, imperioso, inaplazable, apremiante, perentorio, amenazador.
ANT. *Lejano, remoto, premioso, tardo, lento.*

inmiscuirse
SIN. Injerirse, entremeterse, mezclarse, meterse, entrometerse, entremezclarse, interponerse, entreverarse, mediar, terciar, promiscuar, curiosear, fisgonear, introducirse, intervenir.
ANT. *Inhibirse, abstenerse, desentenderse, desinteresarse.*

inmoble
SIN. Inmóvil, quieto, inmoto, firme, estático, fijo, inmovible, inmutable, inflexible, inamovible, agarrotado, envarado, aterido, petrificado, rígido, clavado, detenido, paralizado, pasivo.
ANT. *Movible, móvil, variable, activo.*

inmoderado
SIN. Intemperante, excesivo, exagerado, descomedido, inmódico, desmesurado, desorbitado, descompuesto, descabellado, desvergonzado, desmedido, desenfrenado, desconsiderado, libertino, incorrecto.
ANT. *Atemperado, moderado, mesurado, comedido, prudente, correcto, sobrio.*

inmodestia
SIN. Soberbia, presunción, altanería, altivez, alarde, vanagloria, vanidad, engreimiento, fatuidad, orgullo, hinchazón, pedantería, tufos, entono, humos, envanecimiento, ostentación, arrogancia, petulancia, jactancia, indecencia, deshonestidad.
ANT. *Recato, humildad, sencillez, sobriedad, pudor, honestidad.*

inmolar
SIN. Sacrificar, litar, libar, lustrar, ofrecer, ofrendar, degollar, matar, eliminar.
ANT. *Perdonar, agraciar, condonar, vivir.*

inmoral
SIN. Licencioso, disoluto, desvergonzado, crapuloso, profano, desmoralizador, indecoroso, pecaminoso, desenfrenado, obsceno, lúbrico, lujurioso, impúdico, deshonesto, incasto, escandaloso, escabroso, censurable, antimoral, desaprensivo, inconveniente.
ANT. *Moral, honesto, decoroso, casto, decente, recatado, recto, justo, lícito.*

inmortal
SIN. Imperecedero, perdurable, perpetuo, eterno, inmarcesible, inextinguible, perenne, permanente, subsistente, indestructible, inacabable, interminable.
ANT. *Mortal, perecedero, transitorio, fugaz, efímero.*

inmortalidad
SIN. Perpetuidad, eternidad, perdurabilidad, perennidad, diuturnidad, estabilidad, continuidad, gloria.
ANT. *Temporalidad, caducidad, transitoriedad, fugacidad.*

inmortalizar
SIN. Perpetuar, eternizar, prolongar, perdurar, persistir, recordar, conmemorar.
ANT. *Olvidar, desaparecer, morir, transitar.*

inmóvil
SIN. Quieto, fijo, firme, inanimado, inerte, inmoto, inmoble, inmovible, inamovible, estacionado, invariable, quedo, clavado, paralizado, entumecido, agarrotado, rígido, petrificado, inflexible, pasivo, inactivo, estático.
ANT. *Móvil, movible, variable, dinámico, activo.*

inmundicia

SIN. Suciedad, bascosidad, basura, impureza, porquería, vicio, deshonestidad, descoco, impudicia, obscenidad, inmoralidad, cochinería, bardoma, mierda, mugre, cochambre, desperdicios, excremento.
ANT. *Aseo, limpieza, decencia, moralidad, honestidad, virtud.*

inmundo

SIN. Asqueroso, astroso, guarro, marrano, puerco, repugnante, nauseabundo, impuro, poluto, adán, cochino, mugriento, roñoso, cochambroso, sucio, obsceno, depravado, vicioso, inmoral.
ANT. *Limpio, resplandeciente, intachable, puro, moral, decente.*

inmune

SIN. Exento, exceptuado, libre, inatacable, franco, indemne, salvo, inviolable, invulnerable, inmunizado, resistente, sano, incólume, limpio.
ANT. *Débil, vulnerable, atacable, desprotegido, indefenso.*

inmunidad

SIN. Exención, prerrogativa, libertad, privilegio, exoneración, franquicia, dispensa, fuero, bula, protección, indemnidad, inviolabilidad, invulnerabilidad, seguridad, vigor, resistencia.
ANT. *Debilidad, vulnerabilidad, desamparo, afección.*

inmutable

SIN. Invariable, inalterable, inmudable, constante, impasible, impávido, imperterrito, imperturbable, inconmovible, inflexible, inexorable, persistente, irrevocable, inquebrantable, indestructible, inextinguible, inmodificable, inconmutable, incambiable, incesante, perseverante, tenaz, flemático, tranquilo, estable, estático.
ANT. *Mudable, movible, variable, versátil, inconstante, intranquilo, agitado.*

inmutarse

SIN. Conmoverse, alterarse, desconcertarse, turbarse, embarbascarse, azararse, demudarse, palidecer, conmoverse, afectarse, soliviantarse, violentarse, sobresaltarse, impresionarse, emocionarse.
ANT. *Serenarse, tranquilizarse, contenerse.*

innato

SIN. Propio, connatural, consustancial, ínsito, ingénito, personal, natural, esencial.

ANT. *Formado, adquirido, contraído, constituido, conseguido.*

innecesario

SIN. Sobrado, sobrante, vano, inútil, superfluo, supervacáneo, fútil, redundante, farragoso, excesivo, recargado, prolijo, desnecesario, infundado, nulo, prescindible.
ANT. *Imprescindible, indispensable, ineludible, útil, necesario.*

innegable

SIN. Evidente, cierto, inequívoco, indudable, indubitable, incuestionable, incontestable, indiscutible, incontrovertible, irrefragable, indisputable, irrefutable, positivo, real, seguro, matemático, axiomático, palmar, claro, inteligible, auténtico, verídico, absoluto.
ANT. *Equivocado, erróneo, dudoso, discutible.*

innoble

SIN. Vil, bajo, abyecto, malvado, indigno, rastrero, despreciable, perverso, infame, mezquino, desleal, canalla, traidor, felón, falso.
ANT. *Leal, noble, honrado, fiel, inocente, bueno.*

innocuo

SIN. Innocivo, inocuo, insubstancial, inofensivo, inocente, anodino, imbele, inerme, desarmado.
ANT. *Maligno, perjudicial, nocivo.*

innovar

SIN. Alterar, cambiar, mudar, modificar, transformar, transmutar, variar, corregir, rectificar, enmendar, reformar, renovar, modernizar, inventar, descubrir.
ANT. *Repetir, insistir, continuar, copiar.*

innumerable

SIN. Innúmero, incontable, numeroso, múltiple, copioso, crecido, incalculable, interminable, infinito, ilimitado, indeterminado, inconmensurable, inmenso.
ANT. *Finito, determinado, concreto, escaso.*

inobediencia

SIN. Rebeldía, indocilidad, desobediencia, indisciplina, obstinación, terquedad, insubordinación, deservicio, desorden, insurrección, desafío, resistencia, independencia.
ANT. *Obediencia, disciplina, docilidad, sumisión, orden.*

inobediente

SIN. Desobediente, indisciplinado, rebelde, díscolo, insubordinado, desmandado, insumiso, indócil, avieso, indómito, indomable, recalcitrante, intratable, incorregible, ingobernable, insurrecto, revolucionario, independiente.
ANT. *Obediente, disciplinado, dócil, sumiso, sometido.*

inocencia

SIN. Simplicidad, candor, candidez, sencillez, virginidad, ingenuidad, credulidad, puericia, puerilidad, infantilismo, inocuidad, pureza, honradez, inculpabilidad, exculpación, irresponsabilidad, coartada, justificación, sobreseimiento, absolución.
ANT. *Desconfianza, malicia, astucia, transgresión, culpabilidad, responsabilidad.*

inocente

SIN. Candoroso, cándido, angelical, pueril, infantil, sencillo, simple, ingenuo, puro, virgen, innocuo, inofensivo, honrado, engañadizo, columbino, simplón, bobalicón, bueno, irresponsable, inculpado, exculpado, absuelto, libre.
ANT. *Malicioso, malvado, astuto, desconfiado, transgresor, culpable, responsable, impuro.*

inocular

SIN. Contaminar, infundir, contagiar, transmitir, comunicar, pervertir, malear, dañar, viciar, corromper.
ANT. *Sanear, esterilizar, purificar, regenerar.*

inofensivo

SIN. Innocivo, innocuo, inocuo, imbele, inerme, desarmado, pacífico, tranquilo, ingenuo, inocente.
ANT. *Perjudicial, perverso, dañino, nocivo, maligno.*

inoficioso

Amér.
SIN. Inútil, ineficaz, ocioso, vano, innecesario.
ANT. *Eficaz, útil, necesario.*

inopia

SIN. Escasez, indigencia, pauperismo, subdesarrollo, penuria, pobreza, estrechez, necesidad, ahogo, fatiga, apuro, privación, carestía, carencia, insuficiencia, ausencia, falta.
ANT. *Abundancia, suficiencia, riqueza, opulencia, felicidad.*

inopinado

SIN. Inesperado, impensado, im

previsto, repentino, incogitado, súbito, súpito, subitáneo, brusco, rápido, accidental, fortuito, casual.
ANT. *Esperado, previsto, intencionado, adrede.*

inoportuno
SIN. Importuno, intempestivo, inconveniente, improcedente, extemporáneo, extemporal, incongruente, impropio, inadecuado, inopinado, imprevisto, desacertado, desatinado, discordante, contradictorio, absurdo, impertinente, indiscreto, incorrecto.
ANT. *Oportuno, adecuado, indicado, atinado, apropiado, congruente, procedente, pertinente, justo.*

inordenado
SIN. Desarreglado, desorganizado, desordenado, trastrocado, alterado, descabalado, inordinado, inconcino, heteróclito, desbarajustado, invertido, transpuesto, trastornado, turbado.
ANT. *Ordenado, organizado, distribuido, ajustado, dispuesto.*

inquebrantable
SIN. Inexorable, inflexible, firme, tenaz, resuelto, insobornable, irreductible, inalterable, inmutable, indeleble, invariable, inmanente, permanente, constante.
ANT. *Frágil, débil, dócil, asequible, benévolo.*

inquietar
SIN. Desasosegar, desazonar, intranquilizar, incomodar, impacientar, agitar, preocupar, alarmar, perturbar, molestar, turbar, asurar, escarabajear, jorobar, fastidiar, importunar, soliviantar, mortificar, torturar, angustiar, exasperar.
ANT. *Tranquilizar, calmar, sosegar, apaciguar.*

inquieto
SIN. Desazonado, desasosegado, preocupado, agitado, nervioso, intranquilo, bullicioso, travieso, vivaracho, zozobroso, solevantado, soliviantado, turbulento, tumultuoso, excitado, alterado, impaciente, tenso, activo, diligente, emprendedor, resuelto.
ANT. *Tranquilo, sosegado, pacífico, indolente, ocioso.*

inquietud
SIN. Desasosiego, ansiedad, nerviosidad, duda, vacilación, intranquilidad, malestar, zozobra, alteración, alboroto, conmoción, bullicio, escarabajeo, torozón, come-

zón, carcoma, reconcomio, cosquilleo, ajetreo, expectación, excitación, agitación, alarma, impaciencia, angustia, sobresalto, preocupación, remordimiento.
ANT. *Sosiego, calma, serenidad, tranquilidad, paz, despreocupación, bienestar.*

inquilino
SIN. Vecino, arrendatario, ocupante, alquilador.

inquilino
Amér.
SIN. Habitante, morador, residente.

inquina
SIN. Odio, aversión, animadversión, antipatía, animosidad, ojeriza, tirria, acritud, aspereza, malevolencia, antagonismo, hostilidad, rivalidad, repulsión, repugnancia.
ANT. *Simpatía, amistad, agrado, amor.*

inquinar
SIN. Contagiar, inficionar, contaminar, infectar, infeccionar, coinquinar, macular, ensuciar, deslustrar, manchar.
ANT. *Asear, lavar, limpiar, purificar.*

inquirir
SIN. Investigar, preguntar, interrogar, averiguar, escudriñar, indagar, examinar, sondar, escuchar, espiar, olfatear, escular, oliscar, huronear, rastrear, perquirir, inferir, deducir.
ANT. *Inhibirse, desentenderse, abstenerse.*

inquisición
SIN. Indagación, investigación, pesquisa, averiguación, perquisición, sondeo, fisgoneo, escudriñamiento.
ANT. *Inhabición, desinterés, abstención.*

inquisidor
SIN. Pesquisidor, inquiridor, inquisitivo, investigador, averiguador, perquisidor, pesquisante, escudriñador, fisgador, fisgón, oliscador, hurón, sonsacador, curioso.

insaciable
SIN. Ansioso, glotón, comilón, tragón, insatisfecho, ávido, hambriento, apetitivo, avaricioso, avaro, ambicioso, egoísta.
ANT. *Harto, ahíto, satisfecho.*

insalubre
SIN. Dañoso, dañino, perjudicial,

mefítico, malsano, enfermizo, infecto, insano, pernicioso, nocivo, desfavorable.
ANT. *Salubre, saludable, salutífero, sano, higiénico, benéfico, favorable.*

insano
SIN. Demente, loco, enajenado, lunático, chiflado, furioso, orate, insensato, malsano, enfermizo, perjudicial, pernicioso, dañino, dañoso, mefítico, nocivo, desfavorable.
ANT. *Sano, cuerdo, lúcido, sensato, saludable, salutífero, higiénico, benéfico.*

inscribir
SIN. Matricular, alistar, catalogar, apuntar, anotar, extender, asentar, sentar, listar, notar, registrar, empadronar, afiliar, enrolar, consignar, adscribir, incluir, escribir, trazar, imprimir, grabar.
ANT. *Borrar, tachar, olvidar.*

inseguridad
SIN. Incertidumbre, duda, indecisión, vacilación, irresolución, agitación, inestabilidad, inconsistencia, oscilación, mutabilidad, variabilidad.
ANT. *Seguridad, firmeza, constancia, estabilidad, consistencia.*

inseguro
SIN. Incierto, dudoso, deleznable, mudable, móvil, provisional, inestable, inestable, movedizo, vacilante, irresoluto, temeroso, pacato, timorato, vergonzoso, apocado, tímido.
ANT. *Seguro, firme, fijo, fuerte, estable, invariable, inmutable, resuelto, lanzado.*

insensatez
SIN. Locura, insania, demencia, desvarío, contrasentido, idiotez, tontería, imbecilidad, necedad, absurdo, estupidez, sandez, memez, majadería, burrada, barbaridad, desatino, disparate, temeridad, atrocidad, extravagancia, imprudencia, irracionalidad, incoherencia.
ANT. *Sensatez, cordura, juicio, seso, prudencia, reflexión.*

insensato
SIN. Necio, tonto, fatuo, imbécil, insano, idiota, loco, demente, orate, absurdo, mochales, guillado, memo, estulto, estólido, mentecato, zascandil, mequetrefe, calamidad, desatinado, desquiciado, desjuiciado, disparatado, contradicto-

rio, incoherente, irreflexivo, irracional, irrazonable, imprudente.
ANT. Sensato, juicioso, cuerdo, circunspecto, reflexivo, coherente, racional, lógico, prudente.

insensibilizar
SIN. Endurecer, anestesiar, narcotizar, acorchar, eterizar, cloroformizar, embotar, atontar, entontecer, adormecer, calmar.
ANT. Sentir, enardecer, conmover.

insensible
SIN. Sordo, duro, frío, inconmovible, inexorable, imperturbable, cruel, despiadado, inhumano, inclemente, inexpresivo, indiferente, impasible, imperceptible, insensitivo, estupefacto, indolente, indoloro, inanimado, inerte, exánime, inconsciente, pasivo.
ANT. Sensible, comprensivo, piadoso, tierno, generoso, flexible, animado, entusiasta, fervoroso.

insertar
SIN. Introducir, injerir, inserir, intercalar, incluir, publicar, imprimir, editar, injertar, embutir, entrar, encajar, meter, implantar.
ANT. Sacar, excluir, extraer, omitir, silenciar.

inservible
SIN. Estropeado, deteriorado, inútil, inaprovechable, inaplicable, ineficaz, desusado, desaprovechado, improductivo, innecesario.
ANT. Útil, arreglado, intacto, nuevo, productivo.

insidia
SIN. Engaño, asechanza, acechamiento, acecho, emboscada, estratagema, perfidia, traición, maquinación, intriga, fraude.
ANT. Franqueza, fidelidad, sinceridad, honradez, claridad.

insidioso
SIN. Pérfido, astuto, traidor, insidiador, trasechador, asechador, acechador, intrigante, capcioso, malévolo.
ANT. Franco, sincero, fiel, leal, honrado, recto, claro.

insigne
SIN. Famoso, célebre, ilustre, esclarecido, distinguido, notable, afamado, glorioso, renombrado, señalado, reputado, bienafamado, bienquisto, preclaro, relevante, sobresaliente, eximio, egregio, excelso, ínclito, conspicuo, sonado, conocido, popular.

ANT. Ignorado, desconocido, oscuro, humilde, vulgar.

insignia
SIN. Distintivo, señal, emblema, banda, cinta, venera, divisa, enseña, bandera, pendón, estandarte, pabellón, guión, trofeo, blasón, medalla, escarapela, muestra, marca, símbolo, signo.

insignificancia
SIN. Chuchería, bagatela, friolera, miseria, minucia, mezquindad, menudencia, nonada, nadería, pequeñez, futesa, fruslería, tiritaina, pigricia (Amér.), chilindrina, zarandajas, quisicosa, baratija, niñería, puerilidad, pamplina, tontería, inutilidad, insubstancialidad, futilidad, trivialidad, intrascendencia.
ANT. Importancia, trascendencia, utilidad, abundancia, grandeza, nobleza.

insignificante
SIN. Mezquino, pequeño, exiguo, baladí, anodino, fruslero, nimio, minúsculo, diminuto, menudo, módico, miserable, irrisorio, vulgar, ordinario, intrascendente, trivial, fútil, liviano, venial, desdeñable, despreciable, inapreciable, humilde, modesto, apocado, ingenuo, tímido, cándido, ridículo, cualquiera, nadie.
ANT. Trascendental, necesario, útil, importante, grande, profundo, altivo, resuelto, atrevido, personaje.

insinceridad
SIN. Hipocresía, disimulo, simulación, solapa, fraude, engaño, falsedad, fingimiento, apariencia, gazmoñería, mojigatería, zalamería, encubrimiento, ficción, afectación, astucia.
ANT. Sinceridad, autenticidad, franqueza, veracidad, naturalidad.

insinuación
SIN. Indirecta, indicación, invitación, inspiración, instigación, eufemismo, reticencia, evasiva, observación, consejo, aviso, sugerimiento, sugerencia, sugestión, alusión, mención, información.
ANT. Franqueza, sinceridad, claridad, orden.

insinuante
SIN. Hábil, adulador, persuasivo, sugerente, insinuativo, insinuador, sugeridor, reticente, sugestivo, alusivo, provocativo.
ANT. Indiferente, desalentador, desdeñoso.

insinuar
SIN. Indicar, apuntar, señalar, sugerir, soplar, aludir, dictar, referir, personificar, personalizar, asomar, verter, avisar, inspirar, decir.
ANT. Ordenar, decidir, prescribir.

insipidez
SIN. Insulsez, desabrimiento, sinsabor, sosería, sosera, zoncería, desabor, insubstancialidad.
ANT. Sabor, gusto, substancialidad.

insípido
SIN. Desaborido, desabrido, desaborado, insulso, soso, tonto, zonzo, jaudo, jauto, chirle, simple, vacío, inexpresivo, insubstancial.
ANT. Gustoso, sabroso, gracioso, expresivo, substancial.

insipiencia
SIN. Ignorancia, estultez, estupidez, memez, sandez, idiotez, majadería, insensatez, inconsciencia, desconocimiento, incultura.
ANT. Juicio, inteligencia, ingenio, razón, conocimiento, cultura, sabiduría, ciencia.

insipiente
SIN. Estúpido, ignorante, estulto, sandio, tonto, memo, idiota, necio, nesciente, lego, analfabeto, desconocedor, inculto, inexperto, inconsciente.
ANT. Culto, ilustrado, instruido, sabio, inteligente, listo.

insistencia
SIN. Permanencia, instancia, pertinacia, contumacia, reiteración, reincidencia, pesadez, impertinencia, ahínco, machaconería, obstinación, porfía, testarudez, tozudez, terqueza, terquería, tesón, tenacidad, perseverancia, persistencia.
ANT. Negligencia, indolencia, desinterés, condescendencia.

insistente
SIN. Obstinado, obcecado, obsesivo, reiterado, repetidor, pertinaz, machacón, porfiado, pesado, terco, posma, testarudo, cabezota, tozudo, tenaz, tesonero, persistente.
ANT. Condescendiente, flexible, dejado, abandonado.

insistir
SIN. Porfiar, machacar, tenacear, macear, ahincar, persistir, perseverar, obstinarse, empeñarse, aferrarse, obsesionarse, perseguir, reclamar, solicitar, suplicar, pedir, pre-

sionar, afirmar, reafirmar, reiterar, repetir, subrayar, recalcar, iterar, apremiar, incitar, influir, encarecer, instar.
ANT. *Desistir, renunciar, abandonar, dejar, abstenerse.*

ínsito
SIN. Propio, ingénito, connatural, consubstancial, congénito, innato.
ANT. *Adquirido, añadido, artificial.*

insociable
SIN. Huraño, arisco, intratable, insocial, salvaje, misántropo, rispo, escolimoso, avinagrado, acre, agrio, acerbo, retraído, adusto, esquivo, solitario, aislado, solo, introvertido, difícil, desagradable.
ANT. *Sociable, afable, comunicativo, tratable, agradable, amable, acogedor.*

insolencia
SIN. Atrevimiento, descaro, descompostura, frescura, fanfarronería, desfachatez, desvergüenza, desuello, insulto, ofensa, injuria, demasía, avilantez, avilanteza, osadía, audacia, temeridad, desmesura, descomedimiento, descoco, procacidad, impudicia, grosería, descortesía, desconsideración, impertinencia, intemperancia, inconveniencia, incorrección, irrespetuosidad, arrogancia, irreverencia, rebeldía, altivez, engreimiento, orgullo, cinismo.
ANT. *Cortesía, respeto, amabilidad, afabilidad, comedimiento, compostura, consideración, corrección, elegancia, humildad, sencillez.*

insolente
SIN. Descarado, atrevido, osado, procaz, desvergonzado, sinvergüenza, deslavado, deslenguado, lenguaraz, malhablado, descocado, inverecundo, irreverente, injurioso, insultante, agraviante, ofensivo, impertinente, grosero, descortés, descomedido, inconsiderado, irrespetuoso, displicente, imprudente, tosco, brusco, incivil, rebelde, arrogante, soberbio, altanero, orgulloso.
ANT. *Afable, respetuoso, comedido, amable, cortés, considerado, sencillo, humilde.*

insólito
SIN. Desacostumbrado, inusitado, desusado, inusual, nuevo, extraño, raro, obsoleto, inhabitual, inhabi-

tuado, infrecuente, extraordinario, extravagante, excepcional, anormal, absurdo.
ANT. *Sólito, frecuente, corriente, común, vulgar, normal.*

insoluble
SIN. Irresoluble, indisoluble, inseparable, resistente, firme, inconmovible, hermético, impenetrable, indescifrable, incomprensible, inexplicable, indeterminable, misterioso, secreto.
ANT. *Soluble, separable, disoluble, desleíble, comprensible, explicable, conocido, fácil.*

insolvente
SIN. Arruinado, empobrecido, pobre, indigente, deudor, quebrado, cesado, desacreditado, incapacitado, inhabilitado, irresponsable.
ANT. *Solvente, acreedor, responsable.*

insomnio
SIN. Vigilia, vela, desvelamiento, agripnia, pervigilio, espabiladura, despertamiento, desvelo, intranquilidad, nerviosismo, preocupación.
ANT. *Sueño, modorra, sosiego, calma, tranquilidad.*

insondable
SIN. Incomprensible, inexplicable, inescrutable, incognoscible, indescifrable, profundo, infinito, inmensurable, impenetrable, obscuro, secreto, incomprehensible, enigmático, oculto, misterioso.
ANT. *Superficial, comprensible, penetrable, claro, conocido.*

insoportable
SIN. Incómodo, molesto, enfadoso, intolerable, insufrible, inaguantable, pesado, cargante, molestoso, chinchoso, jaquecoso, engorroso, enojoso, fastidioso, irritante, irresistible, desagradable.
ANT. *Soportable, tolerable, llevadero, ameno, grato, agradable.*

insospechable
SIN. Impensado, inopinado, insospechado, incogitado, inesperado, imprevisto, imprevisible, asombroso, extraordinario, increíble, incomprensible, inverosímil.
ANT. *Previsible, corriente, acostumbrado, comprensible, verosímil, creíble.*

insostenible
SIN. Contestable, indefensible, indefectible, indefendible, impugna-

ble, refutable, arbitrario, infundado, inadmisible, utópico, quimérico, ilógico, débil.
ANT. *Incuestionable, irrebatible, admisible, razonable, lógico.*

inspección
SIN. Reconocimiento, examen, registro, intervención, escrutinio, escudriñamiento, visita, requisa, supervisión, revista, revisión, verificación, control, descubierta, vigilancia, investigación, fiscalización.
ANT. *Descuido, omisión, tolerancia. admisión.*

inspeccionar
SIN. Intervenir, examinar, registrar, reconocer, investigar, vigilar, explorar, espulgar, controlar, revisar, supervisar, verificar, fiscalizar, ojear, sondear.
ANT. *Descuidar, omitir, tolerar, admitir, permitir.*

inspiración
SIN. Estro, numen, musa, lira, iluminación, soplo, sugerencia, sugestión, infusión, vocación, entusiasmo, estímulo, vena, inmisión, plectro, furor, intuición, instinto, lucidez, profecía, revelación, augurio, vaticinio, imaginación, improvisación, expansión, inhalación, respiración, aspiración.
ANT. *Cerrazón, frialdad, torpeza, exhalación, espiración.*

inspirar
SIN. Soplar, aspirar, inhalar, respirar, instilar, infiltrar, influir, infundir, sugerir, iluminar, insinuar, imbuir, transmitir, comunicar, inculcar, aconsejar, revelar, presagiar, sugestionar.
ANT. *Espirar, exhalar, sacar, disuadir, ofuscar.*

instable
SIN. Perecedero, frágil, precario, variable, transitorio, inestable, titubeante, vacilante, fluctuante, cambiante, versátil, tornadizo, indeterminado, inconstante.
ANT. *Estable, firme, inalterable, inmutable, permanente, fijo, seguro.*

instalar
SIN. Armar, colocar, emplazar, establecer, disponer, alojar, situar, acomodar, asentar, apostar, ubicar, acoplar, adaptar, montar, poner.
ANT. *Desmontar, desguazar, desarmar, deshacer.*

instancia

SIN. Petición, petitoria, memorial, solicitud, solicitación, suplicatoria, súplica, ruego, pretensión, suplicación, pretenso, coacción, impugnación, refutación, recurso, pleito, proceso, juicio.

instantáneo

SIN. Fugaz, breve, momentáneo, fugitivo, rápido, raudo, súbito, precipitado, inmediato, temporal, transitorio, pasajero, efimero, perecedero.

ANT. *Largo, duradero, prolongado, lento, perenne.*

instante

SIN. Momento, segundo, punto, soplo, tris, periquete, santiamén.

ANT. *Lento, largo, pausado, perennidad, eternidad.*

instar

SIN. Solicitar, pedir, exigir, reivindicar, suplicar, urgir, apresurar, insistir, apretar, presionar, machacar, apurar, apremiar, porfiar, reclamar, pugnar, impugnar, refutar, objetar, instigar, exhortar, deprecar, conjurar, clamorear.

ANT. *Desestimar, renunciar, calmar, tranquilizar.*

instaurar

SIN. Restablecer, renovar, restaurar, reintegrar, rehacer, restituir, reponer, implantar, establecer, inaugurar, fundar, instituir, constituir, crear.

ANT. *Abolir, deponer, clausurar, deshacer, disolver, desmontar.*

instigación

SIN. Incitación, excitación, inducción, provocación, incitamiento, acuciamiento, azuzamiento, fustigamiento, fustigación, espoleamiento, aguijón, acicate, aliento, impulso, conminación, exhortación, persuasión.

ANT. *Disuasión, desaliento, desanimación, desinterés, contención, freno.*

instigar

SIN. Incitar, aguijonear, excitar, mover, inducir, provocar, impulsar, impeler, empujar, instimular, estimular, apremiar, alentar, azuzar, pinchar, punzar, picar, fustigar, espolear, exhortar, conminar, influir, persuadir.

ANT. *Disuadir, desanimar, desalentar, deponer, contener, frenar.*

instilar

SIN. Destilar, verter, gotear, secretar, echar, infiltrar, infundir, inspirar, suscitar, sugerir, inculcar, alentar, originar, provocar, causar.

ANT. *Extraer, recoger, desalentar, renunciar, disuadir.*

instintivo

SIN. Involuntario, indeliberado, impensado, irreflexivo, intuitivo, inconsciente, automático, maquinal, mecánico, reflejo, espontáneo.

ANT. *Pensativo, reflexivo, pensado, voluntario.*

instituir

SIN. Fundar, establecer, crear, constituir, estatuir, instaurar, principiar, iniciar, formar.

ANT. *Abolir, abrogar, derrocar, clausurar, destruir.*

instrucción

SIN. Educación, enseñanza, conocimiento, saber, ilustración, erudición, cultura, ciencia, enseñamiento, aleccionamiento, adiestramiento, amaestramiento, doctrina, disciplina, pedagogía, pauta, orientación, explicación, advertencia, criterio, regla, norma, procedimiento, trámite, tramitación, diligencia, gestión.

ANT. *Incultura, ineducación, analfabetismo, ignorancia, desconocimiento.*

instructivo

SIN. Ilustrativo, educativo, científico, aleccionador, edificante, ejemplar, magistral, docente, pedagógico, formativo, cultural.

ANT. *Destructivo, confuso, oscuro, demoledor.*

instruido

SIN. Culto, ilustrado, erudito, docto, sabio, letrado, versado, entendido, documentado, leído, enterado, educado, adiestrado, aleccionado, informado, sabedor, científico, inteligente.

ANT. *Inculto, indocto, iletrado, indocumentado, analfabeto, ignorante.*

instruir

SIN. Adiestrar, aleccionar, educar, ilustrar, enseñar, doctrinar, informar, enterar, documentar, industriar, iniciar, cultivar, amaestrar, alumbrar, notificar, formalizar, incoar.

ANT. *Descuidar, descarriar, ignorar, concluir, cerrar, sobreseer.*

instrumento

SIN. Herramienta, útil, utensilio, instrumental, maquinaria, máquina, arma, artefacto, medio.

insubordinación

SIN. Rebeldía, insolencia, terquedad, obstinación, porfía, descontento, indisciplina, desobediencia, inobediencia, indocilidad, insumisión, soliviantamiento, agitación, provocación, inadaptación, individualismo.

ANT. *Subordinación, disciplina, obediencia, sumisión, acatamiento, respeto.*

insubordinado

SIN. Rebelde, díscolo, indisciplinado, desobediente, insurgente, insurrecto, conspirador, perturbador, agitador, desmandado, indócil, insumiso, recalcitrante, renuente, reacio, terco, tozudo, tenaz, pertinaz, obstinado, inquieto, incorregible, inadaptable, independiente.

ANT. *Dócil, sumiso, obediente, disciplinado, servil, serio, respetuoso.*

insubstancial

SIN. Insignificante, insulso, insípido, sinsubstancia, desabrido, chirle, fútil, huero, inocuo, inane, vacuo, vacío, vano, vulgar, trivial, pueril.

ANT. *Substancial, trascendental importante, ameno, sabroso, gustoso, hondo, profundo.*

insuficiencia

SIN. Falta, escasez, penuria, limitación, impericia, inhabilidad, incompetencia, incapacidad, ignorancia, ineptitud, torpeza, carencia, parvedad, exigüidad, poquedad, pobreza, deficiencia, insolvencia, defecto, déficit, deuda, trastorno.

ANT. *Cultura, habilidad, competencia, capacidad, abundancia, suficiencia, exceso.*

insuficiente

SIN. Defectuoso, escaso, poco, pequeño, exiguo, corto, falto, incompleto, limitado, deficiente, falto, imperfecto, perfectible, inútil, inhábil, inepto, torpe, incapaz, incompetente, ignorante, incivil.

ANT. *Suficiente, completo, excesivo, abundante, capaz, competente, inteligente.*

insufrible

SIN. Inaguantable, intolerable, insoportable, incómodo, molesto

molestoso, enfadoso, fastidioso, tedioso, irritante, doloroso, penoso, cargante, impertinente, abusivo, imposible, antipático.
ANT. *Tolerable, soportable, llevadero, ameno, sempático.*

insulsez
SIN. Simpleza, tontería, necedad, bobería, estupidez, insipidez, sosería, desabrimiento, sosera, zoncera, zoncería, insubstancialidad.
ANT. *Sapidez, sabor, gusto, gracia, ingenio, profundidad.*

insulso
SIN. Soso, insípido, desabrido, estúpido, simple, necio, tonto, zonzo, desaborido, chirle, jauto, jaudo, inexpresivo, insubstancial.
ANT. *Sabroso, gustoso, saleroso, gracioso, donoso, ingenioso, expresivo, profundo.*

insultante
SIN. Injurioso, ofensivo, agresivo, ultrajente, afrentoso, insolente, provocativo, insultador, denostador, agravioso, ultrajoso, vejatorio, humillante, deshonroso, intolerable.
ANT. *Galante, elogioso, amable, fino.*

insultar
SIN. Ultrajar, agraviar, afrentar, ofender, injuriar, agredir, faltar, baldonar, improperar, vilipendiar, denostar, increpar, despotricar, denigrar, deshonrar, desconsiderar, insolentar, maldecir, humillar, profanar, censurar.
ANT. *Elogiar, alabar, encomiar, honrar, respetar.*

insulto
SIN. Injuria, agravio, ultraje, ofensa, denuesto, dicterio, improperio, afrenta, insolencia, burla, ordinariez, palabrota, blasfemia, baldón, oprobio, vilipendio, vituperio, invectiva, increpación, impertinencia, desvergüenza, audacia, osadía, irreverencia, profanación, humillación, ataque, asalto, accidente, desmayo, agravamiento.
ANT. *Elogio, encomio, alabanza, reverencia, respeto, finura, amabilidad.*

insumable
SIN. Incontable, incalculable, interminable, innúmero, infinito, ilimitado, inmenso, desmesurado, excesivo, exorbitante, fabuloso.
ANT. *Finito, concreto, determinado, mensurable.*

insuperable
SIN. Inmejorable, perfecto, óptimo, estupendo, excelente, incomparable, imponderable, inabordable, invencible, invulnerable, insalvable, infranqueable, impracticable, arduo, difícil, dificultoso, imposible.
ANT. *Mejorable, posible, fácil, malo, pésimo, deficiente, vencido, derrotado.*

insurgente
SIN. Insurrecto, rebelde, sublevado, sedicioso, levantado, levantisco, desobediente, indisciplinado, insumiso, faccioso, revoltoso, revolucionario, provocador, recalcitrante, reacio.
ANT. *Leal, obediente, sumiso, disciplinado.*

insurrección
SIN. Sublevación, levantamiento, rebelión, motín, sedición, insubordinación, desobediencia, asonada, alzamiento, pronunciamiento, revolución, conspiración, traición, revuelta, tumulto, alboroto, protesta.
ANT. *Fidelidad, obediencia, sumisión, acatamiento, pacificación, calma, paz.*

insurreccionarse
SIN. Levantarse, indisciplinarse, desobedecer, insurgir, sublevarse, rebelarse, amotinarse, alzarse, insubordinarse, pronunciarse, revolucionarse, soliviantarse, alborotarse, protestar.
ANT. *Rendirse, someterse, acatar, obedecer, calmarse, pacificarse.*

intacto
SIN. Íntegro, puro, limpio, salvo, sano, indemne, ileso, entero, incólume, completo, virgen, omitido, intocado, inalterado, total, nuevo.
ANT. *Deteriorado, dañado, estropeado, defectuoso, incompleto, impuro.*

integridad
SIN. Probidad, honradez, moralidad, rectitud, pureza, castidad, virginidad, incorrupción, perfección, entereza, indivisibilidad, inseparabilidad, generalidad, conjunto, masa, todo, completo, plenitud, totalidad.
ANT. *Inmoralidad, corrupción, imperfección, parcialidad.*

íntegro
SIN. Honrado, decente, moral, vir-

tuoso, estricto, escrupuloso, cumplidor, probo, justo, equitativo, cabal, recto, completo, entero, intacto, desinteresado, enterizo, indemne, total, pleno, todo, integral, indivisible, inseparable, incólume, inviolado, inviolable, intachable, incorrupto, insobornable, inconquistable.
ANT. *Inmoral, desaprensivo, despreciable, parcial, dividido, incompleto, inacabado.*

inteligencia
SIN. Talento, intelecto, entendimiento, razón, cacumen, chirumen, conocimiento, comprensión, juicio, discurso, destreza, sagacidad, habilidad, pericia, maña, aptitud, intelecto, entendederas, cerebro, mollera, mente, razonamiento, raciocinio, pensamiento, instinto, intuición, sentido, idea, penetración, perspicacia, listeza, reflexión, avenencia, acuerdo, connivencia.
ANT. *Incultura, ineptitud, torpeza, ignorancia, incomprensión, inconsciencia, desavenencia.*

inteligente
SIN. Sabio, docto, erudito, ilustrado, cultivado, estudioso, intelectual, sapiente, conocedor, instruido, hábil, diestro, ingenioso, enterado, experimentado, perito, entendido, despierto, sagaz, caladizo, talentudo, sesudo, sensato, juicioso, cuerdo, listo, perpicaz, lúcido, esclarecido, penetrante, intuitivo, comprensivo, prudente, astuto.
ANT. *Inculto, ignorante, torpe, tonto, estúpido, cerrado, limitado.*

inteligible
SIN. Comprensible, claro, diáfano, perspicuo, descifrable, legible, dilucido, cognoscible, penetrable, accesible, patente, manifiesto, palmario, inequívoco, lógico, fácil, sencillo.
ANT. *Ininteligible, ilegible, incomprensible, obscuro, equívoco, difícil.*

intemperancia
SIN. Exceso, desenfreno, destemplanza, desentono, destemple, descomedimiento, inmoderación, incontinencia, concupiscencia, libertinaje, grosería, descortesía, insolencia, impertinencia, desconsideración, violencia, intransigencia, intolerancia.
ANT. *Moderación, comedimiento, contención, freno, austeridad, tolerancia, consideración, amabilidad.*

intemperante

SIN. Descomedido, destemplado, desatentado, inmoderado, descompuesto, libertino, desenfrenado, bruto, grosero, descortés, impertinente, insolente, desconsiderado, violento, intolerante, intransigente.
ANT. *Moderado, comedido, abstemio, considerado, cortés, tolerante, comprensivo.*

intempestivo

SIN. Extemporáneo, inesperado, importuno, inoportuno, extemporal, inopinado, improcedente, inconveniente, imprevisto, prematuro, inmaduro.
ANT. *Oportuno, adecuado, propio, procedente, lógico, justo.*

intención

SIN. Mira, propósito, ánimo, deseo, pretensión, fin, designio, idea, proyecto, pensamiento, determinación, afición, decisión, resolución, objetivo, intento, tentativa, propensión, voluntad.
ANT. *Desinterés, desistimiento, abandono, dejación, desconocimiento.*

intensidad

SIN. Fuerza, vigor, potencia, virulencia, violencia, vehemencia, viveza, intensión, intensificación, poder, energía, grado, magnitud, tensión, rigor, acentuación, énfasis.
ANT. *Suavidad, blandura, debilidad, pasividad.*

intenso

SIN. Grande, fuerte, potente, impetuoso, poderoso, penetrante, virulento, vehemente, vivo, ardiente, apasionado, violento, intensivo, hondo, recio, agudo, grave, vigoroso, enérgico, vital, impresionante, importante.
ANT. *Insignificante, despreciable, imperceptible, débil, leve, flojo, tenue, pequeño.*

intentar

SIN. Procurar, probar, pretender, tratar, tentar, proyectar, acometer, emprender, esforzarse, proponerse, embarcarse, pensar, decidir, realizar, aspirar, ambicionar, querer, ansiar, desear, empujar, activar, iniciar, principiar, promover.
ANT. *Dejar, abandonar, desistir, renunciar, omitir, olvidar.*

intento

SIN. Intención, propósito, intento-na, designio, tentativa, propuesta, proyecto, plan, proposición, aplicación, medios, esfuerzo, impulso, empeño, afán, ensayo, borrador, croquis, boceto, diseño, experimento, preparación, investigación.
ANT. *Desinterés, dejación, abandono, renuncia, teoría.*

intercadencia

SIN. Inconstancia, inconsecuencia, volubilidad, versatilidad, veleidad, ligereza, irregularidad, descontinuidad.
ANT. *Regularidad, continuidad, constancia, fijeza.*

intercalar

SIN. Interpolar, interponer, discontinuar, barajar, mezclar, injerir, añadir, insertar, inserir, entreverar, entremeter, entremezclar, entrometer, inmiscuir, interferir, interfoliar, entrelinear, entrelazar, entretejer, entrecortar, combinar, asociar, incorporar, incluir, introducir.
ANT. *Entresacar, desglosar, separar, excluir, extraer.*

interceder

SIN. Mediar, interponer, rogar, defender, abogar, ayudar, suplicar, terciar, recomendar, encarecer, interesarse, inmiscuirse, atravesarse, mezclarse, intermediar, promediar, reconciliar, intervenir, actuar, comprometer.
ANT. *Desentenderse, desinteresarse, desligarse, enemistar, acusar, atacar.*

interceptar

SIN. Detener, parar, truncar, interrumpir, cortar, incomunicar, trabucar, atajar, intermitir, interferir, interponer, entorpecer, prorrumpir, oponerse, suspender, obstruir, impedir, tapar, cerrar.
ANT. *Comunicar, enlazar, reanudar, continuar, seguir, proseguir.*

interdecir

SIN. Prohibir, vedar, acotar, cercar, limitar, proscribir, entredecir, privar, impedir.
ANT. *Autorizar, permitir, conceder, facilitar.*

interdicción

SIN. Prohibición, entredicho, oposición, veto, veda, vedamiento, exclusión, negación, privación, afección, incapacitación.
ANT. *Autorización, permiso, licencia, derecho, capacitación.*

interés

SIN. Atención, cuidado, esmero, celo, afán, empeño, voluntad, ambición, deseo, inclinación, propensión, tendencia, vocación, preocupación, atracción, atractivo, fascinación, sugestión, aliciente, incentivo, recompensa, ganancia, rédito, renta, dividendo, beneficio, ventaja, provecho, utilidad, valor, importancia, esencia, substancia.
ANT. *Desinterés, indiferencia, apatía, desafecto, despreocupación, abandono, pérdida, repulsión, hostilidad.*

interesado

SIN. Codicioso, avaro, tacaño, agarrado, aprovechado, interesable, usurero, pesetero, materialista, egoísta, ambicioso, seducido, atraído, fascinado, afectado, aplicado, atento, estudioso, solicitante, aspirante, compareciente.
ANT. *Desinteresado, altruista, generoso, desprendido, desilusionado, decepcionado.*

interesante

SIN. Atrayente, atractivo, agradable, seductor, cautivador, encantador, cautivante, ocurrente, excepcional, curioso, original, raro, trascendental, extraordinario, fascinante, sorprendente, maravilloso, sugestivo, substancial, principal, importante.
ANT. *Indiferente, insignificante, vulgar, corriente, ordinario, trivial.*

interesar

SIN. Atañer, concernir, incumbir, competer, afectar, comprometer, atraer, importar, cautivar, conmover, seducir, emocionar, turbar, fascinar, maravillar, sugestionar, impresionar, agradar, lograr, ganar, rentar, producir, invertir.
ANT. *Desinteresar, abandonar, desatender, renunciar, fastidiar, aburrir, desagradar.*

ínterin

SIN. Entretanto, entreacto, entremedias, intervalo, interinidad.
ANT. *Continuidad, continuación, permanencia.*

interino

SIN. Provisional, accidental, provisorio, temporal, transitorio, temporáneo, eventual, periódico, breve, fugaz, momentáneo, suplente, substituto, auxiliar, ayudante, transeúnte.
ANT. *Perpetuo, permanente, fijo.*

interior

SIN. Ánimo, espíritu, alma, central, centro, corazón, seno, entraña, entretelas, núcleo, interno, intestino, intrínseco, anímico, mental, íntimo, familiar, particular.

ANT. *Exterior, externo, periférico, superficial, general, extrínseco.*

intermedio

SIN. Entreacto, intervalo, interludio, entremés, pausa, lapso, alto, tregua, interrupción, tiempo, equidistante, eclecticismo, neutralidad, objetividad.

ANT. *Continuación, prosecución, claridad, evidencia, subjetividad.*

interminable

SIN. Inagotable, perpetuo, inacabable, eterno, perenne, imperecedero, inmortal, incesante, permanente, continuo.

ANT. *Limitado, finito, breve, fugaz, temporal.*

intermitente

SIN. Discontinuo, aislado, irregular, esporádico, intercadente, atreguado, descontinuo, entrecortado, interrumpido, irregular, alterno.

ANT. *Continuo, seguido, ininterrumpido, regular.*

internarse

SIN. Adentrarse, emboscarse, aventurarse, zambullirse, embreñarse, ensotanarse, enzarzarse, ocultarse, esconderse, meterse, introducirse, avanzar, penetrar, entrar, explorar, desentrañar, ahondar, profundizar, ampliar.

ANT. *Escaparse, alejarse, evadirse, abandonarse.*

interno

SIN. Interior, secreto, oculto, recóndito, intrínseco, orgánico, intestino, profundo, personal, íntimo, privado, particular, propio, pensionista, colegial, alumno, becario, permanente.

ANT. *Externo, exterior, extrínseco, superficial, público, conocido.*

internuncio

SIN. Interlocutor, colocutor, locutor, dialogante, dialogador, platicador, departidor, conversador, portavoz.

interpelación

SIN. Pregunta, demanda, súplica, ruego, petición, instancia, solicitación, interrogación, requerimiento, interrogatorio, imploración, reclamación, llamamiento, encuesta.

ANT. *Respuesta, contestación, concesión.*

interpelar

SIN. Interrogar, preguntar, inquirir, requerir, instar, demandar, solicitar, apelar, rogar, suplicar, implorar, llamar, pedir.

ANT. *Contestar, responder, conceder.*

interpolación

SIN. Intercalación, interposición, inserción, interyacencia, intermisión, inciso, escolio, paréntesis, introducción.

ANT. *Separación, marginación, extracción, segregación.*

interpolar

SIN. Intercalar, escoliar, interponer, entrelinear, interrumpir, intermitir, mezclar, insertar, entreverar.

ANT. *Sacar, extraer, apartar, segregar, marginar.*

interponer

SIN. Intervenir, mediar, entremeter, intermediar, entremediar, insertar, entremezclar, entreverar, intercalar, interpolar, engranar, acoplar, introducir, iniciar, entablar, incoar.

ANT. *Desglosar, sacar, extraer, apartar, concluir.*

interposición

SIN. Intervención, injerencia, mediación, intercesión, inciso, paréntesis, interpolación, intercalación, inserto, entrevero, entremetimiento, obstáculo, interceptación, interrupción.

ANT. *Separación, desinterés, abstención, discreción.*

interpretar

SIN. Explicar, aclarar, expresar, traducir, leer, comentar, entender, comprender, representar, glosar, parafrasear, alegorizar, descifrar, dilucidar, elucidar, desentrañar, exponer, describir, definir, juzgar, analizar, ilustrar, caracterizar, tocar, actuar.

ANT. *Obscurecer, complicar, confundir, tergiversar, intrincar, desfigurar.*

intérprete

SIN. Dragomán, trujamán, trujimán, drogmán, traductor, exegeta, escriturario, decretalista, parafraste, faraute, apologista, comentarista, asesor, consejero, explicador, expositor, actor, cantante, músico, ejecutante, artista, virtuoso.

interrogación

SIN. Pregunta, duda, interpelación, interrogatorio, requerimiento, reclamación, exhortación, exigencia, demanda, petición, súplica, ruego, interrogante, incógnita, indagación, averiguación.

ANT. *Respuesta, contestación, solución, satisfacción, concesión.*

interrogar

SIN. Preguntar, inquirir, pesquisar, escrutar, instar, demandar, interpelar, solicitar, consultar, sondear, llamar, suplicar, rogar, pedir.

ANT. *Contestar, responder, solucionar, esclarecer, aclarar, elucidar.*

interrumpir

SIN. Detener, cortar, romper, suspender, parar, impedir, estorbar, obstruir, intermitir, discontinuar, interpolar, interceptar, desconectar, atajar, paralizar, abortar, quebrar, pausar, cesar, separar.

ANT. *Ininterrumpir, continuar, seguir, proseguir, reanudar, reemprender.*

interrupción

SIN. Discontinuación, descontinuación, suspensión, paréntesis, paro, pausa, intervalo, tregua, detención, alto, desconexión, intermisión, intercepción, intermitencia, alternación, interinidad, entreacto, intermedio, obstáculo, obstrucción, impedimento, estorbo, dificultad, complicación, perturbación, entorpecimiento, paralización, cesación.

ANT. *Continuidad, continuación, seguimiento, prosecución, reanudación, prórroga, prolongación.*

intersticio

SIN. Hendidura, hendedura, rendija, ranura, muesca, surco, corte, incisión, raja, resquicio, grieta, espacio, intervalo, quebradura, resquebradura, resquebrajadura, abertura, hueco, oquedad.

intervalo

SIN. Espacio, lapso entreacto, descanso, transcurso, apartamiento, separación, distancia, intermedio, pausa, intersticio, paréntesis, inciso, ínterin, interregno, tregua, comedio, claro trecho, margen, dimensión, tiempo, duración, silencio.

ANT. *Continuidad, continuación, seguimiento, reanudación, permanencia.*

intervención

SIN. Intromisión, intrusión, mediación, interposición, ingerencia, injerencia, entrometimiento, mediatización, beligerancia, belicosidad, participación, colaboración, ayuda, dominación, influencia, acción, turno, actuación, operación, control, investigación, inspección, fiscalización.

ANT. *Inhibición, abstención, desinterés, despreocupación, desentendimiento.*

intervenir

SIN. Interceder, mediar, terciar, interponerse, injerirse, entrometerse, entremeterse, inmiscuirse, mediatizar, intermediar, comprometerse, implicarse, liarse, meterse, mezclarse, envolverse, involucrarse, participar, contribuir, colaborar, ayudar, influir, inducir, dominar, mandar, controlar, comprobar, investigar, verificar, inspeccionar, fiscalizar.

ANT. *Abstenerse, inhibirse, desentenderse, desinteresarse, sustraerse, prescindir, privarse.*

interventor

SIN. Mediador, inspector, supervisor, controlador, verificador, examinador, revisor, observador, fiscalizar, medianero, intermediario terceromedianero, tercero.

intestino

SIN. Interno, entrañas, vísceras, tripas, vientre, interior, civil, doméstico, familiar, entrañable, secreto, oculto.

ANT. *Externo, exterior, superficial.*

intimar

SIN. Confraternizar, fraternizar, amistar, amigar, avenirse, entenderse, congeniar, alternar, informar, notificar, comunicar, avisar, advertir, requerir, conminar, ordenar, mandar, dominar, prescribir, recomendar, apremiar.

ANT. *Enemistar, discordar, aceptar, obedecer.*

intimidad

SIN. Amistad, camaradería, compañerismo, privanza, confianza, familiaridad, intrinsiqueza, confraternidad, hermandad, unión, trato, confidencia, interioridad, aislamiento, reconditez, soledad, silencio.

ANT. *Desconfianza, enemistad, animadversión, hostilidad, convivencia, sociabilidad.*

intimidar

SIN. Atemorizar, amedrentar, imponer, asustar, acobardar, acollonar, arredrar, amilanar, acoquinar, achantar, acogotar, achicar, empequeñecer, apabullar, anonadar, apocar, abatatar *(Amér.)*, enarcar, dominar, amenazar, desafiar, provocar.

ANT. *Animar, envalentonar, encorajinar, rebelar.*

íntimo

SIN. Reservado, profundo, recóndito, secreto, oculto, intestino, interior, privado, particular, personal, introspectivo, intrínseco, entrañable, inseparable, afecto, amigo, fraterno, fraternal, familiar, dilecto, predilecto, querido.

ANT. *Externo, extrínseco, público, desafecto, hostil, enemigo.*

intitular

SIN. Llamar, titular, denominar, nombrar, apodar, decir, designar, señalar, mencionar, dedicar, escribir.

ANT. *Callar, silenciar, omitir.*

intolerable

SIN. Insoportable, irresistible, inadmisible, inaguantable, insufrible, molesto, molestoso, enfadoso, enojoso, fastidioso, engorroso, fatigoso, cargante, doloroso, irritante, desagradable, indignante, agraviante, ultrajante, vejatorio, insultante, tremendo, escandaloso, inmoral, injusto, inhumano.

ANT. *Soportable, tolerable, llevadero, ameno, agradable, divertido, gozoso, enaltecedor, justo, humano.*

intolerancia

SIN. Fanatismo, sectarismo, dogmatismo, intolerantismo, intransigencia, intemperancia, porfía, obcecación, obstinación, testarudez, terquedad, exigencia, rigor, severidad, resistencia, rebeldía, inadaptación.

ANT. *Tolerancia, transigencia, condescendencia, flexibilidad, comprensión, contemporización.*

intolerante

SIN. Intransigente, intemperante, inflexible, exigente, pertinaz, obstinado, terco, tozudo, contumaz, resistente, fanático, exaltado, racista,

opresivo, rígido, severo.

ANT. *Transigente, tolerante, condescendiente, complaciente, contemporizador, respetuoso, comprensivo, generoso.*

intoxicación

SIN. Envenenamiento, saturnismo, emponzoñamiento, infección, daño, vicio, perversión.

ANT. *Antiveneno, antídoto, desintoxicación, virtud, beneficio.*

intoxicar

SIN. Emponzoñar, envenenar, avenenar, entosigar, atosigar, tosigar, toxicar, inficionar, infectar, dañar, perjudicar, viciar, pervertir, corromper.

ANT. *Desintoxicar, desinfectar, purificar, higienizar.*

intranquilidad

SIN. Desasosiego, desazón, inquietud, preocupación, zozobra, comezón, escarabajeo, hormiguillo, congoja, ansiedad, excitación, turbación, malestar, nerviosismo, angustia, alarma, apuro, impaciencia, desconfianza.

ANT. *Tranquilidad, serenidad, apacibilidad, placidez, calma, sosiego, quietud, reposo, despreocupación.*

intranquilo

SIN. Inquieto, agitado, preocupado, turbado, desazonado, desasosegado, zozobroso, solevantado, soliviantado, perturbado, acongojado, conmocionado, excitado, apurado, angustiado, alarmado, ansioso, nervioso.

ANT. *Tranquilo, sereno, aplacado, enervado, calmo, despreocupado, plácido, indiferente.*

intransitable

SIN. Impracticable, infranqueable, insuperable, insalvable, inaccesible, quebrado, abrupto, intrincado, invencible, imposible.

ANT. *Transitable, franqueable, superable, accesible, posible, fácil.*

intratable

SIN. Insociable, huraño, incivil, inurbano, desabrido, acedo, agrio, zahareño, áspero, acerbo, esquivo, adusto, displicente, descortés, grosero, brusco, hosco, arisco, retraído, irritable, irreconciliable, intolerable, inaguantable, insoportable, desagradable.

ANT. *Sociable, amable, afable, agradable, simpático, cortés, sencillo.*

intrepidez

SIN. Esfuerzo, arrojo, ímpetu, empuje, coraje, nervio, espíritu, redaños, ánimo, valor, osadía, irreflexión, atrevimiento, arrestos, bravura, arriscamiento, indeliberación, impavidez, imperturbabilidad, temeridad, resolución, decisión, firmeza.

ANT. *Cobardía, irreflexión, apocamiento, timidez, temor, prudencia.*

intrépido

SIN. Animoso, arrojado, lanzado, decidido, arrestado, bragado, esforzado, osado, impávido, valeroso, valiente, irreflexivo, bravo, arriscado, arriesgado, temerario, atrevido, audaz, indeliberado, denodado, firme, imperturbable, inmutable.

ANT. *Cobarde, temeroso, timorato, tímido, apocado, reflexivo, prudente.*

intriga

SIN. Maquinación, complot, conspiración, politiqueo, traición, cabildeo, confabulación, ardid, conturbenio, treta, trampa, artimaña, manejo, embrollo, enredo, trama, complicación, chisme, trapisonda, pastel, empanada, chanchullo, tramoya, tamal *(Amér.)*, urdimbre, asechanza, conchabanza, trapicheo, tejemaneje, tinglado, componenda, amaño, lío, jaleo, maniobra, incertidumbre, misterio, suspense.

ANT. *Lealtad, discreción, claridad, franqueza, desinterés, certidumbre, conocimiento.*

intrigante

SIN. Maquinador, embaucador, urdidor, conspirador, chanchullero, enredador, chismoso, trapisondista, mangoneador, maniobrero, tejedor *(Amér.)*, cabildero, insidioso, mequetrefe, entrometido, entremetido, hábil, misterioso, curioso, interesante.

ANT. *Discreto, leal, conocido, público, indiferente.*

intrincado

SIN. Obscuro, enmarañado, embrollado, enredado, confuso, enrevesado, peliagudo, espeso, laberíntico, inextricable, indescifrable, inescrutable, lioso, sinuoso, dificultoso, entrecruzado, equívoco, desordenado, complejo, complicado, revuelto, intransitable, impracticable, accidentado, arduo, difícil.

ANT. *Fácil, claro, sencillo, despeja-*

do, aclarado, esclarecido, solucionado, conocido, cierto, inequívoco, franco.

intrincar

SIN. Enmarañar, embrollar, embarullar, engarbullar, entrampar, embuñegar, enredar, confundir, obscurecer, intricar, embolicar, amarañar, tergiversar, dificultar, complicar.

ANT. *Aclarar, despejar, desenredar, esclarecer, solucionar, facilitar.*

intríngulis

SIN. Quid, busilis, nudo, clavo, punto, secreto, duda, dificultad, complicación, tejemaneje, maniobra, intriga.

ANT. *Claridad, facilidad, solución.*

intrínseco

SIN. Íntimo, interior, interno, esencial, propio, inmanente, ínsito, coesencial, substancial, constitutivo, inherente, natural, característico.

ANT. *Extrínseco, exterior, extraño, ajeno, impropio.*

introducción

SIN. Comienzo, obertura, introito, presentación, preludio, exordio, prólogo, proemio, preámbulo, prefacio, prolegómenos, preliminar, principio, explicación, disposición, preparación, admisión, penetración, infiltración, inserción, metimiento, acoplamiento, importación, implantación, entrada.

ANT. *Salida, epílogo, extracción, exclusión, abandono.*

introducir

SIN. Embutir, meter, importar, empotrar, ensamblar, encuadrar, empaquetar, encajar, hincar, internar, penetrar, inyectar, infiltrar, insertar, injertar, calar, fijar, colocar, incorporar, incluir, intercalar, envolver, cerrar, encerrar, enterrar, conservar, guardar, alojar, sumergir, pasar, causar, ocasionar, establecer, producir.

ANT. *Extraer, sacar, excluir, alejar, aliviar, descargar, desenvolver, evitar.*

introvertido

SIN. Introverso, intravertido, retraído, tímido, apocado, adusto, huraño, hosco, incivil, intratable, insociable, misántropo, místico.

ANT. *Extrovertido, extravertido, extroverso, mundano, tratable, sociable, acogedor, amable.*

intruso

SIN. Indiscreto, entrometido, entremetido, colado, fisgón, husmeador, cotilla, metementodo, curioso, inoportuno, importuno, foráneo, forastero, extranjero, exótico, extraño, ajeno, advenedizo, tramposo, suplantador, impostor, falsario, charlatán, incapaz, inhabilitado, incompetente.

ANT. *Discreto, circunspecto, auténtico, verdadero, adecuado, propio, competente.*

intuición

SIN. Clarividencia, vislumbre, visión, vista, idea, discernimiento, instinto, conocimiento, percepción, intelección, apercepción, presentimiento, corazonada, perspicacia, sagacidad, penetración, inteligencia, razón, sensibilidad, inspiración.

ANT. *Ceguera, cerrazón, especulación, inhibición, insensibilidad, meditación, raciocinio, examen, reflexión.*

inundación

SIN. Anegación, anegamiento, riada, correntía, torrentera, crecida, avenida, rambla, arroyada, aguazal, aguada, aluvión, cataclismo, diluvio, multitud, muchedumbre, abundancia.

ANT. *Sequía, escasez, retracción, falta.*

inundar

SIN. Colmar, anegar, arriar, alagar, empantanar, aplayar, arramblar, aguar, regar, rebosar, llenar, cargar.

ANT. *Secar, vaciar, faltar, retraer.*

inurbanidad

SIN. Descortesía, grosería, cerrilidad, zafiedad, rusticidad, vulgaridad, incivilidad, ordinariez, tosquedad, corteza, impolítica, ineducación, insociabilidad.

ANT. *Urbanidad, educación, cortesía, exquisitez, finura, delicadeza.*

inurbano

SIN. Grosero, descortés, impolítico, ordinario, incivil, desatento, malcriado, basto, tosco, zafio, atrevido, descarado, ineducado.

ANT. *Educado, cortés, fino, delicado.*

inusitado

SIN. Desusado, inusual, desacostumbrado, inhabitual, raro, insólito, obsoleto, inhabituado, asom-

broso, extraordinario, nuevo.
ANT. *Corriente, ordinario, vulgar, normal.*

inútil
SIN. Nulo, inservible, estéril, infecundo, improductivo, vano, ocioso, ineficaz, infructífero, infructuoso, inválido, imposibilitado, incapaz, caduco, inaprovechable, baldado, lisiado, impedido, disminuido, inoficioso *(Amér.)*, malogrado, torpe, incompetente, calamidad, inepto, holgazán, desmañado, sobrante, superfluo, insignificante, innecesario, fútil, inane, inerte, inactivo.
ANT. *Útil, servible, provechoso, valioso, fructífero, productivo, necesario, eficaz, hábil, habilidoso, mañoso, trabajador, activo.*

inutilizar
SIN. Inhabilitar, incapacitar, imposibilitar, impedir, baldar, invalidar, desechar, desarreglar, desaprovechar, desperdiciar, estropear, abrogar, anular, malograr.
ANT. *Autorizar, capacitar, habilitar, reponer, aprovechar, utilizar, servir, valer.*

inválido
SIN. Débil, lisiado, baldado, mutilado, tullido, disminuido, impedido, inútil, incapaz, imposibilitado, nulo, invalidado, revocado, rescindido, desvirtuado, cancelado, inutilizado.
ANT. *Sano, fuerte, útil, capaz, actual, vigente.*

invariable
SIN. Inmutable, inmudable, inconmutable, fijo, constante, firme, seguro, permanente, inquebrantable, inconmovible, inmovible, inmóvil, inflexible, impasible, irreversible, estacionario, estable, uniforme, monótono, igual.
ANT. *Mudable, alterable, variable, fluctuante, cambiante, inestable, tornadizo, voluble, versátil.*

invasión
SIN. Irrupción, incursión, entrada, penetración, infiltración, ocupación, intrusión, correría, pillaje, saqueo, carga, agresión, asalto, acometida, sojuzgamiento, allanamiento, violencia.
ANT. *Retroceso, retirada, abandono, salida, resistencia.*

invencible
SIN. Indomable, invicto, indomeña-

ble, inexpugnable, invito, invulnerable, irreducible, irreductible, irrevocable, imbatible, insuperable, inquebrantable, victorioso.
ANT. *Vulnerable, vencido, derrotado.*

invención
SIN. Adelanto, invento, innovación, hallazgo, descubrimiento, ingenio, imaginación, fábula, ficción, fabulación, fantasía, cuento, leyenda, quimera, utopía, idea, entelequia, artificio, mentira, engaño, argumento, traza, creación, arbitrio, proyecto, iniciativa, producción, pensamiento, conocimiento.
ANT. *Atraso, copia, plagio, imitación, vulgaridad, materialidad, torpeza.*

inventar
SIN. Idear, imaginar, concebir, trazar, crear, hallar, innovar, pensar, discurrir, descubrir, fingir, falsear, fabular, fantasear, engañar, mentir, tejer, urdir, tramar, fraguar, forjar, ingeniar.
ANT. *Copiar, plagiar, imitar, revelar.*

inventiva
SIN. Imaginación, ingenio, idea, fantasía, inspiración, talento, listeza, sagacidad, inteligencia, penetración, originalidad, perspicacia, genio, iniciativa, improvisación.
ANT. *Incultura, vaciedad, cerrazón, apatía, insulsez, trivialidad.*

invento
SIN. Descubrimiento, invención, hallazgo, traza, artificio, creación, imaginación, fantasía, ficción, mentira, entelequia, inventiva, iniciativa.
ANT. *Copia, plagio, imitación, materialidad, vulgaridad, torpeza.*

inventor
SIN. Autor, descubridor, creador, innovador, hallador, inventador, invencionero, fraguador, padre, genio, fabricador, productor, hacedor, científico.
ANT. *Imitador, plagiador, copista.*

inverecundia
SIN. Desvergüenza, descaro, impudicia, descoco, procacidad, descomedimiento, desfachatez, grosería, indecencia, atrevimiento, insolencia.
ANT. *Verecundia, comedimiento, vergüenza, respeto, consideración, decencia, delicadeza.*

inverecundo
SIN. Impúdico, desvergonzado, descocado, procaz, deslavado, descarado, grosero, insolente, atrevido, irrespetuoso, descomedido.
ANT. *Comedido, respetuoso, vergonzoso, tímido.*

invernada
Amér.
SIN. Invernadero, invernáculo.

inverosímil
SIN. Increíble, imposible, inverisímil, fantástico, fabuloso, inaudito, asombroso, extraordinario, insólito, disparatado, irracional, ilógico, sorprendente, raro, extraño, incomprensible, inconcebible, inadmisible, absurdo.
ANT. *Verosímil, normal, corriente, vulgar, ordinario, probable, lógico, admisible, comprensible, concebible, razonable.*

inversión
SIN. Transposición, hipérbaton, reciprocidad, subversión, reversión, retroversión, alternación, alteración, trastrocamiento, tergiversación, transformación, trueque, transacción, compra, adquisición, empleo, aplicación, homosexualidad, cambio, anástrofe, retruécano, trabucación.
ANT. *Permanencia, inmutabilidad, fijeza, rectitud, orden, derroche, despilfarro, heterosexualidad.*

inverso
SIN. Trastornado, alterado, alternado, recíproco, reversivo, mudado, contrapuesto, reverso, contradictorio, contrario, opuesto, cambiado, prepóstero, trastrocado, trabucado, transmutado, traspuesto, invertido.
ANT. *Firme, recto, directo, ordenado, favorable, inmutable.*

invertido
SIN. Bujarrón, marica, sodomita, somético, nefandario, inverso, homosexual, maricón, pederasta, bardaje, puto, garzón, sarasa, afeminado, pervertido, desviado, degenerado, trastornado.
ANT. *Heterosexual, masculino, macho, mujeriego.*

invertir
SIN. Desordenar, alterar, cambiar, embrocar, girar, alternar, trocar, trabucar, trastocar, controverter, subvertir, variar, transformar, prepostear, volver, transponer, tras-

tornar, trastrocar, voltear, contraponer, emplear, gastar, financiar, negociar, especular, ahorrar, interesar, destinar, aplicar, colocar, meter.
ANT. *Ordenar, reponer, restablecer, permanecer, mantener, derrochar.*

investigación

SIN. Busca, búsqueda, averiguación, averiguamiento, indagación, indagatoria, pesquisa, perquisición, inquisición, escudriñamiento, escrutación, acecho, fisgoneo, vigilancia, observación, exploración, reconocimiento, sondeo, encuesta, pregunta, interrogatorio, interpelación, curiosidad.
ANT. *Descubrimiento, hallazgo, encuentro, discreción, abstención, inhibición.*

investigar

SIN. Indagar, averiguar, inquirir, pesquisar, escudriñar, buscar, perquirir, examinar, inspeccionar, husmear, fisgonear, fisgar, atisbar, escrutar, entrometerse, curiosear, rebuscar, explorar, estudiar, preguntar, cuestionar, interrogar, demandar, requerir, reconocer, ver, mirar.
ANT. *Hallar, conocer, descubrir, aclarar, inhibirse, desentenderse.*

inveterado

SIN. Viejo, antiguo, arraigado, enraizado, acostumbrado, vetusto, arcaico, rancio, añejo, envejecido, tradicional, habitual.
ANT. *Desacostumbrado, extraño, nuevo, moderno.*

inveterarse

SIN. Envejecerse, arraigarse, enraizarse, fijarse, acostumbrarse, anticuarse, añejarse, enranciarse.

invicto

SIN. Esclarecido, glorioso, victorioso, vencedor, invencible, invito, triunfante, triunfador, insigne, famoso.
ANT. *Derrotado, vencido, sojuzgado, perdedor.*

inviolado

SIN. Puro, íntegro, virgen, nítido, intacto, incólume, inmaculado, incorrupto, perfecto.
ANT. *Profanado, impuro, menoscabado, dañado.*

invisible

SIN. Incorpóreo, incorporal, inma-

terial, impalpable, etéreo, intocable, intangible, imperceptible, escondido, oculto, secreto, misterioso, imaginario.
ANT. *Visible, palpable, perceptible, apreciable, aparente, material.*

invitación

SIN. Convocatoria, asamblea, llamamiento, visita, pase, localidad, asiento, ticket, boleto, entrada, convite, convidada, banquete, agasajo, ofrecimiento, oferta, obsequio, incentivo, incitación, empuje, estímulo, instigación, conminación, ruego, súplica, recomendación, sugerencia, insinuación, intimación, inducción.
ANT. *Disuasión, repulsión, desprecio, olvido, omisión.*

invitar

SIN. Rogar, brindar, convidar, agasajar, ofrecer, obsequiar, servir, proponer, recomendar, instigar, instar, incitar, convocar, conminar, excitar, mover, embridar, estimular, aguijonear, inducir, atraer, requerir.
ANT. *Desdeñar, despreciar, desistir, disuadir, olvidar, omitir.*

invocar

SIN. Apelar, llamar, citar, pedir, impetrar, solicitar, implorar, suplicar, rogar, deprecar, exhortar, evocar, conjurar, recordar, recurrir, alegar, aducir, exponer, basarse, fundamentarse.
ANT. *Desoír, denegar, maldecir, olvidar.*

involucrar

SIN. Mezclar, confundir, promiscuar, incluir, entremeter, enredar, envolver, comprender, implicar, complicar, introducir.
ANT. *Desembrollar, aclarar, elucidar, dilucidar.*

involuntario

SIN. Instintivo, irreflexivo, espontáneo, natural, intuitivo, inconsciente, mecánico, maquinal, impensado, indeliberado, reflejo, automático.
ANT. *Pensado, meditado, premeditado, adrede, estudiado.*

invulnerable

SIN. Inatacable, inmune, invencible, inexpugnable, indestructible, fuerte, sólido, duro, resistente, seguro.
ANT. *Vulnerable, expugnable, dañable, endeble, débil.*

ir

SIN. Acudir, asistir, concurrir, aparecer, pasar, visitar, emigrar, peregrinar, partir, salir, pasear, andar, caminar, correr, recorrer, llegar, guiar, conducir, viajar, cambiar, remover, obrar, proceder.
ANT. *Venir, regresar, volver, tornar, advenir, inmigrar.*

ira

SIN. Enojo, enfado, ofensa, indignación, furia, soberbia, cólera, furor, rabia, irritación, coraje, corajina, fiereza, vesania, irascibilidad, iracundia, enfurecimiento, arrebato, vehemencia, pasión, desesperación, exasperación, estallido, conmoción, convulsión, acceso, excitación.
ANT. *Comedimiento, contención, sumisión, resignación, conformidad, calma, serenidad, paciencia, humildad, moderación.*

iracundo

SIN. Bilioso, atrabiliario, airado, sañudo, rabioso, fiero, furioso, colérico, irascible, irritable, enfierecido, furo, ardiondo, feróstico, furibundo, enfurecido, encolerizado, enojadizo, arrebatado, frenético, enloquecido, perturbado, desenfrenado, histérico, violento, brusco, soberbio, exasperado, nervioso, impaciente, susceptible.
ANT. *Pacífico, manso, sumiso, sereno, sosegado, tranquilo, resignado, prudente, comedido, moderado.*

ironía

SIN. Sarcasmo, burla, mordacidad, carientismo, acrimonia, causticidad, aticismo, sátira, retintín, guasa, sorna, rechifla, mofa, chanza, escarnio, equívoco, humorada, humorismo, humor.
ANT. *Sinceridad, franqueza, bondad, benevolencia, gravedad, seriedad.*

irónico

SIN. Mordaz, cáustico, corrosivo, hiriente, cruel, virulento, epigramático, incisivo, punzante, burlón, sarcástico, satírico, humorístico, burlesco, guasón, socarrón, chocarrero, jocoso.
ANT. *Franco, sincero, encomiástico, generoso, grave, serio.*

irracional

SIN. Bestia, bruto, animal, salvaje, desaforado, incongruente, insensato, absurdo, ilógico, desrazonable,

inverosímil, descabezado, descabellado, disparatado, desproporcionado, despropositado, impertinente, irrazonable.
ANT. *Racional, razonable, verosímil, creíble, lógico.*

irracionalidad
SIN. Absurdidad, absurdo, desvarío, desatino, dislate, disparate, contradicción, contrasentido, necedad, inconsecuencia, improcedencia, arbitrariedad, inverosimilitud, imposibilidad, insensatez, locura, imprudencia, extravagancia, esperpento, enormidad, bestialidad, salvajada, animalada.
ANT. *Coherencia, lógica, reflexión, acierto, sensatez, racionalidad.*

irradiar
SIN. Divergir, difundir, transmitir, emitir, radiar, lanzar, proyectar, despedir, expulsar, esparcir, centellear, centellar, destellar, relumbrar, resplandecer, esplender, reflejar, refulgir, fulgurar, brillar.
ANT. *Convergir, concentrar, absorber, ensombrecer, obscurecer.*

irrealizable
SIN. Impracticable, inaplicable, inejecutable, incuestionable, imposible, quimérico, utópico, inhacedero, ficticio, fantástico, ideal, engañoso, absurdo.
ANT. *Realizable, hacedero, posible, practicable.*

irrebatible
SIN. Incontrastable, incontestable, indiscutible, irrefutable, irrecusable, innegable, indisputable, incontrovertible, incuestionable, axiomático, matemático, cierto, seguro, claro, evidente.
ANT. *Refutable, discutible, incierto, dudoso.*

irreflexión
SIN. Indeliberación, inconsideración, impremeditación, atolondramiento, automatismo, irracionalidad, inconsciencia, insensatez, imprudencia, vehemencia, precipitación, imprevisión, prejuicio, descuido, desatino, ofuscación, instinto, alegría, espontaneidad, frivolidad, ligereza.
ANT. *Reflexión, premeditación, meditación, ponderación, consideración, recapacitación, introspección.*

irreflexivo
SIN. Instintivo, involuntario, maquinal, mecánico, automático, imprudente, ligero, precipitado, aturdido, atropellado, atolondrado, arrebatado, casquivano, botarate, destornillado, irresponsable, impulsivo, impetuoso, vehemente, alocado, inconsciente, insensato, temerario, descabellado, desaconsejado, impremeditado, indeliberado, inconsecuente, inopinado, impensado, espontáneo, improvisado.
ANT. *Reflexivo, prudente, sensato, cauto, responsable, considerado, deliberado, meditado, preconcebido.*

irregular
SIN. Discontinuo, intermitente, intercadente, desordenado, desconcertado, desviado, anormal, accidental, caprichoso, desigual, variable, anómalo, estrambótico, desusado, informal, heteróclito, excepcional, incomparable, prodigioso, fenomenal, inverosímil, inenarrable, inaudito, increíble, inconcebible, raro, extraño, singular, especial, paradójico, arbitrario, injusto, ilícito, ilegal.
ANT. *Regular, rítmico, uniforme, periódico, simétrico, ordenado, normal, natural, justo, exacto, legal, lícito.*

irreligión
SIN. Incredulidad, ateísmo, impiedad, irreligiosidad, laicismo, indevoción, irreverencia, infidelidad, anticlericalismo, paganismo, impenitencia, herejía, apostasía, asebia, sacrilegio, blasfemia, profanación, libertinaje, materialismo, racionalismo, escepticismo, indiferencia, duda.
ANT. *Religiosidad, religión, fidelidad, credulidad, fe.*

irreligioso
SIN. Incrédulo, impío, ateo, descreído, laico, indevoto, infiel, antirreligioso, anticlerical, antiteo, herético, inconfeso, nefario, hereje, excomulgado, impenitente, irreverente, profano, pagano, gentil, librepensador, escéptico, indiferente.
ANT. *Religioso, devoto, creyente, fiel, ferviente.*

irresolución
SIN. Incertidumbre, indeterminación, duda, indecisión, perplejidad, vacilación, titubeo, fluctuación, inseguridad, desasosiego, desgana, inconstancia, volubilidad, inhibición, abstención, escrúpulo, cobardía.
ANT. *Resolución, determinación,* *decisión, firmeza, dinamismo, actividad.*

irresoluto
SIN. Incierto, perplejo, indeterminado, dudoso, dubitativo, confuso, voluble, versátil, indeciso, vacilante, irresuelto, titubeante, titubante, fluctuante, flotante, oscilante, móvil, tornadizo, mudable, tímido, escrupuloso, cobarde.
ANT. *Resuelto, decidido, firme, valiente, seguro, constante.*

irrespetuoso
SIN. Inconveniente, irreverente, desatento, desacatador, desconsiderado, descarado, deslenguado, grosero, descortés, insolente, impertinente, inverecundo, descomedido, injurioso, ofensor.
ANT. *Respetuoso, considerado, atento, cortés, gentil, sumiso.*

irrespirable
SIN. Asfixiante, cargado, denso, espeso, agobiante, opresivo, sofocante, repugnante, enrarecido, viciado, mefítico, apestoso, impuro.
ANT. *Diáfano, claro, limpio, puro.*

irreverencia
SIN. Desconsideración, irrespetuosidad, ultraje, desacato, profanación, desacatamiento, irrespeto desobediencia, impiedad, irreligiosidad, sacrilegio, blasfemia, insulto, reprobación, menosprecio, desdén, indelicadeza, grosería, insolencia, ofensa.
ANT. *Reverencia, acatamiento consideración, respeto, cortesía.*

irrisión
SIN. Ridiculez, burla, burlería, risibilidad, risión, chirigota, inocentada, escarnio, desprecio, mofa, sarcasmo, befa, ludibrio, mamarracho, facha, esperpento.
ANT. *Consideración, respeto, seriedad, gravedad, importancia.*

irrisorio
SIN. Irrisible, ridículo, risible, cómico, bufonesco, burlesco, grotesco, extravagante, trivial, baladí, fútil, minúsculo, insignificante, escaso, exiguo, despreciable, desestimable.
ANT. *Serio, grave, importante, relevante.*

irritación
SIN. Enojo, enfado, exasperación, ira, cólera, rabia, excitación, furia, coraje, corajina, irritabilidad, fu

ror, enfurecimiento, exacerbación, crispamiento, agitación, desesperación, indignación, disgusto, arrebato, frenesí, rebeldía, violencia, descomposición, hinchazón, picazón, escocedura, inflamación, desasosiego, desazón.
ANT. *Tranquilidad, apacibilidad, serenidad, calma, paciencia, amabilidad, consuelo, mitigación.*

irritante
SIN. Enojoso, enfadoso, exasperante, molestoso, molesto, cargante, agobiante, sofocante, desesperante, mortificante, indignante, humillante, vejatorio, injusto, intolerable, desagradable, excitante, estimulante, vesicante, inflamatorio, infeccioso.
ANT. *Tranquilizante, calmante, agradable, suavizador, enervante, mitigante.*

irritar
SIN. Enfadar, encolerizar, enojar, enfurecer, exasperar, sulfurar, excitar, estimular, enrabiar, atufar, en-chilar, encerrizar, enconar, jeringar, cabrear, avinagrar, acidificar, descomponer, fastidiar, molestar, soliviantar, encrespar, crispar, azuzar, provocar, ofender, exacerbar, desesperar, indignar, disgustar, desazonar, rozar, excoriar, escocer, inflamar.
ANT. *Tranquilizar, calmar, apaciguar, aplacar, serenar, consolar, suavizar, mitigar.*

irritarse
SIN. Arrebatarse, acalorarse, calentarse, enardecerse, destemplarse, levantarse, sublevarse, dispararse, encolerizarse, enfurecerse, enfadarse, sulfurarse, exasperarse, excitarse, enojarse, entigrecerse, airarse, enfierecerse, azarearse *(Amér.),* azararse, encorajinarse, contrapuntearse, quejarse, descomedirse.
ANT. *Tranquilizarse, serenarse, calmarse, aplacarse, apaciguarse, suavizarse.*

írrito
SIN. Inválido, nulo, anulado, can-celado, derogado, revocado, rescindido, ilusorio, inexistente.

irrupción
SIN. Acometimiento, infiltración, penetración, incursión, invasión, intrusión, asalto, ataque, entrada, allanamiento, ocupación, violencia.
ANT. *Expulsión, salida, huida, abandono, defensa, resistencia.*

iterar
SIN. Reiterar, insistir, porfiar, recalcar, redundar, reincidir, repetir, bisar, instar, volver, decir.
ANT. *Dejar, abandonar, desistir.*

itinerario
SIN. Trayecto, ruta, rumbo, camino, recorrido, línea, dirección, guía, viaje, plan, programa, horario, agenda, lista.

izquierdo
SIN. Zocato, zurdo, torcido, combado, corvo, siniestro, levógiro, manieto.
ANT. *Derecho, recto.*

J

jabón
SIN. Detergente, detersivo, pastilla, champú, limpiador, bálago, espuma, halago, lisonja, alabanza.
ANT. *Censura, crítica, ataque.*

jabonoso
SIN. Espumoso, suave, saponoso.
ANT. *Áspero.*

jaca
SIN. Caballo, corcel, montura.

jacal
Amér.
SIN. Cabaña, choza, borda, chacra, chabola, chamizo.
ANT. *Palacio.*

jácara
SIN. Ronda, molestia, enfado, mentira, bola, patraña, cuento, historia, argumentación, pejiguera, narración, trola.
ANT. *Seriedad, verdad.*

jacarandoso
SIN. Garboso, desenvuelto, alegre, gracioso, donairoso, desenfadado, marchoso, gallardo, simpático, esbelto.
ANT. *Murrio, mohíno, soso.*

jacarear
SIN. Molestar, fastidiar, chinchar, incomodar, enojar, alborotar.
ANT. *Distraer, alegrar, deleitar.*

jacarero
SIN. Chancero, decidor, dicharachero, bromista, guasón, chufletero, chacotero.
ANT. *Apagado, mohíno.*

jácaro
SIN. Baladrón, guapo, majo, jaque, chulo, fanfarrón, bravucón, chulapo, flamenco.
ANT. *Humilde, modesto, sencillo.*

jacobino
SIN. Exaltado, revolucionario, violento, sanguinario, demagogo, ateo, racionalista, enciclopedista.
ANT. *Pacífico, conservador, creyente.*

jactancia
SIN. Pedantería, fatuidad, petulancia, vanagloria, presunción, ostentación, afectación, arrogancia, alabancia, fanfarronería, postinfarfolla, faramalla.
ANT. *Encogimiento, humildad, sencillez.*

jactancioso
SIN. Pedante, fatuo, presumido, petulante, presuntuoso, vanidoso, jactabundo, alabancioso, alardoso.
ANT. *Humilde, discreto, apocado.*

jactarse
SIN. Preciarse, envanecerse, vanagloriarse, presumir, alabarse, alardear, chulear, fanfarronear, abantarse, engreírse.
ANT. *Humillarse, rebajarse.*

jaculatoria
SIN. Invocación, oración, rezo, súplica.

jáculo
SIN. Venablo, dardo, flecha, saeta, azagaya.

jadear
SIN. Acezar, carlear, respirar, resollar, resoplar, gañir, sofocarse, ahogarse, extenuarse, cansarse, bufar, anhelar.
ANT. *Sosegarse, tranquilizarse, calmarse.*

jaez
SIN. Clase, calaña, ralea, adorno, índole, calidad, guarnimiento, aderezo.

jalar
Amér.
SIN. Irse, largarse, escabullirse, ausentarse, despegar.
ANT. *Quedarse, permanecer.*

jalbegar
SIN. Blanquear, enjalbegar, encalar, albear, maquillar, afeitar.

jalea
SIN. Gelatina, almíbar, jarabe.
ANT. *Amargor, acidez.*

jaleo
SIN. Ruido, bulla, jarana, parranda, juerga, gresca, algazara, zipizape, jollín, bullicio, baile, fiesta, diversión, alegría, algarabía, batiburrillo, jolgorio, batahola, tumulto, desorden, aparato, confusión, escándalo, riña.
ANT. *Orden, silencio, calma, moderación, elogio.*

jalón
SIN. Señal, marca, mojón, estaca, límite, hito, referencia.
ANT. *Insignificancia, menudencia.*

jalón
Amér.
SIN. Trecho, distancia, tramo.

jalonar
SIN. Marcar, señalar, limitar.

jangada
SIN. Necedad, trastada, estupidez, idiotez, tontería, inconveniencia, balsa, almadía, armadía.
ANT. *Respeto, discreción, moderación.*

jaque
SIN. Bravucón, valentón, perdonavidas, matasiete, guapo, fanfarrón, majo, chulapo, jaquetón, flamenco, chulo, amenaza, peligro, aviso.
ANT. *Cobardón, timorato, gallina.*

jaquear
SIN. Hostigar, molestar, paquear, incitar, aguijonear, acuciar, inquietar, atosigar.
ANT. *Tranquilizar, serenar.*

jaqueca
SIN. Dolor, migraña, neuralgia, fastidio, molestia.

jáquima
SIN. Cabestro, cabezada, ronzal, brida, quijera, almártiga, correa, borrachera.

jáquima
Amér.
SIN. Borrachera, embriaguez, borrachez, chispa, tajada, merluza.
ANT. *Templanza, moderación.*

jara
SIN. Virote, saeta, vira, flecha, dardo, jáculo, venablo, ladón, estepa.

jarabe
SIN. Jarope, sirope, almíbar, emulsión, medicamento.

jarana
SIN. Gresca, bulla, algazara, diversión, jaleo, fiesta, parranda, pendencia, alboroto, tumulto, motín, batahola, batiburrillo, jolgorio.
ANT. *Tranquilidad, paz, quietud.*

jaranista
Amér.
SIN. Jaranero, juerguista, chunguista, parrandista, farrista.
ANT. *Aburrido.*

jarifo
SIN. Vistoso, apuesto, rozagante,

compuesto, adornado, lozano, arreglado, hermoso.
ANT. *Abandonado, desaliñado, descuidado.*

jarocho
SIN. Tosco, brusco, zafio, palurdo, descortés, ineducado, bruto, grosero, incivil, malcriado, descarado, campesino.
ANT. *Educado, fino, cortés.*

jarrete
SIN. Corvejón, corva, curva, pantorrilla.

jarrón
SIN. Florero, búcaro, jarra, vaso.

jasador
SIN. Sangrador, sajador.

jaspear
SIN. Salpicar, vetear, motear, irisar.

jauja
SIN. Edén, paraíso, eldorado, exuberancia, abundancia, opulencia.
ANT. *Infierno, estrechez, escasez.*

jaula
SIN. Pajarera, gavia, cárcel, prisión, chirona.

jayán
SIN. Mocetón, forzudo, hombrón, mozallón, sansón, roble, hombrachón, tosco, grosero.
ANT. *Enano, cobardón.*

jefatura
SIN. Gobierno, jerarquía, soberanía, dominio, mando, autoridad, dirección, judicatura, rectorado.
ANT. *Subordinación.*

jefe
SIN. Presidente, director, regente, guía, patrón, gerente, principal, dueño, superior, superioridad, adalid, jefe, emir, caudillo, capitán, cabecilla, jerarca, capitoste, ductor, cabeza, patrono, preboste, líder.
ANT. *Vasallo, súbdito, subordinado.*

jerarca
SIN. Jefe, cabeza, superior, principal, personaje.

jerarquía
SIN. Organización, rango, grado, categoría, escalafón.
ANT. *Anarquía, desorganización, subordinación.*

jeremiada
SIN. Lamentación, sollozo, queja, lloriqueo, lamento, plañido, llanto, guaya, quejumbre.
ANT. *Satisfacción, alegría, contento.*

jeremiquear
Amér.
SIN. Gimotear, lloriquear, llorar, plañir.
ANT. *Reír.*

jeremiqueo
Amér.
SIN. Lloriqueo, gimoteo, llanto, lloro, plañido, llantina.
ANT. *Risa, sonrisa.*

jerga
SIN. Jerigonza, galimatías, germanía, caló, jacarandana, argot, gringo.

jergón
SIN. Colchón, somier, márfega, almadraque, camastro, grueso, gordo, gordinflón, vago, perezoso.
ANT. *Activo, dinámico, trabajador.*

jeringar
SIN. Importunar, molestar, jeringuear *(Amér.)*, enfadar, aburrir, fastidiar, mortificar, enojar, chinchar, inyectar.
ANT. *Agradar, distraer, deleitar.*

jeringuear
Amér.
SIN. Fastidiar, molestar, jeringar, jorobar, chinchar.
ANT. *Entretener, agradar.*

jeroglífico
SIN. Pasatiempo, acertijo, misterio, secreto, laberinto, problema, traba, galimatías.
ANT. *Solución, claridad, facilidad.*

jervilla
SIN. Servilla, zapatilla, chancleta.

jesuita
SIN. Ignaciano, bolandista, iñiguista, disimulado, hipócrita.
ANT. *Franco, sincero.*

jeta
SIN. Cara, hocico, morro, grifo, espita.

jíbaro
Amér.
SIN. Silvestre, campesino, agreste, rústico, campestre, montés.
ANT. *Urbano, culto.*

jícara
SIN. Tácita, pocillo, vasija.

jifero
SIN. Matarife, puerco, soez, desaliñado, sucio, cochino, descortés.
ANT. *Limpio, pulcro, aseado, educado.*

jinete
SIN. Cabalgador, caballero, caballista, amazona, campirano, yoquey, vaquero.

jipato
Amér.
SIN. Pálido, descolorido, demacrado, blanquecino.
ANT. *Colorado.*

jira
SIN. Excursión, paseo, vuelta, merienda, merendona, merendola, cuchipanda.

jirón
SIN. Trozo, pedazo, parte, porción, desgarrón, rasgón, siete, andrajo, colgajo, piltrafa, gualdrapa, estandarte, blasón.

jironado
SIN. Desgarrado, roto, destrozado, andrajoso.
ANT. *Compuesto, remendado.*

jocosidad
SIN. Gracia, regocijo, chiste, donaire, agudeza, broma, donosura, ingeniosidad, cuchufleta.
ANT. *Severidad, tristeza, torpeza.*

jocoso
SIN. Gracioso, festivo, burlesco, socarrón, chistoso, donairoso, divertido, alegre, ingenioso, donoso, jovial, ocurrente, saleroso.
ANT. *Mohíno, triste, serio, desaborido.*

joder
SIN. Follar, chingar, coger *(Amér.).*

jofaina
SIN. Palangana, aguamanil, lavamanos, almofía, aljebana.

jolgorio
SIN. Regocijo, holgorio, diversión, bullicio, parranda, jarana, jaleo, fiesta, bulla, rochela *(Amér.)*, batiburrillo, algazara, alboroto.
ANT. *Tristeza, aburrimiento.*

jornada
SIN. Día, camino, viaje, trayecto,

expedición, ocasión, lance, correría, circunstancia, acto, trance, caso, suceso.

jornal
SIN. Sueldo, salario, estipendio, retribución, remuneración, haber, paga, soldada, honorarios, emolumentos.

jornalero
SIN. Trabajador, obrero, operario, bracero, peón, temporero.
ANT. *Patrono, jefe, encargado, capataz.*

joroba
SIN. Giba, corcova, deformidad, chepa, impertinencia, molestia, renga, cifosis, lordosis, merienda.

jorobado
SIN. Giboso, contrahecho, curco *(Amér.)*, corcovado, jorobeta, malhecho, gibado, cifótico, lordótico, deforme.

jorobar
SIN. Molestar, fastidiar, fregar *(Amér.)*, importunar, jeringar, marear, mortificar, chinchar, vejar, arritar, enfadar.
ANT. *Agradar, beneficiar, distraer, ayudar.*

jota
Amér.
SIN. Alpargata, sandalia, ojota, chancleta, pantufla.

joven
SIN. Adolescente, muchacho, mozo, mancebo, zagal, efebo, pollo, mocetón, chaval, garzón, zagalón, bisoño, pimpollo, señorito, aprendiz, novato, principiante, lozano, verde.
ANT. *Anciano, viejo, caído, caduco, lento.*

jovial
SIN. Alegre, festivo, divertido, gracioso, risueño, animado, juguetón, campante, alborozado, bullicioso, comunicativo, entretenido, vivaracho, placentero, bromista, juerguista, disipado, entusiasta.
ANT. *Triste, mustio, amargado, lánguido, pesimista, aburrido, serio, cerrado, callado.*

jovialidad
SIN. Alegría, alborozo, entusiasmo, optimismo, diversión, amenidad, animación, jolgorio, payasería, fiesta, deleite, satisfacción, bon-

dad, suavidad, blandura.
ANT. *Amargura, tristeza, desánimo, aburrimiento.*

joya
SIN. Alhaja, brillante, diamante, sortija, prenda, corona, collar, perla, piedra preciosa, topacio, filigrana.
ANT. *Chatarra, baratija, quincalla, bisutería, porquería, chuchería.*

joyería
SIN. Orfebrería, relojería, pedrería.

joyero
SIN. Batidor, cincelador, orfebre, platero, lapidario, abrillantador, estuche, cofrecillo, joyal, guardajoyas.

juanete
SIN. Hueso, abultamiento, deformidad, callo.

jubilación
SIN. Retiro, reserva, inactividad, emancipación, baja, subsidio, pensión, renta.
ANT. *Activo, vigencia, alta, inclusión.*

jubilado
SIN. Retirado, pensionista, pasivo, arrinconado, apartado.
ANT. *Vigente, incluido.*

jubilar
SIN. Relegar, deponer, dar de baja, desechar, cesar.
ANT. *Trabajar, continuar.*

jubileo
SIN. Indulgencia plenaria, perdón, dispensa, concesión, celebración, solemnidad.
ANT. *Impenitencia, inflexibilidad.*

júbilo
SIN. Alegría, gozo, contento, regocijo, entusiasmo, dicha, jolgorio, felicidad, consuelo, juerga, agrado.
ANT. *Tristeza, aburrimiento, fastidio, desánimo.*

judas
SIN. Delator, traidor, hipócrita, desleal, alevoso.
ANT. *Leal, amigo, fiel, sincero.*

judía
SIN. Alubia, habichuela, fríjol, fásol.

judiada
SIN. Trastada, perrería, villanía,

bribonada, deslealtad, jugada, crueldad, atrocidad, barbaridad.
ANT. *Lealtad, rectitud, fidelidad.*

judío
SIN. Israelita, hebreo, semita, levita, sefardí, avaro, usurero, explotador, interesado, roñoso, tacaño.
ANT. *Desprendido, generoso, legal.*

juego
SIN. Recreo, pasatiempo, diversión, entretenimiento, recreación, esparcimiento, deporte, distracción, fiesta, juerga, olimpiada, movimiento, acción, funcionamiento, articulación, unión, juntura, gozne, colección.
ANT. *Aburrimiento, tedio, fastidio, hastío, opacidad.*

juez
SIN. Magistrado, togado, árbitro, juzgador, sentenciador, dictaminador, mediador, tercero, sheriff, curial, provisor, prefecto, ordinario.
ANT. *Reo, acusado, culpable, penitente.*

jugada
SIN. Jugarreta, faena, trastada, granujada, villanía, cerdada, bellaquería, treta, perjuicio, perrería, indecencia, lance, partida, tirada, turno.
ANT. *Lealtad, nobleza, generosidad, sinceridad, compañerismo.*

jugar
SIN. Entretenerse, divertirse, recrearse, juguetear, esparcirse, niñear, pelotear, apostar, poner, arriesgar, aventurar, andar, marchar, caminar, funcionar, intervenir, actuar, mover.
ANT. *Aburrirse, fastidiarse, pararse, abstenerse, desanimarse, disgustarse, molestarse.*

jugarreta
SIN. Engaño, faena, canallada, trastada, pasada, vileza, picardía, treta, ardid.
ANT. *Lealtad, verdad, sinceridad, confianza, franqueza.*

juglar
SIN. Poeta, rapsoda, coplero, trovador, chistoso, bufón, picante, gracioso, comediante, picaresco, arlequín, payaso.
ANT. *Prosaico, serio, severo.*

jugo
SIN. Substancia, zumo, esencia, néctar, extracto, caldo, suculencia,

consomé, mosto, meollo, quid, médula, espíritu, corazón, utilidad, provecho, ventaja, ganancia, beneficio, producto.
ANT. *Insignificancia, inutilidad, baldero, sobrante, intrascendente.*

jugoso
SIN. Substancioso, provechoso, fructífero, suculento, productivo, acuoso, zumoso.
ANT. *Seco, estéril, inútil.*

juguete
SIN. Muñeco, trasto, cacharro, artefacto, pelele, víctima, burla, chanza.
ANT. *Seriedad, gravedad.*

juguetear
SIN. Jugar, travesar, triscar, algazara, bulla.
ANT. *Aburrirse, anémico.*

juguetón
SIN. Travieso, bullicioso, vivaracho, revoltoso, alocado, saltarín, inquieto, alegre, alborotador.
ANT. *Quieto, tranquilo, callado, calmado, silencioso.*

juicio
SIN. Sentido común, razón, entendimiento, cordura, criterio, estimación, inteligencia, sensatez, prudencia, apreciación, comprensión, opinión, parecer, decisión, veredicto, sentencia, interrogatorio, crítico, sentido, cabeza, reflexión, tacto, prejuicio, seso, moderación.
ANT. *Incomprensión, sinrazón, insensatez, necedad, torpeza.*

juicioso
SIN. Cuerdo, prudente, reflexivo, sesudo, grave, sensato, prudente, maduro, atinado, reposado, lógico, cabal, recto, consecuente, formal, reservado, sabio, inteligente.
ANT. *Irreflexivo, atolondrado, loco, despistado, imprudente, insensato, ignorante, ilógico.*

julepe
Amér.
SIN. Trabajo, fatiga, susto, miedo.

julepear
Amér.
SIN. Fatigar, asustar.

julieta
SIN. Ligona, flirteadora, enrolladora, acaparadora, desenvuelta, desvergonzada.
ANT. *Prudente, cauta, púdica, casta, recatada.*

jumento
SIN. Burro, pollino, asno, ignorante, cerrado, torpe, animal.
ANT. *Listo, hábil, inteligente, lumbrera.*

juncal
SIN. Junqueral, bizarro, apuesto, gallardo, esbelto, cimbreante, airoso, majo, gentil.
ANT. *Esmirriado, canijo.*

junta
SIN. Asamblea, reunión, agrupación, grupo, cónclave, comité, consejo, concilio, congreso, senado, capítulo, cámara, deliberación, sesión, trabazón, articulación, coyuntura.
ANT. *Disperso, separación, desunión.*

juntar
SIN. Reunir, congregar, convocar, aglomerar, acopiar, amontonar, acumular, entornar, unir, agregar, yuxtaponer, apiñar, enlazar, estrechar, apretar, asociar, agrupar, ensamblar, coordinar, pegar, ligar, fusionar, casar, articular, soldar, hermanar, aparear, fundir, aunar, sumar, adjuntar, convergir, confluir, liar, copular, entenderse, relacionarse.
ANT. *Despegar, separar, desunir, alejar, disociar, desligar, excluir, desarticular, soltar, desentender.*

junto
SIN. Unido, cercano, contiguo, yuxtapuesto, adyacente, vecino, próximo, fronterizo, convecino, anexo, inherente, inseparable, pegado.
ANT. *Separado, lejano, distante, contrario.*

juntura
SIN. Junto, articulación, empalme, unión, ensambladura, acoplamiento, costura, coyuntura, ligadura, conexión, soldadura, engarce, enchufe, gozne, charnela.
ANT. *Desconexión, desajuste, desacoplamiento.*

jurado
SIN. Comité, comisión, tribunal, delegación, grupo, organismo.

juramento
SIN. Promesa, testimonio, compromiso, ofrenda, confirmación, reiteración, lealtad, fidelidad, homenaje, taco, blasfemia, palabrota, pestes, sacrilegio, insulto, maldición,

groseria, reniego, insulto.
ANT. *Apostasía, deslealtad, infidelidad, traición, falsedad, engaño, deshonor, omisión, respeto, reverencia.*

jurar
SIN. Afirmar, asegurar, prometer, certificar, testimoniar, hacer voto, comprometerse, renegar, blasfemar, echar pestes, despotricar, disparatar.
ANT. *Negar, impugnar, olvidar, borrar, alabar, reverenciar.*

jurídico
SIN. Forense, judicial, lícito, legal, legislativo, reglamentario, vigente, estatuido.
ANT. *Ilegal, ilícito.*

jurisconsulto
SIN. Jurista, abogado, letrado, jurisprudente, asesor, licenciado.

jurisdicción
SIN. Autoridad, gobierno, poder, fuerza, facultad, competencia, atribución, dominio, prefectura, vara, término, territorio, distrito, zona, demarcación.

justa
SIN. Combate, torneo, certamen, liza, batalla, naumaquia.

justicia
SIN. Imparcialidad, rectitud, equidad, razón, derecho, neutralidad, ecuanimidad, probidad, honradez, conciencia, justificación, moralidad, severidad, escrupulosidad, enterezo, pena, castigo, condena.

ANT. *Injusticia, parcialidad, inmoralidad, sinrazón, arbitrariedad, iniquidad, atropello, capricho, coacción, partidismo, abuso.*

justiciero
SIN. Recto, justo, equitativo, imparcial, ecuánime, correcto, íntegro.
ANT. *Vengador.*

justificación
SIN. Defensa, excusa, exculpación, testimonio, demostración, prueba, atenuante, descargo, razonamiento, motivo, evasiva, recurso, confirmación.
ANT. *Acusación, cargo, culpabilidad.*

justificar
SIN. Probar, alegar, razonar, autorizar, evidenciar, acreditar, excusar, defender, disculpar, proteger, favorecer, vindicar, paliar.
ANT. *Acusar, inculpar.*

justipreciar
SIN. Apreciar, evaluar, estimar, valorar, tasar, calificar, computar.
ANT. *Menospreciar, despreciar.*

justo
SIN. Exacto, equitativo, cabal, ecuánime, imparcial, austero, íntegro, legítimo, legal, recto, razonable, racional, correcto, ajustado, honesto, insobornable, conveniente, medido, puro, calibrado, procedente.
ANT. *Injusto, inexacto, inmoral, equivocado, ilícito, holgado, dudoso, desigual.*

juvenil
SIN. Pubescente, adolescente, muchachil, joven, jovial, alegre, alborozado.
ANT. *Viejo, senil, caduco, menguante.*

juventud
SIN. Adolescencia, mocedad, pubertad, pubescencia, mancebez, verdor, primavera, lozanía.
ANT. *Ancianidad, ocaso, otoño, vejez, senectud, experiencia.*

juzgado
SIN. Tribunal, audiencia, magistratura, junta, estrado, banquillo, sala.

juzgador
SIN. Detractor, crítico, censor, examinador, oponente, adversario, árbitro.
ANT. *Elogiador, adulador.*

juzgamundos
SIN. Murmurador, chismoso, maldiciente, detractor, enredador, cotilla, criticón, tijera.
ANT. *Discreto, elogioso, ensalzador.*

juzgar
SIN. Calificar, deliberar, dictaminar, sentenciar, fallar, arbitrar, analizar, entender, censurar, comparar, apreciar, conceptuar, estimar, opinar, pesar, conjeturar, reputar, decidir, pensar, criticar, valorar, discernir, estatuir, decretar.
ANT. *Abstenerse, inhibirse.*

labe
SIN. Mancha, tilde, mácula, tacha, taca, maca, plaga, peste.
ANT. *Pulcritud, limpieza, nitidez.*

laberíntico
SIN. Enmarañado, confuso, intrincado, complicado, enredado, tortuoso, embrolloso, rebujado, inextricable, caótico, obscuro, turbio, ambiguo, complejo, difícil, incomprensible.
ANT. *Sencillo, fácil, claro, comprensible, evidente.*

laberinto
SIN. Confusión, enredo, dédalo, caos, maraña, lío, taco, embrollo, cambullón, tamal, jaleo, vericueto, vuelta, sinuosidad, galimatías, enmarañamiento, complicación, dificultad.
ANT. *Claridad, sencillez, simplicidad, facilidad.*

labia
SIN. Verbosidad, verborrea, verbo, parola, parlería, elocuencia, oratoria, facundia, palique, soltura, desparpajo, verba, pico, locuacidad.
ANT. *Circunspección, moderación, taciturnidad, mutismo, silencio, torpeza.*

labioso
Amér.
SIN. Parlanchín, hablador, charlatán, parolero.
ANT. *Callado, silencioso.*

labor
SIN. Tarea, faena, quehacer, trabajo, función, oficio, actividad, ocupación, cultivo, labranza, costura, artesanía, fajina, laborío, estudio,
deber, obra, cometido, misión, operación, empresa, papel.
ANT. *Pasividad, holganza, ocio, vacación, comodidad.*

laborante
SIN. Labrador, cultivador, jornalero, bracero, operario, asalariado, trabajador, laborioso, diligente, emprendedor.
ANT. *Gandul, zángano, haragán, tumbón, ocioso, lento.*

laborioso
SIN. Penoso, trabajoso, costoso, arduo, peliagudo, ingrato, desagradable, pesado, trabajador, aplicado, estudioso, laboroso, operoso, industrioso, hacendoso, esforzado, diligente, eficiente, constante, perseverante, cumplidor, serio, ímprobo, difícil.
ANT. *Sencillo, fácil, ocioso, holgazán, vago, gandul, apático.*

labrador
SIN. Campesino, labriego, cultivador, agricultor, labrantín, pelantrín, pegujalero, rústico, alijarero, terrazguero, terrajero.

labranza
SIN. Labor, agricultura, cultivo, sembrado, cultura, hacienda, laboreo, culto, cultivación.
ANT. *Esterilidad, infertilidad, aridez, incultura.*

labrar
SIN. Laborar, laborear, cultivar, culturar, roturar, desvolver, arar, cavar, surcar, sembrar, trabajar, grabar, esculpir, tallar, cincelar, repujar, relabrar, recamar, coser, bordar, hacer, formar, originar
causar, promover, construir, edificar, alzarse, formarse, forjarse, prepararse.
ANT. *Holgazanear, vaguear, holgar.*

lacayo
SIN. Criado, doméstico, espolique, paje, fámulo, servidor, siervo, sirviente, ayudante.
ANT. *Amo, señor, dueño, autoridad.*

lacerado
SIN. Magullado, desgarrado, golpeado, herido, dañado, maltratado, desventurado, desdichado, malhadado, cuitado, apenado, mísero, infeliz, lazarino, leproso.
ANT. *Sano, dichoso, venturoso, feliz, alegre.*

lacerar
SIN. Magullar, desgarrar, dilacerar, golpear, herir, dañar, lastimar, perjudicar, manchar, mancillar, amancillar, empecer, damnificar, vulnerar, desacreditar, penar, sufrir, padecer.
ANT. *Sanar, curar, mitigar, suavizar, alegrar, beneficiar.*

lacería
SIN. Miseria, estrechez, pobreza, escasez, penalidades, sufrimiento, padecimiento, daño, trabajo, pena, fatiga, lepra, elefancía, molestia, indigencia, inopia, penuria.
ANT. *Riqueza, abundancia, suficiencia, desahogo, contentamiento, alegría, felicidad.*

lacertoso
SIN. Fornido, musculoso, musculado, robusto, recio, corpulento,

fuerte, forzudo, forcejudo, nervudo, membrudo, poderoso, vigoroso, atlético.
ANT. *Enclenque, esmirriado, raquítico, débil.*

lacio
SIN. Débil, desmadejado, deslavazado, fláccido, lánguido, flojo, mustio, marchito, blando, caído, descaecido, decaído, ajado, feble, gastado, exangüe, exánime.
ANT. *Fuerte, recio, hirsuto, duro, flamante, lozano, fresco, vivaz.*

lacónico
SIN. Compendioso, compendiado, parco, corto, escueto, breve, conciso, sucinto, sobrio, lacón, restricto, sumario, sintético, sinóptico, concreto.
ANT. *Detallado, prolijo, redundante, ampuloso, florido, locuaz.*

laconismo
SIN. Sobriedad, concisión, condensación, compendiación, síntesis, abreviación, brevedad, sequedad, precisión, exactitud, concreción.
ANT. *Verbosidad, verborrea, fecundia, afluencia, exuberancia, abundancia, prolijidad, ampulosidad.*

lacra
SIN. Vicio, defecto, tacha, achaque, reliquia, marca, escara, cicatriz, señal, huella, imperfección, falta, flaqueza, debilidad, perjuicio, daño.
ANT. *Virtud, pureza, perfección, fuerza, vigor.*

lacrimoso
SIN. Lloroso, plañidero, sollozante, quejoso, afligido, lastimoso, compungido, lastimero, triste, congojoso, lagrimoso, angustioso, implorante, sentimental.
ANT. *Contento, alegre, risueño, feliz.*

lactar
SIN. Amamantar, atetar, tetar, mamar, ingerir, sorber, nutrir, criar, alimentar.
ANT. *Destetar.*

ladear
SIN. Torcer, sesgar, inclinar, flanquear, perfilar, oblicuar, enarcar, arquear, doblar, desplazar, descentrar, cambiar.
ANT. *Enderezar, encarrilar, encauzar.*

ladera
SIN. Pendiente, declinación, decli-

ve, declivio, balate, ribazo, talud, escarpa, desgalgadero, despeñadero, cuesta, rampa, falda, vertiente.
ANT. *Planicie, llano, llanura.*

ladino
SIN. Astuto, taimado, sagaz, fistol, pícaro, esclavo, solerte, avisado, tretero, artero, sátrapa, zascandil, perillán, pillo, diablo, malicioso, bellaco, hábil.
ANT. *Bueno, noble, sincero, ingenuo, inocente, incauto.*

lado
SIN. Costado, banda, flanco, babor, estribor, anverso, reverso, cara, cruz, lugar, paraje, sitio, ala, canto, costera, sentido, dirección, derecha, izquierda, partido, mano, bando, valimiento, protección, favor, ayuda.
ANT. *Centro, mitad.*

ladrar
SIN. Ladrear, aullar, gañir, chillar, gruñir, gritar, amenazar, censurar, criticar, latir, impugnar, motejar, vocear, vociferar, azuzar, instigar, zaherir, acuciar, fanfarronear.
ANT. *Enaltecer, alabar, enmudecer, callar.*

ladrido
SIN. Gruñido, aullido, aúllo, grañido, chillido, latido, censura, murmuración, zaherimiento, crítica, calumnia, dicterio, difamación, insulto, impostura, imputación, importunación, amenaza, testimonio.
ANT. *Discreción, moderación, enmudecimiento, silencio, elogio.*

ladrón
SIN. Hurtador, robador, atracador, expoliador, cleptómano, cleptomaníaco, escamoteador, despojador, sisador, ratero, salteador, guaraquero *(Amér.)*, carterista, cortabolsas, bandolero, bandido, cuatrero, caco, perista, desvalijador, saqueador, rapiñador, depredador, rapaz, randa, sisón, timador, tomador, maleante, malhechor.
ANT. *Policía, honrado, recto, incorruptible, íntegro.*

ladronera
SIN. Hucha, alcancía, portillo, matacán, fortificación, ladronicio, olla, cueva, escondrijo, antro, guarida, vidriola, hurtadineros.

lagañoso
SIN. Legañoso, lagrimoso, pitañoso, pitarroso, cegajoso, magañoso, sucio.

lagar
SIN. Jaraíz, lagareta, lagarejo, cascajar, gamillón, almijar, calamón, trujaleta, tino, trujal, trullo, pisadera, bodega, cava.

lagareta
SIN. Charco, charca, pocilga, trujal, almijar, pisadera, lagar, lagarejo.

lagarto
SIN. Taimado, cauteloso, pícaro, pillo, ladino, artero, astuto, zorro, tuno, escurridizo, falso, hipócrita.
ANT. *Sincero, noble, cándido, ingenuo, inocente.*

lagarto
Amér.
SIN. Caimán, reptil, aligátor.

lago
SIN. Laguna, charca, pantano, embalse, albufera, marisma, manglar, estuario, estanque, balsa, charco.
ANT. *Isla, delta, banco.*

lagotería
SIN. Halago, lisonja, zalamería, carantoña, arrumaco, adulación, coba, potetería, candonga, arremuesco, roncería, jabón, lametón, cucamonas, mimos, embeleco, agasajo, requiebro, alabanza.
ANT. *Insulto, dicterio, vituperio, detracción, crítica, censura, murmuración.*

lagotero
SIN. Carantoñero, adulador, halagador, cobista, lisonjeador, alabancero, zalamero, bribiador, caroquero, sobón, halaguero, roncero, potetero, pelota, tiralevitas, lameculos.
ANT. *Criticón, reparón, huraño, arisco.*

lagrimoso
SIN. Lloroso, lloricón, lloriqueador, llorica, llorón, legañoso, magañoso, cegajoso, pitarroso, quejumbroso, quejica, gimiente, dolorido, apesadumbrado, triste, infortunado.
ANT. *Feliz, alegre, satisfecho, contento.*

laguna
SIN. Lago, charca, espacio, claro, hueco, vacío, vano, ausencia, falta, fallo, salto, olvido, omisión, remanso, calma, tranquilidad, quietud.
ANT. *Continuidad, vigencia, pre-*

sencia, desazón, desasosiego.

aico
SIN. Laicista, laical, secular, secularizado, seglar, profano, lego, civil, terrenal, mundano, temporal, separado, independiente.
ANT. *Celestial, espiritual, clerical, eclesiástico, religioso.*

ama
Amér.
SIN. Musgo, verdín, liquen, lapa, moho.

ambeplatos
Amér.
SIN. Lameplatos, goloso, laminero, dulcero, husmo.

amber
Amér.
SIN. Lamer, chupar, lengüetear, relamer, lametear.

amedal
SIN. Cenagal, barrizal, lodazal, lapachar, barrero, tremendal, lodachar, fangal.
ANT. *Sequedal.*

amentable
SIN. Lastimoso, quejoso, lloroso, lacrimoso, lagrimoso, plañidero, suspirante, sensible, deplorable, lamentoso, triste, doloroso, luctuoso, aflictivo, desconsolador, desolador, desgarrador, horroroso, terrible, atroz, asombroso, desastroso, desagradable.
ANT. *Feliz, gozoso, alegre, alborozado, contento, elogiable, plausible.*

amentación
SIN. Queja, llanto, lloro, sollozo, pesar, pena, lamento, clamor, gemido, plañido, jeremiada, gimoteo, cojijo, guaya, jipío, chillido, grito, quejido, suspiro, aflicción, sentimiento, pesadumbre, condolencia, lástima.
ANT. *Alborozo, júbilo, risa, felicidad, alegría.*

amentar
SIN. Llorar, lloriquear, gemir, sollozar, lagrimear, implorar, plañir, clamar, sentir, deplorar, gimotear, ayear, suspirar, añorar.
ANT. *Alborozar, alegrar, contentar, reír.*

amentarse
SIN. Dolerse, gemir, quejarse, querellarse, quillotrarse, gazmiarse,

apesadumbrarse, condolerse, apenarse, afligirse, disgustarse, retractarse, arrepentirse.
ANT. *Repetir, reiterar, reincidir, persistir, alegrarse, contentarse.*

lamerón
SIN. Goloso, laminero, galamero, gulusmero, golmajo, lameplatos, delicado, exquisito.
ANT. *Sobrio, frugal, comedido, moderado.*

lamido
SIN. Rozado, usado, gastado, desgastado, estropeado, desgalichado, escuchimizado, chupado, delgado, flaco, relamido, atildado, acabado, pulido, limpio.
ANT. *Nuevo, flamante, gordo, grueso, sucio, desastrado.*

lámina
SIN. Chapa, hoja, plancha, tabla, capa, membrana, tegumento, película, placa, estrato, disco, plano, estampa, ilustración, grabado, dibujo, pintura, litografía, fotografía, vista, efigie, figura, aspecto, presencia.

laminar
SIN. Enchapar, aplastar, aplanar, alisar, allanar, exfoliar, chapear, chapar, planchear, blindar, cilindrar, comprimir, batir, foliáceo, exfoliado, laminoso, hojoso.

lampiño
SIN. Imberbe, carilampiño, barbilampiño, barbilucio, desbarbado, rasurado, afeitado, pelado, impúber, adolescente, joven.
ANT. *Barbudo, peludo, velludo, maduro.*

lampo
SIN. Relámpago, destello, resplandor, fulgor, centelleo, refulgencia, relumbro, fogonazo, luminosidad, brillo.
ANT. *Obscuridad, tiniebla, opacidad.*

lance
SIN. Acontecimiento, incidente, suceso, peripecia, episodio, oportunidad, situación, caso, casualidad, mano *(Amér.)*, ocurrencia, trance, percance, accidente, querella, encuentro, contienda, riña, quimera, suerte, jugada, pendencia, pelea, conflicto, brete, crisis, compromiso.
ANT. *Previsión, premonición, aviso, reconciliación, pacificación, paz.*

lancha
SIN. Embarcación, barca, barcaza, gabarra, falúa, bote.

languidez
SIN. Debilidad, abatimiento, fatiga, extenuación, decaimiento, descaecimiento, flaqueza, desánimo, languideza, timidez, desaliento, desazón, flojedad, abandono, somnolencia, indolencia, pereza, apatía, negligencia, olvido, amargura, melancolía, tristeza.
ANT. *Actividad, dinamismo, energía, vigor, fortaleza, vivacidad, espíritu, ánimo.*

lánguido
SIN. Débil, desanimado, abatido, abandonado, apático, mustio, indolente, perezoso, anémico, endeble, enclenque, flaco, desalentado, tímido, fatigado, extenuado, pusilánime.
ANT. *Enérgico, vigoroso, fuerte, dinámico, activo, trabajador, animoso, vivaz, fresco, lozano, valiente.*

lanudo
SIN. Velludo, velloso, lanoso, lanero, peludo, espeso.

lanza
SIN. Vara, pica, chuzo, pértiga, pértigo, garrocha, garlocha, bichero, gorguz, timón, tridente, venablo, alabarda, jabalina, lanzada, palo.

lanzar
SIN. Arrojar, tirar, soltar, exhalar, expulsar, emitir, irradiar, liberar, expeler, eyacular, descargar, echar, sacudir, despedir, disparar, proyectar, vomitar, abarrar, acibarrar, alanzar, arronjar, precipitar, abalanzar, empujar, impulsar, emprender, promover, difundir, divulgar, propalar, publicar, proferir, prorrumpir, impeler, extender, exonerar, desposeer, desahuciar, desalojar, excluir.
ANT. *Retener, sujetar, aguantar, frenar, contener, mantener, devolver, rechazar, abandonar, desistir, callar, silenciar.*

lapidario
SIN. Marmolista, cincelador, escultor, tallista, joyero, platero, artista, lacónico, sucinto, conciso, sobrio, solemne.
ANT. *Sencillo, humilde, redundante, prolijo.*

lapo

SIN. Varazo, cintarazo, bastonazo, palo, golpe, guantazo, bofetada, cachete, cachetada, trago, chisguete, chorrillo, sorbo.

ANT. *Mimo, caricia, halago.*

lapso

SIN. Espacio, intervalo, transcurso, periodo, tracto, lapsus, irregularidad, falta, error, desliz, equivocación.

ANT. *Ininterrupción, exactitud, acierto, verdad.*

lardoso

SIN. Pringoso, untuoso, untoso, seboso, mantecoso, aceitoso, crasiento, grasiento, mugriento.

ANT. *Magro, limpio.*

largar

SIN. Aflojar, soltar, filar, lascar, arriar, desplegar, tirar.

ANT. *Izar, recoger, amarrar.*

largo

SIN. Longitud, largura, largor, longo, luengo, alargado, alongado, dispendioso, derrochador, liberal, dadivoso, copioso, generoso, abundante, exuberante, excesivo, pródigo, rápido, astuto, inteligente, listo, súbito, pronto, diestro, extenso, expedito, dilatado, continuado, largueza, envergadura.

ANT. *Corto, breve, abreviado, escaso, reducido, pequeño, poco, mezquino, estrecho, torpe, tardo.*

largueza

SIN. Largura, generosidad, dadivosidad, altruismo, liberalidad, esplendidez, desprendimiento, nobleza, desinterés, rumbo, magnanimidad, magnificencia.

ANT. *Avaricia, cicatería, roñosería, estrechez.*

lascivia

SIN. Lujuria, voluptuosidad, incontinencia, obscenidad, sensualidad, liviandad, carnalidad, lubricidad, concupiscencia, impureza, deshonestidad.

ANT. *Castidad, continencia, templanza, pureza.*

lascivo

SIN. Lujurioso, voluptuoso, carnal, incontinente, licencioso, lúbrico, libidinoso, liviano, obsceno, erótico, sensual, libertino, juguetón, alegre, frondoso, lozano, lacivo, rijoso, cachondo, lóbrigo, vicioso, deshonesto.

ANT. *Casto, puro, honesto, continente, templado, frío.*

lasitud

SIN. Fatiga, cansancio, desaliento, extenuación, decaimiento, desfallecimiento, descaecimiento, flojedad, languidez, agotamiento, agobio, debilidad, cansera, aburrimiento, tedio.

ANT. *Euforia, energía, vigor, lozanía.*

laso

SIN. Desfallecido, cansado, fatigado, abrumado, abatido, deprimido, lánguido, débil, macilento, flojo, exhausto, cansino, cansío, cansoso, tedioso, aburrido.

ANT. *Fuerte, vigoroso, enérgico, entusiasta, eufórico, alegre.*

lástima

SIN. Conmiseración, misericordia, lamentación, aflicción, enternecimiento, compasión, piedad, lamento, quejido, suspiro, llanto, clamor, disgusto, dolor, caridad, miseración, clemencia, bondad, generosidad, humanidad, sentimiento.

ANT. *Impiedad, crueldad, desprecio, dureza, inflexibilidad, insensibilidad.*

lastimar

SIN. Lesionar, dañar, herir, golpear, tullir, baldar, vulnerar, perjudicar, compadecer, agraviar, ofender, sentir, deplorar, baldonar, mancillar, afrentar, injuriar, despreciar, enfadar, incomodar.

ANT. *Sanar, curar, suavizar, favorecer, beneficiar, apreciar, estimar.*

lastimarse

SIN. Herirse, quejarse, dolerse, compadecerse, lamentarse, condolerse, emblandecerse, apiadarse, conmoverse, enternecerse.

ANT. *Curarse, desentenderse, ignorar, endurecerse.*

lastimero

SIN. Triste, lastimoso, dolorido, apenado, acongojado, quejumbroso, lacrimoso, suspiroso, lúgubre, plañidero, deplorable, desconsolador, desgarrador, compasivo.

ANT. *Duro, riguroso, inhumano, indiferente, alegre.*

lastimoso

SIN. Lamentable, sensible, consternado, destrozado, maltrecho, miserable, deplorable, lastimero, luctuoso, aflictivo, desconsolador, desolador, desgarrador, consternador, doloroso, desesperante.

ANT. *Consolador, halagador, satisfactorio, placentero, alegre, nuevo.*

lastre

SIN. Peso, contrapeso, balastro, zahorra, recargo, sobrecarga, madurez, sensatez, juicio, cordura, equilibrio, aplomo, discreción, prudencia, embarazo, estorbo, impedimento, obstáculo, freno, molestia.

ANT. *Ingravidez, facilidad, ventaja, imprudencia, locura, insensatez.*

lata

SIN. Tabarra, fastidio, madero, vigueta, viga, tabla, envase, bidón, pesadez, rollo, aburrimiento, monserga, pejiguera, joroba, molestia.

ANT. *Entretenimiento, diversión, alegría, animación.*

latebra

SIN. Refugio, guarida, cueva, caverna, escondrijo, madriguera, escondite, escondedero, nido.

latente

SIN. Escondido, oculto, lático, velado, disfrazado, solapado, encubierto, latebroso, recóndito, profundo, hondo, obscuro, reservado, secreto, furtivo, potencial.

ANT. *Claro, evidente, manifiesto, público.*

lateral

SIN. Ladero, lindante, colindante, colateral, contiguo, adjunto, adyacente, tangente, vecino.

ANT. *Frontal, central, opuesto, separado.*

latería

Amér.

SIN. Hojalatería.

latero

Amér.

SIN. Hojalatero, tachero, plomero, fontanero.

latigazo

SIN. Trallazo, chasquido, fustazo, varazo, vergajazo, azote, fuetazo *(Amér.)*, zurriagazo, verdugazo, palo, golpe, reprimenda, represión, regañina, censura, corrección.

ANT. *Caricia, mimo, halago, elogio, alabanza.*

látigo

SIN. Rebenque, vergajo, zurriago, fusta, tralla, vara, arreador, fuete, pestuga, flagelo, chicote *(Amér.)*.

azote, cuerda, correa, disciplina.

látigo
Amér.
SIN. Latigazo, azote, zurra, tunda.
ANT. *Caricia.*

latiguear
Amér.
SIN. Azotar, flagelar, cuerear, zurrar.
ANT. *Acariciar, mimar.*

latir
SIN. Palpitar, pulsar, dilatarse, contraerse, percutir, golpear, vivir, ladrar.
ANT. *Detenerse, pararse, morir, enmudecer, callar.*

latitud
SIN. Amplitud, extensión, anchura, ancho, anchor, distancia, área, zona, región, clima.
ANT. *Longitud.*

lato
SIN. Amplio, extenso, dilatado, espacioso, vasto, extendido, difundido.
ANT. *Estrecho, angosto, limitado.*

latoso
SIN. Fastidioso, molestoso, pelma, chinchorrero, chinchoso, pesado, molesto, cargante, aburrido, soporífero.
ANT. *Agradable, ameno, divertido, entretenido.*

latrocinio
SIN. Fraude, hurto, robo, pillaje, rapiña, timo, estafa, ladronicio, ladrocinio, garrama, ladronería.
ANT. *Restitución, devolución, honradez, respeto.*

laudable
SIN. Loable, laudatorio, digno, meritorio, plausible, alabable, encomiable, admirable, ejemplar, excelente.
ANT. *Criticable, censurable, denigrable, despreciable.*

laudatorio
SIN. Alabador, adulador, laudable, laudativo, elogioso, panegírico, apologético, ovante, ditirámbico, encomiástico, halagüeño, halagador.
ANT. *Censurable, criticable, abominable, despreciable.*

laudo
SIN. Sentencia, decisión, fallo, dic-

tamen, veredicto, arbitramento, arbitraje, resolución, decreto.

laurear
SIN. Coronar, premiar, honrar, condecorar, galardonar, enaltecer, ensalzar, recompensar, glorificar.
ANT. *Humillar, despreciar, desconocer, ignorar.*

laurel
SIN. Corona, triunfo, honor, honra, alabanza, premio, galardón, recompensa, glorificación, reconocimiento.
ANT. *Castigo, humillación, fracaso, derrota, olvido, omisión.*

lauréola
SIN. Auréola, halo, resplandor, corona, triunfo, premio, lauro, laurel, recompensa.
ANT. *Opacidad, obscuridad, humillación, castigo, fracaso.*

lauto
SIN. Espléndido, rico, opulento, fastuoso, poderoso, óptimo, acaudalado, adinerado, enriquecido, acomodado, pudiente.
ANT. *Menesteroso, pobre, arruinado, miserable, desagradable.*

lavado
SIN. Lavada, lavadura, lavación, lavaje, lavamiento, fregoteo, jabonadura, jabonado, enjabonado, enjuague, ducha, baño, ablución, purificación, limpieza, limpio.
ANT. *Suciedad, sucio, manchado, contaminado, polución.*

lavamanos
SIN. Jofaina, aguamanil, palangana, aljáfana, ajofaina, aljofaina, aljévena, almofia, taza, bidé, jabonera.

lavar
SIN. Limpiar, absterger, purificar, higienizar, duchar, asear, bañar, aclarar, lavotear, jamerdar, fregar, fregotear, enjabonar, enjuagar, empapar, humedecer, mojar, regar.
ANT. *Manchar, ensuciar, emporcar, impurificar, secar.*

lavativa
SIN. Jeringa, clister, clistel, cristel, enema, mangueta, irrigación, lavado, lavamiento, servicio, ayuda, estorbo, molestia, incomodidad, desagrado.
ANT. *Comodidad, placer, agrado.*

lavatorio
Amér.
SIN. Lavabo, palangana, jofaina, aguamanil, lavamanos.

laxar
SIN. Aflojar, ablandar, suavizar, relajar, desmadejar, ahuecar, depurar, purgar, exonerar.
ANT. *Atirantar, tensar, astringir, estreñir.*

laxitud
SIN. Relajación, lasitud, relajamiento, aflojamiento, desfallecimiento, flojedad, flojera, desmadejamiento, blandura, debilidad, distensión, dejadez, apatía, abulia, abandono, desánimo.
ANT. *Ánimo, fortaleza, energía, actividad, dinamismo.*

laya
SIN. Condición, calidad, especie, género, linaje, estirpe, clase, ralea, jaez, calaña, casta.

lazar
SIN. Sujetar, coger, apresar, cazar, lacear, enlazar, liar, relazar.
ANT. *Desatar, soltar, liberar.*

lazo
SIN. Unión, nexo, conexión, afinidad, familiaridad, parentesco, vínculo, obligación, emboscada, asechanza, trampa, ardid, lazada, enlace, engaño, atadura, ligamento, ligadura, ligazón, nudo, pial *(Amér.).*
ANT. *Desligadura, desatadura, desunión, liberación, separación, alejamiento, independencia, desinterés.*

leal
SIN. Verídico, legal, fiel, honrado, confiable, fiable, recto, noble, fidedigno, franco, constante, seguro, devoto, adicto, adepto, seguidor, fanático, tenaz, perseverante, cumplidor, sincero, afecto, cierto, verdadero, reconocido.
ANT. *Desleal, traidor, felón, innoble, vil, mentiroso, engañoso, versátil, inconstante.*

lealtad
SIN. Franqueza, fidelidad, amor, honradez, nobleza, rectitud, legalidad, realidad, verdad, veracidad, cumplimiento, amistad, ley, observancia, acatamiento, sumisión, vasallaje, fanatismo, devoción, confianza, adhesión, sinceridad, constancia, perseverancia.

ANT. *Deslealtad, traición, felonía, perfidia, perjurio, animosidad, alevosía, defección, infidelidad, abandono, separación, alejamiento, rebeldía, desconfianza, hostilidad.*

lección
SIN. Amonestación, aleccionamiento, instrucción, enseñanza, aviso, advertencia, ejemplo, lectura, consejo, admonición, monición, exhortación, reprensión, disciplina, deber, tarea, estudio, comprensión, conocimiento, significación, explicación, interpretación, conferencia, clase.
ANT. *Desconocimiento, incomprensión, ignorancia, encomio, alabanza, elogio.*

lectura
SIN. Estudio, interpretación, explicación, recital, recitación, leída, leyenda, repaso, ojeada, análisis, asimilación, instrucción, conocimiento, cultura.
ANT. *Incultura, analfabetismo, ignorancia, desinterés.*

lechar
Amér.
SIN. Ordeñar, esmuñir, exprimir, estrujar, vaciar.
ANT. *Llenar.*

lecho
SIN. Madre, cauce, álveo, estrato, veta, capa, calce, rambla, badén, conducto, diván, catre, camastro, jergón, litera, camilla, cama.

lechón
SIN. Puerco, cochinillo, marranchón, tetón, gorrino, desastrado, desaseado, sucio, cochino, guarro.
ANT. *Aseado, limpio, pulcro.*

lechuguina
SIN. Coqueta, petimetra, presumida, repipi, figurín, moderna, frívola.
ANT. *Seria, desgarbada, antigua.*

lechuguino
SIN. Petimetre, presumido, currutaco, pisaverde, gomoso, virote, fifiriche, figurín, cursi, coqueto, caballerete, majo, galano, frívolo, snob, futre *(Amér.)*, pepito *(Amér.)*.
ANT. *Desaseado, desaliñado, abandonado.*

ledo
SIN. Alegre, gozoso, plácido, contento, jubiloso, jaranero, jovial, radiante, ufano, placentero, dichara-

chero, alborozado, divertido, entusiasta.
ANT. *Triste, apesadumbrado, afligido, abatido, lánguido, aburrido.*

leer
SIN. Descifrar, interpretar, repasar, releer, recorrer, hojear, comprender, ojear, recitar, explicar, pasar, meldar, perorar, balbucear, estudiar, aprender, asimilar, ilustrarse, cultivarse, instruir, descubrir, profundizar, acertar, adivinar, percibir.
ANT. *Desconocer, ignorar, confundir, desinteresarse, desentenderse.*

legal
SIN. Legítimo, justo, lícito, permitido, autorizado, rálido, equitativo, formal, respetado, fiel, razonable, exacto, recto, verídico, estricto, reglamentario, reglamentado, prescrito, regulado, oficial, vigente, jurídico, legislativo, estatutario, constitucional.
ANT. *Ilícito, ilegal, ilegítimo, injusto, severo, draconiano, desigual, clandestino, prohibido.*

legalidad
SIN. Rectitud, fidelidad, exactitud, cumplimiento, formalismo, licitud, validez, vigencia, legitimidad, moralidad, derecho, justicia.
ANT. *Ilegalidad, ilicitud, prohibición, clandestinidad, injusticia, inmoralidad, infidelidad.*

legalizar
SIN. Autorizar, habilitar, facultar, capacitar, permitir, valer, sancionar, promulgar, legitimar, formalizar, establecer, reglamentar, regular, legislar, refrendar, testimoniar, certificar, documentar, justificar, garantizar, avalar, reconocer.
ANT. *Desautorizar, invalidar, vetar, prohibir, anular, derogar, abolir.*

légamo
SIN. Cieno, barro, fango, lodo, limo, lama, enruna, légano, reboño, bardoma, depósito, sedimento,
ANT. *Sequedal, sequía, seco, terrón.*

legañoso
SIN. Pitañoso, pitarroso, lagañoso, magañoso, cegajoso, lagrimoso, sucio.

legar
SIN. Testar, donar, dejar, ceder, adjudicar, dar, transferir, transmi-

tir, traspasar, delegar.
ANT. *Heredar, recibir, obtener, percibir.*

legendario
SIN. Antiguo, tradicional, vetusto, rancio, añejo, viejo, remoto, imaginario, mítico, mitológico, épico, utópico, fantástico, maravilloso, fabuloso, imposible.
ANT. *Posible, factible, sencillo, común, actual, moderno, real.*

legible
SIN. Leíble, inteligible, comprensible, descifrable, explícito, claro.
ANT. *Ilegible, ininteligible, incomprensible, obscuro.*

legión
SIN. Cohorte, hueste, tropa, tercio, milicia, ejército, muchedumbre, multitud, gentío, avalancha, tropel, caterva, cantidad, masa.
ANT. *Ausencia, falta, carencia, escasez.*

legislación
SIN. Reglamento, reglamentación, codificación, relación, régimen, costumbre, ley, decreto, fuero, carta, estatuto, constitución.

legislar
SIN. Reglamentar, legalizar, abogar, codificar, regular, formalizar, promulgar, decretar, sancionar, dictar, ordenar, imponer, aplicar, estatuir, establecer, disponer, interpretar, discutir.

legislatura
SIN. Sesión, reunión, asamblea, parlamento, cortes, elecciones, sufragio, periodo, vigencia, funcionamiento.
ANT. *Disolución, suspensión.*

legítimo
SIN. Justo, legal, lícito, reglamentario, normativo, válido, vigente, testimonial, justificado, verdadero, cierto, genuino, probado, reconocido, natural, real, auténtico, original, fidedigno, puro, propio, positivo, efectivo, evidente, axiomático, palpable.
ANT. *Ilegítimo, ilegal, ilícito, injusto, falso, espúreo, bastardo.*

lego
SIN. Seglar, novicio, profeso, servidor, laico, confeso, profano, iletrado, indocto, ignorante, inculto, inexperto, novato, inepto, zote, ceporro, patán, incompetente.

ANT. *Religioso, clerical, sabio, culto, leído.*

ejano
SIN. Distante, apartado, remoto, extremo, alejado, separado, retirado, lejos, longincuo, inaccesible, mediato, espaciado, dispersado, pasado, antiguo, venidero, futuro. ANT. *Cercano, limítrofe, colindante, próximo, contiguo, vecino, inmediato, inminente, reciente.*

elo
SIN. Embobado, bobo, pasmado, simple, fatuo, tonto, atontado, embobecido, idiotizado, idiota, tontaina, majadero, borrico, pazguato, torpe, imbécil, necio, estúpido. ANT. *Listo, inteligente, despierto, espabilado, despejado, perspicaz, sagaz, astuto.*

ema
SIN. Título, encabezamiento, argumento, letra, divisa, emblema, insignia, locución, sentencia, frase, expresión, consigna, contraseña, mote, proposición, tema, rétulo, rótulo, letrero, leyenda, marca.

ena
SIN. Alcahueta, tercera, mediadora, corredera, tapadera, cobertera, encubridora, trotaconventos, celestina, vigor, fuerza, energía, fortaleza, brío, vitalidad, dinamismo. ANT. *Debilidad, pasividad, inactividad.*

ene
SIN. Suave, blando, grato, dulce agradable, amable, apacible, sosegado, ligero, leve, benigno, tierno. ANT. *Ingrato, desagradable, desapacible, duro, áspero, hostil.*

ngua
SIN. Idioma, habla, lenguaje, dialecto, jerga, jerigonza, germanía, argot, unión, franja, badajo.

nguaraz
SIN. Desvergonzado, descarado, desfachatado, deslenguado, insolente, malhablado, atrevido, lenguaz, intérprete, traductor, trujamán, dragomán, bilingüe, políglota, lenguado, lengüilargo, gárrulo. ANT. *Discreto, prudente, tímido, callado, mudo, silencioso.*

nidad
SIN. Blandura, suavidad, dulzura, afabilidad, benevolencia, bondad, benignidad, condescendencia, magnanimidad, flaqueza, ligereza, clemencia, transigencia, moderación, prudencia. ANT. *Dureza, severidad, rigor, rigidez, austeridad, inflexibilidad, intransigencia, intolerancia.*

lenificar
SIN. Ablandar, suavizar, calmar, consolar, aliviar, mullir, ahuecar, dulcificar, apaciguar, sosegar, moderar, condescender, transigir. ANT. *Agravar, endurecer, agudizar, exasperar, excitar.*

lenitivo
SIN. Emoliente, lenificativo, temperante, balsámico, sedante, calmante, alivio, consuelo, mitigación, descanso, aliento, mejoría. ANT. *Excitante, doloroso, agudización, agravamiento, empeoramiento.*

lenocinio
SIN. Tercería, alcahuetería, prostitución, trato, echacorvería, rufianería, proxenetismo. ANT. *Honestidad, honradez, moralidad.*

lentitud
SIN. Calma, tranquilidad, sosiego, parsimonia, pelmacería, pereza, dilación, demora, tardanza, espacio, flema, pausa, sorna, pesadez, cachaza, pachorra, roncería, pigricia, apatía, vagancia, flojedad, languidez, indolencia, negligencia, abandono, descuido, morosidad, aplazamiento. ANT. *Rapidez, ligereza, apremio, prontitud, prisa, urgencia, precipitación, impetuosidad, vertiginosidad, velocidad, dinamismo, actividad, diligencia, exigencia.*

lento
SIN. Espacioso, tranquilo, acompasado, roncero, parsimonioso, lerdo, suave, flojo, lánguido, apático, calmoso, flemático, pegajoso, tardo, pausado, glutinoso, débil, blando, paulatino, paciente, pesado, cachazudo, torpe, vago, haragán, tardío, atrasado, retrasado, rezagado, reposado, sosegado, negligente, ineficaz. ANT. *Raudo, rápido, veloz, presuroso, apresurado, perentorio, urgente, apremiante, acuciante, animoso, activo, dinámico, trabajador, diligente, presto, pronto.*

leña
SIN. Paliza, castigo, tunda, solfa, vapuleo, tollina, zurra, somanta, varapalo, ceporro, leño, tronco, astillas, chamarasca, sarmiento, palos, encendaja, madera. ANT. *Caricia, carantoña, mimo, halago.*

leñador
SIN. Aceguero, leñero, leñatero, carguillero, cargador, arrimador, hachero.

leño
SIN. Madero, tronco, chamizo, sarmiento, rama, tizón, trashoguero, embarcación, torpe, tonto, cernícalo, burro, zote, cerrado, ceporro, alcornoque. ANT. *Avispado, despierto, espabilado, listo, inteligente.*

león
Amér.
SIN. Puma.

lerdo
SIN. Obtuso, cernícalo, rudo, zafio, ceporro, tarugo, pesado, lento, tardo, torpe, zote, borrico, idiota, necio. ANT. *Inteligente, listo, despierto, ágil, vivaz, rápido.*

lesión
SIN. Perjuicio, daño, detrimento, contusión, traumatismo, fractura, rotura, golpe, herida, menoscabo, lastimamiento, lastimadura, maltrato, quebranto, deterioro, privación, inconveniente. ANT. *Salud, bienestar, beneficio, favor.*

lesionar
SIN. Dañar, lastimar, excoriar, descalabrar, damnificar, privar, despreciar, perjudicar, herir, menoscabar, golpear, magullar, contusionar, fracturar, romper, lisiar, desgraciar, estropear, maltratar. ANT. *Sanar, curar, favorecer, beneficiar.*

lesivo
SIN. Dañino, dañoso, nocivo, pernicioso, perjudicial, contraproducente, contrario, peligroso, ofensivo. ANT. *Ventajoso, favorable, beneficioso, positivo.*

leso
Amér.
SIN. Tonto, necio, bobo, bobalicón, simple. ANT. *Listo, inteligente.*

letal

SIN. Letífero, mortífero, mortal, capital, deletéreo, aniquilador, exterminador, fatal.
ANT. *Vivificador, vivificante, saludable.*

letanía

SIN. Súplica, plegaria, rogativa, rosario, rezo, oración, rogación, invocación, serie, sucesión, cadena, relación, lista, retahíla, ristra, sarta, recua, procesión, encadenamiento, enumeración, cuento, relato.
ANT. *Claro, intermitencia, hueco, pausa, interrupción.*

letargo

SIN. Aletargamiento, hibernación, sueño, sopor, soñorrera, somnolencia, modorra, aturdimiento, pereza, sosiego, insensibilidad, enajenamiento, abstracción.
ANT. *Despertar, desvelo, viveza, agilidad, actividad, dinamismo, sensibilidad.*

letificar

SIN. Regocijar, alegrar, animar, satisfacer, entusiasmar, deleitar, entretener, divertir, alborozar, desmelancolizar, consolar.
ANT. *Entristecer, desconsolar, aburrir, languidecer.*

letra

SIN. Figura, carácter, signo, astucia, maña, habilidad, libranza, giro, pagaré.
ANT. *Impericia, torpeza, desmaña.*

letrado

SIN. Instruido, docto, sabio, jurista, jurisconsulto, abogado, ilustrado, entendido, documentado, leído, versado, cultivado, erudito, culto, afectado, pedante.
ANT. *Iletrado, analfabeto, ignorante, humilde, sencillo.*

letrero

SIN. Título, rótulo, placa, pancarta, anuncio, edicto, pasquín, indicación, inscripción, rétulo, divisa, leyenda, muestra.

letrina

SIN. Común, retrete, excusado, latrina, evacuatorio, beque, garita, privado, reservado, cloaca, suciedad.

leva

SIN. Reclutamiento, recluta, enganche, alistamiento, enrolamiento, in-

corporación, salida, marcha, partida, espeque, álabe, barra, palanca, motor.
ANT. *Licencia, licenciamiento, vuelta, regreso.*

leva

Amér.
SIN. Levita, levitón, frac, chaqueta, casaca, fraque, librea.

levantado

SIN. Generoso, elevado, noble, altivo, orgulloso, altanero, magnífico, excelente, sublime, excelso, egregio, encumbrado, subido, enhiesto.
ANT. *Insignificante, rastrero, bajo, humilde.*

levantador

SIN. Sedicioso, amotinador, perturbador, tumultuoso, provocador, agitador, alborotador, rebelde, revoltoso, arengador, levadizo, subidor, ascendiente, elevador, pesista, deportista.
ANT. *Pacificador, apaciguador, sosegado, tranquilo.*

levantamiento

SIN. Motín, sedición, alzamiento, pronunciamiento, alboroto, rebelión, insurrección, sublevación, sublimidad, elevación, excelencia, asonada, elevamiento, subida, aumento, incremento, progreso.
ANT. *Tranquilidad, calma, apaciguamiento, pacificación, bajada, descenso, caída, regresión.*

levantar

SIN. Alzar, aupar, elevar, izar, subir, encimar, coronar, triunfar, enriscar, enarbolar, encaramar, empinar, arremangar, incorporar, recoger, erguir, sobresalir, descollar, despuntar, destacar, distinguirse, resaltar, realzar, exaltar, elogiar, alabar, encumbrar, encopetar, ponderar, exculpar, dispensar, amnistiar, indultar, remitir, omitir, separar, desprender, apartar, retirar, despegar, arrancar, esforzar, remontar, alentar, animar, reanimar, alegrar, confortar, vivificar, fortalecer, asentar, erigir, edificar, construir, instaurar, instituir, fundar, fabricar, establecer, promover, motivar, suscitar, ocasionar, causar, provocar, acosar, batir, ahuyentar, mover, incrementar, encarecer, falsear, achacar, imputar, imponer, atribuir, enganchar, alistar.
ANT. *Descender, bajar, caer, tirar, abatir, sucumbir, derrumbar, destruir, demoler, torcer, inclinar, de-*

bilitar, rebajar, abaratar, reprimir aplacar, tranquilizar, calmar, desa lentar, censurar, criticar, humillar licenciar.

levantarse

SIN. Elevarse, alzarse, amotinarse soliviantarse, encresparse, insurrec cionarse, rebelarse, sublevarse, re montarse, repinarse, erguirse apropiarse, apoderarse, despertar se, espabilarse.
ANT. *Reprimir, pacificar, apaci guar, aplacar, calmarse, humillar se, desplomarse.*

levante

SIN. Este, Oriente, orto, naciente saliente.
ANT. *Poniente, Oeste, Occidente.*

levantisco

SIN. Indócil, alborotador, inquieto revoltoso, turbulento, levantino díscolo, indisciplinado, insubord nado, insurrecto, sedicioso, tumu tuoso, rebelde.
ANT. *Dócil, tranquilo, pacífico, si miso, obediente, fiel, respetuoso.*

levar

SIN. Desanclar, desamarrar, rec ger, elevar, zarpar, partir, marcha
ANT. *Anclar, amarrar, detenerse entrar, llegar.*

leve

SIN. Ligero, suave, liviano, len aéreo, volátil, sutil, delgado, insi nificante, exiguo, minúsculo, bal dí, nimio, venial, fútil, despreci ble, insubstancial, trivial.
ANT. *Grave, hondo, profundo, p sado, importante, trascendent comprometido, serio, difícil.*

ley

SIN. Regla, norma, ordenanz prescripción, precepto, disposició decreto, edicto, sanción, mandat mandamiento, pragmática, cart código, estatuto, fuero, legislació constitución, establecimiento, us directriz, costumbre, plan, sistem método, orden, proporción, po centaje, cantidad, calidad, clas índole, condición, esencia, afect apego, fidelidad, lealtad, amista cariño, amor.
ANT. *Caos, anarquía, desorde hostilidad.*

leyenda

SIN. Fábula, cuento, mito, ficció invención, fantasía, farsa, gest epopeya, narración, conseja, hist

ria, tradición, divisa, inscripción, lema, mote, sello, letrero.
ANT. *Verdad, veracidad, autenticidad, realidad, materialidad.*

liar

SIN. Amarrar, atar, ligar, empalmar, enroscar, enrollar, encorrear, asegurar, trabar, sujetar, envolver, engañar, empaquetar, enredar, engatusar, embaucar, burlar, pegar, lazar, enlazar, unir, ajustar.
ANT. *Desliar, desatar, desenrollar, desenvolver, desempaquetar, sacar, extender.*

liarse

SIN. Aturdirse, embarullarse, complicarse, injerirse, meterse, mediar, intervenir, conchabarse, juntarse, amancebarse.
ANT. *Inhibirse, abstenerse, aclararse, separarse.*

libar

SIN. Probar, chupar, pimplar, mamar, tragar, beber, paladear, gustar, catar, sorber, chupetear, ingurgitar, ofrendar, sacrificar.
ANT. *Escupir, sacar, expulsar, devolver, negarse.*

libelo

SIN. Baldón, sambenito, difamación, papelucho, pasquín, panfleto, folleto, impreso, escrito.
ANT. *Encomio, loa, alabanza, elogio.*

liberal

SIN. Generoso, dadivoso, caritativo, munífico, pródigo, altruista, noble, franco, desprendido, desinteresado, largo, expedito, pronto, dispuesto, espléndido, manirroto, desenvuelto, tolerante, libre, independiente, progresista, demócrata, democrático.
ANT. *Miserable, mezquino, avaro, tacaño, torpe, intolerante, tiránico, totalitario, reaccionario.*

liberalidad

SIN. Desprendimiento, desinterés, generosidad, largueza, esplendidez, munificencia, magnificencia, lujo, fausto, filantropía, altruismo, despego, favor, beneficio, franqueza, galantería.
ANT. *Mezquindad, avaricia, tacañería.*

iberalizar

SIN. Liberar, librar, descargar, dispensar, eximir, exonerar, redimir, perdonar.

ANT. *Culpar, comprometer, cargar, recargar.*

liberar

SIN. Librar, libertar, soltar, proteger, defender, preservar, eximir, exonerar, redimir, relevar, dispensar; perdonar, indultar, amnistiar, excarcelar, desencarcelar, desatar, manumitir, licenciar, franquear, desbloquear, facilitar, despejar, desocupar, eludir, excusar, abolir, liberalizar.
ANT. *Atar, ligar, esclavizar, oprimir, obligar, sojuzgar, subordinar, mediatizar, comprometer, culpar, cargar, acosar, recluir, silenciar.*

libertad

SIN. Manumisión, emancipación, autodeterminación, autodecisión, autonomía, independencia, liberación, elección, voluntad, albedrío, suelta, rescate, franquicia, licencia, permiso, prerrogativa, dispensa, exención, privilegio, agilidad, soltura, destreza, facilidad, margen, espacio, ocio, asueto, vacación, holgura, desembarazo, desahogo, confianza, familiaridad, espontaneidad, sencillez, despejo, descoco, desenfreno, osadía, atrevimiento, libertinaje, caos, anarquía, desorden, rebeldía.
ANT. *Sumisión, sometimiento, esclavitud, sujeción, supeditación, dependencia, limitación, opresión, coacción, mediatización, irredentismo, formalismo, tiranía, totalitarismo, prohibición.*

libertado

SIN. Osado, atrevido, libre, manumiso, manumitido, liberto, montaraz, salvaje, zafo, zafado, exento, expedito, abierto, franco, disponible.
ANT. *Esclavo, esclavizado, supeditado, sujeto, sumiso, forzado, mediatizado, influido, cerrado.*

libertar

SIN. Rescatar, redimir, preservar, sacar, eximir, soltar, librar, manumitir, liberar, desoprimir, despenar, exonerar, dispensar, perdonar.
ANT. *Atar, ligar, prender, aprisionar, oprimir, obligar, sojuzgar, someter, comprometer, culpar, cargar.*

libertinaje

SIN. Liviandad, atrevimiento, desenfreno, deshonestidad, inmoralidad, licencia, crápula, orgía, impudicia, lubricidad, lujuria, lascivia,

desvergüenza, obscenidad, concupiscencia, sensualidad, disipación, disolución, perversidad, corrupción, depravación, pravedad, profanidad, impiedad, irreligión.
ANT. *Moralidad, honestidad, castidad, contención, continencia, comedimiento, mesura, moderación, respeto, virtud, piedad.*

libertino

SIN. Licencioso, disoluto, vicioso, profano, relajado, impudente, libidinoso, abarrajado *(Amér.)*, desenfrenado, crapuloso, libre, impúdico, lúbrico, lujurioso, lascivo, sensual, disipado, inmoral, calavera, juerguista, truchimán, perdido, liviano, depravado, deshonesto, obsceno, desvergonzado, descarado, descocado, gamberro, atrevido, procaz, sinvergüenza, insolente, inmoderado, intemperante.
ANT. *Honesto, decente, casto, moral, virtuoso, respetuoso, mesurado, comedido.*

libidinoso

SIN. Liviano, lascivo, lúbrico, lujurioso, cachondo, erótico, rijoso, lóbrigo, carnal, concupiscente, incontinente, crapuloso, impúdico, salaz, sensual.
ANT. *Casto, puro, continente, reprimido.*

librar

SIN. Expedir, girar, libertar, liberar, exentar, eximir, redimir, salvar, escapar, salir, descansar, holgar, disfrutar, preservar, dar, entregar, despachar, ceder, situar, colocar.
ANT. *Aceptar, acceder, recibir, percibir, comprender, incluir, entrar.*

librarse

SIN. Desembarazarse, despreocuparse, desentenderse, desenredarse, desenmarañarse, evitarse, olvidarse, echar.
ANT. *Embarullarse, liarse, complicarse.*

libre

SIN. Licencioso, atrevido, procaz, fresco, descarado, descocado, desvergonzado, desenfrenado, disoluto, libertino, osado, deshonesto, desembarazado, soltero, suelto, expedito, franco, vacante, disponible, desocupado, abierto, objetivo, imparcial, neutral, separado, soberano, libertado, manumiso, liberto, autónomo, independiente, emancipado, exento, dispensado, insubor-

dinado, desaprensivo, desocupado, voluntario, espontáneo, escapado, liberado, librado, redimido.
ANT. *Atado, ligado, sujeto, sumiso, supeditado, forzado, mediatizado, influido, oprimido, encerrado, ocupado, honesto, respetuoso, considerado, moderado, condenado, culpable, reo, cautivo, prisionero.*

licencia
SIN. Autorización, permiso, venia, asentimiento, aprobación, aquiescencia, anuencia, placet, beneplácito, concesión, transmisión, patente, certificado, cédula, conducto, privilegio, atrevimiento, facultad, desorden, osadía, desenfreno, procacidad, libertinaje, abuso, libertad, descaro, descoco, desahogo, desvergüenza, descomedimiento, deshonestidad, corrupción, inmoralidad.
ANT. *Desautorización, veto, prohibición, negación, negativa, moderación, comedimiento, discreción, virtud, moralidad.*

licenciar
SIN. Graduar, diplomar, titular, acabar, terminar, concluir, jubilar, echar, excluir, librar, eximir, despachar, despedir, permitir, autorizar, facultar, aprobar, conceder, otorgar, consentir, asentir.
ANT. *Desautorizar, suspender, rechazar, prohibir, admitir, incluir, reclutar, ingresar, permanecer, continuar, seguir.*

licencioso
SIN. Disoluto, disipado, relajado, vicioso, lúbrico, libidinoso, liviano, obsceno, mundanal, libre, desordenado, desenfrenado, libertino, desenfadado, procaz, deshonesto, atrevido, osado, jaranero, inmoral, desvergonzado, lujurioso, crápula, insolente, inmoderado, intemperante.
ANT. *Honesto, decente, moral, virtuoso, respetuoso, formal, mesurado, comedido.*

licitación
SIN. Almoneda, subasta, concurso, oferta, mejora, puja, encante, venduta, martillo, concurrencia, participación.

licitador
SIN. Postor, pujador, licitante, rematador, martillero, pomedor, apostador, aspirante, concursante, concurrente, participante.

lícito
SIN. Legal, legítimo, permitido, permisible, tolerado, consentido, reglamentado, autorizado, justo, razonable, fundado, apropiado, procedente.
ANT. *Ilícito, ilegal, injusto, indebido, improcedente.*

licitar
Amér.
SIN. Subastar, rematar, liquidar, vender, pujar.
ANT. *Adquirir, comprar.*

licuar
SIN. Fundir, liquidar, licuefacer, fluidificar, derretir, colicuar, colicuecer, diluir, desleír, disolver.
ANT. *Solidificar, coagular, cuajar.*

licurgo
SIN. Inteligente, legislador, hábil, astuto, ingenioso, mañoso, habilidoso, diestro, sagaz.
ANT. *Torpe, zote, ceporro, manazas, negado.*

lid
SIN. Pelea, disputa, lucha, altercado, riña, bronca, querella, pugna, liza, combate, contienda, batalla, discusión, controversia, torneo, lidia, encuentro, debate, polémica.
ANT. *Reconciliación, acuerdo, entendimiento, pacificación, paz.*

lidiar
SIN. Batallar, luchar, pelear, combatir, tornear, contender, guerrear, pugnar, torear, rejonear, capear, altercar, reñir, disputar, controvertir, debatir, discutir.
ANT. *Apaciguar, pacificar, afrontar, asumir, acordar, convenir.*

liga
SIN. Mezcla, muérdago, liria, visca, visco, pegajosidad, mixtura, aleación, ligazón, compuesto, federación, unión, confederación, coalición, alianza, asociación, consorcio, combinación, ligación, venda, faja, sujetador, jarretera, atapierna, cinta, ligadura, lazo.
ANT. *Desunión, separación, segregación, disolución, enemistad, hostilidad.*

ligadura
SIN. Ligada, ligación, liga, enlazamiento, enlazadura, cadena, atadura, ligamiento, sujeción, ligamento, lazo, amarradura, traba, trabazón, ensambladura, acoplamiento, conexión, vínculo, enlace, unión.

ANT. *Desconexión, separación, segregación, desunión.*

ligar
SIN. Amarrar, sujetar, atar, liar, unir, obligar, enlazar, alear, mezclar, conglutinar, aglutinar, trabar, encadenar, reatar, religar, empalmar, juntar, lazar, lacear.
ANT. *Escindir, separar, desunir, desatar, romper, disgregar.*

ligazón
SIN. Conexión, unión, trabazón, lazo, nudo, vínculo, enlace, aligación, coligación, aligamiento, encadenamiento, concatenación, aglomeración, cohesión, coherencia, ajuste.
ANT. *Desconexión, desajuste, desunión, separación.*

ligereza
SIN. Vivacidad, alacridad, viveza, presteza, diligencia, velocidad, celeridad, agilidad, prontitud, rapidez, premura, prisa, brevedad, inconstancia, instabilidad, inestabilidad, irreflexión, despreocupación, euforia, alegría, volubilidad, versatilidad, liviandad, impremeditación, irresolución, precipitación, insensatez, imprudencia, informalidad, trivialidad, frivolidad, futilidad, futileza, tenuidad, gracilidad, ingravidez, levedad, suavidad.
ANT. *Lentitud, pachorra, cachaza, tardanza, retraso, pesadez, gravidez, firmeza, tenacidad, constancia, tristeza.*

ligero
SIN. Rápido, raudo, veloz, pronto, presto, diligente, activo, presuroso, apresurado, correntío, célere, ágil, alígero, alado, vertiginoso, impetuoso, repentino, fugaz, instantáneo, momentáneo, impalpable, imperceptible, leve, liviano, superficial, somero, tenue, suave, grácil, fino, sutil, insignificante, frívolo, baladí, insubstancial, anodino, trivial, vago, voluble, versátil, informal, imprudente, irreflexivo, inconstante, llevadero, portátil.
ANT. *Lento, pausado, pesado, tardo, tranquilo, constante, firme, sensato, importante.*

lijadura
SIN. Lesión, lastimamiento, magullamiento, magulladura, contusión, golpe, daño.
ANT. *Cura, caricia, mimo.*

lijar

SIN. Restregar, raspar, pulir, pulimentar, limar, alisar, igualar, suavizar, desgastar.

limar

SIN. Alisar, desgastar, lijar, pulir, retocar, enmendar, mejorar, acabar, perfeccionar, suavizar, corregir, debilitar, cercenar, escofinar, frotar, raspar, raer, rallar, desbastar, refinar, pulimentar, suavizar.
ANT. *Empeorar, malograr, fortalecer.*

limazo

SIN. Babaza, viscosidad, glutinosidad, pegajosidad, baba.
ANT. *Aspereza, dureza.*

limitación

SIN. Distrito, término, circunscripción, localización, linde, medianía, acotación, delimitación, demarcación, límite, restricción, prohibición, tasa, cortapisa, traba, impedimento, obstáculo, inconveniente, dificultad, reticencia, salvedad, requisito, condición, distinción, modificación.
ANT. *Permiso, autorización, facilidad, ampliación, agrandamiento, inmensidad, extensión, indeterminación, imprecisión, vaguedad.*

limitado

SIN. Chico, corto, escaso, menguado, mínimo, pequeño, reducido, definido, restringido, restricto, delimitado, circunscrito, constreñido, específico, taxativo, relativo, condicionado, restrictivo, acotado, inextensible, unilateral, local, especial, incapaz, lerdo, negado, torpe.
ANT. *Ilimitado, inconmensurable, indefinido, grande, abierto, vivo, despierto, inteligente.*

limitar

SIN. Ceñir, acortar, coartar, coaccionar, trabar, dificultar, obstaculizar, impedir, recortar, tasar, prohibir, vetar, modificar, restringir, confinar, reducir, lindar, circunscribir, delimitar, acotar, circunferir, demarcar, encerrar, deslindar, alindar, colindar, rayar, cercar, rodear, determinar, localizar, establecer, definir.
ANT. *Facilitar, autorizar, permitir, ampliar, aumentar, extender, abrir.*

limitarse

SIN. Ceñirse, constreñirse, circuns-

cribirse, reducirse, ajustarse, atenerse, sujetarse, concretarse, conformarse, acomodarse, adaptarse.
ANT. *Ampliarse, ensancharse, extenderse, abrirse, excederse, descomedirse.*

límite

SIN. Raya, frontera, linde, lindero, lindera, lindazo, lindal, deslinde, acotamiento, borde, ribazo, tope, meta, fin, término, confín, seto, barrera, separación, coto, aledaños, afueras, alrededores, suburbio, contorno, extremidad, culminación, terminación, final, máximo, mínimo.
ANT. *Origen, principio, inicio, comienzo, centro, ensanche, ampliación.*

limítrofe

SIN. Confinante, lindante, colindante, frontero, rayano, contiguo, aledaño, limitáneo, lindero, asurcano, comarcano, convecino, medianero, fronterizo, divisorio, adyacente.
ANT. *Lejano, distante, apartado, separado, retirado.*

limo

SIN. Barro, lodo, cieno, fango, légamo, légano, lama, enruna, tarquín, bardoma, marisma, sedimento.
ANT. *Seco, sequía, sequedal.*

limosna

SIN. Dádiva, caridad, socorro, ayuda, óbolo, oblata, donación, donativo, mendicidad, alimosna, providencia, beneficencia, cuestación, liberalidad, generosidad, misericordia, beneficio.
ANT. *Avaricia, tacañería, egoísmo, miseria, economía.*

limosnero

Amér.
SIN. Pobre, mendigo, pordiosero, pobretón.
ANT. *Rico, adinerado, pudiente.*

limpiar

SIN. Lavar, lavotear, enjabonar, deterger, absterger, frotar, fregar, barrer, abrillantar, enlustrecer, asear, acicalar, blanquear, enlucir, desempolvar, desempañar, enjuagar, purgar, cribar, espulgar, purificar, sanear, higienizar, ventilar, desobstruir, desatascar, depurar, filtrar, aclarar, mondar, cortar, podar, escardar, dragar, escamondar, rastrillar, acantilar, desterrar,

echar, expulsar, apartar, alejar, excluir, suprimir, eliminar, desaparecer, quitar, hurtar, estafar, robar.
ANT. *Ensuciar, pringar, tiznar, emporcar, manchar, mancillar, respetar, devolver, dar, aparecer, incluir, entrar.*

límpido

SIN. Cristalino, claro, transparente, translúcido, hialino, relimpio, pulcro, impoluto, diáfano, limpio, puro, inmaculado, aseado, curioso, nítido, nidio, neto, mondo, morondo, lirondo, lamido, relamido, terso, suave.
ANT. *Sucio, manchado, mugriento, turbio, obscuro, opaco.*

limpieza

SIN. Aseo, higiene, mundicia, pulcritud, nitidez, curiosidad, espulgo, expurgación, depuración, saneamiento, desinfección, descontaminación, detersión, abstersión, lavado, fregado, barrido, cepillado, jabonado, enjuague, aclarado, aliño, acicalamiento, pulimento, meticulosidad, escrupulosidad, minuciosidad, destreza, agilidad, precisión, exactitud, perfección, pureza, honestidad, castidad, virginidad, inocencia, candidez, decencia, pudor, probidad, honradez, rectitud, integridad, desinterés, generosidad, franqueza, sinceridad.
ANT. *Suciedad, inmundicia, cochambre, roña, mugre, emporcamiento, pringue, mancha, mácula, asquerosidad, desaseo, incuria, sordidez, impudor, deshonestidad, imperfección, negligencia, descuido, interés, egoísmo.*

limpio

SIN. Pulcro, aseado, curioso, límpido, cristalino, claro, transparente, respirable, saneado, higiénico, depurado, fregado, lavado, barrido, frotado, bañado, duchado, aclarado, enjuagado, neto, nítido, mondo, brillante, resplandeciente, impecable, impoluto, incólume, inmaculado, purificado, casto, virgen, puro, decente, inocente, cándido, acendrado, intacto, íntegro, honesto, honrado, franco, sincero, preciso, detallado, definido, exacto, perfecto, expedito, despejado, desocupado, vacío, libre.
ANT. *Sucio, desaseado, mugriento, pringoso, cochambroso, roñoso, puerco, asqueroso, inmundo, sórdido, mancillado, impuro, indecente, deshonesto, imperfecto, inexacto, difícil, ocupado.*

linaje
SIN. Ascendencia, descendencia, casta, casa, cuna, dinastía, alcurnia, sangre, geno, prosapia, progenie, abolengo, línea, rama, generación, nacimiento, raza, estirpe, calidad, especie, género, laya, ralea, clase, naturaleza, condición.

lince
SIN. Perspicaz, sagaz, agudo, listo, vivo, rayo, águila, caladizo, penetrante, despierto, avispado, inteligente.
ANT. *Ceporro, zote, torpe, obtuso.*

linchar
SIN. Vengarse, atropellar, liquidar, eliminar, ejecutar, ajusticiar, matar.
ANT. *Indultar, perdonar, respetar.*

lindante
SIN. Colindante, confinante, limítrofe, lindero, limitáneo, medianero, asurcano, comarcano, convecino, aledaño, adyacente, contiguo, rayano, fronterizo, divisorio.
ANT. *Lejano, distante, apartado, separado, retirado.*

lindar
SIN. Rayar, confinar, limitar, alindar, colindar, rozar, tocar.
ANT. *Alejar, separar, distanciar.*

linde
SIN. Raya, límite, confín, ribazo, lindero, término, lindazo, lindera, demarcación, coto, marca, indicación, señal.

lindero
SIN. Colindante, confinante, limítrofe, lindante, confín, rayano, linde, término, limitáneo, medianero, contiguo, aledaño, adyacente, convecino, fronterizo, divisorio.
ANT. *Lejano, alejado, distante, separado, retirado.*

lindezas
SIN. Insultos, dicterios, improperios, invectivas, injurias, chuscadas, groserías, denuestos, vituperios, ofensas.
ANT. *Loa, alabanza, elogio, encomio, enaltecimiento.*

lindo
SIN. Bello, hermoso, atractivo, estético, precioso, apuesto, elegante, garboso, grácil, encantador, bonito, agraciado, primoroso, cabal, perfecto, afeminado, presumido, bueno, marica, pisaverde, cuco, garzón, petimetre.

ANT. *Feo, horrible, defectuoso, imperfecto, antiestético.*

línea
SIN. Renglón, raya, trazo, guión, lista, hilera, fila, ringlera, ristra, filete, camino, vía, género, clase, especie, confín, linaje, límite, trinchera, término, lindero, meta, señal, dirección, trayecto, itinerario, recorrido.

liñuelo
SIN. Lía, soga, ramal, maroma, libán, cabo, amarra, cuerda.

linterna
SIN. Lanterna, lantía, fanal, foco, reflector, proyector, fogaril, lámpara, luz.

lío
SIN. Bulto, rollo, envoltorio, fardo, petate, atado, atillo, paquete, embrollo, enredo, confusión, enmarañamiento, taco, gatuperio, avispero, revoltijo, bollo, berenjenal, jaleo, mezcla, caos, desorden, desbarajuste, trapisonda, chisme, intriga, arreglo, apaño, entendimiento, motete (*Amér.*), tamal (*Amér.*).
ANT. *Armonía, orden, claridad, facilidad, legitimidad, verdad, paz.*

liorna
SIN. Baraúnda, bulla, barullo, jarana, tiberio, trápala, juerga, zarabanda, algarabía, algaraza, confusión, desorden, batiburrillo, batahola, jaleo, alboroto.
ANT. *Orden, silencio, calma, sosiego, tranquilidad.*

lioso
SIN. Enredador, embustero, cuentista, charlatán, liante, embrollador, trapisondista, mentiroso, bolero, trolero, patrañero, mendoso, chismoso, enmarañado, enredado, liado, confuso, intrincado, complicado, difícil.
ANT. *Aclarador, clarificador, pacificador, sincero, discreto, claro, fácil.*

liquidar
SIN. Saldar, ajustar, arquear, finiquitar, subastar, vender, rebajar, pagar, derrochar, descuajar, derretir, licuar, fundir, liquefacer, licuefacer, desleír, disolver, extinguir, exterminar, aniquilar, eliminar, matar, acabar, terminar, encarpetar, concluir.
ANT. *Encarecer, subir, conservar, secar, solidificar, perdonar, indultar, comenzar.*

liquidez
SIN. Fluidez, fluidificación, derretimiento, deshielo, destilación, rociamiento, filtración, licuefacción, colicuación, disolución, transvase, fusión, garantía, crédito, solvencia.
ANT. *Coagulación, condensación, solidificación, endurecimiento, insolvencia, quiebra.*

líquido
SIN. Total, ganancia, suma, neto, saldo, deducido, descontado, resto, resultante, cifra, data, cargo, debe, haber, agua, zumo, infusión, licor, elixir, brebaje, pócima, loción, emulsión, solución, fluido, sedimento, delicuescencia, densidad, capilaridad.
ANT. *Gas, sólido, sequedad, seco, bruto, pérdida.*

lirismo
SIN. Poesía, lírica, inspiración, ternura, entusiasmo, vehemencia, exaltación.
ANT. *Prosaísmo, dureza, crudeza, frialdad.*

lisiado
SIN. Mutilado, tullido, impedido, estropeado, lesionado, baldado, contrecho, inválido, contusionado, chiflado, vehemente, aficionado.
ANT. *Sano, fuerte, robusto, desinteresado.*

lisiar
SIN. Herir, estropear, dañar, mutilar, lastimar, maltratar, dislacerar, tullir, baldar, lesionar, contusionar, atrofiar, anquilosar, paralizar, inmovilizar, inutilizar.
ANT. *Sanar, curar, cuidar, recuperar, rehabilitar.*

liso
SIN. Llano, igual, plano, igualado, nivelado, uniforme, monótono, superficial, recto, terso, suave, sencillo, ingenuo, sincero, natural, parejo, raso, roso, romo, entero, sólido, macizo, continuo, seguido.
ANT. *Desigual, desnivelado, desparejo, escabroso, áspero, rugoso, arrugado, abollado, fragoso, vertical, heterogéneo, discontinuo.*

liso
Amér.
SIN. Descarado, desvergonzado, atrevido, resuelto, audaz, lanzado.
ANT. *Comedido, temeroso, cobarde*

lisonja
SIN. Adulación, halago, mimo, elogio, alabanza, lisonjeamiento, can

donga, zanguanga, pelotilla, lametón, jabón, coba, zalamería, zarracatería, piropo, requiebro, floreo, engaño.
ANT. *Desaire, crítica, vituperio, improperio, sinceridad.*

lisonjear
SIN. Alabar, halagar, elogiar, agradar, adular, deleitar, regalar, gustar, satisfacer, incensar, camelar, requebrar, lisonjar, agasajar, festejar, complacer, obsequiar, propiciar.
ANT. *Desagradar, despreciar, insultar, denostar, vituperar, criticar, atacar, denegar.*

lisonjero
SIN. Halagador, agradable, adulador, deleitable, grato, lameculos, adulón, pelotillero, jonjabero, tiralevitas, cobista, candongo, zalamero, florero, elogioso, deleitoso, satisfactorio, ameno, placentero, delicioso, complaciente, simpático.
ANT. *Desagradable, despreciativo, criticador, denostador, ingrato, antipático.*

lista
SIN. Nómina, registro, inventario, repertorio, enumeración, relación, catálogo, programa, índice, padrón, censo, minuta, retahíla, elenco, terna, cuadro, guía, sílabo, nomenclator, serie, detalle, plan, línea, banda, franja, raya, cinta, tira, estría.

listo
SIN. Vivo, activo, ligero, pronto, presto, dinámico, diligente, expedito, avisado, sagaz, astuto, inteligente, preparado, dispuesto, agudo, veloz, apercibido, despabilado, espabilado, despejado, despierto, avispado, talentoso, ingenioso.
ANT. *Tonto, atontado, zoquete, lerdo, cretino, memo, simplón, pazguato, alelado, estúpido, tardo, lento, pesado, torpe.*

lisura
SIN. Sencillez, llaneza, afabilidad, sinceridad, franqueza, ingenuidad, candidez, mansedumbre, naturalidad, suavidad, finura, lustre, llanura, igualdad, pulimento, pulidez, dulcedumbre, dulzura, tersura.
ANT. *Altivez, frialdad, crudeza, aspereza, picardía, zorrería, desnivel, desigualdad, arruga.*

literal
SIN. Textual, completo, calcado, idéntico, igual, exacto, preciso, concreto, puntual, propio, fiel, recto.

ANT. *Resumido, fragmentario, libre, diferente.*

litigar
SIN. Pleitear, querellarse, recurrir, demandar, denunciar, proceder, actuar, debatir, contender, altercar, disputar, discutir, cuestionar, controvertir, reñir, pelear.
ANT. *Avenirse, acordar, convenir, coincidir.*

litigio
SIN. Pleito, querella, impugnación, demanda, juicio, sumario, proceso, causa, recurso, diferencia, altercado, disputa, contienda, riña, lucha, pelea, competición, controversia, discusión, debate, polémica, cuestión.
ANT. *Avenencia, acuerdo, consenso, paz.*

litoral
SIN. Costa, ribera, riba, ribazo, playa, orilla, borde, margen, costera, marina, riberano, ribereño.
ANT. *Interior, interno, centro.*

liudo
Amér.
SIN. Flojo, débil, laxo, blando, fofo.
ANT. *Fuerte, tenso.*

liviandad
SIN. Ligereza, desenfreno, descoco, desvergüenza, deshonestidad, incontinencia, impudicia, lascivia, depravación, corrupción, lubricidad, lujuria, libertinaje, volubilidad, versatilidad, mutabilidad, inconstancia.
ANT. *Honestidad, pureza, castidad, fidelidad, firmeza.*

liviano
SIN. Ligero, frágil, incorpóreo, ingrávido, lene, sutil, baladí, fútil, somero, anodino, vacío, insubstancial, insignificante, leve, lascivo, incontinente, deshonesto, impúdico, libidinoso, lúbrico, lujurioso, lóbrigo, adúltero, infiel, inconstante, versátil, voluble, cambiable, mudable, tornadizo, inseguro, dudoso.
ANT. *Honesto, casto, fiel, leal, constante, firme, pesado, denso, espeso, macizo, importante.*

lívido
SIN. Pálido, descolorido, blanquecino, cadavérico, exangüe, demacrado, amoratado, morado, violáceo, cárdeno, marchito, apagado.
ANT. *Sano, saludable, rozagante, pletórico, colorado.*

liza
SIN. Lid, combate, pelea, torneo, lidia, contienda, lucha, palestra, palenque, plaza, ruedo, arena, campo, estadio, estrado.
ANT. *Paz, apaciguamiento, pacificación.*

loable
SIN. Laudable, meritorio, plausible, alabable, elogiable, encomiable, ensalzable, realzable, ponderable.
ANT. *Despreciable, denigrable, deleznable, criticable, acusatorio.*

loado
SIN. Ensalzado, alabado, celebrado, encomiado, glorificado, honrado, enaltecido, lisonjeado.
ANT. *Maldito, reprobado, denostado, criticado.*

loar
SIN. Elogiar, alabar, celebrar, aplaudir, encarecer, encomiar, ensalzar, honorar, magnificar, incensar, glorificar, enaltecer, exaltar, aclamar.
ANT. *Maldecir, reprobar, denostar, denigrar, criticar.*

lobo
Amér.
SIN. Zorro, coyote, chacal.

lóbrego
SIN. Sombrío, tenebroso, lúgubre, umbroso, solitario, penoso, obscuro, melancólico, triste, fosco, entenebrecido.
ANT. *Alegre, claro, despejado.*

lobreguez
SIN. Tenebrosidad, obscuridad, tiniebla, obscuración, sombra, lobregura, amargura, tristeza, melancolía.
ANT. *Iluminación, claridad, contento, alegría, vitalidad.*

localidad
SIN. Población, lugar, pueblo, ciudad, provincia, departamento, territorio, local, punto, paraje, región, comarca, entrada, billete, butaca, asiento, sitio, espacio, ámbito, esfera.

localizar
SIN. Ubicar, situar, emplazar, determinar, fijar, implantar, estacionar, ceñir, circunscribir, restringir, delimitar, limitar, confinar, encerrar, encontrar, detectar, hallar, descubrir, averiguar, buscar.
ANT. *Desplazar, indeterminar, ge-*

neralizar, ampliar, extender, desaparecer.

locería
Amér.
SIN. Alfarería, alfar, tejar, chacharrería, alcallería.

loco
SIN. Demente, orate, alineado, lunático, vesánico, frenético, enajenado, maniático, maníaco, insensato, ido, mochales, chiflado, atolondrado, imprudente, aturdido, inconsciente, chalado, tocado, alunado, barrenado, destornillado, delirante, majareta, desequilibrado, paranoico, psicópata, esquizofrénico, rabioso, furioso, enloquecido, trastornado, perturbado, imbécil, idiota, estúpido, absurdo, extraño, raro, extravagante, inmoderado.
ANT. *Sano, pacífico, normal, cuerdo, lúcido, juicioso, sensato, reflexivo, prudente, moderado.*

locuaz
SIN. Charlatán, garlador, chacharero, palabrero, parolero, parlero, parlanchín, gárrulo, lengüilargo, vocinglero, lengudo, lenguaz, hablador, decidor, verborreo, verboso, retórico, prosador, orador, conservador, elocuente.
ANT. *Silencioso, discreto, callado, reservado, moderado, reconcentrado, insociable, taciturno, mudo, hermético.*

locura
SIN. Enajenación, alienación, demencia, desequilibrio, psicopatía, esquizofrenia, manía, histerismo, trastorno, turbación, insania, vesania, delirio, frenesí, desvarío, desacierto, chifladura, extravagancia, insensatez, disparate, aberración, guilladura, amencia, enloquecimiento, irracionalidad, indeliberación, irreflexión, insensatez, incoherencia, absurdo, loquera *(Amér).*
ANT. *Cordura, lucidez, reflexión, sensatez, prudencia, talento.*

lodazal
SIN. Lodazar, lodachar, barrizal, fangal, barrial *(Amér.),* chapatal, chahuite *(Amér.),* lenagal, cenagal, ciénaga, pantano, charca.
ANT. *Páramo, sequedal, yermo.*

lodo
SIN. Fango, légamo, cieno, barro, limo, sedimento, tarquín, légano, lama, enruna, bardoma, zarpe, salpicadura, marisma, charco, charca, arrozal.

ANT. *Seco, sequía, sequedal.*

lógica
SIN. Razonamiento, razón, dialéctica, silogismo, argumentación, deducción, método, discurso, juicio, conocimiento, entendimiento, sensatez, racionalidad.
ANT. *Despropósito, desconocimiento, insensatez, absurdo.*

lógico
SIN. Racional, razonable, razonado, metódico, ilativo, deductivo, natural, justo, regular, positivo, explicable, indiscutible, legítimo, sensato.
ANT. *Ilógico, irracional, absurdo, disparatado, injusto.*

lograr
SIN. Alcanzar, obtener, ganar, conseguir, disfrutar, gozar, sacar, poder, agenciar, adquirir, captar, aprehender, apoderarse, tener, merecer, terminar, triunfar.
ANT. *Ceder, frustrar, perder, derrotar, fracasar.*

logrero
SIN. Especulador, usurero, explotador, aprovechado, avaro, tacaño, agarrado, cicatero, oportunista, ganador, vividor.
ANT. *Espléndido, generoso, dadivoso, desinteresado.*

logro
SIN. Usura, especulación, lucro, explotación, abuso, agio, consecución, obtención, fruto, ganancia, conquista, consecuencia, resultado.
ANT. *Frustración, malogro, fracaso, desinterés, generosidad, esplendidez.*

loncha
SIN. Rodaja, lonja, tajada, lasca, laja, raja, rebanada, sección. corte.

longanimidad
SIN. Magnanimidad, generosidad, nobleza, desprendimiento, esplendidez, grandeza, entereza, firmeza, valor, ánimo.
ANT. *Mezquindad, tacañería, pusilanimidad.*

longánimo
SIN. Magnánimo, firme, constante, paciente, sereno, animoso, grande, dadivoso, espléndido, generoso.
ANT. *Ruín, tacaño, mezquino, cobarde, pusilánime.*

longevidad
SIN. Ancianidad, vejez, supervivencia, perennidad, conservación, duración, prolongación.
ANT. *Juventud, extinción, fugacidad.*

longitud
SIN. Largura, largor, largo, envergadura, alcance, amplitud, magnitud, extensión, dimensión, medida, distancia, espacio.
ANT. *Anchura.*

loor
SIN. Elogio, loa, alabanza, loanza, enaltecimiento, honor, lisonja, encomio.
ANT. *Crítica, denuesto, reprobación.*

loquería
Amér.
SIN. Manicomio, loquero, sanatorio, hospital.

loquera
Amér.
SIN. Locura, demencia, insanía, trastorno, chaladura.
ANT. *Cordura.*

lozanía
SIN. Viveza, gallardía, frondosidad, exuberancia, plenitud, ufanía, engreimiento, orgullo, altivez, altanería, verdor, florecimiento, fresquedad, frescura, juventud, mocedad, jovialidad, salud, ánimo, vigor, energía, fuerza.
ANT. *Debilidad, sequedad, vejez, ajamiento, agostamiento, humildad.*

lozano
SIN. Airoso, robusto, gallardo, sano, saludable, rozagante, lustroso, resplandeciente, alegre, animoso, ufano, vigoroso, verde, fresco, galano, frondoso, exuberante, lujuriante, flamante, inmarcesible, inmarchitable, nuevo, altanero, altivo, arrogante, engreído, envanecido, orgulloso.
ANT. *Marchito, mustio, ajado, descaecido, agostado, pasado, viejo, acabado, sencillo, humilde, modesto.*

lubricar
SIN. Engrasar, aceitar. lubrificar bañar.
ANT. *Secar, resecar, desecar.*

lubricidad
SIN. Lascivia, obscenidad, libídine

impudicia, salacidad, rijosidad, lujuria, deshonestidad, vicio.

ANT. *Templanza, continencia, pureza, castidad.*

lúbrico

SIN. Lujurioso, lascivo, libidinoso, obsceno, lóbrigo, erótico, incontinente, salaz, impúdico, impuro, deshonesto, lubricante, escurridizo, resbaladizo, deslizable.

ANT. *Honesto, puro, casto, seco, reseco.*

lucido

SIN. Brillante, espléndido, sano, robusto, lozano, hermoso, rico, selecto, admirable, sobresaliente, estupendo, acabado, gallardo, liberal, agradable, grato.

ANT. *Débil, enfermo, flaco, feo, asqueroso, desagradable.*

lúcido

SIN. Brillante, resplandeciente, esplendente, fulgente, refulgente, luminoso, límpido, limpio, transparente, luciente, centelleante, radiante, claro, clarividente, perspicaz, sagaz, fino, sutil, penetrante, listo, inteligente, genial.

ANT. *Torpe, negado, ofuscado, empañado, oscuro, opaco.*

lucir

SIN. Resplandecer, iluminar, refulgir, distinguirse, triunfar, brillar, descollar, sobresalir, aventajar, ostentar, presumir, mostrar, enlucir, parecer, exhibir, figurar, impresionar, alardear, relucir, relumbrar, coruscar, fulgurar.

ANT. *Apagarse, obscurecer, disminuir, humillarse.*

lucrarse

SIN. Aprovecharse, ganar, beneficiarse, rentar, rendir, especular, hincharse, redondearse, enriquecerse, lograr, obtener, alcanzar.

ANT. *Desperdiciar, perder, fracasar.*

lucrativo

SIN. Productivo, beneficioso, provechoso, fructuoso, fructífero, útil, lucroso, ventajoso, cuestuoso, ganancioso, rentable, remunerador.

ANT. *Infructífero, improductivo, desventajoso, inútil, perjudicial, ruinoso.*

lucro

SIN. Ganancia, provecho, beneficio, utilidad, remuneración, logro, rendimiento, granjeo, gratifica-

ción, paga, comisión, producto, ingreso, interés, ventaja.

ANT. *Pérdida, descalabro, quiebra, ruina.*

luctuoso

SIN. Fúnebre, funesto, infausto, infortunado, triste, lamentable, aciago, angustioso, congojoso, tétrico, lúgubre, lutuoso, penoso, doloroso, desgraciado.

ANT. *Satisfactorio, favorable, alegre, feliz.*

lucubrar

SIN. Elucubrar, velar, meditar, reflexionar, especular, pensar, crear, elaborar, estudiar, investigar.

ANT. *Inhibirse, desinteresarse, abandonarse, holgazanear.*

lucha

SIN. Lid, combate, pelea, batalla, guerra, conflicto, revuelta, reyerta, contienda, disputa, altercado, pugna, altercación, pugilato, discusión, rivalidad, controversia, polémica, pendencia, choque, refriega, fregado, acometimiento, combatividad, colisión, oposición, desavenencia, litigio, pleito, querella, enemistad.

ANT. *Acuerdo, concordia, avenencia, paz, abulia.*

luchador

SIN. Contendiente, combatiente, batallador, lidiador, justador, púgil, guerrero, guerreador, combatidor, combativo, peleador, competidor, contrincante, adversario, rival, enérgico, perseverante, tenaz, emprendedor.

ANT. *Conciliador, componedor, veleidoso, pacifista, ocioso, vago, haragán.*

luchar

SIN. Batallar, guerrear, combatir, pelear, pugnar, contender, lidiar, bregar, justar, disputar, discutir, reñir, chocar, forcejear, provocar, debatir, competir, rivalizar, esforzarse, emprender, perseverar, trabajar.

ANT. *Conciliar, acordar, convenir, avenirse, asentir, rendirse, pacificar, abandonar, haraganear.*

ludibrio

SIN. Burla, mofa, escarnio, desprecio, befa, sarcasmo, mofadura, zaherimiento, oprobio, afrenta, ignominia, deshonor.

ANT. *Loa, enaltecimiento, elogio, honor, respeto.*

ludimiento

SIN. Fregadura, estregadura, restregadura, roce, rozamiento, frotamiento, refregamiento, frotación, frote, rascamiento.

ludir

SIN. Rozar, restregar, frotar, luir, estregar, refregar, friccionar.

luego

SIN. Pronto, rápidamente, prontamente, inmediatamente, después, posteriormente, incontinente.

ANT. *Ya, ahora, antes.*

lugar

SIN. Punto, sitio, puesto, paraje, espacio, ocasión, oportunidad, tiempo, causa, motivo, pueblo, aldea, emplazamiento, situación, colocación, local, término, sector, parte, lado, bando, recinto, zona, medio, ámbito, esfera, atmósfera, circunstancia, fundamento, momento, pasaje, texto.

ANT. *Vacío, nada, infinitud, inmensidad.*

lugareño

SIN. Rústico, labriego, aldeano, campesino, pueblerino, paleto, isidro, cateto, campestre.

ANT. *Urbano, ciudadano, culto, intelectual.*

lúgubre

SIN. Funesto, triste, lóbrego, aciago, sombrío, tétrico, luctuoso, fúnebre, melancólico, congojoso, lamentable, desgraciado. pesimista, taciturno.

ANT. *Claro, luminoso, radiante, alegre, optimista.*

lujo

SIN. Demasía, exceso, derroche, despilfarro, prodigalidad, profusión, abundancia, boato, opulencia, esplendidez, rumbo, suntuosidad, riqueza, fausto, magnificencia, ostentación, placer, munificencia, aparato, pompa, pomposidad, relumbrón, lucimiento, esplendor, solemnidad, liberalidad.

ANT. *Pobreza, sobriedad, mezquindad, modestia, sencillez, humildad.*

lujoso

SIN. Espléndido, esplendente, relumbrante, deslumbrante, vistoso, valioso, opulento, fastuoso, suntuoso, rico, magnífico, ostentoso, rumboso, faustoso, aparatoso, pomposo, postinero, faústico, soberbio, imponente, majestuoso, impresionante.

ANT. *Miserable, pobre, sobrio, mezquino, modesto, discreto, humilde, sencillo.*

lujuria

SIN. Lubricidad, obscenidad, lascivia, liviandad, rijosidad, cachondería, procacidad, salacidad, libídine, carnalidad, sensualidad, concupiscencia, incontinencia, erotomanía, putería, vicio, inmoralidad.

ANT. *Continencia, abstinencia, pudor, castidad, pureza, vergüenza, decoro, recato, honestidad, moralidad.*

lujuriante

SIN. Lozano, fresco, ufano, abundante, exuberante, frondoso, galano.

ANT. *Viejo, pasado, mustio, lacio, descaecido, agostado, pobre.*

lujurioso

SIN. Lascivo, liviano, lúbrico, libidinoso, cachondo, lóbrigo, rijoso, salaz, carnal, ardiente, lujuriante, intemperante, incontinente, concupiscente, obsceno, erótico, licencioso, vicioso, libertino, impúdico, deshonesto.

ANT. *Continente, abstinente, pudoroso, decoroso, honesto, casto, puro, moral.*

lumbre

SIN. Luz, fuego, ascua, fogata, hoguera, esplendor, llama, lumbrada, destello, fulgor, chispa, lucimiento, lumbrera, claridad, luminiscencia, refulgencia.

ANT. *Obscuridad, penumbra, frialdad.*

lumbrera

SIN. Claraboya, tragaluz, ventano, ventana, luminaria, lucerna, lucernario, tronera, escotilla, abertura, genio, insigne, esclarecido, sabio, virtuoso, ínclito, ejemplar, eminencia.

ANT. *Tinieblas, obscuridad, penumbra, ignorante, analfabeto, inculto, desconocido.*

luminoso

SIN. Resplandeciente, refulgente, brillante, esplendoroso, esplendente, rutilante, coruscante, lumínico, corusco, fulgurante, fulgente, fulguroso, lumbroso, alumbrante, centelleante, fosforescente, luminiscente, lucífero, lúcido, radiante, iluminador, claro, acertado, certero, inteligente.

ANT. *Oscuro, tenebroso, sombrío, apagado, desacertado, torpe.*

lunático

SIN. Alunado, venático, chiflado, tornadizo, caprichoso, maniático, raro, extraño, loco, furioso, violento.

ANT. *Sano, cuerdo, razonable, reflexivo, normal, pacífico.*

lupanar

SIN. Burdel, mancebía, manfla, fornicio, lenocinio, prostíbulo, ramería, harén.

lustrabotas

Amér.

SIN. Limpiabotas, limpia, lustrador.

lustre

SIN. Esplendor, resplandor, lustración, tersura, pulimento, bruñidura, lucimiento, fama, brillo, gloria, realce, honra, prez, reputación, notoriedad, distinción, prestigio.

ANT. *Opacidad, empañamiento, deslucimiento, denigración, desprestigio, descrédito.*

lustroso

SIN. Brillante, reluciente, terso, luciente, coruscante, radiante, refulgente, fulgurante, flamante, luminoso, bruñido, pulido, nítido, vistoso, lucido, rozagante, rollizo, lozano.

ANT. *Herrumbroso, oxidado, envejecido, mate, deslucido, marchito, mustio.*

luto

SIN. Pena, duelo, aflicción, tristeza, desconsuelo, dolor, sentimiento, negro.

ANT. *Alegría, felicidad, gozo.*

luz

SIN. Fulgor, resplandor, brillo, llama, candela, fuego, sol, esplendor, luminaria, tronera, ventana, ilustración, cultura, noticia, aviso, indicio, vestigio, señal, conocimiento, albor, claror, claridad, refulgencia, fulguración, irradiación, luminiscencia, iluminación, luminosidad.

ANT. *Oscuridad, tinieblas, penumbra, sombra.*

LL

llaga

SIN. Herida, plaga, úlcera, tumor, fístula, pesadumbre, disgusto, pesar.

llagarse

SIN. Ulcerarse, cancerarse, encorar, encorecer, encentrarse.
ANT. *Curarse, sanarse.*

llama

SIN. Flama, soflama, llamarada, fogarada, lengua de fuego, apasionamiento, ardor, entusiasmo, claror, fulgor, carnero, alpaca, oveja.
ANT. *Frialdad, rescoldo.*

llamada

SIN. Llamamiento, señal, apelación, invocación, cita, nota, aviso, advertencia, convocatoria.
ANT. *Olvido, omisión.*

llamador

SIN. Aldaba, timbre, campanilla, aldabón, campana, tirador, pulsador, zumbador, picaporte, avisador, convocador.

llamamiento

SIN. Llamada, citación, apelación, advertencia, aviso, indicación, invocación, cita, citación, convocatoria, indicción, cédula.
ANT. *Olvido, omisión.*

llamar

SIN. Nombrar, citar, evocar, gritar, chistar, denominar, designar, apellidar, titular, convidar, invitar, atraer, invocar, tocar, muñir.
ANT. *Callar, rechazar, desdeñar, aplacar.*

llamarada

SIN. Llama, resplandor, fuego, explosión, rubor, pasión, arranque.
ANT. *Apagamiento, palidez, indiferencia.*

llamativo

SIN. Excitante, provocante, provocador, excéntrico, exagerado, atrayente, rozagante, presuntuoso, coquetón.
ANT. *Humilde, discreto, inexpresivo, inadvertido, sobrio.*

llameante

SIN. Ardiente, centelleante, chispeante, rutilante, brillante, flamígero, inflamable.
ANT. *Apagado, lánguido.*

llamear

SIN. Arder, flamear, chispear, rutilar, avivar, atizar, brillar, relumbrar.
ANT. *Apagar, enfriar.*

llana

SIN. Trulla, badilejo, llanura.

llanada

SIN. Llanura, llano, llana, planicie, raso, plana, planada, explanada.
ANT. *Montaña, sierra.*

llaneza

SIN. Naturalidad, sencillez, franqueza, sinceridad, confianza, moderación, modestia, campechanía, espontaneidad, abertura, afabilidad.
ANT. *Soberbia, presunción, ampulosidad, cautela, rigidez.*

llano

SIN. Plano, liso, raso, desértico, uniforme, arranado, natural, afable, franco, campechano, espontáneo, tratable, claro, palpable, evidente, obvio, hacedero, grave, paroxítono.
ANT. *Accidentado, escabroso, abrupto, recargado, cumplimentoso, difícil, embrollado.*

llanta

SIN. Cerco, calce, rueda, neumático.

llanto

SIN. Lloro, lloriqueo, llorera, gimoteo, planto, rabieta, perrera, pena, sollozo, vagido, suspiro, aflicción.
ANT. *Risa, júbilo, consuelo.*

llanura

SIN. Planicie, llanada, explanada, terraza, páramo, alcarria, meseta, sabana, pampa, era, vega, valle, erial, yermo.
ANT. *Montaña, cuesta, prominencia.*

llar

SIN. Fogón, lar, cadena, gancho.

llave

SIN. Llavín, picaporte, ganzúa, punzón, corchete, clauca, pista, tranquilla, pala, tienta, clave, información, vía, dato, camino, presa, traspié, zancadilla.

llavero

SIN. Clavero, llaverizo, anilla, aro, gancho.

lleco

SIN. Alijar, erial, añojar, vago.

llegada

SIN. Arribada, arribo, avenida, advenimiento, aparición, presencia, acceso, recepción, bienvenida, bienllegada.

ANT. *Ida, partida, marcha.*

llegar
SIN. Arribar, venir, aterrizar, aterrar, atracar, alcanzar, acercarse, abastar, ascender, conseguir, obtener, allegar, acopiar, dirigirse, aproximarse.
ANT. *Partir, salir, alejarse, desperdigar, alejar.*

llena
SIN. Crecida, riada.
ANT. *Estiaje.*

llenar
SIN. Colmar, henchir, rellenar, cargar, abarrotar, saturar, embutir, atestar, atiborrar, preñar, satisfacer, ocupar, parecer bien, gustar, agradar.
ANT. *Vaciar, sacar, descargar, repeler, disgustar.*

llenarse
SIN. Henchirse, hartarse, saciarse, atufarse, irritarse, inflarse, cuajarse.
ANT. *Ayunar, calmarse, tranquilizarse.*

llenero
SIN. Cumplido, completo, cabal, pleno, total, íntegro.
ANT. *Incompleto, falto.*

lleno
SIN. Colmado, henchido, pletórico, repleto, saturado, ocupado, abarrotado, atiborrado, pleno, preñado, relleno, cuajado, satisfecho, contento, irritado, enfadado, molesto, harto.

ANT. *Vacío, falto, descontento, sosegado.*

llenura
SIN. Abundancia, plenitud, copia, exceso, repleción, hartura, lleneza, llenez, atestamiento, copiosidad.
ANT. *Escasez, vaciedad.*

lleta
SIN. Brote, retoño.

llevadero
SIN. Soportable, sufrible, tolerable, comportable, aguantable, sufridero, pasadero.
ANT. *Insoportable, intolerable.*

llevado
SIN. Gastado, usado, raído, traído.
ANT. *Nuevo.*

llevar
SIN. Transportar, acarrear, trasladar, portear, conducir, guiar, dirigir, reportar, trajinar, trasegar, cobrar, exigir, percibir, recaudar, soportar, sufrir, tolerar, sobrellevar, aguantar, conllevar, dar, granar, frutecer, producir, inducir, guiar, encaminar, mandar, apropiarse, quitar, robar.
ANT. *Traer, enviar, pagar, abonar, rebelarse, sublevarse, disuadir, obedecer, devolver.*

llorar
SIN. Lloriquear, gemir, sollozar, hipar, lagrimar, implorar, motear, plañir, sentir, deplorar, lamentar, quejarse, dolerse, fluir, rezumar, gotear.
ANT. *Reír, contentar, celebrar, contener.*

lloriquear
SIN. Llorar, jeremiquear *(Amér.).*

lloro
SIN. Llorera, llanto, lloriqueo, rabieta, lloramico, lloradera, perra, sollozo, pucheros.
ANT. *Risa, consuelo, hilaridad.*

llorón
SIN. Lacrimoso, plañidero, quejica, lloroso, berrín, berreador, lloraduelos.
ANT. *Risueño, reidor.*

llover
SIN. Lloviznar, molliznar, chispear, orvallar, diluviar, descargar, arroyar, cerner, gotear, mojar, chorrear, caer, manar, pulular.
ANT. *Amainar, escampar, escasear.*

llovizna
SIN. Lluvia, mollina, mollizna, orvallo, marea, calabobos.

llueca
SIN. Clueca.

lluvia
SIN. Aguacero, llovizna, chaparrón, turbonada, chubasco, nubarrada, tromba, torva, aguaviento, temporal, borrasca, aguacero, oraje, abundancia, cantidad, profusión, plaga, peste, exceso.
ANT. *Bonanza, claro, escasez.*

lluvioso
SIN. Pluvioso, húmedo, nublado, grisáceo, triste.
ANT. *Sereno, seco, alegre.*

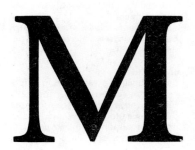

maca

SIN. Fraude, engaño, disimulación, defecto, deterioro, magulladura, mancha, marca, señal, hamaca.
ANT. *Verdad, sinceridad, perfección.*

macabro

SIN. Fúnebre, macábrico, sepulcral, luctuoso, letal, mortal, mortuorio funesto, trágico.
ANT. *Vital, alegre, feliz, grato.*

macaco

Amér.
SIN. Feo, horrendo, deforme, repugnante, esperpento, repulsivo, horroroso.
ANT. *Bello, hermoso.*

macana

SIN. Garrote, porra, palo, estaca, broma, chufa, cuchufleta, mentira, trola, bola, embuste.
ANT. *Sinceridad, verdad, seriedad.*

macana

Amér.
SIN. Tontería, disparate, dislate, desatino, descabellamiento, absurdo.
ANT. *Acierto, congruencia.*

macanazo

Amér.
SIN. Disparate, tontería, dislate, chorrada, bobada.
ANT. *Acierto.*

macarelo

SIN. Camorrista, pendenciero, zaragatero, buscarruidos, bochinchero, peleón, batallador.
ANT. *Apaciguador, tranquilo, pacífico.*

macareno

SIN. Majo, guapo, bravucón, baladrón, perdonavidas, fanfarrón, chulo, matón, jactancioso.
ANT. *Sencillo, humilde, modesto, pusilánime.*

macelo

SIN. Desolladero, matadero, degolladero, tablada, camal.

macerar

SIN. Estrujar, exprimir, prensar, apretujar, reblandecer, ablandar, mortificar, ablandecer, emblandecer, enmollecer, manir, machacar, mazonear, golpear, sacudir, maltratar, castigar, abatir, afligir, humillar.
ANT. *Consolar, confortar, endurecer, solidificar.*

maceta

Amér.
SIN. Mazo, maza, mallo, martillo, martellina, mazuelo.

macicez

SIN. Densidad, consistencia, cuerpo, espesor, compacidad.
ANT. *Oquedad, vaciedad, debilidad.*

macilento

SIN. Descolorido, triste, mustio, flaco, pálido, débil, desmedrado, escuálido, famélico, entelerido, alicaído, desmejorado, demacrado, delicado.
ANT. *Hinchado, abotagado, robusto, fuerte, vigoroso.*

macizo

SIN. Sólido, firme, relleno, fuerte,

compacto, fundado, espeso, tupido, apretado, recargado.
ANT. *Hueco, vacío, débil, minado.*

mácula

SIN. Tacha, mancha, mancilla, mentira, embuste, engaño, trampa. labe, tilde, taca, maca, lámpara, sombra, desdoro, defecto.
ANT. *Limpieza, perfección, verdad, honradez.*

macha

Amér.
SIN. Marimacho, hombruna, varona, machota, maritornes.
ANT. *Femenina.*

machacar

SIN. Triturar, desmenuzar, quebrantar, machar, majar, porfiar, insistir, repetir, reincidir, reiterar, matraquear, mallar, machucar, mazar, pistar, macear, maznar, martillar, cascar, romper, golpear, moler, deshacer, machaquear *(Amér.).*
ANT. *Apelmazar, comedirse, desistir, ceder.*

machacón

SIN. Importuno, pesado, insistente, porfiado, majadero, cargante, latoso, jaquecoso, chinchoso, tabarrero, fastidioso, tozudo, tenaz, reiterativo, impertinente.
ANT. *Oportuno, considerado, comedido, discreto, prudente.*

machada

SIN. Necedad, sandez, imbecilidad, majadería, mentecatería, mentecatez, estupidez, idiotez, memez, tontería.

ANT. *Delicadeza, inteligencia, pusilanimidad.*

machaquear
Amér.
SIN. Machacar, majar, macear, aplastar, machar, machucar.

machaquería
SIN. Porfía, insistencia, tenacidad, importunidad, pesadez, molestia, machaqueo, machaconería, rollo, lata, tabarra, pejiguera, chinchorrería, amoladura, mosconeo.
ANT. *Oportunidad, gracia, amenidad, agilidad, desistimiento.*

macho
SIN. Mazo, yunque, mallo, martillo, padrote, garañón, semental, mulo, vigoroso, fuerte, robusto, varonil, forzudo, animoso, enérgico, corajudo, resistente, firme.
ANT. *Hembra, afeminado, débil, cobarde, pusilánime.*

machucar
SIN. Herir, golpear, magullar, majar, mazar, machar, machacar, macear, macerar, triturar, aplastar, moler, deshacer, desmenuzar, disgregar.
ANT. *Apelmazar.*

machucho
SIN. Juicioso, maduro, viejo, veterano, curtido, tranquilo, reposado, calmoso, sosegado, sensato, reflexivo, prudente, sesudo, adulto, anciano, experimentado.
ANT. *Joven, loco, atolondrado, imprudente, inexperto.*

madre
SIN. Origen, raíz, causa, cauce, lecho, álveo, calce, badén, matriz, vientre, mama, mamá, matrona, madrina.
ANT. *Padre.*

madrigado
SIN. Experimentado, práctico, ducho, versado, baqueteado.
ANT. *Inexperto.*

madriguera
SIN. Cueva, cubil, guarida, refugio, albergue, manida, nido, cubilar, lobera, ratonera, hampa, agujero, escondrijo.

madrugada
SIN. Aurora, alba, amanecer, alborada, albor.
ANT. *Noche, tarde, ocaso, crepúsculo, atardecer, anochecer.*

madurez
SIN. Razón, desarrollo, maduración, fructificación, florecimiento, enriquecimiento, lozanía, prudencia, juicio, sensatez, reflexión, seso, sosiego, experiencia, seriedad, formalidad, tacto, responsabilidad, conocimiento.
ANT. *Verdor, juventud, precocidad, inexperiencia, irreflexión, insensatez.*

maduro
SIN. Juicioso, prudente, talludo, granado, desarrollado, formado, machucho, reflexivo, sensato, sesudo, sosegado, discreto, serio, formal, mesurado, atinado, pensado, oportuno, preciso, enverado, pasado, blando, reblandecido, sazonado, hecho.
ANT. *Inmaturo, verde, joven, alocado, precoz, irreflexivo, insensato.*

maestría
SIN. Destreza, arte, maña, dominio, industria, competencia, habilidad, pericia, ingenio, dominación, superioridad, autoridad.
ANT. *Inhabilidad, impericia, torpeza.*

maestro
SIN. Preceptor, profesor, pedagogo, doctrinador, guía, enseñador, instructor, ilustrador, dómine, catedrático, ayo, director, consejero, compositor, adiestrado, avezado, práctico, hábil, ducho, perito, experto, principal, mañoso.
ANT. *Alumno, discípulo, escolar, aprendiz, neófito, principiante, doctrino, analfabeto, inexperto, ignorante.*

magancear
SIN. Holgazanear, remolonear, haraganear, gandulear, bartolear, roncear.
ANT. *Laborar, trabajar.*

magancería
SIN. Engaño, fraude, astucia, falacia, magancia, trampa.
ANT. *Veracidad, verdad, sinceridad.*

magancés
SIN. Maganciero, traidor, judas, fementido, perverso.
ANT. *Fiel, leal, recto, sincero, justo.*

maganto
SIN. Enfermizo, macilento, triste, pálido, débil, escuálido, desmedrado.
ANT. *Sano, fuerte, robusto, alegre.*

maganzón
Amér.
SIN. Vago, mangón, holgazán, perezoso, gandul, zangón.
ANT. *Trabajador, industrioso.*

magia
SIN. Hechizo, embeleso, deleite, maravilla, atractivo, encanto, fascinación, seducción, hechicería, encantamiento, brujería, mágica, prestidigitación, ocultismo, adivinación, prodigio, conjuro, maleficio, tropelía, sugestión.
ANT. *Desagrado, repulsión, rechazo.*

mágico
SIN. Encantador, fascinador, sorprendente, fantástico, fascinante, impresionante, asombroso, hechicero, maravilloso, seductor, extraordinario, estupendo, atrayente, atractivo, mago, brujo.
ANT. *Natural, corriente, común, normal, lógico.*

magín
SIN. Caletre, entendimiento, imaginación, mente, mollera, inventiva, miente, mientes, chirumen, cacumen, cabeza, ingenio, fantasía, inspiración.
ANT. *Incapacidad, torpeza, bobería.*

magistral
SIN. Estupendo, maravilloso, fenomenal, inimitable, espléndido, lucido, ejemplar, soberbio, grande, superior, importante, perfecto, doctrinal, instructivo, educativo.
ANT. *Deslucido, imperfecto, inferior, feo, pequeño.*

magnanimidad
SIN. Longanimidad, generosidad, caballerosidad, hidalguía, nobleza, esplendidez, filantropía, altruismo, liberalidad.
ANT. *Tacañería, ruindad, vileza, bajeza, infamia, envidia, indignidad.*

magnate
SIN. Ilustre, poderoso, principal, prócer, grande, eximio, ínclito, insigne, pudiente, egregio, noble, patricio, dignatario, importante, personaje, acaudalado.
ANT. *Pobre, humilde, insignificante, vulgar, desconocido.*

magnetismo
SIN. Inducción, imantación, electricidad, atracción, atractivo, sugestión, hechizo, fascinación, dominio, poder.
ANT. *Repulsión, rechazo.*

magnificar
SIN. Aumentar, agrandar, ampliar, engrandecer, ensalzar, alabar, elevar, incensar, elogiar.
ANT. *Rebajar, humillar, empequeñecer.*

magnificencia
SIN. Generosidad, esplendidez, liberalidad, esplendor, grandeza, ostentación, pompa, excelsitud, suntuosidad, fausto, fasto, fastuosidad, gala, grandiosidad, magnanimidad, munificencia.
ANT. *Pobreza, miseria, tacañería, sencillez.*

magnífico
SIN. Espléndido, excelente, admirable, grandioso, magistral, ostentoso, notable, regio, suntuoso, soberbio, valioso, excelso, pomposo, fastuoso, retumbante, brillante, lujoso, solemne, majestuoso, fastoso, munífico, principesco, extraordinario, genial, fabuloso, fantástico.
ANT. *Pobre, mísero, insignificante, baladí, sencillo.*

magnitud
SIN. Extensión, dimensión, intensidad, gradación, tamaño, grandor, grandeza, excelencia, importancia, grandiosidad, altura, alcance, cuantía, consideración.
ANT. *Nadería, futilidad, insignificancia.*

magno
SIN. Extraordinario, extenso, grande, gigante, colosal, excelso, extremado, soberano, ilustre, superior, magnífico.
ANT. *Inferior, insignificante, escaso, mínimo.*

magrear
SIN. Toquetear, manosear, sobar, palpar, rozar, acariciar, tocar.
ANT. *Respetar.*

magro
SIN. Seco, enjuto, flaco, delgado, enteco, descarnado, cetrino, huesudo, cenceño, carniseco.
ANT. *Gordo, graso, grueso.*

magullar
SIN. Machacar, azotar, aporrear, zurrar, sacudir, apolismar *(Amér.),* apalear, moler, pegar, dañar, golpear, contusionar, lastimar, herir, maltratar, castigar.
ANT. *Curar, acariciar, mimar, cuidar, respetar.*

majaderear
Amér.
SIN. Molestar, fastidiar, importunar, jorobar, chinchar.
ANT. *Entretener, agradar.*

majadería
SIN. Pesadez, necedad, sandez, tontería, indiscreción, imprudencia, memez, estolidez, mentecatez, patochada, paparrucha, imbecilidad, idiotez.
ANT. *Sensatez, prudencia, discreción, ingeniosidad.*

majadero
SIN. Sandio, mentecato, necio, porfiado, molesto, pesado, fastidioso, majagranzas, memo, estulto, porro, tocho, lerdo, abobado, atontado, mostrenco, bodoque, estúpido, insensato, incapaz.
ANT. *Despierto, avispado, listo, inteligente.*

majar
SIN. Machacar, cansar, molestar, cargar, irritar, fastidiar, importunar, mazar, machar, machucar, mallar, moler, triturar, quebrantar, romper, golpear, sacudir, aplastar, machaquear *(Amér.).*
ANT. *Agradar, entretener, divertir, ceder, moderar.*

majestad
SIN. Magnificencia, majestuosidad, gravedad, grandeza, pompa, esplendor, ostentación, sublimidad, prestigio.
ANT. *Ruindad, vulgaridad, humildad, sencillez.*

majestuoso
SIN. Augusto, majestoso, imponente, solemne, mayestático, majestático, faustoso, fastuoso, pomposo, grandioso, magnífico, soberbio, ostentoso, soberano, principesco, admirable, respetable.
ANT. *Sencillo, humilde, modesto, vulgar.*

majo
SIN. Adornado, compuesto, ataviado, lujoso, adornado, acicalado, bello, lindo, hermoso, guapo, vistoso, curro, matón, bravucón, perdonavidas, jacarandoso, fanfarrón, chulo.
ANT. *Feo, desaseado, desaliñado, dejado, cobarde, gallina.*

mal
SIN. Padecimiento, enfermedad, dolencia, dolor, desgracia, calamidad, daño, ofensa, sufrimiento, tormento, amargura, desolación, malestar, perjuicio, incorrectamente, insuficientemente, imperfectamente, desacertadamente, malamente, difícilmente, adversidad, desventura, contrariedad, dificultad, inconveniencia, desventaja, deficiencia, maldad, canallada, ignominia, vileza, infamia, crueldad, injusticia, inmoralidad, deshonestidad, imperfección.
ANT. *Salvo, alegría, consuelo, bien, beneficio.*

malacostumbrado
SIN. Viciado, mimado, regalado, consentido, maleriado, inmoral, licencioso, disoluto, grosero, maleducado, descortés, desatento, descarado, descomedido, incorrecto.
ANT. *Fino, cortés, correcto, educado.*

malacrianza
Amér.
SIN. Desconsideración, descortesía, grosería, ordinariez.
ANT. *Finura, cortesía, educación.*

malandante
SIN. Desventurado, desafortunado, infeliz, infortunado, malhadado, malaventurado, desdichado, cuitado, nefasto, desgraciado, funesto, miserable, desagradable.
ANT. *Feliz, venturoso, favorable, afortunado.*

malandanza
SIN. Desdicha, desventura, infortunio, desgracia, malaventura, malaventuranza, desaventura, accidente, contratiempo, adversidad.
ANT. *Ventura, suerte, fortuna.*

malandrín
SIN. Perverso, malvado, taimado, bribón, maligno, bellaco, vil, indino, endino, abyecto, bajo, despreciable, malintencionado.
ANT. *Honrado, bueno, sincero, cándido, ingenuo.*

malaventura
SIN. Infelicidad, desgracia, desventura, desdicha, infortunio, malaventuranza, malandanza, desaventura, cuita, contratiempo, adversidad.

ANT. *Felicidad, ventura, dicha, suerte, fortuna.*

malaventurado

SIN. Desventurado, infeliz, desdichado, desgraciado, infortunado, cuitado, infelice, malandante, malhadado, malaventurado.
ANT. *Dichoso, feliz, venturoso, afortunado.*

malbaratar

SIN. Despilfarrar, disipar, derrochar, malvender, malgastar, dilapidar, malrotar, malmeter, destrozar, desbaratar, dispender, despender, desaprovechar, desperdiciar, perder, tirar
ANT. *Administrar, ahorrar.*

malcontento

SIN. Disgustado, descontento, quejoso, perturbador, revoltoso, revolucionario, inquieto, desconforme, disconforme, desconveniente, disconveniente.
ANT. *Contento, alegre, conforme, comedido, moderado.*

malcriadez

Amér.
SIN. Descortesía, desconsideración, grosería, ordinariez.
ANT. *Cortesía, consideración, finura.*

malcriadeza

Amér.
SIN. Malcriadez, descortesía, ordinariez, desconsideración.
ANT. *Consideración, cortesía.*

malcriado

SIN. Descortés, descarado, descomedido, incivil, grosero, desatento, consentido, mimado, garbancero, cerril, soez, inurbano, malacostumbrado, incorrecto.
ANT. *Fino, cortés, educado, correcto.*

maldad

SIN. Malignidad, malevolencia, protervia, malicia, nequicia, perversidad, falsedad, vileza, crueldad, perversión, sevicia, abuso, iniquidad, malquerencia, pravedad, deslealtad, ingratitud, daño, traición, ruindad, perfidia, inmoralidad, injusticia, inhumanidad.
ANT. *Bondad, generosidad, altruismo, gratitud, lealtad, verdad, sinceridad, consideración, honradez, pureza, justicia, humanidad.*

maldecir

SIN. Detractar, murmurar, criticar, denigrar, anatematizar, imprecar, execrar, detestar, pesiar, renegar, disparatar, despotricar, insultar, calumniar, vituperar, blasfemar, increpar, abominar, condenar,
ANT. *Bendecir, loar, elogiar, alabar, ensalzar, amar.*

maldición

SIN. Imprecación, anatema, execración, detestación, taco, venablo, palabrota, denuesto, insulto, blasfemia, reniego, reprobación, repulsa, amenaza, advertencia, crítica, murmuración.
ANT. *Bendición, elogio, encomio, loa, alabanza, enaltecimiento, ensalzamiento.*

maldito

SIN. Malvado, perverso, pervertido, endiablado, endemoniado, execrando, execrable, detestable, condenado, malintencionado, ruin, miserable, malo, travieso, alocado.
ANT. *Bendito, benévolo, estimable, formal.*

maleable

SIN. Moldeable, dúctil, suave, blando, flexuoso, flexible, elástico, manipulable, manejable, dócil, manso, obediente.
ANT. *Duro, rígido, inflexible, resistente, terco, rebelde, indócil, desobediente.*

maleante

SIN. Burlador, burlón, irónico, sospechoso, maligno, maleador, perverso, inmoral, licencioso, disoluto, crapuloso, vicioso, aventurero, ruin, malhechor, malo.
ANT. *Bienhechor, honrado, noble, honorable, serio, formal.*

malear

SIN. Estropear, dañar, corromper, depravar, viciar, pervertir, inficionar, enviciar, envilecer, maliciar, malignar, enmalecer, damnificar, perjudicar.

maledicencia

SIN. Murmuración, denigración, detracción, ladrido, chismorreo, habladuría, hablilla, rumor, comadreo, cotilleo, chismografía, insidia, calumnia, difamación.
ANT. *Coba, jabón, incienso, requiebro, elogio, loa, alabanza, enaltecimiento.*

maleficio

SIN. Encanto, sortilegio, hechizo, magia, ligamen, imbunche, aojadura, aojamiento, aojo, agüero, encantamiento, presagio, daño, perjuicio, mal.
ANT. *Beneficio, bien, bendición, ventaja.*

malestar

SIN. Incomodidad, desasosiego, desazón, ansiedad, inquietud, molestia, indisposición, pesadumbre, embarazo, descomodidad, disgusto, fastidio, tedio, preocupación, intranquilidad.
ANT. *Salud, bienestar, contento, satisfacción.*

maletudo

Amér.
SIN. Giboso, jorobado, corcovado, cheposo, malhecho.
ANT. *Recto, bienhecho.*

malgastar

SIN. Malbaratar, disipar, dispendiar, despender, malrotar, derrochar, despilfarrar, dilapidar, malmeter, desbaratar, malvender, desaprovechar, desperdiciar, perder, tirar, botar *(Amér.).*
ANT. *Administrar, ahorrar.*

malhablado

SIN. Desvergonzado, descocado, lenguaraz, deslenguado, descarado, procaz, soez, grosero, desbocado, impertinente, maldiciente.
ANT. *Bienhablado, delicado, fino, comedido, considerado, prudente.*

malhadado

SIN. Desdichado, desventurado, desgraciado, infeliz, infortunado, malandante, malaventurado, desafortunado, cuitado, funesto, nefasto, aciago, maldito, mísero, miserable, adverso, desagradable.
ANT. *Feliz, dichoso, afortunado, venturoso, favorable, agradable.*

malhechor

SIN. Criminal, ladrón, maleante, pillo, salteador, delincuente, bandolero, forajido, facineroso, agraviador, infame, perverso, malvado, canalla, aventurero, infractor.
ANT. *Bienhechor, benefactor, bondadoso, honrado.*

malhumor

SIN. Adustez, hosquedad, sequedad, brusquedad, aspereza, enfado, irritación, descontento, disgusto, enojo, ira, inquietud, desazón,

impaciencia, molestia, grosería, ironía, displicencia, insociabilidad.
ANT. *Buenhumor, contento, alegría, felicidad, afabilidad, satisfacción, sosiego, paciencia, suavidad, amabilidad.*

malicia
SIN. Perversidad, maldad, malignidad, bellaquería, astucia, solapa, penetración, disimulo, sutileza, sagacidad, sospecha, recelo, tergiversación, talento, cacumen, habilidad, picardía, talmería, suspicacia, desconfianza.
ANT. *Inocencia, candidez, ingenuidad, bobería, bondad, sinceridad, confianza.*

maliciar
SIN. Presumir, recelar, conjeturar, sospechar, dañar, inficionar, malear, celar, pensar, temer, dudar, remusgar.
ANT. *Confiar, beneficiar, mejorar, purificar.*

malicioso
SIN. Bellaco, zorro, astuto, receloso, solapado, taimado, sagaz, ladino, disimulado, zamacuco, zorrocloco, maulero, artero, perillán, tergiversador, hipócrita, suspicaz, desconfiado, escamado, escatimoso, escabroso, escandaloso, indecoroso, indecente, equívoco, inmoral, obsceno, procaz, inconveniente, malo.
ANT. *Bueno, sencillo, ingenuo, candoroso, honrado, decente, puro, virtuoso.*

malignar
SIN. Inficionar, empeorar, malear, viciar, corromper, pervertir, enviciar.
ANT. *Sanear, mejorar, regenerar.*

maligno
SIN. Perverso, vicioso, siniestro, malicioso, pernicioso, dañino, malino, pravo, proclive, inmoral, malintencionado, maléfico, malévolo, malandrín, canalla, pérfido, cruel, retorcido, depravado, maleante, malo.
ANT. *Ingenuo, bueno, bondadoso, generoso, humano.*

malmandado
SIN. Desobediente, indócil, indisciplinado, díscolo, insumiso, inobediente, insubordinado.
ANT. *Obediente, dócil, sumiso, disciplinado.*

malmeter
SIN. Malquistar, malbaratar, dila-

pidar, despilfarrar, desbaratar, desaprovechar, desperdiciar, desconceptuar, malgastar, desavenir, enemistar, engrescar, desunir, descomponer, indisponer.
ANT. *Administrar, ahorrar, bienquistar, amistar, acordar, unir.*

malmirado
SIN. Desconceptuado, malquisto, desprestigiado, impopular, desacreditado, descortés, grosero, inconsiderado, incivil, malcriado, inurbano, maleducado.
ANT. *Acreditado, considerado, educado, cortés.*

malo
SIN. Doliente, paciente, enfermo, achacoso, quejumbroso, postrado, depravado, malvado, perverso, pravo, protervo, ruin, peligroso, nocivo, dañino, bellaco, diabólico, infernal, dañoso, perjudicial, pernicioso, trabajoso, penoso, difícil, dificultoso, fastidioso, desagradable, repelente, molesto, usado, estropeado, deteriorado, viejo, deslucido, pésimo, fementido, precario, aciago, infausto, funesto, nefasto, travieso, inquieto, rematado, revoltoso, enredador, puñetero, rencoroso, antipático, cruel, injusto, inhumano.
ANT. *Bueno, sano, nuevo, lucido, tranquilo, agradable, feliz, afortunado, bondadoso, justo, humano.*

malograr
SIN. Desaprovechar, perder, desperdiciar, frustrar, defraudar, chasquear, fallar, fallir, desengañar, fracasar, desvanecer, burlar, evitar, inutilizar, impedir.
ANT. *Lograr, conseguir, alcanzar, ganar, perfeccionar, acabar.*

malón
SIN. Felonía, traición, engaño, alevosía, infidencia, deslealtad.
ANT. *Fidelidad, lealtad, veracidad, sinceridad.*

malparado
SIN. Maltratado, deteriorado, maltrecho, estropeado, derrengado, descalabrado, deslomado, herido.
ANT. *Indemne, incólume, sano.*

malquerencia
SIN. Ojeriza, enemistad, antipatía, enemiga, tirria, aborrecimiento, aversión, fila, hincha, hostilidad, odio, maldad, malevolencia, indisposición, repulsión, desagrado, desamor.

ANT. *Amor, afecto, cariño, fraternidad, amistad, simpatía, bondad.*

malquerer
SIN. Aborrecer, enterriar, derrenegar, odiar, desamar, abominar, execrar.
ANT. *Querer, amar, apreciar.*

malquistar
SIN. Enemistar, indisponer, desavenir, descompadrar, cizañar, encizañar, enzurizar, azuzar, engrescar, encismar, malmeter, desunir.
ANT. *Bienquistar, amistar, acordar, coincidir, unir, pacificar.*

malquisto
SIN. Indispuesto, desacreditado, enemistado, desconceptuado, malmirado, discorde, discordante, dividente, desavenido, inconciliable, desprestigiado, impopular.
ANT. *Bienquisto, amigado, avenido, prestigioso, popular.*

malrotador
SIN. Derrochador, gastador, malbaratador, disipador, dilapidador, manirroto, pródigo, perdigón, despilfarrador.
ANT. *Tacaño, agarrado, ahorrativo.*

malrotar
SIN. Derrochar, disipar, malbaratar, malgastar, despilfarrar, prodigar, dilapidar, tirar.
ANT. *Administrar, economizar, ahorrar.*

malsano
SIN. Insano, nocivo, insalubre, infecto, malo, dañoso, dañino, enfermizo, macanche, escolimado, delicado, enclenque, débil.
ANT. *Saludable, salubre, sano, benéfico.*

malsín
SIN. Chismoso, soplón, murmurador, cotilla, correvedile, correveidile, delator, calumnioso.
ANT. *Discreto, reservado, veraz, sincero, riguroso, exacto.*

maltón
Amér.
SIN. Jovencito, muchacho, mozo, chicarrón, adolescente, chaval.
ANT. *Anciano, viejo .*

maltrabaja
SIN. Holgazán, haragán, perezoso, indolente, vago, gandul, gandumbas, apático, maula, maulón, molondro, zanguango.

maltratar

SIN. Lastimar, estropear, dañar, menoscabar, injuriar, insultar, ofender, pegar, maltraer, zaherir, ultrajar, deteriorar, lesionar, malparar, abatir, zarandear, zamarrear, despedazar, atropellar, abochornar, despreciar, agraviar, desdeñar, desconsiderar.

ANT. *Acoger, honrar, agasajar, mimar, cuidar, proteger, defender, alabar, elogiar.*

maltrato

SIN. Maltratamiento, ofensa, injuria, insulto, menoscabo, desconsideración, sevicia, vejación, atropello, opresión, lesión, violencia.

ANT. *Agasajo, mimo, arrumaco, zalamería, fineza, caricia, homenaje.*

maltrecho

SIN. Malparado, maltratado, estropeado, derrengado, descalabrado, deslomado, deshecho, malogrado, atropellado, perjudicado, destruido, destrozado, roto, lastimoso, abatido, arruinado.

ANT. *Salvo, sano, indemne, incólume, nuevo, vencedor, triunfante.*

malvado

SIN. Injusto, inicuo, perverso, torvo, odioso, cruel, vil, malévolo, improbo, pérfido, infame, malo, depravado, ignominioso, ruin, bajo, protervo, réprobo, malandrín, miserable, detestable, injusto.

ANT. *Bondadoso, bueno, generoso, altruista, justo.*

mamacallos

SIN. Simple, necio, tonto, pusilánime, apocado, tímido, corto, memo, tocho, zopenco.

ANT. *Despierto, sagaz, audaz, listo, inteligente.*

mamadera
Amér.
SIN. Biberón, chupete, pezón, tetina, botellín.

mamandurria
Amér.
SIN. Chollo, ganga, sinecura, bicoca, ventaja.

mamarracho

SIN. Moharracho, zascandil, esperpento, fantasmón, estrafalario, estrambótico, malqueda, ridículo, grotesco, espantajo, extravagante, espantapájaros, pelele, informal, despreciable, mequetrefe, fantoche, payaso, títere, caprichoso, voluble, inconstante, inconsecuente.

ANT. *Guapo, galán, apuesto, hermoso, elegante, distinguido, responsable, firme, serio.*

manada

SIN. Torada, hato, rebaño, cuadrilla, grey, vacada, boyada, yeguada, caballada, recua, reata, bandada, multitud, muchedumbre.

manantial

SIN. Origen, germen, manadero, principio, fuente, naciente, fluencia, venero, venera, nacimiento, emanadero, minero, burga, brollador, fontana, surtidor.

ANT. *Final, desembocadura.*

manantío

SIN. Manadero, manante, remanso, dimanante, fontal, brotador, surgidor, brollador, surtidor.

manar

SIN. Brotar, surgir, nacer, surtir, dimanar, fluir, saltar, salir, chorrear, correr, gotear, rezumar, aparecer, abundar, sobrar, afluir.

ANT. *Secar, faltar, escasear, desaparecer, morir, desembocar.*

manceba

SIN. Concubina, barragana, manfla, querida, favorita, amiga, prostituta, hetaira, amante, puta.

ANT. *Honrada, virtuosa.*

mancebía

SIN. Lupanar, burdel, prostíbulo, ramería, puticlub, libertinaje, irreflexión.

mancilla

SIN. Desdoro, deshonor, afrenta, agravio, deshonra, mancha, mácula, tilde, sambenito, baldón, lunar.

ANT. *Honor, honradez, homenaje, elogio.*

mancillar

SIN. Manchar, afrentar, vilipendiar, amancillar, deshonrar, desdorar, empañar, baldonar, desprestigiar, sambenitar, oprobiar, infamar, ultrajar, insultar, vejar, humillar, ofender.

ANT. *Honrar, exaltar, enaltecer, prestigiar.*

mancipar

SIN. Sojuzgar, esclavizar, sujetar, apresar, plagiar.

ANT. *Emancipar, liberar, manumitir, librar.*

manco

SIN. Mutilado, lisiado, incompleto, defectuoso, falto, defectivo, imperfecto, torpe.

ANT. *Perfecto, completo, entero.*

mancomunar

SIN. Aunar, unir, unificar, confabular, confederar, federar, coligar, sindicar, asociar, solidarizar.

ANT. *Desunir, desligar.*

mancha

SIN. Tacha, mácula, tilde, lunar, mota, churrete, mancilla, estigma, deshonra, vergüenza, desdoro, lamparón, labe, taca, tiznón, tizne, borrón, mugre, suciedad, salpicadura, señal, falta, imperfección.

ANT. *Aseo, pulcritud, limpieza, honra.*

manchado

SIN. Maculado, pintojo, pintado, moteado, veteado, jaspeado, rayado, mugriento, salpicado, churretoso, pringado, tiznado, poluto, sucio, chorreado *(Amér.).*

ANT. *Impoluto, limpio, lavado, inmaculado.*

manchar

SIN. Ensuciar, emporcar, mancillar, inquinar, menoscabar, afrentar, deshonrar, deslustrar, macular, estigmatizar, motear, salpicar, pringar, tiznar, coinquinar, emborronar, tachar, acochambar *(Amér.).*

ANT. *Desmanchar, lavar, asear, limpiar, honrar.*

manda

SIN. Promesa, donación, oferta, legado, testamento, herencia, sucesión, ofrecimiento, propuesta, prometimiento.

mandado

SIN. Precepto, orden, recado, comisión, aviso, misión, mandato, mandamiento, prescripción.

mandamiento

SIN. Precepto, orden, despacho, mandado, prescripción, ordenación, ordenamiento, disposición, edicto, decreto, sentencia.

ANT. *Sumisión, obediencia, acatamiento.*

mandar

SIN. Ordenar, establecer, decretar,

dictar, disponer, exigir, determinar, regularizar, preceptuar, prescribir, enviar, conminar, intimar, remitir, dirigir, gobernar, regir, legar, ofrecer, prometer, disponer, estatuir, encargar, encomendar, señorear, patronear, mangonear, manipular, comandar, conducir, presidir, dominar, llevar, testar, transmitir, transferir, pedir.
ANT. *Someterse, acatar, obedecer, desheredar, recibir.*

mandar
Amér.
SIN. Dar, arrojar, tirar, echar, botar, lanzar.
ANT. *Recoger, coger, tomar*

mandato
SIN. Orden, precepto, disposición, dictamen, dicisión, decreto, edicto, ordenanza, prescripción, mandado, mandamiento, imposición, obligación, atribución, comisión, gestión.
ANT. *Acatamiento, obediencia, sumisión.*

mandilón
SIN. Apocado, pusilánime, cobarde, irresoluto, medroso, cobardón, blando, temeroso, acollonado, acoquinado.
ANT. *Osado, resuelto, decidido, valeroso.*

mandinga
Amér.
SIN. Diablo, demonio, Belcebú, Lucifer, mengue, candinga.

mando
SIN. Poder, gobierno, soberanía, autoridad, superioridad, jefatura, administración, dominio, dirección, imperio, señorío, caudillaje, mangoneo, manejo, guía, tutelaje, conducción, atribución, consigna, orden, razón.
ANT. *Acatamiento, obediencia, sumisión, servidumbre.*

mandria
SIN. Inútil, pusilánime, apocado, simple, tonto, egoísta, holgazán, vago, gandul, perezoso, pigre, bobo, necio, negligente, abúlico.
ANT. *Activo, vivo, dinámico, listo, inteligente.*

manducar
SIN. Yantar, comer, gaudir, jalar, jamar, mamullar, papar, engullir.
ANT. *Devolver, vomitar.*

manducatoria
SIN. Mantenimiento, comida, sustento, pitanza, puchero, pan, subsistencia.
ANT. *Abandono, dejación, desinterés, incuria.*

manejable
SIN. Transportable, portátil, ligero, manuable, manual, fácil, maniable, manipulable, maniobrable, gobernable, adaptable, cómodo, blando, manso, dócil, sumiso, obediente, disciplinado.
ANT. *Inmanejable, ingobernable, rebelde, desobediente, incómodo, difícil.*

manejar
SIN. Utilizar, manipular, usar, emplear, disponer, esgrimir, imponer, dirigir, conducir, guiar, gobernar, maniobrar, administrar, operar, traer, tratar, regir, mandar, tirar, llevar, transportar.
ANT. *Obedecer, acatar, respetar, abstenerse, inhibirse.*

manejo
SIN. Administración, gobierno, mando, manipulación, uso, dirección, empleo, desenvoltura, artería, intriga, ardid, maquinación, enredo, pastel, tejemaneje, trapicheo, manoseo, cubileteo, maniobra, artificio.
ANT. *Sinceridad, franqueza, acatamiento, obediencia, abstención, inhibición.*

manera
SIN. Forma, modo, guisa, sistema, procedimiento, proceder, suerte, estilo, práctica, fórmula, técnica, modal, ademán, educación, exterior, presencia, porte, apostura, talante, conducta, norma, orden, régimen, costumbre, género, condición.

manezuela
SIN. Manija, abrazadera, manecilla, mano, broche, mango.

manfla
SIN. Querida, manceba, concubina, barragana, amante, puta, prostituta, amasia, hetaira, gamberra.
ANT. *Honrada, virtuosa.*

manflorita
Amér.
SIN. Hermafrodita, bisexual, ambiguo, afeminado.
ANT. *Unisexual.*

manga
SIN. Red, maletín, maleta, tubo, manguera, colador, tifón, ciclón, tromba, torbellino, ingresos, ganancia, gajes, anchura.

manganilla
SIN. Ardid, treta, manejo, tejemaneje, trapicheo, pastel, enredo, engaño, argucia, astucia, sutileza.
ANT. *Franqueza, sinceridad, claridad.*

mangante
SIN. Mendigo, mendigante, mendicante, pobre, pordiosero, gorrón, guitón, gallofero, sopista, sopón, frescales, fresco, desvergonzado.
ANT. *Trabajador, rico, honrado, comedido, discreto, vergonzoso.*

mangonear
SIN. Viltrotear, pindonguear, callejear, gallofear, guitonear, vagabundear, vaguear, errabundear, mandurruchear, mandonear, manejar, mandar, disponer, gobernar, manipular.
ANT. *Inhibirse, desentenderse, respetar, acatar, obedecer.*

manía
SIN. Delirio, capricho, tema, excentricidad, monomanía, obsesión, chifladura, trastorno, fantasía, singularidad, originalidad, extravagancia, locura, prurito, rareza, antojo, tirria, ojeriza, antipatía, fila, hincha, aversión, odio, asco, aborrecimiento, animadversión, agitación, indignación, furia, furor, desconfianza, arrebatamiento, afecto, afición, apego, tendencia, querencia, deseo, aprensión, complejo, costumbre.
ANT. *Cordura, normalidad, equilibrio, sensatez, simpatía.*

maniático
SIN. Antojadizo, caprichoso, raro, obseso, obsesivo, monomaníaco, supersticioso, lunático, venático, furioso, frenético, maníaco, extravagante, enajenado, mochales, barrenado, tocado, extraviado, chiflado, chalado, perturbado, trastornado, demente, insano, enfermo, aprensivo, loco, original.
ANT. *Sano, cuerdo, reflexivo, sensato, tranquilo, sosegado, normal, vulgar.*

manicorto
SIN. Mezquino, ruin, escatimoso, sórdido, miserable, avaro, agarra-

do, cicatero, apretado, escasero, parco, estrecho, tacaño, cutre, roñoso.
ANT. *Desprendido, desinteresado, generoso, espléndido.*

manido

SIN. Ajado, manoseado, usado, vulgar, trivial, escondido, oculto, sobado, resobado, pasado, estropeado, raído, rozado, lacio, gastado, trillado, visto.
ANT. *Original, extraordinario, nuevo.*

manifestación

SIN. Expresión, muestra, presentación, exhibición, demostración, declaración, exposición, exteriorización, ostentación, ostensión, expansión, asomo, concentración, aparición, publicación, emisión, revelación, protesta, asonada, revuelta.
ANT. *Misterio, secreto, ocultación, silencio, inhibición.*

manifestante

SIN. Mostrador, expositor, exponente, exhibicionista, presentador, ostentador, presentante, informador, declarante, participante, componente, asistente, integrante, presente.
ANT. *Discreto, callado, reservado, silencioso, ausente.*

manifestar

SIN. Decir, afirmar, declarar, señalar, indicar, comunicar, demostrar, exponer, expresar, descubrir, notificar, patentizar, opinar, mostrar, presentar, exhibir, revelar, ostentar, evidenciar, exteriorizar, salir, aparecer, publicar, producir, sacar, extender, ofrecer, emitir, aclarar, divulgar, informar.
ANT. *Callar, encubrir, esconder, camuflar, enmascarar, ocultar, tapar, disimular.*

manifiesto

SIN. Patente, evidente, mostrado, descubierto, claro, visible, palpable, notorio, ostensible, cierto, escrito, proclama, alocución, anuncio, edicto, proclamación, declaración, palmar, palmario, público, sabido, exotérico, revelado, comprensible, indiscutible, aparente, expreso, declarado.
ANT. *Secreto, oculto, encubierto, escondido, reservado, recóndito, camuflado, incógnito, latente, soterrado, furtivo, desconocido, su-*

brepticio, clandestino, inédito.

maniobra

SIN. Artificio, operación, manejo, ejercicio, entrenamiento, adiestramiento, ensayo, práctica, instrucción, movimiento, faena, tejemaneje, trapicheo, manipuleo, manipulación, empleo, uso utilización, procedimiento, proceso, recurso, intriga, ardid, artimaña, subterfugio, trampa, treta, maquinación, estratagema, simulacro.
ANT. *Abandono, inhibición, inoperancia, abulia, nobleza, claridad, franqueza, sinceridad.*

manirroto

SIN. Despilfarrador, derrochador, manilargo, pródigo, disipador, malrotador, malbaratador, malgastador, gastador, gastoso, desprendido, liberal, dadivoso, generoso.
ANT. *Mezquino, agarrado, tacaño, ahorrativo.*

mano

Amér.
SIN. Lance, aventura, episodio, andanza, incidente, prueba.

manosear

SIN. Sobar, chafar, sobajar, zalear, magrear, maznar, hurgar, ajar, fregar, restregar, rabosear, apañuscar, tentar, tocar, tactear, palpar, manotear, asir, manejar, usar, deslucir, deslustrar, acariciar, chipotear (*Amér.*).
ANT. *Eludir, evitar, respetar.*

mansedumbre

SIN. Benignidad, suavidad, mansedad, docilidad, benevolencia, dulzura, apacibilidad, domesticidad, domestiquez, afabilidad, tranquilidad, serenidad, obediencia, transigencia, sumisión, consentimiento, sometimiento, sujeción, moderación, mesura, humildad.
ANT. *Rebeldía, intemperancia, orgullo, ira, cerrilidad, salvajismo, incontinencia, desmesura.*

mansión

SIN. Morada, albergue, residencia, parada, estancia, permanencia, detención, habitación, cuarto, vivienda, residencia.
ANT. *Continuación, prosecución.*

manso

SIN. Benigno, apacible, dócil, amaestrado, dulce, sosegado, suave, tranquilo, mansejón, cabestro,

morroncho, mansurrón, poncho, duendo, tambero, cordero, sumiso, quieto, leal, domesticado, domado, domeñado, reposado, afable, sufrido, obediente.
ANT. *Fiera, salvaje, iracundo, irascible, rebelde, desobediente.*

manta

SIN. Frazada, cobertor, somanta, tunda, zurra, paliza, tollina, tamba, gualdrapa, paramento, cobija, mantón, edredón, folgo, abrigo.
ANT. *Mimo, caricia, halago.*

mantener

SIN. Nutrir, alimentar, ayudar, sustentar, amparar, manutener, sostener, apoyar, defender, conservar, proseguir, afirmar, asegurar, perseverar, continuar, durar, resistir.
ANT. *Renunciar, abjurar, abandonar, desnutrir.*

mantenerse

SIN. Alimentarse, nutrirse, fomentarse, sustentarse, obstinarse, emperrarse, perseverar, reservarse, tirarse, tenerse.
ANT. *Desnutrirse, ayunar, abandonar, rendirse, desentenderse.*

mantequillero

Amér.
SIN. Mantequero.

manual

SIN. Compendio, epítome, sumario, prontuario, breviario, recopilación, repertorio, noción, manuable, manejable, dócil, manso, suave, apacible, domeñable, sumiso, mañero, artesano, casero, mangorrero, mangonero, portátil, fácil
ANT. *Ampliación, mecánico, rebelde, indómito, difícil.*

manufactura

SIN. Fábrica, manifactura, empresa, industria, fabricación, producción, manipulación, producto, obra.

manumisión

SIN. Emancipación, liberación, exoneración, exención, licenciamiento, redención.
ANT. *Sujeción, esclavización, sometimiento.*

manumitir

SIN. Emancipar, liberar, exonerar, desoprimir, librar.
ANT. *Sojuzgar, someter, sujetar, oprimir.*

manutención

SIN. Amparo, conservación, provisión, mantenencia, sustento, sostenimiento, alimento, mantenimiento, protección, mantención, muquición, subsistencia, sustentamiento, preservación, cuidado, asistencia, vigilancia.

ANT. *Desamparo, desasistencia, dejación, desinterés, abandono, incuria, negligencia.*

manutener

SIN. Amparar, mantener, proteger, sostener, sustentar, defender, apoyar, ayudar, costear, conservar, continuar.

ANT. *Abandonar, renunciar, abjurar, desamparar.*

maña

SIN. Destreza, habilidad, industria, acierto, capacidad, práctica, soltura, arte, costumbre, maestría, hábito, astucia, sagacidad, picardía, marrullería, treta, artería, artificio, pericia, solercia, ingenio, apaño, desviación, vicio, resabio.

ANT. *Torpeza, incapacidad, inhabilidad, ingenuidad, candidez, candor, nobleza.*

mañero

SIN. Sagaz, astuto, hábil, diestro, habilidoso, mañoso, ingenioso, industrioso, inteligente.

ANT. *Torpe, inhábil, incapaz, zote, tonto.*

mañoso

SIN. Hábil, diestro, industrioso, mañero, apañado, habilidoso, astuto, sagaz, expeditivo, peliagudo, aplicado, inteligente, dispuesto, malicioso, resabiado.

ANT. *Desmañado, torpe, simple, ingenuo, candoroso.*

maquinación

SIN. Intriga, ardid, confabulación, artimaña, artería, treta, asechanza, proyecto, tejemaneje, trapicheo, conjuración, trama, conspiración, conjura, complot, enredo, engaño.

ANT. *Nobleza, franqueza, sinceridad, claridad, ayuda.*

maquinar

SIN. Urdir, tramar, tejer, pensar, conspirar, intrigar, conjurar, trapichear, cabildear, trapisondear, maniobrar, forjar, fraguar.

ANT. *Abstenerse, desentenderse, inhibirse.*

maraña

SIN. Lío, enredo, enbrollo, embus-

te, chisme, coscoja, complicación, espesura, hojarasca, maleza, madeja, tortuosidad, artificio, intriga, jaleo, desorden, confusión, caos, anarquía.

ANT. *Claro, claridad, desenredo, verdad, honradez.*

marañero

SIN. Enredador, chismoso, cotilla, chinchorrero, comadrero, infundioso, marañoso, cuentista, correvedile, correveidile, embolismador, lioso, intrigante.

ANT. *Fiel, leal, noble, sincero, serio.*

marasmo

SIN. Suspensión, consunción, debilitamiento, paralización, inmovilidad, atonía, apatía, detención, quietud.

ANT. *Vitalidad, vigor, dinamismo, actividad.*

maravilla

SIN. Admiración, asombro, estupefacción, pasmo, portento, prodigio, excelencia, fenómeno, rareza singularidad, originalidad, fábula, leyenda, utopía, milagro, sorpresa, impresión, aturdimiento, extrañeza.

ANT. *Realidad, vulgaridad, fealdad, desilusión, displicencia, desinterés, indiferencia.*

maravillar

SIN. Asombrar, admirar, pasmar, sorprender, extasiar, fascinar, deslumbrar, imponer, aturdir, extrañar, suspender, subyugar, embobar, embobalicar.

ANT. *Decepcionar, desilusionar, disgustar, despreciar, horrorizar.*

maravilloso

SIN. Excelente, mirrífico, admirable, asombroso, extraordinario, estupendo, mágico, fantástico, milagroso, pasmoso, portentoso, prodigioso, sobrenatural, sorprendente, preternatural, quimérico, deslumbrante, espléndido, majestuoso, fascinador, inesperado, inusitado, inefable, enloquecedor, fabuloso, impresionante.

ANT. *Común, vulgar, corriente, natural, lógico, feo, despreciable, repelente.*

marbete

SIN. Orilla, etiqueta, filete, cédula, precinto, marchamo, señal, rótulo, perfil, borde.

marca

SIN. Distrito, provincia, territorio, frontera, rastro, vestigio, indicio, pista, traza, indicación, señal, huella, distintivo, estigma, contraseña, tésera, tarja, signatura, sello, cuño, etiqueta, divisa, insignia, carácter, atributo, inscripción, reseña, nota, signo, prueba, resultado, escala, medida.

marcar

SIN. Señalar, bordar, aplicar, destinar, estigmatizar, estampillar, caracterizar, escandallar, tarjar, traseñalar, precintar, contrastar, sellar, timbrar, acuñar, contraseñar, firmar, rubricar, trazar, grabar, imprimir, nombrar, denominar, inscribir, anotar, apuntar, indicar, remarcar, distinguir, destacar, calimbar (*Amer.*), diferenciar, apartar, separar, elegir, determinar, vigilar, obstaculizar, oponer.

ANT. *Mezclar, confundir, olvidar, abandonar, desaparecer, borrar.*

marcial

SIN. Militar, guerrero, guerreador, castrense, belicoso, bravo, valiente, intrépido, arrojado, llano, franco, bizarro, varonil, gallardo.

ANT. *Civil, pacífico, tímido, desgarbado, cobarde.*

marcialidad

SIN. Bizarría, intrepidez, airosidad, galanura, donosura, garbo, garrideza, esbeltez, apostura, gallardía, bravura, arrojo, valentía, disciplina, firmeza.

ANT. *Deslucimiento, cortedad, timidez, pacifismo.*

marchante

SIN. Traficante, trafagante, trajinante, mercader, mercantil, comerciante, negociante, cliente, parroquiano, comercial.

marchantería

Amér.

SIN. Clientela, parroquia, público.

marchar

SIN. Caminar, ir, partir, viajar, circular, recorrer, avanzar, correr, venir, llegar, pasear, transitar, errar, vagabundear, andar, accionar, actuar, funcionar, salir, evacuar, huir, desaparecer, dejar, emigrar, arrancar, zarpar.

ANT. *Esperar, aguardar, volver, estropear.*

marcharse

SIN. Largarse, trasladarse, moverse, desplazarse, dirigirse, irse, ausentarse, guillarse, rajarse, pirarse, alarse, alejarse, fugarse, escabullirse, desbandarse, escurrirse, evadirse, evaporarse, desaparecer, mudarse, despedirse, desarraigarse.

ANT. *Pararse, detenerse, quedarse, permanecer, presentarse, personarse.*

marchitar

SIN. Agostar, ajar, mustiar, languidecer, alaciar, chafar, asolar, pasar, deslucir, secar, enflaquecer, debilitar, desvigorizar, envejecer.

ANT. *Vigorizar, enlozanar, verdear, renovar, rejuvenecer, robustecer, reponer.*

marchito

SIN. Deslucido, ajado, mustio, lánguido, seco, reseco, pocho, muerto, acartonado, arrugado, pasado, sobado, agostado, manoseado, lacio, envejecido, decadente.

ANT. *Nuevo, vigoroso, lozano, fresco.*

marchoso

SIN. Garboso, airoso, donoso, apuesto, saleroso, galante, gentil, marcial, garrido, galán, gallardo.

ANT. *Soso, desaborido, lánguido, desgarbado, apagado, serio.*

marear

SIN. Enfadar, molestar, incomodar, agobiar, aturdir, cargar, abrumar, importunar, jorobar, irritar, ajetrear, turbar, fastidiar, aburrir, encocorar, aletargar, atontar, desmayar, palidecer, desfallecer, subastar, vender, tripular, navegar, conducir, dirigir, gobernar, mandar.

ANT. *Calmar, tranquilizar, sosegar, reposar, facilitar, adjudicar, adquirir, comprar, abandonar.*

mareo

SIN. Fastidio, molestia, importunación, pesadez, agobio, engorro, enfado, incomodidad, vértigo, vahido, vaguido, taranta, síncope, desfallecimiento, desvanecimiento, aturdimiento, trastorno, angustia.

ANT. *Respeto, consideración, sosiego, calma, recuperación, restablecimiento.*

marfuz

SIN. Repudiado, recusado, rechazado, desechado, despreciado, falaz, engañoso, embustero, mentiroso, falso, trolero, farsante.

ANT. *Acogido, aceptado, admitido, veraz, verdadero.*

margen

SIN. Orilla, ribera, borde, extremidad, perfil, arista, filo, arcén, nota, apostilla, notación, advertencia, sazón, coyuntura, motivo, ocasión, pretexto, oportunidad, beneficio, ganancia, fruto, rendimiento, producto, utilidad, aproximación, tolerancia, diferencia.

ANT. *Centro, mitad, pérdida, igualdad.*

marica

SIN. Afeminado, sodomita, amadamado, invertido, mariquita, maricón, homosexual, apocado, tímido, cobarde.

ANT. *Viril, varonil, masculino, macho.*

maridaje

SIN. Unión, enlace, armonía, afinidad, vínculo, conexión, ensamblaje, correspondencia, matrimonio, alianza, consorcio, conformidad, semejanza, paralelismo.

ANT. *Diferencia, discrepancia, desunión, separación, divorcio.*

maridar

SIN. Unir, casar, enlazar, enmaridar, matrimoniar, desposar, armonizar, ensamblar, vincular, aunar, soldar, juntar, asociar, aliar, amalgamar.

ANT. *Desunirse, separarse, divorciarse.*

marimacho

SIN. Virago, machota, sargentona, amazona, marota, valquiria, varona, maritornes, mujerona, hombruna, macha *(Amér).*

ANT. *Débil, femenina.*

marimorena

SIN. Contienda, cisco, jaleo, bronca, follón, zaragata, batiburrillo, batahola, pelea, pendencia, riña, reyerta, camorra, escándalo.

ANT. *Paz, calma, tranquilidad, serenidad, amistad.*

maritata

Amér.
SIN. Cachivaches, chismes, trastos, baratijas.

maritornes

SIN. Criada, fámula, sirvienta, asistenta, menegilda, marmota, moza, marimacho, varona, virago.

ANT. *Débil, delicada, femenina.*

maromero

Amér.
SIN. Acróbata, volteador, saltimbanqui, trapecista, funámbulo.

marquesina

SIN. Cobertizo, pabellón, porche, alpende, cubierta, baldaquín, dosel, resguardo, cobijo.

marrajo

SIN. Cauto, astuto, taimado, ladino, candongo, artero, socarrón, zorrastrón, lagarto, zalamero, engañador, embaucador, fraudulento, pícaro, pillo, bellaco, truhán, mañero.

ANT. *Noble, sincero, franco, claro, directo, leal, honrado.*

marrano

SIN. Sucio, puerco, desaseado, cerdo, guarro, verraco, cochino, desaliñado, gorrino, chancho, churretoso, inmundo, mugriento, asqueroso, repugnante, repelente, grosero, despreciable, indecente, vil, judío, converso.

ANT. *Aseado, limpio, impoluto, decente, noble, honrado.*

marrar

SIN. Faltar, errar, fallar, carecer, fallir, desviarse, equivocarse.

ANT. *Atinar, acertar.*

marro

SIN. Yerro, error, equivocación, falta, ausencia, marra, defecto, omisión, laguna, vacío, regate, esguince, ladeo, juego, contorsión, quiebro.

ANT. *Acierto, derechura, presencia, lleno.*

marrullería

SIN. Halago, astucia, zalamería, falacia, socarronería, solercia, taimería, marrajería, matrería, camándula, magaña, marrulla, soflama, maulería, argucia, ardid, treta, estratagema, picardía, roncería, bellaquería, martingala, candonga, superchería, cuento, sutileza.

ANT. *Claridad, sinceridad, nobleza, lealtad, limpieza.*

marrullero

SIN. Astuto, martagón, taimado, truchimán, trujimán, ladino, zoho, marrajo, maulero, zascandil, trapacero, cuco, truhán, bellaco, capcioso, perspicaz, hábil, sutil, disimulado, fraudulento, tramposo, engañador, mañero.

ANT. *Sincero, franco, claro, directo, leal, noble, honrado.*

martirio

SIN. Tortura, sufrimiento, pesadumbre, penitencia, tormento, suplicio, sacrificio, pena, viacrucis, angustia, amargura, dolor, fatiga, trabajo.
ANT. *Alegría, diversión, placer, comodidad.*

martirizar

SIN. Atormentar, torturar, inmolar, lapidar, crucificar, acosar, perseguir, hostigar, afligir, sacrificar, angustiar, apenar, entristecer, doler, mortificar, importunar, inquietar, molestar.
ANT. *Mimar, cuidar, acariciar, divertir, distraer, gozar, alegrar, contentar, agradar.*

masa

SIN. Conjunto, volumen, reunión, aglomeración, muchedumbre, acopio, suma, junta, materia, general, totalidad, cuerpo, todo, mezcla, pella, plasta, pellada, zurullo, argamasa, aglutinante, magma, plaste.
ANT. *Oquedad, porosidad, separación, disgregación nada.*

mascar

SIN. Mascullar, masticar, mascujar, triturar, roznar, ronchar, ronzar, roer, desmenuzar, morder, mordisquear, disgregar, moler.
ANT. *Chupar, tragar.*

máscara

SIN. Careta, disfraz, carátula, antifaz, mascarón, mascarilla, velo, pretexto, excusa, artificio, embozo, disimulo, ocultación, carantoña, cambuj, gambux, gambujo, gambuj, capuchón, capiruzo, capirote.
ANT. *Franqueza, sinceridad, claridad.*

masculillo

SIN. Golpe, porrazo, trastazo, golpazo, porrada, zumbido.
ANT. *Mimo, caricia, halago.*

masculino

SIN. Enérgico, varonil, vigoroso, hombre, macho, machote, varón, hombruno, viril, fuerte.
ANT. *Endeble, afeminado, femenino.*

masticar

SIN. Meditar, mascar, rumiar, pensar, cavilar, discurrir, meditar, cogitar, ronzar, triturar, mascujar,

roer, desmenuzar, moler, disgregar.
ANT. *Chupar, tragar, distraerse.*

mastuerzo

SIN. Torpe, necio, majadero, cardamina, bobo, cernícalo, berro, tonto, tolete, rozno, cerril.
ANT. *Inteligente, vivo, listo.*

matachín

SIN. Perdonavidas, pendenciero, camorrista, matón, jifero, bravucón, fanfarrón, farfantón, iaque, comediante, histrión, bufón, payaso.
ANT. *Apocado, cobarde, serio, discreto.*

matancero

Amér.
SIN. Matarife, matachín, carnicero, descuartizador, degollador.

matanza

SIN. Destrozo, carnicería, exterminio, masacre, aniquilación, eliminación, liquidación, escabechina, estrago, matazón (Amér.), sarracina, degollina, matacía, hecatombe, mortandad, instancia, empeño, porfía, obstinación, tesón, tenacidad.
ANT. *Resurrección, salvación, abandono, apatía, abulia.*

matar

SIN. Destruir, aniquilar, extinguir, despenar, apagar, apiolar, finiquitar, escabechar, asesinar, inmolar, sacrificar, exterminar, suprimir, estrechar, violentar, rebajar, molestar, desazonar, atenuar, acorar, sacrificar, desnucar, fusilar, ejecutar, rematar, fulminar.
ANT. *Resucitar, revivir, renacer, regenerar, reanimar, reavivar, avivar, vivificar, vitalizar, robustecer, reforzar, aumentar, construir.*

matazón

Amér.
SIN. Matanza, sacrificio, degollina, degollación, carnicería.

matasiete

SIN. Bravucón, espadachín, pendenciero, jactancioso, valentón, fanfarrón, farfantón, perdonavidas, matachín, matón, baladrón, baratero, jácaro, jaquetón, chulo, majo, jaque.
ANT. *Modesto, sencillo, humilde, corto, apocado, cobardón, gallina, tímido.*

materia

SIN. Asunto, tema, motivo, cosa, componente, cuerpo, material,

constituyente, naturaleza, clase, parte, elemento, fomento, alimento, esencia, causa, ocasión, substancia, origen, fuente, principio, razón, objeto, especialidad, disciplina, conocimiento.

material

SIN. Esencial, tangible, real, relativo, natural, sensible, substancial, basto, grosero, tosco, burdo, torpe, prosaico, práctico, materialista, corpóreo, ponderable, terrenal.
ANT. *Inmaterial, incorpóreo, imponderable, impalpable, intangible, etéreo, ideal, espiritual, metafísico, delicado, hábil.*

matizar

SIN. Colorear, teñir, sombrear, jaspear, difuminar, combinar, variar, graduar, suavizar, afinar, despuntar, realzar, destacar, sobresalir, resaltar, diversificar, caracterizar, insinuar, puntualizar.
ANT. *Desteñir, descolorar, uniformar, unificar, igualar, silenciar.*

matón

SIN. Rajabroqueles, guapetón, jactancioso, fanfarrón, camorrista, baladrón, valentón, espadachín, perdonavidas, jaque, pendenciero, bravucón, chulo, matasiete, majo.
ANT. *Cobardón, pusilánime, gallina, bragazas, corto, tímido, humilde, sencillo.*

matorral

SIN. Matas, malezas, zarzal, barzal, tacotal, soto, médanos, algaba, mato, matojo, matorralejo, maraña, boscosidad, aspereza, fragosidad.
ANT. *Calvero, claro.*

matraca

SIN. Burla, carraca, chasco, broma, engaño, zumba, vaya, burlería, zaherimiento, represión, importunación, lata, chinchorrería, tozudez, porfía, insistencia, molestia.
ANT. *Seriedad, discreción.*

matraquear

SIN. Chasquear, burlar, zumbar, zaherir, reprender, importunar, jorobar, cargar, fastidiar, molestar.
ANT. *Entretener, divertir, amenizar, satisfacer, complacer.*

matrería

SIN. Astucia, sagacidad, suspicacia, perspicacia, engaño, picardía, taimería, cuquería, zorrería, cazurrería, marrullería.

ANT. *Franqueza, nobleza, sinceridad, confianza, claridad, honradez, torpeza.*

matrero
SIN. Diestro, avezado, astuto, experimentado, ducho, conchudo, asocarronado, guachinango, tretero, socarra, zorro, zorrón, receloso, marrullero.
ANT. *Confiado, ingenuo, noble, sencillo, claro, directo.*

matrero
Amér.
SIN. Bandido, bandolero, salteador, cuatrero, saqueador, desvalijador, delincuente.
ANT. *Honrado, íntegro.*

matrimoniar
SIN. Maridar, casar, desposar, unir, enlazar, vincular.
ANT. *Separar, divorciar, anular, disolver.*

matrimonio
SIN. Boda, casamiento, unión, enlace, casorio, desposorio, nupcias, alianza, maridaje, vínculo.
ANT. *Divorcio, separación, anulación, disolución.*

matrona
SIN. Partera, comadre, comadrona, madre, mujer, señora.

matute
SIN. Contrabando, alijo, clandestinidad, infracción, fraude, garito, tasca, chirlata, timba, boliche.
ANT. *Legalidad.*

maula
SIN. Moroso, tramposo, perezoso, remolón, maulón, maulero, engaño, dolo, artificio, treta, fraude, engañifa, futesa, vago, gandul, pigre, trasto, residuo, inutilidad, fruslería, bagatela, desperdicio.
ANT. *Pagador diligente, cumplidor, activo, completo.*

máxima
SIN. Regla, pensamiento, símbolo, principio, proposición, doctrina, fórmula, concepto, postulado, norma, aforismo, sentencia, apotegma, precepto, axioma, proverbio, refrán.
ANT. *Mentira, disparate, absurdo.*

máximo
SIN. Superior, supremo, culminante, grande, inmenso, enorme, fenomenal, culminación, extremo, cum-

bre, cima, cúspide, límite, fin, final, apogeo, esplendor, plenitud.
ANT. *Menor, mínimo, inferior, insignificante, ínfimo, exiguo, pequeño, bajo, fracaso, frustración.*

mayestático
SIN. Majestuoso, solemne, grandioso, imponente, regio, principesco, señorial, pomposo, respetable.
ANT. *Humilde, sencillo, sobrio.*

mayor
SIN. Superior, grande, magno, importante, extraordinario, sublime, considerable, sumo, jefe, primogénito, viejo, señor.
ANT. *Insignificante, menor, inferior.*

mayoral
SIN. Pastor, capataz, caporal, encargado, mampostero, conductor, alguacil, corregidor, recaudador.

mayoría
SIN. Generalidad, totalidad, pluralidad, superioridad, mayoridad, grandor, grandeza, vastedad, inmensidad.
ANT. *Minoría, minoridad, parcialidad, inferioridad, pequeñez.*

mayormente
SIN. Principalmente, especialmente, precipuamente, máximamente, máxime.

mazacotudo
Amér.
SIN. Recargado, pesado, burdo, desordenado.
ANT. *Ligero, ordenado.*

mazorral
SIN. Rudo, grosero, tosco, tocho, burdo, brizno, bronco, basto.
ANT. *Sensible, delicado, discreto.*

mecer
SIN. Agitar, mover, oscilar, ondear, batir, vibrar, fluctuar, dudar, vacilar, revolver, balancear, cunear, menear, cunar, brizar, columpiar, tabalear, acunar, hamaquear (*Amér.*).
ANT. *Inmovilizar, parar, aquietar.*

mecha
SIN. Torcida, pajuela, vela, chispa, serpentín, pabilo, mechón, matula.

media
Amér.
SIN. Calcetín, calcetón, escarpín, polaina.

mediación
SIN. Intervención, ingerencia, injerencia, ayuda, arreglo, arbitraje, acuerdo, tratamiento, intercesión, entrometimiento, recomendación.
ANT. *Abstención, desentendimiento, inhibición, discreción.*

mediador
SIN. Intermediario, medianero, árbitro, conciliador, negociador, componedor, intercesor, comisionista, tercero, recomendante, muñidor, avenidor, compromisario, juez.
ANT. *Indiferente, desinteresado, desentendido, marginado.*

medianería
Amér.
SIN. Aparcería, participación, arrendamiento, trato.

medianía
SIN. Medianidad, vulgaridad, mediocridad, insignificancia, futilidad, trivialidad, pequeñez, limitación, moderación, discreción.
ANT. *Talento, genio, brillantez, excelencia, magnificencia, grandeza.*

mediano
SIN. Regular, mediocre, razonable, intermedio, adocenado, pasadero, trivial, vulgar, talcualillo, limitado, moderado, módico, insignificante, despreciable, futil, discreto, aceptable, tolerable.
ANT. *Superior, importante, destacado, sobresaliente, magnífico, notable, brillante, genial.*

mediar
SIN. Interceder, intervenir, interponer, transcurrir, sobrevenir, terciar, promediar, tercerear, actuar, abogar, moderar, templar, transigir, tolerar, suavizar, apaciguar, pacificar, reconciliar, conciliar, intermediar, arbitrar, negociar, representar, suceder, existir, ocurrir.
ANT. *Inhibirse, desentenderse, abstenerse, desinteresarse, enemistar, despreciar, criticar.*

medida
SIN. Providencia, resolución, orden, acuerdo, ley, decreto, norma, prevención, disposición, prudencia, moderación, regla, tasa, mesura, circunspección, cordura, unidad, proporción, cantidad, módulo, escala, pauta, graduación, marca.
ANT. *Desmedida, exageración, desproporción, inmoderación, descomedimiento, abandono, insensatez, indiscreción.*

medio

SIN. Procedimiento, proceder, vía, técnica, mecanismo, instrumento, diligencia, sistema, pretexto, traza, centro, núcleo, mitad, modo, método, camino, forma, manera, recurso, arbitrio, expediente, médium, mellizo, gemelo, ambiente, clima atmósfera, ámbito, plataforma, influencia, consejo, mediación, auxilio, neutro, ambiguo, mediocre, vulgar, moderado.

ANT. *Entero, exterior, periferia, superficie, brillante, indiscreto.*

mediocre

SIN. Gris, vulgar, mediano, común, corriente, regular, medianejo, trivial, adocenado, pasadero, intermedio, deficiente, insuficiente, imperfecto, insignificante, obscuro, mezquino, ruin, inferior.

ANT. *Genial, talentoso, brillante, excelente.*

medir

SIN. Conmensurar, mensurar, calcular, regular, afinar, contar, determinar, comprobar, verificar, apreciar, evaluar, estimar, valuar, comparar, igualar, graduar, compasar, escantillar, tantear, arquear, tasar, precisar, matizar.

meditabundo

SIN. Absorto, pensativo, meditativo, caviloso, cogitativo, cabizcaído, cabizbajo, reconcentrado, ensimismado, considerado, preocupado, reflexivo.

ANT. *Alegre, despreocupado, animoso, inconsecuente.*

meditar

SIN. Reflexionar, pensar, discurrir, cavilar, deliberar, analizar, apreciar, conocer, tantear, estudiar, lucubrar, premeditar, considerar, excogitar, cogitar, recapacitar, rumiar, profundizar, madurar, proyectar.

ANT. *Improvisar, repentizar, dudar, desinteresarse, despreocuparse.*

medra

SIN. Crecimiento, medro, desarrollo, prosperidad, acrecentamiento, florecimiento, aumento, mejora, progreso, adelanto, ascenso, mejoramiento, engrandecimiento, cremento, logro, ganancia.

ANT. *Disminución, descenso, pérdida, minoración, empeoramiento, atraso.*

medrar

SIN. Progresar, mejorar, adelantar, aumentar, crecer, prosperar, ascender, convalecer, subir, florecer, brillar, granar, madurar, acrecentar, acrecer.

ANT. *Disminuir, descender, languidecer, empeorar, arruinar.*

medroso

SIN. Cobarde, temeroso, timorato, receloso, pusilánime, irresoluto, miedoso, asustadizo, débil, apocado, tímido, temiente, receloso, temedor.

ANT. *Osado, valiente, audaz, atrevido.*

médula

SIN. Tuétano, centro, esencia, substancia, meollo, cogollo, caña, caracú.

megalómano

SIN. Orgulloso, jactancioso, presumido, fatuo, pretencioso, fantasioso, vanidoso, soñador.

ANT. *Humilde, sencillo, llano, natural.*

mego

SIN. Apacible, manso, suave, tranquilo, sosegado, reposado, tratable, amable, cariñoso.

ANT. *Desapacible, desagradable, iracundo.*

mejora

SIN. Aumento, adelanto, avance, florecimiento, regeneración, superación, prosperidad, mejoramiento, perfeccionamiento, mejoría, progreso, puja, medra, adelantamiento, medro, ascenso, enaltecimiento, incremento, acrecentamiento, expansión, agrandamiento, ampliación, intensificación.

ANT. *Empeoramiento, atraso, descenso, retroceso, baja.*

mejorado

SIN. Curado, restablecido, renovado, restaurado, reformado, reparado, rehecho, corregido, enmendado, embellecido, perfeccionado, regenerado, rejuvenecido, aliviado.

ANT. *Afeado, malogrado, estropeado, averiado.*

mejorar

SIN. Arreglar, corregir, reparar, renovar, superar, perfeccionar, modernizar, regenerar, rejuvenecer, embellecer, hermosear, enriquecer, aclarar, despejar, abonanzar, bonificar, medrar, progresar, prospe-

rar, florecer, ascender, avanzar, desarrollar, aumentar, amejorar *(Amér.)*, incrementar, acrecentar intensificar, cambiar, reformar.

ANT. *Empeorar, deteriorar, estropear, agravar, recrudecer, retroceder, degenerar, decaer, periclitar, envejecer.*

mejoría

SIN. Adelantamiento, alivio, restablecimiento, rehabilitación, mejora, mejoramiento, perfección, medra, creces.

ANT. *Retroceso, agravamiento, empeoramiento, recrudecimiento, crisis, recaída.*

melancolía,

SIN. Tristeza, exantropía, cacona, morriña, engurrio, murria, zanganiana, languidez, mustiez, abatimiento, hipocondría, nostalgia, pena, aflicción, pesadumbre, desconsuelo, reconcomio, sufrimiento, depresión, flato *(Amér.)*.

ANT. *Ánimo, alegría, contento, satisfacción, ilusión, esfuerzo.*

melancólico

SIN. Apesarado, taciturno, apesadumbrado, cabizbajo, sombrío, opaco, triste, afligido, mohino, mustio, melancónico, tristón, murrio, hipocondríaco, nostálgico, apenado, patético, bilioso, atrabiliario, alicaído, deprimido.

ANT. *Alegre, ilusionado, optimista, satisfecho, animoso, vivaz.*

melifluidad

SIN. Dulzura, suavidad, ternura, delicadeza, melosidad, finura, melifluencia, hazañería, ñoñez, empalago, mimosería, afectación.

ANT. *Tosquedad, grosería, ingenuidad, sencillez, naturalidad.*

melifluo

SIN. Delicado, meloso, dulce, suave, tierno, fileno, pamplinoso, denguero, superferolítico, mimoso, remilgado, rebuscado, empalagoso, afectado.

ANT. *Franco, sincero, natural, ingenuo, sencillo.*

meliloto

SIN. Tonto, abobado, insensato, necio, tontaina, bobo, tolondro.

ANT. *Listo, avispado, espabilado, despierto, inteligente, juicioso.*

melindre

SIN. Remilgo, dengue, afectación, escorrozo, mitote, fililí, pamplina,

ñoñería, gazmoñería, mitote (*Amer.*), ambage, mojigatería, tontería, necedad, ridiculez, capricho, impertinencia.
ANT. *Naturalidad, sencillez, sobriedad, discreción.*

melindroso
SIN. Remilgado, caprichoso, fantasioso, fingido, mojigato, cursi, melindrero, dengoso, afectado, pamplinoso, pamplinero, menino, denguero, fuñique, gazmoño, chinchorrero, cargante, melifluo, vidrioso, amanerado, extravagante, ridículo, necio.
ANT. *Sobrio, sencillo, natural.*

melodioso
SIN. Suave, dulce, grato, delicioso, deleitoso, agradable, armonioso, armónico, acorde, musical, entonado, cadencioso, melódico, eufónico, pausado.
ANT. *Desagradable, enojoso, inarmónico, desacorde, cacofónico.*

meloso
SIN. Dulzón, almibarado, empalagoso, suave, dulce, dulzarrón, dengoso, mimoso, denguero, fuñique, melifluo.
ANT. *Natural, franco, sincero, elegante.*

mellar
SIN. Mancillar, menoscabar, deteriorar, gastar, romper, arruinar, perjudicar, mermar, disminuir, menguar, amenguar, reducir, restar, escatimar.
ANT. *Reparar, beneficiar, aumentar.*

mellizo
SIN. Hermanado, gemelo, mielgo, melgo, medio, cuate, coate, igual, parejo, idéntico, exacto.
ANT. *Desigual, diferente.*

membrete
SIN. Anotación, memoria, invitación, apunte, minuta, aviso, nota, recordatorio, encabezamiento, epígrafe, lema, título.

membrudo
SIN. Forzudo, fornido, fuerte, corpulento, recio, robusto, vigoroso, nervudo, forcejudo, estrenuo.
ANT. *Escuálido, esmirriado, alfeñique, débil.*

memez
SIN. Necedad, estupidez, idiotez, majadería, fatuidad, vanidad, es-

tulticia, botez, mentecatería, mentecatez, sandez.
ANT. *Agudeza, listeza, inteligencia, sensatez, juicio, sabiduría, discreción.*

memo
SIN. Bobo, babieca, mentecato, simple, lerdo, lelo, majadero, pazguato, obtuso, inepto, tonto, sandio, necio, idiota, estólido, estulto, zonzo, estúpido.
ANT. *Agudo, juicioso, inteligente, listo, vivo, sabio, humilde.*

memorable
SIN. Famoso, célebre, fausto, inolvidable, glorioso, importante, notable, memorando, recordable, evocable, inmortal, imperecedero, indeleble.
ANT. *Obscuro, insignificante, despreciable.*

memoria
SIN. Retinencia, retentiva, evocación, retrospección, recuerdo, recordación, reminiscencia, remembranza, mención, rememoración, fama, gloria, exposición, relación, escrito, apunte, informe, tesis.
ANT. *Olvido, omisión, amnesia, descuido.*

mención
SIN. Memoria, recuerdo, referencia, cita, remembranza, acuerdo, rememoración, alusión, evocación, indirecta.
ANT. *Omisión, olvido, silencio, desprecio.*

mencionar
SIN. Contar, citar, nombrar, recordar, referir, relatar, nominar, mentar, aludir, señalar, indicar.
ANT. *Ocultar, callar, silenciar, omitir, olvidar.*

mendaz
SIN. Embustero, mentiroso, trolero, bolero, cuentista, falso, farsante, patrañero, engañoso, ilusionista.
ANT. *Veraz, fidedigno, fehaciente, auténtico, sincero, exacto.*

mendicidad
SIN. Pordioseo, limosna, cuestación, pobretería, indigencia, mendiguez, mendicación, pordiosería.
ANT. *Dadivosidad, riqueza.*

mendigar
SIN. Mendiguear, pordiosear, pedir, limosnear, bordonear, gallofear, postular, hambrear, sablear, pobretear, implorar, suplicar, requerir.

ANT. *Dar, ceder, regalar.*

mendigo
SIN. Pordiosero, necesitado, pedigüeño, mendicante, mendigante, mendigueante, mengante, sopón, zampalimosnas, sopista, menesteroso, indigente, pobre, desvalido, mísero, implorante, limosnero (*Amér.*).
ANT. *Caritativo, dadivoso, espléndido, generoso, potentado, poderoso.*

mendoso
SIN. Errado, equivocado, falaz, mendaz, patrañero, infundioso, farsante, mentiroso, embustero, trolero, bolero.
ANT. *Sincero, veraz, auténtico, verdadero, exacto.*

menear
SIN. Agitar, mover, dirigir, manejar, gobernar, bullir, rebullir, cernear, oscilar, activar, batir, sacudir.
ANT. *Aquietar, paralizar, permanecer, reposar.*

menearse
SIN. Moverse, concomerse, desgoznarse, agitarse, manejarse, levarse, gobernarse, levantarse, afanarse, apresurarse, contonearse, inquietarse.
ANT. *Aquietarse, entumecerse, paralizarse.*

menester
SIN. Ejercicio, necesidad, precisión, urgencia, falta, apuro, labor, requisito, profesión, empleo, ministerio, tarea, trabajo, asunto, ocupación.
ANT. *Holganza, abundancia, cantidad.*

menesteroso
SIN. Necesitado, falto, indigente, miserable, pobre, pelado, desbragado, pordiosero, descamisado.
ANT. *Rico, satisfecho, autosuficiente.*

mengua
SIN. Daño, detrimento, insuficiencia, menguamiento, deshonra, descrédito, desdoro, afrenta, menoscabo, perjuicio, defecto, falta, pobreza, indigencia, estrechez, inopia, penuria, escasez, carencia, disminución, merma.
ANT. *Perfección, riqueza, abundancia, aumento.*

menguado
SIN. Apocado, cobarde, mezquino,

miserable, tacaño, ruin, insensato, necio, mentecato, simple, tonto, desgraciado, fatal, funesto, infausto, infeliz, avaro, agarrado, ruin.
ANT. *Decidido, despierto, vivo, valiente, inteligente, feliz, dichoso.*

menguar
SIN. Decrecer, disminuir, empequeñecer, encoger, descender, reducir, consumir, acortar, perder, mermar, faltar, amenguar, gastar, decaer, enflaquecer, debilitar, extinguir, empeorar, apagar.
ANT. *Prosperar, enriquecer, crecer, aumentar, abundar, extender.*

menor
SIN. Menudo, mínimo, escaso, diminuto, ínfimo, microscópico, minúsculo, pequeño, parvo, chico, corto, exiguo, reducido.
ANT. *Mayor, máximo, grande, superior, óptimo.*

menoscabar
SIN. Deteriorar, dañar, damnificar, amancillar, empequeñecer, perjudicar, rebajar, quitar, decaer, mellar, disminuir, acortar, reducir, deslustrar, mancillar, ajar, desacreditar, desprestigiar, quebrantar, deshonrar, envilecer, herir, injuriar, manchar.
ANT. *Arreglar, beneficiar, aumentar, agrandar, enaltecer, honrar.*

menoscabo
SIN. Deterioro, disminución, merma, rebaja, mella, pérdida, desmejora, deslucimiento, imperfección, daño, detrimento, perjuicio, quebranto, descrédito, desdoro, mengua, deslustre, mancilla, deshonra, afrenta, desprestigio, ofensa, injuria, desprecio, menosprecio.
ANT. *Mejora, aumento, beneficio, aprecio, honra, enaltecimiento.*

menospreciar
SIN. Desdeñar, desairar, desestimar, despreciar, rebajar, relegar, popar, encorozar, difamar, vilipendiar, degradar, humillar, ofender, ignorar, repulsar.
ANT. *Apreciar, justipreciar, estimar, querer, alabar, enaltecer, aumentar.*

menosprecio
SIN. Desdén, desprecio, desaire, desestima, depreciación, esguince, disfavor, popamiento, zaherimiento, desconsideración, descortesía, vilipendio, ofensa, desaprobación, reticencia.

ANT. *Favor, aprecio, cortesía, alabanza, honra, enaltecimiento, consideración.*

mensaje
SIN. Embajada, legación, misión, encargo, envío, recado, misiva, aviso, nota, comisión, escrito, memorándum, anuncio, comunicación.
ANT. *Recepción, destino.*

mensajero
SIN. Enviado, recadero, ordinario, porteador, demandero, cosario, propio, mandadero, nuncio, faraute, chasqui *(Amér.)*, emisario, misionario, correo, embajador, heraldo, comisionado.
ANT. *Recepcionista, destinatario, receptor.*

mentar
SIN. Mencionar, nombrar, citar, recordar, nominar, referir, apellidar, intitular, aludir, evocar, designar.
ANT. *Silenciar, callar, omitir, olvidar, ocultar.*

mente
SIN. Pensamiento, entendimiento, psicología, cerebro, comprensión, imaginación, intelecto, inteligencia, caletre, magín, intención, designio. instinto, ánimo, sentimiento, dictamen, sentido, espíritu, propósito, voluntad, cacumen, chirumen.
ANT. *Cuerpo, materia.*

mentecatería
SIN. Mentecatada, imbecilidad, mentecatez, idiotez, insensatez, majadería, tontería, necedad, fatuidad, sandez, memez, estolidez, estupidez, estulticia.
ANT. *Agudeza, listeza, inteligencia, sensatez, juicio, sabiduría, discreción, humildad.*

mentecato
SIN. Fatuo, tonto, necio, menguado, imbécil, idiota, insensato, majadero, simple, sandio, bobo, memo, abobado, estólido, lerdo, lelo, zote, pazguato, pamplinero, cerril, burdo, estúpido.
ANT. *Sensato, juicioso, sabio, inteligente, listo, agudo, vivo, discreto, sencillo, humilde.*

mentir
SIN. Embustear, engañar, embustir, trapalear, inventar, bolear, zurcir, urdir, trufar, embrollar, enredar, desvirtuar, complicar, falsificar, fingir, simular, fantasear, desdecir.

ANT. *Confesar, aclarar, sincerarse, revelar.*

mentira
SIN. Falsedad, engaño, embuste, añagaza, artificio, quimera, ficción, mito, guama *(Amér.)*, patraña, farsa, enredo, invención, filfa, bola, bulo, trola, infundio, faramalla, guadramaña, mentirilla, mentirón, mentiruca, arana, exageración, calumnia, fraude, subterfugio, treta, macana, paparrucha, camelo, cuento, trufa.
ANT. *Realidad, autenticidad, veracidad, verdad, claridad, exactitud, certeza, sinceridad, honradez, rectitud.*

mentiroso
SIN. Engañador, embustero, falaz, mendoso, mendaz, patrañero, tramposo, invencionero, bolero, embustidor, trolero, embarrador, engañoso, infundioso, falso, farsante, marfuz, pataratero, aranero, fulero, lioso, soñador, impostor, ilusionista.
ANT. *Auténtico, veraz, verdadero, fidedigno, fehaciente, exacto, sincero.*

mentor
SIN. Consejero, preceptor, maestro, tutor, guía, ayo, instructor, monitor, aconsejador, asesor, consultor, inspirador.

menudear
SIN. Insistir, repetir, reiterar, pormenorizar, detallar, puntualizar, soler, frecuentar, acostumbrar, asistir.
ANT. *Escasear, faltar, generalizar, desistir.*

menudencia
SIN. Minucia, bagatela, fruslería, nimiedad, pormenor, minuciosidad, escrupulosidad, nadería, pequeñez, nonada, exactitud, cuidado, insignificancia, poquedad.
ANT. *Categoría, importancia, generalidad, incuria, chapucería.*

menudo
SIN. Chico, pequeño, minúsculo, insignificante, baladí, mezquino, despreciable, plebeyo, vulgar, corriente, ordinario, minuto, monis, exiguo.
ANT. *Extraordinario, importante, grande, generoso, distinguido.*

meollo
SIN. Médula, seso, substancia, fun-

damento, base, quid, busilis, núcleo, entraña, juicio, cordura, entendimiento, fondo, sensatez, miga, caletre, magín, chirumen, cacumen, razonamiento.
ANT. *Superficie, exterior, torpeza, necedad, insensatez, simpleza, generalidad.*

mequetrefe
SIN. Chafandín, entremetido, chisgarabís, tarambana, títere, trasto, muñeco, danzante, bullicioso, chiquilicuatro, cocinilla, camasquince, entrometido, cominero, enredador, badulaque, pelele, sacabuches, mameluco, gaznápiro, vacío, majadero, irresponsable, insensato, mamarracho, intrigante, inconstante.
ANT. *Grave, sensato, discreto, serio, responsable.*

meramente
SIN. Puramente, solamente, simplemente, únicamente, escuetamente, estrictamente

mercader
SIN. Comerciante, negociante, traficante, mercante, mercadante, tratante, tendero, mercachifle, buhonero, abarrotero, trajinante, negociador, vendedor.
ANT. *Cliente, comprador.*

mercadería
SIN. Mercaduría, mercancía, género, efecto, abarrote, existencia.

mercar
SIN. Adquirir, comprar, negociar, comerciar, traficar, feriar, mercadear, tratar, trapichear, importar, exportar, intercambiar.

merced
SIN. Galardón, dádiva, premio, gracia, recompensa, beneficio, don, servicio, favor, regalo, remuneración, privilegio, gratificación, retribución, indulgencia, piedad, perdón, clemencia, voluntad, arbitrio.
ANT. *Crueldad, impiedad, injusticia, castigo, condena.*

mercenario
SIN. Jornalero, mercedario, estradiote, mesnadero, soldado, asalariado, criado, servidor, venal, materialista, interesado.
ANT. *Honrado, íntegro, desinteresado, idealista.*

merecedor
SIN. Acreedor, digno, mereciente,

benemérito, meritorio, justo, loable, laudable, plausible, estimable, razonable.
ANT. *Deudor, indigno, inmerecido, injusto, reprobable.*

merecimiento
SIN. Mérito, virtud, bondad, estimación, servicio, premio, derecho, justicia, sensatez, plausibilidad.
ANT. *Maldad, indignidad, injusticia.*

meretriz
SIN. Cortesana, prostituta, ramera, pelandusca, buscona, mozcorra, zorra, perdida, mondaria, mesalina, hetaira, amasia, gamberra, puta.

meridiano
SIN. Claro, diáfano, luminoso, notorio, preciso, explícito, indudable, concluyente, inobjetable, terminante, evidente.
ANT. *Impreciso, confuso, dudoso, obscuro, objetable.*

mérito
SIN. Valor, virtud, valía, crédito, consideración, decoro, estima, estimación, cualidad.
ANT. *Demérito, perjuicio, desestimación.*

meritorio
SIN. Alabable, condigno, digno, acreedor, laudable, loable, plausible, empleado.
ANT. *Indigno, malo, injusto.*

merma
SIN. Pérdida, disminución, menoscabo, mengua, decrecimiento, descenso, deterioro, derroche, gasto, desgaste, consumimiento, consunción, substracción.
ANT. *Ahorro, aumento, devolución.*

mermar
SIN. Menguar, minorar, disminuir, decrecer, aminorar, reducir, bajar, desgastar, amenguar, consumir, quitar, hurtar, robar, substraer.
ANT. *Aumentar, incrementar, devolver.*

mero
SIN. Simple, sencillo, solo, puro, elemental, neto, pelado, desnudo.
ANT. *Complejo, complicado, sofisticado.*

merodear
SIN. Acechar, espiar, huronear,

hurgonear, husmear, curiosear, observar, explorar, reconocer, vagar, divagar, deambular, vagabundear.
ANT. *Desentenderse, desinteresarse, despreocuparse, permanecer.*

mesingo
SIN. Débil, delicado, enteco, canijo, encanijado, entelerido, flaco, alfeñique, consumido, magro.
ANT. *Recio, robusto, corpulento, fuerte.*

mesnada
SIN. Congregación, junta, compañía, asamblea, asociación, consorcio, colectividad, tropa, hueste, partida, banda, caterva.
ANT. *Disgregación, separación, disolución.*

mesón
SIN. Hostería, hostal, posada, fonda, pensión, venta, parador, merendero, ventorro, albergue.

mesonero
SIN. Huésped, hostelero, ventero, posadero, patrón, dueño.

mestizo
SIN. Híbrido, cruzado, combinado, mezclado, heterogéneo, atravesado, mixto.
ANT. *Puro, castizo.*

mesura
SIN. Moderación, gravedad, comedimiento, compostura, circunspección, miramiento, tacto, prudencia, cortesía, seriedad, morigeración, ponderación, sobriedad, continencia, reverencia, respeto, medida, regla.
ANT. *Descomedimiento, desconsideración, grosería, descompostura, irreverencia, insensatez.*

mesurado
SIN. Comedido, parco, moderado, templado, reglado, circunspecto, mirado, prudente, ponderado, morigerado, eutrapélico, modoso, sobrio, ordenado, rítmico, compuesto, cauteloso, serio, formal, austero, digno.
ANT. *Descomedido, desconsiderado, desconcertado, desordenado, irreverente, indigno.*

mesurar
SIN. Moderar, ponderar, morigerar, amortiguar, temperar, dulcificar, apaciguar, calmar, ablandar, reprimir, medir, mensurar.
ANT. *Desmesurar, descomedir, al-*

terar, impacientar, intranquilizar.

mesurarse
SIN. Moderarse, comedirse, morigerarse, calmarse, dominarse, reprimirse, contenerse, comprimirse, refrenarse, temperarse, reportarse, templarse.
ANT. Soliviantarse, alterarse, desmesurarse, intranquilizarse.

meta
SIN. Fin, término, final, límite, extremo, colofón, culminación, objetivo, finalidad, propósito, intención, objeto.
ANT. Principio, comienzo, desinterés, despreocupación.

metáfora
SIN. Imagen, tropo, figura, alegoría.
ANT. Realidad.

metamorfosear
SIN. Transmutar, convertir, transformar, cambiar, transmudar, transfigurar, trastrocar, transubstanciar.
ANT. Continuar, persistir, permanecer.

metamorfosis
SIN. Metamorfosis, transmutación, cambio, transformación, mudanza, conversión, mutación, transfiguración, inversión, evolución, transmudación, transmudamiento, desarrollo.
ANT. Invariabilidad, permanencia.

metedor
SIN. Introductor, importador, matutero, engeridor, coladizo, penetrante, penetrativo, contrabandista.

meter
SIN. Encajar, introducir, encerrar, incluir, promover, ocasionar, producir, embutir, empotrar, alojar, plantar, fijar, colocar, poner, entrañar, internar, penetrar, infiltrar.
ANT. Sacar, extraer, extirpar, arrancar, liberar.

meterse
SIN. Introducirse, mezclarse, encerrarse, inmiscuirse, lanzarse, zambullirse, adentrarse, hundirse, compenetrarse, acoplarse, internarse, entrometerse, intervenir.
ANT. Abstenerse, inhibirse, salirse, desentenderse.

meticuloso
SIN. Miedoso, pusilánime, medro-

so, temeroso, cobarde, gallina, asustadizo, timorato, metódico, minucioso, escrupuloso, menudo, detallista.
ANT. Decidido, valiente, negligente, irreflexivo.

metido
SIN. Golpe, puñada, puñetazo, sopapo, achuchón, soplamocos, sablazo, riña, represión, copioso, nutrido, profuso, abundante, pletórico.
ANT. Caricia, mimo, elogio, encomio, negativa, escaso, mezquino.

metido
Amér.
SIN. Entremetido, indiscreto, intruso, entrometido, preguntón, importuno.
ANT. Oportuno, discreto.

metódico
SIN. Cuidadoso, ordenado, esmerado, mirado, arreglado, sistemático, modal, regular, justo, exacto, puntual, igual.
ANT. Informal, caótico, anárquico, desordenado.

metodizar
SIN. Ordenar, regularizar, sistematizar, organizar, normalizar, disponer, concertar, aviar, ajustar, igualar, conformar, colocar.
ANT. Irregularizar, desarreglar, desordenar.

método
SIN. Orden, regla, norma, procedimiento, sistema, régimen, ordenación, proceso, manera, forma, criterio, táctica, disciplina, uso, usanza, modo, hábito, criterio, costumbre.
ANT. Indisciplina, desorden, caos, anarquía.

mezcla
SIN. Mezcolanza, mezclamiento, mezcladura, mezclilla, promiscuidad, baturrillo, revoltillo, batiburrillo, mixtura, mixtión, conmixtión, miscelánea, amalgama, liga, aleación, ligación, mistura, combinación, promiscuación, entrevero, abigarramiento, batahola, amasijo, menjunje, fárrago, argamasa, enredo, trabazón, asociación, hibridación, aglomeración.
ANT. Separación, discriminación, disgregación, distribución, orden, clasificación.

mezclar
SIN. Unir, agregar, incorporar, barajar, juntar, amalgamar, mixturar, inmiscuir, interponer, coadunar, alear, emulsionar, entreverar, diluir, emburrijar, merar, chapurrar, revolver, conglomerar, adulterar, falsificar, embrollar, embarullar, promiscuar, superponer, confundir, fusionar, variar, enlazar.
ANT. Aislar, separar, agrupar, ordenar, clasificar, organizar, desglosar, diferenciar, cribar.

mezclarse
SIN. Introducirse, meterse, enlazarse, agregarse, juntarse, incorporarse, inmiscuirse, unirse, interponerse, injerirse, entrometerse, terciar, intervenir.
ANT. Abstenerse, inhibirse, desentenderse, despreocuparse.

mezcolanza
SIN. Mezcla, mezcladura, promiscuidad, amalgama, heterogeneidad, baturrillo, revoltillo, revoltijo, fárrago, amasijo, mazacote, confusión, enredo.
ANT. Separación, pureza, disgregación.

mezquindad
SIN. Tacañería, ruindad, cicatería, avaricia, escasez, miseria, pobreza, necesidad, roñería, roña, sordidez, piojería, roñosería, tiñería, ratería, vileza, bajeza, falta, insuficiencia.
ANT. Generosidad, abundancia, esplendidez, prodigalidad, riqueza, desprendimiento.

mezquino
SIN. Miserable, necesitado, pobre, indigente, tacaño, roñoso, avaro, sórdido, cicatero, ruin, cutre, raquítico, exiguo, escaso, corto, pequeño, menguado, diminuto, prieto, roña, pijotero, tiñoso, estrecho, manicorto, avaricioso, usurero, agarrado, limitado, parco, sobrio, vil, rastrero, despreciable, innoble.
ANT. Generoso, dadivoso, espléndido, abundante, exuberante, derrochador, gastador, pródigo, sobrado, elevado, enorme, grande, noble,

mico
SIN. Mono, lujurioso, calavera, rijoso, libidinoso, lascivo, cachondo, feo, adefesio, mamarracho.
ANT. Lindo, casto, garboso, hermoso.

miedo

SIN. Aprensión, cuidado, recelo, terror, pavor, pánico, jindama, canguelo, cerote, canguis, julepe, medrana, mieditis, intimidación, timidez, cobardía, pusilanimidad, alarma, temor, angustia, perturbación, turbación, horror, amenaza, preocupación, duda.
ANT. *Audacia, valentía, entereza, determinación, decisión, osadía, resolución, valor, ánimo.*

miedoso

SIN. Cobarde, tímido, temeroso, pusilánime, medroso, apocado, receloso, aprensivo, espavorido, timorato, espantadizo, formidoloso, asustadizo, asombradizo, cuitado, pacato, meticuloso, desconfiado, desalentado, prudente, comedido.
ANT. *Valiente, audaz, decidido, resuelto, lanzado, confiado, animoso.*

miembro

SIN. Extremidad, parte, órgano, pene, falo, verga, individuo, sujeto, unidad, componente.

miga

SIN. Migaja, meollo, substancia, fondo, interés, intríngulis, enjundia, miaja, meaja, migajón, meajuela, trozo, pedazo.
ANT. *Hogaza, superficialidad, frivolidad, mucho, abundancia.*

migajas

SIN. Restos, sobras, partículas, desperdicios, miajas, meajas, migajadas.
ANT. *Todo, completo, mucho, abundancia.*

milagro

SIN. Miraglo, prodigio, portento, maravilla, fenómeno, suceso, quimera, asombro, pasmo, fascinación.
ANT. *Realidad, humanidad, normalidad, vulgaridad.*

milagroso

SIN. Estupendo, extraordinario, asombroso, maravilloso, pasmoso, portentoso, prodigioso, sobrenatural, sobrehumano, mágico, fantástico, quimérico, mirífico, inesperado, inaudito, insólito, admirable.
ANT. *Natural, normal, corriente, frecuente, vulgar, material.*

milico

Amér.
SIN. Militar, soldado, miliciano, oficial.
ANT. *Civil, paisano.*

militar

SIN. Concurrir, existir, servir, actuar, soldado, combatiente, guerrero, mílite, mesnadero, miliciano.
ANT. *Salirse, fugarse, licenciarse, civil, paisano, pacífico, inofensivo.*

mimado

SIN. Malcriado, consentido, malacostumbrado, mimoso, halagado, acariciado, vicioso.
ANT. *Educado, disciplinado, correcto, obediente.*

mimador

SIN. Halagador, bribiador, lagotero, zalamero, caroquero, cocador, acariciador, carantoñero.
ANT. *Malvado, cruel, despiadado.*

mimar

SIN. Halagar, regalar, acariciar, malcriar, resabiar, transigir, condescender, lagotear, maleducar, roncear, consentir, barbear, cocar, engaltar, abrazar, agasajar, obsequiar, preferir.
ANT. *Disciplinar, educar, restringir, prohibir, maltratar.*

mimo

SIN. Cariño, halago, caricia, ternura, terneza, carantoña, condescendencia, bufón, farsante, fiesta, zalama, zalmería, garatusa, arrumaco, lagotería.
ANT. *Desprecio, desdén, sobriedad, frialdad, brusquedad, rigor, dureza.*

mimoso

SIN. Regalón, delicado, melindroso, roncero, carantoñero, mimado, consentido, lagotero, zalamero.
ANT. *Arisco, antipático, frío, duro.*

mina

SIN. Excavación, yacimiento, criadero, pozo, filón, venero, almadén, panizo, ganga, riqueza, abundancia.
ANT. *Escasez, pobreza, carestía.*

minar

SIN. Socavar, consumir, destruir, arruinar, abatir, excavar, debilitar, dragar, ahoyar, cavar, zapar, horadar, abrir, barrenar, profundizar.
ANT. *Tapar, enterrar, rellenar, robustecer, fortalecer, reforzar.*

mínimo

SIN. Pequeño, exiguo, minúsculo, diminuto, ínfimo, nimio, insignificante, imperceptible, inferior, límite, extremo, término.

ANT. *Máximo, mayor, superior, grande, enorme, supremo.*

ministerio

SIN. Gobierno, cargo, gabinete, dirección, consejo, autoridad, función, empleo, ocupación, oficio, sacerdocio, profesión, uso, destino, menester, acomodo, negocio.

minorar

SIN. Aminorar, amortiguar, acortar, atenuar, disminuir, mitigar, reducir, menguar, amenguar, empequeñecer, paliar, escatimar.
ANT. *Agravar, agudizar, aumentar, agrandar.*

minoría

SIN. Minoridad, menoría, exigüidad, inferioridad, subordinación, dependencia, sumisión, acatamiento.
ANT. *Mayoría, mayoridad, independencia, superioridad, gravedad.*

minucia

SIN. Nimiedad, bagatela, menudencia, miseria, insignificancia, nonada, pequeñez, tontería, fruslería, futilidad, pormenor.
ANT. *Valor, importancia, categoría, gravedad, influencia.*

minuciosidad

SIN. Escrupulosidad, meticulosidad, curiosidad, puntualidad, cominería, nimiedad, primor, prolijidad, preciosismo, circunspección, detalle, miramiento, puñetería, menudencia, ridiculez, insignificancia.
ANT. *Inexactitud, descuido, ligereza, superficialidad, frivolidad, abandono.*

minucioso

SIN. Escrupuloso, exacto, nimio, meticuloso, concienzudo, curioso, prolijo, esmerado, extremado, detallista, cuidadoso, preciosista, puntilloso, quisquilloso, perfeccionista, riguroso, atento, paciente.
ANT. *Despreocupado, descuidado, abandonado, negligente, irreflexivo, ligero, ágil.*

minuta

SIN. Apunte, anotación, apuntación, resumen, extracto, borrador, lista, cuenta, nómina, catálogo, nota, elenco, tabla, inventario, relación, importe, retribución, factura.

mira

SIN. Idea, intención, designio, propósito, finalidad, norma, observa-

ción, objetivo, fin.
ANT. *Realización, ejecución.*

mirado

SIN. Atento, cauto, cuidadoso, circunspecto, reflexivo, prudente, respetuoso, mesurado, morigerado, curioso, comedido, ponderado, juicioso, estimado, equilibrado, discreto, considerado, delicado.
ANT. *Irreflexivo, desatento, despreocupado, desconsiderado.*

mirador

SIN. Terrado, tribuna, galería, miranda, miradero, belvedero, pabellón, torreón, azotea, terraza, mirante, mirón, veedor, oteador, atisbador, vigía, observador, espectador.

miramiento

SIN. Cautela, circunspección, atención, cuidado, respeto, recato, consideración, precaución, moderación, reparo, prudencia, mesura, esmero, contemplación, admiración.
ANT. *Desatención, desconsideración, grosería, descuido, negligencia, imprudencia.*

mirar

SIN. Ojear, avizorar, observar, otear, atisbar, ver, examinar, distinguir, divisar, notar, percibir, considerar, reflexionar, apreciar, pensar, estimar, atender, velar, proteger, cuidar, amparar, defender, concernir, atañer, inquirir, buscar, indagar, advertir, descubrir, vislumbrar, reconocer.
ANT. *Descuidarse, despreocuparse, desentenderse, inhibirse, ensimismarse.*

mirífico

SIN. Maravilloso, portentoso, admirable, asombroso, prodigioso, soberbio, espléndido.
ANT. *Desdeñable, despreciable, feo, vulgar.*

mirria

Amér.
SIN. Pizca, pedacito, miaja, chispa, trocito.
ANT. *Totalidad, conjunto, mucho.*

miserable

SIN. Tacaño, avaro, estreñido, cicatero, ruin, avariento, cutre, mezquino, pobre, infeliz, desgraciado, desventurado, desdichado, infortunado, abatido, acobardado, indigente, mísero, necesitado, menesteroso, corto, exiguo, escaso, raquítico, canalla, granuja, infame, tímido, pusilánime, agarrado, perverso, abyecto, despreciable, vil.
ANT. *Dichoso, afortunado, feliz, animoso, generoso, poderoso, espléndido, triunfante, noble, digno, virtuoso, honrado.*

miseria

SIN. Infortunio, desdicha, desgracia, pena, infelicidad, lacería, desventura, estrechez, escasez, desnudez, mezquindad, indigencia, ruindad, tacañería, avaricia, pobreza, penuria, malaventura, malandanza, cicatería, piojería, roñería, pelonería, desharrapamiento, sordidez.
ANT. *Riqueza, fortuna, esplendidez, generosidad.*

misericordia

SIN. Lástima, piedad, compasión, conmiseración, absolución, indulgencia, clemencia, miseración, bondad, ternura, humanidad.
ANT. *Impiedad, dureza, inhumanidad, inflexibilidad.*

misericordioso

SIN. Compasivo, humano, piadoso, caritativo, altruista, filántropo, compasible, filantrópico, apiadador, clemente, pío, bondadoso, benigno, humanitario, humilde, sensible.
ANT. *Duro, inclemente, inhumano, vicioso.*

mísero

SIN. Desgraciado, desventurado, miserable, infortunado, desdichado, infeliz, apocado, tímido, pusilánime, malandado, malaventurado, roñoso, ruin, indigente, necesitado, pobre, menesteroso.
ANT. *Afortunado, generoso, rico, espléndido, animado, dichoso, feliz, honrado, ejemplar, virtuoso.*

misión

SIN. Encargo, gestión, comisión, función, servicio, tarea, trabajo, labor, ocupación, cometido, envío, recado, embajada, delegación, legación, representación.

misionero

SIN. Misionario comisionado, enviado, recadero, encargado, embajador, propagandista, propagador, divulgador.

misiva

SIN. Esquela, billete, aviso, carta,
nota, epístola, escrito, mensaje, comunicación.

mismamente

SIN. Idem, idénticamente, íd. exactamente, análogamente, igualmente, propiamente.
ANT. *Contrariamente, opuestamente, distintamente.*

mismo

SIN. Igual, idéntico, propio, semejante, parecido, equivalente, similar, equiparable, justo, cabal, exacto, uno, análogo, homogéneo, congénere.
ANT. *Diferente, heterogéneo, opuesto, distinto, contrario.*

misterio

SIN. Arcano, reserva, secreto, sigilo, incógnito, incógnita, enigma, interrogante, ocultación, jeroglífico, hieratismo, incomprensión.
ANT. *Franqueza, sinceridad, claridad, evidencia.*

misterioso

SIN. Oculto, secreto, recóndito, obscuro, reservado, impenetrable, inexplicable, incomprensible, indescifrable, hermético, esotérico, ininteligible, incógnito, arcano, subrepticio, insondable, sibilino, cifrado, disimulado, encubierto, dogmático, tenebroso, insoluble, incognoscible, inexplicable.
ANT. *Comprensible, claro, evidente, patente, natural, lógico, conocido, divulgado, sabido, propagado.*

mitigación

SIN. Amaine, amortiguamiento, sedación, remisión, atenuación, alivio, placación, moderación, dulcificación, calma, sosiego, consuelo, suavizamiento, paliación.
ANT. *Enfurecimiento, exacerbación, exasperación.*

mitigar

SIN. Consolar, templar, disminuir, amainar, aliviar, atemperar, moderar, desenconar, dulcificar, minorar, aminorar, aplacar, suavizar, calmar, atenuar, amitigar, amortiguar, sosegar, consolar, refrescar, paliar, reprimir.
ANT. *Enfurecer, exacerbar, exasperar.*

mito

SIN. Ficción, leyenda, símbolo, superstición, invención, fábula, tradición, alegoría.

ANT. *Autenticidad, realidad.*

mitote
Amér.
SIN. Bulla, alboroto, pendencia, algarabía, follón.
ANT. *Silencio, calma.*

mitotero
Amér.
SIN. Bullanguero, juerguista, farrista.
ANT. *Serio, grave.*

mixto
SIN. Compuesto, mezclado, heterogéneo, híbrido, misto, vario, promíscuo, mestizo, fósforo, cerilla.
ANT. *Simple, elemental, primario, puro.*

mixtura
SIN. Mezcolanza, mezcla, mistura, mistión, promiscuación, mixtión, amalgama, composición, pócima, poción, potingue, brebaje, bebedizo.
ANT. *Homogeneidad, simplicidad, pureza.*

mixturar
SIN. Mezclar, combinar, amalgamar, incorporar, emulsionar, champurrar, emburujar.
ANT. *Separar, disgregar.*

moble
SIN. Móvil, movible, variable, inconstante, inestable, inseguro.
ANT. *Fijo, estable, inmóvil, firme, inmueble, invariable, permanente, constante, seguro.*

mocedad
SIN. Juventud, adolescencia, muchachez, travesura, desenfreno, mancebez, mancebía, verdor, lozanía, inexperiencia, candor, ingenuidad, simplicidad.
ANT. *Vejez, senilidad, senectud, seriedad, reflexión, experiencia.*

mocero
SIN. Lascivo, mujeriego, faldero, rijoso, libidinoso, calavera.
ANT. *Casto, virtuoso, misógino.*

mocetón
SIN. Mozancón, hombretón, mozarrón, pollancón, zagalón, chicarrón, jayán, pericón, grandón, recio, corpulento.
ANT. *Enclenque, debilucho, escuchimizado, alfeñique.*

moción
SIN. Movimiento, proposición, impulso, monición, meneo, movedura, inclinación, propensión, tendencia, propuesta, sugerencia, inspiración.
ANT. *Reparo, quietud, indiferencia.*

mocito
SIN. Mozalbete, mozalbillo, mocete, mozuelo, muchacho, garzón, pollito, jovenzuelo, chico.
ANT. *Mayor, viejo.*

mochila
SIN. Zurrón, saco, morral, macuto, talega, cutama, bolsa.

moda
SIN. Costumbre, uso, modo, boga, hábito, estilo, usanza, actualidad.
ANT. *Antigüedad, antigualla, ridiculez, cursilería, desuso, olvido.*

modales
SIN. Maneras, ademanes, formas, principios, educación, crianza, apostura, continente, porte, conducta, cortesía.

modelo
SIN. Muestra, pauta, medida, regla, dechado, ejemplar, ejemplo, arquetipo, prototipo, tipo, paradigma, módulo, patrón, precedente, original, variedad, clase, variante, tipo, ideal, perfecto, hermoso, único, bello.
ANT. *Copia, calco, trasunto, parodia, plagio, imitación, feo, imperfecto.*

moderación
SIN. Mesura, modicidad, comedimiento, modestia, morigeración, sobriedad, templanza, sensatez, cordura, eutrapelia, circunspección, temperancia, compostura, parquedad, discreción, frugalidad, tino, reportación, freno, represión, disminución, tolerancia, contención, atenuación, juicio, reflexión, prudencia.
ANT. *Inmoderación, descomedimiento, intemperancia, abuso, desmesura, desenfreno, exceso, atropello, demasía, altivez, insensatez.*

moderadamente
SIN. Razonadamente, razonablemente, prudencialmente, modestamente, sobriamente, comedidamente, mesuradamente, templadamente, temperadamente, morigeradamente, frugalmente.

ANT. *Impetuosamente, desenfrenadamente, violentamente, insensatamente.*

moderado
SIN. Comedido, eutrapélico, eutropélico, modoso, parco, frugal, mesurado, morigerado, sobrio, modesto, templado, módico, compasado, reposado, reglado, regular, ponderado, centrado, suave, razonable, circunspecto, juicioso, virtuoso, reflexivo, contenido.
ANT. *Desmesurado, descomedido, inmoderado, impetuoso, violento, irreflexivo, desenfrenado, insensato, intemperante.*

moderar
SIN. Atemperar, mitigar, aplacar, ablandar, suavizar, refrenar, templar, atenuar, arreglar, contener, mesurar, morigerar, temperar, corregir, regular, aligerar, reducir, amainar, aquietar, apaciguar, ajustar, calmar, frenar, paliar.
ANT. *Abultar, abusar, exagerar.*

modernización
SIN. Innovación, innovamiento, modernismo, renovación, actualización, reforma, evolución, rejuvenecimiento, adaptación.
ANT. *Inmovilismo, estancamiento, antigüedad, envejecimiento.*

modernizar
SIN. Innovar, renovar, remozar, restaurar, reponer, mejorar, rejuvenecer, reformar, actualizar.
ANT. *Pasar, olvidar, envejecer.*

moderno
SIN. Flamante, actual, nuevo, reciente, original, neotérico, fresco, desusado, innovador, actualizado, último.
ANT. *Primitivo, antiguo, arcaico, vetusto, ancestral, atávico, rancio, tradicional, trasnochado.*

modestia
SIN. Honestidad, recato, decencia, moderación, decoro, insignificancia, humildad, moralidad, sencillez, austeridad, sobriedad, reserva, compostura, comedimiento.
ANT. *Presunción, engreimiento, inmodestia, pedantería, vanagloria, vanidad, jactancia, ufanía, altivez, desvergüenza, impudor, deshonestidad, descompostura, descomedimiento.*

modesto
SIN. Honesto, recatado, humilde,

decente, insignificante, moderado, templado, morigerado, apocado, respetuoso, seráfico, obscuro, parco, sobrio, austero, mísero, reservado, tímido.
ANT. *Arrogante, orgulloso, ostentoso, presumido, jactancioso, vanidoso, descarado, pedante, indecente, descomedido, inmoderado, atrevido.*

módico
SIN. Limitado, escaso, reducido, parco, económico, asequible, moderado, morigerado, temperado, ruin, insignificante, despreciable.
ANT. *Grande, importante, caro, inmoderado.*

modificar
SIN. Reformar, rectificar, cambiar, corregir, enmendar, restringir, caracterizar, diferenciar, limitar, determinar, singularizar, alterar, transformar, transfigurar.
ANT. *Estabilizar, mantener, permanecer, conservar.*

modo
SIN. Manera, forma, método, procedimiento, política, fórmula, sistema, disposición, táctica, cortesanía, urbanidad, circunspección, decencia, moderación, templanza, prudencia, guisa, género, estilo, suerte, conducta, camino, rumbo, actitud, estado, régimen, criterio, naturaleza, clase, condición, configuración, aspecto, cualidad, circunstancia, línea.
ANT. *Desprecio, descortesía, ordinariez, grosería.*

modorra
SIN. Pesadez, letargo, sopor, somnolencia, soñolencia, soñera, flojera, aturdimiento, amodorramiento, zorrea, azorramiento.
ANT. *Actividad, vigilia.*

modorro
SIN. Inadvertido, ignorante, torpe, burro, zote, amodorrido, adormecido, aletargado, soñoliento.
ANT. *Espabilado, despierto, inteligente.*

nodoso
SIN. Mesurado, sencillo, humilde, respetuoso, callado, cortés, discreto, recatado.
ANT. *Ordinario, grosero, charlatán, descarado.*

mofa
SIN. Burla, befa, escarnio, ludibrio, chacota, chufla, camama, bufa, inri.
ANT. *Respeto, tacto, discreción, delicadeza.*

mofarse
SIN. Reírse, chunguearse, burlarse, chungarse, chancearse, chuflarse, chotearse, alfonsearse, cachondearse.
ANT. *Respetar, elogiar, enaltecer, alabar.*

moflete
SIN. Carrillo, mollete, cachete, buchete, mejilla.

mofletudo
SIN. Carirredondo, carilleno, carrilludo, cachetudo, molletudo, rollizo, gordinflón, hinchado.
ANT. *Delgado, chupado.*

mogrollo
SIN. Gorrón, gorrista, tosco, descortés, garbancero, tocho, incivil, inurbano.
ANT. *Cortés, sociable, respetuoso, delicado.*

mohín
SIN. Gesto, mueca, alcocarra, visaje, arrumaco, guiño, aspaviento.

mohíno
SIN. Melancólico, disgustado, descontento, mosqueado, atufado, enfadado, airado, triste, cariacontecido, cabizbajo, cabizcaído, meditabundo, enojado, lánguido, sombrío.
ANT. *Contento, alegre, feliz.*

moho
SIN. Orín, óxido, herrumbre, verdete, cardenillo, hongo, desidia, pereza, vagancia, pigricia, ganduleria, haraganería, ociosidad.
ANT. *Actividad, diligencia, trabajo.*

mohosearse
Amér.
SIN. Enmohecerse, mohecer, florecer, herrumbarse.
ANT. *Desenmohecerse, abrillantar.*

mohoso
SIN. Mohiento, herrumbroso, columbriento, oriniento, oxidado, roñoso, ruginoso, eruginoso, enmohecido, florecido, putrefacto, rancio, podrido, corrompido, descompuesto.
ANT. *Bueno, perfecto, fresco, inoxidable.*

mojar
SIN. Calar, regar, bañar, humedecer, empapar, remojar, asperjar, sumergir, embeber, inundar, humectar, untar, rociar, salpicar, ensopar, rezumar, aguar, macerar, rociar.
ANT. *Secar, enjugar.*

mojarrilla
SIN. Chancero, dicharachero, alegre, mofante, chacotero, chufletero, jaranero, festivo.
ANT. *Serio, grave, circunspecto.*

mojicón
SIN. Bollo, bizcocho, cachete, cachetada, bojicón, puñetazo, sopapo, torta, mamporro, soplamocos.
ANT. *Mimo, caricia.*

mojiganga
SIN. Farsa, mascarada, bojiganga, burlería, jolgorio, fiesta, bullicio, chanza, mofa, burla.
ANT. *Seriedad, gravedad.*

mojigatería
SIN. Santurronería, mojigatez, gazmoñería, beatería, hipocresía, fariseísmo, fingimiento, ranciedad, puritanismo, fanatismo, impiedad, intransigencia, pudibundez.
ANT. *Sinceridad, religiosidad, humildad.*

mojigato
SIN. Beato, disimulado, misticón, tragasantos, beatuco, hazañero, hipócrita, santurrón, gazmoño, timorato, pazguato, ñoño, melindroso, cobarde.
ANT. *Religioso, comprensivo, sincero, audaz, osado.*

mojón
SIN. Poste, moto, muga, señal, hito, zarullo, catavinos, chito, montón, amontonamiento, indicación, indicador, jalón, pilar, límite, linde, término.

molde
SIN. Matriz, modelo, horma, regla, ejemplo, prototipo, cuño, troquel, mascarilla, plancha, formaje, vaciado, encofrado, figura, muestra, tipo.

moldear
SIN. Amoldar, moldar, ahormar, estampar, fundir, vaciar, moldurar, adaptar, reproducir, crear, formar.

mole

SIN. Muelle, blando, suave, mullido, fláccido, mórbido, fofo, delicado, masa, volumen, bulto, corpulencia.

ANT. *Duro, pequeñez, insignificancia.*

moledor

SIN. Pesado, molesto, chinchorrero, latoso, incordiante, necio, cargante, molendero, aceñero, molero, molinero.

ANT. *Discreto, agradable, simpático, considerado.*

moler

SIN. Machacar, pulverizar, abatir, desfallecer, aniquilar, derribar, agotar, extenuar, quebrantar, mascar, cargar, molestar, cansar, fastidiar, maltratar, fatigar, destruir, molturar, triturar, aciberar, desmenuzar, disgregar, deshacer, desintegrar.

ANT. *Deleitar, entretener, contentar, animar, mimar, cuidar, construir.*

molestar

SIN. Enfadar, enojar, desagradar, embarazar, fatigar, fastidiar, incomodar, mortificar, encocorar, cansar, impacientar, jorobar, asediar, zaherir, hostigar, exasperar, irritar, contrariar, inquietar, abrumar, ofender, estorbar, marear, sofocar, perturbar, disgustar, incordiar, hastiar, desazonar, apurar, importunar, fregar, *(Amér.).*

ANT. *Divertir, alegrar, entretener, encantar, deleitar, cuidar, acariciar, respetar.*

molestia

SIN. Enfado, embarazo, estorbo, desagrado, extorsión, incomodidad, mortificación, pesadez, perjuicio, desazón, fatiga, dificultad, impedimento, obstáculo, perturbación, tequío, cansera, tabarra, lata, pejiguera, engorro, incómodo, grilla *(Amér.),* inconveniencia, desagrado, disfavor, penitencia, incordio, vejación, sobrecarga, contrariedad, penalidad, preocupación, trastorno, angustia, agitación, amargura, pesadumbre.

ANT. *Salud, agrado, contento, conveniencia, bienestar, deleite, despreocupación, tranquilidad, comodidad.*

molesto

SIN. Enojoso, enfadoso, desagradable, embarazoso, fastidioso, incó-

modo, pesado, molestoso, chinche, oneroso, empalagoso, cargante, gravoso, penoso, latoso, estomagante, agobiante, engorroso, exasperante, inaguantable, insoportable, odioso, indignante, insufrible, irritante, impertinente, insultante, ofensivo.

ANT. *Agradable, oportuno, cómodo, ameno, entretenido, amable, agradable, simpático, obsequioso, servicial.*

molicie

SIN. Blandura, afeminamiento, afeminación, amadamiento, flaccidez, suavidad, flojera, relajación, abandono, pereza, incuria, apatía, irresolución, sensualidad, placer, deleite, comodidad.

ANT. *Dureza, sacrificio, incomodidad.*

molienda

SIN. Moltura, moledura, desmenuzamiento, pulverización, quebrantamiento, aplastamiento, molturación, molimiento, trituración, empergue, machacamiento, molestia, cansancio, fatiga, pesadez, fastidio.

ANT. *Amenidad, distracción, fastidio.*

molondro

SIN. Poltrón, perezoso, molondrón, torpe, ignorante, pigre, haragán, vago, gandul.

ANT. *Inteligente, listo, activo.*

mollejón

SIN. Blando, bonachón, gordinflón, flojo, fofo, inflado, panzudo, pánfilo, pacífico, cachazudo, apacible, sosegado, tranquilo.

ANT. *Esquelético, enclenque, delgado, furioso, irascible.*

mollera

SIN. Caletre, seso, pesquis, cabeza, cráneo, sesera, cacumen, chirumen, talento, inteligencia.

ANT. *Necedad, torpeza, bobería.*

molletudo

SIN. Carrilludo, mofletudo, carilleno, carirredondo, rollizo, gordinflón.

ANT. *Delgado, chupado.*

momentáneo

SIN. Pasajero, breve, transitorio, rápido, fugaz, instantáneo, súbito, subitáneo, repentino, circunstancial, provisional.

ANT. *Prolongado, eterno, duradero, permanente.*

momento

SIN. Instante, período, plazo, tiempo, lapso, soplo, punto, segundo, importancia, entidad, peso, trascendencia, intensidad, circunstancia, coyuntura, situación.

ANT. *Persistencia, eternidad, continuidad, intrascendencia, fruslería, bagatela.*

momio

SIN. Magro, prima, ganga, ventaja, propina, provecho, entelerido, cetrino, enjuto, flaco.

ANT. *Grasiento, gordo, desventaja, carestía.*

mona

SIN. Borrachera, borracho, pítima, bollo, papalina, turca, cogorza, tablón, trompa, mordaguera, merluza, jumera, imitadora

monada

SIN. Monería, zalamería, halago, mohín, arrumaco, carantoña, gracia, mimo, gesto, lagotería, aspaviento.

ANT. *Frialdad, sobriedad, seriedad, gravedad, impasibilidad.*

monaguillo

SIN. Monacillo, escolano, monago, acólito, monecillo, cetre, rapavelas, seise.

mondar

SIN. Limpiar, podar, pelar, dragar, desescombrar, descamisar, descortezar, purificar, escamondar, quitar, privar, escamotear, desvalijar.

mondo

SIN. Pelado, descortezado, despellejado, cortado, limpio, mondón, pelón, mondado, puro, sencillo, rapado, morondo, simple.

ANT. *Compuesto, superfluo, mezclado, añadido.*

monedear

SIN. Monedar, acuñar, amonedar.

monería

SIN. Gracia, zalamería, monada, lagotería, dengue, carantoña, arrumaco, bagatela, fruslería, futilidad, nadería, insignificancia.

ANT. *Seriedad, importancia.*

moni

Amér.

SIN. Dinero, cuartos, moneda, plata, parné, blanca, mosca, efectivo.

moniato
SIN. Boniato, buniato.

monigote
SIN. Muñeco, pelele, monicaco, títere, marioneta, fantoche, ignorante, despreciable, lego, rudo, torpe, esperpento, tosco, tocho, despreciable.
ANT. *Inteligente, despierto, culto, enérgico.*

monigote
Amér.
SIN. Seminarista.

mono
SIN. Simio, mico, macaco, antropoide, cuadrúmano, pulido, delicado, primoroso, gracioso, bonito, hermoso, fino, lindo, bello.
ANT. *Desagradable, feo, repelente.*

monopolio
SIN. Exclusiva, privilegio, concesión, estanco, centralización, acaparamiento, almacenamiento, acopio, retención, concentración.
ANT. *Competencia, concurrencia.*

monopolizar
SIN. Acaparar, estancar, almacenar, acumular, copar, reunir, retener, explotar, aprovechar, centralizar, abarcar, acopiar, atravesar.
ANT. *Repartir, concurrir, competir, rivalizar, descentralizar.*

monotonía
SIN. Igualdad, regularidad, uniformidad, sinonimia, isocronismo, repetición, hastío, pesadez, aburrimiento, simplicidad, fastidio, continuidad.
ANT. *Variedad, amenidad, diversión, complejidad.*

monótono
SIN. Regular, uniforme, invariable, isócrono, monocorde, continuo, pesado, repetido, enojoso, aburrido, igual, salmódico, usual.
ANT. *Variable, diferente, ameno, diverso, divertido.*

monstruo
SIN. Fenómeno, quimera, monstro, aborto, anormal, deforme, endriago, tarasca, espantajo, esperpento, engendro, prodigio.
ANT. *Humanidad, naturalidad, belleza, perfección.*

monstruoso
SIN. Fenomenal, enorme, bestial, fantástico, prodigioso, desproporcionado, horroroso, feo, inhumano, cruel, perverso, antinatural, contranatural, anómalo, anormal, deforme, informe, amorfo, impresionante, extraordinario.
ANT. *Perfecto, bueno, natural, humano, bello, normal.*

montantada
SIN. Multitud, muchedumbre, abundancia, vanidad, presunción, jactancia, fanfarronada, chulería.
ANT. *Ausencia, falta, escasez, poquedad.*

montar
SIN. Poner, instalar, juntar, unir, establecer, disponer, preparar, ajustar, acoplar, articular, ensamblar, superponer, solapar, pisar, imbricar, sobreponer, importar, sumar, alcanzar, ascender, cabalear, cabalgar, trotar.
ANT. *Desmontar, descabalgar, bajar, quitar, retirar, desajustar, desarmar, separar.*

montaraz
SIN. Arisco, agreste, intratable, cerrero, bravío, montés, selvático, salvaje, rústico, grosero, fiero, cerril, indómito, indócil, silvestre, brusco, descomedido, insociable.
ANT. *Educado, fino, cordial, sociable.*

montón
SIN. Pila, multitud, tumulto, gentío, muchedumbre, grupo, infinidad, cúmulo, porción, sinnúmero, rimero, hacinamiento, amontonamiento, sima, mojón, acumulación, acervo, aglomeración, conjunto, colección, provisión, conclobación.
ANT. *Nada, escasez, nadie.*

montonero
Amér.
SIN. Guerrillero, luchador, partisano.

montuno
Amér.
SIN. Salvaje, montaraz, agreste, montés, silvestre.
ANT. *Urbano, fino, culto.*

monumental
SIN. Fenomenal, enorme, morrocotudo, piramidal, grandioso, grande, magnífico, descomunal, excelente, gigantesco, señalado, excesivo, giganteo, colosal, majestuoso, impresionante, extraordinario, exorbitante, ingente, admirable, formidable, ciclópeo, prodigioso.
ANT. *Minúsculo, pequeño, insignificante, corriente.*

moña
SIN. Muñeca, adorno, lazo, gorro, borrachera.

moño
SIN. Rodete, rulo, coca, chufo, bucle, lazo, penacho, castaña, copete, moña, moñajo.

moquete
SIN. Puñetazo, guantada, sopapo, cachetada, cachete, revés, bofetada, torta, tortazo, bofetón, mojicón, golpe, coscorrón.
ANT. *Mimo, caricia.*

morada
SIN. Casa, residencia, domicilio, habitación, habitáculo, rincón, cuarto, estancia, permanencia.

morador
SIN. Inquilino, vecino, domiciliado, ocupante, habitante, residente, habitador, ciudadano, poblador, súbdito, natural.
ANT. *Errabundo, extranjero, nómada, emigrado.*

moralidad
SIN. Bondad, probidad, austeridad, rectitud, honradez, justicia, integridad, honor, pulcritud, virtud, delicadeza, conciencia.
ANT. *Inmoralidad, injusticia, deshonor.*

morar
SIN. Vivir, residir, habitar, anidar, parar, estar, ocupar, convivir, cohabitar, animar, permanecer.
ANT. *Marchar, emigrar.*

mórbido
SIN. Morboso, malsano, enfermizo, blando, muelle, delicado, suave, mullido, tierno, fláccido, terso.
ANT. *Sano, áspero, puro.*

mordaz
SIN. Picante, punzante, cáustico, satírico, sarcástico, corrosivo, áspero, zaheridor, acre, dicaz, incisivo, virulento, penetrante, acerado, irónico, malévolo.
ANT. *Franco, sincero, benévolo, bondadoso, enaltecedor, claro, directo.*

morder
SIN. Mordiscar, mordisquear, mascar, picotear, picar, remorder, raer, lesionar, carcomer, corroer, dentellear, adentellar, mordicar, tarascar, desgastar, gastar, murmurar, criticar, satirizar, ironizar, punzar, chismorrear.
ANT. *Ensalzar, enaltecer, alabar, respetar, completar, reponer.*

mordicante
SIN. Mordiente, punzante, incisivo, afilado, acerado, virulento, penetrante, criticón, satírico, mordaz, acre, corrosivo, dicaz, áspero, sarcástico.
ANT. *Claro, franco, sincero, enaltecedor, benévolo.*

mordido
SIN. Desgastado, roído, picado, mordisqueado, carcomido, limado, gastado, menoscabado, desfalcado, incompleto.
ANT. *Entero, completo, abundante, nuevo, impecable.*

mordiscón
Amér.
SIN. Mordisco, mordedura, dentellada, mordida, bocado.

moribundo
SIN. Expirante, agonizante, falleciente, mortecino, agónico, semidifunto, pereciente, sucumbiente, declinante.
ANT. *Resucitado, sano, vivo.*

morigerado
SIN. Mesurado, moderado, comedido, sobrio, templado, temperado, parco, contenido, circunspecto, prudente, reservado, juicioso.
ANT. *Destemplado, descompasado, insensato, imprudente, incontinente, abusivo.*

morir
SIN. Fallecer, perecer, expirar, agonizar, ultimar, transir, cesar, fenecer, sucumbir, acabar, caer, espichar, despichar, finar, palmar.
ANT. *Vivir, nacer, brotar, surgir, florecer, reanudar.*

morosidad
SIN. Demora, lentitud, dilación, pereza, tardanza, ocio, pigricia, vagancia, gandulería, retraso, moratoria, detención, aplazamiento, remisión, retardo, premiosidad, inactividad, pereza, informalidad.
ANT. *Celeridad, actividad, rapidez, puntualidad, trabajo, formalidad.*

moroso
SIN. Lento, tardo, negligente, inactivo, pigre, vago, perezoso, premioso, tardío, atrasado, remiso, holgazán, ocioso, informal.
ANT. *Rápido, apresurado, activo, trabajador, puntual, formal.*

morral
SIN. Bolsa, talego, macuto, zurrón, cutama, talega, mochila, zote, grosero, ceporro, chabacano, ordinario.
ANT. *Educado, fino, cortés.*

morriña
SIN. Melancolía, nostalgia, añoranza, tristeza, cacorra, murria, melanconía.
ANT. *Contento, alegría, consuelo.*

morro
SIN. Hocico, jeta, bezo, boca, rostro, monte, guijarro.

morrocotudo
SIN. Dificilísimo, endiablado, peliagudo, climatérico, fenomenal, importantísimo, gravísimo, monumental, pistonudo, grande, descomunal, considerable, atroz, enorme, formidable.
ANT. *Trivial, mezquino, insignificante, pequeño.*

marronguear
Amér.
SIN. Beber, chupar.

morrudo
SIN. Hocicudo, bezudo, bembón, jetudo, saliente, protuberante, grosero, vulgar, soez.
ANT. *Delicado, fino, suave, liso.*

mortal
SIN. Mortífero, fatal, enético, letal, cierto, seguro, concluyente, decisivo, capital, deletéreo, perecedero, efímero, transitorio, fugaz, fulminante, fatídico, irreparable, definitivo, fatigoso, cruel, monótono, penoso, aburrido.
ANT. *Inmortal, vital, incierto, inseguro, divertido, ameno, alegre.*

mortandad
SIN. Destrozo, matanza, carnicería, mortalidad, sarracina, degollina, matacía, hecatombe, letalidad, escabechinana, exterminio.

mortecino
SIN. Apagado, bajo, débil, moribundo, exangüe, exinanido, exánime, lánguido, desfalleciente, tenue.

ANT. *Vigoroso, vivo, fuerte.*

mortificar
SIN. Apesadumbrar, apenar, vejar, dañar, zaherir, torturar, injuriar, ofender, pinchar, punzar, molestar, afligir, lastimar, desazonar, humillar, castigar, macerar, encocorar, chinchar, fastidiar, importunar, atormentar, disgustar, herir, hostilizar.
ANT. *Ayudar, halagar, complacer, animar.*

mosquear
SIN. Responder, replicar, azotar, zurrar, pegar, golpear, zumbar, vapulear, rechazar, apartar, espantar, ahuyentar.
ANT. *Acariciar, atraer, confiar.*

mostrado
SIN. Avezado, habituado, acostumbrado, hecho, baqueteado, fogueado, ducho, manifiesto, exhibido, expuesto, sabido, declarado.
ANT. *Desacostumbrado, escondido, secreto.*

mostrar
SIN. Exponer, exhibir, enseñar desplegar, indicar, señalar, demostrar, manifestar, patentizar, ostentar, exteriorizar, probar, revelar, descubrir, extender, aflorar, proclamar, trascender, ofrecer, presentar, guiar, advertir, explicar, significar, expresar, aclarar, sugerir, subrayar, decir, determinar.
ANT. *Ocultar, disimular, omitir, esconder, celar.*

mostrenco
SIN. Rudo, ignorante, majadero, zafio, lerdo, bruto, zopenco, cebolino, tolete, torpe, zote, bruto, imbécil, gordo, pesado, corpulento, macizo.
ANT. *Delgado, culto, propio, dependiente.*

mota
SIN. Nudillo, defecto, tara, pinta, pelusa, brizna, insignificancia, migaja, hilacha, ribazo, defecto, prominencia, elevación, eminencia, montículo.

mote
SIN. Alias, apodo, sobrenombre, sentencia, frase, tema, divisa, lema, empresa, emblema, nombrete, seudónimo, denuesto, baldón.

motejar
SIN. Criticar, mortificar, zaherir

tachar, reprochar, calificar, censurar, notar, bautizar, intitular, apodar, señalar, enjuiciar.
ANT. *Enaltecer, alabar, aplaudir.*

motete
Amér.
SIN. Lío, atado, envoltorio, fardo, petate, paquete.

motín
SIN. Sedición, jaleo, disturbio, pueblada *(Amér.)*, rebelión, asonada, tumulto, alboroto, desorden, bullanga, revuelta, pronunciamiento, revolución, sublevación, rebeldía, desobediencia.
ANT. *Pacificación, paz, concordia, orden.*

motivo
SIN. Fundamento, motivación, objeto, influencia, explicación, ocasión, circunstancia, pretexto, eventualidad, causa, móvil, razón, asunto, tema, porqué, finalidad, pábulo, trama, tema, argumento.
ANT. *Derivación, consecuencia, inhibición, abstención, gratuidad, arbitrariedad.*

motolito
SIN. Bobo, bobalicón, necio, imbécil, abobado, babieca, estúpido.
ANT. *Espabilado, listo, despierto, avispado.*

movedizo
SIN. Movible, portátil, llevadero, vacilante, voluble, cambiante, variable, inseguro, inconstante, tornadizo, versátil, móvil, inestable, veleta, turbulento, inquieto, revoltoso, zascandil, circulante, excitable, impaciente, intranquilo.
ANT. *Firme, fijo, permanente, inmóvil, invariable, seguro, quieto, estable, lento, serio, grave, fiel.*

mover
SIN. Menear, remover, agitar, cernear, bullir, rebullir, mudar, guiar, trasladar, incitar, llevar, inducir persuadir, alterar, conmover, ocasionar, excitar, activar, propulsar, impulsar, empujar, conducir, accionar, manejar, fomentar, estimular, orientar, animar, provocar, suscitar, promover, causar, originar, producir, cambiar.
ANT. *Inmovilizar, detener, fijar, paralizar, sosegar, tranquilizar, desanimar, respetar.*

móvil
SIN. Movible, moble, movedizo,

inestable, impulso, causa, razón, motivo, fundamento, porqué, pábulo, origen, fuente, génesis, inspiración, pretexto.
ANT. *Fijo, estable.*

movilidad
SIN. Inestabilidad, agilidad, locomotividad, oscilación, meneo, vibración, actividad, movimiento.
ANT. *Quietud, tranquilidad, reposo.*

movimiento
SIN. Pronunciamiento, alzamiento, levantamiento, alteración, conmoción, movición, movedura, meneo, animación, agitación, ajetreo, acción, dinamismo. vivacidad, convulsión, sacudida, vibración, cambio, tránsito, opinión, doctrina, corriente, tendencia, moda, estilo.
ANT. *Abulia, inercia, inacción, inmovilidad, parsimonia, estabilización, paralización, paro, detención.*

moyana
SIN. Mentira, engaño, ficción, falsedad, fantasía, quimera, trola, bola, embuste.
ANT. *Realidad, verdad, autenticidad.*

moza
SIN. Criada, fregona, maritornés, concubina, manceba, querida, amante, lío.

mozo
SIN. Joven, zagal, muchacho, mancebo, recluta, mozallón, mozuelo, pollo, mozalbete, mozalbillo, mocito, soltero, célibe, ganapán, esportillero, costalero, criado, gato, sirviente, servidor, fámulo, doncel, efebo.
ANT. *Anciano, viejo, decrépito.*

mucamo
Amér.
SIN. Sirviente, criado, fámulo, doméstico, lacayo.
ANT. *Señor, amo.*

muchachada
SIN. Niñada, niñería, chiquillería, chiquillada, muchachería, travesura.
ANT. *Gravedad, seriedad.*

muchacho
SIN. Mozo, joven, niño, mancebo, zagal, chico, chiquillo, zagalillo, zagalejo, chicuelo, rapaz, jovenzuelo.
ANT. *Maduro, anciano, viejo.*

muchedumbre
SIN. Infinidad, multitud, legión, chusma, turba, abundancia, copia, porción, sinnúmero, concentración, agolpamiento, enjambre, hormiguero, turba, caterva, piélago, comitiva, colectividad, montón, tropel, multitud, afluencia, concurrencia, aglomeración, reunión.
ANT. *Aislamiento, dispersión, escasez, soledad.*

mucho
SIN. Sobremanera, sumamente, exagerado, extremado, abundante, numeroso, sí, ciertamente, cúmulo, saciedad, cantidad, montón, abundoso, ubérrimo, cuantioso, pingüe, profusión, copia, exceso, copioso, profuso, considerable, incontable, innúmero, grande, importante, inconmensurable, superabundante, harto, nutrido, dilatado, inmenso, inagotable, acumulación, aglomeración.
ANT. *Poco, limitado, contado, moderado, templado, corto, finito, escaso, insuficiente, pequeño, solitario.*

mudamente
SIN. Silenciosamente, calladamente, quedamente, sigilosamente.
ANT. *Ruidosamente, escandalosamente.*

mudanza
SIN. Traslado, cambio, muda, remuda, trasiega, transporte, variación, cambio, alteración, mutación, mudamiento, inconstancia, traslación, veleidad, reforma, corrección, renovación, innovación, modificación, frivolidad, versatilidad, infidelidad, volubilidad.
ANT. *Constancia, inalterabilidad, firmeza, permanencia, inmutabilidad.*

mudar
SIN. Cambiar, variar, alterar, trocar, transformar, trastrocar, transportar, transmudar, remudar, modificar, demudar, tornar, desviar, desfigurar, rectificar, deformar, enmendar, relevar, sustituir, corregir.
ANT. *Conservar, perdurar, persistir, perseverar, mantener, continuar, seguir, fijar, permanecer.*

mudo
SIN. Callado, silente, taciturno, silencioso, reservado, insonoro, sigiloso, tácito, cerrado.
ANT. *Charlatán, hablador.*

mueca
SIN. Visaje, gesto, mohín, cucamona, aspaviento, contorsión, mimo.

muelle
SIN. Resorte, delicado, blando, suave, voluptuoso, regalón, mullido, esponjado, mórbido, mole, elástico, mollicio, esponjoso, reblandecido, fláccido, laxo.
ANT. *Duro, rígido, áspero, incómodo, denso, sobrio, moderado, inflexible, grosero.*

muerte
SIN. Fallecimiento, defunción, fin, baja, aniquilamiento, destrucción, ruina, asesinato, homicidio, acabamiento, óbito, expiración, ultimación, tránsito, partida, caída, extinción.
ANT. *Resurrección, florecimiento, vida, nacimiento, reconstrucción.*

muerto
SIN. Difunto, cadáver, víctima, finado, interfecto, exánime, inanimado, apagado, bajo, mortecino, marchito, extinto, exangüe, occiso, mártir, falleciente, sucumbiente, exinanido.
ANT. *Vivo, vivaz, viviente, activo, renovado, animado, resucitado, nuevo, existente.*

muestra
SIN. Modelo, prueba, prototipo, especimen, pauta, original, indicativo, demostración, señal, indicio, rótulo, porte, ademán, apostura, modales, continente, presencia, prestancia, exposición, exhibición, competición, concurrencia.
ANT. *Copia, ocultación.*

muga
SIN. Mojón, límite, hito, linde, término, majano.

mugre
SIN. Porquería, pringue, suciedad, grasa, inmundicia, churre, roña, cochambre, basura.
ANT. *Pulcritud, limpieza, higiene.*

mugriento
SIN. Mugroso, pringoso, asqueroso, churretoso, puerco, adán, cochino, sucio, mohoso, roñoso, gorrino, marrano, churriento, pringón, merdoso, emporcado, guarro, cochambroso, inmundo, poluto.
ANT. *Impoluto, pulcro, limpio, higiénico.*

mujerengo
Amér.
SIN. Afeminado, amujerado, amariconado, adamado, marica.
ANT. *Macho, varonil.*

mujeriego
SIN. Mocero, mujerío, rijoso, lascivo, libidinoso, lujurioso, calaverón, desenfrenado, concupiscente, vicioso.
ANT. *Misógino, casto, virtuoso.*

mujerzuela
SIN. Mujercilla, comadre, meretriz, puta, ramera, hetaira.

muladar
SIN. Basurero, albañal, pocilga, zahurda, jamerdana, sumidero, estercolero, vertedero.

multa
SIN. Castigo, pena, sanción, penalidad, escarmiento, recargo, gravamen, imposición, correctivo.
ANT. *Perdón, recompensa, gratificación, condonación.*

multiplicar
SIN. Reproducir, procrear, aumentar, acrecer, acrecentar, propagar, proliferar, amuchar *(Amér.).*
ANT. *Reducir, dividir, disminuir.*

multiplicidad
SIN. Muchedumbre, multitud, abundancia, copia, infinidad, sinnúmero, acrecimiento, diversidad, variedad.

multitud
SIN. Pueblo, gentío, muchedumbre, sinnúmero, infinidad, porción, legión, vulgo, chusma, turba, concurrencia, aglomeración, afluencia, concentración, inmensidad, hatajo, masa, caterva, torrente, infinitud, exuberancia, exceso, raudal, cantidad.
ANT. *Ausencia, defecto, falta, escasez.*

mullir
SIN. Esponjar, ablandar, ahuecar, enternecer, emblandecer, suavizar, arreglar, acordar.
ANT. *Estropear, endurecer, apelmazar, desconvenir.*

mundanal
SIN. Terrenal, terreno, mundano, universal, cosmopolita, internacional, mundial, cósmico, efímero, perecedero, transitorio.
ANT. *Celestial, espiritual, duradero, eterno.*

municionera
Amér.
SIN. Perdigonada, pistoletazo, disparo.

munificencia
SIN. Esplendidez, liberalidad, generosidad, magnificencia, dadivosidad, desprendimiento, rumbo, garbo, largueza.
ANT. *Tacañería, roñosería, pobreza, miseria.*

munífico
SIN. Generoso, espléndido, fastuoso, liberal, munificente, rumboso, rumbático, manilargo.
ANT. *Avaro, agarrado, tacaño, manicorto.*

murar
SIN. Cercar, amurallar, guarnecer, fortificar, cerrar.
ANT. *Desguarnecer, abrir.*

murmullo
SIN. Rumor, murmurio, bisbiseo, susurro, mormullo, susurrido, runrún, rute, ruido, sonido.
ANT. *Clamor, griterío.*

murmurar
SIN. Refunfuñar, rezongar, susurrar, murmujear, murmullar, criticar, chismorrear, arrullar, rumorear, musitar, farfullar, runrunear, cuchichear, mascullar, divulgar, calumniar, difamar, comentar, intrigar, maldecir, desacreditar, conversar.
ANT. *Ensalzar, alabar, enaltecer, elogiar, callar, defender, disculpar.*

muro
SIN. Paredón, tapia, cerca, valla, tabique, pared, muralla, murallón, dique, broquel, escudo, barrera, defensa, barbacana, entrepaño, respaldo, mampuesto, impedimento, dificultad.
ANT. *Facilidad, posibilidad.*

murria
SIN. Tedio, melancolía, tristeza, cacorra, fastidio, nostalgia, pena, morriña, tedio, abatimiento, languidez, desánimo, hastío, aburrimiento, malhumor, flato *(Amér.).*
ANT. *Contento, ánimo, alegría, diversión.*

musculación
Amér.
SIN. Musculatura, corpulencia, fortaleza, desarrollo.

ANT. *Raquitismo, debilidad.*

musirse

SIN. Enmohecerse, oxidarse, aherrumbrarse, florecerse, enrobinarse, escalfecerse.

mustio

SIN. Ajado, lacio, marchito, lánguido, melancólico, triste, mohino, desalentado, apenado, desmayado, murrio, pasado, pachucho, laxo, consumido, chafado, pocho, doliente, viejo, decadente.
ANT. *Alegre, contento, fresco, lozano, floreciente.*

mutación

SIN. Mudanza, cambio, alteración, reforma, innovación, conmutación, modificación, transformación, variación, metamorfosis, transfiguración.
ANT. *Inmutabilidad, persistencia, permanencia, fijeza.*

mutilado

SIN. Inválido, imposibilitado, incompleto, mútilo, descabalado, quebrado, cortado, corto, imperfecto, lisiado, estropeado, cercenado, disminuido.
ANT. *Intacto, completo, entero, indemne, sano.*

mutismo

SIN. Mudez, silencio, enmudecimiento, reserva, discreción, sigilo.
ANT. *Ruido, charlatanería, cotillería, publicidad.*

mutuamente

SIN. Recíprocamente.

mutuo

SIN. Mutual, recíproco, sinalagmático, correspondiente, correlativo, bilateral, alterno, alternativo, intercambiable.
ANT. *Personal, unilateral, singular.*

Ñ

nacarado
SIN. Nacarino, anacarado, irisado, pulido, terso, brillante.
ANT. *Opaco, deslucido.*

nacer
SIN. Encarnar, engendrar, parir, salir, brotar, despuntar, prorrumpir, germinar, proceder, aparecer, emanar, sobrevenir, descender, resultar, rebrotar, tallecer, retoñar, principiar.
ANT. *Morir, finar, acabar.*

nacimiento
SIN. Principio, creación, origen, eclosión, salida, orto, manantial, nacencia, natalicio, natio. natividad, cuna, raza, familia.
ANT. *Muerte, acabamiento, fin.*

nación
SIN. Estado, pueblo, país, patria, tierra, territorialidad, territorio, dominios, reino, ciudadanía, población, origen.

nacional
SIN. Propio, patrio, territorial, vernáculo, gubernativo, oficial, estatal, público, administrativo, natural, nativo, originario, súbdito, ciudadano.
ANT. *Extranjero, exótico, internacional, apátrida.*

nacionalismo
SIN. Patriotismo, patriotería, chovinismo, xenofobia.
ANT. *Internacionalismo, xenofilia.*

nacionalización
SIN. Socialización, estatificación, incautación, confiscación, apropiación, naturalización.

ANT. *Privatización, liberalización.*

nada
SIN. Cero, ausencia, nulidad, nadie, ápice, inexistencia, quimera, ficción, simulacro, entelequia.
ANT. *Todo, realidad, verdad.*

nadar
SIN. Flotar, bracear, sobrenadar, bañarse, zambullirse, bucear, somorgujar, sobrar, abundar, holgar.
ANT. *Hundirse, sumergirse, carecer, faltar.*

nadería
SIN. Fruslería, nonada, bagatela, insignificancia, friolera, futesa, pamplina, tiritaina, menudencia.
ANT. *Importancia, entidad, categoría.*

naipe
SIN. Carta, baraja, juego.

nalgada
SIN. Pernil, azote, culada, soba, golpe.
ANT. *Caricia.*

nalgas
SIN. Asentaderas, posaderas, trasero, culo, ancas, cachas, glúteos, nalgatorio, asiento, rabel, bullarengue, posas.

nana
SIN. Arrullo, canturreo, canto, tonadilla, acunamiento, abuela, nodriza, niñera.
ANT. *Silencio, joven.*

narciso
SIN. Fatuo, presumido, vanidoso,ególatra, ninfo, marica.

ANT. *Sencillo, humilde.*

narcótico
SIN. Dormitivo, sedante, calmante, somnífero, soporífero, estupefaciente, barbitúrico, alcaloide, droga.
ANT. *Excitante, estimulante.*

narcotizar
SIN. Calmar, aletargar, tranquilizar, adormecer, anestesiar, embotar, drogar.
ANT. *Excitar, despertar, estimular.*

narigón
SIN. Narizotas, narigudo, narizón, napias.
ANT. *Chato.*

nariz
SIN. Narices, naso, napias, morro, trompa, hocico, pituitaria, olfato.

narración
SIN. Cuento, historia, relato, exposición, narrativa, leyenda, autobiografía, aventura, epopeya, memorias, apólogo, fábula, odisea, cronicón, troba, parábola, sucedido, chiste, chisme, discurso, anécdota, mito, gesta, saga, episodio, pormenor, trama, argumento.

narrativa
SIN. Relato, exposición, cuento, narración, exposición, novelística, literatura, ficción, fabulación, fantasía, creación.

narrativo
SIN. Narrable, expresivo, informativo, narratorio, expositorio, fabulado, novelado, descriptivo.
ANT. *Indescriptible, inexpresivo.*

narrar

SIN. Referir, relatar, contar, reseñar, mencionar, relacionar, decir, exponer, novelar, fabular, explicar.
ANT. *Callar, silenciar.*

nastuerzo

SIN. Mastuerzo, necio, estúpido, simple, babieca, bobalias, obtuso, tontiloco, panoli, bambarria.
ANT. *Listo, espabilado.*

nata

SIN. Crema, natilla, película, telilla, flor, delicia, exquisitez, selección.
ANT. *Plebe, vulgaridad.*

natación

SIN. Baño, zambullida, inmersión, buceo, chapuzón.

natío

SIN. Nativo, natural, naturaleza, nacimiento, aborigen, natal, nacido.
ANT. *Forastero, extraño.*

nativismo

Amér.
SIN. Indigenismo.
ANT. *Extranjerismo, exotismo.*

nativo

SIN. Nacido, natural, oriundo aborigen, originario, indígena, natío, autóctono, terrígeno, innato, propio.
ANT. *Extranjero, extraño, forastero, adquirido.*

natural

SIN. Aborigen, originario, indígena, oriundo, nativo, nacido, autóctono, natío, terrígeno, carácter, condición, índole, genio, inclinación, franco, temperamento, ingenuo, corriente, llano, sencillo, sincero, común, acostumbrado, lógico, regular, habitual, normal, real, propio, icástico, ínsito, cencido.
ANT. *Forastero, extranjero, exótico, artificial, adquirido, artificioso, complicado, desusado, anormal, extraño.*

naturaleza

SIN. Carácter, natural, natura, índole, complexión, genio, temperamento, género, especie, sexo, clase, origen, instinto, propensión, señorío, esencia, substancia, universo, tierra.
ANT. *Nada, caos.*

naturalidad

SIN. Ingenuidad, franqueza, llaneza, sencillez, sinceridad, abertura, campechanía, esparcimiento, desenvoltura, libertad, espontaneidad.
ANT. *Hipocresía, afectación, timidez, altivez.*

naturalizar

SIN. Habituar, introducir, aclimatar, nacionalizar.
ANT. *Repeler, extrañar, desarraigar, desnaturalizar.*

naturalmente

SIN. Consecuentemente, probablemente, llanamente, caseramente, abiertamente.

naufragar

SIN. Hundirse, sumergirse, zozobrar, fallar, malograr, fracasar.
ANT. *Flotar, salvar, lograr, conseguir.*

náusea

SIN. Vómito, angustia, ansia, arcada, regurgitación, basca, asco, fastidio, repulsión.
ANT. *Atracción, agrado.*

nauseabundo

SIN. Asqueroso, repugnante, inmundo, nauseativo, nauseoso, vomitorio.
ANT. *Atractivo, agradable.*

navaja

SIN. Cuchillo, machete, daga, puñal, faca, charrasca, herramienta.

navajada

SIN. Navajazo, navajonazo, puñalada, cuchillada, facazo.

navajazo

SIN. Puñalada, cuchillada, navajada, machetazo, jiferada.

nave

SIN. Navío, barco, buque, embarcación, bajel, barraca, (*Amér.*), nao, bastimento, barcarrón, recinto, almacén, local, navícula.

navegación

SIN. Náutica, periplo, travesía, viaje, crucero, singladura.

navegar

SIN. Marinar, viajar, marear, embarcar, pilotar, zarpar, surcar, hender, cruzar, bogar, bojear, singlar, transitar.

navío

SIN. Buque, barco, nave, bajel, nao, bastimento, barcarrón, navícula.

neblina

SIN. Niebla, cendal, bruma, celaje, dorondón, borrina, vaharina.
ANT. *Bonanza.*

nebulón

SIN. Hipócrita, guatimaña, fingidor, hazañero, santurrón, camandulero, gazmoñero, farsante, misticón.
ANT. *Veraz, sincero.*

nebuloso

SIN. Sombrío, lóbrego, confuso, vago, incomprensible, brumoso, obscuro, neblinoso, abromado, brumal, caluroso.
ANT. *Claro, diáfano, alegre, fácil.*

necedad

SIN. Mentecatez, ignorancia, estulticia, estupidez, simpleza, imbecilidad, sandez, vaciedad, mentecatada, desatino, disparate, tontería, porrería, tontedad, alpabarda.
ANT. *Sensatez, ingenio, discreción, agudeza, acierto.*

necesario

SIN. Indispensable, inexcusable, forzoso, imprescindible, preciso, obligatorio, inevitable, fatal, irrefragable, vital.
ANT. *Vano, secundario, superfluo, casual, azaroso.*

necesidad

SIN. Escasez, penuria, pobreza, indigencia, miseria, hambre, ahogo, aprieto, apuro, obligación, precisión, menester, indefectibilidad, involuntariedad, destino, suerte, hado, fatalidad, evacuación, excremento.
ANT. *Desahogo, abundancia, facultad.*

necesitado

SIN. Escaso, falto, pobre, indigente, menesteroso, miserable, paupérrimo, lacerioso, inope, pelón, aporreado.
ANT. *Rico, desahogado, poderoso.*

necesitar

SIN. Precisar, urgir, apremiar, exigir, pedir, emplear, requerir, consumir, carecer, faltar, escasear.
ANT. *Exceder, sobrar, abundar, bastar.*

necio

SIN. Sandio, mentecato, estúpido,

leso (*Amér.*), tonto, simple, disparatado, imbécil, ignorante, desatinado, imprudente, porfiado, terco, bodoque, bobarrón, meliloto, cantimpla, panoli.
ANT. *Listo, despierto, agudo, astuto.*

néctar
SIN. Jugo, extracto, elixir, zumo, ambrosía, licor.

nefando
SIN. Indigno, abominable, repugnante, ignominioso, execrable, vergonzoso, infame, indecible, vil, torpe.
ANT. *Digno, elogiable, noble.*

nefario
SIN. Perverso, malignante, pervertido, vil, bajo.
ANT. *Digno, honorable.*

nefasto
SIN. Funesto, aciago, triste, desgraciado, ominoso, infeliz, malhadado, malaventurado.
ANT. *Alegre, feliz, venturoso.*

nefrítico
SIN. Urinario, renal.

negado
SIN. Inepto, torpe, incapaz, incapacitado, incompetente, inerme.
ANT. *Capaz, hábil, preparado.*

negar
SIN. Vedar, impedir, prohibir rechazar, rehusar, apostatar, desdeñar, esquivar, ocultar, disimular, denegar, esconder.
ANT. *Permitir, autorizar, creer, consentir, admitir, manifestar.*

negarse
SIN. Rehusar, excusarse, excluirse.
ANT. *Avenirse.*

negativa
SIN. Denegación, repulsa, negación, nones, impugnación, nugación, mentís, calabazas.
ANT. *Afirmación, consentimiento.*

negligencia
SIN. Desidia, omisión, olvido, descuido, abandono, dejadez, incuria, apatía, abulia, vagancia, haraganería, desinterés, morbosidad, desatención, dejamiento, pigricia.
ANT. *Diligencia, cuidado, previsión.*

negligente
SIN. Desaplicado, abandonado, descuidado, dejado, desidioso, vago, gandul, abúlico, apático, haragán, desinteresado, morboso, omiso, pigro, abandonado.
ANT. *Diligente, activo, aplicado.*

negociación
SIN. Convenio, concierto, acuerdo, pacto, tratado, contrato, transacción, entendimiento, ajuste, alianza, componenda, jugada, entrevista, negocio, trato, operación.
ANT. *Desacuerdo, ruptura, hostilidad.*

negociante
SIN. Tratante, traficante, comerciante, mercader, negociador, especulador, mercadante, trafagante, mercante, intermediario.

negociar
SIN. Traficar, comerciar, tratar, traspasar, endosar, ceder, descontar, especular, convenir, pactar, ajustar, regatear.
ANT. *Desconvenir, romper.*

negocio
SIN. Venta, trato, tráfico, transacción, tratado, pretensión, negociación, asunto, convenio, utilidad, interés, trajín, transacción, comercio, industria, dependencia, provecho, interés, beneficio, lucro.
ANT. *Inactividad, pérdida, ruina.*

negocioso
SIN. Cuidadoso, activo, diligente, emprendedor, avisado, actuoso, prolijo, cuidante.
ANT. *Negligente, descuidado.*

negro
SIN. Obscurecido, obscuro, atezado, bruno, ennegrecido, negruzco, renegrido, negruno, nigrescente, retinte, sable, endrino, atramento, negrura, negror, triste, sombrío, melancólico, aciago, infausto, infeliz, apurado, comprometido, angustiado, hosco, peciento, negral, azabachado, negrestino.
ANT. *Blanco, claro, alegre.*

neófito
SIN. Profeso, prosélito, converso, novicio, novato, novel, reciente, inexperto.
ANT. *Experimentado.*

nequicia
SIN. Perversidad, maldad, pervertimiento, perversión.
ANT. *Bondad, candidez.*

nervio
SIN. Tendón, neurona, fibra, hilo, cadena, vena, filete, moldura, saliente, vigor, ánimo, energía, brío, empuje, valor, corazón.
ANT. *Indolencia, desánimo, apatía.*

nervioso
SIN. Intranquilo, colérico, iracundo impresionable, irritable, excitable, enérgico, fuerte, vigoroso, nervoso, acérrimo, nervudo, fortachón.
ANT. *Tranquilo, soseado, apático, blando.*

nervosidad
SIN. Nervosismo, nerviosidad, excitación, flexibilidad, ductilidad.
ANT. *Tranquilidad, envaramiento.*

nesciencia
SIN. Ignorancia, necedad, estulticia, estupidez, estolidez.
ANT. *Sabiduría.*

netamente
SIN. Limpiamente, claramente, pulcramente, aseadamente, inmaculadamente.

neto
SIN. Puro, limpio, límpido, nítido, claro, diáfano, líquido, saldo, deducido, pedestal.
ANT. *Sucio, empañado, bruto.*

neumático
SIN. Rueda, llanta, cubierta, cámara, tubular, goma.

neumonía
SIN. Pulmonía, perineumonía.

neuralgia
SIN. Jaqueca, migraña, dolor.

neurálgico
SIN. Vital, fundamental, básico, central, principal.
ANT. *Auxiliar, secundario.*

neutral
SIN. Equilibrado, objetivo, imparcial, justo, ecuánime, desapasionado, recto, frío, pacifista.
ANT. *Beligerante, injusto, parcial, apasionado, secuaz.*

neutro
SIN. Vago, indefinido, indeterminado, ambiguo, medio, imparcial, nulo, estéril, irresoluto.
ANT. *Parcial, determinado, definido, rotundo.*

neutrón
SIN. Átomo, partícula, núcleo.

nevado

SIN. Blanco, níveo, nevoso, albo.

nevasca

SIN. Nevada, nevazo, nevuca, ventisca, temporal, inclemencia.

nexo

SIN. Unión, vínculo, enlace, nudo, conexión, lazo, afinidad, parentesco.

ANT. *Separación, desunión, extrañeza.*

nicho

SIN. Oquedad, hueco, hoyo, cuenca, fosa, concavidad, hornacina, sepultura.

ANT. *Convexidad.*

nidal

SIN. Refugio, guarida, escondrijo, escondite, amagatorio, nido, causa, origen.

nido

SIN. Nidal, madriguera, cubil, patria, hogar, casa, domicilio, habitación, alcoba, guarida.

ANT. *Intemperie, raso.*

niebla

ANT. Nube, neblina, bruma, humo, añublo, confusión, obscuridad, galimatías, lío.

ANT. *Claridad, diafanidad, despejo.*

nihilismo

SIN. Escepticismo, negación, anarquismo, acracia.

nilón

SIN. Nylón, nailon, fibra, tejido.

nimiedad

SIN. Minuciosidad, detalle, poquedad, prolijidad, puerilidad, cortedad, pequeñez, pigricia (*Amér.*), escasez, parvedad, insignificancia, nadería, demasía.

ANT. *Concisión, sencillez, importancia.*

nimio

SIN. Pueril, pequeño, prolijo, tacaño, cicatero, mezquino, miserable, agarrado, trivial, detallado, minucioso, excesivo.

ANT. *Importante, grande, conciso.*

ninfa

SIN. Sirena, nereida, ondina, sílfide, oceánide, dríada, prostituta, crisálida, palomilla.

ninguno

SIN. Nadie, ningún.

ANT. *Alguno, todo.*

niñada

SIN. Chiquillada, muchachada, niñería, necedad, puerilidad, trivialidad.

ANT. *Sensatez, reflexión.*

niñera

SIN. Nodriza, ama, criada, tata, nurse, muchacha.

niñería

SIN. Chiquillada, muchachada, niñada, bicoca, bagatela, nadería, nonada, pequeñez, insignificancia, futilidad, papanduja, tiritaina.

ANT. *Madurez, sensatez, reflexión.*

niño

SIN. Chico, chiquillo, criatura, bebé, chaval, mozo, zagal, rapaz, infante, angelito, chamaco, pollito, joven, mocoso, hijo, descendiente, pequeño, pibe, menor, lactante, churumbel, párvulo, bisoño, inexperto, novato, aprendiz, novicio, impulsivo, alocado, irreflexivo, travieso.

ANT. *Viejo, veterano, experimentado, ducho, reflexivo.*

nirvana

SIN. Beatitud, aniquilación, gloria, paraíso, felicidad, gracia.

ANT. *Materialidad, sufrimiento, infierno.*

nítido

SIN. Claro, puro, transparente, limpio, resplandeciente, terso, brillante, neto, límpido, impoluto, inmaculado.

ANT. *Sucio, obscuro, nebuloso, impreciso.*

nitrato

SIN. Nitro, caliche, abono, fertilizante.

nivel

SIN. Cota, altura, rasante, marca, plano, línea, horizontalidad, grado, horizonte, límite, valor, calidad, categoría.

ANT. *Desnivel.*

nivelar

SIN. Igualar, equilibrar, compensar, empatar, enrasar, allanar, alisar, suavizar, desmontar, rasar, apaisar, explanar.

ANT. *Descompensar, desnivelar, elevar, rebajar.*

no

SIN. Negación, nones, quia, ¡ca!, nequáquam.

ANT. *Sí, afirmación.*

noble

SIN. Principal, ilustre, aristócrata, caballero, hidalgo, señor, generoso, leal, caballeroso, honroso, preclaro, estimable, digno, excelente, linajudo, granado, aseñorado, sublime, alto, idealista.

ANT. *Vil, plebeyo, ruin, bajo, abyecto, despreciable.*

nociones

SIN. Elementos, rudimentos, instituciones, epítome.

noción

SIN. Idea, noticia, conocimiento, concepto, entendimiento, elemento, rudimento, principio, fundamento, generalidad, epítome.

ANT. *Ignorancia, desconocimiento, ampliación, culminación.*

nocivo

SIN. Dañino, malo, dañoso, perjudicial, pernicioso, ofensivo, nocente, lesivo, dañador, nuciente, desfavorable, deletéreo.

ANT. *Beneficioso, saludable, inofensivo.*

noctámbulo

SIN. Nocherniego, trasnochador, noctívago, anochecedor, nocharniego.

ANT. *Diurno.*

noche

SIN. Oscuridad, crepúsculo, anochecer, vela, vigilia, retreta, capa, sombras, tinieblas, muerte.

ANT. *Día, claridad, amanecer, luz.*

nódulo

SIN. Dureza, bulto, tumor, quiste, turgencia, tubérculo, excrecencia, núcleo, masa, acumulación.

nómada

SIN. Trashumante, errante, nómade, errático, migratorio, peregrino, inestable, caminante, andadero, bohemio, erradizo.

ANT. *Sedentario, estable, asentado, fijo.*

nombradía

SIN. Crédito, fama, celebridad, nombre, renombre, nota, reputación, realce, excelencia, gloria.

ANT. *Anonimato, desconocimiento, olvido.*

nombrar

SIN. Apedillar, designar, apodar, motejar, llamar, nominar, elegir, escoger, investir, proclamar, aludir, mencionar, señalar, denominar, titular, intitular, mentar.
ANT. *Callar, ignorar, omitir, cesar, destituir.*

nombre

SIN. Substantivo, denominación, apelativo, calificativo, apellido, apodo, seudónimo, patronímico, título, prenombre, gracia, alias, celebridad, nombradía, epígrafe, dictado, reputación, fama, poder, autoridad, facultad.
ANT. *Anónimo, desconocimiento, desautorización.*

nómina

SIN. Lista, catálogo, relación, plantilla, haberes, sueldos, pagas, nomenclatura, reliquia, amuleto.

nonada

SIN. Bicoca, friolera, bagatela, insignificancia, menudencia, miseria, pequeñez, trivialidad, futilidad, niñería, puerilidad.
ANT. *Importancia.*

norma

SIN. Regla, sistema, conducta, procedimiento, pauta, guía, criterio, canon, sistema, orden, método, medida, receta, fórmula, ejemplo, precepto, orientación, módulo, ordenanza, estatuto, reglamento, costumbre, máxima.
ANT. *Irregularidad, anomalía, desorden, anarquía.*

normal

SIN. Común, acostumbrado, corriente, habitual, regular, natural, usual, rutinario, frecuente, convencional, convenido, ritual, sistemático.
ANT. *Extraño, desusado, insólito, irregular.*

normar

Amér.
SIN. Regular, reglar, reglamentar, normalizar, organizar.
ANT. *Desordenar, desreglar, desajustar.*

norte

SIN. Septentrión, polo, tramontana, cierzo, dirección, rumbo, camino, fin, meta.
ANT. *Mediodía, sur.*

nostalgia

SIN. Añoranza, morriña, pena, tristeza, pesar, melancolía.
ANT. *Indiferencia, olvido, alegría.*

nota

SIN. Reputación, nombradía, fama, renombre, crédito, concepto, prestigio, advertencia, observación, censura, anotación, notación, minuta, reparo, apunte, apuntación, informe, marca, señal, dato, aviso, noticia, asunto, estudio, cuestión, comentario, apostilla, escolio, acotación, postilla, llamada, calificación, resultado, valoración, evaluación, estilo, característica, minuta.
ANT. *Tilde, fama, omisión, anonimato.*

notable

SIN. Grande, extraordinario, importante, considerable, primordial, valioso, autorizado, capital, trascendente, trascendental, esencial, substancial, vital, culminante, fundamental, cardinal, excelente, excesivo, principal, ilustre, personaje, connotado *(Amér.)*.
ANT. *Corriente, vulgar, anónimo, insignificante, desconocido.*

notar

SIN. Advertir, conocer, caer, observar, reparar, apreciar, percibir, descubrir, ver, sentir, marcar, señalar, dictar, apuntar, censurar, reprender, infamar, vilipendiar, desacreditar, aparecer, manifestar, traslucir, rezumar.
ANT. *Ignorar, omitir, elogiar, ocultar, desaparecer.*

notario

SIN. Amanuense, escribano, fedatario.

noticia

SIN. Idea, noción, conocimiento, novedad, nueva, anuncio, aviso, bando, edicto, pregón, indicio, indicación, notición, comunicación, declaración, crónica, mensaje, reportaje, despacho, informe, rumor, chisme.
ANT. *Desconocimiento, ignorancia.*

noticioso

SIN. Instruido, sabedor, docto, versado, técnico, perito, erudito, conocedor, enterado.
ANT. *Desconocedor, ignorante.*

notificar

SIN. Comunicar, informar, avisar, manifestar, participar, noticiar, anunciar, denunciar, advertir, prevenir.

ANT. *Silenciar, ocultar, inadvertir.*

noto

SIN. Ilegítimo, bastardo, sabido, conocido, público, notorio, austro.
ANT. *Legítimo, ignorado.*

notoriedad

SIN. Fama, nombradía, prestigio, predicamento, reputación, renombre, divulgación.
ANT. *Anonimato, desconocimiento.*

notorio

SIN. Evidente, claro, manifiesto, palpable, patente, sabido, público, conocido, visible, noto, sonado, probado, público.
ANT. *Incierto, dudoso, oscuro.*

novador

SIN. Inventor, novator, innovador, inventador, invencionero.
ANT. *Rutinario, conservador.*

novato

SIN. Novicio, novel, nuevo, principiante, bisoño, inexperto, imperito, pipiolo, mocoso, aprendiz.
ANT. *Experto, viejo, veterano, curtido.*

novedad

SIN. Suceso, nueva, noticia, mudanza, cambio, alteración, variación, mutación, extrañeza, admiración, sorpresa, singularidad, originalidad, moda.
ANT. *Persistencia, antigüedad, imitación.*

novela

SIN. Mentira, cuento, patraña, ficción, historia, narración, historieta, novelón, folletín, fantasía, fábula, romance.
ANT. *Verdad, realidad.*

novelero

SIN. Caprichoso, inconstante, antojadizo, versátil, voluble, casquivleta, veleidoso.
ANT. *Constante, permanente.*

novelesco

SIN. Inventado, fingido, irreal, fabuloso, sentimental, soñador, romántico, exaltado, imaginativo, singular, romancesco, romanesco.
ANT. *Prosaico, vulgar, realista.*

noviazgo

SIN. Amorío, idilio, conquista, compromiso, cortejo, coqueteo, devaneo, corte.

ANT. *Desavenencia, soltería.*

noviero
Amér.
SIN. Enamoradizo, apasionado, mujeriego.
ANT. *Frío, fiel, constante.*

novillo
SIN. Toro, torillo, eral, becerro, utrero, ternero, vaquilla.

nube
SIN. Nubecilla, nubarrón, celaje, nublado, barda, nublo, cantidad, concurrencia, multitud, mancha, sombra, cortina, velo, pantalla.
ANT. *Claro, raso, escasez, falta.*

núbil
SIN. Púber, pubescente, casadero, virgen, maduro.
ANT. *Impúber, imnaturo.*

nublado
SIN. Nubloso, cerrado, cubierto, sombrío, plomizo, velado, encapotado, nublo, nuboso, ñubloso, anubarrado, anubado, nubífero, acelajado, peligro, amenaza, aglomeración, multitud.
ANT. *Despejado, descubierto, claro, tranquilidad, escasez.*

nubloso
SIN. Nuboso, ñubloso, anubarrado, anubado, nubífero, empedrado, acelajado, nublo, nublado, encapotado, desgraciado, adverso, contrario.
ANT. *Despejado, favorable, alegre.*

nuca
SIN. Cogote, testuz, cerviz, cuello, gollete, occipucio, tozo.

núcleo
SIN. Centro, substancia, entraña, eje, alma, interior, cogollo, yema, médula, masa, miga, corpúsculo, átomo, población.

ANT. *Sobrante, innecesario, periférico.*

nudo
SIN. Ñudo, vínculo, nexo, trabazón, lazada, lazo, unión, atadura, cabo, desnudo, tumor, bulto, dificultad, enredo, trama, milla.
ANT. *Desligadura, separación, desenlace, solución.*

nuevo
SIN. Novato, principiante, novicio, novel, neófito, reciente, moderno, flamante, fresco, original, neotérico, actual, diferente, desconocido, insólito, inesperado.
ANT. *Curtido, experto, antiguo, viejo, esperado.*

nugatorio
SIN. Engañoso, frustráneo, falso, fingido, impertinente, frívolo, insubstancial.
ANT. *Cierto, real.*

nulidad
SIN. Anulación, derogación, rescisión, casación, abolición, invalidación, inutilidad, incapacidad, ignorancia, ineptitud, torpeza, necedad, incompetencia, estupidez, desmaña, desastre.
ANT. *Vigor, vigencia, validez, habilidad, sensatez.*

nulo
SIN. Incapaz, inútil, inepto, torpe ignorante, ninguno, inválido, írrito, anulado, prescrito, cancelado.
ANT. *Hábil, válido, autorizado.*

numen
SIN. Deidad, duende, musa, inspiración, ingenio, genio, talento, estímulo, magín.
ANT. *Incapacidad, torpeza.*

número
SIN. Guarismo, signo, cifra, cantidad, magnitud, cuantía, conjunto,

categoría, clase, condición.
ANT. *Nada, ausencia.*

numeroso
SIN. Mucho, cuantioso, sinnúmero, nutrido, innumerable, copioso, abundante, compacto, armonioso, proporcionado, multitudinario.
ANT. *Escaso, insignificante, desproporcionado.*

nuncio
SIN. Enviado, mensajero, embajador, faraute, legado, emisario, anuncio, augurio, señal, predicción.

nupcias
SIN. Matrimonio, casamiento, esponsales, beda, casorio, unión, desposorios, vínculo.
ANT. *Celibato, soltería, virginidad.*

nutricio
SIN. Nutritivo, alimenticio, nutrimental, sustancioso, vigorizante, fortificante.
ANT. *Insubstancial, inocuo, debilitante.*

nutrimiento
SIN. Alimentación, nutrición, sustentación.

nutrir
SIN. Alimentar, comer, lactar, mantener, robustecer, fortalecer, vigorizar, aumentar, llenar, cargar, sustentar, cebar, colmar.
ANT. *Desnutrir, depauperar, extenuar.*

nutritivo
SIN. Alimentoso, alimenticio, reconfortante, vigorizante, nutricio, substancioso, trófico, cibal.
ANT. *Insubstancial, inocuo, debilitante.*

nutriz
SIN. Nodriza, criandera, nana, aña, pasiega, ama, mama.

ñagaza
SIN. Añagaza, trapacería, trapaza, treta, señuelo, reclamo, cebo.

ñaque
SIN. Naque, desperdicios, basura, broza, cachivache, fárrago, maula, residuo.
ANT. *Substancia.*

ñato
Amér.
SIN. Chato, desnarizado.
ANT. *Narigudo, narizón.*

ñiquiñaque
SIN. Despreciable, insignificante, ridículo, pícaro, canalla, bribón, rufián, perillán.
ANT. *Preciable, estimable, noble.*

ñoclo
SIN. Melindre, bizcocho, hojaldre.

ñoñería
SIN. Ñoñez, simpleza, timidez, apocamiento, pusilanimidad, cortedad, poquedad, dengue, sosería, cobar-

día, gazmoñería, sensiblería, escrúpulo.
ANT. *Decisión, actividad, viveza, sagacidad.*

ñoño
SIN. Delicado, quejumbroso, remilgado, melindroso, llorón, quejica, soso, lerdo, huero, vacío, pusilánime, corto, corito, timorato, apocado, vejestorio, caduco, chocho.
ANT. *Vivo, activo, decidido, fuerte, robusto, actual.*

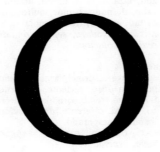

oasis

SIN. Palmeral, manantial, hontanal, vergel, sombra, descanso, tregua, reposo, respiro, asueto, consuelo.
ANT. *Desierto, barullo, fatiga, desazón.*

obcecación

SIN. Ofuscación, ceguera, ceguedad, empecinamiento, emperramiento, testarudez, terquedad, obsesión, manía, deslumbramiento, prejuicio.
ANT. *Claridad, clarividencia, comprensión, diafaneidad.*

obcecarse

SIN. Cegarse, empeñarse, ofuscarse, obstinarse, emperrarse, empecinarse, obsesionarse, nubilarse, chiflarse, alucinarse.
ANT. *Reflexionar, liberarse, desentenderse.*

obedecer

SIN. Acatar, cumplir, observar, ceder, someterse, asentir, escuchar, obtemperar, disciplinarse, transigir, prestarse, respetar, seguir, dimanar.
ANT. *Desobedecer, rebelarse, indisciplinarse, desacatar.*

obediencia

SIN. Sumisión, conformidad, sujeción, respeto, docilidad, disciplina, obedecimiento, acatamiento, dependencia, humildad, servilismo, subordinación, sometimiento, reverencia, mansedumbre, humillación.
ANT. *Desobediencia, rebelión, desacato, subversión.*

obediente

SIN. Sumiso, manejable, dócil,

bienmandado, obsecuente, obedecedor, rendido, subordinado, disciplinado, respetuoso, maleable, manso, dúctil, servil, cumplidor, pasivo, vasallo, esclavo, borrego.
ANT. *Desobediente, díscolo.*

obertura

SIN. Comienzo, introducción, preliminar, entrada, introito, preludio.
ANT. *Final, coda.*

obesidad

SIN. Gordura, grosor, grasa, corpulencia, carnosidad, humanidad, pesadez, ediposis.
ANT. *Flaqueza, delgadez.*

óbice

SIN. Embarazo, estorbo, obstáculo, dificultad, impedimento, inconveniente, valla, valladar, traba, tropiezo, barrera, rémora, escrúpulo.
ANT. *Desembarazo, facilidad, ventaja.*

óbito

SIN. Defunción, fallecimiento, muerte, finamiento, fenecimiento, expiración, perecimiento.
ANT. *Nacimiento.*

objeción

SIN. Observación, reparo, impugnación, tacha, opugnación, negación, oposición, refutación, réplica, confutación, respuesta, contrariedad, pega, desacuerdo, discusión, discrepancia, censura, inconveniente, pero, indicación, crítica, desaprobación.
ANT. *Aprobación, conformidad, acuerdo, elogio.*

objetar

SIN. Contradecir, replicar, refutar,

negar, oponer, opugnar, impugnar, contestar, rechazar, argüir, rebatir, responder, criticar, condenar, censurar, resistir.
ANT. *Asentir, aprobar, acordar, confirmar.*

objetivo

SIN. Meta, finalidad, fin, empeño, ideal, mira, objeto, intención, propósito, destino, frío, imparcial, desapasionado, impersonal, ecuánime, neutral, equilibrado, teleobjetivo, visor, zoom, lente, blanco, diana.
ANT. *Parcial, apasionado, interesado, subjetivo.*

objeto

SIN. Cosa, ente, pieza, materia, masa, obra, substancia, fin, finalidad, término, propósito, intento, intención, idea, causa, motivo, móvil, logro, mira, porqué.
ANT. *Idea, insubstancialidad.*

oblación

SIN. Sacrificio, ofrenda, promesa, don, sufragio, donación.

oblicuo

SIN. Inclinado, sesgado, torcido, ladeado, esquinado, escorzado, desviado, cruzado, caído, transversal, diagonal, soslayado.
ANT. *Recto, derecho, directo, perpendicular.*

obligación

SIN. Deber, exigencia, necesidad, vínculo, obligatoriedad, atadero, empeño, gravamen, cargo, profesión, coacción, precepto, servidumbre, precisión, cadena, cruz, lazo, atadura. sumisión, obediencia

contrato, convenio, condición, título, deuda.
ANT. *Facultad, libertad, derecho, desconexión.*

obligado

SIN. Reconocido, agradecido, debido, deudor, necesario, forzoso, obligatorio, reglamentario, ineludible, preciso, coactivo, violento, abastecedor, proveedor, abasteto, veedor.
ANT. *Ingrato, libre, voluntario, opcional, facultativo.*

obligar

SIN. Forzar, imponer, mandar, apremiar, coaccionar, pactar, compeler, aceptar, constreñir, abrumar, gravar, comprometer, ligar, cargar, asumir, precisar, atar, asediar, acosar, apurar, dominar, someter, regir, sujetar, obsequiar, favorecer, servir, competer, incumbir, tocar, corresponder.
ANT. *Librar, permitir, exonerar, rebelarse, apartarse, desdeñar, zafarse, desvincularse.*

obliterar

SIN. Cerrar, obturar, atascar, taponar, cegar, atorar, obstruir.
ANT. *Desatascar, abrir.*

obliterar

Amér.
SIN. Tachar, raspar, borrar, suprimir.
ANT. *Incluir.*

oblongo

SIN. Alargado, estirado, elíptico, luengo, tendido, prolongado.
ANT. *Apaisado, ancho, ensanchado.*

óbolo

SIN. Donativo, entrega, dádiva, caridad, moneda, pequeñez, escrúpulo, insignificancia.
ANT. *Abundancia, importancia.*

obra

SIN. Tarea, empresa, trabajo, manufactura, faena, labor, industria, composición, libro, volumen, construcción, edificio, arreglo, realización, producto, fruto, resultado, acción, medio, intervención, poder.
ANT. *Inactividad, holganza.*

obrar

SIN. Hacer, trabajar, operar, gestionar, maniobrar, componer, imprimir, construir, edificar, reformar, fabricar, actuar, proceder, comportarse, defecar, evacuar, hallarse, encontrarse, estar.

ANT. *Holgar, descansar, vaguear, retener.*

obrero

SIN. Trabajador, jornalero, productor, operario, artesano, menestral, asalariado, proletario, peón, bracero, laborante, aprendiz, destajista, manobra, currante.
ANT. *Burgués, desocupado, parado.*

observación

SIN. Sugerencia, consejo, aviso, advertencia, indicación, aclaración, nota, información, notificación, objeción, corrección, reparo, inconveniente, examen, indagación, análisis, crítica, investigación, curiosidad, visibilidad, vista, reconocimiento.
ANT. *Distracción, descuido, inadvertencia, omisión.*

observancia

SIN. Disciplina, acatamiento, cumplimiento, respeto, sumisión, obediencia, reverencia, fidelidad, lealtad, cuidado, celo, guarda, regularidad, exactitud.
ANT. *Incumplimiento, indisciplina, desacato, descuido.*

observar

SIN. Contemplar, mirar, ver, advertir, examinar, investigar, explorar, celar, curiosear, controlar, inspeccionar, reconocer, merodear, atisbar, ojear, vigilar, avistar, descubrir, reparar, indicar, opinar, respetar, obedecer, seguir, ejecutar, cumplir, acatar.
ANT. *Desinteresarse, despreocuparse, omitir, descuidar, inadvertir, indisciplinarse, rebelarse.*

obsesión

SIN. Preocupación, inquietud, desvelo, pesadilla, manía, obstinación, prejuicio, temor, ofuscación, chifladura, paranoia.
ANT. *Serenidad, sensatez, despreocupación.*

obstáculo

SIN. Impedimento, inconveniente, embarazo, oposición, estorbo, contrariedad, traba, limitación, prohibición, escollo, reparo, pero, dificultad, tropiezo, atasco, veto, barrera, muro.
ANT. *Facilidad, fluidez, ventaja.*

obstar

SIN. Impedir, empecer, estorbar, dificultar, obstaculizar, embarazar, oponer, obviar, contradecir.
ANT. *Facilitar, favorecer, acordar, avenirse.*

obstetricia

SIN. Tocología, tocotecnia, ginecología, embriología, partería.

obstinación

SIN. Porfía, tenacidad, tozudez, contumacia, obcecación, insistencia, empecinamiento, tesón, cabezonería, empeño, perseverancia, ofuscación, manía, cerrilismo, fanatismo, cerrazón, capricho, terquedad.
ANT. *Docilidad, flexibilidad, comprensión, cesión.*

obstinado

SIN. Terco, tozudo, porfiado, recalcitrante, contumaz, testarudo, emperrado, empecinado, impenitente, indómito, incansable, cabezota, taimado, empeñado, caprichoso, resistente, machacón, baturro.
ANT. *Comprensivo, dócil, blando, remiso.*

obstinarse

SIN. Empeñarse, emperrarse, porfiar, insistir, entercarse, encasquetarse, obcecarse, aferrarse, persistir, perseverar, mantenerse, taimarse, obsesionarse, aguantar.
ANT. *Transigir, ceder, condescender, doblegarse.*

obstrucción

SIN. Atasco, oclusión, taponamiento, retención, atolladero, cierre, tapón, estrechez, embotellamiento, ahogo, traba, escollo, estorbo, dificultad, obstáculo, rémora, entorpecimiento, congestión.
ANT. *Fluidez, facilidad, desatasco, desembarazo, autorización, permiso.*

obstruir

SIN. Atorar, atascar, cegar, tapar, atrancar, dificultar, estorbar, embarazar, entorpecer, impedir, cerrar, obturar, ocluir, obliterar, cangar, tupir, entupir, azolvar, opilar.
ANT. *Desatascar, abrir, obviar, liberar, desobstruir.*

obtemperar

SIN. Acatar, obedecer, asentir, aceptar, respetar, consentir, transigir, admitir.
ANT. *Disentir, rechazar, desacatar, rebelarse.*

obtención

SIN. Consecución, logro, alcance, adquisición, lucro, beneficio, resultado, conquista, cosecha, prove-

cho, utilidad, fruto, elaboración, producción, ejecución, evolución, desarrollo, proceso.
ANT. *Pérdida, fracaso, perjuicio, frustración.*

obtener
SIN. Lograr, conseguir, alcanzar, sacar, adquirir, cosechar, arrancar, extraer, recibir, percibir, lucrar, atrapar, cazar, pescar, recoger, recolectar, agenciar, elaborar, producir, realizar, crear, ejecutar, hacer.
ANT. *Perder, desperdiciar, desatender, descuidar, ceder, fracasar.*

obscenidad
SIN. Torpeza, liviandad, lubricidad, impudicia, pornografía, deshonestidad, impudor, indecencia, descoco, impureza, descaro, lascivia, procacidad, inmoralidad, sordidez, erotismo, concupiscencia, verdura.
ANT. *Pureza, virtud, honestidad, decencia, moralidad, limpieza.*

obsceno
SIN. Deshonesto, impúdico, lascivo, libidinoso, liviano, pornográfico, lúbrico, torpe, verde, impudente, pornográfico, descocado, sórdido, procaz, lascivo, libertino, inmoral, licencioso, concupiscente.
ANT. *Honesto, decente, casto, puro.*

obsecuente
SIN. Obediente, dócil, sumiso, disciplinado, manso, amable, condescendiente, subordinado, rendido.
ANT. *Díscolo, indócil, rebelde.*

obsequiar
SIN. Regalar, ofrecer, donar, dar, dejar, conceder, entregar, ofrendar, dispensar, agraciar, agasajar, invitar, lisonjear, festejar, cumplimentar, mimar, galantear, requebrar, halagar.
ANT. *Rechazar, desdeñar, despreciar, descuidar, retener.*

obsequio
SIN. Presente, regalo, ofrenda, donativo, legado, dádiva, cesión, limosna, propina, aguinaldo, ayuda, subvención, gratificación, agasajo, lisonja, halago, festejo, afabilidad, deferencia, galanteo, invitación, convite.
ANT. *Desprecio, desdén, repulsa, rechazo, grosería, descortesía.*

obsequioso
SIN. Cortesano, atento, amable, cortés, afectuoso, deferente, delicado, educado, servicial, detallista, solícito, lisonjero, ceremonioso.
ANT. *Descortés, cicatero, desatento.*

obturar
SIN. Cerrar, tapar, taponar, obstruir, ocluir, cegar, tupir, entupir, cangar.
ANT. *Destapar, desobstruir, abrir, obviar.*

obtuso
SIN. Romo, chato, despuntado, mellado, torpe, lerdo, limitado, zote, cebollino, memo, tardo, estúpido, tonto, zafio, tosco.
ANT. *Agudo, puntiagudo, inteligente, vivo, listo.*

obús
SIN. Cañón, mortero, proyectil, granada, arma.

obviar
SIN. Prevenir, remover, apartar, evitar, eludir, rehuir, esquivar, zanjar, remediar, soslayar, orillar, esquivar, obstar, oponerse.
ANT. *Entorpecer, afrontar, avenirse.*

obvio
SIN. Fácil, claro, manifiesto, notorio, patente, sencillo, visible, palpable, palmario, simple, evidente, comprensible, llano, cierto, indiscutible.
ANT. *Confuso, raro, incomprensible, difícil, dudoso, discutible.*

oca
SIN. Ánade, ánsar, pato, ganso.

ocasión
SIN. Coyuntura, circunstancia, oportunidad, momento, sazón, época, hora, casualidad, posibilidad, lance, encrucijada, suceso, trance, situación, fecha, vez, asidero, pretexto, materia, motivo, tris, pie, albur, riesgo, evento, exposición, contingencia, negocio, provecho, oportunidad.
ANT. *Desventaja, perjuicio.*

ocasionar
SIN. Motivar, causar, producir, suscitar, originar, acarrear, traer, mover, provocar, acuciar, comprometer, aventurar, arriesgar, exponer.
ANT. *Ocurrir, suceder, impedir, evitar, apaciguar.*

ocaso
SIN. Crepúsculo, anochecer, atardecer, puesta, poniente, occidente, oeste, acabamiento, decadencia, postrimería, cese, cesación, desaparición, vejez, muerte.
ANT. *Amanecer, este, oriente, comienzo, auge.*

ocio
SIN. Holganza, descanso, inacción, reposo, ociosidad, asueto, molicie, holgazanería, retiro, tregua, vagancia, gandulería, vidorra, vacación, veraneo, pasatiempo, recreo, diversión, entretenimiento, espera.
ANT. *Trabajo, diligencia, actividad, ímpetu.*

ocioso
SIN. Inactivo, parado, desocupado, cesante, inocupado, jubilado, vago, gandul, bausán (*Amér.*), perezoso, holgazán, haragán, vagabundo, indolente, lánguido, holgado, inútil, insubstancial, baldío, vano, estéril, vacío, innecesario, infecundo, señorito.
ANT. *Trabajador, diligente, significativo, importante.*

ocluir
SIN. Cerrar, obturar, obstruir, cegar, taponar, atascar, tupir.
ANT. *Abrir, destapar.*

ocre
SIN. Sil, tostado, pardo, almagre, caqui, crema, terroso, moreno, paja.

ocultación
SIN. Disimulo, disfraz, mimetismo, camuflaje, enmascaramiento, eclipse, desaparición, clandestinidad, incógnito, secreto, misterio, anónimo, engaño, doblez, discreción, incógnita, entresijo, sigilo, intríngulis, estratagema, omisión, recato, silencio, emboscada, escondite, refugio, nido, máscara, rebozo, careta, pantalla, cortina, tapadera, velo.
ANT. *Exposición, presencia, aparición, notoriedad, ostentacion, exhibición, alarde, gala.*

ocultar
SIN. Encubrir, esconder, engañar, cubrir, disimular, fingir, tapar, camuflar, velar, celar, embozar, disfrazar, envolver, soterrar, guardar, sepultar, recatar, solapar, retirar, emboscar, hurtar, zafar, omitir, callar, silenciar, enmudecer, negar.
ANT. *Descubrir, manifestar, destapar, publicar, decir.*

ocultismo

SIN. Espiritismo, cábala, teosofía, prestidigitación, alquimia, gnosis, superstición, adivinación, hechicería, magia, arcano.

oculto

SIN. Encubierto, tapado, invisible, velado, escondido, furtivo, latente, disimulado, ignorado, retirado, clandestino, misterioso, camuflado, disfrazado, cifrado, indescifrable, impenetrable, larvado, recóndito, implícito, encerrado, enmascarado, obscuro, tenebroso, hermético, cerrado, desconocido, inédito, soterrado, secreto, incomprensible, abstruso, subrepticio, esotérico, confidencial, anónimo.

ANT. *Descubierto, manifiesto, notorio, patente, público, exteriorizado.*

ocupación

SIN. Empleo, labor, trabajo, tarea, faena, quehacer, oficio, actividad, cometido, asunto, negocio, deber, función, obligación, trajín, puesto, servicio, ocupación, proceder, conquista, dominación, toma, apoderamiento, adquisición, robo.

ANT. *Ocio, desocupación, inactividad, holganza, licencia, renuncia, liberación.*

ocupado

SIN. Empleado, abrumado, agobiado, enfrascado, atareado, ajetreado, atosigado, apurado, pleno, obstruido, diligente, trabajador, laborioso, activo, tomado, asaltado, conquistado, invadido, apresado, despojado.

ANT. *Desocupado, ocioso, vago, libre, inactivo, resistente.*

ocupar

SIN. Encargar, emplear, destinar, atarear, responsabilizar, invadir, conquistar, coger, apoderarse, usurpar, ejercer, desempeñar, actuar, emplear, vivir, habitar, llenar, poseer, establecer, colmar, embarazar, estorbar.

ANT. *Despedir, echar, aligerar, ceder, liberar, dejar, descansar, desocupar, deshabitar.*

ocurrencia

SIN. Suceso, ocasión, encuentro, coyuntura, circunstancia, contingencia, oportunidad, acaso, chiste, agudeza, idea, pensamiento, caída, salida, dicho, pronto, picardía, ingenio, imaginación, donaire, gag.

ANT. *Torpeza, necedad.*

ocurrente

SIN. Gracioso, chistoso, agudo, ingenioso, oportuno, sagaz, inspirado, salado, chusco, dicharachero, genial.

ANT. *Soso, patoso, torpe, ganso.*

ocurrir

SIN. Suceder, pasar, acontecer, acaecer, sobrevenir, resultar, salir, efectuar, cumplir, ocasionar, acudir, recurrir, concurrir, anticipar, imaginar, idear, proyectar, suponer.

ANT. *Frustrar, fallar.*

oda

SIN. Loa, exaltación, glorificación, cántico, alabanza, apología, poema.

odiar

SIN. Aborrecer, abominar, detestar, reñir, entirriar, antipatizar, enemistar, repugnar, maldecir, desamar, execrar.

ANT. *Apreciar, amar, simpatizar.*

odio

SIN. Repugnancia, aborrecimiento, fobia, animadversión, enemistad, tirria, manía, malquerencia, prevención, execración, desamor, hostilidad, abominación, animosidad, antipatía, aversión, resentimiento, rencor, ira, rabia, desprecio, saña, hiel, encono, ojeriza, fila, hincha.

ANT. *Cariño, afecto, agrado, amor, simpatía, ternura, querer*

odioso

SIN. Aborrecible, repelente, repugnante, antipático, detestable, hostil, enemigo, execrable, malévolo, indigno, rencoroso, desamable, injusto, duro.

ANT. *Simpático, estimable, amistoso, entrañable.*

odisea

SIN. Aventura, penalidad, afán, hazaña, trabajo, riesgo, sufrimiento, fuga, huida.

ANT. *Tranquiliidad, reposo, paz.*

odontólogo

SIN. Dentista, estomatólogo, sacamuelas.

odorífero

SIN. Fragante, aromático, oloroso, perfumado, odorante, aromado, bienoliente, aromatizante, balsámico.

ANT. *Pestífero, hediondo.*

odre

SIN. Cuero, pellejo, odrina, bota, boto, cantimplora, fuelle, recipiente, zaque, barquino, borracho.

ANT. *Sobrio.*

ofender

SIN. Maltratar, herir, afrentar, insultar, infamar, agraviar, ultrajar, faltar, denostar, injuriar, molestar, zaherir, humillar, deshonrar, vejar, despreciar, desagradar, enojar, desairar, escarnecer, renegar, lastimar, agredir, dañar, desacreditar, avergonzar.

ANT. *Alabar, elogiar, estimar, apreciar.*

ofenderse

SIN. Resentirse, picarse, enfadarse, amoscarse, enojarse, mosquearse, irritarse, molestarse, disgustarse, incomodarse, escamarse, recelar, brincar, saltar.

ANT. *Amistarse, congraciarse, soportar.*

ofensa

SIN. Insulto, agravio, injuria, resentimiento, afrenta, impertinencia, irreverencia, descaro, desaire, burla, delito, crimen, tuerto, baldón, insolencia, desvergüenza, ofensión, sonrojo, invectiva, ultraje, vituperio, desprecio, entuerto, vejación, vejamen, escarnio, grosería, menosprecio, crudeza, puyazo, pulla, tarascada, descortesía, improperio, salvajada, picardía, obscenidad.

ANT. *Alabanza, elogio, reverencia.*

ofensiva

SIN. Acometida, agresión, empuje, asalto, ataque, arremetida, invasión, incursión, lucha, combate.

ANT. *Resistencia, retirada, huida.*

ofensivo

SIN. Injurioso, afrentoso, insultante, ultrajante, vejatorio, agravante, vilipendioso, bochornoso, indigno, degradante, denigrante, insolente, contumelioso, agresivo, dañoso, duro, sangriento, sangrante, grosero, molesto, irrespetuoso, irritante, infamante.

ANT. *Inofensivo, inocuo, elogioso.*

oferta

SIN. Ofrecimiento, promesa, presente, don, donativo, dádiva, regalo, convite, ofrenda, voto, propuesta, proposición, compromiso, prometido, obligación, precio, puja, venta.

ANT. *Aceptación, demanda, compra.*

ofertar
Amér.
SIN. ofrecer, brindar, prometer, obsequiar.
ANT. *Pedir, solicitar.*

oficial
SIN. Público, legal, estatal, autorizado, reconocido, formal, administrativo, gubernativo, funcionario, encargado, secretario, escribiente, menestral, artesano, trabajador, sobrecargo, verdugo.
ANT. *Particular, privado.*

oficiar
SIN. Celebrar, solemnizar, concelebrar, realizar, ejecutar, ejercer, realizar, actuar, arbitrar, mediar, avenirse.
ANT. *Abstenerse, inhibirse.*

oficina
SIN. Escritorio, despacho, laboratorio, bufete, estudio, establecimiento, administración, negociado, departamento, secretaría, dirección, centro, organismo, archivo, delegación, taller, factoría, gabinete, obraje, casa.

oficio
SIN. Empleo, profesión, cargo, función, ministerio, ocupación, trabajo, arte, gestión, labor, tarea, menester, quehacer, actividad, colocación, plaza, destino, papel, escrito, comunicación, carta, memorándum, expediente, protocolo, registro, nota, despacho, oración, rezo.
ANT. *Desempleo, paro, inactividad.*

oficiosidad
SIN. Laboriosidad, aplicación, cuidado, diligencia, solicitud, cumplimiento, esmero, entrometimiento, indiscreción, inoportunidad, intromisión, intrusión, mediación, mangoneo.
ANT. *Desinterés, abandono, discreción, abstención.*

oficioso
SIN. Solícito, hacendoso, cuidadoso, esmerado, complaciente, servicial, diligente, laborioso, indiscreto, entrometido, intruso, entremetido, hazañeño, chisgarabís, extraoficial, infundado, provechoso, eficaz, útil, activo.
ANT. *Descuidado, abandonado, discreto, oficial, ineficaz.*

ofrecer
SIN. Brindar, prometer, regalar, ofrendar, donar, ofertar (*Amér.*), dar, entregar, obsequiar, traer, proponer, sugerir, presentar, mostrar, manifestar, deparar, procurar, plantear, vender, sacrificar, dedicar, consagrar.
ANT. *Solicitar, recibir, aceptar, esconder.*

ofrecerse
SIN. Darse, comprometerse, entregarse, dedicarse, consagrarse, presentarse, ocurrir, acaecer, sobrevenir.
ANT. *Inhibirse, negarse.*

ofrecimiento
SIN. Oferta, promisa, dedicación, propuesta, proposición, invitación, palabra, convite, envite, puja, dedicatoria, compromiso, ofrenda, voto.
ANT. *Abstención, inhibición, negación.*

ofrenda
SIN. Ofrecimiento, don, obsequio, dádiva, regalo, oferta, presente, donación, limosna, estipendio, holocausto, renuncia, entrega, servicio, oración, exvoto, oblación, libación, oblada, sacrificio.
ANT. *Petición, rechazo, negativa.*

oftalmólogo
SIN. Oculista, óptico.

ofuscación
SIN. Turbación, trastorno, obcecación, ceguera, alucinación, confusión, enajenamiento, perturbación, deslumbramiento, pasmo, imaginación, locura, alienación, incomprensión, error, velo, tinieblas, turbieza.
ANT. *Lucidez, discernimiento, claridad, tino.*

ofuscar
SIN. Cegar, alucinar, deslumbrar, perturbar, obscurecer, turbar, trastornar, confundir, obnubilar, encandilar, atontar, enloquecer, fascinar, apasionar, pasmar, admirar, sugestionar, engañar, equivocar, aturdir, desorientar.
ANT. *Discernir, esclarecer, reflexionar, meditar.*

ogro
SIN. Monstruo, coco, coloso, gigante, horroroso, horrible, feo, salvaje, cruel, bárbaro, feroz, intratable, glotón, goloso.

ANT. *Enano, hermoso, sociable, sobrio.*

oído
SIN. Audición, escucha, percepción, aptitud, tímpano, oreja, asa, vela.
ANT. *Sordera, inaptitud.*

oír
SIN. Escuchar, sentir, percibir, entender, enterarse, auscultar, notar, advertir, acceder, acoger, admitir, atender.
ANT. *Desoír, ensordecer, ignorar, desconocer.*

ojeada
SIN. Vistazo, mirada, miradura, atisbo, visura, columbrón, vista, repaso.
ANT. *Desatención, descuido.*

ojear
SIN. Batir, cazar, espantar, perseguir, levantar, acosar, acorralar, mirar, inspeccionar, fisgar, examinar, vigilar, atisbar, guipar, aojar, embrujar, encantar.
ANT. *Atraer, abandonar, descuidar, exorcizar.*

ojeriza
SIN. Malquerencia, inquina, manía, enojo, tirria, rencor, animosidad, animadversión, aborrecimiento, odio, enemistad, fobia, ira, furia, desprecio, hincha, fila, malquerer.
ANT. *Amistad, simpatía, cariño.*

ojeroso
SIN. Triste, marchito, ajado, pálido, agotado, maciliento, exangüe.
ANT. *Alegre, lozano, fresco.*

ojo
SIN. Fanal, columbre, lucero, vista, agujero, orificio, bocacalle, abertura, arco, sagacidad, intuición, perspicacia, tacto, atención, cuidado, malla.
ANT. *Ceguera, torpeza, descuido.*

ola
SIN. Embate, onda, oleaje, golpe, batiente, rompiente, afluencia, generación, moda.
ANT. *Reflujo, escasez.*

oleada
SIN. Oleaje, gentío, muchedumbre, multitud, masa, torbellino, tropel, caterva, infinidad.
ANT. *Penuria, soledad, escasez.*

oleaginoso
SIN. Aceitoso, grasiento, grasoso, graso, pringoso, oleario, oleoso, pringue, lubrificante.
ANT. *Áspero, seco, astringente.*

oleaje
SIN. Marejada, marejadilla, resaca, marola, marea, ondulación, embate.
ANT. *Bonanza, calma.*

oleoducto
SIN. Conducción, tubería, pipeline, canal, cañería.

oler
SIN. Olfatear, olisquear, ventear, husmear, aspirar, sentir, notar, advertir, respirar, exhalar, despedir, desprender, emitir, aromatizar, perfumar, apestar, heder, curiosear, averiguar, recelar, temer, barruntar, sospechar, adivinar, presumir, mosquearse.
ANT. *Desodorar, desconocer, ignorar.*

olfato
SIN. Tufo, venteo, nariz, instinto, intuición, sagacidad, astucia, sutileza, corazonada, inspiración.
ANT. *Insensibilidad, torpeza.*

oligofrenia
SIN. Infantilismo, retraso, idiocia, idiotez, imbecilidad.
ANT. *Desarrollo, inteligencia.*

olivo
SIN. Oliva, olivera, aceituno, arbequín, acebuche.

olor
SIN. Fragancia, aroma, perfume, efluvio, esencia, exhalación, bálsamo, fetidez, tufo, tufillo, hedor, hediondez, cochambre, peste, pestilencia, catinga, suposición, sospecha, indicio, señal, promesa, esperanza, oferta, fama, opinión, renombre, reputación.
ANT. *Desodorante, anonimato, desconocimiento.*

oloroso
SIN. Fragante, aromático, aromado, aromoso, bieneoliente, odorífico, odorífero, olorífero, perfumado, odorante, oliente, balsámico.
ANT. *Pestilente, hediondo, apestoso, inodoro, neutro.*

olvidadizo
SIN. Distraído, dejado, desmemoriado, despistado, amnésico, negli-

gente, desconsiderado, desagradecido, ingrato, desleal.
ANT. *Memorión, atento, agradecido, leal.*

olvidar
SIN. Desatender, abandonar, descuidar, omitir, preterir, dejar, extraviar, marginar, relegar, desdeñar, negligir, perdonar, callar, cicatrizar, desaprender, desvanecer, desdibujar, distraer, despistar.
ANT. *Recordar, evocar, añorar, rememorar, acordarse, sugerir.*

olvido
SIN. Inadvertencia, descuido, negligencia, preterición, omisión, distracción, extravío, pérdida, abandono, perdón, amnesia, ignorancia, atolondramiento, desmemoria, ligereza, desuso, relajación, carpetazo, despiste, paralización, ingratitud, desamor, desdén, desprecio.
ANT. *Memoria, recuerdo, añoranza, nostalgia, retentiva, conmemoración, sugerencia.*

olla
SIN. Marmita, cacerola, puchero, cazoleta, perol, recipiente, pote, guiso, cocido, torbellino, remolino.

ominoso
SIN. Execrable, abominable, infausto, lamentable, fatídico, calamitoso, aciago, odioso, fatal, trágico, funesto, siniestro, azaroso.
ANT. *Fausto, feliz, beneficioso, alegre.*

omisión
SIN. Negligencia, falta, descuido, olvido, laguna, supresión, inadvertencia, exclusión, abandono, incumplimiento, hueco, vacío, ausencia, fallo, pérdida, dejadez, desidia, indolencia, incuria.
ANT. *Celo, cuidado, recuerdo, mención, alusión.*

omiso
SIN. Flojo, descuidado, negligente, remiso, dejado, incurioso, abandonado, vago, desaliñado, omitido, olvidado, sobrentendido, elíptico.
ANT. *Cuidadoso, atento, claro, explícito.*

omitir
SIN. Olvidar, callar, suprimir, prescindir, descuidar, desatender, abandonar, dejar, incumplir, excluir, ocultar, silenciar, reservar, comer, pasar.

ANT. *Recordar, nombrar, incluir, mencionar, considerar, mentar, aludir.*

omnipotente
SIN. Todopoderoso, prepotente, absoluto, supremo, altísimo, irresistible.
ANT. *Subordinado, débil, inferior.*

omnipresente
SIN. Ubicuo, presente.
ANT. *Ausente.*

omnisciente
SIN. Sapientísimo, omnisapiente, omniscio, universal, erudito.
ANT. *Ignorante.*

omóplato
SIN. Omóplato, escápula, espaldilla, espalda, paletilla.

onanismo
SIN. Autoerotismo, masturbación, paja.
ANT. *Contención, coito.*

onda
SIN. Ola, rizo, ondulación, bucle, tupé, curva, meandro, sierpe, festón, vibración, reverberación, fluctuación, refracción, difusión, radiación, propagación, interferencia, reflexión, frecuencia.
ANT. *Rectitud, derechura.*

ondear
SIN. Ondular, undular, mecer, columpiar, serpear, serpentear, fluctuar, oscilar, agitar, flotar, temblar, festonear, cabrillear.
ANT. *Parar, inmovilizar, detener.*

ondulado
SIN. Ondeado, rizado, encaracolado, crespo, encrespado, sinuoso, tortuoso, desigual, irregular, zigzagueante, retorcido, tremolante, fluctuante.
ANT. *Derecho, tieso, enhiesto, liso, lacio.*

oneroso
SIN. Dispendioso, costoso, gravoso, caro, abusivo, exorbitante, engorroso, pesado, latoso, molesto, insoportable, incómodo, fastidioso, inoportuno, enojoso.
ANT. *Barato, agradable.*

opacar
Amér.
SIN. Oscurecer, ensombrecer, anublar, ennegrecer, entenebrecer.
ANT. *Aclarar, clarear, despejar, lucir.*

opaco

SIN. Mate, gris, sombrío, velado, umbrío, tenebroso, turbio, obscuro, nublado, mustio, melancólico, triste, tétrico.

ANT. *Diáfano, transparente, claro, alegre.*

opción

SIN. Alternativa, dilema, disyuntiva, decisión, preferencia, adopción, elección, predilección, derecho, deseo, votación, concurso, candidatura, privilegio, expectativa, facultad.

ANT. *Coacción, obligación.*

operación

SIN. Actuación, ejecución, realización, trabajo, acción, convenio, trato, negocio, contrato, intervención, cura, maniobra, ejercicio, lucha, combate.

ANT. *Inoperancia, pasividad.*

operar

SIN. Obrar, ejecutar, efectuar, realizar, actuar, maniobrar, manejar, manipular, especular, negociar, tratar, contratar, maniobrar, marchar, ejercitar, rajar, cortar, abrir, extirpar, intervenir.

ANT. *Holgar, vagar, inhibirse.*

operario

SIN. Obrero, trabajador, productor, asalariado, bracero, jornalero, peón, proletario, gañán, aprendiz, currante, laborante.

ANT. *Desocupado, parado, vago.*

ópimo

SIN. Copioso, abundante, cuantioso, rico, feraz, fecundo, fructuoso, fructífero, pingüe, beneficioso, productivo.

ANT. *Pobre, escaso, estéril, desdeñable.*

opinar

SIN. Dictaminar, discurrir, enjuiciar, juzgar, criticar, calificar, creer, estimar, considerar, censurar, apreciar, decir, parecer, exponer, glosar, aconsejar, suponer, comentar, votar, valorar, interpretar, discutir, fallar, emitir.

ANT. *Abstenerse, inhibirse, callar, silenciar.*

opinión

SIN. Juicio, dictamen, concepto, parecer, idea, criterio, convencimiento, consideración, conjetura, suposición, prejuicio, voz, voto, anotacion, tesis, crítica, censura,

razonamiento, sentir, dictamen, informe, decisión, consejo, aviso, consulta, ponencia, doctrina, explicación, comentario, respuesta, solución, fama, reputación, renombre, crédito, popularidad.

ANT. *Silencio, inhibición, desinterés, descrédito.*

opíparo

SIN. Espléndido, abundante, copioso, abundoso, suculento, orgiástico, gustoso, sabroso, magnífico, bueno.

ANT. *Escaso, mezquino, insípido.*

oponer

SIN. Enfrentar, afrontar, encarar, dificultar, resistir, rechazar, objetar, contrarrestar, encarar, disentir, repeler, contradecir, desaprobar, negar, contrariar, protestar, atacar, refutar, rebatir, discutir, frenar, estorbar, competir, interponer, prohibir, frenar, hostilizar, vedar, vetar, combatir, chocar, disputar.

ANT. *Facilitar, favorecer, asentir, ceder, aceptar, abandonar, rendirse.*

oportunidad

SIN. Coyuntura, ocasión, posibilidad, sazón, coincidencia, pertinencia, caso, circunstancia, lance, plazo, fecha, momento, azar, punto, pertinencia, suceso, trance, casualidad, ocurrencia, situación, eventualidad, acierto, saldo, liquidación, ganga, breva, negocio, ventaja, especulación.

ANT. *Desacierto, contratiempo, inconveniencia, anacronismo, inoportunidad, carestía.*

oportuno

SIN. Pertinente, tempestivo, congruente, conveniente, ocasional, correspondiente, puntual, acertado, adecuado, justo, propicio, idóneo, ajustado, clavado, indicado, propio, afortunado, ocurrente, agudo, inspirado, chistoso, gracioso, feliz.

ANT. *Inoportuno, inadecuado, inconveniente, impropio, extemporáneo, improcedente, torpe, soso.*

oposición

SIN. Desacuerdo, antagonismo, contradicción, obstrucción, traba, contraste, resistencia, negativa, pugna, colisión, obstáculo, rivalidad, cuestión, enfrentamiento, conflicto, veto, prohibición, resistencia, rebeldía, reacción, enemistad, plante, disconformidad, examen, prueba, concurso, convocato-

ria, minoría, grupo, facción.

ANT. *Conformidad, acuerdo, asentimiento, autorización, incomparecencia.*

opositor

SIN. Pretendiente, aspirante, concursante, examinando, rival, contendiente, oponente, émulo, antagonista, contrario, litigante, enemigo, opuesto.

ANT. *Favorable, defensor, protector, amigo.*

opresión

SIN. Yugo, dominación, apremio, tiranía, despotismo, abuso, dictadura, predominio, autoridad, imposición, intolerancia, absolutismo, sojuzgamiento, sujeción, apremio, servidumbre, esclavitud, vasallaje, caciquismo, imperialismo, presión, carga, tirantez, estrechez, peso, apretura, ahogo, angustia, congoja, sofocación.

ANT. *Liberador, aliviador, comprensivo, conciliador, transigente, tolerante.*

opresor

SIN. Déspota, tirano, dictador, autócrata, cacique, soberano, amo, negrero, opresivo, dictatorial, tiránico, intolerante, despótico, dominante, aplastante, sofocante, angustioso.

ANT. *Magnánimo, liberal, tolerante, transigente.*

oprimir

SIN. Apretar, comprimir, estrujar, ahogar, aplastar, asfixiar, agobiar, subyugar, sojuzgar, dominar, domar, sujetar, avasallar, tiranizar, acogotar, vejar, maltratar, imperar, abusar, someter, afligir, esquilmar.

ANT. *Liberar, transigir, tolerar, soltar, aflojar.*

oprobio

SIN. Ignominia, afrenta, deshonor, deshonra, vergüenza, vilipendio, baldón, infamia, vejación, difamación, mancha, desdoro, sambenito, vileza, burla, descrédito, ruindad, ultraje, villanía.

ANT. *Nobleza alabanza, honra, dignidad.*

oprobioso

SIN. Vilipendioso, afrentoso, infamante, deshonroso, indigno, infamatorio, humillante, vergonzoso, injurioso, denigrativo, difamatorio.

ANT. *Noble, honroso, digno.*

optar
SIN. Elegir, escoger, preferir, triar, inclinarse, nombrar, decidir, acceder, ingresar.
ANT. *Rechazar, renunciar.*

óptico
SIN. Virtual, visual, oculista, oftalmólogo.
ANT. *Corpóreo, real.*

optimismo
SIN. Ilusión, entusiasmo, esperanza, ánimo, euforia, afán, certeza, convicción, brío, fe, aliento, alegría, humor.
ANT. *Pesimismo, desánimo, tristeza.*

óptimo
SIN. Bueno, bonísimo, excelente, excelso, insuperable, inapreciable, perfecto, fenomenal, magnífico, cabal, impecable, próspero, opulento.
ANT. *Malísimo, pésimo, deplorante, fatal, funesto.*

opuesto
SIN. Contrario, enemigo, adversario, refractario, reacio, rebelde, rival, antagónico, enfrentado, encontrado, discorde, desafecto, distinto, diferente, desigual, contrapuesto, disímil, divergente, contrincante, oponente, hostil, adverso, antitético, antónimo.
ANT. *Idéntico, igual, coincidente, semejante, acorde, convergente, sinónimo.*

opugnación
SIN. Oposición, antagonismo, contraste, contradicción, refutación, objeción, impugnación, réplica.
ANT. *Aprobación, confirmación, acuerdo.*

opulencia
SIN. Abundancia, riqueza, sobreabundancia, fecundidad, demasía, copiosidad, plétora, fortuna, prosperidad, hacienda, tesoro, bienestar, caudal, dineral.
ANT. *Pobreza, escasez, insignificancia.*

opulento
SIN. Espléndido, abundante, colmado, poderoso, surtido, ubérrimo, sobrado, profuso, fecundo, lujoso, óptimo, exuberante, acaudalado, rico, poderoso, adinerado, afortunado.
ANT. *Desprovisto, escaso, pobre, mísero.*

opúsculo
SIN. Folleto, comentario, glosa, estudio, obrita.

oquedad
SIN. Hueco, vacío, hoyo, seno, agujero, cavidad, depresión, abertura, mella, vaciedad, tontería, necedad, sandez.
ANT. *Saliente, redondez, densidad, enjundia, interés.*

oración
SIN. Rezo, plegaria, jaculatoria, súplica, rogativa, ruego, invocación, imploración, voto, preces, letanía, salmodia, discurso, disertación, alocución, plática, arenga, parlamento, conferencia, declamación, glosa, monserga, cláusula, proposición, frase, oración.
ANT. *Blasfemia, reniego, imprecación, silencio.*

orador
SIN. Disertador, predicador, arengador, conferenciante, tribuno, declamador, locutor, repentista, retórico, charlatán, panegirista, abogado, demagogo, elocuente.
ANT. *Torpe, lacónico.*

oral
SIN. Hablado, verbal, expresado, enunciado, bucal.
ANT. *Silencioso, mudo.*

orar
SIN. Rogar, rezar, pedir, suplicar, deprecar, invocar, implorar, hablar, arengar, perorar, disertar, declamar.
ANT. *Maldecir, renegar, blasfemar, callar, silenciar.*

orate
SIN. Demente, loco, alienado, enajenado, chiflado, ido, maniático, chalado, grillado, mochales.
ANT. *Cuerdo, sensato.*

orbe
SIN. Universo, mundo, esfera, globo, creación, tierra, círculo, redondez, periferia.

órbita
SIN. Trayectoria, recorrido, vuelo, parábola, elipse, curva, camino, esfera, ámbito, zona, dominio, espacio, campo, área.

orco
SIN. Infierno, averno, báratro, abismo, orca, tártaro, profundo, condenación, muerte.
ANT. *Cielo, paraíso.*

orden
SIN. Concierto, regularidad, armonía, normalidad, disciplina, paz, euritmia, regulación, funcionamiento, clasificación, estructuración, vertebración, sistematización, articulación, organización, sistema, método, colocación, ritmo, serie, sucesión, distribución, grado, vez, turno, numeración, lugar, puesto, fila, hilera, cola, mandato, mando, norma, decreto, ley, disposición, bando, edicto, precepto, consigna, congregación, cofradía, hermandad, premio, medalla, condecoración, modo, estilo.
ANT. *Desorden, confusión, barullo, alteración, indisciplina, perturbación, tumulto, algarada, agitación.*

ordenador
SIN. Regulador, organizador, coordinador, reformador, orientador, distribuidor, ordinal, computadora, calculadora, procesadora.
ANT. *Desorganizador, alternador.*

ordenanza
SIN. Estatuto, reglamento, mandato, método, disposición, orden, norma, precepto, sistematización, bedel, subalterno, asistente, mandadero, servidor, mozo.
ANT. *Acatamiento, superior.*

ordenar
SIN. Disponer, organizar, normalizar, ajustar, concertar, coordinar, sistematizar, dirigir, acomodar, reglamentar, colocar, clasificar, catalogar, numerar, eslabonar, regular, establecer, prescribir, mandar, decretar, decidir, tonsurarse, profesar.
ANT. *Desordenar, desorganizar, descolocar, desajustar, cumplir, obedecer.*

ordeñar
SIN. Muir, esmuñir, sacar, vaciar, estrujar, lechar (*Amér.*), exprimir, explotar, esquilmar.
ANT. *Colmar, llenar.*

ordinario
SIN. Común, corriente, regular, usual, habitual, frecuente, acostumbrado, diario, llano, sencillo, trivial, familiar, grosero, bajo, basto, vulgar, despreciable, tocho, rudo, cerril, descortés, plebeyo, inculto, soez, bárbaro, recargado, chabacano, hortera, correo, cartero, portador, recadero, mensajero, nuncio, obispo, prelado.
ANT. *Extraodinario, raro, inusual,*

educado, elegante, fino.

orear
SIN. Ventilar, secar, airear, ventear, desahavar, refrescar, solear, tender, desecar.
ANT. *Encerrar, humedecer, velar, cubrir.*

oreja
SIN. Oído, asa, mirla, vela, hermana, orejeta, lengüeta.

orfandad
SIN. Aislamiento, soledad, desabrigo, desasistencia, desamparo, abandono, desgracia, separación, pensión.
ANT. *Protección, amparo, familia, paternidad.*

orgánico
SIN. Vivo, vivente, vital, biológico, somático, animal, vegetal, organizado, conjuntado.
ANT. *Inorgánico, muerto, mineral, fósil.*

organismo
SIN. Cuerpo, ser, ente, criatura, espécimen, organización, institución, entidad, corporación, colectividad, centro, reunión, junta, cámara.

organización
SIN. Aparato, sistema, estructura, orden, método, clasificación, ordenamiento, disposición, serie, colocación, arreglo, sociedad, institución, organismo.
ANT. *Desarreglo, desorganización.*

organizar
SIN. Ordenar, disponer, metodizar, sistematizar, coordinar, dirigir, constituir, arreglar, fundar, establecer, instituir, crear, reorganizar, armar, ajustar, armonizar, combinar, orquestar, planear, proyectar, preparar, regular, tramar.
ANT. *Desorganizar, desordenar, desunir, disolver.*

orgasmo
SIN. Clímax, espasmo, eyaculación, polución, culminación, convulsión, éxtasis, rapto, corrida.

orgía
SIN. Comilona, festín, desenfreno, bacanal, inmoralidad, crápula, libertinaje, borrachera, juerga, francachela, saturnal.
ANT. *Recato, austeridad, castidad, seriedad.*

orgullo
SIN. Soberbia, inmodestia, altanería, vanidad, humos, desdén, ínfulas, tufos, impertinencia, insolencia, fatuidad, presunción, fueros, endiosamiento, suficiencia, vanagloria, jactancia, pedantería, afectación, ufanía, pisto, fachenda, empaque, puntillo, pretensión, fanfarronería, alarde, alharaca, gozo, honra, contento, satisfacción, dignidad.
ANT. *Modestia, humildad, sencillez, insatisfacción, deshonor.*

orgulloso
SIN. Vanidoso, altivo, soberbio, arrogante, altivo, altanero, fatuo, presuntuoso, jactancioso, engreído, ufano, hinchado, impertinente, pedante, fanfarrón, megalómano, inmodesto, insolente, copetudo, empingorotado, empecinado, lomitieso, satisfecho, contento.
ANT. *Modesto, humilde, sencillo, campechano.*

orientar
SIN. Poner, disponer, colocar, situar, emplazar, ordenar, encarrilar, enderezar, guiar, dirigir, aconsejar, informar, indicar, asesorar, recomendar, sugerir, enterar.
ANT. *Desencaminar, desorientar, descarriar, desviar, desaconsejar.*

oriente
SIN. Orto, este, levante, naciente, saliente, juventud.
ANT. *Occidente, ocaso, poniente, vejez.*

orificio
SIN. Abertura, boca, agujero, boquete, hoyo, tronera, foramen, resquicio, ojo, ojete, ano.
ANT. *Taponadura, tapón, taco.*

origen
SIN. Procedencia, comienzo, germen, causa, motivo, principio, fundamento, raíz, fuente, génesis, semilla, base, arranque, umbral, derivación, substrato, etimología, estirpe, nacimiento, linaje, ascendencia, cuna, patria, país, generación, abolengo, pedigree, oriundez.
ANT. *Término, fin, muerte, desenlace, acabamiento.*

original
SIN. Extraño, singular, insólito, inusitado, curioso, raro, nuevo, único, especial, peculiar, propio, personal, inédito, extravagante, excéntrico, extraordinario, genial,

distinto, diferente, revolucionario, oriundo, originario, vernáculo, autóctono, primigenio, patrón, horma, pauta, modelo, prototipo, borrador, manuscrito, boceto, diseño.
ANT. *Conocido, normal, frecuente, vulgar, visto, foráneo, copia, tirada, serie.*

originar
SIN. Engendrar, causar, producir, provocar, suscitar, ocasionar, motivar, introducir, influir, derivar, resultar, brotar, dimanar, proceder, provenir, arrancar, emanar.
ANT. *Concluir, acabar, extinguir.*

originario
SIN. Natural, vernáculo, proveniente, oriundo, procedente, nativo, aborigen, paisano, indígena, poblador, vecino, primitivo, primero, causante, promotor, inicial, inaugural, preliminar.
ANT. *Forastero, extraño, secundario, causado.*

orilla
SIN. Margen, ribera, riba, ribazo, litoral, playa, glacis, límite, extremo, término, remate, canto, borde, margen, orla, ribete, fin, filo, lado, arista, vera, perfil, moldura, festón, faja, banda.
ANT. *Interior, medio.*

orillar
SIN. Bordear, costear, orlar, solventar, resolver, terminar, concluir, arreglar, ordenar, solucionar, acabar, finiquitar, zanjar, desenredar, evitar, soslayar, esquivar.
ANT. *Adentrar, continuar, seguir, encarar, afrontar.*

orín
SIN. Herrumbre, moho, óxido, robín, verdete, cardenillo, roña, orina, meados, pipí.

orina
SIN. Meados, meada, orín, pipí, pis, necesidades, evacuación, excreción, micción.

orla
SIN. Borde, orilla, ribete, filete, adorno, festón, fleco, cenefa, aureola, vainica, contorno, escudo, dibujo, cierre.

ornamentar
SIN. Ornar, adornar, decorar, exornar, revestir, cubrir, aplicar, pintar, alhajar, guarnecer, engalanar,

apañar, emperifollar, acicalar, enguirlandar, embellecer, adobar, aderezar.
ANT. *Descomponer, despojar, afear.*

ornato
SIN. Aparato, adorno, atavío, gala, pompa, galanura, afeite, ornamentación, aderezo, decorado, realce, quillotro.
ANT. *Sobriedad, sencillez.*

orondo
SIN. Robusto, grueso, barrigudo, hinchado, esponjoso, hueco, fofo, vacío, ahuecado, satisfecho, ufano, orgulloso, empingorotado, presumido, presuntuoso.
ANT. *Flaco, seco, macizo, humilde, modesto.*

oropel
SIN. Apariencia, relumbrón, vanidad, imitación, quincalla, bisutería, baratija, adorno, afeite, atavío, avío, maquillaje, arreglo.
ANT. *Verdad, exquisitez, abandono.*

orto
SIN. Aparición, nacimiento, salida, emersión, levante, saliente, naciente, oriente, este.
ANT. *Ocultamiento, muerte, ocaso, occidente, oeste, puesta, poniente.*

ortodoxia
SIN. Fidelidad, pureza, veracidad, verdad, apego, rectitud, conformidad, dogma, obediencia, autenticidad.
ANT. *Heterodoxia, falsedad, rebeldía.*

osadía
SIN. Atrevimiento, audacia, temeridad, intrepidez, arrojo, insolencia, descaro, desvergüenza, jactancia, bizarría, valor, empuje, riesgo, brío, imprudencia, resolución, acometividad, tupé, arrestos.
ANT. *Cobardía, miedo, respeto, temor, prudencia.*

osado
SIN. Atrevido, audaz arriesgado, resuelto, arrojado, temerario, emprendedor, insolente, resoluto, bragado, intrépido, temerario, descarado, valiente, decidido.
ANT. *Apocado, miedoso, tímido, cobarde, medroso.*

osar
SIN. Emprender, intentar, afrontar,

atreverse, arriesgarse, arrojarse, aventurarse, resolverse, decidirse.
ANT. *Temer, intimidarse, acobardarse.*

oscilación
SIN. Vibración, vaivén, balanceo, movimiento, variación, fluctuación, agitación, pulsación, latido, movilidad, flujo, reflujo, vacilación, duda, indecisión, temor, desequilibrio.
ANT. *Inmovilidad, estabilidad, permanencia, decisión.*

oscurecer
SIN. Ensombrecer, sombrear, anochecer, atardecer, apagar, negrear, cerrar, ocultar, empañar, enturbiar, deslucir, eclipsar, opacar, ofuscar, turbar, cegar, confundir, enmascarar, tergiversar, embrollar.
ANT. *Clarear, clarificar, despejar, lucir, solucionar, desenmascarar.*

oscuridad
SIN. Sombra, tenebrosidad, tinieblas, penumbra, noche, niebla, nubosidad, lobreguez, bruma, negrura, ofuscación, incomprensión, incertidumbre, embrollo, galimatías, lío, modestia, humildad, vulgaridad, ceguera, atraso, cerrazón, ignorancia.
ANT. *Claridad, luz, comprensión, esclarecimiento, cultura.*

oscuro
SIN. Oscuro, negro, tenebroso, lóbrego, umbrío, mate, sombrío, nocturno, nublado, cerrado, opaco, apagado, crepuscular, invisible, enlutado, modesto, anónimo, desconocido, mediocre, humilde, vulgar, ambiguo, difícil, confuso, complicado, impreciso, abstracto, lioso, oculto, secreto, equívoco, misterioso, turbio, incierto, peligroso, azaroso, aventurado.
ANT. *Brillante, claro, cierto, indudable, conocido, ilustre, noble, destacado, seguro.*

óseo
SIN. Ososo, huesudo, huesoso, osificado, esquelético, osteológico, resistente, marfileño, ebúrneo.
ANT. *Carnoso, fofo, pulposo.*

ósmosis
SIN. Paso, penetración, presión, difusión.
ANT. *Cierre, obstrucción.*

ostensible
SIN. Palpable, manifiesto, patente, visible, público, palmar, palmario, evidente, notorio, claro.
ANT. *Secreto, oscuro, dudoso, escondido.*

ostentación
SIN. Lujo, pompa, fausto, boato, tronío, pisto, alarde, bombo, gala, fasto, exteriorización, despliegue, derroche, facha, oropel, presunción, riqueza, soberbia, vanidad, jactancia, alarde, petulancia, pedantería, afectación, pomposidad, pavoneo, fantochada, fanfarronada.
ANT. *Sencillez, modestia, recato, sobriedad, moderación.*

ostentar
SIN. Alardear, manifestar, mostrar, postinear, fantasear, blasonar, fachendear, exhibir, exponer, patentizar, lucir, presumir, cacarear, farolear, detentar, poseer.
ANT. *Esconder, ocultar, recatarse, moderarse, carecer.*

ostracismo
SIN. Apartamiento, exclusión, destierro, extrañamiento, huida, postergación, exilio.
ANT. *Regreso, vuelta, homenaje, acogida.*

otear
SIN. Escudriñar, observar, mirar, registrar, ojear, fisgar, catar, ver, avizorar, divisar, descubrir, buscar, examinar.
ANT. *Descuidar, inhibirse, despreocuparse.*

otero
SIN. Colina, cerro, alcor, altozano, loma, alcudia, collado, altillo, montículo.
ANT. *Llano, planicie, llanura.*

otoñal
SIN. Tardío, decadente, veterano, maduro, añejo, vetusto, cuarentón, carroza, jamona.
ANT. *Primaveral, joven, lozano.*

otorgamiento
SIN. Licencia, permiso, consentimiento, autorización, anuencia, donación, conferimiento, promesa, estipulación, testamento, firma, rúbrica.
ANT. *Veto, prohibición, impedimento.*

otorgar
SIN. Dar, conceder, conferir, dispensar, consentir, acordar, condescender, disponer, establecer, estipular, permitir, licenciar, otorgar, facultar, testar, rubricar, firmar.
ANT. *Vetar, negar, prohibir, denegar.*

oveja
SIN. Carnero, cordero, borrego, res.

ovil
SIN. Aprisco, redil, corral, establo, majada, brosquil.

ovillo
SIN. Lío, bola, pelota, madeja, bobina, carrete, rollo, aglomeración, confusión, tropel, maraña, embrollo, multitud.
ANT. *Escasez, orden, claridad.*

óvulo
SIN. Huevo, germen, embrión, célula, cigoto, nuececilla.

oxidado
SIN. Herrumbroso, enmohecido, mohoso, enrobinado, enroñado, muerto, olvidado, anquilosado, estropeado, dañado, pasado.
ANT. *Brillante, nuevo, útil.*

oxigenar
SIN. Oxidar, airear, ventilar, respirar, reconfortar, vivificar, reanimar.

oyente
SIN. Radioescucha, presente, observador, alumno, asistente, liebre.
ANT. *Ausente, oficial.*

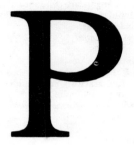

pabellón
SIN. Cobertizo, nave, tinglado, abrigo, cabaña, quiosco, glorieta, enseña, estandarte, bandera, insignia, guión, pendón, amparo, protección.
ANT. *Desamparo, desabrigo.*

pabilo
SIN. Mecha, cuerda, cordón, filamento, pajuela.

pábulo
SIN. Alimento, pasto, comida, manutención, sustento, mantenimiento, fundamento, pretexto, motivo.
ANT. *Inexistencia.*

pacato
SIN. Apocado, tímido, timorato, simple, blando, encogido, manso, tranquilo.
ANT. *Osado, atrevido.*

pacer
SIN. Comer, pastar, roer, consumir, corroer, desgastar, apacentar, pastorear, campear.

paciencia
SIN. Caridad, aguante, calma, flema, conformidad, mansedumbre, constancia, tenacidad, tesón, estoicismo, entereza, padecimiento, sosiego, apacibilidad, perseverancia, resignación, tolerancia, espera, sufrimiento.
ANT. *Intransigencia, enojo, desesperación, exasperación, arrebato.*

paciente
SIN. Tolerante, sufrido, resignado, doliente, consentido, pacífico, tenaz, inmutable, ecuánime, probado, estoico, magnánimo, sumiso, enfermo, dolorido.
ANT. *Inquieto, nervioso, impacien-*

te, irascible, furioso, sano.

pacificación
SIN. Apaciguamiento, sosiego, tranquilidad, paz, calma, concordia, mediación, intercesión, arreglo, negociación, mitigación, entendimiento, desánimo, amistad, pacifismo, dulcificación.
ANT. *Lucha, cizaña, guerra.*

pacificador
SIN. Reconciliador, negociador, mediador, tercero, pacífico, sosegador, moderado, parlamentario, embajador, juez.
ANT. *Luchador, belicoso, partidario, guerrero.*

pacificar
SIN. Tranquilizar, aquietar, sosegar, calmar, apaciguar, serenar, reconciliar, aplacar, arbitrar, mediar, intervenir, ordenar, componer.
ANT. *Reñir, enzarzar, irritar.*

pacífico
SIN. Sosegado, quieto, tranquilo, benigno, manso, apacible, afable, sereno, reposado, dulce, plácido, grato, paciente.
ANT. *Irascible, inquieto, belicoso.*

pacifista
SIN. Pacificador, transigente, inofensivo, neutralismo, paz, amistad, amor.
ANT. *Belicosidad, guerra, enemistad, odio.*

pactar
SIN. Convenir, concertar, ajustar, tratar, negociar, transigir, temperar, componer, entablar, firmar.
ANT. *Romper, hostilizar, discrepar, disentir.*

pacto
SIN. Convenio, concierto, tratado, ajuste, alianza, contrato, negociación, concordato, componenda, estipulación, armisticio, tregua, paz, juramento, promesa, arreglo.
ANT. *Desacuerdo, diferencia, cisma, ruptura, escisión, conflicto.*

pachón
SIN. Flemático, calmoso, pancho, tranquilo, lento, tardo, pausado.
ANT. *Activo, diligente, rápido.*

pachorra
SIN. Cachaza, calma, lentitud, tranquilidad, flema, indolencia, abulia, morosidad, dilación, apatía.
ANT. *Agilidad, rapidez, diligencia.*

pachorrudo
SIN. Flemático, cachazudo, calmoso, lento, tardo, porrón.
ANT. *Activo, diligente, rápido.*

pachucho
SIN. Maduro, mustio, ajado, pesado, débil, enfermizo, enclenque, abatido, decaído, desganado, blando, flojo.
ANT. *Sano, fresco, fuerte, duro.*

padecer
SIN. Penar, sufrir, soportar, tolerar, angustiar, doler, sentir, sobrellevar, transigir, acongojar, afligir, lacerar, atribular, enfermar.
ANT. *Alegrar, ignorar, consolar.*

padecimiento
SIN. Sufrimiento, penalidad, tristeza, angustia, zozobra, tormento, agravio, mal, dolencia, desgracia, tribulación, disgusto, sinsabor, calvario, herida, congoja, pena, miseria.

ANT. *Alegría, gozo, dulzura, seguridad, consuelo, ventaja, salud.*

padre
SIN. Progenitor, papá, papaíto, tata *(Amér.)*, principal, amo, cabeza, inventor, creador, antecesor.
ANT. *Hijo, descendiente, retoño.*

padrino
SIN. Protector, patrocinador, tutor, favorecedor, compadre, amparador, ahijador.
ANT. *Protegido.*

padrón
SIN. Catastro, censo, lista, vecindario, muestra, modelo, ejemplar, infamia, desdoro, mancilla, deshonra, vergüenza.
ANT. *Honra, nobleza, vergüenza.*

paga
SIN. Salario, sueldo, jornal, retribución, subsidio, honorarios, estipendio, remuneración, mesada, semanal, soldada, recompensa, correspondencia, gratitud.
ANT. *Descuento, deducción, ingratitud.*

paganismo
SIN. Gentilidad, idolatría, ateísmo, herejía, incredulidad, escepticismo, agnosticismo, impiedad, infidelidad, superstición.
ANT. *Creencia, fe, religiosidad.*

pagar
SIN. Abonar, satisfacer, apoquinar, desembolsar, remunerar, entregar, sufragar, saldar, ingresar, amortizar, liquidar, indemnizar, subvencionar, tributar, anticipar, auxiliar, socorrer, prestar, cumplir, satisfacer, reparar.
ANT. *Deber, adeudar, quitar, desfalcar, desentenderse.*

pago
SIN. Premio, satisfacción, revancha, abono, liquidación, reintegro, retribución, recompensa, saldo, región, distrito, comarca, territorio.
ANT. *Insolvencia, desfalco.*

paila
Amér.
SIN. Sartén, recipiente, padilla.

país
SIN. Nación, pueblo, comarca, provincia, territorio, región, estado, patria, reino, imperio, lugar, paraje, pintura, fotografía, dibujo.
ANT. *Extranjero.*

paisano
SIN. Coterráneo, compatriota, convecino, aldeano, campesino, provinciano.
ANT. *Extranjero, ciudadano.*

pajarear
SIN. Zanganear, pendonear, vagar, gandulear, deambular, gallofear, pindonguear.
ANT. *Trabajar.*

pajarero
SIN. Festivo, chancero, bromista, burlón, gracioso, entretenido, vivo, vistoso, multicolor.
ANT. *Serio, formal, lúgubre, discreto.*

pajarota
SIN. Mentira, trola, embuste, falsedad, bulo, infundio, patraña, calumnia, cuento, fantasía.
ANT. *Verdad.*

paje
SIN. Criado, mancebo, doncel, escudero, ayo.

palabra
SIN. Vocablo, voz, verbo, término, dicción, expresión, locución, elocuencia, discurso, facundia, locuacidad, verbosidad, retórica, grandilocuencia, promesa, afirmación, juramento, pacto, compromiso, ofrecimiento.
ANT. *Incumplimiento, decepción.*

palabrería
SIN. Cháchara, verborrea, locuacidad, verbosidad, insubstancialidad, hojarasca, follaje, palique, habladuría, monserga, labia, garla, pico.
ANT. *Discreción, mutismo, silencio.*

palabrero
SIN. Parlanchín, chacharero, boquirroto, garlador, charlatán, hablador, verboso, facundo, picotero, informal.
ANT. *Tartamudo, silencioso, callado, discreto.*

palabrota
SIN. Taco, reniego, grosería, blasfemia, insulto, maldición.
ANT. *Elogio, florilegio, terneza.*

palaciego
SIN. Cortesano, palatino, áulico, real, noble, aristocrático.
ANT. *Humilde, sencillo, popular.*

paladar
SIN. Sabor, gusto, sensibilidad, tacto, finura, delicadeza, bóveda, cielo, palatino.
ANT. *Insensibilidad, vulgaridad.*

paladear
SIN. Gustar, saborear, libar, gozar, degustar, catar, recrearse, estimar, valorar, discernir.
ANT. *Rechazar, ayunar, despreciar.*

paladín
SIN. Defensor, héroe, sostenedor, campeón, mantenedor, guerrero, combatiente.
ANT. *Cobarde, pusilánime.*

paladino
SIN. Público, manifiesto, patente, claro, notorio, sabido, palmario, evidente.
ANT. *Escondido, confuso.*

palafrén
SIN. Montura, cabalgadura, corcel, caballo.

palafrenero
SIN. Criado, lacayo, escudero, escolta, cochero, mozo, postillón, caballerizo.
ANT. *Señor, amo.*

palanca
SIN. Barra, pértiga, palanqueta, palo, leva, garrote, torniquete, brazo, fulcro, tecla, recurso, favor, influencia, protección.
ANT. *Desamparo, abandono.*

palanquín
SIN. Silla, litera, camilla, basterna.

palco
SIN. Platea, balcón, división, compartimiento, sección, localidad.

palenque
SIN. Estacada, cerca, valla, cercado, liza, tablado, plataforma, coso, arena, escenario, plaza, estadio, ruedo, circo.

palestra
SIN. Lucha, pugna, lidia, combate, reto, desafío, circo, arena, ruedo, coso, plaza.

paleto
SIN. Aldeano, rústico, labriego, palurdo, zafio, tosco, cerril, grosero, cateto, churro, patán, provinciano, dominguero, campesino, ignorante, inculto.
ANT. *Fino, culto, educado, refinado.*

paliar

SIN. Atenuar, aminorar, calmar, mitigar, suavizar, aquietar, ablandar, encubrir, disimular, enmascarar, solapar, disculpar, justificar.
ANT. *Culpar, agravar, agudizar, evidenciar, descubrir.*

paliativo

SIN. Atenuante, calmante, dulcificante, curativo, solapado, encubierto.
ANT. *Excitante, agravante, descubierto.*

palidecer

SIN. Amarillear, descolorar, deslucir, despintar, perder, demacrar, turbar, alterar.
ANT. *Colorear, enrojecer, sonrojar.*

palidez

SIN. Amarillez, decoloración, marchitamiento, anemia, debilidad, turbación, ajamiento.
ANT. *Color, lozanía, fortaleza, sosiego.*

pálido

SIN. Amarillo, descolorido, incoloro, macilento, pocho, apagado, anémico, lánguido, flojo, jipato (*Amér.*), débil, exangüe, cadavérico, inexpresivo, mustio, soso, deslucido.
ANT. *Colorado, expresivo, lozano.*

palique

SIN. Charla, garrullería, conversación, diálogo, comadreo, parloteo, labia, facundia, cuerda, cotilleo.
ANT. *Silencio, discreción.*

paliza

SIN. Tunda, vapuleo, soba, meneo, apaleamiento, golpiza (*Amér.*), flagelación, julepe, felpa, cueriza (*Amér.*), azotaina, castigo, repaso, derrota, trabajo, esfuerzo.
ANT. *Caricia, halago, triunfo, recompensa.*

palmada

SIN. Golpe, manotazo, tortazo, bofetada, aplauso, ovación, ruido, chasquido.
ANT. *Caricia, pateo.*

palmar

SIN. Finar, morir, fenecer, claro, evidente, patente, palmario.
ANT. *Embrollado, nacer.*

palmario

SIN. Claro, evidente, manifiesto, patente, notorio, cierto, comprensible.

ANT. *Equívoco, oscuro.*

palo

SIN. Tranca, bastón, tronco, listón, madero, mango, rama, garrote, tallo, banderilla, pértiga, báculo, mástil, poste, antena, puntal, golpe, trancazo, bastonazo, garrotazo, porrazo, mandoble, zurriagazo.

palo

Amér.
SIN. Árbol, arbusto, mata.

palomo

SIN. Pichón, palomino, estúpido, necio, bobo, mentecato, inocente, ingenuo.
ANT. *Inteligente, avispado, vivo.*

paloteado

SIN. Danza, paloteo, riña, trifulca, marimorena, disputa, contienda.
ANT. *Acuerdo, paz.*

palpable

SIN. Evidente, patente, claro, primario, cierto, material, corpóreo, ostensible, perceptible, tangible, táctil, real.
ANT. *Intocable, confuso, secreto, inasequible.*

palpación

SIN. Palpamiento, tocamiento, tangencia, tiento, toqueo, sobeo, frote, rozamiento, restregamiento.
ANT. *Abstención.*

palpar

SIN. Tocar, hurgar, sobar, manosear, manipular, acariciar, frotar, manejar, tentar, magrear, evidenciar, conocer, comprender.
ANT. *Desconocer, ignorar.*

palpitación

SIN. Pulsación, latido, pulso, contracción, dilatación, golpe, estremecimiento, angustia, ahogo.
ANT. *Calma, sosiego.*

palpitante

SIN. Emocionante, interesante, conmovedor, cordial, penetrante, vivo, punzante, actual.
ANT. *Indiferente, frío.*

palpitar

SIN. Latir, golpear, pulsar, jadear, trepidar, vivir.
ANT. *Calmar, sosegar.*

palurdo

SIN. Paleto, rústico, aldeano, labriego, tosco, rudo, tocho, cerril,

cateto, zafio, tardo, idiota, descortés, imbécil, patán, grosero, rudo.
ANT. *Culto, delicado, cortés.*

pampirolada

SIN. Majadería, necedad, tontería, memez, trivialidad, insubstancialidad, bobada, simpleza.
ANT. *Cordura, razón.*

pamplina

SIN. Aspaviento, melindre, necedad, payasada, futilidad, insignificancia, paparrucha, fruslería, capricho.
ANT. *Cordura, sensatez, importancia.*

pamposado

SIN. Desidioso, flojo, holgazán, vago, poltrón.
ANT. *Activo, trabajador.*

panarra

SIN. Simple, cándido, necio, mentecato, bobo, dejado, flojo, perezoso, desidioso, vago, poltrón, haragán.
ANT. *Inteligente, activo, trabajador.*

pandero

SIN. Instrumento, sonaja, pandereta, charlatán, hablador, chacharero.
ANT. *Callado, silencioso.*

pandilla

SIN. Unión, junta, asociación, cuadrilla, panda, caterva, grupo, camarilla, corrillo, bandada, tropa, chusma.
ANT. *Desunión, separación, soledad.*

panegírico

SIN. Encomio, loa, alabanza, elogio, apología, aplauso, exaltación, coba, adulación.
ANT. *Censura, crítica, ofensa, reprobación.*

panegirista

SIN. Elogiador, encomiador, analtecedor, ensalzador, alabador.
ANT. *Censor, criticón.*

pánfilo

SIN. Pausado, tardo, parado, pesado, cachazudo, flemático, calmoso, pancho, abobado.
ANT. *Diligente, hábil, activo.*

paniaguado

SIN. Favorecido, protegido, allegado, predilecto, mercenario, criado.
ANT. *Protector, amo.*

pánico
SIN. Espanto, temor, pavura, sobresalto.
ANT. *Valor, serenidad.*

pantano
SIN. Embalse, lago, laguna, charco, ciénaga, chahuite *(Amér.)*, depósito, lodazal, paular, atolladero, dificultad, estorbo, obstáculo, tropiezo, atasco.
ANT. *Yermo, facilidad.*

pantanoso
SIN. Lacustre, cenagoso, fangoso, tremendal, anegadizo.
ANT. *Seco, árido, desecado.*

pantomima
SIN. Mímica, imitación, pasatiempo, representación, títere, simulación, parodia, caricatura, expresión.
ANT. *Veracidad, autenticidad.*

panza
SIN. Vientre, barriga, abdomen, tripa, guata *(Amér.)*, estómago, convexidad, curva, abultamiento.

panzada
SIN. Hartazgo, atracón, saciedad, comilona, tripada.
ANT. *Comedimiento, ayuno.*

paño
SIN. Tela, lienzo, mantel, toalla, pared, tabique, muro, materia, asunto, cuestión.

papada
SIN. Sobarba, pliegue, carnosidad, abultamiento, barbilla.

papalina
SIN. Gorro, sombrero, boniquete, cofia, borrachera, embriaguez, trompa, cogorza, jumera.
ANT. *Sobriedad.*

papanatas
SIN. Bobo, bobalicón, mentecato, simple, pazguato, cándido, papamoscas, ingenuo, cateto, necio, tontaina, badulaque.
ANT. *Listo, inteligente.*

papandujo
SIN. Flojo, blando, pachucho, pasado, bagatela, fruslería.
ANT. *Sano, importancia.*

paparrucha
SIN. Bola, trola, cuento, mentira, falsedad, infundio, majadería, necedad, bobada, estupidez, memez,

desatino, dislate, absurdo.
ANT. *Verdad, sensatez, cordura.*

papeleo
SIN. Trámite, expediente, burocracia, inconvenientes, traba, complicación.
ANT. *Sencillez, simplicidad.*

papirotazo
SIN. Golpe, coscorrón, puñetazo, capón, capirote.
ANT. *Caricia.*

paquete
SIN. Manojo, haz, fardo, bulto, atado, envoltorio, bojote *(Amér.)*, cartucho, bala, cajetilla, mazo.

par
SIN. Igual, similar, semejante, equivalente, simétrico, pareja, dos, doble, duplicidad, pareado.
ANT. *Desigual, uno.*

parabién
SIN. Felicitación, congratulación, enhorabuena, brindis, cumplido, agasajo.
ANT. *Indiferencia.*

parábola
SIN. Narración, cuento, fábula, enseñanza, moraleja, apólogo, máxima, alegoría, metáfora, comparación.

parada
SIN. Término, fin, suspensión, alto, pausa, estación, detención, interrupción, descanso, espera, permanencia, quietud, parador, mansión, fonda, desfile, tránsito, exhibición.
ANT. *Movimiento, actividad.*

paradero
SIN. Final, fin, término, alojamiento, señas, dirección, residencia, domicilio, refugio.

paradigma
SIN. Ejemplo, modelo, muestra, ejemplar, prototipo.

paradisíaco
SIN. Delicioso, feliz, perfecto, olímpico, celeste, glorioso, divino, maravilloso, dichoso.
ANT. *Horrible, infernal.*

parado
SIN. Desocupado, inactivo, ocioso, cesante, detenido, inmóvil, quieto, estancado, estático, interrumpido, tímido, remiso, callado, timorato, corto, pánfilo.

ANT. *Activo, dinámico, atrevido, lanzado, osado.*

parado
Amér.
SIN. Derecho, erguido, enhiesto, vertical.
ANT. *Torcido, caído, horizontal.*

paradoja
SIN. Contradicción, extravagancia, exageración, absurdo, contrasentido, rareza.
ANT. *Lógica, razón, sensatez.*

paradójico
SIN. Chocante, contradictorio, exagerado, erróneo, falso, disparatado.
ANT. *Racional, normal, sensato.*

parafrasear
SIN. Comentar, ampliar, explicar, desenvolver, disertar, argumentar, interpretar, revelar.
ANT. *Complicar, oscurecer, callar.*

paraje
SIN. Lugar, punto, emplazamiento, recinto, situación, estancia, territorio, local, plaza, localidad, paisaje.

paralelismo
SIN. Equivalencia, correspondencia, analogía, similitud, correlación, concordancia.
ANT. *Discrepancia.*

paralelo
SIN. Equidistante, correspondiente, símil, similar, comparación, semejanza, analogía, parangón.
ANT. *Diagonal, cruzado, disímil.*

parálisis
SIN. Atrofia, letargo, invalidez, privación, impedimento, inmovilidad, quietud, insensibilidad, inmovilización.
ANT. *Desentumecimiento, vigor.*

paralítico
SIN. Tullido, impedido, inválido, baldado, mutilado, anquilosado, patitieso, entorpecido, imposibilitado.
ANT. *Recuperado, desentumecido.*

paralizar
SIN. Impedir, detener, estorbar, entorpecer, inmovilizar, cortar, estancar, entumecer, atajar, envarar, atrofiar, lisiar, deteriorar, cesar, cerrar.
ANT. *Continuar, mover, promover, facilitar.*

paramentar
SIN. Adornar, ataviar, decorar, engalanar, embellecer.
ANT. *Afear, desguarnecer.*

paramento
SIN. Revestimento, atavío, adorno, decoración, cortinaje, tapiz, sobrecubiertas, mantillas.

páramo
SIN. Desierto, yermo, raso, erial, estepa, calvero, sabana, berbecho, llanura.
ANT. *Bosque, vergel.*

parangón
SIN. Semejanza, comparación, similitud, cotejo, confrontación, equivalencia.
ANT. *Diferencia.*

parangonar
SIN. Comparar, confrontar, relacionar, equiparar, igualar, asemejar, coincidir.
ANT. *Diferenciar.*

paraninfo
SIN. Sala, salón, aula, recinto, anfiteatro, universidad, mensajero, nuncio.

paranoico
SIN. Maníaco, obseso, demente, obsesivo, loco, exaltado, chiflado.
ANT. *Cuerdo, sensato.*

parapetarse
SIN. Protegerse, resguardarse, atrincherarse, cubrirse, ocultarse, abrigarse, blindarse, prevenirse, precaverse, resistirse, oponerse, pretextar.
ANT. *Descubrirse, rendirse, favorecer.*

parapoco
SIN. Tímido, apocado, simple, apagado, pusilánime, misántropo, insignificante.
ANT. *Decidido, atrevido, osado.*

parar
SIN. Frenar, detener, paralizar, suspender, impedir, sujetar, dificultar, embarazar, empantanar, atrancar, estacionar, aparcar, posarse, anclar, fondear, descansar, reposar, hospedar, habitar, acabar, cesar, terminar, finalizar, prevenir, reparar.
ANT. *Continuar, favorecer, promover, andar, circular.*

parásito
SIN. Inútil, chupóptero, gorrón, parchista, vividor, explotador, huésped, abusón, insecto.
ANT. *Útil, generoso, trabajador.*

parcela
SIN. Porción, ápice, lote, trecho, parte, solar, terreno, término.
ANT. *Latifundio*

parcial
SIN. Incompleto, partidario, fragmentario, inacabado, imperfecto, unilateral, apasionado, improcedente, subjetivo, tendencioso, injusto, torcido, particular.
ANT. *Cabal, íntegro, moral, entero, pleno, global.*

parcialidad
SIN. Desigualdad, injusticia, favoritismo, improcedencia, arbitrariedad, distinción, abuso, fanatismo, particularidad, apego, inmoralidad, camarilla, agrupación.
ANT. *Imparcialidad, equidad, justicia.*

parco
SIN. Escaso, corto, pobre, insuficiente, raquítico, mirado, exiguo, limitado, frugal, abstemio, sobrio, moderado, mesurado.
ANT. *Abundante, generoso, desenfrenado.*

parche
SIN. Emplaste, cataplasma, pegado, remiendo, pedazo, trozo, codera, rodillera, retoque, brochazo

pardal
SIN. Aldeano, paleto, cateto, gorrión, pájaro, pardillo, taimado, astuto, ladino, socarrón.
ANT. *Elegante, fino, recto.*

pardo
SIN. Obscuro, terroso, sombrío, mulato, ocre, plomizo, ceniciento, castaño.
ANT. *Claro, brillante.*

parear
SIN. Emparejar, hermanar, casar, juntar, igualar, comparar.
ANT. *Diferenciar, distinguir.*

parecer
SIN. Juicio, dictamen, opinión, concepto, criterio, entender, consideración, pensar, estimar, creer, juzgar, aparecer, salir, manifestarse, presentarse, encontrarse, hallarse, comparecer, surgir.

ANT. *Callar, silenciar, ignorar, desaparecer.*

parecerse
SIN. Semejarse, asemejarse, asimilar.
ANT. *Distinguirse.*

parecido
SIN. Análogo, semejante, símil, aproximado, afín, similar, parejo, gemelo, hermano, uniforme, aproximado, copia, semejanza, similitud, homogeneidad, afinidad, analogía, vecindad.
ANT. *Diferente, disímil, opuesto, heterogeneidad.*

parejo
SIN. Liso, llano, regular, suave, uniforme, igual, semejante, parecido.
ANT. *Desigual, distinto.*

parejura
SIN. Parecido, semejanza, igualdad, similitud, paridad.
ANT. *Discrepancia.*

parentesco
SIN. Lazo, vínculo, unión, relación, conexión, alianza, consanguinidad, afinidad, enlace, analogía.
ANT. *Diferencia, separación.*

paréntesis
SIN. Suspensión, inciso, pausa, descanso, interrupción, inciso, cese, alto, digresión.
ANT. *Reanudación, prosecución.*

paria
SIN. Ruin, plebeyo, golfo, gentuza, gitano, rufián, vil, andrajo, esclavo, apátrida, indio.
ANT. *Distinguido, estimado, considerado.*

paridad
SIN. Identidad, igualdad, similitud, comparación, uniformidad, paralelismo.
ANT. *Desigualdad, diversidad.*

pariente
SIN. Allegado, familiar, afín, ascendiente, consanguíneo, predecesor, sucesor, parecido, semejante, similar, marido, mujer.
ANT. *Ajeno, intruso, diferente.*

parir
SIN. Crear, producir, alumbrar, expulsar, desocupar, librar, nacer desembarazarse *(Amér.)*, despa char, idear, producir, hacer. for

mar, inventar, descubrir.
ANT. *Morir, callar, acabar.*

parla
SIN. Verbosidad, garla, verborrea, garrulería, conversación.
ANT. *Mutismo.*

parlador
SIN. Hablador, verboso, charlatán, orador, conversador, facundo.
ANT. *Callado, silencioso.*

parlamentar
SIN. Conversar, hablar, conferenciar, discutir, tratar, entrevistarse, concertar, deliberar, ajustar.
ANT. *Callar, silenciar, discrepar.*

parlamentario
SIN. Emisario, enviado, legado, embajador, negociador, diputado, procurador, senador, congresista, legislativo.

parlamento
SIN. Asamblea, cónclave, Cortes, Cámara, Congreso, Senado, Comisión, Mesa, discurso, arenga, proclama, alocución, perorata.
ANT. *Silencio*

parlanchín
SIN. Hablador, charlatán, garrulo, chacharero, labioso *(Amér.)*, boceras, bocazas, lenguado, picotero, grajo, imprudente, indiscreto, inoportuno.
ANT. *Callado, discreto, prudente.*

parlería
SIN. Garrulería, habladuría, verbosidad, faramalla, enredo, chisme, hablilla.
ANT. *Discreción, silencio.*

parlotear
SIN. Charlar, picotear, chacharear, chismorrear, cotorrear, vocear, murmurar, platicar, fabular.
ANT. *Callar, enmudecer.*

parné
SIN. Dinero, guita, peculio, metálico, moneda, plata.

paro
SIN. Interrupción, suspensión, pausa, descanso, intérvalo, atasco, complicación, descanso, ocio, supresión, desempleo, inactividad, desocupación.
ANT. *Continuación, movimiento, trabajo.*

parodia
SIN. Imitación, simulacro, caricatura, pantomima, bufonada, fingimiento, arlequinada.
ANT. *Autenticidad, realidad.*

parola
SIN. Verbosidad, labia, verborrea, cháchara, faramalla, garla, locuacidad, fecundia, broza, desparpajo, fraseología.
ANT. *Discreción, silencio.*

paranomasia
SIN. Aliteración, semejanza, parecido.
ANT. *Diferencia.*

paroxismo
SIN. Accidente, acceso, ataque, síncope, excitación, enardecimiento, fogosidad, exaltación, exasperación, frenesí.
ANT. *Suavidad, sosiego.*

parpadear
SIN. Pestañear, guiñar, gesticular, ocluir, encandilar.
ANT. *Inmovilizar.*

parquedad
SIN. Prudencia, parsimonia, lentitud, sobriedad, moderación, severidad, economía, ahorro, avaricia, avidez, escasez.
ANT. *Exceso, abuso, derroche.*

parranda
SIN. Fiesta, jaleo, jarana, juerga, tambarria *(Amér.)*, diversión, jolgorio, farra, bullicio, bulla, romería.
ANT. *Languidez, fastidio.*

parrandista
SIN. Juerguista, fandanguero, bullanguero, escandaloso, verbenero, vividor, alegre, divertido, libertino, mujeriego.
ANT. *Aburrido, melancólico.*

párroco
SIN. Sacerdote, cura, rector, vicario, prior, padre, eclesiástico.

parroquia
SIN. Feligresía, iglesia, templo, rectoría, clientela, público, asiduos.

parroquiano
SIN. Feligrés, devoto, fiel, cliente, abonado, concurrente, consumidor.

parsimonia
SIN. Discreción, circunspección,

prudencia, moderación, mesura, parquedad, sobriedad, templanza, calma, tranquilidad, tardanza, pachorra, lentitud, flema.
ANT. *Exceso, derroche, rapidez, actividad.*

parte
SIN. Trozo, porción, fragmento, fracción, pedazo, triza, residuo, segmento, jirón, astilla, detalle, accesorio, elemento, miembro, pieza, ración, tajada, rodaja, paraje, lugar, sitio, zona, puesto, capítulo, epígrafe, párrafo.
ANT. *Completo, conjunto, todo.*

partición
SIN. División, repartimiento, fraccionamiento, separación, troceo, sección, exfoliación, destrozo.
ANT. *Unión, conservación.*

participación
SIN. Aviso, noticia, parte, notificación, nota, información, advertencia, comunicación, informe, cooperación, colaboración, aportación, suscripción, asistencia, sociedad, comunión.
ANT. *Silencio, incomunicación, separación, desvinculación.*

participar
SIN. Comunicar, notificar, avisar, anunciar, informar, enterar, intervenir, colaborar, terciar, mojar, compartir.
ANT. *Silenciar, callar, desentenderse, abstenerse.*

particular
SIN. Raro, peculiar, singular, extraño, extraordinario, privado, especial, original, único, solo, individual, personal, característico, propio, privativo, inconfundible, representativo, específico.
ANT. *General, común, vulgar, habitual, indiferenciado.*

partida
SIN. Marcha, salida, ida, evacuación, salida, despedida, éxodo, destierro, banda, cuadrilla, pandilla, patrulla, porción, cantidad, parte, muerte, defunción, dolor.
ANT. *Llegada, venida, entrada, nacimiento.*

partidario
SIN. Secuaz, prosélito, adicto, simpatizante, adepto, afiliado, banderizo, correligionario, amigo, servidor, devoto, compañero, leal, sectario, acérrimo.

ANT. *Enemigo, adversario, cismáti-co, discrepante.*

partido
SIN. Fraccionado, fragmentado, dividido, roto, cuarteado, parcialidad, pandería, cuadrilla, bando, clan, fracción, hueste, grupo, reunión, provecho, ventaja, beneficio, distrito, jurisdicción.
ANT. *Entero, inutilidad, pérdida, desamparo.*

partir
SIN. Salir, marchar, arrancar, emigrar, mudarse, irse, retirarse, dividir, separar, bifurcar, fragmentar, racionar, seccionar, romper, cuartear, tronchar, roturar.
ANT. *Llegar, quedarse, unir, componer.*

parto
SIN. Alumbramiento, nacimiento, presentación, obra, fruto, producto.
ANT. *Muerte, aborto.*

parvedad
SIN. Pequeñez, tenuidad, escasez, cortedad, exigüidad, nimiedad.
ANT. *Abundancia.*

parvulez
SIN. Simplicidad, pequeñez, candidez, candor, ingenuidad, niñería.
ANT. *Grandeza, complicación.*

párvulo
SIN. Niño, pequeño, imberbe, inocente, sencillo, cándido, simple, humilde.
ANT. *Mayor, orgulloso, pícaro.*

pasadero
SIN. Llevadero, tolerable, aceptable, admisible, razonable, sufrible, moderado, transitorio, perecedero.
ANT. *Insufrible, eterno.*

pasadizo
SIN. Galería, corredor, pasillo, callejón, coladero, garganta, desfiladero, estrecho, paso, cañada.

pasado
SIN. Antiguo, lejano, pretérito, remoto, anterior, retrospectivo, caduco, vencido, anterioridad, ayer.
ANT. *Presente, futuro, mañana.*

pasaje
SIN. Fragmento, parte, trozo, paraje, lugar, sitio, camino, vado, coladero, salida, entrada, puente, túnel, abertura, episodio, texto.

pasajero
SIN. Efímero, breve, fugaz, temporal, provisional, accidental, delezbable, caduco, caminante, viajero, viandante, frecuentado, céntrico, animado.
ANT. *Eterno, duradero, solitario.*

pasante
SIN. Oficinista, ayudante, auxiliar, asistente, secretario.
ANT. *Jefe, principal.*

pasaporte
SIN. Licencia, permiso, autorización, salvoconducto, pasevisado, carnet, credencial, certificación.

pasar
SIN. Penetrar, franquear, conducir, traspasar, meter, andar, circular, recorrer, atravesar, viajar, saltar, salvar, vencer, remontar, superar, sobrepujar, transferir, mandar, enviar, transportar, omitir, silenciar, ocultar, disimular, perdonar, olvidar, vivir, durar, subsistir, ocurrir, suceder, devenir.
ANT. *Permanecer, parar, detenerse, recibir, entrar, faltar.*

pasarse
SIN. Envejecerse, ajarse, acabarse, marchitarse, pudrirse, extenderse, propagarse, contagiarse, pegarse.
ANT. *Persistir, durar, quedarse.*

pasatiempo
SIN. Diversión, entretenimiento, distracción, devaneo, recreo, placer, tertulia, deporte, acertijo, ovillejo, crucigrama, solitario, rompecabezas.
ANT. *Fastidio, tedio, bostezo.*

pase
SIN. Pasaporte, salvoconducto, permiso, licencia, autorización, consentimiento, venia, aval, credencial, documentación.
ANT. *Prohibición, negativa.*

paseo
SIN. Itinerario, recorrido, viaje, camino, andadura, salida, ejercicio, vagabundeo, caminata, plaza, calle, parque, jardín, alameda.
ANT. *Detención, quietud.*

pasillo
SIN. Corredor, galería, pasadizo, pasaje, arcada, atajo, angostura, callejón.

pasión
SIN. Vehemencia, ardor, entusias-mo, arrebato, delirio, ceguera, excitación, efervescencia, apasionamiento, encendimiento, fervor, locura, violencia, impaciencia, amor, afecto, preferencia, cariño, erotismo, deseo, apetito, arbitrariedad, parcialidad.
ANT. *Frialdad, desinterés, apatía, abulia, aversión, justicia, equilibrio.*

pasional
SIN. Vehemente, ardiente, intenso, fanático, volcánico, delirante, impulsivo.
ANT. *Frío, indiferente.*

pasividad
SIN. Indiferencia, inmovilidad, inercia, neutralidad, calma, apatía, despreocupación, quietud, paciencia, sufrimiento.
ANT. *Acción, interés, beligerancia.*

pasivo
SIN. Indiferente, frío, distante, contemplativo, inactivo, estático, quieto, insensible, inerte, paciente, indolente, perezoso, holgazán, deuda, gravamen, gastos.
ANT. *Operativo, ejecutante, vivo, inquieto, crédito, ingresos.*

pasmado
SIN. Atónito, estupefacto, absorto, suspenso, extático, admirado, enajenado, maravillado, deslumbrado, extasiado, simple, pánfilo, bobo, necio.
ANT. *Inmutable, impasible, vivo, inteligente.*

pasmar
SIN. Asombrar, admirar, maravillar, embelesar, suspender, embobalicar, maravillar, encandilar, sorprender, trastornar, turbar, aturdir, atolondrar, confundir, embarazar.
ANT. *Serenar, tranquilizar, despreciar.*

pasmazón
Amér.
SIN. Pasmo, sorpresa, asombro, éxtasis, estupefacción.
ANT. *Impavidez, impasibilidad.*

pasmo
SIN. Estupefacción, admiración, suspensión, enajenación, asombro, éxtasis, embeleso, arrobo, maravilla, sorpresa, pasmazón *(Amér.).*
ANT. *Impavidez, insensibilidad.*

pasmoso
SIN. Asombroso, maravilloso, admirable, estupendo, portentoso, fascinador, asombrador, inaudito, prodigioso, conmovedor.
ANT. *Vulgar, común.*

paso
SIN. Huella, pisada, marca, señal, rastro, espacio, medida, distancia, zancada, movimiento, marcha, trote, galope, travesía, camino, vereda, atajo, collado, cañón, desfiladero, salida, acceso, trance, dificultad, lance, episodio, aventura, progreso, avance, adelanto, cambio.
ANT. *Retroceso, parada, obstáculo, quietud, atraso.*

pasquín
SIN. Cartel, anuncio. edicto, libelo, folleto, anónimo.

pasta
SIN. Riqueza, dinero, masa, crema, papilla, batido, natilla, sémola, galleta.
ANT. *Pobreza, escasez.*

pastar
SIN. Apacentar, pacer, pastorear, campear, ramonear, alimentar, rumiar.

pasteleo
SIN. Embrollo, artimaña, gitanería, chanchullo, trampa, convenio.
ANT. *Franqueza, claridad.*

pasto
SIN. Comida, alimento, pastura, forraje, hierba, verde, pienso, sustento, herbaje, paja, fomento, incentivo, ocasión.

pastor
SIN. Ganadero, cabrero, ovejero, zagal, apacentador, abrevador, sabanero, vaciero, boyero.

pastoral
SIN. Pastoril, trashumante, recevero, campero, bucólico, idílico, encíclica.

pastoril
SIN. Pastoral, bucólico, campestre, edílico, sencillo, natural.
ANT. *Ciudadano, urbano.*

pastoso
SIN. Blando, cremoso, denso, pringoso, espeso, viscoso, fangoso, suave, adhesivo.
ANT. *Duro, seco, fluido.*

patada
SIN. Puntapié, coz, golpe, porrazo, estampa, huella, rastro, pista, señal.
ANT. *Caricia.*

patalear
SIN. Patear, pernear, triscar, plafar, cocear, zambear, rabiar.
ANT. *Acariciar, mimar.*

pataleo
SIN. Pateo, abucheo, reprehensión, reprobación, ruido, estrépito, escándalo.
ANT. *Aprobación, elogio, silencio.*

pataleta
SIN. Rabieta, ataque, excitación, pasmarota, patatús, soponcio, disgusto, berrinche.
ANT. *Alegría, contento.*

patán
SIN. Paleto, aldeano, palurdo, campesino, rústico, zafio, grosero, ordinario, soez, ignorante, descortés, tosco, pardillo, cateto, pueblerino.
ANT. *Civilizado, culto, educado.*

patanería
SIN. Grosería, rustiquez, ordinariez, ignorancia, zafiedad, tosquedad, vulgaridad, simpleza, aldeanismo.
ANT. *Urbanidad, finura.*

patatús
SIN. Accidente, desmayo, congoja, ataque, desfallecimiento, síncope, acceso.
ANT. *Recuperación.*

patear
SIN. Patalear, cocear, pernear, taconear, estirar, cruzar, pisotear, condenar, criticar, maltratar, censurar, abuchear, silbar.
ANT. *Alabar, ensalzar, acariciar.*

patente
SIN. Evidente, claro, visible, manifiesto, palpable, ostensible, notorio, palmario, concebible, expreso, privilegio, despacho, título, exclusiva, cédula, registro, documento.
ANT. *Desconocido, oscuro.*

patentizar
SIN. Evidenciar, demostrar, exponer, aclarar, ostentar, mostrar, exhibir, revelar.
ANT. *Ocultar, disimular.*

paternal
SIN. Comprensivo, indulgente, solícito, esmerado, benévolo, benigno.
ANT. *Rígido, duro.*

paternidad
SIN. Descubrimiento, creación, origen, concepción, producción.

paterno
SIN. Íntimo, cariñoso, sufrido, protector, afectuoso, entrañable.
ANT. *Seco, rígido, extraño.*

patético
SIN. Emocionante, sentimental, enternecedor, conmovedor, elegíaco, trágico, dramático, lúgubre, tétrico, congojoso, triste.
ANT. *Alegre, animado, gozoso.*

patetismo
SIN. Tristeza, dramatismo, emoción, angustia, pasión, tragedia, dolor, sufrimiento, padecimiento.
ANT. *Alegría, júbilo, sosiego.*

patibulario
SIN. Terrible, siniestro, feroz, monstruoso, repugnante, espantoso, horrible, perverso, siniestro.
ANT. *Bueno, agradable.*

patíbulo
SIN. Horca, cadalso, tablado, suplicio, condena.
ANT. *Premio, honor.*

patinazo
SIN. Evolución, resbalón, deslizamiento, desacierto, equivocación, coladura, yerro.
ANT. *Acierto.*

patitieso
SIN. Exánime, desmayado, inanimado, estupefacto, petrificado, estático, admirado, absorto, afectado, estirado.
ANT. *Despreocupado, consciente.*

pato
SIN. Ánsar, ánade, ansarón, oca, ave, ganso, fusca, lavanco.

patochada
SIN. Bobada, gansada, disparate, tontería, sandez, mentecatada, dislate, estupidez, bobería, majadería, necedad, despropósito, desbarro.
ANT. *Acierto, finura.*

patógeno
SIN. Infeccioso, nocivo, pernicioso, dañoso, perjudicial, enfermizo.
ANT. *Higiénico, sano.*

patoso

SIN. Pesado, cargante, molesto, impertinente, enfadoso, soso, simplón, papamoscas, zángano, guasón, desgarbado, atosigante.
ANT. *Gracioso, ocurrente.*

patraña

SIN. Invención, embuste, mentira, cuneto, farsa, chisme, bola, infundio, bulo, trola, camelo, embrollo, pamplina.
ANT. *Verdad, realidad.*

patrañero

SIN. Mentiroso, bolero, infundioso, embustero, chismoso, cuentista, jacarero, bulista.
ANT. *Sincero, veraz.*

patria

SIN. Tierra, nación, país, cuna, territorio, pueblo, gente, raza, destierro, deportación, repatriación, emigrante, inmigrante, indiano, proscrito.
ANT. *Extranjero.*

patriarca

SIN. Jefe, anciano, sabio, autoridad, influyente, respetado, prestigioso, prelado, obispo.

patrimonio

SIN. Propiedad, bienes, herencia, dote, riqueza, dominio, peculio, sucesión, hacienda, conservación, usufructo.

patriota

SIN. Fiel, leal, defensor, nacionalista, tradicionalista, héroe.
ANT. *Traidor, réprobo, apátrida.*

patrocinador

SIN. Protector, auxiliador, favorecedor, defensor, padrino, valedor, benefactor, mecenas.
ANT. *Enemigo, contrario.*

patrocinar

SIN. Favorecer, defender, proteger, amparar, apoyar, auxiliar, salvaguardar, escudar, resguardar, ayudar, apadrinar, financiar, acoger.
ANT. *Desentenderse, desamparar, obstaculizar.*

patrocinio

SIN. Apoyo, amparo, favor, defensa, auxilio, protección, advocación, auspicio, ayuda, guarda, abrigo, tutela, asistencia, garantía, mediación, intercesión.
ANT. *Abandono, desamparo, acusación.*

patrón

SIN. Dueño, amo, patrono, jefe, principal, señor, burgués, director, empresario, cacique, protector, defensor, abogado.
ANT. *Subordinado.*

patronato

SIN. Corporación, fundación, organismo, consejo, asociación, auspicio, patronazgo, protección.
ANT. *Desamparo.*

patrulla

SIN. Ronda, cuadrilla, grupo, escuadra, piquete, avanzadilla, flotilla, partida.

patrullar

SIN. Rondar, vigilar, recorrer, inspeccionar, velar.
ANT. *Abandonar, descuidar.*

patulea

SIN. Caterva, chusma, gitanería, hampa, canalla, populacho, maleantes, plebe.
ANT. *Selección, aristocracia.*

paulatino

SIN. Lento, tardo, pausado, espacioso, moroso, remiso, premioso, flemático, pánfilo, roncero, soñoliento, cachazudo.
ANT. *Rápido, pronto.*

paupérrimo

SIN. Pobrísimo, pelado, misérrimo, pelón, mísero, miserable, pobre.
ANT. *Potentado, rico.*

pausa

SIN. Flema, lentitud, calma, tardanza, detención, intérvalo, interrupción, parada, paréntesis, pachorra, cachaza, sosiego, tardanza.
ANT. *Rapidez, prisa, continuidad.*

pausado

SIN. Paulatino, lento, calmoso, flemático, monótono, espacioso, tranquilo, cachazudo, torpe, pesado, lánguido, acompasado, escalonado.
ANT. *Rápido, activo.*

pausar

SIN. Cesar, detener, retardar, espaciar, contener, calmar, acompasar, sincronizar.
ANT. *Proseguir, activar, aligerar.*

pauta

SIN. Modelo, norma, ejemplo, molde, tipo, regla, guía, arquetipo, prototipo, paradigma, compás.
ANT. *Rareza, extravagancia.*

pavidez

SIN. Pavor, pavura, terror, espanto, pánico, miedo, mieditis, canguelo.
ANT. *Audacia, valentía.*

pávido

SIN. Tímido, pusilánime, medroso, temeroso, cobarde, timorato, amilanado, encogido, apocado, gallina.
ANT. *Valiente, audaz.*

pavimentar

SIN. Adoquinar, empedrar, enlosar, asfaltar, encintar, losar, alosar, abrillantar, encerar.

pavimento

SIN. Suelo, piso, empedrado, asfaltado, adoquinado, enlosado, tierra, superficie, firme, tablado, carretera, calzada, ladrillo, baldosa.

pavo

SIN. Ave, pavón, abanico, rueda, cresta, moco, soso, parado, estúpido, necio, imbecil.
ANT. *Gracioso, ocurrente, audaz.*

pavonada

SIN. Distracción, recreo, paseo, excursión, bordada, presunción, pavoneo, postín, pompa, ostentación, alarde, bombolla, fatuidad.
ANT. *Sencillez.*

pavonearse

SIN. Jactarse, vanagloriarse, envanecerse, engreírse, presumir, ostentar, gallear, farolear, exhibirse.
ANT. *Menospreciarse.*

pavoneo

SIN. Ostentación, jactancia, presunción, vanagloria, engreimiento, alarde.
ANT. *Humildad, sencillez.*

pavor

SIN. Pánico, espanto, temor, terror, asombro, angustia, alarma, temblor, cobardía, desmayo, mieditis.
ANT. *Audacia, valentía.*

pavoroso

SIN. Espantoso, aterrador, terrorífico, espeluznante, tremebundo, fiero, feroz, peligroso, trágico, terrible, sobresaltado, angustiado, impotente, apocalíptico.
ANT. *Agradable, maravilloso, sosegador.*

payasada
SIN. Broma, farsa, comedia, extravagancia, pamplina, ridiculez, tontería.
ANT. *Seriedad, gravedad, mesura.*

payaso
SIN. Tonto, gracioso, cómico, títere, fantoche, mamarracho, saltimbanqui, histrión, chusco.
ANT. *Serio, grave.*

payo
SIN. Ignorante, aldeano, campesino, paleto, isidro, rústico, patán, rudo.
ANT. *Listo, inteligente, fino.*

paz
SIN. Sosiego, serenidad, quietud, calma, armonía, tranquilidad, concordia, unión, apacibilidad, reposo, alianza, pacto, pacifismo, orden, neutralidad.
ANT. *Guerra, discordia, hostilidad, ruptura.*

pazguato
SIN. Majadero, bobo, mentecato, bobalicón, papanatas, simple, pasmarote, papamoscas, memo, sandio, atontado, majadero.
ANT. *Listo, vivo, audaz.*

pea
SIN. Borrachera, cogorza, merluza, embriaguez, trompa, curda, jumera.
ANT. *Sensatez, sereno.*

peana
SIN. Base, fundamento, tarima, pie, pedestal, apoyo, plataforma, grada, estrado.

peatón
SIN. Viandante, andante, caminante, andariego, ambulante, transeúnte.
ANT. *Sedentario, inmóvil.*

pecado
SIN. Falta, yerro, culpa, infracción, debilidad, caída, imperfección, exceso, maldad, vicio, deuda, desliz, escándalo, simonía, impiedad.
ANT. *Bondad, perfección, arrepentimiento.*

pecador
SIN. Penitente, malo, infractor, culpable, nefando, perverso, pervertidor, iracundo, lujurioso, avariento, perezoso, vicioso.

ANT. *Bueno, justo, arrepentido, inocente.*

pecaminoso
SIN. Inmoral, corrompido, obsceno, deshonesto, tentador, impuro, picaresco.
ANT. *Moral, virtuoso, decente.*

pecar
SIN. Errar, faltar, incumplir, infringir, ofender, pervertir, apostatar, prevaricar, propender, tropezar, excederse.
ANT. *Expiar, arrepentirse, regenerarse.*

peculiar
SIN. Privativo, propio, característico, esencial, singular, particular, exclusivo, especial, individual, específico, unívoco, solo.
ANT. *Común, general, corriente.*

peculiaridad
SIN. Particularidad, característica, originalidad, propiedad, especialidad, singularidad, rareza, carácter, colorido, tipismo.
ANT. *Generalidad.*

peculio
SIN. Hacienda, caudal, bienes, dinero, capital, moneda, guita, parné, monises, plata.
ANT. *Pobreza, miseria.*

pechar
Amér.
SIN. Estafar, sablear, trampear, mangar, gorronear.

pecho
SIN. Mama, teta, pechuga, escote, pechera, busto, tórax, fortaleza, esfuerzo, valor, ardor, animosidad, constancia, tributo, contribución.
ANT. *Cobardía, timidez.*

pedagógico
SIN. Educativo, instructivo, formativo, didáctico, académico, dogmático.
ANT. *Embrutecedor.*

pedagogo
SIN. Maestro, profesor, educador, consejero, asesor, experto.
ANT. *Alumno.*

pedante
SIN. Presumido, empacado, petimetre, afectado, enfático, vanidoso, fingido, amanerado, empalagoso, engreído, sabiondo, dogmático,

inmodesto, lechugino.
ANT. *Sencillo, natural.*

pedantería
SIN. Afectación, empaque, fatuidad, coquetería, vanidad, jactancia, fingimiento, presunción, necedad, suficiencia, ostentación, dogmatismo.
ANT. *Sencillez, humildad.*

pedazo
SIN. Parte, cacho, fragmento, pieza, división, porción, trozo, jirón, tramo, trecho, parcela, mendrugo, bocado, retazo, segmento.
ANT. *Totalidad, integridad.*

pedestal
SIN. Base, peana, plataforma, apoyo, cimiento, fundamento, columna, zócalo, sustento, soporte, pie.
ANT. *Capitel, cornisa.*

pedestre
SIN. Llano, bajo, inculto, vulgar, común, ramplón, chabacano, sobado, trillado.
ANT. *Singular, especial.*

pedido
SIN. Encargo, comisión, solicitud, petición, ruego, súplica, demanda, exigencia, postulación, instancia.
ANT. *Oferta, denegación.*

pedigüeño
SIN. Mendigo, gorrón, sacacuartos, gallofo, sablista, postulante, parásito, mangante, codeador (*Amér.*), pordiosero, cargante, inoportuno.
ANT. *Poderoso.*

pedir
SIN. Solicitar, requerir, rogar, suplicar, reclamar, exigir, querer, desear, anhelar, reivindicar, demandar, instar, pretender, apelar, llamar, recurrir, invocar.
ANT. *Dar, prestar, ofrecer.*

pedo
SIN. Ventosidad, traque.

pedrada
SIN. Canterazo, chinazo, golpe, herida, indirecta, zaherimiento, incomodidad, disgusto.
ANT. *Caricia, mimo.*

pedregoso
SIN. Pétreo, pedrizo, cascajoso, rocoso, lapídeo, duro, granítico, abrupto, desigual, árido, desértico.
ANT. *Suave, blando.*

pedrera
SIN. Pedriza, cantera, yacimiento, pedregal, cascajal, morena, rollar.

pegadizo
SIN. Engomado, grasiento, aglutinante, contagioso, aprovechado, cargante, parásito, pelma, pegajoso, postizo, artificial, añadido.
ANT. Seco, natural, separado, generoso.

pegado
SIN. Parche, emplasto, adherido, unido, enganchado, soldado, confuso, asombrado, ignorante.
ANT. Enterado.

pegajoso
SIN. Pegadizo, contagioso, glutinoso, viscoso, pringoso, adhesivo, grasiento, adherente, meloso, suave, atractivo, agradable, afable, remilgado, melifluo, sobón, pelota, gorrón.
ANT. Liso, seco, distante, desagradable.

pegar
SIN. Juntar, unir, adherir, fijar, encolar, sujetar, soldar, coser, ligar, atar, arrimar, vincular, anudar, consolidar, contagiar, comunicar, transmitir, castigar, maltratar, golpear, atizar.
ANT. Desunir, despegar, desclavar, desanudar, desatar, inmunizar, desinfectar.

pegarse
SIN. Agregarse, incorporarse, introducirse, entremeterse, aficionarse, inclinarse, adherirse, fijarse.
ANT. Desprenderse, abstenerse.

pegote
SIN. Parche, emplasto, apósito, pegado, añadido, gorrero, gorrón, chupóptero.
ANT. Desprendido, generoso.

peine
SIN. Peineta, escarpidor, lendrera, carmenador, batidor, caspera, estuche, púa, astuto, zorro, taimado, ladino.
ANT. Torpe, bobo, lento.

peje
SIN. Astuto, listo, sagaz, lince, socarrón, desaprensivo, hábil.
ANT. Torpe, bobo.

pejiguera
SIN. Dificultad, molestia, impertinencia, incomodidad, lata, engorro,

joroba, tabarra, hueso, pesadez.
ANT. Comodidad, diversión.

pelado
SIN. Liso, llano, escueto, pobre, pelón, árido, desértico, solitario, solo, despojado, rapado, raso, gastado, raído, marchito.
ANT. Fértil, rico, peludo, velludo.

pelafustán
SIN. Perdido, miserable, holgazán, pobretón, cualquiera, nadie, vago, desidioso, perezoso, gandul, apático, dejado.
ANT. Trabajador, activo.

pelagatos
SIN. Pobretón, mísero, miserable, pobre, ruin, vaina, despreciable, insignificante, bajo, pelacañas, pinchauvas, desvalido, pordiosero.
ANT. Rico, poderoso.

pelaje
SIN. Aspecto, traza, naturaleza, calidad, disposición, facha, pinta, índole, categoría, vitola.

pelandusca
SIN. Prostituta, buscona, ramera, puta, perdida, zorra, pelleja, pendanga, pendejo.
ANT. Recatada, moral, digna.

pelar
SIN. Arrancar, desplumar, cortar, limpiar, mondar, rapar, depilar, descortezar, quitar, despojar, rasurar, recortar, alisar, limpiar, robar, desplumar.
ANT. Crecer, poblar.

pelazga
SIN. Riña, disputa, pendencia, pelea, reyerta, contienda, pelotera, peleona, broma, jaleo, cisco, zarabanda.
ANT. Calma, paz, orden.

pelea
SIN. Contienda, lucha, batalla, combate, reyerta, lid, pendencia, riña, pelotera, fatiga, afán, trabajo, ajetreo, esfuerzo, actividad.
ANT. Paz, calma, amistad, aveniencia, conformidad.

pelear
SIN. Batallar, contender, combatir, lidiar, reñir, luchar, disputar, chocar, pugnar, averiguar (Amér.), hostilizar, trabajar, emprender, abordar.
ANT. Pacificar, apaciguar, acordar, asentir, inhibirse.

pelearse
SIN. Pegarse, disputarse, enemistarse, desavenirse, indisponerse, enzarzarse, trabarse, esforzarse, afanarse.
ANT. Amigarse, avenirse, inhibirse.

pelele
SIN. Títere, muñeco, polichinela, bobalicón, simple, inútil, cándido, simplón, bobalías, fantoche, autómata.
ANT. Despierto, importante, inteligente.

peleona
SIN. Contienda, pendencia, disputa, cuestión, riña, pelazga, zarabanda.
ANT. Calma, tranquilidad.

pelero
Amér.
SIN. Sobrepelo, sudadero.

peliagudo
SIN. Difícil, complicado, enrevesado, intrincado, sutil, mañoso, arduo, endiablado, morrocotudo, laborioso, diestro.
ANT. Fácil, sencillo.

peligro
SIN. Exposición, riesgo, amenaza, contingencia, inseguridad, aventura, sacrificio, trance, escollo, alarma, conflicto, nocividad, desgracia, osadía, incerteza, inestabilidad.
ANT. Seguridad, certeza, soslayo, confianza, solvencia, inmunidad, custodia.

peligroso
SIN. Aventurado, comprometido, temible, arriesgado, expuesto, turbulento, pendenciero, apurado, inseguro, inestable, delicado, difícil, resbaladizo, contingente, violento, irascible, riesgoso (Amér.).
ANT. Seguro, protegido, inmune, cierto.

pelilloso
SIN. Puntilloso, susceptible, aguafiestas, exigente, delicado, amargo, reparón.
ANT. Indiferente, impasible, tibio.

pelma
SIN. Pesado, cargante, plomo, fastidioso, inoportuno, molesto, cachazudo, indigesto, incordio, calmoso, parado, tardo, lento, remiso, parado.
ANT. Oportuno, agradable, activo.

pelmacería

SIN. Pesadez, lentitud, tardanza, cachaza, parsimonia, indolencia, flema, fastidio, pelmez.

ANT. *Diligencia, actividad, rapidez.*

pelo

SIN. Vello, cabello, pelusa, pelambre, madeja, cerda, plumón.

ANT. *Calvicie.*

pelonería

SIN. Miseria, escasez, pobreza, indigencia, penuria.

ANT. *Riqueza, abundancia.*

pelota

SIN. Balón, bola, esfera, ovillo, juego, balompié.

pelotear

SIN. Disputar, contender, controvertir, pelear, reñir, jugar, lanzar, rechazar, sacudir, recibir, señalar, repasar, cotejar.

ANT. *Convenir, acordar.*

pelotera

SIN. Contienda, revuelta, riña, pelazga, disputa, pendencia, gresca, camorra, reyerta, pelea, querella, marimorena, zaragata.

ANT. *Paz, calma.*

pelotón

SIN. Aglomeración, gentío, escuadra, cuerpo, conjunto, plantilla, unidad, destacamento.

ANT. *Soledad, vacío.*

peluca

SIN. Cabellera, peluquín, postizo, añadido, riña, reprimenda, sermón, filípica, regaño.

ANT. *Alabanza.*

peludo

SIN. Velludo, peloso, lanoso, cerdoso, orangután, oso, melenudo, denso, espeso, barbudo, cerrado, tupido.

ANT. *Calvo, pelado.*

pellejo

SIN. Cuero, piel, sayo, vitela, pergamino, tela, camisa, parche, túnica, vaina, odre, brizna.

penacho

SIN. Cimera, plumero, remate, pluma, vanidad, presunción, soberbia, altivez, pedantería, engreimiento.

ANT. *Sencillez, modestia.*

penado

SIN. Condenado, delincuente, recluso, presidiario, forzado, reo, convicto, prisionero, penoso, arduo, difícil, triste.

ANT. *Inocente, ligero, alegre.*

pena

SIN. Correctivo, corrección, castigo, penitencia, condena, expiación, escarmiento, multa, arresto, presidio, lástima, tristeza, dolor, congoja, aflicción, pesar, llanto, angustia, tormento, flagelo, herida, molestia, trabajo, agobio.

ANT. *Perdón, indulto, alivio, alegría, satisfacción.*

penalidad

SIN. Penuria, incomodidad, molestia, contrariedad, padecimiento, enojo, fastidio, apuro, fatiga, falta, pobreza, miseria, revés, castigo, pena, sanción, reprensión, multa, destierro, prisión.

ANT. *Comodidad, gloria, gusto, amnistía, indulto.*

penar

SIN. Sufrir, padecer, tolerar, expiar, agonizar, enfermar, torturar, incurrir, castigar, multar, suplicar, condenar.

ANT. *Indultar, amnistiar, premiar, alegrarse.*

pendencia

SIN. Cuestión, altercado, contienda, disputa, mitote (*Amér.*), discusión, pelea, pelotera, reyerta, riña, querella, trifulca, camorra, marimorena, oposición, rivalidad.

ANT. *Acuerdo, paz.*

pendenciero

SIN. Reñidor, quimerista, camorrista, belicoso, peligroso, rencilloso, matón, chulo, alborotador, pleitista, quisquilloso, contrario, desafiante.

ANT. *Pacífico, tranquilo, suave.*

pender

SIN. Suspender, colgar, gravitar, descender, depender, separar, diferir, aplazar, retrasar.

ANT. *Subir, anticipar.*

pendiente

SIN. Inclinación, subida, bajada, rampa, repecho, declive, desnivel, péndulo, suspendido, colgado, suspenso, inacabado, retrasado, aplazado, diferido, vencido, empinado, recto, escarpado, joya, aro.

ANT. *Derecho, tieso, acabado, completo.*

pendón

SIN. Insignia, bandera, enseña, estandarte, guía, prostituta, licenciosa.

ANT. *Decente, honesta.*

pendular

SIN. Oscilante, fluctuante, basculante, cambiante, movedizo, tambaleante.

ANT. *Firme, fijo, seguro.*

pene

SIN. Falo, verga, cola, colita, pito, polla, picha, pijo, miembro, genital, pilila, carajo, aparato, pistola, sable, minga, cipote, pera, minina, uretra.

ANT. *Vulva, coño, chocho.*

peneque

SIN. Borracho, ebrio, bebedor, beodo.

ANT. *Sereno.*

penetración

SIN. Perspicacia, sutileza, agudeza, inteligencia, sagacidad, comprensión, talento, ingenio, incursión, irrupción, invasión, acceso, avance, introducción, enclavamiento.

ANT. *Incapacidad, estupidez, expulsión, retroceso.*

penetrador

SIN. Ingenioso, agudo, perspicaz, sutil, sagaz, listo, lince, fino, despierto.

ANT. *Torpe, ceporro.*

penetrante

SIN. Hondo, profundo, abismal, mordaz, perspicaz, inteligente, sagaz, vivo, fuerte, estrepitoso, subido, agudo, ensordecedor, escandaloso, hiriente.

ANT. *Superficial, obtuso, suave.*

penetrar

SIN. Entrar, introducir, irrumpir, adentrar, invadir, acceder, meter, calar, impregnar, incidir, traspasar, inserir, enclavar, inyectar, afectar, sufrir, sentir, comprender, intuir, entender, descifrar, atinar, interpretar.

ANT. *Salir, expulsar, arrancar, desatinar, errar.*

penitencia

SIN. Castigo, pena, mortificación, corrección, purgatorio, flagelo, austeridad, arrepentimiento, contrición, dolor, pesar, confesión.

ANT. *Perdón, desenfreno, descomedimiento.*

penitenciado
Amér.
SIN. Penado, preso, condenado, presidiario, reo, prisionero.
ANT. *Absuelto, inocente, libre.*

penitenciar
SIN. Sancionar, castigar, condenar, mortificarse, ayunar, expiar, confesar.
ANT. *Perdonar, premiar.*

penoso
SIN. Duro, arduo, dificultoso, laborioso, congojoso, difícil, costoso, pesado, peliagudo, esforzado, ingrato, triste, doloroso, injusto, deplorable, cruel, desconsolador, mortal, presumido, vanidoso, encopetado.
ANT. *Fácil, suave, agradable, alegre, justo, humilde.*

pensamiento
SIN. Idea, intención, proyecto, designio, propósito, plan, aspiración, opinión, inteligencia, mente, reflexión, atención, meditación, introspección, juicio, frase, máxima, proverbio, refrán, aforismo, adagio.
ANT. *Desinterés, ofuscación.*

pensar
SIN. Cavilar, reflexionar, razonar, especular, ponderar, juzgar, discurrir, examinar, ver, profundizar, entender, abismarse, deliberar, estudiar, tantear, madurar, medir, relacionar, asumir, imaginar, idear, proyectar, hilar, tejer.
ANT. *Ofuscarse, distraerse, inhibirse.*

pensativo
SIN. Meditabundo, absorto, ensimismado, caviloso, reflexivo, preocupado, contemplativo, concentrado.
ANT. *Distraído.*

pensión
SIN. Canon, renta, subsidio, subvención, retribución, asignación, ingreso, sueldo, jubilación, viudedad, subsidio, hospedería, pensionado, internado.

pensionado
SIN. Huésped, jubilado, rentista, becario, pasivo, inválido, internado, colegio.

penuria
SIN. Escasez, falta, carestía, miseria, necesidad, indigencia, carencia, desnudez, desdicha, penalidad.
ANT. *Opulencia, riqueza, demasía.*

peña
SIN. Risco, peñasco, roca, pedrusco, roquedo, cerro, grupo, círculo, tertulia, club, casino, asociación.

peñascoso
SIN. Escabroso, pedregoso, rocoso, guijarroso, rupestre, roquero, enriscado, abrupto.
ANT. *Llano.*

peón
SIN. Jornalero, mozo, obrero, operario, asalariado, bracero, trabajador, peatón, transeúnte, caminero.

peor
SIN. Malo, inferior, ínfimo, bajo, deficiente, desdeñable, pésimo, peyorativo.
ANT. *Mejor, superior, bueno.*

peoría
SIN. Detrimento, menoscabo, empeoramiento, recaída, desmejoramiento.
ANT. *Mejoría.*

pepa
Amér.
SIN. Pepita, semilla, pipa, hueso, cuesco.

pepito
Amér.
SIN. Lechuguino, petimetre, presumido, figurín.
ANT. *Desaliñado, abandonado.*

pequeñez
SIN. Fruslería, insignificancia, bagatela, gurrumina *(Amér.)*, menudencia, minucia, bobada, pamplina, trivialidad, cortedad, escasez, modestia, ruindad, miseria, mezquindad, vileza, canallada.
ANT. *Grandeza, gravedad, demasía, alteza, senilidad.*

pequeño
SIN. Niño, pequeñuelo, chico, párvulo, crío, infante, criatura, chaval, diminuto, minúsculo, mínimo, corto, escaso, reducido, fino, flaco, estrecho, canijo, poco, ínfimo, menor, pituso, renacuajo.
ANT. *Grande, desmesurado, enorme, ingente, colosal, abundante, superior, elevado, viejo, crecido.*

percance
SIN. Accidente, peripecia, revés, chasco, contratiempo, desgracia, contrariedad, perjuicio, avería, daño, desventura.
ANT. *Beneficio, facilidad.*

percatar
SIN. Percibir, advertir, conocer, observar, considerar, notar, apreciar, saber, comprobar, acatar *(Amér.)*, penetrar, captar, pillar, recoger, pescar, enterarse.
ANT. *Ignorar, inadvertir.*

percepción
SIN. Sensación, impresión, conocimiento, representación, imagen, apreciación, discernimiento, clarividencia, aprehensión, pasión, dolor, placer.
ANT. *Indiferencia,. torpeza.*

perceptible
SIN. Visible, inteligible, sensible, observable, pronunciado, manifiesto, aparente, claro.
ANT. *Invisible, imperceptible.*

percibir
SIN. Recibir, cobrar, tomar, recaudar, ingresar, sentir, oír, tocar, gustar, palpar, ver, apercibir *(Amér.)*, distinguir, percatar, descubrir, observar, señalar, reparar, conocer, entender, leer, saber.
ANT. *Dar, abonar, ignorar, descuidar, despreciar.*

percudir
SIN. Marchitar, ajar, deslustrar, sobar, manosear, ensuciar, deslucir, aporrear, empañar.
ANT. *Mejorar, limpiar, arreglar.*

percusión
SIN. Golpe, choque, sacudida, pulsación, repercusión, embate, porrazo.

percutir
SIN. Golpear, chocar, batir, vibrar, sacudir, pulsar, topar, martillear.
ANT. *Acariciar.*

perdedor
SIN. Arruinado, perjudicado, damnificado, malparado, fracasado, víctima, desafortunado, siniestrado.
ANT. *Ganador, triunfante.*

perder
SIN. Olvidar, extraviar, descuidar, abandonar, omitir, confundir, desaprovechar, malgastar, dilapidar, derrochar, derramar, inutilizar, derrocar, disminuir, enajenar, corromper, viciar, adulterar, trastor-

nar, depravar, torcer, destruir, decolorar, empañar, desteñir.
ANT. *Recuperar, hallar, recobrar, aprovechar, recordar, cuidar, purificar, honrar.*

perderse
SIN. Desorientarse, confundirse, extraviarse, desviarse, despistarse, corromperse, pervertirse, viciarse, envilecerse, conturbarse, apasionarse.
ANT. *Reencontrarse, orientarse.*

perdición
SIN. Pérdida, ruina, daño, caída, perjuicio, quiebra, menoscabo, fracaso, bancarrota, desgracia, infortunio, adversidad, libertinaje, vicio, desarreglo, depravación, desorden, inmoralidad, extravío, desenfreno.
ANT. *Fortuna, beneficio, triunfo, suerte, moralidad.*

pérdida
SIN. Menoscabo, merma, daño, quebranto, extravío, perjuicio, detrimento, ruina, naufragio, carencia, falta, deuda, desgracia, lesión, desgaste, déficit, olvido, negligencia, descuido, omisión, escape, salida, fuga.
ANT. *Provecho, rendimiento, alza, riqueza, recuperación, memoria, recuerdo.*

perdido
SIN. Despistado, vagabundo, descaminado, desorientado, libertino, vicioso, extraviado, degenerado, mujeriego, sinvergüenza, tarambana, malogrado, irrecuperable, descalabrado.
ANT. *Orientado, virtuoso, moral, decente.*

perdón
SIN. Indulto, gracia, indulgencia, absolución, remisión, amnistía, misericordia, clemencia, piedad, compasión, conmutación, dispensa, merced, generosidad, exculpación, venia, relevación.
ANT. *Castigo, represalia, venganza, intolerancia.*

perdonable
SIN. Disculpable, lógico, comprensible, tolerable, explicable, venial, ligero, remisible.
ANT. *Grave, inexcusable, irrazonable.*

perdonar
SIN. Dispensar, absolver, indultar, remitir, levantar, eximir, exculpar, amnistiar, relevar, comprender, rebajar, tolerar, alzar, condescender, exonerar.
ANT. *Castigar, condenar, obligar, acusar.*

perdonavidas
SIN. Fanfarrón, baladrón, valentón, bravucón, matasiete, chulapón, rompeesquinas, baratero, curro, tragahombres, matachín.
ANT. *Cobarde, tímido.*

perdulario
SIN. Vicioso, abandonado, desaliñado, dejado, arrastrado, calavera, apático.
ANT. *Diligente, virtuoso.*

perdurable
SIN. Perpetuo, perenne, imperecedero, inmortal, eterno, sempiterno, inacabable, inextinguible, fijo.
ANT. *Pasajero, perecedero, fugitivo, terreno.*

perdurar
SIN. Permanecer, durar, subsistir, continuar, eternizar, perpetuar, vivir.
ANT. *Acabar, morir.*

perecedero
SIN. Corto, breve, efímero, fugaz, pasajero, caduco, marchitable, precario, transitorio, incierto.
ANT. *Perdurable, eterno.*

perecer
SIN. Sucumbir, fenecer, expirar, morir, caer, acabar, fallecer, terminar, declinar, caducar, anhelar, ansiar, apetecer, desear.
ANT. *Vivir, surgir, despreciar, rechazar.*

peregrinación
SIN. Peregrinaje, éxodo, romería, viaje, cruzada, procesión, periplo, itinerario, odisea, trayecto, caminata, huida, andanza, excursión, viaje.

peregrinar
SIN. Recorrer, viajar, vagar, emigrar, cruzar, rodar, activar, buscar.
ANT. *Quedarse.*

peregrino
SIN. Caminante, viajero, excursionista, vagabundo, turista, extraño, exótico, raro, especial, singular, infrecuente, precioso, perfecto, esmerado, delicado.
ANT. *Natural, vulgar, corriente.*

perendengue
SIN. Pendiente, colgante, adorno, baratija, fantasía, bagatela, minucia.
ANT. *Valor, importancia.*

perenne
SIN. Continuo, incesante, eterno, inacabable, persistente, permanente, constante, inagotable.
ANT. *Pasajero, fugaz, finito.*

perennidad
SIN. Perpetuidad, perdurabilidad, eternidad, continuidad, estabilidad, fijeza, constancia, persistencia, inmortalidad.
ANT. *Caducidad, transitoriedad.*

perentoriedad
SIN. Urgencia, apremio, premura, exigencia, determinación, apuro, decisión.
ANT. *Lentitud, pereza.*

perentorio
SIN. Apremiante, urgente, preciso, terminante, apurado, decisivo, concluyente, definitivo, imperioso, inaplazable, inminente, indispensable.
ANT. *Aplazable, dilatorio.*

pereza
SIN. Apatía, desidia, gandulería, holgazanería, ociosidad, negligencia, vagancia, cachaza, culequera *(Amér.),* pachorra, poltronería, dejadez, flojedad, indolencia, descuido, abulia, abandono, somnolencia, lentitud, parsimonia, remolonería.
ANT. *Diligencia, actividad, aplicación, prisa, rapidez.*

perezoso
SIN. Desidioso, lento, vago, holgazán, dormilón, dejado, ocioso, retardado, remiso, soñoliento, inútil, apático, indolente, abúlico, blando, inerte, desmayado, calmoso, rezagado, negligente, remolón.
ANT. *Activo, diligente, servicial, pronto, solícito.*

perfección
SIN. Excelencia, belleza, hermosura, gracia, finura, delicadeza, progreso, mejora, limpieza, impecabilidad, modelo, prototipo, preciosidad, ideal.
ANT. *Imperfección, retroceso, tacha, lacra.*

perfeccionamiento
SIN. Mejora, progreso, desarrollo

corrección, retoque, coronamiento, beneficio, invención, complemento.
ANT. *Retraso. empeoramiento.*

perfeccionar
SIN. Progresar, prosperar, mejorar, adelantar, pulir, acabar, refinar, afinar, adornar, concluir, depurar, rematar, puntualizar, hermosear, bordar, suavizar, corregir.
ANT. *Estropear, perjudicar.*

perfectible
SIN. Mejorable, superable, deficiente, defectuoso, imperfecto, insuficiente, incorrecto, impuro.
ANT. *Perfecto, suficiente, correcto, inatacable.*

perfecto
SIN. Excelente, acabado, magistral, inimitable, ideal, intachable, impecable, hermoso, bello, logrado, admirable, absoluto, cuadrado, redondo, consumado, cabal, maduro, maravilloso, óptimo.
ANT. *Incompleto, vulgar, chapucero.*

perfidia
SIN. Felonía, traición, deslealtad, infidelidad, alevosía, insidia, falsedad, maldad, cañallada, intriga, engaño, disimulo, apostasía.
ANT. *Honradez, lealtad.*

pérfido
SIN. Traidor, desleal, felón, alevoso, perjuro, falso, insidioso, infame, judas, infiel, desertor, villano, vil, bellaco.
ANT. *Noble, leal.*

perfil
SIN. Lado, silueta, contorno, rasgo, límite, raya, canto, borde, trazo.
ANT. *Frente.*

perfilado
SIN. Completo, claro, limpio, rematado, perfecto, acabado, detallado, retocado.
ANT. *Incompleto, vago, borroso.*

perfilar
SIN. Rematar, perfeccionar, afinar, hermosear, engalanar, embellecer, pulir, retocar, acabar, emperifollar.
ANT. *Ajar, desaliñar, desasear.*

perfilarse
SIN. Acicalarse, arreglarse, componerse, embellecerse, hermosearse, engalanarse, concretarse.
ANT. *Desaliñarse, desasearse.*

perforación
SIN. Taladro, orificio, brecha, boquete, abertura, hoyo, cavidad, hueco, excavación, penetración, profundización, sondeo, investigación.
ANT. *Oclusión, taponamiento.*

perforar
SIN. Taladrar, agujerear, calar, barrenar, profundizar, excavar.
ANT. *Taponar, ocluir, cegar.*

perfumado
SIN. Aromático, oloroso, fragante, aromatizado, fumigado, odorante, aromoso, suave, grato.
ANT. *Pestilente, apestoso.*

perfumar
SIN. Embalsamar, aromatizar, sahumar, odorar, perfumear, emanar, exhalar.
ANT. *Infestar, apestar.*

perfume
SIN. Esencia, aroma, fragancia, efluvio, olor, bálsamo, desodorante, colonia, incienso.
ANT. *Pestilencia, tufo.*

pergeñar
SIN. Bosquejar, preparar, ejecutar, combinar, arreglar, organizar, colocar, ordenar, esbozar.
ANT. *Desordenar, desarreglar.*

pergeño
SIN. Apariencia, aspecto, traza, porte, facha, figura, empaque.

pericia
SIN. Habilidad, práctica, experiencia, conocimiento, destreza, maestría, competencia, disposición, idoneidad, sabiduría, maña, tiento, tacto, sutileza, estratagema.
ANT. *Inutilidad, torpeza, desconocimiento.*

periclitar
SIN. Peligrar, declinar, caducar, degenerar, menguar, hundirse, decaer.
ANT. *Subir, elevar, rejuvenecer.*

periferia
SIN. Contorno, derredor, alrededores, afueras, proximidades, suburbios, extramuros.
ANT. *Centro, meollo, foco, ombligo, interior.*

periférico
SIN. Circundante, lindante, contiguo, adyacente, limítrofe, vecino, próximo, exterior, suburbano.
ANT. *Interno, interior.*

perífrasis
SIN. Circunlocución, rodeo, circunloquio, giro, digresión, ambigüedad.
ANT. *Claridad, evidencia.*

perillán
SIN. Bribón, pícaro, astuto, pillo, bellaco, truhán, golfo, granuja, marrullero.
ANT. *Noble, bueno.*

perímetro
SIN. Contorno, recinto, periferia, exterior, derredor, borde, círculo, circunferencia.
ANT. *Interior, centro.*

perínclito
SIN. Heroico, insigne, grande, ilustre, glorioso, excelso, eminente, famoso, relevante.
ANT. *Oscuro, vulgar.*

periodicidad
SIN. Ritmo, orden, espacio, curso, lapso, intérvalo, ciclo, serie, regularidad.
ANT. *Salto, paréntesis.*

periódico
SIN. Fijo, diario, regular, boletín, revista, noticiero, gaceta, rotativo, semanario, mensual, órgano, complemento, heraldo, monitor, magazine.

período
SIN. Etapa, fase, estado, intérvalo, lapso, pausa, época, temporada, división, decurso, extensión, momento, parte, edad, párrafo, cláusula, oración, locución, expresión, discurso, regla, menstruación, evacuación, hemorragia.
ANT. *Continuidad, menopausia.*

peripatético
SIN. Ridículo, absurdo, descabellado, aristotélico.
ANT. *Serio, lógico, razonable.*

peripecia
SIN. Accidente, incidencia, acaecimiento, lance, episodio, escena, aventura, suceso, mudanza, trance, drama, circunstancia.
ANT. *Previsión.*

peripuesto
SIN. Atildado, emperifollado, lechuguino, pulido, acicalado, lamido, coquetón, relamido, ataviado.
ANT. *Desaliñado, desastrado.*

periquete
SIN. Instante, momento, segundo, deprisa, enseguida, rápido, relámpago.
ANT. *Lento.*

peritaje
SIN. Evaluación, estimación, valoración, informe, estudio, juicio, opinión, consideración, título, carrera.

perito
SIN. Avezado, apto, competente, conocedor, diestro, capaz, hábil, experimentado, idóneo, inteligente, práctico, entendido, sabedor, sabio, versado, técnico, especialista, experto.
ANT. *Incapaz, incompetente.*

perjudicado
SIN. Víctima, dañado, lesionado, afectado, lastimado, castigado, arruinado, desfavorecido.
ANT. *Favorecido, beneficiado.*

perjudicar
SIN. Lesionar, dañar, menoscabar, arruinar, atropellar, deteriorar, quebrantar, vulnerar, malear, afectar, hundir, ajar, perder, fastidiar, inquietar, extorsionar.
ANT. *Beneficiar, favorecer, ganar.*

perjudicial
SIN. Dañoso, dañino, malo, nocivo, pernicioso, insano, negativo, adverso, pestífero, ofensivo, arruinador, dañable, agravante, funesto, mortal, suicida, gravoso, fatal, desatroso.
ANT. *Beneficioso, ventajoso, sano, benigno, provechoso, útil, fructífero.*

perjuicio
SIN. Detrimento, menoscabo, quebranto, deterioro, lesión, daño, tuerto, estrago, estropicio, mal, avería, desgaste, ofensa, hostilidad, venganza, injuria, desprecio, agravio, accidente, corrupción, percance, ultraje, falta, engorro.
ANT. *Ventaja, favor, bien, ganancia, acierto.*

perjurio
SIN. Deslealtad, apostasía, infidelidad, prevaricación, falsedad, retracción, mentira, traición.
ANT. *Lealtad, pureza, sinceridad.*

perjuro
SIN. Renegado, apóstata, desleal, infiel, falso, sacrílego.
ANT. *Fiel, leal.*

permanecer
SIN. Seguir, persistir, continuar, resistir, durar, mantener, aguantar, subsistir, mantenerse, conservarse, perseverar, fijarse, residir, afincarse, insistir.
ANT. *Abandonar, abdicar, renovar, evolucionar, mudar.*

permanencia
SIN. Inmutabilidad, duración, estabilidad, continuación, subsistencia, firmeza, invariabilidad, persistencia, inmanencia, constancia, asienta, quietud, insistencia, resistencia, aguante; continuación.
ANT. *Transitoriedad, abandono, cambio, desaparición, mutabilidad.*

permanente
SIN. Fijo, firme, estable, inalterable, inmutable, invariable, duradero, perdurable, perpetuo, intacto, eterno, incesante, persistente, irrevocable, continuo, estático, asentado, consistente, perenne, imperturbable, indestructible, definitivo.
ANT. *Pasajero, accidental, provisional, transitorio.*

permiso
SIN. Autorización, licencia, consentimiento, venia, beneplácito, complacencia, condescendencia, pase, tolerancia, salvaconducto, privilegio, prórroga, aprobación, permisión, fiat, concesión, plácet, certificado.
ANT. *Negativa, impedimento, oposición, obstáculo.*

permitido
SIN. Legal, lícito, autorizado, consentido, tolerado, conforme, confirmado, accedido, aprobado, reconocido, otorgado.
ANT. *Denegado, prohibido.*

permitir
SIN. Autorizar, consentir, acceder, dejar, facultar, tolerar, pasar, conceder, condescender, reconocer, visar, habilitar, ratificar, ceder, admitir.
ANT. *Denegar, prohibir, interceptar, disentir.*

permuta
SIN. Cambio, trueque, conmutación, canje, intercambio, retorno, reciprocidad, rescate, transferencia.
ANT. *Fijeza, conservación.*

permutable
SIN. Canjeable, cambiable, negociable, transferible, renovable, rescatable, trocable.
ANT. *Intransferible, inmutable.*

permutar
SIN. Cambiar, trocar, conmutar, intercambiar, canjear, traficar, traspasar, renovar, alternar, variar
ANT. *Permanecer, conservar.*

pernicioso
SIN. Dañino, perjudicial, malo, nocivo, funesto, grave, peligroso.
ANT. *Beneficioso.*

pernil
SIN. Jamón, anca, muslo, pernera, pata, nalgada.

pernoctar
SIN. Posar, dormir, parar, alojarse, refugiarse, detenerse.
ANT. *Despertarse.*

perorar
SIN. Hablar, discursear, exponer, aleccionar, razonar, sermonear, insistir.
ANT. *Callar, silenciar.*

perpetración
SIN. Realización, consumación, ejecución, actuación.
ANT. *Abstención.*

perpetuación
SIN. Perduración, perdurabilidad, eternidad, conservación, subsistencia, pervivencia, resistencia.
ANT. *Fugacidad, temporalidad.*

perpetuar
SIN. Eternizar, prolongar, alargar, glorificar, exaltar, persistir, resistir, mantener, seguir, heredar, reproducir, transmitir.
ANT. *Acabar, olvidar.*

perpetuo
SIN. Inmortal, eterno, imperecedero, perdurable, sempiterno, perenne, duradero, inmemorial, interminable, indeleble, continuo, estable, vitalicio.
ANT. *Caduco, perecedero, fugaz, interino.*

perplejidad
SIN. Duda, vacilación, irresolución, fluctuación, incertidumbre, indecisión, indeterminación, vacilación, titubeo, desorientación, embarazo, desconcierto.
ANT. *Decisión, seguridad.*

perplejo
SIN. Dudoso, vacilante, confuso, irresoluto, indeciso, incierto, titubeante, apurado, turbado, extrañado, asombrado, embarazado, sorprendido.
ANT. *Determinado, resuelto, firme.*

perquirir
SIN. Investigar, inquirir, escudriñar, precisar, husmear, indagar, buscar, explorar, sondear, olfatear, fisgonear.
ANT. *Encontrar, descubrir.*

perseguir
SIN. Importunar, molestar, atormentar, abrumar, provocar, irritar, fatigar, oprimir, hostigar, cazar, seguir, acosar, rastrear, buscar, arrinconar, estrechar, acorralar, pretender, desear.
ANT. *Ensalzar, desistir, huir, sosegar, abandonar.*

perseverancia
SIN. Constancia, permanencia, persistencia, tesón, firmeza, tenacidad, voluntad, insistencia, asiduidad, empeño, paciencia, tozudez.
ANT. *Inconstancia, negligencia, abandono.*

perseverar
SIN. Persistir, continuar, insistir, seguir, machacar, reiterar, permanecer, mantener, perpetuar, durar.
ANT. *Abandonar, desistir, flaquear.*

persistencia
SIN. Constancia, permanencia, insistencia, tenacidad, fijeza, obstinación, resistencia, perennidad.
ANT. *Abandono, inconstancia, fugacidad.*

persistir
SIN. Permanecer, perdurar, perseverar, insistir, durar, continuar, seguir, repetir, renovarse.
ANT. *Renunciar, desistir, cejar.*

personaje
SIN. Figura, lumbrera, portento, eminencia, héroe, señor, patricio, actor, protagonista, cómico.
ANT. *Nadie, vulgar.*

personal
SIN. Propio, individual, peculiar, privativo, particular, único, distintivo, original, subjetivo.
ANT. *General, común.*

personalidad
SIN. Identidad, carácter, temperamento, individualidad, sello, estilo, temple, modo, solera, originalidad.
ANT. *Vulgaridad, adocenamiento.*

personarse
SIN. Comparecer, presentarse, acudir, asistir, aparecer, asomarse, visitar.
ANT. *Esconderse, ocultarse.*

perspicacia
SIN. Agudeza, penetración, sutilidad, sagacidad, listeza, visión, ingenio, talento, finura, imaginación, astucia, ojo.
ANT. *Torpeza, necedad.*

perspicaz
SIN. Penetrante, agudo, sagaz, listo, ingenioso, sutil, profundo, clarividente, lince, despierto, precoz, avispado.
ANT. *Torpe, obtuso.*

perspicuidad
SIN. Claridad, nitidez, transparencia, sencillez, llaneza, precisión, sobriedad.
ANT. *Ambigüedad, confusión.*

perspicuo
SIN. Transparente, claro, diáfano, terso, inteligible, preciso, evidente, justo, exacto.
ANT. *Confuso, enigmático.*

persuadir
SIN. Mover, inducir, convencer, inclinar, fascinar, sugerir, imbuir, vencer, influir, requerir, aconsejar.
ANT. *Disuadir, fracasar.*

persuasión
SIN. Convicción, convencimiento, sugestión, afirmación, argumentación, incitación, exhortación, coacción, consejo, influencia, labia, hechizo, seducción.
ANT. *Ineficacia, fracaso, desengaño.*

persuasivo
SIN. Convincente, sugestivo, contundente, concluyente, sutil, elocuente, eficaz, persuasor, seductor.
ANT. *Ineficaz, disuasivo.*

pertenecer
SIN. Incumbir, tocar, corresponder, concernir, afectar, recaer, competer, importar, depender, sujetarse.
ANT. *Desligarse, desposeer.*

perteneciente
SIN. Concerniente, correspondiente, referente, relativo, tocante, propio, patrimonial, apropiable.
ANT. *Ajeno, indebido.*

pertenencia
SIN. Dominio, propiedad, posesión, adquisición, hacienda, riqueza, renta, ahorro, capital, posesión.
ANT. *Pobreza.*

pertinacia
SIN. Tenacidad, obstinación, testarudez, terquedad, tesón, persistencia, cabezonería, empeño, porfía, tozudez.
ANT. *Resignación, abandono.*

pertinaz
SIN. Contumaz, obstinado, terco, recalcitrante, tenaz, testarudo, duradero, persistente, cabezudo, cabezota, reacio, rebelde.
ANT. *Voluble, inconstante.*

pertinencia
SIN. Oportunidad, adecuación, congruencia, coyuntura, aptitud, eficacia.
ANT. *Incongruencia.*

pertinente
SIN. Referente, perteneciente, relativo, concerniente, oportuno, adecuado, conveniente, debido, tocante, relacionado.
ANT. *Inoportuno, ajeno, extraño.*

pertrechar
SIN. Proveer, abastecer, aparejar, dotar, aprovisionar, preparar, ofrecer, surtir, avituallar, suministrar.
ANT. *Gastar, consumir.*

pertrechos
SIN. Víveres, municiones, armamento, equipo, útiles, forraje, enseres, repuestos, herramientas.

perturbación
SIN. Alteración, confusión, desorden, desconcierto, desarreglo, trastorno, inquietud, desasosiego, turbación, alboroto, rebelión, movimiento, rebato, turbulencia, disturbio.
ANT. *Orden, paz, organización.*

perturbado

SIN. Alienado, loco, chalado, azaroso, alborotado, revuelto, accidentado, desequilibrado, tocado.
ANT. *Tranquilo, cuerdo.*

perturbador

SIN. Alborotador, revolucionario, turbulento, revoltoso, bullanguero, bullicioso, incendiario, indócil, rebelde, inquieto, convulsivo, amotinador.
ANT. *Tranquilo, sereno.*

perturbar

SIN. Desconcertar, turbar, alborotar, subvertir, revolver, desorganizar, alterar, desarreglar, desordenar, trastornar, inquietar, interrumpir, aguar, ofuscar, dislocar.
ANT. *Pacificar, serenar.*

perversidad

SIN. Malignidad, maldad, corrupción, perversión, perfidia, iniquidad, vicio, satanismo, salvajada, amoralidad, dureza, inhumanidad.
ANT. *Bondad, benevolencia, virtud.*

perversión

SIN. Corrupción, depravación, perversidad, escándalo, inmoralidad, impureza, libertinaje, vicio, falsedad, amoralidad, desenfreno, descaro, malignidad.
ANT. *Virtud, bondad, pureza, rectitud.*

perverso

SIN. Maligno, maldito, malvado, depravado, corrompido, vicioso, réprobo, siniestro, disoluto, perdido, pecador, pérfido, licencioso, malandrín.
ANT. *Virtuoso, bueno.*

pervertido

SIN. Corrompido, inmoral, engendro, Judas, Caín, maleado, extraviado, depravado, facineroso, desordenado, desencaminado, descarriado, endemoniado, sádico, sodomita.
ANT. *Regenerado, virtuoso.*

pervertidor

SIN. Escandalizador, desmoralizador, pecador, prevaricador, perverso, emponzoñador.
ANT. *Moralizador.*

pervertir

SIN. Depravar, viciar, adulterar, corromper, falsear, trastornar, perturbar, prostituir, bastardear, infectar, descarriar, descaminar, estropear, dañar.
ANT. *Perfeccionar, regenerar.*

pesadez

SIN. Obesidad, peso, gravedad, fastidio, molestia, tedio, rollo, plomo, tabarra, petardo, mareo, sonsonete, modorra, sueño, aturdimiento, cansancio, insistencia, tozudez, porfía.
ANT. *Ligereza, agilidad, aceptación, tolerancia, transigencia.*

pesadilla

SIN. Opresión, angustia, congoja, preocupación, disgusto, desazón, inquietud, contrariedad, drama, pánico, catástrofe.
ANT. *Desahogo, suspiro, realidad, sosiego.*

pesado

SIN. Impertinente, molesto, enojoso, fastidioso, cargante, fatigante, insufrible, machacón, estúpido, torpe, palurdo, agotador, inoportuno, extenuante, empalagoso, lento, tardo, cachazudo, pelma.
ANT. *Agradable, ameno, suave, despierto, inteligente.*

pesadumbre

SIN. Pesantez, molestia, sentimiento, desazón, pesar, padecimiento, pena, remordimiento, inquietud, congoja, sufrimiento, tristeza.
ANT. *Alegría, gozo, contento.*

pésame

SIN. Duelo, compasión, suspiro, dolor, llanto, adhesión, simpatía.
ANT. *Felicitación, parabién, congratulación.*

pesar

SIN. Arrepentimiento, aflicción, dolor, pena, consternación, angustia, duelo, disgusto, compunción, tormento, amargura, reproche, medir, evaluar, sopesar, contrastar, ponderar.
ANT. *Alegría, contento, paz, júbilo, sosiego.*

pesaroso

SIN. Arrepentido, entristecido, sentido, lánguido, disgustado, apenado, dolido, abrumado, abatido, inquieto, molesto.
ANT. *Contento, satisfecho, alegre.*

pescar

SIN. Coger, capturar, atrapar, alcanzar, agarrar, sorprender, lograr.
ANT. *Soltar.*

pescuezo

SIN. Cerviz, cogote, garganta, morrillo, nuca, papada, yugular, cuello, soberbia, orgullo.
ANT. *Sencillez, humildad.*

pesebre

SIN. Pocilga, corral, comedero, artesa, cubil, cama, cuadra, establo.

pesetada

Amér.
SIN. Chasco, desengaño, decepción, fracaso.
ANT. *Esperanza, ¡ilusión.*

pesimismo

SIN. Desánimo, tristeza, pena, derrotismo, languidez, desesperación, melancolía, desilusión, depresión.
ANT. *Alegría, optimismo.*

pesimista

SIN. Desanimado, desilusionado, lánguido, mustio, misántropo, triste, lúgubre, aburrido, abatido.
ANT. *Ilusionado, optimista, alegre.*

pésimo

SIN. Malo, deplorable, horrible, atroz, detestable, peyorativo, infame, funesto, fatal.
ANT. *Óptimo, superior, perfecto, excelente.*

pesquis

SIN. Agudeza, talento, perspicacia, ingenio, listeza, sagacidad, picardía.
ANT. *Torpeza, estupidez.*

pesquisa

SIN. Gestión, indagación, información, averiguación, investigación, husmeo, escudriñamiento, inquisición, búsqueda, análisis.
ANT. *Desinterés, abandono.*

pesquisar

SIN. Indagar, husmear, escudriñar, rebuscar, investigar, averiguar, inquirir, gestionar, buscar, analizar.
ANT. *Abandonar, descuidar.*

peste

SIN. Fetidez, hedor, tufo, pestilencia, corrupción, enfermedad, plaga, epidemia, exceso, abundancia, profusión.
ANT. *Fragancia, aroma.*

pestífero

SIN. Fétido, hediondo, pestilente, repugnante, podrido, dañino, perjudicial, nocivo, corruptor.
ANT. *Aromático, beneficioso.*

pestilencia
SIN. Fetidez, hediondez, hedor, tufo, peste, corrupción, enfermedad, plaga, epidemia.
ANT. *Fragancia, aroma.*

pestillo
SIN. Cerrojo, pasador, barra, gancho, tranca, aldaba.

petaca
SIN. Estuche, pitillera, cigarrera, tabaquero *(Amér.).*

petar
SIN. Complacer, agradar, gustar, deleitar, placer, contentar, alegrar.
ANT. *Molestar, disgustar.*

petardista
SIN. Estafador, timador, tramposo, cuentista, gorrón, sacadineros.
ANT. *Serio, honrado.*

petardo
SIN. Estafa, trampa, cuento, cohete, explosivo, traca, pesadez, lata.
ANT. *Honradez, seriedad.*

petate
SIN. Equipaje, bulto, equipo, estafador, mentiroso, insignificante.
ANT. *Serio, honrado.*

petatería
Amér.
SIN. Esterería.

petición
SIN. Solicitud, demanda, ruego, reclamación, súplica, instancia, imploración, exigencia, requerimiento, pedido, postulación, colecta, demanda, mendicación, plegaria, pretensión, interpelación.
ANT. *Mandato, orden.*

petrificar
SIN. Endurecer, solidificar, fosilizar, lapidificar, empedrar.
ANT. *Ablandar.*

petimetre
SIN. Lechuguino, elegante, lindo, afectado, gomoso, figurín, futre *(Amér.).*
ANT. *Sencillo, adán.*

petulancia
SIN. Engreimiento, presunción, fatuidad, vanidad, atrevimiento, osadía, descaro, insolencia, jactancia, pedantería, humos.
ANT. *Sencillez, humildad.*

petulante
SIN. Vanidoso, vano, fatuo, empampirolado, insolente, presumido, postinero, procaz, ufano, afectado.
ANT. *Sencillo, modesto.*

peyorativo
SIN. Despectivo, desdeñoso, ofensivo, insultante.
ANT. *Lisonjero, laudatorio.*

piadoso
SIN. Benigno, misericordioso, caritativo, compasivo, humano, devoto, religioso, bueno, afable, pío, fervoroso.
ANT. *Inhumano, insensible, ateo.*

pial
Amér.
SIN. Lazo, cuerda, lazada, cordón, amarre, cabo.

pica
SIN. Lanza, garrocha, rejón, venablo, bayoneta, dardo, botavante.

picado
Amér.
SIN. Borracho, ebrio, beodo, curda, alcoholizado.
ANT. *Abstemio, sereno, sobrio.*

picadura
SIN. Punzada, pinchazo, picotazo, roncha, agujero, perforación, corrupción.

picajoso
SIN. Puntilloso, irritable, susceptible, quisquilloso, enojadizo, receloso.
ANT. *Manso, tranquilo.*

picante
SIN. Mordaz, satírico, burlesco, irónico, burlón, corrosivo, penetrante, intenso, fuerte, excitante, inmoral, obsceno, atrevido, malicioso.
ANT. *Discreto, circunspecto, moral, recatado, insípido, suave, inocente.*

picar
SIN. Pinchar, clavar, punzar, herir, morder, escocer, inquietar, enojar, rascar, trinchar, triturar, pulverizar, desmigajar, excitar, estimular, espolear, provocar, instigar.
ANT. *Curar, calmar, unir, sosegar.*

picardear
SIN. Pillear, pendonear, golfear, retozar, revolver, enredar, bribonear, tunear.
ANT. *Sosegar, respetar.*

picardía
SIN. Astucia, disimulo, engaño, maldad, bellaquería, vileza, ruindad, pillería, fraude, broma, trave-

sura, sagacidad, burla, chasco, trastada, canallada, timo, bajeza.
ANT. *Honradez, seriedad, elogio.*

picaresca
SIN. Hampa, juglaría, tunería, engaño, malicia, enredo, golfería.
ANT. *Honradez, rectitud.*

pícaro
SIN. Pillo, ruin, bellaco, bribón, vil, tunante, sagaz, taimado, disimulado, enredador, travieso, tuno, desvergonzado, truhán, infame, bergante, ladino, vagabundo, ratero, sinvergüenza.
ANT. *Caballero, honrado, sincero.*

picarse
SIN. Enfadarse, molestarse, agraviarse, ofenderse, resentirse, agriarse, torcerse, jactarse, vanagloriarse, preciarse, ensoberbecerse, pavonearse.
ANT. *Calmarse, humillarse.*

picazón
SIN. Picor, comezón, hormigueo, disgusto, enojo, molestia, resentimiento.
ANT. *Suavidad, alegría.*

picor
SIN. Irritación, escozor, molestia, hormigueo, cosquilleo.
ANT. *Suavidad.*

picoreto
Amér.
SIN. Picotero, parlanchín, charlatán, lenguaraz, chismoso.
ANT. *Silencioso, discreto.*

picotero
SIN. Hablador, charlatán, parlanchín, chacharero, garlador, conversador, murmurador, boquirroto.
ANT. *Callado, discreto.*

pictórico
SIN. Pintoresco, gráfico, iconográfico, representativo, artístico.

pichicato
Amér.
SIN. Cicatero, avariento, mezquino, roñoso, ruin, avaricioso.
ANT. *Generoso, dadivoso, pródigo.*

pichincha
Amér.
SIN. Ganga, suerte, chollo, bicoca, mina, oportunidad.

pie

SIN. Pata, extremidad, base, fundamento, principio, ocasión, motivo, sedimento, estilo, uso, regla, costumbre.

ANT. *Mano, suspensión.*

piedad

SIN. Misericordia, compasión, lástima, conmiseración, caridad, veneración devoción, religiosidad, fervor, virtud.

ANT. *Dureza, crueldad.*

piedra

SIN. Peña, peñasco, roca, pedrusco, china, canto, laja, losa, lápida, cascajo, lastre, guijarro.

piel

SIN. Dermis, epidermis, tez, cutis, tegumento, membrana, pellejo, camisa, cuero, corteza, cáscara.

pieza

SIN. Pedazo, parte, fragmento, fracción, porción, sección, división, sala, aposento, habitación, estancia, recinto, partitura, tocata, danza, baile, moneda, ficha, chapa.

ANT. *Totalidad.*

pifia

SIN. Desacierto, equivocación, descuido, error, torpeza, coladura, plancha, disparate.

ANT. *Acierto.*

pifiar

SIN. Errar, fallar, desacertar, desatinar, marrar, confundirse.

ANT. *Acertar.*

pigmentado

SIN. Coloreado, teñido, matizado, jaspeado, pintado.

ANT. *Descolorido.*

pignorar

SIN. Hipotecar, empeñar, vender, ceder, transferir.

ANT. *Devolver, recibir.*

pigre

SIN. Negligente, desidioso, descuidado, vago, gandul, holgazán, perezoso, tardo, lento, flojo.

ANT. *Activo, trabajador.*

pigricia

SIN. Flojera, pereza, descuido, ociosidad, haraganería, incuria, dejadez, desaliño, morosidad, indigencia, desidia, tardanza.

ANT. *Actividad, rapidez.*

pigricia

Amér.

SIN. Insignificancia, nimiedad, minucia.

pijotero

SIN. Mezquino, miserable, cicatero, ridículo, pesado, indiscreto, inoportuno, molesto, aburrido, cansado.

ANT. *Oportuno, ameno.*

pila

SIN. Fuente, bañera, recipiente, cuenco, montón, acumulación, revoltijo, gavilla, acumulador, batería.

pilar

SIN. Pilastra, columna, mojón, señal, espolón, contrafuerte, base, cimiento, asiento.

pilongo

SIN. Extenuado, flaco, arrugado, magro, ajado.

ANT. *Fuerte, robusto.*

piltrafa

SIN. Pellejo, residuo, despojo, harapo, pingajo, restos, desecho, inmundicia.

pillaje

SIN. Robo, rapiña, hurto, saqueo, despojo, ratería, atraco.

ANT. *Restitución, devolución.*

pillar

SIN. Atrapar, agarrar, coger, aprehender, rapiñar, hurtar, saquear, robar, tomar, latrocinar, distraer, desfalcar, limpiar, sustraer, engañar.

ANT. *Devolver, restituir, dar.*

pillete

SIN. Granuja, vago, golfo, vagabundo, pillo, pícaro, desvergonzado.

ANT. *Honrado, trabajador.*

pillo

SIN. Ladino, sagaz, astuto, tunante, pícaro, taimado, listo, canalla, granuja, perillán, tramposo, indino *(Amér.)*, truhán, bribón, pendón, marrullero, ratero, fullero.

ANT. *Honrado, virtuoso, trabajador, decente.*

pinacoteca

SIN. Sala, exposición, galería, museo, colección, salón.

pináculo

SIN. Altura, cima, cúspide, vértice, cumbre, sublimidad, remate, cresta, corona, cornisa.

ANT. *Inferioridad, llanura.*

pinchado

SIN. Punzado, picoteado, agujereado, clavado, mosqueado, moteado, manchado.

ANT. *Nuevo, íntegro.*

pinchar

SIN. Punzar, herir, picar, lancear, morder, clavar, barrenar, excitar, incitar, provocar, mortificar, enojar, avivar.

ANT. *Tranquilizar, apaciguar, agradar.*

pingüe

SIN. Gordo, grasiento, graso, mantecoso, abundante, fértil, copioso, considerable, fecundo, exuberante.

ANT. *Magro, escaso.*

pinguosidad

SIN. Gordura, grasa, obesidad, crasitud, abundancia, fertilidad.

ANT. *Delgadez, magrez.*

pinta

SIN. Señal, lunar, mancha, ocela, vitola, peca, aspecto, traza, faz, sinvergüenza, despreciable.

ANT. *Honrado.*

pintar

SIN. Teñir, colorar, pintorrear, dibujar, describir, engrandecer, fingir, ponderar, exagerar, significar, escribir, sombrear, realzar, delinear, ilustrar, detallar, relatar.

ANT. *Callar, silenciar.*

pintiparado

SIN. Parecido, semejante, parejo, igual, idéntico, análogo.

ANT. *Distinto, diferente.*

pintoresco

SIN. Agradable, gracioso, típico, vivo, grato, folklórico, atrayente, extravagante, vistoso.

ANT. *Desagradable, monótono.*

pinturero

SIN. Presumido, fachendoso, jactancioso, postinero, farolero, afectado.

ANT. *Sencillo, humilde.*

pío

SIN. Piadoso, religioso, devoto, bondadoso, bueno, benigno, mise-

ricordioso, caritativo, compasivo, beato, timorato, espiritual.
ANT. *Incrédulo, irreverente.*

piojoso
SIN. Mezquino, tacaño, miserable, pobretón, cicatero, agarrado, ruin, judío, sucio, andrajoso.
ANT. *Generoso, limpio.*

pipa
SIN. Boquilla, cigarro, tabaco, pepita, simiente, grano, tonel, cuba, barril.

pipiolo
SIN. Novato, bisoño, principiante, inexperto, novicio, mocoso, novel, jovenzuelo.
ANT. *Experto, veterano.*

pipón
Amér.
SIN. Satisfecho, harto, colmado, atiborrado, saciado, ahíto.
ANT. *Hambriento.*

pique
SIN. Enojo, resentimiento, empeño, desazón, disgusto, enfado, desagrado, molestia.
ANT. *Amistad, afecto, agrado.*

piquetazo
Amér.
SIN. Picotazo, pinchada, picada, pinchazo, picotada.

pira
SIN. Fogata, hoguera, falla, fuego, almenara.

pirata
SIN. Cruel, inhumano, sanguinario, despiadado, malvado, filibustero, corsario, negrero, forajido, asaltante.
ANT. *Honrado, caritativo.*

piraya
Amér.
SIN. Piraña.

piropo
SIN. Requiebro, flor, lisonja, alabanza, adulación, galantería, finura, halago.
ANT. *Ofensa, grosería.*

pirrarse
SIN. Desvivirse, morirse, enamorarse, desalmarse, perderse, enloquecer, desear.
ANT. *Despreciar, renunciar.*

pisar
SIN. Pisotear, apretar, taconear, apisonar, patear, estrujar, cubrir, estampar, tropezar, despreciar, humillar, maltratar, ofender, abatir.
ANT. *Alabar, obedecer.*

pisaverde
SIN. Lechuguino, lindo, petimetre, afeminado, presumido, cotorrón, lindo, gomoso.
ANT. *Machote, viril.*

piso
SIN. Pavimento, suelo, entarimado, adoquinado, superficie, embaldosado, tierra, terreno, tablado, asfalto, empedrado, habitación, casa, cuarto, domicilio, vivienda, morada, hogar.

pisotear
SIN. Pisar, atropellar, patear, despreciar, escarnecer, humillar, abatir, ajar, maltratar, manillar.
ANT. *Alabar, enaltecer.*

pista
SIN. Rastro, indicio, huella, vestigio, signo, señal, estela, traza, circo, hipódromo, surco, banda, disco, faja.

pitanza
SIN. Alimento, ración, subsistencia, sustento, pan, manutención, comida, pasto.
ANT. *Hambre, ayuno.*

pitar
SIN. Silbar, abuchear, desaprobar, protestar, patalear, abroncar, pitear *(Amér.).*
ANT. *Aplaudir, aprobar.*

pitear
Amér.
SIN. Pitar, silbar, soplar, rechiflar.

pítima
SIN. Borrachera, chispa, turca, curda, mona, jumera, embriaguez, cogorza, pea, merluza, trompa.
ANT. *Sereno.*

pito
SIN. Silbo, silbato, flauta, chifladera, bronca, cigarro.
ANT. *Aprobación.*

pitonisa
SIN. Adivinadora, sacerdotisa, hechicera, encantadora, maga, bruja, vestal, sibila.

pizarrón
Amér.
SIN. Pizarra, encerado, hule.

pizca
SIN. Chispa, pellizco, migaja, pulgada, parte, mirria *(Amér.)*, gota, menudencia, átomo, triza.
ANT. *Todo.*

pizpireta
SIN. Viva, vivaracha, pronta, desenvuelta, aguda, lista, ingeniosa, presumida.
ANT. *Seria, torpe.*

pláceme
SIN. Felicitación, enhorabuena, parabién, congratulación, brindis.
ANT. *Pésame.*

placentero
SIN. Agradable, alegre, afable, ameno, risueño, gozoso, deleitoso, complaciente, deleitable, confortante, encantador, suave, apacible, lujoso, cómodo.
ANT. *Desagradable, molesto.*

placer
SIN. Deleite, delicia, agrado, satisfacción, gusto, goce, felicidad, alegría, dicha, regocijo, júbilo, diversión, contento, entretenimiento, recreo, contentar, gustar, agradar, confort, éxtasis, concupiscencia, erotismo, lujuria, vicio.
ANT. *Dolor, disgusto, tristeza.*

placidez
SIN. Quietud, calma, sosiego, bonanza, descanso, tranquilidad, mansedumbre, apacibilidad.
ANT. *Agresividad.*

plácido
SIN. Grato, apacible, placentero, sosegado, quieto, tranquilo, ameno, deleitoso, sereno, manso, pacífico, apetecible, beatífico.
ANT. *Inquieto, excitado, turbulento.*

plaga
SIN. Infortunio, azote, calamidad, peste, llaga, herida, desgracia, daño, desolación, estrago, miseria, contratiempo, pesar, diluvio, multitud, cantidad, abundancia.
ANT. *Progreso, salud, falta.*

plagiar
SIN. Copiar, imitar, falsificar, robar, reproducir.
ANT. *Inventar.*

plagio
SIN. Imitación, copia, calco, apropiación, robo, piratería.
ANT. *Original, creación.*

plan
SIN. Empresa, proyecto, idea, propósito, designio, especulación, convenio, sistema, conjura, ensayo, ardid, maniobra, síntesis, trazo, esquema, borrón, extracto.

plana
SIN. Llana, cara, llano, planicie, explanada, herramienta.

plancha
SIN. Desacierto, error, pifia, equivocación, coladura, indiscreción, chasco, lámina, placa, hoja, tablero, molde, grabado.

planear
SIN. Disponer, trazar, proyectar, forjar, idear, concebir, inventar, imaginar, maquinar, fraguar, organizar, apuntar, sugerir, suscitar, estatuir.
ANT. *Realizar.*

planicie
SIN. Llanura, estepa, sabana, meseta, llano, explanada, plano.
ANT. *Cordillera.*

plano
SIN. Liso, igual, llano, uniforme, nivelación, horizontal, mapa, carta, trazado.
ANT. *Montañoso, desigual.*

plantar
SIN. Hincar, sembrar, trasponer, repoblar, enterrar, meter, introducir, poner, clavar, fijar, dejar, abandonar, desairar, burlar, encajar, fundar, instituir.
ANT. *Cortar, desarraigar.*

plantel
SIN. Vivero, invernadero, invernáculo, escuela, formación, origen, agrupación.

plantilla
SIN. Suela, patrón, regla, rasero, módulo, molde, forma, nómina, personal, lista, relación.

plañidera
SIN. Llorona, gritona, gemidora.
ANT. *Alegre.*

plañidero
SIN. Llorón, lastimero, lloroso, triste, lúgubre, quejumbroso, suspirón,

jeremías, suspirante, fúnebre.
ANT. *Alegre, contento.*

plañido
SIN. Lloro, gemido, lamento, llanto, sollozo, queja, súplica, lamentación, clamar.
ANT. *Regocijo, alborozo.*

plañir
SIN. Gemir, llorar, sollozar, lamentarse, quejarse, verraquear, dolerse, suspirar.
ANT. *Regocijarse, divertirse.*

plática
SIN. Discurso, conferencia, sermón, coloquio, charla, palique, disertación, exposición, razonamiento.
ANT. *Mutismo, silencio.*

platicar
SIN. Conversar, charlar, conferenciar, departir, hablar, disertar, discursear, razonar.
ANT. *Callar, silenciar.*

platónico
SIN. Desinteresado, honesto, decente, puro, casto, moral, ideal, romántico, espiritual, sentimental.
ANT. *Interesado, aprovechado, material.*

platudo
Amér.
SIN. Adinerado, rico, pudiente, acaudalado, ricachón, millonario.
ANT. *Pobre, arruinado, menesteroso.*

plausible
SIN. Atendible, admisible, recomendable, laudable, aprobable, loable, posible, admisible.
ANT. *Indigno, inaceptable.*

plausibilidad
SIN. Merecimiento, dignidad, excelencia, integridad, atención, encargo, admisión.
ANT. *Desmerecimiento.*

plaza
SIN. Fortificación, ciudadela, fuerte, mercado, feria, terreno, espacio, sitio, lugar, foro, altozano, ágora, ruedo, empleo, dignidad, cargo, destino, población, pueblo.

plazo
SIN. Vencimiento, término, prórroga, moratoria, aplazamiento, dilación, tregua, cita, citación, llamamiento, emplazo.

plebe
SIN. Populacho, chusma, vulgo, hampa, turba, pueblo, masa, multitud.
ANT. *Aristocracia.*

plebeyo
SIN. Villano, humilde, ordinario, llano, proletario, soez, popular, inculto, prosaico.
ANT. *Noble, educado, refinado.*

plebiscito
SIN. Sufragio, ~~elección,~~ referéndum, cónclave, nombramiento, selección, acuerdo.

plegado
SIN. Doblado, arrugado, encogido, fruncido, ondulado, plisado, escarolado, planchado.
ANT. *Liso, rígido, desplegado.*

plegar
SIN. Doblar, plisar, ceder, arrugar, rizar, fruncir, cerrar, remangar, ondear, escarolar.
ANT. *Estirar, alisar.*

plegarse
SIN. Doblarse, someterse, rendirse, entregarse, arrugarse, humillarse.
ANT. *Resistirse, rebelarse.*

plegaria
SIN. Ruego, rezo, súplica, oración, rogativa, invocación.
ANT. *Maldición.*

pleito
SIN. Contienda, lid, litigio, batalla, altercado, discusión, disputa, combate, pendencia, riña, proceso, juicio, querella, causa.
ANT. *Acuerdo, paz.*

plenario
SIN. Lleno, entero, cabal, cumplido, pleno, íntegro, completo, absoluto.
ANT. *Falto, incompleto.*

plenitud
SIN. Integridad, totalidad, completo, abundancia, saciedad, preñez, henchimiento, exceso, apogeo.
ANT. *Escasez, parcialidad, falta.*

pleno
SIN. Completo, lleno, entero, íntegro, repleto, cuajado, atiborrado, macizo, preñado, saturado, saciado.
ANT. *Parcial, escaso, falto, vacío.*

plétora
SIN. Exuberancia, abundancia, exceso, plenitud, demasía, copiosidad,

hartura, afluencia, profusión, sobra, creces.
ANT. *Escasez, falta.*

pletórico
SIN. Lleno, pleno, exuberante, colmado, henchido, cargado, saturado, fuere.
ANT. *Vacío, falto, escaso.*

pliegue
SIN. Doblez, rugosidad, arruga, plisado, fuelle, pinza, ondulación, remango, surco, contracción, trazo.
ANT. *Tersura.*

plomífero
SIN. Pesado, cargante, soporífero, aburrido, soso, latoso.
ANT. *Divertido, agradable.*

pluma
SIN. Estilográfica, bolígrafo, estilo, estilete, excrecencia, penacho, plumaje, timonera, escritura, habilidad, literatura.

plumero
SIN. Escoba, plumas, limpiadera, plumier, caja, estuche.

pluralidad
SIN. Variedad, multitud, numerosidad, copia, infinidad, inmensidad, serie, rebaño, manada.
ANT. *Unidad, escasez.*

plus
SIN. Gratificación, sobresueldo, propina, aditamento, añadido, dieta, subvención, extra, paga.
ANT. *Deducción, rebaja.*

población
SIN. Urbe, ciudad, localidad, municipio, pueblo, aldea, plaza, lugar, arrabal, villa, estadística, demografía, vecindario, habitantes, parroquia, feligresía, confederación.
ANT. *Desierto, campo.*

poblado
SIN. Ciudad, pueblo, población, vecindario, metrópoli, urbe, aldea, municipio, ciudad.
ANT. *Desierto.*

pobre
SIN. Menesteroso, necesitado, miserable, mendicante, pordiosero, indigente, desvalido, escaso, pelagatos, pelado, derrotado, descalzo, desnudo, decadente, desgraciado, desdichado, infeliz, desamparado, desvalido, modesto, retrasado, insignificante.
ANT. *Rico acaudalado, contento, afortunado, importante, opulento.*

pobretería
SIN. Miseria, escasez, indigencia, penuria, estrechez, tacañería, exigüidad, necesidad.
ANT. *Riqueza, abundancia, generosidad.*

pobreza
SIN. Escasez, necesidad, miseria, mezquindad, estrechez, desnudez, indigencia, penuria, carencia, privación, falta, carestía, ahogo, hambre, apuro, desdicha, desgracia, insuficiencia, retraso.
ANT. *Riqueza, opulencia, bienes, patrimonio, caudal, exceso, felicidad.*

pocilga
SIN. Cuadra, establo, corral, porqueriza, muladar, cuchitril, chiquero, tugurio, desván, trastero.
ANT. *Palacio, higiene.*

poco
SIN. Limitado, insuficiente, escaso, corto, parco, moderado, templado, reducido, módico, mínimo, exiguo, diminuto, chico, irrisorio, mediano, contado, justo, pequeño, pucho *(Amér.)*, mezquino, menguado, algo, puñado, grano.
ANT. *Mucho, suficiente, excesivo, harto, infinito, cúmulo, pluralidad, exceso, copiosidad.*

pocho
SIN. Marchitado, deslucido, ajado, podrido, deteriorado, pálido, descolorido, desvaído, triste, abrumado, abatido, desmoralizado.
ANT. *Lozano, nuevo, brillante, colorido, alegre.*

poda
SIN. Desmoche, expurgo, podadura, monda, corta.

podar
SIN. Suprimir, expurgar, cortar, desmochar, romper, talar, limpiar, enfaldar, mondar, castrar, desramar, corregir, reducir, limitar.
ANT. *Crecer, aumentar, ampliar.*

poder
SIN. Autoridad, potestad, soberanía, absolutismo, preponderancia, imperio, autocracia, jerarquía, dominio, voz, gobierno, fuerza, empuje, energía, influencia, eficacia, ambición, posibilidad, aptitud, diligencia, recurso, lograr, alcanzar, conseguir, realizar.
ANT. *Subordinación, debilidad, incapacidad, impedir, ignorar, abandonar.*

poderío
SIN. Imperio, dominio, prepotencia, preponderancia, empuje, autoridad, mando, poder, potestad, jurisdicción, señorío, hacienda, riquezas, influencia.
ANT. *Debilidad, pobreza.*

poderoso
SIN. Opulento, acaudalado, rico, potente, adinerado, omnipotente, imperial, soberano, prepotente, grande, influyente, excelente, autoritario, prestigioso, jefe.
ANT. *Miserable, pobre, débil.*

podredumbre
SIN. Descomposición, fermentación putrefacción, podredura, corruptela, carroña, gangrena, ulceración, cáncer, impureza, bacteria, infección, inmoralidad, relajamiento.
ANT. *Pureza, incorrupción, moralidad.*

podrido
SIN. Corrompido, putefracto, corrupto, pocho, descompuesto, rancio, pasado, dañado, gangrenado, canceroso, fermentado, intoxicado, impuro, viciado.
ANT. *Fresco, sano, desinfectado.*

poético
SIN. Retórico, rítmico, heroico, elegíaco, bucólico, literario, idílico, satírico, épico, pastoril, lírico, homérico.
ANT. *Prosaico.*

polémica
SIN. Controversia, discusión, debate, cuestión, disputa, porfía, discordia, alteración, querella, rivalidad, disputa.
ANT. *Acuerdo, paz, armonía.*

polémico
SIN. Controvertible, discutible, dialéctico, debatible.
ANT. *Concluyente, definitivo.*

polemizar
SIN. Desafiar, discutir, debatir, disputar, litigar, pelear, cuestionar, insistir, rivalizar, apostar, argüir, argumentar.
ANT. *Acordar, ceder, pacificar.*

poleo
SIN. Presunción, jactancia, postín, vanidad, petulancia, farfalla.
ANT. *Sencillez, humildad.*

policía
SIN. Guardia, prevención, vigilan-

cia, seguridad, reglamento, orden, agente, inspector, vigilante, carabinero, cortesía, urbanidad, educación.
ANT. *Desorden, caos, delincuencia.*

polifonía
SIN. Música, armonía, pluralidad, contrapunto, sinfonía, motete, repetición, canon.
ANT. *Monodia.*

polígrafo
SIN. Escritor, erudito, sabio, publicista, autor.
ANT. *Ignorante.*

polinización
SIN. Fecundación, difusión, fertilización, reproducción.
ANT. *Infecundidad.*

político
SIN. Estadista, dirigente, gobernante, líder, mandatario, figura, personaje, estatal, gubernamental, público, oficial, cortés, fino, urbano, culto, diplomático, flexible, correcto.
ANT. *Privado, ciudadano, súbdito, grosero, descortés, ordinario.*

pololear
Amér.
SIN. Molestar, fastidiar, jorobar, chinchar, jeringar, sulfurar.
ANT. *Entretener, agradar.*

poltrón
SIN. Haragán, perezoso, flojo, gandul, vago, comodón, marmota, tumbón.
ANT. *Activo, trabajador.*

poltronería
SIN. Holgazanería, haraganería, pereza, gandulería, flojedad, vagabundeo, comodidad.
ANT. *Esfuerzo, trabajo.*

polución
SIN. Flujo, efusión, semen, corrida, contaminación, suciedad, mancha, impureza.
ANT. *Retención, limpieza.*

poluto
SIN. Contaminado, sucio, inmundo, manchado, puerco, roñoso, cochino, pringoso.
ANT. *Limpio, puro, inmaculado.*

pollera
Amér.
SIN. Falda, saya.

pollo
SIN. Joven, adolescente, muchacho, imberbe, mocito, jovenzuelo, pimpollo, sagaz, astuto, taimado, zorro, ladino.
ANT. *Maduro, cándido, simple.*

pomo
SIN. Agarrador, puño, extremo, remate, bote, frasco.

pompa
SIN. Esplendor, ostentación, suntuosidad, magnificencia, solemnidad, pavonada, fasto, grandiosidad, alarde, vanidad, altisonancia, afectación, hinchazón.
ANT. *Sencillez, naturalidad, simplicidad, moderación.*

pompearse
SIN. Envanecerse, pavonearse, lucirse, ensoberbecerse, ahuecarse, jactarse, presumir, alardear, postinear.
ANT. *Moderarse, humillarse, rebajarse.*

pomposo
SIN. Suntuoso, aparatoso, magnífico, ostentoso, rumboso, hinchado, vano, inflado, hueco, presuntuoso, afectado, aparatoso, soberbio, fantástico, altisonante, barroco, exagerado.
ANT. *Sencillo, humilde, pobre.*

poncho
SIN. Manso, perezoso, gandul, vago, haragán, negligente, flojo, tumbón, haragán, dejado.
ANT. *Activo, trabajador.*

ponderable
SIN. Loable, encomiable, pausible, mesurable.
ANT. *Criticable, infinito.*

ponderación
SIN. Elogio, alabanza, encomio, aprobación, aplauso, exageración, encarecimiento, piropo, equilibrio, mesura, prudencia, reflexión, sensatez, cordura, orden, sobriedad, exactitud, justicia, compensación.
ANT. *Crítica, censura, ataque, insulto, desmesura, desenfreno.*

ponderado
SIN. Justo, equilibrado, sobrio, mesurado, cuidadoso, retenido, ecuánime, exacto, equitativo, cuerdo, prudente.
ANT. *Exaltado, exagerado, desequilibrado, desmedido.*

ponderar
SIN. Examinar, pesar, contrapesar, medir, alabar, encomiar, adular, hinchar, aumentar, enaltecer, encarecer, decantar, celebrar, aplaudir.
ANT. *Rebajar, denigrar, descompensar.*

ponderosidad
SIN. Seriedad, circunspección, mesura, formalidad, gravedad, reserva, empaque, prudencia.
ANT. *Dejadez, equilibrio, medida.*

ponderoso
SIN. Grave, pesado, circunspecto, prudente, serio, formal, solemne, sentencioso, afectado, cuidadoso, atento.
ANT. *Frívolo, insensato, imprudente.*

poner
SIN. Colocar, acomodar, situar, arreglar, ubicar, adaptar, disponer, constituir, componer, orientar, emplazar, introducir, montar, agregar, incluir, adscribir, colaborar, contribuir, jugar, cruzar, exponer, estrechar, reducir.
ANT. *Quitar, sacar, separar, apartar, evitar, omitir.*

ponerse
SIN. Vestirse, ataviarse, arreglarse, prepararse, adornarse, aplicarse, entregarse, consagrarse, afanarse, disponerse, enfrentarse, ensuciarse, pringarse.
ANT. *Desnudarse, abandonarse, entregarse, rendirse.*

ponzoña
SIN. Veneno, tóxico, virus, filtro.
ANT. *Antídoto.*

ponzoñoso
SIN. Dañino, nocivo, venenoso, perjudicial, mortífero, virulento, deletéreo.
ANT. *Antídoto, saludable.*

popar
SIN. Menospreciar, despreciar, desairar, acariciar, halagar, mimar, engaitar, consentir, agasajar.
ANT. *Apreciar, maltratar.*

populachero
SIN. Popular, vulgar, inculto, trivial, ordinario, insubstancial, pedestre, fácil.
ANT. *Culto, selecto, escogido.*

populacho
SIN. Plebe, vulgo, gentuza, chusma,

morralla, chamuchina *(Amér.)*, patulea.
ANT. *Aristocracia, nobleza.*

popular
SIN. Vulgar, general, bajo, público, corriente, multitudinario, trillado, difundido, extendido, ordinario, querido, apreciado, aplaudido, respetado.
ANT. *Selecto, desconocido, exquisito, restringido.*

popularidad
SIN. Aplauso, fama, favor, crédito, auge, renombre, gloria, notoriedad, estimación, reputación, difusión, simpatía.
ANT. *Restricción, anonimato, oscuridad.*

poquedad
SIN. Timidez, apocamiento, pusilanimidad, cobardía, temor, encogimiento, retraimiento, escasez, cortedad, nimiedad, pizca.
ANT. *Abundancia, osadía, atrevimiento.*

porción
SIN. Fracción, trozo, pedazo, parte, fragmento, cantidad, ración, tranco, segmento, cacho, parte, migaja, triza, parcela, puñado, tajada, dosis, cuota, ración, lote, reparto.
ANT. *Total, todo.*

porche
SIN. Cobertizo, pórtico, vestíbulo, andén, arcada, entrada, galería, portal.

ordiosear
SIN. Limosnear, mendigar, suplicar, instar, rogar, solicitar, pedir, insistir.
ANT. *Dar, entregar.*

ordiosero
SIN. Mendigo, mendigante, pobre, mangante, limosnero *(Amér.)*, pedigüeño, gorrón, desvalido, desheredado, necesitado, lazarillo, pobretón, gallofero.
ANT. *Potentado, rico, dador.*

orfía
SIN. Disputa, discusión, contienda, polémica, discordia, obstinación, empeño, manía, constancia, repetición, intransigencia, reiteración, ozudez, terquedad, testarudez, pesadez, fanatismo.
ANT. *Paz, acuerdo, transigencia, abandono, flexibilidad.*

porfiado
SIN. Testarudo, pertinaz, tozudo, emperrado, terco, machacón, obstinado, tenaz, insistente, empecinado, duro, férreo, necio, ceporro, cabezón.
ANT. *Tolerante, intransigente, flexible, razonable.*

porfiar
SIN. Insistir, machacar, instar, perseverar, contender, polemizar, reñir, altercar.
ANT. *Desistir, abandonar, pacificar, ceder.*

pormenor
SIN. Menudencia, detalle, pequeñez, nimiedad, circunstancia, enumeración, dato, descripción, puntualización, relación.
ANT. *Ampliación, generalización, importancia.*

pormenorizar
SIN. Detallar, describir, reseñar, contar, deslindar, puntualizar, referir, enumerar.
ANT. *Silenciar, generalizar.*

pornografía
SIN. Obscenidad, inmoralidad, grosería, inmundicia, lujuria, sensualidad, deshonestidad, indecencia, desvergüenza, liviandad, impureza.
ANT. *Pureza, moralidad, castidad.*

poro
SIN. Intérvalo, abertura, espacio, orificio, hueco.
ANT. *Densidad, consistencia.*

poroso
SIN. Permeable, absorbente, abierto, perforado, hueco, filtrable, ligero.
ANT. *Denso, compacto, lleno.*

porque
SIN. Ya que, puesto que, visto que, pues que, a causa de, por causa de.

porqué
SIN. Razón, motivo, causa, fundamento, fin, finalidad, objeto, móvil.
ANT. *Sinrazón.*

porquería
SIN. Suciedad, inmundicia, vileza, cochinería, guarrería, basura, indecencia, grosería, descortesía, desatención, ordinariez, chuchería, baratija, pamplina.
ANT. *Limpieza, moralidad, cortesía, nobleza, atención, valor, exquisitez.*

porra
SIN. Maza, palo, garrote, estaca, bastón, tronco, vanidad, jactancia, farfolla, postín, molesto, inoportuno, pesado.
ANT. *Humildad, sencillez, agrado, oportunidad.*

porrada
SIN. Abundancia, exceso, acervo, conjunto, disparate, necedad, tontería.
ANT. *Escasez, falta, sensatez.*

porrazo
SIN. Bastonazo, golpe, trancazo, batacazo, talegazo, trompicón, estacazo.
ANT. *Caricia.*

porrería
SIN. Sandez, necedad, tontería, pesadez, disparate, memez, bobería, lentitud, tardanza.
ANT. *Sensatez, diligencia.*

porro
SIN. Necio, torpe, rudo, inepto, sandio, tonto, errado.
ANT. *Fino, delicado, inteligente.*

porrón
SIN. Pelma, pachorrudo, tardo, pesado, cachazudo, calmoso.
ANT. *Diligente, rápido.*

portada
SIN. Frente, cara, fachada, delantera, anverso, faz, frontal, exterior.
ANT. *Reverso, cruz, revés.*

portal
SIN. Vestíbulo, atrio, cobertizo, pórtico, zaguán, pérgola, entrada, portalada, cancela.
ANT. *Interior.*

portar
SIN. Llevar, conducir, transportar, proceder, obrar, practicar, actuar.
ANT. *Permanecer, inhibirse, frustrar.*

portarse
SIN. Comportarse, gobernarse, lucirse, conducirse, tratarse, distinguirse, manejarse.
ANT. *Fracasar.*

portátil
SIN. Transportable, movible, manejable, manual, llevadero, trasladable, conducible, móvil, ágil.
ANT. *Inmóvil, estable, pesado.*

portavoz

SIN. Jefe, cabecilla, director, líder, representante, enviado, delegado, corifeo.

ANT. *Subordinado.*

portazo

SIN. Estrépito, golpe, desprecio, desaire.

ANT. *Suavidad, discreción.*

porte

SIN. Aspecto, apariencia, aire, postura, traza, pinta, actitud, ademán, conducción, modales, exterioridad, desenvoltura, conducta, compostura, capacidad, importancia, grandeza.

portento

SIN. Prodigio, milagro, maravilla, fenómeno, excelencia, genialidad, alucinación, pasmo, esplendor, admiración.

ANT. *Vulgaridad, naturalidad.*

portentoso

SIN. Admirable, estupendo, extraordinario, pasmoso, prodigioso, asombroso, singular, grandioso, maravilloso, deslumbrante, estupendo, sobrenatural, emocionante.

ANT. *Normal, común, vulgar.*

portería

SIN. Garita, pabellón, casilla, quiosco, cuchitril, conserjería.

portero

SIN. Guardameta, meta, cancerbero, conserje, bedel, ujier, guardián, plantón.

pórtico

SIN. Atrio, galería, portal, vestíbulo, cobertizo, pérgola, arquería, columnata, marquesina, zaguán.

portillo

SIN. Pasaje, camino, pasillo, estrecho, puerta, abertura, salida, gatera, falsete, tragaluz, vacío, muesca, agujero.

porvenir

SIN. Futuro, mañana, posterioridad, lejanía, espera, venidero, suceso, expectativa, azar, predicción, ulterior, eventual, diferido, aplazado, carrera, destino, posición.

ANT. *Ayer, presente.*

posada

SIN. Mesón, hospedería, parador, aposento, tambo (*Amér.*), hostal, venta, taberna, refugio, albergue, cobijo, vivienda, casa, morada, domicilio.

posaderas

SIN. Nalgas, culo, trasero, fondillo, pompis.

posadero

SIN. Mesonero, patrón, hostelero, ventero, hotel, hotelero.

ANT. *Cliente.*

posar

SIN. Alojarse, hospedarse, pernoctar, parar, morar, habitar, descansar, sosegarse, reposar, detenerse, soltar, descargar.

ANT. *Marchar, remover.*

poseedor

SIN. Amo, dueño, posesor, tenedor, teniente, propietario, comprador, beneficiario, titular.

ANT. *Vendedor, desprovisto.*

poseer

SIN. Tener, disfrutar, haber, detentar, conservar, usufructuar, conseguir, lograr, obtener, ostentar, beneficiarse, dominar, saber, abusar, investir, instalarse, asentar.

ANT. *Carecer, necesitar, desconocer, ignorar.*

posesión

SIN. Heredad, propiedad, dominio, tenencia, usufructo, pertenencia, conservación, poder, detentación, incautación.

ANT. *Abandono, cesión, renuncia.*

posesionar

SIN. Adjudicar, aplicar, investir, asentar, reintegrar, mantener, incautar, otorgar.

ANT. *Abandonar, ceder.*

poseso

SIN. Poseído, endemoniado, embrujado, hechizado, epiléptico, demente, exaltado, endiablado, furioso.

ANT. *Apacible, tranquilo, cuerdo.*

posibilidad

SIN. Probabilidad, eventualidad, contingencia, verosimilitud, apariencia, facultad, medio, viabilidad, casualidad, riesgo, peligro, evento, ocasión, coyuntura, riqueza, medios, fortuna.

ANT. *Imposibilidad, dificultad, obstáculo, quimera, utopía, ineptitud.*

posible

SIN. Factible, probable, realizable, hacedero, creíble, verosímil, viable, permisible, dable, practicable, operable, ejecutable, potencial.

ANT. *Imposible, utópico increíble, irrealizable, quimérico, inviable, inadmisible.*

posición

SIN. Situación, porvenir, ubicación, categoría, clase, esfera, nivel, actitud, postura, estado, disposición, reducto, punto, trinchera.

ANT. *Indecisión, inexistencia.*

positivismo

SIN. Realismo, empirismo, materialismo, utilitarismo, provecho, efectividad, pragmatismo, beneficio.

ANT. *Idealismo, utopía, desinterés.*

positivista

SIN. Empírico, realista, materialista, utilitarista, oportunista, práctico.

ANT. *Idealista, soñador, leal.*

positivo

SIN. Efectivo, seguro, verdadero, cierto, auténtico, real, indudable, manifiesto, axiomático, tangible, evidente, infalible, práctico, provechoso, utilitario.

ANT. *Incierto, inseguro, dudoso, ideal, inútil.*

posma

SIN. Cachaza, pachorra, flema, pesadez, lentitud, cachazudo, calmoso, tranquilo, tardo.

ANT. *Diligencia, prontitud, ágil.*

poso

SIN. Heces, sedimento, remanente, asiento, residuo, chingaste (*Amér.*), huello, reposo, sosiego, tranquilidad, quietud.

ANT. *Suspensión, inquietud.*

posponer

SIN. Diferir, aplazar, relegar, postergar, retrasar, rezagar, olvidar, menospreciar, humillar, rebajar.

ANT. *Anticipar, adelantar, estimar, apreciar, considerar.*

poste

SIN. Madero, soporte, columna, lar, mástil, pértiga, percha, punta, palo, pilón, mojón, aviso, señal, indicador.

postema

SIN. Tumor, úlcera, pesado, molesto, impertinente, lata.

ANT. *Oportuno.*

postergación

SIN. Preterición, relegación, olvido, exclusión, apartamiento, alejamiento, omisión, desdén, retiro, desprecio, confinamiento, retraso, aplazamiento, prórroga, tardanza, demora, dilación.
ANT. *Preferencia, recuerdo, presencia.*

postergado

SIN. Relegado, retrasado, humillado, oprimido, perjudicado, pospuesto, excluido, olvidado.
ANT. *Ensalzado, recordado.*

postergar

SIN. Posponer, relegar, arrinconar, olvidar, omitir, excluir, subordinar, disgregar, perjudicar, alejar, aplazar, retardar, diferir.
ANT. *Adelantar, incorporar.*

posteridad

SIN. Porvenir, futuro, mañana, sucesión, descendencia, perpetuación.
ANT. *Pasado, recuerdo, anterioridad.*

posterior

SIN. Siguiente, ulterior, consecutivo, sucesivo, detrás, último, trasero, rezagado, dorsal, postrero, extremo.
ANT. *Anterior, primero, delantero.*

posterioridad

SIN. Sucesión, continuación, preterición, resultado, efecto, consecuencia, futuro, porvenir, posposición, zaga, revés, trasera, último, talón, colofón, epílogo.
ANT. *Anterioridad, principio, comienzo.*

postín

SIN. Importancia, ostentación, presunción, afectación, fatuidad, ufanía, vanidad, pedantería, presuntuosidad, elegancia, farol, fachenda, entono, alarde, pisto.
ANT. *Modestia, sencillez.*

postinero

SIN. Presumido, ufano, farolero, entonado, pedante, pretencioso, petulante, empaquetado, afectado.
ANT. *Sencillo, natural.*

postizo

SIN. Añadido, fingido, artificial, agregado, prótesis, sobrepuesto, forzado, imitado, supuesto, ficticio, remiendo, pegote.

ANT. *Verdadero, legítimo, real.*

postor

SIN. Ponedor, pujador, concursante, participante, oferente, concurrente.

postración

SIN. Aflicción, humillación, abatimiento, desánimo, desaliento, desfallecimiento, languidez, decaimiento, desengaño, timidez, cobardía, temor, inacción, agobio.
ANT. *Ánimo, valor.*

postrar

SIN. Abatir, derribar, rendir, humillar, debilitar, desanimar, deprimir, decaer, enfermar, afligir, acobardar, aplanar, abandonar.
ANT. *Erguir, levantar, animar.*

postre

SIN. Último, postrero, complemento, fruta, dulce, golosina, helado, sobremesa.
ANT. *Primero, anterior.*

postrero

SIN. Último, zaguero, posterior, final, póstumo, ulterior, extremo.
ANT. *Primero, anterior.*

postrimería

SIN. Muerte, fin, decadencia, conclusión, acabamiento, desenlace, conclusión.
ANT. *Principio, comienzo.*

postulación

SIN. Petición, solicitud, demanda, súplica, recaudación, colecta, cuestación, mendicación.
ANT. *Entrega, limosna.*

postulado

SIN. Principio, proposición, supuesto, fundamento.

postulante

SIN. Solicitante, demandante, reclamador, candidato, aspirante, pretendiente, solicitador, peticionario, mendigo, suplicante, parásito.
ANT. *Oferente.*

postular

SIN. Pedir, pretender, solicitar, demandar, rogar, instar, aspirar, mendigar, reivindicar, recaudar, limosnear, recuestar, recolectar.
ANT. *Dar, ofrecer.*

póstumo

SIN. Ulterior, final, último, posterior, postrero.

ANT. *Primero, anterior.*

postura

SIN. Posición, actitud, ajuste, orientación, dirección, pacto, convenio, tratado, estipulación, apuesta, puja, juego.

potabilidad

SIN. Limpieza, pureza, saludabilidad, depurado, transparencia.
ANT. *Suciedad.*

potable

SIN. Saludable, bebible, bebedizo, limpio, depurado, puro, esterilizado.
ANT. *Contaminado, impuro.*

potaje

SIN. Mezcla, revoltijo, amasijo, confusión, ensalada, sopa, caldo, estofado, cocido, brebaje, bebida.
ANT. *Pureza, unicidad.*

potencia

SIN. Vigor, fuerza, poder, fortaleza, predominio, dominación, dominio, pujanza, señorío, imperio, empuje, plenitud, calibre, energía, eficacia, voluntad, memoria, posibilidad.
ANT. *Impotencia, debilidad.*

potencial

SIN. Probable, eventual, latente, encubierto, larvado, disimulado, contenido, teórico.
ANT. *Seguro, cierto, claro.*

potenciar

SIN. Favorecer, incrementar, fortalecer, aumentar, desarrollar.
ANT. *Disminuir, atenuar.*

potentado

SIN. Poderoso, millonario, hacendado, acaudalado, opulento, ricachón, rico, grande, curaca *(Amér.)*, magnate, pudiente.
ANT. *Pobre, miserable, mísero.*

potente

SIN. Enérgico, poderoso, vigoroso, pujante, eficaz, fuerte, operable, prepotente, activo, valeroso, esforzado, brioso, insigne, espléndido, ciclópeo, robusto, hercúleo, grande, inmenso, enorme.
ANT. *Débil, limitado, insignificante.*

potestad

SIN. Jurisdicción, dominio, facultad, señorío, autoridad, prepotencia, mando, virtud, permiso, auto-

rización, privilegio, atribución.
ANT. *Prohibición.*

potestativo
SIN. Facultativo, optativo, espontáneo, propio, prudencial, discrecional, libre.
ANT. *Preciso, necesario, obligatorio.*

potingue
SIN. Pócima, bebedizo, botica, brebaje, bebida, mezcolanza, potaje.
ANT. *Manjar.*

potrear
SIN. Incomodar, molestar, mortificar, jeringar, jorobar, chinchar, fastidiar, triscar, juguetear, retozar.
ANT. *Agradar.*

potroso
SIN. Afortunado, dichoso, chiripero, feliz.
ANT. *Desgraciado, infeliz.*

poza
SIN. Charca, ciénaga, charco, balsa, estanque, cenagal, barrizal, alberca.

práctica
SIN. Hábito, costumbre, experiencia, uso, destreza, pericia, maña, adiestramiento, conocimiento, habilidad, método, usanza, sistema, dirección, orden, estilo.
ANT. *Teoría, desconocimiento, inexperiencia.*

practicable
SIN. Factible, hacedero, posible, manejable, fácil, viable, práctico, cómodo, transitable, franqueable, abierto, despejado.
ANT. *Irrealizable, difícil, intransitable.*

practicante
SIN. Sanitario, ayudante, auxiliar, enfermero, alumno, estudiante, ejercitante.

practicar
SIN. Ejercer, ejercitar, obrar, actuar, trabajar, seguir, cultivar, maniobrar, habituar, avezarse, cultivarse, adiestrarse.
ANT. *Holgar, obturar, vaguear.*

práctico
SIN. Conocedor, experto, experimentado, avezado, périto, versado, diestro, habilidoso, hábil, mañoso, eficaz, útil, funcional, beneficioso,

aprovechable, disponible, utilizable, empírico, real, materialista, pragmático.
ANT. *Inexperto, inútil, perjudicial, negativo, idealista.*

pradera
SIN. Prado, tundra, majada, herbazal, paseo, cespedera.
ANT. *Erial, desierto.*

prado
SIN. Majada, hondanal, pradera, herbazal, césped, hierba, campiña, llanura.

pravedad
SIN. Maldad, depravación, iniquidad, perversidad, crueldad, vileza, inmoralidad, deshonestidad, perfidia, degeneración.
ANT. *Moralidad, virtud.*

pravo
SIN. Depravado, perverso, inmoral, inicuo, cruel, vil, proclive, pérfido, degenerado.
ANT. *Bueno, moral, humano.*

preámbulo
SIN. Proemio, exordio, principio, introducción, prólogo, prefacio, introito, digresión, preludio, presentación, exposición, rodeo, circunloquio, perífrasis.

prebenda
SIN. Beneficio, canonjía, dote, ración, empleo, cargo, ventaja, ganga, enchufe, ocupación, chollo, oportunidad, adquisición.
ANT. *Pérdida, desventaja.*

precario
SIN. Inestable, inseguro, transitorio, fugaz, vacilante, inconstante, perecedero, ocasional, apurado.
ANT. *Duradero, estable, firme.*

precaución
SIN. Reserva, cautela, prudencia, prevención, cuidado, previsión, recato, moderación, circunspección, miramiento, astucia, disimulo, advertencia, consejo, reticencia.
ANT. *Irreflexión, descuido, franqueza, seguridad.*

precaver
SIN. Prever, cautelar, soslayar, esquivar, rehuir, evitar, eludir, salvar, sortear, excusar, reparar, ahorrar, componer, conjurar.
ANT. *Confiar, aventurar.*

precavido
SIN. Sagaz, prudente, cauteloso, desconfiado, previsor, cauto, sospechoso, anticipado, reservado, circunspecto, discreto, guardado, alarmado.
ANT. *Abierto, indiscreto, desprevenido, confiado.*

precedencia
SIN. Anterioridad, antelación, prevención, origen, fundamento, superioridad, preeminencia, predominio, primacía, preponderancia, autoridad, descuello.
ANT. *Inferioridad, subordinación.*

precedente
SIN. Antecedente, anterior, primero, previo, preliminar, precursor, delantero, precoz, precipitado, sobredicho, susodicho.
ANT. *Siguiente, consecuente.*

preceder
SIN. Anteceder, anteponer, anticipar, preexistir, encabezar, adelantar, aventajar, prefijar, principiar, conducir, guiar, sobresalir, superar, eclipsar, destacarse, rebasar, dominar, culminar, triunfar.
ANT. *Suceder, subordinar, degenerar.*

preceptista
SIN. Profesor, maestro, consejero, instructor.
ANT. *Alumno, discípulo.*

preceptivo
SIN. Ordenado, regulado, regular, sistemático, formal, metódico, reglamentado, obligatorio, legítimo.
ANT. *Anárquico, desorganizado.*

precepto
SIN. Orden, regla, mandato, canon, disposición, principio, mandamiento, máxima, prescripción, ordenanza, decreto, bando, edicto, sentencia, consigna, acuerdo, sistema, pauta, criterio, régimen, disciplina, ortodoxia.
ANT. *Desorden, anarquía, desgobierno.*

preceptor
SIN. Maestro, profesor, mentor, instructor, educador, guía, tutor, ayo, director, auxiliar.
ANT. *Alumno, discípulo.*

preceptuar
SIN. Prescribir, mandar, disponer, ordenar, regular, regularizar, reglamentar, formalizar, estatuir, aconsejar, disciplinar.

ANT. *Descomponer, alterar, desorganizar.*

preces
SIN. Ruegos, oraciones, súplicas. plegarias, imploraciones, impetraciones, jaculatorias, instancias.

preciado
SIN. Apreciado, estimado, querido, valioso, excelente, jactancioso, pedante, vanidoso, ufano, postinero, vano, fatuo, presuntuoso, presumido.
ANT. *Despreciable, sencillo, modesto.*

preciarse
SIN. Alabarse, vanagloriarse, jactarse, envanecerse, chulearse, engreírse, relamerse.
ANT. *Humillarse.*

precintar
SIN. Sellar, lacrar, estampar, asegurar, ceñir, marcar, garantizar.
ANT. *Abrir.*

precinto
SIN. Fleje, garantía, sello, tira, cinta, cordón, sujetador, atadura.

precio
SIN. Valor, valorización, valía, cotización, estimación, tasa, importe, coste, flete, tarifa, tasación, derechos, alquiler, arancel, remuneración, comisión, importe, sacrificio, esfuerzo, pérdida.

preciosidad
SIN. Belleza, hermosura, encanto, guapeza, primor, amenidad, sortilegio, sublimidad, idealidad, perfección, fascinación, embeleso, seducción, embrujo, maravilla.
ANT. *Antipatía, fealdad, desprecio.*

precioso
SIN. Apreciado, estimado, valioso, importante, valorado, único, maravilloso, excelente, exquisito, delicioso, ameno, hermoso, bonito, bello, perfecto, pulcro, atractivo, divertido, agudo, donoso, festivo.
ANT. *Despreciable, desagradable, feo.*

precipicio
SIN. Despeñadero, abismo, barranco, tajo, caída, sima, declive, acantilado, voladero, pendiente, vertiente, hondanada.
ANT. *Llano, planicie.*

precipitación
SIN. Apresuramiento, atolondramiento, imprudencia, rapidez, aceleración, arrebato, inconsideración, irreflexión, atropello, fogosidad, urgencia, desatino, imprevisión, velocidad, ligereza, lluvia, nevada.
ANT. *Pausa, calma, serenidad.*

precipitado
SIN. Alocado, irreflexivo, atolondrado, imprudente, impetuoso, desbocado, descomedido, arrebatado, violento, ligero, desatinado, inconsciente, desenfrenado, caído, lanzado, sedimento, residuo, depósito.
ANT. *Tranquilo, templado, calmoso.*

precipitar
SIN. Arrojar, derrumbar, despeñar, lanzar, acelerar, apremiar, arrebatar, empujar, festinar (*Amér.*), espolear, galopear, aprestar, farfullar.
ANT. *Serenar, calmar.*

precipitarse
SIN. Abalanzarse, lanzarse, arrojarse, tirarse, echarse, despeñarse, dispararse, apresurarse, desenfrenarse.
ANT. *Tranquilizarse, detenerse.*

precipitoso
SIN. Resbaladizo, pendiente, arriesgado, erecto, vertical, empinado, desatinado, alocado, impetuoso, atolondrado.
ANT. *Seguro, firme, horizontal, sereno.*

precisar
SIN. Fijar, determinar, formalizar, delimitar, señalar, establecer, concretar, encauzar, perfilar, especificar, obligar, exigir, constreñir, violentar, urgir, requerir, necesitar, carecer, faltar.
ANT. *Esbozar, indeterminar, permitir, sobrar.*

precisión
SIN. Necesidad, obligación, fuerza, menester, exigencia, requisito, falta, determinación, rigor, certeza, fidelidad, laconismo, brevedad, delimitación.
ANT. *Ociosidad, inexactitud, confusión.*

preciso
SIN. Indispensable, forzoso, necesario. inexcusable, imprescindible,

obligatorio, imperioso, útil, insubstituible, puntual, fijo, determinado, certero, matemático, definido, concluido, exacto, categórico, excluyente, terminante, taxativo, rotundo.
ANT. *Gratuito, fútil, inexacto, pomposo, desvaído.*

preclaro
SIN. Ilustre, famoso, insigne, célebre, notable, reputado, sobresaliente, magnífico, célebre, glorioso, admirado, memorable.
ANT. *Anónimo, insignificante.*

precocidad
SIN. Anticipación, prontitud, adelanto, primicia, verdor, inexperiencia.
ANT. *Retardo, experiencia.*

preconcebido
SIN. Reflexionado, pensado, premeditado, deliberado, madurado, considerado, repensado, planeado, proyectado.
ANT. *Irreflexivo, espontáneo.*

preconcebir
SIN. Planear, proyectar, pensar, deliberar, considerar, estudiar, prejuzgar, anticipar.
ANT. *Descuidar, desconsiderar.*

preconización
SIN. Glorificación, loa, alabanza, enaltecimiento, encomio.
ANT. *Vituperio, desconsideración.*

preconizar
SIN. Alabar, encomiar, ensalzar, elogiar, ponderar, loar, honrar, apoyar, defender.
ANT. *Vituperar, rebajar, criticar, humillar.*

preconocer
SIN. Conjeturar, prever, presentir, predecir, barruntar, pronosticar, vaticinar, augurar, advertir.
ANT. *Desconocer, errar.*

precoz
SIN. Prematuro, temprano, adelantado, tierno, anticipado, verde, crudo, avanzado, inexperto.
ANT. *Retrasado, maduro, pasado.*

precursor
SIN. Antecesor, predecesor, avanzado, profeta, premonitorio, anunciador, guía, nuncio, pionero, adelantado.
ANT. *Sucesor, continuador.*

predecir
SIN. Pronosticar, anunciar, adivinar, presagiar, profetizar, augurar, vaticinar, antedecir, anticipar, prever, precaver, prenotar, avisar, intuir, suponer, acertar.
ANT. *Desconocer.*

predestinación
SIN. Fatalidad, destino, hado, sino, destinación, determinación, estrella, azar.
ANT. *Inseguridad, incertidumbre.*

predestinado
SIN. Señalado, elegido, predeterminado, destinado, seleccionado, iluminado, reservado.
ANT. *Corriente, vulgar.*

predestinar
SIN. Elegir, anunciar, proponer, marcar, señalar, sentenciar, reservar, consignar, consagrar.

prédica
SIN. Homilía, doctrina, plática, sermón, discurso, alocución, panegírico, perorata, filípica, arenga.
ANT. *Silencio.*

predicamento
SIN. Autoridad, reputación, prestigio, influencia, categoría, dignidad, nombre, aureola, notoriedad, crédito.
ANT. *Descrédito, anonimato.*

predicar
SIN. Reprender, encomiar, amonestar, exhortar, recomendar, aconsejar, evangelizar, catequizar, sermonear, loar, disertar, instruir, enseñar.
ANT. *Callar, silenciar, alabar.*

predicción
SIN. Profecía, presagio, pronóstico, vaticinio, augurio, pronosticación, buenaventura, adivinación, conjetura, prefiguración, presentimiento.
ANT. *Equivocación.*

predilección
SIN. Elección, preferencia, inclinación, favoritismo, amistad, confianza, propensión, favor, gracia, protección.
ANT. *Aversión, repulsión.*

predilecto
SIN. Favorito, privilegiado, elegido, preferido, protegido, mimado, amado, preferente, distinguido, señalado.

ANT. *Rechazado, arrinconado, enemigo.*

predio
SIN. Hacienda, heredad, finca, posesión, tierra, solar, latifundio, cortijo, estancia, arrendamiento.

predisponer
SIN. Disponer, preparar, inclinar, propender, prevenir, tender, animar, persuadir, inducir, mover, imbuir, sugestionar.
ANT. *Desviar, aborrecer.*

predisposición
SIN. Propensión, afición, querencia, vocación, tendencia, influencia, devoción, destinación, debilidad, proclividad, predominio.
ANT. *Torpeza, repulsión.*

predispuesto
SIN. Inclinado, proclive, propenso, animado, tendente, abierto, favorable, adepto.
ANT. *Contrario, adverso, renuente.*

predominar
SIN. Prevalecer, preponderar, reinar, imperar, sobresalir, exceder, señorear, dominar, destacar, aventajar, superar.
ANT. *Obedecer, depender.*

predominio
SIN. Dominio, imperio, fuerza, influjo, autoridad, poder, preeminencia, superioridad, auge, potestad, supremacía, hegemonía, culminación.
ANT. *Inferioridad, sometimiento.*

preeminencia
SIN. Privilegio, preferencia, ventaja, descuello, preponderancia, distinción, valimiento, prioridad, gracia, altura, eminencia.
ANT. *Inferioridad, desventaja.*

preeminente
SIN. Superior, honorífico, sublime, sobresaliente, culminante, eminente, principal, insigne, destacado, excelente, relevante, distinguido, notable, excelso, sumo.
ANT. *Inferior, insignificante, vulgar.*

prefacio
SIN. Introducción, prólogo, introito, preludio, exordio, encabezamiento, advertencia, preliminares, principio, preámbulo.
ANT. *Epílogo, fin.*

preferencia
SIN. Predilección, privilegio, ventaja, distinción, selección, favoritismo, particularidad, superioridad, afecto, diferencia, favor, gracia, tendencia, propensión.
ANT. *Repulsión, hostilidad, olvido.*

preferible
SIN. Deseable, mejor, predilecto, favorable, beneficioso.
ANT. *Peor, inferior.*

preferido
SIN. Elegido, privilegiado, predilecto, favorito, privado, valido, protegido, distinguido, selecto.
ANT. *Relegado, menospreciado.*

prefulgente
SIN. Lúcido, resplandeciente, deslumbrante, brillante, reluciente, esplendoroso, esplendente, deslumbrador.
ANT. *Oscuro.*

pregón
SIN. Proclama, bando, anuncio, discurso, aviso, notificación, divulgación, advertencia, mandato.
ANT. *Silencio.*

pregonar
SIN. Vocear, publicar, rebelar, descubrir, anunciar, proclamar, manifestar, advertir, informar, ensalzar, alabar, elogiar, adular, glorificar.
ANT. *Omitir, silenciar, callar.*

pregunta
SIN. Interrogación, cuestión, demanda, interrogatorio, interpelación, problema, consulta, encuesta, curioseo.
ANT. *Respuesta, réplica.*

preguntar
SIN. Interpelar, interrogar, consultar, demandar, investigar, inquirir, pesquisar, sonsacar, solicitar, indagar.
ANT. *Responder, contestar.*

preguntón
SIN. Preguntador, inquisidor, indiscreto, inoportuno, curioso, impertinente, demandante, catequístico.
ANT. *Respondón, discreto, prudente.*

prejuicio
SIN. Preocupación, obsesión, parcialidad, ofuscación, pesadilla, escrúpulo, rutina, costumbre, antojo, arbitrariedad, convencionalismo, absurdo.

ANT. *Despreocupación, opinión, parecer, objetividad.*

preliminar

SIN. Preámbulo, introito, prefacio, antecedente, principio, entrada, proemio, anterior, inicial, básico.
ANT. *Epílogo, posterior, fin.*

preludio

SIN. Entrada, principio, introducción, comienzo, preámbulo, ensayo, acorde, arpegio, sinfonía, obertura.
ANT. *Coda, final.*

prematuro

SIN. Precoz, anticipado, tierno, apresurado, temprano, rápido, verde, anterior.
ANT. *Maduro retrasado.*

premiar

SIN. Recompensar, galardonar, gratificar, remunerar, honrar, enaltecer, coronar, compensar, satisfacer, condecorar.
ANT. *Rebajar, castigar, sancionar.*

premio

SIN. Galardón, remuneración, recompensación, recompensa, gratificación, laurel, honor, distinción, concesión, homenaje, merecimiento, pago, prima, reintegro, plus, trofeo, copa, aplauso, triunfo, lotería, quiniela, sorteo.
ANT. *Castigo, correctivo, pena, penitencia, condena.*

premioso

SIN. Ajustado, apretado, riguroso, rígido, estricto, severo, austero, lento, tardo, pausado, engorroso, torpe, remiso, retardado, afectado, repulido.
ANT. *Holgado, flexible, rápido, natural.*

premiosidad

SIN. Lentitud, calma, morosidad, cachaza, dilación, torpeza, dificultad, pesadez, afectación.
ANT. *Rapidez, flexibilidad, ligereza.*

prenda

SIN. Fianza, garantía, aval, carga, señal, canje, seguro, depósito, resguardo, utensilios, joyas, enseres, virtud, amor, cariño, cualidad.
ANT. *Desconfianza, defecto.*

prendarse

SIN. Encariñarse, aficionarse, ena-

morarse, encapricharse, entusiasmarse, chiflarse, pirrarse, derretirse.
ANT. *Aborrecer, odiar.*

prender

SIN. Aprehender, asir, apresar, aprisionar, coger, tomar, cazar, pescar, trabar, sujetar, arraigar, enrraizar, injertar, prosperar, arder, avivar, inflamar, abrasar.
ANT. *Soltar, liberar, desarraigar, fracasar, apagar.*

prendimiento

SIN. Detención, captura, arresto, apresamiento, encarcelamiento, encierro.
ANT. *Liberación.*

preñez

SIN. Embarazo, gestación, fecundidad, reproducción, concepción, confusión, lío, enredo, desbarajuste.
ANT. *Esterilidad, orden.*

preocupación

SIN. Desasosiego, inquietud, ansiedad, intranquilidad, desazón, nerviosismo, congoja, neurosis, angustia, turbación, obsesión, manía, sospecha, duda, quimera, miedo, inclinación, interés, afecto, desvelo, entrega.
ANT. *Despreocupacion, tranquilidad, abandono, descuido.*

preocupado

SIN. Meditabundo, pensativo, abstraído, absorto, inquieto, embebido, cabizbajo, taciturno, ansioso, angustiado, turbado, alarmado, excitado, nervioso, afligido, dudoso, agitado.
ANT. *Despreocupado, desentendido, alegre, confiado.*

preparación

SIN. Disposición, preparativo, proyecto, previsión, organización, elaboración, sistematización, preámbulo, introducción, propedéutica, ensayo, desarrollo, distribución, trama, aprendizaje, instrucción, estudio.
ANT. *Abandono, dejadez, irreflexión, incultura.*

preparar

SIN. Disponer, arreglar, aderezar, aliñar, acondicionar, prevenir, aparejar, proyectar, elaborar, facilitar, programar, ordenar, alistar, maquinar, predisponer, entablar, enseñar, instruir, educar, ilustrar.

ANT. *Improvisar, desaliñar, omitir, abandonar.*

preponderancia

SIN. Consideración, predominio, hegemonía, aventajado, sobresaliente, elevado, decisivo, importante, abundante, frecuente.
ANT. *Inferior, insignificante, escaso.*

preponderante

SIN. Sobresaliente, predominante, superior, preeminente, ventajoso, dominante, decisivo, reinante, importante, abundante, frecuente, prevaleciente.
ANT. *Insignificante, dependiente, escaso.*

preponderar

SIN. Sobresalir, prevalecer, dominar, aventajar, influir, imperar, superar, eclipsar, exceder, descollar, abundar, regir, elevar.
ANT. *Remitir, depender.*

preponer

SIN. Preferir, distinguir, escoger, resaltar, señalar.
ANT. *Despreciar, retrasar, olvidar.*

prerrogativa

SIN. Gracia, privilegio, merced, facultad, derecho, patente, franquicia, ventaja, favor, preferencia, potestad, atributo, preeminencia, libertad, valimiento.
ANT. Desventaja, objetividad, imparcialidad, prohibición.

presa

SIN. Captura, botín, rapiña, pillaje, caza, trofeo, dique, embalse, pantano, acequia, esclusa, represa, alza, palizada, compuerta, tablado.
ANT. *Devolución.*

presagiar

SIN. Pronosticar, anunciar, augurar, predecir, profetizar, vaticinar, adivinar, prever, conjeturar, suponer, revelar, barruntar, agorar.
ANT. *Errar.*

presagio

SIN. Vaticinio, pronóstico, anuncio, acierto, augurio, agüero, prefiguración, horóscopo, oráculo, adivinanza, buenaventura, auspicio, premonición, signo.
ANT. *Equivocación, error.*

prescindir

SIN. Abandonar, omitir, dejar, ex-

cluir, silenciar, desechar, desprenderse, borrar, abstenerse, desheredar, arrinconar, relegar, expulsar.
ANT. *Considerar, incluir, poner.*

prescribir
SIN. Determinar, señalar, mandar, preceptuar, ordenar, estatuir, decretar, disponer, fijar, caducar, finalizar, extinguir, terminar, concluir, anularse, expirar, perderse.
ANT. *Obedecer, continuar.*

prescripción
SIN. Mandato, precepto, orden, ley, regla, decreto, ordenanza, fórmula, pérdida, caducidad, vencimiento, nulidad, término, fin, consumo.
ANT. *Obediencia, prórroga.*

presencia
SIN. Existencia, estado, audiencia, comparecencia, manifestación, residencia, aspecto, figura, apariencia, pompa, garbo, representación, entrevista, visita.
ANT. *Ausencia, sencillez.*

presenciar
SIN. Concurrir, asistir, estar, ubicar, existir, quedarse, detenerse, figurar, hallarse, testimoniar, comparecer, ver.
ANT. *Ausentarse, abandonar.*

presentar
SIN. Mostrar, exhibir, exponer, manifestar, introducir, ofrecer, enseñar, lucir, exteriorizar, destapar, ofrecer, regalar, obsequiar, dar.
ANT. *Ocultar, callar.*

presentarse
SIN. Exhibirse, manifestarse, ofrecerse, mostrarse, introducirse, personarse, revelarse, plantarse.
ANT. *Ausentarse, callarse.*

presente
SIN. Actual, reciente, vigente, moderno, contemporáneo, corriente, asistente, concurrente, testigo, compareciente, regalo, obsequio, fineza, ofrenda.
ANT. *Antiguo, pasado.*

presentir
SIN. Prever, presagiar, agorar, sospechar, barruntar, intuir, adivinar, pronosticar, conjeturar.
ANT. *Equivocarse.*

preservar
SIN. Proteger, amparar, defender,

salvaguardar, conservar, resguardar, escoltar, apoyar, cobijar, patrocinar, tutelar, apadrinar.
ANT. *Abandonar, desamparar.*

preservativo
SIN. Preventivo, favorable, condón, goma, protección, cubierta.

presidiario
SIN. Recluso, preso, penado, cautivo, esposado, galeote, encarcelado, forzado, incomunicado, arrestado, detenido, condenado.
ANT. *Libertado, inocente.*

preso
SIN. Prisionero, cautivo, encarcelado, presidiario, penado, detenido, recluso, apresado, arrestado, galeote, confinado.
ANT. *Libre, inocente.*

préstamo
SIN. Anticipo, adelanto, crédito, empréstito, prestación, financiación, hipoteca, garantía.
ANT. *Deuda, débito.*

prestar
SIN. Facilitar, suministrar, socorrer, ayudar, contribuir, servir, beneficiar, entregar, anticipar, adelantar, dar, pignorar, fiar.
ANT. *Abandonar, negar, devolver.*

presteza
SIN. Ligereza, diligencia, actividad, prontitud, rapidez, viveza, celeridad, instantaneidad, brevedad, dinamismo, ímpetu, precipitación, relámpago.
ANT. *Lentitud, parsimonia, irresolución.*

prestidigitador
SIN. Embaucador, engañador, embelecador, fascinador, charlatán, tramposo, titiritero.

prestigio
SIN. Influjo, crédito, fama, ascendiente, valimiento, influencia, autoridad, renombre, reputación, celebridad, aureola, lustre, cartel, sortilegio, fascinación, magia, ilusión, embaucamiento.
ANT. *Deshonra, desprestigio.*

prestigioso
SIN. Influyente, acreditado, autorizado, reputado, famoso, célebre, conocido, preponderante, virtuoso, renombrado, poderoso.

ANT. *Desconocido, humilde.*

presto
SIN. Pronto, ligero, diligente, raudo, vivo, ágil, expedito, rápido, listo, preparado, dispuesto, excelente, preeminente, vigilante, diestro, mañoso, aparejado.
ANT. *Lento, pausado, inhábil.*

presumido
SIN. Vanidoso, fatuo, presuntuoso, vano, jactancioso, engreído, petulante, fachendoso, postinero, farolero, ufano, pedante, envanecido, entonado, fanfarrón, lechuguino, fantoche, pinturero, farol, hueco, necio, ostentoso.
ANT. *Sencillo, humilde, discreto.*

presumir
SIN. Sospechar, conjeturar, suponer, figurarse, prever, deducir, husmear, imaginar, maliciar, ufanarse, vanagloriarse, pavonearse, jactarse, cacarear, guapear, hombrear, ostentar, encastillarse, postinear.
ANT. *Desconocer, ignorar, callar, despreciarse.*

presunción
SIN. Alarde, vanidad, pedantería, engreimiento, fatuidad, jactancia, vanagloria, petulancia, tontería, estupidez, necedad, inmodestia, ventolera, afectación, suposición, confianza, creencia, conjetura.
ANT. *Modestia, sencillez, desconocimiento.*

presunto
SIN. Supuesto, probable, sospechoso, presumible.
ANT. *Fijo, exacto.*

presuntuosidad
SIN. Presunción, jactancia, fatuidad, viento, postín, faroleo, arrogancia, vanagloria, fanfarronería, estupidez, necedad, engreimiento, afectacción, inmodestia.
ANT. *Sencillez, humildad.*

presuntuoso
SIN. Vanidoso, orgulloso, fatuo, jactancioso, vano, farolero, postinero, petimetre, lechuguino, ufano, estúpido, preciado, pinturero, suficiente, hueco, necio, engreído, creído, preciado.
ANT. *Sencillo, modesto, discreto.*

presura
SIN. Congoja, opresión, angustia, aprieto, agobio, empeño, tenacidad, ahínco, tesón, afán.

ANT. *Desidia, sosiego.*

presuroso
SIN. Desalado, acelerado, raudo, veloz, rápido, ligero, pronto, apresurado, vivo, diligente.
ANT. *Lento, tardo.*

pretender
SIN. Intentar, aspirar, solicitar, ambicionar, procurar, codiciar, anhelar, ansiar, reivindicar, querer, apetecer, exigir.
ANT. *Desistir, renunciar, abandonar.*

pretendiente
SIN. Aspirante, solicitante, candidato, suplicante, instante, cortejador, enamorado, galanteador, rondador.
ANT. *Desinteresado.*

pretensión
SIN. Solicitación, petición, aspiración, intento, propósito, exigencia, reivindicación, instancia, porfía, vanagloria.
ANT. *Renuncia, abandono.*

preterición
SIN. Relegación, exclusión, olvido, abandono, omisión, postergación, desprecio, desamparo.
ANT. *Prioridad, recuerdo, amparo inclusión.*

preterir
SIN. Excluir, eliminar, exceptuar, omitir, relegar, desechar, posponer, rebajar, arrinconar, desamparar.
ANT. *Incluir, seleccionar, preferir.*

pretexto
SIN. Excusa, disculpa, motivo, subterfugio, salida, tapujo, capa, triquiñuela, comodín, plataforma, argucia, máscara, resquicio, disimulo, apariencia, suposición, ocultación, justificación, rodeo.
ANT. *Sinceridad, realidad, verdad.*

prevalecer
SIN. Sobresalir, descollar, predominar, aventajar, preponderar, dominar, superar, aumentar, despuntar, señorear, brillar, imponerse, valer, vencer, ganar, imperar.
ANT. *Rebajarse, perder, someterse.*

prevención
SIN. Medida, precaución, previsión, disposición, aviso, organización, provisión, cuidado, desconfianza, recelo, temor, suspicacia, prejuicio, duda.

ANT. *Imprevisión, confianza.*

prevenido
SIN. Dispuesto, preparado, provisto, advertido, apercibido, anticipado, cuidadoso, arreglado, elaborado, planeado, tramado, alerta, predispuesto, abundante, lleno.
ANT. *Despreocupado, desprovisto, carente.*

prevenir
SIN. Evitar, impedir, eludir, esquivar, dificultar, entorpecer, avisar, notificar, informar, comunicar, preparar, disponer, asegurar, arreglar, prever, proyectar, planear, organizar, presentir, conjeturar.
ANT. *Errar, desprevenir.*

prever
SIN. Adivinar, conjeturar, pronosticar, predecir, sospechar, presentir, barruntar, agorar, vaticinar, anunciar, profetizar, anticipar *(Amér.).*
ANT. *Sorprender, desprevenir.*

previo
SIN. Anticipado, preliminar, anterior, antecedente, primero, precursor, delante, prior.
ANT. *Posterior, último.*

previsión
SIN. Presentimiento, sospecha, suposición, pronóstico, anuncio, precognición, creencia, conjetura, advertencia, precaución, prudencia, cautela, reserva, atención.
ANT. *Irreflexión, sorpresa, ignorancia.*

previsor
SIN. Prudente, cauto, precavido, avisado, apercibido, circunspecto, cauteloso, calculador, pronosticador, profeta, sagaz.
ANT. *Confiado, imprudente, incauto.*

prez
SIN. Honor, estima, fama, consideración, gloria, distinción, rango, notoriedad.
ANT. *Descrédito, deshonor, vilipendio.*

prieto
SIN. Apretado, ceñido, prensado, negro, oscuro, avaro, codicioso, mezquino, agarrado, tacaño, cicatero, escaso.
ANT. *Flojo, suelto, generoso, pálido.*

primacía
SIN. Excelencia, superioridad, preponderancia, preeminencia, prioridad, ventaja, excelsitud, culminación.
ANT. *Insignificancia, desventaja.*

primero
SIN. Inicial, preliminar, primario, incipiente, originario, prístino, primitivo, primogénito, puntero, principal, precursor, sobresaliente, preferente, primordial.
ANT. *Postrero, final, después.*

primitivo
SIN. Inicial, primero, primordial, primigenio, original, antiguo, viejo, autóctono, tribal, genético, prehistórico, rudo, tosco, salvaje, cerril, simple, sencillo, ingenuo, natural.
ANT. *Actual, contemporáneo, educado.*

primo
SIN. Excelente, selecto, sublime, cuidado, precioso, incauto, cándido, simple, memo, pazguato, familiar, pariente.
ANT. *Desdeñable, vivo, listo, extraño.*

primor
SIN. Cuidado, maestría, esmero, habilidad, destreza, perfección, artificio, maña, pulcritud, delicadeza, gracia, mimo, tacto, filigrana.
ANT. *Chapucería, descuido.*

primordial
SIN. Fundamental, primero, principal, originario, necesario, esencial, primario, básico, capital, sustancial.
ANT. *Eventual, accidental.*

primoroso
SIN. Perfecto, excelente, esmerado, cuidadoso, delicado, fino, diestro, hábil, mañoso, refinado, pulido, pulcro, atractivo, elegante, agradable, selecto.
ANT. *Feo, imperfecto, inhábil.*

principal
SIN. Notable, distinguido, famoso, ilustre, grande, superior, sobresaliente, director, jefe, directivo, amo, fundamental, importante, preferente, trascendental, inexcusable, matriz, esencial, central.
ANT. *Subordinado, anecdótico, adicional, secundario.*

principiante
SIN. Pipiolo, novato, inexperto, aprendiz, novicio, neófito, bisoño, primerizo, aspirante.
ANT. *Experto, diestro.*

principiar
SIN. Empezar, comenzar, iniciar, encabezar, promover, preludiar, entablar, estrenar, debutar, instalar, originar, sembrar, abrir, lanzar, propagar, nacer, surgir, brotar.
ANT. *Finalizar, morir, coronar, extinguir.*

principio
SIN. Origen, raíz, causa, esbozo, advenimiento, germen, arranque, apertura, preámbulo, preliminar, preludio, estreno, primicia, chispazo, arranque, alfa, desde, institución, germinación, debut, semilla, embrión, parto, nacimiento, brote, larva, fundamento, base, norma, regla, máxima.
ANT. *Fin, conclusión, caducidad, remate, acabamiento, límite, ocaso, tope, disolución.*

pringar
SIN. Manchar, ensuciar, engrasar, untar, tiznar, infamar, herir, vilipendiar, denigrar, mancillar, deshonrar, desacreditar.
ANT. *Limpiar, alabar, enaltecer.*

pringón
SIN. Puerco, sucio, cochino, cerdo, pringoso, asqueroso, mancha, mácula, borrón.
ANT. *Limpio, pulcro.*

pringue
SIN. Unto, grasa, manteca, sebo, aceite, mugre, suciedad, porquería, herrumbre, moho.
ANT. *Sequedad, limpieza.*

prisa
SIN. Premura, velocidad, viveza, urgencia, precipitación, embarullamiento, arranque, soltura, fugacidad, impaciencia, escape, apremio, galope, trote, vuelo, carrera, furia, furor.
ANT. *Lentitud, cachaza, calma, pasividad.*

prisión
SIN. Calabozo, cárcel, mazmorra, galera, saladero, cuartelillo, penitenciaría, penal, presidio, detención, arresto, reclusión, encierro, encarcelamiento, captura, condena, cautividad, quincena, galeras,

cariño, afecto, amor.
ANT. *Libertad, liberación.*

prisionero
SIN. Cautivo, preso, encarcelado, detenido, rehén, recluso, condenado, galeote, presidiario, enrejado.
ANT. *Libre, libertado.*

prístino
SIN. Primitivo, primero, original, antiguo, originario, viejo, arcaico.
ANT. *Moderno.*

privación
SIN. Carencia, falta, ausencia, necesidad, escasez, miseria, penuria, prohibición, deposición, veda, exclusión, castigo, sacrificio, usurpación, confiscación, expolio, robo, pérdida, pillaje, saqueo.
ANT. *Copia, exceso, riqueza, demasía, sobra, permiso, devolución.*

privado
SIN. Particular, personal, íntimo, exclusivo, familiar, favorito, válido, preferido, escogido, ayuno, desprovisto.
ANT. *Detestado, público.*

privanza
SIN. Gracia, poder, favor, valimiento, confianza, preferencia, distinción, favoritismo, exclusividad.
ANT. *Desconfianza, imparcialidad, generalidad.*

privar
SIN. Desheredar, usurpar, expoliar, robar, quitar, prohibir, vedar, destituir, perder, saquear, estafar, sustraer, desaviar, desplumar, mermar, chupar, desnudar, estorbar, impedir, embarazar.
ANT. *Devolver, tener, gozar.*

privarse
SIN. Abstenerse, despojarse, prohibirse, vedarse, sacrificarse.
ANT. *Gozar, permitir.*

privativo
SIN. Propio, particular, peculiar, personal, singular, exclusivo, privado, individual, caracterizado, específico.
ANT. *General, común.*

privilegiado
SIN. Predilecto, favorito, notable, preferido, extraordinario, excelente, elegido, aventajado, especial, primero, único, distinguido, afortunado.
ANT. *Desafortunado, ignorado, desgraciado.*

privilegio
SIN. Gracia, prerrogativa, ventaja, favor, exclusiva, patente, monopolio, preferencia, exención, permisión, franquicia, regalía, indulto, merced, permiso, mayorazgo.
ANT. *Desventaja, daño, imparcialidad, olvido.*

probabilidad
SIN. Posibilidad, eventualidad, contingencia, verosimilitud, apariencia, credibilidad, casualidad, hipótesis, suposición, perspectiva.
ANT. *Imposibilidad, improbable, dificultad.*

probable
SIN. Verosímil, posible, factible, aceptable, admisible, creíble, viable, hacedero, presunto, asequible, hipotético, fidedigno, eventual, previsible.
ANT. *Improbable, difícil, imposible.*

probado
SIN. Experimentado, comprobado, acreditado, demostrado, auténtico, fundado, garantizado, evidente, notorio, acrisolado, sufrido, avezado, baqueteado.
ANT. *Incierto, inexperto, novicio.*

probar
SIN. Demostrar, acreditar, experimentar, justificar, examinar, compulsar, contrastar, evidenciar, patentizar, razonar, contestar, acrisolar, citar, traer, autorizar, gustar, catar, saborear, degustar, intentar, ensayar, tantear.
ANT. *Inhibirse, callarse, perjudicar, fallar.*

probatorio
SIN. Demostrativo, acreditativo, demostrador, probador, comprobante, evidenciable, verificador.
ANT. *Contrario.*

probidad
SIN. Integridad, rectitud, honradez, bondad, delicadeza, ecuanimidad, moralidad, decencia, seriedad, lealtad, escrupulosidad.
ANT. *Fraudulencia, inmoralidad.*

problemático
SIN. Incierto, dudoso, inseguro, cuestionable, ambiguo, discutible, dudable, confuso, indeciso, nebuloso, difícil, hipotético.
ANT. *Cierto, seguro, soluble, fácil.*

procacidad
SIN. Cinismo, atrevimiento, insolencia, desvergüenza, descaro, desfachatez, desahogo, imprudencia, descomedimiento, frescura, licencia.
ANT. *Prudencia, pudor, honestidad.*

procaz
SIN. Atrevido, desvergonzado, descocado, descarado, insolente, cínico, sinvergüenza, caradura, licencioso, provocativo, deslenguado.
ANT. *Comedido, discreto, tímido.*

procedencia
SIN. Origen, nacimiento, fuente, raíz, génesis, venida, naturaleza, filiación, antecedente, extracción, cimiento, precedencia, causa, etimología.
ANT. *Destino, fin, dirección.*

proceder
SIN. Emanar, provenir, dimanar, arrancar, resultar, originarse, suceder, salir, nacer, iniciarse, empezar, comenzar, portarse, obrar, actuar, conducta, modos, maneras.
ANT. *Detenerse, concluir, terminar.*

procedimiento
SIN. Forma, método, manera, actuación, sistema, modo, guisa, traza, disposición, formalismo, rumbo, escuela, táctica, política, línea, proceso, vía.
ANT. *Inoperancia, abulia, abandono.*

proceloso
SIN. Borrascoso, tempestuoso, tormentoso, inclemente, riguroso, turbulento, agitado.
ANT. *Sereno, calmado.*

prócer
SIN. Eminente, elevado, magnate, noble, alto, insigne, ilustre, encopetado, patricio, dignatario.
ANT. *Anónimo, desconocido, humilde.*

proceridad
SIN. Elevación, altura, descollamiento, vigor, lozanía, viveza, vitalidad, distinción, personalidad, eminencia.
ANT. *Debilidad, sencillez, humildad.*

proclamar
SIN. Publicar, pregonar, divulgar, anunciar, declarar, vitorear, ovacionar, ungir, nombrar, coronar.

ANT. *Callar, deponer, omitir.*

proclividad
SIN. Propensión, tendencia, inclinación, atracción, devoción.
ANT. *Hostilidad, rechazo.*

procrear
SIN. Engendrar, fecundar, multiplicar, propagar, parir, reproducir, germinar, fructificar, concebir.
ANT. *Abortar, esterilizar.*

procurar
SIN. Pretender, intentar, tratar, probar, gestionar, negociar, diligenciar, ensayar, proponer, encaminar, mediar, pesquisar, comerciar.
ANT. *Descuidar, abandonar, impedir.*

prodigalidad
SIN. Derroche, despilfarro, largueza, liberalidad, dilapidación, dispendio, generosidad, abundancia, copia, profusión, exuberancia, multitud, consumo, cantidad.
ANT. *Cicatería, escasez, egoísmo.*

prodigar
SIN. Despilfarrar, derrochar, disipar, dilapidar, malbaratar, malgastar, tirar, gastar, dispendiar, regalar, dar, esparcir, excedente, sobrepasar.
ANT. *Ahorrar, restringir, escatimar, limitar.*

prodigarse
SIN. Excederse, sobrepasarse, pasarse, multiplicarse, darse, esforzarse.
ANT. *Limitarse, contenerse.*

prodigio
SIN. Milagro, portento, maravilla, asombro, prodigiosidad, fenómeno, excelencia, señal, quimera, ostento, magia, adivinación, ocultismo.
ANT. *Banalidad, futilidad.*

prodigioso
SIN. Milagroso, maravilloso, excelente, exquisito, portentoso, asombroso, admirable, extraordinario, estupendo, sobrenatural, sorprendente, pasmoso.
ANT. *Vulgar, anodino.*

pródigo
SIN. Despilfarrador, dilapidador, dispendioso, derrochador, disipador, manirroto, malbaratador, dadivoso, desordenado, profuso, magnánimo.

ANT. *Avaro, roñoso, mezquino.*

producción
SIN. Creación, obtención, elaboración, fabricación, rendimiento, manufactura, engendro, fecundidad, industria, reproducción, realización, resultado, producto.
ANT. *Consumo, inacción, paro.*

producir
SIN. Engendrar, crear, hacer, originar, fabricar, elaborar, causar, provocar, rendir, fructificar, rentar, cultivar, gestar, forjar, generar, traer, fundar, multiplicar, desencadenar, ocasionar, mover, exhibir, presentar.
ANT. *Consumir, deshacer, evitar.*

producirse
SIN. Expresarse, manifestarse, engendrarse, hacerse.
ANT. *Consumirse.*

productivo
SIN. Beneficioso, fértil, fructífero, productor, lucrativo, fecundo, remunerativo, rentable, reproductivo.
ANT. *Estéril, ruinoso, perjudicial.*

producto
SIN. Provecho, beneficio, renta, crédito, utilidad, interés, ganancia, resultado, artículo, obra, producción, género, elaboración, mercancía, objeto.
ANT. *Pérdida.*

productor
SIN. Trabajador, fabricante, industrial, elaborador, obrero, artesano, jornalero, operario, bracero, causal.
ANT. *Parado, jubilado, consumidor.*

proemio
SIN. Introducción, prefacio, prólogo, preámbulo, introito, exordio, advertencia.
ANT. *Epílogo, final.*

proeza
SIN. Hazaña, heroicidad, valentía, osadía, guapeza, hombrada, rasgo, acción.
ANT. *Cobardía, pusilanimidad.*

profanación
SIN. Sacrilegio, mofa, escarnio, perjurio, violación, blasfemia, deshonra, insulto, apostasía, irreverencia, laicismo, contaminación.
ANT. *Respeto, reverencia, veneración.*

profanar
SIN. Deshonrar, prostituir, mancillar, violar, quebrantar, degradar, envilecer, desflorar, blasfemar, desacreditar, despreciar.
ANT. *Respetar, purificar, consagrar.*

profano
SIN. Irreverente, sacrílego, impío, apóstata, ateo, lego, ignorante, rudo, libertino, licencioso, deshonesto, desvergonzado, mundano, seglar, carnal, laico, terreno, civil.
ANT. *Sagrado, espiritual, docto.*

profecía
SIN. Vaticinio, pronóstico, augurio. presagio, predicción, adivinación, precognición, auspicio, anuncio, horóscopo.
ANT. *Error, yerro.*

proferir
SIN. Pronunciar, articular, hablar, expresar, decir, prorrumpir, emitir, enunciar.
ANT. *Callar, omitir.*

profesar
SIN. Enseñar, ejercer, explicar, adoctrinar, administrar, desempeñar, cultivar, actuar, trabajar, practicar, creer, sentir, declarar, confesar.
ANT. *Holgar, abstenerse, inhibirse.*

profesión
SIN. Empleo, carrera, ocupación, actividad, tarea, facultad, oficio, ministerio, estudio, función, puesto, ejercicio, trabajo, responsabilidad, cometido, inclinación, vocación, creencia, sentimiento.
ANT. *Vagancia, desinterés, abulia, inhibición.*

profesor
SIN. Pedagogo, maestro, mentor, catedrático, instructor, guía, ayo, tutor, entrenador.
ANT. *Alumno, discípulo.*

profetizar
SIN. Vaticinar, augurar, pronosticar, predecir, presagiar, conjeturar, indicar, prever, anunciar, presentir, anteceder.
ANT. *Errar.*

profundidad
SIN. Hondura, pozo, hondonada, precipicio, sima, penetración, hoyo, depresión, cavidad, oquedad, despeñadero, subterráneo, cuenca, zanja, calado.

ANT. *Cúspide, altura, cima.*

profundizar
SIN. Discurrir, analizar, investigar, indagar, escudriñar, tratar, escrutar, meditar, reflexionar, ahondar, hundir, penetrar, perforar, cavar, sumergir.
ANT. *Elevar, subir, alzar.*

profundo
SIN. Hondo, insondable, vasto, extenso, recóndito, sumergido, subterráneo, abismal, sagaz, inteligente, penetrante, vivo, humilde, respetuoso.
ANT. *Superficial, alto, torpe, impertinente.*

profusión
SIN. Exuberancia, abundancia, prodigalidad, riqueza, copia, multitud, plétora, caudal, superabundancia, exageración, infinidad.
ANT. *Escasez, carencia.*

profuso
SIN. Copioso, abundante, pródigo, abundoso, nutrido, rico, cuantioso, plagado, concurrido, inmenso, opulento.
ANT. *Escaso, estéril.*

programa
SIN. Anuncio, aviso, bando, edicto, plan, proyecto, sistema, doctrina, esquema, borrador, sumario, boceto, bosquejo, perspectiva, información, guión.
ANT. *Imprevisión, imprecisión.*

progresar
SIN. Prosperar, ascender, subir, adelantar, mejorar, acrecentar, evolucionar, desarrollar, perfeccionar, expandir, ampliar, renovar, corregir, enmendar.
ANT. *Retroceder, disminuir, empeorar, descender, reducir, fracasar.*

progresivo
SIN. Creciente, floreciente, adelantado, próspero, moderno, atrevido, desarrollado, continuo, gradual, uniforme, sucesivo.
ANT. *Decreciente, retrasado, débil, ruinoso, discontinuo.*

progreso
SIN. Desarrollo, adelanto, prosperidad, perfeccionamiento, adelantamiento, aumento, evolución, mejora, avance, civilización, superación, vanguardia, proceso, cultura, ascenso, escalada.
ANT. *Retroceso, descenso, incultura.*

prohibición
SIN. Veto, negativa, coto, privación, limitación, interdicto, proscripción, abstención, denegación, obstáculo, interrupción, oposición, restricción, contravención.
ANT. *Permiso, autorización, licencia, beneplácito.*

prohibir
SIN. Vedar, impedir, negar, denegar, privar, anular, revocar, excluir, restringir, proscribir, desterrar, suprimir, obstaculizar, oponerse.
ANT. *Autorizar, dejar, facultar, permitir.*

prohijar
SIN. Adoptar, acoger, afiliar, ahijar, admitir, ayudar, socorrer, defender.
ANT. *Repudiar, abandonar, desheredar, excluir.*

prolífico
SIN. Fecundo, fructífero, fértil, generador, potente.
ANT. *Estéril, infecundo, yermo.*

prolijidad
SIN. Difusión, nimiedad, redundancia, fárrago, follaje, hojarasca, exceso, pleonasmo, circunloquio, detalle, esmero, cuidado, exactitud, meticulosidad.
ANT. *Claridad, sencillez, brevedad.*

prolijo
SIN. Largo, difuso, dilatado, extenso, redundante, artificioso, machacón, farragoso, divagador, perifrástico, hablador, perfilado, cuidado, minucioso, molesto, inoportuno, latoso, impertinente, cargante.
ANT. *Sencillo, concreto, oportuno.*

prolongación
SIN. Alargamiento, extensión, ampliación, difusión, aumento, dilatación, tirón, apéndice, suplemento, prórroga, dilación, continuación.
ANT. *Reducción, acortamiento.*

prólogo
SIN. Prefacio, introducción, preludio, exordio, prolegómeno, proemio, preámbulo, pórtico.
ANT. *Epílogo, conclusión.*

prolongado
SIN. Prorrogado, continuado, seguido, retardado, diluido, amplio, alargado, alongado.
ANT. *Acortado, achatado.*

prolongar

SIN. Dilatar, extender, alargar, retardar, estirar, crecer, ampliar, prorrogar, retrasar, diferir, demorar.

ANT. *Encoger, abreviar, anticipar.*

promesa

SIN. Ofrecimiento, esperanza, oferta, proposición, compromiso, voto, ofrenda, población, señal, augurio, signo, síntoma, muestra, juramento, contrato.

ANT. *Incumplimiento, omisión, olvido.*

prometer

SIN. Ofrecer, proponer, brindar, asegurar, afirmar, anunciar, augurar, jurar, aseverar, convenir, pactar, ratificar.

ANT. *Rechazar, eludir, incumplir.*

prometido

SIN. Novio, pretendiente, ofrecido, brindado, propuesto.

ANT. *Rechazado.*

prominencia

SIN. Protuberancia, elevación, relieve, eminencia, bulto, turgencia, abultamiento, abombamiento, convexidad, montículo.

ANT. *Llanura, profundidad.*

prominente

SIN. Elevado, abultado, saliente, turgente, hinchado, convexo, abombado, eminente, ilustre.

ANT. *Liso, profundo, vulgar, desconocido.*

promiscuidad

SIN. Confusión, mezcolanza, mezcla, amalgama, mixtura, reunión, revoltijo, fárrago, desbarajuste, diversidad, conglomerado, componente.

ANT. *Selección, homogeneidad.*

promotor

SIN. Iniciador, promovedor, principiador, organizador, animador, impulsor, fundador, autor, alentador, causante, realizador.

ANT. *Desidioso.*

promover

SIN. Impulsar, fomentar, originar, levantar, iniciar, suscitar, comenzar, principiar, empujar, inspirar, elevar, ascender, levantar.

ANT. *Desanimar, frenar, desistir.*

pronosticar

SIN. Predecir, augurar, prever, barruntar, presumir, adivinar, profe-

tizar, anunciar, vaticinar, presagiar, presentir, intuir.

ANT. *Errar.*

pronóstico

SIN. Profecía, predicción, barrunto, adivinación, presagio, vaticinio, augurio, conjetura, anuncio, corazonada, telepatía, señal, sospecha.

ANT. *Equivocación, yerro.*

prontitud

SIN. Diligencia, prisa, presura, presteza, ligereza, viveza, celeridad, rapidez, galope, escape, gracia, arranque, agudeza, sagacidad, actividad, disposición, vigor, vehemencia, apremio, vitalidad.

ANT. *Lentitud, retraso, parsimonia.*

pronto

SIN. Presto, veloz, rápido, raudo, súbito, temprano, precipitado, activo, resuelto, impulsivo, expeditivo, alerta, arranque, ímpetu, golpe, improvisación, arrebato, embestida.

ANT. *Lento, pesado, tardo.*

prontuario

SIN. Compendio, sinopsis, resumen, epítome, tratado, esquema, guía, suma, colección, repertorio.

ANT. *Ampliación.*

pronunciamiento

SIN. Levantamiento, rebelión, sublevación, alzamiento, insurrección, amotinamiento, sedición, sentencia, dictamen, declaración, determinación.

ANT. *Lealtad, disciplina, respeto, acatamiento.*

pronunciar

SIN. Proferir, articular, decir, emitir, modular, hablar, balbucir, vocear, entonar, determinar, resolver, decidir, decretar, declarar, sentenciar.

ANT. *Callar, acatar.*

pronunciarse

SIN. Sublevarse, alzarse, levantarse, rebelarse, insubordinarse, amotinarse.

ANT. *Someterse, callarse.*

propagar

SIN. Extender, difundir, dilatar, transmitir, divulgar, publicar, esparcir, expandir, lanzar, vocear, pregonar, enseñar, revelar, descubrir, manifestar, proliferar, crecer, generar.

ANT. *Callar, ocultar, censurar, limitar, obstruir.*

propasarse

SIN. Excederse, pasarse, salirse, descomedirse, insolentarse, extralimitarse, descararse, abusar, atreverse, deslenguarse.

ANT. *Comedirse, frenarse.*

propensión

SIN. Tendencia, afición, inclinación, proclividad, preferencia, apego, amor, cariño, deseo, querencia, voluntad, costumbre, gusto, debilidad, estilo, genio, actitud.

ANT. *Aversión, desinterés, desgana.*

propenso

SIN. Inclinado, expuesto, aficionado, proclive, tendente, secuaz, devoto, adepto, fanático, inclinado, habitual, solidario, partidario.

ANT. *Ajeno, contrario, desafecto.*

propicio

SIN. Dispuesto, favorable, próspero, inclinado, benigno, oportuno, propenso, complaciente, dispuesto, suave, benigno, próvido, oportuno.

ANT. *Contrario, inútil.*

propiedad

SIN. Hacienda, bienes, capital, haber, herencia, finca, terreno, predio, inmueble, pertenencia, dominio, adquisición, posesión, mayorazgo, usufructo, cualidad, virtud, esencia, carácter, rasgo, atributo, estilo.

ANT. *Miseria, indigencia.*

propietario

SIN. Amo, dueño, señor, posesor, hacendado, potentado, jefe, principal, terrateniente, latifundista, patrón, heredero.

ANT. *Inquilino, arrendado.*

propina

SIN. Gratificación, dádiva, plus, regalo, agasajo, sobresueldo, merced, prima, remuneración, regalía, ventaja, remojo *(Amér.).*

propio

SIN. Característico, privativo, peculiar, exclusivo, conveniente, adecuado, oportuno, natural, acomodado, ajustado, idóneo, intrínseco, legítimo, recadero, mensajero, enviado.

ANT. *Inoportuno, impropio, improcedente.*

proponer
SIN. Plantear, exponer, sugerir, proyectar, planear, tramar, formular, planificar, prometer, determinar, diligenciar, resolver, abordar, aventurar.
ANT. *Aceptar, disuadir, callar, inhibirse.*

proporción
SIN. Armonía, relación, correspondencia, coyuntura, cadencia, ritmo, medida, módulo, dimensión, igualdad, escala, porcentaje.
ANT. *Desproporción, desequilibrio, desmedida.*

proporcional
SIN. Ajustado, conforme, igual, equilibrado, proporcionado, conveniente, distributivo.
ANT. *Desigual, injusto, inadecuado.*

proporcionar
SIN. Proveer, facilitar, suministrar, abastecer, surtir, equipar, preparar, compartir, procurar, adecuar, ofrecer, distribuir.
ANT. *Quitar, retirar, desequilibrar.*

propósito
SIN. Intención, fin, finalidad, móvil, designio, mira, objeto, pensamiento, idea, intento, maquinación, plan, asunto, tema, plataforma.
ANT. *Ligereza, irreflexión.*

propuesta
SIN. Proposición, promesa, idea, proyecto, iniciativa, plan, supuesto, insinuación, opción, exhortación, candidatura.
ANT. *Réplica, denegación.*

propugnar
SIN. Amparar, proteger, defender, apoyar, escudar, resguardar, favorecer, auxiliar.
ANT. *Desamparar, atacar.*

prórroga
SIN. Continuación, prolongación, retardo, dilación, retraso, moratoria, espera, permiso, suspensión.
ANT. *Cumplimiento, abreviación.*

prorrogar
SIN. Proseguir, continuar, dilatar, demorar, extender, retrasar, retardar, diferir, esperar, continuar, remitir, permitir, eternizar.
ANT. *Terminar, finalizar, anticipar.*

prosaico
SIN. Insulso, vulgar, pedestre, ordinario, vil, bajo, ramplón, banal, común, sobado, popular, trillado.
ANT. *Elegante, elevado, poético.*

prosaismo
SIN. Trivialidad, vulgaridad, chabacanería, ordinariez, frivolidad, ramplonería, modismo, tópico.
ANT. *Idealidad, elegancia.*

prosapia
SIN. Linaje, alcurnia, ascendencia, casta, estirpe, ralea, cuna, blasón.
ANT. *Plebeyez.*

proscribir
SIN. Desterrar, expatriar, expulsar, prohibir, vedar, arrojar, relegar, deportar.
ANT. *Favorecer, permitir, autorizar.*

proscripción
SIN. Destierro, exilio, expatriación, ostracismo, deportación, prohibición, veto, interdicción.
ANT. *Autorización, permiso.*

prosecución
SIN. Continuación, prolongación, progresión, insistencia, persistencia, reanudación.
ANT. *Paréntesis, abandono.*

proseguir
SIN. Seguir, avanzar, continuar, persistir, insistir, perpetuar, sucederse.
ANT. *Detener, interrumpir.*

prosélito
SIN. Secuaz, adepto, seguidor, partidario, afiliado, solidario, hincha, discípulo, incondicional.
ANT. *Enemigo, contrario.*

prosopopeya
SIN. Entono, presunción, altivez, afectación, miramiento, aplomo, empaque, pedantería.
ANT. *Sencillez, naturalidad.*

prosperar
SIN. Adelantar, mejorar, progresar, enriquecerse, florecer, perfeccionar, aumentar, triunfar, ganar.
ANT. *Fracasar, perder.*

prosperidad
SIN. Adelanto, progreso, bienestar, auge, florecimiento, fortuna, felicidad, estrella, éxito, dicha, paz, cultura, civilización, esplendor, apogeo, triunfo.

ANT. *Adversidad, desdicha, desventura, declinación, ocaso, crisis, pobreza.*

próspero
SIN. Favorable, propicio, venturoso, feliz, floreciente, afortunado, dichoso, satisfactorio, prolífico, halagüeño, pletórico.
ANT. *Decadente, ruinoso, mísero. pobre.*

prosternarse
SIN. Arrodillarse, humillarse, hincarse, inclinarse, venerar.
ANT. *Levantarse, alzarse.*

prostíbulo
SIN. Ramería, burdel, lenocinio, serrallo, putaísmo.

prostituir
SIN. Corromper, envilecer, degradar, rebajar, deshonrar, mancillar, pervertir, envilecer, degenerar, desacreditar.
ANT. *Honrar, ensalzar, ennoblecer.*

prostituta
SIN. Meretriz, mundana, ramera, mantenida, entretenida, churriana, buscona, zorra, pelandusca, loba, gamberra, puta, fulana, pájara, cortesana, pendón.
ANT. *Virtuosa, virgen, decente.*

protección
SIN. Favor, amparo, defensa, refugio, resguardo, coraza, escudo, salvaguarda, ayuda, socorro, apoyo, sostén, cubierto, respaldo, predilección, manutención, beca, subsidio, subvención, muralla, dique.
ANT. *Desamparo, soledad, hostilidad, debilidad, desprecio.*

protector
SIN. Tutor, defensor, amparador, patrocinador, bienhechor, mecenas, sostenedor, sostén, brazo, mediador, salvador.
ANT. *Enemigo, opresor, perseguidor.*

proteger
SIN. Favorecer, amparar, patrocinar, auxiliar, socorrer, defender, resguardar, acoger, preservar, cubrir, apoyar, cobijar, ayudar, sostener, tutelar, blindar, salvaguardar, resguardar, alentar, beneficiar.
ANT. *Abandonar, desamparar, oprimir.*

protegido
SIN. Preferido, válido, recomendado, pupilo, bordado, seguro, blindado.
ANT. *Abandonado, desamparado.*

protervia
SIN. Maldad, vileza, perfidia, perversidad, rebeldía, arrogancia, malignidad, ruindad, nequicia.
ANT. *Bondad, modestia.*

protervo
SIN. Malvado, perverso, rebelde, malo, impenitente, obstinado, soberbio, inicuo, recalcitrante.
ANT. *Humilde, sencillo.*

prototipo
SIN. Ejemplar, arquetipo, ideal, espejo, molde, modelo, ejemplo, patrón, paradigma, norma, canon.
ANT. *Adefesio, imperfección.*

protuberancia
SIN. Prominencia, turgencia, elevación, saliente, bulto, tumor, convexidad, joroba, abolladura, hinchazón.
ANT. *Llanura, concavidad, entrante.*

provecto
SIN. Antiguo, aprovechado, adelantado, maduro, viejo, caduco, senil, anciano, decrépito.
ANT. *Joven, aprendiz, principiante.*

provecho
SIN. Beneficio, utilidad, ganancia, fruto, producto, rendimiento, valor, éxito, ventaja, partido, usufructo, dividendo, comisión, obtención, interés, jugo, eficacia.
ANT. *Pérdida, desventaja, perjuicio, atraso.*

provechoso
SIN. Lucrativo, útil, beneficioso, rentable, fructífero, productivo, jugoso, positivo, conveniente, idóneo, ganancioso, fértil, reproductivo.
ANT. *Ineficaz, ruinoso, negativo, improductivo.*

proveer
SIN. Surtir, abastecer, aprovisionar, abastar, suministrar, guarnecer, vituallar, repostar, equipar, armar, reunir, juntar, fornecer, vestir, diligenciar, solventar, solucionar, tramitar.
ANT. *Privar, quitar, desproveer, negar.*

provenir
SIN. Proceder, nacer, originarse,

dimanar, emanar, arrancar, derivar, descender, resultar.
ANT. *Acabar, finalizar.*

provento
SIN. Fruto, producto, beneficio, renta, ganancia, utilidad.
ANT. *Pérdida.*

proverbial
SIN. Notorio, habitual, común, tradicional, conocido, usual, corriente, singular, axiomático, aforístico, sentencioso.
ANT. *Ignorado, desconocido, exótico.*

proverbio
SIN. Refrán, sentencia, máxima, adagio, apotegma, aforismo, frase, dicho, moraleja, concepto, principio, regla, enseñanza.

providente
SIN. Prudente, circunspecto, avisado, prevenido, cauto, próvido, previsor, cauteloso, hábil, listo, apañado.
ANT. *Incauto, descuidado, manazas, perjudicial.*

próvido
SIN. Diligente, prevenido, cuidadoso, propicio, favorable, diestro, listo, sagaz, mañoso.
ANT. *Irreflexivo, incauto, descuidado.*

provinciano
SIN. Atrasado, paleto, ridículo, ordinario, simplón, aldeano, rústico, pueblerino, vulgar.
ANT. *Cortesano, culto, fino, educado.*

provisión
SIN. Reserva, acopio, depósito, existencias, almacenamiento, avituallamiento, suministro, abastecimiento, surtido, abasto, despensa, forraje, repuesto, alforja, equipaje, suministro.
ANT. *Escasez, penuria, falta, miseria.*

provisional
SIN. Interino, temporal, momentáneo, accidental, pasajero, inestable, eventual, precario, efímero, inseguro, incierto.
ANT. *Duradero, definitivo, seguro, firme, estable.*

provisorio
Amér.
SIN. Provisional, temporal, circuns-

tancial, interino, transitorio.

provocación
SIN. Desafío, reto, incitación, instigación, ofensa, bravata, insulto, duelo, enfado, pinchazo, querella, pugna.
ANT. *Tranquilidad, calma, paz.*

provocar
SIN. Inducir, incitar, excitar, irritar, mover, hostigar, impacientar, desafiar, retar, causar, promover, suscitar, exacerbar, aguijar, apremiar, enfurecer, producir, engendrar.
ANT. *Apaciguar, pacificar, detener, impedir.*

provocativo
SIN. Excitante, incitante, estimulante, sugerente, tentador, desenvuelto, indecente, desvergonzado, impúdico, caradura.
ANT. *Inofensivo, honesto, vergonzoso.*

proxeneta
SIN. Celestina, alcahueta, trotaconventos, tercera, encubridora, mediador, enflautador.

proximidad
SIN. Inmediación, contigüidad, vecindad, cercanía, lindero, tangencia, actualidad, víspera.
ANT. *Lejanía.*

próximo
SIN. Cercano, anejo, contiguo, anexo, junto, adyacente, inminente, adjunto, cosido, tocante, adherido, frontero, colindante, futuro, venidero, semejante, similar, gemelo.
ANT. *Lejano, apartado, último, diferente.*

proyectar
SIN. Arrojar, lanzar, impulsar, despedir, descargar, bosquejar, planear, imaginar, programar, concertar, discurrir, planificar, maquinar, meditar, tantear, trazar, concebir, forjar, ensayar, combinar.
ANT. *Retener, frenar, inhibirse.*

proyecto
SIN. Idea, designio, plan, intento, deseo, aspiración, propósito, intención, pensamiento, empresa, finalidad, objetivo, cálculo, programa, tentativa, presupuesto, perspectiva, maqueta, boceto, borrador, plano, diseño.
ANT. *Ejecución, obra, resultado, fruto, prueba, experiencia.*

prudencia

SIN. Cordura, mesura, moderación, templanza, reserva, discreción, sensatez, parsimonia, seriedad, pulso, formalidad, seso, circunspección, discernimiento, tacto, cautela, precaución, tino, tiento, ecuanimidad, entereza, compostura, reticencia.

ANT. *Irreflexión, alocamiento, indiscreción, temeridad, ligereza, abuso, desatino, descompostura.*

prudente

SIN. Cuerdo, moderado, juicioso, sentado, mirado, circunspecto, mesurado, templado, discreto, previsor, reservado, silencioso, formal, aplomado, atinado, maduro, reflexivo, precavido, recatado.

ANT. *Imprudente, insensato, necio, temerario, impertinente, desacertado.*

prueba

SIN. Argumento, testimonio, fundamento, indicio, señal, evidencia, cita, exponente, demostración, manifestación, afirmación, experiencia, ensayo, tanteo, análisis, reconocimiento, verificación, exploración, investigación, estudio, indagación, sufrimiento, dolor, desgracia, revés.

ANT. *Duda, injustificación, inexperiencia, sospecha, suposición.*

prurito

SIN. Escozor, urticaria, irritación, cosquilleo, deseo, anhelo, ansia, pasión, apetencia, ardor, gana, avidez.

ANT. *Suavidad, moderación, apatía, frialdad.*

publicar

SIN. Proclamar, pregonar, revelar, anunciar, manifestar, divulgar, expandir, difundir, patentizar, circular, generalizar, informar, noticiar, vociferar, esparcir, sembrar, chismorrear, echar, parir, editar, imprimir, tirar.

ANT. *Callar, silenciar, ocultar, retener.*

público

SIN. Conocido, divulgado, sabido, notorio, difundido, extendido, popular, oficial, legal, nacional, vulgar, común, cotidiano, corriente, ordinario, gente, masa, muchedumbre, gentío.

ANT. *Privado, secreto, ignorado, familiar, oficioso.*

pucho

Amér.

SIN. Poco, escaso, exiguo, parco.

ANT. *Mucho.*

pudicia

SIN. Recato, honestidad, decoro, decencia, pudor, vergüenza, modestia, dignidad, inocencia.

ANT. *Indecencia, inmodestia, pecado, indignidad.*

púdico

SIN. Honesto, recatado, decoroso, casto, decente, puro, continente.

ANT. *Impúdico, indecente.*

pudiente

SIN. Rico, acomodado, poderoso, opulento, acaudalado, hacendado, adinerado, millonario.

ANT. *Pobre, mísero.*

pudor

SIN. Recato, honestidad, castidad, decoro, modestia, decencia, vergüenza, miramiento, moderación, rubor, respeto.

ANT. *Osadía, indecencia, descoco.*

pudoroso

SIN. Honesto, recatado, casto, decente, digno, mirado, vergonzoso, respetable, afectado.

ANT. *Impúdico, desvergonzado, indigno, deshonesto.*

pudrimiento

SIN. Putrefacción, descomposición, podredumbre, desintegración, corrupción.

ANT. *Composición, equilibrio, estabilidad.*

pudrir

SIN. Descomponer, corromper, dañar, desintegrar, fermentar, alterarse, pasarse, picarse, dañarse, viciarse.

ANT. *Conservar, esterilizar, congelar.*

pueblada

Amér.

SIN. Tumulto, motín, rebelión, alboroto, disturbio, alzamiento, sedición.

ANT. *Orden, paz.*

pueblo

SIN. Población, poblado, aldea, lugar, caserío, parroquia, municipio, partido, cortijo, nación, país, patria, estado.

ANT. *Capital, ciudad.*

puerco

SIN. Cerdo, cochino, marrano, gorrino, guarro, lechón, verraco, mugriento, sucio, repugnante, desaseado, grosero, vulgar, ordinario, desaliñado, ruin, cicatero, tacaño, avaro.

ANT. *Limpio, generoso, pródigo, delicado.*

pueril

SIN. Infantil, ingenuo, cándido, inocente, tierno, pequeño, nimio, simple, trivial, baladí.

ANT. *Maduro, senil, retorcido.*

puerilidad

SIN. Ingenuidad, candor, inocencia, niñería, futilidad, trivialidad, futileza, nimiedad, bagatela, simpleza, bobada.

ANT. *Perversidad, gravedad, importancia.*

puerto

SIN. Fondeadero, desembarcadero, atracadero, andén, dique, muelle, esclusa, ensenada, estuario, astillero, escala, costa, golfo, amparo, refugio, abrigo, apoyo.

ANT. *Desamparo, abandono.*

puesto

SIN. Sitio, paraje, punto, espacio, zona, terreno, empleo, cargo, oficio, plaza, función, colocación, tienda, mercado, quiosco, tenderete, barraca, centinela, vigilancia, guardia.

ANT. *Desempleo, desocupación.*

pugna

SIN. Oposición, rivalidad, antagonismo, pique, combate, batalla, pelea, contienda, desafío, pugilato, discrepancia.

ANT. *Paz, acuerdo, abandono, conformidad.*

pugnante

SIN. Adversario, contrario, enemigo, contricante, rival, antagonista, opuesto.

ANT. *Amigo, pacífico, inofensivo.*

pugnar

SIN. Pelear, batallar, guerrear, luchar, contender, discrepar, oponerse, desafiar, insistir, bregar, solicitar, trabajar, pretender, aplicarse.

ANT. *Pacificar, acordar, convenir.*

pujante

SIN. Fuerte, poderoso, vigoroso, brioso, potente, forzudo.

ANT. *Débil, raquítico, apagado.*

pujanza
SIN. Poder, fuerza, vigor, robustez, impulso, energía, dinamismo, vigorosidad, ánimo, fibra, desarrollo.
ANT. *Debilidad, impotencia.*

pujar
SIN. Pugnar, forcear, impulsar, desarrollar, aumentar, elevar, subir, mejorar, subastar.
ANT. *Abandonar, depreciar, bajar.*

pulcritud
SIN. Limpieza, aseo, cuidado, esmero, delicadeza, atildamiento, finura, estilismo, excelencia, honradez.
ANT. *Dejadez, suciedad.*

pulcro
SIN. Aseado, esmerado, curioso, pulido, limpio, cuidadoso, delicado, fino, bello, exquisito, selecto, hermoso.
ANT. *Sucio, dejado, grosero, feo.*

pulguero
Amér.
SIN. Pulguera.

pulido
SIN. Pulcro, limpio, minucioso, detallista, afectado, delicado, relamido, atildado, perfilado, primoroso, cursi, educado, cortés, fino, amable, brillante, satinado, suave, alisado.
ANT. *Sucio, desaseado, descuidado, abandonado, descortés, grosero.*

pulimentar
SIN. Alisar, abrillantar, lustrar, suavizar, esmerilar, laquear, bruñir, terminar.
ANT. *Ensuciar, descomponer.*

pulir
SIN. Abrillantar, lustrar, alisar, bruñir, laquear, limar, lijar, terminar, suavizar, afinar.
ANT. *Empañar, ensuciar.*

pulsación
SIN. Pulsada, palpitación, latido, percusión, sístole, dilatación, temblor, golpe, tecleo.

pulsar
SIN. Tañer, teclear, tocar, golpear, sonar, latir, palpitar, contraerse, dilatarse, oprimir, apretar, presionar, sondear, sonsacar, tantear.

pulso
SIN. Pulsación, latido, muñeca, se-

guridad, tino, firmeza, tiento, acierto, cuidado, prudencia.
ANT. *Vacilación, desacierto.*

pulverizar
SIN. Triturar, moler, machacar, vaporizar, atomizar, desintegrar, desmenuzar, destruir, aniquilar, diseminar, esparcir.
ANT. *Concentrar, crear, retener.*

pulverulento
SIN. Polvoroso, polvoriento, molido, desintegrado, harinoso.
ANT. *Entero.*

pulla
SIN. Burla, escarnio, agudeza, broma, befa, chanza, zaherimiento, retintín, indirecta, cuchufleta.
ANT. *Respeto, circunspección.*

pundonor
SIN. Dignidad, respeto, honra, puntillo, vergüenza, prez, fama, caballerosidad, escrupulosidad, formalidad, honradez, seriedad, crédito, palabra, nobleza.
ANT. *Informalidad, deshonra, desvergüenza.*

pundonoroso
SIN. Puntilloso, caballeroso, digno, decoroso, respetable, susceptible, sincero, noble, formal, cumplidor, consciente, delicado.
ANT. *Grosero, truhán, arrastrado.*

pungir
SIN. Pinchar, punzar, picar, clavar, aguijonear, herir.
ANT. *Suavizar, calmar.*

punta
SIN. Aguijón, pincho, púa, clavo, espina, rejo, diente, pica, arpón, lanza, espuela, arista, ángulo, extremo, rincón, borde, cumbre, eminencia, promontorio, cima, pico, cabo.
ANT. *Chato, aplanado, falda, ladera, valle.*

puntal
SIN. Base, apoyo, fundamento, contrafuerte, sostén, refuerzo, cimiento, ayuda, pilar, columna, madero, tronco, estribo, pilastra, mástil, poste.
ANT. *Inseguridad, desamparo.*

punto
SIN. Localidad, paraje, sitio, lugar, situación, término, recinto, posición, esfera, territorio, asunto, cuestión, tema, argumento, aspecto, grado, in-

tensidad, quid, meollo, secreto, estado, fase.

puntoso
SIN. Puntilloso, pundonoroso, susceptible, meticuloso, delicado, melindroso, picajoso, irritable.
ANT. *Insensible, abúlico, indiferente.*

puntual
SIN. Exacto, cumplidor, preciso, pronto, rápido, diligente, metódico, formal, regular, seguro, verdadero, estricto, positivo, adecuado, conveniente.
ANT. *Incierto, informal.*

puntualidad
SIN. Diligencia, regularidad, exactitud, certidumbre, formalidad, precisión, rigor, severidad, cumplimiento.
ANT. *Inexactitud, imprecisión.*

puntualizar
SIN. Detallar, concretar, pormenorizar, formalizar, delimitar, especificar, resumir, recalcar, esclarecer, matizar, particularizar, establecer.
ANT. *Generalizar, indeterminar.*

punzante
SIN. Picante, agudo, mordaz, incisivo, hondo, sutil, doloroso, violento, roedor, virulento, cáustico.
ANT. *Elogiador, consolador, agradable, grato.*

punzar
SIN. Picar, pungir, herir, aguijar, espolear, rejonear, trinchar, afilar, flechar, lacerar, barrenar, atravesar.
ANT. *Acariciar, respetar, consolar.*

punzón
SIN. Buril, estilo, estilete, púa, aguja, cuerno.

puñalada
SIN. Navajazo, cuchillada, machetazo, estocada, angustia, pesadumbre, golpe.
ANT. *Caricia, ánimo.*

puñeta
Amér.
SIN. Masturbación, autoerotismo, paja.
ANT. *Abstinencia.*

puñetero
Amér.
SIN. Onanista, masturbador, pajillero.
ANT. *Casto.*

pupila
SIN. Iris, niña, ojo, abertura, perspicacia, agudeza, listeza, talento.
ANT. *Torpeza.*

pupo
Amér.
SIN. Ombligo.

pureza
SIN. Inocencia, castidad, doncellez, virginidad, integridad, abstinencia, santidad, incorrupción, continencia, pudor, ortodoxia, perfección, fineza, tersura, quilate.
ANT. *Deshonestidad, perversión, corrupción, mezcolanza, prostitución.*

purificar
SIN. Depurar, purgar, limpiar, acrisolar, refinar, filtrar, desembarazar, desinfectar, desobstruir, pulir, lustrar, cribar, dragar, destilar, alambicar, sanear.
ANT. *Manchar, obstruir, mezclar, adulterar, viciar, desvirtuar.*

purista
SIN. Afectado, petulante, pedante, hablador, retórico, castizo, refinado, esmerado.
ANT. *Sencillo.*

puritano
SIN. Rígido, estricto, sobrio, recto, riguroso, abstinente, místico, inflexible, severo.
ANT. *Laxo, flexible, amplio, condescendiente.*

puro
SIN. Casto, inocente, cándido, íntegro, santo, virgen, ideal, perfecto, incorrupto, justo, desinteresado, moral, simple, natural, genuino, propio, terso.
ANT. *Adulterado, deshonesto, incorrecto, corrupto, falseado, híbrido, sucio, injusto.*

pus
SIN. Forúnculo, tumor, grano, fístula, bolsa, materia, purulencia, supuración, virus, podredumbre.

pusilánime
SIN. Miedoso, temeroso, cobarde, tímido, apocado, encogido, cohibido, parado, cuitado, medroso, acoquinado, cangalla, pendejo, asustadizo.
ANT. *Atrevido, audaz, valiente.*

pusilanimidad
SIN. Mengua, debilidad, cobardía, timidez, desánimo, miedo, encogimiento, pavura, melindre, retraimiento, desaliento, sobresalto, ñoñería.
ANT. *Osadía, valentía, audacia, temple.*

puta
SIN. Ramera, prostituta, golfa, gambera, meretriz, loba, horizontal, cortesana, pindonga, buscona, zorra, pelandusca.
ANT. *Honrada, decente, casta.*

putería
SIN. Prostitución, ramería, lujuria, fornicación, roncería, arrumaco.
ANT. *Honestidad, decencia.*

putrefacción
SIN. Podredumbre, descomposición, corrupción, inmundicia, fermentación, ponzoña, carroña, detrito.
ANT. *Salud, desinfección, lozanía.*

putrefacto
SIN. Corrompido, descompuesto, podrido, desintegrado, corrupto, infecto, rancio, fétido, repugnante, alterado.
ANT. *Lozano, sano, fresco.*

quebrada

SIN. Angostura, cañón, barranco, hendidura, desfiladero, garganta cañada, hoya, vaguada, despeñadero, hondonada.

quebradero

SIN. Problema, dificultad, traba, tropiezo, inconveniente, conflicto, dilema, inquietud, cavilación.
ANT. *Facilidad, ventaja.*

quebradizo

SIN. Frágil, delicado, débil, inconsistente, rompible, endeble, vidrioso, caduco, deleznable.
ANT. *Resistente, fuerte, irrompible, duradero.*

quebrado

SIN. Desigual, abrupto, barrancoso, escabroso, debilitado, quebrantado, fallido, fraccionario.
ANT. *Uniforme, llano, reforzado, unido.*

quebradura

SIN. Grieta, hendidura, fragosidad, rotura, rompedura, fractura, quiebra, estallido, reventón, estropicio, hendedura, rasgadura, abertura, rendija.

quebrantamiento

SIN. Infracción, incumplimiento, fractura, violación.
ANT. *Cumplimiento, satisfacción.*

quebrantar

SIN. Romper, quebrar, tronchar, despedazar, dividir, separar, moler, machacar, triturar, cascar, rajar, violar, vulnerar, incumplir, desobedecer, resistir, forzar, debilitar, molestar, cansar, persuadir, inducir, revocar, anular.

ANT. *Unir, juntar, cumplir, satisfacer, fortalecer, ayudar, animar, promulgar.*

quebrantarse

SIN. Resentirse, rendirse.
ANT. *Alegrarse, resistir.*

quebranto

SIN. Pérdida, daño, perjuicio, deterioro, detrimento, menosprecio, menoscabo, desánimo, desaliento, pena, aflicción, decaimiento, laxitud, debilidad, quebrantamiento.
ANT. *Beneficio, ánimo, energía, vigor.*

quebrar

SIN. Romper, quebrantar, doblar, torcer, flaquear, ceder, interrumpir, ajar, marchitar, estorbar, tronchar, desgajar, forzar.
ANT. *Unir, juntar, enderezar.*

quedar

SIN. Subsistir, restar, permanecer, convenir, acabar, cesar, sobrar, terminar.
ANT. *Partir, marchar, desaparecer, comenzar, empezar.*

quedo

SIN. Suave, bajo, quieto, despacio, inactivo, estático.
ANT. *Estridente, móvil, activo.*

quehacer

SIN. Ocupación, faena, trabajo, tarea, negocio, empleo, oficio, actividad.

queja

SIN. Gemido, lamento, llanto, lloro, querella, lástima, suspiro, sollo-

zo, quejido, gimoteo, lamentación, desazón, disgusto, enojo, descontento, resentimiento, reclamación.
ANT. *Loanza, alegría, aprobación.*

quejarse

SIN. Gemir, dolerse, lamentarse, querellarse, murmurar, protestar, gruñir, desahogarse, llorar, condolerse, clamar, suspirar.
ANT. *Aceptar, reir.*

quejido

SIN. Queja, lamentación, lamento, gemido, plañido, lloriqueo.

quejoso

SIN. Resentido, disgustado, descontento, sensible, delicado, quejumbroso, gemidor, lastimero, pesimista, agraviado.
ANT. *Sufrido, duro, resistente, optimista.*

quema

SIN. Incendio, fuego, combustión, ignición, candencia, quemazón, inflamación, deflagración.

quemado

SIN. Incinerado, chamuscado, achicharrado, tostado, enfadado, enojado, irritado, picado.
ANT. *Incólume, contento, jubiloso, apaciguado, aplacado.*

quemador

SIN. Incendiario, inflamativo, abrasador, comburente, ardiente, flagrante, candente, ignescente.

quemar

SIN. Arder, abrasar, incinerar, enfadar, irritar, malbaratar, malvender, impacientar, desazonar.
ANT. *Tranquilizar.*

quemarse
SIN. Abrasarse, chamuscarse, carbonizarse, consumirse, enfadarse, irritarse, apasionarse.
ANT. *Tranquilizarse.*

querella
SIN. Contienda, rencilla, disputa, pelea, pleito, litigio, discordia, cuestión, riña.
ANT. *Paz.*

querelloso
SIN. Demandante, quejoso, quejumbroso.

querendón
Amér.
SIN. Cariñoso, amoroso, amable, mimoso, dulce.
ANT. *Despegado, huraño, antipático.*

querer
SIN. Pedir, exigir, requerir, amar, estimar, apreciar, apetecer, ambicionar, desear, codiciar, pretender, procurar, determinar, resolver, intentar, amor, afecto, cariño, estimación.
ANT. *Dar, odiar, rechazar, despreciar.*

querida
SIN. Amante, amada, amiga, favorita, concubina, manceba.

querido
SIN. Amante, amado, amigo, amancebado, apreciado, estimado.

querubín
SIN. Ángel, belleza, hermosura.
ANT. *Fealdad.*

quicio
SIN. Rincón, marco, jamba, quicial.

quid
SIN. Razón, causa, esencia, motivo, porqué.

quídam
SIN. Sujeto, ente, alguien, cualquiera, quienquiera, uno.

quiebra
SIN. Rotura, grieta, fisura, quebradura, fractura, abertura, hendidura, pérdida, deterioro, menoscabo, ruina, bancarrota, insolvencia, deuda, alzamiento.
ANT. *Auge, florecimiento, integridad.*

quieto
SIN. Inmóvil, inanimado, inerme, inactivo, estático, clavado, tieso, firme, fijo, tranquilo, calmado, sosegado, reposado, pacífico, inalterable.
ANT. *Móvil, activo, intranquilo, inquieto, belicoso, inestable.*

quietud
SIN. Calma, reposo, sosiego, tranquilidad, paz, descanso, letargo, serenidad, equilibrio, estabilidad, firmeza, fijeza, inmovilidad, inacción, estatismo.
ANT. *Inquietud, intranquilidad, movilidad.*

quilotra
SIN. Amiga, amante, querida.

quilotranza
SIN. Amargura, tribulación, trance, desventura, dificultad, trance, conflicto.

quillotrar
SIN. Estimular, excitar, incitar, avivar, hostigar, enamorar, cautivar, componer, engalanar, ataviar, adornar, embellecer, estudiar, meditar, discurrir.
ANT. *Calmar, afear.*

quillotrarse
SIN. Estimularse, excitarse, enamorarse, adornarse, quejarse, lamentarse.

quillotro
SIN. Estímulo, incentivo, atractivo, enamoramiento, amorío, devaneo, amante, amigo, favorito, preferido, galantería, piropo, atavío, adorno, gala, síntoma, indicio, señal.

quimba
Amér.
SIN. Cantoneo, balanceo, meneo, ondulación.
ANT. *Encogimiento, sobriedad.*

quimera
SIN. Sueño, ensueño, delirio, fantasía, ilusión, desvarío, figuración, ficción, visión, alucinación, capricho, riña, pendencia, pelotera, trifulca, cuestión.
ANT. *Realidad, verdad, tranquilidad, paz.*

quimérico
SIN. Irreal, imaginario, inexistente, fantástico, fingido, utópico, ilusorio, imposible, irrealizable, insostenible.
ANT. *Real, verdadero, posible.*

quimerista
SIN. Soñador, iluso, imaginativo, novelero, matón, pendenciero, camorrista.
ANT. *Positivista, pacífico.*

quinde
Amér.
SIN. Colibrí, chupaflor.

quingo
Amér.
SIN. Zig-Zag, ondulación, serpenteo.
ANT. *Derechura, recta.*

quinta
SIN. Villa, torre, chalet, palacete, recluta, leva.

quintería
SIN. Casa de campo, alquería, granja.

quisicosa
SIN. Problema, dificultad, enigma, sutileza.
ANT. *Solución, tosquedad, necedad.*

quisquilla
SIN. Tropiezo, dificultad, reparo.
ANT. *Facilidad.*

quisquilloso
SIN. Puntilloso, delicado, exigente, susceptible, irritable.
ANT. *Indiferente.*

quita
SIN. Remisión, perdón, liberación.
ANT. *Pena.*

quitar
SIN. Hurtar, robar, arrebatar, despojar, coger, sacar, tomar, suprimir, extirpar, separar, eliminar, retirar, impedir, prohibir, estorbar, liberar, redimir, desembarazar.
ANT. *Devolver, meter, poner, añadir, unir, facilitar, proporcionar, ayudar, cargar, agravar.*

quitarse
SIN. Apartarse, renunciar, irse.
ANT. *Acercarse, volver.*

quite
SIN. Regate, quiebro, lance, parada.

R

rabia

SIN. Furor, furia, corajina, fiereza, escorrozo, ira, cólera, coraje, rabieta, enojo, enfado, pique, rencor, ceño, perra, disgusto, hidrofobia, adipsia.
ANT. *Serenidad, calma, contento.*

rabo

SIN. Cola, rabillo, hopo, cabo, penca, apéndice, mango.

raciocinio

SIN. Argumento, razonamiento, raciocinación, discurso, lógica, reflexión, juicio, entendimiento, cordura, criterio, pensamiento, inteligencia, racionalidad, razón, argumentación.
ANT. *Sinrazón, disparate, invitación, adivinación.*

ración

SIN. Medida, porción, cantidad, cupo, asignación, tasa, cuota, razón, prebenda, sinecura, pitanza.
ANT. *Totalidad, conjunto, desventaja.*

racional

SIN. Razonable, razonado, fundado, procedente, plausible, lógico, justo, ecuánime, equitativo, incuestionable, probable, derecho, claro.
ANT. *Irracional, ilógico, improcedente.*

racismo

SIN. Discriminación, segregación, segregacionismo, intransigencia, fanatismo, nazismo, exclusivismo.
ANT. *Indiscriminación.*

rada

SIN. Ensenada, fondeadero, bahía, abra, abrigo, anconada, cala, caleta, seno, puerto, golfo, concha.

radiación

SIN. Propagación, irradiación, onda, reverberación, refulgencia, esplendor, fulgor, refracción, iluminación.
ANT. *Sombra, oscuridad.*

radiar

SIN. Brillar, centellear, rutilar, resplandecer, refulgir, coruscar, irradiar, lucir, destellar, reflejar, fosforecer, emitir, transmitir, difundir, divulgar, publicar, notificar.
ANT. *Obscurecer, empañar, silenciar.*

radical

SIN. Extremado, excesivo, fundamental, soberano, completo, total, básico, elemental, primordial, drástico, enérgico, tajante, contundente, duro, concluyente, extremista, progresista, revolucionario, avanzado.
ANT. *Accidental, secundario, relativo, parcial, conservador.*

radicar

SIN. Arraigar, prevalecer, enraizar, establecerse, vivir, afincarse, localizarse, hallarse, quedarse.
ANT. *Desarraigar, ausentarse.*

radio

SIN. Radiodifusión, radiofonía, telecomunicación, radiograma, receptor, sintonizador, transistor, estudio, emisora, frecuencia, onda, línea, recta, rayo, eje.

raer

SIN. Limar, rasar, raspar, legrar, rallar, escarpar, arañar, pulir, quitar, arrancar, frotar, rozar, eliminar.
ANT. *Dejar.*

raigambre

SIN. Arraigo, tradición, prestigio, solidez, firmeza, solera, abolengo, prosapia, consistencia, consolidación, estabilidad.
ANT. *Desarraigo, inestabilidad, desprestigio.*

raíz

SIN. Principio, origen, fundamento, causa, fuente, nacimiento, comienzo, base, vivero, razón, cepa, bulbo, rizoma, barbas.
ANT. *Consecuencia, fin, tallo.*

rajar

SIN. Abrir, partir, hender, resquebrajar, cascar, agrietar, dividir, romper, cortar, quebrar, chacharear, garlar, charlar, parlotear, mentir, exagerar, jactarse, desistir, fallar, abandonar, arrepentirse, desdecirse, rectificar, desertar, huir.
ANT. *Unir, pegar, callar, moderar, proseguir, aguantar.*

rallar

SIN. Desmenuzar, frotar, pulir, limar, raspar, picar, rascar, restregar, molestar, encocorar, incordiar, chinchar, importunar, fastidiar.
ANT. *Agradar, deleitar.*

rama
SIN. Ramo, tallo, vara, brote, vástago, tronco, sarmiento, ramal, desvío, bifurcación, subdivisión, descendencia, linaje.

ramada
Amér.
SIN. Cobertizo, enramada, techado, parche, tinglado, carpa, tendal.

ramal
SIN. Ronzal, cabestro, cabo, brida, rienda, cincha, cuerda, bifurcación, cruce, desvío, cruz, separación, ramificación.
ANT. *Unificación.*

rambla
Amér.
SIN. Muelle, dársena, dique, malecón, espigón.

ramera
SIN. Puta, gamberra, grofa, horizontal, hetera, hetaira, prostituta, meretriz, zorra, buscona, pelandusca, pindonga, pingo, zurrupio, lumia, capulina, pelleja, pendejo, pendón, perdida, prostituta.
ANT. *Casta, pura.*

ramo
SIN. Manojo, ramillete, rama, ristra, pomo, buqué, sector, división, sección, parte.
ANT. *Unidad.*

rampa
SIN. Declive, declivio, declividad, repecho, cuesta, pendiente, talud, ladera, desnivel, ranfla (*Amér.*), vertiente, palengue, costanilla, calambre, garrampa.
ANT. *Llano, horizontalidad.*

ramplón
SIN. Vulgar, tosco, inculto, charro, adocenado, plebeyo, grosero, desaliñado, basto, ordinario, pedestre, zafio, chabacano, cazurro.
ANT. *Selecto, fino, exquisito.*

rancio
SIN. Rancioso, anticuado, antiguo, arcaico, viejo, añejo, pasado, putrefacto, mohoso, vetusto, tradicional, trasnochado, atrasado, conservador, demodé, mugre, churre, pringue, suciedad, tocino.
ANT. *Moderno, actual, nuevo, fresco.*

rancho
SIN. Albergue, choza, cabaña, chamizo, reunión, granja, alquería, hacienda, comida, guisado, bazofia.

ranfla
Amér.
SIN. Rampa, pendiente, declive, desnivel.
ANT. *Llano, horizontalidad.*

rango
SIN. Clase, jerarquía, categoría, nivel, casta, aristocracia, sangre, blasón, generosidad, ostentación.
ANT. *Cicatería, plebeyez.*

rango
Amér.
SIN. Rumbo, esplendidez, pompa, ostentación, boato, fasto.
ANT. *Sencillez, humildad.*

ranura
SIN. Surco, hendidura, hendedura, estría, raja, raya, canal, acanaladura, muesca, tarja, entalle, incisión, corte, rendija, boquete, abertura, gárgol.
ANT. *Unión, juntura.*

rapacidad
SIN. Rapiña, rapacería, despojo, saqueo, hurto, ansia, codicia, ambición, cicatería, apetencia, usura, rapazada, muchachada.
ANT. *Honradez, generosidad.*

rapapolvo
SIN. Regaño, represión, regañina, reprimenda, trepe, reñidura, sermón, admonición, bronca, filípica, peluca, censura, diatriba, riña.
ANT. *Alabanza, elogio.*

rapar
SIN. Raer, pelar, mondar, trasquilar, esquilar, rasurar, cortar, afeitar, hurtar, robar, rapiñar, mangar, depojar.
ANT. *Devolver.*

rapidez
SIN. Presteza, prontitud, presura, vivacidad, apresuramiento, aceleramiento, velocidad, celeridad, ligereza, impetuosidad, prisa, diligencia, soltura, precipitación, ímpetu, urgencia, fogosidad, escape.
ANT. *Calma, tardanza, flema, lentitud.*

rápido
SIN. Vertiginoso, ligero, veloz, raudo, pronto, presto, célere, impígero, expedito, suelto, presuroso, apresurado, precipitado, impetuoso, súbito, repentino, ágil, vivo, listo, fugaz, urgente, pronto, activo, dinámico, rabión, torrente, torrentera, corriente.
ANT. *Lento, tardo, pausado, cansino, calmo.*

rapiña
SIN. Pillaje, saqueo, hurto, ladrocinio, latrocinio, garrama, robo, despojo, botín, expoliación, rapacería, usura.
ANT. *Devolución, generosidad.*

rapiñar
SIN. Robar, quitar, hurtar, mangar, despojar, apandar, cangallar, arrapar, sustraer, expoliar, arrebatar, pillar, trincar, saquear, pellizcar.
ANT. *Devolver.*

raposo
SIN. Zorro, astuto, artero, taimado, tramposo, encandilador.
ANT. *Veraz, sincero.*

rapsoda
SIN. Poeta, trovador, bardo, cantor, vate, aedo, trovero, clopero.

rapto
SIN. Arrebato, arranque, impulso, éxtasis, arrobamiento, enajenamiento, pronto, embeleso, arrobo, síncope, patatús, telele, secuestro, robo.
ANT. *Serenidad, calma, devolución.*

raquídeo
SIN. Vertebral, lumbar, dorsal, cervical, espinal.

raquítico
SIN. Mezquino, endeble, enclenque, escaso, corto, pequeño, chico, débil, escuálido, escuchimizado, pobre, miserable, esmirriado, flaco, flojo, exiguo, anémico, canijo, enfermizo, renacuajo.
ANT. *Abundante, robusto, sano, fuerte.*

rareza
SIN. Anomalía, singularidad, excentricidad, ridiculez, incongruencia, extravagancia, raridad, anormalidad, extrañeza, genialidad, peculiaridad, capricho, manía, paradoja, locura, milagro, pasmo, asombro, sorpresa, chaladura.
ANT. *Normalidad, vulgaridad.*

raro
SIN. Extraño, singular, extraordinario, excepcional, peregrino, sobresaliente, notorio, insigne, escaso, anómalo, extravagante, infrecuente, especial, anormal, único, insólito, esotérico, desacostumbrado, inaudito, exótico, genial, paradójico, desusado, difícil, peculiar,

excéntrico, inconcebible, incomprensible, deforme, misterioso, sospechoso, ido, loco, lunático, chalado, guillado, demente, ralo, tenue, hueco, dilatado, claro, delgado, inconsistente, disperso.
ANT. *Normal, usual, corriente, frecuente, sabido, cuerdo, sensato, abundante.*

rasar
SIN. Alisar, nivelar, allanar, igualar, promediar, equiparar, compensar, arrasar, destruir, tocar, besar, rozar.
ANT. *Desigualar, desnivelar, construir.*

rascar
SIN. Frotar, refregar, restregar, limpiar, arañar, arrascar, ludir, limar, lijar, fregar, rozar, pulir, cepillar, raspar, raer, friccionar, rasguñar, escarbar, frisar.
ANT. *Acariciar.*

rascar
Amér.
SIN. Embriagarse, emborracharse, amonarse, achisparse.

rasgar
SIN. Romper, desgarrar, descalandrajar, resquebrajar, seccionar, tronzar, rajar, ajironar, rascar, arañar, deshilar, morder, tocar, rasguear.
ANT. *Unir, pegar, componer.*

rasgo
SIN. Característica, cualidad, distinción, atributo, peculiaridad, apariencia, semblante, porte, cara, aire, expresión, plumazo, trazo, rasgueo, tilde, gallardía, heroicidad, gesto, valentía, ademán.
ANT. *Imprecisión, cobardía.*

rasguño
SIN. Araño, arañamiento, arañazo, rasguñón, rasguñuelo, rasguñadura, aruñazo, aruño, rascuño, uñada, uñarada, zarpazo, roce, raspadura, erosión, bosquejo, boceto, apunte.
ANT. *Mimo, caricia, terminación.*

raso
SIN. Libre, llano, desembarazado, descampado, despejado, liso, plano, limpio, chato, romo, pelado, suave, terso, calvo, aclarado, común, sencillo, corriente, vulgar, simple, colmado, lleno, seda, satén.
ANT. *Áspero, desigual, extraordinario, vacío.*

raspa
SIN. Brizna, raspilla, arista, grumo, gajo, araño, picadura, mordacidad, raspadillo, fullería, espina.

raspadura
SIN. Limadura, raedura, raspado, legradura, rasura, legración, raspamiento, tachadura, rasguño, arañazo, lijadura, brizna.
ANT. *Caricia, mimo.*

raspa
Amér.
SIN. Reprimenda, reprensión, censura, recriminación, increpación, reconvención.
ANT. *Elogio, aprobación.*

raspar
SIN. Raer, rasar, fregar, escarpar, alisar, limar, lijar, roer, rozar, desgastar, rascar, rallar, picar, escocer, quemar, hurtar, quitar, robar, despojar, mangar, rapiñar, limpiar.
ANT. *Acariciar, devolver.*

raspón
Amér.
SIN. *Amér.* Rasponazo, desolladura, despellejamiento, herida.

rastrear
SIN. Rastrar, perquirir, seguir, inquirir, indagar, explorar, conducir, escudriñar, sondear, buscar, perseguir, olfatear, ventear, averiguar, preguntar.
ANT. *Desinteresarse, abandonar, perderse.*

rastrero
SIN. Bajo, vil, despreciable, indigno, ruin, servil, lacayil, lacayuno, abyecto, sumiso, miserable, lameculos, tiralevitas, reptil, reptante.
ANT. *Digno, noble.*

rastro
SIN. Señal, vestigio, signo, marca, estampa, pasos, huella, pista, reliquia, indicio, pisado, rodera, rodada, reguero, sendero, estela, traza, mugrón, desolladero, matadero.

rasurar
SIN. Afeitar, pelar, depilar, tonsurar, rapar, cortar, mesar.

ratero
SIN. Ladronzuelo, carterista, rapante, sisador, sisón, randa, cortabolsas, merodista, rata, descuidero, caco, manilargo, ladrón, rata, ruin, innoble, rastrero.
ANT. *Honrado, digno, honesto, noble.*

ratificación
SIN. Confirmación, corroboración, aprobación, revalidación, sanción, validación, prueba, reelección, ratificación, reafirmación.
ANT. *Anulación, rechazo, denegación.*

ratificar
SIN. Aprobar, revalidar, corroborar, roborar, convalidar, afirmar, confirmar, reafirmar, reelegir, otorgar, refrendar, asentir, legalizar, reconocer, suscribir.
ANT. *Revocar, rechazar, anular, desaprobar.*

rato
SIN. Momento, instante, soplo, gusto, diversión, periquete, santiamén, lapso, pausa, tris, confirmado.
ANT. *Anulado.*

ratonera
SIN. Madriguera, escondrijo, hueco, cepo, trampa, lazo, ardid, engaño.

raudal
SIN. Abundancia, torrente, afluencia, avenida, aluvión, inundación, exceso, exuberancia.
ANT. *Escasez, pequeñez, menudencia.*

raudo
SIN. Precipitado, violento, célere, alígero, subitáneo, ágil, expedito, suelto, veloz, rápido, impetuoso, presto, vivo, eficaz, dinámico, activo.
ANT. *Lento, tardo, ineficaz.*

raya
SIN. Término, confín, límite, frontera, linde, línea, señal, cortafuego, estría, meta, fin, lindero, trazo, filo, lista, guión, tilde, estría, arista, vírgula, guión, muesca, perfil, arruga, crencha, carrera, tanto, punto.

raya
Amér.
SIN. Rayuela.

rayano
SIN. Limítrofe, confinante, fronterizo, lindante, inmediato, cercano, contiguo, intermedio, divisorio, pegado, colindante, cercano, semejante, parecido.
ANT. *Alejado, distante.*

rayar
SIN. Limitar, lindar, confinar, co-

lindar, dividir, demarcar, sobresalir, exceder, resaltar, tachar, borrar, subrayar, señalar, marcar,
trazar, pautar, delinear, amanecer,
alborear, descollar, distinguirse.
ANT. *Desmarcar, deslindar, separar.*

rayo
SIN. Relámpago, trueno, centella,
meteoro, fogonazo, destello, resplandor, refulgencia, radio, varilla,
línea, raudo, vivaz, bullicioso, desgracia, castigo, estrago, fatalidad.
ANT. *Tiniebla, obscuridad, lento,
torpe, suerte.*

raza
SIN. Linaje, descendencia, origen,
estirpe, familia, casta, pueblo,
clan, género, alcurnia, rama, clase,
estilo, categoría, calidad.

razón
SIN. Entendimiento, inteligencia,
racionalidad, juicio, reflexión, discernimiento, razonamiento, elucubración, deducción, ilación, conjetura, criterio, sentido, intuición, lucidez, intelecto, penetración, agudeza, argumento, explicación,
prueba, definición, argucia, ejemplo, supuesto, suposición, silogismo, síntesis, pretexto, sofisma, inducción, motivo, causa, móvil,
fundamento, porqué, principio,
nudo, fondo, justicia, rectitud, verdad, derecho, prudencia, cordura,
sensatez, empirismo, orden, método, antecedente, consecuente, fracción, cociente, división.
ANT. *Sinrazón, irreflexión, torpeza, desacierto, desconocimiento,
imprudencia, desmesura, insensatez.*

razonamiento
SIN. Discurso, argumento, raciocinio, demostración, prueba, explicación, deducción, razón, precisión,
refutación, ilación, inferencia, lógica, lexis, postulado, silogismo, justificación, argumentación, especulación.
ANT. *Contrasentido, sofisma, paradoja, antinomia.*

razonar
SIN. Raciocinar, argumentar, discurrir, hablar, conversar, discutir, exponer, dilucidar, aducir, demostrar, inferir, argüir, pensar, motivar, refutar, rebatir, plantear, analizar, reflexionar, aclarar, silogizar,
explanar, enseñar, probar, tejer,
definir.

ANT. *Falsear, desbarrar, disparatar.*

reacción
SIN. Oposición, resistencia, repercusión, reflejo, rebeldía, choque,
recuperación, reactivación, retroacción, tradicionalismo, carlismo,
búnker, conservadurismo.
ANT. *Pasividad, inmovilidad, radi-
calismo, progresismo.*

reacio
SIN. Rebelde, indócil, renuente, remiso, terco, porfiado, opuesto, emperrado, testarudo, remolón, gruñón, refractario, tenaz, duro, rezongón, respondón, maldispuesto.
ANT. *Obediente, dócil, sumiso.*

real
SIN. Cierto, efectivo, auténtico, positivo, verdadero, existente, innegable, serio, verídico, corpóreo, concreto, substantivo, tangible, indiscutible, regio, realista, palatino,
aúlico, principesco, suntuoso, espléndido, opulento, excelente, cam-
pamento, feria, moneda.
ANT. *Irreal, abstracto, falso, plebeyo, pobre, ideal, inventado.*

realce
SIN. Brillo, esplendor, lustre, fama,
popularidad, grandeza, relieve, estimación, dignidad, nombradía,
popularidad, importancia, adorno,
saliente, prominencia.
ANT. *Obscuridad, desconocimiento.*

realidad
SIN. Verdad, sinceridad, ingenuidad, franqueza, campechanía, naturalidad, propiedad, materialidad,
sustantividad, objetividad, existencia, esencia, cosa, objeto, concreción, entelequia, ente, sustancia,
substancia, presencia.
ANT. *Irrealidad, ideal, apariencia,
ilusión, fantasía, invención, ficción, artificio, simulación.*

realismo
SIN. Autenticidad, precisión, objetividad, exactitud, naturalismo, verismo, positivismo, monarquía,
realeza.
ANT. *Abstracción, idealismo, república.*

realizable
SIN. Posible, factible, agible, practicable, creable, ejecutable, viable,
asequible, hacedero, sencillo.
ANT. *Irrealizable, imposible, inviable.*

realización
SIN. Elaboración, obtención, ejecución, actuación, práctica, composición, producción, fabricación, resultado, hecho, tarea, faena, obra,
trabajo, producto, construcción,
descuento, saldo, venta.
ANT. *Incumplimiento, inoperancia,
abstención, aumento.*

realzar
SIN. Levantar, elevar, empinar, encaramar, ennoblecer, glorificar,
enaltecer, ensalzar, engrandecer,
ilustrar, encumbrar, retocar, subrayar, acentuar, alzar, erguir, elogiar,
relevar, avalorar, bordar.
ANT. *Rebajar, humillar, ensombrecer.*

reanimar
SIN. Reconfortar, confortar, restablecer, animar, reforzar, fortalecer,
alentar, vivificar, consolar, reavivar, renacer, robustecer, retemplar
(*Amér.*), renovar, sanar, curar, resucitar, reaccionar, resurgir.
ANT. *Debilitar, desalentar, abatirse, agravarse.*

reanudar
SIN. Continuar, proseguir, renovar,
restaurar, restablecer, volver.
ANT. *Cesar, acabar, interrumpir.*

reaparecer
SIN. Regresar, volver, presentarse,
tornar, reencarnarse, resurgir, revivir, retornar.
ANT. *Desaparecer, ocultarse, morir.*

reavivar
SIN. Vigorizar, alentar, vivificar,
avivar, excitar, confortar.
ANT. *Apagarse, debilitarse.*

rebaja
SIN. Reducción, deducción, merma, reducimiento, rebajamiento,
disminución, descuento, desgravación, abaratamiento, sustracción,
deterioro, saldo, regateo, liquidación, oferta, baja.
ANT. *Subida, aumento, encarecimiento.*

rebajar
SIN. Decrecer, descender, abajar,
mermar, disminuir, menguar, deteriorar, saldar, abaratar, descontar, depreciar, liquidar, achicar, sobajar (*Amér.*), desmontar,
cortar, recortar, rapar, humillar,
degradar, subestimar, triviali-

zar, despreciar, empequeñecer, afrentar, insultar, ultrajar, ofender, subvalorar, infravalorar.
ANT. *Encarecer, aumentar, alabar, elogiar, valorar, estimar.*

rebanada
SIN. Rodaja, loncha, raja, corte, pedazo, porción, trozo, parte, lonja.
ANT. *Todo.*

rebaño
SIN. Manada, tropel, jauría, piara, hato, recua, tropa, grey, grupo, reunión, agrupación, fieles, feligresía.

rebasar
SIN. Exceder, sobrepasar, pasar, colmar, sobresalir, rebosar, propasarse, sobrepujar, salirse, desbordarse, descomedirse.
ANT. *Faltar, escasear, contenerse.*

rebatir
SIN. Refutar, impugnar, rechazar, contrarrestar, resistir, redoblar, reforzar, confutar, opugnar, repeler, oponerse, contradecir, contrariar, guerrear, argumentar, deducir, oponerse, vencer.
ANT. *Confirmar, acatar.*

rebelarse
SIN. Sublevarse, insurreccionarse, indisciplinarse, levantarse, alzarse, insubordinarse, pronunciarse, amotinarse, indignarse, resistirse, hostigar, azuzar, proyectar, perturbar, protestar, soliviantar, oponerse, desobedecer, enfrentarse, insurgir, urdir, tramar, desmadrarse.
ANT. *Obedecer, acatar, respetar, someterse.*

rebelde
SIN. Indisciplinado, sublevado, insurgente, faccioso, insurrecto, desobediente, indócil, refractario, reacio, revoltoso, amotinado, sedicioso, revolucionario, levantisco, subversivo, perturbador, revolucionario, conspirador, agitador, contumaz, independiente, terco, obstinado, insolente, bravío, indómito, inquieto, travieso, salvaje.
ANT. *Obediente, servil, sosegado, gobernable, respetuoso, disciplinado, sumiso.*

rebeldía
SIN. Insubordinación, indisciplina, insurrección, solevación, solevamiento, desobediencia, rebelión, plante, indocilidad, oposición, ter-

quedad, porfía, insolencia, agitación, insumisión, individualismo.
ANT. *Respeto, obediencia, sumisión, disciplina.*

rebelión
SIN. Insurrección, sublevación, levantamiento, alzamiento, cuartelada, motín, algarada, asonada, revuelta, solevación, solevamiento, rebeldía, conjura, subversión, insubordinación, anarquía, revolución, alboroto, militarada, sedición, insumisión, intriga, plante, contumacia.
ANT. *Sumisión, obediencia, fidelidad, servilismo, subordinación, disciplina.*

reblandecer
SIN. Ablandar, emblandecer, molificar, mollificar, enternecer, mullir, lenificar, sobar, macerar, relajar, laxar, manir.
ANT. *Endurecer.*

rebosar
SIN. Exceder, desparramar, rebasar, salirse, desbordarse, irse, verterse, abundar, sobrar, colmar, destilar, henchir, llenar.
ANT. *Escasear, vaciar, contener, recoger.*

rebotar
SIN. Botar, repercutir, remachar, rechazar, conturbar, aturdir, atemorizar, brincar, saltar, retroceder, repercutir, alterar, sofocar, turbar, embotar, doblar, redoblar.
ANT. *Permanecer, sosegarse.*

rebozo
SIN. Rebociño, simulación, disculpa, excusa, socapa, disimulo, pretexto, ambage, triquiñuela, rodeo, embozo, envoltura, ocultamiento, encubrimiento.
ANT. *Sinceridad, franqueza, claridad.*

rebrote
SIN. Brote, retoño, renuevo, vástago, tallo, cogollo, capullo, resalvo.
ANT. *Marchitamiento.*

rebujina
SIN. Alboroto, rebujiña, bullicio, rebullicio, algazara, zalagarda, grita, barbulla, albórbola, jaleo, bolla, trapatiesta, zaragata, escándalo, algarada.
ANT. *Tranquilidad, paz.*

rebuscar
SIN. Farabustear, registrar, explo-

rar, inquirir, analizar, escudriñar, averiguar, buscar, escrutar, fisgonear, examinar, curiosear, recoger, espigar, coger.
ANT. *Encontrar, dejar, soltar.*

recabar
SIN. Demandar, reclamar, exigir, alcanzar, obtener, conquistar, merecer, lograr, sacar.
ANT. *Denegar, rechazar, fracasar.*

recadero
SIN. Mensajero, propio, corsario, mandadero, demandadero, botones, ordinario, ordenanza, mozo, enviado, emisario, arriero, correveidile, porteador, transportista, trajinante, ordenanza.

recado
SIN. Mensaje, misión, encargo, respuesta, regalo, presente, precaución, carta, aviso, misiva, comunicación, cautela, cuidado, surtido, provisión, útiles, utensilios.
ANT. *Recepción, descuido.*

recaer
SIN. Desmejorar, empeorar, recrudecer, agravarse, incurrir, reincidir, repetir, insistir, dirigirse, afectar, cargar, recibir, dar, obtener.
ANT. *Recuperarse, mejorar, evitar, corregir.*

recalar
SIN. Llegar, anclar, fondear, arribar, entrar, amerar, calar, empapar.
ANT. *Zarpar, partir.*

recalcar
SIN. Repetir, subrayar, apretar, insistir, acentuar, machacar, reiterar, llenar, oprimir, abarrotar.
ANT. *Desistir, soslayar, soltar, vaciar.*

recalcitrante
SIN. Terco, pertinaz, testarudo, emperrado, impenitente, cabezudo, cabezota, obstinado, contumaz, incorregible, porfiado, empedernido, empecinado, inveterado.
ANT. *Comprensivo, flexible, razonable.*

recámara
SIN. Cámara, cuarto, sala, reserva, depósito, trastienda, prudencia, sigilo, ánima, hueco.
ANT. *Imprudencia, imprevisión.*

recambio
SIN. Repuesto, accesorio, suple-

mento, pieza, reserva, agregado.
ANT. *Original, principal.*

recapacitar
SIN. Reflexionar, recordar, meditar, pensar, recapitular, repasar, rememorar.
ANT. *Distraerse, despistarse.*

recapitular
SIN. Compendiar, resumir, sintetizar, reducir, extractar, revisar, repasar, condensar, inventariar, cifrar.
ANT. *Ampliar, olvidar.*

recargar
SIN. Aumentar, sobrecargar, embalumar, abrumar, agobiar, abarrotar, agravar, acumular, llenar, extremar, cuajar, adornar, exornar, emperifollar, abigarrar, complicar.
ANT. *Disminuir, aliviar, vaciar, aligerar.*

recatado
SIN. Circunspecto, cauto, juicioso, decente, púdico, pudoroso, pudibundo, prudente, honesto, modesto, discreto, reservado, precavido, novicio, modoso.
ANT. *Indecente, deshonesto, impúdico, imprudente, indiscreto.*

recatar
SIN. Esconder, encubrir, absconder, entapujar, ocultar, tapar, disimular, moderarse, comedirse, controlarse, dominarse.
ANT. *Descubrir, lanzarse, descontrolarse.*

recato
SIN. Decoro, pudor, recatamiento, pudicia, pudibundez, decencia, honestidad, modestia, cautela, reserva, discreción, prudencia, disimulo, vergüenza, castidad, composición.
ANT. *Descaro, impudor, indiscreción, deshonestidad.*

recaudación
SIN. Recaudo, percibo, percepción, recaudamiento, colecta, cobro, cobranza, cuestación, postulación, tributo, ingreso, reembolso, exacción, entrada.
ANT. *Pago, abono, salida.*

recaudar
SIN. Percibir, cobrar, colectar, recibir, recolectar, asegurar, custodiar, recoger, tributar, ingresar, reembolsar, imponer, guardar, vigilar.

ANT. *Abonar, pagar, descuidar.*

recaudo
SIN. Recaudación, precaución, cuidado, seguridad, fianza, prevención, recato, recado, caución, custodia, documento.
ANT. *Pago, descuido.*

recelar
SIN. Sospechar, temer, maliciar, remusgar, celar, dudar, desconfiar, dudar, mosquearse, escamarse, olerse, preocuparse, barruntar, excitar, incitar, calentarse.
ANT. *Fiarse, confiar, afirmar, tranquilizarse.*

recelo
SIN. Suspicacia, resquemor, sospecha, desconfianza, cuidado, temor, duda, escama, recelamiento, escrúpulo, miedo, indicios, conjetura, asomo, presunción, suposición, animosidad, manía, prevención, olor, aprensión.
ANT. *Seguridad, confianza, tranquilidad.*

recensión
SIN. Cortejo, comparación, reseña, nota, noticia, juicio, descripción, crítica.

recepción
SIN. Admisión, recibimiento, percepción, admisibilidad, acogimiento, acogida, fiesta, entrada, recibo, llegada, ingreso, visita, saludo, ceremonia, gala, festejo, homenaje, velada, sintonización, resguardo, factura, conocimiento.
ANT. *Despedida, marcha, cese, expulsión, alejamiento, abonaré.*

receptáculo
SIN. Recipiente, cavidad, bolsa, estuche, caja, vaso, bota, envase, urna, fonda, saco, vasija, acogida, asilo, refugio, acogimiento, admisión.
ANT. *Desamparo, abandono.*

receptor
SIN. Radio, radiorreceptor, destinatario, recipiente, receptáculo.
ANT. *Consignatario, emisor.*

receso
SIN. Desvío, apartamiento, desviación, alejamiento, descamino, desavío, separación, descarrío, intervalo, cesación, pausa, suspensión.
ANT. *Acercamiento, aproximación, continuación.*

receso
Amér.
SIN. Suspensión, cesación, vacación, interrupción, paralización, alto.
ANT. *Reanudación, proseguimiento, continuación.*

receta
SIN. Composición, mezcla, fórmula, orden, confección, relación, nota, lista, catálogo, cuenta, sistema, procedimiento, norma.

recibimiento
SIN. Acogida, acogimiento, admisibilidad, recibo, recepción, ingreso, visita, recibidor, antesala, sala.
ANT. *Expulsión, deportación.*

recibir
SIN. Percibir, aceptar, sustentar, sostener, cobrar, aprobar, embolsar, tomar, acoger, admitir, abrazar, adoptar, recoger, apropiar, apoyar, obtener, heredar.
ANT. *Dar, entregar, donar, pagar, ofrecer, traspasar, remitir, enviar, mandar, girar, exportar.*

recibo
SIN. Recibimiento, recepción, acogida, acogimiento, aceptación, resguardo, talón, vale, bono, cupón, descargo, justificante, garantía, documento, albarán.
ANT. *Devolución, entrega.*

reciente
SIN. Moderno, nuevo, calentito, tierno, actual, flamante, fresco, lozano, contiguo, cercano, próximo, inmediato, inminente.
ANT. *Antiguo, viejo, estropeado.*

recinto
SIN. Estancia, perímetro, contorno, lugar, espacio, coto, cercado, vallado, cámara, celda, solar, cubículo, habitación, local.

recio
SIN. Robusto, grueso, fuerte, membrudo, potente, vigoroso, abultado, corpulento, gordo, grave, áspero, duro, impetuoso, veloz, célere, acelerado, acre, desabrido, quisquilloso, forzudo, pujante, espeso, seco, rígido, extremado.
ANT. *Flaco, débil, suave, templado, lento.*

recipiente
SIN. Vasija, vaso, receptor, pote, cacharro, envase, receptáculo, bolsa, cuenco, odre, espuerta, depósito.

reciprocidad

SIN. Correspondencia, relación, ayuda, correlatividad, alternación, intercambio, permuta, canje, respuesta, cambio, comercio, correlación.

ANT. *Diferencia, discordancia.*

recitar

SIN. Declamar, cantar, decir, representar, leer, hablar, salmodiar, rezar, relatar, explicar, narrar, referir.

ANT. *Silenciar, callar.*

reclamación

SIN. Solicitud, petición, requerimiento, pretensión, demanda, exigencia, protesta, ruego, reivindicación, queja, reprobación, reproche, súplica, pretensión, reclamo, cargo, acusación, reparo.

ANT. *Asentimiento, aprobación, elogio.*

reclamar

SIN. Exigir, pedir, demandar, requerir, solicitar, protestar, apelar, pretender, clamar, emplazar, criticar, querellarse, insistir, buscar.

ANT. *Conceder, permitir, asentir, desistir.*

reclinarse

SIN. Inclinarse, apoyarse, recostarse, sostenerse, ladearse, echarse.

ANT. *Erguirse, alzarse.*

recluir

SIN. Internar, encerrar, enceldar, encalabozar, encobar, enjaular, encarcelar, enclaustrar, enchiquerar, confinar, enrejar, arrestar, prender, hospitalizar, asilar, internar, secuestrar, enchironar.

ANT. *Soltar, libertar.*

reclusión

SIN. Encerramiento, encerradura, encierro, clausura, enceldamiento, aislamiento, arresto, retiro, encarcelamiento, presidio, prisión, internamiento.

ANT. *Liberación, libertad, sociabilidad.*

reclutar

SIN. Incorporar, alistar, enganchar, movilizar, inscribir, levantar, buscar, reunir, enrolar.

ANT. *Despedir, licenciar.*

recobrar

SIN. Rescatar, readquirir, reivindicar, reconquistar, recuperar, resar-

cir, tornar, devolver, restituir, reintegrar, cobrar, restablecerse, convalecer, mejorarse, reponerse, aliviarse, fortalecerse.

ANT. *Perder, abandonar, agravarse, empeorar.*

recoger

SIN. Coger, acopiar, aunar, almacenar, tomar, reunir, amontonar, juntar, recolectar, rebuscar, enrollar, ceñir, arremangar, guardar, allegar, encerrar, retirar, retirarse, enclaustrarse, aislarse, acostarse, abstraerse, meditar, concentrarse, ensimismarse.

ANT. *Dispersar, desparramar, tirar, salirse, distraerse.*

recogimiento

SIN. Apartamiento, clausura, soledad, aislamiento, reconcentración, reflexión, recogida, cosecha, recolección, depósito, retiro, retraimiento, honestidad, recato, vergüenza.

ANT. *Dispersión, libertad, deshonestidad.*

recolección

SIN. Resumen, compendio, recopilación, cobranza, recaudación, acopio, reunión, aglomeración, almacenamiento, atesoramiento, recaudo, cosecha, cogida, vendimia, agosto, siega, trilla, devoción, recogimiento.

ANT. *Extensión, dispersión, siembra, abono, pago.*

recolectar

SIN. Recoger, cosechar, coger, vendimiar, segar, espigar, trillar, recopilar, resumir, reunir, acopiar, atesorar, amasar, aglutinar, recaudar, cobrar.

ANT. *Arar, sembrar, derrochar, extender, pagar.*

recoleto

SIN. Retirado, alejado, apacible, humilde, moderado, honesto, austero, sobrio, tranquilo.

ANT. *Mundano, extrovertido.*

recomendación

SIN. Encomienda, comisión, encargo, autoridad, representación, excelencia, petición, influencia, apoyo, padrinazgo, valimiento, enchufe, ventaja, favoritismo, aviso, advertencia, sugerencia, consejo, indirecta, invitación.

ANT. *Desamparo, desventaja, crítica, censura.*

recomendar

SIN. Encomendar, encargar, elogiar, confiar, interceder, mediar, alabar, ensalzar, proteger, amparar, apoyar, enchufar, suplicar, presentar, indicar, aconsejar, sugerir, comisionar.

ANT. *Desamparar, abstenerse, censurar, criticar, desconfiar.*

recompensa

SIN. Recompensación, merced, distinción, laurel, pago, galardón, premio, condecoración, remuneración, retribución, prima, gratificación, propina, adehala, retorno, compensación, ovación, gloria, triunfo.

ANT. *Castigo, sanción, penitencia, pena.*

recompensar

SIN. Remunerar, distinguir, laurear, enaltecer, retribuir, galardonar, premiar, compensar, resarcir, indemnizar, pagar, gratificar, condecorar, satisfacer, honrar, coronar.

ANT. *Deshonrar, castigar, sancionar, postergar.*

reconcentrar

SIN. Juntar, reunir, internar, introducir, disimular, concentrar, juntar, espesar, condensar, reducir, callar, ocultar, encubrir, encerrar, abstraerse, extasiarse, embeberse, abismarse, enfrascarse, pensar, meditar, absorberse.

ANT. *Aclarar, liquidar, revelar, ampliar, distraerse, despertar, dispersarse.*

reconciliar

SIN. Avenirse, comprender, amigarse, perdonar, contentar (*Amér.*), conciliar, hablarse, interceder, apaciguar, aliarse, desenfadarse, restablecer, reanudar, confesarse.

ANT. *Reñir, enemistarse, alejarse.*

reconcomio

SIN. Sospecha, recelo, escama, recelamiento, suspicacia, inquietud, angustia, tormento, consejo, disgusto, descontento, afán, deseo, ansia, anhelo.

ANT. *Sosiego, calma, confianza, desinterés.*

recóndito

SIN. Oculto, escondido, reservado, secreto, profundo, hondo, impenetrable, arcano, íntimo, latente, ininteligible, interno, apartado.

ANT. *Fácil, conocido, superficial, público.*

reconfortar
SIN. Consolar, vivificar, reanimar, alentar, alegrar, calmar, tranquilizar.
ANT. *Desalentar, desanimar, debilitar.*

reconocimiento
SIN. Examen, inspección, registro, agradecimiento, obligación, correspondencia, gratitud, satisfacción, fidelidad, contemplación, tanteo, pesquisa, revista, exploración descubierta, investigación, contraseña, comprobación, identificación, aceptación, acatamiento, evocación, memoria, reminiscencia.
ANT. *Ingratitud, desagradecimiento, descuido, abandono, repulsión, olvido.*

reconquistar
SIN. Recuperar, reocupar, rescatar, recobrar, restablecer, liberar, libertar, invadir.
ANT. *Abandonar, perder, expulsar.*

reconstituir
SIN. Reorganizar, restablecer, reponer, reintegrar, reconstruir, fortalecer, rehacer, regenerar, curarse, recobrarse.
ANT. *Deshacer, debilitar.*

reconstruir
SIN. Reedificar, rehacer, reconstituir, restaurar, restablecer, reponer, reparar, renovar, componer, levantar, rescatar, alzar, reproducir, repetir, revivir.
ANT. *Demoler, derribar, destruir.*

reconvención
SIN. Recriminación, reproche, cargo, reprensión, admonición, regañina, regañamiento, regaño, reprimenda, amonestación, advertencia, rapapolvo, crítica, sermón, demanda, queja.
ANT. *Alabanza, aplauso, asentimiento.*

reconvenir
SIN. Recriminar, reprochar, reñir, regañar, sermonear, afear, bronquear, matraquear, amonestar, advertir, apercibir, reprobar, criticar.
ANT. *Alabar, aprobar.*

recopilación
SIN. Compendio, compilación, resumen, colección, antología, flori-

legio, perioca, selección, colección, extracto, repertorio, sinopsis.
ANT. *Ampliación.*

recopilar
SIN. Resumir, coleccionar, compilar, acopiar, allegar, compendiar, reunir, refundir, extractar, seleccionar.
ANT. *Ampliar, dispersar.*

recordar
SIN. Rememorar, evocar, acordar, membrar, memorar, conmemorar, acordarse, retener, repasar, aludir, recapitular, imaginar, reconstruir, reconocer, meditar, idear, pensar, refrescar, exhumar, revivir.
ANT. *Olvidar, negligir, silenciar.*

recordatorio
SIN. Recomendación, aviso, advertencia, recordativo, comunicación, nota, apunte, agenda, memorándum, documento, estela, vestigio, celebración, festividad, aniversario, estampa.

recorrido
SIN. Viaje, trayecto, trayectoria, línea, vía, trazado, ruta, itinerario, pista, senda, curso, vuelta, carrera, tránsito, marcha, periplo, travesía, camino, trocha, vereda, repasata, reprimenda, reprensión, regañina, filípica, regañamiento.
ANT. *Parada, elogio, loa.*

recortadura
SIN. Retazo, retal, restante, remanente, recorte, resto, excedente, sobrante, pedazo, tajadura, cercenadura.

recortar
SIN. Disminuir, limitar, ajustar, menguar, cortar, podar, segar, truncar, talar, cercenar, amputar, despuntar, sajar, mutilar, descabezar.
ANT. *Crecer, agrandar, incrementar.*

recoveco
SIN. Revuelta, vuelta, curva, ángulo, rodeo, rincón, esquina, escondite, madriguera, artificio, fingimiento, maña, trampa, ardid, reserva, simulación, evasiva.
ANT. *Rectitud, descubierto, verdad, sinceridad.*

recrear
SIN. Deleitar, entretener, solazar, solacear, alegrar, divertir, distraer, regalarse, solazarse, burlarse, go-

zar, paladear, refacilarse, festejar, bromear, regenerar, renacer, rehacer.
ANT. *Aburrirse, hastiarse, destruir.*

recreativo
SIN. Distraído, recreable, esparcido, solazoso, entretenido, divertido, ameno, grato, interesante, placentero, gozoso, gracioso, festivo, jocoso, donairoso.
ANT. *Aburrido, pesado, apagado.*

recrecer
SIN. Aumentar, acrecentar, añadir, ampliar, amplificar, engrosar, acrecer, crecer, agrandar, incrementar, hinchar, acentuarse, vigorizarse, reanimarse, restablecerse.
ANT. *Disminuir, decrecer, debilitarse.*

recreo
SIN. Diversión, entretenimiento, recreación, pasatiempo, distracción, expansión, entretención, refocilo, deleite, ociosidad, regalo, solaz, esparcimiento, asueto, fiesta, placer, reposo, descanso, tranquilidad.
ANT. *Tristeza, aburrimiento, trabajo.*

recriminación
SIN. Reprimenda, regaño, reprensión, reproche, sermón, filípica, admonición, amonestación, observación, queja, acusación, regañina, regañamiento, increpación, censura, exhorto.
ANT. *Aprobación, elogio, alabanza.*

recrudecer
SIN. Agravar, empeorar, intensificar, crecer, agrandar, acentuar, excitar, avivar, ahondar, reanudar.
ANT. *Decrecer, disminuir, mejorarse.*

rectángulo
SIN. Cuadrílatero, cuadrángulo, paralelepípedo, paralelogramo, cuadrilongo.

rectificar
SIN. Enmendar, emendar, modificar, reformar, enderezar, mejorar, corregir, ajustar, retocar, pulir, acabar, rehacer, expurgar, limar, refutar, rebatir, arrepentirse, abjurar.
ANT. *Ratificar, insistir, confirmar, repetir.*

rectitud
SIN. Integridad, justicia, probi-

dad, honradez, moralidad, imparcialidad, equidad, severidad, sinceridad, honorabilidad, formalidad, derechura, dirección, enderezamiento, horizontalidad, llanura.
ANT. *Indignidad, ilegalidad, arbitrariedad, desviación, tortuosidad.*

recto
SIN. Justo, imparcial, íntegro, probo, honrado, entero, equitativo, razonable, severo, justiciero, estricto, ejemplar, derecho, directo, erecto, alineado, enderezado, horizontal, vertical, rígido, tieso.
ANT. *Parcial, injusto, curvo, ondulado, sinuoso.*

rector
SIN. Dirigente, superior, presidente, director, decano, cura, párroco, prior, abad, prefecto.

recuadro
SIN. Encuadre, casilla, compartimiento, división, cuadrícula, panel, artesón, marco, passe-partout.

recubrir
SIN. Tapar, cobijar, forrar, cubrir, revestir, vestir, rebozar, envolver, enlatar, galvanizar, arropar, encubrir, bañar, alicatar, pintar, encajar, enterrar.
ANT. *Descubrir, destapar, desenvolver, desvelar.*

recuerdo
SIN. Mención, reminiscencia, rememoración, remembranza, recordación, memoria, huella, evocación, repaso, alusión, souvenir, nostalgia, reconocimiento, invocación, monumento, estela, trofeo, inscripción, apuntación, recordatorio, regalo, presente, ofrenda, obsequio, gentileza.
ANT. *Olvido, amnesia, desaparición.*

recuestrar
SIN. Demandar, pedir, requerir.
ANT. *Otorgar, donar, dar.*

recular
SIN. Retroceder, ceder, cejar, transigir, ciar, retrogradar, retrechar, renunciar, flaquear, retornar, desandar, retirarse, alejarse, retraer, refluir.
ANT. *Avanzar, ratificar, fluir.*

recuperar
SIN. Recobrar, rescatar, reconquistar, represar, reivindicar, vindicar, espiar, librar, salvar, recobrarse, mejorarse, restablecerse, convalecer, aliviarse, curarse.

ANT. *Perder, empeorarse, agravarse, desmejorarse.*

recurrir
SIN. Apelar, acudir, interponer, solicitar, acogerse, llamar, invocar, pedir, buscar, litigar, demandar, pleitear, valerse, emplear, usar.
ANT. *Abandonar, abstenerse, conceder.*

recurso
SIN. Demanda, cuestión, interrrogatorio, alzada, casación, redención, remedio, escrito, exhorto, trámite, instancia, solución, disponibilidad, bienes, fortuna, medios, dinero, hacienda, astucia, salida, subterfugio, desparpajo, gracia, simpatía, chispa, sal.
ANT. *Escasez, pobreza, simpleza.*

recusar
SIN. Rehusar, rechazar, declinar, despreciar, excluir, despedir, alejar, expulsar, desalojar, impugnar, contradecir, refutar, desestimar.
ANT. *Admitir, aprobar, aceptar.*

rechazar
SIN. Rehusar, ahuyentar, alejar, repeler, echar, desalojar, despachar, desechar, escupir, espantar, repudiar, devolver, refutar, contestar, impugnar, rebatir, repulsar, desairar, desdeñar, objetar, derrotar.
ANT. *Atraer, acoger, acatar, aceptar, admitir.*

rechiflar
SIN. Silbar, iludir, ridiculizar, mofar, befar, chiflar, pitar, patear, abroncar, escarnecer, desaprobar, reírse.
ANT. *Aclamar, aplaudir, elogiar.*

red
SIN. Redecilla, albanega, malla, urdimbre, retículo, enrejado, reja, aparejo, trasmallo, rejilla, verja, ardid, trampa, emboscada, celada, engaño, lazo, treta, astucia, sistema, organización, distribución, servicio.
ANT. *Nobleza, sinceridad.*

redacción
SIN. Escrito, obra, expresión, composición, transcripción, prensa, escritorio, periódico, oficina, despacho.

redención
SIN. Liberación, rescate, satisfacción, reconquista, expiación, regeneración, licenciamiento, salvación, exoneración, emancipación, remedio, recurso, refugio.

ANT. *Esclavitud, dependencia, sometimiento.*

redimir
SIN. Libertar, rescatar, desoprimir, exonerar, emancipar, liberar, librar, sacar, desempeñar, eximir, reconquistar, salvar, recuperar, pagar, soltar, perdonar, despenar.
ANT. *Oprimir, esclavizar.*

redil
SIN. Aprisco, corral, refugio, resguardo, ovil, majada, chiquero, toril, ápero.

rédito
SIN. Beneficio, utilidad, renta, rendimiento, interés, rendición, producto, provento, ganancia, dividendo, lucro.
ANT. *Pérdida.*

redituar
SIN. Rendir, producir, rentar, fructificar.
ANT. *Perder.*

redoblar
SIN. Duplicar, remachar, doblar, bisar, binar, rebinar, repetir, reiterar, agrandar, duplicar, aumentar, tocar, golpear, percutir, tamborilear.
ANT. *Reducir, disminuir, desistir.*

redomado
SIN. Astuto, cauteloso, taimado, socarrón, listo, sagaz, arredomado, ladino, hábil, prudente disimulado.
ANT. *Simple, natural, ingenuo.*

redondear
SIN. Curvar, abombar, tornear, igualar, añadir, descontar, completar, perfeccionar, pulir, terminar, lucrarse, enriquecerse.
ANT. *Enderezar, estropear.*

redondo
SIN. Circular, esférico, orondo, orbicular, esferoidal, cilíndrico, curvo, torneado, oval, discoidal, ovalado, anular, abombado, curvado, claro, rotundo, ecueto, fácil, evidente, perfecto, completo, escueto.
ANT. *Cuadrado, recto, derecho, plano, dudoso, incierto.*

redro
SIN. Detrás, atrás, tras, pos.
ANT. *Delante.*

reducido
SIN. Limitado, pequeño, chico, escaso, corto, estrecho, angosto, par-

vo, exiguo, circunscrito, localizado, disminuido, apretado, ajustado, aminorado.
ANT. *Aumentado, ampliado, grande, ilimitado.*

reducidor
Amér.
SIN. *Amér.* Perista, comprador.
ANT. *Vendedor.*

reducir
SIN. Restringir, disminuir, menguar, rebajar, acortar, atenuar, achicar, estrechar, comprimir, condensar, simplificar, sintetizar, abreviar, moderar, aplacar, domar, vencer, someter, dominar, subyugar, cambiar, convencer, convertir, resultar, consistir, ajustarse.
ANT. *Aumentar, ensanchar, abultar, expandir, esparcir, contagiar, cundir.*

reducto
SIN. Refugio, fortificación, posición, torre, guarida, garita, defensa, ladronera, trinchera.

redundancia
SIN. Sobra, plétora, exceso, abundancia, repetición, sobreabundancia, superabundancia, énfasis, demasía, reiteración, machaconería, superfluidad.
ANT. *Escasez, parquedad, utilidad.*

reduplicar
SIN. Doblar, redoblar, duplicar, reiterar, repetir, bisar, binar, rebinar, aumentar, intensificar.
ANT. *Acortar, disminuir.*

reelegir
SIN. Renovar, ratificar, elegir, confirmar, restaurar, nombrar, designar.
ANT. *Deponer, rechazar.*

reembolso
SIN. Devolución, pago, abono, reintegro, restitución, rescate, compensación.
ANT. *Cobro, recibo, retención.*

reemplazar
SIN. Sustituir, suplir, substituir, reponer, cambiar, relevar, permutar, suceder, desbancar, retirar, subrogar.
ANT. *Proseguir, permanecer, continuar.*

reemplazo
SIN. Sustitución, cambio, reposición, substitución, relevo, renovación, sucesión, suplencia, interinidad, delegación, renovación, quinta, leva, alistamiento.

ANT. *Continuidad, permanencia, licenciamiento.*

refaccionar
Amér.
SIN. Restaurar, reconstruir, reparar, arreglar, componer.
ANT. *Destruir, derrocar.*

refalsado
SIN. Engañoso, falso, engañador, mendaz, ful, fementido, falaz, hipócrita.
ANT. *Sincero, veraz.*

refección
SIN. Piscolabis, refacción, restauración, compostura, muquición, tentempié, refresco, gratificación, indemnización, propina, añadido, arreglo, reparación.
ANT. *Ayuno, comilona, descuento, desarreglo.*

referencia
SIN. Relación, narración, mención, crónica, observación, reseña, anécdota, pormenor, alusión, chisme, murmuración, dependencia, semejanza, remisión, correspondencia, informe, noticia, relato, testimonio, información, certificado, recomendación.
ANT. *Desconocimiento, omisión.*

referir
SIN. Contar, narrar, relatar, reseñar, mencionar, explicar, enlazar, relacionar, encadenar, dirigir, guiar, aludir, citar, detallar, especificar, mentar, remitir, enviar, dirigir, vincular, afectar, competer, versar, respetar.
ANT. *Callar, silenciar, alejar, desvincular.*

refertero
SIN. Quimerista, bravucón, matasiete, perdonavidas, pendenciero, camorrista, duelista, chulo, fiero, provocador, pendenciero.
ANT. *Tímido, pacífico.*

refinado
SIN. Sobresaliente, excelente, fino, distinguido, astuto, pícaro, malicioso, salerte, ladino, elegante, cortés, culto, sibarita, mundano, sensual, señorial, puro, cruel, sagaz, astuto, taimado, depurado, afinado, letrado, purificado, decantado.
ANT. *Vulgar, tosco, sencillo, inculto, impuro, natural, bondadoso.*

refinamiento
SIN. Esmero, perfeccionamiento, afinamiento, pulcritud, primor, ex-

quisitez, elegancia, delicadeza, sofisticación, distinción, afectación, sensualidad, cultura, crueldad, maldad, astucia, ensañamiento, sevicia.

refirmar
SIN. Confirmar, estribar, corroborar, roborar, certificar, apoyar, aseverar, ratificar, revalidar, convalidar, asegurar, afianzar, apuntalar, estribar.
ANT. *Rectificar, negar, debilitar.*

reflejar
SIN. Reverberar, reflectar, irradiar, proyectar, destellar, brillar, refractar, devolver, lanzar, reflexionar manifestar, meditar, cavilar, cogitar, mostrar, aparecer, evidenciar, traslucir, descubrir, expresar.
ANT. *Retener, ocultar, permanecer.*

reflejo
SIN. Reverberación, reverbero, brillo, centelleo, destello, refracción, rebote, resol, viso, fulgor, vislumbre, eco, tornasol, representación, imagen, figuración, duplicado, muestra, automático, involuntario, intuitivo, instintivo, maquinal, natural, innato, condicionado, impensado.
ANT. *Obscuridad, retención, consciente, deliberado, voluntario, pensado.*

reflexión
SIN. Consideración, refleja, cavilación, deliberación, cogitación, meditación, recapacitación, abstracción, recogimiento, reconcentración, advertencia, consejo, cálculo, pensamiento, examen, quebradero, razonamiento, juicio, estudio, especulación, sugerencia, cordura, madurez, cautela.
ANT. *Irreflexión, despreocupación, imprudencia, extroversión.*

reflexionar
SIN. Meditar, cavilar, discurrir, cogitar, rumiar, pensar, considerar, especular, recapacitar, ensimismarse, preocuparse, deliberar, examinar, juzgar, ponderar, filosofar, analizar, estudiar, discernir, criticar, dudar.
ANT. *Desatender, ignorar, inadvertir, despreocuparse.*

refocilar
SIN. Deleitar, recrear, solazar, alegrar, divertir, gozar, regodear, entretener, gustar, saborear.
ANT. *Mourrirse, entristecerse, languidecer.*

reformar

SIN. Arreglar, reparar, restaurar, corregir, enmendar, modificar, rectificar, rehacer, restablecer, ordenar, destituir, disminuir, rebajar, renovar, cambiar, quitar, reponer, revolucionar, enmendarse, corregirse, remozarse, mejorarse, contenerse, comportarse.

ANT. *Conservar, mantener, desenfrenarse, desmoralizarse.*

reforzar

SIN. Aumentar, intensificar, añadir, engrosar, acentuar, fortalecer, endurecer, robustecer, apuntalar, apoyar, proteger, guarnecer, alentar, animar, confortar, rebatir, tonificar, reanimar.

ANT. *Debilitar, disminuir, desalentar, desanimar.*

refractario

SIN. Opuesto, reacio, enemigo, contrario, rebelde, insumiso, indócil, incompatible, inadaptable, renuente, testarudo, resistente, incombustible, ininflamable, irreductible.

ANT. *Obediente, dócil, inflamable.*

refrán

SIN. Sentencia, proverbio, decir, apotegma, máxima, dicho, axioma, adagio, paremia, fórmula, estribillo, aforismo.

refregar

SIN. Estregar, frotar, fricar, restregar, friccionar, ludir, rozar, rascar, manosear, estrujar, masajear, mortificar.

ANT. *Suavizar, acariciar.*

refregón

SIN. Refregadura, restregadura, restregamiento, refregamiento, roce, rozamiento, estregadura, estregamiento, manoseo, friega, sobo, fricción, restregón.

ANT. *Suavidad, caricia.*

refrenar

SIN. Reprimir, sujetar, sofrenar, frenar, comprimir, contener, moderar, corregir, parar, cohibir, templar, dominar, comedir, aguantar, mesurar, vencerse.

ANT. *Soltarse, desmandarse, desbocarse, incitarse.*

refrendar

SIN. Avalar, autorizar, respaldar, aprobar, permitir, confirmar, legalizar.

ANT. *Denegar, desaprobar, vetar.*

refrescar

SIN. Atemperar, refrigerar, enfriar, abanicar, helar, beber, mitigar, sedar, calmar, recordar, renovar, evocar, revivir, memorar, reanimar, vivificar.

ANT. *Acalorarse, calentar, olvidar.*

refriega

SIN. Choque, pelea, gresca, morrote, zipizape, agarrada, combate, encuentro, contienda, alboroto, riña, disputa, reyerta, conflicto.

ANT. *Paz, armonía.*

refrigerar

SIN. Congelar, enfriar, refrescar, helar, atemperar, aterir, reanimarse, reponerse.

ANT. *Calentar, abrasar.*

refuerzo

SIN. Socorro, ayuda, reparo, apoyo, asistencia, auxilio, favor, amparo, cooperación, sostén, arrimo, seguridad, firmeza, ribete, contrafuerte, escudo, puntal.

ANT. *Debilidad, desamparo.*

refugiar

SIN. Amparar, acoger, socorrer, asilar, asistir, salvar, auxiliar, guarecer, cobijar, esconderse, ocultarse, retraerse, retirarse, guarecerse, defenderse, resguardarse.

ANT. *Perseguir, desasistir, exponerse, salir.*

refugio

SIN. Acogida, asilo, amparo, protección, cobijo, albergue, abrigo, cobijamiento, regazo, puerto, hospitalidad, cotarro, ayuda, retiro, seno, guarida, hospedaje, seguridad, defensa, hogar, nido, agujero, cueva.

ANT. *Desamparo, abandono, hostilidad.*

refulgente

SIN. Radiante, resplandeciente, luminoso, brillante, rutilante, coruscante, esplendente, fúlgido, fulgente, fulgurante, relumbrante, reluciente, chispeante, relampagueante, espléndido, tornasolado.

ANT. *Apagado, velado, opaco.*

refundir

Amér.

SIN. Extraviarse, perderse.

ANT. *Reencontrarse.*

refunfuñar

SIN. Rezongar, rumbar, rumiar, gruñir, murmurar, renegar, zumbar, sisear, mascullar reprochar, bufar, regañar.

ANT. *Gritar, elogiar, alabar.*

refutación

SIN. Impugnación, contradicción, confutación, objeción, rebatimiento, argumento, mentís, réplica, rechazo, rectificación, respuesta, desmentido, controversia, negativa, oposición, ataque, repulsa.

ANT. *Aprobación, afirmación, acuerdo.*

refutar

SIN. Impugnar, rebatir, objetar, contradecir, opugnar, redargüir, confutar, argumentar, recusar, rechazar, negar, combatir, replicar, atacar, desmentir, disentir, criticar.

ANT. *Asentir, admitir, acordar, aprobar.*

regadío

SIN. Cultivo, parcela, huerta, plantío, sembrado, plantación, fértil, regable.

ANT. *Yermo, secano.*

regalar

SIN. Acariciar, halagar, barbillear, agradar, complacer, recrear, deleitar, obsequiar, dar, donar, entregar, agasajar, festejar, conceder, ofrecer, ofrendar, dedicar, divertirse, alegrarse, solazarse, gozar, reconfortarse, derretir, destilar, rezumar, fluir, chorrear.

ANT. *Pedir, recibir, vender, retener, aburrirse, secar.*

regalo

SIN. Obsequio, agasajo, donación, entrega, ofrenda, propina, aguinaldo, donativo, cesión, cortesía, fineza, dádiva, presente, don, bienestar, descanso, comodidad, conveniencia, gusto, placer, contentamiento, placimiento, placibilidad, complacencia, deleite, molicie, gozo, goce.

ANT. *Recepción, préstamo, venta, daño, disgusto, desagrado.*

regañar

SIN. Reprender, reñir, reconvenir, sermonear, amonestar, disputar, contender, reprehender, roñar, solfear, recriminar, censurar, acusar, increpar, reprobar, atacar, enemistarse, enfadarse, irritarse, romper, distanciarse, separarse, indisponerse.

ANT. *Elogiar, aplaudir, reconciliar, amistarse.*

regaño

SIN. Reconvención, reprensión, regañina, sermoneo, rociada, bronca,

reprimenda, sermón, admonición, filípica, reproche, amonestación, censura, crítica, reto (Amér.), correctivo, repaso.
ANT. *Loa, aplauso, elogio, piropo.*

regar
SIN. Asperjar, rociar, rujíar, abrevar, baldear, aspergear, aspergir, irrigar, bañar, mojar, humedecer, aguar, empapar, canalizar, duchar, encharcar, esparcir, derramar, verter, chorrear.
ANT. *Secar, desecar.*

regate
SIN. Quiebro, esguince, marro, esguive, escorzo, dribling, amago, lance, finta, habilidad, escape, efugio, pretexto.
ANT. *Torpeza, rigidez.*

regazo
SIN. Refugio, consuelo, seno, ayuda, amparo, cobijo, falda, enfaldo.
ANT. *Desamparo, desconsuelo.*

regenerar
SIN. Restablecer, mejorar, reconstruir, renovar, rehacer, reparar, reactivar, arreglar, salvar, redimir, reeducar, innovar, perfeccionar.
ANT. *Declinar, empeorar, pervertir.*

régimen
SIN. Gobierno, administración, constitución, reglamento, sistema, precepto, orden, dieta, templanza, moderación, ayuno, cura, abstinencia, sobriedad.
ANT. *Desorden, anarquía, abuso, exceso.*

regio
SIN. Mayestático, majestuoso, grandioso, magnífico, ostentoso, espléndido, suntuoso, soberbio, fastuoso, grande, señorial, lujoso, real, palatino, principesco, soberano.
ANT. *Humilde, sórdido, plebeyo.*

región
SIN. Territorio, zona, país, comarca, departamento, demarcación.

regir
SIN. Mandar, gobernar, ordenar, dirigir, reinar, reglamentar, determinar, administrar, encarrilar, encauzar, senderear, guiar, conducir, llevar, manejar, orientar, exigir, requerir, demandar.
ANT. *Obedecer, someterse, descarriar, desorientarse.*

registrar
SIN. Examinar, reconocer, sondear,

rastrear, explorar, buscar, mirar, revolver, cachear, inspeccionar, escudriñar, percrutar, copiar, apuntar, notar, anotar, sentar, señalar, matricular, inscribir, catalogar, inventariar, escribir, archivar, encartar, consignar, matricular, grabar, imprimir, acaecer, suceder.
ANT. *Desinteresarse, borrar, anular.*

regla
SIN. Norma, estatuto, precepto, máxima, canon, compás, fórmula, disciplina, código, sistema, ordenanza, técnica, orden, habitud, modelo, costumbre, pauta, principio, ley, renglón, rasero, rasilla, plantilla, cuadradillo, escuadra, cartabón, moderación, templanza, menstruación, mes.
ANT. *Desconcierto, indisciplina, desorden, anarquía, menopausia.*

reglado
SIN. Parco, templado, frugal, morigerado, mesurado, moderado, metódico, sobrio, contenido, templado, compasado, regulado, reglamentado, normalizado.
ANT. *Exagerado, desenfrenado, irregular, desordenado.*

reglar
SIN. Ajustar, corregir, regular, rectificar, reglamentar, condicionar, sistematizar, trazar, medir, rayar, adaptarse, acomodarse, comedirse, reformarse, guiarse, regirse, reducirse.
ANT. *Desarreglar, desajustar, descomedirse.*

reglamento
SIN. Articulado, ordenamiento, ordenación, estatuto, orden, código, ordenanza, norma, sistema, articulación, tratado, ley, pauta.
ANT. *Desorden, ilegalidad.*

regocijar
SIN. Gozar, contentar, alborozar, alegrar, satisfacer, letificar, desmelancolizar, animar, divertir, entretener, regodearse, holgarse, embromar, retozar, exaltar, deleitar, ufanarse, festejar, contentarse.
ANT. *Llorar, sufrir, aburrirse.*

regocijo
SIN. Júbilo, alborozo, satisfacción, gozo, alegría, gusto, titiritaina, jocundidad, godeo, contento, placer, contentamiento, jolgorio, holgorio, regodeo, jovialidad, cordialidad, deleite, animación, dicha, entusias-

mo, risa, diversión, bulla, juerga, festejo.
ANT. *Disgusto, tristeza, hastío, fastidio.*

regodearse
SIN. Refocilarse, regocijarse, divertirse, alborozarse, deleitarse, complacerse, regalarse, recrearse, alegrarse, entusiasmarse, disfrutar, holgarse.
ANT. *Lamentarse, disgustarse.*

regodeo
SIN. Diversión, fiesta, solaz, escorrozo, refocilación, refocilo, júbilo, regocijo, alborozo, alegría, holgorio, jolgorio, gozo, placer, paladeo, deleite.
ANT. *Aburrimiento, hastío.*

regresar
SIN. Volver, retornar, venir, tornar, reanudar, devolver (Amér.), revolver, reemprender, reintegrarse, llegar.
ANT. *Salir, marcharse, partir.*

regreso
SIN. Retorno, vuelta, venida, regresión, torna, tornadura, tornada, reintegro, llegada, reaparición, repatriación, recuperación.
ANT. *Marcha, ida, partida.*

regüeldo
SIN. Eructo, vapor, taco, eruto, eructación, erutación, jactancia.

regular
SIN. Reglar, ajustar, uniformar, computar, regularizar, pautar, disciplinar, moderar, modificar, sistematizar, controlar, mandar, graduar, establecer, normar (Amér.), preceptuar, organizar, regulado, regularizado, medido, metódico, uniformado, exacto, reglamentado, limitado, cadencioso, continuo, sistemático, periódico, normal, estable, usual, reiterado, mediocre, mediano, vulgar, trivial, corriente, adocenado, prudente, moderado, limitado.
ANT. *Irregular, desigual, amorfo, desajustado, desmedido, desordenado, desarreglar, desordenar, desorganizar.*

regularidad
SIN. Periodicidad, disciplina, normalidad, regulación, uniformidad, método, orden, carencia, ritmo, precisión, exactitud, equilibrio, observancia.
ANT. *Irregularidad, desorden.*

regularizar

SIN. Ordenar, regular, reglar, reglamentar, pautar, normalizar, uniformar, metodizar, ajustar, armonizar, disciplinar, ordenar, organizar, estatuir, codificar, establecer, graduar, computar.

ANT. *Desordenar, desajustar, desorganizar.*

rehabilitar

SIN. Reivindicar, restablecer, reponer, reinstalar, restituir, vindicar, redimir, rescatar, reparar, reeducar, purificar, desagraviar.

ANT. *Destituir, deponer, descarriar.*

rehacer

SIN. Reponer, reparar, renovar, reconstruir, reedificar, restaurar, restablecer, reanimarse, sobreponerse, recobrarse, serenarse, calmarse, recuperarse, fortalecerse, sosegarse.

ANT. *Destruir, derribar, debilitarse, empeorar.*

rehén

SIN. Prisionero, retenido, secuestrado, encerrado, garantía, seguro, prenda, fianza.

ANT. *Secuestrador, liberado, canjeado.*

rehílete

SIN. Banderilla, palo, flechilla, volante, pulla, mordacidad, zaherimiento, ironía, indirecta, burla.

ANT. *Elogio, alabanza.*

rehoyo

SIN. Rehoya, barranco, barranca, barranquera, pozo, cárcava.

rehuir

SIN. Esquivar, rehusar, evitar, repugnar, retirar, apartar, rechazar, excusar, eludir, soslayar, denegar, aislarse, apartarse, retraerse, hurtarse.

ANT. *Aceptar, afrontar, encavarse, relacionarse.*

rehusar

SIN. Rehuir, excusar, repeler, rechinar, repudiar, rechazar, esquivar, apartar, negarse, oponerse, desechar, declinar, desestimar, excluir, despedir.

ANT. *Admitir, acoger, aprobar, aceptar.*

reinar

SIN. Imperar, dominar, prevalecer, predominar, regir, gobernar, sojuzgar, someter, señorear, sobresalir,

destacar, haber, existir.

ANT. *Obeceder, dimitir.*

reincidir

SIN. Recaer, repetir, reiterar, incurrir, reanudar, indisciplinarse.

ANT. *Desistir, abandonar, escarmentar.*

reino

SIN. Feudo, dominio, país, nación, territorio, mando, monarquía, ámbito, terreno, campo, especialidad, extensión.

reír

SIN. Sonreír, desternillar, carcajear, mearse, burlarse, chancearse, mofarse, ridiculizar, bromear, embromar, ofender, humillar.

ANT. *Llorar, gemir, sollozar, suspirar.*

reintegrar

SIN. Devolver, restituir, restablecer, pagar, satisfacer, reponer, resarcir, compensar, recobrarse, reembolsarse, reincorporarse, regresar.

ANT. *Conservar, retener, quedarse.*

reiterar

SIN. Redoblar, repetir, reproducir, iterar, reincidir, redecir, instar, porfiar, replicar, redundar, insistir.

ANT. *Abandonar, desistir, dejar.*

reivindicar

SIN. Recuperar, reclamar, exigir, demandar, pedir, solicitar, protestar, requerir, exhortar, instar, vindicar, desagraviar, restituir.

ANT. *Renunciar, entregar, desistir, denegar.*

reja

SIN. Verja, enrejado, cerca, celosía, barrotes, varillas, rejilla, parrilla, cancela, rastrillo.

rejo

SIN. Punta, púa, aguijón, fuerza, robustez, raicilla, radícula.

ANT. *Pusilanimidad, cobardía.*

rejo

Amér.

SIN. Azote, látigo, flagelo, disciplinas.

rejuvenecer

SIN. Fortalecer, remozar, vigorizar, renovar, modernizar, actualizar, reverdecer, reanimar, entonar, vivificar, aniñarse, revivir, refrescar.

ANT. *Envejecer.*

relación

SIN. Proporción, correspondencia, unión, coherencia, afinidad, analogía, contacto, consonancia, trato, orden, causa, encadenamiento, connotación, conexión, armonía, semejanza, articulación, igualdad, casualidad, comunicación, congruencia, lazo, nexo, sociedad, conjunto, sistema, asociación, relato, cuento, informe, descripción, reseña, informe, lista, índice, catálogo, reparto, inventario, censo, menú, rol, factura, amistad, trato, noviazgo, conocimiento, amigos.

ANT. *Desunión, desconexión, desvinculación, separación, disolución, oposición, desemejanza, enemistad.*

relacionar

SIN. Concernir, afectar, atañer, respetar, corresponder, referirse, enlazar, engranar, acoplar, alternar, vincular, tratar, connotar, coordinar, casar, concordar, deducir, unir, ligar, juntar, organizar, inferir, parecerse, semejarse, narrar, referir, describir, relatar, contar, catalogar, inventariar, enrolar, articular, enumerar.

ANT. *Desunir, separar, desconectar, silenciar, callar, desorganizar, desarticular.*

relajación

SIN. Relajamiento, laxitud, laxación, quebradura, relajo, relax, flaccidez, descanso, diversión, alivio, atenuación, desahogo, distorsión, hernia, depravación, inmoralidad, desenfreno, corrupción, licencia, vicio.

ANT. *Tensión, agarrotamiento, cansancio, moralidad, virtud.*

relajar

SIN. Debilitar, aflojar, laxar, suavizar, ablandar, desmadejar, mullir, distender, sosegar, tranquilizar, quebrarse, herniarse, corromperse, envilecerse, desmandarse, malearse, entretenerse, divertirse, soltarse.

ANT. *Tensar, agarrotar, endurecer, regenerarse, perfeccionarse, aburrirse.*

relamido

SIN. Recompuesto, afectado, repulido, lamido, almidonado, estirado, soplado, vano, pulcro, compuesto, acicalado, presumido, emperifollado.

ANT. *Natural, abandonado, desastrado.*

relámpago
SIN. Resplandor, chispa, centella, rayo, descarga, relumbrón, meteoro, chispazo, exhalación, viveza, ingenio, agudeza.
ANT. *Oscuridad, torpeza.*

relanzar
SIN. Rechazar, repeler, repudiar, desechar, rehusar.
ANT. *Aceptar.*

relatar
SIN. Referir, contar, relacionar, narrar, describir, reseñar, mencionar, explicar, exponer, declarar, recitar, referir, detallar, decir.
ANT. *Callar, omitir.*

relatividad
SIN. Relativismo, determinismo, pragmatismo, comparación, contacto, concernencia, referencia, correlación, indeterminación, limitación.
ANT. *Determinación, incoherencia.*

relativo
SIN. Concerniente, relacionado, referente, tocante, respectivo, perteneciente, atañedero, correlativo, dependiente, conexo, condicional, condicionado, comparativo, accidental, temporal, mudable, contingente, cierto, poco.
ANT. *Absoluto, incondicional, distinto, contrario, rotundo, definitivo, definido, fijo, mucho.*

relato
SIN. Relación, narración, descripción, cuento, informe, fábula, reseña, anécdota, historieta, exposición, recitación, referencia, crónica, historia, novela, leyenda, memorias, versión, pormenor, conseja.
ANT. *Omisión, silencio.*

relegar
SIN. Extrañar, desterrar, arrinconar, despreciar, rechazar, desechar, apartar, posponer, deportar, confinar, excluir, repudiar, aislar.
ANT. *Aceptar, admitir, repatriar.*

relevante
SIN. Eximio, excelente, sobresaliente, superior, óptimo, soberano, selecto, soberbio, descollante, notable, extraordinario.
ANT. *Insignificante, corriente, vulgar.*

relevar
SIN. Substituir, reemplazar, cambiar, turnarse, suplir, permutar, destituir, liberar, mudar, eximir, absolver, perdonar, dispensar, excusar, realzar, enaltecer, engrandecer, exaltar, remediar, ayudar, auxiliar, socorrer.
ANT. *Mantener, acusar, castigar, humillar.*

relieve
SIN. Prominencia, saliente, realce, lomo, bulto, resalto, importancia, renombre, mérito, grandeza, brillo, magnitud, sobras, residuos, restos, posos.
ANT. *Oquedad, concavidad, humildad, insignificancia.*

religiosidad
SIN. Piedad, devoción, fe, convencimiento, dogma, observancia, creencia, fervor, unción, puntualidad, exactitud, precisión, estrictez, rigor, escrupulosidad.
ANT. *Impiedad, ateísmo, escepticismo, indiferencia, agnosticismo, incredulidad, paganismo, dejadez, negligencia.*

religioso
SIN. Fiel, devoto, pío, profeso, piadoso, místico, creyente, virtuoso, sacerdote, fraile, ordenado, confesional, parco, moderado, mesurado, puntual, diligente, estricto, escrupuloso, frugal, humilde, exacto, metódico, cumplidor, concienzudo.
ANT. *Impío, irreverente, seglar, ateo, gentil, pagano, escéptico, descreído, negligente, incumplidor.*

reliquia
SIN. Resto, señal, vestigio, relicario, sepulcro, secuela, achaque, lacra, deficiencia, antigualla, anacronismo, vejestorio.
ANT. *Novedad, juventud.*

reloj
SIN. Cronógrafo, cronómetro, hora, índice.

reluciente
SIN. Resplandeciente, brillante, coruscante, esplendente, esplendoroso, relumbrante, fulgurante, luciente, lucífero, centelleante, relumbroso, terso, pulido, gordo, lúcido, saludable.
ANT. *Opaco, apagado, delgado.*

relucir
SIN. Resplandecer, relumbrar, lucir, brillar, coruscar, fulgurar, chispear, centellear, resaltar, sobresalir, destacar, pulir, barnizar.
ANT. *Oscurecer, apagar, deslustrar.*

relumbrar
SIN. Resplandecer, brillar, lucir, relucir, destellar, esplender, rutilar, chispear, deslumbrar, cegar.
ANT. *Obscurecer, apagarse.*

relumbrón
SIN. Relumbro, oropel, centelleo, destello, fulgor, brillo, chispazo, relámpago, lujo, aparato, apariencia, ostentación, efectismo.
ANT. *Obscuridad, sencillez, autenticidad.*

relleno
SIN. Repleto, atiborrado, rebosante, denso, macizo, copioso, pletórico, harto, saturado, colmado, inflado, superfluo, innecesario, sobrante, empaste, picadillo, paja.
ANT. *Hueco, vacío, esencial, importante.*

remachar
SIN. Recalcar, insistir, confirmar, robustecer, fortalecer, acentuar, asegurar, repetir, aplastar, machacar, redoblar, doblar, clavar.
ANT. *Olvidar, abandonar, desclavar, separar.*

remanente
SIN. Resto, residuo, sobras, sobrante, sedimento, exceso, pozo, heces, escoria, restante, huella, vestigio, liquidación, saldo.
ANT. *Totalidad, carencia.*

remanso
SIN. Pachorra, lentitud, flema, roncería, balsa, laguna, poza, hoya, vado, meandro, olla, restaño.
ANT. *Rapidez, actividad, corriente, rápido.*

remar
SIN. Bogar, batir, palear, ciar, avanzar, cinglar.
ANT. *Retroceder.*

rematar
SIN. Acabar, concluir, terminar, finalizar, finiquitar, arrematar, finir, apurar, afianzar, consumar, completar, consumir, agotar, subastar, pujar, vender, adjudicar, liquidar, eliminar, matar, suprimir, exterminar.
ANT. *Iniciar, comenzar, adquirir, perdonar, respetar.*

remate
SIN. Término, rematamiento, terminación, acabo, consumación,

fin, cabo, punta, extremidad, adorno, complemento, penacho, puja, subasta, venta, liquidación, oferta, almoneda, capitel.
ANT. *Comienzo, inicio, compra, retención, base.*

remate
Amér.
SIN. Subasta, liquidación, concurso, subastación.

remedar
SIN. Parodiar, imitar, copiar, contrahacer, simular, reproducir, fingir, emular, plagiar, fusilar, hurtar, tomar, burlarse bromear.
ANT. *Crear, inventar, respetar, honrar.*

remediable
SIN. Corregible, reparable, curable, subsanable, evitable, reformable, restaurable, mejorable, perfectible, compensable, renovable.
ANT. *Irremediable, irreparable, inevitable, insalvable.*

remediar
SIN. Enmendar, reparar, corregir, subsanar, aliviar, socorrer, componer, reconstruir, desagraviar, compensar, evitar, impedir, curar, salvar, reformar, apuntalar, zurcir, coser, ayudar, aliviar, socorrer, ofrecer.
ANT. *Deteriorar, destruir, desatender, desamparar, negar.*

remedio
SIN. Cura, tratamiento, medicamento, panacea, fármaco, elixir, tónico, pócima, mejunje, medicina, específico, corrección, enmienda, recurso, refugio, auxilio, satisfacción, compensación, desagravio, reparación, rectificación, arreglo, solución, favor, consuelo, socorro, salida, medio.
ANT. *Tóxico, enfermedad, mal, deterioro, empeoramiento, desamparo, indiferencia.*

remedo
SIN. Imitación, copia, parodia, caricatura, burla, calco, simulacro, refrito, duplicado, fusilamiento, farsa, bufonería.
ANT. *Originalidad, invención, elogio.*

rememorar
SIN. Memorar, recordar, conmemorar, remembrar, membrar, evocar, acordar, invocar, revivir, aludir, repasar, mencionar, citar.
ANT. *Olvidar, omitir.*

remendar
SIN. Reparar, componer, zurcir, recoser, enmendar, corregir, emendar, rectificar, repasar, coser, apedazar, completar, destinar.
ANT. *Romper, estropear.*

remesa
SIN. Envío, remisión, misión, partida, expedición, carga, pedido, facturación, transporte, bulto.
ANT. *Recibo, importación.*

remesar
SIN. Expedir, remitir, inviar, imbiar, exportar, mandar, enviar, facturar.
ANT. *Recibir.*

remiendo
SIN. Reparación, compostura, enmienda, arreglo, composición, parche, pieza, culera, recosido, zurcido, refuerzo, soldadura, empalme, costura, cosido.
ANT. *Deshecho, destrozo.*

remilgado
SIN. Recompuesto, relamido, repulido, afectado, dengoso, melifluo, lamido, rebuscado, melindroso, pedante, sofisticado, dengue, blandengue, cursi, ñoño.
ANT. *Sencillo, sobrio, natural, elegante.*

remiso
SIN. Dejado, flojo, reacio, calmo, calmudo, pachorrudo, moroso, renuente, tardo, lento, remolón, perezoso, indeciso, vacilante, perplejo, recalcitrante, irresoluto.
ANT. *Resuelto, activo, decidido.*

remisor
Amér.
SIN. Remitente, expedidor, librador.
ANT. *Destinatario, librado.*

remitir
SIN. Expedir, remesar, mandar, facturar, consignar, reenviar, exportar, enviar, dejar, diferir, aplacar, suspender, dilatar, ceder, perdonar, liberar, eximir, disminuir, aflojar, dispensar, indultar, retrasar, bajar, debilitar, aplacar, aludir, atenerse, someterse.
ANT. *Acoger, recibir, condenar, arreciar.*

remocho
SIN. Brote, retoño, vástago, vástiga, renuevo, brota, retallo, hijo, pimpollo, rebrote.

remojar
SIN. Mojar, empapar, humedecer, irrigar, calar, bañar, bautizar, llover, inmergir, chorrear, convidar, festejear, celebrar.
ANT. *Secar, airear, evaporar.*

remojo
Amér.
SIN. Propina, gratificación, recompensa, plus, extra.

remolino
SIN. Vórtice, tolvanera, gorga, gorfe, tumulto, efervescencia, vorágine, torbellino, confusión, desorden, amontonamiento, disturbio, alteración, tromba, turbulencia, ciclón, tifón, borrasca, gentío.
ANT. *Paz, sosiego, calma.*

remolón
SIN. Flojo, perezoso, maula, haragán, pigre, gandul, vago, poltrón, reacio, indolente, remiso, muelle, inactivo, apático, tranquilo, pachorrudo.
ANT. *Vivo, activo, dinámico.*

remontar
SIN. Recomponer, renovar, enaltecer, ensalzar, alzar, elevar, exaltar, encumbrar, sublimar, subir, ascender, volar, despegar, escalar, vencer, superar, retrotraerse.
ANT. *Descender, bajar, censurar.*

remordimiento
SIN. Pesar, dolor, inquietud, arrepentimiento, preocupación, desazón, pena, pesadumbre, malestar, sinsabor, disgusto, compunción.
ANT. *Consuelo, calma, sosiego.*

remoto
SIN. Distante, apartado, mediato, lejano, retirado, antiguo, viejo, inmemorial, inmemorable, arcaico, pretérito, pasado, rancio, desusado, tradicional, fósil, antidiluviano, improbable, incierto.
ANT. *Nuevo, presente, actual, cierto, seguro.*

remover
SIN. Mover, agitar, sacudir, menear, solucionar, obviar, evitar, eludir, arrancar, extirpar, deponer, despedir, echar, relevar, arrancar, promover, activar, resolver, descubrir.
ANT. *Mantener, inmovilizar, parar, reponer, fijar, abandonar, despreocuparse.*

remozar
SIN. Robustecer, renovar, vivificar,

vigorizar, rejuvenecer, reverdecer, reformar, innovar, arreglar, regenerar, restablecer, rehabilitar.
ANT. *Envejecer, anticuarse, debilitarse.*

remuneración

SIN. Recompensa, salario, pago, jornal, mesada, estipendio, asignación, sueldo, gratificación, premio, retribución, soldada, honorarios, subvención, haberes, paga, dieta, compensación, mensualidad.
ANT. *Descuento, exacción.*

remunerar

SIN. Retribuir, premiar, recompensar, gratificar, galardonar, asalariar, estipendiar, pagar, devengar, compensar.
ANT. *Deber, descontar, deducir.*

remusgar

SIN. Sospechar, barruntar, conjeturar, recelar, presentir, celar, maliciar, desconfiar, temer, suponer, alertar.
ANT. *Confiar, asegurar.*

renacer

SIN. Volver, resucitar, revivir, avivar, florecer, reverdecer, resurgir, renovarse, restaurar, continuar, retoñar.
ANT. *Morir, desaparecer, marchitar.*

rencilla

SIN. Riña, cuestión, contienda, cachetina, rifirrafe, pelotera, disputa, pelea, pique, altercado, discordia, desavenencia, conflicto.
ANT. *Sosiego, tranquilidad, paz.*

rencor

SIN. Aborrecimiento, odio, resentimiento, encono, hincha, enemiga, fila, ojeriza, tirria, enemistad, fobia, inquina, malevolencia, antipatía, acritud, hostilidad, saña, animadversión.
ANT. *Bondad, afecto, simpatía, benevolencia.*

rencoroso

SIN. Resentido, vengativo, esquinado, torvo, cruel, duro, violento, odioso, hostil, resentido, testarudo, sañudo, rencilloso, enconado, malintencionado.
ANT. *Amable, simpático, indulgente, amigo.*

rendición

SIN. Entrega, capitulación, acatamiento, sometimiento, sumisión, rendimiento, subyugación, derrota, pleitesía, servilismo, postración, acato, esclavitud, subordinación.
ANT. *Resistencia, rebeldía, lucha, victoria, desacato.*

rendido

SIN. Obsequioso, enamorado, galante, cortés, sometido, jusmeso, acatante, obediente, dócil, sumiso, cansado, servil, esclavo, vasallo, fatigado, agotado, extenuado, molido.
ANT. *Grosero, indócil, rebelde, enérgico, descansado.*

rendija

SIN. Hendidura, hendedura, raja, grieta, rafa, abertura, rehendija, hendija, fisura, intersticio, resquicio, ranura, mella, juntura.
ANT. *Unión, continuidad.*

rendimiento

SIN. Fatiga, cansancio, agotamiento, debilidad, laxitud, aplanamiento, desmayo, rendición, subordinación, sumisión, humildad, acatamiento, fineza, cortesía, galantería, ganancia, beneficio, rédito, utilidad, producto, renta, lucro, productividad, dividendo, usufructo, producción.
ANT. *Actividad, descanso, descortesía, pérdida, perjuicio.*

rendir

SIN. Producir, lucrar, dar, redituar, beneficiar, ocasionar, sumar, cundir, vencer, guerrear, capitular, sucumbir, acatar, entregar, doblegar, cejar, someter, humillar, fatigarse, extenuarse, cansarse, jadear, reventarse, dar, ofrecer, entregar, ofrendar, traspasar, trasmitir.
ANT. *Resistir, rebelarse, soportar, aguantar, defender, descansar, retener, reanimarse, quedarse.*

rendir

Amér.
SIN. Cundir, aumentar, multiplicarse.
ANT. *Menguar, reducir.*

renegado

SIN. Maldiciente, apóstata, negado, desertor, traidor, perjuro, chaquetero, fementido, blasfemo, desabrido, murmurador, chismoso, desapacible, malhumorado, protestón, cascarrabias, áspero.
ANT. *Leal, fiel, amable, dulce.*

renegar

SIN. Blasfemar, jurar, maldecir, perjurar, pesiar, vituperar, insultar, abominar, detestar, apostatar, execrar, desertar, traicionar, abjurar, negar, cesar, apartarse, aborrecer, rumiar, gruñir, refunfuñar, rezar, quejarse.
ANT. *Permanecer, quedarse, bendecir, venerar, ensalzar, elogiar.*

reniego

SIN. Juramento, blasfemia, taco, execración, voto, venablo, palabrota, peste, maldición, vituperio.
ANT. *Bendición, alabanza, elogio.*

renitencia

SIN. Repugnancia, asco, nolición, noluntad, repulsión, repelo, aversión, disgusto, desgana, tirria.
ANT. *Atracción, simpatía.*

renombrado

SIN. Conocido, afamado, sonado, memorable, caracterizado, acreditado, reputado, prestigioso, famoso, insigne, célebre, popular, egregio, ilustre, preclaro, notable, memorable.
ANT. *Anónimo, ignorado, desconocido.*

renombre

SIN. Crédito, reputación, popularidad, nombradía, prez, fama, honra, gloria, honor, celebridad, opinión, estima, aureola, lustre, brillo, realce, prestigio, popularidad, relieve.
ANT. *Descrédito, anonimato, impopularidad.*

renovar

SIN. Restablecer, remudar, rejuvenecer, reformar, reconstruir, reemplazar, modernizar, remozar, refrescar, reparar, retoñar, reorganizar, reanudar, continuar, proseguir, reelegir, trocar, cambiar, repetir, reiterar, resurgir, reanimar, revivir, resucitar.
ANT. *Mantenerse, conservarse, pararse, envejecer.*

renovero

SIN. Logrero, usurero, mohatrero, judío, gitano.
ANT. *Generoso.*

renquera

Amér.
SIN. Cojera, cojez, deformidad, falta, defecto.

renta

SIN. Rédito, rendimiento, utilidad, beneficio, producto, rendición, in-

terés, rento, censo, fruto, rentabilidad, devengo, título, cupón, pensión, jubilación, canon, arriendo, capital, medios, riqueza, posibles.
ANT. *Pago, pérdida, perjuicio.*

rentar
SIN. Redituar, producir, fructificar, rendir, devengar, dar, arrendar, proporcionar.
ANT. *Perder, perjudicar.*

rentero
SIN. Colono, tributario, locatario, casero, quintero, masadero, arrendatario.
ANT. *Arrendador, dueño.*

renuente
SIN. Indócil, reacio, remiso, desobediente, refractario, remitente, reluctante, antagónico.
ANT. *Dócil, sumiso, dispuesto.*

renuevo
SIN. Retoño, brote, vástago, remocho, pimpollo, vástiga, renovación, yema, tallo, hijo.

renuncia
SIN. Renunciación, renuncio, dejamiento, dejo, cesión, abandono, despedida, dimisión, abdicación, cese, retirada, retiro, entrega, transmisión, resignación, renunciamiento, dejación, desistimiento, claudicación, entrega, roto, abnegación, inmolación.
ANT. *Permanencia, vigencia, readmisión, egoísmo.*

renunciar
SIN. Dimitir, abandonar, desistir, despreciar, abdicar, dejar, resignar, arrinconar, prescindir, cesar, declinar, ceder, abjurar, rechazar, desertar, inmolar, desprenderse, privarse, sacrificarse.
ANT. *Quedarse, permanecer, mantener, coger, tomar.*

renuncio
SIN. Falta, contradicción, trola, embuste, bola, cuento, mentira.
ANT. *Verdad.*

reñido
SIN. Porñado, sangriento, desavenido, desamigado, hostil, encarnizado, duro, disputado, enemistado, enojado, enfadado, peleado, inimicísimo, tirante, empeñado, feroz, acalorado, rabioso, enfurecido, enemigo.
ANT. *Amigo, amistoso, sosegado, tranquilo.*

reñir
SIN. Disputar, contender, pelear, luchar, altercar, pendenciar, pelotear, fuñar, batallar, pleitear, lidiar, litigar, pugnar, enzarzarse, querellarse, armarla, discutir, sermonear, reprender, amonestar, regañar, reconvenir, enemistarse, disgustarse, querellarse.
ANT. *Unirse, reconciliarse, pacificar, loar, alabar.*

reo
SIN. Criminoso, culpable, delincuente, demandado, culpado, inculpado, encartado, acusado, criminal, malhechor, procesado, vez, tanda, turno.
ANT. *Virtuoso, bueno.*

reorganizar
SIN. Organizar, restablecer, mejorar, reparar, reconstruir, modificar, cambiar, restaurar.
ANT. *Desorganizar, desordenar, empeorar.*

repantigarse
SIN. Arrellanarse, repanchigarse, acomodarse, retreparse, sentarse, descansar, apoltronarse, estirarse.
ANT. *Levantarse, enderezarse.*

reparable
SIN. Remediable, subsanable, enmendable, rectificable, evitable, reformable, curable.
ANT. *Irreparable, incorregible, irremediable.*

reparación
SIN. Compostura, arreglo, renovación, reforma, remedio, enmienda, reparo, reparamiento, restauración, apaño, adobo, saneamiento, desagravio, satisfacción, indemnización, excusa, venganza, expiación, represalia, compensación.
ANT. *Abandono, destrucción, ofensa, agravio.*

reparar
SIN. Remendar, rehacer, remediar, subsanar, corregir, aderezar, sanear, reconstruir, mirar, notar, fijarse, atender, advertir, considerar, ayudar, resarcir, compensar, desagraviar, restablecerse, curarse, sanar, mejorar, reponerse.
ANT. *Estropear, desarreglar, omitir, agraviar, enfermar.*

reparo
SIN. Arreglo, reparación, remedio, compostura, defensa, resguardo, objeción, observación, advertencia,

dificultad, vacilación, indecisión, duda, inconveniente, estorbo, amonestación, censura, crítica, óbice, reserva, escrúpulo, apuro, aprensión, timidez, vergüenza, miramiento, mancha, defecto.
ANT. *Descuido, abandono, certeza, afirmación, elogio, aplauso, resolución.*

repartir
SIN. Distribuir, partir, dividir, impartir, prorratear, impertir, adjudicar, asignar, compartir, racionar, dosificar, separar, distribuir, donar, dar, suministrar, otorgar, clasificar, corresponder, tocar, caber.
ANT. *Acaparar, retener, totalizar, agrupar.*

reparto
SIN. Repartimiento, partición, división, distribución, repartición, partija, clasificación, derrama, adjudicación, entrega, donación, otorgamiento, contribución, proporción, porción, parte, lote, partida, ración, mano, ronda, elenco.
ANT. *Acaparamiento, agrupación, unión, totalidad, retención.*

repasar
SIN. Examinar, recoser, arrepasar, zurcir, remendar, coser, verificar, comprobar, reconocer, revisar, inspeccionar, estudiar, releer, corregir, enmendar, subsanar, rectificar, perfeccionar, repetir, insistir, volver.
ANT. *Estropear, descuidar, olvidar, abandonar.*

repaso
SIN. Revisión, reconocimiento, inspección, examen, verificación, ojeada, lectura, estudio, repasata, reprensión, amonestación, sermoneo, sermón, regaño, censura, retoque, rectificación, mejora.
ANT. *Descuido, abandono, dejadez, elogio, alabanza.*

repecho
SIN. Subida, cuesta, costana, gradiente (*Amér.*), costanilla, declive, declivio, pendiente, desnivel, vertiente.
ANT. *Llano, bajada.*

repelar
SIN. Disminuir, cercenar, cortar, aminorar, minorar, pelar, desmochar, recortar, atusar.
ANT. *Aumentar.*

repeler

SIN. Repudiar, rechazar, apartar, desechar, lanzar, echar, repulsar, despachar, contradecir, opugnar, impugnar, oponerse, refutar, despreciar, denegar, repugnar, odiar, aborrecer.

ANT. *Atraer, admitir, aceptar, apreciar, agradar, favorecer.*

repensar

SIN. Meditar, reflexionar, cavilar, cogitar, recapacitar, pensar, discurrir, rumiar, estudiar, considerar.

ANT. *Improvisar.*

repentino

SIN. Inopinado, súpito, subitáneo, incogitado, súbito, impensado, imprevisto, pronto, insospechado, momentáneo, supitaño, fulminante, sorprendente, inesperado.

ANT. *Premeditado, previsto, deliberado, lento.*

repercusión

SIN. Consecuencia, efecto, desenlace, influencia, resultas, producto, fruto, eco, reflejo, reverberación, rebote, rechazo, desvío.

ANT. *Intrascendencia.*

repetición

SIN. Reiteración, reincidencia, reanudación, recaída, costumbre, continuidad, tópico, cantinela, lata, copia, rutina, monotonía, redundancia, imitación, eco, estribillo, muletilla, tabarra, insistencia, efemérides, recuerdo, vuelta, frecuencia, ciclo, ritmo, serie, turno, ronda, reedición, reimpresión.

ANT. *Sólo, único, raro, insólito, original.*

repetir

SIN. Reiterar, iterar, asegundar, insistir, bisar, duplicar, binar, menudear, doblar, reproducir, reincidir, redoblar, recalcar, subrayar, tornar, redundar, alternar, repasar, reponer, imitar, copiar, renovar, soler, porfiar, corear, regurgitar, devolver.

ANT. *Dejar, desistir, crear, inventar.*

repicar

SIN. Triturar, desmenuzar, dividir, trinchar, voltear, doblar, redoblar, repiquetear, tañer, presumir, jactarse, alardear.

ANT. *Silenciar, humillarse.*

repique

SIN. Repiquete, repiqueteo, campanilleo, rebato, tintineo, tañido, redoble, rolteo, alarma, clamor, riña, altercado.

ANT. *Silencio, calma.*

repisa

SIN. Ménsula, rinconera, vasar, palomilla, anaquel, apoyo, estante, talda, soporte.

repleto

SIN. Harto, ahíto, relleno, saciado, tifo, henchido, preñado, pleno, atiborrado, rebosante, desbordante, pletórico, atestado, lleno, cebado, macizo, satisfecho.

ANT. *Hueco, escaso, falto, vacío, flaco.*

replicar

SIN. Contestar, contradecir, instar, redargüir, objetar, responder, argumentar, argüir, rechazar, impugnar, oponer, opugnar, discutir, rebatir, criticar, repetir, refutar, protestar.

ANT. *Asentir, callar, aguantar.*

repliegue

SIN. Pliegue, doblez, frunce, dobladillo, plisado, rizo, rugosidad, retirada, huida, retroceso, regreso, derrumbe, reculada.

ANT. *Avance, llegada, despliegue, tersura, trato.*

repoblación

SIN. Colonización, asentamiento, migración, emigración, inmigración, traslado, forestación, cultivo.

ANT. *Descolonización, marcha, abandono.*

repolludo

SIN. Gordinflón, apaisado, regordete, achaparrado, retaco, rebolludo, rechoncho, gordo, abultado.

ANT. *Alto, esbelto.*

reponer

SIN. Substituir, reemplazar, completar, responder, replicar, oponer, reformar, restaurar, restituir, rehabilitar, reconstruir, restablecer, repetir, reanudar, sanar, recuperarse, aliviarse, fortalecerse, robustecerse, reconfortarse, sosegarse, agrietarse, calmarse, tranquilizarse, serenarse, animarse.

ANT. *Quitar, deponer empeorar, debilitarse, desanimarse, excitarse.*

reportación

SIN. Serenidad, sosiego, moderación, circunspección, mesura, tranquilidad, quietud, calma, comedimiento, reposo, paz.

ANT. *Inquietud, sobresalto, desasosiego, moderación.*

reportaje

SIN. Artículo, entrevista, crónica, gaceta, gacetilla, documental, interviu, interview.

reportar

SIN. Reprimir, refrenar, calmar, contener, vencer, sujetar, aquistar, adquirir, ganar, moderar, lograr, conseguir, alcanzar, obtener, traer, llevar, portear, pagar, premiar, remunerar.

ANT. *Alterarse, perder, deber, excitarse, abandonar, adeudar.*

reporte

SIN. Novedad, nueva, noticia, hablilla, chisme, cuento, enredo, habladuría, lío, patraña, comadrería, chismería, bulo, reportaje, prueba, litografía.

ANT. *Verdad, veracidad, silencio.*

reposar

SIN. Sosegar, parar, descansar, yacer, dormir, holgar, posar, sabatizar, detenerse, sentarse, dormitar, tumbarse, morir, tranquilizarse, apaciguarse, calmarse, posarse, depositarse, sedimentarse.

ANT. *Agitarse, moverse, actuar, desasosegarse.*

reposo

SIN. Sosiego, quietud, poso, sabatismo, respiro, asueto, tranquilidad, descanso, paz, calma, inmovilidad, sueño, siesta, letargo, relajamiento, sopor.

ANT. *Movimiento, actividad, zozobra, agitación.*

reprender

SIN. Censurar, amonestar, reprehender, solfear, increpar, reprochar, reprobar, criticar, desaprobar, vituperar, regañar, sermonear, reñir, zaherir, acusar, apercibir, corregir.

ANT. *Elogiar, aplaudir, loar.*

represión

SIN. Reprimenda, regaño, sermoneo, solfa, andanada, reproche, reprobación, corrección, amonestación, sermón, repulsa, filípica, admonición, riña, chillería, recriminación, censura, apercibimiento, palmetazo, vapuleo, rapapolvo, bronca, castigo, crítica, repaso.

ANT. *Aplauso, elogio, alabanza.*

represalia

SIN. Venganza, desagravio, vindicación, retaliación (*Amér.*), castigo, reparación, desquite, revancha, expiación, respuesta, hostilidad.
ANT. *Indulto, perdón, olvido.*

representante

SIN. Delegado, sustituto, agente, emisario, portavoz, suplente, compromisario, comisionado, nuncio, apoderado, viajante, corresponsal, vicario, diputado, dignatario, diplomático, emisario, representador, comediante, histrión, mimo, actor.
ANT. *Principal.*

representar

SIN. Semejar, simular, aparentar, figurar, ejemplificar, simbolizar, incorporar, mostrar, describir, enseñar, decir, declarar, suponer, significar, implicar, importar, sustituir, suplantar, suplir, suceder, apoderar, delegar, servir, interpretar, recitar, actuar, protagonizar, escenificar, encarnar, fingir, imaginarse, figurarse, suponer.
ANT. *Abstraer, ocultar, callar, prohibir, inhibirse, olvidar.*

represión

SIN. Refrenamiento, freno, contención, cohibición, coerción, dique, coacción, ¹imitación, detención, prohibición, represalia, doma, restricción.
ANT. *Libertad, autorización.*

reprimenda

SIN. Regaño, corrección, rasↄa (*Amér.*), reprensión, sermón, amonestación, solfa, regañina, andanada, admonición, riña, chipión (*Amér.*), repulsa, filípica, paulina, chillería, repasata.
ANT. *Encomio, alabanza, loa, felicitación.*

reprimir

SIN. Moderar, dominar, contener, sujetar, refrenar, coercer, comprimir, cohibir, aplacar, detener, someter, vencer, domar, apaciguar, detener, impedir, obstaculizar, reducir, forzar, castigar, penar.
ANT. *Autorizar, permitir, fomentar, estallar, estimular, perdonar.*

reprobación

SIN. Censura, desaprobación, reproche, desalabanza, reparo, distingo, tilde, crítica, tacha, condena, anatema, acusación, pita, pateo, griterío, suspenso, descalificación, cate.

ANT. *Aprobación, admisión, elogio, aprobado.*

réprobo

SIN. Precito, condenado, prexito, dañado, maldito, hereje, excomulgado, protervo, execrable, demonio.
ANT. *Bueno, bendito, divino.*

reprochar

SIN. Censurar, reconvenir, reprobar, desechar, criticar, vituperar, reprender, tildar, afear, recriminar, regañar, flagelar, acusar, tildar, tachar, reñir, amonestar, retar, retraer, refregar, desautorizar.
ANT. *Aplaudir, aprobar, elogiar.*

reproducción

SIN. Copia, facsímil, maqueta, duplicado, calco, plagio, falsificación, imitación, fotocopia, refrito, remedo, facsímile, repetición, propagación, difusión, multiplicación, proliferación, generación, perpetuamiento, fecundidad, crecimiento, fecundación.
ANT. *Original, esterilidad, infecundidad, acabamiento, extinción.*

reproducir

SIN. Reimprimir, copiar, repetir, representar, reeditar, plagiar, remedar, estereotipar, imitar, reiterar, multiplicar, propagar, desarrollar, perpetuar, proliferar, cundir, procrear, generar, engendrar, criar, germinar, hacer.
ANT. *Inventar, crear, exterminar, disminuir, desistir, acabar, morir.*

reptar

SIN. Deslizarse, culebrear, andar, rozar, arrastrarse.
ANT. *Volar, saltar.*

república

SIN. Gobierno, comunidad, democracia, estado, elección, constitución.
ANT. *Tiranía, monarquía.*

repudiar

SIN. Rechazar, repeler, desechar, renunciar, repugnar, prescindir, repulsar, recusar, expulsar, excluir, aborrecer, despreciar, abandonar, separarse, divorciarse, romper.
ANT. *Admitir, aceptar, casarse, unirse.*

repuesto

SIN. Substituido, renovado, nuevo, reformado, restituido, restablecido, cambiado, retirado, apartado,

---

escondido, oculto, encubierto, recóndito, provisión, prevención, reserva, retén, recambio.
ANT. *Depuesto, desprovisto, conocido, visible.*

repugnancia

SIN. Asco, escrúpulo, repulsión, aversión, tedio, oposición, contradicción, aborrecimiento, nolición, disgusto, antipatía, repelo, odio, desgana, tirria, desagrado, repulsa, repeluzno, angustia, indigestión, vómito, basca, náusea.
ANT. *Simpatía, agrado, atracción, gusto, placer.*

repugnante

SIN. Repulsivo, repelente, asqueroso, nauseabundo, aborrecible, nauseoso, nauseativo, sucio, feo, fétido, desabrido, remitente, reacio, indecente.
ANT. *Bonito, agradable, limpio, decente.*

repugnar

SIN. Repeler, rechazar, rehuir, roncear, asquear, rehusar, contradecir, negar, oponer, odiar, ofender, doler, antipatizar, resistir, disgustar, desagradar, incomodar, rechinar.
ANT. *Agradar, gustar, atraer, acoger, amar.*

repujar

SIN. Marcar, abollar, labrar, realzar, cincelar, realzar, grabar, resaltar.

repulido

SIN. Engalanado, acicalado, emperifollado, repulgado, lamido, soplado, peripuesto, recompuesto, emperejilado, relamido, cursi, repipi, afectado, estirado, melifluo.
ANT. *Dejado, desidioso, natural, sencillo.*

repulsar

SIN. Despreciar, desechar, prescindir, desdeñar, rechazar, repeler, negar, desairar, rehuir, apartar, despachar, excluir, denegar, tirar, despedir, divorciar.
ANT. *Acoger, aceptar, incluir, acercar, reunirse.*

reputación

SIN. Prestigio, renombre, concepto, opinión, prez, celebridad, fama, crédito, boga, gloria, honra, honor, nombradía, popularidad, consideración, notoriedad, realce, estimación, concepto, aureola, predicamento.

ANT. *Impopularidad, desprestigio, descrédito, deshonor.*

reputar

SIN. Estimar, considerar, preciar, valuar, evaluar, valorar, conceptuar, juzgar, apreciar, calificar, opinar, atribuir, reconocer, apreciar, enaltecer, brillar, lucir.
ANT. *Despreciar, desestimar, desconocer, descalificar.*

requebrar

SIN. Piropear, galantear, halagar, incensar, camelar, festejar, lisonjear, cortejar, adular, alabar, obsequiar, florear.
ANT. *Denostar, insultar, despreciar.*

requerimiento

SIN. Intimación, información, precisión, aviso, amonestación, exhorto, requisitoria, mandamiento, orden, mandato, invitación, pregunta, interrogatorio, requisito, petición, formalidad, exigencia.
ANT. *Respuesta, contestación, ruego, sentencia.*

requerir

SIN. Avisar, necesitar, intimar, solicitar, pretender, informar, noticiar, precisar, convencer, persuadir, reconocer, examinar, interrogar, invitar, demandar, pedir, recuestar, inducir, instigar, empujar, exhortar, inducir.
ANT. *Responder, conceder, abstenerse, renunciar, impedir.*

requiebro

SIN. Galantería, flor, arremuesco, martelo, cortejo, garzonería, chichisbeo, piropo, lisonja, alabanza, ternura, carantoña, agasajo, halago, lindeza, mimo.
ANT. *Ofensa, grosería.*

requisa

SIN. Confiscación, embargo, decomiso, incautación, expoliación, usurpación, inspección, examen, revista, revisión, recuento.
ANT. *Satisfacción, devolución, descuido.*

requisito

SIN. Formalidad, condición, circunstancia, obligación, requerimiento, necesidad, cláusula, trámite, detalle, estipulación, limitación, traba, barrera.
ANT. *Omisión, facilidad.*

resabio

SIN. Señal, muestra, maña, defecto, falta, rastro, sello, vicio, achaque, regusto, mancha, dejo, disgusto, amargura, desazón.
ANT. *Perfección, limpieza, virtud, sosiego.*

resaca

SIN. Flujo, corriente, marea, retroceso, oleaje, bajamar, borrachera, malestar.
ANT. *Sobriedad.*

resaltar

SIN. Descollar, culminar, dominar, señalarse, destacar, resalir, despuntar, sobresalir, botar, rebotar, retroceder, abultar, alzarse, levantarse, abombarse, realzar, cincelar, repujar.
ANT. *Rebajar, allanar, confundirse.*

resalte

SIN. Resalto, saliente, relieve, salida, salidizo, saledizo, moldura, prominencia, convexidad, proyección, adorno, remate, bulto, labrado, banda, rebote, brinco, salto, rechazo.
ANT. *Oquedad, concavidad, surco, ranura, hundimiento.*

resarcir

SIN. Indemnizar, compensar, reparar, desagraviar, enmendar, subsanar, restituir, devolver, completar, equilibrar, suplir, desquitarse, recobrarse, vengarse, recuperarse, rescatar.
ANT. *Retener, quitar, desequilibrar, dañar, perjudicar.*

resbaladizo

SIN. Escurridizo, deslizadizo, resbalador, resbalante, resbaloso, liso, lábil, vidrioso, aceitoso, lúbrico, difícil, equívoco, delicado, peligroso, lascivo, vicioso, verde, libidinoso.
ANT. *Adherente, áspero, seguro, fácil, casto.*

resbalar

SIN. Escurrir, rodar, esbarar, esvarar, precipitarse, caer, arrastrarse, esquiar, patinar, picar, incurrir, reincidir, equivocarse, chasquearse, viciarse.
ANT. *Adherirse, mantenerse, pegarse, acertar.*

rescatar

SIN. Cambiar, trocar, permutar, recobrar, redimir, libertar, recon-

quistar, salvar, libertar, recuperar, desempeñar, reintegrar, resarcir, restablecer, restituir.
ANT. *Retener, mantener, encarcelar, perder.*

rescindir

SIN. Anular, invalidar, deshacer, revocar, derogar, cancelar, cesar, suspender, suprimir, disolver, abjurar, abolir.
ANT. *Promulgar, confirmar, mantener.*

rescoldo

SIN. Calibo, escozor, recelo, escrúpulo, reconcomio, escarabajo, melindre, resquemor, resentimiento, ascua, brasa, tizón, ceniza, fuego.
ANT. *Olvido, confianza, apagamiento.*

resecar

SIN. Cortar, amputar, suprimir, eliminar, secarse, agostarse, marchitarse, ajarse.
ANT. *Suturar, reverdecer, lozanear.*

resentimiento

SIN. Ofensa, agravio, queja, disgusto, enojo, animadversión, hincha, tirria, fila, inquina, ojeriza, quemazón, rescoldo, antipatía, acritud, aversión, descontento, envidia, furor, enfado, pique, cuestión, susceptibilidad, animosidad.
ANT. *Desagravio, perdón, olvido, avenencia, satisfacción.*

resentirse

SIN. Ofenderse, agraviarse, lastimarse, disgustarse, molestarse, mosquearse, amoscarse, picarse, sentirse, irritarse, envidiar, quejarse, debilitarse, flaquear, dolerse, desfallecer, languidecer, desmejorarse.
ANT. *Perdonar, serenarse, recuperarse, fortalecerse.*

reseña

SIN. Revista, examen, inspección, nota, recensión, resumen, noticia, suelto, detalle, señal, indicio.
ANT. *Descuido, omisión, desconocimiento, ampliación.*

reserva

SIN. Discreción, cautela, prudencia, comedimiento, circunspección, sigilo, secreto, provisión, reservación, excepción, precaución, tibieza, hermetismo, tino, miramiento, consideración, excusa, reticencia, limitación, cortapisa, recambio, re-

puesto, provisión, almacenamiento, stock, retén, fondos, ahorro, economía, guarda, defensa, custodia, previsión, encargo, disponibilidad, excepción, anomalía, condición.
ANT. *Publicidad, exterioridad, locuacidad, gasto, dilapidación, descuido, indiferencia.*

reservar
SIN. Economizar, ahorrar, almacenar, atesorar, mantener, guardar, acopiar, acaparar, retrasar, diferir, aplazar, apartar, retener, separar, encargar, comprometer, silenciar, omitir, callar, velar, ocultar, encubrir, esconder, exceptuar, dispensar, desconfiar, recelar, resguardarse, precaverse, perseverar, resistir, mantenerse.
ANT. *Sacar, distribuir, publicar, anunciar, gastar, dilapidar, confiar, rendirse.*

resfriado
SIN. Enfriamiento, constipado, resfriadura, catarro, resfrío, constipación, coriza, resfriamiento, romadizo, gripe, tos, estornudo, muermo, pasmo.
ANT. *Calentamiento.*

resfriar
SIN. Enfriar, moderar, entibiar, helar, congelar, refrescar, acatarrarse, toser, enfriarse, constiparse, arromadizar, estornudar.
ANT. *Arder, acalorarse.*

resguardar
SIN. Proteger, preservar, defender, amparar, abrigar, salvaguardar, valer, reparar, esconder, guarecer, prevenir, escoltar, tapar, cuidar.
ANT. *Exponerse, desamparar, entregar.*

resguardo
SIN. Amparo, protección, defensa, reparo, abrigo, seguridad, vigilancia, garantía, broquel, coraza, socaire, abrigadero, cobijo, apoyo, guarda, escolta, recibo, talón, contraseña, matriz, cupón, vale, justificante.
ANT. *Indefensión, riesgo, peligro, descuido.*

residencia
SIN. Morada, habitación, casa, hogar, piso, vivienda, sede, lugar, domicilio, paradero, dirección, señas, lar, techo, rincón, asiento, nido, paradero, edificio, mansión.

residir
SIN. Morar, vivir, parar, anidar, habitar, radicar, estar, encontrarse, albergarse, ocupar, arraigarse, hallarse, alojarse.
ANT. *Mudarse, cambiarse, marcharse.*

residuo
SIN. Sobras, sobrante, resto, remanente, hez, poso, sedimento, resultado, resta, diferencia, despojos, escurriduras, arrebañaduras, desperdicio, pedazo, moralla, basura, rescoldo, retal, ceniza, viruta, chingaste (*Amér.*), serrín, cascote, detrito, detritus, escoria, broza.
ANT. *Conjunto, primicia.*

resignación
SIN. Resigna, soportación, estoicismo, perseverancia, tolerancia, conformidad, conformismo, paciencia, renunciación, mansedumbre, aguante, acatamiento, flema, rendición, condescendencia, flexibilidad, renuncia, dejación, abandono, cese, dimisión.
ANT. *Rebeldía, inconformismo.*

resignarse
SIN. Allanarse, avenirse, someterse, aguantarse, chincharse, jorobarse, conformarse, prestarse, fastidiarse, achantarse, soportar, condescender, prestarse, rehusar, declinar, renunciar, claudicar, abandonar.
ANT. *Permanecer, rebelarse, continuar, mantenerse.*

resina
SIN. Goma, barniz, bálsamo, adhesivo, savia, laca, brea, trementina, alquitrán, ámbar, caucho.

resistencia
SIN. Energía, fuerza, vigor, potencia, aguante, solidez, fortaleza, firmeza, consistencia, nervio, poder, ánimo, brío, empuje, dureza, pujanza, tenacidad, barricada, parapeto, barrera, oposición, obstrucción, defensa, renitencia, indocilidad, rebeldía, obstinación, renuencia, repulsa, forcejeo, reacción, desobediencia, desafío, conductor.
ANT. *Fragilidad, debilidad, endeblez, renuncia, pasividad, resignación, acuerdo, obediencia, ineficacia, blandura.*

resistente
SIN. Fuerte, firme, sólido, robusto, vigoroso, sufrido, incansable, infatigable, duro, tenaz, compacto, brioso, potente, pujante, vital, tenaz, duradero, eterno, sufrido, refractario, terco, contrario, rebelde, opuesto, testaduro, obstinado, inflexible, remolón, reacio.
ANT. *Débil, frágil, blando, flexible, transigente, comprensivo, obediente.*

resistir
SIN. Sufrir, aguantar, soportar, sobrellevar, capear, digerir, admitir, tolerar, rechazar, repeler, contrarrestar, bregar, pugnar, forcejar, cerdear, rebatir, afrontar, desafiar, oponer, luchar, pugnar, sostener, mantener, arrastrar, permanecer, parapetarse, durar, subsistir.
ANT. *Ceder, renunciar, rendirse, cesar, consentir, consumirse.*

resolución
SIN. Valor, audacia, bravura, temeridad, ánimo, osadía, atrevimiento, arrojo, viveza, prontitud, actividad, celeridad, agilidad, determinación, arresto, presteza, diligencia, firmeza, valentía, aplomo, solución, resultado, desenlace, aclaración, sentencia, auto, conclusión, decisión, dictamen, fallo, acuerdo, disgregación, división, separación.
ANT. *Timidez, cobardía, desconocimiento, incógnita, demora, espera, lentitud, pesadez.*

resoluto
SIN. Abreviado, resuelto, sintético, resumido, compendioso, sinóptico, breve, ducho, práctico, versado, experto, diestro, expedito, mañoso, hábil, habilidoso, perito, acertado, explicado, terminado, resuelto, tramitado.
ANT. *Ampliado, dilatado, inexperto, irresoluto.*

resolver
SIN. Determinar, decidir, solventar, zanjar, solucionar, expedir, acertar, adivinar, descifrar, aclarar, despejar, descubrir, disipar, ventilar, sintetizar, abreviar, acortar, recapitular, resumir, arbitrar, decidir, dilucidar, decretar, pronunciar, disponer, establecer, madurar, ablandar, aniquilar, acabar, destruir, disolver, disipar, disgregar.
ANT. *Abandonar, abstenerse, complicar, ampliar.*

resonancia
SIN. Eco, repercusión, sonido, tañido, retumbo, rumor, susurro, siseo, sonoridad, acústica, notoriedad, bombo, reclamo, divulgación, propaganda, efecto, difusión, fama.

ANT. *Silencio, mutismo, intrascendencia, insignificancia.*

resonante
SIN. Ruidoso, retumbante, sonado, rimbombante, ensordecedor, clamoroso, estentóreo, atronador, trepidante, acústico, auditivo, tonante, silbante.
ANT. *Sordo, silencioso, mudo, callado.*

resonar
SIN. Repercutir, retumbar, rimbombar, rebombar, rebumbar, rugir, silbar, tronar, repicar, tabletear, rechinar, zumbar.
ANT. *Callar, silenciar.*

resorte
SIN. Fleje, elástico, espiral, muelle, tensor, ballesta, arco, influencia, medios, valimiento, poder.
ANT. *Inflexibilidad, desamparo.*

respaldo
SIN. Revés, reverso, vuelta, dorso, envés, cruz, espaldera, respaldar, espaldar, respaldón, descanso, apoyo, soporte, defensa, auxilio.
ANT. *Cara, anverso, desamparo, abandono.*

respectar
SIN. Tocar, atañer, relacionar, respetar, competer, pertenecer, referirse, concernir, enlazar, afectar.
ANT. *Desvincular, extrañar.*

respectivo
SIN. Relativo, correspondiente, afín, tocante, conexo, pertinente, vinculado, mutuo, recíproco, personal, proporcional, individual, característico, equitativo.
ANT. *Independiente, general, común.*

respetar
SIN. Acatar, venerar, honestar, reverenciar, deferir, honrar, obedecer, respectar, cumplimentar, saludar, considerar, inclinarse, ponderar, observar, amar, tolerar, descubrirse.
ANT. *Despreciar, rechazar, abusar, atropellar, ironizar, profanar.*

respeto
SIN. Acatamiento, reverencia, consideración, miramiento, veneración, enaltecimiento, cortesía, acato, obediencia, sumisión, fidelidad, lealtad, humildad, fervor, devoción, homenaje, rendición, rendimiento, admiración, temor, pleite-

sía, tributo, culto, honores, etiqueta, aprecio, urbanidad, autoridad, prestigio, aureola, majestad, miedo, aprensión, temor.
ANT. *Irreverencia, insolencia, grosería, mofa, descaro, pitorreo, guasa, extralimitación, valor.*

respetuoso
SIN. Respetador, obsequioso, honrador, reverenciador, deferente, reverente, considerado, educado, atento, cortés, amable, afable, ceremonioso, cumplido, mesurado, serio, obediente, modoso.
ANT. *Irrespetuoso, descortés, desatento, desobediente, irreverente.*

respingar
SIN. Repugnar, gruñir, regruñir, retrucar, rechinar, rezongar, oponerse, resistir, replicar, refunfuñar, saltar, brincar, levantarse, elevarse.
ANT. *Acatar, obedecer, inmovilizar.*

respiradero
SIN. Abertura, lumbrera, boquete, conducto, ventilador, extractor, tragaluz, tronera, atabe, respiro, descanso, alivio, desahogo, aplacamiento.
ANT. *Oclusión.*

respirar
SIN. Aspirar, inspirar, inhalar, exhalar, alentar, insuflar, jadear, suspirar, bostezar, resoplar, resollar, aliviarse, sosegarse, tranquilizarse, esperanzarse.
ANT. *Asfixiarse, preocuparse.*

respiro
SIN. Calma, sosiego, alivio, tranquilidad, aplacamiento, desahogo, aliento, descanso, prórroga, respiradero, alto, pausa, tregua.
ANT. *Preocupación, disgusto, continuación.*

resplandecer
SIN. Relumbrar, brillar, relucir, rielar, lucir, fulgurar, irradiar, relampaguear, centellar, centellear, esplender, refulgir, coruscar, radiar, chispear, arder, clarear, sobresalir, destacar, descollar, despuntar, distinguirse.
ANT. *Obscurecer, apagarse.*

resplandeciente
SIN. Relumbrante, luminoso, refulgente, brillante, reluciente, fulgurante, radiante, resplendente, relumbroso, fulgente, coruscante, esplendente, deslumbrante, relucien-

te, claro, cegador, iluminado, rebosante, eufórico, flamante.
ANT. *Obscuro, apagado, sombrío.*

resplandor
SIN. Fulgor, lucimiento, brillo, centelleo, relumbro, albor, claridad, aureola, halo, rayo, fogonazo, reflejo, flash, destello, luz, foco, lámpara, aurora, fuego, fasto, pompa, esplendor, fausto, lustre, lujo.
ANT. *Obscuridad, tiniebla, sencillez, vulgaridad.*

resplandor
Amér.
SIN. Diadema, corona, aderezo, aureola.

responder
SIN. Contestar, corresponder, replicar, cantar, recitar, retrucar, reponer, aclarar, confesar, rebatir, impugnar, negar, rechazar, devolver, fiar, garantizar, avalar, asegurar, proteger, garantir, agradecer, reconocer, acusar, denunciar, motivar, proporcionar, compensar, nivelar.
ANT. *Preguntar, interrogar, interpelar, callarse, desamparar, alabar, descompensar.*

responsabilidad
SIN. Obligación, deber, carga, compromiso, cumplimiento, exigencia, vínculo, necesidad, gravamen, solidaridad, garantía, deuda, contrato, convenio, madurez, sensatez, juicio, formalidad, seriedad.
ANT. *Irresponsabilidad, incumplimiento, insensatez.*

respuesta
SIN. Réplica, contestación, dúplica, réspice, refutación, solución, sentencia, fallo, resolución, dictamen, resultando, crítica, censura, demostración, afirmación, negación, exabrupto, desplante, patada, coz.
ANT. *Demanda, pregunta, silencio, proposición.*

resquebrajadura
SIN. Resquebrajo, resquebradura, hendedura, grieta, raja, abertura, hendidura, resquebraja, intersticio, boquete, oquedad, resquicio, fisura.
ANT. *Unión, lisura.*

resquebrajar
SIN. Hender, abrir, agrietar, rajar, cuartear, esquebrajar, hendir, quebrajar, cascar, fracturar, romper.
ANT. *Unir, cerrar, tapar.*

resquemor

SIN. Remordimiento, tormento, desazón, angustia, disgusto, pena, molestia, enfado, sospecha, gusanillo, rescoldo, reconcomio.

ANT. *Agrado, bienestar, olvido.*

resquicio

SIN. Grieta, hendidura, intersticio, hueco, rendija, ranura, salida, escape, portillo, solución, coyuntura, ocasión, pretexto, oportunidad.

ANT. *Unión, juntura, imposibilidad.*

resta

SIN. Diferencia, sustracción, disminución, deducción, extracción, residuo, sobrante, sobras, resto, cuenta, operación.

ANT. *Aumento, suma.*

restablecer

SIN. Restaurar, reavivar, reponer, resucitar, rehabilitar, reintegrar, reconstituir, reanudar, reparar, rehacer, renovar, reanimarse, revivir, resurgir, sanar, curarse, convalecer, mejorarse, recobrarse, rejuvenecer, retoñar.

ANT. *Quitar, destituir, empeorar, morir.*

restallar

SIN. Chascar, chasquear, crujir, estallar, restañar, restrallar, latiguear, rechinar, crepitar, fustigar, chocar.

ANT. *Silenciar.*

restante

SIN. Resto, residuo, remanente, sobrante, demás, otro, excedente, residual, fracción, parte, pedazo, desperdicio, pozo, broza, purria, retazo, resta, saldo.

ANT. *Suma, integridad.*

restar

SIN. Quitar, sustraer, mermar, disminuir, minorar, aminorar, rebajar, sacar, descontar, deducir, tomar, cercenar, faltar, sobrar, guidar, exceder.

ANT. *Sumar, aumentar.*

restaurante

SIN. Hostal, parador, comedor, tasca, taberna, mesón, fonda, parador, snack-bar, bar, bodegón.

restaurar

SIN. Reparar, restablecer, arreglar, componer, reformar, rehacer, regenerar, renovar, reponer, recuperar, recobrar, restituir, refaccionar

(*Amér.*), reconstruir, repintar, cuidar.

ANT. *Demoler, derrocar, abandonar.*

restituir

SIN. Reintegrar, devolver, reponer, restablecer, tomar, volver, reembolsar, retornar, rendir, rehabilitar, reparar, restaurar, resarcir, rescatar, compensar, indemnizar.

ANT. *Retener, usurpar, hurtar, despojar, depredar.*

resto

SIN. Residuo, remanente, sobrante, señal, vestigio, rastro, indicio, exceso, parte, fracción, pedazo, huella, desperdicios, sedimentos, pozo, heces, basura, broza, morralla, purria, retal, desechos, reliquias, ruinas, despojo, cadáver, cuerpo.

ANT. *Suma, totalidad, principal.*

restregar

SIN. Frotar, estregar, ludir, fricar, friccionar, refregar, rascar, rozar, frisar, raspar, lijar, pulir, masejear, raer, sobar, manosear, lamer, acariciar, rozarse, mancharse, coscarse.

ANT. *Maltratar, suavizar.*

restricción

SIN. Cortapisa, limitación, impedimento, tasa, barrera, acotación, obstáculo, reserva, reducción, prohibición, negación, sobriedad, disminución.

ANT. *Ampliación, extensión, permiso, licencia.*

restringir

SIN. Circunscribir, ceñir, tasar, circunferir, delimitar, acotar, limitar, reducir, restriñir, coartar, regatear, prohibir, escatimar, cercar, estacar, condicionar, apretarse, estrecharse.

ANT. *Generalizar, ampliar, autorizar, permitir.*

resuello

SIN. Jadeo, resoplo, aliento, hálito, ronquido, asma, bramido, flato, suspiro, boqueada, resoplido, silbo.

ANT. *Vacío.*

resuelto

SIN. Audaz, osado, determinado, decidido, arrojado, temerario, atrevido, denodado, resoluto, activo, diligente, veloz, ágil, célere, pronto, expedito, valiente, lanzado, dispuesto, imprudente.

ANT. *Tímido, indeciso, cobarde, lento.*

resultado

SIN. Consecuencia, efecto, resulta, desenlace, fruto, resultancia, producto, saldo, solución, resolución, corolario, éxito, logro, suceso, rastro, secuela, marca, deducción, provecho, fin, destino, carambola, estela.

ANT. *Causa, origen, motivación.*

resultar

SIN. Deducirse, derivar, implicar, alcanzar, inferirse, concluir, sentar, revertir, sacar, terminar, salir, beneficiar, producir, favorecer, obtener, alcanzar, armonizar, corresponder, ocurrir, suceder, manifestarse, aparecer, comprobarse, salir, costar, agradar, placer, gustar.

ANT. *Retener, pararse, arruinar, desagradar.*

resumen

SIN. Compendio, síntesis, sinopsis, esquema, sumario, recapitulación, recopilación, epítome, manual, extracto, epílogo, concisión, epígrafe, breviario, prontuario, reseña, guión, croquis, plan, suma, recolección, trasunto, cuadro, coletilla.

ANT. *Extensión, detalle, ampliación.*

resumidero

Amér.

SIN. Sumidero, rezumadero, escurridor, sudadero, coladero.

resumir

SIN. Extractar, reducir, abreviar, compendiar, recopilar, sintetizar, concretar, cifrar, compendizar, recapitular, condensar, limitar, simplificar, esquematizar, recortar, acortar, constreñir, sumar, epilogar.

ANT. *Ampliar, detallar, extenderse.*

resurgir

SIN. Resucitar, renacer, volver, remozar, florecer, reaparecer, perpetuar, revivir, restablecerse, mejorarse.

ANT. *Desaparecer, concluir, morir, declinar, empeorar.*

retahila

SIN. Conjunto, serie, letanía, ringla, ringlera, renglera, sarta, rosario, sucesión, hilera, retreta (*Amér.*), lista, inventario, teoría.

ANT. *Corte, interrupción.*

retal

SIN. Recorte, pedazo, trozo, fragmento, parte, desperdicio, trapo, sobras, mezcolanza, amasijo.

ANT. *Totalidad, integridad.*

retaliación
Amér.
SIN. Represalia, venganza, desquite, revancha.
ANT. *Perdón, olvido.*

retallo
SIN. Vástago, pimpollo, hijo, remocho, renuevo, brota, vástiga, esqueje, gajo, tallo, brote, prominencia, saliente, resalto.
ANT. *Entrante.*

retamo
Amér.
SIN. Retama, planta, escobera, verdasca.

retar
SIN. Provocar, desafiar, reprender, reprochar, amenazar, intimidar, arrostrar, enfrentarse, encararse, luchar, competir, acusar, reñir, incitar.
ANT. *Sosegar, aplacar, apaciguar.*

retardar
SIN. Demorar, retrasar, rezagar, emperezar, pausar, roncear, diferir, aplazar, dilatar, posponer, preterir, detener, atrasar, atreguar, frenar, entorpecer, remitir, roncear, eternizar.
ANT. *Avivar, urgir, activar, adelantar, impulsar.*

retardo
SIN. Demora, retardación, retraso, dilación, aplazamiento, posposición, tardanza, morosidad, atraso, tregua, plazo, lentitud, pereza, freno, detención, pausa, mora.
ANT. *Rapidez, prisa, urgencia, anticipación.*

retemplar
Amér.
SIN. Reanimar, reavivar, vivificar, alentar.
ANT. *Desanimar.*

retener
SIN. Conservar, guardar, reservar, archivar, almacenar, tener, sujetar, represar, estancar, recluir, encadenar, contener, retardar, aferrar, acaparar, bloquear, congelar, secuestrar, requisar, absorber, reconcentrar, dificultar.
ANT. *Soltar, distribuir, dar, rechazar, desobstruir, desbloquear.*

reticencia
SIN. Reserva, tapujo, rodeo, embozo, evasiva, equívoco, ambigüedad, insinuación, indirecta, ironía.
ANT. *Sinceridad, claridad, descaro.*

retirado
SIN. Alejado, apartado, lejano, distante, separado, aislado, extremo, desviado, solitario, oculto, escondido, huraño, recoleto, recogido, alejado, cartujo, misántropo, incomunicado.
ANT. *Próximo, sociable, cercano.*

retirar
SIN. Separar, desviar, apartar, alejar, quitar, restar, privar, aislar, suprimir, esconder, ocultar, entapujar, birlar, usurpar, desechar, excluir, prescindir, rechazar, relegar, olvidar, replegarse, retroceder, recular, defenderse, ocultarse, acostarse, abandonar, guarecerse, dejar, jubilarse, abandonar, licenciarse.
ANT. *Añadir, aparecer, acercarse, avanzar, trabajar.*

retiro
SIN. Abstracción, recogimiento, retiramiento, retraimiento, apartamiento, recolección, refugio, encierro, aislamiento, clausura, reclusión, soledad, soledumbre, renuncia, retirada, destierro, amparo, abrigo, celda, ermita, incomunicación, jubilación, licenciamiento, excedencia, pensión, sueldo, haber.
ANT. *Comunicación, sociabilidad, actividad, trabajo, desamparo.*

reto
SIN. Desafío, amenaza, intimidación, conminación, provocación, envite, duelo, certamen, apuesta, lucha, jactancia, bravuconería, bravata.
ANT. *Avenencia, pacificación, sencillez, humildad.*

reto
Amér.
SIN. Denuesto, regaño, reproche, reconvención.
ANT. *Elogio, aprobación.*

retobado
Amér.
SIN. Indómito, obstinado, tozudo, pertinaz, acérrimo.
ANT. *Flexible, dócil.*

retobar
Amér.
SIN. Enfadarse, mosquearse, incomodarse, picarse, irritarse.
ANT. *Reconciliarse, amistarse.*

retocar
SIN. Modificar, corregir, perfeccionar, arreglar, limar, rectificar, completar.
ANT. *Descuidar, dejar.*

retoño
SIN. Renuevo, brote, botón, remocho, vástiga, yema, retallo, tallo, pimpollo, cogollo, descendiente, vástago, hijo, sucesor, heredero.
ANT. *Padre, antepasado.*

retorcer
SIN. Torcer, curvar, enroscar, arquear, combar, arrugar, doblar, torsionar, contorsionar, revolcarse, contraerse.
ANT. *Alisar, enderezar.*

retórica
SIN. Altisonancia, afectación, amaneramiento, cultismo, oratoria, discurso, énfasis, elocuencia, debate, prosopopeya, argumentación, literatura, palabrería, monserga, verborrea, labia, facundia.
ANT. *Sobriedad, sencillez, naturalidad.*

retornar
SIN. Volver, regresar, devolver, restituir, retorcer, tornar, venir, reanudar, retroceder, llegar, reponer, reembolsar, entregar, ofrecer, reanudar.
ANT. *Marchar, avanzar, retener.*

retorno
SIN. Regreso, vuelta, canje, trocamiento, trueque, permuta, cambio, paga, satisfacción, recompensa, venida, torna, retroceso, fuga, retiro, devolución, reintegro, reembolso, reemplazo, motón, polea.
ANT. *Ida, partida, retención.*

retozar
SIN. Jugar, travesear, trebejar, zaragutear, zarabutear, triscar, juguetear, corretear, brincar, saltar, potrear, divertirse, excitarse, acalorarse, amarse, arrullarse, coquetear, besarse, revolcarse.
ANT. *Aquietarse, apaciguarse, entristecerse.*

retozón
SIN. Juguetón, retozador, saltarín, zarabutero, zaragutero, alegre, contento, juvenil, jovial, travieso, bailarín, acróbata.
ANT. *Tranquilo, serio, lánguido, mustio.*

retractación
SIN. Retractación, contraorden, contraaviso, contramandato, desabono, rescisión, abjuración, rectificación, enmienda, anulación, apostasía, negación, deslealtad, revocación, arrepentimiento, incumplimiento.

ANT. *Persistencia, empeño, terquedad, lealtad, vigencia.*

retractarse
SIN. Rectificarse, desdecirse, desnegarse, desabonarse, rajarse, revocar, retirar, retroceder, enmendar, denegar, flaquear, renegar, abjurar, arrepentirse, retraer.
ANT. *Ratificar, persistir, empeñarse, cumplir.*

retraerse
SIN. Alejarse, apartarse, retroceder, guarecerse, acogerse, aislarse, enconcharse, enclaustrarse, huir, ocultarse, esquivar, escapar, eludir, refugiarse, desengañar, desaconsejar, retirarse, reprochar, encoger, meterse, recordar, imaginarse, figurarse.
ANT. *Tratarse, comunicarse, salir, aparecer, alentar, elogiar, olvidar.*

retraído
SIN. Apartado, retirado, corto, tímido, apocado, solitario, refugiado, reservado, aislado, escondido, solo, incomunicado, huraño, anacoreta, misántropo, pusilánime, callado, introvertido, esquivo.
ANT. *Mundano, relacionado, sociable, audaz, lanzado, locuaz.*

retraimiento
SIN. Apartamiento, clausura, retiramiento, recogimiento, alejamiento, retiro, refugio, inhibición, soledad, reserva, encierro, timidez, pusilanimidad, introversión, pesimismo, ascetismo, incomunicación.
ANT. *Sociabilidad, extroversión, alegría, audacia, jolgorio.*

retransmitir
SIN. Comunicar, transmitir, reproducir, avisar, emitir, televisar, divulgar, difundir, radiar.
ANT. *Callar, incomunicar.*

retrasar
SIN. Suspender, atrasar, preterir, posponer, rezagar, emperezar, retardar, diferir, demorar, dilatar, aplazar, tardar, detener, eternizar, entretener, retroceder, rezagarse, decaer, endeudarse, entramparse.
ANT. *Adelantar, anticipar, progresar, activar, abonar.*

retraso
SIN. Demora, retardo, retardación, tardanza, morosidad, aplazamiento, dilatación, atraso, dilación, prórroga, suspensión, dilatoria,

plantón, espera, mora, largas, pobreza, incultura, subdesarrollo, miseria, ignorancia.
ANT. *Prisa, urgencia, adelanto, desarrollo, riqueza, cultura.*

retratar
SIN. Fotografiar, dibujar, pintar, representar, imitar, detallar, definir, explicar, especificar, describir.
ANT. *Desfigurar, silenciar.*

retrechero
SIN. Lagotero, zalamero, atractivo, atrayente, taimado, disimulado, solapado, zorrocloco, hábil, pícaro, granuja, simpático.
ANT. *Llano, sencillo, noble, antipático.*

retreta
Amér.
SIN. Serie, tanda, retahíla.

retrete
SIN. Común, excusado, privado, secreta, latrina, evacuatorio, servicio, urinario, letrina, water, inodoro, lavabo, taza.

retribución
SIN. Pago, recompensa, premio, remuneración, paga, pagamiento, gratificación, estipendio, sueldo, dieta, salario, comisión, mensualidad, pensión, soldada, devengo, extra, plus, nómina, efectivo, minuta, líquido.
ANT. *Deuda, impago.*

retribuir
SIN. Premiar, recompensar, pagar, galardonar, remunerar, recudir, gratificar, indemnizar, ayudar, premiar, sufragar, compensar, corresponder, devolver.
ANT. *Cobrar, percibir, adeudar.*

retroceder
SIN. Cejar, recular, retrogradar, retrechar, desandar, descorrer, retirarse, remontar, retrasar, refluir, huir, repeler, retornar, abandonar, replegarse, escapar, eludir, cejar, arrepentirse, rajarse, vacilar, desistir, asustarse.
ANT. *Avanzar, progresar, ganar, resistir, aferrarse.*

retroceso
SIN. Regresión, retrocesión, retrogradación, reculada, retracción, rebote, retorno, reflujo, revoco, retirada, vuelta, regreso, escapada, huida, abandono, atraso, empeoramiento, decadencia, degeneración.

ANT. *Avance, adelantamiento, mejora, progreso, ganancia.*

retumbante
SIN. Resonante, campanudo, rimbombante, ruidoso, sonante, atronador, fragoroso, escandaloso, estridente, aparatoso, ostentoso, recargado, enfático, grandilocuente.
ANT. *Silencioso, callado, modesto.*

retumbar
SIN. Rimbombar, resonar, rebombar, rebumbar, rumbar, atronar, sonar, tronar, bramar, rugir, mugir, gritar, vociferar, escandalizar.
ANT. *Callar, silenciar.*

reunión
SIN. Agrupamiento, aglomeración, aglutinación, confluencia, convocatoria, unión, fusión, grupo, montón, asociación, círculo, entidad, cuerpo, capilla, organismo, sociedad, cofradía, asamblea, comité, junta, consejo, logia, pleno, ayuntamiento, alianza, cenáculo, camarilla, tertulia, panda, peña, pandilla, clan, familia, sesión, sarao, concierto, fiesta, cóctel, velada, visita, rebaño, manada, ganado, hato, bandada, muchedumbre, tropa, concurrencia, asistencia, encuentro, clientela.
ANT. *Desunión, separación, dispersión, aislamiento, soledad, diferencia, independencia, diseminación.*

reunir
SIN. Congregar, amontonar, juntar, acopiar, aglomerar, agrupar, aunar, apelotonar, arracimar, cayapear, compilar, apiñar, recoger, allegar convocar, unir, colectar, ayuntar, asociarse, englobar, fusionar, acopiar, casarse, agregar, sumar, añadir, unificar, componer, incorporar, encontrarse, asistir, citarse, verse, ajuntarse, coincidir, concurrir.
ANT. *Separar, dispersar, esparcir, disociarse, alejarse.*

revalidar
SIN. Ratificar, confirmar, corroborar, roborar, sancionar, aprobar, diplomarse, pasar.
ANT. *Suspender, descalificar, rectificar.*

revelación
SIN. Manifestación, declaración, revelamiento, descubrimiento, confidencia, soplo, indicación, indicio, difusión, señal, información, publicación, anuncio, testimonio.
ANT. *Discreción, silencio, reserva.*

revelar

SIN. Manifestar, descubrir, declarar, chivatar, cantar, vomitar, parlar, exteriorizar, desvelar, comentar, decir, publicar, propalar, explicar, avisar, denunciar, testimoniar, mostrar, enseñar, aparecer, exhibirse, presentarse, lucirse, abrirse, transparentarse.

ANT. *Callar, encubrir, silenciar, esconder, ausentarse, desaparecer.*

revenirse

SIN. Acedarse, avinagrarse, acidularse, encogerse, consumirse, agriarse, emblandecerse, picarse rectificar, retractarse, secarse, agostarse.

ANT. *Lozanear, reverdecer, estirarse.*

reventar

SIN. Estallar, deshacer, romper, triturar, aplastar, abrirse, detonar, crujir, brotar, salir, saltar, codiciar, ansiar, anhelar, suspirar, cansar, agotarse, extenuarse, molestar, enfadar, perjudicar, importunar, chinchar, fastidiar, encocorar, morir.

ANT. *Apagarse, abortar, rechazar, arreglarse, nacer.*

reverbero

Amér.

SIN. Cocinilla, infernillo, fogón.

reverencia

SIN. Veneración, respeto, acatamiento, inclinación, saludo, tratamiento, respetuosidad, devoción, obediencia, rendibú, acato, cortesía, ceremonia, zalema, cumplido, venia.

ANT. *Grosería, insulto, desprecio, irreverencia, desacato.*

reverenciar

SIN. Respetar, venerar, acatar, honrar, adorar, honestar, considerar, obedecer, servir, saludar, celebrar, festejar.

ANT. *Ofender, insultar, rebelarse, desacatar.*

reverso

SIN. Revés, envés, dorso, posterioridad, espalda, cruz, contrario, zaga.

ANT. *Haz, cara, derecho*

revés

SIN. Dorso, envés, reverso, espalda, inverso, contrario, cruz, accidente, adversidad, percance, contratiempo, desastre, desgracia, infortunio, fracaso golpe, moquete, cachetada, bofetada, soplamocos, vuelta, revuelta, cambio.

ANT. *Derecho, anverso, éxito, triunfo, constancia.*

revesado

SIN. Obscuro, intrincado, enrevesado, inextricable, difícil, travieso, revoltoso, indócil, insubordinado, inobediente, enredador, complicado, peliagudo, pertinaz, indómito.

ANT. *Sencillo, fácil, dócil, obediente.*

revesar

SIN. Arrojar, vomitar, regurgitar, devolver, provocar, desembuchar, lanzar, volver.

ANT. *Retener, contenerse.*

revestir

SIN. Recubrir, revocar, encalar, enlucir, recamar, engalanar, acicalar, empavesar, imbuirse, asumir, engreírse, envanecerse, infatuarse.

ANT. *Descubrirse, desnudarse, humillarse.*

revezar

SIN. Reemplazar, sustituir, cambiar, substituir, reponer, suplantar, relevar.

ANT. *Continuar, quedarse.*

revisación

Amér.

SIN. Revisión, inspección, examen, exploración, registro.

revisar

SIN. Repasar, inspeccionar, estudiar, revistar, estudiar, explorar, considerar, verificar, regular, corregir, comprobar, reconocer.

ANT. *Descuidar, desatender, despreocuparse.*

revista

SIN. Parada, formación, desfile, carrera, examen, inspección, control, revisión, publicación, periódico, portavoz, semanario, variedades, vodevil, baile.

ANT. *Descuido, indiferencia.*

revivir

SIN. Renacer, resurgir, reanimar, renovarse, restablecerse, recordar, invocar, evocar, recapitular.

ANT. *Decaer, languidecer, acabar, morir, olvidar.*

revocación

SIN. Anulación, casación, invalidación, derogación, cancelación, abolición, cese, rescisión, contraorden, liberación, desdecimiento, desautorización, revocadura.

ANT. *Vigencia, validez, ratificación, persistencia.*

revocar

SIN. Desautorizar, anular, cancelar, derogar, abolir, rescindir, disuadir, retraer, desdecirse, abdicar, disolver, desistir, apartar, enlucir, estucar, pintar, encolar.

ANT. *Ratificar, confirmar, aprobar, persistir.*

revolcar

SIN. Derrotar, ganar, confundir, aniquilar, humillar, ofender, afrentar, suspender, pisotear, derribar, revolver, pisar, restregarse, frotarse, ensuciarse, tirarse, obstinarse, emperrarse.

ANT. *Acariciar, mimar, someterse, apreciar, limpiarse, alzarse.*

revolotear

SIN. Volar, aletear.

ANT. *Posarse, aterrizar.*

revoltijo

SIN. Revoltillo, enredo, embrollo, embrolla, enmarañamiento, trampantojo, mezcolanza, confusión, mezcla, surtido, maraña, popurrí, ensalada, miscelánea, pote, ovillo, desorden.

ANT. *Método, orden, claridad.*

revoltoso

SIN. Alborotador, sedicioso, revolucionario, insurrecto, turbulento, rebelde, amotinado, travieso, enredador, inquieto, perturbador, intrincado, intrincable, sublevado, vivo, vivaracho, bullicioso, revesado.

ANT. *Tranquilo, pacífico, sosegado, quieto, conservador.*

revolución

SIN. Sedición, sublevación, rebelión, insurrección, levantamiento, subversión, revuelta, alzamiento, sublevamiento, pronunciamiento, revolvimiento, algarada, conmoción, alboroto, perturbación, agitación, disturbio, anarquía, rotación, vuelta, giro, sacudida, cambio, trastorno, convulsión, novedad, mutación.

ANT. *Reacción, conservadurismo, proceso, evolución, inmovilidad.*

revolucionario

SIN. Insurrecto, faccioso, insurgente, sedicioso, rebelde, turbulento,

amotinado, revoltoso, alborotador, trabucaire, agitador, provocador, conjurado, conspirador, levantisco, terrorista, anarquista, innovador, avanzado, nuevo, original, inventor, desusado.
ANT. *Sumiso, obediente, reaccionario, retrógrado, atrasado, viejo.*

revolver
SIN. Mover, agitar, envolver, inquietar, enredar, mudar, cambiar, remover, trasegar, trastornar, complicar, desordenar, escarbar, buscar, hurgar, mirar, meditar, discurrir, reflexionar, cavilar, alterar, perturbar, excitar, enemistar, arrebujar, tapar, cubrir, arropar, girar, rotar, encararse, enfrentarse, resistir, atacar.
ANT. *Aquietar, sosegar, arreglar, obedecer, pacificar, desenvolver, destapar.*

revuelta
SIN. Revolución, disturbio, sedición, insurrección, alboroto, motín, asonada, riña, disensión, pendencia, contienda, marimorena, vuelta, mudanza, agitación, cambio, recoveco, esquina, recodo.
ANT. *Tranquilidad, paz, inmovilidad, recta.*

revuelto
SIN. Inquieto, enredador, revoltoso, travieso, intrincado, indócil, insubordinado, revesado, abstruso, turbio, mezclado, agitado, cambiante, variable, excitado, irritado, perturbado, desordenado, descompuesto, cambiado, derribado.
ANT. *Sereno, apacible, sentado, fácil, ordenado, pacífico, arreglado.*

reyerta
SIN. Altercado, bronca, zaragata, gresca, contienda, pendencia, disputa, cuestión, riña, trifulca, cisco, pelea, discusión, agarrada, pelotera.
ANT. *Concordia, calma.*

rezagar
SIN. Diferir, suspender, aplazar, demorar, retrasar, atrasar, retardar, abandonar, excluir, apartar, separar.
ANT. *Avanzar, adelantar, continuar, juntar.*

rezago
SIN. Atraso, demora, aplazamiento, tardanza, sobra, resto, residuo.
ANT. *Presteza, rapidez, totalidad.*

rezar
SIN. Orar, implorar, rogar, adorar, suplicar, pedir, refunfuñar, gruñir, rezongar, murmurar, mascullar, renegar, decir, referirse, aplicarse.
ANT. *Maldecir, blasfemar, callar.*

rezongar
SIN. Refunfuñar, gruñir, rumiar, bufar, verraquear, mascullar, murmurar, protestar, renegar, susurrar.
ANT. *Callar, admitir, aceptar, conformarse.*

rezongón
SIN. Rezongador, rezonglón, carrañón, rutón, gruñón, refunfuñador, protestón, refunfuñón.
ANT. *Callado, sumiso.*

rezumar
SIN. Sudar, exudar, traspirar, gotear, perder, manar, destilar, llorar, gotear, traslucirse, notarse, advertirse, adivinarse.
ANT. *Secarse, absorber, ocultarse.*

riada
SIN. Avenida, crecida, anegación, arriada, inundación, desbordamiento, torrentera, aluvión, rambla, correntía, anegamiento.
ANT. *Sequía.*

ribera
SIN. Orilla, margen, ribero, ribacera, costera, borde, costa, litoral, riba, ribazo, playa, grao, arenal, estero, estuario, ensenada, marisma, acantilado.

riberano
Amér.
SIN. Ribereño, costero, costeño.

ribete
SIN. Orilla, cinta, greca, orla, filo, bies, festón, fleco, encaje, remate, filete, asomo, indicio, detalle, digresión, batrunto, barrunte, síntoma.

rico
SIN. Adinerado, pudiente, opulento, capitalista, plutócrata, burgués, rentista, dineroso, acaudalado, hacendado, lauto, ricacho, platudo (*Amér.*), ricachón, ricote, cuantioso, grávido, pingüe, abundoso, sabroso, gustoso, agradable, apetitoso, excelente, exquisito, bueno, exuberante, fecundo, fértil, abundante, copioso, valioso, delicado, cariño, querido, simpático.
ANT. *Pobre, miserable, arruinado,*

trabajador, menesteroso, desagradable, insípido, repugnante, odioso, antipático.

ridículo
SIN. Risible, extravagante, estrafalario, esperpento, adefesio, figurón, bufo, adefesiero (*Amér.*), cómico, original, figura, payaso, despreciable, grotesco, charro, chocarrero, irrisorio, irrisible, raro, extraño, irregular, escaso, pobre, tacaño, corto, mezquino, trivial, nimio, diminuto, insuficiente, melindroso, puntilloso, finolis.
ANT. *Elegante, serio, grave, abundante, importante, abandonado.*

riesgo
SIN. Exposición, peligro, arrisco, contingencia, albur, ventura, aventura, azar, escollo, dificultad, conflicto, compromiso, evento, posibilidad, alarma.
ANT. *Seguridad, confianza, certeza.*

riesgoso
Amér.
SIN. Arriesgado, aventurado, peligroso, azaroso, comprometido.
ANT. *Seguro, fácil.*

rifa
SIN. Sorteo, contienda, enemistad, pelea, gresca, rija, riña, pendencia, reyerta, tómbola, juego, suerte, lotería, fortuna.
ANT. *Calma, sosiego.*

rifar
SIN. Sortear, jugar, echar, reñir, contender, pendenciar, quimerar, pelotear, pelear.
ANT. *Pacificar, amistar.*

rigidez
SIN. Rigor, severidad, inflexibilidad, austeridad, tiesura, recura, rezura, tenacidad, endurecimiento, tirantez, tensión, dureza, erección, fortaleza, firmeza, aterimiento, temple, intolerancia, exactitud, disciplina.
ANT. *Blandura, flexibilidad, ductilidad, tolerancia, inexactitud, indisciplina.*

rígido
SIN. Riguroso, rigente, severo, austero, tieso, inflexible, endurecido, yerto, agarrotado, envarado, inquebrantable, correoso, entumecido, anquilosado, tirante, tenso, eréctil, firme, inmóvil, paralizado, estricto, intolerante, justo, exacto, exigente, puritano.

ANT. *Blando, flojo, débil, flexible, dúctil, benigno, expresivo, inexacto.*

rigor

SIN. Rigurosidad, severidad, rigorismo, energía, rigidez, austeridad, brusquedad, aspereza, dureza, desabrimiento, acritud, intolerancia, crueldad, inflexibilidad, propiedad, precisión, intensión, vehemencia, exactitud, puntualidad, intensidad, pureza, puridad, tiesura, parálisis, inclemencia, crudeza.

ANT. *Blandura, flexibilidad, suavidad, tolerancia, bonanza.*

rigorismo

Rigurosidad, inflexibilidad, rigor, inescorabilidad, austeridad, estrictez, crudeza, intolerancia, intransigencia, dureza, puritanismo, exageración.

ANT. *Transigencia, suavidad, mesura, comprensión.*

riguroso

SIN. Severo, duro, rígido, áspero, acre, rudo, crudo, estricto, exacto, estrecho, preciso, ceñido, ajustado, extremado, inclemente, ríspido, inexorable, inflexible, austero, cruel, sólido, puritano, implacable, firme, ordenancista, cabal, fiel, minucioso, nimio, matemático, helado, tórrido, abrasador, gélido, cambiante.

ANT. *Suave, dúctil, generoso, discreto, mesurado, benévolo, flojo, inexacto, impreciso, clemente, apacible, dulce, bonancible.*

rija

SIN. Riña, alboroto, pendencia, bronca, zaragata, gresca, jaleo, escándalo, fístula, lágrima.

ANT. *Tranquilidad, paz.*

rijoso

SIN. Sensual, lujurioso, carnal, lascivo, voluptuoso, concupiscente, cachondo, salido, pendenciero, camorrista, rencilloso, rijador, alborotador.

ANT. *Casto, frío, continente, pacífico.*

rimbombante

SIN. Resonante, altisonante, retumbante, campanudo, hinchado, hueco, ostentoso, llamativo, aparatoso, ostentativo, espectacular, afectado, teatral, grandilocuente, ampuloso, fatuo, petulante, jactancioso.

ANT. *Silencioso, callado, discreto, natural, llano, humilde.*

rimbombar

SIN. Retumbar, rehombar, rebumbar, retronar, resonar, repercutir, atronar, presumir, exagerar, jactarse, ostentar, pavonear, exagerar.

ANT. *Callar, silenciar, moderar.*

rimero

SIN. Montón, rima, cúmulo, telera, hacina, tonga, pila, caterva, pilada, raudal.

ANT. *Escasez, poquedad.*

rincón

SIN. Rinconera, esquina, recoveco, recodo, quicio, codo, arista, cantón, chaflán, escondite, escondrijo, casa, domicilio, cuartucho, nido, resto, residuo.

ringlera

SIN. Ringle, ringla, fila, retahila, renglera, rengle, hilera, hilada, riestra, ristra, sarta, serie, sucesión, columna, cadena, cola, línea.

ANT. *Discontinuidad, interrupción.*

riña

SIN. Altercado, bronca, quimera, contienda, camorra, trifulca, confusión, trapatiesta, gresca, alboroto, gazapera, cuestión, lucha, reyerta, zaragata, zipizape, bolina, arrancasiega, marimorena, pendencia, querella, encuentro, pelea, porfía, agarrada, zurribanda, chamusquina, incidente, greña, rencilla, algarada, batalla, zafacoca (*Amér.*), jarana, lid, pelotera, lance, rabieta, rebate, ruptura, regaño, disputa, escaramuza, refriega, cisco, cacao, pleito, guerra, jaleo, pitote.

ANT. *Paz, sosiego, amistad, concordia, tranquilidad.*

río

SIN. Corriente, riachuelo, torrente, rivera, arroyo, reguero, afluente, avenida, riada, caudal, raudal, abundancia, plétora, profusión.

ANT. *Escasez, ausencia.*

riqueza

SIN. Abundancia, opulencia, copia, profusión, fertilidad, fortuna, abundamiento, caudal, holgura, bienes, hacienda, medios, posibles, dineral, gato, tesoro, prosperidad, renta, oro, bienestar, lujo, esplendor, largueza, derroche, dotes, virtudes.

ANT. *Pobreza, miseria, escasez, necesidad, cicatería.*

riscoso

SIN. Escabroso, peñascoso, arrisca-do, roqueño, roquero, enriscado, rocoso, abrupto, rupestre, escarpado.

ANT. *Llano, suave.*

risible

SIN. Irrisorio, ridículo, cómico, grotesco, irrisible, chocarrero, divertido, festivo, alegre, burlesco, irónico, hilarante, extravagante, divertido.

ANT. *Serio, grave, solemne.*

risueño

SIN. Alegre, placentero, reidor, carialegre, riente, festivo, próspero, agradable, favorable, deleitable, propicio, gozoso, satisfecho, óptimo, divertido, jocoso, gozoso, propicio, feliz, grato, boyante, afortunado, sonriente.

ANT. *Grave, serio, triste, sombrío, desafortunado, desfavorable.*

ritmo

SIN. Compás, cadencia, tiempo, armonía, periodicidad, acento, alternación, versificación, regularidad, metro, equilibrio, simetría, regularidad, concierto, orden, estructura.

ANT. *Arritmia, desconcierto, desorden.*

rito

SIN. Ritual, regla, ceremonia, culto, protocolo, acto, sesión, pompa, liturgia, celebración.

rival

SIN. Enemigo, competidor, émulo, adversario, contrincante, antagonista, contendiente, contrario, opositor, opuesto, desafiante, concurrente.

ANT. *Compañero, aliado, amigo.*

rivalidad

SIN. Enemistad, lucha, antagonismo, contención, pugna, pique, competencia, oposición, competición, contienda, desafío, emulación, liza, porfía, hostilidad, animadversión, discrepancia, concurso, apuesta.

ANT. *Amistad, concordia, acuerdo, rendición.*

rivalizar

SIN. Contender, competir, emular, pugnar, luchar, concursar, porfiar, contrapuntear (*Amér.*), equiparar, apostar.

ANT. *Ceder, desistir, rendirse.*

rizar

SIN. Ondular, ensortijar, encrespar, engrifar, ondear, torcer, engarzar,

arrufar, retorcer, fruncir.
ANT. *Alisar, estirar, desrizar.*

robar
SIN. Rapiñar, pillar, quitar, saquear, tomar, sisar, limpiar, malversar, estafar, hurtar, timar, despojar, expoliar, desvalijar, sustraer, rapar, escamotear, bailar, garsinar, afanar, distraer, secuestrar, escamotear, piratear, usurpar, trabajar, escalar, pelar, desfalcar, mangar, atracar, birlar, pulir, trincar, hechizar, encantar, embelesar.
ANT. *Restituir, devolver, pagar, reintegrar, desencantar.*

roblizo
SIN. Duro, recio, fuerte, vigoroso, forcejudo, estrenuo, terne, cereño, robusto, tenaz, resistente.
ANT. *Flojo, débil, blando.*

robo
SIN. Saqueo, pillaje, rapiña, timo, latrocinio, hurto, fraude, ladrocinio, garfiña, garsina, ratería, estafa, expoliación, sustracción, malversación, despojo, desfalco, distracción, escamoteo, concusión, ratería, sisa, rapto, engaño, atraco, limpia, escalo, cleptomanía.
ANT. *Devolución, restitución, reintegro.*

robustecer
SIN. Vigorizar, reforzar, fortalecer fortificar, entesar, vigorar, revigorizar, nutrir, reanimar, animar, endurecer, remozar, avivar, sustentar, mantener.
ANT. *Debilitar, ablandar, adelgazar.*

robustez
SIN. Fuerza, fortaleza, vigor, resistencia, salud, robusteza, reciura, reciedumbre, estrenuidad, rejo, firmeza, dureza, músculo, pujanza, lozanía, poder, poderío, aliento, energía, tensión, coraje.
ANT. *Debilidad, endeblez.*

robusto
SIN. Vigoroso, firme, fuerte, recio, membrudo, robustoso, roblizo, nervudo, estrenuo, cereño, forcejudo, rollizo, entero, hercúleo, lozano, resistente, activo, machote, corpulento, pujante, sólido, atlético, macizo, titánico.
ANT. *Débil, flojo, canijo, flaco, enclenque, anémico.*

roca
SIN. Peñasco, peña, peñón, islote,

roquedo, cantil, escollo, tolmo, piedra, losa, granito, laja, veta.

rochela
Amér.
SIN. Jolgorio, algarabía, bulla, vocerío, parranda.
ANT. *Silencio, quietud.*

roce
SIN. Comunicación, trato, relación, asiduidad, convivencia, disgustos, desavenencia, hostilidad, fricción, rozadura, frote, rozamiento, ludimiento, fricazón, friega, erosión, desgaste, toque, manoseo, caricia.
ANT. *Aislamiento, enemistad, avenencia, suavidad, sedosidad.*

rociada
SIN. Rocío, rociadura, aspersión, rociamiento, remojo, ducha, baño, riego, irregación, reprimenda, reprensión, sermoneo, paulina, filípica, sermón, riña, murmuración, cotilleo, hablilla, suelta, dispersión, siembra, difusión, lanzamiento.
ANT. *Secado, encomio, elogio, reserva, cautela.*

rociar
SIN. Esparcir, asperjar, arrojar, regar, rujiar, hisopear, espurrear, duchar, mojar, regar, rosar, pulverizar, espolvorear, bautizar, diseminar, derramar, esparcir, hisopar, humedecer.
ANT. *Secar, absorber, reunir.*

rocín
SIN. Rocinante, rocino, caballejo, jamelgo, matalón, penco, sotreta, gurrufero, cuadrúpedo, mulo, caballo, zafio, patán, cateto, rústico, lerdo, torpe, ordinario, rudo, tosco, ignorante, grosero.
ANT. *Fino, cultivado, exquisito, delicado.*

rocío
SIN. Rociada, rosada, sereno, aljófar, relente, cencio, escarcha, humedad, aguada, llovizna, sirimiri.

rodada
SIN. Releje, carril, carrilada, rodera, reguero, carrero, surco, rastro, huella, hendedura, estría, cauce.

rodar
SIN. Girar, voltear, rotar, rutar, rolar, rular, virar, rodear, tornear, resbalar, vagar, merodear, viajar, errar, recorrer, subsistir, existir, mudarse, cambiarse filmar, fotografiar, pilotar, conducir, correr, abundar, rebosar.

ANT. *Pararse, fijarse, asentarse, escasear, faltar.*

rodear
SIN. Circuir, cercar, contornar, contornear, arrodear, remolinar, rondar, remolinear, acordonar, circunvalar, circundar, sitiar, asediar, envolver, cercar, ceñir, estrechar, bordear, flanquear, esquivar, orillar, ladear, evitar, pretextar, divagar, sujetar, atar, alargarse, demorarse, tardar, revolverse.
ANT. *Pararse, liberar, soltar, atravesar, afrontar, atajar, desatar.*

rodeo
SIN. Dilación, circunloquio, tardanza, disimulo, escape, efugio, contorneo, arrodeo, circunducción, vuelta, ambages, divagación, pretexto, digresión, ambigüedad, reticencia, embozo, tapujo, insinuación, alusión, indirecta, desviación, desvío, extravío, virada, laberinto.
ANT. *Claridad, franqueza, concisión, crudeza, rectitud, atajo, derechura.*

roer
SIN. Carcomer, molestar, descantillar, punzar, atormentar, fizar, mordicar, ratonar, corroer, desgastar, mordisquear, comer, raer, picar, raspar, atormentar, fastidiar, pinchar, punzar, atosigar, recomer, molestar.
ANT. *Acariciar, consolar, sosegar, suavizar.*

rogar
SIN. Instar, pedir, suplicar, implorar, obsecrar, invocar, rezar, deprecar, exorar, solicitar, orar, exhortar, invitar, apelar, pretender, llamar.
ANT. *Dar, ofrecer, conceder, exigir, reclamar.*

rojo
SIN. Bermejo, colorado, encarnado, carmesí, escarlata, purpúreo, coccíneo, grana, encendido, carmín, bermellón, rubí, rubre, coralino, carminoso, rúbeo, granate, almagrado, cárdeno, sanguíneo, tinto, rojizo, rosáceo, cobrizo, izquierdista, comunista, socialista, libertario, rojillo.
ANT. *Descolorido, pálido, conservador, derechista.*

rolar
Amér.
SIN. Relacionarse, frecuentar, alternar, comunicarse, conversar.
ANT. *Aislarse.*

rollizo

SIN. Fornido, robusto, grueso, gordo, cilíndrico, cilindroideo, fuerte, sano, saludable.
ANT. *Flaco, escuálido, débil, enclenque.*

romance

SIN. Verso, poema, letra, pretexto, evasivas, cuentos, habladurías, amorío, noviazgo, idilio, coqueteo, aventura, flirteo.
ANT. *Prosa, claridad, franqueza.*

romanticismo

SIN. Sentimentalismo, fantasía, melancolía, patetismo, idealismo, generosidad, desinterés, altruismo, filantropía.
ANT. *Realismo, clasicismo, materialismo, egoísmo, interés.*

romo

SIN. Chato, porro, torpe, tosco, rudo, obtuso, embotado, boto, mocho, mellado, embolado, aplastado, despuntado.
ANT. *Agudo, afilado, fino, inteligente.*

romper

SIN. Quebrantar, quebrar, fracturar, cascar, machacar, rasgar, destrozar, desgarrar, despedazar, escachar, tronchar, descalandrajar, partir, trocear, astillar, rajar, destruir, triturar, moler, aplastar, escacharrar, deshacer, desconchar, roturar, interrumpir, prorrumpir, brotar, iniciar, principiar, infringir, anular, desdecirse, atravesar.
ANT. *Unir, juntar, reparar, construir, terminar, acabar, mantenerse, cumplir.*

rompimiento

SIN. Rotura, rompedura, quebradura, estrapalucio, quebrantamiento, siete, quebrantadura, quiebra, reventón, mella, raja, estallido, cuestión, riña, desavenencia.
ANT. *Compostura, arreglo, amistad.*

roncería

SIN. Tardanza, lentitud, haraganería, poltronería, pereza, pachorra, cachaza, cariño, halago, fiesta, carantoña, lisonja.
ANT. *Timidez, cortedad, parquedad.*

roncero

SIN. Perezoso, tardo, pigre, vago, haragán, poltrón, lento, regañón, malhumorado, cascarrabias, lisonjero, cariñoso, adulador.
ANT. *Activo, diligente, despierto, amable, agradable, displicente.*

roncear

Amér.
SIN. Atisbar, acechar, espiar, vigilar, escudriñar, fisgar.
ANT. *Inadvertir.*

ronda

SIN. Escolta, retén, vigía, relevo, patrulla, vigilancia, guardia, rondalla, orquestina, corro, pandilla, grupo, turno, vuelta, serie, vez, tanda, distribución, convite, agasajo, invitación, camino, carretera, paseo.
ANT. *Descuido, imprevisión, interrupción.*

ronzal

SIN. Ramal, brida, cabestro, camal, dogal, diestro, palanquín, cabo.

roña

SIN. Porquería, sarna, moho, pringue, suciedad, cochambre, herrumbre, pátina, óxido, daño, mal, tacañería, sordidez, mezquindad, avaricia, farsa, treta, astucia, sagacidad, ardid, trampa, tirria, ojeriza, antipatía.
ANT. *Pulcritud, limpieza, bien, generosidad, nobleza, simpatía, amor, amistad.*

roñería

SIN. Ruindad, cicatería, mezquindad, roña, tiñería, piojería, sordidez, tacañería, escasez, miseria, avaricia.
ANT. *Largueza, filantropía, generosidad.*

roñoso

SIN. Sucio, cochino, puerco, sórdido, mohoso, mugriento, sarnoso, tiñoso, cicatero, cutre, agarrado, escatimoso, apretado, tacaño, mezquino, avaro, miserable.
ANT. *Limpio, pulcro, espléndido, generoso.*

ropaje

SIN. Vestidura, vestido, indumento, veste, vestimenta, indumentaria, ropa, traje, prenda, muda, tela, terno, jaez, expresión, lenguaje, forma.
ANT. *Desnudez.*

roquedal

SIN. Roqueño, roqueda, riscoso, rupestre, peñascoso, roca, pedriza, cascajar.

roquedo

SIN. Roca, peñasco, peña, risco, castro, cantil, escollo, tolmo, piedra, farallón, peñón.

rorro

SIN. Mamón, mamoncillo, mamoncete, llorón, nene, crío, chiquirritín, churumbel, angelito, chiquitín, baby, bebé, criatura.

rostro

SIN. Cara, faz, semblante, efigie, imagen, continente, hocico, jeta, frontispicio, fisonomía, figura, talante, perfil, catadura, aspecto, pico, ápice.

rotoso

Amér.
SIN. Harapiento, andrajoso, desharrapado, astroso.
ANT. *Cuidado, elegante.*

rótulo

SIN. Cartel, aviso, letrero, título, tejuelo, inscripción, muestra, rétulo, rúbrica, epígrafe, rotulación, anuncio, etiqueta, lema, aviso, rubro (*Amér.*), titulación, encabezamiento, lema.

rotundo

SIN. Claro, preciso, redondo, esférico, orondo, decisivo, conclusivo, terminante, definitivo, concluyente, exacto, firme, categórico, lleno, rodado, ampuloso, vibrante.
ANT. *Plano, recto, indefinido, dudoso, silencioso.*

rotura

SIN. Fractura, ruptura, contrarrotura, abertura, quiebra, quebradura, rompedura, estrapalucio, estrago, brecha, destrozo, desgarrón, quebranto, abertura, derribo, falla, mella, interrupción, sección, avería, descomposición.
ANT. *Integridad, compostura, arreglo.*

rozadura

SIN. Frote, roce, fricacion, estregamiento, refregadura, ludimiento, rozamiento, arañazo, señal, erosión, irritación, pelado, estragamiento, restregón, rasguño, deterioro, desgaste, lesión, desolladura.
ANT. *Caricia, cosquillas, suavidad.*

rozagante

SIN. Brillante, vistoso, ufano, llamativo, satisfecho, contento, orgulloso, runflante, altivo, arrogante, saludable, sano, fuerte.
ANT. *Deslucido, abatido, enfermo, débil.*

rubio

SIN. Ribicundo, blondo, rubial, rubicán, bermejo, róseo, sonrosado, dorado, áureo, leonado, oxigenado, pelirrojo.
ANT. *Moreno, obscuro, tostado, negro.*

rubor

SIN. Bochorno, sonrojo, empacho, timidez, vergüenza, erubescencia, soflama, abochornamiento, corrimiento, candor, empacho, turbación, retraimiento, confusión, sofoco, calores, paro, poquedad, fuego, rojez.

ANT. *Palidez, descaro, desvergüenza.*

ruborizar

SIN. Abochornar, confundir, sofocar, acholar, avergonzar, sonrojar, enrojecer, encender, amoscar, asorochar (*Amér.*), turbar, azarear, morir.

ANT. *Sosegar, palidecer, desvergonzarse.*

ruboroso

SIN. Vergonzoso, pudoroso, pudibundo, erubescente, verecundo, ruborizado, colorado, rojo, encendido, abochornado, tímido, avergonzado, candoroso.

ANT. *Desenvuelto, descarado, desvergonzado.*

rubro

Amér.
SIN. Rúbrica, rótulo, epígrafe.

rudeza

SIN. Aspereza, brusquedad, rustiquez, basteza, bronquedad, descortesía, grosería, tosquedad, torpeza, rudez, rusticidad, ignorancia, incultura, ordinariez, violencia.

ANT. *Cortesía, finura, delicadeza.*

rudimentario

SIN. Primitivo, elemental, rudimental, embrionario, primario, básico, tosco, limitado, sencillo, simple, atrasado.

ANT. *Complicado, difícil, acabado, profundo, adelantado.*

rudimento

SIN. Principio, embrión, germen, inclinación, noción, fundamento, elemento, inicio, abecé, comienzo, catecismo, barniz, tinte.

ANT. *Desarrollo, detalle, conclusión, fin, profundización.*

rudo

SIN. Áspero, tosco, brusco, tocho, bronco, brozno, patán, basto, grosero, descortés, garbancero, desabrido, romo, torpe, porro, bruto, ordinario, escabroso, basto, inculto, zafio, zote, guarnaco (*Amér.*), carronchoso (*Amér.*), burro, brutal, duro, difícil, súbito, impetuoso.

ANT. *Cortés, amable, fino, culto, sociable, elegante.*

rueda

SIN. Aro, anilla, volante, redondel, rueca, polea, círculo, disco, corona, rodaja, rajada, hostia, corro, circuito, turno, vez, tanda, neumático.

ANT. *Cuadrado.*

ruego

SIN. Plegaria, oración, prez, súplica, petición, jaculatoria, instancia, solicitud, pido, rogación, implorativa, suplicación, encargo, rogativa, roto, reclamación, queja, exigencia, orden.

ANT. *Licencia, otorgamiento, cesión, dejación, blasfemia, reniego.*

rufián

SIN. Baratero, rufianazo, rufiancete, rufianejo, rufo, alcahuete, charinol, cabrón, rufezno, gancho, chulo, granuja, infame, despreciable, canalla, pillo, estafador, bellaco, truhán, ruin, malandrín.

ANT. *Noble, digno, caballero, prócer.*

rufo

SIN. Rojo, bermejo, rubio, coralino, purpúreo, pelirrojo, rizado, crespo, ensortijado, tieso, fuerte, erguido, derecho, robusto, ufano, arrogante, agradable, gayo, fanfarrón, chulo.

ANT. *Estirado, liso, débil, encorvado, humilde.*

rugir

SIN. Bramar, gritar, vocear, atronar, crujir, retumbar, chillar, notarse, traslucirse.

ANT. *Callar, silenciar, ocultar.*

ruido

SIN. Sonido, alboroto, escándalo, jaleo, gresca, griterío, fragor, crujido, zumbido, detonación, estrépito, clamor, estruendo, chasquido, murmullo, susurro, trueno, voz, cantinela, canturreo, murga, escándalo, litigio, pleito, pendencia, bullicio, rugido, vocerío, alboroto, exageración, aparato, apariencia, boato, bulo, chisme, rumor, noticia, originalidad, cotilleo.

ANT. *Silencio, paz, sosiego, calma, sencillez, discreción, mutismo.*

ruin

SIN. Indigno, bajo, vil, despreciable, malo, rastrero, bellaco, pillo, sinvergüenza, canalla, desalmado, miserable, desmedrado, raquítico, enclenque, pequeño, escuchimizado, canijo, encanijado, humilde, avaro, avariento, avaricioso, mezquino, tacaño, cutre, cicatero, piojoso, roñoso, sórdido, falso.

ANT. *Honrado, digno, robusto, generoso, espléndido.*

ruina

SIN. Perdición, devastación, destrucción, destrozo, menoscabo, deterioración, desmedro, decaimiento, decadencia, pérdida, quiebra, desolación, fin, catástrofe, merma, fracaso, bancarrota, daño, muerte, ancianidad, vestigios, restos, escombros, cascotes.

ANT. *Prosperidad, pujanza, apoyo, juventud.*

ruindad

SIN. Indignidad, vileza, infamia, bajeza, maldad, canallada, rufianería, abyección, villanía, usura, miseria, mezquindad.

ANT. *Honradez, dignidad, generosidad, esplendidez.*

ruinoso

SIN. Desmedrado, pequeño, escuchimizado, raquítico, enclenque, destartalado, viejo, decadente, decrépito, arruinado, asolado, devastado, costoso, gravoso, caro, dañino, nocivo, perjudicial, dañoso.

ANT. *Robusto, grande, saneado, pujante, beneficioso.*

rumbear

Amér.
SIN. Orientarse, situarse, emplazarse, encarrilarse.

ANT. *Desorientarse, descarriarse.*

rumbo

SIN. Senda, dirección, camino, ruta, sesgo, derrota, viaje, derrotero, bordada, travesía, periplo, liberalidad, desprendimiento, generosidad, desinterés, garbo, ostentación, pompa, boato, gala, fasto, faustosidad, esplendor, rango (*Amér.*), aparato, esplendidez, ostentación, rumba, juerga, parranda.

ANT. *Desorientación, sencillez, miseria, seriedad.*

rumboso

SIN. Generoso, desprendido, rumbón, desinteresado, liberal, espléndido, dadivoso, pomposo, ostentoso, magnífico, aparatoso, lujoso,

manirroto, manilargo, canario, fastuoso, garboso, derrochón, magnánimo.
ANT. *Humilde, sencillo, avaro, tacaño.*

rumor

SIN. Murmullo, runrún, murmurio, zumbido, hablilla, tole-tole, faloria, chisme, voz, son, ruido, fama, cuento, infundio, eco, noticia, difusión, resonancia.
ANT. *Silencio, discreción, verdad.*

ruptura

SIN. Rotura, rompimiento, desavenencia, riña, quiebra, quebradura, disolución, quebrantamiento, enemistad, discordia, pelea.
ANT. *Arreglo, unión, amistad.*

rural

SIN. Rústico, campestre, grosero, zafio, selvático, cerril, rustical, inculto, tosco, agravio, agreste, aldeano, pastoral, campero, labriego, salvaje, bárbaro, paleto, pueblerino.
ANT. *Urbano, culto, cortés, ciudadano.*

rusticidad

SIN. Rustiqueza, rustiquez, grosería, tosquedad, rudeza, bastedad, bronquedad, zafiedad, ordinariez, selvatiquez, incultura, salvajismo.
ANT. *Educación cultura, refinamiento.*

rústico

SIN. Rudo, grosero, tosco, garbancero, tocho, selvático, basto, ordinario, zafio, bayunco *(Amér.),* descortés, aldeano, labriego, pueblerino, campesino, agreste, campestre, pastoril, rusticano.
ANT. *Culto, educado, urbano, ciudadano, cultivado.*

ruta

SIN. Itinerario, derrota, rota, derrotero, dirección, rumbo, camino, senda. sendero, vía.

rutilante

SIN. Resplandeciente, brillante, relumbrante, coruscante, esplendente, fulgente, esplendoroso, centelleante, fúlgido, fulgurante.
ANT. *Apagado, opaco.*

rutilar

SIN. Refulgir, brillar, resplandecer, centellear, fulgurar, relumbrar, destellar, coruscar, rielar, cabrillear, titilar, relucir, relampaguear.
ANT. *Apagar, obscurecer.*

rutina

SIN. Práctica, hábito, vezo, solía, costumbre, uso, habitud, usanza, tradición, querencia.
ANT. *Novedad, originalidad.*

S

sabana

SIN. Páramo, llanura, planicie, llano, estepa, tundra, pradera, pampa, llanada.
ANT. *Montaña.*

sábana

SIN. Lienzo, cubierta, colcha, sudario, embozo, manto, cama, espuerta.

saber

SIN. Sabiduría, cognición, pericia, instrucción, ciencia, doctrina, erudición, conocimiento, ilustración, cultura, conocer, entender, dominar, discernir, creer, pensar, juzgar, percibir, intuir, comprender, advertir, probar, gustar, catar, degustar, acomodarse, adaptarse.
ANT. *Ignorancia, desconocimiento, desconocer, ignorar, rebelarse.*

sabiduría

SIN. Seso, prudencia, juicio, saber, ciencia, cordura, sabihondez, experiencia, instrucción, sapiencia, noticia, conocimiento, pericia, cultura, tino, maestría, erudición, preparación, estudios, educación, doctrina, dominio.
ANT. *Desconocimiento, ignorancia, ineptitud, impericia, incultura, duda.*

sabio

SIN. Erudito, sapiente, docto, sabiente, entendido, lumbrera, culto, ilustrado, experto, sesudo, inteligente, preparado, perito, oráculo, competente, pensador, estudioso, investigador, intelectual, descubridor, cuerdo, prudente, juicioso, avisado, salomón, séneca.
ANT. *Ignorante, lego, inculto, inepto, profano, pez.*

sablazo

SIN. Golpe, mandoble, herida, corte, estocada, petición, gorronería, solicitud, préstamo, abuso, codeo *(Amér)*, pedigüeñería, requerimiento.
ANT. *Mimo, caricia, negativa.*

sabor

SIN. Sapidez, gusto, paladar, regosto, dejo, gustillo, degustación, aroma, bouquet, boca, tasto, emboque, resabio, sensación, condimento, sazón, sabor, semejanza, parecido, estilo, recuerdo, corte, carácter.
ANT. *Insulsez, insipidez, indiferencia.*

saborear

SIN. Degustar, gustar, paladear, probar, tastar, libar, catar, gozar, admirar, recrearse.
ANT. *Rechazar, asquear, repugnar, sufrir.*

sabotear

SIN. Entorpecer, arruinar, dañar, deteriorar, estropear, averiar, inutilizar, obstaculizar.
ANT. *Cooperar, facilitar, beneficiar.*

sabroso

SIN. Gustoso, delicioso, agradable, apetitoso, rico, deleitable, sápido, saporífero, apetitivo, exquisito, grato, suculento, gracioso, picante, ocurrente, malicioso.
ANT. *Soso, insípido, insulso, desabrido, hueco, torpe.*

saca

SIN. Costal, talega, talego, saco, extracción, extirpación, transporte, exportación, retracto, tanteo.

ANT. *Introducción.*

sacar

SIN. Extraer, quitar, arrancar, desenvainar, vaciar, exhumar, desenterrar, expulsar, separar, apartar, coger, arrebatar, privar, desposeer, usurpar, desplumar, sorber, chupar, substraer, estrujar, solucionar, deducir, sonsacar, descubrir, hallar, conocer, resolver, lograr, conseguir, obtener, ganar, producir, inventar, crear, concebir, enseñar, mostrar, manifestar, revelar, publicar, mentar, aludir, mencionar, marginar, exceptuar, descartar, fotografiar, elegir, votar, sortear, nombrar, adquirir, comprar, superar, aventajar, alargar, ensanchar.
ANT. *Meter, poner, incluir, encerrar, encajar, adentrar, cerrar, cubrir, ocultar, ingresar, devolver, ignorar, fracasar, malograr, silenciar, incluir, unir, acortar.*

sacerdote

SIN. Cura, capellán, eclesiástico, clérigo, padre, mosén, párroco, canónigo, fraile, preste, oficiante, misionero, vicario, pastor, rabino, pope.
ANT. *Lego, seglar.*

saciar

SIN. Satisfacer, hartar, ahitar, atestar, atarugar, empachar, empapujar, calmar, aplacar, saturar, llenar, cebar, colmar, tupirse.
ANT. *Hambrear, faltar, escasear, apetecer.*

saciedad

SIN. Hartazgo, hartura, hartazón, repleción, hartada, panzada, empipada, satisfacción, atracón, exceso, abuso, atiborramiento, empacho,

hastío, cansancio, colmo, gula, borrachera
ANT. *Falta, escasez, hambre, necesidad.*

saco
SIN. Talega, talego, costal, fardel, macuto, cutama, bolso, bolsa, morral, zurrón, mochila, taleguilla, robo, hurto, despojo, saqueo, abrigo, chaqueta, chaquetón, sobretodo, gabán, montón, pila, rada, bahía, ensenada.
ANT. *Devolución, restitución, carestía.*

saco
Amér.
SIN. Chaqueta, americana, cazadora.

sacrificio
SIN. Holocausto, oblación, ofrenda, litación, inmolación, propiciación, hecatombe, lustración, matanza, misa, eucaristía, desinterés, abnegación, privación, renunciamiento, entrega, consagración, generosidad, abandono, esfuerzo, renuncia, quijotada, riesgo.
ANT. *Comodidad, ventaja, beneficio, ganancia, interés.*

sacrilegio
SIN. Profanación, violación, profanamiento, profanidad, perjurio, irreverencia, herejía, perversión, impiedad.
ANT. *Adoración, ortodoxia, veneración, respeto.*

sacrílego
SIN. Impío, profanador, blasfemo, hereje, apóstata, heterodoxo, profano, renegado, transgresor, excomulgado.
ANT. *Fiel, leal, devoto, ortodoxo, puro.*

sacudida
SIN. Zarandeo, sacudimiento, conmoción, convulsión, agitación, estremecimiento, golpe, terremoto, temblor, seísmo, zarandeo, choque, meneo, tirón, tumbo, movimiento, espasmo, escalofrío, vaivén, sobresalto.
ANT. *Calma, quietud, reposo, inmovilidad, tranquilidad.*

sacudir
SIN. Mover, agitar, golpear, remover, batir, convulsionar, percutir, temblar, trepidar, alterar, emocionar, palpitar, vibrar, revolver, zarandear, menear, zalear, zangolotear, apalear, pegar, mantear, zurrar, so-

callonear *(Amér.)*, tundir, abofetear, rechazar, apartar, echar, arrojar, ahuyentar, quitarse, librarse, eludir, evitar, rehuir.
ANT. *Calmar, sosegar, aquietar, aplacar, acariciar, afrontar, encararse.*

sagacidad
SIN. Sutileza, penetración, socarronería, cazurría, marrullería, matrería, solercia, perspicacia, astucia, acierto, olfato, viveza, agudeza, clarividencia, finura, intuición, lucidez, prontitud.
ANT. *Torpeza, ceguera, ingenuidad.*

sagaz
SIN. Astuto, ladino, perspicaz, sutil, previsor, prudente, socarrón, concudo, candongo, guachinango, pícaro, agudo, largo, lúcido, intuitivo, vivo, listo, lince, inteligente, taimado, despierto, travieso, cauteloso.
ANT. *Tonto, tardo, ingenuo, obtuso, torpe, insensato.*

sagrado
SIN. Sacrosanto, sacro, santo, santificado, bendito, consagrado, sacratísimo, venerable, respetable, divino, hierático, bienaventurado, intangible, improfanable, inviolable.
ANT. *Execrable, profano, despreciable.*

sahumado
Amér.
SIN. Achispado, ahumado, embriagado, alumbrado, alegre, curda.
ANT. *Sobrio, abstemio.*

sahumerio
SIN. Incensada, sahumo, sahumadura, perfume, fumigación, aroma, incienso.
ANT. *Hedor, peste.*

sal
SIN. Salmuera, salobridad, sulfato, simpatía, salero, gracia, atractivo, garbo, chispa, donaire, ingenio, viveza, gracejo, agudeza.
ANT. *Sosería, adustez, torpeza.*

sala
SIN. Estancia, salón, aposento, gabinete, recinto, aula, habitación, local, cine, teatro.

salario
SIN. Paga, sueldo, retribución, estipendio, mensualidad, emolumentos, honorarios, jornal, semanada, soldada, haber.

saldo
SIN. Pago, finiquito, abono, liquidación, resto, resultado, remanente, ocasión, ganga, purria, baratija, baratillo, baratura.
ANT. *Deuda, carestía.*

saleroso
SIN. Gracioso, chistoso, chusco, simpático, jacarandoso, donoso, salado, agudo, ocurrente, sandunguero, garboso, donairoso.
ANT. *Soso, sosera, simple, atontado.*

salida
SIN. Marcha, partida, alejamiento, ida, éxodo, escape, viaje, paseo, excursión, fuga, evasión, destierro, expulsión, paso, puerto, boca, abertura, desagüe, evacuación, desembocadura, flujo, derrame, efusión, erupción, derramamiento, rebose, pérdida, surtidor, manantial, fuente, origen, amanecer, orto, nacimiento, levante, aurora, disculpa, pretexto, recurso, justificación, subterfugio, argumento, solución, ocurrencia, gracia, chiste, agudeza, oportunidad, colocación, ataque, arrancada, acometida, saliente.
ANT. *Llegada, arribo, admisión, acceso, inmigración, invasión, irrupción, ingreso, retorno, oclusión, cierre, inmersión, fin, término, entrante, sosería.*

saliente
SIN. Resalte, resalto, eminencia, excrecencia, prominencia, protuberancia, relieve, elevación, lomo, diente, altura, pico, desigualdad, escalón, moldura, punta, emergente, surgente, prominente, salido, abultado, hinchado, convexo, abombado, jorobado, puntiagudo, manifiesto, destacado, visible, exterior, aparente, levante, naciente, orto.
ANT. *Llano, lisura, concavidad, entrante, cóncavo, liso, recto, vulgar, poniente.*

salir
SIN. Partir, marchar, alejarse, irse, escapar, viajar, huir, evadirse, ausentarse, emigrar, abandonar, dejar, retirarse, zarpar, desembocar, evacuar, pasar, verterse, rebosar, fluir, perder, rezumar, aparecer, surgir, mostrarse, emerger, nacer, brotar, asomarse, aflorar, manar, venir, borbollar, prorrumpir, comenzar, amanecer, despuntar, clarear, disculparse, justificarse, pretextar, eludir, evitar, solucio-

nar, parecerse, asemejarse, lograr, obtener, conseguir, faltar, cesar, librarse, editar, aparecer, publicarse.

ANT. *Regresar, retornar, acceder, llegar, acudir, acercarse, meterse, invadir, irrumpir, introducir, colarse, retener, absorber, reunir, meter, anochecer, oscurecerse, afrontar, fracasar.*

saliva

SIN. Baba, espumarajo, espumajo, salivazo, escupitajo, secreción, humor, esputo, gargajo.

salpicar

SIN. Asperjar, rociar, rujiar, hisopear, hisopar, rosar, aspergear, esparcir, regar, irrigar, lanzar, bautizar, arrojar, chapotear, manchar.

ANT. *Secar, limpiar.*

salsa

SIN. Jugo, adobo, condimento, caldo, unto, aderezo, guiso, zumo, especia.

saltador

SIN. Saltarín, saltón, saltante, capricante, brincador, saltimbanqui, trapecista, acróbata, atleta, comba, cuerda.

saltar

SIN. Botar, brincar, retozar, pingar, cabrear, chozpar, triscar, excitarse, irritarse, sobresaltarse, pasar, omitir, olvidar, evitar, dejar, eludir, lanzarse, tirarse, estallar, destaparse, atravesar, cruzar, trasponer, quebrantarse, romperse, reventar, explotar, sobresalir, resaltar, soltarse, desprenderse, irse.

ANT. *Pararse, sosegarse, calmarse, aludir, mencionar, retener, quedarse, resistir, contenerse, abstenerse.*

saltear

SIN. Acometer, asaltar, agredir, desvalijar, robar, atracar, saquear, sobrecoger, sorprender, embestir, asustar, entrar, dorar, sofreír, rehogar.

ANT. *Devolver, defender.*

saltimbanqui

SIN. Saltabanco, saltabanco, volatinero, histrión, informal, charlatán, titiritero, acróbata, payaso.

salto

SIN. Brinco, bote, respingo, cabriola, acrobacia, tranco, voltereta, sacudida, rebote, retozo, pirueta, carrera, zancada, altibajo, batida, cambio, diferencia, mutación, variación, tránsito, laguna, olvido, omisión, falta, hueco, descuido,

inadvertencia, error, movimiento, excitación, palpitación, latido, catarata, caída, cascada, chorro, torrente, precipicio, despeñadero, asalto, pillaje, robo, mejora, ascenso, subida, promoción.

ANT. *Quietud, reposo, fijeza, continuidad, persistencia, recuerdo, remanso, descenso, degradación.*

saludable

SIN. Salubre, sano, salubérrimo, robusto, terne, morocho, salutífero, higiénico, vigoroso, fresco, eufórico, contento, reluciente, lozano, fuerte, sonrosado, vital, curativo, propicio, ventajoso, provechoso, conveniente, beneficioso.

ANT. *Débil, insano, enfermo, mustio, insalubre, malsano, antihigiénico, dañino.*

saludo

SIN. Sombrerazo, sombrerada, gorretada, zalema, saludación, cabezada, reverencia, cortesía, presentación, salutación, venia, inclinación, besamanos, tratamiento, cumplido, ademán.

ANT. *Despedida, partida, grosería, desatención.*

salva

SIN. Aclamación, saludo, bienvenida, vítores, andanada, cañonazo, disparos, fuego, ensayo, cata, prueba, afirmación, promesa, juramento.

ANT. *Descortesía, incumplimiento.*

salvaguardia

SIN. Salvoconducto, pase, aval, garantía, pasaporte, custodia, guarda, protección, cuido, escolta, defensa, resguardo, desvelo, vigilancia, amparo.

ANT. *Inseguridad, desamparo, descuido.*

salvajada

SIN. Atrocidad, brutalidad, barbaridad, salvajería, salvajez, incivilidad, bruteza, bestialidad, irracionalidad.

ANT. *Civilidad, cultura.*

salvaje

SIN. Silvestre, montés, montaraz, montuno *(Amér.)*, agreste, bravío, selvático, bárbaro, feroz, brutal, atroz, incivil, inculto, burral, irracional, abestiado, bestial, indoméstico, caníbal, cafre, vándalo, animal, fiera, arisco, zafio, primitivo.

ANT. *Culto, fino, cortés, sociable, civilizado.*

salvedad

SIN. Descargo, excusa, disculpa, excuso, excusación, condición, exupción, distingo, aclaración, reticencia, reseña, precisión, puntualización, demostración.

ANT. *Generalidad, facilidad, franqueza, inclusión.*

salvo

SIN. Ileso, libertado, indemne, libre, seguro, firme, sano, cencido, zafo, virgen, incólume, excepto, exceptuado, omitido, menos.

ANT. *Herido, dañado, incluido, perjudicado, comprendido.*

sanar

SIN. Curar, reponerse, mejorar, recuperarse, convalecer, recobrarse, fortalecerse, salir, reaccionar, levantarse.

ANT. *Desmejorarse, empeorarse, agravarse.*

sanatorio

SIN. Hospital, clínica, enfermería, residencia, balneario, dispensario, lazareto, manicomio.

sanción

SIN. Castigo, pena, condena, penalty, precepto, norma, reglamento, ley, ordenanza, estatuto, autorización, permisión, conformidad, asentimiento, aprobación, confirmación, anuencia, legitimidad, venia.

ANT. *Desautorización, denegación, ilegitimidad, recompensa, premio.*

sandez

SIN. Majadería, necedad, tontería, despropósito, estupidez, vaciedad, bobería, bobada, idiotez, memez, simpleza.

ANT. *Sensatez.*

sandio

SIN. Necio, bobo, majadero, tonto, simple, estúpido, pazguato, tolili, memo, imbécil, cretino, bobalicón, torpe, zamarro.

ANT. *Avispado, listo.*

sandunga

SIN. Donaire, salero, sombra, jocosidad, gachonería, gracejo, gracia, garbo, sal, gancho, encanto, atractivo.

ANT. *Desabrimiento, insulsez, repulsión.*

sanear

SIN. Reparar, redondear, remediar, componer, arreglar, limpiar, purifi-

car, asear, desecar, desinfectar, indemnizar.
ANT. *Infectar, estropear.*

sangrar
SIN. Cortar, abrir, sajar, hurtar, robar, escamotear, sisar, desangrar, desagüar, gotear, verter, exudar, chorrear, menstruar.
ANT. *Cerrar, ocluir, retener, desecar.*

sangría
SIN. Sangradura, desangramiento, incisión, corte, derrame, flujo, menstruación, hemorragia, robo, hurto, sisa, bebida, refresco, pérdida, gasto, extracción.
ANT. *Devolución, retención, ganancia.*

sangriento
SIN. Sanguinolento, sangrante, sanguinario, sanguino, sanguinoso, sanguífero, feroz, brutal, cruento, cruel, atroz, bestial, salvaje, ofensivo, insultante, humillante.
ANT. *Incruento, justo, pacífico, generoso, elogioso, encomiástico.*

sanguinario
SIN. Sanguinoso, ultrajante, baldonador, feroz, inhumano, vengativo, cruel, insensible, duro, sádico, carnicero, brutal, bestial, inexorable, monstruoso.
ANT. *Bueno, pacífico, bondadoso, blando.*

sanidad
SIN. Higiene, cuidado, salubridad, limpieza, salud, fortaleza, lozanía.
ANT. *Enfermedad, debilidad, insalubridad.*

sano
SIN. Salubre, saludable, robusto, fuerte, fresco, lozano, puro, limpio, aseado, salubérrimo, terne, morocho, bondadoso, bueno, sincero, recto, íntegro, entero, virgen, indemne, ileso, incólume, sanote, moral, verdadero.
ANT. *Insano, antihigiénico, enfermizo, decaído, herido, falso.*

santo
SIN. Puro, sagrado, beatífico, perfecto, ejemplar, justo, venerable, beato, mártir, virgen, patrono, bendito, consagrado, estampa, grabado, viñeta, dibujo, fotografía, imagen, efigie, onomástica, festividad, consigna, seña, señal.
ANT. *Impío, condenado, maldito, profano, endemoniado.*

santurrón
SIN. Santucho, santulón, tragasantos, beatuco, beato, hipócrita, gazmoño, mojigato, tartufo, fanático, fariseo, farisaico.
ANT. *Sincero, humilde, piadoso.*

saña
SIN. Ira, cólera, furor, encono, crueldad, rabia, fiereza, rencor, ensañamiento, violencia, mosqueo, vesania, carraña, furia.
ANT. *Afecto, suavidad, dulzura.*

saqueo
SIN. Saco, pillaje, robo, atraco, expolio, latrocinio, despojo, depredación, rapacidad, piratería, razzia, pilla, capeo, sacomano.
ANT. *Restitución, devolución.*

sarcasmo
SIN. Mordacidad, ironía, causticidad, zaherimiento, escarnio, sátira, mofa, retintín, cinismo, pulla, hiel, agresividad, burla, befa, remoquete.
ANT. *Delicadeza, amabilidad, elogio, adulación.*

sarcástico
SIN. Satírico, burlón, epigramático, punzante, cáustico, irónico, mordaz, venenoso, acerado, virulento, sardónico, zaheridor.
ANT. *Amable, delicado, adulador, encomiástico.*

sarnoso
SIN. Roñoso, tiñoso, raquítico, enclenque.
ANT. *Corpulento, fuerte.*

sarracina
SIN. Pelea, pendencia, riña, trifulca, gresca, querella, sanfrancia, zafarrancho, bronca, camorra, pelotera, marimorena, matanza, destrozo, escabechina, suspenso.
ANT. *Sosiego, orden, paz, aprobado.*

sarta
SIN. Hilera, ristra, serie, retahíla, sucesión, fila, hilada, cola, teoría.
ANT. *Unidad, interrupción.*

sastre
SIN. Modisto, modista, costurero, alfayate, remendón.

satánico
SIN. Diabólico, demoníaco, endiablado, perverso, blasfemo, condenado, infernal, depravado, pérfido, maldito.

ANT. *Angelical, bueno, divino, bendito.*

satélite
SIN. Astro, planetoide, planeta, acompañante, acólito, compañero, mercenario, esbirro, dependiente, lacayo, seguidor, partidario, sometido, subordinado, subyugado, barrio.
ANT. *Amo, jefe.*

satinado
SIN. Brillante, sedoso, pulido, terso, alisado, pulimentado, laqueado, lustroso.
ANT. *Opaco.*

satírico
SIN. Burlón, mordaz, punzante, cáustico, epigramático, sarcástico, burlesco, crítico, incisivo, acerado, venenoso, acre, virulento, agrio, hiriente, bromista, chungón, chacotero, zumbón.
ANT. *Amable, elogioso, panegirista.*

satirizar
SIN. Motejar, zaherir, ridiculizar, censurar, ironizar, criticar, ofender, escarnecer, flagelar, caricaturizar, pinchar, vejar, chancearse, morder, freír.
ANT. *Elogiar, enaltecer, alabar.*

satisfacción
SIN. Reparación, recompensa, pago, indemnización, reembolso, reintegro, recompensa, explicación, disculpa, desagravio, aclaración, excusa, orgullo, vanidad, presunción, vanagloria, placer, contento, gusto, bienestar, sonrisa, alegría, gozo, complacencia, deleite, contestación, réplica, respuesta, observancia, cumplimiento, ejecución, realización.
ANT. *Deuda, desagrado, tristeza, descontento, disgusto, agravio, retención.*

satisfacer
SIN. Pagar, abonar, cancelar, saldar, agradar, complacer, contentar, alegrar, gustar, placer, deleitar, aquietar, sosegar, calmar, consolar, expiar, reparar, desagraviar, excusarse, disculparse, resarcir, saturar, llenar, saciarse, colmar, recompensar, premiar, cumplir, realizar, solucionar, aclarar, resolver, explicar, vengarse.
ANT. *Deber, adeudar, disgustar, asquear, preocupar, entristecerse, insistir, vaciar, faltar, incumplir.*

satisfactorio

SIN. Lisonjero, agradable, próspero, favorable, grato, halagador, apacible, ameno, jarifo, gustoso, provechoso, propicio, apropiado, adecuado, conforme, ventajoso, eficaz, práctico, útil, bueno, suficiente, conveniente, solvente. satisfaciente, soluble.

ANT. *Ingrato, impropio, desfavorable, perjudicial, infructuoso, estéril, inadecuado, ineficaz, inútil, malo, dudoso, insolvente, insoluble.*

saturar

SIN. Saciar, colmar, rebosar, llenar, atiborrar, hinchar, hartar, inundar, satisfacer, derramar, aburrir, fastidiar.

ANT. *Faltar, carecer, escasear, apetecer.*

savia

SIN. Jugo, zumo, líquido, linfa, humor, resina, secreción, viscosidad, caldo, vida, vigor, energía, fuerza, potencia, vitalidad, impulso.

ANT. *Sequedad, desánimo, flojedad.*

sazonar

SIN. Aliñar, aderezar, salpimentar, cundir, condimentar, salar, adobar, especiar, madurar, crecer, granar, florecer, desarrollar, rematar, concluir, perfeccionar.

ANT. *Agostar, descuidar.*

sebo

SIN. Grasa, unto, tocino, pringue, enjundia, saín, manteca, lardo, gordura, suciedad.

ANT. *Magrez, limpieza.*

secano

SIN. Sequedal, sequío, sequero, tastana, desierto, rulo.

ANT. *Regadío, verdor.*

secar

SIN. Enjugar, orear, airear, desecar, ventilar, asolar, vaciar, deshidratar, extraer, desaguar, astringir, drenar, achicar, tender, encañar, sangrar, sanear, enflaquecer, arrugarse, apergaminarse, acartonarse, consumirse, marchitarse, languidecer, agostar, amustiarse, resecarse, endurecerse, encruelecerse, insensibilizarse, fastiar, aburrir, molestar, exasperar, irritar.

ANT. *Mojar, regar, humedecer, empapar, rociar, calar, reverdecer, engordar, crecer, lozanear, distraer, calmar, sosegar.*

sección

SIN. Corte, división, incisión, separación, escisión, tajo, amputación, tajadura, porción, departamento, división, grupo, sector, capítulo, rama, clase, apartado, agrupación, ramo, negociado, dependencia, panel.

ANT. *Sutura, unión, conjunto, totalidad.*

seco

SIN. Desecado, enjuto, reseco, chupado, curado, deshidratado, evaporado, árido, sediento, marchito, estéril, agostado, duro, muerto, mustio, ajado, enflaquecido, acartonado, magro, delgado, flaco, extenuado, arrugado, avellanado, adusto, desabrido, austero, rígido, estricto, riguroso, áspero, huraño, tosco, rudo, indiferente, frío, alejado.

ANT. *Húmedo, mojado, regado, fértil, lozano, grueso, flexible, abierto, cariñoso, sociable, locuaz.*

secreción

SIN. Exudación, segregación, evacuación, excremento, excreción, goteo, transpiración, fermento, sudor, lágrima, serosidad, humor, mucosidad, linfa, supuración, viscosidad, resina.

ANT. *Absorción, retención.*

secretaría

SIN. Oficina, secretariado, despacho, agencia, ministerio, ayudantía, madriguera.

secretario

SIN. Funcionario, oficial, ayudante, oficinista, escribano, empleado, mecanógrafo, taquimecanógrafo.

secreto

SIN. Misterio, enigma, clave, confidencia, sigilo, cuchicheo, arcano, incógnita, tapujo, silencio, disimulo, discreción, interioridad, acertijo, ánimo, sigiloso, encubierto, reservado, recóndito, confidencial, clandestino, ignorado, desconocido, tapado, oculto, enigmático, furtivo, hermético, impenetrable, íntimo, profundo, callado, reservado, discreto, silencioso.

ANT. *Evidencia, publicidad, claro, manifiesto, conocido, divulgado, explícito.*

secta

SIN. Grupo, hermandad, camarilla, clan, asociación, pandilla, cofra-

día, doctrina, teoría, cisma, heterodoxia.

ANT. *Ortodoxia.*

sector

SIN. División, porción, parte, parcela, región, zona, situación, lugar, punto, grado, nivel, tramo, esfera.

ANT. *Conjunto, totalidad.*

secuela

SIN. Deducción, consecuencia, resulta, efecto, resultado, dependencia, consecución, deducción, corolario, desenlace, fruto, reliquia.

ANT. *Motivación, antecedente, principio.*

secuencia

SIN. Sucesión, orden, encadenamiento, serie, proceso, fase, ciclo, cadena, etapa, continuidad, plano.

ANT. *Discontinuidad, interrupción.*

secuestrar

SIN. Embargar, retener, encerrar, aprehender, apresar, emparar, amparar, detener, recluir, esconder, arrebatar, robar, llevar, requisar, decomisar, incautar, apropiarse, ejecutar.

ANT. *Liberar, libertar, restituir, devolver.*

secuestro

SIN. Encierro, embargo, aprehensión, requisa, emparamiento, rapto, detención, reclusión, aislamiento, chantaje, retención, incautación, decomiso, incautamiento, depósito.

ANT. *Libertad, liberación, devolución.*

secular

SIN. Temporal, terrenal, mundano, seglar, profano, laico, civil, lego, viejo, vetusto, anciano, centenario, antiguo, añejo, arcaico.

ANT. *Espiritual, nuevo, reciente.*

secundar

SIN. Ayudar, auxiliar, apoyar, favorecer, socorrer, coadyuvar, cooperar, conllevar, colaborar, contribuir.

ANT. *Oponerse, abandonar.*

sed

SIN. Apetito, apremio, afán, deseo, ansia, avidez, ambición, aspiración, sequedad, deshidratación, aridez, sequía, agostamiento.

ANT. *Conformidad, hartura, hidrofobia, hidratación.*

sedante

SIN. Calmante, consolador, tranquilizante, anodino, narcótico, lenitivo, barbitúrico, droga, hipnótico.
ANT. *Excitante, estimulante.*

sede

SIN. Domicilio, lugar, asiento, residencia, centro, sitial, trono, silla, capital, baluarte.

sedentario

SIN. Estático, inmóvil, quieto, asentado, inamovible, estacionario, fijo, tranquilo, inactivo, apacible, indolente, calmoso, descansado.
ANT. *Errante, nómada, movido, inquieto, rápido, activo.*

sedición

SIN. Sublevación, rebelión, motín, asonada, tumulto, insurrección, alzamiento, levantamiento, pronunciamiento, cuartelada, algarada, revuelta, golpe.
ANT. *Paz, orden, tranquilidad, disciplina, sometimiento.*

sedicioso

SIN. Amotinado, insurrecto, revoltoso, insurgente, sublevado, faccioso, rebelde.
ANT. *Sumiso, obediente, leal.*

sedimento

SIN. Solera, poso, borra, madre, légamo, sarro, rescoldo, asiento, limo, fango, solera, cieno, impureza, fondo, destilación, depósitos, heces, fondos, broza, huella, señal.

seducir

SIN. Encantar, cautivar, ilusionar, atraer, fascinar, engañar, arrastrar, inducir, captar, camelar, quillotrar, persuadir, halagar, insinuar, adular, galantear, conquistar, embobar, sugerir, embelesar, enamorar, corromper, tentar, incitar, engatusar, poseer, embarcar, abusar.
ANT. *Desagradar, repugnar, desilusionar, respetar.*

seductor

SIN. Cautivador, seductivo, cautivante, engañador, sugestionador, engatusador, atractivo, encantador, hechicero, tentador, sugerente, persuasivo, arrebatador, maravilloso, conquistador, tenorio, burlador, faldero, castigador, corruptor.

ANT. *Repugnante, desagradable, asqueroso, inmundo, misógino.*

segar

SIN. Recolectar, guadañar, cortar, forrajear, dallar, seccionar, tronchar, truncar, igualar, impedir, malograr, frustar, desilusionar.
ANT. *Sembrar, plantar, favorecer, ilusionar.*

seglar

SIN. Profano, mundano, secular, terrenal, civil, laico.
ANT. *Religioso, espiritual.*

segregar

SIN. Separar, cortar, seccionar, dividir, apartar, diferenciar, discriminar, arrinconar, expulsar, repudiar, destilar, sudar, transpirar, despedir, evacuar, excretar, supurar, gotear, rezumar, eyacular, secretar.
ANT. *Retener, absorber, chupar, aspirar, unir, juntar, acoger.*

seguido

SIN. Consecutivo, sucesivo, continuado, continuo, frecuente, incesante, perpetuo, permanente, repetido, insistente, subsiguiente, acompañado, escoltado, siguiente, posterior, inmediato, recto, llano, directo, derecho, liso.
ANT. *Interrumpido, discontinuo, solo, anterior, torcido, indirecto.*

seguir

SIN. Perseguir, acosar, cazar, rondar, espiar, hostigar, continuar, proseguir, reanudar, prolongar, insistir, perseverar, durar, perpetuar, permanecer, acompañar, escoltar, secundar, imitar, copiar, aprender, cortejar, pretender, pedir, estudiar, cursar, practicar, profesar, derivarse, dimanarse, deducirse, proceder, resultar, suceder, ocurrir, adaptarse.
ANT. *Dejar, abandonar, preceder, rechazar, inducir, oponerse.*

seguridad

SIN. Certidumbre, certeza, convicción, confianza, firmeza, fijeza, tranquilidad, exactitud, confirmación, aplomo, equilibrio, tino, tiento, pulso, inmunidad, garantía, seguro, salvaguardia, sostén, resguardo, defensa, guarda, solidez, refugio.
ANT. *Inseguridad, duda, debilidad, capricho, sospecha, descuido, dejadez, desamparo, alarma.*

---

seguro

SIN. Cierto, claro, palmario, indudable, patente, innegable, notorio, tangible, invariable, leal, fiel, resuelto, decidido, confiado, estable, constante, sujeto, protegido, garantizado, defendido, sólido, inexpugnable, inviolable, sano, salvo, firme, recio, forzoso, inevitable, aseguramiento, contrato, garantía, póliza, depósito, prima, fianza, dispositivo, cierre, pasador, bloqueo, resorte.
ANT. *Inseguro, incierto, dudoso, equívoco, variable, mutable, acosado, débil, evitable.*

seísmo

SIN. Terremoto, sacudida, temblor, sacudimiento, catástrofe, movimiento, cataclismo.
ANT. *Estabilidad.*

selección

SIN. Distinción, preferencia, separación, apartado, escogimiento, elección, discriminación, distinción, clasificación, élite, crema, cogollo, espuma, quintaesencia, extracto, resumen, condensación, conjunto, antología, tría, trío, florilegio.
ANT. *Confusión, mezcla, ampliación, indiferencia.*

selecto

SIN. Distinguido, escogido, atrayente, atractivo, excelente, extra, primoroso, elegido, seleccionado, noble, exquisito, mejor, fino, notable, delicado, refinado, superior, crema, élite, florido.
ANT. *Común, vulgar, corriente, tosco, grosero, inferior, revuelto, mezclado.*

selva

SIN. Jungla, foresta, bosque, espesura, sombra, arboleda, frondosidad, monte, algaida.
ANT. *Desierto, claro.*

sellar

SIN. Timbrar, estampar, imprimir, señalar, marcar, lacrar, precintar, grabar, tapar, cubrir, cerrar, sigilar, concluir, acabar, finalizar, terminar, finir.
ANT. *Borrar, abrir, destapar, iniciar, comenzar.*

sello

SIN. Estampilla, timbre, precinto, lacre, cajetín, marca, leyenda, monograma, grabado, impronta, etiqueta, póliza, franqueo, grajea, tableta, pastilla, comprimido.

semanario
SIN. Periódico, revista, hebdomario, magazine, boletín.

semblante
SIN. Faz, cara, rostro, fisonomía, pelaje, pinta, aspecto, parecer, aire, apariencia, porte, facha, planta, cariz, catadura.

semblanza
SIN. Comparación, semejanza, parangón, afinidad, analogía, parecido, biografía, descripción, retrato, bosquejo, vida.
ANT. *Diversidad, diferencia, desemejanza.*

sembrar
SIN. Sementar, resembrar, empanar, volear, labrar, cultivar, plantar, roturar, granear, diseminar, derramar, lanzar, arrojar, desparramar, divulgar, predicar, publicar, propagar, difundir, transmitir.
ANT. *Recolectar, cosechar, reunir, reservar, callar, limitar.*

semejante
SIN. Análogo, idéntico, parecido, parigual, similar, afín, semejado, similitudinario, parejo, homólogo, sinónimo, equivalente, paralelo, comparable, imitado, rayano, gemelo, conforme, vecino, congénere, cercano, próximo, prójimo, hermano, pariente, connatural.
ANT. *Desigual, diferente, distinto, dispar, antónimo, diverso, opuesto, contrario, desemejante, variado.*

semejanza
SIN. Similitud, afinidad, maridaje, parecencia, aproximación, parecido, analogía, semeja, igualdad, identidad, semblanza, harmonía, paridad, símil, coincidencia, correspondencia, parentesco, aproximación, homología, comparación, hermandad.
ANT. *Diferencia, disparidad, desigualdad.*

semen
SIN. Esperma, secreción, polución, leche, simiente, jugo, testículo.

semilla
SIN. Embrión, semen, simiente, embrión, núcleo, fruto, pepita, piñón, nuez, grano, principio, origen, causa, reproducción, procedencia.

ANT. *Fruto, efecto, consecuencia.*

semillero
SIN. Vivero, seminario, almáciga, almajara, plantel, venero, sementera, plantío, origen, causa, fuente, principio, escuela, doctrina.
ANT. *Consecuencia, fin, fruto, resultado.*

sempiterno
SIN. Perpetuo, eterno, perenne, perenal, infinito, duradero, perdurable, interminable, imperecedero, inmortal.
ANT. *Mortal, finito, perecedero.*

senador
SIN. Congresista, representante, diputado, asambleísta, par, padre, parlamentario.

sencillez
SIN. Ingenuidad, simplicidad, naturalidad, inocencia, campechanía, humildad, sinceridad, llaneza, franqueza, afabilidad, candor, candidez, simpleza, parquedad, sobriedad, austeridad, severidad.
ANT. *Dificultad, altanería, afectación, exageración, sofisticación, lujo, pompa, gala, fausto, saciedad, descomedimiento, complicación, fastuosidad.*

sencillo
SIN. Incauto, natural, ingenuo, franco, llano, humilde, cándido, inocente, campechano, llanote, fácil, simple, raso, vulgar, familiar, común, corriente, inteligible, escueto, severo, sobrio, austero, parco.
ANT. *Complicado, difícil, afectado, suntuoso, altanero, vanidoso, hueco, barroco, aparatoso, cerrado, inasequible, incomprensible, exagerado, descomedido.*

senda
SIN. Sendero, camino, vereda, acceso, ruta, trocha, atajo, ramal, cañada, conducta, proceder, regla, norma.

senectud
SIN. Ancianidad, vejez, longevidad, senilidad, senilismo, decrepitud, vetustez, caduquez, agerasia, chochez, madurez.
ANT. *Juventud, niñez, mocedad.*

seno
SIN. Busto, pecho, teta, ubre, mama, defensa, amparo, refugio, regazo, recogimiento, hueco, oque-

dad, hondura, hoyo, cavidad, entrante, ensenada, golfo.
ANT. *Desamparo, saliente, cabo.*

sensación
SIN. Emoción, impresión, percepción, excitación, sentido, sensibilidad, conmoción, sentimiento, sacudida, sorpresa, sobresalto, efecto, huella, recuerdo, estremecimiento, experiencia.
ANT. *Insensibilidad, atonía, impasibilidad, impavidez.*

sensatez
SIN. Discreción, prudencia, cordura, circunspección, juicio, moderación, cautela, reflexión, tino, madurez, formalidad, seso, razón, seriedad, lógica, equilibrio, acierto, lucidez, responsabilidad, serenidad, substancia, pesquis, frialdad, enjundia, aplomo, mesura.
ANT. *Insensatez, alocamiento, necedad, dislate, candor, precipitación, inmoderación.*

sensato
SIN. Circunspecto, discreto, formal, ajuiciado, prudente, juicioso, cuerdo, sentado, cauto, sesudo, moderado, serio, ponderoso, mesurado, razonable, inteligente, frío, comedido, maduro, sabio, capaz, precavido, sereno, lógico, reflexivo, realista.
ANT. *Insensato, demente, alocado, disparatado, absurdo, torpe, memo, ignorante, precipitado, inoportuno.*

sensible
SIN. Perceptible, apreciable, evidente, palpable, patente, manifiesto, visible, sensorial, sensitivo, hiperestésico, afectivo, influible, sensiblero, alterable, sentimental, susceptible, delicado, tierno, impresionable, penoso, doloroso, lastimoso, desgarrador.
ANT. *Impasible, indiferente, insensible, invisible, imperceptible, alegre, gozoso.*

sensual
SIN. Voluptuoso, sensualista, sibarita, sensitivo, lúbrico, libidinoso, lujurioso, lascivo, mujeriego, rijoso, cachondo, refinado, muelle, epicúreo, gozador, mundano, carnal, venéreo, vicioso, mórbido, impúdico, materialista, erótico, grato, deleitable, apasionado.
ANT. *Insensible, duro, sacrificado, ascético, austero, casto, frígido, templado, frío, embotado.*

sentado

SIN. Asentado, repantingado, sedentario, arrellanado, apoltronado, juicioso, sesudo, quieto, pacífico, tranquilo, sosegado, anotado, sentado, moderado, ponderoso, mesurado, fijo, establecido, fijado, apuntado, estatuido.

ANT. *Levantado, aturdido, intranquilo, impaciente, movido, móvil, derogado.*

sentar

SIN. Asentar, afirmar, colocar, ajustar, establecer, determinar, razonar, fundamentar, anotar, inscribir, registrar, contabilizar, convenir, ajustar, acordar, acomodarse, arrellanarse, apoltronarse, repantigarse, posarse, ponerse, descansar, respaldarse.

ANT. *Quitar, descolocar, discordar, alzarse, levantarse.*

sentencia

SIN. Juicio, laudo, dictamen, decisión, resolución, fallo, veredicto, decreto, edicto, pronunciamiento, ejecutoria, condena, castigo, pena, punición, resultado, parecer, sentención, sanción, sentenzuela, máxima, proverbio, aforismo, dicho, refrán, paremia, frase, moraleja.

ANT. *Insulto, absolución, sobreseimiento, suspensión.*

sentenciar

SIN. Dictaminar, decidir, sancionar, enjuiciar, resolver, condenar, fallar, pronunciar, dictar, arbitrar, juzgar, enjuiciar, penar, castigar, estatuir, establecer, zanjar, decretar, disponer, ventilar, determinar.

ANT. *Perdonar, absolver, indultar, sobreseer, suspender.*

sentido

SIN. Sensación, percepción, sensibilidad, conocimiento, juicio, opinión, razón, entendimiento, pesquis, aptitud, capacidad, significación, significado, acepción, expresión, indicación, enfoque, cohesión, coherencia, interpretación, dirección, rumbo, derrotero, orientación, tendencia, curso, sensible, suspicaz, susceptible, molesto, ofendido, tierno, emotivo, afectuoso, profundo, sensitivo, turbado.

ANT. *Insensibilidad, indiferencia, torpeza, incomprensión, embotamiento, frío, apático, tranquilo.*

sentimiento

SIN. Dolor, pena, pesar, congoja, atribulación, pesadumbre, tristeza, amargura, condolencia, sinsabor, emoción, sentir, impresión, sensibilidad, disposición, pasión, instinto, afecto, piedad.

ANT. *Insensibilidad, indiferencia, embotamiento, gozo, felicidad.*

sentir

SIN. Percibir, notar, advertir, experimentar, reparar, percatarse, comprobar, lamentar, deplorar, temer, disgustar, entristecerse, condolerse, emocionarse, conmoverse, presentir, sospechar, figurarse, prever, presagiar, causar, inspirar, profesar, notarse, encontrarse, juicio, sentimiento.

ANT. *Aletargarse, embotarse, alegrarse, desentenderse.*

señal

SIN. Huella, vestigio, marca, estigma, traza, reliquia, signo, pista, sello, lacra, herida, impresión, resto, sombra, ruina, mojón, hito, guía, poste, meta, indicador, boya, baliza, testigo, estela, pilar, toque, referencia, letrero, rótulo, aviso, llamada, nota, indicación, marca, reclamo, símbolo, síntoma, manifestación, sospecha, asomo, vislumbre, vestigio, anuncio, resabio, reseña, muestra, anticipo, índice, ademán, gesto, prodigio, milagro, signatura.

ANT. *Desaparición, ocultación, ausencia.*

señalado

SIN. Indicado, avisado, anotado, apuntado, marcado, reseñado, firmado, inscrito, anunciado, manifiesto, notorio, evidente, conocido, sospechoso, insigne, famoso, ilustre, notable, afamado, importante, singular, destacado.

ANT. *Ignorado, corriente, vulgar, desconocido.*

señalar

SIN. Indicar, advertir, mostrar, denotar, significar, avisar, señalizar, manifestar, apuntar, anunciar, marcar, rayar, trazar, subrayar, imprimir, puntear, registrar, ahitar, abalizar, estacar, amojonar, delimitar, cercar, jalonar, herir, cortar, determinar, designar, decidir, amagar, amenazar, rubricar, firmar, criticar, aplaudir, censurar, distinguirse, significarse, destacar, sobresalir.

ANT. *Sugerir, esbozar, desconocer, omitir, abandonar, encomiar.*

señero

SIN. Aislado, apartado, solitario, solo, insigne, notable, preclaro, único, ejemplar, ilustre, distinguido.

ANT. *Acompañado, vulgar, desconocido.*

señor

SIN. Hombre, caballero, noble, prócer, hidalgo, par, soberano, rey, dios, amo, propietario, patrono, dueño, jefe, mandamás, cacique, patriarca, titular, patrón, importante, grande, distinguido.

ANT. *Siervo, esclavo, vasallo, criado.*

señora

SIN. Mujer, dama, matrona, dueña, ama, damisela, esposa, consorte, compañera, pareja, cónyuge, costilla.

ANT. *Mujerzuela, golfa.*

señorear

SIN. Mandar, domeñar, soberanear, imperar, avasallar, disponer, dominar, someter, oprimir, sujetar, sojuzgar, subyugar, vencer, gobernar.

ANT. *Libertar, rebelarse, obedecer*

señorío

SIN. Mando, dominio, potestad, poder, autoridad, jurisdicción, dignidad, imperio, gravedad, distinción, elegancia, hidalguía, aristocracia, caballerosidad, grandeza, mesura, territorio, señoreaje, señoraje, enseñoramiento, feudo, tierras, hacienda, dominio, posesión.

ANT. *Villanía, bajeza, ordinariez, plebeyez.*

señuelo

SIN. Carnada, incentivo, cebo, engaño, trampa, reclamo, emboscada, treta, tentación, estafa, lazo.

ANT. *Honradez, claridad, nobleza.*

separación

SIN. Defección, independencia, emancipación, desviación, cisma, manumisión, escisión, segregación, disociación, apartamiento, distanciamiento, ostracismo, alejamiento, expulsión, salida, desunión, desglose, desconexión, desarticulación, interrupción, divergencia, desligadura, dispersión, escisión, corte, tajo, disyunción, división, barrera, distancia, límite, frontera, muro, abismo, demarcación, valla, biombo, corrillo, peña, cenáculo, ausencia, falta, añoranza, divorcio,

ruptura, desacuerdo, separación, repudio, desavenencia, antipatía.
ANT. *Unidad, unión, sujeción, centralismo, contigüidad, cercanía, inclusión, admisión, lazo, nexo, relación, integración, suma, mezcla, avenencia, simpatía, acuerdo, reconciliación.*

separar
SIN. Alejar, apartar, desterrar, desviar, distanciar, marcharse, salir, expulsar, exiliar, despedir, cesar, relevar, suspender, quitar, licenciar, excluir, relegar, desunir, disociar, desligar, deshacer, desatar, desglosar, interrumpir, distar, desarticular, desplegar, desintegrar, descomponer, soltar, cortar, escindir, sajar, clasificar, ordenar, repartir, organizar, analizar, espaciar, delimitar, demarcar, cribar, filtrar, tamizar, disociar, desagregar, desavenir, divorciarse, desligarse, repudiarse, repelerse.
ANT. *Unir, ligar, juntar, acercar, acoger, incluir, agregar, conectar, pegar, coser, componer, sumar, mezclar, avenirse, reconciliarse.*

separatismo
SIN. Autonomía, separación, secesión, cisma, escisión, nacionalismo, federalismo.
ANT. *Centralismo, unidad, uniformidad.*

séptico
SIN. Infeccioso, contagioso, putrefacto, corruptivo, corrompido, infecto, nocivo.
ANT. *Antiséptico.*

sepultar
SIN. Inhumar, enterrar, incinerar, soterrar, abismar, sumir, sumergir, esconder, ocultar, encubrir, yacer, reposar, descansar.
ANT. *Desenterrar, exhumar, descubrir, levantar, revivir.*

sepultura
SIN. Huesa, hoya, fosa, cárcava, enterramiento, tumbón, hoyo, nicho, tumba, sepulcro, osario, cenotafio, yacija, cementerio, túmulo, cripta, urna, mausoleo, hipogeo, panteón, ataúd, zanja, lápida, losa, estela.

sequedad
SIN. Sequera, seca, sequía, secura, sed, aridez, enjutez, sequedal, sequeral, estiaje, xeroftalmia, evaporación, oreo, agostamiento, laconismo, adustez, displicencia, frial-

dad, desabrimiento, aspereza, dureza, descortesía.
ANT. *Humedad, cortesía, afabilidad.*

séquito
SIN. Acompañamiento, corte, comitiva, tropa, procesión, escolta, cohorte, caravana, aplauso, fama, popularidad, efecto, resultado, consecuencia.
ANT. *Soledad, impopularidad.*

ser
SIN. Esencia, naturaleza, substancia, materia, ente, unidad, organismo, sujeto, cuerpo, individuo, existencia, fenómeno, estar, existir, vivir, residir, permanecer, durar, subsistir, quedar, haber, hallarse, florecer, valer, servir, aprovechar, pertenecer, consistir, depender, atañer, convenir, tocar, originarse, principiar, pasar, suceder, transcurrir, acontecer, acaecer, devenir.
ANT. *Morir, pasar, faltar, concluir, terminar.*

serenar
SIN. Escampar, aclarar, amainar, despejarse, mejorar, abonanzar, abrir, calmar, sosegar, tranquilizar, aplacar, encalmar, desenojar, aquietar, templar, moderar, apaciguar, aquietar, suavizar, sedar, apagar, confortar, adormecer, calmar, contemporizar, enfriar.
ANT. *Encapotarse, nublarse, cerrarse, irritar, excitar, avivar, desanimar, agravar.*

serenidad
SIN. Sosiego, tranquilidad, calma, impavidez, imperturbabilidad, quietud, reposo, paz, valor, apacibilidad, dulzura, aplomo, confianza, despreocupación, flema, parsimonia, dominio, equilibrio, ecuanimidad, estoicismo, parsimonia, lentitud.
ANT. *Prisa, excitación, nerviosismo, azoramiento, inquietud, preocupación, emoción.*

sereno
SIN. Tranquilo, valiente, templado, calmado, plácido, objetivo, suave, flemático, impasible, frío, inalterable, impávido, firme, impertérrito, sosegado, apacible, despejado, claro, aquietado, calmo, reposado, apaciguado, diáfano, luminoso, rocío, escarcha, intemperie, relente, guarda, vigilante, cuidador.
ANT. *Excitado, exaltado, azorado, nervioso, confuso, inquieto, apa-*

sionado, nublado, encapotado, cerrado.

serie
SIN. Orden, progresión, sucesión, ciclo, secuencia, proceso, relación, conjunto, cadena, curso, procesión, grupo, lista, gradación, hilera, fila, ristra, columna, colección, repertorio, repetición, rosario, letanía, ráfaga, retahíla, retreta *(Amér.)*, sarta, tren, serial, racha, cola, cuerda.
ANT. *Ruptura, paréntesis, salto, discontinuidad.*

seriedad
SIN. Formalidad, gravedad, circunspección, austeridad, solemnidad, fundamento, sensatez, reserva, dignidad, prudencia, serenidad, mesura, respeto, empaque, aplomo, cordura, equilibrio, majestad.
ANT. *Ligereza, frivolidad, alegría, broma, informalidad.*

serio
SIN. Solemne, grave, majestuoso, importante, formal, considerable, ponderoso, gravedoso, sentencioso, mesurado, circunspecto, sentado, sensato, severo, austero, adusto, tranquilo, pacífico, impávido, tieso, seco, solemne, ecuánime, tétrico, sobrio, estirado, hierático, taciturno, agrio, hosco, exacto, recto, celoso, veraz, difícil, arduo, delicado, embarazoso.
ANT. *Alegre, ligero, bromista, frívolo, burlón, sencillo, fácil.*

sermón
SIN. Amonestación, reprimenda, reprensión, regaño, admonición, regañina, rapapolvo, advertencia, filípica, catilinaria, discurso, plática, prédica, homilía, arenga, charla, idioma, lenguaje.
ANT. *Alabanza, encomio, silencio.*

serpiente
SIN. Ofidio, reptil, sierpe, demonio, tentación.

serrar
SIN. Cortar, talar, abatir, partir, aserruchar, aserrar, tronzar.

servicial
SIN. Amable, cortés, solícito, educado, esmerado, servil, mirado, galante, lacayesco, acomedido *(Amér.)*, complaciente, serviciable, atento, cumplido, ayuda, lavativa, irrigación, lavaje.

ANT. *Descortés, incorrecto, desatento.*

servicio

SIN. Prestación, encargo, misión, función, actuación, destino, oficio, ocupación, empleo, papel, obligación, beneficio, ayuda, favor, gracia, consideración, dependencia, servidumbre, personal, culto, misa, organización, distribución, red, retrete, lavabo, urinario, menjitorio, excusado, baño, vajilla, cubierto, cristalería, provecho, utilidad, beneficio, acompañamiento.

ANT. *Abandono, desamparo, inactividad, jubilación, retiro, perjuicio, pérdida.*

servidor

SIN. Doméstico, sirviente, criado, fámulo, lacayo, ordenanza, mozo, ayudante, escudero, siervo, ayo, acompañante, mucamo, asistente, subalterno, dependiente, galanteador, cortejador, pretendiente, yo, menda.

ANT. *Jefe, patrono, dueño, amo.*

servidumbre

SIN. Sujeción, obligación, deber, subordinación, vasallaje, dedicación, impuesto, censo, gabela, carga, gravamen, servicio, esclavitud, dependencia, séquito, criados, subalternos.

ANT. *Dominio, poder, liberación.*

servil

SIN. Humilde, vil, bajo, humillante, suizo, lacayil, lacayuno, servicial, tiralevitas, vergonzoso, abyecto, rastrero, tímido, esclavo, pelotillero, adulador, gorrón, chupón, lameculos.

ANT. *Orgulloso, soberbio, despectivo, digno, honroso, libre.*

servilismo

SIN. Humillación, adulación, bajeza, envilecimiento, abyección, vileza, coba, sumisión, vasallaje, servicio, acatamiento, sometimiento, zalamería.

ANT. *Orgullo, soberbia, desprecio, altanería, crítica.*

servir

SIN. Trabajar, ocuparse, emplearse, desempeñar, realizar, ejercer, militar, secundar, valer, usar, acomodar, aprovechar, utilizar, repartir, distribuir, partir, presentar, ofrecer, dar, proporcionar, suministrar, obsequiar, reverenciar, adorar, suplantar, suplir, substi-

tuir, sacar, tirar, lanzar, aprovecharse, beneficiarse, lucrarse, ganar, servirse.

ANT. *Holgar, inhibirse, desaprovechar, inutilizar, retener, abandonar, abstenerse, negarse, perjudicarse.*

sesgado

SIN. Apacible, tranquilo, sereno, sosegado, pacífico, transversal, inclinado, oblicuo, cruzado, diagonal, transverso, escarpado, vencido.

ANT. *Excitado, intranquilo, derecho, recto.*

sesgo

SIN. Cariz, curso, sentido, dirección, inclinación, tendencia, marcha, aspecto, evasiva, desviación, quiebro, corte, ruptura, sesgadura, ladeo, través, calmo, tranquilo, hosco, enfadado, agrio.

ANT. *Desorientación, derechura, alegre, agradable.*

seso

SIN. Juicio, cerebro, discreción, madurez, pesquis, cacumen, chirumen, caletre, magín, prudencia, cordura, reflexión, sensatez, circunspección, gravedad.

ANT. *Locura, insensatez, imprudencia, tontería.*

sesudo

SIN. Discreto, cuerdo, juicioso, grave, reflexivo, prudente, maduro, ponderoso, sabio, circunspecto, sensato, cabal, inteligente, talentudo.

ANT. *Alocado, ignorante, insensato, indiscreto, irreflexivo.*

seto

SIN. Cercado, vallado, valladar, valla, cercamiento, cerco, tapia, cerca, alambrada, empalizada, deslinde, ribero, barda, zarzal, matorral, mata, cambronera.

ANT. *Apertura.*

seudónimo

SIN. Sobrenombre, mote, alias, apodo.

ANT. *Nombre.*

severidad

SIN. Rigor, aspereza, rigidez, seriedad, gravedad, exactitud, puntualidad, circunspección, desabrimiento, acritud, rigurosidad, intolerancia, austeridad, adustez, puritanismo, inflexibilidad, ceño, crudeza, crueldad, acritud, autoridad, castigo.

ANT. *Benignidad, benevolencia, blandura, dulzura, suavidad, generosidad.*

severo

SIN. Riguroso, inflexible, áspero, rígido, serio, grave, duro, exacto, puntual, intransigente, cumplido, sesudo, seco, solemne, inflexible, justo, adusto, intolerante, puritano, sargento, insensible, estricto.

ANT. *Dulce, benigno, tolerante, afable, blando, sensible, benévolo.*

sexual

SIN. Erótico, genésico, venéreo, carnal, instintivo, amatorio, íntimo, lascivo, sensual, afrodisíaco, libidinoso.

sexualidad

SIN. Erotismo, amor, deseo, celo, líbido, cachondez, goce, lujuria, placer, vicio, ayuntamiento, cópula, coito, fornicación, posesión, trato, unión, sensualidad, genitalidad, fecundación, generación, apetito.

ANT. *Castidad, frialdad, continencia, impotencia, frigidez, abstención.*

sibarita

SIN. Refinado, comodón, sensual, epicúreo, delicado, elegante, voluptuoso, materialista, voraz.

ANT. *Sobrio, austero.*

sideral

SIN. Astronómico, astral, etéreo, estelar.

ANT. *Terreno.*

siega

SIN. Mies, cosecha, cultivo, recogida, recolección, segada.

ANT. *Siembra.*

siembra

SIN. Sementera, plantación, cultivo, labor, labranza, diseminación, faena.

ANT. *Siega.*

sierra

SIN. Serrucho, serreta, tronzador, bracera, recura, segueta, hoja, diente, tijera, montaña, cordillera, serranía.

ANT. *Llanura, valle.*

siervo

SIN. Esclavo, cautivo, servidor, fámulo, criado, doméstico, suzarro, mercenario, subalterno, profeso, cofrade, hermano.

ANT. *Amo, dueño, señor.*

siesta
SIN. Sueño, reposo, sopor, modorra, meridiana, canóniga.
ANT. *Desvelo.*

sigilar
SIN. Ocultar, encubrir, callar, entapujar, esconder, sellar, estampillar, rubricar.
ANT. *Revelar, descubrir.*

sigilo
SIN. Secreto, ocultación, silencio, tapujo, disimulo, simulación, reserva, sordina, discreción, sello, marca, rúbrica.
ANT. *Franqueza, sinceridad, indiscreción.*

siglo
SIN. Centuria, lapso, época, centenario, edad, tiempo, temporada, mundo, cielo.

significación
SIN. Significancia, significado, sentido, acepción, representación, importancia, valor, trascendencia, alcance, expresión, declaración.
ANT. *Insignificancia.*

significar
SIN. Comunicar, notificar, representar, expresar, exponer, decir, enterar, denotar, simbolizar, declarar, manifestar, figurar, evidenciar, connotar, entrañar, implicar, indicar, mostrar, señalar, revelar, aludir, equivaler, descollar, destacar, sobresalir.
ANT. *Omitir, callar, silenciar.*

signo
SIN. Traza, carácter, marca, símbolo, cifra, letra, alegoría, enseña, insignia, imagen, tipo, guarismo, indicador, grafía, clave, indicación, figura, síntoma, pista, señal, huella, indicio, ademán, destino, suerte, sino, fortuna.
ANT. *Desconocimiento.*

siguiente
SIN. Subsecuente, correlativo, sucesor, subsiguiente, sucesivo, posterior, ulterior, popel, consecutivo, venidero, futuro, continuador, vecino.
ANT. *Anterior, antecesor.*

silbar
SIN. Pitar, chuflar, zumbar, abuchear, protestar, alborotar, chiflar, resonar.

ANT. *Aplaudir, aclamar, aprobar.*

silenciar
Amér.
SIN. Acallar, aquietar, calmar, amortiguar, amordazar.
ANT. *Azuzar, espolear.*

silencio
SIN. Mutismo, mudez, insonoridad, afasia, afonía, mutis, sigilo, reserva, sequedad, laconismo, secreto, discreción, sordina, callada, disimulo, prudencia, paz, sosiego, tranquilidad, calma, reposo, pausa, intervalo, tregua, interrupción.
ANT. *Ruido, vocerío, sonido, bulla, estruendo, rumor, publicidad, inquietud, intranquilidad, continuidad.*

silencioso
SIN. Taciturno, silente, mudo, callado, sordo, reservado, insonoro, tácito, secreto, sigiloso, seco, discreto, prudente, hosco, huraño, sosegado, tranquilo, pacífico, quieto, calmo.
ANT. *Ruidoso, sonoro, hablador, expresivo, indiscreto, intranquilo, inquieto.*

silueta
SIN. Perfil, trazo, sombra, croquis, contorno, esbozo, bosquejo, línea, borde, marco, dibujo.

silla
SIN. Asiento, butaca, sillón, sillín, poltrona, banco, escaño, escabel, cadira, taburete, sede, sitial, trono, solio, asiento, montura.

silvestre
SIN. Rústico, montaraz, campestre, agreste, selvático, salvaje, inculto, grosero, zafio, bravío, montés, basto, bárbaro, jíbaro *(Amér.)*, tosco, espontáneo.
ANT. *Educado, fino, culto, urbano.*

sima
SIN. Cavidad, tajo, barranco, profundidad, depresión, abismo, despeñadero, cañón, hondonada, fosa, precipicio, grieta.
ANT. *Elevación, altura.*

símbolo
SIN. Representación, encarnación, significación, significado, modelo, compendio, dechado, signo, ejemplo, epónimo, alegoría, ideograma, quimera, parábola, metáfora, fábula, insignia, distintivo, atributo, emblema, figura, divisa, sigla, fórmula, máxima.

ANT. *Realidad, realismo.*

símil
SIN. Parecido, análogo, semejante, similar, parejo, parigual, paralelo, afinidad, comparación, semejanza, cotejo.
ANT. *Diferencia, desigual, opuesto.*

similitud
SIN. Semejanza, analogía, paralelismo, parecido, igualdad, afinidad, semblanza, símil.
ANT. *Disparidad, desigualdad.*

simpatía
SIN. Atractivo, agrado, gracia, encanto, donaire, gancho, ángel, salero, hechizo, afición, pasión, inclinación, querencia, cariño, tendencia, predilección, afinidad, relación, coincidencia, consonancia.
ANT. *Antipatía, rechazo, desagrado, desprecio, odio, displicencia, inconformidad.*

simple
SIN. Llano, natural, sencillo, primitivo, elemental, puro, solo, pelado, escueto, único, solitario, ingenuo, cándido, inocente, crédulo, simplón, apacible, manso, necio, bobo, estúpido, sosaina, desabriso, soso, insípido.
ANT. *Complicado, compuesto, complejo, mixto, listo, sabroso.*

simpleza
SIN. Rusticidad, necedad, bobería, tontería, vaciedad, mentecatez, mentecatería, mentecatada, estupidez, memez, bobada, tosquedad, zafiedad, descortesía, ingenuidad, llaneza, candidez, pureza, candor, insignificancia, nulidad, minucia, futilidad.
ANT. *Listeza, astucia, importancia.*

simplicidad
SIN. Inocencia, sencillez, candor, ingenuidad, candidez, timidez, elementalidad, limpieza, claridad, llaneza, evidencia, unidad, homogeneidad, simpleza, necedad, rusticidad, tosquedad, ignorancia.
ANT. *Afección, complejidad, pluralidad, agudeza, picardía, cultura, conocimiento.*

simulación
SIN. Doblez, hipocresía, fingimiento, falsedad, engaño, disimulo, apariencia, fraude, treta, simulacro, pantomima, importancia, ficción, farsa, camelo, ardid, astucia, trampa.

ANT. *Verdad, franqueza, naturalidad, veracidad.*

simulado
SIN. Falso, fingido, imitado, postizo, ficto, artificial, apócrifo, falaz, doloso, artificial, aparente, imitado, fabuloso, fantástico, farisaico, suposificio, aparente, disfrazado.
ANT. *Sincero, franco, real, auténtico.*

simular
SIN. Fingir, falsear, aparentar, disfrazar, figurar, suponer, representar, amagar, engañar, ocultar, burlar, desfigurar, falsificar, embromar.
ANT. *Revelar, descubrir, aclarar, sincerarse.*

simultanear
SIN. Sincronizar, coincidir, combinar, conjuntar, emparejar, compaginar, cruzar, fusionar.
ANT. *Discrepar, diverger.*

sinceridad
SIN. Franqueza, veracidad, espontaneidad, candor, sencillez, ingenuidad, pureza, honradez, claridad, confianza, candor, rectitud, llaneza, descaro, verdad, honestidad, familiaridad, campechanería, atrevimiento.
ANT. *Falsedad, mentira, hipocresía, ficción, disimulo, doblez, insinceridad, simulación.*

sincero
SIN. Ingenuo, franco, sencillo, puro, cordial, abierto, veraz, claro, leal, formal, noble, recto, expansivo, espontáneo, llano, cándido, genuino, real, explícito, comunicativo, honrado.
ANT. *Insincero, falso, postizo, hipócrita, disimulado, afectado, tortuoso.*

síncope
SIN. Mareo, vértigo, vahído, aturdimiento, convulsión, rapto, telele, soponcio, patatús, lipotimia, desvanecimiento, desmayo.
ANT. *Recuperación.*

sincrónico
SIN. Simultáneo, coincidente, coexistente, unísono, isócrono, paralelo, concurrente.
ANT. *Diacrónico, discordante, contrario.*

sindicar
SIN. Agrupar, federar, confederar,

afiliar, aunar, ligar, reunir, coaligar, asociar, acusar, delatar, tachar, señalar, denunciar.
ANT. *Separar, desunir, elogiar, ensalzar.*

sindicato
SIN. Asociación, confederación, agrupación, gremio, hermandad, junta, asociación, liga, federación.

síndrome
SIN. Síntomas, indicios, señales, signos, manifestaciones.

singular
SIN. Solo, único, extraordinario, raro, extraño, excelente, distinguido, especial, impar, particular, original, excéntrico, anormal, sensacional, individuo, particular, sujeto.
ANT. *Plural, vulgar, común, normal.*

singularidad
SIN. Especialidad, particularidad, distinción, raridad, excelencia, rareza, extrañeza, distintivo, curiosidad, esnobismo, maravilla, prodigio, incompatibilidad, exclusivismo.
ANT. *Vulgaridad, normalidad.*

singularizar
SIN. Particularizar, distinguir, diferenciar, caracterizar, destacar, descollar, sobresalir, separar, señalar, discriminar, seleccionar.
ANT. *Generalizar, confundir.*

siniestro
SIN. Izquierdo, zurdo, accidente, destrucción, avería, naufragio, incendio, desgracia, desastre, catástrofe, funesto, espantoso, avieso, aciago, infeliz, desgraciado, aterrador, trágico, lúgubre, perverso, vicioso, malintencionado, malo, indigno.
ANT. *Fortuna, alegría, amable, bueno, bondadoso.*

sino
SIN. Hado, suerte, estrella, azar, fortuna, fatalidad, acaso, ventura, casualidad, albur.

sinónimo
SIN. Parecido, equivalente, igual, semejante, sinónimo, análogo, mismo, parejo, homólogo, equivalencia.
ANT. *Antónimo, contrario, opuesto.*

sinopsis
SIN. Suma, resumen, compendio, epítome, síntesis, perioca, extracto, esquema, sumario, guión, esbozo, argumento, trama, condensación.
ANT. *Desarrollo, ampliación.*

sinsabor
SIN. Disgusto, pesar, desazón, desabor, pena, pesadumbre, contrariedad, enojo, enfado, fastidio, aflicción, inquietud, angustia.
ANT. *Alegría, contento.*

síntesis
SIN. Compendio, suma, extracto, resumen, epítome, perioca, esquema, sumario, recapitulación, condensación, esbozo, guión, bosquejo, integración, composición, reconstrucción, elaboración, construcción.
ANT. *Antítesis, análisis, desarrollo, desintegración, destrucción, incremento, argumento.*

sintetizar
SIN. Resumir, abreviar, condensar, epitomar, extractar, simplificar, compilar, recapitular, esquematizar, componer, constituir, reunir, crear, substanciar, ensayar, reconstruir.
ANT. *Ampliar, desarrollar, descomponer, desintegrar.*

síntoma
SIN. Indicio, señal, signo, indicación, barrunte, barrunto, síndrome, manifestación, asomo, sospecha, traza, rastro, huella, pródromo.
ANT. *Causa, enfermedad.*

sintonizar
SIN. Recoger, recibir, captar, adaptar, vibrar, entenderse, comprenderse.
ANT. *Desadaptar, enemistarse.*

sinuoso
SIN. Tortuoso, torcido, serpenteante, sinusoide, ondulado, zigzagueante, disimulado, taimado, zorro, astuto, hipócrita, solapado.
ANT. *Recto, derecho, sincero.*

sirviente
SIN. Criado, doméstico, servidor, mucamo *(Amér.)*, fámulo, suzarro, familiar, dependiente, camarero, mozo, paje, lacayo, asistente, mayordomo.
ANT. *Señor, amo, jefe.*

sisar

SIN. Hurtar, robar, quitar, rebajar, sangrar, extraer, afanar, sustraer, rebajar.

ANT. *Devolver, restituir.*

sistema

SIN. Método, conjunto, plan, procedimiento, norma, modo, suerte, estilo, red, medio, régimen, técnica, fórmula, ordenación, tenor, coordinación, organización, modalidad, doctrina, teoría.

ANT. *Desorganización, anarquía.*

sitiar

SIN. Cercar, rodear, asediar, circundar, acorralar, bloquear, estrechar, circunvalar, aislar, envolver, asaltar, atacar, ceñir, hostigar, apremiar, importunar, incomodar.

ANT. *Capitular, rendirse, liberarse, dejar.*

sitio

SIN. Puesto, espacio, punto, paraje, zona, territorio, local, recinto, emplazamiento, solar, lugar, parte, cerco, asedio, bloqueo, circunvalación, acorralamiento, batalla, rodeo, encierro, hostigamiento.

ANT. *Desbloqueo, defensa, rendición, levantamiento.*

situación

SIN. Circunstancia, ocasión, avatar, etapa, curso, momento, posición, estado, constitución, postura, ubicación, emplazamiento, disposición, colocación, lugar, sitio, enclave, dirección, horizonte, cargo, empleo, categoría, puesto.

situar

SIN. Colocar, poner, emplazar, ubicar, instalar, fijar, asentar, radicar, meter, dejar, apostarse, depositar, enviar, triunfar, enriquecerse, acomodarse.

ANT. *Irse, abandonar, retirar, sacar, empobrecer, fracasar.*

sobajar

Amér.

SIN. Abatir, rebajar, humillar, hundir, oprimir, derribar.

ANT. *Alzar, levantar, animar.*

sobar

SIN. Manosear, tocar, magrear, acariciar, apretar, adobar, palpar, sobajar, deslucir, ablandar, ajar, usar, desgastar, gastar, arrugar, manchar, suavizar, castigar, molestar, fastidiar, importunar, golpear, zurrar, apalear, tundir, zarandear.

ANT. *Abstenerse, respetar, acariciar, componer, arreglar, divertir.*

soberado

Amér.

SIN. Sobrado, desván, altillo, doblado, buhardilla.

ANT. *Sótano, bodega.*

soberanía

SIN. Poderío, dominio, alteza, excelencia, dominación, superioridad, autonomía, emancipación, libertad, independencia, señorío, mando, poder, autoridad, potencia, majestad, imperio, autarquía, supremacía.

ANT. *Dependencia, protectorado, colonialismo, sumisión.*

soberano

SIN. Rey, monarca, emperador, príncipe, majestad, caudillo, autócrata, déspota, tirano, señor, alteza, excelencia, gobernante, estadista, regio, principesco, áulico, autónomo, independiente, libre, liberado, autárquico, radical, mayúsculo, grande, singular, eficacísimo, excelente, insuperable, extremado.

ANT. *Sometido, vasallo, súbdito, dependiente, tutelado, vulgar, mediocre, pequeño.*

soberbia

SIN. Presunción, altivez, altiveza, orgullo, suntuosidad, pompa, arrogancia, altanería, petulancia, engreimiento, megalomanía, pisto, insolencia, humos, ínfulas, ostentación, suntuosidad, boato, alarde, pompa, esplendor, aparato, ira, cólera, enfado, enojo, furor, ventolera.

ANT. *Modestia, sencillez, humildad, calma, quietud, dulzura.*

soberbio

SIN. Altanero, soberbioso, cuellierguido, empampirolado, lomienhiesto, orgulloso, fatuo, vanidoso, pedante, presuntuoso, presumido, altivo, arrogante, espléndido, magnífico, suntuoso, regio, grandioso, admirable, fogoso, violento, arrebatado, fuerte, alto, excesivo, excelente.

ANT. *Humilde, sencillo, vulgar, común, pacífico.*

sobón

SIN. Manoseador, magreador, pegajoso, besucón, cargante, fastidioso, tentón, empalagoso, taimado, pelma, holgazán, vago, gandul, poltrón.

ANT. *Respetuoso, agradable, trabajador, activo.*

sobornar

SIN. Seducir, comprar, corromper, conquistar, cohechar, untar, dadivar, regalar, adular, engatusar, dar, prevaricar, camelar, compensar, vender.

ANT. *Rehusar, rechazar.*

soborno

SIN. Compra, corrupción, cohecho, sobornación, raptación, donativo, dádiva, propina, unto, baratería, venalidad, seducción, regalo.

ANT. *Rectitud, equidad.*

soborno

Amér.

SIN. Sobornal, exceso, cargazón, colmo.

ANT. *Falta, escasez.*

sobra

SIN. Demasía, exceso, superfluidad, ofensa, sobrante, excedente, superávit, colmo, plétora, pico, acopio, opulencia, resto, desecho, retal, desperdicio, residuo, saldo, miga, colilla, recorte, agravio, injuria, insulto, ofensa, injusticia.

ANT. *Penuria, falta, carencia, moderación, elogio, lisonja, justicia.*

sobrado

SIN. Sobrante, demasiado, opulento, rico, sobrancero, insumable, exuberante, lleno, repleto, rebosante, excedente, acaudalado, acomodado, hacendado, atrevido, audaz, osado, libertino, desvergonzado, desván, buhardilla, altillo, soberado *(Amér.)*.

ANT. *Escaso, falto, carente, necesitado, mermado, pobre.*

sobrante

SIN. Superfluo, innecesario, harto, sobreexcedente, superabundante, desperdicios, sobras, restos, sobrado, remanente, saldo, excesivo, inútil, residuo.

ANT. *Útil, necesario, carencia, falta.*

sobrar

SIN. Restar, exceder, quedar, rebasar, superabundar, sobreabundar, sobrepujar, abundar, colmar, pasar, aventajar, extralimitarse, salirse, holgar, redundar, estorbar.

ANT. *Faltar, carecer, escasear.*

sobre

SIN. Arriba, encima, además, apro-

ximadamente, sobrescrito, escondite, carta, plica, funda, envoltura,
cubierta, cama.
ANT. *Abajo, incluido, justo, exacto.*

sobrecarga
SIN. Recargo, exceso, demasía, sobrante, añadidura, colmo, impuesto, imposición, gravamen, tasa,
molestia, abuso, pesadez.
ANT. *Falta, escasez, agrado.*

sobrecogerse
SIN. Asustarse, pasmarse, asombrarse, admirarse, intimidarse, acoquinarse, acollonarse, acobardarse,
sorprenderse, alarmarse, espantarse, emocionarse, entristecerse.
ANT. *Tranquilizarse, calmarse,
aventurarse, alegrarse.*

sobrellevar
SIN. Sufrir, soportar, conformarse,
tolerar, aguantar, conllevar, tragar,
digerir, auxiliar, aliviar, ayudar, disimular, encubrir, perdonar, dispensar.
ANT. *Alzarse, rebelarse, quejarse,
desamparar, descubrir.*

sobrenatural
SIN. Milagroso, prodigioso, mágico, divino, sobrehumano, inexplicable, extraordinario, estupendo,
fabuloso, misterioso, asombroso.
ANT. *Normal, corriente, terrenal.*

sobrenombre
SIN. Seudónimo, apodo, mote,
alias, apellido, calificativo, renombre, apelativo.
ANT. *Nombre.*

sobreponer
SIN. Meter, encabalgar, montar,
añadir, aplicar, agregar, superponer, anteponer, preferir, animarse,
refrenarse, dominarse, superarse,
vencerse, recobrarse, mejorarse,
reanimarse.
ANT. *Quitar, retirar, posponer, diferir, derrumbarse, desanimarse.*

sobresalir
SIN. Resaltar, descollar, exceder,
aventajar, despuntar, distinguirse,
destacarse, señalarse, sobrepujar,
emerger, señorear, campear, vencer, dominar, prevalecer, alzarse,
brillar, rayar, eclipsar, significarse.
ANT. *Achicarse, atrasarse, inadvertir, desconocerse.*

sobresaltar
SIN. Atemorizar, turbar, acoqui-

nar, achantar, acollonar, intranquilizar, intimidar, amedrentar, asustar, alarmar, inquietar, temer, desazonar, azararse, alterarse, estremecerse.
ANT. *Tranquilizarse, aquietarse,
despreocuparse.*

sobresalto
SIN. Intranquilidad, turbación,
conturbación, miedo, temor, susto,
sorpresa, inquietud, escalofrío,
consternación, terror, espantada,
respingo, alboroto, confusión, agitación, emoción, impresión, sacudimiento.
ANT. *Parsimonia, sosiego, tranquilidad, impavidez, valor.*

sobrevenir
SIN. Acaecer, ocurrir, acontecer,
suceder, supervenir, venir, pasar,
estallar, surgir, producirse, efectuarse, empezar, llegar, devenir,
cumplirse.
ANT. *Incumplirse, desaparecer,
prevenir, cesar.*

sobrevivir
SIN. Perdurar, pervivir, subsistir,
prolongarse, quedar, perpetuarse,
mantenerse, revivir, resistir, superar.
ANT. *Morir, irse, acabar, abandonar.*

sobriedad
SIN. Mesura, moderación, continencia, temperancia, temperación,
templanza, parquedad, abstinencia, frugalidad, ponderación, freno, compostura, modestia, naturalidad, elegancia, cautela.
ANT. *Exceso, inmoderación, incontinencia, desmesura, abuso.*

sobrio
SIN. Moderado, frugal, temperantí-
simo, arreglado, templado, mesurado, parco, sencillo, abstinente,
abstemio, ponderado, puritano,
discreto, llano, prudente, sensato,
austero, severo, escueto, contenido, natural, sencillo, medido, elegante, comedido.
ANT. *Excesivo, destemplado, incontinente, desmedido, exagerado,
artificial.*

socarrón
SIN. Solapado, disimulado, bellaco,
astuto, taimado, burlón, colmillu-
do, tretero, guacho, conchudo,
guasón, malicioso, zorro, cazurro,
cuco.
ANT. *Serio, torpe.*

socarronería
SIN. Disimulo, astucia, bellaquería,
cautela, ficción, taimería, cazurría,
cuquería, marrajería, cinismo, broma, chanza, burla.
ANT. *Seriedad, gravedad, sinceridad.*

socavar
SIN. Excavar, minar, ahondar, zapar, cavar, agujerear, profundizar,
debilitar, atacar.
ANT. *Tapar, cubrir, cegar, fortalecer.*

sociable
SIN. Comunicativo, tratable, afable, civilizado, llano, franco, amable, cordial, campechano, mundano, abierto, expansivo, simpático,
extrovertido, cortés, conversador,
acogedor, confiado.
ANT. *Insociable, agrio, retraído,
antipático, huraño.*

socialismo
SIN. Marxismo, comunismo, fabia-
nismo, colectivismo, laborismo, so-
cialdemocracia, sindicalismo, mu-
tualismo.
ANT. *Capitalismo.*

sociedad
SIN. Colectividad, humanidad, población, civilización, ciudadanía,
habitantes, pueblo, país, gentes,
asociación, consorcio, entidad, empresa, compañía, firma, casa, consejo, reunión, tertulia, agrupación,
centro, peña, círculo, club, casino,
clase, casta, esfera, estamento, categoría, cofradía, cooperativa, mutualidad, federación, montepío,
gremio, asamblea, convenio.
ANT. *Individualidad, sujeto, persona, particular, desunión, soledad,
misantropía.*

socio
SIN. Correligionario, aliado, asociado, accionista, mutualista, miembro,
afiliado, cofrade, adepto, hermano,
partícipe, participante.

socollonear
Amér.
SIN. Sacudir, menear, agitar, mo-
ver.
ANT. *Aquietar.*

socorrer
SIN. Auxiliar, acorrer, favorecer,
ayudar, apoyar, amparar, asistir,
defender, remediar, acoger, agonizar, cooperar, salvar, proteger, aliviar, secundar.

ANT. *Desamparar, abandonar, dejar.*

socorro

SIN. Amparo, favor, auxilio, ayuda, defensa, asistencia, áncora, limosna, donación, salvamento, apoyo, alivio, remedio, caridad, provisión, refuerzo.
ANT. *Abandono, desamparo.*

soez

SIN. Vil, grosero, indigno, bajo, indecente, descortés, maleducado, malhablado, tabernario, chocarrero, agreste, basto, astroso.
ANT. *Cortés, educado, fino.*

sofisma

SIN. Argucia, argumentación, artificio, engaño, falacia, falsedad, apariencia, sutileza, paralogismo.
ANT. *Verdad, dogma, exactitud.*

sofisticado

SIN. Artificial, falsificado, adulterado, complejo, complicado, afectado, rebuscado, retorcido, mundano, cosmopolita, elegante, refinado.
ANT. *Sincero, sencillo, natural, grosero.*

sofocación

SIN. Opresión, sofoco, ahogo, bochorno, anhelo, agobio, asfixia, jadeo, rubor, desazón, enfado, extinción, apagamiento, contención, insolación.
ANT. *Frialdad, sosiego, expansión, levantamiento.*

sofocar

SIN. Asfixiar, reprimir, ahogar, controlar, contener, oprimir, dominar, apagar, extinguir, avergonzar, abochornar, correr, soflamar, acosar, importunar, sufocar, encocorar, turbarse, enrojecer, excitarse, enfadarse, jadear, asfixiarse, resollar, arrebatarse.
ANT. *Dejar, aliviar, facilitar, avivar, sosegarse, palidecer, calmarse.*

sofocón

SIN. Sofocación, sofoco, desazón, jadeo, bochorno, cansancio, disgusto, desagrado, desplacer, cojijo.
ANT. *Calma, descanso, tranquilidad.*

soga

SIN. Cuerda, chicote, amarra, maroma, lía, baga, filete, cabo, esparto.

sojuzgar

SIN. Someter, sujetar, dominar, avasallar, domeñar, oprimir, subyugar, esclavizar, abusar, tiranizar.
ANT. *Liberar, emanciparse, exonerar.*

solapado

SIN. Malicioso, taimado, cauteloso, solerte, zorrocloco, maulero, disimulado, socarrón, astuto, hipócrita, tortuoso, falso, espía, diplomático, ladino, cuco.
ANT. *Sincero, recto, leal.*

solar

SIN. Parcela, terreno, espacio, superficie, suelo, tierra, vivienda, cuna, linaje, raíz, cepa, alcurnia, helíaco, heliocéntrico, solsticial, revestir, recubrir, pavimentar, empedrar.
ANT. *Luna, desempedrar, descubrir.*

solaz

SIN. Esparcimiento, recreo, diversión, distracción, entretenimiento, refocilo, eutrapelia, recreación, gusto, expansión, placer, alivio, descanso, consuelo, regocijo, ocio, recreación.
ANT. *Trabajo, aburrimiento.*

soldado

SIN. Guerrero, militar, tropa, estratega, recluta, milico (*Amér.*), quinto, caloyo, miliciano, infante, regular, combatiente, cruzado, maquis, mesnadero, gastador, lancero, granadero, hoplita, doncel, espada, reservista, veterano, movilizado, voluntario.
ANT. *Civil.*

soldadura

SIN. Unión, sutura, amalgama, ligazón, estañadura, ensambladura, engarce, consolidación, junta, aleación.
ANT. *Separación, desunión.*

soldar

SIN. Unir, adherir, conexionar, ligar, estañar, pegar, componer, emplomar, calcificar.
ANT. *Desunir, despegar.*

soledad

SIN. Aislamiento, retiro, soledumbre, desacompañamiento, abandono, incomunicación, destierro, separación, viudez, retraimiento, encierro, clausura, silencio, desierto, yermo, despoblado.
ANT. *Compañía, trato, gentío, multitud, poblado.*

solemne

SIN. Grandioso, impotente, majestuoso, enfático, crítico, interesante, importante, grave, formal, serio, válido, magnífico, firme, fastuoso, festivo, ceremonioso, ritual, hierático, pomposo, espectacular, suntuoso, tieso, lapidario, crucial.
ANT. *Ordinario, corriente, austero, pobre, deslucido.*

soler

SIN. Repetir, reiterar, insistir, usar, frecuentar, acontecer.
ANT. *Desusar, desacostumbrar.*

solera

SIN. Prosapia, raigambre, abolengo, antigüedad, clase, personalidad, madero, cruz, lía, madre.
ANT. *Ordinariez, vulgaridad.*

solercia

SIN. Astucia, sagacidad, maña, habilidad, mañosería, socarronería, taimería.
ANT. *Tosquedad, inhabilidad.*

solicitar

SIN. Pedir, requerir, pretender, invitar, atraer, tentar, popar, procurar, gestionar, intentar, demandar, buscar, apremiar, urgir, instar.
ANT. *Conceder, denegar, ofrecer, dar.*

solícito

SIN. Cuidadoso, afectuoso, diligente, activo, velador, esmerado, curioso, rápido, útil, eficaz, servicial, obsequioso, atento, considerado, amable.
ANT. *Antipático, hosco, egoísta, apático.*

solicitud

SIN. Cuidado, diligencia, amabilidad, preocupación, atendencia, celo, mimo, extremo, atención, afección, memorial, instancia, petición, súplica, ruego, petitoria, solicitación, apelación.
ANT. *Incuria, abandono, despreocupación, denegación.*

solidaridad

SIN. Unión, apoyo, respaldo, hermandad, ayuda, favor, defensa, protección, adhesión, fraternidad, lealtad, amor, identificación.
ANT. *Insolidaridad, indiferencia, egoísmo, desamparo.*

solidez

SIN. Firmeza, resistencia, dureza,

estabilidad, fortaleza, consistencia, cohesión, seguridad, robustez, tenacidad, volumen, tamaño, dimensión.
ANT. *Debilidad, endeblez, blandura.*

sólido
SIN. Fuerte, firme, resistente, consistente, macizo, estable, apretado, duro, fijo, denso, recio, pétreo, férreo, rocoso, irrompible, compacto, seguro, afianzado, asentado, consolidado, arraigado, cuerpo, volumen.
ANT. *Débil, blando, inestable, desarraigado, líquido, gaseoso.*

solitario
SIN. Solo, desamparado, abandonado, aislado, apartado, retirado, despoblado, yermo, vacío, intransitado, recogido, deshabitado, desierto, eremita, ermitaño, anacoreta, desértico, desabrigado, desvalido, recluido, huidizo, recoleto, retraído, misántropo, íngrimo (*Amér.*), huraño, insociable, inaccesible, hosco, adusto, diamante.
ANT. *Habitado, concurrido, poblado, sociable, mundano.*

solo
SIN. Único, solitario, desvalido, desamparado, huérfano, abandonado, aislado, desabrigado, derrelicto, vacío, alejado, incomunicado, singular, particular, suelto, señero, exclusivo, irrepetible, insociable, huraño, misántropo, anacoreta, íngrimo (*Amér.*), escueto, puro, sencillo, desnudo, limpio, simple, seco, pelado.
ANT. *Protegido, amparado, habitado, concurrido, ordinario, común, complejo, mezclado, impuro.*

sólo
SIN. Únicamente, solamente, exclusivamente.

soltar
SIN. Libertar, librar, liberar, redimir, indultar, licenciar, emanciparse, desligar, desatar, desprender, desunir, desembarazarse, desliar, desencadenar, desabrochar, desuncir, desclavar, desasir, arrancar, separar, saltar, arriar, desceñir, relajarse, aligerar, evacuar, laxar, gritar, lanzar, prorrumpir, gritar, pegar, endilgar, tirar, largar, anular, derogar, arrancar, comenzar, destaparse, decidirse.
ANT. *Retener, encerrar, detener, atar, liar, anudar, enlazar, trabar,*

reprimirse, contenerse, callar, silenciar, vacilar, cortarse.

soltero
SIN. Casadero, solitario, célibe, núbil, doncel, mozo, misógino, misógamo, libre, barragán, virgen.
ANT. *Casado, viudo.*

soltura
SIN. Desembarazo, prontitud, pericia, destreza, maña, mundología, habilidad, agilidad, presteza, gracia, desenvoltura, disolución, libertad, desarrollo, gallardía, inmoralidad, descaro, descoco, libertinaje, desgarro, elocuencia, facundia, gracejo.
ANT. *Torpeza, desmaño, impericia, moderación, virtud.*

soltura
Amér.
SIN. Diarrea, cagalera, descomposición, colitis, churrías.
ANT. *Estreñimiento.*

solución
SIN. Fin, terminación, desenlace, explicación, resolución, resultado, paga, satisfacción, arreglo, clave, respuesta, remedio, acuerdo, medida, salida, evasiva, hallazgo, componenda, escape, conclusión, remedio, emulsión, desleimiento, mezcla, disolución.
ANT. *Dificultad, enigma, contrariedad, secreto, propuesta, comienzo.*

solventar
SIN. Resolver, solucionar, arreglar, saldar, liquidar, cancelar, pagar, terminar, solucionar.
ANT. *Adeudar, dificultar.*

sollozar
SIN. Llorar, gimotear, condolerse, gemir, lloriquear, estremecerse, lamentarse, dolerse, quejarse, hipar.
ANT. *Alegrarse, reír.*

sombra
SIN. Penumbra, tinieblas, crepúsculo, obscuridad, noche, nebulosidad, eclipse, silueta, proyección, cliché, visión, espantajo, espectro, ánima, protección, toldo, asilo, defensa, amparo, apariencia, vislumbre, semejanza, similitud, lunar, mácula, mancha, defecto, preocupación, inquietud, anonimato, clandestinidad, ingenio, garbo, chispa, salero, donaire, gracia, humor.
ANT. *Claridad, luz, diafanidad, desamparo, despreocupación, pesadez, sosería.*

sombrero
SIN. Gorro, chistera, boina, hongo, bombín, gorra, ros, toca, cofia, canotier, montera, casquete, caperuza, capucha, pamela, casco, galleta.

sombrío
SIN. Triste, melancólico, tétrico, lánguido, mustio, pesimista, taciturno, amargado, apagado, umbroso, umbrío, hipocondríaco, obscuro, sombroso, nublado, sombreado, lóbrego, opaco, mate, nocturno, anochecido, brumoso, tenebroso.
ANT. *Claro, alegre, diáfano, soleado.*

someter
SIN. Subyugar, subordinar, sojuzgar, humillar, sujetar, dominar, domeñar, avasallar, disciplinar, domar, oprimir, forzar, amansar, vencer, agachar (*Amér.*), conquistar, entregarse, humillarse, rendirse, obedecer, doblegarse, capitular, claudicar, ceder, proponer, exponer, formular, plantear, presentar, consultar.
ANT. *Liberarse, rebelarse, alzarse, resistir, desobedecer, sublevarse, desentenderse.*

sometido
SIN. Subyugado, sumiso, rendido, jusmero, subordinado, esclavo, manso, obediente, dócil, sujeto, domado, dominado, siervo, vasallo, dependiente.
ANT. *Insumiso, rebelde, liberado, independiente, libre.*

somnífero
SIN. Narcótico, dormitivo, soporífero, hipnótico, letárgico, droga, calmante, sedante, tranquilizante, barbitúrico, pelama, cargante, tedioso, molesto, aburrido, pesado, coñazo.
ANT. *Excitante, estimulante, divertido.*

son
SIN. Sonido, melodía, murmullo, suv, noticia, fama, rumor, pretexto, disculpa, excusa, guisa, talante, forma, modo, manera, tenor.
ANT. *Silencio, desconocimiento, intencionalidad.*

sonado
SIN. Célebre, famoso, renombrado, popular, conocido, divulgado, ruidoso, vibrante, mentado, memorable, notorio.

ANT. *Silencioso, ignorado.*

sonar
SIN. Tocar, tañer, asonar, resonar, zumbar, pulsar, dar, vibrar, retumbar, susurrar, tronar, clamar, chirriar, crujir, repicar, rechinar, chascar, restallar, expresarse, mencionarse, parecerse, asemejarse, recordar, rememorar, reconocer, rumorearse, decirse, divulgarse.
ANT. *Callar, silenciar, desaparecer, omitir.*

sondar
SIN. Averiguar, inquirir, investigar, indagar, tantear, explorar, escandallar, hondear, medir, sondear, rastrear, fondear.
ANT. *Desinteresarse.*

sondeo
SIN. Rastreo, sondaje, medición, tienta, exploración, perforación, averiguación, tanteo, sonsacamiento, búsqueda, examen, investigación, encuesta, estadística.
ANT. *Desconocimiento, indiferencia.*

songo
Amér.
SIN. Burla, mofa, rechufla, chirigota, ironía.

sonido
SIN. Son, eco, ruido, tañido, suv, onda, zumbido, música, vibración, estampido, onomatopeya, explosión, alboroto, noticia, rumor, fama, pronunciación, fonema, tono, entonación.
ANT. *Silencio, sigilo, discreción.*

sonoro
SIN. Resonante, vibrante, ruidoso, sonoroso, sonador, sonante, sonable, resonante, resonador, estrepitoso, escandaloso, atronador, auditivo, vocal, acústico, fonético, altísono.
ANT. *Silencioso, callado, apagado.*

sonriente
SIN. Gozoso, risueño, alegre, simpático, placentero, jovial, optimista, gozoso, contento, prometedor.
ANT. *Mustio, triste, pesimista.*

sonrojar
SIN. Avergonzar, abochornar, ruborizar, acholar, correr, confundir, abrasar, enrojecer, sonrojear, turbar, conturbar, azorarse, sofocarse, ofuscarse.
ANT. *Palidecer, empalidecer, sosegarse.*

sonrojo
SIN. Rubor, bochorno, vergüenza, pavo, eruboscencia, alfamarada, timidez, llamarada, turbación, azoramiento, arrebol, colorete, calor.
ANT. *Palidez, tranquilidad, desvergüenza.*

sonsonete
SIN. Retintín, estribillo, tonillo, soniquete, golpeteo, triquitraque, cantinela, rumor, zumbido, tonada, musiquilla.
ANT. *Silencio, discreción.*

soñador
SIN. Ensoñador, romántico, melancólico, utópico, fantástico, fantasioso, onírico, visionario, crédulo, iluso, quijotesco, imaginativo.
ANT. *Realista, materialista.*

soñar
SIN. Dormir, descansar, imaginar, fantasear, ensoñar, pensar, meditar, divagar, evocar, revivir, desear, delirar, ilusionarse, anhelar.
ANT. *Despertar, vivir, desilusionarse, razonar.*

sopa
SIN. Caldo, consomé, puré, sopicaldo, papilla, guiso, potaje, pote, gazpacho, pasta, gachas.

soplar
SIN. Insuflar, exhalar, bufar, inspirar, suspirar, aventar, inhalar, llenarse, atiborrarse, embutirse, zamparse, emborracharse, soplonear, ayudar, decir, sugerir, apuntar, chivarse, delatar, engreírse, infatuarse, birlar, robar, hurtar, limpiar, sacar, engañar, timar, defraudar, pegar, abofetear.
ANT. *Aspirar, desinflar, deshinchar, callarse, contenerse, devolver, acariciar.*

soplo
SIN. Soplido, sopladura, aflato, avienta, silbido, aliento, vahído, flatulencia, aire, viento, chivatazo, confidencia, denuncia, acusación, delación, momento, tris, periquete, santiamén, instante, punto, soplonería.
ANT. *Desinflamiento, ocultación, duración.*

soplón
SIN. Delator, acusón, chivato, acusica, denunciante, confidente, malsín, búho.
ANT. *Encubridor.*

soponcio
SIN. Accidente, desmayo, telele, patatús, congoja, desvanecimiento, insulto, síncope, vahído, mareo, ataque, convulsión.
ANT. *Recuperación.*

sopor
SIN. Pesadez, modorra, adormecimiento, soñarrera, fastidio, azorramiento, soñolencia, somnolencia, aburrimiento, letargo, coma, modorra, borrachera, embotamiento, siesta, lata, molestia.
ANT. *Despabilamiento, insomnio.*

soporífero
SIN. Soporoso, soporífico, pesado, somnífero, estupefaciente, letargoso, narcótico, sedante, pesado, letárgico, latoso, aburrido, fastidioso, cargante.
ANT. *Divertido, excitante, entretenido.*

soportable
SIN. Aguantable, llevadero, tolerable, pasadero, sufrible, sufridero, comportable, resistible, aceptable, digerible, admisible.
ANT. *Insoportable, insufrible, irresistible, molesto.*

soportar
SIN. Aguantar, tolerar, soportar, conllevar, trampear, sobrellevar, pasar, resistir, llevar, sostener, tener, sufrir, tragar, aguantar, tolerar, resignarse, transigir, permitir.
ANT. *Soltar, dejar, alzarse, protestar, rebelarse.*

soporte
SIN. Sustentáculo, sostén, apoyo, sustento, arrimo, base, puntal, atril, pata, columna, pescante, estribo, fundamento, pilar, cimiento, poste, repisa, protección, amparo, auxilio, aliento, ayuda, socorro.
ANT. *Desamparo, abandono, desvalimiento.*

sorber
SIN. Absorber, aspirar, chupar, chupetear, mamar, succionar, tragar, beber, engullir, libar, atraer, fascinar.
ANT. *Expeler, escupir, echar, devolver, desencantarse.*

sorbo
SIN. Bebida, libación, trago, succión, chupada, chupetón, bocanada, mamada.
ANT. *Devolución, expulsión.*

sordera
SIN. Sordez, sordedad, ensordecimiento.
ANT. *Oído, audición.*

sordidez
SIN. Suciedad, miseria, pobreza, ruindad, tacañería, mezquindad, avaricia, cicatería, piojería, deshonestidad, impudor, obscenidad, impudicia.
ANT. *Limpieza, pureza, pudor, decencia.*

sórdido
SIN. Sucio, mísero, piojoso, abandonado, avariento, avaro, ruin, mezquino, tacaño, miserable, pobre, impuro, indecente, cicatero, deshonesto, escandaloso, obsceno.
ANT. *Limpio, generoso, honesto, puro, digno.*

sordo
SIN. Indiferente, insensible, impasible, cruel, frío, inexorable, apagado, insonoro, lejano, secreto, ahogado, silencioso, callado, amortiguado, opaco, obstinado, terco, testarudo, emperrado.
ANT. *Sonoro, audible, piadoso, benevolente.*

sorna
SIN. Bellaquería, disimulo, socarronería, maulería, cachaza, roncería, posma, flema, lentitud, pachorra, calma, doblez, burla, ironía.
ANT. *Nobleza, sinceridad, viveza, actividad.*

sorprendente
SIN. Admirable, raro, peregrino, asombroso, maravilloso, extraordinario, pasmoso, insólito, sensacional, chocante, extraño, desusado, inaudito, increíble, imprevisto, repentino, insospechado, inverosímil, imprevisible.
ANT. *Común, natural, corriente, habitual, creíble, verosímil.*

sorprender
SIN. Maravillar, asombrar, admirar, petrificar, desconcertar, turbar, pasmar, sobrecoger, impresionar, chocar, conmover, anonadar, atrapar, descubrir, coger, prender, pillar, cazar, encontrar, localizar, apresar, desenmascarar.
ANT. *Esperarse, sospechar, prever, soltar, ocultar.*

sorpresa
SIN. Asombro, extrañeza, admiración, pasmo, maravilla, sobresalto, desconcierto, susto, impresión, alarma, sensación, estupor, golpe, descubrimiento, trampa, emboscada, exclamación.
ANT. *Previsión, indiferencia, advertencia, serenidad, calma.*

sortear
SIN. Jugar, rifar,-sacar, tocar, salir, participar, decidir, distribuir, cantar, adjudicar, capear, soslayar, eludir, torear, evitar, rehuir.
ANT. *Perder, afrontar.*

sortija
SIN. Aro, alianza, joya, anillo, sello, tumbaga, pasador, rizo, caracol.

sortilegio
SIN. Adivinación, hechicería, hechizo, encantamiento, vaticinio, pronóstico, profecía, adivinamiento, ensalmo, embrujo, encanto, augur, atractivo, influencia.
ANT. *Conjuro, exorcismo, desencanto.*

sosegado
SIN. Reposado, quieto, pacífico, tranquilo, sereno, calmado, calmo, sesgado, apacible, flemático, frío, plácido, suave, grave, indolente, lento, silencioso.
ANT. *Rápido, activo, alocado, intranquilo.*

sosegar
SIN. Tranquilizar, apaciguar, aquietar, pacificar, serenar, calmar, aplacar, descansar, reposar, dormir, sedar, asosegar, desalterar, moderar, aletargarse, reponerse, refrenarse, aplomar, satisfacer.
ANT. *Excitarse, acalorarse, inquietarse.*

sosería
SIN. Sosera, insulsez, insipidez, zoncería, desabrimiento, ñoñez, zoncera, asadura, pesadez, apatía, aburrimiento, estupidez, simpleza.
ANT. *Gracia, salero, agudeza.*

sosiego
SIN. Calma, tranquilidad, serenidad, quietud, silencio, descanso, ocio, espera, letargo, placidez, huelga, indolencia, cesación, moderación.
ANT. *Actividad, movimiento, agitación.*

soslayar
SIN. Sesgar, ladear, atravesar, inclinar, esquinar, evitar, rehuir, esquivar, regatear, eludir, obviar, sacudirse, substraerse.
ANT. *Enderezar, afrontar.*

soso
SIN. Insípido, desabrido, insulso, zonzo, patoso, ñoño, desaborido, zonzorrión, sovaina, anodino, desangelado, vacío, deslucido, pueril, aburrido, corto, tímido, bobo, simplón, inexpresivo, lila.
ANT. *Agudo, ocurrente, sabroso, salado, locuaz, lanzado, atrevido.*

sospecha
SIN. Presunción, barrunto, desconfianza, recelo, malicia, indicio, conjetura, duda, apresión, suposición, olor, asomo, indicación, cuidado, recelamiento, prejuicio, vislumbre, idea, suspicacia, temor, figuración, ilusión, intuición, espina.
ANT. *Creencia, certeza, seguridad.*

sospechar
SIN. Recelar, desconfiar, barruntar, conjeturar, presumir, maliciar, dudar, celar, remusgar, temer, oler, vislumbrar, ver, idear, imaginar, suponer, sentir, prever, figurarse, pensar, atisbar, escamarse, presagiar.
ANT. *Creer, afirmar, comprobar, convencerse.*

sospechoso
SIN. Emponchado, matrero, difidente, escamón, receloso, suspecto, dudoso, celoso, suspicaz, desconfiado, avispado, misterioso, equívoco, incierto, extraño, raro, inseguro, oscuro, turbio, secreto, oculto, maleante, encartado, encausado, furtivo, vagabundo.
ANT. *Confiado, seguro, inequívoco, inocente.*

sostén
SIN. Soporte, apoyo, sustentáculo, sostenimiento, manutención, empenta, fundamento, sustentación, base, pilar, suelo, columna, viga, pata, poste, tiento, muleta, bastidor, bastón, caballete, pie, protector, favorecedor, mecenas, defensor, amparo, defensa, ayuda, auxilio, alimento, sustento, sujetador, corpiño.
ANT. *Inconsistencia, desasistencia, desarrimo, abandono, desinterés.*

sostener
SIN. Sustentar, apoyar, mantener, soportar, afirmar, aguantar, apuntalar, sujetar, cargar, resistir, mantener, reforzar, consolidar, ayudar

auxiliar, socorrer, defender, favorecer, animar, pagar, nutrir, alimentar, perseverar, asegurar, mantener, ratificar, insistir, proclamar, esgrimir, blandir, tener, empuñar, llevar, colgar, coger, durar, perdurar, mantenerse.
ANT. *Soltar, dejar, caer, desasistir, renunciar, cejar, desistir, acabar, rechazar.*

sotabanco
SIN. Buhardilla, desván, zaquizamí, sobrado, bohardilla, guardilla, tabanco, camarote, ático.

sótano
SIN. Cueva, subterráneo, túnel, bóveda, cripta, silo, subsuelo, catacumba, bodega.
ANT. *Ático.*

soviético
SIN. Comunista, ruso, bolchevique, marxista.
ANT. *Capitalista.*

suave
SIN. Pulido, blando, liso, muelle, grato, dulce, agradable, quieto, manso, tranquilo, apacible, manejable, terso, relso, terciopelado, leve, sedoso, raso, fino, bruñido, pulimentado, delicado, rumoroso, quedo, lento, calmoso, gradual, tardo, dúctil, dócil, fácil, sumiso.
ANT. *Basto, fuerte, violento, duro. brusco, rápido, desapacible.*

suavidad
SIN. Apacibilidad, dulzura, delicadeza, blandura, serenidad, calma, tranquilidad, delicia, tersura, pulidez, finura, lisura, fineza, cariño, afabilidad, docilidad, obediencia, lenidad, quietud, sosiego, tibieza.
ANT. *Aspereza, dureza, rugosidad, ordinariez, violencia.*

suavizar
SIN. Pulimentar, alisar, pulir, calmar, templar, mitigar, lenificar, sentar, azemar, limar, afinar, bruñir, endulzar, engrasar, lubricar, sosegar, serenarse, atenuar, aliviar, aflojar, ceder, debilitar, amortiguar.
ANT. *Arrugar, inquietar, irritar, agravar, embastecer.*

ubalterno
SIN. Subordinado, dependiente, inferior, secundario, menor, auxiliar, súbdito, vasallo, adjunto, agregado, sometido, criado, sirviente, mozo, ayudante.

ANT. *Principal, importante, superior, jefe, patrón.*

subasta
SIN. Puja, licitación, liquidación, encante, concurso, remate, compraventa, venta, ocasión, oportunidad, oferta, contrata, requinto.

subconsciente
SIN. Instinto, subconsciencia, atavismo, inconsciente, automático, mecánico, involuntario, espontáneo, reflejo, atávico.
ANT. *Consciencia, voluntad, voluntario, consciente.*

subdesarrollo
SIN. Atraso, pobreza, incultura, miseria, sur.
ANT. *Desarrollo, riqueza, cultura.*

súbdito
SIN. Ciudadano, poblador, residente, vecino, tributario, vasallo, siervo, indígena, natural.
ANT. *Gobernante, señor, amo, extranjero.*

subida
SIN. Aumento, alza, cuesta, repecho, pendiente, ascensión, costanilla, costana, rampa, ladera, vertiente, elevación, gradiente *(Amér.)*, progresión, vuelo, mejora, progreso, adelanto, incremento, encarecimiento, abuso, crecida, inflación, erección, empinamiento, tiesura, intensificación, agravación, pleamar.
ANT. *Bajada, descenso, retraso, atraso, reducción, disminución, bajamar.*

subido
SIN. Elevado, fuerte, alto, excesivo, excelente, caro, costoso, intenso, penetrante, profundo, recio, agudo, puro, gravoso, envanecido, arrogante, altivo, despótico.
ANT. *Sutil, impalpable, moderado, barato, bajo, ínfimo.*

subir
SIN. Ascender, trepar, aumentar, encarecer, crecer, remontar, elevar, importar, mejorar, enderezar, elevar, levantar, alzar, erguir, exaltar, coger, incrementarse, pujar, mejorar, progresar, ganar, enriquecerse, envanecerse, envalentonarse, cabalgar, montar.
ANT. *Descender, bajar, descolgar, decrecer, empeorar, perder, apear, arriar.*

súbito
SIN. Subitáneo, impensado, imprevisto, irreflexivo, desalado, precipitoso, repentino, rápido, brusco, inesperado, pronto, sopetón, vehemente, impetuoso, arrebatado, raudo, impulsivo.
ANT. *Tardo, lento, previsto, mediato, previsto.*

sublevación
SIN. Sublevamiento, amotinamiento, solevación, solevamiento, solevantamiento, rebelión, insurrección, sedición, pronunciamiento, alzamiento, motín, revolución, subversión, trastorno, indisciplina, agitación, disturbio, revuelta, tumulto, plante.
ANT. *Sumisión, orden, disciplina, pacificación, sometimiento.*

sublevar
SIN. Insurreccionar, solevar, rebelar, alzar, levantar, amotinar, subvertir, indignar, irritar, excitar, hostigar, provocar, insurgir, perturbar, alborotar, indisciplinarse, desmadrarse, insolentarse, enfurecerse, encolerizarse.
ANT. *Someterse, obedecer, contenerse, reprimirse, sufrir, tolerar, rendirse, sosegarse.*

sublimar
SIN. Enaltecer, ensalzar, exaltar, engrandecer, elevar, ennoblecer, magnificar, volatilizar, gasificar, destilar, sudar.
ANT. *Rebajar, desdeñar, menospreciar, humillar.*

sublime
SIN. Eminente, elevado, excelso, sobrehumano, grande, bello, excelente, barí, ideal, inapreciable, noble, superior, fabuloso, glorioso, culminante, prodigioso.
ANT. *Vulgar, malo, común, despreciable, material.*

submarino
SIN. Abisal, sumergido, hondo, profundo, subacuático, insondable, oceánico, barco, ictíneo, sumergible, batiscafo.

subordinación
SIN. Sumisión, dependencia, sujeción, acatamiento, dedicación, acato, entrega, respeto, obediencia, entrega, supeditación, vasallaje, pleitesía, inferioridad, adhesión.
ANT. *Resistencia, superioridad, rebeldía.*

subordinar

SIN. Someter, sujetar, disciplinar, jusmeter, doblegar, humillar, sojuzgar, postergar, relegar, posponer, ordenar, vincular, clasificar, relacionar, acatar, obedecer, observar, entregarse.
ANT. *Independizarse, liberarse, ascender, desordenar, desvincularse.*

subrepticio

SIN. Oculto, escondido, secreto, encubridizo, sibilino, furtivo, ilícito, encubierto, tortuoso, ilegal, ilegítimo.
ANT. *Manifiesto, claro, evidente.*

subsanar

SIN. Disculpar, excusar, justificar, disimular, exculpar, corregir, enmendar, reparar, indemnizar, remediar, rectificar, resarcir, compensar, arreglar, resolver, obviar, solventar, satisfacer, mejorar, rehacer, enderezar, restituir.
ANT. *Acusar, agravar, acentuar, dañar, insistir, repetir.*

subsidio

SIN. Auxilio, socorro, subvención, impuesto, contribución, ayuda, donación, gabela, pensión, asistencia, gravamen, derecho, tasa, carga, canon, obligación, plus, pago.
ANT. *Abandono, exención, descuento.*

subsistencia

SIN. Permanencia, mantenimiento, estabilidad, sostenimiento, conservación, criamiento, persistencia, vida, perduración, manutención, alimentos, comida, pitanza, comestibles.
ANT. *Fin, acabamiento, desamparo, hambre.*

subsistir

SIN. Permanecer, existir, vivir, durar, perdurar, persistir, bullir, rebullir, continuar, sobrevivir, continuar, sostenerse, vegetar, resistir, seguir, conservarse, nutrirse, alimentarse.
ANT. *Acabarse, desaparecer, morir, desnutrirse.*

substancia

SIN. Elemento, material, ser, naturaleza, componente, esencia, material, ingrediente, contenido, cuerpo, sustancia, enjundia, interés, alma, núcleo, meollo, quid, miga, médula, fundamento, importancia, trascendencia, propiedad, valor, jugo, zumo, extracto, néctar.

ANT. *Nada, inexistencia, trivialidad, vaciedad, superficialidad.*

substancioso

SIN. Sabroso, suculento, nutritivo, alimenticio, jugoso, caldoso, apetitoso, exquisito, rico, substancial, enjundioso, interesante, importante, valioso.
ANT. *Insípido, soso, vacío, insignificante.*

substantivo

SIN. Nombre, palabra, sustantivo, ser, esencial, fundamental, básico, inherente, innato, propio, particular, característico, individual, único.
ANT. *Adjetivo, secundario, accesorio, ajeno.*

substitución

SIN. Cambio, trueque, reemplazo, relevo, permuta, suplencia, permutación, sustitución, recambio, renovación, interinidad, muda, prótesis.
ANT. *Permanencia.*

substituir

SIN. Reemplazar, relevar, cambiar, suplantar, renovar, mudar, cambiar, suplir, doblar, intercambiar, alternar, suceder, heredar, canjear.
ANT. *Quedarse, continuar, permanecer.*

substituto

SIN. Sustituto, suplente, delegado, sucesor, portavoz, interino, auxiliar, sobrancero, transeúnte, transitorio, pasante, suplantador, relevo, vicario.
ANT. *Fijo, permanente, titular, numerario.*

substraer

SIN. Reducir, descontar, quitar, mermar, sustraer, robar, detraer, hurtar, sacar, usurpar, expoliar, rapiñar, timar, guindar, despojar, evitar, eludir, separar, rehusar, soslayar, escapar, prevenir.
ANT. *Sumar, agregar, adicionar, encarar, afrontar.*

substracción

SIN. Resta, descuento, disminución, merma, sisa, hurto, robo, escamoteo, sustracción, evitación, evasión, detracción, filtración.
ANT. *Suma, aumento, incremento, devolución, honradez.*

subterfugio

SIN. Pretexto, efugio, escapatoria,

excusa, evasiva, escape, triquiñuela, recurso, disculpa, salida, argucia, mentira, disimulo, alegato, medio, simulación, asidero.
ANT. *Verdad, franqueza, sinceridad.*

subterráneo

SIN. Cripta, sótano, caverna, bodega, bóveda, catacumba, subsuelo, cueva, gruta, mina, pozo, galería, profundidad, hipogeo, soterrado, hondo, oscuro, ilegal, oculto, furtivo.
ANT. *Altura, cima, cumbre, exterior, claro, legal.*

suburbio

SIN. Arrabal, andurrial, alfoz, barrio, afueras, aledaños, inmediaciones, extramuros, cercanía.
ANT. *Centro.*

subvención

SIN. Auxilio, subsidio, gratificación, socorro, amparo, ayuda, pensión, asistencia, beca, dotación, protección, suministro, financiación.
ANT. *Abandono, desamparo, cobro, recaudación.*

subvencionar

SIN. Pagar, costear, sufragar, subvenir, proveer, financiar, suministrar, mantener, becar, pensionar, atender, donar, contribuir, favorecer, dotar, acorrer.
ANT. *Desasistir, desamparar, rechazar, abandonar.*

subversión

SIN. Desorden, trastorno, revuelta, revolución, insurrección, motín, solevación, solevamiento, destrucción, levantamiento, alboroto, alzamiento, perturbación, sedición, insubordinación, disturbio.
ANT. *Disciplina, orden, sometimiento, obediencia.*

subvertir

SIN. Trastornar, perturbar, desgobernar, disturbar, tumultuar, revolver, trastocar, desordenar, destruir, alterar, amotinar, agitar, invertir, cambiar, alborotar.
ANT. *Acatar, ordenar, respetar, pacificar.*

subyugar

SIN. Sojuzgar, someter, dominar, avasallar, esclavizar, domeñar, jusmeter, oprimir, tiranizar, vencer, sujetar, vejar, humillar, seducir, cautivar, fascinar, encantar, embelesar, persuadir.

ANT. *Manumitirse, liberarse, rechazar, asquear, exorcizar.*

suceder

SIN. Pasar, provenir, ocurrir, estallar, sobrevenir, supervenir, acaecer, acontecer, transcurrir, realizarse, efectuarse, empezar, darse, devenir, estallar, salir, ser, haber, desencadenarse, heredar, substituir, cambiar, turnar, trocar, continuar, reemplazar, descender, proceder, derivar.

ANT. *Evitar, impedir, prevenir, diferir, retrasar, permanecer, conservar.*

sucesión

SIN. Serie, curso, proceso, ciclo, cadena, fila, escala, hilera, tanda, ristra, numeración, desarrollo, gama, racha, ritmo, herencia, legado, bienes, fortuna, descendencia, prole, linaje.

ANT. *Detención, paréntesis, final, ascendencia, padres.*

suceso

SIN. Acontecimiento, evento, lance, peripecia, acaecimiento, ocurrencia, incidente, sucedido, hecho, caso, trance, anécdota, eventualidad, coyuntura, circunstancia, accidente, catástrofe, percance, ocasión, evento, efemérides, azar, suerte, destino, andanza, episodio, desenlace, desgracia, desventura, desastre, calamidad, escándalo, milagro, maravilla, noticia, relato, imprevisto, operación.

ANT. *Ausencia, nada, fracaso.*

suciedad

SIN. Basura, porquería, desaseo, roña, miseria, guarrería, gorrinería, churre, suarda, pringue, inmundicia, mugre, mierda, estiércol, mancha, desecho, guarrada, cochambre, sordidez, desaliño, costra, incuria, dejadez, abandono, negligencia, moho, bazofia, caca, mácula, indelicadeza, grosería, indecencia, obscenidad, trampa.

ANT. *Aseo, limpieza, lavado, higiene, cuidado, delicadeza, sanidad, baño, expurgo, moral.*

sucinto

SIN. Ceñido, breve, recogido, compendioso, extractado, lacónico, lacón, restricto, sumiso, corto, somero, conciso, sintético, ajustado, sobrio, esquemático, ligero, rápido, abreviado, escueto, resumido.

ANT. *Amplio, extenso, excesivo, confuso.*

sucio

SIN. Descuidado, cochino, manchado, desaseado, abandonado, sórdido, sobado, marrano, pringoso, asqueroso, mugriento, repugnante, indecente, sarnoso, puerco, contaminado, poluto, cerdo, grasiento, dejado, hediondo, desaliñado, inmundo, astroso, graso, repelente, impresentable, pringado, deshonesto, obsceno, impuro, impúdico, indecoroso, pornográfico, lujurioso, tramposo, desleal, traicionero, artero, bajo, vil, ruin, bellaco, innoble, soez, malvado.

ANT. *Aseado, limpio, pulcro, higiénico, lavado, pulido, puro, casto, moral, púdico, fiel, noble, recto, virtuoso.*

suculento

SIN. Substancioso, jugoso, nutritivo, sabroso, excelente, exquisito, apetitoso, delicioso, gustoso, delicado, rico, alimenticio.

ANT. *Insulso, desaborido.*

sucumbir

SIN. Fenecer, perecer, fallecer, expirar, morir, finar, palmar, someterse, entregarse, rendirse, ceder, entregarse, claudicar, capitular, humillarse, caer, desfallecer, hundirse, desaparecer, derrumbarse, arruinarse.

ANT. *Vivir, comenzar, oponerse, resistir, persistir, levantarse, reaparecer.*

sudar

SIN. Exudar, transpirar, rezumar, exhalar, eliminar, destilar, expeler, segregar, fatigarse, agotarse, trabajar, cansarse, afanarse, agobiarse.

ANT. *Retener, inhalar, descansar, holgar.*

suelazo

Amér.

SIN. Batacazo, trastazo, costalada, leñazo, caída.

sueldo

SIN. Jornal, paga, soldada, salario, retribución, mes, emolumento, ingreso, honorarios, remuneración, mensualidad.

suelo

SIN. Terreno, superficie, campo, tierra, mundo, territorio, pueblo, patria, país, firme, terrazo, piso, calzada, pavimento, recubrimiento, adoquinado, fondo, solar, base, culo, asiento, término, fin, sedimento, poso.

ANT. *Aire, cielo, techo, extranjero.*

suelto

SIN. Desligado, desatado, descosido, desprendido, libre, aislado, solo, separado, esparcido, diseminado, disperso, libre, fácil, osado, expedito, independiente, liberado, emancipado, diestro, hábil, perito, veloz, ligero, ágil, blando, muelle, esponjoso, cambio, calderilla, artículo, reseña, noticia, gacetilla.

ANT. *Atado, ceñido, pegado, unido, junto, completo, preso, torpe, apelmazado, duro.*

sueño

SIN. Sopor, letargo, cabezada, siesta, descanso, dormitación, modorra, somnolencia, duermevela, narcosis, coma, desvanecimiento, deseo, ambición, esperanza, quimera, ideal, ilusión, pesadilla, anhelo, ficción, alucinación.

ANT. *Vigilia, desvelo, insomnio, realidad, desengaño.*

suerte

SIN. Fortuna, ventura, chorra, potra, estrella, sino, hado, acaso, azar, destino, signo, vicisitud, peripecia, fatalidad, albur, felicidad, éxito, dicha, enhorabuena, desdicha, desgracia, desventura, cenizo, china, chiripa, casualidad, coincidencia, carambola, oportunidad, bamba, forma, manera, modo, guisa, género, clase, conducta, juego, lotería, bolada *(Amér.)*, lance, toreo, pichincha *(Amér.)*.

ANT. *Pronóstico, previsión, desventura, infortunio, ventura, dicha.*

suertero

Amér.

SIN. Afortunado, dichoso, feliz, contento, venturoso.

ANT. *Infortunado, desgraciado, infeliz.*

suficiencia

SIN. Aptitud, competencia, capacidad, idoneidad, habilidad, destreza, pedantería, vanidad, envanecimiento, presunción, engreimiento, soberbia, orgullo, abundancia, cantidad, profusión, saciedad.

ANT. *Incompetencia, ineptitud, humildad, escasez, falta.*

suficiente

SIN. Apto, idóneo, capaz, competente, hábil, calificado, aparejado, conveniente, bastante, asaz, completo, sobrado, harto, abundante.

ANT. *Inepto, inhábil, parco, falto, escaso.*

sufragar
SIN. Satisfacer, pagar, costear, ayudar, subvenir, contribuir, socorrer, asistir, favorecer, auxiliar, mantener, subvencionar, proteger, amparar.
ANT. *Abandonar, desasistir, desamparar.*

sufragio
SIN. Favor, protección, ayuda, socorro, asistencia, oración, rezo, ofrenda, preces, voto, plebiscito, comicios, refrendo, elección, opinión, dictamen, manifestación.
ANT. *Olvido, indiferencia, abstención, inhibición.*

sufrido
SIN. Tolerante, resignado, paciente, resistente, impertérrito, entero, estoico, flamático, manso, sufriente, sumiso, dócil, tolerante, consentido, cornudo, cabrón, disimulado.
ANT. *Impaciente, blando, insumiso, franco.*

sufrimiento
SIN. Padecimiento, dolor, tortura, martirio, tormento, pena, mal, achaque, molestia, tormento, angustia, enfermedad, aguante, calma, entereza, flema, perseverancia, paciencia, resignación, conformidad, tolerancia, suportación, estoicismo.
ANT. *Placer, salud, gusto, recreo, satisfacción, impaciencia, intolerancia.*

sufrir
SIN. Soportar, aguantar, tolerar, resistir, consentir, permitir, pasar, padecer, penar, sentir, experimentar, llevar, expiar, pagar, sostener, sobrellevar, tragar, digerir, fastidiarse, sacrificarse, jorobarse, angustiar, moderarse, contenerse, disimular.
ANT. *Disfrutar, gozar, complacerse, deleitarse, despreocuparse.*

sugerir
SIN. Aconsejar, insinuar, infiltrar, inspirar, soplar, apuntar, verter, dictar, indicar, aludir, referir.
ANT. *Callar, eludir, inhibirse.*

sugestión
SIN. Fascinación, hechizo, sortilegio, sugerimiento, insinuación, indirecta, persuasión, encantamiento, hipnotismo, obsesión, autosu-

gestión, encantamiento, convencimiento.
ANT. *Exorcización, desdén, desagrado, consciencia.*

suicidio
SIN. Muerte, sacrificio, inmolación, autodestrucción, harakiri, trastorno, desesperación.
ANT. *Supervivencia, cordura.*

sujetar
SIN. Contener, sostener, asir, fijar, impedir, refrenar, agarrar, prender, reprimir, trabajar, atar, trincar (Amér.), inmovilizar, afirmar, sentar, afianzar, aprisionar, atrapar, empuñar, apretar, apuntalar, arraigar, pegar, clavar, unir, adherir, ligar, falcar, atenazar, oprimir, someter, dominar, obligar, subordinar, sojuzgar, gobernar, frenar, moderar, reglar, amansar.
ANT. *Soltar, desatar, deasir, aflojar, desunir, separar, alzarse, rebelarse, emanciparse.*

sujeto
SIN. Ente, individuo, quídam, cualquiera, desconocido, ciudadano, prójimo, persona, fulano, mengano, hombre, ser, interesado, atado, clavado, cogido, prendido, fijo, seguro, inmovilizado, estable, dominado, oprimido, subyugado, supeditado, sumiso, sometido, objeto, asunto, materia, cuestión, tema, argumento, propenso, expuesto.
ANT. *Libre, desasido, inseguro, inestable, liberado, independiente, nadie.*

sulfurar
SIN. Enojar, irritar, enfurecer, indignar, encolerizar, enchilar, encerrizar, exasperar, encorajar, azufrar, afarolar (Amér.).
ANT. *Calmarse, sosegarse.*

sumar
SIN. Adicionar, añadir, agregar, aumentar, reunir, recopilar, recapitular, resumir, compendiar, epitomar, abreviar, aunar, juntar, incluir, anexar, sobreponer, unir, acrecer, acumular, incorporar, apilar, calcular, totalizar, integrar, montar, ascender, subir, importar, adherirse, juntarse, afiliarse, acompañar.
ANT. *Excluir, quitar, restar, separarse.*

sumario
SIN. Sucinto, breve, compendiado,

compendioso, epitomado, abreviado, resumen, extracto, índice, compendio, suma, epítome, reducido, conciso, lacónico, recopilación, guión, sinopsis, causa, juicio, expediente, pleito, litigio.
ANT. *Ampliación, extenso, ampliado.*

sumergir
SIN. Hundir, sumir, abismar, meter, somormujar, somorgujar, zambullirse, inmergir, chapuzar, bañar, anegar, calarse, mojarse, empapar, macerar, abstraerse, concentrarse, hundirse.
ANT. *Nadar, flotar, emerger, secar, salir, desentenderse.*

suministrar
SIN. Proporcionar, surtir, administrar, proveer, abastecer, aprovisionar, abastar, facilitar, prestar, avituallar, equipar, entregar, armar, contribuir, dar, guarnecer, racionar.
ANT. *Desproveer, desmantelar, desguarnecer, negar.*

sumir
SIN. Abismar, hundir, sumergir, inmergir, somorgujar, calarse, naufragar, ahondar, bucear.
ANT. *Emerger, salir, desentenderse.*

sumisión
SIN. Acatamiento, rendimiento, sometimiento, subyugación, dedición, vasallaje, obediencia, demisión, sujeción, cautiverio, humillación, entrega, derrota, rendición, capitulación, docilidad, humildad, resignación, pleitesía, respeto, papanatismo.
ANT. *Rebeldía, indisciplina, desacato, altanería, deslealtad, infidelidad.*

sumiso
SIN. Obediente, dócil, sometido, jusmero, bienmandado, manejable, humilde, subordinado, sujeto, subyugado, rendido, reverente, esclavo, vasallo, apacible, fácil, fiel, dulce, suave, disciplinado, resignado, manso.
ANT. *Rebelde, libre, desobediente.*

sumo
SIN. Altísimo, supremo, enorme, gigantesco, elevado, máximo, excesivo, alto, potente, poderoso, superior.
ANT. *Bajo, mínimo, inferior.*

suntuosidad

SIN. Fausto, esplendidez, lujo, magnificencia, riqueza, pompa, boato, fastuosidad, manificencia, aparato, derroche, grandeza, esplendor, alarde, tren, despilfarro, sublimidad.

ANT. *Modestia, ahorro, sencillez, humildad.*

suntuoso

SIN. Regio, grande, magnífico, costoso, lujoso, espléndido, fastoso, pompático, majestuoso, babilónico, ostentoso, pomposo, fastuoso, faustoso, rico, solemne, opulento, imponente, aparatoso, profuso, rumboso, teatral.

ANT. *Pobre, humilde, sencillo.*

supeditar

SIN. Dominar, sujetar, esclavizar, sojuzgar, someter, avasallar, oprimir, subordinar, abacorar *(Amér.)*, depender, relegar, condicionar, posponer.

ANT. *Rebelarse, preferir, anteponer.*

superar

SIN. Exceder, aventajar, pasar, sobrepasar, sobrepujar, vencer, ganar, mejorar, avanzar, adelantar, derrotar, rendir, rebasar, prevalecer, subir, dominar, franquear, salvar, rodear, someter, sobrar.

ANT. *Fracasar, perder, retroceder, estropear.*

superávit

SIN. Ganancia, exceso, beneficio, provecho, dividendo, sobra.

ANT. *Déficit, falta, carencia, defecto.*

superchería

SIN. Engaño, ficción, falsedad, injuria, violencia, mentira, impostura, fraude, dolor, falacia, fábula, simulación, embeleco, añagaza, engatusamiento, trampa, triquiñuela, atropello, embolado.

ANT. *Autenticidad, sinceridad, realidad.*

superficial

SIN. Insubstancial, frívolo, ligero, somero, aparente, elemental, rudimentario, infundado, exterior, manifiesto, baladí, fútil, vano, hueco, voluble, trivial, huero, pueril, vacuo, plano, liso, llano, nivelado.

ANT. *Hondo, profundo, interno, fundamental, serio.*

superfluo

SIN. Innecesario, inútil, sobrante, supervacáneo, farragoso, insignificante, historiado, excesivo, ocioso, barroco, redundante, prolijo, vacuo, lujoso, pomposo, fútil, recargado, pleonástico, churrigueresco.

ANT. *Útil, necesario, sobrio.*

superior

SIN. Excelente, preeminente, supremo, cimero, encimero, elevado, culminante, encumbrado, predominante, preponderante, sobresaliente, eminente, alto, privilegiado, destacado, sumo, importante, principal, grande, sublime, superlativo, admirable, jefe, director, rector, prior, prelado, dirigente, líder, patrón.

ANT. *Sencillo, inferior, bajo, subalterno, súbdito.*

superficie

SIN. Espacio, extensión, plano, faz, faceta, aspecto, portada, cubierta, fachada, apariencia, frente, exterior, medida, área, parcela, suelo, término, zona, límite, contorno, perímetro.

ANT. *Hondura, profundidad, interior.*

superioridad

SIN. Preeminencia, ventaja, supremacía, excelencia, superlación, supereminencia, predominancia, dominio, hegemonía, predominio, primacía, descuello, preponderancia, prepolencia, preferencia, dignidad, cumbre, altura, máximo, apogeo, auge, cénit, mejoría, ventaja, límite, descuello, mando, jefatura, dirección, autoridad, poder, cetro, reinado.

ANT. *Inferioridad, dependencia, subordinación, desventaja.*

superstición

SIN. Hechicería, creencia, adivinación, magia, idolatría, cábala, brujería, ilusionismo, credulidad, amuleto.

ANT. *Escepticismo, realismo.*

supervisar

SIN. Inspeccionar, controlar, verificar, comprobar, revisar, observar, fiscalizar.

ANT. *Abandonar, descuidar.*

suplantar

SIN. Reemplazar, falsificar, suplir, substituir, suceder, desbancar, falsear, engañar, fingir.

ANT. *Perdurar, continuar.*

suplemento

SIN. Complemento, agregado, apéndice, aditamento, añadidura, añadido, adición, anexo, ítem, coletilla, aumento, postdata, substitución, reemplazo.

ANT. *Fundamento, esencia.*

suplente

SIN. Reemplazante, substituto, supletorio, esquirol, vicario, sucesor, auxiliar, interino, subsidiario.

ANT. *Oficial, principal, titular, permanente, principal.*

súplica

SIN. Ruego, instancia, suplicación, petición, apelación, memorial, demanda, imploración, rogación, oración, rogativa, plegaria, invocación, solicitud, voto, apelación, pedido, queja, encargo, escrito, instancia.

ANT. *Exigencia.*

suplicar

SIN. Implorar, instar, rogar, pedir, apelar, impetrar, impartir, demandar, invocar, postular, solicitar, aspirar, pretender, requerir, orar, rezar, gemir, suplicar.

ANT. *Exigir, denegar.*

suplicio

SIN. Martirio, tortura, palo, tormento, punición, sufrimiento, sacrificio, inmolación, pena, mal, daño, castigo, persecución, picota, patíbulo.

ANT. *Mimo, caricia, consideración.*

suplir

SIN. Substituir, reemplazar, completar, disimular, excusar, compensar, renovar, cambiar, delegar, suceder, suplementar, permutar, añadir, facilitar, sobreentender, entender.

ANT. *Durar, permanecer.*

suponer

SIN. Pensar, conjeturar, idear, imaginar, creer, saber, sospechar, figurarse, opinar, presumir, estimar, barruntar, admitir, calcular, deducir, inferir, intuir, apreciar, recelar, temer, teorizar, vaticinar, adivinar, entrever, antojarse, considerar, significarse, entrañar, implicar, aparentar, indicar, demostrar, importar, costar.

ANT. *Comprobar, verificar, desestimar.*

suposición

SIN. Hipótesis, conjetura, cábala,

deducción, atribución, presunción, imaginación, sospecha, teoría, supuesto, cálculo, inferencia, predicación, opinión, estimación, postulado, tesis, inducción, antojo, falsedad, mentira, impostura, engaño, calumnia, difamación, autoridad, distinción, talento.
ANT. *Comprobación, prueba, realidad, elogio.*

supremacía

SIN. Dominio, preeminencia, superioridad, predominancia, descuello, descollamiento, auge, omnipotencia, soberanía, hegemonía, poder, ascendencia, imperio, potestad, dominación, jerarquía, batuta, cetro, palma.
ANT. *Inferioridad, dependencia.*

supremo

SIN. Soberano, sumo, superlativo, proceso, prócer, superior, decisivo, último, altísimo, perfecto, divino, máximo, culminante, preferente, destacado, eminente, sobresaliente, final, último, definitivo.
ANT. *Ínfimo, inferior, débil, primero, insignificante.*

suprimir

SIN. Abolir, anular, omitir, quitar, callar, cercenar, ahogar, extirpar, excluir, borrar, escamotear, amputar, cortar, segregar, truncar, eliminar, cesar, destruir, deshacer, prohibir, prescindir, arrancar, censurar, eludir, tachar, silenciar, olvidar, saltarse.
ANT. *Ampliar, incluir, mantener, respetar, crear, fundar, instituir, autorizar, permitir.*

supuesto

SIN. Falso, fingido, apócrifo, hipotético, imaginario, teórico, tácito, pretendido, elíptico, presumible, putativo, condicional, gratuito, admisible, aparente, suposición, hipótesis, implicación, supositicio.
ANT. *Real, cierto, verdadero, inconcuso.*

sur

SIN. Mediodía, austral, meridional, austro, sud, antártido.
ANT. *Norte, septentrional, ártico.*

surco

SIN. Hendidura, corte, raya, línea, pliegue, arruga, cauce, zanja, conducto, reguera, canal, estela, rastro, cuneta, carril, rodada, senda, sendero, sembrado, sementera.
ANT. *Llano, lisura.*

surgir

SIN. Brotar, aparecer, surtir, manifestar, nacer, salir, revelarse, aromar, alzarse, alumbrar, florecer, crecer, germinar, fondear, andar, atracar, ancorar.
ANT. *Ocultarse, desaparecer, hundirse, levar.*

surtir

SIN. Proveer, suministrar, dar, entregar, abastecer, abastar, aprovisionar, equipar, distribuir, dotar, enviar, facilitar, proporcionar, procurar, surgir, brotar, salir, fluir.
ANT. *Desmantelar, retirar, negar, secarse.*

susceptible

SIN. Apto, capaz, dispuesto, idóneo, adecuado, hábil, apropiado, capacitado, impresionable, delicado, irritable, malicioso, irascible, receloso, sospechoso, mosqueado, sensible, vidrioso, puntilloso, quisquilloso, pelilloso, picajoso, susceptivo, modificable, escamón.
ANT. *Inepto, incapaz, inadecuado, confiado, seguro, impasible, sereno.*

suscitar

SIN. Promover, levantar, provocar, ocasionar, originar, causar, motivar, acarrear, introducir, mover, influir, determinar, excitar, engendrar, crear.
ANT. *Eludir, evitar.*

suscribir

SIN. Subscribir, consentir, firmar, acceder, convenir, acordar, pactar, aprobar, ratificar, asentir, avenirse, adherirse, comprometerse, abonarse, inscribirse, afiliarse, contribuir.
ANT. *Disentir, separarse, desvincularse, desaprobar, rechazar.*

suspender

SIN. Colgar, levantar, izar, enarbolar, enganchar, diferir, interrumpir, detener, frenar, aplazar, parar, demorar, atajar, retrasar, reprimir, prohibir, entorpecer, paralizar, admirar, pasmar, maravillar, asombrar, aturdir, impresionar, descalificar, reprobar, tumbar, catear, desaprobar, multar, penar, inhabilitar, excluir, castigar, sancionar, separar, expulsar.
ANT. *Bajar, soltar, arriar, descolgar, reanudar, adelantar, permitir, aprobar, incluir, recompensar.*

suspensión

SIN. Parada, tregua, cesación, pausa, detención, privación, alto, cese, paro, interrupción, freno, demora, contención, aplazamiento, receso (*Amér.*), colgamiento, enganche, maravilla, asombro, pasmo, sorpresa, aturdimiento, emulsión, solución, muelle, amortiguador, ballestas, privación, pena, castigo, inhabilitación, expulsión, cesantía.
ANT. *Reanudación, continuación, decepción, inclusión, habilitación, autorización.*

suspensores

Amér.
SIN. Tirantes, correas, sostenes, elásticos.

suspicacia

SIN. Desconfianza, recelo, sospecha, malicia, escama, temor, conjetura, duda, barrunto, cuidado, aprensión, prejuicio, delicadeza, susceptibilidad.
ANT. *Seguridad, confianza, credulidad.*

suspicaz

SIN. Desconfiado, receloso, escamón, temeroso, malicioso, defidente, matrero, sospechoso, susceptible, mosqueado, delicado, resentido, melindroso.
ANT. *Candoroso, confiado, ilusionado, indiferente, insensible.*

suspirar

SIN. Respirar, alentar, soplar, exhalar, inspirar, quejarse, afligirse, implorar, apenarse, codiciar, anhelar, ansiar, desear, pretender, emocionar, evocar.
ANT. *Retener, contener, aborrecer, odiar.*

sustentar

SIN. Alimentar, mantener, criar, sostener, soportar, apuntalar, tener, estantalar, afirmar, aguantar, consolidar, respaldar, ratificar, defender, amparar, gobernar, corroborar.
ANT. *Soltar, ceder, abandonar, ayudar.*

sustento

SIN. Manutención, alimento, pitanza, nutrición, vianda, comida, mantenimiento, sostenimiento, subsistencia, sostén, apoyo, apoyadero, sustentáculo, base, basa.
ANT. *Hambre, ayuno, desamparo.*

susto

SIN. Aspaviento, sobresalto, temor, alarma, sorpresa, julepe *(Amér.)*, asombro, zozobra, espanto, horror, impresión, escalofrío, agitación, cobardía, temor, canguelo, pusilanimidad, alteración, angustia, preocupación.
ANT. *Tranquilidad, indiferencia, cachaza, osadía, impavidez.*

susurrar

SIN. Murmullar, musitar, murmurar, murmujear, ronronear, farfullar, suspirar, cuchichear, balbucear, zumbar, mascullar, rumorearse, divulgarse, trascender.
ANT. *Vocear, gritar, proclamar, silenciar.*

sutil

SIN. Inmaterial, delicado, tenue, suave, evanescente, incorpóreo, fino, delgado, vaporoso, elegante, grácil, inaprensible, impalpable, intuitivo, clarividente, despejado, agudo, avispado, gracioso, ingenioso, ocurrente, sagaz, astuto.
ANT. *Material, basto, grosero, burdo.*

sutileza

SIN. Perspicacia, agudeza, ingenio, sutilidad, argucia, delgadez, tenuidad, flaqueza, flacura, finura, gracia, astucia, instinto, intuición, exquisitez, tacto, ironía, sarcasmo, puya, indirecta, broma, delicadeza, agilidad.
ANT. *Necedad, torpeza, grosería, aspereza, vulgaridad, exabrupto.*

sutura

SIN. Juntura, soldadura, cosido, unión, cicatriz, costura, puntada.
ANT. *Descosido, separación.*

tabaquero
Amér.
SIN. Petaca, pitillera, estuche, cigarrera.

taberna
SIN. Bodega, tasca, cantina, bar, tugurio, vinatería, bodegón, colmado, tamborría, buchinche, mezquita, ermita, bayuca.

tabique
SIN. Pared, tapia, muro, panel, valla, vallado, paredón, mampara, medianera, encañizada, división, mamparo.

tabla
SIN. Madera, tablón, lámina, plancha, tablero, listón, viga, traviesa, tarima, mesa, anaquel, estante, estantería, índice, relación, lista, catálogo, cuadro, lámina, icono, valla, escenario, baremo, serie, enumeración, tarifa.

taburete
SIN. Banquillo, alzapiés, tajuelo, tajuela, puf, sentadero, escabel, asiento, banqueta, trípode, sillín, peana.

tacañería
SIN. Mezquindad, cicatería, miseria, avaricia, ruindad, codicia, escasez, sordidez, parquedad, roña, roñería, tiña, projería.
ANT. *Generosidad, esplendidez, abundancia.*

tacaño
SIN. Bellaco, astuto, trapacista, pícaro, pillo, taimado, bellaco, marrullero, miserable, ruin, mezquino, avaro, cicatero, roñoso, avariento, agarrado, piojoso, tiñoso,

estrecho, teniente, ahorrador, interesado, sórdido, urraca, judío, cutre, manicorto, usurero.
ANT. *Gastador, manirroto, pródigo, rumboso, dadivoso, generoso.*

tácito
SIN. Silencioso, callado, taciturno, secreto, sigiloso, reservado, mudo, implícito, sobrentendido, supuesto, hipotético, presunto, omiso.
ANT. *Locuaz, hablador, expreso, explícito.*

taciturno
SIN. Melancólico, triste, apesadumbrado, silencioso, callado, apenado, reservado, lánguido, entristecido, cabizbajo, nostálgico, tétrico, cogitabundo, apesarado, ensimismado, tácito.
ANT. *Locuaz, alegre, contento, expresivo, comunicativo, sociable.*

taco
SIN. Juramento, reniego, terno, palabrota, venablo, yoto, blasfemia, embrollo, lío, enredo, confusión, complicación, cuña, tarugo, tapón, baqueta, tirabala, aperitivo, tentempié, bocado, refrigerio, calendario, bloc.
ANT. *Bendición, piropo, claridad, sencillez.*

táctica
SIN. Procedimiento, método, plan, medios, sistema, maniobra, propósito, estrategia, operación, tacto, astucia, habilidad, finura.
ANT. *Torpeza, rudeza.*

tacto
SIN. Tactilidad, sensación, sentido, tiento, toque, palpamiento, mano-

seo, soba, sobadura, frotamiento, contacto, magreo, habilidad, maña, acierto, tino, procedimiento, táctica, juicio, mesura, discreción, delicadeza, finura, prudencia, exquisitez.
ANT. *Inhabilidad, insensibilidad, rudeza, grosería.*

tacha
SIN. Tacho, falta, defecto, imperfección, censura, tilde, maca, mota, lunar, borrón, caca, mancha, mácula, mancilla, desdoro, tara, sombra, anomalía, lamparón, inconveniente, impugnación, claro, tachuela.
ANT. *Cualidad, pulcritud, crédito, honor, favor, elogio.*

tachar
SIN. Borrar, suprimir, obliterar (*Amér.*), eliminar, enmendar, rayar, raspar, corregir, emborronar, censurar, culpar, tildar, notar, acusar, incusar, reprochar, acriminar, reprender, calificar, motejar, delatar, denunciar, achacar.
ANT. *Añadir, respetar, honrar, elogiar, alabar.*

tachero
Amér.
SIN. Hojalatero, estañero, alcucero, plomero.

tacho
Amér.
SIN. Hojalata, lata, placa, chapa, hojadelata.

tahona
SIN. Panadería, amasandería (*Amér.*), horno, obrador.

tahonero

SIN. Panadero, amasandero *(Amér.)*, amasador.

taimado

SIN. Astuto, bellaco, disimulado, sagaz, tuno, tunante, pícaro, tortuoso, marrullero, artero, ladino, falso, farsante, calculador, pérfido, solapado, sutil, lagartón, desvergonzado, amorrado, terco, emperrado, obstinado, cabezota, testarudo, hipócrita, socarrón, cazurro, bribón.

ANT. *Ingenuo, cándido, bobo, torpe, flexible.*

tajada

SIN. Porción, trozo, loncha, parte, corte, fragmento, rebanada, raja, tos, ronquera, pítima, curda, turca, papalina, embriaguez, borrachera, cogorza, melopea, pea, trompa, ventaja, lucro, provecho, beneficio.

ANT. *Sobriedad, pérdida, desventaja.*

tajo

SIN. Corte, incisión, herida, sección, machetazo, hendidura, sablazo, brecha, rasgón, viaje, precipicio, sima, talud, abismo, escarpadura, hoja, filo, borde, lámina, punta, trabajo, labor, faena, banqueta, taburete, asiento, madera, tabla.

ANT. *Unión, cicatrización, llanura, planicie, descanso.*

taladrar

SIN. Barrenar, agujerear, perforar, horadar, penetrar, atravesar, punzar, calar, ahondar, fresar, trepanar, desentrañar, entender, comprender, percibir, alcanzar, llegai, atronar, ensordecer.

ANT. *Obstruir, cerrar, ignorar, confundir, callar.*

talante

SIN. Ánimo, semblante, disposición, voluntad, humor, deseo, gusto, estado, ganas, estilo, modu, temperamento, guisa, tono, cariz, carácter, aspecto, manera.

talar

SIN. Arrasar, destruir, arruinar, devastar, asolar, derruir, exterminar, cortar, podar, tajar, retajar, cercenar, truncar, serrar, desmontar, segar, desmochar, empelar. atorar.

ANT. *Respetar, construir, unir, juntar.*

talego

SIN. Saco, talega, bolsa, morral, macuto, costal, bolso, caudal, dinero, peculio, cuartos, riqueza, conciencia, faltas, pecados, cárcel, prisión, mazmorra, víveres, provisiones.

talento

SIN. Entendimiento, inteligencia, intelecto, genio, capacidad, ingenio, habilidad, juicio, agudeza, destreza, chispa, cabeza, genialidad, listeza, mollera, tino, razón, maña, sagacidad, pericia, lucidez, comprensión, perspectiva, pesquis, cacumen, chirumen.

ANT. *Imbecilidad, torpeza, cortedad, tontería.*

talismán

SIN. Amuleto, reliquia, fetiche, mascota, higa.

talón

SIN. Calcañar, tarso, tacón, pie, moldura, gola, talonario, pagaré, libranza, recibo, cheque, billete, vale.

talud

SIN. Rampa, desnivel, desplome, declive, ribazo, pendiente, cuesta, vertiente, depresión.

ANT. *Horizontalidad, llano.*

taller

SIN. Fábrica, manufactura, tienda, obrador, factoría, despacho, angarillas, vinagreras, convoy.

tallo

SIN. Brote, retoño, renuevo, esqueje, maslo, pimpollo, mástil, serpollo, sarmiento, pedúnculo, sarmiento, caña, tronco, rama, troncho, médula, pulpa.

ANT. *Raíz.*

tamal

Amér.

SIN. Lío, embrollo, intriga, enredó, pastelero, chanchullo.

ANT. *Claridad, verdad.*

tamaño

SIN. Dimensión, medida, magnitud, volumen, formato, porte, graudor, extensión, grandeza, anchura, superficie, volumen, capacidad, grosor, proporción, bulto, envergadura, espesor, corpulencia, número, línea.

tambarria

Amér.

SIN. Jolgorio, parranda, juerga, jarana, diversión, fiesta.

ANT. *Seriedad, aburrimiento.*

tambo

Amér.

SIN. Venta, parador, posada, albergue, fonda, hostelería, mesón.

tamiz

SIN. Criba, cedazo, cribo, cándara, zaranda, zarandillo, harnero, manga, filtro, tambor.

tanda

SIN. Turno, vez, alternativa, sucesión, serie, capa, rueda, mano, vuelta, retreta *(Amér.)*, tarea, trabajo, labor, obra, cantidad, tongada, conjunto, número, grupo, banda, partida, corro, caterva.

ANT. *Interrupción, discontinuidad, paréntesis, dispersión.*

tangente

SIN. Colindante, tangencial, adyacente, lateral, rayano, vecino, contiguo, pegado, tocante, próximo.

ANT. *Lejano, separado.*

tangible

SIN. Palpable, tocante, táctil, manoseable, sensible, perceptible, visible, asequible, cierto, real, material, patente

ANT. *Inmaterial, insensible, espiritual, imaginario.*

tanque

Amér.

SIN. Estanque, piscina, aljibe.

tantear

SIN. Probar, examinar, explotar, intentar, tentar, averiguar, investigar, esbozar, trazar, apuntar, indicar, señalar, contar, calcular, estimar, tasar, tocar, palpar, rozar, manosear, conjeturar, suponer, meditar, sopesar, medir, ajustar, comparar.

ANT. *Acabar, desestimar, abstenerse.*

tanteo

SIN. Ensayo, prueba, tentativa, examen, cálculo, probatura, medición, comparación, sondeo, tiento, aproximación, puntuación, puntos, tantos, score.

tañer

SIN. Pulsar, tocar, puntear, rasguear, repicar, doblar, voltear, redoblar, tabalear, tamborear, flautear, pitar, alboguear, atabalear.

tapa

SIN. Cubierta, tapadera, tapón, válvula, portada, funda, casquete, cierre, tapajuntas, aperitivo, entremés, loncha, compuerta, cobertera, tasajo, cecina.

tapar
SIN. Arropar, abrigar, cubrir, embozar, envolver, velar, forrar, vestir, recubrir, cobijar, encasquetar, arrebujar, enfundar, disimular, ocultar, encubrir, simular, esconder, guardar, fingir, callar, silenciar, acallar, proteger, enterrar, camuflar, cerrar, obturar, atascar, taponar, obstruir, sellar, atrancar, tupir, embutir, recubrir, estopar, rellenar, cubrir, cegar.
ANT. *Desnudar, desvestir, revelar, denunciar, divulgar, mostrar, destapar, desatrancar, abrir.*

tapia
SIN. Muro, pared, cerca, valla, valladar, tapia, tapial, vallado, tabique, panel, paredón, muralla, lienzo, parapeto, mampara.

tapiar
SIN. Condenar, cerrar, emparedar, tapar, cercar, amurallar, enladrillar, cegar, tabicar, encerrar, vallar, obstruir, murar.
ANT. *Destapar, abrir, descubrir.*

tapón
SIN. Cierre, tapa, corcho, tapadura, taco, burlete, obturador, bajito, rechoncho, gordinflón.
ANT. *Delgado, alto.*

tapujo
SIN. Disimulo, embozo, disfraz, intríngulis, maca, fingimiento, engaño, pretexto, reserva, marrullería, doblez, enredo, embrollo, fraude, componenda, astucia, antifaz.
ANT. *Franqueza, sinceridad, certeza, verdad.*

taquear
Amér.
SIN. Colmar, atiborrar, henchir, saciarse.
ANT. *Vaciarse.*

tara
SIN. Embalaje, envase, peso, descuento, dolencia, tacha, defecto, deficiencia, tarja, lacra, falla, vicio, anomalía, trastorno, degeneración, deterioro, herencia, estigma, langostón.
ANT. *Total, bruto, perfección.*

tarambana
SIN. Ligero, aturdido, irreflexivo, frívolo, alocado, tabardillo, bullicioso, indeliberado, zascandil, calavera, farola.

ANT. *Sentado, cuerdo, comedido, moderado.*

taranta
Amér.
SIN. Grilladura, desvarío, desequilibrio, repente, telele, locura.
ANT. *Cordura, lucidez, sensatez.*

tardanza
SIN. Demora, retraso, pausa, espera, dilación, lentitud, detención, retardo, pelmacería, cachaza, flema, pachorra, pereza, calma, apatía, premiosidad, parsimonia, tranquilidad, cuajo.
ANT. *Celeridad, presteza, prisa, rapidez.*

tarde
SIN. Ocaso, anochecer, crepúsculo, caída, puesta, siesta, destiempo, demora, retraso.
ANT. *Mañana, noche, pronto, rápidamente.*

tardío
SIN. Lento, atrasado, moroso, retrasado, calmoso, remiso, remolón, flemático, perezoso, tardo, postrero, último, diferido, demorado, intempestivo, inadecuado, inoportuno, extemporáneo, tardano, verde, otoñal, crepuscular.
ANT. *Rápido, ágil, diligente, primero, pronto, madrugador, precoz, temprano.*

tarea
SIN. Trabajo, obra, faena, afán, cuidado, ocupación, quehacer, labor, laborío, cometido, operación, ejercicio, estudio, función, empresa, deber, fin, objetivo, misión.
ANT. *Paro, ocic, inactividad, desocupación.*

tareco
Amér.
SIN. Cachivache, trasto, chirimbolo, chisme.

tarifa
SIN. Precio, tasa, coste, importe, costo, valor, honorarios, lista, arancel, tabla, catálogo, índice, escala, minuta.
ANT. *Franquicia, exención.*

tarima
SIN. Estrado, entarimado, tablado, pedestal, escabel, peana, grada, plataforma, tribuna, palenque, tinglado.

tarjeta
SIN. Tarja, tarjetón, etiqueta, cartulina, cédula, rótulo, ficha, membrete, postal, billete, invitación.

tarjetera
Amér.
SIN. Tarjetero, billetero, monedero, bolsillo.

tarta
SIN. Pastel, dulce, golosina, torta, bizcocho.

tartamudear
SIN. Farfullar, tartajear, gaguear (*Amér.*), farfallear, balbucir, trabarse, chapurrear, balbucear, barbotar, titubear, mascullar, vacilar, azorarse.
ANT. *Articular, sosegarse.*

tartamudo
SIN. Tartajoso, tartaja, farfalloso, gago (*Amér.*), estropajoso, balbuciente, dificultoso, tardo, chapurreante, entrecortado, azorado, ofuscado, turbado, inseguro, premioso, nervioso, vacilante.
ANT. *Claro, fácil, desembarazado, tranquilo.*

tasa
SIN. Pauta, medida, regla, norma, límite, coto, regulación, racionamiento, tasación, tarifa, valor, precio, estima, tope, valoración, valuación, ajuste.
ANT. *Desmedida, imprecisión.*

tasar
SIN. Apreciar, estimar, graduar, valuar, regular, ajustar, valorar, valorear, evaluar, fallar, tarifar, calcular, aquilatar, tributar, justipreciar, tantear, ordenar, disponer, melodizar, sistematizar, distribuir, racionar, economizar, limitar, escatimar, ahorrar, reducir.
ANT. *Dilapidar, desordenar, extralimitarse.*

tata
Amér.
SIN. Padre, papá.

tautología
SIN. Pleonasmo, repetición, redundancia.

taxativo
SIN. Limitado, circunscrito, preciso, categórico, claro, estricto, textual, concluyente, terminante, concreto.
ANT. *Tácito, ilimitado, impreciso, inconcreto.*

taza
SIN. Tazón, escudilla, tacita, bol, cuenco, vasija, jícara, salsera, retrete.

tea

SIN. Antorcha, candela, velón, cirio, hachón, leña, astilla.

teatro

SIN. Ademán, mímica, gesto, histrionismo, representación, actitud, espectáculo, variedades, compañía, coliseo, corral, tablao, circo, anfiteatro, grada, candilejas, afectación, cuento, simulación, mentira, impostura, fingimiento, aparatosidad.

ANT. *Naturalidad, realidad, sencillez.*

técnica

SIN. Procedimiento, método, tecnología, regla, ciencia, maña, pericia, industria, habilidad, conocimiento, sagacidad.

ANT. *Incapacidad, torpeza.*

técnico

SIN. Perito, facultativo, profesional, enterado, ducho, versado, especialista, hábil, experto, documentado, específico, determinado, concreto, especial.

ANT. *Inexperto, incompetente, general.*

techo

SIN. Techado, techumbre, cubierta, cúpula, bóveda, tejado, azotea, cobertizo, dosel, terraza, artesonado, refugio, toldo, cañizo, capota, platón, cobijo, amparo, casa, habitación, domicilio, hogar.

ANT. *Pavimento, suelo, raso.*

tedio

SIN. Aburrimiento, hastío, desgana, fastidio, molestia, disgusto, cansancio, rutina, saciedad, monotonía, enojo, abandono, bostezo, lata, tabarra.

ANT. *Contento, agrado, amenidad, diversión, entretenimiento.*

tedioso

SIN. Molesto, fastidioso, aburrido, deprimente, pesado, latoso, odioso, inoportuno, plúmbeo, soporífero, amerengado, monótono, machacón, inaguantable.

ANT. *Agradable, distraído, ameno, oportuno.*

tejado

SIN. Techo, techumbre, cubierta, cobertizo, azotea, terraza, terrado, alero, teja, remate, voladizo, cañizo, pizarra, edificio, hogar, vivienda, casa.

ANT. *Raso.*

tejedor

Amér.

SIN. Embrollón, enrædador, intrigante, chismoso, embarullador, cuentista.

ANT. *Serio, formal.*

tejer

SIN. Ordenar, componer, inventar, planear, combinar, discurrir, maquinar, labrar, idear, intrigar, enredar, armar, hilar, mallar, trenzar, cruzar, entrelazar, urdir, tramar.

ANT. *Deshilar, destejer, inhibirse, desinteresarse.*

tejido

SIN. Tela, paño, lienzo, trama, urdimbre, género, textil, vestido, punto, seda, algodón, hilo, fibra, retal, retazo, andrajo, trapo, textura.

tela

SIN. Lienzo, paño, tejido, urdimbre, trama, malla, género, trapo, película, telilla, tegumento, recubrimiento, capa, membrana, enredo, telaraña, maraña, embuste, asunto, tarea, materia, mentira, trola, bola, lío, dinero, billete, pasta.

teleespectador

SIN. Televidente, auditorio, escucha, auditor, público.

teléfono

SIN. Telefonía, comunicación, aparato, receptor, auricular, locutorio, cabina.

telegrama

SIN. Despacho, mensaje, cable, comunicado, comunicación, nota, radiograma.

telón

SIN. Cortinaje, cortina, decorado, bastidor, lienzo, florillo.

tema

SIN. Asunto, motivo, argumento, pensamiento, propuesta, proposición, premisa, texto, hecho, sujeto, lema, eje, programa, artículo, idea, manía, obstinación, especie, antojo, rareza, cuestión, insistencia, porfía.

ANT. *Olvido, sensatez, cordura.*

temblar

SIN. Titilar, tiritar, retemblar, temblotear, temblequear, templetear, oscilar, tremer, titiritar, rilar, trepidar, agitarse, estremecerse, palpi-

tar, titubear, vacilar, vibrar, sacudir, bailar, castañetear, ondear, balancear, temer, asustarse, espantarse, sobrecogerse, amedentrarse.

ANT. *Serenarse, calmarse, afrontar, arrostrar, aquietarse.*

temblor

Amér.

SIN. Terremoto, sacudida, seísmo, convulsión.

tembloroso

SIN. Trémulo, tembloso, tremulento, tremulante, tremente, temblón, trepidante, estremecido, palpitante, temeroso, asustado, atemorizado, espantado, miedoso, cobarse, tímido, temblador.

ANT. *Firme, tranquilo, valeroso, arrojado.*

temer

SIN. Dudar, recelar, sospechar, desconfiar, pensar, imaginar, temblar, asustarse, alarmarse, aterrarse, inquietarse, amilanarse, sobrecogerse, preocuparse, acoquinarse.

ANT. *Confiar, creer, serenarse, tranquilizarse, sosegarse.*

temerario

SIN. Osado, atrevido, imprudente, inconsiderado, arrojado, irreflexivo, audaz, infundado, intrépido, arriesgado, arriscado, valiente, alocado, bárbaro, aventurero, belicoso, bravo, obstinado, decidido, resuelto, insensato.

ANT. *Temeroso, pusilánime, cobarde, sensato, cauto.*

temeridad

SIN. Atrevimiento, arriscamiento, bravura, audacia, osadía, imprudencia, inconsideración, valentía, arrojo, bizarría, intrepidez, brío, valor, riesgo, decisión, heroicidad, denuedo, alocamiento, necedad.

ANT. *Temor, miedo, cobardía, cautela, timidez, prevención, precaución.*

temeroso

SIN. Cobarde, miedoso, temiente, pavorido, pavido, formidoloso, irresoluto, medroso, receloso, pusilánime, tímido, respetuoso, aterrador, temible, aprensivo, timorato, azorado, apocado, encogido, gallina, peligroso, terrorífico, torro, fiero, pavoroso, horrendo, espantoso.

ANT. *Osado, temerario, valiente, confiado, sereno.*

temor

SIN. Pavor, espanto, miedo, pánico, cobardía, horror, susto, prevención, inquietud, alarma, fobia, amenaza, desazón, preocupación, obsesión, prejuicio, escama, figuración, sospecha, duda, recelo, presunción, timidez, canguis, canguelo, pavidez, pavura, jindama.

ANT. *Arrojo, valentía, valor, decisión, sosiego, bravura, confianza, equilibrio.*

temperado

Amér.

SIN. Templado, suave, atemperado, cálid .

ANT. *Frío, riguroso.*

temperamento

SIN. Índole, tipo, naturaleza, carácter, temple, idiosincrasia, humor, personalidad, genio, conducta, vehemencia, impulso, fogosidad, exaltación.

ANT. *Flema, frialdad, reflexión.*

temperatura

SIN. Clima, tiempo, temperie, fiebre, calentura, décimas, destemplanza, grado, nivel.

tempestad

SIN. Tormenta, galerna, borrasca, temporal, tromba, tifón, huracán, inclemencia, aguacero, vendaval, diluvio, tronada, ventisca, chaparrón, viento, nevada, agitación, desorden, alteración, revuelta, tumulto.

ANT. *Calma, serenidad, tranquilidad.*

tempestuoso

SIN. Borrascoso, tormentoso, iracundo, proceloso, riguroso, inclemente, cubierto, cerrado, nublado, revuelto, furioso, irritado, impetuoso, amenazador, agitado.

ANT. *Calmo, sereno, bonancible, claro, tranquilo, suave.*

templado

SIN. Parco, moderado, sobrio, mesurado, contenido, prudente, serio, frugal, continente, abstemio, estoico, animoso, osado, bizarro, audaz, aplomado, bragado, sereno, valiente, impávido, tibio, cálido, suave, dulce, atemperado, temperado (*Amér.*), medio, entero, eutrapélico, eutropélico.

ANT. *Desmesurado, extremado, destemplado, frío, miedoso, temeroso.*

templanza

SIN. Moderación, temperancia, continencia, sobriedad, eutrapelia, eutrapelia, templadura, austeridad, parquedad, frugalidad, ascetismo, mesura, armonía, temple, tiento, benignidad.

ANT. *Abuso, desmesura, destemplanza, hedonismo, desenfreno, incontinencia.*

templar

SIN. Moderar, atenuar, suavizar, refrenar, dominar, calmar, tranquilizar, mitigar, aminorar, aplacar, atemperar, sosegar, afinar, entibiar, temperar, amortiguar, mesurar, estirar, tensar, tirar, afinar, mezclar, rebajar.

ANT. *Excitar, avivar, extremar, enfriar, agravar, desafinar, destemplar.*

temple

SIN. Temperatura, temperie, tibieza, ánimo, carácter, disposición, índole, humor, talante, sentimiento, genio, arrojo, valor, bravura, arriscamiento, valentía, entereza, osadía, dureza, resistencia, flexibilidad, afinación, afinamiento.

ANT. *Cobardía, desánimo, pusilanimidad, indecisión, blandura, inflexibilidad.*

temporada

SIN. Época, período, etapa, tiempo, estación, campaña, vacación, veda.

temporal

SIN. Borrasca, tempestad, galerna, procela, tormenta, huracán, turbión, aguacero, argavieso, temporero, temporáneo, temporario, transitorio, fugaz, provisorio, provisional, pasajero, perecedero, accidental, relativo, efímero, breve, interino, esporádico, secular, profano, material, humano, terrenal.

ANT. *Intemporal, eterno, definitivo, duradero, fijo, espiritual, divino, bonanza.*

tenacidad

SIN. Porfía, firmeza, constancia, fuerza, obstinación, testarudez, pertinacia, terquería, roncería, cabezonería, tozudez, tesón, paciencia, terquedad, pesadez, lata, impenitencia, laboriosidad, perseverancia, insistencia.

ANT. *Abandono, renuncia, pasividad, impaciencia, volubilidad.*

tenaz

SIN. Porfiado, obstinado, testarudo, enérgico, tozudo, férreo, recalcitrante, contumaz, machacón, acérrimo, incansable, asiduo, leal, perseverante, terco, pertinaz, constante, firme, fuerte, emperrado, roncero, duro, resistente.

ANT. *Inconstante, frágil, inconsistente, voluble, débil, flojo.*

tendencia

SIN. Inclinación, propensión, disposición, inclín, predisposición, vocación, querencia, instinto, aspiración, interés, proclividad, afecto, deseo, amor, carácter, orientación, sesgo, rumbo, dirección, objetivo, directriz, finalidad.

ANT. *Antipatía, aversión, odio.*

tender

SIN. Inclinarse, tirar, propender, simpatizar, dirigirse, interesarse, aspirar, ambicionar, ir, desear, extender, estirar, alargar, desdoblar, desplegar, esparcir, diseminar, tumbar, suspender, colgar, orear, ventilar, solear, airear, instalar, colocar, poner, echarse, tumbarse, acostarse, yacer, relajarse, dormirse, arrellanarse, despatarrarse.

ANT. *Oponerse, rechazar, plegar, doblar, arrugar, envolver, descolgar, retirar, levantarse, erguirse, despertarse, preocuparse.*

tendero

SIN. Vendedor, minorista, comerciante, almacenista, abacero, buhonero, dependiente.

ANT. *Comprador, cliente.*

tendido

SIN. Acostado, echado, apaisado, horizontal, yacente, tumbado, extendido, plano, supino, grada, graderío, gradería, andanada, galope.

ANT. *Erguido, derecho, tieso, levantado.*

tenebroso

SIN. Obscuro, lóbrego, lúgubre, fusco, triso, sombrío, triste, cerrado, nocturno, negro, tenebroso, misterioso, secreto, oculto, estremecedor, confuso, ininteligible.

ANT. *Claro, diáfano, alegre, evidente, inteligible, sabido.*

tener

SIN. Mantener, agarrar, sujetar, retener, asir, coger, gozar, haber, poseer, disfrutar, detentar, dominar, disponer, sujetar, parar, frenar, detener, realizar, cumplir, contener,

encerrar, incluir, hospedar, reputar, evaluar, juzgar, considerar, entender, precisar, necesitar, asumir, obligarse, comprometerse, seguir, atenerse, experimentar, sentir, padecer.
ANT. *Soltar, aflojar, dejar, carecer, liberar, cesar, irse, sobrar, evitar, excluir, caerse.*

tensión
SIN. Rigidez, tirantez, erección, presión, distensión, compresión, elasticidad, tono, alargamiento, esfuerzo, suspense, stress, voltaje, fuerza, potencia, angustia, intranquilidad, zozobra, impaciencia, incertidumbre, duda, nerviosismo.
ANT. *Blandura, flexibilidad, debilidad, quietud, sosiego, certeza.*

tenso
SIN. Tirante, estirado, tieso, rígido, tiesto, subtenso, teso, inflexible, alargado, elástico, terso, distendiso, inquieto, angustiado, impaciente, preocupado, nervioso.
ANT. *Relajado, doblado, flojo, flexible, calmo, tranquilo, sosegado.*

tentación
SIN. Excitación, instigación, incitación, estímulo, instímulo, inducción, seducción, acuciamiento, atracción, impulso, señuelo, artificio, anzuelo, trampa, inducción, aguijón, fascinación, acicate, incentivo.
ANT. *Aversión, rechazo, repulsión, repugnancia.*

tentar
SIN. Tocar, palpar, manosear, restregar, frotar, hurgar, acariciar, pulsar, magrear, sobar, apreciar, gustar, probar, examinar, intentar, tantear, experimentar, instigar, inducir, provocar, seducir, estimular, aguzar, fascinar, espolear, aguijonear, impeler, predisponer, espolear, emprender, procurar.
ANT. *Repeler, repugnar, rehuir, abandonar, desilusionarse, desalentarse.*

tentativa
SIN. Ensayo, prueba, intento, intentona, proyecto, empeño, esfuerzo, afán, deseo, propósito, intención, experimento, tentativa, tanteo.
ANT. *Abandono, fracaso, indiferencia.*

tenue
SIN. Débil, delicado, sutil, delgado,

feble, sencillo, natural, insignificante, ligero, frágil, fino, exiguo, grácil, vaporoso, etéreo, vago, rumoroso, susurrante, delgaducho, flaco, reseco, enjuto, pilongo, raro.
ANT. *Grueso, espeso, recio, denso, pesado, robusto.*

teñir
SIN. Pintar, colorear, tintar, azurar, alumbrar, tinturar, camuflar, disimular, matizar.
ANT. *Desteñir, decolorar, descubrir.*

teorema
SIN. Tesis, enunciado, afirmación, proposición.

teoría
SIN. Hipótesis, presunción, proposición, supuesto, conjetura, especulación, posibilidad, doctrina, creencia, parecer, idea, tesis, conocimiento, ciencia, desfile, serie, hilera, fila.
ANT. *Realismo, pragmatismo, empirismo, demostración, interrupción.*

terapéutica
SIN. Terapia, tratamiento, curación, medicación, cura.

terceto
SIN. Trío, triunvirato, terna, trinca, troica.

terciar
SIN. Intervenir, mediar, arbitrar, interceder, conciliar, reconciliar, interponerse, inmiscuirse, atravesar, sesgar, cruzar, equilibrar, repartir, distribuir.
ANT. *Apartarse, respetar, abstenerse, desequilibrar.*

terco
SIN. Obstinado, porfiado, tenaz, cabezón, emperrado, cabezota, testarudo, tozudo, cabezudo, pertinaz, contumaz, irreductible, persistente, atestado, obseso, intransigente, férreo, pesado.
ANT. *Transigente, arrepentido, flexible, comprensivo.*

tergiversar
SIN. Alterar, deformar, forzar, torcer, falsear, mistificar, cambiar, confundir, desfigurar, enredar, trocar, variar, desnaturalizar.
ANT. *Desentrañar, aclarar, explicar.*

terminante
SIN. Categórico, rotundo, irrebatible, concluyente, claro, preciso, tajante, definitivo, explícito, absoluto, meridiano, perentorio, último, final.
ANT. *Incierto, indeciso, ambiguo, dudoso, oscuro, refutable.*

terminar
SIN. Acabar, concluir, finalizar, finiquitar, rematar, cerrar, cesar, finir, fallir, caducar, eliminar, concluir, ultimar, agotar, apurar, exterminar, cancelar, completar, zanjar, rescindir, ejecutar, despachar, ultimar, perfilar, pulir, morir, fallecer, perecer.
ANT. *Empezar, iniciar, abrir, principiar, comenzar, aumentar, nacer, existir.*

término
SIN. Final, fin, territorio, región, zona, pago, circunscripción, demarcación, comarca, arrabal, límite, mojón, divisoria, extremo, meta, tope, lindero, confín, jalón, hito, plazo, vencimiento, tiempo, caducidad, lapso, intervalo, período, palabra, vocablo, expresión, voz, locución, condición, punto, pormenor, detalle.
ANT. *Origen, principio, continuidad, perennidad, comienzo.*

ternero
SIN. Vaquilla, becerro, res, ternera, utrera, eral, juvenco, vaca, utrero.

terno
SIN. Reniego, juramento, voto, palabrota, venablo, taco, blasfemia, traje, vestido, ropaje, atavío, indumento.
ANT. *Elogio, alabanza.*

ternura
SIN. Delicadeza, sensibilidad, delicadez, afección, amor, dulzura, cariño, afecto, agrado, bondad, apego, estima, piedad, simpatía, requiebro, mimo, caricia, flor, piropo, mimo.
ANT. *Antipatía, odio, animosidad, desagrado, grosería.*

terquedad
SIN. Obstinación, porfía, testarudez, tozudez, pertinacia, contumacia, tenacidad, terquería, cerrilidad, roncería, cabezonería, terqueza, terquez, empeño, intransigencia, pesadez, lata, resistencia, obcecación.
ANT. *Comprensión, docilidad,*

transigencia, blandura.

terraplén
SIN. Pendiente, escalón, grada, talud, parapeto, defensa, fortificación, zanja, desnivel, ribazo.

terraza
SIN. Tejado, techo, azotea, solario, terrado, galería, balcón, mirador, glorieta, bancal, rellano.

terremoto
SIN. Seísmo, sacudimiento, sacudida, conmoción, temblor, desastre, catástrofe, cataclismo, hecatombe, epicentro.
ANT. *Quietud, tranquilidad.*

terreno
SIN. Terrenal, terrestre, terráqueo, superficie, suelo, tierra, campo, terruño, solar, extensión, finca, propiedad, campo, esfera, medio, aspecto, especialidad, actividad, circunstancia.

terrible
SIN. Horroroso, horrible, espantoso, formidable, aterrador, terrorífico, atroz, desmesurado, gigantesco, áspero, violento, acre, agrio, acedo, giganteo, grande, excesivo, temible, brutal, trágico, dantesco, cruel, duro, inhumano, sombrío, tétrico, violento, enorme, tremendo.
ANT. *Grato, atractivo, bello, agradable, tierno, insignificante, menudo.*

territorio
SIN. Circunscripción, demarcación, distrito, cantón, comarca, región, país, nación, patria, paraje, tierra, lugar, zona, enclave, estado, jurisdicción, departamento, área, espacio, suelo, superficie, terreno, término, pago.

terror
SIN. Espanto, pánico, pavor, pavuria, pavidez, canguelo, susto, miedo, ansiedad, inquietud, temor, horror, sobrecogimiento, fobia, consternación.
ANT. *Seducción, atracción, serenidad, valor, valentía.*

terrorífico
SIN. Aterrador, pavoroso, espantoso, horrible, terrible, hórrido, horrífico, espeluznante, despeluznante, terrífico, truculento, apocalíptico, violento, temible.
ANT. *Atrayente, cautivador, admirable.*

terrorismo
SIN. Violencia, subversión, amenaza, revolución, sabotaje, secuestro, chantaje, atentado, anarquismo, nihilismo, guerrilla, rapto.
ANT. *Paz, orden, sometimiento, legalidad.*

terso
SIN. Límpido, limpio, puro, suave, bruñido, nítido, aseado, resplandeciente, liso, tenso, pulimentado, limado, brillante, fluido, tirante, fácil, comprensible, inteligible.
ANT. *Opaco, sucio, empañado, arrugado, oscuro, alambicado.*

tesis
SIN. Teoría, juicio, parecer, opinión, noción, escrito, estudio, memoria, conclusión, argumento, razonamiento, exposición.

tesón
SIN. Perseverancia, firmeza, constancia, empeño, inflexibilidad, obstinación, entereza, pertinacia, insistencia, ahínco, tenacidad, decisión, aplicación, terquedad, tozudez, fijeza, asiduidad.
ANT. *Inconstancia, indecisión, abandono, renuncia.*

tesoro
SIN. Caudal, valores, dinero, joyas, reservas, bolsa, talega, activo, cuartos, hucha, erario, fisco, hacienda, cariño.
ANT. *Miseria, pobreza.*

testamento
SIN. Documento, memoria, codicilo, declaración, otorgamiento, transmisión, herencia, sucesión, donación, legado, cesión, dote.
ANT. *Preterición, desamparo, olvido, privación.*

testarudez
SIN. Porfía, obstinación, roncería, calgonería, terquedad, pertinacia, tozudez, obcecación, testarronería, tenacidad, tesón, emperramiento, terquería, testarada, intransigencia, ceguera, capricho.
ANT. *Docilidad, sometimiento, flexibilidad.*

testarudo
SIN. Obstinado, pertinaz, terco, cabeciduro *(Amér.)*, obcecado, tozudo, porfiado, testarrón, tenaz, temoso, emperrado, cerril, roncero, cabezota, voluntarioso, recalcitrante, impenitente, intransigente, pesado, arbitrario.

ANT. *Condescendiente, dócil, amoldable, flexible, sumiso.*

testículo
SIN. Cojón, compañón, teste, criadilla, turma, bolsa, genitales, sexo, huevo.
ANT. *Vagina, ovario.*

testificar
SIN. Atestiguar, testimoniar, garantizar, asegurar, afirmar, certificar, probar, declarar, deponer, explicar, detallar, manifestar, alegar, indicar, señalar, mostrar, refrendar, legalizar, rubricar.
ANT. *Ocultar, esconder, inhibirse, rechazar.*

testigo
SIN. Testimonio, deponente, declarante, certificador, informador, manifestante, refrendador, presente, mojón, hito, dama, relevo.
ANT. *Ausente, callado, abstinente.*

testimonio
SIN. Atestación, aseveración, prueba, afirmación, atestado, certificación, información, careo, interrogatorio, testificación, palabra, juramento, aseveración, fe, testigo, falsedad, instrumento, prenda, impostura, calumnia.
ANT. *Perjurio, abstención, inhibición, incomparecencia.*

teta
SIN. Mama, ubre, pecho, seno, busto, pezón, tetilla, mogote.

tétrico
SIN. Fúnebre, triste, sombrío, melancólico, serio, cogitabundo, macabro, lóbrego, luctuoso, funesto, trágico, meditabundo, nuboloso.
ANT. *Risueño, alegre, festivo, alentador, optimista.*

texto
SIN. Contenido, escrito, sentencia, argumento, pasaje, relato, tenor, palabras, discurso, contexto, lugar, cita, redacción, libro, obra, manual, ejemplar, volumen.

tez
SIN. Cutis, piel, epidermis, tegumento, pellejo, cuero.

tía
SIN. Pariente, mujer, comadre, chica, fulana, ramera, prostituta.
ANT. *Sobrina, nuera, honrada, honesta.*

tibio

SIN. Templado, atemperado, fresco, agradable, suave, enfriado, amoroso, afable, blando, pigre, vago, apático, negligente, desidioso, escéptico, flojo, descuidado, abandonado, indiferente.

ANT. *Helado, ardiente, activo, diligente, apasionado.*

tiempo

SIN. Transcurso, intervalo, era, edad, lapso, duración, espacio, fecha, término, trecho, período, etapa, plazo, fase, fracción, época, proceso, instante, vez, turno, ritmo, suceso, momento, rato, evo, héjira, ocasión, oportunidad, coyuntura, caso, sazón, pie, existencia, retardo, prórroga, vencimiento, tregua, dilación, mora, actualidad, ambiente, clima, temperatura, cielo, aspecto, ritmo, compás, ejercicio, movimiento.

tienda

SIN. Comercio, bazar, puesto, boliche *(Amér.)*, botica, establecimiento, depósito, exposición, economato, lonja, mercado, local, expendeduría, almacén, shop, pabellón, lona, carpa, toldo.

tiento

SIN. Tino, prudencia, cordura, miramiento, cuidado, circunspección, cautela, medida, tacto, pulso, seguridad, firmeza, golpe, tentáculo, palo, bastón, contrapeso, trastazo, cachete, vara, apoyo, prueba, afinación, ensayo.

ANT. *Desconsideración, descuido, desatención, inmoderación, caricia.*

tierno

SIN. Muelle, blando, suave, delicado, flexible, amable, dócil, afectuoso, cariñoso, elástico, maleable, dulce, afable, piadoso, emotivo, entrañable, sensible, susceptible, sentimental, lloroso, llorica, marica, principiante, verde, inexperto, reciente, joven, lechal, nuevo, moderno, actual, agraz.

ANT. *Inflexible, rígido, duro, cruel, pasado, antiguo, maduro.*

tierra

SIN. Mundo, orbe, planeta, suelo, territorio, terreno, superficie, campo, barro, arcilla, greda, arena, polvo, grava, terrón, cieno, país, patria, terruño, pueblo, comarca, provincia, zona, finca, hacienda, heredad, predio, posesión, granja, dominio, rancho, latifundio.

ANT. *Mar, aire, extranjero.*

tieso

SIN. Rígido, agarrotado, tenso, tirante, duro, erizado, erecto, recio, entero, yerto, empinado, fuerte, robusto, saludable, terco, tenaz, obstinado, tozudo, cabezota, orgulloso, petulante, envarado, altivo, engreído, arrogante, altanero, grave, serio, mesurado, circunspecto, puritano, austero, severo.

ANT. *Blando, flojo, endeble, débil, dócil, sencillo, humilde.*

tiesura

SIN. Rigidez, dureza, tensión, tirantez, estiramiento, rigor, envaramiento, empaque, orgullo, vanidad, soberbia, pose, desdén, sequedad, gravedad, afectación, seriedad, circunspección, terquedad, obstinación.

ANT. *Blandura, flojedad, sencillez, naturalidad, flexibilidad.*

tigre

Amér.

SIN. Jaguar.

tildar

SIN. Señalar, tachar, notar, baldonar, manchar, borrar, desacreditar, difamar, infamar, criticar, censurar, denigrar, mancillar, injuriar, acusar, eliminar, enmendar, atildar.

ANT. *Alabar, ensalzar, respetar, incluir.*

tilde

SIN. Vírgula, señal, ápice, trazo, rasgo, nota, mancha, baldón, estigma, borrón, minucia, nimiedad, bagatela, pequeñez.

ANT. *Alabanza, elogio, importancia.*

timar

SIN. Estafar, truhanear, birlar, petardear, quitar, hurtar, engañar, defraudar, sablear, robar, despojar, soplar, sustraer, afanar, sonsacar, rapiñar, sangrar.

ANT. *Reintegrar, devolver, respetar.*

timidez

SIN. Poquedad, cortedad, temor, encogimiento, apocamiento, irresolución, pusilanimidad, miedo acoquinamiento, embarazo, cuitamiento, indecisión, cautela, desconfianza, vacilación, miramiento, reparo, turbación, desaliento, cobardía, sonrojo, modestia, vergüenza, aturdimiento, cohibimiento.

ANT. *Arrojo, decisión, valor, osadía, descaro, desvergüenza.*

tímido

SIN. Apocado, encogido, temeroso, pusilánime, miedoso, medroso, timorato, corto, irresoluto, acoquinado, apagado, corito, empachado, azorado, turbado, aturdido, indeciso, modesto, retraído, premioso, asustadizo, cohibido, inexperto, vergonzoso, cagado, decaído, insignificante, desdichado, lánguido, cobarde, pacato, desconfiado, irresoluto, manso, pasivo, lebrón, gallina.

ANT. *Atrevido, arrojado, valiente, descarado, intrépido, emprendedor.*

timo

SIN. Robo, engaño, estafa, sablazo, fraude, truco, lazo, trampa, treta, cuento, embaucamiento.

ANT. *Honradez, honestidad.*

timón

SIN. Riendas, mando, gobierno, dirección, espadilla, gobernalle, aguja, alerón, arado, pértigo, palo.

tinaja

SIN. Vasija, cántaro, tina, recipiente, pozal, orza, barrica.

tinglado

SIN. Armazón, cobertizo, tablado, barraca, artimaña, enredo, maquinación, artificio, lío, intriga, añagaza.

ANT. *Verdad, franqueza.*

tinieblas

SIN. Sombras, negrura, noche, obscuridad, niebla, nube, cerrazón, obscurantismo, ignorancia, analfabetismo, atraso.

ANT. *Luz, claridad, cultura, progreso.*

tiña

SIN. Roña, pelambrera, eczema, miseria, escasez, pobreza, tacañería, avaricia.

ANT. *Abundancia, generosidad.*

típico

SIN. Tradicional, folklórico, costumbrista, popular, representativo, característico, original, especial, distintivo, peculiar, exclusivo, específico, personal, inconfundible.

ANT. *Atípico, nuevo, general.*

tipo

SIN. Ejemplar, modelo, arquetipo, símbolo, prototipo, pauta, ideal, ejemplo, patrón, original, standard, paradigma, molde, muestra, carácter, temperamento, constitución, complexión, físico, personalidad, contextura, figura, talle, traza, apostura, planta, aire, facha, lámina, pinta, porte, presencia, índole, clase, condición, categoría, calidad, tipejo, títere, esperpento, letra, carácter.

tira
SIN. Faja, cinta, lista, banda, franja, cenefa, margen, friso, orla, correa, cinturón, tirante, cordón, cincha, brazal, listón, vara, trampa, acechanza.
ANT. *Limpieza, nobleza.*

tiranía
SIN. Arbitrariedad, despotismo, dominio, abuso, opresión, señoreaje, enseñoramiento, dictadura, sometimiento, esclavidad, atropello, hegemonía, intolerancia, mando, injusticia, autocracia, absolutismo, imperio, dominación, poder, yugo, supremacía, arbitrariedad.
ANT. *Libertad, respeto, tolerancia, democracia, rebelión, emancipación.*

tiránico
SIN. Arbitrario, despótico, injusto, abusivo, dictatorial, opresivo, opreso, intolerante, cruel, absoluto, exigente, imperativo, severo, riguroso, imperioso, totalitario, autocrático, rígido, arbitrario.
ANT. *Liberal, benigno, justo, democrático.*

tiranizar
SIN. Oprimir, esclavizar, abusar, vejar, despotizar, sojuzgar, avasallar, mandar, domeñar, imponer, subyugar, aherrojar, vencer, sujetar, imponerse.
ANT. *Liberar, emancipar, democratizar.*

tirano
SIN. Autócrata, dictador, absolutista, déspota, opresor, mandamás, señor, soberano, amo, arbitrario, injusto, tiránico.
ANT. *Liberal, demócrata, benigno, humano, blando.*

tirante
SIN. Estirado, tenso, teso, atiesado, subtenso, tiesto, tieso, enderezado, extenso, templado, erguido, resistente, sólido, erecto, firme, rígido, difícil, embarazoso, frío, enfadado, comprometido, enojoso, grave,

espinoso, serio, viga, madero, soporte, traviesa, barra, entibo, fuste, tablón, cinta, correa, tira, sujetador, suspensor (*Amér.*), sostén, goma, elástico.
ANT. *Laxo, flojo, suelto, caído, blando, fláccido.*

tirar
SIN. Lanzar, echar, despedir, proyectar, verter, arrojar, mandar (*Amér.*), precipitar, derramar, impulsar, rociar, derribar, demoler, tumbar, derruir, derrumbar, volcar, devastar, asolar, fulminar, descargar, disparar, fusilar, malgastar, dilapidar, derrochar, malbaratar, prodigar, disipar, quemar, liquidar, estirar, extender, desdoblar, desarrugar, atraer, propender, aficionarse, gustar, arrastrar, remolcar, acometer, atacar, echarse, precipitarse, ganar, sacar, obtener, imprimir, publicar, editar, parecerse, tender, asemejarse, aspirar, pretender, tenderse, revolcarse, echarse, vivir, mantenerse, vegetar, copular, poseer, fornicar, joder, dirigirse, encaminarse, orientarse, probar.
ANT. *Coger, tomar, edificar, erigir, ahorrar, economizar, arrugar, encoger, doblar, parar, pacificar, fracasar, devolver, restituir, triunfar, rebelarse, respetar, dejar.*

tiro
SIN. Estallido, estampido, disparo, detonación, fuego, descarga, balazo, zambombazo, salva, fogonazo, lanzamiento, trayecto, distancia, chut, carga, tirante, escalón, tramo, rellano, ventilación, corriente, impulso, ascensión, conducto, tubo, túnel, pozo, galería, profundidad, hondura, dimensión, holgura, amplitud, ancho, yunta, tronco, ataláje, pareja, estafa, hurto, crítica, alusión, broma, burla, indirecta, insinuación.
ANT. *Retención, ahogo, sofocación, bajada, franqueza, ventaja.*

tirón
SIN. Aprendiz, bisoño, novicio, principiante, sacudida, empujón, empellón, impulso, meneo, golpe, zarandeo, enganchón, hurto, estafa, robo, novato, estirón.
ANT. *Veterano, maestro, inmovilidad, caricia.*

tirria
SIN. Manía, hincha, fila, ojeriza, repugnancia, tema, odio, repulsión, roña, rabia, encono, saña.
ANT. *Amor, afecto, simpatía, atracción.*

titánico
SIN. Inmenso, desmesurado, excesivo, extraordinario, grandísimo, giganteo, colosal, gigantesco, enorme, titanio.
ANT. *Corriente, común, pequeño, débil, vulgar.*

titiritero
SIN. Titerista, titerero, saltabanco, saltibanco, volajinero, funámbulo, saltaembancos, montambancos, saltimbanqui, cómico, volatinero, equilibrista, juglar, payaso, bufón, histrión, artista.

titubear
SIN. Fluctuar, vacilar, dudar, zigzaguear, temblar, trastabillar, oscilar, trepidar (*Amér.*), azorarse, balbucir, zozobrar, tambalearse, flaquear.
ANT. *Resolver, decidir, mantener, sosegar.*

titular
SIN. Intitular, rotular, nombrar, denominar, bautizar, apodar, motejar, señalar, epigrafiar, encabezar, marcar, designar, diplomar, graduar, licenciar, rótulo, letrero, cabecera, epígrafe, cartel, etiqueta, inscripción, título, denominación, titulado, facultativo, profesional, reconocido, nominal, válido, efectivo.
ANT. *Ignorar, omitir, innominar.*

título
SIN. Rótulo, designación, epígrafe, inscripción, nominaciómi, etiqueta, letrero, apodo, nombre, mote, renombre, alias, razón, pretexto, origen, fundamento, credencial, honor, nombramiento, diploma, tratamiento, empleo, dignidad, documento, certificado, testimonio, demostración, nobleza, linaje, aristocracia.

tiznar
SIN. Deslustrar, manchar, obscurecer, mancillar, desacreditar, amancillar, baldonar, ensuciar, pringar, enmascarar, engrasar, ennegrecer, tildar, difamar, denigrar, anublar.
ANT. *Lustrar, limpiar, ensalzar, elogiar.*

tocadiscos
SIN. Gramófono, fonógrafo, pick-up, tocata.

tocar
SIN. Sobar, tentear, magrear, palpar, pulsar, acariciar, frotar, res-

tregar, rascar, rozar, tañer, rasguear, interpretar, arribar, llegar, fondear, chocar, golpear, tropezar, dar, herir, aludir, mencionar, tratar, gastar, ajar, impresionar, corresponder, afectar, atañer, referirse, suceder, llegar, turnarse, retocar, acabar, convenir, encajar, encuadrar, cubrirse, taparse.
ANT. *Respetar, acariciar, zarpar, olvidar, omitir, descuidar, descubrirse.*

tocino
SIN. Cerdo, puerco, embutido, lardo, grasa, manteca, sebo.

tocho
SIN. Tonto, necio, tosco, inculto, mentecato, estúpido, cerril, rústico, estaca, garrote, lingote, barra, ladrillo, tochana.
ANT. *Inteligente, culto.*

todo
SIN. Totalidad, conjunto, suma, integridad, adición, masa, bloque, entero, íntegro, global, uno, completo, indisoluble, virgen.
ANT. *Nada, parte, cero, carencia, falta, pizca, inexistencia.*

toldo
SIN. Entalamadura, toldura, pabellón, cubierta, entoldado, techo, carpa, ramado, ramada (*Amér.*), sombra, vela, lona, palio, enramado, tienda, engreimiento, ensoberbecimiento, soberbia, fatuidad, pedantería, pompa, vanidad.
ANT. *Raso, descubierto, humildad, sencillez.*

tolerable
SIN. Soportabe, llevadero, sufrible, sufridero, aguantable, admisible, pasable, resistible, digerible, permisible.
ANT. *Intolerable, inadmisible, insufrible, irresistible.*

tolerancia
SIN. Condescendencia, indulgencia, paciencia, aguante, respeto, consideración, comprensión, benevolencia, compasión, anuencia, componenda, bondad, mansedunbre, avenencia, tragaderas, suportación, cabronada, correa, flema.
ANT. *Intolerancia, incomprensión, malevolencia, severidad, fanatismo, prohibición.*

tolerante
SIN. Condescendiente, sufrido, indulgente, paciente, pacienzudo,

conforme, sufridor, sufriente, probado, comprensivo, benigno, considerado, benévolo, flexible, liberal, abierto, flemático, transigente, humano, blando.
ANT. *Intolerante, exigente, severo.*

tolerar
SIN. Aguantar, consentir, condescender, sufrir, soportar, resistir, sobrellevar, disimular, suportar, comportar, endurar, transigir, admitir, disimular, dejar, conformarse, avenirse, aceptar, excusar, dispensar, disculpar, ceder, perdonar, absolver, permitir.
ANT. *Rechazar, impedir, prohibir, negar, disentir.*

tollina
SIN. Tunda, solfa, zurra, paliza, felpa, azotaina, sotana, capuana, escurribanda, trepa, tolena, zamanca, galopeado, solfeo, sopapina, somanta, meneo.
ANT. *Caricia, mimo.*

toma
SIN. Dosis, cantidad, ración, ocupación, conquista, apoderamiento, rapto, asalto, expolio, robo, decomiso, presa, tomadura, adquisición, abertura, acceso, derivación, orificio, data, entrada.
ANT. *Entrega, devolución, salida, expulsión.*

tomar
SIN. Coger, asir, agarrar, asumir, abrazar, apresar, adquirir, alcanzar, quitar, escoger, percibir, asaltar, conquistar, ocupar, apoderarse, apropiarse, adueñarse, usurpar, arramblar, hurtar, robar, requisar, birlar, alquilar, adquirir, contraer, beber, tragar, comer, zampar, prender, arraigar, enraizar, elegir, escoger, preferir, apartar, encaminarse, dirigirse.
ANT. *Restituir, soltar, entregar, libertar, dejar, dudar, contenerse.*

tomo
SIN. Libro, volumen, ejemplar, obra, valor, importancia, estima, entidad, valía, grosor, enjundia.
ANT. *Insignificancia.*

tono
SIN. Matiz, relieve, cambiante, inflexión, tonalidad, tonada, ton, voz, elevación, acento, énfasis, modulación, pronunciación, tensión, fuerza, modo, aptitud, vigor, energía, estilo, manera, pátina, colorido, tinte, aire, jactancia, bombo, vanagloria, brillo.

ANT. *Desánimo, humildad, sencillez.*

tontería
SIN. Simpleza, bobada, necedad, tontera, tontada, tontedad, tontuna, mentecatada, mentecatez, memez, tochedad, estupidez, mentecatería, variedad, insensatez, absurdo, nadería, insubstancialidad, vaciedad, nadería, macana (*Amer.*), disparate, despropósito, fantochada, presunción, remilgo, melindre, mojigatería.
ANT. *Listeza, astucia, agudeza, ingenio, sutileza, talento, seso, sencillez, naturalidad.*

tonto
SIN. Bobo, necio, simple, estúpido, memo, guanajo, ciruelo, ceporro, badajo, camueso, mamacallos, bolonio, mastuerzo, cacaseno, insensato, absurdo, mentecato, tontón, tontucio, tontuelo, tontivano, tontiloco, inútil, infeliz, gilí, nulidad, baboso (*Amer.*), ingenuo, cándido, borrico, inepto, torpe, imbécil, guarnaco (*Amér.*), leso (*Amér.*).
ANT. *Sagaz, sutil, avispado, vivaz, zorro, espabilado, astuto.*

topar
SIN. Tropezar, topetar, topetear, chocar, tropezarse, trompezar, trompicar, trompillar, trastabillar, percutir, pegar, colisionar, chocar, estrellarse, embestir, encontrar, hallar, converger, dificultar, obstaculizar, embarazar.
ANT. *Eludir, evitar, separar.*

tope
SIN. Parachoque, protección, refuerzo, amortiguador, límite, canto, extremo, final, punta, remate, borde, extremidad, tropiezo, topetón, estorbo, impedimento, obstáculo, óbice, traba, valla, casualidad, encuentro, sorpresa, sobresalto, riña, reyerta, contienda, bronca, detención, bloqueo, seguro, trinquete, lingüete.
ANT. *Interior, centro, facilidad, calma.*

topetón
SIN. Golpe, choque, encuentro, topetada, topetazo, trompicón, trompezón, trastabillón, cambalud, encontronazo, cabezazo, tropiezo, colisión.
ANT. *Mimo, evitación.*

tópico
SIN. Generalidad, clisé, vulgaridad,

hojarasca, nadería, chabacanería, remedio, ungüento, apósito, medicamento, preparado.
ANT. *Exquisitez, originalidad.*

toque

SIN. Contacto, manoseo, arrimo, caricia, tacto, roce, fricción, pincelada, detalle, rectificación, ajuste, llamada, señal, pulsación, advertencia, aviso, amonestación, apercibimiento, quid, busilis, fundamento, meollo, miga.
ANT. *Silencio, alejamiento, distancia, separación.*

tórax

SIN. Torso, tronco, pecho, busto, caja, cavidad, costillar, pulmones.

torcer

SIN. Doblar, arquear, retorcer, curvar, jorobar, flexionar, inclinar, doblegar, ladear, plegar, liar, enrollar, desviarse, volver, girar, virar, separarse, cambiar, mudar, dislocar, luxar, distender, equivocar, confundir, tergiversar, enfadarse, agriarse, enojarse, picarse, estropearse, corromperse, fracasar, fallar.
ANT. *Enderezar, alisar, corregir, entablillar, aclarar, sosegarse, lograr, alcanzar.*

toreo

SIN. Toros, lidia, tauromaquia, faena, lid, fiesta, espectáculo, festejo, tienta, encierro, capea, novillada, suerte, lance, quite, pase.

tormenta

SIN. Tempestad, temporal, borrasca, vendaval, aguacero, diluvio, huracán, galerna, desgracia, adversidad, procela, inclemencia, infortunio, contratiempo, furia, enfurecimiento, riña, pugna.
ANT. *Calma, bonanza, suerte, pacificación.*

tormento

SIN. Martirio, suplicio, tortura, sufrimiento, angustia, congoja, dolor, cuita, holocausto, persecución, sacrificio, inmolación, punición, congoja, desazón, molestia, pena, maltratamiento, aflicción, nana.
ANT. *Desvelo, cuidado, respeto, placer, contento, consuelo, gracia.*

tormentoso

SIN. Tempestuoso, huracanado, borrascoso, proceloso, inclemente, aborrascado, lluvioso, agitado.

ANT. *Soleado, bonancible, claro, tranquilo.*

tornadizo

SIN. Versátil, inconstante, veleidoso, voluble, tornátil, alcornoque, variable, voltizo, novelero, inconsecuente, caprichoso, mudable, cambiante.
ANT. *Firme, constante, invariable.*

tornar

SIN. Retornar, volver, regresar, llegar, venir, reintegrarse, reaparecer, reponer, reintegrar, devolver, restituir, revolver, repetir, reanudar, reemprender, trocar, rectificar, transformar, cambiar.
ANT. *Quedarse, marcharse, cambiar, tomar.*

tornear

SIN. Pulir, labrar, alisar, redondear, formar, girar, cavilar, pensar, justar, desafiar, combatir.
ANT. *Descuidar, pacificar.*

torneo

SIN. Concurso, lucha, pugna, competición, reto, liza, justa, desafío, competencia, controversia, certamen, polémica, discusión.
ANT. *Paz, acuerdo.*

tornillo

SIN. Perno, cáncamo, clavo, remache, hélice, rosca, tuerca, gato, torno, prensa, fuga, deserción, huida, defección.
ANT. *Fidelidad, permanencia.*

torpe

SIN. Inhábil, obtuso, desmañado, cerrado, rudo, pesado, lento, tardo, inútil, penco, patoso, negado, bruto, manazas, lerdo, obsceno, lascivo, indecoroso, deshonesto, ignominioso, deshonroso, impúdico, vil, feo, tosco, grosero, infame.
ANT. *Ágil, hábil, vivo, listo, agudo, virtuoso, honesto, bello.*

torre

SIN. Castillo, rascacielos, cimborrio, campanario, aguja, fortificación, garita, faro, atalaya, construcción, edificio, torreón, minarete, quinta, villa, estancia, chalet.

torta

SIN. Tarta, bollo, mantecado, bizcocho, dulce, golosina, pastel, coca, tortazo, bofetada, cachete, sopapo, bofetón.
ANT. *Caricia.*

tortuoso

SIN. Laberíntico, torcido, sinuoso, zigzagueante, ondulado, desconfiado, taimado, hipócrita, astuto, avieso, artero, refinado, sutil, maquiavélico, cauteloso, disimulado, solapado, zorrocloco, torcido, enmarañado.
ANT. *Recto, derecho, franco, directo, claro, noble.*

tortura

SIN. Martirio, tormento, suplicio, dolor, sufrimiento, angustia, aflicción, agonía, pesadumbre, atribulación, pena, congoja, tósigo, incertidumbre, inquietud, zozobra, desazón, duda.
ANT. *Placer, satisfacción, alegría, contento, seguridad.*

torturar

ANT. Martirizar, afligir, agarrotar, atormentar, supliciar, acongojar, inmolar, lacerar, mortificar, sacrificar, acosar, sufrir, penar, angustiar, padecer, inquietar, remorder.
ANT. *Cuidar, acariciar, consolar, calmar, serenar.*

torvo

SIN. Hosco, airado, fiero, amenazador, tosco, malvado, patibulario, desagradable, espantoso, iracundo, furiente, ardiondo, crespo, feróstico, terrible.
ANT. *Atractivo, simpático, benévolo, benigno.*

tos

SIN. Carraspeo, carraspera, tose, tosecilla, estornudo, resfriado, catarro, espasmo, expectoración, sacudida, convulsión.
ANT. *Respiración, alivio.*

tosco

SIN. Basto, burdo, vulgar, rudo, ordinario, rústico, grosero, inculto, tolete, mazorral, mogrollo, charro, mazacote, ignorante, zafio, bronco, chabacano, patán, corronchoso (*Amér.*), agrio, palurdo, huaso (*Amér.*), silvestre.
ANT. *Culto, educado, fino, exquisito, selecto.*

tostar

SIN. Quemar, asar, calentar, enhornar, torrar, rustir, socarrar, carbonizar, chamuscar, dorar, ennegrecer, curtir, asolear, broncear.
ANT. *Enfriar, palidecer.*

totalitario

SIN. Absolutista, tiránico, dictato-

rial, arbitrario, fascista, nazi, omnímodo, único, absorbente.
ANT. *Democrático, liberal.*

tóxico
SIN. Pócima, bebedizo, ponzoña, veneno, droga, narcótico, estupefaciente, intoxicante, dañino, deletéreo, venenoso, perjudicial.
ANT. *Antídoto, sano, bueno, beneficioso.*

tozudo
SIN. Porfiado, testarudo, emperrado, cervigudo, codorro, zamugo, tenace, terme, renuente, terco, obstinado, pertinaz, intransigente, cabezón, tenaz, ofuscado, obsesionado.
ANT. *Transigente, condescendiente, dócil.*

traba
SIN. Estorbo, impedimento, dificultad, obstáculo, inconveniente, valladar, óbice, valla, embarazo, engorro, lastra, tropiezo, ligadura, lazo, trabazón, abrazadera, grillete, freno.
ANT. *Facilidad, ayuda, favor, cooperación,*

trabado
SIN. Nervudo, robusto, fuerte, vigoroso, fornido, homogéneo, lógico, coherente, ligado, atado, firme, sujeto, frenado, inmovilizado, denso, tupido, concentrado.
ANT. *Débil, ilógico, incoherente, desligado, desatado, libre.*

trabajado
SIN. Fatigado, cansado, molido, aplanado, gastado, baqueteado, cansino, cansío, atrabajado, despernado, rendido, aperreado, elaborado, detallado, cuidadoso, minucioso.
ANT. *Calmo, tranquilo, descansado, negligente, descuidado.*

trabajador
SIN. Obrero, operario, asalariado, bracero, proletario, peón, productor, currante, jornalero, activo, laborioso, dinámico, trabajante, laborante, laboroso, emprendedor, diligente, solícito, dinámico, aplicado, industrioso, estudioso, hormiga.
ANT. *Parado, rico, capitalista, vago, parásito, gandul, ocioso, haragán.*

trabajar
SIN. Elaborar, laborar, atarearse, esforzarse, afanarse, laborear, bregar, aginar, obrar, hacer, ocuparse, estudiar, aplicarse, inquietar, molestar,

perturbar, actuar, manipular, producir, fabricar, sudar, pelear, dedicarse, ejercer, profesar, batallar, cultivar, laborear, labrar, procurar, intentar, ejercitar, adiestrar, formar, educar, sobar, pastar, funcionar, ir, marchar, molestar, atosigar, atarear, ocupar.
ANT. *Holgar, vagar, gandulear, renunciar, pararse, tranquilizar.*

trabajo
SIN. Tajo, faena, tarea, labor, ocupación, obra, operación, julepe (*Amér.*), laboriosidad, quehacer, elaboración, fabricación, ejercicio, trajín, diligencia, empleo, cometido, profesión, obligación, encargo, menester, práctica, misión, oficio, esfuerzo, carga, cuita, tráfago, penalidad, trote, molestia, dificultad, penalidad, pena, miseria, estrechez, tormento, estudio, investigación, examen, análisis, exposición, escrito, artículo, tratado, monografía, disertación, memoria, laborío, fagina, azana, cutio.
ANT. *Pasividad, asueto, reposo, inacción, descanso, ocio, respiro, facilidad.*

trabajoso
SIN. Penoso, dificultoso, laborioso, costoso, operoso, defectuoso, imperfecto, enfermizo, maganto, laboroso, ímprobo, penado, pesado, difícil, molesto, agobiante, hueso, ingrato, agotador, abrumador, cargante, serio.
ANT. *Sencillo, fácil, cómodo, liviano, descansado.*

trabar
SIN. Unir, juntar, prender, sujetar, adensar, coger, agarrar, asir, espesar, enlazar, ligar, atar, reunir, coordinar, comenzar, iniciar, acometer, emprender, paralizar, dificultar, impedir, obstaculizar, retener, concordar, conformar, conciliar, ajustar, relacionar, tartajear, tartamudear, anclarse, enredarse, encajarse, enzarzarse, reñir, disputar.
ANT. *Soltar, separar, desunir, desatar, acabar, desconvenir, disentir, desenredar, pacificar.*

trabar
Amér.
SIN. Tartamudear, tartajear, gangosear, gaguecer.
ANT. *Articular.*

trabazón,
SIN. Enlace, juntura, sujeción, conexión, unión, relación, contacto, liga-

zón, lazo, afinidad, atracción, aleación, mezcla, amalgama, cruce, espesor, densidad, consistencia, cohesión.
ANT. *Separación, desunión, liquidez.*

trabucar
SIN. Alterar, enredar, trastornar, trastocar, desordenar, turbar, confundir, invertir, ofuscar, enrevesar, tergiversar, mudar, variar, embarullar.
ANT. *Arreglar, enderezar, ordenar, aclarar.*

tradición
SIN. Costumbre, hábito, práctica, herencia, raigambre, arcaísmo, historia, uso, pasado, creencia, rito, conservación, leyenda, fábula, romace.
ANT. *Novedad, ruptura, modernidad, futuro.*

traducir
SIN. Explicar, verter, glosar, trasladar, trascribir, esclarecer, romancear, interpretar, descifrar, aclarar, parafrasear, dilucidar, trocar, mudar, convertir.
ANT. *Permanecer.*

traer
SIN. Transportar, trasladar, acarrear, enviar, acercar, portar, atraer, aproximar, vestir, usar, llevar, lucir, mostrar, ocasionar, originar, causar, motivar, producir, servir, ofrecer, imponer, exigir, obligar, convencer, persuadir.
ANT. *Alejar, llevar, desvestirse, quitarse, ceder.*

traficar
SIN. Comerciar, negociar, mercadear, trapichear, trujamanear, comprar, vender, trafagar, cambiar, especular, facturar, exportar, importar, deambular, correr, vagar, errar, vagabundear, viajar.

tráfico
SIN. Tránsito, circulación, movimiento, paso, transporte, desfile, caravana, atasco, embotellamiento, congestión, comercio, cambio, negocio, operación, transacción, tráfago, trato, especulación, permuta, trueque, canje, compra, venta.

tragar
SIN. Comer, deglutir, devorar, absorber, zamparse, englutir, cebarse, papar, zampar, atracarse, beber, dilapidar, consumir, gastar, soportar,

tolerar, disimular, aceptar, admitir, creer, resistir, sufrir.
ANT. *Arrojar, expulsar, devolver, ahorrar, rebelarse.*

tragedia
SIN. Desgracia, catástrofe, infelicidad, desaventura, calvario, fatalidad, desastre, desdícha, infortunio, cataclismo, fracaso, conflicto, drama, melodrama.
ANT. *Dicha, fortuna, felicidad, alegría, sátira, broma, jocosidad.*

trágico,
SIN. Desgraciado, infausto, aciago, nefasto, ominoso, desastroso, calamitoso, terrorífico, funesto, fatal, triste, desdichado, siniestro, penoso, fatídico, apocalíptico, patético, teatral, dramático.
ANT. *Afortunado, agradable, burlesco, satírico, gracioso, cómico, festivo.*

trago
SIN. Sorbo, bocanada, bocado, ingestión, bebida, deglución, trasiego, taco, asentada, disgusto, amargura, infortunio, adversidad, revés, contratiempo, tártago, calamidad.
ANT. *Expulsión, devolución, alegría, dicha.*

traición
SIN. Felonía, alevosía, infidelidad, perfidia, falsía, deslealtad, deserción, malcaso, infidencia, prodición, defección, insidia, trampa, falsedad, villanía, apostasía, delación, conjura, complot, conspiración, delito, prevaricación, emboscada, aleve.
ANT. *Fidelidad, lealtad, honestidad, franqueza, sinceridad.*

traicionar
SIN. Engañar, vender, apostar, denunciar, mentir, intrigar, maquinar, conspirar, acusar, pasarse, desertar, delatar, atraicionar.
ANT. *Encubrir, proteger, ayudar, quedarse.*

traído
SIN. Gastado, raído, usado, marchito, ajado, viejo, llevado, deteriorado, deslucido.
ANT. *Joven, nuevo, lucido.*

traidor
SIN. Desleal, felón, infiel, artero, tránsfuga, vendido, desertor, hipócrita, delator, soplón, sucio, apóstata, alevoso, pérfido, perjuro, fementino, judas, zaíno, magancés.
ANT. *Fiel, leal, constante, firme, seguro, honrado.*

traje
SIN. Vestido, indumento, terno, vestidura, vestimenta, uniforme, hábito, ropaje, veste, ropa, vestuario, indumentaria, flux.

trama
SIN. Confabulación, dolo, intriga, artificio, maquinación, componenda, maniobra, manejo, complot, cábala, contubernio, enredo, argumento, asunto, materia, idea, hilo, urdimbre, tejido, red, malla, punto.
ANT. *Franqueza, claridad, sinceridad.*

tramar
SIN. Maquinar, fraguar, planear, conspirar, complotar, preparar, confabular, conjurar, conchabar, intrigar, maniobrar, urdir, tejer.
ANT. *Aclarar, deshacer, sincerar, desorganizar, destejer.*

tramitar
SIN. Gestionar, expedir, cursar, activar, despachar, negociar, resolver, instruir, diligenciar, solucionar.
ANT. *Demorar, entorpecer, aplazar, dificultar.*

trámite
SIN. Procedimiento, expediente, diligencia, gestión, formalidad, proceso, recurso, instrucción, oficio, papeleo, tarea, asunto, requisito, paso, tránsito, traspaso.
ANT. *Negligencia, descuido, obstáculo.*

tramoya
SIN. Ficción, artilugio, ingenio, maquinaria, artefacto, decorado, bambalina, escenografía, maña, intriga, farsa, disimulo, falsedad, enredo, finta, embuchado, burlería, engañifa, engaño, trampa.
ANT. *Verdad, autenticidad.*

trampa
SIN. Engaño, estratagema, insidia, celada, fraude, treta, emboscada, cambullón (*Amér.*), zancadilla, chanchullo, tongo, maquinación, añagaza, anzuelo, argucia, artería, martingala, pastel, cebo, artificio, tramoya, ardid, cepo, lazo, trampantojo, portañuela, callejo, armadijo, deuda, impago, escotilla, escotillón, portillo, trampilla, tapa, timo, estafa.
ANT. *Ayuda, confianza, crédito, honradez, verdad.*

trampear
SIN. Sablear, petardear, estafar, pasar, defraudar, engañar, abusar, ti-

mar, sacar, quitar, sufrir, conllevar, arrastrarse, vegetar, tirar.
ANT. *Restituir, devolver, triunfar.*

trance
SIN. Lance, ocurrencia, suceso, inconveniente, hueso, apuro, brete, ocasión, oportunidad, momento, aprieto, conflicto, dificultad, dilema, problema, apremio, hipnosis, éxtasis, rapto.
ANT. *Tranquilidad, seguridad, facilidad, desenvoltura.*

tranquera
Amér.
SIN. Talanquera, barrera, defensa, muro, valla.

tranquilidad
SIN. Calma, sosiego, paz, serenidad, quietud, reposo, entimia, placidez, descanso, ataraxia, bienestar, silencio, quietación, moderación, sedación, aplomo, cautela, ocio, mansedumbre, euforia, bonanza, orden, equilibrio, remanso, pacificación, relajación, paciencia, despreocupación, flema, pachorra, cachaza, inercia, pesadez, premiosidad, parsimonia, lastre, cuajo, frialdad.
ANT. *Intranquilidad, sobresalto, desasosiego, miedo, nerviosismo, impaciencia, agitación, acaloramiento, excitación, susto, emoción, incomodidad.*

tranquilizar
SIN. Pacificar, sosegar, apaciguar, aquietar, calmar, tranquilar, sedar, serenar, asosegar, aserenar, adormecer, aplacar, templar, reposar, acallar, paliar, apagar, enfriar, moderar, silenciar, aliviar, mitigar, suavizar, despreocuparse, relajarse.
ANT. *Intranquilizarse, agitar, encrespar, irritar, despertar, enfurecer, perturbar.*

tranquilo
SIN. Despreocupado, indiferente, asentado, juicioso, baquetudo, pachorrudo, tardo, pacífico, plácido, quieto, imperturbable, sereno, impertérrito, calmoso, cachazudo, cariparejo, frío, sesgo, segado, reposado, sosegado, calmado, silencioso, juicioso, moderado, suave, apacible, aplomado, afable, firme, seguro, flemático, lento, parsimonioso, abúlico, indolente, apático, pausado.
ANT. *Intranquilo, nervioso, agitado, excitado, aturdido, temeroso, reñidor, pendenciero, rebelde, insumiso, incierto, activo, trabajador, dinámico.*

transacción,
SIN. Convenio, trato, concierto, alianza, ajuste, arreglo, pacto, avenencia, negocio, transigencia, asunto, negociación, acuerdo, componenda, firma, estipulación.
ANT. *Diferencia, desacuerdo, ruptura, intransigencia.*

transar
Amér.
SIN. Ceder, transigir, tolerar, consentir.
ANT. *Resistirse, oponerse, negarse.*

transcribir
SIN. Trasladar, copiar, trasuntar, calcar, trascribir, escribir, duplicar, reproducir, resumir, extractar.

transcurrir
SIN. Correr, pasar, andar, mediar, avanzar, trascurrir, deslizarse, suceder, acontecer, cumplirse, llegar.
ANT. *Pararse, incumplirse, retroceder, quedarse.*

transeúnte
SIN. Caminante, viandante, pasajero, peatón, viajero, andariego, errante, peregrino, turista, paseante, ambulante, temporal, transitorio, provisional, interino, pasante, trashumante.
ANT. *Definitivo, permanente, fijo.*

transferir
SIN. Transmitir, traspasar, trasladar, trasegar, transvasar, pasar, trasferir, dilatar, retardar, diferir, aplazar, demorar, traducir.
ANT. *Retener, dejar, adelantar, acelerar.*

transformación
SIN. Variación, mudanza, cambio, modificación, metamorfosis, transformamiento, mutación, mudamiento, conversión, alteración, innovación, evolución, progreso, avatar, transición, revolución, vicisitud, vaivén, alternativa, crisopeya, metástasis, versatilidad, giro.
ANT. *Inmutabilidad, permanencia, fijeza, tradición, conservación, estabilización, detención, continuidad.*

tranformar
SIN. Variar, alterar, modificar, cambiar, transmutar, mudar, metamorfosear, transmudar, tornar, trocar, transfigurar, convertir, reformar, rectificar, innorar, evolucionar, perfeccionar, restaurar, girar.
ANT. *Permanecer, conservar, continuar, durar, detener, eternizar, aferrarse.*

transfusión
SIN. Trasvase, trasfusión, suministro, dosificación, tratamiento, inyección.

transgredir
SIN. Infringir, violar, quebrantar, vulnerar, barrenar, contravenir, translimitar, traspasar, trasgredir, conculcar, prevaricar, desobedecer, hollar, romper.
ANT. *Cumplir, observar, respetar, obedecer.*

transgresión
SIN. Violación, infracción, contravención, vulneración, quebrantamiento, conculcación, prevaricación, atropello, falta, delito, atentado, pecado, trasgresión.
ANT. *Observancia, cumplimiento, respeto, obediencia.*

transición,
SIN. Cambio, paso, mudanza, transformación, demudación, metamorfosis, ruptura, evolución, mutación, período.
ANT. *Continuación, inalterabilidad.*

transido
SIN. Acongojado, fatigado, abrumado, atormentado, afligido, desconsolado, cansado, atribulado, angustiado, miserable, mezquino, agarrado, tacaño, cicatero, piojoso, ridículo.
ANT. *Vigoroso, animoso, generoso, dadivoso.*

transigir
SIN. Tolerar, aceptar, claudicar, condescender, convenir, ceder, convenir, transar (*Amér.*), consentir, acomodarse, doblegarse, prestarse, oír, pactar, capitular, acceder, asentir, otorgar, conllevar, respetar.
ANT. *Exigir, oponerse, rechazar, disentir.*

transitar
SIN. Pasar, andar, deambular, zarcear, recorrer, caminar, circular, viajar, marchar, errar, vagabundear, vagar, vadear, traspasar, pasear, salir, cruzar, transitar, peregrinar.
ANT. *Quedarse, detenerse, pararse, asentarse.*

tránsito
SIN. Tráfico, circulación, movimiento, transporte, paso, comunicación, entrada, camino, vuelo, travesía, pasillo, pasadizo, cambio, traslado, descanso, parada, fallecimiento, muerte, óbito.

ANT. *Quietud, inactividad, detención, vida.*

transitorio
SIN. Provisional, pasajero, accidental, breve, corto, interino, temporáneo, fugaz, momentáneo, temporal, caduco, perecedero, efímero, vano, circunstancial, frágil, precario, voladero, transeúnte.
ANT. *Permanente, perdurable, duradero, largo.*

transmisión
SIN. Traspaso, renuncia, cesión, delegación, envío, traslado, transporte, entrega, donación, cesión, abandono, licencia, permiso, donación, testamento, legado, sucesión, herencia, abdicación, contagio, propagación, infección, comunicación, difusión, audición, radiación, emisión, retransmisión, televisión, programa, espacio, embrague.
ANT. *Retención, recepción, silencio, fijeza.*

transmitir
SIN. Comunicar, decir, propagar, emitir, radiar, retransmitir, telegrafiar, televisar, transferir, traspasar, heredar, legar, enajenar, propagar, pegar, contagiar, infectar, contaminar.
ANT. *Incomunicar, callar, retener, delimitar.*

transmutación
SIN. Mudanza, conversión, transformación, transmudación, transmudamiento, renovación, evolución, transición, metamorfosis.
ANT. *Permanencia, inalterabilidad.*

transmutar
SIN. Transmudar, trocar, convertir, transformar, trocar, cambiar, metamorfosear.
ANT. *Mantenerse, permanecer.*

transparencia
SIN. Limpidez, limpieza, claridad, diafanidad, translucidez, deslumbramiento, traspariencia, nitidez, trasluz, pureza, lucidez, luminosidad.
ANT. *Obscuridad, opacidad, suciedad.*

transparente
SIN. Diáfano, claro, limpio, trasparente, sereno, raso, lúcido, nítido, cristalino, limpio, hialino, opalino, puro, vidrioso, penetrable.
ANT. *Turbio, opaco, mate, nebuloso, sucio.*

transpirar

SIN. Exhalar, sudar, brotar, rezumar, resudar, trasudar, traspirar, segregar, expeler, emanar, eliminar, perder, gotear, empaparse, humedecerse.

ANT. *Secar, retener, obstruir.*

transplantar

SIN. Plantar, esquejar, cambiar, mudar, desarraigar, trasladar, poner, colocar, implantar, operar, intervenir.

ANT. *Fijar, arraigar, permanecer.*

transponer

SIN. Atravesar, cruzar, traspasar, trasplantar, transportar, trastear, trasladar, desaparecer, ocultarse, ponerse, dormitar, adormilarse, amodorrarse.

ANT. *Aparecer, salir, amanecer, despertar.*

transportar

SIN. Trasladar, conducir, llevar, acarrear, portear, transponer, trastear, facturar, enviar, cargar, trajinar, traer, portar, mudar, transbordar, mandar, transitar, trasvasar, cambiar, carretear, trasegar, extasiarse, enajenarse, pasmarse, suspenderse, embelesarse.

ANT. *Dejar, detener, parar, recobrarse, desilusionarse.*

transporte

SIN. Acarreo, conducción, traslado, traslación, tránsito, porte, carga, envío, facturación, tracción, arrastre, trasvase, logística, comercio, mudanza, convoy, correo, transferencia, trajinería, embarque, locomoción, caravana, itinerario, cambio, porte, flete, vehículo, éxtasis, enajenamiento, rapto, delirio, júbilo, embeleso, arrebato.

ANT. *Inmovilidad, permanencia, cordura, desencanto.*

trapo

SIN. Paño, tejido, tela, género, jirón, harapo, guiñapo, andrajo, pingo, retazo, retal, capote, velamen.

trascendencia

SIN. Penetración, ingenio, sutileza, astucia, sagacidad, agudeza, listeza, perspicacia, consecuencia, resultado, efecto, secuela, derivación, repercusión, resultas, gravedad, importancia.

ANT. *Simpleza, ingenuidad, causa, insignificancia.*

trasegar

SIN. Trastornar, revolver, desordenar, mudar, transportar, trasladar, transvasar, turbar, invertir, beber.

ANT. *Ordenar, calmar, retener.*

trasero

SIN. Culo, asentaderas, nalgas, pompis, fondillo, posterior, asiento, popa, último, postrero, posterior, extremidad, cola, cabo, punta, retaguardia.

ANT. *Delantero, primero.*

trasladar

SIN. Transportar, llevar, mudar, cambiar, desplazar, marchar, remover, trastear, mover, deslizar, apartar, trasvasar, acarrear, traer, dirigir, viajar, salir, vagar, deambular, mandar, facturar, trasplantar, transponer, reproducir, calcar, verter, copiar, traducir.

ANT. *Arraigar, quedarse, asentarse, retener.*

traslúcido

SIN. Esmerilado, opalino, pelúcido, translúcido, trasluciente, transparente, claro, diáfano, nítido, límpido, alabastrino, limpio.

ANT. *Borroso, sucio, oscuro, opaco.*

traslucirse

SIN. Conjeturarse, transparentarse, advertirse, adivinarse, translucirse, traspintarse, notarse, sospecharse, verse, apreciarse, revelarse, reflejarse, insinuarse.

ANT. *Ocultarse, esconderse.*

trasnochado

SIN. Macilento, desmejorado, anticuado, extemporáneo, anacrónico, antiguo, débil, enclenque, estropeado, viejo, rancio, caduco, pasado, ajado.

ANT. *Enérgico, actual, vigoroso.*

traspasar

SIN. Perforar, horadar, atravesar, pasar, taladrar, pinchar, penetrar, entrar, vadear, franquear, salvar, avanzar, endosar, transferir, ceder, entregar, vender, quebrantar, abusar, violar, propasarse, vulnerar, desobedecer, romper.

ANT. *Quedarse, permanecer, retener, conservar, acatar, cumplir, guardar.*

traspié

SIN. Tropezón, tropiezo, resbalón, zancadilla, deslizamiento, topetón, topetazo, desliz, equivocación, yerro, error, confusión, disparate, pifia, desacierto.

ANT. *Acierto, sensatez, facilidad.*

trasquilar

SIN. Esquilar, cortar, rapar, pelar, marcear, mermar, menoscabar, reducir, acortar, disminuir, descabalar.

ANT. *Incrementar, aumentar.*

trastabillar

SIN. Tambalear, tropezar, vacilar, titubear, dudar, trompezar, trompillar, tartamudear, farfullar, balbucear.

ANT. *Afirmarse, asegurarse.*

trastada

SIN. Villanía, faena, fechoría, putada, bellaquería, pillada, bribonada, tunantada, picardía, canallada, informalidad, vileza, diablura, barrabasada, picardía, broma, travesura, estafa, jugarreta.

ANT. *Beneficio, atención, favor, servicio, seriedad.*

trasto

SIN. Trebejo, artefacto, chisme, cacharro, armatoste, cachivache, alaco (*Amér.*), tareco (*Amér.*), juguete, bártulo, carraca, cascajo, utensilio, herramienta, mueble, avío, enser, apero, útil, maula, botarate, alocado, tarambana, zascandil, inútil, informal, chisgarabís, danzante, espada, muleta.

ANT. *Utilidad, importancia, formal, serio.*

trastornar

SIN. Confundir, revolver, trastocar, mezclar, embrollar, desarreglar, turbar, enredar, invertir, estorbar, perturbar, desbaratar, alborotar, revolucionar, alterar, turbar, sacudir, alzar, subvertir, angustiar, apenar, inquietar, emocionar, conmover, aturdir, impresionar, estorbar, fracasar, frustrar, enloquecer, apasionarse, enamorarse, desvariar, disparatar.

ANT. *Aclarar, ordenar, arreglar, someter, dominar, aquietar, calmar, desilusionarse, sosegarse.*

trastorno

SIN. Extravío, chifladura, locura, perturbación, confusión, desarreglo, desasosiego, revolución, disturbio, tumulto, motín, alzamiento, alboroto, desorden, insurrección, angustia, pena, dolor, tristeza, molestia, dificultad, inconveniente, complicación, catástrofe,

conmoción, daño, destrozo, crisis, sorpresa, ansiedad, mareo, indisposición, estupor.
ANT. *Cordura, sosiego, calma, quietud, orden, obediencia, consuelo, alegría, ventaja, facilidad, suerte.*

trasunto
SIN. Copia, traslado, imitación, representación, transcripción, facsímil, facsímile, calco, remedo, síntesis, compendio, esquema, extracto, recapitulación.
ANT. *Original, creación.*

tratable
SIN. Amable, afable, sociable, esparcido, atento, campechano, cordial, simpático, educado, correcto, cumplido, accesible, alegre, franco, sencillo, llano, obsequioso, considerado.
ANT. *Intratable, grosero, incorrecto, antipático.*

tratado
SIN. Ajuste, pacto, trato, arreglo, alianza, negociación, contrato, capitulación, concordato, concierto, componenda, convenio, compromiso, conferencia, asamblea, entrevista, contacto, diálogo, sesión, conversación, escrito, discurso, libro, obra, texto, manual, cartilla, monografía, compilación, epítome, prontuario, compendio, suma, síntesis, fundamentos, tesis, asunto, cuestión, problema, negocio.
ANT. *Diferencia, desacuerdo, ruptura, silencio, ausencia, incomparecencia.*

tratamiento
SIN. Trato, prerrogativas, cortesía, reverencia, ceremonia, título, respeto, gracia, relación, roce, saludo, método, régimen, proceso, cura, administración, medicación, procedimiento.

tratar
SIN. Acordar, pactar, ajustar, proceder, concertar, estipular, negociar, cuidar, comerciar, relacionarse, codearse, intimar, alternar, familiarizar, frecuentar, meterse, asistir, cuidar, atender, operar, deliberar, examinar, profundizar, estudiar, hablar, versar, recetar.
ANT. *Disentir, discrepar, romper, aislarse, alejarse, descuidar, desatender, silenciar.*

trato
SIN. Pacto, ajuste, convenio, acuerdo, contrato, transacción, negociación, feria, arreglo, relación, amistad, roce, tratamiento, confianza, intimidad, sociabilidad, familiaridad, contracto, cortesía, título, tratamiento.
ANT. *Desacuerdo, ruptura, enemistad, hostilidad, descortesía.*

travesía
SIN. Calle, tránsito, camino, atajo, calleja, callejón, cruce, paso, navegación, crucero, viaje, itinerario, recorrido, trayecto.
ANT. *Derechura, fijeza.*

travesura
SIN. Diablura, trastada, enredo, chiquillada, rebeldía, picardía, juego, rapazada, mataperrada, barrabasada, muchachada, sutileza, ingenio, desenfado, viveza, agudeza, sagacidad, alboroto, bullicio, atrevimiento, alegría.
ANT. *Seriedad, quietud, comedimiento.*

travieso
SIN. Bullicioso, revoltoso, vivaracho, inquieto, diablo, endiablado, pícaro, alocado, desobediente, escandaloso, malo, rebelde, descarado, indócil, díscolo, informal, retozón, zaragutero, malicioso, astuto, intrigante, sutil, agudo, ingenioso, sagaz, listo, desenfadado, vicioso, deshonesto, sensual, disoluto.
ANT. *Grave, serio, pacífico, triste, dócil, cándido, juicioso, claro, puro, virtuoso.*

trayecto
SIN. Trecho, recorrido, espacio, distancia, camino, travesía, tirada, etapa, trozo, viaje, itinerario, jornada, avance, ruta, marcha, trazado.

traza
SIN. Aspecto, figura, cara, pinta, porte, facha, pelaje, apariencia, maña, ingenio, proyecto, plan, diseño, invención, arbitrio, habilidad, recurso, medio, boceto, gráfico, esbozo, plan, indicio, viso, marca, huella, pista.
ANT. *Torpeza, desconocimiento.*

trazar
SIN. Diseñar, dibujar, delinear, bosquejar, esbozar, abocetar, disponer, señalar, apuntar, indicar, detallar, describir, exponer, definir, formular, relacionar, discurrir,

inventar, idear, forjar, reglar, maquinar, hilvanar, madurar.
ANT. *Olvidar, omitir, abstenerse, callarse, inhibirse.*

trazo
SIN. Delineación, línea, raya, pliegue, croquis, delineamiento, delineamento, rasgo, signo, marca, pincelada, adorno, lista, palote, tachadura, facción, fisonomía, semblante.

trecho
SIN. Distancia, espacio, recorrido, tirada, travesía, tramo, transcurso, intervalo, jalón (*Amér.*), parcela, parte, porción, trozo, pedazo.
ANT. *Conjunto, totalidad.*

tregua
SIN. Descanso, intermisión, asueto, licencia, espera, pausa, suspensión, interrupción, armisticio, cesación, cese, intervalo, paréntesis, alto, aplazamiento, receso (*Amér.*), respiro, demora, reposo.
ANT. *Prosecución, reanudación, ininterrupción, actividad, movimiento.*

tremebundo
SIN. Terrible, tremendo, horrendo, espantable, espantoso, horripilante, hórrido, formidable, horroroso, truculento, espeluznante, pavoroso, temible.
ANT. *Grato, amable, atractivo, agradable.*

tremendo
SIN. Terrible, temible, tremebundo, espantable, espantoso, horripilante, giganteo, horrendo, formidable, enorme, colosal, gigantesco, grande, fabuloso, fenomenal, imponente, extraordinario, monumental, épico, inaudito, atroz, travieso, juguetón.
ANT. *Pequeño, insignificante, vulgar, minúsculo.*

tremolina
SIN. Alboroto, bulla, confusión, trifulca, gresca, zipizape, trapatiesta, rebujina, batahola, batiburrillo, cisco, jaleo, escándalo, bullicio, tumulto, riña, pelea, torbellino, viento, rugido.
ANT. *Calma, paz, sosiego, quietud.*

trémulo
SIN. Tremulento, tembloroso, tremulante, trembloso, tremente, trépido, agitado, convulso, nervioso, asustado, vacilante, palpitante.

ANT. *Firme, tranquilo, impávido, valeroso.*

trepar

SIN. Gatear, subir, escalar, esquilar, repechar, encumbrar, ascender, montar, alzarse, reptar, franquear, mejorar, conseguir, triunfar, crecer, emparrarse, enredarse, trepanar, agujerear, taladrar, horadar, perforar, adornar.
ANT. *Descender, bajar, frustrarse, fracasar, obturar, suturar.*

trepidación

SIN. Estremecimiento, estremezo, titilación, rehilo, temblor, conmoción, convulsión, meneo, agitación, traqueteo, sacudida, vibración.
ANT. *Firmeza, quietud.*

trepidar

SIN. Temblar, temblequear, castañetear, retemblar, vacilar, estremecerse, vibrar, palpitar, agitar, moverse, tiritar, tremolar.
ANT. *Aquietar, serenar, sosegarse.*

trepidar

Amér.
SIN. Vacilar, dudar, titubear, flaquear, oscilar.
ANT. *Decidir, resolver.*

treta

SIN. Añagaza, artimaña, astucia, argucia, habilidad, engañifa, ardid, trampa, engaño, artificio, sutileza, truco, chasco, celada, fraude, estafa, martingala, mentira, finta.
ANT. *Sinceridad, torpeza.*

triar

SIN. Escoger, entresacar, separar, elegir, preferir, optar, seleccionar, eliminar, clasificar, apartar, descartar.
ANT. *Desechar, tirar.*

tribu

SIN. Horda, cábila, clan, familia, grupo, casta, estirpe, raza, linaje, fratría.

tribulación

SIN. Pena, desgracia, adversidad, congoja, dolor, aflicción, disgusto, turbación, persecución, desventura, tormento, sinsabor, preocupación, angustia, pesadumbre, amargura.
ANT. *Dicha, ventura, consuelo, suerte, alegría.*

tributo

SIN. Gravamen, carga, censo, subsidio, garrama, agarrama, garama, contribución, impuesto, gabela, pecho, arbitrio, alcabala, diezmo, pon-tazgo, pontaje, peaje, portazgo, anata, capitulación, media, derrama, gravamen, cuota, exacción, derecho, patente, vasallaje, recargo, timbre, póliza, sello, homenaje, ofrenda, dedicación, compromiso, deber, exigencia.
ANT. *Desgravamiento, descargo, exención, olvido, ingratitud.*

trifulca

SIN. Alboroto, tremolina, pelotera, pendencia, escándalo, tiberio, trapatiesta, zipizape, camorra, bronca, riña, tumulto, pelea, gresca, zafaco-ca (*Amér.*), jaleo, zarabanda.
ANT. *Paz, calma, sosiego.*

trigo

SIN. Grano, mies, cereal, cuchareta, caudal, cascaruleta, albarico, paja, sémola, harina, salvado, riqueza, caudal, hacienda.
ANT. *Penuria, pobreza.*

trillar

SIN. Abalear, emparvar, aventar, separar, apalear, despajar, rastrillar, esparvar, aparvar, frecuentar, hollar, acostumbrar, menudear, maltratar, pisotear, humillar, quebrantar, deshacer.
ANT. *Rehuir, ensalzar.*

trinar

SIN. Cantar, gorjear, gorgoritar, enfurecerse, encenderse, enfadarse, rugir, irritarse, patalear.
ANT. *Callarse, apaciguarse, calmarse.*

trincar

SIN. Sujetar, atar, ligar, oprimir, coger, atrincar (*Amér.*), trabar, lazar, apresar, encarcelar, enchironar, beber, apurar, tragar, escanciar.
ANT. *Desatar, aflojar, liberar, abstenerse.*

trinchar

SIN. Cortar, dividir, partir, sajar, rebanar, seccionar, disponer, decidir, solucionar, arreglar.
ANT. *Unir, suturar, inhibirse, obedecer.*

tripa

SIN. Panza, barriga, vientre, abdomen, estómago, intestinos, vísceras, meollo, entraña, interioridad, secreto, callos, revoltillo, zarajo, bulto, abultamiento, relieve, embarazo.
ANT. *Delgadez, exterioridad.*

tripulación

SIN. Dotación, marinería, personal, rol, nómina, equipo, gente, equipaje.

triquiñuela

SIN. Rodeo, evasiva, argucia, astucia, circunloquio, subterfugio, efugio, ardid, artería, escapatoria, asidero, simulación, pretexto, enredo, embrollo, artimaña, engaño, truco, embeleco.
ANT. *Autenticidad, franqueza, nobleza, torpeza.*

triscar

SIN. Travesear, juguetear, retozar, corretear, embrollar, enredar, enmarañar, confundir, mezclar, soltar, crujir, sonar, patalear, patear.
ANT. *Aquietarse, ordenar, aclarar, silenciar.*

triste

SIN. Abatido, desconsolado, afligido, pesaroso, mustio, entristecido, sombrío, quejoso, dolorido, apenado, alicaído, tristón, melancólico, nostálgico, descontento, lagrimoso, cabizbajo, macilento, amargo, dolido, atormentado, angustiado, doliente, pesimista, infeliz, agobiado, consternado, deprimido, deshecho, pachucho, lamentable, deplorable, desventurado, trágico, aciago, funesto, penoso, fúnebre, deprimente, sombrío, tétrico, negro, lastimero, murrio.
ANT. *Alegre, feliz, optimista, gozoso, jovial, venturoso, dichoso, risueño, afortunado, soportable.*

tristeza

SIN. Congoja, desconsuelo, murria, cancamurria, cacorra, aflicción, pena, melancolía, amargura, abatimiento, cuita, congoja, compunción, desolación, afligimiento, angustia, duelo, sinsabor, amargor, desánimo, abatimiento, desgracia, ahogo, añoranza, desdicha, desesperación, pesimismo, sandade, pesar, quebranto, desplacer, tristura, luto, pesadumbre.
ANT. *Contento, dicha, suerte, alegría, suerte, favor, gozo, júbilo, euforia, alboroto, jovialidad, risa.*

triturar

SIN. Quebrantar, molturar, desmenuzar, moler, machacar, machucar, magullar, majar, pulverizar, aplastar, mascar, masticar, picar, romper, granular, cascar, chancar (*Amér.*), rallar, partir, maltratar, molestar, abusar, vejar, encocorar, ofender, criticar, censurar.
ANT. *Integrar, rehacer, considerar, cuidar, alabar.*

triunfal

SIN. Triunfador, triunfante, victorioso, invicto, apoteósico, clamoroso, radiante, brillante, heroico, glorioso.

ANT. *Vencido, vulgar.*

triunfar

SIN. Ganar, vencer, debelar, superar, batir, derrotar, lograr, arrollar, someter, abatir, conquistar, derrocar, aventajar, quebrar, imponerse, dominar, trepar, desbaratar, gastar, derrochar, malgastar, dilapidar.

ANT. *Perder, someterse, fracasar, sucumbir, ahorrar.*

triunfo

SIN. Victoria, éxito, laurel, lauro, palma, corona, premio, ganancia, conquista, ovación, prosperidad, logro, auge, brillo, esplendor, consagración, celebridad, gloria, fama, despojo, trofeo, botín.

ANT. *Fracaso, pérdida, derrota, anonimato, desprecio, apagamiento, sometimiento.*

trivial

SIN. Ligero, insubstancial, banal, superficial, baladí, nimio, fútil, vano, huero, vacío, hueco, intrascendente, frívolo, vulgar, sabido, mediano, insignificante, trasnochado, común, corriente, trillado, manido, ramplón, prosaico, usual, pedestre, elemental.

ANT. *Fundamental, hondo, profundo, original, único, raro, exótico, complejo, substancial.*

trocar

SIN. Canjear, cambiar, permutar, negociar, transferir, tranformar, transfigurar, invertir, mudar, equivocar, tergiversar, trastrocar, equivocar, alterar, disfrazar, vomitar, arrojar, devolver.

ANT. *Mantener, conservar, permanecer, continuar, fragar.*

trofeo

SIN. Premio, galardón, triunfo, laurel, corona, palmarés, recompensa, despojo, botín, ganancia, señal, insignia, monumento, recuerdo, memoria, armas, panoplia.

ANT. *Derrota, olvido, pérdida.*

trola

SIN. Falsedad, engaño, paparrucha, filfa, mentira, embuste, bola, patraña, cuento, farsa, embrollo, trufa.

ANT. *Verdad.*

trombosis

SIN. Angina, infarto, obstrucción, trastorno, taponamiento.

trompazo

SIN. Trompada, porrazo, puñetazo, golpazo, batacazo, costalada, manotazo, codazo, cabezazo, varapalo, golpe, caída.

ANT. *Cuidado, caricia.*

tronco

SIN. Tallo, madero, leño, cepa, rama, madera, corteza, torso, pecho, caja, tórax, busto, pareja, par, tiro, origen, linaje, estirpe, cuna, sangre, raíz, truncado, partido, quebrado, corazón, meollo, núcleo, insensible, indolente, impasible, tranquilo.

ANT. *Copa, extremidades, sucesores, accesorio, descendientes, entero, dinámico, activo.*

trono

SIN. Sede, silla, sitial, asiento, escaño, butaca, sagrario, realeza, corona, monarca, rey, soberano.

tropa

SIN. Ejército, hueste, milicia, partida, mesnada, fuerzas, guarnición, soldadesca, multitud, pandilla, tropel, bandada, chusma, hatajo, gente, rebaño, turba, manada, recua, cáfila, muchedumbre.

tropel

SIN. Muchedumbre, turba, gentío, horda, chusma, enjambre, manada, caterva, remolino, hervidero, desorden, jaleo, alboroto, prisa, celeridad, violencia, prisión, cárcel, chirona.

ANT. *Ausencia, soledad, lentitud, calma, apaciguamiento, libertad.*

tropelía

SIN. Desafuero, atropello, arbitrariedad, vejación, ilegalidad, abuso, violencia, injusticia, pasavolante, atropellamiento, apresuramiento, aceleración, prisa, ligereza, rapidez, precipitación, confusión, desorden, algarabía.

ANT. *Justicia, equidad, legalidad, ecuanimidad, calma, parsimonia, orden.*

tropezar

SIN. Topar, trompicar, chocar, trastabillar, rozar, darse, besar, caer, pegar, equivocarse, pecar, faltar, deslizarse, reñir, oponerse, discutir, hallar, encontrar, ver, estancarse, pararse, detenerse, interrumpirse.

trombosis — ANT. *Eludir, evitar, facilitar, ignorarse, proseguir, continuar.*

tropical

SIN. Cálido, tórrido, sofocante, ardiente, caliente, abrumador.

ANT. *Gélido, frío.*

tropiezo

SIN. Desliz, traspié, tropezón, tropezadura, trompicón, inconveniente, dificultad, embarazo, impedimento, estorbo, óbice, valladar, contratiempo, problema, pega, demora, retraso, obstáculo, falta, culpa, pecado, error, yerro, desacierto, descuido, delito, quebranto, resbalón, discusión, desavenencia.

ANT. *Evitación, solución, acierto, suerte, fortuna, éxito.*

trotaconventos

SIN. Alcahueta, tercera, corredera, cobertera, celestina, proxeneta, encandiladora, mediadora, cobertera.

trote

SIN. Andadura, galope, paso, avance, faena, actividad, tute, zurra, ajetreo, esfuerzo, afán, fatiga, cansancio, brega, enredo, complicación.

ANT. *Parada. descanso, inactividad, pachorra.*

trozo

SIN. Parte, sección, pedazo, pieza, tramo, cacho, porción, fragmento, fracción, gajo, retazo, rodaja, rebanada, tajada, sector, segmento, extremo, residuo, ápice, parcela, miembro, núcleo, elemento, partícula, chispa, tira, cabo, pellizco, pizca.

ANT. *Conjunto, totalidad, integridad.*

truco

SIN. Treta, engaño, ardid, argucia, jugada, truque, changarro, cencerro, trampa, artimaña, señuelo, engañifa, astucia, magia, manejo, artificio, apariencia, efecto.

ANT. *Autenticidad, realidad, verdad, realismo.*

truculento

SIN. Cruel, atroz, tremendo, tremebundo, horripilante, terrible, espantoso, feroz, crudo, brutal, violento, amenazador.

ANT. *Dulce, atractivo, agradable, suave.*

trueque

SIN. Permuta, chanza, trocamien-

to, cambio, canje, trueco, cambalache, trapicheo, regateo, negocio, retorno, compensación, equivalencia, conmutación, modificación, transformación, alteración.
ANT. *Fijeza, permanencia, conservación.*

trufa
SIN. Patraña, mentira, bola, filfa, paparrucha, embuste, cuento, fábula.

truhán
SIN. Pícaro, pillo, tunante, perillán, bellaco, pillete, truchimán, trujimán, trujamán, granuja, vago, estafador, juglar, bufón.
ANT. *Serio, formal, grave, trabajador.*

truncar
SIN. Seccionar, mutilar, cortar, dividir, tronchar, segar, talar, podar, descabezar, dejar, limitar, omitir, suprimir, frenar, paralizar, impedir, frustrar, obstaculizar.
ANT. *Reunir, pegar, unir, autorizar, facilitar, favorecer.*

tuberculosis
SIN. Escrofulosis, hetiquez, tisis, caverna.
ANT. *Sano.*

tubo
SIN. Caño, canuto, cilindro, canalón, cañería, manga, manguera, vena, vaso, manguito, conducto, tubería, sifón, oleoducto.

tuerto
SIN. Torcido, deforme, izquierdo, ladeado, inclinado, bizco, disminuido, ciego, ojituerto, injuria, agravio, perjuicio, ultraje, entuerto, atropello, ofensa.
ANT. *Recto, tieso, justicia.*

tufo
SIN. Efluvio, vaho, humo, peste, fetidez, hedor, tufillo, hediondez, humos, pedantería, soberbia, orgullo, envanecimiento, altivez, altiveza, altanería, fatuidad, presunción.
ANT. *Perfume, aroma, sencillez, humildad.*

tugurio
SIN. Cuchitril, socucho, cochitril, garigolo, mechinal, pastoforio, camaranchón, tabuco, zahúrda, zaquizamí, desván, chiribitil, cuartucho, silo, cueva, choza, guarida, casucha, chamizo, garito, pocilga.
ANT. *Palacio, mansión.*

tullido
SIN. Paralítico, impedido, lisiado, contrecho, imposibilitado, inválido, baldado, anquilosado, atrofiado, mutilado, incapacitado, inútil, clueco, nidrio, estropeado.
ANT. *Sano, válido, capaz, fuerte.*

tumba
SIN. Sepultura, sepulcro, panteón, enterramiento, columbario, cripta, sarcófago, fosa, hoga, cenotafio, nicho, huesa, túmulo, mausoleo, voltereta, vaivén, tumbo, pirueta, acrobacia.
ANT. *Inmovilidad.*

tumbar
SIN. Segar, derribar, caer, rodar, tirar, abatir, tender, echar, volcar, voltear, precipitar, desplomar, yacer, tenderse, descansar, dormir, abandonarse, holgar, zanganear, gandulear, suspender, cargarse, reprobar, calabacear, pasmar, aturdir, marear, turbar, atontar.
ANT. *Levantar, alzar, erguir, incorporarse, despejarse, aprobar, pasar, despertar.*

tumbón
SIN. Perezoso, holgazán, haragán, gandul, vago, socarrón, astuto, zorro, meridiana, cofre, baúl, coche, vehículo.
ANT. *Activo, emprendedor, torpe.*

tumor
SIN. Grano, quiste, dureza, absceso, furúnculo, ántrax, cáncer, bulto, inflamación, hinchazón, excrecencia, protuberancia, flemón, linfoma, pólipo, ampolla, pus, adherencias.

tumulto
SIN. Asonada, agitación, revuelta, pueblada (*Amér.*), desorden, motín, alboroto, ruido, bullanga, disturbio, turbulencia, confusión, batahola, turba, intranquilidad, follón, tangana.
ANT. *Paz, orden, tranquilidad.*

tumultuoso
SIN. Alborotado, revuelto, escandaloso, turbulento, agitado, desordenado, tumultuario, ruidoso, amotinado, levantisco, bullicioso, tormentoso, confuso, borrascoso.
ANT. *Tranquilo, pacífico, ordenado.*

tunante
SIN. Taimado, pícaro, truchimán, trujimán, trujamán, bribón, pillo, truhán, astuto, sagaz, tuno, sinvergüenza, granuja.
ANT. *Leal, honrado, torpe.*

tunda
SIN. Solfa, paliza, felpa, zurra, toñina, tollina, sotana, somanta, capuana, leña, friega, soba, solfeo, azotaina, esfuerzo, cansancio, fatiga, extenuación.
ANT. *Cuidado, caricia, descanso.*

túnel
SIN. Subterráneo, galería, conducto, paso, corredor, pasaje, caverna, gruta, sima, agujero, oquedad, cueva.
ANT. *Raso, superficie.*

tuno
SIN. Truhán, taimado, pícaro, truchimán, trujimán, trujamán, pillo, bribón, tunante, perillán, astuto, sagaz, estudiante.
ANT. *Honrado, torpe.*

tupición
Amér.
SIN. Confusión, turbación, desorientación, aturdimiento, azoramiento.
ANT. *Seguridad, tranquilidad, aplomo.*

tupido
SIN. Espeso, prieto, apretado, denso, compacto, trabado, cerrado, poblado.
ANT. *Claro, ralo, espaciado, separado.*

turba
SIN. Tropel, muchedumbre, plebe, trulla, garulla, populacho, turbamulta, tumulto, multitud, enjambre, canalla, caterva, hez, tribu, torrente, carbón, combustible, estiércol.
ANT. *Soledad, orden.*

turbación
SIN. Atoramiento, desorden, confusión, conturbación, atarantamiento, desconcierto, turbamiento, desorientación, tupición (*Amér.*), embarazo, sorpresa, apuro, emoción, titubeo, sonrojo, sofoco, perplejidad, desarreglo, desorden.
ANT. *Sosiego, serenidad, orden, aplomo, claridad, indiferencia.*

turbar
SIN. Trastornar, alterar, conturbar, arrebolar, ruborizar, desordenar, desarreglar, desconcertar, interrumpir, inquietar, sorprender, avergonzar, aturdir, atarantar, aturrullar, atortolar, enturbiar, confundir, azorar, preocupar, agitar, emocionar, conmover, perturbar, atontar, vacilar, dudar, cortarse.
ANT. *Serenar, calmar, aquietar, reponerse, atinar, acertar, sosegar.*

turbina

SIN. Generador, motor.

turbio

SIN. Confuso, túrbido, obscuro, borroso, vidrioso, opaco, revuelto, alterado, turbulento, sucio, sombrío, cenagoso, azaroso, dudoso, sospechoso, peligroso, enrevesado, difícil, lioso, complicado, espinoso, ilícito, ilegal, deshonesto, criminal. ANT. *Transparente, claro, limpio, cierto, sereno, calmo, fácil, legal, honrado.*

turbulencia

SIN. Agitación, alboroto, turbieza, enturbiamiento, calina, revuelta, motín, perturbación, confusión, alteración, desorden, algarada, inquietud, remolino, vorágine, torbellino. ANT. *Orden, docilidad, claridad, calma.*

turbulento

SIN. Revoltoso, tumultoso, alborotador, desordenado, confuso, escandaloso, túrbido, borroso, revuelto, perturbado, alborotado, rebelde, belicoso, inquieto, desobediente, travieso, gamberro, levantisco, turbio, voraginoso. ANT. *Pacífico, tranquilo, dócil.*

turca

SIN. Papalina, borrachera, melopea, trompa, mordaguera, mona, talanquera, merluza, moña, trúpita, trompa, tablón, jumera, embriaguez, diván, otomana. ANT. *Sobriedad, abstinencia.*

turgente

SIN. Erguido, elevado, hinchado, tirante, tumescente, tenso, rígido, erecto, empinado, abultado, inflado, lleno, repleto. ANT. *Fláccido, liso, encogido, blando, vacío.*

turismo

SIN. Excursión, visita, recreo, viaje, paseo, recorrido, itinerario, gira, vacación, verano, ocio.

turno

SIN. Sucesión, correlación, vez, tanda, adra, tandeo, alternativa, vuelta, repetición, ronda, mano, orden, relevo, cambio, suplencia, mudanza, substitución, canje, correspondencia, intervención.

ANT. *Continuidad, permanencia, ininterrupción.*

turulato

SIN. Atónito, estupefacto, extasiado, abobado, embobalicado, alelado, sobrecogido, pasmado, asombrado, sorprendido, impresionado, patitieso, enajenado. ANT. *Atento, despierto.*

tusar

Amér.

SIN. Atusar, acicalar, componer. ANT. *Descuidarse, abandonarse.*

tutela

SIN. Protección, amparo, defensa, dirección, tutoría, guía, ayuda, guarda, cautela, apoyo, sostén, vela, patrocinio. ANT. *Abandono, desamparo, negligencia, desinterés.*

tutelar

SIN. Amparador, protector, defensor, guía, bienhechor, providencial, benéfico, supervisor, defender, prohijar, dirigir, salvaguardar, preservar, resguardar. ANT. *Abandonar, desamparar, enemigo, hostil.*

U

ubérrimo
SIN. Fértil, fecundo, abundante, productivo, pletórico, exuberante, óptimo, pingüe, fructuoso, colmado, copioso.
ANT. *Exiguo, estéril, escaso, falto, pobre.*

ubicación
SIN. Situación, emplazamiento, sitio, lugar, establecimiento, colocación, posición.

ubicar
SIN. Situar, poner, colocar, instalar, establecer, estar, hallarse, radicar, permanecer, asentarse, quedar.
ANT. *Aumentarse, irse, marcharse.*

ubicuo
SIN. Omnipresente, presente, general, extendido, difundido.
ANT. *Ausente, inexistente, limitado.*

ubre
SIN. Teta, mama, seno, pecho, busto.

ufanarse
SIN. Jactarse, engreírse, vanagloriarse, pavonearse, envanecerse, presumir, alardear, glorificarse, pomponearse, gloriarse.
ANT. *Humillarse, rebajarse, despreciarse.*

ufano
SIN. Envanecido, arrogante, jactabundo, fachoso, vanidoso, presuntuoso, jactancioso, engreído, hinchado, orgulloso, presumido, desenvuelto, satisfecho, contento, alegre, gozoso, rozagante.
ANT. *Modesto, humilde, apagado.*

ujier
SIN. Portero, bedel, conserje, ordenanza, alguacil, guardián.

úlcera
SIN. Llaga, herida, pupa, fístula, tumor, plaga.

ulterior
SIN. Posterior, siguiente, consecutivo, venidero, futuro, al otro lado, lejano.
ANT. *Anterior, de aquí.*

ultimar
SIN. Acabar, concluir, finir, finalizar, terminar, rematar, perfeccionar, coronar, completar, extinguir, cumplir, liquidar, finiquitar.
ANT. *Empezar, comenzar, nacer.*

ultimátum
SIN. Amenaza, resolución, definitiva, exigencia, intimación, conminación, advertencia, orden.

último
SIN. Postrero, postrer, póstumo, terminal, final, ulterior, remoto, lejano, nuevo, actual, moderno, postre, postremo, postrimero, postremero.
ANT. *Primero, próximo, cercano, incial, original, antecesor, anticuado, pasado.*

ultra
SIN. Ulterior, más allá (de), al otro lado, distante, allende, a través de, exceso, muy, más que.
ANT. *Anterior, cercano, antes que, menos, poco, peor que.*

ultrajar
SIN. Injuriar, difamar, infamar, calumniar, insultar, maltratar, baldonar, baldonear, agraviar, afrentar, ofender, mancillar, escarnecer, befarse, zaherir, deshonrar, ajar, vejar, despreciar, humillar.
ANT. *Honrar, respetar, desagraviar, ensalzar, alabar, encomiar, loar, enaltecer.*

ultraje
SIN. Insulto, agravio, afrenta, injuria, ofensa, ajamiento, zaherimiento, denuesto, humillación, mancha, mancilla, maltratamiento, baldón, desprecio.
ANT. *Ensalzamiento, alabanza, loa, glorificación.*

ultramarino
SIN. De ultramar, transatlántico, remoto, distante.

ultratumba
SIN. Misterioso, espectral, fantasmagórico, escalofriante, espeluznante, enigmático, del más allá, arcano, secreto.
ANT. *Conocido, físico, real, humano.*

ulular
SIN. Aullar, bramar, gritar, vociferar, rugir, gemir.
ANT. *Callar, silenciar.*

umbral
SIN. Quicio, soportal, tranco, entrada, acceso, paso, porche.

umbroso
SIN. Umbrío, sombrío, sombreado, en penumbra, tenebroso, nocturno, opaco, negro.
ANT. *Soleado, claro, luminoso, transparente.*

unánime
SIN. Concorde, acorde, conforme, total, general, coincidente, unísono, universal.
ANT. *Desacorde, parcial, disconforme, restringido.*

unción
SIN. Ungimiento, devoción, recogimiento, fervor, extremaunción, unto, untura, untamiento, ilutación.
ANT. *Impiedad, irreverencia.*

uncir
SIN. Enyugar, enganchar, atar, sujetar, unir.
ANT. *Desuncir, desatar, desenganchar, separar.*

ungüento
SIN. Pomada, untura, linimento, bálsamo, afeite, crema, potingue, medicamento, remedio.

único
SIN. Singular, solo, uno, raro, extraordinario, excelente, impar, mero, individual, simple, unitario, preciso.
ANT. *Vario, plural, acompañado, parecido, común.*

unidad
SIN. Conformidad, unión, singularidad, individualidad, individuo, indivisibilidad, cifra, cantidad, uno, cosa, as.
ANT. *Diversidad, pluralidad, divisibilidad, disconformidad, desunión, colectividad.*

unido
SIN. Incorporado, junto, fusionado, identificado, casado, pegado, cosido, ensamblado, fundido.
ANT. *Desunido, separado, distinto, divorciado.*

unificar
SIN. Igualar, generalizar, reunir, amalgamar, unir, aunar, agrupar.
ANT. *Desunificar, desunir, separar, diversificar, romper.*

uniforme
SIN. Igual, semejante, homogéneo, periódico, standar, regular, igualado, monótono, acorde, exacto, conforme, parejo, traje, guerrera, casaca, vestido.
ANT. *Desigual, diverso.*

unilateral
SIN. Limitado, restringido, parcial, independiente, personal, autónomo.

ANT. *Ilimitado, amplio, imparcial, objetivo, general.*

unión
SIN. Confederación, liga, alianza, coalición, unificación, compañía, conjunción, cohesión, conexión, nexo, conjunción, cópula, yuxtaposición, enlace, encadenamiento, correspondencia, unidad, concordia, maridaje, fusión, mezcla, conformidad, matrimonio, casamiento, nupcias, boda, enlace.
ANT. *Desunión, división, divergencia, diferencia, alejamiento, ruptura, oposición, separación, divorcio.*

unir
SIN. Enlazar, unificar, amalgamar, fusionar, incorporar, aunar, anexionar, casar, ligar, juntar, atar, ensamblar, fundir, fusionar, mezclar, aproximar, conciliar, consolidar, trabar, acercar, agregar, concordar, matrimoniar.
ANT. *Desunir, separar, alejar, diverger, desintegrar, divorciarse, desacoplar.*

unirse
SIN. Concertarse, confederarse, asociarse, ligarse, aliarse, confabularse, coligarse, convenirse, agregarse, casarse, amontonarse, juntarse, arrimarse, allegarse, binarse, fundirse, ayuntarse.

unitario
SIN. Indisoluble, inseparable, inherente, adjunto, unido, insoluble, indivisible.
ANT. *Vario, separable, divisible.*

universal
SIN. General, total, ilimitado, absoluto, cósmico, espacial, planetario, interplanetario, ecuménico, frecuente, natural, genérico, colectivo, global.
ANT. *Espacial, particular, concreto, local, aislado.*

universidad
SIN. Facultad, escuela, colegio, instituto, academia, claustro, paraninfo, licenciatura, doctorado.

universitario
SIN. Estudiante, titulado, facultativo, graduado, licenciado, egresado (*Amér.*), doctorado, diplomado, académico, escolástico.

universo
SIN. Orbe, mundo, cosmos, globo, caos, creación.

uno
SIN. Único, solo, unidad, individuo, patrón, modelo, as, cabeza, solitario, indeterminado, impar, singular, non.
ANT. *Vario, múltiple, par.*

untar
SIN. Ungir, manchar, pringar, embadurnar, cubrir, corromper, sobornar, rebozar, emboñigar, bañar, trullar.
ANT. *Secar, limpiar.*

unto
SIN. Grasa, ungüento, craso, gordura, grosura, graseza, capa, pringue, empegadura, afeite, embadurnamiento, inmersión, baño, potingue, aceite, soborno.
ANT. *Sequedad, limpieza.*

untuoso
SIN. Mantecoso, grasiento, craso, graso, grasoso, engrasado, viscoso, resinoso, pingüe, pegajoso, pringoso, seboso, aceitoso, insinuante, afectado.
ANT. *Seco, claro, sincero.*

uña
SIN. Garra, casco, pezuña, espolón, zarpa, dedo.

uñarada
SIN. Araño, arañazo, rasguño, arañada, arañamiento, uñada, aruño, aruñazo, rascuño.

urbanidad
SIN. Cortesía, galantería, corrección, distinción, civilidad, cortesía, atención, finura, comedimiento, afabilidad, amabilidad, educación, tacto, respeto, diplomacia, modales, modos, maneras.
ANT. *Insociabilidad, grosería, incultura.*

urbano
SIN. Cortés, comedido, atento, cortesano, fino, afable, amable, galante, cumplido, obsequioso, tratable, ciudadano, civil, cívico.
ANT. *Descortés, desatento, rudo, ineducado, incivil, rural, campestre, silvestre.*

urbe
SIN. Ciudad, capital, metrópoli, megápoli, centro, población.
ANT. *Pueblo, aldea, campo.*

urdimbre
SIN. Tejido, trama, red, malla, hilos, puntos, intriga, trama, conspi-

ración, enredo, maquinación, conjura.
ANT. *Claridad, franqueza, lealtad.*

urdir
SIN. Tejer, hilar, trenzar, tramar, armar, conspirar, maquinar, intrigar, planear, complotar, urdidura.
ANT. *Destejer, deshacer, destrenzar, deshilar.*

urgencia
SIN. Emergencia, exigencia, inminencia, premura, prisa, necesidad, apresuramiento, apremio, perentoriedad, aprieto, acucia.
ANT. *Parsimonia, tranquilidad, retraso, demora, lentitud.*

urgente
SIN. Apremiante, perentorio, necesario, inaplazable, imperioso, ejecutivo.

urgir
SIN. Precisar, necesitar, instar, apremiar, apresurar, aguijar, exhortar, acuciar, atosigar.
ANT. *Prescindir, aplazar, demorar.*

urinario
SIN. Evacuatorio, mingitorio, water, retrete, meadero, orinal, bacín, letrina, excusado, servicio, bacinilla.

urna
SIN. Caja, vasija, vaso, arqueta, arca, estuche, envase, joyero.

urraca
SIN. Pájaro, picaraza, blanca, picaza.

urticaria
SIN. Erupción, irritación, sarpullido, comezón, picazón, escozor, quemazón.

usado
SIN. Gastado, deslucido, desgastado, acabado, viejo, tarado, raído, manido, traído, andado, ajado, estropeado, deteriorado, roto, andrajoso, llevado, habituado, ejercitado, ducho, práctico.
ANT. *Nuevo, flamante, inexperto.*

usar
SIN. Estilar, acostumbrar, soler, llevar, traer, aplicar, dedicar, practicar, emplear, manejar, gastar, utilizar, recurrir a, valerse, disfrutar, servirse, consumir.
ANT. *Invalidar, desacostumbrar, deshechar, desprenderse de, retirar.*

uso
SIN. Hábito, costumbre, estilo, aplicación, menester, función, utilidad, usucapión, práctica, usanza, modo, moda, manejo, gasto, deterioro, ajamiento, disfrute, goce, empleo, destino, servicio.
ANT. *Desuso, olvido, vejez.*

usual
SIN. Corriente, frecuente, común, vulgar, proverbial, habitual, natural, periódico, conocido, familiar, tradicional.
ANT. *Raro, insólito, extraordinario, desacostumbrado.*

usuario
SIN. Usufructuario, consumidor, beneficiario, interesado, cliente, usador, usante.
ANT. *Ajeno.*

usufructo
SIN. Uso, empleo, disfrute, goce, tenencia, aprovechamiento, provecho, consumo, patrimonio.
ANT. *Desuso, desaprovechamiento, pérdida, inutilidad.*

usura
SIN. Codicia, interés, lucro, logro, mohatra, abuso, rapacidad, rapiña, especulación, ambición.
ANT. *Generosidad, desinterés, filantropía.*

usurero
SIN. Prestamista, avaro, codicioso, mohatrero, tacaño, judío, embaucador, negrero, vampiro.
ANT. *Generoso, pródigo, desinteresado, filántropo.*

usurpar
SIN. Quitar, despojar, robar, arrebatar, apoderarse, apropiarse, expoliar, invadir, incautarse, desposeer, arramblar, birlar, detentar.
ANT. *Devolver, restituir, reintegrar.*

utensilio
SIN. Instrumento, herramienta, artefacto, útil, trebejo, chisme, aparato, enser, elemento, aparejo, pertrecho, avío, equipo, mecanismo, dispositivo.

útero
SIN. Matriz, seno, claustro.

útil
SIN. Fructuoso, productivo, lucrativo, provechoso, beneficioso, conveniente, adecuado, ventajoso, productivo, rentable, válido, bueno, eficaz, apto, práctico, servible, utilizable, lucroso, profícuo, reditual, aprovechable, utensilio, herramienta, mecanismo, trebejo.
ANT. *Inútil, ineficaz, perjudicial, improductivo, inservible, inutilizable.*

utilidad
SIN. Conveniencia, comodidad, aptitud, acomodo, validez, uso, empleo, aplicación, finalidad, eficacia, pro, rendimiento.
ANT. *Inutilidad, inconveniencia, ineptitud, ineficacia.*

utilizar
SIN. Usar, emplear, aprovechar, valerse, aprovecharse, servirse de, explotar, manejar, manipular, lograr, disfrutar, beneficiar, valer, aplicar, consagrar.
ANT. *Desaprovechar, inutilizar, prescindir.*

utopía
SIN. Ilusión, plan, irrealizable, quimera, imaginación, fantasía, sueño, ideal, absurdo, teoría, ficción, imposible, desvarío, mito.
ANT. *Realidad, materialidad, verdad.*

uva
SIN. Fruto, agracejo, pasa, pansa, racimo, racima, hueso, pepita, pulpa, zumo, mosto, vid, tumor, verruga.

úvula
SIN. Campanilla, galillo, gallillo, paladar.

vaca
SIN. Res, ternera, beccerra, vaquilla.

vacación
SIN. Festividad, descanso, veraneo, ocio, ociosidad, receso (*Amér.*), inacción, recreo, asueto, holganza, día libre.
ANT. *Trabajo, actividad.*

vacante
SIN. Disponible, inocupado, libre.
ANT. *Ocupado.*

vaciar
SIN. Extraer, descargar, verter, desaguar, evacuar, desvaír, desembarazar, desocupar, moldear, ahuecar, esculpir, afilar.
ANT. *Meter, llenar.*

vaciedad
SIN. Sandez, simpleza, memez, imbecilidad, estupidez, bobería, necedad, ignorancia, tontería.

vacilación
SIN. Incertidumbre, perplejidad, duda, irresolución, indecisión, fluctuación, titubeo, inseguridad, confusión, flaqueza, cobardía, cabeceo, mecimiento, bamboleo.
ANT. *Resolución, decisión, confianza, inmovilidad.*

vacilar
SIN. Fluctuar, dudar, oscilar, titubear, tantear, balbucir, trepidar (*Amér.*), flaquear, tambalearse, bascular, bambolearse, mecerse, trastabillar, zozobrar.
ANT. *Decidirse, determinar, resolver, fijar, inmovilizar.*

vacío
SIN. Vacuo, hueco, desocupado, abandonado, desértico, despoblado, huero, vacante, laguna, inexistencia, ausencia, falta, blanco, vacuidad, vano, fatuo, presuntuoso, tonto, necio, ijar, ijada.
ANT. *Lleno, ocupado, poblado, cargado, presencia.*

vacunar
SIN. Inmunizar, prevenir, inocular, inyectar.
ANT. *Contagiar, transmitir, contaminar, infectar.*

vacuno
SIN. Bovino, vaca, toro, buey.

vadear
SIN. Atravesar, cruzar, franquear, transitar, superar, sortear.

vado
SIN. Paso, remanso.

vagabundo
SIN. Vago, vagante, vagamundo, holgazán, merodeador, pordiosero, mendigo, pícaro, errabundo, trotamundos, aventurero, nómada, ocioso, gallofo, giróvago, andorrero, zoquetero, gallofero.
ANT. *Trabajador, activo, honrado, decente, sedentario.*

vagancia
SIN. Gandulería, holgazanería, pereza, indolencia, desocupación, ociosidad, vaguedad, poltronería, bordonería, haraganería, vagabundaje, vagabundeo, mendicidad, apatía.
ANT. *Trabajo, ocupación, activi-*

dad, interés, dinamismo.

vagar
SIN. Vaguear, errar, deambular, espacio, pausa, sosiego, vacación, ocio, asueto, pindonguear, cazcalear.
ANT. *Actividad, ocupación, rapidez.*

vagido
SIN. Gemido, lamento, queja, quejido, llanto.
ANT. *Risa, carcajada.*

vago
SIN. Holgazán, vagabundo, ocioso, remolón, gandul, remiso, poltrón, haragán, impreciso, indefinido, ambiguo, indeterminado, confuso, desdibujado, indeciso, vaporoso, leve, sutil, vagaroso, ligero.
ANT. *Concreto, preciso, definido, determinado, cierto, concreto, claro, pesado, activo, trabajador.*

vagón
SIN. Coche, departamento, compartimiento, furgón, plataforma, vehículo.

vaguada
SIN. Cañada, hondonada, paso, desfiladero, barranca, torrentera. rambla, cauce.

vaguedad
SIN. Imprecisión, ambigüedad, indecisión, indeterminación, indistinción, generalidad, confusión, ligereza, levedad.
ANT. *Precisión, seguridad, claridad, pesadez.*

vaharada

SIN. Vaho, hálito, aliento, soplo, ráfaga, olor.

vahido

SIN. Vértigo, desvanecimiento, desfallecimiento, mareo, turbación, desmayo, síncope, lipotimia, colapso, patatús, telele.

ANT. *Recuperación, salud, fortaleza.*

vaho

SIN. Niebla, vapor, vaharina, efluvio, hálito, aliento, espiración, vaharada.

ANT. *Transparencia, claridad.*

vaina

SIN. Funda, forro, estuche, envoltura, protección, valva, botarate, despreciable.

ANT. *Interior, semilla, digno.*

vaivén

SIN. Balanceo, cabeceo, tumbo, oscilación, zarandeo, bamboleo, contoneo, mecimiento.

ANT. *Estabilidad, inmovilidad, constancia.*

vajilla

SIN. Servicio, menaje, porcelana, loza, batería, cristalería, cacharros.

vale

SIN. Justificante, bono, resguardo, acuse, adiós, abur, despedida.

ANT. *Saludo, bienvenida.*

valedor

SIN. Amparador, protector, tutor, protectriz, bienhechor, defensor, favorecedor, padrino, patrocinador, mecenas, avalante, avalador, fiador.

ANT. *Desamparador, interesado.*

valentía

SIN. Bravura, valor, arrojo, coraje, osadía, bizarría, intrepidez, temeridad, hombría, arresto, resolución, arriscamiento, brío, heroicidad, gallardía, esfuerzo, aliento, vigor.

ANT. *Cobardía, miedo, indecisión, encogimiento.*

valentón

SIN. Perdonavidas, fanfarrón, baladrón, farfantón, fanfarria, trabucaire, cheche, jactancioso, jaque, matasiete, matamoros, gallito, tragahombres, costar, totalizar, subir, bravucón, arrogante.

ANT. *Apocado, tímido, cobardón, cagueta, cagón.*

valer

SIN. Amparar, proteger, salvaguardar, redituar, rentar, defender, apoyar, montar, sumar, importar, equivaler, servir, patrocinar, apadrinar, auxiliar.

ANT. *Desamparar, abandonar, arrinconar, despreciar, olvidar.*

valeroso

SIN. Esforzado, valiente, bravo, intrépido, bizarro, osado, animoso, arrojado, alentado, arriscado, brioso, resuelto, varonil, denodado, impávido, temerario, estrenuo, agalludo.

valetudinario

SIN. Delicado, enfermizo, enclenque, débil, achacoso, decrépito, caduco, senil, entelerido, canijo, encanijado.

ANT. *Fuerte, robusto, joven, lozano.*

valía

SIN. Estimación, validez, aprecio, valoría, valor, mérito, privanza, influencia, favoritismo, valimiento, favor, poder, facción, bando, parcialidad.

validez

SIN. Admisión, aprobación, confirmación, ratificación, homologación, valía, legalidad, autenticidad.

ANT. *Invalidación, desaprobación, veto, denegación, prohibición.*

valido

SIN. Privado, favorito, ayudante, apreciado, recibido, aceptado, creído.

ANT. *Desprecio, rechazado, caído.*

válido

SIN. Útil, efectivo, sano, vigoroso, fuerte, esforzado, firme, subsistente, legal, legítimo, autorizado.

ANT. *Inefectivo, antiguo, ilegal, ilícito, rechazado.*

valiente

SIN. Esforzado, animoso, gallardo, bizarro, arrojado, valeroso, temerario, intrépido, árdido, decidido, alentado, bravo, bravío, león, impávido, sereno, denodado, brioso, resuelto, aguerrido, estrenuo, agalludo, ahigadado, osado, varonil, fuerte, robusto, eficaz, activo, excelente, primoroso, excesivo, grande, farfantón, valentón, bravucón, fanfarrón, perdonavidas, baladrón.

ANT. *Cobarde, miedoso, cagueta, asustadizo, apocado, tímido, encogido, gallina.*

valija

SIN. Maleta, maletín, equipaje, correo.

valimiento

SIN. Amparo, protección, salvaguarda, preferencia, amistad, defensa, ayuda, apoyo, valía, poder, favor, privanza, patrocinio.

valioso

SIN. Meritorio, excelente, preciado, precioso, apreciable, importante, cotizado, útil, ventajoso, rico, adinerado, creso, poderoso, estimado, apreciado, opulento, acaudalado, caro, costoso.

ANT. *Común, corriente, inútil, insignificante, barato.*

valor

SIN. Ánimo, denuedo, brío, bizarría, arrojo, gallardía, valentía, corazón, audacia, aliento, esfuerzo, estrenuidad, agallas, jijas, hígados, redaños, fuerza, coraje, resolución, determinación, nervio, bravura, fiereza, intrepidez, decisión, serenidad, impavidez, atrevimiento, osadía, desparpajo, descaro, desvergüenza, aprecio, estimación, valía, precio, importe, coste, cuantía, cotización, importancia, eficacia, equivalencia, rendimiento, provecho.

ANT. *Cobardía, apocamiento, timidez, devaluación, intrascendencia.*

valoración

SIN. Evaluación, tasación, estimación, apreciación, cómputo, precio.

ANT. *Devaluación, depreciación, disminución, rebaja.*

valorar

SIN. Apreciar, criticar, puntuar, tasar, estimar, evaluar, valuar, cuantiar, avaluar, valorear, tarifar.

ANT. *Despreciar, devaluar, depreciar.*

valorizar

SIN. Encarecer, elevar, subir, especular, progresar, desarrollar.

ANT. *Abaratar, rebajar, perder, estancar.*

valva

SIN. Vaina, concha, caparazón, nácar.

válvula

SIN. Obturador, salida, escape, espita, pulsador, lámpara, transistor.

valla

SIN. Cerca, cercado, cerco, bardiza, sebe, vallado, valladar, empalizar, seto, estacada, barrera, baranda, muro, tapia, obstáculo, óbice, impedimento.

ANT. *Facilidad, solución.*

valle

SIN. Val, cuenca, vaguada, hondonada, cañada.

ANT. *Montaña, cumbre, altura.*

vampiro

SIN. Resucitado, aparecido, cadáver, espectro, trasgo, avaro, codicioso, explotador, judío, negrero, usurero, prestamista, sanguijuela.

ANT. *Generoso, pródigo.*

vanagloria

SIN. Vanidad, engreimiento, presunción, jactancia, fatuidad, petulancia, envanecimiento, ensoberbecimiento, inmodestia, pretensiones, pisto, arrogancia, altivez, soberbia, elación.

ANT. *Sencillez, modestia, humildad.*

vanagloriarse

SIN. Alabarse, preciarse, jactarse, engreírse, presumir, ufanarse, envanecerse, ensalzarse, gloriarse, pavonearse, pompearse, pomponearse, abantarse.

ANT. *Desmerecerse, despreciarse, empequeñecerse.*

vandalismo

SIN. Devastación, barbarie, destrucción, gamberrismo, bandolerismo, asolamiento, asolación, pillaje, ruina, demolición.

ANT. *Cultura, civismo, educación.*

vándalo

SIN. Vandálico, bárbaro, destructor, devastador, salvaje.

ANT. *Civilizado, benévolo, humano.*

vanguardia

SIN. Delantera, frente, avanzada, línea de fuego, progreso, evolución, avance.

ANT. *Retaguardia, retraso, detención.*

vanguardista

SIN. Moderno, atrevido, modernista, audaz.

ANT. *Antiguo, pusilánime.*

vanidad

SIN. Engreimiento, vanagloria, soberbia, inmodestia, petulancia, arrogancia, presunción, fatuidad, enva-

necimiento, fausto, pomposidad, pompa, altanería, aires, vacuidad, orgullo, altiveza, vanistorio.

ANT. *Humildad, modestia, sencillez.*

vanidoso

SIN. Fatuo, presuntuoso, vano, presumido, engreído, soberbio, empampirolado, papelón, alabancioso.

vano

SIN. Presuntuoso, fatuo, engreído, vanidoso, vanaglorioso, presumido, arrogante, soberbio, infructuoso, orgulloso, fugaz, pasajero, infundado, inútil, ilusorio, pueril, insubsistente, inestable, irreal, aparente, superficial, insubstancial, inseguro, papelón, alabancioso, desvanecido, hueco, huero, vacío.

ANT. *Humilde, importante, substancial, real, lleno.*

vapor

ANT. Hálito, vaho, fluido, gas, emanación, nube, vértigo, vahido, desmayo, buque, barco, navío, eructo, flatulencia, regüeldo, eruto, eructación, erutación.

vaporización

SIN. Evaporación, pulverización, humedecimiento, rociadura, llovizna.

ANT. *Solidificación, congelación.*

vaporoso

ANT. Tenue, ligero, incorpóreo, sutil, gaseoso, aéreo, etéreo, vago, delgado, flaco.

ANT. *Denso, espeso, palpable.*

vapuleo

SIN. Zurra, paliza, azotaina, felpa, sotana, vapulación, vapuleamiento, solfa, solfeo, tunda, tollina, reprimenda, reproche, reprensión.

ANT. *Caricia, cuidado, elogio.*

vara

SIN. Bastón, pica, bastón de mando, verga, cayado, garrote, pértiga.

varar

SIN. Embarrancar, encallar, embancar, enarenarse, zozobrar, naufragar, botar.

ANT. *Desatascar, desembancar.*

varear

SIN. Aventar, verguear, golpear, picar, rejonear, bejuquear (*Amér.*), medir, adelgazarse.

ANT. *Engordar, robustecerse.*

variable

SIN. Movible, mudable, alterable,

cambiable, voluble, tornadizo, inconstante, inseguro, transitorio, versátil, flexible, inestable, instable, veleidoso, casquiveleta, barcino, mudadizo, vario.

ANT. *Fijo, permanente, invariable, estable, rígido.*

variación

SIN. Mudanza, alteración, transformación, cambio, mutación, renovación, modificación, reformación, trasformamiento, diversificación, vaivén, oscilación, cabeceo, virada, giro.

ANT. *Constancia, permanencia, repetición, estabilidad.*

variar

SIN. Transformar, alterar, modificar, deformar, diferir, mudar, diferenciar, cambiar, declinar, trastocar, inmutar, tergiversar.

ANT. *Permanecer, fijar, uniformar, sistematizar.*

variedad

SIN. Cambio, diversidad, alteración, variación, disparidad, pluralidad, complejidad, promiscuidad, modificación, inestabilidad, diferenciación, inconstancia, instabilidad, mutabilidad, mudanza, variedades, espectáculo.

ANT. *Constancia, firmeza, uniformidad, homogeneidad, periodicidad.*

varilla

SIN. Varita, vareta, vástago, barra, vergueta, caña, armazón.

vario

SIN. Diverso, distinto, diferente, promiscuo, heterogéneo, variable, mudable, dispar, polifacético, inconstante, versátil, voluble, instable, mudadizo, indiferente, indeterminado, vago, indefinido.

ANT. *Uno, único, igual, homogéneo, constante.*

varón

SIN. Caballero, hombre, señor, macho.

ANT. *Señora, mujer, hembra.*

varonil

SIN. Valiente, esforzado, viril, masculino, hombruno, fuerte, vigoroso, valeroso, animoso, resuelto, bragado.

ANT. *Femenino, afeminado, invertido, marica, pusilánime, cobarde, tímido.*

vasallaje

SIN. Feudo, feudalismo, acatamien-

to, sumisión, subordinación, fidelidad, dependencia, tributo.
ANT. *Liberación, manumisión, señorío.*

vasallo
SIN. Feudatario, siervo, súbdito, servidor, subordinado, esclavo, leal, tributario, collazo, bucelario.
ANT. *Manumiso, insumiso.*

vasija
SIN. Vaso, urna, ánfora, ampolla, matraz, redoma, probeta, tarro, frasco, receptáculo, jarrón, paila (*Amér.*), tinaja, cuba, adecuja, zapita, zapito, colodra.

vástago
SIN. Brote, retoño, esqueje, vástiga, raíjo, gamonito, pimpollo, renuevo, hijo, descendiente, perno, espárrago, barra, varilla, eje, pescante.
ANT. *Padre, antecesor, origen.*

vasto
SIN. Extenso, amplio, grande, enorme, gigantesco, inmenso, infinito, dilatado, anchuroso, capaz, espacioso, campuroso, difuso.
ANT. *Exiguo, limitado, estrecho.*

vaticinador
SIN. Adivino, vatídico, vaticinante, adivinador, augur, pronosticador, profeta, vidente, agorero, prometedor, mago.

vaticinar
SIN. Predecir, profetizar, antedecir, presagiar, pronosticar, adivinar, augurar, agorar, anticipar, prever.
ANT. *Destinar, errar, confirmar.*

vaticinio
SIN. Predicción, pronóstico, profecía, adivinación, oráculo, auspicio, presagio, premonición, agorería, augurio, auguración, agüero, adivinamiento.
ANT. *Desatino, error, confirmación.*

vecindad
SIN. Proximidad, cercanía, alrededor, contorno, inmediación, adyacencia, linde, inmediaciones, contigüidad, población, vecindario, vecinos.
ANT. *Lejanía, distancia, alejamiento, centro.*

vecindario
SIN. Habitantes, vecinos, población, pueblo, vecindad, comunidad, residentes, distrito, barrio, ayuntamiento.
ANT. *Extranjero, lejanía.*

vecino
SIN. Contiguo, inmediato, cercano, próximo, limítrofe, adyacente, fronterizo, habitante, morador, inquilino, conciudadano, residente, domiciliado, semejante, parecido, análogo, coincidente, munícipe, domiciliario.
ANT. *Lejano, forastero, extranjero.*

vector
SIN. Magnitud, resultante, vectorial, recta, línea, flecha, segmento, dirección, origen.

vedar
SIN. Prohibir, privar, impedir, vetar, suspender, estorbar, embarazar, limitar, acotar, cercar, obstaculizar, negar, proscribir, interdecir.

vega
SIN. Regadío, huerta, ribera, vergel, prado.
ANT. *Yermo, desierto.*

vegetación
SIN. Flora, vegetales, plantas, follaje, fronda, amígdalas, carnosidades, pólipos.

vegetal
SIN. Planta, arbusto, árbol, mata, verdura.
ANT. *Mineral.*

vegetar
SIN. Brotar, germinar, reverdecer, verdear, crecer, nutrirse, vivir, subsistir, languidecer.
ANT. *Secarse, morir, renacer.*

vehemencia
SIN. Impetuosidad, arrebato, entusiasmo, energía, fervor, apasionamiento, celo, intensidad, excitación, viveza, virulencia, fogosidad, violencia, ímpetu, pasión, fuego, ardor, actividad.
ANT. *Indiferencia, frialdad, apatía, desinterés.*

vehículo
SIN. Transporte, automóvil, coche, nave.

vejar
SIN. Molestar, maltratar, perseguir, avasallar, atropellar, oprimir, humillar, escarnecer, injuriar, ofender, ultrajar, insultar, difamar, afrentar, zaherir.
ANT. *Alabar, elogiar, enaltecer, honrar, respetar.*

vejez
SIN. Senectud, ancianidad, gerontología, longevidad, senilidad, decrepitud, caduquez, chochez, vetustez, ocaso, invierno, postrimería, envejecimiento, antigüedad.
ANT. *Infancia, juventud, novedad, primavera, rejuvenecimiento.*

vejiga
SIN. Bolsa, ampolla, vesícula.

vela
SIN. Vigilia, insomnio, desvelo, romería, centinela, guardia, vigilancia, toldo, candela, bujía, cirio.
ANT. *Negligencia, descuido, indiferencia.*

velada
SIN. Reunión, tertulia, fiesta, gala, función, vela, velatorio, velorio.
ANT. *Somnolencia, letargo.*

velado
SIN. Turbio, nublado, enmascarado, opaco, gris, oculto, misterioso.
ANT. *Descubierto, transparente, visible, claro.*

velamen
SIN. Aparejo, trapo, velaje, vela.

velar
SIN. Vigilar, cuidar, proteger, guardar, disimular, cubrir, ocultar, atenuar, obscurecer, enmascarar, disfrazar, tapar, sonochar, trasnochar, pernoctar.
ANT. *Descuidar, desamparar, descubrir, dormir.*

velatorio
SIN. Velorio, vela, acompañamiento, reunión.
ANT. *Ausencia, soledad.*

veleidad
SIN. Capricho, inconstancia, mutabilidad, variabilidad, ligereza, frivolidad, inconsecuencia, antojo, versatilidad, voltariedad, inestabilidad, volubilidad.
ANT. *Seriedad, constancia, firmeza, estabilidad, permanencia.*

veleidoso
SIN. Tornadizo, variable, mudable, inconstante, caprichoso, ligero, versátil, voluble, antojadizo, frívolo, lunático, impetuoso, casquivela, instable, voltizo.
ANT. *Serio, constante, inmutable, consecuente, fijo.*

velo

SIN. Gasa, tul, tela, mantellina, mantilla, manto.

velocidad

SIN. Rapidez, ligereza, prontitud, presteza, prisa, celeridad, premura, urgencia, acucia, diligencia, apresuramiento, viveza, aceleración, marcha, resolución, priesa, presura.

ANT. *Lentitud, parsimonia, torpeza, inmovilidad.*

veloz

SIN. Presto, rápido, apresurado, ligero, acelerado, raudo, presuroso, pronto, súbito, fugaz, ágil, expedito, vertiginoso, impígero, célere.

ANT. *Lento, pausado, calmado.*

velludo

SIN. Peludo, velloso, vellido, piloso, cabelludo, barbudo, melenudo, cerdudo, lanudo, lanoso, aterciopelado, afelpado.

ANT. *Calvo, rapado, barbilampiño, imberbe, depilado.*

vena

SIN. Arteria, conductor, capilar, vaso, varice, ramificación, inspiración, iluminación, musa, locura, arrebato, manía, impulso.

ANT. *Sensatez, calma, sosiego.*

venablo

SIN. Lanza, jabalina, adarga, arpón, flecha, dardo.

venado

SIN. Ciervo, rebeco, corzo, gamo, gacela, antílope, cérvido.

vencedor

SIN. Ganador, victorioso, triunfador, triunfante, conquistador, campeón, invicto, invito.

ANT. *Vencido, derrotado, sometido.*

vencer

SIN. Ganar, triunfar, derrotar, batir, destrozar, rendir, domeñar, someter, subyugar, causear, destronar, debelar, dominar, conquistar, invadir, vapulear, noquear, reprimir, contentar, refrenar, violentar, superar, sobrepujar, aventajar, allanar, cumplir, convencer, zanjar, salvar, vadear, cruzar, atravesar, ceder, inclinarse, doblarse.

ANT. *Perder, fracasar, resistir, obstaculizar.*

vencimiento

SIN. Cumplimiento, término, plazo, prescripción, torcimiento, inclinación.

ANT. *Vigencia, actualidad, enderezamiento.*

vendaje

SIN. Venda, apósito, compresa, cabestrillo, ligadura, cura.

vendaval

SIN. Ventarrón, ventolera, viento, huracán, galerna, ventisca.

ANT. *Calma.*

vendedor

SIN. Expendedor, detallista, negociante, mercader, tendero, dependiente, viajante, representante, marchante.

ANT. *Comprador, cliente, consumidor.*

vender

SIN. Despachar, expender, comerciar, tratar, mercadear, traficar, realizar, revender, liquidar, saltar, traspasar, ceder, malvender, malbaratar, traicionar, delatar, entregar, descubrir, corromperse, enajenar, almonedear, alienar, feriar.

ANT. *Comprar, adquirir, quedarse.*

vendimia

SIN. Cosecha, recolección, colecta, cogida, provecho.

ANT. *Siembra, pérdida.*

veneno

SIN. Ponzoña, virus, tóxico, toxina, pócima, estupefaciente, bebedizo.

ANT. *Contraveneno, antídoto, remedio, antitóxico, bálsamo.*

venerable

SIN. Honorable, reverenciable, venerando, reverendo, respetable, noble, augusto, digno, solemne, sabio, patriarcal, virtuoso.

ANT. *Despreciable, joven, ignorante.*

veneración

SIN. Acatamiento, respeto, reverencia, devoción, culto, idolatría, admiración, estima, respetuosidad, homenaje, consideración, adoración.

ANT. *Desprecio, desconsideración, irreverencia.*

venganza

SIN. Vindicación, desquite, revancha, resarcimiento, castigo, vendet-

ta, represalia, reparación, vindicta, despique, retaliación (*Amér.*), pena, escarmiento.

ANT. *Perdón, olvido, reconciliación, amnistía.*

vengativo

SIN. Rencoroso, vengador, revanchista, vindicativo, vindicatorio, vengable, encarnizado.

ANT. *Misericordioso, perdonador, indulgente.*

venia

SIN. Perdón, gracia, disculpa, permisión, beneplácito, permiso, autorización, licencia, anuencia, consentimiento, aquiescencia.

ANT. *Castigo, denegación, prohibición, veto.*

venial

SIN. Leve, ligero, perdonable, intranscendente, pequeño.

ANT. *Grave, capital, transcendente, imperdonable, mortal.*

venida

SIN. Vuelta, regreso, retorno, llegada, arribada, comparecencia, ímpetu, prontitud, arribo, avenida, inundación, corriente, rambla, acontecimiento, indeliberación.

ANT. *Ida, marcha, salida, alejamiento.*

venir

SIN. Retornar, arribar, regresar, llegar, volver, comparecer, presentarse, acudir, asistir, transigir, pasar, suceder, acaecer, acontecer, ocurrir, resultar, convertirse.

ANT. *Ir, marchar, ausentarse, distanciarse, alejarse.*

venta

SIN. Posada, mesón, ventorro, hostal, hostería, albergue, fonda, tambo (*Amér.*), ventorrillo, hospedería, parador, transacción, negociación, trato, remesa, entrega, expedición, especulación, despacho, salida.

ANT. *Compra, adquisición, suscripción.*

ventaja

SIN. Delantera, superioridad, preeminencia, primacía, interés, utilidad, ganancia, ganga, breva.

ANT. *Desventaja, inconveniente, impedimento, perjuicio.*

ventear

SIN. Airear, ventilar, aventar, orear, olfatear, indagar, investigar,

pesquisar, husmear, ventosear, ventar, pesquisar, peer.
ANT. *Esconder, ocultar, cubrir.*

ventero
SIN. Mesonero, posadero, huésped, hostelero, figonero, tabernero, hotelero.
ANT. *Cliente, huésped, parroquiano.*

ventilar
SIN. Airear, orear, aventar, purificar, oxigenar, refrescar, renovar, ventear, desavahar, reaventar, discutir, controvertir, examinar, divulgar, exponer.
ANT. *Enrarecer, cubrir, ocultar, esconder.*

ventolera
SIN. Vendaval, ramalazo, ráfaga, huracán, galerna, vanidad, altanería, orgullo, soberbia.
ANT. *Calma, humildad, modestia.*

ventosidad
SIN. Flatulencia, pedo, gases, viento, flato.

ventrículo
SIN. Cámara, cavidad, hueco, oquedad, aurícula.

ventura
SIN. Fortuna, dicha, felicidad, alegría, satisfacción, casualidad, suerte, azar, hado, acaso, contingencia, riesgo, peligro, auge, venturanza, bienandanza.
ANT. *Desventura, desgracia, contrariedad, insatisfacción, disgusto.*

venturoso
SIN. Feliz, afortunado, dichoso, alegre, contento, satisfecho, radiante, ufano, orondo, venturado, venturero, chambón, chiripero, risueño.
ANT. *Infeliz, desafortunado, desgraciado, contrariado.*

ver
SIN. Guipar, mirar, ojear, avistar, divisar, percibir, contemplar, notar, columbrar, advertir, experimentar, vislumbrar, descubrir, reparar, distinguir, observar, examinar, reconocer, considerar, conocer, juzgar, meditar, reflexionar, prevenir, presentir, atender, cuidar, considerar, estudiar, imaginarse.
ANT. *Cegarse, oscurecer, deslumbrar, descuidar, ignorar.*

vera
SIN. Orilla, borde, lado, proximidad.
ANT. *Lejanía, separación.*

veraneo
SIN. Vacación, diversión, ocio, inactividad, sosiego, descanso, reposo.
ANT. *Trabajo, actividad, invernada.*

veraniego
SIN. Estival, canicular, caluroso, liviano, ligero, leve, transparente.
ANT. *Frío, hibernal, grueso.*

veraz
SIN. Sincero, leal, certero, exacto, verídico, auténtico, genuino, fidedigno, incontrastable, verdadero.
ANT. *Embustero, hipócrita, desleal, inexacto.*

verbigracia
SIN. Ejemplo, muestra, argumento, demostración.

verbo
SIN. Predicado, palabra, vocablo, lenguaje.

verbosidad
SIN. Locuacidad, verborragia, verborrea, labia, palique, charlatanería.
ANT. *Silencio, laconismo, parquedad, discreción.*

verdad
SIN. Veracidad, verosimilitud, certeza, realidad, exactitud, postulado, axioma, fundamento, certidumbre, autenticidad.
ANT. *Mentira, falsedad, engaño, hipocresía, equivocación.*

verdadero
SIN. Efectivo, cierto, infalible, indiscutible, probado, fidedigno, genuino, serio, sincero, indudable, indubitable, verídico, real, auténtico, exacto, fehaciente, certificado, certero, veraz, positivo, axiomático, palmario, evidente.
ANT. *Falaz, erróneo, inexacto, discutible, insincero, inverosímil.*

verde
SIN. Esmeralda, glauco, oliváceo, olivas, aceitunado, fresco, tierno, nuevo, jugoso, joven, inexperto, hierba, herbazal, follaje, pasto, fronda, obsceno, lujurioso, libidinoso, indecente, picante.
ANT. *Maduro, hecho, experto, honesto.*

verdor
SIN. Vigor, lozanía, frescura, juventud, fortaleza, mocedad, energía, niñez, adolescencia, precocidad, hierba, pasto, herbazal, follaje, espesura, fronda.
ANT. *Vejez, debilitamiento, decadencia, esterilidad.*

verdugo
SIN. Ajusticiador, ejecutor, torturador, martirizador, cruel, sanguinario, verdugón, roncha, hinchazón, brote, renuevo, vástago, vástiga, aro.
ANT. *Ajusticiado, condenado, víctima, compasivo, misericorde.*

verdugón
SIN. Hematoma, cardenal, moratón, magulladura, contusión.

verdulera
SIN. Tendera, bercera, descarada, desvergonzada, ordinaria, respondona.
ANT. *Fina, delicada, educada, callada.*

vereda
SIN. Sendero, senda, camino, trocha, atajo, acera, vía, desvío, ramal.

veredicto
SIN. Sentencia, dictamen, fallo, laudo, decisión, arbitrio, resolución, condena.

verga
SIN. Antena, percha, vara, palo, pene, falo.

vergel
SIN. Jardín, huerto, huerta, oasis, vega, parque, ruzafa, edén, pensil.

vergonzoso
SIN. Corto, tímido, encogido, pusilánime, retraído, turbado, apocado, confuso, azorado, abochornado, confundido, embarazado, avergonzado, pudibundo, erubescente, pudoroso, ruboroso, verecundo, deshonesto, inmoral.
ANT. *Resuelto, osado, atrevido, decidido, desvergonzado, descarado, honesto, moral.*

vergüenza
SIN. Encogimiento, apocamiento, bochorno, sonrojo, embarazo, turbación, timidez, cortedad, confusión, aturdimiento, erubescencia, corrimiento, abochornamiento, verecundia, pudor, pundonor, digni-

dad, honor, decencia, decoro, infamia, humillación, deshonor, indecencia, inmoralidad, genitales.
ANT. *Desvergüenza, desenvoltura, descaro, impudor, decencia, moralidad, inmodestia.*

vericueto
SIN. Laberinto, encrucijada, sendero, trocha, risco, escarpa.
ANT. *Llanura, planicie.*

verídico
SIN. Verdadero, auténtico, real, cierto, positivo, fidedigno, genuino, serio, veraz, exacto, fehaciente, certificado, incontrastable, indubitable, axiomático, palmario, evidente.
ANT. *Falaz, erróneo, inexacto, discutible, inverosímil.*

verificación
SIN. Comprobación, examen, prueba, compulsión, control, confirmación, realización, ejecución.
ANT. *Omisión, negligencia, incumplimiento.*

verificar
SIN. Realizar, ejecutar, efectuar, comprobar, constatar, demostrar, probar, documentar, celebrar, examinar, contrastar, cotejar.
ANT. *Negligir, omitir, abandonar, disentir.*

verja
SIN. Cancela, reja, cerca, valla, red.

verme
SIN. Gusano, lombriz, parásito.

vernáculo
SIN. Nativo, patrio, indígena, local.
ANT. *Extranjero, forastero, exótico.*

verosímil
SIN. Verisímil, probable, admisible, plausible, posible, creíble, verdadero.
ANT. *Increíble, inverosímil, inadmisible, imposible, falso.*

verruga
SIN. Excrecencia, carnosidad, abultamiento, grano, callo.

verrugo
SIN. Avaro, avariento, cicatero, tacaño, judío, piojoso, roña, garrapo, roñoso, mezquino, ruin, miserable.
ANT. *Generoso, magnánimo, pródigo.*

versado
SIN. Entendido, conocedor, erudito, ilustrado, fogueado, experimentado, práctico, diestro, instruido, documentado, leído, ejercitado, perito, técnico, idóneo, enterado, experto, ducho.
ANT. *Desconocedor, indocumentado, inexperto.*

versátil
SIN. Ligero, inconstante, voluble, tornadizo, veleidoso, antojadizo, incierto, frívolo, mudable, movedizo, caprichoso, variable.
ANT. *Constante, consecuente, invariable, fijo, firme, leal.*

versión
SIN. Interpretación, traslación, explicación, traducción, adaptación, doblaje.
ANT. *Original.*

verso
SIN. Línea, rima, poesía, trova, versículo, composición.
ANT. *Prosa.*

vertedero
SIN. Basurero, estercolero, sentina, muladar, desagüe, cloaca, sumidero, colector.

verter
SIN. Derramar, vaciar, escanciar, echar, esparcir, desparramar, fluir, correr, trasladar, traducir.
ANT. *Llenar, contener, limitar.*

vertical
SIN. Erecto, enhiesto, inhiesto, híspido, hirsuto, pivotante, pingorotudo, tieso, erguido, erigido, enderezado, derecho, eréctil, perpendicular, normal.
ANT. *Horizontal, inclinado, torcido, sinuoso, tumbado.*

vértice
SIN. Ápice, ángulo, extremo, cúspide, punta, remate.
ANT. *Pie, base.*

vertiente
SIN. Ladera, falda, cuesta, depresión, pendiente, desnivel.
ANT. *Llanura, superficie.*

vertiginoso
SIN. Veloz, acelerado, apresurado, rápido, embalado, trepidante.
ANT. *Lento, calmoso, pausado.*

vértigo
SIN. Mareo, vahído, desmayo, aturdimiento.

vesícula
SIN. Vejiga, bolsa, saco, ampolla, cavidad.

vespertino
SIN. Crepuscular, vespral.

vestíbulo
SIN. Recibidor, antesala, hall, portal, entrada, atrio, porche.

vestido
SIN. Traje, indumento, vestimenta, vestidura, indumentaria, atavío, ropaje, ropa, terno, veste, vestuario, trapos, pingos, flux.

vestigio
SIN. Señal, huella, rastro, indicio, indicación, resto, marca, memoria, recuerdo, traza, residuo, sedimento.
ANT. *Nada, olvido, desaparición.*

vestir
SIN. Cubrir, llevar, ponerse, usar, arreglarse, ataviar, adornar, calzar, disfrazarse.
ANT. *Desnudar, desvestir, despojar.*

vestuario
SIN. Prendas, guardarropía, vestimenta, vestiduras, equipo.

veta
SIN. Mina, yacimiento, filón, raya, estría, lista, aguas.

vetar
SIN. Censurar, prohibir, desaprobar, impedir.
ANT. *Autorizar, permitir, aprobar.*

veterano
SIN. Experimentado, experto, avezado, diestro, preparado, antiguo, baqueteado, ejercitado, fogueado, curtido, maduro.
ANT. *Bisoño, nuevo, inexperto, desconocedor.*

veto
SIN. Oposición, impedimento, prohibición, obstáculo, óbice, denegación, negativa.
ANT. *Aprobación, autorización, permiso.*

vetusto
SIN. Añejo, viejo, antiguo, arcaico, añoso, anciano, centenario, prehistórico, ruinoso, arruinado, derruido, destartalado, decrépito, achacoso, rancio, cano, senil.
ANT. *Nuevo, moderno, actual, reciente, joven, lozano, fuerte.*

vez
SIN. Turno, orden, tanda, sucesión, ciclo, vuelta, alternación, tiempo, ocasión, vecero.
ANT. *Continuidad, nunca.*

vía
SIN. Sendero, camino, acceso, ruta, camino, paso, calle, senda, carril, conducto, medio, procedimiento, sistema, manera, modo.

viable
SIN. Alcanzable, asequible, factible, ejecutable, posible.
ANT. *Inviable, imposible, irrealizable.*

viacrucis
SIN. Calvario, martirio, penalidad, tormento, sufrimiento, cansancio, fatiga, contrariedad.
ANT. *Dicha, felicidad, descanso.*

viajante
SIN. Representante, agente, tratante, vendedor, comisionista.

viajar
SIN. Recorrer, desplazarse, errar, explorar, caminar, andar, cruzar, navegar, volar.
ANT. *Quedarse, permanecer.*

viaje
SIN. Camino, jornada, trayecto, excursión, marcha, itinerario, recorrido, odisea, expedición, exploración, aventura, periplo, travesía, tránsito, carga, peso.
ANT. *Sedentarismo, permanencia, fijeza.*

vianda
SIN. Comida, plato, alimento, vitualla.

viandante
SIN. Peatón, caminante, transeúnte, paseante, explorador, errabundo, nómada, andarín, pasajero, viajero, peregrino.

vibración
SIN. Temblor, oscilación, trepidación, agitación, palpitación, sonoridad, estremecimiento.
ANT. *Inmovilidad, quietud.*

vibrar
SIN. Temblar, oscilar, ondular, moverse, emocionarse, entusiasmarse, arrebatarse.
ANT. *Inmovilizarse, pararse, aquietarse, sosegarse.*

viciar
SIN. Pervertir, corromper, envilecer, depravar, disolver, falsificar, dañar, tergiversar, falsear, malear, enviciar, envenenar, infectar, contaminar, anular, adulterar, mixtificar.
ANT. *Purificar, limpiar, regenerar, redimir, santificar.*

vicio
SIN. Corrupción, enviciamiento, depravación, perdición, inmoralidad, libertinaje, degeneración, maldad, perversión, falta, defecto, imperfección, falsedad, yerro, engaño, daño, desviación, exceso, mimo, cariño, halago.
ANT. *Virtud, moral, honestidad, pureza, sobriedad, abstinencia, perfección, acierto.*

vicioso
SIN. Libidinoso, sensual, corrompido, pervertido, perdido, lujurioso, desenfrenado, viciado, degenerado, inmoral, disipado, libertino, disoluto, perdulario, vigoroso, lozano, fuerte, fértil, malcriado, grosero, abundante, deleitoso, mimado.
ANT. *Virtuoso, recto, moral, decente, limpio, santo.*

vicisitud
SIN. Incidencia, contingencia, eventualidad, azar, suceso, alternativa, mutabilidad.
ANT. *Inmutabilidad, fijeza.*

víctima
SIN. Sacrificado, mártir, inmolado, accidentado, damnificado, herido, muerto, caído, martirizado, perjudicado, hazacel, azacel.
ANT. *Victimario, asesino, matador, verdugo, sano, beneficiado.*

victoria
SIN. Triunfo, vencimiento, dominio, superioridad, sujeción, ventaja, debelación, conquista, consecución, éxito, palma, laurel.
ANT. *Derrota, revés, fracaso.*

victorioso
SIN. Triunfante, ganador, vencedor, triunfador, invicto, invito, ovante, campeón, debelador, decisivo, irrefutable.
ANT. *Derrotado, fracasado.*

vid
SIN. Viña, cepa, parra, sarmiento, uva.

vida
SIN. Existencia, duración, subsistencia, biografía, hechos, memoria, conducta, energía, aliento, fortaleza, vigor, vitalidad, savia, movimiento, actividad, empleo, ocupación, quehacer, bienaventuranza.
ANT. *Muerte, fin, final, acabamiento, debilidad.*

vidente
SIN. Adivino, profeta, médium, iluminado, clarividente, augur, agorero, adivinador, mago, sonámbulo.

vidriera
SIN. Cristalera, vitral, ventanal, escaparate.

vidrioso
SIN. Vítreo, vitrificado, transparente, cristalino, quebradizo, frágil.
ANT. *Opaco, fuerte, duro.*

viejo
SIN. Vejestorio, anciano, patriarcal, abuelo, carcamal, provecto, maduro, mayor, longevo, añoso, veterano, caduco, decrépito, rancioso, rancio, engollillado, valetudinario, senil, arcaico, remoto, añejo, vetusto, ruinoso, arruinado, derruido, secular, antiguo, anticuado, primitivo, inmemorial, pasado, lejano, estropeado, usado, envejecido, deteriorado, raído, consumido, acartonado, bichoco (*Amér.*), acabado, deslucido.
ANT. *Nuevo, reciente, moderno, actual, joven, lozano.*

viento
SIN. Corriente, soplo, ventolera, vendaval, huracán, galerna, cierzo, ventarrón, ventazo, ventisca, céfiro, brisa, rastro, vanidad, presunción, engreimiento, jactancia, ventosidad, rumbo, dirección, aire, atmósfera, éter.
ANT. *Calma.*

vientre
SIN. Panza, abdomen, barriga, estómago, ombligo, pubis, entrañas, matriz, baltra, zorra, tripa, andorga, mondongo, intestinos, bandullo, feto.

viga
SIN. Madero, poste, traviesa, tirante, puntal, barra.

vigencia
SIN. Vigor, validez, actualidad, efectividad, legislatura.
ANT. *Acabamiento, desuso, abolición.*

vigía
SIN. Centinela, guarda, vigilante, sereno, escucha, observador.

vigilancia
SIN. Cuidado, atención, cautela, custodia, supervisión, celo, vela, centinela, imaginaria, vigilia, escucha, guarda, inspección.
ANT. *Negligencia, abandono, desinterés, sueño.*

vigilante
SIN. Cuidadoso, atento, alerta, cauteloso, celador, guardián, sereno, guarda, centinela, guachimán (*Amér.*), imaginaria, vigía, serviola, atalayador, supervisor.
ANT. *Descuidado, negligente, indiferente.*

vigilar
SIN. Cuidar, velar, atender, celar, custodiar, guardar, vigiar, observar, inspeccionar, patrullar, atalayar, alertar.
ANT. *Descuidar, abandonar.*

vigilia
SIN. Vela, ayuno, insomnio, desvelo, agripnia, abstinencia, velación, velada, víspera.
ANT. *Sueño, somnolencia, inmoderación.*

vigor
SIN. Energía, fuerza, robustez, eficacia, actividad, viveza, ánimo, aliento, brío, vigorosidad, lozanía, validez, vigencia.
ANT. *Debilidad, ineficacia, caducidad.*

vigorizar
SIN. Robustecer, vigorar, vivificar, tonificar, fortalecer, alentar, animar, esforzar, fortificar, reverdecer, remozar, rejuvenecer.
ANT. *Debilitar, desalentar, envejecer.*

vigoroso
SIN. Robusto, enérgico, fornido, fuerte, nervudo, terne, pujante, esforzado, lacertoso, costilludo, rebolludo, sano, eficaz.
ANT. *Débil, endeble, impotente.*

vil
SIN. Ruin, mezquino, miserable, grosero, plebeyo, villano, bajo, abatido, humilde, despreciable, abyecto, indigno, infame, torpe, infiel, traidor, desleal, alevoso, zurriburri, churriburri, mondrego, sacapelotas, espantanublados, sollastre,

pinchaúvas, lipendi.
ANT. *Digno, honorable, decente, leal, noble.*

vileza
SIN. Villanía, infamia, bajeza, traición, indignidad, ruindad, mezquindad, ignominia, canallada, maldad, alevosía.
ANT. *Nobleza, honestidad, dignidad, lealtad.*

vilipendiar
SIN. Vituperar, denigrar, insultar, despreciar, menospreciar, denostar, desdeñar, deshonrar, difamar, calumniar, mancillar, desacreditar, amancillar, baldonear, desprestigiar.
ANT. *Honrar, enaltecer, elogiar, ensalzar.*

vilipendio
SIN. Denigración, escarnio, humillación, insulto, injuria, deshonra, calumnia.
ANT. *Alabanza, elogio, loa.*

villanía
SIN. Bajeza, ruindad, infamia, vileza, ordinariez, canallada, bellaquería, alevosía, indignidad, bacinada, ribaldería, villanería.
ANT. *Dignidad, nobleza, delicadeza.*

villano
SIN. Indigno, bajo, abyecto, vil, miserable, infame, ruin, granuja, zabulón, deshonrabuenos, cascaciruelas, tiracantos, guaja, vergonzoso, tosco, basto, ordinario, descortés, grosero, indecoroso, aldeano, pueblerino, lugareño, rústico.
ANT. *Digno, noble, distinguido, culto, delicado, ciudadano.*

villorrio
SIN. Aldea, caserío, poblado, pueblecillo, burgo.
ANT. *Capital, metrópoli.*

vínculo
SIN. Unión, vinculación, ligadura, lazo, nexo, atadura, ligazón, ligamento, nudo, relación.
ANT. *Separación, desligadura, desconexión.*

vindicar
SIN. Reivindicar, defender, vengar, desquitar, resarcir, rehabilitar.
ANT. *Perdonar, olvidar, amnistiar.*

viña
SIN. Vid, parra, cepa, viñedo, empanado.

violación
SIN. Estupro, desfloración, desvirgamiento, tarquinadá, fuerza, violencia, abuso, abducción, profanación, atropello, quebrantamiento, infracción, transgresión, conculcación.
ANT. *Respeto, castidad, observancia, legalidad.*

violar
SIN. Quebrantar, vulnerar, infringir, profanar, forzar, desflorar, desvirgar, poseer, deshonrar, mancillar, constuprar, violentar, ajar, deslucir, estropear, invadir, allanar.
ANT. *Respetar, reverenciar.*

violencia
SIN. Pasión, fuerza, ímpetu, virulencia, arrebato, frenesí, desafuero, rudeza, brusquedad, agresividad, rabia, bestialidad.
ANT. *Suavidad, ternura, dulzura, freno.*

violentar
SIN. Violar, forzar, profanar, atropellar, vulnerar, quebrantar, transgredir, infringir, compeler, obligar, coaccionar, conminar, amenazar.
ANT. *Respetar, observar, cumplir.*

violentarse
SIN. Dominarse, vencerse, retenerse, contenerse, aguantarse, reprimirse, callarse, descomedirse, desencadenarse, desenfrenarse, comprimirse.
ANT. *Descomedirse, desatarse.*

violento
SIN. Agresivo, encolerizado, iracundo, rabioso, furioso, borrascoso, vehemente, impetuoso, irascible, arrebatado, atropellado, penoso, forzado, duro, ardiondo, arrebatoso.
ANT. *Pacífico, calmado, tranquilo, dulce, civilizado.*

violeta
SIN. Morado, lívido, amoratado, cárdeno.

viperino
SIN. Venenoso, ponzoñoso, dañino, nocivo, pérfido.
ANT. *Inofensivo, beneficioso, bueno.*

virada
SIN. Viraje, giro, desvío, ciaboga, variación.

virgen
SIN. Virgo, puro, casto, impúber, vestal, intacto, inexplorado, ignoto, desconocido.
ANT. *Desvirgado, desflorado, impuro, prostituido, explorado, conocido.*

virginal
SIN. Virgen. incólume, intacto, puro, impoluto, pulcro, inmaculado, mariano, marial.

viril
SIN. Varonil, masculino, vigoroso, fuerte, valiente, hombruno.
ANT. *Débil, femenino.*

virtud
SIN. Poder, eficacia, condición, fuerza, valor, vigor, potestad, integridad, probidad, dignidad, bondad.
ANT. *Vicio, corrupción, inmoralidad, cobardía, maldad.*

virulencia
SIN. Malignidad, causticidad, violencia, dicacidad, acrimonia, encono, saña, furia, mordacidad.
ANT. *Bondad, benignidad, suavidad.*

virulento
SIN. Sañudo, tóxico, ponzoñoso, mordaz, maligno, dañino, virulífero, mordedor, venenoso, dicaz, cáustico.
ANT. *Sano, benevolente, suave.*

virus
SIN. Veneno, ponzoña, toxina, pus.
ANT. *Saneamiento, desinfección.*

visa
Amér.
SIN. Visado, permiso, autorización, documentación.
ANT. *Prohibición.*

visado
SIN. Autorización, permiso, aprobación, visa.
ANT. *Prohibición, denegación.*

visible
SIN. Perceptible, vislumbrable, observable, palpable, distinguible, columbrable, evidente, manifiesto, cierto, palmario, indudable, claro, notorio, patente, conspicuo, notable, sobresaliente.
ANT. *Invisible, oscuro, borroso, imperceptible.*

visión
SIN. Vista, contemplación, mirada, vislumbre, percepción, fantasía, imaginación, quimera, ensueño, alucinación, espejismo, ficción, espectro, aparición, fantasma, perspicacia, intuición, agudeza.
ANT. *Ceguera, invidencia, oscuridad, realidad, torpeza.*

visionario
SIN. Iluminado, imaginativo, quimérico, idealista, soñador, alucinado, loco.
ANT. *Realista, juicioso, materialista.*

visitar
SIN. Verse, saludar, agasajar, encontrarse, asistir, inspeccionar, examinar.
ANT. *Despedirse, abandonar.*

vislumbrar
SIN. Ver, atisbar, entrever, columbrar, divisar, sospechar, conjeturar, percibir, advertir, trasver.
ANT. *Cegarse, descuidar, omitir.*

vislumbre
SIN. Apariencia, visión, indicio, conjetura, sospecha, barrunto, atisbo, semejanza, parecido, resplandor, reflejo.
ANT. *Oscuridad, negrera, disimilitud.*

vista
SIN. Visión, ojo, mirada, aspecto, apariencia, figura, paisaje, panorama, juicio, proceso, intuición, olfato.
ANT. *Ceguera, invidencia, torpeza.*

vistoso
SIN. Chillón, lúcido, brillante, airoso, agradable, fastuoso, gayo, hermoso, deleitable, llamativo, atrayente, atractivo, sugestivo, fascinante.
ANT. *Deslucido, pobre, desagradable, repulsivo.*

vital
SIN. Indispensable, esencial, transcendente, capital, neurálgico, vivaz, vivo, activo, enérgico, fuerte, vivificante, estimulante, nutritivo, tonificante.
ANT. *Intranscendente, prescindible, perjudicial, muerto, alicaído.*

vitando
SIN. Execrable, odioso, aborrecible, abominable, ominoso, despreciable, vil, grimoso, desamable.

ANT. *Amable, afable, agradable, simpático.*

vitorear
SIN. Aclamar, aplaudir, ovacionar, vocear, homenajear, enaltecer, glorificar, ensalzar.
ANT. *Abuchear, silbar, denigrar, censurar.*

vituperar
SIN. Reprobar, censurar, reprochar, recriminar, baldonar, desacreditar, mancillar, ofender, ultrajar, afrentar, motejar, criticar, afear, insultar, vilipendiar.
ANT. *Elogiar, alabar, aplaudir, celebrar, ponderar, encomiar.*

vituperio
SIN. Insulto, improperio, recriminación, reproche, censura, vilipendio, reprobación, baldón, ofensa, injuria, mancilla, mancha, deshonra, humillación, oprobio, afrenta, infamia.
ANT. *Elogio, loa, alabanza, aprobación, ponderación.*

vivacidad
SIN. Energía, vigor, fuerza, brillantez, agudeza, viveza, desenvoltura, lustre, listeza, eficacia.
ANT. *Decaimiento, languidez, debilidad, tristeza, torpeza.*

vivar
Amér.
SIN. Vitorear, aclamar, aplaudir, ovacionar.
ANT. *Ignorar, denigrar.*

vivaz
SIN. Enérgico, vívido, vigoroso, eficaz, perspicaz, agudo, listo, brillante, eficiente, útil, enérgico, comprensivo, sagaz, ingenioso.
ANT. *Débil, lánguido, flojo, apagado, inútil, ineficaz, torpe.*

víveres
SIN. Provisiones, vituallas, alimento, comestibles, suministro, pertrecho, reserva, acopio.
ANT. *Inexistencia, carencia.*

viveza
SIN. Prontitud, celeridad, apresuramiento, vehemencia, rapidez, presteza, actividad, vivacidad, ánimo, animación, vitalidad, dinamismo, agudeza, perspicacia, sagacidad, penetración, brillantez, esplendor, brillo, lustre, energía, ardimiento, ingeniosidad, ardor.
ANT. *Lentitud, torpeza, tristeza,*

apagamiento, languidez.

vivienda
SIN. Morada, casa, habitación, residencia, domicilio, hogar, piso, paradero, mansión, alojamiento, habitáculo, bloque, manzana.

vivificar
SIN. Confortar, reconfortar, alentar, animar, reanimar, avivar, refrigerar, tonificar, fortalecer, robustecer, reforzar.
ANT. *Debilitar, deprimir, desanimar.*

vivir
SIN. Habitar, morar, residir, establecerse, hospedarse, convivir, cohabitar, durar, estar, ser, existir, perdurar, respirar, subsistir, florecer.
ANT. *Marcharse, acabar, morir.*

vivo
SIN. Viviente, vital, biológico, orgánico, diligente, listo, pronto, presto, activo, enérgico, ágil, rápido, veloz, penetrante, intenso, palpitante, impetuoso, impulsivo, fuerte, ardiente, impresionable, sutil, sagaz, agudo, vivaracho, avispado, ingenioso, perspicaz, precipitado, descomedido, irreflexivo, expresivo, persuasivo, ingenioso, borde, canto, orilla.
ANT. *Muerto, inorgánico, exánime, mortecino, débil, torpe, calmoso, lánguido.*

vocablo
SIN. Voz, palabra, término, dicción, expresión, voquible, locución, verbo, dicho.

vocabulario
SIN. Diccionario, léxico, glosario, nomenclatura, terminología, catálogo, lista.

vocación
SIN. Llamada, llamamiento, inclinación, afición, profesión, aptitud, inspiración, propensión.
ANT. *Indiferencia, aversión.*

vocear
SIN. Pregonar, gritar, publicar, divulgar, manifestar, vociferar, chillar, clamar, desgañitarse, berrear, llamar, aclamar, aplaudir, vitorear.
ANT. *Callar, callarse, silenciar, censurar, criticar.*

vocerío
SIN. Algarabía, algarada, alboroto,

clamor, vocería, algazara, gritería, escándalo, confusión, griterío, barbulla, bulla, guirigay, albórbola, jaleo, jollín.
ANT. *Silencio, calma, discreción.*

volante
SIN. Volador, volátil, suelto, errante, transhumante, nómada, impreso, comunicación, aviso, nota, pase, pliegue, fruncido, rueda, aro.
ANT. *Fijo, permanente, sedentario.*

volar
SIN. Planear, sobrevolar, revolotear, surcar, elevarse, remontarse, navegar, pilotar, tripular, huir, escapar, correr, acelerar, explotar, detonar, dinamitar, estallar, saltar, reventar.
ANT. *Aterrizar, posarse, descender, bajar.*

volatilizar
SIN. Desintegrar, destruir, evaporar, sublimar, gasificar, vaporizar, desaparecer, esfumarse.
ANT. *Solidificar, licuar, aparecer.*

volcar
SIN. Tumbar, derribar, tirar, derrumbar, abatir, caer, inclinar, volver, derramar, verter, echar, vaciar, evacuar, dedicarse, consagrarse, interesarse.
ANT. *Enderezar, levantar, llenar, desentenderse, descuidar.*

voluble
SIN. Tornadizo, variable, mudable, mudadizo, cambiante, vacilante, inestable, versátil, inconstante, antojadizo, veleidoso, indeciso, informal, caprichoso, voltario, inconsecuente, casquivelero.
ANT. *Decidido, constante, invariable, inconmovible, serio, consecuente.*

volumen
SIN. Magnitud, espacio, tamaño, medida, dimensión, bulto, extensión, espesor, grueso, grosor, cuerpo, corpulencia, capacidad, tomo, libro, ejemplar, obra, infolio, cabina, desplazamiento, tonelaje, porte.

voluminoso
SIN. Grueso, grande, enorme, inmenso, abultado, corpulento, corpudo, orondo, gordo, desarrollado.

ANT. *Pequeño, delgado, insignificante.*

voluntad
SIN. Intención, ánimo, cariño, afición, afecto, amor, benevolencia, disposición, testamento, mandato, orden, precepto, ansia, deseo, afán, gana, antojo, perseverancia, firmeza, resolución, brío, tesón, constancia, consentimiento, asentimiento, conformidad, permiso, aquiescencia, anuencia, volición, mente.
ANT. *Indiferencia, debilidad, abulia, desánimo, odio, desagrado, prohibición, negación.*

voluntario
SIN. Deliberado, consciente, libre, volitivo, intencional, propio, sacrificado.
ANT. *Involuntario, indeliberado, forzado, impuesto, obligatorio.*

voluntarioso
SIN. Persistente, perserverante, obcecado, tozuelo, terco, testarudo, tenaz, obstinado, arbitrario, arbitrativo, volitivo, caprichoso, inconstante, mudable.
ANT. *Apático, transigente, abúlico, abandonado, vago, holgazán, constante.*

voluptuoso
SIN. Concupiscente, libidinoso, placentero, erótico, sensual, licencioso, lujurioso, obsceno, lascivo, libertino, gozador, apasionado, hedonista, epicúreo.
ANT. *Pudoroso, pudibundo, honesto, casto, frío, moral, mortificado.*

volver
SIN. Tornar, regresar, retornar, venir, llegar, reaparecer, devolver, restituir, vomitar, regurgitar, traducir, corresponder, pagar, satisfacer, dirigir, encaminar, trasladar, restablecer, arrojar, repetir, reiterar, girar, virar, revolver, voltear, volcar, invertir, cambiar, transformar, convertir.
ANT. *Marchar, ir, conservar, cobrar, mantener, dejar.*

vomitar
SIN. Devolver, arrojar, regurgitar, basquear, expulsar, expeler, arquear, provocar, trasbocar, desembuchar, confesar, declarar, desahogarse.
ANT. *Aguantar, retener, engullir,*

tragar, deglutir, callarse.

voracidad
SIN. Glotonería, tragonería, tragonía, avidez, ansia, hambre, apetito, gula, insaciabilidad, codicia, avaricia.
ANT. *Inapetencia, desgana, sobriedad, moderación, generosidad.*

vorágine
SIN. Vórtice, remolino, torbellino, turbulencia, tromba, corriente, tumulto, caos, desorden.
ANT. *Calma, tranquilidad, silencio, orden.*

voraz
SIN. Tragón, devorador, comilón, gargantúa, insaciable, adéfago, tragaldabas, vorace, zampón, hambrón, hambrío, hambriento, violento, destructor, activo, ávido, ansioso, ambicioso, codicioso.
ANT. *Inapetente, desganado, sobrio, suave, débil, generoso.*

votar
SIN. Elegir, nominar, nombrar, opinar, sufragar, emitir, depositar, blasfemar, maldecir, jurar, renegar, insultar.
ANT. *Abstenerse, inhibirse.*

voto
SIN. Blasfemia, reniego, palabrota, juramento, maldición, imprecación, taco, terno, venablo, execra-

ción, prometimiento, promesa, juramento, ofrecimiento, ofrenda, parecer, dictamen, opinión, ruego, oración, deprecación, súplica, deseo, ansia, anhelo, afán, papeleta, boleto.
ANT. *Delicadeza, elogio, descompromiso, negación, rechazo.*

voz
SIN. Palabra, término, vocablo, expresión, dicción, verbo, dicho, locución, sonido, fonación, pronunciación, emisión, canto, grito, opinión, chisme, rumor.
ANT. *Silencio, mutismo, verdad.*

vuelta
SIN. Retorno, regreso, venida, llegada, tornada, devolución, calderilla, dinero, recompensa, vez, turno, ronda, mano, repetición, tunda, zurra, tollina, revés, reverso, circunvolución, sobrante, repetición, retornelo, embozo, bocamanga, mudanza, cambio, virada, voltereta, giro, rotación, revolución.
ANT. *Ida, marcha, inmovilismo, caricia.*

vulgar
SIN. Corriente, común, tópico, trillado, adocenado, chabacano, charro, plebeyo, popular, general, ordinario, basto, inelegante, tosco, grosero, inculto, simple, sanchopancesco, romance.
ANT. *Singular, único, exótico, par-*

ticular, refinado, educado, latino.

vulgaridad
SIN. Grosería, ordinariez, tosquedad, inelegancia, simpleza, plebeyez, vulgarismo, tópico, trivialidad, banalidad.
ANT. *Elegancia, distinción, exquisitez, particularidad, originalidad.*

vulgarizar
SIN. Generalizar, divulgar, familiarizar, adocenar.

vulgo
SIN. Gente, plebe, pueblo, profano, masa, populacho, turba, horda, chusma, morralla, vulgarmente, comúnmente, corrientemente.
ANT. *Nobleza, aristocracia, burguesía, distinción, exquisitez.*

vulnerable
SIN. Dañable, lastimable, atacable, devalido, desamparado, indefenso, inerme, perjudicable, endeble, débil, sensible.
ANT. *Invulnerable, inasequible, fuerte, insensible.*

vulnerar
SIN. Perjudicar, dañar, lesionar, lastimar, menoscabar, ofender, violentar, quebrantar, incumplir, violar, desobedecer, contravenir, transgredir, delinquir, herir, lacerar, infringir, maltratar, pinchar.
ANT. *Amparar, auxiliar, favorecer, cumplir, acatar.*

Y   Z

ya
SIN. Ahora, hoy.
ANT. *Nunca, ayer.*

yacer
SIN. Acostarse, tenderse, echarse, tumbarse, descansar, reposar, holgarse, dormir, ayuntarse, sepultar.
ANT. *Levantarse, erguirse.*

yacija
SIN. Fosa, huesa, sepultura, tumba, sepulcro, hoya, cama, lecho, catre, tálamo.

yacimiento
SIN. Mina, cantera, veta, filón, depósito.

yactura
SIN. Pérdida, quiebra, daño, menoscabo, extorsión, perjuicio.

yantar
SIN. Comer, alimentarse, comida, sustento, vianda, pitanza.
ANT. *Ayunar, ayuno, dieta, abstinencia.*

yate
SIN. Barca, barco, velero, balandro, embarcación.

yegua
SIN. Potranca, jaca, mula.

yeguada
SIN. Manada, rebaño, yagüería.

yelmo
SIN. Casco, celada, almete, bacinete.

yema
SIN. Brote, germinación, botón, renuevo, capullo, retoño, vástago, núcleo, corazón.

yerbatero
Amér.
SIN. Curandero, medicastro, curador.

yermar
SIN. Despoblar, asolar, devastar, arruinar, esterilizar.
ANT. *Poblar, repoblar, cultivar.*

yermo
SIN. Desierto, inhabitado, desértico, erial, desolado, erío, despoblado, solitario, inculto, estéril, infecundo, infértil, baldío, pedregal, barbecho.
ANT. *Habitado, cultivado, fértil, fecundo.*

yerro
SIN. Error, falta, equivocación, desacierto, desliz, descuido, torpeza, culpa, delito, errata, errada.
ANT. *Acierto, perfección.*

yerto
SIN. Rígido, tieso, inflexible, atiesado, envarado, enhiesto, erguido,

inhiesto, entelerido, helado, congelado, gélido, entumecido, arrecido.
ANT. *Flexible, doblegable, cálido, caliente.*

yérsey
Amér.
SIN. Jersey, rebeca, chaqueta, chaleco.

yesca
SIN. Pedernal, eslabón, lumbre, chisquero, incentivo, estímulo, acicate.

yugada
SIN. Yunta, yugo, arada, superficie.

yugo
SIN. Ley, dominio, obligación, obediencia, esclavitud, sumisión, servidumbre, vasallaje, disciplina, atadura, carga, prisión.
ANT. *Libertad, emancipación, indisciplina.*

yunque
SIN. Forja, tas.

yunta
SIN. Yugada, pareja, tiro, collera (*Amér.*).

yuxtaponer
SIN. Adosar, juntar, aplicar.
ANT. *Separar, apartar, distanciar.*

---

zafacoca
Amér.
SIN. Riña, trifulca, alboroto, gresca, bronca.
ANT. *Paz, tranquilidad.*

zafar
SIN. Desembarazar, desobstruir,

adornar, hermosear, guarnecer, acicalar, engalanar.
ANT. *Resistir, enfrentarse, afrontar, descuidar, desparamentar, afear.*

zafar
Amér.

SIN. Dislocar, descoyuntar, desquiciar.
ANT. *Encajar.*

zafarrancho
SIN. Limpieza, desembarazo, alarma, toque, riña, pendencia, pelea, bronca, desastre, trapatiesta, zaca-

peta, chamusquina, riza, destrozo.
ANT. *Descuido, abandono, paz, calma, arreglo.*

zafarse
SIN. Salirse, escaparse, ocultarse, excusarse, librarse, evitar, largarse, evadirse, huir, soltarse, rehuir, regatear.
ANT. *Afrontar, resistir, asumir, permanecer, quedarse.*

zafio
SIN. Rudo, tosco, inculto, rústico, zote, grosero, incivil, palurdo, patán, paleto, isidro.
ANT. *Culto, fino, educado, delicado.*

zaga
SIN. Talón, dorso, reverso, parte, posterior, cola, retaguardia, defensa.
ANT. *Delante, vanguardia, delantera.*

zagal
SIN. Muchacho, mozo, adolescente, joven, pastor, zagalejo, refajo.
ANT. *Viejo, senil.*

zaguán
SIN. Entrada, vestíbulo, hall, pórtico, portal, recibidor, atrio.
ANT. *Salida.*

zaguero
SIN. Último, postrero, trasero, rezagado, posterior, defensa.
ANT. *Primero, delantero.*

zahareño
SIN. Indómito, bravío, desdeñoso, desabrido, arisco, vispo, esquivo, huraño, intratable, irreductible, arisco.
ANT. *Sumiso, manso, amable, accesible, acogedor.*

zaherir
SIN. Censurar, reprender, molestar, criticar, ironizar, satirizar, mortificar, ofender, vejar, pinchar, escarnecer, cancerar.
ANT. *Alabar, ensalzar, elogiar, piropear, apreciar.*

zahondar
SIN. Ahondar, cavar, excavar, sumergirse, hundirse, naufragar.
ANT. *Amontonar, flotar.*

zahurda
SIN. Cuchitril, tugurio, tabuco, zaquizamí, porqueriza, pocilga, cochitril, leonera, huronera.

zaíno
SIN. Traidor, desleal, infiel, falso, castaño, marrón, pardo, negro, rojizo.
ANT. *Devoto, constante, fiel, sincero, leal.*

zalagarda
SIN. Emboscada, lazo, trampa, ardid, celada, astucia, escaramuza, alboroto, pendencia.
ANT. *Lealtad, nobleza, sosiego, paz.*

zalamería
SIN. Carantoña, halago, requiebro, piropo, embeleco, arrumaco, barbilleo, caricia, gatería, zalema, zalama, zalamelé, mimo, cariño.
ANT. *Desprecio, repulsa, hosquedad, sobriedad, insulto, ofensa.*

zalema
SIN. Saludo, reverencia, cortesanía, genuflexión, inclinación, cortesía, sumisión.
ANT. *Desacato, descortesía, grosería.*

zamacuco
SIN. Estúpido, torpe, tolete, tolondro, disimulado, astuto, abrutado, lerdo, tardo, borrachera, embriaguez, trompa, mordaguera, merluza, cogorza, turca, trúpita.
ANT. *Listo, vivo, avispado, sobriedad.*

zambo
SIN. Torcido, befo, desviado, patizambo, deforme, desigual.
ANT. *Recto, derecho.*

zambombazo
SIN. Chupinazo, explosión, estallido, estruendo, golpe, porrazo, confusión, sobresalto, sorpresa.
ANT. *Calma, silencio, mimo.*

zambombo
SIN. Tosco, grosero, necio, estúpido, imbécil, rústico, rudo, torpe, zamacuco.
ANT. *Listo, vivo, culto.*

zamborotudo
SIN. Tosco, ordinario, basto, grueso, repolludo, achaparrado, obeso, malformado.
ANT. *Fino, cultivado, esbelto.*

zambra
SIN. Fiesta, danza, bulla, algazara, gresca, jaleo, regocijo, bullicio, alboroto, holgorio, jolgorio, jollín.
ANT. *Aburrimiento, tristeza, silen-*

cio, calma, tranquilidad.

zambullirse
SIN. Bañarse, bucear, nadar, sumergirse, hundirse, naufragar, tirarse, cubrirse, esconderse.
ANT. *Salir, flotar, emerger, aparecer.*

zampar
SIN. Comer, tragar, engullir, devorar.
ANT. *Ayunar, comedirse, refrenarse.*

zancada
SIN. Tranco, trancada, paso, zanca, marcha.
ANT. *Parada, detención.*

zancadilla
SIN. Tropezón, traspié, trampa, ardid, engaño, fraude, estratagema.

zángano
SIN. Vago, haragán, indolente, gandul, harón, pigre, agalbanado, candongo, vilordo, remolón, perezoso, gandul, inútil, apático, abúlico, zangandungo.
ANT. *Activo, trabajador, diligente, vivaz, útil.*

zangarriana
SIN. Tristeza, cacorra, pena, pesadumbre, melancolía, morriña, saudade, disgusto.
ANT. *Optimismo, contento, alegría.*

zangón
SIN. Zangarillón, zangolotino, muchachote, desgarbado, vago, gandul, vilordo.
ANT. *Bajo, fuerte, activo.*

zanja
SIN. Excavación, surco, hoyo, foso, fosa, trinchera, cuneta, aguadera, cortafuego, tijera, cauce, conducto, aradura, acequia.

zanjar
SIN. Cavar, excavar, obviar, allanar, resolver, dirimir, orillar, vencer, terminar, arreglar, solucionar, acabar, concluir, finiquitar.
ANT. *Suscitar, producir, entorpecer, dificultar.*

zapar
SIN. Excavar, cavar, minar, ahondar, profundizar, abrir, desmontar, ahuecar, perforar, horadar, escarbar, extraer, socavar, penetrar, avanzar.
ANT. *Llenar, rellenar, tapar, cubrir.*

zapatilla

SIN. Alpargata, babucha, chinela, pantufla, chancleta.

zapato

SIN. Calzado, bota, botín, polaina, zueco, sandalia, alpargata, abarca, albarca, mocasín, coturno.

zaquizamí

SIN. Desván, guardilla, buharda, sotabanco, buhardilla, sobrado, tugurio, chiribitil, leonera, tabuco, zahurda.
ANT. *Palacio.*

zarabanda

SIN. Danza, baile, diversión, escándalo, jolgorio, holgorio, estrépido, bulla, algazara.
ANT. *Silencio, tranquilidad, paz, sosiego.*

zaragata

SIN. Gresca, trifulca, contienda, tumulto, batahola, pelea, albórbola, pendencia, riña, tremolina, reyerta, alboroto, trapatiesta.
ANT. *Paz, sosiego, silencio.*

zaragatero

SIN. Bullicioso, bullanguero, alborotador, escandaloso.

zarandajas

SIN. Bagatelas, minucias, pequeñeces, insignificancias, inutilidades, desperdicios.
ANT. *Importancia, grandeza, seriedad.*

zarandear

SIN. Ajetrear, sacudir, azacanar, menear, baquetear, remover, mover, agitar, traquetear.
ANT. *Asegurar, afirmar, aquietar, reposar.*

zarandillo

SIN. Ágil, inquieto, vivo, ligero, travieso, mataperros, vivaracho.
ANT. *Tranquilo, quieto, pacífico.*

zarcillo

SIN. Pendiente, arracada, arete, criolla, escardillo, almocafre, cirro, tijerilla.

zarpa

SIN. Mano, garra, garfa, uña, puño.

zarpar

SIN. Desancorar, desanclar, desatracar, partir, salir, marchar, largarse.

ANT. *Atracar, anclar, entrar, llegar.*

zarrapastroso

SIN. Desaseado, desarrapado, desaliñado, zaparrastroso, andrajoso, sucio, roto, harapiento, adán, zarrapastrón, zarrapastro.
ANT. *Limpio, aseado, pulcro, elegante.*

zarzal

SIN. Matorral, barzal, busquizal, maleza, soto, breña, broza.

zascandil

SIN. Mequetrefe, estafador, astuto, informal, embelecador, trasto, chisgarabis, danzante, bullicioso, entrometido.
ANT. *Serio, formal, grave, juicioso.*

zigzag

SIN. Serpenteo, culebreo, ondulación, quingo (*Amér.*), ese, línea, quebrada.
ANT. *Recta, derechura.*

zipizape

SIN. Bronca, riña, trifulca, contienda, zaragata, albórbola, pendencia, pelazga, trapatiesta, chamusquina, zalagarda.
ANT. *Paz, tranquilidad, calma, armonía.*

zócalo

SIN. Rodapié, friso, pedestal, soporte, pie.

zoco

SIN. Mercado, plaza, mercadillo, baratillo, feria, lonja, rastro, tenderete.

zona

SIN. Banda, franja, lista, parte, sector, superficie, área, terreno, demarcación.

zopenco

SIN. Tonto, torpe, lerdo, idiota, bruto, rudo.
ANT. *Avispado, listo, vivo, agudo.*

zoquete

SIN. Torpe, tardo, tosco, bambarria, tarugo.
ANT. *Culto, listo, preparado.*

zorra

SIN. Raposa, vulpeja, astuta, taimada, prostituta, golfa, pendón, borrachera, curda.
ANT. *Casta, honesta, sobriedad.*

zorrería

SIN. Astucia, cautela, ardid, embeleco, solercia, cazurría, disimulo, picardía, putería.
ANT. *Nobleza, honradez, sinceridad, lealtad.*

zorro

SIN. Raposo, lobo (*Amér.*), taimado, astuto, cazurro, ladino, sagaz, cauteloso.
ANT. *Sincero, noble, franco.*

zorrocloco

SIN. Taimado, conchudo, camastrón, redomado, perillán, arrumaco.
ANT. *Simple, tonto.*

zote

SIN. Ignorante, zafio, rudo, tonto, necio, cebollino, cerrado, asno, burro, borrico, torpe, estulto.
ANT. *Listo, avispado.*

zozobra

SIN. Hundimiento, vuelco, naufragio, congoja, ansiedad, angustia, sobresalto, desasosiego, inquietud, temor, ansia, torozón, intranquilidad, aflicción.
ANT. *Calma, sosiego, tranquilidad, serenidad.*

zueco

SIN. Zoco, zoclo, madreña, almadreña, galocha, chanclo, colodro, corcho, alcorque, chapín.

zumba

SIN. Chanza, broma, chasco, burlería, vaya, changarra, cencerro, bramadera, moscarda, moscardón, tunda, zurra, paliza, tollina.
ANT. *Seriedad, gravedad, severidad.*

zumbar

SIN. Bardonear, ronronear, susurrar, silbar, tatarear, bramar, frisar, acercarse, azuzar, pegar, atizar, propinar, burlarse, embromar, chancearse.
ANT. *Silenciar, apagar, callar, acariciar, cuidar.*

zumbón

SIN. Burlón, guasón, chusco, bromista, gracioso, jacarero, chufletero, chacotero, cencerro, changarro.
ANT. *Serio, grave, severo, triste.*

zumo

SIN. Caldo, jugo, extracto, resina, esencia, néctar, provecho, beneficio, renta, rédito, ganancia.
ANT. *Sequedad, pérdida.*

zurcir

SIN. Remendar, coser, remallar, juntar, unir, tramar, mentir, urdir.
ANT. *Descuidar, romper, confesar.*

zurra

SIN. Curtido, adobe, fundición, felpa, paliza, tunda, golpiza (*Amér.*), solfa, toñina, tollina, azotaina, solfeo, zurribanda.
ANT. *Caricia, mimo, halago.*

zurrar

SIN. Curtir, adobar, apalear, pegar, sacudir, vapulear, azotar, aporrear, propinar, fustigar, varear, asestar, atacar, censurar, recriminar.
ANT. *Acariciar, respetar, mimar, halagar, ensalzar, amigar.*

zurribanda

SIN. Paliza, zurra, castigo, tollina, tunda, riña, pendencia, bronca, contienda.
ANT. *Mimo, caricia, pláceme, orden, tranquilidad.*

zurriburri

SIN. Vil, ruin, despreciable, barullo, desorden, alboroto, confusión, caterva, chusma, turba.
ANT. *Noble, digno, paz, orden, minoría, selección.*

zurrido

SIN. Palo, golpe, garrotazo, estacazo, trancazo.
ANT. *Respeto, mimo, cuidado.*

zurrona

SIN. Ramera, hetaira, horizontal, puta, meretriz, tramposa, estafadora.
ANT. *Honrada, honesta.*

zutano

SIN. Fulano, citano, mengano, peregano, desconocido, cualquiera.
ANT. *Conocido, determinado.*

VOCABULARIO PLURILINGÜE
Inglés / Francés
Alemán / Italiano

ababol
m. I. poppy; F. coquelicot; A. Klatschrose; It. rosolaccio.

abacero
m. I. grocer; F. épicier; A. Geürzkrämer; It. droghiere.

ábaco
m. I. abacus; F. abaque; A. Abakus; It. abaco.

abad
m. I. abbat; F. abbé; A. Abt; It. abate.

abadejo
m. I. codfish; F. morue; A. Stakfisch; It. baccalà.

abadia
f. I. abbey; F. abbayé; A. Abtei; It. abbadia.

abajo
adv. I. down; F. en bas; A. hinab; It. abbaso.

abaldonar
tr. I. to vilify; F. avilir; A. herabsetzen; It. rinyilire.

abandonar
tr. I. to forsake; F. délaiser; A. verlassen; It. lasciare.

abandono
m. I. forlornness; F. abandon; A. Verlassenheit; It. abbandono.

abanico
m. I. fan; F. éventail; A. Fächer; It. ventaglio.

abarcar
tr. I. to embrace; F. embrasser; A. umarmen; It. abbraciare.

abarrotar
tr. I. to overstock; F. garrotter; A. stauen; It. inlattare.

abastecedor
adj. I. purveyor; F. pourvoyeur; A. Proviantlieferant; It. provveditore.

abastecer
tr. I. to purvey; F. fournir; A. versorgen; It. fornire.

abasto
m. I. provision, supply; F. provision; A. Vorräte; It. provista.

abatido
adj. I. dejected; F. découragé; A. mutlos; It. scorato.

abatimiento
m. I. depression; F. abattement; A. Niedergeschlagenheit; It. abbatimento.

abatir
tr. I. to throw down; F. renverser; A. umstürzen; It. abbattere.

abdicación
f. I. y F. abdication; A. Abdankung; It. abdicazione.

abdicar
tr. I. to abdicate; F. abdiquer; A. abdanken; It. abdicare.

abdomen
m. I. belly; F. abdomen; A. Bauch; It. addome.

abecedario
m. I. primer; F. abécédaire; A. Abcbuch; It. abbecedario.

abejar
m. I. apiary; F. rucher; A. Bienenstand; It. arniaio.

abellacado
adj. I. mean; F. fourbe; A. spitzbübisch; It. furbo.

aberración
f. I. y F. aberration; A. Aberration; It. aberrazione.

aberrar
intr. I. to aberrate; F. aberrer; A. abirren; It. aberrare.

abertura
f. I. aperture, opening; F. ouverture; A. Öffnung, Spalt; It. apertura.

abierto
adj. I. open; F. ouvert; A. offen; It. aperto.

abigarrado
adj. I. variegated; F. bigarré; A. buntscheckig; It. screziato.

abigarrar
tr. I. variegate; F. bigarrer; A. buntscheckig machen; It. screziare.

abismal
m. I. clasp-nail; F. boulon de fixation; A. Befestigungsschraube; It. cavicchia.

abismar
tr. I. to depress; F. abîmer; A. versinken; It. abissare.

abismo
m. I. abyss; F. abîme; A. Abgrund; It. abisso.

abjuración
f. I. y F. abjuration; A. Abschwörung; It. abiurazione.

abjurar
tr. I. to abjure; F. abjurer; A. abschwören; It. abiurare.

ablación
f. I. y F. ablation; A. Wegnahme; It. ablazione.

ablandar
tr. I. to soften; F. amollir; A. erweichen; It. rammollire.

ablución
f. I. y F. ablution; A. Abwaschung; It. abluzione.

abnegación
f. I. abnegation; F. abnégation; A. Selbstlosigkeit; It. abnegazione.

abobar
tr. I. to stupefy; F. ébair; A. dumm machen; It. stupefare.

abocar
tr. I. to mouth; F. aboucher; A. mit dem Munde packen; It. abbocare.

abocetar
tr. I. to sketch; F. ébaucher; A. skizzieren; It. abozzare.

abochornar
tr. I. to overheat; F. échauffer; A. erzürnen; It. abbrustolare.

abofetear
tr. I. to slap; F. souffleter; A. ohrfeigen; It. schiafferiare.

abogado
m. I. lawyer; F. avocat; A. Anwalt; It. avvocato.

abogar
intr. I. to plead; F. plaider; A. plädieren; It. patrocinare.

abolengo
m. I. lineage; F. généalogie; A. Abstammung; It. ascendenza.

abolición
f. I. y F. abolition; A. Abschaffung; It. abolizione.

abolir
tr. I. to abolish; F. abolir; A. abschaffen; It. abolire.

abollado
adj. I. embossed; F. bossué; A. beulig; It. acciaccato.

abollar
tr. I. to dent; F. bossuer; A. verbeulen; It. acciaccare.

abombar
tr. I. to bend; F. arronder; A. wölben; It. rotondare.

abominable
adj. I. y F. abominable; A. scheusslich; It. abbominabile.

abominación
f. I. y F. abomination; A. Abscheu; It. abbominazione.

abominar
tr. I. to abominate; F. abominer; A. verabscheuen; It. abominare.

abonado
adj. I. subscriber; F. abonné; A. fähig; It. accreditato.

abonanzar
intr. I. to calm; F. se rasséréner; A. aufheitern; It. rasserenare.

abonar
tr. I. to pay; F. payer; A. zahlen; It. pagare.

abonaré
m. I. draft; F. billet à ordre; A. Scheck; It. cambiale.

abono
m. I. credit; F. crédit; A. Gutschrift; It. abbonamento, credito.

abordable
adj. I. boardable; F. abordable; A. zugänglich; It. abbordabile.

abordaje
m. I. boarding; F. abordage; A. Entern; It. abbordo.

abordar
tr. I. to board; F. aborder; A. entern; It. abbordare.

aborigen
adj. I. aborigine; F. aborigenes; A. Ureinwohner; It. aborigeno.

aborrecer
tr. I. to abhorr, to hate; F. haïr; A. hassen; It. aborrire.

aborrecible
adj. I. hateful; F. haïssable; A. hassenswert; It. aborrevole.

abortar
tr. I. to abort; F. avorter; A. missgebären; It. abortire.

abortivo
adj. I. abortive; F. abortif; A. abortiv; It. abortivo.

aborto
m. I. miscarriage, abortion; F. avortement; A. Fehlgeburt; It. aborto.

abotagamiento
m. I. swelling; F. enflure; A. Anschwellung; It. enfiagione.

abra
f. I. haven; F. havre; A. Bai; It. insenatura.

abrasador
adj. I. burning; F. brûlant; A. brennend; It. cocente.

abrasar
tr. I. to burn; F. embraser; A. verbrennen; It. abbruciare.

abrazadera
f. I. brace; F. embrasse; A. Zwinge; It. ghiera.

abrazar
tr. I. to embrace; F. embrasser; A. umarmen; It. abbracciare.

abrazo
m. I. embracement; F. embrassement; A. Umarmung; It. abbraccio.

abrevadero
m..I. wateringplace; F. abreuvoir; A. Tränke; It. abbeveratorio.

abrevar
tr. I. to water, to drink; F. abreuver; A. tränken; It. abbreverare.

abreviar
tr. I. to abridge; F. abréger; A. abkürtzen; It. abbreviare.

abreviatura
f. I. abbreviation; F. abréviation; A. Abkürtzung; It. abbreviazione.

abrigar
tr. I. to shelter; F. abriter; A. beschützen; It. riparare.

abrigo
m. I. shelter; F. abri; A. Obdach; It. riparo.

abril
m. I. y A. April; F. avril; It. aprile.

abrillantar
tr. I. to polish; F. brillanter; A. glänzen; It. brillantare.

abrir
tr. I. to open; F. ouvrir; A. öffnen; It. aprire.

abrochar
tr. I. to button; F. agrafer; A. Knöpfen; It. abbotonare.

abrogar
tr. I. to abrogate; F. abroger; A. abschaffen; It. abrogare.

abrumar
tr. I. to overwhelm; F. accabler; A. bedrücken; It. aggravare.

abrupto
adj. I. craggy, abrupt; F. abrupt; A. schroff; It. dirupato.

absceso
m. I. abscess; F. abcès; A. Geschwür; It. ascesso.

ábside
m. I. apse; F. abside; A. Apsis; It. abside.

absolución
f. I. y F. absolution; A. Ablass; It. assoluzione.

absolutismo
m. I. absolutism; F. absolutisme; A. Absolutismus; It. assolutismo.

absoluto
adj. I. absolute; F. absolu; A. unbedingt; It. assoluto.

absolver
tr. I. to absolve; F. absoudre; A. freisprechen; It. assolvere.

absorbente
adj. I. absorbent; F. absorbant; A. aufsaugend; It. assorbente.

absorber
tr. **I.** to absorb; **F.** absorber; **A.** einsaugen; **It.** assorbire.

absortar
tr. **I.** to amaze; **F.** ravir; **A.** verwunden; **It.** rapire.

absorto
adj. **I.** startled; **F.** absorbé; **A.** hingerissen; **It.** rapito.

abstemio
adj. **I.** abstemions; **F.** abstème; **A.** Abstinenzler; **It.** astemio.

abstención
f. **I.** y **F.** abstention; **A.** Enthaltung; **It.** astensione.

abstinencia
f. **I.** y **F.** abstinence; **A.** Abstinenz; **It.** astinenza.

abstracción
f. **I.** y **F.** abstraction; **A.** Abstraktion; **It.** astrazione.

abstracto
adj. **I.** abstract; **F.** abstrait; **A.** abstrakt; **It.** astratto.

abstraer
tr. **I.** to abstract; **F.** abstraire; **A.** abstrahieren; **It.** astracce.

abstruso
adj. **I.** abstruse; **A.** y **F.** abstrus; **It.** astruso.

absurdo
adj. **I.** odd, absurd; **F.** absurde; **A.** widersinnig; **It.** assurdo.

abuelo
m. **I.** grandfather; **F.** grand-père; **A.** Grossvater; **It.** nonno.

abulia
f. **I.** e **It.** abulia; **F.** abulie; **A.** Willenlosigkeit.

abultado
adj. **I.** bulky; **F.** gros; **A.** stark; **It.** ingrossato.

abultar
tr. **I.** to enlarge; **F.** grossir; **A.** vergrössern; **It.** ingrossare.

abundancia
f. **I.** abundance; **F.** abondance; **A.** Überfluss; **It.** abbondanza.

abundar
intr. **I.** to abound; **F.** abonder; **A.** reichlichen; **It.** abbondare.

aburrimiento
m. **I.** boredom; **F.** ennui; **A.** Langeweile; **It.** noia.

aburrir
tr. **I.** to bore; **F.** ennuyer; **A.** langweilen; **It.** annoiare.

abusar
tr. **I.** to abuse; **F.** abuser; **A.** missbrauchen; **It.** abusare.

abusivo
adj. **I.** abusive; **F.** abusif; **A.** widerrechtlich; **It.** abusivo.

abuso
m. **I.** abuse; **F.** abus; **A.** Missbrauch; **It.** abuso.

abyección
f. **I.** y **F.** abjection; **A.** Veworfenheit; **It.** abbiezione.

abyecto
adj. **I.** y **F.** abject; **A.** verworfen; **It.** abbietto.

acá
adv. **I.** here; **F.** ici; **A.** hierher; **It.** qua.

acabado
adj. **I.** finished; **F.** accompli; **A.** vollendet; **It.** finito.

acabar
tr. **I.** to finish, to end; **F.** finir, achever; **A.** enden; **It.** finire.

acabildar
tr. **I.** to gather; **F.** associer; **A.** sammeln; **It.** associare.

académico
adj. **I.** academic; **F.** académicien; **A.** akademisch; **It.** accademico.

acaecer
intr. **I.** to happen; **F.** arriver; **A.** vorkommen; **It.** accadere.

acaloramiento
m. **I.** warming; **F.** échauffement; **A.** Erhitzung; **It.** riscaldamento.

acalorar
tr. **I.** to warm, to heat; **F.** échauffer; **A.** erhitzen; **It.** riscaldare.

acallar
tr. **I.** to silence; **F.** faire taire; **A.** Zum Schweigen bringen; **It.** far tacere.

acampar
intr. **I.** to camp; **F.** camper; **A.** Kampieren; **It.** accampare.

acanalado
adj. **I.** channeled; **F.** cannelé; **A.** gerippt; **It.** incanalato.

acanalar
tr. **I.** to channel; **F.** canneler; **A.** auskehlen; **It.** accanalare.

acantilado
adj. **I.** cliffy; **F.** falaise; **A.** steil; **It.** dirupato.

acantonar
tr. **I.** to canton; **F.** cantonner; **A.** einlagern; **It.** accantonare.

acaparador
adj. **I.** forestaller; **F.** accapareur; **A.** Aufkäufer; **It.** accaparratore.

acariciar
tr. **I.** to caress; **F.** caresser; **A.** liebkosen; **It.** accarezzare.

acarrear
tr. **I.** to carry; **F.** charrier; **A.** anfahren; **It.** carreggiare.

acarreo
m. **I.** carriage; **F.** charriage; **A.** Anfuhr; **It.** carreggio.

acaso
m. **I.** hazard; **F.** hasard; **A.** Zufall; **It.** azzardo.

acatamiento
m. **I.** y **F.** respect; **A.** Hochachtung; **It.** rispetto.

acatar
tr. **I.** to respect; **F.** respecter; **A.** anerkenen; **It.** rispettare.

acaudalado
adj. **I.** wealthy; **F.** riche; **A.** wohlhabend; **It.** opulento.

acaudalar
tr. **I.** to treasure; **F.** enrichir; **A.** Reichtümer sammeln; **It.** tesoreggiare.

acceder
intr. **I.** accede; **F.** accéder; **A.** beistimmen; **It.** accedere.

accesible
adj. **I.** y **F.** accesible; **A.** zugänglich; **It.** accessibile.

accésit
m. **I.** e **It.** accessit; **F.** accésit; **A.** Nebenpreis.

acceso
m. **I.** access; **F.** accés; **A.** Zutritt; **It.** accesso.

accesorio
adj. I. accessory, spare-part; F. accesoire; A. zugehörig; It. accessorio.

accidentado
adj. I. faint; F. évanoui; A. unpässlich; It. accidentale.

accidental
adj. I. accidental; F. accidentel; A. zufällig; It. accidentale.

accidente
m. I. y F. accident; A. Akzidens, Unfall; It. accidente.

acción
f. I. y F. action; A. Handlung; It. azione.

accionista
m. I. shareholder; F. actionnaire; A. Aktionnär; It. azionista.

acechar
tr. I. to waylay; F. guetter; A. belauern; It. spiare.

acecho
tr. I. waylaying; F. guet; A. Auflauern; It. agguato.

acedar
tr. I. to sour; F. aigrir; A. säuern; It. acetare.

acedía
f. I. sourness; F. acidité; A. Säure; It. acidità.

acedo
adj. I. sour; F. aigre; A. sauer; It. agro.

aceite
m. I. oil; F. huile; A. Öl; It. olio.

aceitoso
adj. I. oily; F. huileux; A. ölig; It. olioso.

acelerar
tr. I. to accelerate; F. accélérer; A. beschleunigen; It. accelerare.

acendrado
adj. I. purified; F. épuré; A. läutern; It. purificare.

acendrar
tr. I. to purify; F. épurer; A. läutern; It. purificare.

acento
m. I. y F. accent; A. Akzent; It. accento.

acentuar
tr. I. to accentuate; F. accentuer; A. betonen; It. accentuare.

acepción
f. I. y F. acception; A. Bedeutung; It. accezione.

aceptación
f. I. y F. acceptation; A. Annahme; It. accettazione.

aceptar
tr. I. to accept; F. accepter; A. akzeptieren; It. accettare.

acequia
f. I. trench; F. canal; A. Wassergraben; It. canale.

acerado
adj. I. steeled; F. acéré; A. gestählt; It. acciaiato.

acerar
tr. I. to steel; F. aciérer; A. verstählen; It. acciaiare.

acerbo
adj. I. acerb; F. acerbe; A. hart; It. acerbo.

acercar
tr. I. to approach; F. approcher; A. nahen; It. avvicinare.

acero
m. I. steel; F. acier; A. Stahl; It. acciaio.

acérrimo
adj. I. strenuous; F. très tenace; A. sehr hart; It. acerrimo.

acertado
adj. I. fit; F. convenable; A. toiftig; It. riuscito.

acertar
tr. I. to hit; F. frapper au but; A. erraten; It. riuscire.

acertijo
m. I. riddle; F. enigme; A. Rätsel; It. enigma,

acervo
m. I. heap; F. amas; A. Haufen; It. acervo.

aciago
adj. I. unhappy; F. malheureux; A. unglücklich; It. sciagurato.

acibarar
tr. I. to embitter; F. rendre amer; A. verbittern; It. amareggiare.

acicalado
adj. I. dressed; F. paré; A. herausgeputzt; It. pulito.

acicalar
tr. I. to dress; F. parer; A. schniegeln; It. pulire.

acicate
m. I. goad-spur; F. éperon turc; A. maurischer Sporn; It. sperone.

acidez
f. I. acidity; F. acidité; A. Säuregehalt; It. acidezza.

ácido
adj. I. acid; F. acide; A. Säure; It. acido.

acierto
m. I. achievement; F. réussite; A. Erfolg; It. riuscita.

aclamar
tr. I. acclaim; F. acclamer; A. Zujauchzen; It. acclamare.

aclaración
f. I. explanation; F. éclaircissement; A. Erklärung; It. schiarimento.

aclarar
tr. I. to clear; F. éclaircir; A. erklären; It. schiarire.

aclimatación
f. I. acclimation; F. aclimatation; A. Akklimatisierung; It. acclimazione.

aclimatar
tr. I. to acclimatize; F. acclimater; A. akklimatisieren; It. acclimare.

acobardar
tr. I. to intimidate; F. intimider; A. einschüchtern; It. intimidire.

acoger
tr. I. to welcome; F. accueillir; A. aufnehmen; It. accogliere.

acogida
f. I. welcome; F. accueil; A. Aufnahme; It. accoglienza.

acogotar
tr. I. to Knock down; F. assommer; A. das Genick brechen; It. accoppare.

acólito
m. I. y F. acolyte; A. Messgehilfe; It. accolito.

acometer
tr. I. to assault; F. assaillir; A. angreifen; It. assalire.

acometida
f. I. assault; F. assaut; A. Angriff; It. assalto.

acometividad
f. I. aggresiveness; F. combativité; A. Kampflust; It. aggresività.

acomodar
tr. I. to accommodate; F. arranger; A. stellen; It. accomodare.

acomodaticio
adj. I. accommodating; F. accommodant; A. fügsam; It. accomodabile.

acomodo
m. I. settlement; F. emploi; A. Antstellung; It. impiego.

acompañamiento
m. I. accompaniment; F. accompagnement; A. Beglietung; It. accompagnamento.

acompañar
tr. I. to accompany; F. accompagner; A. begleiten; It. accompagnare.

acompasado
adj. I. timed; F. cadencé; A. abgemessen; It. compasato.

acondicionado
adj. I. conditioned; F. conditionné; A. beschaffen; It. condizionato.

acondicionar
tr. I. to condition; F. conditionner; A. gestalten; It. condizionare.

acongojar
tr. I. to afflict; F. affliger; A. betrüben; It. addolorare.

aconsejar
tr. I. to counsel; F. conseiller; A. beraten; It. consigliare.

acontecer
intr. I. to happen; F. arriver; A. vorkommen; It. avvenire.

acontecimiento
m. I. event; F. événement; A. Ereignis; It. avvenimento.

acopiar
tr. I. to gather; F. amasser; A. aufhäufen; It. ammucchiare.

acopio
m. I. gathering; F. approvisionement; A. Aufhäufung; It. mucchio.

acoplamiento
m. I. coupling; F. accouplement; A. Schaltung; It. accoppiamento.

acoplar
tr. I. to couple; F. accoupler; A. zusammenkuppeln; It. accoppiare.

acoquinar
tr. I. to intimidate; F. effrayer; A. einschüchtern; It. intimidiare.

acorazado
m. I. armoured; F. cuirassé; A. Panzerkreuzer; It. corazzato.

acorazar
tr. I. to armour; F. cuirasser; A. panzern; It. corazzare.

acordado
adj. I. agreed; F. réflechi; A. zusammenstimmend; It. accordato.

acordar
tr. I. to agree; F. résoudre; A. beschliessen; It. risolvere.

acorde
adj. I. conformable; F. e It. conforme; A. einig.

acordonar
tr. I. to lace; F. cordonner; A. einschnüren; It. allacciare.

acortamiento
m. I. shortening; F. accourcissement; A. Abkürzung; It. accorciamento.

acortar
tr. I. to shorten; F. raccourcir; A. verkürzen; It. accorciare.

acosar
tr. I. to beset; F. acculer; A. hetzen; It. incalzare.

acostar
tr. I. to couch; F. coucher; A. betten; It. coricare.

acostumbrar
tr. I. to accustom; F. habituer; A. gewöhnen; It. accostumare.

acre
adj. I. acrid; F. e It. acre; A. ätzend.

acrecentamiento
m. I. increase; F. accroissement; A. Zunahme; It. accrescimento.

acrecentar
tr. I. to increase; F. augmenter; A. vergrössern; It. accrescere.

acreditado
adj. I. accredited; F. accrédité; A. angesehen; It. accreditato.

acreditar
tr. I. to accredit; F. accréditer; A. beglaubigen; It. accreditare.

acreedor
adj. I. creditor; F. créancier; A. Gläubiger; It. creditore.

acribillar
tr. I. to sift; F. cribler; A. durchlöchern; It. crivellare.

acrimonia
f. I. acrimony; F. acrimonie; A. Bitterkeit; It. acrimonia.

acrisolar
tr. I. to refine; F. affiner; A. läutern; It. affinare.

acróbata
m. I. acrobat; F. acrobate; A. Akrobat; It. acrobata.

acromático
adj. I. achromatic; F. achromatique; A. achromatisch; It. acromatico.

acrópolis
f. I. acropolis; F. acropole; A. Akropolis; It. acropoli.

acta
f. I. act; F. acte; A. Akt; It. atto.

actitud
f. I. y F. attitude; A. Haltung; It. attitudine.

activar
tr. I. to activate; F. activer; A. fördern; It. attivare.

actividad
f. I. activity; F. activité; A. Tätigkeit; It. attività.

activo
adj. I. active; F. actif; A. aktiv; It. attivo.

acto
m. I. act; F. acte; A. Mandlung; It. atto.

actor
m. I. actor; F. acteur; A. Schauspieler; It. attore.

actriz
f. I. actress; F. actrice; A. Schauspielerin; It. attrice.

actuación
f. I. performance; F. procédure; A. Prozedur; It. procedura.

actual
adj. I. actual; F. actuel; A. gegenwärtig; It. attuale.

actualidad
f. I. actuality; F. actualité; A. Aktualität; It. attualità.

actuar
tr. I. to act; F. agir; A. handeln; It. attuare.

acuarela
f. I. y F. aquarelle; A. Aquarell; It. acquarello.

acuartelar
tr. I. to quarter; F. caserner; A. einquartieren; It. accasernare.

acuático
adj. I. aquatic; F. aquatique; A. Wasserlebend; It. acquatico.

acuciar
tr. I. to urge; F. stimuler; A. anspornen; It. eccitare.

acuchillar
tr. I. to sabre; F. sabrer; A. erstechen; It. accoltellare.

acudir
intr. I. to attend; F. accourir; A. zulaufen; It. accorrere.

acuerdo
m. I. agreement; F. accord; A. Beschluss; It. accordo.

acuidad
f. I. acuity; F. acuité; A. Spitzigkeit; It. acquità.

acuitar
tr. I. to afflict; F. affliger; A. bekümmern; It. affligere.

acumulación
f. I. y F. accumulation; A. Anhäufung; It. accumulazione.

acumulador
adj. I. accumulator; F. accumulateur; A. Akkumulator; It. accumulatore.

acumular
tr. I. to accumulate; F. accumuler; A. aufhäufen; It. accumulare.

acuñar
tr. I. to coin; F. frapper; A. prägen; It. coniare.

acuoso
adj. I. watery; F. aqueux; A. wässerig; It. acquoso.

acupuntura
f. I. y F. acupuncture; A. Akupunktur; It. agopuntura.

acusación
f. I. y F. accusation; A. Anklage; It. accusa.

acusado
m. I. accused; F. accusé; A. Angeklagter; It. accusato.

acusar
tr. I. to accuse; F. accuser; A. beschuldigen; It. accusare.

acústico
adj. I. acoustic; F. acoustique; A. akustisch; It. acustico.

achacar
tr. I. to attribute; F. attribuer; A. zuschreiben; It. imputare.

achaque
m. I. sickliness; F. infirmité; A. Beschwerde; It. acciacco.

achatar
tr. I. to flatten; F. aplatir; A. abplatten; It. schiacciare.

achicado
adj. I. childish; F. puerile; A. Kindlich; It. infantile.

achicar
tr. I. to shorten; F. rapetisser; A. Kleiner machen; It. appicciolire.

achicoria
f. I. chicory; F. chicorée; A. Zichorie; It. cicoria.

achicharrar
tr. I. to overheat; F. rissoler; A. einbraten; It. arrostire.

achuchar
tr. I. to crush; F. aplatir; A. erdrücken; It. ammaccare.

adagio
m. I. y F. adage; F. Adagio; It. adagio.

adalid
m. I. leader; F. chef; A. Führer; It. capo.

adamita
adj. I. adamite; F. adamien; A. Adamit; It. adamita.

adaptación
f. I. y F. adaptation; A. Anpassung; It. adattamento.

adaptar
tr. I. to adapt; F. adapter; A. anpassen; It. adattare.

adecuado
adj. I. adequate; F. convenable; A. geeignet; It. adeguato.

adecuar
tr. I. to adequate; F. égaler; A. ammessen; It. adeguare.

adelantar
tr. I. to advance; F. avancer; A. vorwärtsbringen; It. avanzare.

adelante
adv. I. farther; F. au delà; A. vorwärts; It. avanti.

adelanto
m. I. advancement; F. avancement; A. Fortsschritt; It. avanzamento.

adelfa
f. I. oleander; F. laurierrose; A. Oleander; It. oleandro.

adelgazar
tr. I. to thin, to slim; F. amincir; A. abmagern; It. assottigliare.

ademán
m. I. gesture; F. geste; A. Gebärde; It. gesto.

además
adv. I. besides; F. en outre; A. ausserdem; It. oltre.

adentro
adv. I. within; F. dedans; A. hinein; It. dentro.

adepto
adj. I. adept; F. adepte; A. Anhänger; It. adepto.

aderezo
m. I. dressing; F. ornement; A. Schmuck; It. acconciatura.

adeudar
tr. I. to owe; F. débiter; A. schuldig sein; It. dovere.

adherente
adj. I. adherent; F. adhérent; A. Anhänger; It. aderente.

adherir
intr. I. to stick; F. adhérer; A. anhangen; It. aderire.

adhesión
f. I. adhesion; F. adhésion; A. Hingabe; It. adesione.

adición
f. I. y F. addition; A. Addition; It. addizione.

adicional
adj. I. additional; F. additionnel; A. zusätzlich; It. addizionale.

adicionar
tr. I. to add; F. additionner; A. addieren; It. sommare.

adicto
adj. I. partizan; F. partisan; A. Anhänger; It. partigiano.

adiestrar
tr. I. to train; F. dresser; A. abrichten; It. addestrare.

adinerar
tr. I. to enrich; F. s'enrichir; A. zu Geld machen; It. arricchirsi.

adiós
interj. I. good bye; F. adieu; A. Aufwiedersehen; It. addio, ciao.

adivinación
f. I. y F. divination; A. Wahrsagereï; It. divinazione.

adivinar
tr. I. to guess; F. deviner; A. wahrsagen; It. indovinare.

adivino
m. I. soothsayer; F. devin; A. Wahrsager; It. indovino.

adjetivo
adj. I. adjective; F. adjectif; A. Adjektiw; It. addiettivo.

adjudicación
f. I. y F. adjudication; A. Zusprechung; It. aggiudicazione.

adjudicar
tr. I. to adjudge; F. adjuger; A. zuschlagen; It. aggiudicare.

adjunto
adj. I. joined, attached; F. adjoint; A. anliegend; It. aggiunto.

administración
f. I. y F. administration; A. Verwaltung; It. amministrazione.

administrador
adj. I. administrator; F. administrateur; A. Verwalter; It. amministratore.

administrar
t. I. to administer; F. administrer; A. verwalten; It. amministrare.

admirable
adj. I. y F. admirable; A. wunderbar; It. ammirabile.

admiración
f. I. y F. admiration; A. Bewunderung; It. ammirazione.

admirador
adj. I. admirer; F. admirateur; A. Bewunderer; It. ammiratore.

admirar
tr. I. to admire; F. admirer; A. bewundern; It. ammirare.

admisible
adj. I. y F. admissible; A. zulässig; It. ammissibile.

admisión
f. I. y F. admission; A. Zulassung; It. ammissione.

admitir
tr. I. to admit; F. admettre; A. zulassen; It. ammettere.

admonición
f. I. y F. admonition; A. Ermahnung; It. ammonizione.

adobar
tr. I. to dress; F. arranger; A. ausbessern; It. addobare.

adolecer
intr. I. to sicken; F. tomber malade; A. leiden; It. ammalarsi.

adolescencia
f. I. y F. adolescence; A. Jugend; It. adolescenza.

adolescente
adj. I. y F. adolescent; A. Jüngling; It. adolescente.

adonde
adv. I. where; F. où; A. wo; It. dove.

adonis
m. I. y A. Adonis; F. adonis; It. adone.

adopción
f. I. y F. adoption; A. Adoption; It. adozione.

adoptar
tr. I. to adopt; F. adopter; A. adoptieren; It. adottare.

adoquín
m. I. paving-stone; F. pavé; A. Pflasterstein; It. lastra.

adoquinar
tr. I. to pave; F. paver; A. paflastern; It. lastricare.

adorable
adj. I. y F. adorable; A. anbetungswürdig; It. adorabile.

adoración
f. I. y F. adoration; A. Anbetung; It. adorazione.

adorar
tr. I. to adore; F. adorer; A. anbeten; It. adorare.

adormecer
tr. I. to drowse; F. assoupir; A. einschläfern; It. addormentare.

adornar
tr. I. to ornate; F. orner; A. schmükken; It. ornare.

adorno
m. I. ornament; F. ornement; A. Schmuck; It. ornamento.

adquirir
tr. I. to acquire; F. acquérir; A. erwerben; It. acquistare.

adquisición
f. I. y F. acquisition; A. Erwerbung; It. acquisizione.

adrede
adv. I. deliberately; F. exprès; A. mit Absicht; It. apposta.

aduana
f. I. customhouse; F. douane; A. Zollamt; It. dogana.

aducir
tr. I. to adduce; F. alléguer; A. beibringen; It. addurre.

adulación
f. I. y F. adulation; A. Schmeichelei; It. adulazione.

adular
tr. I. to flatter; F. aduler; A. schmeicheln; It. adulare.

adulteración
f. I. adulteration; F. adultération; A. Verfälschung; It. adulterazione.

adulterar
tr. I. to adulterate; F. adultérer; A. verfälschen; It. adulterare.

adulterio
m. I. adultery; F. adultère; A. Ehebruch; It. adulterio.

adúltero
adj. **I.** adulterer; **F.** adultère; **A.** Ehebrecher; **It.** adultero.

adulto
adj. **I.** adult; **F.** adulte; **A.** erwachsen; **It.** adulto.

adusto
adj. **I.** harsh; **F.** désobligeant; **A.** mürrisch; **It.** adusto.

advenedizo
adj. **I.** y **F.** parvenu; **A.** fremd; **It.** avventizio.

advenimiento
m. **I.** arrival; **F.** avènement; **A.** Ankuft; **It.** avvenimento.

adventicio
adj. **I.** adventitious; **F.** adventice; **A.** zufällig; **It.** avventizio.

adversario
adj. **I.** adversary; **F.** adversaire; **A.** Gegner; **It.** avversario.

adversidad
f. **I.** adversity; **F.** adversité; **A.** Widerwärtigkeit; **It.** avversità.

adverso
adj. **I.** y **F.** adverse; **A.** widrig; **It.** avverso.

advertencia
f. **I.** advice; **F.** avertissement; **A.** Warnung; **It.** avvertimento.

advertir
tr. **I.** to advise; **F.** avertir; **A.** aufmerksam machen; **It.** avvertire.

adyacente
adj. **I.** y **F.** adjacent; **A.** anliegend; **It.** adiacente.

aéreo
adj. **I.** aerial; **F.** aérien; **A.** luftig; **It.** aereo.

aerolito
m. **I.** aerolite; **F.** aérolithe; **A.** Meteorstein; **It.** aerolito.

aeroplano
m. **I.** aeroplane; **F.** aéroplane; **A.** Flugzeug; **It.** aeroplano.

afabilidad
f. **I.** affability; **F.** affabilité; **A.** Leutseligkeit; **It.** affabilità.

afable
adj. **I.** y **F.** affable; **A.** freundlich; **It.** affabile.

afán
m. **I.** eagerness; **F.** désir véhement; **A.** Mühe; **It.** affano.

afanoso
adj. **I.** laborious; **F.** laborieux; **A.** mühselig; **It.** affannoso.

afección
f. **I.** y **F.** affection; **A.** Leiden; **It.** affezione.

afectación
f. **I.** y **F.** afectation; **A.** Affektation; **It.** affettazione.

afectar
tr. **I.** to affect; **F.** affecter; **A.** affektieren; **It.** affettare.

afectivo
adj. **I.** affective; **F.** affectif; **A.** gemüts; **It.** affettivo.

afecto
m. **I.** y **F.** affection; **A.** Zuneigung; **It.** affetto.

afectuoso
adj. **I.** affectionate; **F.** affectueux; **A.** lieblich; **It.** affettuoso.

afeitar
tr. **I.** to shave; **F.** raser; **A.** rasieren; **It.** radere.

afeminado
adj. **I.** effeminate; **F.** effeminé; **A.** weibisch; **It.** effeminato.

aferrar
tr. **I.** to seize; **F.** saisir; **A.** fest ergreifen; **It.** afferrare.

afianzar
tr. **I.** to guarantee; **F.** cautionner; **A.** bürgen; **It.** mallevare.

afición
f. **I.** fondness; **F.** penchant; **A.** Zuneigung; **It.** affezione.

afilado
adj. **I.** sharp; **F.** grêle; **A.** scharf; **It.** sottile.

afilar
tr. **I.** to sharpen; **F.** aiguiser; **A.** schärfen; **It.** affilare.

afiliar
tr. **I.** to affiliate; **F.** affilier; **A.** aufmehme; **It.** affiliare.

afiligranado
adj. **I.** filigreed; **F.** filagrané; **A.** filigranartig; **It.** filigranato.

afín
adj. **I.** afine; **F.** voisin; **A.** angrenzend; **It.** affine.

afinar
tr. **I.** to tune; **F.** affiner; **A.** verfeinern; **It.** affinare.

afinidad
f. **I.** affinity; **F.** affinité; **A.** Ähnlichkeit; **It.** affinità.

afirmación
f. **I.** y **F.** affirmation; **A.** Bejahnung; **It.** affermazione.

afirmar
tr. **I.** to affirm; **F.** affirmer; **A.** bejahen; **It.** affermare.

aflicción
f. **I.** y **F.** affliction; **A.** Kummer; **It.** afflizione.

afligir
tr. **I.** to afflict; **F.** affliger; **A.** betrüben; **It.** affliggere.

aflojar
tr. **I.** to loosen; **F.** lâcher; **A.** nachlassen; **It.** rilassare.

aflorar
intr. **I.** to outcrop; **F.** affleurer; **A.** zutage treten; **It.** affiorare.

afluencia
f. **I.** y **F.** affluence; **A.** Zufluss; **It.** affluenza.

afluente
adj. **I.** y **F.** affluent; **A.** zuströmend; **It.** affluente.

afluir
intr. **I.** to stream; **F.** affluer; **A.** zuströmen; **It.** affluire.

afonía
f. **I.** aphony; **F.** aphonie; **A.** Stimmlosigkeit; **It.** afonia.

aforismo
m. **I.** aphorism; **F.** aphorisme; **A.** Lehrspruch; **It.** aforismo.

afortunado
adj. **I.** fortunate; **F.** fortuné; **A.** glücklich; **It.** fortunato.

afrenta
f. **I.** y **F.** affront; **A.** Schimpf; **It.** affrento.

afrentar
tr. **I.** to affront; **F.** affronter; **A.** beschimpfen; **It.** affrontare.

afrodisiaco
adj. **I.** aphrodisiac; **F.** afrodisiaque; **A.** aphrodisiakisch; **It.** afrodisiaco.

afrontar
tr. **I.** to confront; **F.** affronter; **A.** gegenüber stellen; **It.** affrontare.

agarradero
m. **I.** handle; **F.** manche; **A.** Griff; **It.** manico.

agarrar
tr. **I.** to hold, to grasp; **F.** saisir; **A.** ergreifen; **It.** afferrare.

agarrotar
tr. **I.** to bind; **F.** garroter; **A.** Knebeln; **It.** avvincere.

agasajar
tr. **I.** to entertain; **F.** flatter; **A.** bewirten; **It.** ossequiare.

agasajo
m. **I.** enterteinment; **F.** prévenance; **A.** Greschenk; **It.** ossequio.

agenciar
tr. **I.** to procure; **F.** procurer; **A.** besorgen; **It.** procurare.

agente
adj. **I.** y **F.** agent; **A.** Agent; **It.** agente.

agigantado
adj. **I.** gigantic; **F.** gigantesque; **A.** riesengross; **It.** gigantesco.

ágil
adj. **I.**, **F.** e **It.** agile; **A.** flink.

agilidad
f. **I.** agility; **F.** agilité; **A.** Behendigkeit; **It.** agilità.

agitación
f. **I.** y **F.** agitation; **A.** Aufregung; **It.** agitazione.

agitador
adj. **I.** agitator; **F.** agitateur; **A.** Agitator; **It.** agitatore.

agitar
tr. **I.** to shake, to agitate; **F.** agiter; **A.** aufregen; **It.** agitare.

aglomeración
f. **I.** y **F.** agglomeration; **A.** Anhäufung; **It.** agglomerazione.

aglomerado
adj. **I.** agglomerate; **F.** aggloméré; **A.** Trümmergestein; **It.** agglomerato.

aglomerar
tr. **I.** to agglomerate; **F.** agglomérer; **A.** anhäufen; **It.** agglutinazione.

aglutinar
tr. **I.** to agglutinate; **F.** agglutiner; **A.** agglutinieren; **It.** agglutinare.

agobiar
tr. **I.** to bow; **F.** affaiser; **A.** beladen; **It.** incurvare.

agolpar
tr. **I.** to heap; **F.** entasser; **A.** sich haufen; **It.** ammucchiare.

agonía
f. **I.** agony; **F.** agonie; **A.** Todeskampf; **It.** agonia.

agonizante
adj. **I.** agonizant; **F.** agonisant; **A.** Sterbender; **It.** agonizzante.

agonizar
intr. **I.** to agonize; **F.** agoniser; **A.** sterbenden; **It.** agonizzare.

agorero
adj. **I.** augur; **F.** augure; **A.** Wahrsager; **It.** augure.

agostar
tr. **I.** to parch; **F.** flétrir; **A.** verdorren; **It.** appassire.

agosto
m. **I.** y **A.** August; **F.** août; **It.** agosto.

agotar
tr. **I.** to exhaust; **F.** épuiser; **A.** ausschöpfen; **It.** esaurire.

agraciar
tr. **I.** to grace; **F.** accorder une grâce; **A.** beglücken; **It.** graziare.

agradar
tr. **I.** to please; **F.** plaire; **A.** gefallen; **It.** aggradare.

agradecer
tr. **I.** to thank; **F.** remercier; **A.** danken; **It.** gradire.

agradecimiento
m. **I.** gratitude; **F.** reconnaissance; **A.** Dankbarkeit; **It.** gradimento.

agrado
m. **I.** affability; **F.** agrément; **A.** Anmut; **It.** affabilità.

agrandar
tr. **I.** to enlarge; **F.** agrandir; **A.** vergrössern; **It.** aggrandire.

agravar
tr. **I.** to aggravate; **F.** aggraver; **A.** erschwerend; **It.** aggravare.

agraviar
tr. **I.** to offend; **F.** offenser; **A.** beleidigen; **It.** offendere.

agravio
m. **I.** offense; **F.** grief; **A.** Beleidigung; **It.** offesa.

agraz
m. **I.** verjuice; **F.** verjus; **A.** Agrest; **It.** agresto.

agregar
tr. **I.** to aggregate; **F.** agréger; **A.** hinzufügen; **It.** aggregare.

agresión
f. **I.** y **F.** aggression; **A.** Angriff; **It.** aggressione.

agresivo
adj. **I.** aggressive; **F.** agressif; **A.** angriffslustig; **It.** aggressivo.

agriar
tr. **I.** to sour; **F.** aigrir; **A.** säuern; **It.** inagrire.

agrícola
adj. **I.** agricultural; **F.** agricole; **A.** landwirtschaftlich; **It.** agricolo.

agricultor
m. **I.** farmer; **F.** agriculteur; **A.** Landwirt; **It.** agricoltore.

agrio
adj. **I.** sour; **F.** raboteux; **A.** sauer; **It.** agro.

agrupar
tr. **I.** to group; **F.** grouper; **A.** gruppieren; **It.** aggruppare.

agua
f. **I.** water; **F.** eau; **A.** Wasser; **It.** acqua.

aguacero
m. **I.** shower; **F.** averse; **A.** Regenguss; **It.** acquazzone.

aguantar
tr. **I.** to bear; **F.** supporter; **A.** erdulden; **It.** sopportare.

aguardar
tr. **I.** to await; **F.** attendre; **A.** erwarten; **It.** aspettare.

agudeza
f. **I.** sharpness; **F.** acuité; **A.** Schärfe; **It.** acutezza.

agudo
adj. I. acute, sharp; F. aigu; A. scharf; It. acuto.

agüero
m. I. augury; F. augure; A. Vorbedeutung; It. augurio.

aguijada
f. I. goad; F. aiguillade; A. Ochsenstachel; It. pungolo.

aguijar
tr. I. to goad; F. aiguillonner; A. stacheln; It. pungere.

aguijón
m. I. sting; F. aiguillon; A. Stachel; It. aguglione.

águila
f. I. eagle; F. aigle; A. Adler; It. aquila.

aguileño
adj. I. aquiline; F. aquilin; A. adlerartig; It. aquilino.

aguja
f. I. needle; F. aiguille; A. Nadel; It. ago.

agujerear
tr. I. to hole; F. trouer; A. durchboren; It. forare.

agujero
m. I. hole; F. trou; A. Loch; It. buco.

aguzar
tr. I. to whet; F. aiguiser; A. schleifen; It. aguzzare.

ahijado
m. I. godchild; F. filleul; A. Patenkind; It. figlioccio.

ahijar
tr. I. to adopt; F. adopter; A. adoptieren; It. adottare.

ahínco
m. I. earnestness; F. empressement; A. Eifer; It. accanimento.

ahogado
adj. I. drowned; F. noyé; A. ertrunken; It. annegato.

ahogar
tr. I. to suffocate; F. étouffer; A. ertränken; It. soffocare.

ahondar
tr. I. to deepen; F. approfondir; A. vertiefen; It. affondare.

ahora
adv. I. now; F. maintenant; A. jetzt; It. adesso.

ahorcado
m. I. hanged; F. pendu; A. Gehenkter; It. impiccato.

ahorcar
tr. I. to hang; F. pendre; A. aufhängen; It. impiccare.

ahorrar
tr. I. to save F. épargner; A. ersparen; It. risparmiare.

ahorro
m. I. saving; F. épargne; A. Ersparung; It. risparmio.

ahuecar
tr. I. to hollow; F. creuser; A. aushölen; It. scavare.

ahuyentar
tr. I. to drive off; F. chasser; A. verjagen; It. scacciare.

airado
adj. I. wrathful; F. emporté; A. jähzornig; It. adirato.

aire
m. I. y F. air; A. Luft; It. aria.

airear
tr. I. to air; F. aérer; A. auslüften; It. aerare.

aislado
adj. I. isolated; F. isolé; A. einzeln; It. isolato.

aislar
tr. I. to isolate; F. isoler; A. absondern; It. isolare.

ajeno
adj. I. alien; F. d'autrui; A. fremd; It. d'altrui.

ajo
m. I. garlic; F. ail; A. Knoblauch; It. aglio.

ajorca
f. I. y F. bracelet; A. Armband; It. braccialetto.

ajustar
tr. I. to adjust; F. ajuster; A. anpassen; It. aggiustare.

ajuste
m. I. adjustment; F. ajustage; A. Vertrag; It. aggiustamento.

ajusticiar
tr. I. to execute; F. exécuter; A. hinrichten; It. giustiziare.

ala
f. I. wing; F. aile; A. Flügel; It. ala.

alabanza
f. I. praise; F. louange; A. Lob; It. lode.

alabar
tr. I. to praise; F. louer; A. loben; It. lodare.

alabeado
adj. I. warped; F. déjeté; A. verkrümmt; It. storto.

alado
adj. I. winged; F. ailé; A. geflügelt; It. alato.

alambicar
tr. I. to distile; F. distiller; A. destilleren; It. distillare.

alambique
m. I. still; F. alambic; A. Brennkolbe; It. lambicco.

álamo
m. I. poplar; F. peuplier; A. Pappel; It. pioppo.

alarde
m. I. boasting; F. ostentation; A. Prahlerei; It. ostentazione.

alardear
intr. I. to boast; F. se vanter; A. prahlen; It. millantarsi.

alargar
tr. I. to lengthen; F. allonger; A. verlängern; It. allungare.

alarido
m. I. howl; F. hurlement; A. Gescherei; It. ulio.

alarma
f. I. alarm; F. alarme; A. Alarm; It. allarme.

alarmar
tr. I. to alarm; F. alarmer; A. alarmieren; It. allarmare.

alba
f. I. dawn; F. aube; A. Tagensbruch; It. alba.

albañal
m. I. sewer; F. égout; A. Abzugsgraben; It. cloaca.

albedrío
m. I. free will; F. arbitre; A. freier Wille; It. arbitrio.

alberca
f. I. tank; F. bassin; A. Wasserbehälter; It. bacino.

albergar
tr. I. to lodge; F. loger; A. beherbergen; It. albergare.

albergue
m. I. lodging, inn; F. auberge; A. Gasthaus; It. albergo.

alborada
f. I. dawning; F. aubade; A. Tagesanbruch; It. alba.

alborotar
tr. I. to disturb; F. troubler; A. aufrühren; It. disturbare.

alboroto
m. I. disturbance; F. tumulte; A. Aufruhr; It. trambusto.

alborozo
m. I. merriment; F. gaieté; A. Fröhlichkeit; It. gioia.

alcalde
m. I. mayor; F. maire; A. Bürgermeister; It. sindaco.

alcance
m. I. reach; F. atteinte; A. Erreichung; It. raggiungimento.

alcanzar
tr. I. to reach; F. atteindre; A. erreichen; It. raggiungere.

alcazaba
f. I. fortress; F. forteresse; A. Festung; It. fortezza.

alcornoque
m. I. cork-tree; F. chêne liège; A. Korkbaum; It. sughero.

aldea
f. I. hamlet; F. village; A. Dorf; It. villaggio.

aleación
f. I. alloyage; F. alliage; A. Mischung; It. lega.

aleccionar
tr. I. to teach; F. enseigner; A. lehren; It. insegnare.

alegar
tr. I. to allege; F. alléguer; A. anführen; It. allegare.

alegrar
tr. I. to rejoice; F. égayer; A. erfreuen; It. rallegrare.

alegría
f. I. joy, mirth; F. allégresse; A. Freude; It. allegrezza.

alentar
intr. I. to encourage; F. encourager; A. ermuntern; It. incoraggiare.

alevosía
f. I. perfidy; F. perfidie; A. Treulosigkeit; It. perfidia.

alfabeto
m. I. y F. alphabet; A. Alphabet; It. alfabeto.

álgido
adj. I. algid; F. algide; A. eisig; It. algido.

alhaja
f. I. jewel; F. bijou; A. Juwel; It. gioello.

alianza
f. I. y F. alliance; A. Bündnis; It. alleanza.

aliento
m. I. breath; F. haleine; A. Atem; It. alito.

aligerar
tr. I. to lighten; F. allégir; A. erleichtern; It. alleggerire.

alimentar
tr. I. to feed; F. alimenter; A. ernähren; It. alimentare.

alimento
m. I. food; F. aliment; A. Nahrung; It. alimento.

alistar
tr. I. to enlist; F. engager; A. anwerben; It. arrolare.

aliviar
tr. I. to lighten; F. alléger; A. lindern; It. alleggerire.

alma
f. I. soul; F. âme; A. Seele; It. anima.

almacén
m. I. store, warehouse; F. magasin; A. Lager; It. magazzino.

alocución
m. I. speech; F. allocution; A. Anrede; It. allocuzione.

alquiler
m. I. hire, rent; F. louage, loyer; A. Miete; It. affitto.

altanería
f. I. haughtiness; F. hauteur; A. Hochmut; It. alterigia.

altar
m. I. altar; F. autel; A. Altar; It. altare.

alterar
tr. I. to alter; F. altérer; A. verändern; It. alterare.

alteza
f. I. highness; F. altesse; A. Hoheit; It. altezza.

alto
adj. I. high, tall; F. haut; A. hoch; It. alto.

altruismo
m. I. altruism; F. altruisme; A. Altruismus; It. altruismo.

alucinación
f. I. y F. hallucination; A. Halluzination; It. allucinazione.

alud
m. I. y F. avalanche; A. Lawine; It. valanga.

alumbrar
tr. I. to light; F. éclairer; A. beleuchten; It. illuminare.

alumno
m. I. pupil; F. éléve; A. Schüler; It. alunno.

alusión
f. I. y F. allusion; A. Anspielung; It. allusione.

alzada
f. I. stature; F. taille; A. Grösse; It. taglia.

alzar
tr. I. to raise; F. hausser; A. erheben; It. alzare.

amable
adj. I. amiable; F. aimable; A. liebenswürdig; It. amabile.

amalgamar
tr. I. to amalgamate; F. amalgamer; A. verquicken; It. amalgamare.

amamantar
tr. I. to nurse; F. allaiter; A. säugen; It. allattare.

amancebamiento
m. I. y F. concubinage; A. Kebsehe; It. concubinato.

amanecer
intr. I. to dawn; F. faire jour; A. Tag werden; It. albeggiare.

amar
tr. I. to love; F. aimer; A. lieben; It. amare.

amargo
adj. I. y A. bitter; F. amer; It. amaro.

amasijo
m. I. dough; F. pâte; A. Mörtel; It. pasta.

ambición
f. I. y F. ambition; A. Ehrgeiz; It. ambizione.

ambiguo
adj. I. ambiguous; F. équivoque; A. zweideutig; It. ambiguo.

amenazar
tr. I. to threaten; F. menacer; A. drohen; It. minacciare.

ameno
adj. I. pleasant; F. agréable; A. anmutig; It. ameno.

amigo
adj. I. friend; F. ami; A. Freund; It. amico.

amistad
f. I. friendship; F. amitié; A. Freundschaft; It. amicizia.

amo
m. I. master; F. maître; A. Herr; It. padrone.

amonestar
tr. I. to admonish; F. admonester; A. ermahnen; It. ammonire.

amor
m. I. love; F. amour; A. Liebe; It. amore.

amortiguar
tr. I. to soften; F. amortir; A. mildern; It. ammorzare.

amparar
tr. I. to protect; F. protéger; A. beschützen; It. proteggere.

ampliar
tr. I. to amplify, to extend; F. étendre; A. ausdehnen; It. ampliare.

amplitud
f. I. extent; F. amplitude; A. Ausdehnung; It. amplitudine.

amputar
tr. I. to amputate; F. amputer; A. abnehmen; It. amputare.

analfabeto
adj. I. illiterate; F. analphabète; A. Analphabet; It. analfabeto.

análisis
m. I. analysis; F. analyse; A. Analyse; It. analisi.

anciano
adj. I. old; F. vieux; A. Greis; It. anziano.

ancho
adj. I. broad; F. large; A. breit; It. largo.

andar
intr. I. to walk; F. marcher, aller; A. gehen; It. andare.

andén
m. I. platform; F. quai; A. Fussweg; It. binario, marciapiede.

anécdota
f. I. y F. anecdote; A. Anekdote; It. aneddoto.

anestesia
f. I. anaesthesia; F. anesthésie; A. Narkose; It. anestesia.

anexión
f. I. annexation; F. annexion; A. Anschluss; It. annessione.

anfitrión
m. I. host; F. amphitryon; A. Gastgeber It. anfitrione.

angustia
f. I. anguish; F. angoisse; A. Angst; It. angoscia.

anhelar
tr. I. to wish; F. convoiter; A. begehren; It. anelare.

animal
adj. I. y F. animal; A. Tier; It. animale.

animar
tr. I. to animate, to encourage; F. animer; A. beleben; It. animare.

ánimo
m. I. spirit; F. courage; A. Mut; It. animo.

aniquilar
tr. I. to destroy; F. annihiler; A. vernichten; It. annichilare.

anónimo
adj. I. anonymous; F. anonyme; A. namenlos; It. anonimo.

anormal
adj. I. abnormal; F. anormal; A. abnorm; It. anormale.

ansiedad
f. I. anxiety; F. anxiété; A. Angst; It. ansietà.

antes
adv. I. before; F. avant; A. vor; It. prima.

antídoto
m. I. y F. antidote; A. Gegengift; It. antidoto.

antiguo
adj. I. ancient, old; F. ancien, antique; A. einstig, alt; It. antico.

antítesis
f. I. antithesis; F. antithése; A. Gegensatz; It. antitesi.

antojo
m. I. whim; F. caprice; A. Laune; It. voglia.

antorcha
f. I. torch; F. torche; A. Fackel; It. torcia.

antropoide
adj. I. anthropoid; F. anthropoide; A. Menschenaffen; It. antropoide.

anunciar
tr. I. to announce; F. annoncer; A. verkündigen; It. annunziare.

añadir
tr. I. to add; F. ajouter; A. beifügen; It. aggiungere.

añejo
adj. I. old; F. vieux; A. überjährig; It. vecchio.

año
m. I. year; F. an, année; A. Jahr; It. anno.

apacible
adj. I. mild; F. paisible; A. leutselig; It. mite.

apagar
tr. I. to extinguish; F. éteindre; A. löschen; It. spegnere.

aparato
m. I. apparatus; F. appareil; A. Zurüstung; It. apparecchio.

aparecer
intr. I. to appear; F. apparaître; A. erscheinen; It. apparire.

apariencia
f. I. look; F. apparence; A. Ansehen; It. apparenza.

apatía
f. I. apathy; F. apathie; A. Teilnahmslosigkeit; It. apatia.

apelar
tr. I. to appeal; F. appeler; A. appellieren; It. appellare.

apéndice
m. I. appendix; F. e It. appendice; A. Anhang.

apertura
f. I. opening; F. ouverture; A. Eröffnung; It. apertura.

apetecer
tr. I. to desire; F. appéter; A. begehren; It. appetire.

apetito
m. I. appetite; F. appétit; A. Esslust; It. appetito.

apisonar
tr. I. to ram; F. damer; A. feststampfen; It. mazzarangare.

aplastar
tr. I. to crush; F. aplatir; A. zerquetschen; It. schiacciare.

aplaudir
tr. I. to applaud; F. applaudir; A. beklatschen; It. applaudire.

aplazar
tr. I. to defer; F. ajourner; A. vertagen; It. aggiornare.

aplicación
f. I. y F. application; A. Anwendung; It. applicazione.

apodo
adj. I. apodal; F. apode; A. fusslos; It. apodo.

apogeo
m. I. apogee; F. apogée; A. Erdferne; It. apogeo.

apología
f. I. apology; F. apologie; A. Schutzschrift; It. apologia.

apostar
tr. I. to bet; F. parier; A. wetten; It. appostare.

apostilla
f. I. apostil; F. apostille; A. Randbemerkung; It. apostilla.

apóstol
m. I. apostle; F. apôtre; A. Apostel; It. apostolo.

apoyar
tr. I. to lean; F. appuyer; A. unterstützen; It. appoggiare.

apoyo
m. I. support; F. appui; A. Stütze; It. appoggio.

apreciar
tr. I. to appreciate; F. apprécier; A. abschätzen; It. aprecciare.

apremiar
tr. I. to hasten; F. presser; A. nötigen; It. premere.

aprender
tr. I. to learn; F. apprendre; A. lernen; It. apprendere.

apretar
tr. I. to tighten; F. étreindre; A. zusammenpressen; It. stringere.

aprisionar
tr. I. to imprison; F. emprisonner; A. nehmen; It. imprigionare.

aprobar
tr. I. to approve; F. approuver; A. billigen; It. approvare.

aprovechar
intr. I. to profit; F. profiter; A. benutzen; It. profittare.

aptitud
f. I. y F. aptitude; A. Fähigkeit; It. attitudine.

apto
adj. I. able; F. apte; A. fähig; It. atto.

apuesto
adj. I. spruce; F. gentil; A. stattlich; It. leggiadro.

aquí
adv. I. here; F. ici; A. hier; It. qui, qua.

arábigo
adj. I. Arabian; F. arabique; A. arabisch; It. arabico.

araña
f. I. spider; F. araignée; A. Spinne; It. ragno.

arañazo
m. I. scratch; F. égratignure; A. Kratzwunde; It. graffiatura.

arar
tr. I. to plough; F. labourer; A. akkern; It. arare.

arbitraje
m. I. arbitration; F. arbitrage; A. Schiedsspruch; It. arbitraggio.

arbitrario
adj. I. arbitrary; F. arbitraire; A. wilkürlich; It. arbitrario.

árbitro
adj. I. arbiter; F. arbitre; A. Schiedsrichter; It. arbitro.

arbolar
tr. I. to hoist; F. arborer; A. hissen; It. alberare.

arca
f. I. ark, chest; F. arche, coffre; A. Kasten; It. arca.

arcaico
adj. I. archaic; F. archaïque; A. altertümlich; It. arcaico.

arcilla
f. I. clay; F. argile; A. Ton; It. argilla.

archivo
m. I. file; F. archives; A. Archiv; It. archivio.

arder
intr. I. to burn; F. brûler; A. brennen; It. ardere.

ardid
m. I. artifice, trick; F. ruse; A. List; It. artifizio.

ardiente
adj. I. y F. ardent; A. heiss; It. ardente.

ardor
m. I. ardour; F. ardeur; A. Hitze; It. ardore.

arena
f. I. sand; F. arène, sable; A. Sand; It. rena, sabbia.

argamasa
f. I. morter; F. mortier; A. Mörtel; It. calcina.

argüir
tr. **I.** to argue; **F.** déduire; **A.** folgern; **It.** arguire.

argumento
m. **I.** y **F.** argument; **A.** Beweisgrund; **It.** argomento.

árido
adj. **I.** arid; **F.** aride; **A.** trocken; **It.** arido.

arlequín
m. **I.** harlequin; **F.** arlequin; **A.** Harlekin; **It.** arlecchino.

arma
f. **I.** weapon; **F.** arme; **A.** Waffe; **It.** arma.

armada
f. **I.** navy, fleet; **F.** flotte; **A.** Flotte; **It.** armata.

armar
tr. **I.** to arm; **F.** armer; **A.** bewaffnen; **It.** armare.

armazón
m. **I.** framework; **F.** armature; **A.** Zimmerwerk; **It.** armatura.

armisticio
m. **I.** y **F.** armistice; **A.** Waffenstillstand; **It.** armistizio.

armonía
f. **I.** harmony; **F.** harmonie; **A.** Harmonie; **It.** armonia.

aroma
f. **I.** e **It.** aroma; **F.** arome; **A.** Duft.

arquear
tr. **I.** to arch; **F.** arquer; **A.** wölben; **It.** inarcare.

arqueología
f. **I.** archeology; **F.** archéologie; **A.** Archäologie; **It.** archeologia.

arquetipo
m. **I.** archtype; **F.** archétype; **A.** Vorbild; **It.** archetipo.

arrancar
tr. **I.** to pull out; **F.** arracher; **A.** reissen; **It.** sradicare.

arrasar
tr. **I.** to level; **F.** aplanir; **A.** ebnen; **It.** spianare.

arrastrar
tr. **I.** to drag; **F.** traîner; **A.** schleifen; **It.** strascinare.

arrastre
m. **I.** dragging; **F.** traine; **A.** Schleppen; **It.** trascinamento.

arrebatar
tr. **I.** to snatch; **F.** enlever; **A.** entreissen; **It.** rapire.

arreciar
tr. **I.** to increase; **F.** renforcer; **A.** zunehmen; **It.** crescere.

arrecife
m. **I.** reef; **F.** récif; **A.** Riff; **It.** scoglio.

arreglar
tr. **I.** to regulate; **F.** arranger; **A.** regeln; **It.** regolare.

arremeter
tr. **I.** to assail; **F.** attaquer; **A.** angreifen; **It.** assalire.

arrendamiento
m. **I.** hiring, leasing; **F.** affermage; **A.** Verpatchung; **It.** affitto.

arrepentirse
r. **I.** to repent; **F.** se repentir; **A.** bereuen; **It.** pentirsi.

arresto
m. **I.** arrest; **F.** arrêts; **A.** Verhaftung; **It.** arresto.

arriesgar
tr. **I.** to risk; **F.** risquer; **A.** riskieren; **It.** rischiare.

arrodillar
tr. **I.** to kneel; **F.** agenouiller; **A.** niederknien; **It.** inginocchiarsi.

arrogancia
f. **I.** y **F.** arrogance; **A.** Hochmut; **It.** arroganza.

arrogante
adj. **I.** spirited, arrogant; **F.** brave; **A.** hochmütig; **It.** ardito.

arrojar
tr. **I.** to fling; **F.** jeter; **A.** werfen; **It.** gettare.

arroyo
m. **I.** stream; **F.** ruisseau; **A.** Bach; **It.** ruscello.

arrugar
tr. **I.** to wrinkle; **F.** rider; **A.** runzeln; **It.** corrugare.

arruinar
tr. **I.** to ruin; **F.** ruiner; **A.** ruinieren; **It.** rovinare.

arrullar
tr. **I.** to coo; **F.** roucouler; **A.** rucken; **It.** tubare.

arsénico
m. **I.** y **F.** arsenic; **A.** Arsenik; **It.** arsenico.

arte
amb. **I.** y **F.** art; **A.** Kunst; **It.** arte.

arteria
f. **I.** artery; **F.** artére; **A.** Arterie; **It.** arteria.

ártico
adj. **I.** arctic; **F.** arctique; **A.** arktisch; **It.** artico.

articulación
f. **I.** y **F.** articulation; **A.** Artikulation; **It.** articolazione.

articular
tr. **I.** to articulate; **F.** articuler; **A.** gliedern; **It.** articolare.

artículo
m. **I.** y **F.** article; **A.** Artikel; **It.** articolo.

artífice
m. **I.** artificer; **F.** artiste; **A.** Künstler; **It.** artefice.

artificial
adj. **I.** artificial; **F.** artificiel; **A.** Künstlich; **It.** artificiale.

artificio
m. **I.** y **F.** artifice; **A.** Kunstfertig keit; **It.** artifizio.

artista
adj. **I.** artist; **F.** artiste; **A.** Künstler; **It.** artista.

artístico
adj. **I.** artistic; **F.** artistique; **A.** Künstlerich; **It.** artistico.

arúspice
m. **I.** aruspex; **F.** e **It.** aruspice; **A.** Harusper.

arzobispo
m. **I.** archbishop; **F.** archevêque; **A.** Erzbischof; **It.** arcivescovo.

as
m. **I.** ace; **F.** y **A.** As; **It.** asso.

asa
f. **I.** handle; **F.** anse; **A.** Henkel; **It.** ansa.

asado
m. I. roast; F. rôti; A. Braten; It. arrosto.

asalariado
adj. I. salaried; F. salarié; A. Besoldeter; It. salariato.

asaltar
tr. I. to assault; F. assaillir; A. angriefen; It. assaltare.

asalto
m. I. assault; F. assaut; A. Angriff; It. assalto.

asamblea
f. I. assembly; F. assemblée; A. Versammlung; It. assemblea.

ascender
intr. I. to ascend; F. monter; A. ansteigen; It. ascendere.

ascendiente
m. I. ancestor; F. ascendant; A. Ahne; It. ascendente.

ascensión
f. I. y F. ascension; A. Aufgang; It. ascensione.

ascensor
m. I. lift, elevator; F. ascenseur; A. Fahrstuhl; It. elevatore, ascensore.

asceta
m. I. ascetic; F. ascète; A. Asket; It. asceta.

ascetismo
m. I. ascetism; F. ascétisme; A. beschauliches Leben; It. ascetismo.

asco
m. I. lothing; F. dégout; A. Ekel; It. schifo.

asedio
m. I. siege; F. siège; A. Belagerung; It. assedio.

asegurar
tr. I. to secure; F. assurer; A. feststellen; It. assicurare.

asentar
tr. I. to seat; F. asseoir; A. verlegen; It. sedere.

asentimiento
m. I. assent; F. assentiment; A. Zustimmung; It. assenso.

asentir
intr. I. to assent; F. assentir; A. bestimmen; It. assentire.

aseo
m. I. cleanliness; F. propreté A. Reinlichkeit; It. pulitezza.

asepsia
f. I. asepsis; F. y A. Asepsies; It. asepsi.

aséptico
adj. I. aseptic; F. aseptique; A. aseptisch; It. asettico.

asequible
adj. I. available; F. accesible; A. erreichbar; It. ottenible.

asesinar
tr. I. to assassinate; F. assassiner; A. ermorden; It. assassinare.

asesino
adj. I. murderer; F. assassin; A. Mörder; It. assassino.

asesor
adj. I. assessor, consultor; F. assesseur; A. Assessor; It. assessore.

asfixia
f. I. suffocation; F. asphyxie; A. Erstickung; It. asfissia.

así
adv. I. thus; F. ainsi; A. so, also; It. cosí.

asiduo
adj. I. assiduous; F. assidu; A. emsig; It. assiduo.

asiento
m. I. seat; F. siège; A. Stuhl; It. seggio.

asignar
tr. I. to assign; F. assigner; A. anweisen; It. assegnare.

asilo
m. I. asylum; F. asile; A. Asyl; It. asilo.

asimilar
tr. I. to assimilate; F. assimiler; A. angleichen; It. assimilare.

asistencia
f. I. assistance, aid; F. assistance; A. Beistand; It. assistenza.

asno
m. I. ass; F. âne; A. Esel; It. asino.

asolar
tr. I. to havoc; F. ravager; A. verwüsten; It. rovinare.

asombro
m. I. astonishment; F. étonnement; A. Erstaunen; It. stupore.

aspecto
m. I. y F. aspect; A. Aussehen; It. aspetto.

áspero
adj. I. rough; F. âpre; A. rauh; It. aspro.

aspirar
tr. I. to inspire; F. aspirer; A. einatmen; It. aspirare.

astucia
f. I. astuteness; F. astuce; A. Arglist; It. astuzia.

asunto
m. I. matter; F. sujet; A. Gegenstand; It. soggetto.

atacar
tr. I. to atack; F. attaquer; A. angreifen; It. attacare.

atar
tr. I. to tie; F. lier; A. binden; It. legare.

ataúd
m. I. coffin; F. bière; A. Bahre; It. bara.

atemperar
tr. I. to temper; F. tempérer; A. mildern; I. attemperare.

atención
f. I. y F. attention; A. Achtsamkeit; It. attenzione.

atestado
m. I. y F. attestation; A. Attestt; It. attestato.

atizar
tr. I. to rake; F. attiser; A. anschüren; It. attizare.

atleta
m. I. athlete; F. athléte; A. Athlet; It. atleta.

atormentar
tr. I. to torment; F. tourmenter; A. quälen; It. tormentare.

atractivo
adj. I. attractive; F. attractif; A. attraktiv; It. attrattivo.

atraer
tr. I. to attract; F. attirer; A. anziehen; It. attrarre.

atraso
m. I. retardation; F. retard; A. Zurückbleiben; It. ritardo.

atribuir
tr. I. to attribute; F. attribuer; A. zuschreiben; It. attribuire.

atril
m. I. lectern; F. lutrin; A. Notenständer; It. leggio.

atrio
m. I. y F. atrium; A. Vorhof; It. atrio.

atrofia
f. I. atrophy; F. atrophie; A. Schwund; It. atrofia.

atroz
adj. I. atrocious; F. e It. atroce; A. abscheulig.

aturdimiento
m. I. stunning; F. étourdissement; A. Betäubung; It. stordimento.

aturdir
tr. I. to stun; F. étourdir; A. betäuben; It. stordire.

audiencia
f. I. y F. audiencia; A. Audienz; It. audienza.

augurar
tr. I. to augur; F. augurer; A. prophezeien; It. augurare.

aumentar
tr. I. to increase; F. augmenter; A. vergrössern; It. aumentare.

aún
adv. I. yet; F. encore; A. noch; It. ancora.

auricular
adj. I. auricular; F. auriculaire; A. zun Ohr gehörig; It. auriculare.

ausencia
f. I. y F. absence; A. Abwesenheit; It. assenza.

auspicio
m. I. y F. auspice; A. Vorbedeutung; It. auspizio.

auténtico
adj. I. authentic; F. authentique; A. echt; It. autentico.

autor
m. I. author; F. auteur; A. Urheber; It. autore.

autorizar
tr. I. to authorize; F. autoriser; A. ermächtigen; It. autorizzare.

auxilio
m. I. assistance; F. secours; A. Hilfe; It. ausilio.

avance
m. I. advance; F. avancement; A. Vorrücken; It. avanzamento.

avaricia
f. I. y F. avarice; A. Geiz; It. avarizia.

avenencia
f. I. agreement; F. convention; A. Vertrag; It. accordo.

aventura
f. I. adventure; F. aventure; A. Abenteuer; It. avventura.

avería
f. I. damage; F. avarie; A. Schaden; It. avaria.

averiguar
tr. I. to inquire; F. avérer; A. ersforschen; It. avverare.

ávido
adj. I. avid; F. avide; A. gierig; It. avido.

avisar
tr. I. to advise; F. aviser; A. ankündigen; It. avvisare.

avivar
tr. I. to quicken; F. exciter; A. erregen; It. avvivare.

ayer
adv. I. yesterday; F. hier; A. gestern; It. ieri.

ayuda
f. I. help; F. aide; A. Hilfe; It. aiuto.

azar
m. I. hazard, F. hasard; A. Zufall; It. azzardo.

azotar
tr. I. to whip; F. flageller; A. geisseln; It. staffilare.

B

baba
f. I. drivel; F. bave; A. Geifer, Speichel; It. bava.

babear
intr. I. to drivel; F. baver; A. geifern; It. sbavazzare.

babilla
f. I. hock, hough; F. jarret; A. kniescheibe; It. garetto.

babor
m. I. larboard, port; F. babord; A. Backbord; It. babordo.

babosa
f. I. limax, slug; F. limace; A. Wegschnecke; It. lumacone.

baboso
adj. I. drivelling; F. babeux; A. geifern; It. bavoso.

babucha
f. I. baboosh; F. babouche; A. Babusche; It. babbuccia.

baca
f. I. coach-top; F. bâche; A. Wagendecke; It. imperiale.

bacalao
m. I. codfish; F. morue; A. Stockfisch; It. baccalà.

bacanal
adj. I. bacchanal; F. bachanale; A. Bacchanal; It. baccanale.

bacante
f. I. y F. bacchante; A. Bacchantin; It. baccante.

bacía
f. I. basin, shaving-dish; F. bassin; A. Barbierbecken; It. bacino, bacile.

bacilo
m. **I.** bacillus; **F.** bacille; **A.** Bazillus; **It.** bacillo.

bacín
m. **I.** chamber-pot; **F.** pot de chambre; **A.** Nachtgeschirr; **It.** cantero, pitale.

bacteria
f. **I.** bacterium; **F.** bactérie; **A.** Bakterie; **It.** batterio.

báculo
m. **I.** stick, staff; **F.** bâton, crosse; **A.** Stab, Stock, Bischofsstab; **It.** bacolo.

bachillerato
m. **I.** baccalaureate; **F.** baccalauréat; **A.** Abitur; **It.** baccellierato.

badajo
m. **I.** clapper; **F.** battant; **A.** Glockenschwengel; **It.** battaglio.

badana
f. **I.** basan; **F.** basane; **A.** Schafleder; **It.** bazzana.

baderna
f. **I.** nipper; **F.** baderne; **A.** Serving; **It.** baderna.

badil
m. **I.** fire-shovel; **F.** râble; **A.** Ofenschaufel; **It.** paletta.

badomía
f. **I.** nonsense; **F.** balourdise; **A.** Albernheit, Unsinn; **It.** strafalcione.

badulaque
adj. **I.** dunderhead; **F.** nigaud, dadais; **A.** Stümper; **It.** stupidone, balordo.

bagaje
m. **I.** baggage; **F.** bagage; **A.** Feldgepäck; **It.** bagaglio.

bagatela
f. **I.** trifle, bagatelle; **F.** bagatelle; **A.** Kleinigkeit; **It.** bagatella.

bagazo
m. **I.** y **F.** bagasse; **A.** Baggasol; **It.** buccia.

bahía
f. **I.** bay; **F.** baie; **A.** Bucht; **It.** baia.

bailable
adj. **I.** danceable; **F.** dansable; **A.** tanzbar; **It.** ballabile.

bailar
intr. **I.** to dance; **F.** danser; **A.** tanzen; **It.** ballare.

bailarín
adj. **I.** dancer; **F.** danseur, danseuse; **A.** Tänzer; **It.** ballerino, na.

baile
m. **I.** dance; **F.** danse; **A.** Tanz; **It.** ballo.

bailía
f. **I.** bailiwick; **F.** bailliage; **A.** Ballei; **It.** baliaggio.

baivel
m. **I.** bevel square; **F.** buveau, biveau; **A.** Winkelmass; **It.** piferello.

bajada
f. **I.** descent; **F.** descente; **A.** Abstieg; **It.** discesa.

bajamar
f. **I.** low tide; **F.** basse-mer; **A.** Ebbe; **It.** marea bassa.

bajar
intr. **I.** to descend, to fall; **F.** descendre; **A.** hinabsteigen; **It.** abbassare.

bajel
m. **I.** vessel; **F.** vaisseau; **A.** Schiff; **It.** vascello.

bajeza
f. **I.** meanness, lowliness; **F.** humilité, turpitude, petitesse; **A.** Gemeinheit, Niedrigkeit, **It.** bassezza.

bajo
adj. **I.** low, short, bass; **F.** bas, basse; **A.** niegrig, klein; **It.** basso.

bajón
m. **I.** bassoon; **F.** basson; **A.** Fagott; **It.** fagotto.

bala
f. **I.** bullet, ball; **F.** balle, boulet; **A.** Kugel; **It.** palla, pallota.

balada
f. **I.** ballad; **F.** ballade; **A.** Ballade; **It.** ballata.

baladí
adj. **I.** frail, weak; **F.** futile, banal; **A.** gehaltlos; **It.** futile, frivolo.

baladro
m. **I.** shout, outcry; **F.** cri, hurlement; **A.** heulen, schreien; **It.** gridare, urlare.

baladrón
adj. **I.** boaster, bragger; **F.** fanfaron; **A.** Prahler; **It.** spaccone.

baladronada
f. **I.** boast, brag; **F.** fanfaronnade; **A.** Prahlerei; **It.** smargiassata, fanfaronata.

balance
m. **I.** balance; **F.** bilan; **A.** Bilanz; **It.** bilancio.

balancear
intr. **I.** to balance; **F.** balancer; **A.** schwanken; **It.** bilanciare.

balanceo
m. **I.** balancing; **F.** balancement; **A.** Pendeln; **It.** barcollamento.

balancín
m. **I.** splinter-bar; **F.** balancier; **A.** Wippbaum; **It.** bilancino.

balandra
f. **I.** bilander; **F.** balandre, côtre; **A.** Kutter; **It.** palandra.

balandrán
m. **I.** cassock; **F.** balandran; **A.** breiter Oberrock; **It.** palandrano.

bálamo
m. **I.** balanus; **F.** gland; **A.** Eichel; **It.** balano.

balanza
f. **I.** y **F.** balance; **A.** Waage, Waagschale; **It.** bilancia.

balanzón
m. **I.** cleaning-pan; **F.** boulloir; **A.** Schmelztiegel; **It.** padellino.

balar
intr. **I.** to bleat; **F.** béler; **A.** blöken; **It.** belare.

balasto
m. **I.** y **F.** ballast; **A.** Steinschotter; **It.** ballastro.

balaustrada
f. **I.** y **F.** balustrade; **A.** Balustrade; **It.** balustrata.

balbucir
intr. **I.** to stammer; **F.** balbutier; **A.** stammeln; **It.** balbettare.

balcón
m. **I.** balcony; **F.** balcon; **A.** Balkon; **It.** balcone.

baldado
adj. **I.** cripple; **F.** perclus, estropié; **A.** lahm; **It.** rattrappito.

baldar
tr. **I.** to cripple; **F.** estropier; **A.** lähmen; **It.** storpiare.

balde
m. I. bucket; F. seau, seile; A. Eimer, Kübel; It. bugliolo, secchio.

baldío
adj. I. uncultivated; F. inculte, en friche; A. unangebaut; It. incolto.

baldón
m. I. affront, insult; F. outrage, affront; A. Schimpf; It. rimprovero.

balido
m. I. bleating; F. bêlement; A. Geblöke; It. belamento, belato.

balín
m. I. buckshot; F. petite balle; A. Pistolenkugel; It. pallino.

balística
f. I. ballistics; F. balistique; A. Ballistik. It. balistica.

baliza
f. I. beacon; F. balise; A. Bake, Boje; It. gavitello.

balneario
m. I. balneary, spa; F. balnéaire; A. Badehaus, Kurort; It. terme, balneario.

balón
m. I. ball; F. ballon; A. Ballon; It. pallone.

balsa
f. I. raft; F. radeau; A. Floss; It. zattera.

balsámico
adj. I. balmy, balsamic; F. balsamique; A. balsamisch; It. balsamico.

bálsamo
m. I. balm, balsam; F. baume; A. Balsam; It. balsamo.

balsero
m. I. raftsman; F. batelier; A. Flösser; It. navalestro.

báltico
adj. I. Baltic; F. baltique; A. baltisch; It. baltico.

baluarte
m. I. bastion, bulwark; F. boulevard, bastion; A. Bollwerk; It. bastione, baluardo.

ballena
f. I. whale; F. baleine A. Walfisch; It. balena.

ballesta
f. I. crossbow; F. arbalète; A. Armbrust; It. balestra.

bambalina
f. I. fly; F. bande de toile; A. Soffitte; It. ribalta.

bambolear
intr. I. to reel, to totter, to stagger; F. se balancer, vaciller; A. schwanken, wackeln; It. dondolare, vacillare.

bamboleo
m. I. reeling, staggering; F. vacillation, oscillation; A. Schwanken; It. dondolamento.

bambolla
f. I. ostentation, boast; F. faste, ostentation; A. Prunksucht; It. fasto.

bambú
m. I. bamboo; F. bambou; A. Bambusrohr; It. bambú.

banasta
f. I. large basket; F. banne; A. Tragkorb; It. bariglione.

banca
f. I. bench, banking; F. banquette, banque; A. Schemel, Wechselgeschäft; It. panca, banca, banco.

bancal
m. I. terrace; F. terrasse; A. Beet; It. terrapieno, aiuola.

bancarrota
f. I. bankruptcy; F. banqueroute; A. Bankerott; It. bancarotta.

banco
m. I. bench, bank; F. banc; A. Sitzbank, Bank; It. banco.

banda
f. I. band, side; F. bande, bord; A. Bande, Seite; It. ciarpa, banda.

bandada
f. I. covey; F. bande; A. Schwarm; It. stormo.

bandeja
f. I. tray; F. plateau, cabaret; A. Tablett; It. vassoio.

bandera
f. I. flag, banner; F. drapeau, bannière; A. Fahne, Flagge; It. bandiera.

banderizo
adj. I. factious; F. factieux; A. Anhänger; It. fazioso.

banderola
f. I. bannerol; F. banderole; A. Fähnchen; It. banderuola.

bandido
m. I. y F. bandit; A. Bandit; It. bandito.

bando
m. I. y F. ban; A. öffentliche; It. bando.

bandolero
m. I. highwayman; F. bandit; A. Strassenräuber; It. brigante, bandito.

bandolina
f. I. y F. bandoline; A. Bandoline; It. bandolina.

bandullo
m. I. belly; F. bedaine, panse; A. Eingeweide; It. ventre, pancia, trippa.

bandurria
f. I. bandore; F. mandore; A. Mandoline; It. mandola.

banquero
m. I. banker; F. banquier; A. Wechsler, Bankier; It. banchiere.

banqueta
f. I. stool, bench; F. banquette; A. Schemel; It. sgabello.

banquete
m. I. y F. banquet; A. Festmahl; It. banchetto.

bañadero
m. I. puddle; F. bauge; A. Suhle; It. bagnatoio, pozzanghera.

bañar
tr. I. to bathe; F. baigner; A. baden; It. bagnare.

bañera
f. I. bath-tub; F. baignoire; A. Badewanne; It. bagnina.

bañero
m. I. bathkeeper; F. baigneur; A. Bademeister; It. bagnino.

baño
m. I. bath; F. bain; A. Bad; It. bagno.

bao
m. I. beam; F. bau; A. Balken, Saling; It. bao, baglio.

baqueta
f. I. ramrod, drumsticks; F. baguette; A. Ladestock; It. bachetta.

baqueteado
adj. I. inured, habituated; F. endurci; A. bewandert; It. assuefatto.

baquetear
tr. I. to vex; F. ennuyer; A. Spiessruten; It. bacchattare, seccare.

barahúnda
f. I. noise, confusion; F. tapage, fracas; A. grosser, Lärm; It. baraonda.

baraja
f. I. set of cards; F. jeu de cartes; A. Spielkarten; It. mazzo di carte.

barajar
tr. I. to shuffle; F. battre; A. die Karten mischen; It. fare le carte.

barata
f. I. barter; F. troc; A. Tausch; It. baratto, permuta.

baratear
tr. I. to cheapen; F. rabaisser; A. verschleudern; It. ribassare.

baratija
f. I. stuff; F. bagatelle; A. Kleinigkeit; It. frascherie.

barato
adj. I. cheap; F. bon marché; A. billig, preiswert; It. buon mercato.

barba
j. I. beard, chin; F. menton, barbe; A. Kinn, Bart; It. mento, barba.

barbacana
f. I. barbican; F. barbacane; A. Schiesscharte; It. barbacane.

barbárico
adj. I. barbaric; F. barbare; A. barbarisch; It. barbaresco, barbarico.

barbaridad
f. I. barbarity, rashness; F. témérité, settise; A. Barbarei, Kühnheit; It. barbaritá, rozzeza.

barbarie
f. I. cruelty; F. e It. barbarie; A. Barbarei, Grausamkeit.

barbarismo
m. I. barbarism; F. barbarisme; A. Barbarismus; It. barbarismo.

bárbaro
adj. I. barbarian; F. barbare; A. Barbar; It. barbaro.

barbecho
m. I. fallow; F. jachère; A. Brachfeld; It. maggese.

barbería
f. I. barber's shop; F. salon de coiffeur; A. Barbierstube; It. barbieria, barberia.

barbero
m. I. barber; F. barbier, coiffeur; A. Barbier; It. barbiere.

barbeta
f. I. y F. barbette; A. Geschützbank; It. barbetta.

barbilla
f. I. chin; F. bout du menton; A. Kinnspitze; It. barbetta.

barbo
m. I. barbel; F. barbeau; A. Barbe; It. barbio, barbo.

barboquejo
m. I. chin-strap; F. mentonnière; A. Kinnband; It. mentoniera.

barbudo
adj. I. bearded; F. barbu; A. bärtig; It. barbuto.

barca
f. I. boat, bark; F. barque; A. Fährboot; It. barca.

barcarola
f. I. y F. barcarolle; A. Barkarole; It. barcarola.

barco
m. I. ship, vessel; F. bateau, navire; A. Schiff; It. barco, vescello, nave.

barda
f. I. bard; F. barde; A. Pferdeharnisch; It. barda.

bardaguera
f. I. willow; F. osier rouge; A. Korbweide; It. agnocasto.

bardo
m. I. bard; F. barde; A. Barde; It. bardo.

bario
m. I. barium; F. baryum; A. Barium; It. bario.

barítono
m. I. barytone; F. baryton; A. Bariton; It. baritono.

barlovento
m. I. windward; F. dessus du vent; A. Windseite, Luv; It. sopravvento.

barniz
m. I. varnish; F. vernis; A. Firnis; It. vernice.

barnizar
tr. I. to varnish; F. vernir; A. firnissen, lackieren; It. inverniciare.

barómetro
m. I. barometer; F. baromètre; A. Barometer; It. barometro.

barón
m. I. y F. baron; A. Baron, Freiherr; It. barone.

baronesa
f. I. baroness; F. baronne; A. Baronin, Freifrau; It. baronessa.

barquero
m. I. boatman; F. batelier; A. Kahnführer; It. barcaiuolo.

barquilla
f. I. little boat; F. nacelle; A. Kahn; It. navicella.

barquillo
m. I. waffle; F. oublie, cornet; A. Hohlhippe; It. cialdone.

barra
f. I. bar; F. barre; A. Stange; It. barra.

barrabás
m. I. devil; F. espliègle; A. Bösewicht; It. barraba.

barraca
f. I. barrack, cabin, hut; F. baraque; A. Baracke; It. baracca.

barrado
adj. I. corded, ribbed; F. barré; A. gestreift; It. rigato.

barranco
m. I. gorge, ravine; F. fondrière, ravin; A. Schlucht; It. burrone.

barrear
tr. I. to bar; F. barrer; A. absperren, verrammeln; It. sbarrare.

barrena
f. I. gimlet, drill; F. vrille, tarière; A. Bohrer; It. succhiello, trapano.

barrenar
tr. I. to bore; F. forer; A. (durch) bohren; It. succhiellare.

barrendero
m. I. sweeper; F. balayeur; A. Strassenkehrer; It. spazzatore.

barreno
m. I. auger-hole; F. trou de mine; A. Loch; It. trivellone.

barreño
m. I. earthen tub; F. terrine; A. irdene Schüssel; It. catino.

barrer
tr. I. to sweep; F. balayer; A. Kehren; It. scopare, spazzare.

barrera
f. I. barrier; F. barrière; A. Barriere; It. barriera.

barrica
f. I. butt; F. barrique; A. Tonne; It. botte.

barricada
f. I. y F. barricade; A. Barrikade; It. barricata.

barriga
f. I. belly; F. ventre; A. Baucht; It. pancia, ventre.

barril
m. I. barrel; F. baril; A. Fass; It. barile.

barrilero
m. I. barrel-maker; F. tonnelier; A. Böttcher; It. bottaio.

barrilete
m. I. holdfast; F. barillet; A. klammer; It. bariletto.

barrio
m. I. ward, quarter; F. quartier; A. Stadtviertel; It. quartiere.

barrizal
m. I. clay-pit, muddy place; F. bourbier; A. Lehmboden; It. terreno argilloso, fangoso.

barroso
adj. I. muddy; F. fangeux; A. lehmig; It. fangoso.

barruntar
tr. I. to foresee, to conjecture; F. soupçonner, conjecturer; A. ahnen, vorhersehen; It. congetturare, presentire.

bártulos
m. pl. I. tools; F. affaires; A. Sachen; It. masserizie.

barullo
m. I. confusion, disorder, mess; F. confusion; A. Wirrwarr; It. desordine, confusione.

basalto
m. I. basalt; F. basalte; A. Basalt. It. basalto.

basamento
m. I. basement; F. soubassement; A. Grundlage, Grundmauer; It. basamento.

basar
tr. I. to base, to found; F. fonder, appuyer; A. (be) gründen; It. fondare, basare.

basca
f. I. squeamishness; F. nausée; A. Übelkeit; It. schifo, nausea.

báscula
f. I. platform scale; F. bascule, balance; A. (Waage) vorrichtung; It. basculla, stadera.

base
f. I., F. e It. base; A. Basis.

basílica
f. I. basilica. F. basilique; A. Basilika; It. basilica.

basilisco
m. I. basilisk; F. basilic; A. Basilisk; It. basilisco.

basta
f. I. basting; F. bâti; A. Heftnaht; It. imbastitura.

bastante
adv. I. enough; F. suffisant, assez; A. genügend; It. bastante.

bastar
intr. I. to suffice; F. suffire; A. genügen; It. bastare.

bastardear
intr. I. to bastardize, to degenerate; F. abâtardir; A. abarten; It. imbastardire, degenerare.

bastidor
m. I. frame-wing; F. coulisse; A. Kulisse; It. quinta, telaio.

bastión
m. I. y F. bastion; A. Bollwerk, Bastei; It. bastione.

basto
m. I. pack-saddle; F. bastine; A. Sattelkissen; It. basto.

bastón
m. I. cane, walking-stick; F. canne, bâton; A. Stock, Stab; It. bastone.

basura
f. I. rubbish, dirt; F. ordure, balayure; A. Kehricht; It. spazzatura.

bata
f. I. gown; F. robe de chambre; A. Hauskleid, Schlafrock; It. veste da camera.

batahola
f. I. clamour, hurly-burly; F. vacarme; A. Lärm, Getöse; It. schiamazzo, chiasso.

batalla
f. I. battle; F. bataille; A. Schlacht; It. battaglia.

batallón
m. I. battalion; F. bataillon; A. Bataillon, Schar; It. battaglione.

batanero
m. I. fuller; F. foulon; A. Walkmüller; It. gualchieraio.

batata
f. I. sweet potato; F. e It. batate; A. Batate.

batería
f. I. battery; F. batterie; A. Batterie; It. batteria.

batidor
m. I. scout; F. éclaireur; A. Pfadfinder; It. esploratore.

batimento
m. I. beating; F. battement; A. Schlagen; It. battimento.

batir
tr. I. to beat, to strike; F. battre; A. schlagen, kneten; It. battere.

batista
f. I. y F. batiste; A. Batist; It. batista.

bato
m. I. rustic, simpleton; F. rustre; A. Dummkopf; It. sciocco.

baturrillo
m. I. medley, potpourri; F. macédoine; A. Mischmasch; It. miscuglio, piastriccio.

baúl
m. I. trunk, chest; F. coffre, bahut; A. Koffer, Truhe; It. baule.

bauprés
m. I. bowsprit; F. beaupré; A. Bugspriet; It. bompresso.

bautismo
m. I. baptism; F. baptême; A. Taufe. It. battesimo.

bautizar
tr. **I.** to baptise, to christen; **F.** baptiser; **A.** taufen; **It.** battezzare.

baya
f. **I.** berry; **F.** baie; **A.** Beere; **It.** bacca.

bayeta
f. **I.** baize; **F.** bayette; **A.** (Boi) stoff; **It.** baietta.

bayoneta
f. **I.** bayonet; **F.** baïonnette; **A.** Bajonett; **It.** baionetta.

baza
f. **I.** trick; **F.** levée; **A.** Stich; **It.** bazza.

bazar
m. **I.** bazaar; **F.** e **It.** bazar; **A.** Bazar.

bazo
m. **I.** spleen, milt; **F.** rate; **A.** Milz; **It.** milza.

bazofia
f. **I.** offal; **F.** ratatouille; **A.** Überbleibsel; **It.** bazzoffia.

beatería
f. **I.** bigotry; **F.** bigoterie; **A.** Frömmlelei; **It.** bacchettoneria.

beatificar
tr. **I.** to beatify; **F.** béatifier; **A.** seligsprechen; **It.** beatificare.

beatitud
f. **I.** beatitude; **F.** béatitude; **A.** Seligkeit; **It.** beatitudine.

beato
adj. **I.** blessed; **F.** béat; **A.** gottselig; **It.** beato.

bebedero
adj. **I.** drinking though; **F.** auget; **A.** Trinknapf; **It.** beverino.

bebedizo
adj. **I.** draught; **F.** potion; **A.** Arzneitrank; **It.** pozione.

bebedor
adj. **I.** drinker, toper; **F.** buveur; **A.** Trinker, Säufer; **It.** bevitore.

beber
intr. **I.** to drink; **F.** boire; **A.** trinken; **It.** bere, bevere.

bebida
f. **I.** drink; **F.** boisson; **A.** Getränk; **It.** bevanda.

beca
f. **I.** scholarship; **F.** bourse; **A.** Stipendium; **It.** vitta, striscia.

becerra
f. **I.** calf; **F.** génisse; **A.** Färse; **It.** vitella.

becerro
m. **I.** calf; **F.** veau; **A.** Kalbsleder; **It.** vitello.

bedel
m. **I.** warden, beadle; **F.** bedeau, appariteur; **A.** Pedell, Schuldiener; **It.** bidello.

beduino
adj. **I.** Bedouin; **F.** bédouin; **A.** Beduine; **It.** beduino.

befa
f. **I.** jeer; **F.** dérision, moquerie; **A.** Verspottung; **It.** beffa.

befar
intr. **I.** to jeer; **F.** narguer; **A.** verspotten; **It.** beffare.

begonia
f. **I.** e **It.** begonia; **F.** bégonia; **A.** Begonie, Schiefblatt.

bejuco
m. **I.** rattan, liana; **F.** liane; **A.** Liane; **It.** liana.

beleño
m. **I.** henbane; **F.** jusquiame; **A.** Bilsenkraut; **It.** giusquiamo.

bélico
adj. **I.** warlike, bellicose; **F.** guerrier; **A.** Kriegerisch; **It.** bellico, guerresco.

beligerante
adj. **I.** belligerent; **F.** belligérant; **A.** Kriegführend; **It.** belligerante.

belitre
adj. **I.** scoundrel; **F.** bélitre; **A.** Schurke, Lump; **It.** birbone, furfante.

bellaco
adj. **I.** rogue; **F.** coquin; **A.** Schuft; **It.** briccone.

bellaquería
f. **I.** knavery, roguery; **F.** faquinerie, friponnerie; **A.** Schurkenstreich; **It.** bricconata.

belleza
f. **I.** beauty; **F.** beauté; **A.** Schönheit; **It.** bellezza.

bello
adj. **I.** beautiful, fine; **F.** beau; **A.** shön; **It.** bello.

bellota
f. **I.** acorn; **F.** gland; **A.** Eichel; **It.** ghianda.

bemol
adj. **I.** flat; **F.** bémol; **A.** Vertiefungszeichen; **It.** bemolle.

bencina
f. **I.** y **F.** benzine; **A.** Benzin; **It.** benzina.

bendecir
tr. **I.** to bless; **F.** bénir; **A.** (ein)- segnen; **It.** benedire.

bendición
f. **I.** benediction, blessing; **F.** bénédiction; **A.** Segen; **It.** benedizione.

bendito
adj. **I.** sainted, blessed; **F.** béni; **A.** gesegnet, selig; **It.** benedetto.

beneficencia
f. **I.** beneficence; **F.** bienfaisance; **A.** Wohltätigkeit; **It.** beneficenza.

beneficiar
tr. **I.** to benefit; **F.** bénéficier; **A.** guttun; **It.** beneficare.

beneficio
m. **I.** benefit; **F.** bénéfice; **A.** Wohltat; **It.** beneficio.

beneficioso
adj. **I.** beneficial; **F.** bénéficieux; **A.** vorteilhaft; **It.** utile, vantaggioso.

beneplácito
m. **I.** approbation, goodwill, consent; **F.** approbation; **A.** Genehmigung; **It.** beneplacito.

benevolencia
f. **I.** benevolence; Kindness; **F.** bienveillance; **A.** Wohlwollen; **It.** benevolenza.

benévolo
adj. **I.** benevolent, Kind; **F.** bienveillant; **A.** wohlwollend; **It.** benevolo.

benignidad
f. **I.** benignity; **F.** bénignité; **A.** Güte, Milde; **It.** benignità.

benigno
adj. **I.** benign, merciful; **F.** bénigne; **A.** gütig, liebreich; **It.** benigno.

benzol
m. **I.** y **F.** benzol; **A.** Benzol; **It.** benzolo.

beocio
adj. **I.** Beotian; **F.** béotien; **A.** Böotisch; **It.** beozio.

beodo
adj. **I.** drunk; **F.** ivre; **A.** betrunken; **It.** ubbriaco, ebbro.

berbiquí
m. **I.** brace; **F.** vilebrequin; **A.** Drillbohrer; **It.** trapano.

berenjena
f. **I.** egg-plant; **F.** aubergine; **A.** Eierpflanze; **It.** petronciano.

bergamota
f. **I.** bergamot; **F.** bergamote; **A.** Bergamotte; **It.** bergamotta.

bergante
adj. **I.** ruffian, rascal; **F.** coquin, fripon; **A.** Spitzbube; **It.** birbante.

bergantín
m. **I.** brig; **F.** brigantin; **A.** Brigantine; **It.** brigantino.

berlina
f. **I.** coupe; **F.** berline; **A.** Berline; **It.** berlina.

bermejo
adj. **I.** russet, rufous; **F.** vermeil, roux; **A.** rothaarig; **It.** vermiglio.

berrido
m. **I.** bellawing; **F.** beuglement; **A.** Blöken; Brüllen; **It.** muggito.

berrinche
m. **I.** anger, tanbrum; **F.** rage, colère; **A.** Wutanfall, Jähzorn; **It.** stizza, bizza.

berro
m. **I.** water-cress; **F.** cresson; **A.** Kresse, Brunnenkresse; **It.** crescione, nasturzio.

berza
f. **I.** cabbage; **F.** chou; **A.** Kohl; **It.** cavolo.

besar
tr. **I.** to kiss; **F.** baiser, embrasser; **A.** Küssen; **It.** baciare.

beso
m. **I.** Kiss; **F.** baiser; **A.** Kuss; **It.** bacio.

bestia
f. **I.** beast, quadruped; **F.** bête; **A.** Vieh; **It.** bestia, animale.

bestial
adj. **I.** bestial, brutal; **F.** bestial; **A.** viehisch, tierisch; **It.** bestiale.

bestialidad
f. **I.** brutality; **F.** bestialité; **A.** Bestialität; **It.** bestialità.

besugo
m. **I.** seabream; **F.** pagre, rousseau; **A.** Schellfisch; **It.** sparo.

biberón
m. **I.** nursing-battle; **F.** biberon; **A.** Kinderdutte; **It.** biberone.

biblia
f. **I.** y **F.** Bible; **A.** Bibel; **It.** Bibbia.

bibliófilo
m. **I.** y **F.** bibliophile; **A.** Bücherfreund; **It.** bibliofilo.

bibliografía
f. **I.** bibliography; **F.** bibliographie; **A.** Bücherkunde; **It.** bibliografia.

biblioteca
f. **I.** library; **F.** bibliothèque; **A.** Bibliothek; **It.** biblioteca.

bicarbonato
m. **I.** y **F.** bicarbonate; **A.** doppeltkohlensaures Salz; **It.** bicarbonato.

bicicleta
f. **I.** bicycle; **F.** bicyclette; **A.** Fahrrad; **It.** bicicletta.

bichero
m. **I.** boat-hook; **F.** gaffe; **A.** Bootshaken; **It.** gancio, gaffa.

bidé
m. **I.** y **F.** bidet; **A.** Bidet; **It.** bidè.

biela
f. **I.** brace-strut; **F.** bielle; **A.** Treibstange; **It.** biella.

bien
m. **I.** good; **F.** bien; **A.** Gut, Wohl; **It.** bene.

bienaventuranza
f. **I.** beatitude; **F.** béatitude; **A.** Glückseligkeit; **It.** beatitudine.

bienestar
m. **I.** well-being, comfort; **F.** bien-être; **A.** Wohlsein, Wohlstand; **It.** benestare, benessere.

bienhechor
adj. **I.** benefactor; **F.** bienfaiteur; **A.** Wohltäter; **It.** benefattore.

bienvenida
f. **I.** welcome; **F.** bienvenue; **A.** Willkommen; **It.** benvenuto.

bífido
adj. **I.** bifid; **F.** bifide; **A.** Zweispaltig; **It.** bifido.

bifurcación
f. **I.** y **F.** bifurcation; **A.** Gabelung, Verzweigung; **It.** bifurcazione.

bigamia
f. **I.** bigamy; **F.** bigamie; **A.** Doppelehe; **It.** bigamia.

biliar
adj. **I.** biliary; **F.** biliaire; **A.** gallig; **It.** biliare.

bilis
f. **I.** y **F.** bile; **A.** Galle; **It.** bile.

billar
m. **I.** billiards; **F.** billard; **A.** Billardspiel; **It.** biliardo.

billete
m. **I.** ticket; **F.** billet; **A.** Billet; **It.** biglietto.

biografía
f. **I.** biography; **F.** biographie; **A.** Lebensbeschreibnung; **It.** biografia.

biopsia
f. **I.** biopsy; **F.** biopsie; **A.** Probeexzision; **It.** biopsia.

bisagra
f. **I.** hinge; **F.** charnière; **A.** Scharnier; **It.** cerniera.

bisel
m. **I.** bevel; **F.** biseau; **A.** Schrägkante; **It.** ugnatura, scancio.

bisonte
m. **I.** y **F.** bison; **A.** Wisent; **It.** bisonte.

bistec
m. **I.** beefsteak; **F.** bifteck; **A.** Beefsteak; **It.** bisteca.

bisturí
m. **I.** bistoury; **F.** bistouri; **A.** Sezier; **It.** bisturi.

bitácora
f. **I.** binnacle; **F.** habitacle; **A.** kompasshäuschen; **It.** chiesola.

bizarría
f. I. gallantry; F. courage; A. Mut; It. gagliardia.

blanco
adj. I. white; F. blanc; A. weiss; It. bianco.

blancura
f. I. whiteness; F. blancheur; A. Weisse; It. bianchezza.

blandir
tr. I. to brandish; F. brandir; A. schwingen; It. brandire.

blando
adj. I. soft; F. mou; A. weich; It. molle.

blandura
f. I. softness; F. mollesse; A. Weichheit; It. mollezza.

blanquear
tr. I. to whiten, to bleach; F. blanchir; A. weissen; It. imbiancare.

blanqueo
m. I. bleaching; F. blanchiment; A. Bleichen; It. imbiancamento.

blasfemia
f. I. blasphemy; F. blasphème; A. Gotteslästerung; It. bestemmia.

blasón
m. I. blazon, blazonry; F. blason; A. Wappenkunde; It. blasone.

blocao
m. I. block-house; F. e It. blockhaus; A. Blockhaus.

bloquear
tr. I. to block; F. bloquer; A. blokkieren; It. bloccare.

blusa
f. I. y F. blouse; A. Bluse; It. blusa, camiciotto.

boa
f. I., F. e It. boa; A. Boa.

bobo
adj. I. dunce, simpleton; F. niais, nigaud; A. einfältig; It. sciocco, balordo.

boca
f. I. mouth; F. bouche; A. Mund; It. bocca.

bocado
m. I. morsel; F. bouchée; A. Munvoll; It. boccone.

boda
f. I. wedding; F. noce; A. Hochzeit; It. nozze.

bodega
f. I. cellar; F. cave; A. Keller; It. cantina.

bodegón
m. I. tavern; F. cabaret; A. Schänke, Speisekeller; It. bettola.

bofetada
f. I. slap, buffet; F. soufflet; A. Ohrfeige; It. schiaffo.

boj
m. I. box-tree; F. buis; A. Buchsbaum; It. bosso.

bol
m. I. bowl; F. bol; A. henkellose Tasse, Bowle; It. bolo.

bola
f. I. ball; F. boule; A. Kugel; It. palla.

boleta
f. I. ticket; F. billet; A. Schein; It. bulletino.

boletín
m. I. y F. bulletin; A. Bolletin, Amtsblatt; It. bolletino.

boliche
m. I. jack; F. cochonnet; A. Zierkugel; It. pallino.

bólido
m. I. y F. bolide; A. Meteorstein; It. bolide.

bolina
f. I. bowline; F. bouline; A. Senkblei; It. bolina.

bolsa
f. I. exchange; F. bourse; A. Börse; It. borsa.

bolsillo
m. I. pocket; F. poche; A. Säckel; It. tasca.

bomba
f. I. bomb; F. bombe; A. Bombe; It. bomba.

bombeo
m. I. camber; F. bombement; A. Wölbung; It. incurvamento.

bombero
m. I. fireman; F. pompier; A. Feuerwehrmann; It. pompiere.

bombilla
f. I. bulb; F. ampoule; A. Birne, Glühlampe; It. lampadina.

bonachón
adj. I. good-natured; F. bonasse; A. gutmütig; It. bonaccione.

bonete
m. I. y F. bonnet; A. Mütze; It. berretta.

bonito
adj. I. pretty; F. joli, mignon; A. hübsch; It. bellino.

bonzo
m. I. y F. bonze; A. Bonze; It. bonzo.

boquete
m. I. gap; F. brèche; A. Bresche, Durchbruch; It. breccia.

borbotón
m. I. bubbling; F. bouillonement; A. Sprudeln, Aufwallen; It. bollimento.

borde
m. I. border, edge; F. bord; A. Rand; It. bardo.

borne
m. I. clamp; F. borne; A. Klemmeschraube. It. morsetto.

borracho
adj. I. drunken; F. ivrogne; A. betrunken; It. ubbriaco.

borrar
tr. I. to erase; to scratch; F. effacer, raturer, biffer; A. verwischen, auskratzen; It. cancellare, scassare.

borrasca
f. I. storm; F. bourrasque; A. Sturm; It. burrasca.

borrego
m. I. lamb; F. agneau; agnelle; A. Lamm; It. agnello.

bosque
m. I. wood; F. bois; A. Wald; It. bosco.

bostezar
intr. I. to yawn; F. bâiller; A. gähnen; It. sbadigliare.

bota
f. I. boot; F. botte; A. Stiefel; It. stivale.

botar
tr. I. to bound; F. bondir; A. (auf) prallen; It. balzare.

botella
f. I. bottle, flask; F. bouteille; A. Flasche; It. bottiglia, fiasco.

botín
m. I. half-boot; F. bottine; A. Gamasche; It. stivaletto.

botón
m. I. button; F. bouton; A. Knopf; It. bottone.

bóveda
f. I. vault; F. voûte; A. Gewolbe; It. volta.

bramido
m. I. roaring; F. bramement; A. Gebrüll, Wüten; It. bramito.

bravata
f. I. bravado; F. bravade; A. Grosssprecherei; It. bravata.

bravo
adj. I. brave, valiant; F. brave, vaillant; A. tapfer, mutig; It. bravo, prode.

brazo
m. I. arm; F. bras; A. Arm; It. braccio.

brebaje
m. I. beverage; F. breuvage; A. Trank; It. beveraggio.

brecha
f. I. breach; F. brèche; A. Bresche; It. breccia.

brega
f. I. quarrel; F. mêlée; A. Streit; It. rissa.

brete
m. I. fetter; F. fer; A. Fussschellen; It. ceppo.

breva
f. I. early fig; F. figue-fleur; A. Frühfeige; It. fico fiore.

breve
adj. I. brief; F. bref; A. Kurz; It. breve.

brevedad
f. I. brevity, shortness; F. brièveté; A. Kürze; It. brevità.

bribón
adj. I. vagrant; rogue; F. coquin; A. Spitzbube; It. birbone.

brillante
adj. I. brilliant; F. brillant; A. leuchtend; It. brillante.

brillar
intr. I. to shine; F. briller; A. glänzen; It. brillare.

brillo
m. I. brillancy; F. brillant, éclat; A. Glanz; It. brillo.

brinco
m. I. leap, jump; F. saut; A. Sprung; It. salto, balzo.

brindar
intr. I. to toast; F. toaster; A. toasten; It. brindare.

brisa
f. I. breeze; F. brise; A. Brise; It. brezza.

broche
m. I. clasp; F. agrafe; A. Brosche; It. fermaglio.

broquel
m. I. buckler; F. bouclier; A. Schild; It. brocchiere.

brotar
intr. I. to issue; F. saillir; A. hervorquellen; It. zampillare.

brote
m. I. germ, bud; F. bouton, bourgeon; A. Knospe; It. gemma.

broza
f. I. chaff; F. broussaille; A. Abfall; It. macchione.

brujo
m. I. sorcerer; F. sorcier; A. Zauberer; It. stregone.

bruma
f. I. fog; F. brume; A. Nebel; It. nebbione.

brumoso
adj. I. foggy; F. brumeux; A. nebelig; It. nebbioso.

bruno
adj. I. brown; F. brun; A. schwarzbraun; It. bruno.

bruñir
tr. I. to burnish; F. brunir; A. glätten, polieren; It. brunire.

brusco
adj. I. rough; F. brusque; A. derb; It. brusco.

bruto
adj. I. brute, beast; F. bête, brute; A. Tier, Bestie; It. bruto.

bucear
intr. I. to dive; F. plonger; A. (unter) tauchen; It. tuffare.

bucle
m. I. ringlet; F. boucle; A. Locke, Haarlocke; It. riccio.

bueno
adj. I. good; F. bon, bonne; A. gut; It. buono.

bufo
adj. I. y F. bouffe; A. Komisch; It. buffo.

bufón
adj. I. buffoon; F. bouffon; A. Geck; It. buffone.

buhardilla
f. I. garret; F. galetas, mansarde; A. Dachstube; It. soffitta.

buhonero
m. I. peddler; F. colporteur; A. Hausierer, Tabulettkrämer; It. merciaiuolo.

bula
f. I. y F. bulla; A. Bulle; It. bolla.

bulbo
m. I. bulb; F. bulbe; A. Knolle, Zwiebel; It. bulbo.

bulto
m. I. bulk; F. colis; A. Pack; It. fardello.

bulla
f. I. bustle; F. bruit, vacarme; A. Lärm, Krach; It. vocio.

bullir
intr. I. to boil; F. bouillir; A. sieden; It. bollire.

buque
m. I. ship, vessel; F. navire, bâtiment; A. Shiff; It. bastimento, legno.

burbuja
f. I. bubble; F. bulle; A. Wasserblase; It. bolla.

burdel
m. I. brothel; F. bordel; A. Bordell; It. bordello.

burdo
adj. I. coarse; F. grossier; A. grob; It. grossolano.

burgués
adj. I. burgess; F. bourgeois; A. Bürger; It. borghese.

burla
f. I. mockery; F. moquerie; A. Betrug; It. gabbamento.

burlar
tr. I. to mock; F. railler; A. verspotten; It. burlare.

burro
m. I. ass, donkey; F. âne; A. Esel; It. asino.

buscar
tr. I. to seek, to search; F. chercher; A. suchen; It. ricercare.

buzón
m. I. letter-box; F. boite aux lettres; A. Briefkasten; It. buca della posta.

cabal
adj. I. precise; F. juste; A. richtig; I. giusto.

caballero
adj. I. rider; F. chevalier; A. Ritter; It. cavaliere.

cabaña
f. I. hut; F. cabane; A. Hütte; It. capanna.

caber
intr. I. to fit; F. tenir; A. Aufnehmen; It. capere.

cabeza
f. I. head; F. tête; A. Kopf; It. capo.

cabo
m. I. rope; F. cordaje, corde; A. Seiltau; It. cavo.

cacahuete
m. I. peanut; F. arachide; A. Aschantinuss; It. arachide.

cacería
f. I. hunt; F. chasse; A. Jagd; It. cacciata.

cacique
m. I. boss; F. cacique; A. Ortsgewaltiger; It. cacico.

cachaza
f. I. slowness; F. flegme; A. Kaltblütigkeit; It. flemma.

cachete
m. I. slap; F. gifle; A. Faustschlag; It. guanciata.

cacho
adj. I. piece; F. morceau; A. Stück; It. pezzo.

cachorro
m. I. puppy; F. petit chien; A. Welp; It. cucciolo.

cadalso
m. I. scaffold; F. échafaud; A. Schafott; It. palco.

cadáver
m. I. corpse; F. cadavre; A. Leichnam; It. cadavere.

cadena
f. I. chain; F. chaîne; A. Kette; It. catena.

caer
intr. I. to fall; F. tomber; A. fallen; It. cadere.

cagar
intr. I. to shit; F. chier; A. scheissen; It. cacare.

caída
f. I. fall; F. chute; A. Fall; It. caduta.

caja
f. I. box; F. boîte; A. Kasten; It. cassa.

cala
f. I. hold; F. cale; A. Schifsboden; It. stiva.

calabozo
m. I. dungeon; F. cachot; A. Kerker; It. segreta.

calambre
m. I. cramp; F. crampe; A. Krampf; It. granchio.

calamidad
f. I. calamity; F. calamité; A. Unglück; It. calamità.

calar
tr. I. to soak; F. percer; A. durchsikkern; It. inzuppare.

calavera
f. I. skull; F. tête de mort; A. Hirnschale; It. teschio.

calcinación
f. I. y F. calcination; A. Kalzination; It. calcinazione.

calcular
tr. I. to calculate; F. calculer; A. ausrechnen; It. calcolare.

cálculo
m. I. calculus; F. calcul; A. Rechnung; It. calcolo.

caldera
f. I. boiler; F. chaudière; A. Kessel; It. caldaia.

calentar
tr. I. to heat; F. échauffer; A. heizen; It. riscaldare.

calentura
f. I. fever; F. fièvre; A. Fieber; It. calentura.

calibrar
tr. I. to calibrate; F. calibrer; A. Kalibrieren; It. calibrare.

calidad
f. I. quality; F. qualité; A. Qualität; It. qualitá.

caliente
adj. I. hot; F. chaud; A. heiss; It. caldo.

calificar
tr. I. to qualify; F. qualifier; A. beurteilen; It. qualificare.

calma
f. I. calm, calmness; F. calme; A. Ruhe; It. calma.

calmar
tr. I. to calm; F. calmer; A. stillen; It. calmare.

calmoso
adj. I. sluggish; F. flegmatique; A. still; It. flemmatico.

calor
m. I. heat; F. chaleur; A. Wärme; It. calore, caldo.

calumnia
f. I. slander; F. calomnie; A. Verleumdung; It. calunnia.

calumniar
tr. I. to calumniate; F. calomnier; A. verleumden; It. calunniare.

calvario
m. I. calvary; F. calvaire; A. Kalvarienberg; It. calvario.

callado
adj. I. taciturn; F. silencieux; A. schweigsam; It. cheto.

callar
intr. I. to be silent; F. se taire. A. schwегen; It. tacere.

calle
f. I. street; F. rue; A. Strasse; It. via.

cama
f. I. bed; F. lit; A. Bett; It. letto.

cámara
f. I. chamber; F. chambre; A. Zimmer, kammer; It. camera.

camarero
m. I. waiter; F. garçon; A. Kellner; It. cameriere.

cambiar
tr. I. to change, to exchange; F. échanger, changer; A. wechseln; It. cambiare.

caminar
intr. I. to walk; F. cheminer; A. wandern; It. camminare.

camino
m. I. path, way; F. chemin; A. Weg; It. strada, cammino.

camisa
f. I. shirt; F. chemise; A. Hemd; It. camicia.

camorra
f. I. wrangle; F. noise; A. Streit; It. rissa.

campana
f. I. bell; F. cloche; A. Glocke; It. campana.

campeón
m. I. y F. champion; A. Kämpe; It. campione.

campesino
adj. I. countryman; F. campagnard; A. Bauer; It. contadino.

campo
m. I. field, country; F. champ, campagne; A. Feld; It. campo.

canal
m. I. channel; F. canal; A. Kanal; It. canale.

canalla
adj. I. scoundrel; F. canaille; A. Schuft; It. canaglia.

canasta
f. I. basket, hamper; F. manne; A. Korb; It. canestra.

cancelar
tr. I. to cancel; F. canceller; A. tilgen; It. cancellare.

canción
f. I. song; F. chanson; A. Lied; It. canzone.

candado
m. I. padlock; F. cadenas; A. Vorhängeschloss; It. lucchetto.

candela
f. I. candle; F. chandelle; A. Kerze; It. candela.

candidato
m. I. candidate; F. candidat; A. Kandidat; It. candidato.

candidez
f. I. candidness; F. candeur; A. Einfalt; It. candideza.

cándido
adj. I. candid; F. candide; A. naiv; It. candido.

caníbal
adj. I. cannibal; F. e It. cannibale; A. Kannibale.

canje
m. I. exchange; F. échange; A. Wechsel; It. cangio.

cano
adj. I. hoary; F. chenu; A. grauhaarig; It. canuto.

canon
m. I. y F. canon; A. Kanon; It. canone.

canonizar
tr. I. to canonise; F. canoniser; A. Kanonisieren; It. canonizzare.

canonjía
f. I. canonship; F. canonicat; A. Pfründe; It. canonicato.

cansancio
m. I. tiredness; F. fatigue; A. Müdigkeit; It. stanchezza.

cansar
tr. I. to tire; F. fatiguer; A. ermüden; It. stancare.

cantar
intr. I. to sing; F. chanter; A. singen; It. cantare.

cantera
f. I. quarry; F. carrière; A. Steinbruch; It. carriera.

cantidad
f. I. quantity; F. quantité; A. Menge; It. quantità.

canto
m. I. singing, song; F. chant; A. Sang; Lied; It. canto.

caos
m. I. y F. chaos; A. Chaos; It. caos.

capacidad
f. I. capacity; F. capacité; A. Fähigkeit; It. capacità.

capar
tr. I. to geld; F. châtrer; A. Kastrieren; It. castrare.

capaz
adj. I. capacious, fit; F. e It. capace; A. fähig.

capcioso
adj. I. captious; F. captieux; A. trügerisch; It. capzioso.

capellán
m. I. chaplain; F. chapelain; A. Kaplan; It. capellano.

capillo
m. I. chrisom; F. chrémeau; A. Taufmützchen; It. capellina.

capirote
m. I. hood; F. chapéron; A. Falkenkappe; It. cappuccio.

capital
adj. I. capital; F. capitale; A. Hauptstadt; It. capitale.

capitalismo
m. I. capitalism; F. capitalisme; A. Kapitalismus; It. capitalismo.

capitanear
tr. I. to captain; F. capitaner; A. fuhren; It. capitanare.

capricho
m. I. whim; F. caprice; A. Eigensinn; It. capriccio.

caprichoso
adj. I. whimsical; F. capricieux; A. eigensinnig; It. capriccioso.

captura
f. I. capture; F. prise de corps, capture; A. Fang; It. cattura.

capturar
tr. I. to capture; F. capturer; A. fangen; It. catturare.

capucha
f. I. hood; F. capulet; A. Kapuze; It. cappuccio.

cara
f. I. face; F. visage; A. Gesicht; It. faccia.

carácter
m. I. character; F. caractère; A. Charakter; It. carattere.

caramillo
m. I. flageolet; F. chalumeau; A. Schalmei; It. ciaramella.

carantoña
f. I. wheedlings; F. cajoliers; A. Schmeichelei; It. moine.

carcamal
m. I. dotard; F. barbon; A. abgelebter Mensch; It. barbogio.

cárcel
f. I. gaol, prison, jail; F. prison; A. Kerker; It. carcere.

carcoma
f. I. borer; F. vrillete; A. Holzwurm; It. tarlo.

cardinal
adj. I. y F. cardinal; A. hauptsächlich; It. cardinale.

carear
tr. I. to confront; F. confronter; A. gegeüberstellen; It. confrontare.

carecer
intr. I. to lack; F. manquer; A. mangeln; It. mancare.

carestía
f. I. scarcity; F. disette; A. Mangel; It. carestia.

careta
f. I. mask; F. masque; A. Maske; It. maschera.

carga
f. I. load, charge; F. charge, fardeau; A. Aufbürdung, Angriff; It. carico, carica.

cargar
tr. I. to load; F. charger; A. laden; It. caricare.

cargo
m. I. office; F. charge; A. Amt; It. carico.

caricia
f. I. caress; F. caresse; A. Liebkosung; It. carezza.

caridad
f. I. charity; F. charité; A. Nächstennliebe; It. carità.

cariño
m. I. fondness; F. tendresse; A. Wohlwollen; It. tenerezza.

caritativo
adj. I. y F. charitable; A. barmherzig; It. caritatevole.

cariz
m. I. appearance; F. apparence; A. Aussehen; It. aspetto.

carmenador
m. I. teaser; F. démeloir; A. Wollkämmer; It. pettine.

carmesí
adj. I. crimson; F. cramoisi; A. Karmesin; It. cremisi.

carnaval
m. I. carnival; F. carnaval; A. Karneval; It. carnevale.

carnicería
f. I. butchery; F. carnage; A. Gemetzel; It. carnificina.

carnicero
adj. I. butcher; F. boucher; A. Schlächter; It. macellaio.

caro
adj. I. dear, expensive; F. cher; A. teuer; It. caro.

carpeta
f. I. tablecover; F. tapis; A. Tischdecke; It. tappeto.

carpintero
m. I. carpenter; F. charpentier; A. Tischler; It. carpentiere.

carraca
f. I. rattle; F. crécelle; A. Klapper; It. raganella.

carrera
f. I. course, race; F. course; A. Rennen; It. corsa.

carretilla
f. I. wheel-barrow; F. brouette; A. Schubkarren; It. carriola.

carril
m. I. y F. rail; A. Schiene; It. rotaia.

carrillo
m. I. cheek; F. joue; A. Backe; It. guancia.

carruaje
m. I. carriage; F. voiture; A. Fuhrwerk; It. vettura, macchina.

carta
f. I. letter; F. lettre; A. Brief; It. lettera.

cartilla
f. I. primer; F. abécé; A. Fibel; It. sillabario.

casa
f. I. house; F. maison; A. Haus; It. casa.

casamiento
m. I. wedding, marriage; F. mariage; A. Heirat; It. accasamento.

casar
tr. I. to marry; F. marier; A. sich verheiraten; It. sposare, accasare.

cascar
tr. I. to crack; F. féler; A. zerbrechen; It. crepare.

casco
m. I. helm, helmet; F. casque; A. Helm; It. elmo, casco.

casino
m. I. club; F. e It. casino; A. Kasino.

caso
m. I. case; F. cas; A. Frage, Kasus; It. caso.

casta
f. I. y F. caste; A. Geschlecht; It. casta.

castañetazo
m. I. cracking; F. craquement; A. Knacken; It. scricchiolamento.

castidad
f. I. chastity; F. chasteté; A. Keuschheit; It. castità.

castigar
tr. I. to punish; F. punir; A. strafen; It. punire.

castigo
m. I. punishment; F. punition; A. Strafe; It. punizione, castigo.

castillo
m. I. castle; F. château; A. Schloss; It. castello.

casto
adj. I. y F. chaste; A. Keusch; It. casto.

casual
adj. I. casual; F. casuel; A. zufällig; It. casuale.

casualidad
f. I. chance; F. hasard; A. Zufall; It. casualità.

cataclismo
m. I. cataclysm; F. cataclysme; A. Katastrophe; It. cataclisma.

catadura
f. I. look; F. mine; A. Aussehen; It. ciera.

catafalco
m. I. y F. catafalque; A. Katafalk; It. catafalco.

catálogo
m. I. y F. catalogue; A. Katalog; It. catalogo.

catalán
adj. I. Catalan, Catalonian; F. catalan; A. Katalane; It. catalano.

catar
tr. I. to taste; F. goûter; A. Kosten; It. assaggiare.

catarro
m. I. cold; F. catarrhe; A. Katarrh; It. catarro.

catástrofe
f. I. y F. catastrophe; A. Katastrophe; It. catastrofe.

cátedra
f. I. chair; F. chaire; A. Lehrstuhl; It. cattedra.

categoría
f. I. category; F. catégorie; A. Rang; It. categoria.

categórico
adj. I. categorical; F. catégorique; A. Kategorisch; It. categorico.

catequizar
tr. I. to catechise; F. catéchiser; A. Katechisieren; It. catechizzare.

caterva
f. I. crowd; F. foule; A. Haufe; It. caterva.

cauce
m. I. bed; F. lit; A. Flussbett; It. alveo.

caución
f. I. caution; F. précaution; A. Vorsicht; It. cauzione.

caudal
adj. I. flow; F. dèbit; A. Wassermenge; It. portata d'acqua.

caudillo
m. I. leader; F. chef; A. Anführer; It. capo.

causa
f. I. y F. cause; A. Ursache; It. causa.

causar
tr. I. to cause; F. causer; A. verursachen; It. causare.

cáustico
adj. I. caustic; F. caustique; A. ätzend; It. caustico.

cautela
f. I. caution; F. précaution; A. Vorsicht; It. cautela.

cautivar
tr. I. to capture; F. captiver; A. gewinnen; It. cattivare.

cautiverio
m. I. captivity; F. captivité; A. Gefangenschaft; It. cattività.

cautivo
adj. I. captive; F. captif; A. gefangen; It. cattivo.

cauto
adj. I. cautious; F. avisé; A. vorsichtig; It. cauto.

cavar
tr. I. to dig; F. bécher; A. graben; It. cavare.

caverna
f. I. cavern, cave; F. caverne; A. Kaverne; It. caverna.

cavilar
tr. I. to muse; F. penser; A. nachsinnen; It. cavillare.

cayado
m. I. crook; F. houlette; A. Hirtenstab; It. rocco.

cebar
tr. I. to fatten; F. oppâter; A. mästen; It. cibare.

cebo
m. I. bait; F. appat; A. Köde; It. esca.

ceder
tr. I. to cede; F. céder; A. beigeben; It. cedere.

cejar
intr. I. to recede; F. reculer; A. zurückweichen; It. cedere.

celada
f. I. ambush; F. embûche; A. Hinterhalt; It. celata.

celar
·tr. I. to be zealous; F. veiller; A. überwachen; It. zelare.

celda
f. I. cell; F. cellule; A. Klosterzelle; It. cella.

celebrar
tr. I. to celebrate; F. célébrer; A. feiern; It. celebrare.

celebridad
f. I. celebrity; F. célébrité; A. Berühmheit; It. celebrità.

celeridad
f. I. celerity; F. célérité; A. Schnelligkeit; It. celerità.

celestial
adj. I. y F. celestial; A. himmlisch; It. celestiale.

celo
m. I. jealousy; F. jalousie; A. Eifersucht; It. gelosia.

cementerio
m. I. cemetery; F. cimetière; A. Friedhof. It. cimitero.

cenador
m. I. bower; F. berceau; A. Gartenlaube; It. pergoletta.

cenagal
m. I. marsh; F. bourbier; A. Sumpfloch; It. fangaio.

cenceño
adj. I. lean; F. maigre; A. schlank; It. magro.

cenit
m. I. zenith; F. zénith; A. Zenit; It. zenit.

censo
m. I. census; F. cens; A. Zensus; It. censo.

censor
m. I. censor; F. censeur; A. Zensor; It. censore.

censura
f. I. censure, criticism; F. censure; A. Kritik; It. censura.

censurar
tr. I. to censure; F. censurer; A. tadeln; It. censurare.

centella
f. I. sparkle; F. étincelle; A. Blitzstrahl; It. scintilla.

centellear
intr. I. to sparkle; F. étinceler; A. funkeln; It. scintillare.

centelleo
m. I. sparkling; F. scintillation; A. Funkeln; It. scintillamento.

centinela
amb. I. sentry; F. sentinelle; A. Schildwache; It. sentinella.

ceñir
tr. I. to gird; F. ceindre; A. gürten; It. cingere.

ceñudo
adj. I. frowning; F. sourcilleux; A. Sorgenvoll; It. cipiglioso.

cepa
f. I. stub; F. souche; A. Baumstrunk; It. ceppo.

cepo
m. I. bough; F. branche; A. Ast; It. ramo.

cerca
adv. I. near, close; F. prés; A. nahe; It. preso, vicino.

cercanía
f. I. outskirt; F. voisinage; A. Nachbarschaft; It. vicinanza.

cercenar
tr. I. to retrench; F. retrancher; A. verkürzen; It. raffilare.

cerciorar
tr. I. to ascertain; F. assurer; A. Vergewissern; It. accertare.

cerco
m. I. hoop; F. tour; A. kreis; It. cerchio.

cerebro
m. I. cerebrum, brain; F. cerveau; A. Grosshirn; It. cerebro, cervello.

ceremonia
f. I. ceremony; F. cérémonie; A. Feierlichkeit; It. cerimonia.

cerner
tr. I. to bolt; F. bluter; A. sieben; It. abburatare.

cernícalo
m. I. windhover; F. crécerelle; A. Turmfalke; It. acertello.

cerrar
tr. I. to close; F. fermer; A. schliessen; It. chiudere.

cerril
adj. I. untamed; F. sauvage; A. wild; It. selvatico.

cerro
m. I. hill; F. colline; A. Hügel; It. poggio.

certamen
m. I. competition; F. concours; A. Konkurs; It. concorso.

certero
adj. I. sure; F. sûr; A. sicher; It. sicuro.

certeza
f. I. certitude, certainty; F. certitude; A. Sicherheit; It. certezza.

certificar
tr. I. to certify; F. certifier; A. versichern; It. certificare.

cerviz
f. I. cervix; F. nuque; A. Nacken; It. cervice.

cesar
intr. I. to cease; F. cesser; A. aufhören; It. cessare.

cesión
f. I. y F. cession; A. Überlassung; It. cessione.

cesta
f. I. basket; F. corbeille; A. Korb; It. cesta.

cicatriz
f. I. scar; F. e It. cicatrice; A. Narbe.

ciclón
m. I. y F. cyclone; A. Zyclon; It. ciclone.

ciego
adj. I. y A. blind; F. aveugle; It. ciego.

cielo
m. I. heaven, sky; F. ciel; A. Himmel; It. cielo.

ciénaga
f. I. marsh, moor; F. marécage; A. Moor; It. palude.

ciencia
f. I. y F. science; A. Wissenschaft; It. scienza.

cieno
m. I. mud; F. boue; A. Schlamm; It. melma.

cierto
adj. I. y F. certain; A. gewiss; It. certo.

cifra
f. I. figure; F. chiffre; A. Ziffer; It. cifra.

cifrar
tr. I. to abridge; F. chiffrer; A. abkürzen; It. compendiare.

cima
f. I. summit; F. cime; A. Gipfel; It. cima.

cimborrio
m. I. lantern; F. lanterne; A. Kuppelgewölbe; It. cupola.

cimentar
tr. I. to found; F. fonder; A. gründen; It. fondamentare.

cimiento
m. I. foundation; F. fondement; A. Grundlage; It. fondamento.

cincelar
tr. I. to chisel; F. ciseler; A. meisseln; It. cesellare.

cínico
adj. I. cynical; F. cynique; A. zynisch; It. cinico.

cinismo
m. I. cynicism; F. cynisme; A. Zynismus; It. cinismo.

cinta
f. I. ribbon; F. ruban; A. Band; It. nastro.

cinturón
m. I. belt; F. ceinturon; A. Gurt; It. cintura.

circuir
tr. I. to sorround; F. entourer; A. umgehen; It. circuire.

circuito
m. I. y F. circuit; A. Umfang; It. circuito.

circular
intr. I. to circulate. F. circuler; A. Kreisen; It. circolare.

círculo
m. I. circle; F. cercle; A. Kreis; It. cerchio.

circunscribir
tr. I. to circumscribe; F. circonscrire; A. umgrenzen; It. circoscrivere.

circunspección
f. I. countenance; F. tenue; A. Vorsicht; It. circonspezione.

circunstancia
f. I. circumstance; F. circonstance; A. Umstand; It. circostanza.

cisma
amb. I. schism; F. schisme; A. Schisma; It. scisma.

cisterna
f. I. cistern; F. citerne; A. Zisterne; It. cisterna.

cisura
f. I. y F. scissure; A. Schnitt; It. scissura.

citar
tr. I. to quote; F. citer; A. zitieren; It. citare.

ciudad
f. I. town; F. cité; A. Stadt; It. città.

ciudadano
adj. I. citizen; F. citadin; A. Stadtbewohner; It. cittadino.

cívico
adj. I. civic; F. civique; A. bürgerlich; It. civico.

civil
adj. I. y F. civil; A. zivil; It. civile.

civilización
f. I. y F. civilisation; A. Gesittung; It. civilizzazione.

cizaña
f. I. darnel; F. ivraie; A. Unkraut; It. zizzania.

clamar
tr. I. to outcry; F. clamer; A. schreien; It. chiamare.

clamor
m. I. clamour; F. clameur; A. Geschrei; It. clamore.

clandestino
adj. I. clandestine; F. clandestin; A. heimlich; It. clandestino.

clarear
tr. I. to glimmer; F. éclairir; A. tagen; It. albeggiare.

claridad
f. I. clearness; F. clarté; A. Klarheit; It. chiarità.

clarificar
tr. I. to clarify; F. clarifier; A. aufklären; It. chiarificare.

claro
adj. I. clear; F. clair; A. Klar; It. chiaro.

clase
f. I. class; F. e It. classe; A. Gattung.

clasificar
tr. I. to classify; F. classifier; A. einteilen; It. classificare.

cláusula
f. I. y F. clause; A. Klausel; It. clausola.

clausura
f. I. cloister; F. cloture; A. Klausur; It. clausura.

clava
f. I. club; F. massue; A. Kolben; It. clava.

clavar
tr. I. to stick; F. clouer; A. zunageln; It. inchiodare.

clave
f. I. key; F. clef; A. Code; It. chiave.

clemencia
f. I. clemency; F. clémence; A. Milde; It. clemenza.

clemente
adj. I. clement; F. clément; A. gnädig; It. clemente.

cliente
com. I. customer; F. client; A. Kunde; It. cliente.

club
m. I. y F. club; A. klub; It. circolo, club.

coacción
f. I. coertion; F. coaction; A. Zwang; It. coazione.

coadjutor
m. I. assistant; F. coadjuteur; A. Gehilfe; It. coadiutore.

coadyuvar
tr. I. to co-operate; F. coopérer; A. mithelfen; It. coadiuvare.

coagular
tr. I. to coagulate; F. coaguler; A. gerinnen; It. coagulare.

coágulo
m. I. clot; F. coagulum; A. Gerinnsel; It. coagulo.

coalición
f. I. y F. coalition; A. Bündnis; It. coalizione.

coartar
tr. I. to restrain; F. restreindre; A. einschränken; It. coartare.

coautor
m. I. coauthor; F. coauteur; A. Mitarbeiter; It. coautore.

cobarde
adj. I. coward; F. lâche, couard; A. feige; It. codardo.

cobardía
f. I. cowardice; F. lâcheté; A. Feigheit; It. codadia.

cobertizo
m. I. shed - rooj; F. auvent; A. Vordach; It. tettoia.

cobija
f. I. imbrex; F. fâitière; A. Schindel; It. tegolo.

cobrar
tr. I. to collect; F. percevoir; A. einkassieren; It. riscuotere.

cocina
f. I. Kitchen; F. cuisine; A. Küche; It. cucina.

coche
m. I. car, coach; F. voiture; A. Wagen; It. cocchio, vettura, macchina.

codicia
f. I. greed, cupidity; F. cupidité; A. Habsucht; It. cupidigia.

codiciar
tr. I. to covet; F. convoiter; A. begehren; It. concupire.

coetáneo
adj. I. coetaneous; F. contemporain; A. zeitgenössich; It. coetaneo.

cofradía
f. I. brotherhood; F. confrérie; A. Bruderschaft; It. confraternità.

coger
tr. I. to hold, to take; F. saisir, prendre; A. ergreifen; It. cogliere.

cognación
f. I. y F. cognation; A. Verwandschaft; It. cognazione.

cogollo
m. I. heart, kernel; F. coeur; A. Herz; It. grumolo.

cohechar
tr. I. to bribe; F. suborner; A. bestechen; It. subornare.

coherencia
f. I. coherence; F. cohérence; A. Kohärenz; It. coerenze.

cohesión
f. I. cohesion; F. cohésion; A. Zusammenhang; It. coesione.

cohibir
tr. I. to cohibit; F. réprimer; A. hemmen; It. reprimere.

coincidir
intr. I. to coincide; F. coincider; A. übereinstimmen; It. coincidere.

cojo
adj. I. lame; F. boiteux; A. lahm; It. zoppo.

cola
f. I. tail; F. queue; A. Schwanz; It. coda.

colaborar
intr. I. to collaborate; F. collaborer; A. mitarbeiten; It. collaborare.

colación
f. I. y F. collation; A. Kollation; It. colazione.

colección
f. I. y F. collection; A. Sammelung; It. collezione.

coleccionar
tr. I. to collect; F. collectionner; A. sammeln; It. collezionare.

colecta
f. I. collection; F. collecte; A. Kollekte; It. colletta.

colector
adj. I. collector; F. collecteur; A. Sammler; It. collettore.

cólera
f. I. wrath; F. colère; A. Zorn; It. collera.

colgar
tr. I. to hang; F. suspendre; A. hängen; It. attaccare, appiccare.

coligación
f. I. y F. colligation; A. Verbindung; It. collegazione.

coligado
adj. I. confederate; F. allié; A. verbündet; It. collegato.

colina
f. I. hill; F. coline; A. Hügel; It. collina.

colindante
adj. I. contiguous; F. limitrophe; A. angrenzend; It. confinante.

coliseo
m. I. coliseum; F. colisée; A. Koliseum; It. colosseo.

colisión
f. I. y F. collision; A. Zusammenstoss; It. collisione.

colmar
tr. I. to brim; F. combler; A. überfüllen; It. colmare.

colmo
m. I. completion; F. comble; A. Übermass; It. colmo.

colocación
f. I. location, employment, position; F. placement, emploi; A. Stellung; It. collocazione; impiego.

colocar
tr. I. to put, to place; F. placer; A. anstellen; It. collocare, sistemare.

colono
m. I. farmer; F. fermier; A. Bauer; It. colono, fattore.

coloquio
m. I. colloquy; F. colloque; A. Gespräch; It. colloquio.

colosal
adj. I. y F. colossal; A. riesenhaft; It. colossale.

columna
f. I. column; F. colonne; A. Säule; It. colonna.

columpiar
tr. I. to swing; F. balancer; A. schaukeln; It. dondolarsi.

collado
m. I. hill; F. monticule; A. Hügel; It. poggio.

collar
m. I. necklace; F. collier; A. Halsband; It. monile, collana.

combar
tr. I. to bend; F. courber; A. Krümmen; It. incurvare.

combate
m. I. combat, fight, struggle; F. combat; A. Kampf; It. lotta.

combatir
intr. I. to fight; F. combattre; A. bekämpfen; It. combattere.

combinar
tr. I. to combine; F. combiner; A. zusammenstellen; It. combinare.

combustión
f. I. y F. combustion; A. Verbrennung; It. combustione.

comedido
adj. I. moderate; F. moderé; A. artig; It. misurato.

comentar
tr. I. to comment; F. commenter; A. auslegen; It. commentare.

comenzar
tr. I. to begin, to start; F. commencer; A. anfangen; It. cominciare, incominciare.

comer
intr. I. to eat; F. manger; A. essen; It. mangiare.

comerciar
intr. I. to trade; F. commercer; A. handeln; It. commerciare.

comercio
m. I. trade; F. commerce; A. Handel; It. commercio.

cometido
m. I. charge; F. commission; A. Auftrag; It. incarico.

cómico
adj. I. comic; F. comique; A. Komisch; It. comico.

comida
f. I. meal; F. nourriture; A. Speise; It. cibaria.

comisión
f. I. y F. commission; A. Ausschuss; It. commissione.

comodidad
f. I. comfort; F. commodité; A. Wohlstand; It. comodità.

cómodo
adj. I. comfortable; F. commode; A. bequem; It. comodo.

compañero
m. I. fellow, pal, companion; F. compagnon, copain; A. Kamerad; It. compagno.

comparación
f. I. comparison; F. comparaison; A. Vergleichung; It. parangone.

comparar
tr. I. to compare; F. comparer; A. vergleichen; It. parangonare.

compartir
tr. I. to share; F. partager; A. einteilen; It. compartire.

compasión
f. I. simpathy; F. compassion; A. Mitleid; It. compassione.

compatible
adj. I. y F. compatible; A. vereinbar; It. compatibile.

compeler
tr. I. to compel; F. contraindre; A. zwingen; It. costringere.

compensación
f. I. y F. compensation; A. Entschädigung; It. compensamento.

competencia
f. I. contest, competition; F. concurrence; A. Konkurrenz; It. competenza.

compilación
f. I. y F. compilation; A. Sammelwerk; It. compilazione.

complacencia
f. I. pleasure; F. complaisance; A. Wohlgefallen; It. compiacenza.

complejo
adj. I. complex; F. complexe; A. zusammengesetzt; It. complesso.

completar
tr. I. to complete; F. compléter; A. ergänzen; It. completare.

completo
adj. I. complete; F. complet; A. völlig; It. completo.

complicación
f. I. y F. complication; A. Verwicklung; It. complicazione.

complicar
tr. I. to complicate; F. compliquer; A. verwickeln; It. complicare.

complot
m. I. y F. complot; A. Anschlag; It. complotto.

comportamiento
m. I. behaviour; F. conduite; A. Betragen; It. comportamento.

comportar
tr. I. to behave; F. comporter; A. ertragen; It. comportare.

compostura
f. I. composure; F. retenue; A. Anstand; It. compostezza.

comprar
tr. I. to buy; F. acheter; A. Kaufen; It. comperare.

comprender
tr. I. to understand; F. comprendre; A. verstehen; It. comprendere, capire.

comprimir
tr. I. to compress; F. comprimer; A. zusammenpressen; It. comprimere.

comprobar
tr. I. to verify; F. vérifier; A. prüfen; It. comprovare.

compromiso
m. I. arrangement, bond; F. compromis; A. Kompromiss; It. impegno.

compuesto
m. I. compound; F. composé; A. zusammengesetzt; It. composto.

compulsar
tr. I. to collate; F. collationer; A. nachprüfen; It. collazionare.

computar
tr. I. to compute; F. computer; A. ausrechnen; It. computare.

cómputo
m. I. computation; F. comput; A. Berechnung; It. computo.

comulgar
tr. I. to commune; F. communier; A. Kommunizieren; It. comunicare.

común
adj. I. common; F. commun; A. gemein; It. comune.

comunicación
f. I. y F. communication; A. Verbindung; It. comunicazione.

comunicar
tr. I. to communicate; F. communiquer; A. mitteilen; It. comunicare.

con
prep. I. with; F. avec; A. mit; It. con.

conato
m. I. attempt; F. tentative; A. Versuch; It. conato.

cóncavo
adj. I. y F. concave; A. Konkav; It. concavo.

concebir
intr. I. to conceive; F. concevoir; A. begreifen; It. concepire.

conceder
tr. I. to grant; F. accorder; A. gewähren; It. concedere.

concentrar
tr. I. to concentrate; F. concentrer; A. zusammendrängen; It. concentrare.

conceptivo
adj. I. conceptive; F. conceptif; A. empfägnisfähig; It. concettivo.

concepto
m. I. y F. concept; A. Begriff; It. concetto.

concertar
tr. I. to concert; F. concerter; A. anordnen; It. concertare.

concesión
f. I. y F. concession; A. Bewilligung; It. concessione.

conciencia
f. I. y F. conscience; A. Gewissen; It. coscienza.

concierto
m. I. y F. concert; A. Konzert; It. concerto.

conciliar
tr. I. to conciliate; F. concilier; A. vereinigen; It. conciliare.

concisión
f. I. conciseness; F. concision; A. Kürze; It. concisione.

cónclave
m. I., F. e It. conclave; A. Konklave.

concluir
tr. I. to conclude, to en; F. inférer, conclure; A. folgern; enden; It. concludere.

conclusión
f. I. y F. conclusion; A. Beendigung;
It. conclusione.

concordancia
f. I. y F. concordance; A. Übereinstimmung; It. concordanza.

concordia
f. I. concord; F. concorde; A. Eintracht; It. concordia.

concretar
tr. I. to concrete; F. concréter; A. beschränken; It. concretare.

conculcar
tr. I. to trample; F. conculquer; A. treten; It. conculcare.

concupiscencia
f. I. y F. concupiscenze; A. Lüsternheit; It. concupiscenza.

concurrencia
f. I. assembly; F. assistance; A. Konkurrenz; It. adunanza.

concurso
m. I. contest; F. concours; A. Wettbewerb; It. concorso.

condena
f. I. condemnation; F. condamnation; A. Verurteilung; It. condanna.

condenar
tr. I. to condemn; F. condamner; A. verurteilen; It. condannare.

condensar
tr. I. to condensate; F. condenser; A. verdichten; It. condensare.

condescender
intr. I. to condescend; F. condescendre; A. nachgeben; It. condiscendere.

condición
f. I. y F. condition; A. Bedingung; It. condizione.

condimentar
tr. I. to season; F. assaisonner; A. wurzen; It. condire.

conducta
f. I. behaviour; F. conduite; A. Betragen; It. condotta.

conductor
adj. I. conductor; F. conducteur; A. Leiter; It. conduttore.

conexión
f. I. connection; F. connexion; A. Verbindung; It. connessione.

confeccionar
tr. I. to elaborate; F. confectionner; A. verfertigen; It. confezionare.

confederación
f. I. confederation; F. confédération; A. Bündnis; It. confederazione.

conferenciar
intr. I. to confer; F. conférer; A. sich besprechen; It. conferire.

confesar
tr. I. to confess; F. confesser; A. bekennen; It. confessare.

confianza
f. I. trust, confidence; F. confiance; A. Vertrauen; It. fiducia, confidenza.

confiar
intr. I. to trust; F. se confier en; A. anvertrauen; It. confidare.

confidencia
f. I. y F. confidence; A. Konfidenz; It. confidenza.

confín
adj. I. border; F. confin; A. Grenze; It. confine.

confirmación
f. I. y F. confirmation; A. Bestätigung; It. confermazione.

confiscar
tr. I. to confiscate; F. confisquer; A. gerichtlich einziehen; It. confiscare.

confitar
tr. I. to candy; F. confire; A. kandieren; It. candire.

conflagración
f. I. y F. conflagration; A. Weltkrieg; It. conflagrazione.

conflicto
m. I. conflict; F. conflit; A. Konflikt; It. conflitto.

confluir
intr. I. to join; F. confluer; A. zuströmmen; It. confluire.

conformidad
f. I. agreement; F. conformité; A. Gleichheit; It. conformità.

confortar
tr. I. to comfort; F. conforter; A. stärken; It. confortare.

confrontar
tr. I. to confront; F. confronter; A. vergleichen; It. confrontare.

confundir
tr. I. to confuse; F. confondre; A. vermischen; It. confondere.

confuso
adj. I. confused; F. confus; A. beschämt; It. confuso.

congelar
tr. I. to freeze; F. congéler; A. vereisen; It. congelare.

congeniar
intr. I. to sympathise; F. sympathiser; A. harmonieren; It. congeniare.

congestión
f. I. y F. congestion; A. Blutandrang; It. congestione.

congoja
f. I. anguish; F. angoisse; A. Angst; It. angoscia.

congratular
tr. I. to congratulate; F. congratuler; A. gratulieren; It. congratulare.

congregar
tr. I. to gather; F. assembler; A. versammeln; It. congregare.

congreso
m. I. congress; F. congrès; A. kongress; It. congresso.

congruencia
f. I. y F. congruence; A. Übereinstimmung; It. congruenza.

cónico
adj. I. conical; F. conique; A. kegelförmig; It. conico.

conjetura
f. I. y F. conjecture; A. Mutmassung; It. congettura.

conjugación
f. I. conjugation; F. conjugaison; A. Konjugation; It. coniugazione.

conjurar
intr. I. to plot; F. conjurer; A. beschwören; It. congiurare.

conmemoración
f. I. y F. commemoration; A. Gedächnissfeier; It. commemorazione.

conmensurable
adj. I. y F. commensurable; A. abmessbar; It. commensurabile.

conminar
tr. I. to comminate; F. comminer; A. bedrohen; It. comminare.

conmoción
f. I. y F. commotion; A. Erschütterung; It. commozione.

conmutar
tr. I. to commute; F. commuer; A. verwandeln; It. commutare.

connivencia
f. I. connivance; F. connivence; A. Einverständnis; It. connivenza.

conocer
tr. I. to know; F. connaître; A. Kennen; It. conoscere.

conocimiento
m. I. knowledge, understanding; F. connaissance; A. Kenntnis; It. cognizione, conoscimento.

conquistar
tr. I. to conquer; F. conquérir; A. erobern; It. conquistare.

consagrar
tr. I. to consecrate; F. consacrer; A. weihen; It. consacrare.

consanguíneo
adj. I. consanguine; F. consanguin; A. blutsverwandt; It. consanguineo.

consecuencia
f. I. consequence; F. conséquence; A. Folge; It. conseguenza.

conseguir
tr. I. to attain; F. atteindre; A. erlangen; It. conseguire.

consejo
m. I. advice, counsel; F. conseil; A. Rat; It. consiglio.

consentir
tr. I. to consent; F. consentir; A. gestatten; It. consentire.

conservar
tr. I. to preserve; F. conserver; A. bewahren; It. conservare.

considerar
tr. I. to consider; F. considérer; A. betrachten; It. considerare.

consolidar
tr. I. to consolidate; F. consolider; A. sichern; It. consolidare.

conspiración
f. I. conspiracy; F. conspiration; A. Verschwörung; It. cospirazione.

constitución
f. I. y F. constitution; A. Verfassung; It. costituzione.

construir
tr. I. to build, to construct; F. construire; A. bauen; It. costruire.

consultar
tr. I. to consult; F. consulter; A. Konsultieren; It. consultare.

consumir
tr. I. to consume; F. consumer; A. verzehren; It. consumare.

contacto
m. I. y F. contact; A. Berührung; It. contatto.

contagiar
tr. I. to infect; F. contagier; A. anstecken; It. contagiare.

contar
tr. I. to count; F. compter; A. zählen; It. contare.

contemplar
tr. I. to contemplate; F. contempler; A. betrachten; It. contemplare.

contemporáneo
adj. I. contemporary; F. contemporain; A. gleichzeitich; It. contemporaneo.

contener
tr. I. to hold; F. contenir; A. verhalten; It. contenere.

contestación
f. I. answer; F. réponse; A. Antwort; It. contestazione.

contestar
tr. I. to answer; F. répondre; A. antworten; It. rispondere.

contexto
m. I. context; F. contexte; A. Zusammenhang; It. contesto.

contiguo
adj. I. contiguous; F. contigu; A. anstosend; It. contiguo.

continente
adj. I. y F. continent; A. Erdteil; It. continente.

continuación
f. I. y F. continuation; A. Fortsetzung; It. continuazione.

continuar
tr. I. to continue, to carry on; F. continuer; A. fortsetzen; It. continuare.

contorno
m. I. y F. contour; A. Umgebung; It. contorno.

contra
prep. I. against; F. contre; A. gegen; I. contro, contra.

contracción
f. I. y F. contraction; A. Verengung; I. contrazione.

contradecir
tr. I. to contradict; F. contradire; A. widersprechen; I. contraddire.

contradicción
f. I. y F. contradiction; A. Widerspruch; I. contraddizione.

contrapeso
m. I. counter - weight; F. contrepoids; A. Gegengewicht; I. contrappeso.

contraposición
f. I. y F. contraposition; A. Gegensatz; I. contrapposizione.

contrariar
tr. I. to oppose; F. contrarier; A. widersprechen; I. contrariare.

contrario
adj. I. contrary; F. contraire; A. widrig; I. contrario.

contraste
m. I. contrast; F. contraste; A. Kontrast; It. contrasto.

contratar
tr. I. to contract; F. contracter; A. engagieren; It. contrattare.

contribución
f. I. contribution, tax; F. taxe, contribution; A. Beitrag; It. contribuzione, tassa.

controversia
f. I. controversy; F. controverse; A. Streit; It. controversia.

contundente
adj. I. clinching; F. accablant; A. erdrückend; It. schiacciante.

contusión
f. I. contusion, bruise; F. contusion; A. Quetschung; It. contusione.

convencer
tr. I. to convince; F. convaincre; A. überzeugen; It. convincere.

conveniencia
f. I. convenience; F. convenance; A. Zweckmässigkeit; It. convenienza.

convenio
m. I. agreement; F. accord; A. Übereinkunft; It. convenzione.

convenir
intr. I. agree; F. convenir; A. übe-reinkommen; It. convenire.

conversación
f. I. conversation, talk, chat; F. con-versation, entretrien; A. Gespräch; It. conversazione.

convidar
tr. I. invite; F. inviter, convier; A. einladen; It. invitare.

convocar
tr. I. to convoke; F. convoquer; A. zusammenberufen; It. convocare.

convulsión
f. I. y F. convulsion; A. Zuckung; It. convulsione.

cónyuge
com. I. consort; F. conjoint; A. Ehe-gatte; It. coniuge.

cooperar
intr. I. to co-operate; F. coopérer; A. zusammenwirken; It. cooperare.

coordinar
tr. I. to coordinate; F. coordonner; A. zusammenordnen; It. coordinare.

copia
f. I. copy; F. copie; A. Abschrift; It. copia.

copiar
tr. I. to copy; F. copier; A. abschrei-ben; It. copiare.

cópula
f. I. copula; F. liaison; A. Band; It. copula.

coraje
m. I. y F. courage; A. Mut; It. corag-gio.

cordial
adj. I. y F. cordial; A. herzlich; It. cordiale.

corona
f. I. crown; F. couronne; A. Krone; It. corona.

corpúsculo
m. I. corpuscle; F. corpuscule; A. Körperchen; It. corpuscolo.

corrección
f. I. y F. correction; A. Verbesse-rung; It. correzione.

corredor
adj. I. broker; F. courtier; A. Mak-ler; It. sensale.

corregir
tr. I. to correct; F. corriger; A. nach-bessern; It. correggere.

correligionario
adj. I. coreligionist; F. correligion-naire; A. Glaubens-Parteigenosse; It. correligionario.

correr
intr. I. to run; F. courir; A. laufen; It. correre.

correspondencia
f. I. correspondence; F. correspon-dance; A. Entsprechung; It. corris-pondenza.

corresponder
intr. I. to correspond; F. correspon-dre; A. vergelten; It. corrispondere.

corretaje
m. I. brokerage; F. courtage; A. Maklergeschäft; It. senseria.

corriente
f. I. stream; F. courant; A. Strom; It. corrente.

corroborar
tr. I. to corroborate; F. corroborer; A. bekräftigen; It. corroborare.

corroer
tr. I. to corrode; F. corroder; A. ab-zehren; It. corroJere.

corromper
tr. I. to corrupt; F. corrompre; A. verderben; It. corrompere.

corrupción
f. I. y F. corruption; A. Verderben; It. corruzione.

cortadura
f. I. cutting; F. coupure; A. Schnitt; It. tagliatura.

cortar
tr. I. to cut; F. couper; A. schneiden; It. tagliare.

corte
m. I. edge; F. tranchant; A. Schärfe; It. taglio.

cortesía
f. I. corteousness; F. courtoisie; A. Zuvorkommenheit; It. cortesia.

corto
adj. I. short; F. court; A. kurz; It. corto.

cosecha
f. I. harvest; F. récolte; A. Ernte; It. raccolta.

cosechar
tr. I. to crop; F. récolter; A. ernten; It. raccogliere.

coser
tr. I. to sew; F. coudre; A. zunähen; It. cucire.

costa
f. I. coast, shore; F. côte; A. Küste; It. costa.

costar
intr. I. to cost; F. coûter; A. Kosten; It. costare.

costumbre
f. I. custom, habit; F. coutume; A. Gebrauch; It. abito, costume.

cotejar
tr. I. to confront, to check; F. con-fronter; A. vergleichen; It. confron-tare.

cotidiano
adj. I. daily, quotidian; F. quotidien; A. täglich; It. quotidiano.

coyuntura
f. I. conjuncture; F. conjoncture; A. Gelenk; It. congiuntura.

crear
tr. I. to create; F. créer; A. schaffen; It. creare.

crecer
intr. I. to grow; F. croître; A. wach-sen; It. crescere.

crédito
m. I. credit; F. crédit; A. Kredit; It. credito.

creencia
f. I. belief; F. croyance; A. Glaube; It. credenza.

creer
tr. I. to believe; F. croire; A. glau-ben; It. credere.

cretino
adj. I. cretin; F. crétin; A. Kretin; It. cretino.

criar
tr. I. to nurse; F. nourrir; A. säugen; It. allattare.

criatura
f. I. creature; F. créature; A. Ge-schöpf; It. creatura.

criminal
adj. I. criminal; F. criminel; A. Ver-brecher; It. criminale.

crisis
f. I. crisis; F. crise; A. Krise; It. crisi.

criticar
tr. I. to criticise; F. critiquer; A. tadeln; It. criticare.

cualidad
f. I. quality; F., qualité; A. Eigenschaft; It. qualitá.

cuidar
tr. I. to care; F. soigner; A. pflegen; It. curare.

cultura
f. I. y F. culture; A. kultur; It. coltura.

custodia
f. I. safekeeping; F. garde; A. wache; It. custodia.

chabacano
adj. I. awkward, clumsy; F. goguenard; A. geschmacklos; It. ciabattone.

chacal
m. I. jackal; F. chacal; A. Schakal; It. sciacallo.

chacota
f. I. mirth; F. joie bruyante; A. Scherz, Belustigung; It. chiassata.

chafallar
tr. I. to botch; F. bousiller; A. verpfuschen; It. acciabattare.

chafar
tr. I. to flatten; F. écraser; A. zerdrücken; It. ammaccare.

chafarrinar
tr. I. to blat; F. barbouiller; A. (ver) Klecksen; It. macchiare.

chaflán
m. I. chamfer; F. chanfrein, biseau; A. Schrägkante; It. smusso.

chal
m. I. shawl; F. châle; A. Schal; It. scialle.

chaleco
m. I. waistcoat; F. gilet; A. Weste, Wams; It. panciotto.

chalina
f. I. scarf; F. cravate large, foulard; A. feines Halstuch; It. sciarpa.

chalupa
f. I. shallop; F. chaloupe; A. Schaluppe; It. scialuppa.

chamarasca
f. I. lop; F. broutille; A. Reisigholz; It. stipa.

chamariz
m. I. serin, serin finch; F. verdier, loriot; A. Girlitz; It. rigogolo.

chambelán
m. I. chamberlain; F. chambellan; A. Kammerherr; It. ciambellano.

chambra
f. I. matinee, sack; F. peignoir, camisole; A. Bettjacke; It. giubetto.

chamuscar
tr. I. to singe, to scorch; F. flamber, roussir; A. versengen; It. abbruciacchare.

chamusquina
f. I. scorching; F. flambée, roussissure; A. Sengen; It. arsicciatura.

chancear
intr. I. to jest, to joke; F. badiner, plaisanter; A. scherzen: It. scherzare, cianciare.

chancero
adj. I. merry, joker; F. plaisant, railleur; A. Spassvogel; It. cianciatore.

chancleta
f. I. slipper; F. pantoufle; A. Pantoffel; It. pianella.

chanclo
m. I. patten, clog; F. galoche; A. Galosche; It. zoccolo.

chancro
m. I. y F. chancre; A. Schanker; It. taruolo.

chanchullo
m. I. racket; F. intrigue; A. Schwindelei; It. truffa.

chanfaina
f. I. fricasse of lungs; F. fricasée de mou; A. Lungenragout; It. fricasseo di pasto.

chantaje
m. I. blackmail; F. chantage; A. Erpressung; It. ricatto.

chanza
f. I. jest, joke; F. plaisanterie; A. Scherz, Spass; It. scherzo.

chapa
f. I. sheet; F. plaque; A. Platte; It. piastra.

chaparro
m. I. oakshrub; F. chêneau; A. Eichengesträuch; It. querciolo.

chaparrón
m. I. shower; F. averse; A. Regenguss; It. rovescio.

chapear
tr. I. to veneer; F. plaquer; A. plattieren; It. impiallacciare.

chaperón
m. I. hood, chaperon; F. chaperon; A. Kopfbinde; It. cappuccio, capperuccio.

chapitel
m. I. spire; F. chapiteau; A. Turmspitze; It. guglia.

chapodar
tr. I. to lop; F. élaguer, émonder; A. lichten; It. rimondare.

chapotear
tr. I. to dabble; F. barboter; A. anfeuchten; It. diguazzare.

chapurrear
tr. I. to jabber; F. écorcher; A. Kanderwelsch reden; It. storpiare.

chapuz
m. I. ducking; F. plongeon; A. Untertauchung; It. tuffata.

chapuzar
tr. I. to duck; F. plonger; A. untertauchen; It. tuffare.

chaqueta
f. I. jacket; F. veste, veston; A. Jakke; It. giacchetta.

charada
f. I. y F. charade; A. Silbenrätsel; It. sciarada.

charanga
f. I. brass band; F. fanfare; A. Militärmusik; It. fanfara.

charca
f. I. pond; F. mare; A. grosse Lache; It. pozzanghera.

charla
f. I. chat, chitchat; F. bavardage; A. Geschwätz; It. ciarla.

charlar
intr. I. to chat, to tattle; F. bavarder, caqueter; A. schwatzen; It. ciarlare.

charlatán
adj. I. tattler, prater; F. bavardeur, bavard; A. Schwätzer; It. ciarlatano, ciarlatore.

charol
m. I. japan; F. vernis; A. Lack; It. vernice.

charolar
tr. I. to japan, to varnish; F. vernisser; A. lackieren; It. invernisciare.

charretera
f. I. epaulet; F. épaulette; A. Achselband; It. spallina.

chascarrillo
m. I. joke; F. historiette; A. Schwank; It. tarzelletta.

chasco
m. I. trick, joke; F. tour; A. Possen; It. scherzo, baia.

chasponazo
m. I. abrasion; F. efleurement; A. Streifen einer Kugel; It. raschiatura.

chasquear
tr. I. to trick, to joke; F. jouer un tour; A. anführen; It. uccellare.

chasquido
m. I. crack; F. claquement; A. Knistern; It. schiocco.

chato
adj. I. flat-nosed; F. camard, camus; A. stumpfnasig; It. camuso.

chaveta
f. I. Key, gib; F. clavette; A. Keil; It. chiavetta.

chelín
m. I. shilling; F. schelling; A. Schilling; It. scellino.

chepa
f. I. hump; F. bosse; A. Buckel; It. gobba.

cheque
m. I. cheque, chek; F. chèque; A. Scheck; It. assegno.

chico
m. I. boy, little, small; F. garçon, petit, menu; A. Klein, jung; It. piccolo.

chicharra
f. I. babbler; F. babillard, pie; A. Schwätzer; It. cicalone.

chichón
m. I. bruise; F. bosse; A. Kopfbeule; It. bernoccolo.

chifladura
f. I. sillines; F. tocade, manie; A. Verrücktheit; It. pazzia, mania.

chiflar
intr. I. to whistle; F. siffler; A. pfeifen; It. fischiare.

chilindrina
f. I. trifle; F. vétille; A. Mätzchen; It. bazzecola, inezia.

chillar
intr. I. to shout, to shriek; F. glapir; A. Kreischen; It. stridere.

chillido
m. I. shriek, scream; F. glapissement; A. Gekreisch; It. strido, strillo.

chimenea
f. I. chimney; F. cheminée; A. Kamin; It. camino.

china
f. I. pebble; F. caillou; A. Kieselstein; It. ciottolo.

chinche
f. I. bed bug; F. punaise; A. Bettwanze; It. cimice.

chinchilla
f. I. chinchilla; F. chinchille; A. Hasenmaus; It. cinciglia.

chinchorro
m. I. drag-net; F. filet; A. Zugnetz; It. strascino.

chino
adj. I. y A. Chinese; F. chinois; It. cinese.

chipriota
adj. I. Cypriot; F. chypriote; A. Zypriot; It. cipriotta.

chiripa
f. I. good luck; F. bonne chance; A. Glücksfall; It. scazzata.

chirle
adj. I. insipid; F. fade; A. geistlos; It. scipito.

chirriar
intr. I. to chirp; F. grincer; A. zischen; It. cigolare.

chisme
m. I. tale; F. cancan; A. Klatscherei; It. pettegolezzo.

chispa
f. I. spark; F. étincelle; A. Funke; It. scintilla.

chispazo
m. I. spark; F. étincellement; A. Funkensprühen; It. scintilla, fandonia.

chispear
intr. I. to sparkle; F. étinceler; A. funkeln; It. scintillare.

chiste
m. I. joke, wit; F. bon mot; A. Witz; It. arguzia.

chocar
intr. I. to shock; F. choquer; A. anstossen; It. urtare.

chocarrero
adj. I. scurrilous; F. turlupin; A. Skurrilität; It. burattinesco.

chocolate
m. I. chocolate; F. chocolat; A. Schokolade; It. cioccolata.

chochear
intr. I. to dote; F. radoter; A. faseln; It. rimbambire.

choque
m. I. shock, impact; F. choc, heurt; A. Anstoss, Zusammenstoss; It. urto.

chorlito
m. I. plover; F. courlis; A. Regenpfeifer; It. chiurlo.

chorrear
intr. I. to drip; F. jaillier; A. triefen; It. stillare.

chorro
m. I. jet, spurt; F. jet; A. (Wasser) Strahl; It. getto.

choza
f. I. cabin, hut; F. cabane, chaumière; A. Strohhütte; It. capanna.

chubasco
m. I. squall, shower; F. averse; A. Regenschauer; It. acquazzone.

chuleta
f. I. cutlet; F. côtelette; A. Kotelett; It. braciola.

chupar
tr. I. to suck; F. sucer; A. aufsaugen; It. succhiare.

chupón
adj. I. stem; F. larron; A. Schmarotzerzweig; It. succhione.

chusco
adj. I. droll; F. drôle; A. Spasshaft; It. spiritoso.

chusma
f. I. rabble; F. chiourme; A. Mob, Pöbel; It. ciurna.

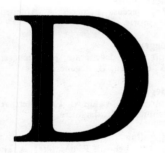

dádiva
f. I. gift, present; F. don, présent; A. Gaòe, Geschenk; It. dono.

dado
m. I. die; F. dé; A. Würfel; It. dado.

dador
adj. I. giver, donor; F. donneur; A. Geber; It. datore.

daga
f. I. dagger; F. dague; A. Dolch; It. daga.

dalia
f. I. y F. dahlia; A. Dahlie; It. dalia.

dalmática
f. I. dalmatie; F. dalmatique; A. Dalmatika; It. dalmatica.

daltonismo
m. I. daltonism; F. daltonïsme; A. Farbenblindheit; It. daltonismo.

dallar
tr. I. to mow; F. faucher; A. mähen; It. falciare.

dama
f. I. lady; F. dame; A. Frau, Dame; It. dama, signora.

damasco
m. I. damask; F. damas; A. Damast; It. damasco.

damnificar
tr. I. to damage; F. endommager; A. schädigen; It. danneggiare.

danza
f. I. dance; F. danse; A. Tanz; It. danza.

danzar
tr. I. to dance; F. danser; A. tanzen; It. danzare.

dañar
tr. I. to hurt, to damage; F. nuire; A. schädigen, schaden; It. danneggiare.

daño
m. I. damage; F. dommage, dégat; A. Schaden, Nachteil; It. danno.

dar
tr. I. to give; F. donner; A. geben; It. dare.

dársena
f. I. dock, berth; F. darce; A. Dock, Binnenhafen; It. darsena.

data
f. I. y F. date; A. Datum; It. data.

datar
tr. I. to date; F. dater; A. datieren; It. datare.

dátil
m. I. date; F. datte; A. Dattel; It. dattero.

dato
m. I. datum; F. donné; A. Angabe, Unterlage; It. dato.

de
prep. I. of, from; F. de; A. von, aus, bei, vor, wegen, über, an, auf, für, zu; It. di.

dean
m. I. dean; F. doyen; A. Dekan; It. decano.

debajo
adj. I. under, below; F. sous, dessous; A. unter, unten; It. sotto.

debate
m. I. debate; F. débat; A. Debatte; It. dibattimento.

debatir
tr. I. to debate; F. débattre; A. debattieren, besprechen; It. dibattere.

debe
m. I. debit; F. doit; A. Debet; It. dare.

debelar
tr. I. to conquer; F. débeller; A. unterwerfen, überwinden; It. debellare.

deber
tr. I. to owe; F. devoir; A. schulden; It. dovere.

débil
adj. I. feeble, weak; F. faible, débile; A. schwach; It. debole.

debilidad
f. I. weakness, debility; F. faiblesse, débilité; A. Schwäche; It. debolezza.

debilitar
tr. I. to weaken, to enfeeble; F. débiliter, affaiblir; A. schwächen; It. debilitare.

década
f. I. decade; F. décade; A. Dekade; It. deca.

decadencia
f. I. decline, failing; F. décadence; A. Verfall; It. decadenza.

decaer
intr. I. to decay, to decline; F. dechoir; A. verfallen; It. decadere.

decano
m. I. senior; F. doyen; A. Dekan; It. decano.

decantar
tr. I. to decant; F. décanter; A. abgiessen, abklären; It. decantare.

decapitar
tr. I. to behead; F. décapiter; A. enthaupten; It. decapitare.

decena
f. I. ten; F. dizaine; A. Zehn, Zehner; It. decina.

decencia
f. I. decency; F. décence; A. Anstand, Schicklichkeit; It. decenza.

decente
adj. I. decent; F. décent; A. anständig, dezent; It. decente.

decepción
f. I. deception; F. déception; A. Betrug; It. decezione.

decidido
adj. I. decided; F. décidé; A. entschieden, resolut; It. deciso, risoluto.

decidir
tr. I. to decide; F. décider; A. entscheiden; It. decidere.

decir
tr. I. to say; F. dire; A. sagen; It. dire.

decisión
f. I. decision; F. décision; A. Entscheidung; It. decisione.

declamar
intr. I. to declaim; F. déclamer, reciter; A. deklamieren, vortragen; It. declamare.

declaración
f. I. declaration; F. déclaration; A. Äusserung, Erklärung; It. dichiarazione.

declarar
tr. I. to declare, to expound; F. déclarer, déposer; A. erklären; It. dichiarare.

declinación
f. I. declination; F. déclinaison; A. Wortbeugung; It. declinazione.

declinar
intr. I. to decline; F. décliner; A. abändern, deklinieren; It. declinare.

declive
m. I. declivity; F. penchant; A. Abhang; It. declivio.

decoración
f. I. decoration, ornament; F. décoration, ornement; A. Dekoration, Ausschmückung; It. decorazione.

decorar
tr. I. to decorate; F. décorer; A. auszieren; It. decorare.

decoro
m. I. honour; F. honneur; A. Anstand; It. decoro.

decrecer
intr. I. to decrease; F. décroître; A. abnehmen; It. decrescere.

decrépito
adj. I. decrepit; F. décrépit; A. vergreist, altersschwach; It. decrepito.

decrepitud
f. I. decrepitude, decrepitness; F. décrépitude; A. Altersschwäche; It. decrepitezza.

decretar
tr. I. to decree; F. décréter; A. verordnen, dekretieren; It. decretare.

decreto
m. I. decree F. décret; A. Erlass, Dekret; It. decreto.

decurso
m. I. course; F. cours; A. Verlauf der Zeit; It. decorso.

dedicar
tr. I. to dedicate; F. dédier; A. widmen; It. dedicare.

dedicatoria
f. I. dedication; F. dédicace; A. Windmung; It. dedicatoria.

dedo
m. I. finger; F. doigt; A. Finger; It. dito.

deducir
tr. I. to deduct; F. déduire; A. deduzieren, ableiten; It. dedurre.

defecar
tr. I. to defecate; F. déféquer; A. abklären; It. defecare.

defección
f. I. defection; F. défection; A. Abfall; It. defezione.

defecto
m. I. defect, failing; F. défaut, manque; A. Fehler, Mangel; It. difetto.

defectuoso
adj. I. defectious, defective; F. défectueux; A. fehlerhaft; It. difettoso.

defender
tr. I. to defend; F. défendre; A. verteidigen; It. difendere.

defensa
f. I. defence; F. défense; A. Verteidigung; It. difesa.

defensor
adj. I. defender; F. défenseur; A. Verteidiger; It. difensore.

deferencia
f. I. deference; F. déférence; A. Nachgiebigkeit; It. deferenza.

deficiencia
f. I. deficiency; F. manque; A. Fehlerhaftigkeit; It. deficienza.

déficit
m. I. deficit, shortage; F. déficit, découvert; A. Defizit, Manko; It. deficit, manco.

definición
f. I. definition; F. définition; A. Definition, Erklärung; It. definizione.

definir
tr. I. to define; F. définir; A. definieren, erklären; It. definire.

deformación
f. I. deformation; F. déformation; A. Entstellung; It. deformazione.

deformidad
f. I. deformity; F. difformité; A. Difformität; It. deformità.

defraudar
tr. I. to defraud; F. frauder; A. betrügen; It. defraudare.

defunción
f. I. decease; F. décés; A. Ableben; It. morte.

degenerar
intr. I. to degenerate; F. dégénérer; A. entarten; It. degenerare.

deglutir
intr. I. to swallow; F. avaler; A. schlucken; It. deglutire.

degollar
tr. I. to behead; F. décapiter; A. enthaupten; It. scannare.

degradación
f. I. degradation; F. dégradation; A. Absetzung, Degradierung; It. degradazione.

dehesa
f. I. pasture; F. pâturage, pâtis; A. Weideplatz; It. pascolo.

deificar
tr. I. to deify; F. déifier; A. vergöttern; It. deificare.

dejadez
f. I. slovenliness; F. négligence; A. Vernachlassigung; It. trascuratezza.

dejar
tr. I. to leave; F. laisser; A. lassen, verlassen; It. lasciare.

delatar
tr. I. to delate; F. dénoncer; A. angeben; It. denunziare.

delectación
f. I. delectation; F. délectation; A. Ergötzung; It. dilettazione.

delegar
tr. I. to delegate; F. déleguer; A. übertragen, delegieren; It. delegare.

deleite
m. I. pleasure; F. délice; A. Wonne, Hochgenuss; It. diletto.

deletrear
intr. I. to spell; F. épeler; A. buchstabieren; It. compitare.

delfín
m. I. dolphin; F. dauphin; A. Delphin, tümmler; It. delfino.

delgado
adj. I. slender, lean; F. mince; A. dünn, schlank, fein; It. delicato.

deliberar
intr. I. to deliberate; F. délibérer; A. beraten; It. deliberare.

delicadeza
f. I. delicacy; F. délicatesse; A. Zartgefühl, Taktgefühl; It. delicatezza.

delicia
f. I. delight; F. délice; A. Lust, Vernügen; It. delizia.

delincuente
m. I. delinquent; F. délinquant; A. Missetäter; It. delinquente.

delinear
tr. I. to delineate; F. délinéer; A. skizzieren; It. delineare.

delinquir
intr. I. to commit a crime; F. délinquer; A. verbrechen; It. delinquere.

delirar
intr. I. to be delirious; F. délirer; A. phantasieren; It. delirare.

delirio
m. I. delirium; F. délire; A. Wahsinn; It. delirio.

delito
m. I. delict, crime; F. délit; A. Delikt, Vergehen; It. delitto.

demagogia
f. I. demagogy; F. démagogie; A. Demagogie; It. demagogia.

demanda
f. I. demand, request; F. demande; A. Bitte Nachfrage; It. dimanda.

demarcación
f. I. demarcation; F. démarcation; A. Abgrenzung; It. demarcazione.

demás
adj. I. the rest, the others; F. autre; A. ander, übrig; It. altro, altri, altre.

demasía
f. I. excess; F. excès; A. Übermass; It. eccesso.

demencia
f. I. dementia, madness; F. démence; A. Wahnsinn; It. demenza.

democracia
f. I. democracy; démocratie; A. Demokratie; It. democrazia.

demografía
f. I. demography; F. démographie; A. Demographie; It. demografia.

demoler
tr. I. to demolish; F. démolir; A. niederreissen; It. demolire.

demora
f. I. delay; F. retard; A. Verzug; It. ritardo.

demostración
f. I. demonstration; F. démonstration; A. Berweis; It. dimostrazione.

demostrar
tr. I. to demonstrate, to prove; F. démontrer, justifier; A. demonstrieren; It. dimostrare, provare.

denario
adj. I. denary; F. dénaire; A. zur Zahl zehn gehörig; It. denario.

denegación
f. I. denial, denegation; F. dénégation, refus; A. Verweigerung; It. dinegazione, rifiuto.

denigrar
tr. I. to denigrate; F. dénigrer; A. anschwärzen, verleumden; It. denigrare.

denodado
adj. I. fearless; F. hardi; A. furchtlos, mutig; It. ardito.

denominador
adj. I. denominator; F. dénominateur; A. Nenner; It. denominatore.

densidad
f. I. density; F. densité; A. Dichte, Dichtigkeit; It. densità.

denso
adj. I. dense; F. dense, épais; A. dicht; It. denso.

dentadura
f. I. set of teeth; F. denture; A. Gebiss; It. dentatura.

dentellada
f. I. bite; F. dentée, morsure; A. Biss; It. dentata.

dentición
f. I. dentition, teething; F. dentition; A. Dentition, Zahnen; It. dentizione.

dentista
adj. I. dentist; F. dentiste; A. Zahnarzt, Dentist; It. dentista.

dentro
adv. I. in, inside; F. dedans; A. innen, inwendig; It. dentro, entro.

denuedo
m. I. bravery; F. hardiesse; A. Tapferkeit; It. intrepidità.

denunciar
tr. I. to denounce; F. dénoncer; A. anzeigen; It. denunciare.

departamento
m. I. department; F. département; A. Departement; It. dipartimento.

departir
intr. I. to talk; F. causer; A. plaudern; It. ragionare.

depauperación
f. I. depauperization; F. appauvrissement; A. Verarmung; It. depauperazione.

dependencia
f. I. dependency; F. dépendance; A. Abhängigkeit; It. dipendenza.

depender
intr. I. to depend; F. dépendre; A. abhängig sein; It. dipendere.

dependiente
m. I. clerk; F. employé; A. Angestellter; It. dipendente.

deplorar
tr. I. to deplore; F. déplorer; A. bejammern, beklagen; It. deplorare.

deponer
tr. I. to depose; F. déposer; A. absetzen, deponieren; It. deporre.

deportación
f. I. deportation; F. déportation; A. Deportation; It. deportazione.

deportar
tr. I. to banish; F. déporter; A. deportieren; It. deportare.

deporte
m. I., F. e It. sport; A. Sport.

deposición
f. I. declaration, assertion; F. affirmation, déclaration; A. Aussage; It. deposizione.

depositar
tr. I. to deposit, to entrust; F. déposer; A. hinterlegen, niederlegen; It. depositare.

depositario
adj. I. depositary; F. dépositaire; A. Verwahrer; It. depositario.

depósito
m. I. depot; F. dépôt; A. Lager, Depot; It. deposito.

depravación
f. I. depravation; F. dépravation; A. Verderbtheit; It. depravazione.

deprecación
f. I. deprecation; F. déprécation, supplication; A. Abbitte; It. deprecazione.

depreciación
f. I. depreciation; F. dépréciation; A. Entwertung; It. deprezzamento.

depredar
tr. I. to depredate; F. dépréder; A. plündern; It. depredare.

depresión
f. I. depression; F. dépression; A. Niederdrückung; It. depressione, abbassamento.

deprimir
tr. I. to depress, to depreciate; F. déprimer; A. niederdrücken; It. deprimere.

depurar
tr. I. to depurate; F. dépurer; A. reinigen, läutern; It. depurare.

derecho
adj. I. right; F. droit; A. recht, Recht; It. diritto.

derechura
f. I. rightness, rectitude; F. droiture; A. Geradheit; It. dirittura, rettudine.

deriva
f. I. deviation, drift; F. dérive; A. Abtrieb; It. deriva.

derivar
intr. I. to be derived; F. dériver; A. ableiten, herleiten; It. derivare.

dermatología
f. I. dermatology; F. dermatologie; A. Hautkunde, Dermatologie; It. dermatologia.

derogar
tr. I. to derogate; to abolish; F. déroger; A. abschaffen; It. derogare.

derramar
tr. I. to spill, to spread; F. verser, répandre; A. vergiessen; It. spargere.

derrame
m. I. outpouring; F. épanchement; A. Erguss, Auslaufen; It. spargimento.

derretir
tr. I. to melt; F. fondre; A. schmelzen; It. fondere.

derribar
tr. I. to demolish; F. démolir; abattre; A. abreissen, umstürzen; It. abbattere.

derribo
m. I. demolition; F. démolition; A. Zerstörung; It. demolizione.

derrocar
tr. I. to overthrow; F. renverser, abattre; A. niederwerfen; It. rovesciare.

derrochar
tr. I. to dissipate; F. dissiper; A. verschwenden; It. dissipare.

derrota
f. I. rout; F. déroute; A. Niederlage; It. rotta.

derrotero
m. I. ship's course; F. route; A. Kurs; It. rotta, rombo.

derrumbamiento
m. I. crumbling; F. éboulement; A. Sturz; It. frana.

desabrido
adj. I. insipid; F. fade; A. geschmacklos; It. scipito.

desabrochar
tr. I. to unbutton; F. déboutonner; A. aufknöpfen; It. sbottonare.

desacato
m. I. irreverence; F. irrévérence; A. Nichtachtung; It. irreverenza.

desacierto
m. I. mistake; F. méprise; A. Missverständnis; It. sbaglio.

desacreditar
tr. I. to discredit; F. discréditer; A. in Misskredit bringen; It. discreditare.

desacuerdo
m. I. discord; F. désaccord; A. Meinungsverschiedenheit; It. disaccordo.

desafiar
tr. I. to challenge, to defy; F. défier; A. herausfordern; It. sfidare.

desafinar
intr. I. to untune; F. désaccorder; A. verstimmen; It. stonare.

desafío
m. I. challenge; F. défi; A. Herausforderung; It. sfida.

desagradar
intr. I. to displease; F. déplaire; A. missfallen; It. dispiacere.

desagravio
m. I. relief; F. dédommagement; A. Entschädigung; It. riparazione.

desahogar
tr. I. to ease; F. soulager; A. sich erleichtern; It. alleggerire.

desahuciar
tr. I. to dispossess; F. donner congé à un locataire; A. Kündigen; It. disdire la locazione.

desairar
tr. I. to disregard; F. dédaigner; A. verschmähen; It. sdegnare.

desalentar
tr. I. to discourage; F. décourager; A. entmutigen; It. scoraggiare.

desalojar
tr. I. to remove; F. déloger; A. ausziehen; It. sloggiare.

desamarrar
tr. I. to unmoor; F. désamarrer; A. losmachen; It. disormeggiare.

desamor
m. I. disaffection; F. inimitié; A. Lieblosigkeit; It. disamore.

desamparar
tr. I. to forsake; F. abandonner; A. verlassen; It. abbandonare.

desangrar
tr. I. to bleed; F. saigner; A. verbluten; It. dissanguare.

desanimar
tr. **I.** to discourage; **F.** décourager; **A.** entmutigen; **It.** desanimare.

desapacible
adj. **I.** unpleasant; **F.** déplaisant; **A.** unwirsch; **It.** dispiacevole.

desaparecer
tr. **I.** to disappear; **F.** disparaître; **A.** verschwinden; **It.** disparire.

desaprovechar
tr. **I.** to waste; **F.** négliger; **A.** versäumen; **It.** trascurare.

desarmar
tr. **I.** to disarm; **F.** désarmer; **A.** entwaffnen; **It.** disarmare.

desarme
m. **I.** disarming; **F.** désarmement; **A.** Entwaffnung; **It.** disarmo.

desarraigar
tr. **I.** to root up; **F.** déraciner; **A.** entwurzeln; **It.** sradicare.

desarrollo
m. **I.** development; **F.** développement; **A.** Entfaltung; **It.** sviluppo.

desasir
tr. **I.** to loosen; **F.** dégager; **A.** lösen; **It.** rilasciare.

desastre
m. **I.** disaster; **F.** désastre; **A.** Unheil; **It.** disastro.

desatar
tr. **I.** to untie; **F.** dénouer; **A.** losbinden; **It.** sciogliere.

desatender
tr. **I.** to be heedless; **F.** dédaigner; **A.** übersehen; **It.** negligere.

desatino
m. **I.** blunder; **F.** extravagance; **A.** Unsicherheit; **It.** sbaglio.

desautorizar
tr. **I.** to disauthorize; **F.** désautoriser; **A.** herabwürdigen; **It.** disautorare.

desavenido
adj. **I.** discordant; **F.** désaccordé; **A.** uneinig; **It.** discorde.

desayuno
m. **I.** breakfast; **F.** déjeuner; **A.** Frühstück; **It.** colazione.

desazón
f. **I.** disconfort; **F.** malaise; **A.** Missbehagen; **It.** incomodo.

desbancar
tr. **I.** to break the bank; **F.** débanquer; **A.** die Bank sprengen; **It.** sbancare.

desbandada
f. **I.** disbanding; **F.** débandade; **A.** Unordnung; **It.** sbandata.

desbaratar
tr. **I.** to destroy; **F.** détruire; **A.** zerstören; **It.** scialacquare.

desbastar
tr. **I.** to rough down; **F.** dégrossir; **A.** abrauhen; **It.** sgrossare.

desbordar
intr. **I.** to overflow; **F.** déborder; **A.** überfliessen; **It.** traboccare.

descabezar
tr. **I.** to behead; **F.** décapiter; **A.** Köpfen; **It.** decapitare.

descalabro
m. **I.** blow; **F.** échec; **A.** Schaden; **It.** scapito.

descalzar
tr. **I.** to unshoe; **F.** déchausser; **A.** die Schuhe ausziehen; **It.** scalzare.

descaminar
tr. **I.** to mislead; **F.** égarer; **A.** irreführen; **It.** traviare.

descansar
intr. **I.** to rest; **F.** reposer; **A.** rasten; **It.** riposare.

descanso
m. **I.** rest; **F.** repos; **A.** Ruhe; **It.** riposo.

descarga
f. **I.** discharge; **F.** dècharge; **A.** Ausladung; **It.** scarico.

descargar
tr. **I.** to discharge; **F.** décharger; **A.** entladen; **It.** scaricare.

descaro
m. **I.** effrontery; **F.** éffronterie; **A.** Unverschämtheit; **It.** sfacciataggine.

descarriar
tr. **I.** to lead astray; **F.** égarer; **A.** irreführen; **It.** sviare.

descarrilamiento
m. **I.** derailment; **F.** déraillement; **A.** Entgleisung; **It.** deviamento.

descendencia
f. **I.** descent; **F.** descendance; **A.** Nachkommenschaft; **It.** discendenza.

descender
intr. **I.** to descend; **F.** descendre; **A.** heabsteigen; **It.** discendere.

descenso
m. **I.** descent; **F.** descente; **A.** Abstieg; **It.** discesa.

descifrar
tr. **I.** to decipher; **F.** déchiffrer; **A.** entziffern **It.** decifrare.

desclavar
tr. **I.** to unnail; **F.** déclouer; **A.** losnageln; **It.** schiodare.

descoger
tr. **I.** to unfold; **F.** déplier; **A.** ausbreiten; **It.** svolgere, spiegare.

descolgar
tr. **I.** to unhang; **F.** dépendre; **A.** abhängen; **It.** staccare.

descolorar
tr. **I.** to discolour; **F.** décolorer; **A.** entfärben; **It.** scolorare.

descolorido
adj. **I.** discoloured; **F.** décoloré; **A.** blass; **It.** scolorito.

descombrar
tr. **I.** to disencumber; **F.** désencombrer; **A.** aufräumen; **It.** sgombrare.

descomedido
adj. **I.** excessive; **F.** excessif; **A.** übermässig; **It.** smoderato, eccessivo.

descomponer
tr. **I.** to discompose; **F.** déranger; **A.** auflösen, zerlegen; **It.** scomporre.

descomposición
f. **I.** decomposition; **F.** décomposition; **A.** Zersetzung; **It.** scomposizione.

descomunal
adj. **I.** extraordinary, enormous; **F.** extraordinaire; **A.** ungeheuer; **It.** enorme.

desconcierto
m. **I.** disorder; **F.** brouille; **A.** Verwirrung; **It.** sconcerto, confusione.

desconcordia
f. **I.** discord; **F.** discorde; **A.** Zwietracht; **It.** sconcordia.

desconectar
tr. **I.** to disconnect; **F.** déconnecter; **A.** ausschalten; **It.** sconnettere.

desconfianza
f. I. distrust; F. défiance; A. Misstrauen; It. diffidenza.

desconfiar
intr. I. to distrust; F. se défier; A. misstrauen; It. diffidare.

desconocer
tr. I. to ignore; F. méconnaître; A. verkennen; It. disconoscere.

desconocido
adj. I. unknown; F. inconnu; A. undankbar; It. ingrato.

desconsiderado
adj. I. inconsiderate; F. déconsideré; A. unbersonnen; It. inconsiderato.

desconsolación
f. I. y F. affliction; A. Trostlosigkeit; It. sconsolazione.

desconsolado
adj. I. disconsolate; F. désolé; A. trostlos; It. sconsolato.

desconsolar
tr. I. to afflict; F. affliger; A. betrüben; It. affliggere.

desconsuelo
m. I. trouble; F. désolation; A. Betrübnis; It. sconsolazione.

descontar
tr. I. to discount; F. décompter; A. abrechnen; It. scontare.

descontentar
tr. I. to discontent; F. mécontenter; A. missfallen; It. scontentare.

descontento
m. I. discontent; F. mécontent; A. Unzufriedenheit; It. scontento.

desconvidar
tr. I. to disinvite; F. désinviter; A. eine Einladung absagen; It. disinvitare.

descorazonar
tr. I. to discourage; F. décourager; A. entmutigen; It. scoraggiare.

descorchar
tr. I. to uncork; F. déboucher; A. entkorken; It. sturare.

descortesía
f. I. impoliteness; F. impolitesse; A. Ungezogenheit; It. scortesia.

descortezar
tr. I. to decorticate; F. écorcer; A. entrinden; It. scortecciare.

descoser
tr. I. to rip; F. découdre; A. auftrennen; It. scucire.

descrédito
m. I. discredit: F. discrédit; A. Verruf; It. scrédito.

descreído
adj. I. incredulous; F. incrédule; A. ungläubig; It. incredulo.

describir
tr. I. to describe; F. décrire; A. beschreiben; It. descrivere.

descripción
f. I. y F. description; A. Beschreibung; It. descrizione.

descriptivo
adj. I. descriptive; F. descriptif; A. beschreibend; It. descrittivo.

descuajar
tr. I. to dissolve; F. décoaguler; A. schmelzen; It. squagliare.

descuartizar
tr. I. to quarter; F. écarteler; A. verteilen; It. squartare.

descubierta
f. I. reconnoitring; F. découvert; A. Auskundschaftung; It. ricognizione.

descubierto
adj. I. unveiled; F. découvert; A. unbedeckt; It. scoperto.

descubridor
adj. I. discoverer; F. découvreur; A. Entdecker; It. scopritore.

descubrimiento
m. I. discovery; F. découverte; A. Entdeckung; It. scoprimento.

descubrir
tr. I. to discover; F. découvrir; A. entdecken; It. scoprire.

descuento
m. I. discount; F. escompte; A. Abzug, Diskont; It. sconto.

descuidado
adj. I. negligent; F. négligent; A. nachlässig; It. trascurato.

descuidar
tr. I. to neglect; F. négliger; A. vernachlässigen; It. dimenticare.

descuido
m. I. negligence; F. négligence; A. Nachlässigkeit; It. trascuraggine.

desde
prep. I. from, since; F. dès, depuis; A. von, seit; It. da, dacché.

desdecir
tr. I. to disavow; F. dédire; A. widerrufen; It. disdire.

desdén
m. I. disdain; F. dédain; A. Geringschätzung; It. sdegno.

desdentado
adj. I. toothless; F. édenté; A. zahnlos; It. sdentato.

desdeñar
tr. I. to disdain; F. dédaigner; A. missachten; It. disdegnare.

desdicha
f. I. misfortune; F. malheur; A. Unglück; It. disdetta.

desdoblar
tr. I. to unfold; F. déplier; A. entfalten; It. sdoppiare.

deseable
adj. I. desirable; F. désirable; A. wünschenswert; It. desiderabile.

desear
tr. I. to desire, to wish; F. désirer; A. wünschen; It. desiderare.

desecación
f. I. diseccation; F. desiccation; A. Austrocknen; It. dissecazione.

desecar
tr. I. to dry; F. dessécher; A. austraknen; It. disseccare.

desecativo
adj. I. desiccative; F. dessiccatif; A. trocknend; It. disseccativo.

desechar
tr. I. to reject; F. rejeter; A. absetzen; It. rifiutare.

desecho
m. I. residue; F. reste; A. Abfall; It. rifiuto, rigetto.

desembalar
tr. I. to unpack; F. déballer; A. auspacken; It. sballare.

desembarazar
tr. I. to disembarras; F. débarrasser; A. entledigen; It. sbarazzare.

desembarazo
m. I. freeness; F. débarras; A. Zwanglosigkeit; It. sbarazzamento.

desembarcadero
m. I. dock, quay; F. débarcadère; A. Werft; It. sbarcatoio.

desembarcar
tr. I. to disembark; F. débarquer; A. auschiffen; It. sbarcare.

desembarco
m. I. landing; F. débarquement; A. Landung; It. sbarco.

desembocadura
f. I. mouth; F. embouchure; A. Flussmündung; It. imboccatura.

desembocar
intr. I. to disembogue; F. déboucher; A. münden; It. sboccare.

desembolsar
tr. I. to disburse; F. débourser; A. auslegen; It. sborsare.

desembolso
m. I. disbursement; F. déboursement; A. Auslage; It. sborso.

desembragar
tr. I. to ungear; F. débrayer; A. auskuppeln; It. disinnestare.

desembriagar
tr. I. to sober; F. désenivrer; A. ernüchtern; It. disubbriacare.

desembrollar
tr. I. to disentangle; F. débrouiller; A. entwirren; It. sbrogliare.

desemejante
adj. I. dissimilar; F. dissemblable; A. unänlich; It. dissimile.

desemejanza
f. I. dissimilitude; F. dissemblance; A. Unänlichkeit; It. dissomiglianza.

desempacar
tr. I. to unpack; F. déballer; A. auspacken; It. disimpaccare.

desempacho
m. I. forwardness; F. crânerie; A. Dreistigkeit; It. sfogo.

desempeñar
tr. I. to perform; F. s'acquitter; A. erfüllen; It. compiere.

desencadenar
tr. I. to unchain; F. déchainer; A. entfesseln; It. scatenare.

desencajar
tr. I. to disjoint; F. déboiter; A. ausrenken; It. scassinare.

desencantar
tr. I. to disenchant; F. désenchanter; A. entzaubern; It. disincantare.

desencanto
m. I. disenchantement; F. désenchantement; A. Ernüchterung; It. disincanto.

desencoger
tr. I. to unfold; F. dérouler; A. strekken; It. svolgere.

desencolar
tr. I. to unglue; F. décoller; A. losleimen; It. scollare.

desenfadar
tr. I. to abate anger; F. défâcher; A. beschwichtigen; It. disincollerire.

desenganchar
tr. I. to unhook; F. décrocher; A. loshaken; It. sganciare.

desengañar
tr. I. to undeceive; F. détromper; A. enttäuschen; It. disingannare.

desengaño
m. I. disenchantement; F. désabusement; A. Enttäuschung; It. disinganno.

desengrasar
tr. I. to clean; F. dégraisser; A. entfetten; It. diagrassare.

desenlace
m. I. denouement; F. dénouement; A. Ausgang; It. scioglimento.

desenlazar
tr. I. to unlace; F. dénouer; A. losbinden; It. dislacciare.

desenmarañar
tr. I. to disentangle; F. débrouiller; A. entwirren; It. sbrogliare.

desenredar
tr. I. to disentangle; F. débrouiller; A. entwirren; It. distrigare.

desensillar
tr. I. to unsaddle; F. desseller; A. absatteln; It. disinsellare.

desenterrar
tr. I. to unbury; F. déterrer; A. ausgraben; It. dissotterrare.

desentonar
tr. I. to be inharmonious; F. désaccorder; A. sich verstimmen; It. stonare.

desenvainar
tr. I. to unsheathe; F. dégainer; A. blank ziehen; It. sguainare.

desenvoltura
f. I. sprightliness; F. désinvolture; A. Zwanglosigkeit; It. disinvoltura.

desenvolver
tr. I. to unfold; F. dérouler; A. laswickeln; It. svolgere.

desenvuelto
adj. I. forward; F. désinvolté; A. zwanglos; It. disinvolto.

deseo
m. I. desire, wish; F. désir; A. Wunsch; It. desiderio.

deserción
f. I. desertion; F. désertion; A. Fahnenflucht; It. diserzione.

desertar
tr. I. to desert; F. déserter; A. desertieren; It. disertare.

desertor
m. I. deserter; F. déserteur; A. Fahnenflüchtiger; It. disertore.

desesperación
f. I. desperation; F. désespoir; A. Verzweiflung; It. disperazione.

desesperar
tr. I. to despair; F. désespérer; A. alle Hoffnung verlieren; It. disperare.

desestimación
f. I. disesteem; F. mèsestime; A. Verachtung; It. disistima.

desestimar
tr. I. to disesteem; F. mésestimer; A. missachten; It. disistimare.

desfachatez
f. I. effrontery; F. effronterie; A. Unverschämtheit; It. sfrontatezza.

desfajar
tr. I. to ungird; F. débander; A. loswickeln; It. sfasciare.

desfallecer
intr. I. to faint; F. défaillir; A. sich ermatten; It. svenire.

desfallecimiento
m. I. faintness; F. défaillance; A. Ohnmacht; It. svenimento.

desfiguración
f. I. disfiguration; F. défiguration; A. Entstellung; It. sfiguratione.

desfigurar
tr. I. to disfigure; F. défigurer; A. entstellen; It. sfigurare.

desfiladero
m. I. defile; F. défilé; A. Engpass; It. stretto, gola.

desfilar
intr. I. to defile; F. défiler; A. defilieren; It. sfilare.

desgalichado
adj. I. ungainly; F. dégingandé; A. verlottert; It. sgarbato.

desgana
f. I. disgust; F. dégoût; A. Unlust; It. svogliatezza.

desgarrado
adj. I. licentious; F. éhonté; A. schamlos; It. sfacciato.

desgarrar
tr. I. to tear; F. déchirer; A. zerreissen; It. stracciare.

desgarro
m. I. laceration; F. déchirure; A. Riss; It. squarcio.

desgastar
tr. I. to fray; F. détériorer; A. abnutzen; It. consumare.

desgobierno
m. I. misgovernment; F. désordre; A. Unordnung; It. sgoverno.

desgracia
f. I. misfortune; F. malheur; A. Unglück; It. disgrazia.

desgraciado
adj. I. unfortunate; F. malheureux; A. unglücklich; It. disgraziato.

desgraciar
tr. I. to displease; F. déplaire; A. missfallen; It. angustiare.

desgranar
tr. I. to thrash; F. égrener; A. auskörnen; It. sgranellare.

deshacer
tr. I. to undo; F. défaire; A. aufmachen, zerlegen; It. disfare.

desharrapado
adj. I. shabby; F. déguenillé; A. zerlumpt; It. cencioso.

deshielo
m. I. thaw; F. dégel; A. Auftauen; It. sgelo.

deshilar
tr. I. to ravel; F. effiler A. auszupfen; It. sfilare.

deshonestidad
f. I. immodesty; F. déshonnêteté; A. Unkeuschheit; It. disonestà.

deshonesto
adj. I. lewd; F. déshonnête; A. unzüchtig; It. disonesto.

deshonor
m. I. dishonour; F. déshonneur; A. Unehre; It. disonore.

deshonrar
tr. I. to dishonour; F. déshonorer; A. entehren; It. disonorare.

desidia
f. I. idleness; F. mollesse; A. Trägheit; It. desidia.

designar
tr. I. to design; F. désigner; A. bezeichnen; It. designare.

desinfectar
tr. I. to disinfect; F. désinfecter; A. entseuchen; It. disinfettare.

desistir
intr. I. to desist; F. désister; A. verzichten; It. desistere.

deslealtad
f. I. disloyalty; F. déloyauté; A. Treulosigkeit; It. slealtà.

deslindar
tr. I. to survey; F. borner; A. vermarken; It. limitare.

deslizar
intr. I. to slide; F. glisser; A. ausgleiten; It. sdrucciolare.

deslumbrar
tr. I. to dazzle; F. éblouir; A. verblenden; It. abbagliare.

desmantelar
tr. I. to dismantle; F. démanteler; A. schleifen; It. smantellare.

desmayo
m. I. dismay; F. évanouissement; A. Ohnmacht; It. svenimento.

desmenuzar
tr. I. to crumble; F. émietter; A. zerkleinern; It. sminuzzare.

desmesurar
tr. I. to discompose; F. dérégler; A. in Unordnung bringen; It. disordinare.

desmontar
tr. I. to demount; F. démonter; A. abmontieren; It. smontare.

desmoralizar
tr. I. to demoralize; F. démoraliser; A. entsittlichen; It. demoralizzare.

desnudez
f. I. nudity; F. nudité; A. Nacktheit; It. nudità.

desobedecer
tr. I. to disobey; F. désobéir; A. nicht gehorchen; It. disobbedire.

desocupar
tr. I. to evacuate; F. evacuer; A. räumen; It. evacuare.

desollar
tr. I. to skin; F. écorcher; A. abhäuten; It. scorticare.

desorden
m. I. disorder; F. désordre; A. Unordnung; It. disordine.

desorganizar
tr. I. to disorganize; F. désorganiser; A. zerrütten; It. disorganizzare.

desorientar
tr. I. to disorient; F. désorienter; A. verwirren; It. disorientare.

despacio
adv. I. slowly; F. lentement; A. langsam; It. piano.

desparramar
tr. I. to disperse; F. disperser; A. umherstreuen; It. sparpagliare.

despedir
tr. I. to dismiss; F. licencier; A. Kündigen; It. congedare.

despejar
tr. I. to clear off; F. débarrasser; A. freimachen; It. sgomberare.

despeñar
tr. I. to precipitate; F. précipiter; A. abstürzen; It. precipitare.

desperdiciar
tr. I. to lavish; F. gaspiller; A. verschwenden; It. sprecare.

despertar
tr. I. to awake; F. éveiller; A. aufwecken; It. svegliare.

despiadado
adj. I. unmerciful; F. impitoyable; A. umbarmherzig; It. spietato.

despierto
adj. **I.** aware; **F.** alerte; **A.** wach; **It.** accorto.

despilfarro
m. **I.** lavishment; **F.** gaspillage; **A.** Missbrauch; **It.** scialo.

desplegar
tr. **I.** to display; **F.** déplier; **A.** entfalten; **It.** stendere.

despojar
tr. **I.** to despoil; **F.** spolier; **A.** entblössen; **It.** spogliare.

déspota
m. **I.** despot; **F.** despote; **A.** Despot; **It.** despota.

despreciar
tr. **I.** to despise; **F.** mépriser; **A.** verachten; **It.** disprezzare.

desprendimiento
m. **I.** loosening; **F.** dessaisissement; **A.** Loslassen; **It.** staccamento.

despropósito
m. **I.** nonsense; **F.** absurdité; **A.** Unsinn; **It.** sproposito.

después
adv. **I.** after, behind; **F.** après, ensuite; **A.** später, nachher; **It.** dopo, appresso.

desterrar
tr. **I.** to banish; **F.** bannir; **A.** verbannen; **It.** bandire.

destinar
tr. **I.** to destine; **F.** destiner; **A.** bestimmen; **It.** destinare.

destino
m. **I.** fate, destiny; **F.** destin; **A.** Schicksal; **It.** destino.

destituir
tr. **I.** to destitute; **F.** destituer; **A.** absetzen; **It.** destituire.

destronar
tr. **I.** to dethrone; **F.** détrôner; **A.** entthronen; **It.** detronizzare.

destrozar
tr. **I.** to shatter; **F.** briser; **A.** zerstören; **It.** sfracellare.

destrucción
f. **I.** y **F.** destruction; **A.** Zerstörung; **It.** distruzione.

destruir
tr. **I.** to destroy; **F.** détruire; **A.** zerstören; **It.** distruggere.

desvanecer
tr. **I.** to evanesce; **F.** dissiper; **A.** verwehen; **It.** svanire.

desviar
tr. **I.** to deviate; **F.** dévier; **A.** abweichen; **It.** deviare.

detallar
tr. **I.** to retail; **F.** détailler; **A.** detaillieren; **It.** dettagliare.

detener
tr. **I.** to stop; **F.** arréter; **A.** aufhalten; **It.** retinere.

determinar
tr. **I.** to determine; **F.** déterminer; **A.** bestimmen; **It.** determinare.

detonación
f. **I.** detonation; **F.** détonation; **A.** Detonation; **It.** detonazione.

detrás
adv. **I.** behind; **F.** derrière; **A.** nach, hinten; **It.** dietro.

detrimento
m. **I.** detriment; **F.** dommage; **A.** Schaden; **It.** detrimento.

deuda
f. **I.** debt; **F.** dette; **A.** Schuld; **It.** debito.

devoción
f. **I.** devotion; **F.** dévotion; **A.** Andacht; **It.** devozione.

devolver
tr. **I.** to return; **F.** rendre; **A.** zurückgeben; **It.** devolvere.

devorar
tr. **I.** to devour; **F.** dévorer; **A.** verschlingen; **It.** divorare.

día
m. **I.** day; **F.** jour; **A.** Tag; **It.** giorno.

diálogo
m. **I.** y **F.** dialogue; **A.** Dialog; **It.** dialogo.

diamante
m. **I.** diamond; **F.** diamant; **A.** Diamant; **It.** diamante.

diario
adj. **I.** y **F.** journal; **A.** Zeitung; **It.** giornale.

dibujar
tr. **I.** to draw; **F.** dessiner; **A.** zeichnen; **It.** disegnare.

dibujo
m. **I.** drawing; **F.** dessin; **A.** Zeichnung; **It.** disegno.

dicción
f. **I.** y **F.** diction; **A.** Wort; **It.** dizione.

diccionario
m. **I.** dictionary; **F.** dictionnaire; **A.** Wörterbuch; **It.** dizionario.

dictar
tr. **I.** to dictate; **F.** dicter; **A.** diktieren; **It.** dettare.

dicha
f. **I.** happiness; **F.** bonheur; **A.** Glück; **It.** felicità.

difamar
tr. **I.** to defame; **F.** diffamer; **A.** verleumden; **It.** diffamare.

diferencia
f. **I.** difference; **F.** différence; **A.** Unterschied; **It.** differenza.

difícil
adj. **I.** difficult; **F.** difficile; **A.** schwer; **It.** difficile.

dificultar
tr. **I.** to impede; **F.** rendre difficile; **A.** schweren; **It.** difficoltare.

difundir
tr. **I.** to diffuse; **F.** divulguer; **A.** ausbreiten; **It.** diffondere.

dignarse
r. **I.** to deing; **F.** daigner; **A.** geruhen; **It.** degnarsi.

dignidad
f. **I.** dignity; **F.** dignité; **A.** Ansehen; **It.** dignità.

dilapidar
tr. **I.** to dilapidate; **F.** dilapider; **A.** vergeuden; **It.** dilapidare.

dilatación
f. **I.** y **F.** dilatation; **A.** Ausdehnung; **It.** dilatazione.

diluir
tr. **I.** to dilute; **F.** délayer; **A.** verdünnen; **It.** diluire.

dimisión
f. **I.** resignation; **F.** démission; **A.** Rücktritt; **It.** dimissione.

dinero
m. **I.** money; **F.** argent; **A.** Geld; **It.** denaro.

Dios
m. I. God; F. Dieu; A. Gott; It. Dio.

dique
m. I. dike; F. digue; A. Damm; It. diga.

dirección
f. I. y F. direction; A. Direktion; It. direzione.

dirigir
tr. I. to direct; F. diriger; A. dirigieren; It. dirigere.

disciplina
f. I. y F. discipline; A. Disziplin; It. disciplina.

disco
m. I. disk; F. disque; A. Scheibe; It. disco.

díscolo
adj. I. froward; F. dyscole; A. unfolgsam; It. discolo.

discontinuo
adj. I. discontinuous; F. discontinu; A. unterbrochen; It. discontinuo.

discordia
f. I. discord; F. discorde; A. Zwietracht; It. discordia.

discreción
f. I. discretion; F. discrétion; A. Urteilskraft; It. discrezione.

disculpa
f. I. y F. excuse; A. Entschuldigung; It. scusa.

discurso
m. I. discourse, speech; F. discours; A. Gespräch; It. discorso.

discutir
tr. I. to discuss; F. discuter; A. erärtern; It. discutere.

disensión
f. I. y F. dissension; A. Hader; It. dissensione.

disfrutar
tr. I. to enjoy; F. jouir; A. geniessen; It. godere.

disimular
tr. I. to dissimulate; F. dissimuler; A. verbergen; It. dissimulare.

disminuir
tr. I. to diminish; F. diminuer; A. vermindern; It. diminuire.

disolver
tr. I. to dissolve; F. dissoudre; A. auflösen; It. dissolvere.

disparar
tr. I. to shoot; F. décharger; A. abschiessen; It. sparare.

disparate
m. I. nonsense; F. sottise; A. Unsinn; It. sproposito.

dispensar
tr. I. to dispense; F. dispenser; A. dispensieren; It. dispensare.

disponer
tr. I. to arrange; F. disposer; A. ordnen; It. disporre.

distancia
f. I. y F. distance; A. Abstand; It. distanza.

distinguir
tr. I. to distinguish; F. distinguer; A. unterscheiden; It. distinguere.

distraer
tr. I. to amuse; F. distraire; A. ablenken; It. distrarre.

distribución
f. I. y F. distribution; A. Verteilung; It. distribuzione.

divergencia
f. I. y F. divergence; A. Divergenz; It. divergenza.

dividir
tr. I. to divide; F. diviser; A. verteilen; It. dividere.

divino
adj. I. divine; F. divin; A. göttlich; It. divino.

divorcio
m. I. y F. divorce; A. Scheidung; It. divorzio.

divulgar
tr. I. to divulge; F. divulguer; A. ausbreiten; It. divulgare.

doble
adj. I. y F. double; A. doppelt; It. doppio.

doctor
m. I. doctor; F. docteur; A. Doktor; It. dottore.

documento
m. I. y F. document; A. Urkunde; It. documento.

doler
intr. I. to ache; F. faire mal; A. schmerzen; It. dolere.

dolor
m. I. pain; F. douleur; A. Schmerz; It. dolore.

domicilio
m. I. y F. domicile; A. Wohnung; It. domicilio.

dominio
m. I. domain; F. domaine; A. Eigentum; It. dominio.

don
m. I. gift; F. cadeau; A. Geschenk; It. dono.

donar
tr. I. to donate; F. faire don de; A. Schenken; It. donare.

dormir
intr. I. to sleep; F. dormir; A. schlafen; It. dormire.

dosis
f. I., F. e It. dose; A. Dosis.

dote
f. I. dowry; F. dot; A. Mitgift; It. dote.

drama
m. I. drama; F. drame; A. Drama; It. dramma.

dudar
intr. I. to doubt; F. douter; A. zweifeln; It. dubitare.

duelo
m. I. mourning; F. deuil; A. Schmerz; It. duolo.

dueño
m. I. master; F. maître; A. Herr, Besitzer; It. padrone, donno.

dulce
adj. I. sweet; F. doux; A. süss; It. dolce.

dulcificar
tr. I. to dulcify; F. dulcifier; A. versüssen; It. dolcificare.

durar
intr. I. to last; F. durer; A. dauern; It. durare.

dureza
f. I. hardness; F. dureté; A. Härte; It. durezza.

duro
adj. I. hard; F. dur; A. hart; It. duro.

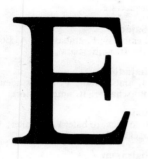

ebullición
f. I. ebullition; F. ébullition; A. Sieden, Kochen; It. ebollizione.

ecléctico
adj. I. eclectic; F. ecletique; A. eklektisch; It. eclettico.

eclesiástico
adj. I. ecclesiastic; F. ecclésiastique; A. geistlich, Kirchlich; It. ecclesiastico.

eclipse
m. I. eclipse; F. éclipse; A. Verfinsterung; It. eclisse, eclisssi.

eclíptica
f. I. ecliptic; F. écliptique; A. Ekliptik; It. eclittica.

eco
m. I. echo; F. écho; A., Echo; It. eco.

economía
f. I. economy; F. économie; A. Sparsamkeit, Ökonomie; It. economia.

económico
adj. I. economic; F. économique; A. ökonomisch, sparsan; It. economico.

economizar
tr. I. to economize; F. économiser; A. (er)sparen, zurücklegen; It. economizzare.

ecuación
f. I. equation; F. équation; A. Gleichung; It. equazione.

ecuador
m. I. equator; F. equateur; A. Aequator; It. equatore.

ecuestre
adj. I. equestrian; F. équestre; A. ritterlich; It. equestre.

echar
tr. I. to throw; F. jeter; A. (weg)werfen; It. gettare.

edad
f. I. age; F. âge; A. Alter; It. età.

edición
f. I. edition; F. édition; A. Auflage, Ausgabe; It. edizione.

edicto
m. I. edict, decree; F. édit; A. Edikt, Erlass; It. editto.

edificar
tr. I. to build, to edify; F. édifier; A. bauen; It. edificare.

edificio
m. I. building, edifice; F. édifice; A. Gebäude, Bau; It. edifizio.

edil
m. I. e It. edile; F. édile; A. Aedil.

editor
adj. I. publisher; F. éditeur; A. Verleger, Herausgeber; It. editore.

educación
f. I. education; F. éducation; A. Erziehung, Fachbildung; It. educazione.

educar
tr. I. to educate; F. éduquer, élever; A. erziehen, unterrichten; It. educare.

efectivo
adj. I. effective; F. effectif; A. wirklich; It. effettivo.

efecto
m. I. effect; F. effet; A. Effekt, Wirkung; It. effetto.

efectuar
tr. I. to effect, to effectuate; F. effectuer; A. effektuieren; It. effettuare.

efemérides
f. I. ephemerides; F. éphémérides; A. Ephemeriden; It. effemeridi.

efervescencia
f. I. y F. effervescence; A. Aufbrausen, Gärung; It. effervescenza.

eficacia
f. I. efficacy; F. efficacité; A. Wirksamkeit; It. efficacia.

eficaz
adj. I. efficacious; F. e It. efficace; A. wirksam, erfolgreich.

efigie
f. I. effigy; F. e It. effigie; A. Abbildung.

efímero
adj. I. ephemeral; F. éphémère; A. ephemer, eintägig; It. effimero.

efluvio
m. I. effluvium; F. effluve; A. Ausströmung, Ausfluss; It. effluvio.

efugio
m. I. shift, evasion; F. echappatoire; A. Ausrede, Ausflucht; It. sotterfugio.

efusión
f. I. y F. effusion; A. Ausgiessung; It. effusione.

égida
f. I. aegis; F. égide; A. Aegide; It. egida.

égloga
f. I. eclogue; F. églogue; A. Ekloge, Hirtengedicht; It. egloga.

egoísmo
m. I. egoism; F. égoisme; A. Selbstsucht, Egoismus; It. egoismo.

egoísta
adj. I. selfish; F. égoiste; A. Egoist; It. egoista.

egregio
adj. I. egregious; F. éminent; A. edel, erlaucht; It. egregio.

eje
m. I. shaft, axis, axle; F. essieu, axe; A. Achse; It. asse.

ejecución
f. I. execution; F. exécution; A. Ausführung; It. esecuzione.

ejecutar
tr. I. to execute; F. exécuter; A. ausfüreng; It. eseguire.

ejecutor
adj. I. executer; F. exécuteur; A. Exequent; It. esecutore.

ejemplar
adj. I. exemplary; F. exemplaire; A. Muster, Exemplar; It. esemplare.

ejemplo
m. I. example; F. exemple; A. Beispiel, Muster; It. esempio.

ejercer
tr. **I.** to exercise; **F.** exercer; **A.** ausüben; **It.** esercitare.

ejercicio
m. **I.** exercise; **F.** exercice; **A.** Ausübung; **It.** esercizio.

ejército
m. **I.** army; **F.** armée; **A.** Heer, Armee; **It.** esercito.

él
m. **I.** he; **F.** il, lué; **A.** er, es, sich; **It.** il, lo, l'.

elaboración
f. **I.** elaboration; **F.** élaboration; **A.** Verarbeitung, Herstellung; **It.** elaborazione.

elaborar
tr. **I.** to elaborate; **F.** élaborer; **A.** verarbeiten, ausarbeiten; **It.** elaborare.

elástica
f. **I.** undershirt; **F.** tricot; **A.** Trikotweste; **It.** farsetto.

elasticidad
f. **I.** elasticity; **F.** élasticité; **A.** Elastizität; **It.** elasticitá.

elección
f. **I.** election; **F.** élection; **A.** Wahl; **It.** elezione.

elector
adj. **I.** elector; **F.** électeur; **A.** Wähler; **It.** elettore.

electricidad
f. **I.** electricity; **F.** électricité; **A.** Elektrizität; **It.** elettricitá.

eléctrico
adj. **I.** electric; **F.** électrique; **A.** elektrisch; **It.** elettrico.

electrizar
tr. **I.** to electrify; **F.** électriser; **A.** elektrisieren; **It.** elettrizzare.

electrodo
m. **I.** electrode, plate; **F.** électrode; **A.** Elektrode. **It.** elettrodo.

electroimán
m. **I.** electromagnet; **F.** électro-aimant **A.** Elektromagnet; **It.** elettromagnete.

electrón
m. **I.** electron; **F.** électron; **A.** Elektron; **It.** elettrone.

elegancia
f. **I.** elegance; **F.** élégance; **A.** Feinheit, Eleganz; **It.** eleganza.

elegía
f. **I.** elegy; **F.** élégie; **A.** Elegie, Klagegedicht; **It.** elegia.

elegir
tr. **I.** to elect, to choose; **F.** élire; **A.** auswählen; **It.** eleggere.

elemental
adj. **I.** elementary; **F.** élémentaire; **A.** grundlegend, elementar; **It.** elementare.

elemento
m. **I.** element; **F.** élément; **A.** Grundstoff; **It.** elemento.

elevación
f. **I.** elevation; **F.** élévation; **A.** Erhebung, Höhe; **It.** elevazione.

elevar
tr. **I.** to raise; **F.** élever; **A.** erheben; **It.** elevare.

eliminar
tr. **I.** to eliminate; **F.** éliminer; **A.** aussondern, eliminieren; **It.** eliminare.

elipse
f. **I.** y **F.** ellipse; **A.** Ellipse; **It.** ellisse.

elixir
m. **I.** elixir; **F.** élixir; **A.** Elixir, Heiltrank; **It.** elisire.

elocuencia
f. **I.** eloquence; **F.** éloquence; **A.** Redekunst; **It.** eloquenza.

elogio
m. **I.** eulogy; **F.** éloge; **A.** Lobrede; **It.** elogio.

elucidar
tr. **I.** to elucidate; **F.** élucider; **A.** aufklären; **It.** dilucidare, chiarire.

eludir
tr. **I.** to elude; **F.** éluder; **A.** Schwierigkeiten umgehen; **It.** eludere.

ella
f. **I.** she; **F.** elle; **A.** sie; **It.** ella, essa, lei.

ello
m. **I.** it.; **F.** cela; **A.** es; **It.** esso.

emanación
f. **I.** emanation; **F.** émanation; **A.** Ausfluss; **It.** emanazione.

emancipar
tr. **I.** to emancipate; **F.** émanciper; **A.** mündigsprechen; **It.** emancipare.

embadurnar
r. **I.** to daub; **F.** peinturer, barbouiller; **A.** besudeln, verschmieren; **It.** impasticciare.

embajada
f. **I.** embassy; **F.** ambassade; **A.** Botschaft; **It.** ambasciata.

embajador
m. **I.** ambassador; **F.** ambassadeur; **A.** Botschafter; **It.** ambasciatore.

embalar
tr. **I.** to pack, to bale; **F.** emballer; **A.** einpacken; **It.** imballare.

embalsamar
tr. **I.** to embalm; **F.** embaumer; **A.** einbalsamieren; **It.** imbalsamare.

embarazar
tr. **I.** to embarrass; **F.** embarrasser; **A.** behindern; **It.** imbarazzare.

embarazo
m. **I.** pregnancy; **F.** grossesse; **A.** Schuwangerschaft; **It.** gravidanza.

embarcación
f. **I.** ship, boat; **F.** bateau, embarcation; **A.** Schiff; **It.** imbarcazione, naviglio.

embarcar
tr. **I.** to embark; **F.** embarquer; **A.** einschiffen; **It.** imbarcare.

embargar
tr. **I.** to embargo; **F.** saisir; **A.** pfänden; **It.** sequestrare.

embarrancar
intr. **I.** to strand; **F.** échouer; **A.** stranden; **It.** dare in secco.

embastar
tr. **I.** to baste; **F.** faufiler; **A.** absteppen, anheften; **It.** imbastire.

embaucar
tr. **I.** to deceive; **F.** enjoler, tromper; **A.** betrügen, foppen; **It.** ingannare.

embeber
tr. **I.** to soak; **F.** imbiber; **A.** einsaugen; **It.** imbevere.

embelesar
tr. **I.** to charm; **F.** ravir; **A.** entzücken, betäuben; **It.** rapire.

embellecer
tr. **I.** to embellish; **F.** embellir; **A.** verschönern; **It.** abbellire.

embestir
tr. I. to rush agaist, to bump; F. fondre sur, attaquer; A. anfallen; It. assalire.

embocadura
f. I. embouchure, mouthpiece; F. embouchure; A. Mundstück; It. imboccatura.

émbolo
m. I. piston, sucker; F. piston; A. Kolben, Stempel; It. stantuffo.

emborrachar
tr. I. to intoxicate F. enivrer; A. berauschen, betäuben; It. ubbriacare.

emboscada
f. I. ambush; F. embuscade; A. Hinterhalt; It. imboscata.

embotar
tr. I. to blunt; F. émousser; A. abstumpfen; It. smussare.

embozo
m. I. muffler; F. pan du manteau; A. Schleier; It. bavero, copriletto.

embrague
m. I. coupling, clutch; F. embrayage; A. Kupplung; It. imbracatura, contatto.

embravecer
tr. I. to irritate; F. irriter; A. in Wut bringen; It. adirare.

embrear
tr. I. to pitch; F. brayer; A. verpechen; It. impeciare.

embriagar
tr. I. to intoxicate; F. enivrer; A. berauschen; It. ubbriacare.

embriaguez
f. I. inebriety; F. ivresse; A. Trunkenheit, Rausch; It. ebbrezza.

embridar
tr. I. to bridle; F. brider; A. aufzäumen; It. imbrigliare.

embrión
m. I. embryo; F. embryon; A. Embryo, Keimling; It. embrione.

embrollar
tr. I. to embroil; F. embrouiller; A. verwirren; It. imbrogliare.

embrutecimiento
m. I. brutification; F. abrutissement; A. Verdummung; It. abbrutimento.

embuste
m. I. falsehood; F. menterie; A. Lüge, Betrügerei; It. bugia.

embustero
adj. I. liar; F. menteur; A. lügenhaft; It. bugiardo.

emigración
f. I. emigration; F. émigration; A. Auswanderung, Emigration; It. emigrazione.

emigrar
intr. I. to emigrate; F. émigrer; A. auswandern; It. emigrare.

eminencia
f. I. eminency; F. éminence; A. Eminenz; It. eminenza.

eminente
adj. I. eminent; F. éminent; A: vorzüglich, eminent; It. eminente.

emisario
m. I. emissary; F. émissaire; A. Geheimbote; It. emissario.

emisión
f. I. emission; F. émission; A. Ausgabe, Emission; It. emissione.

emitir
tr. I. to emit; F. émettre; A. Senden, emittieren; It. emettere.

emoción
f. I. emotion; F. émotion; A. Emotion, Gemütsbewegung; It. emozione.

emolumento
m. I. emolument; F. émolument; A. Vorteil; It. emolumento.

empadronar
tr. I. to take the census; F. recenser; A. einregistrieren; It. fare il censo.

empalmar
tr. I. to couple, to join; F. embrancher; A. zusammen-fugen; It. incastrare.

empañar
tr. I. to swaddle, to tarmish; F. emmailloter, ternir; A. wickeln; It. appanare.

empapar
tr. I. to soak; F. imbiber, tremper; A. durchweichen; It. inzuppare.

empaquetar
tr. I. to pack; F. empaqueter; A. einpacken; It. impacchettare.

empastar
tr. It. to paste; F. empâter; A. stopfen; It. impastare.

empedrar
tr. It. to pave with stone; F. empierrer; A. (ein)pflastern; It. lastricare.

empeine
m. I. instep; F. cou-de-pied; A. Spann, Rist; It. fiocca.

empeñar
tr.I. to panon; F. engager; A. verpfänden; It. impegnare.

empeño
m. I. y F. engagement; A. Verpfändung; It. impegno.

empeorar
tr. I. to get worse; F. empirer; A. verschlimmern; It. peggiorare.

emperador
m. I. emperor; F. empereur; A. Kaiser; It. imperatore.

emperatriz
f. I. empress; F. impératrice; A. Kaiserin; It., imperatrice.

empezar
tr. I. to begin, to start; F. commencer, entamer; A. anfangen, beginnen; It. cominciare.

emplazar
tr. I. to summon; F. assigner, citer; A. vorladen, zitieren; It. citare.

empleado
m. I. employée; F. employé; A. angestellter; It. impiegato.

emplear
tr. I. to employ; F. employer; A. anwenden; It. impiegare.

empleo
m. I. occupation, job; F. emploi, charge; A. Gebrauch, Amt; It. impiego.

empobrecer
r. I. to impoverish; F. appauvrir; A. verarmen; It. impoverire.

empollar
tr. I. to brood; F. accouver; A. brüten; It. covare.

empotrar
tr. I. to embed, to put; F. encastrer, enclaver; A. eingraben; It. incastrare, inserire.

emprender
tr. I. to undertake; F. entreprendre; A. unternehmen; It. intraprendere.

empresa
f. I. enterprise, undertaking; F. entreprise; A. Unternehmung; It. intrapresa.

empréstito
m. I. loan; F. emprunt; A. Darlehen; It. prestito.

empujar
tr. I. to push; F. pousser; A. stossen, drängen; It. spingere.

empuñar
tr. I. to grasp, to seize; F. empoigner; A. anpacken; It. impugnare.

emulación
f. I. emulation; F. émulation; A. Wetteifer; It. emulazione.

emulsión
f. I. emulsion; F. émulsion; A. Emulsion; It. emulsione.

en
prep. I. in, at, to; F. en, dans; A. in, an, auf, aus, zu, bei, mit, um, über, gegen, wider, von, ab; It. in, a, fra.

enajenar
tr. I. to alienate; F. aliéner; A. veräussern; It. alienare.

enamorado
adj. I. enamoured, in love; F. amoureux; A. verliebt; It. innamorato.

enano
adj. I. dwarf; F. nain; A. Zwerg; It. mano.

enardecer
tr. It. to kindle; F. échauffer; A. entzünden, begeistern; It. infervorare.

encabezar
r. I. to poll; F. recenser; A. eintragen; It. matriculare.

encadenado
adj. I. chained; F. enchaîné; A. ankettung; It. incatenato.

encadenar
tr. I. to chain; F. enchaîner; A. fesseln; It. incatenare.

encajar
tr. I. to incase; F. enchâsser; A. einfügen, anpassen; It. incassare.

encaje
m. I. lace, lacework; F. dentelle; A. Spitze; It. trina, merletto.

encallar
intr. I. to strand; F. échouer; A. auflaufen; It. incagliare.

encaminar
tr. I. to guide; F. acheminer; A. in Gang bringen; It. avviare.

encantamiento
m. I. enchantment; F. enchantement; A. Entzücken, Bezauberung; It. incantamento.

encantar
tr. I. to enchant; F. enchanter; A. bezaubern; It. incantare.

encapotar
tr. I. to shadow; F. s'assombrir; A. verhüllen; It. rannuvolarsi.

encarcelar
tr. I. to imprison; F. incarcérer; A. einkerkern; It. incarcerare.

encarecer
tr. I. to extol; F. enchérir; A. übertreiben; It. preconizzare.

encargar
tr. I. to commit; F. charger, commander; A. (be)auftragen; It. incaricare.

encargo
m. I. y F. commission; A. Auftrag; It. incarico.

encarnación
f. I. y F. incarnation; A. Menschwerdung; It. incarnazione.

encarnar
intr. I. to incarnate; F. s'incarner; A. verkörpern; It. incarnare.

encarnizar
tr. I. to enrage; F. acharner; A. erbittern; It. accanire, incrudelire.

encartonar
tr. I. to board; F. cartonner; A. Kartonieren; It. incartonare.

encasillar
tr. I. to pigeonhole; F. placer dans des cases; A. einreihen; It. incasellare.

encauzar
tr. I. to canalize; F. canaliser; A. eindämmen, abdeichen; It. canalizzare.

encéfalo
m. I. encephalon; F. encéphale; A. Gehirn; It. encefalo.

encendedor
adj. I. lighter; F. allumoir; A. Taschenfeuerzeug; It. accenaio, miccia.

encender
tr. I. to light; F. allumer; A. anzünden; It. accendere.

encerar
tr. I. to wax; F. cirer; A. wachsen; It. incerare.

encerrar
tr. I. to shut up; F. enfermer; A. einsperren, einschliessen; It. chiudere.

encia
f. I. gum; F. gencive; A. Zahnfleisch; It. gengiva.

encíclica
f. I. encyclical; F. encyclique; A. Enzyklika; It. enciclica.

enciclopedia
f. I. encyclopaedia; F. encyclopédie; A. Enzyclopädie, Sachwörterbuch; It. enciclopedia.

encima
adv. I. above; F. sus, dessus; A. oben, darauf, obenauf, drüben; It. sopra.

enclavar
tr. I. to mail; F. clouer; A. annageln; It. inchiodare.

encoger
tr. I. to narrow, to shrink; F. rétrécir; A. einziehen; It. ristringere.

encomendar
tr. I. to charge; F. recommander; A. empfehlen; It. raccomandare.

encomienda
f. I. y F. commission; A. Auftrag; It. incarico.

encontrar
tr. I. to find, to meet; F. trouver, rencontrer; A. auffinden, antreffen; It. incontrare.

encorvar
tr. I. to bend; F. courber; A. biegen; It. curvare.

encrespar
tr. I. to curl; F. crêper, friser; A. locken, Kräuseln; It. arricciare.

encuadernar
tr. I. to bind; F. relier; A. einbinden; It. rilegare.

encubridor
adj. I. concealer; F. receleur; A. Hehler; It. copritore.

encubrir
tr. I. to conceal; F. receler; A. verbergen, verhelen; It. coprire.

encuentro
m. I. encounter; F. rencontre; A. Begegnung; It. incontro.

encuesta
f. I. inquest, inquire; F. enquête; A. Umfrage; It. inchiesta.

encumbrar
tr. I. to raise; F. exalter; A. erhöhen; It. innalzare.

enchufar
tr. I. to socket; F. raccorder; A. einschalten; It. raccordare.

enderezar
tr. I. to straighten; F. redresser; A. gerademachen, aufrichten; It. drizzare.

endiosar
tr. I. to deify; F. déifier; A. vergöttern; It. deificare.

endosar
tr. I. to indorse; F. endosser; A. indossieren; It. girare (una cambiale).

endoso
m. I. indorsement; F. endos; A. Indossament; It. girata.

endulzar
tr. I. to sugar; F. sucrer, adoucir; A. versüssen, mildern; It. inzucherare.

endurecer
tr. I. to harden; F. durcir; A. verhärten; It. indurare.

enebro,
m. I. juniper-tree; F. genévrier; A. Wacholderstrauch; It. ginepro.

enema
f. I. enema, clyster; F. lavement; A. Klistier; It. enema.

enemistad
f. I. enmity; F. inimitié; A. Feindschaft; It. inimicizia.

energía
f. I. energy, power; F. énergie; A. Energie; It. energia.

energúmeno
m. I. energumen; F. énergumène; A. Rasender; It. energumeno.

enero
m. I. January; F. janvier; A. Januar, Jänner; It. gennaio.

enervar
tr. I. to enervate; F. énerver; A. enervieren; It. enervare.

enfadar
tr. I. to make angry; F. fâcher; A. aergern; It. stizzire.

enfardar
tr. I. to pack up. F. emballer; A. bündeln, einpacken; It. infardare, affardellare.

énfasis
m. I. emphasis; F. emphase; A. Emphase; It. enfasi.

enfermedad
f. I. illness; F. maladie; A. Krankheit; It. malattia.

enfermo
adj. I. patient; F. malade; A. Kranker; It. infermo, paziente.

enfisema
m. I. emphysema F. emphysème; A. Emphysem; It. enfisema.

enflaquecer
tr. I. to make thin; F. maigrir; A. abmagɩen; It. infiacchire.

enfocar
tr. I. to focus; F. envisager; A. einstellen; It. mettere in foco.

enfrenar
tr. I. to bridle; F. brider; A. zügeln; It. infranera.

enfriar
tr. I. to cool; F. refroidir; A. abkühlen; It. raffreddare.

enfurecer
tr. I. to irritate; F. irriter; A. wütend machen, erzürnen; It. infuriare.

enfurtir
'tr. I. to full; F. fouler; A. walken; It. follare.

engalanar
tr. I. to adorn; F. parer, enjoliver; A. verrzierern; It. abbellire.

enganchar
tr. I. to hook; F. accrocher; A. anhängen; It. agganciare.

engañar
tr. I. to deceive; F. tromper; A. betrügen; It. ingannare.

engarzar
tr. I. to enchain, to link; F. enchâsser; A. (ein)fassen; It. incastonare.

engendrar
tr. I. to beget, engender; F. engendrer, procréer; A. hervorbringen; It. concepire.

engomar
tr. I. to gum; F. gommer; A. gummieren; It. ingommare.

engordar
intr. I. to fatten; F. engraisser; A. mästen; It. impinguare.

engranaje
m. I. gearing; F. engrenage; A. Triebwerk; It. ingranaggio.

engrandecer
tr. I. to enlarge; F. agrandir; A. vergrössern, erweitern; It. aggrandire.

engrasar
tr. I. to grease; F. graisser, engraisser; A. einfetten, ölen; It. ingrassare.

engullir
tr. I. to gulp; F. avaler, engloutir; A. schlingen; It. inghiottire.

enhebrar
tr. I. to thread; F. enfiler; A. einfädeln; It. infilare.

enigma
m. I. e It. enigma; F. énigme; A. Rätsel.

enjaezar
tr. I. to harness; F. enharnacher; A. anschirren; It. bardare.

enjambre
m. I. swarm; F. essaim; A. Bienenschwarm; It. sciame.

enjaular
tr. I. to cage; F. encager; A. im Käfig sperren; It. ingabbiare.

enjuague
m. I. rinsing; F. rinçage; A. Ausspülen, Mundspulung; It. risciaquamento.

enjugar
tr. I. to wipe; F. essuyer; A. abtrocknen; It. asciugare.

enjuiciamiento
m. I. procedure, proceeding; F. instruction judiciaire; A. Prozess; It. procedura.

enjuto
adj. I. dried, lean; F. sec, essuyé; A. dürr, trocken; It. asciuto, secco.

enladrillar
tr. I. to brick; F. carreler; A. Backsteine legen; It. ammattonare.

enlazar
tr. I. to lace; F. enlacer; A. schlingen; It. allacciare.

enlodar
tr. I. to slime; F. éclabousser; A. verschlammen; It. infangare.

enloquecer
tr. I. to madden; F. rendre fou; A. toll machen; It. far impazzire.

enlucir
tr. I. to plaster, to parget; F. plâtrer; A. gispsen, betünchen; It. scialbare, intonacare.

enlutar
tr. I. to put in mourning; F. endeuiller; A. Trauer anlegen; It. portare il lutto.

enmaderar
tr. I. to wainscot; F. boiser; A. täfeln; It. impalcare.

enmarañar
tr. I. to entangle; F. embrouiller; A. verwirren; It. arruffare.

enmascarar
tr. I. to mask; F. masquer; A. maskieren, vermummen; It. immascherare.

enmendar
tr. I. to correct, to mend; F. corriger, amender; A. verbessern; It. emendare, correggere.

enmienda
f. I. amendment; F. amendement; A. Verbesserung; It. ammendamento.

enmohecer
tr. I. to mould; F. moisir; A. schimmeln; It. muffare.

enmudecer
tr. I. to hush; F. faire taire; A. verstummen, schweigen; It. rendere muto.

ennoblecer
tr. I. to ennoble; F. anoblir; A. adeln, veredeln; It. nobilitare.

enojar
tr. I. to anger; F. irriter; A. ärgern; It. stuzzicare.

enorgullecer
tr. I. to make proud; F. enorgueillir; A. stolz machen; It. inorgoglire.

enorme
adj. I. enormous; F. énorme; A. enorm; It. enorme.

enormidad
f. I. enormity; F. énormité; A. Ungeheuerlichkeit; It. enormità.

enramada
f. I. branchage; F. ramée; A. Laubwerk; It. frascato.

enrarecer
tr. I. to rarefy; F. raréfier; A. verdünnen; It. rarefare.

enredadera
adj. I. climbing plant; F. plante grimpante; A. Schlingpflanze; It. pianta rampicante.

enredar
tr. I. to embroil; F. emmêler; A. verwickeln; It. imbrogliare.

enrejar
tr. I. to grate, to lattice; F. griller; A. einzäunen, vergattern; It. ingraticolare.

enriquecer
tr. I. to enrich; F. enrichir; A. bereichern; It. arrichire.

enrojecer
tr. I. to blush; F. rougir; A. erröten; It. arrossire.

ensambladura
f. I. joinery; F. assemblage; A. Einfalzung; It. incastratura.

ensamblar
tr. I. to join; F. assembler; A. verzusammenfügen; It. incastrare.

ensanche
m. I. enlargement; F. élargissement; A. Erweiterung; It. allargamento.

ensangrentar
tr. I. to bloody; F. ensanglanter; A. mit Blut beflecken; It. insanguinare.

ensartar
tr. I. to string; F. enfiler; A. einfädeln, anreihen; It. infilare.

ensayar
tr. I. to essay, to try; F. essayer; A. versuchen, probieren; It. saggiare.

ensayo
m. I. essay; F. essai; A. Probe; Versuch; It. saggio.

ensenada
f. I. inlet; F. anse, crique; A. Bucht, Golf; It. baia, calletta.

enseñanza
f. I. teaching; F. enseignement; A. Lehre, Unterricht; It. insegnamento.

enseñar
tr. I. to teach; F. enseigner; A. lehren, unterrichten; It. insegnare.

enseres
m. pl. I. chattels, implements; F. effets, outils; A. Gerät, Utensilien; It. mobili, masserizie.

ensillar
tr. I. to saddle; F. seller; A. satteln; It. insellare.

ensordecer
tr. I. to deafen; F. assourdir; A. taub werden; It. assordire.

ensortijar
tr. I. to curl; F. boucler; A. Kräuseln, ringeln; It. inanellare.

ensuciar
tr. I. to soil, to sully; F. salir; A. beschmutzen; It. sporcare.

ensueño
m. I. dream, fantasy; F. rêve, songerie; A. Traum, Reverie; It. sogno, illusione.

entablar
tr. I. to plank, to floor; F. planchéier; A. (be)-dielen; It. intavolare.

entallar
tr. I. to notch, to carve; F. entailler, sculpter; A. schnitzen, eingraben; It. intagliare.

ente
m. I. being; F. être; A. Wesen; It. ente, essere.

entender
tr. I. to understand; F. comprendre; A. begreifen, verstehen; It. capire.

entendimiento
m. I. understanding; F. entendement, raison; A. Verstand, Verständnis; It. intendimento, inteletto.

enterar
tr. I. to advise; F. informer; A. benachrichtigen; It. partecipare.

entereza
f. I. integrity; F. integrité; A. Vollständigkeit, Charakterfestigkeit; It. interezza.

enternecer
tr. I. to soften, to touch; F. attendrir, toucher; A. erweichen, rührem; It. intenerire.

entero
adj. I. entire; F. entier; A. ganz, vollzählig; It. intero.

enterrar
tr. I. to bury; F. enterrer; A. begraben, beerdigen; It. interrare.

entibiar
tr. I. to tepefy; F. attiédir; A. lau machen; It. intiepidire.

entidad
f. I. entity; F. entité; A. Wesenheit; It. entitá.

entierro
m. I. burial; F. enterrement; A. Beerdigung; It. sepultura.

entomología
f. I. entomology; F. entomologie; A. Insektenkunde; It. entomologia.

entonación
f. I. y F. intonation; A. Anstimmung; It. intonazione.

entonces
adv. I. then; F. alors; A. alsdann, damals; It. allora.

entontecer
tr. I. to hebetate; F. hébéter; A. verdummen; It. intontire.

entorpecer
tr. I. to benumb; F. engourdir; A. hemmen, lähmen; It. intorpidire.

entrada
f. I. entrance; F. entrée; A. Eingang; Eintritt; It. entrata.

entraña
f. I. entrails; F. entrailles; A. Eingeweide; It. viscere.

entrar
intr. I. to enter; F. entrer; A. eintreten, hineingehen; It. entrare.

entre
prep. I. between, among; F. entre; A. zwischen, darunter; It. fra, tra.

entreacto
m. I. y F. entr'acte; A. Zwischenakt, Pause; It. intermezzo.

entredicho
m. I. interdict; F. interdit; A. Interdikt; It. interdetto.

entredós
m. I. y F. entredeux; A. Spitzeneinsatz; It. tramezzo.

entrega
f. I. delivery; F. livraison, remise; A. Abgabe, Hingabe; It. rimessa, consegna.

entregar
tr. I. to deliver, to give; F. livrer, remettre, rendre; A. aushändigen, abliefern; It. rimettere, consegnare, dare.

entremeter
tr. I. to intermingle; F. entremêler; A. einmengen, einschieben; It. frammettere.

entrepaño
m. I. bay; F. panneau; A. Füllung; It. zoccolo.

entresuelo
m. I. y F. entresol; A. Halbgeschoss; It. mezzanino.

entretejer
tr. I. to interlace; F. entrelacer; A. einflechten; It. intrecciare.

entretener
tr. I. to amuse, to entertain; F. amuser; A. sich unterhalten; It. trattenere.

entreverar
tr. I. to intermingle; F. entremêler; A. untermengen; It. frammischiare.

entrevista
f. I. interview; F. entrevue; A. Besprechung; It. intervista.

entristecer
intr. I. to sadden; F. attrister; A. traurig machen; It. attristare.

entumecer
tr. I. to benumb; F. tuméfier; A. lähmen; It. intumedire.

enturbiar
tr. I. to muddle; F. troubler; A. trüben; It. intorbidare.

entusiasmo
m. I. enthusiasm; F. enthousiasme; A. Entzückung, Begeisterung; It. entusiasmo.

enumeración
f. I. enumeration; F. énumération; A. Aufzählung; It. enumerazione.

enunciación
f. I. enunciation; F. enonciation; A. Äusserung; It. enunciazione.

envainar
tr. I. to sheathe; F. engainer; A. stekken; It. inguainare.

envanecer
tr. I. to make vain; F. s'enorgueillir; A. stolz machen; It. invanire, insuperbire.

envasar
tr. I. to tun, to barrel; F. embouteiller; A. einfüllen, abfüllen; It. invasare, imbottare.

envejecer
tr. I. to grow old; F. viellir; A. altern; It. invecchiare.

envenenar
tr. I. to poison; F. empoisonner, envenimer; A. vergiften; It. avvelenare.

enviar
tr. I. to send; F. envoyer; A. senden, schicken; It. mandare, spedire.

enviciar
tr. I. to vitiate; F. vicer; A. verderben; It. (in)viziare.

envidia
f. I. envy; F. envie; A. Neid; It. invidia.

envidiar
tr. I. to envy; F. enovier; A. beneiden; It. invidiare.

envilecer
tr. I. to vilify; F. avilir; A. herabwürdigen; It. avvilire.

envoltura
f. I. envelope; F. enveloppe; A. Umhüllung;, Enveloppe; It. fasciatura.

envolver
tr. I. to wrap, to envelope; F. envelopper; A. einhüllen; It. involgere.

enyesar
tr. I. to plaster; F. plâtrer; A. gipsen, eingipsen; It. ingessare.

épico
adj. I. epic; F. épique; A. episch; It. epico.

epicúreo
adj. I. epicurean; F. épicurien; A. epikuräisch; It. epicureo.

epidemia
f. I. epidemic; F. épidémie; A. Epidemie, Seuche It. epidemia.

epidermis
f. I. epidermis; F. épiderme; A. Epidermis, Oberhaut; It. epidermide.

epígrafe
m. I. epigraph; F. epigraphe; A. Inschrift; It. epigrafe.

epigrama
m. I. epigram; F. épigramme; A. Epigramm, Sinngedicht; It. epigramma.

epilepsia
f. I. epilepsy; F. épilepsie; A. Fallsucht, Epilepsie; It. epilessia.

epílogo
m. I. epilogue; F. épilogue; A. Epilog, Schlussrede; It. epilogo.

episcopado
m. I. episcopate; F. épiscopat; A. Episkopat, Bischofsamt; It. vescovado.

episodio
m. I. episode; F. épisode; A. Episode, Nebenhandlung; It. episodio.

epístola
f. I. epistle; F. epître; A. Epistel; It. epistola.

epitafio
m. I. epitaph; F. épitaphe; A. Grabschrift; It. epitaffio.

epitelio
m. I. epithelium; F. épithélium; A. Epithelium; It. epitelio.

epíteto
m. I. epithet; F. épithéte; A. Beiwort; It. epiteto.

época
f. I. epoch; F. époque; A. Epoche, Zeitabschnitt; It. epoca.

epopeya
f.I. epopee; F. épopée; A. Epos, Heldengedicht; It. epopea.

equidad
f. I. equity; F. équité; A. Gleichmut; It. equità.

equilibrio
m. I. balance, equilibrium; F. équilibre; A. Gleichgewicht; It. equilibrio.

equinoccio
m. I. equinox; F. équinoxe; A. Aequinoktium; It. equinozio.

equipar
tr. I. to equip; F. équiper; A. ausstatten, ausrüsten; It. fornire, equipaggiare.

equipo
m. I. team; F. équipement; A. Ausrüstung; It. equipaggio.

equitación
f. I. equitation; F. équitation; A. Reitkunst; It. equitazione.

equivocación
f. I. mistake; F. méprise; A. Versehen, Fehlgriff; It. equivocazione.

equivocar
tr. I. to be mistaken; F. se tromper; A. missdeuten, verwechseln; It. equivocarsi.

equívoco
m. I. equivocal; F. équivoque; A. doppelsinning; It. equivoco.

era
f. I. e It. era; F. ère; A. Zeitalter.

erección
f. I. erection; F. érection; A. Aufrichtung; It. erezione.

erial
adj. I. waste; F. friche; A. Brachfeld; It. grillaia.

erisipela
f. I. erysipelas; F. érisypéle; A. Rotlauf; It. risipola.

erizar
tr. I. to bristle up; F. hérisser; A. sträuben; It. arrizzare.

erizo
m. I. hedgehog; F. hérisson; A. Igel; It. riccio.

erosión
f. I. erosion; F. érosion; A. Erosion; It. erosione.

erótico
adj. I. erotic; F. érotique; A. erotisch; It. erotico.

errar
tr. I. to fail, to err; F. errer, manquer; A. irren, verfehlen; It. errare, fallire.

error
m. I. error; F. erreur; A. Irrtum; It. errore.

erudito
adj. I. erudite; F. érudit; A. Gelehrter; It. erudito.

erupción
f. I. eruption; F. éruption; A. Hautausschlag; It. eruzione.

esbelto
adj. I. slender; F. svelte; A. stattlich, schlank; It. svelto.

esbirro
m. I. myrmidon; F. sbire; A. Sbirre; It. sbirro.

esbozo
m. I. sketch; F. esquisse; A. Skizze; It. sbozzo.

escabel
m. I. stool; F. escabeau; A. (Fuss)schemel; It. sgabello.

escabroso
adj. I. rough; F. scabreux; A. uneben, holprig; It. scabroso.

escabullir
intr. I. to slide; F. glisser; A. auskneifen; It. sguizzare.

escafandra
f. I. scaphander; F. scaphandre; A. Taucheranzug; It. scafandro.

escala
f. I. scale, ladder; F. échelle; A. Masstab, Leiter; It. scala.

escalar
tr. I. to escalade, to climb; F. escalader; A. Klettern, ersteigen; It. scalare.

escaldar
tr. I. to scald; F. échauder; A. (auf)brühen; It. scottare.

escalera
f. I. staircase; F. escalier; A. Treppe, Leiter; It. scala.

escalfar
tr. I. to poach; F. pocher; A. erwärmen, pochieren; It. affogare.

escalinata
f. I. y F. perron; A. Freitreppe; It. scalinata.

escalofrío
m. I. shiver; F. frisson; A. Frösteln, Schauer; It. brivido.

escalón
m. I. step; F. degré, marche; A. Stufe; It. scalino.

escama
f. I. scale; F. écaille; A. Schuppe; It. scaglia.

escanciar
tr. I. to pour; F. verser; A. einschenken; It. versare.

escandalizar
tr. I. to scandalize; F. scandaliser; A. skandalisieren; It. scandalizzare.

escándalo
m. I. scandal; F. scandale; A. Skandal; It. scandalo.

escaño
m. I. seat; F. banc; A. Bank mit Lehne; I. scanno.

escapar
tr. I. to escape; F. échapper; A. entfliehen; It. scappare.

escaque
m. I. check; F. échec; A. Schachfeld; It. scacco.

escarabajo
m. I. beetle; F. scarabée; A. Käfer, Skarabäus; It. scarabeo.

escaramuza
f. I. skirmisch; F. scaramouche; A. Scharmüzel; It. scaramuccia.

escarapela
f. I. cockade; F. cocarde; A. Kokarde; It. coccarda.

escarbar
tr. I. to scrape; F. gratter; A. schrarren, wühlen; It. razzolare.

escarcha
f. I. hoarfrost; F. frimas; A. Reif; It. brina.

escarlata
f. I. scarlet; F. écarlate; A. Scharlach; It. scarlatto.

escarlatina
f. I. scarlatina; F. fièvre scarlatine; A. Scharlach; It. stoffa, scarlatina.

escarmentar
tr. I. to warn; F. corriger; A. abstrafen; It. correggere.

escarnecer
tr. I. to scoff; F. bafouer; A. verhöhnen; It. schernire.

escarpa
f. I. scarp, slope; F. rampe; A. Abhang; It. scarpa, scesa.

escarpín
m. I. pump; F. escarpin; A. Tanzschuh; It. scarpino.

escaso
adj. I. scanty, scarce; F. rare; A. Karg; It. scarso.

escatimar
tr. I. to scant, to curtail; F. lésiner; A. Knausern; It. scarsare, spilorciare.

escena
f. I. scene, stage; F. scène; A. Szene, Bühne; It. scena.

escepticismo
m. I. scepticism; F. scepticisme; A. Skeptizismus; It. scetticismo.

escisión
f. I. y F. scission; A. Spaltung; It. scissione.

esclarecer
tr. I. to clear; F. éclaircir; A. aufklären, verdeutlichen; It. schiarare.

esclavo
adj. I. slave; F. esclave; A. Sklave; It. schiavo.

esclerosis
f. I. sclerosis; F. sclérose; A. Sklerose, Verkaltung; It. sclerosi.

esclusa
f. I. sluice; F. écluse; A. Schleuse; It. chiusa.

escoba
f. I. broom; F. balai; A. Besen; It. scopa.

escobilla
f. I. brush; F. goupillon; A. Scheuerbürste; It. spazzola.

escocer
intr. I. to smart; F. cuire; A. brennenjucken; It. bruciare.

escoger
tr. I. to choose; F. choisir; A. auswahlen; It. scegliere.

escolar
adj. I. scholar; F. scolaire; A. Schüler; It. scolaro.

escolio
m. I. scholion; F. scolie; A. Scholion, Glosse; It. scolio.

escolta
f. I. escort; F. escorte; A. Eskorte; It. scorta.

escollo
m. I. reef; F. écueil; A. Klippe; It. scoglio.

escombro
m. I. rubbish; F. décombres, débris; A. Schutt, Abraum; It. macerie, rottane.

esconder
tr. I. to hide; F. cacher; A. verbergen, verstecken; It. nascondere.

escondrijo
m. I. hiding-place; F. cachette; A. Schlupfwinkel; It. nascondiglio.

escopeta
f. I. shotgun; F. escopette; A. Flinter, Gewehr; It. schioppo.

escoplo
m. I. chisel; F. ciseau; A. Meissel; It. scalpello.

escorbuto
m. I. scurvy; F. scourbut; A. Skorbut; It. scorbuto.

escoria
f. I. e It. scoria; F. scorie; A. Schlacke.

escorpión
m. I. y F. scorpion; A. Skorpion; It. scorpione.

escotar
tr. I. to slope; F. échancrer; A. ausschweifen; It. scollare.

escote
m. I. quota, share; F. écot; A. Zeche; It. scotto.

escotilla
f. I. hatchway; F. écoutille; A. Luke; It. boccaporto.

escribanía
f. I. writing-desk, ink-stand; F. bureau, écritoire; A. Kanzlei; It. scrivania.

escribiente
m. I. scribe, clerck; F. écrivain; A. Schreiber, Kopist; It. scrivano.

escribir
tr. I. to write; F. écrire; A. schreiben; It. scrivere.

escritor
m. I. writer; F. écrivain; A. Schriftsteller; It. scrittore.

escritorio
m. I. writing-table; F. bureau; A. Schreibtisch; It. scrittoio.

escritura
f. I. writing; F. écriture; A. Schrift, Urkunde; It. scrittura.

escrófula
f. I. scrofula; F. scrofule; A. Skrofel, Drüsengeschwulst; It. scrofola.

escrúpulo
m. I. scruple; F. scrupule; A. Skrupel, Bedenken; It. scrupulo.

escrutador
adj. I. scrutator; F. scrutateur; A. Skrutator; It. scrutatore.

escrutinio
m. I. ballot; F. scrutin; A. Skrutinium; It. scrutinio.

escuadra
f. I. fleet; F. escadre; A. Geschwader; It. squadra.

escuadrón
m. I. squadron; F. escadron; A. Schwadron; It. squadrone.

escuchar
intr. I. to listen; F. écouter; A. anhören; It. ascoltare.

escudero
m. I. squire; F. écuyer; A. (Schild) Knappe; It. scudiere.

escudilla
f. I. bowl; F. bol; A. (Suppen)Napf; It. scodella.

escudo
m. I. shield; F. écu; A. Schild; It. scudo.

escudriñar
tr. I. to scrutinize; F. scruter; A. auskundschaften; It. scrutare.

escuela
f. I. school; F. école; A. Schule; It. scuola.

esculpir
tr. I. to sculpture; F. sculpter; A. (Holz)ausschnitzen, Stein aushauen; It. scolpire.

escultor
m. I. sculptor; F. sculpteur; A. Bildhauer; It. scultore.

escupir
intr. I. to spit; F. cracher; A. ausspucken, ausspeien; It. sputare.

escurrir
tr. I. to drop; F. (d)égoutter; A. (ab)tropfen; It. sgocciolare.

esencia
f. I. y F. essence; A. Wesen; It. essenza.

esencial
adj. I. essential; F. essentiel; A. wesentlich; It. essenziale.

esfera
f. I. sphère; F. sphére; A. Sphäre; It. sfera.

esfinge
amb. I. y F. sphinx; A. Sphinx; It. sfinge.

esfínter
m. I. y F. sphincter; A. Schliessmuskel; It. sfintere.

esforzar
tr. I. to encourage; F. encourager; A. aufmuntern; It. incoraggiare.

esfuerzo
m. I. y F. effort; A. Anstrengung; It. sforzo.

esgrima
f. I. fencing; F. escrime; A. Fechtkunst; It. scherma.

esgrimir
tr. I. to fence; F. escrimer; A. fechten; It. schermire.

eslabón
m. I. link; F. chaînon; A. Kettteneisen; It. anello di catena.

esmaltar
tr. I. to enamel; F. émailler; A. emaillieren; It. smaltare.

esmalte
m. I. enamel; F. émail; A. Schmelz, Emaille; It. smalto.

esmeralda
f. I. emerald; F. émeraude; A. Smaragd; It. smeraldo.

esófago
m. I. esophagus; F. oesophage; A. Speiseröhre; It. esofago.

espaciar
tr. I. to space; F. espacer; A. spationieren; It. spazieggiare.

espacio
m. I. space; F. espace; A. Zeitraum, Raum; It. spazio.

espada
f. I. sword; F. épée; A. Schwert; It. spada.

espalda
f. I. back; F. dos; A. Rücken; It. dorso.

espantajo
m. I. scarecrow; F. épouvantail; A. Vogelscheuche; It. spauracchio.

espantar
tr. I. to frighten; F. épouvanter; A. erschrecken; It. spaventare.

espanto
m. I. fright; F. épouvante; A. Schrecken; It. spavento.

esparadrapo
m. I. y F. sparadrap; A. Heftplaster; It. sparadrapo.

esparcir
tr. I. to scatter; F. répandre; A. (aus) streuen; It. spargere.

espárrago
m. I. asparagus; F. asperge; A. Spargel; It. sparagio, asparago.

esparto
m. I. esparto; F. sparte; A. Espartogras; It. sparto.

espasmo
m. I. spasm, fit; F. spasme; A. Krampf; It. spasimo.

espasmódico
adj. I. spasmodic; F. spasmodique; A. Krampfhaft; It. spasmodico.

espátula
f. I. spatula; F. spatule; A. Kittmesser, Spatel; It. spatola.

especia
f. I. spice; F. épice; A. Gewürz; It. spezia.

especial
adj. I. special; F. spécial; A. speziell; It. speciale.

especialidad
f. I. speciality; F. spécialité; A. Spezialität; It. specialità.

especie
f. I. Kind; F. espècie; A. Sorte; It. specie.

especificar
tr. I. to specify; F. spécifier; A. besonders bezeichnen; It. specificare.

especioso
adj. I. specious; F. spécieux; A. bestechend; It. specioso.

espectáculo
m. I. y F. spectacle; A. Schauspiel; It. spettacolo.

espectro
m. I. y F. spectre; A. Gespenst, Phantom; It. spettro.

especulación
f. I. speculation; F. spéculation; A. Spekulation; It. speculazione.

especular
tr. **I.** to speculate; **F.** spéculer; **A.** spekulieren; **It.** speculare.

espejismo
m. **I.** y **F.** mirage; **A.** Luftspiegelung; **It.** miraggio.

espejo
m. **I.** mirror, looking glass; **F.** miroir; **A.** Spiegel; **It.** specchio.

espeluznante
adj. **I.** horrifying; **F.** ébouriffant; **A.** haarsträubend; **It.** raccapricciante.

espera
f. **I.** await; **F.** attente; **A.** Warten; **It.** attesa.

esperanza
f. **I.** hope; **F.** espérance, espoir; **A.** Hoffnung; **It.** speranza.

esperar
tr. **I.** to hope, to expect, to await; **F.** attendre, espérer; **A.** hoffen, erwarten; **It.** aspettare, sperare.

esperma
amb. **I.** sperm; **F.** sperme; **A.** Sperma; **It.** sperma.

espesar
tr. **I.** to thicken; **F.** épaissir; **A.** verdicken, dickmachen; **It.** spessire.

espeso
adj. **I.** thick; **F.** épais; **A.** dick; **It.** spesso.

espesor
m. **I.** thickness; **F.** épaisseur; **A.** Dikke; **It.** spessore, spessezza.

espía
m. **I.** spy; **F.** espion; **A.** Spion; **It.** spione.

espiar
tr. **I.** to spy; **F.** épier, espionner; **A.** spionieren, ausspähen; **It.** spiare.

espiga
f. **I.** ear; **F.** épi; **A.** Ahre; **It.** spiga.

espigar
tr. **I.** to glean; **F.** glaner; **A.** ähren; **It.** spigolare.

espina
f. **I.** thorn, spine; **F.** épine; **A.** Dorn, Stachel, Gräte; **It.** spina.

espinaca
f. **I.** spinach; **F.** épinard; **A.** Spinat; **It.** spinace.

espinar
m. **I.** thornbusch; **F.** épinaie; **A.** Dorngebüsch; **It.** spineto.

espinazo
m. **I.** backbone; **F.** échine; **A.** Rückgrat; **It.** spina dorsale.

espinela
f. **I.** spinel-ruby; **F.** spinelle; **A.** Rubinspinell; **It.** spinello.

espinilla
f. **I.** shinbone; **F.** tibia; **A.** Schienbein; **It.** stinco.

espiral
adj. **I.** y **F.** spiral; **A.** Spirallinie, Schneckenlinie; **It.** spirale.

espirar
tr. **I.** to exhale; **F.** exhaler, expirer; **A.** ausatmen, exspirieren; **It.** espirare.

espiritismo
m. **I.** spiritism; **F.** spiritisme; **A.** Spiritismus; **It.** spiritismo.

espíritu
m. **I.** spirit; **F.** esprit; **A.** Geist, Spiritus; **It.** spirito.

espiritual
adj. **I.** spiritual; **F.** spirituel; **A.** geistig; **It.** spirituale.

espiritualizar
tr. **I.** to spiritualize; **F.** spiritualiser; **A.** vergeistigen; **It.** spiritualizzare.

espita
f. **I.** pipe; **F.** cannelle; **A.** Krähnchen; **It.** cannella.

espléndido
adj. **I.** splendid; **F.** splendide; **A.** glänzed, splendid; **It.** splendido.

esplendor
m. **I.** splendour; **F.** splendeur; **A.** Glanz, Schimmer; **It.** splendore.

espliego
m. **I.** lavender; **F.** lavande; **A.** Lavendel; **It.** spigo, lavanda.

espoleta
f. **I.** fuse; **F.** fussée; **A.** Granatzünder; **It.** spoletta.

espolón
m. **I.** spur; **F.** éperon; **A.** Hahnensporn; **It.** sprone.

espolvorear
tr. **I.** to powder; **F.** saupoudrer; **A.** bestreuen; **It.** spolvarare.

esponja
f. **I.** sponge; **F.** éponge; **A.** Schwamm; **It.** spugna.

esponjoso
adj. **I.** spongy; **F.** spongieux; **A.** lokker, schwamming; **It.** spugnoso.

espontaneidad
f. **I.** spontaneity; **F.** spontanéité; **A.** Spontaneität; **It.** spontaneità.

espontáneo
adj. **I.** spontaneous; **F.** spontané; **A.** spontan; **It.** spontaneo.

espora
f. **I.** y **F.** spore; **A.** Spore; **It.** spora.

esporádico
adj. **I.** sporadic; **F.** sporadique; **A.** sporadisch; **It.** sporadico.

esposo
m. **I.** husband; **F.** époux; **A.** Ehegatte; **It.** sposo.

espuela
f. **I.** spur; **F.** éperon; **A.** Sporn; **It.**

espulgar
tr. **I.** to flea, to delouse; **F.** épucer; **A.** flöhen, lausen; **It.** spulciare.

espuma
f. **I.** foam; **F.** écume; **A.** Schaum; **It.** spuma.

espumar
tr. **I.** to skin, to scum; **F.** écumer; **A.** moussieren, abschäumen; **It.** schiumare.

espumoso
adj. **I.** foamy; **F.** écumeux; **A.** schaumig; **It.** schiumoso, spumoso.

espurio
adj. **I.** spurious; **F.** faux, frélaté; **A.** unecht; **It.** spurio.

esputo
m. **I.** spittle; **F.** crachat; **A.** Speichel; **It.** sputo.

esqueje
m. **I.** slip, cutting; **F.** bouture; **A.** Steckling; **It.** rampollo.

esquela
f. **I.** billet, note; **F.** billet, carte; **A.** Billete; **It.** biglietto.

esqueleto
m. **I.** skeleton; **F.** squelette; **A.** Skelett; **It.** scheletro.

esquema
m. I. scheme; F. schéma; A. Schema, Vorbild; It. schema.

esquife
m. I. skiff; F. esquif; A. Kleines Boot; It. schifo.

esquila
f. I. cow bell; F. squille, sonaille; A. Viehglocke; It. squilla.

esquilar
tr. I. to clip, to shear; F. tondre; A. abscheren; It. tosare, tondere.

esquilmar
tr. I. to impoverish; F. dépouiller; A. erschöpfen; It. esaurire.

esquina
f. I. edge, corner; F. angle, coin; A. Ecke, Strassenecke; It. angolo, cantonata.

esquivar
tr. I. to shun, to coy; F. esquiver, se dérober; A. vermeiden, ausweichen; It. schivare, cludere.

esquivo
adj. I. elusive; F. farouche; A. spröde, scheu; It. schivo.

estabilidad
f. I. stability; F. stabilité; A. Bestand, Stabilität; It. stabilitá.

establecer
tr. I. to establish; F. établir; A. etablieren, anlegen, einsetzen; It. stabilire.

establecimiento
m. I. establishment; F. établissement; A. Einrichtung, Etablissement; It. stabilimento.

establo
m. I. stable; F. étable; A. Stall; It. stalla.

estaca
f. I. stake, pile; F. pieu; A. Pfahl; It. steccone.

estación
f. I. station; F. gare; A. Bahnhof, Station; It. stazione.

estacionario
adj. I. stationary; F. stationnaire; A. stillstehend; stationär; It. stazionario.

estadio
m. I. stadium; F. stade; A. Stadion; It. stadio.

estadista
m. I. statist, statesman; F. statisticien; A. Staatsmann; It. statista.

estadística
f. I. statistics; F. statistique; A. Statistik; It. statistica.

estado
m. I. state; F. État; A. Staat; It. stato.

estafa
f. I. swindling; F. escroquerie; A. Betrügerei; It. truffa.

estafar
tr. I. to swindle; F. escroquer; A. erschwindeln, betrügen; It. truffare.

estafeta
f. I. estafet; F. estafette; A. Stafette; It. staffetta.

estalactita
f. I. y F. stalactite; A. Stalaktit; It. stalattite.

estalagmita
f. I. y F. stalagmite; A. Stalagmit; It. stalammite.

estallar
intr. I. to crack, to explode; F. éclater, craquer; A. zerknallen; It. scoppiare.

estallido
m. I. crack, crashing; F. éclat; A. Knall, Krach; It. scoppio.

estampa
f. I. print; F. gravure; A. Bild; It. stampa.

estampido
m. I. boom; F. éclat, explosion; A. Krachen; It. scoppio.

estampilla
f. I. stamp; F. timbre; A. Stempel; It. stampiglia.

estancar
tr. I. to stop, to monopolize; F. arrêter, monopoliser; A. hemmen, stauen, monopolisieren; It. ristagnare, monopolizzare.

estancia
f. I. stay, sojourn; F. séjour; A. Aufenthalt; It. stanza, soggiorno.

estanco
m. I. stanch; F. étanche; A. wasserdicht; It. stagno.

estandarte
m. I. standard; F. étendard; A. Fahne; It. stendardo.

estanque
m. I. basin, pool; F. bassin, étang; A. Wasserbecken, Teich; It. stagno.

estante
m. I. shelf; F. etagère; A. Regal; It. scaffale.

estaño
m. I. tin; F. étain; A. Zinn; It. stagno.

estar
intr. I. to be; F. être; A. sein, sich befinden; It. essere, stare.

estarcido
m. I. stencil; F. poncis; A. durchgestäubte Zeichnung; It. spolverizzo.

estática
f. I. statics; F. statique; A. Statik; It. statica.

estatua
f. I. y F. statue; A. Statue, Bildsäule; It. statua.

estatuir
tr. I. to establish; F. statuer; A. bestimmen; It. statuire.

estatura
f. I. stature; F. taille; A. Statur; It. statura.

estatuto
m. I. statute; F. statut; A. Statut; It. statuto.

este
m. I. east; F. e It. est; A. Ost.

estela
f. I. wake, track; F. sillage, houache; A. Kielspur; It. solco.

estepa
f. I. y F. steppe; A. Steppe; It. steppa.

estera
f. I. mat; F. natte; A. Matte; It. stuoia.

esterar
tr. I. to mat; F. natter; A. mit Matten belegen; It. stoiare.

estercolero
m. I. dunghill; F. fumier; A. Mistgrube, Düngerhaufen; It. letamaio.

estereoscopio
m. I. stereoscope; F. stéréoscope; A. Stereoskop; It. stereoscopio.

estereotipar
tr. I. to stereotype; F. stéréotyper; A. stereotypieren; It. stereotipare.

esterero
m. I. mat-maker; F. nattier; A. Mattenmacher; It. stuoiaio.

estéril
adj. I. sterile; F. stérile; A. unfruchtbar; It. sterile.

esterilidad
f. I. sterility; F. stérilité; A. Unfruchtbarkeit; It. sterilità.

esterilizar
tr. I. to sterilize; F. stériliser; A. unfruchtabar machen; It. sterilire.

esternón
m. I. y F. sternum; A. Brustbein; It. sterno.

estertor
m. I. stertor; F. râle; A. (Todes)Röcheln; It. stertore, rantolo.

estética
f. I. aesthetics; F. esthétique; A. Aesthetik, Schönheitslehre; It. estetica.

estético
adj. I. esthetic; F. esthétique; A. schöngeistig; It. estetico.

estibar
tr. I. to stow; F. arrimer; A. vestauen; It. stivare.

estiércol
m. I. dung, manure; F. fumier, engrais; A. Mist, Dung; It. sterco.

estigma
m. I. stigma, mark; F. stigmate; A. Narbe, Markung; It. stigma.

estigmatizar
tr. I. to stigmatize; F. stigmatiser; A. stigmatisieren; It. stigmatizzare.

estilete
m. I. y F. stylet; A. Stilett; It. stiletto.

estilista
m. I. stylist; F. styliste; A. Stilist; It. stilista.

estilo
m. I. y F. style; A. Stil; It. stile.

estilográfica
f. I. fountain pen; F. stylo; A. Füllfeder; It. stilografica.

estima
f. I. esteem; F. estime; A. Achtung, Schätzung; It. stima.

estimar
tr. I. to esteem; F. estimer; A. hochachten, wertschätzen; It. stimare.

estimular
tr. I. to stimulate; F. stimuler; A. anreizen, anregen; It. stimolare.

estímulo
m. I. stimulus; F. stimulation; A. Ansporn, Anreiz; It. stimolo.

estío
m. I. summer; F. été; A. Sommer; It. estate.

estipendio
m. I. stipend, pay; F. paie; A. Lohn, Sold; It. stipendio.

estipular
tr. I. to stipulate; F. stipuler; A. stipulieren; It. stipulare.

estirar
tr. I. to stretch; F. étirer; A. ausstrecken, ausziehen; It. stirare.

estirpe
f. I. stock; F. souche lignée; A. Stamm, Geslecht; It. stirpe.

estofado
m. I. stew; F. etouffée; A. Gedämpftes, Schmorbraten; It. stufato.

estoico
adj. I. stoic, stoical; F. stoïcien; A. stoisch; It. stoico.

estólido
adj. I. stolid; F. stupide; A. albern; It. stolido.

estómago
m. I. stomach; F. stomac; A. Magen; It. stomaco.

estopa
f. I. tow; F. étoupe; A. Hede, Werg; It. stoppa.

estoque
m. I. y F. estoc; A. Stossdegen; It. stocco.

estorbar
tr. I. to hinder, to trouble; F. déranger, entraver; A. stören; It. disturbare, seccare.

estornino
m. I. starling; F. étourneau; A. Star; It. stornello.

estornudar
m. I. to sneeze; F. éternuer; A. niesen; It. starnutare.

estornudo
m. I. sneezing; F. éternuement; A. Niesen; It. starnuto.

estrabismo
m. I. strabism; F. strabisme; A. Schielen; It. strabismo.

estrado
m. I. estrade, dais; F. estrade; A. Estrade; It. strato.

estragar
tr. I. to deprive; F. gäter; A. verwüsten; It. corrompere.

estrago
m. I. y F. ravage; A. Verwüstung; It. strage.

estrangular
tr. I. to strangle; F. étrangler; A. würgen, endrosseln; It. estrangolare.

estratagema
f. I. stratagem; F. stratagème; A. Krieglist; It. stratagemma.

estrategia
f. I. strategy; F. stratégie; A. Strategie; It. strategia.

estratégico
adj. I. strategic; F. stratégique; A. strategisch; It. strategico.

estratificación
f. I. y F. stratification; A. (Auf)chichtung; It. stratificazione.

estrato
m. I. stratus; F. strate; A. Lage, Schicht; It. strato.

estraza
f. I. rag; F. chiffon; A. Lumpen; It. straccio.

estrechar
tr. I. to narrow; F. étrécir; A. verengen; It. stringere.

estrecho
adj. I. narrow; F. étroit, rétreci; A. eng; It. stretto.

estregar
tr. I. to rub; F. frotter; A. reiben, scheuern; It. stropicciare.

estrella
f. I. star; F. étoile; A. Stern; It. stella.

estrellar
tr. I. to shatter; F. briser; A. zerschellen; It. fracassare.

estremecer
tr. I. to shudder; F. tressaillir; A. erzittern; It. trasalire.

estrenar
tr. I. to handsel; F. étrenner; A. aufführen; It. fare la prima.

estreno
m. I. handsel; F. début; A. Debüt; It. prima.

estreñimiento
m. I. y F. constipation; A. Verstopfung; It. stitichezza.

estrépito
m. I. noiseness; F. fracas; A. Heidenlärm; It. strepito.

estría
f. I. flute; F. cannelure, strie; A. Riefe, Rinne; It. stria, scanalatura.

estribar
intr. I. to rest; F. appuyer; A. stützen; It. appogiare.

estribillo
m. I. refrain; F. refrain, ritournelle; A. Kehrreim, Rafrain; It. ritornello.

estribo
m. I. stirrup; F. étrier; A. Steibügel; It. staffa.

estribor
m. I. starboard; F. tribord; A. Steuerbord; It. tribordo.

estricnina
f. I. y F. strychnine; A. Strychnin; It. stricnina.

estricto
adj. I. y F. strict; A. streng; It. stretto.

estridente
adj. I. y F. strident; A. schrill; It. stridente.

estridor
m. I. stridor; F. strideur; A. Schrillheit; It. stridore.

estrofa
f. I. y F. strophe; A. Strophe; It. strofa.

estroncio
m. I. y F. strontium; A. Strontium; It. stronzio.

estropear
tr. I. to spoil; F. abîmer; A. verderben; It. stroppiare.

estropicio
m. I. crash; F. dégât; A. Geklirr; It. guasto.

estructura
f. I. y F. structure; A. Struktur, Bauart; It. struttura.

estruendo
m. I. clatter; F. fracas, éclat; A. Getöse, Krachen; It. fracasso, chiasso.

estrujar
tr. I. to squeeze; F. pressurer; A. auspressen; It. spremere.

estuario
m. I. estuary; F. estuaire; A. Wattenmeer; It. estuario.

estuco
m. I. e It. stucco; F. stuc; A. Stuck.

estuche
m. I. etwee, case; F. étui; A. Etui, Futteral; It. astuccio.

estudiante
m. I. student; F. étudiant; A. Student; It. studente.

estudiar
tr. I. to study; F. étudier; A. studieren; It. studiare.

estudio
m. I. study; F. étude; A. Studium; It. studio.

estufa
f. I. stove, heater; F. étuve; A. Ofen; It. stufa.

estupefacción
f. I. stupefaction; F. stupéfaction; A. Bestürzung; It. stupefazione.

estupefacto
adj. i. stupefied; F. stupéfait; A. erstaunt, sprachlos; It. stupefatto.

estupidez
f. I. stupidity; F. stupidité; A. Dummheit; It. stupidità.

estupor
m. I. stupor; F. stupeur; A. Betäubung; It. stupore.

esturión
m. I. sturgeon; F. esturgeon; A. Stör, It. storione.

etapa
f. I. stage, station; F. étape; A. Etappe; It. tappa.

éter
m. I. ether; F. éther; A. Aether, Himmelsluft; It. etere.

etéreo
adj. I. ethereal; F. éthéré; A. ätherisch; It. etereo.

eternidad
f. I. eternity; F. eternité; A. Ewigkeit; It. eternità.

eterno
adj. I. eternal; F. éternel; A. ewig; It. eterno.

ética
f. I. ethics; F. éthique; A. Ethik, Sittenlehre; It. etica.

etimología
f. I. etymology; F. étymologie; A. Etymologie; It. etimologia.

etiología
f. I. etiology; F. étiologie; A. Atiologie; It. etilogia.

etiqueta
f. I. label, etiquette; F. étiquette; A. Etikette; It. etichetta.

etnografía
f. I. ethnography; F. ethnographie; A. Ethnographie; It. etnografia.

eucalipto
m. I. eucalyptus; F. eucalypte; A. Eukalyptus; It. eucalitto.

eufemismo
m. I. euphemism; F. euphémisme; A. Euphemismus; It. eufemismo.

eunuco
m. I. eunuch; F. eunuque; A. Eunuche; It. eunuco.

euritmia
f. I. eurythmy; F. eurythmie; A. Ebenmass; It. euritmia.

evacuación
f. I. y F. évacuation; A. Ausleerung; It. evacuazione.

evacuar
tr. I. to evacuate; F. évacuer; A. ausleeren; It. evacuare.

evadir
tr. I. to evade; F. éviter, fuir; A. vermeiden, entgehen; It. evadere.

evangelio
m. I. Gospel; F. évangile; A. Evangelium; It. Vangelo, Evangelo.

evaporación
f. I. evaporation; F. évaporation; A. Ausdünstung; It. evaporazione.

evaporar
tr. I. to evaporate; F. évaporer; A. verdampfen, evaporieren; It. evaporare, svaporare.

evasión
f. I. evasion; F. évasion; A. Entweichung, Ausbruch; It. evasione.

eventual
adj. I. eventual; F. éventuel; A. eventuell; It. eventuale.

eventualidad
f. I. eventuality, contingency; F. éventualité; A. Eventualität, Möchlichkeit; It. eventualità.

evidencia
f. I. evidence; F. évidence; A. Evidenz; It. evidenza.

evidente
adj. I. evident; F. évident; A. offenbar, augenscheinlich; It. evidente.

evitar
tr. I. to avoid; F. éviter; A. meiden; It. evitare.

evocación
f. I. evocation; F. évocation; A. Hervorrufen; It. evocazione.

evocar
tr. I. to evoke; F. évoquer; A. anrufen, hervorrufen; It. evocare.

evolución
f. I. evolution; F. évolution; A. Evolution, Fortbildung; It. evoluzione.

exacerbar
tr. I. to exacerbate; F. irriter, exacerber; A. verbittern; It. esacerbare.

exactitud
f. I. exactness; F. exactitude, justesse; A. Sorgfalt; It. esattezza.

exacto
adj. I. exact, just; F. exact, ponctuel; A. präzis, genau; It. esatto.

exagerar
tr. I. to exaggerate; F. exagérer; A. übertreiben; It. esagerare.

exaltar
tr. I. to exalt; F. exhausser, exalter; A. erheben, lobpreisen; It. esaltare.

examen
m. I. inquiry, exam, examination; F. examen; A. Examen, Prüfung; It. esame.

examinar
tr. I. to examine; F. examiner; A. prüfen; It. esaminare.

exantema
f. I. exanthema; F. exanthème; A. Hautauschlag; It. esantema.

exasperar
tr. I. to exasperate; F. exaspérer; A. erbittern, erzürnen; It. esasperare.

excavación
f. I. excavation; F. fouille, excavation; A. Exkavation, Ausgrabung; It. escavazione, scavo.

excavar
tr. I. to excavate; F. excaver, déchausser; A. aushöhlen; It. scavare, affossare.

exceder
tr. I. to exceed, to surpass; F. excéder, dépasser; A. überschreiten; It. eccedere.

excelencia
f. I. y F. excellence; A. Vortrefflichkeit, Exzellenz; It. eccellenza.

excelente
adj. I. y F. excellent; A. treffich, ausgezeichnent; It. eccellente

excelso
adj. I. high, lofty, eminent; F. éminent; A. erhaben; It. eccelso.

excentricidad
f. I. eccentricity; F. excentricité; A. Überspanntheit; It. eccentricità.

excéntrico
adj. I. eccentric; F. excentrique; A. überspannt; It. eccentrico.

excepción
f. I. y F. exception; A. Ausnahme; It. eccezione.

excepto
adv. I. excepting, except; F. excepté, hormis; A. ausgenommen; It. eccetto.

exceptuar
tr. I. to except; F. excepter; A. von der Regel ausschliessen; It. eccettuare.

excesivo
adj. I. excessive; F. excessif; A. übermässig; It. eccessivo.

exceso
m. I. excess; F. excés; A. Übermass; It. eccesso.

excipiente
m. I. y F. excipient; A. Auflösungsmittel; It. eccipiente.

excitar
tr. I. to excite; F. exciter; A. erregen, aufregen; It. eccitare.

exclamación
f. I. y F. exclamation; A. Ausruf; It. esclamazione.

exclamar
intr. I. to exclaim; F. exclamer; A. ausrufen; It. esclamare.

excluir
tr. I. to exclude; F. exclure; A. ausschliessen; It. escludere, ributtare.

exclusiva
f. I. exclusivity; F. privilège; A. Vorzugsrecht; It. esclusività.

exclusive
adv. I. exclusive; F. en ne comptant pas; A. ausschliesslich; It. escluso.

exclusivo
adj. I. exclusive; F. exclusif; A. ausschliesslich; It. esclusivo.

excogitar
tr. I. to excogitate; F. excogiter, imaginer; A. ersinnen, ausdenken; It. escogitare.

excomulgar
tr. I. to excommunicate; F. excommunier; A. exkommunizieren; It. scomunicare.

excoriación
f. I. y F. excoriation; A. Hautschrunde; It. escoriazione, scorticatura.

excrecencia
f. I. excrescency; F. excroissance; A. Auswuchs; It. escrescenza.

excremento
m. I. excrement; F. excrément; A. Auswurf, Kot; It. escremento.

exculpación
f. I. exculpation, exoneration; F. exculpation; A. Entschuldigung; It. discolpa, scusa.

excursión
f. I. y F. excursion; A. Ausflug; It. escursione.

excursionista
m. I. excursionist; F. excursionniste; A. Ausflüger; It. escursionista.

excusa
f. I. y F. excuse; A. Entschuldigung, Ausrede; It. scusa.

excusado
adj. I. water-closet; F. water; A. Toilette; It. latrina.

excusar
tr. I. to excuse; F. s'excuser; A. entschuldigen; It. scusare, scusarsi.

execración
f. I. execration, cursing; F. exécration, imprication; A. Abscheu; It. esecrazione.

execrar
tr. I. to execrate; F. exécrer, abhorrer; A. verabscheuen; It. esecrare.

exentar
tr. I. to exempt; F. exempter; A. von einer Pflicht befreien; It. esentare, esimere.

exento
adj. I. exempt; F. exempt, dégagé; A. ausgenommen, frei; It. esente.

exhalar
tr. I. to exhale; F. exaler, émettre; A. ausdünsten; It. esalare.

exhausto
adj. I. exhausted; F. tari, epuisé; A. Kraftlos, erschöpft; It. esausto.

exhibir
tr. I. to exhibit; F. exhiber, montrer; A. vorzeigen, vorstellen; It. esibire, presentare.

exhortación
f. I. y F. exhortation; A. Ermahnung; It. esortazione.

exhortar
tr. I. to exhort; F. exhorter, prier; A. ermahnen; It. esortare.

exhumar
tr. I. to disinter, to exhume, to unbury; F. déterrer, exhumer; A. ausgraben; It. esumare, disotterrare.

exigencia
f. I. exigency; F. exigence; A. Anspruch, Forderung; It. esigenza.

exigir
tr. I. to exact; F. exiger; A. fordern, beanspruchen; It. esigere.

exiguo
f. I. exiguous; F. exigu; A. spärlich; It. esiguo.

eximio
adj. I. eximious; F. excellent; A. vortrefflich; It. esimio.

eximir
tr. I. to exempt; F. exempter; A. ausnehmen; It. esimere.

existencia
f. I. y F. existence; A. Dasein; It. esistenza.

existir
intr. I. to exist; F. exister, être; A. dasein, bestehen; It. esistire.

éxito
m. I. success, issue; F. réussite, succès; A. Erfolg, Gelingen, gang; It. esito.

éxodo
m. I. y A. Exodus; F. Éxode; It. Esodo.

exorbitante
adj. I. y F. exorbitant; A. übermässig; It. esorbitante.

exornar
tr. I. to adorn; F. orner; A. ausschmücken; It. esornare.

exótico
adj. I. exotic; F. exotique; A. exotisch; It. esotico.

expansión
f. I. extension, expansion; F. expansion, épanchement; A. Ausdehnung; It. espansione.

expansivo
adj. I. expansive; F. expansif, communicatif; A. expansiv, ausdehnend; It. espansivo.

expectación
f. I. y F. expectation; A. Erwartung; It. espettazione.

expectorar
tr. I. to expectorate; F. expectorer; A. aushusten; It. espettorare.

expedición
f. I. expedition; F. expédition; A. Versand; It. spedizione.

expediente
m. I. proceedings, law-suit; F. procédure, diligence, dossier; A. Ausweg, Rechtssache, Dossier; It. espediente, procedura.

expedir
tr. I. to send; F. expédier, envoyer; A. versenden, spedieren; It. spedire.

expender
tr. I. to spend; F. débiter; A. ausgeben, verschliessen; It. spendere.

experimental
adj. I. experimental; F. expérimental; A. erfahrungsgemäss; It. sperimentale.

experimentar
tr. I. to experience; F. expérimenter; A. experimentieren; It. sperimentare.

experimento
m. I. experiment; F. experience, essai, épreuve; A. Experiment, Versuch; It. sperimento.

experto
adj. I. expert, dexterous; F. adroit, expert, habile; A. sachkundig, erfahren; It. esperto, esperimentato.

expiación
f. I. expiation, atonement; F. expiation; A. Sühne, Abbüssung; It. espiazione.

expiar
tr. I. to expiate; F. expier; A. abbüssen, sühnen; It. espiare.

expirar
intr. I. to expire, to die; F. expirer, prendre fin; A. ausatmen, enden, sterben; It. spirare.

explanar
tr. I. to level; F. niveler, rendre plan; A. ebnen; It. spianare.

explayar
tr. I. to spread, to extend; F. se développer; A. ausdehnen, ausbreiten; It. estendersi.

explorar
tr. I. to explore; F. explorer; A. erforschen; It. esplorare.

explosión
f. I. explosion, outburst; F. explosion; A. Explosion, Ausbruch; It. esplosione.

explotar
tr. I. to work; F. exploiter; A. ausnutzen; It. lavorare.

expoliación
f. I. y F. spoliation; A. Wiederholung eliner Idee; It. spogliazione, spogliamento.

exponer
tr. I. to expose, to expound, to exibit; F. exposer, interpréter; A. vorstellen, darlegen; It. esporre, dichiarare.

exposición
f. I. exhibition; F. exposition; A. Ausstellung; It. esposizione.

expósito
adj. foundling; F. enfant exposé; A. Findelkind; It. esposto.

expresar
tr. I. to express; F. exprimer; A. ausdrücken, äussern; It. esprimere.

expresión
f. I. expression, utterance, F. expression, manifestation; A. Ausdruck, Erklärung; It. espressione.

expreso
adj. I. express; F. exprès; A. ausdrücklich; It. espresso.

exprimir
tr. I. to squeeze; F. exprimer; A. auspressen, ausdrücken; It. spremere.

expropiar
tr. I. expropriate; F. exproprier; A. enteignen; It. spropiare.

expulsar
tr. I. to expel, to drive out; F. expulser, chasser; A. vertreiben, abstossen; It. espellere, cacciare.

expurgar
tr. I. to expurgate, to expunge; F. expurger; A. säubern, ausmerzen; It. espurgare.

exquisito
adj. I. exquisite; F. exquis; A. ausgesucht, Köstlich; It. squisito.

éxtasis
m. I. ecstasy; F. extase; A. Verzükkung; It. estasi.

extemporáneo
adj. I. untimely; F. extemporane, hors de propos; A. unzeitgemäss, unpassend; It. estemporaneo, estemporale.

extender
tr. I. to extend, to spread; F. étendre, déplier; A. ausbreiten; It. estendere.

extensión
f. I. extent, extension, extensiveness; F. extension, étendue, portée; A. Ausdehnung; It. estensione.

extenso
adj. I. vast, extensive, spacious; F. vaste, étendu; A. unfassend; It. esteso, ampio.

extenuación
f. I. extenuation; F. exténuation; A. Erschöpfung; It. estenuazione.

extenuar
tr. I. to extenuate; F. exténuer, épuiser; A. entkräften; It. estenuare.

exterior
adj. I. exterior; F. extérieur; A. äusserlich; It. esteriore, esterno.

exteriorizar
tr. I. to exteriorize; F. extérioriser; A. äussern; It. esteriorizzare.

exterminar
tr. I. to exterminate; F. exterminer; A. ausrotten, vertilgen; It. esterminare.

exterminio
m. I. extermination; F. extermination, destruction; A. Vernichtung, Untergang; It. esterminio, rovina.

extinguir
tr. I. to extinguish, to put out; F. éteindre, étouffer; A. auslöschen, tilgen; It. estinguere, spegnere.

extirpar
tr. I. to extirpate, to root up; F. extirper, déraciner; A. ausrotten; It. Estirpare, sradicare.

extracción
f. I. y F. extraction; A. ausziehen, Entfernen; It. estrazione.

extractar
tr. I. to extract, to abridge, to epitomize; F. extraire, résumer; A. ausschreiben, ausziehen; It. compendiare.

extracto
m. I. extract, abridgement; F. extrait, sommaire; A. Extrakt, Auszug; It. estratto.

extralimitarse
tr. I. to trespass; F. outrepasser, excéder; A. ausschreiten; It. eccedere.

extranjero
adj. I. foreigner; F. étranger; A. Ausländer, Fremder; It. straniero.

extrañamiento
m. I. deportation; F. bannissement, exitl; A. Entfremdung; It. bando, esilio.

extrañeza
f. I. strangeness; F. etrangeté, rareté; A. Befremden; It. stranezza.

extraño
adj. I. strange; F. étrange; A. fremd, seltsam; It. strano.

extraordinario
adj. I. extraordinary, uncommon; F. extraordinaire; A. seltsam, ausserordentlich; It. straordinario.

extravagancia
f. I. y F. extravagance; A. Ausschweifung; It. stravaganza.

extraviar
tr. I. to mislead, to go astray; F. s'égarer; A. irreführen; It. traviare, smarrirsi.

extremado
adj. I. extreme; F. extrème; A. übertrieben; It. stremato.

extremar
tr. I. to carry to an extreme; F. pousser à l'extrème; A. übertreiben; It. stremare, esagerare.

extremaunción
f. I. extreme unction; F. extrème onction; A. letzte Ölung; It. estremaunzione.

extremidad
f. I. end, extremity; F. bout, extrémité; A. äusserstes Ende; It. stremità.

extremo
adj. I. extreme; F. extrême; A. Ende; It. stremo.

extrínseco
adj. I. extrinsic, outward; F. extrinsèque; A. äusserlich; It. strinseco.

exuberancia
f. I. exuberancy; F. exubérance; A. Uberfülle; It. esuberanza.

exuberante
adj. I. exuberant; F. exubérant; A. üppig, strotzend; It. esuberante.

exultación
f. I. y F. exultation; A. Jubel, Frohlocken; It. esultazione, esultanza.

eyaculación
f. I. ejaculation; F. éjaculation; A. Sammenentleerung; It. ejaculazione.

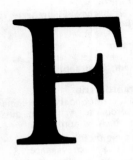

fabricación
f. **I.** manufacturing; **F.** fabrication; **A.** Fabrikation; **It.** fabbricazione.

fabricar
tr. **I.** to manufacture; **F.** fabriquer; **A.** herstellen; **It.** fabbricare.

fábula
f. **I.** fable, fiction; **F.** fable; **A.** Fabel; **It.** favola.

fabuloso
adj. **I.** fabulous; **F.** fabuleux; **A.** fabelhaft; **It.** favoloso.

facción
f. **I.** y **F.** faction; **A.** Faktion; **It.** fazione.

faccioso
adj. **I.** factionist; **F.** factieux; **A.** faktiös; **It.** fazioso.

fácil
adj. **I.** easy; **F.** facile; **A.** leicht; **It.** facile.

facilitar
tr. **I.** to facilitate; **F.** faciliter; **A.** ermöglichen; **It.** facilitare.

facineroso
adj. **I.** facinerous; **F.** malfaiteur; **A.** Verbrecher; **It.** facinoroso.

facsímile
m. **I.** facsimile; **F.** fac-simile; **A.** Faksimile; **It.** fassimile.

factible
adj. **I.** feasible; **F.** faisable; **A.** tunlich; **It.** fattibile.

factor
m. **I.** factor, agent; **F.** facteur; **A.** Faktor; **It.** fattore.

factoría
f. **I.** factory; **F.** factorerie; **A.** Faktorei; **It.** fattoria.

factura
f. **I.** invoice. bill, **F.** facture; **A.** Faktura; **It.** fattura.

facturar
tr. **I.** to invoice; **F.** facturer; **A.** fakturieren; **It.** fatturare.

facultad
f. **I.** faculty; **F.** faculté; **A.** Fakultät; **It.** facoltà.

facultar
tr. **I.** to authorise; **F.** autoriser; **A.** ermächtigen; **It.** facoltizzare.

facundia
f. **I.** fluency; **F.** faconde; **A.** Redseligkeit; **It.** facondia.

fachada
f. **I.** front; **F.** façade; **A.** Fassade; **It.** facciata.

faena
f. **I.** work; **F.** ouvrage; **A.** Arbeit; **It.** faccenda.

faisán
m. **I.** pheasant; **F.** faisan; **A.** Fasan; **It.** fagiano.

faja
f. **I.** girdle; **F.** bande; **A.** Leibbinde; **It.** fascia, ciarpa.

fajar
tr. **I.** to swathe; **F.** ceindre; **A.** einwindeln; **It.** fasciare.

fajina
f. **I.** stook; **F.** faisceaux; **A.** Reisigbündel; **It.** fascina.

fajo
m. **I.** sheaf; **F.** faisceau; **A.** Bündel; **It.** fascio.

falacia
f. **I.** fallacy; **F.** fallace; **A.** Trug; **It.** fallacia.

falange
f. **I.** phalanx; **F.** phalange; **A.** Phalanx; **It.** falange.

falansterio
m. **I.** phalanstery; **F.** phalanstère; **A.** Phalansterium; **It.** falensterio.

falaz
adj. **I.** fallacious; **F.** trompeur; **A.** trügerisch; **It.** fallace.

falda
f. **I.** skirt; **F.** jupe; **A.** Schoss; **It.** gonna.

falible
adj. **I.** fallible; **F.** faillible; **A.** fehlbar; **It.** fallibile.

fálico
adj. **I.** phallic; **F.** phallique; **A.** dem männlichen, Glied gehörig; **It.** fallico.

falo
m. **I.** y **F.** phallus; **A.** Pene; **It.** fallo.

falsario
adj. **I.** forger; **F.** faussaire; **A.** Fälscher; **It.** falsario.

falsear
tr. **I.** to counterfeit; **F.** fausser; **A.** verfälschen; **It.** falsificare.

falso
adj. **I.** false; **F.** faux; **A.** falsch; **It.** falso, finto.

falta
f. **I.** fault, want; **F.** faute, manque; **A.** Fehler, Mangel; **It.** diffeto, mancanza.

faltar
intr. **I.** to fail; **F.** faillir; **A.** fehlen; **It.** diffetare.

falto
adj. **I.** wanting; **F.** nécessiteux; **A.** mangelhaft; **It.** manchevole.

fallar
tr. **I.** to sentence; **F.** prononcer; **A.** richten; **It.** sentenziare.

falleba
f. **I.** latch; **F.** espagnolette; **A.** Riegel; **It.** spagnoletta.

fallecer
intr. **I.** to die; **F.** décéder; **A.** sterben; **It.** decedere.

fallido
adj. **I.** frustrated; **F.** failli; **A.** fallit; **It.** fallito.

fallo
m. **I.** judment; **F.** arrêt; **A.** Richterspruch; **It.** sentenza.

fama
f. **I.** fame, name; **F.** renommée; **A.** Ruhm, Name; **It.** fama.

familia
f. **I.** family; **F.** famille; **A.** Familie; **It.** famiglia.

familiaridad
f. I. familiarity; F. familiarité; A. Familiarität; It. famigliarità.

familiarizar
tr. I. to familiarize; F. familiariser; A. vertraut machen; It. familiarizzare.

famoso
adj. I. famous; F. fameux; A. berühmt; It. famoso.

fámulo
m. I. servant; F. valet; A. Diener; It. servo, famiglio.

fanal
m. I. beacon; F. fanal; A. Lanterne; It. fanale.

fanático
adj. I. fanatic; F. fanatique; A. Fanatiker; It. fanatico.

fanatismo
m. I. fanaticism; F. fanatisme; A. Fanatismus; It. fanatismo.

fanfarrón
adj. I. boaster; F. fanfaron; A. Prahler; It. fanfarone.

fanfarronada
f. I. boast; F. fanfaronnade; A. Pflanz; It. fanfaronata.

fanfarronear
intr. I. to brag; F. se vanter; A. flunkern; It. far il fanfarone.

fango
m. I. mud; F. fange; A. Kot; It. fango.

fantasear
intr. I. to fancy; F. fantasier; A. phantasieren; It. fantasticare.

fantasía
f. I. fancy; F. fantaisie; A. Phantasie; It. fantasia.

fantasma
m. I. ghost; F. fantôme; A. Phantom; It. fantasma.

fantástico
adj. I. fantastic; F. fantastique; A. phantastisch; It. fantastico.

fantoche
m. I. puppet; F. marionnette; A. Hampelmann; It. fantoccio.

faquín
m. I. porter; F. colporteur; A. Dienstmann; It. facchino.

faquir
m. I. fakir; F. faquir; A. Fakir; It. fachiro.

faradio
m. I. y F. farad; A. Farad; It. faradio.

faramalla
f. I. cajolery; F. enjôlement; A. Fakkelei; It. imbroghlio.

faraón
m. I. Pharaoh; F. pharaon; A. Pharao; It. faraone.

fardel
m. I. Knapsack; F. gibecière; A. Tornister; It. bisaccia.

fardo
m. I. bundle; F. fardeau; A. Pack, Last; It. fardello.

farfullar
tr. I. to jabber; F. louper; A. hudeln; It. balbettare.

farináceo
adj. I. farinaceous; F. farinacé; A. mehlig; It. farinaceo.

faringe
m. I. y F. pharynx; A. Rachen; It. faringe.

faringitis
f. I. pharyngitis; F. pharyngite; A. Rachenkatarrh; It. faringite.

fariseo
m. I. pharisee; F. pharisien; A. Pharisäer; It. fariseo.

farmacéutico
adj. I. pharmaceutical; F. pharmaceutique; A. pharmazeutisch; It. farmaceutico.

farmacia
f. I. pharmacy, chemist; F. pharmacie; A. Apotheke; It. farmacia.

faro
m. I. lighthouse; F. phare; A. Feuerturm; It. faro.

farol
m. I. lantern; F. lanterne; A. Latern; It. lanterna.

farolero
m. I. lantern-maker; F. lanternier; A. Lanternemacher; It. lanternaio.

fárrago
m. I. medley; F. fatras; A. Plunder; It. farragine.

farsa
f. I. y F. farce; A. Possenspiel; It. farsa.

farsante
m. I. farce, player; F. farceur; A. Schwindler; It. commediante.

fascinación
f. I. y F. fascination; A. Bezauberung; It. fascinazione.

fascinar
tr. I. to fascinate; F. fasciner; A. bezaubern; It. fascinare.

fase
f. I. y F. phase; A. Phase; It. fase.

fastidiar
tr. I. to loathe, to disgust; F. ennuyer; A. anekeln; It. fastidiare.

fastidio
m. I. disgust; F. dégoût; A. Widerwillen; It. fastidio.

fastos
m. I. annals; F. fastes; A. Jahrbücher; It. fasti.

fastuoso
adj. I. pompous; F. fastueux; A. eitel; It. fastoso.

fatalismo
m. I. fatalism; F. fatalisme; A. Fatalismus; It. fatalismo.

fatídico
adj. I. fatidical; F. fatidique; A. unheimlich; It. fatidico.

fatiga
f. I. y F. fatigue; A. Mühe; It. fatica.

fatigar
tr. I. to tire, to fatigue; F. fatiguer; A. ermüden; It. faticare.

fatuo
adj. I. fatuous; F. fat, niais; A. albern; It. fatuo.

fauces
f. pl. I. gullet; F. gosier; A. Schlund; It. fauci.

fauna
f. I. e It. fauna; F. faune; A. Fauna, Tierwelt.

fauno
m. I. faun; F. faune; A. Waldgott; It. fauno.

fausto
m. I. ostentation; F. faste; A. Prunk; It. fasto.

favor
m. I. favour; F. faveur; A. Gunst; It. grazia.

favorable
adj. I. favourable; F. favorable; A. günstig; It. favorevole.

favorecer
tr. I. to help; F. favoriser; A. begünstigen; It. favorire.

favoritismo
m. I. favouritism; F. favoritisme; A. Günstlingswirtschaft; It. favoritismo.

faz
f. I. face; F. visage; A. Gesicht; It. faccia.

fe
f. I. faith; F. foi; A. Glaube; It. fede.

fealdad
f. I. ugliness; F. laideur; A. Hässlichkeit; It. bruttezza.

febrero
m. I. February; F. février; A. Februar; It. febbraio.

febril
adj. I. febrile; F. fébrile; A. fieberhaft; It. febbrile.

fécula
f. I. starch; F. fécule; A. Stärke; It. fecola.

fecundación
f. I. fecundation; F. fécondation; A. Befruchtung; It. fecondazione.

fecundar
tr. I. to fecundate; F. féconder; A. befruchten; It. fecondare.

fecundidad
f. I. fecundity; F. fécondité; A. Fruchtbarkeit; It. fecondità.

fecha
f. I. y F. date; A. Datum; It. data.

federación
f. I. federation; F. fédération; A. Bund; It. federazione.

federalismo
m. I. federalism; F. fédéralisme; A. Föderalismus; It. federalismo.

feldespato
m. I. feldspath; F. feldspat; A. Feldspat; It. feldspato.

felicidad
f. I. happiness; F. bonheur, félicité; A. Glück; It. felicità.

felicitación
f. I. congratulation; F. félicitation; A. Glückwunsch; It. felicitazione.

feligrés
m. I. parishioner; F. paroissien; A. Pfarrangehörige; It. parocchiano.

felino
adj. I. feline; F. félin; A. Katzenartig; It. felino.

feliz
adj. I. happy; F. heureux; A. glücklich; It. felice.

felón
adj. I. felonious; F. félon; A. treulos; It. fellone.

felonía
f. I. felony; F. félonie; A. Treulosigkeit; It. fellonia.

felpa
f. I. plush, shag; F. panne; A. Plüsch; It. felpa.

felpudo
adj. I. doormat; F. couvrepied; A. (Fuss) Mate; It. nettapiedi.

femenino
adj. I. feminine; F. féminin; A. weiblich; It. femminile.

feminismo
m. I. feminism; F. féminisme; A. Feminismus; It. femminismo.

fémur
m. I. femur; F. fémur; A. Schenkelknochen; It. femore.

fenecer
tr. I. to die; F. décéder; A. enden, beenden; It. morire.

fénix
m. I. phoenix; F. phénix; A. Phönix; It. fenice.

fenomenal
adj. I. phenomenal; F. phénoménal; A. phänomenal; It. fenomenale.

fenómeno
m. I. phenomenon; F. phénomène; A. Phänomen; It. fenomeno.

feo
adj. I. ugly; F. laid; A. hässlich; It. brutto.

feracidad
f. I. feracity; F. fertilité; A. Fruchtbarkeit; It. feracità.

féretro
m. I. coffin; F. bière; A. Sarg; It. feretro.

feria
f. I. fair; F. foire; A. Messe; It. fiera.

fermentar
intr. I. to ferment; F. fermenter; A. gären; It. fermentare.

fermento
m. I. y F. ferment; A. Ferment; It. fermento.

ferocidad
f. I. ferocity; F. férocité; A. Wildheit; It. ferocità.

feroz
adj. I. ferocious; F. féroce; A. wild; It. feroce.

férreo
adj. I. ferreous; F. de fer; A. eisern; It. ferrero.

ferrocarril
m. I. railway; F. chemin de fer; A. Eisen Bahn; It. ferrovia.

fértil
adj. I., F. e It. fertile; A. fruchtbar.

fertilizar
tr. I. to fertilize; F. fertiliser; A. befruchten; It. fertilizzare.

férula
f. I. ferule; F. férule; A. Zuchtrute; It. ferula.

fervor
m. I. fervour; F. ferveur; A. Eifer; It. fervore.

festejar
tr. I. to feast; F. fêter; A. feiern; It. festeggiare.

festín
m. I. banquet, feast; F. festin; A. Festmahl; It. festino.

festividad
f. I. festivity; F. solemnité; A. Feierlichkeit; It. festività.

fetiche
m. l. fetish; F. fétiche; A. Fetisch; It. feticcio.

fetidez
f. I. fetidness; F. fetidité; A. Gestank; It. fetidezza.

feudal
adj. **I.** feodal; **F.** féodal; **A.** feudal; **It.** feudale.

feudalismo
m. **I.** feudalism; **F.** feudalisme; **A.** Feudalismus; **It.** feudalismo.

feudo
m. **I.** feud; **F.** fief; **A.** Lehen; **It.** feudo.

fiador
m. **I.** surety; **F.** répondant; **A.** Bürge; **It.** mallevadore.

fianza
f. **I.** security; **F.** caution; **A.** Bürgschaft; **It.** fidanza.

fiar
tr. **I.** to trust; **F.** vendre à crédit; **A.** anvertrauen; **It.** fidare.

fibra
f. **I.** y **F.** fibre; **A.** Faser; **It.** fibra.

ficción
f. **I.** y **F.** fiction; **A.** Erdichtung; **It.** finzione.

ficticio
I. ficticious; **F.** fictif; **A.** fingiert; **It.** fittizio.

ficha
f. **I.** chip; **F.** fiche; **A.** Jeton, Leihkarte; **It.** gettone.

fidedigno
adj. **I.** creditable; **F.** croyable; **A.** glaubwürdig; **It.** fededegno.

fidelidad
f. **I.** fidelity; **F.** fidélité; **A.** Treue; **It.** fedeltá.

fideo
m. **I.** e **It.** vermicelli; **F.** vermicelle; **A.** Nudel.

fiduciario
adj. **I.** fiduciary; **F.** fiduciaire; **A.** Treuhänder; **It.** fiduciario.

fiebre
f. **I.** fever; **F.** fièvre; **A.** Fieber; **It.** febbre.

fiel
adj. **I.** faithful; **F.** fidèle; **A.** treu; **It.** fedele.

fieltro
m. **I.** felt; **F.** feutre; **A.** Filz; **It.** feltro.

fiera
f. **I.** wild beast; **F.** bête féroce; **A.** Raubtier; **It.** fiera.

fiereza
m. **I.** savagery, fierceness; **F.** sauvagerie; **A.** Wildheit; **It.** fierezza.

fiesta
f. **I.** feast; **F.** fête; **A.** Fest; **It.** festa.

figura
f. **I.** y **F.** figure; **A.** Figur; **It.** figura.

figurar
tr. **I.** to figure; **F.** figurer; **A.** darstellen; **It.** figurare.

fijar
tr. **I.** to fix, to clinch; **F.** fixer; **A.** befestigen; **It.** fissare.

fijo
adj. **I.** fixed; **F.** fixe; **A.** fest; **It.** fisso.

fila
f. **I.** tier, line; **F.** file, rangée; **A.** Reihe, Strang; **It.** fila.

filamento
m. **I.** y **F.** filament; **A.** Faden, Faser; **It.** filamento.

filantropía
f. **I.** philanthropy; **F.** philanthropie; **A.** Philanthropie; **It.** filantropia.

filarmónico
adj. **I.** philharmonic; **F.** philharmonique; **A.** philharmonisch; **It.** filarmonico.

filatelia
f. **I.** philately; **F.** philatélie; **A.** Briefmarkenkunde; **It.** filatelia.

filete
m. **I.** fillet, hem; **F.** filet; **A.** Leiste; **It.** filetto.

filiación
f. **I.** y **F.** filiation; **A.** Abstammung; **It.** filiazione.

filial
adj. **I.** y **F.** filial; **A.** Kindlich; **It.** filiale.

filigrana
f. **I.** filigrane, watermark; **F.** filigrane; **A.** Filigran; **It.** filigrana.

filípica
f. **I.** philippic; **F.** philippique; **A.** Philippika; **It.** filippica.

filisteo
adj. **I.** Philistine; **F.** philistin; **A.** Philister; **It.** filisteo.

filo
m. **I.** edge; **F.** fil, tranchant; **A.** Schärfe; **It.** filo.

filología
f. **I.** philology; **F.** philologie; **A.** Philologie; **It.** filologia.

filólogo
m. **I.** philologist; **F.** philologue; **A.** Philologe; **It.** filologo.

filón
m. **I.** vein; **F.** filon; **A.** Metallader; **It.** filone.

filosofar
intr. **I.** to philosophize; **F.** philosopher; **A.** philosophieren; **It.** filosofare.

filosofía
f. **I.** philosophy; **F.** philosophie; **A.** Philosophie; **It.** filosofia.

filósofo
adj. **I.** philosopher; **F.** philosophe; **A.** Philosoph; **It.** filosofo.

filtración
f. **I.** y **F.** filtration; **A.** Filtrierung; **It.** filtrazione.

filtrar
tr. **I.** to filter; **F.** filtrer; **A.** filtrieren; **It.** filtrare.

fin
m. **I.** end; **F.** fin; **A.** Ende; **It.** fine.

finalidad
f. **I.** finality; **F.** finalité; **A.** Finalität; **It.** finalità.

finalizar
tr. **I.** to end, to finish; **F.** achever, finir; **A.** beendigen; **It.** finire.

financiero
adj. **I.** financial; **F.** financier; **A.** Finanzier; **It.** finanziario.

finca
f. **I.** property, real estate; **F.** inmeuble; **A.** Besitz; **It.** fondo, tenuta.

fineza
f. **I.** fineness; **F.** finesse; **A.** Feinheit; **It.** finezza.

fingimiento
m. **I.** feint; **F.** feinte; **A.** Verstellung; **It.** fingimento.

fingir
tr. **I.** to feign; **F.** feindre; **A.** simulieren; **It.** fingere.

finiquito
m. I. quittance; F. quitus; A. Quittung; It. quitanza.

fino
adj. I. fine; F. délicat; A. dünn, fein; It. fino.

finura
f. I. courtesy, politeness; F. politesse, urbanité; A. Hoflichkeit; It. finezza.

firma
f. I. signature, subscription; F. signature; A. Unterschrift; It. firma.

firmamento
m. I. y F. firmament; A. Himmelsgewölbe; It. firmamento.

firmar
tr. I. to sign; F. signer; A. unterschreiben; It. firmare, segnare.

firme
adj. I. firm; F. solide, stable; A. beständig; It. fermo.

firmeza
f. I. firmness; F. fermeté; A. Gewissheit; It. fermezza.

fiscal
adj. I. attorney-general; F. fiscal; A. Staatsanwalt; It. fiscale.

fiscalizar
tr. I. to inquire; F. surveiller; A. anklagen; It. fiscaleggiare.

fisgar
tr. I. to gig; F. harponner; A. harpunieren; It. fiocinare.

física
f. I. physics; F. physique; A. Physik; It. fisica.

físico
m. I. physicist; F. physicien; A. Physiker; It. fisico.

fisiografía
f. I. physiography; F. physiographie; A. Naturbeschreibung; It. fisiografia.

fisioterapia
f. I. physiotherapy; F. physiothérapie; A. Physiotherapeutik; It. fisioterapia.

fisonomía
f. I. physiognomy; F. physionomie; A. Gesichtsausdruck; It. fisonomia.

fístula
f. I. y F. fistule; A. Fistel; It. fistola.

fisura
f. I. y F. fissure; A. Spalt; It. fessura.

fitología
f. I. phytology; F. phytologie; A. Pflanzenkunde; It. fitologia.

flaccidez
f. I. flaccidity; F. flaccidité; A. Schlafheit; It. flaccidezza.

flaco
adj. I. lean, skinny, meagre; F. maigre; A. mager; It. magro, flacco.

flagelación
f. I. y F. flagellation; A. Geisselung; It. flagellazione.

flamante
adj. I. new; F. flambant; A. funkelnagelneu; It. fiammante.

flamenco
adj. I. Flemish; F. flammand; A. flandrisch; It. fiammingo.

flamígero
adj. I. flamboyant; F. flammigère; A. flammig; It. fiammeggiante.

flan
m. I. flawn, cream caramel; F. e It. flan; A. Flanden.

flanco
m. I. side, flanck; F. flanc; A. Seite; It. fianco.

flanquear
tr. I. to flank; F. flanquer; A. flankieren; It. fiancheggiare.

flaquear
intr. I. to faint; F. faiblir; A. wanken; It. infiacchire.

flaqueza
f. I. weakness; F. faiblesse; A. Magerkeit; It. fiacchezza.

flato
m. I. flatus; F. flatulence; A. Blähung; It. flato.

flauta
f. I. flute; F. flûte; A. Flöte; It. flauto.

flautista
m. I. fluter; F. flûteur; A. Flötist; It. flautista.

fleco
m. I. fringe; F. frange; A. Franse; It. frangia.

flecha
f. I. arrow; F. flèche; A. Pfeil; It. freccia.

flema
f. I. phlegm; F. flegme; A. Phlegma; It. flemma.

flemático
adj. I. phlegmatic; F. phlematique; A. phlegmatisch; It. flemmatico.

flemón
m. I. y F. phlegmon; A. Phlegmone; It. flemmone.

fletamento
m. I. charterage, shipment; F. affrètement; A. Befrachtung; It. noleggio.

flexibilidad
f. I. flexibleness; F. flexibilité; A. Biegsamkeit; It. flessibilità.

flexión
f. I. flection; F. flexion; A. Beugung, Flexion; It. flessione.

flojedad
f. I. feebleness; F. faiblesse; A. Feigheit; It. floscezza.

flojo
adj. I. lax, loose; F. lâche; A. lässig, schlaff; It. floscio.

flor
f. I. flower; F. fleur; A. Blume; It. fiore.

flora
f. I. e It. flora; F. flore; A. Flora.

florecer
intr. I. to flower, to flourish; F. fleurir; A. blühen; It. fiorire.

florescencia
f. I. florescence; F. floraison; A. Blüte; It. fioritura.

floresta
f. I. grove; F. bosquet; A. Wald; It. foresta.

florete
m. I. floret; F. fleuret; A. Florett; It. fioretto.

floricultura
f. I. y F. floriculture; A. Blumenzucht; It. floricoltura.

florido
adj. I. flowery; F. fleuri; A. bluming; It. florido.

florín
m. I. y F. florin; A. Gulden, Florin; It. fiorino.

florón
m. I. y F. fleuron; A. Blumenrosette; It. fiorone.

flota
f. I. fleet; F. flotte; A. Handelsflotte; It. flotta.

flotar
intr. I. to float; F. flotter; A. schwimmen; It. flottare.

fluctuar
intr. I. to fluctuate; F. fluctuer; A. hin und her schwanken; It. fluttuare.

fluidez
f. I. fluidity; F. fluidité; A. Flüssigkeit; It. fluidezza.

fluido
adj. I. fluid; F. fluide; A. Fluid; It. fluido.

flujo
m. I. flow; F. flux; A. Flut; It. flusso.

fluorescencia
f. I. y F. fluorescence; A. Fluoreszenz; It. fluorescenza.

fluvial
adj. I. y F. fluvial; A. Fluss (en comp.); It. fluviale.

foca
f. I. seal; F. phoque; A. Seehund; It. foca.

foco
m. I. focus; F. foyer; A. Fokus; It. foco.

fogata
f. I. blaze; F. fougasse; A. Flackerfluer; It. rogo.

fogón
m. I. hearth; F. foyer; A. Küchenherd; It. focolare.

foliar
tr. I. to page; F. numéroter; A. paginieren; It. fogliettare.

folio
m. I. folio; F. feuille; A. Blatt-Buchseite; It. foglio.

folklore
m. I. folklore; F. folk-lore; A. Volkskunde; It. flolclore.

follaje
m. I. foliage; F. feuillage; A. Laubwerk; It. fogliame.

folletín
m. I. y F. feuilleton; A. Beiblatt; It. appendice.

folleto
m. I. pamphlet; F. brochure; A. Broschüre; It. foglietto.

fomentar
tr. I. to foment; F. fomenter; A. anreizen; It. fomentare.

fonda
f. I. inn, hotel; F. hôtel; A. Wirthaus; It. albergo.

fondear
tr. I. to anchor; F. mouiller; A. werankern; It. fondeggiare.

fondo
adj. I. bottom; F. fond; A. Grund; It. fondo.

fonética
f. I. phonetics; F. phonétique; A. Phonetik; It. fonetica.

fonógrafo
m. I. phonograph; F. phonographe; A. Phonograph; It. fonografo.

fonómetro
m. I. phonometer; F. phonomètre; A. Schallmesser; It. fonometro.

fontanero
adj. I. plumber; F. fontainier; A. Rohrleger; It. fontaniere.

forajido
adj. I. outlaw; F. fugitif; A. Strassenräuber; It. facineroso.

forastero
adj. I. stranger; F. étranger; A. fremd; It. forastiero.

forcejar
intr. I. to struggle; F. faire force; A. sich anstrengen; It. forzare.

forceps
m. I. y F. forceps; A. Geburtszange; It. forcipe.

forja
f. I. forge; F. forgeage; A. Schmiede; It. ferriera.

forjar
tr. I. to forge; F. forger; A. schmieden; It. fucinare.

forma
f. I. shape, form; F. forme; A. Gestalt; It. forma.

formación
f. I. y F. formation; A. Bildung; It. formazione.

formalidad
f. I. formality; F. formalité; A. Formalität; It. formalità.

formalizar
tr. I. to formalize; F. formaliser; A. gesetzmässig erledigen; It. formalizzare.

formar
tr. I. to form; F. former; A. bilden; It. formare.

formidable
adj. I. formidable, dreadful; F. formidable; A. ungeheuer; It. formidabile.

fórmula
f. I. e It. formula; F. formule; A. Formel.

formular
tr. I. to formulate; F. formuler; A. formulieren; It. formulare.

formulario
adj. I. formulary; F. formulaire; A. Formular; It. formulario.

fornicar
intr. I. to fornicate; F. forniquer; A. huren; It. fornicare.

fornido
adj. I. stout; F. robuste; A. stämmig; It. robusto.

foro
m. I. y F. forum; A. Forum; It. foro.

forraje
m. I. forage; F. fourrage; A. Futter; It. foraggio.

forrar
tr. I. to line; F. fourrer; A. beziehen; It. foderare.

forro
m. I. lining; F. doublure; A. Futter; It. fodera.

fortaleza
f. I. fortitude; F. fermeté; A. Kraft; It. fortitudine.

fortificar
tr. I. to fortify; F. fortifier; A. befestigen; It. fortificare.

fortuito
adj. **I.** fortuitous; **F.** fortuit; **A.** zufällig; **It.** fortuito.

fortuna
f. **I.** y **F.** fortune; **A.** Glück; **It.** fortuna.

forzar
tr. **I.** to force; **F.** forcer; **A.** zwingen; **It.** forzare.

forzoso
adj. **I.** needful; **F.** forcé; **A.** unvermeidlich; **It.** forzoso.

fosa
f. **I.** grave; **F.** fosse; **A.** Graben, Gruft; **It.** fossa.

fracasar
tr. **I.** to fail; **F.** échouer; **A.** misslingen; **It.** fracassare.

fracaso
m. **I.** failure; **F.** insuccès; **A.** Misserfoig; **It.** fracasso.

fracción
f. **I.** y **F.** fraction; **A.** Fraktion; **It.** frazione.

fractura
f. **I.** y **F.** fracture; **A.** Bruch; **It.** frattura.

fracturar
tr. **I.** to fracture; **F.** fracturer; **A.** aufbrechen; **It.** fratturare.

fragancia
f. **I.** fragrance; **F.** parfum; **A.** Wohlgeruch; **It.** fraganza.

frágil
adj. **I.** brittle; **F.** fragile; **A.** zerbrechlich; **It.** fragile.

fragmento
m. **I.** y **F.** fragment; **A.** Bruchstück; **It.** frammento.

fragor
m. **I.** noise; **F.** fracas; **A.** Getöse; **It.** fragore.

fraile
m. **I.** friar; **F.** frère; **A.** Mönch; **It.** frate.

franco
adj. **I.** frank, outspoken; **F.** franc; **A.** offenherzig; **It.** franco.

franquear
tr. **I.** to affranchise; **F.** affranchir; **A.** freimachen; **It.** affrancare.

franquicia
f. **I.** franchise; **F.** exemption; **A.** Freiheit; **It.** franchigia.

frasco
m. **I.** flask; **F.** flacon; **A.** Fläschchen; **It.** fiasco.

frase
f. **I.** sentence, phrase; **F.** phrase; **A.** satz; **It.** frase.

fraternidad
f. **I.** brotherhood; **F.** fraternité; **A.** Brüderlichkeit; **It.** fraternitá.

fraude
m. **I.** fraud; **F.** fraude; **A.** Betrug; **It.** frode.

frazada
f. **I.** blanket; **F.** couverture de lit; **A.** Bettdecke; **It.** coperta.

frecuencia
f. **I.** frequency; **F.** fréquence; **A.** Frequenz; **It.** frequenza.

frecuentar
tr. **I.** to frequent; **F.** fréquenter; **A.** häuftigen; **It.** frequentare.

fregar
tr. **I.** to rub; **F.** frotter; **A.** scheuern; **It.** stropicciare.

freír
tr. **I.** to fry; **F.** frire; **A.** braten; **It.** friggere.

frenar
tr. **I.** to bridle; **F.** freiner; **A.** bremsen; **It.** frenare.

frenesí
m. **I.** frenzy; **F.** frénésie; **A.** Phrenesie; **It.** frenesia.

frenético
adj. **I.** frenetic; **F.** frénétique; **A.** rasend; **It.** frenetico.

freno
m. **I.** brake; **F.** frein; **A.** Bremse; **It.** freno.

frente
f. **I.** forehead, front; **F.** front, visage; **A.** Stirn, Vorderkopf; **It.** fronte.

fresco
adj. **I.** fresh; **F.** frais; **A.** frisch; **It.** fresco.

frialdad
f. **I.** coldness; **F.** froideur; **A.** Kälte; **It.** fredezza.

friega
f. **I.** y **F.** friction; **A.** Abreibung; **It.** fregatura.

frío
adj. **I.** cold; **F.** froid; **A.** Kalt; **It.** freddo.

frisar
tr. **I.** to frizzle; **F.** friser; **A.** rauhen; **It.** frisare.

frívolo
adj. **I.** frivolous; **F.** frivole; **A.** leichtfertig; **It.** frivolo.

frontera
f. **I.** frontier, border; **F.** frontière; **A.** Grenze; **It.** frontiera.

fronterizo
adj. **I.** y **F.** limitrophe; **A.** angrenzend; **It.** limitrofo.

frotamiento
m. **I.** rubbing; **F.** frottement; **A.** Reibung; **It.** fregamento.

frotar
tr. **I.** to rub; **F.** frotter; **A.** reiben; **It.** stropicciare.

fructífero
adj. **I.** fructiferous; **F.** fructifère; **A.** fruchtbringend; **It.** fruttifero.

fructificar
intr. **I.** to fructify; **F.** fructifier; **A.** Fruchat bringen; **It.** fruttificare.

frugal
adj. **I.** y **F.** frugal; **A.** spárlich, einfach; **It.** frugale.

fruncir
tr. **I.** to frown; **F.** froncer; **A.** runzeln; **It.** raggrottare.

fruslería
f. **I.** trifle; **F.** futilité; **A.** Lappalie; **It.** futilità.

frustrar
tr. **I.** to frustrate; **F.** frustrer; **A.** täuschen; **It.** frustrare.

fruto
m. **I.** y **F.** fruit; **A.** Frucht; **It.** frutto.

fuego
m. **I.** fire; **F.** feu; **A.** Feuer; **It.** fuoco.

fuelle
m. **I.** blower; **F.** soufflet; **A.** Blasebalg; **It.** soffietto.

fuente
f. **I.** fountain; **F.** fontaine; **A.** Quelle; **It.** fontana.

fuero
m. **I.** fuero; **F.** loi; **A.** Rechtrechung; **It.** statuto.

fuerte
adj. **I.** strong; **F.** fort; **A.** stark; **It.** forte.

fuerza
f. **I.** strength; **F.** force; **A.** Kraft; **It.** forza.

fuga
f. **I.** flight; **F.** fuite; **A.** Flucht; **It.** fuga.

fugaz
adj. **I.** fugacious; **F.** e **It.** fugace; **A.** flüchtig.

fulgor
m. **I.** fulgency; **F.** èclat; **A.** Schimmer; **It.** fulgore.

fulgurar
intr. **I.** to fulgurate; **F.** fulgurer; **A.** ausstrahlen; **It.** folgorare.

fulminar
tr. **I.** to fulminate; **F.** fulminer; **A.** blitzen; **It.** fulminare.

fullería
f. **I.** cheatery; **F.** tricherie; **A.** Betrügerie; **It.** bareria.

fumar
intr. **I.** to smoke; **F.** fumer; **A.** rauchen; **It.** fumare.

función
f. **I.** function; **F.** fonction; **A.** Funktion; **It.** funzione.

funcionar
intr. **I.** to operate, to work; **F.** fonctionner; **A.** funktionieren; **It.** funzionare.

funcionario
m. **I.** functionary; **F.** fonctionnaire; **A.** Beamter; **It.** funzionario.

funda
f. **I.** sheath; **F.** taie, étui; **A.** Futteral, Bezug; **It.** fodera.

fundamental
adj. **I.** fundamental; **F.** fondamental; **A.** grundlegen; **It.** fundamentale.

fundamento
m. **I.** foundation; **F.** fondement; **A.** Grund; **It.** fondamento.

fundar
tr. **I.** to found; **F.** fonder, bâtir; **A.** gründen; **It.** fondare.

fundición
f. **I.** foundry; **F.** fonderie; **A.** Giesserei; **It.** fonderia.

fundir
tr. **I.** to melt, to fuse; **F.** fondre; **A.** schmelzen; **It.** fondere.

fúnebre
adj. **I.** mournful; **F.** funèbre; **A.** traurig; **It.** funebre.

funeral
m. **I.** funeral; **F.** funéraire; **A.** Leichenbegängnis; **It.** funerale.

furia
f. **I.** fury, rage; **F.** furie, colère; **A.** Furie, Raserei; **It.** furia.

furioso
adj. **I.** furious; **F.** furieux; **A.** wütend; **It.** furioso.

furor
m. **I.** furor; **F.** fureur; **A.** Wut; **It.** furore.

furtivo
adj. **I.** furtive; **F.** furtif; **A.** heimlich; **It.** furtivo.

fusil
m. **I.** gun, rifle; **F.** fusil; **A.** Flinte, Gewehr; **It.** fucile.

fusilar
tr. **I.** to shoot; **F.** fusiller; **A.** erschiessen; **It.** fucilare.

fusión
f. **I.** y **F.** fusion; **A.** Schmelzen; **It.** fusione.

fuste
m. **I.** wood; **F.** bois; **A.** Holz; **It.** fusto.

fustigar
tr. **I.** to wohip; **F.** fustiguer; **A.** auspeitschen; **It.** fustigare.

fútil
adj. **I.** trifling; **F.** e **It.** futile; **A.** belanglos.

futuro
adj. **I.** future; **F.** futur; **A.** zukünftig; **It.** futuro.

gabán
m. **I.** coat; **F.** pardessus; **A.** Überzieher; **It.** gabbano.

gabardina
f. **I.** raincoat, gabardine; **F.** gabardine; **A.** Regenmantel; **It.** capperone.

gabarra
f. **I.** barge; **F.** gabare; **A.** Leichter; **It.** gabarra.

gabinete
m. **I.** y **F.** cabinet; **A.** Kabinett; **It.** gabinetto.

gacela
f. **I.** y **F.** gazelle; **A.** Gazelle; **It.** gazzella.

gaceta
f. **I.** y **F.** gazette; **A.** Gazette; **It.** gazzeta.

gaita
f. **I.** bagpipe; **F.** cornemuse; **A.** Sackpfeife; **It.** piva.

gaje
m. **I.** wages; **F.** gages; **A.** Lohn; **It.** salario.

gala
f. **I.** e **It.** gala; **F.** habit somptueux; **A.** Gala.

galán
adj. **I.** spruce; **F.** galant; **A.** geputzt; **It.** galante.

galantear
tr. **I.** to court; **F.** courtiser; **A.** hofieren; **It.** corteggiare.

gálbano
m. **I.** y **F.** galbanum; **A.** Mutterharz; **It.** galbano.

galena
f. I. e It. galena; F. galéne; A. Galene.

galeote
m. I. galley-slave; F. galérien; A. Galeerenasklave; It. galeotto.

galera
f. I. galley; F. galère; A. Galeere; It. galera.

galerada
f. I. galley; F. galée; A. Bürstenabzug; It. stampone.

galería
f. I. gallery; F. galerie; A. Galerie; It. galleria.

galgo
adj. I. greyhound; F. lévrier; A. Windhund; It. levriero.

galimatías
m. I. gibberish; F. galimatias; A. Mischmasch; It. cantafera.

galocha
f. I. clog; F. galoche; A. Galosche; It. caloscia.

galón
m. I. galloon; F. galon; A. Borte; It. nastro.

galopar
intr. I. to gallop; F. galoper; A. galoppieren; It. galoppare.

galvanizar
tr. I. to galvanize; F. galvaniser; A. galvanisieren; It. galvanizzare.

galvanómetro
m. I. galvanometer; F. galvanometre; A. Galvanometer; It. galvanometro.

gallardete
m. I. pennant; F. flamme; A. Wimpel; It. gagliardetto.

galleta
f. I. y F. biscuit; A. Zwieback; It. galletta.

gallina
f. I. hen; F. poule; A. Henne; It. gallina.

gallinero
adj. I. hen-house; F. poulailler; A. Hühnerstall; It. gallinaio.

gallo
m. I. cock; F. coq; A. Hahn; It. gallo.

gama
f. I. gamut; F. gamme; A. Tonleiter; It. gamma.

gamarra
f. I. y F. martingale; A. Sprungriemen; It. camarra.

gamo
m. I. buck; F. daim; A. Damhirsch; It. daino.

gamuza
f. I. chamois; F. isard; A. Gemse; It. camoscio.

ganado
m. I. cattle; F. bétail; A. Vieh; It. bestiame.

ganancia
f. I. y F. gain; A. Gewinn; It. guadagno.

ganar
tr. I. to gain, to win; F. gagner; A. gewinnen; It. guadagnare.

gancho
m. I. hook; F. crochet; A. Haken; It. gancio.

gandul
adj. I. idler; F. fainéant; A. arbeitsscheu; It. ozioso.

ganglio
m. I. y F. ganglion; A. Ganglion; It. ganglio.

gangrena
f. I. gangrene; F. gangrène; A. Brand; It. cancrena.

ganso
m. I. goose; F. oie; A. Gans; It. oca.

ganzúa
f. I. picklock; F. rossignol; A. Dietrich; It. grimaldello.

garantía
f. I. guaranty; F. garantie; A. Garantie; It. garanzia.

garantizar
tr. I. to guarantee; F. garantir; A. gewährleisten; It. garantire.

garbanzo
m. I. pea; F. pois chiche; A. Kichererbse; It. cece.

garbo
m. I. gracefulness; F. élan; A. Anmut; It. garbo.

gardenia
f. I. e It. gardenia; F. gardénia; A. Gardenie.

garfio
m. I. draghook; F. crochet; A. Klammer; It. graffio.

gargajo
m. I. phlegm; F. graillon; A. Speichel; It. sputacchio.

garganta
f. I. throat; F. gorge; A. Kehle; It. gola.

gárgola
f. I. gargoyle; F. gargouille; A. Speier; It. gronda.

garita
f. I. sentry-box; F. guérite; A. Schilderhous; It. garetta.

garrote
m. I. cudgel; F. bâton; A. Knebel; It. randello.

gas
m. I. gas; F. gaz; A. Gas; It. gas, gasse.

gastar
tr. I. to expend; F. dépenser; A. ausgeben; It. spendere.

gato
m. I. cat; F. chat; A. Kater; It. gatto.

gavilla
f. I. gavel; F. gerbe; A. Garbe; It. covone.

gelatina
f. I. gelatine; F. gélatine; A. Gelatine; It. gelatina.

gelatinoso
adj. I. gelatinous; F. gélatineux; A. gallertartig; It. gelatinoso.

gema
f. I. gem; F. gemme; A. Gemme; It. gemma.

gemelo
adj. I. twin; F. jumeau; A. Zwilling; It. gemello.

gemir
intr. I. to groan; F. gémir; A. wimmer; It. gemere.

genciana
f. I. gentian; F. gentiane; A. Enzian; It. genziana.

gendarmería
f. I. y **F.** gendarmerie; **A.** Polizeimiliz; **It.** gendarmeria.

genealogía
f. I. genealogy; **F.** généalogie; **A.** Genealogie; **It.** genealogia.

genealogista
m. I. genealogist; **F.** généalogiste; **A.** Genealog; **It.** genealogista.

generación
f. I. generation; **F.** génération; **A.** Erzeugung; **It.** generazione.

general
adj. I. general; **F.** géneral; **A.** allgemein; **It.** generale.

generalizar
tr. I. to generalize; **F.** généraliser; **A.** verallgemeinern; **It.** generalizzare.

generatriz
adj. I. generant; **F.** génératrice; **A.** erzeugende; **It.** generatrice.

género
m. I. genus, sort; **F.** genre, sorte; **A.** Geschlecht, Gattung; **It.** genere, sorta.

generosidad
f. I. generosity; **F.** génerosité; **A.** Grossherzigkeit; **It.** generosità.

génesis
m. I. Genesis; **F.** Genèse; **A.** Genesis; **It.** Genesi.

genio
m. I. genius; **F.** génie; **A.** Genius; **It.** genio.

genitivo
adj. I. genitive; **F.** genitif; **A.** Wesfall; **It.** genitivo.

gente
f. I. people; **F.** gens; **A.** Leute; **It.** gente.

gentil
adj. I. heathen, pagan; **F.** païen; **A.** heidnisch; **It.** gentile.

gentilhombre
m. I. gentleman; **F.** gentilhomme; **A.** Edelmann; **It.** gentiluomo.

gentío
m. I. crowd; **F.** foule; **A.** Menschenmenge; **It.** folla.

genuflexión
f. I. genuflection; **F.** génuflexion; **A.** Kniebeugung; **It.** genuflessione.

genuino
adj. I. genuine; **F.** génuine; **A.** rein; **It.** genuino.

geodesia
f. I. geodesy; **F.** géodésie; **A.** Geodäsie; **It.** geodesia.

geodinámica
f. I. geodynamics; **F.** géodynamique; **A.** Geodynamik; **It.** geodinamica.

geofísica
f. I. geophysics; **F.** géophysique; **A.** Geophysik; **It.** geofisica.

geografía
f. I. geography; **F.** géographie; **A.** Geographie; **It.** geografia.

geógrafo
m. I. geographer; **F.** géographe; **A.** Geograph; **It.** geografo.

geología
f. I. geology; **F.** géologie; **A.** Geologie; **It.** geologia.

geometría
f. I. geometry; **F.** géométrie; **A.** Geometrie; **It.** geometria.

geranio
m. I. geranium; **F.** géranium; **A.** Geranium; **It.** geranio.

gerencia
f. I. managership; **F.** gérance; **A.** Verwaltung; **It.** gerenza.

gerente
m. I. manager; **F.** gérant; **A.** Geschäftsführer; **It.** gerente.

gerifalte
m. I. gerfalcon; **F.** gerfaut; **A.** Jagdfalke; **It.** girifalco.

germanía
f. I. jargon; **F.** argot; **A.** Diebssprache; **It.** gergo.

germen
m. I. germ; **F.** e **It.** germe; **A.** Keim.

germinar
intr. I. to germinate; **F.** germer; **A.** spriessen; **It.** germinare.

gerundio
m. I. gerund; **F.** gérondif; **A.** Gerundium; **It.** gerundio.

gestación
f. I. y **F.** gestation; **A.** Schwangerschaft; **It.** gestazione.

gesticular
intr. I. to gesticulate; **F.** gesticuler; **A.** gestikulieren; **It.** gesticolare.

gestión
f. I. agency; **F.** gestion; **A.** Tätigkeit; **It.** sollecitazione.

gesto
m. I. grimace; **F.** mine; **A.** Gebärde; **It.** gesto.

gestor
adj. I. manager; **F.** gérant; **A.** Geschäftsführer; **It.** gestore.

giba
f. I. hump; **F.** bosse; **A.** Höcker; **It.** gibba.

gigante
adj. I. giant; **F.** géant; **A.** Gigant, .Riese; **It.** gigante.

gimnasia
f. I. gymnastics; **F.** gymnastique; **A.** Gymnastik; **It.** ginnastica.

ginecología
f. I. gynecology; **F.** gynécologie; **A.** Frauenheilkunde; **It.** ginecologia.

gineta
f. I. genet; **F.** genette; **A.** Bisamkatze; **It.** genetta.

girar
intr. I. to turn round; **F.** tourner; **A.** Kreisen; **It.** girare.

giro
m. I. draft; **F.** traite; **A.** Tratte; **It.** cambiale.

giroscopio
m. I. y **F.** gyroscope; **A.** Kreisel; **It.** giroscopio.

gitano
adj. I. gipsy; **F.** bohémien; **A.** Zigeuner; **It.** zingaro.

glacial
adj. I. y **F.** glacial; **A.** eisig; **It.** glaciale.

glaciar
m. I. y **F.** glacier; **A.** Gletscher; **It.** ghiacciaio.

gladiador
m. I. gladiator; **F.** gladiateur; **A.** Fechter; **It.** gladiatore.

glande
m. I. glans; **F.** gland; **A.** Eichel; **It.** glande.

glándula
f. I. gland; F. glande; A. Drüse; It. glandola.

glasé
m. I. glacé silk; F. taffetas glacé; A. Glanztaffet; It. glacè.

glaucoma
m. I. e It. glaucoma; F. glaucome; A. grüner Star.

gleba
f. I. clod, lump; F. glébe; A. Erdscholle; It. gleba.

glicerina
f. I. glycerine; F. glycérine; A. Glyzerin; It. glicerina.

globo
m. I. y F. globe; A. Kugel; It. globo.

glóbulo
m. I. y F. globule; A. Kügelchen; It. globulo.

gloria
f. I. glory; F. gloire; A. Ruhm; It. gloria.

glorificar
tr. I. to glorify; F. glorifier; A. rühmen; It. glorificare.

glorioso
adj. I. glorious; F. glorieux; A. rühmlich; It. glorioso.

glosa
f. I. gloss; F. glose; A. Glosse; It. glosa.

glosar
tr. I. to gloss; F. gloser; A. glossieren; It. glosare.

glosario
m. I. glossary; F. glossaire; A. Glossar; It. glossario.

glosopeda
f. I. glossopaeda; F. glossopéda; A. Maulund Kleuenseuche; It. Glossopeda.

glotón
adj. I. glutton; F. glouton; A. Vielfrass; It. ghiottone.

glotonería
f. I. gluttony; F. gloutonnerie; A. Gefrässigkeit; It. ghiottoneria.

glucosa
f. I. glucose; F. glycose; A. Traubenzucker; It. glucosio.

glucosuria
f. I. glycosuria; F. glycosurie; A. Zuckerharnruhr; It. glucosuria.

gluten
m. I. y F. gluten; A. Kleberleim; It. glutine.

glutinoso
adj. I. glutinous; F. glutineux; A. Klebrig; It. glutinoso.

gnomo
m. I. y F. gnome; A. Gnom; It. gnomo.

gnosticismo
m. I. gnosticism; F. gnosticisme; A. Gnosis; It. gnosticismo.

gobernación
f. I. government; F. gouvernement; A. Regierung; It. governo.

gobernar
tr. I. to govern; F. gouverner; A. regieren; It. governare.

gobierno
m. I. governement; F. gouvernement; A. Regierung; It. governo.

gobio
m. I. gudgeon; F. goujon; A. Meergrundel; It. gobio.

goce
m. I. enjoyment; F. jouissance; A. Genuss; It. godimento.

godo
adj. I. Goth; F. goth; A. Gote; It. goto.

gola
f. I. throat; F. gorge; A. Schlund; It. gola.

goleta
f. I. shooner; F. goëlette; A. Schoner; It. goletta.

golfo
m. I. gulf; F. golfe; A. Bucht; It. golfo.

golondrina
f. I. swallow; F. hirondelle; A. Schwalbe; It. rondinella.

golosina
f. I. daintiness; F. friandise; A. Lekkerei; It. golosità.

goloso
adj. I. lickerish; F. gourmet; A. Gourmand; It. goloso.

golpe
m. I. blow; F. coup; A. Schlag; It. colpo.

golpear
tr. I. to beat; F. battre; A. schlagen; It. colpeggiare.

goma
f. I. gum, rubber; F. gomme; A. Gummi; It. gomma.

góndola
f. I. e It. gondola; F. gondole; A. Gondel.

gonorrea
f. I. gonorrhoea; F. gonorrhée; A. Tripper; It. gonorrea.

gordo
adj. I. fat; F. gras; A. dick; It. grasso.

gorrión
m. I. sparrow; F. moineau; A. Sperling; It. passero.

gorro
m. I. cap; F. bonnet; A. Kappe; It. berretto.

gota
f. I. drop; F. goutte; A. Tropfen; It. goccia.

gotear
intr. I. to drip; F. dégoutter; A. tröpfeln; It. gocciolare.

gotera
f. I. gutter; F. gouttière; A. Traufe; It. gocciolatura.

gótico
adj. I. Gothic; F. gothique; A. gotisch; It. gotico.

gozar
tr. I. to enjoy; F. jouir; A. geniessen; It. godere.

gozne
m. I. hinge; F. gond; A. Angel; It. cardine.

gozo
m. I. joy; F. joie; A. Vergnügen; It. gaudio.

grabado
m. I. engraving; F. gravure; A. Bild; It. incisione, stampa.

grabador
m. I. engraver; F. graveur; A. Bildstecher; It. incisore.

grabar
tr. **I.** to engrave; **F.** graver; **A.** eingravieren; **It.** incidere.

gracia
f. **I.** grace; **F.** grâce; **A.** Grazie, Anmunt; **It.** grazia.

gracioso
adj. **I.** graceful; **F.** gracieux; **A.** graziös; **It.** grazioso.

grada
f. **I.** stair; **F.** marche; **A.** Rangreihe; **It.** gradino.

gradación
f. **I.** y **F.** gradation; **A.** Abstufung; **It.** gradazione.

grado
m. **I.** degree; **F.** degré; **A.** Grad; **It.** grado.

graduación
f. **I.** y **F.** graduation; **A.** Gradeinteilung; **It.** graduazione.

graduar
tr. **I.** to graduate; **F.** graduer; **A.** abstufen; **It.** graduare.

gráfico
adj. **I.** graphic; **F.** graphique; **A.** graphisch; **It.** grafico.

grafio
m. **I.** graver; **F.** graffiti; **A.** Griffel; **It.** graffieto.

grafito
m. **I.** y **F.** graphite; **A.** Graphit; **It.** grafite.

grafología
f. **I.** graphology; **F.** graphologie; **A.** Graphologie; **It.** grafologia.

gragea
f. **I.** sugarplum; **F.** dragée; **A.** Dragee; **It.** confetto.

grajo
m. **I.** rook; **F.** geai; **A.** Krähe; **It.** gracchia.

grama
f. **I.** couch-grass; **F.** chiendent; **A.** Quecke; **It.** gramigna.

gramática
f. **I.** grammar; **F.** grammaire; **A.** Grammatik; **It.** grammatica.

gramático
adj. **I.** grammarian; **F.** grammarien; **A.** Grammatiker; **It.** grammatico.

gramo
m. **I.** gram; **F.** gramme; **A.** Gramm; **It.** grammo.

gramófono
m. **I.** y **F.** gramophone; **A.** Grammophon; **It.** grammofono.

granada
f. **I.** pomegranate; **F.** grenade; **A.** Granatapfel; **It.** granata.

granar
intr. **I.** to seed; **F.** grener; **A.** Samenschiessen; **It.** granare.

granate
m. **I.** garnet; **F.** grenat; **A.** Granatstein; **It.** granato.

grande
adj. **I.** big, great; **F.** grand; **A.** gross; **It.** grande.

grandeza
f. **I.** greatness; **F.** grandeur, grandesse; **A.** Grösse, Hoheit; **It.** grandezza.

grandiosidad
f. **I.** grandiosity; **F.** grandesse; **A.** Grossartigkeit; **It.** grandiosità.

granero
m. **I.** granary; **F.** grenier; **A.** Kornkammer; **It.** granaio.

granito
m. **I.** granite; **F.** granit; **A.** Granit; **It.** granito.

granizar
intr. **I.** to hail; **F.** grêler; **A.** hageln; **It.** grandinare.

granizo
m. **I.** hail; **F.** giréle; **A.** Hagel **It.** gradine

granja
f. **I.** farum; **F.** ferme; **A.** Gutshof **It.** fattoria

granjero
m. **I.** farmer; **F.** fermier; **A.** Meier; **It.** fattore.

grano
m. **I.** y **F.** grain; **A.** Korn, Kern; **It.** grano.

granuja
f. **I.** waif; **F.** gamin; **A.** Lump; **It.** birbante.

gránulo
m. **I.** y **F.** granule; **A.** Körnchen; **It.** granulo.

granza
f. **I.** madder; **F.** garance; **A.** Krapp; **It.** robbia.

grapa
f. **I.** clamp; **F.** crampon; **A.** Krampe; **It.** grappa.

grasa
f. **I.** grease; **F.** graisse; **A.** Fett; **It.** grascia.

graso
adj. **I.** fat; **F.** gras; **A.** fett; **It.** grasso.

gratificación
f. **I.** reward; **F.** gratification; **A.** Belohnung; **It.** gratificazione.

gratitud
f. **I.** y **F.** gratitude; **A.** Dankbarkeit; **It.** gratitudine.

grato
adj. **I.** agreeable; **F.** agréable; **A.** angenehm; **It.** grato.

gratuito
adj. **I.** gratuitous; **F.** gratuit; **A.** unentgeltlich; **It.** gratuito.

gratulatorio
adj. **I.** gratulatory; **F.** congratulatoire; **A.** beglückwünschend; **It.** congratulatorio.

grava
f. **I.** gravel; **F.** cailloutis; **A.** Kiesel; **It.** ghiaia.

gravamen
m. **I.** charge; **F.** corvée; **A.** Belastung; **It.** gravame.

grave
adj. **I.** heavy; **F.** grave; **A.** schwer; **It.** grave.

gravedad
f. **I.** gravity; **F.** gravité; **A.** Schwerkraft; **It.** gravità.

gravitación
f. **I.** y **F.** gravitation; **A.** Gravitation; **It.** gravitazione.

graznar
intr. **I.** to croak; **F.** croasser; **A.** Krächzen; I **It.** gracchiare.

greca
f. **I.** fret; **F.** grecque; **A.** geradlinige; **It.** greca.

grecolatino
adj. **I.** Greco-Latin; **F.** gréco-latin; **A.** griechisch-lateinisch; **It.** grecolatino.

greda
f. I. clay; F. craie; A. Kreide; It. creta.

gregal
m. I. northeast wind; F. vent grec; A. Nordostwind; It. grecale.

gremio
m. I. guild; F. corporation; A. Verein; It. corporazione.

gres
m. I. sandstone; F. e It. grès; A. Steingut.

grey
f. I. flock; F. bétail; A. Schafherde; It. gregge.

grial
m. I. Holy Grail; F. graal; A. Gral; It. Griale.

griego
adj. I. Greek; F. grec; A. griechisch; It. greco.

grieta
f. I. chink; F. crevasse; A. Riss; It. crepatura.

grifo
m. I. griffin; F. griffon; A. Greif; It. grifo.

grillete
m. I. shackle; F. fer; A. Fusseisen; It. ceppo.

grillo
m. I. cricket; F. grillon; A. Grille; It. grillo.

gris
adj. I. gray; F. gris; A. grau; It. grigio.

gritar
intr. I. to shout; F. crier; A. schreien; It. gridare.

grito
m. I. cry; F. cri; A. Schrei; It. grido.

grosella
f. I. currant; F. groseille; A. Johannisbeere; It. ribes.

grosería
f. I. rudeness; F. brusquerie; A. Grossheit; It. grossezza.

grosero
adj. I. coarse; F. grossier; A. grob; It. grossolano.

grotesco
adj. I. y F. grotesque; A. grotesk; It. grottesco.

grúa
f. I. crane; F. grue; A. Kran; It. gru.

grueso
adj. I. bulky; F. étoffé; A. beleibt; It. grosso.

grumo
m. I. grume; F. grumeau; A. Gerinnsel; It. grumo.

gruñir
intr. I. to grunt; F. grogner; A. grunzen; It. grugnire.

grupo
m. I. group; F. groupe; A. Gruppe; It. gruppo.

gruta
f. I. grot; F. grotte; A. Grotte; It. grotta.

guante
m. I. glove; F. gant; A. Handschuh; It. guanto.

guapo
adj. I. handsome, beautiful; F. beau; A. schön; It. bello.

guarda
m. I. guard; F. garde; A. Garde; It. guardia.

guardar
tr. I. to keep; F. garder; A. bewachen; It. guardare.

guarecer
tr. I. to shelter; F. protéger; A. schützen; It. ricoverare.

guasa
f. I. jest; F. gouaillerie; A. Scherz; It. freddddura.

guerra
f. I. war; F. guerre; A. Krieg; It. guerra.

guerrear
intr. I. to war; F. guerroyer; A. Kämpfen; It. guerreggiare.

guía
m. I. guide, leader; F. guide; A. Führer; I. guida.

guiar
tr. I. to guide; F. guider; A. führen; I. guidare.

guija
f. I. pebble; F. caillou; A. Kieselstein; It. ghiaia.

guión
m. I. gonfalon; F. guidon; A. Fahne; It. guidone.

guirnalda
f. I. garland; F. guirlande; A. Girlande; It. ghirlanda.

guisar
tr. I. to cook; F. cuisiner; A. Kochen; It. condire.

guitarra
f. I. guitar; F. guitare; A. Gitarre; It. chitarra.

gula
f. I. gluttony; F. gourmandise; A. Gefrässigkeit; It. gola.

gusano
m. I. worm; F. ver; A. Wurm; It. baco.

gustar
tr. I. to taste; F. goûter; A. Kosten; It. gustare.

gusto
m. I. taste; F. goût; A. Geschmack; It. gusto.

gutural
adj. I., F. y A. guttural; It. gutturale.

H

haba
f. I., bean; F. fève; A. Bohne; It. fava.

habanero
adj. I. Havanese; F. havanais; A. Havannier; It. avanese.

habar
m. I. beanfield; F. champ de fèves; A. Bohnenfeld; It. faveto.

haber
tr. I. to have, to possess; F. avoir; A. haben; It. avere.

habichuela
f. I. kidney-bean; F. haricot; A. Brechbohne; It. fagiolo.

habilidad
f. I. ability; F. habilité; A. Genvandheit; It. abilità.

habilitación
f. I. y F. habilitation; A. Befähigung; It. abilitazione.

habilitar
tr. I. to enable; F. habilitér; A. befähigen; It. abilitare.

habitante
m. I. inhabitant; F. habitant; A. Einwohner; It. abitante.

habitar
tr. I. to inhabit. to dwell; F. habiter, demeurer; A. bewohnen; It. abitare, dimorare.

hábito
m. I. y F. habit; A. Ordenskleid; It. abito.

habituar
tr. I. to accustom; F. s'accoutumer; A. sich gewöhnen; It. abituarsi.

habla
f. I. speech; F. parole; A. Sprache; It. favella.

hablador
adj. I. talker; F. parleur; A. schwätzer; It. chiacchierone.

hablar
intr. I. to speak; F. parler; A. sprechen, reden; It. parlare.

hacedero
adj. I. feasible; F. faisable; A. tunlich; It. fattibile.

hacedor
adj. I. maker; F. créateur; A. schöpfer; It. fattore.

hacendado
adj. I. oroner; F. propriétaire; A. Gutsbesitzer; It. proprietario.

hacendoso
adj. I. assiduous; F. laborieux; A. arbeitsam; It. laborioso.

hacer
tr. I. to make, to do; F. faire, agir; A. machen, tun; It. fare, agire.

hacia
prep. I. tonvard; F. vers; A. nach, gegen, zu; It. verso.

hacienda
f. I. landed property; F. domaine; A. Vermögen; It. tenura.

hacinar
tr. I. to stack; F. entasser; A. anhäufen; It. affastellare.

hacha
f. I. torch; F. torche; A. Wachsfackel; It. fiaccola.
f. I. axe; F. hache; A. Axt; It. ascia.

hada
f. I. fairy; F. fée; A. Fee; It. fata.

hado
m. I. fate; F. destinée, étoile; A. Schicksal; It. fato.

hagiografía
f. I. hagiography; F. hagiographie; A. Hagiographie; It. agiografia.

halagar
tr. I. to flatter; F. flatter; A. schmeicheln; It. lusingare.

halagüeño
adj. I. endearing; F. flatteur; A. erfreulich; It. lusinghiero.

halar
tr. I. to haul; F. haler; A. anholen; It. alare.

halcón
m. I. falcon; F. faucon; A. Falke; It. falcone.

halo
m. I. y F. halo; A. Hof; It. alone.

hallar
tr. I. to find; F. trouver; A. finden; It. trovare.

hallazgo
m. I. finding; F. trouvaille; A. Entdeckung; It. trovata.

hamaca
f. I. hammock; F. hamac; A. Hängematte; It. amaca, branda.

hambre
f. I. hunger; F. faim, famine; A. Hunger; It. fame.

hambriento
adj. I. famished; F. affamé; A. hungerig; It. affamato.

hamo
m. I. fisluhook; F. hameçon; A. Angelhaken; It. amo.

haragán
adj. I. lazy, idle; F. fainéant; A. Stromer; It. fannullone, poltrone.

haraganear
intr. I. to lazy; F. fainéanter; A. faulenzen; It. poltroneggiare.

haraposo
adj. I. raggeed; F. déguenillé; A. zerlumpt; It. cencioso.

harina
f. I. flour; F. farine; A. Mehl; It. farina.

harinero
adj. I. flour-dealer; F. farinière; A. Mehlhändler; It. farinaiolo.

harón
adj. I. dawdler; F. paresseux; A. träge; It. badalone.

harpa
f. I. harp; F. harpe; A. Harfe; It. arpa.

harpía
f. I. harpy; F. harpie; A. Harpyie; It. arpia.

harpillera
f. I. burlap; F. serpillière; A. Packtuch; It. invoglia.

hartar
tr. I. to glut; F. rassarier; A. sättigen; It. satollare.

harto
adj. I. glutted; F. rassasié; A. satt; It. satollo.

hasta
prep. I. until, up to; F. jusqà; A. bis, bis auf; It. fino, sino a.

hastío
m. I. disgust, tediousness; F. ennui, degoût; A. Ekel; It. tedio, disgusto.

hato
m. I. herd of cattle; F. troupeau; A. Viehherde; It. branco.

haya
f. I. beech-tree; F. hétre; A. Buche; It. faggio.

haz
m. **I.** gavel; **F.** gerbe; **A.** Garbe; **It.** fascina.

hazaña
f. **I.** exploit, prowess; **F.** exploit; **A.** Heldentat; **It.** prodezza, gesta.

hazmerreír
m. **I.** laughingstock; **F.** bouffon, jouet; **A.** Possenreisser; **It.** zimbello.

hebilla
f. **I.** buckle; **F.** boucle; **A.** Schnalle; **It.** fibbia.

hebra
f. **I.** thread; **F.** fil, brin; **A.** Faden; **It.** agugliata.

hebreo
adj. **I.** Hebreno, Jero; **F.** hébreu; **A.** Hebräer, Jude; **It.** ebreo.

hecatombe
f. **I.** hecatomb; **F.** hécatombe; **A.** Hekatombe; **It.** ecatombe.

hectárea
f. **I.** y **F.** hectare; **A.** Hektar; **It.** ettara.

hectogramo
m. **I.** y **F.** hectogramme; **A.** Hektogramm; **It.** ettogrammo.

hectolitro
m. **I.** y **F.** hectolitre; **A.** Hektoliter; **It.** ettolitro.

hectómetro
m. **I.** hectometer; **F.** hectomètre; **A.** Hektometer; **It.** ettometro.

hechicera
adj. **I.** wizard, sorcerer; **F.** sorcier; **A.** Zauberer; **It.** fattucchiero.

hechizar
tr. **I.** to bewitch; **F.** ensorceler; **A.** bezaubern; **It.** ammaliare

hechizo
adj. **I.** sorcery; **F.** sortilege; charme; **A.** Bezauberung; **It.** fascino, maleficio.

hecho
m. **I.** fact; **F.** fait; **A.** Tat; **It.** fatto.

hechura
f. **I.** shape; **F.** façon; **A.** Gestalt, Form; **It.** fattura.

heder
intr. **I.** to stink; **F.** puer; **A.** stinken; **It.** puzzare.

hedor
m. **I.** stink; **F.** puanteur; **A.** Gestank; **It.** puzzo, fetore.

hegemonía
f. **I.** hegemony; **F.** hégémonie; **A.** Hegemonie; **It.** egemonia.

helada
f. **I.** frost; **F.** gelée, frimas; **A.** Reif, Frost; **It.** gelata.

helar
tr. **I.** to ice, to freece; **F.** glacer; **A.** frieren, frosteln; **It.** agghiacciare.

helecho
m. **I.** fern; **F.** fougère; **A.** Farnkraut; **It.** felce.

helero
m. **I.** y **F.** glacier; **A.** Gletscher; **It.** ghiaccioio.

hélice
f. **I.** helix; **F.** hèlice; **A.** Schraube; **It.** elica.

helicóptero
m. **I.** helicopter; **F.** hélicoptere; **A.** Schraubenflieger; **It.** elicottero.

heliograbado
m. **I.** heliogravure; **F.** héliogravure; **A.** Heliogravüre; **It.** eliogravatura.

heliógrafo
m. **I.** heliograph; **F.** héliographe; **A.** Heliograph; **It.** eliografo.

heliómetro
m. **I.** heliometer; **F.** héliomètre; **A.** Sonnenmesser; **It.** eliometro.

helioscopio
m. **I.** helioscope; **F.** hélioscope; **A.** Sonnenfernrohr; **It.** elioscopio.

helióstato
m. **I.** heliostat; **F.** héliostat; **A.** Heliostat; **It.** eliostato.

heliotropo
m. **I.** heliotrope; **F.** héliotrope; **A.** Heliotrop; **It.** eliotropio.

helminto
m. **I.** helminth; **F.** helminthe; **A.** Bandwurm; **It.** elminto.

hematites
f. **I.** bloodstone, hematite; **F.** hématite; **A.** Blutstein, Hämatit; **It.** ematite.

hematoma
m. **I.** hematoma; **F.** hématome; **A.** Blutgeschwulst; **It.** ematoma.

hembra
f. **I.** female; **F.** femelle; **A.** Weibchen; **It.** femmina.

hemiciclo
m. **I.** hemicycle; **F.** hémicycle; **A.** Halbkreis; **It.** emiciclo.

hemiplejía
f. **I.** hemiplegia; **F.** hémiplégie; **A.** Halbseitlähmung; **It.** emiplegia.

hemíptero
adj. **I.** hemipter; **F.** hémiptère; **A.** Halbflüger; **It.** emittero.

hemisferio
m. **I.** hemisphere; **F.** hémisphère; **A.** Hemisphäre, Halbkugel; **It.** emisfero.

hemofilia
f. **I.** hemophilia; **F.** hémophilie; **A.** Hämophilie; **It.** emofilia.

hemoglobina
f. **I.** hemoglobin; **F.** hémoglobine; **A.** Bluttfarbestoff; **It.** emoglobina.

hemoptisis
f. **I.** hemoptysis; **F.** hémoptysie; **A.** Dungenblutung; **It.** emottisi.

hemorragia
f. **I.** hemorrhage; **F.** hémorragie; **A.** Blutsturz, Blutung; **It.** emorragia.

hemorroide
f. **I.** hemorrhoid; **F.** hémorroïde; **A.** Hämorrhoiden; **It.** emorroide.

henchir
tr. **I.** to fill up; **F.** remplir; **A.** anfüllen; **It.** riempire.

hender
tr. **I.** to split, to chink; **F.** fendre; **A.** spalten, spleissen; **It.** fendere.

hendidura
f. **I.** split; **F.** fente; **A.** Schlitz; **It.** fessura.

heno
m. **I.** hay; **F.** foin; **A.** Heu; **It.** fieno.

hepatitis
f. **I.** hepatitis; **F.** hépatite; **A.** Leberentzündung; **It.** epatite.

heptaedro
m. **I.** heptaedron; **F.** heptaédre; **A.** Siebenflächner; **It.** ettaedro.

heptágono
adj. **I.** heptagon; **F.** heptagone; **A.** Siebeneck; **It.** ettagono.

heptarquía
f. I. heptarchy; F. heptarchie; A. Heptarchie; It. ettarchia.

heptasílabo
adj. I. heptasyllabe; F. heptasyllabe; A. siebensilbig; It. ettasillabo.

heráldica
f. I. heraldry; F. héraldique; A. Wappenkunde; It. araldica.

heraldo
m. I. herald; F. héraut; A. Herold; It. araldo.

herbáceo
adj. I. herbaceous; F. herbacé; A. grasartig; It. erbaceo.

herbaje
m. I. herbage; F. herbage, prairie; A. Weide, Grünfutter; It. erbaggio.

herbívoro
adj. I. herbivorous; F. herbivore; A. Pflanzenfresser; It. erbivoro.

herbolario
adj. I. herbalist; F. herboriste; A. Kräuterhändler; It. erbolaio.

hercúleo
adj. I. herculean; F. herculéen; A. herkulisch; It. erculeo.

heredar
tr. I. to inherit; F. hériter; A. erben; It. ereditare.

heredero
adj. I. heir; F. héritier; A. Erbe; It. erede.

hereje
m. I. heretic; F. hérétique; A. Ketzer; It. eretico.

herejía
f. I. heresy; F. hérésie; A. Ketzerei, Irrlehre; It. eresia.

herencia
f. I. inheritance; F. héritage; A. Erbschaft; It. eredità.

heresiarca
m. I. heresiarch; F. hérésiarque; A. Ketzer; It. eresiarca.

herida
f. I. wound; F. blessure; A. Wunde; It. ferita.

herir
tr. I. to wound; F. blesser; A. verletzen, verwunden; It. ferire.

hermafroditismo
m. I. hemaphroditism; F. hermaphrodisme; A. Doppelgeschlegtichkeit; It. ermafrodismo.

hermanar
tr. I. to match; F. joindre, fraterniser; A. verbrüden; It. appaiare.

hermandad
f. I. fraternity; F. fraternité; A. Brudershaft; It. fratellanza.

hermano
f. y m. I. brother, sister; F. frère, soeur; A. Bruder, Schwester; It. fratello, sorella.

hermético
adj. I. hermetical; F. hermétique; A. luftdicht; It. ermetico.

hermosear
tr. I. to embellish; F. embellir; A. verschönern; It. abbellire.

hermoso
adj. I. beautiful, fine, F. beau, belle; A. Schön, grossartig; It. bello.

hermosura
f. I. beauty; F. beauté; A. Schönheit; It. bellezza.

hernia
f. I. hernia; F. hernie; A. Bruch; It. ernia.

héroe
m. I. hero; F. héros; A. Held, Heros; It. eroe.

heroico
adj. I heroic; F. heroique; A. heldenmütig; It. eroico.

heroína
f. I. heroine; F. héroïne; A. Heldin; It. eroina.

heroísmo
m. I. heroism; F. heroïsme; A. Heldentat; It. eroismo.

herpe
m. I. herpes; F. herpès; A. Flechten; It. erpete.

herrador
m. I. farrier; F. ferrant maréchal; A. (Huf) Schmield; It. meniscalco.

herramienta
f. I. tool; F. outil; A. Gerät; It. utensile.

herrar
tr. I. to shoe horses; F. ferrer; A. Pferde beschlagen; It. ferrare.

herrería
f. I. y F. forge; A. Schmiede, Eisenhütte; It. ferriera.

herrero
m. I. smith; F. forgeron; A. Schmied; It. fabro.

herrumbre
f. I. rust; F. rouille; A. Rost, Schlakke; It. ruggine.

hervir
intr. I. to boil; F. bouillir; A. sieden; It. bollire.

hervor
m. I. boiling; F. bouillonnement; A. Wallung; It. bollore.

heterodoxo
adj. I. heterodox; F. hétérodoxe; A. andersgläubig; It. eterodosso.

heterogéneo
adj. I. heterogeneus; F. héterogène; A. verschiedenartig; It. eterogeneo.

hexaedro
m. I. hexaedron; F. hexaèdre; A. Würfel; It. esaedro.

hexámetro
adj. I. hexameter; F. hexamètre; A. Hexameter; It. esametro.

hez
f. I. lees; F. lie; A. Hefe; It. feccia.

híades
f. I. y F. Hyades; A. Hyaden; It. Pleiadi.

hialino
adj. I. hialine; F. hyalin; A. durchsichtig; It. ialino.

hiato
m. I. y F. hiatus; A. Hiatus; It. iato.

híbrido
adj. I. hybrid; F. hybride; A. zwitterhaft; It. ibrido.

hidalgo
m. I. nobleman; F. gentilhomme; A. Edelman; It. gentiluomo.

hidra
f. I. hydra; F. hydre; A. Hyder; It. idra.

hidratar
tr. I. to hydrate; F. hydrater; A. hydratisieren; It. idratare.

hidrato
m. I. y F. hydrate; A. Hydrat; It. idrato.

hidroavión
m. I. seaplane; F. hydravion; A. Wasserflugzeug; It. idroplano.

hidrocarburo
m. I. hydrocabon; F. hydrocarbure; A. Kohlenwasserstoff; It. idrocarburo.

hidrofobia
f. I. hydrophobia; F. hydrophobie; A. Wasserscheu, Tollwut; It. idrofobia.

hidrógeno
m. I. hydrogen; F. hydrogène; A. Wasserstoff; It. idrogeno.

hidrografía
f. I. hydrography; F. hydrographie; A. Hidrographie; It. idrografia.

hidrógrafo
m. I. hydrographer; F. hydrographe; A. Hydrograph; It. idrografo.

hidromanía
f. I. hydromania; F. hydromanie; A. Hydromanie; It. idromanie.

hidrómetro
m. I. hydrometer; F. hydromètre; A. Hydrometer; It. idrometro.

hidropatía
f. I. hydropathy; F. hydropathie; A. Hydropathie; It. idropatia.

hidropesía
f. I. dropsy; F. hydropisie; A. Wassersucht; It. idropisia.

hidrópico
adj. I. hydropic, dropsical; F. hydropique; A. Wassersüchtiger; It. idropico.

hidroscopia
f. I. hydroscopy; F. hydroscopie; A. Quellenfinden; It. idroscopia.

hidrostática
f. I. hydrostatics; F. hydrostatique; A. Hydrostatik; It. idrostatica.

hiedra
f. I. ivy; F. ierre; A. Efeu; It. edera.

hiel
f. I. gall; F. fiel; A. Galle; It. fiele.

hielo
m. I. ice; F. glace; A. Eis; It. gelo.

hiena
f. I. hyena; F. hyène; A. Hyäne; It. iena.

hierático
adj. I. hieratical; F. hiératique; A. hieratisch; It. ieratico.

hierba
f. I. grass, herb; F. herbe; A. Gras, Kraut; It. erba.

hierro
m. I. iron; F. fer; A. Eisen; It. ferro.

hígado
m. I. liver; F. foie; A. Leber; It. fegato.

higiene
f. I. hygiene; F. hygiène; A. Hygiene; It. igiene.

higienista
adj. I. hygienist; F. hygiéniste; A. Hygieniker; It. igienista.

higo
m. I. fig.; F. figue; A. Feige; It. fico.

higrometría
f. I. hygrometry; F. hygrométrie; A. Hygrometrie; It. igrometria.

higrómetro
m. I. hygrometer; F. hygromètre; A. Hygrometer; It. igrometro.

higuera
f. I. fig-tree; F. figuier; A. Feigenbaum; It. ficaia, fico.

hijastro
m. I. step-son; F. beau-fils; A. Stiefsohn; It. figliastro.

hijo
m. I. son; F. fils; A. Sohn; It. figlio.

hila
f. I. row; F. file; A. Reihe; It. fila.

hilachoso
adj. I. filementous; F. effilaché; A. faserig; It. filaccioso.

hilador
m. I. spinner; F. filateur; A. Spinner; It. filatore.

hilandería
f. I. spinning-mill; F. filature; A. Spinnerei; It. filatoio.

hilar
tr. I. to spin; F. filer; A. Spinnen; It. filare.

hilaridad
f. I. hilarity; F. hilarité; A. Heiterkeit; It. ilarità.

hilera
f. I. wire-drawer; F. filière; A. Reihe; It. filiera.

hilo
m. I. thread; F. fil; A. Garn, Draht; It. filo.

himen
m. I. y F. hymen; A. Hymen; It. imene.

himno
m. I. hymn; F. hymne; A. Hymne; It. inno.

hincar
tr. I. to thrust in; F. ficher; A. augstemmen; It. ficcare.

hinchar
tr. I. to inflate; F. enfler; A. aufblasen; It. gonfiare.

hinojo
m. I. fennel; F. fenouil; A. Fenchel; It. finocchio.

hipar
intr. I. to hiccup; F. hoqueter; A. schlucksen; It. singhiozzare.

hipérbaton
m. I. hyperbaton; F. hyperbate; A. Hyperbaton; It. iperbato.

hipérbole
f. I. y F. hyperbole; A. Hyperbel; It. iperbole.

hiperemia
f. I. hyperemia; F. hyperhémie; A. Blutfülle; It. iperemia.

hipertrofia
f. I. hypertrophy; F. hypertrophie; A. Hypertrophie; It. ipertrofia.

hipnología
f. I. hypnology; F. hypnologie; A. Hypnologie; It. ipnologia.

hipnosis
f. I. hypnosis; F. hypnose; A. Hypnose; It. ipnosi.

hipnotizar
tr. I. to hypnotize; F. hypnotiser; A. hypnotisieren; It. ipnotizzare.

hipo
m. I. hiccup; F. hoquet; A. Schlukkauf; It. singhiozzo.

hipocampo
m. I. hippocampus; F. hippocampe; A. Seepferdchen; It. ippocampo.

hipocondria
f. I. hypochondria; F. hypocondrie; A. Hypochondrie; It. ipocondria.

hipocondrio
m. I. hypochondrium; F. hypocondre; A. Weichen; It. ipocondrio.

hipocresía
f. I. hypocrisy; F. hypocrisie; A. Heuchelei; It. ipocrisia.

hipócrita
adj. I. y F. hypocrite; A. Heuchler; It. ipocrita.

hipódromo
m. I. y F. hippodrome; A. Hippodrom, Rennbahn; It. ippodromo.

hipogastrio
m. I. hypogastrium; F. hypogastre; A. Unterleib; It. ipogastrio.

hipogeo
m. I. hypogeum; F. hypogée; A. Totengruft; It. ipogeo.

hipogrifo
m. I. hippogriff; F. hippogriffe; A. Musenross; It. ippogrifo.

hipopótamo
m. I. hippopotamus; F. hippopotame; A. Flusspferd; It. ippopotamo.

hipoteca
f. I. mortgage; F. hypothèque; A. Hypothek; It. ipoteca.

hipotenusa
f. I. hypotenuse; F. hypoténuse; A. Hypotenuse; It. ipotenusa.

hipótesis
f. I. hypothesis; F. hypothèse; A. Hypothese; It. ipotesi.

hipotético
adj. I. hypothetic; F. hypothétique; A. hypothetisch; It. ipotetico.

hipsómetro
m. I. hypsometer; F. hypsomètre; A. Höhenmesser; It. ipsometro.

hisopo
m. I. hyssop; F. hysope; A. Ysop; It. isopo.

hispanófilo
adj. I. Hispanophile; F. hispanophile; A. spanienfreundlich; It. ispanofilo.

histérico
adj. I. hysteric; F. hystérique; A. hysterisch; It. isterico.

histología
f. I. histology; F. histologie; A. Gewebelehre, Histologie; It. istologia.

historia
f. I. history; F. histoire; A. Geschichte; It. storia, istoria.

historiador
m. I. historian; F. historien; A. Geschichtschreiber; It. storico, storiografo.

historiografía
f. I. historiography; F. historiographie; A. Historiographie; It. storiografia.

histrión
m. I. y F. histrion; A. Possenreisser; It. istrione.

hito
adj. I. landmark; F. poteau, borne; A. Markstein; It. limite.

hocico
m. I. muzzle; F. mufle, museau; A. Schnauze; It. muso.

hogar
m. I. hearth, home; F. foyer; A. Herd; It. focolare.

hoguera
f. I. bonfire; F. bûcher; A. Scheiterhaufen; It. falò.

hoja
f. I. leaf; F. feuille; A. Blatt; It. foglia.

hojalata
f. I. tin plate; F. fer blanc; A. Weissblech; It. latta.

hojaldre
m. I. puf-paste; F. feuilletage; A. Blätterteig; It. sfogliata.

hojarasca
f. I. withered leaves; F. feuillage tombé; A. gefallenes Laub; It. fogliame caduto.

holgado
adj. I. loose; F. large; A. weit, geräumig; It. ampio.

holganza
f. I. leisure, rest; F. loisir; A. Müssiggang; It. oziosità, riposo.

holgar
intr. I. to be idle; F. ne rien faire; A. müssig sein; It. oziare.

holgazán
adj. I. idler, lazy; F. fainéant; A. Tagedieb; It. scioperone.

holgura
f. I. ease; F. aisance; A. (Wohl) Behagen; It. ampiezza.

holocausto
m. I. holocaust; F. holocauste; A. (Brand) Opfer; It. olocausto.

hollar
tr. I. to trample; F. fouler; A. treten; It. calpestare, calcare.

hollín
m. I. soot; F. suie; A. Russ; It. fuliggine.

hombre
m. I. man; F. homme; A. Mann; It. uomo.

hombrera
f. I. pauldron; F. épaulière; A. Schulterstück; It. spallaccio.

hombro
m. I. shoulder; F. épaule; A. Schulter; It. spalla.

homenaje
m. I. homage; F. hommage; A. Lehnseid, Huldigung; It. omaggio.

homeopatía
f. I. homeopathy; F. homéopathie; A. Homöopathie; It. omeopatia.

homérico
adj. I. Homeric; F. homérique; A. homerisch; It. omerico.

homicida
adj. I. murderer; F. homicide, meurtrier; A. mörderisch; It. omicida.

homicidio
m. I. y F. homicide; A. Mord; It. omicidio.

homilía
f. I. homily; F. homélie; A. Homilie; It. omelia.

homogéneo
adj. I. homogeneal; F. homogène; A. homogen; It. omogeneo.

homologar
tr. I. to homologate; F. homologuer; A. gerichtlich bestätigen; It. omologare.

homólogo
adj. I. homologous; F. homologue; A. homolog; It. omologo.

homónimo
adj. I. homonymous; F. homonyme; A. gleichlautend; It. omonimo.

honda
f. I. sling; F. fronde; A. Schleuder; It. fionda.

hondear
tr. I. to sound; F. sonder; A. loten; It. scandagliare.

hondo
adj. I. deep; F. profond, bas; A. tief; It. profondo.

hondonada
f. I. dale; F. enfoncement; A. Niederung; It. avvallatura.

honesto
adj. I. honest; F. honnête; A. sittsam, ehrbar; It. onesto.

hongo
m. I. mushroom; F. champignon; A. Pilz, Erdschwamn; It. fungo.

honor
m. I. honour; F. honneur; A. Ehre, Würde; It. onore.

honorabilidad
f. I. honourability; F. honorabilité; A. Ehrenhaftigkeit; It. onorabilità.

honorífico
adj. I. honorific; F. honorifique; A. rühmlich; It. onorifico.

honra
f. I. honour; F. honneur, bon nom; A. Ruhm, Ehre; It. onore.

honradez
f. I. honesty; F. probité; A. Redlichkeit, Anständigkeit; It. onoratezza.

honrar
tr. I. to honour; F. honorer; A. verehren; It. onorare.

honroso
adj. I. y F. honorable; A. ehrend; It. onorativo.

hopalanda
f. I. gown; F. houppelande; A. Deckmantel; It. balandrano.

hora
f. I. hour; F. heure; A. Stunde; It. ora.

horadar
tr. I. to bore; F. forer; A. durchbohren; It. traforare.

horario
m. I. horary; F. horaire; A. Zifferblatt, stündlich; It. orario.

horca
f. I. gallons, gibbet; F. potence; A. Galgen; It. forca.

horda
f. I. y F. horde; A. Horde; It. orda.

horizontal
adj. I. y F. horizontal; A. waagerecht; It. orizzontale.

horizonte
m. I. y F. horizon; A. Horizont; It. orizzonte.

horma
f. I. mould; F. forme; A. Leisten; It. forma.

hormiga
f. I. ant; F. fourmi; A. Ameise; It. formica.

hormigón
m. I. concrete; F. bêton; A. Beton; It. calcestruzzo, beton.

hormiguero
adj. I. ant-hill; F. fourmilière; A. Ameisenhaufen; It. formicaio.

hornacina
f. I. y F. niche; A. Mauernische; It. nicchia.

hornero
m. I. baker; F. fournier; A. Bäcker; It. fornaio.

horno
m. I. oven; F. four; A. Backofen; It. forno.

horóscopo
m. I. y F. horoscope; A. Horoskop; It. oroscopo.

horquilla
f. I. hair-pin; F. épingle à cheveux; A. Haarnadel; It. forcina.

horrendo
adj. I. dreadful; F. affreux; A. schrecklich; It. orrendo.

horripilar
tr. I. to horripilate; F. horripiler; A. gruseln; It. far rabbrividere.

horror
m. I. horror; F. horreur; A. Grässlichkeit; It. orrore.

horrorizar
tr. I. to horrify; F. effrayer; A. entsetzen; It. inorridire.

hortaliza
f. I. vegetable; F. herbes; A. Gemüse; It. ortaggio.

hortelano
adj. I. gardener; F. jardinier, maracher; A. Gärtner; It. ortolano.

hortensia
f. I. hidrangea; F. hortensia; A. Hortensie; It. ortensia.

horticultura
f. I. y F. horticulture; A. Gartenbau; It. orticoltura.

hospedaje
m. I. lodging; F. logement; A. Beherbergung; It. ospitalità.

hospedar
tr. I. to lodge; F. loger; A. logieren; It. alloggiare.

hospedería
f. I. guesthouse; F. hôtellerie; A. Herberge; It. locanda, albergo.

hospicio
m. I. hospitium; F. hospice; A. Hospiz, Armenhaus; It. ospizio.

hospitalidad
f. I. hospitality; F. hospitalité; A. Gastfreiheit; It. ospitalità.

hospitalizar
tr. I. to hospitalize; F. hospitaliser; A. Kranken einliefern; It. ospitalizzare.

hostelero
m. I. innkeeper; F. hôtelier; A. Gast Wirt; It. locandiere.

hostería
f. I. inn, hotel; F. auberge; A. Gasthaus; It. osteria.

hostia
f. I. host; F. hostie; A. Oblate, Hostie; It. ostia.

hostigar
tr. I. to vex; F. harceler; A. Züchtigen; It. vessare.

hostil
adj. I. y F. hostile; A. feindlich; It. ostile.

hostilizar
tr. I. to hostilize; F. hostiliser; A. befeinden; It. osteggiare.

hotel
m. I. hotel; F. hôtel; A. Hotel; It. albergo.

hotentote
adj. **I.** Hottentot; **F.** hottentot; **A.** Hottentott; **It.** ottentotto.

hoy
adv. **I.** today; **F.** aujourd'hui; **A.** heute; **It.** oggi.

hoya
f. **I.** hole; **F.** fosse; **A.** Grube, Kar; **It.** fossa.

hoz
f. **I.** sickle; **F.** faucille; **A.** Sichel; **It.** falciola.

hozar
tr. **I.** to root; **F.** fouger; **A.** Stöbern, aufwühlen; **It.** grufolare.

hueco
adj. **I.** hollow; **F.** vide, creux; **A.** hohl; **It.** vuoto.

huelga
f. **I.** strike; **F.** grève; **A.** Streik; **It.** sciopero.

huella
f. **I.** track; **F.** empreinte; **A.** Spur; **It.** orma.

huérfano
adj. **I.** orphan; **F.** orphelin; **A.** verwaist; **It.** orfano.

huerta
f. **I.** Kitchen garden; **F.** étendue de terrain arrosable; **A.** Nutz-Gemüsegarten; **It.** ortaglia.

huerto
m. **I.** orchard; **F.** jardin potager; **A.** Baumgarten; **It.** orto.

hueso
m. **I.** bone; **F.** os; **A.** Knochen; **It.** osso.

huésped
m. **I.** guest; **F.** hôte; **A.** Gast; **It.** ospite.

hueste
f. **I.** host; **F.** armée; **A.** Heer; **It.** oste.

huevo
m. **I.** egg; **F.** oeuf; **A.** Ei; **It.** uovo.

huir
intr. **I.** to flee; **F.** fuir; **A.** fliehen; **It.** fuggire.

hulla
f. **I.** pit-coal; **F.** houille; **A.** Steinkohle; **It.** litantrace.

humanidad
f. **I.** humanity; **F.** humanité; **A.** Menschlichkeit; **It.** umanità.

humanista
adj. **I.** humanist; **F.** humaniste; **A.** Humanist; **It.** umanista.

humano
adj. **I.** human; **F.** humain; **A.** menschlich; **It.** umano.

humedad
f. **I.** humidity; **F.** humidité; **A.** Feuchtigkeit; **It.** umidità.

húmedo
adj. **I.** humid; **F.** humide; **A.** feucht; **It.** umido.

humildad
f. **I.** humility; **F.** humilité; **A.** Demut; **It.** umiltà.

humillación
f. **I.** humiliation; **F.** humiliation, abaissement; **A.** Demütigung; **It.** umiliazione.

humillar
tr. **I.** to humble; **F.** humilier; **A.** demütigen; **It.** umiliare.

humo
m. **I.** smoke; **F.** fumée; **A.** Rauch; **It.** fumo.

humor
m. **I.** humour; **F.** humeur; **A.** Körpersaft; **It.** umore.

hundir
tr. **I.** to sink; **F.** enfoncer; **A.** versenken; **It.** affondare.

huracán
m. **I.** hurricane; **F.** ouragan; **A.** Orkan; **It.** uragano.

huraño
adj. **I.** shy, intractable; **F.** sauvage, insociable; **A.** mistrauisch; **It.** ritroso.

hurgar
tr. **I.** to stir; **F.** remuer, emouvoir; **A.** umrühren; **It.** attizzare.

hurtar
tr. **I.** to steal, to rob; **F.** voler à la dérobée; **A.** bestehlen; **It.** rubare.

husmear
tr. **I.** to scent; **F.** flairer; **A.** beriechen; **It.** fiutare.

huso
m. **I.** spindle; **F.** fuseau; **A.** Spindel; **It.** fuso.

I

idea
f. **I.** e **It.** idea; **F.** idée; **A.** Idee, Begriff.

idealizar
tr. **I.** to idealize; **F.** idéaliser; **A.** verschönern; **It.** idealizzare.

idear
tr. **I.** to ideate; **F.** projeter; **A.** ausdenken, ersinnen; **It.** ideare

identidad
f. **I.** identity; **F.** identité; **A.** Identität; **It.** identità.

identificar
tr. **I.** to identify; **F.** identifier; **A.** identifizieren; **It.** identificare.

ideología
f. **I.** ideology; **F.** idéologie; **A.** Ideologie; **It.** ideologia.

idilio
m. **I.** idyl; **F.** idylle; **A.** Idyll; **It.** idillio.

idioma
m. **I.** idiom; **F.** idiome; **A.** Idiom, Sprache; **It.** idioma.

idiota
adj. **I.** y **F.** idiot; **A.** Idiot; **It.** idiota.

idolatría
f. **I.** idolatry; **F.** idolâtrie; **A.** Götzendienst; **It.** idolatria.

ídolo
m. **I.** idol; **F.** idole; **A.** Abgott; **It.** idolo.

idóneo
adj. **I.** idoneus; **F.** idoine; **A.** tauglich, geschickt; **It.** idoneo.

iglesia
f. I. church; F. église; A. Kirche; It. chiesa.

ignavia
f. I. laziness; F. nonchalance; A. Trägheit; It. ignavia.

ignominia
f. I. ignominy; F. ignominie; A. Schande, Schmach; It. ignominia.

ignorancia
f. I. y F. ignorance; A. Ignoranz, Unwissenheit; It. ignoranza.

ignorar
tr. I. not to know; F. ignorer; A. nichtwissen; It. ignorare.

igual
adj. I. equal, like; F. égal; A. gleich, gleichartig; It. uguale.

igualar
tr. I. to equalize; F. égaliser, égaler; A. gleichmachen; It. eguagliare.

ilación
f. I. inference, illation; F. ilation; A. Folgerung; It. ilazione.

ilegalidad
f. I. illegality, unlawfulness; F. illégalité; A. Illegalität; It. illegalità.

ilegítimo
adj. I. unlawful, illegitimate; F. illégitime; A. ungesetzlich; It. illegittimo.

ileso
adj. I. unhurt, harmless; F. sain et sauf; A. unverletzt; It. illeso.

ilícito
adj. I. illicit; F. illicite; A. unterlaubt; It. illecito.

ilimitado
adj. I. unlimited, boundless; F. illimité; A. unbegrentz; It. illimitato.

iluminación
f. I. y F. illumination; A. Beleuchtung; It. illuminazione.

iluminar
tr. I. to illumine, to illuminate; F. illuminer; A. beleuchten, erleuchten; It. illuminare.

ilusión
f. I. y F. illusion; A. Illusion, Täuschung; It. illusione.

iluso
adj. I. deluded, beguilded; F. abusé; A. getäuscht; It. illuso.

ilustración
f. I. y F. illustration; A. Abbildung, Auszeichnung; It. illustrazione.

ilustrar
tr. I. to illustrate; F. illustrer, illuminer, éclairer; A. aufklären; It. illustrare, illuminare.

ilustre
adj. I. illustrious; F. e It. illustre; A. erlaucht, beruhmt.

imagen
f. I. y F. image; A. Bild, Bildnis; It. immagine.

imaginación
f. I. imagination; F. fantaisie, imagination; A. Phantasie, Einbildungskraft; It. immaginazione.

imaginar
tr. I. to imagine, to fancy; F. imaginer, inventer; A. erdichten, ausdenken; It. immaginare.

imaginario
adj. I. imaginary; F. imaginaire; A. eingebildet; It. immaginario.

imán
m. I. magnet; F. aimant; A. Magnet; It. imano.

imbécil
adj. I. imbecile; F. imbécile; A. blödsinnig, geistesschwach; It. imbecille.

imbuir
tr. I. to imbue, to infuse; F. influencer; A. einflössen; It. infondere.

imitación
f. I. y F. imitation; A. Nachahmung; It. imitazione.

imitar
tr. I. to imitate, to counterfait; F. imiter, contrefaire; A. nachbilden; It. imitare.

imparcialidad
f. I. impartiality; F. impartialité; A. Objektivität; It. imparzialità.

impasibilidad
f. I. impassibleness; F. impassibilité; A. Gleichmut; It. impassibilità.

impasible
adj. I. y F. impassible; A. gefühllos; It. impassibile.

impávido
adj. I. impavid; F. intrépide, serein; A. unerschrocken; It. impavido.

impecable
adj. I. y F. impeccable; A. untadelig; It. impeccabile.

impedimento
m. I. impediment; F. empêchement; A. Hindernis; It. impedimento.

impedir
tr. I. to impide, to hinder; F. empêcher; A. behindern; It. impedire.

impeler
tr. I. to impel; F. pousser; A. antreiben; It. impellere.

impenetrable
adj. I. impenetrable; F. impénétrable; A. undurchdringlich; It. impenetrabile.

impenitente
adj. I. impenitent; F. impénitent; A. unbussfertig; It. impenitente.

impensado
adj. I. unexpected; F. inopiné; A. unerwartet; It. impensato.

imperar
intr. I. to imperate; F. impérer; A. herrschen; It. imperare.

imperativo
adj. I. imperative; F. impératif; A. Imperativ; It. imperativo.

imperfección
f. I. y F. imperfection; A. Unvollkommenheit; It. imperfezione.

imperfecto
adj. I. imperfect; F. imparfait; A. unvollkommen; It. imperfetto.

imperialismo
m. I. imperialism; F. impérialisme; A. Imperialismus; It. imperialismo.

imperio
m. I. y F. empire; A. Keisertum; It. impero.

impermeable
adj. I. impermeable; F. imperméable; A. undurchdringlich; It. impermeabile.

impersonal
adj. I. impersonal; F. impersonnel; A. unpersönlich; It. impersonale.

impertérrito
adj. I. dauntless; F. intrépide; A. unerschrocken; It. imperterrito.

impertinencia
f. I. y F. impertinence; A. Fürwitz; It. impertinenza.

impertinente
adj. I. F. y A. impertinent; It. impertinente.

imperturbable
adj. I. y F. imperturbable; A. unerschütterlich; It. imperturbabile.

impetrar
tr. I. to impetrate; F. impétrer; A. erwirken; It. impetrare.

ímpetu
m. I. impetus, impetuosity; F. élan; A. Wucht, Heftigkeit; It. impeto.

impío
adj. I. impious; F. impie; A. gottlos; It. empio.

implacable
adj. I. y F. implacable; A. unversöhnlich; It. implacabile.

implicar
tr. I. to implicate; F. impliquer; A. verwickeln; It. implicare.

implícito
adj. I. implicit; F. implicite; A. mit einbegriffen; It. implicito.

implorar
tr. I. to implore; F. implorer; A. anflehen; It. implorare.

imponer
tr. I. to impose; F. imposer; A. auferlegen; It. imporre.

impopular
adj. I. unpopular; F. impopulaire; A. unbeliebt; It. impopolare.

importancia
f. I. y F. importance. A. Wichtigkeit, Bedeutung; It. importanza.

importar
intr. I. to import, to amount; F. importer; A. einführen, importieren; It. importare.

importe
m. I. value, amount; F. montant, valeur; A. Betrag, Summe; It. importo.

imposible
adj. I. y F. impossible; A. unmöchlich; It. impossibile.

imposición
f. I. y F. imposition; A. Auflegung; It. imposizione.

impostor
adj. I. impostor; F. imposteur; A. Betrüger; It. impostore.

impotencia
f. I. impotence; F. impuissance; A. Unvermögen; It. impotenza.

imprecación
f. I. imprecation; F. imprécation; A. Fluch, Verwünschung; It. imprecazione.

impregnar
tr. I. to impregnate; F. imprégner; A. eintränken; It. impregnare.

imprenta
f. I. print, printing; F. imprimerie; A. Druckerei, Presse; It. stampa.

impresión
f. I. y F. impression; A. Eindruck; It. impressione.

impresionar
tr. I. to affect, to influence; F. impressionner; A. Eindruck machen auf; It. impressionare.

imprevisión
f. I. imprevision, improvidence; F. imprévoyance; A. Unvorsichtigkeit; It. imprevisione.

imprimir
tr. I. to print, to stamp; F. imprimer; A. drucken, prägen; It. imprimere, stampare.

ímprobo
adj. I. wicked; F. improbe; A. treulus; It. improbo.

improperio
m. I. taunt; F. injure, impropère; A. Schmähung; It. improperio.

impropio
adj. I. improper, unfit; F. impropre; A. ungehörig; It. improprio.

imprudencia
f. I. y F. imprudence; A. Leichtfertigkeit; It. imprudenza.

impúdico
adj. I. unchaste; F. impudique; A. unkeutsch, unzüchtig; It. impudico.

impuesto
m. I. tax, duty, impost; F. impôt; A. Abgabe, Steuer; It. tassa, imposta.

impugnar
tr. I. to impugn; F. impugner; A. angreifen, anfrechten; It. impugnare.

impulso
m. I. impulse; F. impulsion; A. Trieb, Drang; It. impulso.

impureza
f. I. impurity; F. impureté; A. Unreinigkeit; It. impurità.

inaccesible
adj. I. y F. inaccessible; A. unzugänglich; It. inaccessibile.

inacción
f. I. inaction; F. inaction, inactivité; A. Nichtstun; It. inazione.

inactivo
adj. I. inactive; F. inactif; A. untätig, müssig; It. inattivo, inoperoso.

inadmisible
adj. I. y F. inadmissible; A. unzulässig; It. inammissibile.

inanición
f. I. y F. inanition; A. Entkräftung; It. inanizione.

inanimado
adj. I. inanimate; F. inanimé; A. leblos, entseelt; It. inanimato.

inapetencia
f. I. inappetence; F. inappétence; A. Appetitlosigkeit; It. inappetenza.

inarmónico
adj. I. inharmonic; F. inharmonieux; A. desharmonisch; It. inarmonico.

inaudito
adj. I. unheard; F. inoui; A. unerhört, beispiellos; It. inaudito.

inaugurar
tr. I. to inaugurate; F. inaugurer, ouvrir; A. einweihen; It. inaugurare.

incalculable
adj. I. y F. incalculable; A. unberechenbar; It. incalcolabile.

incalificable
adj. I. y F. inqualifiable; A. unqualifizierbar; It. unqualificabile.

incansable
adj. I. indefatigable; F. infatigable; A. unermüdlich; It. infaticabile.

incapacidad
f. I. incapacity; F. incapacité; A. Unfahigkeit; It. incapacità.

incapacitar
tr. I. to incapacitate; F. inhabiliter; A. unfähig machen; It. incapacitare.

incautación
f. I. attachment; F. mise sous séquestre; A. Einziebung; It. requisizione.

incauto
adj. I. unwary; F. imprecautionné; A. unvorsichtig; It. incauto.

incendiario
adj. I. incendiary; F. incendiaire, brûleur; A. Brandstifter; It. incendiario.

incendio
m. I. fire; F. incendie; A. Brand, Feuer; It. incendio.

incensar
tr. I. to incense F. encenser; A. beräuchern; It. incensare.

incensario
m. I. incensory; F. encensoir; A. Räucherfass; It. incensiere.

incentivo
adj. I. incentive; F. stimulant; A. (An) Reiz; It. incentivo.

incertidumbre
f. I. uncertainty; F. incertitude, hésitation; A. Ungewissheit; It. incertezza.

incesante
adj. I. unceassing; F. incessant; A. unaufhörlich; It. incessante.

incesto
m. I. incest; F. inceste; A. Inzest, Blutschande; It. incesto.

incidencia
f. I. y F. incidence; A. Zwischenfall, Insidenz; I. incidenza.

incidente
adj. I. y F. incident; A. Vorfall; Zwischenfall; It. incidente.

incierto
adj. I. uncertain; F. incertain, douteux; A. ungewiss; It. incerto.

incinerar
tr. I. to incinerate; F. incinérer; A. (ein) äschern; It. incinerare.

incisión
f. I. y F. incision; A. Einschnitt; It. incisione.

incisivo
adj. I. incisive; F. incisif; A. einschneidend; It. incisivo.

incitar
tr. I. to incite; F. inciter; A. anreizen; It. incitare.

inclemencia
f. I. inclemency; F. inclémence; A. Unfreundlichkeit; It. inclemenza.

inclinación
f. I. y F. inclination; A. (Hin) Neigung; It. inclinazione.

incluir
tr. I. to include, to enclose; F. inclure, insérer; A. einschliessen; It. includere, allegare.

incoar
tr. I. to inchoate; F. commencer; A. beginnen, anfangen; It. incoare.

incógnita
f. I. unknown; F. inconnue; A. Unbekannte; It. incognita.

incoherencia
f. I. incoherence; F. incohérence; A. Zusammenhanglosigkeit; It. incoerenza.

incólume
adj. I. unharmed; F. indemne; A. Unversehrt; It. incolume.

incombustible
adj. I. y F. incombustible; A. unverbrenbar, feuersicher; It. incombustibile.

incomodar
tr. I. to incommode; F. déranger, gêner; A. ärgen, belastigen; It. incomodare.

incómodo
adj. I. unconfortable, troublesome; F. incommode; A. unbequem; It. incomodo.

incompatibilidad
f. I. incompatibility; F. incompatibilité; A. Unverträglichkeit; It. incompatibilità.

incompleto
adj. I. incomplete; F. incomplet; A. unvollkommen, lückenhaft; It. incompleto.

incomprensible
adj. I. incomprehensible; F. incomprénssible; A. unbegreiflich; It. incomprensibile.

incomunicación
f. I. incommunication; F. isolement; A. Unterbrechung; It. incomunicazione.

incondicional
adj. I. unconditional; F. inconditionnel; A. unbedingt; It. incondizionato.

inconmensurable
adj. I. y F. incommensurable; A. masslos; It. incommensurabile.

inconsciencia
f. I. unconsciousness; F. inconscience; A. Unbewusstsein; It. incoscienza.

inconsideración
f. I. inconsideration, incosideratedness; F. inconsidération; A. Unbedachtsamkeit; It. sconsideratezza.

inconsistencia
f. I. inconsistency; F. inconsistance; A. Bestandlosigkeit; It. inconsistenza.

inconsolable
adj. I. y F. inconsolable; A. untröstlich; It. inconsolabile.

inconstancia
f. I. inconstancy; F. inconstance; A. Unbeständigkeit; It. incostanza.

inconstante
adj. I. y F. inconstant; A. Unbeständig; It. incostante.

incontestable
adj. I. y F. incontestable; A. unleugbar; It. inconstestabile.

incontinencia
f. I. y F. incontinence; A. Unkeuschheit; It. incontinenza.

incontrovertible
adj. I. incontrovertible; F. irréfutable; A. unanfechtbar; It. incontrovertible.

inconveniencia
f. I. inconvenience, insuitableness; F. inconvenance; A. Ungebühr; It. inconvenienza.

inconveniente
m. I. hinderance; F. inconvénient, difficulté; A. Hindernis; It. inconveniente.

incordio
m. I. bubo; F. bubon; A. Leistenbeule; It. bubbone.

incorporación
f. I. y F. incorporation; A. Einverleibung; It. incorporazione.

incorporar
tr. I. to embody, to incorporate; F. incorporer; A. einverleiben; It. incorporare.

incorrección
f. I. incorrectness; F. incorrection; A. Unrichtigkeit; It. incorrezione.

incorregible
adj. I. y F. incorregible; A. unverbesserlich; It. incorreggibile.

incorrupción
f. **I.** y **F.** incorruption; **A.** Unverweslichkeit; **It.** incorruzione.

incorrupto
adj. **I.** incorrupt; **F.** non corrompu; **A.** unverwest; **It.** incorrotto.

incredulidad
f. **I.** incredulity; **F.** incrédulité; **A.** Unglaube; **It.** incredulità.

increíble
adj. **I.** incredible, unbelievable; **F.** incroyable; **A.** unglaublich; **It.** incredibile.

incremento
m. **I.** increment; **F.** acroissement, crément; **A.** Zuwachs, Vermehrung; **It.** incremento.

increpar
tr. **I.** to chide; **F.** blâmer, réprimander; **A.** tadeln; **It.** increpare.

incruento
adj. **I.** bloodless; **F.** non sanglant; **A.** unblutig; **It.** incruento.

incrustación
f. **I.** y **F.** incrustation; **A.** Inkrustat; **It.** incrostazione.

incrustar
tr. **I.** to incrust; **F.** incruster; **A.** einbetten, inkrustieren; **It.** incrostare.

incubación
f. **I.** y **F.** incubation; **A.** Inkubation; **It.** incubazione.

inculcar
tr. **I.** to inculcate; **F.** inculquer; **A.** einprägen; **It.** inculcare.

inculpación
f. **I.** y **F.** inculpation; **A.** Beschuldigung; **It.** incolpazione.

inculto
adj. **I.** incult, uncultivated; **F.** inculte; **A.** unangebaut; **It.** incolto.

incultura
f. **I.** y **F.** inculture; **A.** Roheit, Unbildung; **It.** incoltura.

incumbencia
f. **I.** incumbency; **F.** charge, devoir; **A.** Obliegenheit; **It.** incombenza.

incumbir
intr. **I.** to be incumbent; **F.** incomber; **A.** obliegen; **It.** incombere.

incunable
adj. **I.** y **F.** incunable; **A.** Inkunabel, Erstlingsdruck; **It.** incunabulo.

incurable
adj. **I.** y **F.** incurable; **A.** unheilbar; **It.** incurabile.

incuria
f. **I.** carelessness, negligence; **F.** incurie, insouciance; **A.** Sorglosigkeit; **It.** incuria.

incurrir
intr. **I.** to incur; **F.** encourir; **A.** geraten in; **It.** incorrere.

incursión
f. **I.** y **F.** incursion; **A.** Streifzug; **It.** incursione.

indagación
f. **I.** inquiry, search; **F.** recherche, perquisition; **A.** Erforschung; **It.** indagazione.

indagar
tr. **I.** to research; **F.** rechercher; **A.** nachforschen; **It.** indagare.

indebido
adj. **I.** undue; **F.** indu; **A.** ungebührlich; **It.** indebito.

indecencia
f. **I.** indecency; **F.** indécence; **A.** Ungebührlichkeit; **It.** indecenza.

indecible
adj. **I.** unspeakable; **F.** indicible, inexprimable; **A.** unsagbar, namenlos; **It.** indicibile.

indecisión
f. **I.** indecision; **F.** indécision; **A.** Unschlüssigkeit; **It.** indecisione.

indecoroso
adj. **I.** indecent; **F.** indécent; **A.** unanständig; **It.** indecoroso.

indefenso
adj. **I.** defenceless; **F.** sans défense; **A.** wehrlos; **It.** indifeso.

indefinido
adj. **I.** undefined; **F.** indéfini; **A.** unbegrenzt; **It.** indefinido.

indeleble
adj. **I.** indelible, ineffaceable; **F.** inéffaçable; **A.** unauslöschlich; **It.** indelebile.

indemnización
f. **I.** indemnification; **F.** indemnisation, indemnité; **A.** Schadloshaltung; **It.** indennizzazione.

indemnizar
tr. **I.** to indemnify; **F.** indemniser; **A.** Vergüten; **It.** indennizzare.

independencia
f. **I.** independence; **F.** indépendance; **A.** Unabhängigkeit; **It.** independanza.

independiente
adj. **I.** independent; **F.** indépendant; **A.** unabhängig; **It.** indipendente.

indescifrable
adj. **I.** undecipherable; **F.** indéchiffrable; **A.** unleserlich; **It.** indechifrabile.

indestructible
adj. **I.** y **F.** indestructible; **A.** unzerstörbar; **It.** indistruttibile.

indeterminado
adj. **I.** indeterminate; **F.** indéterminé; **A.** unberstimmt; **It.** indeterminato.

indicar
tr. **I.** to indicate; **F.** indiquer, signaler; **A.** anzeigen, deuten; **It.** indicare.

índice
adj. **I.** index; **F.** index, aiguille; **A.** Index, Verzeichnis; **It.** indice.

indicio
m. **I.** indication, trace; **F.** indice; **A.** Anzeichen; **It.** indizio.

indiferencia
f. **I.** indifference; **F.** indifférence; **A.** Gleichgültigkeit; **It.** indifferenza.

indigencia
f. **I.** y **F.** indigence; **A.** Armut; **It.** indigenza.

indignación
f. **I.** y **F.** indignation; **A.** Entrüstung; **It.** indignazione.

indignidad
f. **I.** unworthiness, indignity; **F.** indignité; **A.** Unwürdigkeit; **It.** indegnità.

indigno
adj. **I.** unworthy; **F.** indigno; **A.** würdelos; **It.** indegno.

indisciplina
f. **I.** y **F.** indiscipline; **A.** Zuchtlosigkeit; **It.** indisciplina.

indiscreto
adj. **I.** indiscreet, unjudicious; **F.** indiscret; **A.** unvorsichtig, taktlos; **It.** indiscreto.

indiscutible
adj. **I.** unquestionable; **F.** indiscutable; **A.** unbestreitbar; **It.** indiscutibile.

indispensable
adj. **I.** y **F.** indispensable; **A.** unentbehrlich; **It.** indespensabile.

indisponer
tr. I. to indispose; F. indisposer; A. unwillig machen; It. indisporre.

indisposición
f. I. y F. indisposition; A. Unwohlsein; It. indisposizione.

individual
adj. I. individual; F. individuel; A. individuell; It. individuale.

indocilidad
f. I. indocility; F. indocilité; A. Ungelenksamkeit; It. indocilità.

índole
f. I. character, temper, idiosincrasy; F. naturel; A. Wesen; It. indole.

indolencia
f. I. y F. indolence; A. Lässigkeit, Trägheit; It. indolenza.

indomable
adj. I. untamable, indomitable; F. indomptable; A. unbändig; It. indomabile.

inducir
tr. I. to induce, to persuade; F. induire; A. berenden; It. indurre.

indulgencia
f. I. y F. indulgence; A. Ablass, Nachsicht; It. indulgenza.

indultar
tr. I. to free, to forgive; F. gracier; A. begnadigen, freisprechen; It. indultare.

indulto
m. I. indult, forgivene; F. indult; A. Indult; It. indulto.

industria
f. I. industry, manufacture; F. industrie; A. Gewerbe, Industrie; It. industria.

inefable
adj. I. y F. ineffable; A. unaussprechlich; It. ineffabile.

ineludible
adj. I. unavoidable; F. inéludable; A. unumgänglich; It. ineludibile.

ineptitud
f. I. unfitness; F. inaptitude, incapacité; A. Untauglichkeit; It. inetittudine.

inequívoco
adj. I. unequivocal; F. qui n'est point équivoque; A. eindeutig; It. inequivoco.

inerme
adj. I. disarmed; F. inerme; A. unbewaffnet; It. inerme.

inerte
adj. I. inert; F. e It. inerte; A. willenlos, träge.

inesperado
adj. I. unexpected; F. inespéré; A. unerwartet; It. inesperato.

inestimable
adj. I. y F. inestimable; A. unschätzbar; It. inestimabile.

inevitable
adj. I. unavoidable; F. inévitable; A. unabwendbar; It. inevitabile.

inexperto
adj. I. inexpert; F. inexpérimenté; A. unerfahren; It. inesperto.

inexplicable
adj. I. y F. inexplicable; A. unerklärbar; It. inesplicabile.

inexpugnable
adj. I. y F. inexpugnable; A. uneinnehmbar; It. inespugnabile.

inextinguible
adj. I. inextinguishable; F. inextinguible; A. untilgbar; It. inestinguibile.

infalible
adj. I. infallible; F. infaillible; A. unfehlbar; It. infallibile.

infamar
tr. I. to defame, to disgrace; F. déshonorer; A. verleumden; It. infamare.

infamia
f. I. infamy; F. infamie; A. Schandtat, Erlosigkeit; It. infamia.

infantil
adj. I. childlike; F. enfantin; A. Kindlich; It. infantile.

infausto
adj. I. unhappy; F. funeste; A. unglücklich; It. infausto.

infección
f. I. y F. infection; A. Ansteckung, Infektion; It. infezione.

infectar
tr. I. to infect; F. infecter; A. anstecken, infizieren; It. infettare.

infecundidad
f. I. infecundity; F. infécondité; A. Unfruchtbarkeit; It. infecondità.

infeliz
adj. I. unhappy, unlucky; F. malhereux; A. unglücklich; It. infelice.

inferior
adj. I. inferior; F. inférieur; A. unter; It. inferiore.

inferir
tr. I. to infer, to deduce; F. inférer, déduire; A. folgern; It. inferire.

infernal
adj. I. y F. infernal; A. höllisch; It. infernale.

infestar
tr. I. to infest; F. infester; A. verpesten, verseuchen; It. infestare.

infiel
adj. I. unfaithful; F. infidèle; A. untreu; It. infedele.

infierno
m. I. hell; F. enfer; A. Hölle; It. inferno.

ínfimo
adj. I. lowest; F. infime. A. unterst, niedrigst; It. infimo.

infinidad
f. I. infinity; F. infinité; A. Endlosigkeit, Unendlichkeit; It. infinità.

infinito
adj. I. infinite; F. infini; A. endlos, grezenlos; It. infinito.

inflación
f. I. y F. inflation; A. Aufblähung; It. inflazione.

inflamar
tr. I. to inflame, to set on fire; F. enflammer; A. entflammen; It. infiammare.

infligir
tr. I. to inflict; F. infliger; A. auferlegen; It. infliggere.

influencia
f. I. y F. influence; A. Einfluss; It. influenza.

influir
tr. I. to influence; F. influencer; A. einwirken; It. influire, influenzare.

información
f. I. y F. information; A. Erkundigung, Auskunft; It. informazione.

informe
m. I. report; F. information, compte-

rendu; **A.** Bericht, Nachricht; **It.** rendiconto, informazione.

infortunio
m. **I.** misfortune; **F.** malheur, malchance; **A.** Missgeschick; **It.** infortunio.

infracción
f. **I.** y **F.** infraction; **A.** Überschreitung; **It.** infrazione.

infrascrito
adj. **I.** undersigned; **F.** soussigné; **A.** Unterzeichnet; **It.** infrascritto.

infructuoso
adj. **I.** fruitless; **F.** infructueux; **A.** unnütz; **It.** infruttuoso.

infundir
tr. **I.** to infuse; **F.** infuser, inspirer; **A.** eingiessen, einflössen; **It.** infondere.

ingenio
m. **I.** cleverness; **F.** ingeniosité; **A.** Ingenium, Geist; **It.** ingegno.

ingenioso
adj. **I.** ingenious; **F.** ingénieux; **A.** scharfsinnig; **It.** ingegnoso.

ingénito
adj. **I.** innate; **F.** inné; **A.** angeboren; **It.** ingenito.

ingenuidad
f. **I.** ingenuity; **F.** ingénuité; **A.** Offenherzigkeit; **It.** ingenuità.

ingenuo
adj. **I.** ingenuous; **F.** ingénu, naïf; **A.** naiv, harmlos; **It.** ingenuo.

ingratitud
f. **I.** ingratitude, ungratefulness; **F.** ingratitude; **A.** Undankbarkeit; **It.** ingratitudine.

ingrediente
m. **I.** ingredient; **F.** ingrédient; **A.** Zutat, Ingredienz; **It.** ingrediente.

ingresar
intr. **I.** to enter; **F.** entrer; **A.** eintreten; **It.** entrare.

ingreso
m. **I.** entrance, admission; **F.** entrée, admission; **A.** Eintritt, Eingang; **It.** ingresso.

inherente
adj. **I.** inherent; **F.** inhérent; **A.** zugehörig, inhärent; **It.** inerente.

inhumano
adj. **I.** inhuman; **F.** inhumain; **A.** unmenschlich; **It.** inumano.

iniciar
tr. **I.** to initiate; **F.** initier; **A.** beginnen, einleiten; **It.** iniziare.

inicuo
adj. **I.** iniquitous; **F.** inique; **A.** unbillig, schnöde; **It.** iniquo.

iniquidad
f. **I.** iniquity; **F.** iniquité; **A.** Unbill, Bosheit; **It.** iniquità.

injuria
f. **I.** injury; **F.** injure; **A.** Beleidigung; **It.** ingiuria.

injuriar
tr. **I.** to injure; **F.** injurier; **A.** beleidigen; **It.** ingiuriare.

injusticia
f. **I.** y **F.** injustice; **A.** Ungerechtigkeit; **It.** ingiustizia.

injusto
adj. **I.** injust; **F.** injuste; **A.** ungerecht; **It.** ingiusto.

inmediato
adj. **I.** immediate; **F.** immédiat; **A.** direkt, unmittelbar; **It.** immediato.

inmenso
adj. **I.** y **F.** immense; **A.** unermesslich; **It.** immenso.

inmerecido
adj. **I.** unmerited; **F.** immérité; **A.** unverdient; **It.** immeritevole.

inmersión
f. **I.** y **F.** immersion; **A.** Tauchung; **It.** immersione.

inminente
adj. **I.** y **F.** imminent; **A.** drohend; **It.** imminente.

inmolar
intr. **I.** to immolate; **F.** immoler; **A.** (auf) opfern; **It.** immolare.

inmortal
adj. **I.** immortal; **F.** immortel; **A.** unsterblich; **It.** immortale.

inmortalidad
f. **I.** immortality; **F.** immortalité; **A.** Unsterblichkeit; **It.** immortalità.

inmortalizar
tr. **I.** to immortalize; **F.** immortaliser; **A.** verewigen; **It.** immortalizzare.

inmundicia
f. **I.** dirt, filth; **F.** immondice; **A.** Schmutz, Dreck; **It.** immondizia.

inmundo
adj. **I.** unclean; **F.** immonde; **A.** unsauber, dreckig; **It.** immondo.

inmune
adj. **I.** exempt, immune; **F.** exempté, immunisé; **A.** immun, frei; **It.** immune.

inmunidad
f. **I.** immunity; **F.** immunité; **A.** Immunität; **It.** immunità.

inmutable
adj. **I.** immutable; **F.** immuable; **A.** unveränderlich; **It.** immutabile.

innato
adj. **I.** innate; **F.** inné; **A.** angeboren; **It.** innato.

innecesario
adj. **I.** unnecessary; **F.** superflu; **A.** unnötig; **It.** non necessario.

innegable
adj. **I.** undeniable; **F.** incontestable; **A.** unleugbar; **It.** innegabile.

innoble
adj. **I.** y **F.** ignoble; **A.** unedel; **It.** ignobile.

innocuo
adj. **I.** innocuous, harmless; **F.** inoffensif; **A.** unschädlich; **It.** innocuo.

innumerable
adj. **I.** numberless; **F.** innombrable; **A.** unzählig; **It.** innumerabile.

inocencia
f. **I.** y **F.** innocence; **A.** Unshuld; **It.** innocenza.

inocente
adj. **I.** y **F.** innocent; **A.** einfältig, unschuldig; **It.** innocente.

inocular
tr. **I.** to inoculate; **F.** inoculer; **A.** (ein) impfen; **It.** inoculare.

inofensivo
adj. **I.** inoffensive; **F.** inoffensif; **A.** unschädlich; **It.** inoffensivo.

inopia
f. **I.** poverty; **F.** indigence; **A.** Dürftigkeit; **It.** inopia.

inoportuno
adj. **I.** untimely, inopportune; **F.** inopportun; **A.** unzeitig, ungeignet; **It.** inopportuno.

inquebrantable
adj. **I.** irrevocable; **F.** que l'on ne peut

briser; **A.** unzerbrechlich; **It.** irrompibile.

inquietar
tr. **I.** to disquiet; **F.** inquiéter; **A.** beunruhigen; **It.** inquietare.

inquietud
f. **I.** restlessness, inquietude; **F.** inquiétude; **A.** Unruhe, Sorge; **It.** inquietudine.

inquilino
m. **I.** lodger; **F.** locataire; **A.** Mieter; **It.** inquilino.

inquirir
tr. **I.** to inquire; **F.** rechercher; **A.** (nach) forschen; **It.** inquisire.

inquisición
f. **I.** y **F.** inquisition; **A.** Inquisition; **It.** inquisizione.

inquisidor
adj. **I.** inquisitor; **F.** inquisiteur; **A.** Inquisitor; **It.** inquisitore.

insaciable
adj. **I.** y **F.** insatiable; **A.** unersättlich; **It.** insaziabile.

inscribir
tr. **I.** to inscribe; **F.** inscrire; **A.** eintragen; einschreiben; **It.** inscrivere.

insensatez
f. **I.** stupidity; **F.** manque de bon sens; **A.** Torheit; **It.** insensatezza.

insensato
adj. **I.** senseless, insensate; **F.** insensé; **A.** sinnlos, töricht; **It.** insensato.

insensible
adj. **I.** y **F.** insensible; **A.** unempfindlich, gefühllos; **It.** insensibile.

insertar
tr. **I.** to insert; **F.** insérer; **A.** einfügen, einschalten; **It.** inserire.

insidia
f. **I.** ambusch; **F.** piège; **A.** listige Nachstellung; **It.** insidia.

insigne
adj. **I.** illustrious; **F.** e **It.** insigne; **A.** berühmt.

insignia
f. **I.** badge ensign; **F.** insigne, enseigne; **A.** Ehrenzeichen; **It.** insegna.

insinuación
f. **I.** y **F.** insinuation; **A.** Andeutung; **It.** insinuazione.

insinuar
tr. **I.** to insinuate; **F.** insinuer; **A.** andeuten; **It.** insinuare.

insipidez
f. **I.** insipidness; **F.** insipidité, fadeur; **A.** Geschmacklosigkeit; **It.** insipidezza.

insistencia
f. **I.** insistence; **F.** insistance; **A.** Betonung, Anliegen; **It.** insistenza.

insistir
intr. **I.** to insist; **F.** insister; **A.** bestehen auf, beharren auf; **It.** insistere.

insolencia
f. **I.** y **F.** insolence; **A.** Frechheit, Anmassung; **It.** insolenza.

insolente
adj. **I.** y **F.** insolent; **A.** frech, unverschämt; **It.** insolente.

insólito
adj. **I.** unwonted; **F.** insolite; **A.** ungenwöhnlich; **It.** insólito.

insomnio
m. **I.** sleeplessness; **F.** insomnie; **A.** Schlaflosigkeit; **It.** insonnia.

insondable
adj. **I.** fathomless; **F.** insondable; **A.** unergründlich; **It.** insondabile.

insoportable
adj. **I.** y **F.** insupportable; **A.** unerträglich; **It.** insopportevole.

inspección
f. **I.** y **F.** inspection; **A.** Kontrolle, Aufsicht; **It.** ispezione.

inspiración
f. **I.** y **F.** inspiration; **A.** Einatmung; Inspiration; **It.** ispirazione.

inspirar
tr. **I.** to inspire; **F.** inspirer; **A.** einatmen; **It.** inspirare.

instalar
tr. **I.** to install; **F.** installer; **A.** einrichten, aufstellen; **It.** installare.

instancia
f. **I.** instancy; **F.** instance; **A.** Instanz, Bittschrift; **It.** istanza.

instantáneo
adj. **I.** instantaneous; **F.** instantané; **A.** Augenbliklich; **It.** istantaneo.

instante
m. **I.** y **F.** instant; **A.** Moment, Augenblick; **It.** istante.

instar
tr. **I.** to press; **F.** presser; **A.** drängen; **It.** instare.

instaurar
tr. **I.** to renew; **F.** instaurer; **A.** wiederherstellen; **It.** instaurare.

instigar
tr. **I.** to instigate; **F.** instiguer; **A.** aufstacheln; **It.** instigare.

instituir
tr. **I.** to institute; **F.** instituer; **A.** einsetzen, errichten; **It.** instituire.

instrucción
f. **I.** y **F.** instruction; **A.** Instruktion; **It.** istruzione.

instruir
tr. **I.** to instruct; **F.** instruire; **A.** bilden, belehren; **It.** istruire.

instrumento
m. **I.** y **F.** instrument; **A.** Instrument; **It.** istrumento.

insubordinación
f. **I.** y **F.** insubordination; **A.** Ungehorsamkeit; **It.** insubordinazione.

insuficiencia
f. **I.** insufficiency; **F.** insuffisance; **A.** Unzulänglichkeit; **It.** insufficienza.

insufrible
adj. **I.** unbearable; **F.** insupportable; **A.** unerträglich; **It.** insoffribile.

insulso
adj. **I.** insipid; **F.** fade; **A.** fade, reizlos; **It.** insulso.

insultar
tr. **I.** to insult; **F.** insulter; **A.** beschimpfen; **It.** insultare.

insulto
m. **I.** insult; **F.** insulte; **A.** Beschimpfung; **It.** insulto.

insuperable
adj. **I.** insurmountable; **F.** insurmontable; **A.** unüberwindlich; **It.** insuperabile.

insurrección
f. **I.** y **F.** insurrection; **A.** Empörung; Aufstand; **It.** insurrezione.

intacto
adj. **I.** y **F.** intact; **A.** unberührt; **It.** intatto.

integridad
f. **I.** integrity; **F.** integrité; **A.** Vollständigkeit; **It.** integrità.

íntegro
adj. I. integral; F. intègre; A. ganz, vollständig; It. integro.

inteligencia
f. I. y F. intelligence; A. Intelligenz, Verständnis; It. intelligenza.

inteligente
adj. I. y F. intelligent; A. Klug, verständig; It. intelligente.

inteligible
adj. I. y F. intelligible; A. begreiflich; It. intelligibile.

intempestivo
adj. I. untimely; F. intempestif; A. unzeitig; It. intempestivo.

intención
f. I. y F. intention; A. Absicht; It. intenzione.

intensidad
f. I. intensity; F. intensité; A. Intensität; It. intensità.

intentar
tr. I. to try; F. tenter; A. versuchen; It. intentare.

interceder
intr. I. to intercede; F. intercéder; A. Fürbitte; It. intercedere.

interceptar
tr. I. to intercept; F. intercepter; A. unterbrechen; It. intercettare.

interés
m. I. interest; F. intérêt; A. Nutzen; It. interesse.

interesar
intr. I. to interest; F. intéresser; A. beteiligen; It. interessare.

interior
adj. I. interior; F. interieur; A. inner; It. interiore.

intermedio
adj. I. interval; F. intermède; A. Zwischenzeit; It. intermezzo.

interpelación
f. I. y F. interpellation; A. Aufforderung; It. interpellazione.

interpolación
f. I. y F. interpolation; A. Einschiebung; It. interpolazione.

interponer
tr. I. to interpose; F. interposer; A. dazwischenstellen; It. interporre.

interpretar
tr. I. to interpret; F. interpréter; A. auslegen; It. interpretare.

interrogación
f. I. y F. interrogation; A. Frage; It. interrogazione.

interrogar
tr. I. to question; F. interroger; A. befragen; It. interrogare.

intervención
f. I. y F. intervention; A. Eingriff; It. intervenzione.

intervenir
intr. I. to intervene; F. intervenir; A. vermitteln; It. intervenire.

intestino
adj. I. intestine; F. intestin; A. Darm; It. intestino.

intimar
tr. I. to intimate; F. intimer; A. ankündigen; It. intimare.

intimidar
tr. I. to intimidate; F. intimider; A. einschüchtern; It. intimidare.

íntimo
adj. I. intimate; F. intime; A. vertraut; It. intimo.

intolerable
adj. I. intolerable; F. intolérable; A. unerträglich; It. intollerabile.

intolerancia
f. I. intolerance; F. intolérance; A. Undulsamkeit, Intoleranz; It. intolleranza.

intoxicación
f. I. y F. intoxication; A. Vergiftung; It. intossicazione.

intranquilidad
f. I. restlessness; F. inquiétude; A. Ruhelosigkeit; It. inquietudine.

intratable
adj. I. intractable; F. intraitable; A. ungesellig; It. intrattabile.

intrépido
adj. I. intrepid; F. intrépide; A. furchtlos; It. intrepido.

intriga
f. I. y F. intrigue; A. Intrige; It. intrigo.

intrigante
adj. I. intriguer; F. intrigant; A. ränkevoll; It. intrigante.

introducción
f. I. y F. introduction; A. Einleitung; It. introduzione.

introducir
tr. I. to introduce; F. introduire; A. einleiten; It. introdurre.

intruso
adj. I. intruder; F. intrus; A. Eindringling; It. intruso.

intuición
f. I. y F. intuition; A. Intuition; It. intuizione.

inundación
f. I. inundation; F. inondation; A. Uberschwemmung; It. inondazione.

inundar
tr. I. to inundate; F. inonder; A. überschwermmen; It. inondare.

inusitado
adj. I. unusual; F. inusité; A. ungebräuchlich; It. inusitato.

inútil
adj. I. useless; F. inutile; A. nutzlos; It. inutile.

inutilizar
tr. I. to make useless; F. inutiliser; A. entwerten; It. inutilizzare.

inválido
adj. I. invalid; F. invalide; A. dienstunfähig; It. invalido.

invariable
adj. I. y F. invariable; A. unveränderlich; It. invariabile.

invasión
f. I. y F. invasion; A. Einfall; It. invasione.

invencible
adj. I. invencible; F. invincible; A. unbesiegbar; It. invincibile.

inventar
tr. I. to invent; F. inventer; A. erfinden; It. inventare.

inventiva
f. I. inventiveness; F. faculté d'inventer; A. Erfindungsgabe; It. inventiva.

inventor
adj. I. inventor; F. inventeur; A. Erfinder; It. inventore.

inverosímil
adj. I. unlikely; F. invraisemblable; A. unwahrscheinlich; It. inverisimile.

inversión
f. I. y F. inversion; A. Umkehrung; It. inversione.

invertir
tr. I. to invert, to invest; F. invertir, investir; A. umstürzen, aufwenden; It. invertere, invertire.

investigación
f. I. investigation; F. recherche; A. Nachforschung; It. investigazione.

investigar
tr. I. to investigate; F. faire des recherches; A. nachforschen; It. investigare.

inveterado
adj. I. inveterate; F. invétéré; A. eingwurzelt; It. inveterato.

invisible
adj. I. y F. invisible; A. unsichtbar; It. invisibile.

invitación
f. I. y F. invitation; A. Einladung; It. invitazione.

invitar
tr. I. to invite; F. inviter; A. einladen; It. invitare.

invocar
tr. I. to invoke; F. invoquer; A. anrufen; It. invocare.

involucrar
tr. I. to involve; F. insérer; A. Fremdartiges einmengen; It. avvolgere.

involuntario
adj. I. involuntary; F. involontaire; A. unfreiwillig; It. involontario.

invulnerable
adj. I. invulnerable; F. invulnérable; A. unverwundbar; It. invulnerabile.

ir
intr. I. to go; F. aller, marcher; A. gehen, reisen; It. andare, ire.

ira
f. I. ire, anger; F. ire, colère; A. Zorn; It. ira.

ironía
f. I. irony; F. Ironie; A. Ironie; It. ironia.

irónico
adj. I. ironic; F. ironique; A. ironisch; It. ironico.

irracional
adj. I. irrational; F. irrationnel; A. unvernünftig; It. irrazionale.

irradiar
tr. I. to irradiate; F. irradier; A. anstrahlen; It. irradiare.

irrealizable
adj. I. unfeasible; F. irréalisable; A. unausführbar; It. irrealizzabile.

irreflexión
f. I. thoughtlessness; F. irréflexion; A. Unverstand; It. irreflessione.

irregular
adj. I. irregular; F. irrégulier; A. unregelmässig; It. irregolare.

irresolución
f. I. irresolution; F. irrésolution; A. Unschlüssigkeit; It. irresoluzione.

irrespirable
adj. I. y F. irrespirable; A. unatembar; It. irrespirabile.

irreverencia
f. I. irreverence; F. irrévérence; A. Unehrerbietigkeit; It. irriverenza.

irrisión
f. I. derision; F. dérision; A. Hohnlachtung; It. derisione.

irritación
f. I. y F. irritation; A. Reizung; It. irritazione.

irritar
tr. I. to irritate; F. irriter; A. erbosen; It. irritare.

irrupción
f. I. y F. irruption; A. Durchbruch; It. irruzione.

itinerario
adj. I. itinerary; F. itinéraire; A. Fahrplan; It. itinerario.

izar
tr. I. to hoist; F. hisser; A. aufziehen; It. issare.

izquierda
f. I. legt; F. gauche; A. links; It. sinistra.

J

jabalí
m. I. wild-boar; F. sanglier; A. Eber, Wild-schwein; It. cinghiale.

jabón
m. I. soap; F. savon; A. Seife; It. sapone.

jabonar
tr. I. to soap; F. savonner; A. abseifen, waschen; It. insaponare.

jaca
f. I. nag; F. bidet; A. Gaul; I. cavallino.

jacinto
m. I. hyacinth; F. jacinthe; A. Hyazinthe; It. giacinto.

jacobino
adj. I. Jacobin; F. jacobin; A. jakobinisch, Jakobiner; It. giacobino.

jactancia
f. I. boasting; F. jactance; A. Aufschneiderei; It. iattanza.

jactarse
tr. I. to vaunt; F. se vanter; A. prahlen; It. millantarsi.

jaculatoria
f. I. ejaculatory prayer; F. éjaculation; A. Stossgebet; It. giaculatoria.

jadear
intr. I. to pant; F. haleter; A. schnauben; It. ansare.

jaez
m. I. harness; F. harnais; A. (Pferde) Geschir; It. bardatura.

jalea
f. I. jelly; F. gelée; A. Obstgelee; It. gelatina di frutta.

jalear
tr. I. to encourage; F. exciter; A. (an) hetzen; It. aizzare.

jaleo
m. I. revelry; F. vacarme, tapage; A. Radau; It. chiasso.

jalón
m. I. levelling pole; F. jalon; A. Absteckpfahl; It. biffa.

jalonar
tr. I. to level; F. jalonner; A. abpfählen; It. biffare.

jamás
adj. I. never; F. jamais; A. niemals; It. mai.

jamba
f. I. jamb; F. jambage; A. Türfosten; It. stipite.

jamón
m. I. ham; F. jambon; A. Schinken; It. prosciutto.

jansenismo
m. I. Jansenism; F. jansénisme; A. Jansenismus; It. giansenismo.

japonés
adj. I. Japanese; F. japonais; A. Japaner; It. giapponese.

jaque
m. I. check; F. échec; A. Schach; It. scacco.

jaqueca
f. I. y F. migraine; A. Migräne; It. emicrania.

jara
f. I. rock-rose; F. ciste; A. Zistrose; It. imbrentina.

jarabe
m. I. sirup, syrup; F. sirop; A. Sirup, Zuckersaft; It. sciroppo.

jaramago
m. I. hedge-mustard; F. roquette; A. Meerrettich; It. ruchetta.

jarana
f. I. carousal; F. vacarme, tapage; A. Radau; It. cagnara.

jarcia
f. I. rigging, tackle; F. agrés; A. Tauwerk; It. sartiame.

jardín
m. I. garden; F. jardin; A. Garten; It. giardino.

jardinera
f. I. basketcarriage; F. jardinière; A. Kremser; It. giardiniera.

jardinero
m. I. gardener; F. jardinier; A. Gärtner; It. giardiniere.

jareta
f. I. tuck; F. ourlet; A. (Hohl)-Saum; It. guaina.

jarra
f. I. jar; F. jarre; A. Wasserkrug; It. giara, caraffa.

jarrete
m. I. gambrel, hock; F. jarret; A. Kniekehle; It. garetto.

jarretera
f. I. garter; F. jarretière; A. Strumpfband; It. giarrettiera.

jarro
m. I. jug; F. pot à l'eau, aiguière; A. Henkelkrug; It. boccale.

jarrón
m. I. vase; F. gras pot, vase; A. Blumenvase; It. vaso.

jaspe
m. I. jasper; F. jaspe; A. Jaspis; It. diaspro.

jaspear
tr. I. to marble; F. jasper; A. marmorieren; It. diasprare.

jaula
f. I. cage, bird-cage; F. cage; A. Käfig; It. gabbia.

jauría
f. I. pack of hounds; F. meute; A. Meute, Koppel; It. muta di cani.

javanés
adj. I. Javanese; F. javanais; A. Javaner; It. giavanese.

jazmín
m. I. jasmine, jessamine; F. jasmin; A. Jasmin; It. gelsomino.

jefe
m. I. head, boss, chief; F. chef; A. Chef, Vorsteher; It. capo.

jengibre
m. I. ginger; F. gingembre; A. Ingwer; It. zenzero.

jenízaro
adj. I. Janizary; F. mélangé; A. Janitscher; It. giannizzero.

jerarca
m. I. hierach; F. hiérarque; A. Hierach; It. gerarca.

jerarquía
f. I. hierarchy; F. hiérarchie; A. Rangordnung; It. gerarchia.

jerga
f. I. jargon; F. argot, jargon; A. Gaunersprache; It. gergo.

jergón
m. I. y F. paillasse; A. Strohsack; It. pagliericcio.

jerife
m. I. sherif; F. chérif; A. Scherif; It. sceriffo.

jerigonza
f. I. slang; F. argot; A. Rotwelsch; It. gergo.

jeringa
f. I. syringe; F. seringue; A. Klystierspritze; It. siringa.

jeringuilla
f. I. syringa; F. séringat; A. Zimtröschen; It. siringa.

jeroglífico
adj. I. hieroglyph; F. hiéroglyphe; A. Hieroglyphe, Schriftbild; It. geroglifico.

Jesucristo
m. I. Jesus Christ; F. Jésus-Christ; A. Jesus Christus; It. Gesù Cristo.

jesuita
adj. I. jesuit; F. jésuite; A. Jesuit; It. gesuita.

Jesús
m. I. y A. Jesus; F. Jésus; It. Gesù.

jícara
f. I. chocolate-cup; F. tasse à chocolat; A. Schokoladenschale; It. chicchera.

jilguero
m. I. goldfinch; F. chardonnerel; A. Distelfink, Stiegliz; It. caradellino.

jineta
f. I. genet; F. genette; A. Bisam; It. giannetta.

jinete
m. I. horseman; F. cavalier; A. Reiter; It. cavaliere.

jirafa
f. I. giraffe; F. girafe; A. Giraffe; It. giraffa.

jirón
m. I. rag; F. bordure; A. Fetzen; It. brindello.

jocosidad
f. I. jocosoness; F. badinage; A. Spass, Schäkerei; It. giocosità.

jofaina
f. I. washbowl; F. cuvette; A. Waschbecken; It. catino.

jónico
adj. I. Ionian; F. jonique, ionien; A. jonish, Jonier; It. ionico.

jornada
f. I. one-day march; F. journée; A. Tagereise; It. giornata.

jornal
m. I. day-wages; F. salaire journalier; A. Löhnung; It. paga giornaliera.

joroba
f. I. hump; F. bosse; A. Buckel; It. gobba.

joven
adj. I. young; F. jeune; A. jung; It. giovane.

jovial
adj. I. merry, gay, cheerful; F. gai, joyeux; A. heiter, munter; It. giovale.

joya
f. I. jewel; F. bijou, joyau; A. Juwel; It. giotello, gioia.

joyería
f. I. jewellery; F. bijouterie; A. Juwelenhandel; It. gioielleria.

juanete
m. I. bunion; F. pommette; A. Backenknochen; It. zigomo.

jubilado
adj. I. retired; F. rétraité; A. ausser Dienst; It. guibbilato.

jubilar
tr. I. to retire; F. retraiter; A. pensioneren; It. guibbilare.

jubileo
m. I. jubilee; F. jubilé; A. Jubelfest; It. giubileo.

júbilo
m. I. rejoicing; F. réjouissence; A. Jubel; It. guibbilo.

judía
f. I. Kidneybean; F. haricot; A. Bohne; It. fagiuolo.

judicatura
f. I. y F. judicature; A. Richtergewalt; It. guidicatura.

judío
adj. I. Jew; F. juif; A. Jude; It. ebreo.

juego
m. I. play, game; F. jeu; A. Spiel; It. gioco.

juerga
f. I. wassail; F. bambochade; A. Kneiperei; It. gozzoviglia.

juez
m. I. judge; F. juge; A. Richter; It. giudice.

jugador
adj. I. player; F. joueur; A. Spieler; It. giocatore.

jugar
intr. I. to play; F. jouer; A. spielen; It. giuocare.

jugarreta
f. I. trick; F. mauvais tour; A. Schelmenstreich; It. tiro mancino.

juglar
m. I. juggler; F. jongleur; A. Possenreisser; It. giullare.

jugo
m. I. juice; F. jus; A. Saft; It. succo.

jugoso
adj. I. juicy; F. juteux; A. saftig; It. sugoso.

juguete
m. I. toy; F. jouet; A. Spielerei; It. trastullo.

juguetear
intr. I. to toy; F. batifoler; A. spielen, schäkern; It. scherzare.

juicio
m. I. judgment; F. jugement; A. Urteil, Meinung; It. giudizio.

juicioso
adj. I. judicious; F. judicieux; A. vernünftig; It. guidizioso.

julio
m. I. July; F. juillet; A. Juli; It. luglio.

juncia
f. I. galingale; F. souchet; A. Zypergras; It. cunzia.

junco
m. I. rush; F. jonc; A. Binse; It. giunco.

junta
f. I. council, meeting; F. junte, comité; A. Versammlung; It. giunta, consiglio.

juntar
tr. I. to join, to couple; F. joindre, assembler; A. vereinigen; It. congiungere.

jurado
m. I. y F. jury; A. Jury, Schwurgericht; It. giurato.

jurar
tr. I. to swear; F. jurer; A. Schwören; It. giurare.

jurídico
adj. I. lawfull; F. juridique; A. juristisch; It. giuridico.

jurisconsulto
m. I. jurisconsult; F. juriste; A. Jurist; It. giureconsulto.

jurisdicción
f. I. jurisdiction; F. juridiction; A. Gerichtsbarkeit; It. giurisdizione.

justicia
f. I. law, justice; F. justice; A. Justiz, Gerechtigkeit; It. giustizia.

justificar
tr. I. to justify; F. justifier; A. rechtfertigen; It. giustificare.

justo
adj. **I.** just; **F.** juste; **A.** gerecht; **It.** giusto.

juventud
f. **I.** youth; **F.** jeunesse; **A.** Jugend; **It.** gioventù, giovinezza.

juzgado
m. **I.** y **F.** tribunal; **A.** Gerichtshof; **It.** tribunale.

juzgar
tr. **I.** to judge; **F.** juger; **A.** richten; **It.** giudicare.

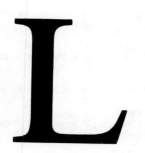

laberinto
m. **I.** labyrinth; **F.** labyrinthe; **A.** Labyrinth; **It.** laberinto.

labor
f. **I.** labour; **F.** labeur; **A.** Arbeit; **It.** lavoro.

labrador
adj. **I.** ploughman; **F.** laboureur; **A.** Bauer; **It.** aratore.

labrar
tr. **I.** to plough; **F.** labourer; **A.** bauen; **It.** lavorare la terra.

lacónico
adj. **I.** laconic; **F.** laconique; **A.** lakonisch; **It.** laconico.

lacrimoso
adj. **I.** tearful; **F.** larmoyant; **A.** tränend; **It.** lacrimoso.

lactar
tr. **I.** to nurse; **F.** allaiter; **A.** säugen; **It.** allattare.

ladear
tr. **I.** to incline; **F.** pencher; **A.** zu Seite neigen; **It.** inclinare.

ladera
f. **I.** slope; **F.** versant; **A.** Abhang; **It.** declivio.

ladino
adj. **I.** sly; **F.** rusé; **A.** schlau; **It.** scaltro.

lado
m. **I.** side; **F.** côté; **A.** Seite; **It.** lato.

ladrar
intr. **I.** to bark; **F.** aboyer; **A.** bellen; **It.** abbaiare.

ladrido
m. **I.** barking; **F.** aboi; **A.** Gebell; **It.** abbaiamento.

ladrón
adj. **I.** thief; **F.** voleur; **A.** Dieb; **It.** ladro.

lagar
m. **I.** wine-press; **F.** pressoir; **A.** Weinkeller; **It.** torchio.

lagarto
m. **I.** lizard; **F.** lézard; **A.** Grüneder; **It.** lucerta.

lago
m. **I.** lake; **F.** lac; **A.** Landsee; **It.** lago.

lágrima
f. **I.** tear; **F.** larme; **A.** Träne; **It.** lacrima.

laguna
f. **I.** lagoon; **F.** lagune; **A.** Teich; **It.** laguna.

laico
adj. **I.** laic; **F.** laïque; **A.** weltlich; **It.** laico.

lamentación
f. **I.** y **F.** lamentation; **A.** Wehklage; **It.** lamentazione.

lamentar
tr. **I.** to lament; **F.** lamenter; **A.** bejammern; **It.** lamentare.

lámina
f. **I.** plate; **F.** lame; **A.** Metalplatte; **It.** lama.

lana
f. **I.** wool; **F.** laine; **A.** Wolle; **It.** lana.

lancha
f. **I.** launch; **F.** chaloupe; **A.** Schaluppe; **It.** lancia.

languidez
f. **I.** languidness; **F.** langueur; **A.** Mattigkeit; **It.** languore.

lanza
f. **I.** y **F.** lance; **A.** Speer; **It.** lancia.

lanzar
tr. **I.** to throw; **F.** lancer; **A.** werfen; **It.** lanciare.

lapidario
adj. **I.** lapidary; **F.** lapidaire; **A.** lapidar; **It.** lapidario.

lápiz
m. **I.** pencil; **F.** crayon; **A.** Bleistift; **It.** matita.

largar
tr. **I.** to loosen; **F.** lâcher; **A.** losmachen; **It.** largare.

largo
adj. **I.** y **F.** long; **A.** lang; **It.** lungo.

lascivia
f. **I.** lust; **F.** lascivité; **A.** Geilheit; **It.** lascivia

lástima
f. **I.** pity; **F.** compassion; **A.** Mitleid; **It.** pietà.

lastimar
tr. **I.** to hurt; **F.** blesser; **A.** versehren; **It.** ferire.

lastre
m. **I.** ballast; **F.** lest; **A.** Ballast; **It.** zavorra.

lata
f. **I.** tin-plate; **F.** fer-blanc; **A.** Eisenblech; **It.** latta.

lateral
adj. **I.** lateral; **F.** latéral; **A.** seitlich; **It.** laterale.

latir
intr. **I.** to beat; **F.** battre; **A.** schlagen; **It.** battere.

latitud
f. **I.** y **F.** latitude; **A.** Breite; **It.** latitudine.

lato
adj. **I.** extensive; **F.** étendu; **A.** weitläufig; **It.** lato.

laudable
adj. **I.** praiseworthy; **F.** louable; **A.** lobenswert; **It.** lodevole.

laurel
m. I. laurel; F. laurier; A. Lorbeerbaum; It. lauro.

lavabo
m. I. washstand; F. e It. lavabo; A. Waschtisch.

lavar
tr. I. to wash; F. laver; A. waschen; It. lavare.

laxar
tr. I. to loosen; F. lâcher; A. abspannen; It. lassare.

lazo
m. I. bond; F. lacet; A. Schlinge; It. laccio.

leal
adj. I. loyal, faithful; F. loyal; A. treu; It. leale.

lealtad
f. I. loyalty; F. loyauté; A. Loyalität; It. lealtà.

lección
f. I. lesson; F. leçon; A. Lektion; It. lezione.

lectura
f. I. reading; F. lecture; A. Lektüre; It. lettura.

leche
f. I. milk; F. lait; A. Milch; It. latte.

lecho
m. I. bed; F. lit; A. Bett; It. letto.

leer
tr. I. to read; F. lire; A. lesen; It. leggere.

legalidad
f. I. legality; F. legalité; A. Gesetzmässigkeit; It. legalità.

legalizar
tr. I. to legalize; F. légaliser; A. beglaubigen; It. legalizzare.

légamo
m. I. mud; F. vase; A. Schlamm; It. limaccio.

legar
tr. I. to bequeath; F. léguer; A. hinterlassen; It. legare.

legendario
adj. I. legendary; F. légendaire; A. sagenhaft; It. leggendario.

legión
f. I. legion; F. légion; A. Legion; It. legione.

legislación
f. I. legislation; F. législation; A. Gesetzgebung; It. legislazione.

legitimar
tr. I. to legitimate; F. legitimer; A. legitimieren; It. legittimare.

legítimo
adj. I. legitimate, legal; F. légitime; A. ehrlich: It. legittimo.

legumbre
f. I. e It. legume; F. légume; A. Gemüse.

lejos
adv. I. far; F. loin; A. fern; It. lontano.

lema
m. I. motto; F. lemme; A. Motto; It. lemma.

lencería
f. I. linen; F. linge; A. Leinenzeug; It. biancheria.

lengua
f. I. tongue; F. langue; A. Zunge; It. lingua.

lente
f. I. lens; F. lentille; A. Linse; It. lente.

lenteja
f. I. lentil; F. lentille; A. Linse; It. lenticchia.

lentitud
f. I. slowness; F. lenteur; A. Langsamkeit; It. lentezza.

lento
adj. I. slow; F. lent; A. langsam; It. lento.

leña
f. I. firewood; F. bois; A. Brennholz; It. legna.

leñador
m. I. woodman; F. bûcheron; A. Holzhacker; It. boscaiuolo.

león
m. I. y F. lion; A. Löwe; It. leone.

lepra
f. I. leprosy; F. lèpre; A. Aussatz; It. lebbra.

lesión
f. I. lesion; F. lésion; A. Verletzung; It. lesione.

letanía
f. I. litany; F. litanie; A. Litanei; It. litania.

letargo
m. I. lethargy; F. léthargie; A. Lethargie; It. letargia.

letra
f. I. letter; F. lettre; A. Buchstabe; It. lettera.

letrado
adj. I. learned; F. lettré; A. gelehrte; It. letterato.

letrero
m. I. placard; F. écriteau; A. Aufschrift; It. cartello.

letrina
f. I. y F. latrine; A. Privé; It. latrina.

leva
f. I. levy; F. levée; A. Levee; It. leva.

levantar
tr. I. to raise; F. lever; A. aufheben; It. levare.

levante
m. I. East, Levant; F. orient, levant; A. Morgen, Osten; It. levante.

leve
adj. I. light; F. léger; A. leicht; It. lieve.

ley
f. I. law; F. loi; A. Gesetz; It. legge.

leyenda
f. I. legend; F. légende; A. Sage; It. leggenda.

liar
tr. I. to bind; F. lier; A. binden; It. legare.

libelo
m. I. libel; F. libelle; A. Schmähschrift; It. libello.

liberal
adj. I. y A. liberal; F. libéral; It. liberale.

libertad
f. I. liberty, freedom; F. liberté; A. Freiheit; It. libertà.

librar
tr. I. to deliver; F. délivrer; A. befreinen; It. liberare.

libre
adj. **I.** free; **F.** libre; **A.** frei; **It.** libero.

licencia
f. **I.** licence; **F.** permission; **A.** Erlaubnis; **It.** licenza.

lícito
adj. **I.** licit; **F.** licite; **A.** zulässig; **It.** lècito.

licuar
tr. **I.** to liquefy; **F.** liquéfier; **A.** verflüssigen; **It.** liquefare.

ligadura
f. **I.** y **F.** ligature; **A.** Ligatur; **It.** legatura.

ligar
tr. **I.** to attach; **F.** attacher; **A.** anknüpfen; **It.** legare.

ligereza
f. **I.** lightness; **F.** légèreté; **A.** Leichtigkeit; **It.** leggerezza.

ligero
adj. **I.** light; **F.** léger; **A.** leicht; **It.** leggiero.

limitar
tr. **I.** to limit; **F.** limiter; **A.** begrenzen; **It.** limitare.

límite
m. **I.** limit; **F.** limite; **A.** Grenze; **It.** limite, confine.

limosna
f. **I.** alms; **F.** aumône; **A.** Almosen; **It.** limosina.

limpiar
tr. **I.** to clean; **F.** nettoyer; **A.** reinigen; **It.** pulire.

limpio
adj. **I.** clean, neat; **F.** net; **A.** rein; **It.** pulito.

linaje
m. **I.** lineage; **F.** lignage; **A.** Stamm; **It.** lignaggio.

lince
m. **I.** y **F.** lynx; **A.** Luchs; **It.** lince.

linchar
tr. **I.** to lynch; **F.** lyncher; **A.** lynchen; **It.** linciare.

lindo
adj. **I.** pretty; **F.** mignon; **A.** niedlich; **It.** leggiadro.

línea
f. **I.** line; **F.** ligne; **A.** Linie; **It.** linea.

linterna
f. **I.** lantern; **F.** lanterne; **A.** Laterne, Leuchte; **It.** lanterna.

lío
m. **I.** bundle; **F.** paquet; **A.** Pack; **It.** pacco.

liquidar
tr. **I.** to liquefy; **F.** liquéfier; **A.** schmelzen; **It.** liquefare.

líquido
adj. **I.** liquid; **F.** liquide; **A.** flüssig; **It.** liquido.

lisiado
adj. **I.** crippled; **F.** éclopé; **A.** Krüppelhaft; **It.** invalido.

liso
adj. **I.** smooth; **F.** lisse; **A.** glatt; **It.** liscio.

litigar
tr. **I.** to plead, to litigate; **F.** plaider; **A.** prozessieren; **It.** litigare.

litigio
m. **I.** litigation; **F.** litige; **A.** Rechsstreit; **It.** litigio.

liza
f. **I.** ring; **F.** lice; **A.** Kampfplatz; **It.** lizza.

localidad
f. **I.** locality; **F.** localité; **A.** Ort; **It.** località.

loco
adj. **I.** mad; **F.** fou; **A.** Irrer; **It.** pazzo.

locura
f. **I.** madness; **F.** folie; **A.** Irrsinn; **It.** pazzia.

lodo
m. **I.** mud; **F.** fange; **A.** Schlamm; **It.** loto.

lógica
f. **I.** logic; **F.** logique; **A.** Logik; **It.** logica.

lograr
tr. **I.** to obtain; **F.** atteindre; **A.** erreichen; **It.** ottenere.

longitud
f. **I.** length; **F.** longeur; **A.** Länge; **It.** longitudine.

lozanía
f. **I.** bloom; **F.** vigueur; **A.** Üppigkeit; **It.** lussuria.

lúbrico
adj. **I.** lubricans; **F.** lubrique; **A.** unzüchtig; **It.** lubrico.

lucir
intr. **I.** to shine; **F.** luire; **A.** leuchten; **It.** lucere.

lucro
m. **I.** y **F.** lucre; **A.** Gewinn; **It.** lucro.

luctuoso
adj. **I.** sorrowful; **F.** triste; **A.** traurig; **It.** luttuoso.

lucha
f. **I.** struggle, fight; **F.** lutte; **A.** Kampf; **It.** lotta.

luego
adv. **I.** then; **F.** ensuite; **A.** sogleich, sodann; **It.** subito.

lugar
m. **I.** place; **F.** lieu; **A.** Ort; **It.** luogo.

lúgubre
adj. **I.** mournful; **F.** lugubre; **A.** traurig; **It.** lugubre.

lujo
m. **I.** luxury; **F.** luxe; **A.** Luxus; **It.** lusso.

lujoso
adj. **I.** luxurious; **F.** luxueux; **A.** luxuriös; **It.** sfarzoso.

lujuria
f. **I.** lewdness; **F.** luxure; **A.** Wollust; **It.** lussuria.

lumbre
f. **I.** fire, light; **F.** feu; **A.** Feuer; **It.** fuoco.

lumbrera
f. **I.** luminary; **F.** lumière; **A.** Leuchtfeuer; **It.** luminare.

luminar
m. **I.** luminary; **F.** luminaire; **A.** Himmelsleuchte; **It.** luminare.

luna
f. **I.** moon; **F.** lune; **A.** Mond; **It.** luna.

lunático
adj. **I.** moon-struck, lunatic; **F.** lunatique; **A.** lunatisch; **It.** lunatico.

lunes
m. **I.** Monday; **F.** lundi; **A.** Montag; **It.** lunedi.

lupa
f. **I.** magnifying glass; **F.** loupe; **A.** Vergrösserungsglas; **It.** lente.

lustre
m. **I.** luster; **F.** éclat; **A.** Glanz; **It.** lustro.

luto
m. **I.** mourning; **F.** deuil; **A.** Trauer; **It.** lutto.

luz
f. **I.** light; **F.** lumière; **A.** Licht; **It.** luce.

llaga
f. **I.** sore; **F.** plaie; **A.** Wunde; **It.** piaga.

llama
f. **I.** flame; **F.** flamme; **A.** Flamme; **It.** fiamma.

llamada
f. **I.** call, appeal; **F.** appel; **A.** Anruf, Aufruf; **It.** chiamata.

llamar
tr. **I.** to call; **F.** appeler; **A.** anrufen, schellen; **It.** chiamare.

llana
f. **I.** trowel; **F.** truelle; **A.** Glätteisen, Kell; **It.** cazzuola.

llaneza
f. **I.** simplicity; **F.** simplicité; **A.** Einfachheit; **It.** semplicità.

llano
adj. **I.** flat, plain; **F.** plat, simple; **A.** eben, flach; **It.** piano, piatto.

llanta
f. **I.** tire; **F.** jante; **A.** Felge; **It.** cerchio.

llanto
m. **I.** weeping, cry; **F.** pleurs, larmes; **A.** Weinen; **It.** pianto.

llanura
f. **I.** plain; **F.** plaine; **A.** Ebene, Flaschland; **It.** piamoza.

llave
f. **I.** Key; **F.** clef; **A.** Schlüssel; **It.** chiave.

llavero
m. **I.** claviger; **F.** porteclefs; **A.** Schlüsselbund; **It.** chiavaio.

llegada
f. **I.** arrival; **F.** arrivée; **A.** Ankunft; **It.** arrivo.

llegar
intr. **I.** to arrive; **F.** arriver; **A.** ankommen, gelangen; **It.** arrivare.

llenar
tr. **I.** to fill; **F.** remplir; **A.** anfüllen; **It.** riempire.

lleno
adj. **I.** full; **F.** plein; **A.** voll; **It.** pieno.

llevar
tr. **I.** to carry, to bear; **F.** porter; **A.** hinbringen, tragen; **It.** portare.

llorar
intr. **I.** to cry, to weep; **F.** pleurer; **A.** weinen; **It.** piangere.

lloriquear
intr. **I.** to snivel; **F.** pleurnicher; **A.** winseln; **It.** piagnucolare.

llorón
adj. **I.** weeper, mourner; **F.** pleurard; **A.** Trauerweide; **It.** piangitore.

lloroso
adj. **I.** weeping; **F.** pleureux; **A.** weinerlich; **It.** piagnoloso.

llover
intr. **I.** to rain; **F.** pleuvoir; **A.** regnen; **It.** piovere.

llueca
adj. **I.** brooding hen; **F.** couveuse (poule, etc.); **A.** Gluckhenne; **It.** chioccia.

lluvia
f. **I.** rain; **F.** pluie; **A.** Regen; **It.** pioggia.

lluvioso
adj. **I.** rainy; **F.** pluvieux; **A.** regnerisch; **It.** piovoso.

maca
f. **I.** bruise; **F.** cotissure; **A.** Druckfleck; **It.** ammaccatura.

macabro
adj. **I.** y **F.** macabre; **A.** schaurig; **It.** macabro.

macaco
m. **I.** y **F.** macaque; **A.** Makako; **It.** macacco.

macele
m. **I.** slaughterhouse; **F.** abattoir; **A.** Schlachthaus; **It.** ammazzatoio.

macerar
tr. **I.** to macerate; **F.** macérer; **A.** Kasteien; **It.** macerare.

macero
m. **I.** macebearer; **F.** massier; **A.** Stabträger; **It.** mazziere.

macilento
adj. **I.** lean, wan; **F.** blême; **A.** fahl; **It.** macilento.

macizo
adj. **I.** massive; **F.** massif; **A.** massiv; **It.** massiccio.

mácula
f. **I.** stain; **F.** macule; **A.** Makel; **It.** macula.

machacar
tr. **I.** to crush; **F.** broyer; **A.** zermahlen; **It.** macinare.

machete
m. **I.** machete; **F.** coutelas; **A.** Seitengewehr; **It.** coltellaccio.

macho
m. **I.** male; **F.** mâle; **A.** mâmlich; **It.** maschio.

machucar
tr. I. to crumple; F. meurtrir; A. zerstampfen; It. spiegazzare.

madeja
f. I. skein; F. écheveau; A. Strähne; It. matassa.

madera
f. I. wood; F. bois; A. Holz; It. legno.

madrastra
f. I. step-mother; F. marâtre; A. Stiefmutter; It. matrigna.

madre
f. I. mather; F. mère; A. Mutter; It. madre.

madriguera
f. I. den; F. halot; A. Bau; It. tana.

madrina
f. I. god-mother; F. marraine; A. Patin; It. madrina.

madrugada
f. I. dawn; F. aube; A. Tagesanbruch; It. alba.

madurar
tr. I. to ripen, to mature; F. mûrir; A. reifen; It. maturare.

maduro
adj. I. ripe; F. mûr; A. reif; It. maturo.

maestra
f. I. teacher; F. maîtresse; A. Lehrerin; It. maestra.

maestría
f. I. skill, mastery; F. maîtrise; A. Meisterwürde; It. maestria.

maestro
m. I. master; F. maître; A. Lehrer; It. maestro.

magancería
f. I. swindle; F. fourberie; A. Schwindelei; It. inganno.

magia
f. I. magic; F. magie; A. Zauberei; It. magia.

mágico
adj. I. magic; F. magique; A. zauberhaft; It. magico.

magisterio
m. I. professorship; F. professorat; A. Lehramt; It. magistero.

magistrado
m. I. magistrate; F. magistrat; A. Richter; It. magistrato.

magistral
adj. I. masterly; F. magistral; A. meisterhaft; It. magistrale.

magnánimo
adj. I. magnanimous; F. magnanime; A. grossmütig; It. magnanimo.

magnate
m. I. e It. magnate; F. magnat; A. Magnat.

magnesia
f. I. e It. magnesia; F. magnésie; A. Magnesia, Bittererde.

magnetismo
m. I. magnetism; F. magnétisme; A. Magnetismus; It. magnetismo.

magnificencia
f. I. y F. magnificence; A. Herrlichkeit; It. magnificenza.

magnífico
adj. I. magnificent; F. magnifique; A. herrlich; It. magnifico.

magnitud
f. I. magnitude; F. grandeur; A. Grösse; It. magnitudine.

magnolia
f. I. e It. magnolia; F. magnolier; A. Magnolie.

mago
adj. I. magician; F. mage; A. Zauberer; It. mago.

magullar
tr. I. to bruise; F. meurtrir; A. quetschen; It. ammaccare.

maíz
m. I. corn; F. maïs; A. Welschkorn; It. grano turco.

majadería
f. I. nonsense; F. sottise; A. Albernheit; It. sciocchezza.

majadero
adj. I. simpleton; F. sot; A. Tölpel; It. goffo.

majar
tr. I. to pound; F. broyer; A. zerstossen; It. macinare.

majestad
f. I. majesty; F. majesté; A. Majestät; It. maestà.

mal
m. I. evil; F. mal; A. Schaden; It. male.

malandanza
f. I. mischance; F. malheur; A. Unglück; It. sventura.

malandrín
adj. I. scoundrel; F. malandrin; A. Übeltäter; It. malandrino.

malbaratar
tr. I. to squander; F. gaspiller; A. verschwenden; It. scipare.

malcontento
adj. I. discontented; F. malcontent; A. unzufrieden; It. malcontento.

maldecir
tr. I. to curse; F. maudire; A. verfluchen; It. maledire.

maldición
f. I. curse; F. malédiction; A. Fluch; It. maledizione.

maldito
adj. I. cursed; F. maudit; A. verflucht; It. maledetto.

maleable
adj. I. malleable; F. malléable; A. biegsam; It. maleabile.

malear
tr. I. to pervert; F. pervertir; A. verderben; It. malmenare.

maleficio
m. I. witchcraft; F. maléfice; A. Verhexung; It. maleficio.

malestar
m. I. discomfort, uneasyness; F. malaise; A. Unbehagen; It. malessere.

maleta
f. I. suitcase; F. malle; A. Koffer; It. valigia.

malgastar
tr. I. to misspend; F. dissiper; A. verschwenden; It. dissipare.

malhechor
adj. I. malefactor F. malfaiteur; A. Übeltäter; It. malfattore.

malicia
f. I. malice; F. malignité; A. Bosheit; It. malizia.

maliciar
tr. I. to suspect; F. se douter; A. argwöhnen; It. diffidare.

maligno
adj. I. malignant; F. malin; A. bos-
haft; It. maligno.

malmirado
adj. I. ill-famed; F. malfamé; A. unbeliebt; It. malvisto.

malo
adj. I. bad; F. mauvais; A. schlecht;
It. cattivo.

malograr
tr. I. to lose; F. perdre; A. vereiteln;
It. frustrare.

maltratar
tr. I. to mistreat; F. maltraiter; A.
misshandeln; It. maltrattare.

malvado
adj. I. wicked; F. méchant; A. grund-
schlech; It. malvagio.

mamar
tr. I. to suck; F. téter; A. saugen; It.
poppare.

manantial
adj. I. y F. source; A. Quelle; It. sor-
gente.

manar
intr. I. to spring; F. sourdre; A. ent-
quellen; It. sorgere.

manceba
f. I. concubine; F. concubine, maîtresse; A. Kebsweib; It. concubina.

manco
adj. I. one-armed; F. manchot; A.
einarmig; It. manco.

mancomunar
tr. I. to associate; F. associer; A. vereinigen; It. accomunare.

mancha
f. I. stain; F. tache; A. Flecken; It.
macchia.

manchar
tr. I. to stain; F. tacher; A. Flecken;
It. macchiare.

manda
f. I. bequest; F. legs; A. Schenkung;
It. lascito.

mandar
tr. I. to command; F. commander;
A. verordnen; It. comandare.

mandato
m. I. order; F. ordre; A. Geheiss; It.
mandato

mando
m. I. command; F. commandement;
A. Befehl; It. comando.

manejar
tr. I. to handle; F. manier; A. hand-
haben; It. maneggiare.

manejo
m. I. handling; F. maniement; A.
Handhabung; It. maneggio.

manera
f. I. manner; F. manière; A. Art,
Weise; It. maniera.

manga
f. I. sleeve; F. manche; A. Ärmel; It.
manica.

manía
f. I. mania; F. manie; A. Wahnsinn;
It. mania.

manifestación
f. I. y F. manifestation; A. Offenba-
rung; It. manifestazione.

manifestar
tr. I. to manifest; F. exposer; A. of-
fenbaren; It. manifestare.

manifiesto
m. I. manifest; F. manifeste; A. sich-
tich; It. manifesto.

maniobra
f. I. maneuver; F. manoeuvre; A.
Manover; It. manovra.

manirroto
adj. I. spendthrift; F. gaspilleur; A.
verschwenderish; It. sprecone.

mano
f. I. hand; F. main; A. Hand; It. mano .

manosear
tr. I. to handle; F. manier; A. beta-
sten; It. palpeggiare.

mansedumbre
f. I. mildness; F. mansuétude; A.
Milde; It. mansuetudine.

mansión
f. I. abode; F. demeure; A. Aufenthalt; It. stanza.

manso
adj. I. y A. mild; F. doux; It. soave.

manta
f. I. blanket; F. couverture; A. Bettdecke; It. coperta.

manteca
f. I. lard, butter; F. beurre; A. Butter; It. burro.

mantel
m. I. tablecloth; F. nappe; A. tisch-
tuch; It. mantile.

mantener
tr. I. to maintain; F. entretenir; A.
unterhalten; It. mantenere.

manto
m. I. mantle; F. manteau; A. Mantel;
It. manto.

manual
adj. I. handbook; F. manuel; A.
Handbuck; It. manuale.

manufactura
f. I. y F. manufacture; A. Manufak-
tur; It. manifattura.

manumitir
tr. I. to enfranchise; F. affranchir; A.
freimachen; It. manomettere.

manuscrito
m. I. manuscript; F. manuscrit; A.
Handschrift; It. manoscritto.

manutención
g. I. maintenance; F. entretien; A.
Unterhalt; It. manutenzione.

maña
f. I. skill; F. adresse; A. Gewand-
theit; It. destrezza.

mañana
f. I. morning; F. matin; A. Morgen;
It. mattino.

mañoso
adj. I. skilful; F. adroit; A. geschickt; It. destro.

máquina
f. I. y F. machine; A. Maschine; It.
macchina.

mar
amb. I. sea; F. mer; A. Meer; It. mare.

maraña
f. I. jumble; F. brouillamini; A.
Wirrwarr; It. matazza.

maravilla
f. I. marvel, wonder; F. merveille; A.
Wunderding; It. maraviglia.

maravilloso
adj. I. marvellous; F. merveilleux; A.
wunderbar; It. maraviglioso.

marca
f. I. mark; F. marque; A. Marke; It. marca.

marcar
tr. I. to mark; F. marquer; A. markieren; It. marcare.

marchar
intr. I. to walk, to march; F. marcher, partir; A. marschieren; It. marciare, andare.

marchitar
tr. I. to wither; F. flétrir; A. verwelken; It. appassire.

mareo
m. I. seasickness; F. mal de mer; A. Seekrankheit; It. mareggio.

margen
m. I. margin; F. marge; A. Rand; It. màrgine.

marido
m. I. husband; F. mari; A. Ehemann; It. marito.

marquesina
f. I. marquee; F. marquise; A. Schutzdach; It. tettoia.

marrano
m. I. hog; F. cochon, porc; A. Schwein; It. maiale.

marrar
intr. I. to fail; F. rater; A. fehlen; It. farfiasco.

martirio
m. I. martyrdom; F. martyre; A. märtyrertod; It. martirio.

martirizar
tr. I. to martyr; F. martyriser; A. martern; It. martirizzare.

más
adv. I. mare; F. plus; A. mehr, noch; It. più.

masa
f. I. dough, paste; F. pâte, masse; A. Teig, Masse; It. massa, pasta.

mascar
tr. I. to chew; F. mâcher; A. zerkauen; It. masticare.

máscara
f. I. mask; F. masque; A. Maske; It. maschera.

masculino
adj. I. masculine; F. masculin; A. männlich; It. mascolino.

masticar
tr. I. to chew; F. mastiquer; A. Kauen; It. masticare.

matanza
f. I. butchery; F. tuerie; A. Gemezel; It. carneficina.

matar
tr. I. to Kill; F. tuer; A. töten; It. uccidere.

materia
f. I. matter; F. matière; A. Stoff; It. materia.

material
adj. I. material; F. matériel; A. stofflich; It. materiale.

matrimonio
m. I. marraige; F. mariage; A. Ehe; It. matrimonio.

matrona
f. I. matron; F. matrone; A. Hebanme; It. matrona.

máxima
f. I. maxim; F. maxime; A. Grundsatz; It. massima.

mayo
m. I. May; F. mai; A. Mai; It. maggio.

mayor
adj. I. greater; F. majeur; A. grösser; It. maggiore.

mayoría
f. I. majority; F. majorité; A. Mehrheit; It. maggiorità.

mecha
f. I. wick; F. mèche; A. Zünder; It. stoppino.

mediar
tr. I. to mediate; F. intercéder; A. vermitteln; It. mediare.

medicina
f. I. medicine; F. médecine; A. Heilkunde; It. medicina.

medida
f. I. measure; F. mesure; A. Mass; It. misura.

medio
adj. I. half; F. moitié; A. halb; It. metà.

medir
tr. I. to measure; F. mesurer; A. messen; It. misurare.

meditar
tr. I. to meditate; F. méditer; A. betrachten; It. meditare.

médula
f. I. marrow; F. moelle; A. Mark; It. midolla.

mejor
adj. I. better; F. meilleur; A. besser; It. meglio.

mejorar
tr. I. to improve; F. améliorer; A. verbessern; It. migliorare.

melancolía
f. I. melancholy; F. mélancolie; A. Melancholie; It. melanconia.

melodía
f. I. melody; F. mélodie; A. Melodie; It. melodia.

mellizo
adj. I. twin; F. jumeau; A. Zurilling; It. gemello.

memoria
f. I. memory; F. mémoire; A. Gedächtnis; It. memoria.

mención
f. I. y F. mention; A. Erwähnung; It. menzione.

mendicidad
f. I. mendicity; F. mendicité; A. Bettelei; It. mendicità.

mendigar
tr. I. to beg; F. mendier; A. betteln; It. mendicare.

mengua
f. I. decrease; F. décroissance; A. Einbusse; It. scemamento.

menor
adj. I. lesser; F. mineur; A. Kleiner; It. minore.

menoscabar
tr. I. to diminish; F. diminuer; A. vermindern; It. scemare.

menospreciar
tr. I. to despise; F. mépriser; A. verachten; It. sprezzare.

mensaje
m. I. message; F. message, commission; A. Botschaft; It. messaggio.

menstruación
f. I. y F. menstruation; A. Monasbsfluss; It. menstruazione.

mental
adj. **I.** y **F.** mental; **A.** geistig; **It.** mentale.

mente
f. **I.** mind; **F.** entendement; **A.** Verstand; **It.** mente.

mentir
intr. **I.** to lie; **F.** mentir; **A.** lügen; **It.** mentire.

mentira
f. **I.** lie; **F.** mensonge; **A.** Lüge; **It.** menzogna.

menudencia
f. **I.** trifle; **F.** minutie; **A.** Kleinigkeit; **It.** minuzia.

menudo
adj. **I.** small, little; **F.** menu; **A.** klein; **It.** minuto.

mercader
m. **I.** merchant, dealer; **F.** marchand; **A.** Kaufmann; **It.** mercatante.

mercado
m. **I.** market; **F.** marché; **A.** Markt; **It.** mercato.

merced
f. **I.** mercy; **F.** merci; **A.** Lohn; **It.** mercede.

mercenario
adj. **I.** mercenary; **F.** mercenaire; **A.** Lohnarbeiter; **It.** mercenario.

merecer
tr. **I.** to deserve; **F.** mériter; **A.** verdienen; **It.** meritare.

meridiano
adj. **I.** meridian; **F.** méridien; **A.** mittägig; **It.** meridiano.

mérito
m. **I.** merit; **F.** mérite; **A.** Werti; **It.** merito.

merma
f. **I.** loss; **F.** déchet; **A.** Abzug; **It.** scemare.

mesa
f. **I.** table; **F.** tableau; **A.** Tish; **It.** tavola.

mesón
m. **I.** inn; **F.** auberge; **A.** Wirtshaus; **It.** albergo.

meta
f. **I.** goal; **F.** but; **A.** Ziel; **It.** meta.

metáfora
f. **I.** metaphor; **F.** métaphore; **A.** Metaphor; **It.** metafora.

metal
m. **I.** metal; **F.** métal; **A.** Metall; **It.** metallo.

metamorfosis
f. **I.** metamorphosis; **F.** métamorphose; **A.** Metamorphose; **It.** metamorfosi.

meter
tr. **I.** to put in; **F.** mettre; **A.** hineinbringen, hineinlegen; **It.** mettere.

metódico
adj. **I.** methodic; **F.** méthodique; **A.** methodisch; **It.** metodico.

método
m. **I.** method; **F.** méthode; **A.** Methode; **It.** metodo.

metro
m. **I.** meter; **F.** mètre; **A.** Meter; **It.** metro.

mezcla
f. **I.** mixture; **F.** mélange; **A.** Mischung; **It.** mistura.

mezclar
tr. **I.** to mix; **F.** mélanger; **A.** vermischen; **It.** mescolare.

mezquino
adj. **I.** stingy; **F.** mesquin; **A.** knauserig; **It.** spilorcio.

mico
m. **I.** monkey; **F.** singe; **A.** Miko; **It.** micco.

micrófono
m. **I.** y **F.** microphone; **A.** Mikrophon; **It.** microfono.

miedo
m. **I.** fear; **F.** peur; **A.** Furcht; **It.** paura.

miel
f. **I.** honey; **F.** miel; **A.** Honig; **It.** miele.

miembro
m. **I.** member; **F.** membre; **A.** Glied; **It.** membro.

mientras
adv. **I.** while, whilst; **F.** tandis que; **A.** während, solange; **It.** mentre.

miércoles
m. **I.** wednesday; **F.** mercredi; **A.** Mittwoch; **It.** mercoledi.

mierda
f. **I.** shit; **F.** merde; **A.** Menschenkot; **It.** merda.

miga
f. **I.** crumb; **F.** mie; **A.** Krume; **It.** mollica.

milagro
m. **I.** y **F.** miracle; **A.** Wunder; **It.** miracolo.

militar
adj. **I.** military; **F.** militaire; **A.** Militär; **It.** militare.

millón
m. **I.** y **F.** million; **A.** Million; **It.** milione.

mimar
tr. **I.** to spoil; **F.** gäter; **A.** hätscheln; **It.** viziare.

mimo
m. **I.** y **F.** mime; **A.** Mimiker; **It.** mimo.

mina
f. **I.** y **F.** mine; **A.** Mine; **It.** miniera.

minar
tr. **I.** to undermine; **F.** miner; **A.** untergraben; **It.** minare.

mineral
adj. **I.** mineral; **F.** minéral; **A.** Mineral; **It.** minerale.

minero
adj. **I.** miner; **F.** minier; **A.** Grubenarbeiter; **It.** minatore.

mínimo
adj. **I.** least; **F.** minime; **A.** Kleinster; **It.** minimo.

ministerio
m. **I.** ministry, cabinet; **F.** ministère; **A.** Ministerium, Kabinett; **It.** ministero, cabinetto.

ministro
m. **I.** minister; **F.** ministre; **A.** Minister; **It.** ministro.

minucia
f. **I.** trifle; **F.** minutie; **A.** Kleinigkeit; **It.** minuzia.

minucioso
adj. **I.** minute; **F.** minutieux; **A.** Kleinlich; **It.** minuzioso

minuta
f. **I.** bill, draft; **F.** minute; **A.** Entwurf; **It.** minuta.

mira
f. I. aim, sight; F. but, mire; A. Zielen; It. mira.

mirador
adj. I. bay-window; F. véranda; A. Balkon; It. balcone.

mirar
tr. I. to look; F. regarder; A. anblicken; It. guardare.

misa
f. I. mass; F. messe; A. Messe; It. messa.

miserable
adj. I. miserable; F. misérable; A. elendig; It. miserabile.

miseria
f. I. misery; F. misère; A. Jammer; It. miseria.

misión
f. I. y F. mission; A. Mission; It. missione.

misionero
adj. I. missionary; F. missionaire; A. Missionär; It. missionario.

mismo
adj. I. same; F. même; A. selbst; It. medesimo.

misterio
m. I. mystery; F. mystère; A. Mysterium; It. mistero.

mitigar
tr. I. to mitigate; F. mitiger; A. mildern; It. mitigare.

mito
m. I. myth; F. mythe; A. Mytheus; It. mito.

mixto
adj. I. mixed; F. mixte; A. vermischt; It. misto.

mocedad
f. I. youth; F. jeunesse; A. Jugendzeit; It. giovinezza.

moción
f. I. y F. motion; A. Antrag; It. mozione.

moda
f. I. fashion; F. mode; A. Mode; It. moda.

modelo
m. I. model; F. modèle; A. Modell; It. modello.

moderación
f. I. moderation; F. modération; A. Mässigung; It. moderazione.

moderno
adj. I. modern; F. moderne; A. zeitgemäss; It. moderno.

modestia
f. I. modesty; F. modestie; A. Bescheidenheit; It. modestia.

modesto
adj. I. modest; F. modeste; A. bescheiden; It. modesto.

modificar
tr. I. to modify; F. modifier; A. umgestalten; It. modificare.

modo
m. I. y F. mode; A. Art; It. modo.

modorra
f. I. drowsiness; F. assoupissement; A. Benommenheit; It. sonnolenza.

modular
intr. I. to modulate; F. moduler; A. modulieren; It. modulare.

mofa
f. I. mock; F. moquerie; A. Gespött; It. beffa.

mohíno
adj. I. fretful; F. boudeur; A. missgelaunt; It. mogio.

moho
m. I. moss; F. moisi; A. Moos; It. mufa.

mojar
tr. I. to wet; F. mouiller; A. befeuchten; It. inumidire.

mojigato
adj. I. prudish; F. menette; A. Henchler; It. bacchetone.

molde
m. I. mould; F. moule; A. Matrize; It. modello.

moler
tr. I. to grind; F. moudre; A. mahlen; It. macinare.

molestar
tr. I. to bother; F. déranger; A. stören; It. seccare.

molestia
f. I. weariness; F. dérangement; A. Belästigung; It. seccaggine.

molienda
f. I. grinding; F. mouture; A. Mahlen; It. macinatura.

molino
m. I. mill; F. moulin; A. Mühle; It. molino.

momentáneo
adj. I. momentary; F. momentané; A. augenblicklich; It. momentàneo.

momento
m. I. y F. moment; A. Augenblick; It. momento.

monárquico
adj. I. monarchic; F. monarchique; A. monarchisch; It. monarchico.

monasterio
m. I. monastery; F. monastère; A. Kloster; It. monastero.

mondar
tr. I. to clean, to peel; F. monder; A. abschälen; It. mondare.

moneda
f. I. coin, money; F. monnaie; A. Münze; It. moneta.

monitor
m. I. monitor; F. moniteur; A. Ratgeber; It. monitore.

monja
f. I. nun; F. nonne; A. Nonne; It. monaca.

mono
m. I. monkey; F. singe; A. Affe; It. scimia.

monogamia
f. I. monogamy; F. monogamie; A. Einweiberei; It. monogamia.

monólogo
m. I. y F. monologue; A. Monolog; It. monologo.

monopolio
m. I. monopoly; F. monopole; A. Monopol; It. monopolio.

monopolizar
tr. I. to monopolize; F. monopoliser; A. monopolisieren; It. monopolizzare.

monotonía
f. I. monotony; F. monotonie; A. Monotonie; It. monotonia.

monótono
adj. I. monotonous; F. monotone; A. eintönig; It. monotono.

monstruo
m. I. monster; F. monstre; A. Scheusal; It. mostro.

monstruoso
adj. I. monstruous; F. monstrueux; A. scheusslich; It. mostruoso.

montaña
f. I. mountain; F. montagne; A. Berg; It. montagna.

montar
intr. I. to mount; F. monter; A. steigen; It. montare.

monte
m. I. mount; F. mont; A. Berg; It. monte.

montón
m. I. heap; F. monceau, amas; A. Haufen; It. mucchio.

monumento
m. I. y F. monument; A. Denkmal; It. monumento.

mora
f. I. mulberry; F. müre; A. Maulbeere; It. mora.

morada
f. I. abode; F. demeure; A. Wohnung; It. dimora.

morado
adj. I. purple; F. violet; A. veilchenblau; It. violetto.

moral
f. I. y F. moral; A. moralisch; It. morale.

moralizar
tr. I. to moralize; F. moraliser; A. moralisieren; It. moralizzare.

morar
intr. I. to dwell; F. demeurer; A. wohnen; It. dimorare.

mórbido
adj. I. morbid; F. morbide; A. mürbe; It. morbido.

morboso
adj. I. diseased; F. malade; A. Krank; It. morboso.

mordacidad
f. I. mordacity; F. mordacité; A. Bissigkeit; It. mordacità.

mordedura
f. I. bite; F. morsure; A. Biss; It. morso.

morder
tr. I. to bite; F. mordre; A. beissen; It. mordere.

morfina
f. I. y F. morphine; A. Morphin; It. morfina.

moribundo
adj. I. dying; F. moribond; A. sterbend; It. moribondo.

morir
intr. I. to die; F. mourir; A. sterben; It. morire.

moro
adj. I. Moor; F. more; A. Mohr; It. moro.

morral
m. I. nose-bag; F. musette; A. Jagdtasche; It. sacco.

mortaja
f. I. shroud; F. suaire; A. Leichentuch; It. lenzuolo mortuorio.

mortal
adj. I. mortal; F. mortel; A. sterblich; It. mortale.

mortalidad
f. I. mortality; F. mortalité; A. Sterblichkeit; It. mortalità.

mortandad
f. I. slaughter; F. massacre; A. Sterblichkeit; It. carnificina.

mortificar
tr. I. to mortify; F. mortifier; A. Kasteien; It. mortificare.

mortuorio
adj. I. mortuory; F. mortuaire; A. Leichen-Sterbe; It. mortuorio.

mosaico
adj. I. mosaic; F. mosaïque; A. Mosaik; It. mosaico.

mosca
f. I. fly; F. mouche; A. Fliege; It. mosca.

mosquito
m. I. mosquito; F. moustique; A. Stechmücke; It. zanzara.

mostrador
m. I. counter; F. comptoir; A. Schanktish; It. banco.

mostrar
tr. I. to show, to exhibit; F. montrer; A. vorzeigen; It. mostrare.

mostrenco
adj. I. abeyant; F. jacent; A. herrenlos; It. senza proprietario.

mote
m. I. e It. motto; F. devise; A. Sinnspruch.

motín
m. I. mutiny; F. émeute; A. Meuterei; It. ammutinamento.

motivo
m. I. motive; F. motif; A. Anlass; It. motivo.

mover
tr. I. to move; F. mouvoir; A. bewegen; It. movere.

movimiento
m. I. movement, motion; F. mouvement; A. Bewegunt; It. movimento.

moza
f. I. maidservant; F. servante; A. Magd; It. domestica.

mozo
adj. I. lad; F. jeune homme; A. Knabe; It. giovane.

muchacho
m. I. boy; F. garçon; A. Junge; It. ragazzo.

mucho
adj. I. much, plenty; F. beaucoup; A. viel; It. molto.

mudo
adj. I. mute; F. muet; A. stumm; It. muto.

muerte
f. I. death; F. mort; A. Tod; It. morte.

muerto
adj. I. dead; F. mort; A. tot; It. morto.

muestra
f. I. sample; F. échantillon; A. Muster; It. campione.

mujer
f. I. woman, wife; F. femme, épouse; A. Frau, Weib; It. donna, moglie

multa
f. I. fine; F. amende; A. Strafgeld; It. multa.

multiplicar
tr. I. to multiply; F. multiplier; A. multiplizieren; It. moltiplicare.

multitud
f. I. crowd; F. foule; A. Menschenmenge; It. moltitudine.

mundo
m. I. world; F. monde; A. Welt; It. mondo.

murmurar
intr. I. to murmur; F. murmurer; A. murmeln; It. mormorare.

muro
m. I. wall; F. mur; A. Wand; It. muro.

músculo
m. I. y F. muscle; A. Muskel; It. muscolo.

música
f. I. music; F. musique; A. Musik; It. musica.

mustio
adj. I. sad, blue; F. fané; A. traurig; It. mesto.

mutuo
adj. I. mutual; F. mutuel; A. gegenseitig; It. mutuo.

muy
adv. I. very; F. très; A. sehr; It. molto, assai.

N

nabo
m. I. turnip; F. navet; A. Rübe; It. navone.

nácar
m. I. y F. nacre; A. Perlmutter; It. madreperla.

nacarado
adj. I. pearly; F. nacré; A. Perlmutterfarbig; It. perlato.

nacela
f. I. scatia; F. scotie; A. Hohlkehle; It. scozia.

nacer
intr. I. to be born, to grow, to rise, to appear; F. naître, provenir, sourdre, sortir; A. geboren, werden, entspriengen, ausfallen; It. nascere, uscire, allignare, germinare.

nacido
adj. I. born; F. né; A. angebaren; It. nato.

nacimiento
m. I. birth; F. naissance; A. Geburt; It. nascimento, nascita.

nación
f. I. y F. nation; A. Nation, Volk; It. nazione.

nacional
adj. I. y F. national; A. einheimisch, national; It. nazionale.

nacionalismo
m. I. nationalism; F. nationalisme; A. Nationalgefühl; It. nazionalismo.

nacionalizar
tr. I. to nationalize; F. nationaliser; A. einbürgen; It. nazionalizzare.

nada
f. I. nathing; F. rien; A. nichts; It. niente, nulla.

nadar
intr. I. to swim; F. nager; A. schwimmen; It. nuotare.

nadie
pron. I. nobody; F. personne; A. niemand; It. nessuno.

nadir
m. I., F. e It. nadir; A. Nadir, Fusspunkt.

nafta
f. I. naphtha; F. naphte; A. Naphtha; It. nafta.

naipe
m. I. (playing-) card; F. carte; A. (Spiel) karte; It. carta (da gioco).

nalgada
f. I. spank; F. fessée; A. Schlag auf den Hintern; It. sculacciata.

nalgas
f. I. buttock; F. fesse; A. Hinterbakke; It. natica.

napolitano
adj. I. Neapolitan; F. napolitain; A. Neapolitaner; It. napoletano.

naranja
f. I. y F. orange; A. Apfolsine; It. arancia.

naranjo
m. I. orange-tree; F. oranger; A. Orange (m) baum; It. arancio.

narciso
m. I. narcissus; F. narcisse; A. Narzisse; It. narciso.

narcótico
adj. I. narcotic; F. narcotique; A. narkotisch, betäubend; It. narcotico.

nardo
m. I. y F. nard; A. Narde; It. nardo.

nariz
f. I. nose; F. nez; A. Nase; It. naso.

narración
f. I. narration; F. narration, récit; A. Erzählung; It. narrazione.

narrar
tr. I. to narrate; F. raconter; A. Erzählen; berichten; It. narrare.

narval
m. I. narwhal; F. narval; A. Narwal; It. narvalo.

nata
f. I. cream; F. crème; A. Sahre, Rahm; It. panna.

natación
f. I. swimming; F. natation; A. Schwimmen; It. nuoto.

natalidad
f. I. birth rate; F. natalité; A. Geburtenzahl; It. natalità.

natatorio
adj. I. natatory; F. natatoire; A. Schwimm; It. natatorio.

natillas
f. I. custard; F. crème; A. Creme; It. zabaione.

natividad
f. I. nativity, Christmas; F. Noël; A. Christfest; It. natività, Natale.

nativo
adj. I. native; F. natif; A. angeboren; It. nativo.

natural
adj. I. noxious; F. nuisible; A. schädlich; It. nocivo.

naturaleza
f. I. y F. nature; A. Natur, wesen; It. natura.

naturalizar
tr. I. to naturalize; F. naturaliser; A. einbürgern; It. naturalizzare.

naufragar
intr. I. to wreck; F. naufrager; A. Schiffbruch erleiden; It. naufragare.

naufragio
m. I. wreck; F. nafrage; A. Schiffbruch; It. naufragio.

náusea
f. I. nausea; F. nausée; A. Ekel, Ubelkeit, Brechreiz; It. nausea.

nauseabundo
adj. I. nauseous; F. nauséabond; A. ekelhaft; It. nauseabondo.

náutico
adj. I. nautical; F. nautique; A. nautisch; It. nautico.

nava
f. I. bottom, plain; F. plaine; A. Flachland; It. pianura bassa.

navaja
f. I. clasp-knife; F. jambette; couteau pliant; A. grosses Taschenmesser; It. coltello da tasca.

naval
adj. I. y F. naval; A. See-Schiffs; It. navale.

nave
f. I. ship, vessel; F. navire, bâtiment; A. Schiff; It. nave, bastimento.

navegable
adj. I. y F. navigable; A. schiffbar; It. navigabile.

navegación
f. I. y F. navigation; A. Navigation, Nautik; It. navigazione.

navegar
intr. I. to sail, to navigate; F. naviguer; A. Schiffen, zu See fahren; It. navigare.

navidad
f. I. Christmas-day; F. Nativité, Noël; A. Weihnachten; It. Natale.

navío
m. I. ship, vessel; F. navire, vaisseau, bâtiment; A. Schiff; It. nave, bastimento.

neblina
f. I. mist; F. brume; A. Nebel; It. nebbiaccia.

nebulosa
f. I. nebula; F. nèbuleuse; A. Nebelfleck; It. nebulosa.

necedad
f. I. silliness, idiocy; F. niaiserie, sottise; A. Albernheit; It. pecaraggine, nescienza.

necesario
adj. I. necessary; F. nécessaire; A. notwendig; It. necessario.

necesidad
f. I. want, need; F. nécessité, besoin; A. (Be) Dürftigkeit; It. necessità, bisogno.

necio
adj. I. stupid, senseless; F. sot; A. dumm; It. sciocco, sempliociotto.

necrología
f. I. necrology; F. nécrologie; A. Nekrologie; It. necrologia.

néctar
m. I. y F. nectar; A. Honigsalft; It. nèttare.

nefritis
f. I. nephritis; F. néphrite; A. Nierenentzündung; It. nefrite.

negación
f. I. negation; F. négation; A. Verneidung; It. negazione.

negar
tr. I. to deny; F. nier; A. verneinen; It. negare.

negativo
adj. I. negative; F. négatif; A. verneinend; It. negativo.

negligencia
f. I. negligence; F. négligence; A. Nachlässigkeit; It. negligenza, noncuranza.

negociar
intr. I. to negotiate, to trade; F. négotier; A. (ver-, unter) handeln; It. negoziare.

negocio
m. I. business, occupation; F. négoce; A. Handel; It. negozio, bisogna.

negrecer
intr. I. to blacken; F. noircir; A. anschwärzen; It. annerire.

negro
adj. I. black; F. noir; A. schwarz; It. nero.

nene
m. y f. I. infant, baby; F. bébé; A. kleines Kind; It. bambinello.

nenúfar
m. I. nenuphar, water-lily; F. nénuphar; A. Seerose; It. nenufar.

neófito
m. y f. I. neophyte; F. néophyte; A. Neuling; It. neofito.

neologismo
m. I. neologism; F. néologisme; A. Neologismus; It. neologismo.

neoplatónico
adj. I. Neoplatonic; F. néoplatonicien; A. Neo-platonisch; It. neoplatonico.

nepotismo
m. I. nepotism; F. népotisme; A. Nepotismus; It. nepotismo.

nervadura
f. I. y F. nervure; A. Rippe, Steg; It. nervatura.

nervio
m. I. nerve; F. nerf; A. Nerv; It. nervo.

nervioso
adj. I. nervous; F. nerveux; A. nervös; It. nervoso.

neto
adj. I. neat; F. net; A. echt, lauter, netto; It. netto.

neuma
m. I. neume, neuma; F. neume; A. Neuma; It. neuma.

neumático
adj. I. pneumatic; F. pneumatique; A. pneumatisch; It. pneumatico.

neumonía
f. I. pneumonia; F. pneumonie; A. Lungenentzündung; It. pneumonia.

neuralgia
f. I. e It. neuralgia; F. névalgie; A. Nervenschmerz.

neurastenia
f. I. neurasthenia; F. neurasthénie; A. Neurasthenie, Nervenschwäche; It. neurastenia.

neuritis
f. I. neuritis; F. névrité; A. Nervenentzündung; It. nevritè, neurite.

neurología
f. I. neurology; F. névrologie; A. Neurologie; It. neurologia.

neurosis
f. I. neurosis; F. névrose; A. Nervenkrankheit; It. nevrosi, neurosi.

neutral
adj. I. neutral; F. neutre; A. neutral, parteilos; It. neutrale.

neutralizar
tr. I. to neutralize; F. neutraliser; A. neutralisieren; It. neutralizzare.

neutro
adj. I. neuter; F. neutre; A. neutral, sächlich intransitiv; It. neutro.

nevar
intr. I. to snow; F. neiger; A. schneien; It. nevicare.

nevera
f. I. ice-box, refrigerator; F. glacière; A. Eisschrank; It. neviera.

nexo
m. I. nexus, link, tie; F. union, conexion; A. Nexus, Verknüpfung; It. nesso.

ni
conj. I. neither, nor; F. ni, ne, pas même; A. auch nicht, weder noch; It. ne, neanche, neppure.

nicotina
f. I. y F. nicotine; A. Tabakgift; It. nicotina.

nido
m. I. nest; F. nid; A. Nest; It. nido.

niebla
f. I. fog; F. brouillard; A. Nebel; It. nebbia.

nieto
m. y f. I. grandson; F. petit-fils; A. Enkel; It. nipotino.

nieve
f. I. snow; F. neige; A. Schnee; It. neve.

nigromancia
f. I. necromancy; F. nécromancie; A. Schwarzkunst; It. negromanzia.

nigromante
m. I. necromancer; F. nécromancien; A. Schwarzkünstler; It. negromante.

nihilismo
m. I. nihilism; F. nihilisme; A. Nihilismus; It. nichilismo.

nimbo
m. I. nimbus; F. nimbe; A. Nimbus, Heiligenschein; It. nembo.

nimiedad
f. I. trifle; F. minutie, tatillonnage; A. kleinigkeit; It. minuzia.

ninfa
f. I. nymph; F. nymphe; A. Nymphe; It. ninfa.

ninguno
adj. I. not any; F. aucun, nul; A. kein, niemand; It. nessuno.

niñería
f. I. toyishness; F. petitesse des choses; A. Lappalie; It. piccolezza.

niñez
f. I. childhood; F. enfance; A. Kindheit; It. fanciullezza.

niño
m. I. boy, child; F. enfant, garçon, gosse; A. Kind, Knabe; It. bambino, ragazzo.

níspero
m. I. medlar; F. nèfle, nèflier; A. Hespel, Mispelbaum; It. nespolo.

nítido
adj. I. neat, bright; F. net, clair; A. glänzend, rein; It. nitido, chiaro.

nitrato
m. I. nitrate; F. azotate; A. salpetersaures Salz; It. nitrato.

nitrógeno
m. I. nitrogen; F. azote, nitrogène; A. Stickstoff; It. nitrogeno, azoto.

nivel
m. I. level; F. niveau; A. Niveau, Wasserwaage; It. livello.

nivelar
tr. I. to level; F. niveler; A. nivellieren, ausgleichen; It. livellare.

no
adv. I. no, not, nay; F. ne, pas, non; A. nein, nicht; It. no, non.

noble
adj. I. y F. noble; A. adelig; It. nobile.

nobleza
f. I. nobility; F. noblesse; A. Adel; It. nobilità.

noción
f. I. y F. notion; A. Begriff, Idee; It. nozione.

nocivo
adj. I. noxious; F. nuisible; A. schädlich; It. nocivo.

nocturno
adj. I. nocturnal; F. nocturne; A. nächtlich; It. notturno.

noche
f. I. night; F. nuit; A. Nacht; It. notte.

nogal
m. I. walnut; F. noyer; A. Nussbaum; It. noce.

nómada
adj. I. nomadic; F. nomade; A. nomadisch; It. nomade.

nombrar
tr. I. to name, to nominate; F. nommer; A. ernennen, benennen; It. nominare.

nombre
m. I. name; F. nom; A. Name; It. nome.

nomenclatura
f. I. y F. nomenclature; A. Nomenklatur, Namensverzeichnis; It. nomenclatura.

nómina
f. I. list; F. liste de noms; A. Namensverzeichnis; It. lista.

nominal
adj. I. y F. nominal; A. namentlich; It. nominale.

nominativo
adj. I. nominative; F. nominatif; A. Nominativ; It. nominativo.

nomología
f. I. nomology; F. nomologie; A. Gesetzkunde; It. nomologia.

nopal
m. I. y F. nopal; A. Feigenkaktus; It. nopale.

noque
m. I. tan pit; F. fosse; A. Lohgrube; It. tino.

norma
f. I. square, standard; F. équerre, norme; A. Winkelmass, Norm; It. norma.

normal
adj. I. y F. normal; A. regelrecht, normal; It. normale.

normalidad
f. I. normality; F. normalité; A. Normalität; It. normalità.

normando
adj. I. Norman; F. normand; A. Normanne; It. normando.

norte
m. I. north; F. e It. nord; A. Nord(en).

nosografía
f. I. nosography; F. nosographie; A. krankheitsbe, schreibung; It. nosografia.

nosotros
pron. m. y f. I. we, us; F. nous; A. uns, wir; It. noi, ci, ce.

nostalgia
f. I. nostalgia, homesickness; F. nostalgie; A. Heimweh; It. nostalgia.

nota
f. I. y F. note; A. Note, Zeichen; It. nota.

notable
adj. I. notable, remarkable; F. notable, remarquable; A. hervorragend, ausgezeichnet; It. notevole.

notar
tr. I. to note, to mark; F. noter, remarquer; A. bezeichnen, merken; It. notare.

notario
m. I. notary; F. notaire; A. Notar; It. notaro.

noticia
f. I. knowledge, report, notice; F. nouvelle; A. Nachricht, Mitteilung; It. notizia.

notificar
tr. I. to notify; F. notifier, faire part; A. bekanntgeben; It. notificare.

notoriedad
f. I. notoriousness; F. notoriété; A. Offenkundigkeit; It. notorietà.

notorio
adj. I. notorious; F. notoire, connu; A. Offenbar, ersichtlich; It. notorio.

novador
m. y f. I. innovator; F. novateur; A. Erneuerer; It. novatore.

novato
adj. I. novice; F. nouveau; A. Neuling; It. novizio.

novedad
f. I. novelty; F. nouveauté; A. Neuheit, Novität; It. novità.

novela
f. I. novel; F. roman; A. Roman, Novelle; It. romanzo.

novelesco
adj. I. novelistic; F. romanesque; A. romanhaft; It. romanzesco.

novena
f. I. e It. novena; F. neuvaine; A. neuntägig, Novene.

noveno
adj. I. ninth; F. neuvième; A. neunte(r); It. nono.

noventa
adj. I. ninety; F. quatre-vingt-dix; A. neunzig; It. novanta.

noviazgo
m. I. betrothal, engagement; F. fiancé (condition de); A. Brautzeit; It. fidanzamento.

noviembre
m. I. y A. November; F. e It. novembre.

novilunio
m. I. new moon; F. nouvelle lune; A. Neumond; It. novilunio.

novillo
m. I. young bull, steer; F. taurillon; A. junger Stier; It. boccino, torello.

novio
m. y f. I. bride-groom; F. fiancé; A. Verlobte(r); It. fidanzato, promesso sposo.

nube
f. I. cloud; F. nuage; A. Wolke; It. nuvola.

nublado
m. I. threatening cloud; F. nuage, nuée; A. bewölkt; It. nembo.

nuca
f. I. nape, neck; F. nuque; A. Genick, Nacken; It. nuca.

núcleo
m. I. nucleus; F. noyau; A. Kern; It. nucleo.

nudo
m. I. knot; F. nœud; A. Knoten; It. nodo.

nuera
f. I. daughter-in-law; F. belle-fille; A. Schwiegertochter; It. nuora.

nuestro
pron. I. our, ours; F. notre, le nôtre; A. unser, der, die, das unserige; It. nostro, -a, -i, -e.

nuevo
adj. I. new; F. neuf, nouveau; A. neu; It. n(u) ovo.

nueve
adj. I. nine; F. neuf; A. neun; It. nove.

nuez
f. I. nut; F. noix; A. Nuss; It. noce.

nulidad
f. I. nullity; F. nullité; A. Nichtigkeit; It. nullità.

nulo
adj. I. null; F. nul; A. null, ungültig; It. nullo.

numeración
f. I. numeration; F. numération; A. Zählen, Ziffern; It. numerazione.

numerador
m. I. numerator; F. numérateur; A. Numerale; It. numeratore.

numerar
tr. I. to number; F. numéroter; A. numerieren; It. numerizzare.

numérico
adj. I. numerical; F. numérique; A. numerish; It. numerico.

número
m. I. number; F. nombre, numéro; A. Zahl, Nummer; It. numero.

numismática
f. I. numismatics; F. numismatique; A. Münz(en) Kunde; It. numismatica.

nunca
adv. I. never; F. jamais; A. nie, nimmer; It. mai, giammai.

nunciatura
f. I. nunciature; F. nonciature; A. Nunztiatur; It. nunziatura.

nuncio
m. I. nuncio; F. nonce; A. Nuntius; It. nunzio.

nupcial
adj. I. y F. nuptial; A. bräutlich; It. nuziale.

nupcias
f. I. weddings; F. noces; A. Hochzeit; It. nozze.

nutación
f. **I.** y **F.** nutation; **A.** Nutation; **It.** nutazione.

nutria
f. **I.** otter; **F.** loutre; **A.** Fischatter; **It.** lontra.

nutrición
f. **I.** y **F.** nutrition; **A.** Ernährung; **It.** nutrizione.

nutrir
tr. **I.** to nourish; **F.** nourrir; **A.** (er)nähren; **It.** nutrire.

oasis
m. **I.** y **F.** oasis; **A.** Oase; **It.** oasi.

obcecación
f. **I.** obfuscation; **F.** aveuglement; **A.** Verblendung; **It.** accecamento.

obcecar
tr. **I.** to blind; **F.** aveugler; **A.** Verblendung; **It.** accecare.

obedecer
tr. **I.** to obey; **F.** obéir; **A.** gehorchen, folgen; **It.** obbedire.

obediencia
f. **I.** obedience; **F.** obéissance; **A.** Gehorsam; **It.** obbedienza.

obelisco
m. **I.** obelisk; **F.** obélisque; **A.** Obelisk; **It.** obelisco.

obenque
m. **I.** shroud; **F.** hauban; **A.** Wanttau; **It.** sartia.

obertura
f. **I.** overture; **F.** ouverture; **A.** Ouvertüre; **It.** preludio, introduzione.

obesidad
f. **I.** obesity; **F.** obésité; **A.** Fettleibigkeit; **It.** obesità.

obeso
adj. **I.** obese; **F.** obèse; **A.** fettleibig; **It.** obeso.

óbice
m. **I.** obstacle; **F.** obstacle, entrave; **A.** Hindernis; **It.** impaccio.

obispado
m. **I.** bishopric; **F.** évêché; **A.** Bischofswürde; **It.** vescovado.

obispo
m. **I.** bishop; **F.** évêque; **A.** Bischof; **It.** vescovo.

óbito
m. **I.** obit, decease; **F.** mort, décès, trépas; **A.** Hingang, Tod; **It.** obito.

objeción
f. **I.** y **F.** objection; **A.** Einwand; **It.** obbiezione.

objetar
tr. **I.** to object; **F.** objecter; **A.** einwenden; **It.** obbiettare.

objetivo
adj. **I.** objective; **F.** objectif; **A.** objektiv; **It.** obbiettivo.

objeto
m. **I.** object; **F.** objet; **A.** Gegenstand, Absicht, Ziel; **It.** oggetto.

oblación
f. **I.** y **F.** oblation; **A.** Opferung; **It.** oblazione.

oblato
adj. **I.** oblate; **F.** oblat; **A.** Oblat; **It.** oblato.

oblicuo
adj. **I.** y **F.** oblique; **A.** schief, schräg; **It.** obliquo.

obligación
f. **I.** y **F.** obligation; **A.** Verpflichtung; **It.** obbligazione.

obligar
tr. **I.** to oblige; **F.** obliger, engager; **A.** verpflichten; **It.** obbligare.

obliteración
f. **I.** obliteration; **F.** oblitération; **A.** Verstopfung; **It.** obliterazione.

oblongo
adj. **I.** y **F.** oblong; **A.** länglich; **It.** oblungo.

obnubilación
f. **I.** y **F.** obnubilation; **A.** Verdunkelung; **It.** obnubilazione.

oboe
m. **I.** oboe, hautboy; **F.** hautbois; **A.** Hoboe; **It.** oboe.

óbolo
m. **I.** obolus; **F.** obole; **A.** Obolus, Spende; **It.** obolo.

obra
f. **I.** work; **F.** oeuvre, ouvrage; **A.** werk; **It.** op(e)ra.

obrar
intr. **I.** to work; **F.** ouvrer; **A.** arbeiten, verrichten; **It.** operare, lavorare.

obrepción
f. **I.** y **F.** obreption; **A.** Erschleichtung; **It.** orrezione.

obrero
adj. **I.** worker; **F.** ouvrier; **A.** Arbeiter; **It.** operaio, lavoratore.

observación
f. **I.** y **F.** observation; **A.** Beobachtung; **It.** osservazione.

observador
adj. **I.** observer; **F.** observateur; **A.** Beobachter; **It.** osservatore.

observar
tr. **I.** to observe; **F.** observer; **A.** beobachten; **It.** osservare.

observatorio
m. **I.** observatory; **F.** observatoire; **A.** Sternwarte; **It.** osservatorio.

obsesión
f. **I.** y **F.** obsession; **A.** Besessenheit; **It.** osessione.

obsidiana
f. **I.** obsidian; **F.** obsidiane; **A.** Obsidian; **It.** ossidiana.

obstáculo
m. **I.** obstacle, hinderance; **F.** obstacle; **A.** Hemmnis; **It.** ostacolo.

obstar
intr. **I.** to hinder; **F.** empécher; **A.** hindern; **It.** impedire.

obstetricia
f. **I.** obstetrics; **F.** obstétrique; **A.** Geburshilfe; **It.** obstetricia.

obstinación
f. **I.** obstinacy; **F.** obstination; **A.** Starrsinn; **It.** ostinazione.

obstrucción
f. I. y F. obstruction; A. Verstopfung; It. ostruzione.

obstruir
tr. I. to obstruct; F. obstruer; A. verstopfen; It. ostruire.

obtener
tr. I. to obtain; F. obtenir; A. erlangen; It. ottenere.

obscenidad
f. I. obscenity; F. obscénité; A. Unzüchtigkeit; It. oscenità.

obsceno
adj. I. obscene; F. obscène; A. unzüchtig; It. osceno.

obsequiar
tr. I. to entertain; F. regaler, choyer; A. bewirten; It. ossequiare.

obsequio
m. I. courtesy, present; F. cadeau; A. Geschenk; It. ossequio.

obturación
f. I. y F. obturation; A. Verstopfung; It. otturazione.

obturador
adj. I. stopper; F. obturateur; A. Verschluss, Blende; It. otturatore.

obtuso
adj. I. obtuse; F. obtus; A. stumpf; It. ottuso.

obús
m. I. howitzer; F. obusier; A. Haubitze; It. obice.

obviar
tr. I. to obviate; F. obvier; A. abwender; It. ovviare.

obvio
adj. I. obvious; F. évident; A. einleuchtend; It. ovvio.

oca
f. I. goose; F. oie; A. Gans; It. oca.

ocasión
f. I. occasion; F. occasion, opportunité; A. Gelegenheit, Anlass; It. occasione.

ocasionar
tr. I. to occasion; F. occasioner; A. veranlassen; It. occasionare.

ocaso
m. I. set, decadence; F. couchant, déclin; A. Sonnenuntergang; It. occaso.

occidental
adl. I. y F. occidental; A. abendländisch; It. occidentale.

occidente
m. I. occident, west; F. occident; A. Abendland, Westen; It. occidente.

occipucio
m. I. y F. occiput; A. Hinterhaupt; It. occipite.

océano
m. I. ocean; F. océan; A. Ozean; It. oceano.

oceanografía
f. I. oceanography; F. océanographie; A. Tiefsceforschnung; It. oceanografia.

ocio
m. I. leisure; F. loisir, repos; A. Musse, Ruhe; It. ozio.

ociosidad
f. I. idleness; F. oisiveté; A. Müssiggang; It. oziosità.

ocre
m. I. ocher; F. ocre; A. Ocker; It. ocra.

octaedro
m. I. octahedron; F. octaèdre; A. Oktaeder; It. ottaedro.

octágono
adj. I. octagon; F. octogone; A. Achteck; It. ottagono.

octante
m. I. y F. octant; A. Oktant, Quadrant; It. ottante.

octava
f. I. y F. octave; A. Oktave; It. ottava.

octavo
adj. I. eighth; F. huitième; A. achte (r); It. ottavo.

octubre
m. I. October; F. octobre; A. Oktober; It. ottobre.

ocular
adj. I. ocular; F. oculaire; A. okular; It. oculare.

oculista
m. y f. I. oculist; F. oculiste; A. Augenarzt; It. oculista.

ocultar
tr. I. to hide; F. cacher; A. verbergen; It. occultare.

oculto
adj. I. hidden, occult; F. occulte; A. verborgen, geheim; It. occulto, nascoto.

ocupación
f. I. ocupation, business; F. occupation, affaire; A. Beschäftigung; It. occupazione.

ocupar
tr. I. to occupy; F. occuper; A. einnehmen; It. occupare.

ocurrencia
f. I. sally; F. bon mot, saillie; A. Witzn, Einfall; It. argutezza.

ocurrir
intr. I. to happen; F. arriver, survenir; A. geschehen; It. arrivare, sopraggiungere.

ochenta
adj. I. eighty; F. quatre-vingts; A. achtzig; It. ottanta.

ocho
adj. I. eight; F. huit; A. acht; It. otto.

oda
f. I., F. e It. ode; A. Ode.

odiar
tr. I. to hate; F. haïr; A. hassen; It. odiare.

odio
m. I. hate; F. haine; A. Hass; It. odio.

odontología
f. I. odontology; F. odontologie; A. Zahn(heil) Kunde; It. odontologia.

odre
m. I. wine-skin; F. outre; A. (Wein)-Schlauch; It. otro.

oeste
m. I. west; F. ouest; A. Westen, Abend; It. ovest.

ofender
tr. I. to offend; F. offenser; A. beleidigen; It. offendere.

ofensa
f. I. y F. offense; A. Beleidigung; It. offesa.

ofensiva
f. I. y F. offensive; A. Offensive, Angriff; It. offensiva.

oferta
f. I. offer; F. offre; A. Ambietung; It. offerta.

oficial
adj. **I.** official; **F.** officiel; **A.** Offizier; **It.** ufficiale.

oficiar
tr. **I.** to officiate; **F.** officier; **A.** amtlich, mitteilen; **It.** ufficiare.

oficina
f. **I.** office; **F.** bureau; **A.** Büro, Kontor; **It.** ufficio.

oficio
m. **I.** office; **F.** métier; **A.** Amt, Handwerk; **It.** mestiere.

ofidio
adj. **I.** Ophidia; **F.** ophidiens; **A.** Schlangen; **It.** ofidii.

ofrecer
tr. **I.** to offer; **F.** offrir; **A.** antragen, anbieten; **It.** offrire.

ofrenda
f. **I.** offering; **F.** offrande; **A.** Opfergabe; **It.** offerta.

oftalmía
f. **I.** ophtalmy; **F.** ophthalmie; **A.** Augenentzündung; **It.** oftalmia.

ofuscar
tr. **I.** to obfuscate; **F.** offusquer, obscurcir; **A.** verdunkeln, blenden; **It.** offuscare.

ogro
m. **I.** y **F.** ogre; **A.** Menschenfresser; **It.** orco.

oído
m. **I.** hearing, ear; **F.** ouie, oreille; **A.** Gehör; **It.** udito, orechio.

oír
tr. **I.** to hear; **F.** ouir, entendre; **A.** (an-, er-, ver-, zu) hören; **It.** udire.

ojal
m. **I.** buttonhole; **F.** boutonnière; **A.** Knopfloch; **It.** asola.

ojeada
f. **I.** glance; **F.** coup d'œil; **A.** Blick; **It.** occhiata.

ojeriza
f. **I.** illwill; **F.** rancune; **A.** Abneigung; **It.** astio, rancore.

ojiva
f. **I.** y **F.** ogive; **A.** Spitzbogen; **It.** ogiva.

ojo
m. **I.** eye; **F.** œil; **A.** Auge; **It.** occhio.

ola
f. **I.** wave; **F.** vague; **A.** Welle; **It.** onda.

oler
tr. **I.** to smell, to scent; **F.** sentir, flairer; **A.** riechen; **It.** odorare.

olfato
m. **I.** smell; **F.** odorat; **A.** Geruchssinn; **It.** odorato.

olimpiada
f. **I.** Olympiad; **F.** olympiade; **A.** Olympiade; **It.** olimpiade.

olímpico
adj. **I.** Olympic; **F.** olympique; **A.** Olympisch; **It.** olimpico.

oliva
f. **I.** y **F.** olive; **A.** Olive; **It.** oliva.

olivo
m. **I.** olive-tree; **F.** olivier; **A.** Ölbaum, Gamander; **It.** olivo, ulivo.

olmo
m. **I.** elm; **F.** orme; **A.** Ulme; **It.** olmo.

olor
m. **I.** odour, scent; **F.** odeur; **A.** Geruch; **It.** odore.

olvidar
tr. **I.** to forget; **F.** oublier; **A.** vergessen; **It.** obliare.

olvido
m. **I.** forgetfulness; **F.** oubli; **A.** Vergessenheit; **It.** oblio.

olla
f. **I.** pot, boiler; **F.** marmite, pot; **A.** (Koch) Topf; **It.** pentola.

ombligo
m. **I.** navel; **F.** nombril, ombilic; **A.** Nabel; **It.** umbilico.

omisión
f. **I.** y **F.** omission; **A.** Versäumnis; **It.** omissione.

omitir
tr. **I.** to omit; **F.** omettre; **A.** weglassen, unterlassen; **It.** omettere.

omnipotente
adj. **I.** almighty; **F.** omnipotent; **A.** allmächtig; **It.** onnipotente.

omóplato
m. **I.** y **F.** omoplate; **A.** Schulterblatt; **It.** omoplata.

onanismo
m. **I.** onanism; **F.** onanisme; **A.** Onanie; **It.** onanismo.

once
adj. **I.** eleven; **F.** onze; **A.** elf; **It.** undici.

onda
f. **I.** wave; **F.** onde; **A.** Woge, Welle; **It.** onda.

ondulación
f. **I.** undulation; **F.** ondulation; **A.** Wogen, Wallen; **It.** ondulazione.

oneroso
adj. **I.** onerous; **F.** onéreux; **A.** beschwerlich; **It.** oneroso.

ónice
f. **I.** y **F.** onyx; **A.** Onyx; **It.** onice.

onomástico
adj. **I.** onomastic; **F.** onomastique; **A.** Namenstag; **It.** onomastico.

onza
f. **I.** ounce; **F.** once; **A.** unze; **It.** oncia.

opacidad
f. **I.** opacity; **F.** opacité; **A.** Undurchsichtigkeit; **It.** opacità.

opaco
adj. **I.** y **F.** opaque; **A.** undurchsichtig; **It.** opaco.

ópalo
m. **I.** opal; **F.** e **It.** opale; **A.** Opal.

opción
f. **I.** y **F.** option; **A.** Wahl; **It.** opzione.

ópera
f. **I.** opera; **F.** opéra; **A.** Oper; **It.** opera.

operación
f. **I.** operation, working; **F.** opération; **A.** Operation; **It.** operazione.

operar
tr. **I.** to operate; **F.** opérer; **A.** operieren; **It.** operare.

opinar
intr. **I.** to opine; **F.** opiner; **A.** meinen; **It.** opinare.

opinión
f. **I.** opinion; **F.** opinion, avis; **A.** Meinung, Ansicht; **It.** opinione.

opio
m. **I.** y **F.** opium; **A.** Opium; **It.** oppio.

opíparo
adj. I. sumptuous; F. somptueux; A. üppig; It. luculliano.

oponer
tr. I. to oppose; F. opposer; A. entgegensetzen; It. opporre.

oportunidad
f. I. opportunity, opportuneness; F. conjucture, opportunité; A. Gelegenheit; It. opportunità.

oportuno
adj. I. opportune, timely; F. opportun; A. günstig; It. opportuno.

oposición
f. I. y F. opposition; A. Wiederspruch, Opposition; It. opposizione.

opresión
f. I. y F. oppression; A. Vergewaltigung, Angst; It. oppressione.

oprimir
tr. I. to oppress, to crush; F. oppresseur; A. drücken; It. opprimere.

oprobio
m. I. opprobrium; F. honte; A. Schande; It. obbrobrio.

optar
tr. I. to opt, to choose; F. opter; A. wählen; It. ottare.

óptico
adj. I. optician; F. opticien; A. Optiker; It. ottico.

optimismo
m. I. optimism; F. optimisme; A. Optimismus; It. ottimismo.

óptimo
adj. I. optimum, best; F. excellent, optime; A. Vortrefflich; It. ottimo.

opuesto
adj. I. opposite; F. opposé; A. entgengesetzt; It. opposto.

opulencia
f. I. y F. opulence; A. Überfluss; It. opulenza.

opulento
adj. I. y F. opulent; A. opulent, üppig; It. opulento.

opúsculo
m. I. opuscle; F. opuscule; A. Werkchen; It. opuscolo.

oquedad
f. I. hallow; F. creux, vacuité; A. Höhlung; It. vuoto.

oración
f. I. oration, prayer, sentence; F. oraison, prière; A. Satz, Rede, Gebet; It. orazione, preghiera.

oráculo
m. I. y F. oracle; A. Orakel; It. oracolo.

orador
m. y f. I. orator, speaker; F. orateur; A. Redner; It. oratore.

oral
adj. I. y F. oral; A. mündlich; It. orale.

orar
intr. I. to pray; F. prier; A. reden; It. orare.

oratoria
f. I. oratory, eloquence; F. art oratoire; A. Redekunst; It. oratoria.

orbe
m. I. orb, sphere; F. orbe, globe; A. Welt, Erdkreis; It. orbe.

órbita
f. I. orbit; F. orbite; A. (Planeten)-Bahn; It. orbita.

ordalías
f. pl. I. ordeal; F. ordalies; A. Gottesurteil; It. ordalie.

orden
m. I. order; F. ordre; A. Ordnung; It. ordine.

ordenador
m. I. computer; F. ordinateur; A. Computer; It. calcolatore.

ordenar
tr. I. to order; F. ordonner; A. Ordnen; It. Ordinare.

ordeñar
tr. I. to milk; F. traire; A. melken; It. mungere.

ordinal
adj. I. y F. ordinal; A. Ordnungszahl; It. ordinale.

ordinario
adj. I. ordinary, common; F. ordinaire; A. Kommun; It. ordinario.

orear
tr. I. to air; F. aérer; A. (aus-) lüften; It. aerare.

orégano
m. I. wild marjoram; F. origan; A. gemeiner; It. origano.

oreja
f. I. ear; F. oreille; A. Ohr; It. Orecchia.

orfandad
f. I. orphanage; F. orphelinage; A. Waisenstand; It. orfanità.

organismo
m. I. organism; F. organisme; A. Organismus; It. organismo.

organización
f. I. organization; F. organisation; A. Organisation; It. organizzazione.

organizar
tr. I. to organize; F. organiser; A. organisieren; It. organizzare.

orgía
f. I. orgy; F. orgie; A. Orgie; It. orgia.

orgullo
m. I. pride; F. orgueil; A. Stolz, Hoffart; It. orgoglio.

orientar
tr. I. to orientate; F. orienter; A. orientieren; It. orientare.

oriente
m. I. y F. orient; A. Morgen, Osten, Morgenland; It. oriente.

origen
m. I. origin; F. origine; A. Ursprung; It. origine.

original
adj. I. y F. original; A. ursprünglich; It. originale.

originar
tr. I. to originate; F. causer; A. Veranlassen; It. originare.

orilla
f. I. border, margin; F. bord, rebord; A. Rand, Küste; It. orlo, bordo, cimossa.

orillar
tr. I. to arrange, to border; F. arranger; A. erledigen; It. aggiustare, orlare.

orín
m. I. rust; F. rouille; A. Rost; It. ruggine.

orina
f. I. y F. urine; A. Urin, Harn; It. orina.

orla
f. I. list, border; F. bord, bordure; A. Besatz, Rand; It. orlo, lembo.

ortodoxia
f. **I.** orthodoxy; **F.** orthodoxie; **A.** Rechtgläubigkeit; **It.** ortodossia

osadía
f. **I.** boldness; **F.** hardiesse; **A.** Kühnheit; **It.** arditezza.

osar
intr. **I.** to dare; **F.** oser; **A.** wagen; **It.** osare.

oscilación
f. **I.** y **F.** oscillation; **A.** Schwingung; **It.** oscilazione.

oscuridad
f. **I.** darkness; **F.** obscurité; **A.** Dunkelheit; **It.** oscurità.

oscuro
adj. **I.** dark, obscure; **F.** obscur; **A.** dunkel; **It.** oscuro.

óseo
adj. **I.** osseous; **F.** osseux; **A.** knochig; **It.** osseo.

ostensible
adj. **I.** y **F.** ostensible; **A.** offensichtlich; **It.** ostensibile.

ostentación
f. **I.** y **F.** ostentation; **A.** Prunksucht; **It.** ostentazione.

ostracismo
m. **I.** ostracism; **F.** ostracisme; **A.** Verbannung; **It.** ostracismo.

otero
m. **I.** hill; **F.** tertre; **A.** Anhöhe; **It.** collina.

otoñal
adj. **I.** autumnal; **F.** automnal; **A.** herbstlich; **It.** autunnale.

otorgar
tr. **I.** to consent; **F.** octroyer; **A.** bewilligen; **It.** conferire.

oveja
f. **I.** ewe, sheep; **F.** brebis; **A.** Schaf; **It.** pecora.

ovillo
m. **I.** clew, ball; **F.** peloton, pelote; **A.** Spule; **It.** gomitolo.

óvulo
m. **I.** y **F.** ovule; **A.** Ovulum; **It.** ovulo.

oyente
m. **I.** hearer; **F.** auditeur; **A.** Hörer, Zuhörer; **It.** udente.

pabellón
m. **I.** pavilion; **F.** pavillon; **A.** Zelt; **It.** padiglione.

pábulo
m. **I.** pabulum, food; **F.** aliment; **A.** Nahrung; **It.** alimento.

paca
f. **I.** pack; **F.** ballot; **A.** Ballen; **It.** balla.

pacato
adj. **I.** peaceful; **F.** paisible; **A.** friedfertig; **It.** pacato.

pacer
intr. **I.** to pasture; **F.** paître; **A.** weiden; **It.** pascere.

paciencia
f. **I.** y **F.** patience; **A.** Geduld; **It.** pazienza.

paciente
adj. **I.** y **F.** patient; **A.** geduldig; **It.** paziente.

pacificar
tr. **I.** to pacify; **F.** pacifier; **A.** besänftigen; **It.** pacificare.

pacífico
adj. **I.** pacific; **F.** pacifique; **A.** friedlich; **It.** pacifico.

pacotilla
f. **I.** venture; **F.** pacotille; **A.** Freigut; **It.** paccottiglia.

pacto
m. **I.** agreement; **F.** pacte; **A.** Pakt; **It.** patto.

padecer
tr. **I.** to suffer; **F.** souffrir; **A.** leiden; **It.** soffrire.

padecimiento
m. **I.** suffering; **F.** souffrance; **A.** Leiden; **It.** patimento.

padrastro
m. **I.** stepfather; **F.** beau-père; **A.** Stiefvater; **It.** patrigno.

padre
m. **I.** father; **F.** père; **A.** Vater; **It.** padre.

padrón
m. **I.** poll, census; **F.** recensement; **A.** Einwohnerverzeichnis; **It.** anagrafe.

paga
f. **I.** payment; **F.** payement; **A.** Zahlung; **It.** paga.

pagador
adj. **I.** payer; **F.** payeur; **A.** Zahler; **It.** pagatore.

paganismo
m. **I.** paganism; **F.** paganisme; **A.** Heidentum; **It.** paganismo.

pagano
adj. **I.** pagan; **F.** païen; **A.** Heide; **It.** pagano.

pagar
tr. **I.** to pay; **F.** payer; **A.** zahlen; **It.** pagare.

página
f. **I.** y **F.** page; **A.** Seite; **It.** pagina.

pago
m. **I.** payment; **F.** payement; **A.** Zahlung; **It.** pagamento.

pagoda
f. **I.** e **It.** pagoda; **F.** pagode; **A.** Pagode.

país
m. **I.** land, country; **F.** pays; **A.** Land; **It.** paese.

paisaje
m. **I.** landscape; **F.** paysage; **A.** Landschaft; **It.** paessaggio.

paisano
adj. **I.** fellow-countryman; **F.** compatriote; **A.** Landsmann; **It.** compatriotta.

paja
f. **I.** straw; **F.** paille; **A.** Stroh; **It.** paglia.

pajarear
intr. **I.** to bird; **F.** oiseler; **A.** Vögel fangen; **It.** uccellare.

pájaro
m. **I.** bird; **F.** oiseau; **A.** Vogel; **It.** uccello.

paje
m. **I.** y **F.** page; **A.** Page; **It.** paggio.

pala
f. **I.** shovel; **F.** pelle; **A.** Schlegel; **It.** pala, badile.

palabra
f. **I.** word; **F.** parole, mot; **A.** Wort; **It.** parola.

palabrería
f. **I.** verbiage; **F.** parolage; **A.** Wortschwall; **It.** parolame.

palaciego
adj. **I.** courtier; **F.** palatin; **A.** Höfling; **It.** cortigiano.

palacio
m. **I.** palace; **F.** palais; **A.** Palast; **It.** palazzo.

paladar
m. **I.** palate; **F.** palais; **A.** Gaumen; **It.** palato.

paladear
tr. **I.** to relish; **F.** déguster; **A.** schmecken; **It.** assaggiare.

paladín
m. **I.** y **F.** paladin; **A.** Paladin; **It.** paladino.

paladio
m. **I.** paladium; **F.** palladium; **A.** Palladium; **It.** palladio.

palanca
f. **I.** lever; **F.** levier; **A.** Hebebaum; **It.** leva.

palangana
f. **I.** washbasin; **F.** lavoir; **A.** Waschbecken; **It.** catino.

palangre
m. **I.** boulter; **F.** palancre; **A.** Legeangel; **It.** palangro.

palco
m. **I.** box; **F.** loge; **A.** Loge; **It.** palco.

palenque
m. **I.** palisade; **F.** palissade; **A.** Schranke; **It.** steccato.

paleolítico
adj. **I.** paleolithic; **F.** paléolithique; **A.** paläolitisch; **It.** paleolitico.

palestra
f. **I.** palaestra; **F.** palestre; **A.** Palästra; **It.** palestra.

paleta
f. **I.** y **F.** palette; **A.** Farbenbrett; **It.** paletta.

paletilla
f. **I.** shoulder-blade; **F.** omoplate; **A.** Schulterblatt; **It.** scapola.

paliar
tr. **I.** to palliate; **F.** pallier; **A.** bemänteln; **It.** palliare.

paliativo
adj. **I.** palliative; **F.** palliatif; **A.** lindernd; **It.** palliativo.

palidecer
intr. **I.** to grow pale; **F.** pâlir; **A.** erblassen; **It.** impallidire.

palidez
f. **I.** paleness; **F.** pâleur; **A.** Blässe; **It.** pallidezza.

palillo
m. **I.** toothpick; **F.** cure-dents; **A.** Zahnstocher; **It.** stuzzicadenti.

palio
m. **I.** cloak; **F.** pallium; **A.** Pallium; **It.** pallio.

palique
m. **I.** chitchat; **F.** babillage; **A.** Plauderei; **It.** chiachiera.

paliza
f. **I.** caning; **F.** rossée; **A.** Tracht; **It.** bastonatura.

palma
f. **I.** palm; **F.** palmier; **A.** Palme; **It.** palma.

palmada
f. **I.** slap; **F.** tape; **A.** Klaps; **It.** palmata.

palmar
adj. **I.** palm-grove; **F.** palmaraie; **A.** Palmenwald; **It.** palmeto.

palmo
m. **I.** span; **F.** empan; **A.** Spanne; **It.** palmo.

palo
m. **I.** stick; **F.** bâton; **A.** Stock; **It.** palo, legno.

paloma
f. **I.** pigeon, dove; **F.** colombe, pigeon; **A.** Taube; **It.** colomba.

palpar
tr. **I.** to feel; **F.** palper; **A.** befühlen; **It.** palpare.

palpitación
f. **I.** y **F.** palpitation; **A.** Herzklopfen; **It.** palpitazione.

palpitar
intr. **I.** to palpitate; **F.** palpiter; **A.** Klopfen; **It.** palpitare.

paludismo
m. **I.** paludism; **F.** paludisme; **A.** Malaria; **It.** paludismo.

pampa
f. **I.**, **F.** e **It.** pampa; **A.** Steppe.

pamplina
f. **I.** chickweed; **F.** mouron; **A.** Vogelmiere; **It.** paperina.

pan
m. **I.** bread; **F.** pain; **A.** Brot; **It.** pane.

pana
f. **I.** velveteen; **F.** panne; **A.** Plüsch; **It.** vellutino.

panacea
f. **I.** e **It.** panacea; **F.** panacée; **A.** Allheilmittel.

panadero
m. **I.** baker; **F.** boulanger; **A.** Bäcker; **It.** panattiere.

panal
m. **I.** honey comb; **F.** rayon; **A.** Bienenwabe; **It.** favo.

pandero
m. **I.** tambourine; **F.** tambour de basque; **A.** Schellentrommel; **It.** tamburello.

pandilla
f. **I.** party; **F.** troupe; **A.** Bande; **It.** combriccola.

panegírico
adj. **I.** panegyric; **F.** panégyrique; **A.** Lobrede; **It.** panegirico.

panegirista
m. **I.** panegyrist; **F.** panégyriste; **A.** Lobredner; **It.** panegirista.

paniaguado
m. **I.** servant; **F.** domestique; **A.** Diener; **It.** domestico.

pánico
adj. **I.** panic; **F.** panique; **A.** Panik; **It.** panico.

pantano
m. **I.** swamp, moor; **F.** marais; **A.** Sumpf; **It.** pantano.

pantanoso
adj. I. swampy; F. bourbeux; A. morastig; It. pantanoso.

pantomima
f. I. y F. pantomime; A. Pantomime; It. pantomima.

panza
f. I. belly; F. panse; A. Wanst; It. pancia.

paño
m. I. cloth; F. drap; A. Tuch; It. panno.

papel
m. I. paper; F. papier; A. Papier; It. carta.

papelería
f. I. stationery; F. papeterie; A. Papierhandel; It. cartoleria.

papera
f. I. mumps; F. goitre; A. Mumps; It. gozzo.

papiro
m. I. y F. papyrus; A. Papyrus; It. papiro.

paquete
m. I. packet; F. paquet; A. Pack; It. pacco.

par
m. I. pair; F. paire; A. Paar; It. paio.

para
prep. I. for, to; F. pour; A. für, auf, zu; It. per.

parábola
f. I. parable; F. parabole; A. Parabel; It. parabola.

paracaídas
m. I. y F. parachute; A. Fallschirm; It. paracadute.

parada
f. I. stop; F. arrêt; A. Halt; It. fermata.

paradero
m. I. halting-place; F. terme; A. Halteplatz; It. termine.

paradisíaco
adj. I. paradisiacal; F. paradisiaque; A. paradiesisch; It. paradisiaco.

paradoja
f. I. paradox; F. paradoxe; A. paradoxon; It. paradosso.

paradójico
adj. I. paradoxical; F. paradoxal; A. paradox; It. paradossale.

parafrasear
tr. I. to paraphrase; F. paraphraser; A. paraphrasieren; It. parafrasare.

paraguas
m. I. umbrella; F. parapluie; A. Schirm; It. paracqua.

paraje
m. I. place; F. parage; A. Platz; It. paraggio.

paralelismo
adj. I. parallelism; F. parallélisme; A. Parallelismus; It. parallelismo.

paralelo
adj. I. parallel; F. parallèle; A. parallel, gleichlaufend; It. parallelo.

parálisis
f. I. paralysis; F. paralysie; A. Paralyse; It. paralisi.

paralizar
tr. I. to paralyze; F. paralyser; A. lähmen; It. paralizzare.

paramento
m. I. y F. parament; A. Schmuck; It. paramento.

páramo
m. I. paramo; F. lande; A. Odland; It. landa.

parangón
m. I. y F. parangon; A. Vergleichung; It. parangone.

parangonar
tr. I. to compare; F. parangonner; A. vergleicher; It. parangonare.

paraninfo
m. I. paranymph; F. paranymphe; A. Aula; It. paraninfo.

parar
intr. I. to halt, to stop; F. arrêter; A. aufhalten; It. arrestare.

parásito
adj. I. y F. parasite; A. Schmarotzer; It. parassito.

parcela
f. I. plot; F. parcelle; A. Ackerparzelle; It. parcella.

parcial
adj. I. partial; F. partiel; A. teilweise; It. parziale.

parco
adj. I. sober; F. sobre; A. sparsam; It. parco.

parche
m. I. plaster; F. emplâtre; A. Pflaster; It. impiastro.

pardal
adj. I. leopard; F. caméléopard; A. Leopard; It. leopardo.

pardo
adj. I. brown; F. brun; A. braun; It. grigio.

parecer
m. I. opinion; F. avis; A. Meinung; It. opinione.

pared
f. I. wall; F. mur; A. Wand; It. parete.

parentesco
m. I. cognation; F. parenté; A. Angehörigkeit; It. parentato.

paréntesis
m. I. parenthesis; F. parenthèse; A. Parenthese; It. parentesi.

paria
m. I. pariah; F. e It. paria; A. Paria.

paridad
f. I. parity; F. parité; A. Gleichheit; It. parità.

pariente
adj. I. relation; F. parent; A. Verwandte; It. parente.

parir
intr. I. to give birth; F. accoucher; A. gebären; It. partorire.

parlamentar
intr. I. to parley; F. parlementer; A. parlamentieren; It. parlamentare.

parlamento
m. I. parliament; F. parlement; A. Parlament; It. parlamento.

parlanchín
adj. I. chatterer; F. bavard; A. Schwätzer; It. chiacchierino.

parlotear
intr. I. to prattle; F. babiller; A. Schwatzen; It. parlottare.

parodia
f. I. parody; F. parodie; A. Parodie; It. parodia.

parpadear
intr. **I.** to wink; **F.** clignoter; **A.** blinzeln; **It.** palpebrare.

parroquia
f. **I.** parish; **F.** paroisse; **A.** Pfarre; **It.** parrocchia.

parte
f. **I.** part, portion; **F.** partie; **A.** Teil; **It.** parte.

participar
tr. **I.** to partake; **F.** participer; **A.** teilhaben; **It.** partecipare.

particular
adj. **I.** particular; **F.** particulier; **A.** besonders; **It.** particolare.

partida
f. **I.** departure; **F.** départ; **A.** Abreise; **It.** partenza.

partir
tr. **I.** to part, to divide; **F.** diviser, partir; **A.** teilen; **It.** partire.

parto
m. **I.** childbirth; **F.** accouchement; **A.** Gebärung; **It.** parto.

pasado
m. **I.** past; **F.** passé; **A.** Vergangenheit; **It.** passato.

pasaporte
m. **I.** passport; **F.** passeport; **A.** Pass; **It.** passaporto.

pasar
tr. **I.** to pass, to suffer, to go across; **F.** passer, souffrir; **A.** überbringen, leiden; **It.** passare, porgere, soffrire.

paseo
m. **I.** walk; **F.** promenade; **A.** Promenade; **It.** passeggiata.

pasión
f. **I.** y **F.** passion; **A.** Leidenschaft; **It.** passione.

pasivo
adj. **I.** passive; **F.** passif; **A.** untätig; **It.** passivo.

paso
m. **I.** step; **F.** pas; **A.** Schritt; **It.** passo.

patente
adj. **I.** y **F.** patent; **A.** offen; **It.** patente.

paternidad
f. **I.** paternity, fathership; **F.** paternité; **A.** Vaterschaft; **It.** paternità.

patético
adj. **I.** pathetic; **F.** pathétique; **A.** rührend; **It.** patetico.

pato
m. **I.** duck; **F.** canard; **A.** Ente; **It.** anitra.

patria
f. **I.** fatherland; **F.** patrie; **A.** Vaterland; **It.** patria.

patrimonio
m. **I.** patrimony; **F.** patrimoine; **A.** Vermögen; **It.** patrimonio.

patrocinar
tr. **I.** to patronize; **F.** protéger; **A.** beschützen; **It.** patrocinare.

patrón
m. **I.** patron, master; **F.** patron; **A.** Gönner; **It.** padrone.

patrulla
f. **I.** patrol; **F.** patrouille; **A.** Streifwache; **It.** pattuglia.

patrullar
intr. **I.** to patrol; **F.** patrouiller; **A.** durchstreifen; **It.** pattugliare.

paulatino
adj. **I.** slow; **F.** lent; **A.** allmählich; **It.** lento.

pausa
f. **I.** pause, stop; **F.** pause; **A.** Pause; **It.** pausa.

pausado
adj. **I.** slow, calm; **F.** lent; **A.** langsam; **It.** lento.

pauta
f. **I.** pattern; **F.** règle; **A.** Regel; **It.** norma.

pavimentar
tr. **I.** to pave; **F.** paver; **A.** pflastern; **It.** pavimentare.

pavimento
m. **I.** pavement; **F.** pavage; **A.** Fussboden; **It.** pavimento.

pavo
m. **I.** turkey; **F.** dindon; **A.** Puter; **It.** tacchino.

pavor
m. **I.** dread; **F.** frayeur; **A.** Schreck; **It.** spavento.

pavoroso
adj. **I.** awful; **F.** effrayant; **A.** graulich; **It.** pauroso.

payaso
m. **I.** clown; **F.** paillasse; **A.** Hanswurst; **It.** pagliaccio.

paz
f. **I.** peace; **F.** paix; **A.** Friede; **It.** pace.

peana
f. **I.** stand; **F.** piédestal; **A.** Postament; **It.** piedestallo.

peatón
m. **I.** pedestrian; **F.** piéton; **A.** Landbriefträger; **It.** pedone.

pecado
m. **I.** sin; **F.** péché; **A.** Sünde; **It.** peccato.

pecar
intr. **I.** to sin; **F.** pécher; **A.** sündigen; **It.** peccare.

peculiar
adj. **I.** peculiar; **F.** particulier; **A.** eigentümlich; **It.** peculiare.

peculiaridad
f. **I.** peculiarity; **F.** particularité; **A.** Eigentümlichkeit; **It.** peculiarità.

peculio
m. **I.** peculium; **F.** pécule; **A.** Sondergut; **It.** peculio.

pecho
m. **I.** chest; **F.** poitrine; **A.** Brust, Busen; **It.** petto.

pedagogo
m. **I.** pedagogue; **F.** pédagogue; **A.** Pädagog; **It.** pedagogo.

pedante
adj. **I.** pedant; **F.** pédant; **A.** Pedant; **It.** pedante.

pedazo
m. **I.** piece; **F.** morceau; **A.** Stück; **It.** pezzo.

pedestal
m. **I.** pedestal; **F.** piédestal; **A.** Gestell; **It.** piedestallo.

pedestre
adj. **I.** pedestrian; **F.** pédestre; **A.** zu Fuss gehend; **It.** pedestre.

pedido
m. **I.** order; **F.** commande; **A.** Auftrag; **It.** ordine.

pedigüeño
adj. **I.** craving; **F.** quémandeur; **A.** bettelhaft; **It.** seccatore.

pedir
tr. I. to ask, to beg; F. demander; A. bitten, begehren; It. domandare.

pedo
m. I. fart; F. pet; A. Bauch wind; It. peto.

pedregoso
adj. I. stony; F. pierreux; A. steinig; It. sassoso, pietroso.

pegajoso
adj. I. sticky; F. visqueux; A. Klebrig; It. appiccicaticcio.

pegar
tr. I. to stick, to glue; F. coller; A. ankleben; It. appicciare.

peinar
tr. I. to comb; F. peigner; A. Kämmen; It. pettinare.

pelado
adj. I. hairless; F. pelé; A. Kahl; It. pelato.

pelar
tr. I. to peel, to hair; F. peler; A. rupfen; It. pelare.

pelea
f. I. fight; F. combat; A. Kampf; It. pugna.

pelear
intr. I. to fight; F. combattre; A. streiten, Kämpfen; It. pugnare, lottare.

película
f. I. film; F. pellicule; A. Häutchen; It. pellicola.

peligro
m. I. peril, danger; F. péril; A. Gefahr; It. pericolo, rischio.

peligroso
adj. I. dangerous; F. dangereux; A. gefährlich; It. pericoloso.

pelo
m. I. hair; F. poil; A. Haar; It. pelo.

pelota
f. I. ball; F. balle; A. Ball; It. palla.

pelotón
m. I. platoon; F. peloton; A. Peloton; It. pelottone.

peluca
f. I. wig; F. perruque; A. Perücke; It. parrucca.

peludo
adj. I. hairy; F. poilu; A. haarig; It. peloso.

pellejo
m. I. wine-skin; F. outre; A. Weinschlauch; It. otre.

pena
f. I. pain, penalty; F. peine; A. Leid, Strafe; It. pena.

penacho
m. I. tuft; F. huppe; A. Federbusch; It. pennacchio.

penalidad
f. I. penalty; F. penalité; A. Strafbestimmung; It. penalità.

penar
tr. I. to punish; F. punir; A. strafen; It. punire.

pendencia
f. I. quarrel; F. querelle; A. Zank; It. contesa.

pender
intr. I. to hang; F. pendre; A. hängen; It. pendere.

pendiente
f. I. slope; F. déclive; A. Abhang; It. pendente.

pendón
m. I. standard; F. pennon; A. Fanne; It. pennone.

penetración
f. I. penetration; F. pénétration; A. Scharfsinn; It. penetrazione.

penetrar
tr. I. to penetrate; F. pénétrer; A. durchdringen; It. penetrare.

penitencia
f. I. penitence; F. pénitence; A. Busse; It. penitenza.

penoso
adj. I. painful; F. pénible; A. mühsam; It. penoso.

pensamiento
m. I. thought; F. pensée; A. Denken, Sinn; It. pensiero.

pensar
tr. I. to think; F. penser; A. ausdenken; It. pensare.

pensión
f. I. y F. pension; A. Pension; It. pensione.

penumbra
f. I. penumbra; F. pénombre; A. Halbschatten; It. penombra.

penuria
f. I. penury; F. pénurie; A. Notstand; It. penuria.

peña
f. I. rock; F. roche; A. Felsen; It. rupe.

peón
m. I. pedestrian; F. piéton; A. Fussgänger; It. pedone.

peor
adj. I. worse; F. pire; A. schlechter; It. peggiore.

pequeñez
f. I. littleness; F. petitesse; A. Kleinheit; It. piccolezza.

pequeño
adj. I. little; F. petit; A. Klein; It. piccolo.

percepción
f. I. y F. perception; A. Begriff; It. percezione.

percibir
tr. I. to perceive; F. percevoir; A. begreifen; It. percepire.

percusión
f. I. y F. percussion; A. Schlag; It. percussione.

perder
tr. I. to lose; F. perdre; A. verlieren; It. perdere.

pérdida
f. I. loss; F. perte; A. Verlust; It. perdita.

perdón
m. I. y F. pardon; A. Gnade; It. perdono.

perdonar
tr. I. to pardon, to forgive; F. pardonner; A. vergeben; It. perdonare.

perecedero
adj. I. perishable; F. périssable; A. vergänglich; It. perituro.

perecer
intr. I. to perish; F. périr; A. vergehen; It. perire.

peregrinación
f. I. peregrination; F. pérégrination; A. Wallfahrt; It. pellegrinazione.

peregrinar
intr. **I.** to peregrinate; **F.** pérégriner; **A.** wallfahren; **It.** pellegrinare.

perenne
adj. **I.** perennial; **F.** pérenne; **A.** immerwährend; **It.** perenne.

perentorio
adj. **I.** peremptory; **F.** péremptoire; **A.** dringlich; **It.** perentorio.

pereza
f. **I.** laziness; **F.** nonchalance; **A.** Trägheit; **It.** pigrizia.

perezoso
adj. **I.** lazy; **F.** paresseux; **A.** träge; **It.** pigro.

perfeccionar
tr. **I.** to perfect; **F.** perfectionner; **A.** vervollkommen; **It.** perfezionare.

perfecto
adj. **I.** perfect; **F.** parfait; **A.** perfekt; **It.** perfetto.

perfidia
f. **I.** perfidy; **F.** perfidie; **A.** Treulosigkeit; **It.** perfidia.

pérfido
adj. **I.** perfidious; **F.** perfide; **A.** Treulosigkeit; **It.** perfido.

perfil
m. **I.** profile; **F.** profil; **A.** Profil; **It.** profilo.

perfilar
tr. **I.** to profile; **F.** profiler; **A.** profilieren; **It.** profilare.

perforación
f. **I.** y **F.** perforation; **A.** Durchstich; **It.** perforazione.

perfumar
tr. **I.** to perfume; **F.** parfumer; **A.** perfümieren; **It.** profumare.

perfume
m. **I.** perfume; **F.** parfum; **A.** Parfüm; **It.** profumo.

pericia
f. **I.** skil; **F.** dextérité; **A.** Geschicklichkeit; **It.** perizia.

periferia
f. **I.** periphery; **F.** peripherie; **A.** Umkreis; **It.** periferia.

perífrasis
f. **I.** periphrasis; **F.** périphrase; **A.** Umschreibung; **It.** perifrasi.

perímetro
m. **I.** perimeter; **F.** périmètre; **A.** Umfang; **It.** perimetro.

periódico
adj. **I.** newspaper; **F.** journal; **A.** Zeitung; **It.** giornale.

período
m. **I.** period; **F.** période; **A.** Periode; **It.** periodo.

peripatético
adj. **I.** peripatetic; **F.** péripatétique; **A.** peripatetisch; **It.** peripatetico.

peripecia
f. **I.** peripetia; **F.** péripétie; **A.** Wechselfall; **It.** peripezia.

perito
adj. **I.** skilful; **F.** habile; **A.** erfahren; **It.** perito.

perjudicar
tr. **I.** to injure; **F.** nuire; **A.** schaden; **It.** pregiudicare.

perjudicial
adj. **I.** hurtful; **F.** nuisible; **A.** nachteilig; **It.** pregiudiziale.

perjurio
m. **I.** perjury; **F.** parjure; **A.** Meineid; **It.** spergiuro.

perjuro
adj. **I.** perjurer; **F.** parjure; **A.** meinedig; **It.** spergiuro.

permanecer
intr. **I.** to remain; **F.** rester; **A.** bleiben; **It.** permanere.

permanente
adj. **I.** y **F.** permanent; **A.** dauernd; **It.** permanente.

permiso
m. **I.** permission; **F.** permis; **A.** Erlaubnis; **It.** permesso.

permitir
tr. **I.** to permit, to allow; **F.** permettre; **A.** erlauben; **It.** permettere.

permutar
tr. **I.** to exchange; **F.** permuter; **A.** vertauschen; **It.** permutare.

pernicioso
adj. **I.** pernicious; **F.** pernicieux; **A.** verderblich; **It.** pernicioso.

pero
conj. **I.** but; **F.** mais; **A.** aber, jedoch; **It.** ma, però.

perorar
intr. **I.** to perorate; **F.** pérorer; **A.** perorieren; **It.** perorare.

perpetrar
tr. **I.** to perpetrate; **F.** perpétrer; **A.** begehen; **It.** perpetrare.

perpetuar
tr. **I.** to perpetuate; **F.** perpétuer; **A.** verewigen; **It.** perpetuare.

perpetuo
adj. **I.** everlasting; **F.** perpétuel; **A.** ewig; **It.** perpetuo.

perplejidad
f. **I.** perplexity; **F.** perplexité; **A.** Ratlosigkeit; **It.** perplessità.

perplejo
adj. **I.** perplexed; **F.** perplexe; **A.** ratlos; **It.** perplesso.

perro
m. **I.** dog; **F.** chien; **A.** Hund; **It.** cane.

perseguir
tr. **I.** to pursue; **F.** persécuter; **A.** verfolgen; **It.** perseguire.

perseverancia
f. **I.** perseverance; **F.** persévérance; **A.** Standhaftigkeit; **It.** perseveranza.

perseverar
intr. **I.** to persevere; **F.** persévérer; **A.** ausdauern; **It.** perseverare.

persistencia
f. **I.** persistence; **F.** persistance; **A.** Beständigkeit; **It.** persistenza.

persistir
intr. **I.** to persist; **F.** persister; **A.** verharren; **It.** persistere.

persona
f. **I.** person; **F.** personne; **A.** Person; **It.** persona.

personal
adj. **I.** personal; **F.** personnel; **A.** persönlich; **It.** personale.

personalidad
f. **I.** personality; **F.** personnalité; **A.** Persönlichkeit; **It.** personalità.

perspectiva
f. **I.** y **F.** perspective; **A.** Perspektive; **It.** prospettiva.

perspicacia
f. **I.** perspicacity; **F.** perspicacité; **A.** Scharfblick; **It.** perspicazia.

perspicaz
adj. **I.** perspicacious; **F.** e **It.** perspicace; **A.** scharfsichtig.

perspicuidad
f. **I.** perspicuity; **F.** perspicuité; **A.** Durchsichtigkeit; **It.** perspicuità.

persuadir
tr. **I.** to persuade; **F.** persuader; **A.** überreden; **It.** persuadere.

persuasión
f. **I.** y **F.** persuasion; **A.** Überredung; **It.** persuasione.

pertenecer
intr. **I.** to pertain, to belong; **F.** appartenir; **A.** angehören; **It.** appartenere.

pertenencia
f. **I.** appurtenance; **F.** appartenance; **A.** Zubehör; **It.** appartenenza.

pertinacia
f. **I.** pertinaciousness; **F.** pertinacité; **A.** Hartnäckigkeit; **It.** pertinacia.

pertinaz
adj. **I.** pertinacious; **F.** e **It.** pertinace; **A.** harnäckig.

pertrechar
tr. **I.** to provide; **F.** garnir; **A.** ausrüsten; **It.** munire.

perturbación
f. **I.** y **F.** perturbation; **A.** Störung; **It.** perturbazione.

perturbar
tr. **I.** to perturb; **F.** troubler; **A.** stören; **It.** perturbare.

perversidad
f. **I.** perversity; **F.** perversité; **A.** Verderbtheit; **It.** perversità.

pervertir
tr. **I.** to pervert; **F.** pervertir; **A.** verderben; **It.** pervertire.

pesadez
f. **I.** heaviness; **F.** pesanteur; **A.** Schwere; **It.** pesantezza.

pesadilla
f. **I.** nightmare; **F.** cauchemar; **A.** Alpdrücken; **It.** incubo.

pesado
adj. **I.** heavy; **F.** pesant; **A.** schwer; **It.** pesante.

pésame
m. **I.** condolence; **F.** condoléance; **A.** Beileid; **It.** condoglianza.

pesar
m. **I.** sorrow; **F.** regret; **A.** Kummer; **It.** pena, dolore.

pesca
f. **I.** fishing; **F.** pêche; **A.** Fischfang; **It.** pesca.

pescar
tr. **I.** to fish; **F.** pêcher; **A.** fischen; **It.** pescare.

pescuezo
m. **I.** neck; **F.** colleret; **A.** Nacken; **It.** collo.

pesebre
m. **I.** crib; **F.** râtelier; **A.** Krippe; **It.** presepio.

pesimismo
m. **I.** pessimism; **F.** pessimisme; **A.** Pessimismus; **It.** pessimismo.

peso
m. **I.** weight; **F.** poids; **A.** Gewicht; **It.** peso.

pesquisa
f. **I.** inquiry; **F.** enquête; **A.** Untersuchung; **It.** pesquisizione.

pestaña
f. **I.** eyelash; **F.** cil; **A.** Augen wimper; **It.** pistagna.

peste
f. **I.** plague, pest; **F.** e **It.** peste; **A.** Pest.

pestífero
adj. **I.** pestiferous; **F.** pestifère; **A.** verpestend; **It.** pestifero.

pestillo
m. **I.** latch; **F.** pêne; **A.** Riegel; **It.** catenaccio.

petaca
f. **I.** cigar-case; **F.** blague à tabac; **A.** Zigarrentasche; **It.** sigariera.

petardo
m. **I.** petard; **F.** pétard; **A.** Sprengbüchse; **It.** petardo.

petición
f. **I.** petition, demand; **F.** pétition; **A.** Bitte; **It.** petizione.

petrificar
tr. **I.** to petrify; **F.** pétrifier; **A.** versteinern; **It.** pietrificare.

petróleo
m. **I.** oil; **F.** pétrole; **A.** Erdöl; **It.** petrolio.

petulancia
f. **I.** huffishness; **F.** pétulance; **A.** Eitelkeit; **It.** petulanza.

petulante
adj. **I.** huffish; **F.** pétulant; **A.** eitel; **It.** petulante.

pez
m. **I.** fish; **F.** poisson; **A.** Fisch; **It.** pesce.

piadoso
adj. **I.** pious; **F.** pieux; **A.** mild; **It.** pio, pietoso.

piano
m. **I.** pianoforte; **F.** piano; **A.** Klavier; **It.** piano.

pica
f. **I.** pike; **F.** pique; **A.** Pike; **It.** picca.

picadura
f. **I.** pricking; **F.** piqûre; **A.** Stechen; **It.** puntura.

picar
tr. **I.** to prick; **F.** piquer; **A.** stechen; **It.** pungere.

picardía
f. **I.** Knavery; **F.** coquinerie; **A.** Arglist; **It.** furberia.

pícaro
adj. **I.** Knavish; **F.** coquin; **A.** arglistig; **It.** furbo.

pico
m. **I.** beak; **F.** bec; **A.** Schnabel; **It.** becco.

picor
m. **I.** pungency; **F.** cuisson; **A.** Jukken; **It.** pizzicore.

pie
m. **I.** foot; **F.** pied; **A.** Fuss; **It.** piede.

piedad
f. **I.** pity; **F.** piété; **A.** Frömmigkeit; **It.** pietà.

piedra
f. **I.** stone; **F.** pierre; **A.** Stein; **It.** pietra.

piel
f. **I.** skin; **F.** peau; **A.** Haut; **It.** pelle.

pierna
f. **I.** leg; **F.** jambe; **A.** Bein; **It.** gamba.

pieza
f. **I.** piece; **F.** pièce; **A.** Stück; **It.** pezza.

pila
f. I. pile, heap; F. pile; A. Haufen; It. mucchio.

pilar
m. I. pillar; F. pilier; A. Wegestein; It. piliere.

píldora
f. I. pill; F. pilule; A. Pille; It. pillola.

piltrafa
f. I. skinny flesh; F. haillon; A. Lumpen; It. pelletica.

pillaje
m. I. plunder; F. pillage; A. Plünderung; It. rapina.

pillar
tr. I. to plunder; F. piller; A. plündern; It. rapinare.

pinacoteca
f. I. pinacotheca; F. pinacothèque; A. Pinakothek; It. pinacoteca.

pinchar
tr. I. to prick; F. piquer; A. stechen; It. pungere.

pingüe
adj. I. oily, fat; F. gras; A. fettig; It. pingue.

pino
m. I. pine; F. pin; A. Fichte, Tanne; It. pino.

pinta
f. I. spot; F. tache; A. Flecken; It. macchia.

pintar
tr. I. to paint; F. peindre; A. malen; It. dipingere.

pintura
f. I. painting; F. peinture; A. Malerei; It. pittura.

pío
adj. I. pious; F. pieux; A. fromm; It. pio.

piojoso
adj. I. lousy; F. pouilleux; A. lausig; It. pidocchioso.

pipa
f. I. y F. pipe; A. Pfeife; It. pipa.

pique
m. I. y F. pique; A. Groll; It. picca.

pira
f. I. pyre; F. bûcher; A. Scheiterhaufen; It. pira.

pirata
m. I. y F. pirate; A. Seeräuber; It. pirata.

piropo
m. I. flattery; F. galanterie; A. galante Artigkeit; It. galanteria.

pisar
tr. I. to tread; F. fouler; A. fussen; It. calpestare.

piscina
f. I. swimming-pool; F. piscine; A. Teich; It. piscina.

piso
m. I. story; F. étage; A. Stockwerk; It. piano.

pista
f. I. trace, track; F. piste; A. Spur, Fährte; It. pesta.

pistola
f. I. gun; F. pistolet; A. Pistole; It. pistola.

pitar
intr. I. to pipe; F. siffler; A. pfeifen; It. zufolare.

pito
m. I. pipe, whistle; F. sifflet; A. Pfeife; It. zufolo.

pitonisa
f. I. pythoness; F. pythonisse; A. pythische; It. pitonessa.

pizca
f. I. bit; F. miette; A. Bisschen; It. briciolo.

placer
m. I. pleasure; F. plaisir; A. Vergnügen; It. piacere.

plácido
adj. I. placid; F. placide; A. sanft; It. placido.

plaga
f. I. plague; F. plaie; A. Plage; It. piaga.

plagio
m. I. plagiarism; F. plagiat; A. Plagiat; It. plagio.

plan
m. I. plan, design; F. projet, plan; A. Plan, Riss; It. piano.

plana
f. I. plain; F. plaine; A. Ebene; It. piana.

plancha
f. I. plate; F. planche; A. Platte; It. lamina.

planeta
m. I. planet; F. planète; A. Planet; It. pianeta.

plano
adj. I. y F. plain; A. eben; It. piano.

plantar
tr. I. to plant; F. planter; A. pflanzen; It. piantare.

plantilla
f. I. insole; F. première semelle; A. Brandsohle; It. plantilla.

plañidera
f. I. mourner; F. pleureuse; A. Klagefrau; It. prefica.

plañir
intr. I. to mourn; F. pleurer; A. wehklagen; It. piangere.

plástico
adj. I. plastic; F. plastique; A. plastisch; It. plastico.

plata
f. I. silver; F. argent; A. Silber; It. argento.

plática
f. I. talk; F. entretien; A. Plauderei; It. conversazione.

platónico
adj. I. Platonic; F. platonique; A. Platonisch; It. platonico.

plausible
adj. I. y F. plausible; A. plausibel; It. plausibile.

playa
f. I. beach; F. plage; A. Strand; It. spiaggia.

plaza
f. I. square; F. place; A. Platz; It. piazza.

plazo
m. I. term; F. terme, délai; A. Frist; It. tempo.

plebe
f. I. plebs; F. plèbe; A. Pöbel; It. plebe.

plebiscito
m. I. plebiscite; F. plébiscite; A. Volksabstimmung; It. plebiscito.

plegar
tr. I. to fold; F. plier; A. zusammenfalten; It. piegare.

plegaria
f. I. prayer; F. prière; A. Gebet; It. preghiera.

pleito
m. I. lawsuit; F. litige; A. Prozess; It. lite.

plenitud
f. I. fullness; F. plénitude; A. Fülle; It. pienezza.

pliegue
m. I. fold; F. pli; A. Falte; It. piega.

pluma
f. I. feather; F. plume; A. Feder; It. piuma.

pluralidad
f. I. y F. plurality; F. pluralité; A. Mehrheit; It. pluralità.

población
f. I. y F. population; A. Bevölkerung; It. popolazione.

pobre
adj. I. poor; F. pauvre; A. arm; It. povero.

pocilga
f. I. sty; F. porcil; A. Schweinestall; It. porcile.

poco
adj. I. little; F. peu; A. wenig; It. poco.

poda
f. I. pruning; F. émondage; A. Abästung; It. potagione.

podar
tr. I. to prune; F. émonder; A. abästen; It. potare.

poder
m. I. power; F. pouvoir; A. Macht, Kraft; It. potere.

poderoso
adj. I. powerful; F. puissant; A. mächtig; It. potente.

podredumbre
f. I. rottenness; F. pourriture; A. Moder; It. putridame.

poesía
f. I. poetry; F. poésie; A. Gedicht; It. poesia.

polémica
f. I. polemics; F. polémique; A. Polemik; It. polemica.

policía
f. I. y F. police; A. Polizei; It. polizia.

polígrafo
m. I. polygraph; F. polygraphe; A. Polygraph; It. poligrafo.

político
adj. I. politician; F. politique; A. Staatsmann; It. politico.

poltronería
f. I. sluggishness; F. fainéantise; A. Faulheit; It. poltroneria.

polución
f. I. y F. pollution; A. nächtlicher Samenerguss; It. polluzione.

polvo
m. I. dust; F. poudre; A. Staub; It. polvere.

pollo
m. I. chicken; F. poulet; A. Huhn; It. pollastro.

pomo
m. I. pommel; F. pommeau; A. Degenknauf; It. pomo.

pompa
f. I. pomp; F. pompe; A. Pracht; It. pompa.

ponderación
f. I. ponderation; F. pondération; A. Anpreisung; It. ponderazione.

ponderar
tr. I. to ponder; F. pondérer; A. erwägen; It. ponderare.

poner
tr. I. to put; F. placer, mettre; A. legen, stellen setzen; It. porre, mettere.

popular
adj. I. popular; F. populaire; A. populär; It. popolare.

popularidad
f. I. popularity; F. popularité; A. Popularität; It. popolarità.

poquedad
f. I. parvity; F. petitesse; A. Wenigkeit; It. pocchezza.

por
prep. I. by, for, through, as; F. par, pour; A. auf, zu, aus, von, wegen; It. per, da, di.

porción
f. I. y F. portion; A. Teil; It. porzione.

porche
m. I. porch; F. hangar; A. Vorhalle; It. portico.

pordiosero
adj. I. beggar; F. mendiant; A. Bettler; It. accattone.

porfía
f. I. quarrel; F. dispute; A. Streit; It. contesa.

pormenor
m. I. detail; F. détail; A. Einzelheit; It. ragguaglio.

pornografía
f. I. pornography; F. pornographie; A. Unzucht; It. pornografia.

poro
m. I. y F. pore; A. Pore; It. poro.

poroso
adj. I. porous; F. poreux; A. porös; It. poroso.

porque
conj. I. because; F. parce que; A. weil, denn, da; It. perchè.

porqué
m. I. the why; F. le pourquoi; A. Ursache; It. il perchè.

porquería
f. I. nastiness; F. saleté; A. Schweinerei; It. porcheria.

porra
f. I. bludgeon; F. massue; A. Keule; It. mazza.

portada
f. I. frontispiece; F. frontispice; A. Portal; It. frontispizio.

portarse
tr. I. to behave; F. se comporter; A. sich betragen; It. comportarsi.

portátil
adj. I. portable; F. portatif; A. tragbar; It. portatile.

porte
m. I. portage; F. transport; A. Fracht; It. porto.

portento
m. **I.** wonder; **F.** prodige; **A.** Wunder; **It.** portento.

portero
adj. **I.** doorkeeper; **F.** concierge; **A.** Hauswart; **It.** portiere.

pórtico
m. **I.** porch; **F.** portique; **A.** Portikus; **It.** portico.

portillo
m. **I.** opening; **F.** brèche; **A.** Maueröffnung; **It.** sportello.

porvenir
m. **I.** future; **F.** avenir; **A.** Zukunft; **It.** avvenire.

posada
f. **I.** inn; **F.** auberge, logis; **A.** Wirtshaus; **It.** locanda.

poseer
tr. **I.** to possess; **F.** posséder; **A.** besitzen; **It.** possedere.

posesión
f. **I.** y **F.** possession; **A.** Besitz; **It.** possessione.

posibilidad
f. **I.** possibility; **F.** possibilité; **A.** Möglichkeit; **It.** possibilità.

posible
adj. **I.** y **F.** possible; **A.** möglich; **It.** possibile.

posición
f. **I.** y **F.** position; **A.** Situation; **It.** posizione.

positivismo
m. **I.** positivism; **F.** positivime; **A.** Positivismus; **It.** positivismo.

positivo
adj. **I.** positive; **F.** positif; **A.** sachlich, positiv; **It.** positivo.

poso
m. **I.** sediment; **F.** sédiment; **A.** Bodensatz; **It.** sedimento.

posponer
tr. **I.** to postpone; **F.** postposer; **A.** nachsetzen; **It.** posporre.

poste
m. **I.** post, pillar; **F.** poteau; **A.** Pfoten; **It.** palo.

postergar
tr. **I.** to defer; **F.** arriérer; **A.** übergehen; **It.** preterire, postergare.

posteridad
f. **I.** posterity; **F.** postérité; **A.** Nachkommenschaft; **It.** posterità.

posterior
adj. **I.** posterior; **F.** postérieur; **A.** hinter; **It.** posteriore.

postizo
adj. **I.** artificial; **F.** postiche; **A.** nachgemacht; **It.** posticcio.

postor
m. **I.** bidder; **F.** enchérisseur; **A.** Steigerer; **It.** offerente.

postración
f. **I.** y **F.** postration; **A.** Kniefall; **It.** postrazione.

postrar
tr. **I.** to prostrate; **F.** abatre; **A.** niederwerfen; **It.** prostrare.

postre
m. **I.**, **F.** e **It.** dessert; **A.** Nachtisch.

postulado
m. **I.** postulate; **F.** postulat; **A.** Postulat; **It.** postulato.

postular
tr. **I.** to postulate; **F.** postuler; **A.** nachsuchen um; **It.** postulare.

póstumo
adj. **I.** posthumous; **F.** posthume; **A.** nachgelassen; **It.** postumo.

postura
f. **I.** y **F.** posture; **A.** Haltung; **It.** postura.

potabilidad
f. **I.** potableness; **F.** potable; **A.** Trinkbarkeit; **It.** potabilità.

potable
adj. **I.** drinkable; **F.** potable; **A.** trinkbar; **It.** potabile.

potaje
m. **I.** porridge, pottage; **F.** potage; **A.** Gemüsesuppe; **It.** potaggio.

potencia
f. **I.** power; **F.** puissance; **A.** Macht; **It.** potenza.

potencial
adj. **I.** potential; **F.** potentiel; **A.** potentiell; **It.** potenziale.

potentado
m. **I.** potentate; **F.** potentat; **A.** Potentat; **It.** potentato.

potente
adj. **I.** potent; **F.** puissant; **A.** Kräftig; **It.** potente.

potestad
f. **I.** power; **F.** puissance; **A.** Gewalt; **It.** potestà.

poza
f. **I.** puddle; **F.** mare; **A.** Pfütze; **It.** pozza.

práctica
f. **I.** practice; **F.** pratique; **A.** Gebrauch; **It.** pratica.

practicar
tr. **I.** to practise; **F.** pratiquer; **A.** praktizieren; **It.** praticare.

práctico
adj. **I.** practical; **F.** pratique; **A.** praktisch; **It.** pratico.

pradera
f. **I.** y **F.** prairie; **A.** Wiese; **It.** prateria.

prado
m. **I.** meadow; **F.** pré; **A.** Weide; **It.** prato.

pravedad
f. **I.** pravity; **F.** pravité; **A.** Bosheit; **It.** pravità.

preámbulo
m. **I.** preamble; **F.** préambule; **A.** Vorwort; **It.** preambolo.

prebenda
f. **I.** prebend; **F.** prébende; **A.** Pfründe; **It.** prebenda.

precario
adj. **I.** precarious; **F.** précaire; **A.** unsicher; **It.** precario.

precaución
f. **I.** precaution; **F.** précaution; **A.** Vorsicht; **It.** precauzione.

precaver
tr. **I.** to prevent; **F.** prévenir; **A.** verhüten; **It.** prevenire.

preceder
tr. **I.** to precede; **F.** précéder; **A.** vorangehen; **It.** precedere.

precepto
m. **I.** precept; **F.** précepte; **A.** Vorchrift; **It.** precetto.

preceptor
m. **I.** preceptor; **F.** précepteur; **A.** Erzieher, Lehrer; **It.** precettore.

precintar
tr. **I.** to seal; **F.** sceller; **A.** plombie-ren; **It.** ammagliare.

precio
m. **I.** price; **F.** prix; **A.** Preis; **It.** prezzo.

precioso
adj. **I.** precious; **F.** précieux; **A.** Kost-bar; **It.** prezioso.

precipicio
m. **I.** precipice; **F.** précipice; **A.** Ab-grund; **It.** precipizio.

precipitación
f. **I.** precipitation; **F.** précipitation; **A.** Hast; **It.** precipitazione.

precipitar
tr. **I.** to precipitate; **F.** précipiter; **A.** übereilen; **It.** precipitare.

precisar
tr. **I.** to compel; **F.** préciser; **A.** verp-flichten; **It.** precisare.

precisión
f. **I.** precision; **F.** précision; **A.** Ge-nauigkeit; **It.** precisione.

preciso
adj. **I.** precise; **F.** précis; **A.** genau; **It.** preciso.

precocidad
f. **I.** precocity; **F.** précocité; **A.** Früh-reife; **It.** precocità.

preconizar
tr. **I.** to preconize; **F.** préconiser; **A.** lobpreisen; **It.** preconizzare.

precoz
adj. **I.** precocious; **F.** précoce; **A.** frühreif; **It.** precoce.

precursor
adj. **I.** precursor; **F.** précurseur; **A.** Vorläufer; **It.** precursore.

predecir
tr. **I.** to predict; **F.** prédire; **A.** vor-hersagen; **It.** predire.

predestinación
f. **I.** predestination; **F.** prédestina-tion; **A.** Prädestination; **It.** predesti-nazione.

predestinar
tr. **I.** to predestine; **F.** prédestiner; **A.** prädestinieren; **It.** predestinare.

predicamento
m. **I.** predicament; **F.** prédicament; **A.** Prädikament; **It.** predicamento.

predicar
tr. **I.** to preach; **F.** prêcher; **A.** predi-gen; **It.** predicare.

predicción
f. **I.** prediction; **F.** prédiction; **A.** Vorhersagung; **It.** predizione.

predilección
f. **I.** predilection; **F.** prédilection; **A.** Vorliebe; **It.** predilezione.

predisponer
tr. **I.** to predispose; **F.** prédisposer; **A.** vorbereiten; **It.** predisporre.

predisposición
f. **I.** predisposition; **F.** prédisposi-tion; **A.** Vorbereitung; **It.** predisposi-zione.

predominar
tr. **I.** to predominate; **F.** prédominer; prevaloir; **A.** vorherrschen; **It.** predo-minare.

predominio
m. **I.** predominance; **F.** prédominan-ce; **A.** Vorherrschaft; **It.** predominio.

preeminencia
f. **I.** pre-eminence; **F.** prééminence; **A.** Vorzug; **It.** preeminenza.

preeminente
adj. **I.** pre-eminent; **F.** prééminent; **A.** hervorragend; **It.** preeminente.

prefacio
m. **I.** preface; **F.** préface; **A.** Vor-wort; **It.** prefazio.

preferencia
f. **I.** preference; **F.** préférence; **A.** Vorliebe; **It.** preferenza.

pregón
m. **I.** y **F.** ban; **A.** Verkündigung; **It.** preconio.

pregunta
f. **I.** question; **F.** question; demande; **A.** Frage; **It.** domanda.

preguntar
tr. **I.** to question; **F.** questionner; **A.** fragen; **It.** domandare.

prejuicio
m. **I.** to prejudicate; **F.** préjugé; **A.** Vorurteil; **It.** pregiudizio.

preliminar
adj. **I.** preliminary; **F.** préliminaire; **A.** vorläufig; **It.** preliminare.

preludio
m. **I.** prelude; **F.** prélude; **A.** Prälu-dium; **It.** preludio.

prematuro
adj. **I.** premature; **F.** prématuré; **A.** vorzeitig; **It.** prematuro.

premiar
tr. **I.** to reward; **F.** récompenser; **A.** belohnen; **It.** premiare.

premio
m. **I.** prize, reward; **F.** prix; **A.** Be-lohnung; **It.** premio.

prenda
f. **I.** pledge; **F.** gage; **A.** Pfand; **It.** pegno.

prender
tr. **I.** to seize; **F.** prendre; **A.** festnch-men; **It.** prendere.

preñez
f. **I.** pregnancy; **F.** grossesse; **A.** Schwangerschaft; **It.** gravidanza.

preocupación
f. **I.** preoccupation; **F.** préoccupation; **A.** Besorgnis; **It.** preoccupazione.

preparación
f. **I.** preparation; **F.** préparation; **A.** Vorbereitung; **It.** preparazione.

preparar
tr. **I.** to prepare; **F.** préparer; **A.** vor-bereiten; **It.** preparare.

preponderancia
f. **I.** preponderance; **F.** préponderan-ce; **A.** Übergewicht; **It.** preponde-ranza.

prerrogativa
f. **I.** prerogative; **F.** prérogative; **A.** Vorrecht; **It.** prerogativa.

presa
f. **I.** seizure; **F.** prise; **A.** Fang; **It.** presa.

presagiar
tr. **I.** to presage; **F.** présager; **A.** vor-hersagen; **It.** presagire.

prescindir
intr. **I.** to prescind; **F.** faire abstrac-tion; **A.** ausser acht lassen; **It.** pres-cindere.

prescribir
tr. **I.** to prescribe; **F.** prescrire; **A.** vorschreiben; **It.** prescrivere.

prescripción
f. **I.** y **F.** prescription; **A.** Vorschrift; **It.** prescrizione.

presencia
f. **I.** presence; **F.** présence; **A.** Anwe-senheit; **It.** presenza.

presenciar
tr. I. to witnes; F. être présent; A. beiwohnen; It. presenziare.

presentar
tr. I. to present; F. présenter; A. präsentieren; It. presentare.

presente
adj. I. present; F. présent; A. anwesend; It. presente.

presentir
tr. I. to foresee; F. pressentir; A. vorausahnen; It. presentire.

preservar
tr. I. to preserve; F. préserver; A. bewahren; It. preservare.

preso
m. I. prisoner; F. prisonnier; A. Gefangener; It. preso.

préstamo
m. I. loan; F. prêt; A. Darlehen; It. prestito.

prestar
tr. I. to lend; F. prêter; A. leihen; It. prestare.

presteza
f. I. promptitude; F. prestesse; A. Geschwindigkeit; It. prestezza.

prestidigitador
m. I. juggler, prestidigitator; F. prestidigitateur; A. Gaukler; It. prestigiatore.

prestigio
m. I. y F. prestige; A. Ansehen; It. prestigio.

prestigioso
adj. I. prestigious; F. prestigieux; A. angesehen; It. prestigioso.

presto
adj. I. ready, quick; F. preste; A. bereit; It. pronto, presto.

presumir
tr. I. to presume; F. présumer; A. mutmassen; It. presumere.

presunción
f. I. presumption; F. présomption; A. Mutmassung; It. presunzione.

presuntuoso
adj. I. presumptuous; F. présomptueux; A. anspruchsvoll; It. presuntuoso.

pretender
tr. I. to pretend; F. prétendre; A. beanspruchen; It. pretendere.

pretensión
f. I. claim; F. prétention; A. Forderung; It. pretensione.

preterición
f. I. preterition; F. préterition; A. Übergehung; It. preterizione.

pretexto
m. I. pretext; F. prétexte; A. Vorwand; It. pretesto.

prevalecer
intr. I. to prevail; F. prévaloir; A. überwiegen; It. prevalere.

prevenir
tr. I. to prevent; F. prévenir; A. vorbereiten; It. prevenire.

prever
tr. I. to foresee; F. prévoir; A. voraussehen; It. prevedere.

previsión
f. I. prevision; F. prévision; A. Vorsicht; It. previsione.

previsor
adj. I. provident; F. prévoyant; A. fürsorglich; It. previdente.

prez
amb. I. honour; F. gloire; A. Ehre; It. pregio.

primacía
f. I. primacy; F. primauté; A. Vorzug; It. primazia.

primavera
f. I. spring; F. printemps; A. Frühling; It. primavera.

primero
adj. I. first; F. premier; A. erster; It. primo.

primitivo
adj. I. primitive; F. primitif; A. Primitiv; It. primitivo.

primo
adj. I. y F. cousin; A. Vetter; It. cugino.

primor
m. I. excellence; F. perfection; A. Trefflichkeit; It. squisitezza.

primordial
adj. I. y F. primordial; A. ursprünglich; It. primordiale.

princesa
f. I. princess; F. princesse; A. Fürstin; It. principessa.

principal
adj. I. y F. principal; A. vorwiegend; It. principale.

principiante
adj. I. beginner; F. commençant; A. Neuling; It. principiante, novizio.

principio
m. I. principle; F. principe; A. Anfang; It. principio.

pringar
tr. I. to dip in grease; F. salir de graisse; A. beschmieren; It. ungere.

prisa
f. I. hastiness, hurry; F. hâte; A. Eile; It. premura.

prisión
f. I. y F. prison; A. Gefängnis; It. prigione.

prisionero
m. I. prisoner; F. prisonnier; A. Gefangener; It. prigionero.

privado
adj. I. private; F. privé; A. privat, ausseramtlich; It. privato.

privar
tr. I. to deprive; F. priver; A. berauben; It. privare.

privilegio
m. I. privilege; F. privilège; A. Vorrecht; It. privilegio.

probabilidad
f. I. probability; F. probabilité; A. Chance; It. probabilità.

probable
adj. I. y F. probable; A. wahrscheinlich; It. probabile.

probar
tr. I. to try, to prove; F. prouver, essayer; A. prüfen; It. provare.

problema
f. I. problem; F. problème; A. Problem; It. problema.

problemático
adj. I. questionable; F. problematique; A. fraglich; It. problematico.

procacidad
f. I. procacity; F. effronterie; A. Unverschämtheit; It. procacità.

procaz
adj. I. procacious; F. effronté; A. frech; It. procace.

procedencia
f. I. provenience; F. provenance; A. Herkunft; It. procedenza.

proceder
intr. I. to proceed; F. proceder, provenir; A. abstammen; It. procedere.

procedimiento
m. I. proceeding; F. procédé; A. Verfahren; It. procedimento.

prócer
adj. I. lofty; F. éminent; A. hervorragend; It. eminente.

procesar
tr. I. to process; F. processer; A. anklagen; It. processare.

proclamar
tr. I. to proclaim; F. proclamer; A. ausrufen; It. proclamare.

proclividad
f. I. proclivity; F. proclivité; A. Neigung; It. proclivita.

procrear
tr. I. to procreate; F. procréer; A. erzeugen; It. procreare.

procurar
tr. I. to procure; F. procurer; A. besorgen; It. procurare.

prodigar
tr. I. to misspend, to waste; F. prodiguer; A. vergeuden; It. prodigare.

prodigio
m. I. prodigy; F. prodige; A. Wunder; It. prodigio.

pródigo
adj. I. prodigal; F. prodigue; A. Verschwender; It. prodigo.

producción
f. I. y F. production; A. Erzeugung; It. produzione.

producir
tr. I. to produce; F. produire; A. erzeugen; It. produrre.

producto
m. I. product; F. produit; A. Erzeugnis; It. prodotto.

proemio
m. I. proem; F. proème; A. Vorrede; It. proemio.

proeza
f. I. prowess; F. prouesse; A. Heldentat; It. prodezza.

profanar
tr. I. to profane; F. profaner; A. entweihen; It. profanare.

profano
adj. I. y F. profane; A. profan; It. profano.

profecía
f. I. prophecy; F. prophétie; A. Weissagung; It. profezia.

proferir
tr. I. to utter; F. proférer; A. aussprechen; It. profferire.

profesar
tr. I. to profess; F. professer; A. ausüben; It. professare.

profesión
f. I. y F. profession; A. Beruf; It. professione.

profesor
m. I. professor; F. professeur; A. Professor; It. professore.

profetizar
tr. I. to prophesy; F. prophétiser; A. vorhersagen; It. profetizzare.

profundidad
f. I. profundity; F. profondeur; A. Tiefe; It. profondità.

profundizar
tr. I. to deepen; F. approfondir; A. vertiefen; It. profondare.

profundo
adj. I. deep, profound; F. profond; A. tief; It. profondo.

profusión
f. I. y F. profusion; A. Fülle; It. profusione.

profuso
adj. I. lavish; F. profus; A. reichlich; It. profuso.

programa
m. I. program; F. programme; A. Programm; It. programma.

progresar
intr. I. to progress; F. progresser; A. fortschreiten; It. progredire.

progreso
m. I. progress; F. progrès; A. Fortschritt; It. progresso.

prohibición
f. I. y F. prohibition; A. Verbot; It. proibizione.

prohibir
tr. I. to forbid, to prohibit; F. prohiber; A. verbieten; It. proibire.

prohijar
tr. I. to adopt; F. adopter; A. einkinden; It. adottare.

prolijidad
f. I. prolixity; F. prolixité; A. Weitschweifigkeit; It. prolissità.

prolijo
adj. I. prolix; F. prolixe; A. weitschweifig; It. prolisso.

prolongación
f. I. y F. prolongation; A. Prolongation; It. prolungazione.

prólogo
m. I. foreword; F. préface; A. Vorrede; It. prologo.

prolongar
tr. I. to prolong; F. prolonger; A. verlängern; It. prolungare.

promesa
f. I. promise; F. promesse; A. Versprechen; It. promessa.

prometer
tr. I. to promise; F. promettre; A. versprechen; It. promettere.

prominencia
f. I. prominence; F. proéminence; A. Hervorragung; It. prominenza.

promiscuidad
f. I. promiscuousness; F. promiscuité; A. Vermengtheit; It. promiscuità.

promotor
adj. I. promoter; F. promoteur; A. Beförderer; It. promotore.

promover
tr. I. to promote; F. promouvoir; A. befördern; It. promuovere.

pronosticar
tr. I. to foretell; F. pronostiquer; A. vorhersagen; It. pronosticare.

pronóstico
m. I. prognostic; F. pronostic; A. Vorhersage; It. pronostico.

prontitud
f. I. y F. promptitude; A. Schnelligkeit; It. prontitudine.

pronto
adj. I. soon; F. bientôt; A. bald; It. prontamente.

prontuario
m. **I.** promptuary; **F.** promptuaire; **A.** Hilfs handbuch; **It.** prontuario.

pronunciar
tr. **I.** to pronounce; **F.** prononcer; **A.** aussprechen; **It.** pronunziare.

propagar
tr. **I.** to propagate; **F.** propager; **A.** pflanzen; **It.** propagare.

propensión
f. **I.** y **F.** propension; **A.** Geneigtheit; **It.** propensione.

propicio
adj. **I.** propitious; **F.** propice; **A.** günstig; **It.** propizio.

propiedad
f. **I.** ownership, property; **F.** proprieté; **A.** Eigentum; **It.** proprietá.

propietario
adj. **I.** proprietor, owner; **F.** propriétaire; **A.** Eigentümer; **It.** proprietario.

propina
f. **I.** tip; **F.** pourboire; **A.** Trinkgeld; **It.** mancia.

propio
adj. **I.** private, one's own; **F.** propre; **A.** eigen; **It.** proprio.

proponer
tr. **I.** to propose; **F.** proposer; **A.** vorschlagen; **It.** proporre.

proporción
f. **I.** y **F.** proportion; **A.** Verhältnis; **It.** proporzione.

proporcional
adj. **I.** proportional; **F.** proportionnel; **A.** verhältnismässig; **It.** proporzionale.

proporcionar
tr. **I.** to proportion; **F.** proportionner; **A.** anpassen; **It.** proporzionare.

propósito
m. **I.** purpose; **F.** dessein, but; **A.** Absicht; **It.** proposito.

propuesta
f. **I.** proposal; **F.** proposition; **A.** Vorschlag; **It.** proposta.

prorrogar
tr. **I.** to defer; **F.** proroger; **A.** hinschieben; **It.** prorogare.

prosaico
adj. **I.** prosaic; **F.** prosaïque; **A.** prosaisch; **It.** prosaico.

proscribir
tr. **I.** to proscribe; **F.** proscrire; **A.** verfemen; **It.** proscrivere.

proseguir
tr. **I.** to pursue; **F.** poursuivre; **A.** fortfahren; **It.** proseguire.

prosélito
m. **I.** proselyte; **F.** prosélyte; **A.** Proselyt; **It.** proselito.

prosopopeya
f. **I.** prosopopoeia; **F.** prosopopée; **A.** Grossspurigkeit; **It.** prosopopea.

prosperar
tr. **I.** to prosper; **F.** prospérer; **A.** gedeihen; **It.** prosperare.

prosperidad
f. **I.** prosperity; **F.** prospérité; **A.** Gedeihen; **It.** prosperità.

prostituir
tr. **I.** to prostitute; **F.** prostituer; **A.** prostituiren; **It.** prostituire.

prostituta
f. **I.** prostitute, whore; **F.** prostituée; **A.** Hure; **It.** prostituta.

protección
f. **I.** y **F.** protection; **A.** Protektion; **It.** protezione.

proteger
tr. **I.** to protect; **F.** protéger; **A.** Feschützen; **It.** proteggere.

protervia
f. **I.** protervity; **F.** méchanceté; **A.** Unverschämtheit; **It.** protervia.

protesta
f. **I.** protest; **F.** protestation; **A.** Protest; **It.** protesta.

prototipo
m. **I.** y **F.** prototype; **A.** Vorbild; **It.** prototipo.

protuberancia
f. **I.** protuberance; **F.** protubérance; **A.** Protuberanz; **It.** protuberanza.

provecho
m. **I.** profit, gain; **F.** profit; **A.** Vorteil; **It.** profitto.

proveer
tr. **I.** to provide; **F.** fournir; **A.** liefern; **It.** provvedere.

provenir
intr. **I.** to proceed from; **F.** provenir; **A.** herkommen; **It.** provenire.

proverbio
m. **I.** proverb; **F.** proverbe; **A.** Sprichwort; **It.** proverbio.

próvido
adj. **I.** provident; **F.** prévoyant; **A.** vorsorglich; **It.** provvido.

provisión
f. **I.** y **F.** provision; **A.** Vorrat; **It.** provvisione.

provisional
adj. **I.** provisional, temporary; **F.** provisionnel; **A.** vorläufig; **It.** provvisionale.

provocación
f. **I.** y **F.** provocation; **A.** Herausforderung; **It.** provocazione.

provocar
tr. **I.** to provoke; **F.** provoquer; **A.** herausfordern; **It.** provocare.

proximidad
f. **I.** proximity; **F.** proximité; **A.** Näwerfen; **It.** prossimità.

proyectar
tr. **I.** to project; **F.** projeter; **A.** entwerfen; **It.** proiettare.

proyecto
adj. **I.** project, design; **F.** projet; **A.** Entwurf; **It.** progetto.

prudencia
f. **I.** y **F.** prudence; **A.** Klugheit; **It.** prudenza.

prueba
f. **I.** proof, trial, test; **F.** preuve, épreuve; **A.** Prüfung, Probe; **It.** prova.

psicología
f. **I.** psychology; **F.** psychologie; **A.** Psychologie; **It.** psicologia.

pubertad
f. **I.** puberty; **F.** puberté; **A.** Pubertät; **It.** pubertà.

publicar
tr. to publish; **F.** publier; **A.** veröffentlichen; **It.** pubblicare.

público
adj. **I.** y **F.** public; **A.** öffentlich; **It.** pubblico.

pudor
m. **I.** pudicity; **F.** pudeur; **A.** Scham; **It.** pudore.

pudoroso
adj. **I.** bashful; **F.** pudique; **A.** schamhaft; **It.** pudibondo.

pudrir
tr. **I.** to rot; **F.** pourrir; **A.** verfaulen; **It.** putrire.

pueblo
m. **I.** y **F.** village; **A.** Dorf; **It.** villaggio.

puente
m. **I.** bridge; **F.** pont; **A.** Brücke; **It.** ponte.

puerco
m. **I.** hog; **F.** cochon; **A.** Schwein; **It.** porco.

pueril
adj. **I.** e **It.** puerile; **F.** puéril; **A.** Knabenhaft.

puerta
f. **I.** door; **F.** porte; **A.** Tür; **It.** porta.

puerto
m. **I.** harbour, port; **F.** port; **A.** Hafen; **It.** porto.

pues
conj. **I.** since; **F.** puisque; **A.** denn, da; **It.** dunque.

puesto
m. **I.** post; **F.** place, poste; **A.** Platz, Stelle; **It.** posto.

pugna
f. **I.** struggle, fight; **F.** combat; **A.** Kampf; **It.** pugna.

pujanza
f. **I.** power; **F.** force; **A.** Stärke; **It.** possanza.

pulcritud
f. **I.** pulchritude; **F.** propriété; **A.** Reinlichkeit; **It.** pulcritudine.

pulcro
adj. **I.** careful; **F.** propre; **A.** sauber; **It.** pulcro.

pulido
adj. **I.** polished; **F.** poli; **A.** nett; **It.** pulito.

pulir
tr. **I.** to polish; **F.** polir; **A.** polieren; **It.** pulire.

pulsar
tr. **I.** to feel the pulse; **F.** tâter le pouls; **A.** den Puls fühlen; **It.** tastare il polso.

pulso
m. **I.** pulse; **F.** pouls; **A.** Puls; **It.** polso.

pulverizar
tr. **I.** to pulverize; **F.** pulvériser; **A.** pulverisieren; **It.** polverizzare.

pundonor
m. **I.** point of honour; **F.** point d'honneur; **A.** Ehrenpunkt; **It.** punto d'onore.

punta
f. **I.** point; **F.** pointe; **A.** Spitze; **It.** punta.

puntal
m. **I.** stay; **F.** pointal; **A.** Stützbalken; **It.** puntello.

punto
m. **I.** y **F.** point; **A.** Punkt; **It.** punto.

puntualidad
f. **I.** punctuality; **F.** ponctualité; **A.** Pünktlichkeit; **It.** puntualità.

punzar
tr. **I.** to punch; **F.** piquer; **A.** stechen; **It.** pungere.

punzón
m. **I.** puncheon; **F.** poinçon; **A.** Pfriem; **It.** punzone.

pupila
f. **I.** pupil; **F.** prunelle; **A.** Aug Apfel; **It.** pupilla.

pureza
f. **I.** purity; **F.** pureté; **A.** Reinheit; **It.** purezza, purità.

purificar
tr. **I.** to purify; **F.** purifier; **A.** reinigen; **It.** purificare.

puro
adj. **I.** pure; **F.** pur; **A.** rein, pur; **It.** puro.

pus
m. **I.**, **F.** e **It.** pus; **A.** Eiter.

pusilánime
adj. **I.** pusillanimous; **F.** pusillanime; **A.** Kleinmütig; **It.** pusillanime.

putrefacción
f. **I.** putrefaction; **F.** putréfaction; **A.** Fäulnis; **It.** putrefazione.

que
prom. **I.** who, which, what, that; **F.** qui, que; **A.** welcher; **It.** chi, che.

quebradizo
adj. **I.** brittle; **F.** cassant; **A.** zerbrechlich; **It.** fràgile.

quebrado
adj. **I.** y **F.** fraction; **A.** Bruchzahl; **It.** frazione.

quebrantahuesos
m. **I.** ossifrage, lammergeier; **F.** orfraie; **A.** Lämmergeier; **It.** avvoltoio.

quebrantaolas
m. **I.** breakwater; **F.** brise-lames; **A.** wellenbrecher; **It.** frangionde.

quebrantapiedras
f. **I.** stonebreak, saxifrage; **F.** percepierre, saxifrage; **A.** Steinbrech; **It.** frangepetre.

quebrantar
tr. **I.** to crack, to break; **F.** broyer; **A.** brechen, zerbrechen; **It.** rompere, spaccare.

quebrar
tr. **I.** to break; **F.** rompre, briser; **A.** brechen, zerspringen; **It.** ròmpere, spezzare.

quedar
intr. **I.** to remain, to stay; **F.** rester; **A.** bleiben, verbleiben; **It.** rimanere.

quehacer
m. **I.** business, occupation; **F.** affaire; **A.** Geschäft, Beschäftigung; **It.** affare.

queja
f. **I.** complaint; **F.** plainte; **A.** Klage, Beschwerde; **It.** lamento.

quejar
tr. **I.** to complain; **F.** se plaindre; **A.** sich beklagen; **It.** lamentarsi.

quelonio
adj. **I.** chelonian; **F.** chélonien; **A.** Schildkräte; **It.** chelonio.

quemadura
f. **I.** burn; **F.** brûlure; **A.** Brandwunde; **It.** (ab)bruciatura.

quemar
tr. **I.** to brun; **F.** brûler; **A.** verbrennen; **It.** (ab)bruciare.

querella
f. **I.** complaint; **F.** plainte; **A.** Klage; **It.** querimonia.

querer
tr. **I.** to will; **F.** vouloir; **A.** lieben, wünschen, wollen; **It.** volere.

querido
m. **I.** lover, paramour; **F.** amant; **A.** Geliebter; **It.** Caro, diletto.

quermes
m. **I.** y **A.** kermes; **F.** kermés; **It.** chermes.

querubín
m. **I.** cherub; **F.** chérubin; **A.** Cherub(im); **It.** cherubino.

quesera
f. **I.** dairy; **F.** fromagerie; **A.** käserei; **It.** cascina.

queso
m. **I.** cheese; **F.** fromage; **A.** käse; **It.** formaggio, cacio.

quicio
m. **I.** hinge; **F.** fiche; **A.** Angel, Türangel; **It.** ganghero.

quiebra
f. **I.** crack, bankruptcy; **F.** déchet, faillite; **A.** Bank(e) rott; **It.** bancarotta, fallimento.

quien
pron. **I.** who, whom, which; **F.** qui; **A.** wer, welcher; **It.** chi, che, quegli.

quienquiera
pron. **I.** whoever, whichever; **F.** quelque, n'importe qui; **A.** wer auch immer; **It.** chiunque, chicchessia.

quieto
adj. **I.** quiet; **F.** paisable; **A.** ruhigstill; **It.** quieto.

quietud
f. **I.** quietude; **F.** repos, quiétude; **A.** Ruhe, Stille; **It.** quietudine, quiete.

quijada
f. **I.** jaw; **F.** mâchoire; **A.** kiefer; **It.** mascella.

quijote
m. **I.** Quixote; **F.** y **A.** Quichotte; **It.** Chisciotte.

quilo
m. **I.** y **F.** chyle; **A.** Milchsaft; **It.** chilo.

quilla
f. **I.** Keel; **F.** quille; **A.** Kiel; **It.** chiglia.

quimera
f. **I.** e **It.** chimera; **F.** chimère; **A.** Traumbild.

química
f. **I.** chemistry; **F.** chimie; **A.** Chemie; **It.** chimica.

químico
adj. **I.** chemist; **F.** chimiste; **A.** Chemiker; **It.** chimico.

quimo
m. **I.** y **F.** chyme; **A.** Speisebrei; **It.** chimo.

quina
f. **I.** quina; **F.** quine; **A.** Quina; **It.** china.

quinario
adj. **I.** quinary; **F.** quinaire; **A.** fünfteilig; **It.** quinario.

quince
adj. **I.** fifteen; **F.** quinze; **A.** fünfzehn; **It.** quindici.

quincena
f. **I.** fortnight; **F.** quinzaine; **A.** vierzehn Tage; **It.** quindicina.

quinientos
adj. **I.** five hundred; **F.** cinq cents **A.** fünfhundert; **It.** cinquecento.

quinina
f. **I.** y **F.** quinine; **A.** Chinin; **It.** chinina.

quinqué
m. **I.** argand; **F.** quinquet; **A.** (Tish) lampe; **It.** lampada da tavolino.

quintal
m. **I.** y **F.** quintal; **A.** Zentner; **It.** quintale.

quinteto
m. **I.** quintet; **F.** quintette; **A.** Quintett; **It.** quintetto.

quinto
adj. **I.** fifth; **F.** cinquième; **A.** Fünftel; **It.** quinto.

quintuplicar
tr. **I.** to quintuplicate; **F.** quintupler; **A.** verfünffachen; **It.** quintuplicare.

quiosco
m. **I.** Kiosk; **F.** Kiosque; **A.** Kiosk; **It.** chiosco.

quirófano
m. **I.** operating-room; **F.** salle d'operations; **A.** Operationssaal; **It.** sala chirurgica.

quiromancia
f. **I.** chiromancy; **F.** chiromancie; **A.** Chiromantie; **It.** chiromanzia.

quirúrgico
adj. **I.** surgical; **F.** chirurgique; **A.** chirurgisch; **It.** chirurgico.

quiste
m. **I.** cyst; **F.** Kyste; **A.** Zyste; **It.** cisti.

quitar
tr. **I.** to take away; **F.** ôter; **A.** abtun, weglegen, wegnehmen; **It.** togliere.

rabia
f. **I.** y **F.** rage; **A.** Wut; **It.** rabbia.

rabo
m. **I.** tail; **F.** queue; **A.** Schwanz; **It.** coda.

raciocinio
m. **I.** reasoning; **F.** raisonnement; **A.** Beurteilungsgabe; **It.** raziocinio.

ración
f. **I.** ration; **F.** portion, ration; **A.** Ration; **It.** razione.

rada
f. I. bay; F. rade; A. Reede; It. rada.

radiación
f. I. y F. radiation; A. Strahlung; It. radiazione.

radiante
adj. I. y F. radiant; A. strahlend; It. radiante.

radiar
tr. I. to radiate; F. rayonner; A. strablen; It. radiare, raggiare.

radical
adj. I. y F. radical; A. radikal; It. radicale.

radicar
intr. I. to root; F. s'enraciner; A. wurzeln; It. radicare.

radio
f. I. radius; F. rayon; A. Halbmesser; It. raggio.

raer
tr. I. to scrape; F. racler; A. abkratzen; It. raschiare.

ráfaga
f. I. blast, gust; F. rafale; A. Windstoss; It. raffica.

raíz
f. I. root; F. racine; A. Wurzel; It. radice.

raja
f. I. split; F. fente; A. Spalt; It. fessura.

rajar
tr. I. to split; F. fendre; A. spleissen; It. fendere.

ralea
f. I. breed; F. race, espèce; A. Gattung; It. razza.

rallar
tr. I. to grate; F. râper; A. raspeln; It. grattugiare.

rama
f. I. branch; F. branche, rameau; A. Ast; It. ramo.

ramal
m. I. strand; F. longe, licou; A. Strang; It. capo di fune.

ramo
m. I. bough; F. rameau; A. Zweig; It. ramo.

rampa
f. I. slope; F. rampe; A. Auffahrt; It. pendio.

rancio
adj. I. rancid; F. rance; A. ranzig; It. rancido.

rancho
m. I. mess; F. gamelle; A. Mannschaftsessen; It. rancio, mensa.

rango
m. I. rank; F. rang; A. Rang; It. rango.

ranura
f. I. groove; F. rainure; A. Furche; It. scanalatura.

rapacidad
f. I. rapacity; F. rapacité; A. Raubgier; It. rapacità.

rapar
tr. I. to shave; F. raser; A. rasieren; It. radere.

rapidez
f. I. rapidity, swiftness; F. rapidité; A. Schnelligkeit; It. rapidità.

rápido
adj. I. rapid; F. rapide; A. schnell; It. rapido.

rapiña
f. I. y F. rapine; A. Raub; It. rapina.

rapsoda
m. I. rhapsodist; F. rhapsode; A. Rahpsode; It. rapsodo.

rapto
m. I. rape; F. enlèvement; A. Raub; It. ratto.

raquídeo
adj. I. rachidiant; F. rachidient; A. Rückgrats; It. rachideo.

raquítico
adj. I. rickety; F. rachitique; A. rhachitisch; It. rachitico.

rareza
f. I. rareness, oddity; F. rareté; A. Rarität; It. rarezza.

raro
adj. I. unusual, odd; F. rare; A. selten, rar; It. raro.

rasar
tr. I. to strickle; F. rader; A. abstreichen; It. radere.

rascar
tr. I. to scrape, to scratch; F. gratter; A. reiben; It. grattare.

rasgo
m. I. feature; F. trait; A. Strich; It. tratto.

rasguño
m. I. scratch; F. égratignure; A. Kratzen; It. graffiatura.

raso
adj. I. flat, plain; F. ras; A. eben; It. raso.

raspa
f. I. beard; F. bable; A. Raspel, Bart; It. lolla.

raspar
tr. I. to scrape; F. racler; A. abschaben; It. raschiare.

rastrear
tr. I. to trace; F. suivre la piste; A. (nach) spüren; It. tracciare.

rastro
m. I. track; F. trace; A. Spur; It. traccia.

rasurar
tr. I. to shave; F. raser; A. rasieren; It. radere.

ratero
f. I. pickpocket; F. filon; A. Spitzbube; It. mariolo.

ratificar
tr. I. to ratify; F. ratifier; A. ratifizieren; It. ratificare.

rato
m. I. while; F. moment; A. Weile; It. pezzo di tempo.

raudal
m. I. y F. torrent; A. Strom; It. fiumana.

raya
f. I. line, stroke; F. ligne, raie; A. Zeile, Strich; It. riga.

rayar
tr. I. to stripe; F. rayer; A. linieren; It. rigare.

rayo
m. I. ray; F. rayon; A. Strachl; It. raggio.

raza
f. I. y F. race; A. Rasse, Stamm; It. razza.

razón
f. I. reason; F. raison; A. Verstand, Vernunft; It. ragione.

razonar
intr. I. to reason; F. raisonner; A. begründen; It. ragionare.

reacción
f. I. reaction; F. réaction; A. Reaktion; It. reazione.

real
adj. I. real; F. réel; A. wirklicht; It. reale.

realidad
f. I. reality; F. réalité; A. Realität; It. realtà.

realzar
tr. I. to raise; F. rehausser; A. erheben; It. rialzare.

reanimar
tr. I. to revive; F. réanimer; A. ermuntern; It. rianimare.

reanudar
tr. I. to resume; F. renouer; A. erneuern; It. rannodare.

reaparecer
intr. I. to reappear; F. réapparaître; A. wieder erscheinen; It. riapparire.

rebaja
f. I. abatememt; F. rabais; A. Abzug, Rabbat; It. ribbasso.

rebajar
tr. I. to abate, to lessen; F. rabaisser; A. niedriger machen; It. rabbassare.

rebanada
f. I. slice; F. tranche; A. Brotschnitte; It. fetta.

rebaño
m. I. herd, flock; F. troupeau; A. Herde; It. mandra.

rebatir
tr. I. to repel; F. rebattre; A. widerlegen; It. ribattere.

rebelarse
tr. I. to rebel; F. se rébeller; A. sich empören; It. ribellarsi.

rebelde
adj. I. rebel; F. rebelle; A. Rebell, Empörer; It. ribelle.

reblandecer
tr. I. to soften; F. ramollir; A. erweichen; It. rammollire.

rebosar
intr. I. to overflow; F. déborder; A. überfliessen; It. traboccare.

rebotar
intr. I. to rebound; F. rebondir; A. zuruckprallen; It. rimbalzare.

rebuscar
tr. I. to reseek; F. grappiller; A. nachlesen; It. ricercare.

recado
m. I. message, errand; F. message; A. Botschaft; It. messaggio.

recaer
intr. I. to relapse; F. retomber; A. zurückfallen; It. ricadere.

recalar
tr. I. to make land; F. atterrir; A. anlanden; It. approdare.

recalcar
tr. I. to emphasize; F. souligner; A. stark betonen; It. accentuare.

recámara
f. I. wardrobe; F. garde-robe; A. Garderobe; It. guardaroba, retrocamera.

recambio
m. I. reexchange; F. rechange; A. Umtausch; It. ricambio.

recapitular
tr. I. to recapitulate; F. récapituler; A. rekapitulieren; It. ricapitolare.

recatar
tr. I. to conceal; F. se soustraire; A. verheimlichen; It. nascondere.

recaudar
tr. I. to collect; F. percevoir; A. einziehen; It. riscuotere.

recelar
tr. I. to suspect; F. soupçonner; A. misstrauen; It. diffidare.

recelo
m. I. suspicion; F. méfiance; A. Misstrauen; It. sospetto.

recepción
f. I. reception; F. réception; A. Aufnahme; It. ricezione.

receptor
adj. I. receiver; F. récepteur; A. Empfänger; It. ricevitore.

receta
f. I. recipe; F. recette; A. Arzneiverordnung; It. ricetta.

recibimiento
m. I. reception; F. accueil; A. Empfang; It. ricevimento.

recibir
tr. I. to receive; F. recevoir; A. empfangen; It. ricevere.

reciente
adj. I. recent; F. récent; A. neuerlich; It. recente.

recinto
m. I. enclosure; F. enclos; A. Bereich; It. recinto.

recio
adj. I. strong; F. trapu, fort; A. Kräftig, stark; It. forte, rude.

recipiente
adj. I. recipient; F. récipient; A. Gefäss; It. recipiente.

reciprocidad
f. I. reciprocity; F. réciprocité; A. Reziprozität; It. reciprocità.

recitar
tr. I. to recite; F. réciter; A. vortragen; It. recitare.

reclamación
f. I. claim; F. réclamation; A. Einspruch; It. reclamo.

reclamar
intr. I. to claim; F. réclamer; A. beanspruchen; It. reclamare.

reclusión
f. I. reclusion; F. réclusion; A. Einsperrung; It. reclusione.

reclutar
tr. I. to recruit; F. recruter; A. ausheben; It. reclutare.

recobrar
tr. I. to recover; F. recouvrer; A. wiedererlangen; It. ricuperare.

recoger
tr. I. to gather, to collect; F. recueillir; A. sammeln; It. ripigliare.

recogimiento
m. I. retreat; F. recueillement; A. Andacht; It. raccoglimento, ritiro.

recolección
f. I. harvest; F. récolte; A. Ernte; It. raccolta.

recomendación
f. I. recommendation; F. recommandation; A. Empfehlung; It. raccomandazione.

recomendar
tr. I. to recommend; F. recommander; A. empfehlen; It. raccomandare.

recompensa
f. I. reward; F. récompense; A. Belohnung; It. ricompensa.

recompensar
tr. I. to reward; F. récompenser; A. belohnen; It. ricompensare.

reconciliar
tr. I. to reconcile; F. réconcilier; A. versöhnen; It. riconciliare.

recóndito
adj. I. recondite; F. caché; A. geheim; It. nascosto.

reconocimiento
m. I. acknonledgement; F. reconnaissance; A. Erkennung; It. riconoscimento.

reconquistar
tr. I. to reconquer; F. reconquérir; A. wiedererobern; It. riconquistare.

reconstruir
tr. I. to reconstruct; F. reconstruire; A. wiederaufbauen; It. ricostruire.

reconvenir
tr. I. to reproach; F. reprocher; A. verweisen; It. riconvenire.

recopilación
f. I. y F. compilation; A. Sammlung; It. compilazione.

recordar
tr. I. to remind, to remember; F. se rappeler; A. sich erinnern; It. ricordare.

recordatorio
m. I. recall; F. avis pour, rappeler; A. Denkzettel; It. memento.

recorrido
m. I. course; F. parcours; A. Strecke; It. percorso.

recortar
tr. I. to cut away; F. découper; A. ausschneiden; It. ritagliare.

recoveco
m. I. turning; F. détour; A. Krümmung; It. giravolta, svolta.

recrear
tr. I. to amuse, to recreate; F. récréer; A. belustigen; It. ricreare.

recreo
m. I. amusement; F. récréation; A. Erholung; It. ricreazione.

recrudecer
intr. I. to recrudesce; F. redoubler de force; A. sich verschärfen; It. rincrudire.

rectángulo
adj. I. y F. rectangle; A. Rechteck; It. rettangolo.

rectificar
tr. I. to amend, to rectify; F. rectifier; A. rektifizieren; It. rettificare.

rectitud
f. I. y F. rectitude; A. Richtigkeit, Geradheit; It. rettitudine.

recto
adj. I. straight, right; F. droit, juste; A. recht, gerade, richtig; It. retto.

rector
adj. I. rector; F. recteur; A. Rektor; It. rettore.

recuerdo
m. I. remembrance; F. souvenir; A. Erinnerung; It. rimembranza.

recuperar
tr. I. to recuperate; F. récupérer; A. wiederbekommen; It. ricuperare.

recurrir
intr. I. to apply to; F. recourir; A. sich wenden an; It. ricorrere.

recurso
m. I. appeal; F. recours; A. Mittel; It. ricorso.

recusar
tr. I. to reject; F. récuser; A. verwerfen; It. ricusare.

rechazar
tr. I. to repel; F. rebuter; A. abweissen; It. ricacciare, respingere.

red
f. I. net; F. réseau; A. Netz; It. rete.

redacción
f. I. redaction; F. rédaction; A. Redaktion; It. redazione.

redención
f. I. redemption; F. rédemption; A. Loskauf; It. redenzione.

redil
m. I. sheepsfold; F. bergerie; A. Schafstall; It. pecorile.

redimir
tr. I. to redeem; F. rédimer; A. loskaufen, ablösen; It. redimere.

rédito
m. I. rent, revenue; F. revenu, rente; A. Einkommen; It. reddito.

redoblar
tr. I. to redouble; F. redoubler; A. verdoppeln; It. raddoppiare.

redondear
tr. I. to round; F. arrondir; A. abrunden; It. rotondore.

redondo
adj. I. round; F. rond; A. rund; It. rotondo.

reducir
tr. I. to reduce; F. réduire; A. abkürzen; It. ridurre.

reducto
m. I. redoubt; F. redonte; A. Reduit; It. ridotto.

redundancia
f. I. redundance; F. redondance; A. Überfluss; It. ridondanza.

reduplicar
tr. I. to reduplicate; F. redoubler; A. verdoppeln; It. reduplicare.

reelegir
tr. I. to re-elect; F. réélire; A. wiederwahlen; It. rieleggere.

reembolso
m. I. reimbursement; F. remboursement; A. Zurückzahlung; It. rimborso.

reemplazar
tr. I. to replace; F. remplacer; A. ersetzen; It. sostituire.

reemplazo
m. I. replacement; F. remplacement; A. Ersatz; It. sostituzione.

referencia
f. I. reference; F. référence; A. Referenz; It. referenza.

referir
tr. I. to relate; F. raconter; A. erzählen; It. refertare.

refinamiento
m. I. refinement; F. raffinement; A. Raffinement; It. raffinamento.

reflejar
intr. I. to reflect; F. refléter; A. reflektieren; It. riflettere.

reflexión
f. I. reflection; F. réflexion; A. Reflektion; It. riflessione.

reflexionar
intr. I. to reflect; F. réflechir; A. nachdenken; It. riflettere.

reformar
tr. I. to reform, to reshape; F. reformer; A. umgestalten; It. riformare.

reforzar
tr. I. to strengthen; F. renforcer; A. verstärken; It. rinforzare.

refractario
adj. I. refractory; F. réfractaire; A. widerspenstig; It. refrattario.

refrán
m. I. saying; F. adage; A. Sprichwort; It. adagio.

refrenar
tr. I. to restrain; F. raffrenare; A. zügeln; It. raffrenare.

refrendar
tr. I. to countersign; F. contresigner; A. vidrieren, It. controfirmare.

refrescar
tr. I. to refresh; F. refraîchir; A. erfrischen; It. rinfrescare.

refriega
f. I. scuffle; F. mêlée; A. Streit; It. zuffa.

refrigerar
tr. I. to refrigerate; F. réfrigérer; A. abkühlen; It. refrigerare.

refuerzo
m. I. re-enforcement; F. renfort; A. Verstärkung; It. rinforzo.

refugio
m. I. refuge; F. réfuge; A. Zuflucht; It. rifugio.

refunfuñar
intr. I. to grumble; F. grogner, gommeler; A. mucken; It. borbottare.

refutar
tr. I. to refute; F. réfuter; A. widerlegen; It. confutare.

regadío
adj. I. irrigable; F. arrosable; A. bewasserbar; It. irrigabile.

regalar
tr. I. to present; F. donner; A. schenken; It. regalare.

regalo
m. I. present, gift; F. cadeau; A. Geschenk; It. regalo.

regañar
intr. I. to scold; F. reprendre; A. ausschelten; It. rimbrottare.

regar
tr. I. to water, to irrigate; F. arroser; A. bewässern; It. irrigare.

regenerar
tr. I. to regenerate; F. régénérer; A. erneuern; It. rigenerare.

régimen
m. I. regimen; F. régime; A. Waltungsform; It. regime.

regio
adj. I. magnificent, royal; F. somptueux, royal; A. grossartig; It. regio.

región
f. I. region, country; F. région; A. Gegend; It. regione.

regir
tr. I. to rule; F. régir; A. regieren; It. reggere.

registrar
tr. I. to examine, to inspect; F. registrer; A. durchsuchen; It. registrare.

regla
f. I. rule; F. règle; A. Regel; It. regola, riga.

reglamento
m. I. regulation, bylaw; F. statut, réglement; A. Statut; It. regolamento.

regocijar
tr. I. to rejoice; F. réjouir; A. erheitern; It. rallegrare.

regresar
intr. I. to return; F. rentrer, retourner; A. zurückkehren; It. ritornare.

regreso
m. I. return; F. retour; A. Rückkehr; It. ritorno, regresso.

regular
adj. I. regular; F. régulier; A. regelmässig; It. regolare.

regularizar
tr. I. to regularize; F. régulariser; A. regulieren; It. regolare.

rehabilitar
tr. I. to rehabilitate; F. réhabiliter; A. wiedereinsetzen; It. riabilitare.

rehacer
tr. I. to repair, to remake; F. refaire; A. umarbeiten; It. rifare.

rehén
m. I. hostage, pledge; F. otage; A. Geisel; It. ostaggio.

rehuir
tr. I. to withdraw; F. éviter; A. vermeiden; It. rifuggire.

rehusar
tr. I. to refuse; F. refuser; A. ablehnen; It. rifiutare.

reinar
intr. I. to reign; F. règner; A. regieren; It. regnare.

reincidir
intr. I. to relapse; F. récidiver; A. zurückfallen; It. ricadere.

reino
m. I. Kingdom; F. royaume; A. Königreich; It. regno.

reintegrar
tr. I. to reintegrate; F. réintégrer; A. wiedereinsetzen; It. reintegrare.

reír
intr. I. to laugh; F. rire; A. lachen; It. ridere.

reiterar
tr. I. to reiterate; F. réitérer; A. wiederholen; It. reiterare.

reivindicar
tr. I. to replevy; F. revendiquer; A. zurückfordern; It. rivendicare.

rejuvenecer
tr. I. to rejuvenate; F. rajeunir; A. verjüngen; It. ringiovanire.

relación
f. I. relation, connection; F. rapport; A. Rapport; It. relazione.

relacionar
tr. I. to report; F. rapporter; A. in Beziehung setzen; It. riferire.

relajación
f. I. relaxation; F. relâchement; A. Erschlaffung; It. rilassazione.

relajar
tr. I. to relax; F. relâcher; A. abspannen; It. rilassare.

relatar
tr. I. to explain; F. raconter; A. erzählen; It. raccontare.

relatividad
f. I. relativity; F. relativité; A. Relativität; It. relatività.

relegar
tr. I. to relegate; F. reléguer; A. verbannen; It. relegare.

relevar
tr. I. to exonerate; F. exempter, relever; A. entlasten; It. esonerare.

relieve
m. I. y F. relief; A. Relief; It. rilievo.

religiosidad
f. I. religiosity; F. religiosité; A. Frömmigkeit; It. religiosità.

religioso
adj. I. religious; F. religieux; A. religiös, fromm; It. religioso.

reloj
m. I. clock, watch; F. horloge, montre; A. Uhr; It. orologio.

relucir
intr. I. to shine; F. reluire; A. erglänzen; It. rilucere.

remachar
tr. I. to rivet; F. river; A. vernieten; It. ribadire.

remanso
m. I. backwater; F. eau dormante; A. Stauwasser; It. gorgo.

remar
intr. I. to row; F. ramer; A. rudern; It. remare.

rematar
tr. I. to close, to end; F. achever; A. beendigen; It. finire.

remate
m. I. end; F. fin; A. Beendigung; It. fine.

remediar
tr. I. to remedy; F. remédier; A. heilen; It. rimediare.

remedio
m. I. remedy, help; F. remède; A. Heilmittel; It. rimedio.

remendar
tr. I. to mend; F. rapiécer; A. ausbessern; It. rattopare.

remesa
f. I. shipment; F. envoi; A. Sendung; It. rimessa.

remiendo
m. I. patch; F. raccommodage; A. Flickerei; It. rappezzatura.

remiso
adj. I. remiss; F. irrésolu; A. nachlässig; It. fiacco.

remitir
tr. I. to send; F. envoyer; A. abschikken; It. rimettere.

remojar
tr. I. to steep; F. détremper; A. einweichen; It. inzuppare.

remolino
m. I. whirl; F. tourbillon; A. Wirbel; It. remolino, vortice.

remordimiento
m. I. remorse; F. remords; A. Gewissensbiss; It. rimorso.

remoto
adj. I. remote; F. éloigné; A. abgelegen; It. remoto.

remover
tr. I. to remove; F. remuer; A. beseitigen; It. rimuovere.

remuneración
f. I. remuneration; F. rémunération; A. Belohnung; It. rimunerazione.

renacer
intr. I. to be born again; F. renaître; A. wiedergeboren; It. rinascere.

rencilla
f. I. quarrel; F. querelle; A. Zwist; It. contesa.

rencor
m. I. rancor; F. rancune; A. Groll; It. rancore.

rencoroso
adj. I. rancorous; F. rancuneux; A. grollend; It. malaffetto.

rendición
f. I. surrendering; F. reddition; A. Übergabe; It. rendimento.

rendija
f. I. crack, cleft; F. fente; A. Riss; It. fessura.

rendimiento
m. I. weariness; F. lassitude; A. Müdigkeit; It. lassezza.

rendir
tr. I. to subdue; F. soumettre; A. übergeben; It. assoggetare

renegado
adj. I. renegade; F. rénégat; A. Renegat; It. rinnegato.

renegar
tr. I. to abnegate; F. renier; A. verleugnen; It. rinnegare.

renombre
m. I. surname; F. surnom; A. Nahme; It. cognome.

renovar
tr. I. to renew; F. renouveler; A. erneuern; It. rinnovare.

renta
f. I. revenue, rent; F. rente, revenu; A. Einkommen; It. rendita.

rentar
tr. I. to yield; F. rapporter; A. eintragen; It. rendere.

renuevo
m. I. sprout; F. rejeton; A. Schössling; It. germoglio.

renuncia
f. I. renouncement; F. renonciation; A. Verzicht; It. rinunzia.

renunciar
tr. I. to renounce; F. rènoncer; A. verzichten; It. rinunziare.

reñir
intr. I. to quarrel; F. disputer; A. zanken, schelten; It. disputare.

reo
m. I. culprit; F. accusé; A. Verbrecher; It. reo.

reorganizar
tr. I. to reorganize; F. réorganiser; A. neugestalten; It. riorganizzare.

reparación
f.f I. reparation; F. réparation; A. Ausbesserung; It. riparazione.

reparar
tr. I. to repair; F. réparer; A. ausbessern; It. riparare.

reparo
m. I. remark; F. remarque; A. Bedenken; It. osservazione.

repartir
tr. I. to share; F. répartir; A. verteilen; It. ripartire.

repasar
tr. I. to repass; F. repasser; A. durchsehen; It. ripassare.

repaso
m. I. revision; F. révision; A. Revision; It. ripassata.

repeler
tr. I. to repel; F. repousser; A. zurückstossen; It. respingere.

repentino
adj. I. sudden; F. subit; A. plötzlich; It. repentino.

repercusión
f. I. repercussion; F. répercussion; A. Rückstoss; It. ripercussione.

repetición
f. I. repetition; F. répétition; A. Wiederholung; It. ripetizione.

repetir
tr. I. to repeat; F. répéter; A. wiederholen; It. ripetere.

repicar
tr. I. to chime; F. carillonner; A. bimmeln; It. rintoccare.

replicar
intr. I. to reply; F. répliquer; A. erwidern; It. replicare.

repoblación
f. I. repeopling; F. repeuplement; A. Wiederbevölkerung; It. ripopolamento.

reponer
tr. I. to replace; F. replacer; A. wiederhinstellen; It. riporre.

reposar
intr. I. to rest; F. reposer; A. ruhen; It. riposare.

reprender
tr. I. to reprehend; F. reprendre; A. tadeln; It. riprendere.

reprensión
f. I. reprehension; F. réprimande; A. Verweis; It. riprensione.

represalia
f. I. retaliation; F. représaille; A. Vergeltung; It. reppresaglia.

representante
m. I. agent; F. représentant; A. Vertreter; It. rappresentante.

representar
tr. I. to represent; F. représenter; A. vertreten; It. rappresentare.

represión
f. I. repression; F. répression; A. Unterdrückung; It. repressione.

reprimir
tr. I. to repress; F. réprimer; A. unterdrücken; It. reprimere.

reprobación
f. I. reprobation; F. réprobation; A. Missbilligung; It. reprovazione.

reprochar
tr. I. to reproach; F. reprocher; A. tadeln; It. rimproverare.

reproducción
f. I. y F. reproduction; A. Wiedergabe; It. riproduzzione.

reproducir
tr. I. to reproduce; F. reproduire; A. nachbilden; It. riprodurre.

república
f. I. republic; F. république; A. Republik; It. repubblica.

repudiar
tr. I. to repudiate; F. répudier; A. verstossen; It. repudiare.

repugnancia
f. I. repugnance; F. répugnance; A. Ekel; It. ripugnanza.

repugnar
tr. I. to oppose; F. répugner; A. widerstreiten; It. ripugnare.

reputación
f. I. reputation; F. réputation; A. Leumund; It. riputazione.

requerir
tr. I. to summon; F. sommer; A. heischen; It. intimare.

requiebro
m. I. flattery; F. fleurette; A. Liebeswort; It. detto galante.

requisito
m. I. requisite; F. formalité; A. Erfordernis; It. requisito.

resaca
f. I. hangover; F. ressac; A. Brandung; It. risacca.

resaltar
intr. I. to jut out; F. ressortir; A. hervortreten; It. risaltare.

resarcir
tr. I. to repair; F. dédommager; A. entschädigen; It. risarcire.

resbaladizo
adj. I. to slippery; F. glissant; A. schlüpfrig; It. sdrucciolevole.

rescatar
tr. I. to redeem; F. racheter; A. loskaufen; It. riscattare.

rescindir
tr. I. to rescind; F. rescinder; A. auflösen; It. rescindere.

resentimiento
m. I. resentment; F. ressentiment; A. Unwille; It. risentimento.

reseña
f. I. review; F. signalement; A. Berchreibung; It. rassegna.

reserva
f. I. reserve, reservation; F. réserve, réservation; A. Reserve, Vorbehalt; It. riserva.

reservar
tr. I. to reserve; F. réserver; A. reservieren; It. riservare.

resfriado
m. I. cold; F. rhume; A. Erkältung; It. infreddatura,

resguardar
tr. I. to preserve; F. préserver; A. schützen; It. preservare.

residencia
f. I. residence; F. résidence; A. Residenz, Wohnsitz; It. residenza.

residir
intr. I. to reside; F. résider; A. residieren; It. risiedere.

residuo
m. I. remainder; F. résidu; A. Rückstand; It. residuo.

resignación
f. I. resignation; F. résignation; A. Verzicht; It. rassegnazione.

resignar
tr. I. to resign; F. résigner; A. verzichten; It. rassegnare.

resina
f. I. resin; F. résine; A. Harz; It. resina.

resistencia
f. I. resistance; F. résistence; A. Widerstand; It. resistenza.

resistir
intr. I. to resist; F. résister; A. widerstehen; It. resistere.

resolución
f. I. resolution; F. résolution; A. Beschluss; It. risoluzione.

resolver
tr. I. to resolve; F. résoudre; A. entscheiden; It. risolvere.

resonancia
f. I. resonance; F. résonnance; A. Resonanz; It. risonanza.

resonar
intr. I. to resound; F. résonner; A. wiederhallen; It. risonare.

resorte
m. I. spring; F. ressort; A. Triebfeder; It. molla.

respaldo
m. I. back; F. dossier; A. Rücklehne; It. spalliera.

respetar
tr. I. to respect; F. respecter; A. achten, ehren; It. rispettare.

respeto
m. I. respect; F. consideration, respect; A. Achtung; It. rispetto.

respirar
intr. I. to breathe; F. respirer; A. einatmen; It. respirare.

responder
tr. I. to answer; F. répondre; A. antworten; It. rispondere.

responsabilidad
f. I. responsability; F. responsabilité; A. Verantwortung; It. responsabilità.

respuesta
f. I. answer; F. réponse; A. Antwort; It. risposta.

restablecer
tr. I. to re-establish; F. rétablir; A. wiederherstellen; It. ristabilire.

restar
tr. I. to substract; F. soustraire; A. abziehen; It. sottrarre.

restaurante
m. I. y F. restaurant; A. Gasthaus; It. ristorante.

restaurar
tr. I. to restore; F. restaurer; A. erholen; It. restaurare.

restituir
tr. I. to return, to restore; F. restituer; A. zurückgeben; It. restituire.

resto
m. I. remainder, rest; F. reste; A. Rückstand; It. resto.

restricción
f. I. y F. restriction; A. Einschränkung; It. restrizione.

resultado
m. I. issue, output; F. résultat; A. Ergebnis; It. risultato.

resultar
intr. I. to result; F. résulter; A. entspringen; It. risultare.

resumen
m. I. abridgement; F. résumé; A. Uberblick; It. riassunto.

retar
tr. I. to challenge; F. défier; A. heraufsordern; It. sfidare.

retener
tr. I. to withhold; F. retenir; A. zurückbehalten; It. ritenere.

reticencia
f. I. reticence; F. réticence; A. Hinterhältigkeit; It. reticenza.

retirar
tr. I. to withdraw; F. rétirer; A. zurückziehen; It. ritirare.

retorcer
tr. I. to twist; F. retordre; A. abdrehen; It. ritorcere.

retórica
f. I. rhetoric; F. rhétorique; A. Rhetorik; It. rettorica.

retrasar
tr. I. to delay; F. retarder; A. verspäten; It. ritardare.

retraso
m. I. delay; F. retard, délai; A. Verzug; It. ritardo.

retratar
tr. I. to photograph; F. photographier; A. abbilden; It. fotografare.

retribución
f. I. retribution; F. rétribution; A. Vergütung; It. retribuzione.

retribuir
tr. I. to retribute; F. rétribuer; A. belohnen; It. retribuire.

retroceder
intr. I. to retrocede; F. rétrograder; A. zurückweichen; It. retrocedere.

retumbar
intr. I. to resound; F. résonner; A. dröhnen; It. rimbombare.

reunión
f. I. meeting, reunion; F. réunion; A. Versammlung; It. riunione.

reunir
tr. I. to gather, to congregate; F. réunir; A. versammeln; It. riunire.

revelar
tr. I. to reveal; F. révéler; A. enthüllen; It. rivelare.

reventar
intr. I. to burst; F. éclater; A. ausbrechen; It. scoppiare.

reverso
adj. I. reverse; F. revers; A. Rückseite; It. rovescio.

revestir
tr. I. to clothe; F. revêtir; A. überziehen; It. rivestire.

revista
f. I. review; F. revue; A. Revue; It. revista.

revivir
intr. I. to revive; F. revivre; A. aufleben; It. rivivere.

revoltoso
adj. I. turbulent; F. turbulent, espiègle; A. aufständisch; It. rivoltoso.

revolución
f. I. revolution; F. révolution; A. Revolution; It. rivoluzione.

revuelta
f. I. revolt; F. révolte; A. Aufruhr; It. rivolta.

reyerta
f. I. quarrel; F. rixe; A. Streit; It. rissa.

rezar
tr. I. to pray; F. prier; A. beten; It. pregare, orare.

ribera
f. I. strand, shore; F. rive; A. Strand, Ufer; It. riva.

rico
adj. I. rich; F. riche; A. reich; It. ricco.

ridículo
adj. I. ridiculous; F. ridicule; A. lächerlich; It. ridicolo.

riesgo
m. I. risk; F. risque; A. Gefahr; It. rischio.

rígido
adj. I. rigid; F. rigide; A. unbeugsam; It. rigido.

rigor
m. I. rigour; F. rigueur; A. Rahuheit;
It. rigore.

rincón
m. I. corner; F. coin; A. Ecke; It.
cantone.

río
m. I. river, stream; F. fleuve; A.
Fluss, Strom; It. fiume.

riqueza
f. I. richess, wealth; F. richesse; A.
Reichtum; It. richezza.

ritmo
m. I. rhythm; F. rhytme; A.
Rhytmus; It. ritmo.

rizar
tr. I. to curl; F. friser; A. Kräuseln;
It. arricciare.

robar
tr. I. to steal, to rob; F. voler, ravir;
A. stehlen; It. rubare.

robo
m. I. theft; F. vol; A. Raub; It. ruba,
furto.

roca
f. I. rock; F. roc, roche; A. Fels; It.
rocca.

rocío
m. I. dew, mist; F. rosée; A. Tau; It.
rugiada.

rodar
intr. I. to roll; F. tourner, rouler; A.
rollen; It. rotare.

rodear
intr. I. to surround; F. entourer; A.
umgehem; It. circondare.

rogar
tr. I. to pray; F. prier; A. bitten, beten; It. pregare.

rojo
adj. I. red; F. rouge; A. rot; It. rosso.

romance
adj. I. Romanic; F. roman; A. roma-
nisch; It. romanzio.

romo
adj. I. blunt, obtuse; F. émousse; A.
stumpf; It. ottuso.

romper
tr. I. to break; F. rompre, casser; A.
zerbrechen; It. rompere.

rostro
m. I. face; F. visage; A. Gesicht; It.
faccia.

rótulo
f. I. placard; F. placard, ecriteau; A.
Aushängeschild; It. cartello.

rozadura
f. I. friction; F. écorchure; A. Ab-
schürfung; It. sfregatura.

rubio
adj. I. y F. blond; A. blond, gold-
gelb; It. biondo.

rubor
m. I. blush; F. rougeur; A. Schamrö-
te; It. rubore.

ruborizar
tr. I. to blush; F. rougir de modestie;
A. erröten; It. arrossire.

rudeza
f. I. roughness; F. rudesse; A. Schärfe; It. rozzezza.

rudimento
m. I. y F. rudiment; A. Anfang; It.
rudimento.

rueda
f. I. wheel; F. roue; A. Rad; It.
ruota.

ruego
m. I. request; F. prière; A. Bitte; It.
preghiera.

rufián
m. I. ruffian, pimp; F. rufien; A. Zu-
hälter; It. ruffiano.

rugir
intr. I. to roar; F. bruire; A. brüllen;
It. ruggire.

ruido
m. I. noise; F. bruit; A. Lärm, Ge-
raüsch; It. rumore.

ruina
f. I. ruin, ruins; F. ruine, débris; A.
Verderb, Einsturz; It. rovina, moric-
cia.

ruindad
f. I. baseness; F. bassese; A. Schlech-
tigkeit; It. viltà.

rumbo
m. I. rhumb; F. rumb, route; A.
Windrichtung; It. rumbo.

rumor
m. I. rumour; F. rumeur; A. Brau-
sen; It. romore.

rural
adj. I. y F. rural; A. ländlich; It. ru-
rale.

rústico
adj. I. rustic; F. rustique; A. ländlich; It. rustico.

ruta
f. I. y F. route; A. Wegrichtung; It.
rotta.

rutina
f. I. y F. routine; A. Routine; It. ro-
tina.

sábado
m. I. Saturday; F. samedi; A. Sam-
stag, Sonnabend; It. sabato.

sábalo
m. I. shad; F. alose; A. Finte, Alse;
It. cheppia.

sabandija
f. I. vermin; F. bestiole désagréable;
A. Gewürm; It. bestiola.

sabañón
m. I. chilblain; F. engelure; A. Frost-
beule; It. gelone, pedignone.

saber
tr. I. to know; F. savoir, connaître;
A. wissen, Kennen; It. sapere, conoscere.

sabiduría
f. I. wisdom; F. sagesse, savoir; A.
Weisheit, Wissen; It. sagezza, sapien-
za.

sabio
adj. I. sage, wise; F. sage, savant; A.
Weiser, Gelehrter; It. savio, sapiente.

sable
m. **I.** sabre, cutlass; **F.** sabre; **A.** Säbel; **It.** sciabola.

sabor
m. **I.** taste, relish; **F.** saveur, goût; **A.** Geschmack; **It.** sapore.

saborear
tr. **I.** to flavour; **F.** savoure; **A.** schmackhaft machen; **It.** assaporare.

sabueso
m. **I.** hound; **F.** limier; **A.** Spürhünd; **It.** segugio.

saca
f. **I.** y **F.** extraction; **A.** Entnahme; **It.** estrazione.

sacacorchos
m. **I.** corkscrew; **F.** tire-bouchon; **A.** Korkzieher; **It.** cavatappi.

sacar
tr. **I.** to draw out, to extract; **F.** tirer, enlever, sortir; **A.** herausnehmen, hervolholen; **It.** cavare, trarre, togliere.

sacerdote
m. **I.** priest; **F.** prête; **A.** Geistlicher, Priester; **It.** sacerdote, prete.

saciar
tr. **I.** to satiate; **F.** rassasier; **A.** sättigen; **It.** saziare.

saciedad
f. **I.** satiety; **F.** satiété; **A.** Sättigung; **It.** sazietà.

saco
m. **I.** bag; **F.** sac; **A.** Sack; **It.** sacco.

sacramento
m. **I.** y **F.** sacrament; **A.** Sakrament; **It.** sacramento.

sacrificar
tr. **I.** to sacrifice; **F.** sacrifier; **A.** (auf)-opfern; **It.** sacrificare.

sacrificio
m. **I.** y **F.** sacrifice; **A.** Opfer; **It.** sacrificio.

sacrilegio
m. **I.** sacrilege; **F.** sacrilège; **A.** Gotteslästerung; **It.** sacrilegio.

sacrílego
adj. **I.** sacrilegious; **F.** sacrilège; **A.** Gotteslästerer; **It.** sacrilego.

sacristía
f. **I.** sacristy; **F.** sacristie; **A.** Sakristei; **It.** sacristia.

sacudidor
adj. **I.** shaker; **F.** époussette; **A.** Schüttler, Klopfer; **It.** scuotitore.

sacudir
tr. **I.** to shake; **F.** secouer; **A.** schütteln; **It.** scuotere.

saeta
f. **I.** arrow, dart, shaft; **F.** dard, flèche; **A.** Pfeil, Saeta; **It.** saetta, freccia.

sáfico
adj. **I.** sapphic; **F.** saphique; **A.** sappisch; **It.** saffico.

sagacidad
f. **I.** sagacity; **F.** sagacité; **A.** Scharfsinn; **It.** sagacità.

sagaz
adj. **I.** sagacious; **F.** sagace; **A.** scharfsichtig, Klug; **It.** sagace, avveduto.

sagitario
m. **I.** sagittarius, archer; **F.** sagittaire; **A.** Schütze; **It.** sagittario.

sagrado
adj. **I.** sacred, holy; **F.** sacré, saint; **A.** heilig, sakral; **It.** sacro.

sainete
m. **I.** afterpiece; **F.** saynète; **A.** Kurzes Lustspiel; **It.** commediola.

sajón
adj. **I.** Saxon; **F.** saxon; **A.** Sachse; **It.** sassone.

sal
f. **I.** salt; **F.** sel; **A.** Salz; **It.** sale.

sala
f. **I.** hall, parlour; **F.** salle; **A.** Halle, Saal; **It.** sala.

salacidad
f. **I.** salacity, salaciousness; **F.** salacité; **A.** Geilheit, Lüsternheit; **It.** salacità.

salamandra
f. **I.** salamander; **F.** salamandre; **A.** Salamander; **It.** salamandra.

salar
tr. **I.** to salt; **F.** saler, assaisonner; **A.** versalzen, einpökeln; **It.** salare.

salario
m. **I.** wages; **F.** salaire; **A.** Lohn; **It.** salario.

salchicha
f. **I.** sausage; **F.** saucisse; **A.** Bratwürstchen; **It.** salsiccia.

saldar
tr. **I.** to settle, to balance; **F.** solder; **A.** saldieren; **It.** saldare.

saldo
m. **I.** balance; **F.** solde; **A.** Saldo; **It.** saldo.

salero
m. **I.** salt-shaker; **F.** salière; **A.** Salzfass; **It.** saliera.

salida
f. **I.** start, exit; **F.** sortie, issue; **A.** Ausgang; **It.** uscita.

salina
f. **I.** salt-pit; **F.** saline; **A.** Salzwerk, Saline; **It.** salina.

salir
intr. **I.** to go out, to depart; **F.** sortir, s'en aller; **A.** ausgehen, abreisen; **It.** uscire, partire.

saliva
f. **I.** saliva, spittle; **F.** salive; **A.** Speichel; **It.** saliva.

salivazo
m. **I.** spit; **F.** crachat; **A.** Ausspukken; **It.** sputacchio.

salmo
m. **I.** psalm; **F.** psaume; **A.** Psalm; **It.** salmo.

salmodia
f. **I.** psalmody; **F.** psalmodie; **A.** Psalmengesang; **It.** salmodia.

salmuera
f. **I.** brine; **F.** saumure; **A.** Salzbrühe; **It.** salamoia.

salobre
adj. **I.** saltish; **F.** saumâtre; **A.** salzig; **It.** salmastro.

salón
m. **I.** saloon; **F.** salon; **A.** Salon; **It.** salone.

salpa
f. **I.** e **It.** salpa; **F.** saupe; **A.** Salpa.

salpicar
tr. **I.** to bespatter; **F.** éclabousser; **A.** bespritzen, sprenkeln; **It.** spruzzare.

salpullido
m. **I.** rash; **F.** légère éruption; **A.** Hitzblatter; **It.** eruzione cutanea.

salsa
f. I. y F. sauce; A. Sosse, Tunke; It. salsa.

saltamontes
m. I. grasshopper; F. sauterelle; A. (Heu)-Schrecke; It. saltabecca.

saltar
intr. I. to leap, to jump; F. sauter, bondir; A. springen, hüpfen; It. saltare.

saltear
tr. I. to rob on the highway; F. brigander; A. räuberischanfallen; It. rubare alla macchia.

salterio
m. I. psalter; F. psautier, psalterion; A. Psalter, Choralbuch; It. salterio.

salto
m. I. leap; F. saut, bond; A. Sprung, Hops; It. salto.

salud
f. I. health; F. santé; A. Gesundheit; It. salute.

saludable
adj. I. salutary; F. salutaire; A. heilsam, gesund; It. salutare.

saludar
tr. I. to salute, to greet; F. saluer; A. grüssen, begrüssen; It. salutare.

saludo
m. I. salutation; F. salut, salutation; A. Gruss, Begrüssung; It. saluto.

salva
f. I. salver; F. salve; A. Salve; It. salva.

salvación
f. I. salvation; F. salut, salvation; A. Rettung; It. salvazione, salvezza.

salvado
m. I. bran; F. son; A. Kleie; It. crusca.

salvaje
adj. I. savage, wild; F. sauvage; A. wild, roh; It. selvaggio.

salvajismo
m. I. savagery; F. sauvagerie; A. Wildheit; It. selvatichezza.

salvamento
m. I. rescue, safety; F. sauvetage; A. Rettung, Bergung; It. salvamento.

salvar
tr. I. to save; F. sauver; A. (er)retten; It. salvare.

salvavidas
m. I. life-preserver; F. bouée ou ceinture de sauvetage; A. Rettungsapparat; It. salvagente.

salvedad
f. I. excuse; F. réserve, excuse; A. Vorbehalt; It. scusa.

salvia
f. I. sage, salvia; F. sauge; A. Salbei; It. salvia.

salvo
adj. I. saved; F. sauf, sauvé; A. sicher, unbeschädigt, heil; It. salvo.

samaritano
adj. I. Samaritan; F. samaritain; A. Samaritaner; It. samaritano.

sanar
tr. I. to heal; F. guérir; A. heilen, genesen; It. sanare, guarire.

sanatorio
m. I. y F. sanatorium; A. Sanatorium; It. sanatorio.

sanción
f. I. y F. sanction; A. Sanktion; It. sanzione.

sancionar
tr. I. to sanction; F. sanctionner; A. Sanktionieren; It. sanzionare.

sancochar
tr. I. to parboil; F. blanchir; A. (Fleisch) halbkochen; It. soffriggere.

sándalo
m. I. sandalwood, sandal-tree; F. santal, sandal; A. Sandelbaum; It. sandalo.

sandez
f. I. folly, simplicity; F. niaiserie; A. Torheit; It. stupidità.

sandía
f. I. watermelon; F. pastèque; A. Wassermelone; It. melancia, sandia.

sanear
tr. I. to sanify; F. assainir; A. gesund machen; It. rinsanicare.

sangrar
tr. I. to bleed; F. saigner; A. bluten; It. salassare.

sangre
f. I. blood; F. sang; A. Blut; It. sangue.

sangría
f. I. bleeding; F. saignée; A. Aderlass; It. salasso.

sangriento
adj. I. bloody, blood-stained; F. saignant, sanglant, sanguinaire; A. blutend, blutig; It. sanguinoso.

sanguinario
adj. I. sanguinary, bloody; F. sanguinaire; A. blutgierig, blutdürstig; It. sanguinario.

sanidad
f. I. soundness, sanity; F. sanité, santé; A. Sanität; Gesundheit; It. sanità, salute.

sano
adj. I. healthy, sound; F. sain, entier; A. gesund, heilsam; It. sano, intiero.

santo
adj. I. saint, holy; F. saint; A. heilig; It. santo.

santonina
f. I. santonin(e); F. santonine; A. Santonin; It. santonina.

santuario
m. I. sanctuary; F. sanctuaire; A. Heiligtum; It. santuario.

saña
f. I. rage, fury; F. acharnement, fureur; A. Wut, Raserei; It. furore, collera.

sapo
m. I. toad; F. crapaud; A. Kröte, Unke; It. rospo.

saquear
tr. I. to ransack, to plunder; F. saccager, piller; A. ausplündern; It. saccheggiare.

saqueo
m. I. plunder, pillage; F. saccagement, sac; A. Plünderung; It. saccheggio.

sarampión
m. I. measles; F. rougeole; A. Massern, Röteln; It. morbillo.

sarcasmo
m. I. sarcasm; F. sarcasme; A. Sarkasmus; It. sarcasmo.

sarcástico
adj. **I.** sarcastic; **F.** sarcastique; **A.** sarkastisch; **It.** sarcastico.

sarcófago
m. **I.** sarcophagus; **F.** sarcophage; **A.** Sarkophag, Steinsarg; **It.** sarcofago.

sarcoma
m. **I.** e **It.** sarcoma; **F.** sarcome; **A.** Sarkom.

sardina
f. **I.** y **F.** sardine; **A.** Sardine; **It.** sardina, sardella.

sardonia
adj. **I.** crowfoot; **F.** sardonie; **A.** Ranunkel; **It.** sardonia.

sarga
f. **I.** y **F.** serge; **A.** Sersche; **It.** sargia.

sargento
m. **I.** sargeant; **F.** sergent; **A.** Sergeant; **It.** sergente.

sarmiento
m. **I.** vineshoot; **F.** sarment; **A.** Weinrebe, Rebholz; **It.** sarmento.

sarna
f. **I.** itch, scabies; **F.** gale; **A.** Krätze; **It.** rogna.

sarraceno
adj. **I.** Saracen; **F.** sarrasin; **A.** Sarazene; **It.** saraceno.

sarracina
f. **I.** scuffle; **F.** melée; **A.** Schlägerei; **It.** zuffa.

sarro
m. **I.** tartar; **F.** tartre; **A.** Zahnstein; **It.** tartaro.

sarta
f. **I.** string; **F.** chapelet, tirade; **A.** Schnur; **It.** filza.

sartén
f. **I.** frying-pan; **F.** poëlle à frire; **A.** Stiel-Bratpfanne; **It.** padella.

sastre
m. **I.** tailor; **F.** tailleur; **A.** Schneider; **It.** sarto.

satanás
m. **I.** y **F.** Satan; **A.** Satàn; **It.** Satanasso.

satélite
m. **I.** y **F.** satellite; **A.** Satellit; **It.** satellite.

satén
m. **I.** sateen, satin; **F.** satin; **A.** Satin; **It.** raso.

satinar
tr. **I.** to gloss, to calender; **F.** satiner; **A.** glätten; **It.** satinare.

sátira
f. **I.** y **F.** satire; **A.** Satire, Spottgedicht; **It.** satira.

satirizar
intr. **I.** to satirize; **F.** satiriser; **A.** verspotten; **It.** satireggiare.

sátiro
adj. **I.** satyr; **F.** satyre; **A.** Waldteufel, Satyr; **It.** satiro.

satisfacción
f. **I.** y **F.** satisfaction; **A.** Genugtuung; **It.** soddisfazione.

satisfacer
tr. **I.** to satisfy; **F.** satisfaire; **A.** genugtun, befriedigen; **It.** soddisfare.

satisfecho
adj. **I.** satisfied; **F.** satisfait; **A.** zufrieden, befriedigt; **It.** soddisfatto.

saturación
f. **I.** y **F.** saturation; **A.** Saturation, Sättigung; **It.** saturazione.

saturar
tr. **I.** to saturate; **F.** saturer; **A.** sättigen; **It.** saturare.

saturno
m. **I.** y **A.** Saturn; **F.** Saturne; **It.** Saturno.

sauce
m. **I.** willow; **F.** saule; **A.** Weide; **It.** salice.

saurio
adj. **I.** saurian; **F.** saurien; **A.** Saurier, Eidechse; **It.** saurio.

savia
f. **I.** sap; **F.** sève; **A.** Baumpflanzensaft; **It.** succo.

saxófono
m. **I.** y **F.** saxophone; **A.** Saxophon; **It.** sassofono.

sazón
f. **I.** maturity; **F.** maturité; **A.** Reife; **It.** maturità.

sazonar
tr. **I.** to season; **F.** assaisonner; **A.** (durch)würzen; **It.** condire.

sebáceo
adj. **I.** sebaceous; **F.** sébacé; **A.** talgartig; **It.** sebaceo.

sebo
m. **I.** tallow; **F.** suif; **A.** Talg, Fett; **It.** sego.

secar
tr. **I.** to dry; **F.** sécher, essuyer; **A.** trocknen; **It.** seccare, inaridire.

sección
f. **I.** y **F.** section; **A.** Sektion; **It.** sezione.

secesión
f. **I.** secession; **F.** sécession; **A.** Sezession, Entfernung; **It.** secessione.

seco
adj. **I.** dry; **F.** sec; **A.** trocken; **It.** secco.

secreción
f. **I.** secretion; **F.** sécrétion; **A.** Sekretion; **It.** secrezione.

secretaría
f. **I.** secretaryship; **F.** secrétariat; **A.** Sekretariat; **It.** segretaria.

secretario
adj. **I.** secretary; **F.** secrétaire; **A.** Sekretär; **It.** segretario.

secreto
m. **I.** secrecy; **F.** secret; **A.** Geheimnis; **It.** segreto.

sectario
adj. **I.** sectarian; **F.** sectaire; **A.** Sektarier, Anhänger; **It.** settario.

sector
m. **I.** sector; **F.** secteur; **A.** Sektor; **It.** settore.

secuaz
adj. **I.** sequacious; **F.** sectateur; **A.** Parteigänger; **It.** seguace.

secuestrar
tr. **I.** to kidnap; **F.** séquestrer; **A.** sequestrieren; **It.** sequestrare.

secundar
tr. **I.** to second; **F.** seconder; **A.** sekundieren; **It.** secondare.

secundario
adj. **I.** secondary; **F.** secondaire; **A.** sekundär; **It.** secondario.

sed
f. **I.** thirst; **F.** soif; **A.** Durst; **It.** sete.

seda
f. I. silk; F. soie; A. Seide; It. seta.

sede
f. I. see; F. siège; A. Sitz; It. sede.

sedentario
adj. I. sedentary; F. sédentaire; A. sitzende; It. sedentario.

sedición
f. I. sedition; F. sédition; A. Aufstand; It. sedizione.

sediento
adj. I. thirsty; F. assoiffé; A. durstig; It. assetato.

sedimento
m. I. sediment; F. sédiment; A. Bodensatz; It. sedimento.

seducción
f. I. seduction; F. séduction; A. Verlokung; It. seduzione.

seducir
tr. I. to seduce, to charm; F. séduire; A. verführen; It. sedurre.

segador
m. I. mower, reaper; F. moissonneur; A. Mäher, Schnitter; It. segatore, mietitore.

segar
tr. I. to mow, to reap; F. moissonner; A. mähen; It. segare, falciare.

seglar
adj. I. secular; F. séculier; A. Laie; It. secolare.

segmento
m. I. y F. segment; A. Segment, Abschnitt; It. segmento.

segregar
tr. I. to segregate, to secrete; F. sécréter; A. ausscheiden; It. segregare.

seguir
tr. I. to follow; F. suivre; A. folgen; befolgen; It. seguire.

según
prep. I. according to; F. selon, d'apres; A. nach, zufolge; It. secondo.

segundo
adj. I. second; F. second, deuxième; A. zweiter; It. secondo.

seguridad
f. I. security, safety; F. securité, sûreté; A. Sicherheit, Sekurität; It. sicurità.

seguro
adj. I. secure, sure; F. sûr; A. sicher; It. sicuro.

seis
adj. I. y F. six; A. sechs; It. sei.

selección
f. I. selection; F. sélection; A. Auslese, Auswahl; It. selezione.

selva
f. I. forest; F. forêt, bois; A. Wald; It. selva.

sellar
tr. I. to seal, to stamp; F. sceller; A. versiegeln; It. suggellare.

sello
m. I. seal, stamp; F. sceau, timbre-poste; A. Siegel, Stempel, Briefmarke; It. suggello, segillo.

semáforo
m. I. semaphore, traffic-light; F. sémaphore; A. Semaphor; It. semaforo.

semana
f. I. week; F. semaine; A. Woche; It. settimana.

semblante
m. I. mien, countenance; F. semblant, figure; A. Anschein, Gesicht; It. sembiante.

sembrar
tr. I. to sow; F. semer; A. ausstreuen, säen; It. seminare.

semejanza
f. I. resemblance, likeness; F. ressemblance; A. Ahnlichkeit; It. somiglianza.

semen
m. I. semen, sperm; F. semence; A. Samen, Sperma; It. seme.

semental
adj. I. stallion; F. étalon; A. Deckhengst; It. stallone.

semicírculo
m. I. semicircle; F. demi-cercle; A. Halbkreis; It. semicircolo.

semilla
f. I. seed; F. semence, graine; A. Samen, Saatkorn; It. semenza.

seminario
m. I. seminary; F. séminaire; A. Seminar; It. seminario.

senado
m. I. senate; F. sénat; A. Oberhaus, Senat; It. senato.

senador
m. I. senator; F. sénateur; A. Senator; It. senatore.

sencillez
f. I. simplicity; F. simplicité; A. Simplizität; It. semplicità.

sencillo
adj. I. y F. simple; A. einfach, einfältig; It. semplice.

senda
f. I. path; F. sentier, sente; A. Pfad, Fussteig; It. sentiero.

senectud
f. I. senescence; F. senilité; A. Greisenalter; It. senilità.

seno
m. I. sinus, cavity; F. sein, cavité; A. Aushöhlung; It. seno.

sensación
f. I. y F. sensation; A. Sensation, Eindruck; It. sensazione.

sensato
adj. I. judicious; F. judicieux, sensé; A. besonnen; It. sensato.

sensibilidad
f. I. sensitiveness, sensibility; F. sensibilité; A. Empfindsamkeit; It. sensibilitá.

sensual
adj. I. sensual; F. sensuel; A. sinnlicht; It. sensuale.

sentar
tr. I. to seat; F. asseoir; A. setzen; It. porre a sedere.

sentencia
f. I. y F. sentence; A. Sentenz; It. sentenza.

sentido
m. I. sense; F. sens; A. Sinn; It. senso.

sentimiento
m. I. y F. sentiment; A. Gefühl, Empfindung; It. sentimento.

sentir
tr. I. to feel; F. sentir; A. fühlen; It. sentire.

seña
f. **I.** sign; **F.** signe, indice; **A.** Zeichen; **It.** cenno.

señal
f. **I.** sign, mark; **F.** marque, signe; **A.** Kennzeichen, Merkmal; **It.** segnale.

señalar
tr. **I.** to mark, to signalize; **F.** signaler; **A.** bezeichnen, weisen; **It.** segnalare, segnare.

señor
adj. **I.** lord, master; **F.** maître, seigneur; **A.** Herr; **It.** signore, padrone.

señora
f. **I.** lady, dame; **F.** dame; **A.** Dame; **It.** signora, madonna.

señorío
m. **I.** dominion, lordship; **F.** seigneurie, autorité; **A.** Herrschaft; **It.** signoria, dominio.

señorita
f. **I.** young lady, miss; **F.** mademoiselle; **A.** Fräulein; **It.** signorina.

señuelo
m. **I.** lure; **F.** leurre, appeau; **A.** Lockvogel; **It.** logoro.

sépalo
m. **I.** sepal; **F.** sépale; **A.** Kelchblatt; **It.** sepalo.

separación
f. **I.** separation; **F.** séparation; **A.** Trennung; **It.** separazione.

separar
tr. **I.** to separate; **F.** séparer, écarter; **A.** trennen, absondern; **It.** separare.

sepelio
m. **I.** burial; **F.** enterrement; **A.** Beerdigung; **It.** sepoltura.

septicemia
f. **I.** septicaemia; **F.** septicémie; **A.** Blutvergiftung; **It.** setticemia.

septiembre
m. **I.** y **A.** September; **F.** septembre; **It.** settembre.

sepulcro
m. **I.** sepulchre; **F.** sépulcre; **A.** Grab; **It.** sepolcro.

sepultar
int. **I.** to bury; **F.** enterrer, ensevelir; **A.** beerdigen, bestatten; **It.** seppellire.

sequedad
f. **I.** dryness; **F.** sécheresse, siccité; **A.** Trockenheit; **It.** siccità.

séquito
m. **I.** retinue, suite; **F.** suite, cortège; **A.** Gefolge, Begleitung; **It.** sequito.

ser
m. **I.** being; **F.** être, essence; **A.** Dasein, Wesen; **It.** essere.

ser
intr. **I.** to be; **F.** être; **A.** sein, werden; **It.** essere.

serafín
m. **I.** seraph; **F.** séraphin; **A.** Seraph, Engel; **It.** serafino.

serenar
tr. **I.** to become serene; **F.** rasséréner; **A.** sich aufhellen; **It.** rasserenarsi.

serenidad
f. **I.** serenity, sereneness; **F.** sérénité; **A.** Heiterkeit; **It.** serenità.

serie
f. **I.** series; **F.** série; **A.** Reihe, Serie; **It.** serie.

seriedad
f. **I.** seriousness; **F.** sérieux; **A.** Ernst, Redlichkeit; **It.** serietà.

serio
adj. **I.** serious; **F.** sérieux; **A.** ernst, seriös; **It.** serio.

sermón
m. **I.** y **F.** sermon; **A.** Predigt; **It.** sermone.

sermonear
intr. **I.** to reprimand; **F.** sermonner, semoncer; **A.** tadeln; **It.** sermoneggiare.

serpentear
intr. **I.** to serpentine; **F.** serpenter; **A.** winden; **It.** serpeggiare.

serpiente
f. **I.** y **F.** serpent; **A.** Schlange; **It.** serpente.

serrallo
m. **I.** seraglio; **F.** sérail; **A.** Serail, Harem; **It.** serraglio.

serrín
m. **I.** sawdust; **F.** scieure; **A.** Sägespäne; **It.** segatura.

servicio
m. **I.** y **F.** service; **A.** Dienst, Wartung; **It.** servizio.

servidor
m. y f. **I.** servant, waiter; **F.** serviteur; **A.** Diener; **It.** servitore.

servil
adj. **I.**, **F.** e **It.** servile; **A.** Knecktisch.

servir
intr. **I.** to serve; **F.** servir; **A.** dienen; **It.** servire.

sésamo
m. **I.** sesame; **F.** sésame; **A.** Sesam; **It.** sesamo.

sesenta
adj. **I.** sixty; **F.** soixante; **A.** sechzig; **It.** sessanta.

sesión
f. **I.** y **F.** session; **A.** Sitzung; **It.** sessione, seduta.

seso
m. **I.** brain; **F.** cerveau; **A.** Gehirn; **It.** cervello.

sesudo
adj. **I.** judicious; **F.** posé, sage; **A.** verständig, Klug; **It.** assennato.

seta
f. **I.** mushroom; **F.** champignon; **A.** Erdschwamm; **It.** fungo.

setenta
adj. **I.** seventy; **F.** soixante-dix; **A.** seibzig; **It.** settanta.

seto
m. **I.** hedge, fence; **F.** haie; **A.** Zaun, Hecke; **It.** chiusa, siepe.

seudónimo
adj. **I.** pseudonym; **F.** pseudonyme; **A.** Pseudonym; **It.** pseudonimo.

severo
adj. **I.** severe; **F.** sévère; **A.** streng; **It.** severo.

sexo
m. **I.** sex; **F.** sexe; **A.** Geschlecht; **It.** sesso.

sexto
adj. **I.** sixth; **F.** sixième; **A.** sechste; **It.** sesto.

sexualidad
f. **I.** sexuality; **F.** sexualité; **A.** Geschlechtstrieb; **It.** sessualità.

sí
adv. **I.** yes; **F.** oui; **A.** ja, jawohl; **It.** si.

sibarita
adj. **I.** Sybarite; **F.** sybarite; **A.** Sybarit, Schlemmer; **It.** sibarita.

sidra
f. **I.** cider; **F.** cidre; **A.** Apfelwein; **It.** sidro.

siega
f. **I.** mowing; **F.** moisson; **A.** Mahd, Ernte; **It.** segatura, mietitura.

siembra
f. **I.** sowing; **F.** semaille; **A.** Säzeit; **It.** seminatura.

siempre
adv. **I.** always; **F.** toujours; **A.** immer, allemal; **It.** sempre.

siervo
m. y f. **I.** serf, slave; **F.** serf, esclave; **A.** Sklave, Knecht; **It.** servo.

siesta
f. **I.** nap, siesta; **F.** sieste; **A.** Mittagsruhe, Siesta; **It.** siesta.

siete
adj. **I.** seven; **F.** sept; **a.** sieben; **It.** sette.

sifilis
f. **I.** y **F.** syphilis; **A.** Syphilis; **It.** sifilide.

sigilo
m. **I.** secret, secrecy; **F.** secret; **A.** Geheimnis; **It.** segreto.

siglo
m. **I.** century; **F.** siècle; **A.** Jahrhundert; **It.** secolo.

significar
tr. **I.** to signify; **F.** signifier; **A.** bedeuten, heissen; **It.** significare.

signo
m. **I.** sign, mark; **F.** signe, marke; **A.** Zeichen, Merkmal; **It.** segno, indizio.

sílaba
f. **I.** y **F.** syllabe; **A.** Silbe; **It.** sillaba.

silbar
intr. **I.** to whistle, to hiss; **F.** siffler; **A.** auspfeifen, auszischen; **It.** fischiare.

silencio
m. **I.** y **F.** silence; **A.** Schweigen; **It.** silenzio.

silencioso
adj. **I.** silent, still; **F.** silencieux; **A.** still, schweigsam; **It.** silenzioso.

sílice
f. **I.** silica; **F.** silex, silice; **A.** Kieselerde; **It.** silice.

silo
m. **I.**, **F.** e **It.** silo; **A.** Silo, Getreidegrube.

silvestre
adj. **I.** wild, sylvan; **F.** sylvestre; **A.** wild, wildwachsend; **It.** silvestre.

símbolo
m. **I.** symbol; **F.** symbole; **A.** Symbol, Sinnbild; **It.** simbolo.

símil
adj. **I.** similarity, similitude; **F.** similitude; **A.** ähnlich; **It.** simile.

simpatía
f. **I.** sympathy; **F.** sympatie; **A.** Sympathie; **It.** simpatia.

simple
adj. **I.** y **F.** simple; **A.** einfach; **It.** semplice.

simplicidad
f. **I.** simplicity; **F.** simplicité; **A.** Einfachheit; **It.** semplicità.

simulación
f. **I.** simulation, feigning; **F.** simulation; **A.** Verstellung, Vorspielung; **It.** simulazione, simulamento.

simular
tr. **I.** to simulate; **F.** simuler; **A.** fingieren; **It.** simulare.

simultáneo
adj. **I.** simultaneous; **F.** simultané; **A.** gleichzeitig, gemeinsam; **It.** simultaneo.

sin
prep. **I.** without; **F.** sans; **A.** ohne, sonder; **It.** senza.

sinceridad
f. **I.** sincerity, sincereness; **F.** sincérité; **A.** Aufrichtigkeit; **It.** sincerità.

síncope
m. **I.** y **F.** syncope; **A.** Ohnmacht; **It.** sincope.

sindicato
m. **I.** labour union, syndicate; **F.** syndicate; **A.** Syndikat; **It.** sindacato.

sinfonía
f. **I.** symphony; **F.** symphonie; **A.** Symphonie, Gleichklang; **It.** sinfonia.

singular
adj. **I.** singular, single; **F.** singulier; **A.** einzig, singulär; **It.** singolare.

singularizar
tr. **I.** to singularize; **F.** singulariser; **A.** auszeichnen, absondern; **It.** singolarizzare.

siniestro
adj. **I.** loss, disaster; **F.** sinistre; **A.** Unglücksfall; **It.** sinistre.

sinónimo
adj. **I.** synonym; **F.** synonyme; **A.** sinnverwandt; **It.** sinonimo.

sinopsis
f. **I.** synopsis; **F.** synopse; **A.** Synopsis, Ubersicht; **It.** sinopsi, sinossi.

síntesis
f. **I.** synthesis; **F.** synthése; **A.** Synthese, Zusammenfassung; **It.** sintesi.

síntoma
m. **I.** symptom; **F.** symptôme; **A.** Symptom. Anzeichen; **It.** sintomo.

sinuoso
adj. **I.** sinuous; **F.** sinueux; **A.** gewunden, buchtig; **It.** sinuoso.

sisar
tr. **I.** to pilfer; **F.** grappiller; **A.** Schmu machen; **It.** leccheggiare.

sistema
m. **I.** system; **F.** système; **A.** System; **It.** sistema.

sitiar
tr. **I.** to besiege; **F.** assiéger; **A.** belagern; **It.** assediare.

sitio
m. **I.** siege, blockade; **F.** siège; **A.** Belagerung; **It.** assedio.

situación
f. **I.** situation, position; **F.** situation, état; **A.** Lage, Situation; **It.** situazione.

situar
tr. **I.** to situate, to place; **F.** situer, placer; **A.** legen, stellen; **It.** situare.

soberanía
f. **I.** sovereignty; **F.** souveraineté; **A.** (Ober)Herrschaft, Hoheit; **It.** sovranità.

soberano
adj. **I.** sovereign; **F.** souverain; **A.** oberherrlich; **It.** sovrano.

soberbia
f. I. pride; F. superbe, emportement;
A. Stolz; It. superbia.

soberbio
adj. I. proud; F. superb; A. stolz; It.
superbo.

soborno
m. I. bribe; F. subornation; A. Ber-
stechung; It. subornazione.

sobra
f. I. overplus; F. excés, surplus; A.
Überfluss, Übermass; It. eccesso.

sobrar
intr. I. to exceed; F. excéder; A.
übrigbleiben; It. eccedere.

sobre
prep. I. over, on; F. sur; A. über, an,
gegen; It. sopra.

sobrenatural
adj. I. supernatural, supranatural; F.
surnaturel; A. übernatürlich; It. so-
prannaturale.

sobrenombre
m. I. surname; F. surnom; A. Beina-
me, Zuname; It. soprannome.

sobresalir
intr. I. to overreach; F. exceller; A.
hervorragen; It. eccellere.

sobresalto
m. I. start, sudden assault; F. sur-
saut; A. Bestürzung, Schrecken; It.
soprassalto.

sobrevenir
intr. I. to happen; F. arriver; A. hin-
kommen; It. sopravvenire.

sobrevivir
intr. I. to survive; F. survivre; A.
überleben; It. sopravvivere.

sobriedad
f. I. sobriety, temperance; F. sobrié-
té; A. Genügsamkeit; It. sobrietà,
parcità.

socavar
tr. I. to undermine; F. creuser, miner; A. untergraben; It. soccavare.

socialista
adj. I. socialist; F. socialiste; A. So-
zialist; It. socialista.

sociedad
f. I. society; F. société; A. Gesellschaft; It. società.

socorrer
tr. I. to help; F. secourir; A. helfen,
beistehen; It. soccorrere.

socorro
m. I. support, help, aid; F. aide, secours; A. Hilfe; It. soccorso.

soez
adj. I. mean; F. vil, bas; A. gemein,
schmutzig; It. vile, sudicio.

sofisma
m. I. sophism; F. sophisme; A.
Trugschluss; It. sofisma.

sofocar
tr. I. to suffocate; F. suffoquer; A.
ersticken; It. soffocare.

sojuzgar
tr. I. to subdue, to subjugate; F. subjuguer, dominer; A. unterjochen; It.
soggiogare.

solamente
adv. I. only; F. seulement; A. nur, le-
diglich; It. solamente.

solapado
adj. I. artful, cunning; F. sournois;
A. arglistig; It. finto.

soldado
m. I. soldier; F. soldat; A. Soldat; It.
soldato.

soldadura
f. I. welding; F. soudure; A. Löten,
Lötung; It. saldatura.

soldar
tr. I. to weld; F. souder; A. löten; It.
saldare.

soledad
f. I. y F. solitude; A. Einsamkeit; It.
solitudine.

solemne
adj. I. solemn; F. solennel; A. feier-
lich, pomphaft; It. solenne.

soler
intr. I. to use to; F. avoir coutume
de; A. pflegen; It. solere.

solera
f. I. lees, mother of wine; F. mère du
vin; A. Weinhefe; It. solerzia.

solicitar
tr. I. to solicit; F. solliciter; A. erbit-
ten; It. sollecitare.

solicitud
f. I. solicitude; F. sollicitude; A.
Sorgfalt; It. sollecitudine.

solidaridad
f. I. solidarity; F. solidarité; A. Soli-
darität; It. solidarietà.

sólido
adj. I. solid; F. solide; A. fest; It. so-
lido.

solitario
adj. I. solitary; F. solitaire; A. ein-
sam, allein; It. solitario.

soliviantar
tr. I. to upheave; F. soulever; A. auf-
hetzen; It. sollevare.

solo
adj. I. sole, single; F. seul; A. einzig;
It. solo.

soltar
tr. I. to untie, to loosen; F. lâcher,
détacher; A. losmachen, losbinden;
It. sciogliere.

soltero
adj. I. bachelor; F. célibataire; A. le-
dig; It. celibe.

soltura
f. I. easiness, agility; F. souplesse,
agilité; A. Behendigkeit; It. agilità.

solución
f. I. y F. solution; A. Lösung; It. so-
luzione.

sollozar
intr. I. to sob; F. sangloter; A.
schluchzen; It. singhiozzare.

sombra
f. I. shadow, shade; F. ombre; A.
Schatten; It. ombra.

sombrío
adj. I. shady; F. sombre, ombragé;
A. schattig; It. ombroso.

someter
tr. I. to submit; F. soumettre; A. unterwerfen; It. sottomettere.

sonar
intr. I. to sound; F. sonner; A. Klin-
gen; It. suonare.

sonido
m. I. sound; F. son; A. Laut, Klang;
It. suono.

sonoro
adj. I. sonorous; F. sonore; A. tö-
nend, Klangvoll; It. sonoro.

sonrojar
tr. I. to blush, to redden; F. faire rougir; A. erröten; It. far arrossire.

soñar
tr. **I.** to dream; **F.** rêver, songer; **A.** träumen; **It.** sognare.

soplar
intr. **I.** to blow; **F.** souffler; **A.** blasen; **It.** soffiare.

soplo
m. **I.** blowing; **F.** souffle; **A.** Blasen, Hauch; **It.** soffio.

sopor
m. **I.** sopor; **F.** assoupissement; **A.** Schlafsucht; **It.** sopore.

soportar
tr. **I.** to endure; **F.** endurer; **A.** erdulden; **It.** soffrire.

soporte
m. **I.** y **F.** support; **A.** Stütze; **It.** supporto, sostegno.

sorber
tr. **I.** to sip, to suck; **F.** humer, engloutir; **A.** (aus)schlürfen; **It.** sorbire.

sordera
f. **I.** deagness; **F.** surdité; **A.** Taubheit; **It.** sordità.

sórdido
adj. **I.** sordid; **F.** sordide; **A.** schmutzig, schäbig; **It.** sordido.

sordo
adj. **I.** deaf; **F.** sourd; **A.** taub; **It.** sordo.

sorprender
tr. **I.** to surprise; **F.** surprendre; **A.** überraschen; **It.** sorprendere.

sorpresa
f. **I.** y **F.** surprise; **A.** Überraschung; **It.** sorpresa.

sortear
tr. **I.** to draw lots; **F.** tirer au sort; **A.** auslosen, verlosen; **It.** sorteggiare.

sosegar
tr. **I.** to appease; **F.** apaiser; **A.** beruhigen; **It.** calmare.

sosiego
m. **I.** calmness; **F.** calme, repos; **A.** Ruhe; **It.** riposo.

soso
adj. **I.** insipid, unsalted; **F.** fade; **A.** geschmacklos; **It.** insipido.

sospechar
tr. **I.** to suspect, to mistrust; **F.** soupçonner; **A.** mutmassen, vermuten; **It.** sospettare.

sostener
tr. **I.** to sustain, to support; **F.** soutenir, supporter; **A.** halten; **It.** sostenere.

sótano
m. **I.** cellar; **F.** cave, souterrain; **A.** Keller, Kellergeschoss; **It.** sotterraneo.

soviético
adj. **I.** sovietic; **F.** soviétique; **A.** Sowjet; **It.** sovietico.

suave
adj. **I.** smooth, soft; **F.** suave; **A.** sanft, lieblich; **It.** soave.

suavizar
tr. **I.** to soften; **F.** adoucir; **A.** lindern, besänftigen; **It.** soavizzare.

subalterno
adj. **I.** subaltern; **F.** subalterne; **A.** untergeordnet; **It.** subalterno.

subasta
f. **I.** auction; **F.** enchère; **A.** Auktion, Versteigerung; **It.** subasta.

súbdito
adj. **I.** subject; **F.** sujet; **A.** Untertan; **It.** suddito.

subida
f. **I.** ascension; **F.** montée, ascension; **A.** Ansteigen; **It.** salita.

subir
intr. **I.** to ascend, to raise; **F.** monter, s'elever; **A.** steigen; **It.** salire, ascendere.

súbito
adj. **I.** sudden, hasty; **F.** subit, soudain; **A.** plötzlich; **It.** subitaneo.

sublevación
f. **I.** sedition; **F.** soulèvement; **A.** Empörung; **It.** sollevazione.

sublevar
tr. **I.** to revolt; **F.** soulever; **A.** aufwiegeln, rebellieren; **It.** sollevare.

sublimar
tr. **I.** to heighten, to sublime; **F.** sublimer; **A.** erheben; **It.** sublimare.

sublime
adj. **I.**, **F.** e **It.** sublime; **A.** erhaben, hehr.

submarino
adj. **I.** submarine; **F.** sous-marin; **A.** unterseeisch; **It.** sotto-marino.

subordinación
f. **I.** y **F.** subordination; **A.** Unterordnung; **It.** subordinazione.

subordinar
tr. **I.** to subordinate; **F.** subordonner; **A.** unterordnen; **It.** subordinare.

subrepticio
adj. **I.** subreptitious; **F.** subreptice; **A.** erschlichen; **It.** surrettizio.

subsanar
tr. **I.** to repair; **F.** réparer; **A.** reparieren; **It.** riparare.

subsidio
m. **I.** subsidy; **F.** subside; **A.** Beihilfe; **It.** sussidio.

subsistir
intr. **I.** to subsist; **F.** subsister; **A.** fortbestehen; **It.** sussistere.

substancia
f. **I.** y **F.** substance; **A.** Gehalt, Substanz; **It.** sostanza.

substantivo
adj. **I.** substantive; **F.** substantif; **A.** Hauptwort; **It.** sostantivo.

subterfugio
m. **I.** y **F.** subterfuge; **A.** Ausrede, Worwand; **It.** sotterfugio.

subterráneo
adj. **I.** subterranean; **F.** souterrain; **A.** unterirdisch; **It.** sotterraneo.

suburbio
m. **I.** suburb; **F.** banlieue; **A.** Vorort, Vorstadt; **It.** sobborgo.

subvención
f. **I.** y **F.** subvention; **A.** Zuschuss, Subvention; **It.** sovvenzione.

subyugar
tr. **I.** to subjugate; **F.** subjuguer; **A.** unterjochen; **It.** soggiogare.

sucesión
f. **I.** y **F.** sucession; **A.** Erbshaft; **It.** successione.

suceso
m. **I.** event; **F.** événement; **A.** Ereignis; **It.** avvenimento.

sucio
adj. **I.** dirty; **F.** sale, malpropre; **A.** schmutzig, unrein; **It.** sporco, sucido.

suelto
adj. **I.** loose, light; **F.** léger; **A.** lose, ungebunden; **It.** sciolto, leggero.

sueño
m. I. sleep, dream; F. sommeil, songe; A. Schlaf, Traum; It. sonno, sogno.

suerte
f. I. fate, chance, luck; F. sort, destin; A. Schicksal, Los; It. sorte, fato.

suficiente
adj. I. sufficient, enough; F. suffisant; A. genug, hinreichend; It. sufficiente.

sufragar
tr. I. to aid; F. aider, payer; A. helfen, beistehen; It. suffragare.

sufragio
m. I. y F. suffrage; A. Wahlstimme; It. suffragio.

sufrir
tr. I. to suffer, to endure; F. souffrir; A. dulden, leiden; It. soffrire.

sugerir
tr. I. to suggest; F. suggérer; A. anregen; It. suggerire.

sugestión
f. I. y F. suggestion; A. Suggestion; It. suggestione.

suicidio
m. I. y F. suicide; A. Selbstmord; It. suicidio.

sujetar
tr. I. to fasten; F. assujétir; A. befestigen; It. assoggetare.

sujeto
adj. I. subject; F. sujet; A. Subjekt; It. soggetto.

suma
f. I. sum; F. somme; A. Summe; It. somma.

sumar
tr. I. to add, to sum; F. additionner; A. addieren; It. sommare.

sumario
adj. I. summary, abridgement; F. sommaire; A. Auszug; It. sommario.

sumergir
tr. I. to submerge; F. submerger; A. untertauchen; It. sommergere.

suministrar
tr. I. to furnish, to provide; F. fournir; A. liefern, besorgen; It. somministrare.

sumisión
f. I. submission; F. soumission; A. Unterwerfung; It. sommissione.

sumiso
adj. I. submissive; F. soumis; A. untertänig; It. sommesso.

suntuoso
adj. I. sumptuous; F. somptueux; A. prachtvoll; It. sontuoso.

supeditar
tr. I. to subdue; F. assujetir; A. unterordnen; It. assoggettare.

superar
tr. I. to overcome; F. surpasser; A. bewaltigen, überwinden; It. superare.

superficial
adj. I. supeficial; F. superficiel; A. oberflächlich; It. superficiale.

superfluo
adj. I. superfluous; F. superflu; A. überflüssig; It. superfluo.

superficie
f. I. superficies, surface; F. superficie, surface; A. Oberfläche, Baufläche; It. superficie.

superior
adj. I. superior; F. supérieur; A. überlegen; It. superiore.

superioridad
f. I. superiority; F. supériorité; A. Überlegenheit; Superiorität; It. superiorità, preeminenza.

superstición
f. I. y F. superstition; A. Aberglaube; It. superstizione.

suplantar
tr. I. to supplant; F. supplanter; A. unterschieben; It. soppiantare.

suplemento
m. I. supplement; F. supplément; A. Ergänzung, Supplement; It. supplemento.

súplica
f. I. supplication, request; F. supplique; A. Gesuch, Eingabe; It. supplica.

suplicar
tr. I. to supplicate; F. supplier; A. fiehen, bitten; It. supplicare.

suplicio
m. I. punishment; F. supplice; A. Strafe, Hinrichtung; It. supplizio.

suplir
tr. I. to supplement; F. suppléer; A. ergänzen, ersetzen; It. supplire.

suponer
tr. I. to suppose; F. supposer; A. voraussetzen, annehmen; It. supporre.

supremacía
f. I. supremacy; F. suprématie; A. Supremat, Vorrang; It. supremazia.

supremo
adj. I. supreme; F. suprême; A. höchst, oberst; It. supremo.

suprimir
tr. I. to suppress; F. supprimer; A. abstellen, unterdrücken; It. sopprimere.

sur
m. I. south; F. e It. sud; A. Süden.

surco
m. I. furrow, rut; F. sillon; A. Furche; It. solco.

surgir
intr. I. to spout, to spurt; F. surgir, sourdre; A. aufkommen; It. sorgere.

susceptible
adj. I. y F. susceptible; A. empfindlich, reizbar; It. suscettibile.

suspensión
f. I. y F. suspension; A. Einstellung, Unterbrechung; It. sospensione.

suspicacia
f. I. suspiciousness; F. méfiance; A. Misstrauen; It. suspizione.

suspirar
intr. I. to sigh; F. soupirer; A. (auf)seufzen; It. sospirar.

sustento
m. I. sustenance, food; F. nourriture; A. Broterwerb, Lebensunterhalt; It. sostentamento.

susto
m. I. scare, fright, shock; F. peur, frayeur; A. Schrecken; It. paura.

susurrar
intr. I. to rustle, to whisper; F. murmurer, susurrer; A. flüstern, säuseln, murmeln; It. susurrare, mormorare.

sutil
adj. I. subtile; F. subtil; A. dünn, spitzfindig; It. sottile.

sutura
f. I. y F. suture; A. Naht; It. sutura.

taberna
f. 1. tavern; **F.** taverne, cabaret; **A.** Weinschenke; **It.** taverna.

tabernáculo
m. **I.** y **F.** tabernacle; **A.** Tabernakel; **It.** tabernacolo.

tabernero
m. **I.** tavern-keeper; **F.** tavernier; **A.** Schenkwirt; **It.** tavernaio.

tabicar
tr. **I.** to wall up; **F.** cloisonner; **A.** vermauern; **It.** chiudere con tramezzo.

tabique
m. **I.** partition-wall; **F.** cloison; **A.** Zwischenwand; **It.** tramezzo.

tabla
f. **I.** board; **F.** planche; **A.** Brett; **It.** asse.

tablero
m. **I.** board, table; **F.** madrier, tableau; **A.** Tafel; **It.** tavola.

tablilla
f. **I.** tablet; **F.** planchette; **A.** Anschlagebrett; **It.** tavoletta.

taburete
m. **I.** y **F.** tabouret; **A.** Schemel; **It.** sgabello.

tacaño
adj. **I.** stingy, mean; **F.** avare; **A.** Karg, Knauserig; **It.** taccagno.

tácito
adj. **I.** tacit; **F.** tacite; **A.** stillschweigend; **It.** tacito.

taciturno
adj. **I.** taciturn; **F.** taciturne; **A.** schweigsam; **It.** taciturno.

taco
m. **I.** stopper, bung, plug; **F.** taquet, bourre; **A.** Pflock; **It.** tappo.

tacón
m. **I.** heel; **F.** talon du soulier; **A.** Absatz, Hacke; **It.** tacco, taccone.

táctica
f. **I.** tactics; **F.** tactique; **A.** Taktik, Kriegskunst; **It.** tattica.

tacto
m. **I.** touch; **F.** toucher, tact; **A.** Gefühl, Takt; **It.** tatto.

tachar
tr. **I.** to blame; **F.** accuser, reprocher; **A.** tadeln; **It.** tacciare.

tachonar
tr. **I.** to stud; **F.** garnir de caboches; **A.** mit Tresen besetzen; **It.** gallonare.

tachuela
f. **I.** tack; **F.** broquette; **A.** Stift; **It.** bulleta.

tafetán
m. **I.** taffeta, taffety; **F.** taffetas; **A.** Taffet; **It.** taffetà.

tafilete
m. **I.** morocco leather; **F.** maroquin; **A.** Saffian; **It.** marocchino.

tahalí
m. **I.** baldric; **F.** baudrier; **A.** Wehrgehänge; **It.** tracolla.

tahúr
adj. **I.** gambler; **F.** tricheur; **A.** Gewohnheits spieler; **It.** biscazziere.

taimado
adj. **I.** sly, crafty; **F.** rusé, fourbe; **A.** listig, schlau; **It.** scaltro.

tajada
f. **I.** slice; **F.** tranche; **A.** Scheibe, Schnitte; **It.** fetta.

tajamar
m. **I.** cutwater; **F.** taille-mer; **A.** Schaft; **It.** tagliamare.

tajar
tr. **I.** to cut; **F.** couper, tailler; **A.** behauen, schneiden; **It.** tagliare.

tajo
m. **I.** cut; **F.** coupure; **A.** Hieb; **It.** taglio.

tal
adj. **I.** such; **F.** tel; **A.** solcher; **It.** tale.

taladrar
tr. **I.** to drill· **F.** percer, forer; **A.** durchbohren; **It.** succmellare.

taladro
m. **I.** drill, borer; **F.** tarière, vrille; **A.** Bohrer; **It.** succhio.

tálamo
m. **I.** nuptial bed; **F.** lit nuptial; **A.** Brautbett; **It.** talamo.

talante
m. **I.** mien, appearance; **F.** air, mine; **A.** Art, Weise; **It.** aspetto.

talar
tr. **I.** to fell (trees); **F.** couper, abattre; **A.** (Bäume)fällen; **It.** tagliare.

talco
m. **I.** y **F.** talc; **A.** Talkum; **It.** talco.

talento
m. **I.** y **F.** talent; **A.** Talent, Begabung; **It.** talento.

talismán
m. **I.** y **F.** talisman; **A.** Talisman; **It.** talismano.

talón
m. **I.** heel; **F.** talon; **A.** Ferse; **It.** tallone.

talud
m. **I.** slope, talus; **F.** talus, rampe; **A.** Rampe; **It.** scarpa, pendio.

talla
f. **I.** carving; **F.** taille, sculpture; **A.** Schnitzwerk; **It.** taglia, scultura.

tallar
tr. **I.** to carve; **F.** tailler; **A.** schnitzen; **It.** tagliare.

talle
m. **I.** waist, shape; **F.** ceinture, taille; **A.** Gürtel; **It.** cintura, taglia.

taller
m. **I.** workshop; **F.** atelier; **A.** Werkstätte; **It.** officina.

tallo
m. **I.** stem, shoot; **F.** tige; **A.** Stengel, Stiel; **It.** stelo, gambo.

tamaño
adj. **I.** size; **F.** grandeur; **A.** Grösse, Umfang; **It.** grandezza.

tamarindo
m. I. tamarind; F. tamaris, tamarinier; A. Tamarindenbaum; It. tamarindo.

tambalear
int. I. to stagger, to waver; F. chanceler; A. tausmeln; It. traballare.

también
adv. I. also; F. aussi; A. auch, ebenfalls; It. pure, anche.

tambor
m. I. drum; F. tambour; A. Trommel; It. tamburo.

tamboril
m. I. taborine, tambourine; F. tambourin; A. Tamburin; It. tamburino.

tamiz
m. I. strainer; F. tamis; A. Sieb; It. staccio.

tampoco
adv. I. neither; F. non plus; A. auch nicht; It. nemmeno.

tamujo
m. I. buckthorn; F. ajonc; A. Kreuzdorn, Besenginster; It. tamuglio.

tan
adv. I. so, so much; F. si, aussi; A. so, ebenso; It. tanto, cosi.

tanda
f. I. turn, task; F. tour, tâche; A. Reihe, Tagewerk; It. turno, compito.

tangente
f. I. tangent; F. e It. tangente; A. Tangente.

tanino
m. I. tannin; F. tanin; A. Tannin, Gerbstoff; It. tannino.

tantear
tr. I. to try, to reckon; F. sonder, essayer; A. prüfen, ausprobieren; It. assaggiare.

tapa
f. I. cover; F. couvercle; A. Deckel; It. coperchio.

tapar
tr. I. to cover, to pluy; F. couvrir, boucher; A. decken, stopfen; It. tapare, turare.

tapia
f. I. mud-wall; F. mur-en-pisé; A. (Lehm)-Mauer; It. muro di fango.

tapicería
f. I. tapestry; F. tapisserie; A. Tapezierarbeit; It. tappezzeria.

tapicero
m. I. upholsterer; F. tapissier; A. Tapezierer; It. tappezziere.

tapioca
f. I. e It. tapioca; F. tapioca, fécule de manioc; A. Sago.

tapir
m. I. y F. tapir; A. Tapir; It. tapiro.

tapiz
m. I. tapestry; F. tapis, tapisserie; A. Teppich, Tapete; It. tappeto, arazzo.

tapizar
tr. I. to tapestry; F. tapisser; A. tapezieren; It. tappezzare.

tapón
m. I. cork, bung; F. bouchon; A. Stöpsel; It. tappo.

taponear
tr. I. to plug, to tampon; F. boucher, tamponner; A. tamponieren; It. tamponare.

taquigrafía
f. I. shorthand, tachigraphy; F. tachygraphie; A. Stenographie; It. tachigrafia.

taquígrafo
m. y f. I. stenographer, shorthander; F. tachygraphe; A. Stenograph; It. tachigrafo.

taquilla
f. I. guichet, box-office; F. guichet; A. Kartenverkauft; It. sportello.

taquímetro
m. I. tachymeter; F. tachymètre; A. Tachymeter; It. tachimetro.

tarabilla
f. I. mill-clack; F. claquet; A. Mühlklapper; It. tentennella.

tarántula
f. I. tarantula; F. tarentule; A. Tarantel; It. tarantola, tarantella.

tararear
tr. I. to hum; F. chantonner; A. trällern, summen; It. canterellare.

tardanza
f. I. slowness, tardiness; F. retard, lenteur; A. Verspätung; It. tardanza.

tardar
intr. I. to delay; F. tarder, se retarder; A. säumen, zögern; It. tardare, indugiare.

tarde
f. I. afternoon; F. après-midi, soir; A. Abend, Nachmittag; It. pomeriggio, sera.

tardío
adj. I. slow, tardy; F. tardif; A. spät; It. tardivo.

tarea
f. I. task, work; F. tâche besogne; A. Arbeit, Werk; It. compito.

tarifa
f. I. rate, tariff; F. tarif; A. Tarif, Preisliste; It. tariffa.

tarima
f. I. platform; F. estrade; A. Tritt, Bühne; It. predella.

tarjeta
f. I. card, visiting card; F. carte, carte de visite; A. Visitenkarte; It. biglietto.

tarquín
m. I. mud, mire; F. bourbe, vase; A. Schlamm; It. limoccio.

tarso
m. I. tarsus; F. tarse; A. Fusswurzel; It. tarso.

tartajear
intr. I. to stammer, to drawl; F. bégayer, bafouiller; A. stammeln; It. tartagliare.

tartamudear
intr. I. to stutter; F. balbutier; A. lallen, stottern; It. balbettare.

tartamudo
adj. I. stutterer; F. bègue; A. Stotterer; It. balbo.

tártaro
m. I. tartar; F. tartre; A. Weinstein; It. tartaro.

tarugo
m. I. plug; F. cheville de bois; A. Pflock; It. cavicchio di legno.

tasa
f. I. rate; F. taux, taxe; A. Taxe, Schätzung; It. tassa.

tasar
tr. I. to tax; F. taxer; A. taxieren, schätzen; It. tassare.

tasca
f. I. tavern; F. taverne; A. Kneipe; It. taverna.

tasquil
m. I. chip; F. éclat; A. Steinsplitter; It. scheggia.

tatarabuelo
m. I. great-great-grandfather; F. trisaïeul; A. Ururgrossvater; It. terzavolo.

tatuaje
m. I. tattooing; F. tatouage; A. Tätowierung; It. tatuaggio.

taumaturgia
f. I. thaumaturgy; F. thaumaturge; A. Wundertäter; It. taumaturgo.

tauromaquia
f. I. tauromachy; F. tauromachie; A. Stierfechterkunst; It. tauromachia.

tautología
f. I. tautology; F. tautologie; A. Tautologie; It. tautologia.

taxativo
adj. I. limiting; F. taxatif; A. beschränkend; It. tassative.

taxidermia
f. I. taxidermy; F. taxidermie; A. Tierausstopf-Kunst; It. tassidermia.

taxímetro
m. I. taximeter; F. taximètre; A. Fahrpreisanzeiger; It. tassametro.

taxonomía
f. I. taxonomy; F. taxonomie; A. Systemlehre; It. tassonomia.

taza
f. I. cup, bowl; F. tasse; A. Schale; It. tazza.

té
m. I. tea; F. thé; A. Tee; It. té.

tea
f. I. torch; F. torche; A. Harzfackel; It. torcia.

teatral
adj. I. theatric, theatrical; F. théâtral; A. theatralisch; It. teatrale.

teatro
m. I. theatre; F. théâtre; A. Theater; It. teatro.

teclado
m. I. keyboard; F. clavier; A. Klavia-

tur, Tastatur; It. tastiera, tastatura.

teclear
intr. I. to finger; F. doigter; A. die Tasten anschlagen; It. tasteggiare.

técnica
f. I. technics; F. technique; A. Technik; It. tecnica.

técnico
adj. I. technical; F. technicien; A. Sachverständiger. Techniker; It. tecnico.

tecnología
f. I. technology; F. technologie; A. Gewerbekunde; It. tecnologia.

techo
m. I. roof; F. toit, plafond; A. Dach, Plafond; It. tetto.

tedio
m. I. tedium, tediousness; F. dégoût, ennuit; A. Lang(e)-weile; It. tedio.

tegumento
m. I. tegument; F. tégument; A. Tegument, Knospendecke; It. integumento.

teísmo
m. I. theism; F. théisme; A. Theismus; It. teismo.

teja
f. I. tile; F. tuile; A. Schindel, Dachziegel; It. tegola.

tejado
m. I. roof; F. toit; A. Ziegeldach; It. tettoia.

tejer
tr. I. to weave; F. tisser, ourdir, tramer; A. weben, flechten; It. tessere.

tejido
m. I. tissue; F. tissu; A. Gewebe, zeug; It. tessuto.

tejo
m. I. quoit; F. palet, tuileau; A. Klikker; It. piastrella.

tela
f. I. cloth; F. toile, tissu; A. Stoff, Tuch; It. tela, stoffa.

telar
m. I. loom; F. métier ou machine à tisser; A. Web Stuhl; It. telaio.

telaraña
f. I. cobweb; F. toile d'araignée; A. Spinngewebe; It. ragnatela.

telecomunicación
f. I. telecommunication; F. télécommunication; A. Fernverbindung; It. telecomunicazione.

teléfono
m. I. telephone; F. téléphone; A. Telephon, Fernsprecher; It. telefono.

telégrafo
m. I. telegraph; F. télégraphe; A. Telegraph, Fernschreiber; It. telegrafo.

telegrama
m. I. telegram; F. télégramme, dépêche; A. Depesche, Telegramm; It. telegramma.

telémetro
m. I. telemeter; F. télémètre; A. Fernmesser; It. telemetro.

telepatía
f. I. telepathy; F. télépathie; A. Telepathie; It. telepatia.

telescopio
m. I. telescope; F. télescope; A. Teleskop, Fernrohr; It. telescopio.

televisión
m. I. television; F. télévision; A. Fernsehen; It. televisione.

telón
m. I. drop-curtain; F. rideau, toile de théâtre; A. Vorhang; It. telone, sipario.

tema
m. I. subject, matter; F. sujet, thème; A. Thema, Sujet; It. tema.

temblar
intr. I. to tremble, to quake; F. trembler; A. beben, zittern; It. tremare.

temer
tr. I. to fear; F. craindre, redouter; A. fürchten; It. temere.

temerario
adj. I. temerarious; F. téméraire; A. verwegen; It. temerario.

temeridad
f. I. temerity; F. témérité; A. Verwegenheit, Unbesonnenheit; It. temerità.

temor
m. I. fear, dread; F. peur, crainte; A. Furcht, Angst; It. paura, timore.

témpano
m. I. kettle-drum; F. timbale; A. Pauke; It. timpano.

temperamento
m. I. nature, temperament; F. tempérament; A. Temperament, Charakter; It. temperamento.

temperatura
f. I. temperature; F. température; A. Temperatur, Wärmegrad; It. temperatura.

tempestad
f. I. tempest, storm; F. tempête; A. Sturm, Gewitter; It. tempesta.

tempestuoso
adj. I. tempestuous; F. Tempétueux, orageux; A. stürmisch; It. tempestoso.

templa
f. I. tempera; F. détrempe; A. Wasserfarbe, Tempera; It. tempera.

templanza
f. I. temperance; F. tempérance; A. Enthaltsamkeit; It. temperanza.

templar
tr. I. to temper; F. tempérer; A. mässigen, härten; It. temprare.

templario
m. I. Templar; F. templier; A. Templer, Tempelherr; It. templare.

temple
m. I. temper; F. trempe; A. Härtung; It. tempera.

templo
m. I. y F. temple; A. Tempel; It. tempio.

temporada
f. I. season, spell; F. saison; A. Zeitrum; It. stagione.

temporal
adj. I. temporary; F. temporel; A. zeitlich; It. temporale.
m. I. tempest, storm; F. tempête; A. Sturmwetter; It. temporale.

temprano
adj. I. early, soon; F. hâtif; A. früh; It. primaticcio.

tenacidad
f. tenacity; F. tenacité; A. Starrsinr; It. tenacità.

tenaz
adj. I. tenacious, sticking; F. e It. tenace; A. zähe, starrköpfig.

tenaza
f. I. pincers, pair of tongs; F. tenaille; A. Kneifzange, It. tanaglia.

tenca
f. I. tench; F. tanche; A. Schlei(e); It. tinca.

tendal
m. I. tent; F. tendelet; A. Zeltdach; It. tendale.

tendencia
f. I. tendency; F. tendance; A. Tendenz; It. tendenza.

tender
tr. I. to unfold; F. étendre; A. (aus)spannen; It. stendere.

tendero
m. I. shopkeeper; F. boutiquier; A. Krämer, Kleinhändler; It. bottegaio.

tendón
m. I. y F. tendon; A. Sehne; It. tendine.

tenebroso
adj. I. gloomy, tenebrous; F. ténébreux; A. düster, finster; It. tenebroso.

tenedor
m. I. fork; F. fourchette; A. Gabel; It. forchetta.

tener
tr, I. to have; F. avoir, tenir; A. haben, halten; It. avere, tenere.

tenia
f. I. tapeworm; F. ténia; A. Bandwurm; It. tenia.

teniente
m. I. y F. lieutenant; A. Leutnant; It. tenente.

tenor
m. I. tenor, tenorist; F. ténor; A. Tenor; It. tenore.

tensión
f. I. y F. tension; A. Spannung; It. tensione.

tentación
f. I. temptation; F. tentation; A. Versuchung; It. tentazione.

tentáculo
m. I. tentacle; F. tentacule; A. Fühler, Fangarm; It. tentacolo.

tentar
tr. I. to touch; F. tâter; A. befühlen; It. tentare.
I. to tempt; F. tenter; A. prüfen; It. tentare.

tentativa
f. I. attempt; F. tentative; A. Versuch, Probe; It. tentativo.

tenue
adj. I. tenuous; F. ténu; A. dünn, leise; It. tenue.

teñir
tr. I. to dye, to tinge; F. teindre; A. färben; It. tingere.

teodolito
m. I. theodolite; F. théodolite; A. Theodolit; It. teodolite.

teología
f. I. theology; F. théologie; A. Theologie; It. teologia.

teólogo
adj. I. theologian; F. théologicien; A. Theologe, Geistlicher; It. teologo.

teorema
m. I. theorem; F. théorème; A. Lehrsatz; It. teorema.

teoría
f. I. theory; F. théorie; A. Theorie; It. teoria.

teratología
f. I. teratology; F. tératologie; A. Lehre von den Missgeburten; It. teratologia.

tercero
adj. I. third; F. troisième, tiers; A. dritter; It. terzo.

terceto
m. I. tiercet; F. tercet; A. Dreizeilige Strophe; It. terzetto.

terciana
f. I. tertian; F. fièvre tierce; A. dreitägiges Wechselfieber; It. terzana.

terciar
tr. I. to mediate; F. intervenir; A. Vermitteln; It. intervenire.

tercio
adj. I. third (part); F. un tiers; A. Drittel, Dritteil; It. terzo.

terciopelo
m. I. velvet; F. velours; A. Samt, Plüsch; It. velluto.

terco
adj. I. stubborn; F. têtu, entêté; A. störig; It. ostinato.

terebinto
m. I. terebinth; F. térébinthe; A. Terpentinbaum; It. terebinto.

tergiversar
tr. **I.** to misrepresent; **F.** tergiverser; **A.** Verdrehen; **It.** tergiversare.

tergiversación
f. **I.** misrepresentation; **F.** tergiversation; **A.** (Wort) Verdrehung; **It.** tergiversare.

termal
adj. **I.**, **F.** y **A.** thermal; **It.** termale.

termas
f. **I.** hot baths, thermae; **F.** thermes; **A.** Thermen; **It.** terme.

terminar
tr. **I.** to end, to conclude, to finish; **F.** terminer, achever; **A.** vollenden; **It.** terminare.

término
m. **I.** boundary, landmark; **F.** terme; **A.** Grenze, Feldmark; **It.** termine.

termodinámica
f. **I.** thermodynamics; **F.** thermodynamique; **A.** Thermodynamik; **It.** termodinamica.

termómetro
m. **I.** thermometer; **F.** thermomètre; **A.** Thermometer; **It.** termometro.

ternera
f. **I.** (cow-)calf; **F.** génisse; **A.** Kalbein, Farse; **It.** vitella.

ternero
m. **I.** (bull-)calf; **F.** veau; **A.** Kalb; **It.** vitello.

ternura
f. **I.** tenderness; **F.** tendresse; **A.** Zartheit; **It.** tenerezza.

terquedad
f. **I.** stubborness; **F.** entêtement; **A.** Starrsinn, Eigenwille; **It.** cocciutaggine.

terraja
f. **I.** screw-plate; **F.** filière; **A.** Kluppe; **It.** madrevite.

terraplén
m. **I.** terraplein; **F.** terre-plein; **A.** Erddamm, Erdwall; **It.** terrapieno.

terremoto
m. **I.** earthquake; **F.** tremblement de terre; **A.** Erdbebeh; **It.** terremoto.

terrenal
adj. **I.** terrene; **F.** terrestre; **A.** irdisch; **It.** terrenale.

terrestre
adj. **I.** terrestrial; **F.** e **It.** terrestre; **A.** weltlich.

terrible
adj. **I.** terrible, dreadful; **F.** terrible, redoutable; **A.** fürchterlich; **It.** terribile.

territorio
m. **I.** territory; **F.** territoire; **A.** Territorium, Gebiet; **It.** territorio.

terrón
m. **I.** clod, lump; **F.** motte, grumeau; **A.** Erdscholle, Erdklumpen; **It.** zolla.

terror
m. **I.** terror; **F.** terreur; **A.** Schrecken; **It.** terrore.

terrorismo
m. **I.** terrorism; **F.** terrorisme; **A.** Terrorismus; **It.** terrorismo.

terroso
adj. **I.** earthy; **F.** terreux; **A.** erdig; **It.** terroso.

terso
adj. **I.** smooth, polished; **F.** poli; **A.** glatt; **It.** terso.

tertulia
f. **I.** circle, coterie; **F.** cercle; **A.** Gesellschaft; **It.** triocca, crocchio.

tesis
f. **I.** thesis; **F.** thèse; **A.** These; **It.** tesi.

tesón
m. **I.** firmness, tenacity; **F.** fermeté; **A.** Beharrlichkeit; **It.** fermeza.

tesorero
m. **I.** treasurer; **F.** trésorier; **A.** Schatzmeister; **It.** tesoriere.

tesoro
m. **I.** treasure; **F.** trésor; **A.** Schatz; **It.** tesoro.

testa
f. **I.** head; **F.** tête; **A.** Kopf; **It.** testa.

testador
m. **I.** testator; **F.** testateur; **A.** Erblasser; **It.** testatore.

testamentario
adj. **I.** testamentary; **F.** testamentaire; **A.** letzwillig; **It.** testamentario.

testamento
m. **I.** last will, testament; **F.** testament; **A.** letzter Wille, Testament; **It.** testamento.

testera
f. **I.** front; **F.** têtière; **A.** Vorderseite; **It.** testiera.

testículo
m. **I.** testicle; **F.** testicule; **A.** Hode; **It.** testicolo.

testificar
tr. **I.** to testify, to attest; **F.** attester; **A.** bescheinigen, bezeugen; **It.** testificare.

testigo
m. **I.** witness, testifier; **F.** témoin; **A.** (Beweis)-Zeuge; **It.** teste.

testimoniar
tr. **I.** to testify, to attest; **F.** temoigner; **A.** (be)zeugen; **It.** testimoniare.

testuz
m. **I.** crown, nape; **F.** nuque, front; **A.** Genick eines Tieres; **It.** fronte, coppa.

teta
f. **I.** mamma, teat, breast; **F.** mamelle, tétin; **A.** Brustdrüse, Zitze; **It.** mammella, tetta, poppa.

tétanos
m. **I.** tetanus, lockjaw; **F.** tétanos; **A.** Starrkrampf; **It.** tetano.

tetera
f. **I.** teapot; **F.** théière; **A.** Teekanne; **It.** teiera.

tetilla
f. **I.** nipple; **F.** tétine de biberon; **A.** Saughütchen; **It.** tettola.

tetaedro
m. **I.** tetrahedron; **F.** tétraèdre; **A.** Tetraeder; **It.** tetraedro.

tétrico
adj. **I.** sullen, gloomy; **F.** sombre, triste; **A.** finster, trübselig; **It.** tetro.

teutónico
adj. **I.** Teutonic; **F.** teutonique; **A.** teutonisch; **It.** teutonico.

texto
m. **I.** text; **F.** texte; **A.** Text, Wortlaut; **It.** testo.

tez
f. **I.** complexion; **F.** teint; **A.** Teint; **It.** cute, carnato.

ti
pron. **I.** thee, you; **F.** toi; **A.** dir, dich; **It.** te, a te.

tía
f. I. aunt; F. tante; A. Tante; It. zia.

tiara
f. I. e It. tiara; F. tiare; A. Tiara.

tibia
f. I., F. e It. tibia; A. Schienbein.

tibio
adj. I. tepid; F. tiède; A. warm; It. tiepido.

tiburón
m. I. shark; F. requin; A. Haifisch; It. pescecane.

tiemblo
m. I. trembling poplar; F. peuplier tremble; A. Zitterpappel; It. tremula.

tiempo
m. I. time; F. temps; A. Zeit; It. tempo.

tienda
f. I. shop; F. boutique; A. Kaufladen; It. bottega.

tierno
adj. I. tender, recent; F. tendre, frais; A. zart, mürbe; It. tenero, recente.

tierra
f. I. the earth; F. terre; A. die Erde; It. terra.

tieso
adj. I. stiff, rigid; F. raide; A. starr, steif; It. irrigidito, teso.

tiesto
m. I. potsherd, flower-pot; F. tesson; A. Scherbe; It. testo, coccio.

tifus
m. I. y F. typhus; A. Typhus; It. tifo.

tigre
m. I. tiger; F. e It. tigre; A. Tiger.

tijera
f. I. scissors; F. ciseaux; A. Schere; It. forbici.

tila
f. I. linden; F. tilleul; A. Lindenblüte; It. tiglio.

tildón
m. I. scratch, erasure; F. biffage; A. Strich; It. frego.

tilo
m. I. linden-tree; F. tilleul; A. Linde; It. tiglio.

tilla
f. I. cuddy; F. tillac; A. Oberlof; It. tolda.

tímalo
m. I. grayling; F. umbre; A. Äsche; It. temolo.

timar
tr. I. to swindle; F. escroquer; A. prellen, beschwindeln; It. truffare.

timbal
m. I. ketteldrum; F. timbale; A. Pauke, Kesselpauke; It. timballo.

timbrar
tr. I. to stamp; F. timbrer; A. (ab)stempeln; It. timbrare.

tímido
adj. I. timid, shy; F. timide; A. furchtsam, scheu; It. timido.

timo
m. I. swindle; F. escroquerie; A. Prellerei; It. trufferia.

timón
m. I. rudder; F. timon, barre; A. Steuer(ruder); It. timone.

timonel
m. I. helmsman; F. timonier; A. Steuerman; It. timoniere.

tina
f. I. vat; F. cuve; A. Zuber, Farbenküpe; It. tina, tinozza.

tinaja
f. I. tinaja; F. jarre; A. Bütte, Kufe; It. bigoncia.

tinglado
m. I. shed; F. hangar; A. Speicher, Shuppen; It. tettoia.

tinieblas
f. I. darkness; F. ténèbres; A. Finsternis; It. tenebre.

tino
m. I. skill, tact; F. tact, adresse, savoir faire; A. Geschick; It. abilità, tatto.

tinta
f. I. ink; F. encre; A. Tinte; It. inchiostro, tinta.

tinte
m. I. dye, dyeing; F. teinture; A. Färben, Farbstoff; It. tinta.

tintorero
m. I. dyer; F. teinturier; A. Färber; It. tintore.

tintura
f. I. tincture; F. teinture; A. Färben, Tinktur; It. tintura.

tiña
f. I. scall; F. teigne; A. (Kopf)-Grind; It. tigna.

tío
m. I. uncle; F. oncle; A. Onkel; It. zio.

típico
adj. I. typic, typical; F. typique; A. typisch; It. tipico.

tiple
m. I. trebble; F. e It. soprano; A. Primadonna, Sopransängerin.

tipo
m. I. y F. type; A. Type, Vorbild; It. tipo.

tipógrafo
m. I. printer, typographer; F. typographe, imprimeur; A. Typograph, (Buch) drucker; It. tipografo.

tira
f. I. list, strap; F. bande; A. Binde, Streifen; It. banda.

tirada
f. I. issue, edition; F. tirage; A. Auflage; It. tirata.

tiralíneas
m. I. drawing-pen; F. tire-ligne; A. Reissfeder; It. tiralinee.

tiranía
f. I. tyranny; F. tyranine; A. Gewaltherrschaft; It. tirannia.

tirante
adj. I. tight, tense; F. tendu; A. gespannt, straff; It. teso, disteso.

tirar
tr. I. to throw, to cast; F. jeter, lancer; A. werfen schmeissen; It. tirare, gettare.

tiritar
intr. I. to shiver; F. grelotter; A. frösteln; It. tremare.

tiro
m. I. shot, throw, cast; F. tir, portée; A. Wurf, Schuss; It. sparo, tiro.

tiroides
m. I. thyroid; F. thyroïde; A. Schilddrüse; It. tiroide.

tirón
m. **I.** pull; **F.** saccade; **A.** Ruck, Zug; **It.** strappata.

tirria
f. **I.** aversion; **F.** antiphatie; **A.** Widerwille, **It.** rancore.

tisana
g. **I.** tisane, ptisan; **F.** tisane; **A.** Arzneitee; **It.** tisana.

tisis
f. **I.** phthisis; **F.** phthisie; **A.** Schwindsucht; **It.** tisi.

titán
m. **I.** y **A.** Titan; **F.** titan; **It.** titano.

títere
m. **I.** puppet; **F.** marionette; **A.** Marionette, Gliederpuppe; **It.** burattino.

titubear
intr. **I.** to sttager, to hesitate; **F.** tituber, hésiter; **A.** schwanken; **It.** titubare.

titular
adj. **I.** y **A.** titular; **F.** titulaire; **It.** titolare.

título
m. **I.** title; **F.** titre; **A.** Titel; **It.** titolo.

tiza
f. **I.** chalk, clay; **F.** craie; **A.** Schlemmkreide; **It.** creta, gesso.

tiznar
tr. **I.** to smut, to smudge; **F.** noircir; **A.** russen, schwärzen; **It.** annerire.

tizón
m. **I.** firebrand; **F.** tison; **A.** Russstaub; **It.** tizzone.

tizoncillo
m. **I.** smut; **F.** nielle; **A.** Karnfäule; **It.** rubigine.

toalla
f. **I.** towel; **F.** essuie-main, serviette; **A.** Handtuch; **It.** asciugatoio.

toba
f. **I.** tufa; **F.** tuf, tuffeau; **A.** Tuff; **It.** tufo.

tobera
f. **I.** tewel; **F.** tuyère; **A.** Düse; **It.** tubiera.

tobillo
m. **I.** ankle; **F.** malléole, cheville; **A.** (Fuss) Knöchel; **It.** caviglia.

toca
f. **I.** wimple; **F.** bonnet, béguin; **A.** Haube, Kopftuch; **It.** cuffia.

tocador
m. **I.** toilet-table; **F.** toilette; **A.** Toilettentisch; **It.** toeletta.

tocar
tr. **I.** to touch; **F.** toucher; **A.** antasten; **It.** toccare.

tocino
m. **I.** bacon; **F.** lard; **A.** Speck, Filz; **It.** lardo.

todavía
adv. **I.** yet, still; **F.** encore, toujours; **A.** noch, noch immer; **It.** tuttavia, ancora.

todo
adj. **I.** all, whole, everything; **F.** tout; **A.** ganz, alles; **It.** tutto.

toldo
m. **I.** tilt, awning; **F.** tente, bâche; **A.** Sonnenzelt; **It.** tenda, copertone.

tolerancia
f. **I.** tolerance; **F.** tolérance; **A.** Nachsicht, Toleranz; **It.** tolleranza.

tolerar
tr. **I.** to tolerate; **F.** tolérer; **A.** dulden, ertragen; **It.** tollerare.

tolva
f. **I.** hopper; **F.** trémie; **A.** Mühltrichter; **It.** tramoggia.

toma
f. **I.** taking; **F.** prise; **A.** Nehmern; **It.** presa.
I. conquest; **F.** conquête; **A.** Eroberung; **It.** conquista.

tomar
tr. **I.** to take, to catch; **F.** saisir, prendre; **A.** nehmen, ergreifen; **It.** prendere, pigliare.

tomate
m. **I.** tomato; **F.** tomate; **A.** Tomate, Paradeiser; **It.** pomodoro.

tomillo
m. **I.** thyme; **F.** thym; **A.** Thymian; **It.** timo.

tomo
m. **I.** y **F.** volume; **A.** (Buch) Band; **It.** tor10, volume.

tonada
f. **I.** tune; **F.** chanson; **A.** Lied; **It.** canzone.

tonalidad
f. **I.** tonality; **F.** tonalité; **A.** Klangfarbe, Tonart; **It.** tonalità.

tonel
m. **I.** tun, cask; **F.** tonneau; **A.** (Wein)-fass, Tonne; **It.** botte, barile.

tonelada
f. **I.** ton; **F.** tonne; **A.** Tonne; **It.** tonnellata.

tonelaje
m. **I.** tonnage, tonnage-duty; **F.** tonnage; **A.** Tonnengehalt; **It.** tonnellaggio.

tónico
adj. **I.** tonic; **F.** tonique; **A.** tonisch; **It.** tonico.

tono
m. **I.** tone, tune; **F.** ton; **A.** Ton; **It.** tono.

tonsura
f. **I.** y **F.** tonsure; **A.** Tonsur; **It.** tonsura.

tonsurar
tr. **I.** to tonsure; **F.** tonsurer; **A.** tonsurieren; **It.** tonsurare.

tontería
f. **I.** foolishness; **F.** bêtise; **A.** Dummheit; **It.** sciocchezza.

tonto
adj. **I.** silly, foolish; **F.** niais, nigaud; **A.** dumm, albern; **It.** sciocco, tonto.

topacio
m. **I.** topaz; **F.** topaze; **A.** Topas; **It.** topazio.

topar
tr. **I.** to collide; **F.** choquer, heurter; **A.** (zusammen) stossen; **It.** urtare.

tope
m. **I.** impediment; **F.** heurt; **A.** Hindernis; **It.** dificultà.

topera
f. **I.** mole-hole; **F.** taupinière; **A.** Maulwurfsloch; **It.** tana di talpa.

tópico
adj. **I.** topic; **F.** topique; **A.** topisch, ortlich; **It.** topico.

topo
m. **I.** mole; **F.** taupe; **A.** Maulwurf; **It.** talpa.

topografía
f. **I.** topography; **F.** topographie; **A.** Topographie; **It.** topografia.

toque
m. I. touch; F. attouchement; A. Berührung; It. tocco, tatto.

toquilla
f. I. shawl; F. fichu; A. Schal; It. fisciù.

tórax
m. I. y F. thorax; A. Brustkarb; It. torace.

torbellino
m. I. whirlwind; F. tourbillon; A. Wirbelwind; It. turbine.

torcecuello
m. I. wryneck; F. torcol; A. otterwindel; It. torcicollo.

torcer
tr. I. to twist, to twine; F. tordre; A. ver-(drehen); It. torcere.

torcido
adj. I. bent, crooked; F. tortu; A. verdreht, Krumm; It. torto.

tordo
m. I. thrush; F. grive; A. Singdrossel; It. tordo.

toreo
m. I. bull-fighting; F. tauromachie; A. Stierkampf; It. tauromachia.

torero
m. I. bull-fighter; F. toréador; A. Stierfechter, Stierkämpfer; It. torero, toreadore.

torio
m. I. y F. thorium; A. Thorium; It. torio.

tormenta
f. I. storm, tempest; F. tourmente, orage; A. Sturm; It. tormenta.

tormentila
f. I. tormentil, saptfoil; F. tormentille; A. Tormentille; It. tormentilla.

tormento
m. I. torment; F. tourment; A. Folter; It. tormento.

tornasol
m. I. sunflower, turnsole; F. tournesol; A. Sonnenblume; It. girasole.

tornear
tr. I. to turn; F. tourner; A. drechseln; It. tornire.

torneo
m. I. tournament; F. tournoi; A. Turnier; It. torneo.

torno
m. I. lathe; F. tour; A. Drehbank; It. torno.

toro
m. I. bull; F. taureau; A. Stier; It. toro.

toronjil
m. I. melissa; F. mélisse; A. Melisse; It. melissa.

torpe
adj. I. slow, dull; F. lourd, engourdi; A. ungeschickt, plump; It. torpido, malaccorto.

torpedo
m. I. torpedo; F. torpedo; A. Zitterochen, Torpedo; It. torpedine.

torre
f. I. tower; F. tour; A. Turm; It. torre.

torrente
m. I. y F. torrent; A. Sturzbach; It. torrente.

torreón
m. I. Keep, fortified tower; F. donjon; A. Festungsturm; It. torreon.

tórrido
adj. I. torrid; F. torride; A. versengend, heiss; It. torrido.

torsión
f. I. torsion, twisting; F. torsion; A. Drehung; It. torsione.

torso
m. I. e It. torso; F. torse; A. Rumpf, Torso.

torta
f. I. round cake; F. tourteau; A. Torte, Kuchen; It. torta.

tórtola
f. I. turtledwe; F, tourterelle; A. Turteltaube; It. tortora.

tortuga
f. I. turtle; F. tortue; A. Schildkröte; It. tartaruga.

tortuoso
adj. I. tortuous; F. tortueux, sinueux; A. geschlängelt; It. tortuoso.

tortura
f. I. y F. torture; A. Marter; It. tortura.

tos
f. I. caugh; F. toux; A. Husten; It. tosse.

tosco
adj. I. coarse, rough; F. rude, grossier; A. grob, roh; It. rozzo.

toser
intr. I. to cough; F. tousser; A. husten; It. tossire.

tostada
f. I. toast; F. rôtie; A. Brotschnitte; It. crostino.

tostar
tr. I. to toast, to roast; F. griller; A. rösten, bräunen; It. arrostire, rosolare.

total
adj. I. y F. total; A. ganz, völlig; It. totale.

totalidad
f. I. totality, wholeness; F. totalité; A. Gesamtheit; It. totalità.

toxina
f. I. toxin(e); F. toxine; A. Gift; It. tossina.

traba
f. I. hinderance; F. entrave; A. Hindernis; It. intoppo.

trabajador
adj. I. worker; F. travailleur; A. Arbeiter; It. lavoratore.

trabajar
int. I. to work, to labour; F. travailler; A. arbeiten; It. lavorare.

trabajo
m. I. work; F. travail; A. Arbeit; It. lavoro.

trabar
tr. I. to join, to clasp; F. joindre, lier; A. verbinden, zusammenfügen; It. legare, inceppare.

trabazón
f. I. jaining; F. liaison; A. Zusammenfügung; It. collegamento.

trabilla
f. I. trouser-strap; F. sous-pied; A. Hosensteg; It. sottopiedi.

trabucar
tr. I. to upset; F. dérranger, renverser; A. verwechseln; It. sconvolgere.

trabuco
m. I. blunderbuss; F. tromblon; A. Stutzen; It. trabocco.

tracción
f. I. y F. traction; A. Zugförderung; It. trazione.

tractor
m. I. tractor; F. tracteur; A. Zugwagen; It. trattore.

tradición
f. I. y F. tradition; A. Überlieferung; It. tradizione.

traducción
f. I. translation; F. traduction; A. Übersetzung; It. traduzione.

traducir
tr. I. to translate; F. traduire; A. übersetzen; It. tradurre.

traer
tr. I. to bring; F. apporter, amener; A. bringen; It. portare, trarre.

traficar
intr. I. to traffic; F. trafiquer, commercer; A. Handel treiben; It. trafficare.

tráfico
m. I. traffic; F. trafic; A. Handel, Verkehr; It. traffico.

tragacanto
m. I. tragacanth; F. gomme adragant; A. Tragant; It. tragacanta.

tragaluz
m. I. skylight; F. lucarne; A. Dachfenster; It. abbaino.

tragar
tr. I. to swallow, to glut; F. avaler, engloutir; A. hinunterschlucken; It. trangugiare.

tragedia
f. I. tragedy; F. tragédie; A. Tragödie; It. tragedia.

trágico
adj. I. tragic (al); F. tragique, tragedien; A. tragisch; It. tragico.

trago
m. I. draught, gulp; F. gorgée, coup; A. Schluck, Trunk; It. sorso.

traición
f. I. treachery, treason; F. trahison, traîtrise; A. Verrat, Treubruch; It. tradimento.

traidor
adj. I. traitor, treacherous; F. traître; A. Verräter; It. traditore.

traílla
f. I. leash, string; F. laisse; A. Koppelriemen; It. guinzaglio.

traje
m. I. dress, suit; F. costume; A. Kleid, Tracht; It. abito.

trajinar
tr. I. to carry goods; F. voiturer; A. befördern, handeln; It. trainare, vettureggiare.

trama
f. I. woof; F. trame; A. Einschlag; It. trama.

tramitar
tr. I. to transact; F. mener une affaire; A. weitergeben; It. inoltrare, dar corso.

trámite
m. I. transit, proceeding; F. cours, gestion; A. Instanz, weg; It. tramite.

tramontana
f. I. north wind; F. tramontane; A. Nordwind; It. tramontana.

tramoya
f. I. machinery; F. machine; A. Bühnenmaschinerie; It. macchina teatrale.

trampa
f. I. trap, snare; F. piège, trappe; A. Falle, Fangeisen; It. trappola.

trampolín
m. I. spring-board; F. tremplin; A. Springbrett; It. trampolino.

tramposo
adj. I. swindler; F. dupeur, trompeur; A. Bertrüger, Schwindler; It. scroccone.

tranca
f. I. club; F. gros bâton; A. Sperrbalken; It. randello.

tranquilidad
f. I. tranquility, rest; F. tranquillité, repos; A. Ruche, Stille; It. tranquillità.

transacción
f. I. y F. transaction; A. Vertrag; It. transazione.

transbordar
tr. I. to tranship, to transfer; F. transborder; A. umladen; It. transbordare.

transbordo
m. I. transhipment; F. transbordement; A. Umladung; It. trasbordo.

transcribir
tr. I. to transcribe; F. transcrire; A. Umschreiben, übertragen; It. trascrivere.

transeúnte
adj. I. transient, passer-by; F. passant; A. Passant; It. passante, passeggiero.

transferencia
f. I. transfer; F. transfert, transfèrement; A. Ubertragung; It. trasferimento.

transportar
tr. I. to transport; F. transporter; A. überführen, transportieren; It. trasportare.

transferir
tr. I. to transfer; F. transférer; A. übertragen, transferieren; It. trasferire.

transformación
f. I. y F. transformation; A. Umformung, Umbildung; It. trasformazione.

transformar
tr. I. to transform, to transmute; F. transformer; A. umformen, umgestalten; It. trasformare.

tránsfuga
adj. I. deserter; F. transfuge; A. Überläufer; It. trasfuga.

transfusión
f. I. y F. transfusion; A. Umgiessung; It. trasfusione.

transgresión
f. I. y F. transgression; A. Überschreitung, Verletzung; It. trasgressione.

transición
f. I. y F. transition; A. Übergang, Transition; It. transizione.

transigir
int. I. to accommodate differences; F. transiger; A. nachgeben; It. transigere.

transitar
int. I. to pass by; F. transiter, passer; A. verkehren, durchfahren; It. transitare.

transitorio
adj. **I.** transitory; **F.** transitoire; **A.** zeitlich; **It.** transitorio.

translúcido
adj. **I.** translucent, translucid; **F.** translucide; **A.** durchscheinend; **It.** traslucido.

transmisión
f. **I.** y **F.** transmission; **A.** Übertragung, Transmission, **It.** trasmissione.

transmitir
tr. **I.** to transmit; **F.** transmettre; **A.** übertragen, sperieren; **It.** trasmettere.

transparente
adj. **I.** y **F.** transparent; **A.** durchsichtig; **It.** trasparente.

transpirar
intr. **I.** to transpire; **F.** transpirer; **A.** Schwitzen; **It.** traspirare.

transponer
tr. **I.** to transpose; **F.** transposer; **A.** versetzen; **It.** trasporre.

transporte
m. **I.** y **F.** transport; **A.** Transport; **It.** trasporto.

transversal
adj. **I.** traverse; **F.** transversal; **A.** quer, schräg; **It.** trasversale.

tranvía
m. **I.** y **F.** tramway; **A.** Strassenbahn; **It.** tramvia.

trapecio
m. **I.** trapezium; **F.** trapèze; **A.** Trapez; **It.** trapezio.

trapero
m. **I.** ragman; **F.** chiffonier; **A.** trödler; **It.** cenciaiolo.

trapo
m. **I.** rag; **F.** chiffon; **A.** Lumpen; **It.** cencio.

tráquea
f. **I.** trachea, windpipe; **F.** trachée; **A.** Luftröhre; **It.** trachea.

trascendencia
f. **I.** transcendency; **F.** transcendance; **A.** grosse Bedeutung; **It.** trascendenza.

trascender
intr. **I.** to transcend; **F.** être transcendant; **A.** durchdringen; **It.** trascendere.

traslación
f. **I.** y **F.** translation; **A.** Übertragung; **It.** traslazione.

trasladar
tr. **I.** to transfer, to move; **F.** transférer, transporter; **A.** versetzen, übertragen; **It.** traslatare, traslocare.

traslumbrar
tr. **I.** to dazzle; **F.** éblouir; **A.** verblenden; **It.** abbagliare.

trasmallo
m. **I.** trammel-net; **F.** tramail, trémail; **A.** Fischer-netz; **It.** tramaglio.

traspasar
tr. **I.** to cross, to pass over; **F.** traverser; **A.** übertragen; **It.** trapassare.

traspié
m. **I.** slip, stumble; **F.** faux-pas; **A.** Stolpern; **It.** scivolone.

trasplantar
tr. **I.** to transplant; **F.** transplanter; **A.** verpflanzen; **It.** trapiantare.

trasquilar
tr. **I.** to shear; **F.** tondre; **A.** scheren (das Haar); **It.** tondere.

traste
m. **I.** fret, stop; **F.** touchette; **A.** Gitarrengriff; **It.** taste.

trasto
m. **I.** piece of forniture, luggage; **F.** meuble inutile; **A.** Rumpelei; **It.** vecchio mobile.

trastornar
tr. **I.** to overthrow, to overturn; **F.** bouleverser, déranger; **A.** umkehren, verwirren; **It.** scompigliare.

tratado
m. **I.** treaty, treatise; **F.** pacte, traité; **A.** Vertrag, Abhandlung; **It.** trattato.

tratar
tr. **I.** to handle; **F.** traiter; **A.** behandeln; **It.** trattare.
I. to treat; **F.** fréquenter; **A.** umgehen (mit); **It.** trattare.

travesía
f. **I.** passage, cross-road; **F.** traverse; **A.** Querstrasse; **It.** traversata.

travesura
f. **I.** prank, trick; **F.** espièglerie, polissonnerie; **A.** Mutwille, Schelmerei; **It.** monelleria.

travieso
adj. **I.** restless, mischievous, noughty; **F.** turbulent, polisson; **A.** mutwillig; **It.** monellesco, discolo.

trayecto
m. **I.** trajection, road; **F.** trajet; **A.** Strecke; **It.** tragitto.

traza
f. **I.** draft, plan; **F.** ébauchage; **A.** Bauplan; **It.** abbozzo, traccia.

trazar
tr. **I.** to plan out; **F.** tracer; **A.** entwerfen; **It.** tracciare, disegnare.

trecho
m. **I.** space, distance; **F.** espace, distance; **A.** Strecke, Zeitraum; **It.** tratto.

tregua
f. **I.** truce; **F.** trêve; **A.** Waffenstillstand; **It.** tregua.

tremendo
adj. **I.** tremendous; **F.** terrible, formidable; **A.** fürchterlich; **It.** tremendo.

trémulo
adj. **I.** tremulous; **F.** tremblant; **A.** zitternd, bebend; **It.** tremulo.

trepar
intr. **I.** to climb; **F.** grimper; **A.** erklettern; **It.** rampicare.

trepidación
f. **I.** trepidation; **F.** trépidation; **A.** Erschütterung, Beben; **It.** trepidazione.

triar
tr. **I.** to choose; **F.** trier; **A.** aussuchen; **It.** scegliere.

tribu
f. **I.** tribe; **F.** tribu; **A.** Stamm; **It.** tribu.

tribulación
f. **I.** y **F.** tribulation; **A.** Tribulation, Drangsal; **It.** tribulazione.

tributo
m. **I.** tribute, tax; **F.** tribut; **A.** Abgabe, Zoll, Steuer; **It.** tributo.

trigo
m. **I.** wheat; **F.** blé, froment; **A.** Weizen; **It.** frumento, grano.

trillar
tr. **I.** to thrash, to beat; **F.** dépiquer, battre; **A.** dreschen; **It.** trebbiare.

trinchar
tr. I. to carve; F. trancher, découper; A. zerhacken, zerlegen; It. trinciare.

tripa
f. I. gut, intestine; F. tripe; A. Darm; It. trippa.

tripulación
f. I. crew; F. équipage; A. Schiffsmannschaft; It. equipaggio.

triste
adj. I. sad, sorrowful; F. triste; A. traurig, Kläglich; It. triste, mesto.

tristeza
f. I. sarrow, sadness; F. tristesse; A. Trauer, Schwermut; It. tristezza.

triturar
tr. I. to grind, to triturate; F. triturer, broyer; A. zerstossen, zermalmen; It. triturare, macinare.

triunfar
intr. I. to triumph, to win; F. triompher; A. triumphieren; It. trionfare.

triunfo
m. I. triumph; F. triomphe; A. Triumph; It. trionfo.

trocar
tr. I. to exchange; F. troquer; A. tauschen; It. barattare.

trofeo
m. I. trophy; F. trophée; A. Trophäe, Siegespreis; It. trofeo.

trono
m. I. throne; F. trône; A. Thron; It. trono.

tropa
f. I. troop; F. troupe; A. Truppe; It. truppa.

tropel
m. I. hurry; F. mouvement désordonné; A. Trappeln; It. chiasso.

tropezar
intr. I. to stumble; F. broncher, trébucher; A. straucheln, stolpern; It. inciampare.

tropiezo
m. I. trip; F. achoppement; A. Anstoss; It. inciampo, ostacolo.

trozo
m. I. piece, bit; F. morceau, tronçon; A. Stück; It. brano, tozzo, pezzo.

truco
m. I. trick; F. truc; A. Schlich, Trick; It. trucco.

trufa
f. I. truffle; F. truffe; A. Trüffel; It. tartufo.

truncar
tr. I. to truncante; F. tronquer; A. abschneiden; It. troncare.

tuberculosis
f. I. tuberculosis; F. tuberculose; A. Tuberkulose; It. tuberculosi.

tubo
m. I. tube, pipe; F. tube, tuyau; A. Rohr; It. tubo.

tuerto
adj. I. one-eyed; F. borgne; A. einäugig; It. torto.

tugurio
m. I. hut, cottage; F. chaumière; A. Schäferhütte; It. tugurio.

tumba
f. I. tomb, grave; F. tombe; A. Grab (mal); It. tomba.

tumbar
tr. I. to tumble; F. terrasser; A. umwerfen; It. tombolare, abbatere.

tumor
m. I. tumour; F. tumeur; A. Geschwulst; It. tumore.

tumulto
m. I. tumult; F. tumulte; A. Tumult, Aufruhr; It. tumulto.

tunante
adj. I. truant; F. coquin: A. Spitzbube; It. birbone.

tunda
f. I. beating; F. raclée, rincée; A. Prügel; It. bastonatura.

túnel
m. I. y F. tunnel; A. Tunnel; It. tunnel, galleria.

tupido
adj. I. thick; F. épaissi; A. dicht; It. denso.

turba
f. I. crowd; F. foule; A. Gewühl; It. folla.

turbación
f. I. perturbation; F. confusion, trouble; A. Verlegenheit; It. turbazione.

turbar
tr. I. to disturb; F. troubler; A. verwirren; It. turbare.

turbina
f. I. y F. turbine; A. Turbine; It. turbina.

turbio
adj. I. mudday, turbid; F. trouble; A. unklar, trübe; It. torbido.

turbulencia
f. I. y F. turbulence; A. Aufregung; It. turbolenza.

turca
f. I. tipsiness; F. cuite, ivresse; A. Rausch; It. sbornia.

turismo
m. I. tourism; F. tourisme; A. Reisesport; It. turismo.

turno
m. I. turn, alternancy; F. tour; A. Reihenfolge; It. turno.

tutela
f. I. tutelage, tutorage; F. tutelle; A. Vormundschaft; It. tutela.

ubicuidad
f. I. ubiquity; F. ubiquité; A. Allgegenwart; It. ubiquità.

ubre
f. I. udder, teat; F. pis, mamelle; A. Zitze, Enter; It. capezzolo.

ufanarse
prnl. I. to boast; F. se vanter; A. sich brüsten; It. pompeggiarsi.

ujier
m. I. usher; F. huissier; A. Türhüter; It. usciere.

úlcera
f. I. ulcer; F. ulcère; A. Geschwür; It. ulcera.

ulterior
adj. I. ulterior, farther; F. ultérieur; A. ferner, weiter; It. ulteriore.

último
adj. I. last; F. dernier; A. letzter; It. ultimo.

ultrajar
tr. I. to outrage. to offend; F. outrager; A. Beschimpfen; It. oltraggiare.

ultraje
m. I. outrage, insult; F. outrage; A. Schimpf, Beschimpfung; It. oltraggio.

ultramarino
adj. I. grocery; F. épices; A. Kolonialwaren; It. colonial.

ultranza (a)
m. adv. I. to the death, at any cost; F. à outrance; A. auf Leben und Tod; It. oltranza.

umbral
m. I. threshold; F. seuil; A. Schwelle; It. soglia.

umbría
f. I. umbrage; F. ombrage; A. Schatten; It. auggiato, ombria.

un
m. y f. I. an, a; F. un, une; A. ein, eine (r); It. un, una.

unánime
adj. I. unanimous; F. unanime; A. einstimmig; It. unanime.

unanimidad
f. I. unanimity; F. unanimité; A. Unanimität; It. unanimità.

unción
f. I. unction; F. onction; A. (Ein) Salbun; It. unzione.

uncir
tr. I. to yoke; F. atteler; A. anjochen, anspannen; It. aggiogare.

undécimo
adj. I. eleventh; F. onzième; A. elfte (r); It. undecimo.

undular
intr. I. to wave; F. onduler; A. wallen; It. ondulare.

ungir
tr. I. to anoint; F. oindre; A. salben; It. ungere.

ungüento
m. I. ointment, unguent; F. onguent; A. Salbe, Schmiersalbe; It. unguento.

único
adj. I. single, sole; I. unique; A. einzig; It. unico.

unicornio
m. I. unicorn; F. unicorne; A. Einhorn, Nashorn; It. unicorno.

unidad
F. I. unity; F. unité; A. Einheit (lichkeit); It. unità.

unificar
tr. I. to unify; F. unifier; A. vereinheitlichen; It. unificare.

uniformar
tr. I. to uniform; F. uniformiser; A. uniformieren; It. uniformare.

uniforme
adj. I. uniform; F. e It. uniforme; A. einförmig.

unión
f. I. y F. union; A. Vereinigung; It. unione.

unir
tr. I. to unite; F. unir; A. vereinigen; It. unire.

unísono
adj. I. unisonous; F. unissonnant; A. gleichstimmig; It. unisono.

univalvo
adj. I. y F. univalve; A. Einschalig; It. univalvo.

universal
adj. I. universal; F. universel; A. allgemein, universal; It. universale.

universidad
f. I. university; F. université; A. Universität; It. università.

universo
m. I. universe; F. univers; A. Weltall; It. universo.

unívoco
adj. I. univolcal; F. univoque; A. eindeutig; It. univoco.

uno
adj. I. one; F. un, une, A. ein, eins; It. uno.

untar
tr. I. to anoint, to oil; F. oindre, graisser; A. einsalben; It. untare.

unto
m. I. grease, fat; F. onguent, graisse; A. Schmiere; It. untume.

untuoso
adj. I. unctuous; F. onctueux, A. schmierig; It. untuoso.

uña
f. I. nail; F. ongle; A. Nagel; It. unghia.

uranio
m. I. y F. uranium; A. Uran; It. uranio.

Urano
m. I. F. y A. Uranus; It. Urano.

uranografía
f. I. uranography; F. uranographie; A. Himmelschreibung; It. uranografia.

urbanizar
tr. I. to urbanize; F. rendre civil; A. zivilisieren; It. incivilire.

urbano
adj. I. urban; F. urbain; A. Städtisch; It. urbano.

urbe
f. I. town, city; F. ville; A. Grossstadt; It. urbe.

urdimbre
f. I. warp; F. chaine; A. Kettgarn; It. ordito.

urdir
tr. I. to warp; F. ourdir; A. scheren, zetteln; It. ordire.

urea
f. I. e It. urea; F. urée; A. Harnstoff.

uremia
f. I. uraemia; F. urémie; A. Harnvergiftung; It. uremia.

urente
adj. I. hot, burning; F. ardent, brülant; A. brennend; It. ardente.

uréter
m. I. ureter; F. uretère; A. Harnleiter; It. uretere.

uretra
f. **I.** urethra; **F.** urètre; **A.** Harnröhre; **It.** uretra.

urgencia
f. **I.** urgency; **F.** urgence; **A.** Dringlichkeit; **It.** urgenza.

urgir
intr. **I.** to urge, to press; **F.** être urgent; **A.** dringend sein; **It.** urgere.

úrico
adj. **I.** uric; **F.** urique; **A.** Harnsäure, Blasensäure; **It.** urico.

urinario
adj. **I.** urinal, chalet; **F.** pissoir; **A.** Bedürfnisanstalt; **It.** orinatorio.

urna
f. **I.** urn; **F.** urne; **A.** Urne, Krug; **It.** urna.

urraca
f. **I.** (mag) pie; **F.** pie, agace; **A.** Elster, Gartenrabe; **It.** pica, cecca.

ursulina
adj. **I.** Ursuline; **F.** ursuline; **A.** Ursulinernonne; **It.** orsolina.

urticaria
f. **I.** e **It.** urticaria; **F.** urticaire; **A.** Nesselausschlag.

usar
tr. **I.** to use; **F.** user, employer; **A.** gebrauchen, tragen; **It.** usare.

uso
m. **I.** use; **F.** usage; **A.** Gebrauch; **It.** uso.

usual
adj. **I.** usual; **F.** usuel; **A.** gebräuchlich; **It.** usuale.

usufructo
m. **I.** usufruct; **F.** usufruit; **A.** Nutzniessung; **It.** usufrutto.

usufructuar
tr. **I.** to usufruct; **F.** jouir de l'usufruit; **A.** nutzniessen; **It.** usufruttare.

usura
f. **I.** usury; **F.** usure; **A.** Wucher; **It.** usura.

usurero
m. **I.** usurer; **F.** usurier; **A.** Wucherer; **It.** usuraio.

usurpación
f. **I.** y **F.** usurpation; **A.** Usurpation; **It.** usurpazione.

usurpar
tr. **I.** to usurp, to grasp; **F.** usurper; **A.** sich anmassen; **It.** usurpare.

utensilio
m. **I.** utensil, tool; **F.** ustensile; **A.** Werkzeug, Gerät; **It.** utensile.

útero
m. **I.** uterus; **F.** utérus; **A.** Gebärmutter; **It.** utero.

útil
adj. **I.** useful; **F.** utile; **A.** nützlich, tauglich; **It.** utile.

utilidad
f. **I.** utility, usefulness; **F.** utilité; **A.** Nutzen, Vorteil; **It.** utilità.

utilizar
tr. **I.** to utilize; **F.** utiliser; **A.** gebrauchen, benützen; **It.** utilizzare.

utopía
f. **I.** e **It.** utopia; **F.** y **A.** utopie.

uva
f. **I.** grape; **F.** raisin; **A.** Traube; **It.** uva.

úvula
f. **I.** uvula; **F.** uvule; **A.** Zäpfchen; **It.** uvola.

vaca
f. **I.** cow; **F.** vache; **A.** Kuh; **It.** vacca.

vacación
f. **I.** vacation, holiday; **F.** vacances; **A.** Ferien, Ruhezeit; **It.** vacazione, vacanza.

vacante
adj. **I.** y **F.** vacant; **A.** unbesetz; **It.** vacante.

vaciar
tr. **I.** to empty, to evacuate; **F.** vider; **A.** ausleeren; **It.** vuotare.

vacilación
f. **I.** vacillation; staggering; **F.** vacillation, hésitation; **A.** Schwankung; **It.** vacillazione, esitazione.

vacilar
intr. **I.** to vacillate, to hesitate; **F.** vaciller, hésiter; **A.** schwanken; **It.** vacillare, esitare.

vacío
adj. **I.** empty, void; **F.** vide; **A.** leer; **It.** vuoto.

vacuna
f. **I.** cowpox, vaccine; **F.** vaccin, vaccine; **A.** Kuhpocke, Vakzin; **It.** vaccina.

vacunar
tr. **I.** to vaccinate; **F.** vacciner; **A.** impfen; **It.** vaccinare.

vadear
tr. **I.** to ford, to wade; **F.** guéer; **A.** (durch) waten; **It.** guadare.

vado
m. **I.** ford; **F.** gué; **A.** Furt, Durchwatstelle; **It.** guado.

vagabundo
adj. **I.** vagabond, vagrant; **F.** vagabond; **A.** Landstreicher; **It.** vagabondo.

vagar
intr. **I.** to be at leisure; **F.** être oisif; **A.** Musse; **It.** retaglio di tempo.

vago
adj. **I.** idle, lazy; **F.** oisif, fainéant; **A.** müssiggänger; **It.** scioperone, fannullone.

vagón
m. **I.** wagon; **F.** wagon; **A.** Waggon; **It.** vagone.

vaho
m. **I.** vapour, steam; **F.** vapeur; **A.** Dampf; **It.** vapore.

vaina
f. **I.** sheath; **F.** fourreau, gaine; **A.** Scheide, Hülse; **It.** guaina.

vaivén
m. **I.** seesaw; **F.** va-et-vient; **A.** Schwankung; **It.** viavai.

vajilla
f. **I.** tableware; **F.** vaiselle; **A.** Tafel, Geschirr; **It.** vassellame.

vale
m. **I.** bond; **F.** bon; **A.** Freischein; **It.** bono.

valedor
m. **I.** protector; **F.** protecteur; **A.** Beschützer; **It.** protettore.

valentía
f. **I.** bravery; **F.** vaillance; **A.** Mut, Tapferkeit; **It.** valentia.

valer
tr. **I.** to be valuable; **F.** valoir; **A.** gelten; **It.** valere.

valetudinario
adj. **I.** valetudinary; **F.** valétudinaire; **A.** siech; **It.** valetudinario.

válido
adj. **I.** valid; **F.** valide; **A.** gültig; **It.** valido.

valiente
adj. **I.** valiant, brave; **F.** vaillant, brave; **A.** tapfer, mutig: **It.** prode, valente.

valija
f. **I.** y **F.** valise; **A.** Reisetasche; **It.** valiglia.

valor
m. **I.** value; **F.** valeur; **A.** Wert; **It.** valore.

valorar
tr. **I.** to appraise, to value; **F.** estimer, évaluer; **A.** schätzen, bewerten; **It.** avvalorare, stimare.

valva
f. **I.** y **F.** valve; **A.** Muschelschale; **It.** valva.

válvula
f. **I.** valve; **F.** valvule, soupape; **A.** Klappe, Ventil; **It.** valvola.

valla
f. **I.** fence, paling; **F.** clôture, palissade; **A.** Zaun, Pferch; **It.** palizzata.

valle
m. **I.** valley; **F.** vallée; **A.** Tal; **It.** valle.

vampiro
m. **I.** y **F.** vampire; **A.** Vampir, Blutsauger; **It.** vampiro.

vanagloria
f. **I.** vainglory; **F.** vaine gloire; **A.** Ruhmsucht; **It.** vanagloria.

vándalo
adj. **I.** Vandal; **F.** vandale; **A.** Vandale; **It.** vandalo.

vanguardia
f. **I.** vanguard, foreward; **F.** avantgarde; **A.** Vorhut, Avantgarde; **It.** vanguardia.

vanidad
f. **I.** vanity; **F.** vanité; **A.** Hoffart, Eitelkeit; **It.** vanità.

vano
m. **I.** vain, inane; **F.** vain; **A.** eitel; **It.** vano.

vapor
m. **I.** vapour, steam; **F.** vapeur; **A.** Dunst, Dampfer; **It.** vapore.

vaporización
f. **I.** y **F.** vaporization; **A.** Verdampfen, Verdunstung; **It.** vaporizzazione.

vara
f. **I.** stick, rod; **F.** verge, gaule; **A.** Stab, Stange; **It.** verga, pertica.

varar
intr. **I.** to ground; **F.** échouer; **A.** anstranden; **It.** dare in secco.

varear
tr. **I.** to beat down; **F.** gauler; **A.** (Obst) abschlaren; **It.** (ab) bachiare.

variación
f. **I.** y **F.** variation; **A.** Veränderung, Wechsel; **It.** variazione.

variar
tr. **I.** to vary, to change; **F.** varier; **A.** abändern, wechseln; **It.** variare.

varilla
f. **I.** rod, spindle; **F.** baguette, tringle; **A.** Reitgerte, Stäbchen; **It.** verghetta, stecca.

vario
adj. **I.** various, divers; **F.** divers; **A.** mannigfaltig; **It.** vario.

varón
m. **I.** male, man; **F.** homme; **A.** Mann; **It.** viro.

varonil
adj. **I.** male, manly; **F.** viril; **A.** männlich, mannhaft; **It.** virile.

vasallaje
m. **I.** vassalage; **F.** vassalité; **A.** Lehnspflicht; **It.** vassallaggio.

vasallo
adj. **I.** y **F.** vassal; **A.** Vassall; **It.** vassallo.

vasija
f. **I.** vessel; **F.** vase, vaisseau; **A.** Gefäss; **It.** vaso.

vástago
m. **I.** stem, shoot; **F.** rejeton; **A.** Sprössling; **It.** germoglio.

vasto
adj. **I.** vast; **F.** vaste; **A.** weit; **It.** vasto.

vaticinio
m. **I.** vaticination, prediction; **F.** vaticination; **A.** Wahrsagung; **It.** vaticinio.

vecindad
f. **I.** vicinity, neibourhood; **F.** voisinage; **A.** Nachbarschaft; **It.** vicinanza.

vecino
adj. **I.** neighbour; **F.** voisin; **A.** Nachbar; **It.** vicino.

vedar
tr. **I.** to forbid; **F.** défendre; **A.** verbieten; **It.** vietare.

vega
f. **I.** open plain; **F.** champs bas; **A.** Flur, Gefilde; **It.** campagna.

vegetación
f. **I.** vegetation; **F.** végétation; **A.** Vegetation; **It.** vegetazione.

vegetar
intr. **I.** to vegetate; **F.** végéter; **A.** wachsen; **It.** vegetare.

vehículo
m. **I.** vehicle; **F.** véhicule; **A.** Fuhrwerk, Fahrzeug; **It.** veicolo.

vejar
tr. **I.** to vex, to annoy; **F.** vexer, maltraiter; **A.** Belästigen, plagen; **It.** vessare.

vejez
f. **I.** old age; **F.** vieillesse; **A.** Alter; **It.** vecchiezza.

vela
f. **I.** candle; **F.** bougie; **A.** Kerze; **It.** candela.

velamen
m. **I.** suit of sails; **F.** voilure; **A.** Segelwerk; **It.** velame, velatura.

velar
intr. **I.** to watch; **F.** veiller; **A.** wachen, aufsein; **It.** vegliare.

velatorio
m. I. deathwatch; F. veiller un mort; A. Totenwache; It. veglia dei difunti.

veleidad
f. I. velleity; versatility; F. velléité; A. Wankelmut, Laune; It. velleità.

velo
m. I. veil; F. voile; A. Schleier; It. velo.

velocidad
f. I. speed, velocity; F. vélocité, vitesse; A. Geschwindigkeit; It. velocità.

veloz
adj. I. swift; F. véloce; A. schnell; It. veloce.

vena
f. I. vein; F. veine; A. (Blut) Ader; It. vena.

venado
m. I. deer, stag; F. cerf, gibier; A. Hirsch, Wild; It. daino.

vencer
tr. I. to vanquish, to win; F. vaincre; A. besiegen, bezwingen; It. vincere.

vencimiento
m. I. maturity; F. échéance; A. Verfallzeit; It. scadenza.

vendaval
m. I. blore, whirlwind; F. vent d'aval; A. starker, Seewind; It. vento impetuoso.

vendedor
m. I. seller; F. vendeur; A. Verkäufer; It. venditore.

vender
tr. I. to sell; F. vendre; A. verkaufen; It. vendere.

vendimia
f. I. vintage; F. vendange; A. (Wein) Lese; It. vendemmia.

veneno
m. I. poison; F. venin; A. Gift; It. veleno.

venerable
adj. I. venerable; F. vénérable; A. ehrwürdig; It. venerabile.

venganza
f. I. revenge, vengeance; F. vengeance; A. Rache; It. vendetta.

venia
f. I. pardon, leave; F. permission, pardon; A. Verzeihung; It. venia.

venida
f. I. arrival, coming; F. venue; A. Ankunft; It. venuta.

venir
intr. I. to come; F. venir; A. Kommen, gelangen; It. venire.

ventaja
f. I. advantage; F. avantage; A. Vorteil; It. vantaggio.

ventilación
f. I. y F. ventilation; A. Lüftung; It. ventilazione.

ventilar
tr. I. to air, to ventilate; F. ventiler; A. durchlüften; It. ventilare.

ventosa
f. I. sucker; F. ventouse; A. Schropfkopf; It. ventosa.

ventosidad
f. I. flatulence, fart; F. ventosité; A. Furz, Blähung; It. ventosità.

ventrículo
m. I. ventricle; F. ventricule; A. Herzkammer; It. ventricolo.

ventura
f. I. fortune, luck; F. chance, hazard; A. Glück; It. ventura, fortuna.

ver
tr. I. to see; F. voir; A. sehen; It. vedere.

veraz
adj. I. veracious; F. véridique; A. wahrhaft; It. verace.

verbal
adj. I. y F. verbal; A. wörtlich; It. verbale.

verbo
m. I. verb; F. verbe; A. Zeitwort, Tätigkeitswort; It. verbo.

verdad
f. I. truth; F. vérité; A. Wahrheit; It. verità.

verdadero
adj. I. true; F. vrai; A. wahrhaftig; It. vero.

verdor
m. I. greenness; F. verdeur; A. frisches Pflanzengrün; It. verdore.

verdugo
m. I. hangman, executioner; F. bourreau; A. Henker; It. boia.

vereda
f. I. footpath; F. sentier; A. Fussweg, Pfad; It. sentiero.

veredicto
m. I. veredict; F. verdict; A. Urteil; It. verdetto.

verga
f. I. yard; F. verge; A. Schamglied; It. verga.

vergonzoso
adj. I. bashful; F. honteux; A. schamhaft; It. vergognoso.

vergüenza
f. I. shame; F. honte; A. Scham; It. vergogna.

verificar
tr. I. to verify; F. vérifier; A. Kontrollieren, prüfen; It. verificare.

verruga
f. I. wart; F. verrue; A. Warze; It. verruca.

versátil
adj. I. y F. versatile; A. versatil; It. versatile.

versión
f. I. y F. version; A. Übersetzung; It. versione.

verso
m. I. verse; F. vers; A. Vers; It. verso.

vértebra
f. I. e It. vertebra; F. vertèbre; A. Wirbel.

verter
tr. I. to spill; F. verser, répandre; A. eingiessen; It. versare, vuotare.

vertical
adj. I. y F. vertical; A. senkrecht; It. verticale.

vértice
m. I. y F. vertex; A. Scheitelpunkt; It. vertice.

vertiente
f. I. slope, versant; F. versant; A. Abhang; It. versante.

vertiginoso
adj. I. vertiginous; F. vertigineux; A. schwindelig; It. vertiginoso.

vértigo
m. I. vertigo; F. vertige; A. Schwindel; It. vertigine.

vesícula
f. I. vesicle; F. vésicule; A. Bläschen; It. vescicola.

vestíbulo
m. I. y F. vestibule; A. Vorsaal; It. vestibolo.

vestido
m. I. dress, costume; F. vêtement, robe, habit; A. Kleid, Anzug; It. vestito, abito.

vestigio
m. I. y F. vestige; A. Spur; It. vestigio.

vestir
tr. I. to clothe, to dress; F. vêtir, habiller; A. Kleiden, anlegen; It. vestire.

veta
f. I. vein; F. veine, filon; A. Maser, Gang; It. filone, vena.

veterinario
m. I. veterinary, veterinarian; F. vétérinaire; A. Tierarzt; It. veterinario.

veto
m. I., F. e It. veto; A. Einspruch.

vez
f. I. turn, time; F. fois, tour; A. Mal; It. vece, volta.

vía
f. I. way, road, route; F. voie, chemin, route; A. Weg, Bahn; It. via, cammino.

víacrucis
m. I. Calvary; F. Chemin de la Croix; A. Kreuzweg; It. Calvario.

viaducto
m. I. viaduct; F. viaduc; A. Viadukt, Überbrückung; It. viadotto.

viajar
intr. I. to travel, to journey; F. voyager; A. reisen; It. viaggiare.

viaje
m. I. travel; F. voyage; A. Reise; It. viaggio.

vianda
f. I. viands, victuals; F. aliment, nourriture; A. Speise, Gericht; It. vivanda.

viandante
m. I. passenger; F. passant; A. Wanderer; It. viandante.

víbora
f. I. viper; F. vipère; A. Viper; It. vipera.

vibración
f. I. y F. vibration; A. Schwingung; It. vibrazione.

vibrar
tr. I. to vibrate; F. vibrer; A. schwingen, pendeln, vibrieren; It. vibrare.

vicario
m. I. vicar; F. vicaire; A. Vikar; It. vicario.

viciar
tr. I. to vitiate; F. vicier; A. verderben; It. viziare.

vicio
m. I. y F. vice; A. Fehler; It. vizio.

víctima
f. I. victim; F. victime; A. Opfer; It. vittima.

victoria
f. I. victory; F. victoire; A. Sieg; It. vittoria.

vid
f. I. vine; F. vigne; A. Weinstock; It. vite.

vida
f. I. life, being; F. vie; A. Leben; It. vita.

vidrio
m. I. glass; F. verre; A. Glas; It. vetro.

vidrioso
adj. I. vitreous; F. vitreux; A. glasig; It. vetroso.

viejo
adj. I. old, aged; F. vieux; A. alt, abgenutz; It. vecchio, antico.

viento
m. I. wind; F. vent; A. Wind; It. vento.

vientre
m. I. belly; F. e It. ventre; A. Bauch.

viernes
m. I. friday; F. vendredi; A. Freitag; It. venerdi.

viga
f. I. beam, girder; F. poutre, solive; A. Balken, Träger; It. trave.

vigía
m. I. watch; F. vigie; A. Aussichtswarte; It. vedetta.

vigilancia
f. I. vigilance; F. surveillance; A. Aufsicht, Wachsamkeit; It. vigilanza

vigilar
intr. I. to watch; F. veiller, surveiller; A. bewachen, aufpassen; It. vigilare.

vigilia
f. I. wakefulness; F. veille; A. Nachtwache; It. veglia.

vigor
m. I. vigour; F. vigueur; A. Kraft, Energie; It. vigore.

vigorizar
tr. I. to invigorate; F. donner de la vigueur; A. Kräftigen; It. invigorire.

vil
adj. I. mean, vile; F. vil, vile; A. niederträchtig; It. vile.

vileza
f. I. vileness, meanness; F. vileté, bassesse; A. Gemeinheit; It. viltà.

vilipendiar
tr. I. to vilipend, to contemn; F. vilipender; A. geringschätzen; It. vilipendere.

vilipendio
m. I. contempt; F. mépris, dénigrement; A. Geringschätzung; It. vilipendio.

villa
f. I. borough, town; F. petite ville; A. Kleinstadt; It. borgo.

villano
adj. I. villainous; F. vilain, méchant; A. gemein, niedrig; It. vile.

vinagre
m. I. vinegar; F. vinaigre; A. Essig; It. aceto.

vínculo
m. I. vinculum, tie, F. lien; A. Band, Verbindung; It. vincolo.

vindicar
tr. I. to vindicate; F. revindiquer; A. verteidigen; It. rivendicare.

vino
m. I. wine; F. vin; A. Wein; It. vino.

viña
f. I. wineyard; F. vigne; A. Weinberg; It. vigna.

viñeta
f. I. y F. vignette; A. Vignette, Zierleiste; It. vignetta.

violación
f. **I.** y **F.** violation; **A.** Schändung, Notzucht; **It.** violazione.

violar
tr. **I.** to violate; **F.** violer; **A.** notzüchtigen; **It.** violare.

violencia
f. **I.** y **F.** violence; **A.** Gewalttätigkeit; **It.** violenza.

violentar
tr. **I.** to force; **F.** violenter; **A.** Vergewaltigen; **It.** forzare, violentare.

violeta
f. **I.** violet; **F.** violette; **A.** Veilchen; **It.** violetta.

violín
m. **I.** violin; **F.** violon; **A.** Geige, Violine; **It.** violone.

virar
tr. **I.** to turn, to tack; **F.** virer; **A.** drehen, wenden; **It.** virare.

virgen
adj. **I.** virgin; **F.** vierge; **A.** Jungfrau; **It.** vergine.

virrey
m. **I.** viceroy; **F.** vice-roi; **A.** Vizekönig; **It.** vicerè.

virtud
f. **I.** virtue; **F.** vertu; **A.** Tugend; **It.** virtù.

viruela
f. **I.** smallpox; **F.** variole; **A.** Blatter, Pocken; **It.** vaiolo.

virus
m. **I. F.** e **It.** virus; **A.** Giftstoff.

viruta
f. **I.** wood-shaving; **F.** copeau; **A.** Span, Hobelspan; **It.** truciolo.

visar
tr. **I.** to visa; **F.** viser; **A.** visieren, beglaubigen; **It.** vistare.

víscera
f. **I.** viscera, entrails; **F.** viscère; **A.** Eingeweide; **It.** viscere.

viscosidad
f. **I.** viscosity; **F.** viscosité; **A.** Klebrigkeit; **It.** viscosità.

visera
f. **I.** vizor; **F.** visière; **A.** Visier; **It.** visiera.

visibilidad
f. **I.** visibility; **F.** visibilité; **A.** Sichtbarkeit; **It.** visibilità.

visión
f. **I.** y **F.** vision; **A.** Sehen; **It.** visione.

visita
f. **I.** visit; **F.** visite; **A.** Besuch; **It.** visita.

visitar
tr. **I.** to visit; **F.** visiter; **A.** besuchen; **It.** visitare.

vislumbrar
tr. **I.** to glimpse; **F.** entrevoir; **A.** undeutlich sehen; **It.** intravedere.

vislumbre
f. **I.** glimpse; **F.** reflet; **A.** schwacher; **It.** barlume.

viso
m. **I.** luster, gloss; **F.** reflet; **A.** Schimmer; **It.** riflesso.

víspera
f. **I.** eve; **F.** veille; **A.** Vorabend; **It.** vigilia.

vista
f. **I.** sight; **F.** vue; **A.** Sehen, Gesichtssinn; **It.** vista.

vistoso
adj. **I.** showy; **F.** voyant; **A.** ansehnlich, auffallend; **It.** vistoso.

vital
adj. **I.** vital essential; **F.** vital; **A.** belebend, wichtig; **It.** vitale.

vitalidad
f. **I.** vitality; **F.** vitalité; **A.** Lebenskraft; **It.** vitalità.

vitamina
f. **I.** vitamin; **F.** vitamine; **A.** Vitamin; **It.** vitamina.

vitela
f. **I.** parchment; **F.** vélin; **A.** Kalbleder; **It.** vitella.

vitrina
f. **I.** y **F.** vitrine; **A.** Glaskasten; **It.** vetrina.

vitualla
f. **I.** victuals; **F.** victuaille; **A.** Lebensmittel; **It.** vettovaglia.

vituperar
tr. **I.** to vituperate; **F.** blâmer; **A.** rügen, tadeln; **It.** vituperare.

viudo
adj. **I.** widower, widow; **F.** veuf, veuve; **A.** verwitwet, Witwer, Witwe; **It.** vedovo, vedova.

vivaz
adj. **I.** brisk, vivacious; **F.** perspicace; **A.** lebhaft; **It.** vivace.

víveres
m. pl. **I.** provisions, stores; **F.** vivres; **A.** Lebensmittel; **It.** viveri.

viveza
f. **I.** liveliness; **F.** vivacité; **A.** Lebhaftigkeit; **It.** vivezza.

vivienda
f. **I.** dweling, house, apartment; **F.** demeure, logis; **A.** Wohnung, Behausung; **It.** alloggio, dimora.

vivificar
tr. **I.** to vivify; **F.** vivifier; **A.** beleben; **It.** vivificare.

vivir
intr. **I.** to live; **F.** vivre; **A.** leben, bestehen; **It.** vivere.

vocablo
m. **I.** y **F.** vocable; **A.** Wort; **It.** vocabolo.

vocabulario
m. **I.** vocabulary; **F.** vocabulaire; **A.** Wörterbuch; **It.** vocabolario.

vocación
f. **I.** y **F.** vocation; **A.** Beruf; **It.** vocazione.

vocal
adj. **I.** vowel; **F.** voyelle; **A.** Vokal; **It.** vocale.

vocear
intr. **I.** to cry out; **F.** crier, publier; **A.** (aus) -schreien; **It.** vociare, gridare.

volar
intr. **I.** to fly; **F.** voler; **A.** fliegen; **It.** volare.

volátil
adj. **I.** y **F.** volatile; **A.** fliegend, Geflügel; **It.** volatile.

volcán
m. **I.** volcano; **F.** volcan; **A.** Vulkan; **It.** vulcano.

volcar
tr. **I.** to overset; **F.** renverser; **A.** umwerfen; **It.** rovesciare, capovolgere.

voluble
adj. I. voluble; F. versatile; A. veränderlich; It. volubile.

volumen
m. I. e It. volume; F. volume, masse; A. Rauminhalt.

voluntad
f. I. will; F. volonté; A. Wille; It. volontà.

voluntario
adj. I. voluntary; F. volontaire; A. freiwillig; It. volontario.

voluptuoso
adj. I. voluptuous; F. voluptueux; A. wollüstig; It. voluttuoso.

volver
tr. I. to return, to turn; F. tourner, rendre; A. zurückkehren; It. ritornare.

vomitar
tr. I. to vomit; F. vomir; A. erbrechen; It. vomitare.

vómito
m. I. vomiting; F. vomissement; A. Brechen; It. vòmito.

voraz
adj. I. voracious; F. vorace; A. gefrässig; It. vorace.

votar
intr. I. to vow, to vote; F. voter; A. abstimmen, wahlen; It. votare.

voto
m. I. vote, ballot; F. vote, vœu; A. Gelübde, Wahlstimme; It. voto.

voz
f. I. voice; F. voix; A. Stimme; It. voce.

vuelco
m. I. tumble; F. culbute; A. Umsturz, Umkippen; It. tòmbolo.

vuelo
m. I. flight, flying; F. vol; A. Flug; It. vols.

vuelta
f. I. turn; F. tour, détour; A. Drehung; It. volta, giro.

vulgar
adj. I. vulgar; F. vulgaire; A. gewöhnlich, gemein; It. volgare.

vulgo
m. I. common people; F. vulgaire; A. Pöbel, Mob; It. volgo.

xenofobia
f. I. xenophobia; F. xénophobie; A. Fremdenhass; It. xenofobia.

xifoides
adj. I. xiphoid; F. xiphoide; A. Schwertfortsatz; It. sifoides.

xilografía
f. I. xylography; F. xylographie; A. Holzschneidekunst; It. silografia.

ya
adv. I. already; F. déjà; A. schon, jetzt, bereits, nun; It. già.

yacer
intr. I. to lie down; F. gésir; A. liegen; It. giacere.

yacimiento
m. I. bed; F. gisement, gite; A. Lager, Fundort; It. giacimento.

yambo
m. I. iambic; F. iambe; A. Jambus; It. giambo.

yantar
tr. I. to eat, to dine; F. manger; A. essen; It. mangiare.

yate
m. I. y F. yacht; A. Jacht; It. yacht, panfilio.

yegua
f. I. mare; F. jument, cavale; A. Stute; It. giumenta.

yelmo
m. I. helmet; F. heaume; A. Helm; It. elmo.

yema
f. I. yolk; F. jaune d'œuf; A. Eidotter; It. torlo.

yermo
adj. I. desert, uninhabited; F. inhabité, desert; A. öde; It. spopolato, ermo.

yerno
m. I. son in-law; F. gendre; A. Schwiegersohn; It. genero.

yero
m. I. tare; F. ers; A. Erve; It. ervo.

yerro
m. I. error, mistake; F. faute; A. Irrtum; It. errore, sbaglio.

yerto
adj. I. stiff; F. raide, raidi; A. steif, starr; It. teso, irrigidito.

yeso
m. I. gypsum; F. gypse, plâtre; A. Gips; It. gesso.

yo
pron. I. I, myself, me; F. je, moi; A. ich, das Ich; It. io.

yodo
m. I. iodine; F. iode; A. Jod; It. iodio.

yugo
m. I. yoke; F. joug; A. Joch; It. giogo.

yunque
m. I. anvil; F. enclume; A. Amboss; It. incudine.

yunta
f. I. yoke of draught animals; F. pair, attelage; A. Gespann; It. paio di buoi.

yute
m. I. y F. jute; A. Juthanf; It. iute.

zafar
tr. **I.** to escape, to avoid; **F.** esquiver, fuir; **A.** Entfliehen; **It.** fuggirsene.

zafio
adj. **I.** clownish, coarse, ignorant; **F.** grossier; **A.** Grob, Roh; **It.** gonzo, grongo.

zafiro
m. **I.** sapphire; **F.** saphir; **A.** Saphir; **It.** Zaffiro.

zafra
f. **I.** sugar crop; **F.** récolte (canne à sucre); **A.** Lukerernte; **It.** raccolta (della canna).

zagal
m. **I.** swain; **F.** aide berger, garçon; **A.** Hirtenknabe; **It.** pastorello.

zaguán
m. **I.** entrance, hall; **F.** vestibule; **A.** Bedeckte; **It.** vestibulo.

zahareño
adj. **I.** wild, haggard; **F.** hagard, sauvage; **A.** Schüchtern; **It.** selvaggio, indocile.

zaherir
tr. **I.** to blame, to quip; **F.** blâmer; **A.** tadeln; **It.** pungere.

zahína
f. **I.** sorghum; **F.** sorgho; **A.** Moorhirse; **It.** saggina.

zahorí
m. **I.** soothsayer; **F.** rabdomancien; **A.** Wahrsager; **It.** indovino.

zaino
adj. **I.** treacherous; **F.** traître; **A.** Treulos; **It.** zaino.

zalagarda
f. **I.** ambush; **F.** embuscade; **A.** Hinterhalt; **It.** imboscata.

zalamería
f. **I.** flattery; **F.** cajolerie; **A.** Schmeichelei; **It.** salamelecco.

zamarra
f. **I.** sheepskin jacket; **F.** veste de mouton; **A.** Pelzjacke; **It.** zimarra.

zambombo
m. **I.** clown, rustic; **F.** rustre; **A.** Tölpel; **It.** grossolano.

zambra
f. **I.** merry-making; **F.** tapage; **A.** lustiger Rummel; **It.** gazzarra.

zambullida
f. **I.** plunge, diving; **F.** plongeon; **A.** Untertauchen; **It.** tuffata.

zambullirse
tr. **I.** to plunge; **F.** plonger; **A.** (unter-) tauchen; **It.** tuffare.

zampoña
f. **I.** zampogne; **F.** sourdeline; **A.** Hirtenflöte; **It.** zampogna.

zancadilla
f. **I.** trick, deceit; **F.** croc-en-jambe; **A.** Beinstellen; **It.** sgambetto.

zángano
m. **I.** drone; **F.** bourdon; **A.** Drohne; **It.** fuco, pecchione.

zanja
f. **I.** trench; **F.** jauge, fossé; **A.** (Strassen) Graben; **It.** fosso.

zapatería
f. **I.** shoe store; **F.** cordonnerie; **A.** Schuhmacherhandwerk; **It.** calzoleria.

zapatero
m. **I.** shoemaker; **F.** cordonnier; **A.** Schuhmacher; **It.** calzolaio.

zapato
m. **I.** shoe; **F.** soulier; **A.** Schuh; **It.** scarpa.

zapote
m. **I.** Sapota-tree; **F.** plaqueminier; **A.** Breiapfelbaum; **It.** sapotiglia.

zaque
m. **I.** winehose; **F.** ivrogne, sac à vin; **A.** Weinschlauch; **It.** spugna.

zar
m. **I.** y **F.** czar, tsar; **A.** Zar; **It.** czar.

zarabanda
f. **I.** saraband; **F.** sarabande; **A.** Sarabande; **It.** sarabanda.

zarandar
tr. **I.** to winnow; **F.** cribler; **A.** Sieben, Durchseichen; **It.** Vagliare.

zarapito
m. **I.** Whimbrel, curlew; **F.** courlis; **A.** Wasseschnepfe; **It.** beccacia marina.

zarcillo
m. **I.** ear-ring; **F.** boucle d'oreille; **A.** Ohrring; **It.** orecchino.

zarpa
f. **I.** claw; **F.** patte, griffes; **A.** Tatze; **It.** zacchera.

zarpar
intr. **I.** to weigh anchor; **F.** lever l'ancre; **A.** die Anker lichten; **It.** salpare

zarza
f. **I.** bramble; **F.** ronce; **A.** Brombeerstrauch; **It.** rovo.

zócalo
m. **I.** zocle; **F.** socle; **A.** Sockel; **It.** zocco.

zona
f. **I.** y **F.** zone; **A.** Zone, Erdgürtel; **It.** zona.

zorra
f. **I.** she-fox; **F.** renarde; **A.** Füchsin; **It.** volpe.

zorro
m. **I.** fox; **F.** renard; **A.** Fuchs; **It.** volpe (maschio).

zozobra
f. **I.** anguish; **F.** souci, trouble; **A.** Unruhe; **It.** rangola.

zueco
m. **I.** y **F.** sabot; **A.** Holzschuh; **It.** zoccolo.

zumbar
intr. **I.** to buzz, to hum; **F.** bourdonner; **A.** schnurren; **It.** ronzare.

zumo
m. **I.** juice; **F.** jus, suc; **A.** Saft; **It.** sugo.

zurzir
tr. **I.** to darn; **F.** rentraire; **A.** (aus) flicken; **It.** ricucire.

zurrar
tr. **I.** to curruy, to tan; **F.** corroyer; **A.** gerben; **It.** conciare.

zutano
m. y f. **I.** such a one; **F.** un tel, une telle; **A.** ein gewisser, Dingsda; **It.** un tale.

FRASES
CÉLEBRES

FRASES CÉLEBRES

Absit iniuria verbo.
lat.
Sea dicho sin injuria.
Tito Livio. *Georgicas,* IV, 16.

Acepto el fraude en el precio, pero nunca en la calidad.
T. Fuller.

Afición es todo lo que vence a la razón.
Francisco de Quevedo

África empieza en los Pirineos
Alejandro Dumas, padre.
Popularmente atribuida al escritor, que, sin embargo, negó siempre que la hubiera pronunciado. Otros la atribuyen al político e historiador Thiers.

A horse! a horse! My kingdom for a horse!
ing.
¡Un caballo! ¡Un caballo! ¡Mi reino por un caballo!
Shakeaspeare. *Ricardo III.*

A la naturaleza se la domina obedeciéndola.
Francis Bacon.

Alegría y amor son las alas para las grandes empresas.
Goethe.

Altera manu fert lapidem, panem ostentat altera.
lat.
En una mano lleva la piedra, y con la otra muestra el pan.
Plauto. *Aulularia,* II, 2, 18.
Frase que se cita para caracterizar la doblez.

Alterius non sit qui suus esse potest.
lat.
Que no sea de otro quien puede ser dueño de sí mismo.
Verso de una fábula esópica, que fue lema del famoso médico Paracelso.

Amad el arte: entre todas las mentiras es la menos mentirosa.
Gustave Flaubert. *Pensamientos.*

Amantium irae amoris integratio est.
lat.
Los desdenes de los enamorados reavivan el amor.
Terencio. *Andria,* III, 6, 556.

A mayor talento, en la mujer, más indocilidad.

William Shakeaspeare. *Como gustéis.*

A menudo entre nuestros motivos de acción, hay uno más poderoso que los demás: es el que no se dice.
Jean-Lucien Arreat. *Reflexiones y máximas.*

Amici, diem perdidi.
lat.
Amigos, he perdido el día.
Suetonio. *Vida de Tito,* VIII.
Frase que pronunciaba el emperador Tito cuando durante el día no había hecho ninguna buena obra.

Amo a los que sueñan con imposibles.
Goethe.

Amor mi mosse, che mi fa parlare.
it.
Me impulsa amor, y él es quien me hace hablar.
Dante. *Infierno,* II, 72.

Anch'io son' pittore.
it.
También yo soy pintor.
Frase atribuida al Correggio, contemplando la Santa Cecilia de Rafael.

Ante Dios, todos somos igualmente sabios e igualmente locos.
A. Einstein.

Antes del impresionismo no había sombras azules.
Oscar Wilde.
En el sentido de que sólo al artista le es dada la capacidad de ver algo que los demás no habían visto nunca.

Antes que a escribir, aprended a pensar.
Nicolás Boileau. *El arte poético.*

A poem is a mirror walking down a strange street.
ing.
Un poema es un espejo que camina por una calle desconocida.
Lawrence Ferlinghetti.

Après nous, le Déluge.
fr.
Después de nosotros, el Diluvio.
Según algunas fuentes, la frase se atribuye a la marquesa de Pompadour, que la dijo para consolar a Luis XV de la derrota de Rossbach. Según otras fuentes, la frase la pronunció el propio Luis XV antes de morir.

Aquél a quien los dioses aman muere joven.
Menandro.

Arcades ambo.
lat.
Arcadios uno y otro.
Virgilio. Hemistiquio de las *Eglogas* VII, 4, que se cita para indicar similitud de aficiones o aptitudes, generalmente artísticas o poéticas, entre dos personas.

Aunque se vista de seda, la mona, mona se queda.
Iriarte. *Fábula XXVII.*

Ayer era día de pelear como caballeros, y hoy de morir como cristianos.
Palabras del jefe de los comuneros Juan de Padilla a su compañero Juan Bravo antes de ser ajusticiados.

¡Ay, infeliz de la que nace hermosa!
Espronceda. *Diablo Mundo,* 2.509.

Barabarus hic ego sum, quia non intellegor ulli.
lat.
Aquí soy extranjero porque nadie me entiende.
Ovidio. *Tristes,* V, 10, 37.

Beatus ille qui procul negotiis...
lat.
Feliz el que alejado de los negocios...
Horacio. *Epodo* II.
Frase en que se resume el ideal de la «áurea mediocridad».

Black is Beautiful
ing.
Lo negro es bello.
Lema del movimiento negro de Estados Unidos aparecido en los años sesenta.

Brillar por su ausencia.
Tácito. *Anales,* III, *in fine.*
Expresión irónica tomada de un pasaje que habla del funeral de la vida de Casio, donde, entre los retratos familiares, «los que se veían más —según el escritor— eran los de Bruto y Casio, que faltaban».

Cada año era esposa, pero casada nunca.
Bernadino de Mendoza, embajador de España.

Juicio que hizo sobre la reina Isabel I de Inglaterra.

Cada uno besa temblando la mano que nos encadena.
Voltaire.
Frase que resume la relación del oprimido con su opresor.

Caesarem vehis Caesarisque fortunam.
lat.
Llevas a César y a la fortuna de César. Julio César.
Frase que empleó en una travesía tormentosa por el Adriático, con objeto de animar a su barquero.

Calomniez, calomniez, il en restera toujours quelque chose.
fr.
Calumniad, calumniad, que algo quedará.
Voltaire.
Frase que ya era conocida desde el siglo XVII.

C'est le commencement de la fin.
fr.
Es el principio del fin.
Se dice que Tayllerand se refirió con estas palabras a las primeras derrotas de Napoleón en España.

C'est plus qu'un crime; c'est une faute.
fr.
Es más que un crimen: es una equivocación.
Se dice que Fouché censuró así a Napoleón por el fusilamiento del duque de Enghien.

Chassez les préjugés par la porte, ils rentreront par la fenêtre.
fr.
Echad los prejuicios por la puerta y volverán a entrar por la ventana.
Federico II de Prusia.

Cherchez la femme
fr.
Buscad a la mujer.
Frase de *Los Mohicanos de París* de A. Dumas padre, con la que se indica que en el origen de todo acto humano hay una mujer.

Chi vuoc por termine alli umani ingegni?
it.
¿Quién se atreverá a poner límites al ingenio de los hombres?
Galileo Galilei.

Cogito, ergo sum.
lat.
Pienso, luego existo.
Descartes. *Discurso del método.*

Coloro
Che questo tempo chiamaranno antico.
it.
Aquellos que llamarán antiguos a estos tiempos.
Dante. *Paradiso*, XVII, 116-117.
Versos que hacen referencia a la posteridad.

Combate mejor y con más ahinco quien más arriesga.
Thomas Mann.

Concordia parvae res crescunt; discordia maximae dilabuntur.
lat.
Con la concordia crece lo pequeño; con la discordia se arruina lo más grande.
Salustio. *Iugurta*, X, 6.

Cualquier cosa que el hombre gane debe pagarla cara, aunque no sea más que con el miedo de perderla.
Hebbel.

Cuando estés en Roma, compórtate como los romanos.
San Agustín.
Frase que aconseja un comportamiento de acuerdo con el tiempo y lugar en que uno se encuentre.

Cuando la culpa es de todos, la culpa no es de nadie.
Concepción Arenal.

Cuanto más científicos nos volvemos, menor es nuestra capacidad de experiencia.
Theodore Roszak.

Cuanto más posee el hombre, menos se posee a sí mismo.
Arturo Graf.
Palabras que expresan los peligros de la opulencia.

Dame un punto de apoyo y moveré la tierra.
Frase con la que Arquímedes sintetizó el principio de la palanca.

Danzar sobre un volcán
Narcisse-Achille Salvandy.
Frase pronunciada por el ministro francés en junio de 1830 con motivo de una fiesta que el duque de Orleáns ofreció al rey de Nápoles, poco antes que la revolución de julio. Quiere decir estar amenazado de un gran peligro sin saberlo.

Dar con ostentación es mucho peor que no dar.
Clemente XIV.

Dejad que los muertos entierren a sus muertos.
Ev. S. Lucas, IX, 60.

De l'audace, encore de l'audace et toujours de l'audace!
fr.
Audacia, más audacia y siempre audacia!
Danton.
Frase con la que Danton se dirigió a la Asamblea Legislativa, expresando el requisito para poder vencer a los enemigos de la República.

Desde lo alto de estas pirámides cuarenta siglos os contemplan.
Napoleón.
Frase pronunciada el 19 de julio de 1798 ante su ejército desmoralizado y a punto de entablar la batalla de «Las Pirámides».

Desperté una mañana y me encontré famoso.
Lord Byron.

De todas las artes, para nosotros la más importante es el cine.
Lenin.
A propósito del poder revolucionario que podía tener el cine.

De tres maneras se entiende la amistad: honesta, deleitable y provechosa.
Lope de Vega.

Dichas que se pierden son desdichas más grandes.
Calderón.

Die Politik ist keine exakte Wissenschaft, sondern eine Kunst.
al.
La política no es una ciencia exacta sino un arte.
Bismarck.

Die schönen Tage in Aranjuez Sind nun zu Ende.
al.
Se acabaron ya los hermosos días de Aranjuez.
Schiller. *D. Carlos.*

FRASES CÉLEBRES

Versos que se refieren a los buenos tiempos ya pasados.

Dii lanatos pedes habent
lat.
Los dioses tienen pies de lana.
Petronio. *Satyricon* 44.
Frase que indica que el Destino no avisa.

Dios existe, pero no hay prisa alguna en hacerlo saber.
Tolstoi.

Dios ha muerto.
Nietzche. *Así habló Zaratustra.*

¡Dios haya recibido su alma! A Dios, después de todo, le será más útil que a nosotros.
Anouilh.

Dios no juega a los dados.
Einstein.
En el sentido de que nada es debido al azar.

Diseur de bons mots, mauvais caratère.
fr.
Quien dice agudezas tiene mal caracter.
Pascal. *Pensamientos, I, 9.*

Dis-moi ce que tu manges, et je te dirai ce que tu es.
fr.
Dime lo que comes y te diré quién eres.
Brillat-Savarin. *Aforismo IV.*
Máxima gastronómica.

Dormía y soñé que la vida era bella; desperté y advertí entonces que ella es deber.
Emmanuel Kant. *Crítica de la razón pura.*

El ahorro es poético, porque es creador; el derroche no es poético, porque es destructor.
Chesterton.

El alma es una cosa que la espada no puede herir, que el fuego no puede consumir, que el agua no puede macerar y que el viento del mediodía no puede secar.
Mahabharata.

El amor es como la salsa mayonesa: cuando se corta, hay que tirarlo y empezar otro nuevo.
Jardiel Poncela.

El amor exige; la amistad concede.
Carmen Sylva. *Correspondencia.*

El amor sabe compadecer; la amistad sabe curar.
Madame Barratin. *Máximas.*

El arte de agradar es el arte de engañar.
Luc de Clapiers, marqués de Vauvenargues.
Reflexiones y máximas.

El arte del comerciante consiste en llevar una cosa del sitio donde abunda a donde se paga cara.
Ralph Waldo Emerson.

El arte desaparecerá a medida que la vida resulte más equilibrada.
P. Mondrian.
Ya que, en su opinión, la esencia del arte consiste en ser un sustitutivo del equilibrio del que carece la realidad.

El camino por los preceptos es largo; y breve y eficaz por los ejemplos.
Séneca. *Epist, a Lucil., 5.*

El cinismo es puro dandysmo intelectual.
George Meredith. *El egoísta.*

El conocimiento a veces perjudica.
Nietzsche. *Opiniones y sentencias.*

El coraje que tuvimos constituye a menudo la mejor parte de lo que tenemos.
Sophie Soymonof de SWETCHINE. *Pensamientos.*

El crítico es un hombre que espera milagros.
J. Huneker.

El cuerpo no es más que un medio de volverse temporalmente visible. Todo nacimiento es una aparición.
Amado Nervo.

El dinero es como un brazo o una pierna: o se usa o se pierde.
Henry Ford.

El dinero es la llave que abre todas las puertas.
Molière.

El dominio de sí mismo es el primer paso para el dominio de los demás.
Arthur Sthal. *Pensamientos.*

El eterno femenino puede tornar humano lo divino.
Rubén Darío.

El excusarse antes de ocasión es culparse.
Gracián.

El fin de la elocuencia es la persuasión.
Thomas Wilson. *Discursos.*

El fin supremo de la ciencia es la verdad; el fin del arte es el placer.
Gotthold Lessing. *Laoconte.*

El futuro es ahora. Nosotros somos el futuro.
Abbie Hoffman.
Lema que refleja la filosofía de Woodstock.

El hambre produce poemas inmortales. La abundancia únicamente indigestiones y torpezas.
Taine.

El héroe maravilla, pero el hombre interesa.
Le Roux.

El hombre es un animal bípedo sin plumas.
Platón.

El hombre muere tantas veces como pierde a cada uno de los suyos.
Publio Siro.

El hombre no es hijo de las circunstancias. Las circunstancias son hijas de los hombres.
Benjamín Disraeli. *Vivian Grey.*

El ir un poco lejos es tan malo como no ir todo lo necesario.
Confucio.

El juego es el modo de actividad esencial de una humanidad libre, de una humanidad perfecta o de una humanidad satisfecha.
Norman Brown. *Life against Death.*

El mayor encanto de la mujer es la ignorancia.
Galdós. *La Desheredada.*

El mayor imperio es el imperio de uno mismo.
Séneca. *Epístolas,* 113.

El mejor olor. el del pan; el mejor sabor el de la sal; el mejor amor, el de los niños.
Graham Greene.

El mentiroso debe tener memoria
Quintiliano. IV, 2, 91.

El miedo al peligro nos hace sucumbir a él.
La Fontaine. *Fábulas.*

El mito es la última etapa en la creación del héroe.
Chadwick. *The Growth of Literature.*

El mundo es bueno, pero a condición de mirarlo en conjunto y sin reparar en sus detalles.
Vicky Baum.

El mundo no ha sido conquistado nunca por la intriga, sino por la fe.
Disraeli.

El mundo se ha reído siempre de sus propias tragedias, como único medio de soportarlas.
Oscar Wilde.

El niño enlaza el pasado con el futuro.
Spengler.

El niño reconoce a su madre por la sonrisa.
Virgilio.

El objeto de toda discusión no debe ser el triunfo, sino el progreso.
J. Joubert.

El odio nunca cesa con odio, el odio cesa con amor. Porque el que lucha con amor gana la batalla.
Tao-Te-Ching.

El orden es uno de los elementos de lo bello combinado con lo grande.
Aristóteles.

El órgano con el que he comprendido el mundo ha sido el ojo.
Goethe.

El orgullo es el complemento de la ignorancia.
Fontenelle.

El orgullo precede a la caída.
O'Neill.

El origen de todos los males es la codicia.
Maurois.

El pájaro quisiera ser nube; la nube, pájaro.
Rabindranath Tagore.

El patriotismo es el huevo de donde nacen las guerras.
Maupassant.

El patriotismo es la cuna del sacrificio. Por esta sola razón no se dan las gracias cuando uno cumple con su deber.
L. Kossuth.

El poder humano no tiene jurisdicción sobre los pensamientos.
Antonio Pérez.

El primer favor denegado anula todos los anteriores.
Plinio.

El que abusa de un líquido no se mantiene mucho tiempo sólido.
Sainte Beuve.

El que chismorrea contigo de los defectos ajenos, chismorrea con otros de los tuyos.
Diderot.

El que escucha música siente que su soledad, de repente, se puebla.
R. Browning.

El que hace algo a la cabeza de diez hombres eclipsará al que no haga nada a la cabeza de diez mil.
Abraham Lincoln.

El que persigue dos cosas a la vez no alcanza una y deja ir la otra.
Benjamin Franklin.

El que piensa públicamente actúa.
Georges Clemenceau. *Au fil des jours.*

El que quiere arañar la luna, se arañará el corazón.
García Lorca.
Frase que se refiere a los efectos negativos de la ambición desmesurada.

El que sabe que es un loco no está muy loco.
Chuang-Tzu.

El que se humilla quiere hacerse ensalzar.
Nietzsche.

El sabio generaliza; el artista individualiza.
Jules Renard. *Journal.*

El secreto de la felicidad no está en hacer lo que se quiere sino querer siempre lo que se hace.
León Tolstoi. *Pensamientos inéditos.*

El talento se educa en la calma y el caracter en la tempestad.
Goethe. *Tasso.*

El verdadero secreto de la felicidad consiste en exigir mucho de sí mismo y muy poco de los otros.
Albert Guinon. *Rémarques.*

En amor, sólo el principio es maravilloso. Por eso encontramos tanto placer en volver a comenzar de nuevo.
De Ligne.

En arte, no hacer nada como los otros; en moral hacer como todo el mundo.
Jules Renard. *Journal.*

En el llanto hay cierta voluptuosidad.
Ovidio. *Tristes,* IV, 32.

England expects every man will do his duty.
ing.
Inglaterra espera que cada hombre cumplirá con su deber.
Nelson.
Consigna dada por el almirante a sus hombres antes de iniciarse la batalla de Trafalgar, el 28 de octubre de 1805.

En una de fregar cayó caldera,
Trasposición se llama esta figura,
De agua acabada de sacar del
[fuego.

FRASES CÉLEBRES

Lope de Vega. *Gatomaquia.*
Versos que ironizan sobre el exagerado hiperbatón de los culteranos.

En un cierto momento de la vida se desea un hijo. Quizás, para morir un poco menos cuando se muere.
Françoise Sagan.

E pur, si muove...
it.
Y sin embargo, se mueve...
Galileo.
Frase pronunciada ante el Tribunal de la Santa Inquisición por el científico, después de abjurar de sus ideas que negaban que la Tierra estuviera inmóvil, en el centro del mundo.

Es difícil dejar de convertirse en la persona que los demás creen que uno es.
Thornton Wilder.

Es falso decir: yo pienso. Se debería decir: me piensan.
Rimbaud.
A propósito de su concepción de la poesía. En dicha frase puede apreciarse el alejamiento y desdoblamiento del poeta que no participa sino contempla su propio pensamiento.

Es imposible ganar sin que otro pierda.
Publio Siro.

Es mejor ser un joven abejorro que una vieja ave del paraíso.
Mark Twain.

Es muy dulce ver llegar la muerte mecido por las plegarias de un hijo.
Schiller.

Es necesario ser un hombre vivo y un artista póstumo.
Jean Cocteau.

Es propio de los necios ver los vicios ajenos y olvidar los propios.
Cicerón. *Tusculanus,* III, 30.

Esse oportet ut vivas, non vivere ut edas.
lat.
Hay que comer para vivir, no vivir para comer.
Cicerón. *Rhetorica ad Herennium.*

Estos son mis poderes
Frase pronunciada por el cardenal Cisneros, regente de España, al serle exigida una prueba de su autoridad, y que dijo señalando unas piezas de artillería.

Es una reflexión penosa para un hombre considerar lo que ha hecho, comparado con lo que debió hacer.
Sam Johnson.

Existió una edad de oro cuando el oro no existía.
Hugo Reichenbach. *Pensamientos.*

Fais ce que tu voudras parce que les gents sont libres. Buvez la vie.
fr.
Haz lo que quieras porque la gente es libre. Bebed la vida.
Lema de la Abadía de Telema. Rabelais.

Fas est et ab hoste doceri
lat.
Es lícito aprender hasta del enemigo.
Ev. S. Mat., XI, 15.

Fatiga alguna vez el amor, mas nunca mata.
Luis Vives.

Fatigas, pero no tantas, que a fuerza de muchos golpes hasta el hierro se quebranta.
Manuel Machado.

Feminis lugere honestum est; viris meminisse.
lat.
A las mujeres les está bien llorar; a los hombres recordar.
Tácito. *Germania,* 27.

Fortuna multis dat nimis, satis nulli.
lat.
La Fortuna da demasiado a muchos, pero a ninguno bastante.
Marcial, XII, 10.

Free your mind! free your body! free yourself! Free Education! Power to the People!
ing.
¡Libera tu mente! ¡Libera tu cuerpo! ¡Libérate! ¡Educación libre! ¡Poder a la Gente!
Lema de la Free University of Berkeley (FUB), que apareció en 1965 como la primera universidad de la contracultura.

Generalizar es siempre equivocarse.
Keyserling.

Government of the people, by the people, for the people.
ing.
El gobierno del pueblo, por el pueblo y para el pueblo.
Abraham Lincoln.
A propósito de la democracia.

Habla suave, lleva un buen garrote y... llegarás lejos.
Roosevelt.
Frase que recomienda el uso de la fuerza para conseguir los propósitos.

Haced que rían, que lloren, que esperen.
Griffith.
A propósito de lo que debe pretenderse al realizar un film.

Hay cosas que para saberlas no basta haberlas aprendido.
Séneca. *Libro de oro.*

Hay otros mundos pero están en éste.
Paul Eluard.

Hay que acomodar la acción a la palabra y la palabra a la idea.
Gabriel Alomar. *Artículos inéditos.*

Hay que escribir como se habla, pero es menester hablar bien.
Juan de Valdés. *Diálogo de la lengua.*

Hay que ser realistas, hay que pedir lo imposible.
Lema del Mayo del 68.

He leído en alguna parte que para amarse perfectamente hay que tener principios semejantes, con gustos opuestos.
Georges Sand.

He not busy born is busy dying.
ing.
El que no se preocupa de nacer se está ocupando de morir.
Bob Dylan.

Hemos venido a este mundo como hermanos; caminemos, pues, dándonos la mano y no uno delante de otro.
Shakespeare.

Homo homini lupus
lat.
El hombre es un lobo para el hombre.
Hobbes.

Homo proponit, sed Deus disponit
lat.
El hombre propone y Dios dispone.
Frase que utilizó Kempis en la *Imitación de Cristo* y que se ha hecho proverbial.

Hoy es el primer día del resto de nuestra vida. Contribuid al cambio. Provocadlo. «DO IT».
Jerry Rubin.
Refleja la cultura vitalista de Woodstock.

I have a dream...
ing.
Sueño...
Martin Luther King, asesinado en Menphis en abril de 1968.
Frase con la que el líder negro empezó uno de sus más famosos discursos y que ha quedado consignado como uno de los más importantes mensajes de paz.

Il fine giustifica i mezzi.
it.
El fin justifica los medios.
Maquiavelo.
Frase que sintetiza su doctrina política.

Instaurare omnia in Christo.
lat.
Restaurarlo todo en Cristo.
Pío X.
Frase con la que el pontífice resumió el programa de su pontificado.

J'accuse!
fr.
¡Acuso!
Émile Zola.
Título de una carta del escritor al presidente de la República francesa, Félix Faure, con motivo del asunto Dreyfus.

Je veux que le dimanche chaque paysan ait sa poule au pot.
fr.
Quiero que todos los domingos todo campesino tenga una gallina en el puchero.
Enrique IV de Francia.
Frase que resume su política económica.

Juntar las manos para rezar bien está. Abrirlas, para dar, es mucho mejor.
L. Ratisbone.

J'y suis et j'y reste
fr.

Aquí estoy y aquí me quedo.
General Mac Mahon.
Respuesta dada al oficial inglés que le advertía de los peligros a que estaba expuesta la Torre de Malakoff, que acababa de tomar, durante la guerra de Crimea.

L'Amor che muove il Sole e l'altre stelle.
it.
El Amor que mueve el sol y las demás estrellas.
Dante. *Divina Comedia.*
Último verso, que alude a la divinidad.

La belleza del cuerpo muchas veces es indicio de la hermosura del alma.
Cervantes.

La belleza del hombre consiste en el arte de bien decir.
Mahoma. *Apotegmas árabes.*

La ciencia es el conocimiento organizado.
Herbert Spencer. *La educación.*

La compasión, buena siempre, es en muchos casos la celestial precursora de la justicia.
Concepción Arenal.

La compasión es la virtud de los reyes.
Shakespeare.

La concepción científica de la realidad no es más que una ilusión.
Theodore Roszak.
En el sentido de que nuestro concepto de la realidad tiene su origen en nuestra sociedad tecnocrática.

La conciencia vale por mil testigos.
Quintiliano.

La confianza en sí mismo es el primer secreto del éxito.
R. W. Emerson. *Sociedad y soledad.*

La contemplación es un lujo; la acción una necesidad.
Thomas Carlyle. *The Past and the Present.*

La dicha está sólo en la esperanza, en la ilusión sin fin.
Maupassant.

La diplomacia es la política en traje de etiqueta.
Napoleón.

La enemistad sucede a la amistad defraudada.
Racine.

La estupidez no es mi fuerte
Paul Valéry.
Se dice que dicha frase fue la respuesta del poeta a una pregunta inconveniente de cierta dama.

La experiencia de los siglos prueba que el lujo anuncia la decadencia de los imperios.
Bacon.

La expresión de Spencer de que sobrevive el más apto, es exacta.
Charles Darwin. *El origen de las especies.*

La façon de donner, vaut mieux que ce qu'on donne.
fr.
La manera de dar, vale más que lo que se da.
Corneille. *Le Menteur,* I, 1.

La faiblesse est plus opposée à la vertu que les vices.
fr.
La debilidad es más opuesta a la virtud que los vicios.
La Rochefocauld. *Máximas,* 445.

La fama es un gran ruido: mientras más fuerte se hace, más lejos llega.
Napoleón.

La fidelidad es una virtud que ennoblece hasta la esclavitud.
Paul Masson.

La fraternidad es una de las más bellas invenciones de la hipocresía social.
Flaubert.

La función no es más que un programa prosaico. El ritual es la poética de la función.
Spiro Kostoff.
A propósito de que la razón de ser de la arquitectura debe entenderse como respuesta a la necesidad de un rito.

La Historia no existe; sólo existen historias.
Miguel de Unamuno. *Ensayos.*

FRASES CÉLEBRES

La imposibilidad en que me encuentro de probar que Dios no existe me prueba su existencia.
La Bruyère.

La inspiración y la norma de las más delicadas cortesías vienen del afecto.
Edmundo d'Amicis. *Máximas.*

La juventud considera la vida como oro puro. La vejez se da cuenta de la mezcla.
J. E. Carpenter. *Romance de un soñador.*

¡La literatura está llena de aromas!
Walt Whitman.
Frase que ilustra el concepto vitalista que de todos los aspectos de la vida tiene este poeta.

La magia de la lengua es el más peligroso de todos los encantos.
E. Bulwer Lytton. *Ideas.*

La melancolía es un recuerdo que se ignora.
Flaubert. *Pensamientos.*

La mujer es al hombre como el esclavo al amo.
Aristóteles.

La mujer es el reposo del guerrero.
Nietzche.

La mujer es la puerta del infierno.
Tertuliano.

La mujer musa es la de carne y hueso.
Rubén Darío.

La música constituye una revelación más alta que ninguna filosofía.
Beethoven.

La música es el verdadero lenguaje universal.
K. J. Weber.

La paciencia es amarga, pero su fruto es dulce.
J. J. Rousseau. *Emilio.*

La paciencia es el arte de esperar.
Schleiermacher.

La palabra dicha no puede volver atrás.
Horacio. *Arte Poética,* 390.

Las palabras sinceras no son elegantes. Las elegantes, nunca serán sinceras.
Lao Seo.

La patria no es la tierra. Los hombres que la tierra nutre son la patria.
Rabindranath Tagore.

La patria, posiblemente, es como la familia: sólo sentimos su valor cuando la perdemos.
Flaubert.

La patria se puede fiar más de un crítico que trabaja, que de un entusiasta que vocifera.
Eugenio d'Ors.

La perfección es una pulida colección de errores.
Mario Satz. *Sámaras.*

La poesía es indispensable, pero me gustaría saber para qué.
Jean Cocteau.

La poesía, hace aparecer los objetos familiares como si no lo fuesen.
Shelley. *The Defence of Poetry.*

La política no consiste en el voto político ni en las ideas filosóficas. La política es el modo de vivir de cada uno de nosotros.
Abbie Hoffman.

La radio marca los minutos de la vida; el diario, las horas; el libro los días.
Lacretelle.

La religión es el opio del pueblo.
Marx.

La república no tiene necesidad de sabios.
Frase pronunciada para justificar la condena a muerte del químico francés Antoine Laurent, que fue guillotinado el 8 de mayo de 1794. No se sabe con certeza quién la dijo.

La revolución debe nacer de la alegría, no del sacrificio.
Cohn Bendit.

La sinceridad y la generosidad, si no están templadas por la moderación, conducen a la ruina.
Tácito.

La síntesis espiritual de un país es su arte.
Angel Ganivet. *Idearium español.*

La teoria és la mirada que descobreix, assimila i diu.
La teoría es la mirada que descubre, asimila y dice.
Sebastià Serrano. *La paradoxa.*

La tierra tiene límites, pero la estupidez de la gente es ilimitada.
G. Flaubert.

La única aristocracia posible y respetada es la de las personas decentes.
Benavente.

La única salvación de los vencidos es no esperar salvación.
Virgilio. *Eneida,* II, 354.

La vejez empieza cuando los recuerdos pesan más que las esperanzas.
Antiguo proverbio indio.

La ventaja de una afición apasionada es que nos lleva a penetrar en lo profundo de las cosas.
Goethe. *Conversaciones con Eckerman.*

Lafayette, nous voici!
fr.
Lafayette, ¡aquí estamos!
J. J. Pershing.
Frase del general americano al llegar a Francia en 1919, para luchar contra los alemanes, aludiendo al hecho de que Lafayette fue voluntario en la guerra de Independencia de los Estados Unidos.

Laissez faire, laissez passer.
fr.
Dejad hacer, dejad pasar.
Lema del librecambismo, atribuido a J.C. de Gournay, ministro del comercio francés a mediados del siglo XVIII.

Las cosas de los amigos son comunes y amistad es igualdad.
Pitágoras. *Pensamientos.*

Las tierras pertenecen a sus due-

ños, pero el paisaje es de quien sabe apreciarlo.
U. Sinclair.

Las modas son variaciones del estudio sobre la vida.
Peter Hille. *Acerca del santuario de la belleza.*

Last, not least.
ing.
El último, no el menor.
Shakeaspeare. *Julio Cesar.*
Se utiliza para excusar el citar a alguien o algo en último lugar.

L'Etat, cest moi.
fr.
El Estado soy yo.
Palabras que se atribuyen a Luis XIV ante el Parlamento de París en 1655 y que se utilizan como fórmula de absolutismo real.

Le roi de France ne venge pas les injures du duc d'Orléans.
fr.
El rey de Francia no venga las injurias hechas al duque de Orléans.
Luis XII de Francia, antiguo duque de Orléans, contestó así a los delegados de la ciudad cuando le pidieron perdón por las ofensas que le habían inferido.

Le style, c'est l'homme.
fr.
El estilo es el hombre.
Frase del naturalista Buffon, en su discurso de ingreso en la Academia Francesa.

Les grands ne sont grands que parce nous sommes à genoux; levons nous!
fr.
Los grandes sólo son grandes porque nosotros estamos de rodillas; ¡levantémonos!
Lema de Prudhomme en su diario *Les Révolutions de Paris.*

Les passions sont les seuls orateurs qui persuadent toujours.
fr.
Las pasiones son los únicos oradores que persuaden siempre.
La Rochefocauld. *Máximas*, 8.

Les sois, depuis Adam, sont en majorité.
fr.
Los tontos, a partir de Adán están en mayoría.
Casimir Delavigne. *Espître sur la*

question: *L'Etude fait-elle le bonheur dans toutes les situations de la vie?*

L'homme s'agite, mais Dieu le mène.
fr.
El hombre se agita, pero Dios le guía.
Fenelon. *Sermón de la Epifanía.*

L'Hypocrisie est un hommage que le vice rend à la vertu.
fr.
La hipocresía es un homenaje que el vicio rinde a la virtud.
La Rochefocauld. *Máximas*, 218.

Libera Chiesa in libero Stato.
it.
Una Iglesia libre en un Estado libre.
Conde Cavour.
Frase atribuida al político italiano en su lecho de muerte.

Liberté, egalité, fraternité.
fr.
Lema de la República francesa que aparece por primera vez en el manifiesto del gobierno provisional de 1848.

Lo comprendo: muero curado.
Jean Louis Forain.
Última frase del humorista, dentro de su estilo cínico. En su lecho de muerte, fue visitado por su médico de cabecera que quería consolarle elogiándole el buen apecto que tenía. Forain cortó los piadosos halagos con esta frase magistral.

Lo que hacemos nunca es comprendido, sino elogiado o censurado.
Nietzsche. *La Gaya ciencia.*

Lo que nuestra época necesita es misterio, lo que nuestra época necesita es magia.
Norman Brown. *Apocalypse.*

Londres tiene harta niebla y gente seria. No sabría decir si la niebla produce la gente seria, o si es la gente seria la que produce la niebla.
Oscar Wilde.

Los espíritus mediocres suelen condenar todo lo que está fuera de su alcance.
La Rochefoucauld. *Máximas.*

Los hombres que se bastan a sí mismos son inservibles a la amistad.
Claude Adrien Helvetius.

Los hombres y las mujeres deberán saber que jamás podrán unirse absolutamente en este mundo. En el más apasionado abrazo, en la más tierna caricia, existe este pequeño foso, que por estrecho que sea, nunca deja de existir
Lawrence.

Los ingleses pierden todas las batallas salvo la última.
Eleuthérios Vénizélos.
Frase pronunciada por este político griego (1864-1936) a cuya rebeldía y acción política se debe que Grecia se inclinara a favor de los aliados cuando la Primera Guerra Mundial.
Luego fue citada y popularizada por Churchill.

Los libros me enseñaron a pensar, y el pensamiento me hizo libre.
Ricardo León.

Los mitos tienen más poder que la realidad. La revolución como mito es la revolución definitiva.
A. Camus. *Cuaderno de Notas.*

Los órganos del pensamiento son los órganos sexuales de la naturaleza, los órganos genitales del mundo.
Novalis.
Se pone de manifiesto en dicha frase el concepto de sexualidad universal que tenían los románticos.

Los reyes que quieran reinar han de trabajar.
Isabel la Católica.

Los señores pueden tener amigos en la perrera o en la cuadra, pero no en la cocina.
Bernard Shaw.
Comentario irónico sobre la distancia insalvable entre amo y criado.

Los tres mayores majaderos del mundo hemos sido Jesucristo, don Quijote y yo...
Simón Bolívar.
Frase dicha poco antes de morir.

Los urbanistas hacen canales
Los arqueros tiran flechas
Los carpinteros trabajan la ma-
[dera
El hombre sabio se modela a sí
[mismo.
Sidharta Gautama. *El Buda.*

FRASES CÉLEBRES

¡Luz, más luz!
Goethe.
Expresión que se supone pronunciada por Goethe en el momento de su muerte.

Llamamos destino a todo cuanto limita nuestro poder.
Ralph Waldo Emerson.

Madre es el nombre de Dios en el corazón y en los labios de los niños.
W. Thackeray.

Mais où sont les neiges d'antan?
fr.
Pero ¿dónde están las nieves de antaño?
François Villon. *Ballade des dames du temp jadis.*
La frase se refiere y glosa el tema de la caducidad.

Manos blancas no ofenden
Frase del ministro Tadeo Calomarde cuando la infanta Luisa Carlota le abofeteó con motivo de haber influido en Fernando VII para que aprobara la Pragmática sanción.

Más cornás da el hambre.
Manuel García Cuesta «El Espartero», torero.
Alegato del mundo triste, anónimo y miserable del peonaje andaluz, deseoso de escapar de su servidumbre.

Más vale la pena en el rostro que la mancha en el corazón.
Cervantes.

Mediocre alumno, el que no sobrepasa a su maestro.
Leonardo de Vinci.

Mi abuela quiso que yo tuviera una educación; por eso no me envió a la escuela.
Margaret Mead.
Frase en la que se refleja la tremenda desconfianza de la antropóloga ante los sistemas educativos.

Mi superioridad consiste en que no tengo corazón.
Rimbaud.

Mientras todo te vaya bien, contarás por miles los amigos. Pero, si vienen tiempos borrascosos, te verás solo.
Ovidio.

Muchos honores y títulos convierten a los hombres en autómatas.
Clemenceau.

Nada existe más dulce que la miel, excepto el dinero.
Benjamin Franklin.

Nada hay más indefinible que el chiste.
Juan Valera.

Nada hay más inhumano que las relaciones humanas basadas en la moral.
Alan Watts.

Nada más difícil, pero nada más precioso que el saberse decidir.
Napoleón I. *Máximas.*

Nada se da tan generosamente como los consejos.
La Rochefocauld. *Máximas,* 110.

Nadie es profeta en su tierra.
Ev. S. Lucas, IV, 24.

Nadie es tan viejo que no crea poder vivir un año más.
Cicerón. *De Senectute.*

Nadie puede bañarse dos veces en el mismo río.
Heráclito.

Natura abhorret vacuum
lat.
La naturaleza tiene horror del vacío.
Descartes.
En dicha frase se resume uno de los principios fundamentales de la antigua física.

Nec possum tecum vivere, nec sine te.
lat.
No puedo vivir contigo ni sin ti.
Marcial, XII, 47.

Nessun maggior dolore
Che ricordarsi del tempo felice
Nella miseria
it.
No hay mayor dolor
que recordar el tiempo feliz
en la desgracia.
Dante. *Infierno,* V, 121.

Nigra sum, sed formosa.
lat.
Morena soy, pero hermosa.
Cantar de los Cantares, I, 4.

Ni quito ni pongo rey, pero ayudo a mi señor.
Según la tradición, el caballero francés Beltrán Duguesclin pronunció dicha frase cuando asesinó a Pedro el Cruel mientras luchaba con su hermano Enrique de Trastámara.

Ningún gobierno puede tener larga seguridad con una oposición poderosa.
Disraeli.

Ningún gran artista ve las cosas como son en realidad. Si las viese así, dejaría de ser artista.
Oscar Wilde. *La decadencia de la mentira.*

Ninguna mujer se ha perdido nunca sin que la ayudase algún hombre.
Abraham Lincoln.

Ninguno que llegare a conocellas podrá vivir con ellas ni sin ellas.
Jovellanos.
Versos que se refieren a la relación entre hombre y mujer.

Noblesse oblige.
fr.
Nobleza obliga.
Duque de Levis. *Maximes et réflexions.*

No basta saber, sino también aplicar el saber; no basta querer, es preciso obrar.
Goethe. *Máximas y reflexiones.*

No condeno en absoluto la guerra. La considero sagrada contra todo género de opresores.
Pi Margall.

No des a nadie lo que te pida, sino lo que entiendas que necesita; y soporta luego la ingratitud.
Unamuno.

No debería permitirse que nadie fuese a la guerra sin ser acompañado por sus padres.
Tom Dunphi, conocido como General Waste-more-land, jefe del Military Industrial Simplex.

No es la carne y la sangre, sino el corazón lo que nos hace padres e hijos.
Schiller.

No es ser opulento lo que hace la

felicidad, sino llegar a la opulencia.
Stendhal.

No está la culpa en el sentimiento, sino en el consentimiento.
San Bernardo de Clairvaux.

No es el pasado lo que forma nuestro presente, sino el presente lo que da significado a nuestro pasado.
Alan Watts.

No es vencido sino quien cree serlo.
Fernando de Rojas.

No hay acto tan bueno que no pueda convertirse en pecado, si se hace cuando no debe hacerse.
Francisco de Victoria.
Frase que subraya la importancia del momento de la oportunidad.

No hay cosa más estúpida que el reír estúpidamente.
Catulo, XXXIX, 16.

No hay en la tierra criaturas divinas, pero hay algo divino en las criaturas: el afecto.
Emma Boghen. *Ideas.*

No hay libro tan malo que no sirva para algo.
Plinio el Joven. *Epístolas,* 3, 5.

No hay más que una Historia: la historia del hombre. Todas las historias nacionales son sólo capítulos de la mayor.
Rabindranath Tagore.

No importa que la memoria sea débil, con tal que el juicio no falte cuando la ocasión se presente.
Goethe.

No juzgueis y no sereis juzgados.
Ev. S. Mateo, VII, I.

No mandé mis naves a luchar contra los elementos.
Felipe II.
Frase que se atribuye al tener noticia de la derrota de la Armada Invencible en agosto de 1588.

No necesitamos tanto teorías como la experiencia, que es la fuente de toda teoría.
Laing.

No se graban tanto mil palabras como un solo hecho.
Ibsen.

No se puede ser realmente intelectual si no se deja de pensar de vez en cuando.
Alan Watts.

No se puede tener una civilización permanente sin una buena dosis de amables vicios.
Aldous Huxley.

Nosotros desaparecemos además de las ruinas.
Lucano.
Frase que habla de la fugacidad del tiempo y de la condición humana.

No soy yo quien escoge lo mejor, que ello me escoge a mí.
Rabindranath Tagore.
Frase que se refiere al destino.

**Nuestras vidas son los ríos
Que van a parar al mar
Que es el morir.**
Jorge Manrique. *Coplas a la muerte de su padre.*
Versos que hablan del común destino humano.

Nuestro siglo es el siglo de la ciencia.
E. Zola.

Nulla lex satis commoda omnibus est.
lat.
Ninguna ley es bastante cómoda para todos.
Catón.

Oculum pro oculo, et dentem pro dente.
lat.
Ojo por ojo y diente por diente.
Lema en que se basa la ley del Talión.
Exodo, XXI, 24.

¡Oh Dios, qué buen vasallo si hubiese buen señor!
Poema del mio Cid
Se cita para encomiar las virtudes de un subordinado que no tiene los superiores que merece.

Oh, liberté, que de crimes on commet en ton nom!
fr.
¡Oh, libertad, cuántos crímenes se cometen en tu nombre!
Frase que se atribuye a Mme. Ro-

lland, guillotinada durante el Terror, saludando a la estatua de la libertad, que se elevaba junto al patíbulo.

Ojalá no entre en mi casa mujer que sepa más de lo que una mujer debe saber.
Eurípides.

Ora por tu fe perdida y te será devuelta.
O'Neill.

O se escribe con sangre nuestra gloria, o la borra, al pasar, cualquier brisa.
Campoamor.
Frase que resume su idea particular del heroísmo.

¿Os habéis enterado de las últimas noticias respecto a Dios? Es negro.
Berkeley Tribe, junio de 1970.
Reacción del Woman's Liberation Front, contra la concepción de un Dios masculino que refuerza el patriarcado.

O tempora! O mores!
lat.
¡Oh tiempos! ¡Oh costumbres!
Cicerón.
Exclamación hecha para referirse a las perversas costumbres de su época.

Para dos no hay pendiente demasiado empinada.
Ibsen.

Paris vaut bien une messe
fr.
París bien vale una misa.
Frase atribuida a Enrique IV, cuando le fue exigida su conversión al catolicismo para poder ser rey de Francia.

Peor es meneallo.
Frase que se halla en el Quijote y que suele repetirse para esquivar asuntos enojosos.

Pocos saben ser viejos.
La Rochefocauld. *Máximas,* 423.

Poderoso caballero es don Dinero.
Refrán popular castellano popularizado por Quevedo.

...poesía... el verdadero poder revolucionario capaz de cambiar el mundo.
T. Roszak.

FRASES CÉLEBRES

¿Por qué ves la paja en el ojo de tu hermano y no ves la viga en el tuyo?
Ev. S. Mateo, VII, 3.

Por regla general, el limpio de cuerpo también lo es de alma.
Bernard Shaw.

Probablemente, no tengo más paciencia que cualquier otro. La única diferencia está en que yo sé emplearla como es debido.
Chopin.

Puedo prometer ser sincero, pero no imparcial.
Goethe. *Sentencias en prosa.*

Puedo vivir durante dos meses de un cumplido de amabilidad.
Mark Twain.

Put your trust in God my boys, and keep your powder dry.
ing.
Confiad en Dios, muchachos, y procurad que no se os moje la pólvora. Palabras con que Cromwell animó a sus tropas antes de la batalla de Dunbar (1650).

Qualis artifex pereo!
lat.
¡Qué artista muere en mí!
Nerón
Según Suetonio, la última frase del emperador antes de morir.

Quality is never an accident, it is always a result of intelligent effort.
ing.
La calidad nunca es un accidente, siempre es el resultado del esfuerzo inteligente.
John Ruskin.

¿Qué es historia? Una sencilla fábula que todos hemos aceptado.
Napoleón.

Que es víbora enfurecida despreciada una mujer.
Tirso de Molina.

Que haya un cadáver más, ¿qué importa al mundo?
Espronceda. *Canto a Teresa.*

Que nadie diga «fuente, de tu agua no he de beber».
Cervantes.

Querer y no querer unas mismas cosas, he aquí en qué consiste la verdadera amistad.
Salustio. *Catilina,* XX, 4.

Quien a hierro mata a hierro muere.
Ev. S. Mateo, XXVI, 52.

Quien ama el peligro perecerá en él.
Eclesiastes, III, 27.

Quien lee sabe mucho, pero quien observa sabe todavía más.
Alejandro Dumas (hijo). *Pensamientos.*

Quien no está conmigo está contra mí.
Ev. S. Mateo, XII, 30.

Quien nunca tuvo una almohada no la echa de menos.
G. Eliot.

Qui nescit dissimulare nescit regnare
lat.
Quien no sabe fingir, no sabe reinar.
Maquiavelo.

Quis custodiet ipsos custodes?
lat.
Y a los guardas, ¿quién les guardará?
Juvenal, VI, 166.

Quot hostis, tot servi.
lat.
Tantos esclavos, tantos enemigos.
Festo. *De verborum significatione.*

Tales son las virtudes de la mujer: un montón de vicios.
Panchatandra.

Tantos hombres, tantos pareceres.
Terencio. *Formión,* II, 4, 454.

The battle of Waterloo was won in the playing fields of Eton.
ing.
La batalla de Waterloo fue ganada en los campos de deporte de Eton.
Wellington.
Frase que subraya la importancia de la educación deportiva en las universidades inglesas.

Toda obra de arte es un espejo mágico en el cual se ve embellecida la propia alma.
Karl Mohr.

Toda metáfora es poesía
Chesterton.

Todo fin moral, es decir, el interés en el artista, mata la obra de arte.
Stendhal.
En el sentido de que la obra del artista tiene que estar libre de implicaciones moralizantes o didácticas.

Todo fluye, nada permanece.
Heráclito.

Todo lo que existe en el universo es fruto del azar y de la necesidad.
Demócrito.

Todo lo que experimentamos debemos atribuirlo al cuerpo, y todo lo que existe en nosotros, que podemos concebir que exista en un cuerpo, debe ser atribuido al alma.
Descartes.

Todo se salvará, y aunque el cielo se hunda, aún se salvará alguna alondra.
Goethe.
Frase que expresa su sentimiento de optimismo.

Todos los hombres que no tienen nada importante que decir hablan a gritos.
Jardiel Poncela.

Todos somos iguales ante el deber moral.
Kant.

Turn on, tune in, drop out.
ing.
Extasíate, sintoniza, abandona.
Timothy Leary.
Uno de los lemas de la nueva cultura que representó Woodstock y los alucinógenos.

Semel in anno licet insanire.
lat.
Una vez al año conviene hacer locuras.
Máxima popular latina citada por S. Agustín, *De civ. Dei,* VI, 10.

Se debe a los niños el mayor respeto.
Juvenal. *Sat,* XIV, 7.

Se dice que en el término medio está la virtud; lo más probable es

que en el término medio se encuentre el tedio.
Eugenio d'Ors, *Glosario*.

Se non é vero, é ben trovato.
it.
Quizá no es verdad, pero tiene gracia.
Proverbio popular italiano.

Se puede rehacer. Se pueden vivir varias vidas.
Norman Brown.

¡Sésamo, ábrete!
Frase mágica con la que Alí Babá hace abrir la puerta de la caverna de los ladrones en uno de los cuentos de *Las Mil y Una Noches*.

Si diera todo lo que me piden, tendría yo mismo que comenzar a pedir.
Felipe II.

Si Dios no existiese, el hombre, a través de los siglos, lo habría ya creado a fuerza de pensar en él.
Amado Nervo.

Siempre la lengua fue compañera del Imperio
Frase que figura en la dedicatoria de la primera Gramática Española de Antonio de Nebrija, a Isabel la Católica (1492).

**Si el sabio no aprueba, malo;
Si el necio aplaude peor.**
Iriarte. *Fábulas*, «El oso, la mona y el cerdo».

Si no hay cambio psicológico, una revolución no hace más que reproducir la misma situación con otras personas en el poder.
Theodore Roszak.

Si sólo he de alcanzar la fama después de muerto, no me preocupa mucho el alcanzarla.
Marcial.

Si suprimiéramos de nuestro lenguaje la metáfora ¿podríamos entendernos?
Francis de Miomandre. *Diálogos filosóficos*.

Si te dignas guardarme a tu lado en el camino del peligro y de la osadía, si me permites que comparta contigo los grandes deberes de tu vida, conocerás mi verdadero ser.
Rabindranath Tagore.

Si todo el mundo amara la naturaleza como San Francisco de Asís, no existirían problemas ecológicos.
T. Roszak. *El nacimiento de una contracultura* (1968).

Solamente puede ser artista quien tenga una religión propia y una visión original de lo infinito.
Friedrich von Schlegel. *Ideas.*

Sólo comprendemos las preguntas a las cuales podemos dar contestación.
Nietzsche.

Sólo es realidad el mundo comprendido como tal.
Carlos Marx.

Sólo la imaginación escapa siempre a la saciedad.
Stendhal. *Del amor.*

Sólo las paradojas son ciertas.
Oscar Wilde. *Conversaciones.*

Sólo la vulgaridad es feliz, pero lo noble no se eleva más que en el dolor.
Wagner.

Sólo nos damos cuenta del valor del idioma cuando tenemos que poner un telegrama.
Evaristo Acevedo.

Sólo sé que no sé nada.
Sócrates.

Sólo se vive una vez en el mundo.
Goethe. *Clavijo*, I, 1.

Sonó la flauta — Por casualidad.
Iriarte. *Fábulas*, «El burro flautista».

Son tontos todos los que lo parecen y la mitad de los que no lo parecen.
Baltasar Gracián.
La frase refleja su profundo pesimismo.

Sorprenderse, extrañarse, es comenzar a entender.
Ortega y Gasset.

Sucede en los proyectos desgraciados que siempre la mejor

oportunidad es la que ya ha pasado.
Tácito.

Una de las cosas que tiene el arte es que es la única actividad humana que permite descubrir mediterráneos, el mediterráneo estaba ahí, sí, pero no lo habíamos visto.
José F. Montesinos.

Una de las mayores causas de desequilibrio en nuestra sociedad proviene de la lucha que los hombres sostienen contra su femineidad y las mujeres contra su masculinidad.
Theodore Roszak.

Una hora de alegría es algo que robamos al dolor y a la muerte, y el cielo nos recuerda pronto nuestro destino.
Benavente.

Una lengua afilada es el único instrumento cortante que se aguza más y más con el uso.
Washington Irving.

Una obra de arte sólo tiene valor si en ella vibra el futuro.
André Breton.
La idea de que la obra de arte tenía necesariamente que ser una anticipación del futuro es característica de los vanguardistas.

Una parte de los hombres actúan sin pensar y la otra piensa sin actuar.
Ugo Fóscolo. *Origen y límites de la justicia.*

Una suave palabra puede golpear rudamente.
Benjamin Franklin.

Una vida feliz es imposible. El fin supremo a que debe aspirar un hombre es una carrera heroica.
Nietzsche.

Un carácter es una voluntad perfectamente cultivada.
Novalis. *Escritos.*

Un emperador debe morir de pie.
Tito Flavio Vespasiano.
Frase pronunciada por el emperador el último día de su vida, cuando a pe-

FRASES CÉLEBRES

sar de su extrema debilidad quiso levantarse y murió prácticamente en el supremo esfuerzo de incorporarse.

Un hijo es una pregunta que le hacemos al destino.
José Mª Pemán.

Un hombre consecuente con su sistema de vida es ciertamente un espíritu estrecho.
Renan.

Un hombre no puede ser admirado sin ser creído.
Jean Cocteau.

Un idealista es una persona que ayuda a otra a ser próspera.
Henry Ford.

Un lector apasionado debe tener una biblioteca limitada, y releer cada año los mismos libros.
Maurois.

Un mundo nuevo no es más que un nuevo modo de pensar.
William Carlos William.

**Uno mismo es el amor
a la técnica
y el amor a la humanidad.**
Hipócrates: *Aforismos*.

Un poema no ha de consistir en pensamientos sino en palabras.
Mallarmé.
La frase refleja el nuevo principio simbolista.

¿Vas con las mujeres? No olvides el látigo.
Nietzsche.

Ved un consejo que escuché cuando se lo daban a un joven: «Haz siempre lo que temías hacer».
R.W. Emerson. *Ensayos*.

¡Vendo lo que todos los hombres buscan: Poder!
Mathew Boulton.
Boulton se refería a la primera fábrica de máquinas de vapor.

Vivire militare est.
lat.
Vivir es luchar.
Séneca. *Epístolas*, 96.

Vivir sin amigos: morir sin testigos.
G. Herbert.

¡Vosotros, hombres superiores, aprended a reír!
Nietzsche. *Así habló Zaratustra*.

Vuelve la cara al otro lado por dejar pasar la verdad.
Quevedo.
Comentario sobre la hipocresía.

We shall overcome some day.
ing.
Algún día venceremos.
Joan Baez. Berkeley, 1964.
Frase de una de las canciones que cantó en Berkeley durante una de las *sentadas* pro libertad de expresión en público.

We want the world and we want it now.
ing.
Queremos el mundo y lo queremos ahora.
Doors.

Yo me comeré uno a uno los granos de esta granada.
Fernando el Católico.
Palabras que pronunció antes de la toma de Granada.

Yo necesito compañeros, pero compañeros vivos; no muertos y cadáveres que tenga que llevar a cuestas por donde vaya.
Nietzsche.

Y olvidamos porque debemos y no porque queremos.
Mathew Arnold. *Absence*.

Yo nunca pienso en el futuro; llega demasiado a prisa.
A. Einstein.

Yo soy yo y mi circunstancia.
José Ortega y Gasset. *El hombre y su circunstancia*.
Frase en la que se reivindica el punto de vista individualista.

Y... si he escrito esta carta tan larga, ha sido porque no he tenido tiempo de hacerla más corta.
Pascal.
Frase que expresa de una manera paradójica lo difícil que resulta ser conciso.

LOCUCIONES
USUALES
Y
VOCES
EXTRANJERAS

ab intestato
lat. Sin testamento: se usa en la expresión «murió ab intestato».

ab irato
lat. Arrebatadamente, a impulsos de la ira; sin reflexión.

ab origine
lat. En aquellos tiempos, en el principio.

abscissa, *pl.* **abscissae**
lat. En matemáticas, una de las dos coordenadas rectilíneas que determinan la posición de un punto en un plano con relación a dos rectas que se cortan.

ab ovo
lat. Del huevo. Desde el principio. Horacio *Ars Poética* 147; *Sátiras* 1 III 6.

a buon fresco
it. En arte, pintura sobre yeso cuando no está seco todavía.

ab urbe condita
lat. Desde la fundación de la ciudad (de Roma). Los romanos calculaban sus fechas a partir de 753 a. de J.C., la fundación de Roma; generalmente se abrevia como A.U.C.

abusus non tollit usum
lat. Término legal: el abuso de un derecho no invalida su uso.

a capella
it. En música, designa el estilo eclesiástico en la música oral, generalmente sin acompañamiento, pero, a veces, acompañada de orquesta u órgano.

à chacun son goût
fr. Cada hombre a su gusto.

acte gratuit
fr. Un acto inconsecuente o sin motivo, hecho de impulso. Término adoptado de los escritos de André Gide, en cuya moral individualista el *acte gratuit* precede al auto-control.

actualité
fr. Actualidad; de interés contemporáneo. La palabra *actualités* designa el noticiario filmado.

adagio
it. Término musical. Composición que se ha de ejecutar con movimiento lento.

ad captandum vulgus
lat. Un argumento que pretende apelar el prejuicio popular.

addendum, *pl.* **addenda**
lat. Algo que se añade; un apéndice.

ad eundem gradum
lat. Al mismo grado. Se aplica al ingreso del licenciado de una universidad en otra, al mismo nivel, sin examen previo.

à deux
fr. Para dos personas. Se aplica a una reunión, una comida, etc., para dos, o simplemente el estar juntos sin la presencia de una tercera persona.

ad finem
lat. Hacia el final. Se emplea para hacer una referencia más precisa, y puede aplicarse al final de una página, de un capítulo, etc.

ad hoc
lat. Para este propósito especial. Expresión de aplicación variada; puede referirse a una organización o comité; a un argumento para un caso específico; incluso para la vestimenta.

ad hominem
lat. Al hombre. Se emplea en la expresión: *Argumento ad hominem*. Es el argumento fundado en los hechos y opiniones del adversario.

adieu
fr. Adiós: fórmula de despedida.

ad infinitum
lat. Hasta lo infinito; formando parte de una serie infinita.

ad inquirendum
lat. Designa el decreto judicial que ordena la investigación de un asunto de interés público.

ad interim
lat. Mientras tanto. Expresión que refleja el carácter provisional o temporal de algo.

ad libitum
lat. A gusto, tanto como se desee. En música, opcional, para ser tocado u omitido a voluntad.

ad litteram
lat. A la letra, literalmente. Se emplea en expresiones como *citar un autor ad litteram*.

ad misericordiam
lat. A la compasión. Designa una súplica o un argumento dirigidos a la compasión del oyente.

ad nauseam
lat. Hasta el punto de causar disgusto, aborrecimiento o náusea.

ad pedem litterae
lat. Al pie de la letra.

ad rem
lat. A la cosa. Responder *ad rem*, responder categóricamente, precisamente.

adsum
lat. Estoy presente. Expresión que se emplea, por ejemplo, al pasar lista.

ad valorem
lat. Designa el impuesto proporcional al valor del artículo.

ad vitam aut culpam
lat. Por vida o hasta la falta. Término legal: mientras dure el buen comportamiento.

ad vivum
lat. En arte, pintado de un modelo vivo; de apariencia natural o viva.

advocatus diaboli
lat. Abogado del diablo. Término eclesiástico que designa a la persona encomendada por la curia papal para oponer un proceso de canonización; de ahí, una persona que busca faltas.

aequam servare mentem
lat. Mantenerse la mente tranquila. Horacio *Odas* 11 III 1-2.

aequo animo
lat. Con la mente tranquila. Cicerón *Ad Atticum* VI 8, *Vulgata* 111 *Reyes* XXI 7, etc. Una expresión probablemente tópica.

aerobic
ing. Tipo de gimnasia en la que los ejercicios se realizan siguiendo el ritmo de la música.

aes alienum
lat. Dinero de otras personas. Expresión que designa una deuda. Cicerón *Ad Familiares* V 6; pero probablemente se trata de un término legal.

affiche
fr. Un cartel, letrero o anuncio colgado en la pared.

affidavit
lat. Del verbo *affidare,* dar fe de. Sirve para designar la declaración prestada por escrito ante un funcionario dotado de fe pública.

after shave
ing. Después del afeitado. Loción cosmética para hombre, que se aplica en forma de masaje facial después del afeitado.

aftersun
ing. Leche o crema balsámica que calma la irritación de la piel causada por el efecto del sol.

aggiornamento
it. Proceso de modernización. Término que se aplicó a la política de reforma de la iglesia católica adoptada por el Segundo Concilio Vaticano.

agitato
it. Término musical. De manera agitada, expresando emoción o perturbación.

à gogo
fr. En abundancia. Expresión que indica la gran cantidad de algo, por ejemplo, *whisky à gogo.*

à la page
fr. Estar al día, a la moda.

à la recherche du temps perdu
fr. En busca del tiempo perdido. Del título de la serie de novelas de Marcel Proust. La frase se utiliza frecuentemente para referirse al punto de vista de Proust de que sensaciones triviales pueden producir

«memoria involuntaria» y recrear vívidamente experiencias del pasado.

al dente
it. Término culinario que indica que un alimento conserva una textura y una consistencia no demasiado blandas, como en el caso de la pasta italiana o las verduras poco cocidas.

alea jacta est
lat. La suerte está echada. Palabras atribuidas a César al pasar el Rubicón sin licenciar sus tropas como prescribían las leyes. Se dice al tomar una decisión arriesgada.

al fresco
it. Al aire libre. Se utiliza en la expresión: *estar al fresco,* es decir, tomando el aire.

algol (algoritmic language)
ing. Término informático que se refiere al lenguaje de programación.

alias
lat. De otro modo. Se dice para indicar sobrenombres o variantes.

alter ego
lat. Mi otro yo. Designa a un íntimo amigo de toda confianza. Expresión original de Cicerón, fue equivocadamente traducida del griego como: «Mi otra personalidad».

ALU (aritmetic and logic unit)
ing. Se llama así a la unidad del ordenador que realiza las operaciones aritméticas, lógicas y de comparación que se encuentran en los programas.

amanuensis (es)
lat. Término que se utiliza para designar a aquellos que escriben al dictado

and company
ing. Y compañía.

anno aetatis suae
lat. En el año de su edad. Fórmula que se inscribe seguida de la cifra de años (en signos romanos) en una tumba.

ante meridiem (A.M.)
lat. Antes del mediodía. Se emplean las siglas detrás de la hora a señalar para indicar el período madrugada-mañana.

anticipation
ing. Se dice de la literatura de ciencia ficción.

antipasto
it. Se llama así a los entrantes o a los entremeses que se toman antes de la pasta.

a pari
lat. Por igual, por semejante. Se usa en la expresión *argumento a pari* para designar el argumento fundado en relaciones de semejanza o igualdad entre la premisa y la conclusión.

apartheid
ing. Sistema de segregación racial practicado por el gobierno de África del Sur.

APL (a programing language)
ing. Lenguaje de programación que se basa en la notación simbólica.

a posteriori
lat. Por lo que viene después. Describe el proceso inductivo que va del efecto a la causa. Se aplica a un juicio posterior.

apparatus criticus
lat. Designa la materia que permite el estudio crítico de un documento, especialmente el texto impreso de un manuscrito.

a priori
lat. Por lo anterior, por lo que precede. Sirve para describir el razonamiento que va de la causa al efecto; en expresiones que implican acuerdo con la probalidad general.

aqua fortis
lat. Se llama así al ácido nítrico.

argot
fr. Forma de hablar o jerga plagada de coloquialismos que suele ser utilizada por determinados sectores de la sociedad, tanto por razones anticonvencionales como por el bajo nivel cultural.

ars est celare artem
lat. El verdadero arte oculta al arte. El origen de la frase es desconocido pero se refiere a que el gran arte parece natural e inevitable.

ars gratia artis
lat. El arte por el arte.

ars gratia pro artis
lat. Expresión que implica que el arte en sí es motivo suficiente para el proceso creativo, sin tomar en consideración factores no-artísticos, materialistas c prácticos.

ars longa, vita brevis
lat. El arte es largo, la vida breve. Aforismo atribuido a Hipócrates y traducido por Séneca en *De Brevitate vitae.*

atelier
fr. El estudio de un pintor o escultor.

à trois
fr. Se dice de una comida, reunión, etc., para tres personas; es decir, que se refiere a tres personas sin otra compañía.

auctoritate sua
lat. Por propia autoridad. Se emplea en el sentido de que una determinada acción o afirmación es injustificada.

auf Wiedersehen
al. Fórmula de despedida que tiene un significado parecido a hasta la vista.

au gratin
fr. Término culinario. Se refiere a la capa de queso o pan rallado que se pone a un plato antes de meterlo al horno; de ahí, el verbo gratinar.

au pair
fr. Acuerdo mediante el cual se da alojamiento a una persona, generalmente extranjera, a cambio de un servicio de tipo doméstico, cuidar de niños, etc.

au revoir
fr. Fórmula de despedida equivalente a «hasta la vista».

aurora australis
lat. Fenómeno celestial que consiste en manifestaciones eléctricas visibles en las regiones del hemisferio sur.

aurora borealis
lat. Fenómeno celestial que consiste en manifestaciones eléctricas visibles en las regiones árticas.

autres temps, autres moeurs
fr. Otros tiempos, otros modos. Expresión que implica que las costumbres y los valores morales cambian según la época; por lo tanto, las pautas vienen dadas por un tiempo concreto; los criterios del pasado no sirven para el presente.

avant-garde
fr. La vanguardia. Término aplicado a un movimiemto estético avanzado.

avanti
it. ¡Adelante!

avoirdupois
fr. Nombre que designa el sistema oficial de peso empleado en las islas británicas.

axis mundi
lat. Eje o centro del mundo.

B

baby sitter
ing. Se llama así a la persona que se contrata por horas para que se encargue del cuidado de los niños.

bacillus
lat. Bacilo: una bacteria de forma de bastoncito, recto o curvo.

background
ing. Se refiere al fondo social o cultural de una persona.

back-up
ing. En informática se llama así a las copias de seguridad. El back-up consiste en copiar un conjunto de datos de un soporte a otro.

bacon
ing. Tocino entreverado, de la panceta.

balalaika
rus. Nombre de un instrumento musical eslavo parecido a una guitarra, pero con caja triangular y tres cuerdas.

barman
ing. Se llama así al hombre encargado de la barra de un bar.

basic (Beginners All-purpose Symbolic Instructions Code)
ing. Lenguaje informático de programación.

batch
ing. En informática se refiere a un tipo de proceso en el que las operaciones a realizar han sido previamente determinadas y se llevan a cabo de manera automática sin intervención del usuario.

béarnaise
fr. Término culinario que designa la salsa confeccionada de mantequilla, yema de huevo y vinagre, condimentada con estragón. Recibe su nombre de la antigua provincia francesa de Béarn.

beau geste
fr. Un gesto magnánimo.

beige
fr. Color marrón claro.

bel canto
it. En música, término que se aplica al canto caracterizado por un tono rico y lleno, normalmente al género de la ópera.

best-seller
ing. Mejor vendido. Se refiere a un libro que ha conseguido un enorme número de ventas.

bête noir
fr. Bestia negra. Se dice de aquellos objetos o personas a las que se tiene una especial aversión.

bidet
fr. Uno de los elementos del cuarto de baño que consiste en un mueble de porcelana sobre el que una persona puede sentarse a horcajadas para lavarse.

biennale
it. Feria, exposición. Se refiere a aquellas ferias o exposiciones celebradas cada dos años.

bikini
ing. Bañador de señora de dos piezas.

bistro
fr. Una taberna.

bit
ing. Unidad mínima de información en informática. El bit consiste en una variable binaria.

bizarre
fr. Extravagante, excéntrico, raro, grotesco, algo cuyo atractivo reside en su carácter extraño más que en su belleza.

blasé
fr. Dicho de una persona que no se deja afectar por ninguna novedad; que adopta una actitud de hastío o indiferencia.

blazer
ing. Prenda de vestir que consiste en una chaqueta tipo americana.

blend of
ing. Mezcla de.

blister
ing. Sistema de envasado formado por dos láminas: Una de P.V.C. en la que van insertas las unidades a empaquetar y otra de aluminio en la que va impreso el nombre o características del producto envasado.

blues
ing. En música, bailes y melodías llenos de melancolía, originariamente de los negros del sur de Norteamérica.

bluff
ing. Se emplea en el sentido de farol, en expresiones como *hacer un bluff:* tirarse un farol.

blutwurst
al. Una clase de butifarra negra.

bobsleigh
ing. Vehículo de una a cuatro plazas que se desliza sobre la nieve o el hielo.

body
ing. Cuerpo. También se usa para designar una prenda femenina con forma de maillot que se pone generalmente para practicar la gimnasia, el baile moderno, etc.

boîte
fr. Caja. Nombre dado a un club o local a donde se acude para bailar.

bonae memoriae
lat. De grato recuerdo. Dicho de una persona agradable de recordar.

bona fide
lat. De buena fe, con sinceridad. Una persona honesta y sincera.

bonhomie
fr. Buen humor o carácter, simpatía personal.

bonsai
jap. El arte japonés de construir jardines en miniatura con árboles y arbustos enanos, conseguidos mediante la poda sistemática de sus raíces.

bon vivant
fr. Persona que disfruta de la vida y de sus placeres, especialmente de la buena mesa.

bon voyage
fr. Buen viaje.

booking
ing. Reserva de plazas o localidades en un hotel, local o medio de trasporte.

boom
ing. Explosión. Onomatopeya empleada comúnmente para designar un gran escándalo (político, social, etc.) o un gran éxito.

boudoir
fr. Tocador de una dama; también se aplica a sus habitaciones privadas.

bouquet
fr. Aroma de un vino.

boutade
fr. Arrebato de ira o una rabieta. También se refiere a un acción poco esperada.

boutique
fr. Tienda pequeña donde se venden prendas de vestir, generalmente de carácter exclusivo.

box-office
ing. Taquilla.

bpi*(bits per inch)*
ing. Bits por pulgada. En informática se utiliza el Bpi para indicar la cantidad de datos almacenados en una cinta.

brandy
ing. Bebida fuertemente alcohólica destilada del vino de uva.

brut
fr. Champán extraseco.

buffer
ing. En informática el buffer se refiere a un tipo de memoria que tanto puede almacenar datos como suministrarlos para que sean procesados.

bungalow
ing. Casa o caseta de madera, de un piso, situado en una zona de veraneo, en campings, etc., generalmente destinada al alquiler por temporadas cortas.

bureau
fr. Pupitre. También se utiliza para designar una oficina dedicada a la transacción de asuntos oficiales.

bus
ing. En informática el bus se refiere al conjunto de los conductores eléctricos que se encuentran en la CPU de un ordenador a través de los cuales se realizan intercambios de información entre los distintos elementos del mismo.

byte
ing. En informática un byte consiste en una unidad de memoria compuesta por ocho bits, que se utiliza para almacenar un carácter. El byte es la unidad empleada para medir la capacidad de las memorias de los ordenadores.

C

cache
fr. Término utilizado en cine para referirse a la desaparición de la imagen en pantalla. En general el cache consiste en un círculo o pantalla negra que oculta la imagen.

cameraman
ing. En cinematografía o televisión, el técnico que maneja una cámara.

camera obscura
lat. Consiste en un aparato que permite proyectar una imagen coloreada a través de un pequeño agujero o de una lente sobre una superficie adecuada en una habitación oscura.

camouflage
fr. Término militar que se refiere a cómo se trataba de disimular la apariencia de ciertos objetos durante la guerra. De aquí se extrapola el término a cualquier tipo de disfraz que intente disimular la apariencia de un objeto o el propósito de una acción.

camping
fr. Modalidad de hacer vida al aire libre que se suele llevar a cabo en tiendas de campaña, montadas en zonas especiales destinadas a tal fin. También recibe este nombre el lugar donde se practica esta actividad.

campus
lat. Se dice de las zonas verdes que rodean un colegio o universidad. También se utiliza para referirse a las viviendas de profesores y alumnos en caso de estar concentrados en dicha zona.

canapé
fr. Sofá con alto respaldo. Culinariamente se refiere a una tostada preparada con algo sabroso.

ça ne fait rien
fr. No importa, no tiene importancia. Expresión popularizada durante y después de la primera guerra mundial.

cantabile
it. Término musical que designa un estilo vocal suave y fluido. También se refiere a una composición musical en dicho estilo.

cantata
it. Musicalmente se refiere a una composición coral parecida a un oratorio, pero más corta.

capiliculteur
fr. Se llama así a los especialistas en tratamientos capilares.

cappuccino
it. Bebida consistente en café negro y leche o crema batida de manera que resulte espumosa. El nombre deriva del hábito marrón oscuro de los frailes capuchinos.

caprice
fr. Capricho. Se dice de un deseo repentino o de una decisión tomada sin motivo adecuado.

capriccio
it. Musicalmente se refiere a una composición libre e interpretada con vivacidad; de aquí cualquier ejercicio espontáneo y ligero en cualquier técnica artística.

carpe diem
lat. Aprovecha el día. Palabras de Horacio (*Odas,* I, 11, 8) con las que incita, ya que la vida es breve, a gozar de todos sus momentos.

carrousel
fr. Se refiere a una actividad festiva en la cual un grupo de carrozas o coches ornamentados hacen un recorrido por las calles de un pueblo o ciudad. El carrousel suele ir acompañado de bandas de música y de grupos con disfraces diversos.

carte blanche
fr. Se usa la expresión: «tener carta blanca», es decir, total libertad de acción.

cartridge
ing. En informática se llama cartridge a una cinta magnética completa que se utiliza como soporte.

cash flow
ing. Término financiero que se refiere a los beneficios brutos producidos por una inversión sin tener en cuenta la amortización.

cashmere
ing. Lana fina y suave procedente de las cabras de la región india de Cashmere.

casino
it. Se refiere a un club o casa de juego en donde el hecho de jugar constituye la principal atracción. Los juegos consisten en juegos de azar, tales como ruleta, cartas, etc.

cassette
fr. Cajita de plástico para cinta magnética insertada en un estuche, lista para reproducir una grabación previa o para ser grabada.

cast
ing. Se refiere al reparto estelar en un film.

casus belli
lat. Caso de guerra; es decir, un acto que puede provocarla.

casus federis
lat. Se refiere a un acto o circunstancia que lleva a cabo las previsiones de un tratado.

catch
ing. Término deportivo que se refiere a una modalidad de la lucha libre en la que participan cuatro luchadores en equipos de dos.

causa causans
lat. Se refiere a la causa real que opera en una determinada circunstancia para producir un efecto.

causa movens
lat. Se refiere a la causa que motiva el emprender una acción.

cause célèbre
fr. Juicio célebre. Se refiere a aquellos juicios que despiertan un enorme interés en la opinión pública.

censor morum
lat. Se refiere a aquel cuyo oficio consiste en castigar la delincuencia moral.

census
lat. Consiste en la enumeración de los individuos que constituyen la población de una ciudad o país con fines oficiales.

certum est quia impossible est
lat. Es cierto porque es imposible. Originario de Tertuliano en *De Carne Christi,* suele citarse equivocadamente como: *as credo quia impossible est* (lo creo porque es imposible). La paradoja debe resolverse partiendo de la premisa de que lo aparentemente imposible no hubiera sido propuesto como cierto a menos que fuera verdad.

c'est à dire
fr. Es decir.

c'est la guerre
fr. Es la guerra. Expresión utilizada para referirse a la forma en que las cosas ocurren en tiempos de guerra.

c'est la vie
fr. Es la vida. Se refiere a que las cosas son como son, porque la vida es como es; es decir que la vida es imprevisible.

cetera desunt
lat. El resto falta. Se utiliza para indicar que la parte restante de un manuscrito no existe.

ciao
it. Hola, adiós. Usado familiarmente como forma de saludo, tanto al encontrarse como al despedirse.

cicerone
it. Guía turística; persona que indica al visitante todos los sitios y objetos de interés.

cinéma-vérité
fr. Se refiere al realismo, en la filmación de un film, conseguido a base de disimular el equipo técnico para poder filmar escenas reales.

cinquecento
it. Mil quinientos. Término utilizado en arte para designar el período artístico italiano, tanto en pintura como en arquitectura, que abarca el siglo dieciséis. También se utiliza para designar el arte característico de dicho siglo.

city service
ing. Se dice de aquellas tiendas en las que se arreglan prendas de vestir.

clan
ing. Grupo, tribu.

claque
fr. Designa a un grupo de personas a las que se les paga para aplaudir en un teatro.

cliché
fr. Metafóricamente se refiere a un tópico. También se refiere a los negativos de la película fotográfica.

clinch
ing. Término deportivo que se aplica en el boxeo para designar el hecho de que uno o ambos boxeadores bloquee los brazos del contrario impidiéndole moverlos.

close
ing. Cerrar.

cobol (common business oriented language)
ing. En informática, el cobol se refiere a un tipo de lenguaje de programación pensado para la gestión.

cogito ergo sum
lat. Pienso luego existo. Frase utilizada por Descartes en su *Discurso del método*.

coiffeur, coiffeuse
fr. Peluquero-ra.

collage
fr. Técnica plástica mediante la cual se pegan objetos y materiales a una superficie como parte de un cuadro.

comme il faut
fr. De acuerdo con las normas aceptadas, sobre todo en cuanto a comportamiento social.

comic
ing. Consiste en una técnica narrativa basada en una secuencia de pictogramas o viñetas, en los cuales puede introducirse la escritura, sea para representar la palabra oral o simplemente como apoyatura textual.

compendium
lat. Resumen de lo más selecto de una obra.

compote
fr. Dulce de fruta cocida en agua y azúcar.

computer
ing. Ordenador.

con brio
it. En música: con espíritu y fuerza.

concertante
it. Estilo de composición musical que permite el virtuosismo por parte de los instrumentistas. Partes instrumentales escritas de tal modo.

concerto
it. Composición musical para uno o más instrumentos acompañados de una orquesta. Cuando todos tocan a la vez se denomina *concerto grosso*.

confiteor
lat. Yo confieso. Fórmula eclesiástica empleada al principio de la misa. Cualquier confesión, en sentido figurativo.

con moto
it. En música, con movimiento animado.

connoisseur
fr. Un entendido crítico en asuntos de gusto, sobre todo en las artes.

consensus
lat. Un acuerdo mayoritario, una opinión generalizada.

consortium
lat. Una asociación de personas, compañías o estados que actúan conjuntamente.

container
ing. Enorme recipiente metálico destinado al uso de los ciudadanos para que estos se deshagan de objetos inservibles.

continuum
lat. Un campo de extensión continua. Empleado en muchos contextos técnicos.

contra bonos mores
lat. Contra buenos modos. Algo que vaya en contra de los cánones aceptados del buen comportamiento.

contralto
it. En música, la voz femenina más baja, correspondiente al contratenor masculino. La cantante que posea tal voz.

copyright
ing. Derechos legales de autor. Se refiere a los derechos que durante una serie de años tiene un autor o las personas delegadas por él para publicar, vender, grabar o filmar su trabajo.

cordon bleu
fr. La cinta azul llevada por los Caballeros de la Gran Cruz de la Orden del Espíritu Santo francesa. Se aplica sobre todo a una gran distinción en el mundo culinario, o bien al estilo de cocina de alta clase.

corner
ing. Término futbolístico que se refiere a un saque de esquina sobre la portería del mismo lado y que se origina cuando uno de los jugadores a los que pertenece dicha portería lanza el balón por la línea de fondo.

cornucopia
lat. Cierto vaso con figura de cuerno, rebosando flores y frutas, que se toma como símbolo de la abundancia.

corps diplomatique (C.D.)
fr. Siglas que se utilizan para designar al cuerpo diplomático.

corpus
lat. Cuerpo. Se refiere a la colección completa de escritos de cierto tipo, o por una persona o grupo de

personas, o sobre un tema específico. Conjunto de lo que se dice en una obra escrita, con excepción del índice y preliminares.

corpus delicti
lat. Cuerpo del delito. Objeto que lo prueba, instrumento o resultado.

corpus juris
lat. Código legal completo.

corruptio optimi pessima
lat. Cuando lo mejor se corrompe se convierte en lo peor. Se aplica generalmente a personas, refiriéndose al abuso de talento que puede conducir a perversidad extrema.

cotillon
fr. Baile con figuras, ejecutado en compás de vals.

couchette
fr. Una litera, normalmente en un tren.

country music
ing. Se refiere a la música folclórica norteamericana.

coup
fr. Golpe. Término que se emplea en muchos ámbitos. Puede referirse a un golpe en un juego, un éxito con una política determinada, etc.

coup de grâce
fr. El golpe final; el tiro de gracia que pone fin al sufrimiento de la víctima.

coup d'êtat
fr. Golpe de estado.

couscous
arab. Una clase de sémola que se emplea para acompañamiento de muchos platos africanos.

couture
fr. La confección, aplicada sobre todo a la moda en la ropa femenina. De ahí, *haute couture:* alta costura.

cow-boy
ing. Vaquero. El término suele emplearse equivocadamente para referirse a los americanos que colonizaron el oeste. Se usa en la designación de este tipo de películas, por ejemplo: *una película de indios y cow-boys.*

CPI (character per inches)
ing. En informática, se utiliza esta

unidad para medir la densidad de escritura y grabación.

CPU (central processing unit)
ing. Unidad central de proceso. En informática, se llama así a la parte del procesador que engloba a la unidad aritmética lógica ALU y a la unidad de control.

crack
ing. Generalmente se emplea para designar una gran quiebra financiera.

credo
lat. Yo creo. Fórmula de creencia, declaración de principios.

credit card
ing. Tarjeta de crédito.

crematorium
lat. Lugar destinado para la incineración de cadáveres.

crème brûlée
fr. Crema quemada. Natillas con una capa de azúcar quemado.

crème de la crème
fr. La flor y nata. Lo mejor de la sociedad, la élite.

crêpe
fr. Clase de gasa de seda con pequeñas arrugas.

crêpe
fr. Torta fina hecha de harina, huevos y leche, que se come sola o con relleno. De ahí, *crêperie:* local donde se pueden comer crêpes.

crescendo
it. Musicalmente se entiende por *crescendo* el aumento progresivo en el volumen de la música.

croissant
fr. Una pasta en forma de medialuna.

croquet
fr. Cayado. Juego en el cual una serie de bolas de madera han de pasar por unos aros, mediante golpes de mazo.

croquis
fr. En arte, un esbozo o bosquejo.

cross
ing. Cualquier tipo de competición a pie o en vehículo a campo través.

croupier
fr. El empleado en un casino o local destinado al juego, que supervisa el juego, acepta las apuestas y reparte las ganancias.

crudités
fr. Término culinario: verduras crudas, generalmente acompañadas de una salsa, que se comen de entrantes.

cuisine
fr. Cocina. Un estilo de cocina; los recursos culinarios de una persona o de un establecimiento.

cul-de-sac
fr. Callejón sin salida.

cum laude
lat. Con alabanza o distinción. Calificación que se da con el resultado de un examen, la lectura de una tesis, etc.

curia
lat. El grupo de oficiales eclesiásticos que forman el séquito del Papa o de un obispo.

curriculum vitae
lat. Carrera de la vida. Designa el conjunto de indicaciones relativas al estado personal y profesional de uno.

CH

chacun à son goût
fr. Cada uno a su gusto. Se utiliza comunmente en el sentido de que cada cual que haga lo que le guste.

chacun à son metier
fr. Cada cual a su asunto. Se utiliza en el sentido de que cada cual debe preocuparse de sus propios problemas y no interferir en los asuntos de los demás.

chagrin
fr. Pena aguda, mortificación, tristeza. Se refiere al dolor espiritual o mental; es decir, que la tristeza experimentada no proviene de una causa física.

chaise-longue
fr. Tipo de sofá con respaldo pero con un solo brazo.

chalet
fr. Casa pequeña construida en madera y siguiendo el modelo de las casas de los campesinos suizos.

chandellier
fr. Candelabro. Generalmente se refiere a los candelabros suspendidos del techo y ornamentados con cristal.

chantilly
fr. Término culinario. Nombre dado a una clase de nata montada usada en la confección de postres y dulces.

charade
fr. Comúnmente se utiliza para referirse a aquellos acertijos o juegos de palabras en los que la solución se obtiene reordenando dichas palabras.

chauffeur
fr. Chófer. Se refiere a un empleado al que se le paga para que conduzca un coche.

che sará, sará
it. Lo que será, será.

chef
fr. Comúnmente suele utilizarse para designar al jefe de cocina de un restaurante u hotel.

chef d'oeuvre
fr. Obra maestra.

cherchez la femme
fr. Buscar a la mujer. Expresión originaria de A. Dumas en *Les Mohicans de Paris* (1864), utilizada en el sentido de que en el fondo del problema está la mujer.

chewing gum
ing. Goma de mascar.

chiaroscuro
it. Término que se emplea en arte para referirse a los efectos producidos por el contraste entre luces y sombras en pinturas, dibujos, etc. Se emplea especialmente cuando el contraste es considerable.

chiasmus
lat. Término empleado en lingüística para referirse a aquella figura en la cual la secuencia de ideas de una o dos frases paralelas es invertida.

chic
fr. Se refiere a la persona que es elegante, que tiene estilo.

chiffon
fr. Tipo de seda muy fina y diáfana. Se utiliza en la confección de prendas de vestir.

chiffonnier
fr. Mueble con estanterías inferiores, fondo de espejo y parte superior de mármol.

chip
ing. En informática un chip se refiere a una pequeña placa de silicio sobre la que se montan sistemas electrónicos formándose circuitos integrados.

D

dance macabre
fr. El baile de la muerte. Consiste en una representación alegórica de la muerte en la que todos los hombres se dirigen bailando hacia la tumba.

débâcle
fr. Se dice de un desastre, catástrofe o ruina repentina.

debug
ing. En informática el debug es un programa que corrige los errores de los programas.

début
fr. Estreno. Primera representación de una obra, actuación de un músico o actor, o aparición en público.

de jure
lat. De acuerdo con la ley, por derecho.

dei gratia
lat. A Dios gracias, por la gracia de Dios.

déjà vu
fr. Visto con anterioridad. Se dice de la sensación que se experimenta ante determinados lugares o situaciones de ya haber estado allí o de haber vivido aquella situación anteriormente. De aquí que se utilice el *déjà vu* para referirse a algo que no sorprende, a algo que resulta muy conocido.

delirium
lat. Se dice de un desequilibrio mental pasajero en el que se sufren alucinaciones.

delirium tremens
lat. Estado de *delirium* que afecta a los alcohólicos en el que se sufren alucinaciones que producen terror y se experimentan profundos desequilibrios ópticos.

de luxe
fr. De lujo.

demi-mondaine
fr. Se dice de una mujer de dudosa reputación.

démodé
fr. Se dice de algo anticuado, pasado de moda.

de novo
lat. De nuevo. Se utiliza en el sentido de hacer algo de nuevo, es decir, otra vez. También se utiliza en el sentido de volver a empezar.

de profundis
lat. Se dice de un lamento de profundo desespero, un grito de amarga tristeza.

derby
ing. Se utiliza para designar encuentros deportivos de cualquier género entre equipos de la misma ciudad y de la misma división.

der Tag
al. El Día. Se refiere al día que marcó el comienzo de la Segunda Guerra Mundial, esperado por los militaristas alemanes como el principio de la hegemonía alemana en Europa.

desunt cetera
lat. Falta el resto. Se utiliza para indicar que la parte que falta de un manuscrito no existe.

detritus
lat. Fragmentos residuales producidos por la erosión. Metafóricamente se utiliza para designar a los elementos de deterioro producidos por la erosión social.

deus ex machina
lat. Dios por medio de la máquina. Técnica teatral antigua mediante la cual un dios o un ser sobrenatural era bajado a la escena por medio de una máquina. Se emplea para expresar la influencia de lo maravilloso y sobrehumano en el desenlace de un conflicto.

dies irae
lat. El día de la ira, el día del juicio final.

dilettante
it. Se refiere a la persona que cultiva las bellas artes como un pasatiempo pero no de manera profesional. De aquí la extrapolación negativa para referirse a aquel cuyo interés en el arte o en la ciencia no es nunca serio ni sistemático.

diminuendo
it. Musicalmente se entiende por *diminuendo* la disminución progresiva del volumen de la música.

disc-jockey
ing. Nombre dado a la persona encargada de poner los discos en programas de televisión y radio; también, el que hace lo mismo en una discoteca, haciendo a la vez de animador.

diskette
ing. En informática, a los diskettes también se les llama *floppy disks* o discos flexibles. El diskette suele ser el tipo de soporte magnético más frecuente utilizado en los ordenadores personales.

dispack
ing. En informática un dispack es un disco magnético rígido que se utiliza para almacenar grandes cantidades de información.

diva
it. Se dice de una cantante de ópera muy famosa.

divertimento
it. En música se llama *divertimento* a una composición instrumental ligera que se desarrolla en varios movimientos.

divide et impera
lat. Divide y vencerás.

dix-huitième
fr. El siglo dieciocho francés. Se dice del arte característico de dicho período.

docks
ing. Designa los almacenes junto al muelle, donde se depositan las mercancías.

dolby system
ing. Técnica de grabación y de reproducción del sonido en la que se eliminan los ruidos parásitos y de fondo que afectan la calidad del sonido.

dolce far niente
it. Agradable ociosidad.

dolce vita
it. Se dice de la vida de lujo en la que se combina la opulencia con la sensualidad.

dolce stil nuovo
it. Frase inventada por Dante, se refiere a la escuela de poesía amatoria desarrollada en Italia en el siglo XIII, en la cual la mujer amada es espiritualizada y eterealizada.

dope
ing. Nombre genérico dado a las drogas de todo tipo.

doping
ing. Práctica ilegal en el mundo del deporte mediante la cual se administra una droga o estimulante a un atleta, caballo, perro, etc., para conseguir un mejor resultado.

dossier
fr. Cartera para papeles o documentos que se refieren al mismo tema. Frecuentemente, en un *dossier* se consignan los documentos que se refieren a la vida y actividades de alguna persona.

drive
ing. En informática, se llama así a la unidad en que se insertan los diskettes para su lectura y grabación.

drop out
ing. Persona que abandona el sistema para vivir una vida nueva.

drugstore
ing. Consiste en un gran local que agrupa en su interior un conjunto de tiendas de diversos tipos, tales como librería, farmacia, charcutería, bar, etc. Se caracteriza básicamente por su horario nocturno.

dry clean
ing. Limpieza en seco.

duce
it. Título adoptado por Benito Mussolini y que significa caudillo de un grupo.

duo
it. Composición musical para dos voces o instrumentos.

duomo
it. Catedral italiana.

duty free
ing. Libre de derechos de aduana. Dicho de los artículos que se pueden adquirir en las tiendas especiales a este efecto, a bordo de los aviones o barcos, o en los aeropuertos, sobre los cuales no se pagan los impuestos habituales de aduana.

E

eau de cologne
fr. Agua de colonia.

ecce homo
lat. Representación de Cristo con corona de espinas y túnica púrpura.

e.g. (exempli gratia)
lat. Por ejemplo.

ego
lat. El yo. Término popularizado por Freud, se refiere a la personalidad subjetiva.

élan vital
fr. Fuerza vital.

enfant terrible
fr. Se dice de aquellas personas cuyo comportamiento anticonvencional y fuera de las reglas causa asombro.

English spoken
ing. Se habla inglés.

en route
fr. En ruta.

entente cordiale
fr. Entendimiento o acuerdo, generalmente entre estados o poderes políticos.

entourage
fr. Entorno; lo que rodea. Se aplica especialmente al grupo de amigos o consejeros de una persona importante, sea artista, escritor, político, etc.

épater les bourgeois
fr. Sorprender a la clase media.

ergo
lat. Por tanto, por consiguiente, luego. Conjunción latina usada en el lenguaje escolástico.

erratum, *pl.* **errata**
lat. Un error, sobre todo en un libro impreso; en el plural, designa la lista de errores corregidos añadida a un libro.

escargot
fr. Nombre dado al caracol comestible.

espressivo
it. Expresivo. Término utilizado en música para designar una interpretación expresiva, es decir que refleja viveza y sentimiento.

espresso
it. Exprimido. Se refiere al café hecho mediante una cafetera especial en que la presión del vapor hace pasar agua hirviente por un filtro que contiene los granos de café.

esprit de corps
fr. El sentimiento de lealtad de los miembros de una asociación, grupo, etc. A sus tradiciones e intereses comunes.

esprit gaulois
fr. Designa el espíritu de mofa crítica que según algunas opiniones caracteriza a los franceses.

establishment
ing. Lo establecido. Generalmente se refiere a la sociedad establecida, las clases directoras o el centro de poder efectivo.

esthéticienne
fr. Una especialista en tratamientos de belleza.

esto perpetua
lat. Que dure para siempre.

et alia/et alii
lat. Y otras cosas *(alia)*, y otras personas *(alii)*. Normalmente se abrevian ambos términos a *et al.*

et caetera/et cetera
lat. Y el resto. Abreviatura escrita: *etc;* pero se pronuncia la palabra completa.

et hoc genus omne
lat. Y toda clase de cosas; y toda esa clase de gente.

et sequentes/et sequentia
lat. Y los/las siguientes. Expresión que se refiere a páginas, capítulos, etc. Normalmente se abrevia: *et seq.*

et tu, Brute!
lat. ¡Tú también, Bruto! Expresión atribuida a Julio César al reconocer a Bruto (su amigo, y posiblemente su hijo) entre sus asesinos. Sirve de reproche a un amigo que se ha juntado a otros para hacerle daño a uno.

eureka
gr. Lo hallé. Expresión atribuida a Arquímedes al descubrir la ley del peso específico de los cuerpos.

ex
lat. Preposición de significación varia. Suele denotar fuera de cierto espacio o límite de lugar o de tiempo, manifestación, negación o privación, o encarecimiento. Comúnmente es inseparable. Antepuesta a una voz, significativa de algún empleo, dignidad, etc., indica que el sujeto cesó ya en las funciones de su cargo.

ex abrupto
lat. Bruscamente, de improvisto. Se usa para expresar la viveza y el calor con que alguien se pone a hablar de un modo inesperado. Substancialmente designa un ademán inconveniente o inesperado manifestado con viveza.

ex animo
lat. De corazón, sinceramente, sin reservas.

ex cathedra
lat. Desde la cátedra. Se refiere a algo dicho de manera solemne y con autoridad. Se aplica al Papa para indicar que habla como jefe de la Iglesia, pero se emplea también, muy a menudo irónicamente, para

calificar a un lenguaje de suficiente y pedante.

exceptio probat regulam
lat. La excepción prueba la regla. Máxima legal: el hecho de que se hagan ciertas excepciones en un documento legal confirma que la regla es válida en todos los demás casos.

exchange
ing. Término que se refiere al cambio de divisas.

ex delicto
lat. Término legal: como resultado de un crimen, surgiendo de un crimen.

(exegi) monumentum aere perennius
lat. He forjado un monumento más duradero que el bronce. Expresión tomada de Horacio *Odas* 111 XXX 1.

ex gratia
lat. Designa un pago hecho como favor.

exit
ing. Salida.

ex libris
lat. De los libros. Suele ponerse como inscripción en los libros con el nombre o iniciales del dueño para marcar en ellos la posesión.

ex nihilo nihil fit
lat. Nada puede hacerse de nada. Basada en *Sátiras* de Persio que ya había adaptado la expresión de Lucrecio en *De Rerum Natura* I 155-6: *nil posse creari De nilo:* nada puede crearse de nada.

ex officio
lat. Por virtud del oficio de uno. Empleada con referencia a la designación automática de alguien a un puesto en un comité sin elección previa.

ex opere operato
lat. Por virtud de la cosa hecha. En teología, se emplea generalmente respecto a los sacramentos, los cuales no pierden validez a pesar de los defectos del sacerdote.

experientia docet
lat. La experiencia enseña. Tomada de Macrobio *Saturnalia* VII 5.

exposé
fr. La revelación de algo deshonroso o vergonzoso.

ex professo
lat. Con especial pensamiento o ciencia. Se emplea para designar un acto realizado intencionadamente.

extra muros
lat. Fuera de las murallas. Se emplea para designar los parajes situados fuera de las ciudades y en sus alrededores.

ex voto
lat. Ofrenda que los fieles cuelgan en los muros de los templos, en recuerdo de algún beneficio recibido.

façade
fr. Fachada de un edificio. En sentido figurativo, una apariencia que esconde la verdadera naturaleza de una persona, cosa, etc.

facilis descensus Averno
lat. El descenso al infierno es fácil. Tomada de Virgilio *Eneida* VI 26. Significa que es fácil caer en las malas costumbres.

facsimile
lat. Una copia exacta o representación.

factotum
lat. Hazlo todo. Individuo que ejerce varios cargos en una casa. Persona de plena confianza de otras y que en nombre de éstas despacha sus principales negocios.

fair-play
ing. En deporte se utiliza para referirse al juego limpio.

fait accompli
fr. Hecho cumplido. Algo que difícilmente puede deshacerse.

faites vos jeux
fr. ¡Hagan sus apuestas! El aviso dado por el croupier en un casino que el juego está a punto de empezar.

falsetto
it. En música, voz que canta en tono más alto que el natural.

fantasia
it. Designa una composición musical de forma libre, dejando paso a la imaginación y la improvisación.

faquir
arab. Hombre pobre. Santón mahometano muy austero que vive de limosnas. También sirve para designar al asceta de cualquier secta oriental.

fashion
ing. Se refiere a la moda.

fast food
ing. Comida rápida. Se refiere a aquellos restaurantes en los que se puede comer de manera rápida, generalmente en la barra. La comida suele ser fría.

fata morgana
it. El hada Morgana. Designa el espejismo que se puede ver en el estrecho de Mesina. De ahí, se aplica a cualquier espejismo o ilusión óptica. El fenómeno en cuestión se atribuía a la notoria Morgana la Fée, hermanastra del rey Arturo.

fauve
fr. Salvaje, parecido a un animal salvaje.

fauvisme
fr. Nombre con el que se conoce el estilo y técnica de Los Fauves.

feed-back
ing. Retroalimentación, retroacción, retrocontrol. Término cibernético que se refiere a un mecanisno de retrocontrol, en el cual la respuesta obtenida ante unos determinados datos informativos, es capaz de modificar su comportamiento.

feeling
ing. Se dice de un presentimiento o de una intuición.

fête
fr. Festival, fiesta.

fête champêtre
fr. Fiesta al aire libre.

fête galante
fr. En arte se refiere a aquellas representaciones pictóricas en las que se plasman escenas de baile, música y amor en un marco rural.

fiasco
it. Se dice de un fracaso ignominioso, de un fracaso total en una actuación.

fifty-fifty
ing. Mitad y mitad.

filius nullius
lat. Hijo ilegítimo de paternidad no reconocida.

finale
it. En música se refiere al último movimiento de una sinfonía o al último coro de un acto en una ópera.

fin de race
fr. Se dice del declive de la raza humana.

fin de siècle
fr. Se identifica con el final del siglo diecinueve. De aquí que se utilice para referirse a una actitud decadente dedicada al esteticismo.

finesse
fr. Delicadeza, refinamiento.

flash
ing. Súbito y momentáneo foco de luz. En fotografía se refiere a *lámparas o bombillas de flash*, utilizadas para fotografiar interiores poco iluminados. También se emplea metafóricamente para referirse a una súbita, clara y fugaz visión o imagen mental.

flash
ing. Relámpago, destello. En el argot de la toxicomanía se emplea para describir la primera subida de la droga al comenzar sus efectos.

flash back
ing. Término empleado tanto en cine como en literatura. Consiste en el quebrantamiento del orden cronológico normal y en la intercalación sucesiva del presente y del pasado.

flash forwards
ing. Término empleado en el cine y literatura. Consiste en el quebrantamiento del orden cronológico normal y en la intercalación sucesiva del presente y del futuro.

flic
fr. Término coloquial con el que se llama a los policías franceses.

flip
ing. Lanzar, arrojar; golpe ligero y rápido. En argot, se emplea como adjetivo: *flipado*, con el significado de hallarse intoxicado de alguna droga.

floppy
ing. En informática se llama así a los discos flexibles o diskettes.

flou
fr. Técnica fotográfica en la que la foto aparece difuminada.

folk
ing. Designa todo lo que tenga que ver con el pueblo o la gente común de un país. Se emplea especialmente en música para una clase de música que refleja las raíces de ese pueblo. Tuvo su auge en Estados Unidos en los años 60 y 70; en muchos casos, se unió a la canción de protesta.

fondue
fr. Término culinario. Designa un plato cuya base suele ser el queso fundido en el que se mojan trozos de pan.

footing
ing. Se refiere a un tipo de deporte que puede ser practicado por personas de cualquier edad y que consiste simplemente en correr durante un determinado período de tiempo.

foreground
ing. En informática, el foreground se refiere al modo de trabajo de los ordenadores en el que se mantiene un contacto permanente entre el operador del terminal y el ordenador.

for ever
ing. Para siempre. Se usa para aclamar a una persona: *¡Viva el presidente, for ever!*

forfait
fr. Entrada o ticket polivalente que permite la utilización de las distintas instalaciones deportivas de un determinado lugar durante un período de tiempo preestablecido.

for president
ing. Para presidente.

for sale
ing. Se vende.

fortran (formula translator)
ing. En informática, se llama así al lenguaje de programación técnico-científico.

forum
lat. Originalmente el *forum* era el lugar de asamblea, en una ciudad romana, en su función de corte de justicia. De aquí una asamblea para la discusión abierta de temas serios.

foyer
fr. Salón de descanso en un teatro.

frappé
fr. Hielo picado.

frau
al. Título que se da a las mujeres alemanas casadas.

Fraülein
al. Título que se da a las mujeres alemanas solteras.

führer
al. Título adoptado por Hitler y que significa caudillo de un grupo.

G

gaffe
fr. Vocablo que designa un error, una equivocación o plancha.

gag
ing. Suele referirse a las situaciones divertidas, cómicas o graciosas que se producen a lo largo de un film.

game
ing. Término empleado en tenis para designar un juego.

gang
ing. Suele referirse a grupos o bandas de delincuentes.

garden center
ing. Vivero y lugar de venta de plantas, semillas y utensilios de jardinería.

garden party
ing. Reunión social en un jardín privado, normalmente con refrigerio.

gay
ing. Se emplea para designar a los homosexuales y lesbianas.

geisha
japonés. Mujer japonesa educada especialmente para distraer y complacer a los hombres.

gigot
fr. Término culinario. Se refiere a la pierna de carnero asado.

ginger ale
ing. Cerveza inglesa hecha con jengibre.

glamour
ing. Se refiere al encanto mezclado con el atractivo sexual, por ejemplo: *el glamour de las estrellas de cine*.

globe trotter
ing. Trotamundos.

gloria in excelsis Deo
lat. Gloria a Dios en las alturas.

gnosis
gr. Se dice de un conocimiento especial de los misterios espirituales.

go home
ing. Vuelve a casa.

good bye
ing. Adiós.

graecum est, non legitur
lat. Frase de la Edad Media, en que se ignoraba de tal modo el griego, que se saltaba en los libros lo que estaba en ese idioma. Los copistas de manuscritos la abreviaban así: gr.e.n.l. Hoy equivale a: *No se meta en lo que no entiende*.

graffiti
it. Dibujos o escritos hechos en la pared, en lugar público, frecuentemente de carácter provocativo.

grappa
it. Aguardiente italiano destilado del vino.

grande cocotte
fr. Prostituta de lujo, generalmente mantenida espléndidamente por su amante.

grand guignol
fr. Tipo de teatro que se caracteriza por lo esperpéntico de la representación.

grand prix
fr. Se refiere a la carrera internacional de bólidos más importante y conocida.

groggy
ing. En boxeo se utiliza para referirse al hecho de que uno de los jugadores no se encuentra en plenas facultades mentales.

grosso modo
lat. Groseramente, de un modo imperfecto. Se refiere a la observación superficial de un hecho.

guerre à outrance
fr. Se dice de la guerra total, de luchar hasta la muerte.

guru
ing. Se llama así a un maestro espiritual hindú, o al cabeza de una secta religiosa.

habeas corpus
lat. Derecho de todo ciudadano, detenido o preso, a comparecer inmediatamente ante un juez o tribunal para que se determine si su arresto fue o no legal, y si debe alzarse o mantenerse.

habitat
lat. Designa el lugar nativo de una planta o de un animal.

hall
ing. Vestíbulo, recibidor.

hand ball
ing. Balonmano.

handicap
ing. Desventaja, obstáculo, inconveniente. En el deporte, se emplea en las carreras de caballos en que a uno o a varios de ellos se les concede alguna ventaja en peso, tiempo o distancia para igualar la partida.

happy end
ing. Final feliz.

happy hour
ing. Hora feliz. En un establecimiento público, hora determinada en que las consumiciones se pagan a mitad de precio.

hara-kiri
jap. Suicidio ceremonial que consiste en destriparse con un sable.

hard rock
ing. El rock duro. Variante de la música rock que consiste en la repetición de un ritmo a muchos decibelios, con más énfasis en la potencia que en la parte puramente musical.

hardware
ing. En informática, el hardware se refiere a la parte material de un ordenador. Incluye todos los elementos físicos del sistema: circuitos periféricos, canales de comunicación, dispositivos de memoria, etc.

has been
ing. Se dice de las grandes estrellas que han caído en el descrédito pero aún son reconocidas fácilmente por sus antiguos admiradores.

hash
ing. En informática, el término hash se refiere a un algoritmo que permite asociar un nombre a un número.

hashish
arab. Droga que se extrae de las hojas y semillas del cáñamo indiano con propiedades narcóticas. El preparado se fuma o se toma en forma de infusión.

haute couture
fr. Alta costura.

haute cuisine
fr. La alta cocina.
Designa un estilo de cocina de reconocido prestigio.

hegira
arab. Se refiere a la huida de Mahoma de la Meca a Medina en el año 622.

herbarium
lat. Colección clasificada de plantas secas.

Herr
al. Equivalente alemán de *señor*.

hic et ubique
lat. Aquí, allí y en todas partes.

hic jacet
lat. Aquí yace. Suele inscribirse en los sepulcros como epitafio.

hi-fi
ing. Abreviatura de *high fidelity*: alta fidelidad. Dicho de toda clase de aparatos de grabación y reproducción de sonido que reflejan el sonido original de la manera más fiel.

hippie
ing. Miembro del movimiento originario en el sur de California en los años 60, que propagaba una nueva filosofía de la vida basada en al amor libre y universal, el anti-militarismo y el rechazo de la sociedad de consumo.

historien de salon
fr. Se dice de un historiador amateur.

hit
ing. Designa un éxito, sobre todo en el mundo de la canción, el teatro o el cine.

hit-parade
ing. En el mundo discográfico, designa la escala de éxitos en cuanto a la venta de discos, su frecuencia de emisión, etc.

hobby
ing. Afición preferida; pasatiempo.

hodie mihi, cras tibi
lat. Hoy para mí, mañana para ti.

holding
ing. Designa a un conjunto de empresas pertenecientes a una misma sociedad financiera.

home made
ing. Hecho en casa. Fórmula comercial con que se indica en Inglaterra que un producto es de fabricación nacional.

homo ludens
lat. Se refiere al aspecto lúdico de la personalidad humana.

homo sapiens
lat. El hombre racional; miembro de la especie humana tal como se concibe hoy en día, con la facultad de pensar y razonar.

homo unius libri
lat. Hombre de un libro. Persona versada en una sola obra, a veces con la implicación de que sólo conoce ésta. Atribuido a Santo Tomás de Aquino por Southey.

honoris causa
lat. Título universitario otorgado en reconocimiento de la distinción pública de una persona, sin el examen acostumbrado.

honos habet onus
lat. El honor tiene su carga. Las más altas situaciones o dignidades tienen sus incomodidades.

honni soit qui mal y pense
fr. Vergüenza para el que piensa mal. Divisa inscrita en la insignia de la orden inglesa de la Jarretera.

hors catalogue
fr. No mencionado en el catálogo.

hors concours
fr. Fuera de concurso.

hors-d'oeuvres
fr. Término gastronómico que designa los entremeses.

hot-dog
ing. Perrito caliente. Designa un tipo de comida rápida que consiste en una salchicha frankfurt dentro de un panecillo largo, con guarnición, mostaza, etc., a gusto.

humanitas
lat. Originalmente se refería al estudio de las artes liberales. De aquí que se refiera a la actitud adoptada hacia los problemas humanos.

I

ibib(em)
lat. En el mismo sitio, en el mismo libro. Se utiliza para evitar la repetición de una referencia.

id(em)
lat. Lo mismo. Se utiliza para evitar repeticiones.

i.e. (id est)
lat. Es decir.

ignis fatuus
lat. Fuegos fatuos.

imago
lat. Un perfecto o típico ejemplo de algo.

imam
arab. Se dice del jefe espiritual musulmán.

impasse
ing. Se dice de aquellas situaciones en las que no se ve la salida.

imprimatur
lat. Licencias que da la autoridad eclesiástica para imprimir un libro.

in absentia
lat. En ausencia del interesado.

in abstracto
lat. En abstracto. Referirse a algo *in abstracto*, es decir, referirse a algo de forma genérica, abstracta, no de manera concreta.

in albis
lat. En blanco. Coloquialmente la expresión *estar in albis* se refiere a *no tener ni idea* o *no enterarse de nada*.

in articulo mortis
lat. En la hora de la muerte.

index expurgatorius
lat. Consistía en una lista de pasajes de un libro que debían ser alterados ya que iban en contra le la fe.

index librorum prohibitorum
lat. Lista de libros cuya lectura estaba prohibida para aquellos que no tenían un permiso especial.

index locorum
lat. Índice de lugares mencionados en un libro.

index nominum
lat. Índice de nombres mencionados en un libro.

index rerum
lat. Índice de los temas discutidos en un libro.

indoor
ing. Dícese de ciertas competiciones deportivas que se celebran en un recinto cerrado a pesar de que originalmente se celebran al aire libre.

in excelsis
lat. En el más alto grado.

in extenso
lat. Con amplitud, completamente, exhaustivamente.

in extremis
lat. En los últimos momentos; es decir, a la hora de la muerte; p.e.: *hacer un testamento in extremis*.

in flagrante delito
lat. Descubrir a alguien en pleno acto delictivo. Coloquialmente descubrir a alguien con «las manos en la masa».

in illo tempore
lat. Se emplea con la significación de: otros tiempos, hace tiempo.

in loco parentis
lat. En lugar del padre. Se aplica a la persona que asume la responsabilidad o autoridad del padre verdadero.

in medio stat virtus
lat. En el medio está la virtud. Expresión que se emplea para condenar la exageración.

in memoriam
lat. A la memoria de. Conmemoración; escrito dedicado a alguien que ha fallecido.

in propria persona
lat. En persona, personalmente.

input
ing. Entrada, -as. Término informático que se refiere a los datos suministrados a un ordenador para que realice unas determinadas operaciones.

in situ
lat. En el sitio. Realizar algo *in situ*, es decir, en el propio lugar.

in statu quo (ante)
lat. En la misma posición o condición que se había alcanzado anteriormente.

intelligenti pauca
lat. Al inteligente, pocas palabras. Al buen entendedor, con media palabra basta.

intelligentsia

rus. Se dice de un sector de la sociedad que se caracteriza por poseer una inteligencia superior y por sus puntos de vista avanzados en política.

inter alia

lat. Entre otras cosas.

interface

ing. En informática, se refiere a un dispositivo electrónico que permite la interconexión entre los distintos elementos de un sistema informático.

inter nos

lat. Entre nosotros.

interregnum

lat. Se refiere al intervalo entre los reinos o gobiernos de dos gobernantes sucesivos, durante el cual el estado es gobernado por una autoridad provisional. También se dice de una suspensión de la autoridad, de una ruptura en la continuidad.

inter vivos

lat. Entre los vivos.

in toto

lat. En conjunto, globalmente.

intra muros

lat. Dentro de las murallas. Se refiere a la política interna de una institución, etc.

in vacuo

lat. Se refiere a un experimento en el vacío. También se emplea para describir un argumento en abstracto que no está adaptado a un contexto o una circunstancia particulares.

in vino veritas

lat. Hay verdad en el vino. Expresión que se refiere a la incapacidad de una persona para fingir o mentir en un estado de embriaguez.

in vitro

lat. Se refiere a la *experimentación in vitro,* es decir a toda experimentación biológica realizada en el tubo de ensayo.

in vivo

lat. Se refiere a la *experimentación in vivo,* es decir, a toda experimentación biológica realizada en un organismo.

IPL (inmediate program load)

ing. Carga inmediata de programa. En informática el IPL es el proceso de arranque del sistema en el que se carga el programa supervisor.

ipso facto

lat. En el acto, inmediatamente.

irish coffee

ing. Bebida caliente que consiste en café, whisky irlandés y nata.

item

lat. También. Se utiliza para introducir cada uno de los artículos en la enumeración de un catálogo.

íus gentium

lat. Derechos de gentes. Entre los romanos, derecho aplicado a los extranjeros. Hoy se aplica al derecho internacional.

J

j'accuse

fr. Yo acuso. Se dice de un panfleto en el que se acusa a alguna autoridad de injusticia o intolerancia.

jam session

ing. Consiste en una sesión de jazz en la cual los músicos improvisan el desarrollo del tema.

je m'en fiche

fr. No me importa ni me preocupa en lo más mínimo.

je-m'en-foutisme

fr. Se dice de la filosofía del «no me importa», es decir del «pasar de todo» o inhibirse ante las cosas.

jet set

ing. Designa una clase determinada de la sociedad que por su posición económica privilegiada, o sus conexiones con el mundo de la aristocracia o del espectáculo, lleva una vida caracterizada por reuniones sociales, viajes constantes y otras extravagancias.

jiu-jitsu

japonés. Sistema japonés de defensa que consiste en utilizar la fuerza del adversario para abatirle.

jockey

ing. Persona que tiene por oficio correr a caballo en las carreras públicas.

jogging

ing. Es un tipo de deporte en el que el footing se combina con determinados ejercicios de gimnasia.

John Bull

ing. Juan el toro. Nombre que se ha generalizado como indicativo colectivo del pueblo inglés.

joie de vivre

fr. La alegría de vivir.

joint

ing. El argot de la droga, designa el cigarrillo de hashish o marijuana, frecuentemente mezclado con tabaco.

jour de fête

fr. Día de fiesta. En general se refiere a aquellos días en los que se hace fiesta en honor de un Santo.

journal intime

fr. Diario íntimo. Se dice de aquellas publicaciones que recogen detalles íntimos de la vida del escritor.

judo

japonés. Sistema de defensa más desarrollado que el jiujitsu, aunque en la práctica ambos nombres se usan indistintamente.

juge d'instruction

fr. Magistrado francés que examina las evidencias presentadas contra una persona acusada de haber cometido un delito para decidir si es necesario un juicio.

Junggrammatiker

al. Neogramáticos.

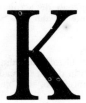

K

kaiser
al. Se llama así al emperador de Alemania o Austria.

kamikaze
japonés. Avión suicida japonés, el piloto del cual se enfrenta a una muerte segura en la destrucción del enemigo.

kaputt
al. Se dice de algo acabado, que ya no sirve, inútil.

karate
japonés. Sistema de defensa que consiste en inflingir daño golpeando los nervios vitales del cuerpo con el borde de la palma de la mano.

karma
sánscrito. Se dice de la suma total de las acciones budistas realizadas en una encarnación, las cuales determinan la suerte en la próxima. De aquí que al *karma* se le asocie con el destino, con el hado.

kasbah
árabe. Se refiere a la ciudadela de un jefe árabe en el norte de África y al distrito que rodea dicha ciudadela. De aquí que se llame *kasbah* al barrio nativo en una ciudad norte-africana.

kermesse
fr. Feria o carnaval anual que tiene lugar en los Países Bajos.

kick off
ing. En fútbol se refiere al saque de honor.

kilobyte (kbyte)
ing. En informática, un Kbyte es una unidad de memoria compuesta por 1.024 bytes.

kit
ing. Conjunto de elementos que se pueden ensamblar o montar.

kitsch
ing. En arte, se refiere a la estética del mal gusto. Comúnmente se utiliza para designar el mal gusto en la decoración o en el vestir.

K.O. (knock out)
ing. En boxeo, se refiere a la finalización de un partido cuando uno de los boxeadores ha sido puesto fuera de combate por el otro.

kyrie eleïson
gr. Señor, ten piedad. Invocación que aparece en el texto griego de los Salmos CXXII, San Mateo XV 22.

L

la belle époque
fr. La bella época: período que data de 1890 a 1914, la culminación de un modo de vida destruido por la primera guerra mundial.

laborare est orare
lat. Trabajar es rezar. Se emplea en el sentido de que la mejor forma de servir a Dios consiste en atender al trabajo.

la comédie humaine
fr. La comedia de la vida humana, el panorama de la sociedad. Del título de la serie de novelas de Balzac.

lacryma Christi
lat. Nombre de un famoso vino de color de ámbar, dulce y con perfume característico, que se produce en la región del Vesubio.

lacrymae rerum
lat. Se dice de la innata tristeza de la vida humana, de la tragedia del destino humano.

la farce est jouée
fr. La comedia ha acabado. Frase atribuida a Rabelais en su lecho de muerte.

laisser-aller
fr. Se dice del dejarse ir, del dejarse llevar.

laisser-faire
fr. Principio político que se basa en que el gobierno no debe interferir en los asuntos particulares o individuales de las personas.

lapis lazuli
lat. Mineral de silicio de color azul brillante. El lapis lazuli se usa como pigmento y para fines decorativos.

lapsus calami
lat. Se refiere a un error inconsciente e involuntario en la escritura.

lapsus linguae
lat. Se refiere a una equivocación inconsciente en la utilización de la lengua oral.

lapsus memoria
lat. Se dice de un desliz de la memoria, de un recuerdo inexacto o defectuoso.

larghetto
it. Musicalmente se refiere a un tiempo lento. El larghetto es más lento que el andante pero no tan lento como el largo.

largo
it. Musicalmente se refiere a un tiempo lento. El largo es más lento que el larghetto pero no tan lento como el adagio.

latin lover
ing. Término acuñado por el cine de Hollywood, para calificar al enamorado ardiente, vehemente y apasionado, físicamente moreno y de procedencia supuestamente italiana. Su máximo exponente fue Rodolfo Valentino.

la vie de Bohème
fr. Alude a la forma de vivir anticonvencional y desinhibida que se supone llevaban los artistas y escritores en el siglo diecinueve.

leader
ing. Jefe o cabecilla de un grupo político. Se emplea en general para designar a la persona más popular o destacada de un grupo.

learner (L)

ing. La letra *L* señala a aquellos conductores que acaban de obtener el carnet de conducir y no tienen todavía suficiente práctica.

le contrat sociale

fr. El contrato social mediante el cual el individuo entrega su libertad a la comunidad, de manera voluntaria, y acepta la voluntad de esta comunidad. Esta doctrina apareció en *De Contrat Sociale* (1762) de Jean-Jacques Rousseau.

le dernier cri

fr. El último grito. Se dice de la ultimísima moda.

légion d'honneur

fr. Orden fundada por Napoleón en 1802 y en la que ser miembro se concede como una recompensa a una acción distinguida civil o militar.

légion étrangère

fr. La legión francesa extranjera. Consiste en un cuerpo de voluntarios extranjeross que sirven en las colonias francesas.

le grand siècle

fr. Se llama así a la época de Luis XIV. Coincide con la época clásica de la literatura francesa.

le mieux est l'ennemi du bien

fr. Lo mejor es el enemigo del bien. Expresión tomada de Voltaire. Implica que al intentar conseguir lo mejor, uno no llega a menudo a conseguir ni siquiera lo bueno.

le roi est mort

fr. El rey ha muerto.

lèse-majesté

fr. Se dice de una ofensa contra la majestad de un soberano o contra una nación. Dicha ofensa se considera alta traición.

le style, c'est l'homme

fr. El estilo es el hombre mismo; el estilo de un escritor refleja su personalidad. De Buffon *Discours sur le Style* (1753).

l'etat, c'est moi

fr. El estado soy yo: Frase atribuida a Luis XIV.

l'homme même

fr. Se dice de la personalidad de un escritor reflejada en su estilo.

libretto

it. En música, se refiere al libro en el que se consigna la letra de una ópera.

liaison

fr. Se refiere a la relación íntima y generalmente ilícita entre dos personas.

lied

al. Término operístico para designar la canción popular.

light

ing. Se refiere a bebidas en las que se ha eliminado cualquier droga excitante, tales como: cafeína, coca, etc. Aplicado a cigarrillos significa la eliminación de nicotina.

light and sound

ing. Luz y sonido.

link (linker)

ing. En informática, el link se refiere a un programa que permite introducir funciones y procesos a un programa en el que dichas funciones y procesos no han sido incorporados.

limousine

ing. Coche automóvil cerrado, parecido al cupé, pero con cristales laterales.

lingua franca

it. Se dice de cualquier lengua usada para comunicarse entre personas de distintas nacionalidades.

LISP (list processor)

ing. En informática, se conoce como LISP a un lenguaje de programación que tiene aplicación en la inteligencia artificial.

litteratim

lat. Literalmente, al pie de la letra.

live music

ing. Música viva. Designa la música que se hace en directo.

loc. cit. (loco citato)

lat. En el pasaje citado. Se utiliza para evitar la repetición de una referencia.

lockout

ing. Cierre voluntario de una empresa por el patrón durante un período de conflicto laboral con el fin de ejercer presión sobre los empleados.

locus

lat. Lugar, sitio.

locus communis

lat. Lugar común, tópico.

looping

ing. Ejercicio de acrobacia aérea consistente en dar una vuelta de campana.

love story

ing. Una historia de amor, con la implicación de un marcado exceso de romanticismo, sensiblería, etc.

lucri causa

lat. Cualquier acción llevada a cabo para conseguir dinero.

lunch

ing. Refrigerio. Suele consistir en un bufette libre.

l'union fait la force

fr. La union hace la fuerza. Divisa del reino de Bélgica.

lupanar

lat. Burdel.

lycée

fr. Escuela secundaria patrocinada por el estado.

M

mackintosh

ing. Especie de capa o abrigo impermeable. Toma su nombre del inventor del engomado de los tejidos para impermeabilizar.

madame

fr. Se dice de la propietaria de un burdel.

madame

fr. Equivalente francés de *señora*.

made in
ing. Fabricado en. Término empleado en artículos destinados a la exportación, que indica su lugar de origen.

mademoiselle
fr. Equivalente francés de *señorita*.

madonna
it. Designa a una pintura o escultura de la Virgen María.

maestà
it. Artísticamente se refiere a una representación de la Virgen y el Niño sentada en un trono y rodeada de ángeles.

magisterium
lat. Se refiere a la autoridad de la iglesia en cuestiones de doctrina. También se refiere a la autoridad docente de la iglesia.

magna charta
lat. Se refiere a *La Gran Carta* de libertades firmada por el rey John de Inglaterra en 1215.

magnificat
lat. Musicalmente se refiere a un himno dedicado a la Virgen.

magnum
lat. Una botella que contiene dos cuartas partes de vino o alcohol.

maharaja
ing. Principe hindú.

maharani
ing. La mujer del maharaja.

mahatma
sánscrito. Se dice de un adepto al budismo y se le supone poseedor de poderes sobrenaturales.

maître
fr. Persona encargada de la organización del servicio de un restaurante y que tiene bajo su cargo a los camareros.

malade imaginaire
fr. Se dice de un hipocondríaco. La expresión deriva de la obra de Molière *Le Malade Imaginaire*.

mal à propos
fr. Inoportunamente, en el momento inadecuado.

mal du siècle
fr. Se dice del pesimismo que susci-

ta la toma de conciencia de lo absurdo de la vida tal como es dirigida y concebida por una determinada civilización o cultura.

mal d'amour
fr. Se dice de las penas de amor:

manager
ing. Designa en general a la persona encargada de velar por los intereses comerciales de otra u otras. El término puede designar al *gerente* de una empresa, al *entrenador* de un equipo, o al *representante* de un artista.

manifesto
it. Designa una declaración pública de una política.

mantra
san. Nombre dado a un texto sagrado, normalmente de las Vedas, empleado como oración o conjuro.

manu militari
lat. Con mano militar. Por fuerza de las armas: la reunión fue disuelta *manu militari*.

Mardi Gras
fr. Nombre dado al último martes antes de la cuaresma; marca el fin de la época de carnaval.

mare magnum
lat. Gran mar. Se emplea para designar una gran confusión o gran desorden.

marionnette
fr. Marioneta, títere.

marketing
ing. Se refiere a las técnicas y estrategias empleadas para la introducción y venta en el mercado de un determinado producto.

marron glacé
fr. Clase de dulce confeccionado con castañas confitadas.

mass media
ing. Se refiere a los medios de información (radio, televisión, periódicos) que influyen en la opinión de toda la población.

match ball
ing. Se usa en tenis para designar a la pelota que consigue tanto y juego.

matelot
fr. Nombre que recibe un marinero francés.

Mater Dolorosa
lat. En arte, designa una representación de la Virgen María afligida.

materfamilias
lat. Madre de la familia.

matinée
fr. Una sesión cinematográfica o teatral que se celebra por la tarde o a una hora poco usual.

mausoleum
lat. Sepulcro suntuoso de una familia o algún personaje de estado.

mauvais goût
fr. El mal gusto.

maxima cum laude
lat. Con la distinción u honor más alto. Se emplea en el caso de candidatos que han conseguido el mayor éxito en algún examen.

mazurka
pol. Un baile polaco parecido a la polca pero a triple compás.

mea culpa
lat. Por mi culpa. Frase tomada del *Confíteor* al comienzo de la misa. Se emplea para admitir la propia responsabilidad o culpa.

mea maxima culpa
lat. Por mi mayor culpa.

Medical Obesity Clinic
ing. Nombre dado al tipo de establecimiento médico a donde acude la gente para adelgazarse.

medio tutissimus ibis
lat. Pasarás más seguro por el medio. Expresión tomada de Ovidio *Metamorfosis* II 137. Significa que la acción moderada es la más segura.

medium
lat. Persona que reúne condiciones para que se manifiesten en ella los fenómenos magnéticos, paranormales y los espiritistas.

megabyte (mbyte)
ing. En informática, el Mbyte es una unidad de medida de memoria que corresponde a 1.000.000 bytes.

megalomanía
gr. Designa la manía de grandeza de una persona.

me judice
lat. En mi opinión.

mélange
fr. Una mezcla, una conglomeración de constituentes heterogéneos.

mêlée
fr. Denomina una pelea confusa o una refriega.

melting pot
ing. Crisol de razas.

memento mori
lat. Un recuerdo de la muerte, especialmente una calavera como símbolo de la mortalidad.

mémoire
fr. Memoria. Una descripción personal y biográfica de una persona. En plural, la historia de acontecimientos en la memoria personal del escritor, sobre todo una narrativa autobiográfica.

memorandum
lat. Librito o papel donde se apuntan las cosas que hay que recordar.

ménage
fr. El hogar. Término usado en la comercialización de artículos de uso doméstico.

ménage à trois
fr. Hogar de tres. Consiste en la relación y posible convivencia de los cónyuges con el/la amante de uno de ellos.

mens sana in corpore sano
lat. Mente sana en cuerpo sano (Juvenal, *Sátiras*). Máxima que se refiere a la armonía deseable entre un estado psíquico perfecto y la buena salud física. Se emplea generalmente para formentar el mantenerse en forma física.

mésalliance
fr. Una relación poco conveniente, especialmente el casamiento con una persona de condición social inferior.

métèque
fr. Una persona que vive en un país que no es el suyo. Siempre con connotaciones despectivas. Se deriva de la palabra griega que designaba al extranjero residente en Atenas.

métier
fr. La profesión o vocación de una persona; algo que ejerce con especial habilidad. En arte, el tema que interesa de manera especial a un pintor.

meublé
fr. Se dice de aquellos lugares en los que pueden alquilarse habitaciones por horas para citas amorosas.

mezza voce
it. A media voz. Término musical para designar un volumen medio, ni muy fuerte ni muy suave.

mezzo soprano
it. Musicalmente designa a la cantante cuyo timbre de voz se clasifica entre la soprano y la contralto.

(le) Midi
fr. Mediodía. Designa la región del sur de Francia.

milieu
fr. Entorno social o intelectual.

milk
ing. Leche.

mille feuilles
fr. Mil hojas. Clase de pasta de hojaldre que consiste en muchas capas finas de pasta.

milord
fr. Del inglés *my lord*: se refería al inglés rico que viajaba por el extranjero.

minutia, *pl.* minutiae
lat. Un detalle trivial, una particularidad menor.

mirage
fr. Un espejismo: fenómeno óptico que produce la ilusión de ver invertidas, a corta distancia, las imágenes de objetos distantes, debido a la reflexión total de la luz al atravesar capas de aire de distinta densidad. En sentido figurativo, ilusión, concepto o imagen no real.

mise en scéne
fr. Juego, aparato escénico. Se refiere a la representación teatral.

miserere
lat. El salmo 51; su arreglo musical.

Miss
ing. Equivalente inglés de *señorita*.

missa cantata
lat. Término eclesiástico: una misa cantada, acompañada de cantos corales.

mister
ing. En deporte se llama así al entrenador de cualquier equipo.

mistral
fr. Un viento frío y fuerte del noroeste.

modus operandi
lat. Manera de trabajar de una persona o una cosa. Método característico de operar de un criminal que puede conducir a su detención.

modus vivendi
lat. Modo de vivir. Se refiere al medio de subsistencia de las personas.

moiré
fr. Tejido fuerte que hace visos.

momentum
lat. El ímpetu adquirido a través del movimiento, la continuación de un movimiento como resultado de la inercia.

monkey
ing. Mono. Término que se emplea en el mundo de la toxicomanía para designar el síndrome de abstinencia *estar con el monkey/mono*.

monologue intérieur
fr. Técnica literaria mediante la cual los pensamientos de un personaje se presentan tal como suceden.

monsieur
fr. Equivalente francés de *señor*.

monsignore
it. Título eclesiástico dado a prelados de la corte papal.

moog
ing. Designa el sintetizador de sonidos que se emplea para conseguir efectos especiales en la música moderna.

mores
lat. Las costumbres o los modos de un lugar o una época.

more Socratico
lat. A la manera de Sócrates. Se refiere a la manera de impartir información mediante un sistema de preguntas y respuestas.

more suo
lat. A su manera, de un modo característico.

morgue
fr. El depósito de cadáveres.

morituri te salutant
lat. Los que están a punto de morir te saludan. Saludo tradicional al emperador romano hecho por los gladiadores en la arena.

motif
fr. El tema de una composición artística; una idea que se repite; el rasgo repetido de un dibujo regular.

motu proprio
lat. De propio impulso. Se refiere a toda acción realizada voluntariamente y por propia decisión.

mousse
fr. Término culinario que se refiere a un postre hecho con fruta, chocolate, etc., todo batido con nata y claras de huevo.

Mr.
ing. Abreviatura de *Mister*: equivalente inglés de *señor*.

Mrs.
ing. Equivalente inglés de *señora*.

multa paucis
lat. Mucho en pocas palabras. Locución que se aplica a los escritores concisos.

music-hall
ing. Teatro en el que el espectáculo consiste en números musicales, actuaciones acrobáticas etc.

must
ing. Se refiere a un signo o distintivo que caracteriza a una determinada marca comercial.

mutatis mutandi
lat. Cuando los cambios apropiados se hayan hecho. Expresión que se usa al aplicar un principio o regla nuevos que necesitan modificarse para poder utilizarse con un conjunto nuevo de hechos.

naïf
fr. Natural, sin afectación ni artificio. De ahí, sencillo, ingenuo. En pintura, un estilo casi infantil de gran colorido.

naïveté
fr. Ingenuidad, ausencia de afectación.

N.B.
lat. Siglas que representan la expresión *nota bene*: note bien, que sirve para subrayar algo importante en un texto.

négligé
fr. Una bata de señora, generalmente de lencería fina.

ne quid nimis
lat. Nada de sobra. El exceso es perjudicial en todo.

net
ing. Dícese en tenis cuando un servicio toca la red y cae en el campo contrario y en el cuadro adecuado.

new look
ing. Dícese de una persona que cambia radicalmente su estilo de vestir o su peinado. Se refiere a su *nuevo aspecto* (new look).

nexus
lat. Un eslabón o conexión; una relación de interdependencia. Un grupo de ideas o imágenes sugeridas por un solo estímulo.

nihil ad rem
lat. Nada a la cosa. Se emplea para referirse a algo que no tiene nada que ver con el asunto en cuestión; algo no pertinente.

nihil obstat
lat. No hay objeción. Afirmación de un censor que un libro religioso no contiene doctrina que contravenga la ortodoxia católica.

nil desperandum
lat. Nunca desesperarse. Expresión tomada de Horacio en sus *Odas* I VII 27.

nirvana
sánscrito. Término religioso que se refiere a la extinción de la existencia individual con sus deseos y pasiones, para alcanzar el estado más elevado. Está considerado por los budistas como una recompensa a la santidad.

no comment
ing. Sin comentarios.

nolens, volens
lat. No queriendo, queriendo. De grado o por fuerza.

noli me tangere
lat. No me toque. Una advertencia contra entrometerse o interferir en asuntos ajenos.

no man's land
ing. Tierra de nadie entre dos líneas beligerantes.

non bis in idem
lat. No dos veces en una misma cosa. Axioma jurídico en virtud del cual no se puede ser juzgado dos veces por una misma cosa.

non compos mentis
lat. De mente no firme. Expresión que implica que alguien no está en condiciones de llevar a cabo un negocio, asunto legal, transacción, etc., por carecer de juicio normal.

non decet
lat. No conviene. Locución con que se advierte a uno de la impropiedad o inconveniencia de una palabra o de un acto.

non ego
lat. El no yo. En psiquiatría, todo lo que forma parte de la consciencia propia; la existencia objetiva.

non liquet
lat. No está claro. Locución usada para indicar que una cosa es oscura o poco inteligible.

non placet
lat. No place. Fórmula empleada para dar un voto negativo en asambleas universitarias y eclesiásticas.

non plus ultra
lat. Se emplea en la expresión: *el non plus ultra*, es decir *el no va más*, algo imposible de superar.

non sequitur
lat. No sigue. En lógica, una conclusión que no sigue las premisas. Una declaración inconsecuente.

no return
ing. No devolverse. Dicho de los envases vacíos, como botellas de bebida, que no se devuelven.

nota bene
lat. Note bien, generalmente abreviado: N.B. Se emplea para subrayar algo importante en un texto.

nouvelle vague
fr. Técnica cinematográfica revolucionaria, de la que fue pionero Roger Vadim, que combinaba bajos presupuestos, actores no profesionales o poco conocidos y realismo en la filmación.

novissima verba
lat. Las últimas palabras. Locución que se aplica a las últimas palabras de un moribundo.

nuance
fr. Matiz de color, tono o significado.

numerus clausus
lat. Número fijo o limitado de plazas vacantes en instituciones públicas como escuelas, universidades, etc.

O

obiit
lat. Murió...; siempre va seguido de una fecha.

obiit sine prole
lat. Murió sin descendencia. Expresión frecuente en obras genealógicas, normalmente abreviada a o.s.p.

objet d'art
fr. Objeto de arte, generalmente de pequeño tamaño, apropiado para la exposición en una vitrina.

odi et amo
lat. Odio y amo. La expresión clásica del síndrome amor-odio. Tomada de Catulo *Carmina* 1 XXXV.

oeuvre
fr. Obra: la producción total de un artista o escritor, poeta, etc.

off
ing. Estar desconectado, desenchufado o apagado algún aparato.

off (texto en)
ing. El término *texto en off* se utiliza en los comics para referirse a un sonido que se introduce en la viñeta, pero que no procede de ninguno de los elementos de dicha viñeta.

off (voz en)
ing. El término fílmico *voz en off* se refiere a la voz narrativa que no proviene de ninguno de los personajes que están en pantalla.

offset
ing. Sistema de impresión mecánico basado en procedimientos fotoquímicos.

off the record
ing. Expresión que se utiliza para referirse a algo que se dice de manera oficiosa o confidencial.

ombudsman
sueco. Nombre dado al oficial que actúa de árbitro legal e independiente entre el estado y el ciudadano. Viene a ser como el Defensor del Pueblo en España.

omne ignotum pro magnifico
lat. Expresión tomada de Tácito *Agricola* XXX: cualquier cosa de la que se sabe poco se supone maravillosa.

on
ing. Estar conectado, enchufado o puesto algún aparato.

on delay
ing. Con retraso. Empleado en medios de transportes públicos como aeropuertos, estaciones de ferrocarril, etc., cuando un avión o un tren no llega según el horario previsto.

on parle français
fr. Se habla francés.

on the rocks
ing. Cubitos de hielo.

onomatopeia
lat. Término lingüístico que se refiere a la formación de una palabra por imitación vocálica de un sonido asociado con la cosa o la acción en cuestión.

op-art
ing. Tendencia pictórica de carácter abstracto-geométrico de los años sesenta. Se concentra en la investigación y aplicación de los principios fundamentales de la percepción visual.

op. cit. (opere citato)
lat. Obra citada. Se emplea para evitar la repetición de una referencia.

open
ing. Torneo de cualquier tipo en el que se permite la inscripción de participantes no vinculados al club organizador.

opera buffa
it. Una ópera cómica.

opéra comique
fr. Ópera en la que se incluyen diálogos hablados, a diferencia de la gran ópera en la que los diálogos son cantados.

opera minora
lat. Las obras menores de un autor.

opera omnia
lat. Se refiere a todos los trabajos de un autor, al conjunto de su obra.

opera seria
it. Ópera dramática. Se opone a Ópera buffa.

opera rock
ing. Obra musical en la que todo se canta, como en la ópera, pero al estilo moderno del rock.

opere citato
lat. En la obra citada. Se emplea para evitar la repetición de una referencia, normalmente con la abreviatura *op. cit*.

ora pro nobis
lat. Reza por nosotros. Invocación de la iglesia católica.

oratio obliqua
lat. Oración indirecta.

oratio recta
lat. Oración directa.

oratorio
it. Designa una obra coral parecida a una ópera pero representada sin acción ni escenario, y basada normalmente en una historia de las Sagradas Escrituras. El nombre viene del Oratorio de San Felipe de Roma, donde se representaban dramas musicales.

origami
jap. El arte japonés de cortar y doblar el papel para conseguir formas y diseños atractivos.

O si sic omnes!/O si sic omnia!
lat. ¡Si todos fueran así! Una forma de alabanza que implica que si todas las cosas o todas las personas fueran de una manera determinada o se comportasen así, el mundo sería un sitio mejor.

o.s.p.
lat. Abreviatura de *obiit sine prole:* murió sin descendencia.

O tempora, O mores!
lat. ¡En qué tiempos vivimos, cómo se comporta la gente! Expresión tomada de Cicerón *In Catilinam* 1 y 2.

où sont les neiges d'antan?
fr. ¿Dónde están las nieves de antaño? Refrán tomado de Villon, *Balade des Dames du Temps Jadis.*

out
ing. Se utiliza en tenis para referirse a una pelota que ha caído fuera de la línea del campo.

output
ing. Salida,-as. Término informático que se refiere a la información proporcionada por el ordenador a partir de unos determinados datos iniciales.

outsider
ing. Que está a la parte de afuera. En las carreras, el atleta o caballo a los que de antemano no se atribuyen probabilidades de victoria.

overbooking
ing. Se produce un overbooking cuando se han reservado más plazas de las realmente disponibles.

P

paddock
ing. Espacio cercado, adyacente a los establos de los hipódromos, donde se reúnen los caballos antes de la carrera.

padrone
it. Patrón. El jefe; sobre todo el dueño de un restaurante o taberna.

pale ale
ing. Cerveza clara, de fabricación inglesa.

panacea
lat. De la palabra griega, designa un remedio universal para todas las enfermedades; de ahí, la solución a todos los problemas.

panem et circenses
lat. Pan y circos. Expresión tomada de Juvenal *Sátiras* IV X 81, que habla de comida y entretenimientos como un medio de apaciguar al pueblo.

par excellence
fr. Por excelencia; en el máximo grado posible.

paria
tamil. Persona de la ínfima casta de los indios que siguen el brahmanismo. En sentido figurativo, un proscrito social.

Paris vaut bien une messe
fr. París bien vale una misa. Expresión atribuida a Enrique IV de Francia, que subió al trono al precio del conformismo religioso; implica que una ganancia material compensa un sacrificio de principios.

parka
rus. Una chaqueta ligera e impermeable con capucha; un anorak.

partenaire
fr. Se llama así al compañero de juego, o al oponente masculino o femenino de un film.

parterre
fr. Jardín o parte de él con césped, flores y anchos paseos.

party
ing. Fiesta o reunión social entre amigos.

parvenu
fr. Designa a un advenedizo o arribista; una persona de origen humilde que ha obtenido riquezas y posición, con la implicación de que no las merece.

pas de deux
fr. En ballet, danza o movimiento para dos personas.

pas de quatre
fr. En ballet, danza para cuatro personas.

pas de trois
fr. En ballet, danza para tres personas.

passé
fr. Pasado. Puede referirse a la apariencia física de una persona, la belleza marchita de una mujer, etc. También significa algo que está pasado de moda.

passe-partout
fr. Marco ornamental para una foto o un dibujo. Consiste en un marco sencillo de vidrio y cartón sujetos mediante una tira de papel pegado por los bordes.

passim
lat. En varios lugares, en muchos pasajes. Vocablo que se emplea después del título de una obra a la que se ha hecho referencia para indicar la repetición de pasajes pertinentes a lo largo de la obra.

pastiche
fr. Una imitación del estilo de otro escritor, compositor o pintor, generalmente de un período anterior. Una obra literaria, musical o gráfica que consiste de fragmentos de varios artistas o de varias fuentes hábilmente conjuntados.

patchouli
tam. El nombre de un perfume de olor penetrante que se prepara de una planta de la península malaya.

paterfamilias
lat. El padre de la familia, el cabeza de un hogar.

pater patriae
lat. Padre de la patria. Título dado a Cicerón después de que hubiera suprimido la conspiración de 63 a. de J.C.

pátina
lat. Plato. Capa muy delgada, de color aceitunado y reluciente, que la humedad y el tiempo forman en los objetos de bronce. Tono suave que da el tiempo a las pinturas al óleo. Este mismo tono dado artificialmente.

patois
fr. Un dialecto que se habla en una zona particular que difiere considerablemente de la lengua escrita o literaria del país.

patria potestas
lat. Poder ejercido por un padre sobre su familia. Hoy día, se aplica en términos legales al derecho del padre o de la madre, según el caso, de asumir la responsabilidad de la educación, manutención y bienestar del hijo.

pax Britannica
lat. Frase inventada por Joseph Chamberlain en 1893 al referirse a la paz impuesta por la autoridad británica en todo el imperio británico.

pax Romana
lat. La paz impuesta por el mando romano dentro del imperio romano.

pay-pay
ing. Abanico tailandés, filipino o chino de forma redonda que es sostenido por un mango.

paysage
fr. En pintura, un paisaje.

peeling
ing. Pelando. Tratamiento estético que consiste en la eliminación de la capa de células muertas de la piel mediante una mascarilla especial.

Peeping Tom
ing. Nombre dado a una persona que espía a otra, generalmente por motivos salaces, cuando ésta cree estar sola, en la intimidad o a salvo de la vista ajena.

peignoir
fr. Designa una bata de señora. Del vocablo *peigne:* peine, ya que se suele usar cuando una se peina.

penchant
fr. Una tendencia o propensión fuerte hacia algo.

pensée
fr. Un pensamiento o reflexión puestos en forma literaria.

pentimento
it. Arrepentimiento. En arte, algún cambio efectuado en el proceso de pintar un cuadro, generalmente un detalle borrado por el pintor que se vuelve visible con el tiempo al hacerse más translúcida la pintura.

peplum
lat. Se refiere a los films históricos de romanos.

per accidens
lat. Por accidente, por casualidad.

per annum
lat. Por año. Se refiere a una suma de dinero que se paga anualmente.

per capita
lat. Por cabezas. Se usa en la expresión renta per capita al referirse al producto nacional bruto dividido entre todos los habitantes de un país.

per centum
lat. Por ciento. Generalmente indicado por el signo arbitrario de %.

per contra
lat. Por contra: por el otro lado.

per fas et nefas
lat. Por lo justo o lo injusto. Por todos los medios posibles, sin reparar en su calidad o licitud.

perfide Albion
fr. Inglaterra traidora. La visión tradicional que de Inglaterra tienen los franceses. El origen del nombre poético *Albion* es desconocido.

performance
ing. Actuación, representación. Se refiere en general a la actuación en un escenario de un cantante o conjunto musical.

per iocum
lat. Por broma. Se emplea en expresiones como: *No hay que tomarlo en serio; todo lo ha dicho per iocum.*

per mensem
lat. Por mes. Designa una suma de dinero pagada cada mes.

per se
lat. Por sí mismo, esencialmente, sin referencia a ninguna cosa más.

persona non grata
lat. Persona no bienvenida. Se refiere a alguien que, por motivos concretos, no es aceptado en una situación, una organización, un país, etc.

persona muta
lat. Personaje en una obra dramática que no tiene que hablar.

petit bourgeois
fr. Pequeño burgués. Miembro de la clase media-baja, supuestamente de mentalidad limitada.

petit comité
fr. Pequeña reunión. Forma parte de la locución *en petit comité,* o sea, entre pocas personas, en la intimidad.

petite amie
fr. Pequeña amiga. La amiga de un hombre de mediana edad, siempre con la implicación de que la relación no es platónica.

petit four
fr. Pequeño horno. Nombre dado a una galleta pequeña y muy adornada.

petit mal
fr. La forma menos violenta de la epilepsia con ataques incompletos.

physique
fr. La condición física, la complexión o apariencia de una persona o raza.

pianissimo
it. En música, muy suave, a bajo volumen.

piazza
it. Una plaza pública, especialmente en una ciudad italiana.

picaresque
fr. La picaresca: género literario que trata de las aventuras de bribones, aventureros, etc.

piccola morte
it. Pequeña muerte. Se refiere al olvido temporal que se consigue mediante narcóticos, intoxicantes, etc. También se aplica a la pérdida momentánea del nivel normal de consciencia en el momento del orgasmo.

pick up
ing. Se refiere al brazo del tocadiscos. Comúnmente se utiliza para designar un tocadiscos portátil.

pièce de résistance
fr. Se refiere a lo principal o lo más importante: la mayor atracción de un programa, el plato principal de un menú, etc., algo imposible de superar.

pièce d'occasion
fr. Una obra literaria o musical compuesta para una ocasión especial.

pièce noire
fr. Pieza negra. Obra dramática de tema trágico y un tono marcado de pesimismo. *Pièces Noires* es el nombre dado a ciertas obras de Jean Anouilh.

pièce rose
fr. Pieza rosa. Obra dramática de tono optimista y final feliz. *Pièces Roses* es el título dado por Jean Anouilh a ciertas colecciones de sus obras dramáticas.

pied-à-terre
fr. Pie a tierra. Casa o alojamiento que se tiene dispuesto en lugar donde no se vive actualmente y sí sólo de paso.

pied noir
fr. Se dice de los europeos instalados en Argelia. El nombre se debe a que los europeos llevaban zapatos negros, lo cual sorprendía a los nativos.

pierrot, pierrette
fr. Se refiere a un payaso con la cara completamente maquillada de blanco y vestido con un blusón de mangas anchas.

pietà
it. Artísticamente, se refiere a la representación de la Virgen María sosteniendo entre sus brazos el cuerpo muerto de Cristo.

pin-up
ing. Fotografía de una persona preferida o admirada, generalmente de una mujer guapa, que se cuelga en la pared. Como atributo, se refiere a una persona de tales características.

PIO (paralel input/output)
ing. En informática, se refiere a la entrada/salida para conexión de periféricos en paralelo.

pizzicato
it. Musicalmente se refiere a la pulsación de las cuerdas del violín, la viola o el violoncello ccn los dedos.

PL1
ing. En informática, se llama PL1, a un lenguaje de programación formado por la combinación de otros dos lenguajes tales como, el Fortran y el Cobol.

planetarium
lat. Local cerrado y abovedado en el que a base de juegos ópticos se reproduce y se ilustra el movimiento y posición de los planetas.

planning
ing. Se refiere al esquema de organización de una producción o de diversas actividades.

plateau
fr. Designa un recinto cubierto que hay en los estudios cinematográficos, convenientemente acondicionado para que sirva de escenario a la cinta que se ha de rodar. Se suele transcribir *plató*.

playback
ing. Técnica que consiste en el acoplamiento de un sonido pregrabado a la imagen que le correspondería en realidad, empleada principalmente en actuaciones musicales.

playboy
ing. Hombre, generalmente de medios económicos propios, que se dedica a los placeres de la vida, la compañía femenina, los lugares de vacaciones, etc.

play-off
ing. Pequeña competición que se establece, una vez finalizada la liga deportiva, entre los primeros cuatro equipos clasificados para decidir cuál va a ser el campeón definitivo.

plein air
fr. En arte, se refiere a toda pintura pintada al aire libre y no en el interior de un estudio.

plotter
ing. En informática, se llama así a la parte del ordenador cuya función es imprimir gráficos.

plum-cake
ing. Pastel de ciruelas. Budín de uvas pasas que se hace especialmente para Navidad, en Inglaterra.

poète maudit
fr. Designa a un poeta insuficientemente apreciado por sus contemporáneos dado lo poco convencional de su poesía.

pogrom
rus. Persecución o genocidio organizado de un grupo determinado de personas, por motivos raciales, religiosos u otros, por ejemplo, el exterminio de los judíos por Hitler en la Segunda Guerra Mundial.

polder
hol. Se refiere a un trozo de tierra ganado del mar y protegido por diques contra las inundaciones.

poltergeist
al. Un «Poltergeist» es un espíritu cuya presencia se conoce porque es capaz de producir ruidos muy fuertes y de desplazar objetos.

porno hard
ing. Subgénero cinematográfico perteneciente al género porno. Consiste en pornografía mezclada con sadismo, masoquismo, etc.

portmanteau
fr. Término lingüístico inventado por Lewis Carroll para designar a aquellas palabras que se han formado por combinación de otras dos. Un ejemplo podría ser la palabra *motel*, formado por la mezcla de *motor* más *hotel*.

poste restante
fr. Designa a una lista de correos a donde se pueden dirigir cartas hasta que se recojan.

post factum, nullum consilium
lat. Después del hecho, huelga el consejo. Lo hecho no tiene remedio; el consejo hay que tomarlo antes de obrar.

post meridiem (P.M.)
lat. Después del mediodía. Se emplean las siglas detrás de la hora a señalar para indicar el período tarde-noche.

post mortem
lat. Después de la muerte. Locución utilizada especialmente en medicina forense.

post obit(um)
lat. Que toma efecto después de la muerte del interesado.

post scriptum
lat. Se refiere a algo que se añade debajo de la firma de una carta o de un documento. Suele simplificarse como P.S. precediendo a la adición; una segunda adición es encabezada como P.P.S.

pot pourri
fr. Originalmente una mezcla envasada de pétalos de flores secos y de especies. Por extensión designa a una composición musical formada a base de distintos fragmentos de otras composiciones.

praesente cadavere
lat. Estando el cadáver presente. Locución tomada del rito de la sucesión de los pontífices, según el cual el cardenal camarlengo lee el testamento del Papa difunto ante su cadáver.

première
fr. Aunque originalmente se refería a la primera representación de una obra de teatro, actualmente se utiliza para referirse a la noche de estreno de un film.

pressing
ing. Se utiliza generalmente en deporte para referirse a aquella táctica de juego consistente en el marcaje estrecho hombre a hombre por todo el terreno o cancha de juego. Dicha táctica se emplea con objeto de presionar a los jugadores contrarios para que éstos no puedan desarrollar su juego con tranquilidad.

prestige
fr. Prestigio. Se refiere al prestigio, reputación o influencia conseguida por logros pasados.

presto
it. Musicalmente se refiere a una interpretación rápida. Se considera más rápida que el allegro.

prima donna
it. La principal cantante en una compañía de ópera.

primo occupanti
lat. Al primer ocupante. Se dice de aquello que por no tener dueño pertenece, aunque sea temporalmente, al primero que lo ocupa, como un terreno, una mina, o los asientos no reservados de un teatro, vehículo, etc.

primus inter pares
lat. Primero entre sus iguales. Aplícase para indicar una diferencia de grado jerárquico, pero no de dignidad o condición personal.

principiis obsta
lat. A los principales opónte. Corrige los defectos desde el principio. Frase de Ovidio que se cita como norma moral y pedagógica.

pro
lat. A favor de.

product manager
ing. Se llama así al especialista que estudia un producto para lograr una óptima comercialización del mismo.

pro forma
lat. Por la forma. Para cumplir, para quedar bien; para salvar las apariencias. Por ejemplo, *se opuso a ello pro forma.*

PROM (programmable read only memory)
ing. En informática, se refiere a un tipo especial de memoria que puede ser programada por el usuario y que una vez programada, los datos introducidos son inalterables.

prosit
lat. Brindis frecuente en Alemania.

pro tempore
lat. Según el tiempo. Se emplea en expresiones como *obraremos pro tempore.*

pull
ing. Tirar.

pullman
ing. Nombre de un vagón de ferrocarril de gran lujo, muy cómodo y con muelles especiales para reducir todo lo posible el traqueteo. Del nombre de su inventor, George Mortimer Pullman.

punk
ing. Movimiento iconoclasta, originario de Inglaterra en los años 70, que consiste en una actitud abiertamente provocativa frente a las costumbres existentes, sea en el campo de la música, la vestimenta o el comportamiento social.

push
ing. Empujar.

Q

quadrivium
lat. En la Edad Media, las siete artes liberales estaban comprendidas en los libros *trivium* y *quadrivium.* El quadrivium comprendía: la aritmética, la geometría, la astronomía y la música.

quasi
lat. Aparentemente pero no en realidad; virtualmente; un simulacro de.

quattrocento
it. Mil cuatrocientos. Término utilizado en arte para designar el período artístico italiano, tanto en pintura como en arquitectura, que abarca el siglo quince. También se utiliza para designar el arte característico de de dicho siglo.

que modo vales?
lat. ¿Cómo vas? Saludo familiar.

qui bene amat, bene castigat
lat. Expresión que significa lo mismo que: Quien bien te quiere te hará llorar.

quid juris
lat. ¿Qué del derecho? Locución forense que viene a decir: ¿Qué resulta lógicamente según la ley? ¿Qué dice la ley a eso?

quid novi?
lat. ¿Qué hay de nuevo? Úsase familiarmente y con el mismo sentido.

quid prodest?
lat. ¿De qué sirve? Se emplea en expresiones como: *yo le habré advertido pero quid prodest?, si él no quiere oírme.*

quid pro quo
lat. Una cosa por otra. Se aplica a un error, una confusión.

quieta non movere
lat. No agitar lo que está quieto. Proverbio que se cita a propósito de ciertas cuestiones que no conviene remover.

qui scribit bis legit
lat. Quien escribe, lee dos veces. Máxima que aconseja copiar un texto para entender bien.

qui se ressemble s'assemble
fr. Los que se parecen se reúnen. Dios los cría y ellos se juntan.

quod erat demostrandum
lat. Lo que se había de demostrar. Frase que suele pronunciarse después de una demostración y que en los libros suele indicarse con las iniciales Q.E.D.

quorum
lat. Se refiere al número mínimo que deben estar presentes en una reunión o asamblea para que las conclusiones tomadas tengan validez o sean representativas.

quot capita, tot sententiae
lat. Cuantas cabezas, tantos pareceres. Expresión que se emplea en ocasiones cuando no hay manera de entenderse.

quo vadis?
lat. ¿Dónde vas? Se atribuye a San Ambrosio el relato de que cuando San Pedro huía de Roma se encontró con Cristo, el cual se dirigió a Pedro con estas palabras.

qwerty
in. En informática, se llama así al tipo de teclado más usual. El Qwerty se define por el orden de las seis primeras letras que aparecen en la primera línea de teclas alfabéticas.

R

raccord
fr. Término cinematográfico que se refiere a la continuidad correcta entre dos planos sucesivos.

racket
ing. Se aplica a un timo o una estafa. De ahí, la palabra *racketeer:* timador o estafador.

ragoût
fr. Estofado, guisado de origen húngaro.

rajah
hindú. Príncipe o jefe hindú.

ralenti
fr. Marcha lenta. Suele aplicarse a la velocidad lenta de un automóvil. En terminología fílmica se refiere a la filmación en cámara lenta, es decir la dilatación artificial del tiempo de la acción.

RAM (random access memory)
ing. Memoria de acceso aleatorio. En informática, este tipo de memoria se utiliza para almacenar el programa principal mientras éste es procesado.

ramadan
arab. Se refiere a los treinta días de ayuno que tienen lugar en el mes noveno del año musulmán. Durante el Ramadan está prohibido comer y beber desde la salida hasta la puesta del sol; el fumar también está prohibido.

random
ing. En informática, se refiere a un tipo de archivo que permite leer registros segun un número de orden o una clave.

ranking
ing. Lista de entidades o personas ordenadas según determinadas características.

rapport
fr. Se refiere a la comprensión intuitiva y armónica que se establece entre dos o más personas.

rara avis
lat. Se dice de una persona o cosa difícil de encontrar. Se emplea en el sentido de raro o extraordinario.

reclamé
fr. Reclamo. Propaganda, anuncio: cualquier cosa con que el comerciante procura atraerse al comprador.

record
ing. Marca obtenida en el mundo del deporte en una especialidad concreta. Como adjetivo, significa el mejor, por ejemplo, *hacer algo en un tiempo récord.*

red tape
ing. Cinta roja. Se emplea refiriéndose a formulismos u obstáculos de tipo burocrático.

reductio ad absurdum
lat. Reducción al absurdo. Método utilizado en lógica que prueba la falsedad de una premisa, demostrando que la conclusión es absurda.

referee
ing. El árbitro, en partidos de fútbol y otros deportes.

referendum
lat. Consiste en someter el debate de una cuestión al arbitrio de todos los votantes. La práctica del *referendum* fue inaugurada en Suiza.

refugium peccatorum
lat. Uno de los títulos que en la Letanía se da a la Virgen. Se usa familiarmente para indicar la persona o la cosa a la cual se recurre con frecuencia en busca de indulgencia o protección.

régime
fr. Se dice de un sistema de gobierno que afecta las condiciones sociales.

reich
al. Estado, imperio. Suele emplearse en la frase «el tercer Reich», que se refiere al estado alemán que abarca desde 1933 hasta 1945.

remake
ing. Término cinematográfico empleado para designar una nueva versión de un film.

rendez-vous
fr. Término que se aplica a una cita o bien al lugar de encuentro.

rent-a-car
ing. Alquile un coche.

renta per capita
lat. Término que designa los ingresos anuales por persona física.

reprise
fr. Generalmente se utiliza para referirse a las películas de reestreno. También se refiere a aquellas películas antiguas que vuelven a estar en la cartelera.

requiem
lat. Se dice de una misa dicha o cantada para el descanso de las almas de los muertos. También se refiere a una composición musical de la misa de difuntos.

requiescat in pace
lat. Descanse en paz. Comúnmente abreviado como R.I.P., suele inscribirse sobre los sepulcros.

res integra
lat. Legalmente se refiere a un caso que plantea un aspecto legal que no ha sido previamente decidido.

res ipsa loquitur
lat. El asunto por sí mismo, el asunto es bastante obvio.

res judicata
lat. Legalmente se refiere a un asunto sobre el cual ya se ha decidido, o a un aspecto legal sobre el que ya se ha tomado una determinación.

res nihili/res nullius
lat. Se dice de una cosa de poca importancia, de algo completamente insignificante.

res, non verba
lat. Realidades, no palabras. Obras son amores, que no buenas razones.

res nullius
lat. Cosa de nadie. Dícese de lo que no tiene dueño.

respice finem
lat. Considera el resultado de lo que estás haciendo. *Ecclesiasticus* VII 40.

retro me, Satana
lat. ¡Atrás, Satanás! Atribuida a San Marcos, *Vulgata San Marcos* VIII 33, se usa para rechazar una oferta tentadora.

reveillon
fr. Cena que se toma en Nochebuena o Nochevieja.

rêverie
fr. Ensoñación.

revival
ing. Se dice de aquellos discos o cantantes o conjuntos musicales que han permanecido durante mucho tiempo olvidados y que de repente son redescubiertos.

rex
lat. Rey.

rictus
lat. Mueca.

rigor mortis
lat. Se refiere a la rigidez cadavérica, a la rigidez que adquiere el cuerpo unas horas después de muerto.

risus abundat in ore stultorum
lat. Abunda la risa en la boca de los tontos. Aplícase a los que de todo se ríen sin razón ni motivo.

ritornello
it. Musicalmente se refiere a un preludio, interludio o postludio instrumental en una obra vocal.

rive gauche
fr. Se refiere al distrito de París situado en el lado izquierdo del Sena y conocido como Quartier Latin. En la *rive gauche* suelen vivir los estudiantes, los artistas y los escritores.

robot
ing. Consiste en una máquina construida para que actúe como una persona.

rôle
fr. Se refiere al papel interpretado por un actor en una obra de teatro o en un film.

ROM (read only memory)
ing. En informática, se refiere a un tipo de memoria que ha sido programada de fábrica y cuya información no puede alterarse.

Roma locuta, causa finita
lat. Roma ha hablado, la causa ha terminado. Locución que se refiere a las decisiones del tribunal de la Rota; pero también se aplica a cualquier decisión de un tribunal o autoridad suprema.

rôtosserie
fr. Tienda en la que puede adquirirse comida precocinada.

roulette
fr. Juego de azar en el que se tira una bolita en un plato numerado y giratorio. La bolita rueda con el plato hasta que se deposita en uno de los números, siendo dicho número el ganador.

roulotte
fr. Palabra que designa un tipo de remolque que se emplea como casa móvil.

round
ing. Se llama así a un asalto en boxeo y lucha.

royalty
ing. Se dice de la cantidad que se paga a empresas extranjeras para poder fabricar y comercializar sus productos en un determinado país.

RPG (report program generator)
ing. En informática, se refiere a un lenguaje de programación especializado en la gestión administrativa. Actualmente este lenguaje está prácticamente en desuso.

Rule Britannia
ing. Gobierna, Inglaterra. Primeras palabras de un himno patriótico inglés, que sirven de nombre a este mismo himno.

S

sabotage
fr. Consiste en interferir deliberadamente en el buen funcionamiento de algo.

sahib
ing. Título usado por los hindús para dirigirse a los europeos.

saison en enfer
fr. Designa un período de profundo malestar y gran incertidumbre espiritual. Fue popularizado por Rimbaud en su libro de poemas *Une saison en Enfer.*

salaam
árabe. Paz. Salutación oriental.

samovar
rus. Recipiente ruso para preparar té. Consiste en una urna de cristal en la que el agua se calienta a través de un cilindro central que contiene carbón vegetal.

sancta simplicitas
lat. Santa simplicidad.

sang froid
fr. Sangre fría. Se utiliza en el sentido de autocontrol, de frialdad, de no perder nunca la calma.

sans-culotte
fr. Nombre que los aristócratas franceses dieron a los revolucionarios en 1789, y que ha llegado a significar patriota.

saturnalia
lat. Designa el festival romano que se celebraba en honor de Saturno.

savoir faire
fr. Se dice del conocimiento instintivo que poseen ciertas personas y que les permite saber cómo actuar correctamente en cada situación.

savoir vivre
fr. Se refiere al cómo saber comportarse con propiedad.

scanner
ing. Técnica especial utilizada en radiografía que permite obtener radiografías laminares de la zona estudiada.

scherzo
it. Musicalmente, se refiere a un fragmento o movimiento interpretado con vivacidad. En general, el segundo o tercer movimiento de una sinfonía clásica o de una sonata es un *scherzo.*

scholium
lat. Nota explicatoria o comentario que se añade a una obra. Original-mente se refiere a las notas o comentarios que se encuentran en las obras latinas o griegas.

science-fiction
ing. Se refiere al cine y a la literatura de ciencia ficción.

score
ing. En deporte se refiere al resultado de un partido.

scotch
ing. Whisky escocés.

script
ing. Se refiere al guión cinematográfico.

script girl
ing. En cinematografía, secretaria del director, que se encarga de anotar los datos relativos a las escenas filmadas.

sec-express
ing. Secado rápido.

sed nunc non erat hic locus
lat. Pero ahora no era éste el lugar. Dícese a propósito de aquello que, siendo bueno en sí, está fuera de lugar u ocasión.

seicento
it. Mil seiscientos. Abarca el período artístico italiano del siglo diecisiete. Se refiere al arte y a la arquitectura típica de aquel siglo.

self-control
ing. Poder que se tiene sobre sí mismo.

self-government
ing. Sistema de gobierno autónomo, aplicado en los antiguos dominios británicos.

self-made man
ing. Hombre hecho a sí mismo. Se aplica a aquellas personas que han triunfado gracias a su propio esfuerzo y en especial a aquellas que han empezado sin dinero, sin educación y sin influencias.

self-portrait
ing. Autorretrato.

self service
ing. Autoservicio. Sírvase usted mismo. Restaurante en el cual el cliente se sirve a sí mismo. Por extensión a otros ámbitos tales como gasolineras, supermercados, etc.

semper fidelis
lat. Siempre fiel, siempre digno de confianza.

se non é vero, é bene trovato
it. Si no es verdad, está bien hallado. Se aplica a lo que se refiere como cierto, pero es más gracioso que probable.

sensu obsceno
lat. En sentido obsceno, es decir tomando el significado obsceno de las palabras.

sensu sticto
lat. Estrictamente hablando. En sentido estricto, es decir, tomando el significado estricto de las palabras.

servus servorum
lat. El siervo de los siervos. Suele decirse del Papa.

set
ing. Se emplea en tenis. Un set se compone de seis juegos (games).

settecento
it. Mil setecientos. Abarca el período artístico italiano del siglo dieciocho. Se refiere al arte y a la arquitectura típica de aquel siglo.

sex-shop
ing. Tienda en la que pueden obtenerse todo tipo de objetos relacionados con las prácticas eróticas.

sexy
ing. Sustantivación del adjetivo inglés que se aplica a la persona que posee atractivo sexual; viene a designar la misma capacidad de atraer en sí.

shampoo
ing. Champú.

shantung
ing. Designa una clase de tela de seda.

sheik
árabe. Jefe de una tribu árabe; cabeza de familia.

sherpa
ing. Miembro de una tribu del este del Tíbet. Los sherpas actúan de guías y portadeores de los alpinistas en el Himalaya.

shetland
ing. Lana procedente de las islas Shetland.

shibboleth
hebreo. Designa el lema o eslogan adoptado por miembros de un partido o secta que les sirve para distinguirse de los que no son miembros. Dogma hoy desacreditado o doctrina que ha quedado anticuada.

shish kebab
turco. Plato oriental que consiste en trozos de carne y verdura atravesados por un pincho metálico y hechos a la plancha.

shock
ing. Fuerte impresión, conmoción o trastorno producido en el sistema nervioso de una persona.

shogun
jap. Designa al comandante jefe del ejército japonés, rango de carácter hereditario.

shopping center
ing. Conjunto de tiendas agrupadas en zona peatonal.

show
ing. Un espectáculo, normalmente artístico. También alude a situaciones embarazosas que llaman la atención, como cuando se dice *montar un show*.

showman
ing. Nombre dado a un artista, generalmente polifacético, que hace de presentador o animador de un espectáculo o programa de televisión.

sic
lat. Así. Se usa para indicar que una frase o palabra usada en un impreso o escrito es la misma que consta en el original de que se trate, aunque parezca inexacta.

sic itur ad astra
lat. Este es el camino a las estrellas. Tomada de Virgilio *Eneida* IX 641; ésta es la manera de conseguir fama e inmortalidad.

sic passim
lat. Así en todo el original. Expresión empleada para indicar que una palabra o frase usada en un impreso o escrito es la misma que consta en el original, aunque parezca inexacta, y que ocurre frecuentemente en el mismo.

sic semper tyrannis
lat. ¡Éste es el destino de los tira-nos! Esta frase, el lema del estado de Virginia, fue citada por John Wilkes Booth mientras asesinaba a Abraham Lincoln el 14 de abril de 1865.

sic transit gloria mundi
lat. Así pasa la gloria del mundo. Expresión tomada de Thomas à Kempis *La Imitación de Cristo* I III 6. Viene a ser una reflexión sobre el carácter transitorio del éxito mundano.

siglum, *pl*. sigla
lat. Letra inicial que se emplea como abreviatura de una palabra, sobre todo una letra o combinación de ellas que se usan para denotar un manuscrito o texto impreso en el *apparatus criticus* de una edición de crítica.

signor
it. Equivalente italiano de *señor*.

signora
it. Equivalente italiano de *señora*.

signorina
it. Equivalente italiano de *señorita*.

si monumentum requiris, circumspice
lat. Si buscas su monumento, mira a tu alrededor. El epitafio de Sir Christopher Wren, el arquitecto de la catedral de San Pablo en Londres.

sine die
lat. Dicho de un aplazamiento indefinido, cuando no se ha fijado ninguna fecha para la reanudación.

sine prole
lat. Sin descendencia. Generalmente abreviado por s.p.

sine qua non
lat. Se refiere a algo necesario e indispensable en la realización de un determinado propósito. Se usa en la expresión: *condición sine qua non*, es decir, condición indispensable.

sinfonia concertante
it. En música, una obra sinfónica con partes para una serie de instrumentos.

single
ing. Disco de corta duración con música grabada en ambas caras, que se toca a 45 revoluciones por minuto.

SIO (serial input/output)
ing. En informática, se refiere a la entrada/salida para la conexión de periféricos en serie.

si parla italiano
it. Se habla italiano.

sir
ing. Cuando va antepuesto al nombre, significa tratamiento honorífico. Dicho tratamiento suele darse a caballeros y nobles. Cuando se utiliza sin anteponerse al nombre, significa simplemente señor y es una muestra de cortesía.

si vis pacem, para bellum
lat. Si quieres la paz, prepárate para la guerra. Expresión tomada de Vegetio *De Re Militari* III.

skating
ing. En deporte, se llama así al patinaje con patines de ruedas. Por extensión al patinaje con monopatín.

sketch
ing. Se refiere a una obra de teatro o film que consiste en una serie de historias humorísticas e independientes.

skinhead
ing. Rapados. Se llama así a aquellas personas que por razones estéticas de acuerdo con una determinada moda, llevan la cabeza rapada o afeitada.

slalom
noruego. Una modalidad de esquí en que se baja por una cuesta que ha sido marcada por obstáculos artificiales, esquivándolos.

slang
ing. Jerga utilizada por determinados sectores de la sociedad. En general suelen utilizarlo los jóvenes «progres» y grupos de nivel cultural bajo.

slogan
ing. Fórmula publicitaria para expresar mediante una fórmula concisa y breve las ventajas de un artículo, o de una marca comercial. Palabra o frase que sirve de lema a un grupo o partido político.

s.l.p.
lat. Abreviatura de *sine legitima prole*: sin descendencia legítima.

slum
ing. Barrio de los suburbios. Se caracteriza por la miseria y la baja calidad de vida de sus habitantes.

smash
ing. Término empleado en tenis. Se refiere a un golpe rápido y fuerte a la pelota que dificulta al oponente la posibilidad de devolverla.

smog
ing. Combinación de dos vocablos: *smoke* y *fog*, humo y niebla; dicho de la polución atmosférica resultante de esta mezcla.

sniff
ing. Inhalar, sorber por la nariz. Empleada sobre todo para referirse a la toma de cocaína. De ahí, el derivado, *esnifar*.

snob
ing. Persona de exagerado orgullo personal basado en un sentido de superioridad social, cultural o intelectual.

snuff-cinema
ing. Género cinematográfico basado en la filmación *auténtica* de asesinatos de prostitutas.

soft
ing. Suave. Se dice de la cualidad de un producto.

software
ing. En informática, se refiere a la parte inmaterial de un ordenador. Está compuesto por los programas de aplicación, los lenguajes y los sistemas operativos.

soirée
fr. Velada. Se refiere a una fiesta o reunión que tiene lugar a última hora de la tarde.

soirée musicale
fr. Velada musical. Reunión a última hora de la tarde, que tiene por objeto interpretar u oír música.

solvitur ambulando
lat. Se utiliza en el sentido de que un problema no puede resolverse teóricamente sino que debe resolverse con experimentación práctica.

sommelier
fr. Se llama así al catador de vinos.

sonata
it. En música, se refiere a una composición de varios movimientos para piano o para piano y un instrumento solo.

son et lumière
fr. Luz y sonido.

soprano
it. Se dice del o de la cantante que tiene la voz más alta de la escala.

sort
ing. En informática, se refiere a la rutina empleada para la clasificación de ficheros.

sortes biblicae
lat. Adivinación a través de la Biblia. Consiste en abrir el libro al azar y la primera frase que se lee es considerada significativa o profética.

sortes homericae
lat. Adivinación a través de las palabras de Homero. Consiste en abrir el libro al azar y la primera frase que se lee se considera significativa o profética.

sortes virgilianae
lat. Adivinación a través de las palabras de Virgilio. Consiste en abrir el libro al azar y la primera frase que se lee se considera significativa o profética.

sort/merge
ing. En informática, se refiere a un sistema de clasificación de ficheros que tiene más posibilidades que el sort.

sostenuto
it. En música, se dice de una nota sostenida o prolongada durante más tiempo de su duración normal.

soufflé
fr. Plato que consiste en una mezcla de ingredientes que se baten con clara de huevo a punto de nieve y que se pone al horno hasta que sube toda la mezcla.

souk
arab. Nombre de un mercado oriental.

soviet
rus. Antes designaba el concejo elegido por los habitantes de distrito en Rusia para gobernar ese distrito; de ahí, el congreso de delegados de estos concejos que gobernaba todo el país. Hoy en día, el término se usa como atributo y significa comunista ruso.

s.p.
lat. Abreviatura de *sine prole:* sin descendencia.

spaghetti-western
ing. Western de origen italiano. Se caracteriza por la violencia y el verismo de sus imágenes.

Spain is different
ing. España es diferente.

sparring
ing. En deporte, se refiere a un deportista o a un equipo cuya misión es servir de entrenamiento a otro de más categoría.

spécialité de la maison
fr. Especialidad de la casa. Plato característico de un restaurante.

speed
ing. Velocidad. Nombre que se emplea en el argot de la toxicomanía para designar a las anfetaminas.

spes ultima gentis
lat. La última esperanza de su raza, la última esperanza de su familia.

spleen
ing. El bazo. En sentido figurativo, se aplica a un estado de ánimo depresivo o rencoroso.

spoiler
ing. Se llama así al alerón que se coloca en la parte delantera o trasera de un vehículo para mejorar su coeficiente de penetración en el aire.

sponsor
ing. Patrocinador. Generalmente se emplea en deporte para referirse al patrocinador de un equipo o torneo.

sponte sua
lat. De su propia voluntad, voluntariamente.

spool
ing. En informática, se refiere a un archivo en disco que recibe todos los listados destinados a las impresoras, produciendo así una impresión diferida.

spot
ing. Se refiere a los anuncios publicitarios rodados para el cine o la televisión.

sprint
ing. Término empleado en el ámbito deportivo. Se refiere a la aceleración al límite de las posibilidades de uno, normalmente por un período breve. *Sprinter:* persona especializada en o que lleva a cabo un sprint.

sputnik
ruso. Nombre dado a un satélite artificial puesto en órbita alrededor del mundo. Se emplea especialmente para referirse al primer satélite que se lanzó en 1957 y los otros de la misma serie.

squaw
ing. Nombre que recibía la mujer de un indio norteamericano.

staff
ing. Grupo de personas que trabajan juntas bajo un mismo jefe o director.

stand
ing. Se refiere a los puestos comerciales que se instalan en una exposición o feria.

standard
ing. Se refiere a algo utilizado como punto de comparación, sea para medidas, pesos, calidades o para el grado requerido de excelencia.

standing
ing. Posición social o económica, status, reputación o condición, generalmente con el cualificativo de «alto».

stanza
it. Estrofa: parte de la división de una composición poética.

starlet
ing. Término inventado por el cine para referirse a las actrices jóvenes aspirantes a estrella.

star system
ing. Se refiere al sistema político empleado por el cine americano con respecto a sus estrellas. Consiste en la elaboración de contratos que obligan al actor o a la actriz a interpretar su papel de *estrella,* tanto en la pantalla como en su vida privada.

start
ing. Principio, comienzo, salida. Poner en marcha o hacer funcionar un aparato.

starter
ing. Mando de un motor de explosión que provoca el enriquecimiento de la mezcla del aire y el combustible, estrangulando la entrada del primero a fin de conseguir una puesta en marcha óptima cuando el motor está frío.

status
lat. Se refiere al estado o condición de una cosa o de las cosas en general. También se refiere a la posición o nivel de una persona profesional o socialmente.

status quo
lat. Se refiere al estado existente de las cosas. Suele emplearse en la expresión: *mantener el status quo,* es decir, mantener la posición social o el nivel de vida alcanzado.

steeple-chase
ing. Se refiere a una carrera de obstáculos.

steppe
rus. Erial llano y de mucha extensión, especialmente en el sur de Rusia y Siberia.

stet
lat. Que quede. Indicación de que algo que se ha omitido o variado en un manuscrito o prueba de imprenta debe quedar sin corregir.

steward
ing. Empleado de una línea aérea que hace funciones de azafata.

stick
ing. Barra desodorante. Palo de hockey.

sticker
ing. Pegatinas. Etiquetas autoadhesivas de diferentes formas y tamaños.

stigmata
gr. Nombre dado a las marcas parecidas a las heridas en el cuerpo crucificado de Jesús que aparecen a veces en los cuerpos de personas muy devotas. El primero en recibirlas fue San Francisco de Asís.

stock
ing. En general, se emplea para designar la cantidad de productos almacenados para la venta.

story type
ing. Se utiliza en cine para referirse a la tipificación de determinados argumentos que corresponden a los distintos géneros cinematográficos.

stout
ing. Tipo de cerveza de alta graduación.

street
ing. Calle. Las calles inglesas se designan con su nombre seguido de la palabra *street.*

stress
ing. Estado de tensión nerviosa física o emocional.

striptease
ing. Espectáculo en el cual la artista se va despojando progresivamente de la ropa.

Sturm und Drang
al. Tempestad y compulsión. Nombre dado a un movimiento romántico alemán de finales del siglo XVIII, caracterizado por su extravagancia en la representación de la pasión violenta.

sub anno
iat. Debajo del año...; siempre va seguido de una fecha, con referencia a una entrada en un registro, etc.

sub judice
lat. De la expresión «adhuc sub judice est»: el litigio está aún en manos del juez, tomada de un hemistiquio de Horacio. Se emplea para indicar que una cuestión no está resuelta aún.

sub poena
lat. Bajo pena. Designa una orden judicial que exige la comparecencia de un testigo delante de un tribunal bajo pena de multa o privación de libertad.

sub sigillo
lat. Bajo sello. Expresión que se refiere a la inviolabilidad de la confesión. Por lo tanto, se puede aplicar a un secreto o una confidencia hechos bajo este sello de confianza.

sub silentio
lat. En silencio, sin hacer ningún comentario; sin prestar atención.

sub specie aeternitatis
lat. Algo que se considera en relación a la única Sustancia eterna; es decir, sin tomar en cuenta las condiciones locales o temporales. De Spinozza *Etica* (1677) V XXXI.

substratum

lat. La capa de una sustancia debajo de otra; la base o los fundamentos.

succès de snobisme

fr. Expresión que se refiere al éxito de una obra de arte que depende de una actitud de esnobismo intelectual.

succès d'estime

fr. Designa el éxito que alcanza una obra de arte en cuanto a la crítica especializada mientras que no consigue gran popularidad ni éxito comercial.

succès de ridicule

fr. Expresión que se aplica a una obra de arte cuyo éxito reside en el hecho de que se haya tomado como una broma.

succès de scandale

fr. Expresión que sirve para designar una obra de arte cuyo éxito es debido al escándalo creado por ella.

succès fou

fr. Designa el éxito alcanzado por una obra de arte marcado por escenas de entusiasmo desbordante.

succubus

lat. Designa a un espíritu maligno femenino que cohabita con un hombre mientras éste duerme.

sudden death

ing. Muerte repentina. Término que se emplea en tenis para designar un sistema rápido de terminar un juego cuando se llega a empate a seis.

suggestio falsi

lat. La sugerencia de lo que es falso, la tergiversación de algo sin llegar a mentir abiertamente.

sui generis

lat. Lo que pertenece a una especie propia y única. Expresión que se emplea para dar a entender que aquello a que se aplica es de un género muy singular y no se asemeja a ninguna otra cosa.

sui juris

lat. Término legal: se refiere al derecho propio de uno, de la plena edad y capacidad para llevar los asuntos propios.

suite

fr. Designa al grupo de personas que acompañan a algún personaje importante; el séquito. También puede referirse a un conjunto de habitaciones usadas por la misma persona o grupo de personas. En música, designa un conjunto de composiciones tocadas en secuencia.

summa

lat. Se refiere a una obra o un tratado que abarca la totalidad de un tema. Generalmente se emplea con referencia a la *Summa Theologica* de Santo Tomás de Aquino.

summum bonum

lat. El Bien supremo, el objeto de todo esfuerzo racional.

sunt lacrymae rerum

lat. Expresión tomada de Virgilio *Eneida* l 462: *Sunt lacrymae rerum, et mentem mortalia tangunt.* Significa que la vida es inevitablemente trágica.

super welter

ing. Se refiere a una de las categorías del boxeo.

supporters

ing. Hinchas de un equipo deportivo.

suppressio veri

lat. La supresión de lo que es verdad. La verdad mal representada, ya que se ocultan aspectos que deberían saberse.

Sûreté

fr. El departamento de investigación criminal de la policía francesa.

surf

ing. Deporte que consiste en deslizarse sobre el agua, montado en una tabla, aprovechando la fuerza de las olas.

surmenage

fr. Estado de agotamiento físico y mental provocado por exceso de actividad intelectual.

sursum corda

lat. Elevad vuestros corazones. Exhortación que se hace antes del Prefacio en la misa.

surveillance

fr. Vigilancia controlada, sobre todo en ámbitos policiales, militares o de espionaje.

s.v.

lat. Abreviatura de *sub voce:* debajo de la palabra, empleada en diccionarios para indicar una entrada concreta.

swami

hindi. Designa a un maestro religioso hindú.

swastika

sánscrito. Símbolo religioso de la India. Consiste en una cruz, cuyas extremidades se tuercen en ángulo recto hacia la derecha. Se adoptó como símbolo del partido socialista nacional alemán con el nombre de *Hakenkreuz.*

sweater

ing. Suéter, jersey.

swing

ing. Término musical que designa el buen ritmo. Tipo de música jazz con variaciones improvisadas sobre una melodía.

swinging

ing. Designa la práctica sexual que consiste en el cambio de pareja que tiene lugar en reuniones o fiestas organizadas a este fin.

T

table d'hôte

fr. La mesa del anfitrión. En un restaurante, designa el menú del día a precio fijo.

tabula rasa

lat. Designa una superficie en blanco preparada para recibir impresiones nuevas. Se puede aplicar a una mente que está preparada para absorber información nueva sobre alguna materia totalmente desconocida para ella.

taedium vitae

lat. Asco a la vida. Inapetencia para la acción y los placeres más simples de la vida.

take away

ing. Comida lista para llevar. Se refiere a aquellas tiendas en las que puede comprarse comida previamente cocinada.

take-off

ing. Se refiere tanto al despegue como a la hora de salida de un avión.

tandem

ing. Originalmente se refería a una bicicleta de dos plazas; por extensión se aplica a dos personas que trabajan juntas para un mismo logro.

tant mieux

fr. Tanto mejor. Se emplea en expresiones tipo: si no puede ir, *tant mieux,* iré yo.

tant pis

fr. Suele emplearse para expresar resignación, en el sentido de: ¡mala suerte! o ¡qué le vanos a hacer!

tapis roulant

fr. Se refiere a los pasillos que se mueven mecánicamente trasladando a todos aquellos que se hallan de pie en ellos. Los *tapis roulant* suelen ser frecuentes en los aeropuertos.

tea room

ing. Salón de té.

Te Deum

lat. Designa el antiguo himno latino de alabanza y agradecimiento, cantado con ocasión de una gran victoria o liberación. Tomado de las primeras palabras del himno: *Te Deum laudamus:* Te alabamos Dios.

tempo

it. En música, la velocidad relativa de movimiento rítmico, especialmente la velocidad apropiada para una composición concreta o clase de composición.

tempore

lat. En el tiempo de..., siempre seguido de un nombre, generalmente el de un monarca reinante. Sirve para indicar una fecha aproximada cuando la fecha exacta no se conoce.

temps perdu

fr. Tiempo perdido, épocas olvidadas del pasado. Expresión tomada de Marcel Proust *À la recherche du temps perdu.*

tempus fugit

lat. El tiempo pasa. Se refiere a la fugacidad del tiempo. Expresión tomada de Virgilio *(Geórgicas).*

terminus

fr. Se llama así a la última estación de una línea de ferrocarril.

terminus ad quem

lat. El punto hacia el cual se tiende alguna acción. Se refiere especialmente al final de un período de tiempo en que debe fecharse algún acontecimiento.

terminus a quo

lat. El punto a partir del cual se inicia alguna acción. Se refiere especialmente al comienzo de un período de tiempo en que debe fecharse algún acontecimiento.

tertium quid

lat. Algo relacionado con dos cosas concretas pero distinto a ambas; algo que sirve para relacionar dos cosas incompatibles.

terza rima

it. Tercera rima. Forma de verso que consiste en estrofas de tres versos cada uno, en que riman el primero con el tercero, y el segundo con el primer y tercer verso de la estrofa siguiente. Tipo de verso empleado por Dante en la *Divina Comedia.*

testis unus, testis nullus

lat. Testigo solo, testigo nulo. Se utiliza en derecho para indicar que un solo testigo es insuficiente para probar un determinado hecho.

tête-à-tête

fr. Cabeza a cabeza. Conversación o entrevista privada entre dos personas.

textus receptus

lat. Designa el texto aceptado o estándar de una obra antigua.

théâtre engagé

fr. Obras dramáticas escritas con un propósito político o sociológico.

thesaurus

lat. Nombre que se da a un almacén de conocimiento, que puede ser un diccionario o una enciclopedia.

thriller

ing. Género cinematográfico basado en la novela negra americana.

tic douloureux

fr. En medicina, forma de neuralgia caracterizada por el movimiento convulsivo y doloroso de los músculos faciales.

tie-break

ing. Se dice en tenis cuando un jugador vence en un juego en el que ha servido su oponente.

time is money

ing. El tiempo es dinero. Proverbio inglés que tiene su homónimo en el castellano: el tiempo es oro.

timeo Danaos et dona ferentes

lat. Temo a los griegos incluso cuando traen regalos. Virgilio *Eneida* II 49. Expresión que significa que uno no se debe fiar de la generosidad aparente del enemigo.

timing

ing. Cronometración, sobre todo en el mundo del deporte: el tiempo de un corredor, de una carrera, etc.

toast

ing. Brindis.

toccata

it. En música, una composición para teclado que demuestra la técnica del instrumentista, y que a menudo tiene carácter de improvisación.

toga

lat. Prenda, a modo de capa, que los romanos usaban sobre la túnica. Vestidura talar que los magistrados, letrados y catedráticos usan encima del traje.

toilette

fr. Designa la acción y proceso de vestirse. También puede significar la manera o el estilo de vestirse.

tomahawk

ing. Nombre dado a una hacha ligera usada como herramienta y arma por los indios de Norteamérica.

too much

ing. Demasiado.

top less

ing. Con el torso desnudo. Suele aplicarse a aquellas bañistas que utilizan solamente la parte inferior del bikini; es decir, bañarse en *top less.*

top secret

ing. Alto secreto.

tory

ing. Se llama así a los miembros del partido conservador inglés.

totem

ing. Objeto de la naturaleza o animal que por algunas tribus salvajes se considera como emblema protector de la tribu o del individuo, y a veces como antepasado o progenitor.

Totentanz

al. La danza de la muerte. Designa la representación alegórica de la muerte que conduce a todos los hombres, de la condición que sean, a la tumba.

touché

fr. Tocado (de esgrima). Un buen golpe, generalmente dialéctico, al adversario. Expresión empleada cuando un comentario ha sido certero, dando en el blanco.

tour de force

fr. Dicho de una demostración de genialidad.

tournée

fr. Se dice de una gira artística. También se refiere a los lugares visitados durante un viaje de recreo.

trade mark

ing. Marca registrada.

traduttore traditore

it. Un traductor es un traidor. Se utiliza en el sentido de que es imposible respetar el original en una traducción.

trailer

ing. Consiste en cortas secuencias de un film o telefilm producido con objeto de anunciarlos anticipadamente.

transpallet

ing. Máquina concebida para elevar *pallets.*

traveller's chek

ing. Cheque de viajero. Tipo de papel moneda, homologado por todos los bancos, que elimina la necesidad de viajar por el extranjero con dinero en efectivo.

travelling

ing. Viaje. Término cinematográfico empleado para designar el movimiento de la cámara.

travesti

fr. Persona que se viste con ropa del sexo opuesto, generalmente por motivos sexuales. En el mundo del espectáculo, suele llamarse transformista.

trecento

it. Mil trescientos. Término utilizado en arte para designar el período artístico, tanto en pintura como en arquitectura, que abarca el siglo catorce. También se utiliza para designar el arte característico de dicho siglo.

trekking

ing. Consiste en un tipo de viaje que exige la participación activa de los que lo realizan. Se trata de recorrer zonas de la tierra que no tienen carreteras ni aeropuertos y a las que sólo se puede acceder a pie.

trial

ing. Competición motociclista consistente en una serie de pruebas de habilidad sobre la moto en las que es penalizado poner pie a tierra.

tricot

fr. Un objeto de punto, hecho a mano o a máquina, de lana, algodón, seda o fibras artificiales.

triennale

it. Celebrado cada tres años. Dicho de una feria, exposición, etc.

trio

it. Pieza musical para tres voces o instrumentos. Conjunto de tres personas o cosas.

trip

ing. Viaje. En el argot del toxicómano, designa los efectos producidos por el uso de una droga, sobre todo de un alucinógeno.

trivium

lat. En la Edad Media, la división de las siete artes liberales en tres artes relacionadas con la elocuencia: gramática, retórica y lógica.

trois-temps

fr. Tres tiempos. El vals normal frente al más rápido deux-temps.

trompre-l'oeil

fr. Engaña el ojo. En arte, pintura que produce un efecto tan realista que produce una ilusión de espacio tridimensional: pintura perspectiva.

trust

ing. Conjunto de empresas que pertenecen al mismo capital.

tutti frutti

it. Término culinario que se refiere a algo confeccionado con muchas clases de fruta o sabores de frutas; generalmente, un tipo de helado. En sentido figurativo, una conglomeración de ideas u objetos diferentes.

tu quoque

lat. Tú también. Una réplica que implica que la acusación hecha al hablante bien pudiera hacerse al acusador.

tweed

ing. Tejido grueso y suave de lana, generalmente hecho de una mezcla de colores.

twist

ing. Modalidad de baile moderno que consiste en girar rápidamente la parte superior del torso en sentido contrario a la parte inferior y las caderas, repitiendo luego el movimiento hacia el otro lado.

twist off

ing. Sistema de cierre a presión en el que debe girarse la tapa tanto para abrir como para cerrar el pote.

U

uberrimae fidei

lat. Término legal: se requieren plena confianza y buena fe. Dicho de contratos en los cuales una de las partes tiene obligación de comunicarle todos los hechos relevantes y circunstancias a la otra parte.

ubi bene, ibi patria

lat. Donde se está bien, allí está la patria. Dicho que expresa la falta de patriotismo y un exceso de materialismo.

ubi sunt (qui ante nos fuerunt)?
lat. ¿Donde están los que vivieron antes que nosotros? Comentario clásico sobre la fugacidad de la vida humana.

U.F.O.
ing. Siglas que designan Unidentified Flying Object: Objeto volador no identificado (OVNI).

ukelele
ing. Guitarra hawaiana de cuatro cuerdas.

ultima ratio
lat. El argumento final. Se emplea con la implicación del uso de la fuerza en preferencia al de la argumentación.

ultimatum
lat. Resolución final y terminante que una potencia comunica a otra; una declaración final por términos, el rechazo de los cuales conducirá a que se rompan relaciones diplomáticas o a un estado de hostilidad. También se emplea en otros ámbitos con la idea de la última condición.

ultra
lat. Extremo; extravagantemente, extremamente. También se usa como primer elemento de un adjetivo compuesto.

umlaut
al. El cambio en calidad de una vocal inducido por la influencia de una vocal o semi-vocal en la sílaba siguiente. Se emplea a veces para designar el signo de diéresis.

un bel morir tutta una vita onora
it. Una muerte bella, honra toda la vida. Se dice en el sentido de que un gesto hermoso y digno en un momento decisivo puede redimir de pasados errores.

uncle Sam
ing. El tío Sam. Metáfora popular que personifica en *El tío Sam* a los Estados Unidos de América.

underground
ing. Subterráneo. Cualquier movimiento vanguardista, experimental o subversivo en arte popular, películas o prensa; en música, la tendencia hacia la improvisación y la experimentación.

unum et idem
lat. Uno y lo mismo. Suele aplicarse a expresiones tales como: mentir a medias y mentir del todo es *unum et idem.*

uomo universale
it. El hombre universal. El que domina todas las artes y las ciencias.

uppercut
ing. Se refiere a cierto golpe de boxeo.

urbi et orbi
lat. Para la ciudad y para el orbe. Se dice de la bendición papal.

ut infra
lat. Como abajo. Se emplea para indicar algo que saldrá más adelante en un texto.

ut supra
lat. Como más arriba. Usado en documentos de toda clase, para hacer referencia a algo mencionado anteriormente en el mismo texto.

vade in pace
lat. Vete en paz. Palabras que pronuncia el sacerdote después de conceder la absolución.

vade mecum
lat. Suele referirse a un manual de terminología técnica.

vade retro
lat. ¡Atrás Satanás! Atribuido a San Marcos, *Vulgata San Marcos* VIII 33, se utiliza para rechazar una proposición tentadora.

valet
fr. El sirviente personal de un caballero.

vamp
ing. Término inventado por el cine para designar a la mujer de formas exuberantes y de comportamiento provocativo con los hombres.

vanitas vanitatum
lat. Vanidad de vanidades. Se dice de la transitoriedad de los goces humanos y de las pasiones mundanas. Se cita en el Ecclesiastes, *Vulgata Ecclessiastes* I 2.

vaporetto
it. Barco pequeño de vapor destinado al transporte de pasajeros de un lado al otro de los canales venecianos.

variatim
lat. De varias maneras.

vaudeville
fr. Comedia teatral estructurada en sketches en la que se canta y se baila.

vedette
fr. Aunque inicialmente el término vedette se refería a la estrella principal de una obra de teatro o de un film, actualmente el término ha quedado restringido a la designación de la principal estrella femenina de un espectáculo musical.

vendetta
it. Se refiere a la venganza de sangre que se transmite de generación en generación. La *vendetta* es característica de Córcega y del sur de Italia.

veni, vidi, vici
lat. Vine, vi, vencí. Palabras por las cuales anunció César al Senado romano su victoria sobre Farnaceo, rey del Ponto.

verbatim
lat. Palabra a palabra. Se dice en general de un informe o similar que ha sido transcrito *palabra a palabra,* es decir que es una copia fiel de lo que se ha dicho verbalmente.

verbum sap(ienti sat est)
lat. Una palabra es suficiente para un hombre sabio. La frase es una adaptación de un proverbio citado tanto por Plauto como por Terencio.

verismo
it. Término aplicado a la pintura expresionista para indicar el grado de realismo y de objetividad.

vérité
fr. Se refiere al realismo de un film o de una filmación de televisión. También se dice de la técnica del documental.

vernissage
fr. Suele referirse al día de la inauguración de una exposición de pintura o escultura.

versus
lat. Se refiere a la oposición de dos conceptos, por ejemplo; *arte versus vida.* Suele abreviarse como «v».

vertigo
lat. Sensación física de caída, de falta de equilibrio.

veto
lat. Se refiere a una prohibición, a algo que ha sido prohibido con autoridad.

via dolorosa
lat. Se dice del camino seguido por Cristo hacia el Calvario. De aquí que se entienda por *via dolorosa* una serie de experiencias dolorosas asumidas por razones altruistas.

via media
lat. Se dice de un tipo de acción intermedia entre dos extremos.

viaticum
lat. Se refiere a la Eucaristía que se administra a una persona en peligro de muerte.

vice
lat. En lugar de.

vice versa
lat. Se refiere a la reversibilidad de una afirmación, es decir, que al revés también es cierto.

vídeo clip
ing. Consiste en la grabación en vídeo de un montaje espectacular, diseñado especialmente para promocionar tanto una canción o composición determinada como a su intérprete o intérpretes.

vidimus
lat. Se dice de la copia de un documento atestiguada como auténtica por una autoridad competente.

vignette
fr. Viñeta. Originalmente la vignette se refiere a un dibujo o fotografía no enmarcado en el que los bordes se difuminan hasta quedar confundidos con el fondo. El término viñeta se ha hecho popular en los cómics aunque en este caso las viñetas suelen estar en un recuadro.

vin d'honneur
fr. Se dice de una recepción en honor de una persona distinguida y en la que se brinda a su salud.

virago
lat. El término se utiliza en sentido despectivo para referirse a una mujer a la que puede considerarse una harpía.

virginibus puerisque
lat. Se dice de las obras literarias indicadas especialmente para personas jóvenes.

virgo intacta
lat. Se dice de una mujer que todavía es virgen.

virtuoso
it. Se dice de aquellas personas cuya técnica interpretativa, sea tocando un instrumento o cantando, es sobresaliente.

vis cómica
lat. Fuerza cómica.

vis-à-vis
fr. Cara a cara.

vita nuova
it. Una nueva vida. Se atribuye a Dante el uso de la expresión al relatar sus encuentros con Beatrice.

vitrail, vitraux
fr. Designa una ventana vidriera de colores.

vitrine
fr. Mueble con estanterías y puertas de cristal destinado a albergar y mostrar obras de arte de pequeño tamaño.

viva voce
lat. Se dice de algo dicho de viva voz, es decir, directamente en lugar de por escrito.

vive le roi!
fr. ¡Viva el rey!

vivere parvo
lat. Vivir con poco. Se emplea en expresiones como *¡Feliz quien logra vivere parvo!*

vodka
rus. Aguardiente ruso destilado del centeno.

vogue
fr. Se dice de la moda que se impone en un determinado lugar a un determinado tiempo.

vol-au-vent
fr. Vuelo al viento. Nombre dado a un pastel individual hecho de pasta de hojaldre, y que se rellena de carne de cerdo, pescado, ave, etc.

volenti non fit injuria
lat. No se causa perjuicio al que consiente. Principalmente término de jurisprudencia según el cual no se puede reclamar por un daño en el cual se consintió.

volte-face
fr. Un cambio total de actitud u opinión.

volti subito
it. Volved pronto. En música, indicación de que hay que volver rápidamente la hoja de un papel de música. Abreviadamente, V.S.

vox clamantis in deserto
lat. La voz del que grita en el desierto. Palabras de San Juan, cuyo sentido se ha alterado para aplicarlas a los que hablan sin ser escuchados.

vox populi
lat. Voz del pueblo; por el cual se prueban hechos determinados por el consenso universal.

voyage à Cythère
fr. Viaje a Cythera, la isla griega consagrada a la diosa Afrodita. Por lo tanto, la busca de una experiencia erótica. Expresión probablemente tomada del título de un poema de Baudelaire. También el nombre del famoso cuadro de Watteau *L'Embarquement pour Cythère.*

voyeur
fr. Persona que obtiene placer espiando las actividades eróticas de otros. Un Peeping Tom.

Vulgata
lat. Versión latina de la Biblia, auténticamente recibida en la Iglesia.

vulgo
lat. El común de la gente popular. En la lengua vernácula.

vulnerant omnes, ultima necat
lat. Todas hieren, la última mata. Inscripción que se lee en algunos relojes y que se refiere a las horas.

wigwam
ing. En América del Norte, las viviendas de las tribus indias.

windsurf
ing. Deporte que consiste en deslizarse sobre el agua, de pie en una tabla provista de un mástil y una vela, aprovechando el viento.

wunderbar
al. Estupendo, maravilloso. Considerada la expresión característica del alemán poco sofisticado.

yonqui
ing. Adaptación del vocablo inglés *junkie,* que en el argot del mundo de la toxicomanía designa al drogadicto.

W

wagon-lit
fr. Un coche-cama.

walkie-talkie
ing. Andar-hablar. Designa un transmisor-receptor portátil.

walkman
ing. Hombre que anda. Denomina un tipo de aparato portátil reproductor de sonido, de uso individual, generalmente provisto de auriculares.

water proof
ing. Sumergible, a prueba de agua. Suele referirse a relojes o maquinarias similares.

weekend
ing. Fin de semana.

whisky
ing. Bebida fuertemente alcohólica destilada del grano de malta.

Wiener Schnitzel
al. Escalopa de ternera con guarnición de limón, alcaparras y sardinas, al estilo vienés.

Y

yacht
ing. Barco de recreo de uso privado.

yachting
ing. Práctica de la navegación de recreo en todas sus formas.

yoga
hindi. Unión con el espíritu supremo. Sistema de asceticismo, meditación y concentración practicado por los hindús, que se ha extendido al mundo occidental.

yogi
ing. Un asceta hindú; el que practica el yoga.

Z

zabaglione
it. Postre confeccionado con yemas de huevo, azúcar y vino marsala.

zeugma
gr. Figura de construcción gramatical, especie de elipsis, que se comete cuando un vocablo relacionado con dos o más miembros del período está expreso en uno de ellos y sobreentendido en los demás.

zíngaro
it. Un gitano.

zombie
ing. Un cadáver resucitado, un muerto viviente, que lleva a cabo ciertas acciones por el poder mágico del vudú. De ahí, se aplica también a una persona cuyas acciones parecen mecánicas e involuntarias.

zoom
ing. Moverse rápidamente. Técnica empleada en fotografía, cinematografía o televisión, que consiste en aumentar o disminuir la magnitud de la imagen de un objeto mediante una lente especial que varía la distancia focal del objetivo.